Canadian reference sources :
an annotated bibliography

Ouvrages de référence canadiens :
une bibliographie annotée

mgen

Canadian reference sources :
an annotated bibliography

General reference works, history,
humanities

Ouvrages de référence canadiens :
une bibliographie annotée

Ouvrages de référence généraux, histoire,
sciences humaines

Mary E. Bond, compiler and editor
Martine M. Caron, co-compiler

Mary E. Bond, rédactrice et réviseure
Martine M. Caron, co-rédactrice

Published by UBC Press in cooperation with the National
Library of Canada and the Canada Communication Group,
Publishing, Supply and Services Canada.

Publié par UBC Press en collaboration avec la Bibliothèque
nationale du Canada et avec le Groupe Communication Canada,
Édition, Approvisionnements et Services Canada.

UBCPress

DB # 1351074

Catalogue Number SN3-302-1996

ISBN 0-7748-0565-X

Canadian Cataloguing in Publication Data

Bond, Mary E.
  Canadian reference sources

  Includes index.
  Text in English and French.
  ISBN 0-7748-0565-X

  1. Reference books – Canada – Bibliography. 2. Canada – Bibliography. I. Caron, Martine, M. II. Title. III. Title: Ouvrages de référence canadiens.
Z1365.B66 1996   016.971   C96-910021-3E

UBC Press
University of British Columbia
6344 Memorial Road
Vancouver, BC V6T 1Z2
(604) 822-3259
Fax: 1-800-668-0821
E-mail: orders@ubcpress.ubc.ca

Numéro de Catalogue SN3-302-1996

ISBN 0-7748-0565-X

Données de catalogage avant publication (Canada)

Bond, Mary E.
  Canadian reference sources

  Comprend un index.
  Texte en anglais et en français.
  ISBN 0-7748-0565-X

  1. Ouvrages de référence – Canada – Bibliographie. 2. Canada – Bibliographie. I. Caron, Martine, M. II. Titre. III. Titre: Ouvrages de référence canadiens.
Z1365.B66 1996   016.971   C96-910021-3F

UBC Press
University of British Columbia
6344 Memorial Road
Vancouver, BC V6T 1Z2
(604) 822-3259
Fax: 1-800-668-0821
E-mail: orders@ubcpress.ubc.ca

Z
1365
.B65
1996

This publication is dedicated to Miss Dorothy E. Ryder.

Cette publication est dédiée à Mme Dorothy E. Ryder.

Table of Contents

Table des matières

Acknowledgements

As with any large project, numerous persons contributed time, energy, ideas and support to this publication. Thanks go to the following staff members of Reference and Information Services Division, National Library of Canada: Céline Laferrière for her meticulous online inputting and correcting, Denis Robitaille and Chantal Métivier for assistance with French editing, Angella Savard who also did inputting, Yves Turgeon for his technical expertise and Anne Pichora who helped plan the project and provided ongoing collections support. In particular, a special thanks is due to Franceen Gaudet for the unwavering support which she has provided throughout the project.

Thanks also to Jean-Marie Brière, formerly of Reference and Information Services Division, who wrote the original project proposal and gave the compilers the marvellous opportunity to work on this publication. Bev Chartrand, Acquisitions and Bibliographic Services, National Library of Canada, lent the compilers a copy of the Dewey decimal classification schedules for the duration of the project and also offered good instruction on assigning numbers. Margo Wiper and Pierre Ostiguy, Marketing and Publications, National Library of Canada, and Ruth Tabacnik, Public Works and Government Services Canada, provided guidance through the publishing process.

Numerous libraries willingly lent sources on interlibrary loan or sent photocopies. Thanks to them and to the staff of the National Library's Interlibrary Loan Division who handled a great number of interlibrary loan requests very efficiently.

The following institutions allowed the compilers to have access to their library collections:

Bibliothèque nationale du Québec
Canadian Museum of Civilization
Department of Indian and Northern Affairs
Film Library, York University
Fine Art Library, University of Toronto
Glenbow-Alberta Institute

Remerciements

Comme pour toute entreprise d'envergure, un grand nombre de personnes ont contribué à cette publication en donnant leur temps, leur énergie, leurs idées et leur soutien. Nous présentons des remerciements particuliers aux employés suivants des Services de référence et d'information de la Bibliothèque nationale du Canada : Céline Laferrière, pour son travail méticuleux de saisie et de correction en direct, Denis Robitaille et Chantal Métivier, pour leur aide à la préparation de la version française, Angella Savard, qui a aussi contribué à la saisie, Yves Turgeon pour son expertise technique et Anne Pichora, qui a aidé à planifier le projet et offert un soutien continu à l'égard des collections. Plus particulièrement, il faut exprimer reconnaissance à Franceen Gaudet pour le soutien indéfectible qu'elle a apporté pendant toute la durée des travaux.

Merci aussi à Jean-Marie Brière, ancien employé de la Division des services de référence et d'information, qui a rédigé la proposition originale du projet et donné aux compilateurs la chance inouïe de travailler à cette publication. Bev Chartrand, Acquisitions et Services bibliographiques, Bibliothèque nationale du Canada, a prêté aux compilateurs un exemplaire des tableaux de classification décimale de Dewey pour toute la durée du projet et a aussi offert de bonnes indications sur l'assignation des numéros. Margo Wiper et Pierre Ostiguy, Marketing et édition, Bibliothèque nationale du Canada, et Ruth Tabacnik, Travaux publics et Services gouvernementaux Canada, m'a guidé pendant tout le processus de publication.

De nombreuses bibliothèques ont volontiers prêté des ouvrages par le biais du prêt entre bibliothèques ou ont fait parvenir des photocopies si le prêt était impossible. Merci à elles et au personnel de la Division du prêt entre bibliothèques de la Bibliothèque nationale, qui ont traité très efficacement une bonne quantité de demandes d'emprunts.

Les organismes suivants ont permis aux compilateurs d'accéder aux collections de leur bibliothèque :

Acknowledgements

National Archives of Canada
National Gallery of Canada
Ontario Crafts Council
Robarts Library, University of Toronto
Royal Ontario Museum
St. Paul's University

Thanks to the following staff members who made the compilers feel particularly welcome: Yolande Buono, Sandra Dunn and Marcia Sweet.

As well, the following individuals provided excellent advice in their particular areas of expertise: Joyce Banks, National Library of Canada; Mary Collis, National Library of Canada; Norman Crowder, Ottawa; Pierrette Dionne, Cap-Rouge; Cathy Elder, York University, Film Library; Lydia Foy, National Archives of Canada; Alan Rayburn, Ottawa; Gerald Stone, National Archives of Canada; and Peter Trepanier, National Gallery of Canada. Other librarians, archivists, publishers, authors, etc., gave freely of their time and expertise in answering numerous questions which arose on a daily basis. Thanks to all of them.

The National Library was very fortunate to have the services of two excellent translators over the course of this project: France Duval in Montreal and Teresa Parent in Ottawa.

Thanks also to Peter Milroy, director of UBC Press, and to the following staff members for their excellent work in preparing the final product: Holly Keller-Brohman, managing editor; George Vaitkunas, designer; Randy Schmidt, copy-editor; Catherine Larivière, proof-reader; and George Maddison, production manager.

Finally, special thanks go to my husband, Bruce Crisp, for his technical assistance, patience and support during the many evenings and weekends spent working on this project.

Mary Bond

Remerciements

Bibliothèque nationale du Québec
Musée canadien des civilisations
Ministère des Affaires indiennes et du Nord
Cinémathèque, Université York
Bibliothèque des beaux-arts, Université de Toronto
Glenbow-Alberta Institute
Archives nationales du Canada
Musée des beaux-arts du Canada
Conseil de l'artisanat de l'Ontario
Bibliothèque Robarts, Université de Toronto
Musée royal de l'Ontario
Université St-Paul

Merci aux employées suivantes, qui ont particulière-ment bien accueilli les auteurs: Yolande Buono, Sandra Dunn et Marcia Sweet.

En outre, les personnes suivantes ont prodigué d'excellents conseils dans leur domaine de compétence: Joyce Banks, Bibliothèque nationale du Canada; Mary Collis, Bibliothèque nationale du Canada; Norman Crowder, Ottawa; Pierrette Dionne, Cap-Rouge; Cathy Elder, Cinémathèque; Université York; Lydia Foy, Archives nationales du Canada; Alan Rayburn, Ottawa; Gerald Stone, Archives nationales du Canada et Peter Trepanier, Musée des beaux-arts du Canada. D'autres bibliothécaires, archivistes, éditeurs et auteurs ont généreusement offert leur temps et leurs compétences pour répondre aux multiples questions soulevées chaque jour. Merci à tous.

La Bibliothèque nationale a pu bénéficier des ser-vices de deux excellentes traductrices pendant la durée des travaux: France Duval, de Montréal, et Teresa Parent, d'Ottawa.

Je désire également exprimer toute ma gratitude au directeur de la UBC Press, Peter Milroy, ainsi qu'aux membres suivants de son équipe, pour l'excellence de leur travail de finalisation du produit: Holly Keller-Brohman, responsable de l'édition; George Vaitkunas, responsable de la conception graphique; Randy Schmidt, réviseur; Catherine Larivière, correctrice d'épreuves; and George Maddison, chef de fabrication.

Enfin, je souhaite remercier chaleureusement mon mari, Bruce Crisp, pour l'aide technique, la patience et le soutien qu'il m'a offerts au cours de nombreuses soirées et fins de semaine consacrées à cette entreprise.

Mary Bond

Introduction

Introduction

This bibliography includes reference sources of all types, in various formats, about Canada. Canadian and foreign publications which describe Canadian people, institutions, organizations, publications, art, literature, languages, history, etc., are cited and annotated. Sources published in Canada or of Canadian authorship but on non-Canadian subjects are excluded.

The items listed are generally published and available in at least one Canadian library. Many are held by the National Library of Canada, although this bibliography is not a catalogue of its reference collection. No restrictions were made according to language, date of publication or format. Nor is this publication limited to those works not covered by Dorothy Ryder's *Canadian reference sources : a selective guide* (2nd ed., 1981). The compilers of the present work have re-examined all the titles cited in Ryder and included many of them, while rejecting those which have been superseded or become dated. For most subjects, there are double or triple the number of entries found in Ryder.

Reference sources of a general nature as well as works in the disciplines of history and the humanities are covered. These large divisions are broken down by subject, genre, type of document and/or province/territory as appropriate. Titles of national, provincial/territorial or regional interest are included in every subject area when available. In certain subjects, where it has seemed necessary, works of a more local interest have been covered. For example, reference sources on the architecture of Canada's larger cities are described, as are general bibliographies of Ontario and Quebec counties. In general, titles which deal with an individual author, artist, historical figure, etc., are excluded.

To facilitate browsing, works which cover more than one subject, or a geographical region encompassing several jurisdictions, may be cited in several places in the bibliography. *The Peel bibliography of the Prairie Provinces*, for example, is repeated under Alberta, Manitoba and Saskatchewan in the Bibliographies and Catalogues section of General Reference Works.

Cette bibliographie renvoie à des ouvrages de référence sur le Canada, de présentations et de genres différents. Elle contient des citations annotées à des publications canadiennes et étrangères qui décrivent notamment le peuple canadien, ses institutions, ses organismes, ses publications, ses arts, sa littérature, ses langues et son histoire. Elle exclut les ouvrages publiés par des auteurs canadiens ou autres sur des sujets non canadiens.

Les ouvrages énumérés sont généralement publiés et disponibles dans au moins une bibliothèque canadienne. Beaucoup d'entre eux sont conservés par la Bibliothèque nationale du Canada, bien que cette bibliographie ne constitue pas un catalogue des ouvrages de référence de la Bibliothèque. Aucun ouvrage n'a été mis de côté en vertu de critères comme la langue, la date ou la présentation. Cette bibliographie ne se limite pas non plus aux ouvrages non énumérés dans le document de Dorothy Ryder intitulé *Canadian reference sources : a selective guide* (2ᵉ éd., 1981). Les auteurs de la présente compilation ont réexaminé tous les ouvrages cités par Dorothy Ryder et en ont conservé beaucoup, tout en rejetant ceux qui ont été remplacés par des ouvrages plus récents ou qui sont devenus désuets. La plupart des sujets comptent deux ou trois fois plus de notices que l'ouvrage de Dorothy Ryder.

La bibliographie énumère les ouvrages de référence de nature générale, ainsi que ceux des domaines de l'histoire et des sciences humaines. Ces grands domaines sont subdivisés par sujet, genre, type de document et par province ou territoire, selon le cas. Les ouvrages d'intérêt national, provincial ou territorial et régional figurent sous chaque sujet, le cas échéant. Des ouvrages d'intérêt local ont été inclus sous certains sujets lorsque cela semblait nécessaire. Par exemple, les ouvrages de référence sur l'architecture des grandes villes du Canada sont inclus, tout comme les bibliographies générales des comtés de l'Ontario et du Québec. En général, les ouvrages qui traitent d'un auteur, d'un artiste ou d'un personnage historique particuliers ont été exclus.

Pour faciliter la consultation, les ouvrages qui traitent

The *Bibliographic style manual* (Ottawa : National Library of Canada, 1990) was used as the guide for the citations in this publication. Other sources were consulted as necessary, including *Anglo-American cataloguing rules* and *Electronic style : a guide to citing electronic documents* (Westport, Conn. : Meckler, c1993). In accordance with the *Bibliographic style manual*, two entries have been created for each bilingual document in order to provide access and bibliographical descriptions in both of Canada's official languages. Entries for unilingual works include a citation in the language of the publication and a bilingual annotation.

Entries include the following elements: bibliographical reference, with ISBN or ISSN when available, annotation in English and French, Dewey decimal and Library of Congress classification numbers.

1025
Dictionary of Newfoundland and Labrador biography. – [Edited by] Robert H. Cuff, Melvin Baker and Robert D.W. Pitt. – St. John's : Harry Cuff Publications, 1990. – vi, 408 p. – 0921191510

Approximately 1,500 biographies of men and women who have contributed to the development of Newfoundland and Labrador since 1947. Includes individuals involved in all fields of endeavour. Alphabetically arranged. Geographical index and index of professions, areas of activity, etc. Bibliography. List of contributors.
FC2155 D53 1990 fol.   920.0718

Annotations are descriptive rather than critical and provide information on content, arrangement and indexing of works, availability of non-print formats such as microform, sound recording, braille, large print, online and CD-ROM, previous editions, title changes and related works. CIHM and Microlog numbers are noted, as are some Internet addresses. Masculine forms are used in the French annotations to designate persons of either gender. No discrimination is intended.

Bibliographical and content descriptions are based on recent editions or issues of titles. The compilers examined most publications. Photocopies of title pages, introductory material and sample entries were obtained when items were not available for interlibrary loan. Entries for some forthcoming items have been included without annotations.

Four indexes complete the work: names (authors, compilers, editors, illustrators, translators, corporate bodies, etc.), titles (including previous editions and variants), English and French subjects. Entries in the subject indexes are loosely based on headings from

de plus d'un sujet, ou d'une région géographique qui regroupe plusieurs juridictions, figurent à plus d'un endroit dans la bibliographie. Ainsi, *The Peel bibliography of the Prairie Provinces* figure sous Alberta, Manitoba et Saskatchewan de la section Ouvrages de référence généraux — Bibliographies et catalogues.

Pour la présentation des citations de la bibliographie, les auteurs se sont fondés sur le *Guide de rédaction bibliographique* (Ottawa : Bibliothèque nationale du Canada, 1989). Au besoin, ils ont aussi consulté d'autres ouvrages, notamment les *Règles de catalogage anglo-américaines* et *Electronic style : a guide to citing electronic documents* (Westport, Conn. : Meckler, c1993). Conformément au *Guide de rédaction bibliographique*, deux notices ont été rédigées pour chaque document bilingue, afin d'offrir un accès et des descriptions bibliographiques dans les deux langues officielles du Canada. Les notices concernant des ouvrages unilingues comprennent une citation dans la langue de publication et une annotation bilingue.

Les notices comportent les éléments suivants: la référence bibliographique accompagnée du code ISBN ou ISSN lorsqu'il existe, l'annotation en anglais et en français, la classification décimale de Dewey, ainsi que les numéros de classification de la Library of Congress.

1635
Noms et lieux du Québec : dictionnaire illustré. – Québec : Commission de toponymie, 1994. – xxxv, 925 p. : ill. en coul., 35 cartes en coul. – 2551140501

Dictionnaire alphabétique de noms de lieux du Québec. Inclut environ 6 000 notices des noms de municipalités, de cantons, de lacs, de rivières, etc. Les notices comprennent: nom de lieu officiel et variantes historiques, origine et signfication, type d'entité, localisation, notes biographiques, date d'érection municipale, d'apparition du toponyme ou de proclamation du canton, région administrative, coordonnées géographiques, références aux cartes, etc. Liste des sources. Index toponymique et index des illustrations.
FC2906 N66 1994 fol.   917.4003

Les annotations sont descriptives plutôt que critiques et contiennent des renseignements sur le contenu, la présentation et l'index, l'existence de versions non imprimées, telles les microformes, les enregistrements sonores, les versions en braille et en gros caractères, les versions électroniques à consulter en direct et sur disque optique, les versions antérieures, les changements de titre et les ouvrages connexes. Les numéros ICMH et Microlog sont indiqués, ainsi que les adresses Internet. Dans le texte français, le masculin doit être considéré comme un genre neutre applicable aux

Canadian subject headings, Répertoire de vedettes-matière and *Library of Congress subject headings.*

The research for this project was undertaken during the period from September 1989 through January 1995. Significant new titles have been added to the end of July 1995. The compilers have undertaken to keep all sections of the bibliography up to date by examining *Forthcoming books,* various subject-related library acquisitions lists and book trade journals. A searchable Inmagic database is being maintained and updated. However, some new editions will have been missed and the contents of certain items will have changed. The compilers would be pleased to be informed about such items and to receive any comments about the publication at the following address:

Reference and Information Services
National Library of Canada
395 Wellington Street
Ottawa, ON K1A 0N4

femmes et aux hommes. Son emploi exclusif a pour seul but de faciliter la lecture.

Les descriptions bibliographiques et du contenu reposent sur les versions et les éditions les plus récentes des ouvrages. Les compilateurs ont examiné la plupart des ouvrages. Pour les ouvrages impossibles à obtenir par le biais du prêt entre bibliothèques, les compilateurs se sont procuré des photocopies des pages de titre, des textes d'introduction et d'exemples de notices. Ils ont inclus des citations sur des ouvrages à paraître, sans y joindre d'annotation.

L'ouvrage compte quatre index: les noms (auteurs, compilateurs, rédacteurs, illustrateurs, traducteurs, personnes morales, etc.), les titres, y compris ceux des versions antérieures et les variantes, et les vedettes-matière en anglais et en français. Les entrées de l'index des sujets sont inspirées des vedettes-matière des documents *Canadian subject headings, Répertoire de vedettes-matière* et *Library of Congress subject headings.*

La recherche pour la compilation de cet ouvrage s'est déroulée entre septembre 1989 et janvier 1995. De nouveaux titres importants ont été ajoutés à la fin de juillet 1995. Les compilateurs ont entrepris de mettre à jour toutes les sections de la bibliographie en consultant *Livres à paraître,* les listes de nouvelles acquisitions des bibliothèques traitant de sujets connexes, de même que les revues de l'industrie du livre. On tient maintenant à jour une base de données Inmagic consultable. Toutefois, certaines nouvelles éditions auront inévitablement été omises et le contenu de certains ouvrages aura changé. Les compilateurs seront heureux d'en être informés et de recevoir des commentaires sur la publication, à l'adresse suivante:

Services de référence et d'information
Bibliothèque nationale du Canada
395, rue Wellington
Ottawa, ON K1A 0N4

Abbreviations/Abréviations

augm.	augmenté
bd.	bound
CIHM	Canadian Institute for Historical Microreproductions
col.	colour
corr.	corrigé
coul.	couleur
ed.	edition
éd.	édition
f.	feuillet
fol.	folio
ICMH	Institut canadien de microreproductions historiques
ill.	illustration
no.	number
n°	numéro
p.	page
p. de t.	page de titre
pa.	paper
portr.	portrait
port.	portrait
rev.	revised
rev.	revu
rév.	révisé
s.d.	sine die
s.l.	sine loco
s.n.	sine nomine
t.p.	title page
vol.	volume

Bibliography

Bibliographie

Bibliographies

Bibliographies

1

Mattison, David. – *Catalogues, guides and inventories to the archives of Alberta, British Columbia, Northwest Territories and the Yukon Territory : a selected bibliography of publications, 1968-1990.* – Vancouver : Archives Association of British Columbia, 1991. – [6] p., 23 leaves. – (Occasional papers ; 91-01). – 1895584000 – 1183-8574

A bibliography of published finding aids to archival resources issued by the federal government or public institutions in Alberta, British Columbia, the Yukon Territory or the Northwest Territories. Includes monographs and dissertations. Arranged in sections for federal, national, provincial and territorial publications. Each section is subarranged by type of record such as cartographic records, computer records, photographs, sound recordings, etc. No index. Z5140 M38 1991 fol. 016.015712

Bibliographie des instruments de recherche sur les fonds d'archives publiés par le gouvernement fédéral ou des établissements publics de l'Alberta, de la Colombie-Britannique, du Yukon ou des Territoires du Nord-Ouest. Comprend des monographies et des thèses. Classement par sections pour les publications fédérales, nationales, provinciales et territoriales. Dans chacune des sections, les documents sont classés selon leur type, comme les documents cartographiques, les documents informatiques, les photographies, les enregistrements sonores, etc. Aucun index. Z5140 M38 1991 fol. 016.015712

Catalogues

Catalogues

2

Archives nationales du Canada. – *ArchiVIA* **[CD-ROM].** – (1992)- . – Ottawa : Archives nationales du Canada, 1992- . – disque au laser d'ordinateur.

Irregular. Approximately 400,000 records provide information on the holdings of the National Archives of Canada. Five databases: archival holdings including audio-visual materials, government records, graphic materials, manuscripts and philatelic materials; microform holdings; art transparencies; maps on microfiche; archival bibliography of the Canadian Centre for Information and Documentation on Archives. Not a complete record of the Archives' collection. Includes fonds, series and accession level records.

All databases searchable by subject. Art transparencies are searchable by creator, title of work and transparency number, maps by area/region, date, classification and microfiche numbers, microforms by microform number, periodical articles and books in bibliography by title, author and date. Boolean search, browse and truncation capabilities. System requirements: IBM PC XT/AT, 386, 486 or equivalent PC with at least 640K; CD-ROM reader; MS-DOS version 3.0 or higher. CD3626 016.971

Irrégulier. Environ 400 000 notices fournissent des données sur les fonds documentaires des Archives nationales du Canada. Cinq bases de données: les fonds documentaires, y compris les documents audio-visuels, gouvernementaux, graphiques et philatéliques, et les manuscrits; les fonds documentaires sur microforme; les transparents d'oeuvres d'art; les cartes sur microfiche; la bibliographie du Centre canadien d'information et de documentation en archivistique. Il ne s'agit pas d'un relevé complet de la collection des Archives nationales. Inclut des notices sur les fonds, les séries et les entrées.

Dans toutes les bases de données, on peut faire des recherches par sujet. On peut aussi faire des recherches par créateur, titre d'oeuvre et numéro de transparent dans le cas des transparents d'oeuvres d'art, par région, date, numéro de classification et numéro de microfiche dans le cas des cartes, par numéro de microforme dans le cas des microformes, par titre, auteur ou date dans le cas des articles de périodiques et des livres qui figurent dans une bibliographie. Possibilités de faire des recherches booléennes, de parcourir les fichiers et de procéder par troncation. Configuration exigée: OP IBM XT/AT, 386, 486 ou OP équivalent avec au moins 640K; lecteur CD-ROM; version MS-DOS 3.0 ou plus. CD3626 016.971

3

Archives nationales du Canada. – *Division des archives gouvernementales.* – Compilé par Cynthia Lovering ; introduction de Terry Cook. – [2e éd.]. – Ottawa : Archives nationales du Canada, c1991. – vii, 164, 154, vii p. : ill. – (Collection de guides généraux). – 0662581865 – Titre de la p. de t. additionnelle : *Government Archives Division.*

A guide to the services and collections of the Government Archives Division of the National Archives of Canada. The Division is responsible for the preservation of textual and electronic records of the federal government. Parts 1 and 2 of the guide outline the organization and services of the Division. Part 3 describes holdings and is arranged by record group number. Each record group entry includes: title of group and number, inclusive dates, extent of collection, administrative history of department or agency, arrangement and contents. Subject index to record groups. Appendix: publications of the Government Archives Division and its predecessors. Reproduced in microform format: *Microlog,* no. 91-05095. Replaces: *Historical records of the Government of Canada* (Ottawa : Public Archives Canada, 1978); *Historical records of the Government of Canada* (Ottawa : Public Archives Canada, Federal Archives

Guide sur les services et les collections de la Division des archives gouvernementales des Archives nationales du Canada. Cette division est chargée de la conservation des textes sur papier et des documents électroniques du gouvernement fédéral. Les parties 1 et 2 du guide donnent les grandes lignes de l'organisation et des services de la Division. La partie 3 qui décrit les fonds documentaires est classée par numéro de groupe de documents. Chaque notice sur un groupe de documents comprend: le titre et le numéro du groupe, la période couverte, l'envergure de la collection, l'histoire administrative du ministère ou de l'organisme, le classement et le contenu. Index des sujets pour les groupes de documents. Annexe: publications de la Division des archives gouvernementales et de ses prédécesseurs. Reproduit sur support microforme: *Microlog,* nº 91-05095. Remplace: *Documents historiques du gouvernement du Canada* (Ottawa :

Division, 1981); *Federal Archives Division* (Ottawa : Public Archives Canada, 1983); *Machine Readable Archives Division* (Ottawa : Public Archives Canada, 1984). CD3623 N37 1991 354.71007146

Archives publiques Canada, 1978); *Documents historiques du gouvernement du Canada* (Ottawa : Archives publiques Canada, 1981); *Division des archives fédérales* (Ottawa : Archives publiques Canada, 1983); *Division des archives ordinolingues* (Ottawa : Archives publiques Canada, 1984). CD3623 N37 1991 354.71007146

4

Archives nationales du Canada. – *Division des manuscrits.* – Grace Hyam avec la collaboration de Paul Fortier, Lawrence F. Tapper. – [2ᵉ éd.]. – Ottawa : les Archives, c1994. – iii, 44, 41, iii p. : ill. – (Collection de guides généraux). – 0662596897 – Titre de la p. de t. additionnelle : *Manuscript Division.*

1st ed., 1983. A guide to the services and collections of the Manuscript Division of the National Archives of Canada. The Division acquires and preserves private papers and records of national significance. Parts 1 and 2 of the guide outline the purpose, organization and services of the Division. Part 3 briefly describes holdings according to the archival programme of which they are a part. These include prime ministers' and ministers' archives, state and military archives, social and cultural archives, multicultural archives, etc. Glossary of archival terms. CD3623 026.971

1ʳᵉ éd., 1983. Guide sur les services et les collections de la Division des manuscrits des Archives nationales du Canada. Cette division acquiert et conserve les documents personnels et autres d'importance nationale. Les parties 1 et 2 du guide énoncent dans les grandes lignes l'objet, l'organisation et les services de la Division. La partie 3 décrit brièvement les fonds documentaires en fonction du programme archivistique dont ils font partie, comme les archives des premiers ministres et des ministres, les archives d'état et militaires, les archives sociales et culturelles, les archives multiculturelles, etc. Glossaire des termes d'archivistique. CD3623 026.971

5

Archives publiques Canada. – *Archives ordinolingues : catalogue des fonds.* – [Ottawa] : Archives publiques Canada, c1981. – 61 p. – 0662911474

A catalogue of machine-readable data files collected by the National Archives of Canada (formerly the Public Archives Canada). Includes historically significant data files created by the federal government and those of national significance created by the private sector. Arranged by control number. Entries include title, alternate title, principal investigator, organization, geographic coverage, characteristics of population surveyed, case unit, sample size, restrictions on access, contents summary, index terms. Title, principal investigator/organization, subject indexes. Also published in English under the title: *Machine readable archives : catalogue of holdings.* CD3627 016.971

Catalogue de fichiers de données lisibles par machine qui font partie de la collection des Archives nationales du Canada (autrefois les Archives publiques du Canada). Inclut des fichiers de données d'importance historique créés par le gouvernement fédéral ainsi que des fichiers d'importance nationale créés par le secteur privé. Classement par numéros de contrôle. Les notices comprennent le titre, le titre équivalent, le nom du directeur de recherche, l'organisation, la portée géographique, les caractéristiques de la population étudiée, l'unité d'analyse, la taille des échantillons, les restrictions relatives à l'accès, un résumé du contenu, les termes d'indexation. Index des titres, index des directeurs de recherche et des organisations, index des sujets. Publié aussi en anglais sous le titre: *Machine readable archives : catalogue of holdings.* CD3627 016.971

6

Archives publiques du Canada. Division des manuscrits. – *General inventory ; manuscripts = Inventaire général ; manuscrits.* – Vol. 1 (1971)-vol. 8 (1977). – Ottawa : Archives publiques du Canada, Division des manuscrits, 1971-1977. – 8 vol. – 0383-4336

A bilingual guide to the documents held by the Manuscript Division of the National Archives of Canada. Vols. 1-5 cover manuscript groups (MGs) 1-27 and vols. 7-8 cover MG29 and MG30. Vol. 6 covering MG28 was never published. Public records of foreign governments are described: MG1-MG7, France; MG11-MG16, Great Britain; MG10, other countries. Certain manuscript groups are chronological and include the papers of individuals, families and institutions. MG18, MG23, MG24, pre-1867; MG26-MG30, post-1867. The remaining groups are arranged by type of document or subject; for example, MG9, provincial, local and territorial records, MG19, fur trade and Indians. Brief descriptions of document contents, finding aid numbers, and microfilm reel numbers are provided. Each volume includes a subject index. Replaces *Preliminary inventories* of manuscript groups, published between 1952 and 1966.

Reproduced in microform format: [Ottawa : Public Archives of Canada, 1987?], 102 microfiches. The microfiche edition updates MG1-MG27, MG29, MG30 to Dec. 31, 1986. It also covers MG28, MG31, MG32, MG40, MG54, MG55 and RG1, RG4, RG5, RG7, RG8 and RG14. These record groups (RGs) include pre-Confederation records of the Executive Council, Provincial Secretaries' Office, Canada East, Provincial Secretaries' Office, Canada West, Governor General's Office, etc. CD3626 1971 fol. 016.091

Guide bilingue sur les documents que possède la Division des manuscrits des Archives nationales du Canada. Les vol. 1-5 portent sur les groupes de manuscrits (MG) 1-27, et les vol. 7-8 portent sur MG29 et MG30. Le vol. 6 qui porte sur MG28 n'a jamais été publié. Les archives publiques des gouvernements étrangers sont décrites: MG1-MG7, France; MG11-MG16, Grande-Bretagne; MG10, autres pays. Certains groupes de manuscrits sont classés en ordre chronologique et comprennent les documents de personnes, de familles et d'établissements. Les groupes MG18, MG23 et MG24 sont antérieurs à 1867; les groupes MG26-MG30 sont postérieurs à 1867. Les autres groupes sont classés par types de documents ou par sujets, par exemple: MG9, les archives provinciales, locales et territoriales; MG19, le commerce de la fourrure et les Indiens. De courtes descriptions du contenu des documents, les numéros des instruments de recherche et les numéros des bobines de microfilm sont fournis. Chaque volume comprend un index des sujets. Remplace *Inventaires provisoires* des groupes de manuscrits, publiés entre 1952 et 1966.

Reproduit sur support microforme: [Ottawa : Archives publiques du Canada, 1987?], 102 microfiches. L'édition sur microfiche met à jour MG1-MG27, MG29, MG30 jusqu'au 31 décembre 1986. Elle porte également sur MG28, MG31, MG32, MG40, MG54, MG55, ainsi que sur RG1, RG4, RG5, RG7, RG8 et RG14. Ces derniers, les groupes d'archives (RG), comprennent des documents antérieurs à la Confédération produits par le Conseil exécutif, le Bureau des secrétaires provinciaux, Est du Canada, le Bureau des secrétaires provinciaux, Ouest du Canada, le Cabinet du Gouverneur général, etc. CD3626 1971 fol. 016.091

7

Boston Public Library. – *Canadian manuscripts in the Boston Public Library : a descriptive catalog.* – Boston : G.K. Hall, 1971. – v, 76 p. – 0816109303

A chronologically arranged list of Canadian manuscripts. Dates range from 1631 to the 1930s. Index of names and subjects. Z1371 B6 fol. 016.971

Liste chronologique de manuscrits canadiens qui datent d'entre 1631 et les années 1930. Index des noms et des sujets. Z1371 B6 fol. 016.971

8

McGill University. Archives. – *Guide to archival resources at McGill University = Guide des sources d'archives à l'Université McGill.* – Marcel Caya, general editor. – Prelim. ed. – Montréal : McGill University Archives, 1985. – 3 vol. (xxii, 172; x, 186; x, 377 p.). – 0771701179 (vol. 1) 0771701187 (vol. 2) 0771701195 (vol. 3)

A guide to the archival holdings of eight repositories at McGill University. Volume 1 describes the records of the University. Volumes 2 and 3 cover private papers, arranged by theme: McGill teaching and research; McGill students; education; medicine and science; business; war and the military; politics and government; culture; literature and the arts; professions and trades; social and philanthropic organizations; religious and fraternal organizations; family and private life; travel and exploration.

Entries describe types and contents of material, extent of collection, inclusive dates, location of material, finding aids and restrictions on access. Biographical or historical notes. Index to volume 1; index to volumes 2 and 3. CD3649 M6 M54 1985 016.378714281

Guide sur les fonds d'archives de huit dépôts de l'Université McGill. Le volume 1 décrit les archives de l'université. Les volumes 2 et 3 portent sur les documents privés classés par thèmes: l'enseignement et la recherche à McGill; les étudiants de McGill; l'éducation; la médecine et les sciences; les affaires; la guerre et l'armée; la politique et le gouvernement; la culture; la littérature et les arts; les professions et le commerce; les organismes sociaux et philanthropiques; les organismes religieux et les fraternités; la famille et la vie privée; les voyages et l'exploration.

Les notices précisent le type et le contenu des documents, l'envergure de la collection, la période couverte, la localisation des documents, les instruments de recherche disponibles et les restrictions relatives à l'accès. Notes biographiques ou historiques. Index pour le volume 1; index pour les volumes 2 et 3. CD3649 M6 M54 1985 016.378714281

9

McMaster University Library. William Ready Division of Archives and Research Collections. – *The research collections at McMaster University Library.* – Compiled by Charlotte A. Stewart and Carl Spadoni. – Hamilton : McMaster University Library Press, 1987. – viii, 100 p. – (Library research news – McMaster University ; vol. 2, no. 1). – 0024-9270

A guide to the archival and rare book collections held at McMaster University. Entries are alphabetically arranged under broad subjects such as business, labour, Canadian literature, Canadian social history, music, peace and war, publishing, science, medicine and technology, etc. Entries describe types and dates of material and provide biographical or historical information. Name and subject index. Other issues of *Library research news* describe individual collections in more detail. CD3649 016.971

Guide sur les collections archivistiques et les collections de livres rares de McMaster University. Les notices sont classées en ordre alphabétique par grandes catégories de sujets comme les affaires, le travail, la littérature canadienne, l'histoire sociale du Canada, la musique, la guerre et la paix, l'édition, les sciences, la médecine et la technologie, etc. Les notices précisent le type et la date des documents et elles contiennent des données biographiques ou historiques. Index des noms et des sujets. D'autres numéros de *Library research news* décrivent chacune des collections plus en détail. CD3649 016.971

10

National Archives of Canada. – *ArchiVIA* [CD-ROM]. – (1992)- . – Ottawa : National Archives of Canada, 1992- . – laser optical disk.

Irregular. Approximately 400,000 records provide information on the holdings of the National Archives of Canada. Five databases: archival holdings including audio-visual materials, government records, graphic materials, manuscripts and philatelic materials; microform holdings; art transparencies; maps on microfiche; archival bibliography of the Canadian Centre for Information and Documentation on Archives. Not a complete record of the Archives' collection. Includes fonds, series and accession level records.

All databases searchable by subject. Art transparencies are searchable by creator, title of work and transparency number, maps by area/region, date, classification and microfiche numbers, microforms by microform number, periodical articles and books in bibliography by title, author and date. Boolean search, browse and truncation capabilities. System requirements: IBM PC XT/AT, 386, 486 or equivalent PC with at least 640K; CD-ROM reader; MS-DOS version 3.0 or higher. CD3626 016.971

Irrégulier. Environ 400 000 notices fournissent des données sur les fonds documentaires des Archives nationales du Canada. Cinq bases de données: les fonds documentaires, y compris les documents audio-visuels, gouvernementaux, graphiques et philatéliques, et les manuscrits; les fonds documentaires sur microforme; les transparents d'oeuvres d'art; les cartes sur microfiche; la bibliographie du Centre canadien d'information et de documentation en archivistique. Il ne s'agit pas d'un relevé complet de la collection des Archives nationales. Inclut des notices sur les fonds, les séries et les entrées.

Dans toutes les bases de données, on peut faire des recherches par sujet. On peut aussi faire des recherches par créateur, titre d'oeuvre et numéro de transparent dans le cas des transparents d'oeuvres d'art, par région, date, numéro de classification et numéro de microfiche dans le cas des cartes, par numéro de microforme dans le cas des microformes, par titre, auteur ou date dans le cas des articles de périodiques et des livres qui figurent dans une bibliographie. Possibilités de faire des recherches booléennes, de parcourir les fichiers et de procéder par troncation. Configuration exigée: OP IBM XT/AT, 386, 486 ou OP équivalent avec au moins 640K; lecteur CD-ROM; version MS-DOS 3.0 ou plus. CD3626 016.971

11

National Archives of Canada. – *Government Archives Division.* – Compiled by Cynthia Lovering ; with an introduction by Terry Cook. – [2nd ed.]. – Ottawa : National Archives of Canada, c1991. – vii, 154, 164, vii p. : ill. – (General guide series). – 0662581865 – Title on added t.p. : *Division des archives gouvernementales.*

A guide to the services and collections of the Government Archives Division of the National Archives of Canada. The Division is responsible for the preservation of textual and electronic records of the federal government. Parts 1 and 2 of the guide outline the organization and services of the Division. Part 3 describes holdings and is arranged by record group number. Each record group entry includes: title of group and number, inclusive dates, extent of collection, administrative history of department or agency, arrangement and contents. Subject index to record groups. Appendix: publications of the Government Archives Division and its predecessors. Reproduced in microform format: *Microlog,* no. 91-05095. Replaces: *Historical records of the Government of Canada* (Ottawa : Public Archives Canada, 1978); *Historical records of the Government of Canada* (Ottawa : Public Archives Canada, Federal Archives Division, 1981); *Federal Archives Division* (Ottawa : Public Archives Canada, 1983); *Machine Readable Archives Division* (Ottawa : Public Archives Canada, 1984). CD3623 N37 1991 354.71007146

Guide sur les services et les collections de la Division des archives gouvernementales des Archives nationales du Canada. Cette division est chargée de la conservation des textes sur papier et des documents électroniques du gouvernement fédéral. Les parties 1 et 2 du guide donnent les grandes lignes de l'organisation et des services de la Division. La partie 3 qui décrit les fonds documentaires est classée par numéro de groupe de documents. Chaque notice sur un groupe de documents comprend: le titre et le numéro du groupe, la période couverte, l'envergure de la collection, l'histoire administrative du ministère ou de l'organisme, le classement et le contenu. Index des sujets dans les groupes de documents. Annexe: publications de la Division des archives gouvernementales et de ses prédécesseurs. Reproduit sur support microforme: *Microlog,* nº 91-05095. Remplace: *Documents historiques du gouvernement du Canada* (Ottawa : Archives publiques Canada, 1978); *Documents historiques du gouvernement du Canada* (Ottawa : Archives publiques Canada, 1981); *Division des archives fédérales* (Ottawa : Archives publiques Canada, 1983); *Division des archives ordinolingues* (Ottawa : Archives publiques Canada, 1984). CD3623 N37 1991 354.71007146

12

National Archives of Canada. – *Manuscript Division.* – Grace Hyam with the assistance of Paul Fortier, Lawrence F. Tapper. – [2nd ed.]. – Ottawa : the Archives, c1994. – iii, 41, 44, iii p. : ill. – (General guide series). – 0662596897 – Title on added t.p. : *Division des manuscrits.*

1st ed., 1983. A guide to the services and collections of the Manuscript Division of the National Archives of Canada. The Division acquires and preserves private papers and records of national significance. Parts 1 and 2 of the guide outline the purpose, organization and services of the Division. Part 3 briefly describes holdings according to the archival programme of which they are a part. These include prime ministers' and ministers' archives, state and military archives, social and cultural archives, multicultural archives, etc. Glossary of archival terms. CD3623 026.971

1ʳᵉ éd., 1983. Guide sur les services et les collections de la Division des manuscrits des Archives nationales du Canada. Cette division acquiert et conserve les documents personnels et autres d'importance nationale. Les parties 1 et 2 du guide énoncent les grandes lignes de l'objet, de l'organisation et des services de la Division. La partie 3 décrit brièvement les fonds documentaires en fonction du programme archivistique dont ils font partie, comme les archives des premiers ministres et des ministres, les archives d'état et militaires, les archives sociales et culturelles, les archives multiculturelles, etc. Glossaire des termes d'archivistique. CD3623 026.971

13

National inventory of documentary sources in Canada [**microform**]. – Alexandria [Virg.] : Chadwyck-Healy, 1991- . – microfiches. – Title on added t.p. : *Inventaire national des sources documentaires au Canada.*

This inventory reproduces the text of published and unpublished finding aids to archival collections held by Canadian national, provincial, regional and academic archives, libraries and historical societies. Arranged by institution and then finding aid. Published to date, Unit 1 including the National Archives of Canada, National Library of Canada, and University of Waterloo Library. Finding aid and name-subject indexes. CD3622 A2 N37 1991 fol. 016.091

Cet inventaire reproduit le texte d'instruments de recherche, publiés ou non, sur les collections archivistiques que possèdent les archives et les bibliothèques nationales, provinciales, régionales et universitaires et les sociétés historiques canadiennes. Classement par établissements, puis par instruments de recherche. Jusqu'à ce jour, seul a été publié le 1ᵉʳ jeu qui porte sur les Archives nationales du Canada, la Bibliothèque nationale du Canada et la bibliothèque de la University of Waterloo. Index des instruments de recherche, et index des noms et des sujets. CD3622 A2 N37 1991 fol. 016.091

14

Public Archives Canada. – *Machine readable archives : catalogue of holdings.* – [Ottawa] : Public Archives Canada, c1981. – 54 p. – 0662114941

A catalogue of machine-readable data files collected by the National Archives of Canada (formerly the Public Archives Canada). Includes historically significant data files created by the federal government and those of national significance created by the private sector. Arranged by control number. Entries include title, alternate title, principal investigator, organization, geographic coverage, characteristics of population surveyed, case unit, sample size, restrictions on access, contents summary, index terms. Title, principal investigator/organization, subject indexes. Also published in French under the title: *Archives ordinolingues : catalogue des fonds.* CD3627 016.971

Catalogue de fichiers de données lisibles par machine qui font partie de la collection des Archives nationales du Canada (autrefois les Archives publiques du Canada). Inclut des fichiers de données d'importance historique créés par le gouvernement fédéral ainsi que des fichiers d'importance nationale créés par le secteur privé. Classement par numéros de contrôle. Les notices comprennent le titre, le titre équivalent, le nom du directeur de recherche, l'organisation, la portée géographique, les caractéristiques de la population étudiée, l'unité d'analyse, la taille des échantillons, les restrictions relatives à l'accès, un résumé du contenu et les termes d'indexation. Index des titres, index des directeurs de recherche et des organisations, index des sujets. Publié aussi en français sous le titre: *Archives ordinolingues : catalogue des fonds.* CD3627 016.971

15

Public Archives of Canada. Manuscript Division. – *General inventory ; manuscripts = Inventaire général ; manuscrits.* – Vol. 1 (1971)-vol. 8 (1977). – Ottawa : Public Archives of Canada, Manuscript Division, 1971-1977. – 8 vol. – 0383-4336

A bilingual guide to the documents held by the Manuscript Division of the National Archives of Canada. Vols. 1-5 cover manuscript groups (MGs) 1-27 and vols. 7-8 cover MG29 and MG30. Vol. 6 covering MG28 was never published. Public records of foreign governments are described: MG1-MG7, France; MG11-MG16, Great Britain; MG10, other countries. Certain manuscript groups are chronological and include the papers of individuals, families and institutions. MG18, MG23, MG24, pre-1867; MG26-MG30, post-1867. The remaining groups are arranged by type of document or subject; for example, MG9, provincial, local and territorial records, MG19, fur trade and Indians. Brief descriptions of document contents, finding aid numbers, and microfilm reel numbers are provided. Each volume includes a subject index. Replaces *Preliminary inventories* of manuscript groups, published between 1952 and 1966.

Reproduced in microform format: [Ottawa : Public Archives of Canada, 1987?], 102 microfiches. The microfiche edition updates MG1-MG27, MG29, MG30 to Dec. 31, 1986. It also covers MG28, MG31, MG32, MG40, MG54, MG55 and RG1, RG4, RG5, RG7, RG8, and RG14. These record groups (RGs) include pre-Confederation records of the Executive Council, Provincial Secretaries' Office, Canada East, Provincial Secretaries' Office, Canada West, Governor General's Office, etc.   CD3626 1971 fol.   016.091

Guide bilingue sur les documents que possède la Division des manuscrits des Archives nationales du Canada. Les volumes 1-5 portent sur les groupes de manuscrits (MG) 1-27, et les volumes 7-8 portent sur MG29 et MG30. Le volume 6 qui porte sur MG28 n'a jamais été publié. Les archives publiques des gouvernements étrangers sont décrites: MG1-MG7, France; MG11-MG16, Grande-Bretagne; MG10, autres pays. Certains groupes de manuscrits sont classés en ordre chronologique et comprennent les documents de personnes, de familles et d'établissements. Les groupes MG18, MG23 et MG24 sont antérieurs à 1867; les groupes MG26-MG30 sont postérieurs à 1867. Les autres groupes sont classés par types de documents ou par sujets, par exemple: MG9, les archives provinciales, locales et territoriales; MG19, le commerce de la fourrure et les Indiens. De courtes descriptions du contenu des documents, les numéros des instruments de recherche et les numéros des bobines de microfilm sont fournis. Chaque volume comprend un index des sujets. Remplace les *Inventaires provisoires* des groupes de manuscrits, publiés entre 1952 et 1966.

Reproduit sur support microforme: [Ottawa : Archives publiques du Canada, 1987?], 102 microfiches. L'édition sur microfiche met à jour MG1-MG27, MG29, MG30 jusqu'au 31 décembre 1986. Elle porte également sur MG28, MG31, MG32, MG40, MG54, MG55, ainsi que sur RG1, RG4, RG5, RG7, RG8 et RG14. Ces derniers, les groupes d'archives (RG), comprennent des documents antérieurs à la Confédération produits par le Conseil exécutif, le Bureau des secrétaires provinciaux, Est du Canada, le Bureau des secrétaires provinciaux, Ouest du Canada, le Cabinet du Gouverneur général, etc.   CD3626 1971 fol.   016.091

16

Queen's University (Kingston, Ont.). Archives. – *A guide to the holdings of Queen's University Archives.* – Anne MacDermaid, George F. Henderson, co-editors. – 2nd ed. – Kingston : Queen's University, 1986-1987. – 2 vol. (ix, 351; xiii, 137 p.). – 0889114668 (vol. 1) 0889114730 (vol. 2)

1st ed., 1978. Queen's University Archives collects materials relating to Canadian public affairs, business, literature and art as well as Kingston and its surrounding area and the University. Volume 1 includes approximately 2,000 entries for textual holdings, alphabetically arranged. Volume 2 lists audio-visual materials such as photographs, sound recordings, films and videocassettes, alphabetically arranged.

Entries describe the types and contents of material, inclusive dates, extent of collection, donor or source, finding aids, restrictions on access. Entries also include *Union list of manuscripts* number. The contents of the Kirkpatrick-Nickle legal collection and the Lorne and Edith Pierce collection of Canadian manuscripts are described in more detail. Name and subject index in each volume.   CD3649 K55 Q44 1986   016.37871372

1re éd., 1978. Les archives de Queen's University rassemblent des documents qui se rapportent aux affaires publiques, aux affaires, à la littérature et aux arts au Canada, ainsi qu'à Kingston, à ses environs et à l'université. Le volume 1 comprend environ 2 000 notices sur des textes classés en ordre alphabétique. Le volume 2 donne la liste des documents audio-visuels, comme les photographies, les enregistrements sonores, les films et les vidéocassettes, classés en ordre alphabétique.

Les notices précisent le type et le contenu des documents, la période couverte, l'envergure de la collection, le donateur ou la source, les instruments de recherche disponibles et les restrictions relatives à l'accès. De plus, les notices portent un numéro du *Catalogue collectif des manuscrits*. Le contenu de la collection juridique Kirkpatrick-Nickle et de la collection de manuscrits canadiens Lorne et Edith Pierce est décrit plus en détail. Index des noms et des sujets dans chaque volume.   CD3649 K55 Q44 1986   016.37871372

17

Scotland. Record Office. – *Source list of manuscripts relating to the U.S.A. and Canada in private archives preserved in the Scottish Record Office.* – [London : Swift (P & D) Ltd., 1970]. – [2], 112 leaves.

A list of manuscripts relating to the United States and Canada from private archives held in the Record Office of Scotland. Lists material dating from the eighteenth to twentieth centuries, including the papers of the 9th Earl of Dalhousie as Lieutenant-Governor of Nova Scotia, 1816-1820, and Governor-in-Chief of Canada, 1820-1828. Description of types and contents of documents. No index. Updated in part by: *List of American documents* (Edinburgh : H.M.S.O., 1976), which excludes Canada. However, some Canadian material of American interest is included.   Z6620 U5 L48 fol.   016.97

Liste de manuscrits qui se rapportent aux États-Unis et au Canada et qui proviennent d'archives privées déposées au Record Office de l'Écosse. Donne la liste de documents qui datent du dix-huitième au vingtième siècles, y compris les documents du 9e comte de Dalhousie qui fut Lieutenant-gouverneur de la Nouvelle-Écosse, 1816-1820, et Gouverneur en chef du Canada, 1820-1828. Description du type et du contenu des documents. Aucun index. Mise à jour partielle: *List of American documents* (Edinburgh : H.M.S.O., 1976), qui exclut le Canada. Toutefois, des matériaux canadiens d'intérêt américain sont inclus.   Z6620 U5 L48 fol.   016.97

18

Université d'Ottawa. Centre de recherche en civilisation canadienne-française. – *Guide des archives du Centre de recherche en civilisation canadienne-française de l'Université d'Ottawa.* – Par Danielle Raymond, Lucie Pagé, Colette Michaud, Michel Lalonde avec la collaboration de France Beauregard. – 3ᵉ éd. – Ottawa : le Centre, 1994. – xxv, 319 p. – (Documents de travail du Centre de recherche en civilisation canadienne-française ; 36). – 0889270325

1st ed., 1980, *Guide d'archives du Centre de recherche en civilisation canadienne-française à l'Université d'Ottawa*; 2nd ed., 1985. A guide to the Centre's 414 archival fonds or collections relating to French Canada, particularly to the French culture of Ontario. Entries are alphabetically arranged by name of person or organization. Entries include the title of the fonds or collection, types and contents of material, inclusive dates and extent of fonds. Biographical or historical notes and notes on acquisition, language of material, restrictions on access, finding aids, etc.

Numerical lists of fonds for organizations and individuals, photographic fonds, sound recording, video and film fonds, computer fonds, microforms and individual documents. Index of fonds by theme, such as agriculture, architecture, education, genealogy, history, literature, politics, etc. Name index.   CD3649 O83 U55 1994 fol. 016.971004114

1ʳᵉ éd., 1980, *Guide d'archives du Centre de recherche en civilisation canadienne-française à l'Université d'Ottawa*; 2ᵉ éd., 1985. Guide sur 414 fonds ou collections d'archives du Centre qui se rapportent au Canada français, en particulier, à la culture française de l'Ontario. Les notices sont classées par ordre alphabétique de noms de personnes ou d'organisations. Elles précisent le titre du fonds ou de la collection, le type et le contenu des documents, la période couverte et l'envergure du matériel dans les fonds. Notes biographiques ou historiques, sur la source d'acquisition, la langue des documents, les restrictions à la consultation, les instruments de recherche, etc.

Donne les listes numériques des fonds des organisations et des personnes, et les listes des cotes de contrôle des documents photographiques, des documents sonores, vidéos et filmiques, des documents ordinolingues, des microformes et des documents particuliers. Index des fonds par thèmes comme l'agriculture, l'architecture, l'éducation, la généalogie, l'histoire, la littérature, la politique, etc. Index des noms. CD3649 O83 U55 1994 fol. 016.971004114

19

University of Guelph. Library. – *Past forward : a guide to the Archival Collections, University of Guelph Library.* – Compiled by Nancy Sadek. – [Guelph] : University of Guelph Library, c1990. – 1 vol. (loose-leaf) : ill. – 0889552290

Part 1, University records, is arranged in five sections covering the Ontario Agricultural College, Macdonald Institute, Ontario Veterinary College, Federated Colleges and the University of Guelph. Part 2, other archival collections, is arranged by subject including agriculture, family studies, landscape architecture, literature, natural history, Canadian history, theatre and travel, and communications. Entries for collections describe scope, type of documents included, extent, availability of finding aids and related publications. Personal and corporate name index. List of illustrations. Z883 G84 U55 1990 016.37871343

La partie 1 sur les archives de l'université est divisée en cinq sections qui portent sur le Collège d'agriculture de l'Ontario, le Macdonald Institute, l'Ontario Veterinary College, les collèges fédérés et la University of Guelph. La partie 2 sur les autres collections archivistiques est classée par sujets comme l'agriculture, les études sur la famille, l'aménagement paysager, la littérature, l'histoire naturelle, l'histoire du Canada, le théâtre et les voyages, et les communications. Les notices sur les collections précisent la portée de la collection, le type de documents inclus, l'envergure de la collection, la disponibilité des instruments de recherche et les publications connexes. Index des noms de personnes et de sociétés. Liste des illustrations. Z883 G84 U55 1990 016.37871343

20

Victoria University (Toronto, Ont.). Library. – *Guide to the Canadian manuscript collections in Victoria University Library.* – Toronto : the Library, 1988. – iii, 388 p.

Includes collections of Canadian manuscripts held by the Victoria University Library. Covers the papers of many well-known literary figures such as Northrop Frye, Bliss Carman, E.J. Pratt and Raymond Knister. Entries are alphabetically arranged by name. Detailed descriptions of the extent and arrangement of collections, types and contents of material, provenance, source or donor and finding aids. Entries also include *Union list of manuscripts* number. Biographical sketches. Index of personal and corporate names and titles. Z6621 V56 G85 1988 fol. 016.971

Comprend des collections de manuscrits canadiens qui se trouvent dans la bibliothèque de Victoria University. Porte sur les documents de nombreuses personnalités littéraires comme Northrop Frye, Bliss Carman, E.J. Pratt et Raymond Knister. Les notices sont classées par ordre alphabétique de noms. Descriptions détaillées de l'envergure de chaque collection et de leur classement, du type et du contenu des documents, de leur provenance, de la source ou du donateur et des instruments de recherche disponibles. De plus, les notices portent un numéro du *Catalogue collectif des manuscrits*. Notices biographiques. Index des titres et des noms de personnes et de sociétés. Z6621 V56 G85 1988 fol. 016.971

21

Whyte Museum of the Canadian Rockies. Archives. – *Guide to manuscripts : the fonds and collections of the Archives, Whyte Museum of the Canadian Rockies.* – Banff, Alta. : the Museum, 1989. – xv, 169 p. : ill. – 0920608337 0920608280 (Inventory of the Catharine Robb Whyte collection)

A guide to the manuscript collections or fonds of individuals and organizations associated with the Canadian Rockies. Entries are alphabetically arranged by name. Entries include biographical notes, types of material, extent of collection or fonds, inclusive dates, contents, provenance, donor or source, finding aids, restrictions on access to collection, *Union list of manuscripts* number.

Appendix in back pocket includes *Inventory of the Alpine Club of Canada collection*, 3 microfiches, and *Inventory of the Catharine Robb Whyte collection*, 6 microfiches. Also published: *Guide to photographs :*

Guide sur les collections de manuscrits ou les fonds de personnes et d'organisations associées aux Rocheuses canadiennes. Les notices sont classées par ordre alphabétique de noms. Elles comprennent des notes biographiques et précisent le type de documents inclus, l'envergure de la collection ou du fonds, la période couverte, le contenu, la provenance, le donateur ou la source, les instruments de recherche disponibles, les restrictions relatives à l'accès à la collection et le numéro du *Catalogue collectif des manuscrits*.

L'annexe qui se trouve dans la pochette arrière comprend

the fonds and collections of the Archives, Whyte Museum of the Canadian Rockies.   Z6611 R64 W5 1989 fol.   016.9711

Inventory of the Alpine Club of Canada collection, 3 microfiches et *Inventory of the Catharine Robb Whyte collection*, 6 microfiches. Aussi publié: *Guide to photographs : the fonds and collections of the Archives, Whyte Museum of the Canadian Rockies.*   Z6611 R64 W5 1989 fol. 016.9711

22

York University (Toronto, Ont.). Archives. – ***A guide to the fonds d'archives and collections in the holdings of the York University Archives : "th wide opn look uv the eyez".*** – Barbara L. Craig and Peter D. James. – Toronto : ECW Press, forthcoming 1995. – 1550222295 CD3649 016.378713541

Directories

Répertoires

23

Archives publiques du Canada. – ***Guide des sources d'archives sur le Canada français, au Canada.*** – Ottawa : Archives publiques du Canada, 1975. – v, 195 p.

A guide to archival materials relating to French Canada held in federal, provincial, municipal, academic, religious, judicial, hospital, and other Canadian archives. Entries are arranged by type of archives and include: address, telephone number, institutional history, services, holdings and finding aids. Geographical and name indexes.   Z1395 F7 C36 1975 fol.   016.971004114

Guide sur les documents d'archives qui se rapportent au Canada français et qui se trouvent dans les archives canadiennes fédérales, provinciales, municipales, universitaires, religieuses, judiciaires, hospitalières et autres. Les notices sont classées par types d'archives et contiennent: l'adresse, le numéro de téléphone, l'historique de l'établissement, les services offerts, le fonds documentaire et les instruments de recherche disponibles. Index géographique et index des noms.   Z1395 F7 C36 1975 fol.   016.971004114

24

Directory of Canadian archives = Annuaire des services d'archives canadiens. – (1971)-   . – Ottawa : Canadian Council of Archives, 1971-   . –   vol. – 0711-0413

Irregular, 5th ed., 1990. A directory of over 700 archives, provincial/territorial councils and professional associations in the Canadian archival community. Arranged by province or territory with national institutions or organizations listed first. Entries include name, address, telephone and fax numbers of institution, name and title of person responsible, hours of operation, description of holdings, citation for a guide to the collection, if available. Entry in language of institution. Thematic index. Alphabetical index of institutions and organizations. Title varies: 1st ed., 1971, *Directory of Canadian archival repositories = Annuaire des archives canadiens*; 2nd ed., 1977, *Directory of Canadian records and manuscript repositories*; 3rd ed., 1981-4th ed., 1986, *Directory of Canadian archives = Annuaire des dépôts d'archives canadiens.* Imprint varies.   CD3620 D5 016.9710025

Irrégulier, 5ᵉ éd., 1990. Répertoire de plus de 700 services d'archives, conseils provinciaux ou territoriaux et associations professionnelles des milieux archivistiques canadiens. Classement par provinces ou territoires avec établissements et organismes nationaux en tête de liste. Les notices comprennent le nom, l'adresse, et les numéros de téléphone et de télécopieur de l'établissement, le nom et le titre de la personne responsable, les heures d'ouverture, la description des fonds documentaires, une référence à un guide sur la collection, s'il y a lieu. Les notices sont rédigées dans la langue de l'établissement. Index thématique. Index alphabétique des établissements et organismes. Le titre varie: 1ʳᵉ éd., 1971, *Directory of Canadian archival repositories = Annuaire des archives canadiens*; 2ᵉ éd., 1977, *Directory of Canadian records and manuscript repositories*; 3ᵉ éd., 1981-4ᵉ éd., 1986, *Directory of Canadian archives = Annuaire des dépôts d'archives canadiens.* L'adresse bibliographique varie.   CD3620 D5   016.9710025

25

Directory of Canadian archives = Annuaire des services d'archives canadiens. – (1971)-   . – Ottawa : Conseil canadien des archives, 1971-   . –   vol. – 0711-0413

Irregular, 5th ed., 1990. A directory of over 700 archives, provincial/territorial councils and professional associations in the Canadian archival community. Arranged by province or territory with national institutions or organizations listed first. Entries include name, address, telephone and fax numbers of institution, name and title of person responsible, hours of operation, description of holdings, citation for a guide to the collection, if available. Entry in language of institution. Thematic index. Alphabetical index of institutions and organizations. Title varies: 1st ed., 1971, *Directory of Canadian archival repositories = Annuaire des archives canadiens*; 2nd ed., 1977, *Directory of Canadian records and manuscript repositories*; 3rd ed., 1981-4th ed., 1986, *Directory of Canadian archives = Annuaire des dépôts d'archives canadiens.* Imprint varies.   CD3620 D5 016.9710025

Irrégulier, 5ᵉ éd., 1990. Répertoire de plus de 700 services d'archives, conseils provinciaux ou territoriaux et associations professionnelles des milieux archivistiques canadiens. Classement par provinces ou territoires avec établissements et organismes nationaux en tête de liste. Les notices comprennent le nom, l'adresse, et les numéros de téléphone et de télécopieur de l'établissement, le nom et le titre de la personne responsable, les heures d'ouverture, la description des fonds documentaires, une référence à un guide sur la collection, s'il y a lieu. Les notices sont rédigées dans la langue de l'établissement. Index thématique. Index alphabétique des établissements et organismes. Le titre varie: 1ʳᵉ éd., 1971, *Directory of Canadian archival repositories = Annuaire des archives canadiens*; 2ᵉ éd., 1977, *Directory of Canadian records and manuscript repositories*; 3ᵉ éd., 1981-4ᵉ éd., 1986, *Directory of Canadian archives = Annuaire des dépôts d'archives canadiens.* L'adresse bibliographique varie.   CD3620 D5   016.9710025

Indexes   *Index*

26

Archives publiques du Canada. – *Guide des Rapports des Archives publiques du Canada, 1872-1972*. – Par Françoise Caron-Houle. –
Ottawa : [les Archives], 1975. – [6], 100 p. : portr.

A guide to the contents of the 68 annual reports published between 1872 and 1972. The first section lists the titles of all the reports, specifying pages containing the report of activities such as important acquisitions, research done, etc. Arranged chronologically. The second section, organized by type of document, gives references to articles, catalogues and guides of the Archives, calendars and documents from public, private and other sources, maps and plans and miscellaneous items. Appendix: Archives publications other than annual reports. Index of proper names and subjects. Also published in English under the title: *Guide to the Reports of the Public Archives of Canada, 1872-1972*.   CD3620 A23152 fol.   016.971

Guide du contenu des 68 rapports annuels publiés entre 1872 et 1972. La première section signale des titres de tous les rapports avec les numéros des pages qui traitent d'activités comme les acquisitions importantes, la recherche effectuée, etc. Classement chronologique. Organisée en fonction des types de documents, la deuxième section fournit des références aux articles, catalogues et guides des Archives, aux listes de regestes et documents de sources publiques, privées et autres, aux cartes et aux plans, ainsi qu'à divers documents. Annexe: publications des Archives autres que les rapports annuels. Index des noms propres et des sujets. Publié aussi en anglais sous le titre: *Guide to the Reports of the Public Archives of Canada, 1872-1972*. CD3620 A23152 fol.   016.971

27

Archives publiques du Canada. – *Index aux rapports de la Division des archives canadiennes depuis 1872 jusqu'à 1908*. – Ottawa :
Imprimeur du Roi, 1910. – x, 245 p. – (Publication de la Division des archives canadiennes ; nº 1).

Indexes the annual reports of the Public Archives of Canada (now the National Archives of Canada) for the years 1872 through 1908. Describes report contents. Arranged chronologically. Includes calendars of the State Papers, Upper Canada, and of the Haldimand Collection. Indexes of subjects and proper names. Also published in English under the title: *Index to reports of Canadian archives from 1872 to 1908*.   CD3620 A21   016.971

Index des rapports annuels des Archives publiques du Canada (maintenant les Archives nationales du Canada) pour les années 1872 à 1908. Décrit le contenu des rapports. Classement chronologique. Inclut les listes de regestes des documents d'état du Haut-Canada et de la collection Haldimand. Index des sujets et index des noms propres. Publié aussi en anglais sous le titre: *Index to reports of Canadian archives from 1872 to 1908*.   CD3620 A21 016.971

28

Public Archives of Canada. – *Guide to the Reports of the Public Archives of Canada, 1872-1972*. – By Françoise Caron-Houle. – Ottawa :
[the Archives], 1975. – [6], 97 p. : ports.

A guide to the contents of the 68 annual reports published between 1872 and 1972. The first section lists the titles of all the reports, specifying pages containing the report of activities such as important acquisitions, research done, etc. Arranged chronologically. The second section, organized by type of document, gives references to articles, catalogues and guides of the Archives, calendars and documents from public, private and other sources, maps and plans and miscellaneous items. Appendix: Archives publications other than annual reports. Index of proper names and subjects. Also published in French under the title: *Guide des Rapports des Archives publiques du Canada, 1872-1972*.   CD3620 A2315 fol.   016.971

Guide du contenu des 68 rapports annuels publiés entre 1872 et 1972. La première section signale des titres de tous les rapports avec les numéros des pages qui traitent d'activités comme les acquisitions importantes, la recherche effectuée, etc. Classement chronologique. Organisée en fonction des types de documents, la deuxième section fournit des références aux articles, catalogues et guides des Archives, aux listes de regestes et documents de sources publiques, privées et autres, aux cartes et aux plans, ainsi qu'à divers documents. Annexe: publications des Archives autres que les rapports annuels. Index des noms propres et des sujets. Publié aussi en français sous le titre: *Guide des Rapports des Archives publiques du Canada, 1872-1972*. CD3620 A2315 fol.   016.971

29

Public Archives of Canada. – *Index to reports of Canadian archives from 1872 to 1908*. – Ottawa : King's Printer, 1909. – xi, 231 p. –
(Publications of the Canadian archives ; no. 1).

Indexes the annual reports of the Public Archives of Canada (now the National Archives of Canada) for the years 1872 through 1908. Describes report contents. Arranged chronologically. Includes calendars of the State Papers, Upper Canada, and of the Haldimand Collection. Indexes of subjects and proper names. Also published in French under the title: *Index aux rapports de la Division des archives canadiennes depuis 1872 jusqu'à 1908*.   CD3620 A2   016.971

Index des rapports annuels des Archives publiques du Canada (maintenant les Archives nationales du Canada) pour les années 1872 à 1908. Décrit le contenu des rapports. Classement chronologique. Inclut les listes de regestes des documents d'état du Haut-Canada et de la collection Haldimand. Index des sujets et index des noms propres. Publié aussi en français sous le titre: *Index aux rapports de la Division des archives canadiennes depuis 1872 jusqu'à 1908*.   CD3620 A2   016.971

Union Lists

Listes collectives

30

Archives publiques du Canada. – *Union list of manuscripts in Canadian repositories = Catalogue collectif des manuscrits des archives canadiennes.* – Projet conjoint des Archives publiques du Canada et du Conseil canadien de recherches sur les humanités. – Éd. rev. – Ottawa : Archives publiques Canada, 1975. – 2 vol. (xx, 1578 p.).

1st ed., 1968. 27,000 entries for collections of papers held by 171 institutions. Collections are listed alphabetically under the names of individuals or corporate or government bodies which created or collected the papers. Entries include brief descriptions of types and contents of papers, extent of collection, inclusive dates, location, ownership of original and finding aids. Index of personal and corporate names and some subjects. List of institutions holding papers. List of collection titles arranged by institution. Z6620 C3 C3 1975 fol. 016.091

1re éd., 1968. 27 000 notices sur des collections de documents qui se trouvent dans 171 établissements. Les collections sont énumérées par ordre alphabétique, sous les noms des personnes, des sociétés ou des organismes gouvernementaux qui ont produit ou rassemblé les documents. Les notices comprennent de courtes descriptions du type et du contenu des documents et elles précisent l'envergure de la collection, la période couverte, la localisation, la propriété des originaux et la disponibilité des instruments de recherche. Index des noms de personnes et de sociétés et de certains sujets. Liste des établissements où sont déposés les documents. Liste des titres de collections classés par établissements. Z6620 C3 C3 1975 fol. 016.091

31

Archives publiques du Canada. – *Union list of manuscripts in Canadian repositories : supplement, 1976 = Catalogue collectif des manuscrits conservés dans les dépôts d'archives canadiens : supplément, 1976.* – Ottawa : Archives publiques Canada, 1976. – xxi, 322 p. – 0660503603

5,000 entries for new acquisitions received by 60 institutions during the period from January 31, 1974 to March 31, 1976. Also includes approximately 1,000 entries left out of the 1975 edition. Z6620 C3 C32 fol. 016.091

5 000 notices sur les nouvelles acquisitions faites par 60 établissements pendant la période du 31 janvier 1974 au 31 mars 1976. Comprend aussi environ 1 000 notices qui n'avaient pas été incluses dans l'édition de 1975, mais qui auraient dû l'être. Z6620 C3 C32 fol. 016.091

32

Archives publiques du Canada. – *Union list of manuscripts in Canadian repositories : supplement, 1977-78 = Catalogue collectif des manuscrits conservés dans les dépôts d'archives canadiens : supplément, 1977-1978.* – Ottawa : Archives publiques Canada, 1979. – xxviii, 236 p.

Approximately 3,000 entries for new acquisitions received by 66 institutions between April 1, 1976 and November 30, 1977. Z6620 C3 C32 fol. 016.091

Environ 3 000 notices sur les nouvelles acquisitions faites par 66 établissements entre le 1er avril 1976 et le 30 novembre 1977. Z6620 C3 C32 fol. 016.091

33

Archives publiques du Canada. – *Union list of manuscripts in Canadian repositories : supplement, 1979-1980 = Catalogue collectif des manuscrits conservés dans les dépôts d'archives canadiens : supplément, 1979-1980.* – Ottawa : Archives publiques Canada, 1982. – xxiv, 243 p. – 0660516012

3,300 entries for new acquisitions received by 78 institutions between December 1, 1977 and December 31, 1979. Z6620 C3 C32 fol. 016.091

3 300 notices sur les nouvelles acquisitions faites par 78 établissements entre le 1er décembre 1977 et le 31 décembre 1979. Z6620 C3 C32 fol. 016.091

34

Archives publiques du Canada. – *Union list of manuscripts in Canadian repositories : supplement, 1981-1982 = Catalogue collectif des manuscrits conservés dans les dépôts d'archives canadiens : supplément, 1981-1982.* – Ottawa : Archives publiques Canada, 1985. – xxv, 616 p. – 0660530902

9,000 entries for new acquisitions received by 73 institutions between December 1, 1980 and December 31, 1982. Z6620 C3 C32 fol. 016.091

9 000 notices sur les nouvelles acquisitions faites par 73 établissements entre le 1er décembre 1980 et le 31 décembre 1982. Z6620 C3 C32 fol. 016.091

35

Public Archives of Canada. – *Union list of manuscripts in Canadian repositories = Catalogue collectif des manuscrits des archives canadiennes.* – Joint project of the Public Archives of Canada and the Humanities Research Council of Canada. – Rev. ed. – Ottawa : Public Archives Canada, 1975. – 2 vol. (xx, 1578 p.).

1st ed., 1968. 27,000 entries for collections of papers held by 171 institutions. Collections are listed alphabetically under the names of individuals or corporate or government bodies which created or collected the papers. Entries include brief descriptions of types and contents of papers, extent of collection, inclusive dates, location, ownership of original and finding aids. Index of personal and corporate

1re éd., 1968. 27 000 notices sur des collections de documents qui se trouvent dans 171 établissements. Les collections sont énumérées par ordre alphabétique, sous les noms des personnes, des sociétés ou des organismes gouvernementaux qui ont produit ou rassemblé les documents. Les notices comprennent de courtes descriptions du type et du contenu des documents et elles précisent l'envergure de

names and some subjects. List of institutions holding papers. List of collection titles arranged by institution. Z6620 C3 C3 1975 fol. 016.091

la collection, la période couverte, la localisation, la propriété des originaux et la disponibilité des instruments de recherche. Index des noms de personnes et de sociétés et de certains sujets. Liste des établissements où sont déposés les documents. Liste des titres de collections classés par établissements.   Z6620 C3 C3 1975 fol. 016.091

36
Public Archives of Canada. – *Union list of manuscripts in Canadian repositories : supplement, 1976 = Catalogue collectif des manuscrits conservés dans les dépôts d'archives canadiens : supplément, 1976.* – Ottawa : Public Archives Canada, 1976. – xxi, 322 p. – 0660503603

5,000 entries for new acquisitions received by 60 institutions during the period from January 31, 1974 to March 31, 1976. Also includes approximately 1,000 entries left out of the 1975 edition. Z6620 C3 C32 fol. 016.091

5 000 notices sur les nouvelles acquisitions faites par 60 établissements pendant la période du 31 janvier 1974 au 31 mars 1976. Comprend aussi environ 1 000 notices qui n'avaient pas été incluses dans l'édition de 1975, mais qui auraient dû l'être. Z6620 C3 C32 fol. 016.091

37
Public Archives of Canada. – *Union list of manuscripts in Canadian repositories : supplement, 1977-78 = Catalogue collectif des manuscrits conservés dans les dépôts d'archives canadiens : supplément, 1977-1978.* – Ottawa : Public Archives Canada, 1979. – xxviii, 236 p.

Approximately 3,000 entries for new acquisitions received by 66 institutions between April 1, 1976 and November 30, 1977. Z6620 C3 C32 fol. 016.091

Environ 3 000 notices sur les nouvelles acquisitions faites par 66 établissements entre le 1er avril 1976 et le 30 novembre 1977. Z6620 C3 C32 fol. 016.091

38
Public Archives of Canada. – *Union list of manuscripts in Canadian repositories : supplement, 1979-1980 = Catalogue collectif des manuscrits conservés dans les dépôts d'archives canadiens : supplément, 1979-1980.* – Ottawa : Public Archives Canada, 1982. – xxiv, 243 p. – 0660516012

3,300 entries for new acquisitions received by 78 institutions between December 1, 1977 and December 31, 1979. Z6620 C3 C32 fol. 016.091

3 300 notices sur les nouvelles acquisitions faites par 78 établissements entre le 1er décembre 1977 et le 31 décembre 1979. Z6620 C3 C32 fol. 016.091

39
Public Archives of Canada. – *Union list of manuscripts in Canadian repositories : supplement, 1981-1982 = Catalogue collectif des manuscrits conservés dans les dépôts d'archives canadiens : supplément, 1981-1982.* – Ottawa : Public Archives Canada, 1985. – xxv, 616 p. – 0660530902

9,000 entries for new acquisitions received by 73 institutions between December 1, 1980 and December 31, 1982. Z6620 C3 C32 fol. 016.091

9 000 notices sur les nouvelles acquisitions faites par 73 établissements entre le 1er décembre 1980 et le 31 décembre 1982. Z6620 C3 C32 fol. 016.091

Provinces and Territories

Alberta

Provinces et territoires

Alberta

40
Alberta Archives Council. – *Directory.* – Calgary : the Council, [1984]-   . –   vol. – 1197-0022 – Cover title.

Annual. A directory of archives in Alberta, alphabetically arranged. Entries include: type of institution, address, name, telephone and fax numbers and e-mail address of contact person, public hours, appointment requirements, extent of collection, inclusive dates, predominant dates, descriptive summary of holdings. Index of archives arranged by location.   CD3620 A2   026.971230025

Annuel. Répertoire alphabétique des services d'archives en Alberta. Les notices contiennent: le type d'établissement, l'adresse, le nom, les numéros de téléphone et de télécopieur, l'adresse sur courrier électronique de la personne-ressource, les heures d'ouverture au public, les exigences en matière de rendez-vous, l'envergure de la collection, la période couverte, les dates importantes, une courte description des fonds documentaires. Index des archives classées par lieux. CD3620 A2   026.971230025

41
Glenbow Archives. – *Glenbow Archives : a guide to the holdings.* – Compiled and edited by Susan M. Kooyman and Bonnie Woelk. – Calgary : the Archives, c1992. – 2 vol. (unpaged) : ill. – 1895379164

A guide to the archival fonds and collections of the Glenbow Archives which focusses on Western Canadian studies. Alphabetically arranged by title of fonds or collection. Entries include: title, inclusive dates, physical description, historical/biographical and content notes, source of acquisition, information on availability of originals/reproductions, restrictions on access, availability of finding aids, associated material. Subject index. The online database from

Guide sur les fonds d'archives et les collections archivistiques de Glenbow Archives qui portent principalement d'études sur l'Ouest canadien. Classement alphabétique par titres de fonds ou de collections. Les notices comprennent: le titre, la période couverte, une description physique, des notes historiques ou biographiques, des notes sur le contenu, la source d'acquisition, des données sur la disponibilité des documents originaux ou des reproductions, les

which this guide was generated can be searched for researchers by the staff of the Glenbow Archives.   CD3646 A5 G5 1992 fol. 016.97123

restrictions relatives à l'accès, la disponibilité des instruments de recherche et les documents connexes. Index sujets. Le personnel de Glenbow Archives peut faire, pour les chercheurs, des recherches dans la base de données accessible en direct à partir de laquelle ce guide a été produit.   CD3646 A5 G5 1992 fol. 016.97123

42

A preliminary guide to archival sources relating to southern Alberta. – Compiled and edited by members of the University of Lethbridge Regional History Project : Barbara Huston [et al.]. – [Lethbridge, Alta. : s.n.], 1979. – 3, 21, [77] leaves.

Lists archival materials relating to southern Alberta, in particular south-west Alberta. Archives surveyed include the National Archives of Canada, the Glenbow Archives, the Galt Museum and Archives as well as city, town, village and municipality archives. Governmental, political and financial records predominate. Entries describe types and contents of material, inclusive dates, extent of collection and location. Subject index.   Z1392 A4 P74 fol.   016.971234

Signale des documents d'archives qui se rapportent au sud de l'Alberta, plus particulièrement au sud-ouest de la province. Les archives examinées comprennent les Archives nationales du Canada, Glenbow Archives, Galt Museum and Archives, ainsi que les archives des villes, des villages et des municipalités. Les archives gouvernementales, politiques et financières prédominent. Les notices précisent le type et le contenu des documents, la période couverte, l'envergure de la collection et la localisation. Index sujets.   Z1392 A4 P74 fol.   016.971234

43

Provincial Archives of Alberta. – ***Government records collections held in the Provincial Archives of Alberta.*** – Edmonton : the Archives, [1989?]. – v, 57 p.

1985, 1987 editions. A guide to the records of the government of Alberta held by the Provincial Archives of Alberta. Alphabetically arranged by name of government department. Entries include descriptions of collections and reference numbers with codes indicating existence of finding aids, restrictions on access, etc. Directory of public records offices for government departments. Reproduced in microform format: *Microlog*, no. 92-00720.   CD3645 A3 P76 1989 fol. 016.3547123

Éditions de 1985, 1987. Guide sur les documents du gouvernement de l'Alberta qui se trouvent dans les Archives provinciales de l'Alberta. Classement alphabétique par noms des ministères. Les notices comprennent une description des collections ainsi que des numéros de référence qui comportent des codes sur les instruments de recherche, les restrictions relatives à l'accès, etc. Répertoire des bureaux d'archives publiques des ministères. Reproduit sur support microforme: *Microlog*, n° 92-00720.   CD3645 A3 P76 1989 fol. 016.3547123

44

University of Alberta. Archives. – ***From the past to the future : a guide to the holdings of the University of Alberta Archives.*** – Project coordinator, Bryan Corbett ; contributors, Gertrude Bloor McLaren [et al.]. – Edmonton : University of Alberta Archives, 1992. – xxiii, 284 p. : ill. – 0888647700

A guide to the resources of the University of Alberta Archives. Records of the University are listed first, arranged according to the structure of the University, followed by records of organizations and then individuals, alphabetically arranged by name. Entries include: name of university office, organization or individual, organization or personal dates, historical/biographical notes, successive heads of university units or organizations, occupation of individual, types of materials, inclusive dates, contents notes, references to other records, availability of finding aids, restrictions on access. Index of names and subjects. Appendix: publications of the Archives.   CD3649 E34 U55 1992 fol.   016.37812334

Guide sur les fonds d'archives de la University of Alberta. La liste contient d'abord les dossiers de l'université classés en fonction de la structure de l'université, puis les dossiers des organisations et enfin ceux des personnes, avec classement alphabétique par noms. Les notices comprennent: le nom du département, de l'organisation ou de la personne, les dates pertinentes relatives à l'organisation ou à la personne, des notes historiques ou biographiques, les divers chefs de département de l'université ou directeurs d'organisation, l'occupation s'il s'agit d'une personne, les types de documents, la période couverte, des notes sur le contenu, des références à d'autres archives, la disponibilité d'instruments de recherche et les restrictions relatives à l'accès. Index des noms et des sujets. Annexe: publications de ce service d'archives.   CD3649 E34 U55 1992 fol.   016.37812334

British Columbia

Colombie-Britannique

45

Barlee, Kathleen. – ***The Central Okanagan records survey.*** – Co-investigators, Duane Thomson, Maurice Williams, Kathleen Barlee ; compiled and edited by Kathleen Barlee. – Kelowna (B.C.) : Okanagan College Press, 1988. – viii, 123 p. – (Okanagan-Similkameen-Shuswap records survey ; pt. 1). – 0969104782

A guide to archival resources of the Central Okanagan Valley held by public repositories and some private agencies. Records of cities, municipalities, school districts, libraries, hospitals, courts, businesses, Indian organizations, religious institutions, museums, etc., are included. Entries describe types and contents of material, extent of collection or record group, inclusive dates and finding aids. Subject index. Directory of custodians.   CD3646 B7 B37 1988 fol. 016.97115

Guide sur les fonds d'archives du centre de la vallée de l'Okanagan qui se trouvent dans les dépôts publics et chez certains organismes privés. Les archives des villes, des municipalités, des commissions scolaires, des bibliothèques, des hôpitaux, des tribunaux, des entreprises, des organisations amérindiennes, des établissements religieux, des musées, etc., sont incluses. Les notices précisent le type et le contenu des documents, l'envergure de la collection ou du groupe d'archives, la période couverte et les instruments de recherche disponibles. Index des sujets. Répertoire des responsables des archives.   CD3646 B7 B37 1988 fol. 016.97115

46
A guide to archival repositories in British Columbia. – Christopher Hives, editor. – Vancouver : Archives Association of British Columbia, 1992. – viii, 104 p. – 1895584019

A guide to 94 archival repositories in British Columbia. Includes museums, libraries, medical, social service, educational, cultural and religious organizations, historical societies and municipal government archives. Alphabetically arranged by name of institution. Entries include name, address and hours of operation of the archives, name, telephone and fax numbers of contact person, extent of collection, inclusive and predominant dates, and a description of the scope and policies of the collection. Geographical and repository type indexes.   CD3646 B7 G84 1992 fol.   016.9711

Guide sur 94 dépôts d'archives de la Colombie-Britannique. Comprend les archives de musées, de bibliothèques, d'hôpitaux, de services sociaux, d'établissements d'éducation, d'organismes culturels et religieux, de sociétés historiques et d'administrations municipales. Classement alphabétique par noms d'établissements. Les notices comprennent: le nom, l'adresse et les heures de consultation des archives, le nom et les numéros de téléphone et de télécopieur de la personne-ressource, l'envergure de la collection, la période couverte et les dates importantes, et une description de la portée et de la politique de la collection. Index géographique et index des types de dépôts d'archives.   CD3646 B7 G84 1992 fol.   016.9711

47
Provincial Archives of British Columbia. – *Manuscript inventory - Provincial Archives of British Columbia.* – No. 1 (1976)-no. 3 (1980). – [Victoria] : the Archives, 1976-1981. – 3 no. – 0226-191X

Each issue lists additions to the manuscript collection of the Archives, catalogued after 1975, dealing with the exploration, politics, economics and social life of British Columbia. Arranged by addition manuscript number. Entries include types of material, extent of collection, inclusive dates, contents, ownership of original and finding aids. Title index. Reproduced in microform format: Toronto : Micromedia, [1976-1981?].   Z6620 C3 P7 fol.   016.9711

Chaque numéro donne la liste des ajouts à la collection de manuscrits des archives provinciales qui ont été catalogués après 1975 et qui traitent de l'exploration, de la politique, de l'économie et de la vie sociale en Colombie-Britannique. Classement par numéros d'ajout des manuscrits. Les notices comprennent le type de documents, l'envergure de la collection, la période couverte, le contenu, la propriété des originaux et la disponibilité des instruments de recherche. Index des titres. Reproduit sur support microforme: Toronto : Micromedia, [1976-1981?].   Z6620 C3 P7 fol.   016.9711

48
University of British Columbia. Library. Special Collections and University Archives Division. – *A guide to the archival research collections in the Special Collections & University Archives Division.* – Compiled by Christopher Hives. – Vancouver : University of British Columbia Library, 1994. – vi, 156 p. – 0888652011

A guide to the textual fonds and collections relating to British Columbia's economic, political, cultural, labour and literary history, held by the Special Collections and University Archives Division of the University of British Columbia. Alphabetically arranged by name of creator of fonds or collection. Entries include: title of fonds or collection, inclusive dates, extent of collection, types of materials, biographical/historical and contents notes, restrictions on access, availability of finding aids. Name index. This volume and its companion, *A guide to the holdings of the University of British Columbia Archives*, replace: *A guide to the University of British Columbia Archives and Special Collections personal papers and private records* (Vancouver : University of British Columbia Library, 1988).

More recent information on the holdings of the Division can be found in the Archives Association of British Columbia's *British Columbia archival union list* (BCAUL) database, which includes the holdings of approximately 130 British Columbia repositories. Access through: the University Library's online catalogue, UBCLIB. Remote access via the Internet, telnet: library.ubc.ca.   CD3649 V35 U55 1994 fol.   016.9711

Guide sur les fonds documentaires et les collections qui se rapportent à l'histoire économique, politique, culturelle, syndicale et littéraire de la Colombie-Britannique et qui se trouvent à la Special Collections and University Archives Division de la University of British Columbia. Classement alphabétique par noms des créateurs des fonds ou des collections. Les notices comprennent: le titre du fonds ou de la collection, la période couverte, l'envergure de la collection, les types de documents, des notes biographiques ou historiques et des notes sur le contenu, les restrictions relatives à l'accès, les instruments de recherche. Index des noms. Ce volume et celui qui l'accompagne, *A guide to the holdings of the University of British Columbia Archives*, remplacent: *A guide to the University of British Columbia Archives and Special Collections personal papers and private records* (Vancouver : University of British Columbia Library, 1988).

Des données plus récentes sur les fonds documentaires de cette division figurent dans la base de données *British Columbia archival union list* (BCAUL) de l'Archives Association of British Columbia. Cette base de données porte sur les fonds documentaires d'environ 130 services d'archives de la Colombie-Britannique. Accessible par l'entremise du catalogue en direct de la bibliothèque de l'université, UBCLIB. Accès éloigné au moyen de l'Internet, telnet: library.ubc.ca. CD3649 V35 U55 1994 fol.   016.9711

49
University of British Columbia. Library. Special Collections and University Archives Division. – *A guide to the holdings of the University of British Columbia Archives.* – Compiled by Christopher Hives. – Vancouver : University of British Columbia Library, 1994. – vi, 114 p. – 0888651996

A guide to the institutional and private fonds and collections held by the University of British Columbia Archives. Arranged in two parts for institutional fonds relating to the administration of the University and private fonds of individuals affiliated with the University. Entries include: title of fonds or collection, inclusive dates, extent of collection, types of materials, biographical/historical and contents notes, restrictions on access, availability of finding aids. Name index. This volume and its companion, *A guide to the archival*

Guide sur les collections et les fonds administratifs et privés qui se trouvent dans les archives de la University of British Columbia. Classement en deux parties, l'une sur les fonds de l'établissement relatifs à l'administration de l'université, l'autre sur les fonds privés de personnes affiliées à l'université. Les notices comprennent: le titre du fonds ou de la collection, la période couverte, l'envergure de la collection, les types de documents, des notes biographiques ou historiques et des notes sur le contenu, les restrictions relatives à

research collections in the Special Collections & University Archives Division, replace: *A guide to the University of British Columbia Archives and Special Collections personal papers and private records* (Vancouver : University of British Columbia Library, 1988).

More recent information on the private fonds holdings of the University Archives can be found in the Archives Association of British Columbia's *British Columbia archival union list* (BCAUL) database, which includes the holdings of approximately 130 British Columbia repositories. Access through: the University Library's online catalogue, UBCLIB. Remote access via the Internet, telnet: library.ubc.ca.   CD3649 V35 U56 1994 fol.   016.37871133

l'accès et les instruments de recherche s'il y a lieu. Index des noms. Ce volume et celui qui l'accompagne, *A guide to the archival research collections in the Special Collections & University Archives Division*, remplacent: *A guide to the University of British Columbia Archives and Special Collections personal papers and private records* (Vancouver : University of British Columbia Library, 1988).

Des données plus récentes sur les fonds privés des archives de l'université figurent dans la base de données *British Columbia archival union list* (BCAUL) de l'Archives Association of British Columbia. Cette base de données porte sur les fonds documentaires d'environ 130 services d'archives de la Colombie-Britannique. Accessible par l'entremise du catalogue en direct de la bibliothèque de l'université, UBCLIB. Accès éloigné au moyen de l'Internet, telnet: library.ubc.ca.   CD3649 V35 U56 1994 fol.   016.37871133

50

University of Victoria (B.C.). Archives. – *A guide to non-administrative records, personal papers and Canadian manuscripts in the University of Victoria Archives/Special Collections.* – Compiled by Anne Maclean. – [Victoria, B.C.] : University of Victoria, 1992. – xi, 171 p. : ill. – 1550580251

A guide to the archival resources of the University of Victoria Archives and Special Collections. Two sections: non-administrative records and personal papers relating to Victoria College, University of Victoria and the Provincial Normal School held by the University Archives; Canadian manuscripts held by Special Collections. Entries include: fonds or collection title, types of materials, inclusive dates, extent and organization of collection, historical/biographical and contents notes, method and date of acquisition, availability of finding aids, restrictions on access. Glossary of archival terms. Name and subject index.   CD3649 V52 U5 1992 fol.   016.9711

Guide sur les fonds d'archives de la University of Victoria, Archives and Special Collections. Deux sections: documents autres qu'administratifs et documents personnels relatifs au Victoria College, à la University of Victoria et à la Provincial Normal School qui se trouvent dans les archives de l'université; manuscrits qui font partie des collections spéciales. Les notices comprennent: le titre du fonds ou de la collection, les types de documents, la période couverte, l'envergure et l'organisation de la collection, des notes historiques ou biographiques et des notes sur le contenu, le mode et la date d'acquisition, la disponibilité d'instruments de recherche et les restrictions relatives à l'accès. Glossaire des termes d'archivistique. Index des noms et des sujets.   CD3649 V52 U5 1992 fol.   016.9711

Manitoba

Manitoba

51

Directory of archives in Manitoba. – Diane Haglund, editor. – [2nd. ed.]. – Winnipeg : Manitoba Council of Archives, 1989. – xii, 50 p. – 0969343116

1st ed., 1983. Imprint varies. A directory of 40 archival repositories, alphabetically arranged. Entries include name of institution, street and mailing address, name and title of person responsible, telephone number, hours of operation, description of facilities and services, background and areas of specialization, list of publications. Entries in language of archives. Also provides descriptions of provincial archival associations and services. Thematic and institution indexes. CD3645 M3 D57 1989 026.971270025

1re éd., 1983. L'adresse bibliographique varie. Répertoire alphabétique de 40 services d'archives. Les notices comprennent le nom de l'établissement, l'adresse municipale et l'adresse postale, le nom et le titre de la personne responsable, le numéro de téléphone, les heures d'ouverture, la description des installations et des services, des données de base et les domaines de spécialisation, une liste des publications. Les notices sont rédigées dans la langue de travail de l'établissement. Fournit aussi la description des associations et services d'archives provinciaux. Index thématique et index des établissements.   CD3645 M3 D57 1989   026.971270025

52

Inventory of archival material in western Manitoba. – K.S. Coates, J.C. Everitt, W.R. Morrison, editors ; Roberta Kempthorne, assistant editor. – [Brandon, Man.] : Brandon University Press, 1987-1989. – 3 vol. (206 ; 196 ; 176 p.).

An inventory of the archival collections of individuals, institutions and organizations held in communities in western Manitoba. Entries for collections are arranged by community. Each entry includes: location of collection, name of contact person, conditions of access, contents of the collection. Index by type of organization or institution. A fourth volume covers 76 communities in eastern Manitoba: *Inventory of archival material in eastern Manitoba* (Brandon : Brandon University Press, 1991).   CD3646 M35 I58 1987 fol. 016.97127

Inventaire des collections archivistiques de personnes, d'établissements et d'organisations qui ont été déposées dans les communautés de l'ouest du Manitoba. Les notices sur les collections sont classées par communautés. Chaque notice contient: la localisation de la collection, le nom de la personne-ressource, les conditions d'accès et le contenu de la collection. Index par types d'organisations ou d'établissements. Un quatrième volume comprend 76 communautés de l'est du Manitoba: *Inventory of archival material in eastern Manitoba* (Brandon : Brandon University Press, 1991).   CD3646 M35 I58 1987 fol.   016.97127

53

Manitoba. Legislative Library. – *Public archives of Manitoba : preliminary inventory, 1955.* – Winnipeg : Provincial Library, [1955]. – 52, [7] p.

An inventory of manuscripts held by the Legislative Library, dealing with Manitoba and Western Canada. Includes the manuscript collection of the Manitoba Historical Society. Entries are alphabetically arranged by subject. Brief descriptions of extent, inclusive dates and contents of collections. Name and subject index.   Z1392 M35 M36 1955   016.97127

Inventaire de manuscrits qui se trouvent dans la Bibliothèque de l'Assemblée législative et qui portent sur le Manitoba et l'Ouest du Canada. Comprend la collection de manuscrits de la Manitoba Historical Society. Les notices sont classées en ordre alphabétique par sujets. Courtes descriptions de l'envergure, de la période couverte et du contenu de chaque collection. Index des noms et des sujets.   Z1392 M35 M36 1955   016.97127

54

University of Manitoba. Dept. of Archives and Special Collections. – *A guide to the major holdings of the Department of Archives and Special Collections, the University of Manitoba Libraries.* – Compiled by Richard E. Bennett, Michael G. Moosberger, Geraldine Alton Harris, Paul Panchyshyn. – Winnipeg : University of Manitoba and University of Manitoba Libraries, c1993. – vi, 138 p. : ill. – 0919932002

A guide to the archival holdings of the University of Manitoba's Department of Archives and Special Collections. Prairie literature and Manitoba agriculture are subject strengths in the collections. Papers of writers such as Ralph Connor, Dorothy Livesay and Kristjana Gunnars and literary presses such as Turnstone and NeWest are held.
   Two sections: manuscript collections, university archives. Manuscript holdings are alphabetically arranged by name of collection. University records are arranged under the following headings: governance; administrative offices and support services; faculties, schools, divisions and libraries; research centres and institutes. Entries include biographical or historical sketch, scope and content note, extent of collection, provenance, restrictions on access, availability of finding aids. Index of names, subjects, titles. CD3649 W5 U5 1993 fol.   016.97127

Guide sur les fonds d'archives du département des archives et des collections spéciales de l'Université du Manitoba. Les points forts de la collection sont la littérature des prairies et l'agriculture au Manitoba. Comprend les documents d'écrivains comme Ralph Connor, Dorothy Livesay et Kristjana Gunnars ainsi que des documents de presses littéraires comme Turnstone et NeWest.
   Deux sections: collection de manuscrits, archives de l'université. Les manuscrits sont classés en ordre alphabétique selon le nom de la collection à laquelle ils appartiennent. Les documents de l'université sont classés sous les rubriques suivantes: direction; bureaux de l'administration et services de soutien; facultés, écoles, divisions et bibliothèques; centres de recherche et instituts. Les notices contiennent une esquisse biographique ou historique, une note sur la portée et le contenu, l'envergure de la collection, la provenance, les restrictions relatives à l'accès, les instruments de recherche. Index des noms, des sujets et des titres.   CD3649 W5 U5 1993 fol.   016.97127

New Brunswick

Nouveau-Brunswick

55

New Brunswick Museum. Archives Division. – *Inventory of manuscripts.* – [Saint John : New Brunswick Museum, Department of Canadian History, Archives Division?], 1967. – 154 p.

An inventory of manuscripts held in the archives of the New Brunswick Museum dealing with the economic, social, military and political life of New Brunswick from 1764 to mid-1965. Excludes maps. Entries are alphabetically arranged. Types of material, extent of collection, inclusive dates, and contents are described. Subject index.   Z6621 N42 fol.   016.97151

Inventaire des manuscrits qui se trouvent dans les archives du Musée du Nouveau-Brunswick et qui portent sur la vie économique, sociale, militaire et politique du Nouveau-Brunswick, depuis 1764 jusqu'au milieu de 1965. Ne comprend aucune carte. Les notices sont classées en ordre alphabétique. Elles précisent le type de documents, l'envergure de la collection, la période couverte et le contenu. Index sujets.   Z6621 N42 fol.   016.97151

56

Provincial Archives of New Brunswick. – *A guide to the manuscript collections in the Provincial Archives of New Brunswick.* – By Ann B. Rigby. – Fredericton : [Provincial Archives of New Brunswick], 1977. – iii, 159 p.

An inventory of the private manuscript holdings of the Provincial Archives of New Brunswick. Four sections: individual and family papers; business papers; church records; papers of associations and government. Alphabetical arrangement within each section. Excludes records of government departments and agencies. Entries describe types of material, extent of collection, inclusive dates and contents. Subject index. Reproduced in microform format: Toronto : Micromedia, 1977, 2 microfiches.   Z6621 N425 fol.   016.97151

Inventaire des fonds de manuscrits privés des Archives provinciales du Nouveau-Brunswick. Quatre sections: les documents personnels et familiaux; les documents d'affaires; les documents paroissiaux; les documents d'associations et de gouvernements. Classement alphabétique au sein de chaque section. Exclut la plupart des archives des ministères et organismes gouvernementaux. Les notices précisent le type de documents, l'envergure de la collection, la période couverte et le contenu. Index sujets. Reproduit sur support microforme: Toronto : Micromedia, 1977, 2 microfiches.   Z6621 N425 fol.   016.97151

Newfoundland

Terre-Neuve

57

Budgel, Richard. – *A survey of Labrador material in Newfoundland & Labrador archives.* – Goose Bay (Nfld.) : Labrador Institute of Northern Studies, [1985]. – viii, 196 p.

A guide to material on Labrador held in five Newfoundland archives: Centre for Newfoundland Studies; Maritime History Group; Provincial Archives of Newfoundland and Labrador; Them Days Labrador Archive; United Church Conference Archives. Arranged by repository. Entries describe types of material, inclusive dates, extent of collection, finding aids, restrictions on access and provenance. No index.   CD3646 N5 B84 1985   016.97182

Guide sur des documents qui portent sur le Labrador et qui se trouvent dans cinq dépôts d'archives de Terre-Neuve: Centre for Newfoundland Studies; Maritime History Group; Provincial Archives of Newfoundland and Labrador; Them Days Labrador Archive; United Church Conference Archives. Classement par dépôts d'archives. Les notices précisent les types de documents, la période couverte, l'envergure de la collection, les instruments de recherche disponibles, les restrictions relatives à l'accès et la provenance. Aucun index.   CD3646 N5 B84 1985   016.97182

58

Directory of archival holdings in Newfoundland and Labrador. – (1983)-   . – St. John's : Association of Newfoundland and Labrador Archivists, 1983-   . – vol. – 1199-2778

Biennial. 1991 ed. not published. A directory of archives in Newfoundland and Labrador including historical societies, businesses, religious organizations and municipalities. Alphabetically arranged by name of institution. Entries include address, telephone and fax numbers, name and title of person responsible, information on access and services, background of the institution, areas of specialization, finding aids and publications. Thematic and alphabetical indexes of archives. 1993 edition provides a brief history of the association, and lists of members of its executive, 1983-1993. Title varies: 1983-1989, *A directory of archival collections in Newfoundland and Labrador.*   CD3620 D45 fol.   026.00025718

Biennal. L'édition de 1991 n'a pas été publiée. Répertoire des archives de Terre-Neuve et du Labrador, y compris les sociétés historiques, les entreprises, les organisations religieuses et les municipalités. Classement alphabétique selon le nom des établissements. Les notices comprennent l'adresse, les numéros de téléphone et de télécopieur, le nom et le titre de la personne responsable, des informations sur l'accès et les services, des données de base sur l'établissement, les domaines de spécialisation, les instruments de recherche et les publications. Index thématique et index alphabétique des archives. L'édition de 1993 donne un bref aperçu historique de l'association et la liste des membres de la direction, 1983-1993. Le titre varie: 1983-1989, *A directory of archival collections in Newfoundland and Labrador.*   CD3620 D45 fol.   026.00025718

59

Memorial University of Newfoundland. Centre for Newfoundland Studies. – *A guide to the archival holdings of the Centre for Newfoundland Studies, Memorial University Library.* – Nancy Grenville, Bert Riggs, Roberta Thomas, editors. – 2nd ed. – [St. John's] : Memorial University of Newfoundland, 1989. – ii, 73 p.

1st ed., 1983. A guide to the archival collections of individuals, institutions and organizations involved in Newfoundland politics, economics, arts, education, etc. Entries are alphabetically arranged and describe the types and contents of material, inclusive dates, extent of collection, source or donor, finding aids and restrictions on access. No index.   CD3649 S25 G74 1989 fol.   016.9718

1re éd., 1983. Guide sur les collections archivistiques de personnes, d'établissements et d'organisations qui s'occupaient de la politique, de l'économie, des arts, de l'éducation, etc. à Terre-Neuve. Classées en ordre alphabétique, les notices précisent le type et le contenu des documents, la période couverte, l'envergure de la collection, la source ou le donateur, les instruments de recherche disponibles et les restrictions relatives à l'accès. Aucun index.   CD3649 S25 G74 1989 fol.   016.9718

60

Provincial Archives of Newfoundland and Labrador. – *A guide to the government records of Newfoundland.* – Compiled by Margaret Chang. – 1st ed. – [St. John's] : the Archives, 1983. – 195 p. – Cover title.

An inventory of the records of the government of Newfoundland held by the Provincial Archives. Arranged by record group each of which corresponds to a government department or function. Record groups may be subarranged by subject, chronologically, etc. Notes on types and dates of materials, extent of record group, etc. Continued by: *Inventory of the government records collection of the Provincial Archives of Newfoundland and Labrador.*   CD3645   016.354718

Inventaire des documents du gouvernement de Terre-Neuve qui font partie des archives provinciales. Classement par groupes de documents qui correspondent chacun à un ministère ou à une fonction. Au sein des groupes, il peut y avoir un classement secondaire par sujets, par ordre chronologique, etc. Notes sur le type et la date des documents, l'envergure du groupe, etc. Suivi de: *Inventory of the government records collection of the Provincial Archives of Newfoundland and Labrador.*   CD3645   016.354718

61

Provincial Archives of Newfoundland and Labrador. – *Inventory of the government records collection of the Provincial Archives of Newfoundland and Labrador.* – Compiled by Shelley Smith. – 2nd ed. – [St. John's] : the Archives, 1988. – iii, 30 p.

An inventory of government records transferred to the Provincial Archives since 1983 and material which was not included in the 1983 publication, *A guide to the government records of Newfoundland.* Arranged by record group, series and sub-series. Entries include name of record group, inclusive dates, extent of collection, notes on purpose of government department or agency, contents notes, restrictions on access, finding aid number. Appendices: old record

Répertoire des documents gouvernementaux transférés aux archives provinciales depuis 1983 et des documents qui ne figuraient pas dans le guide de 1983, *A guide to the government records of Newfoundland.* Classement par groupes de documents, séries et sous-séries. Les notices contiennent le nom du groupe de documents, la période couverte, l'envergure de la collection, des notes sur l'objet du ministère ou de l'organisme gouvernemental, des notes

groups containing material not included in the 1983 guide; foreign government material; government records on microfilm; conversion list for changes to record groups GN 13 and GN 38. Alphabetically arranged indexes of government agencies for main series of record groups and appendices 1 and 2.   CD3645 N5 N48 1988 fol. 016.354718

sur le contenu, les restrictions relatives à l'accès, le numéro de l'instrument de recherche. Annexes: anciens groupes contenant des documents qui ne figuraient pas dans le guide de 1983; documents de gouvernements étrangers; documents gouvernementaux sur microfilm; liste de conversion pour les changements apportés aux groupes de documents GN 13 et GN 38. Index alphabétiques des organismes gouvernementaux pour les séries principales de groupes de documents et pour les annexes 1 et 2.   CD3645 N5 N48 1988 fol. 016.354718

62

Provincial Archives of Newfoundland and Labrador. – *A preliminary inventory of the records in the Provincial Archives of Newfoundland and Labrador.* – Compiled by John P. Greene. – St. John's : the Archives, 1970. – II, 106 leaves.

An inventory of manuscripts and published materials held by the Provincial Archives. Includes official publications for Newfoundland, Canada and Great Britain, papers of individuals and corporate bodies, newspapers, periodicals, books, pamphlets and newsletters. Brief descriptions of types and contents of material in manuscript collections. No index.   CD3645   016.9718

Inventaire des manuscrits et des publications qui se trouvent dans les archives provinciales. Comprend des publications officielles de Terre-Neuve, du Canada et de la Grande-Bretagne, les documents de personnes ou de sociétés, des journaux, des périodiques, des livres, des brochures et des bulletins. Courtes descriptions du type et du contenu des documents qui font partie des collections de manuscrits. Aucun index.   CD3645   016.9718

63

Provincial Archives of Newfoundland and Labrador. – *Supplement to the Preliminary inventory of the holdings in the Provincial Archives of Newfoundland and Labrador.* – Compiled by John P. Greene. – St. John's : the Archives, 1972. – [6], 139 leaves. CD3645   016.9718

Northwest Territories

Territoires du Nord-Ouest

64

Northwest Territories Archives. – *Northwest Territories Archives : a guide to the holdings.* – Project directors, Angela Schiwy, Ian Moir. – [Yellowknife] : the Archives, [1994]. – iv, 344 p., [4] leaves of plates : ill.

A guide to the government and private records held by the Northwest Territories Archives. Includes records of the Government of the Northwest Territories and the federal government as well as records of individuals, businesses, societies and Native organizations. Two sections for government and non-government records, each of which is organized by accession number. Entries include: title of collection, type of material, inclusive dates, extent of collection, historical/biographical notes, provenance, description of contents, notes on acquisition, restrictions on access, location of originals, availability of finding aids, etc., subject headings. Indexes: name of creator or collector of records, subject. Replaces: *Preliminary guide to holdings of the Northwest Territories Archives* (Yellowknife : Northwest Territories Archives, Prince of Wales Northern Heritage Centre, 1991).   CD3645 N55 N67 1991 fol.   016.97192

Guide sur les documents gouvernementaux et privés qui se trouvent dans les archives des Territoires du Nord-Ouest. Inclut les documents du Gouvernement des Territoires du Nord-Ouest et du gouvernement fédéral ainsi que les documents de personnes, d'entreprises, de sociétés et d'organisations autochtones. Deux sections sur les documents gouvernementaux et sur les autres documents, avec classement par numéro d'entrée dans chacune. Les notices comprennent: le titre de la collection, les types de documents, la période couverte, l'envergure de la collection, des notes historiques ou biographiques, la provenance, la description du contenu, des notes sur l'acquisition, les restrictions relatives à l'accès, la localisation des documents originaux, la disponibilité d'instruments de recherche, etc., vedettes-matière. Index des noms de créateurs ou collectionneurs. Index des sujets. Remplace: *Preliminary guide to holdings of the Northwest Territories Archives* (Yellowknife : Northwest Territories Archives, Prince of Wales Northern Heritage Centre, 1991).   CD3645 N55 N67 1991 fol.   016.97192

Nova Scotia

Nouvelle-Écosse

65

Public Archives of Nova Scotia. – *Inventory of manuscripts in the Public Archives of Nova Scotia.* – Halifax : the Archives, 1976. – [8], 703 p.

An inventory of the record groups (RGs) and manuscript groups (MGs) of the Public Archives of Nova Scotia. The RGs are Nova Scotia's public records, including legal, administrative and departmental papers from the French colonial period to the present. The MGs consist of family, individual, political and business papers, and those concerning churches, cemeteries, ships, universities, societies and ethnic groups. Arranged in two sections for RGs and MGs. Complete finding aids are included for all but the largest document groups. Descriptions include types of material, extent of collection, inclusive dates, and brief contents notes.   Z6621 N6   016.9716

Inventaire des groupes d'archives (RG) et des groupes de manuscrits (MG) des Archives publiques de la Nouvelle-Écosse. Les RG correspondent aux archives publiques de la Nouvelle-Écosse, y compris les documents juridiques, administratifs et ministériels, depuis l'époque de la colonie française jusqu'à nos jours. Les MG sont des documents familiaux, personnels, politiques et commerciaux, et des documents relatifs aux églises, aux cimetières, aux navires, aux universités, aux sociétés et aux groupes ethniques. Classement en deux sections, une pour les RG et l'autre pour les MG. Des instruments de recherche complets sont inclus pour tous les groupes, sauf les plus gros. Chaque description comprend le type de documents, l'envergure de la collection, la période couverte et de courtes notes sur le contenu. Z6621 N6   016.9716

Ontario

Ontario

66

Archives of Ontario. – *Guide to the holdings of the Archives of Ontario.* – Barbara L. Craig and Richard W. Ramsey, editors. – Toronto : Ontario Ministry of Citizenship and Culture, 1985. – 2 vol. (iii, 698, 95 p.). – 0772909253 (set) 0772909261 (vol. 1) 077290927X (vol. 2)

A guide to the holdings of the Government Records and Private Manuscripts Sections of the Archives, accessioned as of December 31, 1982. Includes Ontario provincial and municipal government records, and manuscripts of private individuals, organizations and businesses. Excludes special archival materials held in the Audio-Visual Collection, the Picture Collection, and the Library.

Government records are arranged by RG number, private manuscript entries are arranged alphabetically by title. Entries describe types and contents of material, extent of collection, finding aids and restrictions on access. Biographical or historical notes. List of record groups alphabetically arranged. Index of names and subjects. Reproduced in microform format: Calgary : Computer Centres Ltd., 1985. 9 microfiches.   CD3645 O65 A73 1985 fol.   016.9713

Guide sur le fonds documentaire des sections des archives gouvernementales et des manuscrits privés des Archives publiques de l'Ontario, tel qu'il était le 31 décembre 1982. Comprend des archives du gouvernement provincial et des administrations municipales et des manuscrits qui proviennent de personnes, d'organisations et d'entreprises. Exclut les documents d'archives spéciaux qui se trouvent dans la collection audio-visuelle, dans la collection d'images et dans la bibliothèque.

Les archives gouvernementales sont classées par numéro de RG, alors que les notices des manuscrits d'origine privée sont classées par ordre alphabétique de titres. Les notices précisent le type et le contenu du document, l'envergure de la collection, les instruments de recherche disponibles et les restrictions relatives à l'accès. Notes biographiques ou historiques. Liste des groupes d'archives classés en ordre alphabétique. Index des noms et des sujets. Reproduit sur support microforme: Calgary : Computer Centres Limited, 1985. 9 microfiches.   CD3645 O65 A73 1985 fol.   016.9713

67

Directory of archives in Ontario. – Compiled by Rick Stapleton, Janet Stoll, Mark van Stempvoort ; assisted by Alix McEwen, Robyn Newton. – [Ottawa] : Ontario Association of Archivists, 1988. – v, 45 p.

A directory of 200 archives in Ontario, alphabetically arranged by name of institution. Entries include name, address and telephone number of institution, name and title of person responsible, hours of operation, brief description of holdings, published guides, information on handicapped access, participation in interarchival loan of microforms, availability of technical equipment, etc. Indexes arranged by type and by location of archives.   CD3620 S83 1988 026.97130025

Répertoire alphabétique de 200 services d'archives en Ontario. Les notices comprennent le nom, l'adresse et le numéro de téléphone de l'établissement, le nom et le titre de la personne responsable, les heures d'ouverture, une courte description des fonds documentaires, les guides publiés, de l'information sur les facilités d'accès pour les personnes handicapées, la participation à des services de prêts interarchives des microformes, la disponibilité d'équipement technique, etc. Les index sont classés par types d'archives et par emplacements des services.   CD3620 S83 1988   026.97130025

68

Guide to archives in the Toronto area. – 3rd ed. – [Toronto] : Toronto Area Archivists Group, 1982. – vii, 174 p.

1st ed., 1975. 2nd ed., 1978. A directory of archival repositories and programmes in Toronto and southern Ontario. Arranged by type of archives including business, educational, government, medical, performing and visual arts, religious, special collections, ethnic and special interest, historical societies, museums and art galleries. Separate listing of archives outside the Toronto area. Entries may include: name of archives, date of foundation, address, telephone number, name and title of head of institution, names of contact persons, hours, restrictions, facilities, description of mandate, holdings and publications. Index of archives.   CD3620 T67 1982 026.00025713541

1re éd., 1975. 2e éd., 1978. Répertoire des services d'archives et des programmes connexes à Toronto et dans le sud de l'Ontario. Classement par types d'archives comme les entreprises, l'éducation, le gouvernement, la médecine, les arts du spectacle et les arts visuels, la religion, les collections spéciales, les documents ethniques et d'intérêt particulier, les sociétés historiques, les musées et les galeries. Liste distincte des services d'archives de l'extérieur de la région de Toronto. Les notices peuvent comprendre: le nom du service d'archives, la date de fondation, l'adresse, le numéro de téléphone, le nom et le titre du directeur de l'établissement, les noms des personnes-ressources, les heures d'ouverture, les restrictions, les installations, la description du mandat, des fonds documentaires et des publications. Index des services d'archives.   CD3620 T67 1982 026.00025713541

69

Inventory of archival resources in Northwestern Ontario. – Margaret E. Johnston and William R. Morrison, editors ; Joanne Book [et al.], researchers. – [Thunder Bay, Ont.] : Lakehead University, Centre for Northern Studies, c1993. – xvi, 298 p. – (Occasional paper ; no. 13). – 1895939011

A guide to archival resources held by municipal offices, churches, schools, museums, associations, businesses, libraries, individuals, etc., in the communities of Northwestern Ontario. Excludes federal and provincial collections. Arranged by community, then type of repository, then organization. Entries include name of organization or institution, location, name and address of contact person, telephone and fax numbers, conditions of access and description of types of records held. Lists of collections arranged by community and type.

Guide sur les fonds d'archives que possèdent les bureaux municipaux, les églises, les écoles, les musées, les associations, les entreprises, les bibliothèques, les personnes, etc., des communautés du nord-ouest de l'Ontario. Exclut les collections fédérales et provinciales. Classement par communautés, puis par types de services et enfin par organisations. Les notices comprennent le nom de l'organisation ou de l'établissement, l'emplacement, le nom et l'adresse de la personne-ressource, les numéros de téléphone et de télécopieur, les conditions

Index of subjects and some titles.   CD3646 O58 I58 1993 fol. 016.97131

d'accès et la description des types de documents. Deux listes des collections, classées par communautés et classées par types. Index des sujets et de quelques titres.   CD3646 O58 I58 1993 fol.   016.97131

70

Ontario's heritage : a guide to archival resources. – Christine Arden, general editor. – Cheltenham (Ont.) : Boston Mills Press ; [Toronto] : Toronto Area Archivists Group, 1978-1986. – 4 vol. – 0919822851 (vol. 1) 0969204132 (vol. 4) 0919822762 (vol. 7) 0919822606 (vol. 13)

Intended to be a series of fifteen volumes describing archival resources in Ontario. Four volumes published, covering the following regions: vol. 1, Peterborough region; vol. 4, Kingston and Frontenac County; vol. 7, Peel region; vol. 13, Northeastern Ontario. General editor, vol. 1, 7, 13, Victor L. Russell. General editor, vol. 4, Christine Arden. Imprint varies. Each volume describes records of municipalities, educational and religious institutions as well as private records of businesses, organizations, social agencies and individuals. Excludes federal and provincial government agencies. Arranged by type of record. Entries include notes on types of materials, inclusive dates and repository code. Locator index in each volume provides directory information for repositories. CD3645 O65 O58 fol.   016.9713

Conçu comme une série de quinze volumes qui décrivent les fonds d'archives de l'Ontario. Les quatre volumes publiés couvrent les régions suivantes: vol. 1, la région de Peterborough; vol. 4, Kingston et le comté de Frontenac; vol. 7, la région de Peel; vol. 13, le nord-est de l'Ontario. Les volumes 1, 7 et 13 ont été publiés sous la direction de Victor L. Russell. Le volume 4 a été publié sous la direction de Christine Arden. L'adresse bibliographique varie. Chaque volume décrit les documents des municipalités, des maisons d'enseignement et des établissements religieux ainsi que les documents privés des entreprises, des organisations, des organismes sociaux et des personnes. Exclut les organismes gouvernementaux, fédéraux et provinciaux. Classement par types de documents. Les notices comprennent des notes sur les types de documents, la période couverte et le code du dépôt d'archives. Dans chaque volume, un index des localisations comprend les coordonnées des dépôts d'archives. CD3645 O65 O58 fol.   016.9713

71

Toronto Public Library. – ***Guide to the manuscript collection in the Toronto Public Libraries.*** – Enl. ed. – Toronto : [s.n.], 1954. – iv, 116 p.

1st ed., 1940, *Preliminary guide to the manuscript collection in the Toronto Public Libraries.* Includes Canadian manuscripts held by the Metropolitan Toronto Reference Library, emphasis on Upper Canada. Includes papers of individuals, families, businesses, institutions, societies and government bodies. Entries of varying length describe the types and contents of material. Some biographical notes included. Personal and corporate name index. Z6621 T58 1954 fol. 016.971

1re éd., 1940, *Preliminary guide to the manuscript collection in the Toronto Public Libraries.* Comprend les manuscrits canadiens déposés à la Metropolitan Toronto Reference Library; insistance sur le Haut-Canada. Inclut les documents de personnes, de familles, d'entreprises, d'établissements, de sociétés et d'organismes gouvernementaux. Les notices plus ou moins longues précisent le type et le contenu des documents. Quelques notes biographiques sont incluses. Index des noms de personnes et de sociétés. Z6621 T58 1954 fol.   016.971

Quebec

Québec

72

Archives de la Côte-du-Sud et du Collège de Sainte-Anne. – ***État général des fonds et collections.*** – Par Pierrette Maurais, François Taillon ; en collaboration, Germaine Sénéchal. – La Pocatière [Québec] : les Archives, 1994. – v, 74 p. – 2980397709

A guide to the fonds and collections relating to the people and institutions of the Côte-du-Sud region of Quebec, held by the Archives de la Côte-du-Sud et du Collège de Sainte-Anne. Arranged by fonds or collection number. Entries include: fonds or collection title, inclusive dates, extent of fonds or collection, biographical/historical and contents notes, arrangement of materials, method of acquisition, restrictions on access, availability of finding aids, related fonds and collections. Alphabetically arranged list of fonds and collections. Subject index.   CD3649 L37 A73 1994 fol.   016.97147

Guide sur les fonds et les collections qui se rapportent aux habitants et aux établissements de la région Côte-du-Sud du Québec et qui se trouvent aux Archives de la Côte-du-Sud et du Collège de Sainte-Anne. Classement par numéros des fonds ou des collections. Les notices comprennent: le titre du fonds ou de la collection, la période couverte, l'envergure du fonds ou de la collection, des notes biographiques ou historiques et des notes sur le contenu, le classement des documents, le mode d'acquisition, les restrictions relatives à l'accès, l'existence d'instruments de recherche, les fonds et collections connexes. Liste alphabétique des fonds et des collections. Index sujets.   CD3649 L37 A73 1994 fol.   016.97147

73

Archives du Québec. – ***État général des archives publiques et privées du Québec.*** – Québec : Ministère des affaires culturelles, 1968. – 312 p.

An inventory of manuscripts and records held by the Archives nationales du Quebec. Part I: public records of New France to 1760; Québec and Lower Canada, 1760-1867; province of Quebec, 1867 to the present. Part II: copies of public records held in other repositories in Canada, Great Britain, France and the Vatican. Part III: manuscripts of individuals, companies, institutions and societies. Descriptions of extent of collection or fonds, type and contents of material. Chronological listing of manuscripts included in Part III. Index.   CD3645 Q33 A4 fol.   016.9714

Inventaire de manuscrits et d'archives qui se trouvent aux Archives nationales du Québec. Partie I: les archives publiques de la Nouvelle-France jusqu'à 1760; Québec et le Bas-Canada, 1760-1867; la province de Québec, 1867 jusqu'à nos jours. Partie II: les copies des archives publiques qui se trouvent dans d'autres dépôts au Canada, en Grande-Bretagne, en France et au Vatican. Partie III: les manuscrits de personnes, de compagnies, d'établissements et de sociétés. Les notices précisent l'envergure de la collection ou du fonds, ainsi que le type et le contenu des documents. La partie III comprend une liste chronologique des manuscrits. Index.   CD3645 Q33 A4 fol.   016.9714

74

Archives du Québec. – *Table des matières des rapports des Archives du Québec : tomes 1 à 42 (1920-1964).* – [Québec] : Ministère des affaires culturelles, 1965. – 104 p.

An index to the 42 volumes of *Rapport de l'Archiviste de la province de Québec*. Lists authors, editors and title keywords in one alphabetical sequence. CD3645 Q33 A72 fol. 016.9714

Index des 42 volumes du *Rapport de l'Archiviste de la province de Québec*. Liste des auteurs, des éditeurs et des mots clés des titres en une seule suite alphabétique. CD3645 Q33 A72 fol. 016.9714

75

Archives nationales du Québec à Montréal. – *État général des fonds d'archives privées manuscrites.* – Par Paul-André Leclerc. – 4ᵉ éd. – [Montréal] : Ministère des affaires culturelles, Archives nationales du Québec à Montréal, 1989. – [222?], 8, 140 p.

1st ed., 2nd ed., 1986. 3rd ed., 1988. A guide to the collections and fonds of individuals, families, companies, associations and institutions of Quebec held at the Archives. Numerical arrangement. Entries describe types and contents of material, inclusive dates, extent of collection or fonds, finding aids and restrictions on access. Index of titles of fonds or collections. Name index. FC2903 A7 fol. 016.9714

1ʳᵉ éd., 2ᵉ éd., 1986. 3ᵉ éd., 1988. Guide sur les collections et les fonds de personnes, de familles, de compagnies, d'associations et d'établissements du Québec qui se trouvent dans les Archives. Classement numérique. Les notices précisent le type et le contenu des documents, la période couverte, l'envergure de la collection ou du fonds, les instruments de recherche disponibles et les restrictions relatives à l'accès. Index des titres de fonds ou de collections. Index des noms. FC2903 A7 fol. 016.9714

76

Arseneault, Danielle. – *Guide des sources d'archives sur l'Outaouais québécois.* – Co-directeurs, Danielle Arseneault, Didier Cencig, Benoit Thériault. – [Hull, Québec] : Institut d'histoire et de recherche sur l'Outaouais, 1989. – [3], vi f., 83 p. – 2980142506

Archival materials relating to the Outaouais region of Quebec held in five archives: National Archives of Canada, Archives nationales du Québec, Centre de recherche en civilisation canadienne-française, McCord Museum and McGill University. Entries are alphabetically arranged and describe types and contents of material, inclusive dates, finding aids, extent of collection or fonds, and location. Index by theme: economic, social and political aspects, culture, religion, biography, genealogy, etc. Name index. CD3628 O87 A77 1989 fol. 016.971422

Documents d'archives qui se rapportent à la région québécoise de l'Outaouais et qui se trouvent dans cinq dépôts d'archives: les Archives nationales du Canada, les Archives nationales du Québec, le Centre de recherche en civilisation canadienne-française, le Musée McCord et l'Université McGill. Les notices sont classées par ordre alphabétique et précisent le type et le contenu des documents, la période couverte, les instruments de recherche disponibles, l'envergure de la collection ou du fonds et la localisation. Index par thèmes: aspects économiques, sociaux et politiques, culture, religion, biographies, généalogie, etc. Index des noms. CD3628 O87 A77 1989 fol. 016.971422

77

Bibliothèque nationale du Québec. – *Catalogue des fonds et collections d'archives privées.* – Michel Biron. – Montréal : Bibliothèque nationale du Québec, 1992. – 430 p. : ill. – 2551129184

A guide to the literary, musical and special archival collections and fonds held by the Bibliothèque nationale du Québec. Arranged in numerical order. Entries include: title of fonds or collection, type of material, extent of collection, inclusive dates, biographical or historical notes, contents, restrictions on access, finding aids, etc. Name index. Previous eds.: 1978, *Catalogue des manuscrits*; 1981, *Guide des fonds d'archives privées*. CD3645 Q33 B53 1992 fol. 016.9714

Guide sur les collections et les fonds littéraires, musicaux et spécialisés qui se trouvent à la Bibliothèque nationale du Québec. Classement numérique. Les notices contiennent: le titre du fonds ou de la collection, le type de documents, l'envergure de la collection, la période couverte, des notes biographiques ou historiques, le contenu, les restrictions relatives à l'accès, les instruments de recherche disponibles, etc. Index des noms. Éditions antérieures: 1978, *Catalogue des manuscrits*; 1981, *Guide des fonds d'archives privées*. CD3645 Q33 B53 1992 fol. 016.9714

78

Centre d'archives de l'Abitibi-Témiscamingue et du Nord-du-Québec. – *Archives d'origine privée conservées au Centre d'archives de l'Abitibi-Témiscamingue et du Nord-du-Québec.* – [Québec] : Archives nationales du Québec, c1992. – 83 p. – 2551152488

A guide to 196 fonds and collections relating to individuals and organizations significant in the history, politics, economics, religious and cultural life of the region of Abitibi-Témiscamingue and Nouveau-Québec. Arranged by fonds or collection number. Entries include: title of fonds or collection, inclusive dates, extent of collection, biographical or historical notes on the individual or organization, notes on the history of the collection, types of documents included, their arrangement and languages. Finding aids, restrictions on access and related fonds and documents are also described. List of fonds and collection titles alphabetically arranged. Name and subject indexes. CD3645 Q33 C44 1992 fol. 016.971413

Guide sur 196 fonds et collections qui se rapportent à des personnes et à des organisations importantes pour l'histoire, la politique, l'économie et la vie culturelle et religieuse de la région de l'Abitibi-Témiscamingue et du Nouveau-Québec. Classement par numéros de fonds ou de collections. Les notices comprennent: le titre du fonds ou de la collection, la période couverte, l'envergure de la collection, des notes biographiques ou historiques sur la personne ou sur l'organisation, des notes sur l'historique de la collection, les types de documents inclus, leur classement et les langues utilisées. Elles précisent également s'il existe des instruments de recherche, des restrictions relatives à l'accès et des fonds et documents connexes. Liste alphabétique des titres de fonds et de collections. Index des noms et index des sujets. CD3645 Q33 C44 1992 fol. 016.971413

79

Centre d'archives de l'Estrie. – *Archives d'origine privée conservées au Centre d'archives de l'Estrie.* – [Québec] : Archives nationales du Québec, c1992. – 36 p. – 2551152461

A guide to 48 fonds and collections relating to individuals and organizations significant in the history, politics, economics, religious and cultural life of the region of the Estrie. Arranged by fonds or collection number. Entries include: title of fonds or collection, inclusive dates, extent of collection, biographical or historical notes on the individual or organization, notes on the history of the collection, types of documents included, their arrangement and languages. Finding aids, restrictions on access and related fonds and documents are also described. List of fonds and collection titles alphabetically arranged. Name and subject indexes. CD3645 Q33 C446 1992 fol. 016.97146

Guide sur 48 fonds et collections qui se rapportent à des personnes et à des organisations importantes dans l'histoire, la politique, l'économie et la vie religieuse et culturelle de la région de l'Estrie. Classement par numéros de fonds ou de collections. Les notices contiennent: le titre du fonds ou de la collection, la période couverte, l'envergure de la collection, des notes biographiques ou historiques sur la personne ou l'organisation, des notes sur l'historique de la collection, les types de documents inclus, leur classement et les langues utilisées. Elles précisent également s'il existe des instruments de recherche, des restrictions relatives à l'accès, et des fonds et documents connexes. Liste alphabétique des titres de fonds et de collections. Index des noms et index des sujets. CD3645 Q33 C446 1992 fol. 016.97146

80

Centre d'archives de l'Outaouais. – *Archives d'origine privée conservées au Centre d'archives de l' Outaouais.* – [Québec] : Archives nationales du Québec, c1992. – 78 p. – 2551152062

A guide to 179 fonds and collections relating to individuals and organizations significant in the history, politics, economics, and cultural life of the Outaouais region. Arranged by fonds or collection number. Entries include: title of fonds or collection, inclusive dates, extent of collection, biographical or historical notes on the individual or organization, notes on the history of the collection, types of documents included, their arrangement and languages. Finding aids, restrictions on access and related fonds and documents are also described. List of fonds and collection titles alphabetically arranged. Name and subject indexes. Reproduced in microform format: *Microlog*, no. 94-02091. CD3645 016.971422

Guide sur 179 fonds et collections qui se rapportent à des personnes et à des organisations importantes dans l'histoire, la politique, l'économie et la vie culturelle de la région de l'Outaouais. Classement par numéros de fonds ou de collections. Les notices comprennent: le titre du fonds ou de la collection, la période couverte, l'envergure de la collection, des notes biographiques ou historiques sur la personne ou l'organisation, des notes sur l'historique de la collection, les types de documents inclus, leur classement et les langues utilisées. Elles précisent également s'il existe des instruments de recherche, des restrictions relatives à l'accès, et des fonds et documents connexes. Liste alphabétique des titres de fonds et de collections. Index des noms et index des sujets. Reproduit sur support microforme: *Microlog*, nº 94-02091. CD3645 016.971422

81

Centre d'archives de la Côte-Nord. – *Archives d'origine privée conservées au Centre d'archives de la Côte-Nord.* – [Québec] : Archives nationales du Québec, c1992. – 31 p. – 2550262816

A guide to 48 fonds and collections relating to individuals and organizations significant in the history, politics, economics, religious and cultural life of the region of the Côte-Nord. Arranged by fonds or collection number. Entries include: title of fonds or collection, inclusive dates, extent of collection, biographical or historical notes on the individual or organization, notes on the history of the collection, types of documents included, their arrangement and languages. Finding aids, restrictions on access and related fonds and documents are also described. List of fonds and collection titles alphabetically arranged. Name and subject indexes. Reproduced in microform format: *Microlog*, no. 94-02092. CD3645 Q33 C445 1992 fol. 016.971417

Guide sur 48 fonds et collections qui se rapportent à des personnes et à des organisations importantes dans l'histoire, la politique, l'économie et la vie religieuse et culturelle de la région de la Côte-Nord. Classement par numéros de fonds ou de collections. Les notices contiennent: le titre du fonds ou de la collection, la période couverte, l'envergure de la collection, des notes biographiques ou historiques sur la personne ou l'organisation, des notes sur l'historique de la collection, les types de documents inclus, leur classement et les langues utilisées. Elles précisent également s'il existe des instruments de recherche, des restrictions relatives à l'accès, et des fonds et documents connexes. Liste alphabétique des titres de fonds et de collections. Index des noms et index des sujets. Reproduit sur support microforme: *Microlog*, nº 94-02092. CD3645 Q33 C445 1992 fol. 016.971417

82

Centre d'archives de la Mauricie-Bois-Francs. – *Archives d'origine privée conservées au Centre d'archives de la Mauricie-Bois-Francs.* – [Québec] : Archives nationales du Québec, c1992. – 43 p. – 255115247X

A guide to 51 fonds and collections relating to individuals and organizations significant in the history, politics, economics, religious and cultural life of the regions of the Mauricie and Bois-Francs. Arranged by fonds or collection number. Entries include: title of fonds or collection, inclusive dates, extent of collection, biographical or historical notes on the individual or organization, notes on the history of the collection, types of documents included, their arrangement and languages. Finding aids, restrictions on access and related fonds and documents are also described. List of fonds and collection titles alphabetically arranged. Name and subject indexes. CD3645 Q33 C448 1992 fol. 016.971445

Guide sur 51 fonds et collections qui se rapportent à des personnes et à des organisations importantes dans l'histoire, la politique, l'économie et la vie religieuse et culturelle des régions de la Mauricie et des Bois-Francs. Classement par numéros de fonds ou de collections. Les notices comprennent: le titre du fonds ou de la collection, la période couverte, l'envergure de la collection, des notes biographiques ou historiques sur la personne ou l'organisation, des notes sur l'historique de la collection, les types de documents inclus, leur classement et les langues utilisées. Elles précisent également s'il existe des instruments de recherche, des restrictions relatives à l'accès, et des fonds et documents connexes. Liste alphabétique des titres de fonds et de collections. Index des noms et index des sujets. CD3645 Q33 C448 1992 fol. 016.971445

83

Centre d'archives de Montréal, de Laval, de Lanaudière, des Laurentides et de la Montérégie. – *Catalogue des fonds et collections d'archives d'origine privée conservés au Centre d'archives de Montréal, de Laval, de Lanaudière, des Laurentides et de la Montérégie. –* [Québec] : Archives nationales du Québec, [c1992]. – 192 p. – 2551153395

A guide to over 340 collections and fonds held by the Centre. Includes material related to individuals and organizations involved in the social, cultural, political, commercial, economic and educational affairs of the region. Alphabetically arranged by title of fonds or collection. Each entry is divided into sections according to the categories of documents included in the collection or fonds such as textual, iconographic, audio-visual and cartographic. Inclusive dates, linear extent, number of documents and a brief description are provided for each category. Finding aids and conditions of access are also described. Glossary of archival terms. Thematic index. Reproduced in microform format: *Microlog*, no. 94-05964. CD3645 Q33 C449 1992   016.9714

Guide sur plus de 340 collections et fonds qui se trouvent au Centre. Inclut des documents relatifs à des personnes et à des organisations qui s'occupaient des affaires sociales, culturelles, commerciales, économiques et éducationnelles de la région. Classement alphabétique par titres de fonds ou de collections. Chaque notice est divisée en sections selon les catégories de documents de la collection ou du fonds, comme des documents écrits, iconographiques ou audiovisuels et cartographiques. La période couverte, la dimension linéaire, le nombre de documents et une courte description sont fournis pour chaque catégorie. Les instruments de recherche et les conditions d'accès sont également précisés. Glossaire des termes d'archives. Index thématique. Reproduit sur support microforme: *Microlog*, nº 94-05964.   CD3645 Q33 C449 1992   016.9714

84

Centre d'archives de Montréal, de Laval, de Lanaudière, des Laurentides et de la Montérégie. – *État général des petits fonds et collections d'archives manuscrites d'origine privée conservés au Centre d'archives de Montréal, de Laval, de Lanaudière, des Laurentides et de la Montérégie. –* [Québec] : Archives nationales du Québec, c1992. – 234 p. – 2551153484

A guide to over 760 fonds and collections of less than 2.5 cm in size, held by the Centre. Includes manuscripts related to individuals and organizations involved in the social, cultural, political, economic, commercial and educational affairs of the region. Numerically arranged by collection or fonds number. Entries include title of fonds or collection, inclusive dates, number of documents and pages, and a brief contents description. Index of fonds and collection titles. Name index.   CD3645 Q33 C449 1992b   016.9714

Guide sur plus de 760 fonds et collections de moins de 2,5 cm, qui se trouvent au Centre. Comprend des manuscrits relatifs à des personnes et à des organisations qui s'occupaient des affaires sociales, culturelles, politiques, économiques, commerciales et éducationnelles de la région. Classement par numéros de fonds ou de collections. Les notices comprennent le titre du fonds ou de la collection, la période couverte, le nombre de documents et de pages et une courte description du contenu. Index des titres de fonds et de collections. Index des noms. CD3645 Q33 C449 1992b   016.9714

85

Centre d'archives de Québec et de Chaudière-Appalaches. – *Archives écrites d'origine gouvernementale conservées au Centre d'archives de Québec et de Chaudière-Appalaches. –* 2ᵉ éd. rev. et corr. – Québec : Archives nationales du Québec, c1992. – xv, 90 p. – 2551152577

1st ed., 1986, *Guide des archives gouvernementales conservées au Centre d'archives de Québec*. A guide to the records of the government of Quebec held by the Centre d'archives de Québec et de Chaudière-Appalaches. Alphabetically arranged by fonds title. Entries include fonds number, inclusive dates and extent of collection broken down according to type of record including textual, architectural, audio-visual, cartographic, iconographic, photographic and sound, historical and contents notes, finding aids and related fonds. List of related microfilms for records of the governments of Canada, France and Great Britain. List of name changes for government departments and agencies. Lists of fonds numerically and alphabetically arranged. Subject index.   CD3645 Q33 C453 1992 fol. 016.354714

1ʳᵉ éd., 1986, *Guide des archives gouvernementales conservées au Centre d'archives de Québec.* Guide sur les documents du gouvernement du Québec qui se trouvent au Centre d'archives de Québec et de Chaudière-Appalaches. Classement alphabétique par titres des fonds. Les notices comprennent le numéro du fonds, la période couverte, l'envergure de la collection divisée selon les types de documents (comme les textes, les documents d'architecture, les documents audio-visuels, cartographiques, iconographiques et photographiques et les enregistrements sonores), des notes historiques et des notes sur le contenu, les instruments de recherche et les fonds connexes. Liste des microfilms pertinents pour les documents des gouvernements du Canada, de la France et de la Grande-Bretagne. Liste des changements de noms des ministères et organismes gouvernementaux. Liste numérique et liste alphabétique des fonds. Index sujets. CD3645 Q33 C453 1992 fol.   016.354714

86

Centre d'archives de Québec et de Chaudière-Appalaches. – *Archives écrites d'origine privée conservées au Centre d'archives de Québec et de Chaudière-Appalaches. –* [Québec] : Archives nationales du Québec, c1991. – xiv, 175 p. – 2551148685

A guide to 315 fonds and collections relating to individuals and organizations involved in politics, economics, religion, society and the arts in the region of Quebec. Alphabetically arranged by fonds title. Entries for each fonds include: call number, inclusive dates, types of documents, biographical or historical notes, a description of any textual documents and information on finding aids. Bibliography. Name index. Reproduced in microform format: *Microlog*, no. 94-02085.   CD3645 Q33 C45 1991 fol.   016.971447

Guide sur 315 fonds et collections relatifs à des personnes et à des organisations qui s'occupaient de la politique, de l'économie, de la religion, de la société et des arts dans la région de Québec. Classement alphabétique par titres de fonds. Les notices sur chaque fonds comprennent: la cote, la période couverte, les types de documents, des notes biographiques ou historiques, une description de tous les documents écrits, et des données sur les instruments de recherche. Bibliographie. Index des noms. Reproduit sur support microforme: *Microlog*, nº 94-02085. CD3645 Q33 C45 1991 fol.   016.971447

87

Centre d'archives du Bas-Saint-Laurent et de la Gaspésie - Îles-de-la-Madeleine. – *Archives d'origine privée conservées au Centre d'archives du Bas-Saint-Laurent et de la Gaspésie - Îles-de-la-Madeleine.* – [Québec] : Archives nationales du Québec, c1992. – 41 p. – 2551152747

A guide to 52 fonds and collections relating to individuals and organizations significant in the history, politics, economics, religious and cultural life of the regions Bas-Saint-Laurent, Gaspésie and Îles-de-la-Madeleine. Arranged by fonds or collection number. Entries include: title of fonds or collection, inclusive dates, extent of collection, biographical or historical notes on the individual or organization, notes on the history of the collection, types of documents included, their arrangement and languages. Finding aids, restrictions on access and related fonds and documents are also described. List of fonds and collection titles alphabetically arranged. Name and subject indexes. CD3645 Q33 C443 1992 fol. 016.971477

Guide sur 52 fonds et collections qui se rapportent à des personnes et à des organisations importantes dans l'histoire, la politique, l'économie et la vie religieuse et culturelle des régions du Bas-Saint-Laurent, de la Gaspésie et des Îles-de-la-Madeleine. Classement par numéros de fonds ou de collections. Les notices comprennent: le titre du fonds ou de la collection, la période couverte, l'envergure de la collection, des notes biographiques ou historiques sur la personne ou l'organisation, des notes sur l'historique de la collection, les types de documents inclus, leur classement et les langues utilisées. Elles précisent également s'il existe des instruments de recherche, des restrictions relatives à l'accès et des fonds et documents connexes. Liste alphabétique des titres de fonds et de collections. Index des noms et index des sujets. CD3645 Q33 C443 1992 fol. 016.971477

88

Centre d'archives du Saguenay-Lac-Saint-Jean. – *Archives d'origine privée conservées au Centre d'archives du Saguenay-Lac-Saint-Jean.* – [Québec] : Archives nationales du Québec, c1992. – 87 p. – 2551152755

A guide to 150 fonds and collections relating to individuals and organizations significant in the history, politics, economics, religious and cultural life of the region of Saguenay-Lac-Saint-Jean. Arranged by fonds or collection number. Entries include: title of fonds or collection, inclusive dates, extent of collection, biographical or historical notes on the individual or organization, notes on the history of the collection, types of documents included, their arrangement and languages. Finding aids, restrictions on access and related fonds and documents are also described. List of fonds and collection titles alphabetically arranged. List of fonds and collections numerically arranged. Name and subject indexes. CD3645 Q33 C46 1992 fol. 016.971414

Guide sur 150 fonds et collections qui se rapportent à des personnes et à des organisations importantes dans l'histoire, la politique, l'économie et la vie religieuse et culturelle de la région du Saguenay-Lac-Saint-Jean. Classement par numéros de fonds ou de collections. Les notices comprennent: le titre du fonds ou de la collection, la période couverte, l'envergure de la collection, des notes biographiques ou historiques sur la personne ou l'organisation, des notes sur l'historique de la collection, les types de documents inclus, leur classement et les langues utilisées. Elles précisent également s'il existe des instruments de recherche, des restrictions relatives à l'accès et des fonds et documents connexes. Liste alphabétique des titres de fonds et de collections. Liste numérique des fonds et des collections. Index des noms et index des sujets. CD3645 Q33 C46 1992 fol. 016.971414

89

Centre des archives de l'Abitibi-Témiscamingue. – *Guide des collections et des fonds du Centre des archives de l'Abitibi-Témiscamingue.* – [Compilé par] Louise Hélène Audet, avec la collab. de Yves Dionne. – Rouyn [Québec] : Université du Québec, Centre d'études universitaires dans l'Ouest québécois, 1976. – 48 p. – (Publication du Centre des archives de l'Abitibi-Témiscamingue ; n° 1).

A guide to the collections and fonds of the Archives related to l'Abitibi-Témiscamingue region. Numerical arrangement. Entries describe types and contents of material, inclusive dates, extent of collection and finding aids. Biographical or historical notes. Name and subject index. CD3649 R68 C45 016.971413

Guide sur les collections et les fonds du Centre des archives qui se rapportent à la région de l'Abitibi-Témiscamingue. Classement numérique. Les notices précisent le type et le contenu des documents, la période couverte, l'envergure de la collection et les instruments de recherche disponibles. Notes biographiques ou historiques. Index des noms et des sujets. CD3649 R68 C45 016.971413

90

Dufour, Daniel. – *Guide des archives de Charlevoix.* – Daniel Dufour, Jean-Louis Gaudreault, Serge Gauthier, Alain Tremblay. – Québec : Institut québécois de recherche sur la culture, 1985. – viii, 97 p. – 2892240573

A guide to municipal, parish, scholastic, judicial, religious, business and organizational archives in the Charlevoix region. Entries for institutions are arranged by type of archives and include address and telephone number of the archive, descriptions of services offered, extent of collection, types and dates of material held. Name index. List of complementary fonds identified in *Bibliographie de Charlevoix* (Québec : Institut québécois de recherche sur la culture, 1984). Z1392 C327 G85 1985 fol. 016.971449

Guide sur les archives municipales, paroissiales, scolaires, judiciaires, religieuses et commerciales et sur les archives d'organisations de la région de Charlevoix. Les notices sur les établissements sont classées par types d'archives et comprennent une adresse et un numéro de téléphone, la description des services offerts, l'envergure de la collection, le type et la date des documents. Index des noms. La liste des fonds complémentaires se trouve dans la *Bibliographie de Charlevoix* (Québec : Institut québécois de recherche sur la culture, 1984). Z1392 C327 G85 1985 fol. 016.971449

91

Groupe d'archivistes de la région de Montréal (GARM). – *Acquisitions récentes : guide de fonds et collections acquis par les membres du GARM.* – Coordination de l'édition : Louis Côté, Gilles Janson, Nancy Marrelli. – [Montréal] : Groupe d'archivistes de la région de Montréal, c1990. – 101, [4] p. – 2980210706

A guide to recent acquisitions by archives in the region of Montreal who are members of GARM. Alphabetically arranged by name of institution. Entries include general information such as name of

Guide sur les récentes acquisitions faites par les dépôts d'archives de la région de Montréal qui sont membres du GARM. Classement alphabétique par noms d'établissements. Les notices comprennent

director, address, telephone and fax numbers, hours of opening, the mandate of the archives, number of fonds and collections, physical extent and descriptions of fonds or collections recently acquired. The description of each fonds or collection includes title, inclusive dates, physical extent, biographical or historical notes, types and contents of documents, restrictions on access and finding aids. Index of fonds and collections. CD3649 M3 A3 1990 fol. 016.9714

des renseignements généraux comme le nom du directeur, l'adresse, les numéros de téléphone et de télécopieur, les heures d'ouverture, le mandat du dépôt, le nombre de fonds et de collections, la dimension linéaire et la description des collections ou des fonds récemment acquis. La description de chaque fonds ou collection comprend le titre, la période couverte, la dimension linéaire, des notes biographiques ou historiques, le type et le contenu des documents, les restrictions relatives à l'accès et les instruments de recherche disponibles. Index des fonds et des collections. CD3649 M3 A3 1990 fol. 016.9714

92

Guide de fonds et collections d'archives conservés dans le comté fédéral de Sherbrooke. – [Sous la direction de Jean-Guy Richer]. – [S.l. : s.n., 1978?] ([Sherbrooke, Québec] : R. Prince, imprimeur). – xvi, 158 f.

A guide to more than 500 collections and fonds held in archives in the county of Sherbrooke. Material relating to associations, organizations, financial, commercial and religious institutions, public services, individuals and families of the region are included. Arranged by type of organization, institution, etc. Entries describe types and contents of material, inclusive dates, extent of collection or fonds, finding aids, restrictions on access, and location. Brief biographical or historical notes. Alphabetical, thematic and chronological indexes. Bibliography. CD3646 S54 1978 fol. 016.971466

Guide sur plus de 500 collections et fonds qui se trouvent dans des archives du comté de Sherbrooke. Comprend des documents qui se rapportent aux associations, aux organisations, aux établissements financiers, commerciaux et religieux, aux services publics, aux personnes et aux familles de la région. Classement par types d'organisations, d'établissements, etc. Les notices précisent le type et le contenu des documents, la période couverte, l'envergure de la collection ou du fonds, les instruments de recherche disponibles, les restrictions relatives à l'accès, et la localisation. Courtes notes biographiques ou historiques. Index: alphabétique, thématique, chronologique. Bibliographie. CD3646 S54 1978 fol. 016.971466

93

Répertoire des services d'archives de la région de Québec. – Groupe des responsables des services d'archives de la région de Québec. – [2ᵉ éd.]. – [Québec] : Archives nationales du Québec, 1988. – 56 p. : 2 cartes. – 292069801X

1st ed., 1984, *Répertoire des services d'archives de la région administrative de Québec.* An alphabetical directory of 33 public and private archives in the Quebec City region. Entries include: address, name, title and telephone number of person responsible for archives, conditions of access, history of archives, brief description of holdings. CD3649 026.00025714471

1ʳᵉ éd., 1984, *Répertoire des services d'archives de la région administrative de Québec.* Répertoire alphabétique de 33 services d'archives publics et privés de la région de Québec. Les notices contiennent les éléments suivants: l'adresse, le nom, le titre et le numéro de téléphone de la personne responsable des archives, les conditions d'accès, l'historique du service, une courte description des fonds documentaires. CD3649 026.00025714471

94

Répertoire des services détenteurs d'archives privées de la région de l'Estrie. – 1ʳᵉ éd. – [Sherbrooke, Québec] : Table régionale de coordination des archives privées de l'Estrie, 1993. – 41 p.

Directory of eighteen archives in the Estrie region which are open to the public. Alphabetically arranged by name of archives. Entries include address and telephone number, name of director and/or archivist, hours and other conditions of access, date of foundation and purpose, services offered, types of materials and principal fonds accessible to the public. Appendix: list of archives which offer reduced or no access to materials. CD3649 E87 R47 1993 fol. 027.17146025

Répertoire de dix-huit dépôts d'archives de la région de l'Estrie au Québec, qui sont ouverts au public. Classement alphabétique selon le nom des dépôts d'archives. Les notices comprennent l'adresse et le numéro de téléphone, le nom du directeur et (ou) de l'archiviste, les heures d'ouverture et les autres conditions d'accès, la date de fondation et le but, les services offerts, les types de documents et les principaux fonds auxquels le public a accès. Annexe: liste des dépôts d'archives qui offrent un accès limité aux documents ou qui en interdisent l'accès. CD3649 E87 R47 1993 fol. 027.17146025

95

Université de Montréal. Division des archives historiques. – *État général des fonds et collections conservés au Service des archives de l'Université de Montréal* [**microforme**] *: suivi d'un index.* – [Montréal] : Division des archives historiques, Service des archives, 1984. – 5 microfiches. – (Publication ; nᵒ 60).

A guide to the fonds and collections of the Archives of the Université de Montréal. Numerical arrangement within four categories: A, D, E relate to the University; P relates to individuals and organizations outside the University. Entries describe types and contents of material, extent of collection or fonds, inclusive dates, finding aids and restrictions on access. Biographical or historical notes. Cross-references. List of titles of fonds alphabetically arranged. Name, title, subject indexes. Appendices include a list of types of documents and a list of subjects arranged by fonds. CD3649 016.37871428

Guide sur les fonds d'archives et les collections des Archives de l'Université de Montréal. Classement numérique au sein de quatre catégories: A, D et E se rapportent à l'université; P se rapporte aux personnes et aux organisations à l'extérieur de l'université. Les notices précisent le type et le contenu des documents, l'envergure de la collection ou du fonds, la période couverte, les instruments de recherche et les restrictions relatives à l'accès. Notes biographiques ou historiques. Renvois. Liste alphabétique des titres de fonds. Trois index: noms, titres, sujets. Les annexes comprennent une liste des types de documents et une liste des sujets classées par fonds. CD3649 016.37871428

96
Université du Québec à Montréal. Service des archives. – *État général des fonds et collections d'archives privées conservés au Service des archives de l'UQAM.* – Montréal : le Service, 1986-1990. – 2 vol. (236 ; 241 p.). – (Publication ; n° 26, n° 39). – 2920266195 (vol. 1) 2920266322 (vol. 2)

A guide to the fonds and collections relating to individuals and organizations of Quebec held by the Service des archives. Volume 1 compiled by Anne-Marie Cadieux includes 55 entries. Volume 2 by Claude Cantin includes 45 entries for fonds or collections acquired since October 1986. Arranged by fonds number. Entries include: title, types of materials, inclusive dates, extent of collection, biographical/historical and contents notes, provenance, restrictions on access, finding aids, related sources, bibliographical references for studies about the individual or organization. Alphabetically and thematically arranged lists of fonds and collections in each volume. Name index in each volume.   CD3649 Q25 U557 1986   016.9714

Guide sur les fonds et les collections qui se rapportent aux personnes et aux organisations du Québec, et qui se trouvent au Service des archives. Le volume 1 compilé par Anne-Marie Cadieux contient 55 notices. Le volume 2 compilé par Claude Cantin contient 45 notices sur des fonds ou des collections acquis depuis octobre 1986. Classement par numéros de fonds. Les notices comprennent: le titre, les types de documents, la période couverte, l'envergure de la collection, des notes biographiques ou historiques et des notes sur le contenu, la provenance, les restrictions relatives à l'accès, les instruments de recherche, les sources pertinentes, des références bibliographiques pour les études sur la personne ou l'organisation. Liste alphabétique et liste thématique des fonds et des collections dans chaque volume. Index des noms dans chaque volume.   CD3649 Q25 U557 1986   016.9714

97
Université du Québec à Montréal. Service des archives. – *Liste des fonds et collections d'archives privées conservés au Service des archives de l'UQAM.* – Gilles Janson. – Montréal : le Service, 1988. – 47 f. – (Publication ; n° 34). – 2920266276 – Titre de la couv.

A list of 110 fonds or collections of individuals and organizations relating to Quebec and Canada. Included are correspondence, minutes, photographs, sound recordings, films and videos, etc. Entries are arranged numerically and describe the inclusive dates and extent of the collection or fonds. Biographical or historical notes. List of collections or fonds arranged by field of research such as arts and letters, sports, political parties, science, theatre, etc. Title index. CD3649 Q25 U557 1988b fol.   016.9714

Liste de 110 fonds ou collections de personnes et d'organisations qui se rapportent au Québec et au Canada. Des lettres, des procès-verbaux, des photographies, des enregistrements sonores, des films et des enregistrements vidéos, etc. sont inclus. Classées en ordre numérique, les notices précisent la période couverte et l'envergure de la collection ou du fonds. Notes biographiques ou historiques. Liste des collections ou des fonds classés par domaines de recherche comme les arts et les lettres, les sports, les partis politiques, les sciences, le théâtre, etc. Index des titres.   CD3649 Q25 U557 1988b fol.   016.9714

98
Université du Québec à Trois-Rivières. Centre de documentation en études québécoises. – *Guide des fonds d'archives conservés à l'Université du Québec à Trois-Rivières.* – Compilé par Claude Lessard. – 2e éd. rev. et augm. – Trois-Rivières [Québec] : Centre de documentation en études québécoises, 1983. – [6], 62 p. – (Publication ; n° 23). – 2891250117

1st ed., 1981. A guide to the fonds of individuals, families, institutions and organizations of the Mauricie-Bois-Francs region. Excludes microfilmed manuscripts of authors of radio and television dramas. Entries describe types and contents of material, inclusive dates, extent of fonds and finding aids. Name and subject index. CD3649 Q26 U559 1983 fol.   016.971445

1re éd., 1981. Guide sur les fonds de personnes, de familles, d'établissements et d'organisations des régions de la Mauricie et des Bois-Francs. Les manuscrits microfilmés d'auteurs de pièces dramatiques pour la radio et la télévision sont exclus. Les notices précisent le type et le contenu des documents, la période couverte, l'envergure du fonds et les instruments de recherche disponibles. Index des noms et des sujets.   CD3649 Q26 U559 1983 fol.   016.971445

99
Université Laval. Division des archives. – *État général des fonds et des collections d'archives privées.* – Par Gilbert Caron et Rodrigue Leclerc. – 2e éd. – Québec : Université Laval, Division des archives, 1984. – 152 p. – (Publication ; n° 1). – 2920310119

1st ed., 1977, *État général des fonds et collections d'archives privées conservés à la Division des archives de l'Université Laval.* A guide to archival collections and fonds of individuals and organizations associated with the University and from outside the University. Numerically arranged. Entries describe types and contents of material, inclusive dates, extent of collection or fonds, finding aids and restrictions on access. Biographical or historical notes. Name and subject index. Reproduced in microform format: Québec : Université Laval, Division des archives, 1984. 2 microfiches.   CD3649 016.378714471

1re éd., 1977, *État général des fonds et collections d'archives privées conservés à la Division des archives de l'Université Laval.* Guide sur les collections archivistiques et les fonds d'archives de personnes et d'organisations associées à l'université et de l'extérieur de l'université. Classement numérique. Les notices précisent le type et le contenu des documents, la période couverte, l'envergure de la collection ou du fonds, les instruments de recherche disponibles et les restrictions relatives à l'accès. Notes biographiques ou historiques. Index des noms et des sujets. Reproduit sur support microforme : Québec : Université Laval, Division des archives, 1984. 2 microfiches.   CD3649 016.378714471

Saskatchewan

Saskatchewan

100
University of Saskatchewan. Archives. – *The University of Saskatchewan Archives : guide to holdings.* – Contributors : Cheryl Avery [et al.]. – [Saskatoon] : the Archives, 1994. – [11], viii leaves, 276 p., [20] leaves of plates : ill., ports.

A guide to the fonds and collections held by the Archives of the University of Saskatchewan. Two parts: administrative records of the University, papers of individuals and organizations associated with the University. Fonds or collection entries include: record or manu-

Guide des fonds et des collections conservés aux archives de la University of Saskatchewan. Deux parties: documents administratifs de l'université, documents d'individus et d'organismes associés à l'université. Les notices comprennent: numéro du groupe d'archives

script group number, name of individual or corporate body, title of fonds or collection, inclusive and predominant dates, types of materials, extent, administrative history or biographical information, contents notes, restrictions on access, finding aids, references to related fonds. Chronology of the University's history. Appendices: University chancellors, visitors (Lieutenant-Governors of Sask.), ministers of education, boards of governors. Bibliography. Index of names, subjects, etc. A database of the Archives' holdings is available through the University of Saskatchewan Library's U-Search system, accessible via the Internet.   CD3649 S37 U56 1994 fol. 016.378712425

ou de manuscrits, titre du fonds ou de la collection, dates extrêmes et prédominantes, genres de documents, envergure, histoire administrative ou renseignements biographiques, notes sur le contenu, restrictions relatives à l'accès, instruments de recherche, références aux fonds reliés. Chronologie de l'histoire de l'université. Appendices: chanceliers de l'université, visiteurs (lieutenants-gouverneurs de la Saskatchewan), ministres de l'éducation, conseils d'administration. Bibliographie. Index des noms, des sujets, etc. Une base de données des fonds des archives est disponible via le système U-Search de la bibliothèque de la University of Saskatchewan, via l'Internet. CD3649 S37 U56 1994 fol.   016.378712425

General Reference Works
Bibliographies and Catalogues*

Bibliographies of Bibliographies

Ouvrages de référence généraux
Bibliographies et catalogues*

Bibliographies de bibliographies

101

Ingles, Ernie. – *Bibliographie des bibliographies canadiennes.* – Éditeur et compilateur, Ernie Ingles ; chercheur principal et compilateur, Gordon R. Adshead ; adjoints à la recherche, Donna Brockmeyer-Klebaum, Sue Fisher, Suzanna Loeppky. – 3ᵉ éd., mise à jour, rév. et augm. – Toronto : University of Toronto Press, 1994. – xliii, 1178 p. – 0802028373 – Titre de la p. de t. additionnelle : *Bibliography of Canadian bibliographies.*

1st ed., 1960, prepared under the direction of Raymond Tanghe. 2nd ed., 1972, compiled by Douglas Lochhead. 7,375 entries for bibliographies relating in subject matter to Canada, produced between 1789 and mid-1993. Includes monographs, serials, theses, occasional and recurring bibliographical articles in serials, pamphlets, library or collection catalogues supporting Canadian studies, bibliographical literature guides or essays in English, French or other languages. Excludes bibliographies appended to monographs and articles in serials, archives catalogues and finding aids, indexes, directories, electronic formats/databases. Arranged by broad subject and chronologically. Notes in language of document. Location of copy described. Indexes: author, title, English subject, French subject. Appendices: short entry section, bibliographical references alphabetically arranged by main entry; serial titles searched.   Z1365 A1 T3 1994 fol.   016.016971

1ʳᵉ éd., 1960, publiée sous la direction de Raymond Tanghe. 2ᵉ éd., 1972 compilée par Douglas Lochhead. Il s'agit de 7 375 notices sur des bibliographies qui se rapportent au Canada et qui ont été produites entre 1789 et le milieu de 1993. Inclut des monographies, des publications en série, des thèses, des articles bibliographiques publiés à l'occasion ou régulièrement dans des publications en série, des brochures, des catalogues de bibliothèque ou de collection qui se rapportent aux études canadiennes, des guides de littérature ou des essais bibliographiques en anglais, en français ou en d'autres langues. Exclut les bibliographies jointes aux monographies et aux articles des publications en série, les catalogues d'archives et les instruments de recherche, les index, les répertoires ainsi que les bases de données et autres documents sur support informatique. Classement par sujets généraux et classement chronologique. Notes dans la langue du document. Localisation de l'exemplaire décrit. Quatre index: auteurs, titres, sujets en anglais, sujets en français. Annexes: liste des notices abrégées, références bibliographiques classées alphabétiquement par notices principales; titres des publications en série qui ont fait l'objet d'une recherche.   Z1365 A1 T3 1994 fol.   016.016971

102

Ingles, Ernie. – *Bibliography of Canadian bibliographies.* – Editor and compiler, Ernie Ingles ; principal researcher and compiler, Gordon R. Adshead ; research assistants, Donna Brockmeyer-Klebaum, Sue Fisher, Suzanna Loeppky. – 3rd ed., upd., rev. and enl. – Toronto : University of Toronto Press, 1994. – xliii, 1178 p. – 0802028373 – Title on added t.p. : *Bibliographie des bibliographies canadiennes.*

1st ed., 1960, prepared under the direction of Raymond Tanghe. 2nd ed., 1972, compiled by Douglas Lochhead. 7,375 entries for bibliographies relating in subject matter to Canada, produced between 1789 and mid-1993. Includes monographs, serials, theses, occasional and recurring bibliographical articles in serials, pamphlets, library or collection catalogues supporting Canadian studies, bibliographical literature guides or essays in English, French or other languages. Excludes bibliographies appended to monographs and articles in

1ʳᵉ éd., 1960, publiée sous la direction de Raymond Tanghe. 2ᵉ éd., 1972 compilée par Douglas Lochhead. Il s'agit de 7 375 notices sur des bibliographies qui se rapportent au Canada et qui ont été produites entre 1789 et le milieu de 1993. Inclut des monographies, des publications en série, des thèses, des articles bibliographiques publiés à l'occasion ou régulièrement dans des publications en série, des brochures, des catalogues de bibliothèque ou de collection qui se rapportent aux études canadiennes, des guides de littérature ou des

---

* The holdings of numerous Canadian libraries are reported to the National Library's union catalogue available through the AMICUS bibliographic system, as well as to ISM. Many library catalogues are accessible through the Internet. The *Canadian Internet handbook* (Scarborough : Prentice Hall Canada, 1995) provides descriptions and Internet addresses. Other directories of catalogues are provided on the Internet itself, through sources such as the National Library's World Wide Web Service, http://www.nlc-bnc.ca.

* Les collections de nombreuses bibliothèques canadiennes sont signalées dans le catalogue collectif de la Bibliothèque nationale, que l'on peut consulter à l'aide du système AMICUS, ainsi que dans ISM. Internet permet de consulter les catalogues de nombreuses bibliothèques. Le *Canadian Internet handbook* (Scarborough : Prentice Hall Canada, 1995) contient des descriptions et des adresses Internet. Le réseau Internet présente d'autres répertoires de catalogues, par l'intermédiaire de sources comme le service World WideWeb de la Bibliothèque nationale, dont l'adresse est http://www.nlc-bnc.ca.

serials, archives catalogues and finding aids, indexes, directories, electronic formats/databases. Arranged by broad subject and chronologically. Notes in language of document. Location of copy described. Indexes: author, title, English subject, French subject. Appendices: short entry section, bibliographical references alphabetically arranged by main entry; serial titles searched. Z1365 A1 T3 1994 fol. 016.016971

essais bibliographiques en anglais, en français ou en d'autres langues. Exclut les bibliographies jointes aux monographies et aux articles des publications en série, les catalogues d'archives et les instruments de recherche, les index, les répertoires ainsi que les bases de données et autres documents sur support informatique. Classement par sujets généraux et classement chronologique. Notes dans la langue du document. Localisation de l'exemplaire décrit. Quatre index: auteurs, titres, sujets en anglais, sujets en français. Annexes: liste des notices abrégées, références bibliographiques classées alphabétiquement par notices principales; titres des publications en série qui ont fait l'objet d'une recherche. Z1365 A1 T3 1994 fol. 016.016971

Bibliographies and Catalogues

Bibliographies et catalogues

103

Acadia University. Library. – *A catalogue of the Eric R. Dennis collection of Canadiana in the Library of Acadia University.* – Prepared by Helen D. Beals, under the direction of Mary Kinley Ingraham. – Wolfville (N.S.) : [s.n.], 1938. – [6], 212 p.

A catalogue of the Canadiana collection held by the Library of Acadia University. Established as a memorial to Eric R. Dennis by his parents Senator and Mrs. William Dennis in 1917. Includes books and pamphlets, with an emphasis on maritime Canadiana. Chronologically arranged, 1618-1899. Items published from 1900 forward are alphabetically arranged by name of author. Lists of undated books, periodicals and almanacs, etc. Index of authors or titles of works in chronological section. Z1382 A16 fol. 016.971

Catalogue de la collection de documents canadiens qui se trouve à la bibliothèque de l'Acadia University et qui a été créée en 1917 en souvenir de Eric R. Dennis par ses parents, le sénateur William Dennis et son épouse. Inclut des livres et des brochures avec insistance sur les documents de marine canadiens. Classement chronologique 1618-1899. Les documents publiés à partir de 1900 sont classés en ordre alphabétique selon le nom des auteurs. Listes des livres sans date, ainsi que des périodiques et des almanachs, etc. Index des auteurs ou des titres des oeuvres dans la section chronologique. Z1382 A16 fol. 016.971

104

Akins, Thomas B. – *A catalogue of the Akins collection of books and pamphlets.* – Compiled by Sheila I. Stewart, under the direction of D. C. Harvey. – Halifax : Imperial Publishing Co., 1933. – 206 p. – (Publications of the Public Archives of Nova Scotia ; no. 1).

A catalogue of the books, pamphlets, official publications and serials which form the collection of Thomas Beamish Akins, held by the Public Archives of Nova Scotia. Akins was the Commissioner of Public Records for Nova Scotia and built up a strong collection of works related to British North America with emphasis on Nova Scotia. Arranged by subject. Z997 A31 fol. 016.971

Catalogue de livres, de brochures, de publications officielles et de publications en série qui forment la collection de Thomas Beamish Akins et qui se trouvent aux Public Archives of Nova Scotia. M. Akins qui était commissaire de cet organisme a monté une bonne collection d'ouvrages relatifs à l'Amérique du Nord britannique, avec insistance sur la Nouvelle-Écosse. Classement par sujets. Z997 A31 fol. 016.971

105

Amtmann, Bernard. – *Contributions to a short-title catalogue of Canadiana.* – Montreal : [B. Amtmann], 1971-1973. – 4 vol. ([iv], 981 p.).

45,000 entries, compiled from over 80,000 titles listed in the Bernard Amtmann catalogues from 1950. Alphabetical arrangement by main entry. Where possible, the author's identity is given for pseudonymous works. Bernard Amtmann was a Montreal book dealer and specialist in Canadiana. Z1365 A53 fol. 015.71

45 000 notices compilées à partir de plus de 80 000 documents dont la liste figure, à partir de 1950, dans les catalogues Bernard Amtmann. Classement alphabétique par notices principales. Dans la mesure du possible, l'identité de l'auteur est donnée pour les ouvrages publiés sous un pseudonyme. Bernard Amtmann était un libraire grossiste montréalais et un spécialiste en Canadiana. Z1365 A53 fol. 015.71

106

Archives publiques du Canada. Bibliothèque. – *Catalogue de la Bibliothèque des Archives publiques.* – Boston (Mass.) : G.K. Hall, 1979. – 12 vol. – 081610316X – Titre de la p. de t. additionnelle : *Catalogue of the Public Archives Library.*

A catalogue of the books, official publications, periodicals and pamphlets in English, French and other languages held by the Library of the Public Archives of Canada (now the National Archives of Canada). Some of these materials have been transferred to the National Library of Canada. Emphasis on Canadian history. Three sections: author/title catalogue; chronological list of pamphlets, 1493-1950; catalogued periodical holdings, alphabetically arranged by title. The pamphlet list supersedes the catalogue prepared by Magdalen Casey: *The catalogue of pamphlets in the Public Archives of Canada* (Ottawa : Public Archives, 1931-1932). Z883 A1 P82 x.fol. 016.971

Catalogue des livres, des publications officielles, des périodiques et des brochures en anglais, en français et en d'autres langues conservés à la bibliothèque des Archives publiques du Canada (maintenant les Archives nationales du Canada). Certains de ces documents ont été transférés à la Bibliothèque nationale du Canada. Insistance sur l'histoire canadienne. Trois sections: catalogue des auteurs ou des titres; liste chronologique des brochures, 1493-1950; périodiques catalogués avec classement alphabétique par titres. La liste des brochures remplace le catalogue préparé par Magdalen Casey: *The catalogue of pamphlets in the Public Archives of Canada* (Ottawa : Public Archives, 1931-1932). Z883 A1 P82 x.fol. 016.971

107

Barbeau, Victor. – *Dictionnaire bibliographique du Canada français.* – [Compilé par] Victor Barbeau et André Fortier. – Montréal : Académie canadienne-française, 1974. – 246 p. – 096900814

A bibliography of French-Canadian writings and French-language writings on Canada by non-residents, from Cartier to contemporary authors. Alphabetically arranged by name of author. Provides the following information about authors: dates of birth and death, place of birth, profession, list of works. Bibliography.   Z1391 B37 fol. 015.71

Bibliographie des ouvrages canadiens-français et des ouvrages en français sur le Canada écrits par des étrangers, depuis Cartier jusqu'aux auteurs contemporains. Classement alphabétique par auteurs. Le document fournit les renseignements suivants sur chaque auteur: date de naissance et décès, lieu de naissance, profession, liste des écrits. Bibliographie.   Z1391 B37 fol.   015.71

108

Bibliothèque nationale du Canada. – *Canadian union catalogue of library materials for the handicapped : CANUC : H = Catalogue collectif canadien pour les personnes handicapées* [microforme] *: CANUC : H.* – [Ottawa : la Bibliothèque, 1985]-   . –   microfiches. – 0822-2576

A catalogue of special format materials for the print impaired. Comprised of titles reported by 21 Canadian institutions with major collections of special format titles, as well as materials held in public, educational and special libraries and reported to the National Library's union catalogue. Includes English-, French- and foreign-language monographs and serial publications in the following formats: large print, braille, non-musical sound recordings. Consists of a register of full bibliographic records with locations and three indexes: author, title, series; English subject; French subject. The register, which is numerically arranged, is updated semiannually with new and modified records only. The indexes are completely reissued with each update. Also includes *Canadian works in progress (CANWIP) = Registre des ouvrages canadiens en préparation (CANWIP)* records for planned or in progress works and projected purchases. Available online through the National Library's AMICUS system. Z711.92 H3 C278   011.63

Catalogue de documents sur support de substitution destinés aux personnes incapables de se servir des imprimés traditionnels. Comprend les ouvrages signalés par 21 établissements canadiens qui possèdent d'importantes collections de documents sur support de substitution, ainsi que les documents conservés dans les bibliothèques publiques, éducatives et spécialisées et qui sont mentionnés dans le catalogue collectif de la Bibliothèque nationale. Inclut des monographies et des publications en série en anglais, en français et en langues étrangères, sur les supports suivants: gros caractères, braille, enregistrements sonores autres que musicaux. Formé d'un registre de notices bibliographiques complètes avec localisations, et de trois index: auteurs, titres, publications en série; sujets en anglais; sujets en français. Le registre avec classement numérique est mis à jour deux fois par année au moyen de notices nouvelles et modifiées seulement. Les index sont republiés au complet lors de chaque mise à jour. Comprend également *Canadian works in progress (CANWIP) = Registre des ouvrages canadiens en préparation (CANWIP)*, des notices sur les ouvrages prévus ou en cours de préparation et sur les achats projetés. Accessible en direct par l'entremise du système AMICUS de la Bibliothèque nationale.   Z711.92 H3 C278   011.63

109

Bibliothèque nationale du Canada. – *Indian-Inuit authors : an annotated bibliography = Auteurs indiens et inuit : bibliographie annotée.* – Ottawa : [Bibliothèque nationale du Canada], 1974. – 108 p. : ill.

Attempts to create a definitive record of the written and published works of Aboriginal peoples of Canada to 1972. Part one includes works by Canadian Indian and Métis authors, part two, works by Canadian Inuit authors. Each part is arranged in eight sections: books, anthologies, collected works, poetry and songs, articles, addresses, conferences, reports, studies and theses, language, texts. Annotations in English and French. Author and illustrator indexes. Z1209 I58   016.971

Tente de dresser une liste définitive des oeuvres écrites par les peuples autochtones du Canada et publiées, jusqu'en 1972. La partie I inclut les oeuvres d'auteurs amérindiens et métis canadiens, et la partie II celles d'auteurs inuit canadiens. Chaque partie se divise en huit sections: livres, anthologies, oeuvres choisies, poèmes et chansons, articles, discours, conférences, rapports, études et thèses, langues, textes. Annotations en anglais et en français. Index des auteurs et index des illustrateurs.   Z1209 I58   016.971

110

Birkbeck College. Centre for Canadian Studies. – *Catalogue of Canadian holdings in Birkbeck College libraries.* – Compiled by John F. Davis and Susan V. Howard. – [London] : Birkbeck College, Centre for Canadian Studies, 1990. – [2], 86 p. – Cover title.

Catalogue of books and periodicals relating to Canada held in the libraries of Birkbeck College, University of London. Birkbeck College is a centre for Canadian studies. Books are arranged in sections covering general reference, language and linguistics, geography, history and politics, regional studies and atlases. Alphabetically arranged list of periodicals. Call numbers provided. No index. Z1401 D36 1990   016.971

Catalogue de livres et de périodiques qui se rapportent au Canada conservés dans les bibliothèques du Birkbeck College, University of London. Ce collège est un centre d'études canadiennes. Les livres sont classés en sections qui portent sur les documents de référence générale, le langage et la linguistique, la géographie, l'histoire et la politique, les études régionales et les atlas. Liste alphabétique des périodiques. Des cotes sont fournies. Aucun index.   Z1401 D36 1990 016.971

111

Bourinot, John George. – *Bibliography of the members of the Royal Society of Canada.* – [Ottawa? : Printed by order of the Society], 1894. – 79 p.

An alphabetical listing of members, with their publications from 1882 to 1894. Includes names such as Sir Sandford Fleming, George M. Dawson, Louis Fréchette. Reproduced in microform format: *CIHM/ICMH microfiche series*, no. 00218.   Z5055 C2 B6 fol.

Liste alphabétique des membres et de leurs ouvrages publiés entre 1882 et 1894. Cette liste comprend notamment Sir Sandford Fleming, George M. Dawson, Louis Fréchette. Reproduit sur support microforme: *CIHM/ICMH collection de microfiches*, n° 00218. Z5055 C2 B6 fol.

112

British Museum. Dept. of Printed Books. – *Catalogue of the American books in the library of the British Museum at Christmas MdcccLvi.* – London : C. Whittingham, 1866. – xxxii, 628, 14, 62, 17 p.

A catalogue of the American collections held by the library of the British Museum at Christmas 1856. Four parts: American books printed in the United States; Canadian and British North American books; Mexican, Spanish American and West Indian books; American maps printed in the United States. Includes books, periodicals, newspapers, official publications, etc. Reprinted: Nendeln (Liechtenstein) : Kraus Reprint, 1969. Z1207 B862 015.7

Catalogue des collections américaines conservées à la bibliothèque du British Museum à Noël 1856. Quatre parties: livres américains imprimés aux États-Unis; livres canadiens et nord-américains britanniques; livres mexicains, américano-espagnols et antillais; cartes américaines imprimées aux États-Unis. Inclut des livres, des périodiques, des journaux, des publications officielles, etc. Réimprimé: Nendeln (Liechtenstein) : Kraus Reprint, 1969. Z1207 B862 015.7

113

Canada. Bibliothèque du Parlement. – *Brochures canadiennes index* [microforme]. – [Ottawa : Micro Can, 1986]. – 11 microfiches : négatif ; 11 x 15 cm.

Reproduces the card file index created by the Library of Parliament for a collection of approximately 20,000 Canadian pamphlets. *Brochures canadiennes index* indexes the French-language pamphlets in the collection. Authors, titles and subjects are arranged in one alphabetical sequence. The pamphlets are held in the Rare Books collection of the National Library of Canada. English-language pamphlets in the collection are indexed by *CPV index*. Z1382 C6814 1986 fiche 011.33

Ce document reproduit l'index du fichier créé par la Bibliothèque du Parlement pour une collection d'environ 20 000 brochures canadiennes. *Brochures canadiennes index* constitue l'index des brochures en français de la collection. Auteurs, titres et sujets sont classés selon un seul ordre alphabétique. Les brochures sont conservées dans la collection de livres rares de la Bibliothèque nationale du Canada. L'index des brochures en anglais de la collection se trouve sous *CPV index*. Z1382 C6814 1986 fiche 011.33

114

Canada. Bibliothèque du Parlement. – *Catalogue de la Bibliothèque du Parlement.* – Toronto : John Lovell, 1857-1858. – 2 vol. [1896] p. – Titre de la p. de t. additionnelle : *Catalogue of the Library of Parliament.*

A catalogue of the books, pamphlets, official publications, serials and manuscripts held by the Library of Parliament. Volume 1: *General library*, arranged by subject including religion, law, history other than the Americas, etc.; volume 2: *Works relating to America. Pamphlets and manuscripts. Index to authors and subjects.* Volume 2 covers the history and geography of the Americas, American and Canadian pamphlets and manuscripts relating to the history of New France, Canada and British American colonies. Index of authors and subjects covers both volumes. Separate index of manuscripts. Reproduced in microform format: *CIHM/ICMH microfiche series*, no. 48984-48986.

Supplements: 1860, *Supplementary catalogue of the Library of Parliament : books added to the Library since 25th February, 1858*, CIHM/ICMH microfiche series, no. 47828; 1862, *Alphabetical catalogue of the Library of Parliament : being an index to the classified catalogues printed in 1857 and 1858, and to the books added to the Library up to 1st March, 1862*, CIHM/ICMH microfiche series, no. 93363; 1864, *Supplementary catalogue of the Library of Parliament : books added to the Library since 12th February, 1863*, CIHM/ICMH microfiche series, no. 92403; 1864, *Supplementary catalogue of the Library of Parliament : pamphlets*, CIHM/ICMH microfiche series, no. 92712; 1865, *Supplementary catalogue of the Library of Parliament : books added to the Library since 12th February, 1864*, CIHM/ICMH microfiche series, no. 55955; 1867, *Alphabetical catalogue of the Library of Parliament : being an index to classified catalogues printed in 1857, 1858 and 1864, and to the books and pamphlets since added to the Library up to 1st October 1867*, CIHM/ICMH microfiche series, no. 91922.

Other catalogues: *Catalogue of the Library of Parliament : law library* (Ottawa : Printed by Maclean, Roger & Co., 1878); *Index to the catalogue of the Library of Parliament : part II, general library* (Ottawa : Printed by Citizen Printing and Publishing Co., 1879), CIHM/ICMH microfiche series, no. 61312; *Catalogue of the Library of Parliament : part I, law, legislation, political and social science, commerce and statistics, with index* (Ottawa : Printed by Maclean, Roger, 1880), CIHM/ICMH microfiche series, no. 61311; 1879/80-1950, *Supplement to the alphabetical catalogue of the Library of Parliament*, CIHM/ICMH microfiche series, no. A02658, issues reproduced,

Catalogue des livres, des brochures, des publications officielles, des publications en série et des manuscrits conservés à la Bibliothèque du Parlement. Le volume 1: *Bibliothèque générale* est divisé par sujets comme la religion, le droit, l'histoire autre que celle des Amériques, etc. Le volume 2: *Ouvrages relatifs à l'Amérique. Brochures et manuscrits. Index des auteurs et des matières* porte sur l'histoire et la géographie des Amériques, ainsi que sur les brochures et les manuscrits américains et canadiens relatifs à l'histoire de la Nouvelle-France, du Canada et des colonies britanniques en Amérique. L'index des auteurs et des sujets couvre les deux volumes. Index distinct des manuscrits. Reproduit sur support microforme: *CIHM/ICMH collection de microfiches*, nº 48984-48986.

Suppléments: 1860, *Supplément au catalogue de la Bibliothèque du Parlement : livres ajoutés à la Bibliothèque depuis le 25 février, 1858*, CIHM/ICMH collection de microfiches, nº 47828; 1862, *Catalogue alphabétique de la Bibliothèque du Parlement : comprenant l'index des catalogues méthodiques publiés en 1857 et 1858 et des livres ajoutés à la Bibliothèque depuis cette époque jusqu'au 1er mars 1862*, CIHM/ICMH collection de microfiches, nº 93363; 1864, *Supplément au catalogue de la Bibliothèque du Parlement : livres ajoutés à la Bibliothèque depuis le 12 février, 1863*, CIHM/ICMH collection de microfiches, nº 92403; 1864, *Supplément au catalogue de la Bibliothèque du Parlement : brochures*, CIHM/ICMH collection de microfiches, nº 92712; 1865, *Supplément au catalogue de la Bibliothèque du Parlement : livres ajoutés à la Bibliothèque depuis le 12 février, 1864*, CIHM/ICMH collection de microfiches, nº 55955; 1867, *Catalogue alphabétique de la Bibliothèque du Parlement : comprenant l'index des catalogues méthodiques publiés en 1857, 1858 et 1864, et des livres et brochures ajoutés à la Bibliothèque depuis cette époque jusqu'au 1er octobre 1867*, CIHM/ICMH collection de microfiches, nº 91922.

Autres catalogues: *Catalogue de la Bibliothèque du Parlement : livres de droit* (Ottawa : Imprimé par Maclean, Roger et Cie., 1878); *Index du catalogue de la Bibliothèque du Parlement : IIe partie, bibliothèque générale* (Ottawa : Imprimé par la Cie. d'Impressions et de publication du "Citizen", 1879), CIHM/ICMH collection de microfiches, nº 61312; *Catalogue de la Bibliothèque du Parlement : Ire partie, droit et économie politique, suivi d'un index* (Ottawa : Imprimerie de Maclean, Roger et Cie., 1880), CIHM/ICMH collection de microfiches,

1879/80, 1880/81, 1882/83-1888/89. Some issues have title: *Annual supplement to the catalogue of the Library of Parliament.* Z883 C33 1857 fol. 027.571

n° 61311; 1879/80-1950, *Supplément au catalogue alphabétique de la Bibliothèque du Parlement, CIHM/ICMH collection de microfiches,* n° A02658, numéros reproduit, 1879/80, 1880/81, 1882/83-1888/89. Certains numéros avec le titre: *Supplément annuel au catalogue de la Bibliothèque du Parlement.* Z883 C33 1857 fol. 027.571

115

Canada. Library of Parliament. – *Catalogue of the Library of Parliament.* – Toronto : John Lovell, 1857-1858. – 2 vol. [1896] p. – Title on added t.p. : *Catalogue de la Bibliothèque du Parlement.*

A catalogue of the books, pamphlets, official publications, serials and manuscripts held by the Library of Parliament. Volume 1: *General library*, arranged by subject including religion, law, history other than the Americas, etc.; volume 2: *Works relating to America. Pamphlets and manuscripts. Index to authors and subjects.* Volume 2 covers the history and geography of the Americas, American and Canadian pamphlets and manuscripts relating to the history of New France, Canada and British American colonies. Index of authors and subjects covers both volumes. Separate index of manuscripts. Reproduced in microform format: *CIHM/ICMH microfiche series,* no 48984-48986.

Supplements: 1860, *Supplementary catalogue of the Library of Parliament : books added to the Library since 25th February, 1858, CIHM/ICMH microfiche series,* no. 47828; 1862, *Alphabetical catalogue of the Library of Parliament : being an index to the classified catalogues printed in 1857 and 1858, and to the books added to the Library up to 1st March, 1862, CIHM/ICMH microfiche series,* no. 93363; 1864, *Supplementary catalogue of the Library of Parliament : books added to the Library since 12th February, 1863, CIHM/ICMH microfiche series,* no. 92403; 1864, *Supplementary catalogue of the Library of Parliament : pamphlets, CIHM/ICMH microfiche series,* no. 92712; 1865, *Supplementary catalogue of the Library of Parliament : books added to the Library since 12th February, 1864, CIHM/ICMH microfiche series,* no. 55955; 1867, *Alphabetical catalogue of the Library of Parliament : being an index to classified catalogues printed in 1857, 1858 and 1864, and to the books and pamphlets since added to the Library up to 1st October 1867, CIHM/ICMH microfiche series,* no. 91922.

Other catalogues: *Catalogue of the Library of Parliament : law library* (Ottawa : Printed by Maclean, Roger & Co., 1878); *Index to the catalogue of the Library of Parliament : part II, general library* (Ottawa : Printed by Citizen Printing and Publishing Co., 1879), *CIHM/ICMH microfiche series,* no. 61312; *Catalogue of the Library of Parliament : part I, law, legislation, political and social science, commerce and statistics, with index* (Ottawa : Printed by Maclean, Roger & Co., 1880), *CIHM/ICMH microfiche series,* no. 61311; 1879/80-1950, *Supplement to the alphabetical catalogue of the Library of Parliament, CIHM/ICMH microfiche series,* no. A02658, issues reproduced, 1879/80, 1880/81, 1882/83-1888/89. Some issues have title: *Annual supplement to the catalogue of the Library of Parliament.* Z883 C33 1857 fol. 027.571

Catalogue des livres, des brochures, des publications officielles, des publications en série et des manuscrits conservés à la Bibliothèque du Parlement. Le volume 1: *Bibliothèque générale* est divisé par sujets comme la religion, le droit, l'histoire autre que celle des Amériques, etc. Le volume 2: *Ouvrages relatifs à l'Amérique. Brochures et manuscrits. Index des auteurs et des matières* porte sur l'histoire et la géographie des Amériques, ainsi que sur les brochures et les manuscrits américains et canadiens relatifs à l'histoire de la Nouvelle-France, du Canada et des colonies britanniques en Amérique. L'index des auteurs et des sujets couvre les deux volumes. Index distinct des manuscrits. Reproduit sur support microforme: *CIHM/ICMH collection de microfiches,* n° 48984-48986.

Suppléments: 1860, *Supplément au catalogue de la Bibliothèque du Parlement : livres ajoutés à la Bibliothèque depuis le 25 février, 1858, CIHM/ICMH collection de microfiches,* n° 47828; 1862, *Catalogue alphabétique de la Bibliothèque du Parlement : comprenant l'index des catalogues méthodiques publiés en 1857 et 1858 et des livres ajoutés à la Bibliothèque depuis cette époque jusqu'au 1er mars 1862, CIHM/ICMH collection de microfiches,* n° 93363; 1864, *Supplément au catalogue de la Bibliothèque du Parlement : livres ajoutés à la Bibliothèque depuis le 12 février, 1863, CIHM/ICMH collection de microfiches,* n° 92403; 1864, *Supplément au catalogue de la Bibliothèque du Parlement : brochures, CIHM/ICMH collection de microfiches,* n° 92712; 1865, *Supplément au catalogue de la Bibliothèque du Parlement : livres ajoutés à la Bibliothèque depuis le 12 février, 1864, CIHM/ICMH collection de microfiches,* n° 55955; 1867, *Catalogue alphabétique de la Bibliothèque du Parlement : comprenant l'index des catalogues méthodiques publiés en 1857, 1858 et 1864, et des livres et brochures ajoutés à la Bibliothèque depuis cette époque jusqu'au 1er octobre 1867, CIHM/ICMH collection de microfiches,* n° 91922.

Autres catalogues: *Catalogue de la Bibliothèque du Parlement : livres de droit* (Ottawa : Imprimé par Maclean, Roger et Cie., 1878); *Index du catalogue de la Bibliothèque du Parlement : IIe partie, bibliothèque générale* (Ottawa : Imprimé par la Cie. d'Impressions et de publication du "Citizen", 1879), *CIHM/ICMH collection de microfiches,* n° 61312; *Catalogue de la Bibliothèque du Parlement : Ire partie, droit et économie politique, suivi d'un index* (Ottawa : Imprimerie de Maclean, Roger et Cie., 1880), *CIHM/ICMH collection de microfiches,* n° 61311; 1879/80-1950, *Supplément au catalogue alphabétique de la Bibliothèque du Parlement, CIHM/ICMH collection de microfiches,* n° A02658, numéros reproduit, 1879/80, 1880/81, 1882/83-1888/89. Certains numéros avec le titre: *Supplément annuel au catalogue de la Bibliothèque du Parlement.* Z883 C33 1857 fol. 027.571

116

Canada. Library of Parliament. – *CPV index* [microform]. – [Ottawa : Micro Can, 1986]. – 20 microfiches : negative ; 11 x 15 cm.

Reproduces the card file index created by the Library of Parliament for a collection of approximately 20,000 Canadian pamphlets. *CPV index* indexes the English-language pamphlets in the collection. Authors, titles and subjects are arranged in one alphabetical sequence. The pamphlets are held in the Rare Books collection of the National Library of Canada. French-language pamphlets in the collection are indexed by *Brochures canadiennes index.* Z1382 C68 1986 fiche 011.33

Ce document reproduit l'index du fichier créé par la Bibliothèque du Parlement pour une collection d'environ 20 000 brochures canadiennes. *CPV index* constitue l'index des brochures en anglais de la collection. Auteurs, titres et sujets sont classés selon un seul ordre alphabétique. Les brochures sont conservées dans la collection de livres rares de la Bibliothèque nationale du Canada. L'index des brochures en français de la collection se trouve sous *Brochures canadiennes index.* Z1382 C68 1986 fiche 011.33

117
Canadian books in print. Author and title index. – (1967)-   . – Toronto : University of Toronto Press, 1967-   . –   vol. – 0068-8398

Annual. Includes all titles bearing the imprint of Canadian publishers, and Canadian subsidiaries of international publishing firms. Lists all books including textbooks, and a selection of official publications. Excludes maps, sheet music, newspapers, periodicals and pamphlets. Includes English- and French-language titles published by Canadian publishers, 1967-1972. Includes English- and French-language titles published by predominantly English-language Canadian publishers, 1973-   .

Three sections: author index, title index, list of publishers with Standard Book Numbers. Issued in two volumes, 1967 ed.: vol. 1, author and publisher index; vol. 2, title index. Title varies: 1967-1972, *Canadian books in print = Catalogue des livres canadiens en librairie*; 1973-1974, *Canadian books in print*.

Available in microfiche format, March 1980-   , updated three times a year. Available online through Info Globe, 1989-   , updated four times a year.   Z1365 C2184 fol.   015.71

Annuel. Notices de tous les documents publiés par les éditeurs canadiens ou par la filiale canadienne d'un éditeur international. Ce catalogue donne la liste de tous les livres, y compris les manuels scolaires, et une sélection de publications officielles. Les cartes, les partitions, les journaux, les périodiques et les brochures sont exclus. Le catalogue comprend des documents en anglais et en français publiés par des éditeurs canadiens, 1967-1972. Il comprend aussi des documents en anglais et en français publiés principalement par des éditeurs canadiens-anglais, 1973-   .

Trois sections: index des auteurs, index des titres, liste des éditeurs avec numéros de publication. L'éd. de 1967 a été publiée en deux volumes: vol. 1, index des auteurs et des éditeurs; vol. 2, index des titres. Le titre varie: 1967-1972, *Canadian books in print = Catalogue des livres canadiens en librairie*; 1973-1974, *Canadian books in print*.

Disponible sur support microfiche, mars 1980-   , mises à jour trois fois par année. Disponible en direct via Info Globe, 1989-   , mis à jour quatre fois par année.   Z1365 C2184 fol.   015.71

118
Canadian books in print. Subject index. – (1973)-   . – Toronto : University of Toronto Press, 1973-   . –   vol. – 0315-1999

Annual. A companion volume to *Canadian books in print. Author and title index*. Three sections: list of subject headings, subject index, list of publishers with Standard Book Numbers. Title varies: 1973-1974, *Subject guide to Canadian books in print*. Available online through Info Globe, 1989-   , updated four times a year. Z1365 C2187 fol.   015.71

Annuel. Ce volume va de pair avec *Canadian books in print. Author and title index*. Trois sections: liste des vedettes-matière, index des sujets, liste des éditeurs avec numéros de publication. Le titre varie: 1973-1974, *Subject guide to Canadian books in print*. Disponible en direct via Info Globe, 1989-   , mis à jour quatre fois par année. Z1365 C2187 fol.   015.71

119
The Canadian catalogue of books published in Canada, about Canada, as well as those written by Canadians, with imprint 1921-1949. (Consolidated English language reprint edition with cumulated author index). – [2nd ed.] – [Toronto] : Toronto Public Library, 1967. – 1 vol. (various pagings).

The Canadian catalogue of books was published annually from 1923 to 1950 by the Toronto Public Library. It lists books, pamphlets, and selected official publications, in English and French, in classed arrangement. In 1959 the English-language sections were reprinted in two volumes, vol. 1, 1921-1939, vol. 2, 1940-1949, each with a cumulated author index. The 1967 2nd reprint ed. is published in one volume with a cumulated author index. Both reprints retain the original annual arrangement.   Z1365 C225 1967   015.71

The Canadian catalogue of books a été publié annuellement de 1923 à 1950 par la Toronto Public Library. Il constitue une liste ordonnée de livres, de brochures et de publications officielles choisies, en anglais et en français. En 1959, les sections en anglais ont été réimprimées en deux volumes, vol. 1, 1921-1939, vol. 2, 1940-1949, qui contiennent chacun un index cumulatif des auteurs. La 2ᵉ réimpression de 1967 a été publiée en un seul volume qui contient un index cumulatif des auteurs. Les deux réimpressions respectent le classement annuel original.   Z1365 C225 1967   015.71

120
Canadian Institute for Historical Microreproductions. – *Canada, the printed record* [microform] : *a bibliographic register with indexes to the microfiche series of the Canadian Institute for Historical Microreproductions = Catalogue d'imprimés canadiens : répertoire bibliographique avec index : collection de microfiches de l'Institut canadien de microreproductions historiques.* – [Ottawa] : the Institute, c1981-   . –   microfiches ; 11 x 15 cm. + printed introduction ([40] p. : ill.). – 0665999666 0665999577

A bibliography of approximately 66,000 entries providing access to the pre-1901 Canadian monographs reproduced in full, on microfiche, by the Canadian Institute for Historical Microreproductions (CIHM). Covers documents published or printed in Canada; documents published or printed outside of Canada, written by Canadians or on Canadian subject matter. Includes monographs, pamphlets, municipal and county official publications and printed ephemera. Excludes federal, provincial and territorial official publications, newspapers, journals and manuscript materials.

A register contains full bibliographic entries numerically arranged. Indexes: author/title/series, English subject heading, French subject heading, Dewey decimal classification, place of publication, date of publication and CIHM series number.   Z1365 C36 fol. fiche   015.7103

Cette bibliographie d'environ 66 000 notices donne accès aux monographies canadiennes antérieures à 1901 entièrement reproduites sur microfiches par l'Institut canadien de microreproductions historiques (ICMH). Comprend des documents publiés ou imprimés au Canada; ainsi que sur des documents publiés ou imprimés à l'extérieur du Canada, mais écrits par des Canadiens ou relatifs à des questions canadiennes. Inclut des monographies, des brochures, des publications officielles municipales ou de comté et des imprimés éphémères. Exclut les publications officielles fédérales, provinciales et territoriales, les journaux, les revues et les manuscrits.

Un registre contient les notices bibliographiques complètes classées par ordre numérique. Index: auteurs/titres/collections, vedettes-matière en anglais, vedettes-matière en français, Classification décimale de Dewey, lieux de publication, dates de publication et numéros de collection de l'ICMH.   Z1365 C36 fol. fiche   015.7103

121

Canadiana [**microform**]. – (Jan. 15, 1951)-   . – [Ottawa] : National Library of Canada, 1951-   . –   microfiches. – 0225-3216 (microfiche)
0008-5391 (print)

Microfiche ed., Jan. 1978-   . Eleven issues a year with cumulating indexes. Multi-year cumulations covering 1973-1980, and from 1981 five-year periods.

Print ed., Jan. 1951-Dec. 1991. Eleven issues a year. Annual cumulations, 1951-1988.

Canadiana, the national bibliography, includes items published in Canada since 1950 and items published in foreign countries which have significant Canadian content or a Canadian connection (Canadian author, translator, editor, etc.). Monographs, serials, pamphlets, theses, atlases, microforms, kits, sheet music scores, sound recordings, federal, provincial and municipal official publications are included. Includes material in English and French as well as other languages. Excluded are course calendars, timetables, maps issued as separate publications, videodiscs, videocassettes, and non-book materials such as slide sets, transparencies and prints unless they are part of a kit. Films, filmstrips and videotapes have been excluded since January 1977. See entry for *Film Canadiana*.

Microfiche ed., arranged by computer-assigned numbers in two registers: register 1, Canadian imprints; register 2, foreign imprints of Canadian association. Six indexes covering both parts: index A, authors, titles, series; index B, English subject headings; index C, French subject headings; index D, ISBN (International Standard Book Numbers); index E, ISSN (International Standard Serial Numbers); index F, Dewey decimal classification.

Print ed. includes two parts arranged by Dewey decimal classification: part 1, Canadian imprints; part 2, foreign imprints of Canadian association. Five indexes, A-E, as in the microfiche ed.

Canadiana records are made available on CAN/MARC magnetic tapes by the MARC Records Distribution Service and online as part of the National Library of Canada's AMICUS database.   Z1365 C23 015.71

Éd. sur microfiches, janv. 1978-   . Onze numéros par année avec index cumulatifs. Refontes de plusieurs années pour 1973-1980, puis refontes quinquennales à compter de 1981.

Éd. imprimée, janv. 1951-déc. 1991. Onze numéros par année. Refontes annuelles, 1951-1988.

La bibliographie nationale *Canadiana* comprend des documents publiés au Canada depuis 1950, ainsi que des documents publiés dans des pays étrangers qui ont un contenu canadien important ou qui se rapportent au Canada (auteur, traducteur ou éditeur canadien, etc.). Inclut des monographies, des publications en série, des brochures, des thèses, des atlas, des microformes, des trousses, des partitions, des enregistrements sonores et des publications officielles fédérales, provinciales et municipales. Les documents sont en anglais, en français, ou en d'autres langues. Exclut les calendriers de cours, les échéanciers, les cartes publiées séparément, les vidéodisques, les vidéocassettes et les non-livres, comme les jeux de diapositives, les transparents et les gravures, à moins qu'ils ne fassent partie d'une trousse. Les films, les films fixes et les bandes vidéo sont exclus depuis janvier 1977. Voir la notice de *Film Canadiana*.

Dans l'éd. sur microfiches, les notices sont classées dans deux registres selon les numéros d'ordre attribués par ordinateur: registre 1, adresses bibliographiques canadiennes; registre 2, adresses bibliographiques étrangères associées au Canada. Six index portent sur les deux parties: index A, auteurs, titres, collections; index B, vedettes-matière en anglais; index C, vedettes-matière en français; index D, ISBN (numéro international normalisé des livres); index E, ISSN (numéro international normalisé des publications en série); index F, Classification décimale de Dewey.

L'éd. imprimée comprend deux parties selon la Classification décimale de Dewey: partie 1, adresses bibliographiques canadiennes; partie 2, adresses bibliographiques étrangères associées au Canada. Cinq index, A-E, comme pour l'éd. sur microfiches.

Les notices *Canadiana* sont offertes sur bandes magnétiques CAN/MARC par le Service de distribution des notices MARC et elles sont accessibles en direct dans la base de données AMICUS de la Bibliothèque nationale du Canada.   Z1365 C23 015.71

122

Canadiana [**microforme**]. – (15 janv. 1951)-   . – [Ottawa] : Bibliothèque nationale du Canada, 1951-   . –   microfiches. – 0225-3216
(microfiche) 0008-5391 (imprimé)

Microfiche ed., Jan. 1978-   . Eleven issues a year with cumulating indexes. Multi-year cumulations covering 1973-1980, and from 1981 five-year periods.

Print ed., Jan. 1951-Dec. 1991. Eleven issues a year. Annual cumulations, 1951-1988.

Canadiana, the national bibliography, includes items published in Canada since 1950 and items published in foreign countries which have significant Canadian content or a Canadian connection (Canadian author, translator, editor, etc.). Monographs, serials, pamphlets, theses, atlases, microforms, kits, sheet music scores, sound recordings, federal, provincial and municipal official publications are included. Includes material in English and French as well as other languages. Excluded are course calendars, timetables, maps issued as separate publications, videodiscs, videocassettes, and non-book materials such as slide sets, transparencies and prints unless they are part of a kit. Films, filmstrips and videotapes have been excluded since January 1977. See entry for *Film Canadiana*.

Microfiche ed., arranged by computer-assigned numbers in two registers: register 1, Canadian imprints; register 2, foreign imprints of Canadian association. Six indexes covering both parts: index A, authors, titles, series; index B, English subject headings; index C, French subject headings; index D, ISBN (International Standard

Éd. sur microfiches, janv. 1978-   . Onze numéros par année avec index cumulatifs. Refontes de plusieurs années pour 1973-1980, puis refontes quinquennales à compter de 1981.

Éd. imprimée, janv. 1951-déc. 1991. Onze numéros par année. Refontes annuelles, 1951-1988.

La bibliographie nationale *Canadiana* comprend des documents publiés au Canada depuis 1950, ainsi que des documents publiés dans des pays étrangers qui ont un contenu canadien important ou qui se rapportent au Canada (auteur, traducteur ou éditeur canadien, etc.). Inclut des monographies, des publications en série, des brochures, des thèses, des atlas, des microformes, des trousses, des partitions, des enregistrements sonores et des publications officielles fédérales, provinciales et municipales. Les documents sont en anglais, en français, ou en d'autres langues. Exclut les calendriers de cours, les échéanciers, les cartes publiées séparément, les vidéodisques, les vidéocassettes et les non-livres, comme les jeux de diapositives, les transparents et les gravures, à moins qu'ils ne fassent partie d'une trousse. Les films, les films fixes et les bandes vidéo sont exclus depuis janvier 1977. Voir la notice de *Film Canadiana*.

Dans l'éd. sur microfiches, les notices sont classées dans deux registres selon les numéros d'ordre attribués par ordinateur: registre 1, adresses bibliographiques canadiennes; registre 2, adresses

Book Numbers); index E, ISSN (International Standard Serial Numbers); index F, Dewey decimal classification.

Print ed. includes two parts arranged by Dewey decimal classification: part 1, Canadian imprints; part 2, foreign imprints of Canadian association. Five indexes, A-E, as in the microfiche ed.

Canadiana records are made available on CAN/MARC magnetic tapes by the MARC Records Distribution Service and online as part of the National Library of Canada's AMICUS database.   Z1365 C23 015.71

bibliographiques étrangères associées au Canada. Six index portent sur les deux parties: index A, auteurs, titres, collections; index B, vedettes-matière en anglais; index C, vedettes-matière en français; index D, ISBN (numéro international normalisé des livres); index E, ISSN (numéro international normalisé des publications en série); index F, Classification décimale de Dewey.

L'éd. imprimée comprend deux parties selon la Classification décimale de Dewey: partie 1, adresses bibliographiques canadiennes; partie 2, adresses bibliographiques étrangères associées au Canada. Cinq index, A-E, comme pour l'éd. sur microfiches.

Les notices *Canadiana* sont offertes sur bandes magnétiques CAN/MARC par le Service de distribution des notices MARC et elles sont accessibles en direct dans la base de données AMICUS de la Bibliothèque nationale du Canada.   Z1365 C23   015.71

123

Canadiana pre-1901 : monographs [microform] = *Canadiana d'avant 1901 : monographies.* – [Ottawa] : National Library of Canada, 1980- . – microfiches. – 1183-6849

Biennial. Cumulates previous issues. A bibliography of over 67,000 monographs of Canadian origin or interest published prior to 1901. Issues for 1980-1988 cover Canadian monographs published between 1867 and 1900. Includes books, pamphlets, leaflets, off-prints and broadsides. Excludes official publications, periodicals, newspapers and maps. Bibliographic entries are arranged numerically by computer-assigned sequence number in a register. Locations. Indexes: author-title, chronological, publisher-printer, place of publication or printing and subject.

Title varies: 1980-1988, *Canadiana 1867-1900, monographs : Canada's national bibliography = Canadiana 1867-1900, monographies : bibliographie nationale du Canada.*   Z1365 C2327 fol. fiche 015.7103

Biennal. Refonte des numéros antérieurs. Bibliographie de plus de 67 000 monographies d'origine canadienne ou d'intérêt canadien publiées antérieurement à 1901. Des numéros de 1980 à 1988 recensent les monographies canadiens parus entre 1867 et 1900. Des livres, des brochures, des dépliants, des tirés à part et des in-planos sont inclus. Les publications officielles, les périodiques, les journaux et les cartes sont exclus. Les notices bibliographiques sont classées dans un registre selon les numéros d'ordre attribués par ordinateur. Localisations. Index: auteurs-titres, chronologique, éditeurs-imprimeurs, lieux de publication ou d'impression, sujets.

Le titre varie: 1980-1988, *Canadiana 1867-1900, monographs : Canada's national bibliography = Canadiana 1867-1900, monographies : bibliographie nationale du Canada.*   Z1365 C2327 fol. fiche   015.7103

124

Canadiana pre-1901 : monographs [microforme] = *Canadiana d'avant 1901 : monographies.* – [Ottawa] : Bibliothèque nationale du Canada, 1980- . – microfiches. – 1183-6849

Biennial. Cumulates previous issues. A bibliography of over 67,000 monographs of Canadian origin or interest published prior to 1901. Issues for 1980-1988 cover Canadian monographs published between 1867 and 1900. Includes books, pamphlets, leaflets, off-prints and broadsides. Excludes official publications, periodicals, newspapers and maps. Bibliographic entries are arranged numerically by computer-assigned sequence number in a register. Locations. Indexes: author-title, chronological, publisher-printer, place of publication or printing and subject.

Title varies: 1980-1988, *Canadiana 1867-1900, monographs : Canada's national bibliography = Canadiana 1867-1900, monographies : bibliographie nationale du Canada.*   Z1365 C2327 fol. fiche 015.7103

Biennal. Refonte des numéros antérieurs. Bibliographie de plus de 67 000 monographies d'origine canadienne ou d'intérêt canadien publiées antérieurement à 1901. Des numéros de 1980 à 1988 recensent les monographies canadiens parus entre 1867 et 1900. Des livres, des brochures, des dépliants, des tirés à part et des in-planos sont inclus. Les publications officielles, les périodiques, les journaux et les cartes sont exclus. Les notices bibliographiques sont classées dans un registre selon les numéros d'ordre attribués par ordinateur. Localisations. Index: auteurs-titres, chronologique, éditeurs-imprimeurs, lieux de publication ou d'impression, sujets.

Le titre varie: 1980-1988, *Canadiana 1867-1900, monographs : Canada's national bibliography = Canadiana 1867-1900, monographies : bibliographie nationale du Canada.*   Z1365 C2327 fol. fiche   015.7103

125

Catalogue de l'édition au Canada français. – (1958)-(1970/71). – Montréal : Publié par le Conseil supérieur du livre avec le concours du Ministère des affaires culturelles du Québec et la collaboration de l'Association des éditeurs canadiens [et] la Société des éditeurs de manuels scolaires du Québec, 1958-1970. – 4 vol.

Irregular. Title varies. 1958, 1962, *Catalogue collectif de l'édition canadienne*; 1965, 1970/71, *Catalogue de l'édition au Canada français.* Imprint varies. A catalogue of French-language books published in Canada. Arranged by subject. Author and title indexes. Membership lists for the Association des éditeurs canadiens, Société des éditeurs de manuels scolaires du Quebec, Association des libraires du Québec. List of literary prize winners. Replaced by: *Répertoire de l'édition au Québec.*   Z1395 F7 A8 fol.   015.71

Irrégulier. Le titre varie: 1958, 1962, *Catalogue collectif de l'édition canadienne*; 1965, 1970/1971, *Catalogue de l'édition au Canada français.* L'adresse bibliographique varie. Un catalogue de livres en français publiés au Canada. Classement par sujets. Index des auteurs et index des titres. Listes des membres de l'Association des éditeurs canadiens, de la Société des éditeurs de manuels scolaires du Québec et de l'Association des libraires du Québec. Liste des gagnants de prix littéraires. Remplacé par: *Répertoire de l'édition au Québec.* Z1395 F7 A8 fol.   015.71

126

Dalhousie University. Library. – *Catalogue of the William Inglis Morse Collection of books, pictures, maps, manuscripts etc., at Dalhousie University Library, Halifax, Nova Scotia.* – Compiled by Eugenie Archibald with a foreword by Carleton Stanley and a pref. by William Inglis Morse. – London : Curwen Press, 1938. – [xxv], 119 p., [7] leaves of plates : ill.

The catalogue of the William Inglis Morse Collection which was donated by Morse to Dalhousie University. Includes a general collection of 598 books, the Douglas Cockerell Collection of early bindings, documents, manuscripts, prints, paintings and maps relating to Canada, furniture, etc. Arranged by type of material. Edition and contents notes. William Inglis Morse wrote a number of books on the history of Nova Scotia which are included in the collection. Z883 D3 M fol.   018.1

Catalogue de la collection William Inglis Morse donnée par M. Morse à la Dalhousie University. Inclut une collection générale de 598 livres, la collection Douglas Cockerell de reliures anciennes, des documents, des manuscrits, des estampes, des peintures et des cartes qui se rapportent au Canada, des meubles, etc. Classement par types de documents. Notes sur l'édition et le contenu. William Inglis Morse a écrit un certain nombre de livres sur l'histoire de la Nouvelle-Écosse qui font partie de la collection.   Z883 D3 M fol.   018.1

127

Davies, Raymond Arthur. – *Printed Jewish Canadiana, 1685-1900 : tentative checklist of books, pamphlets, pictures, magazine and newspaper articles and currency, written by or relating to the Jews of Canada.* – Montreal : Lillian Davies, 1955. – 56 p. : ill., ports., facsims.

Alphabetical arrangement by author or title when author not known. Some brief biographical notes.   Z6373 C3 D3   015.71

Classement alphabétique par auteurs, ou par titres quand les auteurs sont inconnus. Quelques courtes notes biographiques. Z6373 C3 D3   015.71

128

Douglas Library. – *Canadiana, 1698-1900 : in the possession of the Douglas Library, Queen's University, Kingston, Ontario.* – Compiled by Janet S. Porteous and revised, checked and typed by Lillian Houghtling. – Kingston : Queen's University, 1932. – 86 p. – Cover title.

A catalogue of books and pamphlets published in Canada, about Canada, or by Canadian authors held by the Douglas Library, Queen's University. Items published prior to 1850 are chronologically arranged and those published between 1850 and 1900 are alphabetically arranged by name of author. Author index for items included in the chronological list.   Z1365 K55   016.971

Catalogue de livres et de brochures publiés au Canada qui portent sur le Canada ou qui ont été écrits par des auteurs canadiens conservés à la Douglas Library, Queen's University. Les documents publiés avant 1850 sont classés en ordre chronologique, et ceux qui ont été publiés entre 1850 et 1900 sont classés en ordre alphabétique par noms d'auteurs. Index des auteurs pour les documents qui figurent dans la liste chronologique.   Z1365 K55   016.971

129

Ettlinger, John R. T. – *A checklist of Canadian copyright deposits in the British Museum, 1895-1923.* – Edited [and compiled] by John R.T. Ettlinger and Patrick B. O'Neill. – Halifax : Dalhousie University, School of Library Service, 1984- .   –   vol. – 0770301797 (vol. 1) 0770301789 (vol. 2) 0770397069 (vol. 3, part 1) 0770397263 (vol. 3, part 2) 0770397301 (vol. 4, part 1) 0770397360 (vol. 4, part 2) 0770397328 (vol. 5)

A series of checklists of Canadian material deposited at the British Museum under copyright law in the years from 1895 to 1923. Lists have been compiled according to type of material such as maps, insurance plans, city directories, telephone directories, photographs and sheet music. These checklists are of value as they provide access to material, some of which has been destroyed or lost to Canadian collections.

Vol. I, maps; vol. II, Goad insurance plans; vol. III, part 1, city and area directories; vol. III, part 2, telephone and miscellaneous directories; vol. IV, part 1, sheet music, A-P; vol. IV, part 2, sheet music, Q-Z and indexes; vol. V, photographs. Z1401 E88 1984 015.71

Une collection de listes de documents canadiens déposés au British Museum, en vertu de la loi sur le droit d'auteur, de 1895 à 1923. Les listes ont été compilées selon les types de documents, par exemple les cartes, les polices d'assurance, les annuaires de villes, les annuaires téléphoniques, les photographies et les partitions. Ces listes sont précieuses puisqu'elles donnent accès à certains documents qui ont été détruits ou qui ne figurent plus dans aucune collection canadienne.

Vol. I, cartes; vol. II, polices d'assurance Goad; vol. III, partie 1, répertoires municipaux et régionaux; vol. III, partie 2, répertoires téléphoniques et autres; vol. IV, partie 1, partitions, A-P; vol. IV, partie 2, partitions, Q-Z et index; vol. V, photographies. Z1401 E88 1984   015.71

130

European Americana : a chronological guide to works printed in Europe relating to the Americas, 1493-1776. – Edited by John Alden with the assistance of Dennis C. Landis. – New York : Readex Books, 1980- .   –   vol. – 0918414032 (vol. 1) 0918414091 (vol. 2) 0918414016 (vol. 5) 0918414024 (vol. 6) 0918414008 (series)

A chronologically arranged bibliography of approximately 4,300 works relating to the Americas printed in Europe. Covers North, South and Central America and geologically related islands. Four volumes published to date: vol. 1, 1493-1600; vol. 2, 1601-1650; vol. 5, 1701-1725; vol. 6, 1726-1750. Entries include references to other bibliographies and catalogues and library locations. Addenda. Index of authors, titles and subjects. Appendices in each volume: geographical index of printers and booksellers and their publications; alphabetical index of printers and booksellers and their geographical location. Z1203 E87 fol.   016.97

Bibliographie chronologique qui porte sur environ 4 300 ouvrages relatifs aux Amériques et imprimés en Europe. Traite de l'Amérique du Nord, de l'Amérique du Sud et de l'Amérique centrale, ainsi que des îles connexes d'un point de vue géologique. Quatre volumes publiés jusqu'à maintenant: vol. 1, 1493-1600; vol. 2, 1601-1650; vol. 5, 1701-1725; vol. 6, 1726-1750. Les notices comprennent des références à d'autres Bibliographies et catalogues, ainsi que des localisations en bibliothèque. Addenda. Index des auteurs, des titres et des sujets. Annexes dans chaque volume: index géographique des imprimeurs et des libraires, avec leurs publications; index alphabétique des imprimeurs et des libraires, avec leur situation géographique. Z1203 E87 fol.   016.97

131

Fleming, Patricia Lockhart. – *Upper Canadian imprints, 1801-1841 : a bibliography.* – Toronto : University of Toronto Press in co-operation with the National Library of Canada and the Canadian Government Publishing Centre, Supply and Services Canada, c1988. – xviii, [556] p. – 0802025854

Includes books, pamphlets, official publications, broadsides, printed ephemera, newspapers and journals. Excludes separately published maps and illustrations. Chronologically arranged. Newspapers, journals and imprints not found are listed separately in three appendices. Entries include complete collation, contents, information on paper, type and binding, locations of copies examined, notes on authorship, printing, publishing and distribution and references to other bibliographies. Indexes: name, title, genre and subject, trade, place of publication, language.   Z1365 F64 1988 fol.   015.713

Cette bibliographie comprend des livres, des brochures, des publications officielles, des in-planos, des imprimés éphémères, des journaux et des revues. Les cartes et les illustrations publiées séparément sont exclues. Classement chronologique. Trois annexes distinctes contiennent respectivement une liste des journaux, une liste des revues et une liste des adresses bibliographiques des documents introuvables. Chaque notice comprend une collation complète, la description du contenu, des précisions sur le type de papier et de reliure, la localisation des exemplaires examinés, des notes sur la paternité des ouvrages, l'impression, l'édition et la distribution, et des références à d'autres bibliographies. Index: noms, titres, genres et sujets, occupations, lieux de publication, langues.   Z1365 F64 1988 fol.   015.713

132

Gedalof, Robin. – *An annotated bibliography of Canadian Inuit literature.* – Ottawa : Indian and Northern Affairs Canada, 1979. – [4], 108 p.

Lists documents available in English by Canadian Inuit authors. Entries are alphabetically arranged by author. Annotations indicate whether a work is in French or syllabics as well as English.   Z1395 I5 G43 1979 fol.   016.971

Il s'agit d'une liste des documents disponibles en anglais, dont les auteurs sont des Inuits canadiens. Les notices sont classées par ordre alphabétique d'auteurs. Une note précise si l'ouvrage, en plus d'être en anglais, est aussi en français ou en écriture syllabique.   Z1395 I5 G43 1979 fol.   016.971

133

Glenbow-Alberta Institute. Library. – *Catalogue of the Glenbow historical library, the Glenbow-Alberta Institute Library, Calgary, Alberta.* – Boston (Mass.) : G.K. Hall, 1973. – 4 vol. – 081610994X

The Library of the Glenbow-Alberta Institute focusses on the history of Western and Northern Canada. This catalogue includes books, pamphlets and some official publications. Holdings of the Glenbow archives are excluded. Authors, titles and subjects are arranged in one alphabetical sequence.   Z883 G56 x.fol.   016.9712

La bibliothèque du Glenbow-Alberta Institute porte principalement sur l'histoire de l'Ouest et du Nord du Canada. Ce catalogue inclut des livres, des brochures et quelques publications officielles. Exclut les fonds des archives Glenbow. Auteurs, titres et sujets en une seule suite alphabétique.   Z883 G56 x.fol.   016.9712

134

Grünsteudel, Günther. – *Canadiana-bibliographie : Veröffentlichungen deutschsprachiger Kanadisten.* – 2., erw. Aufl. – Bochum [Germany] : Universitätsverlag Dr. N. Brockmeyer, 1993. – 312 p. – (Kanada-Studien ; bd. 1). – 3819600876

A bibliography of books, periodical articles and theses about Canada written by German-speaking Canadianists primarily of Germany, Austria and Switzerland as well as authors resident in Canada of German descent. Includes works in German, English and French published between 1900 and 1992. Arranged by subject including linguistics and literature, geography, ethnology, history, politics and government, law, media and communications, German culture in Canada, etc. Appendix: lists of master's theses, honours essays, etc. (doctoral dissertations are included in the main part of the bibliography). Author and subject indexes. Supersedes: *Canadiana-bibliographie : Veröffentlichungen deutschsprachiger Kanadisten, 1980-1987* (Bochum [Germany] : Studienverlag Dr. N. Brockmeyer, 1989).   Z1365 G78 1993   016.971

Bibliographie de livres, d'articles de périodiques et de thèses sur le Canada écrits par des germanophones Canadianistes, principalement de l'Allemagne, de l'Autriche et de la Suisse, ainsi que par des auteurs d'origine allemande qui habitent au Canada. Inclut des ouvrages en allemand, en anglais et en français publiés entre 1900 et 1992. Classement par sujets comme la linguistique et la littérature, la géographie, l'ethnologie, l'histoire, la politique et le gouvernement, le droit, les médias et les communications, la culture allemande au Canada, etc. Annexe: listes des thèses de maîtrise, des essais de spécialisation, etc. (les thèses de doctorat figurent dans la partie principale de la bibliographie). Index des auteurs et index des sujets. Remplace: *Canadiana-bibliographie : Veröffentlichungen deutschsprachiger Kanadisten, 1980-1987* (Bochum [Germany] : Studienverlag Dr. N. Brockmeyer, 1989).   Z1365 G78 1993   016.971

135

Haight, W. R. [Willet Ricketson]. – *Canadian catalogue of books.* – Toronto : Haight, 1896. – 130 p.

Includes books and pamphlets published or printed in Canada from 1791 to 1895. Lists English- and French-language works, alphabetically arranged by author. Title and chronological indexes and a list of publishers and printers. Not a complete catalogue for the period. Reprinted with two supplements: Vancouver : Devlin ; London : Pordes, 1958.   Z1365 H15 1791-1897   015.71

Ce catalogue regroupe les brochures et les livres publiés ou imprimés au Canada entre 1791 et 1895. Il donne la liste des ouvrages en anglais et en français, par ordre alphabétique d'auteurs. Index des titres, index chronologique et liste des éditeurs et des imprimeurs. Catalogue incomplet pour la période visée. Réimprimé avec deux suppléments: Vancouver : Devlin ; Londres : Pordes, 1958.   Z1365 H15 1791-1897   015.71

136

Haight, W. R. [Willet Ricketson]. – *The annual Canadian catalogue of books, 1896 : first supplement to the Canadian catalogue of books, 1791-1895*. – Toronto : Haight, 1898. – 48 p. Z1365 H15 1791-1897 Suppl. 1   015.71

137

Haight, W. R. [Willet Ricketson]. – *Annual Canadian catalogue of books, 1897 : second supplement to the Canadian catalogue of books 1791-1895*. – Toronto : Haight, 1904. – 57 p. Z1365 H15 1791-1897 Suppl. 2   015.71

138

Université de Moncton. Centre d'études acadiennes. – *Inventaire général des sources documentaires sur les Acadiens*. – Moncton : Éditions d'Acadie, 1975-1977. – 3 vol. (526 ; xiv, 463 ; vii f., 212 p.).

A guide to archival resources and a bibliography of published works relating to all aspects of Acadia and the Acadian people. Volume 1 describes the archival collections of various repositories in Canada, France, the United States and England. Arranged by country, type of repository or type of document. Volume 2, subtitled *Bibliographie acadienne : liste des volumes, brochures et thèses concernant l'Acadie et les Acadiens des débuts à 1975*, is a bibliography of books, theses and pamphlets arranged by subject. Volume 3, subtitled *Bibliographie acadienne : liste des articles de périodiques concernant l'Acadie et les Acadiens des débuts à 1976*, lists articles from 46 periodicals. Alphabetically arranged by periodical title. Indexes: vol. 1, subject; vol. 2, author-title, subject; vol. 3, author, subject. Vols. 2 and 3 have supplements: *Guide bibliographique de l'Acadie, 1976-1987*; *Guide bibliographique de l'Acadie : supplément et mise à jour 1988-1989*. Z1392 A3 U55 1975 fol.   016.9715

Guide des sources d'archives et bibliographie d'ouvrages publiés qui se rapportent à tous les aspects de l'Acadie et du peuple acadien. Le volume 1 décrit les collections d'archives de divers dépôts au Canada, en France, aux États-Unis et en Angleterre. Classement par pays, par types de dépôts ou par types de documents. Le volume 2 sous-titré *Bibliographie acadienne : liste des volumes, brochures et thèses concernant l'Acadie et les Acadiens des débuts à 1975* constitue une bibliographie des livres, thèses et brochures classés par sujets. Le volume 3 sous-titré *Bibliographie acadienne : liste des articles de périodiques concernant l'Acadie et les Acadiens des débuts à 1976*, signale des articles de 46 périodiques. Classement alphabétique selon le titre des périodiques. Index: vol. 1, sujets; vol. 2, auteurs-titres, sujets; vol. 3, auteurs, sujets. Les volumes 2 et 3 comprennent des suppléments: *Guide bibliographique de l'Acadie, 1976-1987*; *Guide bibliographique de l'Acadie : supplément et mise à jour 1988-1989*. Z1392 A3 U55 1975 fol.   016.9715

139

Harbec, Hélène. – *Guide bibliographique de l'Acadie, 1976-1987*. – Rédigé par Hélène Harbec ; collaboration et consultante, Paulette Lévesque. – Moncton : Centre d'études acadiennes, 1988. – xvii, 508 p. – 0919691307

Updates volumes 2 and 3 of the *Inventaire général des sources documentaires sur les Acadiens*. Bibliography of 4,500 books, periodical articles, pamphlets and theses relating to all aspects of Acadia and the Acadian people, published primarily during the years 1976-1987. Includes works in English and French. Arranged by subject. Author, title and subject indexes. Supplement: *Guide bibliographique de l'Acadie : supplément et mise à jour 1988-1989*.   Z1392 A3 H37 1988 fol.   016.9715

Met à jour les volumes 2 et 3 de l'*Inventaire général des sources documentaires sur les Acadiens*. Bibliographie de 4 500 livres, articles de périodiques, brochures et thèses qui se rapportent à tous les aspects de l'Acadie et du peuple acadien et qui ont été publiés principalement durant les années 1976-1987. Inclut des ouvrages en anglais et en français. Classement par sujets. Index: auteurs, titres, sujets. Supplément: *Guide bibliographique de l'Acadie : supplément et mise à jour 1988-1989*.   Z1392 A3 H37 1988 fol.   016.9715

140

Robichaud, Norbert. – *Guide bibliographique de l'Acadie : supplément et mise à jour 1988-1989*. – Compilé par Norbert Robichaud sous la direction de Ronald Labelle. – Moncton : Centre d'études acadiennes, 1991. – x, 91 p.

Supplements volumes 2 and 3 of the *Inventaire général des sources documentaires sur les Acadiens* and the *Guide bibliographique de l'Acadie, 1976-1987*. Includes approximately 1,000 books, periodical articles, theses and pamphlets in French and English. About half the titles were published during the years 1988 and 1989. The rest were published prior to 1988 but not included in the previous bibliographies. Z1392   016.9715

Complète les volumes 2 et 3 de l'*Inventaire général des sources documentaires sur les Acadiens* et le *Guide bibliographique de l'Acadie, 1976-1987*. Inclut environ 1 000 livres, articles de périodiques, thèses et brochures, en français et en anglais. Environ la moitié des ouvrages ont été publiés durant les années 1988 et 1989. Les autres sont des ouvrages publiés avant 1988 qui ne figuraient pas dans les bibliographies antérieures.   Z1392   016.9715

141

Harvard University. Library. – *Canadian history and literature : classification schedule, classified listing by call number, alphabetical listing by author or title, chronological listing*. – Cambridge (Mass.) : Harvard University Library, 1968. – [v], 411 p. – (Widener Library shelflist ; 20).

A shelflist of the Canadian history and literature collections of the Widener Library, Harvard University. Includes books, periodicals and official publications. Four parts: classification schedule, list of works arranged by call number, list of works arranged alphabetically by author or title, chronological list. William Inglis Morse, honorary curator of Canadian history and literature at Harvard, edited a bulletin entitled *The Canadian collection at Harvard University* from 1944 to 1948. The five issues include reports on Canadiana additions to the collections of Harvard libraries together with essays on specific items or types of documents.   Z1365 H3 fol.   016.971

Catalogue topographique des collections d'histoire et de littérature canadiennes de la Widener Library, Harvard University. Inclut des livres, des périodiques et des publications officielles. Quatre parties: système de classification, liste des ouvrages classés par cotes, liste des ouvrages classés alphabétiquement par auteurs ou par titres, liste chronologique. William Inglis Morse, conservateur honoraire d'histoire et de littérature canadiennes à Harvard, a dirigé la publication d'un bulletin intitulé *The Canadian collection at Harvard University* de 1944 à 1948. Les cinq numéros comprennent des rapports sur les ajouts de documents canadiens aux collections des bibliothèques de Harvard, ainsi que des essais sur des documents particuliers ou sur des types de documents.   Z1365 H3 fol.   016.971

142

Ingles, Ernest. – ***Canada.*** – Oxford : Clio Press, c1990. – xxx, 393 p. : 1 map. – (World bibliographical series ; vol. 62). – 1851090053

A selective bibliography of 1,316 entries for works on the geography, history, economy, culture and society of Canada. The majority of titles are readily accessible, English-language, monographic publications. Arranged by subject. Annotations. Author-editor, title and subject indexes.   Z1365 C213 1990   016.97296

Bibliographie sélective de 1 316 notices relatives à des ouvrages sur la géographie, l'histoire, l'économie, la culture et la société du Canada. La plupart des documents sont des monographies en anglais facilement accessibles. Classement par sujets. Annotations. Index: auteurs-rédacteurs, titres, sujets.   Z1365 C213 1990   016.97296

143

Institut canadien de microreproductions historiques. – ***Canada, the printed record*** [microforme] ***: a bibliographic register with indexes to the microfiche series of the Canadian Institute for Historical Microreproductions = Catalogue d'imprimés canadiens : répertoire bibliographique avec index : collection de microfiches de l'Institut canadien de microreproductions historiques.*** – [Ottawa] : l'Institut, c1981-   . –   microfiches ; 11 x 15 cm. + introduction imprimée ([20] p. : ill.) – 0665999666

A bibliography of approximately 66,000 entries providing access to the pre-1901 Canadian monographs reproduced in full, on microfiche, by the Canadian Institute for Historical Microreproductions (CIHM). Covers documents published or printed in Canada; documents published or printed outside of Canada, written by Canadians or on Canadian subject matter. Includes monographs, pamphlets, municipal and county official publications and printed ephemera. Excludes federal, provincial and territorial official publications, newspapers, journals and manuscript materials.

A register contains full bibliographic entries numerically arranged. Indexes: author/title/series, English subject heading, French subject heading, Dewey decimal classification, place of publication, date of publication and CIHM series number.   Z1365 C36 fol.   015.7103

Cette bibliographie d'environ 66 000 notices donne accès aux monographies canadiennes antérieures à 1901 entièrement reproduites sur microfiches par l'Institut canadien de microreproductions historiques (ICMH). Comprend des documents publiés ou imprimés au Canada; ainsi que sur des documents publiés ou imprimés à l'extérieur du Canada, mais écrits par des Canadiens ou relatifs à des questions canadiennes. Inclut des monographies, des brochures, des publications officielles municipales ou de comté et des imprimés éphémères. Exclut les publications officielles fédérales, provinciales et territoriales, les journaux, les revues et les manuscrits.

Un registre contient les notices bibliographiques complètes classées par ordre numérique. Index: auteurs/titres/collections, vedettes-matière en anglais, vedettes-matière en français, Classification décimale de Dewey, lieux de publication, dates de publication et numéros de collection de l'ICMH.   Z1365 C36 fol.   015.7103

144

Jones, Linda M. [Linda Marilyn]. – ***Canadian studies : foreign publications and theses = Études canadiennes : publications et thèses étrangères.*** – 4th ed. – Ottawa : International Council for Canadian Studies, 1992. – xvii, 525 p. – 0969186223

1st ed., 1985, 2nd ed., 1987, *Monographs and periodicals published abroad in the context of Canadian studies = Monographies et revues publiées à l'étranger dans le cadre des études canadiennes*; 3rd ed., 1989. Includes books, theses and serials published outside of Canada since 1980, which deal with Canada or Canadians. Material in French, English and other languages. Arranged by broad subject. Name and title indexes.   Z1385 M65 1992 fol.   016.971

1re éd., 1985, 2e éd., 1987, *Monographs and periodicals published abroad in the context of Canadian studies = Monographies et revues publiées à l'étranger dans le cadre des études canadiennes*; 3e éd., 1989. Comprend des livres, des thèses et des publications en série qui ont été publiés à l'extérieur du Canada depuis 1980 et qui traitent du Canada ou des Canadiens. Des documents en français, en anglais et en d'autres langues sont inclus. Classement par catégories générales. Index des noms et index des titres.   Z1385 M65 1992 fol.   016.971

145

Jones, Linda M. [Linda Marilyn]. – ***Canadian studies : foreign publications and theses = Études canadiennes : publications et thèses étrangères.*** – 4e éd. – Ottawa : Conseil international d'études canadiennes, 1992. – xvii, 525 p. – 0969186274

1st ed., 1985, 2nd ed., 1987, *Monographs and periodicals published abroad in the context of Canadian studies = Monographies et revues publiées à l'étranger dans le cadre des études canadiennes*; 3rd ed., 1989. Includes books, theses and serials published outside of Canada since 1980, which deal with Canada or Canadians. Material in French, English and other languages. Arranged by broad subject. Name and title indexes.   Z1385 M65 1992 fol.   016.971

1re éd., 1985, 2e éd., 1987, *Monographs and periodicals published abroad in the context of Canadian studies = Monographies et revues publiées à l'étranger dans le cadre des études canadiennes*; 3e éd., 1989. Comprend des livres, des thèses et des publications en série qui ont été publiés à l'extérieur du Canada depuis 1980 et qui traitent du Canada ou des Canadiens. Des documents en français, en anglais et en d'autres langues sont inclus. Classement par catégories générales. Index des noms et index des titres.   Z1385 M65 1992 fol.   016.971

146

Kanada kankei hōgo bunken mokuroku, 1977-1988. – [Tōkyō] : Nihon Kanada Gakkai, 1988. – 150 p. – Title romanized.

A bibliography of works in Japanese relating to Canada, published between 1977 and 1988. Includes books, periodical articles, research reports, etc., and Japanese translations of works by Canadian authors. Text in Japanese. Arranged by subject. Author and subject indexes. Supersedes: *Kanada kankei hōgo bunken mokuroku II, 1979-1982* ([Tōkyō] : Nihon Kanada Gakkai, 1983). Supplement: *Kanada kankei hōgo bunken mokuroku, 1989.*   Z1365 K36 1988   016.971

Bibliographie d'ouvrages en japonais qui se rapportent au Canada et qui ont été publiés entre 1977 et 1988. Inclut des livres, des articles de périodiques, des rapports de recherche, etc., ainsi que des traductions japonaises d'ouvrages rédigés par des auteurs canadiens. Texte en japonais. Classement par sujets. Index des auteurs et index des sujets. Remplace: *Kanada kankei hōgo bunken mokuroku II, 1979-1982* ([Tōkyō] : Nihon Kanada Gakkai, 1983). Supplément: *Kanada kankei hōgo bunken mokuroku, 1989.*   Z1365 K36 1988   016.971

147

Kanada kankei hōgo bunken mokuroku, 1989. – Tōkyō : Nihon Kanada Gakkai, 1989. – 15 p. – Title romanized.

Supplement to: *Kanada kankei hōgo bunken mokuroku, 1977-1988.* Covers works in Japanese relating to Canada, published between January 1979 and September 1989. Text in Japanese. Arranged by subject. No index.   Z1365 K36 1989   016.971

Supplément à: *Kanada kankei hōgo bunken mokuroku, 1977-1988.* Porte sur des ouvrages en japonais qui traitent du Canada et qui ont été publiés entre janvier 1979 et septembre 1989. Texte en japonais. Classement par sujets. Aucun index.   Z1365 K36 1989   016.971

148

Lanctôt, Gustave. – ***L'oeuvre de la France en Amérique du Nord : bibliographie sélective et critique.*** – Ouvrage publié par la Section française de la Société royale du Canada. – Montréal : Fides, 1951, c1950. – 185 p.

Annotated bibliography of 465 published works which illustrate the contribution of France to the exploration and colonization of North America as well as its influence on French culture and society in Canada. Arranged in the following sections: printed sources such as travel accounts, memoirs and other documents; history; culture, literature and fine art; social and political questions; bibliographies.   Z1387 F7 L3   016.971

Bibliographie annotée de 465 ouvrages publiés qui illustrent la contribution de la France à l'exploration et à la colonisation de l'Amérique du Nord, ainsi que son influence sur la culture et la société françaises au Canada. Divisée en sections: sources imprimées comme les récits de voyage, les mémoires et les autres documents; histoire; culture, littérature et beaux-arts; questions sociales et politiques; bibliographies.   Z1387 F7 L3   016.971

149

Leclerc, Charles. – ***Bibliotheca americana : histoire, géographie, voyages, archéologie et linguistique des deux Amériques et des Îles Phillipines.*** – Paris : Maisonneuve, 1878. – xx, 737 p.

A catalogue of 2,638 works relating to North, Central and South America. Two parts covering history and linguistics. Entries 649-796 under history cover works on the Arctic regions and Canada. The section on linguistics is arranged by language and includes those of North American Native peoples. Annotations. Author-title index. Reproduced in microform format: *CIHM/ICMH microfiche series,* no. 09017. Two supplements: 1881, *Bibliotheca americana : histoire, géographie, voyages, archéologie et linguistique des deux Amériques. Supplément no 1, CIHM/ICMH microfiche series,* no 09018; 1887, *Bibliotheca americana : histoire, géographie, voyages, archéologie et linguistique des deux Amériques. Supplément no 2, CIHM/ICMH microfiche series,* no 09019. Catalogue and supplements reprinted in one volume: Paris : G.-P. Maisonneuve et Larose, 1961.

Earlier catalogue compiled by Leclerc under the title: *Bibliotheca americana : catalogue raisonné d'une très-précieuse collection de livres anciens et modernes sur l'Amérique et les Philippines classés par ordre alphabétique de noms d'auteurs* (Paris : Maisonneuve & Cie, 1867). Reproduced in microform format: *CIHM/ICMH microfiche series,* no. 90704.   Z1207 L463   016.97

Catalogue de 2 638 ouvrages qui se rapportent à l'Amérique du Nord, à l'Amérique centrale et à l'Amérique du Sud. Deux parties: histoire, linguistique. Dans la section sur l'histoire, les notices 649-796 traitent des ouvrages sur les régions arctiques et le Canada. La section sur la linguistique, classée par langues, inclut celles des peuples autochtones de l'Amérique du Nord. Annotations. Index des auteurs et des titres. Reproduit sur support microforme: *CIHM/ICMH collection de microfiches,* n° 09017. Deux suppléments: 1881, *Bibliotheca americana : histoire, géographie, voyages, archéologie et linguistique des deux Amériques. Supplément n° 1, CIHM/ICMH collection de microfiches,* n° 09018; 1887, *Bibliotheca americana : histoire, géographie, voyages, archéologie et linguistique des deux Amériques. Supplément n° 2, CIHM/ICMH collection de microfiches,* n° 09019. Catalogue et suppléments réimprimés en un volume: Paris : G.-P. Maisonneuve et Larose, 1961.

Catalogue plus ancien compilé par Leclerc sous le titre: *Bibliotheca americana : catalogue raisonné d'une très-précieuse collection de livres anciens et modernes sur l'Amérique et les Philippines classés par ordre alphabétique de noms d'auteurs* (Paris : Maisonneuve & Cie, 1867). Reproduit sur support microforme: *CIHM/ICMH collection de microfiches,* n° 90704.   Z1207 L463   016.97

150

Les livres disponibles canadiens de langue française = Canadian French books in print. – (Sept./oct. 1981)-   . – [Outremont, Québec] : Bibliodata, [1981]-   . – vol. – 0708-4889 – Titre de la couv.

Lists Canadian French-language books in print. Appears four times a year in three print volumes for authors, titles and subjects. Appears ten times a year in microfiche format. Directory of distributors. Title varies: (Sept./Oct. 1981)-(June 1987), *La liste des livres disponibles de langue française des auteurs et des éditeurs canadiens = Canadian authors and publishers, French books in print.* Publisher varies. Title of microform edition: (Sept./Oct. 1981)-   , *La liste des livres disponibles de langue française des auteurs et des éditeurs.*   Z1377 F8 L58 fol.   015.71

Recension des livres canadiens disponibles en français. Quatre fois par année en trois volumes imprimés selon les auteurs, les titres et les sujets. Dix fois par année sur microfiches. Un répertoire des distributeurs est inclus. Le titre varie: (sept./oct. 1981)-(juin 1987), *La liste des livres disponibles de langue française des auteurs et des éditeurs canadiens = Canadian authors and publishers, French books in print.* L'éditeur varie. Titre de l'édition sur support microforme: (sept./oct. 1981)-   , *La liste des livres disponibles de langue française des auteurs et des éditeurs.*   Z1377 F8 L58 fol.   015.71

151

McMaster University. Library. – ***Canadian pamphlets : a subject listing of the holdings of McMaster University Library.*** – Compiled by Charlotte Stewart and Renu Barrett with the assistance of Norma Smith. – Hamilton : McMaster University Library, 1976-1977. – 3 vol. ([130] ; [130] ; 131 p.). – (Library research news ; vol. 3, no. 6-vol. 4, no. 2). – 0024-9270

Over 2,800 pamphlets dealing with Canadian history, literature, politics and social conditions are listed. Approximately 250 are pre-Confederation. Includes English- and French-language pamphlets. Arranged by subject. Author-title index.   Z1365 M35   011.33

Plus de 2 800 brochures portant sur l'histoire, la littérature, la politique et les conditions sociales canadiennes. Environ 250 d'entre elles sont antérieures à la Confédération. Des brochures en anglais et en français sont incluses. Classement par sujets. Index des auteurs et des titres.   Z1365 M35   011.33

152

Mississauga Library System. – *The Ruth Konrad local history collection : a selected bibliography of Canadiana in the Mississauga Library System.* – Compiled by the staff of the History and Geography Department. – Mississauga (Ont.) : Mississauga Library System, c1994. – [8], 200 p. : port. – 0969787308

A catalogue of the Canadiana collection of the Mississauga Public Library. Arranged by subject. Annotations and call numbers. No index. Replaces: *The Ruth Konrad Collection of Canadiana : a descriptive bibliography* ([Mississauga] : Mississauga Public Library Board, 1971).   Z1371 M58 1994   016.971

Catalogue de la collection de documents canadiens de la bibliothèque publique de Mississauga. Classement par sujets. Annotations et cotes. Aucun index. Remplace: *The Ruth Konrad Collection of Canadiana : a descriptive bibliography* ([Mississauga] : Mississauga Public Library Board, 1971).   Z1371 M58 1994   016.971

153

Morgan, Henry J. [Henry James]. – *Bibliotheca Canadensis, or, A manual of Canadian literature.* – Ottawa : Printed by G.E. Desbarats, 1867. – xiv, 411 p.

Includes books, pamphlets, periodical and newspaper articles written in Canada, by Canadians or relating to Canada for the period 1763 to 1867. Includes English- and French-language works. Arrangement is alphabetical by author. Provides biographical sketches of authors. Reprinted: Detroit : Gale Research Co., 1968. Reproduced in microform format: *CIHM/ICMH microfiche series*, no. 11068.   Z1365 M84 fol.   015.71

Ce document comprend des livres, des brochures, des articles de périodiques et de journaux de la période de 1763 à 1867, écrits au Canada ou par des Canadiens, ou relatifs au Canada. Des ouvrages en anglais et en français sont inclus. Classement alphabétique par auteurs. Une courte biographie de chaque auteur est fournie. Réimprimé: Détroit : Gale Research Co., 1968. Reproduit sur support microforme: *CIHM/ICMH collection de microfiches*, n° 11068. Z1365 M84 fol.   015.71

154

National Library of Canada. – *Canadian union catalogue of library materials for the handicapped* [microform] : *CANUC : H = Catalogue collectif canadien pour les personnes handicapées : CANUC : H.* – [Ottawa : the Library, 1985]-   . –   microfiches. – 0822-2576

A catalogue of special format materials for the print impaired. Comprised of titles reported by 21 Canadian institutions with major collections of special format titles, as well as materials held in public, educational and special libraries and reported to the National Library's union catalogue. Includes English-, French- and foreign-language monographs and serial publications in the following formats: large print, braille, non-musical sound recordings. Consists of a register of full bibliographic records with locations and three indexes: author, title, series; English subject; French subject. The register, which is numerically arranged, is updated semiannually with new and modified records only. The indexes are completely reissued with each update. Also includes *Canadian works in progress (CANWIP) = Registre des ouvrages canadiens en préparation (CANWIP)*, records for planned or in progress works and projected purchases. Available online through the National Library's AMICUS system. Z711.92 H3 C278   011.63

Catalogue de documents sur support de substitution destinés aux personnes incapables de se servir des imprimés traditionnels. Comprend les ouvrages signalés par 21 établissements canadiens qui possèdent d'importantes collections de documents sur support de substitution, ainsi que les documents conservés dans les bibliothèques publiques, éducatives et spécialisées et qui sont mentionnés dans le catalogue collectif de la Bibliothèque nationale. Inclut des monographies et des publications en série en anglais, en français et en langues étrangères, sur les supports suivants: gros caractères, braille, enregistrements sonores autres que musicaux. Formé d'un registre de notices bibliographiques complètes avec localisations, et de trois index: auteurs, titres, publications en série; sujets en anglais; sujets en français. Le registre avec classement numérique est mis à jour deux fois par année au moyen de notices nouvelles et modifiées seulement. Les index sont republiés au complet lors de chaque mise à jour. Comprend également *Canadian works in progress (CANWIP) = Registre des ouvrages canadiens en préparation (CANWIP)*, des notices sur les ouvrages prévus ou en cours de préparation et sur les achats projetés. Accessible en direct par l'entremise du système AMICUS de la Bibliothèque nationale.   Z711.92 H3 C278   011.63

155

National Library of Canada. – *Indian-Inuit authors : an annotated bibliography = Auteurs indiens et inuit : bibliographie annotée.* – Ottawa : [National Library of Canada], 1974. – 108 p. : ill.

Attempts to create a definitive record of the written and published works of Aboriginal peoples of Canada to 1972. Part one includes works by Canadian Indian and Métis authors, part two, works by Canadian Inuit authors. Each part is arranged in eight sections: books, anthologies, collected works, poetry and songs, articles, addresses, conferences, reports, studies and theses, language, texts. Annotations in English and French. Author and illustrator indexes. Z1209 I58   016.971

Tente de dresser une liste définitive des oeuvres écrites par les peuples autochtones du Canada et publiées, jusqu'en 1972. La partie I inclut les oeuvres d'auteurs amérindiens et métis canadiens, et la partie II celles d'auteurs inuit canadiens. Chaque partie se divise en huit sections: livres, anthologies, oeuvres choisies, poèmes et chansons, articles, discours, conférences, rapports, études et thèses, langues, textes. Annotations en anglais et en français. Index des auteurs et index des illustrateurs.   Z1209 I58   016.971

156

Notices en langue française du Canadian catalogue of books 1921-1949 avec index établi par Henri Bernard Boivin. – Montréal : Ministère des affaires culturelles, 1975. – ix, 263, 199 p. : ill.

A reprint edition of the French-language section of *The Canadian catalogue of books* 1921 to 1949. Author-title index.   Z1365 C22513 015.71

Réimpression de la section en français de *The Canadian catalogue of books* 1921 à 1949. Index des auteurs et des titres.   Z1365 C22513 015.71

157

Public Archives Canada. Library. – *Catalogue of the Public Archives Library.* – Boston (Mass.) : G.K. Hall, 1979. – 12 vol. – 081610316X – Title on added t.p. : *Catalogue de la Bibliothèque des Archives publiques.*

A catalogue of the books, official publications, periodicals and pamphlets in English, French and other languages held by the Library of the Public Archives of Canada (now the National Archives of Canada). Some of these materials have been transferred to the National Library of Canada. Emphasis on Canadian history. Three sections: author/title catalogue; chronological list of pamphlets, 1493-1950; catalogued periodical holdings, alphabetically arranged by title. The pamphlet list supersedes the catalogue prepared by Magdalen Casey: *The catalogue of pamphlets in the Public Archives of Canada* (Ottawa : Public Archives, 1931-1932). Z883 A1 P82 x.fol. 016.971

Catalogue des livres, des publications officielles, des périodiques et des brochures en anglais, en français et en d'autres langues conservés à la bibliothèque des Archives publiques du Canada (maintenant les Archives nationales du Canada). Certains de ces documents ont été transférés à la Bibliothèque nationale du Canada. Insistance sur l'histoire canadienne. Trois sections: catalogue des auteurs ou des titres; liste chronologique des brochures, 1493-1950; périodiques catalogués avec classement alphabétique par titres. La liste des brochures remplace le catalogue préparé par Magdalen Casey: *The catalogue of pamphlets in the Public Archives of Canada* (Ottawa : Public Archives, 1931-1932). Z883 A1 P82 x.fol. 016.971

158

Ralph Pickard Bell Library. – *The Edgar and Dorothy Davidson Collection of Canadiana at Mount Allison University.* – Compiled by the staffs of the Centre for Canadian Studies and the Ralph Pickard Bell Library. – Sackville (N.B.) : Centre for Canadian Studies, Mount Allison University, c1991. – xxiv, 418 p. : ill. – 0919707303

A bibliography of the Edgar and Dorothy Davidson collection of Canadiana. Includes imprints from the seventeenth to nineteenth centuries, some of which are rare first-edition books. Arranged according to the following subject areas: French and French influence; English and English influence; exploration of the Arctic; the Western frontier; early Canadian imprints to 1820. Bibliographic entries include title page transcription, expanded collation, descriptions of illustrations, maps, plans, inscriptions and bookplates, and references to entries in other bibliographies. Indexes: author-title, subject, genre, map, cartographer, illustrator, publisher, printer and bookplate-inscription. Z1365 R34 1991 fol. 016.0944

Ce catalogue constitue une bibliographie de la collection de Canadiana Edgar et Dorothy Davidson. Les impressions vont du dix-septième au dix-neuvième siècles et, dans certains cas, il s'agit de la première édition d'un livre rare. Classement selon les catégories suivantes: français et d'influence française; anglais et d'influence anglaise; exploration de l'Arctique; frontière de l'Ouest; premières impressions canadiennes, jusqu'en 1820. Les notices bibliographiques comprennent la transcription de la page titre, une collation détaillée, la description des illustrations, des cartes, des plans, des inscriptions et des ex-libris, ainsi que des références aux notices qui font partie d'autres bibliographies. Index: auteurs-titres, sujets, genres, cartes, cartographes, illustrateurs, éditeurs, imprimeurs, ex-libris. Z1365 R34 1991 fol. 016.0944

159

Redpath Library. – *The Lawrence Lande collection of Canadiana in the Redpath Library of McGill University.* – A bibliography collected, arranged, and annotated by Lawrence Lande ; with an introduction by Edgar Andrew Collard. – Montreal : Lawrence Lande Foundation for Canadian Historical Research, 1965. – xxxv, 301 p. : facsims., maps (part fold.). – Spine title : *A bibliography of Canadiana.*

A catalogue of 2,328 books, pamphlets, official publications, broadsides, maps, manuscripts and letters relating to Canada collected by Lawrence Lande and now held by McGill University. Three sections: works on the history, geography and economy of early Canada; works relating to the north and the west; works relating to the cultural life of Canada. Each section is alphabetically arranged by author or title. Indexes: main entry, title, subject, official publication. Z1401 L3 fol. 016.971

Catalogue de 2 328 livres, brochures, publications officielles, in-planos, cartes, manuscrits et lettres qui se rapportent au Canada, qui ont été collectionnés par Lawrence Lande et qui se trouvent maintenant à l'Université McGill. Trois sections: ouvrages sur l'histoire, la géographie et l'économie des débuts du Canada; ouvrages relatifs au Nord et à l'Ouest; ouvrages relatifs à la vie culturelle au Canada. Dans chaque section, classement alphabétique des auteurs ou des titres. Quatre index: notices principales, titres, sujets, publications officielles. Z1401 L3 fol. 016.971

160

Redpath Library. – *Rare and unusual Canadiana : first supplement to the Lande bibliography.* – [Compiled by Lawrence Lande]. – Montreal : McGill University, 1971. – xx, 779 p. : facsims. – (Lawrence Lande Foundation for Canadian Historical Research ; no. 6).

A supplement listing 2,541 books, pamphlets, broadsides alphabetically arranged by author or title. Author, title and subject indexes. Z1401 L3 fol. Suppl. 016.971

Liste supplémentaire de 2 541 livres, brochures et in-planos, classés alphabétiquement par auteurs ou par titres. Index: auteurs, titres, sujets. Z1401 L3 fol. Suppl. 016.971

161

Rome, David. – *A bibliography of Jewish Canadiana* [microform]. – Montréal : National Archives, Canadian Jewish Congress, 1988. – 118 microfiches in binder with 3 printed leaves.

Includes approximately 15,000 titles written, edited or compiled by Canadian Jews, about Canadian Jews, or by Canadians and of Jewish interest. Entries in English, French, Yiddish and Hebrew. Alphabetically arranged by author within broad subject categories, such as: Canadian Jewish history, the arts, religion, sociology, education, the sciences, etc. Reproductions of handwritten cards are sometimes difficult to read. Expands the author's *A selected bibliography of Jewish Canadiana* (Montreal : Canadian Jewish Congress, 1959). Z6373 C3 R623 1988 fol. 015.71

Comprend environ 15 000 documents écrits, édités ou compilés par des Juifs canadiens, au sujet des Juifs canadiens ou par des Canadiens sur des questions d'intérêt pour les Juifs. Notices en anglais, en français, en yiddish et en hébreu. Classement par ordre alphabétique d'auteurs au sein de catégories générales, comme l'histoire des Juifs canadiens, les arts, la religion, la sociologie, l'éducation, les sciences, etc. Les reproductions de fiches écrites à la main sont parfois difficiles à lire. Extension de *A selected bibliography of Jewish Canadiana* du même auteur (Montreal : Canadian Jewish Congress, 1959). Z6373 C3 R623 1988 fol. 015.71

162

Royal Empire Society. Library. – *Subject catalogue of the Library of the Royal Empire Society.* – By Evans Lewin. – London : the Society, 1930-1937. – 4 vol.

Volume 3 of the Society's catalogue, *The Dominion of Canada and its provinces, the Dominion of Newfoundland, the West Indies and Colonial America,* includes books, pamphlets, official publications, periodical articles and serial publications of Canadian societies for the period 1868 to 1930. Sections on Canada, the provinces and territories are arranged by subject. Index of geographical headings. Author index. The Royal Empire Society was founded in 1868 as the Colonial Society, and later became the Royal Commonwealth Society. Reprinted: London : Dawsons for the Royal Commonwealth Society, 1967. Supplemented by: *Subject catalogue of the Royal Commonwealth Society.* Z7164 C7 R82 fol. 016.942

Le volume 3 du catalogue de la société, *The Dominion of Canada and its provinces, the Dominion of Newfoundland, the West Indies and Colonial America,* inclut des livres, des brochures, des publications officielles, des articles de périodiques et des publications en série de sociétés canadiennes de la période de 1868 à 1930. Dans les sections sur le Canada, les provinces et les territoires, classement par sujets. Index des rubriques géographiques. Index des auteurs. La Royal Empire Society a été fondée en 1868 sous le nom de Colonial Society pour devenir plus tard la Royal Commonwealth Society. Réimprimé: London : Dawsons for the Royal Commonwealth Society, 1967. Complété par: *Subject catalogue of the Royal Commonwealth Society.* Z7164 C7 R82 fol. 016.942

163

Royal Commonwealth Society. Library. – *Subject catalogue of the Royal Commonwealth Society, London.* – Boston (Mass) : G.K. Hall, 1971. – 7 vol.

Supplements the *Subject catalogue of the Library of the Royal Empire Society.* Includes material added to the catalogue up to March 1971. The section on Canada in volume 5, *The Americas,* is arranged by province or territory and subject. Z7164 C7 R82 1971 fol. 016.942

Complète le *Subject catalogue of the Library of the Royal Empire Society.* Inclut des documents ajoutés au catalogue jusqu'en mars 1971. La section sur le Canada dans le volume 5, *The Americas,* est divisée par provinces ou territoires et par sujets. Z7164 C7 R82 1971 fol. 016.942

164

Royal Commonwealth Society. Library. – *Subject catalogue of the Royal Commonwealth Society, London. First supplement.* – Boston (Mass.) : G.K. Hall, 1977. – 2 vol. – 0816100756 (set) Z7164 C7 R822 x.fol. 016.942

165

Sabin, Joseph. – *Bibliotheca americana : a dictionary of books relating to America, from its discovery to the present time.* – New York : [s.n.], 1868-1936. – 29 vol.

A bibliography of books, pamphlets and periodicals printed in the Americas, as well as works about the region printed elsewhere. 106,413 entries many of which represent more than one title or edition. Alphabetically arranged by name of author, or title for anonymous works. Annotations. Locations. Vol. 1-vol. 20, pt. 1/2, edited by Joseph Sabin; vol. 20, pt. 3-6 and vol. 21, pt. 1, by Wilberforce Eames; vol. 21, pt. 2-6-vol. 29, by R.W.G. Vail. Publication suspended 1892-1927. Imprint varies. Reprinted: Amsterdam : N. Israel, 1961. Reproduced in microform format: *CIHM/ICMH microfiche series,* no. 25884-25913. Separately published index compiled by John Edgar Molnar: *Author-title index to Joseph Sabin's Dictionary of books relating to America* (Metuchen (N.J.) : Scarecrow Press, 1974). Z1201 S2 016.97

Bibliographie de livres, de brochures et de périodiques imprimés dans les Amériques, ainsi que d'ouvrages sur cette région imprimés ailleurs. Nombre des 106 413 notices portent sur plus d'un ouvrage ou d'une édition. Classement alphabétique des noms d'auteurs ou, dans le cas des ouvrages anonymes, des titres. Annotations. Localisations. Vol. 1-vol. 20, parties 1/2, publiées sous la direction de Joseph Sabin; vol. 20, parties 3-6 et vol. 21, partie 1, publiées sous la direction de Wilberforce Eames; vol. 21, parties 2-6-vol. 29, publiées sous la direction de R.W.G. Vail. La publication a été suspendue durant la période 1892-1927. L'adresse bibliographique change. Réimprimé: Amsterdam : N. Israel, 1961. Reproduit sur support microforme: *CIHM/ICMH collection de microfiches,* n° 25884-25913. Index publié séparément et compilé par John Edgar Molnar: *Author-title index to Joseph Sabin's Dictionary of books relating to America* (Metuchen (N.J.) : Scarecrow Press, 1974). Z1201 S2 016.97

166

Senécal, A. J. [Joseph André]. – *Canada : a reader's guide = Canada : introduction bibliographique.* – Ottawa : International Council for Canadian Studies, c1991. – xviii, 444 p. – 096918624X

A bibliography of 1,500 basic published works in all fields of Canadian studies, of interest to students and scholars throughout the world. Includes books, periodicals, newspapers and official publications in English or French. Arranged in two parts: monographs; newspapers, periodicals and scholarly journals. The monographs are arranged by subject with a section for general reference works. Bilingual annotations. Author and title indexes. Z1365 S46 1991 fol. 016.971

Bibliographie de 1 500 ouvrages fondamentaux publiés sur tous les secteurs des études canadiennes qui peuvent intéresser les étudiants et les universitaires du monde entier. Des livres, des périodiques, des journaux et des publications officielles en anglais et en français sont inclus. Classement en deux parties: monographies; journaux, périodiques et publications savantes. Les monographies sont classées par sujets, et une section porte sur les ouvrages de référence de nature générale. Annotations bilingues. Index des auteurs, index des titres. Z1365 S46 1991 fol. 016.971

167

Senécal, A. J. [Joseph André]. – *Canada : a reader's guide = Canada : introduction bibliographique.* – Ottawa : Conseil international d'études canadiennes, c1991. – xviii, 444 p. – 096918624X

A bibliography of 1,500 basic published works in all fields of Canadian studies, of interest to students and scholars throughout the world. Includes books, periodicals, newspapers and official pub-

Bibliographie de 1 500 ouvrages fondamentaux publiés sur tous les secteurs des études canadiennes qui peuvent intéresser les étudiants et les universitaires du monde entier. Des livres, des périodiques, des

lications in English or French. Arranged in two parts: monographs; newspapers, periodicals and scholarly journals. The monographs are arranged by subject with a section for general reference works. Bilingual annotations. Author and title indexes.   Z1365 S46 1991 fol.   016.971

journaux et des publications officielles en anglais et en français sont inclus. Classement en deux parties: monographies; journaux, périodiques et publications savantes. Les monographies sont classées par sujet, et une section porte sur les ouvrages de référence de nature générale. Annotations bilingues. Index: auteur, titre.   Z1365 S46 1991 fol.   016.971

168

Senécal, J. A. [Joseph André]. – *Canada : a reader's guide. 1991-1992 supplement = Canada : introduction bibliographique. Supplément 1991-1992.* – Edited by Linda M. Jones. – Ottawa : International Council for Canadian Studies, c1993. – xiv, 180 p. – 0969186282

Adds 433 titles published between 1990 and the first half of 1993. Z1365 S46 1991 fol. Suppl.   016.971

Ajoute 433 ouvrages publiés entre 1990 et la première moitié de 1993.   Z1365 S46 1991 fol. Suppl.   016.971

169

Senécal, J. A. [Joseph André]. – *Canada : a reader's guide. 1991-1992 supplement = Canada : introduction bibliographique. Supplément 1991-1992.* – Sous la direction de Linda M. Jones. – Ottawa : Conseil international d'études canadiennes, c1993. – xiv, 180 p. – 0969186282

Adds 433 titles published between 1990 and the first half of 1993. Z1365 S46 1991 fol. Suppl.   016.971

Ajoute 433 ouvrages publiés entre 1990 et la première moitié de 1993.   Z1365 S46 1991 fol. Suppl.   016.971

170

Slavica Canadiana. – No. 9 (1950)-no. 75 (1971). – Winnipeg : Ukrainian Free Academy of Sciences, 1950-1973. – 22 vol. – (Slavistica : proceedings of the Institute of Slavistics of Ukrainian Free Academy of Sciences). – 0583-5364 – Added t.p. in Ukrainian.

Annual. Multilingual. Compiled by Jaroslav B. Rudnyc'kyj. Contents: part 1, bibliography of selected Slavic books and pamphlets published in or relating to Canada; part 2, reviews, comments and reports. Includes Croatica, Czechica, Polonica, Russica, Slavica, Serbica, Slovakica and Ukrainica Canadiana. Ukrainian and Polish books and pamphlets are also listed in *Ukrainica Canadiana* and *Polonica Canadiana*. Title varies: 1950, *Slavic studies in Canada*. Imprint varies.   Z1371 S4   015.71

Annuel. Multilingue. Compilé par Jaroslav B. Rudnyc'kyj. Contenu: partie 1, bibliographie sélective de brochures et de livres slaves, publiés au Canada ou relatifs au Canada; partie 2, critiques, commentaires et rapports. Inclut des documents canadiens qui proviennent de divers groupes ethniques, soit les Croates, les Tchèques, les Polonais, les Russes, les Slaves, les Serbes, les Slovaques et les Ukrainiens. Les listes des livres et des brochures des communautés ukrainiennes et polonaises se trouvent également sous *Ukrainica Canadiana* et *Polonica Canadiana*. Le titre varie: 1950, *Slavic studies in Canada*. L'adresse bibliographique varie.   Z1371 S4   015.71

171

Tod, Dorothea D. – *A check list of Canadian imprints, 1900-1925 = Catalogue d'ouvrages imprimés au Canada.* – Compiled by Dorothea D. Tod & Audrey Cordingley. – Preliminary checking ed. – Ottawa : Canadian Bibliographic Centre, Public Archives of Canada, 1950. – 370 leaves. – Cover title.

Brief entries for English- and French-language documents, alphabetically arranged by author. Excludes pamphlets under fifty pages, official publications and serials. No index.   Z1365 T6 fol.   015.71

Courtes notices sur des documents en anglais et en français, classées par ordre alphabétique d'auteurs. Exclut les brochures de moins de cinquante pages, les publications officielles et les publications en série. Aucun index.   Z1365 T6 fol.   015.71

172

Toronto Public Library. – *A bibliography of Canadiana : being items in the Public Library of Toronto, Canada, relating to the early history and development of Canada.* – Edited by Frances M. Staton and Marie Tremaine. – Toronto : the Library, 1934, c1935. – 828 p. : facsims.

Contains 4,646 numbered items arranged chronologically from 1534 to 1867. Includes English- and French-language books, pamphlets, broadsides, and official publications held in the Toronto Public Library. Excludes manuscripts, maps, prints, periodicals, newspapers and transactions of societies. Provides full bibliographical descriptions, contents notes and references to bibliographical sources. Index of authors or titles for anonymous works. Reprinted, 1965.

Selected items from this work and the first supplement have been reproduced in full on microfiche: Washington : Microcard Editions Inc., 1967.   Z1365 T64 fol.   015.71

4 646 notices numérotées classées par ordre chronologique de 1534 à 1867. Inclut des livres, des brochures, des in-planos et des publications officielles, en anglais et en français, qui se trouvent à la Toronto Public Library. Exclut les manuscrits, les cartes, les gravures, les périodiques, les journaux et les actes entre sociétés. Donne des descriptions bibliographiques complètes, des notes sur le contenu et des références aux sources bibliographiques. Index des auteurs, ou des titres dans le cas des ouvrages anonymes. Réimprimé: 1965.

Certains documents mentionnés dans cet ouvrage et dans le premier supplément ont été entièrement reproduits sur microfiches: Washington : Microcard Editions Inc., 1967.   Z1365 T64 fol.   015.71

173

Toronto Public Library. – *A bibliography of Canadiana. First supplement : being items in the Public Library of Toronto, Canada, relating to the early history and development of Canada.* – Edited by Gertrude M. Boyle, assisted by Marjorie Colbeck. – Toronto : the Library, 1959. – [10], 333 p. : ill.

Adds 1,640 items and continues the numbering of the original work. Index includes authors, titles and broad subjects.   Z1365 T64 fol. Suppl. 1   015.71

Cet ajout de 1 640 notices poursuit la numérotation commencée dans le document original. L'index comprend les auteurs, les titres et les catégories générales.   Z1365 T64 fol. Suppl. 1   015.71

174

Metropolitan Toronto Library. – *A bibliography of Canadiana : being items in the Metropolitan Toronto Library relating to the early history and development of Canada. Second supplement.* – Edited by Sandra Alston, assisted by Karen Evans. – Toronto : Metropolitan Toronto Library Board, 1985-1989. – 4 vol. (353 ; 839 ; 910 ; 777 p.) : facsims. – 0887730299

Vol. 1 covers 1512-1800, vol. 2, 1801-1849, vol. 3, 1850-1867. This supplement adds 3,254 items and continues the numbering of the original work and the first supplement. Excludes broadsides. Name, title, place of publication, printer, publisher, subject, map and plan, illustration indexes in each of vols. 1-3. Vol. 4 is comprised of eight indexes which cumulate those of the first three volumes. Bibliography.   Z1365 T64 fol.   015.71

Le vol. 1 couvre la période 1512-1800, le vol. 2 la période 1801-1840, le vol. 3 la période 1850-1867. Ce supplément ajoute 3 254 notices et poursuit la numérotation commencée dans l'ouvrage original et dans le premier supplément. Les in-planos sont exclus. Index des noms, des titres, des lieux de publication, des imprimeurs, des éditeurs, des matières, des cartes et des plans, et des illustrations dans chacun des volumes 1 à 3. Les huit index du vol. 4 constituent une refonte des index des trois premiers volumes. Bibliographie.   Z1365 T64 fol.   015.71

175

Tremaine, Marie. – *A bibliography of Canadian imprints, 1751-1800.* – Toronto : University of Toronto Press, 1952. – xxvii, 705 p. : facsim.

1,204 Canadian imprints published in the period 1751-1800, chronologically arranged. Includes books, pamphlets, leaflets, broadsides, handbills, newspapers, periodicals and official publications. Provides full bibliographical descriptions, historical notes and locations. Includes a list of printing offices in Canada, 1751-1800. Author, title and subject index. Supplement: Brisebois, Michel, *The printing of handbills in Quebec City, 1764-1800. A supplement to Marie Tremaine's A bibliography of Canadian imprints, 1751-1800* (Montreal : McGill University, Graduate School of Library and Information Studies, 1995). A supplement is in preparation by Patricia Fleming and Sandra Alston of the University of Toronto.

   The complete texts of selected items listed in this bibliography have been reproduced on 35 mm. microfilm, *Canadian imprints, 1751-1800* [S.l. : s.n., 196?], 22 reels.   Z1365 T7   015.71

1 204 documents dont l'adresse bibliographique est canadienne, publiés entre 1751 et 1800 et classés par ordre chronologique. Cette bibliographie comprend des livres, des brochures, des dépliants, des in-planos, des prospectus, des journaux, des périodiques et des publications officielles. Elle donne des descriptions bibliographiques complètes, des notes historiques et les localisations. Elle contient une liste des imprimeries situées au Canada, 1751-1800. Index des auteurs, des titres et des sujets. Comporte un supplément: Brisebois, Michel, *The printing of handbills in Quebec City, 1764-1800. A supplement to Marie Tremaine's A bibliography of Canadian imprints, 1751-1800* (Montreal : McGill University, Graduate School of Library and Information Studies, 1995). Patricia Fleming et Sandra Alston de la University of Toronto préparent un autre supplément.

   Les textes complets de certains documents qui figurent dans cette bibliographie ont été reproduits sur microfilms 35 mm, *Canadian imprints, 1751-1800* [S.l. : s.n., 196?], 22 bobines.   Z1365 T7   015.71

176

Turek, Victor. – *Polonica Canadiana : a bibliographical list of the Canadian Polish imprints, 1848-1957.* – Toronto : Printed by Polish Alliance Press Limited, 1958. – 138 p. – (Polish Research Institute in Canada. Studies ; 2). – Title on added t.p. : *Polonica Canadiana: Bibliografia drukow polsko kanadyjskich za lata 1848-1957.*

Includes 779 entries for Polish- and English-language publications, arranged alphabetically by author. Supplements are contained in Turek's *The Polish past in Canada, Studies* 3 (1960) and his *The Polish language press in Canada, Studies* 4 (1962).   Z1395 P6 T8 015.71

Cette bibliographie comprend 779 notices sur des publications en polonais et en anglais, classées par ordre alphabétique d'auteurs. Les suppléments figurent dans *The Polish past in Canada, Studies* 3 (1960) et dans *The Polish language press in Canada, Studies* 4 (1962) de Victor Turek.   Z1395 P6 T8   015.71

177

Zolobka, Vincent. – *Polonica Canadiana : a bibliographical list of the Canadian Polish imprints, 1958-1970* [with] *Polonica Canadiana 1848-1957. Cumulative supplement.* – Toronto : Polish Alliance Press, 1978. – 414 p. – (Canadian-Polish Research Institute. Studies ; 13). – Title on added t.p. : *Polonica Canadiana : bibliograpfia drukó polski-kanadyjskich za lata 1958-1970.*

Supplement to: Turek, Victor, *Polonica Canadiana*. Includes 4,736 titles arranged alphabetically by author.   Z1395 P6 T82   015.71

Supplément de: Turek, Victor, *Polonica Canadiana*. Inclut 4 736 documents classés par ordre alphabétique d'auteurs.   Z1395 P6 T82 015.71

178

Ukrainica Canadiana. – No. 1 (1953)-no. 20 (1972). – Winnipeg : D. Lobay Foundation, 1954-1973. – 20 vol. – (Ukrainian Free Academy of Sciences. Series : bibliography ; no. 1-20). – 0503-1095 – Added t.p. in Ukrainian.

Annual. Compiled by Jaroslav B. Rudnyc'kyj. Imprint varies. Contents: part 1, a selected bibliography of Ukrainian books and pamphlets published in Canada; part 2, Ukrainian Canadian newspapers and periodicals. The bibliography for 1951/52 appeared in the *Ukrainian year book*, 1952/53. Selected Ukrainian books and pamphlets are also listed in *Slavica Canadiana*.   Z1371 U4   015.71

Annuel. Compilé par Jaroslav B. Rudnyc'kyj. L'adresse bibliographique varie. Contenu: partie 1, bibliographie sélective de brochures et de livres de la communauté ukrainienne, publiés au Canada; partie 2, journaux et périodiques de la communauté ukrainienne du Canada. La bibliographie pour 1951/52 a paru dans *Ukrainian year book* 1952/53. Une liste sélective de brochures et de livres de la communauté ukrainienne se trouve également sous *Slavica Canadiana*.   Z1371 U4   015.71

179

Università di Pisa. – *Catalogo dei libri e dei periodici di interesse canadese presso l'Università degli studi di Pisa.* – A cura di Algerina Neri, Giovanni Pizzorusso. – Pisa [Italy] : Servizio Editoriale Universitario di Pisa, 1989. – 209 p.

1st ed., 1987. A catalogue of materials relating to Canada held by the Università di Pisa. Includes works in English, French and Italian. Two parts covering books and periodicals. The list of books is

1re éd., 1987. Catalogue de documents qui se rapportent au Canada et qui se trouvent à la Università di Pisa. Inclut des ouvrages en anglais, en français et en italien. Deux parties: livres, périodiques. La

arranged in four parts covering history, English-Canadian literature, French-Canadian literature and geography. Periodicals are alphabetically arranged by title. Materials are held in various libraries and departments of the university. Call numbers provided. No index. Z1401 U55 1989   016.971

liste des livres est séparée en quatre parties qui portent sur l'histoire, la littérature canadienne-anglaise, la littérature canadienne-française et la géographie. Les périodiques sont classés par ordre alphabétique de titres. Les documents se trouvent dans divers départements et bibliothèques de l'université. Des cotes sont fournies. Aucun index. Z1401 U55 1989   016.971

180

Université de Montréal. Service des bibliothèques. Collections spéciales. – *Catalogue de la collection de Canadiana Louis Melzack.* – Montréal : Direction des services aux usagers, Service des bibliothèques, Université de Montréal, 1988. – 3 vol. ([xix], 455 ; 988 p.) : ill., portr. – 088529064X (vol. 1-3) – Titre de la couv. : *Collection Louis Melzack.*

A catalogue of the books, pamphlets, periodicals, manuscripts and works of art which formed the collection of Louis Melzack and are now held by the Université de Montréal. Most items in the collection were published in Canada during the eighteenth and nineteenth centuries. Includes over 3,000 works in English, French and other languages. Volume 1 includes bibliographical descriptions alphabetically arranged by author or title. Volumes 2 and 3 are comprised of five indexes: author, title, chronological, subject, illustration subject. A companion volume describing approximately 1,500 manuscripts in the collection, in particular the Ryland and Morris fonds, was published under the title: *Manuscrits de la collection de Canadiana Louis-Melzack* (Montréal : Université de Montréal, Service des bibliothèques, Collections spéciales, 1992).   Z1401 M634 1988 fol. 016.971

Catalogue des livres, brochures, périodiques, manuscrits et oeuvres d'art qui forment la collection de Louis Melzack et qui se trouvent maintenant à l'Université de Montréal. La plupart des documents de la collection ont été publiés au Canada durant les dix-huitième et dix-neuvième siècles. Inclut plus de 3 000 ouvrages en anglais, en français et en d'autres langues. Le volume 1 contient les descriptions bibliographiques classées alphabétiquement par auteurs ou par titres. Les volumes 2 et 3 sont formés de cinq index : auteurs, titres, chronologique, sujets, sujets d'illustrations. Un volume qui va de pair et qui décrit environ 1 500 manuscrits de la collection, notamment les fonds Ryland et Morris, a été publié sous le titre : *Manuscrits de la collection de Canadiana Louis-Melzack* (Montréal : Université de Montréal, Service des bibliothèques, Collections spéciales, 1992).   Z1401 M634 1988 fol. 016.971

181

Université de Montréal. Service des bibliothèques. Collections spéciales. – *Catalogue des imprimés de la Collection Baby.* – Montréal : Université de Montréal, Services aux usagers, Collections spéciales [et] Services techniques, Catalogue, 1989. – 3 vol. (xxi, 418 ; xi, 357 ; xi, 476 p.) : ill., portr. – 2911185008 (vol. 1-3)

A catalogue of the books, pamphlets and official publications in the collection of Georges Baby, now held by the Université de Montréal. Baby was a judge, cabinet minister and Montreal bibliophile who collected Canadian, American and European books. Volume 1 includes bibliographical descriptions of over 3,000 items, alphabetically arranged by author or title. Volumes 2 and 3 are comprised of five indexes: author, title, chronological, subject, illustration subject. A catalogue of Baby's archival collection, held by the Université de Montréal, has also been published: *Catalogue de la Collection François Louis-Georges Baby* (Montréal : Bibliothèques de l'Université de Montréal, 1971).   Z1401 M635 1989 fol.   016.971

Catalogue des livres, des brochures et des publications officielles de la collection Georges Baby qui se trouve maintenant à l'Université de Montréal. M. Baby fut juge et ministre du Cabinet. Ce bibliophile montréalais collectionnait les documents canadiens, américains et européens. Le volume 1 inclut les descriptions bibliographiques de plus de 3 000 documents, avec classement alphabétique des auteurs ou des titres. Les volumes 2 et 3 comprennent cinq index : auteurs, titres, chronologique, sujets, sujets d'illustrations. Un catalogue de la collection archivistique de M. Baby, qui se trouve aussi à l'Université de Montréal, a également été publié : *Catalogue de la Collection François Louis-Georges Baby* (Montréal : Bibliothèques de l'Université de Montréal, 1971).   Z1401 M635 1989 fol.   016.971

182

Université du Québec à Chicoutimi. – *Événements d'hier : recension de brochures et de plaquettes anciennes.* – [Preparée par] Madeleine Maltais. – Chicoutimi : Université du Québec à Chicoutimi, 1974. – [iii], 235 f.

Annotated bibliography of pamphlets in English and French, for the most part published in Quebec and Canada, and held by the library of the Université du Québec à Chicoutimi. Arranged by subject. Name and subject indexes. Z883 U452 A3 fol. 011.33

Bibliographie annotée de brochures en anglais et en français, publiées pour la plupart au Québec et ailleurs au Canada, qui se trouvent à la bibliothèque de l'Université du Québec à Chicoutimi. Classement par sujets. Index des noms et index des sujets. Z883 U452 A3 fol.   011.33

183

Université du Québec à Montréal. Service des archives. – *Inventaire des brochures conservées au Service des archives, 1771-1967.* – Par Jacques Ducharme, Elisabeth Ducharme, Gilles Janson, Micheline Janson. – [Montréal] : Université du Québec à Montréal, Secrétariat général, 1978. – 431 p. – (Publication ; n° 5).

Bibliography of 2,425 pamphlets held by the Services des archives, Université du Québec à Montréal. Most were published in Canada during the period 1771-1967 and deal with subjects of Canadian interest. Arranged numerically. Author and chronological indexes. CD3649 Q25 U553 fol.   011.33

Bibliographie de 2 425 brochures conservées aux Services des archives, Université du Québec à Montréal. La plupart de ces brochures ont été publiées durant la période 1771-1967 et portent sur des sujets d'intérêt canadien. Classement numérique. Index des auteurs et index chronologique.   CD3649 Q25 U553 fol.   011.33

184

University of Aarhus. English Department. – *The Canadian collection of the library of the English Department, University of Aarhus, Denmark.* – Aarhus (Denmark) : Canadian Studies Documentation and Information Centre, 1992. – 127 p. – Cover title.

Prev. ed., 1985. A catalogue of books relating to Canada held by the Department of English, University of Aarhus. Arranged by subject. No index.   Z1401 A23 1992   016.971

Éd. antérieure, 1985. Catalogue de livres relatifs au Canada conservés au département d'anglais de l'université d'Aarhus. Classement par sujets. Aucun index.   Z1401 A23 1992   016.971

185

University of Manitoba. Center for Settlement Studies. – *Resource frontier communities : bibliography.* – vol. 1 (April 1969)-vol. 3 (September 1970). – Winnipeg : [s.n.], 1969-1970. – 3 vol. (xvii, 145 ; xv, 164 ; xiii, 139 p.) – (Series 3 : bibliography and information). – 0076-3942

Lists works concerned with the study of communities along Canada's resource frontier. Includes serials, official publications, monographs, newspaper articles, published and unpublished reports of government and private consultants, briefs, proceedings, correspondence and memoranda. Vols. 1 and 2 list items held in a number of locations. Vol. 3 is a complete list of the holdings of the Center for Settlement Studies. Entries in vol. 1 are randomly arranged. Arrangement of vols. 2 and 3 is alphabetical by author or title. Author index for vol. 1. Index of descriptors in each volume. Z1392 N63 M3 fol.   016.971

Liste d'ouvrages qui se rapportent à l'étude des collectivités installées le long de la frontière des ressources du Canada. Comprend des publications en série, des publications officielles, des monographies, des articles de journaux, des rapports du gouvernement et d'experts-conseils publiés ou non, des documents d'information, des comptes rendus, des lettres et des notes de service. Les vol. 1 et 2 donnent la liste de documents localisés à divers endroits. Le vol. 3 constitue une liste complète du fonds documentaire du Center for Settlement Studies. Les notices du vol. 1 sont en désordre. Celles des vol. 2 et 3 sont classées par ordre alphabétique d'auteurs ou de titres. Index des auteurs pour le vol. 1. Index des descripteurs dans chaque volume. Z1392 N63 M3 fol.   016.971

186

University of Oslo. Department of British and American Studies. – *Canadiana : bibliography of books pertaining to the study of Canada at the Department of British and American Studies, University of Oslo.* – Compiled by Live Rasmussen. – 4th ed. – Oslo : the University, 1992. – vi, 72 p. – 8277020007

1st ed. and 2nd ed. ?; 3rd ed., 1982, *List of books concerning the study of Canada at the American Institute, University of Oslo = Liste de livres concernant l'étude du Canada à l'Institut des langues romanes (Section française), Université d'Oslo.* A catalogue of books, periodicals and theses relating to Canada held by the Department of British and American Studies, University of Oslo. Arranged in sections for reference and general works, civilization, literary studies, literary studies on individual authors, works of fiction, poetry and drama, anthologies, periodicals and theses. Call numbers provided.   Z1401 U56 1992   016.971

1re éd. et 2e éd., ?; 3e éd., 1982, *List of books concerning the study of Canada at the American Institute, University of Oslo = Liste de livres concernant l'étude du Canada à l'Institut des langues romanes (Section française), Université d'Oslo.* Catalogue de livres, de périodiques et de thèses qui se rapportent au Canada et qui se trouvent au département d'études britanniques et américaines de l'Université d'Oslo. Divisé en sections qui portent sur les ouvrages de référence et de nature générale, la civilisation, les études littéraires, les études littéraires relatives à des auteurs particuliers, les oeuvres de fiction, la poésie et le théâtre, les anthologies, les périodiques et les thèses. Des cotes sont fournies.   Z1401 U56 1992   016.971

187

Waldon, Freda Farrell. – *Bibliography of Canadiana published in Great Britain, 1519-1763 = Bibliographie des ouvrages sur le Canada publiés en Grande-Bretagne entre 1519 et 1763.* – Revised and edited by William F.E. Morley. – Toronto : ECW Press ; Ottawa : National Library of Canada, c1990. – lxv, 535 p. : facsims. – 155022087X

A bibliography of documents published in Great Britain between 1519 and 1763 which deal with any part of the present area of Canada. Includes monographs, broadsides and maps. Excludes journal articles, periodicals and manuscripts. Chronologically arranged by date of publication. Entries include bibliographic citations, verification sources, notes and some locations. Author-title index.   Z1383 W34 1990   016.97101

Bibliographie de documents qui ont été publiés en Grande-Bretagne entre 1519 et 1763 et qui traitent d'une partie quelconque du Canada actuel. Inclut des monographies, des in-planos et des cartes. Exclut les articles de journaux, les périodiques et les manuscrits. Classement chronologique selon la date de publication. Les notices comprennent des citations bibliographiques, des sources, des notes et quelques localisations. Index des auteurs et des titres.   Z1383 W34 1990   016.97101

188

Waldon, Freda Farrell. – *Bibliography of Canadiana published in Great Britain, 1519-1763 = Bibliographie des ouvrages sur le Canada publiés en Grande-Bretagne entre 1519 et 1763.* – Révisé et revu par William F.E. Morley. – Toronto : ECW Press ; Ottawa : Bibliothèque nationale du Canada, c1990. – lxv, 535 p. : fac-sim. – 155022087X

A bibliography of documents published in Great Britain between 1519 and 1763 which deal with any part of the present area of Canada. Includes monographs, broadsides and maps. Excludes journal articles, periodicals and manuscripts. Chronologically arranged by date of publication. Entries include bibliographic citations, verification sources, notes and some locations. Author-title index.   Z1383 W34 1990   016.97101

Bibliographie de documents qui ont été publiés en Grande-Bretagne entre 1519 et 1763 et qui traitent d'une partie quelconque du Canada actuel. Inclut des monographies, des in-planos et des cartes. Exclut les articles de journaux, les périodiques et les manuscrits. Classement chronologique selon la date de publication. Les notices comprennent des citations bibliographiques, des sources, des notes et quelques localisations. Index des auteurs et des titres.   Z1383 W34 1990   016.97101

189

York University. Libraries. – *Canadian pamphlet collection : catalogue* = *Collection des brochures canadiennes : catalogue.* – Toronto : York University Libraries, 1984. – 3 vol. (289, 306 ; 496 ; unpaged).

A catalogue of over 5,500 pamphlets, leaflets, broadsides, propaganda and religious tracts in English or French, published primarily in Ontario and Quebec during the period 1900-1969. Four parts, arranged by author, title, subject and date. Pamphlets are held in Rare Books and Special Collections, Scott Library, York University. Z1401 S368   011.33

Catalogue de plus de 5 500 brochures, dépliants, in-planos, tracts de propagande politique ou religieuse, en anglais ou en français, publiés principalement en Ontario et au Québec durant la période 1900-1969. Quatre parties classées par auteurs, par titres, par sujets et par dates. Les brochures font partie de la Rare Books and Special Collections, Scott Library, York University.   Z1401 S368   011.33

Translations

Traductions

190

Agence littéraire des éditeurs canadiens-français. – *Ouvrages canadiens-français et titres québécois traduits et publiés au Canada, traduits et publiés à l'étranger et-ou publiés à l'étranger (co-édition, adaptation, etc.).* – 2e éd. rev. – Montréal : Conseil Supérieur du Livres, 1971. – 2, 27 p.

1st ed., 1969, *Titres canadiens-français traduits au Canada et/ou traduits et publiés à l'étranger.* Includes original titles by Quebec authors and editors with Canadian copyright, which have been translated and published in Canada in the English language. Also includes original titles by French-Canadian authors and editors with Canadian copyright, which have been translated or adapted and published abroad. Arranged alphabetically by author. Z1395 F7 A37 1970 xfol.   011.7

1re éd., 1969, *Titres canadiens-français traduits au Canada et/ou traduits et publiés à l'étranger.* Inclut des titres originaux d'auteurs et d'éditeurs québécois pour lesquels les droits d'auteur sont canadiens et qui ont été traduits en anglais et publiés au Canada. Comprend aussi des titres originaux d'auteurs et d'éditeurs canadiens-français pour lesquels les droits d'auteur sont canadiens et qui ont été traduits ou adaptés et publiés à l'étranger. Classement alphabétique des auteurs.   Z1395 F7 A37 1970 xfol.   011.7

191

Canadian translations = *Traductions canadiennes.* – (1984/85)-   . – Ottawa : National Library of Canada, 1987-   . – vol. – 0835-2291

An annual list of translations published in Canada and catalogued by the National Library of Canada. Includes monographs and pamphlets in any language. Excludes official publications. Arranged in two sections: subjects, according to Universal Decimal classification; authors and titles. From 1991-   , for sale on diskette or in paper format from Canada Communication Group, Publishing. Z6514 T7 I4222   013.971

Une liste annuelle des traductions publiées au Canada et cataloguées par la Bibliothèque nationale du Canada. Des monographies et des brochures dans toutes sortes de langues sont incluses. Les publications officielles sont exclues. Classement en deux sections: par sujets, conformément à la Classification décimale universelle; par auteurs et par titres. À partir de 1991-   , vendu sur disquette ou sur papier par le Groupe Communication Canada, Édition.   Z6514 T7 I4222   013.971

192

Canadian translations = *Traductions canadiennes.* – (1984/85)-   . – Ottawa : Bibliothèque nationale du Canada, 1987-   . – vol. – 0835-2291

An annual list of translations published in Canada and catalogued by the National Library of Canada. Includes monographs and pamphlets in any language. Excludes official publications. Arranged in two sections: subjects, according to Universal Decimal classification; authors and titles. From 1991-   , for sale on diskette or in paper format from Canada Communication Group, Publishing. Z6514 T7 I4222   013.971

Une liste annuelle des traductions publiées au Canada et cataloguées par la Bibliothèque nationale du Canada. Des monographies et des brochures dans toutes sortes de langues sont incluses. Les publications officielles sont exclues. Classement en deux sections: par sujets, conformément à la Classification décimale universelle; par auteurs et par titres. À partir de 1991-   , vendu sur disquette ou sur papier par le Groupe Communication Canada, Édition.   Z6514 T7 I4222   013.971

193

Index translationum. Répertoire international des traductions. International bibliography of translations. Repertorio internacional de traducciones. – No. 1 (July, 1932)-no. 31 (January, 1940) ; new ser., no. 1 (1948)-   . – [Paris] : Unesco, 1932-   . – vol. – 0073-6074

Annual. Not published April, 1940-1947. Bibliography of 55,618 translated books published in the volume year, in 55 member states. Also lists a limited number of earlier translations not previously included in the Index. Translations published in Canada were first reported in the 1948 issue. Arranged by country, in French alphabetical order. Within each country, translations are listed by subject, according to Universal Decimal classification. From 1932-1953, includes author, translator and publisher indexes; 1954-   , author index only. Paper edition replaced by CD-ROM: [Paris] : Unesco, 1994-   . Coverage, 1979-   .   Z6514 T7 I42 fol.   011.7

Annuel. Non publié avril 1940-1947. Cette bibliographie porte sur 55 618 livres traduits et publiés dans 55 états membres, au cours de l'année visée dans chaque volume. Elle contient aussi la liste d'un nombre limité de traductions antérieures qui n'avaient pas encore été incluses dans l'index. Les traductions publiées au Canada ont commencé d'être rapportées dans le numéro de 1948. Classement par ordre alphabétique français de pays. Sous chaque pays, les traductions sont classées par sujets, conformément à la Classification décimale universelle. De 1932 à 1953, index des auteurs, index des traducteurs et index des éditeurs; à partir de 1954, index des auteurs seulement. L'édition sur papier a été remplacée par la version CD-ROM: [Paris] : Unesco, 1994-   . Période couverte, 1979-   . Z6514 T7 I42 fol.   011.7

194

Stratford, Philip. – *Bibliography of Canadian books in translation : French to English and English to French = Bibliographie de livres canadiens traduits de l'anglais au français et du français à l'anglais.* – Edition no. 2. – Ottawa : HRCC, 1977. – xvii, 78 p.

1st ed., 1975. Includes 640 translations of works in the arts, humanities and social sciences. Six parts: A, translations from French to English; B, translations from English to French; C, current projects for translation; D, bibliographies; E, index of translators; F, author index. Z1395 T7 N46 1977   013.971

1re éd., 1975. Inclut 640 traductions d'ouvrages sur les arts et les sciences humaines et sociales. Six parties: A, traductions du français à l'anglais; B, traductions de l'anglais au français; C, projets de traduction en cours; D, bibliographies; E, index des traducteurs; F, index des auteurs. Z1395 T7 N46 1977   013.971

195

Stratford, Philip. – *Bibliography of Canadian books in translation : French to English and English to French = Bibliographie de livres canadiens traduits de l'anglais au français et du français à l'anglais.* – Édition no 2. – Ottawa : CCRH, 1977. – xvii, 78 p.

1st ed., 1975. Includes 640 translations of works in the arts, humanities and social sciences. Six parts: A, translations from French to English; B, translations from English to French; C, current projects for translation; D, bibliographies; E, index of translators; F, author index. Z1395 T7 N46 1977   013.971

1re éd., 1975. Inclut 640 traductions d'ouvrages sur les arts et les sciences humaines et sociales. Six parties: A, traductions du français à l'anglais; B, traductions de l'anglais au français; C, projets de traduction en cours; D, bibliographies; E, index des traducteurs; F, index des auteurs. Z1395 T7 N46 1977   013.971

Provinces and Territories

Alberta

Provinces et territoires

Alberta

196

Artibise, Alan F. J. – *Western Canada since 1870 : a select bibliography and guide.* – Vancouver : University of British Columbia Press, c1978. – xii, 294 p. : ill. – 0774800909 (bd.) 0774800917 (pa.)

Over 3,660 books, pamphlets, periodical articles, B.A. essays and M.A. and Ph.D. theses covering Alberta, Manitoba, Saskatchewan and British Columbia are included. Arranged by subject. Contains "A brief guide to western Canadian studies", which provides information on newsletters, journals, specialized series, archives, libraries, organizations and societies. Author index, select subject index and index of organizations, institutions and serials. Z1365 A78 016.9712

Plus de 3 660 livres, brochures, articles de périodiques, essais de premier cycle et thèses de deuxième et troisième cycles qui portent sur l'Alberta, le Manitoba, la Saskatchewan et la Colombie-Britannique. Classement par sujets. Contient «A brief guide to western Canadian studies» qui donne des renseignements sur des bulletins, des revues, des collections spécialisées, des archives, des bibliothèques, des organisations et des sociétés. Index des auteurs, index sélectif des sujets et index des organisations, des établissements et des publications en série. Z1365 A78   016.9712

197

Boultbee, Paul G. – *A central Alberta bibliography.* – [Red Deer, Alta.] : Red Deer College Press, 1986. – 58 p. – 0889950318

A bibliography of books by central Alberta authors and on all aspects of the region. Includes 798 entries for works by 494 authors. Excludes theses and periodical articles. Arranged by subject such as religion, literature, performing arts, education, sociology, economics, geography, history, health sciences and agriculture. No index. Z1392 A4 B68 1986 fol. 016.971233

Cette bibliographie porte sur des livres écrits par des auteurs du centre de l'Alberta et relatifs à tous les aspects de la région. Comprend 798 notices sur des ouvrages écrits par 494 auteurs. Exclut les thèses et les articles de périodiques. Classement par sujets comme la religion, la littérature, les arts du spectacle, l'éducation, la sociologie, l'économie, la géographie, l'histoire, les sciences de la santé et l'agriculture. Aucun index. Z1392 A4 B68 1986 fol. 016.971233

198

Dew, Ian F. – *Bibliography of material relating to southern Alberta published to 1970.* – [Lethbridge, Alta.] : University of Lethbridge, Learning Resources Centre, c1975. – viii, 407 leaves.

Includes monographs, serial articles, official publications and theses published up to and including 1970 which relate to the life and history of southern Alberta. Entries are arranged alphabetically by author or title within nine broad subject areas. Provides locations for monographs and newspapers in the major Alberta libraries. Author, title and subject indexes. Z1392 A4 D46 fol. 016.971234

Cette bibliographie comprend des monographies, des articles de publications en série, des publications officielles et des thèses qui ont été publiés jusqu'à 1970 inclusivement et qui se rapportent à la vie et à l'histoire du sud de l'Alberta. Les notices sont classées par ordre alphabétique d'auteurs ou de titres, au sein de neuf catégories générales. La bibliographie indique la localisation des monographies et des journaux dans les principales bibliothèques de l'Alberta. Index des auteurs, index des titres et index des sujets. Z1392 A4 D46 fol. 016.971234

199

Edmonton Public Library. Western Canadiana Collection. – *Supplementary bibliography.* – (Fall 1986)-   . – [Edmonton] : the Library, [1986]-   . – vol. – 0836-4095

1,062 entries for monographs, serial and official publications relating to Alberta, in particular northern Alberta and Edmonton area, held in the Western Canadiana Collection of the Edmonton Public Library. Includes items not listed in *A bibliography of the Prairie*

1 062 notices sur des monographies, des publications en série et des publications officielles qui se rapportent à l'Alberta, particulièrement au nord de l'Alberta et à la région d'Edmonton, et qui se trouvent dans la collection de Canadiana sur l'Ouest que possède

Provinces to 1953; *Alberta, 1954-1979 : a provincial bibliography*; and *Government publications relating to Alberta*. Entries are arranged under broad subjects. Author and title indexes.   Z1392 A4 E35 fol. 016.97123

l'Edmonton Public Library. Inclut des documents qui ne figurent pas dans *A bibliography of the Prairie Provinces to 1953*; *Alberta, 1954-1979 : a provincial bibliography*; et *Government publications relating to Alberta*. Les notices sont classées par catégories générales. Index des auteurs et index des titres.   Z1392 A4 E35 fol.   016.97123

200

Peel, Bruce Braden. – *A bibliography of the Prairie Provinces to 1953, with biographical index.* – 2nd ed. – Toronto : University of Toronto Press, c1973. – xxviii, 780 p. – 0802019722

1st ed., 1956. Supplement, 1963. 4,560 books and pamphlets dealing with the Prairie Provinces. Located by the compiler in 185 bibliographies and printed catalogues and in North American and European libraries. Chronologically arranged from 1692 to 1953. One location provided for each title. Subject index includes some significant post-1953 works. Title index. Author index includes biographical information. List of initials, pseudonyms and religious names.
   The full texts of some titles listed in this bibliography have been reproduced on microfiche: *Peel bibliography on microfiche* (Ottawa : National Library of Canada, 1976-1979).   Z1365 P4 1973   016.9712

1re éd., 1956. Supplément, 1963. 4 560 livres et brochures qui traitent des provinces des Prairies. Repérés par le compilateur de 185 bibliographies et catalogues imprimés ainsi que dans des bibliothèques de l'Amérique du Nord et de l'Europe. Classement chronologique de 1692 à 1953. Une localisation est indiquée pour chaque document. L'index des sujets comprend des oeuvres importantes postérieures à 1953. Index des titres. L'index des auteurs comprend des données biographiques. Liste des initiales, des pseudonymes et des noms religieux.
   Certains documents qui figurent dans cette bibliographie ont été reproduits au complet sur microfiches: *Bibliographie Peel sur microfiche* (Ottawa : Bibliothèque nationale du Canada, 1976-1979).   Z1365 P4 1973   016.9712

201

Rek, Joseph. – *Edmonton, an annotated bibliography of holdings in the Canadiana collection, Edmonton Public Library.* – 3rd updated ed. – Edmonton : Edmonton Public Library, 1991. – 81 p.

1st ed., 1987. 2nd ed., 1989. A bibliography dealing with all aspects of Edmonton. Entries are arranged by subject, such as arts, aviation history, civic government, economy, geology, humour, military history, social conditions, sports, or by type of document, such as bibliographies, directories, periodicals and newspapers. Brief annotations. Author, title and subject indexes.   Z1392 E4 R45 016.9712334

1re éd., 1987. 2e éd., 1989. Cette bibliographie porte sur tous les aspects d'Edmonton. Les notices sont classées par sujets, comme les arts, l'histoire de l'aviation, l'administration municipale, l'économie, la géologie, l'humour, l'histoire militaire, les conditions sociales et les sports, ou par types de documents, comme les bibliographies, les répertoires, les périodiques et les journaux. Courtes annotations. Index: auteurs, titres, sujets.   Z1392 E4 R45   016.9712334

202

Stephen, Marg. – *Alberta bibliography : books by Alberta authors and Alberta publishers.* – Marg Stephen with assistance from Merle Harris and Karen Pinkoski. – Edmonton : Young Alberta Book Festival Society, 1987-   . – vol. – 1202-6131

Biennial, 1987, 1989, 1991. Annual, 1992-   . A bibliography of books by Alberta authors, or published in Alberta. Includes only books in print or forthcoming. Arranged according to the broad subjects of the Dewey decimal classification system. Within each subject, works are alphabetically arranged by author. Brief annotations. No index. Title varies: 1987, *Alberta bibliography, 1980-1987, for adults and young adults.*   Z1392 A4 S82   016.97123

Biennal, 1987, 1989, 1991. Annuel, 1992-   . Il s'agit d'une bibliographie des livres écrits par des Albertains ou publiés en Alberta. Seuls les livres disponibles ou à paraître sont inclus. Classement selon les catégories générales de la Classification décimale de Dewey. Au sein de chaque catégorie, les ouvrages sont classés par ordre alphabétique d'auteurs. Courtes annotations. Aucun index. Le titre varie: 1987, *Alberta bibliography, 1980-1987, for adults and young adults.*   Z1392 A4 S82   016.97123

203

Strathern, Gloria M. [Gloria Margaret]. – *Alberta, 1954-1979 : a provincial bibliography.* – Edmonton : University of Alberta, Dept. of Print. Services, 1982. – xv, 745 p.

Bibliography of books, pamphlets and theses relating to Alberta, by Albertans or published by regional presses in Alberta. Excluded are serial publications, scientific, technical and specialized professional materials and official publications. Entries are arranged alphabetically by author or title within each subject area. Locations provided for most entries. Author, title, subject and series indexes. The author has retained the computer file of the bibliography. Printouts of the chronological and publishers indexes can be obtained at cost. Z1392 A4 S87   016.97123

Cette bibliographie porte sur des thèses, des brochures et des livres relatifs à l'Alberta, écrits par des Albertains ou publiés par la presse régionale en Alberta. Elle exclut les publications en série, les documents scientifiques, techniques ou professionnels spécialisés, et les publications officielles. Les notices sont classées par ordre alphabétique d'auteurs ou de titres, au sein de chaque catégorie générale. Les localisations sont indiquées pour la plupart des notices. Index: auteurs, titres, sujets, collections. L'auteur conserve le fichier informatique de la bibliographie. Il est possible d'obtenir au prix coûtant des copies imprimées de l'index chronologique et de l'index des éditeurs.   Z1392 A4 S87   016.97123

204

Winnipeg Public Library. – *A selective bibliography of Canadiana of the Prairie Provinces : publications relating to Western Canada by English, French, Icelandic, Mennonite, and Ukrainian authors.* – Winnipeg : Winnipeg Public Library, 1949. – 33 p.

Arranged by ethnic group. Within each group, works are organized by genre, such as poetry, fiction, etc., and/or subject, such as history, religion, etc.   Z1392 P7 W5   016.9712

Classement par groupes ethniques. Au sein de chaque groupe, les ouvrages sont classés par genres, comme la poésie, la fiction, etc., et (ou) par sujets, comme l'histoire, la religion, etc.   Z1392 P7 W5 016.9712

Atlantic Provinces

Provinces de l'Atlantique

205

Atlantic Provinces checklist : a guide to current information in books, pamphlets, government publications, magazine articles and documentary films relating to the four Atlantic Provinces. – Vol. 1 (1957)-vol. 9 (1965), vol. 16 (1972). – Halifax : Atlantic Provinces Library Association : Atlantic Provinces Economic Council, 1957-1965, 1972. – 10 vol. – 0571-7817

Annual. Vol. 10 (1966)-vol. 15 (1971) not published. Entries are arranged by province and then subject. Author index. List of periodicals indexed. Z1392 M37 A7 fol. 016.9715

Annuel. Les vol. 10 (1966) à 15 (1971) n'ont pas été publiés. Les notices sont classées par provinces, puis par sujets. Index des auteurs. Liste des périodiques répertoriés. Z1392 M37 A7 fol. 016.9715

206

Elliott, Shirley B. – ***Nova Scotia in books : a quarter century's gatherings, 1957-1982.*** – [Halifax] : Nova Scotia Department of Education, Education Resource Services, 1986. – [6], 110, [14] p. – 0888710887

A bibliography of books relating to Nova Scotia published during the period from 1957 through 1982. Based on a list of Nova Scotia books, "Novascotiana" published annually in the *Journal of education.* Arranged by subject. Author index. Reproduced in microform format: *Microlog,* no. 87-05122. Shirley Elliott was also a co-compiler of *Nova Scotia in books : from the first printing to the present time commemorating the Centennial of Confederation* (Halifax : Halifax Library Association in co-operation with the Nova Scotia Provincial Library, 1967), a bibliography which accompanied an exhibition on Nova Scotia books and printing from 1752. Z1392 N652 E44 1986 fol. 016.9716

Bibliographie de livres relatifs à la Nouvelle-Écosse publiés durant la période de 1957 à 1982. Fondé sur une liste de livres de la Nouvelle-Écosse, «Novascotiana», publiée annuellement dans le *Journal of education.* Classement par sujets. Index des auteurs. Reproduit sur support microforme: *Microlog,* n° 87-05122. Shirley Elliott a également participé à la compilation de *Nova Scotia in books : from the first printing to the present time commemorating the Centennial of Confederation* (Halifax : Halifax Library Association in cooperation with the Nova Scotia Provincial Library, 1967), une bibliographie qui accompagnait une exposition sur les livres et l'impression en Nouvelle-Écosse depuis 1752. Z1392 N652 E44 1986 fol. 016.9716

207

Fleming, Patricia Lockhart. – ***Atlantic Canadian imprints, 1801-1820 : a bibliography.*** – Toronto : University of Toronto Press, c1991. – xviii, [189] p. : ill. – 0802058728

An analytical bibliography of 320 Atlantic Provinces imprints from the period 1801-1820. Includes books, pamphlets, broadsides, government publications and serials held in 30 libraries and archives of the Atlantic Provinces, Ontario, Quebec, the United States and England. Arranged by province and date of publication. Entries include complete collation and contents, information on paper, type and binding, analysis of issue and state, locations of copies examined and notes on authorship, printing, publishing, distribution and contents of important works. Indexes: author, title, genre, language, trade and place of publication. Appendix: imprints not located. Z1392 A8 F54 1991 fol. 015.715

Bibliographie analytique de 320 documents qui portent une adresse bibliographique des provinces de l'Atlantique et qui datent de la période 1801-1820. Comprend des livres, des brochures, des in-planos, des publications officielles et des publications en série qui se trouvent dans 30 bibliothèques et archives des provinces de l'Atlantique, de l'Ontario, du Québec, des États-Unis et de l'Angleterre. Classement par provinces et par dates de publication. Les notices contiennent une collation complète, la description du contenu, des données sur le papier, les caractères et la reliure, l'analyse de la première et de la seconde épreuve, et la localisation des exemplaires examinés, ainsi que des notes sur la paternité des oeuvres, sur l'impression, sur la publication, sur la distribution et sur le contenu des oeuvres importantes. Index: auteurs, titres, genres, langues, occupations et lieux de publication. Annexe: impressions introuvables. Z1392 A8 F54 1991 fol. 015.715

208

H.R. Banks Collection of Novascotiana : a catalogue. – Yarmouth (N.S.) : Western Counties Regional Library Charitable Association, forthcoming 1995. – 0969923201 Z1392 016.9716

209

Holyoke, Francesca. – ***The Maritime Pamphlet Collection : an annotated catalogue.*** – Prepared for the Social Science and Humanities Research Council of Canada and the University of New Brunswick Libraries. – Fredericton : University of New Brunswick Libraries, 1990. – x, 241, 38 p. : ill.

A catalogue of the Maritime Pamphlet Collection held by the Archives and Special Collections Department of the University of New Brunswick Libraries. Includes 1,500 pamphlets of the nineteenth and twentieth centuries in English or French on topics concerning the Atlantic Provinces, about people of the region or written by authors of the region. Arranged by subject. Name and subject indexes. Z1392 M37 H64 1990 fol. 011.33

Catalogue de la Maritime Pamphlet Collection conservée par le département des archives et des collections spéciales des bibliothèques de l'Université du Nouveau-Brunswick. Inclut 1 500 brochures des dix-neuvième et vingtième siècles, en anglais ou en français, qui portent sur des sujets comme les provinces de l'Atlantique et les gens de la région ou qui ont été écrites par des auteurs de la région. Classement par sujets. Index des noms et index des sujets. Z1392 M37 H64 1990 fol. 011.33

210

Long, Robert J. [Robert James]. – *Nova Scotia authors and their work : a bibliography of the province.* – East Orange (N.J.) : Long, 1918. – 312 p.

Includes books, pamphlets, periodical and newspaper articles, published in Nova Scotia or written about Nova Scotia. Alphabetically arranged by author. Includes biographical notes. No index. Reproduced on 35 mm. microfilm, positive: Ottawa : Canadian Library Association, [195-?], 1 reel. Z1392 N652 L6 1968 fol. 016.9716

Comprend des livres, des brochures, et des articles de périodiques et de journaux publiés en Nouvelle-Écosse ou relatifs à cette province. Classement par ordre alphabétique d'auteurs. Des notes biographiques sont incluses. Aucun index. Reproduit sur microfilm 35 mm, positif: Ottawa : Canadian Library Association, [195-?], 1 bobine. Z1392 N652 L6 1968 fol. 016.9716

211

MacFarlane, William G. [William Godsoe]. – *New Brunswick bibliography : the books and writers of the province.* – St. John (N.B.) : Sun Print. Co., 1895. – 98 p.

Includes books and pamphlets written by New Brunswick authors and those printed in or relating to New Brunswick. Entries are alphabetically arranged by author. Biographical sketches and some annotations included. No index. Published first in the *Saint John Sun* between Nov. 1893 and Feb. 1895. Reproduced in microform format: *CIHM/ICMH microfiche series*, no. 09418. Z1392 N53 M1 016.97151

Comprend des livres et des brochures écrits par des auteurs du Nouveau-Brunswick, ou encore imprimés au Nouveau-Brunswick ou relatifs à cette province. Classées par ordre alphabétique d'auteurs. De courtes notes biographiques et quelques remarques sont incluses. Aucun index. Publié pour la première fois dans le *Saint John Sun* entre novembre 1893 et février 1895. Reproduit sur support microforme: *CIHM/ICMH collection de microfiches*, nº 09418. Z1392 N53 M1 016.97151

212

Newfoundland studies. – Vol. 1, no. 1 (Spring 1985)-   . – St. John's : Dept. of English Language and Literature, Memorial University of Newfoundland, 1985-   . – 0823-1737

Each spring issue includes *Bibliography : recent publications and works relating to Newfoundland*. Lists books, periodical articles, government publications and theses published during the previous year on all aspects of Newfoundland. Alphabetically arranged by author or title. FC2169 971.8005

Chaque numéro du printemps contient *Bibliography : recent publications and works relating to Newfoundland*. Liste des livres, des articles de périodiques, des publications officielles et des thèses publiés au cours de l'année antérieure et relatifs à tous les aspects de Terre-Neuve. Classement par ordre alphabétique d'auteurs ou de titres. FC2169 971.8005

213

Nova Scotia. Legislative Library. – *Catalogue of the books in the Legislative Library of Nova Scotia : authors, titles and subjects.* – Halifax : Nova Scotia Printing Co., 1890. – vi p., 1 leaf, 292 p.

A catalogue of the collections of the Legislative Library of Nova Scotia and the Nova Scotia Historical Society. Includes Canadian and foreign books, official publications, serials and a few pamphlets. Authors, titles and subjects are arranged in one alphabetical sequence. Errata and addenda. Reproduced in microform format: *CIHM/ICMH microfiche series*, no. 52602. Supplements: 1890/93, 1894/97, 1898/1901, 1902/1907, 1908/1911, 1912/22, 1923/30, 1931/37, *Supplementary catalogue of books*. Previous catalogues: 1859, *Catalogue of books in the Legislative Council Library*, *CIHM/ICMH microfiche series*, no. 10401; 1876, *Catalogue of the books in the Legislative Library of Nova Scotia*. Z883 H15 fol. 027.5716

Catalogue des collections de la Legislative Library of Nova Scotia et de la Nova Scotia Historical Society. Inclut des livres, des publications officielles, des publications en série et quelques brochures du Canada et de l'étranger. Auteurs, titres et sujets en une seule suite alphabétique. Errata et addenda. Reproduit sur support microforme: *CIHM/ICMH collection de microfiches*, nº 52602. Suppléments: 1890/93, 1894/97, 1898/1901, 1902/1907, 1908/1911, 1912/22, 1923/30, 1931/37, *Supplementary catalogue of books*. Catalogues antérieurs: 1859, *Catalogue of books in the Legislative Council Library*, *CIHM/ICMH collection de microfiches*, nº. 10401; 1876, *Catalogue of the books in the Legislative Library of Nova Scotia*. Z883 H15 fol. 027.5716

214

O'Dea, Agnes C. – *Bibliography of Newfoundland.* – Toronto : Published by University of Toronto Press in association with Memorial University of Newfoundland, 1986. – 2 vol. (xx, 1450 p.). – 0802024025

Based on *A Newfoundland bibliography : preliminary list* (St. John's : Memorial University of Newfoundland, 1960). Covers the period from 1492 to 1975. Includes books printed in or relating to Newfoundland, pamphlets, provincial, federal and foreign official publications, atlases and maps when accompanied by text, periodical articles if independently paged, annual reports, some sheet music, some film strips and motion pictures. Excludes newspapers, periodicals, periodical articles, maps, prints, textbooks and works by Newfoundland authors not relating to Newfoundland, except in the field of literature. Entries are chronologically arranged and include annotations and locations. Author, title and subject indexes. Z1392 N56 O33 1986 016.9718

Cette bibliographie est fondée sur *A Newfoundland bibliography : preliminary list* (St. John's : Memorial University of Newfoundland, 1960). Couvre la période de 1492 à 1975. Comprend des livres imprimés à Terre-Neuve ou relatifs à cette province, des brochures, des publications officielles provinciales, fédérales et étrangères, des atlas et des cartes accompagnés de texte, des articles de périodiques avec pagination distincte, des rapports annuels, quelques partitions, quelques films fixes et des films. Exclut les journaux, les périodiques, les articles de périodiques, les cartes, les gravures, les manuels scolaires et les ouvrages d'auteurs terre-neuviens autres que littéraires et sans rapport avec Terre-Neuve. Les notices classées par ordre chronologique incluent des annotations et des localisations. Index des auteurs, index des titres et index des sujets. Z1392 N56 O33 1986 016.9718

215

Ralph Pickard Bell Library. – *Catalogue, the Winthrop Pickard Bell Collection of Acadiana.* – 2nd ed. – Sackville (N.B.) : Mount Allison University, 1987. – 6 vol. (619 ; 707 ; 648 p.). – 0888280610

1st ed., 1972, *A catalogue of the Winthrop Pickard Bell Collection of Acadiana*. A catalogue of books, pamphlets, journals, broadsides, maps, slides and ephemera which make up the Winthrop Pickard Bell Collection of Acadiana housed in the Ralph Pickard Bell Library, Mount Allison University. Focusses on the area formerly known as Acadia including the provinces of Nova Scotia, Prince Edward Island and New Brunswick, and part of the state of Maine, prior to 1940.

Arranged in three parts: volumes 1 and 2 arranged by Library of Congress classification; volumes 3 and 4 arranged by author and title; volumes 5 and 6 arranged by subject. Complete bibliographic records provided in volumes 1 and 2, briefer records in volumes 3 to 6.   Z1392 A3 M68 1987 fol.   016.9715

1re éd., 1972, *A catalogue of the Winthrop Pickard Bell Collection of Acadiana*. Un catalogue des livres, des brochures, des revues, des in-planos, des cartes, des diapositives et des documents éphémères qui forment la collection de documents acadiens Winthrop Pickard Bell localisée dans la Ralph Pickard Bell Library de Mount Allison University. Porte principalement sur la région autrefois connue sous le nom d'Acadie, c'est-à-dire les provinces de la Nouvelle-Écosse, de l'Île-du-Prince-Édouard et du Nouveau-Brunswick, et une partie de l'état du Maine, antérieur à 1940.

Classement en trois parties: dans les vol. 1 et 2, classement conforme à la Classification de la Library of Congress; dans les vol. 3 et 4, classement par auteurs et par titres; dans les vol. 5 et 6, classement par sujets. Les vol. 1 et 2 renferment des notices bibliographiques complètes, alors que les vol. 3 à 6 contiennent des notices plus brèves.   Z1392 A3 M68 1987 fol.   016.9715

216

Rogers, Amos Robert. – *Books and pamphlets by New Brunswick writers, 1890-1950.* – [Fredericton : s.n., 1953]. – [1], vi, 73 leaves. – Thesis, Diploma in Librarianship, University of London, 1953.

Bibliography of English-language books and pamphlets written by authors who were born or resided in New Brunswick. Includes works published during the period 1890 to 1950. Excludes reprints and articles. Alphabetically arranged by author. Location or source of information noted for each work.   Z1392 N53 R6 fol.   016.97151

Bibliographie de brochures et de livres en anglais écrits par des auteurs qui sont nés au Nouveau-Brunswick ou qui y ont habité. Inclut des ouvrages publiés durant la période 1890 à 1950. Exclut les réimpressions et les articles. Classement alphabétique des auteurs. Pour chaque ouvrage est fournie une localisation ou une source d'information.   Z1392 N53 R6 fol.   016.97151

217

Stewart, Alice R. – *The Atlantic Provinces of Canada : union lists of materials in the larger libraries of Maine.* – 2nd ed. – Orono, [Me.] : New England-Atlantic Provinces-Quebec Center, University of Maine, 1971. – 70 p.

Includes four lists: periodicals and serials, newspapers, non-fiction books and pamphlets, theses. The list of books and pamphlets is subdivided into sections on Acadia, general works on the Atlantic Provinces and each of the four provinces. No index.   Z1392 M37 S7 1971 fol.   016.9715

Inclut quatre listes: périodiques et publications en série; journaux; livres autres que de fiction et brochures; thèses. La liste des livres et des brochures se subdivise en sections relatives à l'Acadie, aux ouvrages généraux sur les provinces de l'Atlantique et à chacune des quatre provinces. Aucun index.   Z1392 M37 S7 1971 fol.   016.9715

218

Tennyson, Brian. – *Cape Breton : a bibliography.* – Halifax : Dept. of Education, 1978. – vi, 114 p.

1,352 entries for works relating to Cape Breton published up to the end of 1976. Includes books, periodical articles, official publications and theses. Excludes newspaper articles, unpublished manuscripts and works that are highly technical in content. Entries are alphabetically arranged by author under broad headings such as French, British and Canadian regimes, local, religious and literary works. Subject index.   Z1392 C27 T45 fol.   016.971695

Les 1 352 notices portent sur des ouvrages relatifs au Cap Breton publiés avant la fin de 1976. Des livres, des articles de périodiques, des publications officielles et des thèses sont inclus. Les articles de journaux, les manuscrits non publiés et les ouvrages très techniques sont exclus. Les notices sont classées par ordre alphabétique d'auteurs, sous de grandes vedettes comme les régimes français, britannique et canadien, et les ouvrages locaux, religieux et littéraires. Index des sujets.   Z1392 C27 T45 fol.   016.971695

219

Vaison, Robert. – *Nova Scotia past and present : a bibliography and guide.* – Halifax : Nova Scotia Department of Education, 1976. – [3], 164 p.

Includes books, pamphlets, theses, official publications and periodical articles arranged under subjects such as history and development, politics and government, the economy and education. No index. Updates: *Studying Nova Scotia : its history and present state, its politics and economy, a bibliography and guide* (Halifax : Mount Saint Vincent University, 1974).   Z1392 N652 V3 1976 fol.   016.9716

Comprend des livres, des brochures, des thèses, des publications officielles et des articles de périodiques classés par sujets, comme l'histoire et le développement, la politique et le gouvernement, l'économie et l'éducation. Aucun index. Met à jour: *Studying Nova Scotia : its history and present state, its politics and economy, a bibliography and guide* (Halifax : Université Mount Saint Vincent, 1974).   Z1392 N652 V3 1976 fol.   016.9716

British Columbia

Colombie-Britannique

220

Artibise, Alan F. J. – *Western Canada since 1870 : a select bibliography and guide.* – Vancouver : University of British Columbia Press, c1978. – xii, 294 p. : ill. – 0774800909 (bd.) 0774800917 (pa.)

Over 3,660 books, pamphlets, periodical articles, B.A. essays and M.A. and Ph.D. theses covering Alberta, Manitoba, Saskatchewan and British Columbia are included. Arranged by subject. Contains "A brief guide to western Canadian studies" which provides information on newsletters, journals, specialized series, archives, libraries, organizations and societies. Author index, selective subject index, index of organizations, institutions and serials. Z1365 A78 016.9712

Plus de 3 660 livres, brochures, articles de périodiques, essais de premier cycle et thèses de deuxième et troisième cycles qui portent sur l'Alberta, le Manitoba, la Saskatchewan et la Colombie-Britannique. Classement par sujets. Le document contient «A brief guide to western Canadian studies» qui donne des renseignements sur des bulletins, des revues, des collections spécialisées, des archives, des bibliothèques, des organisations et des sociétés. Index des auteurs, index sélectif des sujets et index des organisations, des établissements et des publications en série. Z1365 A78 016.9712

221

BC studies. – No. 1 (Winter 1968/69)-   . – [Vancouver : University of British Columbia Press], 1968-   . –   no. : ill. – 0005-2949

Quarterly. Each issue includes *Bibliography of British Columbia* which lists books, periodical articles and official publications relating to British Columbia. Includes items published in Canada and elsewhere. Reproduced in microform format: [Toronto] : Micromedia, [198-]-   . microfiche. Z1392 B7 917.1103

Trimestriel. Chaque numéro comprend la *Bibliography of British Columbia* qui donne la liste des livres, des publications officielles et des articles de périodiques relatifs à la Colombie-Britannique. Des documents publiés au Canada et ailleurs sont inclus. Reproduit sur support microforme: [Toronto] : Micromedia, [198-]-   . microfiches. Z1392 B7 917.1103

222

Cuddy, Mary Lou. – *British Columbia in books : an annotated bibliography.* – By Mary Lou Cuddy & James J. Scott. – Vancouver : J.J. Douglas, 1974. – 144 p. : ill., maps. – 0888940661

Bibliography of books and pamphlets which were in print on December 31, 1973 relating to the development of British Columbia. Annotated entries are arranged alphabetically by author. Separate lists of British Columbia newspapers and periodicials and selected publications of British Columbia government bodies, associations and organizations. Author, title, subject and series index. Z1392 B7 C8 fol. 016.9711

Bibliographie des livres et des brochures disponibles le 31 décembre 1973 et relatifs au développement de la Colombie-Britannique. Les notices analytiques sont classées par ordre alphabétique d'auteurs. Listes distinctes des journaux et périodiques de la Colombie-Britannique et de certaines publications des administrations, des associations et des organisations de la Colombie-Britannique. Index des auteurs, des titres, des sujets et des collections. Z1392 B7 C8 fol. 016.9711

223

Edwards, Margaret H. – *A bibliography of British Columbia : years of growth, 1900-1950.* – By Margaret H. Edwards and John C. R. Lort, with the assistance of Wendy J. Carmichael. – Victoria : Social Sciences Research Centre, University of Victoria, 1975. – x, 446 p. : maps (on lining papers). – 0969041837

4,125 annotated entries are arranged alphabetically by author. Includes books and pamphlets published up to 1974 which are relevant to the period of British Columbia history from 1900 to 1950. Excludes manuscripts, serial publications, prospectuses, unpublished briefs and theses, official publications, directories, juvenile literature, maps and school texts. Provides one location, when possible. Title and subject index. Selected bibliography. Appendices: premiers of British Columbia and British Columbia provincial elections 1900-1950.

Third and final volume in a series of bibliographies of British Columbia history. The other volumes are *Navigations, traffiques and discoveries, 1774-1848*, by G.M. Strathern, and *A bibliography of British Columbia : laying the foundations, 1849-1899*, by B.J. Lowther. Z1392 B7 E38 fol. 016.9711

Les 4 125 notices annotées sont classées par ordre alphabétique d'auteurs. La bibliographie inclut des brochures et des livres publiés jusqu'en 1974 et significatifs pour la période de 1900 à 1950 de l'histoire de la Colombie-Britannique. Exclut les manuscrits, les publications en série, les prospectus, les thèses et les documents d'information non publiés, les publications officielles, les répertoires, les livres pour les jeunes, les cartes et les manuels scolaires. La localisation est indiquée dans la mesure du possible. Index des titres et des sujets. Bibliographie sélective. Annexes: premiers ministres de la Colombie-Britannique et élections provinciales de Colombie-Britannique entre 1900 et 1950.

Il s'agit du troisième et dernier volume d'une collection de bibliographies sur l'histoire de la Colombie-Britannique. Les autres volumes sont *Navigations, traffiques and discoveries, 1774-1848*, par G.M. Strathern et *A bibliography of British Columbia : laying the foundations, 1849-1899*, par B.J. Lowther. Z1392 B7 E38 fol. 016.9711

224

Foster, Mrs. W. Garland [Annie H.]. – *British Columbia authors' index.* – White Rock (B.C.) : University of British Columbia Library, [194?]. – 1 vol. (various pagings).

Bibliography, published in mimeograph format, of publications written by authors living in British Columbia. Excludes official publications and school texts. Alphabetically arranged by name of author. Also includes a list of books about British Columbia. Subject index. Six addenda, produced between 1942 and 1949. Z1392 B7 F6 016.9711

Cette bibliographie, publiée sous forme de miméographe, regroupe des publications dont les auteurs vivent en Colombie-Britannique. Les publications officielles et les manuels scolaires sont exclus. Les notices sont classées par ordre alphabétique d'auteurs. La bibliographie comprend aussi une liste de livres sur la Colombie-Britannique. Index des sujets. Six addenda produits entre 1942 et 1949. Z1392 B7 F6 016.9711

225

Hale, Linda Louise. – *Vancouver centennial bibliography : a project of the Vancouver Historical Society.* – Compiled by Linda L. Hale ; with cartobibliography by Frances M. Woodward. – [Vancouver] : the Society, 1986. – 4 vol. (xi, 1791 p.) : maps. – 0969237812 (vol. 1) 0969237820 (vol. 2) 0969237839 (vol. 3) 0969237847 (vol. 4) 0969237804 (set)

Includes approximately 15,000 entries for books, pamphlets, broadsides, theses, periodical articles, serials, manuscript collections, architectural records, official publications, photographs, films, sound recordings, kits, maps, microforms and machine-readable data files relating to Vancouver. Includes documents in English, French and other languages. Arranged by format. Entries include notes and locations. Name, title, subject and series indexes. Available online through the University of British Columbia library catalogue. Remote access via the Internet, telnet: library.ubc.ca. Z1392 V36 H34 1986 fol. 016.971133

Cette bibliographie comprend environ 15 000 notices sur divers types de documents relatifs à Vancouver, soit des livres, des brochures, des in-planos, des thèses, des articles de périodiques, des publications en série, des collections de manuscrits, des documents relatifs à l'architecture, des publications officielles, des photographies, des films, des enregistrements sonores, des trousses, des cartes, des microformes et des fichiers de données lisibles par une machine. Des documents en anglais, en français et en d'autres langues sont inclus. Classement par types de documents. Les notices comprennent des notes et des localisations. Index: noms, titres, sujets, collections. Disponible en direct comme partie du catalogue de la bibliothèque de University of British Columbia. Accès éloigné au moyen de l'Internet, telnet: library.ubc.ca. Z1392 V36 H34 1986 fol. 016.971133

226

Knowlan, Anne McIntyre. – *The Fraser Valley : a bibliography.* – Abbotsford (B.C.) : Fraser Valley College, c1988. – vi, 132 p. : ill.

A bibliography of books, periodical articles, theses and official publications related to the geographic, social, cultural, economic and educational aspects of life in the Fraser Valley. Publications listed are held at the Fraser Valley College or the Fraser Valley Regional Library. Arranged by community or broad subject. Author-title index. Z1392 B7 K55 1988 fol. 016.971137

Cette bibliographie regroupe des livres, des articles de périodiques, des thèses et des publications officielles qui se rapportent aux aspects géographiques, sociaux, culturels, économiques et éducatifs de la vie dans la vallée du Fraser. Les publications qui y figurent se trouvent au Fraser Valley College ou à la Fraser Valley Regional Library. Classement par communautés ou par catégories générales. Index des auteurs et des titres. Z1392 B7 K55 1988 fol. 016.971137

227

Lowther, Barbara J. [Barbara Joan Sonia Horsfield]. – *A bibliography of British Columbia : laying the foundations, 1849-1899.* – By Barbara J. Lowther with the assistance of Muriel Laing. – [Victoria : University of Victoria, 1968]. – xii, 328 p.

Bibliography of 2,173 books and serials published up to 1964, relating to the first 50 years of settlement, 1849 to 1899, in British Columbia. Attempts to list all catalogued British Columbia imprints from the beginning of printing in the province in 1858 to 1899. Official publications of the two colonies of Vancouver Island and British Columbia to 1866 and of the united colony of British Columbia to 1871 are included. Annotated entries are arranged chronologically by imprint date. One location given for each entry. Author, title and subject index. The author entries in the index include biographical information.

This is the second volume of a three-volume bibliography relating to British Columbia. Other volumes are: *Navigations, traffiques and discoveries, 1774-1848*, by G.M. Strathern, and *A bibliography of British Columbia : years of growth, 1900-1950*, by M.H. Edwards. Z1392 B7 L65 fol. 016.9711

Cette bibliographie regroupe 2 173 publications en série et livres publiés jusqu'en 1964 relatifs aux cinquante premières années de peuplement en Colombie-Britannique, soit de 1849 à 1899. On essaie de donner la liste de toutes les adresses bibliographiques cataloguées de la Colombie-Britannique, depuis les débuts de l'imprimerie dans la province, en 1858, jusqu'en 1899. La bibliographie comprend les publications officielles des deux colonies de l'Île de Vancouver et de la Colombie-Britannique jusqu'en 1866, et celles de la colonie unie de la Colombie-Britannique jusqu'en 1871. Les notices annotées sont classées par ordre chronologique selon la date de l'adresse bibliographique. Une localisation est indiquée pour chaque notice. Index des auteurs, des titres et des sujets. L'index contient des données biographiques sur chaque auteur.

Il s'agit du deuxième volume d'une bibliographie en trois volumes sur la Colombie-Britannique. Les autres volumes sont: *Navigations, traffiques and discoveries, 1774-1848* par G.M. Strathern et *A bibliography of British Columbia : years of growth, 1900-1950* par M.H. Edwards. Z1392 B7 L65 fol. 016.9711

228

Provincial Archives of British Columbia. Library. – *Dictionary catalogue of the Library of the Provincial Archives of British Columbia, Victoria.* – Boston (Mass.) : G.K. Hall, 1971. – 8 vol. – 0816109125

A catalogue of books, pamphlets, periodicals and official publications held by the Library of the Provincial Archives of British Columbia. The Archives was established in 1893 and within it a library was developed including material on British Columbia as well as Western and Northern Canada. Authors, titles and subjects arranged in one alphabetical sequence. Z883 B64 x.fol. 016.9711

Catalogue de livres, de brochures, de périodiques et de publications officielles conservés à la bibliothèque des Provincial Archives of British Columbia. Les archives provinciales ont été créées en 1893, et on y a monté une bibliothèque qui comprend des documents sur la Colombie-Britannique, ainsi que sur l'Ouest et le Nord du Canada. Auteurs, titres et sujets en une seule suite alphabétique. Z883 B64 x.fol. 016.9711

229

Strathern, Gloria M. [Gloria Margaret]. – *Navigations, traffiques & discoveries, 1774-1848 : a guide to publications relating to the area now British Columbia.* – Compiled by Gloria M. Strathern, with the assistance of Margaret H. Edwards. – Victoria : Social Sciences Research Centre, University of Victoria, 1970. – xv, 417 p. : maps. – 0969041829

Bibliography of published works which relate to the period 1774 to 1848 in British Columbia. Annotated entries are arranged alphabetically by author or title. Only main entries are numbered with later editions, reprinted editions, supplements and translations listed after each main entry. Excluded are general histories of exploration, general collections of voyages, cartographic works and newspapers. When possible, one location is given for each entry. Appendices include institution cited, a chronological list of the most important ships visiting the British Columbia coast from 1774 to 1848, principal works consulted and a chronological index of first editions. Author, title and subject index.

This is the first volume of a three-volume bibliography of British Columbia. Other volumes are: *A bibliography of British Columbia : laying the foundations, 1849-1899*, by B.J. Lowther, and *A bibliography of British Columbia : years of growth, 1900-1950*, by M.H. Edwards. Z1392 B7 S7   016.9711

Cette bibliographie porte sur des ouvrages publiés relatifs à la période de 1774 à 1848 en Colombie-Britannique. Les notices annotées sont classées par ordre alphabétique d'auteurs ou de titres. Seules les notices principales sont numérotées; les éditions subséquentes, les réimpressions, les suppléments et les traductions sont mentionnés après chaque notice principale. Les récits d'exploration, les collections générales sur les voyages, les oeuvres cartographiques et les journaux sont exclus. Dans la mesure du possible, une localisation est indiquée pour chaque notice. Les annexes comprennent les établissements mentionnés, une liste chronologique des vaisseaux les plus importants qui ont navigué près des côtes de la Colombie-Britannique entre 1774 et 1848, les principaux ouvrages consultés et un index chronologique des premières éditions. Index des auteurs, des titres et des sujets.

Il s'agit du premier volume d'une bibliographie en trois volumes sur la Colombie-Britannique. Les autres volumes sont: *A bibliography of British Columbia : laying the foundations, 1849-1899* par B.J. Lowther, et *A bibliography of British Columbia : years of growth, 1900-1950* par M.H. Edwards.   Z1392 B7 S7   016.9711

230

University of Washington. Libraries. – *The dictionary catalog of the Pacific Northwest Collection of the University of Washington Libraries, Seattle.* – Boston : G.K. Hall, 1972. – 6 vol. – 0816109850

The collection includes books, serials, official publications and pamphlets relating to the Pacific Northwest region, including British Columbia and the Yukon Territory. The fur trade, immigration and settlement, Native peoples, maritime exploration of the Northwest Coast, etc., are among the topics covered by the collection. Authors, titles and subjects are arranged in one alphabetical sequence. Z881 U56 x.fol.   016.9795

La collection comprend des livres, des publications en série, des publications officielles et des brochures qui se rapportent à la région nord-ouest du Pacifique, y compris la Colombie-Britannique et le Yukon. La collection couvre des sujets comme le commerce de la fourrure, l'immigration et la colonisation, les peuples autochtones, l'exploration maritime de la côte nord-ouest, etc. Auteurs, titres et sujets en une seule suite alphabétique.   Z881 U56 x.fol.   016.9795

231

Welwood, R. J. [Ronald Joseph]. – *Kootenaiana : a listing of books, government publications, monographs, journals, pamphlets, etc., relating to the Kootenay area of the province of British Columbia and located in the libraries of Notre Dame University of Nelson, B.C. and/or Selkirk College, Castlegar, B.C., up to 31 March 1976.* – Nelson (B.C.) : Notre Dame University Library ; Castlegar (B.C.) : Selkirk College Library, 1976. – 167 p. : ill., maps.

1,724 publications which relate to the Kootenay area of British Columbia are arranged alphabetically by author or title. Locations. Title-subject index. Supersedes: *Periodical articles, pamphlets, government publications and books relating to the West Kootenay region of British Columbia in the Selkirk College Library Castlegar, B.C.* and *Supplement 1.*   Z1392 K66 N68 fol.   016.971162

Les 1 724 publications qui se rapportent à la région Kootenay en Colombie-Britannique sont classées par ordre alphabétique d'auteurs ou de titres. Localisations. Index des titres et des sujets. Remplace: *Periodical articles, pamphlets, government publications and books relating to the West Kootenay region of British Columbia in the Selkirk College Library Castlegar, B.C.* et *Supplement 1.* Z1392 K66 N68 fol.   016.971162

Manitoba

Manitoba

232

Artibise, Alan F. J. – *Western Canada since 1870 : a select bibliography and guide.* – Vancouver : University of British Columbia Press, c1978. – xii, 294 p. : ill. – 0774800909 (bd.) 0774800917 (pa.)

Over 3,660 books, pamphlets, periodical articles, B.A. essays and M.A. and Ph.D. theses covering Alberta, Manitoba, Saskatchewan and British Columbia are included. Arranged by subject. Contains "A brief guide to western Canadian studies" which provides information on newsletters, journals, specialized series, archives, libraries, organizations and societies. Author index, selective subject index and index of organizations, institutions and serials.   Z1365 A78 016.9712

Cette bibliographie porte sur plus de 3 660 livres, brochures, articles de périodiques, essais de premier cycle et thèses de deuxième et troisième cycles qui portent sur l'Alberta, le Manitoba, la Saskatchewan et la Colombie-Britannique. Classement par sujets. Le document contient «A brief guide to western Canadian studies» qui donne des renseignements sur des bulletins, des revues, des collections spécialisées, des archives, des bibliothèques, des organisations et des sociétés. Index des auteurs, index sélectif des sujets et index des organisations, des publications en série.   Z1365 A78   016.9712

233
Enns, Richard A. [Richard Alan]. – *A bibliography of northern Manitoba.* – Winnipeg : University of Manitoba Press, c1991. – viii, 128 p. – 0887556256

A bibliography of books, periodical articles, theses, pamphlets and reports on northern Manitoba. Arranged in sections on bibliographies, fur trade sources, Aboriginal and Métis populations, exploration and travel accounts, church and mission histories, northern geography and resources, and community histories. No index. Z1392 M35 E66 1991   016.97127

Il s'agit d'une bibliographie de livres, d'articles de périodiques, de thèses, de brochures et de rapports sur le nord du Manitoba. Classement en sections sur les bibliographies, les sources du commerce de la fourrure, les populations aborigènes et les Métis, les récits d'exploration et de voyages, l'histoire des églises et des missions, la géographie et les ressources du Nord, et l'histoire des communautés. Aucun index.   Z1392 M35 E66 1991   016.97127

234
Manitoba. Legislative Library. – *A Bibliography of Manitoba from holdings in the Legislative Library of Manitoba.* – Compiled by Marjorie Morley. – Winnipeg : [s.n.], 1970. – 267 p. : map.

2,245 books, periodicals, theses and newspapers relating to the history of Manitoba and held in the Manitoba Legislative Library. Arranged alphabetically by author. No index. Reproduced in microform format: *Peel bibliography on microfiche* (Ottawa : National Library of Canada, 1976-1979), no. 4362.   Z1392 M35 M3 1970 fol. 016.97127

Les 2 245 livres, périodiques, thèses et journaux se rapportent à l'histoire du Manitoba et se trouvent dans la Bibliothèque de l'Assemblée législative du Manitoba. Classement par ordre alphabétique d'auteurs. Aucun index. Reproduit sur support microforme: *Bibliographie Peel sur microfiche* (Ottawa : Bibliothèque nationale du Canada, 1976-1979), n° 4362.   Z1392 M35 M3 1970 fol.   016.97127

235
Peel, Bruce Braden. – *A bibliography of the Prairie Provinces to 1953, with biographical index.* – 2nd ed. – Toronto : University of Toronto Press, c1973. – xxviii, 780 p. – 0802019722

1st ed., 1956. Supplement, 1963. 4,560 books and pamphlets dealing with the Prairie Provinces. Located by the compiler in 185 bibliographies and printed catalogues and in North American and European libraries. Chronologically arranged from 1692 to 1953. One location provided for each title. Subject index includes some significant post-1953 works. Title index. Author index includes biographical information. List of initials, pseudonyms and religious names.

   The full texts of some titles listed in this bibliography have been reproduced on microfiche, *Peel bibliography on microfiche* (Ottawa : National Library of Canada, 1976-1979).   Z1365 P4 1973   016.9712

1re éd., 1956. Supplément, 1963. 4 560 livres et brochures qui traitent des provinces des Prairies. Repérés par le compilateur dans 185 Bibliographies et catalogues imprimés ainsi que dans des bibliothèques de l'Amérique du Nord et de l'Europe. Classement chronologique de 1692 à 1953. Une localisation est indiquée pour chaque document. L'index des sujets comprend des oeuvres importantes postérieures à 1953. Index des titres. L'index des auteurs comprend des données biographiques. Liste des initiales, des pseudonymes et des noms religieux.

   Certains documents qui figurent dans cette bibliographie ont été reproduits au complet sur microfiches: *Bibliographie Peel sur microfiche* (Ottawa : Bibliothèque nationale du Canada, 1976-1979).   Z1365 P4 1973   016.9712

236
Scott, Michael M. – *A bibliography of western Canadian studies relating to Manitoba.* – Winnipeg : [s.n.], 1967. – 79 p.

Selected periodical articles, published studies, reports and theses relating to Manitoba are arranged alphabetically by author or title. No index. Z1392 M35 S3 fol.   016.97127

Articles de périodiques choisis, études, thèses et rapports publiés relatifs au Manitoba, classés par ordre alphabétique d'auteurs ou de titres. Aucun index.   Z1392 M35 S3 fol.   016.97127

237
Teillet, D. J. – *A northern Manitoba bibliography.* – [Ottawa] : Regional Economic Expansion ; [Winnipeg] : Manitoba Dept. of Mines, Natural Resources and Environment, 1979. – iv, 82 leaves. – (Technical report ; 79-5).

A list of official publications, periodical articles and books, most of which were published after 1950, relating to resource management in northern Manitoba. Entries are alphabetically arranged by author within subject categories. List of journals cited. No index.   Z1392 M35 T45 fol.   016.971271

Liste de publications officielles, d'articles de périodiques et de livres qui, pour la plupart, ont été publiés après 1950 et qui se rapportent à la gestion des ressources dans le nord du Manitoba. Classées par ordre alphabétique d'auteurs, au sein de catégories de sujets. Liste des revues citées. Aucun index.   Z1392 M35 T45 fol.   016.971271

238
Winnipeg : a centennial bibliography. – Edited by D. Louise Sloane, Janette M. Roseneder, Marilyn J. Hernandez. – Winnipeg : Manitoba Library Association, 1974. – xi, 140 p.

Lists books, periodical articles, theses, manuscripts and official publications which relate to the city of Winnipeg and its surroundings. Entries are arranged by subject and then alphabetically by author or title. Author, illustrator and subject index.   Z1392 W5 S6 fol. 016.9712743

Cette bibliographie donne la liste des livres, des articles de périodiques, des thèses, des manuscrits et des publications officielles qui se rapportent à la ville de Winnipeg et aux environs. Les notices sont classées d'abord par sujets, puis par ordre alphabétique d'auteurs ou de titres. Index des auteurs, des illustrateurs et des sujets. Z1392 W5 S6 fol.   016.9712743

239

Winnipeg Public Library. – *A selective bibliography of Canadiana of the Prairie Provinces : publications relating to Western Canada by English, French, Icelandic, Mennonite, and Ukrainian authors.* – Winnipeg : Winnipeg Public Library, 1949. – 33 p.

Arranged by ethnic group. Within each group, works are organized by genre, such as poetry, fiction, etc., and/or subject, such as history, religion, etc.   Z1392 P7 W5   016.9712

Classement par groupes ethniques. Au sein de chaque groupe, les ouvrages sont classés par genres, comme la poésie, la fiction, etc., et (ou) par sujets, comme l'histoire, la religion, etc.   Z1392 P7 W5 016.9712

Ontario

Ontario

240

Annotated bibliography : Peterborough and Lakefield. – [Donna McCullough et al.]. – [S.l. : s.n., 1974?]. – 203 leaves : ill., maps.

Books, periodical and newspaper articles, maps and official publications relating to Peterborough and Lakefield. Arranged by subject. Annotations and locations provided for some entries. Appendix lists archival holdings of the Peterborough Centennial Museum. No index.   Z1392   016.971368

Des livres, des articles de périodiques et de journaux, des cartes et des publications officielles qui se rapportent à Peterborough et à Lakefield. Classement par sujets. Certaines notices renferment des annotations et des localisations. L'annexe donne la liste des fonds d'archives du Peterborough Centennial Museum. Aucun index. Z1392   016.971368

241

Barr, Elinor. – *Northwestern Ontario books : a bibliography : alphabetical by title 1980s.* – Thunder Bay : Ontario Library Services–Nipigon, 1987. – [2], 31 p. – 0969294905

A list of books about, or by authors from, the region of Ontario north of Lake Superior and west to the Manitoba border, published during the period 1980 through 1987. Alphabetically arranged by title. No index.   Z1392 O5 B37 1987   016.971311

Une liste des livres qui portent sur la région de l'Ontario située au nord du lac Supérieur et à l'ouest de la frontière manitobaine, ou qui ont été écrits par des auteurs de cette région, et qui ont été publiés entre 1980 et 1987. Classement alphabétique des titres. Aucun index. Z1392 O5 B37 1987   016.971311

242

Une bibliographie de sources historiques du district de Nipissing. – North Bay : Société historique du Nipissing, 1979. – vi, 21 p. – (Études historiques (North Bay, Ont.) ; n° 1).

Books, periodical articles, official publications and newspapers dealing with the history, geography, economy and social life of Nipissing District. Arranged by broad subject. Brief annotations. No index. FC3095 N55 Z9 1979   016.9713147

Les livres, les articles de périodiques, les publications officielles et les journaux traitent de l'histoire, de la géographie, de l'économie et de la vie sociale du district de Nipissing. Classement par grandes catégories de sujets. Brèves annotations. Aucun index. FC3095 N55 Z9 1979   016.9713147

243

A bibliography of Oxford County. – [Woodstock, Ont.] : Oxford Historical Research Project, 1979. – [8], 88 p. : maps. – Cover title.

1st ed., 1974. Includes books, pamphlets, official publications, archival sources and newspapers relating to the county. Arranged by subject. Locations. Author-subject index.   Z1392 O95 B53 016.971346

1re éd., 1974. Comprend des livres, des brochures, des publications officielles, des fonds d'archives et des journaux qui se rapportent au comté. Classement par sujets. Localisations. Index des auteurs et des titres.   Z1392 O95 B53   016.971346

244

Defoe, Deborah. – *Kingston : a selected bibliography.* – 2nd ed. – Kingston : Kingston Public Library Board, 1982. – [76] p.

1st ed., 1973. Addendum, 1977. Books, newspapers, periodicals, periodical articles, official publications and theses relating to Kingston are included. Arranged by subject or type of material such as military history, medicine, religion, education, annual reports, bibliographies, newspapers and serials. Author index.   Z1392 K48   016.971372

1re éd., 1973. Addendum, 1977. Comprend des livres, des journaux, des périodiques, des articles de périodiques, des publications officielles et des thèses qui se rapportent à Kingston. Classement par sujets, comme l'histoire militaire, la médecine, la religion et l'éducation, ou par types de documents, comme les rapports annuels, les bibliographies, les journaux et les publications en série. Index des auteurs. Z1392 K48   016.971372

245

District of Parry Sound bibliography. – Compiled by District of Parry Sound Local History Project. – [Parry Sound?, Ont. : s.n.], 1975-1976. – 63 p. – Cover title.

323 entries for books, pamphlets, official publications, maps, clipping files, newspapers and oral histories relating to the District of Parry Sound. Alphabetically arranged by author. Locations. Title-subject index.   Z1392 O5 D57 1975 fol.   016.971315

Les 323 notices portent sur des livres, des brochures, des publications officielles, des cartes, des dossiers de presse, des journaux et des récits oraux relatifs au district de Parry Sound. Classement par ordre alphabétique d'auteurs. Localisations. Index des titres et des sujets. Z1392 O5 D57 1975 fol.   016.971315

246

Dow, Charles Mason. – *Anthology and bibliography of Niagara Falls.* – Albany [N.Y.] : Published by the State of New York, J.B. Lyon Co., printers, 1921. – 2 vol. (xvi, 1423 p.), [49] leaves of plates (1 folded) : ill. (some col.), maps, port.

Includes books and periodical articles, chronologically arranged under broad subject categories. Annotations of and excerpts from numerous works. Index.   F127 N8 D55   016.971339

Comprend des livres et des articles de périodiques classés chronologiquement sous de grandes catégories de sujets. Annotations et extraits tirés de nombreux ouvrages. Index. F127 N8 D55   016.971339

247

Emard, Michel. – *Inventaire sommaire des sources manuscrites et imprimées concernant Prescott-Russell, Ontario.* – Rockland [Ont.] : M. Emard, 1976. – 172, [1] p. : cartes.

Describes manuscript and printed sources of use in researching Prescott and Russell counties, held by federal, provincial, regional and municipal archives and libraries, and the archives of educational, medical and religious institutions. Particularly useful for historical and genealogical research. Includes extensive notes, detailed table of contents and a brief index.   Z1392 P74 E43 fol.   016.971385

Ce document décrit les sources manuscrites et imprimées qui sont utiles à consulter pour les recherches sur les comtés de Prescott et de Russell et qui se trouvent dans les archives et bibliothèques fédérales, provinciales, régionales et municipales, ainsi que dans les archives des établissements d'enseignement, des hôpitaux et des établissements religieux. Le document est particulièrement commode pour les recherches historiques et généalogiques. Il contient de longues notes, une table des matières détaillée et un court index. Z1392 P74 E43 fol.   016.971385

248

Fortin, Benjamin. – *Bibliographie analytique de l'Ontario français.* – Benjamin Fortin, Jean-Pierre Gaboury. – [Ottawa] : Éditions de l'Université d'Ottawa, 1975. – xii, 236 p. – (Cahiers du Centre de recherche en civilisation canadienne-française ; 9). – 077640895

Includes 1,233 books, periodical articles, official publications, pamphlets, theses and manuscripts on French Ontario. Entries are arranged by broad subject category. Includes English- and French-language documents. Locations. Author and subject indexes. Z1392 O5 F67   016.9713

Inclut 1 233 livres, articles de périodiques, publications officielles, brochures, thèses et manuscrits sur l'Ontario français. Les notices sont classées par grandes catégories de sujets. Des documents en anglais et en français sont inclus. Localisations. Index des auteurs et index des sujets.   Z1392 O5 F67   016.9713

249

HCL historical material. – Goderich [Ont.] : Huron County Public Library, 1982. – [4], 47 p.

Books, pamphlets, official publications and articles on Huron County available at the Huron County Public Library. Arranged by community and subject such as agriculture, health, transportation. No index.   Z1392   016.971322

Livres, brochures, publications officielles et articles sur le comté d'Huron qui sont disponibles à la Huron County Public Library. Classement par communautés et par sujets, comme l'agriculture, la santé, le transport. Aucun index.   Z1392   016.971322

250

Jarvi, Edith. – *Bibliography of Windsor and Essex County.* – [Rev. ed.]. – [Windsor, Ont.] : Windsor Public Libraries, 1955. – 35 leaves.

1st ed., 1954, *Windsor and Essex County, Ontario : bibliography.* Includes books, pamphlets, official publications, newspapers and periodical articles relating to Windsor and Essex County, held by the Windsor Public Library. Alphabetically arranged by author. Subject index.   Z1392 E8 W5 1955 fol.   016.971331

1re éd., 1954, *Windsor and Essex County, Ontario : bibliography.* Inclut des livres, des brochures, des publications officielles, des journaux et des articles de périodiques qui se rapportent à Windsor et au comté d'Essex, et qui se trouvent dans la Bibliothèque publique de Windsor. Classement par ordre alphabétique d'auteurs. Index des sujets.   Z1392 E8 W5 1955 fol.   016.971331

251

Jones, Richard C. – *An annotated bibliography of the Sudbury area.* – [Sudbury, Ont.] : Sudbury Public Library, 1972. – 55 p.

1st ed., 1970, *Bibliography of the Sudbury area.* 566 entries for books, periodical and newspaper articles, official publications and theses arranged by subject. English- and French-language works included. Some locations and annotations. Author-title and subject indexes. Z1392 S85 J65 A72 fol.   016.9713133

1re éd., 1970, *Bibliography of the Sudbury area.* Les 566 notices classées par sujets portent sur des livres, des articles de périodiques et de journaux, des publications officielles et des thèses. Des ouvrages en anglais et en français sont inclus. Quelques localisations et des annotations sont fournies. Index des auteurs et des titres, et index des sujets.   Z1392 S85 J65 A72 fol.   016.9713133

252

MacPhail, Cathy. – *A bibliography of works on the two Soos and their surroundings, giving locations of the libraries holding each title.* – [Sault Ste. Marie, Ont.] : Sault Area International Library Association, 1972. – [94] p. (various pagings).

Books, pamphlets, periodical articles and official publications alphabetically arranged by author, under sixteen subject headings. No index.   Z1392 S3 M4 fol.   016.9713132

Il s'agit de livres, de brochures, d'articles de périodiques et de publications officielles classés par ordre alphabétique d'auteurs, sous seize vedettes-matière. Aucun index.   Z1392 S3 M4 fol. 016.9713132

253

Morley, E. Lillian. – *A Perth County bibliography.* – [Milverton, Ont. : Milverton Sun, 1948]. – [14] p.

A list of publications about Perth County or by authors who are or were residents of the county. Alphabetically arranged by author. Very brief citations. No index.   Z1392   016.971323

Il s'agit d'une liste des publications qui portent sur le comté de Perth ou dont les auteurs sont ou étaient des résidents du comté. Classement par ordre alphabétique d'auteurs. Très courtes citations. Aucun index.   Z1392   016.971323

254

O'Neill, Maury. – *A selected bibliography of North Bay, Sault Ste. Marie, Sudbury and Timmins.* – Compiled by Maury O'Neill and Peter Andrews. – [Sudbury] : Laurentian University, Department of History, [1986]. – ii, [46] p.

A bibliography of material relating to the northern Ontario communities of North Bay, Sudbury, Sault Ste. Marie and Timmins. Arranged by community and subarranged by subject such as history, economic development, education, local government, religion, transportation and urban development.   Z1392   016.97131

Cette bibliographie porte sur des documents relatifs à des communautés du nord de l'Ontario, soit North Bay, Sudbury, Sault Ste. Marie et Timmins. Classement par communautés, puis par sujets, comme l'histoire, le développement économique, l'éducation, l'administration locale, la religion, les transports et le développement urbain.   Z1392   016.97131

255

Olling, Randy. – *A guide to research resources for the Niagara region.* – St. Catharines : Brock University, 1971. – 299 p.

A list of books, periodicals, newspapers, official publications, pamphlets, maps, newspaper clipping files, government and organization records related to the Niagara region. Arranged in four chapters according to the type of institution holding the documents: libraries, service institutions, historical societies and museums, and government institutions. Within each chapter documents are listed by type. Locations. No index.   Z1392   016.971338

Une liste de livres, de périodiques, de journaux, de publications officielles, de brochures, de cartes, de dossiers de presse et de dossiers du gouvernement et d'organisations qui se rapportent à la région de Niagara. Classement en quatre chapitres, selon le type d'établissements où se trouvent les documents: bibliothèques, organismes de service, sociétés historiques et musées, institutions gouvernementales. Au sein de chaque chapitre, les documents sont classés selon leur type. Localisations. Aucun index.   Z1392   016.971338

256

Ontario. Legislative Library. – *Catalogue of books in the Legislative Library of the Province of Ontario on November 1, 1912.* – Toronto : King's Printer, 1913. – viii, 3-929 p.

A catalogue of 58,000 Canadian and foreign books, official publications, periodicals and newspapers held in the Legislative Library of Ontario as of November 1912. Arranged by subject. Separate lists of periodicals and newspapers. Supplement: *Catalogue of accessions to the Legislative Library of the Province of Ontario during the years 1913, 1914 and 1915.* Previous catalogues: 1872, 1875, 1881, 1891, *Catalogue of the Library of the Parliament of Ontario*; 1873, *Supplement to the catalogue of the Library of Parliament of Ontario*; 1876, 1878, 1882, *Supplementary catalogue*; 1895/96, 1897/98, 1899/1900, 1901/1902, 1903/1904, 1905/1906, 1907/1908, *Catalogue of accessions to the Legislative Library of the Province of Ontario.* Reproduced in microform format: *CIHM/ICMH microfiche series*, no. 55912 (1872); no. 16612 (1873); no. 55913 (1875); no. 54074 (1881).   Z883 O54 1912 fol.   027.5713

Catalogue de 58 000 livres, publications officielles, périodiques et journaux canadiens et étrangers qui se trouvaient à la bibliothèque de l'Assemblée législative de l'Ontario en novembre 1912. Classement par sujets. Listes distinctes des périodiques et des journaux. Supplément: *Catalogue of accessions to the Legislative Library of the Province of Ontario during the years 1913, 1914 and 1915.* Catalogues antérieurs: 1872, 1875, 1881, 1891, *Catalogue of the Library of the Parliament of Ontario*; 1873, *Supplement to the catalogue of the Library of Parliament of Ontario*; 1876, 1878, 1882, *Supplementary catalogue*; 1895/96, 1897/98, 1899/1900, 1901/1902, 1903/1904, 1905/1906, 1907/1908, *Catalogue of accessions to the Legislative Library of the Province of Ontario.* Reproduit sur support microforme: *CIHM/ICMH collection de microfiches*, n° 55912 (1872); n° 16612 (1873); n° 55913 (1875); n° 54074 (1881).   Z883 O54 1912 fol.   027.5713

257

Our Prince Edward County : a source reference. – Edited by Angie Huizenga, Rob Stuart and Judy Scott for the Prince Edward County Board of Education. – Bloomfield (Ont.) : [s.n.], 1982. – vi, 214 p.

Includes archival resources, books, official publications, theses, periodicals, newspapers, maps and atlases relating to the study of Prince Edward County. Arranged by type of document. Brief annotations and locations. Subject index to Section A, archival materials. Subject index to Sections B through F.   Z1392 P76 O9 fol.   016.9713587

Comprend des fonds d'archives, des livres, des publications officielles, des thèses, des périodiques, des journaux, des cartes et des atlas qui se rapportent à l'étude du comté de Prince Edward. Classement par types de documents. Brèves annotations et localisations. Index des sujets pour la section A, documents d'archives. Index des sujets pour les sections B à F.   Z1392 P76 O9 fol.   016.9713587

258

Pelletier, Jean Yves. – *Bibliographie sélective de l'Ontario français.* – [2ᵉ éd., rev., corr. et augm.]. – Ottawa : Centre franco-ontarien de ressources pédagogiques, c1989. – 65 p. – 1550432214

1st ed., 1981, *Bibliographie sur l'Ontario français.* 706 entries for French-language works by Franco-Ontarians inside or outside Ontario or dealing with Franco-Ontarian subjects, published since 1960. Entries are alphabetically arranged by author or title. List of publishers' and booksellers' addresses. Subject, genre, geographical and name indexes.   Z1392 O5 P44 1989 fol.   016.9713

1ʳᵉ éd., 1981, *Bibliographie sur l'Ontario français.* Les 706 notices portent sur des ouvrages en français qui ont été écrits par des Franco-Ontariens à l'intérieur ou à l'extérieur de l'Ontario, ou qui traitent de questions franco-ontariennes, et qui ont été publiés après 1960. Les notices sont classées par ordre alphabétique d'auteurs ou de titres. Liste des adresses des éditeurs et des libraires. Index: sujets, genres, géographique, noms.   Z1392 O5 P44 1989 fol.   016.9713

259

Phelps, Edward [Charles Howard]. – *A bibliography of Lambton County and the city of Sarnia, Ontario.* – Petrolia (Ont.) : Printed by the Advertiser-Topic, 1970. – iv, 145 p. : map. – (Library bulletin ; no. 8.).

661 entries for books, pamphlets, some periodical articles and official publications. Excludes newspaper articles. Arranged alphabetically by author under thirteen subjects. Brief annotations include some biographical information. Locations. Author and subject index. Z1392 L36 P4 fol. 016.971327

Les 661 notices portent sur des livres, des brochures, certains articles de périodiques et des publications officielles. Les articles de journaux sont exclus. Classement par ordre alphabétique d'auteurs, sous treize sujets. De courtes annotations renferment quelques données biographiques. Localisations. Index des auteurs et des sujets. Z1392 L36 P4 fol. 016.971327

260

Rees, D. L. – *Bibliographic guide to North Bay and area.* – D.L. Rees, K.H. Topps, R.S. Brozowski ; research and compilation, Carrie A. Woroniuk ... [et al.]. – [North Bay, Ont. : Dept. of Geography, Nipissing University College], 1979. – [22], 259 p. : maps. – 0969090501

Books, articles, reports, official publications, theses and maps dealing with environmental, social, economic and historical aspects of North Bay and area. Arranged by subject. Locations provided for some entries. No index. Z1392 O5 R44 fol. 016.9713147

Livres, articles, rapports, publications officielles, thèses et cartes qui traitent des aspects environnementaux, sociaux, économiques et historiques de North Bay et de la région. Classement par sujets. Certaines notices contiennent des localisations. Aucun index. Z1392 O5 R44 fol. 016.9713147

261

Ripley, Gordon M. – *A bibliography of Elgin County and St. Thomas, Ontario.* – St. Thomas [Ont.] : St. Thomas History Project, 1973. – 55 p.

Approximately 245 entries for books, pamphlets, manuscripts, periodical articles and official publications, arranged by author under eleven subjects. Author, title and subject index. Z1392 E5 R5 fol. 016.971334

Il s'agit d'environ 245 notices qui portent sur des livres, des brochures, des manuscrits, des articles de périodiques et des publications officielles. Elles sont classées par auteurs, sous onze matières. Index des auteurs, des titres et des matières. Z1392 E5 R5 fol. 016.971334

262

Simcoe Public Library. – *A bibliography of local history collection (Town of Simcoe and Haldimand-Norfolk region) at Simcoe Public Library.* – Compiled by Autar K. Ganju. – Simcoe (Ont.) : Simcoe Public Library, 1979. – 12 leaves. – Cover title.

Includes books, pamphlets, articles, maps and cassettes dealing with the counties of Haldimand and Norfolk and the Town of Simcoe. The list of books is arranged according to Dewey decimal classification. Lists of articles, pamphlets, etc., are arranged alphabetically by author or title. No index. Z736 S49 S54 fol. 016.971336

Inclut des livres, des brochures, des articles, des cartes et des cassettes qui traitent des comtés d'Haldimand et de Norfolk, ainsi que de la ville de Simcoe. La liste des livres est ordonnée en fonction de la Classification décimale de Dewey. Les listes d'articles, de brochures, etc., sont classées par ordre alphabétique d'auteurs ou de titres. Aucun index. Z736 S49 S54 fol. 016.971336

263

Spencer, Loraine. – *Northern Ontario, a bibliography.* – Compiled by Loraine Spencer and Susan Holland. – Toronto : University of Toronto Press, 1968. – 121 p.

Books, periodical articles and official publications, arranged alphabetically by author under broad subject headings. Includes English- and some French-language publications. Author index. Z1392 O3 S64 016.97131

Livres, articles de périodiques et publications officielles classés par ordre alphabétique d'auteurs, sous de grandes vedettes-matière. Des publications en anglais et quelques publications en français sont incluses. Index des auteurs. Z1392 O3 S64 016.97131

264

Sullivan, Elinor. – *A bibliography of Simcoe County, Ontario, 1790-1990 : published works and post-graduate theses relating to the British colonial and post-Confederation periods : with representative locations.* – Penetanguishene (Ont.) : SBI, 1992. – [6], 269 p. – 0969664907

Bibliography of 2,624 books, official publications, theses, periodical articles, periodicals, newspapers, atlases and maps relating to all aspects of Simcoe County. Arranged by subject or type of document, for example, agriculture, architecture, description and travel, environment, history, literature, policing, weather, atlases, directories, etc. Locations. Appendix: items not located. Bibliography. List of library symbols and addresses. Index of names and places. Z1392 S54 S8 1992 fol. 016.971317

Bibliographie de 2 624 livres, publications officielles, thèses, articles de périodiques, périodiques, journaux, atlas et cartes qui se rapportent à tous les aspects du comté de Simcoe. Classement par sujets ou par types de documents, par exemple l'agriculture, l'architecture, les descriptions et les voyages, l'environnement, l'histoire, la littérature, la surveillance policière, le temps, les atlas, les répertoires, etc. Localisations. Annexe: documents sans localisation. Bibliographie. Liste des sigles et des adresses des bibliothèques. Index des noms et des lieux. Z1392 S54 S8 1992 fol. 016.971317

265

A tercentennial contribution to a checklist of Kingston imprints to 1867. – Compiled by Queen's University librarians ; Edited by A. R. Hazelgrove. – Kingston (Ont.) : Special Collections, Douglas Library, 1978. – xix, 118 p. – (Douglas Library occasional papers ; no. 5).

Includes Kingston imprints for the period from 1810 to 1867. Three lists: monographs, chronologically arranged, newspapers and periodicals, alphabetically arranged and serials, alphabetically arranged. Some locations and bibliographical references. Author, limited title, and subject index. Z1392 K48 T47 fol. 015.71372

Comprend des impressions de Kingston et datent de la période de 1810 à 1867. Trois listes: des monographies classées par ordre chronologique; des journaux et des périodiques classés par ordre alphabétique; des publications en série classées par ordre alphabétique. Quelques localisations et références bibliographiques. Index des auteurs, de titres choisis et des sujets. Z1392 K48 T47 fol. 015.71372

266
Thomson, Ashley. – *The bibliography of Northern Ontario = La bibliographie du nord de l'Ontario.* – Ashley Thomson, Gwenda Hallsworth, Lionel Bonin. – Toronto : Dundurn Press, 1994. – 1550022113 Z1392   016.97131

267
Université d'Ottawa. Centre de recherche en civilisation canadienne-française. – *Répertoire de brochures relatives à l'Ontario français.* – Par Jean-Luc Milette en collaboration avec Marthe Beauparlant et Francine Gauthier. – Ottawa : le Centre, 1979, c1978. – [7], 67 p.

Catalogue of 307 pamphlets related to the French culture of Ontario held in the archives of the Centre de recherche en civilisations canadienne-française. Includes publications in French and English published for the most part between 1885 and 1977. Alphabetically arranged by title. Chronological, author and subject indexes. List of subject headings related to French Ontario.   Z1392 O5 U55 1979 fol.   011.33

Catalogue de 307 brochures qui se rapportent à la culture française en Ontario et qui font partie des archives du Centre de recherche en civilisation canadienne-française. Inclut des publications en français et en anglais publiées pour la plupart entre 1885 et 1977. Classement alphabétique des titres. Index: chronologique, auteurs, sujets. Liste des vedettes-matière relatives à l'Ontario français.
Z1392 O5 U55 1979 fol.   011.33

268
Université Laurentienne de Sudbury. Bibliothèque. – *Collection franco-ontarienne : catalogue.* – Sous la direction de Lionel Bonin. – Version prélim. – Sudbury [Ont.] : Université Laurentienne, Institut franco-ontarien, 1986. – xi, [1], i, 106 p.

Catalogue of the collection of works by Franco-Ontarian authors, published by Franco-Ontarian publishers or on subjects related to French Ontario, held by the library of Laurentian University of Sudbury. Arranged by subject. Call numbers. Author and title indexes.   Z883 S85 L39 1986   016.9713004114

Catalogue de la collection d'ouvrages qui ont été écrits par des auteurs franco-ontariens, publiés par des éditeurs franco-ontariens, ou qui portent sur des sujets relatifs à l'Ontario français et qui se trouvent à la bibliothèque de l'Université Laurentienne de Sudbury. Classement par sujets. Cotes. Index des auteurs et index des titres.
Z883 S85 L39 1986   016.9713004114

Quebec

Québec

269
Arts plastiques de Rimouski (Projet). Section recherche en histoire. – *Répertoire bibliographique du comté de Rimouski.* – Rimouski : Secrétariat-Jeunesse, 1972. – xii, 197 p.

760 entries for books, periodical articles, official publications, theses, newspapers and sound recordings dealing with the history, politics, economy, cultural life, geography and agriculture of the county. Includes French- and a few English-language documents. Some brief annotations. Locations. Author-title and subject indexes.   Z1392 R5 A7 fol.   016.9714771

Les 760 notices portent sur des livres, des articles de périodiques, des publications officielles, des thèses, des journaux et des enregistrements sonores qui traitent de l'histoire, de la politique, de l'économie, de la vie culturelle, de la géographie et des activités agricoles du comté. Des documents en français et quelques documents en anglais sont inclus. Quelques courtes annotations. Localisations. Index des auteurs et des titres, et index des sujets.   Z1392 R5 A7 fol.
016.9714771

270
Beauregard, Yves. – *Bibliographie du centre du Québec et des Bois-Francs.* – Québec : Institut québécois de recherche sur la culture, 1986. – 495 p. : cartes. – (Documents de recherche ; n° 9). – 2892240611

A bibliography of 3,163 entries for books, periodicals, periodical articles, theses, official publications and films on the centre of Quebec and the Bois-Francs region. Excludes newspaper articles and archival resources. Includes French- and English-language materials. Arranged by subject. Some brief notes and locations provided. Theses and author indexes. Directory of organizations and institutions useful for research on the region. Z1392 C3 B43 1986 016.97145

Une bibliographie de 3 163 notices sur des livres, des périodiques, des journaux, des articles de périodiques, des thèses, des publications officielles et des films qui portent sur le centre du Québec et la région des Bois-Francs. Les articles de journaux et les fonds d'archives sont exclus. Des documents en français et en anglais sont inclus. Classement par sujets. Quelques courtes notes et des localisations sont fournies. Index des thèses et index des auteurs. Le répertoire des organisations et des établissements est commode pour les recherches sur la région.   Z1392 C3 B43 1986   016.97145

271
Bibliographie du Québec. – vol. [1] (1968)-   . – Québec : Bibliothèque nationale du Québec, 1970-   . –   vol. – 0006-1441

Monthly. Includes books, pamphlets, serials, series, microforms, printed music and maps published in Quebec and deposited at the Bibliothèque nationale du Québec. Includes French- and English-language publications.

   Arrangement: part 1, entries for monographs published by the private and public sectors arranged by Library of Congress subjects; part 2, serial publications of the private and public sectors alphabetically arranged by main entry; part 3, cartographic documents. Part 3 appears in the March, June, September and December issues. Monthly issues include author-title and subject indexes which cumulate annually. Cumulative indexes cover 1968-1973, 1974-1976,

Mensuel. Ce document comprend des livres, des brochures, des publications en série, des collections, des microformes, des partitions imprimées et des cartes publiés au Québec et déposés à la Bibliothèque nationale du Québec. Des publications en anglais et en français sont incluses.

   Classement: partie 1, monographies publiées par les secteurs privé et public, classées en fonction des matières de la Library of Congress; partie 2, publications en série des secteurs privé et public, classées par ordre alphabétique de notices principales; partie 3, documents cartographiques. La partie 3 paraît dans les numéros de mars, de juin, de septembre et de décembre. Les numéros mensuels contiennent un

1977-1981. Reproduced in microfiche format: Montréal : Bibliothèque nationale du Québec, 1984-   . Coverage, vol. 1 (1968)-   . Z1392 Q3 B47   015.714

index des auteurs et des titres et un index des sujets qui sont refondus annuellement. Les index cumulatifs couvrent les périodes 1968-1973, 1974-1976, 1977-1981. Reproduit sur support microfiche: Montréal : Bibliothèque nationale du Québec, 1984-   . Période couverte, vol. 1 (1968)-   . Z1392 Q3 B47   015.714

272
Bibliographie du Québec, 1821-1967. – [Québec] : Bibliothèque nationale du Québec, 1980-   .   tomes en vol. – 2551037166 (éd. complète)

Includes monographs published by the private sector such as books, pamphlets, textbooks, theses, illustrated works, musical works when the text predominates and atlases. Excludes serials, official publications and maps. Includes French- and English-language publications. 25 tomes have been published to date, each with a volume of 1,000 bibliographical references, arranged by broad Library of Congress subjects, and an index volume consisting of author-title, publisher, printer, chronological, place of publication and onomastic subject indexes.

Cumulative indexes have been published for tomes I-V, VI-XI and I-XXII. The index to tomes I-XXII is published in microform format under the title: *B.Q.R. 1821-1967 t. 1-22.* 35 microfiches (negative). Z1392 Q3 B468 fol.   015.714

Comprend des monographies publiées par le secteur privé, comme des livres, des brochures, des manuels scolaires, des thèses, des ouvrages illustrés, des oeuvres musicales où le texte prédomine et des atlas. Les publications en série, les publications officielles et les cartes sont exclues. Des publications en français et en anglais sont incluses. Jusqu'à présent, 25 tomes ont été publiés. Chacun comprend un volume de 1 000 références bibliographiques classées selon les grandes catégories de sujets de la Library of Congress, et un volume d'index: auteurs-titres, éditeurs, imprimeurs, chronologique, lieux de publication, onomastique des sujets.

Des index cumulatifs ont été publiés pour les tomes I-V, VI-XI et I-XXII. L'index des tomes I-XXII est publié sur support microforme sous le titre: *B.Q.R. 1821-1967 t. 1-22.* 35 microfiches (négatives). Z1392 Q3 B468 fol.   015.714

273
Bibliographie du Québec métropolitain : rapport de recherche EZOP- Québec. – Québec : Conseil des oeuvres et du bien-être de Québec, 1971. – 62 p.

A bibliography of 689 books, periodical articles, theses and official publications relating to Metropolitan Quebec. Includes works in English and French arranged by subject. No index.   Z1392 Q28 B5 016.9714471

Bibliographie de 689 livres, articles de périodiques, thèses et publications officielles qui se rapportent au Québec métropolitain. Inclut des ouvrages en anglais et en français classés par sujets. Aucun index. Z1392 Q28 B5   016.9714471

274
Bibliothèque nationale du Québec. – *Laurentiana parus avant 1821.* – Milada Vlach, avec la collaboration de Yolande Buono. – Montréal : Gouvernement du Québec, Ministère des affaires culturelles, Bibliothèque nationale du Québec, 1976. – xxvii, 416, 120 p.

770 entries for books, pamphlets, official publications and periodicals relating to Quebec or printed in Quebec before 1821, held by the Bibliothèque nationale du Québec. Includes French- and English-language documents. Alphabetically arranged by main entry. Full bibliographic descriptions provided. Indexes: author, title, subject, illustration, map and plan, place of publication, printer, date of publication.   Z1392 Q3 B57 fol.   015.714

Les 770 notices portent sur des livres, des brochures, des publications officielles et des périodiques qui se rapportent au Québec ou qui ont été imprimés au Québec avant 1821, et qui se trouvent à la Bibliothèque nationale du Québec. Des documents en français et en anglais sont inclus. Classement par ordre alphabétique de notices principales. Des descriptions bibliographiques complètes sont fournies. Index: auteurs, titres, sujets, illustrations, cartes et plans, lieux de publication, imprimeurs, dates de publication.   Z1392 Q3 B57 fol.   015.714

275
Bibliothèque nationale du Québec. – *Microéditions de la Bibliothèque : catalogue.* – (1974)-   . – Montréal : Bibliothèque nationale du Québec, 1974-   . –   vol. – 0707-848X

Irregular, with supplements. A catalogue of microforms produced by and for sale from the Bibliothèque nationale du Québec (BNQ). Monographs, pamphlets, official publications, serials, printed music, cartographic and archival materials from the collections of the BNQ have been filmed. Two sections: monographs and other documents arranged according to Library of Congress classification; serial publications arranged by main entry. Indexes: author/title/added entry, subject. Title varies: 1974-1978, *Catalogue des microéditions.*   Z1392 Q3 B6   015.714

Irrégulier, avec suppléments. Catalogue de vente de microformes produites par la Bibliothèque nationale du Québec (BNQ). Monographies, brochures, publications officielles, publications en série, feuilles de musique imprimées, documents cartographiques et documents d'archives des collections de la BNQ ont été filmés. Deux sections: monographies et autres documents classés en fonction de la classification de la Library of Congress; publications en série classées par notices principales. Deux index: auteurs/titres/notices supplémentaires, sujets. Le titre varie: 1974-1978, *Catalogue des microéditions.*   Z1392 Q3 B6 015.714

276
Bibliothèque nationale du Québec. Centre bibliographique. – *Bibliographie de bibliographies québécoises.* – Compilée par le Centre bibliographique ; sous la direction d'Henri-Bernard Boivin. – Montréal : Bibliothèque nationale du Québec, 1979. – 2 vol. (573 p.). – 2550021517 (vol. 1) 2550021568 (vol. 2) 2550021599 (éd. complète)

Over 3,000 bibliographies published in Quebec, written by Quebec authors or relating to Quebec. Includes books, periodical articles, pamphlets, government publications and theses published up to December 1977. Arranged by subject. Includes French- and English-language publications. Sources provided. Author, title and subject index.   Z1392 Q3 B53 fol.   016.015714

Plus de 3 000 bibliographies publiées au Québec, écrites par des auteurs québécois ou relatives au Québec. Comprend des livres, des articles de périodiques, des brochures, des publications officielles et des thèses publiés jusqu'en décembre 1977. Classement par sujets. Des publications en français et en anglais sont incluses. Les sources sont fournies. Index des auteurs, des titres et des sujets.   Z1392 Q3 B53 fol.   016.015714

277

Bibliothèque nationale du Québec. Centre bibliographique. – *Bibliographie de bibliographies québécoises. Premier supplément.* – [Compilée au Centre bibliographique par Henri-Bernard Boivin]. – Montréal : Bibliothèque nationale du Québec, 1980. – 145 p. – 2550006305

Continues numbering sequence of main volumes and adds 675 items. Author, title and subject index.   Z1392 Q3 B532 fol. 016.015714

Ajout de 675 notices continuant la numérotation des volumes principaux. Index des auteurs, des titres et des sujets. Z1392 Q3 B532 fol.   016.015714

278

Bibliothèque nationale du Québec. Centre bibliographique. – *Bibliographie de bibliographies québécoises. Deuxième supplément.* – [Compilée par] Henri-Bernard Boivin. – Montréal : Bibliothèque nationale du Québec, 1981. – 175 p. – 2550021576

Continues the numbering sequence of the main volumes and the first supplement and adds 903 items. Author, title and subject index. Z1392 Q3 B53 fol. Suppl. 2   016.015714

Ajout de 903 notices continuant la numérotation des volumes principaux et du premier supplément. Index des auteurs, des titres et des sujets.   Z1392 Q3 B53 fol. Suppl. 2   016.015714

279

Bosa, Réal. – *Les ouvrages de référence du Québec : bibliographie analytique.* – [Québec?] : Ministère des affaires culturelles du Québec, 1969. – xiii, 189 p.

609 entries for reference works relating to Quebec published up to November 1967. Arranged according to Dewey decimal classification. Includes French- and English-language publications. Annotations. Author and title index.   Z1035.1 Q4   016.9714

Les 609 notices portent sur des ouvrages de référence relatifs au Québec et publiés jusqu'en novembre 1967. Classement selon la Classification décimale de Dewey. Des publications en français et en anglais sont incluses. Annotations. Index des auteurs et des titres. Z1035.1 Q4   016.9714

280

Lauzier, Suzanne. – *Les ouvrages de référence du Québec : supplément 1967-1974.* – [Compilé par] Suzanne Lauzier, Normand Cormier ; avec la collab. de Ghislaine Houle, Yvon-André Lacroix. – Montréal : Bibliothèque nationale du Québec, 1975. – xv, 305 p. : ill.

Supplement to: Bosa, Réal, *Les ouvrages de référence du Québec.* Includes 585 entries for reference works relating to Quebec published between November 1967 and June 1974. Arranged according to Dewey decimal classification. Includes French- and English-language publications. Annotations. Author, title and subject indexes.   Z1035.1 Q42   016.9714

Supplément à: Bosa, Réal, *Les ouvrages de référence du Québec.* Cette bibliographie comprend 585 notices sur des ouvrages de référence qui se rapportent au Québec et qui ont été publiés entre novembre 1967 et juin 1974. Classement selon la Classification décimale de Dewey. Des publications en français et en anglais sont incluses. Annotations. Index: auteurs, titres, sujets.   Z1035.1 Q42   016.9714

281

Boivin, Henri-Bernard. – *Les ouvrages de référence du Québec : supplément 1974-1981 : bibliographie analytique.* – Montréal : Bibliothèque nationale du Québec, 1984. – xii, 344 p. – 2551062950

Supplement to: Bosa, Réal, *Les ouvrages de référence du Québec.* Includes 560 entries for reference works published in Quebec during the period from 1974 to 1981. Arranged according to Dewey decimal classification. Includes French- and English-language publications. Annotations. Author, title and subject index.   Z1035.1 Q42 1984 016.9714

Supplément à: Bosa, Réal, *Les ouvrages de référence du Québec.* Comprend 560 notices sur des ouvrages de référence publiés au Québec entre 1974 et 1981. Classement selon la Classification décimale de Dewey. Des publications en français et en anglais sont incluses. Annotations. Index des auteurs, des titres et des sujets. Z1035.1 Q42 1984   016.9714

282

Breton, Jean-René. – *Bibliographie de Beauce-Etchemin.* – Jean-René Breton avec la collaboration d'Andrée Raiche-Dussault. – Québec : Institut québécois de recherche sur la culture, 1993. – 195 p. : cartes. – (Documents de recherche ; no 33). – 2892241820

1,817 entries for books, periodical articles, theses, official publications, pamphlets and films dealing with all aspects of Beauce-Etchemin region of Quebec. Includes French- and English-language materials. Excludes archival resources and most newspaper articles. Arranged by subject. Locations for some items. Author and name indexes.   Z1392 B42 B74 1993   016.971471

1 817 notices sur des livres, des articles de périodiques, des thèses, des publications officielles, des brochures et des films qui traitent de tous les aspects de la région Beauce-Etchemin au Québec. Inclut des documents en français et en anglais. Exclut les fonds d'archives et la plupart des articles de journaux. Classement par sujets. Localisations pour certains documents. Index des auteurs et index des noms. Z1392 B42 B74 1993   016.971471

283

British Library. – *French Quebec : imprints in French from Quebec, 1764-1990, in the British Library : a catalogue.* – Compiled, with an introduction, by D.J. McTernan. – [London] : British Library ; [Québec] : Bibliothèque nationale du Québec, 1992-1993. – 2 vol. (lxix, 501; xx, 596 p.). – 2551128013 (vol. 1) 2551131049 (vol. 2) – Title on added t.p. : *Le Québec français : imprimés en français du Québec 1764-1990 à la British Library : catalogue.*

A catalogue of French-language works published in Quebec during the period 1764 to 1990, and held by the Humanities and Social Sciences Division, Collection Development of the British Library. Excludes manuscripts, maps, music, prints and drawings and the

Un catalogue d'ouvrages en français qui ont été publiés au Québec entre 1764 et 1990 et qui se trouvent dans la Humanities and Social Sciences Division, Collection Development de la British Library. Exclut les manuscrits, les cartes, les partitions, les estampes et les

holdings of the departments of the Science Reference and Information Service. Arranged in subject sequences such as books, book censorship, book trade, and visual and plastic arts, mime and puppet theatre, architecture. Subarranged by author or title. Index of proper names in each volume.   Z1392 Q3 B74 1992 fol.   015.714

dessins, et les fonds des sections du Science Reference and Information Service. Classement en ordre de succession de sujets, comme les livres, la censure des livres, le commerce des livres, et les arts visuels et plastiques, le mime et le théâtre de marionnettes, l'architecture. Classement secondaire par auteurs ou par titres. Index des noms propres dans chaque volume.   Z1392 Q3 B74 1992 fol. 015.714

284

Choix : documentation imprimée. – (1964)-   . – Montréal : SDM Services documentaires multimedia, 1964-   . –   vol. – 0706-2249

Twelve numbers per year and an annual index number. Cumulated annual volume, 1978-1992. Lists French-language books and serials suitable for young people and adults, available in Quebec. Arranged according to Dewey decimal classification. Brief annotations. Each publication is graded according to age level or type of user and usefulness. Indexes of authors, titles, subjects and collections in each number. Cumulative index for first six numbers of each year in number six. Separately published cumulative annual index. Available in microfiche format from SDM, 1987?-   . Available online through SDM, coverage, 1964-   . Available as part of the CD-ROM *Choix-David-BQLÉÉ* (Montréal : SDM, [1989]-   ). Coverage, 1964-   . SDM also publishes a series of print bibliographies on various subjects, literary genres, etc., under the title *DSI, diffusion sélective de l'information*, consisting of titles selected from the *Choix* database.

Title varies: no. 1 (1964)-no. 34 (1970) *Choix de livres à l'intention des bibliothèques*, merged with, no. 1 (Sept. 1969)-no. 19 (Aug. 15, 1970) *Biblio-fiches*, to become, no. 1 (Sept. 15, 1970)-no. 19/20 (June 30, 1971) *Choix : bibliothèques d'enseignement secondaire et collégial*; no. 21 (Sept. 15, 1971)-no. 128 (August 1976) *Choix : documentation des bibliothèques d'enseignement secondaire et collégiale*; no. 129 (Sept. 15, 1976)-no. 159/160 (Dec. 1977) *Choix : documentation des bibliothèques*. Imprint varies. Frequency varies.   Z1035.2 C48 016.9714

Douze numéros par année et un index annuel. Volume annuel cumulatif, 1978-1992. Signale des livres et des publications en français destinés aux jeunes et aux adultes et disponibles au Québec. Classement en fonction de la classification décimale de Dewey. Courtes annotations. Chaque publication est évaluée en fonction de l'âge ou du type de public cible et de l'utilité. Dans chaque numéro, quatre index: auteurs, titres, sujets, collections. Le numéro six contient un index cumulatif des six premiers numéros de chaque année. Index cumulatif annuel publié séparément. Disponible sur microfiche auprès du SDM, 1987?-   . Accessible en direct par l'entremise du SDM, période couverte: 1964-   . Disponible dans le cadre du CD-ROM *Choix-David-BQLÉÉ* (Montréal : SDM, [1989]-   ). Période couverte, 1964-   . Le SDM a également publié une série de bibliographies imprimées sur divers sujets, genres littéraires, etc., sous le titre *DSI, diffusion sélective de l'information*. Il s'agit d'ouvrages choisis dans la base de données *Choix*.

Le titre varie : n° 1 (1964)-n° 34 (1970) *Choix de livres à l'intention des bibliothèques* fusionné avec n° 1 (septembre 1969)-n° 19 (août 15, 1970) *Biblio-fiches* pour devenir n° 1 (sept. 15, 1970)-n° 19/20 (juin 30, 1971) *Choix : bibliothèques d'enseignement secondaire et collégial*; n° 21 (sept. 15, 1971)-n° 128 (août 1976) *Choix : documentation des bibliothèques d'enseignement secondaire et collégiale*; n° 129 (sept. 15, 1976)-n° 159/160 (déc. 1977) *Choix : documentation des bibliothèques*. L'adresse bibliographie varie. La fréquence varie. Z1035.2 C48   016.9714

285

Cooke, Alan. – *Bibliographie de la péninsule du Québec-Labrador.* – Compilée par Alan Cooke et Fabien Caron. – Boston : G.K. Hall, 1968. – 2 vol. (vii, 432; [4], 383 p.). – Titre de la p. de t. additionnelle : *Bibliography of the Quebec-Labrador peninsula.*

Approximately 10,000 entries from the card catalogue of the Centre d'études nordiques, Université Laval, for books, pamphlets, periodical articles and official publications, dealing with the Quebec-Labrador peninsula and its near shore islands. Includes English- and French-language documents. Provides *Arctic bibliography* numbers for many entries. Vol. 1, entries alphabetically arranged by author. Vol. 2, subject index.   Z1392 Q3 C6 fol.   016.97182

Environ 10 000 notices qui proviennent du fichier du Centre d'études nordiques de l'Université Laval et qui portent sur des livres, des brochures, des publications officielles et des articles de périodiques relatifs à la péninsule du Québec-Labrador et à ses îles côtières. Des documents en anglais et en français sont inclus. Le catalogue fournit les numéros *Arctic bibliography* pour de nombreuses notices. Dans le vol. 1, les notices sont classées par ordre alphabétique d'auteurs. Le vol. 2 contient un index des sujets.   Z1392 Q3 C6 fol.   016.97182

286

Cooke, Alan. – *Bibliography of the Quebec-Labrador peninsula.* – Compiled by Alan Cooke and Fabien Caron. – Boston : G.K. Hall, 1968. – 2 vol. (vii, 432; [4], 383 p.). – Title on added t.p. : *Bibliographie de la péninsule du Québec-Labrador.*

Approximately 10,000 entries from the card catalogue of the Centre d'études nordiques, Université Laval, for books, pamphlets, periodical articles and official publications, dealing with the Quebec-Labrador peninsula and its near shore islands. Includes English- and French-language documents. Provides *Arctic bibliography* numbers for many entries. Vol. 1, entries alphabetically arranged by author. Vol. 2, subject index.   Z1392 Q3 C6 fol.   016.97182

Environ 10 000 notices qui proviennent du fichier du Centre d'études nordiques de l'Université Laval et qui portent sur des livres, des brochures, des publications officielles et des articles de périodiques relatifs à la péninsule du Québec-Labrador et à ses îles côtières. Des documents en anglais et en français sont inclus. Le catalogue fournit les numéros *Arctic bibliography* pour de nombreuses notices. Dans le vol. 1, les notices sont classées par ordre alphabétique d'auteurs. Le vol. 2 contient un index des sujets.   Z1392 Q3 C6 fol.   016.97182

287

Cotnam, James. – *Contemporary Quebec : an analytical bibliography.* – Toronto: McClelland and Stewart, c1973. – 112 p. – 0771022492

Includes books, official publications and some periodical articles published during the period from 1950 to 1970, dealing with aspects of Quebec life. Compiled specifically for use by English-speaking high school and college students. Includes English- and French-language documents. Arranged by subject. No index.   Z1392 Q3 C63 016.9714

Comprend des livres, des publications officielles et certains articles de périodiques qui ont été publiés entre 1950 et 1970 et qui traitent de divers aspects de la vie au Québec. Elle a été compilée spécialement à l'intention des étudiants anglophones des niveaux secondaire et collégial. Des documents en anglais et en français sont inclus. Classement par sujets. Aucun index.   Z1392 Q3 C63   016.9714

288

Desjardins, Marc. – *Bibliographie de la Gaspésie.* – Québec : Institut québécois de recherche sur la culture, 1987. – 436 p. : cartes. – (Documents de recherche ; n° 16). – 2892241006

Approximately 4,500 documents relating to all aspects of the Gaspésie region. Includes books, periodicals, newspapers, periodical articles, theses, official publications, atlases and films. Includes French- and English-language publications. Arranged by subject. Entries for rare items include locations. Some brief annotations. Author index.   Z1392 G3 D47 1987   016.971477

Environ 4 500 documents relatifs à tous les aspects de la région de la Gaspésie. Comprend des livres, des périodiques, des journaux, des articles de périodiques, des thèses, des publications officielles, des atlas et des films. Des publications en français et en anglais sont incluses. Classement par sujets. Les notices sur les documents rares comprennent des localisations. Quelques courtes annotations. Index des auteurs.   Z1392 G3 D47 1987   016.971477

289

Desjardins, Marc. – *Bibliographie des Îles-de-la-Madeleine.* – [Québec] : Institut québécois de recherche sur la culture, 1987. – 281 p. : 1 carte pliée. – (Documents de recherche ; n° 13). – 2892240891

Approximately 1,413 entries for books, periodicals, newspapers, periodical articles, theses, official publications, films and archival holdings relating to Îles-de-la-Madeleine. French- and English-language materials included. Arranged by subject. Entries for rare items include locations. Some brief annotations. Directory of organizations and institutions useful for research on the islands. Theses and author indexes.   Z1392 I54 D47 1987   016.9714797

Environ 1 413 notices sur des livres, des périodiques, des journaux, des articles de périodiques, des thèses, des publications officielles, des films et des fonds d'archives qui traitent des Îles-de-la-Madeleine. Des documents en français et en anglais sont inclus. Classement par sujets. Les notices sur les documents rares comprennent des localisations. Quelques courtes annotations. Répertoire des organisations et des établissements utiles pour les recherches sur ces îles. Index des thèses et index des auteurs.   Z1392 I54 D47 1987   016.9714797

290

Dionne, André. – *Bibliographie de l'Île Jésus : suivie d'un inventaire d'archives.* – Québec : Institut québécois de recherche sur la culture, 1983. – 319, [4] p. : cartes. – (Documents de recherche ; n° 2). – 2892240352

Part A, 838 entries for books, periodical articles, official publications and theses concerning Île-Jésus. Arranged by subject. Also included is a list of Quebec laws dealing with the region. Part B, descriptions of governmental, scholastic, religious, professional and other archives, a list of federal census returns for communities of Île-Jésus, and a list of maps and plans. Appendices: descriptions of organizations, such as La Société d'histoire de l'Île-Jésus, considered useful for research on the island. Index of authors in Part A.   Z1392 J47 D56 1983   016.9714271

La partie A contient 838 notices sur des livres, des articles de périodiques, des publications officielles et des thèses qui se rapportent à l'Île-Jésus. Classement par sujets. Elle comprend également une liste des lois québécoises qui concernent particulièrement la région. La partie B contient des descriptions d'archives gouvernementales, scolaires, religieuses, professionnelles et autres, une liste des réponses au recensement fédéral des communautés de l'Île-Jésus et une liste des cartes et des plans. Annexes: la description d'organisations, comme la Société d'histoire de l'Île-Jésus, jugées utiles aux recherches sur cette île. Index des auteurs dans la partie A.   Z1392 J47 D56 1983   016.9714271

291

Dionne, N.-E. [Narcisse-Eutrope]. – *Inventaire chronologique ...* – Québec : N.-E. Dionne, 1905-1909. – 4 vol. + Table des noms et des matières (vol. 1) (viii, 175 ; viii, 155, vi ; viii, 228 ; viii, 124, iv, vi ; 21 p.).

Tome 1 includes books, pamphlets, newspapers and periodicals published in French in the province of Quebec from 1764 to 1905; tome 2 includes items relating to New France and Quebec, published in other countries from 1534 to 1906; tome 3 includes English-language books, pamphlets, newspapers and periodicals published in Quebec from 1764 to 1906; tome 4 includes maps, plans and atlases of New France and the province of Quebec from 1508 to 1908. The supplement includes books, pamphlets, newspapers and periodicals published in various languages, within and outside Quebec from 1904 to 1911. Each volume is chronologically arranged. Author and subject indexes.

Each volume has its own title page: tome 1, *Inventaire chronologique des livres, brochures, journaux, et revues publiés en langue française dans la province de Québec, depuis l'établissement de l'imprimerie au Canada, jusqu'à nos jours, 1764-1905*; tome 2, *Québec et Nouvelle France : bibliographie : inventaire chronologique des ouvrages publiés à l'étranger en diverses langues sur Québec et la Nouvelle France, depuis la découverte du Canada jusqu'à nos jours, 1534-1906*; tome 3, *Inventaire chronologique des livres, brochures, journaux, et revues publiés en langue anglaise dans la province de Québec, depuis l'établissement de l'imprimerie en Canada, jusqu'à nos jours, 1764-1906*; tome 4, *Inventaire chronologique des cartes, plans, atlas relatifs à la Nouvelle-France et à la province de Québec, 1508-1908.*

Originally published in: Royal Society of Canada *Proceedings, and Transactions* 2nd series, vol. 10 (1904)- vol. 12 (1906), vol. 14,

Le Tome 1 inclut des livres, des brochures, des journaux et des périodiques en français publiés dans la province de Québec entre 1764 et 1905; le tome 2 inclut des documents relatifs à la Nouvelle-France et au Québec publiés dans d'autres pays entre 1534 et 1906; le tome 3 inclut des livres, des brochures, des journaux et des périodiques en anglais publiés au Québec entre 1764 et 1906; le tome 4 inclut des cartes, des plans et des atlas de la Nouvelle-France et de la province de Québec qui datent de la période de 1508 à 1908. Le supplément inclut des livres, des brochures, des journaux et des périodiques publiés en diverses langues, à l'intérieur et à l'extérieur du Québec, entre 1904 et 1911. Dans chaque volume, le classement est chronologique. Index des auteurs et index des sujets.

Chaque volume possède sa propre page titre: tome 1, *Inventaire chronologique des livres, brochures, journaux, et revues publiés en langue française dans la province de Québec, depuis l'établissement de l'imprimerie au Canada, jusqu'à nos jours, 1764-1905*; tome 2, *Québec et Nouvelle France : bibliographie : inventaire chronologique des ouvrages publiés à l'étranger en diverses langues sur Québec et la Nouvelle France, depuis la découverte du Canada jusqu'à nos jours, 1534-1906*; tome 3, *Inventaire chronologique des livres, brochures, journaux, et revues publiés en langue anglaise dans la province de Québec, depuis l'établissement de l'imprimerie en Canada, jusqu'à nos jours, 1764-1906*; tome 4, *Inventaire chronologique des cartes, plans, atlas relatifs à la Nouvelle-France et à la province de Québec, 1508-1908.*

Publié à l'origine dans: Société royale du Canada *Proceedings, and Transactions* 2e collection, vol. 10 (1904)-vol. 12 (1906), vol. 14

(1908); 3rd series, vol. 5 (1911).

Reprinted: New York : Burt Franklin, 1969, 5 tomes in 2 volumes (includes first supplement); New York : AMS Press, 1974, 4 tomes in 1 volume. Z1392 Q3 D5 1969   015.714

(1908); 3ᵉ collection, vol. 5 (1911).

Réimprimé: New York : Burt Franklin, 1969, 5 tomes en 2 volumes (inclut le premier supplément); New York : AMS Press, 1974, 4 tomes en 1 volume. Z1392 Q3 D5 1969   015.714

292

Dionne, N.-E. [Narcisse-Eutrope]. – *Inventaire chronologique des livres, brochures, journaux, et revues publiés en diverses langues dans et hors la province de Québec : premier supplément, 1904-1912.* – Québec : N.-E. Dionne, 1912. – 76 p. Z1392 Q3 D5 1969   015.714

293

Données sur l'histoire régionale : bibliographie annotée avec index et autres sources de référence. – Coordonnateur, André Tousignant ; équipe de recherche, Gabrielle Dorais [et al.]. – [Châteauguay, Québec] : Société historique de la vallée de la Châteauguay, 1980. – viii, 151 p. – Titre de la couv.

Books, pamphlets, periodical articles, official publications and audio-visual materials relating to the region of Châteauguay. Annotations. Locations. Author and subject indexes. Lists of regional place names, newspapers and members of parliament included as appendices. Z1392 C33 D65 fol.   016.971433

Livres, brochures, articles de périodiques, publications officielles et documents audiovisuels qui portent sur la région de Châteauguay. Annotations. Localisations. Index des auteurs et index des sujets. Les annexes contiennent des listes des noms de lieux, des journaux et des députés de la région. Z1392 C33 D65 fol.   016.971433

294

Garigue, Philippe. – *A bibliographical introduction to the study of French Canada.* – Montreal : McGill University, 1956. – 133 p.

A bibliography of 2,984 books, pamphlets, periodical articles, theses and official publications relating to the study of French Canada. Intended for use in anglophone universities. Includes English- and French-language documents. Arranged by subject. No index. Z1387 F7 G3 fol.   016.971

Cette bibliographie comprend 2 984 livres, brochures, articles de périodiques, thèses et publications officielles qui se rapportent à l'étude du Canada français. Elle a été établie à l'intention des universités anglophones. Des documents en anglais et en français sont inclus. Classement par sujets. Aucun index. Z1387 F7 G3 fol.   016.971

295

Garigue, Philippe. – *Bibliographie du Québec (1955-1965).* – Par Philippe Garigue ; avec la collaboration de Raymonde Savard. – Montréal : Presses de l'Université de Montréal, 1967. – 227 p.

2,270 books, periodical articles, theses and official publications dealing with the province of Quebec. Includes English- and French-language publications. Arranged by subject. Author index. A supplement to the political science section was published in *The Canadian journal of political science = Revue canadienne de science politique*, vol. 1 (1968). Compiled by Marc Pigeon and Gaston Bernier. Z1392 Q3 G3 fol.   016.9714

Les 2 270 livres, articles de périodiques, thèses et publications officielles traitent de la province de Québec. Des publications en anglais et en français sont incluses. Classement par sujets. Index des auteurs. Un supplément à la section sur les sciences politiques a été publié dans *The Canadian journal of political science = Revue canadienne de science politique*, vol. 1 (1968). Compilé par Marc Pigeon et Gaston Bernier. Z1392 Q3 G3 fol.   016.9714

296

Gauthier, Serge. – *Bibliographie de Charlevoix.* – Serge Gauthier avec la collaboration de Martine Néron, Marc-André Bluteau, Dominique Dufour, Yves Lefrançois. – Québec : Institut québécois de recherche sur la culture, 1984. – 316, [4] p. : cartes. – (Documents de recherche ; nº 3). – 2892240379

Part 1 lists 1,810 books, periodical and newspaper articles, theses, official publications, films and maps relating to the region of Charlevoix. Arranged by subject. Entries sometimes include notes and/or locations. Part 2 is an inventory of archival resources related to Charlevoix, held in national and regional archives. Arranged by institution. Entries for each fond or collection may include: name, classification number, inclusive dates, types of documents, extent, biographical notes, description of contents, and references to finding aids. Directory of organizations useful for researching the region. Indexes of authors, theses and fonds. Z1392 C325 G38 1984   016.971449

La partie 1 donne la liste de 1 810 livres, articles de périodiques et de journaux, thèses, publications officielles, films et cartes qui se rapportent à la région de Charlevoix. Classement par sujets. Les notices comprennent parfois des notes et (ou) des localisations. La partie 2 constitue un inventaire des fonds d'archives relatifs à Charlevoix qui se trouvent dans les archives nationales et régionales. Classement par établissements. Les notices pour chaque fonds ou collection peuvent comprendre: le nom, l'indice de classification, les dates incluses, les types de documents, le format, des notes biographiques, la description du contenu et des références aux instruments de recherche. Un répertoire des organisations, utile pour les recherches sur la région. Index: auteurs, thèses, fonds. Z1392 C325 G38 1984   016.971449

297

Gourd, Benoît-Beaudry. – *Bibliographie de l'Abitibi-Témiscamingue.* – Éd. préliminaire. – Rouyn [Québec] : Université du Québec, Direction des études universitaires dans l'Ouest québécois (Nord-Ouest), 1973. – x, 270 p.

2,787 books, periodical articles, official publications and theses dealing with all aspects of life in north-west Quebec. Includes French- and English-language publications. Entries arranged under broad subjects. Locations. Author, title and subject indexes. Z1392 A25 G68   016.971413

Les 2 787 livres, articles de périodiques, publications officielles et thèses traitent de tous les aspects de la vie dans le nord-ouest du Québec. Des publications en français et en anglais sont incluses. Les notices sont classées par grandes catégories de sujets. Localisations. Index: auteurs, titres, sujets. Z1392 A25 G68   016.971413

298

Gourd, Benoît-Beaudry. – *Bibliographie de l'Abitibi-Témiscamingue : supplément.* – Rouyn [Québec] : Université du Québec, Direction des études universitaires dans l'Ouest québécois, 1975. – ix, 214 p.

Adds 1,782 items. Z1392 A25 G682 016.971413

Ajout de 1 782 notices. Z1392 A25 G682 016.971413

299

Gourd, Benoît-Beaudry. – *Bibliographie de l'Abitibi-Témiscamingue : deuxième supplément.* – [Recherches bibliographiques, Benoît-Beaudry Gourd, Denise Lavallée]. – Rouyn [Québec] : Université du Québec, Centres d'études universitaires dans l'Ouest québécois, Centre de documentation régionale, 1977. – ix, 202 p.

Adds 1,709 items. Z1392 A25 G6822 016.971413

Ajout de 1 709 notices. Z1392 A25 G6822 016.971413

300

Béland, André. – *Bibliographie de l'Abitibi-Témiscamingue : troisième supplément.* – Rouyn [Québec] : Université du Québec, Centre d'études universitaires dans l'Ouest québécois, Service des bibliothèques, Centre de documentation régionale, 1979. – x, 94 p. : ill.

Adds 686 items. Z1392 A25 G6823 016.971413

Un ajout de 686 notices. Z1392 A25 G6823 016.971413

301

Hamelin, Jean. – *Brochures québécoises, 1764-1972.* – Jean Hamelin, André Beaulieu, Gilles Gallichan. – [Québec] : Gouvernement du Québec, Ministère des communications, Direction générale des publications gouvernementales, c1981. – vii, 598, [2] p. – 2551037379

Approximately 10,000 pamphlets published in Quebec are listed chronologically. Includes English- and French-language documents. Locations. Author and subject indexes. Z1392 Q3 H28 011.33

Environ 10 000 brochures publiées au Québec. Liste chronologique. Des documents en anglais et en français sont inclus. Localisations. Index des auteurs et index des sujets. Z1392 Q3 H28 011.33

302

Hardy, René. – *Bibliographie de la Mauricie.* – René Hardy et Guy Trépanier. – Québec : Institut québécois de recherche sur la culture, 1991. – 294 p. : 1 carte. – (Documents de recherche ; n° 27). – 2892241596

A bibliography of 3,427 works relating to the history, geography, economy and culture of the Mauricie region of Quebec. Includes French- and English-language books, pamphlets, periodical articles, official publications and theses. Excludes most newspaper articles, internal, administrative or technical reports, archival resources, audio-visual materials and maps and atlases. Arranged by subject. Brief notes and some locations. Author index. Reproduced in microform format: *Microlog*, no. 93-05760. Replaces: *La Mauricie et les Bois-Francs : inventaire bibliographique 1760-1975* (Montréal : Boréal Express, [1977]). Z1391 M39 H372 1991 016.971445

Bibliographie de 3 427 ouvrages qui se rapportent à l'histoire, à la géographie, à l'économie et à la culture de la région de la Mauricie au Québec. Comprend des livres, des brochures, des articles de périodiques, des publications officielles et des thèses en français et en anglais. Exclut la plupart des articles de journaux, des rapports internes, administratifs ou techniques, des fonds d'archives, des documents audiovisuels, et des cartes et atlas. Classement par sujets. De courtes notes et quelques localisations sont fournies. Index des auteurs. Reproduit sur support microforme: *Microlog*, n° 93-05760. Remplace: *La Mauricie et les Bois-Francs : inventaire bibliographique 1760-1975* (Montréal : Boréal Express, [1977]). Z1391 M39 H372 1991 016.971445

303

Hare, John [E.]. – *Les imprimés dans le Bas-Canada, 1801-1840 : Bibliographie analytique : 1. 1801-1810.* – Par John Hare [et] Jean-Pierre Wallot. – Montréal : Presses du l'Université de Montréal, 1967. – xxiii, 381 p. – (Groupe de recherche sur les idéologies de la société canadienne-française. Publications ; n° 1).

264 entries for books, pamphlets, broadsides, official publications. Nine entries for newspapers. Includes French- and English-language publications. Chronological arrangement. Provides detailed bibliographic descriptions, annotations and notes on printers. Locations. Author, title and subject index. Z1392 Q3 H3 015.714

Comprend 264 notices sur les livres, des brochures, des in-planos et des publications officielles. Neuf notices sur des journaux. Des publications en français et en anglais sont incluses. Classement chronologique. Des descriptions bibliographiques détaillées, des annotations et des notes sur les imprimeurs sont fournies. Localisations. Index des auteurs, des titres et des sujets. Z1392 Q3 H3 015.714

304

Hébert, Yves. – *Bibliographie de la Côte-du-Sud.* – Québec : Institut québécois de recherche sur la culture, 1986. – 339 p. : cartes. – (Documents de recherche ; n° 8). – 2892240603

Bibliography of 1,979 works dealing with all aspects of the region of Côte-du-Sud. Includes French- and English-language books, pamphlets, periodicals, newspapers, periodical articles, official publications, theses and films. Arranged by subject. Some annotations and locations. Directory of organizations and institutions useful for research on the region. Thesis and author indexes. Diane Saint-Pierre and Yves Hébert have also compiled: *Archives paroissiales de la Côte-du-Sud : inventaire sommaire* ([Québec] : Institut québécois de recherche sur la culture, 1990). Z1392 C604 H4 1986 016.97147

Bibliographie de 1 979 ouvrages qui traitent de tous les aspects de la région de la Côte-du-Sud. Comprend des livres, des brochures, des périodiques, des journaux, des articles de périodiques, des publications officielles, des thèses et des films en français et en anglais. Classement par sujets. Quelques annotations et des localisations sont fournies. Un répertoire des organisations et des établissements utiles pour les recherches sur la région. Index des thèses et index des auteurs. Diane Saint Pierre et Yves Hébert ont aussi compilé: *Archives paroissiales de la Côte-du-Sud : inventaire sommaire* ([Québec] : Institut québécois de recherche sur la culture, 1990). Z1392 C604 H4 1986 016.97147

305

Hull (Québec). Bibliothèque municipale. – *Inventaire des documents de la Bibliothèque sur Hull et la région.* – Compilé par Françoise Lepage et Denis Boyer. – Hull : Bibliothèque municipale, 1980. – [4], 172 f.

Approximately 700 publications dealing with all aspects of Hull and the region. Includes French- and some English-language books, periodicals, newspapers, official publications, periodical articles, microfilms and sound recordings. Arranged by type of document. The monographs section is arranged according to Dewey decimal classification. Author and title indexes.   Z883 H84 1990 fol.   016.9714221

Environ 700 publications qui traitent de tous les aspects de Hull et de la région. Comprend des livres, des périodiques, des journaux, des publications officielles, des articles de périodiques, des microfilms et des enregistrements sonores. Des documents en français et quelques documents en anglais sont inclus. Classement par types de documents. La section sur les monographies est ordonnée conformément à la Classification décimale de Dewey. Index des auteurs et index des titres.   Z883 H84 1990 fol.   016.9714221

306

John Bassett Memorial Library. – *Lists of Eastern Townships material in the John Bassett Memorial Library.* – Lennoxville (Quebec) : Bishop's University Library, 1985. – 2 vol. (v, 110, ix, 225 ; 225, 157 p.). – 0920917011 (set) 092091702X (vol. 1) 0920917038 (vol. 2)

A catalogue of material held by the Bishop's University Library relating to the Eastern Townships. Part I, archival and nonbook materials such as manuscripts, correspondence, pamphlets, maps, clippings, diaries, oral histories, minute-books, scrapbooks and photographs relating to Bishop's University and the region.

Part II, books, theses and official publications. Part II, section 1, complete bibliographic entries arranged by Library of Congress call number. Part II, section 2, brief entries alphabetically arranged by author or title. Part II, section 3, brief entries arranged by subject. Z1392 E3 J64 1985   016.97146

Ce catalogue porte sur des documents de la bibliothèque de l'Université Bishop relatifs aux Cantons de l'Est. La partie 1 comprend des documents d'archives et des documents autres que des livres, comme des manuscrits, des lettres, des brochures, des cartes, des coupures de journaux, des journaux personnels, des récits oraux, des registres de délibérations, des albums personnels et des photographies qui se rapportent à l'Université Bishop et à la région.

La partie II comprend des livres, des thèses et des publications officielles. Partie II, section 1, notices bibliographiques complètes, classées par cotes de la Library of Congress. Partie II, section 2, notices abrégées, classées par ordre alphabétique d'auteurs ou de titres. Partie II, section 3, notices abrégées, classées par sujets. Z1392 E3 J64 1985   016.97146

307

Lapointe, Raoul. – *Guide bibliographique sur la région du Saguenay-Lac-Saint-Jean.* – 3ᵉ éd. – [Chicoutimi] : Université du Québec à Chicoutimi, Service de documentation en études et interventions régionales, 1986. – 35 f. – 2920751042

1st ed., ?. 2nd ed., 1985. A list of books, periodicals and official publications dealing with the Saguenay-Lac-Saint-Jean region, held by the library of the Université du Québec à Chicoutimi. Arranged by type of document. No index.   Z1392 S225 L36 1986 fol.   016.971414

1ʳᵉ éd., ?. 2ᵉ éd., 1985. Liste des livres, des périodiques et des publications officielles qui portent sur la région du Saguenay-Lac-Saint-Jean et qui se trouvent dans la bibliothèque de l'Université du Québec à Chicoutimi. Classement par types de documents. Aucun index. Z1392 S225 L36 1986 fol.   016.971414

308

Laurin, Serge. – *Bibliographie des Laurentides.* – Serge Laurin et Richard Lagrange. – Québec : Institut québécois de recherche sur la culture, 1985. – 370 p. : cartes. – (Documents de recherche ; nº 7). – 2892240522

Approximately 2,100 entries for books, pamphlets, theses, periodicals, newspapers, periodical and some newspaper articles, official publications and films dealing with the Laurentides region. Includes French- and English-language publications. Arranged by subject. Some brief annotations. Also includes descriptions of archival holdings of interest for the study of the Laurentides. Municipal, parish, scholastic and private archives are excluded. Directory of organizations and institutions useful for research on the region. Thesis and author indexes.   Z1392 L39 L38 1985   016.97144

Environ 2 100 notices sur des livres, des brochures, des thèses, des périodiques, des journaux, des articles de périodiques et quelques articles de journaux, des publications officielles et des films qui traitent de la région des Laurentides. Des publications en français et anglais sont incluses. Classement par sujets. Quelques courtes annotations. Le document contient également la description de fonds d'archives intéressants pour l'étude des Laurentides. Les archives municipales, paroissiales, scolaires et privées sont exclues. Un répertoire des organisations et des établissements utiles pour les recherches sur la région. Index des thèses et index des auteurs   Z1392 L39 L38 1985 016.97144

309

Lemieux, Marthe. – *Essai d'une bibliographie sur la ville de Chicoutimi.* – Montréal : [s.n.], 1953. – viii, 96 f.

583 entries for books, periodical articles and official publications dealing with the history, social and cultural life, economy, industries and institutions of Chicoutimi. Alphabetically arranged by main entry. Locations. Subject index. Appendix: chronology of Chicoutimi history.   Z1392 C352 L4 fol.   016.971416

583 notices sur des livres, des articles de périodiques et des publications officielles qui traitent de l'histoire, de la vie sociale et culturelle, de l'économie, des industries et des établissements de Chicoutimi. Classement alphabétique par notices principales. Localisations. Index des sujets. Annexe: chronologie de l'histoire de Chicoutimi. Z1392 C352 L4 fol.   016.971416

310

Montigny-Pelletier, Françoise de. – ***Bibliographie de la Rive-Sud de Québec : (Lévis-Lotbinière).*** – Françoise de Montigny-Pelletier, Andrée Raiche-Dussault. – Québec : Institut québécois de recherche sur la culture, 1989. – 263 p. – (Documents de recherche ; n° 19). – 2892241227

2,006 entries for books, theses, periodical articles, newspapers, official publications and audio-visual materials dealing with all aspects of the Rive-Sud. Excludes newspaper articles and archival resources. Includes French- and English-language publications. Arranged by subject. Some entries include brief notes. Locations provided for rare items. Thesis and author indexes. Onomastic index of places, persons and organizations. Reproduced in microform format: *Microlog*, no. 90-01983.   Z1392 Q3 M66 1989   016.971459

Les 2 006 notices portent sur des livres, des thèses, des articles de périodiques, des journaux, des publications officielles et des documents audiovisuels qui traitent de tous les aspects de la Rive-Sud. Les articles de journaux et les fonds d'archives sont exclus. Des publications en français et en anglais sont incluses. Classement par sujets. Certaines notices contiennent de courtes notes. Des localisations sont fournies pour les documents rares. Index des thèses et index des auteurs. Index onomastique des lieux, des personnes et des organisations. Reproduit sur support microforme: *Microlog*, n° 90-01983. Z1392 Q3 M66 1989   016.971459

311

O'Donnell, Brendan. – ***Printed sources for the study of English-speaking Quebec : an annotated bibliography of works published before 1980.*** – Lennoxville (Quebec) : Bishop's University, 1985. – [4], ii, 298 p. – (Eastern Townships Research Centre series ; no. 2). – 0920917046

2,698 entries for books, pamphlets, articles, theses and official publications dealing with English-speaking Quebec. Includes English- and French-language materials. Arranged by subject and then time period. Annotations. No index.   Z1392 Q3 O36 1985 fol.   016.97140041112

Les 2 698 notices portent sur des livres, des brochures, des articles, des thèses et des publications officielles qui traitent du Québec d'expression anglaise. Des documents en anglais et en français sont inclus. Classement par sujets, puis par périodes. Annotations. Aucun index.   Z1392 Q3 O36 1985 fol.   016.97140041112

312

O'Donnell, Brendan. – ***Sources for the study of English-speaking Quebec : an annotated bibliography of works published between 1980 and 1990.*** – By Brendan O'Donnell with an overview by Robin B. Burns and Marjorie Goodfellow. – Lennoxville (Quebec) : Eastern Townships Research Centre of Bishop's University with the assistance of the Secretary of State of Canada, 1992. – li, 264, [2] p. – 0662589831 – Title on added t.p. : *Sources pour l'étude du Québec d'expression anglaise : bibliographie annotée d'ouvrages produits de 1980 à 1990.*

1,584 entries for books, periodical articles, theses and official publications relating to English-speaking Quebec. Includes works in English, French and other languages. Arranged by subject. Annotations in English. Author index. Appendix: list of English-language associations in Quebec.   Z1392 Q3 0362 1992 fol.   016.97140041112

Les 1 584 notices portent sur des livres, des articles de périodiques, des thèses et des publications officielles qui se rapportent au Québec d'expression anglaise. Des ouvrages en anglais, en français et en d'autres langues sont inclus. Classement par sujets. Annotations en anglais. Index des auteurs. Annexe: liste des associations anglophones du Québec.   Z1392 Q3 0362 1992 fol.   016.97140041112

313

O'Donnell, Brendan. – ***Sources pour l'étude du Québec d'expression anglaise : bibliographie annotée d'ouvrages produit de 1980 à 1990.*** – Lennoxville (Québec) : Centre de recherche des Cantons de l'Est de l'Université Bishop's avec l'aide du Secrétariat d'état du Canada, 1992. – li, 264, [2] p. – 0662589831 – Titre de la p. de t. additionnelle : *Sources for the study of English-speaking Quebec : an annotated bibliography of works published between 1980 and 1990.*

1,584 entries for books, periodical articles, theses and official publications relating to English-speaking Quebec. Includes works in English, French and other languages. Arranged by subject. Annotations in English. Author index. Appendix: list of English-language associations in Quebec.   Z1392 Q3 0362 1992 fol.   016.97140041112

Les 1 584 notices portent sur des livres, des articles de périodiques, des thèses et des publications officielles qui se rapportent au Québec d'expression anglaise. Des ouvrages en anglais, en français et en d'autres langues sont inclus. Classement par sujets. Annotations en anglais. Index des auteurs. Annexe: liste des associations anglophones du Québec.   Z1392 Q3 0362 1992 fol.   016.97140041112

314

Odense universitet. Romansk institut. – ***Canadiana : domaine québécois.*** – Odense : Romansk institut, 1988. – [4], 58, [4] p. – (Nok : noter og kommentarer ; 78). – Titre de la couv.

A catalogue of books and periodicals relating to Quebec literature and civilization held by the library of the Romansk institut, Odense universitet. Arranged by subject. No index.   Z1377 F8 O38 1988   016.840809714

Catalogue de livres et de périodiques qui se rapportent à la littérature et à la civilisation du Québec conservés à la bibliothèque du Romansk institut, Odense universitet. Classement par sujets. Aucun index. Z1377 F8 O38 1988   016.840809714

315

Perron, Monique. – ***Bibliographie du Haut-Saint-Laurent (sud-ouest de la Montérégie).*** – Monique Perron avec la collaboration de Luc Boisvert et Roland Viau. – Québec : Institut québécois de recherche sur la culture, 1990. – 318 p. : cartes. – (Documents de recherche ; n° 24). – 2892241405

A bibliography of 3,055 entries for publications on all aspects of the Haut-Saint-Laurent region. Includes books, periodical articles, theses, official publications, pamphlets, newspapers and audio-visual materials in French and English. Excludes newspaper articles and archival resources. Arranged by subject. Some entries include brief notes. Locations provided for rare items. Author and thesis indexes. Onomastic index of places, people and organizations. Reproduced in

Cette bibliographie contient 3 055 notices sur des publications qui traitent de tous les aspects de la région du Haut-Saint-Laurent. Des livres, des articles de périodiques, des thèses, des publications officielles, des brochures, des journaux et des documents audiovisuels en français et en anglais sont inclus. Les articles de journaux et les fonds d'archives sont exclus. Classement par sujets. Certaines notices contiennent de courtes notes. Des localisations sont fournies pour

microform format: *Microlog*, no. 91-02579.   Z1392 Q3 P47 1990
016.971431

les documents rares. Index des auteurs et index des thèses. Index onomastique des lieux, des personnes et des organisations. Reproduit sur support microforme: *Microlog*, nº 91-02579.   Z1392 Q3 P47 1990   016.971431

316

Québec (Province). Bibliothèque de la Législature. – *Catalogue de la Bibliothèque de la Législature de la Province de Québec.* – Préparé sous la direction de l'Honourable T.-D. Bouchard. – Québec : Redempti Paradis, 1932-1933. – 2 vol. (xxxii, [294] ; xvi, 169 p.).

A catalogue of the library of the legislature of the Province of Quebec. Includes books, pamphlets, serials and official publications. Volume 1 covers Canadian publications on all subjects except law. Volume 2 covers generalities, philosophy, religion and theology. Subject and author indexes in each volume. Previous catalogues published in 1869, *Catalogue alphabétique de la Bibliothèque de la Législature de Québec*, CIHM/ICMH microfiche series, no. 53484; 1873, *Catalogue de la Bibliothèque de la Législature de Québec*, CIHM/ICMH microfiche series, no. 61038; 1874, 1875, 1877, 1881, 1883, 1884 supplements, 1874, CIHM/ICMH microfiche series, no. 61058, 1875, CIHM/ICMH microfiche series, no. 61042; 1903, *Catalogue alphabétique de la Bibliothèque de la Législature de la Province de Québec*, 1907 supplement.   Z883 Q3 1932   027.9714

Catalogue de la Bibliothèque de la Législature de la Province de Québec. Inclut des livres, des brochures, des publications en série et des publications officielles. Le volume 1 traite de publications canadiennes sur toutes sortes de sujets, sauf le droit. Le volume 2 porte sur des généralités, la philosophie, la religion et la théologie. Index des sujets et index des auteurs dans chaque volume. Catalogue antérieur publié en 1869, *Catalogue alphabétique de la Bibliothèque de la Législature de Québec*, CIHM/ICMH collection de microfiches, nº 53484; 1873, *Catalogue de la Bibliothèque de la Législature de Québec*, CIHM/ICMH collection de microfiches, nº 61038; suppléments de 1874, 1875, 1877, 1881, 1883 et 1884, 1874, *CIHM/ICMH collection de microfiches*, nº 61058, 1875, CIHM/ICMH collection de microfiches, nº 61042; 1903, *Catalogue alphabétique de la Bibliothèque de la Législature de la Province de Québec*, supplément de 1907. Z883 Q3 1932   027.9714

317

Québec (Province). Ministère de l'industrie et du commerce. Service de géographie. – *Bibliographie du Nouveau-Québec = Bibliography of New Quebec.* – Québec : Ministère de l'industrie et du commerce. Service de géographie, 1955. – 321 p. : carte.

Approximately 1,500 books, pamphlets, official publications, theses, manuscripts, periodical and newspaper articles dealing with northern Quebec. Includes French- and English-language documents. Part 1 lists entries alphabetically by author. Parts 2, 3 and 4 classify items in Part 1, geographically, by subject and by type of document, respectively.   Z1387 F7 Q78 fol.   016.971411

Environ 1 500 livres, brochures, publications officielles, thèses, manuscrits, articles de périodiques et de journaux qui traitent du nord du Québec. Des documents en français et en anglais sont inclus. La partie 1 donne la liste des notices par ordre alphabétique d'auteurs. Dans les parties 2, 3 et 4, les notices sont classées respectivement par lieux, par sujets et par types de documents.   Z1387 F7 Q78 fol. 016.971411

318

Répertoire de l'édition au Québec. – (1972)-(1976). – Montréal : Édi-Québec, 1972-1977. – 3 vol. – 0315-5943

Biennial. Imprint varies. Lists French-language books published in Quebec. Arranged in three sections: authors, titles and subjects. List of collections. Directory of publishers. Lists of ISBN numbers, numerically arranged and alphabetically arranged by name of publisher. Directories of various publishers' and booksellers' associations. List of literary prizes. Quebec publishing statistics. Replaces: *Catalogue de l'édition au Canada français.*   Z1392 Q3 R4 fol. 015.714

Biennial. Les adresses bibliographiques varient. Ce document contient la liste des livres en français publiés au Québec. Classement en trois sections: auteurs, titres, sujets. Liste des collections. Répertoire des éditeurs. La bibliographie donne la liste des numéros ISBN classés par ordre numérique et par ordre alphabétique des noms d'éditeurs. Répertoires des diverses associations d'éditeurs et de libraires. Liste des prix littéraires. Statistiques sur l'édition au Québec. Remplace: *Catalogue de l'édition au Canada français.*   Z1392 Q3 R4 fol. 015.714

319

Saint-Hilaire, Gaston. – *Bibliographie de la Côte-Nord.* – Gaston Saint-Hilaire avec la collaboration d'Andrée Raiche-Dussault. – Québec : Institut québécois de recherche sur la culture, 1990. – 340 p. : cartes. – (Documents de recherche ; nº 26). – 2892241502

A bibliography of 3,933 entries for books, theses, periodical articles, official publications and audio-visual materials on all aspects of the Côte-Nord region of Quebec. Excludes newspaper articles and archival resources. Includes French- and English-language materials. Arranged by subject. Some entries include brief notes. Locations provided for rare items. Thesis and author indexes. Onomastic index of places, persons and organizations. Reproduced in microform format: *Microlog*, no. 91-02985.   Z1392 C67 S24 1990   016.971417

Cette bibliographie contient 3 933 notices sur des livres, des thèses, des articles de périodiques, des publications officielles et des documents audiovisuels relatifs à tous les aspects de la région de la Côte-Nord du Québec. Les articles de journaux et les fonds d'archives sont exclus. Des documents en français et en anglais sont inclus. Classement par sujets. Certaines notices comprennent de courtes notes. Des localisations sont fournies pour les documents rares. Index des thèses et index des auteurs. Index onomastique des lieux, des personnes et des organisations. Reproduit sur support microforme: *Microlog*, nº 91-02985.   Z1392 C67 S24 1990   016.971417

320

Senécal, André [Joseph André]. – *A reader's guide to Québec studies.* – 1988 ed. – [Québec] : Gouvernement du Québec, Ministère des affaires internationales, [1988]. – xi, 145 p. – 2550191250

1982 ed., *Quebec studies : a selected, annotated bibliography*; 1985 ed., *A reader's guide to Québec studies*. A bibliography of over 1,200 recent books and periodicals on all aspects of Quebec studies, compiled primarily for English-speaking users. Includes French- and

Éd. de 1982, *Quebec studies : a selected, annotated bibliography*; éd. de 1985, *A reader's guide to Québec studies*. Il s'agit d'une bibliographie de plus de 1 200 livres et périodiques récents qui portent sur tous les aspects des études québécoises, compilée avant tout pour les

English-language works. Arranged by subject. Works are evaluated as essential or important for a discipline. Brief annotations in English. Author and title indexes. Directory of publishers and distributors. Z1392 Q3 S46 1988 fol.   016.9714

321

Société des écrivains canadiens. – *Bulletin bibliographique de la société des écrivains canadiens.* – (1937)-(1959). – Montréal : la Société, [1937?-1959?]. – 23 vol. – 0700-6756

An annual bibliography of works in French by Canadian authors, published in Canada or abroad, and works in French by foreign authors, published in Canada. Alphabetically arranged by author. Author and title indexes. List of Société members.   Z1370 S6 015.71

322

St-Amour, Jean-Pierre. – *L'Outaouais québécois : guide de recherche et bibliographie sélective.* – Hull : Université du Québec, Centre d'études universitaires dans l'Ouest québécois, [c1978]. – x, 178 p. : cartes.

1,315 books, pamphlets, periodical and newspaper articles, official publications and theses on all aspects of the Outaouais region of Quebec. Includes French- and English-language publications. Arranged by subject. Author, title and subject indexes. The research guide also provides a chronology, a list of municipalities with historical notes and a list of newspapers and periodicals of the region. Z1392 O88 S35   016.97142

323

Tessier, Daniel. – *Bibliographie de Lanaudière.* – Québec : Institut québécois de recherche sur la culture, 1987. – 270 p. : cartes. – (Documents de recherche ; n° 14). – 2892240972

1,659 entries for books, pamphlets, newspapers, periodicals, periodical articles, official publications, theses and films dealing with the region of Lanaudière. Includes French- and English-language publications. Excludes archival materials. Arranged by subject. Locations for rare items and some brief annotations are provided. Directory of organizations and institutions useful for research on the region. Thesis and author indexes.   Z1392 L38 T47 1987   016.971441

324

Theberge, Jean-Yves. – *Bibliographie du Haut-Richelieu.* – Saint-Jean [Québec] : Service des moyens d'enseignement, Commission scolaire régionale Honoré-Mercier, 1978. – 86 p.

457 books, pamphlets, periodical articles and official publications dealing with aspects of the region Haut-Richelieu. Includes English- and French-language documents. Alphabetically arranged by author. Some locations. No index.   Z1392 R49 T44   016.971451

325

Vézina, Germain. – *Québec métropolitain : répertoire bibliographique.* – [Québec] : Université Laval, Faculté de théologie, Centre de recherches en sociologie religieuse, 1968. – 64 p.

395 books, periodical articles and official publications dealing with Metropolitan Québec. Includes English- and French-language publications. Alphabetically arranged by author. Subject index.   Z1392 Q35 V4 fol.   016.9714471

326

Vlach, Milada. – *Catalogue collectif des impressions québécoises, 1764-1820.* – Par Milada Vlach et Yolande Buono ; [réalisé par la Bibliothèque nationale du Québec]. – [Québec] : Direction générale des publications gouvernementales, 1984. – xxxiii, 195 p. – 2551089190

1,115 entries for books, pamphlets, official publications, serials and printed ephemera, printed in Quebec during the period from 1764 to 1820, and held by major Quebec libraries. Includes French- and English-language publications alphabetically arranged by author or title. Entries include bibliographical descriptions, notes, bibliographical references and locations. Indexes: name, title, subject, type of document, place of printing, date of printing, printer, provenance.

utilisateurs anglophones. Des documents en français et en anglais sont inclus. Classement par sujets. Les ouvrages sont jugés comme essentiels ou importants pour une discipline donnée. Courtes annotations en anglais. Index des auteurs et index des titres. Répertoire des éditeurs et des distributeurs.   Z1392 Q3 S46 1988 fol.   016.9714

Cette bibliographie annuelle comprend des ouvrages écrits en français par des auteurs canadiens et publiés au Canada ou à l'étranger, ainsi que des ouvrages écrits en français par des auteurs étrangers et publiés au Canada. Classement par ordre alphabétique d'auteurs. Index des auteurs et index des titres. Liste des membres de la Société.   Z1370 S6   015.71

1 315 livres, brochures, articles de périodiques et de journaux, publications officielles et thèses relatifs à tous les aspects de la région de l'Outaouais du Québec. Des publications en français et en anglais sont incluses. Classement par sujets. Index: auteurs, titres, sujets. Le guide de recherche fournit également une chronologie, une liste des municipalités accompagnée de notes sur leur histoire et une liste des journaux et périodiques de la région.   Z1392 O88 S35   016.97142

Les 1 659 notices portent sur des livres, des brochures, des journaux, des périodiques, des articles de périodiques, des publications officielles, des thèses et des films qui traitent de la région de Lanaudière. Des publications en français et en anglais sont incluses. Les documents d'archives sont exclus. Classement par sujets. Les localisations des documents rares et quelques courtes annotations sont fournies. Répertoire des organisations et des établissements utiles pour les recherches sur la région. Index des thèses et index des auteurs. Z1392 L38 T47 1987   016.971441

457 livres, brochures, articles de périodiques et publications officielles qui traitent de divers aspects de la région du Haut-Richelieu. Des documents en anglais et en français sont inclus. Classement par ordre alphabétique d'auteurs. Quelques localisations. Aucun index. Z1392 R49 T44   016.971451

395 livres, articles de périodiques et publications officielles qui traitent du Québec métropolitain. Des publications en anglais et en français sont incluses. Classement par ordre alphabétique d'auteurs. Index des sujets.   Z1392 Q35 V4 fol.   016.9714471

1 115 notices sur des livres, des brochures, des publications officielles, des publications en série et des documents éphémères qui ont été imprimés au Québec entre 1764 et 1820 et qui se trouvent dans les principales bibliothèques du Québec. Des publications en français et en anglais sont incluses et classées par ordre alphabétique d'auteurs ou de titres. Les notices comprennent des descriptions bibliographiques, des notes, des références bibliographiques et des

Also provides a list of titles, arranged by library.   Z1392 Q3 V45 fol.
015.714

localisations. Nombreux index: noms, titres, sujets, types de documents,
lieux d'impression, dates d'impression, imprimeurs, provenances. Le
catalogue contient également une liste des documents classés par
bibliothèques.   Z1392 Q3 V45 fol.   015.714

Saskatchewan

Saskatchewan

327

Arora, Ved. – *The Saskatchewan bibliography.* – Regina : Saskatchewan Provincial Library, 1980. – ix, 787 p. – 0919059007 (bd.) 0919059015 (pa.)

Lists 6,377 items dealing with Saskatchewan, published between
1905 and October 1979. Books, theses, selected official publications
and pamphlets are included. Excludes journal and periodical articles,
maps, music scores, paintings, records, films, political and trade
brochures and annual reports. Alphabetically arranged by main
entry. Locations. Some brief annotations. Author, title and subject
indexes.   Z1392 S27 A76 fol.   016.97124

6 377 documents relatifs à la Saskatchewan, publiés entre 1905 et
octobre 1979. Comprend des livres, des thèses, des publications
officielles choisies et des brochures. Exclut les articles de journaux et
de périodiques, les cartes, les partitions, les peintures, les enregistrements sonores, les films, les brochures de nature politique ou
commerciale et les rapports annuels. Classement alphabétique des
notices principales. Localisations. Quelques courtes annotations.
Index: auteurs, titres, sujets.   Z1392 S27 A76 fol.   016.97124

328

Arora, Ved. – *Saskatchewan bibliography : first supplement.* – Regina : Saskatchewan Library Association : Saskatchewan Provincial Library,
1993. – vii, 694 p. – 0969071442

Includes over 7,000 books, theses, selected federal, provincial and
municipal official publications, selected pamphlets, records, films,
etc., published by Saskatchewan authors and publishers between
October 1979 and April 1993. Also includes materials omitted from
the original bibliography. Alphabetically arranged by main entry.
Locations. Index of authors, compilers, editors, translators, titles,
subject headings.   Z1392 S27 A76 fol. Suppl.   016.97124

Inclut plus de 7 000 livres, thèses, publications officielles fédérales,
provinciales et municipales choisies, brochures choisies, disques,
films, etc., publiés par des auteurs et des éditeurs de la Saskatchewan
entre octobre 1979 et avril 1993. Inclut également des documents
oubliés dans la bibliographie originale. Classement alphabétique des
notices principales. Localisations. Index des auteurs, des compilateurs,
des rédacteurs, des traducteurs, des titres et des vedettes-matière.
Z1392 S27 A76 fol. Suppl.   016.97124

329

Artibise, Alan F. J. – *Western Canada since 1870 : a select bibliography and guide.* – Vancouver : University of British Columbia Press,
c1978. – xii, 294 p. : ill. – 0774800909 (bd.) 0774800917 (pa.)

Over 3,660 books, pamphlets, periodical articles, B.A. essays and
M.A. and Ph.D. theses covering Alberta, Manitoba, Saskatchewan
and British Columbia are included. Arranged by subject. Contains "A
brief guide to western Canadian studies" which provides information on newsletters, journals, specialized series, archives, libraries,
organizations and societies. Author index, selective subject index and
index of organizations, institutions and serials.   Z1365 A78
016.9712

Plus de 3 660 livres, brochures, articles de périodiques, essais de premier
cycle et thèses de deuxième et troisième cycles qui portent sur
l'Alberta, le Manitoba, la Saskatchewan et la Colombie-Britannique.
Classement par sujets. Le document contient «A brief guide to western
Canadian studies» qui donne des renseignements sur des bulletins,
des revues, des collections spécialisées, des archives, des bibliothèques,
des organisations et des sociétés. Index des auteurs, index sélectif des
sujets et index des organisations, des établissements et des publications
en série.   Z1365 A78   016.9712

330

Northern Saskatchewan bibliography. – [Edited by] Sandra Dibb. – Saskatoon : Institute for Northern Studies, University of Saskatchewan,
1975. – xii, 81 p. – (Mawdsley memoir ; 2).

Part I, *Bibliography on human development in northern
Saskatchewan.* Includes over 600 entries for books, periodical articles
and official publications alphabetically arranged by author.
Discipline keyword index and geographical location index. Part II,
Annotated bibliography on eco-biology of northern Saskatchewan.
Includes over 270 entries. Subject keyword index and geographical
location index.   Z1392 S28 S38 fol.   016.971241

Partie I, *Bibliography on human development in northern Saskatchewan.*
Regroupe plus de 600 notices sur des livres, des articles de périodiques
et des publications officielles classés par ordre alphabétique d'auteurs. Index des disciplines par mots clés et index des lieux. Partie II,
Annotated bibliography on eco-biology of northern Saskatchewan. Plus
de 270 notices. Index des sujets par mots clés et index des lieux.
Z1392 S28 S38 fol.   016.971241

331

Peel, Bruce Braden. – *A bibliography of the Prairie Provinces to 1953, with biographical index.* – 2nd ed. – Toronto : University of Toronto
Press, c1973. – xxviii, 780 p. – 0802019722

1st ed., 1956. Supplement, 1963. 4,560 books and pamphlets dealing
with the Prairie Provinces. Located by the compiler in 185 bibliographies and printed catalogues and in North American and European
libraries. Chronologically arranged from 1692 to 1953. One location
provided for each title. Subject index includes some significant post-
1953 works. Title index. Author index includes biographical information. List of initials, pseudonyms and religious names.
   The full texts of some titles listed in this bibliography have been

1re éd., 1956. Supplément, 1963. 4 560 livres et brochures qui traitent
des provinces des Prairies. Repérés par le compilateur dans 185 bibliographies et catalogues imprimés ainsi que dans des bibliothèques de
l'Amérique du Nord et de l'Europe. Classement chronologique de 1692
à 1953. Une localisation est indiquée pour chaque document. L'index
des sujets comprend des oeuvres importantes postérieures à 1953.
Index des titres. L'index des auteurs comprend des données biographiques. Liste des initiales, des pseudonymes et des noms religieux.

reproduced on microfiche: *Peel bibliography on microfiche* (Ottawa : National Library of Canada, 1976-1979).   Z1365 P4 1973   016.9712

Certains documents qui figurent dans cette bibliographie ont été reproduits au complet sur microfiche: *Bibliographie Peel sur microfiche* (Ottawa : Bibliothèque nationale du Canada, 1976-1979). Z1365 P4 1973   016.9712

332

Winnipeg Public Library. – *A selective bibliography of Canadiana of the Prairie Provinces : publications relating to Western Canada by English, French, Icelandic, Mennonite, and Ukrainian authors.* – Winnipeg : Winnipeg Public Library, 1949. – 33 p.

Arranged by ethnic group. Within each group, works are organized by genre, such as poetry, fiction, etc., and/or subject, such as history, religion, etc.   Z1392 P7 W5   016.9712

Classement par groupes ethniques. Au sein de chaque groupe, les ouvrages sont classés par genres, comme la poésie, la fiction, etc., et (ou) par sujets, comme l'histoire, la religion, etc.   Z1392 P7 W5 016.9712

Yukon and Northwest Territories

Territoires du Nord-Ouest et le Yukon

333

Arctic bibliography. – Prepared by the Arctic Institute of North America. – Vol. 1 (1953)-vol. 16 (1975). – Montreal : McGill-Queen's University Press, 1953-1975. – 16 vol. : fold. col. maps. – 0066-6947 0570-7307

108,723 entries for books, periodical articles and official publications in the social sciences, humanities, sciences and technology, relating to the Arctic. Includes items published primarily in the nineteenth and twentieth centuries, in English, French, Russian, German, Scandinavian, Inuit and other languages. Entries are alphabetically arranged by author and continuously numbered throughout the sixteen volumes. Annotations or abstracts and locations provided. Subject-geographical index. Imprint varies. Reproduced on 35 mm microfilm: Ann Arbor (Mich.) : University Microfilms, 19?, 8 reels.   Z6005 P7 A7   016.9719

Les 108 723 notices portent sur des livres, des articles de périodiques et des publications officielles qui traitent des sciences sociales et humaines, ainsi que des sciences et de la technologie et qui se rapportent à l'Arctique. Inclut des notices sur des documents publiés principalement au dix-neuvième et au vingtième siècles, en anglais, en français, en russe, en allemand, en langues scandinaves, en inuktituk et en d'autres langues. Les notices sont classées par ordre alphabétique d'auteurs, et leur numérotation est continue dans les seize volumes. Des annotations ou des résumés analytiques et des localisations sont fournis. Index des sujets et des lieux. L'adresse bibliographique varie. Reproduit sur microfilm 35 mm: Ann Arbor (Mich.) : University Microfilms, 19?, 8 bobines.   Z6005 P7 A7   016.9719

334

Arctic Institute of North America. Library. – *Catalogue of the Library of the Arctic Institute of North America, Montreal.* – Boston : G.K. Hall, 1968. – 4 vol.

Catalogue of the books, pamphlets, periodicals and audio-visual materials held by the Library of the Arctic Institute of North America. The Institute is a research and educational organization, founded in 1945 and since April 1979, a part of the University of Calgary. The collection emphasizes materials dealing with the polar regions, in particular the Arctic or Subarctic. Includes works in English, Russian and other languages. Authors and subjects are alphabetically arranged in one sequence.   Z883 A7 x.fol.   016.9198

Catalogue de livres, de brochures, de périodiques et de documents audiovisuels conservés à la bibliothèque de l'Arctic Institute of North America. Il s'agit d'un organisme de recherche et d'éducation fondé en 1945 qui, depuis avril 1979, fait partie de la University of Calgary. La collection comprend surtout des documents qui portent sur les régions polaires, notamment la région arctique et la région subarctique. Inclut des ouvrages en anglais, en russe et en d'autres langues. Auteurs et sujets en une seule liste alphabétique. Z883 A7 x.fol.   016.9198

335

Arctic Institute of North America. Library. – *Catalogue of the Library of the Arctic Institute of North America, Montreal. First supplement.* – Boston : G.K. Hall, 1971. – iv, 902 p. Z883 A7 x.fol. Suppl.   016.9198

336

Arctic Institute of North America. Library. – *Catalogue of the Library of the Arctic Institute of North America, Montreal. Second supplement.* – Boston : G.K. Hall, 1974. – 2 vol. – 0816110301 Z883 A723 x.fol.   016.9198

337

Arctic Institute of North America. Library. – *Catalogue of the Library of the Arctic Institute of North America, Calgary. Third supplement.* – Boston : G.K. Hall, 1980. – 3 vol. – 0816111626 Z883 A723 1980 x.fol.   016.9198

338

Arctic Science and Technology Information System. – *ASTIS bibliography* **[microform].** – (1979)-   . – Calgary : Arctic Institute of North America, 1979-   . –   microfiche. 10.5 x 14.5 cm. & introductory notes (9 leaves). – 0226-1685

Annual. A bibliography dealing with all aspects of the North, including the natural and social sciences, the humanities and technology, with emphasis on the Canadian Arctic. Each issue is cumulative including all entries in the ASTIS database from May 1978 to the present year. Includes books, serials, serial articles, theses, conference proceedings and research reports. Abstracts are provided with each

Annuel. Cette bibliographie porte sur tous les aspects du Nord, y compris les sciences sociales, humaines et naturelles et la technologie, avec une insistance particulière sur l'Arctique canadien. Chaque numéro est cumulatif et comprend toutes les notices de la base de données ASTIS, de mai 1978 à l'année actuelle. Comprend des livres, des publications en série, des articles de publications en série, des

record. Arranged under broad subjects. Locations. Author, title, subject and geographical indexes. Updated bimonthly by the *ASTIS current awareness bulletin*. Special bibliographies are included in the series *ASTIS occasional publications*.

Available online through QL Systems Ltd. Coverage, 1978 to present. Available as part of the CD-ROM, *Arctic & Antarctic regions* (Baltimore, Md. : National Information Services Corp., c1989-   ). Coverage, 1978 to present. Updated every six months.   Z6005 P7 A755 fiche fol.   016.9719

thèses, des actes de conférences et des rapports de recherche. Chaque notice contient un résumé analytique. Classées par grandes catégories de sujets. Localisations. Index: auteurs, titres, sujets, géographique. Mise à jour bimestrielle, *ASTIS current awareness bulletin*. Des bibliographies spéciales sont incluses dans la collection *ASTIS occasional publications*.

Accessible en direct via QL Systems Limited. Période couverte, 1978 jusqu'à ce jour. Disponible sur CD-ROM, *Arctic & Antarctic regions* (Baltimore, Md. : National Information Services Corp., c1989-   ). Période couverte, 1978 jusqu'à ce jour. Mise à jour tous les six mois.   Z6005 P7 A755 fiche fol.   016.9719

339

The Beaufort Sea, Mackenzie Delta, Mackenzie Valley, and northern Yukon : a bibliographical review. – Edited by C. Ross Goodwin, Lynda M. Howard ; prepared for the Office of the Northern Research and Science Advisor, DIAND by the Arctic Science and Technology Information System, The Arctic Institute of North America, the University of Calgary. – Ottawa : Arctic Science and Technology Information System, 1984. – v, 310 p.

A bibliography of books, periodical articles, official publications, reports, conference proceedings, etc., relating to the Canadian Beaufort Sea region and the Mackenzie Valley. Includes works published during the period from the mid-1970s to August 1984. Entries were extracted from the ASTIS database and include abstracts in English. Arranged by broad subject. Subject, geographical and author indexes. Reproduced in microform format: *Microlog*, no. 85-05209.   Z1392 N6 B42 1984   016.9719

Bibliographie de livres, d'articles de périodiques, de publications officielles, de rapports, d'actes de congrès, etc., qui se rapportent à la région de la mer de Beaufort et à la vallée du Mackenzie au Canada. Inclut des ouvrages publiés durant la période qui va du milieu des années 1970 jusqu'à août 1984. Les notices ont été tirées de la base de données ASTIS et comprennent des résumés en anglais. Classement par sujets généraux. Index: sujets, géographique, auteurs. Reproduit sur support microforme: *Microlog*, nᵒ 85-05209.   Z1392 N6 B42 1984   016.9719

340

Canadian Circumpolar Library. – ***Boreal library catalogue*** [online]. – [Edmonton : Canadian Circumpolar Library, 1977]-   .

The BOREAL database includes bibliographic records for over 46,000 books, serials, theses, official publications, conference proceedings, etc., held by the Canadian Circumpolar Library (formerly the Boreal Institute for Northern Studies Library). Covers all subjects relating to Arctic, northern and cold regions with emphasis on Canada. Also includes some analytic records prepared by the Scott Polar Research Institute (England). Updated monthly.   Z6005 016.9719

La base de données BOREAL inclut les notices bibliographiques de plus de 46 000 livres, publications en série, thèses, publications officielles, actes de conférence, etc., qui se trouvent à la bibliothèque de l'Institut circumpolaire canadien (autrefois la Boreal Institute for Northern Studies Library). Porte sur tous les sujets relatifs aux régions arctiques, nordiques et froides, avec insistance sur le Canada. Inclut aussi quelques notices analytiques préparées par le Scott Polar Research Institute (Angleterre). Mise à jour mensuelle.   Z6005 016.9719

341

Canadian Circumpolar Library. – ***Northern titles : KWIC index.*** – (Jan. 1973)-   . – [Edmonton] : the Library, 1973-   . –   vol. – 0704-6839

Monthly. Annual cumulations. A KWIC index of permuted English-language titles from newspaper and journal articles and other documents, received by the Canadian Circumpolar Library (formerly the Boreal Institute for Northern Studies Library). Foreign language articles are included if an English abstract or summary is provided.

Available online as the *Boreal northern titles* database from: QL Systems Ltd., coverage, January 1972 to date. The Boreal Institute for Northern Studies also prepared the *BINS bibliographical series* of 29 subject bibliographies relating to northern studies, produced from the Boreal database between January 1984 and May 1986.   Z6005 P7 B6 x.fol.   016.9719

Mensuel. Refontes annuelles. Un index KWIC à permutation des titres en anglais d'articles de journaux et de revues et d'autres documents reçus par la Canadian Circumpolar Library (autrefois la bibliothèque de l'Institut boréal des études du Nord). Les articles en langues étrangères sont inclus s'ils comprennent un résumé analytique ou un sommaire en anglais.

Accessible en direct, la base de données *Boreal Northern titles*, via QL Systems Limited, période couverte, janvier 1972 jusqu'à ce jour. L'Institut boréal des études du Nord a également rédigé la *BINS bibliographical series* qui porte sur 29 bibliographies de sujets relatifs aux études nordiques et qui a été produit à partir de la base de données Boreal entre janvier 1984 et mai 1986.   Z6005 P7 B6 x.fol. 016.9719

342

Hamelin, Louis-Edmond. – ***Répertoire des travaux sur le nord.*** – Établi par Louis-Edmond Hamelin et Aline Bussières. – Québec : Université Laval, 1965. – 42 f. : carte. – (Collection Nordicana ; nᵒ 8).

Lists 176 items published by the Institut de géographie and the Centre d'études nordiques of Université Laval during the period 1953 through 1964. Includes books, periodical articles, theses and research reports in French and English. Author, subject and place indexes.   Z6005 P7 H3   016.9719

Liste de 176 notices publiées par l'Institut de géographie et par le Centre d'études nordiques de l'Université Laval entre 1953 et 1964. Comprend des livres, des articles de périodiques, des thèses et des rapports de recherche en français et en anglais. Index: auteurs, sujets, lieux.   Z6005 P7 H3   016.9719

343

Jones, Mary Jane. – *Bibliographie sur le delta du Mackenzie.* – Ottawa : Impr. de la Reine, 1969. – xiii, 108 p. : ill., carte. – (Travaux de recherches sur le delta du Mackenzie ; n° 6).

478 entries for books, periodical articles, official publications, theses, expedition and research reports relating to all aspects of the Mackenzie River Delta. Includes English- and a few French-language documents. Alphabetically arranged by author. *Arctic bibliography* numbers included. Annotations. Subject index. Also published in English under the title: *Mackenzie Delta bibliography.* Z1392 M33 J66 1969 fol. 016.97193

Les 478 notices portent sur des livres, des articles de périodiques, des publications officielles, des thèses, ainsi que des rapports d'expédition et de recherche qui traitent de tous les aspects du delta du fleuve Mackenzie. Des documents en anglais et quelques documents en français sont inclus. Classement par ordre alphabétique d'auteurs. Les numéros *Arctic bibliography* sont fournis. Annotations. Index des sujets. La bibliographie est également publiée en anglais sous le titre: *Mackenzie Delta bibliography.* Z1392 M33 J66 1969 fol. 016.97193

344

Jones, Mary Jane. – *Mackenzie Delta bibliography.* – Ottawa : Queen's Printer and Controller of Stationery, 1969. – xiii, 119 p. : map. – (Mackenzie Delta Research Project no. 6).

478 entries for books, periodical articles, official publications, theses, expedition and research reports relating to all aspects of the Mackenzie River Delta. Includes English- and a few French-language documents. Alphabetically arranged by author. *Arctic bibliography* numbers included. Annotations. Subject index. Also published in French under the title: *Bibliographie sur le delta du Mackenzie.* Z1392 M33 J66 1969 fol. 016.97193

Les 478 notices portent sur des livres, des articles de périodiques, des publications officielles, des thèses, ainsi que des rapports d'expédition et de recherche qui traitent de tous les aspects du delta du fleuve Mackenzie. Des documents en anglais et quelques documents en français sont inclus. Classement par ordre alphabétique d'auteurs. Les numéros *Arctic bibliography* sont fournis. Annotations. Index des sujets. La bibliographie est également publiée en français sous le titre: *Bibliographie sur le delta du Mackenzie.* Z1392 M33 J66 1969 fol. 016.97193

345

King, H.G.R. [Harold Godfrey Rudolf]. – *The Arctic.* – Oxford : Clio Press, c1989. – xvi, 272, [3] p. : 1 map. – (World bibliographical series ; vol. 99). – 185109072X

A selective annotated guide to 935 books, official publications, periodical articles and serials in English relating to all aspects of the world's Arctic regions. Excludes newspaper articles and ephemera. Works on the Arctic in general are arranged by subject. Sections on Svalbard, Jan Mayen, Greenland, Arctic Canada, Alaska, Soviet Arctic-Siberia, Scandinavian Arctic-Lapland and the Arctic Ocean are organized by subject. Author, title and subject indexes. Z6005 P7 K56 1989 016.998

Guide annoté sélectif de 935 livres, publications officielles, articles de périodiques et publications en série en anglais qui se rapportent à tous les aspects des régions arctiques du monde entier. Exclut les articles de journaux et les documents éphémères. Les ouvrages sur l'Arctique en général sont classés par sujets. Les sections sur les Svalbard, Jan Mayen, le Groenland, l'Arctique canadien, l'Alaska, l'Arctique soviétique et la Sibérie, l'Arctique scandinave et la Laponie, et l'océan Arctique sont classées par sujets. Index: auteurs, titres, sujets. Z6005 P7 K56 1989 016.998

346

Lanari, Robert. – *Northwest Territories community bibliography = Bibliographie par communauté Territoires du Nord-Ouest.* – Ottawa : Indian and Northern Affairs, 1976. – 79 p. : fold. map. – (North of 60° = Au nord du 60°). – 0662002636

Includes books, periodical articles, theses, official publications and reports, dealing with the history, demography, social, cultural and economic aspects of communities in the Northwest Territories. Includes English- and French-language publications. Arranged by community or region. No index. Z1392 N6 L35 1976 fol. 016.97192

Comprend des livres, des articles de périodiques, des thèses, des publications officielles et des rapports qui traitent des aspects historiques, démographiques, sociaux, culturels et économiques des communautés des Territoires du Nord-Ouest. Des publications en anglais et en français sont incluses. Classement par communautés ou par régions. Aucun index. Z1392 N6 L35 1976 fol. 016.97192

347

Lanari, Robert. – *Northwest Territories community bibliography = Bibliographie par communauté Territoires du Nord-Ouest.* – Ottawa : Affaires indiennes et du Nord, 1976. – 79 p. : carte pliée. – (North of 60° = Au nord du 60°). – 0662002636

Includes books, periodical articles, theses, official publications and reports, dealing with the history, demography, social, cultural and economic aspects of communities in the Northwest Territories. Includes English- and French-language publications. Arranged by community or region. No index. Z1392 N6 L35 1976 fol. 016.97192

Comprend des livres, des articles de périodiques, des thèses, des publications officielles et des rapports qui traitent des aspects historiques, démographiques, sociaux, culturels et économiques des communautés des Territoires du Nord-Ouest. Des publications en anglais et en français sont incluses. Classement par communautés ou par régions. Aucun index. Z1392 N6 L35 1976 fol. 016.97192

348

Lotz, Jim. – *Yukon bibliography.* – Preliminary ed. – Ottawa : Northern Co-ordination and Research Centre, Dept. of Northern Affairs and National Resources, 1964. – vii, 155 p. – (Yukon research project series ; no. 1).

Books, periodical articles, official publications and conference proceedings dealing with all aspects of the Yukon Territory. Includes English-language documents as well as some French- and foreign-language documents, published in the nineteenth and twentieth centuries. Arranged by subject. Provides *Arctic bibliography* numbers. No index. Z1392 Y8 L6 fol. 016.97191

Livres, articles de périodiques, publications officielles et actes de conférences qui traitent de tous les aspects du Territoire du Yukon. Comprend des documents en anglais, ainsi que quelques documents en français et en langues étrangères, publiés au dix-neuvième et au vingtième siècles. Classement par sujets. Les numéros *Arctic bibliography* sont fournis. Aucun index. Z1392 Y8 L6 fol. 016.97191

349

Hemstock, C. Anne. – *Yukon bibliography. Update 1963-1970.* – [Compiled by] C. Anne Hemstock, Geraldine A. Cooke. – Edmonton : Boreal Institute for Northern Studies, University of Alberta, 1973. – ix, 420 p. – (Occasional publication ; no. 8-1).

Updates: Lotz, Jim, *Yukon bibliography*. Includes books, periodical articles, official publications, theses, industrial reports and conference proceedings published in the period from 1964 to the end of 1970. Excludes maps, newspapers, aerial photographs, films and other non-print materials. Arranged by subject. Annotations. Bibliographic sources noted. Author, subject and place-name indexes. Available online through QL Systems Ltd. Coverage, 1971 to 1984.   Z1392 Y8 L6 1970 fol.   016.97191

Met à jour Lotz, Jim, *Yukon bibliography*. Comprend des livres, des articles de périodiques, des publications officielles, des thèses, des rapports industriels et des actes de conférences publiés entre 1964 et la fin de 1970. Exclut les cartes, les journaux, les photographies aériennes, les films et les autres documents non imprimés. Classement par sujets. Notes. Les sources bibliographiques sont signalées. Index: auteurs, sujets, lieux. Accessible en direct via QL Systems Limited. Période couverte, 1971 à 1984.   Z1392 Y8 L6 1970 fol.   016.97191

350

Hemstock, C. Anne. – *Yukon bibliography. Update to 1973.* – Edmonton : Boreal Institute for Northern Studies, University of Alberta, 1975. – x, 384 p. – (Occasional publication ; no. 8-2). – 0919058078 Z1392 Y8 L6 1973 fol.   016.97191

351

Ridge, Marian F. – *Yukon bibliography. Update to 1975.* – [Compiled by] Marian F. Ridge, Geraldine A. Cooke. – Edmonton : Boreal Institute for Northern Studies, University of Alberta, 1977. – xi, 408 p. – (Occasional publication ; no. 8-3). Z1392 Y8 L6 1977 fol.   016.97191

352

Thomas, Heather L. – *Yukon bibliography. Update to 1977.* – Edmonton : Boreal Institute for Northern Studies, University of Alberta, 1978. – x, 476 p. – (Occasional publication ; no. 8-4). – 0919058159 Z1392 Y8 L6 1978 fol.   016.97191

353

Singh, Irina G. – *Yukon bibliography. Update to 1979.* – Edmonton : Boreal Institute for Northern Studies, 1980-1981. – 2 vol. (x, 599 ; x, 263 p.) – (Occasional publication ; no. 8-5, 8-6). – 0919058183 (vol. 1) 0919058191 (vol. 2) Z1392 Y8 L6 1980 fol.   016.97191

354

Singh, Irina G. – *Yukon bibliography. Update to 1980.* – Edmonton : Boreal Institute for Northern Studies, 1982. – x, 231 p. – (Occasional publication ; no. 8-7). – 0919058213 Z1392 Y8 L6 1982 fol.   016.97191

355

Singh, Irina G. – *Yukon bibliography. Update to 1981.* – Edmonton : Boreal Institute for Northern Studies, 1983. – x, 306 p. – (Occasional publication ; no. 8-8). – 0919058256

Reproduced in microform format: *Microlog*, no. 85-01773. Z1392 Y8 L6 1983 fol.   016.97191

Reproduit sur support microforme: *Microlog*, n° 85-01773. Z1392 Y8 L6 1983 fol.   016.97191

356

Singh, Irina G. – *Yukon bibliography. Update to 1982.* – [Compiled by] Irina. G. Singh, Lynn McPherson. – Edmonton : Boreal Institute for Northern Studies, 1984. – x, 398 p. – (Occasional publication ; no. 8-11). – 0919058280

Reproduced in microform format: *Microlog*, no. 85-01776. Z1392 Y8 L6 1984 fol.   016.97191

Reproduit sur support microforme: *Microlog*, n° 85-01776. Z1392 Y8 L6 1984 fol.   016.97191

357

Singh, Irina G. – *Yukon bibliography. Update to 1983.* – [Compiled by] Irina G. Singh, Lois Pope. – Edmonton : Boreal Institute for Northern Studies, 1986. – x, 431 p. – (Occasional publication ; no. 8-12). – 0919058310 Z1392 Y8 L6 1986 fol.   016.97191

358

Saffran, Marian A. – *Yukon bibliography. Update to 1984.* – [Compiled by] Marion A. Saffran et al. – Edmonton : Boreal Institute for Northern Studies, 1987. – x p., 337 columns, p. 338-389. – (Occasional publication ; no. 8-13). – 0919058639 Z1392 Y8 L6 1987 fol.   016.97191

359

MacDonald, Janet. – *Yukon bibliography. Cumulated author index to 1980.* – Compiler, Janet MacDonald ; editor, Geraldine A. Cooke. – Edmonton : Boreal Institute for Northern Studies, University of Alberta, [1983]. – vi, 167 p. – (Occasional publication ; no. 8-9). – 0919058264

Reproduced in microform format: *Microlog*, no. 85-01774. Z1392 Y8 L6 fol.   016.97191

Reproduit sur support microforme: *Microlog*, n° 85-01774. Z1392 Y8 L6 fol.   016.97191

360

MacDonald, Janet. – *Yukon bibliography. Cumulated subject index to 1980.* – Compiler, Janet MacDonald ; editor, Geraldine A. Cooke. – Edmonton : Boreal Institute for Northern Studies, 1983. – vi, 153 p. – (Occasional publication ; no. 8-10). – 0919058272

Reproduced in microform format: *Microlog*, no. 85-01775. Z1392 Y8 L6 1983c fol. 016.97191

Reproduit sur support microforme: *Microlog*, n° 85-01775. Z1392 Y8 L6 1983c fol. 016.97191

361

McGill University. Centre for Northern Studies and Research. – *Bibliography of McGill northern research, 1887-1975.* – Montreal : Centre for Northern Studies and Research, McGill University, 1976. – iv, 92 p. : map. – (Information series ; no. 1).

Includes 1,504 entries for books, periodical articles, conference proceedings and research reports on the North, written by persons associated with McGill University. Alphabetically arranged by author. Subject and region descriptors are assigned to each item. Provides *Arctic bibliography* numbers. Also includes a list of graduate degrees awarded by McGill for northern research, 1907-1973. The theses are listed by date of award, with an alphabetical list of authors. Z6005 P7 B53 fol. 016.9719

Comprend 1 504 notices sur des livres, des articles de périodiques, des actes de conférences et des rapports de recherche sur le Nord rédigés par des personnes associées à l'Université McGill. Classement par ordre alphabétique d'auteurs. Des descripteurs de matières et de régions ont été attribués à chaque notice. Donne les numéros *Arctic bibliography*. Inclut également une liste des diplômes décernés par McGill pour la recherche sur le Nord, 1907-1973. Comprend une liste des thèses classées par dates d'attribution des diplômes, avec une liste alphabétique des auteurs. Z6005 P7 B53 fol. 016.9719

362

McGill University. Centre for Northern Studies and Research. – *Bibliography of McGill northern research. First supplement.* – Montreal : Centre for Northern Studies and Research, McGill University, 1977. – 16 p. – (Information series ; no. 1).

Adds 76 items published since 1975, and a few from earlier years missed in the first compilation. Also includes McGill theses on northern subjects for 1973-1976. Z6005.P7 B532 fol. 016.9719

Ajout de 76 notices relatives à des documents publiés depuis 1975, ainsi que de quelques notices sur des documents des années antérieures qui avaient été oubliées lors de la première compilation. Inclut également les thèses de l'Université McGill sur les questions d'études nordiques pour la période 1973-1976. Z6005.P7 B532 fol. 016.9719

363

McGill University. Centre for Northern Studies and Research. – *Bibliography of McGill northern research : index to subjects and regions.* – [Montreal] : Centre for Northern Studies and Research, McGill University, 1977. – i, 16 p. – (Information series ; no. 1).

Subject and region index to the 1,504 entries of the *Bibliography of McGill northern research*. Z6005 P7 B533 fol. 016.9719

Index par sujets et par régions pour les 1 504 notices de la *Bibliography of McGill northern research*. Z6005 P7 B533 fol. 016.9719

364

Scott Polar Research Institute. – *The library catalogue of the Scott Polar Research Institute, Cambridge, England.* – Boston : G.K. Hall, 1976. – 19 vol. – 0816112169

A catalogue of books, pamphlets, articles, theses, conference proceedings and official publications dealing with the scientific, political, social and industrial aspects of the polar regions. Includes material in English, French, Russian, Scandinavian and other languages. Three parts: author, subject and regional catalogues. The subject catalogue is arranged according to Universal Decimal classification. Also available online through QL Systems Ltd. Coverage: material catalogued by the Institute from 1985 to date.

Polar and glaciological abstracts, published four times a year, is a selective bibliography based on the Institute's catalogue. Z6005 P7 S36 fol. 016.998

Ce catalogue regroupe des livres, des brochures, des articles, des thèses, des actes de conférences et des publications officielles qui traitent des aspects scientifiques, politiques, sociaux et industriels des régions polaires. Inclut des documents en anglais, en français, en russe, en langues scandinaves et en d'autres langues. Trois parties: auteurs, sujets, régions. Le catalogue des sujets est ordonné conformément à la Classification décimale universelle. Également accessible en direct via QL Systems Limited. Période couverte: tous les documents catalogués par l'Institut depuis 1985 jusqu'à ce jour.

Publié quatre fois par année, *Polar and glaciological abstracts* constitue une bibliographie sélective fondée sur le catalogue de l'Institut. Z6005 P7 S36 fol. 016.998

365

Scott Polar Research Institute. – *The library catalogue of the Scott Polar Research Institute, Cambridge, England. First supplement.* – Boston : G.K. Hall, 1981. – 5 vol. – 0816103348

Includes 18,336 items added to the catalogue between June 1976 and August 1979. Z6005 P7 S362 fol. 016.998

Comprend 18 336 notices ajoutées au catalogue entre juin 1976 et août 1979. Z6005 P7 S362 fol. 016.998

366

Stefansson Collection. – *Dictionary catalog of the Stefansson Collection on the polar regions in the Dartmouth College Library.* – Boston : G.K. Hall, 1967. – 8 vol.

A catalogue of works on the polar regions collected in the large part by Arctic explorer Vilhjalmur Stefansson. Includes books, pamphlets, serials, diaries, some correspondence, and tape-recorded lectures and interviews. Entries are arranged alphabetically in one sequence by author, title and subject. Some inconsistencies in author and subject

Ce catalogue porte sur les ouvrages relatifs aux régions polaires qui ont été rassemblés en grande partie par l'explorateur de l'Arctique Vilhjalmur Stefansson. Comprend des livres, des brochures, des publications en série, des journaux personnels, quelques lettres, ainsi que des enregistrements sonores de conférences et d'entrevues. Les

entries. Sound recordings are listed in an appendix.   Z6005 P7 S8 fol.   016.998

notices sont classées par ordre alphabétique d'auteurs, de titres et de sujets. Inconsistance de certaines notices auteurs et sujets. La liste des enregistrements sonores se trouve en annexe.   Z6005 P7 S8 fol.   016.998

367
Université Laurentienne de Sudbury. Bibliothèque. – *Catalogue des coupures de presse, collection Gardner.* – N° 1 (1967)-n° 69 (1985). – Sudbury (Ont.) : Bibliothèque de l'Université Laurentienne, 1967-1985. – 69 vol. – 0576-9035

69 numbers, each containing a chronologically arranged list of newspaper articles on subjects relating to Northern Canada such as transportation, defence, Native peoples, mining and vegetation. Numbers 66 to 69 deal with Iceland, the USSR and Scandinavia. The newspapers indexed are mainly from Quebec and Ontario. The Gardner Northern Collection was formerly held by the École des hautes études commerciales, Centre de recherches arctiques, Montréal and the Université du Québec à Montréal, Service des recherches arctiques et sub-arctiques.   Z6005 P7 M62 fol.   016.9719

Le catalogue compte 69 numéros qui contiennent chacun une liste chronologique d'articles de journaux sur des questions relatives au Nord du Canada, par exemple le transport, la défense, les autochtones, les activités minières et la végétation. Les numéros 66 à 69 traitent de l'Islande, de l'URSS et de la Scandinavie. Les journaux répertoriés proviennent principalement du Québec et de l'Ontario. La collection Gardner appartenait auparavant au Centre de recherches arctiques de l'École des hautes études commerciales de Montréal et au Service des recherches arctiques et sub-arctiques de l'Université du Québec à Montréal.   Z6005 P7 M62 fol.   016.9719

368
Université Laval. Centre d'études nordiques. – *Une décennie de recherches au Centre d'études nordiques, 1961-1970 : résumés des principaux travaux publiés et manuscrits.* – Québec : Université Laval, 1971. – [114] f.

97 entries for monographs and articles on all aspects of Northern Quebec and Canada available at the Centre d'études nordiques. Includes French- and a few English-language titles. Arranged by subject. Annotations. Author and subject indexes.   Z6005 P7 U59 fol.   016.9719

97 notices sur des monographies et des articles qui se rapportent à tous les aspects du Nord du Québec et du Canada et qui sont disponibles au Centre d'études nordiques. Des documents en français et quelques documents en anglais sont inclus. Classement par sujets. Annotations. Index des auteurs et des sujets.   Z6005 P7 U59 fol.   016.9719

General Reference Works
Book Trade

Ouvrages de référence généraux
Industrie du livre

Archival Resources

Fonds d'archives

369
Canadian Centre for Studies in Publishing. – *Publishers' papers project* [online]. – Carole Gerson, Ann Cowan ; project director, Laura Millar. – Burnaby : Canadian Centre for Studies in Publishing, Simon Fraser University, 1991- .

The Canadian Centre for Studies in Publishing has undertaken a survey of archival records relating to the history of English-language book publishing in Canada. Business records of publishers and booksellers, papers of authors, editors, illustrators and designers, official records of publishers' associations, etc., are being identified. Descriptions of records, their location, restrictions on use and access are entered into a database which will be publicly accessible. Records in British Columbia and Metropolitan Toronto were surveyed in 1991-1992. Records in other parts of Canada will be surveyed by 1996.   Z485   016.07050971

Le Canadian Centre for Studies in Publishing a entrepris un examen des documents d'archives qui se rapportent à l'histoire de l'édition de livres en anglais au Canada. Mentionne les documents commerciaux des éditeurs et des libraires, les documents personnels des auteurs, des rédacteurs, des illustrateurs et des graphistes, les documents officiels des associations d'éditeurs, etc. La description et la localisation des documents ainsi que les restrictions relatives à l'utilisation et à l'accès sont entrées dans une base de données qui sera accessible au public. Les documents de la Colombie-Britannique et du Toronto métropolitain ont été examinés en 1991-1992. Les documents des autres parties du Canada seront étudiés d'ici 1996.   Z485   016.07050971

Bibliographies and Catalogues

Bibliographies et catalogues

370
Bartlett, Mark C. – *The history of the book in Canada : a bibliography.* – Compiled by Mark C. Bartlett, Fiona A. Black, Bertrum H. MacDonald. – Halifax : Bertrum H. MacDonald, c1993. – xi, 260 p. – 0969734905

A bibliography of approximately 1,500 entries on the history of the book in Canada from the seventeenth century to the present. Includes books, journal articles, theses, official publications and pamphlets. Arranged by subject such as paper, ink and type design, printed books, illustration, bookbinding, book trade, libraries and librarianship, legal, economic and social aspects, etc. Entries are arranged chronologically by date of publication within each subject. Indexes: author/editor, title, geographical, topical name. Z206 B27 1993 fol.   016.0020971

Bibliographie d'environ 1 500 notices sur l'histoire du livre au Canada, depuis le dix-septième siècle jusqu'à maintenant. Inclut des livres, des articles de revues, des thèses, des publications officielles et des brochures. Classement par sujets, comme le papier, l'encre et la conception typographique, les livres imprimés, les illustrations, la reliure, l'industrie du livre, les bibliothèques et la bibliothéconomie, les aspects juridiques, économiques et sociaux, etc. Sous chaque sujet, les notices sont classées par ordre chronologique de publication. Quatre index: auteurs-rédacteurs, titres, géographique, noms cités. Z206 B27 1993 fol.   016.0020971

371

Bibliographie des études québécoises sur l'imprimé, 1970-1987. – Compilée par le Comité de bibliographie de l'Association québécoise pour l'étude de l'imprimé (AQÉI) ; Manon Brunet, Yolande Buono, Yvan Lamonde, André Vanasse. – Montréal : Bibliothèque nationale du Québec, 1991. – 124 p. : ill. – 2921241005

A bibliography of 448 books, periodical articles and theses on aspects of printing and the book trade in Quebec. Arranged by subject such as literacy, printing, publishing, distribution and consumption of printed materials. The majority of documents included are French language. Author index. Subject index limited to five time periods and six places. Reproduced in microform format: *Microlog,* no. 94-02680.   Z207 Q8 B53 1991   016.00209714

Bibliographie de 448 livres, articles de périodiques et thèses sur divers aspects de l'imprimerie et de l'industrie du livre au Québec. Classement par sujets comme l'alphabétisation, l'imprimerie, l'édition, la distribution et la consommation d'imprimés. La majorité des documents inclus sont en français. Index des auteurs. Index des sujets limité à cinq périodes et à six endroits. Reproduit sur support microforme: *Microlog,* n° 94-02680.   Z207 Q8 B53 1991   016.00209714

372

Bibliographie des études québécoises sur l'imprimé, 1988-1989. Premier supplément. – Compilée par le Comité de bibliographie de l'Association québécoise pour l'étude de l'imprimé (AQÉI) ; Manon Brunet, Yolande Buono, Pierre Hébert, Jean-René Lassonde. – Montréal : Bibliothèque nationale du Québec, 1993. – 73 p. – 2551130662

Supplement to: *Bibliographie des études québécoises sur l'imprimé, 1970-1987.* Includes studies published in 1988 and 1989 and some titles omitted from the previous volume. No index. Reproduced in microform format: *Microlog,* no. 94-02634. Second supplement in preparation.   Z207 Q8 B53 1991 Suppl.   016.00209714

Supplément de: *Bibliographie des études québécoises sur l'imprimé, 1970-1987.* Comprend des études publiées en 1988 et en 1989, ainsi que quelques ouvrages qui n'avaient pas été inclus dans le volume antérieur. Aucun index. Reproduit sur support microforme: *Microlog,* n° 94-02634. Deuxième supplément en préparation.   Z207 Q8 B53 1991 Suppl.   016.00209714

373

Boilard, Gilberte. – ***Édition du livre au Québec, 1980-1990 : bibliographie sélective et annotée.*** – Québec : Bibliothèque de l'Assemblée nationale, Division de la référence parlementaire, 1990. – [2], 20, [2] p. – (Bibliographie ; n° 33).

66 mostly French-language books, periodical and newspaper articles, and official publications dealing with the book publishing industry in Quebec. Alphabetically arranged by author. Separate list of selected newspaper articles. Annotations. No index. Reproduced in microform format: *Microlog,* no. 92-01837. Updates *L'industrie de l'édition au Québec* in *Biblio éclair,* N° 49 (décembre 1980) [Québec] : Assemblée nationale, Division de la référence parlementaire, 1980.   Z488.3   016.070509714

66 livres, articles de périodiques et de journaux et publications officielles, principalement en français, qui traitent de l'industrie de l'édition au Québec. Classement alphabétique par auteurs. Liste distincte d'articles de journaux choisis. Annotations. Aucun index. Reproduit sur support microforme: *Microlog,* n° 92-01837. Met à jour *L'industrie de l'édition au Québec* dans *Biblio éclair,* N° 49 (décembre 1980) [Québec] : Assemblée nationale, Division de la référence parlementaire, 1980.   Z488.3   016.070509714

374

Books on Canada : Canadian studies, recent titles = *Livres sur le Canada : études canadiennes, parutions récentes.* – Ottawa : Association for the Export of Canadian Books, [1980?]-   . –   vol. : ill. – 0846-9202

Annual. A bilingual catalogue of recently published works in all fields of Canadian studies, intended for use by Canadianists worldwide. Includes English- and French-language titles published by Canadian publishers. Arranged by subject. Entries include annotations in the language of the document, ISBN and price. Author and title indexes. List of participating publishers. Title varies: 1980?-1991, *Canadian studies* = *Études canadiennes.*   Z1365 C2286 fol.   016.971

Annuel. Catalogue bilingue des ouvrages récemment publiés dans tous les secteurs des études canadiennes, à l'intention des spécialistes dans ce domaine du monde entier. Inclut des documents en anglais et en français publiés par des éditeurs canadiens. Classement par sujets. Les notices comprennent des annotations rédigées dans la même langue que le document, l'ISBN et le prix. Index des auteurs et index des titres. Liste des éditeurs participants. Le titre varie: 1980?-1991, *Canadian studies* = *Études canadiennes.*   Z1365 C2286 fol.   016.971

375

Books on Canada : Canadian studies, recent titles = *Livres sur le Canada : études canadiennes, parutions récentes.* – Ottawa : Association pour l'exportation du livre canadien, [1980?]-   . –   vol. : ill. – 0846-9202

Annual. A bilingual catalogue of recently published works in all fields of Canadian studies, intended for use by Canadianists worldwide. Includes English- and French-language titles published by Canadian publishers. Arranged by subject. Entries include annotations in the language of the document, ISBN and price. Author and title indexes. List of participating publishers. Title varies: 1980?-1991, *Canadian studies* = *Études canadiennes.*   Z1365 C2286 fol.   016.971

Annuel. Catalogue bilingue des ouvrages récemment publiés dans tous les secteurs des études canadiennes, à l'intention des spécialistes dans ce domaine du monde entier. Inclut des documents en anglais et en français publiés par des éditeurs canadiens. Classement par sujets. Les notices comprennent des annotations rédigées dans la même langue que le document, l'ISBN et le prix. Index des auteurs et index des titres. Liste des éditeurs participants. Le titre varie: 1980?-1991, *Canadian studies* = *Études canadiennes.*   Z1365 C2286 fol.   016.971

376

Bradbury, Maureen. – *Fine printing by Canadian private presses : a descriptive listing of the holdings of Special Collections.* – Edmonton : Special Collections, D.E. Cameron Library, University of Alberta, 1978-1980. – 2 vol. (97 ; 155 p.). – (News from the Rare Book Room ; no. 17 (June 1978)-no. 18 (December 1980)). – 0085-4166

A listing of works produced by Canadian private presses, most of which are held by Special Collections at the University of Alberta Library. Part I, presses outside Ontario; Part II, presses of Ontario. Each part is alphabetically arranged by name of press. Provides brief press histories and/or descriptions of the types of materials produced. Under each press, entries for works are chronologically arranged.

Entries include title, author, date of printing, pagination, size, number of copies printed, description of colours used and binding. References to other publications on private presses are also provided for some items. Each part has three indexes: binder; geographical; author, title, press. Bibliography. Z231.5 015.71055

Liste d'ouvrages qui ont été produits par des imprimeries particulières canadiennes et dont la plupart se trouvent dans les collections spéciales de la University of Alberta Library. La partie I porte sur les imprimeries de l'extérieur de l'Ontario; la partie II traite des imprimeries ontariennes. Chaque partie est classée par ordre alphabétique de noms d'imprimeries. Fournit un court historique de l'imprimerie et (ou) une description des types de documents produits. Sous chaque imprimerie, les notices sur les ouvrages sont classées en ordre chronologique.

Les notices contiennent le titre, le nom de l'auteur, la date d'impression, la pagination, les dimensions, le nombre d'exemplaires imprimés, ainsi qu'une description des couleurs utilisées et de la reliure. Dans certains cas, on fait également référence à d'autres publications d'imprimeries particulières. Chaque partie contient trois index: relieurs; géographique; auteurs, titres, imprimeries. Bibliographie. Z231.5 015.71055

377

Brault, Jean-Rémi. – *Bibliographie des Éditions Fides, 1937-1987.* – Montréal : Éditions Fides, 1987. – 299, [2] p. – 276211358X

A chronologically arranged bibliography of works published by Fides during the period from 1937 to 1987. Éditions Fides publishes religious, literary, historical and sociological works in French. Lists of authors, titles, authors of introductions and forewords, etc., collections, illustrators and translators. Z483 F5 B72 1987 015.714

Bibliographie, avec classement chronologique, des ouvrages publiés par les Éditions Fides de 1937 à 1987. Les Éditions Fides publient des ouvrages religieux, littéraires, historiques et sociologiques en français. Donne la liste des auteurs, des titres, des auteurs d'introductions et d'avant-propos, etc., des collections, des illustrateurs et des traducteurs. Z483 F5 B72 1987 015.714

378

Canadian books in print. Author and title index. – (1967)-   . – Toronto : University of Toronto Press, 1967-   . – vol. – 0068-8398

Annual. Includes all titles bearing the imprint of Canadian publishers, and Canadian subsidiaries of international publishing firms. Lists all books including textbooks and a selection of official publications. Excludes maps, sheet music, newspapers, periodicals and pamphlets. Includes English- and French-language titles published by Canadian publishers, 1967-1972. Includes English- and French-language titles published by predominantly English-language Canadian publishers, 1973-   .

Three sections: author index, title index, list of publishers with Standard Book Numbers. Issued in two volumes, 1967 ed.: vol. 1, author and publisher index; vol. 2, title index. Title varies: 1967-1972, *Canadian books in print = Catalogue des livres canadiens en librairie*; 1973-1974, *Canadian books in print*.

Available in microfiche format, March 1980-   , updated three times a year. Available online through INFO GLOBE, 1989-   , updated four times a year. Z1365 C2184 fol. 015.71

Annuel. Comprend tous les documents publiés par les éditeurs canadiens ou par les filiales canadiennes d'éditeurs internationaux. Donne la liste de tous les livres, y compris les manuels scolaires et certaines publications officielles. Exclut les cartes, les partitions, les journaux, les périodiques et les brochures. Inclut des documents en anglais et en français publiés par des éditeurs canadiens, 1967-1972. Inclut des documents en anglais et en français publiés principalement par des éditeurs canadiens-anglais, 1973-   .

Trois sections: index des auteurs, index des titres, liste des éditeurs avec numéros normalisés des livres. L'édition de 1967 a été publiée en deux volumes: vol. 1, index des auteurs et des éditeurs; vol. 2, index des titres. Le titre varie: 1967-1972, *Canadian books in print = Catalogue des livres canadiens en librairie*; 1973-1974, *Canadian books in print*.

Disponible sur support microfiche, mars 1980-   , avec mise à jour trois fois par année. Disponible en direct via INFO GLOBE, 1989-   , mise à jour quatre fois par année. Z1365 C2184 fol. 015.71

379

Canadian books in print. Subject index. – (1973)-   . – Toronto : University of Toronto Press, 1973-   . – vol. – 0315-1999

Annual. A companion volume to *Canadian books in print. Author and title index.* Three sections: list of subject headings, subject index, list of publishers with Standard Book Numbers. Title varies: 1973-1974, *Subject guide to Canadian books in print*. Available online through INFO GLOBE, 1989-   , updated four times a year. Z1365 C2187 fol. 015.71

Annuel. Ce volume va de pair avec *Canadian books in print. Author and title index.* Trois sections: liste des vedettes-matière, index des sujets, liste des éditeurs avec numéros normalisés des livres. Le titre varie: 1973-1974, *Subject guide to Canadian books in print*. Disponible en direct via INFO GLOBE, 1989-   , mise à jour quatre fois par année. Z1365 C2187 fol. 015.71

380

A catalogue of the William Colgate printing collection : books, pamphlets, drawings. – Montreal : McGill University Library, 1956. – 25 p. : facsim.

A catalogue of the printing collection donated to McGill University Library by William Colgate. Includes foreign and Canadian material arranged by press, printer or subject, such as lettering, papermaking, type and typography. Works by William Colgate, J.E.H. MacDonald, Thoreau MacDonald and Grant MacDonald are included. No indexes.   Z118 A3 M3 C6 fol.   016.686

Catalogue de la collection sur l'imprimerie donnée à l'Université McGill par William Colgate. Comprend des documents étrangers et canadiens classés par presses, par imprimeurs ou par sujets, comme le lettrage, la fabrication du papier, les caractères et la conception typographique. Des ouvrages de William Colgate, J.E.H. MacDonald, Thoreau MacDonald et Grant MacDonald sont inclus. Aucun index. Z118 A3 M3 C6 fol.   016.686

381

Forthcoming books = Livres à paraître. – (Jan. 1980)-   . – Ottawa : National Library of Canada, 1980-   . –   vol.

Monthly. Distributed as an insert with *Quill & quire* and *Livres d'ici.* A list of forthcoming Canadian books prepared by the National Library of Canada through the Canadian Cataloguing in Publication Program (CIP). CIP attempts to provide advance information on the books of all Canadian publishers for use by librarians and booksellers. Arranged by broad subject, according to Dewey decimal classification. Z1365 015.71

Mensuel. Distribué à titre d'encart dans *Quill & quire* et dans *Livres d'ici.* Liste des livres canadiens à paraître établie par la Bibliothèque nationale du Canada dans le cadre du Programme de catalogage avant publication. Ce programme vise à fournir aux bibliothécaires et aux libraires des renseignements anticipés sur les livres à paraître de tous les éditeurs canadiens. Classement par grandes catégories de sujets, conformément à la Classification décimale de Dewey. Z1365 015.71

382

Forthcoming books = Livres à paraître. – (Janv. 1980)-   . – Ottawa : Bibliothèque nationale du Canada, 1980-   . –   vol.

Monthly. Distributed as an insert with *Quill & quire* and *Livres d'ici.* A list of forthcoming Canadian books prepared by the National Library of Canada through the Canadian Cataloguing in Publication Program (CIP). CIP attempts to provide advance information on the books of all Canadian publishers for use by librarians and booksellers. Arranged by broad subject, according to Dewey decimal classification. Z1365 015.71

Mensuel. Distribué à titre d'encart dans *Quill & quire* et dans *Livres d'ici.* Liste des livres canadiens à paraître établie par la Bibliothèque nationale du Canada dans le cadre du Programme de catalogage avant publication. Ce programme vise à fournir aux bibliothécaires et aux libraires des renseignements anticipés sur les livres à paraître de tous les éditeurs canadiens. Classement par grandes catégories de sujets, conformément à la Classification décimale de Dewey. Z1365 015.71

383

Langlois, Pierre. – *Imprimerie et édition, arts et industries graphiques, reprographie, micrographie et domaines connexes.* – [Québec] : Gouvernement du Québec, Office de la langue française, 1982. – 137 p. – (Bibliographies). – 2551047315

A bibliography of 375 glossaries, vocabularies and dictionaries which include French terms relating to the graphic arts industries. Includes Canadian and foreign publications. Arranged by industry. Entries include bibliographic citation, brief contents description and locations. Subject index.   Z117   016.68603

Bibliographie de 375 glossaires, lexiques et dictionnaires qui comprennent des termes français relatifs aux industries et aux arts graphiques. Inclut des publications canadiennes et étrangères. Classement par industries. Les notices contiennent une référence bibliographique, une courte description du contenu et des localisations. Index des sujets.   Z117   016.68603

384

Les livres disponibles canadiens de langue française = Canadian French books in print. – (Sept./oct. 1981)-   . – [Outremont, Québec] : Bibliodata, [1981]-   . –   vol. – 0708-4889 – Cover title. – Titre de la couv.

Lists Canadian French-language books in print. Appears four times a year in three print volumes for authors, titles and subjects. Appears ten times a year in microfiche format. Directory of distributors. Title varies: (Sept./Oct. 1981)-(June 1987), *La liste des livres disponibles de langue française des auteurs et des éditeurs canadiens = Canadian authors and publishers, French books in print.* Publisher varies. Title of microform edition: (Sept./Oct. 1981)-   , *La liste des livres disponibles de langue française des auteurs et des éditeurs.* Z1377 F8 L58 fol.   015.710241

Donne la liste des livres canadiens en français disponibles. Paraît quatre fois par année en trois volumes imprimés qui portent sur les auteurs, les titres et les sujets. Paraît dix fois par année sur microfiche. Répertoire des distributeurs. Le titre varie : (sept./oct. 1981)-(juin 1987), *La liste des livres disponibles de langue française des auteurs et des éditeurs canadiens = Canadian authors and publishers, French books in print.* L'éditeur change. Titre de l'édition sur support microforme : (sept./oct. 1981)-   , *La liste des livres disponibles de langue française des auteurs et des éditeurs.* Z1377 F8 L58 fol.   015.710241

385

Melanson, Holly. – *Literary presses in Canada, 1975-1985 : a checklist and bibliography.* – Halifax : Dalhousie University, School of Library and Information Studies, 1988. – iii, 187, [3] p. – (Occasional papers series ; 43). – 0770397174

A directory and bibliography of 240 English-Canadian literary presses which published at least two original literary works during the years 1975 through 1985. Alphabetically arranged by name of press. Entries include name changes or mergers, ISBN prefix, address, names of founders, dates of operation, chronologically arranged list of publications, comments on press purpose or history and bibliography of journal articles on press history. Publication list

Répertoire et bibliographie de 240 maisons d'édition littéraire canadiennes-anglaises qui ont publié au moins deux oeuvres littéraires originales entre 1975 et 1985. Classement alphabétique par noms de maisons d'édition. Les notices comprennent les changements de noms ou les fusions, le préfixe ISBN, l'adresse, les noms des fondateurs, les dates d'exploitation, une liste chronologique des publications, des commentaires sur les objectifs ou l'historique de la maison d'édition et une bibliographie des articles de journaux sur l'histoire

for each press includes only adult English-language or bilingual literary works that fall into one of the following categories: novels, short stories, poetry, humour, literary criticism or memoirs. Founder and regional indexes. Bibliography. Z231.5 L5 M44 1988 fol. 015.71055

de la maison d'édition. Pour chaque maison d'édition, la liste des publications contient uniquement les ouvrages littéraires pour adultes en anglais ou bilingues qui se trouvent dans l'une des catégories suivantes: romans, nouvelles, poèmes, écrits humoristiques, critiques littéraires ou mémoires. Index des fondateurs et index régional. Bibliographie. Z231.5 L5 M44 1988 fol. 015.71055

386

Noroît, 1971-1986. – Saint-Lambert (Québec) : Éditions du Noroît, 1987. – 79 p. : ill. – 289018160X

A bibliography of 140 titles by more than 60 authors published by Éditions du Noroît between 1971 and 1986. Noroît has focussed on the publishing of collaborative works by Quebec poets and artists. Arranged by name of author. Bibliographic citations are accompanied by excerpts from criticism and reviews. Index of authors, artists and titles. Z1367 N67 1987 015.714

Bibliographie de 140 oeuvres de plus de 60 auteurs publiées par les Éditions du Noroît entre 1971 et 1986. Cette maison d'édition s'est spécialisée dans la publication d'oeuvres collectives de poètes et d'artistes québécois. Classement par noms d'auteurs. Les références bibliographiques sont accompagnées d'extraits de critiques. Index des auteurs, des artistes et des titres. Z1367 N67 1987 015.714

387

Spadoni, Carl. – *A bibliography of McClelland and Stewart imprints, 1909-1985 : a publisher's legacy.* – Carl Spadoni and Judy Donnelly. – Toronto : ECW Press, c1994. – 862 p. : ill., port. – 155022171X

A bibliography of McClelland and Stewart imprints as well as those of its predecessors and associate companies from its founding in 1906 through 1985. Excludes books of simultaneous publication, sales catalogues, publisher's dummies, in-house newsletters, other ephemera and books published by other firms for whom McClelland and Stewart acted as an agent only. Chronologically arranged by year and then alphabetically by main entry. A bibliographical description for each edition of a work includes: main entry, title-page transcription, pagination, size, binding note, printer, other authorial responsibility, historical note, series, bibliographical references, copies examined at institutions other than McMaster University Library. Chronology. Historical introduction. List of works cited. Appendices: imprints not located, series, archival resources. Name and title indexes. Z1367 M26 S63 1994 fol. 015.71

Bibliographie des adresses bibliographiques de McClelland and Stewart ainsi que des prédécesseurs et des associés de cette entreprise, depuis sa fondation en 1906 jusqu'en 1985. Exclut les éditions simultanées, les catalogues de vente, les factices des éditeurs, les bulletins internes, les autres documents éphémères et les livres publiés par d'autres entreprises pour lesquelles McClelland and Stewart servait seulement d'agent. Classement chronologique par années, puis classement alphabétique par notices principales. La description bibliographique de chaque édition d'un ouvrage comprend: une notice principale, une transcription de la page de titre, le nombre de pages, les dimensions, une note sur la reliure, l'imprimeur, les autres responsables de l'oeuvre, une note historique, la collection, des références bibliographiques, les exemplaires examinés aux établissements autres que la bibliothèque de McMaster University. Chronologie. Introduction historique. Liste des ouvrages cités. Annexes: impressions non localisées, collections, fonds d'archives. Index des noms et index des titres. Z1367 M26 S63 1994 fol. 015.71

388

Wallace, W. Stewart [William Stewart]. – *The Ryerson imprint : a check-list of the books and pamphlets published by the Ryerson Press since the foundation of the house in 1829.* – Toronto : Ryerson, [19–?]. – 141 p.

A bibliography of books and pamphlets published by the Ryerson Press and its predecessor the Methodist Book Room from 1829 through 1954. Chronologically arranged by date of publication, subarranged alphabetically by author. When possible, one location provided for each title. No index. Z1367 R9 W3 015.71

Bibliographie de livres et de brochures publiés par Ryerson Press et son prédécesseur, Methodist Book Room, depuis 1829 jusqu'en 1954. Classement chronologique par dates de publication, avec sous-classement alphabétique par auteurs. Dans la mesure du possible, une localisation est donnée pour chaque ouvrage. Aucun index. Z1367 R9 W3 015.71

389

Whiteman, Bruce. – *A bibliography of Macmillan of Canada imprints 1906-1980.* – By Bruce Whiteman, Charlotte Stewart, Catherine Funnell. – Toronto : Dundurn Press, 1985. – xv, 474 p. – (Dundurn Canadian historical document series ; no. 4). – 091967089X

Attempts to list all books published with the Macmillan of Canada imprint during the period from 1906 to July 1980. Excludes books published by other houses and distributed by Macmillan, and in-house ephemera such as newsletters and sales catalogues. Arranged chronologically and subarranged by author or title. Entries include a transcription of the title-page, collation, notes on publication history and a series note. Index of authors, titles, contributors, illustrators and series. *First supplement and corrigenda,* compiled by Carl Spadoni, was published in the *Papers of the Bibliographical Society of Canada* vol. 28 (1989). Z483 M3 W48 1985 015.71

Tentative d'établissement d'une liste de tous les livres qui ont été publiés de 1906 à juillet 1980 et qui portent l'adresse bibliographique de Macmillan of Canada. Exclut les livres publiés par d'autres maisons d'édition et distribués par Macmillan, ainsi que les documents éphémères internes, comme les bulletins et les catalogues de vente. Classement chronologique avec sous-classement par auteurs ou par titres. Les notices comprennent une transcription de la page de titre, la collation, des notes sur l'historique de la publication et une note sur la collection. Index des auteurs, des titres, des collaborateurs, des illustrateurs et des collections. Compilé par Carl Spadoni, *First supplement and corrigenda* a été publié dans *Cahiers de la Société bibliographique du Canada* vol. 28 (1989). Z483 M3 W48 1985 015.71

Book Reviews

Recensions de livres

390
Canadian book review annual. – (1975)-   . – Toronto : Simon & Pierre, 1975-   . –   vol. – 0383-770X

Annual. Provides reviews of English-language trade books with a Canadian imprint and a copyright date of the year covered by each volume. Also covers reprints of books published before 1975, selected federal official publications, English translations of French-Canadian and foreign-language titles, selected educational works and publications of the previous year which arrived too late for inclusion in that year's volume. Arranged by broad subject. Entries provide a bibliographic citation, price, ISBN, Dewey decimal classification number and a review of 200 to 500 words. List of contributors. Directory of publishers. Author, title and subject index. Imprint varies. Z1035 A1 C32 fol. 028.1

Annuel. Fournit des critiques de livres grand public en anglais qui portent une adresse bibliographique canadienne et dont la date d'enregistrement des droits d'auteur correspond à l'année couverte par chaque volume. Porte également sur les réimpressions de livres publiés avant 1975, sur une sélection de publications officielles fédérales, sur des traductions en anglais de livres canadiens-français et étrangers, sur certains ouvrages éducatifs, ainsi que sur des publications de l'année précédente reçues trop tard pour figurer dans le volume antérieur. Classement par grandes catégories de sujets. Les notices contiennent une référence bibliographique, le prix, l'ISBN, l'indice de Classification décimale de Dewey et une critique de 200 à 500 mots. Liste des collaborateurs. Répertoire des éditeurs. Index des auteurs, des titres et des sujets. L'adresse bibliographique varie. Z1035 A1 C32 fol. 028.1

Dictionaries

Dictionnaires

391
ABC de bibliophilie. – Québec : Confrérie de la librairie ancienne du Québec, 1993. – 32, [xii] p. : ill.

A dictionary of French terms used in the fields of printing, typography and bookbinding. Alphabetically arranged. Entries include a definition in French, and English equivalent terms. English-French vocabulary. Bibliography. Directory of rare book dealers, primarily of Quebec. Z992 A22 1993 070.503

Dictionnaire de termes français utilisés dans les domaines de l'imprimerie, de la typographie et de la reliure. Classement alphabétique. Les notices contiennent une définition en français, et les termes équivalents en anglais. Vocabulaire anglais-français. Bibliographie. Répertoire des libraires du livre ancien, surtout du Québec. Z992 A22 1993 070.503

392
Buendia, Laurent. – *Desktop publishing* = *Éditique.* – [Prepared by] Laurent Buendia, Line Paradis. – Ottawa : Dept. of the Secretary of State of Canada, Terminology and Linguistic Services Branch, c1989. – 64 p. – (Glossary). – 0660547627

A glossary of the most frequently used terms in desktop publishing. One alphabetical sequence of French and English terms with their respective equivalents. Synonyms and abbreviations included. Bibliography. Reproduced in microform format: *Microlog*, no. 89-03358. Z286 D47 B83 1989 686.2254403

Lexique des termes les plus fréquemment utilisés en éditique. Termes français et anglais en une seule liste alphabétique avec leurs équivalents respectifs. Inclut des synonymes et des abréviations. Bibliographie. Reproduit sur support microforme: *Microlog*, nº 89-03358. Z286 D47 B83 1989 686.2254403

393
Buendia, Laurent. – *Desktop publishing* = *Éditique.* – [Préparé par] Laurent Buendia, Line Paradis. – Ottawa : Secrétariat d'État du Canada, Direction générale de la terminologie et des services linguistiques, c1989. – 64 p. – (Lexique). – 0660547627

A glossary of the most frequently used terms in desktop publishing. One alphabetical sequence of French and English terms with their respective equivalents. Synonyms and abbreviations included. Bibliography. Reproduced in microform format: *Microlog*, no. 89-03358. Z286 D47 B83 1989 686.2254403

Lexique des termes les plus fréquemment utilisés en éditique. Termes français et anglais en une seule liste alphabétique avec leurs équivalents respectifs. Inclut des synonymes et des abréviations. Bibliographie. Reproduit sur support microforme: *Microlog*, nº 89-03358. Z286 D47 B83 1989 686.2254403

394
Dalphond, Julie E. – *Glossaire des termes d'impression à l'usage du papetier.* – Par Julie E. Dalphond et Patrice J. Mangin. – [Montréal : Section technique, Association canadienne des pâtes et papiers, 1992]. – [6], 131 p. – 1895288339

A glossary of terms used in the printing and paper industries. Principal alphabetical sequence comprised of French terms and definitions. Indexes of English terms with French equivalents and French terms with English equivalents. Bibliography. Z118 D34 1992 fol. 686.203

Lexique des termes utilisés dans les industries de l'imprimerie et du papier. Liste alphabétique principale des termes français accompagnés de définitions. Index des termes anglais avec leurs équivalents en français et index des termes français avec leurs équivalents en anglais. Bibliographie. Z118 D34 1992 fol. 686.203

395

Gobeil, Laurent. – *Lexique anglais-français de l'industrie papetière : fabrication des pâtes et du papier.* – Laurent Gobeil avec la collaboration de Henri-Jacques Meyer. – [Québec] : Office de la langue française, Ministère de l'éducation, [1974]. – [6] f., 268 p., [2] f.

An English-French glossary of terms used in the paper manufacturing industry. Alphabetically arranged in English. Index of French terms. Bibliography.   TS1085 G62   676.03

Lexique anglais-français des termes employés dans l'industrie papetière. Classement alphabétique en anglais. Index des termes français. Bibliographie.   TS1085 G62   676.03

396

Graphic arts = Industries graphiques. – Ottawa : Dept. of the Secretary of State of Canada, Terminology and Linguistic Services Branch, c1986. – 60 p. – (Glossary). – 0662548442

A glossary of the terms most commonly used in the graphic arts. One alphabetical sequence of English and French terms with their respective equivalents. Includes synonyms and abbreviations. Reproduced in microform format: *Microlog*, no. 88-05912. Based on: *Graphic arts vocabulary : English-French, French-English*, 1986. Updates the 1984 glossary, *Printing*.   Z244   686.203

Lexique des termes les plus couramment utilisés dans les industries graphiques. Termes anglais et français en une seule liste alphabétique avec leurs équivalents respectifs. Inclut des synonymes et des abréviations. Reproduit sur support microforme: *Microlog*, n° 88-05912. Fondé sur: *Vocabulaire des industries graphiques : anglais-français, français-anglais*, 1986. Met à jour le lexique de 1984, *Imprimerie*.   Z244   686.203

397

Graphic arts = Industries graphiques. – Ottawa : Secrétariat d'État du Canada, Direction générale de la terminologie et des services linguistiques, c1986. – 60 p. – (Lexique). – 0662548442

A glossary of the terms most commonly used in the graphic arts. One alphabetical sequence of English and French terms with their respective equivalents. Includes synonyms and abbreviations. Reproduced in microform format: *Microlog*, no. 88-05912. Based on: *Graphic arts vocabulary : English-French, French-English*, 1986. Updates the 1984 glossary, *Printing*.   Z244   686.203

Lexique des termes les plus couramment utilisés dans les industries graphiques. Termes anglais et français en une seule liste alphabétique avec leurs équivalents respectifs. Inclut des synonymes et des abréviations. Reproduit sur support microforme: *Microlog*, n° 88-05912. Fondé sur: *Vocabulaire des industries graphiques : anglais-français, français-anglais*, 1986. Met à jour le lexique de 1984, *Imprimerie*. Z244   686.203

398

Hulse, Elizabeth. – *A dictionary of Toronto printers, publishers, booksellers and the allied trades, 1798-1900.* – Toronto : Anson-Cartwright Editions, c1982. – xxii, 311 p. : ill., ports. – 0919974082

A dictionary of nineteenth-century Toronto printers, publishers and booksellers, compiled from city directories, registration records, imprints, local histories, etc. Alphabetically arranged by company or personal name. Entries include the name of the company or individual, variant forms of the name, dates of active business, type of business, address, company personnel, miscellaneous information such as relationships with other companies and biographical information, and principal sources used. Appendices: A, chronology of significant events; B, King's and Queen's Printer for Upper Canada, Province of Canada and Ontario; C, Brown, Lovell, Rose and Taylor family trees. Historical introduction. Bibliography.   Z231 H86 fol. 070.509713541

Dictionnaire des imprimeurs, des éditeurs et des libraires du dix-neuvième siècle à Toronto, compilé à partir des annuaires de villes, des dossiers d'enregistrement, des adresses bibliographiques, de l'histoire locale, etc. Classement alphabétique par noms de compagnies ou de personnes. Les notices contiennent le nom de la compagnie ou de la personne sous ses diverses formes, les dates d'exploitation active, le type d'entreprise, l'adresse, le personnel de la compagnie, divers renseignements comme les rapports avec d'autres compagnies et des données biographiques, ainsi que les principales sources consultées. Annexes: A, chronologie des événements importants; B, imprimeurs du Roi et de la Reine pour le Haut Canada, la Province du Canada et l'Ontario; C, arbres généalogiques des familles Brown, Lovell, Rose et Taylor. Introduction de nature historique. Bibliographie.   Z231 H86 fol.   070.509713541

399

Lafontaine, Gerard H. – *Dictionary of terms used in the paper, printing and allied industries.* – Toronto : Howard Smith Paper Mills, 1949. – [198] p.

An English-French dictionary with English definitions. Also includes a French-English glossary, a history of papermaking and a history of the Howard Smith Paper Mills. Bibliography. Based on the author's *Glossaire du papetier et de l'imprimeur*.   TS1085 L343   686.203

Dictionnaire anglais-français avec définitions en anglais. Inclut également un lexique français-anglais, un historique de la fabrication du papier et un historique de Howard Smith Paper Mills. Bibliographie. Fondé sur *Glossaire du papetier et de l'imprimeur* du même auteur.   TS1085 L343   686.203

400

Lafontaine, Gerard H. – *Glossaire du papetier et de l'imprimeur.* – Montréal : Papeteries Howard Smith, 1942. – [2], vii, 131, [1] p.

An English-French dictionary with French definitions. Also includes a French-English glossary and a history of the Howard Smith Paper Mills. Published in English under the title: *Dictionary of terms used in the paper, printing and allied industries*.   TS1085 L34   686.203

Dictionnaire anglais-français avec définitions en français. Inclut également un lexique français-anglais et un historique de Howard Smith Paper Mills. Publié en anglais sous le titre: *Dictionary of terms used in the paper, printing and allied industries*.   TS1085 L34 686.203

401

Loubier, Christiane. – *Vocabulaire de l'édition et de la reliure : vocabulaire anglais-français.* – [En collaboration avec Hélène L'Heureux, Madeleine Perron, Corinne Troude]. – [Montréal] : Office de la langue française, 1987. – [56] p. – (Cahiers de l'Office de la langue française. Terminologie technique et industrielle). – 2551086469

An English-French vocabulary of terms from the fields of publishing and bookbinding. Includes definitions in French. Arranged in two sections for vocabularies of each field. Entries are arranged alphabetically in English. Index of French terms. Bibliography. Reproduced in microform format: *Microlog*, no. 88-04034.   Z282.5 L68 1987   686.3003

Vocabulaire anglais-français de termes des domaines de l'édition et de la reliure. Inclut des définitions en français. Classement en deux sections, une sur chaque domaine. Les notices sont classées par ordre alphabétique en anglais. Index des termes français. Bibliographie. Reproduit sur support microforme: *Microlog*, n° 88-04034.   Z282.5 L68 1987   686.3003

402

Nadeau, Luis. – *Encyclopedia of printing, photographic, and photomechanical processes : a comprehensive reference to reproduction technologies containing invaluable information on over 1500 processes.* – Fredericton : Atelier Luis Nadeau, c1989-c1990. – 2 vols. (200 ; 300-542 p.) : ill. – 0969084153 (vol. 1) 0969084161 (vol. 2)

An alphabetically arranged encyclopedia of printing, photographic or photomechanical processes. Vol. 1, A-L; vol. 2, M-Z. Entries include: English term, German term, type of process, English-language definition and history, references to sources, cross-references to other terms. Each volume has indexes of German terms and proper names and a general index. Vol. 2 includes an index of specimens referred to in vols. 1 and 2 and an appendix of technical terms and abbreviations about prints.   TR9 N33 1989   686.03

Encyclopédie alphabétique des procédés d'impression, de photographie et de reproduction photomécanique. Vol. 1, A-L; vol. 2, M-Z. Les notices comprennent: le terme anglais, le terme allemand, le type de procédé, une définition et un historique en anglais, des références aux sources, des renvois à d'autres termes. Chaque volume contient un index des termes allemands, un index des noms propres et un index général. Le vol. 2 inclut un index des modèles mentionnés dans les vol. 1 et 2, ainsi qu'une annexe sur les abréviations et les termes techniques relatifs aux résultats des procédés.   TR9 N33 1989   686.03

403

Paradis, Line. – *Vocabulaire des industries graphiques = Graphic arts vocabulary.* – [Ottawa] : Dept. of the Secretary of State of Canada, c1993. – xiii, 573 p. : ill. – (Terminology bulletin ; 210). – 0660580254

A vocabulary of terms from all areas of the graphic arts. Arranged alphabetically in English with French equivalents provided in a parallel column. English- and French-language definitions. Also includes a French-English glossary. Appendices: type classification schemes, paper sizes, typographic units, diagram of parts of a typeface, type design elements, diagrams of parts of hand-bound and casebound books. Bibliography. Reproduced in microform format: *Microlog*, no. 93-08236. Revises and updates: Neal, Thomas, *Vocabulaire des industries graphiques : anglais-français, français-anglais = Graphic arts vocabulary : English-French, French-English* ([Ottawa] : Department of the Secretary of State of Canada, Terminology and Linguistic Services Branch, 1986).   Z118 P37 1993 fol.   686.203

Vocabulaire de termes de tous les secteurs des industries graphiques. Classement alphabétique des termes anglais avec leurs équivalents français en parallèle. Définitions en anglais et en français. Inclut également un lexique français-anglais. Annexes: classifications de caractères, formats de papier, unités typographiques, diagrammes des parties d'un caractère, éléments de conception typographique, diagrammes des parties de livres reliés à la main et de livres emboîtés. Bibliographie. Reproduit sur support microforme: *Microlog*, n° 08236. Révise et met à jour: Neal, Thomas, *Vocabulaire des industries graphiques : anglais-français, français-anglais = Graphic arts vocabulary : English-French, French-English* ([Ottawa] : Secrétariat d'État du Canada, Direction de la terminologie et des services linguistiques, 1986).   Z118 P37 1993 fol.   686.203

404

Paradis, Line. – *Vocabulaire des industries graphiques = Graphic arts vocabulary.* – [Ottawa] : Secrétariat d'État du Canada, c1993. – xiii, 573 p. : ill. – (Bulletin de terminologie ; 210). – 0660580254

A vocabulary of terms from all areas of the graphic arts. Arranged alphabetically in English with French equivalents provided in a parallel column. English- and French-language definitions. Also includes a French-English glossary. Appendices: type classification schemes, paper sizes, typographic units, diagram of parts of a typeface, type design elements, diagrams of parts of hand-bound and casebound books. Bibliography. Reproduced in microform format: *Microlog*, no. 93-08236. Revises and updates: Neal, Thomas, *Vocabulaire des industries graphiques : anglais-français, français-anglais = Graphic arts vocabulary : English-French, French-English* ([Ottawa] : Department of the Secretary of State of Canada, Terminology and Linguistic Services Branch, 1986).   Z118 P37 1993 fol.   686.203

Vocabulaire de termes de tous les secteurs des industries graphiques. Classement alphabétique des termes anglais avec leurs équivalents français en parallèle. Définitions en anglais et en français. Inclut également un lexique français-anglais. Annexes: classifications de caractères, formats de papier, unités typographiques, diagrammes des parties d'un caractère, éléments de conception typographique, diagrammes des parties de livres reliés à la main et de livres emboîtés. Bibliographie. Reproduit sur support microforme: *Microlog*, n° 93-08236. Révise et met à jour: Neal, Thomas, *Vocabulaire des industries graphiques : anglais-français, français-anglais = Graphic arts vocabulary : English-French, French-English* ([Ottawa] : Secrétariat d'État du Canada, Direction de la terminologie et des services linguistiques, 1986).   Z118 P37 1993 fol.   686.203

405

Pupier, Paul. – *Le dictionnaire pratique de l'éditique.* – Paul Pupier et Aline Gagnon. – Montréal : Éditions Logiques, c1992. – xviii, 79, 76, xv p. – 2893810683 – Titre de la p. de t. additionnelle : *The practical dictionary of desktop publishing.*

A glossary of over 2,200 English and over 2,100 French terms used in the field of desktop publishing. Separate sequences of English terms with French equivalents and French terms with English equivalents. Provides synonyms, antonyms, abbreviations, hyponyms and partonyms when appropriate. Bibliography. Z286 D47 P86 1992 686.2254403

Lexique de plus de 2 200 termes anglais et de plus de 2 100 termes français utilisés dans le domaine de l'éditique. Listes distinctes des termes anglais avec leurs équivalents français et des termes français avec leurs équivalents anglais. S'il y a lieu, donne les synonymes, les antonymes, les abréviations, les hyponymes et les paronymes. Bibliographie. Z286 D47 P86 1992 686.2254403

406

Pupier, Paul. – *The practical dictionary of desktop publishing.* – Paul Pupier and Aline Gagnon. – Montreal : Logical Publishing, c1992. – xv, 76, 79, xviii p. – 2893810683 – Title on added t.p. : *Le dictionnaire pratique de l'éditique.*

A glossary of over 2,200 English and over 2,100 French terms used in the field of desktop publishing. Separate sequences of English terms with French equivalents and French terms with English equivalents. Provides synonyms, antonyms, abbreviations, hyponyms and partonyms when appropriate. Bibliography. Z286 D47 P86 1992 686.2254403

Lexique de plus de 2 200 termes anglais et de plus de 2 100 termes français utilisés dans le domaine de l'éditique. Listes distinctes des termes anglais avec leurs équivalents français et des termes français avec leurs équivalents anglais. S'il y a lieu, donne les synonymes, les antonymes, les abréviations, les hyponymes et les paronymes. Bibliographie. Z286 D47 P86 1992 686.2254403

Directories

Répertoires

407

American book trade directory. – (1915)- . – New Providence (N.J.) : R.R. Bowker, 1915- . – vol. – 0065-759X

Triennial. A directory of over 30,000 retail and wholesale booksellers in the United States and Canada. Sections for retail and antiquarian booksellers and wholesalers are geographically arranged by country, state or province and city. Entries include name, address, telephone and fax numbers, names of owners and/or managers, date of establishment, date of present ownership, physical size of store, number of volumes stocked, types of books sold, subject specialties, other services, and branches, if any.

Also listed are bookstore chain and franchise headquarters, national distributors of paperbacks and wholesale remainder dealers. A third section covers auctioneers of literary property, appraisers of library collections, export representatives, exporters, importers, rental library chains and book trade associations. List of foreign language book dealers arranged by language. Index arranged by type of store; index of retailers and wholesalers. Title varies: 1915-1922, *American book trade manual*; 1925-1949, *American booktrade directory*.

Available on CD-ROM as part of: *Library reference plus* ([New Providence, N.J.] : Bowker Electronic Publishing, [1991?]-). Annual with monthly, bimonthly or quarterly updates. Z475 A5 fol. 070.50257

Triennal. Répertoire de plus de 30 000 libraires détaillants et grossistes des États-Unis et du Canada. Les diverses sections sur les détaillants, les vendeurs de livres anciens et les grossistes sont classées géographiquement, par pays, par états ou provinces et par villes. Chaque notice contient le nom, l'adresse, les numéros de téléphone et de télécopieur, les noms des propriétaires et (ou) des gestionnaires, la date de fondation, la date du titre de propriété le plus récent, les dimensions de la librairie, le nombre d'ouvrages en stock, le type de livres vendus, les spécialités, les autres services et les succursales, s'il y a lieu.

Donne aussi la liste des sièges sociaux des chaînes de librairies et des franchises, celle des distributeurs nationaux de livres de poche et celle des grossistes qui revendent les invendus. Une troisième section porte sur les commissaires-priseurs qui s'occupent des oeuvres littéraires, ainsi que sur les évaluateurs de collections de bibliothèque, les représentants en exportation, les exportateurs, les importateurs, les chaînes de bibliothèques de location et les associations de l'industrie du livre. La liste des grossistes qui vendent des livres en langues étrangères est classée par langues. Index classé par types de librairies; index des détaillants et des grossistes. Le titre varie: 1915-1922, *American book trade manual*; 1925-1949, *American booktrade directory*.

Disponible sur CD-ROM comme partie de: *Library reference plus* ([New Providence, N.J.] : Bowker Electronic Publishing, [1991?]-). Annuel avec mises à jour mensuelles, bimestrielles ou trimestrielles. Z475 A5 fol. 070.50257

408

American library directory. – (1923)- . – New Providence (N.J.) : R.R. Bowker, 1923- . – vol. – 0065-910X

Triennial (irregular) 1923-1960; biennial, 1962-1977; annual, 1978- . A directory of public, government, academic and special libraries in the United States and regions administered by it, Canada and Mexico. Entries for Canadian libraries are arranged by province and then city and include: name, address, telephone and fax numbers, internet address, code indicating type of library, names of key personnel, number of employees, date of foundation, population and circulation figures, income and expenditure figures, library holdings, special collections, automation information, library systems and networks to which the library belongs, publications, special services,

Triennal (irrégulier) 1923-1960; biennal, 1962-1977; annuel, 1978- . Répertoire des bibliothèques publiques, gouvernementales, universitaires et spécialisées des États-Unis et des régions administrées par ce pays, du Canada et du Mexique. Les notices sur les bibliothèques canadiennes sont classées par provinces puis par villes. Elles comprennent: nom, adresse, numéros de téléphone et de télécopieur, adresse sur l'Internet, code indicatif du type de bibliothèques, noms des principaux responsables, nombre d'employés, date de fondation, données sur la population et les prêts, données sur les revenus et les dépenses, fonds documentaires, collections spéciales, données sur

branches, bookmobiles. List of library award recipients. Directories of networks, consortia, etc., library schools, state and provincial public library agencies, state school library agencies, United States Armed Forces libraries overseas. Lists of library systems, libraries for the blind and physically disabled, libraries serving the deaf and hearing impaired, United States information agency centres. Organization and personnel indexes. Directory of library services and suppliers.

Subtitle varies slightly. Continues: 1892-1904, *Annual literary index*; 1905-1910, *Annual library index*; 1911/12-1917/18, *American library annual*.

Available online through DIALOG. Available on CD-ROM as part of: *Library reference plus* ([New Providence, N.J.] : Bowker Electronic Publishing, [1991?]-). Annual with monthly, bimonthly or quarterly updates. Z731 A53 fol. 027.002573

l'automatisation, réseaux dont fait partie la bibliothèque, publications, services spéciaux, succursales, bibliobus. Liste des récipiendaires de prix de bibliothéconomie. Répertoires des réseaux, des consortiums, etc., des écoles de bibliothéconomie, des organismes chargés des bibliothèques publiques dans les états et les provinces, des organismes d'état chargés des écoles de bibliothéconomie, des bibliothèques des forces armées américaines outre-mer. Liste des réseaux de bibliothèques, liste des bibliothèques pour les aveugles et les handicapés, liste des bibliothèques qui répondent aux besoins des sourds et des malentendants, centres d'information américains. Index des organisations et index du personnel. Répertoire des services de bibliothèque et des fournisseurs.

Le sous-titre varie légèrement: Suite de: 1892-1904, *Annual literary index*; 1905-1910, *Annual library index*; 1911/12-1917/18, *American library annual*.

Accessible en direct via le serveur DIALOG. Disponible sur CD-ROM comme partie de: *Library reference plus* ([New Providence, N.J.] : Bowker Electronic Publishing, [1991?]-). Annuel avec mises à jour mensuelles, bimensuelles ou trimestrielles. Z731 A53 fol. 027.002573

409

Association canadienne des pigistes de l'édition. – *Directory of members = Répertoire des membres.* – Toronto : l'Association, [1979]- . – vol. – 0226-9031

Annual. A directory of freelance editors who are either voting or associate members of the Association. Arranged by region and membership category. Entries include name, address, telephone and fax numbers as well as information on media/genres in which the editor has worked, editorial skills and subject specialties. Other expertise and interests, and computer equipment to which the editor has access are also noted. An editor's statement may describe education, experience, work habits, etc. Indexes: media/genres, editorial skills, subjects. Alphabetically arranged list of members. Definitions of editorial skills. PN162 F7 808.0202571

Annuel. Répertoire des rédacteurs-réviseurs pigistes qui font partie de l'Association à titre de membre votant ou de membre associé. Classement par régions et par catégories de membres. Les notices contiennent le nom, l'adresse, les numéros de téléphone et de télécopieur, ainsi que des données sur les médias et les genres dans lesquels le pigiste a travaillé, sur ses compétences et sur ses spécialités. Les autres compétences et intérêts du pigiste et l'équipement informatique auquel il a accès sont également mentionnés. Un énoncé rédigé par le pigiste peut décrire ses études, son expérience, ses habitudes de travail, etc. Index des médias et des genres, index des compétences rédactionnelles, index des sujets. Liste alphabétique des membres. Définitions des activités rédactionnelles. PN162 F7 808.0202571

410

Association canadienne des pigistes de l'édition. Québec/Région de l'Atlantique. – *Freelance editors, directory for Quebec/Atlantic Canada = Pigistes de l'édition, répertoire Québec/Région de l'Atlantique.* – (1992/93)- . – [Montréal] : ACPÉ Québec/Région de l'Atlantique, [1992]- . – vol. – 1188-5912

Annual. A directory of freelance editors in Quebec and the Atlantic Provinces who are members of the Freelance Editors' Association of Canada. Alphabetically arranged. Entries are in English or French and include name, address, telephone and fax numbers, notes on education, skills and experience and editor's comments. Index of skills, subjects, genres, etc. PN162 F822 808.02025714

Annuel. Répertoire des rédacteurs-réviseurs pigistes du Québec et des provinces de l'Atlantique qui sont membres de l'Association canadienne des pigistes de l'édition. Classement alphabétique. Les notices rédigées en anglais ou en français contiennent le nom du pigiste, son adresse, ses numéros de téléphone et de télécopieur, des remarques sur ses études, ses compétences et son expérience et des commentaires du pigiste en question. Index des compétences, des sujets, des genres, etc. PN162 F822 808.02025714

411

Association des libraires du Québec. – *Annuaire des libraires.* – (1993)- . – [Montréal] : l'Association, 1993- . – vol. – 1192-7313

Annual. A directory of booksellers who are members of the Association. Includes booksellers located in Quebec and sellers of French-language materials in other parts of Canada. Alphabetically arranged by name of company. Entries include address, telephone and fax numbers, areas of specialization, names of owner, manager, etc., year of foundation. Directory of book trade organizations, government agencies, etc. Z485 A86 381.450705025714

Annuel. Répertoire des libraires qui sont membres de l'Association. Inclut des libraires qui se trouvent au Québec et des vendeurs de documents en français d'autres parties du Canada. Classement alphabétique selon le nom des compagnies. Les notices comprennent l'adresse, les numéros de téléphone et de télécopieur, les domaines de spécialisation, les noms du propriétaire, du gestionnaire, etc., l'année de fondation. Répertoire des organisations du commerce du livre, des organismes gouvernementaux, etc. Z485 A86 381.450705025714

412

Association des presses universitaires canadiennes. – *Directory of members* = *Répertoire des membres.* – (1980)-   . – Toronto : l'Association, c1980-   . – vol. – 0711-3056

Directory of university presses which are members of the Association. Entries include: address, telephone and fax numbers, date established, number of titles produced, names of contact persons, structure and governance, editorial programme, marketing. Entries in the language of the press. Z231.5 U6 A8 fol. 070.59402571

Répertoire des presses universitaires qui sont membres de l'Association. Les notices contiennent: l'adresse, les numéros de téléphone et de télécopieur, la date de fondation, le nombre de documents produits, les noms des personnes-ressources, la structure et la gestion, le programme éditorial, le marketing. Les notices sont rédigées dans la langue de publication de la presse en question. Z231.5 U6 A8 fol. 070.59402571

413

Association nationale des éditeurs de livres. – *Annuaire.* – (1988)-   . – [Montréal] : Association nationale des éditeurs du livres, [1988]-   . – vol. – 1198-4872

A directory of publishers who are members of the Association nationales des éditeurs de livres. Alphabetically arranged by name of publisher. Entries include name, address, telephone and fax numbers, names of senior personnel, description of types of materials published. List of useful addresses including book trade organizations, government agencies, etc. Title varies: 1988-1993, *Annuaire des éditeurs.* Imprint varies. Z485 A56   070.5025714

Répertoire des éditeurs qui sont membres de l'Association nationale des éditeurs de livres. Classement alphabétique par noms d'éditeurs. Les notices contiennent le nom, l'adresse, les numéros de téléphone et de télécopieur, les noms des principaux membres du personnel, une description des types de documents publiés. Liste des adresses utiles, comme celles des associations de l'industrie du livre, des organismes gouvernementaux, etc. Le titre varie: 1988-1993, *Annuaire des éditeurs.* L'adresse bibliographique varie. Z485 A56   070.5025714

414

Association of Book Publishers of British Columbia. – *Directory of members.* – (1988)-   . – Vancouver : the Association, [1988]-   . – vol. – 1185-6181 – Cover title.

Annual. A directory of publishers in British Columbia who are members of the Association. Arranged in three sections for active, associate and supporting members, each of which is arranged alphabetically. Entries include name, address, telephone and fax numbers, name of contact person, number of books in print, subjects, genres or types of materials published, list of selected titles, policy on unsolicited manuscripts. Brief list of reference books on publishing. Directory of related organizations. Z487 A855   070.5025711

Annuel. Répertoire des éditeurs de la Colombie-Britannique qui sont membres de l'Association. Classement alphabétique en trois sections: membres actifs, membres associés et membres de support. Les notices contiennent le nom, l'adresse, les numéros de téléphone et de télécopieur, le nom de la personne-ressource, le nombre de livres publiés, les sujets, les genres ou les types de documents publiés, une liste de titres choisis, la politique sur les manuscrits non sollicités. Courte liste de livres de référence sur l'édition. Répertoire des associations connexes. Z487 A855   070.5025711

415

Association of Canadian Publishers. – *Association of Canadian Publishers directory.* – (1976)-   . – Toronto : the Association, [1976]-   . – vol. – 0920378307

Irregular. A directory of Canadian-owned publishers who are members of the Association. Also includes directories of federal and provincial government departments and granting bodies, cultural organizations and sources for professional training and development. Entries for publishers include name, address, telephone and fax numbers, status within Association, name of contact person, date established, SAN number, number of titles in print, distribution information and a description of the types of materials published. Description of the mandate, services and membership of the Association. Index of publishers arranged by province. Index of contact persons.

Title varies: 1976?, *ACP members' handbook*; 1978/79, 1979/80, *Association of Canadian Publishers directory*; 1981/82, *ACP directory*; 1983/84, 1984/85, 1986/87, 1988, *Directory*; 1991, *Association of Canadian Publishers handbook*; 1992/93, *Association of Canadian Publishers directory.* Z485 A85 1991   070.502571

Irrégulier. Répertoire des maisons d'édition de propriété canadienne qui font partie de l'Association. Inclut également les répertoires des ministères fédéraux et provinciaux et des organismes de subvention, des associations culturelles et des sources de formation professionnelle et de perfectionnement. Les notices sur les éditeurs contiennent le nom, l'adresse, les numéros de téléphone et de télécopieur, le statut au sein de l'Association, le nom de la personne-ressource, la date de fondation, le numéro SAN, le nombre de livres disponibles, des renseignements sur la distribution et une description des types de documents publiés. Description du mandat, des services et de l'adhésion de l'Association. Index des éditeurs avec classement par provinces. Index des personnes-ressources.

Le titre varie: 1976?, *ACP members' handbook*; 1978/79, 1979/80, *Association of Canadian Publishers directory*; 1981/82, *ACP directory*; 1983/84, 1984/85, 1986/87, 1988, *Directory*; 1991, *Association of Canadian Publishers handbook*; 1992/93, *Association of Canadian Publishers directory.* Z485 A85 1991   070.502571

416

Association of Canadian University Presses. – *Directory of members* = *Répertoire des membres.* – (1980)-   . – Toronto : the Association, c1980-   . – vol. – 0711-3056

Directory of university presses which are members of the Association. Entries include: address, telephone and fax numbers, date established, number of titles produced, names of contact persons, structure and governance, editorial programme, marketing. Entries in the language of the press. Z231.5 U6 A8 fol. 070.59402571

Répertoire des presses universitaires qui sont membres de l'Association. Les notices contiennent: l'adresse, les numéros de téléphone et de télécopieur, la date de fondation, le nombre de documents produits, les noms des personnes-ressources, la structure et la gestion, le programme éditorial, le marketing. Les notices sont rédigées dans la langue de publication de la presse en question. Z231.5 U6 A8 fol. 070.59402571

417

Book arts supplies and suppliers. – Compiled by the Canadian Bookbinders and Book Artists Guild. – (1985)-   . – Toronto : the Guild, 1985-   . –   vol. – 1187-1717

Biennial. A directory of Canadian and foreign suppliers of equipment and materials for printing, papermaking, bookbinding, etc. Two sections: alphabetically arranged list of supplies with names of suppliers; alphabetically arranged directory of suppliers with name of firm, address, telephone number and list of materials and equipment. Title varies: 1985-1989, *Supplies for the book arts.* Z267 C35 686.300294

Biennial. Répertoire des fournisseurs canadiens et étrangers d'équipement et de matériaux pour l'impression, la fabrication du papier, la reliure, etc. Deux sections: liste alphabétique des fournitures avec les noms des fournisseurs; répertoire alphabétique des fournisseurs avec le nom de l'entreprise, l'adresse, le numéro de téléphone et la liste des matériaux et de l'équipement offerts. Le titre varie: 1985-1989, *Supplies for the book arts.* Z267 C35 686.300294

418

Book Publishers Association of Alberta. – Membership directory. – (1989/90)-   . – [Edmonton] : the Association, [1989]-   . –   vol. : ill. – 1186-9429 – Cover title.

Annual. A directory of Alberta publishers who are members of the Association. Alphabetically arranged. Entries include name, address, telephone and fax numbers, ISBN prefix, names of senior employees, date established, number of titles in print, ordering information, description of publishing programme, lists of awards and selected titles. Z485 B518 070.50257123

Annuel. Répertoire des éditeurs de l'Alberta qui sont membres de l'Association. Classement alphabétique. Les notices comprennent le nom, l'adresse, les numéros de téléphone et de télécopieur, le préfixe ISBN, les noms des principaux employés, la date de fondation, le nombre d'ouvrages disponibles, des renseignements sur les commandes, la description du programme d'édition, une liste des prix reçus et une liste de titres choisis. Z485 B518 070.50257123

419

The book trade in Canada, with who's where = L'industrie du livre au Canada, avec où trouver qui. – [1975]-   . – Ottawa : Ampersand Communications Services, [1975]-   . –   vol. – 0700-5296

Annual. Issue for 1986 not published. A directory of Canadian book publishers, distributors, sales agents, wholesalers, packagers, suppliers and special services, publishing organizations, government agencies, booksellers and literary awards. Also includes lists of foreign publishers, agencies and industry publications, and descriptions of the National Library of Canada's legal deposit, ISBN and Cataloguing in Publication programmes. Entries for publishers, distributors, etc., may include address, telephone and fax numbers, type of activity, publishing programme, date of foundation, number of employees, hours of business, membership in industry associations, names of senior personnel, lists of companies for which the firm acts as an agent or distributor in Canada. *Who's where* is an alphabetical list of industry personnel.
 Title varies: 1975, *Book publishers in Canada : directory = Éditeurs au Canada : annuaire*; 1976-1984, *Book trade in Canada = L'industrie du livre au Canada.* Imprint varies. Supersedes: Canadian Book Publishers' Council, *Directory of members and agencies* ([Toronto : the Council], 1969); Canadian Book Publishers' Council, *Directory* (Toronto : [the Council], 1972, 1974). Z485 B62 fol. 070.502571

Annuel. Le numéro de 1986 n'a pas été publié. Répertoire canadien des éditeurs, des distributeurs, des dépositaires de publications, des grossistes, des professionnels de l'emballage, des fournisseurs, des services spécialisés, des associations de l'édition, des organismes gouvernementaux, des libraires et des prix de littérature. Inclut également des listes des éditeurs étrangers, des agences et des publications de l'industrie, ainsi que la description des programmes de dépôt légal, d'ISBN et de catalogage avant publication de la Bibliothèque nationale du Canada. Les notices sur les éditeurs, les distributeurs, etc., peuvent comprendre l'adresse, les numéros de téléphone et de télécopieur, le type d'activités, le programme de publication, la date de fondation, le nombre d'employés, les heures d'ouverture, la participation à des associations de l'industrie, les noms des principaux membres du personnel et la liste des compagnies pour lesquelles l'entreprise agit à titre d'agent ou de distributeur au Canada. *Où trouver qui* est une liste alphabétique du personnel de l'industrie.
 Le titre varie: 1975, *Book publishers in Canada : directory = Éditeurs au Canada : annuaire*; 1976-1984, *Book trade in Canada = L'industrie du livre au Canada.* L'adresse bibliographique varie. Remplace: Canadian Book Publishers' Council, *Directory of members and agencies* ([Toronto : the Council], 1969); Canadian Book Publishers' Council, *Directory* (Toronto : [the Council], 1972, 1974). Z485 B62 fol. 070.502571

420

BookGuide : Ontario sellers of used & rare books. – (1988/89)-   . – Cobalt (Ont.) : Highway Book Shop, 1988-   . –   vol. – 0844-1510

A directory of antiquarian book, map and print dealers, used book dealers and comic book specialists in Ontario. Geographically arranged by region and city or town. Entries for dealers include name of proprietor, address, telephone number, hours of business, types of materials sold, number of items in stock, specialties and availability of catalogues and search service. Indexes: booksellers, map and print dealers; comic book specialists; specialties. List of reference books of interest to collectors. Essay on reading. Z485 B66 381.45002025713

Répertoire des vendeurs de livres anciens, de cartes, d'images anciennes, de livres usagés et des spécialistes de bandes dessinées de l'Ontario. Classement géographique par régions et par villes. Les notices sur les vendeurs précisent le nom du propriétaire, l'adresse, le numéro de téléphone, les heures d'ouverture, les types de documents vendus, le nombre d'articles en stock, les spécialités, ainsi que les catalogues et les services de recherche offerts. Plusieurs index: vendeurs de livres, de cartes et d'images; spécialistes de bandes dessinées; spécialités. Liste des livres de référence intéressants pour les collectionneurs. Essai sur la lecture. Z485 B66 381.45002025713

421

Canada book auctions records. – Vol. 1 (1967/71)-vol. 8 (1981/82). – Toronto : Canada Book Auctions, 1972-1983. – 8 vol. – 0711-7299

Annual. A record of books, autographs, manuscripts, broadsides, pictorial material, photographs, maps and atlases sold at Montreal auctions. Arranged by type of document. Entries include a brief description of the item, the date of the auction and the price for which the item sold. Vol. 7 is a cumulative index to volumes 1 through 6. Title varies: vol. 1 (1967/71)-vol. 5 (1977/78), *Montreal book auction records.*   Z1000 M6 018.3

Annuel. Registre des livres, des autographes, des manuscrits, des in-planos, des images, des photographies, des cartes et des atlas vendus aux enchères à Montréal. Classement par types de documents. Les notices comprennent une courte description du document, la date de la vente aux enchères et le prix de vente. Le volume 7 constitue un index cumulatif des volumes 1 à 6. Le titre varie: vol. 1 (1967/71)-vol. 5 (1977/78), *Montreal book auction records.*   Z1000 M6 018.3

422

Canadian Bookbinders and Book Artists Guild. – *List of members.* – (1983)-   . – [Toronto] : the Guild, [1983]-   . –   vol. – 1193-9494 – Cover title.

Annual. An alphabetically arranged list of bookbinders and book artists in Canada, who are members of the Guild. Entries include name, address and telephone number. Title varies: 1983-1989, *Membership list*; 1990, *Members list*; 1991, *Members.*   Z267 C3 fol. 686.3002571

Annuel. Liste alphabétique des relieurs et des artisans du livre au Canada qui sont membres de la Guilde. Les notices contiennent le nom, l'adresse et le numéro de téléphone. Le titre varie: 1983-1989, *Membership list*; 1990, *Members list*; 1991, *Members.*   Z267 C3 fol. 686.3002571

423

Canadian ISBN publishers' directory = Répertoire des préfixes ISBN des éditeurs canadiens. – (Jan. 1981)-   . – Ottawa : National Library of Canada, 1981-   . –   vol. – 0228-8753

Annual. A directory of International Standard Book Number (ISBN) prefixes assigned to over 12,000 Canadian English- and French-language publishers. Alphabetically arranged by name of publisher. Entries include address, telephone and fax numbers and ISBN pre-fix. Also includes a numerically arranged list of ISBN assignments. 1992 ed., reproduced in microform format: *Microlog,* no. 93-03183. Continues: 1979, *Alphabetic and numeric lists of Canadian publishers with ISBN prefixes assigned = Listes alphabétique et numérique des éditeurs canadiens et leurs numéros d'identification.*   Z485 C288 fol. 070.502571

Annuel. Répertoire des préfixes ISBN (numéro international normalisé du livre) attribués à plus de 12 000 éditeurs canadiens de documents en anglais et en français. Classement alphabétique par noms d'éditeurs. Les notices contiennent une adresse, les numéros de téléphone et de télécopieur, et le préfixe ISBN. Inclut aussi une liste numérique des ISBN attribués. 1992 éd., reproduite sur support microforme: *Microlog,* n° 93-03183. Suite de: 1979, *Alphabetic and numeric lists of Canadian publishers with ISBN prefixes assigned = Listes alphabétique et numérique des éditeurs canadiens et leurs numéros d'identification.*   Z485 C288 fol.   070.502571

424

Canadian ISBN publishers' directory = Répertoire des préfixes ISBN des éditeurs canadiens. – (Janv. 1981)-   . – Ottawa : Bibliothèque nationale du Canada, 1981-   . –   vol. – 0228-8753

Annual. A directory of International Standard Book Number (ISBN) prefixes assigned to over 12,000 Canadian English- and French-language publishers. Alphabetically arranged by name of publisher. Entries include address, telephone and fax numbers and ISBN pre-fix. Also includes a numerically arranged list of ISBN assignments. 1992 ed., reproduced in microform format: *Microlog,* no. 93-03183. Continues: 1979, *Alphabetic and numeric lists of Canadian publishers with ISBN prefixes assigned = Listes alphabétique et numérique des éditeurs canadiens et leurs numéros d'identification.*   Z485 C288 fol. 070.502571

Annuel. Répertoire des préfixes ISBN (numéro international normalisé du livre) attribués à plus de 12 000 éditeurs canadiens de documents en anglais et en français. Classement alphabétique par noms d'éditeurs. Les notices contiennent une adresse, les numéros de téléphone et de télécopieur, et le préfixe ISBN. Inclut aussi une liste numérique des ISBN attribués. 1992 éd., reproduite sur support microforme: *Microlog,* n° 93-03183. Suite de: 1979, *Alphabetic and numeric lists of Canadian publishers with ISBN prefixes assigned = Listes alphabétique et numérique des éditeurs canadiens et leurs numéros d'identification.*   Z485 C288 fol. 070.502571

425

Canadian printer directory : graphic arts industry suppliers. – (1982)-   . – Toronto : Maclean Hunter, [1982?]-   . –   vol. – 0008-4816

Annual. An alphabetically arranged directory of Canadian and for-eign suppliers is published as the March issue of *Canadian printer,* formerly *Canadian printer & publisher.* Entries include name, address, telephone and fax numbers, list of branches, names of per-sonnel, list of dealers and type of product supplied. Also includes a list of suppliers arranged by type of product such as ink and paper, press and reproductive equipment, press accessories, bindery and finishing. Title varies: 1982?-1989, *Canadian printer & publisher directory : graphic arts industry suppliers.*   Z243   686.029471

Annuel. Répertoire alphabétique des fournisseurs canadiens et étrangers, publié dans le numéro de mars de *Canadian printer,* autrefois *Canadian printer & publisher.* Les notices contiennent le nom, l'adresse, les numéros de téléphone et de télécopieur, la liste des succursales, les noms des membres du personnel, la liste des vendeurs et le type de produits fournis. Inclut également une liste des fournisseurs classés par types de produits, comme l'encre et le papier, les presses et l'équipement de reproduction, les accessoires pour les presses, la reliure et la finition. Le titre varie: 1982?-1989, *Canadian printer & publisher directory : graphic arts industry suppliers.*   Z243   686.029471

426

Canadian publishers' directory. – (Fall 1965)- . – Toronto : Key Publishers, 1965- . – vol. : ill. – 0008-4859

Biannual, as a supplement to *Quill & quire*. Imprint varies. A directory of English- and French-language book sources including publishers, distributors, wholesalers, sales representatives, audiovisual producers and suppliers, publishers and audio-visual producers represented in Canada, associations and government agencies. Entries include addresses, telephone, telex and fax numbers and ISBN prefixes.   Z485 C3 fol.   070.502571

Biannuel, à titre de supplément de *Quill & quire*. L'adresse bibliographique varie. Répertoire des sources de livres en anglais et en français, y compris les éditeurs, les distributeurs, les grossistes, les représentants commerciaux, les producteurs et fournisseurs en audiovisuel, les éditeurs et les producteurs en audiovisuel étrangers représentés au Canada, les associations et les organismes gouvernementaux. Les notices comprennent les adresses, les numéros de téléphone, de télex et de télécopieur et les préfixes ISBN.   Z485 C3 fol. 070.502571

427

Directory of libraries in Canada = Répertoires des bibliothèques du Canada. – 1st ed. (1985)- . – Toronto : Micromedia, c1985- . – vol. – 1191-1603

Annual. Not published in 1991. A directory of over 7,000 libraries, information and resource centres, archives and library associations in Canada. Alphabetically arranged by name of organization. Entries include: name of library, founding date, name and title of director, address, telephone and fax numbers, e-mail address, library symbol, number of employees, names of key personnel, collection information such as budget, subject area and special collections, services to patrons, hardware, software, systems applications, online networks, publications. Separate directories of provincial library agencies, library science periodicals, library schools and library technician programmes, services for libraries. List of regional library systems arranged by province. Alphabetical lists of archives and library associations. Subject, location and personal name indexes.

Title varies: 1985-1990, *Canadian library yearbook = Annuaire des bibliothèques canadiennes*. Continues: 1979/80, 1981, 1983, *Canadian library handbook = Guide des bibliothèques canadiennes*.   Z735 A1 C328   027.002571

Annuel. Non publié en 1991. Répertoire de plus de 7 000 bibliothèques, centres de ressources et d'information, services d'archives et associations de bibliothèques du Canada. Classement alphabétique selon le nom des organisations. Les notices comprennent: le nom de la bibliothèque, la date de fondation, le nom et le titre du directeur, l'adresse, les numéros de téléphone et de télécopieur, l'adresse de courrier électronique, le sigle de la bibliothèque, le nombre d'employés, les noms des principaux membres du personnel, des données sur la collection comme le budget, le domaine et les collections spéciales, les services offerts aux clients, le matériel, les logiciels, les applications, les réseaux accessibles en direct, les publications. Répertoires distincts des organismes provinciaux responsables des bibliothèques, des périodiques sur la bibliothéconomie, des programmes de bibliothéconomie et de technique de bibliothéconomie, et des services offerts aux bibliothèques. Liste des réseaux régionaux de bibliothèques classés par provinces. Deux listes alphabétiques, l'une sur les archives et l'autres sur les associations de bibliothèques. Index: sujets, lieux, noms de personnes.

Le titre varie: 1985-1990, *Canadian library yearbook = Annuaire des bibliothèques canadiennes*. Suite de: 1979/80, 1981, 1983, *Canadian library handbook = Guide des bibliothèques canadiennes*. Z735 A1 C328   027.002571

428

Les éditeurs et diffuseurs de langue française. – (1971)- . – Paris : Cercle de la librairie, 1971- . – vol. – 0245-1875

1978- , annual. An international directory of publishers and distributors of French-language materials. Publishers and distributors alphabetically arranged in separate lists. Entries include name, address, telephone, telex and fax numbers, ISBN prefix, distribution and specialties. ISBN, specialty and geographical indexes for publishers. Specialty and geographical indexes for distributors. Title varies: 1971, *Répertoire international des éditeurs de langue française*; 1975, 1978, *Répertoire international des éditeurs et diffuseurs de langue française*.   Z282 R44   070.5025

1978- , annuel. Répertoire international des éditeurs et des distributeurs de documents en français. Éditeurs et distributeurs sont classées par ordre alphabétique dans des listes distinctes. Les notices comprennent le nom, l'adresse, les numéros de téléphone, de télex et de télécopieur, le préfixe ISBN, le mode de distribution et les spécialités. Index des ISBN, index des spécialités et index géographique pour les éditeurs. Index des spécialités et index géographique pour les distributeurs. Le titre varie: 1971, *Répertoire international des éditeurs de langue française*; 1975, 1978, *Répertoire international des éditeurs et diffuseurs de langue française*.   Z282 R44   070.5025

429

Freelance Editors' Association of Canada. – *Directory of members = Répertoire des membres.* – Toronto : the Association, [1979]- . – vol. – 0226-9031

Annual. A directory of freelance editors who are either voting or associate members of the Association. Arranged by region and membership category. Entries include name, address, telephone and fax numbers as well as information on media/genres in which the editor has worked, editorial skills and subject specialties. Other expertise and interests, and computer equipment to which the editor has access are also noted. An editor's statement may describe education, experience, work habits, etc. Indexes: media/genres, editorial skills, subjects. Alphabetically arranged list of members. Definitions of editorial skills.   PN162 F7   808.0202571

Annuel. Répertoire des rédacteurs-réviseurs pigistes qui font partie de l'Association à titre de membre votant ou de membre associé. Classement par régions et par catégories de membres. Les notices contiennent le nom, l'adresse, les numéros de téléphone et de télécopieur, ainsi que des données sur les médias et les genres dans lesquels le pigiste a travaillé, sur ses compétences et sur ses spécialités. Les autres compétences et intérêts du pigiste et l'équipement informatique auquel il a accès sont également mentionnés. Un énoncé rédigé par le pigiste peut décrire ses études, son expérience, ses habitudes de travail, etc. Index des médias et des genres, index des compétences rédactionnelles, index des sujets. Liste alphabétique des membres. Définitions des activités rédactionnelles.   PN162 F7 808.0202571

430

Freelance Editors' Association of Canada. B.C. Region. – ***Directory of freelance editors in Western Canada.*** – (1989)-   . – Vancouver : FEAC-BC, [1989?]-   . – vol. – 1193-6703

Annual. Directory of freelance editors in Western Canada who are members of the Freelance Editors' Association of Canada. Alphabetically arranged by name. Entries include name, address, telephone number and notes on education, skills and experience. Skills index. Title varies: 1989-1991, *Directory of freelance editors in British Columbia.*   PN162 F8   808.027025711

Annuel. Répertoire des rédacteurs-réviseurs pigistes de l'Ouest du Canada qui font partie de l'Association canadienne des pigistes de l'édition. Classement alphabétique par noms. Les notices contiennent le nom du pigiste, son adresse, son numéro de téléphone et des remarques sur ses études, ses compétences et son expérience. Index des compétences. Le titre varie: 1989-1991, *Directory of freelance editors in British Columbia.*   PN162 F8   808.027025711

431

Freelance Editors' Association of Canada. Quebec/Atlantic Canada. – ***Freelance editors, directory for Quebec/Atlantic Canada*** = ***Pigistes de l'édition, répertoire Québec/Région de l'Atlantique.*** – (1992/93)-   . – [Montreal] : FEAC Quebec/Atlantic Canada, [1992]-   . – vol. – 1188-5912

Annual. A directory of freelance editors in Quebec and the Atlantic Provinces who are members of the Freelance Editors' Association of Canada. Alphabetically arranged by name. Entries are in English or French and include name, address, telephone and fax numbers, notes on education, skills and experience and editor's comments. Index of skills, subjects, genres, etc.   PN162 F822   808.02025714

Annuel. Répertoire des rédacteurs-réviseurs pigistes du Québec et des provinces de l'Atlantique qui sont membres de l'Association canadienne des pigistes de l'édition. Classement alphabétique par noms. Les notices rédigées en anglais ou en français contiennent le nom du pigiste, son adresse, ses numéros de téléphone et de télécopieur, des remarques sur ses études, ses compétences et son expérience et des commentaires du pigiste en question. Index des compétences, des sujets, des genres, etc.   PN162 F822   808.02025714

432

Horning, Kathleen T. – ***Alternative press publishers of children's books : a directory.*** – 3rd ed. – Madison (Wis.) : Cooperative Children's Book Center, 1988. – xiv, 89 p. – 0931641024

1st ed., 1982. 2nd ed., 1985. A directory of independent publishers of children's books in the United States and Canada. Twenty Canadian publishers are included in the third edition. Alphabetically arranged by name of publisher. Entries include name, address, telephone number, description of types of books published, ISBN prefix, name of contact person, foundation date, information about catalogues, billing and discounts, total number of titles in print, children's titles in print, children's titles published in 1987, and policy on manuscript submissions and query letters. Indexes: language, geographical, distributor, subject.   Z475 S45 1988   070.50257

1re éd., 1982. 2e éd., 1985. Répertoire des éditeurs indépendants de livres pour enfants des États-Unis et du Canada. Vingt éditeurs canadiens sont inclus dans la troisième édition. Classement alphabétique par noms d'éditeurs. Les notices contiennent le nom, l'adresse, le numéro de téléphone, la description des types de livres publiés, le préfixe ISBN, le nom d'une personne-ressource, la date de fondation, des données sur les catalogues, la facturation et les remises, le nombre total de titres disponibles, les titres pour enfants disponibles, les titres pour enfants publiés en 1987, et la politique sur la présentation de manuscrits et sur les lettres de demande. Index: langues, géographique, distributeurs, sujets.   Z475 S45 1988   070.50257

433

International directory of little magazines and small presses. – 1st ed. (1965)-   . – Paradise (Calif.) : Dustbooks, 1965-   . – vol. : ill. – 0092-3974

Alphabetically arranged list of little magazines and small presses. Entries for periodicals include title, name of press, name of editor, address and telephone number, purpose, frequency, circulation, price, production methods, copyright and royalty arrangements, etc. Entries for presses may also include information on average press run, number of titles published, discount schedules and membership in publishing organizations. Geographical and subject indexes.

Title varies: 1st ed. (1965)-3rd ed. (1967), *Directory of little magazines;* 4th ed. (1968)-8th ed. (1972/73), *Directory of little magazines and small presses;* 9th ed. (1973/74)-   , *International directory of little magazines and small presses.*   Z6944 L5 D522   051.025

Liste alphabétique des petites revues et des petites maisons d'édition. Les notices sur les périodiques comprennent le titre, le nom de la maison d'édition, le nom du rédacteur, l'adresse et le numéro de téléphone, l'objet de la publication, la périodicité, le tirage, le prix, les méthodes de production, les dispositions prises à l'égard des droits d'auteur, etc. Les notices sur les maisons d'édition peuvent aussi contenir des données sur le tirage moyen de chaque publication, le nombre d'ouvrages publiés, les barèmes de remise et la participation à des associations d'éditeurs. Index géographique et index des sujets.

Le titre varie: 1re éd. (1965)-3e éd. (1967), *Directory of little magazines;* 4e éd. (1968)-8e éd. (1972/73), *Directory of little magazines and small presses;* 9e éd. (1973/74)-   , *International directory of little magazines and small presses.*   Z6944 L5 D522   051.025

434

Magazine markets & fees. – (1978)-   . – Toronto : Periodical Writers Association of Canada, [1978]-   . – vol.

Annual, 1978-1988; biennial, 1990-   . A directory of article rates paid by Canadian magazines. Entries for magazines are arranged by subject such as agriculture, arts, computers, medicine, performing arts, sports, etc. Entries include title, address, telephone and fax numbers, circulation, rates, policies and names of contacts. Title index. Title varies: 1978-1988, *Fees survey;* 1990-   , *Magazine markets & fees.*   PN101 F44 fol.   051.025

Annuel, 1978-1988; biennal, 1990-   . Répertoire des tarifs payés pour les articles par les revues canadiennes. Les notices sur les revues sont classées par sujets, comme l'agriculture, les arts, les ordinateurs, la médecine, les arts du spectacle, les sports, etc. Les notices comprennent le titre, l'adresse, les numéros de téléphone et de télécopieur, le tirage, les tarifs, les politiques applicables et les noms des personnes-ressources. Index des titres. Le titre varie: 1978-1988, *Fees survey;* 1990-   , *Magazine markets & fees.*   PN101 F44 fol.   051.025

435

Multilanguage vendors list. – Prepared by the Metropolitan Toronto Library Board in cooperation with the Multilingual Biblioservice of the National Library of Canada. – [Toronto] : Metropolitan Toronto Reference Library, 1988. – [3], v, 99 p.

An international directory of vendors of materials in the 34 languages acquired by the National Library's Multilingual Biblioservice and the Metropolitan Toronto Library Board. Alphabetically arranged by language and subarranged by the country in which the vendor is located. Entries for each vendor include name, address, telephone number, name of contact and a description of the types and languages of materials sold and sales policies. Alphabetically arranged list of vendors.   Z282 M84 1988 fol.   382.450705025

Répertoire international des vendeurs des documents en 34 langues acquis par le Biblioservice multilingue de la Bibliothèque nationale du Canada et par le Metropolitan Toronto Library Board. Classement alphabétique par langues et sous-classement par pays où se trouvent les vendeurs. Chaque notice sur un vendeur contient le nom, l'adresse, le numéro de téléphone, le nom de la personne-ressource, la description des types de documents vendus, les langues dans lesquelles ceux-ci sont rédigés et la description des politiques de vente. Liste alphabétique des vendeurs.   Z282 M84 1988 fol. 382.450705025

436

Periodical Writers Association of Canada. – *Directory of members.* – Toronto : the Association, [1982]-   .–   vol. – 0833-9821

Annual. A directory of the approximately 290 professional freelance periodical writers who are voting members of the Association and 40 other associate members. Arranged by city or region. Entries include name, address and telephone numbers, periodical credits, areas of interest, books, staff experience, media and editorial skills, public speaking experience, languages, awards, writer's statement on experience, writing style, etc. Indexes of areas of interest and related skills. Also includes text of the Standard Freelance Publication Agreement. Title varies: 1982, *Directory of members*; 1983, *Professional members' directory*; 1984, *Directory of professional members.*   PN121 P32 fol.   070.17502571

Annuel. Répertoire des quelque 290 pigistes professionnels qui écrivent pour les périodiques et qui sont membres votants de l'Association, et de 40 autres membres associés. Classement par villes ou par régions. Les notices contiennent le nom, l'adresse, les numéros de téléphone, la liste des périodiques pour lesquels le pigiste a déjà travaillé, les domaines d'intérêt, les livres publiés, l'expérience en tant qu'employé, les compétences en matière de médias et éditoriale, l'expérience dans l'art de parler en public, les langues utilisées, les prix gagnés, un énoncé du pigiste sur son expérience, son style d'écriture, etc. Index des domaines d'intérêt et des compétences connexes. Inclut aussi le texte d'un contrat type de publication à la pige. Le titre varie: 1982, *Directory of members*; 1983, *Professional members' directory*; 1984, *Directory of professional members.* PN121 P32 fol.   070.17502571

437

Printing source. – (1991)-   . – Toronto : Wilcord Publications, c1991-   . –   vol. : ill. (chiefly col.). – 1188-3030

Annual. A directory of Canadian printers and related professions. Arranged by province or region and type of service or product such as commercial printing, packaging and labels, forms and stationery, magazines and books, financial printing, lamination, bindery, colour separation, paper, etc. Includes articles on printing processes, paper, ink and binding and charts of standard page sizes and commonly used envelope styles and sizes. Glossary. Split from: *Creative source.* Z243 C3 P72 fol.   741.602571

Annuel. Répertoire des imprimeurs canadiens et des professionnels des domaines connexes. Classement par provinces ou régions et par types de services ou de produits comme l'impression commerciale, l'emballage et l'étiquetage, les formulaires et la papeterie, les revues et les livres, l'impression financière, la plastification, la reliure, la séparation des couleurs, le papier, etc. Inclut des articles sur les procédés d'impression, le papier, l'encre et la reliure, ainsi que des diagrammes sur les formats de papier ordinaires et sur les styles et les tailles des enveloppes les plus utilisées. Lexique. Fait suite à la scission de: *Creative source.*   Z243 C3 P72 fol.   741.602571

438

Publishers directory. – (June 1977)-   . – Detroit (Mich.) : Gale Research, 1977-   . –   vol. – 0742-0501

Annual. First edition, quarterly issues, June 1977-Mar. 1978. A directory of over 18,000 publishers and 600 distributors in the United States and Canada. Publishers and distributors alphabetically arranged in separate lists. Publisher entries include name, address, telephone and fax numbers, date of foundation, ISBN prefix, affiliations, number of new titles, description of aims, subject specialties, mergers/amalgamations, discounts, returns policy, percentage of sales, imprints, divisions and subsidiaries, selected titles and additional comments. Indexes: subject; geographical; publisher, distributor, imprint. Title varies: 1977-1983, *Book publishers directory.* Z475 B77 fol.   070.50257

Annuel. Première édition, numéros trimestriels, juin 1977-mars 1978. Répertoire de plus de 18 000 éditeurs et 600 distributeurs des États-Unis et du Canada. Éditeurs et distributeurs sont classées dans des listes alphabétiques distinctes. Les notices sur les éditeurs contiennent le nom, l'adresse, les numéros de téléphone et de télécopieur, la date de fondation, le préfixe ISBN, les affiliations, le nombre de nouveaux documents, la description des buts, les spécialités, les fusions, les remises, les politiques de retour, le pourcentage des ventes, les adresses bibliographiques, les divisions et les filiales, des titres choisis et des commentaires supplémentaires. Index: sujets; géographique; éditeurs, des distributeurs et des adresses biblio-graphiques. Le titre varie: 1977-1983, *Book publishers directory.* Z475 B77 fol.   070.50257

439

Répertoire des éditeurs et de leurs distributeurs : à l'usage exclusif des libraires. – (Avril 1980)-   . – Montréal : Association des libraires du Québec, c1980-   . –   vol. – 0228-0264

Irregular. Alphabetically arranged list of publishers accompanied by the names of their distributors and an alphabetically arranged list of distributors with address, telephone, telex and fax numbers.   Z485 R4 fol.   070.5025714

Irrégulier. Liste alphabétique des éditeurs accompagnés des noms de leurs distributeurs et liste alphabétique des distributeurs avec adresse et numéros de téléphone, de télex et de télécopieur.   Z485 R4 fol. 070.5025714

440

Répertoire des numéros ISBN des éditeurs francophones canadiens. – Compilé au Secteur du dépôt légal. – (1981)-   . – Montréal :
Bibliothèque nationale du Québec, 1981-   . –   vol. – 0840-8378

Annual. Not published, 1984-1988. A directory of French-Canadian publishers who have been assigned International Standard Book Numbers (ISBN) by the Bibliothèque nationale du Québec. Alphabetically arranged by name of publisher. Entries include name, address, telephone and fax numbers, ISBN prefix and one or two subject codes. ISBN and subject indexes. List of subject codes. Title varies: 1981-1983, *Répertoire des numéros ISBN attribués par la Bibliothèque nationale du Québec.* 1993 ed. reproduced in microform format: *Microlog*, no. 93-04879.   Z485 R46   070.5025714

Annuel. Non publié, 1984-1988. Répertoire des éditeurs canadiens-français à qui la Bibliothèque nationale du Québec a attribué des numéros ISBN (numéro international normalisé du livre). Classement alphabétique par noms d'éditeurs. Les notices contiennent le nom, l'adresse, les numéros de téléphone et de télécopieur, le préfixe ISBN et un ou deux codes de sujets. Index des ISBN et index des sujets. Liste des codes de sujets. Le titre varie: 1981-1983, *Répertoire des numéros ISBN attribués par la Bibliothèque nationale du Québec.* Éd. de 1993 reproduite sur support microforme: *Microlog*, n° 93-04879.   Z485 R46   070.5025714

441

Szivos, Maria. – ***Canadian antiquarian booksellers directory.*** – 6th rev. ed. – Brandon (Man.) : John E. Robbins Library, Brandon University, 1986. – 20 p. – 0969131313 – Cover title.

1st ed., 1965. Alphabetically arranged list of Canadian antiquarian booksellers and American book dealers which sell Canadian material. Entries include address, name of owner, telephone number, areas of specialization and information on catalogues. Subject specialty and city indexes. List of stores which carry periodicals. Periodical subject index.   Z485 S8 1986   381.4500202571

1re éd., 1965. Liste alphabétique des libraires canadiens du livre ancien et des libraires américains qui vendent des documents canadiens. Les notices contiennent l'adresse, le nom du propriétaire, le numéro de téléphone, les spécialités et des données sur les catalogues. Index des spécialités et index des villes. Liste des magasins qui vendent des périodiques. Index des sujets pour les périodiques.   Z485 S8 1986 381.4500202571

442

Tratt, Grace. – ***Check list of Canadian small presses, English language.*** – Halifax : Dalhousie University, University Libraries : Dalhousie University, School of Library Service, 1974. – [6], 153 leaves. – (Occasional paper - Dalhousie University, Library ; 6). – 0770301436

A list of Canadian English-language small presses which do not publish for commercial purposes. Alphabetically arranged by name of press. Entries include name of founder, founding date, first publication, present or last owner, present or last address, description of the purpose of the press and other publications. List of presses arranged by province. Bibliography.   Z485 T73 fol.   070.502571

Liste des petites maisons d'édition canadiennes-anglaises qui ne publient pas dans un but commercial. Classement alphabétique par noms de maisons d'édition. Les notices contiennent le nom du fondateur, la date de fondation, la première publication, le propriétaire actuel ou le plus récent, l'adresse actuelle ou la plus récente, la description de l'objectif poursuivi par la maison d'édition et les autres publications. Liste des maisons d'édition classées par provinces. Bibliographie.   Z485 T73 fol.   070.502571

Handbooks

Guides

443

Arsenault, Marie Évangeline. – ***Écrire : vade-mecum à l'usage des écrivains, journalistes et pigistes.*** – Marie Évangeline Arsenault ; avec la collaboration de Benoit Dutrisac. – Montréal : Marché de l'écriture, c1981-   . –   vol. – 0711-5474

1st ed., 1981. Supplement, 1982, *Écrire II : supplément au vade-mecum à l'usage des écrivains, journalistes et pigistes.* Suspended, 1983-1990. A manual on the art of writing for authors, journalists and editors working primarily in the Quebec market. Includes brief essays on manuscript preparation, copyright, legal deposit, literary translation, literary agents and finance. Five directories: writers', editors' and publishers' organizations; grants, competitions and prizes; periodicals; newspapers; publishers. The directory of periodicals is arranged by broad subject such as business, arts and culture, education, transportation, etc. Bibliography. Glossary. Index of titles, publishers, organizations, prizes, etc.   PN161 A7   808.02509714

1re éd., 1981. Supplément, 1982, *Écrire II : supplément au vade-mecum à l'usage des écrivains, journalistes et pigistes.* Interrompu, 1983-1990. Manuel sur l'art d'écrire destiné aux écrivains, aux journalistes et aux pigistes de l'édition qui travaillent principalement pour le marché québécois. Inclut de courts essais sur la présentation des manuscrits, le droit d'auteur, les dépôts légaux, les traductions littéraires, les agents littéraires et les aspects financiers. Cinq répertoires: associations d'écrivains, de pigistes de l'édition et d'éditeurs; subventions, concours et prix; périodiques; journaux; éditeurs. Le répertoire des périodiques est classé par grandes catégories comme les affaires, les arts et la culture, l'éducation, les transports, etc. Bibliographie. Lexique. Index des titres, des éditeurs, des organisations, des prix, etc.   PN161 A7 808.02509714

444

The Canadian writer's guide : official handbook of the Canadian Authors Association. – 1st ed. (1962)-   . – Richmond Hill (Ont.) :
Fitzhenry & Whiteside, 1962-   . –   vol. – 1550410873 (11th ed., 1992)

Includes articles by numerous contributors on how to write, edit, publish, promote and market all types of writing including fiction, drama, poetry, periodical and newspaper articles, humour, local history, children's literature, craft and how to books, biographies, etc. Also includes the following directories: Canadian writers' associations; literary agencies; writers' awards; writing markets and grammar

Inclut des articles rédigés par de nombreux collaborateurs sur l'art d'écrire, d'éditer, de publier, de promouvoir et de commercialiser tous les types d'écrits, y compris les romans, les pièces de théâtre, les poèmes, les articles de périodiques et de journaux, les écrits humoristiques, les documents sur l'histoire locale, les livres pour enfants, les livres pratiques de toutes sortes, les biographies, etc.

hotlines; Canadian periodicals arranged alphabetically and by category such as arts, consumer, business, literary, sports and outdoors, religious, etc.; script and radio markets; Canadian newspapers; book publishers arranged alphabetically and by category. List of contributors.

Title varies: 1st ed. (1962)-2nd ed. (1964), *A Canadian market list for writers*; 3rd ed. (1968)-4th ed. (1970), *The writer's guide : a comprehensive Canadian market list*; 5th ed. (1973), *Canadian writer's guide : a comprehensive manual and market list for professional writing in Canada.* Imprint varies. PN161 C33 808.02

Inclut également les répertoires suivants: les associations canadiennes d'écrivains; les agences littéraires; les prix décernés aux auteurs; les marchés de l'écrit et les lignes ouvertes sur la grammaire; les périodiques canadiens classés alphabétiquement et par catégories, comme les arts, la consommation, les affaires, la littérature, les sports et le plein air, la religion, etc.; les marchés pour les scénarios et la radio; les journaux canadiens; les éditeurs classés alphabétiquement et par catégories. Liste des collaborateurs.

Le titre varie: 1re éd. (1962)-2e éd. (1964), *A Canadian market list for writers*; 3e éd. (1968)-4e éd. (1970), *The writer's guide : a comprehensive Canadian market list*; 5e éd. (1973), *Canadian writer's guide : a comprehensive manual and market list for professional writing in Canada.* L'adresse bibliographique varie. PN161 C33 808.02

445

Écrire pour la jeunesse. – Sous la direction de Bernadette Renaud. – Longueuil (Québec) : Conseil culturel de la Montérégie, [1990?]. – 154 p. : portr. – 2980184705

A guide to writing for children, designed for Quebec authors. Arranged in three parts covering writing for print media, television and cinema, and theatre. Introductory essays on each medium and descriptive entries for individual publishers, television and film production and theatre companies. Entries include: name, address and telephone number; date of foundation; names of principal personnel; types of publications or projects undertaken; audience ages; statement of objectives; notes on submission of manuscripts, illustrations, film or television projects; methods of distribution; director's statement. Relevant organizations, funding agencies, promotional programmes, prizes, fairs and festivals are also described in each section. Z286 C48 E27 1990 808.06809714

Guide sur l'art d'écrire pour les enfants conçu par des auteurs québécois. Classement en trois parties qui portent sur l'écriture pour les médias imprimés, pour la télévision et le cinéma, et pour le théâtre. Essai d'introduction sur chaque média et notices descriptives sur des éditeurs, des maisons de production pour la télévision et le cinéma et des compagnies théâtrales. Les notices contiennent: le nom, l'adresse et le numéro de téléphone; la date de fondation; les noms des principaux membres du personnel; les types de publications ou de projets entrepris; l'âge du public; un énoncé des objectifs; des notes sur la présentation de manuscrits, d'illustrations et de projets de films ou d'émissions de télévision; les méthodes de distribution; un énoncé du directeur. Dans chaque section sont également décrites les associations pertinentes, les organismes de financement, les programmes de promotion, les prix, les salons et les festivals. Z286 C48 E27 1990 808.06809714

446

Gauvin, Daniel. – ***Guide canadien du livre rare = Canadian guide to rare books.*** – Translated by Kathryn Sabo. – Montréal : Daniel Gauvin Éditeur, 1989. – xii, 217, [4] p.

A guide to rare books intended for Canadian collectors, sellers and librarians. Part 1, brief essays on the Canadian antiquarian book trade, book collecting, book appraisal and conservation, preservation and restoration, accompanied by bibliographies of works on these topics. Part 2, directories of Canadian and foreign booksellers, auctioneers and collectors, associations for book collectors, preservation organizations, Canadian bookbinders and restorers, conservation and disaster assistance organizations and suppliers of archival and conservation materials. Index of bookseller specialties. Z1029 G38 1989 002.0750971

Guide sur les livres rares rédigé à l'intention des collectionneurs, des libraires et des bibliothécaires canadiens. Partie 1, courts essais sur le commerce du livre ancien au Canada, sur la collection de livres, sur l'évaluation et la conservation des livres, sur leur préservation et leur restauration. Ces essais sont accompagnés de bibliographies d'ouvrages pertinents. Partie 2, répertoire des libraires, des commissaires-priseurs et des collectionneurs canadiens et étrangers, et répertoires des associations de collectionneurs de livres, des organisations de préservation, des relieurs et des restaurateurs canadiens, des organisations d'assistance en conservation et en désastre, ainsi que des fournisseurs de matériaux d'archivage et de conservation. Index des spécialités des libraires. Z1029 G38 1989 002.0750971

447

Guide à l'édition savante au Canada : à l'usage de tous les auteurs canadiens. – 4e éd. – Ottawa : Fédération canadienne des études humaines, 1986. – [6], 69, 108 p. : ill. – Titre de la p. de t. additionnelle : *A guide to scholarly publishing in Canada : for all Canadian scholars.*

1st ed., 1971. 2nd ed., 1973. 3rd ed., 1979. New edition forthcoming, 1995. A bilingual guide to scholarly publishing in Canada arranged in three sections: an overview of the publishing process covering finding a publisher, costs, contracts, copyright, book production, sales and promotion, etc.; a bibliography of books and articles on publishing; a directory of publishers of scholarly works. Directory entries include address, telephone number, names of senior personnel, areas of interest, series published, affiliations, average number of titles per year, and other information on policies, etc. English-language publishers are listed in the English part of the guide and French-language publishers are listed in the French part of the guide. Z286 S37 W5 1986 070.594

1re éd., 1971. 2e éd., 1973. 3e éd., 1979. Nouvelle édition à paraître, 1995. Guide bilingue sur l'édition savante au Canada divisé en trois sections: un aperçu du processus de publication, qui porte sur le choix d'un éditeur, les coûts, les contrats, les droits d'auteur, la production de livres, les ventes et la promotion, etc.; une bibliographie des livres et des articles sur l'édition; un répertoire des éditeurs d'ouvrages savants. Les notices du répertoire contiennent l'adresse, le numéro de téléphone, les noms des principaux membres du personnel, les domaines d'intérêt, les collections publiées, les affiliations, le nombre moyen d'ouvrages publiés par année, et d'autres données sur les politiques, etc. Les éditeurs de livres en anglais se trouvent dans la partie du guide rédigée en anglais et les éditeurs de livres en français se trouvent dans la partie du guide rédigée en français. Z286 S37 W5 1986 070.594

448

A guide for authors and illustrators. – Toronto : Canadian Children's Book Centre, c1990. – 24 p. : ill. – Cover title.

Prev. ed., 1986. A guide to writing and illustrating children's books in Canada. Arranged in three sections covering subjects of interest to writers, to illustrators and general information of interest to both. Discusses topics such as getting started, genres, manuscript and portfolio preparation, selecting a publisher, copyright, contracts and agents. Directory of writers' associations and professional organizations. Bibliography of sources on writing and children's literature. This booklet was included in a kit prepared by the Centre entitled: *Writing for children.*   PN147.5 W76 1991 fol.   808.0680971

Éd. antérieure, 1986. Guide sur l'art d'écrire et d'illustrer des livres pour enfants au Canada. Classement en trois sections qui portent sur les domaines d'intérêt pour les écrivains et les illustrateurs et sur des notions générales qui intéressent les deux. Discute de questions comme les premières étapes, les genres, la préparation des manuscrits et des portfolios, le choix d'un éditeur, les droits d'auteur, les contrats et les agents. Répertoire des associations d'écrivains et des organisations professionnelles. Bibliographie des documents de référence sur l'écriture et la littérature pour enfants. Ce livret a été inclus dans un ensemble multi-support préparé par le Centre et intitulé: *Writing for children.*   PN147.5 W76 1991 fol.   808.0680971

449

A guide to scholarly publishing in Canada : for all Canadian scholars. – 4th ed. – Ottawa : Canadian Federation for the Humanities, 1986. – [6], 108, 69 p. : ill. – Title on added t.p. : *Guide de l'édition savante au Canada : à l'usage de tous les auteurs canadiens.*

1st ed., 1971. 2nd ed., 1973. 3rd ed., 1979. New edition forthcoming, 1995. A bilingual guide to scholarly publishing in Canada arranged in three sections: an overview of the publishing process covering finding a publisher, costs, contracts, copyright, book production, sales and promotion, etc.; a bibliography of books and articles on publishing; a directory of publishers of scholarly works. Directory entries include address, telephone number, names of senior personnel, areas of interest, series published, affiliations, average number of titles per year, and other information on policies, etc. English-language publishers are listed in the English part of the guide and French-language publishers are listed in the French part of the guide.
Z286 S37 W5 1986   070.594

1re éd., 1971. 2e éd., 1973. 3e éd., 1979. Nouvelle édition à paraître, 1995. Guide bilingue sur l'édition savante au Canada divisé en trois sections: un aperçu du processus de publication, qui porte sur le choix d'un éditeur, les coûts, les contrats, les droits d'auteur, la production de livres, les ventes et la promotion, etc.; une bibliographie des livres et des articles sur l'édition; un répertoire des éditeurs d'ouvrages savants. Les notices du répertoire contiennent l'adresse, le numéro de téléphone, les noms des principaux membres du personnel, les domaines d'intérêt, les collections publiées, les affiliations, le nombre moyen d'ouvrages publiés par année, et d'autres données sur les politiques, etc. Les éditeurs de livres en anglais se trouvent dans la partie du guide rédigée en anglais et les éditeurs de livres en français se trouvent dans la partie du guide rédigée en français.
Z286 S37 W5 1986   070.594

450

Kernaghan, Eileen. – *The upper left-hand corner : a writer's guide for the Northwest.* – Eileen Kernaghan, Edith Surridge, Patrick Kernaghan, Ross Westergaard – 3rd ed. – Vancouver : International Self-Council Press, 1986. – xi, 129, [2] p. – 0889086311

1st ed., 1975. 2nd ed., 1984. Imprint varies. A guide for writers working in the Northwest region of North America including Manitoba, Saskatchewan, Alberta and British Columbia, the Yukon and Northwest Territories and Washington, Oregon, Idaho and Alaska. Provides information on manuscript preparation and submission, copyright, contracts, government funding, self-publishing and writing for specific markets such as magazines, theatre, radio, television, children, etc. Lists local, regional, national and international writers' associations, writers' retreats, writing schools, festivals and contests. Directories of northwestern publishers and periodicals with subject and geographical indexes.   PN161 K47 1986 fol. 808.02

1re éd., 1975. 2e éd., 1984. L'adresse bibliographique varie. Guide à l'intention des écrivains qui travaillent dans la région du Nord-Ouest de l'Amérique du Nord, soit dans les provinces du Manitoba, de la Saskatchewan, de l'Alberta et de la Colombie-Britannique, dans les territoires du Yukon et du Nord-Ouest et dans les états de Washington, de l'Orégon, de l'Idaho et de l'Alaska. Fournit des données sur la rédaction et la présentation des manuscrits, le droit d'auteur, les contrats, le financement par le gouvernement, l'édition à compte d'auteur et la rédaction pour des marchés particuliers comme les revues, le théâtre, la radio, la télévision, les enfants, etc. Signale des associations d'écrivains locales, régionales, nationales et internationales, des retraites pour écrivains, des écoles d'écrivains, des festivals et des concours. Répertoires des éditeurs et des périodiques du Nord-Ouest avec index des sujets et index géographique.
PN161 K47 1986 fol.   808.02

451

Literary arts directory II. – Edited & compiled by Gail D. Whitter. – [2nd ed.]. – Vancouver : Federation of B.C. Writers, 1990. – 103 p. – 09291260107

1st ed., 1988. A directory intended for writers in British Columbia but also of use to writers in other parts of Canada. Describes funding available from the federal and British Columbia governments. Lists national and British Columbia awards, competitions and organizations as well as British Columbia literary festivals, educational programmes and libraries. Directories of Canadian periodicals and publishers. Also includes brief essays on topics such as deciding to publish, choosing a publisher, submitting a manuscript, choosing a computer and organizing a writers' support group. Bibliography.
PS8255 B7 L4   070.520971

1re éd., 1988. Répertoire établi à l'intention des écrivains de la Colombie-Britannique, mais également utile aux écrivains d'autres régions du Canada. Décrit le financement offert par le gouvernement fédéral et par le gouvernement de la Colombie-Britannique. Signale des associations, des prix, des concours nationaux et provinciaux, des festivals littéraires, des programmes éducationnels et des bibliothèques de la Colombie-Britannique. Répertoires des périodiques et des éditeurs canadiens. Inclut aussi de courts essais sur des sujets tels que décider de publier, choisir un éditeur, présenter un manuscrit, choisir un ordinateur et organiser un groupe de soutien des écrivains. Bibliographie.   PS8255 B7 L4   070.520971

452

Le métier d'écrivain : guide pratique. – Union des écrivaines et écrivains québécois. – Éd. rev. et mise à jour. – Montréal : Boréal, 1993. – [188] p. : ill. – 2890525597

1st ed., 1981. 2nd ed., 1988. A guide for writers covering manuscript preparation, book production, copyright, contracts, financial matters, writing for theatre, television, radio, film and magazines, etc. Lists of Canadian French-language publishers, Quebec film production companies, Quebec periodicals, book industry associations and organizations, archives and libraries, and Quebec and Canadian literary prizes. No index.   PN161 M48 1993 808.02

1re éd., 1981. 2e éd., 1988. Guide rédigé à l'intention des écrivains, qui porte sur la rédaction du manuscrit, la production d'un livre, le droit d'auteur, les contrats, les aspects financiers, l'écriture pour le théâtre, la télévision, la radio, le cinéma et les revues, etc. Listes des éditeurs canadiens-français, des compagnies de production de film du Québec, des périodiques québécois, des associations et des organisations de l'industrie du livre, des archives et des bibliothèques, et des prix littéraires québécois et canadiens. Aucun index.   PN161 M48 1993 808.02

453

Poetry markets for Canadians. – (1982)-   . – Stratford : Mercury Press ; Toronto : League of Canadian Poets, c1982-   . –   vol. – 0843-2287

Biennial. A guide to publishing for Canadian poets. Includes information on aspects of getting published in periodicals, books and chapbooks, such as copyright, contracts and book promotion. Lists Canadian and foreign periodicals and Canadian book publishers interested in poetry submissions. Also lists reading venues for Canadian poets, writers' organizations, arts councils, government arts agencies and literary awards and contests. Index of titles, publishers and organizations. Title varies: 1982, 1984, *Poetry markets in Canada*; 1987, 1989, 1992, *Poetry markets for Canadians*. Imprint varies.   PN155 P6 fol. 070.520971

Biennal. Guide sur l'édition rédigé à l'intention des poètes canadiens. Inclut des données sur les divers aspects de la publication dans les périodiques, les livres et les livres de colportage, comme les droits d'auteur, les contrats et la promotion des livres. Donne la liste des périodiques canadiens et étrangers et des éditeurs de livres canadiens intéressés à recevoir des poèmes. Donne aussi la liste des lieux de réunion des poètes canadiens, des organisations d'écrivains, des conseils des arts, des organismes gouvernementaux chargés des arts, et des prix et concours littéraires. Index des titres, des éditeurs et des organisations. Le titre varie: 1982, 1984, *Poetry markets in Canada*; 1987, 1989, 1992, *Poetry markets for Canadians*. L'adresse bibliographique varie.   PN155 P6 fol. 070.520971

454

Riedel, Kate. – *Signposts : a guide to self-publishing.* – Researched and written by Kate Riedel for the Library Information Committee. – Toronto : Book and Periodical Council, c1992. – ii, 14 p. – 09692126424 – Cover title.

A handbook for Canadians interested in self-publishing. Three sections: brief essays on financing, writing and editing, design and production, marketing and distribution, legal considerations; reading lists of Canadian and American sources arranged by subject or type of material; directory of helpful associations.   Z285.5 R54 1992 070.593

Manuel à l'intention des Canadiens intéressés à l'édition à compte d'auteur. Trois sections: courts essais sur le financement, la rédaction et la révision, le design et la production, le marketing et la distribution, les aspects légaux; listes de lectures recommandées de publications canadiennes et américaines selon un classement par sujets ou par types de documents; répertoire des associations utiles.   Z285.5 R54 1992 070.593

455

Rivers, Dyanne. – *The business of writing : the Canadian guide for writers and editors.* – Toronto : McGraw-Hill Ryerson, c1994. – viii, 117 p. – 0075516381

A Canadian guide to the business of freelance writing and editing. Covers getting prepared, computer technology and markets as well as business and financial aspects such as contracts, accounting, GST and income tax. Appendix: directory of Canadian professional organizations for writers and editors.   PN153 R58 1994 808.02

Guide canadien sur l'art d'écrire et de revoir les textes à la pige. Décrit la façon de se préparer, la technologie informatique, les marchés ainsi que les aspects commerciaux et financiers comme les contrats, la comptabilité, la TPS et l'impôt sur le revenu. Annexe: répertoire des organisations professionnelles canadiennes d'écrivains et de rédacteurs.   PN153 R58 1994 808.02

456

Saskatchewan literary arts handbook. – 4th ed. – Regina : Saskatchewan Writers Guild, c1994. – vii, 150 p. – 096903878X

1st ed., 1985. 2nd ed., 1987. 3rd ed., 1990. Intended to encourage writing activity in Saskatchewan. Includes chapters covering business aspects of writing (copyright, contracts, GST, marketing); technology and the writer; educational programmes in writing available at Canadian colleges, universities, writers' colonies and retreats; provincial and national writers', publishers', library and book trade organizations; financial assistance available to writers from municipal, provincial and federal governments and other national agencies; Canadian and Saskatchewan periodicals; Canadian and Saskatchewan book publishers; Saskatchewan radio, television, newspaper and film markets; Saskatchewan and selected Canadian and international awards, prizes and competitions; Saskatchewan bookstores; Saskatchewan archives and libraries. Bibliography. No index.   PN147 R53 1994 070.520257124

1re éd., 1985. 2e éd., 1987. 3e éd., 1990. Prévu pour encourager l'écriture en Saskatchewan. Inclut des chapitres portant sur les aspects commerciaux de l'écriture (le droit d'auteur, les contrats, la taxe sur les produits et services, le marketing); la technologie et l'écrivain; les programmes éducatifs en écriture offerts dans les collèges et universités du Canada; les colonies et les retraites pour écrivains; les associations provinciales et nationales qui regroupent les écrivains, les éditeurs, les bibliothèques et l'industrie du livre; l'aide financière offerte aux écrivains par les administrations municipales, provinciales et fédérales et d'autres organismes nationaux; les périodiques du Canada et de la Saskatchewan; les éditeurs du Canada et de la Saskatchewan; les marchés de la radio, de la télévision, de la presse et du cinéma en Saskatchewan; les prix, distinctions et concours en Saskatchewan, ainsi que quelques-uns au Canada et à l'étranger; les librairies de la Saskatchewan; les archives et les bibliothèques de la Saskatchewan. Bibliographie. Aucun index.   PN147 R53 1994 070.520257124

457
Waller, Adrian. – *The Canadian writer's market.* – 1st ed. (1970)-   . – Toronto : McClelland and Stewart, c1970-   . –   vol. – 1193-3305

A guide to markets for Canadian writers. Includes an introductory essay on marketing, copyright, libel, manuscripts, style, income tax, etc. Directories of consumer magazines, trade, business and professional publications arranged by subject. Directories of farm publications, daily newspapers, book publishers, literary agents, awards and grants, courses in creative writing and journalism and writers' and publishers' organizations. Bibliography of useful books for writers. 6th ed. (1981) and 8th ed. (1988) also produced as sound recordings: Toronto : CNIB, 1981, 1988.   cassettes.   PN4908 G66   070.5202571

Guide sur les marchés ouverts aux écrivains canadiens. Inclut un essai de présentation sur le marketing, le droit d'auteur, le libelle diffamatoire, les manuscrits, le style, les impôts, etc. Répertoires des revues de consommation et les publications commerciales, spécialisées et professionnelles classées par sujets. Répertoires des publications agricoles, des quotidiens, des éditeurs de livres, des agents littéraires, des prix et des subventions, des cours en création littéraire et en journalisme et des associations d'écrivains et d'éditeurs. Bibliographie des livres utiles aux écrivains. 6ᵉ éd. (1981) et 8ᵉ éd. (1988) également produites comme enregistrements sonores: Toronto : CNIB, 1981, 1988.   cassettes.   PN4908 G66   070.5202571

458
The writers' handbook. – Editor, Ellen Smythe. – 1st ed. – Winnipeg : Manitoba Writers' Guild, c1991. – 76 p.

A handbook on writing and publishing for Manitoba authors. Provides information on Manitoba educational programmes for writers, reading series and writers' workshops and Manitoba and national writers' and publishers' organizations. Discusses the business aspects of writing and publishing such as income tax, GST, submitting a manuscript, literary agents, contracts, copyright, etc. Includes essays by experienced authors on writing for literary, magazine, television, newspaper, radio, fiction and children's markets. Directories of Manitoba and Canadian publishers, periodicals and writing awards. List of works for further reading.   PN147 W75 1991   808.02

Manuel sur l'art d'écrire et la façon d'être publié, rédigé à l'intention des auteurs du Manitoba. Donne des renseignements sur les programmes éducatifs manitobains offerts en écriture, sur les séances de lecture et les ateliers pour écrivains, ainsi que sur les associations manitobaines et nationales d'écrivains et d'éditeurs. Traite des aspects commerciaux de l'écriture et de l'édition, comme les impôts, la taxe sur les produits et services, la présentation d'un manuscrit, les agents littéraires, les contrats, le droit d'auteur, etc. Inclut des essais rédigés par des auteurs d'expérience sur l'art d'écrire pour les marchés de la littérature, des revues, de la télévision, de la presse, de la radio, des romans et des livres pour enfants. Répertoires des éditeurs, des périodiques et des prix littéraires du Manitoba et du Canada. Liste d'ouvrages complémentaires recommandés. PN147 W75 1991   808.02

History

Histoire

459
Parker, George L. [George Lawrence]. – *The beginnings of the book trade in Canada.* – Toronto : University of Toronto Press, c1985. – xiv, [14], 346 p. : ill., ports. – 0802025471

A history of publishing, printing and bookselling in Canada from its beginnings to 1900. Extensive notes for each chapter. Appendices: statistics on the printing trades, 1867-1900; export statistics, 1867-1900; import statistics, 1867-1900; list of copyright acts. Index of publishers, printers, titles, etc.   Z483 P37 1985   070.50971

Histoire de la publication, de l'impression et de la vente de livres au Canada, depuis ses débuts jusqu'en 1900. Notes détaillées dans chaque chapitre. Annexes: statistiques sur les industries de l'imprimerie, 1867-1900; statistiques sur l'exportation, 1867-1900; statistiques sur l'importation, 1867-1900; liste des lois sur les droits d'auteur. Index des éditeurs, des imprimeurs, des titres, etc.   Z483 P37 1985   070.50971

Indexes

Index

460
Books in Canada : author, title, reviewer index. – Vol. 1 (1971/72)-vol. 5 (1976). – Toronto : McLaren Micropublishing, 1974-1978. – 4 vol. – 0709-597X

An index to *Books in Canada*, a reviewing journal published in Toronto since 1971. Volume for 1971/72 includes microfiche reproductions of 1971 and 1972 issues of the periodical. *Books in Canada* is indexed in *Canadian periodical index* from January 1977. Z1369 B612 fol.   028.105

Index de *Books in Canada*, revue critique publiée à Toronto depuis 1971. Le volume de 1971/72 comprend des reproductions sur microfiche des numéros de 1971 et de 1972. *Books in Canada* est répertorié dans *Index de périodiques canadiens* depuis janvier 1977. Z1369 B612 fol.   028.105

461
Heggie, Grace [Grace F.]. – *Index to Canadian bookman.* – Compiled and edited by Grace Heggie and Anne McGaughey. – Toronto : McLaren Editions, 1993. – [10], 131, [2] p.

An index to *Canadian bookman*, a journal focussing on Canadian art, literature, bookselling, publishing and the library profession, which was published in Toronto under various titles in 1909-1910, 1915, and 1919-1939. Indexes major signed articles, book reviews, theatre reviews, lead editorials, unsigned articles of at least two hundred

Index de *Canadian bookman*, une revue qui porte principalement sur les arts, la littérature, la vente de livres, l'édition et la profession de bibliothécaire au Canada, et qui a été publiée à Toronto sous divers titres de 1909 à 1910, en 1915, et de 1919 à 1939. Indexe les principaux articles signés, les critiques de livres, les critiques de

words, poetry, reproductions of works of art and portraits of
Canadian personalities. Excludes advertisements, short notices,
announcements and material identified as filler. Authors and subjects are alphabetically arranged in one sequence.   Z487 H43 1993
fol.   015.71034

pièces de théâtre, les éditoriaux, les articles anonymes d'au moins
deux cents mots, les poèmes, les reproductions d'oeuvres d'art et les
portraits de personnalités canadiennes. Exclut les publicités, les
courts avis, les annonces et les documents considérés comme des
bouche-trous. Classement des auteurs et des sujets en une seule liste
alphabétique.   Z487 H43 1993 fol.   015.71034

462

Quill & quire. General index. – Compiled by Duncan McLaren. – (1935/72)-(1974/75). – Toronto : McLaren Micropublishing, 1973-1976. –
3 vol. – 0824-7919

A subject index to articles in *Quill & quire*, the periodical of the
Canadian book industry. Three volumes covering 1935/72, 1973 and
1974/75. Excludes book reviews. Author entries included for signed
articles. From January 1976, *Quill & quire* is indexed in the
Canadian periodical index.   Z487 Q62 fol.   070.50971

Index des sujets relatifs aux articles parus dans *Quill & quire*, le
périodique de l'industrie canadienne du livre. Trois volumes:
1935/72, 1973 et 1974/75. Exclut les critiques de livres. Des notices
sous les noms des auteurs sont incluses dans le cas des articles
signés. Depuis janvier 1976, *Quill & quire* est répertorié dans *Index
de périodiques canadiens.*   Z487 Q62 fol.   070.50971

General Reference Works
Encyclopedias

Ouvrages de référence généraux
Encyclopédies

463

The book of Newfoundland. – Edited by J.R. Smallwood. – St. John's : Newfoundland Book Publishers Ltd., c1937-1975. – 6 vol. (xxxl, 486 ;
xvi, 531 ; 602, [82] ; 599, [96] ; 615, [38] ; 630, [241] p.) : ill. (some col.), maps, ports. (some col.). – 0920508006

Reprint of vol. 1-4, 1968, 1979. Over 407 articles written by various
authors on subjects relating to Newfoundland. General index (vol.
2, 4, 6). advertiser index (vol. 2). Chronology (vol. 4). Biographical
dictionary (vol. 5). Vol. 1 (1937); vol. 2 (1937); vol. 3 (1967); vol. 4
(1967); vol. 5 (1975); vol. 6 (1975).   F5355 S6 fol.   971.8003

Réimpr. des vol. 1-4, 1968, 1979. Plus de 407 articles écrits par
différents auteurs, sur tous les sujets en rapport avec la province de
Terre-Neuve. Index général (vol. 2, 4, 6), index des annonceurs
(vol. 2). Chronologie (vol. 4). Dictionnaire biographique (vol. 5).
Vol. 1 (1937); vol. 2 (1937); vol. 3 (1967); vol. 4 (1967); vol. 5 (1975);
vol. 6 (1975).   F5355 S6 fol.   971.8003

464

***Canada : an encyclopaedia of the country : the Canadian Dominion considered in its historic relations, its natural resources, its material
progress, and its national development.*** – Edited by J. Castell Hopkins. – Toronto : Linscott Publishing Co., 1898-1900. – 6 vol. (540 ; 564 ;
525 ; 544 ; 542 ; 557 p.) : ill., maps, ports.

Encyclopedia of Canadian history organized in 36 thematic sections.
Includes signed articles of varying length. Subject index in each vol-
ume. Reproduced in microform format: *CIHM/ICMH microfiche
series*, nos. 08035-08041. Supplement: *Index topical and personal to
Canada : an encyclopaedia of the country in six quarto volumes.*
F5011 H79 fol.   971.003

Encyclopédie d'histoire canadienne présentée en 36 sections thématiques. Les articles signés sont de longueur variée. Contient un index
des sujets à la fin de chaque volume. Reproduit sur support microforme: *CIHM/ICMH collection de microfiches*, n°s 08035-08041.
Supplément: *Index topical and personal to Canada : an encyclopaedia
of the country in six quarto volumes.*   F5011 H79 fol.   971.003

465

Index topical and personal to Canada : an encyclopaedia of the country in six quarto volumes. – [Edited by] J. Castell Hopkins – Toronto :
Linscott Publishing, 1900. – 188 p.

Supplement to *Canada : an encyclopaedia of the country : the
Canadian Dominion considered in its historic relations, its natural
resources, its material progress, and its national development.* Four
indexes: articles and editor's notes; contributors, illustrations and
maps; subjects; prominent persons and their achievements.
Reproduced in microform format: *CIHM/ICMH microfiche series*,
no. 08050.   F5011 H79 fol. Index   971.003

Supplément de *Canada : an encyclopaedia of the country : the
Canadian Dominion considered in its historic relations, its natural
resources, its material progress, and its national development.* Quatre
index: articles et notes du rédacteur; contributeurs, illustrations et
cartes; sujets; principaux personnages et leurs réalisations. Reproduit
sur support microforme: *CIHM/ICMH collection de microfiches*, n°
08050.   F5011 H79 fol. Index   971.003

466

The Canadian encyclopedia. – Editor in chief, James H. Marsh. – 2nd ed. – Edmonton : Hurtig Publishers, c1988. – 4 vol. (xxxix, 2736 p.) :
ill. (some col.), col. maps., ports. – 0888303262 (set) 0888303270 (vol. 1) 0888303289 (vol. 2) 0888303297 (vol. 3) 0888303300 (vol. 4)

1st ed., 1985. Encyclopedia on all aspects of Canadian life. 9,700
signed articles of which 3,500 are biographies. Alphabetically
arranged. Some articles include bibliographical references and cross-
references. Volume 4 contains a general index of 140,000 entries.
Available on CD-ROM as part of: *The electronic Canadian encyclopedia* (Toronto : InContext Corp., c1991). Available on diskette: *The
Canadian encyclopedia on diskette.* Windows and Macintosh versions.
Multimedia version available on CD-ROM: *The Canadian encyclopedia : multimedia version.* Windows and Macintosh versions. 1st ed.

1re éd., 1985. Encyclopédie qui présente tous les aspects liés à la vie
canadienne. Comprend quelque 9 700 articles signés, dont plus
de 3 500 biographies. Recension alphabétique. Certains articles comprennent des références bibliographiques et des renvois. Un index
général de 140 000 notices à la fin du dernier volume. Disponible sur
support CD-ROM, partie de: *The electronic Canadian encyclopedia*
(Toronto : InContext Corp., c1991). Disponible sur support
ordinolingue: *The Canadian encyclopedia on diskette.* Deux versions:
Windows et Macintosh. Version multimédia disponible sur support

published in French under the title: *L'encyclopédie du Canada*. FC23 C36 1988 fol. 971.003

CD-ROM: *The Canadian encyclopedia : multimedia version*. Deux versions: Windows et Macintosh. 1ʳᵉ éd. publié en français sous le titre: *L'encyclopédie du Canada*. FC23 C36 1988 fol. 971.003

467

***Canadisk* [CD-ROM]**. – Cambridge (Ont.) : Britannica Learning Materials, c1992. – 1 computer laser optical disk + 1 computer disk + 1 sheet + 1 booklet. – 0773800360

A database of three million words and over 2,500 photographs on Canadian history, culture and statistics. Primarily intended for use by students. Covers ten principal fields: state, law, geography, settlement, society, business, economy, arts, science, themes. Boolean search capabilities. Two versions available: MS-DOS and Macintosh. A French edition is in preparation. FC51 C37 1992 fol. 971.003

Trois millions de mots et plus de 2 500 photos sur l'histoire, la culture et des statistiques propres au Canada. Base de données destinée d'abord à la population étudiante. Présentation selon dix domaines: état, loi, géographie, peuplement, société, affaires, économie, arts, science et varia. Pleines capacités de recherches booléennes. Disponibles en deux versions: MS-DOS et Macintosh. Une édition française est en préparation. FC51 C37 1992 fol. 971.003

468

Colombo, John Robert. – ***1001 questions about Canada***. – Toronto : Doubleday Canada, 1986. – 375 p. – 0385250347

1,001 entries for Canadian personalities, facts and subjects presented in the form of questions and answers. Ten categories: land, history, places, government, business, technology, society, people, culture and Canadianisms. Index of names, keywords and places. FC61 C65 1986 971.002

1001 articles sur des personnalités, des faits et des sujets propres aux Canadiens présentés sous forme de questions et réponses. Dix catégories: terre, histoire, lieux, gouvernement, affaires, technologie, société, gens, culture et canadianismes. Un index: noms-mots clés-lieux. FC61 C65 1986 971.002

469

Colombo, John Robert. – ***999 questions about Canada***. – Toronto : Doubleday Canada, c1989. – xv, 390 p. – 0385252072

999 entries for Canadian personalities, facts and subjects, presented in the form of questions and answers. Four categories: places, people, things, ideas. Index of names, keywords and places. FC61 C66 1989 971.002

999 articles sur des personnalités, des faits et des sujets propres aux Canadiens présentés sous forme de questions et réponses. Quatre catégories: lieux, gens, choses, idées. Un index: noms-mots clés-lieux. FC61 C66 1989 971.002

470

Colombo, John Robert. – ***Colombo's Canadian references***. – Toronto : Oxford University Press, 1976. – viii, 576 p. – 0195402537

Over 6,000 entries for Canadian personalities, facts and subjects arranged alphabetically. FC23 C64 971.003

Plus de 6 000 notices sur des personnalités, des faits et des sujets propres aux Canadiens organisées alphabétiquement. FC23 C64 971.003

471

Cournoyer, Jean. – ***Le petit Jean : dictionnaire des noms propres du Québec***. – [Montréal] : Stanké, c1993. – 951, [1] p. – 2760404234

Over 15,000 entries for Quebec personalities, places, institutions and events, alphabetically arranged. Bibliography. FC2904 C69 1993 971.4003

Plus de 15 000 notices sur les personnalités, les lieux, les institutions et les événements propres aux Québécois. Recension alphabétique. Bibliographie. FC2904 C69 1993 971.4003

472

Dictionnaire de l'Amérique française : francophonie nord-américaine hors Québec. – Charles Dufresne [et al.]. – [Ottawa] : Presses de l'Université d'Ottawa, c1988. – 386 p. : ill., cartes, portr. – 2760302164

Approximately 1,850 entries for personalities, places, institutions and events connected with Francophones of Acadia, Ontario, the Canadian West and the United States. Alphabetically arranged. Bibliography. E29 F8 D43 1988 fol. 971.004114003

Quelque 1 850 notices sur les personnalités, les lieux, les institutions et les événements propres aux francophones de l'Acadie, de l'Ontario, de l'Ouest canadien et des États-Unis. Recension alphabétique. Bibliographie. E29 F8 D43 1988 fol. 971.004114003

473

Encyclopedia Canadiana. – Toronto : Grolier of Canada, c1977. – 10 vol. (various pagings) : ill. (some col.), maps (some col.), diagrs, ports., facsims. – 0717216039

1st ed., 1957, with several updates. General encyclopedia on Canada. Over 10,000 articles arranged alphabetically. Some articles are signed and include bibliographical references and cross-references. Vol. 10 contains a section of contemporary biographies and an atlas of Canada. No general index. F5011 E62 1977 fol. 971.003

1ʳᵉ éd., 1957 avec plusieurs mises à jour. Encyclopédie générale sur le Canada. Plus de 10 000 articles organisés alphabétiquement. Certains articles sont signés et comportent des références bibliographiques et des renvois. Dans le volume 10, une section de biographies contemporaines et un atlas du Canada. Aucun index général. F5011 E62 1977 fol. 971.003

474

The encyclopedia of Canada. – [Edited by] W. Stewart Wallace. – Toronto : University Associates of Canada, 1935-1949. – 6 v. (xiv, 398 ; 411 ; 396 ; 400 ; 401 ; 398, 104 p.) : ill., plates (part col.), maps (part col.), tables, diagrs.

General encyclopedia of Canada. 1st ed., 1935-1937, reprinted in 1940 and 1948. In 1949, a supplement on Newfoundland by Robert H. Blackburn appeared as volume 6: *The encyclopedia of Canada :*

Encyclopédie générale du Canada. 1ʳᵉ éd. 1935-1937, réimpr. en 1940 et 1948. En 1949 le supplément sur la province de Terre-Neuve: *The encyclopedia of Canada : Newfoundland supplement* par Robert H.

Newfoundland supplement. Some articles include bibliographical references. Each volume contains lists of contributors, illustrations and maps. No subject index.   F5011 E63 1948   971.003

Blackburn est intégré au volume 6. Certains articles comprennent des références bibliographiques. Chaque volume comprend une liste des contributeurs et une liste des illustrations et cartes. Aucun index sujets.   F5011 E63 1948   971.003

475

Encyclopedia of Newfoundland and Labrador. – St. John's : Harry Cuff Publications, 1981-1994. – 5 vol. (xxx, 799 ; xiii, 1104 ; xvii, 687 ; xv, 680 ; xv, 706 p.) : ill., maps, ports. – 0920508138 (set) 0920508146 (vol. 1) 0920508162 (vol. 2) 0906934225 (vol. 3) 0969342241 (vol. 4) 096934225X (vol. 5)

General encyclopedia about Newfoundland and Labrador organized alphabetically. Vol. 1, A-E (1981); vol. 2, Fac-Hoy (1984); vol. 3, Hu-M (1991); vol. 4, N-R (1993); vol. 5, S-Z (1994). Articles are written by various authors and occasionally include bibliographical references and cross-references. Bibliography. Vol. 1-vol. 2, editor in chief, Joseph R. Smallwood; managing editor, Robert D.W. Pitt. Vol. 3, honorary editor in chief, Joseph R. Smallwood; editor in chief, Cyril F. Poole; managing editor, Robert H. Cuff. Vols. 4-5, editor in chief, Cyril F. Poole; managing editor, Robert H. Cuff. Imprint varies.   FC2154 E52 fol.   971.8003

Encyclopédie générale sur la Terre-Neuve et le Labrador organisée alphabétiquement. Vol. 1, A-E (1981); vol. 2, Fac-Hoy (1984); vol. 3, Hu-M (1991); vol. 4, N-R (1993); vol. 5, S-Z (1994). Les articles sont écrits par différents auteurs et comportent à l'occasion des références bibliographiques et des renvois. Bibliographie. Vol. 1-vol. 2, rédacteur en chef, Joseph R. Smallwood; directeur de la rédaction, Robert D. W. Pitt. Vol. 3, rédacteur en chef honoraire, Joseph R. Smallwood; rédacteur en chef, Cyril F. Poole; directeur de la rédaction, Robert H. Cuff. Vol. 4-5, rédacteur en chef, Cyril F. Poole; directeur de la rédaction, Robert H. Cuff. L'adresse bibliographique varie.   FC2154 E52 fol.   971.8003

476

L'encyclopédie du Canada. – Montréal : Stanké, c1987. – 3 vol. (xxx, 2153 p.) : ill., cartes, portr. – 2760402819 (série) 2760402983 (vol. 1) 2760402991 (vol. 2) 2760402009 (vol. 3)

Encyclopedia on all aspects of Canadian life. 8,000 signed articles of which 3,500 are biographies. Alphabetically arranged. Some articles include cross-references. Not simply a translation of the first edition of *The Canadian encyclopedia.* The Quebec content has been adapted. General index and bibliography at the end of vol. 3.   FC23 C3614 1987 fol.   971.003

Encyclopédie qui présente tous les aspects liés à la vie canadienne. Comprend quelque 8 000 articles signés dont 3 500 biographies. Recension alphabétique. Certains articles comprennent des renvois. Il ne s'agit pas uniquement d'une traduction française de la première édition de *The Canadian encyclopedia.* Le contenu sur le Québec à été adapté. Un index général et une bibliographie à la fin du troisième volume.   FC23 C3614 1987 fol.   971.003

477

L'encyclopédie du Canada français. – [Montréal] : Cercle du Livre de France, 1958-1966. – 5 vol. (316 ; 216 ; 685 ; 579 ; 542 p.) ill., portr., pl. (partie coul.).

Ten volumes were planned originally, as a series of thematic works on French Canada and in particular Quebec. Vol. 1, *350 ans de théâtre au Canada français* by Jean Béraud, traces the development of French-Canadian theatre from 1606 to 1958. Emphasis on the twentieth century. Bibliography. No index. Vol. 2, *La peinture traditionnelle au Canada français* by Gérard Morisset, describes French-Canadian painting since New France. Name index and list of illustrations. No bibliography. Vols. 3 and 4, *Les canadiens français de 1760 à nos jours,* by Mason Wade. Translation of *The French Canadians 1760-1945* (Toronto : Macmillan, 1955). Traces the history of Quebec from 1534 to 1945. Two general indexes, two lists of illustrations and bibliographical notes. Vol. 5, *Les crimes et les châtiments au Canada français du XVIIe au XXe siècle,* by Raymond Boyer. Indexes of names and subjects. Bibliographical notes.   F5011 E64 971.003

Initialement, devait paraître en dix volumes. S'apparente à une série d'ouvrages thématiques sur le Canada français et plus particulièrement le Québec. Vol. 1, *350 ans de théâtre au Canada français* par Jean Béraud, trace le portrait du théâtre canadien français de 1606 à 1958. L'accent porte sur le vingtième siècle. Bibliographie sommaire. Aucun index. Vol. 2, *La peinture traditionnelle au Canada français* par Gérard Morisset, présente la peinture canadienne-française depuis la Nouvelle-France. Index des noms et liste des illustrations. Aucune bibliographie. Vol. 3 et 4, *Les canadiens français de 1760 à nos jours,* de Mason Wade. Traduction de *The French Canadians 1760-1945* (Toronto : Macmillan, 1955). Trace l'histoire du Québec de 1534 à 1945. Deux index généraux, deux listes des illustrations et des notes bibliographiques. Vol. 5, *Les crimes et les châtiments au Canada français du XVIIe au XXe siècle* par Raymond Boyer. Deux index: noms, sujets. Des notes bibliographiques.   F5011 E64 971.003

478

Encyclopédie du Québec. – Louis Landry. – Montréal : Éditions de l'Homme, 1973. – 2 vol. (1010, xlii p., [32] f. de planches) : ill. (part. en coul.), cartes, portr. – (Les encyclopédies de l'homme ; 5-6). – 0775903671 (vol. 1) 0775903795 (vol. 2) – Titre de la couv. : *Encyclopédie du Québec : un panorama de la vie québécoise.*

General encyclopedia about Quebec. Arranged according to Dewey decimal classification. Bibliographies. Subject index repeated in each volume.   F5405 L25   971.4003

Encyclopédie générale sur le Québec. Classée selon le système décimal Dewey. Comprend des bibliographies. Index sujets répété à la fin de chaque volume.   F5405 L25   971.4003

479

The junior encyclopedia of Canada. – James H. Marsh, editor in chief. – Edmonton : Hurtig Publishers Ltd., c1990. – 5 vols. ([14], 402 ; 398 ; 382 ; 382 ; 396 p.) : ill. (some col.), maps (some col.), ports (some col.). – 0888303343 (set) 0888303351 (vol. 1) 088830336X (vol. 2) 0888303378 (vol. 3) 0888303386 (vol. 4) 0888303394 (vol. 5)

A general encyclopedia for young people intended to cover Canadian aspects of and points of view on over 4,100 subjects. Topics that may be encountered in school work (parliament, the

Encyclopédie générale destinée aux jeunes et conçue pour couvrir plus de 4 100 sujets d'un aspect et d'un point de vue canadiens. On a porté une attention particulière aux sujets qui peuvent être

provinces, ethnic groups, individuals from all areas of Canadian society, flora and fauna, etc.) have been given special attention. Articles are written in simple language. Over 3,000 illustrations. Articles include references to related articles in the encyclopedia and to suggested reading. Subject index to vols. 1-5, in vol. 5. Published in braille format: Toronto : CNIB, 1991. FC23 J86 1990 fol. 971.003

soulevés dans le cadre des travaux scolaires comme le Parlement, les provinces, les groupes ethniques, les personnes de tous les secteurs de la société canadienne, la flore et la faune, etc. Les articles sont écrits dans un style simple. Plus de 3 000 illustrations. Les articles comprennent des renvois à d'autres articles connexes de l'encyclopédie ainsi que des suggestions de lecture. Index des sujets des volumes 1-5 dans le volume 5. Publié en braille: Toronto : CNIB, 1991. FC23 J86 1990 fol. 971.003

480

Le Jeune, L. [Louis-Marie, o.m.i.]. – *Dictionnaire général de biographie, histoire, littérature, agriculture, commerce, industrie et des arts, sciences, moeurs, coutumes, institutions politiques et religieuses du Canada.* – [Ottawa] : Université d'Ottawa, 1931. – 2 vol. (viii, 862 ; 827 p.) : ill., planches, portr., cartes.

General encyclopedia focussing on French Canada. Alphabetically arranged. Some entries include bibliographical references. Biographical entries trace lineages back to the first ancestors who settled in New France. F5010 L4 fol. 971.003

Encyclopédie générale axée sur le Canada français. Recension alphabétique. Certaines notices comprennent des références bibliographiques. Les notices biographiques remontent au premier ancêtre établit en Nouvelle-France. F5010 L4 fol. 971.003

481

Lefebvre, Jean-Jaques. – *Le Canada l'Amérique : géographie, histoire.* – Éd. rev., aug. et mise à jour. – Montréal : Librairie Beauchemin, [c1968]. – 370, [12] p. : ill. (partie en coul.), cartes coul.

Bound with *Dictionnaire Beauchemin canadien.* 1st ed., 1954. Over 11,000 articles for North American persons, places and events arranged alphabetically. PC2625 D45 971.003

Relié avec *Dictionnaire Beauchemin canadien.* 1re éd., 1954. Plus de 11 000 articles portant sur des personnes, des lieux et des événements nord-américains, organisés alphabétiquement. PC2625 D45 971.003

482

Microfilm edition of Encyclopedia arctica **[microform].** – Edited by Vilhjalmur Stefansson, sponsored by the Office of Naval Research Department of the Navy. – Ann Arbor (Mich.) : Xerox University Microfilms ; Hanover (N.H.) : Dartmouth College Library, 1974. – 27 reels ; ill., maps.

Articles and biographical entries relating to the Arctic, written by various specialists at the end of the 1940s. List of contributors, glossary, lists of illustrations and bibliographies. G576 998.003

Compilation d'articles et de notices biographiques en rapport avec l'Arctique, rédigés par différents spécialistes à la fin des années 1940. Liste des contributeurs, glossaire, listes de figures et bibliographies. G576 998.003

483

Mika, Nick. – *Encyclopedia of Ontario.* – Compiled by Nick and Helma Mika. – Belleville (Ont.) : Mika Publishing Co., c1974-1983. – 2 vol. in 4. (400 ; 716 ; 718 ; 691 p.) : ill., maps. – 0919302858 (vol. 1) 0919303145 (vol. 2, pt. 1) 091930348X (vol. 2, pt. 2) 0919303714 (vol. 2, pt. 3)

An encyclopedia of Ontario which was to have included seven volumes on various aspects of Ontario culture and society. Only two volumes were published: vol. 1. *Historic sites of Ontario*; vol. 2, *Places in Ontario : their name, origins and history.* Vol. 1 provides descriptive entries for historic sites in Ontario. Alphabetically arranged by location. Descriptions are taken from the text on plaques erected by the Ontario Archaeological and Historic Sites Board or the Historic Sites and Monuments Board of Canada. Subject index. Vol. 2, in three physical volumes, provides historical entries for approximately 5,000 places in Ontario. Vol. 2, pt. 1, A-E; pt. 2, F-M; pt. 3, N-Z. Entries include location, latitude and longitude, population, origin of place name, facts on historical events, persons, institutions, etc., sources. Bibliography. Subject index. F5455 M5 971.3003

Encyclopédie de l'Ontario qui devait comprendre sept volumes sur divers aspects de la culture et de la société de cette province. Seulement deux volumes ont été publiés: vol. 1, *Historic sites of Ontario*; vol. 2, *Places in Ontario : their name, origins and history.* Le vol. 1 contient des notices descriptives sur les lieux historiques en Ontario. Classement alphabétique des lieux. Les descriptions viennent du texte inscrit sur les plaques installées par l'Ontario Archaeological and Historic Sites Board ou la Commission des lieux et monuments historiques du Canada. Le vol. 2, divisé en trois livres distincts, contient des notices historiques sur environ 5 000 lieux en Ontario. Vol. 2, partie 1, A-E; partie 2, F-M; partie 3, N-Z. Les notices contiennent l'emplacement, la latitude et la longitude, la population, l'origine du nom du lieu, des données sur les événements historiques, les personnes, les établissements, etc., les sources. Bibliographie. Index sujets. F5455 M5 971.3003

484

Veyron, Michel. – *Dictionnaire canadien des noms propres.* – [Montréal] : Larousse Canada, [1989?]. – 757 p., [64] p. de pl. en coul. : ill., cartes (certaines en coul.), portr. – 2920318063

Approximately 3,500 entries for Canadian personalities, places, institutions and events, alphabetically arranged. Bibliography. FC23 V39 1989 971.003

Quelque 3 500 notices sur des personnalités, des lieux, des institutions et des événements propres aux Canadiens. Recension alphabétique. Bibliographie. FC23 V39 1989 971.003

General Reference Works
Official Publications

Ouvrages de référence généraux
Publications officielles

Federal

Fédérales

Bibliographies

Bibliographies

485

Bhatia, Mohan. – *Canadian Federal Government publications : a bibliography of bibliographies.* – Saskatoon : University of Saskatchewan, 1971. – 33 leaves.

210 bibliographical entries arranged in three parts: general works, parliamentary publications and departmental publications. Some entries are annotated. Z1373 B43 fol. 015.71

210 notices bibliographiques organisées en trois parties: ouvrages généraux, publications parlementaires et ministérielles. Quelques notices sont annotées. Z1373 B43 fol. 015.71

486

Bishop, Olga Bernice. – *Publications of the government of the Province of Canada, 1841-1867.* – Ottawa : National Library of Canada, 1963. – x, 351 p.

Describes publications of the Governor General, legislative, executive, educational and scientific institutions, public institutions, the judiciary and miscellaneous institutions such as banks and colleges, of the Province of Canada. Publications of the legislature are arranged by type such as laws, statutes, gazettes, committee reports, etc. Publications of the executive are arranged by department. Provides histories of departments and institutions and an overview of official publishing for the period. A few locations. Lists of the sessions of parliament, Queen's Printers and Legislature Printers are included as appendices. Author-subject index. Z1373 B5 1963 015.71053

Décrit les publications du Gouverneur général, les organes législatifs et exécutifs, les établissements d'éducation, les établissements scientifiques, publics et judiciaires et divers autres types d'établissements comme les banques et les collèges de la Province du Canada. Les publications du corps législatif sont classées par types comme les lois, les statuts, les gazettes, les rapports de comité, etc. Les publications de l'organe exécutif sont classées par ministères. Donne l'historique des ministères et des établissements, ainsi qu'un aperçu de l'édition officielle de l'époque. Quelques localisations. Donne en annexe la liste des sessions du Parlement et des imprimeurs de la Reine et du corps législatif. Index des auteurs et des sujets. Z1373 B5 1963 015.71053

487

Canada. Bibliothèque du Parlement. Section des bibliographies et compilations. – *Green papers, 1971-1991 = Livres verts, 1971-1991.* – Compilée par la Section des bibliographies et compilations ; mise à jour par Bonnie Campbell. – Ottawa : Bibliothèque du Parlement, Direction de l'information et des services techniques, 1991. – 70, ii, 4, 2, 3 f. – (Compilations ; n° 128).

Bibliography of the green papers of the Canadian federal government, published between 1971 and 1991. Chronologically arranged. Entries include: subject, title, department, date tabled in the House or published, sessional paper number, minister responsible, Library of Parliament call number, imprint, colour of cover and notes. Three indexes: subject-title (English, French), minister. Replaces: *Green papers, 1971-1986 = Livres verts 1971-1986.* Z1373 C2225 1991 fol. 015.710532

Bibliographie des livres verts du gouvernement fédéral canadien parus entre 1971 et 1991. Recension chronologique. Les notices comprennent le sujet, le titre, le ministère, la date de dépôt en Chambre ou de diffusion, le numéro de document parlementaire, le ministre responsable, la cote de la Bibliothèque du Parlement, l'adresse bibliographique, la couleur de la couverture et les notes. Trois index: sujets-titres (anglais, français), ministres. Remplace: *Green papers, 1971-1986 = Livres verts 1971-1986.* Z1373 C2225 1991 fol. 015.710532

488

Canada. Bibliothèque du Parlement. Section des bibliographies et compilations. – *White papers, 1939-1992 = Livres blancs, 1939-1992.* – Compilée par la Section des bibliographies et compilations ; mise à jour par Bonnie Campbell. – Ottawa : Bibliothèque du Parlement, Direction de l'information et des services techniques, 1992. – 74, ii, 4, 2, 3 f. – (Compilations ; n° 126).

Bibliography of white papers issued by the Canadian federal government between 1939 and 1992. Chronologically arranged. Entries include: subject, title, department, date tabled in the House or published, sessional paper number, minister responsible, Library of Parliament call number, imprint, colour of cover and notes. Three indexes: subject-title (English, French), minister. Replaces: *White papers, 1939-1987 = Livres blancs, 1939-1987.* Z1373 C2225 1992 fol. 015.710532

Bibliographie des livres blancs du gouvernement fédéral canadien parus entre 1939 et 1992. Recension chronologique. Les notices comprennent le sujet, le titre, le ministère, la date de dépôt en Chambre ou de diffusion, le numéro de document parlementaire, le ministre responsable, la cote de la Bibliothèque du Parlement, l'adresse bibliographique, la couleur de la couverture et les notes. Trois index: sujets-titres (anglais, français), ministres. Remplace: *White papers, 1939-1987 = Livres blancs, 1939-1987.* Z1373 C2225 1992 fol. 015.710532

489

Canada. Library of Parliament. Bibliographies and Compilations Section. – *Green papers, 1971-1991 = Livres verts, 1971-1991.* – Compiled by the Bibliographies & Compilations Section ; updated by Bonnie Campbell. – Ottawa : Library of Parliament, Information and Technical Services Branch, 1991. – 70, ii, 4, 2, 3 leaves. – (Compilations ; no. 128).

Bibliography of the green papers of the Canadian federal government, published between 1971 and 1991. Chronologically arranged. Entries include: subject, title, department, date tabled in the House

Bibliographie des livres verts du gouvernement fédéral canadien parus entre 1971 et 1991. Recension chronologique. Les notices comprennent le sujet, le titre, le ministère, la date de dépôt en or published, sessional paper number, minister responsible, Library of Parliament call number, imprint, colour of cover and notes. Three indexes: subject-title (English, French), minister. Replaces: *Green papers, 1971-1986 = Livres verts 1971-1986.* Z1373 C2225 1991 fol. 015.710532

Chambre ou de diffusion, le numéro de document parlementaire, le ministre responsable, la cote de la Bibliothèque du Parlement, l'adresse bibliographique, la couleur de la couverture et des notes. Trois index: sujets-titres (anglais, français), ministres. Remplace: *Green papers, 1971-1986 = Livres verts 1971-1986.* Z1373 C2225 1991 fol. 015.710532

490

Canada. Library of Parliament. Bibliographies and Compilations Section. – *White papers, 1939-1992 = Livres blancs, 1939-1992.* – Compiled by the Bibliographies & Compilations Section ; updated by Bonnie Campbell. – Ottawa : Library of Parliament, Information and Technical Services Branch, 1992. – 74, ii, 4, 2, 3 leaves. – (Compilations ; no. 126).

Bibliography of white papers issued by the Canadian federal government between 1939 and 1992. Chronologically arranged. Entries include: subject, title, department, date tabled in the House or published, sessional paper number, minister responsible, Library of Parliament call number, imprint, colour of cover and notes. Three indexes: subject-title (English, French), minister. Replaces: *White papers, 1939-1987 = Livres blancs, 1939-1987.* Z1373 C2225 1992 fol. 015.710532

Bibliographie des livres blancs du gouvernement fédéral canadien parus entre 1939 et 1992. Recension chronologique. Les notices comprennent le sujet, le titre, le ministère, la date de dépôt en Chambre ou de diffusion, le numéro de document parlementaire, le ministre responsable, la cote de la Bibliothèque du Parlement, l'adresse bibliographique, la couleur de la couverture et les notes. Trois index: sujets-titres (anglais, français), ministres. Remplace: *White papers, 1939-1987 = Livres blancs, 1939-1987.* Z1373 C2225 1992 fol. 015.710532

491

Centre de développement des bibliothèques (Canada). – *Federal government publications issued in alternative format, 1981-1992 = Publications du gouvernement fédéral produites sur support de remplacement, 1981-1992.* – Preparé par Diane Bays. – Ottawa : Bibliothèque nationale du Canada, 1993. – 60 p. – (Bibliographies ; 10). – 0847-2467

Bibliographical references to federal government publications produced in braille, in large print, in machine-readable format and as sound recordings between 1981 and 1992. Two parts: material in English and French. Reproduced in sound recording format: Ottawa : National Library of Canada, 1993, 1 cassette. Continued by: *Federal government publications issued in alternative format, 1993-1994* (Ottawa : National Library of Canada, 1995). Z736 N3 L52 1993 fol. 015.71053

Référence bibliographiques des documents du gouvernement fédéral produits entre 1981 et 1992 en braille, en gros caractères, sur support ordinolingue et sous forme audio. Deux parties: documents en anglais et en français. Reproduit sous forme d'enregistrement sonore: Ottawa : Bibliothèque nationale du Canada, 1993. 1 cassette. Continué par: *Publications du gouvernement fédéral produites sur supports de remplacement, 1993-1994* (Ottawa : Bibliothèque nationale du Canada, 1995). Z736 N3 L52 1993 fol. 015.71053

492

Henderson, George Fletcher. – *Federal royal commissions in Canada, 1867-1966 : a checklist.* – [Toronto] : University of Toronto Press, c1967. – xvi, 212 p.

A checklist of 396 federal royal commissions chronologically arranged. Entries include title of the commission, authority information, names of commissioners and secretary, bibliographical information on reports, if located, lists of special studies or working papers, and notes on hearings, cost, etc. Bibliography. Index of names of commissioners and secretaries, authors and titles of special studies, and subjects. Approximately 300 commission reports have been reproduced in full on microfiche: [Toronto] : Micromedia, [197?]. Also published: *Guide to microform edition of the reports of the royal commissions of Canada, 1867-1966 : a supplement to Henderson Federal royal commissions in Canada, 1867-1966 : a checklist* ([Toronto] : Micromedia, c1977). Z1373 H4 1967 016.35471093

Liste de contrôle de 396 commissions royales fédérales classées en ordre chronologique. Les notices comprennent le nom de la commission, de l'information sur les pouvoirs accordés, les noms des commissaires et du secrétaire, des données bibliographiques sur les rapports s'ils ont été localisés, des listes d'études spéciales ou de documents de travail, ainsi que des notes sur les audiences, les coûts, etc. Bibliographie. Index des noms des commissaires et des secrétaires, des auteurs et des titres des études spéciales, et des sujets. Environ 300 rapports de commission ont été reproduits au complet sur microfiche : [Toronto] : Micromedia, [197?]. Également publié: *Guide to microform edition of the reports of the royal commissions of Canada, 1867-1966 : a supplement to Henderson Federal royal commissions in Canada, 1867-1966 : a checklist* ([Toronto] : Micromedia, c1977). Z1373 H4 1967 016.35471093

493

Ledoux, Denise. – *Commissions of inquiry under the Inquiries Act, part I, 1967 to date.* – Compiled by D. Ledoux ; updated by D. Follett and D. Ledoux. – Ottawa : Library of Parliament, Information and Technical Services Branch, 1979- . – vol. – (Compilations ; no. 67).

Irregular. Bibliography of reports produced by federal royal commissions and commissions of inquiry in Canada since 1967. Chronological listing which adopts the numbering system used in: *Federal royal commissions in Canada, 1867-1967 : a checklist*, by George Fletcher Henderson. The following information is provided for each commission: title in both languages, date of creation and terms of reference, names of commissioners, Library of Congress call numbers, date and bibliographical description of report and additional notes. Index of subjects, names of chairs, co-chairs and vice-chairs, commissions, keywords. Imprint varies. Z1373 H4 1967 Suppl. 016.35471093

Irrégulier. Bibliographie des rapports émanant de commissions royales et d'enquête fédérales depuis 1967. Recension chronologique respectant la même numérotation que l'ouvrage de George Fletcher Henderson: *Federal royal commissions in Canada, 1867-1967 : a checklist*. Pour chaque commission figurent le titre bilingue, la date et les références de l'instauration, les noms des commissaires, des cotes topographiques LC, la date et la description bibliographique du rapport et des notes. Un index: sujets, noms des présidents, co-présidents et vice-présidents, commissions, mots clés. L'adresse bibliographique varie. Z1373 H4 1967 Suppl. 016.35471093

494

Library Development Centre (Canada). – *Federal government publications issued in alternative format, 1981-1992 = Publications du gouvernement fédéral produites sur support de remplacement, 1981-1992.* – Prepared by Diane Bays. – Ottawa : National Library of Canada, 1993. – 60 p. – (Bibliographies ; 10). – 0847-2467

Bibliographical references to federal government publications produced in braille, in large print, in machine-readable format and as sound recordings between 1981 and 1992. Two parts: material in English and French. Reproduced in sound recording format: Ottawa : National Library of Canada, 1993, 1 cassette. Continued by: *Federal government publications issued in alternative format, 1993-1994* (Ottawa : National Library of Canada, 1995). Z736 N3 L52 1993 fol. 015.71053

Référence bibliographiques des documents du gouvernement fédéral, produits entre 1981 et 1992 en braille, en gros caractères, sur support ordinolingue et sous forme audio. Deux parties: documents en anglais et en français. Reproduit sous forme d'enregistrement sonore: Ottawa : Bibliothèque nationale du Canada, 1993, 1 cassette. Continué par: *Publications du gouvernement fédéral produites sur supports de remplacement, 1993-1994* (Ottawa : Bibliothèque nationale du Canada, 1995). Z736 N3 L52 1993 fol. 015.71053

Catalogues

Catalogues

495

Archives nationales du Canada. Division des archives gouvernementales. – *Archives des commissions royales d'enquête (RG33).* – James Murray Whalen. – Ottawa : Archives nationales du Canada, 1990-1994. – 2 vol. (xxiii, 182, 180, xxi ; xii, [261], [252], xiii p.). – (Collection de l'inventaire général). – 0662572173 (vol. 1) 0662599268 (vol. 2) – Titre de la p. de t. additionnelle : *Records of federal royal commissions (RG33).*

Inventory of Record Group 33, records of 147 federal commissions appointed between 1873 and 1986, held by the National Archives of Canada, Government Archives Division. Each entry includes RG number, title used by the commission, the extent of the records, background information on appointment of the commission, authority and terms of reference of the inquiry, names of commissioners and secretary, description of the records of the commission including finding aids, references to additional unpublished material in record groups other than RG33, bibliographical information on report and related publications. Appendices: chronological list of federal royal commissions, copy of the *Inquiries Act* (R.S.C., 1985, c. I-11), example of an order-in-council setting out the terms of reference of a "Public Inquiry", example of a commission issued by Letter Patent under the Great Seal of Canada. Name and subject indexes. Reproduced in microform format: *Microlog*, no. 90-07222, no. 94-05410. Z1373 N36 1990 fol. 016.35471093

Répertoire du groupe de documents RG 33. Il s'agit de 147 documents de commissions royales fédérales formées entre 1873 et 1986 conservés aux Archives nationales du Canada, Division des archives gouvernementales. Chaque notice comprend le numéro RG, le nom utilisé par la commission, l'envergure, des données de base sur la création de la commission, ses pouvoirs et son mandat d'enquête, les noms des commissaires et du secrétaire, la description des documents de la commission, y compris les instruments de recherche, des références à des documents supplémentaires non publiés qui font partie d'autres groupes de documents, des données bibliographiques sur le rapport et les publications connexes. Annexes: liste chronologique des commissions royales fédérales, exemplaire de la *Loi sur les enquêtes* (S.R.C., 1985, chap. I-11), exemple de décret qui énonce le mandat d'une enquête publique, exemple d'une commission créée par lettre patente en vertu du Grand Sceau du Canada. Index des noms et index des sujets. Reproduit sur support microforme: *Microlog*, n° 90-07222, n° 94-05410. Z1373 N36 1990 fol. 016.35471093

496

Canada. Dépt des impressions et de la papeterie publiques. Bibliothèque des documents. – *Canada treaty series, 1928-1964 = Recueil des traités du Canada, 1928-1964.* – Compilé par Marie-Louise Myrand. – Ottawa : Imprimeur de la Reine, 1967. – 388 p. – (Canadian government publications. Sectional catalogue; no. 15 = Publications du gouvernement canadien. Bibliographie ; n° 15).

A chronologically arranged list of treaties, conventions and other agreements between Canada and other countries. Bilingual title, subject and geographical index. JX356 1966 016.341026471

Liste chronologique de traités, de conventions et d'autres accords signés par le Canada et d'autres pays. Index bilingue des titres, des sujets et des lieux. JX356 1966 016.341026471

497

Canada. Dépt des impressions et de la papeterie publiques. Bibliothèque des documents. – *Canadian government publications relating to labour = Publications du gouvernement canadien sur les sujets relatifs au travail.* – 3e éd. ; 2e éd. bilingue. – Ottawa : Imprimeur de la Reine, 1963. – 337 p. – (Canadian government publications. Sectional catalogue ; no. 10 = [Publications du gouvernement canadien]. Bibliographie ; n° 10).

1st ed., 1955, *Labour publications*; 2nd ed., 1958, *Labour*. Lists acts and regulations, publications of the Department of Labour, the Dominion Bureau of Statistics, External Affairs, Supreme Court of Canada, Unemployment Insurance Commission, parliamentary committees and royal commissions that deal with labour. Also includes publications of international organizations such as the International Labour Organization. Two sections: English- and French-language publications. Contents notes. Bilingual author, title and subject index. Z1373 C2212 1963 016.331

1re éd., 1955, *Labour publications*; 2e éd., 1958, *Labour*. Signale des lois et règlements, des publications du ministère du Travail, du Bureau fédéral de la statistique, des Affaires extérieures, de la Cour suprême du Canada, de la Commission de l'assurance-chômage, des comités parlementaires et des commissions royales qui s'occupent du travail. Inclut aussi les publications d'organisations internationales comme l'Organisation internationale du Travail. Deux sections: publications en anglais et en français. Notes sur le contenu. Index bilingue des auteurs, des titres et des sujets. Z1373 C2212 1963 016.331

498

Canada. Dépt des impressions et de la papeterie publiques. Bibliothèque des documents. – *Department of Forestry = Ministère des forêts.* – Compilé par Marie-Louise Myrand. – [1ʳᵉ éd.]. – Ottawa : Imprimeur de la Reine, 1963. – 137 p. – (Canadian government publications. Sectional catalogue ; no. 13 = Publications du gouvernement canadien. Bibliographie ; n° 13).

A catalogue of the publications of the Department of Forestry which includes British Empire Forestry Conference proceedings and reports, Forestry Branch bulletins, Forest Research Division series, annuals and periodicals, and publications of the Forest Product Laboratories of Canada. Two sections: English- and French-language publications. Also lists publications of the Food and Agriculture Organization dealing with forestry. Contents notes. Author, title, subject and geographical index. Z1373 C22 F6 016.351823380971

Catalogue des publications du ministère des Forêts qui comprend les actes et rapports de la British Empire Forestry Conference, les bulletins de la Direction des forêts, les séries, les publications annuelles et les périodiques du Service des recherches sylvicoles, ainsi que les publications des Laboratoires des recherches sur les produits forestiers du Canada. Deux sections: publications en anglais et en français. Signale des publications de l'Organisation des Nations Unies pour l'alimentation et l'agriculture qui portent sur les forêts. Notes sur le contenu. Index des auteurs, des titres, des sujets et des lieux. Z1373 C22 F6 016.351823380971

499

Canada. Dépt des impressions et de la papeterie publiques. Bibliothèque des documents. – *Énergie, mines et ressources, Direction des mines et Division des ressources minérales = Mines Branch and Mineral Resources Division, Energy, Mines and Resources.* – 3ᵉ éd. – Ottawa : Imprimeur de la Reine, 1967. – 401 p. – (Canadian government publications. Sectional catalogue ; no. 12 = Publications du gouvernement canadien. Bibliographie ; n° 12).

1st ed., 1957, *Mines et relevés techniques, Division des mines = Mines Branch, Mines and Technical Surveys*; 2nd ed., 1962, *Mines et relevés techniques, Direction des mines et Division des ressources minérales = Mines Branch and Mineral Resources Division, Mines and Technical Surveys*. Arranged in sections: Mines Branch publications, old series; Mines Branch publications, new series, began in 1958; Mineral Resources Division publication series, began in 1958. Includes English- and French-language publications. Covers acts and regulations, research reports, technical papers, maps, mineral reports and surveys, and lists operators. An introductory chapter provides a brief departmental history and notes on the functions of the Mines Branch and the Mineral Resources Division. Contents notes. Bilingual author, title, subject and geographical index. Previous editions are still useful as a result of changes in the organization of the department. Z1373 C22 M5 1967 016.351823820971

1ʳᵉ éd., 1957, *Mines et relevés techniques, Division des mines = Mines Branch, Mines and Technical Surveys*. 2ᵉ éd., 1962, *Mines et relevés techniques, Direction des mines et Division des ressources minérales = Mines Branch and Mineral Resources Division, Mines and Technical Surveys*. Divisé en sections: publications de la Direction des mines, anciennes séries; publications de la Direction des mines, nouvelles séries, commencées en 1958; la série de publications de la Division des ressources minérales commencée en 1958. Inclut des publications en anglais et en français. Porte sur les lois et règlements, les rapports de recherche, les documents techniques, les cartes, les rapports et relevés techniques, et donne la liste des opérateurs. Le chapitre d'introduction donne un bref historique du Ministère et signale les fonctions de la Direction des mines et de la Division des ressources minérales. Notes sur le contenu. Index bilingue des auteurs, des titres, des sujets et des lieux. Les éditions antérieures sont encore utiles à cause des changements apportés à l'organisation du Ministère. Z1373 C22 M5 1967 016.351823820971

500

Canada. Dept. of Agriculture. Library. – *Publications of the Canada Department of Agriculture, 1867-1974.* – 2nd rev. ed. – Ottawa : Dept. of Agriculture, 1975. – vii, 341, 136, v p. – Title on added t.p. : *Publications du Ministère de l'agriculture du Canada, 1867-1974.*

1st ed., 1963. Lists all publications issued by the Department from 1867 to 1973. Two parts, English- and French-language publications, each of which is subdivided into three main sections: general departmental publications including acts, orders and regulations; publications of services, branches, divisions and other sections of the Department; publications of research establishments of the Department. English and French author and title indexes. Z1373 C2213 1975 016.630971

1ʳᵉ éd., 1963. Donne la liste de toutes les publications du Ministère, de 1867 à 1973. Deux parties, publications en anglais et en français, avec subdivision de chacune en trois grandes sections: publications ministérielles générales, y compris les lois, les ordonnances et les règlements; publications des services, directions, divisions et autres sections du Ministère; publications des établissements de recherche du Ministère. Index anglais et français des auteurs et des titres. Z1373 C2213 1975 016.630971

501

Canada. Dept. of Northern Affairs and National Resources. – *Northern affairs and national resources : publications = Publications : Nord canadien et ressources nationales.* – Compiled by Marie-Louise Myrand. – 2nd ed. – Ottawa : Queen's Printer, 1963. – 182 p. – (Canadian government publications. Sectional catalogue ; no. 11= Publications du gouvernement canadien. Bibliographie ; n° 11).

1st ed., 1956. Lists the publications of the Department of Northern Affairs and Natural Resources, including annual reports, articles, pamphlets, maps and research papers, as well as acts and regulations administered by the Department. Some contents notes. Author, title and subject index. Z1373 C223 016.9719

1ʳᵉ éd., 1956. Liste des publications du Ministère du Nord canadien et des ressources nationales, y compris les rapports annuels, les articles, les brochures, les cartes et les rapports de recherche, ainsi que les lois et les règlements administrés par le Ministère. Quelques notes sur le contenu sont fournies. Index des auteurs, des titres et des sujets. Z1373 C223 016.9719

502

Canada. Dept. of Public Printing and Stationery. Documents Library. – *Canada treaty series, 1928-1964 = Recueil des traités du Canada, 1928-1964.* – Prepared by Marie-Louise Myrand. – Ottawa : Queen's Printer, 1967. – 388 p. – (Canadian government publications. Sectional catalogue ; no. 15 = Publications du gouvernement canadien. Bibliographie ; n° 15).

A chronologically arranged list of treaties, conventions and other agreements between Canada and other countries. Bilingual title, subject and geographical index.   JX356 1966   016.341026471

Liste chronologique de traités, de conventions et d'autres accords signés par le Canada et d'autres pays. Index bilingue des titres, des sujets et des lieux. JX356 1966   016.341026471

503

Canada. Dept. of Public Printing and Stationery. Documents Library. – *Canadian government publications relating to labour = Publications du gouvernement canadien sur les sujets relatifs au travail.* – 3rd ed. ; 2ᵉ éd. bilingue. – Ottawa : Queen's Printer, 1963. – 337 p. – (Canadian government publications. Sectional catalogue ; no. 10 = [Publications du gouvernement canadien.] Bibliographie ; n° 10).

1st ed., 1955, *Labour publications*; 2nd ed., 1958, *Labour*. Lists acts and regulations, publications of the Department of Labour, the Dominion Bureau of Statistics, External Affairs, Supreme Court of Canada, Unemployment Insurance Commission, parliamentary committees and royal commissions that deal with labour. Also includes publications of international organizations such as the International Labour Organization. Two sections: English- and French-language publications. Contents notes. Bilingual author, title and subject index.   Z1373 C2212 1963   016.331

1ʳᵉ éd., 1955, *Labour publications*; 2ᵉ éd., 1958, *Labour*. Signale des lois et règlements, des publications du ministère du Travail, du Bureau fédéral de la statistique, des Affaires extérieures, de la Cour suprême du Canada, de la Commission de l'assurance-chômage, des comités parlementaires et des commissions royales qui s'occupent du travail. Inclut aussi les publications d'organisations internationales comme l'Organisation internationale du Travail. Deux sections: publications en anglais et en français. Notes sur le contenu. Index bilingue des auteurs, des titres et des sujets.   Z1373 C2212 1963 016.331

504

Canada. Dept. of Public Printing and Stationery. Documents Library. – *Department of Forestry = Ministère des forêts.* – Prepared by Marie-Louise Myrand. – [1st ed.]. – Ottawa : Queen's Printer, 1963. – 137 p. – (Canadian government publications. Sectional catalogue ; no. 13 = Publications du gouvernement canadien. Bibliographie ; n° 13).

A catalogue of the publications of the Department of Forestry which includes British Empire Forestry Conference proceedings and reports, Forestry Branch bulletins, Forest Research Division series, annuals and periodicals, and publications of the Forest Product Laboratories of Canada. Two sections: English- and French-language publications. Contents notes. Author, title, subject and geographical index. Also lists publications of the Food and Agriculture Organization dealing with forestry.   Z1373 C22 F6 016.351823380971

Catalogue des publications du ministère des Forêts qui comprend les actes et rapports de la British Empire Forestry Conference, les bulletins de la Direction des forêts, les séries, les publications annuelles et les périodiques du Service des recherches sylvicoles, ainsi que les publications des Laboratoires des recherches sur les produits forestiers du Canada. Deux sections: publications en anglais et en français. Signale des publications de l'Organisation des Nations Unies pour l'alimentation et l'agriculture qui portent sur les forêts. Notes sur le contenu. Index des auteurs, des titres, des sujets et des lieux.   Z1373 C22 F6   016.351823380971

505

Canada. Dept. of Public Printing and Stationery. Documents Library. – *Énergie, mines et ressources, Direction des mines et Division des ressources minérales = Mines Branch and Mineral Resources Division, Energy, Mines and Resources.* – 3rd ed. – Ottawa : Queen's Printer, 1967. – 401 p. – (Canadian government publications. Sectional catalogue ; no. 12 = Publications du gouvernement canadien. Bibliographie ; n° 12).

1st ed., 1957, *Mines et relevés techniques, Division des mines = Mines Branch, Mines and Technical Surveys*; 2nd ed., 1962, *Mines et relevés techniques, Direction des mines et Division des ressources minérales = Mines Branch and Mineral Resources Division, Mines and Technical Surveys.* Arranged in sections: Mines Branch publications, old series; Mines Branch publications, new series, began in 1958; Mineral Resources Division publication series, began in 1958. Includes English- and French-language publications. Covers acts and regulations, research reports, technical papers, maps, mineral reports and surveys, and lists of operators. An introductory chapter provides a brief departmental history and notes on the functions of the Mines Branch and the Mineral Resources Division. Contents notes. Bilingual author, title, subject and geographical index. Previous editions are still useful as a result of changes in the organization of the department.   Z1373 C22 M5 1967   016.351823820971

1ʳᵉ éd., 1957, *Mines et relevés techniques, Division des mines = Mines Branch, Mines and Technical Surveys.* 2ᵉ éd., 1962, *Mines et relevés techniques, Direction des mines et Division des ressources minérales = Mines Branch and Mineral Resources Division, Mines and Technical Surveys.* Divisé en sections: publications de la Direction des mines, anciennes séries; publications de la Direction des mines, nouvelles séries, commencées en 1958; la série de publications de la Division des ressources minérales commencée en 1958. Inclut des publications en anglais et en français. Porte sur les lois et règlements, les rapports de recherche, les documents techniques, les cartes, les rapports et relevés techniques, et donne la liste des opérateurs. Le chapitre d'introduction donne un bref historique du Ministère et signale les fonctions de la Direction des mines et de la Division des ressources minérales. Notes sur le contenu. Index bilingue des auteurs, des titres, des sujets et des lieux. Les éditions antérieures sont encore utiles à causes des changements apportés à l'organisation du Ministère.   Z1373 C22 M5 1967   016.351823820971

506

Canada. Ministère de l'agriculture. Bibliothèque. – *Publications du Ministère de l'agriculture du Canada, 1867-1974.* – 2ᵉ éd. rév. – Ottawa : Ministère de l'agriculture du Canada, 1975. – v, 136, 341, vii p. – Titre de la p. de t. additionnelle : *Publications of the Canada Department of Agriculture, 1867-1974.*

1st ed., 1963. Lists all publications issued by the Department from 1867 to 1973. Two parts, English- and French-language publications, each of which is subdivided into three main sections: general departmental publications including acts, orders and regulations; publications of services, branches, divisions and other sections of the Department; publications of research establishments of the Department. English and French author and title indexes.
Z1373 C2213 1975   016.630971

1ʳᵉ éd., 1963. Donne la liste de toutes les publications du Ministère, de 1867 à 1973. Deux parties, publications en anglais et en français, avec subdivision de chacune en trois grandes sections: publications ministérielles générales, y compris les lois, les ordonnances et les règlements; publications des services, directions, divisions et autres sections du Ministère; publications des établissements de recherche du Ministère. Index anglais et français des auteurs et des titres.
Z1373 C2213 1975   016.630971

507

Canada. Ministère du Nord canadien et des ressources nationales. – *Northern affairs and national resources : publications = Publications : Nord canadien et ressources nationales.* – Préparé par Marie-Louise Myrand. – 2ᵉ éd. – Ottawa : Imprimeur de la Reine, 1963. – 182 p. – (Canadian government publications. Sectional catalogue no. 11 = Publications du gouvernement canadien. Bibliographie ; nᵒ 11).

1st ed., 1956. Lists the publications of the Department of Northern Affairs and Natural Resources, including annual reports, articles, pamphlets, maps and research papers, as well as acts and regulations administered by the Department. Some contents notes. Author, title and subject index.   Z1373 C223   016.9719

1ʳᵉ éd., 1956. Liste des publications du Ministère du Nord canadien et des ressources nationales, y compris les rapports annuels, les articles, les brochures, les cartes et les rapports de recherche, ainsi que les lois et les règlements administrés par le Ministère. Quelques notes sur le contenu sont fournies. Index des auteurs, des titres et des sujets.   Z1373 C223   016.9719

508

Canadian Government Printing Bureau. Documents Library. – *National Museums of Canada : publications = Musées nationaux du Canada : publications.* – Prepared by Marie-Louise Myrand. – [1st ed.]. – Ottawa : Queen's Printer, 1970. – 137 p. – (Canadian government publications. Sectional catalogue ; no. 16 = [Publications du gouvernement canadien]. Bibliographie ; nᵒ 16).

Lists English- and some French-language publications prepared by the National Museums of Canada up to December 31, 1969. Arranged by type of publication or subject such as year books, bulletins, memoirs, post cards, natural history papers, publications in palaeontology, botany and zoology, etc. Introduction describes the mandate of the National Museums of Canada and provides a history of some of its publications. Contents notes. Author, title, subject and geographical index.   Z1373 N3711   015.71053

Signale des publications en anglais et certaines publications en français préparées par les Musées nationaux du Canada jusqu'au 31 décembre 1969. Classement par types de publications ou par sujets comme les annuaires, les bulletins, les mémoires, les cartes postales, les documents d'histoire naturelle, les publications de paléontologie, de botanique, de zoologie, etc. L'introduction décrit le mandat des Musées nationaux du Canada et présente l'historique de certaines publications. Notes sur le contenu. Index des auteurs, des titres, des sujets et des lieux.   Z1373 N3711   015.71053

509

Government of Canada publications : quarterly catalogue = Publications du gouvernement du Canada : catalogue trimestriel. – (1953)-   .
– Ottawa : Canada Communication Group, Publishing, 1953-   . – vol. – 0709-0412

Lists federal government publications issued during the quarter. Two sections, English and French, each of which is divided into two parts. Part 1 covers parliamentary publications including statutes, publications of Senate and House of Commons committees and those prepared by the Library of Parliament. Part 2 lists departmental publications. Includes free and priced publications. Prices, DSS number and ISBN provided in entries. Contents notes. Bilingual author, title, subject index. ISBN index. Cumulative annual indexes. Each quarterly catalogue cumulates the weekly and special checklists issued for the same period. Reproduced in microform format: Toronto : Micromedia, 1979-   . microfiches. Coverage: 1891-   , (some years not filmed).

   Frequency and title vary: monthly, (Jan. 1953)-(Dec. 1978), *Canadian government publications : monthly catalogue = Publications du gouvernement canadien : catalogue mensuel*; annual cumulations, 1953, *Canadian government publications : consolidated annual catalogue*; 1953, *Publications du gouvernement du Canada : catalogue général*; 1954, *Canadian government publications : annual catalogue*; 1954, *Publications du gouvernement du Canada : catalogue annuel*; 1955-1977, *Canadian government publications : catalogue = Publications du gouvernement canadien : catalogue*; quarterly, (Jan./Mar. 1979)-   , *Government of Canada publications : quarterly catalogue = Publications du gouvernement du Canada : catalogue trimestriel*. Imprint varies.
   The series of monthly and quarterly catalogues was preceded by a

Signale des publications fédérales sorties durant le trimestre. Deux sections, l'une en anglais et l'autre en français, qui sont chacune subdivisées en deux parties. La partie 1 porte sur les publications parlementaires comme les statuts, les publications des comités du Sénat et de la Chambre des Communes et celles de la Bibliothèque du Parlement. La partie 2 donne la liste des publications ministérielles. Inclut des publications gratuites et des publications à acheter. Les notices comprennent le prix, le numéro du MAS et l'ISBN. Notes sur le contenu. Index bilingue des auteurs, des titres et des sujets. Index des ISBN. Index cumulatifs annuels. Chaque catalogue trimestriel constitue une refonte des listes de contrôle hebdomadaires et spéciales publiées pendant la période en question. Reproduit sur support microforme: Toronto : Micromedia, 1979-   . microfiches. Période couverte: 1891-   , (pas de microfiches pour certaines années).

   La fréquence et le titre varient: mensuel, (janv. 1953)-(déc. 1978), *Canadian government publications : monthly catalogue = Publications du gouvernement canadien : catalogue mensuel*; refontes annuelles, 1953, *Canadian government publications : consolidated annual catalogue*; 1953, *Publications du gouvernement du Canada : catalogue général*; 1954, *Canadian government publications : annual catalogue*; 1954, *Publications du gouvernement du Canada : catalogue annuel*; 1955-1977, *Canadian government publications : catalogue = Publications du gouvernement canadien : catalogue*; trimestriel, (janv./mars 1979)-   , *Government of Canada publications : quarterly*

variety of other lists of federal official publications. 1891-1937/38, "Statement of pamphlet and miscellaneous book work" in *Annual report*, Dept. of Public Printing and Stationery; French ed., "États des impressions de brochures et de livres divers"; 1894-1927, *Price list of government publications*; French ed., *Liste de prix des publications du gouvernement*; 1928-1939, *Catalogue of official publications of the Parliament and Government of Canada*; French ed., *Catalogue de publications officielles du Parlement et du Gouvernement du Canada*; 1943-1948, *Government publications. Annual catalogue*; 1944-1948, *Publications du gouvernement. Catalogue annuel.* Quarterly supplements in English and French were issued until 1952.
Z1373 C22 A13 fol.   015.71053

catalogue = Publications du gouvernement du Canada : catalogue trimestriel. L'adresse bibliographique varie.

La série de catalogues mensuels et trimestriels a été précédée de diverses autres listes de publications officielles fédérales. 1891-1937/38, «Statement of pamphlet and miscellaneous book work» dans *Annual report* du département des Impressions et de la Papeterie publiques; éd. en français «États des impressions de brochures et de livres divers»; 1894-1927, *Price list of government publications*; éd. en français, *Liste de prix des publications du gouvernement*; 1928-1939, *Catalogue of official publications of the Parliament and Government of Canada*; éd. en français *Catalogue de publications officielles du Parlement et du Gouvernement du Canada*; 1943-1948, *Government publications. Annual catalogue*; 1944-1948, *Publications du gouvernement. Catalogue annuel.* Des suppléments trimestriels en anglais et en français ont été publiés jusqu'en 1952.
Z1373 C22 A13 fol.   015.71053

510

Government of Canada publications : quarterly catalogue = Publications du gouvernement du Canada : catalogue trimestriel. – (1953)-   .– Ottawa : Groupe communication Canada, Édition, 1953-   . –   vol. – 0709-0412

Lists federal government publications issued during the quarter. Two sections, English and French, each of which is divided into two parts. Part 1 covers parliamentary publications including statutes, publications of Senate and House of Commons committees and those prepared by the Library of Parliament. Part 2 lists departmental publications. Includes free and priced publications. Prices, DSS number and ISBN provided in entries. Contents notes. Bilingual author, title, subject index. ISBN index. Cumulative annual indexes. Each quarterly catalogue cumulates the weekly and special checklists issued for the same period. Reproduced in microform format: Toronto : Micromedia, 1979-   . microfiches. Coverage: 1891-   , (some years not filmed).

Frequency and title vary: monthly, (Jan. 1953)-(Dec. 1978), *Canadian government publications : monthly catalogue = Publications du gouvernement canadien : catalogue mensuel*; annual cumulations, 1953, *Canadian government publications : consolidated annual catalogue*; 1953, *Publications du gouvernement du Canada : catalogue général*; 1954, *Canadian government publications : annual catalogue*; 1954, *Publications du gouvernement du Canada : catalogue annuel*; 1955-1977, *Canadian government publications : catalogue = Publications du gouvernement canadien : catalogue*; quarterly, (Jan./Mar. 1979)-   , *Government of Canada publications : quarterly catalogue = Publications du gouvernement du Canada : catalogue trimestriel.* Imprint varies.

The series of monthly and quarterly catalogues was preceded by a variety of other lists of federal official publications. 1891-1937/38, "Statement of pamphlet and miscellaneous book work" in *Annual report*, Dept. of Public Printing and Stationery; French ed., "États des impressions de brochures et de livres divers"; 1894-1927, *Price list of government publications*; French ed., *Liste de prix des publications du gouvernement*; 1928-1939, *Catalogue of official publications of the Parliament and Government of Canada*; French ed., *Catalogue de publications officielles du Parlement et du Gouvernement du Canada*; 1943-1948, *Government publications. Annual catalogue*; 1944-1948, *Publications du gouvernement. Catalogue annuel.* Quarterly supplements in English and French were issued until 1952.
Z1373 C22 A13 fol.   015.71053

Signale des publications fédérales sorties durant le trimestre. Deux sections, l'une en anglais et l'autre en français, qui sont chacune subdivisées en deux parties. La partie 1 porte sur les publications parlementaires comme les statuts, les publications des comités du Sénat et de la Chambre des Communes et celles de la Bibliothèque du Parlement. La partie 2 donne la liste des publications ministérielles. Inclut des publications gratuites et des publications à acheter. Les notices comprennent le prix, le numéro du MAS et l'ISBN. Notes sur le contenu. Index bilingue des auteurs, des titres et des sujets. Index des ISBN. Index cumulatifs annuels. Chaque catalogue trimestriel constitue une refonte des listes de contrôle hebdomadaires et spéciales publiées pendant la période en question. Reproduit sur support microforme: Toronto : Micromedia, 1979-   . microfiches. Période couverte: 1891-   , (pas de microfiches pour certaines années).

La fréquence et le titre varient: mensuel, (janv. 1953-déc. 1978), *Canadian government publications : monthly catalogue = Publications du gouvernement canadien : catalogue mensuel*; refontes annuelles, 1953, *Canadian government publications : consolidated annual catalogue*; 1953, *Publications du gouvernement du Canada : catalogue général*; 1954, *Canadian government publications : annual catalogue*; 1954, *Publications du gouvernement du Canada : catalogue annuel*; 1955-1977, *Canadian government publications : catalogue = Publications du gouvernement canadien : catalogue*; trimestriel, (janv./mars 1979)-   , *Government of Canada publications : quarterly catalogue = Publications du gouvernement du Canada : catalogue trimestriel.* L'adresse bibliographique varie.

La série de catalogues mensuels et trimestriels a été précédée de diverses autres listes de publications officielles fédérales. 1891-1937/38, «Statement of pamphlet and miscellaneous book work» dans *Annual report* du département des Impressions et de la Papeterie publiques; éd. en français «États des impressions de brochures et de livres divers»; 1894-1927, *Price list of government publications*; éd. en français, *Liste de prix des publications du gouvernement*; 1928-1939, *Catalogue of official publications of the Parliament and Government of Canada*; éd. en français *Catalogue de publications officielles du Parlement et du Gouvernement du Canada*; 1943-1948, *Government publications. Annual catalogue*; 1944-1948, *Publications du gouvernement. Catalogue annuel.* Des suppléments trimestriels en anglais et en français ont été publiés jusqu'en 1952.
Z1373 C22 A13 fol.   015.71053

511

Imprimerie du gouvernement canadien. Bibliothèque des documents. – *National Museums of Canada : publications = Musées nationaux du Canada : publications.* – Compilé par Marie-Louise Myrand. – [1ʳᵉ éd.]. – Ottawa : Imprimeur de la Reine, 1970. – 137 p. – (Canadian government publications. Sectional catalogue ; no. 16 = [Publications du gouvernement canadien]. Bibliographie ; nº 16).

Lists English- and some French-language publications prepared by the National Museums of Canada up to December 31, 1969. Arranged by type of publication or subject such as year books, bulletins, memoirs, post cards, natural history papers, publications in palaeontology, botany and zoology, etc. Introduction describes the mandate of the National Museums of Canada and provides a history of some of its publications. Contents notes. Author, title, subject and geographical index.   Z1373 N3711   015.71053

Signale des publications en anglais et de certaines publications en français préparées par les Musées nationaux du Canada jusqu'au 31 décembre 1969. Classement par types de publications ou par sujets comme les annuaires, les bulletins, les mémoires, les cartes postales, les documents d'histoire naturelle, les publications de paléontologie, de botanique, de zoologie, etc. L'introduction décrit le mandat des Musées nationaux du Canada et présente l'historique de certaines publications. Notes sur le contenu. Index des auteurs, des titres, des sujets et des lieux.   Z1373 N3711   015.71053

512

National Archives of Canada. Government Archives Division. – *Records of federal royal commissions (RG 33).* – James Murray Whalen. – Ottawa : National Archives of Canada, 1990-1994. – 2 vol. (xxi, 180, 182, xxiii ; xxiii, [252], [261], xii p.). – (General inventory series). – 0662572173 (vol. 1) 0662599268 (vol. 2) – Title on added t.p. : *Archives des commissions royales d'enquête (RG 33).*

Inventory of Record Group 33, records of 147 federal royal commissions appointed between 1873 and 1986, held by the National Archives of Canada, Government Archives Division. Each entry includes RG number, title used by the commission, the extent of the records, background information on appointment of the commission, authority and terms of reference of the inquiry, names of commissioners and secretary, description of the records of the commission including finding aids, references to additional unpublished material in record groups other than RG33, bibliographical information on report and related publications. Appendices: chronological list of federal royal commissions, copy of the *Inquiries Act* (R.S.C., 1985, c. I-11), example of an order-in-council setting out the terms of reference of a "Public Inquiry", example of a commission issued by Letter Patent under the Great Seal of Canada. Name and subject indexes. Reproduced in microform format: *Microlog*, no. 90-07222, no. 94-05410.   Z1373 N36 1990 fol. 016.35471093

Répertoire du groupe de documents RG 33. Il s'agit de 147 documents de commissions royales fédérales formées entre 1873 et 1986 conservés aux Archives nationales du Canada, Division des archives gouvernementales. Chaque notice comprend le numéro RG, le nom utilisé par la commission, l'envergure, des données de base sur la création de la commission, ses pouvoirs et son mandat d'enquête, les noms des commissaires et du secrétaire, la description des documents de la commission, y compris les instruments de recherche, des références à des documents supplémentaires non publiés qui font partie d'autres groupes de documents, des données bibliographiques sur le rapport et les publications connexes. Annexes: liste chronologique des commissions royales fédérales, exemplaire de la *Loi sur les enquêtes* (S.R.C., 1985, chap. I-11), exemple de décret qui énonce le mandat d'une enquête publique, exemple d'une commission créée par lettre patente en vertu du Grand Sceau du Canada. Index des noms et index des sujets. Reproduit sur support microforme: *Microlog*, nº 90-07222, no 94-05410.   Z1373 N36 1990 fol. 016.35471093

513

Special list of Canadian government publications = Liste spéciale des publications du gouvernement du Canada. – No. 1 (Dec. 17, 1969)-   . – [Ottawa] : Canada Communication Group, Publishing, 1969-   . – no. – 0700-2882

Irregular. Title varies: (Dec. 17, 1969)-(Apr. 1976), *Special list of government publications = Liste spéciale des publications fédérales*; (May 7, 1976)-   , *Special list of Canadian government publications = Liste spéciale des publications du gouvernement du Canada*. Imprint varies. Lists free publications available only from the issuing agency and priced publications which are sold by Canada Communication Group, Publishing. Two parts: parliamentary and departmental publications. Entries include prices, DSS number and ISBN. Cumulates into *Government of Canada publications : quarterly catalogue = Publications du gouvernement du Canada : catalogue trimestriel*. Reproduced as a sound recording: Ottawa : Canada Communication Group, Publishing, 1993-   . sound cassettes.   Z1373 C22 A15 fol. 015.71053

Irrégulier. Le titre varie: (17 déc. 1969)-(avril 1976), *Special list of government publications = Liste spéciale des publications fédérales*; (7 mai 1976)-   , *Special list of Canadian government publications = Liste spéciale des publications du gouvernement du Canada*. L'adresse bibliographique varie. Signale des publications gratuites disponibles uniquement auprès de l'organisme émetteur et des publications vendues par le Groupe Communication Canada, Édition. Deux parties: publications parlementaires et ministérielles. Les notices comprennent le prix, le numéro du MAS et l'ISBN. Refondu dans le document intitulé *Government of Canada publications : quarterly catalogue = Publications du gouvernement du Canada : catalogue trimestriel*. Reproduit sous forme d'enregistrement sonore: Ottawa : Groupe Communication Canada, Édition, 1993-   . cassettes audio.   Z1373 C22 A15 fol.   015.71053

514

Special list of Canadian government publications = Liste spéciale des publications du gouvernement du Canada. – Nº 1 (17 déc. 1969)-   . – [Ottawa] : Groupe communication Canada, Édition, 1969-   . – nº – 0700-2882

Irregular. Title varies: (Dec. 17, 1969)-(Apr. 1976), *Special list of government publications = Liste spéciale des publications fédérales*; (May 7, 1976)-   , *Special list of Canadian government publications = Liste spéciale des publications du gouvernement du Canada*. Imprint varies. Lists free publications available only from the issuing agency and priced publications which are sold by Canada Communication Group, Publishing. Two parts: parliamentary and departmental publications. Entries include prices, DSS number and ISBN. Cumulates into *Government of Canada publications : quarterly catalogue =*

Irrégulier. Le titre varie: (17 déc. 1969)-(avril 1976), *Special list of government publications = Liste spéciale des publications fédérales*; (7 mai 1976)-   , *Special list of Canadian government publications = Liste spéciale des publications du gouvernement du Canada*. L'adresse bibliographique varie. Signale des publications gratuites disponibles uniquement auprès de l'organisme émetteur et des publications vendues par le Groupe Communication Canada, Édition. Deux parties: publications parlementaires et ministérielles. Les notices comprennent le prix, le numéro du MAS et l'ISBN. Refondu dans le

Publications du gouvernement du Canada : catalogue trimestriel. Reproduced as a sound recording: Ottawa : Canada Communication Group, Publishing, 1993- . sound cassettes. Z1373 C22 A15 fol. 015.71053

document intitulé *Government of Canada publications : quarterly catalogue = Publications du gouvernement du Canada : catalogue trimestriel.* Reproduit sous forme d'enregistrement sonore: Ottawa : Groupe Communication Canada, Édition, 1993- . cassettes audio. Z1373 C22 A15 fol. 015.71053

515

Statistics Canada. Library Services Division. – *Statistics Canada catalogue.* – Ottawa : Statistics Canada, 1922- . – vol. : ill. – 0838-4223

Irregular, 1922-1964. Annual. 1991 edition not published. Three parts. Part 1, Statistics Canada publications and map products in print, and material discontinued since the last edition of the catalogue. Arranged by area of activity. Each entry includes an abstract, Dewey decimal classification number and price. Subject and author-title indexes. Part 2, electronic products and services listed alphabetically. The following information is provided for each microdata file: abstract, frequency, subject population, geographical coverage, size of sample, sponsor, collection method, collection period, related publications, price, name and telephone number of contact person. Subject-title index. Part 3, articles on finding and using statistics. Directory of libraries with full depository status for Statistics Canada publications. Also published in French under the title: *Catalogue de Statistique Canada.*

Title varies: 1922-1923, *Reports, bulletins, press releases, etc.*; 1925-1934, *List of publications including reports, bulletins, press releases, etc.*; 1943-1948, *Publications of the Dominion Bureau of Statistics including reports, bulletins, press releases, etc.*; 1950-1953, *Current publications of the Dominion Bureau of Statistics*; 1954-1958, *Current publications*; 1959-1960, *Current publications = Publications courantes*; 1964, *Canadian government publications = Publications du gouvernement canadien*; 1968-1970, *DBS catalogue = Catalogue du BFS*; 1971, *Dominion Bureau of Statistics catalogue = Catalogue du Bureau fédéral de la statistique*; 1972-1973/74, *Statistics Canada catalogue = Catalogue de Statistique Canada*; 1975-1985, *Statistics Canada catalogue*; 1986, *Current publications index.* Z1373 S798 fol. 016.3171

Irrégulier, 1922-1964. Annuel. La livraison de 1991 n'a pas été publiée. Trois volets. Partie 1, les publications et cartes de Statistique Canada disponibles et celles qui ont cessé de paraître depuis la précédent édition du catalogue. Classement par secteurs d'activité. Chaque notice comprend un résumé, le numéro de classification décimale de Dewey et le prix. Deux index: sujets, auteurs-titres. Partie 2, les produits et services électroniques selon l'ordre alphabétique. Pour chaque fichier de microdonnées figurent un résumé, la fréquence, la population concernée, le champ géographique, la taille de l'échantillon, le client, la méthode d'enquête, la période de collecte, les publications connexes, le prix, le nom et le numéro de téléphone d'une personne contact. Un index: sujets-titres. Partie 3, des articles en rapport avec l'obtention et l'utilisation des statistiques. Répertoire des bibliothèques de dépôt complet des publications de Statistique Canada. Publié aussi en français sous le titre: *Catalogue de Statistique Canada.*

Le titre varie: 1922-1923, *Reports, bulletins, press releases, etc.*; 1925-1934, *List of publications including reports, bulletins, press releases, etc.*; 1943-1948, *Publications of the Dominion Bureau of Statistics including reports, bulletins, press releases, etc.*; 1950-1953, *Current publications of the Dominion Bureau of Statistics*; 1954-1958, *Current publications*; 1959-1960, *Current publications = Publications courantes*; 1964, *Canadian government publications = Publications du gouvernement canadien*; 1968-1970, *DBS catalogue = Catalogue du BFS*; 1971, *Dominion Bureau of Statistics catalogue = Catalogue du Bureau fédéral de la statistique*; 1972-1973/74, *Statistics Canada catalogue = Catalogue de Statistique Canada*; 1975-1985, *Statistics Canada catalogue*; 1986, *Current publications index.* L'adresse bibliographique varie. Z1373 S798 fol. 016.3171

516

Statistics Canada publications on microfiche, 1850 to 1980 : [index]. – Louise Fast, editor. – [Toronto] : Micromedia, [1985]. – 1 vol. (various pagings). – 08889251365

Listing of Statistics Canada publications issued between 1850 and 1980 and reproduced on microfiche. Arranged by field of activity. The following information is provided for each publication: number, years, number of microfiches and notes. HA741 S752 1985 016.3171

Compilation des publications de Statistique Canada publiées entre 1850 et 1980 et reproduites sur microfiche. Classement par secteurs d'activité. Pour chaque publication, un numéro, les années, le nombre de microfiches et des notes sont colligés. HA741 S752 1985 016.3171

517

Statistics Canada. User Services Division. – *Historical catalogue of Statistics Canada publications, 1918-1980.* – Ottawa : Statistics Canada, 1982. – 337 p. – 0660109646

Retrospective list of Statistics Canada publications issued between 1918 and 1980. Excludes technical material and work not intended for the general public. Arranged by area of activity. Each entry includes an abstract, variant titles and historical notes. Title-keyword index. Also published in French under the title: *Catalogue rétrospectif des publications de Statistique Canada, 1918-1980.* Replaces: *Historical catalogue of Dominion Bureau of Statistics publications, 1918-1960 = Catalogue rétrospectif des publications du Bureau fédéral de la statistique, 1918-1960* (Ottawa : Dominion Bureau of Statistics, DBS Library, 1966). Z1373 S8 1982 fol. 016.3171

Compilation des publications de Statistique Canada publiées entre 1918 et 1980. Exclut les documents techniques et de travail non destinés au grand public. Classement par secteurs d'activité. Chaque notice comprend un résumé, les variantes de titres et des notes historiques. Un index: titres-mots clés. Publié aussi en français sous le titre: *Catalogue rétrospectif des publications de Statistique Canada, 1918-1980.* Remplace: *Historical catalogue of Dominion Bureau of Statistics publications, 1918-1960 = Catalogue rétrospectif des publications du Bureau fédéral de la statistique, 1918-1960* (Ottawa : Bureau fédéral de la statistique, Bibliothèque du BFS, 1966). Z1373 S8 1982 fol. 016.3171

518

Statistique Canada. Division de l'assistance-utilisateurs. – *Catalogue rétrospectif des publications de Statistique Canada, 1918-1980.*
– Ottawa : Statistique Canada, 1982. – 348 p. – 0660907771

Retrospective list of Statistics Canada publications issued between 1918 and 1980. Excludes technical material and work not intended for the general public. Arranged by area of activity. Each entry includes an abstract, variant titles and historical notes. Title-keyword index. Also published in English under the title: *Historical catalogue of Statistics Canada publications, 1918-1980.* Replaces: *Historical catalogue of Dominion Bureau of Statistics publications, 1918-1960 = Catalogue rétrospectif des publications du Bureau fédéral de la statistique, 1918-1960* (Ottawa : Dominion Bureau of Statistics, DBS Library, 1966). Z1373 S814 1982 fol. 016.3171

Compilation des publications de Statistique Canada publiées entre 1918 et 1980. Exclut les documents techniques et de travail non destinés au grand public. Classement par secteurs d'activité. Chaque notice comprend un résumé, les variantes de titres et des notes historiques. Un index: titres-mots clés. Publié aussi en anglais sous le titre: *Historical catalogue of Statistics Canada publications, 1918-1980.* Remplace: *Historical catalogue of Dominion Bureau of Statistics publications, 1918-1960 = Catalogue rétrospectif des publications du Bureau fédéral de la statistique, 1918-1960* (Ottawa : Bureau fédéral de la statistique, Bibliothèque du BFS, 1966). Z1373 S814 1982 fol. 016.3171

519

Statistique Canada. Services de la bibliothèque. – *Catalogue de Statistique Canada.* – Ottawa : Statistique Canada, 1930- . – vol. : ill. – 0838-4231

Irregular, 1930-1964. Annual. 1991 edition not published. Three parts. Part 1, Statistics Canada publications and map products in print, and material discontinued since the last edition of the catalogue. Arranged by area of activity. Each entry includes an abstract, Dewey decimal classification number and price. Subject and author-title indexes. Part 2, electronic products and services listed alphabetically. The following information is provided for each microdata file: abstract, frequency, subject population, geographical coverage, size of sample, sponsor, collection method, collection period, related publications, price, name and telephone number of contact person. Subject-title index. Part 3, articles on finding and using statistics. Directory of libraries with full depository status for Statistics Canada publications. Also published in English under the title: *Statistics Canada catalogue.*

Title varies: 1930, *Liste des publications comprenant des rapports, bulletins, communiqués à la presse, etc.*; 1950-1958, *Publications françaises et bilingues du Bureau fédéral de la statistique*; 1959-1960, *Current publications = Publications courantes*; 1964, *Canadian government publications = Publications du gouvernement canadien*; 1968-1970, *DBS catalogue = Catalogue du BFS*; 1971, *Dominion Bureau of Statistics catalogue = Catalogue du Bureau fédéral de la statistique*; 1972-1973/74, *Statistics Canada catalogue = Catalogue de Statistique Canada*; 1975, *Statistique Canada catalogue*; 1976/77-1978/79, *Catalogue de Statistique Canada*; 1980-1985, *Statistique Canada catalogue*; 1986, *Répertoire des publications.* Imprint varies. Z1373 S799 fol. 016.3171

Irrégulier, 1930-1964. Annuel. La livraison de 1991 n'a pas été publiée. Trois volets. Partie 1, les publications et cartes de Statistique Canada disponibles et celles qui ont cessé de paraître depuis la précédent édition du catalogue. Classement par secteurs d'activité. Chaque notice comprend un résumé, le numéro de classification décimale de Dewey et le prix. Deux index: sujets, auteurs-titres. Partie 2, les produits et services électroniques selon l'ordre alphabétique. Pour chaque fichier de microdonnées figurent un résumé, la fréquence, la population concernée, le champ géographique, la taille de l'échantillon, le client, la méthode d'enquête, la période de collecte, les publications connexes, le prix, le nom et le numéro de téléphone d'une personne contact. Un index: sujets-titres. Partie 3, des articles en rapport avec l'obtention et l'utilisation des statistiques. Répertoire des bibliothèques de dépôt complet des publications de Statistique Canada. Publié aussi en anglais sous le titre: *Statistics Canada catalogue.*

Le titre varie: 1930, *Liste des publications comprenant des rapports, bulletins, communiqués à la presse, etc.*; 1950-1958, *Publications françaises et bilingues du Bureau fédéral de la statistique*; 1959-1960, *Current publications = Publications courantes*; 1964, *Canadian government publications = Publications du gouvernement canadien*; 1968-1970, *DBS catalogue = Catalogue du BFS*; 1971, *Dominion Bureau of Statistics catalogue = Catalogue du Bureau fédéral de la statistique*; 1972-1973/74, *Statistics Canada catalogue = Catalogue de Statistique Canada*; 1975, *Statistique Canada catalogue*; 1976/77-1978/79, *Catalogue de Statistique Canada*; 1980-1985, *Statistique Canada catalogue*; 1986, *Répertoire des publications.* L'adresse bibliographique varie. Z1373 S799 fol. 016.3171

520

Weekly checklist of Canadian government publications = Liste hebdomadaire des publications du gouvernement du Canada. – (Nov. 7 1952)- . – [Ottawa] : Canada Communication Group, Publishing, 1952- . – no. – 0706-4659

Frequency and title vary: daily, (Nov. 7, 1952)-(Apr. 1976), *Daily checklist of government publications = Liste quotidienne des publications fédérales*; (Apr. 12, 1976)-(Nov. 10, 1978), *Daily checklist of Canadian government publications = Liste quotidienne des publications du gouvernement canadien*; weekly, (Nov. 17, 1978)- . Imprint varies. Lists all federal publications offered to depository libraries. Two parts: parliamentary and departmental publications. Includes free and priced publications. Prices, DSS numbers and ISBN provided in entries. Contents notes. Cumulates into *Government of Canada publications : quarterly catalogue = Publications du gouvernement du Canada : catalogue trimestriel.* Reproduced as a sound recording: Ottawa : Canada Communication Group, Publishing, 1993- . sound cassettes. Recent checklists are available via the Internet: http:www.ccg-gcc.ca/dsp-psd/lists; gopher:web3.ccg-gcc.ca:70/11/w95-28e. Z1373 A1 015.71053

La fréquence et le titre varient: quotidien, (7 nov. 1952)-(avril 1976), *Daily checklist of government publications = Liste quotidienne des publications fédérales*; (12 avril 1976)-(10 nov. 1978), *Daily checklist of Canadian government publications = Liste quotidienne des publications du gouvernement canadien*; hebdomadaire, (17 nov. 1978)- . L'adresse bibliographique varie. Comprend toutes les publications fédérales offertes aux bibliothèques de dépôt. Deux parties: publications parlementaires et ministérielles. Inclut les publications gratuites et les publications à acheter. Les notices comprennent le prix, le numéro du MAS et l'ISBN. Notes sur le contenu. Refondu dans le document intitulé *Government of Canada publications : quarterly catalogue = Publications du gouvernement du Canada : catalogue trimestriel.* Reproduit sous forme d'enregistrement sonore: Ottawa : Groupe communication Canada, Édition, 1993- . cassettes audio. Listes récentes sont disponibles via l'Internet: http:www.ccg-gcc.ca/dsp-psd/lists; gopher:web3.ccg-gcc.ca:70/11/w95-28e. Z1373 A1 015.71053

521

Weekly checklist of Canadian government publications = Liste hebdomadaire des publications du gouvernement du Canada. – (7 nov. 1952)- . – [Ottawa] : Groupe communication Canada, Édition, 1952- . – n° – 0706-4659

Frequency and title vary: daily, (Nov. 7, 1952)-(Apr. 1976), *Daily checklist of government publications = Liste quotidienne des publications fédérales*; (Apr. 12, 1976)-(Nov. 10, 1978), *Daily checklist of Canadian government publications = Liste quotidienne des publications du gouvernement canadien*; weekly, (Nov. 17, 1978)- . Imprint varies. Lists all federal publications offered to depository libraries. Two parts: parliamentary and departmental publications. Includes free and priced publications. Prices, DSS numbers and ISBN provided in entries. Contents notes. Cumulates into *Government of Canada publications : quarterly catalogue = Publications du gouvernement du Canada : catalogue trimestriel.* Reproduced as a sound recording: Ottawa : Canada Communication Group, Publishing, 1993- . sound cassettes. Recent checklists are available via the Internet: http:www.ccg-gcc.ca/dsp-psd/lists; gopher:web3.ccg-gcc.ca:70/11/w95-28e. Z1373 A1 015.71053

La fréquence et le titre varient: quotidien, (7 nov. 1952)-(avril 1976), *Daily checklist of government publications = Liste quotidienne des publications fédérales*; (12 avril 1976)-(10 nov. 1978), *Daily checklist of Canadian government publications = Liste quotidienne des publications du gouvernement canadien*; hebdomadaire, (17 nov. 1978)- . L'adresse bibliographique varie. Comprend toutes les publications fédérales offertes aux bibliothèques de dépôt. Deux parties: publications parlementaires et ministérielles. Inclut les publications gratuites et les publications à acheter. Les notices comprennent le prix, le numéro du MAS et l'ISBN. Notes sur le contenu. Refondu dans le document intitulé *Government of Canada publications : quarterly catalogue = Publications du gouvernement du Canada : catalogue trimestriel.* Reproduit sous forme d'enregistrement sonore: Ottawa : Groupe communication Canada, Édition, 1993- . cassettes audio. Listes récentes sont disponibles via l'Internet: http:www.ccg-gcc.ca/dsp-psd/lists; gopher:web3.ccg-gcc.ca:70/11/w95-28e. Z1373 A1 015.71053

Handbooks

Guides

522

Bishop, Olga B. [Olga Bernice]. – *Canadian official publications.* – 1st ed. – Oxford ; Toronto : Pergamon Press, 1981. – x, 297 p. – (Guides to official publications ; vol. 9). – 0080246974

A guide to Canadian federal official publications. Includes publications issued by parliament and federal departments and agencies. Chapter 1 describes Canadian parliamentary government including the role and/or organization of the Governor General, Prime Minister and Cabinet, Senate, House of Commons, etc. Chapter 3 lists bibliographies and indexes to Canadian official publications. Other chapters describe federal-provincial relations, parliamentary proceedings, House of Commons and Senate papers, parliamentary debates, bills, acts, commissions of inquiry and task forces, administrative tribunals, policy papers, departmental commissions and committees, councils, non-parliamentary publications, reference works published by departments, sources of statistical information, the role and publications of the Public Archives of Canada (now the National Archives of Canada), and how to obtain Canadian official publications. Index of names, titles and subjects. Z1373 B48 015.71053

Guide des publications officielles fédérales canadiennes. Inclut des publications du Parlement ainsi que celles de ministères et d'organismes fédéraux. Le chapitre 1 décrit le gouvernement parlementaire canadien, y compris le rôle et (ou) l'organisation du gouverneur général, du premier ministre, du Cabinet, du Sénat, de la Chambre des communes, etc. Le chapitre 3 signale des bibliographies et des index des publications officielles canadiennes. Les autres chapitres décrivent les relations fédérales-provinciales, les travaux du Parlement, les documents de la Chambre de communes et du Sénat, les débats parlementaires, les projets de loi, les lois, les commissions d'enquête et les groupes de travail, les tribunaux administratifs, les documents politiques, les commissions et comités ministériels, les conseils, les publications non parlementaires, les ouvrages de référence publiés par les ministères, les sources de données statistiques, le rôle et les publications des Archives publiques du Canada (maintenant les Archives nationales du Canada) et la façon d'obtenir des publications officielles canadiennes. Index des noms, des titres et des sujets. Z1373 B48 015.71053

523

Higgins, Marion Villiers. – *Canadian government publications : a manual for librarians.* – With an introduction by Gerhard R. Lomer. – Chicago : American Library Association, 1935. – ix, 582 p. : ill.

A guide to Canadian federal official publications from 1867 to 1933. Includes brief histories of the legislative and executive bodies and lists of their publications. Arranged by department. Also provides an overview of government organization from the French Regime to the post-Confederation period. Author-subject index. Bibliographies. Reprint ed.: Ann Arbor (Mich.) : University Microfilms Inc., 1963. Z1373 C2 H6 015.71053

Guide des publications officielles fédérales canadiennes de 1867 à 1933. Inclut de courts historiques des organes législatifs et exécutifs et donne la liste de leurs publications. Classement par ministères. Fournit aussi un aperçu de l'organisation du gouvernement depuis le Régime français jusqu'à la période qui a suivi la Confédération. Index des auteurs et des sujets. Bibliographies. Réimpression: Ann Arbor (Mich.) : University Microfilms Inc., 1963. Z1373 C2 H6 015.71053

Indexes

Index

524

Index : Canada treaty series = Index : recueil des traités du Canada. – 1928-1978. – Ottawa : Queen's Printer, 1928-1984. – 69 vol. – (Canada. Treaty series). – 066052693X

Annual. Two bilingual sections: multilateral treaties arranged by subject; bilateral treaties arranged by country. Title varies: 1928-1959, *Index to treaty series*; 1928-1959, *Index au recueil des traités*; 1960-1964, *Index to treaty series = Index au recueil des traités*; 1965-1978, *Index : Canada treaty series = Index : recueil des traités du Canada*. Cumulations: 1928/40, 1940/45, 1946/59, *General index to treaty series*; 1928/40, 1940/45, 1946/59, *Index général du recueil des traités*; 1965/74, *General index : Canada treaty series = Index général : recueil des traités du Canada*.   JX356   016.341026471

Annuel. Deux sections bilingues: traités multilatéraux classés par sujets; traités bilatéraux classés par pays. Le titre varie: 1928-1959, *Index to treaty series*; 1928-1959, *Index au recueil des traités*; 1960-1964, *Index to treaty series = Index au recueil des traités*; 1965-1978, *Index : Canada treaty series = Index : recueil des traités du Canada*. Refontes: 1928/40, 1940/45, 1946/59, *General index to treaty series*; 1928/40, 1940/45, 1946/59, *Index général du recueil des traités*; 1965/74, *General index : Canada treaty series = Index général : recueil des traités du Canada*.   JX356   016.341026471

525

Index : Canada treaty series = Index : recueil des traités du Canada. – (1928)-(1978). – Ottawa : Imprimeur de la Reine, 1928-1984. – 69 vol. – (Canada. Recueil des traités). – 066052693X

Annual. Two bilingual sections: multilateral treaties arranged by subject; bilateral treaties arranged by country. Title varies: 1928-1959, *Index to treaty series*; 1928-1959, *Index au recueil des traités*; 1960-1964, *Index to treaty series = Index au recueil des traités*; 1965-1978, *Index : Canada treaty series = Index : Recueil des traités du Canada*. Cumulations: 1928/40, 1940/45, 1946/59, *General index to treaty series*; 1928/40, 1940/45, 1946/59, *Index général du recueil des traités*; 1965/74, *General index : Canada treaty series = Index général : recueil des traités du Canada*.   JX356 1960   016.341026471

Annuel. Deux sections bilingues: traités multilatéraux classés par sujets; traités bilatéraux classés par pays. Le titre varie: 1928-1959, *Index to treaty series*; 1928-1959, *Index au recueil des traités*; 1960-1964, *Index to treaty series = Index au recueil des traités*; 1965-1978, *Index : Canada treaty series = Index : recueil des traités du Canada*. Refontes: 1928/40, 1940/45, 1946/59, *General index to treaty series*; 1928/40, 1940/45, 1946/59, *Index général du recueil des traités*; 1965/74, *General index : Canada treaty series = Index général : recueil des traités du Canada*.   JX356 1960   016.341026471

526

Microlog : Canadian research index = Microlog : index de recherche du Canada. – Vol. 1, nos. 1/2 (Jan./Feb. 1979)-   . – Toronto : Micromedia, c1979-   . –   vol. – 0839-1289

Merger of: *Publicat index : a Canadian federal documents service = Publicat index : un service de documents fédéraux canadiens*; *Profile index : Canadian provincial publications = Profile index : publications provinciales canadiennes*; and *Urban Canada = Canada urbain*. Monthly, with annual cumulation. Index to a selection of material currently published by public agencies at the federal, provincial, territorial and municipal levels, and by non-government research institutions and microfilmed by Micromedia. Arranged alphabetically by title. Indexing and annotation of material in the language of the publication. Three indexes: name, subject, titles of collections on microfiche. Title varies: vol. 1, nos. 1/2 (Jan./Feb. 1979)-vol. 9, no. 12 (Dec. 1987) *Microlog index*. Available in CD-ROM format: *The Canadian connection. Microlog, Canadian research index = Le contexte canadien. Microlog, index de recherche du Canada* ([Toronto] : Micromedia, 1990). Period covered, Jan. 1982-   . Updated quarterly.   Z1365 M512 fol.   015.71053

Fusion de: *Publicat index : a Canadian federal documents service = Publicat index : un service de documents fédéraux canadiens*; *Profile index : Canadian provincial publications = Profile index : publications provinciales canadiennes*; et *Urban Canada = Canada urbain*. Mensuel avec refonte annuelle. Recension d'une sélection de documents couramment publiés par les organismes publics au niveau fédéral, provincial, territorial et municipal, et des institutions de recherche non gouvernementales du Canada et microfilmés par Micromedia. Classement alphabétique des titres. Indexation et annotation des notices bibliographiques dans la langue du document. Trois index: noms, sujets, titres des collections sur support microfiche. Le titre varie: vol. 1, n°s 1/2 (janv./févr. 1979)-vol. 9, n° 12 (déc. 1987) *Microlog index*. Disponible sur support CD-ROM: *The Canadian connection. Microlog, Canadian research index = Le contexte canadien. Microlog, index de recherche du Canada* ([Toronto] : Micromedia, 1990). Période couverte, janv. 1982-   . Mise à jour trimestrielle.   Z1365 M512 fol.   015.71053

527

Publicat index : a Canadian federal documents service = Publicat index : un service de documents fédéraux canadiens. – Vol. 1, nos. 1/3 (Jan./Mar. 1977)-vol. 2, nos. 11/12 (Nov./Dec. 1978). – Toronto : Micromedia, [1977?-1978?]. – 2 vol. – 0384-9813

Monthly (irregular) with annual cumulation. Listing of a selection of English- and French-language material published by agencies of the government of Canada. Arranged alphabetically by government body. Where the publication has been microfilmed by Micromedia, the access number, number of microfiches and the price are indicated. Subject-name and title indexes. Becomes: *Microlog : Canadian research index = Microlog : index de recherche du Canada*, by merger with: *Urban Canada = Canada urbain* and *Profile index : Canadian provincial publications = Profile index : publications provinciales canadiennes*.   Z1373 P8 fol.   015.71053

Mensuel (irrégulier) avec refonte annuelle. Recension d'une sélection de documents en anglais et en français publiés par les organismes publics du gouvernement fédéral canadien. Classement alphabétique des corps gouvernementaux. Lorsque le document a été microfilmé par Micromedia, le numéro d'accès, le nombre de microfiches et le prix d'achat sont mentionnés. Deux index: sujets-noms, titres. Devient: *Microlog : Canadian research index = Microlog : index de recherche du Canada*, par fusion avec: *Urban Canada = Canada urbain* et *Profile index : Canadian provincial publications = Profile index : publications provinciales canadiennes*.   Z1373 P8 fol.   015.71053

Provincial and Territorial

Bibliographies

528
Bhatia, Mohan. – *Canadian provincial government publications : bibliography of bibliographies.* – Rev. and enl. ed. – Saskatoon : University of Saskatchewan, Library, 1971. – 19, [1] l.

1st ed., 1970, *Bibliographies, catalogues, checklists and indexes of Canadian provincial government publications.* Three parts: Atlantic Provinces, Ontario and Quebec, Western Canada. Each part includes references for three categories of documents: general material; laws, statutes, etc.; departmental catalogues. A few of the entries are annotated. Z1373 B44 1971 fol. 015.71053

529
Maillet, Lise. – *Provincial royal commissions and commissions of inquiry, 1867-1982 : a selective bibliography = Commissions royales provinciales et commissions d'enquête, 1867-1982 : bibliographie sélective.* – Ottawa : National Library of Canada, 1986. – xvii, 254 p. – 0660531232

Bibliography of the reports of 767 royal commissions and commissions of inquiry. Arranged by province and chronologically. Locations of documents. Name and subject indexes. Reproduced in microform format: *Microlog*, no. 86-03271. Z1373.3 M34 1986 016.35471093

530
Maillet, Lise. – *Provincial royal commissions and commissions of inquiry, 1867-1982 : a selective bibliography = Commissions royales provinciales et commissions d'enquête, 1867-1982 : bibliographie sélective.* – Ottawa : Bibliothèque nationale du Canada, 1986. – xvii, 254 p. – 0660531232

Bibliography of the reports of 767 royal commissions and commissions of inquiry. Arranged by province and chronologically. Locations of documents. Name and subject indexes. Reproduced in microform format: *Microlog*, no. 86-03271. Z1373.3 M34 1986 016.35471093

Handbooks

531
Pross, Catherine A. – *Guide to the identification and acquisition of Canadian government publications : provinces and territories.* – 2nd ed. – Halifax : Dalhousie University Libraries and Dalhousie University School of Library Service, 1983. – 103 p. : tables. – (Occasional paper ; 16). – 0770301657 – 0318-7403

1st ed., 1977, *A guide to the identification and acquisition of Canadian provincial government publications.* For each province or territory, describes works relating to government structure, legislative documents and statutes, bibliographical sources, information on acquisition and location of collections. Z1373 P76 1983 fol. 025.2834

Indexes

532
Haaften, Jami Van. – *An index to selected Canadian provincial government publications.* – [Roslin, Ont. : J. van Haaften, 1990-]. – vol. (loose-leaf). – Cover title.

Index to more than 3,200 government publications in English and French, issued by Canadian provincial and territorial government bodies, of interest to the general public. Arranged by province and government body. Does not include technical, research or annual reports, laws and statutes, regulations, political speeches, press releases, etc. Three indexes: type of document, subject, serial. Title varies: 1990, *An index to selected Canadian provincial government publications : for librarians, teachers and booksellers.* Z1373.3 V36 1990 fol. 015.71053

Provinciales et territoriales

Bibliographies

1re éd., 1970, *Bibliographies, catalogues, checklists and indexes of Canadian provincial government publications.* Trois parties: Provinces de l'Atlantique, Ontario et Québec, et l'Ouest canadien. Chaque partie comprend des notices bibliographiques classées en trois catégories: documents généraux; lois, statuts, etc.; catalogues ministériels. Quelques notices sont annotées. Z1373 B44 1971 fol. 015.71053

Bibliographie des rapports de 767 commissions royales et d'enquête. Classement par provinces et selon l'ordre chronologique. Localisations des documents. Deux index: noms, sujets. Reproduit sur support microforme: *Microlog*, no 86-03271. Z1373.3 M34 1986 016.35471093

Bibliographie des rapports de 767 commissions royales et d'enquête. Classement par provinces et selon l'ordre chronologique. Localisations des documents. Deux index: noms, sujets. Reproduit sur support microforme: *Microlog*, no 86-03271. Z1373.3 M34 1986 016.35471093

Guides

1re éd., 1977, *A guide to the identification and acquisition of Canadian provincial government publications.* Pour chaque province ou territoire, décrit des ouvrages sur la structure gouvernementale, les documents législatifs et statuts, les sources bibliographiques, et des informations pour l'acquisition et la localisation des collections. Z1373 P76 1983 fol. 025.2834

Index

Recension de plus de 3 200 publications officielles de langue anglaise et française, publiées par les corps gouvernementaux des provinces et territoires canadiens et d'intérêt pour le grand public. Présentation par provinces et par corps gouvernementaux. Exclut les rapports techniques, de recherche ou annuels, les lois et statuts, les règlements, les discours politiques, les communiqués de presse, etc. Trois index: types de documents, sujets, publications en série. Le titre varie: 1990, *An index to selected Canadian provincial government publications : for librarians, teachers and booksellers.* Z1373.3 V36 1990 fol. 015.71053

533

Microlog : Canadian research index = Microlog : index de recherche du Canada. – Vol. 1, nos. 1/2 (Jan./Feb. 1979)- . – Toronto : Micromedia, c1979- . – vol. – 0839-1289

Merger of: *Publicat index : a Canadian federal documents service = Publicat index : un service de documents fédéraux canadiens*; *Profile index : Canadian provincial publications = Profile index : publications provinciales canadiennes*; and *Urban Canada = Canada urbain*. Monthly, with annual cumulation. Index to a selection of material currently published by public agencies at the federal, provincial, territorial and municipal levels, and by non-government research institutions and microfilmed by Micromedia. Arranged alphabetically by title. Indexing and annotation of material in the language of the publication. Three indexes: name, subject, titles of collections on microfiche. Title varies: vol. 1, nos. 1/2 (Jan./Feb. 1979)-vol. 9, no. 12 (Dec. 1987) *Microlog index*. Available in CD-ROM format: *The Canadian connection. Microlog, Canadian research index = Le contexte canadien. Microlog, index de recherche du Canada* ([Toronto] : Micromedia, 1990). Period covered, Jan. 1982- . Updated quarterly. Z1365 M512 fol. 015.71053

Fusion de: *Publicat index : a Canadian federal documents service = Publicat index : un service de documents fédéraux canadiens*; *Profile index : Canadian provincial publications = Profile index : publications provinciales canadiennes*; et *Urban Canada = Canada urbain*. Mensuel avec refonte annuelle. Recension d'une sélection de documents couramment publiés par les organismes publics au niveau fédéral, provincial, territorial et municipal, et des institutions de recherche non gouvernementales du Canada, et microfilmés par Micromedia. Classement alphabétique des titres. Indexation et annotation des notices bibliographiques dans la langue du document. Trois index: noms, sujets, titres de collections. Le titre varie: vol. 1, nᵒˢ 1/2 (janv./févr. 1979)-vol. 9, nᵒ 12 (déc. 1987) *Microlog index*. Disponible sur support CD-ROM: *The Canadian connection. Microlog, Canadian research index = Le contexte canadien. Microlog, index de recherche du Canada* ([Toronto] : Micromedia, 1990). Période couverte, janv. 1982- . Mise à jour trimestrielle. Z1365 M512 fol. 015.71053

534

Profile index : Canadian provincial publications = Profile index : publications provinciales canadiennes. – Vol. 1, nos. 1/2 (Jan./Feb. 1973)-vol. 6, nos. 11/12 (Nov./Dec. 1978). – Toronto : Micromedia, 1973-1978. – 6 vol. – 0316-4608

Monthly (irregular) with annual cumulation. Lists a selection of material in English and French published by public organizations of the provinces and territories of Canada, microfilmed by Micromedia. Arranged by province and territory and by government body. Each bibliographical reference also includes access number, number of microfiches and price. Subject-name and title indexes. Title varies: vol. 1, nos. 1/2 (Jan./Feb. 1973)- vol. 5, nos. 10/12 (Oct./Dec. 1977), *Profile index : Canadian provincial and municipal publications = Profile index : publications provinciales et municipales canadiennes*. Becomes *Microlog : Canadian research index = Microlog : index de recherche du Canada* through a merger with *Urban Canada = Canada urbain* and *Publicat index : Canadian federal documents service = Publicat index : un service de documents fédéraux canadiens*. Z1373 P68 fol. 015.71053

Mensuel (irrégulier) avec refonte annuelle. Recension d'une sélection de documents en anglais et en français publiés par les organismes publics des provinces et territoires du Canada, et microfilmés par Micromedia. Classement par provinces et territoires et par corps gouvernementaux. Chaque notice bibliographique comprend aussi le numéro d'accès, le nombre de microfiches et le prix d'achat des documents. Deux index: sujets-noms, titres. Le titre varie: vol. 1, nᵒˢ 1/2 (janv./févr. 1973)-vol. 5, nᵒˢ 10/12 (oct./déc. 1977), *Profile index : Canadian provincial and municipal publications = Profile index : publications provinciales et municipales canadiennes*. Devient *Microlog : Canadian research index = Microlog : index de recherche du Canada* par fusion avec *Urban Canada = Canada urbain* et *Publicat index : a Canadian federal documents service = Publicat index : un service de documents fédéraux canadiens*. Z1373 P68 fol. 015.71053

535

Urban Canada = Canada urbain. – Vol. 1, no. 1 (Jan./Mar. 1977)-vol. 2, no. 4 (Oct./Dec. 1978). – Toronto : Micromedia, 1977-1978. – 2 vol. – 0384-9821

Quarterly with annual cumulation. Index to a selection of material in English and French published in Canada by public organizations and non-government agencies in the field of city planning and urban and regional development. Arranged alphabetically by name of author and organization. If the item has been microfilmed by Micromedia, access number, number of microfiches and price are also given. Subject-name and title indexes. Becomes *Microlog : Canadian research index = Microlog : index de recherche du Canada*, through a merger with *Profile index : Canadian provincial publications = Profile index : publications provinciales canadiennes* and *Publicat index : a Canadian federal documents service = Publicat index : un service de documents fédéraux canadiens*. Z7164 07 U7 fol. 016.307760971

Trimestriel avec refonte annuelle. Recension d'une sélection de documents en anglais et en français publiés au Canada par les organismes publics et les entreprises non gouvernementales dans le domaine de l'urbanisme et en aménagement urbain et régional. Classement alphabétique des noms d'auteurs et d'organismes. Lorsque le document a été microfilmé par Micromedia, le numéro d'accès, le nombre de microfiches et le prix d'achat sont mentionnés. Deux index: sujets-noms, titres. Devient *Microlog : Canadian research index = Microlog : index de recherche du Canada*, par fusion avec *Profile index : Canadian provincial publications = Profile index : publications provinciales canadiennes* et *Publicat index : a Canadian federal documents service = Publicat index : un service de documents fédéraux canadiens*. Z7164 07 U7 fol. 016.307760971

Alberta

Alberta

536

Alberta government publications : quarterly list. – (1973)-   . – Edmonton : Alberta Public Affairs Bureau, Publication Services, [1974?]-   .
– vol. – 0840-4976

List of Alberta government publications. Excludes provincial laws, statutes and regulations. Arranged alphabetically by government body. Locations. Subject and title indexes. Irregular, 1973-1978. 3 issues per year: Jan./Mar., Apr./Jun., Jul./Sept. with annual cumulation, 1979-1986. 1 issue per year: Jan./Jun. with annual cumulation, 1987-1988. Annual, 1989-1990 (two issues in one volume). 3 issues per year: Jan./Mar., Apr./Jun., Jul./Sept. with biennial cumulation. Title varies: 1973-1987, *Publications catalogue*; 1988-1990, *Alberta government publications*. Available online from University of Alberta Computing Systems, Information Systems Section: *GAP* [*Government of Alberta publications*]; period covered, 1905 to present, and *PPR* [*Periodicals publishing record*]; period covered, 1974 to present.   Z1373.5 A45 A4 fol.   015.7123053

Recension des publications officielles de l'Alberta. Exclut les lois, statuts et règlements de la province. Classement alphabétique des corps gouvernementaux. Localisations. Deux index: sujets, titres. Irrégulier, 1973-1978. 3 nos/an: janv./mars, avril/juin, juil./sept. avec refonte annuelle, 1979-1986. 1 no/an: janv./juin avec refonte annuelle, 1987-1988. Annuel, 1989-1990 (les deux éd. publiées en un vol.). 3 nos/an: janv./mars, avril/juin, juil./sept. avec refonte biennale. Le titre varie: 1973-1987, *Publications catalogue*; 1988-1990, *Alberta government publications*. Disponible en direct via University of Alberta, Computing Systems, Information Systems Section: *GAP* [*Government of Alberta publications*]; période couverte, 1905 à ce jour, et *PPR* [*Periodicals publishing record*]; période couverte, 1974 à ce jour.   Z1373.5 A45 A4 fol.   015.7123053

537

Backhaus, Christine E. – *Royal commissions and commissions of inquiry in Alberta, 1905-1976.* – Edmonton : Legislature Library, 1977.
– [46] p.

Chronological listing of 82 Alberta royal commissions and commissions of inquiry. Explanatory notes and locations. Bibliography. Name-subject-keyword-geographical index. Supplement: [*Royal commissions and commissions of inquiry in Alberta, 1977-1986*]. JL329.5 I63 B33 1977 fol.   016.3547123093

Recension chronologique de 82 commissions royales et d'enquête de l'Alberta. Notes explicatives et localisations. Bibliographie. Un index: noms-sujets-mots clés-géographique. Supplément: [*Royal commissions and commissions of inquiry in Alberta, 1977-1986*]. JL329.5 I63 B33 1977 fol.   016.3547123093

538

[*Royal commissions and commissions of inquiry in Alberta, 1977-1986.*] – [Edmonton : Legislature Library, 1986?]. – 2 leaves.

Supplement to: Backhaus, Christine E., *Royal commissions and commissions of inquiry in Alberta, 1905-1976*. Addition of four commissions.   JL329.5 I63 B33 Suppl. 1977/86 fol.   016.3547123093

Supplément de: Backhaus, Christine E., *Royal commissions and commissions of inquiry in Alberta, 1905-1976*. Ajout de quatre commissions.   JL329.5 I63 B33 Suppl. 1977/86 fol.   016.3547123093

539

Forsyth, Joseph. – *Government publications relating to Alberta : a bibliography of publications of the government of Alberta from 1905 to 1968, and of publications of the government of Canada relating to the province of Alberta from 1867 to 1968.* – Tylers Green High Wycombe [S. Buckingham] : University Microfilms, [1972?]. – 8 vol. (xxxv, 3079 p.).

Listing of more than 4,000 Alberta official publications arranged by government body and of 817 federal official publications. Author, title and subject indexes. Also includes 2,338 Alberta statutes from 1905 to 1968, and 61 ordinances of the Northwest Territories relating to Alberta and still in force. Subject index. Supplement: Edmonton Public Library. Western Canadiana Collection. *Supplementary bibliography* [Edmonton] : the Library, [1986]-   .   Z1373.5 A45 F6 1972   015.7123053

Recension de plus de 4 000 publications officielles de l'Alberta classées par corps gouvernementaux, et de 817 publications du gouvernement fédéral. Trois index: auteurs, titres, sujets. Inclut aussi 2 338 statuts albertains de 1905 à 1968, et 61 ordonnances des Territoires du Nord-Ouest, ayant un rapport avec l'Alberta, toujours en vigueur. Index des sujets. Supplément: Edmonton Public Library. Western Canadiana Collection. *Supplementary bibliography* [Edmonton] : the Library, [1986]-   .   Z1373.5 A45 F6 1972   015.7123053

540

Edmonton Public Library. Western Canadiana Collection. – *Supplementary bibliography.* – (Fall 1986)-   . – [Edmonton] : the Library,
[1986]-   .   – vol. – 0836-4095

1,062 entries for monographs, serial and official publications relating to Alberta, in particular northern Alberta and Edmonton area, held in the Western Canadiana Collection of the Edmonton Public Library. Includes items not listed in *A bibliography of the Prairie Provinces to 1953, Alberta, 1954-1979 : a provincial bibliography* and *Government publications relating to Alberta*. Entries are arranged under broad subjects. Author and title indexes.   Z1392 A4 E35 fol. 016.97123

1 062 notices sur des monographies, des publications en série et des publications officielles qui se rapportent à l'Alberta, particulièrement au nord de l'Alberta et à la région d'Edmonton, et qui se trouvent dans la Western Canadiana Collection, Edmonton Public Library. Inclut des documents qui ne figurent pas dans *A bibliography of the Prairie Provinces to 1953, Alberta, 1954-1979 : a provincial bibliography* et *Government publications relating to Alberta*. Les notices sont classées par sujets. Deux index: auteurs, titres.   Z1392 A4 E35 fol. 016.97123

541

MacDonald, Christine. – *Publications of the governments of the North-West Territories, 1876-1905, and the province of Saskatchewan, 1905-1952.* – Regina : Legislative Library, 1952. – 109, [1] p.

A checklist of the publications issued by the governments of the North West Territories, 1876-1905, and of Saskatchewan, 1905-1952. Includes serials, laws and statutes, and special publications. Arranged by government body. Addenda. Index of corporate names. Reproduced in microform format: *Peel bibliography on microfiche* (Ottawa : National Library of Canada, 1976-1979) no. 4308, 2 microfiches. Z1373.5 N6 M32 fol. 015.7124053

Liste de contrôle des publications des gouvernements des Territoires du Nord-Ouest, 1876-1905, et de la Saskatchewan, 1905-1952. Inclut des publications en série, des lois et des statuts, ainsi que des publications spéciales. Classement par organismes gouvernementaux. Addenda. Index des noms de sociétés. Reproduit sur support microforme: *Bibliographie Peel sur microfiche* (Ottawa : Bibliothèque nationale du Canada, 1976-1979) n° 4308, 2 microfiches. Z1373.5 N6 M32 fol. 015.7124053

542

Powell, Karen L. – *Reference guide to Alberta government committees, 1905-1980.* – Edmonton : Alberta Legislative Library, Cooperative Government Library Services, 1982. – ca. 150 p

Alphabetical list of 514 Alberta government committees, 1905-1980. The following information is provided for each committee: date of appointment, terms of reference, names of members, bibliographical description of report and locations among 28 Alberta libraries. Name-keyword index. Bibliography. JL333.3 C6 P68 1982 fol. 354.7123093

Recension alphabétique de 514 comités gouvernementaux de l'Alberta, 1905-1980. Pour chaque comité, la date et les références de l'instauration, les noms des membres du comité, la description bibliographique du rapport et les localisations parmi 28 bibliothèques albertaines sont colligés. Un index: noms-mots clés. Bibliographie. JL333.3 C6 P68 1982 fol. 354.7123093

British Columbia

Colombie-Britannique

543

Bennett, Judith Antonik. – *Royal commissions and commissions of inquiry under the Public inquiries act in British Columbia, 1943-1980 : a checklist.* – Victoria : Province of British Columbia, Legislative Library, 1982. – 37 p. – 0771883056

Chronological checklist of 70 British Columbia royal commissions and commissions of inquiry. Explanatory notes. Name-subject index. Reproduced in microform format: *Microlog*, no. 82-03126. JL433 B45 1982 016.354711093

Recension chronologique de 70 commissions royales et d'enquête de la Colombie-Britannique. Notes explicatives. Un index: noms-sujets. Reproduit sur support microforme: *Microlog*, n° 82-03126. JL433 B45 1982 016.354711093

544

British Columbia. Legislative Library. – *British Columbia government publications : monthly checklist.* – Vol. 1, no. 1 (Jan. 1970)- . – Victoria : the Library, 1970- . – vol. – 0316-0823 (monthly) 0824-8516 (annual) – Cover title.

Monthly. Jan.-Aug. 1993 issues not published. Cumulated annually, 1982- . List of British Columbia official publications, catalogued each month for the collection of the Legislative Library. Arranged alphabetically by government body. Name-title-subject index. List of periodicals in issue no. 12 each year. Title of annual cumulation: *British Columbia government publications.* Z1373.5 B8 A3 fol. 015.711053

Mensuel. Les livraisons de janv. à août 1993 n'ont pas été publiées. Refontes annuelles, 1982- . Recension des publications officielles de la Colombie-Britannique, cataloguées chaque mois pour la collection de la Legislative Library. Classement alphabétique des corps gouvernementaux. Un index: noms-titres-sujets. Liste des périodiques dans le n° 12 de chaque année. Le titre de la refonte annuelle: *British Columbia government publications.* Z1373.5 B8 A3 fol. 015.711053

545

Holmes, Marjorie C. – *Publications of the government of British Columbia, 1871-1947.* – [2nd ed.]. – Victoria : Don McDiarmid, 1950. – 254 p.

1st ed., Weston, Sydney M., *Publications of the government of British Columbia, 1871-1937 : a checklist* (Victoria : Charles F. Banfield, 1939). Listing of British Columbia official publications, 1871-1947. Arranged by government body subdivided by committee, commission, council, etc. Author-subject index. Reproduced in microform format: Toronto : Micromedia, 1979, 3 microfiches. Z1373.5 B8 H64 1950 015.711053

1ʳᵉ éd., Weston, Sydney M., *Publications of the government of British Columbia, 1871-1937 : a checklist* (Victoria : Charles F. Banfield, 1939). Recension des publications officielles de la Colombie-Britannique, 1871-1947. Classement par corps gouvernementaux qui se subdivisent en comités, commissions, conseils, etc. Un index: auteurs-sujets. Reproduit sur support microforme: Toronto : Micromedia, 1979, 3 microfiches. Z1373.5 B8 H64 1950 015.711053

546

Holmes, Marjorie C. – *Royal commissions and commissions of inquiry under the Public inquiries act in British Columbia, 1872-1942 : a checklist.* – Victoria : Charles F. Banfield, 1945. – 68 p.

Chronological checklist of 133 British Columbia royal commissions and commissions of inquiry. Explanatory notes. Name-subject index. JL433 016.354711093

Recension chronologique de 133 commissions royales et d'enquête de la Colombie-Britannique. Notes explicatives. Un index: noms-sujets. JL433 016.354711093

Manitoba

Manitoba

547

Manitoba. Bibliothèque de l'Assemblée législative. – *Manitoba government publications : monthly checklist compiled in the Legislative Library of Manitoba = Publications du gouvernement du Manitoba : liste mensuelle des publications gouvernementales reçues à la Bibliothèque de l'Assemblée législative du Manitoba.* – (1970)-   . – [Winnipeg] : Culture, Patrimoine et Citoyenneté Manitoba, 1971-   . – vol. – 0318-1200 – Titre de la couv.

1 issue per year, 1970. 3 issues per year, 1971-1974. Monthly since 1975 with ten annual cumulations, 1975-1983, 1989. Five-year cumulation, 1970/74. Manitoba official publications received by the Legislative Library in the course of the month, listed by language. Arranged by government body. Name-title-keyword index in the annual cumulation. Title varies: (1970)-(Sept./Dec. 1971), *A checklist of publications of the government of Manitoba received in the Legislative Library*; (Jan./Apr. 1972)-(Sept./Dec. 1974), *Manitoba government publications received in the Legislative Library*; (Jan. 1975)-(Dec. 1988), *Manitoba government publications : monthly checklist*; annual cumulation, 1975-1983, *Manitoba government publications : a checklist compiled in the Legislative Library*; 1989, *Manitoba government publications : annual cumulation and index = Publications du gouvernement du Manitoba : liste cumulative annuelle et index*. Imprint varies.   Z1373.5 M35 M31   015.7127053

1 n°/an, 1970. 3 n°s/an, 1971-1974. Mensuel depuis 1975 avec dix refontes annuelles, 1975-1983, 1989. Une éd. quinquennale, 1970/74. Recension par langues, des publications officielles du Manitoba que la Bibliothèque de l'Assemblée législative a reçues au cours du mois. Classement par corps gouvernementaux. Un index: noms-titres-mots clés dans la refonte annuelle. Le titre varie: (1970)-(sept./déc. 1971), *A checklist of publications of the government of Manitoba received in the Legislative Library*; (janv./avril 1972)-(sept./déc. 1974), *Manitoba government publications received in the Legislative Library*; (janv. 1975)-(déc. 1988), *Manitoba government publications : monthly checklist*; refonte annuelle, 1975-1983, *Manitoba government publications : a checklist compiled in the Legislative Library*; 1989, *Manitoba government publications : annual cumulation and index = Publications du gouvernement du Manitoba : liste cumulative annuelle et index*. L'adresse bibliographique varie.   Z1373.5 M35 M31   015.7127053

548

Manitoba. Legislative Library. – *Manitoba government publications : monthly checklist compiled in the Legislative Library of Manitoba = Publications du gouvernement du Manitoba : liste mensuelle des publications gouvernementales reçues à la Bibliothèque de l'Assemblée législative du Manitoba.* – (1970)-   . – [Winnipeg] : Manitoba Culture, Heritage and Citizenship, 1971-   . – vol. – 0318-1200 – Cover title.

1 issue per year, 1970. 3 issues per year, 1971-1974. Monthly since 1975 with ten annual cumulations, 1975-1983, 1989. Five-year cumulation, 1970/74. Manitoba official publications received by the Legislative Library in the course of the month, listed by language. Arranged by government body. Name-title-keyword index in the annual cumulation. Title varies: (1970)-(Sept./Dec. 1971), *A checklist of publications of the government of Manitoba received in the Legislative Library*; (Jan./Apr. 1972)-(Sept./Dec. 1974), *Manitoba government publications received in the Legislative Library*; (Jan. 1975)-(Dec. 1988), *Manitoba government publications : monthly checklist*; annual cumulation, 1975-1983, *Manitoba government publications : a checklist compiled in the Legislative Library*; 1989, *Manitoba government publications : annual cumulation and index = Publications du gouvernement du Manitoba : liste cumulative annuelle et index*. Imprint varies.   Z1373.5 M35 M31   015.7127053

1 n°/an, 1970. 3 n°s/an, 1971-1974. Mensuel depuis 1975 avec dix refontes annuelles, 1975-1983, 1989. Une éd. quinquennale, 1970/74. Recension par langues, des publications officielles du Manitoba que la Bibliothèque de l'Assemblée législative a reçues au cours du mois. Classement par corps gouvernementaux. Un index: noms-titres-mots clés dans la refonte annuelle. Le titre varie: (1970)-(sept./déc. 1971), *A checklist of publications of the government of Manitoba received in the Legislative Library*; (janv./avril 1972)-(sept./déc. 1974), *Manitoba government publications received in the Legislative Library*; (janv. 1975)-(déc. 1988), *Manitoba government publications : monthly checklist*; refonte annuelle, 1975-1983, *Manitoba government publications : a checklist compiled in the Legislative Library*; 1989, *Manitoba government publications : annual cumulation and index = Publications du gouvernement du Manitoba : liste cumulative annuelle et index*. L'adresse bibliographique varie.   Z1373.5 M35 M31   015.7127053

549

Tooth, John. – *Looking for Manitoba government publications : an annotated bibliography of books and pamphlets.* – Winnipeg : Library, Dept. of Education : Public Library Services Branch, Dept. of Tourism, Recreation & Cultural Affairs : Manitoba School Library Audio-Visual Association, Manitoba Teachers' Society, 1978. – ix, 267 p.

Annotated bibliography of Manitoba official publications. Excludes audio-visual titles. Arranged by government body. Each entry also notes target audience and subjects covered. Subject and title indexes. Z1373.5 M35 L66 1978 fol.   015.7127053

Bibliographie annotée des publications officielles du Manitoba. Exclut les titres audiovisuels. Classement par corps gouvernementaux. Chaque notice indique aussi le public visé et les sujets couverts. Deux index: sujets, titres.   Z1373.5 M35 L66 1978 fol.   015.7127053

New Brunswick

Nouveau-Brunswick

550

Bishop, Olga Bernice. – *Publications of the governments of Nova Scotia, Prince Edward Island, New Brunswick, 1758-1952.* – Ottawa : National Library of Canada, 1957. – vi, 237 p.

Listing by province of official publications of Nova Scotia, Prince Edward Island and New Brunswick. Publications produced by each legislature are organized by type of material. Publications from the executive branch are listed by government body and by type of material. Bibliography. Title-name index.   Z1373.5 N65 B5 015.715053

Recension par provinces des publications officielles de la Nouvelle-Écosse, de l'Île-du-Prince-Édouard et du Nouveau-Brunswick. Les publications émanant de chaque législature sont classées par types de documents. Les publications provenant de chaque exécutif sont répertoriées par corps gouvernementaux et par types de documents. Bibliographie. Un index: titres-noms.   Z1373.5 N65 B5   015.715053

551

Edmondson, Locksley G. – *Canadian provincial royal commissions : New Brunswick, Newfoundland, Prince Edward Island.* – [S.l. : s.n.], 1962. – 124 leaves.

Listing of 24 New Brunswick commissions from 1905 to 1960, eleven Newfoundland commissions from 1950 to 1958, and six Prince Edward Island commissions from 1876 to 1951. Arranged by province. Explanatory notes. Bibliography.   JL235 A55 I63 1962 fol.   016.354715093

Recension de 24 commissions du Nouveau-Brunswick de 1905 à 1960, onze commissions de Terre-Neuve de 1950 à 1958, et six commissions de l'Île-du-Prince-Édouard de 1876 à 1951. Classement par provinces. Notes explicatives. Bibliographie.
JL235 A55 I63 1962 fol.   016.354715093

552

Guilbeault, Claude. – *Guide des publications officielles de la province du Nouveau-Brunswick, 1952-1970 = Guide to official publications of the province of New Brunswick, 1952-1970.* – Moncton : C. Guilbeault, 1973. – 382 f.

Guide to 1,306 New Brunswick official publications, 1952-1970. Arranged by government body and by type of document. Name-title index. Bibliography. Appendix: list of bills by session.   Z1373.5 N4 G83 1973 fol.   015.7151053

Recension de 1 306 publications officielles du Nouveau-Brunswick, 1952-1970. Classement par corps gouvernementaux et par types de documents. Un index: noms-titres. Bibliographie. Appendice: liste des projets de loi par sessions.   Z1373.5 N4 G83 1973 fol.
015.7151053

553

New-Brunswick. Legislative Library. Government Documents Section. – *New Brunswick government publications : quarterly list = Publications du gouvernement du Nouveau-Brunswick : liste trimestrielle.* – No. 1 (1955)-   . – Fredericton : the Library, 1956-   . –   vol. – 0830-1085 (quarterly) 0548-4006 (annual) – Title from cover.

Annual, 1955-1985. Quarterly since March 1986 with annual cumulation. Checklist of New Brunswick official publications received by the Legislative Library. Arranged by government body. Subject-name index in the annual cumulation. Title varies: no. 1 (1955)-no. 22 (1976), *New Brunswick government documents : a checklist of New Brunswick government documents received at the Legislative Library, Frederiction, N.B.; no. 23 (1977)-   , New Brunswick government documents : a checklist of New Brunswick government documents received at the Legislative Library, Frederiction, New Brunswick = Publications gouvernementales du Nouveau-Brunswick : liste de contrôle des publications gouvernementales du Nouveau-Brunswick établie à la Bibliothèque de l'Assemblée législative.* Imprint varies.   Z1373.5 N4 N42 fol.   015.7151053

Annuel, 1955-1985. Trimestriel depuis mars 1986 avec refonte annuelle. Recension des publications officielles du Nouveau-Brunswick reçues à la Bibliothèque de l'Assemblée législative. Classement par corps gouvernementaux. Un index, sujets-noms, dans la refonte annuelle. Le titre varie: n° 1 (1955)-n° 22 (1976), *New Brunswick government documents : a checklist of New Brunswick government documents received at the Legislative Library, Frederiction, N.B.; n° 23 (1977)-   , New Brunswick government documents : a checklist of New Brunswick government documents received at the Legislative Library, Frederiction, New Brunswick = Publications gouvernementales du Nouveau-Brunswick : liste de contrôle des publications gouvernementales du Nouveau-Brunswick établie à la Bibliothèque de l'Assemblée législative.* L'adresse bibliographique varie.   Z1373.5 N4 N42 fol.   015.7151053

554

Nouveau-Brunswick. Bibliothèque de l'Assemblée législative. Service des publications gouvernementales. – *New Brunswick government publications : quarterly list = Publications du gouvernement du Nouveau-Brunswick : liste trimestrielle.* – N° 1 (1955)-   . – Fredericton : la Bibliothèque, 1956-   . –   vol. – 0830-1085 (trimestriel) 0548-4006 (annuel) – Titre de la couv.

Annual, 1955-1985. Quarterly since March 1986 with annual cumulation. Checklist of New Brunswick official publications received by the Legislative Library. Arranged by government body. Subject-name index in the annual cumulation. Title varies: no. 1 (1955)-no. 22 (1976), *New Brunswick government documents : a checklist of New Brunswick government documents received at the Legislative Library, Frederiction, N.B.; no. 23 (1977)-   , New Brunswick government documents : a checklist of New Brunswick government documents received at the Legislative Library, Frederiction, New Brunswick = Publications gouvernementales du Nouveau-Brunswick : liste de contrôle des publications gouvernementales du Nouveau-Brunswick établie à la Bibliothèque de l'Assemblée législative.* Imprint varies.   Z1373.5 N4 N42 fol.   015.7151053

Annuel, 1955-1985. Trimestriel depuis mars 1986 avec refonte annuelle. Recension des publications officielles du Nouveau-Brunswick reçues à la Bibliothèque de l'Assemblée législative. Classement par corps gouvernementaux. Un index, sujets-noms, dans la refonte annuelle. Le titre varie: n° 1 (1955)-n° 22 (1976), *New Brunswick government documents : a checklist of New Brunswick government documents received at the Legislative Library, Frederiction, N.B.; n° 23 (1977)-   , New Brunswick government documents : a checklist of New Brunswick government documents received at the Legislative Library, Frederiction, New Brunswick = Publications gouvernementales du Nouveau-Brunswick : liste de contrôle des publications gouvernementales du Nouveau-Brunswick établie à la Bibliothèque de l'Assemblée législative.* L'adresse bibliographique varie.   Z1373.5 N4 N42 fol.   015.7151053

Newfoundland

Terre-Neuve

555

Edmondson, Locksley G. – *Canadian provincial royal commissions : New Brunswick, Newfoundland, Prince Edward Island.* – [S.l. : s.n.], 1962. – 124 leaves.

Listing of 24 New Brunswick commissions from 1905 to 1960, eleven Newfoundland commissions from 1950 to 1958, and six Prince Edward Island commissions from 1876 to 1951. Arranged by province. Explanatory notes. Bibliography.   JL235 A55 I63 1962 fol. 016.354715093

Recension de 24 commissions du Nouveau-Brunswick de 1905 à 1960, onze commissions de Terre-Neuve de 1950 à 1958, et six commissions de l'Île-du-Prince-Édouard de 1876 à 1951. Notes explicatives. Classement par provinces. Bibliographie.   JL235 A55 I63 1962 fol.   016.354715093

556

[*Newfoundland royal commissions, inquiries and investigations, 1865- 1957*]. – [S.l. : s.n., 1958?]. – [22] p.

Chronological listing of 122 Newfoundland royal commissions and commissions of inquiry. Four parts: pre-1867, 1867-1902, 1902-1925, 1925-1957. Three subject indexes.   JL490 A35   016.354718093

Recension chronologique de 122 commissions royales et d'enquête de Terre-Neuve. Quatre parties: antérieur à 1867, 1867-1902, 1902-1925, 1925-1957. Trois index des sujets.   JL490 A35   016.354718093

557

NIS (Nfld.). – *List of publications offered by government of Newfoundland and Labrador.* – Rev. Dec. 1977. – [St John's : NIS Newfoundland Information Services, 1978?]. – [51] leaves. – 0383-5189 – Cover title.

Seven previous editions: Aug. 1974, Sept. 1974, Oct. 1974, June 1975, May 1976, Jan. 1977, Aug. 1977. List of Newfoundland and Labrador official publications available for general distribution. Arranged by government body, subdivided by subject or by type of material such as pamphlets, maps, special publications, etc. Excludes laws, statutes and regulations. Title varies: Aug. 1974-June 1975, *List of publications.*   Z1373.5 N49 N49 fol.   015.718053

Sept éd. antérieures: août 1974, sept. 1974, oct. 1974, juin 1975, mai 1976, janv. 1977, août 1977. Recension des publications officielles de Terre-Neuve et du Labrador disponibles pour distribution générale. Classement par corps gouvernementaux qui se subdivisent par sujets ou par types de documents tels que brochures, cartes, publications spéciales, etc. Exclut les lois, statuts et règlements. Le titre varie: août 1974-juin 1975, *List of publications.*   Z1373.5 N49 N49 fol.   015.718053

Northwest Territories

Territoires du Nord-Ouest

558

MacDonald, Christine. – *Publications of the governments of the North-West Territories, 1876-1905, and the province of Saskatchewan, 1905-1952.* – Regina : Legislative Library, 1952. – 109, [1] p.

A checklist of the publications issued by the governments of the North West Territories, 1876-1905, and of Saskatchewan, 1905-1952. Includes serials, laws and statutes, and special publications. Arranged by government body. Addenda. Index of corporate names. Reproduced in microform format: *Peel bibliography on microfiche* (Ottawa : National Library of Canada, 1976-1979) no. 4308, 2 microfiches.   Z1373.5 N6 M32 fol.   015.7124053

Liste de contrôle des publications des gouvernements des Territoires du Nord-Ouest, 1876-1905, et de la Saskatchewan, 1905-1952. Inclut des publications en série, des lois et des statuts, ainsi que des publications spéciales. Classement par organismes gouvernementaux. Addenda. Index des noms de sociétés. Reproduit sur support microforme: *Bibliographie Peel sur microfiche* (Ottawa : Bibliothèque nationale du Canada, 1976-1979) n° 4308, 2 microfiches. Z1373.5 N6 M32 fol.   015.7124053

559

Northwest Territories. Dept. of Culture & Communications. – *Publications catalogue.* – (1977)-(1991). – [Yellowknife] : Northwest Territories, Culture & Communications, 1977-1991. – 8 vol. – 0837-4406

Annual. 1980-1982, 1987-1988 and 1990 editions were not published. List of official publications of the Northwest Territories. Arranged by government body, subdivided by council, commission, division, etc. Title index. Imprint varies. Title varies: 1977, *Government publications catalogue.*   Z1373.5 N6N6 015.7191053

Annuel. Les éd. de 1980-1982, 1987-1988 et 1990 n'ont pas été publiées. Recension des publications officielles des Territoires du Nord-Ouest. Classement par corps gouvernementaux qui se subdivisent en conseils, commissions, divisions, etc. Index des titres. L'adresse bibliographique varie. Le titre varie: 1977, *Government publications catalogue.*   Z1373.5 N6N6   015.7191053

Nova Scotia

Nouvelle-Écosse

560

Bishop, Olga Bernice. – *Publications of the governments of Nova Scotia, Prince Edward Island, New Brunswick, 1758-1952.* – Ottawa : National Library of Canada, 1957. – vi, 237 p.

Listing by province of official publications of Nova Scotia, Prince Edward Island and New Brunswick. Publications produced by each legislature are organized by type of material. Publications from the executive branch are listed by government body and by type of material. Bibliography. Title-name index.   Z1373.5 N65 B5 015.715053

Recension par provinces des publications officielles de la Nouvelle-Écosse, de l'Île-du-Prince-Édouard et du Nouveau-Brunswick. Les publications émanant de chaque législature sont classées par types de documents. Les publications provenant de chaque exécutif sont répertoriées par corps gouvernementaux et par types de documents. Bibliographie. Un index: titres-noms.   Z1373.5 N65 B5   015.715053

561

Nova Scotia. Legislative Library. – *Nova Scotia royal commissions and commissions of inquiry, 1849-1984 : a checklist.* – 3rd ed. – Halifax : the Library, 1984. – 39 p.

1st ed., 1973, *Nova Scotia royal commissions and commissions of enquiry appointed by the province of Nova Scotia*; 2nd ed., 1974?. Chronological listing of Nova Scotia royal commissions and commissions of inquiry from 1849 to 1984. Keyword-name index. Reproduced in microform format: *Microlog*, no. 85-03568.   Z1373.5 N65 N65 1984 fol.   015.35471693

1re éd., 1973, *Nova Scotia royal commissions and commissions of enquiry appointed by the province of Nova Scotia*; 2e éd., 1974?. Recension chronologique des commissions royales et d'enquête de la Nouvelle-Écosse de 1849 à 1984. Un index: mots clés-noms. Reproduit sur support microforme: *Microlog*, n° 85-03568. Z1373.5 N65 N65 1984 fol.   015.35471693

562

Nova Scotia. Legislative Library. – *Publications of the province of Nova Scotia : monthly checklist.* – (1967)-   . – [Halifax] : the Library, 1968-   . – vol. – 0835-6513 (monthly) 0550-1792 (annual) – Title from cover.

Irregular, 1967-1980. Quarterly, 1980-1987. Monthly since June 1987 with annual cumulation to 1991 inclusive. Checklist of Nova Scotia official publications received by the Legislative Library. Two parts: material from the Legislative Assembly, material from the executive branch. List of periodicals and subject-name index in the annual cumulation. Title varies: 1967-1980, *Province of Nova Scotia : official publications*; vol. 1, no. 1 (June 1980)-vol. 7, no. 4 (Mar. 1987), *Publications of the province of Nova Scotia : quarterly checklist*; annual cumulation, 1967-1972, *Publications of the province of Nova Scotia : a check list in the Legislative Library*; 1973-1991, *Publications of the province of Nova Scotia : a check list compiled in the Legislative Library*. Imprint varies.   Z1373.5 N65 A32 fol.   015.716053

Irrégulier, 1967-1980. Trimestriel, 1980-1987. Mensuel depuis juin 1987 avec refonte annuelle jusqu'en 1991 inclusivement. Recension des publications officielles de la Nouvelle-Écosse reçues à la Bibliothèque de l'Assemblée législative. Deux parties: les documents provenant de l'Assemblée législative, les documents émanant de l'exécutif. Liste des périodiques et un index, sujets-noms, dans la refonte annuelle. Le titre varie: 1967-1980, *Province of Nova Scotia : official publications*; vol. 1, n° 1 (juin 1980)-vol. 7, n° 4 (mars 1987), *Publications of the province of Nova Scotia : quarterly checklist*; refonte annuelle, 1967-1972, *Publications of the province of Nova Scotia : a check list in the Legislative Library*; 1973-1991, *Publications of the province of Nova Scotia : a check list compiled in the Legislative Library*. L'adresse bibliographique varie.   Z1373.5 N65 A32 fol. 015.716053

Ontario

Ontario

563

Bishop, Olga B. [Olga Bernice]. – *Publications of the government of Ontario, 1867-1900.* – Toronto : Ministry of Government Services, 1976. – xi, 409 p.

A guide to the official publications of Ontario for the period 1867-1900. Arranged by government body and type of document. One location for each publication. Notes on history, organization of various government agencies, etc. Appendices: list of legislatures, journals with appendices, sessional papers, Queen's Printers, Legislative Printers, publications identified but not located. Index of authors, titles and subjects. Reproduced in microform format: Toronto : Publications Ontario, 1976, no. 76-0899, 5 microfiches.   Z1373.5 O7 B5 fol.   015.713053

Guide des publications officielles de l'Ontario pour la période 1867-1900. Classement par corps gouvernementaux et par types de documents. Une localisation pour chaque publication. Notes sur l'histoire et l'organisation de divers agences gouvernementales, etc. Annexes: liste des assemblées législatives, journaux avec annexes, documents parlementaires, imprimeurs de la Reine, imprimeurs des assemblées législatives, publications identifiées mais sans localisation. Index des auteurs, des titres et des sujets. Reproduit sur support microforme: Toronto : Publications Ontario, 1976, n° 76-0899, 5 microfiches. Z1373.5 O7 B5 fol.   015.713053

564

Bishop, Olga Bernice. – *Publications of the province of Upper Canada and of Great Britain relating to Upper Canada, 1791-1840.* – Toronto : Ontario Ministry of Citizenship and Culture, 1984. – vii, 288 p. – 0774389311

A guide to documents issued by the government of the province of Upper Canada, 1791-1840, as well as those issued by the House of Commons of Great Britain dealing with Upper Canada. Arranged by government body or subject. One location for each document. Notes on the history and organization of the various government offices etc. Index of names, titles and subjects. Appendices: sessions of parliament, number of acts passed in each session, King's/Queen's Printers, printers of the statutes, printers of the House of Assembly and of the Legislative Council, printers of the Appendices to the Journal of the Assembly, publications identified but not located. Reproduced in microform format: Toronto : Publications Ontario, 1984, no. 84-3231, 6 microfiches; *Microlog*, no. 84-05080.   Z1373.5 U7 B58 1984 fol.   015.713053

Guide des documents publiés par le gouvernement de la province du Haut-Canada, 1791-1840, ainsi que de ceux publiés par la House of Commons of Great Britain qui portent sur le Haut-Canada. Classement par corps gouvernementaux ou par sujets. Une localisation pour chaque document. Notes sur l'histoire et l'organisation de divers bureaux gouvernementaux, etc. Index des noms, des titres et des sujets. Annexes: sessions du Parlement, nombre de lois passées lors de chaque session, imprimeurs du Roi ou de la Reine, imprimeurs des lois, imprimeurs de la Chambre d'assemblée et du conseil législatif, imprimeurs des annexes au journal de la Chambre d'assemblée, publications identifiées mais sans localisation. Reproduit sur support microforme: Toronto : Publications Ontario, 1984, n° 3231-84, 6 microfiches; *Microlog*, n° 84-05080. Z1373.5 U7 B58 1984 fol.   015.713053

565

MacTaggart, Hazel I. – *Publications of the government of Ontario, 1901-1955 : a checklist.* – Compiled for the Ontario Library Association by Hazel I. MacTaggart. – Toronto : Queen's Printer, 1964. – xiv, 303 p.

Checklist of Ontario official publications, 1901-1955. Arranged by government body and by type of document, such as periodicals, special publications, laws and statutes, etc. Locations. Bibliography. Author-title-subject index. Reproduced in microform format: Toronto : Publications Ontario, 1980, no. 693-80, 6 microfiches. Z1373.5 O7 M3 fol.   015.713053

Recension des publications officielles de l'Ontario, 1901-1955. Classement par corps gouvernementaux et par types de documents, tels que périodiques, publications spéciales, lois et statuts, etc. Localisations. Bibliographie. Un index: auteurs-titres-sujets. Reproduit sur support microforme: Toronto : Publications Ontario, 1980, n° 693-80, 6 microfiches.   Z1373.5 O7 M3 fol.   015.713053

566

MacTaggart, Hazel I. – *Publications of the government of Ontario, 1956-1971 : a checklist.* – Compiled by Hazel I. MacTaggart with the assistance of Kenneth E. Sundquist. – Toronto : Ministry of Government Services, 1975. – xi, 410 p.

Checklist of Ontario official publications, 1956-1971. Arranged by government body and by type of document, such as periodicals, special publications, laws and statutes, etc. Location of material. Bibliography. Author-title-subject index. Reproduced in microform format: Toronto : Publications Ontario, 1976, no. 76-0101, 5 microfiches. Z1373.5 O7 M32 fol. 015.713053

Recension des publications officielles de l'Ontario, 1956-1971. Classement par corps gouvernementaux et par types de documents, tels que périodiques, publications spéciales, lois et statuts, etc. Localisations. Bibliographie. Un index: auteurs-titres-sujets. Reproduit sur support microforme: Toronto : Publications Ontario, 1976, n° 76-0101, 5 microfiches. Z1373.5 O7 M32 fol. 015.713053

567

Ontario. Bibliothèque de l'Assemblée législative. Service de compilation et de catalogage. – *Ontario government publications : monthly checklist = Publications du gouvernement de l'Ontario : liste mensuelle.* – Compilé et rédigé par le Service de compilation et de catalogage, Bibliothèque de l'Assemblée législative. – Vol. 1, n° 1 (mai 1971)- . – [Toronto] : Secrétariat du Conseil de gestion, 1971- . – vol. – 0316-1617 (mensuel) 0227-2628 (annuel) – Titre de la couv.

Monthly with annual cumulation. Checklist of Ontario official publications. Arranged by language of publication and by government body. Title-name index. Two subject indexes (English, French). Imprint varies. Title varies: vol. 1, no. 1 (May 1971)-vol. 5 no. 12 (Dec. 1975), *Ontario government publications : monthly checklist*; vol. 6, no. 1 (Jan. 1976)-vol. 8, no. 8 (Aug. 1978), *Ontario government publications : monthly checklist, liste mensuelle*; annual cumulation, 1972-1978, *Ontario government publications*; 1979-1983, *Ontario government publications : annual catalogue*; 1984- , *Ontario government publications : annual catalogue = Publications du gouvernement de l'Ontario : catalogue annuel*. Annual cumulations reproduced in microform format: Toronto : Publications Ontario, 1973-1992. Nos. 73-0368 (1972), 74-0598 (1973), 75-0707 (1974), 76-0902 (1975), 77-0650 (1976), 78-0590 (1977), 345-79 (1978), 794-80 (1979), 1355-81 (1980), 1911-82 (1981), 2558-83 (1982), 3433-85 (1983), 3735-85 (1984), 4233-86 (1985), 4449-87 (1986), 4694-88 (1987), 4837-89 (1988), 4970-90 (1989), 5229-91 (1990), 5331-92 (1991). Z1373.5 O7 O552 fol. 015.713053

Mensuel avec refonte annuelle. Recension des publications officielles de l'Ontario. Classement par langues de parution et par corps gouvernementaux. Un index: titres-noms. Deux index par sujets (anglais, français). Publié par différents éditeurs. Le titre varie: vol. 1, n° 1 (mai 1971)-vol. 5 n° 12 (déc. 1975), *Ontario government publications : monthly checklist*; vol. 6, n° 1 (janv. 1976)-vol. 8, n° 8 (août 1978), *Ontario government publications : monthly checklist, liste mensuelle*; refonte annuelle, 1972-1978, *Ontario government publications*; 1979-1983, *Ontario government publications : annual catalogue*; 1984- , *Ontario government publications : annual catalogue = Publications du gouvernement de l'Ontario : catalogue annuel*. Refontes annuelles reproduites sur support microforme: Toronto : Publications Ontario, 1973-1992. N°s 73-0368 (1972), 74-0598 (1973), 75-0707 (1974), 76-0902 (1975), 77-0650 (1976), 78-0590 (1977), 345-79 (1978), 794-80 (1979), 1355-81 (1980), 1911-82 (1981), 2558-83 (1982), 3433-85 (1983), 3735-85 (1984), 4233-86 (1985), 4449-87 (1986), 4694-88 (1987), 4837-89 (1988), 4970-90 (1989), 5229-91 (1990), 5331-92 (1991). Z1373.5 O7 O552 fol. 015.713053

568

Ontario. Legislative Library. Checklist and Catalogue Service. – *Ontario government publications : monthly checklist = Publications du gouvernement de l'Ontario : liste mensuelle.* – Compiled and edited by the Checklist and Catalogue Service, Legislative Library. – Vol. 1, no. 1 (May 1971)- . – [Toronto] : Management Board Secretariat, 1971- . – vol. – 0316-1617 (monthly) 0227-2628 (annual) – Cover title.

Monthly with annual cumulation. Checklist of Ontario official publications. Arranged by language of publication and by government body. Title-name index. Two subject indexes (English, French). Imprint varies. Title varies: vol. 1, no. 1 (May 1971)-vol. 5 no. 12 (Dec. 1975), *Ontario government publications : monthly checklist*; vol. 6, no. 1 (Jan. 1976)-vol. 8, no. 8 (Aug. 1978), *Ontario government publications : monthly checklist, liste mensuelle*; annual cumulation, 1972-1978, *Ontario government publications*; 1979-1983, *Ontario government publications : annual catalogue*; 1984- , *Ontario government publications : annual catalogue = Publications du gouvernement de l'Ontario : catalogue annuel*. Annual cumulations reproduced in microform format: Toronto : Publications Ontario, 1973-1992. Nos. 73-0368 (1972), 74-0598 (1973), 75-0707 (1974), 76-0902 (1975), 77-0650 (1976), 78-0590 (1977), 345-79 (1978), 794-80 (1979), 1355-81 (1980), 1911-82 (1981), 2558-83 (1982), 3433-85 (1983), 3735-85 (1984), 4233-86 (1985), 4449-87 (1986), 4694-88 (1987), 4837-89 (1988), 4970-90 (1989), 5229-91 (1990), 5331-92 (1991). Z1373.5 O7 O552 fol. 015.713053

Mensuel avec refonte annuelle. Recension des publications officielles de l'Ontario. Classement par langues de parution et par corps gouvernementaux. Un index: titres-noms. Deux index par sujets (anglais, français). Publié par différents éditeurs. Le titre varie: vol. 1, n° 1 (mai 1971)-vol. 5 n° 12 (déc. 1975), *Ontario government publications : monthly checklist*; vol. 6, n° 1 (janv. 1976)-vol. 8, n° 8 (août 1978), *Ontario government publications : monthly checklist, liste mensuelle*; refonte annuelle, 1972-1978, *Ontario government publications*; 1979-1983, *Ontario government publications : annual catalogue*; 1984- , *Ontario government publications : annual catalogue = Publications du gouvernement de l'Ontario : catalogue annuel*. Refontes annuelles reproduites sur support microforme: Toronto : Publications Ontario, 1973-1992. N°s 73-0368 (1972), 74-0598 (1973), 75-0707 (1974), 76-0902 (1975), 77-0650 (1976), 78-0590 (1977), 345-79 (1978), 794-80 (1979), 1355-81 (1980), 1911-82 (1981), 2558-83 (1982), 3433-85 (1983), 3735-85 (1984), 4233-86 (1985), 4449-87 (1986), 4694-88 (1987), 4837-89 (1988), 4970-90 (1989), 5229-91 (1990), 5331-92 (1991). Z1373.5 O7 O552 fol. 015.713053

569

Petsche-Wark, Dawna. – *Royal commissions and commissions of inquiry for the provinces of Upper Canada, Canada and Ontario, 1792 to 1991 : a checklist of reports.* – Compiled and edited by Dawna Petsche-Wark and Catherine Johnson. – Toronto : Ontario Legislative Library, 1992. – ix, 174 p. – 0772993270

Bibliography of reports produced by 217 royal commissions and commissions of inquiry of Upper Canada, Province of Canada and Ontario. Listed chronologically. Entries include date and terms of

Bibliographie des rapports émanant de 217 commissions royales et d'enquête des provinces du Haut-Canada, du Canada et de l'Ontario. Recension chronologique. Pour chaque commission figurent la date

reference at appointment, names of commissioners, date and biblio-graphical description of report, location of documents and a brief history. Two indexes: commissioner, subject. Bibliography. Reproduced in microform format: *Microlog*, no. 93-02146. Companion volume: *Select committees of the assemblies of the provinces of Upper Canada, Canada and Ontario, 1792 to 1991 : a checklist of reports.* Replaces: Waintman, Susan, *Ontario royal com-missions and commissions of inquiry, 1867-1978 : a checklist of reports* (Toronto : Legislative Library, Research and Information Services, 1980) and Waintman, Susan, *Ontario royal commissions and commis-sions of inquiry , 1979-1984 : a checklist of reports* (Toronto : Legislative Library, Research and Information Services, 1985). Z1373.5 O7 P47 1992   016.35471093

et les références de l'instauration, le nom des commissaires, la date et la description bibliographique du rapport, la localisation des documents et un aperçu historique. Deux index: commissaires, sujets. Bibliographie. Reproduit sur support microforme: *Microlog*, n° 93-02146. Volume d'accompagnement: *Select committees of the assemblies of the provinces of Upper Canada, Canada and Ontario, 1792 to 1991 : a checklist of reports.* Remplace: Waintman, Susan, *Ontario royal commissions and commissions of inquiry, 1867-1978 : a checklist of reports* (Toronto : Legislative Library, Research and Information Services, 1980) et Waintman, Susan, *Ontario royal com-missions and commissions of inquiry , 1979-1984 : a checklist of reports* (Toronto : Legislative Library, Research and Information Services, 1985).   Z1373.5 O7 P47 1992   016.35471093

570
Sage, Richard. – *Select committees of the assemblies of the provinces of Upper Canada, Canada and Ontario, 1792-1991 : a checklist of reports.* – Compiled and edited by Richard Sage and Aileen Weir. – Toronto : Ontario Legislative Library, 1992. – xi, 431 p. – 0772993262

Bibliography of reports produced by 557 government committees of the provinces of Upper Canada, Canada and Ontario. Listed chrono-logically. Entries include date of appointment, names of committee members, date report tabled, location of report and sources of infor-mation. Two indexes: committee member, subject. Bibliography. Reproduced in microform format: *Microlog*, no. 93-02140. Companion volume: *Royal commissions and commissions of inquiry for the provinces of Upper Canada, Canada and Ontario, 1792 to 1991 : a checklist of reports.* Replaces: Barnes, Eleanor, *Select committees of the Legislative Assembly of Ontario, 1867-1978 : a checklist of reports* (Toronto : Legislative Library, Research and Information Services, 1983).   Z1373.5 O7 S23 1992   015.7130532

Bibliographie des rapports émanant de 557 comités gouvernementaux des provinces du Haut-Canada, du Canada et de l'Ontario. Recension selon l'ordre chronologique. Pour chaque comité figurent la date d'instauration, les noms des membres du comité, la date du dépôt, la localisation du rapport et les sources d'information. Deux index: noms des membres, sujets. Bibliographie. Reproduit sur support microforme: *Microlog*, n° 93-02140. Volume d'accompagnement: *Royal commissions and commissions of inquiry for the provinces of Upper Canada, Canada and Ontario, 1792 to 1991 : a checklist of reports.* Remplace: Barnes, Eleanor, *Select committees of the Legislative Assembly of Ontario, 1867-1978 : a checklist of reports* (Toronto : Legislative Library, Research and Information Services, 1983). Z1373.5 O7 S23 1992   015.7130532

571
Services de bibliothèque, de recherche et d'information de l'Assemblée législative de l'Ontario. Service de compilation et de catalogage. – *Catalogue des publications en français du gouvernement de l'Ontario.* – Compilé et rédigé par le Service de compilation et de catalogage, les Services de bibliothèque, de recherche et d'information de l'Assemblée législative. – Vol. 1, n° 1 (1979)-(1983). – [Toronto] : Ministère des ser-vices gouvernementaux, 1979-1983. – 18 n^{os} – 0706-2923 – Titre de la couv.

2 issues per year, 1979, 4 issues per year, 1980-1983. Listing of bilin-gual and French-language official publications of Ontario. Arranged by government body, subdivided by council, commission, branch, etc. Title-name index. Absorbed by *Ontario government publications : monthly checklist = Publications du gouvernement de l'Ontario : liste mensuelle.* Z1373.5   015.713053

2 n^{os}/an, 1979. 4 n^{os}/an, 1980-1983. Recension des publications offi-cielles bilingues et en français de l'Ontario. Classement par corps gouvernementaux qui se subdivisent en conseils, commissions, directions, etc. Un index: titres-noms. Absorbé par *Ontario government publications : monthly checklist = Publications du gouvernement de l'Ontario : liste mensuelle.* Z1373.5   015.713053

Prince Edward Island

Île-du-Prince-Édouard

572
Bishop, Olga Bernice. – *Publications of the governments of Nova Scotia, Prince Edward Island, New Brunswick, 1758-1952.* – Ottawa : National Library of Canada, 1957. – vi, 237 p.

Listing by province of official publications of Nova Scotia, Prince Edward Island and New Brunswick. Publications produced by each legislature are organized by type of material. Publications from the executive branch are listed by government body and by type of material. Bibliography. Title-name index.   Z1373.5 N65 B5 015.715053

Recension par provinces des publications officielles de la Nouvelle-Écosse, de l'Île-de-Prince-Édouard et du Nouveau-Brunswick. Les publications émanant de chaque législatif sont classées par types de documents. Les publications provenant du chaque exécutif sont répertoriée par corps gouvernementaux. Bibliographie. Un index: titres-noms.   Z1373.5 N65 B5   015.715053

573
Edmondson, Locksley G. – *Canadian provincial royal commissions : New Brunswick, Newfoundland, Prince Edward Island.* – [S.l. : s.n.], 1962. – 124 leaves.

Listing of 24 New Brunswick commissions from 1905 to 1960, eleven Newfoundland commissions from 1950 to 1958, and six Prince Edward Island commissions from 1876 to 1951. Arranged by province. Explanatory notes. Bibliography.   JL235 A55 I63 1962 fol. 016.354715093

Recension de 24 commissions du Nouveau-Brunswick de 1905 à 1960, onze commissions de Terre-Neuve de 1950 à 1958, et six commissions de l'Île-de-Prince-Édouard de 1876 à 1951. Classement par provinces. Notes explicatives. Bibliographie. JL235 A55 I63 1962 fol.   016.354715093

574
Prince Edward Island government publications checklist. – (Jan. 1976)-   . – Charlottetown : Island Information Service, 1976-   . – vol. : folded leaves. – 0380-6685

Monthly. Annotated bibliography of Prince Edward Island official publications. Title varies: Jan. 1976-Aug. 1983, *P.E.I. provincial government publications checklist.* Z1373.5 015.717053

Mensuel. Bibliographie annotée des publications officielles de l'Île-du-Prince-Édouard. Le titre varie: janv. 1976-août 1983, *P.E.I. provincial government publications checklist.* Z1373.5 015.717053

Quebec

Québec

575
Beaulieu, André. – *Répertoire des publications gouvernementales du Québec de 1867 à 1964.* – André Beaulieu, Jean-Charles Bonenfant, Jean Hamelin. – Québec : Impr. de la Reine, 1968. – 554 p.

Quebec official publications, 1867-1964. Arranged by government body and by type of document, such as annual reports, legislation, serials, special articles, etc. Name-subject index. Supplement. Z1373.5 Q8 B4 015.714053

Recension des publications officielles du Québec, 1867-1964. Classement par corps gouvernementaux et par types de documents, tels que rapports annuels, législation, publications sériées, articles spéciaux, etc. Un index: noms-sujets. Supplément. Z1373.5 Q8 B4 015.714053

576
Beaulieu, André. – *Répertoire des publications gouvernementales du Québec : supplément, 1965-1968.* – André Beaulieu, Jean Hamelin, Gaston Bernier. – Québec : Assemblée nationale, 1970. – 388 p. Z1373.5 Q8 B4 Suppl. 015.714053

577
Les commissions parlementaires, 1965-1980. – [Québec] : Assemblée nationale du Québec, Bibliothèque, 1982. – xiv, 447 p. – (Index cumulatif ; 5).

2,158 fascicles of transcripts of sessions of parliamentary committees of the Assemblée nationale du Québec. Chronologically arranged by legislative session. Subject and name indexes. Reproduced in microform format: *Microlog,* no. 83-03067. JL253.3 016.328714

2 158 cahiers de transcription des travaux des commissions parlementaires de l'Assemblée nationale du Québec. Répertoriés chronologiquement par sessions parlementaires. Deux index: sujets, noms. Reproduit sur support microforme: *Microlog,* n° 83-03067. JL253.3 016.328714

578
Fortier, Monique. – *Les commissions parlementaires à l'Assemblée nationale, 1980-1985.* – [Québec] : Assemblée nationale du Québec, Bibliothèque, Division de l'indexation et de la bibliographie, 1986. – [6], 218 p. – (Bibliographie et documentation ; 24). – 2551066697

Continues: *Les commissions parlementaires, 1965-1980.* JL253.3 C6 016.328714

Continue: *Les commissions parlementaires, 1965-1980.* JL253.3 C6 016.328714

579
Deschênes, Gaston. – *Livres blancs et livres verts au Québec, 1964-1984.* – Par Gaston Deschênes avec la collaboration de Madeleine Albert. – 3e éd. – Québec : Bibliothèque de l'Assemblée nationale, 1986. – 52 p. – (Bibliographie et documentation ; 8). – 2551065925

1st ed. 1980, *Livres blancs et livres verts au Québec, 1964-1980*; 2nd ed. 1981, *Livres blancs et livres verts au Québec, 1964-1981.* Bibliography of official publications which announce a policy (white paper) or present various options (green paper) with respect to an issue of interest to the public. Two categories: material officially designated as white or green papers, and titles which are not formally so named but with content that meets the description of the genre. The following information is provided for each publication: bibliographical references, call number in the library of the Assemblée nationale, date tabled, sessional paper number, colour of cover, explanatory notes and quotations from newspaper articles. Also includes, under the heading "imitations and copies", a list of material called white or green papers, though produced outside of the legislature. Subject-title index. Reproduced in microform format: *Microlog,* no. 90-02059. Z1373.5 Q8 D47 1986 fol. 015.7140532

1re éd., 1980, *Livres blancs et livres verts au Québec, 1964-1980*; 2e éd., 1981, *Livres blancs et livres verts au Québec, 1964-1981.* Bibliographie des publications du gouvernement québécois qui énonce une politique (livre blanc) ou qui expose diverses options (livre vert) face à un problème d'intérêt public. Deux sections: les documents officiellement identifiés comme des livres blancs ou verts, et les titres qui ne portent pas formellement le nom, mais dont le contenu correspond au genre. Pour chaque publication figurent les références bibliographiques, la cote de la Bibliothèque de l'Assemblée nationale, la date de dépôt en chambre, le numéro de document parlementaire, la couleur de la couverture, des notes explicatives et des citations d'articles de journaux. Regroupe aussi sous l'intitulé, imitations et dérivées, une liste de documents, hors du cadre parlementaire, appelés livres blancs ou verts. Un index: sujets-titres. Reproduit sur support microforme: *Microlog,* n° 90-02059. Z1373.5 Q8 D47 1986 fol. 015.7140532

580

Jamet, Virginie. – *Commissions et comités gouvernementaux et parlementaires du Québec, 1867-1986 : liste bibliographique annotée.* – Version corr. et augm. et mise à jour. – Québec : Bibliothèque de l'Assemblée nationale, 1987. – iv, 186 p. – (Bibliographie et documentation ; 26). – 2551068169

1st ed., 1972, *Commissions et comités d'enquête au Québec depuis 1867*. Chronological listing of Quebec royal commissions and commissions of inquiry. Explanatory notes. Subject and name indexes. Reproduced in microform format: *Microlog*, no. 90-02058. Z1373.5 Q8 Q4 1987 fol.   016.354714093

1ʳᵉ éd., 1972, *Commissions et comités d'enquête au Québec depuis 1867*. Recension chronologique des commissions royales et d'enquête du Québec. Notes explicatives. Deux index: sujets, noms. Reproduit sur support microforme: *Microlog*, n° 90-02058. Z1373.5 Q8 Q4 1987 fol.   016.354714093

581

Québec (Province). Ministère des communications. Bibliothèque administrative. – *Liste annuelle des publications du gouvernement du Québec.* – (1982/1983)-   . – Québec : Publications du Québec, 1982-   . –   vol. – 0840-7908

Annual. 1987/88 and 1988/89 issues were published in a single volume. Annual list of Quebec government periodicals in French and English. Arranged by government body. Each bibliographical reference includes price and classification as indicated in *Cadre de classement des publications gouvernementales du Québec*. Title index. Imprint varies. Available online through Services documentaires Multimedia, *Publiq*; period covered, 1986 to present. Available in CD-ROM format, as part of: *La bibliothèque québécoise : répertoire bibliographique du Québec*; period covered, 1986 to present. Z1373.5 Q8 Q46   015.714053

Annuel. Les éd. 1987/88 et 1988/89 ont été publiées en un seul vol. Recension des périodiques gouvernementaux de langue française et anglaise. Classement par corps gouvernementaux. Chaque notice bibliographique comprend aussi le prix de vente et l'indice provenant du *Cadre de classement des publications gouvernementales du Québec*. Index des titres. L'adresse bibliographique varie. Disponible en direct via le serveur Services documentaires Multimedia, *Publiq*; période couverte, 1982 à ce jour. Disponible sur support CD-ROM, partie de: *La bibliothèque québécoise : répertoire bibliographique du Québec*; période couverte, 1986 à ce jour. Z1373.5 Q8 Q46   015.714053

582

Québec (Province). Ministère des communications. Bibliothèque administrative. – *Liste bimestrielle des publications du gouvernement du Québec.* – Vol. 1, nº 1 (janv./févr. 1979)-   . – Québec : Publications du Québec, 1979-   . –   vol. – 0840-7908

Bimonthly, 1979-1980. Monthly, 1981-1987. Bimonthly since 1988. List of Quebec official publications in French and English. Arranged by government body. Each bibliographical reference also includes price and classification as indicated in *Cadre de classement des publications gouvernementales du Québec*. Bimonthly title index. Annual title index in issue no. 6 of each year, beginning in 1992. Title varies: vol. 1, no. 1 (Jan./Feb. 1979)-vol. 2, no. 6 (Nov./Dec. 1980), *Bulletin analytique des publications gouvernementales du Québec*; (Mar. 1981), *Liste des publications du gouvernement du Québec*; (Apr. 1981)-vol. 7, no. 12 (Dec. 1987), *Liste mensuelle des publications du gouvernement du Québec*. Imprint varies. Available online through Services documentaires Multimedia, *Publiq*; period covered, 1982 to present. Available in CD-ROM format, as part of: *La bibliothèque québécoise : répertoire bibliographique du Québec*; period covered, 1986 to present. Z1373.5 Q8 Q46   015.714053

Bimestriel, 1979-1980. Mensuel, 1981-1987. Bimestriel depuis 1988. Recension des publications officielles du Québec en français et en anglais. Classement par corps gouvernementaux. Chaque notice bibliographique comprend aussi le prix de vente et l'indice provenant du *Cadre de classement des publications gouvernementales du Québec*. Index des titres: bimestriel; annuel inclut dans le nº 6 de chaque année à partir de 1992. Le titre varie: vol. 1, nº 1 (janv./févr. 1979)-vol. 2, nº 6 (nov./déc. 1980), *Bulletin analytique des publications gouvernementales du Québec*; (mars 1981), *Liste des publications du gouvernement du Québec*; (avril 1981)-vol. 7, nº 12 (déc. 1987), *Liste mensuelle des publications du gouvernement du Québec*. L'adresse bibliographique varie. Disponible en direct via le serveur Services documentaires Multimedia, *Publiq*; période couverte, 1982 à ce jour. Disponible sur support CD-ROM, partie de: *La bibliothèque québécoise : répertoire bibliographique du Québec*; période couverte, 1986 à ce jour. Z1373.5 Q8 Q46   015.714053

583

Québec (Province). Ministère des communications. Centre de documentation. – *Répertoire analytique des publications gouvernementales du Québec.* – [Vol. 1, 1974/1975]-vol. 3 (1978/1979). – Québec : Éditeur officiel du Québec, 1976-1980. – 3 vol. (420 ; 441 ; 598 p.). – (Collection Études et dossiers de la Documentation québécoise). – 0706-9057

Annotated bibliography of more than 2,800 Quebec official publications arranged by subject area. Four indexes: title, author, keyword, name. Title varies: 1976, *Répertoire analytique des publications gouvernementales*. Z1373.5 Q8 R4 fol.   015.714053

Bibliographie annotée de plus de 2 800 publications officielles du Québec classées par thèmes. Quatre index: titres, auteurs, mots clés, noms. Le titre varie: 1976, *Répertoire analytique des publications gouvernementales*. Z1373.5 Q8 R4 fol.   015.714053

Saskatchewan

Saskatchewan

584

Guide to the records of royal and special commissions and committees of inquiry appointed by the province of Saskatchewan. – Rev. to Dec. 31, 1968. – [Regina : Legislative Assembly Office, 1969?]. – 103 leaves.

Chronological listing of 93 royal commissions, special commissions and commissions of inquiry of Saskatchewan, 1906-1968. Explanatory notes and locations for documents. Subject index. Z1373.5 S3 G83 fol.   016.3547124093

Recension chronologique de 93 commissions royales, spéciales et d'enquête de la Saskatchewan des années 1906 à 1968. Notes explicatives et localisations des documents. Index sujets. Z1373.5 S3 G83 fol.   016.3547124093

585

MacDonald, Christine. – ***Publications of the governments of the North-West Territories, 1876-1905, and the province of Saskatchewan, 1905-1952.*** – Regina : Legislative Library, 1952. – 109, [1] p.

A checklist of the publications issued by the governments of the North West Territories, 1876-1905, and of Saskatchewan, 1905-1952. Includes serials, laws and statutes, and special publications. Arranged by government body. Addenda. Index of corporate names. Reproduced in microform format: *Peel bibliography on microfiche* (Ottawa : National Library of Canada, 1976-1979) no. 4308, 2 microfiches. Z1373.5 N6 M32 fol. 015.7124053

Liste de contrôle des publications des gouvernements des Territoires du Nord-Ouest, 1876-1905, et de la Saskatchewan, 1905-1952. Inclut des publications en série, des lois et des statuts, ainsi que des publications spéciales. Classement par organismes gouvernementaux. Addenda. Index des noms de sociétés. Reproduit sur support microforme: *Bibliographie Peel sur microfiche* (Ottawa : Bibliothèque nationale du Canada, 1976-1979) n° 4308, 2 microfiches. Z1373.5 N6 M32 fol. 015.7124053

586

Saskatchewan. Legislative Library. – ***Checklist of Saskatchewan government publications.*** – (1976)- . – Regina : the Library, 1977- . – vol. – 0705-4122

Annual, 1976-1981. Monthly since July 1982. Cumulated three times a year, 1982-1984. Checklist of Saskatchewan official publications. Arranged by government body, subdivided by committee, commission, council, etc. Excludes bills, statutes and regulations. Title varies: 1983-1984, *Annual checklist of Saskatchewan government publications.* Z1373.5 S3 S37 fol. 015.7124053

Annuel, 1976-1981. Mensuel depuis juill. 1982. Trois refontes annuelles, 1982-1984. Recension des publications officielles de la Saskatchewan. Classement par corps gouvernementaux qui se subdivisent en comités, commissions, conseils, etc. Exclut les lois, statuts et règlements. Le titre varie: 1983-1984, *Annual checklist of Saskatchewan government publications.* Z1373.5 S3 S37 fol. 015.7124053

587

Saskatchewan royal commission and committee reports, 1945-1976. – Toronto : Law Society of Upper Canada, Great Library, Editorial Board for C.A.L.L., 1977. – P. 43-53. – (Newsletter = Bulletin - Canadian Association of Law Libraries ; vol. 3, no. 1 (May/June 1977)). – 0319-5376

Chronological listing of 93 Saskatchewan royal commissions and committee reports. Published in the *Newsletter = Bulletin* of the Canadian Association of Law Libraries. Z1373.5 S3 G832 fol. 016.3547124093

Recension chronologique de 93 commissions royales et des rapports de comités de la Saskatchewan. Parution dans *Newsletter = Bulletin* de l'Association canadienne des bibliothèques de droit. Z1373.5 S3 G832 fol. 016.3547124093

General Reference Works
Serials

Ouvrages de référence généraux
Publications en série

Bibliographies

Bibliographies

588

Bibliothèque nationale du Canada. – ***Canadian directories, 1790-1987 : a bibliography and place-name index = Annuaires canadiens, 1790-1987 : une bibliographie et un index des noms de lieux.*** – Mary E. Bond. – Ottawa : Bibliothèque nationale du Canada, 1989. – 3 vol. (xxxi, 1221 p.) : ill. – 0660547899 (vol. 1) 0660547902 (vol. 2) 0660547910 (vol. 3) 0660547864 (série)

A bibliography and place-name index of the Canadian city, county, provincial and national directories held by the National Library of Canada. Includes directories in paper and microform formats. Excludes telephone directories and those published for specific professions, ethnic groups, etc. Entries in the bibliography are alphabetically arranged by province or territory and then county, district, city or town. The place-name index in volumes 2 and 3 is comprised of approximately 21,500 entries for places listed in the directories. Alphabetically arranged by province or territory. Most of the directories formerly held by the National Archives of Canada, and noted in the bibliography with the symbol OOA, have been transferred to the National Library of Canada. Reproduced in microform format: *Microlog*, no. 92-00275. Z5771.4 C3 N37 1989 fol. 016.9710025

Une bibliographie et un index des noms de lieux des annuaires de villes, de comtés, et ceux d'envergure provinciale et nationale du Canada, conservés à la Bibliothèque nationale du Canada. Inclut des annuaires sur support papier et microforme. Exclut les annuaires téléphoniques et ceux publiés pour des professions spécifiques, des groupes ethniques, etc. Les notices de la bibliographie sont répertoriées alphabétiquement par provinces ou territoires et puis par comtés, districts ou villes. L'index des noms de lieux, dans les volumes 2 et 3, signale approximativement 21 500 lieux énumérés dans les annuaires. Classement alphabétique par provinces ou territoires. La plupart des annuaires auparavant conservés aux Archives nationales du Canada, et assortis dans la bibliographie du sigle OOA, ont été transférés à la Bibliothèque nationale du Canada. Reproduit sur support microforme: *Microlog*, n° 92-00275. Z5771.4 C3 N37 1989 fol. 016.9710025

589

Bogusis, Ruth. – ***Checklist of Canadian ethnic serials = Liste des publications en série ethniques du Canada.*** – Ottawa : National Library of Canada, Newspaper Division, Public Services Branch, 1981. – viii, 381 p. – 0660507323

Approximately 3,000 entries for newspapers, periodicals, church bulletins, directories, almanacs, year books, and conference proceedings for about 60 ethnic groups. Excludes embassy periodicals and commercial and political publications. Also excludes North American

Environ 3 000 notices répertoriant des journaux, des périodiques, des bulletins paroissiaux, des répertoires, des almanachs, des annuaires et des travaux de congrès relatifs à environ 60 groupes ethniques. Exclut les périodiques d'ambassades, ainsi que les

Indian and Inuit publications. Alphabetically arranged by ethnic group. Entries include: title, dates and place of publication, frequency, ethnic group, language of publication, title in other languages, publishing history, descriptive notes, Canadian and foreign locations, holdings and reference sources. Title index. Bibliography. Z6954 C2 B63 fol.   015.71034

publications de nature commerciale ou politique. Exclut également les publications amérindiennes et inuit. Classement par groupes ethniques. Les notices comprennent: le titre, les dates et le lieu de publication, la périodicité, le groupe ethnique, la langue utilisée, le titre en d'autres langues, l'historique de la publication, des notes descriptives, des localisations au Canada et à l'étranger, des mentions de fonds et des références. Index des titres. Bibliographie. Z6954 C2 B63 fol.   015.71034

590

Bogusis, Ruth. – *Checklist of Canadian ethnic serials* = *Liste des publications en série ethniques du Canada.* – Ottawa : Bibliothèque nationale du Canada, Division des journaux, Direction des services au public, 1981. – viii, 381 p. – 0660507323

Approximately 3,000 entries for newspapers, periodicals, church bulletins, directories, almanacs, year books, and conference proceedings for about 60 ethnic groups. Excludes embassy periodicals and commercial and political publications. Also excludes North American Indian and Inuit publications. Alphabetically arranged by ethnic group. Entries include: title, dates and place of publication, frequency, ethnic group, language of publication, title in other languages, publishing history, descriptive notes, Canadian and foreign locations, holdings and reference sources. Title index. Bibliography. Z6954 C2 B63 fol.   015.71034

Environ 3 000 notices répertoriant des journaux, des périodiques, des bulletins paroissiaux, des répertoires, des almanachs, des annuaires et des travaux de congrès relatifs à environ 60 groupes ethniques. Exclut les périodiques d'ambassades, ainsi que les publications de nature commerciale ou politique. Exclut également les publications amérindiennes et inuit. Classement par groupes ethniques. Les notices comprennent: le titre, les dates et le lieu de publication, la périodicité, le groupe ethnique, la langue utilisée, le titre en d'autres langues, l'historique de la publication, des notes descriptives, des localisations au Canada et à l'étranger, des mentions de fonds et des références. Index des titres. Bibliographie.   Z6954 C2 B63 fol. 015.71034

591

Canadian newspapers on microfilm catalogue = *Catalogue de journaux canadiens sur microfilm.* – Compiled by The Microfilm Committee of the Canadian Library Association under the supervision of Sheila A. Egoff. – (1959)-(Sept. 1977). – Ottawa : Canadian Library Association, 1959-1977. – 4 vol. (loose-leaf). – Cover title.

Irregular. Description of newspapers, periodicals and Canadian official publications available on microfilm. Two parts: part I, in three volumes, describes newspapers, periodicals and government publications microfilmed by the Canadian Library Association; part II, in one volume, lists all newspapers and periodicals available on microfilm. Includes some non-Canadian newspapers and some material in French.

In addition to a complete description of each publication included, dates of issues microfilmed, price, editorial policy and content, lending institutions, missing issues and location of positive copies of microfilm are mentioned. Index of titles and places for each part. Also published: *A chronological list of microfilming by decades, filmed by the Microfilm Project, Canadian Library Association* [Ottawa : Canadian Library Association, 1972].

The 1959 issue includes the six numbers of the *Newspaper microfilming project catalogue* = *Catalogue microfilms de journaux* [Ottawa] : Canadian Library Association, [1948?]-[1957?]. Reproduced in microform format: *Canadian newspapers on microfilm* [microform] : *catalogue and index, roll 1-3544, 1946-1978* [sic] (Toronto : Preston Microfilming Services, [1978?]), 1 reel.   Z6954 C2 C15 fol. 015.71036

Irrégulier. Description des journaux, périodiques et publications officielles canadiens disponibles sur microfilm. Deux parties: partie I, en trois vol., inventorie les journaux, périodiques et publications gouvernementales microfilmés par la Canadian Library Association; partie II, en un vol., signale l'ensemble des journaux et périodiques disponibles sur microfilm. Inclut quelques journaux étrangers et certains textes en français.

En plus de la description complète de chaque publication recensée, les dates des livraisons microfilmées, le prix, la politique éditoriale et le contenu, les organismes prêteurs, les numéros manquants et la localisation des copies positives de microfilm sont mentionnés. Index confondu titres-lieux pour chaque partie. Également publié: *A chronological list of microfilming by decades, filmed by the Microfilm Project, Canadian Library Association* [Ottawa : Canadian Library Association, 1972].

La livraison de 1959 comprend les six n^{os} de *Newspaper microfilming project : catalogue* = *Catalogue : microfilms de journaux* [Ottawa] : Canadian Library Association, [1948?]-[1957?]. Reproduit sur support microforme: *Canadian newspapers on microfilm* [microforme] : *catalogue and index, roll 1-3544, 1946-1978* [sic] (Toronto : Preston Microfilming Services, [1978?]), 1 bobine.   Z6954 C2 C15 fol. 015.71036

592

Catalogue of periodicals in CIHM's microfiche collection = *Catalogue des périodiques dans la collection de microfiches de l'ICMH.* – (Dec. 1989)- . – Ottawa : Canadian Institute for Historical Microreproductions, 1989- . – vol.

Biannual. Each issue cumulates previous issues. A catalogue of the periodicals microfilmed to date by the Canadian Institute for Historical Microreproductions. Includes periodicals with Canadian imprints which first appeared in print prior to 1901. Alphabetically arranged by title.   Z6954 C2 C36 fol.   015.71036

Semestriel. Chaque numéro constitue une refonte des livraisons antérieures. Catalogue des périodiques microfilmés à ce jour par l'Institut canadien de microreproductions historiques. Comprend des périodiques avec adresses bibliographiques canadiennes qui ont paru pour la première fois avant 1901. Classement alphabétique des titres.   Z6954 C2 C36 fol.   015.71036

593

Catalogue of periodicals in CIHM's microfiche collection = Catalogue des périodiques dans la collection de microfiches de l'ICMH.– (Dec. 1989)-   . – Ottawa : Institut canadien de microreproductions historiques, 1989-   . –   vol.

Biannual. Each issue cumulates previous issues. A catalogue of the periodicals microfilmed to date by the Canadian Institute for Historical Microreproductions. Includes periodicals with Canadian imprints which first appeared in print prior to 1901. Alphabetically arranged by title.   Z6954 C2 C36 fol.   015.71036

Semestriel. Chaque numéro constitue une refonte des livraisons antérieures. Catalogue des périodiques microfilmés à ce jour par l'Institut canadien de microreproductions historiques. Comprend des périodiques avec adresses bibliographiques canadiennes qui ont paru pour la première fois avant 1901. Classement alphabétique des titres.   Z6954 C2 C36 fol.   015.71036

594

Cukier, Golda. – *Canadian Jewish periodicals : a revised listing.* – Montreal : Collection of Jewish Canadiana, Jewish Public Library, 1978. – [3], 38 leaves.

1st ed., 1969, *Canadian Jewish periodicals : a preliminary listing.* A bibliography of independent and institutional periodicals, current and retrospective. Excludes synagogue bulletins. Entries are alphabetically arranged under the city of publication, the Hebrew alphabet preceding the Latin. Title indexes in Hebrew and English. Bibliography. Addenda.   Z6953.5 Y5 C85 1978 fol.   016.3058924071

1re éd., 1969, *Canadian Jewish periodicals : a preliminary listing.* Bibliographie de périodiques courants et rétrospectifs, publiés par des organismes indépendants et par des institutions. Exclut les bulletins des synagogues. Les notices sont classées alphabétiquement par villes de publication; l'alphabet hébreu précède l'alphabet latin. Index distincts des titres en hébreu et en anglais. Bibliographie. Addenda.   Z6953.5 Y5 C85 1978 fol.   016.3058924071

595

Danky, James P. [James Philip]. – *Native American periodicals and newspapers, 1828-1982 : bibliography, publishing record, and holdings.* – Edited by James P. Danky ; compiled by Maureen E. Hady ; in association with the State Historical Society of Wisconsin. – Westport (Conn.) : Greenwood Press, 1984. – xxxii, 532 p., 49 p. of plates : ill. – 0313237735

1,164 North American Aboriginal periodicals and newspapers held in original and microform formats in 127 American and nineteen Canadian institutions. Arranged alphabetically by title. Each entry includes: title, dates of publication, frequency, subscription price, name of current editor, address and telephone number if a current publication, ISSN, LC, OCLC and RLIN codes, format, indexing information, availability in microform format, name of publisher and place of publication, variant titles, list of previous editors, type of publication, editorial policy, language if other than English, locations. Five indexes: subject, name, chronological, geographical, keyword and subtitle.   Z1209 D36 1984   016.9730497

1 164 périodiques et journaux autochtones de l'Amérique du Nord, conservés sous forme originale et sur support microforme dans 127 institutions américaines et dix-neuf localisations canadiennes. Classement alphabétique des titres. Chaque notice comprend: le titre, les dates de publication, la périodicité, le prix d'abonnement, le nom du rédacteur actuel et l'adresse et le numéro de téléphone des publications courantes, les numéros ISSN, LC, OCLC et RLIN, le format; les index existants et la période couverte, la disponibilité de microformes, le nom de l'éditeur et le lieu de publication, les variantes de titres, la liste des rédacteurs précédents, le genre, la politique éditoriale, la langue si autre que l'anglais, les localisations. Cinq index: sujets, noms, chronologique, géographique, mots clés et sous-titres.   Z1209 D36 1984   016.9730497

596

Goggio, Emilio. – *Bibliography of Canadian cultural periodicals (English and French from colonial times to 1950) in Canadian libraries.* – Compiled by Emilio Goggio, Beatrice Corrigan, Jack H. Parker. – Toronto : Department of Italian, Spanish and Portuguese, University of Toronto, 1955. – [4], [45] p.

An alphabetically arranged list of literary, historical and fine arts periodicals which updates Dorothea D. Todd and Audrey Cordingley, *A bibliography of Canadian literary periodicals, 1789-1900, Transactions of the Royal Society of Canada* third series, vol. 26, section II, 1932. Excludes mimeographs, newspapers, student publications, annuals, religious, political, humorous, juvenile and Newfoundland periodicals. Place and dates of publication, locations.   Z6954 C2 G6   015.71034

Liste alphabétique des périodiques sur la littérature, l'histoire et les beaux-arts qui met à jour *A bibliography of Canadian literary periodicals, 1789-1900* de Dorothea D. Todd et Audrey Cordingley, *Mémoires de la Société royale du Canada*, troisième série, vol. 26, section II, 1932. Exclut les textes ronéotypés, les journaux, les publications étudiantes, les publications annuelles, les périodiques religieux, politiques et humoristiques, ainsi que les périodiques pour enfants et ceux de Terre-Neuve. Lieu et dates de publication, localisations.   Z6954 C2 G6   015.71034

597

Gregorovich, Andrew. – *Canadian ethnic press bibliography : ethnic multilingual and multicultural press of Canada selected bibliography.* – Toronto : Canadian Multilingual Press Federation : Ontario Library Association, 1991. – 31 p. – 0889690324

Books and periodical articles on the ethnic press in Canada. Lists authors and titles in one alphabetical sequence. Some brief annotations.   Z6944 E8 G74 1991   016.0704840971

Livres et articles de périodiques en rapport avec la presse ethnique du Canada. Recension selon un seul ordre alphabétique des auteurs et des titres. Quelques brèves annotations.   Z6944 E8 G74 1991   016.0704840971

598

National Library of Canada. – *Canadian directories, 1790-1987 : a bibliography and place-name index = Annuaires canadiens, 1790-1987 : une bibliographie et un index des noms de lieux.* – Mary E. Bond. – Ottawa : National Library of Canada, 1989. – 3 vol. (xxxi, 1221 p.) : ill. – 0660547899 (vol. 1) 0660547902 (vol. 2) 0660547910 (vol. 3) 0660547864 (set)

A bibliography and place-name index of the Canadian city, county, provincial and national directories held by the National Library of Canada. Includes directories in paper and microform formats. Excludes telephone directories and those published for specific professions, ethnic groups, etc. Entries in the bibliography are alphabetically arranged by province or territory and then county, district, city or town. The place-name index in volumes 2 and 3 is comprised of approximately 21,500 entries for places listed in the directories. Alphabetically arranged by province or territory. Most of the directories formerly held by the National Archives of Canada, and noted in the bibliography with the symbol OOA, have been transferred to the National Library of Canada. Reproduced in microform format: *Microlog*, no. 92-00275.   Z5771.4 C3 N37 1989 fol.   016.9710025

Une bibliographie et un index des noms de lieux des annuaires de villes, de comtés, et ceux d'envergure provinciale et nationale du Canada, conservés à la Bibliothèque nationale du Canada. Inclut des annuaires sur support papier et microforme. Exclut les annuaires téléphoniques et ceux publiés pour des professions spécifiques, des groupes ethniques, etc. Les notices de la bibliographie sont répertoriées alphabétiquement par provinces ou territoires et puis par comtés, districts ou villes. L'index des noms de lieux, dans les volumes 2 et 3, signale approximativement 21 500 lieux énumérés dans les annuaires. Classement alphabétique par provinces ou territoires. La plupart des annuaires auparavant conservés aux Archives nationales du Canada, assortis dans la bibliographie du sigle OOA, ont été transférés à la Bibliothèque nationale du Canada. Reproduit sur support microforme: *Microlog*, nº 92-00275.   Z5771.4 C3 N37 1989 fol.   016.9710025

599

Polish-language press in Canada : its history and a bibliographical list. – Toronto : Polish Alliance Press, 1962. – 248 p. : tables, graphics, map. – (Studies ; 4). – Titre de la p. de t. additionnelle : *Prasa Polska w Kanadize : zarys historii i bibliografia.*

118 newspapers and periodicals published by the Canadian Polish community. Arranged alphabetically by title. Bibliography. Name index. Z481 T8 016.30589185071

118 journaux et périodiques publiés par la communauté polonaise du Canada. Classement alphabétique des titres. Bibliographie. Index des noms. Z481 T8 016.30589185071

600

Pre-1900 Canadian directories : catalogue = La collection de répertoires d'avant 1900 : catalogue. – [Ottawa] : CIHM, 1993. – xi, 75 p. – (The early Canadiana microfiche series). – 0665913540

A catalogue of the directories included in the Pre-1900 Canadian Directories Microfiche Collection produced by the Canadian Institute for Historical Microreproductions (CIHM). This collection is comprised of microfiche copies of Canadian city, county, provincial and national directories and gazetteers, medical registers, college handbooks, telephone and other specialized directories. 868 titles listed in the catalogue are arranged by province or region and alphabetically. Directories are also listed in *Pre-1900 Canadian annuals : catalogue = Les documents annuels d'avant 1900 : catalogue.* Z1375 P74 1993 fol.   016.9710025

Catalogue des annuaires du Canada, antérieurs à 1900, inclus dans la collection de Répertoires de Canadiana d'avant 1900 sur microfiches, de l'Institut canadien de microreproductions historiques (ICMH). Cette collection comprend les copies sur microfiche d'annuaires et de répertoires géographiques de villes, de comtés, et ceux d'envergure provinciale et nationale, de registres médicaux, d'annuaires de collèges, d'annuaires téléphoniques et d'autres répertoires spécialisés du Canada. Les 868 titres de ce catalogue sont répertoriés par provinces ou régions et alphabétiquement. Des annuaires sont aussi énumérés dans *Pre-1900 Canadian annuals : catalogue = Les documents annuels d'avant 1900 : catalogue.*   Z1375 P74 1993 fol.   016.9710025

601

Pre-1900 Canadian directories : catalogue = La collection de répertoires d'avant 1900 : catalogue. – [Ottawa] : ICMH, 1993. – xi, 75 p. – (Canadiana anciens sur microfiche). – 0665913540

A catalogue of the directories included in the Pre-1900 Canadian Directories Microfiche Collection produced by the Canadian Institute for Historical Microreproductions (CIHM). This collection is comprised of microfiche copies of Canadian city, county, provincial and national directories and gazetteers, medical registers, college handbooks, telephone and other specialized directories. 868 titles listed in the catalogue are arranged by province or region and alphabetically. Directories are also listed in *Pre-1900 Canadian annuals : catalogue = Les documents annuels d'avant 1900 : catalogue.* Z1375 P74 1993 fol.   016.9710025

Catalogue des annuaires du Canada, antérieurs à 1900, inclus dans la collection de Répertoires de Canadiana d'avant 1900 sur microfiches, de l'Institut canadien de microreproductions historiques (ICMH). Cette collection comprend les copies sur microfiche d'annuaires et de répertoires géographiques de villes, de comtés, et ceux d'envergure provinciale et nationale, de registres médicaux, d'annuaires de collèges, d'annuaires téléphoniques et d'autres répertoires spécialisés du Canada. Les 868 titres de ce catalogue sont répertoriés par provinces ou régions et alphabétiquement. Des annuaires sont aussi énumérés dans *Pre-1900 Canadian annuals : catalogue = Les documents annuels d'avant 1900 : catalogue.*   Z1375 P74 1993 fol.   016.9710025

602

Répertoire des périodiques universitaires de langue française : périodiques publiés par les universités partiellement ou entièrement de langue française ou sous leurs auspices. – Quatrième édition. – Montréal : AUPELF, 1984. – xvi, 489 p. – 2920021184

1st ed., 1964, *Catalogue des publications périodiques*; 2nd ed., 1969; 3rd ed., 1978. Lists 933 periodicals published in 23 countries by French-language universities. The periodicals of seventeen Canadian institutions are included. Arranged by subject. Entries include title, name of issuing body, place of publication, beginning date, frequency, number of pages per issue, number of copies produced per

1re éd., 1964, *Catalogue des publications périodiques*; 2e éd., 1969; 3e éd. 1978. Signale 933 périodiques publiés dans 23 pays par des universités de langue française, y compris les périodiques de dix-sept universités canadiennes. Classement par sujets. Les notices comprennent le titre, le nom de l'organisme émetteur, le lieu de publication, la date du début de la publication, la périodicité, le nombre de pages

issue, availability of indexing, ISSN, price, principal subjects covered and address of distributor. Index of countries and institutions; title, distributor and subject indexes.   Z6945 A8 1984   054.1025

et le tirage de chaque numéro, les index disponibles, l'ISSN, le prix, les principaux sujets traités et l'adresse du distributeur. Index: pays et universités, titres, distributeurs, sujets.   Z6945 A8 1984   054.1025

603

Ryder, Dorothy E. – *Checklist of Canadian directories, 1790-1950 = Répertoire des annuaires canadiens, 1790-1950.* – Ottawa : National Library of Canada, 1979. – xvii, 288 p. – 066050409X

A bibliography of Canadian national, provincial, county and city directories held by libraries, archives and other institutions in Canada. Arranged by province or territory. Within each, provincial directories are listed first, followed by county directories, and then those for cities and towns. Locations.   Z5771.4 C3 R93 016.9710025

Une bibliographie des annuaires nationaux, provinciaux, de comtés et de villes du Canada conservés dans les bibliothèques, dépôts d'archives et autres institutions au Canada. Classement par provinces ou territoires. Pour chaque province ou territoire, les annuaires provinciaux sont d'abord répertoriés suivis respectivement de ceux des comtés, des villes et des villages. Localisations.   Z5771.4 C3 R93 016.9710025

604

Ryder, Dorothy E. – *Checklist of Canadian directories, 1790-1950 = Répertoire des annuaires canadiens, 1790-1950.* – Ottawa : Bibliothèque nationale du Canada, 1979. – xvii, 288 p. – 066050409X

A bibliography of Canadian national, provincial, county and city directories held by libraries, archives and other institutions in Canada. Arranged by province or territory. Within each, provincial directories are listed first, followed by county directories, and then those for cities and towns. Locations.   Z5771.4 C3 R93 016.9710025

Une bibliographie des annuaires nationaux, provinciaux, de comtés et de villes du Canada conservés dans les bibliothèques, dépôts d'archives et autres institutions au Canada. Classement par provinces ou territoires. Pour chaque province ou territoire, les annuaires provinciaux sont d'abord répertoriés suivis respectivement de ceux des comtés, des villes et des villages. Localisations.   Z5771.4 C3 R93 016.9710025

605

Sotiron, Minko. – *An annotated bibliography of works on daily newspapers in Canada, 1914-1983 = Une bibliographie annotée des ouvrages portant sur les quotidiens canadiens, 1914-1983.* – Montréal : M. Sotiron, 1987. – viii, 288 p. – 096931020X

A bibliography of 3,205 books and articles in English, and 545 in French, on Canadian daily newspapers. English-language references, annotated in English, are arranged by province. French-language references, annotated in French, are arranged in alphabetical order in a separate section. Introductions in English and French. Subject index for each language. One author index covering both parts. Z6954 C2 S68 1987   016.0711

Bibliographie de 3 205 livres et articles en anglais et de 545 en français, en rapport avec les quotidiens canadiens. Les références de langue anglaise, annotées en anglais, sont classées par provinces. Les références de langue française, annotées en français, sont classées alphabétiquement dans une section distincte. Textes de présentation en anglais et en français. Index des sujets propres à chaque langue. Index des auteurs communs aux deux parties.   Z6954 C2 S68 1987 016.0711

606

Swyripa, Frances A. – *Guide to Ukrainian Canadian newspapers, periodicals and calendar-almanacs on microfilm, 1903-1970.* – Edmonton : Canadian Institute of Ukrainian Studies, University of Alberta, 1985. – 121 p. – (Occasional research reports. Research report ; no. 8).

Includes 166 newspapers and periodicals and 44 almanacs produced by the Canadian Ukrainian community, available in microfilm format. Transliterated titles, held by the Canadian Institute of Ukrainian Studies, are alphabetically arranged. The following information is provided for each publication: a transcription of the cyrillic title and an English translation, dates and place of publication, frequency, type of publication, format, language, relationships, affiliation and motto. An inventory of the collection follows. Appendix A: 30 titles of the Ukrainian-Canadian press available at institutions other than the Canadian Institute of Ukrainian Studies. Z6954 C2 S89 1985   016.305891791071

Recension de 166 journaux et périodiques, et de 44 almanachs, provenant de la communauté ukrainienne du Canada, disponibles sur support microfilm. Classement selon l'ordre alphabétique de translittération des titres conservés au Canadian Institute of Ukrainian Studies. Pour chaque publication recensée: la transcription cyrillique du titre et sa traduction anglaise, le lieu et les dates de publication, la périodicité, le genre, le format, la langue, les relations, l'affiliation et la devise. L'inventaire de la collection suit. Appendice A: 30 titres de la presse ukrainienne du Canada disponibles ailleurs qu'au Canadian Institute of Ukrainian Studies.   Z6954 C2 S89 1985 016.305891791071

607

Woodsworth, A. – *The "alternative" press in Canada : a checklist of underground, revolutionary, radical and other alternative serials from 1960.* – Prepared for the Ontario Council of University Libraries' Standing Committee on Cooperation in Acquisitions by the Sub-committee on Alternative Serials. – Toronto : University of Toronto Press, c1972. – xi, 74 p. – 0802019404

413 alternative serials are alphabetically arranged by title. Includes serials which began publishing, or expressing alternative points of view, after 1960. Excludes community newspapers, union-based serials, publications of the larger Canadian political parties, and most ethnic serials from Ontario. Provides information on place and dates of publication and frequency. Some publishers' addresses. Subject and geographical indexes. Bibliography.   Z6944 U5 W6   016.0711

Les 413 publications en série alternatives sont classées selon l'ordre alphabétique des titres. Inclut les publications en série qui ont commencé de paraître ou d'exprimer des points de vue alternatifs après 1960. Exclut les journaux communautaires, les périodiques des syndicats, les publications des grands partis politiques canadiens et la plupart des publications en série des groupes ethniques de l'Ontario. Donne des renseignements sur le lieu, les dates de publication et la périodicité. Quelques adresses d'éditeurs. Index des sujets et index géographique. Bibliographie.   Z6944 U5 W6   016.0711

Directories

Répertoires

608

Bonavia, George. – ***Ethnic publications in Canada : newspapers, periodicals, magazines, bulletins, newsletters.*** – Ottawa : [Dept. of the Secretary of State of Canada, Multiculturalism], 1987. – xii, 158 p.

Includes nearly 300 newspapers, periodicals and newsletters currently published in Canada by approximately 40 ethnic groups. Alphabetically arranged by ethnic community. Entries include: title, address and telephone number, names of publisher and editor, date of foundation, languages, frequency, format, explanatory notes. Bibliography. Also published in French under the title: *Répertoire des publications ethniques du Canada : journaux, périodiques, magazines, bulletins, lettres d'informations.* PN4914 E84 B65 1987 fol. 050.8693

Recension de près de 300 journaux, périodiques et bulletins couramment publiés au Canada par environ 40 groupes ethniques. Classement alphabétique des communautés culturelles. Les notices comprennent: le titre, l'adresse et le numéro de téléphone, le nom de l'éditeur et du rédacteur, la date de fondation, les langues, la périodicité, le format, des notes explicatives. Bibliographie. Publié aussi en français sous le titre: *Répertoire des publications ethniques du Canada : journaux, périodiques, magazines, bulletins, lettres d'informations.* PN4914 E84 B65 1987 fol. 050.8693

609

Bonavia, George. – ***Répertoire des publications ethniques du Canada : journaux, périodiques, magazines, bulletins, lettres d'informations.*** – Ottawa : [Multiculturalisme et citoyenneté Canada], 1988. – xii, 165 p.

Includes nearly 300 newspapers, periodicals and newsletters currently published in Canada by approximately 40 ethnic groups. Alphabetically arranged by ethnic community. Entries include: title, address and telephone number, names of publisher and editor, date of foundation, languages, frequency, format, explanatory notes. Bibliography. Also published in English under the title: *Ethnic publications in Canada : newspapers, periodicals, magazines, bulletins, newsletters.* PN4914 E84 B6514 1988 fol. 050.8693

Recension de près de 300 journaux, périodiques et bulletins couramment publiés au Canada par environ 40 groupes ethniques. Classement alphabétique des communautés culturelles. Les notices comprennent: le titre, l'adresse et le numéro de téléphone, le nom de l'éditeur et du rédacteur, la date de fondation, les langues, la périodicité, le format, des notes explicatives. Bibliographie. Publié aussi en anglais sous le titre: *Ethnic publications in Canada : newspapers, periodicals, magazines, bulletins, newsletters.* PN4914 E84 B6514 1988 fol. 050.8693

610

Bowdens media directory. – (1969)- . – Toronto : Bowdens Information Services, [1969]- . – vol. (loose-leaf). – Cover title.

Published three times a year. Directory of electronic and print media in Canada. Includes daily and community newspapers, radio and television stations and cable television systems arranged by province/territory and city. Publications specializing in business, consumer interests and agriculture are arranged by subject. Ethnic publications are arranged by group. Entries include: name/title, address, telephone and fax numbers, names of owner, publisher, editors, directors, on-air personalities, etc., circulation, number of subscribers, languages, etc.

Title indexes to daily and community newspapers, specialized and ethnic publications. Call letter indexes to radio and television stations. Name index to cable television systems. Indexes of businesses that own more than one daily newspaper, community newspaper, ethnic or specialized publication, radio or television station. Addenda: news services, networks, pay television/specialty channels, federal and provincial parliamentary press galleries, members of the House of Commons. Title varies: [1969]-[1972?], *Bowden's PR/Planner*; [1972]-[1983?], *Bowden's Canadian editorial directory.* Imprint varies. P88.8 B62 fol. 302.2302571

Publié trois fois par année. Répertoire de la presse écrite et électronique au Canada. Inclut des quotidiens et des journaux communautaires, des postes de radio et de télévision, des réseaux de câblodiffusion, classés par provinces ou territoires et par villes. Les publications spécialisées en affaires, en consommation et en agriculture sont regroupées par sujets. Les publications ethniques sont classées par groupes. Les notices comprennent: nom/titre, adresse, numéros de téléphone et de télécopieur, noms du propriétaire, de l'éditeur, des rédacteurs, des directeurs, des personnalités en ondes, etc., tirage, nombre d'abonnés, langues, etc.

Index des titres des quotidiens, des journaux communautaires, ainsi que des publications ethniques et spécialisées. Index des indicatifs des postes de radio et de télévision. Index des noms des réseaux de câblodiffusion. Index des entreprises qui possèdent plus d'un quotidien, journal communautaire, publication ethnique ou spécialisée, ou poste de radio ou de télévision. Addenda: services d'information, réseaux, chaînes spécialisées et chaînes de télévision payante, galeries de presse parlementaire provinciales et fédérales, députés. Le titre varie: [1969]-[1972?], *Bowden's PR/Planner*; [1972]-[1983?], *Bowden's Canadian editorial directory.* L'adresse bibliographique varie. P88.8 B62 fol. 302.2302571

611

Butcher, W. W. – ***W.W. Butcher's Canadian newspaper directory.*** – London [Ont.] : Printed by the Speaker Printing Co., 1886. – 46, [1] p.

List of Canadian newspapers arranged by province or territory, then alphabetically by town or city. Entries include: title, days issued, editorial policy, date of foundation, format, circulation. Geographical index of advertisements. Reproduced in microform format: *CIHM/ICMH microfiche series*, no. 02005. Z6954 C22 B97 1886 071.1025

Recension de journaux canadiens classés par provinces et territoires, subdivisés selon l'ordre alphabétique des villes. Les notices comprennent: le titre, les jours de parution, la politique éditoriale, la date de fondation, le format, le tirage. Index géographique des annonces publicitaires. Reproduit sur support microforme: *CIHM/ICMH collection de microfiches*, n° 02005. Z6954 C22 B97 1886 071.1025

612

Canadian advertising rates & data. Publication profiles. – (1980/81)- . – Toronto : Maclean Hunter, 1980- . – vol. : ill. – 0836-5024

Annual. Describes editorial policy and subject matter of Canadian consumer, business and farm publications. Farm publications are alphabetically arranged by title. Consumer and business publications are arranged by subject. Title index. Advertisers' index. Title varies: 1980/81-1984, *Canadian advertising rates & data. Media editorial profile edition*; 1985-1986, *Canadian advertising rates & data. Editorial profiles*; 1987/88- , *Canadian advertising rates & data. Publication profiles.* HF5801 M4 015.7103405

Annuel. Décrit la politique éditoriale et le sujet de publications canadiennes agricoles, d'affaires et de consommation. Les publications agricoles sont classées alphabétiquement par titres. Les publications de consommation et d'affaires sont classées par sujets. Index des titres. Index des annonceurs. Le titre varie: 1980/81-1984, *Canadian advertising rates & data. Media editorial profile edition*; 1985-1986, *Canadian advertising rates & data. Editorial profiles*; 1987/88- , *Canadian advertising rates & data. Publication profiles.* HF5801 M4 015.7103405

613

Canadian ethnic media guide. – (1993)- . – Toronto : Ethnomedia Monitor Services, 1993- . – vol. – 1191-2413 – Cover title.

Irregular. Directory of more than 400 ethnic serial publications and 162 ethnic radio and television programmes and stations in Canada. Two parts, print and electronic media, each of which is arranged by ethnic group. The description of each serial includes address and telephone and fax numbers, names of publisher and editor, year established, frequency, format, circulation, average number of pages, subscription price, advertising rates and deadlines. The description of each programme or station includes the address and telephone and fax numbers of the radio or television station, the name of the producer and/or host, etc. Alphabetical lists of serials and programmes/stations, with ethnic group and municipality noted for each. Bibliography. Replaces: *Canadian ethnic press guide* (Toronto : Ethnomedia Monitor Services, 1992). Z6954 C2 C11 fol. 302.2302571

Irrégulier. Répertoire de plus de 400 publications en série et de 162 émissions ou stations de radio et de télévision relatives aux groupes ethniques du Canada. Deux parties, médias écrits et électroniques, subdivisées par groupes ethniques. La description de chaque publication en série comprend l'adresse, les numéros de téléphone et de télécopieur, le nom de l'éditeur et du rédacteur, l'année de fondation, la périodicité, le format, le tirage, le nombre moyen de pages, le prix d'abonnement, les tarifs publicitaires et la date de tombée. La description de chaque émission ou station comprend l'adresse, les numéros de téléphone et de télécopieur de la station de radio ou de télévision, le nom du producteur et (ou) de l'animateur, etc. Listes alphabétiques des publications en série et émissions/stations avec mention du groupe ethnique et de la municipalité. Bibliographie. Remplace: *Canadian ethnic press guide* (Toronto : Ethnomedia Monitor Services, 1992). Z6954 C2 C11 fol. 302.2302571

614

The Canadian media list : a comprehensive guide to television, radio and print media in Canada. – Toronto : Canadian Book Marketing Centre, [198?]- . – vol. (loose-leaf). – 0849-2883

Irregular. Directory of print and electronic media in Canada, grouped by type. Radio and television stations, newspapers and student publications are arranged by province and by town or city, networks by category, and periodicals by subject. Entries include addresses, telephone and fax numbers, list of personnel, etc. Alphabetical directory of the members of the federal press gallery with name of station or publication, address and telephone number. Alphabetical list of media which have a fax number. Media index. Imprint varies. P88.8 C32 fol. 302.2302571

Irrégulier. Répertoire des médias écrits et électroniques du Canada regroupés par genres. Les stations de radio et de télévision, les journaux et les publications étudiantes sont classés par provinces et par villes, les réseaux par catégories et les périodiques par sujets. Les notices comprennent les adresses, les numéros de téléphone et de télécopieur, une liste du personnel, etc. Répertoire alphabétique des membres de la tribune fédérale de la presse assortis du nom du média, de l'adresse et du numéro de téléphone. Liste alphabétique des médias ayant un numéro de télécopieur. Un index des médias. L'adresse bibliographique varie. P88.8 C32 fol. 302.2302571

615

The Canadian newspaper directory. – Toronto : The Mail Newspaper Advertising Agency, 1884. – 115 p.

List of Canadian newspapers arranged by province or territory, then alphabetically by town or city. For each publication, title, circulation, frequency, editorial policy and date of foundation are noted. Geographical index of advertisements. Z6954 C22 C36 1884 071.1025

Recension des journaux canadiens classés par provinces et territoires subdivisés par villes. Pour chaque publication, le titre, le tirage, la périodicité, la politique éditoriale et la date de fondation sont mentionnés. Index géographique des annonces publicitaires. Z6954 C22 C36 1884 071.1025

616

Canadian serials directory = Répertoire des publications sériées canadiennes. – Edited by Gordon Ripley. – 3rd ed. – Toronto : Reference Press, 1987. – 396 p. – 0919981100

1st ed., 1972. 2nd ed., 1977. Imprint varies. 4th ed., forthcoming, Reference Press. Lists serials currently published in Canada. Includes periodicals, newsletters, daily newspapers, annuals, yearbooks, journals, proceedings and transactions of associations and societies. Excludes weekly newspapers, monographic series, annual reports, company reports and financial statements, university and school calendars, city and telephone directories and most official publications. Alphabetically arranged by title. Entries include title, address of publisher, frequency, date of first issue, circulation, price, indexing information, ISSN and title changes. Subject and publisher-sponsor indexes. Z6954 C2 C26 fol. 015.71034

1re éd., 1972. 2e éd., 1977. L'adresse bibliographique varie. 4e éd., à paraître, Reference Press. Donne la liste de publications en série actuellement publiées au Canada. Inclut des périodiques, des bulletins, des quotidiens, des publications annuelles, des annuaires, des revues, ainsi que les travaux et les mémoires d'associations et de sociétés. Exclut les hebdomadaires, monographies sériées, les rapports annuels, les rapports et les états financiers des entreprises, les annuaires universitaires, scolaires, de villes et téléphoniques, ainsi que la plupart des publications officielles. Classement alphabétique des titres. Les notices comprennent le titre, l'adresse de l'éditeur, la périodicité, la date de publication du premier numéro, le tirage, le prix, les index disponibles, l'ISSN et les changements de titres. Index: sujets, éditeurs-commanditaires. Z6954 C2 C26 fol. 015.71034

617

CARD : Canadian advertising rates & data. – Vol. 1 (1928)-   . – Toronto : Maclean-Hunter, 1928-   . –   vol. : ill. – 0038-9498

Monthly. Merger of: *Canadian advertising*, vol. 1 (1928)-vol. 39, no. 5 (Oct. 1966), and *Canadian media rates and data*, vol. 1 (Jan. 1953)-vol. 14, no. 10 (Nov. 1966). Imprint varies. A directory on advertising in Canadian media. Covers daily, community and weekend newspapers, consumer magazines, ethnic, farm, religious, business, shoppers, scholarly, university and school publications, comic section advertising, radio and television stations, television networks, specialty cable channels and product postcard services.

Arranged by medium. Newspaper, radio and television sections are organized by province. Consumer and business publications are arranged by subject. Entries for publications include title, address, telephone and fax numbers, advertising rates, circulation statistics, mechanical requirements such as printing processes, closing dates and names of personnel.

Also lists advertising agencies, Canadian advertising, marketing and media associations, Canadian and international media representatives, and publishers of two or more periodicals. Indexes: publications; radio and television stations, alphabetically arranged by market; advertisers. Supplement: *Canadian advertising rates & data. Publication profiles.*   HF5801 C27 fol.   302.2302571

Mensuel. Fusion de: *Canadian advertising*, vol. 1 (1928)-vol. 39, nº 5 (oct. 1966), et *Canadian media rates and data*, vol. 1 (janv. 1953)-vol. 14, nº 10 (nov. 1966). L'adresse bibliographique varie. Répertoire portant sur la publicité dans les médias canadiens. Comprend des quotidiens, des journaux communautaires et de fin de semaine, des revues de consommation, des publications ethniques, agricoles, religieuses, d'affaires, commerciales, savantes, universitaires et scolaires, ainsi qu'une section des bandes dessinées des journaux. Porte également sur la publicité diffusée par des stations de radio et de télévision, des réseaux de télévision, des chaînes spécialisées de câblodiffusion et des services de publicité postale.

Classement par médias. Les sections sur les journaux, la radio et la télévision sont organisées par provinces. Les publications de consommation et d'affaires sont classées par sujets. Les notices sur les publications comprennent le titre, une adresse, les numéros de téléphone et de télécopieur, les tarifs publicitaires, les statistiques sur le tirage, les exigences pratiques comme les procédés d'impression, les dates de tombée et les noms des membres du personnel.

Signale aussi des agences de publicité, des associations canadiennes qui s'occupent de publicité, de marketing et des médias, des représentants des médias canadiens et internationaux et des éditeurs de deux périodiques ou plus. Index: publications; stations de radio et de télévision classées en ordre alphabétique des marchés; annonceurs. Supplément: *Canadian advertising rates & data. Publication profiles.*   HF5801 C27 fol.   302.2302571

618

Corley, Nora T. – *Resources for Native peoples studies.* – Ottawa : National Library of Canada, Resources Survey Division, Collections Development Branch, 1984. – 342, 341 p. : ill., folded col. maps, tables, graphs. – (Research collections in Canadian libraries ; 9). – 066052676X – Title on added t.p. : *Ressources sur les études autochtones.*

A directory of over 300 Canadian libraries holding resources relating to Native studies. Arranged by province/territory and city. Information on collections and services. Also includes three bibliographies: 600 periodicals and newspapers published in Canada, by or about Aboriginal peoples; 319 foreign periodicals on Native studies; reference sources. Locations for periodicals. Name and subject index. Reproduced in microform format: *Microlog*, no. 85-00202. Z1209.2 C3 C67 1984 fol.   026.97100497

Répertoire de plus de 300 bibliothèques canadiennes qui possèdent des ressources documentaires se rapportant aux études autochtones. Classement par provinces/territoires et par villes. Comprend des données sur les collections et les services. Inclut aussi trois bibliographies: 600 périodiques et journaux canadiens concernant les Autochtones ou publiés par eux; 319 documents non canadiens se rapportant aux études autochtones; ouvrages de référence. Localisations des périodiques. Index confondu des noms et des sujets. Reproduit sur support microforme: *Microlog*, nº 85-00202. Z1209.2 C3 C67 1984 fol.   026.97100497

619

Corley, Nora T. – *Ressources sur les études autochtones.* – Ottawa : Bibliothèque nationale du Canada, Division de l'inventaire des ressources, Direction du développement des collections, 1984. – 341, 342 p. : ill., cartes en coul. pliées, tableaux, graph. – (Collections de recherche des bibliothèques canadiennes ; 9). – 066052676X – Titre de la p. de t. additionnelle: *Resources for Native peoples studies.*

A directory of over 300 Canadian libraries holding resources relating to Native studies. Arranged by province/territory and city. Information on collections and services. Also includes three bibliographies: 600 periodicals and newspapers published in Canada, by or about Aboriginal peoples; 319 foreign periodicals on Native studies; reference sources. Locations for periodicals. Name and subject index. Reproduced in microform format: *Microlog*, no. 85-00202. Z1209.2 C3 C67 1984 fol.   026.97100497

Répertoire de plus de 300 bibliothèques canadiennes qui possèdent des ressources documentaires se rapportant aux études autochtones. Classement par provinces/territoires et par villes. Comprend des données sur les collections et les services. Inclut aussi trois bibliographies: 600 périodiques et journaux canadiens concernant les Autochtones ou publiés par eux; 319 documents non canadiens se rapportant aux études autochtones; ouvrages de référence. Localisations des périodiques. Index confondu des noms et des sujets. Reproduit sur support microforme: *Microlog*, nº 85-00202. Z1209.2 C3 C67 1984 fol.   026.97100497

620

Desbarats directory of Canada's publications. – (1904/1905)-(1934/1935). – Montreal : Desbarats Advertising Agency, [1904-1934]. – 15 vol. : ill., maps.

Biennial. List of Canadian newspapers and periodicals arranged by province/territory and city. Entries include title, language of publication if other than English, frequency, names of publishers and printers, date of foundation, editorial policy, subscription rate, format, circulation and advertising rates. Also includes geographic, demographic and economic information about the provinces, territories,

Biennal. Recension des journaux et périodiques canadiens, classés par provinces ou territoires et par villes. Les notices comprennent le titre, la langue, si autre que l'anglais, la périodicité, les noms des éditeurs et imprimeurs, la date de fondation, la politique éditoriale, le prix d'abonnement, le format, le tirage et les tarifs publicitaires. Comprend aussi des données géographiques, démographiques et

towns and cities where the publications were produced.

Condensed list of daily newspapers arranged by province/territory and by city. Classified list, including languages other than English. Index of advertisements. Title varies: 1904/1905-1924/25?, *The Desbarats newspaper directory*; 1926/27-1928/29, *Desbarats "all Canada" newspaper directory*.   Z6954 C22 D4   071.1025

économiques relatives aux provinces, territoires et villes où sont produites les publications.

Liste condensée des quotidiens, classés par provinces ou territoires et par villes. Liste classifiée, incluant les langues autres que l'anglais. Index des annonces. Le titre varie: 1904/1905-1924/25?, *The Desbarats newspaper directory*; 1926/27-1928/29, *Desbarats "all Canada" newspaper directory*.   Z6954 C22 D4   071.1025

621

Ethnic media & markets. – Toronto : Media Information Network, Maclean Hunter Pub., 1995-   . –   vol. : ill. HF5801   302.2302571

622

French newspapers and periodicals of Canada and the United States. – Montreal : Canadian Advertising, [1913]. – 92 p. : ill., tables.

List of French-language newspapers and periodicals, published in Canada and the United States. Arranged by province or state and then by city. Frequency, editorial policy, date of foundation, name of publisher, format, subscription price and circulation are noted for each publication. Also provides geographic, demographic and economic information on the provinces, states and cities where the publications were produced. A condensed list of publications arranged by province or state and by city, and a list arranged by frequency.   Z6954 C2 C12 015.71034

Recension des journaux et périodiques de langue française publiés au Canada et aux États-Unis. Classement par provinces et états subdivisés par villes. Pour chaque publication: la périodicité, la politique éditoriale, la date de fondation, le nom de l'éditeur, le format, le coût d'abonnement et le tirage sont inscrits. Comprend aussi des données géographiques, démographiques et économiques relatives aux provinces, états et villes où sont produites les publications. Une liste condensée des publications, par provinces ou états, et par villes, et une liste selon la périodicité.   Z6954 C2 C12   015.71034

623

Gale directory of publications and broadcast media. – (1869)-   . – Detroit (Mich.) : Gale Research, 1869-   . –   vol. : maps. – 0892-1636

Annual. Includes approximately 35,000 newspapers, periodicals, radio and television stations and cable systems of the United States, Canada and Puerto Rico. Arranged by state or province/territory and city or town. Entries include: title; name, address, telephone and fax numbers of publisher; description of type, purpose and audience of publication; frequency; printing method; principal personnel; ISSN; subscription and advertising rates; circulation. Entries for broadcast media include: call letters; frequency or channel numbers; address, telephone and fax numbers; format, for example, commercial, public, agricultural, classical, talk, etc.; network affiliations; name of owner/operator; operating hours; principal personnel; cities served; local programmes; wattage; advertising rates.

Maps of states and provinces. Lists of agricultural, college, foreign language, fraternal, Jewish, black, women's, Hispanic, religious, general circulation, trade, technical and professional publications, daily periodicals and daily, weekly, semiweekly, triweekly and free newspapers. List of radio stations, arranged by format. Directory of names and addresses of newspaper feature editors. Master name and keyword index. Available online through DIALOG.

Title varies: 1880-1929, *N.W. Ayer & Son's American newspaper annual and directory* (varies slightly); 1930-1969, *N.W. Ayer & Son's directory of newspapers and periodicals* (varies slightly); 1970-1971, *Ayer directory, newspapers, magazines and trade publications*; 1972-1982, *Ayer directory of publications*; 1983-1985, *The IMS Ayer directory of publications*; 1986, *The IMS directory of publications*; 1987-1989, *Gale directory of publications*. Imprint varies. In 1910, absorbed: *American newspaper directory* (New York : George P. Rowell, 1869-1908).   Z6951 A9712 fol.   302.230257

Annuel. Inclut environ 35 000 journaux, périodiques, stations de radio et de télévision et réseaux de câblodistribution des États-Unis, du Canada et de Porto Rico. Classement par états ou par provinces ou territoires, et par villes. Les notices comprennent: le titre; le nom, l'adresse, ainsi que les numéros de téléphone et de télécopieur de l'éditeur; la description du genre de publication, son objet et son public; la périodicité; les procédés d'impression; les principaux membres du personnel; l'ISSN; les tarifs d'abonnement et de publicité; le tirage. Les notices sur la presse radio/télédiffusée comprennent: l'indicatif; la fréquence ou la chaîne; une adresse et les numéros de téléphone et de télécopieur; le genre d'émission, par exemple, émission d'intérêt commercial ou public, émission sur l'agriculture, musique classique, causerie, etc.; les réseaux affiliés; le nom du propriétaire ou de l'exploitant; les heures de diffusion; les principaux membres du personnel; les villes desservies; les émissions locales; la puissance de diffusion en watts; les tarifs publicitaires.

Cartes des états et des provinces. Signale des publications sur l'agriculture et la religion, des publications en espagnol ou en d'autres langues étrangères, des publications d'intérêt pour les Juifs, les Noirs et les femmes, des publications collégiales et fraternelles, des publications destinées au grand public, commerciales, techniques et professionnelles, des périodiques quotidiens, ainsi que des journaux quotidiens, hebdomadaires, bihebdomadaires, trihebdomadaires et gratuits. Donne la liste des stations de radio, classées selon les genres d'émissions. Répertoire des noms et adresses des rédacteurs en chef des journaux. Index des principaux noms et des mots clés. Accessible en direct via DIALOG.

Le titre varie: 1880-1929, *N.W. Ayer & Son's American newspaper annual and directory* (varie légèrement); 1930-1969, *N.W. Ayer & Son's directory of newspapers and periodicals* (varie légèrement); 1970-1971, *Ayer directory, newspapers, magazines and trade publications*; 1972-1982, *Ayer directory of publications*; 1983-1985, *The IMS Ayer directory of publications*; 1986, *The IMS directory of publications*; 1987-1989, *Gale directory of publications*. L'adresse bibliographique varie. En 1910, a absorbé: *American newspaper directory* (New York : George P. Rowell, 1896-1908).   Z6951 A9712 fol.   302.230257

624

International directory of little magazines and small presses. – 1st ed. (1965)-   . – Paradise (Calif.) : Dustbooks, 1965-   . –   vol. : ill. – 0092-3974

Alphabetically arranged list of little magazines and small presses. Entries for periodicals include title, name of press, name of editor, address and telephone number, description of purpose, frequency, circulation, price, production methods, copyright and royalty arrangements, etc. Entries for presses may also include information on average press run, number of titles published, discount schedules and membership in publishing organizations. Geographical and subject indexes.

Title varies: 1st ed. (1965)-3rd ed. (1967), *Directory of little magazines*; 4th ed. (1968)-8th ed. (1972/73), *Directory of little magazines and small presses*; 9th ed. (1973/74)-   , *International directory of little magazines and small presses.*   Z6944 L5 D522   051.025

Liste alphabétique des petites revues et des petites maisons d'édition. Les notices sur les périodiques comprennent le titre, le nom de la maison d'édition, le nom du rédacteur, son adresse et son numéro de téléphone, une description de l'objet de la publication, la périodicité, le tirage, le prix, les méthodes de production, les dispositions prises à l'égard des droits d'auteur, etc. Les notices sur les maisons d'édition peuvent aussi comprendre des données sur le tirage moyen de chaque publication, le nombre d'ouvrages publiés, les barèmes de remise et la participation à des associations d'éditeurs. Index géographique et index des sujets.

Le titre varie: 1re éd. (1965)-3e éd. (1967), *Directory of little magazines*; 4e éd. (1968)-8e éd. (1972/73), *Directory of little magazines and small presses*; 9e éd. (1973/74)-   , *International directory of little magazines and small presses.*   Z6944 L5 D522   051.025

625

Journaux, bulletins et revues de l'Amérique française hors Québec : répertoire. – [Québec] : Secrétariat permanent des peuples francophones, [1983]-   . –   vol. – 0846-2488 – Titre de la couv.

Irregular. List of 83 French-language newspapers, newsletters and magazines which serve the Francophone communities of North America. Organized by province, territory, state or region. Each entry includes title of publication, address and telephone number, type of publication, frequency and subscription rate. Title varies: 1st ed., 1983, *Publications disponibles pour consultation*; 2nd ed., 1984, *Répertoire des journaux, bulletins et revues édités en français en Amérique du Nord à l'extérieur du Québec*; 3rd ed., 1985, 4th ed., 1989, *Répertoire des journaux, bulletins et revues de l'Amérique française hors Québec*; 4th ed. [i.e. 5th ed.] 1991.   Z1211 F73 R4 071.025

Irrégulier. Recension de 83 journaux, bulletins et revues de langue française desservant les communautés francophones du continent nord-américain. Classement par provinces, territoires, états ou régions. Chaque notice comprend le titre de la publication, l'adresse et le numéro de téléphone, le genre, la périodicité et le prix d'abonnement. Le titre varie: 1re éd., 1983, *Publications disponibles pour consultation*; 2e éd., 1984, *Répertoire des journaux, bulletins et revues édités en français en Amérique du Nord à l'extérieur du Québec*; 3e éd., 1985, 4e éd., 1989, *Répertoire des journaux, bulletins et revues de l'Amérique française hors Québec*; 4e éd. [i.e. 5e éd.] 1991. Z1211 F73 R4   071.025

626

Lacroix, Jean-Michel. – *Anatomie de la presse ethnique au Canada.* – [Bordeaux] : Presses universitaires de Bordeaux, c1988. – 493 p. : ill., tableaux. – (Publications de la M.S.H.A. ; n° 110). – 285892113X

List of 324 newspapers and periodicals currently published in Canada by 52 ethnic groups. Arranged by ethnic group. Entries include: title, address and telephone number, date of foundation, names of editors and publishers, frequency, format, circulation, subscription rate, number of staff, editorial policy, content and languages. Two indexes: ethnic group, title.   Z6944 E8 L32 1988 050.8693

Recension de 324 journaux et périodiques couramment publiés au Canada par 52 groupes ethniques. Classement par communautés culturelles. Les notices comprennent: le titre, l'adresse et le numéro de téléphone, la date de fondation, les noms des rédacteurs et éditeurs, la périodicité, le format, le tirage, le prix d'abonnement, le nombre d'employés, la politique éditoriale, le contenu, les langues. Deux index: groupes ethniques, titres.   Z6944 E8 L32 1988 050.8693

627

Matthews CCE directory = Annuaire CCE Matthews. – Vol. 1, no. 1 (Jan. 1993)-   . – Toronto : Canadian Corporate News, 1993-   . –   vol. – 1192-6325

Semi-annual. Directory of Canadian community newspapers, consumer magazines, ethnic media, multicultural radio and cable television stations, press associations and ethnic marketing services. Community newspapers, multicultural radio and cable television stations are arranged by province and town or city; consumer magazines by subject; ethnic media by group. Entries include addresses, telephone and fax numbers and a list of personnel. Index of publications, media, organizations.   Z6954 C2 M325 fol.   071.1025

Semestriel. Répertoire de journaux communautaires, de revues pour consommateurs, de médias ethniques, de stations de radio et de câblodistributeurs multiculturels, d'associations de presse, et de services de marketing ethniques au Canada. Les journaux communautaires, les stations de radio et les câblodistributeurs multiculturels sont classés par provinces et par villes; les revues pour consommateurs par sujets; les médias ethniques par groupes culturels. Les notices comprennent les adresses, les numéros de téléphone et de télécopieur, une liste des membres du personnel. Un index: publications-médias-organismes.   Z6954 C2 M325 fol.   071.1025

628

Matthews media directory = Annuaire des media [sic] *Matthews.* – Vol. 1, no. 1 (Jan. 1957)-   . – Toronto : Canadian Corporate News, 1957-   . –   vol. – 0380-4437

Published three times a year. Directory of Canadian daily newspapers, radio and television stations, networks, publishers, business and trade publications, federal and provincial press galleries, news, satellite and wire services, media associations, media clipping and

Publié trois fois par année. Répertoire des quotidiens, des stations de radio et de télévision, des réseaux, des éditeurs, des publications d'affaires et commerciales, des tribunes fédérales et provinciales de presse, des services d'information, des agences de transmission par

monitoring services. Daily newspapers, radio and television stations are arranged by province and city. Business and trade publications are arranged by subject.

Entries include addresses, telephone and fax numbers, a list of personnel, etc. Indexes: daily newspapers, radio and television stations, arranged by call letter/name; daily newspapers, radio and television stations, arranged by province and city; business and trade publications; personnel. Title varies: vol. 1, no. 1 (Jan. 1957)-vol. 36, no. 1 (Feb. 1992), *Matthews' list.* Imprint varies. Also published: *Matthews CATV directory = Annuaire CATV Matthews* (Toronto : Canadian Corporate News, 1972-   ). A directory of cable systems in Canada.   Z6954 C2 M3 fol.   302.2302571

satellite et des agences de presse, des associations de médias, et des services de coupures de presse et de surveillance des médias canadiens. Les quotidiens et les stations de radio et de télévision sont classés par provinces et par villes. Les publications d'affaires et commerciales sont classées par sujets.

Les notices comprennent les adresses, les numéros de téléphone et de télécopieur, une liste des membres du personnel, etc. Nombreux index: quotidiens et stations de radio et de télévision classés par indicatifs/noms; quotidiens et stations de radio et de télévision classés par provinces et par villes; publications d'affaires et commerciales; noms des membres du personnel. Le titre varie: vol. 1, nº 1 (janv. 1957)-vol. 36, nº 1 (févr. 1992), *Matthews' list.* L'adresse bibliographique varie. Également publié: *Matthews CATV directory = Annuaire CATV Matthews* (Toronto : Canadian Corporate News, 1972-   ). Un répertoire des câblodistributeurs au Canada. Z6954 C2 M3 fol.   302.2302571

629

McKim's directory of Canadian publications : a complete list of the newspapers and periodicals published in the Dominion of Canada and Newfoundland, with full particulars. – (1892)-(1942). – Montreal : A. McKim, 1892-1942. – 35 vol. : ill., tables. – 0383-9451

Irregular, 1892, 1899, 1901. Biennial, 1905-1917. Annual, 1918-1942. List of Canadian newspapers and periodicals arranged by province or territory and city. Demographic, geographic and economic descriptions of the provinces, territories and towns and cities where the publications were produced. For each publication, the following information is provided: language, frequency, name of publisher, date of foundation, category, subscription rate, format and circulation. Completed by several lists of publications: a condensed list, daily newspapers, counties, subjects, languages (other than English). Index of advertisements. Reproduced in microform format: Toronto : McLaren Micropublishing, 1973, 7 reels of microfilm.

Title varies: 1st ed., 1892, *The Canadian newspaper directory : [...] Newfoundland*; 2nd ed., 1899-7th ed., 1911; 9th ed., 1915-16th ed., 1923, *The Canadian newspaper directory : a complete list of the newspapers and periodicals published in the Dominion of Canada and Newfoundland, with full particulars*; 8th ed., 1913, *The Canadian newspaper directory : a complete list of the newspapers and periodicals published in the Dominion of Canada and Newfoundland, with full particulars, also a selected list of British publications.*   Z6954 C22 M3 071.1025

Irrégulier, 1892, 1899, 1901. Biennal, 1905-1917. Annuel, 1918-1942. Recension des journaux et périodiques canadiens classés par provinces ou territoires et par villes. Données démographiques, géographiques et économiques des provinces, territoires et villes où sont produites les publications. Pour chaque publication: la langue, la périodicité, le nom de l'éditeur, la date de fondation, la catégorie, le coût d'abonnement, le format et le tirage sont inscrits. Complété par plusieurs listes de publications articulées comme suit: liste condensée, quotidiens, comtés, sujets et langues (autres que l'anglais). Index des annonces. Reproduit sur support microforme: Toronto : McLaren Micropublishing, 1973, 7 bobines de microfilm.

Le titre varie: 1ʳᵉ éd, 1892, *The Canadian newspaper directory : [...] Newfoundland*; 2ᵉ éd., 1899-7ᵉ éd., 1911; 9ᵉ éd., 1915-16ᵉ éd., 1923, *The Canadian newspaper directory : a complete list of the newspapers and periodicals published in the Dominion of Canada and Newfoundland, with full particulars*; 8ᵉ éd., 1913, *The Canadian newspaper directory : a complete list of the newspapers and periodicals published in the Dominion of Canada and Newfoundland, with full particulars, also a selected list of British publications.*   Z6954 C22 M3 071.1025

630

Meikle, W. [William]. – *The Canadian newspaper directory, or, Advertisers' guide : containing a complete list of all the newspapers in Canada, the circulation of each, and all the information in reference thereto.* – Toronto : Blackburn's City Steam Press, 1858. – 60 p. : tables.

207 Canadian newspapers arranged alphabetically by title. Entries include frequency, place of publication, subscription rate, editorial policy, circulation, advertising rates and names of publishers, editors and owners. Includes some texts in French. Three indexes: geographical, frequency, editorial policy. Reproduced in microform format: *CIHM/ICMH microfiche series*, no. 43442.   Z6954 C2 M4 1858 071.1025

207 journaux canadiens classés par ordre alphabétique des titres. Les notices indiquent la périodicité, le lieu de publication, le prix d'abonnement, la politique éditoriale, le tirage, les tarifs publicitaires et les noms des éditeurs, rédacteurs et propriétaires. Comprend quelques textes en français. Trois index: géographique, périodicité, politiques éditoriales. Reproduit sur support microforme: *CIHM/ ICMH collection de microfiches*, nº 43442.   Z6954 C2 M4 1858 071.1025

631

Oxbridge directory of newsletters. – (1971)-   . – New York : Oxbridge Communications, 1971-   . –   vol. – 0163-7010

Annual. Directory of American and Canadian newsletters, arranged by subject. Entries include title of newsletter, address and telephone and fax numbers of publisher, names of personnel, editorial description, year established, frequency, price, method of printing, ISSN, indexing and abstracting information, availability in microform or online format, circulation, advertising rates and information on list rental. Indexes: publishers of more than one title; publishers by state or province; titles available online; title/ISSN; title changes. Title varies: 1971, *The standard directory of newsletters*; 1979-   , *Oxbridge directory of newsletters.*   Z6944 N44 S82   071.3025

Annuel. Répertoire des bulletins d'information américains et canadiens, classés par sujets. Les notices comprennent le titre du bulletin, l'adresse et les numéros de téléphone et de télécopieur de l'éditeur, les noms des membres du personnel, une description de la politique éditoriale, l'année de fondation, la périodicité, le prix, les procédés d'impression, l'ISSN, des données sur l'indexation et l'analyse documentaire, la disponibilité de supports microformes ou d'accès en direct, le tirage, les tarifs publicitaires et des renseignements sur la location de listes. Nombreux index: éditeurs de nombreux bulletins; éditeurs par états ou provinces; titres disponibles en direct; titres/ISSN; changements de titres. Le titre varie: 1971, *The standard directory of newsletters*; 1979-   , *Oxbridge directory of newsletters.*   Z6944 N44 S82   071.3025

632

R. Holtby Myers & Co.'s complete catalogue of Canadian publications : containing carefully prepared lists of all the newspapers and periodicals published in the Dominion of Canada, giving circulation, age and other valuable information. – [Toronto] : [R. Holtby Myers & Co.], 1890. – 49 p.

List of Canadian newspapers and periodicals arranged by province or territory, then alphabetically by town or city. Entries include: title, editorial policy, circulation, date of foundation, frequency. Geographical index of advertisements.   Z6954 C22 R5 1890   071.1025

Recension des journaux et périodiques canadiens classés par provinces et territoires subdivisés selon l'ordre alphabétique des villes. Les notices comprennent le titre, la politique éditoriale, le tirage, la date de fondation, la périodicité. Index géographique des annonces publicitaires.   Z6954 C22 R5 1890   071.1025

633

Répertoire de périodiques gratuits. – Élaboration: Renée Cossette, René Phaneuf. – 3ᵉ éd., rev. et corr. – Montréal : Association des institutions d'enseignement secondaire, 1987. – [4], 67 p. – 2891700295

1st ed., 1981. 2nd ed., 1982. A list of over 200 French-language periodicals available free of charge from Canadian and some foreign organizations. Alphabetically arranged by title. Entries may include newsletter title, name and address of issuing body, brief description of subject, frequency, number of pages per issue and information on indexing.   Z6941 R38 1987 fol.   015.71034

1ʳᵉ éd., 1981. 2ᵉ éd., 1982. Liste de plus de 200 périodiques en français offerts gratuitement par des organismes canadiens et par quelques-uns de l'étranger. Classement alphabétique par titres. Les notices peuvent comprendre le titre du bulletin, le nom et l'adresse de l'organisme émetteur, une courte description du sujet, la périodicité, le nombre de pages par numéro et des données sur l'indexation.   Z6941 R38 1987 fol.   015.71034

634

Répertoire des journaux et périodiques courants de langue française ou bilingues publiés au Canada à l'exception du Québec. – Sous la direction d'Albert Lévesque. – [Montréal] : Association des responsables de bibliothèques et centres de documentation universitaires et de recherche d'expression française au Canada ; [Moncton] : Bibliothèque Champlain, Université de Moncton, 1993. – xix, 73 p. – 2980270202

List of 551 Canadian serial publications produced outside Québec, entirely or partly in French. Alphabetically arranged by title. Each entry includes: title, date of foundation, ISSN, frequency, language, price, publisher's name and address, indexing information, province of origin. Bibliography. Two indexes: subject, geographical.   Z6954 C2 R465 1993 fol.   015.71034

Recension par titres de 551 publications en série canadiennes, publiées en tout ou en partie en français hors Québec. Chaque notice comprend: le titre, la date de fondation, le numéro ISSN, la périodicité, la langue, le coût, les nom et adresse de l'éditeur, des données sur l'indexation, la province d'origine. Bibliographie. Deux index: sujets, géographique.   Z6954 C2 R465 1993 fol.   015.71034

635

T.F. Wood & Co.'s Canadian newspaper directory : containing accurate lists of all the newspapers and periodicals published in the Dominion of Canada and province of Newfoundland. – Montreal : T.F. Wood & Co., 1876. – 79 p. : tables.

List of Canadian newspapers and periodicals arranged by province, and by city or town. Entries include: title, frequency, language if French, editorial policy, format, subscription rate, date of foundation, names of editors and publishers, circulation. Reproduced in microform format: *CIHM/ICMH microfiche series*, no. 26102.   Z6954 C22 T4 1876   071.1025

Recension des journaux et périodiques canadiens classés par provinces subdivisées selon l'ordre alphabétique des villes. Les notices comprennent: le titre, la périodicité, la langue si en français, la politique éditoriale, le format, le prix d'abonnement, la date de fondation, les noms des rédacteurs et éditeurs, et le tirage. Reproduit sur support microforme: *CIHM/ICMH collection de microfiches*, n° 26102.   Z6954 C22 T4 1876   071.1025

636

Ulrich's international periodicals directory. – (1932)-   . – New York : R.R. Bowker, 1932-   . –   vol. – 0000-0175

Title varies: 1932-1938, *Periodicals directory*; 1943-1963, *Ulrich's periodicals directory*; 1965-   , *Ulrich's international periodicals directory*. Information on nearly 147,000 serials published throughout the world. Includes periodicals currently available, with frequency of more than once a year, published at regular intervals as well as periodicals issued annually or less frequently. Excludes general daily newspapers, local newspapers, administrative publications of government agencies below the state level, membership directories, comic books and puzzle and game books. Arranged by subject.

Entries include title, address and telephone number of publisher, name of editor, Dewey decimal and LC classification, country code, ISSN, CODEN, frequency, language, price, year first published, circulation, indexing/abstracting information, availability online, title changes, content description. Lists of serials available online, vendors of serials available online, cessations. International organization, ISSN, title indexes.

Updated between editions: 1966-1970, *Ulrich's international periodicals directory [Supplements]*; 1972-1976, *Bowker serials bibliography supplement*; 1977-1985, *Ulrich's quarterly*; 1985-1988, *The Bowker international serials database update*; 1988-   , *Ulrich's update.*

Le titre varie: 1932-1938, *Periodicals directory*; 1943-1963, *Ulrich's periodicals directory*; 1965-   , *Ulrich's international periodicals directory*. Données sur presque 147 000 publications en série du monde entier. Inclut des périodiques disponibles publiés à intervalles réguliers plus d'une fois par année, ainsi que des périodiques publiés une fois par année ou moins. Exclut les grands quotidiens, les journaux locaux, les publications à caractère administratif d'organismes gouvernementaux d'un niveau inférieur à l'état, les répertoires de membres, les périodiques de bandes dessinées et les livres de jeux. Classement par sujets.

Les notices comprennent le titre, l'adresse et le numéro de téléphone de l'éditeur, le nom du rédacteur, les cotes de la classification décimale de Dewey et de la Library of Congress, le code du pays, l'ISSN, le CODEN, la périodicité, la langue utilisée, le prix, la première année de publication, le tirage, des données sur l'indexation et l'analyse documentaire, l'accès en direct, les changements de titres et une description du contenu. Listes des publications en série accessibles en direct, des vendeurs de publications en série accessibles en direct et des publications qui ont cessé de paraître. Index des organisations internationales, des ISSN et des titres distincts.

Available in microform format: *Ulrich's microfiche* (New York : R.R. Bowker, 1990-   ). Updated quarterly. Available online through Ovid Technologies, DIALOG. Available on CD-ROM, *Ulrich's plus* (New York : R.R. Bowker, 1986-   ). Updated quarterly. Absorbed 1988/89: *Irregular serials & annuals : an international directory* (New York : R.R. Bowker, 1967-1987/88).   Z6941 U5 fol.   050.25

Mis à jour entre les éditions: 1966-1970, *Ulrich's international periodicals directory* [*Supplements*]; 1972-1976, *Bowker serials bibliography supplement*; 1977-1985, *Ulrich's quarterly*; 1985-1988, *The Bowker international serials database update*; 1988-   , *Ulrich's update*.
Disponible sur support microforme: *Ulrich's microfiche* (New York : R.R. Bowker, 1990-   ). Mis à jour trimestriellement. Accessible en direct via Ovid Technologies et DIALOG. Disponible sur CD-ROM, *Ulrich's plus* (New York : R.R. Bowker, 1986-   ). Mis à jour trimestriellement. En 1988/89, a absorbé: *Irregular serials & annuals : an international directory* (New York : R.R. Bowker, 1967-1987/88).   Z6941 U5 fol.   050.25

History

Histoire

637

Levendel, Lewis. – *A century of the Canadian Jewish press : 1880s-1980s.* – Ottawa : Borealis Press, 1989. – xxii, 556 p. : ports., ill. – 0888879075 (bd.) 0888879091 (pa.)

A history of the Canadian Jewish press. Arranged chronologically: 1887-1917, 1918-1945, 1946-1970, 1971-1989. Bibliography. Index of names, titles and subjects.   PN5650 L48 1989   071.1

Historique de la presse juive du Canada. Classement chronologique: 1887-1917, 1918-1945, 1946-1970, 1971-1989. Bibliographie. Index confondu des noms, des titres et des sujets.   PN5650 L48 1989 071.1

Indexes

Index

638

Adshead, G. R. [Gordon R.]. – *The Canadian forum : a monthly journal of literature and public affairs : index, volume 1-volume 9, 1920-1929.* – Ottawa : Canadian Library Association, 1973. – 84 p. – (CLA occasional paper ; no. 82). – 0888020996

An author and subject index to *Canadian forum* for the 1920s. Includes form headings such as book reviews, poems and short stories. *Canadian forum* is also indexed in the *Canadian periodical index* from 1920 to date.   Z673 C1872 fol. no. 82   051

Index des auteurs et des sujets du *Canadian forum* des années 20. Inclut des sous-vedettes de formes telles que les critiques de livres, les poèmes et les nouvelles. Depuis 1920, *Canadian forum* est également indexé dans *Index de périodiques canadiens*. Z673 C1872 fol. n° 82   051

639

Armitage, Andrew D. – *Canadian essay and literature index.* – Compiled and edited by Andrew D. Armitage and Nancy Tudor. – (1973)-(1975). – Toronto : University of Toronto Press, 1975-1977. – 3 vol. (xi, 445 ; x, 489 ; x, 517 p.). – 0316-0696

Indexes English-language essays, book reviews, poems, plays, and short stories published in anthologies, collections and periodicals during the years 1973 through 1975. Attempts to include all anthologies and collections published during each year. Excludes highly technical works, textbooks and collections of poems, plays or short stories by one author. Includes periodicals not already indexed in the *Canadian periodical index* which contain general interest articles, poems, plays or short stories. Arranged in three sections: essays, book reviews, literature. Author, title and subject indexing as well as first line for poetry. Lists of books and periodicals indexed. Locations for periodicals. Continues: *Canadian essays and collections index, 1971-1972.*   AI3 C282 fol.   016.810808112

Index des essais, des critiques de livres, des poèmes, des pièces de théâtre et des nouvelles de langue anglaise publiés dans des anthologies, des collections et des périodiques de 1973 à 1975. Vise à l'inclusion de toutes les anthologies et collections publiées au cours de chacune de ces années. Exclut les ouvrages très techniques, les manuels scolaires, ainsi que les collections de poèmes, de pièces de théâtre ou de nouvelles d'un même auteur. Inclut des périodiques qui n'ont pas été répertoriés dans *Index de périodiques canadiens* et qui contiennent des articles d'intérêt général, des poèmes, des pièces de théâtre ou des nouvelles. Classement en trois sections: essais, critiques de livres, littérature. Indexation des auteurs, des titres et des sujets, ainsi que de la première ligne des poèmes. Donne la liste des livres et des périodiques indexés. Localisations fournies pour les périodiques. Suite de: *Canadian essays and collections index, 1971-1972.*   AI3 C282 fol.   016.810808112

640

Basic Canadian index [diskette]. – Port Credit (Ont.) : Harbour House Press, 1991-   .

Three updates per school year with an annual cumulation in paper format. Subject index to 40 periodicals, most of which are Canadian. Boolean search capabilities. System requirements: IBM PC or compatible; 384K; DOS 2.0 or higher; a hard disk (10 Mb); one diskette drive; 80 column monitor.   AI3   051

Trois mises à jour/année scolaire avec refonte annuelle sur support papier. Index par sujets de 40 périodiques majoritairement canadiens. Possibilité de recherche booléenne. Configuration requise: IBM PC ou compatible; 384K; avec DOS 2.0 ou plus récent; un disque rigide (10 Mb); un lecteur de disquette; un moniteur de 80 colonnes. AI3   051

641

Bergh, Mary Janet van den. – *An Index to Canadian university newspapers : a supplement to the select bibliography on higher education = Index de journaux universitaires canadiens : supplément de la bibliographie sélective sur l'enseignement supérieur.* – (Apr./June 1979)-(Oct./Dec. 1980). – Ottawa : Association of Universities and Colleges of Canada, Library, 1979-1981. – 7 vol. – 0228-0728

Subject index of selected English- and French-language articles from 50 Canadian university newspapers. AI21 071.1

Index sujets d'une sélection d'articles parus en anglais et en français dans 50 journaux universitaires canadiens. AI21 071.1

642

Bergh, Mary Janet van den. – *An Index to Canadian university newspapers : a supplement to the select bibliography on higher education = Index de journaux universitaires canadiens : supplément de la bibliographie sélective sur l'enseignement supérieur.* – (Avril/juin 1979)-(oct./déc. 1980). – Ottawa : Association des universités et collèges du Canada, Bibliothèque, 1979-1981. – 7 vol. – 0228-0728

Subject index of selected English- and French-language articles from 50 Canadian university newspapers. AI21 071.1

Index sujets d'une sélection d'articles parus en anglais et en français dans 50 journaux universitaires canadiens. AI21 071.1

643

Books in Canada : author, title, reviewer index. – Vol. 1 (1971/72)-vol. 5 (1976). – Toronto : McLaren Micropublishing, 1974-1978. – 4 vol. – 0709-597X

An index to *Books in Canada*, a reviewing journal published in Toronto since 1971. Volume for 1971/72 includes microfiche reproductions of 1971 and 1972 issues of *Books in Canada*. *Books in Canada* is indexed in *Canadian periodical index* from January 1977. Z1369 B612 fol. 028.105

Index de *Books in Canada*, revue critique publiée à Toronto depuis 1971. Le volume de 1971/72 comprend des reproductions sur microfiche des numéros de 1971 et de 1972. *Books in Canada* est répertorié dans *Index de périodiques canadiens* depuis janvier 1977. Z1369 B612 fol. 028.105

644

Burrows, Sandra. – *Checklist of indexes to Canadian newspapers.* – By Sandra Burrows and Franceen Gaudet. – Ottawa : National Library of Canada, 1987. – 148, 154 p. – 0660537354 – Title on added t.p. : *Liste de contrôle des index de journaux canadiens.*

Directory of indexes to Canadian newspapers, created by libraries, archives, historical societies, etc. Arranged by province, then by town or city and indexing institution. Entries include address and telephone number of institution, list of newspapers indexed, frequency, place of publication, dates indexed, approximate number of entries, average number of new entries per year, type of events indexed, arrangement of the information, restrictions on access. Two indexes: title, geographical. Reproduced in microform format: *Microlog*, no. 87-03859. Z6293 B97 1987 015.71035

Répertoire des index de journaux canadiens préparés par des bibliothèques, des archives, des sociétés historiques, etc. Classement par provinces subdivisées par villes et par établissements indexeurs. Les notices comprennent les adresses et les numéros de téléphone de l'organisme indexeur, la liste des journaux indexés, leur fréquence, le lieu de publication, les dates couvertes, le nombre approximatif de notices, la moyenne annuelle d'ajouts, le genre d'événements traités, l'arrangement de l'information, les restrictions quant à l'accès, etc. Deux index: titres, géographique. Reproduit sur support microforme: *Microlog*, n° 87-03859. Z6293 B97 1987 015.71035

645

Burrows, Sandra. – *Liste de contrôle des index de journaux canadiens.* – Par Sandra Burrows et Franceen Gaudet. – Ottawa : Bibliothèque nationale du Canada, 1987. – 154, 148 p. – 0660537354 – Titre de la p. de t. additionnelle : *Checklist of indexes to Canadian newspapers.*

Directory of indexes to Canadian newspapers, created by libraries, archives, historical societies, etc. Arranged by province, then by town or city and indexing institution. Entries include address and telephone number of institution, list of newspapers indexed, frequency, place of publication, dates indexed, approximate number of entries, average number of new entries per year, type of events indexed, arrangement of the information, restrictions on access. Two indexes: title, geographical. Reproduced in microform format: *Microlog*, no. 87-03859. Z6293 B97 1987 015.71035

Répertoire des index de journaux canadiens préparés par des bibliothèques, des archives, des sociétés historiques, etc. Classement par provinces subdivisées par villes et par établissements indexeurs. Les notices comprennent les adresses et les numéros de téléphone de l'organisme indexeur, la liste des journaux indexés, leur fréquence, le lieu de publication, les dates couvertes, le nombre approximatif de notices, la moyenne annuelle d'ajouts, le genre d'événements traités, l'arrangement de l'information, les restrictions quant à l'accès, etc. Deux index: titres, géographique. Reproduit sur support microforme: *Microlog*, n° 87-03859. Z6293 B97 1987 015.71035

646

Canadian index. – (1993)-   . – Toronto : Micromedia, 1993-   . –   vol. – 1192-4160

Monthly. Semi-annual cumulations, January-June, July-December. An index to approximately 400 Canadian English-language and 50 Canadian French-language periodicals in all subjects. Also indexes 25 major foreign periodicals and eight Canadian daily newspapers. Three parts: subject, corporate name and personal name indexes. Formed by a merger of *Canadian magazine index*, *Canadian news index* and *Canadian business index*.

   Available online as the *Canadian business and current affairs* (*CBCA*) database on DIALOG, Infomart and QL Systems. Available

Mensuel. Refontes semestrielles, janvier-juin, juillet-décembre. Index d'environ 400 périodiques canadiens en anglais et 50 en français qui traitent de toutes sortes de sujets. Porte également sur 25 périodiques étrangers importants et sur huit quotidiens canadiens. Trois parties: index des sujets, des noms de sociétés et des noms de personnes. Formé par la fusion de *Canadian magazine index*, *Canadian news index* et *Canadian business index*.

   Accessible en direct en tant que base de données *Canadian business and current affairs* (*CBCA*), via DIALOG, Infomart et QL Systems.

on CD-ROM: *Dialog on disc : Canadian business and current affairs* (Palo Alto, Calif. : Dialog Information Services ; [Toronto] : Micromedia, [1982]-   ). Updated quarterly.   AI3 C34 fol.   051

Disponible sur CD-ROM: *Dialog on disc : Canadian business and current affairs* (Palo Alto, Calif. : Dialog Information Services ; [Toronto] : Micromedia, [1982]-   ). Mis à jour trimestriellement. AI3 C34 fol.   051

647

Canadian magazine index. – Vol. 1 (1985)-vol. 8 (1992). – Toronto : Micromedia, c1985-1992. –   vol. – 0829-8777

Monthly. Annual cumulation. An index to 400 Canadian English-language periodicals on all subjects. Also includes eighteen major American periodicals. Two parts: subject and personal name indexes. Form headings such as book reviews, short stories and fiction are used. Indexes some periodicals not covered by the *Canadian periodical index*. Merged with *Canadian news index* and *Canadian business index* to form *Canadian index*, 1993-   .

Available online as part of *Canadian business and current affairs* (*CBCA*) database on DIALOG, Infomart and QL systems. Coverage, 1985 to date. Available on CD-ROM as part of *Dialog on disc : Canadian business and current affairs* (Palo Alto, Calif. : Dialog Information Services ; [Toronto] : Micromedia, [1982]-   ). Coverage, 1985 to date. Updated quarterly.   AI3 C234 fol.   051

Mensuel. Refonte annuelle. Index de 400 périodiques canadiens en anglais qui traitent de toutes sortes de sujets. Comprend également dix-huit grands périodiques américains. Deux parties: index des sujets et des noms de personnes. Des sous-vedettes de formes telles que les critiques de livres, les nouvelles et les romans sont utilisées. Indexation de certains périodiques qui ne sont pas répertoriés dans *Index de périodiques canadiens*. Fusion avec *Canadian news index* et *Canadian business index* pour former *Canadian index*, 1993-   .

Accessible en direct comme partie de la base de données *Canadian business and current affairs* (*CBCA*), via DIALOG, Infomart et QL Systems. Période couverte, 1985 jusqu'à ce jour. Disponible sur CD-ROM comme partie de *Dialog on disc : Canadian business and current affairs* (Palo Alto, Calif. : Dialog Information Services ; [Toronto] : Micromedia, [1982]-   ). Période couverte, 1985 jusqu'à ce jour. Mis à jour trimestriellement.   AI3 C234 fol.   051

648

Canadian news facts : the indexed digest of Canadian current events. – Vol. 1, no. 1 (Jan. 16, 1967)-   . – Toronto : Marpep Publishing, 1967-   . –   vol. : loose-leaf. – 0008-4565 – Cover title.

Issued twice monthly. Summarizes federal, provincial and territorial political developments, as well as social, judicial, economic, commercial, cultural, environmental and agricultural news. Sources include twenty Canadian daily newspapers, The Canadian Press, *The New York times*, government publications and private reports. Obituaries and features on Canadian personalities. Biannual and annual subject-name indexes.   F5000 C28 fol.   071.1

Publié deux fois par mois. Résume les développements politiques aux niveaux fédéral, provincial et territorial, ainsi que les informations de nature sociale, juridique, économique, commerciale, culturelle, environnementale et agricole. Les sources utilisées comprennent vingt quotidiens canadiens, La Presse canadienne, *The New York times*, les publications officielles et les rapports privés. Notices nécrologiques et reportages sur des personnalités canadiennes. Index semestriels et annuels des sujets et des noms.   F5000 C28 fol.   071.1

649

Canadian news index. – (1977)-vol. 16 (1992). – Toronto : Micromedia, 1977-1992. –   vol. – 0225-7459

Monthly, consolidated annually. Title varies: 1977-1979, *Canadian newspaper index*. Imprint varies. Subject and name index of selected articles from seven Canadian daily newspapers: *Calgary herald* (final ed.); *The Globe and mail* (metro ed.); *The Chronicle-herald* (morning ed.); *The Gazette* (final ed.); *The Toronto star* (metro ed.); *The Vancouver sun* (4 star ed.); *Winnipeg free press* (final ed.). Merged with *Canadian magazine index* and *Canadian business index* to become *Canadian index*, 1993-   .

Available on CD-ROM as part of: *Dialog ondisc: Canadian business and current affairs* (Palo Alto, Calif. : Dialog Information Services ; [Toronto] : Micromedia, [1982]-   ). Available online through DIALOG, Infomart and QL Systems, as part of the *Canadian business and current affairs* (*CBCA*) database. Period covered: 1982 to the present.   AI3 C33 fol.   071.1 011.340971

Mensuel avec refonte annuelle. Le titre varie: 1977-1979, *Canadian newspaper index*. Publié par différents éditeurs. Index des sujets et des noms, d'une sélection d'articles parus dans sept quotidiens canadiens: *Calgary herald* (final ed.); *The Globe and mail* (metro ed.); *The Chronicle-herald* (morning ed.); *The Gazette* (final ed.); *The Toronto star* (metro ed.); *The Vancouver sun* (4 star ed.); *Winnipeg free press* (final ed.). Fusion avec *Canadian magazine index* et *Canadian business index* pour devenir *Canadian index*, 1993-   .

Disponible sur support CD-ROM, comme partie de: *Dialog ondisc : Canadian business and current affairs* (Palo Alto, Calif. : Dialog Information Services ; [Toronto] : Micromedia, [1982]-   ). Disponible en direct via les serveurs DIALOG, Infomart et QL systems partie de la base de données *Canadian business and current affairs* (*CBCA*). Période couverte: 1982 à ce jour.   AI3 C33 fol. 071.1 011.340971

650

Canadian periodical index, 1920-1937 : an author and subject index. – Ottawa : Canadian Library Association, 1988. – viii, 567 p. – 0888021879

An index to twenty English-language Canadian periodicals for the years 1920 to 1937. Includes general periodicals mainly of a non-literary focus. Authors and subjects are arranged alphabetically in one sequence.   AI3 C24 1988   051

Index de vingt périodiques canadiens en anglais des années 1920 à 1937. Comprend des périodiques de nature générale à caractère principalement non littéraire. Classement alphabétique unique des auteurs et des sujets.   AI3 C24 1988   051

651

Canadian periodical index. – Vol. 1 (1928)-vol. 5 (1932). – Windsor : Windsor Public Library, 1928-1932. – 5 vol.

An author, title, subject index to selected articles in Canadian periodicals. 22 periodicals indexed in 1928, 40 in 1932.   AI3 C26 fol. 051

Index des auteurs, des titres et des sujets d'articles choisis dans des périodiques canadiens; 22 périodiques indexés en 1928 et 40 en 1932.   AI3 C26 fol.   051

652

Canadian periodical index = Index de périodiques canadiens. – Vol. 1 (1948)-   . – Toronto : Gale Canada, 1948-   . –   vol. – 0008-4719

Monthly. Annual cumulations. An author and subject index to over 375 English- and French-language Canadian periodicals on all subjects. Also includes selected American titles. Authors, subjects and corporate names alphabetically arranged in one sequence. Citations listed under English subject headings only. Cross references from French subject headings provided. Selected form headings used: book reviews, fiction, movie reviews, poems, short stories, obituaries, etc. From 1948 to 1963 documentary films were also listed. For films from 1964 to 1976 see *Canadiana*, and from 1977 to the present see *Film/video Canadiana*.

Title varies: 1948-1950, *Canadian index : a guide to Canadian periodicals and films*; 1951-1960, *Canadian index to periodicals and documentary films*; 1961-1963, *Canadian index to periodicals and documentary films = Index de périodiques et de films documentaires canadiens*, subtitle varies; 1964-1989, *Canadian periodical index : an author and subject index = Index de périodiques canadiens : auteurs et sujets*. Imprint varies.

Available online through INFO GLOBE. Coverage 1977 to present. Available on CD-ROM: Toronto : Globe and Mail Publishing, [199?]-   . Semiannual updates. Coverage, Jan 1988-   .

Canadian thesaurus = Thésaurus canadien (Toronto : Info Globe, 1988-   ) is a guide to subject headings used in the *Canadian periodical index*, print, online and CD-ROM editions.   AI3 C27   051

Mensuel. Refontes annuelles. Index des auteurs et des sujets de plus de 375 périodiques canadiens en anglais et en français qui traitent de toutes sortes de sujets. Comprend également une sélection de titres américains. Classement alphabétique unique des auteurs, des sujets et des noms de sociétés. Liste des références sous les vedettes-matière en anglais seulement. Renvois à partir des vedettes-matière en français. Quelques sous-vedettes de formes employées: critiques de livres, romans, critiques de films, poèmes, nouvelles, notices nécrologiques, etc. Entre 1948 et 1963, les films documentaires figuraient également dans la liste. Pour les films de 1964 à 1976, voir *Canadiana*, et pour les films de 1977 jusqu'à maintenant, voir *Film/vidéo Canadiana*.

Le titre varie: 1948-1950, *Canadian index : a guide to Canadian periodicals and films*; 1951-1960, *Canadian index to periodicals and documentary films*; 1961-1963, *Canadian index to periodicals and documentary films = Index de périodiques et de films documentaires canadiens*, le sous-titre varie; 1964-1989, *Canadian periodical index : an author and subject index = Index de périodiques canadiens : auteurs et sujets*. L'adresse bibliographique varie.

Accessible en direct via INFO GLOBE. Période couverte, 1977-   . Disponible sur CD-ROM: Toronto : Globe and Mail Publishing, [199?]-   . Mises à jour semestrielles. Période couverte, janv. 1988-   .

Canadian thesaurus = Thésaurus canadien (Toronto : Info Globe, 1988-   ) est un guide aux vedettes-matière utilisées dans *Index de périodiques canadiens*, éditions sur papier, sur CD-ROM ou accessible en direct.   AI3 C27   051

653

Canadian periodical index : an author and subject index, January 1938-December 1947. – Ottawa : Canadian Library Association, 1966. – 3 vol. (iv, 2121 p.)

A cumulative author and subject index to 40 Canadian English- and French-language periodicals. Authors and subjects arranged alphabetically in one sequence. This cumulation is based on the index compiled by the University of Toronto Library and published quarterly from 1938 to 1947 in the *Ontario library review and Canadian periodical index*. Reproduced in microform format: Ottawa : Canadian Library Association, 1975. 1 reel, 35 mm. microfilm. AI3 C26 1966 fol.   051

Index cumulatif des auteurs et des sujets relatif à 40 périodiques canadiens en anglais et en français. Classement alphabétique unique des auteurs et des sujets. Cette cumulation est fondée sur l'index compilé par la bibliothèque de la University of Toronto et publié trimestriellement de 1938 à 1947 dans *Ontario library review and Canadian periodical index*. Reproduit sur support microforme: Ottawa : Canadian Library Association, 1975. 1 bobine, microfilm 35 mm.   AI3 C26 1966 fol.   051

654

Canadian index to periodicals and documentary films : an author and subject index, January 1948-December 1959. – Ottawa : Canadian Library Association, 1962. – xv, 1180 p. – Title on added t.p. : *Index de périodiques et de films documentaires canadiens : auteurs & sujets, janvier 1948-décembre 1959.*

Cumulates annual volumes of the index for the years 1948 to 1959. AI3 C2615 fol.   051

Refonte des volumes annuels de l'index pour la période de 1948 à 1959.   AI3 C2615 fol.   051

655

Index de périodiques et de films documentaires canadiens : auteurs & sujets, janvier 1948-décembre 1959. – Ottawa : Association canadienne des bibliothèques, 1962. – xv, 1180 p. – Titre de la p. de t. additionnelle : *Canadian index to periodicals and documentary films : an author and subject index, January 1948-December 1959.*

Cumulates annual volumes of the index for the years 1948 to 1959. AI3 C2615 fol.   051

Refonte des volumes annuels de l'index pour la période de 1948 à 1959.   AI3 C2615 fol.   051

656

Catalogue d'articles parus dans diverses revues canadiennes. – [S.l.] : A. Saint-Pierre, 1912. – 53 p.

An index to fifteen Canadian French-language periodicals published during the second half of the nineteenth century and the first decade of the twentieth. Indexes titles such as *Le foyer canadien, Monde illustré* and *L'Opinion publique*. Arranged by broad subject, for example, religion, history, literature, biography and geography.   AP5 C38 054.1

Index de quinze périodiques canadiens en français publiés au cours de la deuxième moitié du dix-neuvième siècle et de la première décennie du vingtième siècle. Comprend des publications comme *Le foyer canadien*, le *Monde illustré* et *L'Opinion publique*. Classement par grandes catégories de sujets telles que la religion, l'histoire, la littérature, les biographies et la géographie.   AP5 C38   054.1

657

A comprehensive index of the first twenty-five volumes of the Canadian magazine, March, 1893-October, 1905. – Toronto : Ontario Publishing Co., 1907. – 55 p.

An index in two parts: article titles; authors. The *Canadian magazine of politics, science, art and literature* was published in Toronto from 1893 to 1939. Also indexed in *Poole's index to periodical literature,* 1893 to 1901, *Reader's guide to periodical literature,* 1900 to 1939, and *Canadian periodical index, 1920-1937.*   AI3 C58 fol.   051

Index en deux parties: titres d'articles; auteurs. Le *Canadian magazine of politics, science, art and literature* a été publié à Toronto de 1893 à 1939. Également indexé dans *Poole's index to periodical literature,* 1893 à 1901, *Reader's guide to periodical literature,* 1900 à 1939, et *Canadian periodical index, 1920-1937.*   AI3 C58 fol.   051

658

Culture. – Vol. 1, n° 1 (mars 1940)-[vol. 32, n° 1 mars 1971]. – Québec (Québec) : Association de recherches sur les sciences religieuses et profanes au Canada, 1940-[1971]. – 32 vol. – 0317-2066

Each quarterly issue of *Culture,* vol. 1 (1940)-vol. 31 (1970), includes *Répertoire bibliographique = Bibliographical index,* an index of Canadian French- and English-language periodicals in the social sciences and humanities. Articles are arranged by subject. No annual cumulations. Particularly useful for the indexing of French-language periodicals in the period prior to the mid-1960s. Reproduced in microform format: Montréal : Bibliothèque nationale du Québec, 1976. 5 reels, 16 mm. microfilm. A cumulative index to articles appearing in vols. 1 to 31 of *Culture* was published in the March 1971 issue.   AP5 C8   054.1

Chaque numéro trimestriel de *Culture,* vol. 1 (1940)-vol. 31 (1970) comprend le *Répertoire bibliographique = Bibliographical index,* un index des périodiques canadiens en français et en anglais relatifs aux sciences humaines et sociales. Les articles sont classés par sujets. Aucune refonte annuelle. Particulièrement utile pour l'indexation des périodiques en français antérieurs au milieu des années 1960. Reproduit sur support microforme: Montréal : Bibliothèque nationale du Québec, 1976. 5 bobines, microfilm 16 mm. Un index cumulatif des articles parus dans les volumes 1 à 31 de *Culture* a été publié dans le numéro de mars 1971.   AP5 C8   054.1

659

Flitton, Marilyn G. – *An index to the Canadian monthly and national review and to Rose-Belford's Canadian monthly and national review, 1872-1882.* – [Toronto] : Bibliographical Society of Canada, 1976. – xxiv, 151 p., [1] leaf of plates : facsim.

The *Canadian monthly and national review,* January 1872 to June 1878, and *Rose Belford's Canadian monthly and national review,* July 1878 to June 1882, published articles and essays on politics, culture, religion, literature and society as well as poetry, short fiction and serialized novels. Includes authors and subjects alphabetically arranged in one sequence.   AP5 C34   051

Le *Canadian monthly and national review,* janvier 1872 à juin 1878, et le *Rose Belford's Canadian monthly and national review,* juillet 1878 à juin 1882, publiaient des articles et des essais sur la politique, la culture, la religion, la littérature et la société, ainsi que des poèmes, des nouvelles et des feuilletons. Comprend une liste des auteurs et des sujets classés selon un seul ordre alphabétique. AP5 C34   051

660

Gaudet, Franceen. – *Checklist of indexes to Canadian newspapers held by the National Library of Canada = Liste de contrôle des journaux canadiens indexés tenus par la Bibliothèque nationale du Canada.* – By Franceen Gaudet ; updated by Sheila Ketchum. – Ottawa : National Library of Canada, 1992. – 25, 26 leaves.

List of 150 Canadian newspaper indexes arranged by province, then alphabetically by title. Brief annotations and National Library call numbers.

1st ed., 1979, *Checklist of indexed Canadian newspapers : a checklist based on the holdings of the Newspaper Section, National Library of Canada = Liste de contrôle des journaux canadiens indexés : liste de contrôle établie d'après la collection de la Section des journaux, Bibliothèque nationale du Canada*; 2nd ed., 1982, *Checklist of indexed Canadian newspapers : a checklist based on the holdings of the Newspaper Division, National Library of Canada = Liste de contrôle des journaux canadiens indexés : liste de contrôle établie d'après la collection de la Division des journaux, Bibliothèque nationale du Canada*; 3rd ed., 1987; updated, 1990.   Z6293   015.71035

Recension de 150 index de journaux canadiens classés par provinces et selon l'ordre alphabétique des titres. Brèves annotations et cotes topographiques de la Bibliothèque nationale.

1re éd., 1979, *Checklist of indexed Canadian newspapers : a checklist based on the holdings of the Newspaper Section, National Library of Canada = Liste de contrôle des journaux canadiens indexés : liste de contrôle établie d'après la collection de la Section des journaux, Bibliothèque nationale du Canada*; 2e éd., 1982, *Checklist of indexed Canadian newspapers : a checklist based on the holdings of the Newspaper Division, National Library of Canada = Liste de contrôle des journaux canadiens indexés : liste de contrôle établie d'après la collection de la Division des journaux, Bibliothèque nationale du Canada*; 3e éd., 1987; mise à jour, 1990.   Z6293   015.71035

661

Gaudet, Franceen. – *Checklist of indexes to Canadian newspapers held by the National Library of Canada = Liste de contrôle des journaux canadiens indexés tenus par la Bibliothèque nationale du Canada.* – Par Franceen Gaudet ; mise à jour par Sheila Ketchum. – Ottawa : [Bibliothèque nationale du Canada], 1992. – 26, 25 f.

List of 150 Canadian newspaper indexes arranged by province, then alphabetically by title. Brief annotations and National Library call numbers.

1st ed., 1979, *Checklist of indexed Canadian newspapers : a checklist based on the holdings of the Newspaper Section, National Library of Canada = Liste de contrôle des journaux canadiens indexés : liste de contrôle établie d'après la collection de la Section des journaux, Bibliothèque nationale du Canada*; 2nd ed., 1982, *Checklist of indexed Canadian newspapers : a checklist based on the holdings of the Newspaper Division, National Library of Canada = Liste de contrôle des journaux canadiens indexés : liste de contrôle établie d'après la collection de la Division des journaux, Bibliothèque nationale du Canada*; 3rd ed., 1987; updated, 1990.   Z6293   015.71035

Recension de 150 index de journaux canadiens classés par provinces et selon l'ordre alphabétique des titres. Brèves annotations et cotes topographiques de la Bibliothèque nationale.

1re éd., 1979, *Checklist of indexed Canadian newspapers : a checklist based on the holdings of the Newspaper Section, National Library of Canada = Liste de contrôle des journaux canadiens indexés : liste de contrôle établie d'après la collection de la Section des journaux, Bibliothèque nationale du Canada*; 2e éd., 1982, *Checklist of indexed Canadian newspapers : a checklist based on the holdings of the Newspaper Division, National Library of Canada = Liste de contrôle des journaux canadiens indexés : liste de contrôle établie d'après la collection de la Division des journaux, Bibliothèque nationale du Canada*; 3e éd., 1987; mise à jour, 1990.   Z6293   015.71035

662

Heggie, Grace F. – *An index to Saturday night : the first fifty years, 1887-1937.* – Editors, Grace F. Heggie, Gordon R. Adshead. – Toronto : Micromedia, c1987. – ix, 482 p. – 0888920024

An index of approximately 60,300 citations to *Saturday night*, the longest running Canadian periodical. Covers issues from December 3, 1887 to Christmas 1937. Includes signed articles, lead editorials and unsigned articles of at least 200 words on politics, business, finance, art, literature, etc. Excludes advertisements, photographic reproductions, portraits unrelated to articles, reproductions of non-Canadian art and short notices. Items are indexed by author and subject in one alphabetical sequence. Form headings such as poems, short stories and reviews-books are used. 1938 to date, *Saturday night* is indexed in the *Canadian periodical index.*   AP5 S382 1987 fol. 051

Index d'environ 60 300 références à *Saturday night*, le plus vieux périodique canadien couramment publié. Couvre les numéros du 3 décembre 1887 à Noël 1937. Inclut les articles signés, les éditoriaux et les articles non signés d'au moins 200 mots sur la politique, les affaires, les finances, les arts, la littérature, etc. Exclut les publicités, les reproductions de photographies, les portraits sans rapport avec les articles, les reproductions d'oeuvres d'art étrangères et les courts avis. Les notices sont classées en un seul ordre alphabétique par auteurs et par sujets. Des sous-vedettes de formes telles que les poèmes, les nouvelles et les critiques de livres sont utilisées. Depuis 1938, *Saturday night* est indexé dans *Index de périodiques canadiens.* AP5 S382 1987 fol.   051

663

Index analytique. – Vol. 1 (1966)-vol. 6 (1971/72). – [Québec : Centre de documentation de la Bibliothèque de l'Université Laval, 1966?-1972]. – 6 vol. – 0019-378X

Monthly. Annual cumulation. An index to articles in French-language periodicals, Canadian and foreign. 120 periodicals indexed in the sixth volume. Articles are indexed by keywords in titles, by subject, and by author in three separate lists. Codes in these lists refer to complete bibliographic citations for articles, grouped by periodical. Vols. 1 to 4 also include a list of authors whose works are the subject of an article or a review. Continued by: *Périodex.* AI7 I5 fol.   054.1

Mensuel. Refonte annuelle. Index d'articles de périodiques d'origine canadienne et étrangère publiés en français. Le sixième volume comporte 120 périodiques indexés. Les articles sont indexés sous trois listes distinctes: par mots clés des titres, par sujets et par auteurs. Les codes donnés dans ces listes renvoient à des références bibliographiques complètes sur les articles, regroupées par périodiques. Les volumes 1 à 4 comprennent également une liste des auteurs dont les ouvrages font l'objet d'un article ou d'une critique. Suivi de: *Périodex.* AI7 I5 fol.   054.1

664

Index de Parti pris (1963-1968). – Établi par des assistants du C.E.L.E.F. de l'Université de Sherbrooke ; sous la direction de Joseph Bonenfant. – Sherbrooke (Québec) : C.E.L.E.F., Université de Sherbrooke, 1975. – 116 p.

Parti pris, an important periodical of ideas in Quebec, was published from 1963 to 1968. The index consists of four parts: index of proper names; list of illustrations, chronologically arranged; list of articles, chronologically arranged; author index.   AI7 P37   054.1

Parti pris, un important périodique d'idées du Québec, a été publié de 1963 à 1968. L'index comprend quatre parties: un index des noms propres; une liste des illustrations classées en ordre chronologique; une liste des articles classés en ordre chronologique; un index des auteurs.   AI7 P37   054.1

665

Kavanaugh, Patrick. – *Journal of Canadian studies/Revue d'études canadiennes : index to subjects, authors, book reviews : vol. 1, no. 1 (May 1966)-vol. 20, no. 4 (Winter 1985-86).* – Peterborough (Ont.) : Trent University, [1986?]. – 148 p. – Cover title: *Revue d'études canadiennes = Journal of Canadian studies : twenty year index.*

An index of articles, editorials, reviews and correspondence from the first twenty years of the periodical *Journal of Canadian studies = Revue d'études canadiennes.* Arranged in three sections: subject index, author index, book reviews arranged according to the name of the author of the book.   FC1   971.005

Index des articles, des éditoriaux, des critiques et de la correspondance des vingt premières années du périodique *Journal of Canadian studies = Revue d'études canadiennes.* Classement en trois sections: index des sujets, index des auteurs, critiques de livres classées selon le nom de l'auteur du livre.   FC1   971.005

666

Leverette, Clarke E. – *Index to little magazines of Ontario.* – (1967/1970)-(1973). – London (Ont.) : Killaly Press, 1972-1975. – 4 vol. (unpaged). – 0318-1677

An author index to little magazines published in Ontario. 26 magazines indexed in 1967/70 volume and eighteen in 1973 volume. Volume for 1967/70 issued in three parts.   AI3 L4   051

Index des auteurs des petites revues publiées en Ontario. Le volume de 1967/70 portait sur 26 revues et le volume de 1973, sur dix-huit. Le volume de 1967/70 a été publié en trois parties.   AI3 L4   051

667

Mitchell, Peter. – *An index to Maclean's magazine, 1914-1937.* – Ottawa : Canadian Library Association, 1965. – 140 p. – (Occasional paper ; no. 47). – Cover title.

A comprehensive author and subject index to *Maclean's magazine*, a general interest periodical published from 1905 to date. This index covers issues for 1914 through 1937. Indexing for years after 1937 is continued in the *Canadian periodical index*.   AP5 M13 1965   051

Index détaillé des auteurs et des sujets du *Maclean's magazine*, périodique d'intérêt général publié depuis 1905. Cet index porte sur les numéros de 1914 à 1937. Depuis 1937, la revue est indexée dans *Index de périodiques canadiens*.   AP5 M13 1965   051

668

Nos livres : index des auteurs et des titres, 1970-1981. – Montréal : Office des communications sociales, [1982?]. – 231 p.

An index to *Nos livres*, a reviewing journal of recent works published by French-Canadian publishers in all subjects. Author and title indexes. *Nos livres* ceased publication with the December 1988 issue. From January 1970 to December 1976 the periodical was published under the title *Le livre canadien*. Z1369 N68 1982   028.105

Index de *Nos livres*, revue critique qui porte sur les oeuvres récentes publiées par des éditeurs canadiens-français et relatives à toutes sortes de sujets. Index des auteurs et index des titres. Le dernier numéro de *Nos livres* a paru en décembre 1988. De janvier 1970 à décembre 1976, le périodique a été publié sous le titre *Le livre canadien*. Z1369 N68 1982   028.105

669

Périodex : index analytique de périodiques de langue française. – Vol. 1 (1972/1973)-vol. 11 (1983). – Montréal : Centrale des bibliothèques, 1973-[1983?]. – 11 vol. – 0300-3663

Continues: *Index analytique*. Monthly, 1972-1977. Bimonthly, 1978-1983. Annual cumulation. An index of articles in approximately 200 Canadian and foreign French-language periodicals. Articles are indexed by precise subject and discipline in one alphabetical sequence. Vols. 1 to 5 include an author index. Merged with: *RADAR* to become *Point de repère*.   AI7 P4   054.1

Suite de: *Index analytique*. Mensuel, 1972-1977. Bimensuel, 1978-1983. Refonte annuelle. Index des articles d'environ 200 périodiques canadiens et étrangers en français. Les articles sont indexés par sujets précis et par disciplines selon un seul ordre alphabétique. Les volumes 1 à 5 comprennent un index des auteurs. A fusionné avec *RADAR* pour devenir *Point de repère*.   AI7 P4   054.1

670

Point de repère : index analytique d'articles de périodiques de langue française. – Vol. 1, n° 1 (janv./févr. 1984)-   . – Montréal : Services documentaires multimedia (SDM), 1984-   . – vol. – 0822-8833

Merger of: *Périodex* and *RADAR*. Bimonthly, 1984-1987?; ten times a year, 1988-   . Annual cumulation. Imprint varies. Index of articles in over 275 Canadian and foreign French-language periodicals. Over 200 of these are published in Quebec. Articles are indexed by precise subject and discipline in one alphabetical sequence. Articles, editorials, reviews and essays are indexed. Publicity and brief or ephemeral articles are excluded. Brief summaries of articles included with citations. An abridged edition indexing 150 periodicals has also been published since 1988, six times a year and an annual cumulation.

 Reproduced in microform format: *Point de repère : auteurs : refonte* (Montréal : Services documentaires multimedia (SDM), 1984-   ),   microfiche. Available online through Services documentaires multimedia (SDM). Coverage 1980-   . Available on CD-ROM: *Repère : index analytique d'articles de périodiques de langue française* (Montréal : Services documentaires multimedia (SDM), 1992-   ). Coverage 1980-   . Updated twice a year. A17 P42   054.1

Fusion de: *Périodex* et *RADAR*. Bimensuel, 1984-1987?; dix fois par année, 1988-   . Refonte annuelle. L'adresse bibliographique varie. Index des articles de plus de 275 périodiques canadiens et étrangers en français. Plus de 200 de ces périodiques sont québécois. Les articles sont indexés par sujets précis et par disciplines selon un seul ordre alphabétique. Des articles, des éditoriaux, des critiques et des essais sont indexés. La publicité et les articles courts ou de nature éphémère sont exclus. Les références sont assorties de courts résumés des articles. Une édition abrégée qui porte sur 150 périodiques est également publiée depuis 1988, six fois par année, avec refonte annuelle.

 Reproduit sur support microforme: *Point de repère : auteurs : refonte* (Montréal : Services documentaires multimedia (SDM), 1984-   ),   microfiche. Accessible en direct via les Services documentaires multimedia (SDM). Période couverte, 1980-   .
Disponible sur CD-ROM: *Repère : index analytique d'articles de périodiques de langue française* (Montréal : Services documentaires multimedia (SDM), 1992-   ). Période couverte, 1980-   . Mis à jour deux fois par année.   A17 P42   054.1

671

Queen's quarterly : 1893-1953 : index, (vols. I-LX). – Kingston (Ont.) : Queen's Quarterly Office, Queen's University, 1956. – [6], 56, [2], 132 p. – 0033-6041

An index to *Queen's quarterly*, a review of Canadian political, social, economic, literary and artistic affairs. Separate author and subject indexes. *Queen's quarterly* has also been indexed in the *Canadian periodical index*, 1920 to date.   AP5 Q3 fol.   051

Index du *Queen's quarterly*, revue des questions politiques, sociales, économiques, littéraires et artistiques canadiennes. Index des auteurs et index des sujets distincts. Depuis 1920, *Queen's quarterly* est aussi indexé dans *Index de périodiques canadiens*.   AP5 Q3 fol.   051

672

Queen's quarterly : cumulative index, 1954-1968. – [Kingston, Ont. : s.n., 1969?]. – 42 p. – Cover title.

Author and title indexes to essays, poetry, fiction and reviews appearing in *Queen's quarterly*, 1954 through 1968. *Queen's quarterly* has also been indexed in the *Canadian periodical index*, 1920 to date. AP5 051

Index des auteurs et index des titres relatifs à des essais, des poèmes, des romans et des critiques qui ont paru dans *Queen's quarterly*, entre 1954 et 1968. Depuis 1920, *Queen's quarterly* est aussi indexé dans *Index de périodiques canadiens*. AP5 051

673

Queen's quarterly : cumulative index, 1969-1978. – Kingston (Ont.) : Quarterly Committee, Queen's University, – 32 p. – Cover title.

Author and title indexes to essays, poetry, fiction and reviews appearing in *Queen's quarterly*, 1969 through 1978. *Queen's quarterly* has also been indexed in the *Canadian periodical index*, 1920 to date. AP5 051

Index des auteurs et index des titres relatifs à des essais, des poèmes, des romans et des critiques qui ont paru dans *Queen's quarterly*, entre 1969 et 1978. Depuis 1920, *Queen's quarterly* est aussi indexé dans *Index de périodiques canadiens*. AP5 051

674

Quill & quire. General index. – Compiled by Duncan McLaren. – (1935/72)-(1974/75). – Toronto : McLaren Micropublishing, 1973-1976. – 3 vol. – 0824-7919

A subject index to articles in *Quill & quire*, the periodical of the Canadian book industry. Three volumes covering 1935/72, 1973 and 1974/75. Excludes book reviews. Author entries included for signed articles. From January, 1976-   , *Quill & quire* is indexed in the *Canadian periodical index*. Z487 Q62 fol. 070.50971

Index des sujets relatifs aux articles parus dans *Quill & quire*, le périodique de l'industrie canadienne du livre. Trois volumes: 1935/72, 1973 et 1974/75. Exclut les critiques de livres. Les articles signés comportent un accès auteurs. Depuis janvier 1976-   , *Quill & quire* est indexé dans *Index de périodiques canadiens*. Z487 Q62 fol. 070.50971

675

RADAR : répertoire analytique d'articles de revues du Québec. – Vol. 1, n° 1 (sept./oct. 1972)-vol. 11, n° 2 (févr./sept. 1983). – Montréal : Bibliothèque nationale du Québec, 1972-1983. – 11 vol. – 0315-2316

Bimonthly, 1972/73-1981/82. Annual cumulation. Last number of each year integrated with cumulation. Two numbers covering eight-month periods issued for 1982/83. An index of articles in approximately 130 French-language periodicals of Quebec. Articles are indexed by subject and author in the "Section analytique" and by discipline in the "Section méthodique". Citations in the latter section include a brief summary of the article. Merged with *Périodex* to become *Point de repère*. AI7 R3   054.1

Bimensuel, 1972/73-1981/82. Refonte annuelle. Le dernier numéro de chaque année est intégré à la refonte. Deux numéros qui couvrent des périodes de huit mois ont été publiés pour 1982/83. Index d'articles d'environ 130 périodiques en français du Québec. Les articles sont indexés par sujets et par auteurs dans la «Section analytique» et par disciplines dans la «Section méthodique». Les références de la dernière section comprennent un court résumé de l'article. A fusionné avec *Périodex* pour devenir *Point de repère*. AI7 R3   054.1

676

Retfalvi, Andrea. – *Canadian illustrated news, Montreal, 1869-1883 : an index.* – Compiled by Andrea Retfalvi ; with the editorial assistance of Ann Hilty. – Toronto : Dept. of Fine Art, University of Toronto, c1989. – xv, 368 p. : ill. – 0772724326

An index to *Canadian illustrated news*, a weekly journal published from October 30, 1869 to December 28, 1883, covering current events, politics, literature, the arts, etc. Indexes of artists associated with illustrations included in the periodical, photographers whose works were reproduced, authors of non-fiction articles, poets, fiction writers and subjects. Andrea Retfalvi has also compiled: *Canadian illustrated news (Montreal) : index to illustrations*. AP5 C2623 1989 fol. 051

Index du *Canadian illustrated news*, revue hebdomadaire publiée du 30 octobre 1869 au 28 décembre 1883 qui couvrait l'actualité, la politique, la littérature, les arts, etc. Nombreux index: artistes dont les illustrations ont paru dans le périodique, photographes dont les oeuvres ont été reproduites, auteurs d'articles autres que de fiction, poètes, romanciers et sujets. Andrea Retfalvi a également compilé: *Canadian illustrated news (Montreal) : index to illustrations*. AP5 C2623 1989 fol.   051

677

Retfalvi, Andrea. – *Canadian illustrated news (Montreal) : index to illustrations.* – Toronto : University of Toronto, Dept. of Fine Art, 1977-1988. – 29 vol.

A volume by volume index to illustrations in the order in which they appeared in *Canadian illustrated news*. The entry for each illustration includes its legend, size in millimetres, names of associated artists, and an issue and page number reference. Indexes of illustrations, provided in the original publication, have been reprinted.

Each volume also includes the following topical indexes: artists, Canadian current events, international current events, fashion, fiction, leggotype, photographers, portraits, social commentary, sources, Canadian topography and international topography. Andrea Retfalvi has also compiled: *Canadian illustrated news, Montreal, 1869-1883: an index.* AP5 C262 fol.   051

Index volume par volume des illustrations du *Canadian illustrated news*, par ordre de parution. La notice de chaque illustration comprend la légende, les dimensions en millimètres, les noms des artistes et une référence au numéro et à la page. Les index des illustrations qui ont paru dans la publication originale ont été réimprimés.

Chaque volume comprend également les index sujets suivants: les artistes, les actualités canadiennes, les actualités internationales, la mode, la fiction, les leggotypes, les photographes, les portraits, les commentaires sociaux, les sources, la topographie canadienne et la topographie internationale. Andrea Retfalvi a également compilé: *Canadian illustrated news, Montreal, 1869-1883: an index.* AP5 C262 fol.   051

678

Revue de l'Université d'Ottawa : table générale = Revue de l'Université d'Ottawa : cumulative index. – Ottawa : Éditions de l'Université d'Ottawa, [1941-1971]. – 4 vol. (151 ; 136 ; 117 ; 94 p.). – 0041-9206

Index of articles published in *Revue de l'Université d'Ottawa*, 1931-1970. Two parts: subject and author index to articles, author index for book reviews. Vol. 1, 1931-1940; vol. 2, 1941-1950; vol. 3, 1951-1960; vol. 4, 1961-1970. Title varies: 1941-1961, *Revue de l'Université d'Ottawa : table générale.* Also indexed in: *Canadian periodical index; Point de repère.* AP21 054.1

Index des articles parus dans la *Revue de l'Université d'Ottawa*, entre 1931 et 1970. deux parties: articles recensés par sujets et par auteurs, comptes rendus répertoriés par auteurs. Vol. 1, 1931-1940; vol. 2, 1941-1950; vol. 3, 1951-1960; vol. 4, 1961-1970. Le titre varie: 1941-1961, *Revue de l'Université d'Ottawa : table générale.* Aussi indexé dans: *Index de périodiques canadiens; Point de repère.* AP21 054.1

679

Royal Canadian Institute. – *General index to publications, 1852-1912.* – Compiled and edited by John Patterson. – Toronto : University Press, 1914. – 518 p.

An index to the five series of transactions and proceedings of the Institute. Authors and subjects alphabetically arranged. The Institute was formed to promote research in the physical sciences, arts, manufacturing, surveying, engineering and architecture. AS42 R57 A13 061.1

Index des cinq séries de mémoires et de travaux de l'Institut. Classement alphabétique des auteurs et des sujets. L'institut a été créé pour promouvoir la recherche en sciences physiques, en arts, en fabrication, en topographie, en génie et en architecture. AS42 R57 A13 061.1

680

Royal Society of Canada. – *Index to the transactions and other publications of the Royal Society of Canada, 1882-1982 = Index des mémoires et d'autres publications de la Société royale du Canada, 1882-1982.* – R.H. Hubbard with the collaboration of Pierre Garneau. – Ottawa : Royal Society of Canada, 1987. – [4], 374 p. – 0920064221

An author, title and subject index to the publications of the Society. Supersedes: *General index : proceedings and transactions of the Royal Society of Canada, first and second series, 1882-1906* (Ottawa : Royal Society of Canada, 1908); *Author index : Transactions of the Royal Society of Canada, sections I-V, third series : volumes I-XXXV, 1907-1941 = Table des noms d'auteurs : Comptes rendus de la Société royale du Canada, sections I-V, troisième série : tomes I-XXXV, 1907-1941* [Ottawa : Royal Society of Canada, 1942?]; *A subject index to the Royal Society of Canada, proceedings and transactions, 3d series, vols. 1-31, 1907-1937* (Ottawa : Canadian Library Association, 1947); *Mémoires de la Société royale du Canada, sections I et II, 1882-1943* ([Ottawa] : Université d'Ottawa, 1944). The Society was formed in 1882 to encourage studies in the social sciences, the humanities and the natural and applied sciences, in English and in French. AS42 R6 H82 1987 061.1

Index des auteurs, des titres et des sujets des publications de la Société. Remplace: *Index général : mémoires et comptes rendus de la Société royale du Canada* (Ottawa : Société royale du Canada, 1908); *Author index : Transactions of the Royal Society of Canada, sections I-V, third series : volumes I-XXXV, 1907-1941 = Table des noms d'auteurs : Comptes rendus de la Société royale du Canada, sections I-V, troisième série : tomes I-XXXV, 1907-1941* [Ottawa : Société royale du Canada, 1942?]; *A subject index to the Royal Society of Canada, proceedings and transactions, 3d series, vols. 1-31, 1907-1937* (Ottawa : Canadian Library Association, 1947); *Mémoires de la Société royale du Canada, sections I et II, 1882-1943* ([Ottawa] : Université d'Ottawa, 1944). La Société a été créée en 1882 pour encourager, tant en français qu'en anglais, les études en sciences sociales et humaines, ainsi qu'en sciences naturelles et appliquées. AS42 R6 H82 1987 061.1

681

Société royale du Canada. – *Index to the transactions and other publications of the Royal Society of Canada, 1882-1982 = Index des mémoires et d'autres publications de la Société royale du Canada, 1882-1982.* – R.H. Hubbard avec la collaboration de Pierre Garneau. – Ottawa : Société royale du Canada, 1987. – [4], 374 p. – 0920064221

An author, title and subject index to the publications of the Society. Supersedes: *General index : proceedings and transactions of the Royal Society of Canada, first and second series, 1882-1906* (Ottawa : Royal Society of Canada, 1908); *Author index : Transactions of the Royal Society of Canada, sections I-V, third series : volumes I-XXXV, 1907-1941 = Table des noms d'auteurs : Comptes rendus de la Société royale du Canada, sections I-V, troisième série : tomes I-XXXV, 1907-1941* [Ottawa : Royal Society of Canada, 1942?]; *A subject index to the Royal Society of Canada, proceedings and transactions, 3d series, vols. 1-31, 1907-1937* (Ottawa : Canadian Library Association, 1947); *Mémoires de la Société royale du Canada, sections I et II, 1882-1943* ([Ottawa] : Université d'Ottawa, 1944). The Society was formed in 1882 to encourage studies in the social sciences, the humanities and the natural and applied sciences, in English and in French. AS42 R6 H82 1987 061.1

Index des auteurs, des titres et des sujets des publications de la Société. Remplace: *Index général : mémoires et comptes rendus de la Société royale du Canada* (Ottawa : Société royale du Canada, 1908); *Author index : Transactions of the Royal Society of Canada, sections I-V, third series : volumes I-XXXV, 1907-1941 = Table des noms d'auteurs : Comptes rendus de la Société royale du Canada, sections I-V, troisième série : tomes I-XXXV, 1907-1941* [Ottawa : Société royale du Canada, 1942?]; *A subject index to the Royal Society of Canada, proceedings and transactions, 3d series, vols. 1-31, 1907-1937* (Ottawa : Canadian Library Association, 1947); *Mémoires de la Société royale du Canada, sections I et II, 1882-1943* ([Ottawa] : Université d'Ottawa, 1944). La Société a été créée en 1882 pour encourager, tant en français qu'en anglais, les études en sciences sociales et humaines, ainsi qu'en sciences naturelles et appliquées. AS42 R6 H82 1987 061.1

682

Tables générales des 53 premiers volumes de la Revue canadienne, 1864 à 1907. – Montréal : Cie de publication de la Revue canadienne, [1907]. – 142 p.

Subject, author and illustration indexes. *Revue canadienne*, published from January 1864 to December 1922, dealt with politics, philosophy, history, literature, religion, science, law, etc.   AP21 R472 1907 054.1

Trois index: sujets, auteurs, illustrations. La *Revue canadienne*, publiée de janvier 1864 à décembre 1922, traitait de politique, de philosophie, d'histoire, de littérature, de religion, de sciences, de droit, etc.   AP21 R472 1907   054.1

683

Weekend magazine index cards [**microform**]. – Toronto : Preston Microfilming Services, [1983]. – 13 reels ; 16 mm.

Reproduction of a card index to articles published in the *Weekend magazine* of the Montreal *Standard* for the years 1951-1975. Consists of a cross-reference name index for 1956-January 1976, and three subject indexes, for the periods 1951-1955, 1956-1968, 1969-1975. AI21 W43   051

Reproduction d'un fichier répertoriant les articles publiés dans le *Weekend magazine* du *Standard* de Montréal pendant les années 1951-1975. Comprend un index des noms avec renvois pour la période de 1956 à janvier 1976, et trois index des sujets pour les périodes 1951-1955, 1956-1968 et 1969-1975.   AI21 W43   051

Notes and Queries

Questions et réponses

684

Canadian notes & queries. – No. 1 (July 1968)-   . – Toronto : Canadian Notes & Queries, 1968-   . –   vol. – 0576-5803

Twice a year, 1968-1990; three times a year, 1991-   . Publishes questions, answers and notes relating to research in Canadian history, literature, art, bibliography and other subjects. Recent issues have also included essays. Cumulative index 1968-   . Title varies: No. 1 (July 1968)-no. 42 (Spring 1990), *Canadian notes & queries = Questions et réponses canadiennes.* Imprint varies. No. 1 (July 1968)-no. 3 (Sept. 1969) published as a supplement to *Abacus*, periodical of the Antiquarian Booksellers Association of Canada.   AZ515 C3 fol.   051

Deux fois par année, 1968-1990; trois fois par année, 1991-   . Publication de questions, de réponses et de notes relatives aux recherches sur l'histoire, la littérature, les arts, la bibliographie et d'autres sujets d'intérêt canadien. Les numéros les plus récents comprenaient également des essais. Index cumulatif, 1968-   . Le titre varie: n° 1 (juil. 1968)-n° 42 (printemps 1990), *Canadian notes & queries = Questions et réponses canadiennes.* L'adresse bibliographique varie. N° 1 (juil. 1968)-n° 3 (sept. 1969) publiés à titre de suppléments à *Abacus*, périodique de l'Association de la librairie ancienne du Canada.   AZ515 C3 fol.   051

Union Lists

Listes collectives

685

AGLC/ACCL union list of serials [**microform**]. – 1st ed. (1983)-   . – Edmonton : [Alberta Government Libraries' Council : Alberta Association of College Librarians], 1983-   . –   microfiches. – 0845-6518

Annual. A union list of periodicals, journals, transactions, serially published official publications and newspapers held in Alberta government and college libraries. Excludes almanacs, monographic series, loose-leaf services, annual reports and Statistics Canada publications. Alphabetically arranged by serial title. Entries include title, name of issuing body, place and dates of publication, frequency, ISSN, relationships with other titles, locations and holdings. 1st ed., 1983, also published in paper format.

   Continues: *Union list of serials in Alberta government libraries* [Edmonton : Alberta, Legislative Library, Consulting & Bibliographic Services Section, 1975-1982]; *A.C.C.L. union list of serials* [Calgary] : Alberta Council of College Librarians, [1973-1980].   Z6945 A485 fiche   018.134

Annuel. Catalogue collectif des périodiques, des revues, des mémoires, des publications officielles en série et des journaux qui se trouvent dans des bibliothèques gouvernementales et collégiales de l'Alberta. Exclut les almanachs, les monographies sériées, les services de mise à jour sur feuilles mobiles, les rapports annuels et les publications de Statistique Canada. Classement alphabétique par titres de publications en série. Les notices précisent le titre, le nom de l'organisme émetteur, le lieu et les dates de publication, la périodicité, l'ISSN, les relations avec d'autres publications, les localisations et les fonds. La 1re éd., 1983, a également été publiée sur papier.

   Suite de: *Union list of serials in Alberta government libraries* [Edmonton : Alberta, Legislative Library, Consulting & Bibliographic Services Section, 1975-1982]; *A.C.C.L. union list of serials* [Calgary] : Alberta Council of College Librarians, [1973-1980].   Z6945 A485 fiche   018.134

686

CACTUS [**microform**]. – [Québec?] : M.I.C.R. Systems, 1986-   . –   microfiches.

Biennial. A union list of serials held by Quebec university libraries and the Bibliothèque nationale du Québec. Alphabetically arranged by title. Entries include title, ISSN, name of issuing body, locations, holdings and call numbers. ISSN index.   Z6945   018.134

Biennial. Catalogue collectif des publications en série qui se trouvent dans les bibliothèques universitaires du Québec et à la Bibliothèque nationale du Québec. Classement alphabétique des titres. Les notices précisent le titre, l'ISSN, le nom de l'organisme émetteur, les localisations, les fonds et la cote. Index des ISSN.   Z6945   018.134

687

Catalogue collectif des périodiques des bibliothèques gouvernementales du Québec. – Préparé par la Bibliothèque administrative du Ministère des communications. – 4ᵉ éd. rév. – Québec : Ministère des communications, Bibliothèque administrative, 1989. – xviii, 932 p. – 2551121825

Preliminary ed., 1975. 2nd ed., 1976. 3rd ed., 1982. 11,300 entries for periodicals on all subjects held by 63 Quebec government libraries. Excludes newspapers, annuals and publications of Statistics Canada. Alphabetically arranged by title. Entries include title, name of issuing body, place and dates of publication, ISSN, relationships with other titles, locations and holdings. No index.   Z6945 C428 1989 fol.   018.134

Éd. préliminaire, 1975. 2ᵉ éd., 1976. 3ᵉ éd., 1982. 11 300 notices de périodiques qui traitent de toutes sortes de sujets répartis dans 63 bibliothèques du gouvernement du Québec. Exclut les journaux, les publications annuelles et les publications de Statistique Canada. Classement alphabétique des titres. Les notices précisent le titre, le nom de l'organisme émetteur, le lieu et les dates de publication, l'ISSN, les relations avec d'autres publications, les localisations et les fonds. Aucun index.   Z6945 C428 1989 fol.   018.134

688

Catalogue collectif des publications scientifiques dans les bibliothèques canadiennes. – 1ʳᵉ éd. (1957)-   . – Ottawa : Institut canadien de l'information scientifique et technique, 1957-   . –   vol. – 0082-7657 – Titre de la p. de t. additionnelle : *Union list of scientific serials in Canadian libraries.*

Frequency of print edition varies: 1st ed., 1957; supplement 1960; biennial, 1967-1985; 12th ed. 1988. Microfiche editions, 1973, 1978, 1984, 1986; annual 1989-   . Title in English only, 1st ed. (1957)-2nd ed. (1967). Imprint varies.

A list of over 88,000 scientific, technical and medical serials held in 301 Canadian libraries. Includes journals, periodicals, transactions and proceedings of societies, annuals and monographic series. Excludes popular titles, almanacs, newspapers, directories, encyclopedias, handbooks, government statistical publications and ephemeral publications. Alphabetically arranged by title or issuing body. Entries include title, name of issuing body, place and dates of publication, relationships with other titles, locations and holdings.

Available on CD-ROM as part of: *Romulus* (Ottawa : National Library of Canada : Canada Institute for Scientific and Technical Information, 1992).   Z7403 N267 fol.   016.505

La périodicité des éditions imprimées varie: 1ʳᵉ éd., 1957; supplément 1960; biennal, 1967-1985; 12ᵉ éd., 1988. Éditions sur microfiche, 1973, 1978, 1984, 1986; annuel 1989-   . Titre en anglais seulement, 1ʳᵉ éd. (1957)-2ᵉ éd. (1967). L'adresse bibliographique varie.

Liste de plus de 88 000 publications en série de nature scientifique, technique ou médicale, réparties dans 301 bibliothèques canadiennes. Inclut des revues, des périodiques, des mémoires et des travaux de sociétés, des publications annuelles et des monographies sériées. Exclut les titres populaires, les almanachs, les journaux, les répertoires, les encyclopédies, les manuels, les publications statistiques gouvernementales et les publications de nature éphémère. Classement alphabétique par titres ou par organismes émetteurs. Les notices précisent le titre, le nom de l'organisme émetteur, le lieu et les dates de publication, les relations avec d'autres publications, les localisations et les fonds.

Disponible sur CD-ROM via: *Romulus* (Ottawa : Bibliothèque nationale du Canada : Institut canadien de l'information scientifique et technique, 1992).   Z7403 N267 fol.   016.505

689

CONSER microfiche **[microform]**. – Ottawa : National Library of Canada ; [Washington, D.C.] : Library of Congress, 1979-   . –   microfiches. – 0707-3747

Includes 467,000 records for serial titles, of which 50,000 are Canadian. The microfiche is produced from the CONSER database which is maintained as a co-operative project by 22 American and Canadian libraries. Consists of a register including all authenticated serial records added to the CONSER database between 1975 and 1978, and five indexes: author/title/series, ISSN, Canadiana control number, Library of Congress card number, OCLC control number. Updated annually with a register of new and modified titles and cumulative indexes.

Entries may include title, name of issuing body, place, dates and frequency of publication, relationships with other titles, English- and French-language subject headings, Library of Congress and Dewey decimal classification numbers, Library of Congress card numbers, Canadiana and OCLC control numbers and information on indexing and abstracting services.   Z6945 C753   018.134

Inclut 467 000 notices de publications en série, dont 50 000 sont canadiennes. L'édition sur microfiche est dérivée de la base de données CONSER qui est tenue à jour dans le cadre d'un projet coopératif impliquant 22 bibliothèques américaines et canadiennes. Un registre comprend toutes les notices de publications en série vérifiées qui ont été ajoutées à la base de données CONSER entre 1975 et 1978, ainsi que cinq index: auteurs/titres/collections, ISSN, numéros de contrôle Canadiana, numéros de fiches de la Library of Congress, numéros de contrôle de l'OCLC. Mise à jour annuelle au moyen d'un registre des titres nouveaux et modifiés et d'index cumulatifs.

Les notices peuvent comprendre le titre, le nom de l'organisme émetteur, le lieu et les dates de publication, la périodicité, les relations avec d'autres publications, les vedettes-matière en anglais et en français, les indices de la Library of Congress et de la Classification décimale de Dewey, le numéro de fiche de la Library of Congress, le numéro de contrôle Canadiana et le numéro de contrôle de l'OCLC, ainsi que des données sur les services d'indexation et d'analyse documentaire.   Z6945 C753   018.134

690

CONSER microfiche **[microforme]**. – Ottawa : Bibliothèque nationale du Canada ; [Washington, D.C.] : Library of Congress, 1979-   . – microfiches. – 0707-3747

Includes 467,000 records for serial titles, of which 50,000 are Canadian. The microfiche is produced from the CONSER database which is maintained as a co-operative project by 22 American and Canadian libraries. Consists of a register including all authenticated serial records added to the CONSER database between 1975 and

Inclut 467 000 notices de publications en série, dont 50 000 sont canadiennes. L'édition sur microfiche est dérivée de la base de données CONSER qui est tenue à jour dans le cadre d'un projet coopératif impliquant 22 bibliothèques américaines et canadiennes. Un registre comprend toutes les notices de publications en série

1978, and five indexes: author/title/series, ISSN, Canadiana control number, Library of Congress card number, OCLC control number. Updated annually with a register of new and modified titles and cumulative indexes.

Entries may include title, name of issuing body, place, dates and frequency of publication, relationships with other titles, English- and French-language subject headings, Library of Congress and Dewey decimal classification numbers, Library of Congress card numbers, Canadiana and OCLC control numbers and information on indexing and abstracting services. Z6945 C753 018.134

vérifiées qui ont été ajoutées à la base de données CONSER entre 1975 et 1978, ainsi que cinq index: auteurs/titres/collections, ISSN, numéros de contrôle Canadiana, numéros de fiches de la Library of Congress, numéros de contrôle de l'OCLC. Mise à jour annuelle au moyen d'un registre des titres nouveaux et modifiés et d'index cumulatifs.

Les notices peuvent comprendre le titre, le nom de l'organisme émetteur, le lieu et les dates de publication, la périodicité, les relations avec d'autres publications, les vedettes-matière en anglais et en français, les indices de la Library of Congress et de la Classification décimale de Dewey, le numéro de fiche de la Library of Congress, le numéro de contrôle Canadiana et le numéro de contrôle de l'OCLC, ainsi que des données sur les services d'indexation et d'analyse documentaire. Z6945 C753 018.134

691
Cooperative Union Serials System. – *CUSS* [**microform**]. – [Downsview, Ont. : Cooperative Union Serials System, 1974?]- . – microfiches. – 0229-8775

A union list of serials held by thirteen university libraries in Ontario. Produced at York University for the Ontario Council of University Libraries. Arranged alphabetically by title. Entries may include title, place and dates of publication, publisher, relationships with other serial titles, locations and holdings. Z6945 C78 fiche 018.134

Liste collective des publications en série conservées dans treize bibliothèques universitaires de l'Ontario. Produite par la York University pour le Conseil des bibliothèques d'université de l'Ontario. Classement alphabétique par titres. Les notices peuvent comprendre le titre, le lieu et les dates de publication, l'éditeur, les relations avec d'autres publications en série, les localisations et les fonds. Z6945 C78 fiche 018.134

692
Hoglund, A. William [Arthur William]. – *Union list of Finnish newspapers published by Finns in the United States and Canada, 1876-1985.* – Minneapolis : Finnish American Newspapers Microfilm Project, United Fund for Finnish American Archives, Suomi College, Immigration History Research Center, 1985. – xxii, 296 p.

List of serials published by North Americans of Finnish origin in the United States and Canada between 1876 and 1985. Three parts: newspapers; monthly, semi-monthly, bimonthly; other series. Each entry includes translated title, frequency, place and years of publication, affiliation, finding aids, bibliographical references, a historical note and locations by type of format. Bibliography. Z6953.5 F55 H64 1985 fol. 013.039454107

Recension des publications en série publiées entre 1876 et 1985 par les Nord-Américains d'origine finlandaise aux États-Unis et au Canada. Trois parties: journaux; mensuels, semi-mensuels, bimensuels; autres séries. Chaque notice comprend le titre traduit, la périodicité, le lieu et les années de publication, l'affiliation, l'instrument de recherche, des renvois bibliographiques, une note historique et les localisations par types de support. Bibliographie. Z6953.5 F55 H64 1985 fol. 013.039454107

693
Jones, Linda M. [Linda Marilyn]. – *Preliminary checklist of pre-1901 Canadian serials.* – 1st draft (Dec. 1986). – Ottawa : Canadian Institute for Historical Microreproductions, 1986. – 11 microfiches. – 0665000006

A list of pre-1901 Canadian periodicals, annuals, gazettes, proceedings and transactions. Excludes other official publications, newspapers, directories and monographic parts of series. Arranged in three alphabetical sequences: periodicals; almanacs and reports; proceedings, etc. Entries include title, subtitle, name of publisher, place and dates of publication, frequency, title changes, relationships with other serials, references to other bibliographies, locations, holdings and microform availability. Z6954 C2 J65 1986 fiche 015.71034

Liste de périodiques, publications annuelles, journaux officiels, travaux et mémoires canadiens antérieurs à 1901. Exclut les autres genres de publications officielles, les journaux, les répertoires et les monographies sériées. Classement alphabétique en trois sections: périodiques; almanachs et rapports; travaux, etc. Les notices précisent le titre, le sous-titre, le nom de l'éditeur, le lieu et les dates de publication, la périodicité, les changements de titres, les relations avec d'autres publications en série, les références à d'autres bibliographies, les localisations, les fonds et la disponibilité sur support microforme. Z6954 C2 J65 1986 fiche 015.71034

694
Manitoba serials list : serials currently received in Manitoba libraries. – Sheila Andrich and David Thirlwall, editors. – Winnipeg : Manitoba Library Association, c1991. – 1 vol. (unpaged). – 0969281412

A union list of periodicals, newspapers, annuals, etc., held by Manitoba public, university, college, school, government and special libraries. Alphabetically arranged by title. Entries are preceded by numeric codes representing the libraries holding the serial. Detailed holdings information not provided. Lists of participating libraries arranged by numeric code and name. Z6945 M318 1991 fol. 018.134

Catalogue collectif des périodiques, des journaux, des publications annuelles, etc., répartis dans les bibliothèques publiques, universitaires, collégiales, scolaires, gouvernementales et spécialisées du Manitoba. Classement alphabétique par titres. Les notices sont précédées de codes numériques identifiant les localisations. Ne fournit pas de données détaillées sur les fonds. Signale les bibliothèques participantes par codes numériques et par noms. Z6945 M318 1991 fol. 018.134

695

Memorial University of Newfoundland. Library. – *Serial holdings in Newfoundland libraries.* – (1957)- . – St. John's : the Library, 1957- . – vol. – 0709-0536

Lists periodicals and newspapers held in the libraries of a number of Newfoundland institutions. Also includes directories, year books, conferences and reports which are intended to be continued indefinitely. Alphabetically arranged by serial title or issuing body. Entries include title, place of publication, name of issuing body, relationships with other titles, locations and holdings. No indexes.

Title varies: 1957-1963?, *Serial publications being received at the library of Memorial University of Newfoundland*; 1964, *Serial publications in the library of Memorial University of Newfoundland*; 1965, *Serial holdings in the libraries of Memorial University of Newfoundland*; 1969-1973, *Serial holdings in the libraries of Memorial University of Newfoundland and St. John's Public Library*; 1974, *Serials holdings in the libraries of Memorial University of Newfoundland, St. John's Public Library and College of Trades and Technology*; 1979- , *Serial holdings in Newfoundland libraries.* Z6945 M3813 fol. 018.134

Signale des périodiques et des journaux conservés dans les bibliothèques d'un certain nombre d'établissements de Terre-Neuve. Inclut également les répertoires, les annuaires, les travaux de congrès et les rapports dont la publication doit se poursuivre indéfiniment. Classement alphabétique des titres ou des noms des organismes émetteurs. Les notices précisent le titre, le lieu de publication, le nom de l'organisme émetteur, les relations avec d'autres publications, les localisations et les fonds. Aucun index.

Le titre varie: 1957-1963?, *Serial publications being received at the library of Memorial University of Newfoundland*; 1964, *Serial publications in the library of Memorial University of Newfoundland*; 1965, *Serial holdings in the libraries of Memorial University of Newfoundland*; 1969-1973, *Serial holdings in the libraries of Memorial University of Newfoundland and St. John's Public Library*; 1974, *Serials holdings in the libraries of Memorial University of Newfoundland, St. John's Public Library and College of Trades and Technology*; 1979- , *Serial holdings in Newfoundland libraries.* Z6945 M3813 fol. 018.134

696

Multilingual newspapers & periodicals in Ontario public libraries. – [Toronto] : Ontario Ministry of Citizenship and Culture, [1986?]. – 124 p. – 0772901627 – Cover title.

List of newspapers and periodicals in 50 languages other than English or French held in their original form and in microform format in 126 Ontario public libraries. Arranged by language in alphabetical order of titles. Each entry includes title, place of publication and location of collections by type of format. If relevant, the name of the publisher and relationship are mentioned. Two lists: languages available by library and by geographical area subdivided by library. Z6954 C21 M85 1986 018.134

Recension des journaux et périodiques publiés en 50 langues, autres que l'anglais et le français, et conservés sous forme originale et sur support microforme dans 126 bibliothèques publiques ontariennes. Classement par langues selon l'ordre alphabétique des titres. Chaque notice indique le titre, le lieu de publication et la localisation des collections selon le support. Le cas échéant, le nom de l'éditeur et la relation sont mentionnés. Deux listes des langues disponibles, articulées par bibliothèques et par régions géographiques subdivisées par bibliothèques. Z6954 C21 M85 1986 018.134

697

New serial titles. – Washington : Library of Congress, [1953?]- . – vol. – 0028-6680

Continues: *Union list of serials in libraries of the United States and Canada.* Eight monthly and three quarterly issues and an annual cumulation. Also cumulations for 1950-1970, 1971-1975, 1976-1980, 1981-1985, 1986-1989. Lists serials which began publication after December 31, 1949, held by American and Canadian libraries. Until 1980, included "Changes in serials". In 1981, *New serial titles* became a product of CONSER, an online co-operative serials project. Its coverage was expanded to include serials reported to the CONSER database regardless of date of publication.

Also published: *New serial titles 1950-1970, subject guide* (New York : Bowker, 1975). Provides a subject approach, based on Dewey decimal classification, to titles listed in the 1950-1970 cumulation. Z6945 N44 fol. 018.134

Suite de: *Union list of serials in libraries of the United States and Canada.* Huit numéros mensuels, trois numéros trimestriels et une refonte annuelle. Refontes couvrant également 1950-1970, 1971-1975, 1976-1980, 1981-1985, 1986-1989. Donne la liste des publications en série qui ont commencé à paraître après le 31 décembre 1949 et qui se trouvent dans des bibliothèques américaines et canadiennes. Jusqu'en 1980, comprenait «Changes in serials». En 1981, *New serial titles* devenait un produit de CONSER, un projet coopératif de création d'une banque de données sur les publications en série accessible en direct. Sa portée a alors été élargie de façon à inclure les publications en série inscrites dans la base de données CONSER, quelles que soient leurs dates de publication.

Également publié: *New serial titles 1950-1970, subject guide* (New York : Bowker, 1975). Présente une approche par sujets, modelée sur la classification décimale de Dewey, pour les notices qui figurent dans la refonte de 1950-1970. Z6945 N44 fol. 018.134

698

Romulus [CD-ROM]. – (1992)- . – Ottawa : National Library of Canada : Canada Institute for Scientific and Technical Information, 1992- . – computer laser optical disks ; 12 cm. – 1188-8741

Annual. Each new disk completely replaces the previous. Combines over 200,000 records for serials from: *Union list of serials in the social sciences and humanities : CANUC : S, ULCN : union list of Canadian newspapers, Union list of scientific serials in Canadian libraries, CISTI serials list.* Intended to be used as a locating and ordering tool. Also includes a directory of 4,300 Canadian libraries.

Searchable by author, title, series, keyword, language, country of publication, publisher, publication year, ISSN, Canadiana, Library of Congress card, CODEN, AMICUS document and DSS numbers, library symbol, product source code, keyword in library name and ISM WHO code. Full boolean search capabilities. Brief, full or

Annuel. Chaque nouveau disque rend caduque le disque antérieur. Regroupe plus de 200 000 notices de publications en série tirées de: *Liste collective des publications en série dans le domaine des sciences sociales et humaines : CANUC : S, LCJC : liste collective des journaux canadiens, Catalogue collectif des publications scientifiques dans les bibliothèques canadiennes, Liste des publications en série de l'ICIST.* Conçu pour servir d'outil de localisation et de commande. Comprend également un répertoire de 4 300 bibliothèques canadiennes.

Recherches par auteurs, par titres, par collections, par mots clés, par langues, par pays de publication, par éditeurs, par années de publication, par numéros ISSN, Canadiana, fiches de la Library of

CAN/MARC record formats. Menus available in English or French.

System requirements: IBM AT, 286, 386, 486 or compatible; 640K of RAM; MS-DOS version 3.1 or higher; one hard disk drive with one MB of free disk space; 19 cm or 14 cm disk drive; one CD-ROM drive; Hayes or Hayes compatible modem. Telecommunications software permits access to AMICUS, ENVOY 100, GEMDES (accounts with individual systems required). Z6945 R66 018.134

Congress, CODEN, de documents AMICUS et d'ASC, ainsi que par sigles de bibliothèques, par codes zébrés, par mots clés du nom des bibliothèques et par codes ISM WHO. Pleines capacités de recherche booléenne. Structure d'enregistrement abrégée, complète ou selon le format CAN/MARC. Menus offerts en anglais ou en français.

Configuration exigée: IBM AT, 286, 386, 486 ou compatible; 640K de mémoire vive; MS-DOS 3.1 ou version postérieure; un disque rigide avec un mégaoctet d'espace libre; une unité de disquettes de 19 cm ou de 14 cm; une unité de CD-ROM; un modem Hayes ou un modem compatible. Des logiciels de télécommunication permettent d'accéder à AMICUS, ENVOY 100 et GEMDES (il faut ouvrir un compte pour chaque système). Z6945 R66 018.134

699

Romulus [**CD-ROM**]. – (1992)- . – Ottawa : Bibliothèque nationale du Canada : Institut canadien de l'information scientifique et technique, 1992- . – disques au laser d'ordinateur ; 12 cm. – 1188-8741

Annual. Each new disk completely replaces the previous. Combines over 200,000 records for serials from: *Union list of serials in the social sciences and humanities : CANUC : S, ULCN : union list of Canadian newspapers, Union list of scientific serials in Canadian libraries, CISTI serials list.* Intended to be used as a locating and ordering tool. Also includes a directory of 4,300 Canadian libraries.

Searchable by author, title, series, keyword, language, country of publication, publisher, publication year, ISSN, Canadiana, Library of Congress card, CODEN, AMICUS document and DSS numbers, library symbol, product source code, keyword in library name and ISM WHO code. Full boolean search capabilities. Brief, full or CAN/MARC record formats. Menus available in English or French.

System requirements: IBM AT, 286, 386, 486 or compatible; 640K of RAM; MS-DOS version 3.1 or higher; one hard disk drive with one MB of free disk space; 19 cm or 14 cm disk drive; one CD-ROM drive; Hayes or Hayes compatible modem. Telecommunications software permits access to AMICUS, ENVOY 100, GEMDES (accounts with individual systems required). Z6945 R66 018.134

Annuel. Chaque nouveau disque rend caduque le disque antérieur. Regroupe plus de 200 000 notices de publications en série tirées de: *Liste collective des publications en série dans le domaine des sciences sociales et humaines : CANUC : S, LCJC : liste collective des journaux canadiens, Catalogue collectif des publications scientifiques dans les bibliothèques canadiennes, Liste des publications en série de l'ICIST.* Conçu pour servir d'outil de localisation et de commande. Comprend également un répertoire de 4 300 bibliothèques canadiennes.

Recherches par auteurs, par titres, par collections, par mots clés, par langues, par pays de publication, par éditeurs, par années de publication, par numéros ISSN, Canadiana, fiches de la Library of Congress, CODEN, de documents AMICUS et d'ASC, ainsi que par sigles de bibliothèques, par codes zébrés, par mots clés du nom des bibliothèques et par codes ISM WHO. Pleines capacités de recherche booléenne. Structure d'enregistrement abrégée, complète ou selon le format CAN/MARC. Menus offerts en anglais ou en français.

Configuration exigée: IBM AT, 286, 386, 486 ou compatible; 640K de mémoire vive; MS-DOS 3.1 ou version postérieure; un disque rigide avec un mégaoctet d'espace libre; une unité de disquettes de 19 cm ou de 14 cm; une unité de CD-ROM; un modem Hayes ou un modem compatible. Des logiciels de télécommunication permettent d'accéder à AMICUS, ENVOY 100 et GEMDES (il faut ouvrir un compte pour chaque système). Z6945 R66 018.134

700

Saskatchewan union list of serials [**microform**]. – 1st ed. (1972)- . – [Regina : Saskatchewan Provincial Library, Bibliographic Services Division], 1972- . – microfiches. – 0845-731X

1st ed., 1972; 2nd ed., 1976; 3rd ed., 1978; 4th ed., 1981, *Union list of serials.* 5th ed., 1984. A union list of serials on all subjects held by public, university and special libraries in Saskatchewan. Includes newspapers and periodicals. Alphabetically arranged by title. Entries include title, place and dates of publication, name of issuing body, frequency, relationships with other serial titles, locations and holdings. First through fourth editions in print format. Z6945 S3845 fiche 018.134

1re éd., 1972; 2e éd., 1976; 3e éd., 1978; 4e éd., 1981, *Union list of serials.* 5e éd., 1984. Catalogue collectif des publications en série sur toutes sortes de sujets, réparties dans des bibliothèques publiques, universitaires et spécialisées de la Saskatchewan. Comprend des journaux et des périodiques. Classement alphabétique des titres. Les notices précisent le titre, le lieu et les dates de publication, le nom de l'organisme émetteur, la périodicité, les relations avec d'autres publications en série, les localisations et les fonds. Les quatre premières éditions ont été imprimées. Z6945 S3845 fiche 018.134

701

ULCN [**microform**] : *union list of Canadian newspapers = LCJC : liste collective des journaux canadiens.* – (Oct. 88)- . – [Ottawa : National Library of Canada, 1988]- . – microfiches : negative. – 0840-5832

Irregular. List of Canadian newspapers held in original and microform formats in Canadian libraries. Includes general interest, community, ethnic, Aboriginal, student, religious (pre-1900) and alternative newspapers. House organs and publications on a particular subject are excluded. Numerically arranged. Each entry includes title, issue designation, imprint, frequency and language; ISSN, OCLC, AMICUS and Canadiana numbers; relationships, locations. Two indexes: geographical, title-name.

Includes most of the newspapers listed in: *Union list of Canadian newspapers held by Canadian libraries = Liste collective des journaux canadiens disponibles dans les bibliothèques canadiennes* (Ottawa : Newspaper Section, Serials Division, Public Services Branch,

Irrégulier. Recension des journaux canadiens conservés sous forme originale et sur support microforme dans les bibliothèques canadiennes. Les journaux d'intérêt général, communautaire, ethnique, autochtone, (pré-1900) et la presse parallèle sont inclus. Les publications d'organismes et celles traitant d'un sujet particulier sont exclues. Classement numérique. Chaque notice comprend le titre, la désignation de livraison, l'adresse bibliographique, la périodicité, la langue, les numéros ISSN, OCLC, AMICUS et Canadiana, les relations, les localisations. Deux index: géographique, titres-noms.

Signale la plupart des journaux figurant dans: *Union list of Canadian newspapers held by Canadian libraries = Liste collective des journaux canadiens disponibles dans les bibliothèques canadiennes*

National Library of Canada, 1977); *Checklist of Canadian ethnic serials = Liste des publications en série ethniques du Canada* (Ottawa : Newspaper Division, Public Services Branch, 1981). Available on CD-ROM as part of: *Romulus* (Ottawa : National Library of Canada : Canada Institute for Scientific and Technical Information, 1992). Available online as part of the National Library's AMICUS database. Z6954 C36 U62 fiche   015.71035

(Ottawa : Section des journaux, Division des publications en série, Direction des services au public, Bibliothèque nationale du Canada, 1977); *Checklist of Canadian ethnic serials = Liste des publications en série ethniques du Canada* (Ottawa : Division des journaux, Direction des services au public, 1981). Disponible sur support CD-ROM comme partie de: *Romulus* (Ottawa : Bibliothèque nationale du Canada : Institut canadien de l'information scientifique et technique, 1992). Disponible en direct comme partie de la base de données AMICUS, de la Bibliothèque nationale du Canada.   Z6954 C36 U62 fiche   015.71035

702

ULCN [microforme] : *union list of Canadian newspapers = LCJC : liste collective des journaux canadiens.* – (Oct. 88)-   . – [Ottawa : Bibliothèque nationale du Canada, 1988]-   . –   microfiches : négatif. – 0840-5832

Irregular. List of Canadian newspapers held in original and microform formats in Canadian libraries. Includes general interest, community, ethnic, Aboriginal, student, religious (pre-1900) and alternative newspapers. House organs and publications on a particular subject are excluded. Numerically arranged. Each entry includes title, issue designation, imprint, frequency and language; ISSN, OCLC, AMICUS and Canadiana numbers; relationships, locations. Two indexes: geographical, title-name.

Includes most of the newspapers listed in: *Union list of Canadian newspapers held by Canadian libraries = Liste collective des journaux canadiens disponibles dans les bibliothèques canadiennes* (Ottawa : Newspaper Section, Serials Division, Public Services Branch, National Library of Canada, 1977); *Checklist of Canadian ethnic serials = Liste des publications en série ethniques du Canada* (Ottawa : Newspaper Division, Public Services Branch, 1981). Available on CD-ROM as part of: *Romulus* (Ottawa : National Library of Canada : Canada Institute for Scientific and Technical Information, 1992). Available online as part of the National Library's AMICUS database. Z6954 C36 U62 fiche   015.71035

Irrégulier. Recension des journaux canadiens conservés sous forme originale et sur support microforme dans les bibliothèques canadiennes. Les journaux d'intérêt général, communautaire, ethnique, autochtone, (pré-1900) et la presse parallèle sont inclus. Les publications d'organismes et celles traitant d'un sujet particulier sont exclues. Classement numérique. Chaque notice comprend le titre, la désignation de livraison, l'adresse bibliographique, la périodicité, la langue, les numéros ISSN, OCLC, AMICUS et Canadiana, les relations, les localisations. Deux index: géographique, titres-noms.

Signale la plupart des journaux figurant dans: *Union list of Canadian newspapers held by Canadian libraries = Liste collective des journaux canadiens disponibles dans les bibliothèques canadiennes* (Ottawa : Section des journaux, Division des publications en série, Direction des services au public, Bibliothèque nationale du Canada, 1977); *Checklist of Canadian ethnic serials = Liste des publications en série ethniques du Canada* (Ottawa : Division des journaux, Direction des services au public, 1981). Disponible sur support CD-ROM comme partie de: *Romulus* (Ottawa : Bibliothèque nationale du Canada : Institut canadien de l'information scientifique et technique, 1992). Disponible en direct comme partie de la base de données AMICUS, de la Bibliothèque nationale du Canada.   Z6954 C36 U62 fiche   015.71035

703

Union list of scientific serials in Canadian libraries. – 1st ed. (1957)-   . – Ottawa : Canada Institute for Scientific and Technical Information, 1957-   . –   vol. – 00827657 – Title on added t.p. : *Catalogue collectif des publications scientifiques dans les bibliothèques canadiennes.*

Frequency of print edition varies: 1st ed., 1957; supplement 1960; biennial, 1967-1985; 12th ed. 1988. Microfiche editions, 1973, 1978, 1984, 1986; annual 1989-   . Title in English only, 1st ed. (1957)-2nd ed. (1967). Imprint varies.

A list of over 88,000 scientific, technical and medical serials held in 301 Canadian libraries. Includes journals, periodicals, transactions and proceedings of societies, annuals and monographic series. Excludes popular titles, almanacs, newspapers, directories, encyclopedias, handbooks, government statistical publications and ephemeral publications. Alphabetically arranged by title or issuing body. Entries include title, name of issuing body, place and dates of publication, relationships with other titles, locations and holdings.

Available on CD-ROM as part of: *Romulus* (Ottawa : National Library of Canada : Canada Institute for Scientific and Technical Information, 1992).   Z7403 N267 fol.   016.505

La périodicité des éditions imprimées varie: 1re éd., 1957; supplément 1960; biennal, 1967-1985; 12e éd., 1988. Éditions sur microfiche, 1973, 1978, 1984, 1986; annuel 1989-   . Titre en anglais seulement, 1re éd. (1957)-2e éd. (1967). L'adresse bibliographique varie.

Liste de plus de 88 000 publications en série de nature scientifique, technique ou médicale, conservées dans 301 bibliothèques canadiennes. Inclut des revues, des périodiques, des mémoires et des travaux de sociétés, des publications annuelles et des monographies sériées. Exclut les titres populaires, les almanachs, les journaux, les répertoires, les encyclopédies, les manuels, les publications statistiques gouvernementales et les publications de nature éphémère. Classement alphabétique par titres ou par organismes émetteurs. Les notices précisent le titre, le nom de l'organisme émetteur, le lieu et les dates de publication, les relations avec d'autres publications, les localisations et les fonds.

Disponible sur CD-ROM via: *Romulus* (Ottawa : Bibliothèque nationale du Canada : Institut canadien de l'information scientifique et technique, 1992).   Z7403 N267 fol.   016.505

704

Union list of serials in libraries of the United States and Canada. – Edited by Edna Brown Titus. – 3rd ed. – New York : H.W. Wilson, 1965. – 5 vol. (4649 p.).

A listing of 156,449 serials which began publication before 1950, held by 956 libraries. 65 Canadian libraries included. Newspapers excluded. Continued by: *New serial titles.* Z6945 U45 1965 018.134

Liste de 156 449 publications en série qui ont commencé de paraître avant 1950 et qui sont réparties dans 956 bibliothèques, dont 65 bibliothèques canadiennes. Les journaux sont exclus. Suivi de: *New serial titles.* Z6945 U45 1965   018.134

705

Union list of serials in Ontario government libraries = Liste collective des publications en série des bibliothèques du gouvernement de l'Ontario. – 4th ed. – Toronto : Ontario Government Libraries Council, 1992. – [22], 339 p. – 0772999627

1st ed., 1976. 2nd ed., 1979. 3rd ed., 1987. Lists periodicals held by 55 Ontario government libraries. Excludes most newsletters, year books and annuals. Alphabetically arranged by title. Entries include title, ISSN, place and dates of publication, relationships with other titles, locations and holdings. Directory of contributing libraries. No index.   Z6945 U418 1992 fol.   018.134

1ʳᵉ éd., 1976. 2ᵉ éd., 1979. 3ᵉ éd., 1987. Signale des périodiques répartis dans 55 bibliothèques du gouvernement de l'Ontario. Exclut la plupart des bulletins, des annuaires et des publications annuelles. Classement alphabétique par titres. Les notices précisent le titre, l'ISSN, le lieu et les dates de publication, les relations avec d'autres publications, les localisations et les fonds. Répertoire des bibliothèques participantes. Aucun index.   Z6945 U418 1992 fol.   018.134

706

Union list of serials in Ontario government libraries = Liste collective des publications en série des bibliothèques du gouvernement de l'Ontario. – 4ᵉ éd. – Toronto : Conseil des bibliothèques du gouvernement de l'Ontario, 1992. – [22], 339 p. – 0772999627

1st ed., 1976. 2nd ed., 1979. 3rd ed., 1987. Lists periodicals held by 55 Ontario government libraries. Excludes most newsletters, year books and annuals. Alphabetically arranged by title. Entries include title, ISSN, place and dates of publication, relationships with other titles, locations and holdings. Directory of contributing libraries. No index.   Z6945 U418 1992 fol.   018.134

1ʳᵉ éd., 1976. 2ᵉ éd., 1979. 3ᵉ éd., 1987. Signale des périodiques répartis dans 55 bibliothèques du gouvernement de l'Ontario. Exclut la plupart des bulletins, des annuaires et des publications annuelles. Classement alphabétique par titres. Les notices précisent le titre, l'ISSN, le lieu et les dates de publication, les relations avec d'autres publications, les localisations et les fonds. Répertoire des bibliothèques participantes. Aucun index.   Z6945 U418 1992 fol.   018.134

707

Union list of serials in the social sciences and humanities : CANUC : S [microform] *= Liste collective des publications en série dans le domaine des sciences sociales et humaines : CANUC : S.* – 1st ed. (1980)-   . – [Ottawa : National Library of Canada], 1980-   . –   microfiches. – 0227-3187

1st ed., 1980, 2nd ed., 1981, *Union list of serials in the social sciences and humanities held by Canadian libraries*. Includes selected serial titles in the social sciences and humanities held by Canadian libraries which contribute to the National Library's Union Catalogue. Monographic series and loose-leaf services are included. Microform, hard copy and reprint formats are listed. Excludes newspapers, city and telephone directories, calendars of educational institutions, catalogues, encyclopedias and library accession lists. The register is alphabetically arranged by main entry. Entries include title, name of publisher, place and dates of publication, relationships with other titles, ISSN, AMICUS document number, Canadiana and CONSER control numbers, Library of Congress card number, locations and holdings. ISSN index.

Supersedes: *Union list of serials indexed by Social sciences citation index held by Canadian libraries; Union list of serials in education and sociology held by Canadian libraries; Union list of Polish serials in Canadian libraries; Union list of serials indexed by Public Affairs Information Service bulletin held by Canadian libraries; Union list of serials in fine arts in Canadian libraries.*

Available online as part of the National Library of Canada's AMICUS database. Available on CD-ROM as part of: *Romulus* (Ottawa : National Library of Canada : Canada Institute for Scientific and Technical Information, 1992).   Z7161 N32 fiche   016.3005

1ʳᵉ éd., 1980, 2ᵉ éd., 1981, *Liste collective des publications en série dans le domaine des sciences sociales et humaines dans les bibliothèques canadiennes*. Inclut une sélection de publications en série du domaine des sciences sociales et humaines, localisées dans les bibliothèques canadiennes qui contribuent au Catalogue collectif de la Bibliothèque nationale. Les monographies sériées et les services de mise à jour sur feuilles mobiles sont inclus. Les microformes, les copies sur papier et les réimpressions figurent dans la liste. Exclut les journaux, les annuaires de villes et téléphoniques, les annuaires des universités et collèges, les catalogues, les encyclopédies et les inventaires des bibliothèques. Dans le registre, le classement est selon l'ordre alphabétique des vedettes principales. Les notices peuvent comprendre le titre, le nom de l'éditeur, le lieu et les dates de publication, les relations avec d'autres publications, l'ISSN, les numéros de document AMICUS, de contrôle Canadiana ou CONSER, et de fiche de la Library of Congress, les localisations et les fonds. Index des ISSN.

Remplace: *Inventaire des publications en série répertoriées dans le Social science citation index disponibles dans les bibliothèques canadiennes; Inventaire des publications en série dans les domaines de l'éducation et de la sociologie disponibles dans les bibliothèques canadiennes; Inventaire des publications en série polonaises dans les bibliothèques canadiennes; Inventaire des publications en série dans le Public Affairs Information Service bulletin disponibles dans les bibliothèques canadiennes; Inventaire des publications en série dans le domaine des beaux-arts dans les bibliothèques canadiennes.*

Accessible en direct comme partie de la base de données AMICUS de la Bibliothèque nationale du Canada. Disponible sur CD-ROM comme partie de: *Romulus* (Ottawa : Bibliothèque nationale du Canada : Institut canadien de l'information scientifique et technique, 1992).   Z7161 N32 fiche   016.3005

708

Union list of serials in the social sciences and humanities : CANUC : S [microforme] *= Liste collective des publications en série dans le domaine des sciences sociales et humaines : CANUC : S.* – 1ʳᵉ éd. (1980)-   . – [Ottawa : Bibliothèque nationale du Canada], 1980-   . – microfiches. – 0227-3187

1st ed., 1980, 2nd ed., 1981, *Union list of serials in the social sciences and humanities held by Canadian libraries*. Includes selected serial titles in the social sciences and humanities held by Canadian libraries which contribute to the National Library's Union Catalogue. Monographic series and loose-leaf services are included.

1ʳᵉ éd., 1980, 2ᵉ éd., 1981, *Liste collective des publications en série dans le domaine des sciences sociales et humaines dans les bibliothèques canadiennes*. Inclut une sélection de publications en série du domaine des sciences sociales et humaines, localisées dans les bibliothèques canadiennes qui contribuent au Catalogue collectif de la

Microform, hard copy and reprint formats are listed. Excludes newspapers, city and telephone directories, calendars of educational institutions, catalogues, encyclopedias and library accession lists. The register is alphabetically arranged by main entry. Entries include title, name of publisher, place and dates of publication, relationships with other titles, ISSN, AMICUS document number, Canadiana and CONSER control numbers, Library of Congress card number, locations and holdings. ISSN index.

Supersedes: *Union list of serials indexed by Social sciences citation index held by Canadian libraries; Union list of serials in education and sociology held by Canadian libraries; Union list of Polish serials in Canadian libraries; Union list of serials indexed by Public Affairs Information Service bulletin held by Canadian libraries; Union list of serials in fine arts in Canadian libraries.*

Available online as part of the National Library of Canada's AMICUS database. Available on CD-ROM as part of: *Romulus* (Ottawa : National Library of Canada : Canada Institute for Scientific and Technical Information, 1992). Z7161 N32 fiche 016.3005

Bibliothèque nationale. Les monographies sériées et les services de mise à jour sur feuilles mobiles sont inclus. Les microformes, les copies sur papier et les réimpressions figurent dans la liste. Exclut les journaux, les annuaires de villes et téléphoniques, les annuaires des universités et collèges, les catalogues, les encyclopédies et les inventaires des bibliothèques. Dans le registre, le classement est selon l'ordre alphabétique des vedettes principales. Les notices peuvent comprendre le titre, le nom de l'éditeur, le lieu et les dates de publication, les relations avec d'autres publications, l'ISSN, les numéros de document AMICUS, de contrôle Canadiana ou CONSER, et de fiche de la Library of Congress, les localisations et les fonds. Index des ISSN.

Remplace: *Inventaire des publications en série répertoriées dans le Social science citation index disponibles dans les bibliothèques canadiennes; Inventaire des publications en série dans les domaines de l'éducation et de la sociologie disponibles dans les bibliothèques canadiennes; Inventaire des publications en série polonaises dans les bibliothèques canadiennes; Inventaire des publications en série dans le Public Affairs Information Service bulletin disponibles dans les bibliothèques canadiennes; Inventaire des publications en série dans le domaine des beaux-arts dans les bibliothèques canadiennes.*

Accessible en direct comme partie de la base de données AMICUS de la Bibliothèque nationale du Canada. Disponible sur CD-ROM comme partie de: *Romulus* (Ottawa : Bibliothèque nationale du Canada : Institut canadien de l'information scientifique et technique, 1992). Z7161 N32 fiche 016.3005

709

Yukon Library and Information Network. – *INFONET : periodical list.* – (1994)- . – [Whitehorse] : the Network, 1994- . – vol. – Cover title.

Annual. List of serials held by twenty libraries in the Yukon Territory, available for interlibrary loan. Alphabetically arranged by title. For each serial, title, locations, holdings and relationships are mentioned. Directory of participating libraries. Z6945 018.134

Annuel. Recension par titres des publications en série conservées dans vingt bibliothèques du Yukon, disponibles par prêt entre bibliothèques. Pour chaque publication en série, le titre, les localisations, les fonds et les relations sont mentionnés. Répertoire des bibliothèques participantes. Z6945 018.134

Provinces and Territories

Alberta

Provinces et territoires

Alberta

710

Landry, Charlotte. – *Franco-Albertan newspapers, 1898-1982 : a guide.* – Edmonton : [C. Landry], 1984. – 65 leaves.

Chronological list of eleven Franco-Albertan newspapers, held in original and microform formats by seven Canadian institutions. Each entry includes title, dates of publication, imprint, relationships, frequency, names of editors, editorial policy and locations. Also includes a historical study of Franco-Albertan newspapers. Bibliography. Two indexes: title, geographical. A project submitted to the Faculty of Library Science of the University of Alberta. Z6954 C2 L36 1984 fol. 014.7123035

Recension chronologique, de onze journaux franco-albertains, conservés sous forme originale et sur support microforme, dans sept institutions canadiennes. Chaque notice comprend le titre, les dates de publication, l'adresse bibliographique, les relations, la périodicité, les noms des rédacteurs, la politique éditoriale et les localisations. Comprend aussi une étude historique des journaux franco-albertains. Bibliographie. Deux index: titres, géographique. Un projet soumis à la Faculté de bibliothéconomie de la University of Alberta. Z6954 C2 L36 1984 fol. 014.7123035

711

Strathern, Gloria M. [Gloria Margaret]. – *Alberta newspapers, 1880-1982 : an historical directory.* – Edmonton : University of Alberta Press, c1988. – xxxi, 568 p., [8] p. of plates : ill., maps. – 0888641370 (bd.) 0888641389 (pa.)

List of Alberta newspapers held in original and microform formats by 48 Canadian institutions and two American libraries. Arranged alphabetically by place of publication, then chronologically. Each entry includes title, dates of publication, frequency, locations, specific subject or affiliation, language (when other than unilingual English), relationships, history of the publication. Bibliography. A biographical index of newspaper publishers, editors and owners. Two chronological indexes: daily newspapers, newspapers other than dailies. Three other indexes: ethnic group, subject, title. Z6954 C2 S87 1988 015.7123035

Recension des journaux albertains conservés sous forme originale et sur support microforme, dans 48 institutions canadiennes et deux bibliothèques américaines. Classement alphabétique par lieux de publication et selon l'ordre chronologique. Chaque notice comprend le titre, les dates de publication, la périodicité, les localisations, le sujet ou l'affiliation spécifique, la langue (si autre qu'unilingue anglais), les relations, l'historique de la publication. Bibliographie. Un index biographique des éditeurs, rédacteurs et propriétaires de journaux. Deux index chronologiques: quotidiens, journaux autres que les quotidiens. Trois autres index: groupes ethniques, sujets, titres. Z6954 C2 S87 1988 015.7123035

British Columbia

Colombie-Britannique

712

British Columbia. Legislative Library. – *Newspaper index* [microform]. – Vancouver : Precision Micrographic Services, 1973, [1981]. – 101 microfilm reels : negative. – 1181-3571 – Title from box.

Subject-name index of selected articles of local, historical, political, economic and social interest, from nine British Columbia newspapers. Two parts: 1900-1970 (65 reels) and 1971-1980 (36 reels). The newspapers indexed in the first part are: *The Daily colonist*, 1900-1970; *Victoria daily times*, 1906-1970; *The Province*, 1900-Oct. 1917, 1924-1970; *Vancouver daily world*, 1910-Oct. 1917, 1924; *The Vancouver sun*, 1912-1970; *The Vancouver star*, 1924-1932; *The Vancouver herald*, 1933-1957; *Vancouver times*, 1964-1965; *Express*, 1970. The newspapers indexed in the second part are: *Times-colonist; The Vancouver sun; The Province*. AI1 N48 071.11

Index confondu des sujets et des noms d'une sélection d'articles d'intérêt local, historique, politique, économique et social, parus dans neuf journaux de la Colombie-Britannique. Deux parties: 1900-1970 (65 bobines) et 1971-1980 (36 bobines). Les journaux indexés dans la première partie sont: *The Daily colonist*, 1900-1970; *Victoria daily times*, 1906-1970; *The Province*, 1900-oct. 1917, 1924-1970; *Vancouver daily world*, 1910-oct. 1917, 1924; *The Vancouver sun*, 1912-1970; *The Vancouver star*, 1924-1932; *The Vancouver herald*, 1933-1957; *Vancouver times*, 1964-1965; *Express*, 1970. Les journaux indexés dans la deuxième partie sont: *Times-colonist; The Vancouver sun; The Province*. AI1 N48 071.11

713

Komorous, Hana. – *Union catalogue of British Columbia newspapers.* – Vancouver : British Columbia Library Association, 1987. – 3 vol. (xxvii, 378 ; v, 452 ; v, 332 p.) : maps.

List of British Columbia newspapers, held in original and microform formats by 241 Canadian institutions and in 25 locations outside Canada. Vol. 1, arranged alphabetically by title; vol. 2, by place of publication. Entries in vols. 1 and 2 include: title, issue designation, imprint, frequency, relationships, names of publishers and editors, locations and holdings. Vol. 3 consists of four lists: newspapers by type, by ethnic or Native group, newspapers in languages other than English, indexed newspapers; two indexes: geographical, name.

   Reproduced in microform format: Vancouver: British Columbia Library Association, 1987, 11 microfiches. Available online through the University of British Columbia's library catalogue, UBCLIB. Remote access via the Internet, telnet: library.ubc.ca. Z6945 K64 1987 fol. 015.711035

Recension des journaux de la Colombie-Britannique, conservés sous forme originale et sur support microforme dans 241 institutions canadiennes et 25 localisations étrangères. Vol. 1, classement alphabétique par titres; vol. 2, classement par lieux de publication. Chacune des notices des volumes 1 et 2 comprend le titre, la désignation de livraison, l'adresse bibliographique, la périodicité, les relations, les noms des éditeurs et rédacteurs, les localisations et les fonds. Le volume 3 comporte quatre listes: journaux par genres, par groupes ethniques ou autochtones, langues autres que l'anglais, journaux indexés; deux index: géographique, noms.

   Reproduit sur support microforme: Vancouver : British Columbia Library Association, 1987, 11 microfiches. Disponible en direct via le catalogue de la bibliothèque de la University of British Columbia, UBCLIB. Accessible via l'Internet, telnet: library.ubc.ca. Z6945 K64 1987 fol. 015.711035

714

Woodward, Frances. – *Cumulative alphabetical index to BC studies, numbers 1 to 50 (Winter 1968/69 to Summer 1981).* – [Vancouver : University of British Columbia, 1982]. – 76 p. – 0005-2949

An index of articles published in *BC studies*. Two parts: subject index to articles, author index to book reviews. *BC studies* is also indexed in *Canadian periodical index*. FC3801 B372 971.1005

Index des articles parus dans *BC studies*. Deux parties: articles recensés par sujets, comptes rendus répertoriés par auteurs. *BC studies* est aussi indexé par: *Index de périodiques canadiens*. FC3801 B372 971.1005

715

Young, George. – *The researcher's guide to British Columbia nineteenth century directories : a bibliography & index.* – Edited by John S. Lutz ; compiled by George Young. – [Victoria] : Public History Group, University of Victoria, 1988. – iv, 162 p. – 0921278004

A bibliography of national, regional, city and trade directories which list nineteenth-century British Columbians. Excludes works which are strictly gazetteers. Arranged chronologically, 1860-1900. Locations. Alphabetically arranged place-name and subject index. Z5771.4 B7 Y68 1988 fol. 016.97110025

Bibliographie d'annuaires nationaux, régionaux, de villes et de commerces qui recensent les résidents de la Colombie-Britannique au dix-neuvième siècle. Exclut les ouvrages qui sont exclusivement des répertoires géographiques. Classement chronologique, 1860-1900. Localisations. Un index: noms de lieux-sujets. Z5771.4 B7 Y68 1988 fol. 016.97110025

716

Young, George. – *The researcher's guide to British Columbia directories, 1901-1940 : a bibliography & index.* – By George Young and John S. Lutz. – [Victoria] : Public History Group, University of Victoria, 1992. – xviii, 255 p. – 092127808X

A bibliography of national, provincial, regional, city and trade directories which list the people of British Columbia. Excludes works which are strictly gazetteers. Arranged chronologically, 1900/1901-1940. Locations. Alphabetically arranged place-name and subject index. Z5771.4 B7 Y682 1992 fol. 016.97110025

Bibliographie d'annuaires nationaux, provinciaux, régionaux, de villes et de commerces qui recensent les résidents de Colombie-Britannique. Exclut les ouvrages qui sont exclusivement des répertoires géographiques. Classement chronologique, 1900/1901-1940. Localisations. Un index: noms de lieux-sujets. Z5771.4 B7 Y682 1992 fol. 016.97110025

Manitoba

717

Loveridge, D. M. [Donald Merwin]. – *A historical directory of Manitoba newspapers, 1859-1978.* – Winnipeg : University of Manitoba Press, c1981. – 233 p. – 088755122X

Directory of more than 900 Manitoba newspapers held in original and microform formats by twelve Canadian, one British and five American institutions. Includes 423 newspapers in English and French published outside of Winnipeg, listed alphabetically by place of publication; 333 English- and French-language newspapers published within greater Winnipeg, alphabetically arranged by place of publication; 150 ethnic newspapers, listed by ethnic group.

Each entry includes title and variants, dates of publication, frequency, language (if other than unilingual English), a brief history, locations and holdings. Bibliography. Title index. Twelve supplementary indexes by type of newspaper (agricultural, religious, student, etc.). Z6954 C2 L69 fol. 015.7127035

718

Manitoba newspaper checklist with library holdings, 1859-1986. – Manitoba Library Association with the assistance of Legislative Library of Manitoba, National Library of Canada, Manitoba Heritage Federation. – [Winnipeg] : Manitoba Library Association, 1986. – 106 p. – 0969281404

List of Manitoba newspapers held in original and microform formats by 50 Canadian institutions. Newspapers published outside of Winnipeg are arranged alphabetically by place. Newspapers published in Winnipeg are alphabetically arranged by title. Each entry includes title, dates of publication, frequency, language, type, relationships, locations and holdings. Three indexes: title, decade, language. Sixteen supplementary indexes by type of newspaper (agricultural, religious, student, etc.). Z6954 C2 M27 1986 fol. 015.7127035

719

The multilingual press in Manitoba. – Editorial committee members, W. Kristjanson [et al.] ; publishing committee members, Natalia Bashuk. – Winnipeg : Canada Press Club, 1974. – 248 p. : ill., ports. – Title on added t.p. : *La presse multilingue au Manitoba.*

A study of the ethnic press of Manitoba. Includes brief essays on the history and cultural significance of various ethnic newspapers and periodicals published in Manitoba. Indexes of names and titles. PN4917 M32 M8 050.8693

720

Pallett, Mary. – *The Winnipeg tribune subject clipping research files : microfilm master index.* – [Winnipeg] : Department of Archives and Special Collections, University of Manitoba Libraries, 1986. – 2 vol. (318 p.).

Subject index to articles of local, provincial and national interest, published in the *Winnipeg tribune* and microfilmed as part of the *Winnipeg tribune file clippings* project. Excludes obituaries. FC3361 P35 1986 071.12743

New Brunswick

721

Craig, Helen C. [Helen Caroline]. – *New Brunswick newspaper directory, 1783-1988 = Répertoire des journaux du Nouveau-Brunswick, 1783-1988.* – Fredericton : Council of Head Librarians of New Brunswick, 1989. – xxiv, 254 p. : ill. – 0969028733

List of approximately 650 New Brunswick newspapers held in original and microform formats by 40 Canadian institutions. Arranged alphabetically by place of publication. Each entry includes: title, frequency, dates of publication, name of publisher, relationships, entry number in *Historical directory of New Brunswick newspapers and periodicals*, missing issues, explanatory notes, locations and holdings. Three indexes: chronological, publisher, title. Appendix: publishing histories. Z6954 C2 C73 1989 fol. 015.7151035

Manitoba

Recension de plus de 900 journaux manitobains conservés sous forme originale et sur support microforme dans douze institutions canadiennes, cinq institutions américaines et une bibliothèque britannique. Comprend 423 journaux, de langue française et anglaise, classés selon l'ordre alphabétique des lieux situés à l'extérieur de Winnipeg; 333 journaux, de langue française et anglaise, classés selon l'ordre alphabétique des lieux situés dans les limites de la communauté urbaine de Winnipeg; 150 journaux ethniques recensés par groupes culturels.

Chaque notice comprend le titre et ses variantes, les dates de publication, la périodicité, la langue (si autre qu'unilingue anglais), un bref historique, les localisations et les fonds. Bibliographie. Index des titres. Douze index complémentaires par genres de journaux (agricoles, religieux, étudiants, etc.). Z6954 C2 L69 fol. 015.7127035

Recension des journaux manitobains conservés sous forme originale et sur support microforme dans 50 institutions canadiennes. Les journaux publiés à l'extérieur de Winnipeg sont classés selon l'ordre alphabétique des lieux de publication. Les journaux publiés à Winnipeg sont classés selon l'ordre alphabétique des titres. Chaque notice comprend le titre, les dates de publications, la périodicité, la langue, le genre, les relations, les localisations et les fonds. Trois index: titres, décennies, langues. Seize index complémentaires par genres de journaux (agricoles, religieux, étudiants, etc.). Z6954 C2 M27 1986 fol. 015.7127035

Étude de la presse ethnique du Manitoba. Inclut de courts essais sur l'histoire et l'importance culturelle des différents journaux et périodiques ethniques publiés au Manitoba. Deux index: noms, titres. PN4917 M32 M8 050.8693

Index sujets des articles d'intérêt local, provincial et national, parus dans le *Winnipeg tribune* et microfilmés dans le cadre du projet *Winnipeg tribune file clippings*. Notices nécrologiques non indexées. FC3361 P35 1986 071.12743

Nouveau-Brunswick

Recension d'environ 650 journaux du Nouveau-Brunswick conservés sous forme originale et sur support microforme dans 40 institutions canadiennes. Classement selon l'ordre alphabétique des lieux de publication. Chaque notice comprend le titre, la périodicité, les dates de publication, le nom de l'éditeur, les relations, le numéro de notice dans *Historical directory of New Brunswick newspapers and periodicals*, les livraisons manquantes, des notes explicatives, les localisations et les fonds. Trois index: chronologique, éditeurs, titres. Appendice: historique des publications. Z6954 C2 C73 1989 fol. 015.7151035

722

Craig, Helen C. [Helen Caroline]. – *New Brunswick newspaper directory, 1783-1988* = *Répertoire des journaux du Nouveau-Brunswick, 1783-1988.* – Fredericton : Conseil des directeurs de bibliothèque du Nouveau-Brunswick, 1989. – xxiv, 254 p. : ill. – 0969028733

List of approximately 650 New Brunswick newspapers held in original and microform formats by 40 Canadian institutions. Arranged alphabetically by place of publication. Each entry includes: title, frequency, dates of publication, name of publisher, relationships, entry number in *Historical directory of New Brunswick newspapers and periodicals*, missing issues, explanatory notes, locations and holdings. Three indexes: chronological, publisher, title. Appendix: publishing histories. Z6954 C2 C73 1989 fol. 015.7151035

Recension d'environ 650 journaux du Nouveau-Brunswick conservés sous forme originale et sur support microforme dans 40 institutions canadiennes. Classement alphabétique par lieux de publication. Chaque notice comprend le titre, la périodicité, les dates de publication, le nom de l'éditeur, les relations, le numéro de notice dans *Historical directory of New Brunswick newspapers and periodicals*, les livraisons manquantes, les notes explicatives, les localisations et les fonds. Trois index: chronologique, éditeurs, titres. Appendice: historique des publications. Z6954 C2 C73 1989 fol. 015.7151035

723

Harper, J. Russell [John Russell]. – *Historical directory of New Brunswick newspapers and periodicals.* – Fredericton : University of New Brunswick, 1961. – xxii, 121 p. : fold. facsim.

461 entries for New Brunswick newspapers and literary, historical, religious, educational and scientific periodicals published since 1783. Selected trade, lodge, society and club journals and house organs are included. Excludes most year books, almanacs and government periodicals. Alphabetically arranged by place of publication. Entries include title, information on type, frequency and dates of publication, name of publisher, printer or editor, and historical notes. Introductory essay on the history of New Brunswick newspaper and periodical publishing. Locations. Indexes of titles and persons. Z6954 C21 H37 015.7151035

461 notices de journaux et de périodiques du Nouveau-Brunswick sur la littérature, l'histoire, la religion, l'éducation et les sciences publiés depuis 1783. Certaines revues commerciales, ainsi que des bulletins de camps, de sociétés, de clubs et d'entreprises sont inclus. Exclut la plupart des annuaires, des almanachs et des périodiques gouvernementaux. Classement alphabétique par lieux de publication. Les notices précisent le titre, le genre et les dates de publication, la périodicité, le nom de l'éditeur, de l'imprimeur ou du rédacteur, et elles contiennent des notes historiques. Essai d'introduction à l'histoire de l'édition des journaux et des périodiques du Nouveau-Brunswick. Localisations. Index des titres et index des noms de personnes. Z6954 C21 H37 015.7151035

Newfoundland

Terre-Neuve

724

Ellison, Suzanne. – *Historical directory of Newfoundland and Labrador newspapers, 1807-1987.* – St. John's : Memorial University of Newfoundland Library, 1988. – 175 p. – 0889011583

List of 240 Newfoundland and Labrador newspapers held in original and microform formats by fourteen Canadian institutions and one British library. Arranged alphabetically by title. Each entry includes title, place and dates of publication, variant titles, frequency, names of publishers, owners, printers and editors, explanatory notes on content and editorial policy, locations and holdings. Three lists: chronological by decade, newspapers currently being published as of 1987, daily newspapers. Three indexes: subject and audience, newspapers published outside of St. John's, editor and publisher. New edition in preparation by Suzanne Ellison. Z6954 C2 E45 1988 fol. 015.718035

Recension de 240 journaux terre-neuviens et labradoriens conservés sous forme originale et sur support microforme dans quatorze institutions canadiennes et une bibliothèque britannique. Classement alphabétique par titres. Chaque notice comprend le titre, le lieu et les dates de publication, les variantes de titre, la périodicité, les noms des éditeurs, des propriétaires, des imprimeurs et des rédacteurs, des notes explicatives sur le contenu et la politique éditoriale, les localisations et les fonds. Trois listes: chronologique par décennies, journaux couramment publiés en 1987, quotidiens. Trois index: sujets et auditoires, journaux publiés dans les localités autres que St. John's, rédacteurs et éditeurs. Nouvelle édition en cours par Suzanne Ellison. Z6954 C2 E45 1988 fol. 015.718035

725

Index to Newfoundland newspapers. – St. John's : Newfoundland Public Library Services, Provincial Reference and Resource Library, [1988]. – 13 vol. (computer printout).

Subject and name index to a selection of articles of provincial interest, published in four Newfoundland newspapers: *Newfoundland churchman*, *The Daily news*, *The Evening telegram* and *The Western star*. AI1 071.18

Index confondu des sujets et des noms d'une sélection d'articles d'intérêt provincial, parus dans quatre journaux de Terre-Neuve: *Newfoundland churchman*, *The Daily news*, *The Evening telegram*, et *The Western star*. AI1 071.18

726

Newfoundland periodical article bibliography [online]. – St. John's (Nfld.) : Centre for Newfoundland Studies, Memorial University, 1955- .

52,000 bibliographical references to periodical articles concerning Newfoundland and Labrador. Excludes newspapers, annual reports and conference proceedings. Searchable by author, title of article, title of periodical, keywords, date and subject. Accessible through the Internet, telnet: mungate.library.mun.ca. Z13 016.718

52 000 références bibliographiques d'articles de périodiques en rapport avec Terre-Neuve et le Labrador. Exclut les journaux, les rapports annuels et les actes de congrès. Interrogation par auteurs, titres d'articles, titres de périodiques, mots clés, dates et sujets. Accessible via l'Internet, telnet: mungate.library.mun.ca. Z13 016.718

Nova Scotia

727

Murphy, Lynn. – *Nova Scotia newspapers : a directory and union list, 1752-1988.* – Prepared under the direction of the ad hoc committee for the preservation and access of Nova Scotian newspapers ; Lynn Murphy, inventory compiler ; Brenda Hicks, cataloguer ; with assistance from Anjali Vohra. – Halifax : [Dalhousie University, School of Library and Information Studies], 1990. – 2 vol. (xi, 376 ; iv, 147 p.). – 0770397425 (vol. 1) 0770397441 (vol. 2)

Lists 1,096 Nova Scotia newspapers, of which 924 are held in original or microform format by 136 Canadian institutions. Arranged alphabetically by county and by place of publication. Each entry includes: title, variant titles and subtitles, dates and place of publication, frequency, names of publishers and editors, relationships, locations and holdings. Vol. 2, three indexes: title, type, publisher-editor. Z6954 C2 N69 1990 fol. 015.716035

728

Tratt, Gertrude E. N. – *A survey and listing of Nova Scotia newspapers, 1752-1957 : with particular reference to the period before 1867.* – Halifax : [Dalhousie University, University Libraries, School of Library Service], 1979. – 193 p. – (Occasional paper ; 21). – 0770301606 – Originally submitted as an M.A. thesis, Mount Allison, 1957.

Lists over 650 Nova Scotia newspapers held in 70 institutions. Arranged alphabetically by place of publication. In addition to the history of each publication, dates of publication, specific orientation or affiliation, frequency, names of editors and publishers and locations are included. Chronological table, 1752-1867. Bibliography. Name index. Z6954 C2 T73 fol. 015.716035

729

A union list of Nova Scotia newspapers : who has what for when and where. – Compiled by the Blue Pond Collaborative. – [Preliminary ed.]. – Halifax : [s.n.], 1987. – xii, 432 p.

Lists over 1,000 Nova Scotia newspapers held in approximately 100 institutions in original or microform formats. Arranged alphabetically by place of publication. Entries include title, dates of publication, locations, holdings and reference number for *A survey and listing of Nova Scotia newspapers, 1752-1957: with particular reference to the period before 1867.* Three other sections: list of newspapers arranged by title; brief histories of newspapers; table of relationships. Z6954 C2 U52 1987 fol. 015.716035

730

Vincent, Thomas Brewer. – *An historical directory of Nova Scotia newspapers and journals before Confederation.* – Kingston (Ont.) : Royal Military College of Canada, Dept. of English and Philosophy, 1977. – vii, 67 p. – (Occasional papers of the Department of English, R.M.C. ; 1).

Lists 198 pre-Confederation Nova Scotia newspapers and journals. Alphabetically arranged by place of publication. Brief entries include title, type, frequency and dates of publication, changes in title and publisher. Locations. Two indexes: publisher-editor and title. Z6954 C2 V55 fol. 015.716035

Nouvelle-Écosse

Recension de 1 096 journaux de la Nouvelle-Écosse, dont 924 sont conservés sous forme originale et sur support microfilm dans 136 institutions canadiennes. Classement alphabétique des comtés subdivisés par lieux de publication. Chaque notice comprend: le titre, ses variantes et sous-titres, le lieu et les dates de publication, la périodicité, les noms des éditeurs et des rédacteurs, des données sur l'indexation, les relations, les localisations et les fonds. Vol. 2, trois index: titres, genres, éditeurs-rédacteurs. Z6954 C2 N69 1990 fol. 015.716035

Plus de 650 journaux de la Nouvelle-Écosse conservés dans 70 institutions. Classement alphabétique par lieux de publication. En plus de l'historique de chaque publication, sont inclus les dates de publication, l'orientation ou l'affiliation, la périodicité, les noms des rédacteurs et des éditeurs et les localisations. Table chronologique, 1752-1867. Bibliographie. Index des noms. Z6954 C2 T73 fol. 015.716035

Plus de 1 000 journaux de la Nouvelle-Écosse conservés sous forme originale et sur support microforme dans environ 100 institutions. Classement alphabétique par lieux de publication. Les notices comprennent le titre, les dates de publication, les localisations, les fonds et le numéro référant à *A survey and listing of Nova Scotia newspapers, 1752-1957 : with particular reference to the period before 1867.* Trois autres sections: liste des journaux par titres; de brefs historiques des journaux; table des relations. Z6954 C2 U52 1987 fol. 015.716035

Signale 198 journaux et revues de la Nouvelle-Écosse antérieurs à la Confédération. Classement alphabétique par lieux de publication. Ces courtes notices précisent le titre et ses variantes, le genre et les dates de publication, la périodicité et l'éditeur. Localisations. Deux index: éditeurs-rédacteurs, titres. Z6954 C2 V55 fol. 015.716035

Ontario

731

Donaldson, Laura. – *Index to The Sudbury star.* – [Sudbury, Ont] : [Dept. of History, Laurentian University], 1980. – 1 vol. (unpaged).

Index of a selection of articles of local and regional interest, published in the newspaper *The Sudbury star*, 1910-1949. Arranged by decade. Subject index and biographical index for each decade. AI21 S83 fol. 071.13133

Ontario

Index d'une sélection d'articles d'intérêt local et régional parus dans le journal *The Sudbury star*, 1910-1949. Classement par décennies. Index des sujets et index biographique pour chaque décennie. AI21 S83 fol. 071.13133

732

Gilchrist, J. Brian. – *Inventory of Ontario newspapers, 1793-1986.* – Toronto : Micromedia, 1987. – vi, 202, 72 p. – 0888925964

Lists more than 2,900 Ontario newspapers, in French and English, held in original and microform formats by 345 institutions. Arranged alphabetically by place of publication. Each entry includes title, dates of publication, frequency, relationships, variant titles, locations and holdings. Title index. Z6954 C2 I59 1987 fol. 015.713035

Recension de plus de 2 900 journaux ontariens, de langue française et anglaise, conservés sous forme originale et sur support microforme dans 345 institutions. Classement alphabétique par lieux de publication. Chaque notice comprend le titre et ses variantes, les dates de publication, la périodicité, les relations, les localisations et les fonds. Index des titres. Z6954 C2 I59 1987 fol. 015.713035

733

McLaren, Duncan. – *Ontario ethno-cultural newspapers, 1835-1972 : an annotated checklist.* – Compiled by Duncan McLaren. Prepared for the Ontario Council of University Libraries' Standing Committee on Cooperation in Acquisitions. – Toronto : University of Toronto Press, c1973. – xviii, 234 p. – 0802020666

List of 500 Ontario newspapers, published in more than 40 languages, held in original or microform formats in 39 Canadian institutions and ten locations outside Canada. Arranged alphabetically by ethnic group. Each entry includes title, place and dates of publication, frequency, language, explanatory notes, relationships, names of publishers and editors, locations and holdings. Three indexes: variant title, chronological, geographical. Bibliography. Z6954 C21 M3 015.713035

Recension de 500 journaux ontariens, publiés en plus de 40 langues, conservés sous forme originale et sur support microforme dans 39 institutions canadiennes et dix localisations étrangères. Classement alphabétique par groupes ethniques. Chaque notice comprend le titre, le lieu et les dates de publication, la périodicité, la langue, des notes explicatives, les relations, les noms des éditeurs et des rédacteurs, les localisations et les fonds. Trois index: titres alternatifs, chronologique, géographique. Bibliographie. Z6954 C21 M3 015.713035

734

Sylvestre, Paul-François. – *Les journaux de l'Ontario français, 1858-1983.* – [Sudbury] : Société historique du Nouvel-Ontario, Université de Sudbury, 1984. – 59 p. : ill., portr. – (Documents historiques ; n° 81).

Describes nearly 100 Franco-Ontarian newspapers. Chronologically arranged. Each entry includes title, date and place of foundation, frequency, dates of publication and explanatory notes. Bibliography. Three lists: chronological with locations in eleven Canadian institutions, geographical, newspapers currently published. PN4917 O52 S95 1984 015.713035

Décrit près de 100 journaux franco-ontariens. Classement chronologique. Chaque notice comprend le titre, la date et le lieu de fondation, la périodicité, les dates de publication et des notes explicatives. Bibliographie. Trois listes: chronologique avec les localisations correspondant à onze institutions canadiennes, géographique, journaux couramment publiés. PN4917 O52 S95 1984 015.713035

Prince Edward Island

Île-du-Prince-Édouard

735

Boylan, Heather. – *Checklist and historical directory of Prince Edward Island newspapers, 1787-1986.* – Charlottetown : Public Archives of Prince Edward Island, 1987. – 211 p.

Approximately 100 Prince Edward Island newspapers held in original and microform formats by three institutions of the Island. Arranged alphabetically by title. Each entry includes title, place of publication, frequency, variant titles, names of publishers, owners, editors and managers, explanatory notes on content and editorial policy, locations and holdings. Two indexes: geographical, for newspapers published in places other than Charlottetown; chronological. Z6954 C2 B68 1987 fol. 015.717035

Environ 100 journaux de l'Île-du-Prince-Édouard conservés sous forme originale et sur support microforme dans trois institutions de l'Île. Classement alphabétique des titres. Chaque notice comprend le titre et ses variantes, le lieu de publication, la périodicité, les noms des éditeurs, des propriétaires, des rédacteurs et des administrateurs, des notes explicatives sur le contenu et la politique éditoriale, les localisations et les fonds. Deux index: géographique, des journaux publiés dans les localités autres que Charlottetown; chronologique. Z6954 C2 B68 1987 fol. 015.717035

Quebec

Québec

736

Argus ethnique. – Vol. 1, n° 1 (1989)-   . – Saint-Alexis (Québec) : Argus communications, [1989]-   . –   vol. : tableau. – 1191-1115

Annual. Directory of print and electronic media, organizations and government agencies connected with ethnic and Aboriginal groups in Quebec. Also includes consulates and other offices of foreign governments located in Quebec. Arranged under sixteen administrative regions subdivided by ethnic group. Entries include address, telephone and fax numbers, list of personnel, etc. Calendar of holidays. Three indexes: alphabetical, area of activity, ethnic group. Available in machine-readable format for IBM and compatible systems. HV4013 C2 A73 fol. 302.23025714

Annuel. Répertoire des médias écrits et électroniques, des organismes et des instances gouvernementales en relation avec les groupes ethniques et autochtones du Québec. Inclut aussi des consulats et autres bureaux de gouvernements étrangers en sol québécois. Classement en seize régions administratives subdivisées par communautés culturelles. Les notices comprennent l'adresse, les numéros de téléphone et de télécopieur, une liste du personnel, etc. Calendrier des fêtes. Trois index: alphabétique, secteurs d'activité, communautés culturelles. Disponible sur support ordinolingue pour les systèmes IBM ou compatibles. HV4013 C2 A73 fol. 302.23025714

737

Argus promotionnel. – Saint-Alexis (Québec) : Argus communications, 1973-   . –   vol. (feuilles mobiles) : tableau. – 0840-478X

Partially updated eight times a year. Directory of print and electronic media and related services in Quebec. Arranged by medium, then administrative region and municipality. Entries include address and telephone and fax numbers, list of personnel, etc. Three indexes for each medium: alphabetical, municipality, administrative region. Title varies: Feb. 1973-Oct. 1978, *Répertoire Argus-presse*; Dec. 1978-Nov. 1983, *Argus des communications*. Available in machine-readable format for IBM and compatible systems.   P88.8 A74 fol.   302.23025714

Huit mises à jour partielles par an. Répertoire des médias écrits et électroniques et des services connexes au Québec. Classement par catégories de médias subdivisées par régions administratives et par municipalités. Les notices comprennent l'adresse et les numéros de téléphone et de télécopieur, une liste du personnel, etc. Trois index pour chaque catégorie : alphabétique, municipalités, régions administratives. Le titre varie : févr. 1973-oct. 1978, *Répertoire Argus-presse*; déc. 1978-nov. 1983, *Argus des communications*. Disponible sur support ordinolingue pour les systèmes IBM ou compatibles. P88.8 A74 fol.   302.23025714

738

Argus sectoriel. – Vol. 1, n° 1 [printemps 1984]-   . – Saint-Alexis (Québec) : Argus communications, [1984]-   . –   vol. : tableau. – 0840-4798

Biannual. Directory of consumer and professional periodicals published in Quebec, which use press releases. Also includes Quebec publishing groups. Two parts: publishing groups, publications listed by subject. Entries include address and telephone and fax numbers, list of personnel, audience, contents, technical information and subscription price for publications. Three indexes: alphabetical, subjects, related subjects. Title varies: vol. 1 no. 1 (1984)-vol. 4, no. 2 (1987), *Argus rédactionnel*. Available in machine-readable form for IBM and compatible systems.   Z6954 C2 A74 fol.   050.25714

Semestriel. Répertoire des périodiques au consommateur et professionnels édités au Québec, qui utilisent les communiqués de presse. Inclut aussi des groupes-éditeurs québécois. Deux parties: groupes-éditeurs, publications répertoriées par sujets. Les notices comprennent l'adresse et les numéros de téléphone et de télécopieur, une liste du personnel, l'auditoire, le contenu, une fiche technique et le prix d'abonnement pour les publications. Trois index: alphabétique, sujets, sujets connexes. Le titre varie: vol. 1, n° 1 (1984)-vol. 4, n° 2 (1987), *Argus rédactionnel*. Disponible sur support ordinolingue pour les systèmes IBM ou compatibles.   Z6954 C2 A74 fol.   050.25714

739

Beaulieu, André. – ***La presse québécoise : des origines à nos jours.*** – André Beaulieu ; Jean Hamelin. – [Réédition]. – Québec : Presses de l'Université Laval, 1973-1990. – 11 vol. – 0774666587 (t. 1) 0774667710 (t. 2) 0774668342 (t. 3) 2763768865 (t. 4) 2763769691 (t. 5) 2763770363 (t. 6) 2763770665 (t. 7) 2763771262 (t. 8) 2763771572 (t. 9) 2763772110 (t. 10) 276377086X (Index)

1st ed., 1965, *Journaux du Québec de 1764 à 1964*. Chronological list of more than 6,200 Quebec newspapers, held in original or microfilm formats in 93 Canadian institutions. Vol. I, 1764-1859 (1973); vol. II, 1860-1879 (1975); vol. III, 1880-1895 (1977); vol. IV, 1896-1910 (1979); vol. V, 1911-1919 (1982); vol. VI, 1920-1934 (1984); vol. VII, 1935-1944 (1985); vol. VIII, 1945-1954 (1987); vol. IX, 1955-1963 (1989); vol. X, 1964-1975 (1990).

Entries include title and variant titles, place and dates of publication, frequency, format, editorial policy, price, circulation, locations and holdings, names of founders, owners, publishers, editors, contributors and printers, historical notes and bibliographical references. Three indexes: title, name, geographical. The geographical index for the first seven volumes was published in *La presse québécoise : des origines à nos jours. Index cumulatifs : tomes I à VII, 1764-1944*.   Z6954 C21 B4 1973 fol.   015.714035

1re éd., 1965, *Journaux du Québec de 1764 à 1964*. Recension chronologique de plus de 6 200 journaux québécois, conservés sous forme originale et sur support microfilm dans 93 institutions canadiennes. Tome I, 1764-1859 (1973); tome II, 1860-1879 (1975); tome III, 1880-1895 (1977); tome IV, 1896-1910 (1979); tome V, 1911-1919 (1982); tome VI, 1920-1934 (1984); tome VII, 1935-1944 (1985); tome VIII, 1945-1954 (1987); tome IX, 1955-1963 (1989); tome X, 1964-1975 (1990).

Les notices comprennent le titre et ses variantes, le lieu et les dates de publication, la périodicité, le format, la politique éditoriale, le prix de vente, le tirage, les localisations et les fonds, les noms des fondateurs, des propriétaires, des éditeurs, des rédacteurs, des collaborateurs et des imprimeurs, des notes historiques et des références bibliographiques. Trois index: titres, noms, géographique. L'index géographique des sept premiers tomes a été publié dans *La presse québécoise : des origines à nos jours. Index cumulatifs : tomes I à VII, 1764-1944*.   Z6954 C21 B4 1973 fol.   015.714035

740

Bibliothèque nationale du Québec. – ***Catalogue de la Bibliothèque nationale du Québec : revues québécoises.*** – Montréal : Bibliothèque nationale du Québec, 1981. – 3 vol. (xiii, 690 ; ix, 381 p.). – 2551042399 (Édition complète) 2551042402 (vol. 1) 2551042410 (vol. 2) 2551042429 (vol. 3)

A catalogue of 5,502 Quebec periodicals held by the Bibliothèque nationale du Québec. Excludes newspapers, and periodicals published by the Quebec government or the federal government in Quebec. Alphabetically arranged by title or issuing body. Entries include title, publisher, place and dates of publication, collation, frequency, relationships with other titles, ISSN, subject headings, Bibliothèque nationale holdings and call number. Author-title and subject indexes.   Z6945 B445 fol.   015.714034

Catalogue de 5 502 périodiques du Québec localisés à la Bibliothèque nationale du Québec. Exclut les journaux et les périodiques publiés par le gouvernement du Québec ou par le gouvernement fédéral au Québec. Classement alphabétique par titres ou par organismes émetteurs. Les notices précisent le titre, l'éditeur, le lieu et les dates de publication, la collation, la périodicité, les relations avec d'autres publications, l'ISSN, les vedettes-matière, la cote et les fonds de la Bibliothèque nationale. Deux index: auteurs-titres, sujets. Z6945 B445 fol.   015.714034

741

Bibliothèque nationale du Québec. – *Répertoire des périodiques québécois.* – Par Ginette Henry. – 1re partie. – Montréal : Bibliothèque nationale du Québec, Ministère des affaires culturelles, 1974- . – vol. : ill.

Lists 1,221 Quebec periodicals and newspapers held by the Bibliothèque nationale du Québec. Excludes periodicals published by the Quebec government. Titles are arranged under broad subjects based on Library of Congress classification. Entries include title, place and date of publication, address of publisher, price and Bibliothèque nationale holdings. Author, title, keyword index. Z6954 C21 Q34   015.714035

Donne la liste de 1 221 périodiques et journaux du Québec localisés à la Bibliothèque nationale du Québec. Exclut les périodiques publiés par le gouvernement du Québec. Les titres sont classés par grandes catégories de sujets modelées sur la classification de la Library of Congress. Les notices précisent le titre, le lieu et la date de publication, l'adresse de l'éditeur, le prix et les fonds de la Bibliothèque nationale. Index des auteurs, des titres et des mots clés. Z6954 C21 Q34   015.714035

742

Bonville, Jean de. – *La presse québécoise de 1764 à 1914 : bibliographie analytique.* – Sainte-Foy (Québec) : Presses de l'Université Laval, à paraître 1995. – 2763773923 Z6954   016.07114

743

L'index de l'actualité. – (Janv. 1966)- . – Westmount (Québec) : Inform II-Microfor, [1966]- . – vol. – 0838-0449

Eleven issues per year (Jan.-Nov.), annual cumulation. Subject-name index to selected articles from four Quebec daily newspapers: *Le Devoir, La Presse, Le Soleil* and *Le Journal de Montréal*. Title varies: 1966-1968, *Index Le Devoir*; 1969-1971, *Index du journal Le Devoir*; 1972-1987, *Index de l'actualité vue à travers la presse écrite*. Imprint varies. Reproduced in microform format: Québec : Centre de documentation, Bibliothèque, Université Laval, 1966-1971; Québec : Microfor, 1972-1975, 1 reel of microfilm. Available on CD-ROM: *La bibliothèque québécoise, répertoire bibliographique du Québec* [Montréal] : Inform II-Microfor, [1991?]- . Annual. AI21 I6 fol. 071.14

Onze livraisons par an (janv.-nov.) avec refonte annuelle. Index confondu des sujets et des noms d'une sélection d'articles parus dans quatre quotidiens québécois: *Le Devoir, La Presse, Le Soleil* et *Le Journal de Montréal*. Le titre varie: 1966-1968, *Index Le Devoir*; 1969-1971, *Index du journal Le Devoir*; 1972-1987, *Index de l'actualité vue à travers la presse écrite*. Publié par différents éditeurs. Reproduit sur support microforme: Québec : Centre de documentation, Bibliothèque, Université Laval, 1966-1971; Québec : Microfor, 1972-1975, 1 bobine de microfilm. Disponible sur support CD-ROM: *La bibliothèque québécoise, répertoire bibliographique du Québec* [Montréal] : Inform II-Microfor, [1991?]- . Annuel. AI21 I6 fol. 071.14

744

Infodex : index de La Presse. – (Janv. 1986)-(déc. 1990). – Montréal : Services documentaires multimedia, [1986?]-1990. – vol. – 0831-2052

Monthly, annual cumulation on microfiche. Subject-name index to the complete documentary content of the daily newspaper *La Presse*. Author index. Imprint varies. The full text of *La Presse* is available online through Infomart. Period covered, July 1990 to present. AI21 P74 fol.   071.1428

Mensuel, avec refonte annuelle sur microfiche. Index confondu des sujets et des noms du contenu documentaire intégral du quotidien *La Presse*. Index des auteurs. Publié par différents éditeurs. Le texte entier de *La Presse* est disponible en direct via Infomart. Période couverte, juil. 1990 à ce jour. AI21 P74 fol.   071.1428

745

Le monde des médias et des communications au Québec : répertoire descriptif. – (1991/1992)- . – Sainte-Foy (Québec) : Québec dans le monde, c1991- . – vol. – 2921309025 – 1183-4838

A directory of 1,175 periodicals, daily, weekly and community newspapers, radio and television stations, cable systems, telephone companies, online systems, mass media related associations, courier services, advertising agencies, etc., of Quebec. Arranged in one alphabetical sequence. Entries include name, address, telephone and fax numbers, type of publication, organization or service and, occasionally, descriptive notes. Subject and administrative region indexes. P88.8 M62   302.23025714

Répertoire de 1 175 périodiques, quotidiens, hebdomadaires, journaux communautaires, stations de radio et de télévision, réseaux de câblodistribution, compagnies de téléphone, serveurs, associations relatives aux mass médias, services de messagerie, agences de publicité, etc. du Québec. Classement en un seul ordre alphabétique. Les notices donnent un nom, une adresse, les numéros de téléphone et de télécopieur, précisent le type de publication, d'organisation ou de service, et contiennent parfois des notes descriptives. Index des sujets et index des régions administratives. P88.8 M62   302.23025714

746

Le répertoire de la presse communautaire du Québec. – (1992/1993)- . – [Montréal] : AMECQ, Association des médias écrits communautaires du Québec, [1992]- . – vol. : ill. – 1197-0197

Biennial. List of 37 newspapers which are members of the Association des médias écrits communautaires du Québec. Alphabetically arranged by title. Entries include: masthead logo, address, telephone and fax numbers, date of foundation, name and telephone number of contact person, frequency, circulation, area served, target population, format, printing process, distribution, subscription rate, number of volunteers and employees, advertising rates and deadlines.   Z6944 C64 R42 fol.   071.14025

Biennal. Recension par titres de 37 journaux membres de l'Association des médias écrits communautaires du Québec. Chaque journal est assorti du logo d'en-tête, de l'adresse, des numéros de téléphone et de télécopieur, de la date de fondation, du nom d'une personne-ressource et de son numéro de téléphone, de la périodicité, du tirage, du territoire, de la population desservie, du format, du procédé d'impression, des données relatives à la distribution, du prix d'abonnement, du nombre de bénévoles et d'employés, des tarifs publicitaires et de l'heure de tombée.   Z6944 C64 R42 fol. 071.14025

Saskatchewan

Saskatchewan

747

MacDonald, Christine. – *Historical directory of Saskatchewan newspapers, 1878-1983.* – [2nd ed.]. – Regina : Saskatchewan Archives Board, 1984. – vi, 87 p. : ill. – (Saskatchewan Archives reference series ; 4). – 0969144539

1st ed., 1951. List of Saskatchewan newspapers held in original and microform formats by the Saskatchewan Archives. Arranged alphabetically by place of publication. Each entry includes title, dates of publication, frequency, names of owners, editors and publishers, relationships and holdings. Title cross-references are integrated into the main arrangement by place. Reproduced in microform format: *Microlog*, no. 85-05254.   Z6954 C21 S3 1984 fol.   015.7124035

1re éd., 1951. Recension des journaux saskatchewanais conservés sous forme originale et sur support microforme aux Archives de la Saskatchewan. Classement alphabétique par lieux de publication. Chaque notice comprend le titre, les dates de publication, la périodicité, les noms des propriétaires, des rédacteurs et des éditeurs, les relations, et les fonds. Renvois des titres intégrés à l'arrangement principal. Reproduit sur support microforme: *Microlog*, n° 85-05254.   Z6954 C21 S3 1984 fol.   015.7124035

748

Saskatchewan Legislative Library. – *Saskatchewan newspaper index.* – (1930/1934?)-(1978/1981). – [Regina] : [Legislative Library], [193?]-1983. – 20 vol. (loose-leaf). – 0833-4862 – Title from caption.

Published every four years. Subject-name index of selected articles of provincial interest from five Saskatchewan newspapers: *The Leaderpost, The Times-herald, Prince Albert daily herald, Star-phoenix* and *The Western producer.* Title varies: 1930/34?-1966/69, *Newspaper index.*

An index to the *Leader-post*, 1992-Dec. 1994, and *The Western producer*, Jan. 1991-July 1994, is available online as part of the *Saskatchewan newspaper index*, through InfoAccess, the University of Saskatchewan Libraries Information System. Accessible through the Internet, telnet: sklib.usask.ca. Login: SNI.   AI3 S36 fol.   071.124

Paraît tous les quatre ans. Index confondu des sujets et des noms d'une sélection d'articles d'intérêt provincial parus dans cinq journaux de la Saskatchewan: *The Leader-post, The Times-herald, Prince Albert daily herald, Star-phoenix* et *The Western producer.* Le titre varie: 1930/34?-1966/69, *Newspaper index.*

Un index du *The Leader-post*, 1992-déc. 1994, et du *The Western producer*, jan. 1991-juil. 1994 est accessible en direct comme partie de *Saskatchewan newspaper index*, via InfoAccess, le système informatique des bibliothèques de la University of Saskatchewan. Accessible via l'Internet, telnet: sklib.usask.ca. Login: SNI.   AI3 S36 fol.   071.124

749

Saskatoon Public Library. Information Services Dept. – *Saskatoon newspaper index.* – (July/Dec. 1980)-   . – [Saskatoon : the Dept., 1981?]-   . – vol. (loose-leaf).

Annual. Subject index to articles of local, regional and provincial interest from the following Saskatoon newspapers: *Star-phoenix, Saskatoon sun, Saskatoon mirror, Saskatoon news shopper, The Commentator.* Available online as part of the *Saskatchewan newspaper index* through InfoAccess, the University of Saskatchewan Libraries Information System. Coverage, 1987-   , obituaries back to 1985. Accessible via the Internet, telnet: sklib.usask.ca. Login: SNI. AI3 S367 fol.   071.12425

Annuel. Index sujets d'articles d'intérêt local, régional et provincial qui sont tirés des journaux suivants de Saskatoon: *Star-phoenix, Saskatoon sun, Saskatoon mirror, Saskatoon news shopper, The Commentator.* Accessible en direct comme partie de *Saskatchewan newspaper index*, via InfoAccess, le système informatique des bibliothèques de la University of Saskatchewan. Période couverte, 1987-   ; dans le cas des notices nécrologiques, à partir de 1985. Accessible via l'Internet, telnet: sklib.usask.ca. Login: SNI. AI3 S367 fol.   071.12425

Yukon and Northwest Territories

Territoires du Nord-Ouest et le Yukon

750

McNaught, Hugh W. – *Newspapers of the modern Northwest Territories : a bibliographic study of their publishing history (1945-1978) and publishing record.* – Edmonton : Faculty of Library Science, University of Alberta, 1980. – 106 leaves : map, graphs.

Nearly 50 newspapers of the Northwest Territories arranged alphabetically by title. Each entry includes title, place of publication, relationships, frequency, circulation, dates of publication, names of editors, publishers and printers, language, format and explanatory notes. Bibliography. Two indexes: geographical, editor.   Z6954 C2 M2 1980 fol.   015.7192035

Près de 50 journaux des Territoires du Nord-Ouest classés selon l'ordre alphabétique des titres. Chaque notice comprend le titre, le lieu et les dates de publication, les relations, la périodicité, le tirage, les noms des rédacteurs, des éditeurs et des imprimeurs, la langue, le format, et des notes explicatives. Bibliographie. Deux index: géographique, rédacteurs.   Z6954 C2 M2 1980 fol.   015.7192035

751

Wearmouth, Amanda. – *Checklist of Yukon newspapers, 1898-1985.* – [Whitehorse : Yukon Archives], 1987. – iv, 47 leaves.

A checklist of over 100 Yukon newspapers held in original and microform formats by nine Canadian institutions and in one American location. Arranged alphabetically by place of publication. Each entry includes title, relationships, frequency, locations and holdings. Title cross-references integrated into the main arrangement by place.   Z6945 W43 1987 fol.   015.7191035

Recension de plus de 100 journaux yukonais conservés sous forme originale et sur support microforme dans neuf institutions canadiennes et une localisation américaine. Classement alphabétique par lieux de publication. Chaque notice comprend le titre, les relations, la périodicité, les localisations et les fonds. Renvois des titres intégrés à l'arrangement principal.   Z6945 W43 1987 fol.   015.7191035

General Reference Works
Societies, Associations

Ouvrages de référence généraux
Sociétés, associations

752

Annuaire des femmes du Canada = Canadian women's directory. – Montréal: Éditions Communiqu'Elles, [1988?]- . – vol. : ill. – 1194-3548

Irregular, 1988, 1992. Directory of 3,000 Canadian women's associations and organizations concerned with the status of women in Canada. Part 1: advisory councils, publishers, feminist periodicals and national associations. Part 2: resources listed by province and then subject, such as groups and centres, education, Native peoples, lesbians, etc. Index of organizations. HQ1457 A5 fol. 305.402571

Irrégulier, 1988, 1992. Répertoire de 3 000 associations de femmes et d'organismes reliés à la condition féminine au Canada. Partie 1, les conseils consultatifs, les maisons d'édition, les périodiques féministes et les regroupements nationaux. Partie 2, les ressources sont inventoriées par provinces et puis par sujets tels que centres et groupes, éducation, Autochtones, lesbiennes, etc. Index des organisations. HQ1457 A5 fol. 305.402571

753

Association for Canadian Studies in Australia and New Zealand. – *Membership information.* – [2nd ed.]. – [Katoomba, N.S.W.] : ACSANZ, [1988?]. – [25] p.

1st ed., 1985, *Association for Canadian Studies in Australia and New Zealand membership list.* Directory of members of the Association, listed by country. Arranged by category such as universities, libraries and individual members. FC155 A87 1988 971.0071194

1re éd., 1985, *Association for Canadian Studies in Australia and New Zealand membership list.* Répertoire des membres de l'Association, recensés par pays. Classement par catégories telles qu' universités, bibliothèques et membres individuels. FC155 A87 1988 971.0071194

754

Association for Canadian Studies in the United States. – *Membership directory.* – (1984/1985)- . – Washington (D.C.) : ACSUS, c1984- . – vol. : ill. – 0892-7111

Biennial. Directory of the more than 1,200 members of the Association. Two lists: individual American, Canadian and other members; institutional members in the United States, Canada and other countries. Two geographical indexes: United States and Canada. Index to fields of research. Directory of Canadian studies associations and programmes in the United States. FC155 A88 971.0071173

Biennal. Répertoire de plus de 1 200 membres de l'Association. Deux listes: membres individuels américains, canadiens et autres; membres institutionnels des États-Unis, du Canada, et autres. Deux index géographiques: États-Unis, Canada. Index par domaines de recherche. Répertoires des associations et programmes d'études canadiennes aux États-Unis. FC155 A88 971.0071173

755

Association française d'études canadiennes. – *Répertoire des études canadiennes en France.* – [3e éd. mise à jour]. – Talence (France) : Association française d'études canadiennes, 1993. – 182 p. : carte. – 2909708020

1st ed., 1988; 2nd ed., 1991. Directory of Canadian studies centres and programmes in France, and of members of the Association. For each centre, address, telephone number, name of resource person, research in progress, teaching activities and exchange agreements are noted. For each individual member, affiliation, address and fields of research are listed. Institutional members are arranged by country, subdivided by city. FC155 R47 1993 971.0071144

1re éd., 1988; 2e éd., 1991. Répertoire des centres et programmes d'études canadiennes en France, et des membres de l'Association. Pour chaque centre figurent l'adresse, le numéro de téléphone, le nom d'une personne-ressource, les programmes de recherche en cours, les activités d'enseignement et les conventions d'échanges. Pour chacun des membres individuels, l'affiliation, l'adresse et les domaines de recherche sont colligés. Recension par pays subdivisés par villes des membres institutionnels. FC155 R47 1993 971.0071144

756

Associations Canada : an encyclopedic directory = Associations Canada : un répertoire encyclopédique. – (1991)- . – Toronto : Canadian Almanac & Directory Publishing, c1991- . – vol. : ill. – 1186-9798

Alphabetical directory of approximately 18,000 Canadian associations and more than 1,000 international associations with affiliates in Canada, arranged in two parts. Excludes government and for profit organizations, social clubs, local ratepayers' associations, parish and other groups.

    Each entry includes: name, acronym, address, telephone and fax numbers, year of foundation, previous name, AKA, scope of activity, titles and names of resource persons, number of employees, volunteers and members, budget, affiliations, membership fee, awards, availability of speakers, mailing lists, availability of library, publications, conventions and conferences with dates and places of upcoming events, activities, mandate and information on affiliates. Description in the language in which the information was provided. Eight indexes: subject, geographical, acronym, resource person, budgets by amount, conventions by city, publications by subject, mailing lists

Recension alphabétique d'environ 18 000 associations canadiennes et de plus de 1 000 associations internationales ayant des filiales au Canada, présentées en deux parties distinctes. Exclut les organismes gouvernementaux, les sociétés à but lucratif, les clubs sociaux, les associations de contribuables locaux, les groupements paroissiaux et autres.

    Chaque notice comprend: le nom, l'acronyme, l'adresse, les numéros de téléphone et de télécopieur, l'année de fondation, la précédente appellation, le nom courant, l'envergure des opérations, les titres et les noms des personnes-ressources, le nombre d'employés, de bénévoles et de membres, le budget, les affiliations, le montant des cotisations, les récompenses, les services d'un conférencier, une liste d'envois postaux, les services d'une bibliothèque, les publications, la tenue de congrès avec les dates et l'endroit, les activités, le mandat et des renseignements sur les filiales. Description dans la langue dont les

by subject. List of discontinued entries in two categories: defunct/inactive and unreachable.   HS17 A77 fol.   061.1025

informations ont été transmises. Huit index: sujets, géographique, acronymes, personnes-ressources, budgets par tranches monétaires, congrès par villes, publications par sujets, envois postaux par sujets. Liste des inscriptions interrompues selon deux catégories: dissoutes/inactives, non retracées.   HS17 A77 fol.   061.1025

757

Associazione italiana di studi canadese. – *Repertorio degli studi canadesi in Italia = Répertoire des études canadiennes en Italie = Directory of Canadian studies in Italy.* – By Mirko Herberg. – 2nd ed. – [Italie] : Schena editore, 1991. – xv, 260 p.

1st ed., 1986. Alphabetical directory of centres for Canadian studies in Italy and of members of the Association. The following is provided for each centre: address, telephone and fax numbers, name of resource person, number of members, year of foundation, library holdings, activities, fields of research, publications and names of members of the executive. Information on individual members is in two parts: directory and bibliography.   FC155   971.0071145

1re éd., 1986. Répertoire alphabétique des centres d'études canadiennes en Italie et des membres de l'Association. Pour chaque centre figurent l'adresse, les numéros de téléphone et de télécopieur, le nom d'une personne-ressource, le nombre de membres, l'année de fondation, les ressources documentaires, les activités, les domaines de recherche, les publications et les noms des membres de comité. Données sur les membres individuels présentées en deux sections: répertoire et bibliographie.   FC155   971.0071145

758

Canada Institute for Scientific and Technical Information. – *Scientific and technical societies of Canada = Sociétés scientifiques et techniques du Canada.* – (1968)-(1988). – [Ottawa] : the Institute, 1968-1988. – 9 vol. – 0586-7746

Irregular, 1968. Biennial, 1972-1988. Alphabetical directory of 590 Canadian national, provincial and local associations in scientific, technical or medical fields. Excludes business associations, undergraduate associations and fundraising organizations. Entries include: name, address, telephone number, titles and names of resource persons, history, purpose, number of members, month of annual meeting, activities, size of library holdings and publications. Description in the language in which the information was provided. Keyword and publication indexes. Imprint varies. Continues: *Scientific and technical societies of the United States and Canada* (Washington (D.C.) : National Academy of Sciences - National Research Council, 1927-1961). The Canadian part of the 7th ed. was reprinted under the title: *Scientific and technical societies of Canada* (Washington (D.C.) : National Academy of Sciences - National Research Council, [1961?]). 1988 edition reproduced in microform format: *Microlog,* no. 92-04642.   AS40 A7 N29 fol.   502.571

Irrégulier, 1968. Biennal, 1972-1988. Recension alphabétique de 590 associations nationales, provinciales et régionales qui oeuvrent dans les disciplines scientifiques, techniques ou médicales au Canada. Exclut les groupements corporatifs, les groupes universitaires de 1er cycle et les organismes de souscriptions de fonds. Chaque notice comprend: le nom, l'adresse, le numéro de téléphone, les titres et les noms des personnes-ressources, l'historique, le mandat, le nombre de membres, le mois de la réunion annuelle, les activités, l'envergure de la bibliothèque et les publications. Description dans la langue dont les informations ont été transmises. Deux index: mots clés, publications. Publié par différents éditeurs. Fait suite à: *Scientific and technical societies of the United States and Canada* (Washington (D.C.) : National Academy of Sciences - National Research Council, 1927-1961). La partie canadienne de la 7e éd. a été réimpr. sous le titre: *Scientific and technical societies of Canada* (Washington (D.C.) : National Academy of Sciences - National Research Council, [1961?]). L'édition de 1988 reproduite sur support microforme: *Microlog,* n° 92-04642.   AS40 A7 N29 fol.   502.571

759

Canadian directory to foundations. – 1st ed. (1966)-   . – Toronto : Canadian Centre for Philanthropy, [1966]-   . –   vol. : tables. – 0831-3369

Irregular. Alphabetical directory of more than 1,100 Canadian and American foundations. Each entry notes: name, address, year of foundation, funding source, mandate, fields of interest, total amount of receipted gifts, assets and grants, with list of recipients, largest and smallest grants awarded, titles and names of resource persons. Four indexes: foundation, location of foundation, field of interest, resource person. Index of fields of interest in the 9th ed. (1991) was reissued separately under the title: *Index of fields of interest.*

Title varies: 1st ed. (1966), *Canadian universities' guide to foundations and similar grant-giving agencies = Répertoire des fondations et autres organismes donateurs à l'intention des universités canadiennes*; 2nd ed. (1969), *Canadian universities, guide to foundations and granting agencies = Répertoires des fondations et organismes de subventions aux universités du Canada*; 3rd ed. (1973)-5th ed. (1982), *A Canadian directory to foundations and other granting agencies,* and 3rd ed. (1973)-4th ed. (1978), *Répertoire canadien des fondations et autres organismes subventionnaires.* Imprint varies. Absorbed: 1986, *Canadian index to foundation grants.*   AS911 A2 C36 fol. 361.763202571

Irrégulier. Recension alphabétique de plus de 1 100 fondations canadiennes et américaines. Chaque notice comprend: le nom, l'adresse, l'année de fondation, la source de financement, le mandat, les domaines d'intérêt, le montant total des dons de charité, de l'actif et des bourses, le nombre de récipiendaires, les deux montants extrêmes versés, les titres et les noms des personnes-ressources. Quatre index: fondations, géographique des fondations, domaines d'intérêt, personnes-ressources. L'index des domaines d'intérêt de la 9e éd. (1991) a été réédité séparément sous le titre: *Index of fields of interest.*

Le titre varie: 1re éd. (1966), *Canadian universities' guide to foundations and similar grant-giving agencies = Répertoire des fondations et autres organismes donateurs à l'intention des universités canadiennes*; 2e éd. (1969), *Canadian universities, guide to foundations and granting agencies = Répertoires des fondations et organismes de subventions aux universités du Canada*; 3e éd. (1973)-5e éd. (1982), *A Canadian directory to foundations and other granting agencies,* et 3e éd. (1973)-4e éd. (1978), *Répertoire canadien des fondations et autres organismes subventionnaires.* L'adresse bibliographique varie. Absorbé: 1986, *Canadian index to foundation grants.*   AS911 A2 C36 fol. 361.763202571

760

The connexions annual : a sourcebook of social and environmental alternatives. – (1987)-   . – Toronto : Connexions, c1987-   . –   vol. : ill. – 0708-9422

Irregular: 1987, 1989, 1994. Special issue of the serial publication *The connexions digest.* Directory of 1,367 organizations concerned with alternative resources, mainly in Anglophone Canada. Arranged in fourteen categories, including environment, health, Native peoples, peace and women. The following information is provided for each organization: acronym, logo, address, telephone and fax numbers, name of a resource person, year of foundation, mode of operation, budget, number of employees and of members, resources, activities, services and purpose. Alphabetical directory of 424 Canadian alternative periodicals with sample title page, address, publisher, type of publication, frequency and annual subscription rate. Bibliography. Name, geographical and subject indexes. Title varies: 1987, *Connexions directory of Canadian organizations for social justice*; 1989, *The connexions annual : a social change sourcebook.* HM216   361.202571

Irrégulier: 1987, 1989, 1994. Numéro spécial de la publication en série *The connexions digest.* Répertoire de 1 367 organisations en rapport avec les ressources alternatives, majoritairement du Canada anglais. Classement en quatorze catégories dont notamment environnement, santé, Autochtones, paix et femmes. Pour chaque organisation figurent l'acronyme, le logo, l'adresse, les numéros de téléphone et de télécopieur, le nom d'une personne-ressource, l'année de fondation, le mode de fonctionnement, le budget, le nombre d'employés et de membres, les ressources, les activités, les services et le mandat. Répertoire alphabétique de 424 périodiques alternatifs canadiens avec un exemple de page frontispice, l'adresse, l'éditeur, le type de publication, la périodicité et le coût annuel. Bibliographie. Trois index: noms, géographique, sujets. Le titre varie: 1987, *Connexions directory of Canadian organizations for social justice*; 1989, *The connexions annual : a social change sourcebook.* HM216   361.202571

761

Cross-border links : a directory of organizations in Canada, Mexico and the United States. – Edited by Ricardo Hernández & Edith Sánchez. – Albuquerque (N.M.) : Inter-Hemispheric Education Resource Center, c1992, 1993. – xiii, 263 p. – 0911213384

Directory of 260 organizations, the current activities of which involve bilateral or trilateral relations between Canada, Mexico and the United States. 50 of these organizations are Canadian. Excludes the media, political parties, charitable organizations and churches. Eight parts: networks for fair trade, labour, the environment, advocacy organizations, research centres, government agencies, business associations and electronic media, subdivided by country. The following are provided for each organization: name, acronym, address, telephone and fax numbers, name of a resource person, mandate, activities, affiliations and publications. Index of organizations. HS61 A2 C76 1993 fol.   061

Répertoire de 260 organisations dont les activités courantes impliquent des relations bilatérales ou trilatérales entre le Canada, le Mexique et les États-Unis. 50 d'entre elles sont canadiennes. Exclut les médias, les partis politiques, les organismes de charité et les Églises. Huit parties: libre-échange, travail, environnement, organisations humanitaires, centres de recherche, instances gouvernementales, groupes d'affaires, réseaux électroniques qui se subdivise par pays. Pour chaque organisation figurent le nom, l'acronyme, l'adresse, les numéros de téléphone et de télécopieur, le nom d'une personne-ressource, le mandat, les activités, les affiliations et les publications. Index des organisations. HS61 A2 C76 1993 fol.   061

762

Directory of associations in Canada = Répertoire des associations du Canada. – (1973)-   . – Toronto : Micromedia, c1973-   . –   vol. : ill. – 0316-0734

Irregular, 1973-1982. Annual. Alphabetical directory of approximately 20,000 Canadian associations and international associations with offices in Canada. Excludes departments, agencies and commissions of the federal, provincial or territorial governments, businesses, social service agencies, alumni associations, parish groups, co-operatives, labour unions and other associations. Entries include: name, year of foundation, names and titles of resource persons, address, telephone and fax numbers, former name, popular name, acronym, budget, number of employees, volunteers and members, affiliations, publications, conference with date, place and number of participants, mandate and information on branches. Description in the language in which information was provided. Six indexes: keyword, acronym, personal name, conference, mailing list by subject, budget. Discontinued listings in three categories: defunct, did not reply, inactive. Imprint varies. HS17 L3 fol.   061.1025

Irrégulier, 1973-1982. Annuel. Répertoire alphabétique d'environ 20 000 associations canadiennes et d'associations internationales ayant des bureaux au Canada. Exclut les ministères, les agences, les commissions des gouvernements fédéral, provinciaux ou municipaux, les sociétés à but lucratif, les organismes d'assistance sociale, les amicales d'anciens étudiants, les groupements paroissiaux, les coopératives, les syndicats de travailleurs et autres. Les notices comprennent: le nom, l'année de fondation, les noms et les titres des personnes-ressources, l'adresse, les numéros de téléphone et de télécopieur, la précédente appellation, le nom courant, l'acronyme, le budget, le nombre d'employés, de bénévoles et de membres, les affiliations, les publications, la tenue de congrès avec les dates, l'endroit et le nombre de participants, le mandat et des renseignements sur les filiales. Description dans la langue dont les informations ont été transmises. Six index: mots clés, acronymes, noms de personnes, congrès, envois postaux par sujets, budgets. Liste des inscriptions interrompues selon trois catégories: dissoutes, non rejointes et inactives. L'adresse bibliographique varie. HS17 L3 fol.   061.1025

763

Directory of youth organizations and programs in Canada. – Ottawa : Canadian Youth Foundation, c1995. – xviii, 220 p. – 096968598X

Directory of organizations and programmes for Canadian youth. Arranged by province or territory with a section for national organizations. Entries include name, address, telephone and fax numbers, description of organization, geographical scope, ages served, purpose, issues of interest, services, available materials. Alphabetical list of organizations. Index of locations and areas of interest. Also pub-

Répertoire des organismes et des programmes de jeunesse au Canada. Classement par provinces ou territoires et section consacrée aux organismes nationaux. Les notices comprennent: nom, adresse, numéros de téléphone et de télécopieur, renseignements sur l'organisme, portée géographique, groupe d'âge desservi, rôle, champs d'intérêt, services, ressources. Liste alphabétique des organismes.

lished in French under the title: *Répertoire des organismes et des programmes de jeunesse au Canada.* HS3260 C3 D57 1995 fol. 369.402571

Index des localisations et des champs d'intérêt. Publié aussi en français sous le titre: *Répertoire des organismes et des programmes de jeunesse au Canada.* HS3260 C3 D57 1995 fol. 369.402571

764

Directory to Canadian studies in Canada = Répertoire des études canadiennes au Canada. – 4th ed. – Montréal : Association for Canadian Studies, 1993. – xviii, 312 p. – 0919363296

1st ed., 1984, *Directory to Canadian/Quebec/regional studies in Canada = Répertoire des études canadiennes/québécoises/régionales au Canada*; 2nd ed. 1986, 3rd ed. 1989, *Directory to Canadian, Quebec and regional studies in Canada = Répertoire des études canadiennes, québécoises et régionales au Canada.* Directory of organizations concerned with Canadian studies in Canada. Five main parts: Canadian studies organizations; post-secondary programmes, research and scholarly serials; multidisciplinary studies; learned societies; awards and scholarships. Address, telephone and fax numbers, name of resource person, objectives, field of activity and publications are listed for each organization. For each educational institution, address, telephone and fax numbers, name of resource person, degrees offered and description of programmes are included. Description in the language in which information was provided. Bibliography. Summary table of Canadian studies programmes and research centres. Organization-subject index. FC155 D57 1993 971.0071171

1re éd., 1984, *Directory to Canadian/Quebec/regional studies in Canada = Répertoire des études canadiennes/québécoises/régionales au Canada*; 2e éd., 1986, 3e éd., 1989, *Directory to Canadian, Quebec and regional studies in Canada = Répertoire des études canadiennes, québécoises et régionales au Canada.* Répertoire des organismes en rapport avec les études canadiennes au Canada. Cinq parties principales: organismes en études canadiennes; enseignement post-secondaire, recherche et publications en série scientifiques; études pluridisciplinaires; sociétés savantes; prix et bourses. Pour chaque organisme figurent l'adresse, les numéros de téléphone et de télécopieur, le nom d'une personne-ressource, les objectifs, les champs d'activité et les publications. Pour chaque institution d'enseignement figurent l'adresse, les numéros de téléphone et de télécopieur, le nom d'une personne ressource, les diplômes offerts et une description des programmes. Description dans la langue dont les informations ont été transmises. Bibliographie. Tableau synthèse des programmes d'études canadiennes et des centres de recherche. Un index: organismes-sujets. FC155 D57 1993 971.0071171

765

Directory to Canadian studies in Canada = Répertoire des études canadiennes au Canada. – 4e éd. – Montréal : Association d'études canadiennes, 1993. – xviii, 312 p. – 0919363296

1st ed., 1984, *Directory to Canadian/Quebec/regional studies in Canada = Répertoire des études canadiennes/québécoises/régionales au Canada*; 2nd ed. 1986, 3rd ed. 1989, *Directory to Canadian, Quebec and regional studies in Canada = Répertoire des études canadiennes, québécoises et régionales au Canada.* Directory of organizations concerned with Canadian studies in Canada. Five main parts: Canadian studies organizations; post-secondary programmes, research and scholarly serials; multidisciplinary studies; learned societies; awards and scholarships. Address, telephone and fax numbers, name of resource person, objectives, field of activity and publications are listed for each organization. For each educational institution, address, telephone and fax numbers, name of resource person, degrees offered and description of programmes are included. Description in the language in which information was provided. Bibliography. Summary table of Canadian studies programmes and research centres. Organization-subject index. FC155 D57 1993 971.0071171

1re éd., 1984, *Directory to Canadian/Quebec/regional studies in Canada = Répertoire des études canadiennes/québécoises/régionales au Canada*; 2e éd., 1986, 3e éd., 1989, *Directory to Canadian, Quebec and regional studies in Canada = Répertoire des études canadiennes, québécoises et régionales au Canada.* Répertoire des organismes en rapport avec les études canadiennes au Canada. Cinq parties principales: organismes en études canadiennes; enseignement post-secondaire, recherche et publications en série scientifiques; études pluridisciplinaires; sociétés savantes; prix et bourses. Pour chaque organisme figurent l'adresse, les numéros de téléphone et de télécopieur, le nom d'une personne-ressource, les objectifs, les champs d'activité et les publications. Pour chaque institution d'enseignement figurent l'adresse, les numéros de téléphone et de télécopieur, le nom d'une personne ressource, les diplômes offerts et une description des programmes. Description dans la langue dont les informations ont été transmises. Bibliographie. Tableau synthèse des programmes d'études canadiennes et des centres de recherche. Un index: organismes-sujets. FC155 D57 1993 971.0071171

766

Ethnocultural directory of Canada, 1990. – Compiled by Réal Bathalon, Nathalie Lemieux. – Montréal : Monchanin Cross-Cultural Centre, c1990. – liv, 121, lii, 126 p. – 0920719104 – Title on added t.p.: *Répertoire ethnoculturel du Canada, 1990.*

Directory of 240 Canadian ethnocultural and Native organizations. Five categories: cultural research, social action, ethnocultural communities, religious organizations, Native peoples. Entries include: name, acronym, address, telephone number, brief history, name and title of head of organization, working languages, mandate, goals, activities, publications, availability of library, number of members and/or employees, budget and affiliations. Seven indexes: organization, acronym, geographical by province or territory, contact person, subject, working language, periodical. FC104 E865 fol. 305.8002571

Répertoire de 240 organismes canadiens ayant des liens avec les communautés ethnoculturelles et autochtones. Cinq catégories: études sur les cultures, action sociale, communautés ethnoculturelles, religion, Autochtones. Les notices comprennent le nom, le sigle, l'adresse, le numéro de téléphone, un aperçu historique, le nom et le titre d'une personne responsable, les langues d'usage, le mandat, les objectifs, les activités, les publications, les services d'une bibliothèque, le nombre de membres et (ou) d'employés, le budget et les affiliations. Sept index: organismes, sigles, géographique par provinces ou territoires, personnes responsables, sujets, langues d'usage, périodiques. FC104 E865 fol. 305.8002571

767

Le fait française en Amérique du Nord : répertoire descriptif. – (1991/1992)-   . – Sainte-Foy (Québec) : Québec dans le monde, c1991-   .
– vol. – 1183-4854

Irregular. Alphabetical directory of more than 1,700 Francophone and Francophile associations outside Quebec. Entries include name, acronym, address, telephone and fax numbers, subject descriptors, number of members, mandate and activities. Subject and geographical indexes. E49.2 F8 R42 970.004410025

Irrégulier. Recension alphabétique de plus de 1 700 organismes et associations francophones ou francophiles hors Québec. Pour chaque intervenant figurent le nom, l'acronyme, l'adresse, les numéros de téléphone et de télécopieur, les descripteurs sujets, le nombre de membres, le mandat et les activités. Deux index: sujets, géographique. E49.2 F8 R42 970.004410025

768

Guide des donateurs canadiens faisant état des organismes de souscription de fonds = Canadian donor's guide to fund raising organizations in Canada. – Published in cooperation with the Canadian Bar Association & the Canadian Centre for the Philanthropy. – (1986)-   .
– Toronto : Third Sector Publishing, c1986- . –   vol. : ill. – 0849-0104

Annual. Alphabetical directory of Canadian organizations involved in fundraising. Each entry includes: address, telephone and fax numbers, Revenue Canada registration number, purpose, titles and names of resource persons, availability of annual report, amount of annual fundraising drive and affiliation with the Canadian Centre for Philanthropy. Description in the language in which the information was provided. Two indexes: field of activity, geographical. Title varies: 1986, *The third sector directory : fund raising organizations in Canada*; 1987-1988, *The third sector directory : the donor's guide to fund raising organizations in Canada.* HV41.9 C3 T44 fol. 361.702571

Annuel. Répertoire alphabétique des organismes canadiens menant des campagnes de financement. Pour chaque organisme figurent l'adresse, les numéros de téléphone et de télécopieur, le numéro d'enregistrement de Revenu Canada, le but, les titres et les noms des personnes-ressources, la disponibilité du rapport annuel, le montant annuel de la campagne de financement et l'affiliation au Centre canadien de philanthropie. Description dans la langue dont les informations ont été transmises. Deux index: domaines, géographique. Le titre varie: 1986, *The third sector directory : fund raising organizations in Canada*; 1987-1988, *The third sector directory : the donor's guide to fund raising organizations in Canada.* HV41.9 C3 T44 fol. 361.702571

769

I.D. profile. – Ottawa : Canadian Council for International Co-operation, 1970-   . – vol. – 0832-8102 – Cover title : *I.D. profile : profile of 130 organizations involved in international development.*

Irregular. Alphabetical directory of 132 Canadian non-governmental organizations involved in international development. Each entry includes: name, acronym, address, telephone and fax numbers, type of organization, years of foundation and of incorporation, purpose, names and titles of resource persons, number of employees, branch offices, programmes, type of assistance, fields of activity, continents, regions and countries concerned, affiliations, publications and a financial summary. Two programme indexes: geographical, field of activity. Geographical index of organizations in Canada. Also published in French under the title: *Profil D.I.*

Title varies: 1970, *Directory of Canadian non-governmental organizations engaged in international development assistance = Répertoire des organismes canadiens non gouvernementaux engagés dans les programmes d'aide au développement international*; 1971, *Directory of Canadian non-governmental organizations engaged in international development assistance : 1971 supplement = Répertoire des organismes canadiens non gouvernementaux engagés dans les programmes d'aide au développement international : supplément 1971*; 1974-1982, *Directory of Canadian non-governmental organizations engaged in international development*; 1986-1989, *I.D. profile: a who's who and what's what of international development.* HC60 C3 fol. 327.1702571

Irrégulier. Répertoire alphabétique de 132 organisations non gouvernementales canadiennes impliquées dans le développement international. Chaque notice comprend: le nom, l'acronyme, l'adresse, les numéros de téléphone et de télécopieur, le type d'organisme, les années de fondation et d'incorporation, le but, les noms et les titres des personnes-ressources, le nombre d'employés, les filiales, les programmes, la nature de l'aide, les secteurs d'activité, les continents, régions et pays concernés, les affiliations, les publications et un sommaire financier. Deux index des programmes: géographique, secteurs d'activité. Index géographique des organisations au Canada. Publié aussi en français sous le titre: *Profil D.I.*

Le titre varie: 1970, *Directory of Canadian non-governmental organizations engaged in international development assistance = Répertoire des organismes canadiens non gouvernementaux engagés dans les programmes d'aide au développement international*; 1971, *Directory of Canadian non-governmental organizations engaged in international development assistance : 1971 supplement = Répertoire des organismes canadiens non gouvernementaux engagés dans les programmes d'aide au développement international : supplément 1971*; 1974-1982, *Répertoire des organismes canadiens non gouvernementaux engagés dans le développement international*; 1986-1989, *Profil D.I.: qui fait quoi en développement international?.* HC60 C3 fol. 327.1702571

770

Indian, Inuit, Metis and Native organizations = Organismes autochtones du Canada. – Ottawa : Communications Services, Communications Branch, Dept. of Indian and Northern Affairs, 1981-   . – vol.

Irregular: 1981, 1985, 1988, 1990, 1991, 1992. Directory of Native organizations in Canada. Nine categories: Indian associations, Native and Métis associations, Inuit Associations, associations of Native women, friendship centres, educational and cultural centres, art and craft associations, communications and other associations. Imprint varies. 1992 edition reproduced in microform format: *Microlog*, no. 93-01381. E78 971.004970025

Irrégulier: 1981, 1985, 1988, 1990, 1991, 1992. Répertoire des organismes autochtones du Canada. Neuf catégories: associations amérindiennes, associations autochtones et métisses, associations inuit, associations des femmes autochtones, centres d'accueil, centres éducatifs et culturels, associations d'art et d'artisanat, communications, et autres. L'adresse bibliographique varie. L'édition de 1992 reproduite sur support microforme: *Microlog*, n° 93-01381. E78 971.004970025

771

Indian, Inuit, Metis and Native organizations = *Organismes autochtones du Canada*. – Ottawa : Services des communications, Direction générale des communications, Affaires indiennes et du Nord, 1981- . – vol.

Irregular: 1981, 1985, 1988, 1990, 1991, 1992. Directory of Native organizations in Canada. Nine categories: Indian associations, Native and Métis associations, Inuit Associations, associations of Native women, friendship centres, educational and cultural centres, art and craft associations, communications and other associations. Imprint varies. 1992 edition reproduced in microform format: *Microlog*, no. 93-01381.   E78   971.004970025

Irrégulier: 1981, 1985, 1988, 1990, 1991, 1992. Répertoire des organismes autochtones du Canada. Neuf catégories: associations amérindiennes, associations autochtones et métisses, associations inuit, associations des femmes autochtones, centres d'accueil, centres éducatifs et culturels, associations d'art et d'artisanat, communications, et autres. Publié par différents éditeurs. L'édition de 1992 reproduite sur support microforme: *Microlog*, n° 93-01381.   E78 971.004970025

772

Institut canadien de l'information scientifique et technique. – *Scientific and technical societies of Canada* = *Sociétés scientifiques et techniques du Canada*. – (1968)-(1988). – [Ottawa] : l'Institut, 1968-1988. – 9 vol. – 0586-7746

Irregular, 1968. Biennial, 1972-1988. Alphabetical directory of 590 Canadian national, provincial and local associations in scientific, technical or medical fields. Excludes business associations, undergraduate associations and fundraising organizations. Entries include: name, address, telephone number, titles and names of resource persons, history, purpose, number of members, month of annual meeting, activities, size of library holdings and publications. Description in the language in which the information was provided. Keyword and publication indexes. Imprint varies. Continues: *Scientific and technical societies of the United States and Canada* (Washington (D.C.) : National Academy of Sciences - National Research Council, 1927-1961). The Canadian part of the 7th ed. was reprinted under the title: *Scientific and technical societies of Canada* (Washington (D.C.) : National Academy of Sciences - National Research Council, [1961?]). 1988 edition reproduced in microform format: *Microlog*, no. 92-04642.   AS40 A7 N29 fol.   502.571

Irrégulier, 1968. Biennal, 1972-1988. Recension alphabétique de 590 associations nationales, provinciales et régionales qui oeuvrent dans les disciplines scientifiques, techniques ou médicales au Canada. Exclut les groupements corporatifs, les groupes universitaires de 1er cycle et les organismes de souscriptions de fonds. Chaque notice comprend: le nom, l'adresse, le numéro de téléphone, les titres et les noms des personnes-ressources, l'historique, le mandat, le nombre de membres, le mois de la réunion annuelle, les activités, l'envergure de la bibliothèque et les publications. Description dans la langue dont les informations ont été transmises. Deux index: mots clés, publications. Publié par différents éditeurs. Fait suite à: *Scientific and technical societies of the United States and Canada* (Washington (D.C.) : National Academy of Sciences - National Research Council, 1927-1961). La partie canadienne de la 7e éd. a été réimpr. sous le titre: *Scientific and technical societies of Canada* (Washington (D.C.) : National Academy of Sciences - National Research Council, [1961?]). L'édition de 1988 reproduite sur support microforme: *Microlog*, n° 92-04642.   AS40 A7 N29 fol.   502.571

773

International directory to Canadian studies = *Répertoire international des études canadiennes*. – (1980/1981)- . – Ottawa : International Council for Canadian Studies, c1980- . – vol. – 0846-5495

Irregular. Directory of the Council's sixteen member associations, of Canadian studies centres and programmes of study within and outside of Canada and of Canadianists. Four parts, subdivided by country or discipline. For each association, address, telephone and fax numbers, name of resource person and a brief description are included. For each centre or programme outside Canada, address, telephone and fax numbers, name of resource person, language, size of library collection, disciplines and publications are noted. Also includes information on grants and fellowships, awards and distinctions in the field of Canadian studies. Index of institutions. Bibliography. Imprint varies. Title varies: 1992, *Répertoire international des études canadiennes* = *International directory of Canadian studies*. Absorbed: 1988/89, *Directory of Canadianists* = *Répertoire des canadianistes*.   FC95 I57   971.007

Irrégulier. Répertoire des seize associations membres du Conseil, des centres et programmes d'études canadiennes au Canada et à l'étranger, et des canadianistes. Quatre parties subdivisées par pays ou disciplines. Pour chaque association, l'adresse, les numéros de téléphone et de télécopieur, le nom d'une personne-ressource et une brève description sont colligés. Pour chaque centre ou programme hors Canada figurent l'adresse, les numéros de téléphone et de télécopieur, le nom d'une personne-ressource, la langue, l'envergure de la collection de leur bibliothèque, les disciplines et les publications. Inclut aussi des renseignements sur les bourses et subventions, les prix et distinctions dans le domaine des études canadiennes. Index des institutions. Bibliographie. L'adresse bibliographique varie. Le titre varie: 1992, *Répertoire international des études canadiennes* = *International directory of Canadian studies*. Absorbé: 1988/89, *Directory of Canadianists* = *Répertoire des canadianistes*.   FC95 I57 971.007

774

International directory of Canadian studies = *Répertoire international des études canadiennes*. – (1980/1981)- . – Ottawa : Conseil international d'études canadiennes, c1980- . – vol. – 0846-5495

Irregular. Directory of the Council's sixteen member associations, of Canadian studies centres and programmes of study within and outside of Canada and of Canadianists. Four parts, subdivided by country or discipline. For each association, address, telephone and fax numbers, name of resource person and a brief description are included. For each centre or programme outside Canada, address, telephone and fax numbers, name of resource person, language, size of library collection, disciplines and publications are noted. Also includes information on grants and fellowships, awards and distinctions in the field of Canadian studies. Index of institutions.

Irrégulier. Répertoire des seize associations membres du Conseil, des centres et programmes d'études canadiennes au Canada et à l'étranger, et des canadianistes. Quatre parties subdivisées par pays ou disciplines. Pour chaque association, l'adresse, les numéros de téléphone et de télécopieur, le nom d'une personne-ressource et une brève description sont colligés. Pour chaque centre ou programme hors Canada figurent l'adresse, les numéros de téléphone et de télécopieur, le nom d'une personne-ressource, la langue, l'envergure de la collection de leur bibliothèque, les disciplines et les publications. Inclut aussi des renseignements sur les bourses et subventions, les

Bibliography. Imprint varies. Title varies: 1992, *Répertoire international des études canadiennes = International directory of Canadian studies*. Absorbed: 1988/89, *Directory of Canadianists = Répertoire des canadianistes*. FC95 I57   971.007

prix et distinctions dans le domaine des études canadiennes. Index des institutions. Bibliographie. L'adresse bibliographique varie. Le titre varie: 1992, *Répertoire international des études canadiennes = International directory of Canadian studies*. Absorbé: 1988/89, *Directory of Canadianists = Répertoire des canadianistes*. FC95 I57 971.007

775

Listing of women's groups = Liste des groupes de femmes. – (1975)-(1984). – [Ottawa] : Secretary of State, [Women's Programme], c1975-c1984. – 5 vol. – 0710-7080

Irregular: 1975, 1977, 1981, 1982, 1984. Directory of women's associations in Canada and of governmental and non-governmental organizations which offer services to Canadian women. Arranged by province and territory, and by category such as national associations, transition houses, advisory councils on the status of women, etc. Directory of women's periodicals. Title varies: 1975-1977, *A directory of Canadian women's groups = Annuaire canadien des groupes de femmes*; 1981-1982, *Listing of women's groups, Canada = Liste des groupes de femmes, Canada*. 1982 edition reproduced in microform format: *Microlog*, no. 83-00392. HQ1907 L52   305.402571

Irrégulier: 1975, 1977, 1981, 1982, 1984. Répertoire des associations de femmes au Canada, et des organismes gouvernementaux ou non offrant des services aux Canadiennes. Classement par provinces et territoires, et par catégories telles associations nationales, maisons d'accueil et d'hébergement, conseils du statut de la femme, etc. Répertoire des périodiques de femmes. Le titre varie: 1975-1977, *A directory of Canadian women's groups = Annuaire canadien des groupes de femmes*; 1981-1982, *Listing of women's groups, Canada = Liste des groupes de femmes, Canada*. L'édition de 1982 reproduite sur support microforme: *Microlog*, nº 83-00392. HQ1907 L52 305.402571

776

Listing of women's groups = Liste des groupes de femmes. – (1975)-(1984). – [Ottawa] : Secrétariat d'État, [Programme de promotion de la femme], c1975-c1984. – 5 vol. – 0710-7080

Irregular: 1975, 1977, 1981, 1982, 1984. Directory of women's associations in Canada and of governmental and non-governmental organizations which offer services to Canadian women. Arranged by province and territory, and by category such as national associations, transition houses, advisory councils on the status of women, etc. Directory of women's periodicals. Title varies: 1975-1977, *A directory of Canadian women's groups = Annuaire canadien des groupes de femmes*; 1981-1982, *Listing of women's groups, Canada = Liste des groupes de femmes, Canada*. 1982 edition reproduced in microform format: *Microlog*, no. 83-00392. HQ1907 L52   305.402571

Irrégulier: 1975, 1977, 1981, 1982, 1984. Répertoire des associations de femmes au Canada, et des organismes gouvernementaux ou non offrant des services aux Canadiennes. Classement par provinces et territoires, et par catégories telles associations nationales, maisons d'accueil et d'hébergement, conseils du statut de la femme, etc. Répertoire des périodiques de femmes. Le titre varie: 1975-1977, *A directory of Canadian women's groups = Annuaire canadien des groupes de femmes*; 1981-1982, *Listing of women's groups, Canada = Liste des groupes de femmes, Canada*. L'édition de 1982 reproduite sur support microforme: *Microlog*, nº 83-00392. HQ1907 L52 305.402571

777

National aboriginal directory = Annuaire autochtone national. – Winnipeg : Arrowfax Canada, [1990]-   . –   vol. (loose-leaf). – 0849-1402

Irregular. Directory of Aboriginal organizations in Canada. Three parts: alphabetical listing, by province and territory subdivided by subject, by type of economic activity subdivided by province and territory. Title varies: 1991, *National aboriginal directory*. E78 C2 N275 fol.   971.004970025

Irrégulier. Répertoire des organismes autochtones du Canada. Trois parties: alphabétique, par provinces et territoires subdivisés par sujets, par activités économiques subdivisées par provinces et territoires. Le titre varie: 1991, *National aboriginal directory*. E78 C2 N275 fol.   971.004970025

778

Profil D.I. – Ottawa : Conseil canadien pour la coopération internationale, 1970-   . –   vol. – Titre de la couv. : *Profil D.I. : profil de 130 organismes oeuvrant au développement international.*

Irregular. Alphabetical directory of 132 Canadian non-governmental organizations involved in international development. Each entry includes: name, acronym, address, telephone and fax numbers, type of organization, years of foundation and of incorporation, purpose, names and titles of resource persons, number of employees, branch offices, programmes, type of assistance, fields of activity, continents, regions and countries concerned, affiliations, publications and a financial summary. Two programme indexes: geographical, field of activity. Geographical index of organizations in Canada. Also published in English under the title: *I.D. Profile*.

Title varies: 1970, *Directory of Canadian non-governmental organizations engaged in international development assistance = Répertoire des organismes canadiens non gouvernementaux engagés dans les programmes d'aide au développement international*; 1971, *Directory of Canadian non-governmental organizations engaged in international development assistance : 1971 supplement = Répertoire des organismes canadiens non gouvernementaux engagés dans les programmes d'aide au développement international : supplément 1971*; 1974-1982,

Irrégulier. Répertoire alphabétique de 132 organisations non gouvernementales canadiennes impliquées dans le développement international. Chaque notice comprend: le nom, l'acronyme, l'adresse, les numéros de téléphone et de télécopieur, le type d'organisme, les années de fondation et d'incorporation, le but, les noms et les titres des personnes-ressources, le nombre d'employés, les filiales, les programmes, la nature de l'aide, les secteurs d'activité, les continents, régions et pays concernés, les affiliations, les publications et un sommaire financier. Deux index des programmes: géographique, secteurs d'activité. Index géographique des organisations au Canada. Publié aussi en anglais sous le titre: *I.D. Profile*.

Le titre varie: 1970, *Directory of Canadian non-governmental organizations engaged in international development assistance = Répertoire des organismes canadiens non gouvernementaux engagés dans les programmes d'aide au développement international*; 1971, *Directory of Canadian non-governmental organizations engaged in international development assistance : 1971 supplement = Répertoire des organismes canadiens non gouvernementaux engagés dans les programmes d'aide

Directory of Canadian non-governmental organizations engaged in international development; 1986-1989, *I.D. profile: a who's who and what's what of international development.*   HC60 C298 fol. 327.1702571

au développement international : supplément 1971; 1974-1982, *Répertoire des organismes canadiens non-gouvernementaux engagés dans le développement international*; 1986-1989, *Profil D.I. : qui fait quoi en développement international.*   HC60 C298 fol. 327.1702571

779

Le répertoire de la vie française en Amérique. – Québec : Conseil de la vie française en Amérique, 1963-   . –   vol. : ill. – 0708-1510

Annual, with the exception of the period between 1966 and 1971, when only the 1968 edition was published, and the 1991/92 edition. Directory of organizations with links to Francophone North America. Two parts: geographical subdivided by state, province and territory; thematic subdivided by category, such as summer camps, the media, cultural organizations, etc. Entries include: year of foundation, address, telephone and fax numbers, title and name of resource person, number of members, mandate, activities and publications. List of socio-cultural and economic directories. Organization and resource person indexes. Title varies: 1963-1977, *Le bottin des sociétés patriotiques.*   FC131 R463 fol.   970.004410025

Annuel, sauf de 1966 à 1971 dont 1968 est la seule parution, et le vol. 1991/92. Répertoire des organismes ayant un lien avec la francophonie nord-américaine. Deux parties: géographique qui se subdivise par états, provinces et territoires; thématique qui se subdivise par catégories telles que les camps de vacances, les médias, les organismes culturels, etc. Les notices comprennent l'année de fondation, l'adresse, les numeros de téléphone et de télécopieur, le titre et le nom d'une personne-ressource, le nombre de membres, le mandat, les activités et les publications. Liste de répertoires socio-culturels et économiques. Deux index: organismes, personnes-ressources. Le titre varie: 1963-1977, *Le bottin des sociétés patriotiques.*   FC131 R463 fol.   970.004410025

780

Répertoire des organismes et des programmes de jeunesse au Canada. – Ottawa : Fondation canadienne de la jeunesse, c1995. – xviii, 252 p. – 0969685998

Directory of organizations and programmes for Canadian youth. Arranged by province or territory with a section for national organizations. Entries include name, address, telephone and fax numbers, description of organization, geographical scope, ages served, purpose, issues of interest, services, available materials. Alphabetical list of organizations. Index of locations and areas of interest. Also published in English under the title: *Directory of youth organizations and programs in Canada.*   HS3260 C3 D5714 1995 fol.   369.402571

Répertoire des organismes et des programmes de jeunesse au Canada. Classement par provinces ou territoires et section consacrée aux organismes nationaux. Les notices comprennent: nom, adresse, numéros de téléphone et de télécopieur, renseignements sur l'organisme, portée géographique, groupe d'âge desservi, rôle, champs d'intérêt, services, ressources. Liste alphabétique des organismes. Index des localisations et des champs d'intérêt. Publié aussi en anglais sous le titre: *Directory of youth organizations and programs in Canada.*   HS3260 C3 D5714 1995 fol.   369.402571

781

Répertoire ethnoculturel du Canada, 1990. – Compilé par Réal Bathalon, Nathalie Lemieux. – Montréal : Centre interculturel Monchanin, c1990. – lii, 126, liv, 121 p. – 0920719104 – Titre de la p. de t. additionnelle : *Ethnocultural directory of Canada, 1990.*

Directory of 240 Canadian ethnocultural and Native organizations. Five categories: cultural research, social action, ethnocultural communities, religious organizations, Native peoples. Entries include: name, acronym, address, telephone number, brief history, name and title of head of organization, working languages, mandate, goals, activities, publications, availability of library, number of members and/or employees, budget and affiliations. Seven indexes: organization, acronym, geographical by province or territory, contact person, subject, working language, periodical.   FC104 E865 fol. 305.8002571

Répertoire de 240 organismes canadiens ayant des liens avec les communautés ethnoculturelles et autochtones. Cinq catégories: études sur les cultures, action sociale, communautés ethnoculturelles, religion, Autochtones. Les notices comprennent le nom, le sigle, l'adresse, le numéro de téléphone, un aperçu historique, le nom et le titre d'une personne responsable, les langues d'usage, le mandat, les objectifs, les activités, les publications, les services d'une bibliothèque, le nombre de membres et (ou) d'employés, le budget et les affiliations. Sept index: organismes, sigles, géographique par provinces ou territoires, personnes responsables, sujets, langues d'usage, périodiques.   FC104 E865 fol. 305.8002571

782

Sources for editors, reporters & researchers. – 1st ed. (June 1977)-   . – Toronto : Barrie Zwicker, 1977-   . –   vol. : ill. – 0700-480X

Semi-annual, save for a single issue in 1978. Alphabetical directory of Canadian public and private sector organizations. Entries provide the logo, address, telephone and fax numbers, brief description, names and titles of key personnel. List of embassies in Canada, arranged by country. List of members of Parliament arranged by province and territory. Indexes: subject, organization, member of Parliament. Includes descriptions of awards and distinctions for Canadian journalists with eligibility criteria and address/telephone number of contact person. Title varies: 1st ed. (1977)-7th ed. (1980/81), *Sources : a directory of contacts for editors and reporters in Canada*, special issues of *Content : Canada's national news media magazine*; 8th ed. (1981)-29th ed. (1991/92), *Sources : the directory of contacts for editors, reporters and researchers*; (1992), *The directory of sources for editors, reporters & researchers.*   HF5071 S69 fol.   061.1

Semestriel, sauf pour l'année 1978 qui comporte une seule parution. Répertoire alphabétique des organismes des secteurs privé et public au Canada. Les notices comprennent le logo, l'adresse, les numéros de téléphone et de télécopieur, une brève description, le nom et le titre du personnel clé. Liste des ambassades en sol canadien, répertoriées par pays. Liste des parlementaires fédéraux répertoriés par provinces et territoires. Index: sujets, organismes, parlementaires. Inclut aussi une description des prix et récompenses distribués aux journalistes canadiens avec les critères d'admissibilité et l'adresse et le numéro de téléphone d'une personne-ressource. Le titre varie: 1ʳᵉ éd. (1977)-7ᵉ éd. (1980/81), *Sources : a directory of contacts for editors and reporters in Canada*, numéros spéciaux de *Content : Canada's national news media magazine*; 8ᵉ éd. (1981)-29ᵉ éd. (1991/92), *Sources : the directory of contacts for editors, reporters and researchers*; (1992), *The directory of sources for editors, reporters & researchers.*   HF5071 S69 fol. 061.1

783

Talbot, Christiane. – *Index des organismes et répertoires féminins au Canada.* – Ottawa : Bureau de l'image de la femme dans la programmation, Société Radio-Canada, c1987. – 65, 65 f. – Titre de la couv. – Titre de la couv. additionnelle : *Index to Canadian women's groups and directories.*

Directory of women's associations and of organizations related to the status of women in Canada. Three parts: women's organizations and groups, directories and related publications, data banks. Annotated bibliographical references in the latter two parts. HQ1908 T35 1987   305.402571

Répertoire des associations de femmes et des organismes reliés à la condition féminine au Canada. Trois parties: organismes et groupements féminins, répertoires et autres documents, et banques de données. Référence bibliographiques annotées dans les deux dernières parties. HQ1908 T35 1987   305.402571

784

Talbot, Christiane. – *Index to Canadian women's groups and directories.* – Ottawa : Office of the Portrayal of Women in Programming, Canadian Broadcasting Corporation, c1987. – 65, 65 leaves. – Cover title. – Title on added cover : *Index des organismes et répertoires féminins au Canada.*

Directory of women's associations and of organizations related to the status of women in Canada. Three parts: women's organizations and groups, directories and related publications, data banks. Annotated bibliographical references in the latter two parts. HQ1908 T35 1987   305.402571

Répertoire des associations de femmes et des organismes reliés à la condition féminine au Canada. Trois parties: organismes et groupements féminins, répertoires et autres documents, et banques de données. Référence bibliographiques annotées dans les deux dernières parties. HQ1908 T35 1987   305.402571

785

Whiteside, Don. – *Historical development of aboriginal political associations in Canada : documentation : reference aids, indexes.* – Ottawa : National Indian Brotherhood, 1973. – ii, 95 leaves : table. – Cover title.

Historical data on Native associations in Canada, 142 of which represent more than one community. Two parts: by region, province or territory, and in chronological order. For each association, name, dates of foundation and cessation and sources of information are provided. Appendix: list of files at the Department of Indian and Northern Affairs. Association index.   Z1209.2 C3 W5 fol. 971.00497006

Données historiques sur les associations autochtones du Canada, dont 142 représentent plus d'une communauté. Deux parties: par aires géographiques, provinces et territoires, et selon l'ordre chronologique. Pour chaque association figurent le nom, les dates de formation et de cessation et les sources d'information. Annexe: liste des dossiers Ministère des affaires indiennes et du Nord canadien. Index des associations.   Z1209.2 C3 W5 fol.   971.00497006

Alberta

Alberta

786

A guide to Native organizations in Alberta. – Edmonton : Alberta Native Programs, [1981?]-   . –   vol. – 0828-8534

Irregular, 1981-1990. Annual. Directory of Native organizations in Alberta. Arranged by category such as arts and crafts, education, Indian bands, etc. For each organization, address, telephone and fax numbers, title and name of resource person are provided. Index of resource persons. Index of organizations arranged by category. 1992 edition reproduced in microform format: *Microlog*, no. 93-04064. E76.2 G82 fol.   971.23004970025

Irrégulier, 1981-1990. Annuel. Répertoire des organismes autochtones de l'Alberta. Classement par catégories telles qu'artisanat, éducation, bandes amérindiennes, etc. Pour chaque organisme, l'adresse, les numéros de téléphone et de télécopieur, le titre et le nom d'une personne-ressource sont colligés. Index des personnes-ressources. Index des organismes classés par catégories. L'édition de 1993 reproduite sur support microforme: *Microlog*, nᵒ 93-04064. E76.2 G82 fol.   971.23004970025

British Columbia

Colombie-Britannique

787

British Columbia directory : ethnocultural, multicultural and immigrant service organizations. – Vancouver : Multiculturalism B.C., [1992]-   . –   vol.

Irregular. Directory of organizations with ties to the various ethnic groups in British Columbia. Arranged by category, such as ethnocultural organizations, media, etc., subdivided by ethnic group. Address, telephone and fax numbers and the name of a contact person are provided for each organization. Organization index. 1994 edition reproduced in microform format: *Microlog*, no. 94-07628. Title varies: 1992? *A directory of multicultural and immigrant service organizations in British Columbia.* FC3850 362.840025711

Irrégulier. Répertoire des organismes ayant un lien avec les différentes communautés culturelles de la Colombie-Britannique. Classement par catégories telles qu'organisations ethnoculturelles, médias, etc. subdivisées par groupes culturels. Pour chaque organisme, l'adresse, les numéros de téléphone et de télécopieur et le nom d'une personne-ressource sont colligés. Index des organismes. L'édition de 1994 reproduite sur support microforme: *Microlog*, nᵒ 94-07628. Le titre varie: 1992? *A directory of multicultural and immigrant service organizations in British Columbia.* FC3850 362.840025711

788

A guide to aboriginal organizations and services in British Columbia. – Victoria : Ministry of Aboriginal Affairs, 1991-   . – vol. – 1188-617X

Annual. Directory of Aboriginal organizations and services in British Columbia. Arranged by category such as arts and culture, education, Indian bands, band councils, etc. Address, telephone and fax numbers, name of resource person and member bands are noted for each council. Index of First Nations chiefs. Title varies: 1991, *A guide to Native organizations and services in British Columbia.* Imprint varies. 1994 edition reproduced in microform format: *Microlog,* no. 94-05257.   E78   971.1004970025

Annuel. Répertoire des organisations et des services autochtones en Colombie-Britannique. Classement par catégories telles qu'arts et culture, éducation, bandes amérindiennes, conseils de bandes, etc. Pour chaque conseil de bande, l'adresse, les numéros de téléphone et de télécopieur, le nom d'une personne-ressource et les bandes affiliées sont colligés. Index des chefs des premières nations. Le titre varie: 1991, *A guide to Native organizations and services in British Columbia.* L'adresse bibliographique varie. L'édition de 1994 reproduite sur support microforme: *Microlog,* n° 94-05257.   E78   971.1004970025

789

Women's resource guide : British Columbia/Yukon. – Laura Atkinson [et al.]. – Rev. 1992. – Burnaby (B.C.) : SFU Public Interest Research Group (PIRG), 1992. – xvi, 258 p. : ill.

1st ed., *Women's resource guide, 1987* (Burnaby (B.C.) : Women's Economic Agenda Project, Simon Fraser University, 1987). Directory of organizations concerned with the status of women in British Columbia and the Yukon. Arranged in seventeen subject areas such as health, lesbians, women with disabilities, etc. Address, telephone and fax numbers and a brief description are provided for each organization. Bibliography. Subject and organization indexes.   HV1448 C32 B7 1992 fol.   362.83025711

1ʳᵉ éd., *Women's resource guide, 1987* (Burnaby (B.C.) : Women's Economic Agenda Project, Simon Fraser University, 1987). Répertoire des organismes reliés à la condition des femmes en Colombie-Britannique et au Yukon. Classement selon dix-sept thèmes tels que santé, lesbiennes, femmes avec handicap, etc. Pour chaque organisme, l'adresse, les numéros de téléphone et de télécopieur et une brève description sont colligés. Bibliographie. Deux index: sujets, organismes.   HV1448 C32 B7 1992 fol.   362.83025711

Manitoba

Manitoba

790

Community resource guide for Manitoba. – Winnipeg : Contact Community Information, a program of the Volunteer Centre of Winnipeg, 1990-   . – vol. : maps. – 1189-5470

Annual. Directory of Manitoba organizations arranged according to eight geographical regions. Address, telephone and fax numbers and a brief description are provided for each organization. Subject index for each region. Merger of: 1984-1988, *Community resource guide for Winnipeg,* and 1972/73-1987/88, *Manual of social services in Manitoba.*   HV109 M3 D52 fol.   361.20257127

Annuel. Répertoire des organismes du Manitoba inventoriés selon huit aires géographiques. Pour chaque organisation, l'adresse, les numéros de téléphone et de télécopieur et une brève description sont colligés. Index sujets pour chaque aire géographique. Fusion de: 1984-1988, *Community resource guide for Winnipeg,* et 1972/73-1987/88, *Manual of social services in Manitoba.*   HV109 M3 D52 fol.   361.20257127

791

Manitoba aboriginal directory. – Winnipeg : Arrowfax Canada, [1989?]-   . – vol. : ill. – 1185-9350 – Cover title.

Annual. Directory of Manitoba First Nations and Métis organizations and companies. Two parts: alphabetical, by category such as band councils, education, health, the media, etc. Index of advertisers. Title varies: 1989, *Arrowfax Manitoba '89 directory.*   E78 M25 M272 971.27004970025

Annuel. Répertoire des organismes et intervenants économiques amérindiens et métis du Manitoba. Deux parties: alphabétique, par catégories telles que conseils de bande, éducation, santé, médias, etc. Index des annonceurs publicitaires. Le titre varie: 1989, *Arrowfax Manitoba '89 directory.*   E78 M25 M272   971.27004970025

792

Manitoba Multicultural Resources Centre. – ***MMRC EthnoBank.*** – Winnipeg : the Centre, University of Winnipeg Campus, 1987-   . – vol. (loose-leaf).

Biennial. Directory of organizations with links to the various ethnic groups in Manitoba. Three parts: ethnic organizations, general interest organizations and directory of resource persons. Arranged by ethnic group, with the exception of general interest organizations. The following information is provided for each ethnic organization: address, telephone number, year of foundation, names of resource persons, mandate, activities, collections and publications.   FC3356.2 305.800257127

Biennal. Répertoire des organismes ayant un lien avec les différentes communautés culturelles du Manitoba. Trois parties: organismes ethniques, organismes d'intérêts généraux, et répertoire des personnes-ressources. Classement par communautés culturelles, à l'exception des organismes d'intérêts généraux. Pour chaque organisation ethnique figurent l'adresse, les numéros de téléphone et de télécopieur, l'année de fondation, les noms des personnes-ressources, le mandat, les activités, les collections et les publications.   FC3356.2 305.800257127

793

Native organizations in Manitoba : a list of groups organized by or for Indian and Metis people. – Compiled and edited by Native Concerns Committee, Fort Garry United Church. – Winnipeg : Repr. by Manitoba Culture, Heritage and Citizenship, 1975- . –   vol. – 1193-5626

Irregular, 1975, 1977. Annual, 1980-1983. Biennial, 1984- . Directory of Manitoba Indian and Métis organizations and of services offered to these groups. Arranged by category such as band councils, education, federal government, etc. For each organization/service, the following are provided: address, telephone and fax numbers, title and name of resource person, business hours, mandate, activities, publications and availability of speakers. Bibliography. Two indexes: organization, speaker. 1990 edition reproduced in microform format: *Microlog*, no. 90-07364.   E78 M25 S72 fol.   971.27004970025

Irrégulier, 1975, 1977. Annuel, 1980-1983. Biennal, 1984- . Répertoire des organismes amérindiens et métis du Manitoba et des services offerts à ces groupes. Classement par catégories telles que conseils de bande, éducation, gouvernement fédéral, etc. Pour chaque intervenant figurent l'adresse, les numéros de téléphone et de télécopieur, le titre et le nom d'une personne-ressource, les heures d'ouverture, le mandat, les activités, les publications et le service de conférence. Bibliographie. Deux index: organismes, conférenciers. L'édition de 1990 reproduite sur support microforme: *Microlog*, n° 90-07364.   E78 M25 S72 fol.   971.27004970025

New Brunswick

Nouveau-Brunswick

794

Directory of New Brunswick and national organizations = Répertoire des organismes néo-brunswickois et nationaux. – Fredericton : Legislative Assembly, 1980- . –   vol. – 0833-689X

Irregular. Directory in English alphabetical order of more than 5,000 names of government and non-profit organizations, of federal and New Brunswick programmes and of other names, mainly derived from statutes, letters patent and articles of incorporation in laws of New Brunswick and of the Parliament of Canada. For each name, a category and sub-category, name, acronym and source are given. Indexes of French names and of acronyms. Title varies: 1980, *Directory of official names = Répertoire des appellations*; 1982-1983, *Directory of names, New Brunswick and Canada = Répertoire des appellations, Nouveau-Brunswick et Canada*. 1990 edition reproduced in microform format: *Microlog*, no. 91-00564.   HS17 061.151025

Irrégulier. Recension selon l'ordre alphabétique anglaise de plus de 5 000 appellations d'organismes gouvernementaux et sans but lucratif, de programmes fédéraux et néo-brunswickois et autres dénominations, provenant majoritairement des statuts, lettres patentes et articles constitutifs de lois du Nouveau-Brunswick et du parlement canadien. Pour chaque appellation, une catégorie et une sous-catégorie, le nom, l'acronyme, et la source sont mentionnés. Deux index: appellations françaises, acronymes. Le titre varie: 1980, *Directory of official names = Répertoire des appellations*; 1982-1983, *Directory of names, New Brunswick and Canada = Répertoire des appellations, Nouveau-Brunswick et Canada*. L'édition de 1990 reproduite sur support microforme: *Microlog*, n° 91-00564.   HS17 061.151025

795

Directory of New Brunswick and national organizations = Répertoire des organismes néo-brunswickois et nationaux. – Fredericton : Assemblée législative, 1980- . –   vol. – 0833-689X

Irregular. Directory in English alphabetical order of more than 5,000 names of government and non-profit organizations, of federal and New Brunswick programmes and of other names, mainly derived from statutes, letters patent and articles of incorporation in laws of New Brunswick and of the Parliament of Canada. For each entry, a category and sub-category, name, acronym and source are given. Indexes of French names and of acronyms. Title varies: 1980, *Directory of official names = Répertoire des appellations*; 1982-1983, *Directory of names, New Brunswick and Canada = Répertoire des appellations, Nouveau-Brunswick et Canada*. 1990 edition reproduced in microform format: *Microlog*, no. 91-00564.   HS17 061.151025

Irrégulier. Recension selon l'ordre alphabétique anglaise de plus de 5 000 appellations d'organismes gouvernementaux et sans but lucratif, de programmes fédéraux et néo-brunswickois et autres dénominations, provenant majoritairement des statuts, lettres patentes et articles constitutifs de lois du Nouveau-Brunswick et du parlement canadien. Pour chaque appellation, une catégorie et une sous-catégorie, le nom, l'acronyme, et la source sont mentionnés. Deux index: appellations françaises, acronymes. Le titre varie: 1980, *Directory of official names = Répertoire des appellations*; 1982-1983, *Directory of names, New Brunswick and Canada = Répertoire des appellations, Nouveau-Brunswick et Canada*. L'édition de 1990 reproduite sur support microforme: *Microlog*, n° 91-00564.   HS17 061.151025

Ontario

Ontario

796

Annuaire franco-ontarien. – Toronto : Office des affaires francophones, 1974- . –   vol. – 0706-1021 – Titre de la p. de t. additionnelle : *Franco-Ontarian directory.*

Irregular. Directory of nearly 3,000 Franco-Ontarian organizations, associations and institutions. Arranged alphabetically by municipality, subdivided into sixteen categories, including agriculture, education, senior citizens' organizations and religious institutions. For each organization, address, telephone number and name of a resource person are given. List of provincial associations. Imprint varies. A unilingual edition appeared under the following titles: 1974-1976, *Bottin des organismes franco-ontariens*; 1978-1988,

Irrégulier. Répertoire de prés de 3 000 organismes, associations et institutions de l'Ontario français. Présentation selon l'ordre alphabétique des municipalités subdivisés selon seize catégories dont notamment agriculture, éducation, groupement des aînés et institutions religieuses. Liste des associations provinciales. Pour chaque intervenant, l'adresse, le numéro de téléphone et le nom d'une personne-ressource sont colligés. L'adresse bibliographique varie. Éd. unilingue parue sous les titres suivants: 1974-1976, *Bottin des*

Annuaire franco-ontarien. 1991 edition reproduced in microform format: *Microlog,* no. 91-05820.   FC3100.5 B642 fol.   305.81140713

organismes franco-ontariens; 1978-1988, *Annuaire franco-ontarien.* 1991 éd., reproduite sur support microforme: *Microlog,* nº 91-05820. FC3100.5 B642 fol.   305.81140713

797

Franco-Ontarian directory. – Toronto : Office of Francophone Affairs, 1974-   . – vol. – 0706-1021 – Title on added t.p. : *Annuaire franco-ontarien.*

Irregular. Directory of nearly 3,000 Franco-Ontarian organizations, associations and institutions. Arranged alphabetically by municipality, subdivided into sixteen categories, including agriculture, education, senior citizens' organizations and religious institutions. For each organization, address, telephone number and name of a resource person are given. List of provincial associations. Imprint varies. A unilingual edition appeared under the following titles: 1974-1976, *Bottin des organismes franco-ontariens*; 1978-1988, *Annuaire franco-ontarien.* 1991 edition reproduced in microform format: *Microlog,* no. 91-05820.   FC3100.5 B642 fol.   305.81140713

Irrégulier. Répertoire de prés de 3 000 organismes, associations et institutions de l'Ontario français. Présentation selon l'ordre alphabétique des municipalités subdivisés selon seize catégories dont notamment agriculture, éducation, groupement des aînés et institutions religieuses. Liste des associations provinciales. Pour chaque intervenant, l'adresse, le numéro de téléphone et le nom d'une personne-ressource sont colligés. L'adresse bibliographique varie. Éd. unilingue parue sous les titres suivants: 1974-1976, *Bottin des organismes franco-ontariens*; 1978-1988, *Annuaire franco-ontarien.* 1991 éd., reproduite sur support microforme: *Microlog,* nº 91-05820. FC3100.5 B642 fol.   305.81140713

798

Native communities and organizations in Ontario : directory. – Native Community Branch. – Toronto : Ministry of Citizenship, [1980?]-   . – vol. : map. – 0227-1109

Irregular. Directory of Native communities and organizations in Ontario. Three parts: alphabetical, geographical, by category such as communications, education, economic development, etc. Title varies: 1980?-1983, *Directory of Native communities and organizations in Ontario.* 1990 edition reproduced in microform format: *Microlog,* no. 91-03192.   E78 O5 D5 fol.   971.3004970025

Irrégulier. Répertoire des communautés et des organismes amérindiennes de l'Ontario. Trois parties: alphabétique, géographique, par catégories telles que communications, éducation, développement économique, etc. Le titre varie: 1980?-1983, *Directory of Native communities and organizations in Ontario.* L'édition de 1990 reproduite sur support microforme: *Microlog,* nº 91-03192.   E78 O5 D5 fol. 971.3004970025

799

Northern Ontario women's organizations : directory 1993/1994 = Associations de femmes du nord de l'Ontario : annuaire 1993/1994. – [Thunder Bay, Ont. : Ontario Women's Directorate. Northern Office], 1993. – vii, 136 p. – 0777811669 – Cover title.

Directory of more than 100 organizations providing services to women in Northern Ontario. Arranged by municipality. One section is devoted to provincial and national associations represented in Northern Ontario. Each entry includes: address, telephone and fax numbers, name of resource person, languages of service, history, goals, services and activities, materials available to the public and funding sources. Organization index. Reproduced in microform format: *Microlog,* no. 94-03199.   HQ1883   362.830257131

Répertoire de plus de 100 organismes qui fournissent des services aux femmes du nord de l'Ontario. Classement par municipalités. Regroupement en une section des associations provinciales et nationales représentées dans le nord ontarien. Chaque notice comprend l'adresse, les numéros de téléphone et de télécopieur, le nom d'une personne-ressource, les langues dans lesquelles le service est offert, l'historique, les objectifs, les services et activités, le matériel disponible et les sources de financement. Index des organismes. Reproduit sur support microforme: *Microlog,* nº 94-03199.   HQ1883 362.830257131

800

Northern Ontario women's organizations : directory 1993/1994 = Associations de femmes du nord de l'Ontario : annuaire 1993/1994. – [Thunder Bay, Ont. : Direction générale de la condition féminine de l'Ontario. Bureau du Nord], 1993. – vii, 136 p. – 0777811669 – Titre de la couv.

Directory of more than 100 organizations providing services to women in Northern Ontario. Arranged by municipality. One section is devoted to provincial and national associations represented in Northern Ontario. Each entry includes: address, telephone and fax numbers, name of resource person, languages of service, history, goals, services and activities, materials available to the public and funding sources. Organization index. Reproduced in microform format: *Microlog,* no. 94-03199.   HQ1883   362.830257131

Répertoire de plus de 100 organismes qui fournissent des services aux femmes du nord de l'Ontario. Classement par municipalités. Regroupement en une section des associations provinciales et nationales représentées dans le nord ontarien. Chaque notice comprend l'adresse, les numéros de téléphone et de télécopieur, le nom d'une personne-ressource, les langues dans lesquelles le service est offert, l'historique, les objectifs, les services et activités, le matériel disponible et les sources de financement. Index des organismes. Reproduit sur support microforme: *Microlog,* nº 94-03199.   HQ1883 362.830257131

801

Ontario aboriginal directory. – London (Ont.) : Arrowfax Ontario, [1993]-   . – vol. : ill. – Cover title.

Annual. Directory of First Nations organizations and businesses in Ontario. Two parts: alphabetical, by category such as band councils, education, health, the media, etc. Two indexes of advertisers: Aboriginal and non-Aboriginal.   E78 O5 O5   971.3004970025

Annuel. Répertoire des organisations et des intervenants économiques amérindiens et métis de l'Ontario. Deux parties: alphabétique, par catégories telles que conseils de bande, éducation, santé, médias, etc. Deux index des annonceurs publicitaires: aborigènes, non aborigènes. E78 O5 O5   971.3004970025

802

Provincial and regional Native organizations in Ontario : a brief introduction. – [Native Community Branch]. – [Toronto] : Ministry of Citizenship and Culture, 1979-   . –   vol. : maps. – Cover title.

Irregular. Directory of Ontario Indian and Métis organizations. The following information is provided for each: map, brief history, location, member communities, objectives, structure, address and telephone number. 1987 edition reproduced in microform format: *Microlog*, no. 87-04719.   E78 O5 P76 fol.   971.3004970025

Irrégulier. Répertoire des organismes amérindiens et métis de l'Ontario. Pour chaque organisme, une carte, un aperçu historique, l'emplacement géographique, les communautés membres, les objectifs, l'organisation structurelle, l'adresse et le numéro de téléphone sont colligés. L'édition de 1987 reproduite sur support microforme: *Microlog*, nº 87-04719.   E78 O5 P76 fol.   971.3004970025

Prince Edward Island

Île-du-Prince-Édouard

803

Organizations, clubs and associations in Prince Edward Island. – [Charlottetown] : Island Information Service, 1982-   . –   vol. – 0844-8485 – Cover title.

Irregular. Alphabetical directory of organizations and associations in Prince Edward Island. Keyword index. 1993 edition reproduced in microform format: *Microlog*, no. 93-06937.   HS63 O73 fol.   061.17

Irrégulier. Répertoire alphabétique des organismes et associations de l'Île-du-Prince-Édouard. Index des mots clés. L'édition de 1993 reproduite sur support microforme: *Microlog*, no 93-06937.   HS63 O73 fol.   061.17

Quebec

Québec

804

Annuaire des ressources communautaires du Québec. – (1992/1993)-   . – Montréal : ARC du Québec, [1992]-   . –   vol. – 0835-3360

Biennial. Directory of public, non-governmental and community organizations in Quebec and the Ottawa area. Arranged in sixteen administrative areas subdivided by regional county municipality for Quebec. A separate section covers the Ottawa area. Subject index. Absorbed: 1978-1990/1991, *Annuaire des ressources communautaires de l'Île de Montréal.*   HV109 Q8 B446   361.2025714

Biennal. Répertoire des organismes publics, para-publics et communautaires du Québec et de la région d'Ottawa. Classement selon seize régions administratives subdivisées par municipalités régionales de comté pour le Québec. Une section pour la région d'Ottawa. Index sujets. Absorbé: 1978-1990/1991, *Annuaire des ressources communautaires de l'Île de Montréal.*   HV109 Q8 B446   361.2025714

805

Associations Québec : répertoire. – (1992/1993)-   . – Sainte-Foy (Québec) : Québec dans le monde, c1992-   . –   vol. – 1188-4274

Annual. The 1st ed. covered two years. Directory of 3,460 associations located in Quebec and the Ottawa area. Excludes public organizations, local clubs, religious communities and citizens' committees. Entries include: name, acronym, name of resource person, address, telephone and fax numbers, number of members, annual meeting with date, place and number of participants, publications and subject descriptors. Subject index.   HS63 Q7 A795 061.14

Annuel. La 1re éd. englobe deux années. Recension alphabétique de 3 460 associations localisées au Québec et dans la region d'Ottawa. Exclut les organismes publics, les clubs locaux, les communautés religieuses et les comités de citoyens. Les notices comprennent: le nom, l'acronyme, le nom d'une personne-ressource, l'adresse, les numéros de téléphone et de télécopieur, le nombre de membres, la tenue de congrès avec les dates, l'endroit et le nombre de participants, les publications et les descripteurs sujets. Index sujets.   HS63 Q7 A795   061.14

806

Bottin autochtone : répertoire des entreprises, artistes & artisans, réseau des Autochtones du Québec = Native directory : businesses, artists & craftsmen's repertory Native network of Quebec. – (1990)-   . – Village des Hurons (Quebec) : Native Training Institute of Quebec, [1990]-   . –   vol. : ill. – 0847-429X – Cover title.

Irregular. Directory of Native communities, organizations and companies in Quebec, and of the government services available to these groups. Four parts: Native network by cultural group or category, such as community radio stations and police departments; government network by administrative unit; artists/artisans by community; businesses by community. Entries in the latter two sections include address, telephone number, name of resource person and specialization or type of business. Geographical listing of Native events. Index of advertisers.   E78 Q3 B8 fol.   305.8970714

Irrégulier. Répertoire des communautés, des organismes et des intervenants économiques autochtones du Québec, et des services gouvernementaux offerts à ces groupes. Quatre parties: réseau autochtone par groupes culturels ou catégories telles que radios communautaires et services de police; réseau gouvernemental par entités; artistes-artisans par communautés; affaires-entreprises par communautés. Les notices dans les deux dernières sections comprennent l'adresse, le numéro de téléphone, le nom d'une personne-ressource et la spécialisation ou le genre d'entreprise. Liste géographique des événements autochtones. Index des annonceurs publicitaires.   E78 Q3 B8 fol.   305.8970714

807

Bottin autochtone : répertoire des entreprises, artistes & artisans, réseau des Autochtones du Québec = Native directory : businesses, artists & craftsmen's repertory Native network of Quebec. – (1990)-   . – Village des Hurons (Québec) : Institut de formation autochtone du Québec, [1990]-   . –   vol. : ill. – 0847-429X – Titre de la couv.

Irregular. Directory of Native communities, organizations and companies in Quebec, and of the government services available to these groups. Four parts: Native network by cultural group or category, such as community radio stations and police departments; government network by administrative unit; artists/artisans by community; businesses by community. Entries in the latter two sections include address, telephone number, name of resource person and specialization or type of business. Geographical listing of Native events. Index of advertisers.   E78 Q3 B8 fol.   305.8970714

Irrégulier. Répertoire des communautés, des organismes et des intervenants économiques autochtones du Québec, et des services gouvernementaux offerts à ces groupes. Quatre parties: réseau autochtone par groupes culturels ou catégories telles que radios communautaires et services de police; réseau gouvernemental par entités; artistes-artisans par communautés; affaires-entreprises par communautés. Les notices dans les deux dernières sections comprennent l'adresse, le numéro de téléphone, le nom d'une personne-ressource et la spécialisation ou le genre d'entreprise. Liste géographique des événements autochtones. Index des annonceurs publicitaires.   E78 Q3 B8 fol.   305.8970714

808

Bottin international du Québec. – (1994)-   . – Sainte-Foy (Québec) : Québec dans le monde, c1994-   . –   vol. : ill. – 1198-0249

Annual. Listing of 850 international organizations, companies and foreign partners in Quebec. Two parts: resource persons, organizations and associations. Each resource person's title, organization or association of affiliation, address, telephone and fax numbers, areas of activity, country and region are provided. Organization entries include: acronym, name of resource person, address and telephone and fax numbers. Two indexes of resource persons: by field of activity, by country or region.   JX1515 Q4 B6   327.025714

Annuel. Recension de 850 intervenants internationaux et partenaires étrangers du Québec. Deux parties: personnes-ressources, organismes et associations. Pour chaque personne-ressource figurent son titre, l'organisme ou l'association affilié, l'adresse, les numéros de téléphone et de télécopieur, les secteurs d'activité, les pays et régions desservis. Pour chaque organisme ou association, l'acronyme, le nom de la personne-ressource, l'adresse et les numéros de téléphone et de télécopieur sont colligés. Deux index des personnes-ressources: par secteurs d'activité, par pays ou régions.   JX1515 Q4 B6

809

Le Québec à votre portée : répertoire descriptif. – (1988/1989)-   . – Sainte-Foy (Québec) : Québec dans le monde, c1988-   . –   vol. – 0836-0014

Irregular. Alphabetical directory of 720 organizations and associations concerned with Quebec. Entries include name, acronym, address, telephone and fax numbers, subject descriptors, number of members, mandate and activities are listed. Subject index. Imprint varies.   FC2906.2 Q42   061.14025

Irrégulier. Recension alphabétique de 720 organismes et associations en rapport avec le Québec. Pour chaque intervenant figurent le nom, l'acronyme, l'adresse, les numéros de téléphone et de télécopieur, les descripteurs sujets, le nombre de membres, le mandat et les activités. Index sujets. L'adresse bibliographique varie.   FC2906.2 Q42   061.14025

810

Le Québec international : répertoire descriptif. – (1990/1992)-   . – Sainte-Foy (Québec) : Québec dans le monde, c1990-   . –   vol. – 0847-494X

Irregular. Alphabetical directory of approximately 900 Quebec organizations and associations with international interests and of friends of Quebec throughout the world. Entries include: name, acronym, address, telephone and fax numbers, subject descriptors, mandate and activities. Subject and geographical indexes.   FC2906.2 R4   327.025714

Irrégulier. Recension alphabétique d'environ 900 organismes et associations à vocation internationale québécois et des amis du Québec dans le monde. Les notices comprennent: le nom, l'acronyme, l'adresse, les numéros de téléphone et de télécopieur, les descripteurs sujets, le mandat et les activités. Deux index: sujets, géographique. FC2906.2 R4   327.025714

811

Répertoire des groupes de femmes du Québec. – (1979)-(1989/90). – [Québec] : Gouvernement du Québec, Conseil du statut de la femme, 1979-1990. –   vol. – 0837-6433

Irregular. Directory of associations of women and of Quebec government agencies that provide services to women. Arranged in sections for sixteen administrative areas, province-wide associations and government agencies. Address, telephone number and a brief description of each association are provided. Title varies: 1982/83-1984/85, *Répertoire régional des groupes de femmes.* 1989/90 edition reproduced in microform format: *Microlog,* no. 91-03692.   HQ1909 Q8 Q8412 fol.   362.83025714

Irrégulier. Répertoire des associations de femmes et des ressources gouvernementales du Québec offrant des services aux Québécoises. Présentation selon les seize régions administratives, les associations provinciales et les ressources gouvernementales. Pour chaque association, l'adresse, le numéro de téléphone et une brève description sont colligés. Le titre varie: 1982/83-1984/85, *Répertoire régional des groupes de femmes.* L'édition de 1989/90 reproduite sur support microforme: *Microlog,* n° 91-03692.   HQ1909 Q8 Q8412 fol. 362.83025714

812

Répertoire des organismes des communautés culturelles du Québec. – Québec : Ministère des affaires internationales, de l'immigration et des communautés culturelles, 1982-   . –   vol. – 1196-3743

Irregular. Directory of 1,400 organizations related to the various ethnic communities in Quebec. Arranged in thirteen administrative areas, subdivided by ethnic group and area of activity. Two indexes: area of activity, ethnic community. 1990 edition reproduced in microform format: *Microlog*, no. 92-03156.   FC2950 A1 R45   305.80025714

Irrégulier. Répertoire de 1 400 organismes ayant un lien avec les différentes communautés culturelles du Québec. Présentation en treize régions administratives, subdivisées par communautés culturelles et par secteurs d'activité. Deux index: secteurs d'activité, communautés culturelles. L'édition de 1990 reproduite sur support microforme: *Microlog*, n° 92-03156.   FC2950 A1 R45   305.80025714

Saskatchewan

Saskatchewan

813

Indian and Native organizations directory for Saskatchewan. – Regina : Saskatchewan Indian and Metis Affairs Secretariat, [1990]-1991. – 4 vol. – 1193-1604

Biannual. Directory of Saskatchewan Indian and Métis organizations and of government services available to these groups. Arranged by category, such as band councils, economic development, the media, etc. Alphabetical and numerical indexes of reserves noting associated bands. Index of bands noting reserves. Imprint varies.   E76.2 971.2400497025

Semestriel. Répertoire des organismes amérindiens et métis de la Saskatchewan et des services gouvernementaux offerts à ces groupes. Classement par catégories telles que conseils de bande, développement économique, médias, etc. Deux index des réserves avec la bande appropriée: alphabétique et numérique. Index des bandes avec la réserve attitrée. L'adresse bibliographique varie.   E76.2 971.2400497025

814

Saskatchewan women's directory. – (1991)-   . – [Regina] : Saskatchewan Women's Secretariat, [1991]-   . –   vol. – 1186-9615 – Cover title.

Irregular, 1991, 1993. Directory of organizations concerned with the status of women in Saskatchewan. Arranged according to nine subject areas such as Native women, work, education and economics, regional agencies and institutions. For each organization, address, telephone and fax numbers and a brief description are provided. Organization index. 1993 edition reproduced in microform format: *Microlog*, no. 93-05897.   HQ1459 S3 S27 fol.   362.830257124

Irrégulier, 1991, 1993. Répertoire des organismes reliés à la condition des femmes en Saskatchewan. Classement selon neuf thèmes tels que femmes autochtones; travail, éducation et économie; agences et institutions régionales. Pour chaque organisme, l'adresse, les numéros de téléphone et de télécopieur et une brève description sont colligés. Index des organismes. L'édition de 1993 reproduite sur support microforme: *Microlog*, n° 93-05897.   HQ1459 S3 S27 fol. 362.830257124

Yukon Territory

Yukon

815

Women's resource guide : British Columbia/Yukon. – Laura Atkinson [et al.]. – Rev. 1992. – Burnaby (B.C.) : SFU Public Interest Research Group (PIRG), 1992. – xvi, 258 p. : ill.

1st ed., *Women's resource guide, 1987* (Burnaby (B.C.) : Women's Economic Agenda Project, Simon Fraser University, 1987). Directory of organizations concerned with the status of women in British Columbia and the Yukon. Arranged in seventeen subject areas such as health, lesbians, women with disabilities, etc. Address, telephone and fax numbers and a brief description are provided for each organization. Bibliography. Subject and organization indexes. HV1448 C32 B7 1992 fol.   362.83025711

1ʳᵉ éd., *Women's resource guide, 1987* (Burnaby (B.C.) : Women's Economic Agenda Project, Simon Fraser University, 1987). Répertoire des organismes reliés à la condition des femmes en Colombie-Britannique et au Yukon. Classement selon dix-sept thèmes tels que santé, lesbiennes, femmes avec handicap, etc. Pour chaque organisme, l'adresse, les numéros de téléphone et de télécopieur et une brève description sont colligés. Bibliographie. Deux index: sujets, organismes.   HV1448 C32 B7 1992 fol.   362.83025711

General Reference Works
Theses

Ouvrages de référence généraux
Thèses

Bibliographies of Bibliographies

Bibliographies de bibliographies

816

Black, Dorothy [Miller]. – ***Guide to lists of master's theses.*** – Chicago : American Library Association, 1965. – 144 p.

Bibliography of master's theses prepared at American and Canadian colleges and universities through 1964. Arranged by subject and institution. Includes a list of theses bibliographies.   Z5055 U49 B55 016.013375

Bibliographie des thèses maîtrise écrites dans les collèges et universités américains et canadiens jusqu'en 1964. Classement par sujets et par institutions. Inclut une liste des bibliographies sur les thèses. Z5055 U49 B55   016.013375

817

Palfrey, Thomas R. [Thomas Rossman]. – *Guide to bibliographies of theses : United States and Canada.* – Compiled by Thomas R. Palfrey and Henry E. Coleman, Jr. – Chicago : American Library Association, 1936. – 48 p.

List of general works, and bibliographies arranged by discipline and by institution.   Z5055 U49 A1   016.013375

Liste des ouvrages généraux, et des bibliographies classées par disciplines et par institutions.   Z5055 U49 A1   016.013375

818

Reynolds, Michael M. – *Guide to theses and dissertations : an international bibliography of bibliographies.* – Rev. and enl. ed. – Phoenix (Ariz.) : Oryx Press, 1985. – vii, 263 p. – 0897741498

A retrospective international listing of separately published theses bibliographies, produced up to 1983 in many languages. Arranged alphabetically by country and by discipline. Annotated entries. Indexes: institution; name and journal title; subject. Z5053 R49 1985 fol.   016.013375

Rétrospective internationale de bibliographies portant sur les thèses publiées séparément jusqu'en 1983 en plusieurs langues. Classement alphabétique par pays et par disciplines. Références annotées. Index: institutions; noms et titres de revues; sujets.   Z5053 R49 1985 fol. 016.013375

819

Robitaille, Denis. – *Theses in Canada : a bibliographic guide = Thèses au Canada : guide bibliographique.* – Denis Robitaille and Joan Waiser. – Ottawa : National Library of Canada, 1986. – xi, 72 p. – 066053228X

1st ed., 1978, *Theses in Canada : a guide to sources of information about theses completed or in preparation = Thèses au Canada : guide sur les sources documentaires relatives aux thèses complétées ou en cours de rédaction.* English and French entries are arranged under three categories: general bibliographies; theses lists arranged by university; specialized bibliographies. Author and subject indexes. Reproduced in microform format: *Microlog*, no. 86-04944. Z5055 C39 B78 1986 fol.   016.013375

1re éd., 1978, *Theses in Canada : a guide to sources of information about theses completed or in preparation = Thèses au Canada : guide sur les sources documentaires relatives aux thèses complétées ou en cours de rédaction.* Notices françaises et anglaises classées selon trois catégories: bibliographies générales; listes de thèses par universités; bibliographies spécialisées. Deux index: auteurs, sujets. Reproduit sur support microforme: *Microlog*, n° 86-04944. Z5055 C39 B78 1986 fol.   016.013375

820

Robitaille, Denis. – *Theses in Canada : a bibliographic guide = Thèses au Canada : guide bibliographique* – Denis Robitaille et Joan Waiser. – Ottawa : Bibliothèque nationale du Canada, 1986. – xi, 72 p. – 066053228X

1st ed., 1978, *Theses in Canada : a guide to sources of information about theses completed or in preparation = Thèses au Canada : guide sur les sources documentaires relatives aux thèses complétées ou en cours de rédaction.* English and French entries are arranged under three categories: general bibliographies; theses lists arranged by university; specialized bibliographies. Author and subject indexes. Reproduced in microform format: *Microlog*, no. 86-04944.   Z5055 C39 B78 1986 fol.   016.013375

1re éd., 1978, *Theses in Canada : a guide to sources of information about theses completed or in preparation = Thèses au Canada : guide sur les sources documentaires relatives aux thèses complétées ou en cours de rédaction.* Notices françaises et anglaises classées selon trois catégories: bibliographies générales; listes de thèses par universités; bibliographies spécialisées. Deux index: auteurs, sujets. Reproduit sur support microforme: *Microlog*, n° 86-04944. Z5055 C39 B78 1986 fol.   016.013375

Bibliographies

Bibliographies

821

American doctoral dissertations. – (1933)-   . – Ann Arbor (Mich.) : University Microfilms International, 1933-   . – vol. – 0065-809X

Annual (July-June). Lists doctoral theses completed at American and Canadian institutions. Citations are taken from sources such as *Dissertation abstracts international.* Arranged by subject and then university, and then alphabetically by author. Title varies: 1933-1954/55, *Doctoral dissertations accepted by American universities*; 1955/56-1962/63, *Index to American doctoral dissertations.* Author index. Reproduced on microfilm, 1963/64-   . Available online through DIALOG and OCLC EPIC: *Dissertation abstracts online.* Coverage, 1861-   . Available on CD-ROM: *Dissertation abstracts ondisc.* Coverage, 1861-   .   AS30 M522   011.75

Publication annuelle qui recense (de juillet à juin) les thèses de doctorat complétées sous les institutions américaines et canadiennes. Références provenant entre autre de *Dissertation abstracts international.* Classement par sujets, subdivisés par universités, et selon l'ordre alphabétique des auteurs. Le titre varie: 1933-1954/55, *Doctoral dissertations accepted by American universities*; 1955/56-1962/63, *Index to American doctoral dissertations.* Index des auteurs. Reproduit sur support microfilm, 1963/64-   . Disponible en direct via les serveurs DIALOG et OCLC EPIC: *Dissertation abstracts online.* Période couverte, 1861-   . Disponible sur CD-ROM: *Dissertation abstracts ondisc.* Période couverte, 1861-   .   AS30 M522   011.75

822

Bibliothèque nationale du Canada. – *Canadian theses on microfilm : catalogue - price list : numbers 1-2450 = Thèses canadiennes sur microfilm : catalogue - prix : numéros 1-2450.* – Ottawa : Bibliothèque nationale du Canada, 1969. – 251 p.

English- and French-language Canadian doctoral and master's theses microfilmed by the National Library of Canada. Selection done by the universities which participate in the microfilming programme. Designed to be used as a sales catalogue. The theses are listed chronologically. Updated by supplements.   Z5055 C2 C2625 fol. 015.71075

Thèses canadiennes de doctorat et de maîtrise, de langue anglaise et française, microfilmées par la Bibliothèque nationale du Canada. Sélection faite par les universités participant au programme de microfilmage. Utilisé comme catalogue de vente. Les thèses y sont classées chronologiquement. Mis à jour par des suppléments. Z5055 C2 C2625 fol.   015.71075

823

Bibliothèque nationale du Canada. – *Canadian theses on microfilm : catalogue - price list : supplement = Thèses canadiennes sur micro-film : catalogue - prix : supplément.* – N° 1 (juin 1969)-n° 14 (juin 1974). – Ottawa : Bibliothèque nationale du Canada, 1969-1974. – 14 n^{os} – 0316-0157

Supplement to: *Canadian theses on microfilm : catalogue - price list : numbers 1-2450 = Thèses canadiennes sur microfilm : catalogue - prix : numéros 1-2450*. Irregular. Includes English- and French-language theses, numbers 2,451-16,874. Author index for supplement no. 14 only. Z5055 C2 C2625 fol. 015.71075

Supplément à: *Canadian theses on microfilm : catalogue - price list : numbers 1-2450 = Thèses canadiennes sur microfilm : catalogue - prix : numéros 1-2450*. Irrégulier. Comprend des thèses de langue anglaise et française, numéros 2 451-16 874. Index des auteurs uniquement pour le supplément n° 14. Z5055 C2 C2625 fol. 015.71075

824

Bibliothèque nationale du Canada. – *Canadian theses on microfiche : catalogue : supplement = Thèses canadiennes sur microfiche : cata-logue : supplément.* – N° 15 (oct. 1974)-n° 46 (sept. 1983). – Ottawa : Bibliothèque nationale du Canada, 1974-1983. – 32 n^{os} – 0316-0149

Supplement to: *Canadian theses on microfilm : catalogue - price list : numbers 1-2450 = Thèses canadiennes sur microfilm : catalogue - prix : numéros 1-2450*. Irregular. Includes English- and French-language theses, numbers 16,875-52,999. Author index. Absorbed by: *Canadian theses* [microform] = *Thèses canadiennes*. Z5055 C2 C2626 fol. 015.71075

Supplément à: *Canadian theses on microfilm : catalogue - price list : numbers 1-2450 = Thèses canadiennes sur microfilm : catalogue - prix : numéros 1-2450*. Irrégulier. Comprend des thèses de langue anglaise et française, numéros 16 875-52 999. Index des auteurs. Absorbé par: *Canadian theses = Thèses canadiennes* [microforme]. Z5055 C2 C2626 fol. 015.71075

825

Bibliothèque nationale du Canada. – *Canadian theses, 1947-1960 = Thèses canadiennes, 1947-1960.* – Ottawa : Bibliothèque nationale du Canada, 1973. – 2 vol. (xix, 719, 107 p.) : tableaux.

Includes English- and French-language doctoral and master's theses, accepted by Canadian universities between spring 1947 and spring 1960. Arranged according to the broad subject divisions of Dewey decimal classification. Subdivided by university. Author index. Continued by: *Canadian theses = Thèses canadiennes*. Z5055 C2 C262 fol. 015.71075

Thèses de doctorat et de maîtrise, de langue anglaise et française, acceptées par les universités canadiennes de 1947 à 1960 inclusive-ment. Classement par sujets fondés sur les grandes divisions de la classification décimale Dewey. Subdivisés par universités. Index des auteurs. Suivi de: *Canadian theses = Thèses canadiennes*. Z5055 C2 C262 fol. 015.71075

826

Bibliothèque nationale du Canada. – *Canadian theses = Thèses canadiennes.* – (1960/1961)-(1976/1977/1979/1980). – Ottawa : Bibliothèque nationale du Canada, 1962-1983. – 17 vol. : tableaux. – 0068-9874

Continues: *Canadian theses, 1947-1960 = Thèses canadiennes, 1947-1960*. Includes English- and French-language doctoral and master's theses, accepted by Canadian universities and microfilmed by the National Library of Canada. Arranged according to the broad sub-ject divisions of Dewey decimal classification. Author index. Continued by: *Canadian theses* [microform] = *Thèses canadiennes*. Z5055 C2 C262 fol. 015.71075

Fait suite à: *Canadian theses, 1947-1960 = Thèses canadiennes, 1947-1960*. Thèses de doctorat et de maîtrise, de langue française et anglaise, acceptées par les universités canadiennes et microfilmées par la Bibliothèque nationale du Canada. Classement par sujets selon les grandes divisions de la classification décimale Dewey. Index des auteurs. Continué par: *Canadian theses = Thèses canadiennes* [microforme]. Z5055 C2 C262 fol. 015.71075

827

Bibliothèque nationale du Canada. – *Canadian theses = Thèses canadiennes* [**microforme**]. – (1980/81)- . – Ottawa : Bibliothèque nationale du Canada, 1984- . – microfiches : négatif. – 0068-9874

Continues: *Canadian theses = Thèses canadiennes*. Biannual. Includes English- and French-language master's and doctoral theses micro-filmed by the National Library of Canada. Published in two registers arranged in separate numerical sequences. Register 1 includes gradu-ate theses accepted by Canadian universities; Register 2 includes graduate theses published outside Canada that have a Canadian author or Canadian association. Access to the registers is provided by four indexes: A, author/title; B, KWOC (Key Word Out of Context); C, Dewey decimal classification; D, International Standard Book Numbers (ISBN). Although the registers do not cumulate, each semi-annual issue of the indexes cumulates entries from the previous issues. Quinquennial cumulation 1980/81-1984/85. Z5055 C2 C262 fol. fiche 015.71075

Faite suite à: *Canadian theses = Thèses canadiennes*. Semestriel. Recense les thèses de maîtrise et de doctorat, de langue anglaise et française, microfilmées par la Bibliothèque nationale du Canada. Comporte deux registres arrangés selon l'ordre séquentiel. Registre 1 comprend les thèses de diplômés acceptées par les universités canadiennes; registre 2 inclus les thèses de diplômés publiées en dehors du Canada et dont l'auteur est Canadien ou une association canadienne. L'accès aux registres est fourni par quatre index: A, auteurs, titres; B, KWOC (Key Word Out of Context); C, classifica-tion décimale de Dewey; D, numéro international normalisé des livres (ISBN). Bien que les registres ne soient pas cumulatifs, chaque parution semestrielle des index récapitule les notices des numéros précédents. Cumulation quinquennale, 1980/81-1984/85. Z5055 C2 C262 fol. fiche 015.71075

828

Bibliothèque nationale du Canada. – *Theses of the Université de Montréal microfilmed since 1972 = Thèses de l'Université de Montréal microfilmées depuis 1972*. – N° 1 (janv. 1982)-n° 5 (avril 1983). – Ottawa : Bibliothèque nationale du Canada, 1982-1983. – 5 n° – 0713-5092

Master's and doctoral theses accepted by the Université de Montréal and microfilmed since 1972. Arranged alphabetically by author. Includes some theses in English. Absorbed by: *Canadian theses* [microform] = *Thèses canadiennes*. Z5055 C2 C27 fol. 015.71428075

Thèses de maîtrise et de doctorat acceptées par l'Université de Montréal et microfilmés depuis 1972. Classées par ordre alphabétique des auteurs. Comprend quelques thèses en anglais. Absorbé par: *Canadian theses = Thèses canadiennes* [microforme]. Z5055 C2 C27 fol. 015.71428075

829

Canada : a dissertation bibliography = Canada : une bibliographie de dissertations. – Edited by Donald M. Tupling. – [Ann Arbor, Mich.] : University Microfilms International, [1980?]. – vi, 131 p.

Includes 5,460 master's and doctoral theses written between 1884 and 1979, on subjects relating to Canada. Includes English- and French-language publications. Arrangement is alphabetical by author within broad subjects. Author index. Z5055 C2 C261 1980 fol. 016.971

5,460 thèses de maîtrise et de doctorat écrites entre 1884 et 1979, dont le sujet est canadien. Comprend des publications en anglais et en français. Classement par sujets subdivisés par auteurs. Index des auteurs. Z5055 C2 C261 1980 fol. 016.971

830

Canada : une bibliographie de dissertations. 1983 supplément = Canada : a dissertation bibliography. 1983 supplement. – Edited by Donald M. Tupling. – Ann Arbor (Mich.) : University Microfilms International, [1983]. – x, 31 p.

Supplement to: *Canada : a dissertation bibliography = Canada : une bibliographie de dissertations*. Includes 760 master's and doctoral theses written between 1979 and early 1983, on subjects relating to Canada. Arrangement is alphabetical by author within broad subjects. Author index. Z5055 C2 C261 1980 fol. Suppl. 016.971

Supplément de: *Canada : a dissertation bibliography = Canada : une bibliographie de dissertations*. 760 thèses de maîtrise et de doctorat écrites entre 1979 et le début de 1983, consacrées aux sujets canadiens. Classement par sujets subdivisés par auteurs. Index des auteurs. Z5055 C2 C261 1980 fol. Suppl. 016.971

831

Canadian graduate theses in the humanities and social sciences, 1921-1946 = Thèses des gradués canadiens dans les humanités et les sciences sociales, 1921-1946. – Ottawa : Government of Canada, 1951. – 194 p. : tables. – Cover title.

3,043 English- and French-language master's and doctoral theses arranged by subject and university. Annotations. Author index. Z5055 C2 H8 fol. 015.71075

3 043 thèses de doctorat et de maîtrise, de langue anglaise et française, classées par sujets et par universités. Annotations. Index des auteurs. Z5055 C2 H8 fol. 015.71075

832

Carleton University. Carleton Archives, Library. – *Theses and research essays accepted by Carleton University between 1950 and November 1969, and held in MacOdrum Library*. – Ottawa : Carleton Archives, Library, Carleton University, 1972. – 62 leaves.

Research essays, master's and doctoral theses arranged according to degree and then alphabetically by author. Z5055 C4 C3 fol. 015.71384075

Mémoires, thèses de maîtrise et de doctorat classés par diplômes selon l'ordre alphabétique des auteurs. Z5055 C4 C3 fol. 015.71384075

833

Comprehensive dissertation index, 1861-1972. – Ann Arbor (Mich.) : Xerox University Microfilms, 1973. – 37 vol.

More than 417,000 doctoral theses covering all subjects in the social sciences, humanities, sciences and engineering accepted in Canadian, American and foreign universities. Volumes on each broad subject are alphabetically arranged by keywords from theses titles. An author index provides complete bibliographic information for each thesis. References to *Dissertation abstracts international* and *American doctoral dissertations* are included, if the theses are also listed in those publications.

Continued annually by: *Comprehensive dissertation index. Supplement*, for which the following cumulative editions have been issued: *Comprehensive dissertation index : ten-year cumulation, 1973-1982*, 38 vol., 1984; *Comprehensive dissertation index : five-year cumulation, 1983-1987*, 22 vol., 1989.

Available online through DIALOG and OCLC EPIC: *Dissertation abstracts online*. Coverage, 1861- . Available on CD-ROM: *Dissertation abstracts ondisc*. Coverage, 1861- . Z5055 U49 C56 fol. 011.75

Plus de 417 000 thèses de doctorat en sciences sociales, en sciences humaines, en sciences et en ingénierie acceptées dans les universités canadiennes, américaines et étrangères. Les volumes de chaque domaine sont classés selon l'ordre alphabétique des mots clés des titres des thèses. Un index des auteurs collige les informations bibliographiques complètes pour chaque thèse. Réfère à *Dissertation abstracts international* et *American doctoral dissertations* si les thèses sont aussi recensées dans ces publications.

Continué annuellement par: *Comprehensive dissertation index. Supplement* dont des éditions cumulatives ont été publiées: *Comprehensive dissertation index : ten-year cumulation, 1973-1982*, 38 vol., 1984; *Comprehensive dissertation index : five-year cumulation, 1983-1987*, 22 vol., 1989.

Disponible en direct via les serveurs DIALOG et OCLC EPIC: *Dissertation abstracts online*. Période couverte, 1861- . Disponible sur support CD-ROM: *Dissertation abstracts ondisc*. Période couverte, 1861- . Z5055 U49 C56 fol. 011.75

834
Concordia University. – *Concordia University thesis directory.* – Stanley G. French and Madeleine Yates, editors. – Montréal : Concordia University, 1979-1985. – 2 vol. (v, 260 ; v, 237 p.). – 0889470006 (vol. 1) 0889470081 (vol. 2)

Concordia University was founded in 1974 through the merger of Sir George Williams University and Loyola College (Montreal, Quebec). 1,719 master's and doctoral theses arranged by year. Vol. I, 1967-1978; vol. II, 1979-1983. Four indexes: call number, author, thesis supervisor, department. Includes some theses in French. Z5055 C4 C65 fol. 015.71428075

L'Université Concordia a été fondée en 1974 par la fusion de Sir George Williams University et Loyola College (Montréal, Québec). 1 719 thèses de maîtrise et de doctorat classées par année. Vol. I, 1967-1978; vol. II, 1979-1983. Quatre index: cotes topographiques, auteurs, directeurs de thèses et départements. Comprend quelques thèses en français. Z5055 C4 C65 fol. 015.71428075

835
Dissertation abstracts. – Vol. 1, no. 1-vol. 26, no. 12 (June 1966). – Ann Arbor (Mich.) : University Microfilms, 1938-1966. – 26 vol. – 0099-3123

Monthly. Lists doctoral theses submitted to University Microfilms by more than 160 American and Canadian institutions, as well as monographs available in microform format. Arranged by subject. Abstracts accompany citations. Annual cumulation (July-June) of monthly author and subject indexes. Title varies: vol. 1 (1938)-vol. 11 (1951) *Microfilm abstracts*. Reproduced on microfilm, 1938-1966. Available online through DIALOG and OCLC EPIC: *Dissertation abstracts online*. Coverage, 1861- . Available on CD-ROM: *Dissertation abstracts ondisc*. Coverage, 1861- . Continued by: *Dissertation abstracts international. A : the humanities and social sciences* and *Dissertation abstracts international. B : the sciences and engineering*. AS30 M5 fol. 011.75

Mensuel qui recense par sujets, les thèses de doctorat soumises à University Microfilms par plus de 160 institutions américaines et canadiennes, ainsi que les monographies disponibles sur microforme. Un résumé analytique accompagne chaque référence. Refonte annuelle (de juillet à juin) des index mensuels des auteurs et des sujets. Le titre varie: vol. 1 (1938)-vol. 11 (1951) *Microfilm abstracts*. Reproduit sur microfilm, 1938-1966. Disponible en direct via les serveurs DIALOG et OCLC EPIC: *Dissertation abstracts online*. Période couverte, 1861- . Disponible sur CD-ROM: *Dissertation abstracts ondisc*. Période couverte, 1861- . Suivi de: *Dissertation abstracts international. A : the humanities and social sciences* et *Dissertation abstracts international. B : the sciences and engineering*. AS30 M5 fol. 011.75

836
Dissertation abstracts international. A : the humanities and social sciences. – Vol. 27, no. 1 (July 1966)-   . – Ann Arbor (Mich.) : University Microfilms International, 1966-   . –   vol. – 0419-4209

Continues: *Dissertation abstracts*. Other part: *Dissertation abstracts international. B : the sciences and engineering*. Monthly. Lists doctoral theses submitted each year to University Microfilms International (UMI) by 550 institutions around the world, the majority in North America. Arranged by subject. Abstracts of approximately 350 words accompany citations. Theses can be purchased in microform or paper format from UMI.

   Monthly author indexes are cumulated annually (July-June) and published with the index for section B. Monthly index of keywords in titles. Title varies: vol. 27, no. 1 (July 1966)-vol. 29, no. 12 (June 1969) *Dissertation abstracts. A : the humanities and social sciences*.

   Reproduced in microfilm format. Available online through DIALOG and OCLC EPIC: *Dissertation abstracts online*. Coverage, 1861- . Available on CD-ROM: *Dissertation abstracts ondisc*. Updated twice a year. Coverage, 1861- . AS30 M5 fol. 011.75

Fait suite à: *Dissertation abstracts*. L'autre partie est: *Dissertation abstracts international. B : the sciences and engineering*. Mensuel. Recense les thèses de doctorat soumises chaque année à University Microfilms International (UMI) par 550 institutions à travers le monde, mais majoritairement de l'Amérique du Nord. Classement par sujets. Un résumé analytique d'environ 350 mots accompagne chaque référence. L'achat sur support microforme ou sur papier est possible.

   Index mensuel des auteurs dont la refonte annuelle (de juillet à juin) est publiée conjointement avec la section B. Index mensuel des mots clés des titres. Le titre varie: vol. 27, n° 1 (juill. 1966)-vol. 29, n° 12 (juin 1969) *Dissertation abstracts. A : the humanities and social sciences*.

   Reproduit sur support microfilm. Disponible en direct via les serveurs DIALOG, et OCLC EPIC: *Dissertation abstracts online*. Période couverte, 1861- . Disponible sur CD-ROM: *Dissertation abstracts ondisc*. Mis à jour deux fois par année. Période couverte, 1861- . AS30 M5 fol. 011.75

837
Dissertation abstracts international. B : the sciences and engineering. – Vol. 27, no. 1 (July 1966)-   . – Ann Arbor (Mich.) : University Microfilms, 1969-   . –   vol. – 0419-4217

Continues: *Dissertation abstracts*. Similar arrangement to: *Dissertation abstracts international. A : the humanities and social sciences*. Title varies: vol. 27, no. 1 (July 1966)-vol. 29, no. 12 (June 1969) *Dissertation abstracts. B : the sciences and engineering*. AS30 M5 fol. 011.75

Fait suite à: *Dissertation abstracts*. Même arrangement que l'autre partie: *Dissertation abstracts international. A : the humanities and social sciences*. Le titre varie: vol. 27, n° 1 (juill. 1966)-vol. 29, n° 12 (juin 1969) *Dissertation abstracts. B : the sciences and engineering*. AS30 M5 fol. 011.75

838
Dossick, Jesse J. [Jesse John]. – *Doctoral research on Canada and Canadians, 1884-1983 = Thèses de doctorat concernant le Canada et les Canadiens, 1884-1983.* – Ottawa : National Library of Canada, 1986. – xv, 559 p. – 0660532271

12,032 doctoral theses in English and French, about Canada or Canadians. Organized by subject. Covers theses prepared at institutions of higher education in Canada, the United States and Great Britain, as well as the universities of Dublin and Cork in Ireland and

12 032 thèses de doctorat, de langue anglaise et française, traitant du Canada ou des Canadiens, classées par sujets. Répertorie jusqu'au printemps 1983, les thèses provenant des établissements d'enseignement supérieur du Canada, des États-Unis et de la Grande-

New South Wales in Australia. Author index which includes theses microfiche numbers. Reproduced in microform format: *Microlog*, no. 86-04237.

Continued by: *Sub-doctoral theses on Canada : accepted by universities in the United Kingdom & Ireland, 1899-1986 : together with a supplement to J.J. Dossick "Doctoral research on Canada and the Canadians, 1884-1983".* Z1365 D68 1986 fol. 016.971

839

Dossick, Jesse J. [Jesse John]. – ***Doctoral research on Canada and Canadians, 1884-1983 = Thèses de doctorat concernant le Canada et les Canadiens, 1884-1983.*** – Ottawa : Bibliothèque nationale du Canada, 1986. – xv, 559 p. – 0660532271

12,032 doctoral theses in English and French, about Canada or Canadians. Organized by subject. Covers theses prepared at institutions of higher education in Canada, the United States and Great Britain, as well as the universities of Dublin and Cork in Ireland and New South Wales in Australia. Author index which includes theses microfiche numbers. Reproduced in microform format: *Microlog*, no. 86-04237.

Continued by: *Sub-doctoral theses on Canada : accepted by universities in the United Kingdom & Ireland, 1899-1986 : together with a supplement to J.J. Dossick "Doctoral research on Canada and the Canadians, 1884-1983".* Z1365 D68 1986 fol. 016.971

12 032 thèses de doctorat, de langue anglaise et française, traitant du Canada ou des Canadiens, classées par sujets. Répertorie jusqu'au printemps 1983, les thèses provenant des établissements d'enseignement supérieurs du Canada, des États-Unis et de la Grande-Bretagne, ainsi que des universités de Dublin et Cork en Irlande de même que New South Wales en Australie. Index des auteurs, dont le numéro de thèses sur microfiche a été incorporé. Reproduit sur support microforme: *Microlog*, n° 86-04237.

Suivi de: *Sub-doctoral theses on Canada : accepted by universities in the United Kingdom & Ireland, 1899-1986 : together with a supplement to J.J. Dossick "Doctoral research on Canada and the Canadians, 1884-1983".* Z1365 D68 1986 fol. 016.971

840

Koester, Charles Beverley. – ***A bibliography of selected theses on [i.e. in] the library of the University of Alberta (Edmonton) relating to Western Canada, 1915-1965.*** – Compiled for Western Canada Research Project by C.B. Koester. – Edmonton : [s.n.], 1965. – ii, 21 leaves.

Selected research essays, master's and doctoral theses dealing with the social, economic, political and cultural development of Western Canada. Alphabetically arranged by author within ten broad subject areas. Z5055 C2 A5 fol. 016.9712

Sélection de mémoires, de thèses de maîtrise et de doctorat en relation avec le développement social, économique, politique et culturel de l'Ouest canadien. Classé selon l'ordre alphabétique à l'intérieur de dix grandes catégories de sujets. Z5055 C2 A5 fol. 016.9712

841

Laurentian University of Sudbury. Library. – ***Master's theses and research essays accepted by Laurentian University between 1962 and June 1981, and held in the Main Library.*** – Compiled by Chuck Wong. – Sudbury (Ont.) : Laurentian University Library, 1982. – 52 p. – (Special collections ; 2). – Title on added t.p. : *Thèses de maîtrise et mémoires de recherche acceptés par l'Université Laurentienne entre 1962 et juin 1981, et conservés à la Bibliothèque principale.*

458 research papers and master's theses in English and French, arranged by department. Author index. Z5055 C4 L39 1982 fol. 015.713133075

458 mémoires et thèses de maîtrise, de langue anglaise et française, classés par départements. Index des auteurs. Z5055 C4 L39 1982 fol. 015.713133075

842

Laurentian University of Sudbury. Library. Special Collections. – ***A checklist of university theses on northeastern Ontario.*** – Compiled by Chuck Wong. – Sudbury (Ont.) : Laurentian University Library, 1975. – 45 leaves. – Title on added t.p. : *Répertoire des thèses sur le Nord-Est de l'Ontario.*

121 research essays, master's and doctoral theses on northeastern Ontario, from Canadian universities. Includes some theses in French. Arranged in two lists: alphabetically by name of author, alphabetically by place. List of 28 master's and doctoral theses completed at foreign universities and held by the Library of Laurentian University. Alphabetically arranged by name of author. Subject index. Z1392 O5 L38 fol. 016.971313

121 mémoires, thèses de maîtrise et doctorat provenant d'universités canadiennes et dont le sujet concerne le Nord-Est ontarien. Comprend quelques thèses en français. Classement selon l'ordre alphabétique des auteurs et des lieux. 28 thèses étrangères de maîtrise et de doctorat, recensées par ordre alphabétique des auteurs et disponibles à la Bibliothèque de l'Université Laurentienne. Index des sujets. Z1392 O5 L38 fol. 016.971313

843

L'Heureux, Lucie. – ***Thèses et cours sur le Québec dans les institutions d'enseignement supérieur en France.*** – [Paris] : Centre de coopération universitaire franco-québécoise en collaboration avec le Fichier national des thèses, [1988]. – 159 p.

Lists theses and courses on Quebec studies undertaken or available at the universities of France. Arranged in two sections for courses and theses, each of which is arranged by discipline. Entries for theses include author, title, date of defence, name of institution, level, name of thesis director and occasionally a description. Revises: *Les études québécoises dans les établissements français d'enseignement supérieur* ([Paris] : Centre de coopération interuniversitaire franco-québécoise, 1985). Z1392 Q3 T48 1988 016.9714

Liste des thèses et des cours sur Québec entrepris ou disponibles dans les universités de France. Classement en deux parties: cours et thèses qui se subdivisent par disciplines. Pour chaque thèse, l'auteur, le titre, la date de soutenance, le nom de l'institution, le niveau, le nom du directeur de thèse et occasionnellement une description sont mentionnés. Revise: *Les études québécoises dans les établissements français d'enseignement supérieur* ([Paris] : Centre de coopération interuniversitaire franco-québécoise, 1985). Z1392 Q3 T48 1988 016.9714

844

Masters abstracts international. – Vol. 1, no. 1 ([June] 1962)-   . – Ann Arbor (Mich.) : University Microfilms International, 1962-   .
– vol. – 0898-9095 0025-5106

Bimonthly. Lists master's theses in the humanities, social sciences and engineering from institutions around the world. Arranged by subject and then alphabetically by author. Abstracts accompany citations. Author index in each issue. Annual cumulation. Annual subject index, 1965-1987. Title varies: vol. 1 (1962)-vol. 23 (1985) *Masters abstracts*. Available online through DIALOG and OCLC EPIC: *Dissertation abstracts online*. Coverage, 1962-   . Available on CD-ROM: *Dissertation abstracts ondisc*. Coverage, 1962-   . Z5055 U49 M3   011.75

Bimensuel. Recense les thèses de maîtrise en sciences humaines, sciences sociales, et ingénierie des institutions à travers le monde. Classement par sujets subdivisés par auteurs. Un résumé accompagne chaque référence. Index des auteurs dans chaque numéro. Refonte annuele. Index annuel des sujets de 1965 à 1987. Le titre varie: vol. 1 (1962)-vol. 23 (1985) *Masters abstracts*. Disponible en direct via les serveurs DIALOG et OCLC EPIC: *Dissertation abstracts online*. Période couverte, 1962-   . Disponible sur CD-ROM: *Dissertation abstracts ondisc*. Période couverte, 1962-   . Z5055 U49 M3   011.75

845

Master's theses in the arts and social sciences. – Edited by H.M. Silvey, Ed.D. – Cedar Falls (Iowa) : Research Publications, 1976. – 244 p. – 0160-8797

4,926 master's theses in the arts and social sciences, excluding the field of education, from 502 institutions in the United States and Canada. Alphabetically arranged by author within 34 broad subjects. Author and institutional indexes.   Z5055 U5 M3   011.75

4 926 thèses de maîtrise en arts et sciences sociales, à l'exception du domaine de l'éducation, provenant de 502 institutions des États-Unis et du Canada. Classement selon 34 sujets subdivisés d'après l'ordre alphabétique des auteurs. Deux index: auteurs, institutions. Z5055 U5 M3   011.75

846

McGill University. Faculty of Graduate Studies and Research. – *McGill University thesis directory.* – Prepared for the Faculty of Graduate Studies and Research ; Frank Spitzer & Elizabeth Silvester, editors. – Montréal : Faculty of Graduate Studies and Research, McGill University, 1975-1976. – 2 vol. (xiii, 931 ; viii, 1034 p.). – 0773502785 (vol. 1) 0773502548 (vol. 2)

Over 10,000 master's and doctoral theses are listed by year. Vol. 1, 1881-1959; vol. II, 1960-1973. Includes some theses in French. Lists of theses alphabetically arranged by author; by department and author's name; by supervisor; by department and thesis title. Z5055 C4 M3 fol.   015.71428075

Plus de 10 000 thèses de maîtrise et de doctorat classées par année. Vol. 1, 1881-1959; vol. II, 1960-1973. Comprend quelques thèses en français. Liste alphabétique par auteurs; par départements avec les noms des auteurs; par directeurs de thèses; et par départements avec les titres des thèses.   Z5055 C4 M3 fol.   015.71428075

847

[McMaster University]. Presidential Committee on Northern Studies. – *Abstracts of graduate theses in northern studies, 1965-1981.* – Compiled by Presidential Committee on Northern Studies. – [S.l. : McMaster University], 1981. – [4], 67 p.

54 abstracts of master's and doctoral theses arranged alphabetically by author. Also includes lists of theses alphabetically arranged by author under each of the following departments: anthropology, biology, civil engineering, geography, geology, political science.   Z5055 016.9719

54 résumés analytiques de thèses de maîtrise et de doctorat classés selon l'ordre alphabétique des auteurs. Inclut aussi la liste des thèses répertoriées alphabétiquement par auteurs pour chacun des départements suivants: anthropologie, biologie, ingénierie civile, géographie, géologie, science politique.   Z5055   016.9719

848

National Library of Canada. – *Canadian theses on microfilm : catalogue - price list : numbers 1-2450 = Thèses canadiennes sur microfilm : catalogue - prix : numéros 1-2450.* – Ottawa : National Library of Canada, 1969. – 251 p.

English- and French-language Canadian doctoral and master's theses microfilmed by the National Library of Canada. Selection done by the universities which participate in the microfilming programme. Designed to be used as a sales catalogue. The theses are listed chronologically. Updated by supplements.   Z5055 C2 C2625 fol. 015.71075

Thèses canadiennes de doctorat et de maîtrise, de langue anglaise et française, microfilmées par la Bibliothèque nationale du Canada. Sélection faite par les universités participant au programme de microfilmage. Utilisé comme catalogue de vente. Les thèses y sont classées chronologiquement. Mis à jour par des suppléments. Z5055 C2 C2625 fol.   015.71075

849

National Library of Canada. – *Canadian theses on microfilm : catalogue - price list : supplement = Thèses canadiennes sur microfilm : catalogue - prix : supplément.* – No. 1 (June 1969)-no. 14 (June 1974). – Ottawa : National Library of Canada, 1969-1974. – 14 nos. – 0316-0157

Supplement to: *Canadian theses on microfilm : catalogue - price list : numbers 1-2450 = Thèses canadiennes sur microfilm : catalogue - prix : numéros 1-2450*. Irregular. Includes English- and French-language theses, numbers 2,451-16,874. Author index for supplement no. 14 only.   Z5055 C2 C2625 fol.   015.71075

Supplément à: *Canadian theses on microfilm : catalogue - price list : numbers 1-2450 = Thèses canadiennes sur microfilm : catalogue - prix : numéros 1-2450*. Irrégulier. Comprend des thèses de langue anglaise et française, numéros 2 451-16 874. Index des auteurs uniquement pour le supplément n° 14.   Z5055 C2 C2625 fol.   015.71075

850

National Library of Canada. – ***Canadian theses on microfiche : catalogue : supplement = Thèses canadiennes sur microfiche : catalogue : supplément.*** – No. 15 (Oct. 1974)- no. 46 (Sept. 1983). – Ottawa : National Library of Canada, 1974-1983. – 32 nos. – 0316-0149

Supplement to: *Canadian theses on microfilm : catalogue - price list : numbers 1-2450 = Thèses canadiennes sur microfilm : catalogue - prix : numéros 1-2450.* Irregular. Includes English- and French-language theses, numbers 16,875-52,999. Author index. Absorbed by: *Canadian theses* [microform] = *Thèses canadiennes.* Z5055 C2 C2626 fol. 015.71075

Supplément à: *Canadian theses on microfilm : catalogue - price list : numbers 1-2450 = Thèses canadiennes sur microfilm : catalogue - prix : numéros 1-2450.* Irrégulier. Comprend des thèses de langue anglaise et française, numéros 16 875-52 999. Index des auteurs. Absorbé par: *Canadian theses = Thèses canadiennes* [microforme]. Z5055 C2 C2626 fol. 015.71075

851

National Library of Canada. – ***Canadian theses, 1947-1960 = Thèses canadiennes, 1947-1960.*** – Ottawa : National Library of Canada, 1973. – 2 vol. (xix, 719, 107 p.) : tables.

Includes English- and French-language doctoral and master's theses, accepted by Canadian universities between spring 1947 and spring 1960. Arranged according to the broad subject divisions of Dewey decimal classification. Subdivided by university. Author index. Continued by: *Canadian theses = Thèses canadiennes.* Z5055 C2 C262 fol. 015.71075

Thèses de doctorat et de maîtrise, de langue anglaise et française, acceptées par les universités canadiennes de 1947 à 1960 inclusivement. Classement par sujets fondés sur les grandes divisions de la classification décimale Dewey. Subdivisés par universités. Index des auteurs. Suivi de: *Canadian theses = Thèses canadiennes.* Z5055 C2 C262 fol. 015.71075

852

National Library of Canada. – ***Canadian theses = Thèses canadiennes.*** – (1960/1961)-(1976/1977/1979/1980). – Ottawa : National Library of Canada, 1962-1983. – 17 vol. : tables. – 0068-9874

Continues: *Canadian theses, 1947-1960 = Thèses canadiennes, 1947-1960.* Includes English- and French-language doctoral and master's theses, accepted by Canadian universities and microfilmed by the National Library of Canada. Arranged according to the broad subject divisions of Dewey decimal classification. Author index. Continued by: *Canadian theses* [microform] = *Thèses canadiennes.* Z5055 C2 C262 fol. 015.71075

Fait suite à: *Canadian theses, 1947-1960 = Thèses canadiennes, 1947-1960.* Thèses de doctorat et de maîtrise, de langue française et anglaise, acceptées par les universités canadiennes et microfilmées par la Bibliothèque nationale du Canada. Classement par sujets selon les grandes divisions de la classification décimale Dewey. Index des auteurs. Continué par: *Canadian theses = Thèses canadiennes* [microforme]. Z5055 C2 C262 fol. 015.71075

853

National Library of Canada. – ***Canadian theses = Thèses canadiennes* [microform].** – (1980/81)- . – Ottawa : National Library of Canada, 1984- . – microfiches : negative. – 0068-9874

Continues: *Canadian theses = Thèses canadiennes.* Semi-annual. Includes English- and French-language master's and doctoral theses microfilmed by the National Library of Canada. Published in two registers arranged in separate numerical sequences. Register 1 includes graduate theses accepted by Canadian universities; Register 2 includes graduate theses published outside Canada that have a Canadian author or Canadian association. Access to the registers is provided by four indexes: A, author/title; B, KWOC (Key Word Out of Context); C, Dewey decimal classification; D, International Standard Book Numbers (ISBN). Although the registers do not cumulate, each semi-annual issue of the indexes cumulates entries from the previous issues. Quinquennial cumulation 1980/81-1984/85. Z5055 C2 C262 fol. fiche 015.71075

Faite suite à: *Canadian theses = Thèses canadiennes.* Semestriel. Recense les thèses de maîtrise et de doctorat, de langue anglaise et française, microfilmées par la Bibliothèque nationale du Canada. Comporte deux registres arrangés selon l'ordre séquentiel. Registre 1 comprend les thèses de diplômés acceptées par les universités canadiennes; registre 2 inclus les thèses de diplômés publiées en dehors du Canada et dont l'auteur est Canadien ou une association canadienne. L'accès aux registres est fourni par quatre index: A, auteurs, titres; B, KWOC (Key Word Out of Context); C, classification décimale de Dewey; D, numéro international normalisé des livres (ISBN). Bien que les registres ne soient pas cumulatifs, chaque parution semestrielle des index récapitule les notices des numéros précédents. Cumulation quinquennale 1980/81-1984/85. Z5055 C2 C262 fol. fiche 015.71075

854

National Library of Canada. – ***Theses of the Université de Montréal microfilmed since 1972 = Thèses de l'Université de Montréal microfilmées depuis 1972.*** – No. 1 (Jan. 1982)-no. 5 (Apr. 1983). – Ottawa : National Library of Canada, 1982-1983. – 5 nos. – 0713-5092

Master's and doctoral theses accepted by the Université de Montréal and microfilmed since 1972. Arranged alphabetically by author. Includes some theses in English. Absorbed by: *Canadian theses* [microform] = *Thèses canadiennes.* Z5055 C2 C27 fol. 015.71428075

Thèses de maîtrise et de doctorat acceptées par l'Université de Montréal et microfilmés depuis 1972. Classées par ordre alphabétique des auteurs. Comprend quelques thèses en anglais. Absorbé par: *Canadian theses = Thèses canadiennes* [microforme]. Z5055 C2 C27 fol. 015.71428075

855

Public Archives of Nova Scotia. – *Atlantic Canada related theses available at the Public Archives of Nova Scotia.* – Halifax : Gorsebrook Research Institute for Atlantic Canada Studies, [1985]. – 15, 3 leaves. – (Special document ; no. 3-0384).

222 master's and doctoral theses alphabetically arranged by author. Author-subject index. Z1392 A3 P83 1985 fol.   016.9715

222 thèses de maîtrise et de doctorat classées selon l'ordre alphabétique des auteurs. Index: sujets-auteurs. Z1392 A3 P83 1985 fol.   016.9715

856

Reid, Elspeth M. [Elspeth Mary]. – *Sub-doctoral theses on Canada : accepted by universities in the United Kingdom & Ireland, 1899-1986 : together with a supplement to J.J. Dossick "Doctoral research on Canada and the Canadians, 1884-1983".* – Compiled by Elspeth Reid ; edited by John McIlwaine. – [Edinburgh] : British Association for Canadian Studies, 1989. – iii, 10 p. – 095090631X

Supplement to: *Doctoral research on Canada and Canadians, 1884-1983 = Thèses de doctorat concernant le Canada et les Canadiens, 1884-1983.* 51 doctoral theses and 169 research essays and master's theses, arranged by subject. Includes theses of Canadian interest prepared in Great Britain and Ireland. Author index. Z1365 D682 1989   016.971

Supplément de: *Doctoral research on Canada and Canadians, 1884-1983 = Thèses de doctorat concernant le Canada et les Canadiens, 1884-1983.* 51 thèses de doctorat et 169 mémoires et thèses de maîtrise classés par sujets. Répertorie les thèses d'intérêt canadien parues en Grande-Bretagne et en Irlande. Index des auteurs. Z1365 D682 1989   016.971

857

Répertoire des thèses de doctorat soutenues devant les universités de langue française. – Vol. 1 (1970)-vol. 5, nº 2 (1975). – Montréal : Association des universités partiellement ou entièrement de langue française, 1970-1975. – 10 vol. – 0380-8823

Semestrial. List of doctoral theses written in French. Arranged by discipline and classification number. Three indexes: geographical, supervisor, author. Imprint varies. Z5053 R45   011.75

Semestriel. Liste des thèses de doctorat en langue française. Classement par disciplines et par cotes. Trois index: géographique, directeurs de thèses, auteurs. L'adresse bibliographique varie. Z5053 R45   011.75

858

Simon Fraser University. – *Theses, extended essays and projects completed through December 1983* [sic]. – [Burnaby, B.C.] : W.A.C. Bennett Library and Simon Fraser University Archives, [1985]. – ix, 318 p.

Includes master's and doctoral theses approved during the period from 1966 to February 1984. Alphabetically arranged by author within department. National Library microform numbers provided. Author index. Z5055 C28 S58 1985   015.71133

Inclut des thèses de maîtrise et de doctorat approuvées entre 1966 et février 1984. Classement alphabétique par auteurs sous chaque département. Les numéros de microforme de la Bibliothèque nationale sont consignés. Index des auteurs. Z5055 C28 S58 1985   015.71133

859

Université d'Ottawa. Informathèque. Bibliothèque générale. – *Répertoire des thèses présentées à l'Université d'Ottawa dans le domaine des sciences sociales et des humanités : projet 03 - CE = Catalogue of social sciences and humanities thesis* [sic] *presented at the University of Ottawa : 03 - CE project.* – [Ottawa] : Informathèque, Bibliothèque générale, 1972. – v, 219 p.

Master's and doctoral theses in French and in English, arranged by author and title. Z883 O682 fol.   015.71384075

Thèses de maîtrise et de doctorat, de langue française et anglaise, classées par auteurs et par titres. Z883 O682 fol.   015.71384075

860

Université de Moncton. Bibliothèque Champlain. – *Liste des thèses et des mémoires de l'Université de Moncton.* – Compilée par Simonne Clermont. – Moncton : Bibliothèque Champlain, Université de Moncton, 1972. – 24 p.

Includes 111 research essays and master's theses, in French and in English, deposited in and catalogued by the Bibliothèque Champlain, Université de Moncton. Arranged by faculty. Also lists theses alphabetically by name of author, with a call number. The Université Saint-Joseph (1898-1963) existed prior to the foundation of the Université de Moncton. Z5055 C5 M6 1972   015.715235075

Classement par facultés des 111 mémoires et thèses de maîtrise, de langue française et anglaise, déposés et catalogués à la Bibliothèque Champlain, Université de Moncton. Comprend aussi une liste alphabétique par auteurs avec cote topographique. L'Université Saint-Joseph (1898-1963) a précédé la fondation de l'Université de Moncton. Z5055 C5 M6 1972   015.715235075

861

Université du Québec à Montréal. Décanat des études avancées et de la recherche. – *Répertoire des mémoires de maîtrise et des thèses de doctorat.* – 8ᵉ éd. – [Montréal : Université du Québec à Montréal], le Décanat, 1990. – 314 p. – 2892760720

2,347 master's theses and 93 doctoral theses accepted by the Université du Québec à Montréal since its beginning. Arranged by discipline and chronologically. Includes some theses in English. Indexes of authors and theses directors. 1st ed., 1976, *Répertoire des mémoires de maîtrise présentés à l'Université du Québec à Montréal.* Z5055 C4 Q83 fol.   015.71428075

2 347 thèses de maîtrise et 93 thèses de doctorat acceptées à l'Université du Québec à Montréal depuis son ouverture. Classement par disciplines selon un ordre chronologique. Comprend quelques thèses en anglais. Index des auteurs. Index des directeurs de recherche. 1ʳᵉ éd., 1976, *Répertoire des mémoires de maîtrise présentés à l'Université du Québec à Montréal.* Z5055 C4 Q83 fol.

862

Université du Québec à Trois-Rivières. Service de la bibliothèque. – *Répertoire des thèses, des mémoires et des rapports de recherche réalisés à l'Université du Québec à Trois-Rivières de 1969 à 1993.* – Trois-Rivières : le Service, 1994. – vii, 446 p. – 2891250532

Over 1,650 master's and doctoral theses arranged by discipline and alphabetically by author. Author index. Replaces: *Répertoire des thèses, des mémoires et des rapports de maîtrise déposés à l'Université du Québec à Trois-Rivières, 1969-1988.* Z5055 C4 Q8 1994 fol. 015.714451075

Plus de 1 650 thèses de maîtrise et de doctorat classées par disciplines et selon l'ordre alphabétique des auteurs. Index par auteur. Remplace: *Répertoire des thèses, des mémoires et des rapports de maîtrise déposés à l'Université du Québec à Trois-Rivières, 1969-1988.* Z5055 C4 Q8 1994 fol. 015.714451075

863

Université du Québec. Service du dossier étudiant. Section diplômes. – *Répertoire des mémoires et des thèses de l'Université du Québec, 1968/1993.* – Vice-présidence à l'enseignement et à la recherche. Service du dossier étudiant. Section diplômes. – Sainte-Foy : Université du Québec, 1994. – v, 913 p. – 2762818664

Master's and doctoral theses accepted by the Université du Québec à Chicoutimi, Université du Québec à Hull, Université du Québec à Montréal, Université du Québec à Rimouski, Université du Québec à Trois-Rivières, Institut Armand-Frappier, Institut national de la recherche scientifique (Québec), and École nationale d'administration publique. One list of theses from all institutions arranged by area of study and then alphabetically by author. Author index arranged by institution. Replaces: *Répertoire des mémoires et des thèses de l'Université du Québec, 1969/88* (Sainte-Foy : l'Université, 1989). Z5055 C4 Q8 fol. 015.714075

Thèses de maîtrise et de doctorat acceptées à l'Université du Québec à Chicoutimi, l'Université du Québec à Hull, l'Université du Québec à Montréal, l'Université du Québec à Rimouski, l'Université du Québec à Trois-Rivières, l'Institut Armand-Frappier, l'Institut national de la recherche scientifique (Québec), et l'École nationale d'administration publique. Toutes institutions confondues, classement par secteurs d'étude selon l'ordre alphabétique des auteurs. Index des auteurs classés par établissements universitaires. Remplace: *Répertoire des mémoires et des thèses de l'Université du Québec, 1969/88* (Sainte-Foy : l'Université, 1989). Z5055 C4 Q8 fol. 015.714075

864

Université Laurentienne de Sudbury. Bibliothèque. – *Thèses de maîtrise et mémoires de recherche acceptés par l'Université Laurentienne entre 1962 et juin 1981, et conservés à la Bibliothèque principale.* – Préparé par Chuck Wong. – Sudbury (Ont.) : Bibliothèque de l'Université Laurentienne, 1982. – 52 p. – (Collections spéciales ; 2). – Titre de la p. de t. additionnelle : *Master's theses and research essays accepted by Laurentian University between 1962 and June 1981, and held in the Main Library.*

458 research papers and master's theses in English and French, arranged by department. Author index. Z5055 C4 L39 1982 fol. 015.713133075

458 mémoires et thèses de maîtrise, de langue anglaise et française, classés par départements. Index des auteurs. Z5055 C4 L39 1982 fol. 015.713133075

865

Université Laurentienne de Sudbury. Bibliothèque. Collections specialisées. – *Répertoire des thèses sur le Nord-Est de l'Ontario.* – Compilé par Chuck Wong. – Sudbury (Ont.) : Bibliothèque de l'Université Laurentienne, 1975. – 45 f. – Titre de la p. de t. additionnelle : *A checklist of university theses on northeastern Ontario.*

121 research essays, master's and doctoral theses on northeastern Ontario, from Canadian universities. Includes some theses in French. Arranged in two lists: alphabetically by name of author, alphabetically by place. List of 28 master's and doctoral theses completed at foreign universities and held by the Library of Laurentian University. Alphabetically arranged by name of author. Subject index. Z1392 O5 L38 fol. 016.971313

121 mémoires, thèses de maîtrise et doctorat provenant d'universités canadiennes et dont le sujet concerne le Nord-Est ontarien. Comprend quelques thèses en français. Classement selon l'ordre alphabétique des auteurs et des lieux. 28 thèses étrangères de maîtrise et de doctorat, recensées par ordre alphabétique des auteurs et disponibles à la Bibliothèque de l'Université Laurentienne. Index des sujets. Z1392 O5 L38 fol. 016.971313

866

Université Laval. – *Répertoire des thèses de l'École des gradués, 1941-1973.* – 4ᵉ éd. – [Québec] : Bibliothèque, Service d'analyse et d'indexation, 1973. – [8], 37, [9], 186, [5], 210 f.

2,065 master's and doctoral theses listed by department and year. Includes some theses in English. Author index. 1st ed., 1960, *Catalogue des thèses de l'École des gradués de l'Université Laval, 1940-1960*; 2nd ed., 1965, *Liste des thèses, 1940 à 1965*; 3rd ed., 1971, *Répertoire des thèses, 1941-1970.* 1st and 2nd editions include subject indexes. Z5055 C213 L392 1973 015.714471075

2 065 thèses de maîtrise et de doctorat classées par départements et par années. Comprend quelques thèses en anglais. Index des auteurs. 1ʳᵉ éd. (1960), *Catalogue des thèses de l'École des gradués de l'Université Laval, 1940-1960*; 2ᵉ éd., 1965, *Liste des thèses, 1940 à 1965*; 3ᵉ éd., 1971, *Répertoire des thèses, 1941-1970.* 1ʳᵉ et 2ᵉ éd. comportent un index des sujets. Z5055 C213 L392 1973 015.714471075

867

Université Laval. – *Supplément au Répertoire des thèses de l'École des gradués, 1941-1973.* – [Québec] : Bibliothèque, Division d'analyse et d'indexation, 1975. – 11, 58, 63 f.

596 master's and doctoral theses arranged by department and year. Author index. Z5055 C213 L392 1973 Suppl. 015.714471075

596 thèses de maîtrise et de doctorat classées par départements et par années. Index des auteurs. Z5055 C213 L392 1973 Suppl. 015.714471075

868

Université Laval. Centre de documentation. – *Index des projets de recherche en cours dans les universités du Québec, 1969 = Index of research projects being carried out in Quebec universities, 1969.* – 3ᵉ éd. – Québec : Presses de l'Université Laval, 1970. – xii, 1341 p.

1st ed., 1967. 2nd ed., 1969. Lists over 5,000 French- and English-language master's and doctoral theses or research projects. Five parts: bibliographical references arranged by call number; subject, discipline, author, supervisor indexes.   Z5055 C2 I5 015.714075

1ʳᵉ éd., 1967. 2ᵉ éd., 1969. Plus de 5 000 thèses de maîtrise et de doctorat ou projets de recherche, de langue française et anglaise. Cinq sections: références bibliographiques classées par ordre numérique de cotes; index des sujets; index des disciplines; index des auteurs; index des directeurs de thèse ou de projet de recherche.   Z5055 C2 I5   015.714075

869

University of Alberta. Bruce Peel Special Collections Library. – *University of Alberta theses.* – (Fall 1971)-(Fall 1988). – Edmonton : University of Alberta, Bruce Peel Special Collections Library, 1971-1988. – 36 vol. – 0315-5870 – Cover title.

Biannual. Doctoral and master's theses arranged by department. Author index.   Z5055 A4 U6 fol. 015.712334075

Semestriel. Thèses de maîtrise et de doctorat classées par départements. Index des auteurs.   Z5055 A4 U6 fol.   015.712334075

870

University of Calgary. Libraries. – *University of Calgary theses : a bibliography, 1959-1978.* – Compiled by Jan Roseneder. – Calgary : University of Calgary Libraries, 1983. – 2 vol. (448 ; 324 p.). – (Bibliography series ; no. 2). – 0889530483

Vol. 1, bibliography of 2,800 master's and doctoral theses arranged by department. Vol. 2 includes five indexes: author, title, supervisor, subject, geographical.   Z5055 C2 R68 1983 fol.   015.712338075

Vol. 1, bibliographie de plus de 2 800 thèses de maîtrise et de doctorat classées par départements. Vol. 2 comprend cinq index: auteurs, titres, directeurs de thèses, sujets, géographique.   Z5055 C2 R68 1983 fol.   015.712338075

871

University of Guelph. Centre for Resources Development. – *Resources development graduate theses, M.A. and M.Sc., 1963-1976.* – [Guelph, Ont. : University of Guelph], 1976. – [6] p. – (Publication - University of Guelph. Centre for Resources Development ; no. 71).

47 master's theses in the fields of agricultural economics, engineering, geography, horticulture, land resource science and landscape architecture. Listed alphabetically by author.   Z5055   016.333715

47 thèses de maîtrise des domaines de l'économie agricole, l'ingénierie, la géographie, l'horticulture, les sciences environnementales et l'architecture paysagiste. Recension selon l'ordre alphabétique des auteurs.   Z5055   016.333715

872

University of Ottawa. Information Retrieval Center. General Library. – *Répertoire des thèses présentées à l'Université d'Ottawa dans le domaine des sciences sociales et des humanités : projet 03 - CE = Catalogue of social sciences and humanities thesis* [sic] *presented at the University of Ottawa : 03 - CE project.* – [Ottawa] : Information Retrieval Center, General Library, 1972. – v, 219 p.

Includes master's and doctoral theses in French and in English, arranged by author and by title.   Z883 O682 fol.   015.71384075

Thèses de maîtrise et de doctorat, de langue française et anglaise, classées par auteurs et par titres.   Z883 O682 fol.   015.71384075

873

University of Saskatchewan. – *University of Saskatchewan postgraduate theses, 1912-1973.* – Saskatoon : University of Saskatchewan, 1975. – 168 p.

Over 2,700 master's and doctoral theses arranged alphabetically by department and then by author. Author index.   Z5055 C4 S38 015.712425075

Plus de 2 700 thèses de maîtrise et de doctorat classées alphabétiquement par départements et par auteurs. Index des auteurs.   Z5055 C4 S38   015.712425075

874

University of Toronto Library. – *University of Toronto doctoral theses, 1897-1967 : a bibliography.* – Compiled by Judy Mills and Irene Dombra. – [Toronto] : Published for the University of Toronto Library by University of Toronto Press, c1968. – xi, 186 p. – 802032249

2,648 doctoral theses arranged by subject and then chronologically. Author index. Continued by: *University of Toronto doctoral theses, 1968-1975 : a bibliography.*   Z5055 C2 T6   015.713541075

2 648 thèses de doctorat classées par sujets et chronologiquement. Index des auteurs. Suivi de: *University of Toronto doctoral theses, 1968-1975 : a bibliography.*   Z5055 C2 T6   015.713541075

875

University of Toronto. School of Graduate Studies. – *University of Toronto doctoral theses, 1968-1975 : a bibliography.* – [Compiled by Judy Mills]. – Toronto : Published for the School of Graduate Studies, University of Toronto by University of Toronto Press, 1977. – 166 p. – 0802033423

Supplement to: *University of Toronto doctoral theses, 1897-1967 : a bibliography.* 2,323 doctoral theses arranged by subject and then chronologically. Author index.   Z5055 C2 T62   015.713541075

Supplément de: *University of Toronto doctoral theses, 1897-1967 : a bibliography.* 2 323 thèses de doctorat classées par sujets, subdivisés chronologiquement. Index des auteurs.   Z5055 C2 T62 015.713541075

876

University of Western Ontario. – *A list of theses accepted by the University of Western Ontario in partial fulfilment of the requirements for the degrees of Master of Arts, Master of Science, Bachelor of Laws, 1909-1947.* – London : Lawson Memorial Library, University of Western Ontario, 1948. – 25 leaves.

Six research essays in law; 298 master's theses listed alphabetically by author within department. Three author indexes.   Z5055 C24 U58 015.71326075

Six essais de recherche en droit; 298 thèses de maîtrise répértoriés par département selon l'ordre alphabétique des auteurs. Trois index des auteurs.   Z5055 C24 U58   015.71326075

Handbooks

Guides

877

Borchardt, D. H. [Dietrich Hans]. – *Guide to the availability of theses.* – Compiled for the Section of University Libraries and other General Research Libraries by D.H. Borchardt and J.D. Thawley. – München : K.G. Saur, 1981. – 443 p. – (IFLA publications ; 17). – 3598203780

An international guide to the availability of theses in university libraries. Based on the results of a survey, to which 698 institutions from 85 countries responded. 40 Canadian institutions included. Entries for universities are arranged by country and then alphabetically. An introductory statement on theses control is provided for some countries. Entries include name and address of university, name of library, information on types of theses deposited, copyright, internal bibliographic control, availability for personal borrowing or interlibrary loan, restrictions on consultation and photocopying, public availability of abstracts, other libraries which receive copies. Index of institutions. Completed by: *Guide to the availibility of theses : II, non-university institutions.*   Z5053 A2 B67 1981   013.379

Guide international pour la disponibilité des thèses dans les bibliothèques universitaires. Résultats d'un sondage auprès de 698 institutions provenant de 85 pays. 40 institutions canadiennes sont incluses. Recension alphabétique des universités par pays. Chaque notice comprend le nom et l'adresse de l'université, le nom de la bibliothèque, les types de thèses déposées, le droit d'auteur, le contrôle bibliographique interne, la possibilité de prêt à titre individuel ou entre bibliothèques, les limitations imposées pour la consultation et les photocopies, l'existence de sommaires accessibles au public et les autres bibliothèques recevant des exemplaires. Index des institutions. Complété par: *Guide to the availibility of theses : II, non-university institutions.*   Z5053 A2 B67 1981   013.379

878

Allen, G.G. – *Guide to the availability of theses : II, non-university institutions.* – Compiled for the Section of University Libraries and other General Research Libraries by G.G. Allen and K. Deubert. – München : K.G. Saur, 1984. – 124 p. – (IFLA publications ; 29). – 3598203942

Supplement to: *Guide to the availability of theses.* 199 entries arranged by country and by institution. Three indexes: institution, geographical, subject.   Z5053 A2 B672 1984   013.379

Fait suite à: *Guide to the availability of theses.* 199 notices classées par pays et par institutions. Trois index: institutions, géographique, sujets.   Z5053 A2 B672 1984   013.379

General Reference Works
Year Books, Handbooks and Almanacs

Ouvrages de référence généraux
Annuaires, guides et almanachs

879

Annuaire statistique du Canada. – [1885?]-(1904). – Ottawa : Ministère de l'agriculture, [1896?]-1905. – 20 vol. : cartes en coul., tableau plié, tableaux. – 0840-2590

Annual. Includes text and statistics on governmental, demographic, financial, social and general conditions of the Dominion. Subject index. Title varies: 1885-1888, *Canada : résumé statistique pour l'année*; 1889, *Canada : annuaire statistique*; 1890-1893, *Annuaire statistique.* Also published in English under the title: *The statistical year-book of Canada.* Continued by: *Annuaire du Canada.* HA744 S82   317.1

Annuel. Inclus textes et statistiques gouvernementales, démographiques, financières, sociales et générales de la Puissance. Index des sujets. Le titre varie: 1885-1888, *Canada : résumé statistique pour l'année*; 1889, *Canada : annuaire statistique*; 1890-1893, *Annuaire statistique.* Publié aussi en anglais sous le titre: *The statistical year-book of Canada.* Continué par: *Annuaire du Canada.*   HA744 S82 317.1

880

Annuaire du Canada. – (1905)-   . – Ottawa : Statistique Canada, Division des publications, 1906-   . –   vol. : ill. en coul., cartes en coul., tableaux, graphiques en coul. – 0316-8557

Continues: *Annuaire statistique du Canada.* Statistics on and analysis of changes in Canadian demography, health, education, employment and income, social security, housing and construction, natural resources, science and technology, transportation, communications, leisure, manufacturing, merchandising, finance, judicial and governmental systems. Subject index. A bibliography of further reading provided at the end of each chapter. Annual from 1905 to 1976/77, some issues cover two years: 1916/17, 1922/23, 1927/28, 1934/35, 1943/44, 1948/49, 1952/53, 1957/58, 1963/64, 1970/71, 1976/77.

Fait suite à: *Annuaire statistique du Canada.* Statistiques et analyses des changements enregistrés au Canada en démographie, santé, éducation, emploi et revenu, sécurité sociale, logement et construction, ressources naturelles, sciences et technologie, transports, communication, loisirs, industries, commerce, finance ainsi que le système judiciaire et gouvernemental. Index des sujets. Une bibliographie de lectures complémentaires est fournie à la fin de chaque chapitre. Annuel de 1905 à 1976/77, dont quelques livraisons couvrent deux ans: 1916/17, 1922/23, 1927/28, 1934/35, 1943/44, 1948/49, 1952/53,

Biennial, 1978/79 and 1980/81. Irregular, 1985, 1988 and 1990.

Subtitle varies: 1905-1912, *Annuaire du Canada : deuxième série*; 1913-1921, *Annuaire du Canada*; 1922/23-1936, *Annuaire du Canada : répertoire statistique officiel des ressources, de l'histoire, des institutions et de la situation économique et sociologique de la Puissance*; 1937-1946, *Annuaire du Canada : répertoire statistique officiel des ressources, de l'histoire, des institutions et de la situation économique et sociologique du Dominion*; 1947-1948/49, *Annuaire du Canada : répertoire statistique officiel des ressources, de l'histoire, des institutions et de la situation sociale du Dominion*; 1950, *Annuaire du Canada : répertoire statistique officiel des ressources, de l'histoire, des institutions et de la situation économique et sociale du Canada*; 1951-1969, *Annuaire du Canada : ressources, histoire, institutions et situation économique et sociale du Canada*; 1970/71-1972, *Annuaire du Canada : annuaire statistique des ressources, de la démographie, des institutions et de la situation économique et sociale du Canada*; 1973-1978/79, *Annuaire du Canada : exposé annuel de l'évolution économique, sociale et politique du Canada*; 1980/81-1990, *Annuaire du Canada : exposé de l'évolution économique, sociale et politique du Canada*. The 1976/77 issue was designated "Special Edition" because it marked the transition from the imperial to the metric system of measurement in Canada.

Imprint varies. Also published in English under the title: *Canada year book*.   HA744 S83   317.1

1957/58, 1963/64, 1970/71, 1976/77. Biennal en 1978/79 et 1980/81. Irrégulier, 1985, 1988 et 1990.

Variantes dans le sous-titre: 1905-1912, *Annuaire du Canada : deuxième série*; 1913-1921, *Annuaire du Canada*; 1922/23-1936, *Annuaire du Canada : répertoire statistique officiel des ressources, de l'histoire, des institutions et de la situation économique et sociologique de la Puissance*; 1937-1946, *Annuaire du Canada : répertoire statistique officiel des ressources, de l'histoire, des institutions et de la situation économique et sociologique du Dominion*; 1947-1948/49, *Annuaire du Canada : répertoire statistique officiel des ressources, de l'histoire, des institutions et de la situation économique et sociale du Dominion*; 1950, *Annuaire du Canada : répertoire statistique officiel des ressources, de l'histoire, des institutions et de la situation économique et sociale du Canada*; 1951-1969, *Annuaire du Canada : ressources, histoire, institutions et situation économique et sociale du Canada*; 1970/71-1972, *Annuaire du Canada : annuaire statistique des ressources, de la démographie, des institutions et de la situation économique et sociale du Canada*; 1973-1978/79, *Annuaire du Canada : exposé annuel de l'évolution économique, sociale et politique du Canada*; 1980/81-1990, *Annuaire du Canada : exposé de l'évolution économique, sociale et politique du Canada*. La publication de 1976/77 porte en plus, la mention «édition spéciale» parce qu'elle marque la transition entre le système de mesure en vigueur au Canada d'impérial à métrique.

Publié par différents éditeurs. Publié aussi en anglais sous le titre: *Canada year book*.   HA744 S83   317.1

881

Canada, a portrait : the official handbook of present conditions and recent progress. – Prepared in the Communications Division, Statistics Canada. – (1930)-   . – Ottawa : Statistics Canada, 1930-   . –   vol. : ill. (some col.), col. maps. – 0840-6014

Annual, 1930-1979. Biennial since 1981. Editions for 1969 and 1986/87 not published. Four parts: land and environment; people and their heritage; society; and economy of Canada, based on data from the latest census. Subject index. Also published in French under the title: *Un portrait du Canada : l'ouvrage officiel des conditions actuelles et des progrès récents*.

Title varies: 1930 ed., *Canada, a handbook of present conditions and recent progress in the Dominion*; 1st ed. (1931)-39th ed. (1970), *Canada, an official handbook of present conditions and recent progress*; 40th ed. (1971)-45th ed. (1976), *Canada, the annual handbook of present conditions and recent progress*; 46th ed. (1977)-49th ed. (1980/81), *Canada handbook, the annual handbook of present conditions and recent progress*; 50th ed. (1982/83) and 51st ed. (1984/85), *Canada handbook, the handbook of present conditions and recent progress*. Published for the centennial of Confederation, the 1967 issue has the title: *Canada, one hundred, 1867-1967* and describes changes during the century.

In 1932, issued in Italian under the title: *Canada 1932, manuale ufficiale sulle condizioni presenti e sul recente progresso del dominio*. Issued in Spanish in 1941 and 1944 under the title: *Canadá, manual oficial de las condiciones actuales y de los recientes progresos*; in 1964 under the title: *Canadá, guìa oficial de las condiciones actuales y progresos recientes*; and, in 1967 under the title: *Canadá, cien años, 1867-1967*. In 1942 and 1944, published in Portugese under the title: *Canadá, manual oficial das condiçoes actuais e dos progresos recentes*. Imprint varies.   HC115 A452   971.005

Publication annuelle de 1930 à 1979, et biennale depuis 1981. Les éditions de 1969 et de 1986/87 n'ont pas paru. Quatre parties: le territoire et l'environnement; le peuple et son héritage; la société et l'économie du Canada, basés sur les données du dernier recensement. Index des sujets. Publié aussi en français sous le titre: *Un portrait du Canada : l'ouvrage officiel des conditions actuelles et des progrès récents*.

Le titre varie: l'éd. de 1930, *Canada, a handbook of present conditions and recent progress in the Dominion*; 1ʳᵉ éd. (1931)-39ᵉ éd. (1970), *Canada, an official handbook of present conditions and recent progress*; 40ᵉ éd. (1971)-45ᵉ éd. (1976), *Canada, the annual handbook of present conditions and recent progress*; 46ᵉ éd. (1977)-49ᵉ éd. (1980/81), *Canada handbook, the annual handbook of present conditions and recent progress*; 50ᵉ éd. (1982/83) et 51ᵉ éd. (1984/85), *Canada handbook, the handbook of present conditions and recent progress*. Publié à l'occasion du Centenaire de la Confédération, la livraison de 1967 comporte le titre: *Canada, one hundred, 1867-1967*, et décrit les changements qui se sont produits au cours de ce siècle.

En 1932 a été publié en italien sous le titre: *Canada 1932, manuale ufficiale sulle condizioni presenti e sul recente progresso del dominio*. Édité en espagnol en 1941 et en 1944 sous le titre: *Canadá, manual oficial de las condiciones actuales y de los recientes progresos*; en 1964 sous le titre: *Canadá, guìa oficial de las condiciones actuales y progresos recientes*; et en 1967 sous le titre: *Canadá, cien años, 1867-1967*. En 1942 et en 1944 a paru en portugais sous le titre: *Canadá, manual oficial das condiçoes actuais e dos progresos recentes*. Publié par différents éditeurs.   HC115 A452   971.005

882

Canadian almanac & directory. – (1848)-   . – Toronto : Copp Clark Pitman, 1848-   . –   vol. : ill., maps. – 0068-8193

Annual. A directory of federal, provincial, territorial and municipal government bodies; financial, educational, judicial, medical, cultural, and religious institutions; legal, transportation and communications firms; associations and foundations. Also includes information on Canadian flags and badges, awards, honours and titles, provincial emblems and birds, forms of address, abbreviations, postal information, weights and measures, etc. Arranged in seven sections. Alphabetical fastfinder. Topical table of contents. Subject index.

Annuel. Répertoire des administrations fédérales, provinciales, territoriales et municipales; des maisons d'enseignement et des établissements financiers, juridiques, médicaux, culturels et religieux; des cabinets juridiques et des entreprises de transport et de communication; des associations et des fondations. Contient aussi des données sur les insignes et les drapeaux canadiens, les prix, les récompenses et les titres, les emblèmes provinciaux, les titres de politesse, les abréviations, des données sur la poste, les poids et les mesures, etc.

Title varies: 1st ed. (1848)-3rd ed. (1850), *Scobie & Balfour's Canadian almanac, and repository of useful knowledge*; 4th ed. (1851)-7th ed. (1854), *Scobie's Canadian almanac, and repository of useful knowledge*; 8th ed. (1855) and 9th ed. (1856), *Maclear & Co.'s Canadian almanac, and repository of useful knowledge*; 10th ed. (1857)-47th ed. (1894), *The Canadian almanac and repository of useful knowledge*; 48th ed. (1895)-79th ed. (1926), *The Canadian almanac and miscellaneous directory*; 80th ed. (1927)-100th ed. (1947), *The Canadian almanac and legal and court directory*. Imprint varies. Reproduced in microform format: Toronto : Micromedia, 1972- . microfiches. Coverage, 1848- . AY414 C2 971.0025

Classement en sept sections. Index alphabétique rapide. Tables des matières par sujets. Index des sujets.
Le titre varie: 1ʳᵉ éd. (1848)-3ᵉ éd. (1850), *Scobie & Balfour's Canadian almanac, and repository of useful knowledge*; 4ᵉ éd. (1851)-7ᵉ éd. (1854), *Scobie's Canadian almanac, and repository of useful knowledge*; 8ᵉ éd. (1855) et 9ᵉ éd. (1856), *Maclear & Co.'s Canadian almanac, and repository of useful knowledge*; 10ᵉ éd. (1857)-47ᵉ éd. (1894), *The Canadian almanac and repository of useful knowledge*; 48ᵉ éd. (1895)-79ᵉ éd. (1926), *The Canadian almanac and miscellaneous directory*; 80ᵉ éd. (1927)-100ᵉ éd. (1947), *The Canadian almanac and legal and court directory*. L'adresse bibliographique varie. Reproduit sur support microforme: Toronto : Micromedia, 1972- . microfiches. Période couverte, 1848- . AY414 C2 971.0025

883

Canadian annual review of politics and public affairs. – (1960)- . – Toronto : University of Toronto Press, 1960- . – vol. – 0315-1433

Includes essays analysing the federal perspective on parliament and politics; Ottawa and the provinces; the national economy; external affairs and defence; military and security issues. Essays on provincial or territorial perspectives cover topics such as the economy, the legislature and intergovernmental relations. Two- to four-year interval between date of publication and year covered, since 1977. Title varies: 1960-1970, *Canadian annual review*. Includes some text in French, until 1978. List of contributors. Canadian calendar. Obituaries. Name and subject indexes. F5003 C216 971.005

Inclut des essais qui analysent le point de vue fédéral sur: le parlement et la politique; Ottawa et les provinces; l'économie nationale; les affaires extérieures et la défense; les questions militaires et la sécurité. Les essais sur les points de vue provinciaux et territoriaux portent sur des sujets comme l'économie, le corps législatif et les relations intergouvernementales. De deux à quatre ans d'intervalle entre la date de publication et l'année couverte, depuis 1977. Le titre varie: 1960-1970, *Canadian annual review*. Contient quelques textes en français, jusqu'en 1978. Liste des collaborateurs. Calendrier canadien. Notices nécrologiques. Index des noms et index des sujets. F5003 C216 971.005

884

The Canadian annual review of public affairs. – (1901)-(1937/38). – Toronto : Canadian Review, 1902-1940. – 35 vol. : ports., maps. – 0384-9511

Provides an annual analysis of federal administration and politics, imperial and international relations, statistical survey of economic and social conditions, finance and insurance, labour and unemployment relief, transportation and communications, as well as essays analysing the affairs of each province. Includes some annual reports of financial institutions and governmental agencies in the supplement section. Obituaries until the 1935/36 issue. List of Canadian books in English arranged by subject. List of French-Canadian books listed alphabetically by author. Author and subject indexes. Volume for 1901 is a reissue of: *Morang's annual register of Canadian affairs* (Toronto : G.N. Morang, 1902). Reproduced in microform format: Toronto : Micromedia, [197?]. 302 microfiches. F5011 C3 971.005

Fournit une analyse annuelle de l'administration et de la politique fédérales, des rapports avec l'Empire et des relations internationales, des enquêtes statistiques sur les conditions économiques et sociales, des finances et des assurances, du travail et de l'assistance-chômage, des transports et des communications. Contient aussi des essais qui analysent les affaires de chaque province. Un supplément comprend quelques rapports annuels d'établissements financiers et d'organismes gouvernementaux. Notices nécrologiques jusqu'au numéro de 1935/36. Liste de livres canadiens en anglais avec classement par sujets. Liste des livres canadiens-français avec classement alphabétique par auteurs. Index des auteurs et index des sujets. Le volume de 1901 est une réédition de: *Morang's annual register of Canadian affairs* (Toronto : G.N. Morang, 1902). Reproduit sur microforme: Toronto: Micromedia, [197?]. 302 microfiches. F5011 C3 971.005

885

The Canadian global almanac. – (1987)- . – Toronto : Global Press, c1986- . – vol. : ill., maps, tables. – 1187-4570

Annual. Historic, demographic, social, geographic, economic and political facts for Canadian federal, provincial and territorial jurisdictions as well as for other countries of the world. Also includes lists of international and Canadian events of the previous year, prizes, honours and decorations, tourist attractions, endangered species, holidays, weights and measures, international sports statistics, obituaries for international figures who died during the previous year, etc. Subject index. Title varies: 1987-1991, *The Canadian world almanac and book of facts.* AY414 C36 031.02

Annuel. Description historique, démographique, sociale, géographique, économique et politique aux niveaux fédéral, provincial et territorial pour le Canada et au niveau national pour tous les pays du monde. Rétrospective internationale et canadienne des événements de la précédente année. Listes des palmarès, prix et décorations, attractions touristiques, espèces en voie de disparition, fêtes légales, poids et mesures. Statistiques internationales sur les sports, rubrique nécrologique mondiale de la précédente année, etc. sont aussi inclus. Index des sujets. Le titre varie: 1987-1991, *The Canadian world almanac and book of facts.* AY414 C36 031.02

886

Corpus almanac & Canadian sourcebook. – (1966)- . – Don Mills (Ont.) : Corpus Information Services, 1966- . – vol. : ill., maps, ports, tables. – 0823-1133

Annual. Includes a directory and description of federal, provincial, territorial and municipal government bodies; financial, educational, judicial and religious institutions; communications firms and labour organizations. Text and statistics on geography, natural resources and population. Directory of cultural institutions and organizations and associations and societies in Canada. General information on

Annuel. Inclut un répertoire et une description des administrations fédérales, provinciales, territoriales et municipales; des maisons d'enseignement et des établissements financiers, juridiques et religieux; des entreprises de communications et des organisations de travailleurs. Texte et statistiques sur la géographie, les ressources naturelles et la population. Répertoire des établissements et organismes culturels

national emblems, forms of address, holidays, astronomy, etc. List of important events during the previous year. Text of the Canadian constitution. A list of further reading at the end of each chapter. Title keyword-subject index. Title varies: 1966-1971, *McGraw-Hill directory and almanac of Canada*; 1972-1973, *Corpus directory and almanac of Canada*; 1974-1982, *The corpus almanac of Canada*. Imprint varies. Issued in two volumes: 1981-1989. AY414 C652 971.0025

ainsi que des associations et des sociétés au Canada. Information générale sur les emblèmes nationaux, les titres de politessse, les fêtes, l'astronomie, etc. Liste des événements importants de l'année antérieure. Texte de la constitution canadienne. Liste de lectures recommandées à la fin de chaque chapitre. Index des sujets et des mots clés dans les titres. Le titre varie: 1966-1971, *McGraw-Hill directory and almanac of Canada*; 1972-1973, *Corpus directory and almanac of Canada*; 1974-1982, *The corpus almanac of Canada*. L'adresse bibliographique varie. Publié en deux volumes: 1981-1989. AY414 C652   971.0025

887

The Dominion annual register and review. – Edited by Henry James Morgan. – (1878)-(1886). – Montreal : Eusèbe Senécal & fils, 1879-1887. – 8 vol. : tables. – 0700-6276

Annual. Includes a review of politics, government, literature, science and art, a list of public appointments, obituaries, a record of deaths, fires, marriages, remarkable occurrences, notable sporting events, provincial and federal election results and statistics of the previous year in Canada. Brief biographies of Canadian personalities listed in alphabetical order. Section of government and commercial advertisements. Name and subject indexes. Imprint varies. 1880-1881 issued in one volume. 1879-1886 editions reproduced in microform format: *CIHM/ICMH microfiche series*, no. A00207. F5011 D75 971.005

Annuel. Inclut: un examen de la politique, du gouvernement, de la littérature, des sciences et des arts; une liste des nominations de fonctionnaires; des notices nécrologiques; un registre des décès, des incendies, des mariages, des événements exceptionnels et des événements sportifs importants; les résultats des élections provinciales et fédérales; des statistiques sur l'année antérieure au Canada. Courtes biographies de personnalités canadiennes en ordre alphabétique. Section publicitaire gouvernementale et commerciale. Index des noms et index des sujets. L'adresse bibliographique change. 1880-1881 publié en un seul volume. Les éditions de 1879-1886 sont reproduites sur support microforme: *CIHM/ICMH collection de microfiches*, n° A00207. F5011 D75   971.005

888

German-Canadian yearbook. – Vol. 1 (1973)-   . – Toronto : Historical Society of Mecklenburg Upper Canada, 1973-   . –   vol. : ill. (some col.), maps. – 0316-8603 – Title on added t.p. : *Deutschkanadisches jahrbuch.*

Irregular. Articles in English and German on historical, sociological, literary, linguistic and artistic aspects of the German-Canadian community. Biographies. Bibliographies. Book reviews. FC106 G3 G4 971.0043105

Irrégulier. Articles en anglais et en allemand sur les aspects historiques, sociologiques, littéraires, linguistiques et artistiques de la communauté germano-canadienne. Biographies. Bibliographies. Critiques de livres. FC106 G3 G4   971.0043105

889

A hand-book of information relating to the Dominion of Canada : including the provinces of Ontario, Quebec, Nova Scotia, New Brunswick, Prince Edward Island, Manitoba, the North-West Territories, and British Columbia. Second series, revised to date : for the perusal of capitalists, agriculturalists, mechanics, artisans, labourers, and domestic servants. – [3rd ed]. – London : Government of Canada (Department of Agriculture), 1884. – 112 p. : ill, folded map, tables.

1st ed. (1877); 2nd ed. (1879), *Canada : a hand-book of information for intending emigrants*. Describes Canadian geography, population, society and economy at the federal, provincial and territorial levels. Reproduced in microform format: *CIHM/ICMH microfiche series*, no. 53442 (1877), no. 58666 (1879). AC901 P3 no. 1913   971

1ʳᵉ éd. (1877); 2ᵉ éd. (1879), *Canada : a hand-book of information for intending emigrants*. Description géographique, démographique, sociale et économique aux niveaux fédéral, provincial et territorial. Reproduit sur support microforme: *CIHM/ICMH collection de microfiches*, n° 53442 (1877), n° 58666 (1879). AC901 P3 n° 1913   971

890

Informator Polonii Kanadyjskiej = Canadian Polish directory. – Toronto : Wydawnictwo "Zwiazkowiec", [1953?]-   . –   vol. – 0820-4632

Annual, 1953?-1982. Biennial. Not published, 1985/86. A directory of Polish associations and media in Canada, governmental departments, institutions and associations in Poland, Polish organizations around the world. Also includes information on the Polish population in Canada and worldwide, Canadian social programmes, weights and measures. Title varies: 1953?-1969?, *Kalendarzyk informator Polaka w Kanadzie*; 1970?-1977, *Kalendarzyk Kieszonkowy*; 1978-1983/84, *Kalendarzyk informator Polonii Kanadyjskiej*. Imprint varies. AY418 K312 971.0049185025

Annuel, 1953?-1982. Biennial. Non publié en 1985/86. Répertoire des associations et des médias polonais au Canada, des ministères, établissements et associations en Pologne, et des organisations polonaises du monde entier. Comprend aussi de l'information sur la population d'origine polonaise au Canada et dans le monde, sur les programmes sociaux canadiens ainsi que sur les poids et les mesures. Le titre varie: 1953?-1969?, *Kalendarzyk informator Polaka w Kanadzie*; 1970?-1977, *Kalendarzyk Kieszonkowy*; 1978-1983/84, *Kalendarzyk informator Polonii Kanadyjskiej*. L'adresse bibliographique varie. AY418 K312   971.0049185025

891

The Native North American almanac : a reference work on Native North Americans in the United States and Canada. – Duane Champagne, editor. – Detroit : Gale Research Inc., c1994. – xxviii, 1275 p. : ill., maps, ports. – 0810388650

Intended as a reference source on all aspects of the culture and society of the Native peoples of North America. Arranged by broad subject including demography, major culture areas, languages, law and legislation, urbanization, religion, arts, education, etc. Includes

Conçu comme une source de référence pour tous les aspects de la culture et de la société des peuples autochtones de l'Amérique du Nord. Classement par sujets généraux comme la démographie, les principales régions culturelles, les langues, le droit et la législation,

signed essays by American and Canadian scholars. Numerous directories: sites and landmarks, museums, American and Canadian Indian communities, government agencies, Native organizations, Native media, educational programmes, etc. Chronologies of Canadian and American Native history. Biographies of over 470 prominent Native North Americans, with an occupation index. Glossary. Bibliographical references in each section. General bibliography. Name-subject index.   E77 N377 1994 fol.   970.00497

l'urbanisation, la religion, les arts, l'éducation, etc. Inclut des essais signés par des spécialistes américains et canadiens. Nombreux répertoires: lieux historiques et points d'intérêt, musées, communautés autochtones américaines et canadiennes, organismes gouvernementaux, organisations autochtones, médias autochtones, programmes éducatifs, etc. Chronologies de l'histoire autochtone canadienne et américaine. Biographies de plus de 470 Autochtones nord-américains éminents avec index des occupations. Glossaire. Références bibliographiques dans chaque section. Bibliographie générale. Index des noms et des sujets.   E77 N377 1994 fol.   970.00497

892

Le petit informateur canadien. – (1950)-   . – Montréal : Grolier, 1950-   . – vol. : ill. – 0717243540

Irregular, 1950, 1954, 1957, 1959, 1963, 1966, 1969, 1972, 1979, 1980, 1981. Chronologies for Canada, the U.S. and the world. Describes Canadian and international political systems, legal and educational systems of Canada and Quebec. Also includes a summary of the rules of French grammar, information on culture, population, geography, medicine, religion, science and sports, as well as facts on natural resources and transportation throughout the world. Subject index.   AG125 P4   971.005

Irrégulier, 1950, 1954, 1957, 1959, 1963, 1966, 1969, 1972, 1979, 1980, 1981. Chronologie canadienne, américaine et universelle. Décrit le système politique canadien et international, et le système judiciaire et éducatif du Canada et du Québec. Comprend aussi un abrégé des règles de la langue française et d'information culturelle, démographique, géographique, médicale, religieuse, scientifique, sportive ainsi que des données sur les ressources naturelles et les transports à travers le monde. Index des sujets. AG125 P4   971.005

893

Un portrait du Canada : l'ouvrage officiel des conditions actuelles et des progrès récents. – Préparé à la Division des communications, Statistique Canada. – (1930)-   . – Ottawa : Statistique Canada, 1930-   . – vol. : ill. (certaines en coul.), cartes en coul. – 0840-6022

Annual, 1930-1979. Biennial since 1981. Editions for 1969 and 1986/87 not published. Four parts: land and environment; people and their heritage; society; and economy of Canada, based on data from the latest census. Subject index. Also published in English under the title: *Canada, a portrait : the offical handbook of present conditions and recent progress.*

Title varies: 1930 ed., *Canada, un manuel des conditions actuelles et des progrès récents de la Puissance;* 1st ed. (1931)-16th ed. (1946), *Canada, manuel officiel des conditions présentes et des progrès récents;* 17th ed. (1947) and 18th ed. (1948), *Canada, manuel officiel de la situation actuelle et des progrès récents;* 19th ed. (1949)-39th ed. (1970), *Canada, revue officielle de la situation actuelle et des progrès récents;* 40th ed. (1971)-51st ed. (1984/85), *Canada, la revue annuelle des conditions actuelles et des progrès récents.* Published for the centennial of Confederation, the 1967 issue has the title: *Canada, un siècle, 1867-1967,* and describes changes during the century.

In 1932, issued in Italian under the title: *Canada 1932, manuale ufficiale sulle condizioni presenti e sul recente progresso del dominio.* Issued in Spanish in 1941 and 1944 under the title: *Canadá, manual oficial de las condiciones actuales y de los recientes progresos;* in 1964 under the title: *Canadá, guìa oficial de las condiciones actuales y progresos recientes;* and, in 1967 under the title: *Canadá, cien años, 1867-1967.* In 1942 and 1944, published in Portuguese under the title: *Canadá, manual oficial das condiçoes actuais e dos progresos recentes.* Imprint varies.   HC115 A47   971.005

Publication annuelle de 1930 à 1979, et biennale depuis 1981. Les éditions de 1969 et de 1986/87 n'ont pas paru. Quatre parties: le territoire et l'environnement; le peuple et son héritage; la société et l'économie du Canada, basés sur les données du dernier recensement. Index sujets. Publié aussi en anglais sous le titre: *Canada, a portrait : the offical handbook of present conditions and recent progress.*

Le titre varie: l'éd. de 1930, *Canada, un manuel des conditions actuelles et des progrès récents de la Puissance;* 1re éd. (1931)-16e éd. (1946), *Canada, manuel officiel des conditions présentes et des progrès récents;* 17e éd. (1947) et 18e éd. (1948), *Canada, manuel officiel de la situation actuelle et des progrès récents;* 19e éd. (1949)-39e éd. (1970), *Canada, revue officielle de la situation actuelle et des progrès récents;* 40e éd. (1971)-51e éd. (1984/85), *Canada, la revue annuelle des conditions actuelles et des progrès récents.* Publiée à l'occasion du Centenaire de la Confédération, la livraison de 1967 comporte le titre: *Canada, un siècle, 1867-1967* et décrit les changements qui se sont produits au cours de ce siècle.

En 1932 a été publié en italien sous le titre: *Canada 1932, manuale ufficiale sulle condizioni presenti e sul recente progresso del dominio.* Édité en espagnol en 1941 et en 1944 sous le titre: *Canadá, manual oficial de las condiciones actuales y de los recientes progresos;* en 1964 sous le titre: *Canadá, guìa oficial de las condiciones actuales y progresos recientes;* et en 1967 sous le titre: *Canadá, cien años, 1867-1967.* En 1942 et en 1944 a paru en portugais sous le titre: *Canadá, manual oficial das condiçoes actuais e dos progresos recentes.* Publié par différents éditeurs.   HC115 A47   971.005

894

Pre-1900 annuals : catalogue = Les documents annuels d'avant 1900 : catalogue. – [Ottawa] : CIHM, 1993. – xi, 349 p. – (The early Canadiana microfiche series). – 0665913559

A catalogue of the 2,431 titles included in the Pre-1900 Annuals Microfiche Collection produced by the Canadian Institute for Historical Microreproductions (CIHM). The collection is comprised of microfiche copies of Canadian almanacs, annual reports, directories, proceedings, transactions and year books. Entries are alphabetically arranged by title. Name index. Subject index arranged by broad category according to Dewey decimal classification. A separate catalogue of directories has also been published by CIHM: *Pre-1900 Canadian directories : catalogue = La collection de répertoires d'avant 1900 : catalogue.*   Z1369 P74 1993 fol.   015.71034

Catalogue de 2 431 ouvrages qui font partie de la Collection de microfiches des publications annuelles antérieures à 1900 produite par l'Institut canadien de microreproductions historiques (ICMH). La collection est formée de copies sur microfiche d'almanachs, de rapports annuels, de répertoires, d'actes, de transactions et d'annuaires canadiens. Les notices sont classées en ordre alphabétique par titres. Index des noms. Index des sujets avec classement par grandes catégories selon la classification décimale de Dewey. Un catalogue distinct de répertoires a aussi été publié par l'ICMH: *Pre-1900 Canadian directories : catalogue = La collection de répertoires d'avant 1900 : catalogue.*   Z1369 P74 1993 fol.   015.71034

895

Pre-1900 annuals : catalogue = Les documents annuels d'avant 1900 : catalogue. – [Ottawa] : ICMH, 1993. – xi, 349 p. – (Canadiana anciens sur microfiche). – 0665913559

A catalogue of the 2,431 titles included in the Pre-1900 Annuals Microfiche Collection produced by the Canadian Institute for Historical Microreproductions (CIHM). The collection is comprised of microfiche copies of Canadian almanacs, annual reports, directories, proceedings, transactions and year books. Entries are alphabetically arranged by title. Name index. Subject index arranged by broad category according to Dewey decimal classification. A separate catalogue of directories has also been published by CIHM: *Pre-1900 Canadian directories : catalogue = La collection de répertoires d'avant 1900 : catalogue.* Z1369 P74 1993 fol. 015.71034

Catalogue de 2 431 ouvrages qui font partie de la Collection de microfiches des publications annuelles antérieures à 1900 produite par l'Institut canadien de microreproductions historiques (ICMH). La collection est formée de copies sur microfiche d'almanachs, de rapports annuels, de répertoires, d'actes, de transactions et d'annuaires canadiens. Les notices sont classées en ordre alphabétique par titres. Index des noms. Index des sujets avec classement par grandes catégories selon la classification décimale de Dewey. Un catalogue distinct de répertoires a aussi été publié par l'ICMH: *Pre-1900 Canadian directories : catalogue = La collection de répertoires d'avant 1900 : catalogue.* Z1369 P74 1993 fol. 015.71034

896

Quick Canadian facts : the Canadian pocket encyclopedia. – (1945)-(1987/88). – Surrey (B.C.) : Canex Entreprises, 1945-1988. – vol. : ill., maps, tables. – 0316-1943

Annual, published in the middle of each year since the 7th ed. (1951/52). Biennial, 36th ed. (1982/83)-38th ed. (1986/87). Geographic, historic, economic, demographic and governmental information for Canadian federal, provincial and territorial jurisdictions, including coats of arms, flags, emblems and mottos. Also includes text and statistics on finance, commerce, industry, transportation, communication, tourism, sports, social services and natural resources. Provides information on holidays, weights and measures, honours and decorations. A chronology of Canadian history with an index of persons and subjects. General subject index.

Title varies: 1st ed. (1945)-26th ed. (1970/71), *Quick Canadian facts*; 27th ed. (1971/72)-35th ed. (1981), *The Canadian pocket encyclopedia*; 36th ed. (1983)-37th ed. (1985), *The Canadian pocket encyclopedia : quick Canadian facts.* Imprint varies. F5003 C3 971.003

Annuel, et paraît au milieu de chaque année depuis la 7e éd. (1951/52). Biennal, 36e éd. (1982/83)-38e éd. (1986/87). Description géographique, historique, économique, démographique et gouvernementale aux niveaux fédéral, provincial et territorial ainsi que les armoiries, drapeau, emblème et devise respectifs. Inclut aussi textes et statistiques en finance, commerce, industrie, transport, communication, tourisme, sport, services sociaux et ressources naturelles. Comprend des informations sur les fêtes légales, mesures, honneurs et décorations. Une chronologie canadienne accompagnée d'un index historique des personnalités et sujets confondus. Index des sujets.

Le titre varie: 1re éd. (1945)-26e éd. (1970/71), *Quick Canadian facts*; 27e éd. (1971/72)-35e éd. (1981), *The Canadian pocket encyclopedia*; 36e éd. (1983)-37e éd. (1985), *The Canadian pocket encyclopedia : quick Canadian facts.* Publié par différents éditeurs. F5003 C3 971.003

897

The statistical year-book of Canada. – [1885]-(1904). – Ottawa : Dept. of Agriculture, 1886-1905. – 20 vol. : folded table, col. maps, tables. – 0844-6768

Annual. Includes text and statistics on governmental, demographic, financial, social and general conditions of the Dominion. Subject index. Title varies: 1885-1888, *Canada : statistical abstract and record.* Also published in French under the title: *Annuaire statistique du Canada.* Continued by: *Canada year book.* HA744 S8 317.1

Annuel. Inclus textes et statistiques gouvernementales, démographiques, financières, sociales et générales de la Puissance. Index des sujets. Le titre varie: 1885-1888, *Canada : statistical abstract and record.* Publié aussi en français sous le titre: *Annuaire statistique du Canada.* Continué par: *Canada year book.* HA744 S8 317.1

898

Canada year book. – (1905)- . – Ottawa : Statistics Canada, Publications Division, 1906- – vol. : col. ill., col. maps, tables, col. charts. – 0068-8142

Continues: *The statistical year-book of Canada.* Statistics on and analysis of changes in Canadian demography, health, education, employment and income, social security, housing and construction, natural resources, science and technology, transportation, communications, leisure, manufacturing, merchandising, finance, judicial and governmental systems. Subject index. A bibliography of further reading provided at the end of each chapter. Annual from 1905 to 1976/77, some issues cover two years: 1916/17, 1922/23, 1927/28, 1934/35, 1943/44, 1948/49, 1952/53, 1957/58, 1963/64, 1970/71, 1976/77. Biennial, 1978/79 and 1980/81. Irregular, 1985, 1988 and 1990.

Subtitle varies: 1905-1912, *The Canada year book : second series*; 1913-1921, *The Canada year book*; 1922/23-1948/49, *The Canada year book : the official statistical annual of the resources, history, institutions, and social and economic conditions of the Dominion*; 1950-1969, *The Canada year book : the official statistical annual of the resources, history, institutions, and social and economic conditions of Canada*; 1970/71-1972, *Canada year book : statistical annual of resources, demography, institutions and social and economic conditions*

Fait suite à: *The statistical year-book of Canada.* Statistiques et analyses des changements enregistrés au Canada en démographie, santé, éducation, emploi et revenu, sécurité sociale, logement et construction, ressources naturelles, sciences et technologie, transports, communication, loisirs, industries, commerce, finance ainsi que le système judiciaire et gouvernemental. Index des sujets. Une bibliographie de lectures complémentaires est fournie à la fin de chaque chapitre. Annuel de 1905 à 1976/77, dont quelques livraisons couvrent deux ans: 1916/17, 1922/23, 1927/28, 1934/35, 1943/44, 1948/49, 1952/53, 1957/58, 1963/64, 1970/71, 1976/77. Biennal en 1978/79 et 1980/81. Irrégulier, 1985, 1988 et 1990.

Variantes dans le sous-titre: 1905-1912, *The Canada year book : second series*; 1913-1921, *The Canada year book*; 1922/23-1948/49, *The Canada year book : the official statistical annual of the resources, history, institutions, and social and economic conditions of the Dominion*; 1950-1969, *The Canada year book : the official statistical annual of the resources, history, institutions, and social and economic conditions of Canada*; 1970/71-1972, *Canada year book : statistical annual of resources, demography, institutions and social and economic of Canada*; 1973-1978/79, *Canada year book : an annual review of economic, social and political developments in Canada*; *Canada year book : a review of economic, social and political developments in Canada*. The 1976/77 issue was designated "Special edition" because it marked the transition from the imperial to the metric system of measurement in Canada.

Imprint varies. Also published in French under the title: *Annuaire du Canada*. HA744 S81 317.1

conditions of Canada; 1973-1978/79, *Canada year book : an annual review of economic, social and political developments in Canada*; *Canada year book : a review of economic, social and political developments in Canada*. La publication de 1976/77 porte, en plus, la mention «édition spéciale» parce qu'elle marque la transition entre le système de mesure en vigueur au Canada d'impérial à métrique.

Publié par différents éditeurs. Publié aussi en français sous le titre: *Annuaire du Canada*. HA744 S81 317.1

899

The USA and Canada, 1994. – 2nd ed. – London : Europa Publications, 1993. – xviii, 566 p. : maps, tables. – 0946653933 – 0956-0904

1st ed., 1989 (volume year, 1990). Historical, geographical and demographic information for the United States and Canada. Signed essays on political and judicial institutions, the economy, social conditions, international relations and American and Canadian defence, as well as topics common to both countries. Also includes statistics and directory information for government agencies and the judiciary, and economic, industrial, financial, tourism, health and social services, educational, religious, transportation, natural and energy resources and media institutions and organizations. Chronology for each country. Bibliographies with essays. E38 U72 1993 fol. 971

1re éd., 1989 (l'année de volume, 1990). Description historique, géographique et démographique des États-Unis et du Canada. Analyses signées des structures politiques et judiciaires, l'économie, les conditions sociales, les relations internationales et la défense américaine et canadienne ainsi que les dossiers communs aux deux pays. Inclut aussi statistiques et coordonnées gouvernementales, judiciaires, économiques, industrielles, financières, touristiques et celles portant sur les ressources naturelles, médias, santé et services sociaux, éducation, religion, transport et ressources énergétiques. Chronologie pour chaque pays. Bibliographies complètent des essais. E38 U72 1993 fol. 971

900

Year-book and almanac of British North America for 1867 : being an annual register of political, vital, and trade statistics, tariffs, excise and stamp duties, and all public events of interest in Upper and Lower Canada, New Brunswick, Nova Scotia, Newfoundland, Prince Edward Island, and the West Indies Islands. – Montreal : M. Longmoore, 1866. – 161, [2] p. : tables, folded map (col.).

Data concerning the economic, social and political conditions in British North America before Confederation. Subject index. Reproduced in microform format: *CIHM/ICMH microfiche series*, no. 42703. Continued by: *The year book and almanac of Canada : being an annual statistical abstract of the Dominion and a register of legislation and of public men in British North America*. HA746 Y4 317.1

Données sur les conditions économiques, sociales et politiques en Amérique du Nord britannique avant la Confédération. Index des sujets. Reproduit sur support microforme: *CIHM/ICMH collection de microfiches*, n° 42703. Suivi de:*The year book and almanac of Canada : being an annual statistical abstract of the Dominion and a register of legislation and of public men in British North America.* HA746 Y4 317.1

901

The year book and almanac of Canada : being an annual statistical abstract of the Dominion and a register of legislation and of public men in British North America. – (1868)-(1879). – Montreal : Maclean, Roger, [1867?-1880?]. – 12 vol. : folded map, tables. – 0383-8374

Continues: *Year-book and almanac of British North America for 1867*. Annual. Text and statistics concerning Canadian economic, social and political conditions. Includes obituaries, 1872-1879, and memorable events of the previous year, 1872-1874, 1876-1879. Title varies: 1868-1870, *The year book and almanac of Canada : being an annual statistical abstract for the Dominion, and a record of legislation and of public men in British North America.* Imprint varies. Reproduced in microform format: *CIHM/ICMH microfiche series*, no. 47140 (1868), no. 47141 (1869), no. 47142 (1870), no. 47143 (1873), no. 47144 (1874), no. 47145 (1875), no. 47146 (1876), no. 47147 (1877), no. 47148 (1878), no. 47149 (1879). HA746 Y4 317.1

Suite de: *Year-book and almanac of British North America for 1867*. Annuel. Texte et statistiques sur les conditions économiques, sociales et politiques canadiennes. Inclut des notices nécrologiques, 1872-1879, et des événements mémorables de l'année antérieure, 1872-1874, 1876-1879. Le titre varie: 1868-1870, *The year book and almanac of Canada : being an annual statistical abstract for the Dominion, and a record of legislation and of public men in British North America.* L'adresse bibliographique varie. Reproduit sur support microforme: *CIHM/ICMH collection de microfiches*, n° 47140 (1868), n° 47141 (1869), n° 47142 (1870), n° 47143 (1873), n° 47144 (1874), n° 47145 (1875), n° 47146 (1876), n° 47147 (1877), n° 47148 (1878), n° 47149 (1879). HA746 Y4 317.1

Provinces and Territories

British Columbia

Provinces et territoires

Colombie-Britannique

902

Gosnell, R. [Edward]. – ***The year book of British Columbia and manual of provincial information.*** – Coronation ed. – (1897)-[1914]. – Victoria : Government of the province of British Columbia, 1897-[1914]. – 7 vol. : ill. (some col.), tables.

Irregular. Provides information on the history, politics, judicial and educational systems, society, finance and natural resources of the province of British Columbia. Title varies: 1897 ed., *The year book of British Columbia and manual of provincial information : to which is added a chapter containing much special information respecting the*

Irrégulier. Donne de l'information sur l'histoire, la politique, le système judiciaire, le système d'éducation, la société, les finances et les ressources naturelles de la province de la Colombie-Britannique. Le titre varie: éd. de 1897, *The year book of British Columbia and manual of provincial information : to which is added a chapter containing*

Canadian Yukon and Northern Territory generally; 1897 abridged ed., *Compiled from the year book of British Columbia and manual of provincial information : to which is added a chapter containing much special information respecting the Canadian Yukon and Northern Territory generally.*

Other issues: 1897/1901 ed., compiled from the 1897 ed. with an addenda but without the sociological, financial and Yukon chapters; 1897/1901 abridged ed.; 1903 ed.; 1911 ed., dedicated to the coronation of King George V; 1911/14 ed. is identical to the 1911 ed. with an addenda. Subject index. Reproduced in microform format: *CIHM/ICMH microfiche series*, no. 29006 (1897), no. 43121 (1897 abridged ed.).   FC3801.5 G6   971.105

903

Handbook of British Columbia, Canada : history, topography, climate, resources, development. – [2nd ed.]. – Victoria : William H. Cullin, 1921. – 79 p. : ill., tables, 1 folded map. – (Bulletin ; no. 1).

Describes British Columbia's history, geography, climate, economy, natural resources, system of education, transportation and Native peoples. FC3807   971.1

904

Handbook of British Columbia, Canada : its position, advantages, resources, climate, mining, lumbering, fishing, farming, ranching, and fruit-growing. – 8th ed. – Victoria : William H. Cullin, 1918. – 43 p. : ill., tables, graph, 1 folded map. – (Bulletin ; no. 23).

Describes British Columbia's history, geography, climate, society, economy, system of education and natural resources.   FC3807 971.1

905

Manual of provincial information : province of British Columbia. – Published by the Provincial Bureau of Information. – (1929)-(1930). – Victoria : [King's Printer], [1929-1930]. – 2 vol. : ill.

Annual. Describes British Columbia's geography, history, climate, population, provincial government and administration, municipal, judicial and educational systems, natural resources, industries, commerce, transportation, communications, finance, labour, social security, public health, military forces and tourist attractions. FC3807   971.105

New Brunswick

906

The Atlantic year book and almanac : incorporating the Atlantic almanac. – (1957)-(1977/78). – Fredericton : Brunswick Press, [1957?-1977?]. – 19 vol. : ill., tables. – 0225-476X

Annual. Not published, 1973. Information and statistics on government, finance, education, justice, medicine, culture, demography, media, associations, etc., of the Atlantic Provinces. Arranged in federal, regional and provincial sections. Subject index. Title varies: 1957-1962, *The Atlantic almanac*; 1963-1965, *The Atlantic year book*; 1966-1974, *The Atlantic year book : incorporating the Atlantic almanac.* Imprint varies.   AY420 A782   971.505

907

Hand book of New Brunswick, Canada. – Issued by the authority of the Crown Land Department, Hon. A.T. Dunn, surveyor general ; prepared by W. Albert Hickman. – Fredericton : [s.n.], 1900. – 248 p. : ill., plates.

Describes New Brunswick's geography, climate, political, educational and judicial systems, natural resources, means of communication, regions and counties. Reproduced in microform format: *CIHM/ICMH microfiche series*, no. 58541. FC2457   971.51

---

much special information respecting the Canadian Yukon and Northern Territory generally; éd. abrégée de 1897, *Compiled from the year book of British Columbia and manual of provincial information : to which is added a chapter containing much special information respecting the Canadian Yukon and Northern Territory generally.*

Autres numéros: éd. de 1897/1901, compilée à partir de l'édition de 1897 avec un addenda mais sans les chapitres sur la sociologie, les finances et le Yukon; éd. abrégée de 1897/1901; éd. de 1903; éd. de 1911 dédiée au couronnement du roi George V; éd. de 1911/14, identique à celle de 1911 avec un addenda. Index des sujets. Reproduit sur support microforme: *CIHM/ICMH collection de microfiches*, n° 29006 (1897), n° 43121 (éd. abrégée de 1897). FC3801.5 G6   971.105

Description historique, géographique, climatique et économique; des ressources naturelles, du système éducationnel, de la communauté amérindienne et des moyens de transport en Colombie-Britannique. FC3807   971.1

Description historique, géographique, climatique, sociale et économique; du système éducationnel et des ressources naturelles de la Colombie-Britannique.   FC3807   971.1

Annuel. Description géographique, historique, climatique, et démographique; du gouvernement et de l'administration provincial; des structures municipale, judiciaire et éducationnelle; et des ressources naturelles, industries, commerce, transports, communications, finance, main d'oeuvre, sécurité sociale, santé publique, forces militaires et attractions touristiques en Colombie-Britannique.   FC3807 971.105

Nouveau-Brunswick

Annuel. Non publié en 1973. Données et statistiques sur le gouvernement, les finances, l'éducation, la justice, la médecine, la culture, la démographie, les médias, les associations, etc., des provinces de l'Atlantique. Classement en sections sur les administrations fédérale, régionales et provinciales. Index des sujets. Le titre varie: 1957-1962, *The Atlantic almanac*; 1963-1965, *The Atlantic year book*; 1966-1974, *The Atlantic year book : incorporating the Atlantic almanac.* L'adresse bibliographique varie.   AY420 A782   971.505

Description géographique et climatique; des structures politique, éducationnelle et judiciaire; des ressources naturelles, moyens de communication, régions et comtés du Nouveau-Brunswick. Reproduit sur support microforme: *CIHM/ICMH collection de microfiches*, n° 58541. FC2457   971.51

908

New Brunswick almanac. – (1954)-(1955/1956). – Fredericton : Brunswick Press, [1954?-1956?]. – 2 vol. : ill., ports., tables. – 0467-183X

Annual. Provides information on government and judicial systems at the provincial and federal levels. Describes population, history and society, the media, means of transportation and natural resources of New Brunswick. Lists lawyers, doctors, dentists, members of municipal and county councils, societies, organizations and industries of the province. Includes information on the Royal Family, the New Brunswick emblem, national parks, forms of address and titles, weights and measures, and Maritime sports results. Subject index.   AY420 N4 N48   971.5105

Annuel. Information gouvernementale et judiciaire aux niveaux provincial et fédéral. Description démographique, historique et sociale, des médias, transports et ressources naturelles du Nouveau-Brunswick. Inclut la liste des avocats, médecins, dentistes, membres des conseils municipaux et de comtés, sociétés, organisations et industries de la province ainsi que des renseignements sur la Famille royale, l'emblème du Nouveau-Brunswick, les parcs nationaux, les formules et titres, les poids et mesures, et les résultats sportifs des Maritimes. Index des sujets.   AY420 N4 N48   971.5105

909

Official year book of the province of New Brunswick, Canada : and handbook of provincial information. – (1907)-(1919). – Fredericton : [s.n.], 1907-1919. – 3 vol. : ill., tables, folded map.

Irregular, 1907, 1911, 1919. Describes New Brunswick's geography, history, government, finance, industry, population, educational and legal systems, religious and medical institutions, natural resources, transportation and recreation. Lists employees of the public service and laws adopted by New Brunswick. Subject index. Title varies: 1907, *The New Brunswick official year-book.*   FC2451.5   971.5105

Irrégulier, 1907, 1911, 1919. Description géographique, historique, gouvernementale, financière, industrielle et démographique; du système éducationnel et judiciaire; des institutions religieuses et médicales; des ressources naturelles, transports, loisirs; listes des employés de la fonction publique et des lois provinciales adoptées au Nouveau-Brunswick. Index des sujets. Le titre varie: 1907, *The New Brunswick official year-book.*   FC2451.5   971.5105

910

Perley, M. H. [Moses Henry]. – *A hand-book of information for emigrants to New-Brunswick.* – [2nd ed.]. – London : Edward Stanford : Effingham Wilson, 1857. – 94 p., [1] folded leaf of plates : folded map, tables.

1st ed.: St. John : H. Chubb, 1854. Describes New Brunswick's geography, climate, geology, industry, commerce, government, judiciary, finance, population, natural resources, means of communication, religious institutions, system of education and counties. Reproduced in microform format: *CIHM/ICMH microfiche series*, no. 22479 (1854), no. 22614 (1857).   FC2458.1 P4 1857   971.51

1re éd.: St. John : H. Chubb, 1854. Description géographique, climatique, géologique, industrielle, commerciale, gouvernementale, judiciaire, financière et démographique; des ressources naturelles, moyens de communication, institutions religieuses, du système éducationnel et des comtés du Nouveau-Brunswick. Reproduit sur support microforme: *CIHM/ICMH collection de microfiches*, n° 22479 (1854), n° 22614 (1857).   FC2458.1 P4 1857   971.51

Newfoundland

Terre-Neuve

911

The Atlantic year book and almanac : incorporating the Atlantic almanac. – (1957)-(1977/78). – Fredericton : Brunswick Press, [1957?-1977?]. – 19 vol. : ill., tables. – 0225-476X

Annual. Not published, 1973. Information and statistics on government, finance, education, justice, medicine, culture, demography, media, associations, etc., of the Atlantic Provinces. Arranged in federal, regional and provincial sections. Subject index. Title varies: 1957-1962, *The Atlantic almanac*; 1963-1965, *The Atlantic year book*; 1966-1974, *The Atlantic year book : incorporating the Atlantic almanac.* Imprint varies.   AY420 A782   971.505

Annuel. Non publié en 1973. Données et statistiques sur le gouvernement, les finances, l'éducation, la justice, la médecine, la culture, la démographie, les médias, les associations, etc., des provinces de l'Atlantique. Classement en sections sur les administrations fédérale, régionales et provinciales. Index des sujets. Le titre varie: 1957-1962, *The Atlantic almanac*; 1963-1965, *The Atlantic year book*; 1966-1974, *The Atlantic year book : incorporating the Atlantic almanac.* L'adresse bibliographique varie.   AY420 A782   971.505

912

Newfoundland, hand book, gazetteer and almanac : an annual reference book. – Edited by J. R. Smallwood. – (1940)-(1941). – St. John's : Long Brothers, [1940-1941]. – 2 vol. : ill., tables. – 0822-8876

Includes the history of Newfoundland government institutions. Describes 1,200 populated places with more than 25 inhabitants. Lists famous people, recipients of awards and decorations, employees of the public service, members of institutions, societies, associations and committees in Newfoundland. Completed by statistics on the economy and society, information on weights and measures, etc. Two indexes: subject, products advertised.   FC2151.5 H35   971.805

Inclut l'historique des formes gouvernementales; la description des 1 200 localités de plus de 25 habitants; la liste des personnalités; récipiendaires d'honneur et décoration; employés de la fonction publique; membres d'institutions, sociétés, associations et comités de Terre-Neuve. Complété par des statistiques économiques et sociales; d'information sur les poids et mesures, etc. Deux index: sujets, produits annoncées.   FC2151.5 H35   971.805

913

Year book and almanac of Newfoundland : containing a calendar and nautical intelligence for the year. Authentic and valuable information relating to public offices, institutions, banks, etc., of the colony, together with a carefully revised customs tariff (official). – (1887)-(1932). – [St. John's] : David R. Thistle, Printer to the King's Most Excellent Majesty, 1886-1932. – 46 vol.

Annual. Provides economic, social and political information about Newfoundland. Includes letters patent. Subject index. Title varies: 1886-1889, *The Newfoundland almanac, containing astronomical, statistical, commercial, local and general information, derived from the most authentic sources. Also : a post office directory for Newfoundland, containing an alphabetical list of towns, villages and settlements in the colony, with the post towns and way offices*; 1890-1900, *A year book and almanac of Newfoundland : published under official sanction containing a calendar and nautical intelligence for the year : authentic and valuable information relating to public offices, institutions, banks, &c., &c., of the colony together with a carefully revised directory of all towns, villages, and settlements in the island*; 1901-1904, *A year book and almanac of Newfoundland : containing a calendar and nautical intelligence for the year : authentic and valuable information relating to public offices, institutions, banks, &c., &c., of the colony : together with a carefully revised directory of all towns, villages, and settlements in the island.* Imprint varies. Reproduced in microform format : *CIHM/ICMH microfiche series*, no. A00759 (1887, 1889-1891, 1895, 1897-1900). HF5072 N45 971.805

Annuel. Contient des données économiques, sociales et politiques sur Terre-Neuve. Inclut des lettres patentes. Index des sujets. Le titre varie: 1886-1889, *The Newfoundland almanac, containing astronomical, statistical, commercial, local and general information, derived from the most authentic sources. Also : a post office directory for Newfoundland, containing an alphabetical list of towns, villages and settlements in the colony, with the post towns and way offices*; 1890-1900, *A year book and almanac of Newfoundland : published under official sanction containing a calendar and nautical intelligence for the year : authentic and valuable information relating to public offices, institutions, banks, &c., &c., of the colony ; together with a carefully revised directory of all towns, villages, and settlements in the island*; 1901-1904, *A year book and almanac of Newfoundland : containing a calendar and nautical intelligence for the year : authentic and valuable information relating to public offices, institutions, banks, &c., &c., of the colony : together with a carefully revised directory of all towns, villages, and settlements in the island.* L'adresse bibliographique change. Reproduit sur support microforme: *CIHM/ICMH collection de microfiches*, n° A00759 (1887, 1889-1891, 1895, 1897-1900). HF5072 N45 971.805

Nova Scotia

Nouvelle-Écosse

914

The Atlantic year book and almanac : incorporating the Atlantic almanac. – (1957)-(1977/78). – Fredericton : Brunswick Press, [1957?-1977?]. – 19 vol. : ill., tables. – 0225-476X

Annual. Not published, 1973. Information and statistics on government, finance, education, justice, medicine, culture, demography, media, associations, etc., of the Atlantic Provinces. Arranged in federal, regional and provincial sections. Subject index. Title varies: 1957-1962, *The Atlantic almanac*; 1963-1965, *The Atlantic year book*; 1966-1974, *The Atlantic year book : incorporating the Atlantic almanac.* Imprint varies. AY420 A782 971.505

Annuel. Non publié en 1973. Données et statistiques sur le gouvernement, les finances, l'éducation, la justice, la médecine, la culture, la démographie, les médias, les associations, etc., des provinces de l'Atlantique. Classement en sections sur les administrations fédérale, régionales et provinciales. Index des sujets. Le titre varie: 1957-1962, *The Atlantic almanac*; 1963-1965, *The Atlantic year book*; 1966-1974, *The Atlantic year book : incorporating the Atlantic almanac.* L'adresse bibliographique varie. AY420 A782 971.505

Ontario

Ontario

915

Emigration to Canada : the province of Ontario : its soil, climate, resources, institutions, free grant lands, &c., &c. : for the information of intending emigrants. – Issued by authority of the Government of Ontario. – [3rd. ed.]. – Toronto : Printed by Hunter, Rose & Co., 1871. – ii, 36 p., [1] folded leaf of plates : ill., 1 map, tables.

1st ed. (April 1869); 2nd. ed. (November 1869). Geographical, demographic, climatic, agricultural, economic and institutional information for Ontario. FC3058.2 E64 1871 971.3

1re éd. (avril 1869); 2e éd. (nov. 1869). Description géographique, démographique, climatique, agricole, économique et institutionnelle de l'Ontario. FC3058.2 E64 1871 971.3

916

Ontario. Dept. of Agriculture. – *The province of Ontario, Canada.* – [4th ed.]. – Toronto : A.T. Wilgress, 1920. – v, 306 p. : ill., port., tables.

1st ed. (1907), *Handbook of the province of Ontario, Canada : products, resources, development*; 2nd ed. (1909), *The province of Ontario, Canada : situation and size, climate, products, resources, progress and advantages*; 3rd ed. (1913). Describes Ontario's geography, climate, industry and society, administrative, banking and government institutions, natural resources, means of communication, press, exhibitions (chiefly agricultural), and system of education. Also describes 35 Ontario towns and cities. Imprint varies. FC3057 971.3

1re éd. (1907), *Handbook of the province of Ontario, Canada : products, resources, development*; 2e éd. (1909), *The province of Ontario, Canada : situation and size, climate, products, resources, progress and advantages*; 3e éd. (1913). Description géographique, climatique, industrielle et sociale; des structures administrative, bancaire et gouvernementale; des ressources naturelles, moyens de communication, presse, expositions (principalement agricole), et du système éducationnel de l'Ontario. 35 villes ontariennes sont aussi décrites. Publié par différents éditeurs. FC3057 971.3

917

Ontario statistics. – (1975)-(1986). – Toronto : Ministry of Treasury and Economics, [1975-1986]. – 13 vol. : port., tables, graphs. – 0319-7751

Annual, 1975-1982. Biennial, 1984-1986. Texts and socio-economic data on land, peoples, prices, trade, energy, business, natural resources, manufacturing, construction, transportation and communications, finance, accomodation, recreation, public sector employment, health, social services, education system, justice and environment of Ontario compared with the other Canadian regions. Subject index. 1975-1977, issued in two vol.: *Ontario statistics, vol. 1 : social series*; *Ontario statistics, vol. 2 : economic series*. 1986 ed. also published in French under the title: *Statistiques de l'Ontario*. Imprint varies. HA744 O5   317.13

Annuel, 1974-1982. Biennal, 1984-1986. Textes et données socio-économiques sur le territoire, les habitants, les prix, le commerce, l'énergie, les entreprises, les ressources naturelles, les industries manufacturières, la construction, les transports et communications, les finances, l'hébergement, les loisirs, l'emploi dans le secteur public, la santé, les services sociaux, le système d'éducation, la justice et l'environnement de l'Ontario en comparaison avec d'autres régions canadiennes. Index des sujets. 1975-1977, publié en deux vol.: *Ontario statistics, vol. 1 : social series*; *Ontario statistics, vol. 2 : economic series*. L'édition de 1986 publiée aussi en français sous le titre: *Statistiques de l'Ontario*. L'adresse bibliographique varie.   HA744 O5 317.13

918

Statistiques de l'Ontario. – (1986). – Toronto : Ministère du trésor et de l'économie, [1986]. – 840 p. : portr., tableaux, graphiques. – 0835-0418

Texts and socio-economic data on land, peoples, prices, trade, energy, business, natural resources, manufacturing, construction, transportation and communications, finance, accommodation, recreation, public sector employment, health, social services, education system, justice and environment of Ontario compared with the other Canadian regions. Subject index. Also published in English under the title: *Ontario statistics*.   HA744 O52   317.13

Textes et données socio-économiques sur le territoire, les habitants, les prix, le commerce, l'énergie, les entreprises, les ressources naturelles, les industries manufacturières, la construction, les transports et communications, les finances, l'hébergement, les loisirs, l'emploi dans le secteur public, la santé, les services sociaux, le système d'éducation, la justice et l'environnement de l'Ontario en comparaison avec d'autres régions canadiennes. Index des sujets. Publié aussi en anglais sous le titre: *Ontario statistics*.   HA744 O52   317.13

Prince Edward Island

Île-du-Prince-Édouard

919

The Atlantic year book and almanac : incorporating the Atlantic almanac. – (1957)-(1977/78). – Fredericton : Brunswick Press, [1957?-1977?]. – 19 vol. : ill., tables. – 0225-476X

Annual. Not published, 1973. Information and statistics on government, finance, education, justice, medicine, culture, demography, media, associations, etc., of the Atlantic Provinces. Arranged in federal, regional and provincial sections. Subject index. Title varies: 1957-1962, *The Atlantic almanac*; 1963-1965, *The Atlantic year book*; 1966-1974, *The Atlantic year book : incorporating the Atlantic almanac*. Imprint varies.   AY420 A782   971.505

Annuel. Non publié en 1973. Données et statistiques sur le gouvernement, les finances, l'éducation, la justice, la médecine, la culture, la démographie, les médias, les associations, etc., des provinces de l'Atlantique. Classement en sections sur les administrations fédérale, régionales et provinciales. Index des sujets. Le titre varie: 1957-1962, *The Atlantic almanac*; 1963-1965, *The Atlantic year book*; 1966-1974, *The Atlantic year book : incorporating the Atlantic almanac*. L'adresse bibliographique varie.   AY420 A782   971.505

920

Crosskill, W. H. [William Hay]. – *Handbook of Prince Edward Island : the garden province of Canada.* – 3rd ed. – Charlottetown : Haszard & Moore, 1906. – 124 p., : ill., 1 folded map.

1st ed. (1899), *Prince Edward Island, garden province of Canada : its history, interests and resources, with information for tourists, etc.*; 2nd ed. (1904), *Prince Edward Island : garden province of Canada*. Describes Prince Edward Island's geography, geology, history, population, government, armed forces, commerce and industry, system of education, natural resources, and means of communication. Reproduced in microform format: *CIHM/ICMH microfiche series*, no. 03629 (1899).   FC2607 C76 1906   971.7

1re éd. (1899), *Prince Edward Island, garden province of Canada : its history, interests and resources, with information for tourists, etc.*; 2e éd. (1904), *Prince Edward Island : garden province of Canada*. Description géographique, géologique, historique, démographique, gouvernementale, militaire, commerciale et industrielle; du système éducationnel, des ressources naturelles et moyens de communication de l'Île-du-Prince-Édouard. Reproduit sur support microforme: *CIHM/ICMH collection de microfiches*, n° 03629 (1899).   FC2607 C76 1906   971.7

921

Year book : province of Prince Edward Island. – Compiled and published by authority of the provincial government. – (1913)-(1916). – Charlottetown : Press of Maritime Stationers, 1913-1917. – 4 vol.

Annual. Describes Prince Edward Island's population, history, government, legal system, armed forces, financial system, natural resources, system of education, public works and healthcare system. Lists employees of the public service and their salaries, members of the clergy and of municipal councils and various associations. Chronology of Prince Edward Island, 1534-1900. Outlines the year's legislation. Subject index. Reproduced in microform format: [Charlottetown] : Public Archives of P.E.I., 1980-   .   reels of microfilm.   F5303.1 A352 fol.   971.705

Annuel. Description démographique, historique, gouvernementale, judiciaire, militaire et financière; des ressources naturelles, du système éducationnel, des travaux publics et de la santé à l'Île-du-Prince-Édouard. Inclut la liste des employés de la fonction publique et leur salaire; des membres du clergé, des conseils municipaux et diverses sociétés. Chronologie de l'Île-du-Prince-Édouard, 1534-1900. Législation de l'année. Index sujets. Reproduit sur support microforme: [Charlottetown] : Public Archives of P.E.I., 1980-   . bobines de microfilm.   F5303.1 A352 fol.   971.705

Quebec

Québec

922

Almanach du peuple. – [1855?]- . – Montréal-Nord : Groupe Polygone Éditeurs, [1855?]- . – vol. : ill. – 0065-650X

Annual. Outlines the year in brief and provides information on federal and Quebec governments. Includes articles on Quebec history, the Catholic religion, certain social groups, health, the economy, transportation and sports. Lists of countries of the world and media as well as calendars, weather predictions and astrology. Summary in 22 sections. Title varies: 1856? *Almanach du peuple de Beauchemin & Payette pour l'année bissextile 1856 calculé pour le méridien de Montréal*; 1857?-186? *Almanach du peuple de Beauchemin & Payette*; 1870-1917, *Almanach du peuple illustré*; 1918-1983, *Almanach du peuple Beauchemin*. Imprint varies. Reproduced in microform format: *CIHM/ICMH microfiche series*, no. A00251 (1856-1857, 1860-1862). AY417 A64 034.102

Annuel. Rétrospective de l'année et information gouvernementale (fédérale et québécoise) complétées par des rubriques sur l'histoire du Québec, la religion catholique, certains groupes sociaux, la santé, l'économie, les transports et les sports. Listes des pays du monde, les médias de même que des calendriers, les prévisions météorologiques et l'astrologie. Sommaire comportant 22 sections. Le titre varie: 1856? *Almanach du peuple de Beauchemin & Payette pour l'année bissextile 1856 calculé pour le méridien de Montréal*; 1857?-186? *Almanach du peuple de Beauchemin & Payette*; 1870-1917, *Almanach du peuple illustré*; 1918-1983, *Almanach du peuple Beauchemin*. Publié par différents éditeurs. Reproduit sur support microforme: *CIHM/ICMH collection de microfiches*, n° A00251 (1856-1857, 1860-1862). AY417 A64 034.102

923

Le Québec statistique. – (1914)- . – Québec : Les Publications du Québec, 1914- . – vol. : tableaux, graphiques, cartes en coul. – 0834-5252

Annual from 1914 to 1974. Some editions cover two years: 1942/43, 1945/46, 1951/52, 1956/57, 1964/65, 1966/67, 1968/69. Biennial, 1975/76-1979/80. Irregular, 1985/86 and 1989. Analyses and statistics on economic, social and cultural development of Quebec. Previous years in brief. Numerical data on population, the labour market, natural resources, transportation, communications, commerce, finance, recreation, education, health, justice, science and technology. Title varies: 1914-1934 appeared in two editions: *Annuaire statistique* and *Statistical year book*; 1935-1961, *Annuaire statistique = Statistical year book*; 1962-1972, *Annuaire du Québec = Québec yearbook*; 1973-1979/80, *Annuaire du Québec*, available only in French. Imprint varies. HA747 Q3 317.1405

Annuel de 1914 à 1974, dont quelques livraisons couvrent deux ans: 1942/43, 1945/46, 1951/52, 1956/57, 1964/65, 1966/67, 1968/69. Biennal, 1975/76-1979/80. Irrégulier, 1985/86 et 1989. Analyses et statistiques sur le développement économique, social et culturel du Québec. La revue des années précédentes. Les données numériques en démographie, marché du travail, ressources naturelles, transports, communications, commerce, finance, loisirs, éducation, santé, justice, science et technologie sont incluses. Le titre varie: 1914-1934 a paru sous deux éditions: *Annuaire statistique* et *Statistical year book*; 1935-1961, *Annuaire statistique = Statistical year book*; 1962-1972, *Annuaire du Québec = Québec yearbook*; 1973-1979/80, *Annuaire du Québec*, et disponible qu'en français. Publié par différents éditeurs. HA747 Q3 317.1405

Yukon and Northwest Territories

Territoires du Nord-Ouest et le Yukon

924

Canada north almanac. – Vol. 1 (1975)-vol. 3 (1977). – Yellowknife : Research Institute of Northern Canada, 1975-1977. – 3 vol. : ill., maps. – 0319-583X

Annual. Information on the governments, geography, history, population, transportation, communication, natural resources, tourism, Native organizations, national parks and flora of the Northwest Territories and the Yukon Territory. 63 communities of the Northwest Territories and 38 communities of the Yukon Territory are described. Supplement: *The insider : a weekly news supplement to the Canada north almanac*, vol. 1, no. 1 (Oct. 22, 1976)-vol. 2, no. 2 (Oct. 29, 1976) Yellowknife : Research Institute of Northern Canada, 1976. FC4151.5 C3 fol. 971.90305

Annuel. Données sur les gouvernements, la géographie, l'histoire, la population, les transports, les communications, les ressources naturelles, le tourisme, les organisations autochtones, les parcs nationaux et la flore des Territoires du Nord-Ouest et du Territoire du Yukon. Description de 63 communautés des Territoires du Nord-Ouest et de 38 communautés du Territoire du Yukon. Supplément: *The insider : a weekly news supplement to the Canada north almanac*, vol. 1, n° 1 (22 octobre 1976)-vol. 2, n° 2 (29 octobre 1976) Yellowknife : Research Institute of Northern Canada, 1976. FC4151.5 C3 fol. 971.90305

History and Related Subjects
Biographies

Histoire et sujets connexes
Biographies

Bibliographies and Catalogues

Bibliographies et catalogues

925

Canadian biography : a guide to reference sources. – Revised by Louisa Piatti, Reference Department, McLennan Library. – [Montreal] : Humanities & Social Sciences Library, Reference Dept., McGill University, 1993. – [2], 17 p. – 0771704224 – Caption title.

A bibliography of sources which provide or lead to biographical information on Canadians. General and specialized biographical dictionaries, encyclopedias, handbooks, periodical and newspaper indexes, and bibliographies are included. Covers national and regional sources as well as specialized works on ethnic groups, politicians and authors. Arranged by type of source. Brief annotations. No index.   Z5305 C3 M3 1993 fol.   016.920071

Une bibliographie de documents de base qui contiennent des données biographiques sur des Canadiens ou qui permettent d'en trouver. Des dictionnaires biographiques de nature générale et spécialisée, des encyclopédies, des manuels, des index de périodiques et de journaux, et des bibliographies sont inclus. Couvre les sources nationales et régionales aussi bien que les recensions spécialisées sur les groupes ethniques, les politiciens et les auteurs. Classement par types de documents. Courtes annotations. Aucun index.   Z5305 C3 M3 1993 fol.   016.920071

926

Royal Commonwealth Society. Library. – ***Biography catalogue of the Library of the Royal Commonwealth Society.*** – By Donald H. Simpson. – London : Royal Commonwealth Society, 1961. – xxiii, 511 p.

A catalogue of biographical material, including books published up to the autumn of 1960 and periodicals to the end of 1959. Includes biographies of men and women born in or connected with countries of the Commonwealth. Two sections: bibliographical entries alphabetically arranged by the name of biographee; index to collective biographies and countries. Author index. Supplemented by: *Subject catalogue of the Royal Commonwealth Society, London* (Boston : G.K. Hall, 1971), vol. 7.   Z5301 R6 fol.   016.920071

Un catalogue de documents biographiques, incluant des livres publiés jusqu'à l'automne 1960 et des périodiques publiés jusqu'à la fin de 1959. Comprend des biographies de femmes et d'hommes qui sont nés dans les pays du Commonwealth ou qui ont un rapport avec ces pays. Deux sections: notices bibliographiques classées par ordre alphabétique des noms des sujets de biographies; index des biographies collectives et des pays. Index des auteurs. Complété par: *Subject catalogue of the Royal Commonwealth Society, London* (Boston : G.K. Hall, 1971), vol. 7.   Z5301 R6 fol.   016.920071

Dictionaries

Dictionnaires

927

Adam, G. Mercer [Graeme Mercer]. – ***Prominent men of Canada : a collection of persons distinguished in professional and political life, and in the commerce and industry of Canada.*** – Toronto : Canadian Biographical Publishing Co., 1892. – 476 p. : ill., plates.

Approximately 250 biographies of Canadian men, the majority from Ontario. Full-page photographs accompany many of the biographies. Random arrangement. Name index. Reproduced in microform format: *CIHM/ICMH microfiche series*, no. 00030.   F5009 A29 fol.   920.071

Environ 250 biographies de Canadiens, pour la plupart des Ontariens. Nombreuses biographies accompagnées de photographies pleine page. Classement au hasard. Index des noms. Reproduit sur support microforme: *CIHM/ICMH collection de microfiches*, n° 00030.   F5009 A29 fol.   920.071

928

Bannerman, Jean [MacKay]. – ***Leading ladies Canada.*** – Belleville (Ont.) : Mika Publishing, 1977. – 581 p. : ports. – 0919303188

1st ed., 1967, *Leading ladies, Canada, 1639-1967*. Biographies of women who have contributed to Canadian life, grouped by area of endeavour, such as religion, education, politics, sports and theatre. Bibliography. List of portraits. Name index.   F5009 B3 1977   920.720971

1re éd., 1967, *Leading ladies, Canada, 1639-1967*. Biographies de femmes qui ont contribué à la société canadienne, regroupées par domaines d'activité, comme la religion, l'éducation, la politique, les sports et le théâtre. Bibliographie. Liste des portraits. Index des noms.   F5009 B3 1977   920.720971

929

Bibaud, Maximilien. – ***Le panthéon canadien : choix de biographies.*** – Nouv. éd., revue, augm. et complétée jusqu'à ce jour par Adèle et Victoria Bibaud. – Montréal : J. M. Valois, 1891. – vi, 320 p.

1st ed., 1858. Short biographies of Canadian men and women and of persons of Canadian association, alphabetically arranged. In 1857 Bibaud published *Dictionnaire historique des hommes illustres du Canada et de l'Amérique*. He extracted and enlarged the Canadian biographies and published them as *Le panthéon canadien* in 1858, possibly the first collection of Canadian biographies. Reproduced in microform format: *CIHM/ICMH microfiche series*, no. 41173. F5009 B52 1891   920.071

1re éd., 1858. Courtes biographies de Canadiennes, de Canadiens et de personnes qui ont un rapport avec le Canada. Classement alphabétique. En 1857, M. Bibaud publiait le *Dictionnaire historique des hommes illustres du Canada et de l'Amérique*. Il en a extrait les biographies de Canadiens, les a enrichies puis les a publiées sous le titre *Le panthéon canadien* en 1858. Il s'agit peut-être de la première collection de biographies de Canadiens. Reproduit sur support microforme: *CIHM/ICMH collection de microfiches*, n° 41173. F5009 B52 1891   920.071

930
A biographical dictionary of Canadian Jewry, 1909-1914 : from The Canadian Jewish times. – By Lawrence F. Tapper. – Teaneck (N.J.) : Avotaynu, [1992]. – x, 245 p. : ill., facsim. – 0962637300

Biographical information about Canadian Jews, compiled from announcements in the newspaper *The Canadian Jewish times*. Two parts: subjects (Bar Mitzvahs, births, marriages, etc.), geographical. Name index.   FC106 J51 T37 1992 fol.   920.071

Notices biographiques de Juifs canadiens provenant d'annonces du journal *The Canadian Jewish times*. Deux parties: sujets tels Bar Mitzvahs, naissances, mariages, etc., géographique. Index des noms. FC106 J51 T37 1992 fol.   920.071

931
Biographical dictionary of the history of Ukrainian Canadians. – Editor, Mykhailo H. Marunchak. – Winnipeg : Ukrainian Academy of Arts & Sciences in Canada, 1986. – 735 p. : ill., ports. – Title on added t.p. : *Biohrafichnyi dovidnyk do istorii ukraintsiv Kanady.*

Biographical entries for Ukrainian Canadians, alphabetically arranged. Bibliography. Text in cyrillic alphabet.   FC106 U51 M37 1986   920.071

Notices biographiques de Canadiens d'origine ukrainienne, classées selon l'ordre alphabétique. Bibliographie. Texte en caractère cyrillique.   FC106 U51 M37 1986   920.071

932
Biographical scrapbooks : index. – Metropolitan Toronto Central Library. – [Toronto] : Metropolitan Toronto Library Board, 1973. – [2], 263 p.

An index to 89 volumes of selected clippings from Toronto newspapers for the period from 1911 to 1967, on 32 reels of microfilm. Includes Canadians or persons with a Canadian connection. Emphasis on persons from the Toronto area, with some provincial and national figures. Can be difficult to use as the subjects are not alphabetically arranged on each reel.   F5009 M4 fol.   016.920071

Index de 89 volumes d'une sélection de coupures de presse tirées de journaux de Toronto pour la période de 1911 à 1967, sur 32 bobines de microfilm. Comprend des Canadiens ou des personnes qui ont un rapport avec le Canada. Quelques personnalités provinciales et nationales, mais insistance sur les personnes de la région de Toronto. Peut être difficile à consulter car les sujets ne sont pas classés par ordre alphabétique sur chaque bobine.   F5009 M4 fol.   016.920071

933
Les biographies françaises d'Amérique. – [2ᵉ] éd. – [Montréal] : Journalistes associés, 1950. – 913 p. : portr.

1st ed., 1942, c1937. Biographies, with photographs, of French Canadians prominent in various sectors of society. Arranged by area of activity, such as industry and commerce, education, etc. Name index.   F5009 B58   920.071

1ʳᵉ éd., 1942, c1937. Biographies, accompagnées de photographies, de Canadiens français exerçant un rôle prédominant dans les différents secteurs de la société. Classement par sphères d'activité telles que l'industrie et le commerce, l'enseignement, etc. Index des noms. F5009 B58   920.071

934
Braithwaite, Rella. – *Some black women : profiles of black women in Canada.* – Rella Braithwaite, Tessa Benn-Ireland. – [Toronto] : Sister Vision, c1993. – 119 p. : ports. – 0920813844

Profiles of 81 black women active in all areas of endeavour in Canada, both historically and in contemporary society. Most entries include a photograph of the subject. Also describes women's organizations, other black organizations, cultural institutions, historical sites, black media and bursaries and awards. Annotated list of films by African-Canadian women. Bibliographies: Sister Vision Press publications; works by black-Canadian women; sources on African Canadians and Americans. Chronology of events, 1609-1992. FC106 B6 B73 1993   305.48896071

Portraits de 81 femmes noires actives dans tous les domaines au Canada, dans le passé et dans la société contemporaine. La plupart des notices comprennent une photographie de la personne en question. Décrit aussi les organisations féminines, les autres organisations de noirs, les établissements culturels, les lieux historiques et les médias, prix et bourses destinés aux noirs. Liste annotée des films par des Canadiennes d'origine africaine. Bibliographies: publications de Sister Vision Press; oeuvres de Canadiennes noires; sources sur les Canadiens et les Américains d'origine africaine. Chronologie des événements, 1609-1992.   FC106 B6 B73 1993   305.48896071

935
The Canadian album : men of Canada : or, Success by example, in religion, patriotism, business, law, medicine, education and agriculture : containing portraits of some of Canada's chief business men, statesmen, farmers, men of the learned professions, and others, also, an authentic sketch of their lives ... – Edited by Wm. Cochrane. – Brantford (Ont.) : Bradley, Garretson, 1891-1896. – 5 vol. (496 ; 496 ; 495 ; 528 ; 487, 16 p.) : ill., ports.

One or two biographies per page. Volume 5 is arranged by city. Each volume has a name index. Volume 3 was the only volume of the set issued in a 2nd ed. Volume 5 has the alternate title *Encyclopedic Canada : or, the progress of a nation.* Reproduced in 35 mm microfilm format: Toronto : McLaren Micropublishing, 1974, 3 reels. F5009 C21 fol.   920.071

Une ou deux biographies par page. Dans le volume 5, classement par villes. Chaque volume comprend un index des noms. Le volume 3 est le seul qui a connu une deuxième édition. Le volume 5 porte un autre titre: *Encyclopedic Canada : or, the progress of a nation.* Reproduit sur microfilm 35 mm: Toronto : McLaren Micropublishing, 1974, 3 bobines.   F5009 C21 fol.   920.071

936
The Canadian biographical dictionary and portrait gallery of eminent and self-made men. – Toronto : American Biographical Publishing Co., 1880-1881. – 2 vol. (778 ; 759 p.) : ill.

Vol. 1, Ontario; vol. 2, Quebec and the Maritimes. Biographies of men who have contributed to the progress of Canada in the fields of business, law, religion, education, politics and medicine. Portraits are

Vol. 1, Ontario; vol. 2, Québec et les Maritimes. Biographies d'hommes qui ont contribué au progrès du Canada dans les domaines des affaires, du droit, de la religion, de l'éducation, de la

full-page, steel engravings. Name index in each volume. Reproduced in microform format: *CIHM/ICMH microfiche series*, no. 08544-08546.   F5009 C215 fol.   920.071

politique et de la médecine. Les portraits sont des gravures sur acier qui occupent une pleine page. Index des noms dans chaque volume. Reproduit sur support microforme: *CIHM/ICMH collection de microfiches*, n° 08544-08546.   F5009 C215 fol.   920.071

937

Canadian Jewish women of today : who's who of Canadian Jewish women. – Edited by Edmond Y. Lipsitz. – Downsview (Ont.) : J.E.S.L. Educational Products, c1983. -- x, 142 p. : ill., ports. – 0969126409 (bd.) 0969126417 (pa.)

Approximately 300 brief, factual biographies of Jewish women in Canada who have contributed to the arts, education, business, law, medicine or to Jewish community life. Some portraits. Alphabetical arrangement. Includes "Who's what in who's who" arranged by field of endeavour.   FC106 J5 C4   920.720971

Environ 300 courtes biographies factuelles de femmes juives qui ont contribué aux arts, à l'éducation, aux affaires, au droit, à la médecine ou à la vie communautaire juive au Canada. Quelques portraits. Classement alphabétique. Comprend «Who's what in who's who» avec classement par domaines d'activité.   FC106 J5 C4   920.720971

938

Canadian Jewry : prominent Jews of Canada : a history of Canadian Jewry especially of the present time through reviews and biographical sketches. – [Edited by] Zvi Cohen. – Toronto : Canadian Jewish Historical Publishing Co., c1933. – 304 p. : ill., ports.

Brief biographies of prominent Jewish Canadians, arranged by field of endeavour, such as arts, sciences, religion, education. Portraits accompany many entries. Name index.   FC106 J5 C427 1933 920.071

Courtes biographies de Juifs canadiens éminents, classées par domaines comme les arts, les sciences, la religion, l'éducation. Des portraits accompagnent de nombreuses notices. Index des noms. FC106 J5 C427 1933   920.071

939

Canadian Jewry today : who's who in Canadian Jewry. – Edited by Edmond Y. Lipsitz. – Downsview (Ont.) : J.E.S.L. Educational Products, c1989. – 198 p. : ill., ports. – 0969126468

Approximately 400 brief, factual biographies of Jewish men and women in Canada, prominent in the arts, business, law, politics, education, medicine, religion, science or Jewish community life. Some portraits. Alphabetical arrangement. Includes "Who's what in who's who" arranged by field of endeavour. Twelve essays on Jewish-Canadian culture.   FC106 J5 C428 1989 fol.   920.071

Environ 400 courtes biographies factuelles de Juives et de Juifs canadiens qui jouent un rôle éminent dans les arts, les affaires, le droit, la politique, l'éducation, la médecine, la religion, les sciences ou la vie communautaire juive. Quelques portraits. Classement alphabétique. Comprend «Who's what in who's who» avec classement par domaines d'activité. Douze essais sur la culture juive canadienne. FC106 J5 C428 1989 fol.   920.071

940

The Canadian who's who. – Vol. 1 (1910)-   . – Toronto : University of Toronto Press, 1910-   . –   vol. – 0068-9963

Over 11,000 biographies of Canadian men and women, prominent in all fields of endeavour. Alphabetical arrangement. Separate index volume: McMann, Evelyn de Rostaing. *Canadian who's who. Index 1898-1984.* Frequency varies. Vol. 1 (1910); vol. 2 (1936); vol. 3 (1938/39); vol. 4 (1948); vol. 5 (1949/51)-vol. 14 (1979), triennial; 1980-   , annual. Title varies: vol. 2 (1936/37), vol. 3 (1938/39), *The Canadian who's who with which is incorporated "Canadian men and women of the time" : a handbook of Canadian biography of living characters*; vol. 4 (1948)-vol. 13 (1973/75), *The Canadian who's who with which is incorporated "Canadian men and women of the time" : a biographical dictionary of notable living men and women.*
   Reproduced in microform format: *Canadian who's who in microfiche, 1898-1975* (Toronto : University of Toronto Press, 1985), 178 microfiches; *Canadian who's who in microfiche, 1979-1988* (Toronto : University of Toronto Press, 1989), 131 microfiches. Available online through INFO GLOBE. Updated every six months.   F5009 C23 920.071

Plus de 11 000 biographies de Canadiennes et de Canadiens éminents de tous les domaines. Classement alphabétique. Volume d'index distinct: McMann, Evelyn de Rostaing. *Canadian who's who. Index 1898-1984.* La fréquence varie. Vol. 1 (1910); vol. 2 (1936); vol. 3 (1938/39); vol.4 (1948); vol. 5 (1949/51)-vol. 14 (1979), triennal; 1980-   , annuel. Le titre varie: vol. 2 (1936/37), vol. 3 (1938/39), *The Canadian who's who with which is incorporated "Canadian men and women of the time" : a handbook of Canadian biography of living characters*; vol. 4 (1948)-vol. 13 (1973/75), *The Canadian who's who with which is incorporated "Canadian men and women of the time" : a biographical dictionary of notable living men and women.*
   Reproduit sur support microforme: *Canadian who's who in microfiche, 1898-1975* (Toronto : University of Toronto Press, 1985), 178 microfiches; *Canadian who's who in microfiche, 1979-1988* (Toronto : University of Toronto Press, 1989), 131 microfiches. Accessible en direct via INFO GLOBE. Mis à jour tous les six mois.   F5009 C23 920.071

941

Who's what in Canadian who's who. – [1970]-(1980). – Toronto : University of Toronto Press, 1970-1980. – 5 vol. – 0315-7679

Supplement to: *The Canadian who's who.* Groups persons listed in *Canadian who's who* by profession. Title varies: 1970, 1973/75, 1976/78, *Who's what in the Canadian who's who.* Imprint varies. F5009 C2312   920.071

Supplément à: *The Canadian who's who.* Regroupe par professions les personnes qui figurent dans *Canadian who's who.* Le titre varie: 1970, 1973/75, 1976/78, *Who's what in the Canadian who's who.* Publié par différents éditeurs.   F5009 C2312   920.071

942
Canadian women of note, (C.W.O.N.). – Compiled by Media Club of Canada, formally Canadian Women's Press Club. – [Reprint of 2nd ed.]. – Toronto : Institute for Social Research, York University, 1994. – 2 vol. (1108 p.). – 1550142356

1st ed., 1981. 2nd ed., 1983. 998 biographies of Canadian women prominent in all fields, during the nineteenth and twentieth centuries. Alphabetically arranged. Bibliographical references. KWIC index. Available on diskette. 1st ed. in microform format: [Downsview, Ont. : York University, Institute for Behavioural Research, 1981], 10 microfiches; updated, [Downsview, Ont. : York University, Institute for Behavioural Research, 1983], 5 microfiches. FC25 C35 1994 fol. 920.720971

1re éd., 1981. 2e éd., 1983. 998 biographies de Canadiennes éminentes de tous les domaines, du dix-neuvième et du vingtième siècles. Classement alphabétique. Références bibliographiques. Index KWIC. Disponible sur disquette. 1re éd. sur support microforme: [Dowsnview, Ont. : York University, Institute for Behavioural Research, 1981], 10 microfiches; mise à jour, [Downsview, Ont. : York University, Institute for Behavioural Research, 1983], 5 microfiches. FC25 C35 1994 fol. 920.720971

943
Charlesworth, Hector [Willoughby]. – *A cyclopaedia of Canadian biography : brief biographies of persons distinguished in the professional, military and political life, and the commerce and industry of Canada, in the twentieth century.* – Toronto : Hunter-Rose Company, 1919. – xii, 303 p. : front., ports. – (National biographical series ; 3). – Cover title : *Representative Canadians.*

Biographical sketches of men who have contributed to Canadian society. List of photogravure portraits. Name index. F5009 C45 fol. 920.071

Notices biographiques sur des hommes qui ont contribué à la société canadienne. Liste des portraits reproduits par photogravure. Index des noms. F5009 C45 fol. 920.071

944
The clear spirit : twenty Canadian women and their times. – Edited by Mary Quayle Innis. – [Toronto] : Published for the Canadian Federation of University Women by the University of Toronto Press, c1966. – xvi, 304 p., [6] leaves of plates : ports.

Biographical essays on twenty Canadian women, including Marie Guyart de l'Incarnation, Adelaide Hoodless, Emily Carr and Mazo de la Roche. Bibliographies. Reprinted 1973, as part of the series *Canadian university paperbooks; 135.* CT3270 I5 1973 920.720971

Essais biographiques sur vingt Canadiennes, notamment Marie Guyart de l'Incarnation, Adelaide Hoodless, Emily Carr et Mazo de la Roche. Bibliographies. Réimprimé en 1973, dans le cadre de la collection *Canadian university paperbooks; 135.* CT3270 I5 1973 920.720971

945
Cooper, John A. [John Alexander]. – *Men of Canada : a portrait gallery of men whose energy, ability, enterprise and public spirit are responsible for the advancement of Canada, the premier colony of Great Britain.* – Montreal : The Canadian Historical Company, 1901-1902. – xviii, 314 p. : ports.

Portraits of Canadian men, notable in business, politics and government, law and academia. Random arrangement. Name index. Biographical information consists of full name and position. Emphasis on men from Ontario and Quebec. FC25 C58 920.071

Portraits de Canadiens remarquables en affaires, en politique, au gouvernement, en droit et dans le secteur universitaire. Classement au hasard. Index des noms. Le nom complet et le poste constituent les données biographiques. Insistance sur les Ontariens et les Québécois. FC25 C58 920.071

946
Dent, John Charles. – *Canadian portrait gallery.* – Toronto : John B. Magurn, 1880-1881. – 4 vol. (256 ; 224 ; 256 ; viii, 223 p.) : col. ports.

204 biographies of persons notable in the development of Canada. Many accompanied by full-page colour lithograph portraits. Anna Jameson is the only woman included. Name index in each volume. Name index for set in vol. 4. Reproduced in microform format: *CIHM/ICMH microfiche series*, no. 07403-07407. F5009 D41 fol. 920.071

Biographies de 204 personnes remarquables qui ont contribué au développement du Canada. Nombre de biographies sont accompagnées de portraits pleine page lithographiés en couleur. Anna Jameson est la seule femme qui figure dans ce document. Index des noms dans chaque volume. Index des noms pour l'ensemble dans le volume 4. Reproduit sur support microforme: *CIHM/ICMH collection de microfiches*, n° 07403-07407. F5009 D41 fol. 920.071

947
Dictionary of Canadian biography. – Toronto : University of Toronto Press, c1966- . – vol. – 0802031420 (vol. 1) 0802032400 (vol. 2) 0802033148 (vol. 3) 0802033512 (vol. 4) 0802033989 (vol. 5) 0802034365 (vol. 6) 0802034527 (vol. 7) 0802034225 (vol. 8) 0802033199 (vol. 9) 0802032877 (vol. 10) 0802033679 (vol. 11) 0802034608 (vol. 12) 0802039987 (vol. 13)

Biographical articles on noteworthy Canadians, in all fields of endeavour, including persons born and resident in Canada, Canadians abroad, and persons from other countries who have contributed to Canadian life. Each volume covers a chronological period and includes persons who died within the span of years. Within each volume entries are alphabetically arranged by the name of the biographee. Signed articles range in length from 300 to 10,000 words.

Published to date: vol. 1, 1000-1700 (1966; reprinted with corrections, 1979) 594 biographies; vol. 2, 1701-1740 (1969; reprinted with corrections, 1982) 578 biographies; vol. 3, 1741-1700 (1974) 550 biographies; vol. 4, 1771-1800 (1979) 504 biographies; vol. 5, 1801-1820 (1983) 502 biographies; vol. 6, 1821-1835 (1987) 479 biogra-

Articles biographiques sur des Canadiens remarquables de tous les domaines d'activité, y compris des personnes qui sont nées et qui ont habité au Canada, des Canadiens qui ont vécu à l'étranger et des personnes d'autres pays qui ont contribué à la société canadienne. Chaque volume couvre une certaine période et porte sur des personnes décédées pendant cette période. Au sein de chaque volume, les notices sont classées par ordre alphabétique de noms des sujets des biographies. Les articles signés comptent de 300 à 10 000 mots.

Publiés jusqu'à présent: vol. 1, 1000-1700 (1966; réimprimé avec corrections, 1979), 594 biographies; vol. 2, 1701-1740 (1969; réimprimé avec corrections, 1982), 578 biographies; vol. 3, 1741-1700 (1974), 550 biographies; vol. 4, 1771-1800 (1979), 504 biographies; vol. 5,

phies; vol. 7, 1836-1850 (1988) 538 biographies; vol. 8, 1851-1860 (1985) 521 biographies; vol. 9, 1861-1870 (1976) 524 biographies; vol. 10, 1871-1880 (1972) 574 biographies; vol. 11, 1881-1890 (1982) 586 biographies; vol. 12, 1891-1900 (1990) 597 biographies; vol. 13, 1901-1910 (1994) 648 biographies.

Bibliographies for each biographee. General bibliography and index for each volume. Volumes 1, 2, 3, 9, 10, nominal index. Volume 4, classified and nominal indexes. Volumes 5-8, 11, 12, 13, nominal, geographical and classified indexes. Also published: *Dictionary of Canadian biography : index, volumes I to XII, 1000 to 1900* (Toronto : University of Toronto Press, 1991).

General editors: George W. Brown 1959-1963, David M. Hayne 1965-1969, Francess G. Halpenny 1969-1988, Ramsay Cook 1989- . Also published in French under the title: *Dictionnaire biographique du Canada.* FC25 D5 1966 fol. 920.071

1801-1820 (1983), 502 biographies; vol. 6, 1821-1835 (1987), 479 biographies; vol. 7, 1836-1850 (1988), 538 biographies; vol. 8, 1851-1860 (1985), 521 biographies; vol. 9, 1861-1870 (1976), 524 biographies; vol. 10, 1871-1880 (1972), 574 biographies; vol. 11, 1881-1890 (1982), 586 biographies; vol. 12, 1891-1900 (1990), 597 biographies; vol. 13, 1901-1910 (1994), 648 biographies.

Bibliographie pour chaque personne qui fait l'objet d'un article. Bibliographie générale et index pour chaque volume. Volumes 1, 2, 3, 9, 10, index des noms. Volume 4, index par catégories et index des noms. Volumes 5-8, 11, 12, 13, index des noms, index géographique et index par catégories. Également publié: *Dictionary of Canadian biography : index, volumes I to XII, 1000 to 1900* (Toronto : University of Toronto Press, 1991).

Directeurs généraux : George W. Brown 1959-1963, David M. Hayne 1965-1969, Francess G. Halpenny 1969-1988, Ramsay Cook 1989- . Publié aussi en français sous le titre: *Dictionnaire biographique du Canada.* FC25 D5 1966 fol. 920.071

948

Dictionnaire biographique du Canada. – [Québec] : Presses de l'Université Laval, c1966- . – vol. – 2763768997 (vol. 4) 276377010X (vol. 5) 2763770983 (vol. 6) 2763771602 (vol. 7) 276377069X (vol. 8) 0774668113 (vol. 9) 2763769500 (vol. 11) 276377217X (vol. 12) 2763773354 (vol. 13)

Biographical articles on noteworthy Canadians, in all fields of endeavour, including persons born and resident in Canada, Canadians abroad, and persons from other countries who have contributed to Canadian life. Each volume covers a chronological period and includes persons who died within the span of years. Within each volume entries are alphabetically arranged by the name of the biographee. Signed articles range in length from 300 to 10,000 words.

Published to date: vol. 1, 1000-1700 (1966; 3rd printing with corrections, 1986) 594 biographies; vol. 2, 1701-1740 (1969; second printing with corrections, 1991) 578 biographies; vol. 3, 1741-1700 (1974) 550 biographies; vol. 4, 1771-1800 (1980) 504 biographies; vol. 5, 1801-1820 (1983) 502 biographies; vol. 6, 1821-1835 (1987) 479 biographies; vol. 7, 1836-1850 (1988) 538 biographies; vol. 8, 1851-1860 (1985) 521 biographies; vol. 9, 1861-1870 (1977) 524 biographies; vol. 10, 1871-1880 (1972) 574 biographies; vol. 11, 1881-1890 (1982) 586 biographies; vol. 12, 1891-1900 (1990) 597 biographies; vol. 13, 1901-1910 (1994) 648 biographies.

Bibliographies for each biographee. General bibliography and index for each volume. Volumes 1, 2, 3, 9, 10, nominal index. Volume 4, classified and nominal indexes. Volumes 5-8, 11, 12, 13, nominal, geographical and classified indexes. Also published: *Dictionnaire biographique du Canada : index onomastique, volumes I à XII, de l'an 1000 à 1900* ([Québec] : Presses de l'Université Laval, 1991).

General editors: Marcel Trudel 1961-1965, André Vachon 1965-1971, Jean Hamelin 1973- . Also published in English under the title: *Dictionary of Canadian biography.* FC25 D52 1966 fol. 920.071

Articles biographiques sur des Canadiens remarquables de tous les domaines d'activité, y compris des personnes qui sont nées et qui ont habité au Canada, des Canadiens qui ont vécu à l'étranger et des personnes d'autres pays qui ont contribué à la société canadienne. Chaque volume couvre une certaine période et porte sur des personnes décédées pendant cette période. Au sein de chaque volume, les notices sont classées par ordre alphabétique de noms des sujets des biographies. Les articles signés comptent de 300 à 10 000 mots.

Publiés jusqu'à présent: vol. 1, 1000-1700 (1966; troisième tirage avec corrections, 1986), 594 biographies; vol. 2, 1701-1740 (1969; deuxième tirage avec corrections, 1991), 578 biographies; vol. 3, 1741-1700 (1974), 550 biographies; vol. 4, 1771-1800 (1980), 504 biographies; vol. 5, 1801-1820 (1983), 502 biographies; vol. 6, 1821-1835 (1987), 479 biographies; vol. 7, 1836-1850 (1988), 538 biographies; vol. 8, 1851-1860 (1985), 521 biographies; vol. 9, 1861-1870 (1977), 524 biographies; vol. 10, 1871-1880 (1972), 574 biographies; vol. 11, 1881-1890 (1982), 586 biographies; vol. 12, 1891-1900 (1990), 597 biographies; vol. 13, 1901-1910 (1994), 648 biographies.

Bibliographie pour chaque personne qui fait l'objet d'un article. Bibliographie générale et index pour chaque volume. Volumes 1, 2, 3, 9, 10, index des noms. Volume 4, index par catégories et index des noms. Volumes 5-8, 11, 12, 13, index des noms, index géographique et index par catégories. Également publié: *Dictionnaire biographique du Canada : index onomastique, volumes I à XII, de l'an 1000 à 1900* ([Québec] : Presses de l'Université Laval, 1991).

Directeurs généraux adjoints: Marcel Trudel 1961-1965, André Vachon 1965-1971, Jean Hamelin 1973- . Publié aussi en anglais sous le titre: *Dictionary of Canadian biography.* FC25 D52 1966 fol. 920.071

949

An encyclopaedia of Canadian biography : containing brief sketches and steel engravings of Canada's prominent men. – Montreal : Canadian Press Syndicate, 1904-1907. – 3 vol. (109 ; 127 ; 124 p.) : ports.

Approximately 360 brief biographies of Canadian men, prominent in all fields of endeavour at the turn of the century. One biography to a page, each accompanied by a steel-engraved portrait. Random arrangement. Name index. FC25 E53 1904 fol. 920.071

Environ 360 courtes biographies d'éminents Canadiens, de tous les domaines d'activité du début du siècle. Une biographie par page, accompagnée d'un portrait gravé sur acier. Classement au hasard. Index des noms. FC25 E53 1904 fol. 920.071

950

Gaida, Pr. – *Lithuanians in Canada.* – By Pr. Gaida [et al.]. – Ottawa : Printed by the Lights Printing and Publishing Co., 1967. – xx, 370 p. : ill., maps. – (Canada ethnica ; 5). – Title on added t.p. : *Les Lituaniens au Canada.*

Brief biographies of Lithuanians who have contributed to the development of Canada. Arranged by field of endeavour such as the arts, education, law, medicine, the sciences, sports and business. Name index. Bibliography. FC104 C334 920.071

Courtes biographies de Lituaniens qui ont contribué au développement du Canada. Classement par domaines d'activité comme les arts, l'éducation, le droit, la médecine, les sciences, les sports et les affaires. Index des noms. Bibliographie. FC104 C334 920.071

951

Gottesman, Eli. – *Who's who in Canadian Jewry.* – Compiled and prepared by the Canadian Jewish Literary Foundation for the Jewish Institute of Higher Research of the Central Rabbinical Seminary of Canada. – Montreal : Jewish Institute of Higher Research, Central Rabbinical Seminary of Canada, c1965. – 525 p. : ports.

Approximately 4,500 brief biographies, with photographs, of prominent Jews in Canada. Grouped by profession, such as barrister, educator, cantor, rabbi, business executive, musician. Name index. FC106 J51 G67 1965 fol. 920.071

Environ 4 500 courtes biographies, accompagnées de photographies, d'éminents Juifs du Canada. Regroupement par professions, comme avocat, enseignant, chantre, rabbin, chef d'entreprise, musicien. Index des noms. FC106 J51 G67 1965 fol. 920.071

952

Hacker, Carlotta. – *The book of Canadians : an illustrated guide to who did what.* – Edmonton : Hurtig, 1983. – 240 p. : ill., ports. – 0888302436

Brief biographies of men and women from all periods of Canadian history, who have contributed to all fields of endeavour. Suitable for use by young people. Alphabetical arrangement. Most biographies accompanied by portraits. Name index. Also produced in a braille edition, Winnipeg : Manitoba Dept. of Education, Special Materials Services, 1987, 15 vol., and as a sound recording, Calgary : Alberta Education, 1989- , cassettes : 4.75 cm/s, 4 track, mono. FC25 H33 1983 920.071

Courtes biographies d'hommes et de femmes de toutes les périodes de l'histoire canadienne, qui ont contribué à tous les domaines d'activité. Convient aux jeunes. Classement alphabétique. La plupart des biographies sont accompagnées de portraits. Index des noms. Il existe également une édition en braille, Winnipeg : Manitoba Dept. of Education, Special Materials Services, 1987, 15 vol., et un enregistrement sonore, Calgary : Alberta Education, 1989- , cassettes : 4,75 cm/s, 4 pistes, monophonique. FC25 H33 1983 920.071

953

Hart, Arthur Daniel. – *The Jew in Canada : a complete record of Canadian Jewry from the days of the French régime to the present time.* – Toronto : Jewish Publications, c1926. – [16], 575 p.

A history of Jews in Canada which includes numerous biographical entries. Biographies are grouped according to the type of organization, institution, profession, etc., with which the person was affiliated, for example, synagogues, educational institutions, charitable organizations, women's activities, the legal, commercial and medical professions. Black and white portraits. Histories of particular organizations, institutions, etc. Chronological table of events. Addenda. Biography index. F5033 J3 H29 920.071

Cette histoire des Juifs au Canada comprend de nombreuses notices biographiques. Les biographies sont regroupées selon le type d'association, d'établissement, de profession, etc., auquel la personne était associée, par exemple les synagogues, les établissements d'enseignement, les organismes de charité, les associations féminines, ou les professions des domaines juridique, commercial et médical. Portraits en noir et blanc. Historique d'associations, d'établissements, etc., particuliers. Tableau chronologique des événements. Addenda. Index des biographies. F5033 J3 H29 920.071

954

Les hommes du jour : galerie de portraits contemporains : monument érigé à la gloire de la Confédération du Canada. – Sous la direction de Louis-H. Taché. – Éd. populaire. – Montréal : Cie de moulins à papier de Montréal, [1890-1894]. – 507 p., [64] f. de pl. : fac-sim., portr.

Biographical essays on 32 Canadian politicians with photographs and facsimiles of signatures. Originally published as a series of 32 parts in sixteen fascicles with continuous paging. Imprint varies. Also published in a large format: Ottawa : Mortimer and Co., 1890-[1894]. Reproduced in microform format: *CIHM/ICMH microfiche series*, no. 25999-26031, 27402, 27403, 29151. Translated into English as: *Men of the day : a Canadian portrait gallery.* FC506 A1 H6 1890b 920.071

Essais biographiques sur 32 politiciens canadiens, accompagnés de photographies et de reproductions de signatures. À l'origine, publiés en seize fascicules à pagination suivie, d'une collection de 32 parties. Publié par différents éditeurs. Également publié en grand format: Ottawa : Mortimer and Co., 1890-[1894]. Reproduit sur support microforme: *CIHM/ICMH collection de microfiches*, nos 25999-26031, 27402, 27403, 29151. Traduit en anglais: *Men of the day : a Canadian portrait gallery.* FC506 A1 H6 1890b 920.071

955

Johnston, F. W. [Frederick William]. – *Portraits of prominent Canadians.* – Collected and arranged by F.W. Johnston. – Toronto : C.J. Musson, 1896. – 32 leaves, 33-39 p. : ports. – Cover title : *Portraits and biographies of prominent Canadians.*

Biographical entries for 49 prominent Canadian men, and the wives of four politicians, together with a collection of portraits. Alphabetically arranged. Reproduced in microform format: *CIHM/ICMH microfiche series*, no. 07633. FC506 A1 J6 920.071

49 notices biographiques d'éminents Canadiens et de quatre épouses de politiciens, complétées d'une galerie de portraits. Classement alphabétique. Reproduit sur support microforme: *CIHM/ICMH collection de microfiches*, no 07633. FC506 A1 J6 920.071

956

Kos-Rabcewicz-Zubkowski, Ludwik. – *The Poles in Canada*. – Toronto : Printed by Polish Alliance Press, 1968. – xvi, 202 p. – (Canada ethnica ; 7). – Title on added t.p. : *Les Polonais au Canada*.

Biographies of Polish Canadians who have contributed to the development of Canada. Some longer sketches of individuals, as well as briefer biographies grouped by field of endeavour (arts, religion, medicine, politics, law, military). Name index.   FC104 C334 971.0049185

Biographies de Canadiens d'origine polonaise qui ont contribué au développement du Canada. Quelques notices biographiques plus longues, ainsi que quelques biographies plus courtes regroupées par domaines d'activité (les arts, la religion, la médecine, la politique, le droit, l'armée). Index des noms.   FC104 C334   971.0049185

957

Kto jest kim w Polonii kanadyjskiej : słownik biograficzny. – [2nd] ed. – Toronto : KTO Publishing, 1993. –   vol. : ill., ports. – 0969706804

1st ed., 1992. Biographies of Polish Canadians, alphabetically arranged. Each entry includes an address and a telephone number. Some photographs. Text in Polish.   FC106 P7 K76 920.071

1re éd., 1992. Notices biographiques des Canadiens d'origine polonaise, classées selon l'ordre alphabétique. Pour chaque notice, l'adresse et le numéro de téléphone sont consignés. Une photographie accompagne plusiers d'entre elle. Texte en polonais.   FC106 P7 K76 920.071

958

Lindal, W. J. [Walter Jacobson]. – *The Icelanders in Canada*. – Winnipeg : Printed by National Publishers and Viking Printer, 1967. – 502, [9] p. : ill., maps, ports. – (Canada ethnica ; 2). – Title on added t.p. : *Les Islandais au Canada*.

Brief biographies of Icelandic Canadians who have contributed to Canadian society. Biographies are arranged by field of endeavour such as the arts, politics, education and the sciences. Name index. Bibliography.   FC104 C334   971.0043961

Courtes biographies de Canadiens d'origine islandaise qui ont contribué à la société canadienne. Les biographies sont classées par domaines d'activité, comme les arts, la politique, l'éducation et les sciences. Index des noms. Bibliographie.   FC104 C334   971.0043961

959

Markotic, Vladimir. – *Biographical directory of Americans and Canadians of Croatian descent : with institutions, organizations, their officers, and periodicals*. – Vol. 4, enl. and rev. ed. – Calgary : Research Centre for Canadian Ethnic Studies, 1973. – xiii, 204 p. – (Occasional monograph ; no. 1).

1st ed., 1963, *Hrvati profesori na americkim i kanadskim visokim skolama*; 2nd ed., 1965, 3rd ed., 1970, *Biographical directory of scholars, artists, and professionals of Croatian descent in the United States and Canada*. Over 500 entries with approximately 400 detailed biographies of Canadian and American scholars, artists and professionals of Croation descent. Alphabetically arranged. Compiled from questionnaire responses. Obituaries. Lists of names arranged according to profession, and geographical location. Directory of organizations, institutions and periodicals.   E184 C93 B48 fol.   920.07

1re éd., 1963, *Hrvati profesori na americkim i kanadskim visokim skolama*, 2e éd., 1965, 3e éd., 1970, *Biographical directory of scholars, artists, and professionals of Croatian descent in the United States and Canada*. Plus de 500 notices qui comprennent environ 400 biographies détaillées de savants, d'artistes et de professionnels canadiens et américains d'origine croate. Classement alphabétique. Données compilées à partir des réponses à un questionnaire. Notices nécrologiques. Listes de noms classées selon la profession et selon le lieu. Répertoire des organisations, des établissements et des périodiques.   E184 C93 B48 fol. 920.07

960

McLeod, D. Peter. – *Directory of historical and contemporary Canadians and persons connected with Canada from ethnocultural backgrounds other than British or French*. – Policy, Analysis and Research, Multiculturalism. – [Ottawa] : Dept. of the Secretary of State of Canada, 1988. – [6], 217, [2] p.

Brief biographies of men and women prominent in the arts, business, politics, sciences, law, religion, journalism, sports and exploration. Alphabetically arranged. References to other biographical sources. Indexes arranged by ethnocultural background and by field of endeavour. Reproduced in microform format: *Microlog*, no. 94-01937. Also published in French under the title: *Répertoire de Canadiens et de non-Canadiens, d'origine ethnoculturelle autre que française ou britannique, qui ont laissé leur marque dans l'histoire du Canada*.   FC25 A36   920.071

Courtes biographies d'hommes et de femmes éminents dans les arts, les affaires, la politique, les sciences, le droit, la religion, le journalisme, les sports et l'exploration. Classement alphabétique. Références à d'autres sources biographiques. Les index sont classés en fonction des origines ethnoculturelles et des domaines d'activité. Reproduit sur support microforme: *Microlog*, n° 94-01937. Publié aussi en français sous le titre: *Répertoire de Canadiens et de non-Canadiens, d'origine ethnoculturelle autre que française ou britannique, qui ont laissé leur marque dans l'histoire du Canada*.   FC25 A36   920.071

961

McLeod, D. Peter. – *Répertoire de Canadiens et de non-Canadiens, d'origine ethnoculturelle autre que française ou britannique, qui ont laissé leur marque dans l'histoire du Canada*. – Politiques, recherches et analysés, Multiculturalisme. – [Ottawa] : Secrétariat d'État du Canada, 1988. – [6], 206, [2] p.

Brief biographies of men and women prominent in the arts, business, politics, sciences, law, religion, journalism, sports and exploration. Alphabetically arranged. References to other biographical sources. Indexes arranged by ethnocultural background and by field of endeavour. Also published in English under the title: *Directory of historical and contemporary Canadians and persons connected with Canada from ethnocultural backgrounds other than British or French*.   FC25 A46   920.071

Courtes biographies d'hommes et de femmes éminents dans les arts, les affaires, la politique, les sciences, le droit, la religion, le journalisme, les sports et l'exploration. Classement alphabétique. Références à d'autres sources biographiques. Les index sont classés en fonction des origines ethnoculturelles et des domaines d'activité. Publié aussi en anglais sous le titre: *Directory of historical and contemporary Canadians and persons connected with Canada from ethnocultural backgrounds other than British or French*.   FC25 A46   920.071

962

McMann, Evelyn de R. [Evelyn de Rostaing]. – *Canadian who's who. Index 1898-1984 : incorporating Canadian men and women of the time.* – Toronto : University of Toronto Press, c1986. – 528 p. – 0802046339

An index to the 1898 and 1912 editions of Henry J. Morgan's *Canadian men and women of the time,* and *Canadian who's who* 1910 through 1984. Lists 33,230 names, with cross-references. FC25 C34 1985 920.071

Index des éditions de 1898 et de 1912 de *Canadian men and women of the time* par Henry J. Morgan, et du *Canadian who's who* des années 1910 à 1984. Donne la liste de 33 230 noms, avec renvois. FC25 C34 1985 920.071

963

Men of the day : a Canadian portrait gallery. – Edited by Louis-H. Taché. – Popular ed. – Montreal : Montreal Paper Mills Co., [1890-1894]. – 16 fasc. (507 p., [64] leaves of plates) : facsims., ports.

Translation of: *Les hommes du jour.* Biographies of 32 Canadian political figures, forming 32 "series" issued in sixteen fascicles. Imprint varies. Also published in a large format: Ottawa : Mortimer and Co., 1890-[1894]. FC506 A1 H613 1890b 920.071

Traduction de: *Les hommes du jour.* Biographies de 32 personnalités politiques canadiennes, qui forment une collection de 32 biographies publiées en seize fascicules. Publié par différents éditeurs. Également publié en grand format: Ottawa : Mortimer and Co., 1890-[1894]. FC506 A1 H613 1890b 920.071

964

Morgan, Henry James. – *The Canadian men and women of the time : a hand-book of Canadian biography of living characters.* – 2nd ed. – Toronto : William Briggs, 1912. – [12], xx, 1218, [8] p.

1st ed., 1898. Approximately 7,900 brief biographies of Canadian men and women, prominent in the arts, law, education, religion, politics and business. Alphabetically arranged. Indexed in: *Canadian who's who. Index 1898-1984.* Reproduced in microform format as part of the set *Canadian who's who in microfiche, 1898-1975* (Toronto : University of Toronto Press, c1985). 1st ed. also reproduced in microform format: *CIHM/ICMH microfiche series,* no. 02221. F5009 M83 1912 920.071

1re éd., 1898. Environ 7 900 courtes biographies de Canadiennes et de Canadiens éminents dans les domaines des arts, du droit, de l'éducation, de la religion, de la politique et des affaires. Classement alphabétique. Indexé dans: *Canadian who's who. Index 1898-1984.* Reproduit sur support microforme dans le cadre de la série *Canadian who's who in microfiche, 1898-1975* (Toronto : University of Toronto Press, c1985). La 1re éd. a également été reproduite sur support microforme: *CIHM/ICMH collection de microfiches,* n° 02221. F5009 M83 1912 920.071

965

Morgan, Henry J. [Henry James]. – *Sketches of celebrated Canadians, and persons connected with Canada, from the earliest period in the history of the province down to the present time.* – Québec : Hunter, Rose & Co., 1862. – xiii, 779, [4] p.

Biographies of varying length of prominent men and women of Upper and Lower Canada. Random arrangement. Name index. Also published in Montreal by R. Worthington in 1865. 1865 ed. reproduced in microform format: *CIHM/ICMH microfiche series,* no. 38173. F5009 M84 920.071

Biographies plus ou moins longues de femmes et d'hommes éminents du Haut et du Bas Canada. Classement au hasard. Index des noms. Également publié à Montréal par R. Worthington en 1865. Édition de 1865 reproduite sur support microforme: *CIHM/ICMH collection de microfiches,* n° 38173. F5009 M84 920.071

966

Morgan, Henry James. – *Types of Canadian women, and of women who are or have been connected with Canada.* – Toronto : W. Briggs, 1903. – [4], x, 382, [15] p. : ports.

Brief biographies accompanied by portraits and many facsimiles of signatures. Random arrangement. Name and place-subject indexes. A second volume was planned but never published. Reproduced in 35 mm microfilm format as part of: *History of women* (New Haven (Conn.) : Research Publications, Inc., 1976), reel 647, no. 5381. F5009 M85 fol. 920.720971

Courtes biographies accompagnées de portraits et de nombreuses reproductions de signatures. Classement au hasard. Index des noms et index des lieux et des sujets. Un deuxième volume était prévu, mais il n'a jamais été publié. Reproduit sur microfilm 35 mm dans le cadre de: *History of women* (New Haven (Conn.) : Research Publications, Inc., 1976), bobine 647, n° 5381. F5009 M85 fol. 920.720971

967

Morice, A. G. [Adrien Gabriel]. – *Dictionnaire historique des Canadiens et des Métis français de l'Ouest.* – 2e éd., augm. d'un supplément. – Québec : J.-P. Garneau ; Montréal : Granger Frères ; Winnipeg : chez l'auteur, 1912. – xl, 355 p.

1st ed., 1908. Biographies of varying length of French Canadians in the west. Alphabetical arrangement. Bibliography. Subject index. Reproduced in 16mm microfilm format: Montréal : Bibliothèque nationale du Québec, 1976, 1 reel. FC3238 M6 1912 920.071

1re éd., 1908. Biographies plus ou moins longues de Canadiens français de l'Ouest. Classement alphabétique. Bibliographie. Index sujets. Reproduit sur microfilm 16 mm: Montréal : Bibliothèque nationale du Québec, 1976, 1 bobine. FC3238 M6 1912 920.071

968

Native American women : a biographical dictionary. – Gretchen M. Bataille, editor ; Laurie Lisa, editorial assistant. – New York : Garland Publishing, 1993. – xix, 333 p., [8] p. of plates : ill. – (Garland reference library of the social sciences ; vol. 649) (Biographical dictionaries of minority women ; vol. 1). – 0824052676

228 signed biographical entries for Native women who have influenced North American society. Alphabetically arranged. Entries include bibliographical references. Appendices: Native women listed

228 notices biographiques signées de femmes autochtones qui ont exercé une influence sur la société nord-américaine. Classement alphabétique. Les notices sont complétées de références biblio-

by area of activity, by decade of birth, by state/province of birth, by cultural group. Subject-name index.   E98 W8 N38 1993 920.7208997

graphiques. Appendices: femmes autochtones recensées par domaines d'intervention, par décennies de naissance, par états/provinces de naissance, par groupes culturels. Un index: sujets-noms. E98 W8 N38 1993   920.7208997

969

The newspaper reference book of Canada : embracing facts and data regarding Canada and biographical sketches of representative Canadian men for use by newspapers. – Toronto : Press Publishing Co., 1903. – xii, 488 p. : ports.

Biographies of prominent Canadian men, one per page, many accompanied by portraits. Random arrangement. Name index. FC506 A1 N4 fol.   920.071

Biographies de Canadiens importants, une par page, souvent accompagnées de portraits. Classement au hasard. Index des noms. FC506 A1 N4 fol.   920.071

970

Prominent men of Canada. – Edited by Ross Hamilton. – (1931/32). – Montreal : National Publishing, [1932?]. – 640 p.

Brief biographies of men, mainly from Ontario and Quebec, prominent in all fields of endeavour. Based on information collected from biographees. List of those who died while the work was in progress. Random arrangement. Name index. F5009 H3   920.071

Courtes biographies d'hommes éminents de tous les domaines d'activité, principalement des Ontariens et des Québécois. Fondé sur les données collectées auprès des personnes qui font l'objet de ces biographies. Liste de ceux qui sont morts avant que ce travail ne soit terminé. Classement au hasard. Index des noms.   F5009 H3 920.071

971

Rose, Geo. MacLean. – *A cyclopaedia of Canadian biography : being chiefly men of the time : a collection of persons distinguished in professional and political life, leaders in the commerce, industry of Canada, and successful pioneers.* – Toronto : Rose Publishing Co., 1886-1888. – 2 vol. (807 ; 816 p.). – (Rose's national biographical series ; 1 & 2).

Brief biographical sketches, randomly arranged. Name index in each volume. Reproduced in 35 mm microfilm format: London [Ont.] : London Microfilming, 1979, 1 reel.   F5009 R78 1888   920.071

Courtes notices biographiques classées au hasard. Index des noms dans chaque volume. Reproduit sur microfilm 35 mm: London [Ont.] : London Microfilming, 1979, 1 bobine.   F5009 R78 1888 920.071

972

Silhouettes acadiennes. – [Édité par Thérèse Lemieux et Gemma Caron avec la collaboration de Madeleine Cyr]. – [Moncton : Fédération des dames d'Acadie], c1981. – 374 p. : carte pliée, portr.

Biographies of 103 Acadian women, born between 1815 and 1941 and active in their society. Chronologically arranged. Index of names.   FC2495 A23 Z48 1981   971.5004114

Biographies de 103 femmes d'Acadie nées entre 1815 et 1941 et impliquées dans leur milieu. Présentation chronologique. Index des noms.   FC2495 A23 Z48 1981   971.5004114

973

Silhouettes acadiennes. – Collectif des dames d'Acadie. – Moncton : Éditions d'Acadie, 1994. – 134, [4] p. : portr. – 2760002578

Biographies of Acadian women active in the arts, education, business, politics, etc., in the Maritime Provinces. Alphabetically arranged by surname. Portraits.   FC2042   971.5004114

Biographies d'Acadiennes actives dans les domaines des arts, de l'éducation, des affaires, de la politique, etc., dans les Maritimes. Classement alphabétique par noms de famille. Portraits.   FC2042 971.5004114

974

The social register of Canada. – 1st ed. (1958)-3rd ed. (1961). – Montreal : Published for the Social Register of Canada Association by the Social Register of Canada Limited, 1958-1961. – 3 vol. – 0489-2682

Very brief entries for men and women who have contributed to Canadian society. Provides names, addresses, degrees, titles, maiden names of married women and names of children. Entries are arranged by province and city. Includes a list of Canadians living abroad. Index of places.   F5009 S6 fol.   920.071

Très courtes notices sur des hommes et des femmes qui ont contribué à la société canadienne. Noms, adresses, diplômes, titres, noms de naissance des femmes mariées et noms des enfants sont donnés. Les notices sont classées par provinces et par villes. Comprend une liste des Canadiens à l'étranger. Index des lieux. F5009 S6 fol.   920.071

975

Spada, A. V. – *The Italians in Canada.* – Ottawa : Riviera Printers and Publishers, 1969. – xxi, 387 p. : ill., facsims., maps, ports. – (Canada ethnica ; 6). – Title on added t.p. : *Les Italiens au Canada.*

Biographies of Italian Canadians who have contributed to Canadian society. Arranged by field of endeavour such as the arts, business, religion and sports, and by place of residence. Lack of name index makes this source more difficult to use.   FC104 C334   971.00451

Biographies de Canadiens d'origine italienne qui ont contribué à la société canadienne. Classement par domaines d'activité comme les arts, les affaires, la religion et les sports, ainsi que par lieux de résidence des personnes. Difficile à consulter en raison de l'absence d'index des noms.   FC104 C334   971.00451

976

Stamp, Robert M. – *The Canadian obituary record.* – (1988)-   . – Toronto : Dundurn Press, 1989-   . –   vol. – 0846-0019

Approximately 500 biographies of Canadians, prominent in all fields of endeavour, who died in the previous twelve months. Alphabetically arranged. Geographical index of places of birth, death and

Environ 500 biographies de Canadiens éminents dans tous les domaines d'activité, qui sont morts au cours des douze mois antérieurs à la publication. Classement alphabétique. Index

major contribution. Index of identifications including professions, fields of endeavour, etc. Volumes for 1990- , include a cumulative name index, 1988- . FC25 S722 920.071

géographique du lieux de naissance, de décès et de vie active. Index par catégories telles professions, domaines d'activité, etc. Volumes 1990- , inclus, un index cumulatif des noms, 1988- . FC25 S722 920.071

977

A standard dictionary of Canadian biography, the Canadian who was who. – [Edited by] Charles G.D. Roberts, Arthur L. Tunnell. – Library edition. – Toronto : Trans-Canada Press, 1934-1938. – 2 vol. (10, 562 ; [xix], 478 p.).

Biographies of men and women born in Canada who contributed to life in Canada or elsewhere, and of persons born elsewhere who contributed to Canadian society. Vol. 1 includes approximately 400 persons who died between 1875 and 1933. Vol. 2 includes approximately 400 persons who died between 1875 and 1937. Biographies are alphabetically arranged. Bibliographies. List of contributors. Vol. 2 includes bibliographies of authors' works with their biographies. The compilers planned but did not publish other volumes, which accounts for the omission of persons such as Sir John A. Macdonald and Sir Wilfrid Laurier. F5009 S68 920.071

Biographies de femmes et d'hommes nés au Canada qui ont contribué à la société à l'intérieur et à l'extérieur du Canada, et de personnes nées à l'étranger qui ont contribué à la société canadienne. Le vol. 1 porte sur environ 400 personnes qui sont mortes entre 1875 et 1933. Le vol. 2 porte sur environ 400 personnes qui sont mortes entre 1875 et 1937. Les biographies sont classées par ordre alphabétique. Bibliographies. Liste des collaborateurs. Dans le vol. 2, les biographies sont accompagnées d'une bibliographie des ouvrages de la personne dont il est question. Les compilateurs avaient prévu de publier d'autres volumes, ce qui explique l'omission de personnages tels que Sir John A. Macdonald et Sir Wilfrid Laurier, mais ils ne l'ont pas fait. F5009 S68 920.071

978

Tassé, Joseph. – *Les Canadiens de l'Ouest.* – 5e éd. – Montréal : Imprimerie générale, 1886. – 2 vol. (xxxix, [1], 364 ; [6], 413 p.) : ill., portr.

1st-3rd ed., 1878. 4th ed., 1882. 35 biographies of varying length of French Canadians in Western Canada and the United States. Random arrangement. Name index in each volume. Many of the biographies were originally published as newspaper or periodical articles. Reproduced in microform format: 1st ed., ? *CIHM/ICMH microfiche series*, no. 58344-58346; 2nd ed., *CIHM/ICMH microfiche series*, no. 33777-33779; 4th ed., *CIHM/ICMH microfiche series*, no. 49000-49002. 2nd ed. reproduced in 35 mm microfilm format as part of *Western Americana, frontier history of the trans-Mississippi West, 1550-1900* (New Haven (Conn.) : Research Publications, 1975), reel 524, no. 5282. F5029 T3 1886 920.071

1re-3e éd., 1878. 4e éd., 1882. Biographies plus ou moins longues sur 35 Canadiens français qui ont vécu dans l'Ouest du Canada et des États-Unis. Classement au hasard. Index des noms dans chaque volume. Nombre des biographies ont d'abord été publiées comme des articles de journaux ou de périodiques. Reproduit sur support microforme: 1re éd.,? *CIHM/ICMH collection de microfiches*, nos 58344-58346; 2e éd., *CIHM/ICMH collection de microfiches*, nos 33777-33779; 4e éd., *CIHM/ICMH collection de microfiches*, nos 49000-49002. 2e éd. reproduite sur microfilm 35 mm dans le cadre de *Western Americana, frontier history of the trans-Mississipi West, 1550-1900* (New Haven (Conn.) : Research Publications, 1975), bobine 524, n° 5282. F5029 T3 1886 920.071

979

Taylor, Fennings. – *Portraits of British Americans.* – By W. Notman ; with biographical sketches by Fennings Taylor. – Montreal : William Notman, 1865-1868. – 3 vol. (vi, 425 ; 350 ; 280 p.) : 84 ports.

84 biographies of varying length of prominent men in British North America. Accompanied by photographs by William Notman. Originally published in sixteen parts. Reproduced in microform format: *CIHM/ICMH microfiche series*, no. 24692-24695. F5009 T24 920.071

Biographies plus ou moins longues de 84 hommes éminents en Amérique du Nord britannique. Elles sont accompagnées de photographies par William Notman. Publié à l'origine en seize parties. Reproduit sur support microforme: *CIHM/ICMH collection de microfiches*, nos 24692-24695. F5009 T24 920.071

980

Ukrainians in North America : a biographical directory of noteworthy men and women of Ukrainian origin in the United States and Canada. – [Edited by] Dmytro M. Shtoryn. – Champaign (Ill.) : Association for the Advancement of Ukrainian Studies, 1975. – xxiv, 424 p. – 0916332012

Approximately 2,000 biographies, alphabetically arranged. Compiled from responses to questionnaires. Obituaries. Lists of biographees living in the United States and Canada. Bibliography. FC106 U51 U5 920.07

Environ 2 000 biographies classées par ordre alphabétique. Les données proviennent de réponses à des questionnaires. Notices nécrologiques. Listes des personnes qui vivent aux États-Unis et au Canada. Bibliographie. FC106 U51 U5 920.07

981

University of Saskatchewan. Indian and Northern Curriculum Resources Centre. – *Indians, Metis and Eskimo leaders in contemporary Canada.* – Saskatoon : University of Saskatchewan, Indian and Northern Curriculum Resources Centre, [1970?]. – [36] p. : ports.

Fifteen biographies of well-known Native Canadians, each with a full-page photograph. No index. E89 U55 fol. 920.071

Quinze biographies d'Autochtones canadiens bien connus. Chacune comprend une photographie pleine page. Aucun index. E89 U55 fol. 920.071

982

Vlassis, George D. – *The Greeks in Canada.* – Ottawa : [s.n.], 1953. – 364 p. : ill.

1st ed., 1942. Describes Greek communities across Canada. Includes cultural and religious organizations, businesses and brief biographies. Geographical arrangement and lack of index make this source difficult to use. F5301 G7 V5 1953 971.00489

1re éd., 1942. Décrit les communautés grecques de tout le Canada. Inclut des associations culturelles et religieuses, des entreprises et de courtes biographies. Difficile à consulter en raison du classement géographique et de l'absence d'index. F5301 G7 V5 1953 971.00489

983

Waldman, Carl. – *Who was who in Native American history : Indians and non-Indians from early contacts through 1900.* – New York : Facts on File, c1990. – vi, 410 p. – 0816017972

Biographies of Native and non-Native persons who have contributed to the Native history of North and Central America to 1900. Alphabetically arranged. Appendices: list of Amerindians arranged by cultural group; list of non-Native persons arranged by area of activity or profession.   E89 W34 1990 fol.   970.00497022

Notices biographiques des Amérindiens et de non Autochtones qui ont contribué à l'histoire amérindienne des Amériques du Nord et centrale jusqu'en 1900. Classement alphabétique. Appendices: liste des Amérindiens par groupes culturels; liste des non Autochtones par domaines d'activité ou professions.   E89 W34 1990 fol.   970.00497022

984

Wallace, W. Stewart [William Stewart]. – *The Macmillan dictionary of Canadian biography.* – 4th ed., rev., enl., and updated, edited by W. A. McKay. – Toronto : Macmillan of Canada, c1978. – 914 p. – 0770514626

1st ed., 1926. 2nd ed., 1945, *The dictionary of Canadian biography.* 3rd ed., 1963. Brief, factual biographies of Canadian heads of state, politicians, scholars, artists, educators, explorers, jurists, scientists, capitalists and soldiers. Alphabetically arranged. Bibliographical references included.   F5009 W16 1978   920.071

1re éd., 1926. 2e éd., 1945, *The dictionary of Canadian biography.* 3e éd., 1963. Courtes biographies factuelles de chefs d'État, de politiciens, de savants, d'artistes, d'enseignants, d'explorateurs, de juristes, de scientifiques, de capitalistes et de soldats canadiens. Classement alphabétique. Des références bibliographiques sont incluses. F5009 W16 1978   920.071

985

Who's who and why in Canada and in Newfoundland. – Edited by John F. Kennedy. – Vol. 1 (1912). – Vancouver : Canadian Press Association, 1912. – 455 p. : ports.

Biographies of men from the provinces east of and including Manitoba, and the colony of Newfoundland. Alphabetically arranged. Photographs. The Canadian Press Association also published *Who's who in Western Canada* (Vancouver : Canadian Press Association, 1911) which was expanded, by 1914, to cover Canada and Newfoundland.   FC25 W56   920.071

Biographies d'hommes des provinces depuis le Manitoba jusqu'à la colonie de Terre-Neuve. Classement alphabétique. Photographies. La Canadian Press Association a aussi publié *Who's who in Western Canada* (Vancouver : Canadian Press Association, 1911) qui a été augmenté en 1914 pour comprendre tout le Canada et Terre-Neuve. FC25 W56   920.071

986

Who's who in Canada : an illustrated biographical record of leading Canadians from business, the professions, government and academia. – Vol. 1 (1911)-   . – Toronto : Global Press, 1911-   . –   vol. : ports. – 0083-9450

Biennial. Annual. Brief biographies with photographs. Emphasis on persons involved in business, government and law. Some biographies in English and French. In editions prior to 1984/85, arrangement of biographies was random, with a name index. With the 1984/85 edition, arrangement became alphabetical, each edition including name and corporate indexes. Imprint varies. Title varies: 1911, *Who's who in Western Canada*; 1912-1913, *Who's who and why, a biographical dictionary of notable men and women of Western Canada*; 1914-1921, *Who's who and why* (subtitle varies); 1922-   , *Who's who in Canada* (subtitle varies).   F5009 W62   920.071

Biennal. Annuel. Courtes biographies accompagnées de photographies. Insistance sur les personnes qui s'occupent des affaires, du gouvernement et du droit. Quelques biographies en anglais et en français. Dans les éditions antérieures à 1984/85, classement au hasard, avec un index des noms. Depuis l'édition de 1984/85, classement alphabétique, avec un index des noms et un index des sociétés. Publié par différents éditeurs. Le titre varie: 1911, *Who's who in Western Canada*; 1912-1913, *Who's who and why, a biographical dictionary of notable men and women of Western Canada*; 1914-1921, *Who's who and why* (le sous-titre varie); 1922-   , *Who's who in Canada* (le sous-titre varie).   F5009 W62   920.071

987

Who's who of Canadian women. – 1st ed. (1984)-5th ed. (1988). – Toronto : Trans-Canada Press, c1983-1987. – 5 vol. – 0823-5015

Annual. Brief, factual biographies of Canadian women in business, law, education, the sciences and the arts. Alphabetically arranged. Includes a directory of women's organizations. Company and organization index.   FC26 W6 W4 fol.   920.720971

Annuel. Courtes biographies factuelles de Canadiennes en affaires, en droit, en éducation, en sciences et en arts. Classement alphabétique. Comprend un répertoire des associations féminines. Index des compagnies et des associations.   FC26 W6 W4 fol.   920.720971

988

Woodkowicz, Andrzej. – *Polish contribution to arts and sciences in Canada.* – Montreal : [s.n.], 1969. – 363, xxxii, [1] p. : ill.

Biographies of Polish Canadians who have contributed to the scientific and artistic development of Canada. Arranged by field of endeavour (arts, engineering, architecture), or institution (universities or research centres). Some biographies include lists of exhibitions or publications. Name index. Bibliography.   F5031 P6 W6 920.071

Biographies de Canadiens d'origine polonaise qui ont contribué au développement scientifique et artistique du Canada. Classement par domaines d'activité, (les arts, le génie, l'architecture), ou par établissements (les universités et les centres de recherche). Certaines biographies comprennent des listes d'expositions ou de publications. Index des noms. Bibliographie.   F5031 P6 W6   920.071

989

Woycenko, Ol'ha. – *The Ukrainians in Canada.* – 2nd rev. ed. – Ottawa : Trident Press, 1968. – xv, 271 p. : ill., maps. – (Canada ethnica ; 4). – Title on added t.p. : *Les Ukrainiens au Canada.*

Biographical information on Ukrainian Canadians who have contributed to Canadian society. Arranged in essays on the arts, agriculture, business, religion, education and politics. Appendix C is a list of the Ukrainian press in Canada. Name index. Bibliography. FC104 C334   971.00491791

Données biographiques sur des Canadiens d'origine ukrainienne qui ont contribué à la société canadienne. Classement par essais sur les arts, l'agriculture, les affaires, la religion, l'éducation et la politique. L'annexe C donne une liste de la presse ukrainienne au Canada. Index des noms. Bibliographie.   FC104 C334   971.00491791

Indexes

Index

990

Biography index. – (Jan. 1946/July 1949)-   . – Bronx (N.Y.) : H.W. Wilson Co., 1949-   . –   vol. – 0006-3053

Quarterly. Annual. Triennial. Indexes all types of biographical material, including obituaries, memoirs, diaries, book reviews, bibliographies and collections of letters, found in periodicals, books of collective and individual biography and in non-biographical sources. Emphasis is on American sources, with some Canadian and international. Two parts: bibliographical entries alphabetically arranged by name of biographee; list of biographees arranged by occupation. Includes a list of books analyzed. Available online through Wilsonline. Coverage, July 1984 to date. Available on CD-ROM: Bronx (N.Y.) : H.W. Wilson, [1984?]-   . Coverage, July 1984 to date. Updated quarterly.   Z5301 B5 fol.   016.92

Trimestriel. Annuel. Triennal. Un index de tous les types de documents biographiques, y compris les notices nécrologiques, les mémoires, les journaux personnels, les comptes rendus de livres, les bibliographies et les collections de lettres qui se trouvent dans des périodiques, des biographies collectives ou individuelles et dans des documents autres que biographiques. Insistance sur les documents américains, quelques documents canadiens et étrangers. Deux parties: notices bibliographiques classées par ordre alphabétique de noms des sujets; liste des noms des sujets classés par occupation. Inclut une liste des livres analysés. Disponible en direct via Wilsonline. Période couverte, juill. 1984 à ce jour. Disponible sur support CD-ROM: Bronx (N.Y.) : H.W. Wilson, [1984?]-   . Période couverte, juill. 1984 à ce jour. Mise à jour trimestrielle.   Z5301 B5 fol.   016.92

Portraits

Portraits

991

Archives nationales du Canada. – *Facing history : portraits from the National Archives of Canada = Face à face avec l'histoire : portraits des Archives nationales du Canada.* – Introduction par Lydia Foy ; notices du catalogue par Lydia Foy (peintures, estampes et dessins) et Peter Robertson (photographies). – Ottawa : les Archives, c1993. – xxxiv, 146 p. : ill. (certaines en coul.). – 0660580268

The bilingual catalogue of an exhibition of 150 portraits held by the National Archives of Canada. Includes paintings, prints, drawings and photographs dating from the seventeenth century to the present, created by Canadian, American and European artists. The subjects are persons who have contributed to the social, political, economic and cultural development of Canada. Reproductions of portraits are chronologically arranged. Notes for each include name of artist, title, date, medium, dimensions and negative number. Biographical information on subject as well as information about artist or photographer. Bibliography. Indexes: artists and photographers, subjects. List of group portraits with names of persons in group.   N7594.N37 1993   704.94207471384

Catalogue bilingue d'une exposition de 150 portraits qui se trouvent aux Archives nationales du Canada. Inclut des peintures, des estampes, des dessins et des photographies qui datent du dix-septième siècle jusqu'à aujourd'hui et qui ont été créés par des artistes canadiens, américains et européens. Il s'agit de portraits de personnes qui ont contribué au développement social, politique, économique et culturel du Canada. Les reproductions des portraits sont classées en ordre chronologique. Pour chaque portrait, on donne le nom de l'artiste, le titre, la date, le médium, les dimensions et le numéro de négatif. Contient des données biographiques sur le sujet du portrait ainsi que des données sur l'artiste ou le photographe. Bibliographie. Index des artistes et des photographes, index des sujets des portraits. Liste des portraits de groupe avec les noms des personnes qui font partie de chacun de ces groupes.   N7594.N37 1993   704.94207471384

992

National Archives of Canada. – *Facing history : portraits from the National Archives of Canada = Face à face avec l'histoire : portraits des Archives nationales du Canada.* – Introduction by Lydia Foy ; catalogue entries by Lydia Foy (paintings, prints and drawings) and Peter Robertson (photographs). – Ottawa : the Archives, c1993. – xxxiv, 146 p. : ill. (some col.). – 0660580268

The bilingual catalogue of an exhibition of 150 portraits held by the National Archives of Canada. Includes paintings, prints, drawings and photographs dating from the seventeenth century to the present, created by Canadian, American and European artists. The subjects are persons who have contributed to the social, political, economic and cultural development of Canada. Reproductions of portraits are chronologically arranged. Notes for each include name of artist, title, date, medium, dimensions and negative number. Biographical information on subject as well as information about artist or photographer. Bibliography. Indexes: artists and photographers,

Catalogue bilingue d'une exposition de 150 portraits qui se trouvent aux Archives nationales du Canada. Inclut des peintures, des estampes, des dessins et des photographies qui datent du dix-septième siècle jusqu'à aujourd'hui et qui ont été créés par des artistes canadiens, américains et européens. Il s'agit de portraits de personnes qui ont contribué au développement social, politique, économique et culturel du Canada. Les reproductions des portraits sont classées en ordre chronologique. Pour chaque portrait, on donne le nom de l'artiste, le titre, la date, le médium, les dimensions et le numéro de négatif. Contient des données biographiques sur le sujet du portrait ainsi

subjects. List of group portraits with names of persons in group. N7594.N37 1993   704.94207471384

que des données sur l'artiste ou le photographe. Bibliographie. Index des artistes et des photographes, index des sujets des portraits. Liste des portraits de groupe avec les noms des personnes qui font partie de chacun de ces groupes.   N7594.N37 1993   704.94207471384

Provinces and Territories

Alberta

Provinces et territoires

Alberta

993

Blue, John. – *Alberta, past and present : historical and biographical.* – Chicago : Pioneer Historical Publishing Co., 1924. – 3 vol. (451; 497; 546 p.) : ports.

Volumes 2 and 3 contain biographical essays on Albertans who contributed to the development of the province. Random arrangement. Some photographs. Name index. Reproduced in microform format: *Peel bibliography on microfiche* (Ottawa : National Library of Canada, 1976-1979), no. 2878.   F5705 B68 fol.   920.07123

Les volumes 2 et 3 contiennent des essais biographiques sur des Albertains qui ont contribué au développement de la province. Classement au hasard. Quelques photographies. Index des noms. Reproduit sur support microforme: *Bibliographie Peel sur microfiche* (Ottawa : Bibliothèque nationale du Canada, 1976-1979), no 2878. F5705 B68 fol.   920.07123

994

Kaye, Vladimir J. – *Dictionary of Ukrainian Canadian biography of pioneer settlers of Alberta, 1891-1900.* – Editor and compiler Vladimir J. Kaye ; foreword by W.L. Morton ; preface by Isidore Goresky. – [Edmonton] : Ukrainian Pioneers' Association of Alberta, c1984. – viii, 360 p. : map.

Biographies of 660 Ukrainians who settled in Alberta during the period 1891 to 1900. Information compiled from sources such as naturalization records, homestead grant registers, baptismal, marriage and death records and newspapers. Arranged by geographical region. Name index. Bibliography. Addendum.   FC3700 U5 K37 1984   920.07123

Les volumes 2 et 3 contiennent des essais biographiques sur des Albertains qui ont contribué au développement de la province. Classement au hasard. Quelques photographies. Index des noms. Reproduit sur support microforme: *Bibliographie Peel sur microfiche* (Ottawa : Bibliothèque nationale du Canada, 1976-1979), no 2878. F5705 B68 fol.   920.07123

995

MacRae, Archibald Oswald. – *History of the province of Alberta.* – [Alberta?] : Western Canada History Co., 1912. – 2 vol. (xxxii, 1042 p.) : ill., ports.

Biographies of prominent Alberta men, the majority involved in business. Some accompanied by full-page portraits. Random arrangement. Name index. Bibliography. Reproduced in microform format: *Peel bibliography on microfiche* (Ottawa : National Library of Canada, 1976-1979), no. 2323.   FC3655 M27 fol.   971.23

Biographies d'Albertains éminents, pour la plupart des hommes d'affaires. Parfois accompagnées de portraits pleine page. Classement au hasard. Index des noms. Bibliographie. Reproduit sur support microforme: *Bibliographie Peel sur microfiche* (Ottawa : Bibliothèque nationale du Canada, 1976-1979), no 2323.   FC3655 M27 fol. 971.23

996

Souvenir of Alberta : being a general resumé of the province, with portraits, engravings and biographies of a number of the men who have helped to build this great new province of the West. – Winnipeg : Salesman Publishing Co., 1906. – [4], 142, [6] p., [43] leaves of plates : ill., ports.

Biographical sketches and portraits of men prominent in the development of Alberta. The Lieutenant-Governor, cabinet ministers and members of the 1st Parliament of Alberta are listed first, followed by municipal politicians, business and professional men, arranged by city. Historical and statistical data about Alberta. Index of personal and place names.   FC3655 S69 fol.   920.07123

Esquisses biographiques et portraits d'hommes importants dans le développement de l'Alberta. En tête de liste se trouvent le lieutenant-gouverneur, les ministres du cabinet et les membres du premier parlement de l'Alberta, suivis des politiciens sur la scène municipale et des hommes d'affaires et professionnels classés par villes. Données historiques et statistiques sur l'Alberta. Index des noms de personnes et de lieux.   FC3655 S69 fol.   920.07123

997

Who's who in Alberta : a biographical directory. – 2nd ed. – Saskatoon (Sask.) : Lyone Publications, 1974. – 224 p. : ports.

1st ed., 1969. Approximately 2,000 brief biographies of Albertans from all professions, including farming, business, medicine, law, government and academia. Alphabetical arrangement. Photographs with many of the biographies. Name index.   F5704 W4 fol. 920.07123

1re éd., 1969. Environ 2 000 courtes biographies d'Albertains de toutes les professions, notamment en agriculture, en affaires, en médecine, en droit, au gouvernement et dans les universités. Classement alphabétique. Nombre de biographies sont accompagnées de photographies. Index des noms.   F5704 W4 fol.   920.07123

998
Who's who in Alberta : registered 1978/79 : an illustrated biographical record of men and women of the time. – Edmonton : L.U.L. Publications, [1979?]. – 530 p.

Over 1,000 brief, factual biographies of Alberta residents active in all professions. Alphabetical arrangement. FC3655 W56 920.07123

Plus de 1 000 courtes biographies factuelles de résidants de l'Alberta actifs dans toutes sortes de professions. Classement alphabétique. FC3655 W56   920.07123

999
Who's who in southern Alberta. – Southwestern ed. – (1988/1989)- . – Lethbridge (Alta.) : Historical Research Centre, [1988]- . – vol. – 0844-3513

Biennial. Approximately 5,000 brief, factual biographies of men and women currently living in and contributing to southern Alberta society. Alphabetical arrangement. FC3655 W567 920.071234

Biennal. Environ 5 000 courtes biographies factuelles d'hommes et de femmes qui vivent actuellement dans le sud de l'Alberta et qui contribuent à cette société. Classement alphabétique. FC3655 W567 920.071234

British Columbia

Colombie-Britannique

1000
British Columbia pictorial and biographical. – Winnipeg : S.J. Clarke Publishing Co., 1914. – 2 vol. (694 ; 772 p.) : ports.

Approximately 300 biographies of prominent men, reprinted from volumes 3 and 4 of E.O.S. Scholefield's *British Columbia from the earliest times to the present.* Full-page, steel-engraved portraits. Name index in each volume. FC3805 B7 fol. 920.0711

Réimpression d'environ 300 biographies d'hommes éminents, tirées des volumes 3 et 4 de *British Columbia from the earliest times to the present* par E.O.S. Scholefield. Portraits pleine page gravés sur acier. Index des noms dans chaque volume. FC3805 B7 fol. 920.0711

1001
British Columbia who's who : a biographical record of men and women of the time. – (1981). – Edmonton : L.U.L. Publications, 1981. – [36], 624 p.

Approximately 1,700 brief biographies of men and women resident in British Columbia, active in all fields of endeavour. Random arrangement. Name index. F5802 B75 1981 920.0711

Environ 1 700 courtes biographies d'hommes et de femmes qui habitent en Colombie-Britannique et qui sont actifs dans toutes sortes de domaines. Classement au hasard. Index des noms. F5802 B75 1981   920.0711

1002
British Columbia's who's who : a biographical record of the men and women of our time, 1992-1996. – Sponsored by the Heritage Society of British Columbia. – 2nd ed. – Vancouver : B & C List (1982), [1992]. – vi, 729 p. – 0969704909

Brief biographies of men and women who have contributed to all aspects of British Columbia society. Alphabetically arranged. No portraits. FC3805 B75 1992 920.0711

Brèves biographies d'hommes et de femmes qui ont contribué aux différents aspects de la société en Colombie-Britannique. Arrangement selon l'ordre alphabétique. Pas de portraits. FC3805 B75 1992   920.0711

1003
Gosnell, R. E. [R. Edward]. – *A history of British Columbia.* – [S.l.] : Lewis Publishing Co., 1906. – x, 783 p. : ports.

Biographical essays on men of British Columbia, prominent in the fields of law, politics and business. Some portraits. Random arrangement. Name index. FC3811 G67 1906 fol. 971.1

Essais biographiques sur d'éminents hommes de la Colombie-Britannique, dans les domaines du droit, de la politique et des affaires. Quelques portraits. Classement au hasard. Index des noms. FC3811 G67 1906 fol.   971.1

1004
Index of Pacific Northwest portraits. – Edited by Marion B. Appleton. – Seattle : Published for Pacific Northwest Library Association, Reference Division, by the University of Washington Press, c1972. – x, 210 p. – 0295951796

Indexes 324 books for the portraits of over 12,000 men and women who participated in the development of the Pacific Northwest. Includes 32 books on British Columbia. Alphabetically arranged by name of person portrayed. Bibliography of books indexed. Z1251 N7 A63 fol. 016.979500992

Index de 324 livres pour un total de plus de 12 000 portraits d'hommes et de femmes qui ont participé au développement du nord-ouest du Pacifique. Comprend 32 livres sur la Colombie-Britannique. Classement alphabétique par noms des personnes qui faisant l'objet d'un portrait. Bibliographie des livres indexés. Z1251 N7 A63 fol.   016.979500992

1005
Kerr, J. B. [John Blaine]. – *Biographical dictionary of well-known British Columbians : with a historical sketch.* – Vancouver : Kerr & Begg, 1890. – xxx, 326 p. : ill., ports.

Biographies of varying length, alphabetically arranged. 43 photographs. Reproduced in microform format: *CIHM/ICMH microfiche series,* no. 15438. F5754 K4 920.0711

Biographies plus ou moins longues, classées par ordre alphabétique. Inclut 43 photographies. Reproduit sur support microforme: *CIHM/ICMH collection de microfiches,* nº 15438. F5754 K4 920.0711

1006

McIntosh, R. Dale [Robert Dale]. – *Who's who in who's whos : an index to biographical dictionaries of British Columbians.* – Victoria : Public History Group, University of Victoria, c1991. – xv, 218 p. – 1550580191

An index to 4,161 names from thirteen British Columbia biographical dictionaries printed between 1890 and 1953. Alphabetically arranged by name. Entries include surname and given name, place of residence when biography was written, birth and death dates if known, marital information and sources. Index of places. Bibliography. Appendix: alphabetical and location listings of biographies and portraits in *Sixty years of progress : British Columbia* (Vancouver : Victoria : British Columbia Historical Association, 1913). FC3805 M25 1991 fol.   920.0711

Index de 4 161 noms tirés de treize dictionnaires biographiques de la Colombie-Britannique imprimés entre 1890 et 1953. Classement alphabétique par noms. Les notices comprennent le nom et le prénom, le lieu de résidence au moment de la rédaction de la biographie, les dates de naissance et de décès si elles sont connues, l'état civil et les sources. Index des lieux. Bibliographie. Annexe: liste alphabétique et liste des localisations pour les biographies et les portraits de *Sixty years of progress : British Columbia* (Vancouver : Victoria : British Columbia Historical Association, 1913).   FC3805 M25 1991 fol. 920.0711

1007

Scholefield, E. O. S. [Ethelbert Olaf Stuart]. – *British Columbia from the earliest times to the present.* – Vancouver : S.J. Clarke Publishing Co., 1914. – 4 vol. (xlvi, 688 ; xiv, 727 ; 1161 ; 1208 p.) : ports.

Volumes 3 and 4 include biographical essays on men of British Columbia involved in politics, law, business and religion. Many full-page portraits. Random arrangement. Name index in each volume. F5774 S25 fol.   971.1

Les volumes 3 et 4 comprennent des essais biographiques sur des hommes de la Colombie-Britannique qui s'occupaient de politique, de droit, d'affaires et de religion. Nombreux portraits pleine page. Classement au hasard. Index des noms dans chaque volume. F5774 S25 fol.   971.1

1008

***Who's who in British Columbia.* –** (1931)-(1969). – Victoria : Admark, 1930-1969. – 10 vol. : ports. – 0083-9442 0315-5293 (vol. 10)

Brief, biographical sketches of British Columbia men and women from fields such as the sciences, the military, business, politics, the arts and education. Alphabetically arranged. Some photographs. Title varies: vol. 10 (1969), *Edgelow's who's who in British Columbia.* Imprint varies.   F5754 W65   920.0711

Courtes notices biographiques sur des hommes et des femmes de la Colombie-Britannique impliqués dans les domaines d'activité tels les sciences, l'armée, les affaires, la politique, les arts et l'éducation. Classement alphabétique. Quelques photographies. Le titre varie: vol. 10 (1969), *Edgelow's who's who in British Columbia.* Publié par différents éditeurs.   F5754 W65   920.0711

1009

***Who's who in British Columbia : a biographical directory.* –** 1971 ed. – Saskatoon : Lyone Publications, [1971, c1966]. – 1 vol. (unpaged) : ill., ports.

Brief biographies of British Columbia residents, alphabetically arranged. Many photographs.   F5754 W64 1971 fol.   920.0711

Courtes biographies de résidants de la Colombie-Britannique, classées par ordre alphabétique. Nombreuses photographies. F5754 W64 1971 fol.   920.0711

Manitoba

Manitoba

1010

Bryce, George. – *A history of Manitoba : its resources and people.* – Toronto : Canada History Co., 1906. – x, 692 p., [122] leaves of plates : ill., ports.

Approximately 300 biographies of men of Manitoba prominent in the fields of law, politics, religion and finance. Some portraits. Random arrangement. Name index. Reproduced in microform format: *Peel bibliography on microfiche* (Ottawa : National Library of Canada, 1976-1979), no. 1853.   FC3361 B79 fol.   971.27

Environ 300 biographies d'éminents Manitobains dans les domaines du droit, de la politique, de la religion et des finances. Quelques portraits. Classement au hasard. Index des noms. Reproduit sur support microforme: *Bibliographie Peel sur microfiche* (Ottawa : Bibliothèque nationale du Canada, 1976-1979), n° 1853.   FC3361 B79 fol.   971.27

1011

***Femmes de chez nous.* –** Saint-Boniface : Éditions du Blé pour la Société historique de Saint-Boniface et la Ligue féminine du Manitoba, 1985. – [8], 125, [1] p. : portr. – (Les cahiers d'histoire de la Société historique de Saint-Boniface ; 4). – 0920640516

100 biographical essays on Franco-Manitoban women who pioneered during the late nineteenth and early twentieth centuries. Alphabetically arranged. Some portraits.   FC3400.5 F45 1985 920.72097127

Essais biographiques sur 100 pionnières franco-manitobaines de la fin du dix-neuvième siècle et du début du vingtième siècle. Classement alphabétique. Quelques portraits.   FC3400.5 F45 1985 920.72097127

1012

Kaye, Vladimir J. – *Dictionary of Ukrainian Canadian biography, pioneer settlers of Manitoba, 1891-1900.* – Toronto : Ukrainian Canadian Research Foundation, 1975. – xxv, 249 p. : maps.

941 biographies of Ukrainians who settled in Manitoba during the period 1891 to 1900. Information compiled from sources such as naturalization records, homestead grant registers, baptismal,

Biographies de 941 Ukrainiens qui se sont installés au Manitoba entre 1891 et 1900. Les données sont tirées de sources comme les dossiers de naturalisation, les registres des concessions, les registres

marriage and death records and newspapers. Arranged by geographical region. Name index. Bibliography.   FC3400 U4 K39   920.07127

des baptêmes, des mariages et des décès, et les journaux. Classement par régions. Index des noms. Bibliographie.   FC3400 U4 K39 920.07127

1013

Manitoba Library Association. – *Pioneers and early citizens of Manitoba : a dictionary of Manitoba biography from the earliest times to 1920.* – Winnipeg : Peguis Publishers, [1971]. – 268 p. : map. – 0919566014

Biographical sketches of men and women who contributed to the development of Manitoba in fields such as politics, business, the arts and the military. Alphabetically arranged. Bibliography.   F5604 M3 920.07127

Notices biographiques sur des hommes et des femmes qui ont contribué au développement du Manitoba dans des domaines comme la politique, les affaires, les arts et l'armée. Classement alphabétique. Bibliographie.   F5604 M3   920.07127

1014

Manitoba : pictorial and biographical, de luxe supplement. – Winnipeg : S.J. Clarke Publishing Co., 1913. – 2 vol. (367, [1] ; 386, [1] p.) : ports.

161 biographical essays on prominent Manitoba men. Full-page, steel-engraved portraits with each biography. Name index in each volume. 159 of the biographies are reprinted from F.H. Schofield's *The story of Manitoba.*   F5604 M34 fol.   920.07127

Essais biographiques sur 161 éminents Manitobains. Portraits pleine page gravés sur acier pour chaque biographie. Chaque volume contient un index des noms. 159 des biographies sont tirées de *The story of Manitoba* par F.H. Schofield.   F5604 M34 fol.   920.07127

1015

Pioneers and prominent people of Manitoba. – [Edited by Walter McRaye]. – Winnipeg : Canadian Publicity Co., c1925. – 353, [13] p. : ill.

Brief, factual biographies of men and women who contributed to the development of Manitoba. Random arrangement. Name index. Reproduced in microfiche format: *Peel bibliography on microfiche* (Ottawa : National Library of Canada, 1976-1979), no. 2943. FC3355 P55   920.07127

Courtes biographies factuelles d'hommes et de femmes qui ont contribué au développement du Manitoba. Classement au hasard. Index des noms. Reproduit sur support microforme: *Bibliographie Peel sur microfiche* (Ottawa : Bibliothèque nationale du Canada, 1976-1979), n° 2943.   FC3355 P55   920.07127

1016

Representative men of Manitoba, history in portraiture : a gallery of men whose energy, ability, enterprise and public spirit have produced the marvellous record of the prairie province. – Winnipeg : Tribune Publishing Co., 1902. – xxvii, 151 p. : ports.

Approximately 300 portraits of men involved in fields such as agriculture, education, religion, the arts. Biographical information limited to name, profession and geographical location. Random arrangement. Name index. Reproduced in microform format: *Peel bibliography on microfiche* (Ottawa : National Library of Canada, 1976-1979), no. 1690.   F5604 R45   920.07127

Environ 300 portraits d'hommes qui participaient à des domaines comme l'agriculture, l'éducation, la religion et les arts. Les données biographiques sont limitées au nom, à la profession et au lieu de résidence. Classement au hasard. Index des noms. Reproduit sur support microforme: *Bibliographie Peel sur microfiche* (Ottawa : Bibliothèque nationale du Canada, 1976-1979), n° 1690.   F5604 R45 920.07127

1017

Schofield, F. H. [Frank Howard]. – *The story of Manitoba : biographical, illustrated.* – Winnipeg : S. J. Clarke Publishing Co., 1913. – 3 vol. ([4], 443; 759; 734 p.) : ports.

Volumes 2 and 3 include biographies of Manitoba men prominent in fields such as law, medicine, business, agriculture, education and politics. Numerous portraits. Random arrangement. Name index in each volume. Reproduced in microform format: *Peel bibliography on microfiche* (Ottawa : National Library of Canada, 1976-1979), no. 2434.   F5624 S36 fol.   971.27

Les volumes 2 et 3 incluent des biographies d'éminents Manitobains dans des domaines comme le droit, la médecine, les affaires, l'agriculture, l'éducation et la politique. Nombreux portraits. Classement au hasard. Index des noms dans chaque volume. Reproduit sur support microforme: *Bibliographie Peel sur microfiche* (Ottawa : Bibliothèque nationale du Canada, 1976-1979), n° 2434.   F5624 S36 fol. 971.27

New Brunswick

Nouveau-Brunswick

1018

Jack, I. Allen [Isaac Allen]. – *Biographical review : this volume contains biographical sketches of the leading citizens of the province of New Brunswick.* – Boston : Biographical Review Publishing Co., 1900. – 598, [1] p. : ports.

Biographies of prominent men of New Brunswick who contributed to the development of the province in the fields of politics, law, business, religion, education and medicine. Random arrangement. Name index. List of portraits. Reproduced in microform format: *CIHM/ICMH microfiche series*, no. 07345. Some of the biographies also appear in *Biographical sketches of leading citizens of New Brunswick* published with *Biographical review : this volume contains biographical sketches of the leading citizens of the province of Nova Scotia.*   F5254 J3 fol.   920.07151

Biographies d'hommes éminents du Nouveau-Brunswick qui ont contribué au développement de la province dans les domaines de la politique, du droit, des affaires, de la religion, de l'éducation et de la médecine. Classement au hasard. Index des noms. Liste des portraits. Reproduit sur support microforme: *CIHM/ICMH collection de microfiches*, n° 07345. Quelques unes de ces biographies ont aussi paru dans *Biographical sketches of leading citizens of New Brunswick* publié avec *Biographical review : this volume contains biographical sketches of the leading citizens of the province of Nova Scotia.* F5254 J3 fol.   920.07151

1019
Kerr, J. Ernest. – *Imprint of the Maritimes : highlights in the lives of 100 interesting Americans whose roots are in Canada's Atlantic Provinces.* – Boston : Christopher Publishing House, c1959. – 229 p. : ill.

Biographical sketches of 100 men and women from all professions. Alphabetically arranged.   F5009 K4   920.0715

Notices biographiques sur 100 hommes et femmes de toutes les professions. Classement alphabétique.   F5009 K4   920.0715

1020
Maritime reference book : biographical and pictorial record of prominent men and women of the Maritime Provinces. – Halifax : Printed by the Royal Print & Litho. Ltd., 1931. – 90 p. : ill., ports.

Brief, factual biographies of men and women of the Maritimes involved in law, medicine, business, education, politics, the military and the arts. Numerous portraits. Random arrangement. Name index.   FC2029 M3 1931   920.0715

Courtes biographies factuelles d'hommes et de femmes des Maritimes qui se sont occupés de droit, de médecine, d'affaires, d'éducation, de politique, de l'armée et des arts. Nombreux portraits. Classement au hasard. Index des noms.   FC2029 M3 1931 920.0715

1021
McLean, C. H. [Charles Herbert]. – *Prominent people of New Brunswick in the religious, educational, political, professional, commercial and social activities of the province : also a brief historical and biographical reference to New Brunswickers of the past and to others of the province who have attained prominence elsewhere.* – [Saint John] : Biographical Society of Canada, 1937. – xlvi, 1 leaf, 261 p. : ports.

Brief, factual biographies arranged under six headings: people of the past, prominent people of New Brunswick, educators, clergymen, women and prominent people living outside the province. Name index for each section.   F5254 P7   920.07151

Courtes biographies factuelles classées sous six vedettes: gens du passé, personnes éminentes du Nouveau-Brunswick, enseignants, membres du clergé, femmes et personnes éminentes qui vivaient en dehors de la province. Index des noms pour chaque section. F5254 P7   920.07151

1022
Prominent people of the Maritime Provinces. – Montreal : Canadian Publicity Co., 1922. – 215 p., [2] leaves of plates : ports.

Brief, factual biographies of men and women of New Brunswick, Nova Scotia and Prince Edward Island involved in all fields of endeavour. Alphabetically arranged.   F5009 P88   920.0715

Courtes biographies factuelles d'hommes et de femmes du Nouveau-Brunswick, de la Nouvelle-Écosse et de l'Île-du-Prince-Édouard actifs dans toutes sortes de domaines. Classement alphabétique. F5009 P88   920.0715

1023
Russell, Benjamin. – *New Brunswick blue book and encyclopedia.* – [Toronto] : Historical Publishers Association, c1932. – 127, 44, 67 p.

Published with *Nova Scotia blue book and encyclopedia*. The last section includes brief biographies of men and women of Nova Scotia, New Brunswick and Prince Edward Island. Arranged in separate alphabetical sequences for each province. Also includes descriptions of companies, and institutions such as universities and hospitals. Name index.   FC2028 R87 1932 fol.   920.07151

Publié avec *Nova Scotia blue book and encyclopedia*. La dernière section comprend de courtes biographies d'hommes et de femmes de la Nouvelle-Écosse, du Nouveau-Brunswick et de l'Île-du-Prince-Édouard. Pour chaque province, classement distinct par ordre alphabétique. Comprend également la description de compagnies et d'établissements comme les universités et les hôpitaux. Index des noms.   FC2028 R87 1932 fol.   920.07151

1024
Société historique Nicolas Denys. – *Revue de la Société historique Nicolas Denys.* – Vol. 11, n° 3 (sept./déc. 1983)-   . – Shippagan (N.-B.) : la Société, 1983-   . –   vol. : ill., cartes, portr. – 0381-9388

To date, seven special numbers, vol. 11, no. 3 (Sept./Dec. 1983), vol. 12, no. 3 (Sept./Dec. 1984), vol. 13, no. 3 (Oct./Dec. 1985), vol. 15, no. 1 (Jan./Apr. 1987), vol. 18, no. 2 (May/Aug. 1990), vol. 20, no. 2 (May/Aug. 1992) and vol. 23, no. 1 (Jan./Apr. 1995) of the *Revue de la Société historique Nicolas Denys* have appeared as the *Dictionnaire biographique du Nord-Est du Nouveau-Brunswick*. Each includes approximately 50 biographies of men and women who have contributed to the development of the region. Alphabetically arranged. Some portraits. List of sources for each biography. Classified and name indexes. Cumulative index of biographies in vol. 20, no. 2 (May/Aug. 1992).   FC2455 D53   971.512

Jusqu'à présent, sept numéros spéciaux, c'est-à-dire vol. 11, n° 3 (sept./déc. 1983), vol. 12, n° 3 (sept./déc. 1984), vol. 13, n° 3 (oct./déc. 1985), vol. 15, n° 1 (janv./avril 1987), vol. 18, n° 2 (mai/août 1990), vol. 20, n° 2 (mai/août 1992) et vol. 23, n° 1 (janv./avril 1995) de la *Revue de la Société historique Nicolas Denys* ont paru sous le titre *Dictionnaire biographique du Nord-Est du Nouveau-Brunswick*. Chacun comprend environ 50 biographies d'hommes et de femmes qui ont contribué au développement de la région. Classement alphabétique. Quelques portraits. Chaque biographie comprend une liste des sources. Index par catégories et index des noms. Index cumulatif des biographies fourni dans le vol. 20, n° 2 (mai/août 1992).   FC2455 D53   971.512

Newfoundland

Terre-Neuve

1025
Dictionary of Newfoundland and Labrador biography. – [Edited by] Robert H. Cuff, Melvin Baker and Robert D.W. Pitt. – St. John's : Harry Cuff Publications, 1990. – vi, 408 p. – 0921191510

Approximately 1,500 biographies of men and women who have contributed to the development of Newfoundland and Labrador since 1947. Includes individuals involved in all fields of endeavour.

Environ 1 500 biographies d'hommes et de femmes qui ont contribué au développement de Terre-Neuve et du Labrador depuis 1947. Inclut des personnes de tous les domaines d'activité.

Alphabetically arranged. Geographical index and index of professions, areas of activity, etc. Bibliography. List of contributors. FC2155 D53 1990 fol.   920.0718

Classement alphabétique. Index géographique et index des professions, secteurs d'activité, etc. Bibliographie. Liste des collaborateurs. FC2155 D53 1990 fol.   920.0718

1026

Kerr, J. Ernest. – *Imprint of the Maritimes : highlights in the lives of 100 interesting Americans whose roots are in Canada's Atlantic Provinces.* – Boston : Christopher Publishing House, c1959. – 229 p. : ill.

Biographical sketches of 100 men and women from all professions. Alphabetically arranged. F5009 K4   920.0715

Notices biographiques sur 100 hommes et femmes de toutes les professions. Classement alphabétique. F5009 K4   920.0715

1027

Mott, Henry Youmans. – *Newfoundland men : a collection of biographical sketches, with portraits, of sons and residents of the island who have become known in commercial, professional, and political life.* – Concord (N.H.) : T.W. & J.F. Cragg, 1894. – vi, [3], 279 p. : ports.

Approximately 140 biographies with portraits. Random arrangement. Name index. Reproduced in microform format: *CIHM/ICMH microfiche series*, no. 38956.   FC2154   920.0718

Environ 140 biographies avec portraits. Classement au hasard. Index des noms. Reproduit sur support microforme: *CIHM/ICMH collection de microfiches*, n° 38956.   FC2154   920.0718

1028

Newfoundland and Labrador who's who. – Edited by James R. Thoms. – St. John's : E.C. Boone Advertising, c1968. – xxxix, 339 p. : ill., ports. – 0078-0286

Approximately 650 brief, factual biographies of men and women active in politics, law, business, education, medicine and the arts. Most accompanied by photographs. Alphabetically arranged. Name index. Includes general information about Newfoundland institutions and organizations.   F5354 N412   920.0718

Environ 650 courtes biographies factuelles de femmes et d'hommes actifs en politique, en droit, en affaires, en éducation, en médecine et en arts. Accompagnées de photographies pour la plupart. Classement alphabétique. Index des noms. Comprend des renseignements de nature générale sur les établissements et les organisations de Terre-Neuve.   F5354 N412   920.0718

1029

Newfoundland who's who 1952. – St. John's : Newfoundland Who's Who, 1952. – [5], 102, [10] p. : ports.

Approximately 200 brief, factual biographies of men and women of Newfoundland and Labrador, accompanied by photographs. Alphabetically arranged. F5354 N4   920.0718

Environ 200 courtes biographies factuelles d'hommes et de femmes de Terre-Neuve et du Labrador, accompagnées de photographies. Classement alphabétique. F5354 N4   920.0718

1030

Newfoundland who's who 1961 : a pictorial and biographical record of outstanding Newfoundland personalities. – Edited by Hon. J.R. Courage. – St.John's : E.C. Boone Advertising, [1961]. – iv, 127 p. : ports.

Brief biographies of Newfoundland men and women prominent in the fields of politics, religion, business, law, the arts, etc. Random arrangement. Some biographies accompanied by black and white portraits. Name index.   FC2155   920.0718

Courtes biographies de Terre-Neuviennes et de Terre-Neuviens éminents dans les domaines de la politique, de la religion, des affaires, du droit, des arts, etc. Classement au hasard. Quelques biographies sont accompagnées de portraits en noir et blanc. Index des noms. FC2155   920.0718

1031

Who's who. – Edited by James R. Thoms. – Silver anniversary edition. – St. John's : Public Relations Consultants, c1975. – [12], 298 p. : ports.

Over 600 brief biographies of Newfoundland men and women active in politics, business, law, religion, medicine, the arts, etc. Accompanied by black and white photographs. Random arrangement. Name index.   FC2155 W46 1975   920.0718

Plus de 600 courtes biographies de Terre-Neuviennes et de Terre-Neuviens actifs en politique, en affaires, en droit, en religion, en médecine, en arts, etc. Accompagnées de photographies en noir et blanc. Classement au hasard. Index des noms.   FC2155 W46 1975 920.0718

1032

Who's who in and from Newfoundland : also a chronology of the chief events in the history of the island since its discovery and a review of the principal commercial and industrial enterprises of the country. – St. John's : R. Hibbs, [1937]. – 328 p. : ill.

1st ed., 1927. 2nd ed., 1930. Brief biographies of persons prominent in Newfoundland business, law, politics, medicine and education. Some biographies accompanied by portraits. Random arrangement. Name index.   F5402 W46   920.0718

1re éd., 1927, 2e éd., 1930. Courtes biographies de personnes de Terre-Neuve éminentes en affaires, en droit, en politique, en médecine et en éducation. Quelques biographies sont accompagnées de portraits. Classement au hasard. Index des noms.   F5402 W46 920.0718

Nova Scotia

Nouvelle-Écosse

1033

Allison, David. – *History of Nova Scotia.* – Halifax : A.W. Bowen, 1916. – 3 vol. (941; 700 p.) : ill., ports.

Vol. 3 has title: *History of Nova Scotia : biographical sketches of representative citizens and genealogical records of the old families.* Vol. 3 includes biographical essays of varying length on prominent men from the fields of law, business, religion, politics and medicine, and their families. Some portraits. Random arrangement. Name index. FC2321 A4 fol.   971.6

Le vol. 3 a pour titre: *History of Nova Scotia : biographical sketches of representative citizens and genealogical records of the old families.* Il comprend des essais biographiques plus ou moins longs sur des hommes éminents dans les domaines du droit, des affaires, de la religion, de la politique et de la médecine, ainsi que sur leur famille. Quelques portraits. Classement au hasard. Index des noms. FC2321 A4 fol.   971.6

1034

Blauveldt, Robert B. – *Leaders of Nova Scotia, 1936 : a "who's who" of the political, professional, commercial and moral leaders of the province.* – Yarmouth : Loyalist Press, 1936. – 82 p. : ports.

Brief biographies of men of Nova Scotia, prominent in the fields of law, education, business, politics and religion. Some portraits. Alphabetical arrangement.   FC2325.1 A1 L43   920.0716

Courtes biographies d'hommes de la Nouvelle-Écosse, éminents dans les domaines du droit, de l'éducation, des affaires, de la politique et de la religion. Quelques portraits. Classement alphabétique. FC2325.1 A1 L43   920.0716

1035

Bourinot, John G. [John George], Sir. – *Builders of Nova Scotia : a historical review, with an appendix containing copies of rare documents relating to the early days of the province.* – Toronto : Copp-Clark, 1900. – x, 197, vi p. : ill., plates, ports.

Biographies of men who were prominent in the development of Nova Scotia. Arranged by field of endeavour, such as religion, politics and the military. Name index. First published in the *Transactions of the Royal Society of Canada*, 1899. Reproduced in microform format: *CIHM/ICMH microfiche series*, no. 26585.   F5205 B6 1900 fol. 971.6

Biographies d'hommes qui ont joué un rôle important dans le développement de la Nouvelle-Écosse. Classement par domaines d'activité comme la religion, la politique et l'armée. Index des noms. Publié pour la première fois dans les *Mémoires* de la Société royale du Canada, 1899. Reproduit sur support microforme: *CIHM/ICMH collection de microfiches*, n° 26585.   F5205 B6 1900 fol.   971.6

1036

Calnek, W. A. [William Arthur]. – *History of the county of Annapolis, including old Port Royal and Acadia, with memoirs of its representatives in the provincial parliament, and biographical and genealogical sketches of its early English settlers and their families.* – By W.A. Calnek ; edited and completed by A.W. Savary. – Toronto : William Briggs ; Montreal : C.W. Coates ; Halifax : S.F. Huestis ; London : Phillimore & Co., 1897. – xxii, 660 p., [19] leaves of plates : ill., folded maps, ports.

History of Annapolis County together with biographies of persons connected with the county. Biographical entries arranged according to two categories: representatives of the county in the provincial parliament, 1759-1867; anglophone pioneers and their descendants. Index of subjects and names. Reproduced in microform format: *CIHM/ICMH microfiche series*, no. 00386. Reprint ed.: *History of the county of Annapolis* (Belleville (Ont.) : Mika Studio, 1972). 2nd reprint ed.: Belleville (Ont.) : Mika Publishing, 1980. Has supplement. F5248 A2 C3   971.633

Description historique et notices biographiques des personnes ayant un lien avec le comté d'Annapolis. Présentation des notices biographiques en deux catégories: les représentants du comté au parlement provincial entre 1759 et 1867; les pionniers anglophones avec la liste de leurs descendants. Un index: sujets-noms. Reproduit sur support microforme: *CIHM/ICMH collection de microfiches*, n° 00386. Réimpr.: *History of the county of Annapolis* (Belleville (Ont.) : Mika Studio, 1972). 2e réimpr.: Belleville (Ont.) : Mika Publishing, 1980. Comporte un supplément.   F5248 A2 C3   971.633

1037

Savary, A. W. [Alfred William]. – *Supplement to the History of the county of Annapolis : correcting and supplying omissions in the original volume.* – Toronto : William Briggs, 1913. – xv, 142 p., [10] leaves of plates : ill., folded maps, ports., tables.

Corrections and additions following the same arrangement as the 1897 work. Indexes: subjects, names in supplement, names in first volume. Reprint ed.: *History of the county of Annapolis : supplement* (Belleville (Ont.) : Mika Publishing, 1973).   F5248 A2 S25   971.633

Corrections et ajouts selon le même arrangement que l'ouvrage de 1897. Trois index: sujets, noms du supplément, noms du 1re vol. Réimpr.: *History of the county of Annapolis : supplement* (Belleville (Ont.) : Mika Publishing, 1973).   F5248 A2 S25   971.633

1038

Eaton, Arthur Wentworth Hamilton. – *The history of Kings County, Nova Scotia, heart of Acadian land : giving a sketch of the French and their expulsion, and a history of the New England planters who came in their stead with many genealogies, 1604-1910.* – Salem (Mass.) : Salem Press, 1910. – xii, 898 p.

History of Kings County including biographies of anglophone pioneers. Biographical entries for prominent persons of the county and genealogies of families. Subject-name index. Reprint ed.: *The history of Kings County* (Belleville (Ont.) : Mika Studio, 1972).   F5248 K5 E3 1910   971.634

Description historique du comté de Kings, avec notices biographiques des pionniers anglophones. Présentation des notices biographiques en deux parties: personnalités et familles avec la liste des descendants. Un index: sujets-noms. Réimpr.: *The history of Kings County* (Belleville (Ont.) : Mika Studio, 1972).   F5248 K5 E3 1910   971.634

1039

Kerr, J. Ernest. – *Imprint of the Maritimes : highlights in the lives of 100 interesting Americans whose roots are in Canada's Atlantic Provinces.* – Boston : Christopher Publishing House, c1959. – 229 p. : ill.

Biographical sketches of 100 men and women from all professions. Alphabetically arranged.   F5009 K4   920.0715

Notices biographiques sur 100 hommes et femmes de toutes les professions. Classement alphabétique.   F5009 K4   920.0715

1040

Macphie, J. P. [John Peter]. – *Pictonians at home and abroad : sketches of professional men and women of Pictou County : its history and institutions.* – Boston (Mass.) : Pinkham Press, c1914. – viii, 232 p., [30] leaves of plates : ill., map, ports.

History of Pictou County and biographies of persons connected with it. Arranged according to eleven areas of activity, for example, the medical profession, the press, politics and business. Subject-name index.   FC2345 P53 Z48 1914   971.613

Histoire et notices biographiques de personnes ayant un lien avec le comté de Pictou. Classement selon onze secteurs d'activité dont notamment la profession médicale, la presse, la politique et les affaires. Un index: sujets-noms.   FC2345 P53 Z48 1914   971.613

1041

Marble, Allan Everett. – *Nova Scotians at home and abroad : biographical sketches of over six hundred native born Nova Scotians.* – Rev. ed. – Hantsport (N.S.) : Lancelot Press, 1986. – 431 p. : ports. – 0889990743

1st ed., 1977. Over 600 biographies of men and women born in Nova Scotia and who have spent at least five years there. Includes prominent persons in politics, government, law, religion, academia, the arts, science, business and the military. Alphabetical arrangement. Some photographs. Bibliography with each biography. General bibliography.   FC2305 M37   920.0716

1re éd., 1977. Plus de 600 biographies de femmes et d'hommes qui sont nés en Nouvelle-Écosses et qui ont passé au moins cinq ans dans cette province. Inclut des personnes éminentes en politique, au gouvernement, en droit, en religion, dans les universités, les arts, les sciences, les affaires, et dans l'armée. Classement alphabétique. Quelques photographies. Une bibliographie accompagne chaque biographie. Bibliographie générale.   FC2305 M37   920.0716

1042

Maritime reference book : biographical and pictorial record of prominent men and women of the Maritime Provinces. – Halifax : Printed by the Royal Print & Litho. Ltd., 1931. – 90 p. : ill., ports.

Brief, factual biographies of men and women of the Maritimes involved in law, medicine, business, education, politics, the military and the arts. Numerous portraits. Random arrangement. Name index.   FC2029 M3 1931   920.0715

Courtes biographies factuelles de femmes et d'hommes des Maritimes actifs en droit, en médecine, en affaires, en éducation, en politique, en arts et dans l'armée. Nombreux portraits. Classement au hasard. Index des noms.   FC2029 M3 1931   920.0715

1043

McCallum, Beatrice. – *Colchester men : biographical sketches.* – Truro (N.S.) : Colchester Historical Society, [1993]. – 137 p. : ports. – 0969011938

Biographies of prominent men, born or resident in Colchester County between 1760 and 1960. Most entries are accompanied by a photograph and bibliographic references. Alphabetically arranged. Index of names. Companion volume: *Colchester women : biographical sketches.*   FC2345 C7 Z48 1993   920.071612

Notices biographiques d'éminents hommes, natifs ou ayant résidé dans le comté de Colchester entre 1760 et 1960. La plupart des notices sont accompagnées de photographies et de références bibliographiques. Classement alphabétique. Index des noms. Volume qui va de pair: *Colchester women : biographical sketches.*   FC2345 C7 Z48 1993   920.071612

1044

McCallum, Beatrice. – *Colchester women : biographical sketches.* – Truro (N.S.) : Colchester Historical Society, [1994]. – 166 p. : ports. – 0969011946

Biographies of women who have contributed to the development of Colchester County during the period 1760-1960. Most entries are accompanied by a photograph and bibliographic references. Alphabetically arranged. Index of names. Companion volume: *Colchester men : biographical sketches.*   FC2345 C7 Z48 1994 920.720971612

Notices biographiques de femmes qui ont contribué au développement du comté de Colchester entre 1760 et 1960. La plupart des notices sont accompagnées de photographies et de références bibliographiques. Classement alphabétique. Index des noms. Volume qui va de pair: *Colchester men : biographical sketches.*   FC2345 C7 Z48 1994 920.720971612

1045

Piers, Harry. – *Biographical review : this volume contains biographical sketches of leading citizens of the province of Nova Scotia.* – [Boston] : Biographical Review Publishing Co., 1900. – 487 p. : ports.

Biographical sketches of prominent Nova Scotia men, some with portraits. Random arrangement. Name index. List of portraits. With: *Biographical sketches of leading citizens of New Brunswick.* Reprint ed.: Ann Arbor (Mich.) : University Microfilms International, 1979. Reproduced in microform format: *CIHM/ICMH microfiche series,* no. 53300.   FC2305   920.0716

Notices biographiques sur des hommes éminents de la Nouvelle-Écosse, parfois accompagnées de portraits. Classement au hasard. Index des noms. Liste des portraits. Avec: *Biographical sketches of leading citizens of New Brunswick.* Réimpr.: Ann Arbor (Mich.) : University Microfilms International, 1979. Reproduit sur support microforme: *CIHM/ICMH collection de microfiches,* no 53300.   FC2305   920.0716

1046

Prominent people of the Maritime Provinces. – Montreal : Canadian Publicity Co., 1922. – 215 p., [2] leaves of plates : ports.

Brief, factual biographies of men and women of New Brunswick, Nova Scotia and Prince Edward Island involved in all fields of endeavour. Alphabetically arranged. F5009 P88 920.0715

Courtes biographies factuelles d'hommes et de femmes du Nouveau-Brunswick, de la Nouvelle-Écosse et de l'Île-du-Prince-Édouard actifs dans toutes sortes de domaines. Classement alphabétique. F5009 P88 920.0715

1047

Russell, Benjamin. – *New Brunswick blue book and encyclopedia.* – [Toronto] : Historical Publishers Association, c1932. – 127, 44, 67 p.

Published with *Nova Scotia blue book and encyclopedia.* The last section includes brief biographies of men and women of Nova Scotia, New Brunswick and Prince Edward Island. Arranged in separate alphabetical sequences for each province. Also includes descriptions of companies, and institutions such as universities and hospitals. Name index. FC2028 R87 1932 fol. 920.07151

Publié avec *Nova Scotia blue book and encyclopedia.* La dernière section comprend de courtes biographies d'hommes et de femmes de la Nouvelle-Écosse, du Nouveau-Brunswick et de l'Île-du-Prince-Édouard. Pour chaque province, classement distinct par ordre alphabétique. Comprend également la description de compagnies et d'établissements comme les universités et les hôpitaux. Index des noms. FC2028 R87 1932 fol. 920.07151

Ontario

Ontario

1048

Commemorative biographical record of the county of Essex, Ontario : containing biographical sketches of prominent and representative citizens and many of the early settled families. – Toronto : J.H. Beers & Co., 1905. – ix, 676 p. : ports.

Approximately 700 biographies of farmers, merchants, manufacturers, clergy, doctors and politicians, some with portraits. Random arrangement. Name index. F5498 E7 C6 fol. 920.071331

Environ 700 biographies de fermiers, de marchands, de manufacturiers, de membres du clergé, de médecins et de politiciens, parfois accompagnées de portraits. Classement au hasard. Index des noms. F5498 E7 C6 fol. 920.071331

1049

Commemorative biographical record of the county of Kent, Ontario, containing biographical sketches of prominent and representative citizens and of many of the early settled families. – Toronto : J.H. Beers & Co., 1904. – xii, 874 p. : ports.

Approximately 1,500 biographies of farmers, merchants, manufacturers, clergy, doctors and politicians, some with portraits. Random arrangement. Name index. Separately published index: Blackburn, Helen; Higley, Dahn D. *An index to the Commemorative biographical record of the county of Kent, Ontario* ([Blenheim, Ont.] : Ontario Genealogical Society, Kent Branch, 1989). Indexes approximately 25,000 names mentioned in the biographical record, but not included in the original index. F5498 K3 C6 fol. 920.071333

Environ 1 500 biographies de fermiers, de marchands, de manufacturiers, de membres du clergé, de médecins et de politiciens, parfois accompagnées de portraits. Classement au hasard. Index des noms. Index publié séparément: Blackburn, Helen; Higley, Dahn D. *An index to the Commemorative biographical record of the county of Kent, Ontario* ([Blenheim, Ont.] : Ontario Genealogical Society, Kent Branch, 1989). L'index contient environ 25 000 noms qui étaient mentionnés dans les biographies, mais qui ne figuraient pas dans l'index original. F5498 K3 C6 fol. 920.071333

1050

Commemorative biographical record of the county of Lambton, Ontario : containing biographical sketches of prominent and representative citizens and many of the early settled families. – Toronto : J.H. Beers & Co., 1906. – viii, 840 p. : ports.

Approximately 900 biographies of farmers, manufacturers, merchants, clergy, doctors and politicians. Random arrangement. Name index. Separately published index: Clark, Lynn; Clark, Helen. *Index to county of Lambton commemorative biographical record* (Sarnia : Lambton Co. Branch, Ontario Genealogical Society, [1989]). Indexes 23,600 names not included in the original index. F5498 L23 C6 fol. 920.071327

Environ 900 biographies de fermiers, de manufacturiers, de marchands, de membres du clergé, de médecins et de politiciens. Classement au hasard. Index des noms. Index publié séparément: Clark, Lynn; Clark, Helen. *Index to county of Lambton commemorative biographical record* (Sarnia : Lambton Co. Branch, Ontario Genealogical Society, [1989]). Contient 23 600 noms qui ne figuraient pas dans l'index original. F5498 L23 C6 fol. 920.071327

1051

Commemorative biographical record of the county of York, Ontario : containing biographical sketches of prominent and representative citizens and many of the early settled families. – Toronto : J.H. Beers, 1907. – xiii, 673 p., [115] leaves of plates : ill.

Approximately 1,000 biographies of farmers, merchants, manufacturers, doctors, clergy, politicians, some with portraits. Random arrangement. Name index. F5498 Y6 C6 fol. 920.071354

Environ 1 000 biographies de fermiers, de marchands, de manufacturiers, de médecins, de membres du clergé et de politiciens, parfois accompagnées de portraits. Classement au hasard. Index des noms. F5498 Y6 C6 fol. 920.071354

1052

Dictionary of Hamilton biography. – [Editor in chief : Thomas Melville Bailey]. – Hamilton (Ont.) : Dictionary of Hamilton Biography, 1981- . – vol. : ill., ports., maps. – 0969102305 (vol. 1) 0969102321 (vol. 2) 096910233X (vol. 3)

Irregular. Biographical entries for persons connected with the city or region of Hamilton. Vol. 1, prior to 1875 (1981); vol. 2, 1876-1924 (1991); vol. 3, 1925-1939 (1992). Alphabetically arranged. Entries

Irrégulier. Notices biographiques de personnes ayant un lien avec la ville ou la région de Hamilton. Vol. 1, antérieur à 1875 (1981); vol. 2, 1876-1924 (1991); vol. 3, 1925-1939 (1992). Classement alpha-

include bibliographical references. Name index in each volume.
FC3098.25 D52 fol.   920.071352

bétique. Les notices sont accompagnées de références bibliographiques. Index onomastique dans chaque volume.
FC3098.25 D52 fol.   920.071352

1053

Eby, Ezra E. – *A biographical history of Waterloo Township and other townships of the county : being a history of the early settlers and their descendants, mostly all of Pennsylvania Dutch origin, as also much other unpublished historical information, chiefly of a local character.* – Berlin [Kitchener], (Ont.) : [s.n.], 1895-1896. – 2 vol. (887 ; 712 p.).

Biographical information about 8,494 persons of Waterloo County, alphabetically arranged by surname. Index of names used as main entries. Reproduced in microform format: *CIHM/ICMH microfiche series*, nos. 10019-10020. Reprinted as part of: Weber, Eldon D. *A biographical history of early settlers and their descendants in Waterloo Township* [by] *Ezra E. Eby, 1895 and 1896. A supplement by Joseph B. Snyder, 1931. Plus an intensive index of all entries of all persons whose names are used throughout the volumes; an ordinal index of geography related to the numbered items; notes about some of the families and individuals; maps and other documents* ([Kitchener, Ont. : Eldon D. Weber], 1971). 2nd reprint with corrections: [Kitchener, Ont. : Eldon D. Weber], 1978. One supplement.   F5498 W32 E2   920.071344

Informations biographiques concernant 8 494 personnes du comté de Waterloo, recensées selon l'ordre alphabétique des noms de famille. Index des noms mentionnés en entrées principales. Reproduit sur support microforme: *CIHM/ICMH collection de microfiches*, nᵒˢ 10019-10020. Partie de la réimpr.: Weber, Eldon D. *A biographical history of early settlers and their descendants in Waterloo Township* [by] *Ezra E. Eby, 1895 and 1896. A supplement by Joseph B. Snyder, 1931. Plus an intensive index of all entries of all persons whose names are used throughout the volumes; an ordinal index of geography related to the numbered items; notes about some of the families and individuals; maps and other documents* ([Kitchener, Ont. : Eldon D. Weber], 1971). 2ᵉ réimpr. avec corrections: [Kitchener, Ont. : Eldon D. Weber], 1978. Comporte un supplément.   F5498 W32 E2 920.071344

1054

Snyder, Joseph B. [Joseph Buchanan]. – *Supplement to Ezra E. Eby's Biographical history of early settlers and their descendants in Waterloo County.* – Waterloo (Ont.) : [Joseph B. Snyder], 1931. – 195 p.

Information concerning the deaths of over 2,800 persons included in Ezra Eby's work. Reprinted as part of: Weber, Eldon D. *A biographical history of early settlers and their descendants in Waterloo Township* [by] *Ezra E. Eby, 1895 and 1896. A supplement by Joseph B. Snyder, 1931. Plus an intensive index of all entries of all persons whose names are used throughout the volumes; an ordinal index of geography related to the numbered items; notes about some of the families and individuals; maps and other documents* ([Kitchener, Ont. : Eldon D. Weber], 1971). 2nd reprint with corrections: [Kitchener, Ont. : Eldon D. Weber], 1978.   F5498 W32 E22   920.071344

Information concernant le décès de plus de 2 800 personnes recensées dans l'ouvrage d'Ezra Eby. Partie de la réimpr.: Weber, Eldon D. *A biographical history of early settlers and their descendants in Waterloo Township* [by] *Ezra E. Eby, 1895 and 1896. A supplement by Joseph B. Snyder, 1931. Plus an intensive index of all entries of all persons whose names are used throughout the volumes; an ordinal index of geography related to the numbered items; notes about some of the families and individuals; maps and other documents* ([Kitchener, Ont. : Eldon D. Weber], 1971). 2ᵉ réimpr. avec corrections: [Kitchener, Ont. : Eldon D. Weber], 1978.   F5498 W32 E22   920.071344

1055

Fraser, Alexander. – *A history of Ontario : its resources and development.* – Toronto : Canada History Co., 1907. – 2 vol. (xvi-1308 p.) : ill., ports.

Approximately 500 biographical essays on men of Ontario prominent in the fields of business, law, education, politics, the military and medicine. Many accompanied by portraits. Random arrangement. Name index.   FC3061 F73 fol.   971.3

Environ 500 essais biographiques sur des hommes de l'Ontario éminents en affaires, en droit, en éducation, en politique, en médecine et dans l'armée. De nombreux essais sont accompagnés de portraits. Classement au hasard. Index des noms.   FC3061 F73 fol.   971.3

1056

History of the county of Middlesex, Canada : from the earliest time to the present : containing an authentic account of many important matters relating to the settlement, progress and general history of the county : and including a department devoted to the preservation of personal and private records etc., illustrated. – Toronto : W.A. & C.L. Goodspeed, 1889. – 1076 p., [15] leaves of plates : ill., map, port.

This history includes approximately 500 biographical essays on prominent farmers, politicians, merchants, public servants, doctors and manufacturers of the county. Alphabetical arrangement. Reproduced in microform format: *CIHM/ICMH microfiche series*, no. 05642. Reprint ed., Belleville : Mika Studio, 1972, includes corrections to 1889 ed. and an index.   F5498 M5 H5 1889   971.325

Ce livre d'histoire comprend environ 500 essais biographiques sur des fermiers, des politiciens, des marchands, des fonctionnaires, des médecins et des manufacturiers importants du comté. Classement alphabétique. Reproduit sur support microforme: *CIHM/ICMH collection de microfiches*, nᵒ 05642. La réimpr., Belleville : Mika Studio, 1972, inclut des corrections apportées à l'édition de 1889 et un index.   F5498 M5 H5 1889   971.325

1057

The history of the county of Welland, Ontario, its past and present : containing a condensed history of Canada, a complete history of Welland County, its townships, towns, villages, schools, churches, societies, industries, statistics, etc., portraits of some of its prominent men, description of its various historic and interesting localities, miscellaneous matter, biographies and histories of pioneer families, etc. – [Welland, Ont.] : Welland Tribune Printing House, 1887. – vi, 591, [1] p., [8] leaves of plates : ports.

Part IV of this history provides biographical essays on farmers, merchants, manufacturers, public servants, doctors and politicians, resident in Welland County. Arranged by town or township. Eight portraits. Reproduced in microform format: *CIHM/ICMH micro-*

La partie IV de ce livre d'histoire contient des essais biographiques sur des fermiers, des marchands, des manufacturiers, des fonctionnaires, des médecins et des politiciens qui habitent dans le comté de Welland. Classement par villes ou cantons. Huit portraits. Reproduit

fiche series, no. 07496. Reprint ed., Belleville : Mika Silk Screening Ltd., 1972, includes name index.   F5498 W37 H5   971.338

sur microforme: *CIHM/ICMH collection de microfiches*, n° 07496. La réimpression, Belleville : Mika Silk Screening Ltd., 1972, inclut un index des noms.   F5498 W37 H5   971.338

1058

History of Toronto and county of York, Ontario : containing an outline of the history of the Dominion of Canada, a history of the city of Toronto and the county of York, with the townships, towns, villages, churches, schools, general and local statistics, biographical sketches, etc., etc. – Toronto : C. Blackett Robinson, 1885. – 2 vol. (viii, 210, 510 ; 511 p.) : ill., ports.

Vol. 2 includes brief biographies of men involved in business, manufacturing, law, medicine, religion, agriculture, politics and the military. Biographies are alphabetically arranged under the larger cities and towns and each of the townships of the county. Vol. 1 includes historical essays on Canada, York County and Toronto and a classified list of Toronto inhabitants and companies. 40 portraits. No name index. Reproduced in microform format: *CIHM/ICMH microfiche series*, nos. 07391-07393.   F5499 T6 H5   971.354

Le vol. 2 comprend de courtes biographies d'hommes qui s'occupaient d'affaires, de fabrication, de droit, de médecine, de religion, d'agriculture, de politique et de l'armée. Les biographies sont classées par ordre alphabétique sous les grandes villes et cantons du comté mis en vedette. Le vol. 1 comprend des essais sur l'histoire du Canada, du comté de York et de Toronto, ainsi qu'une liste par catégories des habitants et des compagnies de Toronto. 40 portraits. Aucun index des noms. Reproduit sur support microforme: *F5499 T6 H5   971.354*
CIHM/ICMH collection de microfiches, n° 07391-07393.

1059

Leavitt, Thad. W. H. [Thaddeus William Henry]. – *History of Leeds and Grenville, Ontario, from 1749 to 1879 : with illustrations and biographical sketches of some of its prominent men and pioneers.* – Brockville [Ont.] : Recorder Press, 1879. – viii, 200, 33 p., [77] leaves of plates : ill., ports.

A history of Leeds and Grenville Counties which includes biographical entries. Three indexes: biographies, subjects, names. Reproduced in microform format: *CIHM/ICMH microfiche series*, no. 09016. Reprint ed.: *History of Leeds and Grenville* (Belleville (Ont.) : Mika Silk Screening, 1972).   FC3095 L38 L43 1879 fol.   971.373

Notices biographiques des personnes ayant un lien avec les comtés de Leeds et de Grenville intégrés au récit historique. Trois index: notices biographiques, sujets, noms. Reproduit sur support microforme: *CIHM/ICMH collection de microfiches*, n° 09016. Réimpr.: *History of Leeds and Grenville* (Belleville (Ont.) : Mika Silk Screening, 1972).   FC3095 L38 L43 1879 fol.   971.373

1060

Middleton, Jesse Edgar. – *The province of Ontario - a history, 1615-1927.* – By Jesse Edgar Middleton and Fred Landon. – Toronto : Dominion Publishing Co., [c1927]. – 5 vol. ([4], 1362 ; [6], 882 p.) : ill., ports., plates.

Biographical essays on men of Ontario prominent in the fields of law, education, medicine, politics, religion and business. Some portraits. Random arrangement. Name index.   F5474 M52 fol.   971.3

Essais biographiques sur des hommes de l'Ontario éminents dans les domaines du droit, de l'éducation, de la médecine, de la politique, de la religion et des affaires. Quelques portraits. Classement au hasard. Index des noms.   F5474 M52 fol.   971.3

1061

Mulvany, Charles Pelham. – *The history of the county of Brant, Ontario : containing a history of the county, its townships, cities, towns, schools, churches, etc. : general and local statistics : portraits of early settlers and prominent men : history of the Six Nation Indians and Captain Joseph Brant (Thayendanegea) : history of the Dominion of Canada.* – Toronto : Warner, Beers, 1883. – iv, 689 p. : ports.

Part V of this history includes brief biographies of farmers, lawyers, merchants, politicians, bankers, etc., of Brant County. Twenty portraits. Biographies are alphabetically arranged under the city of Brantford and each of the townships of the county. No index. Reproduced in microform format: *CIHM/ICMH microfiche series*, no. 05641; London (Ont.) : London Microfilming, 1983, 1 reel, 35 mm. microfilm. Separately published index of names, subjects, etc.: Young, D. Alan. *Index : history of Brant County* [Brantford : Ontario Genealogical Society, Brant County Branch, 1981].   F5498 B78 H54   971.347

La partie V de ce livre d'histoire inclut de courtes biographies de fermiers, d'avocats, de marchands, de politiciens, de banquiers, etc., du comté de Brant. Vingt portraits. Les biographies sont classées par ordre alphabétique sous la ville de Brantford et chacun des cantons du comté. Aucun index. Reproduit sur support microforme: *CIHM/ICMH collection de microfiches*, n° 05641; London (Ont.) : London Microfilming, 1983, 1 bobine, microfilm 35 mm. Index des noms, sujets, etc. publié séparément: Young, D. Alan. *Index : history of Brant County* [Brantford : Ontario Genealogical Society, Brant County Branch, 1981].   F5498 B78 H54   971.347

1062

Mulvany, Charles Pelham. – *History of the county of Peterborough, Ontario ; containing a history of the county ; history of Haliburton County ; their townships, towns, schools, churches, etc., general and local statistics ; biographical sketches ; and an outline history of the Dominion of Canada, etc., etc.* – Toronto : C. Blackett Robinson, 1884. – viii, 783 p. ill., fold. maps, ports.

Part V of this history includes brief biographies of farmers, merchants, manufacturers, lawyers, politicians, etc., of Peterborough County. Biographies are alphabetically arranged under the town of Peterborough and each of the townships of the county. No index. Reproduced in microform format: *CIHM/ICMH microfiche series*, no. 07495.   FC3095 P47 H5   971.367

La partie V de ce livre d'histoire inclut de courtes biographies de fermiers, de marchands, de manufacturiers, d'avocats, de politiciens, etc., du comté de Peterborough. Les biographies sont classées par ordre alphabétique sous la ville de Peterborough et chacun des cantons du comté. Aucun index. Reproduit sur support microforme: *CIHM/ICMH collection de microfiches*, n° 07495.   FC3095 P47 H5   971.367

1063
National encyclopedia of Canadian biography. – [Edited by] Jesse Edgar Middleton, W. Scott Downs. – Toronto : Dominion Publishing Co., 1935. – 383 p.

Biographical essays of varying length. Emphasis on persons from Ontario prominent in the sciences, the arts, law, medicine, business, religion, education and politics. Random arrangement. Numerous photographs. Name index. F5009 N3 fol. 920.0713

Essais biographiques plus ou moins longs. Insistance sur des personnalités ontariennes des domaines des sciences, des arts, du droit, de la médecine, des affaires, de la religion, de l'éducation et de la politique. Classement au hasard. Nombreuses photographies. Index des noms. F5009 N3 fol. 920.0713

1064
Prominent people of the province of Ontario. – Ottawa : [Graphic Publishers for Canadian Biographies Ltd.], 1925. – 273 p. : ill.

Brief, factual biographies of men and women who have contributed to the development of Ontario. Alphabetical arrangement. Lists of senators, federal members of parliament, members of the Ontario Legislative Assembly, and communities represented in biographies, are appended. F5454 P7 920.0713

Courtes biographies factuelles d'hommes et de femmes qui ont contribué au développement de l'Ontario. Classement alphabétique. En annexe figurent les listes des sénateurs, des députés fédéraux, des députés provinciaux et des communautés dont il est question dans les biographies. F5454 P7 920.0713

1065
Who's who in Toronto : a celebration of this city. – Toronto : Community Homes for the Mentally Handicapped Association, c1984. – [16], 598, [25] p. : ill., ports., folded chart. – 0969169701

Biographical entries for Torontonians involved in the development of the city, and for persons considered to be "friends" of Toronto. Arranged by area of activity, such as media, business, government, sports, etc. Each entry includes information on the individual's professional and personal lives and a comment on his/her involvement with the city. Name index. FC3097.25 W46 1984 fol. 920.0713541

Notices biographiques de Torontois impliqués dans le développement de la ville, et de personnes considérées comme «amies» de Toronto. Présentation par catégories telles que média, affaires, gouvernement, sports, etc. Chaque notice comprend des informations sur leur vie professionnelle, des données personnelles et un commentaire à propos de leur attachement à la ville. Index des noms. FC3097.25 W46 1984 fol. 920.0713541

Prince Edward Island

Île-du-Prince-Édouard

1066
Blanchard, J.-Henri [Joseph-Henri]. – *Acadiens de l'Île-du-Prince-Édouard.* – [Charlottetown : s.n.], 1956. – 143 p. : ill.

Approximately 150 biographies of Acadian men involved in politics, medicine, law, education, religion, agriculture, journalism and the public service. Grouped by profession. Name index. F5305 B53 971.7004114

Environ 150 biographies d'Acadiens actifs en politique, en droit, en éducation, en religion, en agriculture, en journalisme et dans la fonction publique. Regroupement par professions. Index des noms. F5305 B53 971.7004114

1067
Kerr, J. Ernest. – *Imprint of the Maritimes : highlights in the lives of 100 interesting Americans whose roots are in Canada's Atlantic Provinces.* – Boston : Christopher Publishing House, c1959. – 229 p. : ill.

Biographical sketches of 100 men and women from all professions. Alphabetically arranged. F5009 K4 920.0715

Notices biographiques sur 100 hommes et femmes de toutes les professions. Classement alphabétique. F5009 K4 920.0715

1068
Maritime reference book : biographical and pictorial record of prominent men and women of the Maritime Provinces. – Halifax : Printed by the Royal Print & Litho. Ltd., 1931. – 90 p. : ill., ports.

Brief, factual biographies of men and women of the Maritimes involved in law, medicine, business, education, politics, the military and the arts. Numerous portraits. Random arrangement. Name index. FC2029 M3 1931 920.0715

Courtes biographies factuelles sur des hommes et des femmes des Maritimes actifs en droit, en médecine, en affaires, en éducation, en politique, en arts et dans l'armée. Nombreux portraits. Classement au hasard. Index des noms. FC2029 M3 1931 920.0715

1069
Past and present of Prince Edward Island : embracing a concise review of its early settlement, development, and present conditions. – Written by the most gifted authors of the province, under the advisory editorship of D.A. MacKinnon and A.B. Warburton ; to which is appended a compendium of life sketches of representative men and families of the Island ; illustrated. – Charlottetown : B.F. Bowen, [1906?]. – [14], 304, [305a]-400a, 305-731 p., [35] leaves of plates : ill., facsim., ports.

Biographies of approximately 500 men prominent in business, politics, religion, agriculture and medicine. Some portraits. Random arrangement. Name index. FC2622 P38 1906 fol. 971.7

Biographies d'environ 500 hommes éminents en affaires, en politique, en religion, en agriculture et en médecine. Quelques portraits. Classement au hasard. Index des noms. FC2622 P38 1906 fol. 971.7

1070

Prominent people of the Maritime Provinces. – Montreal : Canadian Publicity Co., 1922. – 215 p., [2] leaves of plates : ports.

Brief, factual biographies of men and women of New Brunswick, Nova Scotia and Prince Edward Island involved in all fields of endeavour. Alphabetically arranged.   F5009 P88   920.0715

Courtes biographies factuelles d'hommes et de femmes du Nouveau-Brunswick, de la Nouvelle-Écosse et de l'Île-du-Prince-Édouard actifs dans toutes sortes de domaines. Classement alphabétique. F5009 P88   920.0715

1071

Russell, Benjamin. – ***New Brunswick blue book and encyclopedia.*** – [Toronto] : Historical Publishing Association, c1932. – 127, 44, 67 p.

Published with *Nova Scotia blue book and encyclopedia*. The last section includes brief biographies of men and women of Nova Scotia, New Brunswick and Prince Edward Island. Arranged in separate alphabetical sequences for each province. Also includes descriptions of companies, and institutions such as universities and hospitals. Name index.   FC2028 R87 1932 fol.   920.07151

Publié avec *Nova Scotia blue book and encyclopedia*. La dernière section comprend de courtes biographies d'hommes et de femmes de la Nouvelle-Écosse, du Nouveau-Brunswick et de l'Île-du-Prince-Édouard. Pour chaque province, classement distinct par ordre alphabétique. Comprend également la description de compagnies et d'établissements comme les universités et les hôpitaux. Index des noms.   FC2028 R87 1932 fol.   920.07151

1072

Who's who on Prince Edward Island. – Editor, John I. Barrett. – Charlottetown : W. Wheeler Publications, 1986. – [6], 146, [4] p. : ports. – 0969244002

Approximately 280 factual biographies of men and women from all fields of endeavour currently living in Prince Edward Island. Alphabetical arrangement. Each biography accompanied by a line drawing portrait. Lists of Prince Edward Island Members of the Order of Canada, winners of the Evening Patriot Islander of the Year Award and Prince Edward Island honorary graduates, University of Prince Edward Island.   FC2625.1 A1 B37 1986   920.0717

Environ 280 biographies factuelles d'hommes et de femmes de tous les domaines d'activité, qui vivent actuellement sur l'Île-du-Prince-Édouard. Classement alphabétique. Chaque biographie est accompagnée d'un portrait dessiné au trait. Liste des membres de l'Ordre du Canada qui sont de l'Île-du-Prince-Édouard, liste des gagnants de l'Evening Patriot Islander of the Year Award et liste des personnes de l'île qui ont reçu un diplôme honorifique de la University of Prince Edward Island.   FC2625.1 A1 B37 1986   920.0717

1073

Zonta Club, Charlottetown, P.E.I. – ***A century of women.*** – Charlottetown : Zonta Club, 1967. – 107 p.

60 biographical sketches of women born, living or working in Prince Edward Island. Excludes women born after 1902. Biographies are arranged by time period: women born before 1870, between 1870 and 1890, and between 1890 and 1902. No index.   F5304 Z8 920.7209717

Notices biographiques sur 60 femmes qui sont nées à l'Île-du-Prince-Édouard, qui y ont vécu ou qui y ont travaillé. Exclut les femmes nées après 1902. Les biographies sont classées par période: les femmes nées avant 1870, entre 1870 et 1890, et entre 1890 et 1902. Aucun index.   F5304 Z8   920.7209717

Quebec

Québec

1074

Association féminine d'éducation et d'action sociale. – ***Pendant que les hommes travaillaient, les femmes elles... : 266 fiches biographiques de femmes qui ont marqué le Québec entre 1820 et 1950.*** – Montréal : Guérin, [1978?]. – 405 p. : ill.

266 brief biographies of women who have contributed to Quebec society. Alphabetically arranged. Indexes arranged by area of activity (culture, education, family, religion, health and politics), and by place.   FC2905 A88   920.7209714

Courtes biographies de 266 femmes qui ont contribué à la société québécoise. Classement alphabétique. Index par domaines d'activité (la culture, l'éducation, la famille, la religion, la santé et la politique) et index par lieux.   FC2905 A88   920.7209714

1075

Biographical Society of Canada. – ***Prominent people of the province of Quebec.*** – Montreal : the Society, 1923-1924. – 1 vol. (unpaged) : ports.

Brief, factual biographies of men and women of Quebec, prominent in the fields of business, education, medicine, law, the arts and religion. Biographies in English or French. Alphabetical arrangement. F5402 P88 fol.   920.0714

Courtes biographies factuelles de Québécoises et de Québécois éminents dans les domaines des affaires, de l'éducation, de la médecine, du droit, des arts et de la religion. Biographies en anglais ou en français. Classement alphabétique.   F5402 P88 fol.   920.0714

1076

Biographies canadiennes-françaises = Who's who in Quebec. – 1re éd. (1920)-31e éd. (1984/85). – Montréal : Éditions biographiques canadiennes-françaises, 1920-1986. – 31 vol. : portr. – 0380-0830

Irregular. Brief, factual biographies of French-Canadian men and women prominent in the fields of business, politics, religion, law, education and the arts. Includes portraits. Alphabetical arrangement. Name index. 30th and 31st ed., biographies in French and English. 21st ed. (1968/69)-31st ed. (1984/85) include list of Quebec companies. Title varies. 1st ed. (1920)-22nd ed. (1970), *Biographies canadiennes-françaises*. Imprint varies.   F5009 B55   920.0714

Irrégulier. Courtes biographies factuelles de Canadiennes françaises et de Canadiens français éminents dans les domaines des affaires, de la politique, de la religion, du droit, de l'éducation et des arts. Des portraits sont inclus. Classement alphabétique. Index des noms. 30e et 31e éd., biographies en français et en anglais. 21e éd. (1968/69)-31e éd. (1984/85), liste des compagnies québécoises. Le titre varie. 1re éd. (1920)-22e éd. (1970), *Biographies canadiennes-françaises*. Publié par différents éditeurs.   F5009 B55   920.0714

1077

Biographies du Bas St-Laurent. – [Rimouski : Éditions rimouskoises, 1960]. – 1 vol. (non paginé) : portr. – Titre de la couv.

1st ed., 1953, *Biographies de Rimouski*. Biographies of men of the region, active in business, medicine, agriculture, politics, education, law and religion. Each biography accompanied by a photograph. Alphabetical arrangement. F5009 B562 1960   920.071477

1re éd., 1953, *Biographies de Rimouski*. Biographies d'hommes de la région actifs en affaires, en médecine, en agriculture, en politique, en éducation, en droit et en religion. Chaque biographie est accompagnée d'une photographie. Classement alphabétique.   F5009 B562 1960

1078

Biographies françaises d'Amérique. – 2e éd. – [Montréal] : Journalistes Associés, 1950. – 913 p.

1st ed., 1937. Reprinted, 1942. Approximately 890 biographies of prominent French-Canadian men, with photographs. Biographies are grouped by field of endeavour (religion, finance, law, business, education, medicine and the arts). Name index.   F5009 B58 1950 920.0714

1re éd., 1937. Réimpr., 1942. Environ 890 biographies d'éminents Canadiens français, accompagnées de photographies. Les biographies sont regroupées par domaines d'activité (la religion, les finances, le droit, les affaires, l'éducation, la médecine et les arts). Index des noms.   F5009 B58 1950   920.0714

1079

Biographies témiscouataines. – Rivière-du-Loup : Imprimerie du Saint-Laurent, 1961. – 88, [2] p. : portr.

Biographies of approximately 80 men involved in the public, professional, economic, social and religious life of the county. Accompanied by photographs. Random arrangement. Table of contents arranged by profession.   F5495 T42 B5   920.071476

Biographies d'environ 80 hommes qui ont participé à la vie publique, professionnelle, économique, sociale et religieuse du comté. Accompagnées de photographies. Classement au hasard. Classement par professions dans la table des matières.   F5495 T42 B5   920.071476

1080

Bolduc, Roger. – ***Biographies : Beauce, Dorchester, Frontenac.*** – St-Georges de Beauce [Québec] : Éditions Sartigan, [1972]. – 318 p.: portr.

Biographies, with photographs, of men who have contributed to the economic, cultural and social progress of the region. Alphabetically arranged.   F5404 B56   920.07147

Biographies, accompagnées de photographies, d'hommes qui ont contribué au progrès économique, culturel et social de la région. Classement alphabétique.   F5404 B56   920.07147

1081

Borthwick, J. Douglas [John Douglas]. – ***History and biographical gazetteer of Montreal to the year 1892.*** – Montreal : John Lovell & Son, 1892. – 531 p., [54] leaves of plates : ill., ports.

Biographical entries for approximately 500 persons born or resident in Montreal. Random arrangement. Name index. Reproduced in microform format: *CIHM/ICMH microfiche series*, no. 00850. Replaces: *Montreal, its history : to which is added biographical sketches, with photographs, of many of its principal citizens* (Montreal : Drysdale and Co., 1875).   FC2947.25 B67   971.428

Notices biographiques d'environ 500 personnes natives ou ayant résidé à Montréal. Classement au hasard. Index des noms. Reproduit sur microfiche: *CIHM/ICMH collection de microfiches* no 00850. Remplace: *Montreal, its history : to which is added biographical sketches, with photographs, of many of its principal citizens* (Montreal : Drysdale and Co., 1875).   FC2947.25 B67   971.428

1082

Channell, L. S. [Leonard Stewart]. – ***History of Compton County and sketches of the Eastern Townships, District of St. Francis, and Sherbrooke County, supplemented with the records of four hundred families, two hundred illustrations of buildings and leading citizens in the country.*** – Cookshire (Quebec) : L.S. Channell, 1896. – [296] p. : ill. map, ports.

Approximately 360 brief biographies of farmers, merchants, doctors, politicians and clergy grouped according to the villages and townships where they resided. Some portraits and photographs of residences. Name index. Reprint ed.: Bellville : Mika Publishing Co., 1975. Reproduced in microform format: *CIHM/ICMH microfiche series*, no. 00558.   FC2945 C64 C42 fol.   971.46

Environ 360 courtes biographies de fermiers, de marchands, de médecins, de politiciens et de membres du clergé regroupées par villages et cantons de résidence de ces personnes. Quelques portraits et photographies de résidences. Index des noms. Réimpr.: Belleville : Mika Publishing Co., 1975. Reproduit sur support microforme: *CIHM/ICMH collection de microfiches*, no 00558.   FC2945 C64 C42 fol.   971.46

1083

Dans l'histoire – des femmes aussi – au Saguenay-Lac-Saint-Jean. – Chicoutimi (Québec) : Éditions JCL, 1978-   . –   vol. : portr. – 2920176803 (vol. 3)

Biographies, with photographs, of women significant in the history of the region. Vol. 1, arranged in three sections: education, health, family and society. Index to vols. 1 and 2 arranged by municipality. Imprint varies. Vol. 1 (1978); vol. 2 (1980); vol. 3 (1990).   FC2945 S22 Z48   920.720971414

Biographies, accompagnées de photographies, des femmes qui ont marqué l'histoire de la région. Classement du vol. 1 en trois catégories: éducation, santé, famille et société. Index par municipalités (vol. 1 et 2). L'adresse bibliographique varie. Vol. 1 (1978); vol. 2 (1980); vol. 3 (1990).   FC2945 S22 Z48   920.720971414

1084

David, L.-O. [Laurent-Olivier]. – *Biographies et portraits.* – Montréal : Beauchemin & Valois, 1876. – [9], 301, [1] p. : portr.

21 biographical essays on prominent men of Quebec written in a highly romantic style. Originally published separately in newspapers. Random arrangement. Some portraits. Reproduced in microform format: *CIHM/ICMH microfiche series*, no. 02511. F5009 D38 920.0714

21 essais biographiques sur des hommes éminents du Québec, écrits dans un style très romantique. Publiés à l'origine séparément dans des journaux. Classement au hasard. Quelques portraits. Reproduit sur support microforme: *CIHM/ICMH collection de microfiches*, n° 02511. F5009 D38 920.0714

1085

David, L.-O. [Laurent-Olivier]. – *Souvenirs et biographies, 1870-1910.* – Montréal : Beauchemin, 1911. – 274 p. : portr.

35 biographical essays of varying length on prominent men and women of Quebec. Chronologically arranged. Includes portraits. Name index. Also published in braille: Longueuil : Institut Nazareth et Louis-Braille, [197?]. 6 vol., 1er degré. F5009 D39 920.0714

Essais biographiques plus ou moins longs sur 35 Québécoises et Québécois éminents. Classement chronologique. Inclut des portraits. Index des noms. Également publié en braille: Longueuil : Institut Nazareth et Louis-Braille, [197?]. 6 vol., 1er degré. F5009 D39 920.0714

1086

Des femmes et des hommes de l'Abitibi-Témiscamingue : personnalités dominantes qui oeuvrent ou qui ont oeuvré dans divers domaines. – [Compilé par Francis Proulx]. – Val d'Or (Québec) : D'ici et d'ailleurs, 1992. – 413 p. : portr. – 292105521X

Biographies of women and men who have contributed to the economic, cultural and social development of the region. A photograph and an address included in each entry. Alphabetically arranged. FC2945 A26 Z48 1992 920.071413

Biographies de femmes et d'hommes qui ont contribué au progrés économique, culturel et social de la région. Une photographie et leur adresse sont associés à chaque notice. Classement alphabétique. FC2945 A26 Z48 1992 920.071413

1087

Duguay, Joseph. – *Nos figures dominantes de l'Ouest québécois : clergé, politique, professions libérales, administration, commerce, finance, industrie.* – [S.l. : s.n.], 1964. – 288 p. : portr.

Biographies of men and women prominent in the regions of Abitibi and Témiscamingue. Biographies are arranged in three sections: religious figures; politicians; professional, administrative, commercial, financial and industrial figures. Portraits. Name index. FC2945 920.071413

Biographies de femmes et d'hommes éminents des régions de l'Abitibi et du Témiscamingue. Classement en trois sections: clergé; politique; professions libérales, administration, commerce, finance et industrie. Portraits. Index des noms. FC2945 920.071413

1088

Duguay, Joseph. – *Nos figures dominantes de l'Ouest québécois : magistrature, politique, professions libérales, administration, commerce, finance, industrie.* – Amos [Québec : s.n.], 1951. – 456 p. : portr.

Approximately 350 biographies of prominent men and women from the regions of Abitibi and Témiscamingue. Biographies are alphabetically arranged under the cities and towns of the regions. Most accompanied by photographs. Name index. FC2945 O78 Z48 1951 920.071413

Environ 350 biographies de femmes et d'hommes éminents des régions de l'Abitibi et du Témiscamingue. Classement par ordre alphabétique sous chaque ville de ces régions. Pour la plupart accompagnées de photographies. Index des noms. FC2945 O78 Z48 1951 920.071413

1089

Élite canadienne-française. – (1988)-   . – Montréal : Logidées, 1988-   . –   vol. : ill., portr. – 0847-8155 – Titre de la couv.

Irregular. Biographical entries, with photographs, for Quebec personalities. Emphasis on mayors and business persons. Alphabetically arranged. Name and advertiser indexes. FC25 E45 fol. 920.0714

Irrégulier. Notices biographiques, accompagnées de photographies, de personnalités du Quebec. Insistance sur les maires et les gens d'affaires. Classement alphabétique. Deux index: noms, annonceurs publicitaires. FC25 E45 fol. 920.0714

1090

Huguenin, Madeleine. – *Portraits de femmes.* – Montréal : Éditions la Patrie, 1938. – [280] p. : portr.

Approximately 180 biographies of French-Canadian women of the seventeenth to twentieth centuries, each accompanied by a portrait. Alphabetical arrangement. F5009 M34 fol. 920.720971

Environ 180 biographies de Canadiennes françaises du dix-septième au vingtième siècles. Chacune est accompagné d'un portrait. Classement alphabétique. F5009 M34 fol. 920.720971

1091

LeGendre, René. – *Biographies des figures dominantes : Bas St-Laurent, Gaspésie, Îles-de-la-Madeleine et quelques monographies.* – [S.l.] : Éditions de l'Est du Québec, 1968. – 565 p. : ill., carte, portr.

Approximately 540 brief, factual biographies of men and women from Eastern Quebec, with photographs. Alphabetical arrangement. Includes brief histories of some of the towns and enterprises of the region. FC2905 B56 920.071477

Environ 540 courtes biographies factuelles d'hommes et de femmes de l'Est du Québec, accompagnées de photographies. Classement alphabétique. Inclut de courts historiques de certaines villes et entreprises de la région. FC2905 B56 920.071477

1092

LeGendre, René. – ***Biographies des figures dominantes et monographies de la Côte-Nord.*** – 1re éd. – Port-Cartier [Québec] : Publications du Golfe, 1969. – 239 p. : ill., portr.

Biographies of men prominent in fields of endeavour such as business, law, politics and religion. Alphabetical arrangement. Photographs.   FC2945 C68 Z482 1969   920.071417

Biographies d'hommes éminents dans des domaines d'activité comme les affaires, le droit, la politique et la religion. Classement alphabétique. Photographies.   FC2945 C68 Z482 1969   920.071417

1093

LeGendre, René. – ***Biographies des figures dominantes, personnalités contemporaines de la Grande Mauricie (le coeur du Québec) et quelques monographies.*** – Ste-Luce-sur-Mer [Québec] : Publications du Golfe, [c1975]. – 523, xxiii p. : ill., portr. – Titre de la couv. : *Biographies de la Mauricie.*

Approximately 520 brief biographies of men and women of the Mauricie region, with photographs. Alphabetical arrangement. Includes a brief history of the region and of some of its towns and institutions.   FC2945 M38 Z48 1975   920.071445

Environ 520 courtes biographies d'hommes et de femmes de la région de la Mauricie, accompagnées de photographies. Classement alphabétique. Inclut un court historique de la région et de quelques villes et établissements qui s'y trouvent.   FC2945 M38 Z48 1975 920.071445

1094

LeGendre, René. – ***Biographies des personnalités contemporaines de l'Outaouais et quelques monographies et notices historiques.*** – Ste-Luce-sur-Mer [Québec] : Publications du Golfe, c1977. – 555 p. : armoiries, carte, portr. – Titre de la couv. : *Biographies de l'Outaouais.*

Approximately 500 brief biographies of men and women from the Outaouais region, with photographs. Alphabetical arrangement. Includes a brief history of the region and of some of its towns. FC2945 O8 Z48 1977   920.07142

Environ 500 courtes biographies d'hommes et de femmes de la région de l'Outaouais, accompagnées de photographies. Classement alphabétique. Inclut un court historique de la région et de quelques villes qui s'y trouvent.   FC2945 O8 Z48 1977   920.07142

1095

LeGendre, René. – ***Biographies du Saguenay Lac-St-Jean.*** – Chicoutimi : Éditions science moderne, 1973. – 528 p. : ill., portr.

Approximately 500 biographies of men and women prominent in education, business, the arts, religion, politics and law in the region of Saguenay-Lac-Saint-Jean. Alphabetically arranged. Most accompanied by photographs.   F5404 L36   920.071414

Environ 500 biographies d'hommes et de femmes éminents de la région du Saguenay-Lac-Saint-Jean dans les domaines de l'éducation, des affaires, des arts, de la religion, de la politique et du droit. Classement alphabétique. Accompagnées de photographies pour la plupart.   F5404 L36   920.071414

1096

LeGendre, René. – ***Biographies et monographies des Cantons de l'Est, 1971.*** – Sherbrooke : Éditions Sherbrookoises, 1972, c1971. – [4], 410, xxxvi p. : ill., portr.

Approximately 400 biographies of men prominent in the fields of law, business, education, religion, medicine and politics in the Eastern Townships. Alphabetically arranged. Accompanied by photographs. An appendix of information on the cities and towns of the region.   FC2943.3 A1 L43 1972   920.07146

Environ 400 biographies d'hommes éminents des Cantons de l'Est dans les domaines du droit, des affaires, de l'éducation, de la religion, de la médecine et de la politique. Classement alphabétique. Accompagnées de photographies. Renseignements sur les villes de la région en annexe.   FC2943.3 A1 L43 1972   920.07146

1097

Limoges, José C. – ***Île-Jésus : historiques et personnalités.*** – Laval : Publications de Laval, 1968. – [238] p. : portr.

Approximately 130 biographies of citizens prominent in business, politics, law, religion, education and medicine. Each accompanied by a photograph. Alphabetically arranged. Name index. Also includes essays on parishes, municipal corporations and school boards of Île-Jésus. Supplement: Limoges, José C., *Île Jésus : personnalités* (Laval: Publications de Laval, 1974).   F5448 I5 L54   920.071427

Environ 130 biographies d'éminents citoyens dans les affaires, la politique, le droit, la religion, l'éducation et la médecine. Chacune est accompagnée d'une photographie. Classement alphabétique. Index des noms. Comprend également des essais sur les paroisses, les corporations municipales et les commissions scolaires de l'Île-Jésus. Supplément: Limoges, José C. *Île Jésus : personnalités* (Laval : Publications de Laval, 1974).   F5448 I5 L54   920.071427

1098

Personnalités du Québec. – [Montréal] : Société d'édition montréalaise, 1972-1976. – 2 vol. (315, [5] ; 156, [8] p.) : ill., portr. – 0318-5117

Biographies of men and women who have contributed to the development of the province of Quebec. Accompanied by portraits. Name index.   FC2905 P48   920.0714

Biographies d'hommes et de femmes qui ont contribué au développement de la province de Québec. Accompagnées de portraits. Index des noms.   FC2905 P48   920.0714

1099

Pierce, Erastus G. – ***Men of today in the Eastern Townships.*** – Introductory chapters by V. E. Morrill ; biographical section compiled by Erastus G. Pierce. – [Sherbrooke] : Sherbrooke Record Co., 1917. – 297 p., [1] leaf of plates : ill., maps, ports.

Approximately 1,200 brief biographies of men of the Eastern Townships, some with portraits. Alphabetical arrangement. Introductory chapters provide a brief history of the region. Bibliography.   FC2943.3 A1 M45   920.07146

Environ 1 200 courtes biographies d'hommes des Cantons de l'Est, certaines accompagnées de portraits. Classement alphabétique. Les chapitres d'introduction donnent un bref historique de la région. Bibliographie.   FC2943.3 A1 M45   920.07146

1100

Prévost, Robert. – *Québécoises d'hier et d'aujourd'hui : profils de 275 femmes hors du commun.* – [Montréal] : Stanké, c1985. – 231, [8] p. – 2760402614

Biographical entries for women born or resident in Quebec who have contributed to its development through various fields of endeavour. Alphabetically arranged. Name index.   FC2925.1 A1 P74 1985   920.7209714

Notices biographiques de femmes nées ou ayant séjourné au Québec et qui ont contribué dans différents domaines à l'évolution de la société. Classement alphabétique. Index des noms.   FC2925.1 A1 P74 1985   920.7209714

1101

Qui êtes-vous? : biographies de l'élite du Canada français rédigées en collaboration. – Montréal : Éditions du Canada français, [1946]. – [14], 211 p.

Brief biographies of French-Canadian men prominent in fields such as law, business, medicine and education. Alphabetical arrangement.   FC132.1 Q5   920.0714

Courtes biographies d'éminents Canadiens français importants dans des domaines comme le droit, les affaires, la médecine et l'éducation. Classement alphabétique.   FC132.1 Q5   920.0714

1102

Références biographiques : Canada-Québec. – [Rédaction] Louis-Alexandre Bélisle ; [recherches, Danièle Gense-Miny]. – Éd. spéciale. – Montréal : Éditions de la famille canadienne, c1978. – 5 vol. (xxxiv, 116 ; viii, 142 ; viii, 142 ; viii, 142 ; viii, 142 p.) : portr. – (Collection références). – 0886000017 (vol. 1) 0886000025 (vol. 2) 0886000033 (vol. 3) 0886000041 (vol. 4) 088600005X (vol. 5)

Approximately 4,000 brief biographies of Canadian men and women with approximately 1,200 portraits. Emphasis on French Canadians from Quebec. Covers the fifteenth through twentieth centuries. Alphabetical arrangement. Bibliography with each biography.   FC25 R43 1978 fol.   920.071

Environ 4 000 courtes biographies de Canadiennes et de Canadiens, accompagnées d'environ 1 200 portraits. Insistance sur les Canadiens français du Québec. Couvre la période du quinzième au vingtième siècles. Classement alphabétique. Chaque biographie comprend une bibliographie.   FC25 R43 1978 fol.   920.071

1103

Registre social du Canada. – Tome 1 (1961)-tome 7 (1979). – Québec : Institut biographique canadien, [1961]-1979. – 7 tomes. – 0383-8986

Irregular. Brief, factual biographies of men and women of Quebec involved in fields such as the arts, business, education and law. Name and company indexes. Title varies: tome 1 (1961), *Qui êtes-vous? : bottin biographique et social*; tome 2 (1964)-tome 4 (1972), *Qui êtes-vous? : registre social du Canada français.*   FC2905 Q852 fol.   920.0714

Irrégulier. Courtes biographies factuelles sur des Québécoises et des Québécois actifs dans des domaines comme les arts, les affaires, l'éducation et le droit. Index des noms et index des compagnies. Le titre varie: tome 1 (1961), *Qui êtes-vous? : bottin biographique et social*; tome 2 (1964)-tome 4 (1972), *Qui êtes-vous? : registre social du Canada français.*   FC2905 Q852 fol.   920.0714

1104

Roy, Pierre-Georges. – *Fils de Québec.* – Lévis : [s.n.], 1933. – 4 vol. ([2], 196 ; [2], 196 ; [2], 196 ; [2], 196 p.).

Brief, factual biographies of men and women born in Quebec between 1629 and 1843. Chronologically arranged by date of birth. Name index in each volume. Some entries include a bibliography.   FC2946.25 R6   920.0714

Courtes biographies factuelles de femmes et d'hommes nés au Québec entre 1629 et 1843. Classement chronologique par dates de naissance. Index des noms dans chaque volume. Quelques biographies comprennent une bibliographie.   FC2946.25 R6   920.0714

1105

Sulte, Benjamin. – *A history of Quebec : its resources and people.* – By Benjamin Sulte, Dr. C.E. Fryer, Senator L.O. David. – Montreal : The Canada History Company, 1908. – 2 vol. (xxv, 908 p.) : ill., ports.

Volume 2 of this history includes biographies of men prominent in politics, law, medicine and business. Some accompanied by portraits. Random arrangement. Name index.   F5424 S87 fol.   971.4

Le volume 2 de ce livre d'histoire comprend des biographies d'hommes éminents en politique, en droit, en médecine et en affaires. Les biographies sont parfois accompagnées de portraits. Classement au hasard. Index des noms.   F5424 S87 fol.   971.4

1106

Thomas, C. [Cyrus]. – *History of the counties of Argenteuil, Que., and Prescott, Ont., from the earliest settlement to the present.* – Montreal : John Lovell & Son, 1896. – vi, 665, [4] p., [12] leaves of plates : ill., ports.

History of Argenteuil and Prescott Counties including biographical entries. Reproduced in microform format: *CIHM/ICMH microfiche series*, no. 25162. Reprint ed., Belleville (Ont.) : Mika Publishing, 1981, includes name and subject indexes.   F5448 A68 T4 fol.   971.423

Notices biographiques insérées au récit historique des comtés d'Argenteuil au Québec et de Prescott en Ontario. Reproduit sur support microforme: *CIHM/ICMH collection de microfiches*, n° 25162. Réimpr.: Belleville (Ont.) : Mika Publishing, 1981, incluant deux index: noms, sujets.   F5448 A68 T4 fol.   971.423

1107

Vedettes (Who's who en français). – 1re éd. (1952)-4e éd. (1962). – Montréal : [Société nouvelle de publicité], 1958-1962. – 4 vol. (xvi, 714, [5] ; viii, 391 ; viii, 286 ; viii, 336, [1] p.). – 0503-7581

Brief biographies of French Canadians and French Americans involved in fields such as religion, business, finance and education. Alphabetical arrangement. The first edition includes brief histories of French-Canadian institutions and parish and co-operative indexes.   F5009 V4   920.0714

Courtes biographies de Canadiens français et d'Américains français actifs dans des domaines comme la religion, les affaires, les finances et l'éducation. Classement alphabétique. La première édition comprend de courts historiques d'établissements canadiens-français, ainsi qu'un index des paroisses et un index des coopératives.   F5009 V4   920.0714

1108

Who's who in - au Québec : a concise and comprehensive summary of people worthy of note. – Vol. 1 (1967/68). – Montreal : Quebec Press Service, 1968. – [4], 254, [17] p. – Title on added t.p. : *Who's who in - au Québec : un résumé concis et détaillé de personnalités dignes de mention.*

Brief, factual biographies of men and women active in business, law, politics, science, education, media and the arts. Biographies in French and English, in two alphabetically arranged sections. One name index for both sections.   F5404 W47   920.0714

Courtes biographies factuelles d'hommes et de femmes actifs dans les affaires, le droit, la politique, les sciences, l'éducation, les médias et les arts. Biographies en français et en anglais, classées alphabétiquement en deux sections. Un seul index des noms pour les deux sections.   F5404 W47   920.0714

1109

Who's who in - au Québec : un résumé concis et détaillé de personnalités dignes de mention. – Vol. 1 (1967/68). – Montréal : Quebec Press Service, 1968. – [4], 254, [17] p. – Titre de la p. de t. additionnelle : *Who's who in - au Québec : a concise and comprehensive summary of people worthy of note.*

Brief, factual biographies of men and women active in business, law, politics, science, education, media and the arts. Biographies in French and English in two alphabetically arranged sections. One name index for both sections.   F5404 W47   920.0714

Courtes biographies factuelles d'hommes et de femmes actifs dans les affaires, le droit, la politique, les sciences, l'éducation, les médias et les arts. Biographies en français et en anglais, classées alphabétiquement en deux sections. Un seul index des noms pour les deux sections.   F5404 W47   920.0714

1110

Wood, William. – *The storied province of Quebec : past and present.* – Editor in chief, Col. William Wood ; associate editors, William Henry Atherton, Edwin P. Conklin. – Toronto : Dominion Publishing Company, 1931-1932. – 5 vol. (xii, 1164 ; 865 p.) : fronts., plates, ports., maps, facsims.

Volumes 3-5 include brief biographies of men of Quebec, prominent in fields such as business, law, medicine and politics. Random arrangement. Many full-page portraits. Name index.   F5424 W59 fol.   971.4

Les volumes 3-5 contiennent de courtes biographies d'hommes du Québec éminents dans des domaines comme les affaires, le droit, la médecine et la politique. Classement au hasard. Nombreux portraits pleine page. Index des noms.   F5424 W59 fol.   971.4

Saskatchewan

Saskatchewan

1111

Black, Norman Fergus. – *History of Saskatchewan and the North West Territories.* – Regina : Saskatchewan Historical Co., c1913. – 2 vol. (xxx, 1010 p., [53] leaves of plates) : ill., ports.

Approximately 450 biographical essays on men prominent in Saskatchewan politics, law, business, agriculture and medicine are included as appendices to each volume of this history. Random arrangement. Some full-page portraits. Name index. Reproduced in microform format: *Peel bibliography on microfiche* (Ottawa : National Library of Canada, 1976-1979), no. 2367.   F5674 B4 1913b fol. 971.24

Les volumes de ce livre d'histoire contiennent en annexe environ 450 essais biographiques sur des hommes de la Saskatchewan qui ont joué un rôle important en politique, en droit, en affaires, en agriculture et en médecine. Classement au hasard. Quelques portraits pleine page. Index des noms. Reproduit sur support microforme: *Bibliographie Peel sur microfiche* (Ottawa : Bibliothèque nationale du Canada, 1976-1979), no 2367.   F5674 B4 1913b fol.   971.24

1112

Hawkes, John. – *The story of Saskatchewan and its people.* – Chicago : S.J. Clarke Pub. Co., 1924. – 3 vol. (2084 p.) : ill., ports.

Volumes 2 and 3 include biographical essays of approximately 900 men prominent in the fields of medicine, law, politics, religion, business, education, journalism and agriculture. Some accompanied by full-page portraits. Random arrangement. Name index in each volume. Reproduced in microform format: *Peel bibliography on microfiche* (Ottawa : National Library of Canada, 1976-1979), no. 2889.   FC3511 H38 fol.   971.24

Les volumes 2 et 3 comprennent des essais biographiques sur environ 900 hommes éminents dans les domaines de la médecine, du droit, de la politique, de la religion, des affaires, de l'éducation, du journalisme et de l'agriculture. Parfois accompagnés de portraits pleine page. Classement au hasard. Index des noms dans chaque volume. Reproduit sur support microforme: *Bibliographie Peel sur microfiche* (Ottawa : Bibliothèque nationale du Canada, 1976-1979), no 2889.   FC3511 H38 fol.   971.24

1113

Notable Saskatchewan women : 1905-1980. – [Regina] : Saskatchewan Labour, Women's Division, [1980?]. – 36 p. : ports. – Cover title.

Brief biographies of women who have contributed to Saskatchewan society as pioneers, farmers, teachers, volunteers, mothers, doctors, lawyers and artists. Alphabetical arrangement. Some portraits. Bibliography. FC3505 N68 fol. 920.72097124

Courtes biographies de femmes qui ont contribué à la société de la Saskatchewan à titre de pionnières, de fermières, d'institutrices, de bénévoles, de mères, de médecins, d'avocates et d'artistes. Classement alphabétique. Quelques portraits. Bibliographie. FC3505 N68 fol. 920.72097124

1114

Pioneers and prominent people of Saskatchewan. – Winnipeg : Canadian Publicity Co., c1924. – xvi, 343 p.

Biographies of varying length of men and women who have contributed to the development of Saskatchewan in fields such as business, journalism, law, medicine, education and politics. Random arrangement. Name index. Reproduced in microform format: *Peel bibliography on microfiche* (Ottawa : National Library of Canada, 1976-1979), no. 2905. FC3505 P5 920.07124

Biographies plus ou moins longues d'hommes et de femmes qui ont contribué au développement de la Saskatchewan dans des domaines comme les affaires, le journalisme, le droit, la médecine, l'éducation et la politique. Classement au hasard. Index des noms. Reproduit sur support microforme: *Bibliographie Peel sur microfiche* (Ottawa : Bibliothèque nationale du Canada, 1976-1979), n° 2905. FC3505 P5 920.07124

1115

The Saskatchewanians. – [Written by David Green]. – [Regina] : The Saskatchewan Diamond Jubilee and Canada Centennial Corporation, 1967. – [6], 100 p. : ill., ports.

100 biographical sketches with portraits of men and women prominent in the development of Saskatchewan. Random arrangement. Alphabetically arranged table of contents. FC3505 920.0711

Cent esquisses biographiques avec portraits de femmes et d'hommes qui ont joué un rôle important dans le développement de la Saskatchewan. Classement au hasard. Table des matières avec classement alphabétique. FC3505 920.0711

1116

A who's who in Saskatchewan. – 1st ed. (1958)-3rd ed. (1969). – Saskatoon : Western Canada Directories, 1956-[1969?]. – 3 vol. : ill., ports.

1st ed., 1958, *A who's who in Saskatchewan : a biographical directory.* Irregular. Brief biographies of Saskatchewan men and women active in all areas of endeavour. Alphabetical arrangement. Many photographs. The first edition includes an index arranged by city or town. F5652 W62 fol. 920.07124

1ʳᵉ éd., 1958, *A who's who in Saskatchewan : a biographical directory.* Irrégulier. Courtes biographies de femmes et d'hommes de la Saskatchewan actifs dans tous les domaines. Classement alphabétique. Nombreuses photographies. La première édition inclut un index des biographies classées par villes. F5652 W62 fol. 920.07124

History and Related Subjects
Genealogy

Histoire et sujets connexes
Généalogie

Bibliographies and Catalogues

Bibliographies et catalogues

1117

Archives nationales du Canada. – *Catalogue of census returns on microfilm, 1901 = Catalogue de recensements sur microfilm, 1901.* – Thomas A. Hillman. – Ottawa : les Archives, [1992], c1993. – xxi, 196 p. ; 10 microfiches. – 0660574101

A catalogue of the 1901 census returns for provinces and territories of Canada held on microfilm by the National Archives of Canada. Arranged by province or territory and then alphabetically by name of census district or sub-district. Entries include name of district or sub-district, year for which there is a return, microfilm reel number. Microfilms can be borrowed or purchased from the Archives. List of abbreviations used in census records. Microfiche: *Census of 1901 : finding aid = Recensement de 1901 : instrument de recherche.* Arrangement and contents similar to print volume. Also reproduced in microform format: *Microlog*, no. 93-01719. Thomas Hillman has also compiled: *Catalogue of census returns on microfilm, 1666-1891 = Catalogue de recensements sur microfilm, 1666-1891.* Z7554 C2 N37 1992 fol. 016.3046097109041

Catalogue des résultats du recensement de 1901 effectué dans les provinces et territoires du Canada qui se trouvent sur microfilm aux Archives nationales du Canada. Classement par provinces ou territoires, puis classement alphabétique par noms des districts ou sous-districts de recensement. Les notices comprennent le nom du district ou du sous-district, l'année sur laquelle portait le recensement et le numéro de bobine de microfilm. On peut s'adresser aux Archives nationales pour emprunter ou acheter les microfilms. Liste des abréviations utilisées dans les cahiers de recensement. Microfiche: *Census of 1901 : finding aid = Recensement de 1901 : instrument de recherche.* Le classement et le contenu ressemblent à ceux du volume imprimé sur papier. Également reproduit sur support microforme: *Microlog*, n° 93-01719. Thomas Hillman a également compilé: *Catalogue of census returns on microfilm, 1666-1891 = Catalogue de recensements sur microfilm, 1666-1891.* Z7554 C2 N37 1992 fol. 016.3046097109041

1118

Archives nationales du Canada. Division des manuscrits. – *Checklist of parish registers, 1986 = Répertoire de registres paroissiaux, 1986.* – Par Patricia Birkett. – 4e éd. – Ottawa : Division des manuscrits, Archives nationales du Canada, 1987. – xii, 205 p. – 0660538636

1st ed., 1969. 2nd ed., 1975. 3rd ed., 1981. A guide to the Canadian and foreign parish registers on microfilm or microfiche held by the National Archives of Canada as of December 31, 1986, and available for interlibrary loan. Arranged alphabetically by place within province or territory. Entries are in English or French according to the language of the register. Entries note the inclusion of births, marriages and/or deaths in the register, years covered and a National Archives call number for the microfilm or microfiche. Parishes outside Canada are arranged by country and place. Geographical index. Reproduced in microform format: *Microlog*, no. 88-02279. CD3648 A1 P82 1987 fol.   016.929371

1re éd., 1969. 2e éd., 1975. 3e éd., 1981. Guide sur les registres paroissiaux canadiens et étrangers sur microfilm ou microfiche qui se trouvaient aux Archives nationales du Canada le 31 décembre 1986 et qui peuvent faire l'objet de prêts interbibliothèques. Classement alphabétique par lieux au sein de chaque province ou territoire. Les notices sont rédigées en anglais ou en français, selon la langue du registre. Dans les notices, on précise si les registres portent sur les naissances, les mariages et (ou) les décès, les années couvertes et la cote de microfilm ou de microfiche des Archives nationales. Les paroisses de l'extérieur du Canada sont classées par pays et par lieux. Index géographique. Reproduit sur support microforme: *Microlog*, n° 88-02279.   CD3648 A1 P82 1987 fol.   016.929371

1119

Archives publiques Canada. – *Catalogue of census returns on microfilm, 1666-1891 = Catalogue de recensements sur microfilm, 1666-1891.* – Thomas A. Hillman. – [Ottawa] : les Archives, c1987. – xv, 289 p. – 0660537117

A catalogue of census returns, 1666-1891, for the provinces and territories of Canada, held on microfilm by the National Archives of Canada (formerly the Public Archives of Canada). Arranged by province or territory and then alphabetically by name of census district or sub-district. Entries include name of district or sub-district, years for which there are returns, microfilm reel numbers. Microfilms can be borrowed or purchased from the Archives. List of abbreviations used in census returns. Appendix: census returns on microfilm available for each province. Reproduced in microform format: *Microlog*, no. 87-03860. Revises and expands: *Catalogue of census returns on microfilm, 1825-1871 = Catalogue de recensements sur microfilm, 1825-1871*; *Catalogue of census returns on microfilm, 1666-1881 = Catalogue de recensements sur microfilm, 1666-1881*. Thomas Hillman has also compiled: *Catalogue of census returns on microfilm, 1901 = Catalogue de recensements sur microfilm, 1901.* HA742 P833 1987 fol.   016.30460971

Catalogue des résultats des recensements, 1666-1891, effectué dans les provinces et territoires du Canada, qui se trouvent sur microfilm aux Archives nationales du Canada (autrefois les Archives publiques du Canada). Classement par provinces ou territoires, puis classement alphabétique par noms des districts ou sous-districts de recensement. Les notices comprennent le nom du district ou sous-district, l'année sur laquelle portait le recensement, le numéro de bobine de microfilm. On peut s'adresser aux Archives nationales pour emprunter ou acheter les microfilms. Liste des abréviations utilisées dans les cahiers de recensement. Annexe: recensements sur microfilm pour chaque province. Reproduit sur support microforme: *Microlog*, n° 87-03860. Révise et augmente: *Catalogue of census returns on microfilm, 1825-1871 = Catalogue de recensements sur microfilm, 1825-1871*; *Catalogue of census returns on microfilm, 1666-1881 = Catalogue de recensements sur microfilm, 1666-1881*. Thomas Hillman a également compilé: *Catalogue of census returns on microfilm, 1901 = Catalogue de recensements sur microfilm, 1901.* HA742 P833 1987 fol.   016.30460971

1120

Coderre, John E. – *Guide to birth, marriage and death records at the National Archives of Canada.* – Compiled by John E. Coderre and Paul A. Lavoie. – Ottawa : Ottawa Branch, Ontario Genealogical Society, 1987. – iv, 87 p. – (Publication ; no. 88-1). – 1550340468

A list of Canadian and foreign parish registers held by the National Archives of Canada. Includes manuscripts, microfilms and published transcriptions of parish registers. Arranged by province or territory and location. Foreign registers are arranged by country and location. Entries may include the denomination and type of data covered, name of county, years covered and a National Archives call number. National Library call numbers are also provided for some published registers. Previous editions: 1975, *Parish registers held at the Public Archives of Canada*; 1977, 1979, 1980, 1982, 1986, *List of parish registers held at the Public Archives of Canada.*   Z5313 C2 P82 1987 016.929371

Liste des registres paroissiaux canadiens et étrangers qui se trouvent aux Archives nationales du Canada. Inclut des manuscrits, des microfilms et les transcriptions publiées de registres paroissiaux. Classement par provinces ou territoires et par lieux. Les registres étrangers sont classés par pays et par lieux. Les notices peuvent comprendre la confession et le type de données fournies, le nom du pays, les années couvertes et une cote des Archives nationales. Les cotes de la Bibliothèque nationale sont également données dans le cas de certains registres publiés. Éditions antérieures: 1975, *Parish registers held at the Public Archives of Canada*; 1977, 1979, 1980, 1982, 1986, *List of parish registers held at the Public Archives of Canada.*   Z5313 C2 P82 1987   016.929371

1121

Gilchrist, J. Brian. – *Genealogy and local history to 1900 : a bibliography of publications and resources selected from the catalogue of CIHM = Généalogie et histoire locale d'avant 1900 : une bibliographie de publications et ressources tirées du catalogue de l'ICMH.* – Compiled by J. Brian Gilchrist and Clifford Duxbury Collier. – Ottawa : Canadian Institute for Historical Microreproductions, forthcoming 1995. – 0665944446 Z1382   016.92910971

1122

Gilchrist, J. Brian. – *Genealogy and local history to 1900 : a bibliography of publications and resources selected from the catalogue of CIHM = Généalogie et histoire locale d'avant 1900 : une bibliographie de publications et ressources tirées du catalogue de l'ICMH.* – Compilée par J. Brian Gilchrist et Clifford Duxbury Collier. – Ottawa : Institut canadien de microreproductions historiques, à paraître, 1995. – vol. – 0665944446 Z1382   016.92910971

1123

Mennie-de Varennes, Kathleen. – *Bibliographie annotée d'ouvrages généalogiques au Canada = Annotated bibliography of genealogical works in Canada.* – Markham (Ont.) : Published by Fitzhenry & Whiteside in association with the National Library of Canada and the Canadian Government Publishing Centre, Supply and Services Canada, c1986-1987. – 6 vol. (xvii, 473 ; 2080 p.). – 0889029113 (vol. 1) 0889029598 (vol. 2) 0889029059 (vol. 3) 0889029105 (vol. 4) 0889029865 (vol. 5) 0889029954 (vol. 6)

Lists books, pamphlets, manuscripts, microfilms, periodical articles, special files, etc., which provide approximately 100,000 references to 22,294 family names. Includes Canadian sources, and foreign works which contain references to Canadian lineages. Most useful for families of Quebec. Arranged in six parts: author/title index providing complete citations and some annotations for 5,853 works; index of parishes consisting of 1,605 entries for published and unpublished birth, marriage and death records; subject index to 729 general or specific works on genealogy; list of periodicals; directory of genealogical societies; index of family names, alphabetically arranged in volumes 2-6, with brief citations to sources. Locations for rare books and manuscripts. Revises the author's earlier work: *Bibliographie annotée d'ouvrages généalogiques à la Bibliothèque du Parlement = Annotated bibliography of genealogical works in the Library of Parliament* (Ottawa : Library of Parliament, 1963). Supplement in preparation by the Fédération québécoise des sociétés de généalogie. Z5315 C2 M45 1986 fol. 016.9290971

Donne la liste des livres, des brochures, des manuscrits, des microfilms, des articles de périodiques, des dossiers spéciaux, etc., qui contiennent en tout environ 100 000 références à 22 294 noms de famille. Inclut des sources canadiennes ainsi que des ouvrages étrangers qui contiennent des références aux lignées canadiennes. Particulièrement utile pour les familles du Québec. Classement en six parties: un index des auteurs et des titres qui contient les références bibliographiques complètes et quelques annotations de 5 853 ouvrages; un index des paroisses qui comprend 1 605 notices sur des registres des naissances, des mariages et des décès, publiés ou non; un index des sujets de 729 ouvrages généraux ou spécialisés relatifs à la généalogie; une liste de périodiques; un répertoire des sociétés de généalogie; un index alphabétique des noms de famille mentionnés dans les volumes 2-6, avec de courtes références aux sources. Localisation des livres rares et des manuscrits. Révision de l'ouvrage antérieur du même auteur: *Bibliographie annotée d'ouvrages généalogiques à la Bibliothèque du Parlement = Annotated bibliography of genealogical works in the Library of Parliament* (Ottawa : Bibliothèque du Parlement, 1963). La Fédération québécoise des sociétés de généalogie prépare actuellement un supplément. Z5315 C2 M45 1986 fol. 016.9290971

1124

Mennie-de Varennes, Kathleen. – *Bibliographie annotée d'ouvrages généalogiques au Canada = Annotated bibliography of genealogical works in Canada.* – Markham (Ont.) : Publié par Fitzhenry & Whiteside conjointement avec la Bibliothèque nationale du Canada et le Centre d'édition du gouvernement du Canada, Approvisionnements et services Canada, c1986-1987. – 6 vol. (xvii, 473 ; 2080 p.). – 0889029113 (vol. 1) 0889029598 (vol. 2) 0889029059 (vol. 3) 0889029105 (vol. 4) 0889029865 (vol. 5) 0889029954 (vol. 6)

Lists books, pamphlets, manuscripts, microfilms, periodical articles, special files, etc., which provide approximately 100,000 references to 22,294 family names. Includes Canadian sources, and foreign works which contain references to Canadian lineages. Most useful for families of Quebec. Arranged in six parts: author/title index providing complete citations and some annotations for 5,853 works; index of parishes consisting of 1,605 entries for published and unpublished birth, marriage and death records; subject index to 729 general or specific works on genealogy; list of periodicals; directory of genealogical societies; index of family names, alphabetically arranged in volumes 2-6, with brief citations to sources. Locations for rare books and manuscripts. Revises the author's earlier work: *Bibliographie annotée d'ouvrages généalogiques à la Bibliothèque du Parlement = Annotated bibliography of genealogical works in the Library of Parliament* (Ottawa : Library of Parliament, 1963). Supplement in preparation by the Fédération québécoise des sociétés de généalogie. Z5315 C2 M45 1986 fol. 016.9290971

Donne la liste des livres, des brochures, des manuscrits, des microfilms, des articles de périodiques, des dossiers spéciaux, etc., qui contiennent en tout environ 100 000 références à 22 294 noms de famille. Inclut des sources canadiennes ainsi que des ouvrages étrangers qui contiennent des références aux lignées canadiennes. Particulièrement utile pour les familles du Québec. Classement en six parties: un index des auteurs et des titres qui contient les références bibliographiques complètes et quelques annotations de 5 853 ouvrages; un index des paroisses qui comprend 1 605 notices sur des registres des naissances, des mariages et des décès, publiés ou non; un index des sujets de 729 ouvrages généraux ou spécialisés relatifs à la généalogie; une liste de périodiques; un répertoire des sociétés de généalogie; un index alphabétique des noms de famille mentionnés dans les volumes 2-6, avec de courtes références aux sources. Localisation des livres rares et des manuscrits. Révision de l'ouvrage antérieur du même auteur: *Bibliographie annotée d'ouvrages généalogiques à la Bibliothèque du Parlement = Annotated bibliography of genealogical works in the Library of Parliament* (Ottawa : Bibliothèque du Parlement, 1963). La Fédération québécoise des sociétés de généalogie prépare actuellement un supplément. Z5315 C2 M45 1986 fol. 016.9290971

1125

National Archives of Canada. – *Catalogue of census returns on microfilm, 1901 = Catalogue de recensements sur microfilm, 1901.* – Thomas A. Hillman. – Ottawa : the Archives, [1992], c1993. – xxi, 196 p. ; 10 microfiches. – 0660574101

A catalogue of the 1901 census returns for provinces and territories of Canada held on microfilm by the National Archives of Canada. Arranged by province or territory and then alphabetically by name of census district or sub-district. Entries include name of district or sub-district, year for which there is a return, microfilm reel number. Microfilms can be borrowed or purchased from the Archives. List of abbreviations used in census records. Microfiche: *Census of 1901 : finding aid = Recensement de 1901 : instrument de recherche.* Arrangement and contents similar to print volume. Also reproduced

Catalogue des résultats du recensement de 1901 effectué dans les provinces et territoires du Canada qui se trouvent sur microfilm aux Archives nationales du Canada. Classement par provinces ou territoires, puis classement alphabétique par noms des districts ou sous-districts de recensement. Les notices comprennent le nom du district ou du sous-district, l'année sur laquelle portait le recensement et le numéro de bobine de microfilm. On peut s'adresser aux Archives nationales pour emprunter ou acheter les microfilms. Liste des abréviations utilisées dans les cahiers de recensement. Microfiche:

in microform format: *Microlog*, no. 93-01719. Thomas Hillman has also compiled: *Catalogue of census returns on microfilm, 1666-1891 = Catalogue de recensements sur microfilm, 1666-1891.*
Z7554 C2 N37 1992 fol.   016.3046097109041

Census of 1901 : finding aid = Recensement de 1901 : instrument de recherche. Le classement et le contenu ressemblent à ceux du volume imprimé sur papier. Également reproduit sur support microforme: *Microlog*, nº 93-01719. Thomas Hillman a également compilé: *Catalogue of census returns on microfilm, 1666-1891 = Catalogue de recensements sur microfilm, 1666-1891.*   Z7554 C2 N37 1992 fol.
016.3046097109041

1126

National Archives of Canada. Manuscript Division. – *Checklist of parish registers, 1986 = Répertoire de registres paroissiaux, 1986.* – By Patricia Birkett. – 4th ed. – Ottawa : Manuscript Division, National Archives of Canada, 1987. – xii, 205 p. – 0660538636

1st ed., 1969. 2nd ed., 1975. 3rd ed., 1981. A guide to the Canadian and foreign parish registers on microfilm or microfiche held by the National Archives of Canada as of December 31, 1986, and available for interlibrary loan. Arranged alphabetically by place within province or territory. Entries are in English or French according to the language of the register. Entries note the inclusion of births, marriages and/or deaths in the register, years covered and a National Archives call number for the microfilm or microfiche. Parishes outside Canada are arranged by country and place. Geographical index. Reproduced in microform format: *Microlog*, no. 88-02279.
CD3648 A1 P82 1987 fol.   016.929371

1ʳᵉ éd., 1969. 2ᵉ éd., 1975. 3ᵉ éd., 1981. Guide sur les registres paroissiaux canadiens et étrangers sur microfilm ou microfiche qui se trouvaient aux Archives nationales du Canada le 31 décembre 1986 et qui peuvent faire l'objet de prêts interbibliothèques. Classement alphabétique par lieux au sein de chaque province ou territoire. Les notices sont rédigées en anglais ou en français, selon la langue du registre. Dans les notices, on précise si les registres portent sur les naissances, les mariages et (ou) les décès, les années couvertes et la cote de microfilm ou de microfiche des Archives nationales. Les paroisses de l'extérieur du Canada sont classées par pays et par lieux. Index géographique. Reproduit sur support microforme: *Microlog*, nº 88-02279.   CD3648 A1 P82 1987 fol.   016.929371

1127

Ontario Genealogical Society. – *Ontario Genealogical Society library holdings.* – Edited by Barbara B. Aitken. – [Toronto] : Ontario Genealogical Society, c1985. – 148 p. – 0920036074

A catalogue of the library of the Ontario Genealogical Society, which has been housed in the Canadiana Collection of the North York Public Library since 1972. Emphasizes Ontario genealogy; however, includes materials relating to other parts of Canada, Great Britain, the United States and other countries. Entries are arranged by subject or type of publication such as bibliographies, historical atlases, heraldry, family histories, local histories, etc. The Society has also published a catalogue of its publications: *Ontario Genealogical Society publications for sale, 1995.*   Z5313 C3 O5 1985   016.9291

Catalogue des documents de la bibliothèque de l'Ontario Genealogical Society, qui font partie de la collection Canadiana de la North York Public Library depuis 1972. Insiste sur la généalogie en Ontario, mais inclut des documents relatifs à d'autres parties du Canada, à la Grande-Bretagne, aux États-Unis et à d'autres pays. Les notices sont classées par sujets ou par types de publications comme les bibliographies, les atlas historiques, l'art héraldique, l'histoire des familles, l'histoire locale, etc. Cette société a aussi publié un catalogue de ses publications: *Ontario Genealogical Society publications for sale, 1995.*   Z5313 C3 O5 1985   016.9291

1128

Passenger and immigration lists bibliography, 1538-1900 : being a guide to published lists of arrivals in the United States and Canada. – Edited by P. William Filby. – 2nd ed. – Detroit (Mich.) : Gale Research Co., c1988. – xi, 324 p. – 0810327406

1st ed., 1981. Supplement, 1984. A bibliography of over 2,550 published passenger, naturalization and immigration lists for the United States and Canada. Includes books and periodical articles. Alphabetically arranged by author or title. Annotations. Canadian sources can be found through the subject index. Many of the works cited have been indexed in: *Passenger and immigration lists index.*
Z7164 I3 F55 1988 fol.   016.929373

1ʳᵉ éd., 1981. Supplément, 1984. Bibliographie de plus de 2 550 listes publiées de passagers, de naturalisation et d'immigration des États-Unis et du Canada. Comprend des livres et des articles de périodiques. Classement alphabétique par auteurs ou par titres. Annotations. On peut trouver des sources canadiennes par l'intermédiare de l'index des sujets. Nombre des ouvrages cités ont été indexés dans: *Passenger and immigration lists index.*   Z7164 I3 F55 1988 fol.   016.929373

1129

Public Archives Canada. – *Catalogue of census returns on microfilm, 1666-1891 = Catalogue de recensements sur microfilm, 1666-1891.* – Thomas A. Hillman. – [Ottawa] : the Archives, c1987. – xv, 289 p. – 0660537117

A catalogue of census returns, 1666-1891, for the provinces and territories of Canada, held on microfilm by the National Archives of Canada (formerly the Public Archives of Canada). Arranged by province or territory and then alphabetically by name of census district or sub-district. Entries include name of district or sub-district, years for which there are returns, microfilm reel numbers. Microfilms can be borrowed or purchased from the Archives. List of abbreviations used in census returns. Appendix: census returns on microfilm available for each province. Reproduced in microform format: *Microlog*, no. 87-03860.

   Revises and expands: *Catalogue of census returns on microfilm, 1825-1871 = Catalogue de recensements sur microfilms, 1825-1871*; *Catalogue of census returns on microfilm, 1666-1881 = Catalogue de recensements sur microfilm, 1666-1881.* Thomas Hillman has also

Catalogue des résultats des recensements, 1666-1891, effectué dans les provinces et territoires du Canada, qui se trouvent sur microfilm aux Archives nationales du Canada (autrefois les Archives publiques du Canada). Classement par provinces ou territoires, puis classement alphabétique par noms des districts ou sous-districts de recensement. Les notices comprennent le nom du district ou sous-district, l'année sur laquelle portait le recensement, le numéro de bobine de microfilm. On peut s'adresser aux Archives nationales pour emprunter ou acheter les microfilms. Liste des abréviations utilisées dans les cahiers de recensement. Annexe: résultats des recensements offerts sur microfilm pour chaque province. Reproduit sur support microforme: *Microlog*, nº 87-03860.

   Révise et augmente: *Catalogue of census returns on microfilm, 1825-1871 = Catalogue de recensements sur microfilms, 1825-1871*;

compiled: *Catalogue of census returns on microfilm, 1901 = Catalogue de recensements sur microfilm, 1901.* HA742 P833 1987 fol. 016.30460971

1130

Surrey Centennial Library. – *Canadian genealogical resources : a guide to the materials held in Surrey Centennial Library.* – By Paul Gutteridge. – 12th ed. – [Surrey, B.C.] : Surrey Public Library, 1994. – 1 vol. : forms.

1st ed., 1983?. A catalogue of sources for Canadian genealogical research in the collection of the Surrey Centennial Library, British Columbia. The collection includes census, estate, immigration, parish and military records, directories, historical atlases, local histories, periodicals, etc. Arranged by type of source and province where necessary. Annotations and call numbers. Directory of provincial archives and agencies responsible for twentieth-century vital statistics, immigration, military records, etc. Copies of research request forms for vital statistics information, etc. Z5313 C2 S97 fol. 016.9291072071

1131

Wilfrid Laurier University. Library. – *Roots : genealogical resources in W.L.U. library.* – Compiled by Diane E. Peters. – Waterloo (Ont.) : Library, Wilfrid Laurier University, 1990. – 161 p. – 0921821050

A bibliography of genealogical sources held in the Wilfrid Laurier University Library. Arranged by type of publication or subject including bibliographies, published census indexes, guides to archives and libraries, family histories, local histories arranged by province, peerage, periodicals, research guides, etc. Call numbers. Title index. Z5313 C2 P48 1990 fol. 016.9291

Catalogue of census returns on microfilm, 1666-1881 = Catalogue de recensements sur microfilm, 1666-1881. Thomas Hillman a également compilé: *Catalogue of census returns on microfilm, 1901 = Catalogue de recensements sur microfilm, 1901.* HA742 P833 1987 fol. 016.30460971

1ʳᵉ éd., 1983?. Catalogue des sources de recherche généalogique au Canada qui font partie de la collection de la Surrey Centennial Library, Colombie-Britannique. La collection comprend des recensements, des dossiers de succession, des registres d'immigration, paroissiaux et militaires, des répertoires, des atlas historiques, des documents sur l'histoire locale, des périodiques, etc. Classement par types de sources et par provinces, le cas échéant. Annotations et cotes. Répertoire des archives provinciales et des organismes responsables des registres de l'état civil, de l'immigration, de l'armée, etc. du vingtième siècle. Copies des formulaires de demande de recherche de données sur l'état civil, etc. Z5313 C2 S97 fol. 016.9291072071

Bibliographie des sources généalogiques qui se trouvent à la Wilfrid Laurier University Library. Classement par types de publications ou par sujets, incluant les bibliographies, les index publiés des résultats de recensement, les guides sur les archives et les bibliothèques, les documents sur l'histoire des familles, les livres d'histoire locale classés par provinces, les nobiliaires, les périodiques, les guides de recherche, etc. Cotes. Index des titres. Z5313 C2 P48 1990 fol. 016.9291

Dictionaries

Dictionnaires

1132

Arsenault, Bona. – *Histoire et généalogie des Acadiens.* – [3ᵉ éd.]. – [Carleton, Québec] : Télévision de la Baie des Chaleurs, c1988. – 6 vol. (2645 p.) : carte.

1st ed., 1965. 2nd ed., 1978. Imprint varies. A history and genealogy of the Acadian peoples compiled from published sources, census records and parish registers. Vol. 1 covers their history from the first French settlement at Port-Royal through the dispersal of the Acadians in the Atlantic Provinces, Quebec, Louisiana and France. Vols. 2-6 are geographically arranged genealogies of Acadian families: vol. 2, Port-Royal (Annapolis Royal, Nova Scotia); vol. 3, Beaubassin (Amherst, Nova Scotia), Grand-Pré (Nova Scotia); vol. 4, Pisiguit (Windsor, Nova Scotia), Cobequid (Truro, Nova Scotia), Chipoudy and Petitcoudiac (Hopewell Hill and Hillsborough, New Brunswick), Cap-de-Sable (Cape Sable, Nova Scotia) and Pobomcoup (Pubnico, Nova Scotia), Rivière Saint-Jean (New Brunswick), Ristigouche (Quebec); vol. 5, Plaisance (Placencia, Newfoundland), Île Royale including Louisbourg (Cape Breton Island), Île Saint-Jean (Prince Edward Island); vol. 6; Îles Saint-Pierre et Miquelon, Îles-de-la-Madeleine, Bordeaux (France), Belle-Île-en-Mer (Bretagne, France), Louisiana. Indexes of personal names and place names in vol. 1. Bibliography in vol. 1. Bibliography for vols. 2-6 in vol. 6.
   Vol. 1 has also been published separately in French and English under the titles: *Histoire des Acadiens* (Carleton (Québec) : Télévision de la Baie des Chaleurs, c1988) (Saint-Laurent (Québec) : Fides, c1994); *History of the Acadians* (Carleton (Québec) : Télévision de la Baie des Chaleurs, c1988) (Saint-Laurent (Québec) : Fides, c1994). FC2041 A72 1988 929.209715

1ʳᵉ éd., 1965. 2ᵉ éd., 1978. L'adresse bibliographique varie. Histoire et généalogie des Acadiens élaborées à partir de sources publiées, de cahiers de recensement et de registres paroissiaux. Le volume 1 porte sur leur histoire, depuis la première colonie française à Port-Royal jusqu'à la dispersion des Acadiens dans les provinces de l'Atlantique, au Québec, en Louisiane et en France. Les volumes 2-6 contiennent les généalogies de familles acadiennes, selon un classement géographique: vol. 2, Port-Royal (Annapolis Royal, Nouvelle-Écosse); vol. 3, Beaubassin (Amherst, Nouvelle-Écosse), Grand-Pré (Nouvelle-Écosse); vol. 4, Pisiguit (Windsor, Nouvelle-Écosse), Cobequid (Truro, Nouvelle-Écosse), Chipoudy et Petitcoudiac (Hopewell Hill et Hillsborough, Nouveau-Brunswick), Cap-de-Sable (Cape Sable, Nouvelle-Écosse) et Pobomcoup (Pubnico, Nouvelle-Écosse), Rivière Saint-Jean (Nouveau-Brunswick), Ristigouche (Québec); vol. 5, Plaisance (Placencia, Terre-Neuve), Île Royale, incluant Louisbourg (Île du Cap Breton), Île Saint-Jean (Île-du-Prince-Édouard); vol. 6; Îles de Saint-Pierre et Miquelon, Îles-de-la-Madeleine, Bordeaux (France), Belle-Île-en-Mer (Bretagne, France), Louisiane. Index des noms de personnes et de lieux dans le volume 1. Bibliographie dans le volume 1. Bibliographie des volumes 2-6 dans le volume 6.
   Le volume 1 a également été publié séparément, en anglais et en français, sous les titres: *Histoire des Acadiens* (Carleton (Québec) : Télévision de la Baie des Chaleurs, c1988) (Saint-Laurent (Québec) : Fides, c1994); *History of the Acadians* (Carleton (Québec) : Télévision de la Baie des Chaleurs, c1988) (Saint-Laurent (Québec) : Fides, c1994). FC2041 A72 1988 929.209715

1133
Hebert, Donald J. – *Index and key words to Histoire et généalogie des Acadiens by Bona Arsenault.* – Cecilia (La.) : [s.n.], 1979. – 30 p.

An alphabetically arranged index of names for volumes 2-6 of Bona Arsenault's *Histoire et généalogie des Acadiens*. Glossary of French terms used by Arsenault with English equivalents. FC2041 929.209715

Index alphabétique des noms qui figurent dans les volumes 2-6 de l'ouvrage de Bona Arsenault, *Histoire et généalogie des Acadiens*. Glossaire des termes français utilisés par Bona Arsenault et de leurs équivalents en anglais. FC2041 929.209715

1134
Jehn, Janet B. – *Corrections & additions to Arsenault's Histoire et généalogie des Acadiens.* – Covington (Ky.) : Janet B. Jehn, c1988. – [4] leaves, 138 p. : ill. – 939444100

Additions and corrections to the 1978 edition of Bona Arsenault's *Histoire et généalogie des Acadiens*. Follows Arsenault's geographical arrangement. Index of names. FC2041 A72 1978 fol. Suppl. 929.209715

Ajouts et corrections à l'édition de 1978 de l'ouvrage de Bona Arsenault, *Histoire et généalogie des Acadiens*. Respecte le classement géographique de Bona Arsenault. Index des noms. FC2041 A72 1978 fol. Suppl. 929.209715

1135
Morrison, Phoebe Chauvin. – *Index to Bona Arsenault's "Histoire et généalogie des Acadiens".* – Houma (La.) : Phoebe Chauvin Morrison, 1990. – [4], 294 p.

Indexes marriages in Bona Arsenault's *Histoire et généalogie des Acadiens*. Follows Arsenault's geographical arrangement and then lists couples alphabetically by the family name used as a paragraph header in Arsenault. Approximate date of marriage and page reference are provided. FC2041 A722 1990 fol. 929.209715

Index des mariages signalés dans l'ouvrage de Bona Arsenault, *Histoire et généalogie des Acadiens*. Respecte le même classement géographique, puis donne la liste alphabétique des couples par noms de famille utilisés comme en intertitres dans l'ouvrage de Arsenault. Fournit la date approximative du mariage et un renvoi. FC2041 A722 1990 fol. 929.209715

1136
Fournier, Marcel. – *Les Bretons en Amérique du Nord : des origines à 1770.* – Québec : Société de généalogie de Québec, 1987. – viii, 424 p. : cartes. – (Contribution ; nᵒ 55). – 2891200349

2,380 brief biographies of Bretons who came to Acadia, New France, Louisiana and Illinois, compiled from published sources, registers of births, marriages and deaths, census records, marriage contracts, etc. Introductory essay on the history of European, in particular French, settlement in North America. Biographies are alphabetically arranged by family name. Supplement. Indexes: place of origin; place of settlement; spouses who do not have distinct entries in the dictionary. List of ships which carried Bretons to New France. Bibliography. Updates and enlarges the author's *Dictionnaire biographiques des Bretons en Nouvelle-France, 1600-1765* ([Québec] : Ministère des affaires culturelles, Archives nationales du Québec, [1981]). FC306 A1 F682 1987 fol. 929.2089168

Contient 2 380 courtes biographies des Bretons qui sont venus en Acadie, en Nouvelle-France, en Louisiane et en Illinois. Les biographies ont été rédigées à partir de sources publiées, de registres des naissances, des mariages et des décès, de cahiers de recensement, de contrats de mariage, etc. Essai de présentation sur l'histoire des colonies européennes, particulièrement des colonies françaises, en Amérique du Nord. Les biographies sont classées en ordre alphabétique par noms de famille. Supplément. Trois index : lieux d'origine; lieux de colonisation; conjoints pour lesquels le dictionnaire ne contient pas de notices distinctes. Liste des navires qui ont amené des Bretons en Nouvelle-France. Bibliographie. Met à jour et augmente un autre ouvrage du même auteur : *Dictionnaire biographique des Bretons en Nouvelle-France, 1600-1765* ([Québec] : Ministère des affaires culturelles, Archives nationales du Québec, [1981]). FC306 A1 F682 1987 fol. 929.2089168

1137
Loyalist lineages of Canada, 1783-1983. – Toronto Branch, the United Empire Loyalists' Association of Canada ; general editor, Lynn A. Morgan ; compilers, Elizabeth Hancocks, Casey Hancocks, Mary E. McGillivray. – Agincourt (Ont.) : Generation Press, c1984. – xxiv, 898 p., [7] leaves of plates : ill. – 0920830242

Includes the lineages of over 1,300 members of the United Empire Loyalists' Association of Canada. Information is extracted from applications submitted to and approved by the Association during the period from 1970 to 1982. Lineages are alphabetically arranged by Loyalist surname. Within a lineage, each numbered paragraph includes the family data for one generation. Index of additional names from lineages. Continued by: *Loyalist lineages of Canada. Volume II.* FC424 A1 L69 1984 929.20971

Contient les lignées de plus de 1 300 membres de la United Empire Loyalists' Association of Canada. Les données proviennent des demandes d'adhésion approuvées par cette association pendant la période de 1970 à 1982. Les lignées sont classées en ordre alphabétique par noms de famille loyaliste. Sous chacune des lignées, chaque paragraphe numéroté fournit des données sur une génération de la famille. Index des autres noms des mêmes lignées. Suivi de : *Loyalist lineages of Canada. Volume II.* FC424 A1 L69 1984 929.20971

1138
Loyalist lineages of Canada. Volume II. – Toronto Branch, the United Empire Loyalists' Association of Canada ; editor, Dorrine Robertson Macnab ; compiler, Mary E. McGillivray. – Toronto : Toronto Branch, United Empire Loyalists' Association of Canada, c1991. – 2 vol. (xxix, 1563 p., [16] p. of plates) : ill. – 0969517807 (set) 0969517815 (vol. 2, part 1) 0969517823 (vol. 2, part 2)

Provides additional information for lineages included in *Loyalist lineages of Canada, 1783-1983* and lineages of new members. Does not repeat all data from previous volume. Alphabetically arranged by Loyalist surname. Index of names. FC424 A1 L692 1991 929.20971

Fournit des données supplémentaires sur les lignées incluses dans *Loyalist lineages of Canada, 1783-1983* et celles de nouveaux membres. Ne répète pas toutes les données fournies dans le volume antérieur. Classement alphabétique par noms de famille loyaliste. Index des noms. FC424 A1 L692 1991 929.20971

1139

Whyte, Donald. – *A dictionary of Scottish emigrants to Canada before Confederation.* – Toronto : Ontario Genealogical Society, 1986. – xvi, 443 p. – 0920036090

A dictionary of over 30,000 names of Scottish emigrants to Canada prior to 1867. Compiled from passenger lists, local and family histories, etc. Alphabetically arranged by surname. Entries may include name, dates of birth and death, place of origin, names of parents, destination, date, ship, occupation, names of spouse and spouse's parents, date of marriage, names of children and reference to source. Addenda. Bibliography.   FC106 S3 W49 1986   929.20899163071

Dictionnaire de plus de 30 000 noms d'émigrants écossais venus au Canada avant 1867. Élaboré à partir de listes de passagers, de documents sur l'histoire locale et sur celle des familles, etc. Classement alphabétique par noms de famille. Les notices peuvent comprendre le nom, les dates de naissance et de décès, le lieu d'origine, les noms des parents, la destination, la date, le nom du navire, l'occupation, les noms du conjoint et de ses parents, la date de mariage, les noms des enfants et une référence à la source. Addenda. Bibliographie. FC106 S3 W49 1986   929.20899163071

Directories

Répertoires

1140

Bunnell, Paul J. [Paul Joseph]. – *Research guide to Loyalist ancestors : a directory to archives, manuscripts, and published sources.* – Bowie (Md.) : Heritage Books, 1990. – ix, 146 p. – 155613357X

A directory of archives, libraries and museums in Canada, the United States and other countries, holding materials relevant to Loyalist genealogical research. The section on Canada is arranged by province. Entries for institutions include address, telephone number and descriptions of sources such as census, land, estate and military records, parish registers, etc. Lists genealogical and other societies in each province as well as Loyalist historical sites. Bibliographies of published Loyalist sources.   Z1238 B85 1990   929.107207

Répertoire des archives, des bibliothèques et des musées du Canada, des États-Unis et d'autres pays qui possèdent des documents pertinents pour les recherches généalogiques sur les Loyalistes. Dans la section qui porte sur le Canada, classement par provinces. Les notices sur les établissements comprennent l'adresse, le numéro de téléphone et la description des sources, comme les cahiers de recensement, les documents relatifs aux terres et aux successions, les registres militaires et paroissiaux, etc. Donne la liste des sociétés généalogiques et autres de chaque province ainsi que celle des lieux historiques loyalistes. Bibliographie des sources loyalistes publiées.   Z1238 B85 1990   929.107207

1141

Filby, P. William. – *Directory of American libraries with genealogy or local history collections.* – Wilmington (Del.) : Scholarly Resources Inc., c1988. – xiv, 319 p. – 0842022864

A directory of American and Canadian libraries with genealogy or local history collections. Based on a questionnaire sent to over 4,000 libraries. 128 Canadian libraries replied, 62 from Ontario. Arranged by country and then state or province/territory and city. Entries include: name, address and telephone number of library; days/hours open to public; name of head of genealogy/local history section; numbers of books, manuscript collections, microfilm reels relating to genealogy/local history; geographical areas covered; reference services provided; charges; policies on lending books/microfilms; published and/or unpublished guides to collection; list of professional researchers available; inclusion of collection on OCLC and/or RLIN; selected titles held. List of libraries not holding genealogy or local history collections. Index of libraries holding significant collections for regions, provinces, countries, etc., other than their own. Sample questionnaire.   Z675 G44 F56 1988 fol.   026.971025

Répertoire des bibliothèques américaines et canadiennes qui possèdent des collections sur la généalogie ou l'histoire locale. Fondé sur un questionnaire envoyé à plus de 4 000 bibliothèques. En tout, 128 bibliothèques canadiennes y ont répondu, dont 62 établissements de l'Ontario. Classement par pays, puis par états ou provinces/territoires et par villes. Les notices contiennent: nom, adresse et numéro de téléphone de la bibliothèque; jours et heures d'ouverture au public; nom du chef de la section de généalogie ou d'histoire locale; nombre de livres, collections de manuscrits, bobines de microfilm qui se rapportent à la généalogie ou à l'histoire locale; régions géographiques couvertes; services de référence offerts; frais; politique sur le prêt de livres ou de microfilms; guides sur la collection, publiés ou non; liste des chercheurs professionnels disponibles; inclusion de la collection dans l'OCLC et (ou) le RLIN; ouvrages choisis de la bibliothèque. Liste des bibliothèques qui ne possèdent pas de collections sur la généalogie ou l'histoire locale. Index des bibliothèques qui possèdent des collections importantes sur des régions, des provinces, des pays, etc. autres que l'endroit où elles sont situées. Exemple du questionnaire.   Z675 G44 F56 1988 fol.   026.971025

1142

Meyer, Mary Keysor. – *Meyer's directory of genealogical societies in the U.S.A. and Canada.* – (1976-   . – Mt. Airy (Md.) : Mary Keysor Meyer, 1976-   . – vol. – 0732-3395

Biennial. Organized in six sections: genealogical societies in Canada arranged by province; genealogical societies in the United States arranged by state; special interest organizations arranged by ethnic group, etc.; umbrella organizations; single name family organizations and periodicals alphabetically arranged by name or title; independent genealogical periodicals alphabetically arranged by title. Entries for societies may include name, address, telephone number, date of foundation, number of members, membership fee, information on publications, areas of geographical interest and special

Biennal. Organisé en six sections: sociétés généalogiques du Canada répertoriées par provinces; sociétés généalogiques des États-Unis énumérées par états; organisations d'intérêt particulier inventoriées par groupes ethniques, etc.; organisations cadres; organisations et périodiques relatifs à un nom de famille particulier, selon l'ordre alphabétique des noms ou des titres; périodiques indépendants spécialisés en généalogie, selon l'ordre alphabétique des titres. Les notices sur les sociétés peuvent comprendre le nom, l'adresse, le numéro de téléphone, la date de fondation, le nombre de membres,

projects. Title varies: (1976)-3rd ed. (1980), *Directory of genealogical societies in the U.S.A. and Canada.*   CS44 M44   929.102573

les frais d'adhésion, des données sur les publications, les régions d'intérêt géographique et les projets spéciaux. Le titre varie: (1976)-3ᵉ éd. (1980), *Directory of genealogical societies in the U.S.A. and Canada.*   CS44 M44   929.102573

1143

Who's who in genealogy & heraldry. – Mary Keysor Meyer and P. William Filby, editors. – Savage (Md.) : Who's Who in Genealogy & Heraldry, c1981-   . – vol. – 1055-5943

Irregular, 1981, 1990. Imprint varies. Biographies of persons involved in the fields of genealogy and heraldry. Includes authors, editors and publishers of genealogical or heraldic publications, professional genealogists, heraldic authorities and artists, genealogical reference librarians and selected members of major genealogical societies. Entries for 41 residents of Canada. Alphabetically arranged by name of biographee. Entries include the following categories of information: personal, career activities, genealogical publications and genealogical interests. Indexes: language, locality, subject.
CS5 W46 1990 fol.   929.102573

Irrégulier, 1981, 1990. L'adresse bibliographique varie. Biographies de personnes actives dans les domaines de la généalogie et de l'héraldique. Inclut des auteurs, des rédacteurs et des maisons d'édition qui publient des documents sur la généalogie ou l'héraldique, des généalogistes professionnels, des autorités en matière d'héraldique et des artistes de ce domaine, des bibliothécaires de référence en généalogie et une sélection de membres d'importantes sociétés de généalogie. Notices sur 41 résidents du Canada. Classement alphabétique par noms des personnes sur lesquelles portent les biographies. Les notices comprennent les catégories suivantes d'information: données personnelles, carrière, publications généalogiques et intérêts particuliers en matière de généalogie. Trois index: langues, lieux, sujets.   CS5 W46 1990 fol.
929.102573

Handbooks

Guides

1144

Baxter, Angus. – *In search of your Canadian roots.* – 2nd ed. – Toronto : Macmillan Canada, c1994. – xviii, 350 p. – 0771590199

1st ed., c1989. A guide to sources for genealogical research in Canada. Provides information for beginners on getting started, organizing research and writing a family history. Examines records available for each province or territory including census returns, land records, parish registers, civil registration records, newspapers, wills, directories, etc. Notes archives, libraries, genealogical and historical societies which have significant genealogical holdings. Does not discuss records related to adoption or divorce. Bibliography. Subject index.
1st ed. also published: Baltimore (Md.) : Genealogical Publishing, 1990, c1989.   CS82 B39 1994   929.1072071

1ʳᵉ éd., c1989. Guide sur les sources de recherche généalogique du Canada. Fournit des renseignements aux débutants sur la façon d'entreprendre et d'organiser les recherches et d'écrire l'histoire de la famille. Examine les dossiers disponibles pour chaque province ou territoire, incluant les résultats des recensements, les documents relatifs aux terres, les registres paroissiaux et d'état civil, les journaux, les testaments, les répertoires, etc. Signale les archives, les bibliothèques et les sociétés généalogiques et historiques qui possèdent des fonds documentaires importants sur la généalogie. Ne traite pas des dossiers qui se rapportent à l'adoption ou au divorce. Classement par provinces ou territoires et par types de sources. Bibliographie. Index des sujets. 1ʳᵉ éd., également publié: Baltimore (Md.) : Genealogical Publishing, 1990, c1989.   CS82 B39 1994   929.1072071

1145

Baxter, Angus. – *In search of your roots : a guide for Canadians seeking their ancestors.* – Rev. and updated. – Toronto : Macmillan Canada, 1991, c1978. – [4], 331 p. – 0770515770

Previous editions: 1978, 1980, 1984. Provides an overview of the sources available to Canadians seeking their ancestors in Canada, the United Kingdom, Europe, the United States and other countries. Covers sources such as vital statistics, land and church records, wills, census returns, newspapers and directories. Also describes significant archives, libraries, genealogical and historical societies. Separate chapters on getting started, writing a family history and heraldry. Appendix: Mormon records. Bibliography. List of foreign libraries. Subject index.   CS16 B39 1991   929.1072

Éditions antérieures: 1978, 1980, 1984. Donne un aperçu des sources disponibles pour les Canadiens qui cherchent leurs ancêtres au Canada, au Royaume-Uni, en Europe, aux États-Unis et dans d'autres pays. Porte sur des sources comme les registres d'état civil, les documents relatifs aux terres, les registres paroissiaux, les testaments, les résultats des recensements, les journaux et les répertoires. Décrit aussi les archives, les bibliothèques et les sociétés historiques et généalogiques importantes. Chapitres distincts sur la façon d'entreprendre des recherches, d'écrire l'histoire de la famille et d'en retrouver les armoiries. Appendice: les registres mormons. Bibliographie. Liste des bibliothèques étrangères. Index des sujets.
CS16 B39 1991   929.1072

1146

Briggs, Elizabeth. – *Access to ancestry : a genealogical resource manual for Canadians tracing their heritage.* – Winnipeg : Westgarth, c1995. – vi, 166 p. : forms, geneal. tables. – 0969745311

A basic guide for genealogists researching ancestors in Manitoba, in other provinces, and outside Canada. Discusses beginning research, organizing information, problems, etc. Describes published sources, and unpublished records, such as vital statistics, homestead, court and land records, held in various Manitoba repositories. Records for

Guide de base destiné aux généalogistes qui mènent des recherches sur les ancêtres au Manitoba, dans d'autres provinces et à l'extérieur du Canada. Discute des débuts de la recherche, de l'organisation des données, des problèmes, etc. Décrit les sources publiées et les documents non publiés, comme les statistiques de l'état civil, les dossiers

other provinces and countries are described in less detail. Addresses and telephone numbers for relevant archives, libraries, government agencies, genealogical and historical societies. Sample charts. Bibliography. Subject index. Revises: Briggs, Elizabeth, *Handbook for genealogists* (Winnipeg : Manitoba Genealogical Society, 1990). CS16 B743 1995 fol.   929.1072071

sur les concessions, les archives judiciaires et les documents relatifs aux terres qui se trouvent dans divers dépôts du Manitoba. Les documents sur d'autres provinces et pays sont décrits avec moins de détail. Adresse et numéro de téléphone des archives, bibliothèques, organismes gouvernementaux, et sociétés généalogiques et historiques pertinentes. Exemples d'arbres généalogiques. Bibliographie. Index sujets. Révise: Briggs, Elizabeth, *Handbook for genealogists* (Winnipeg : Manitoba Genealogical Society, 1990). CS16 B743 1995 fol.   929.1072071

1147

The Church of Jesus Christ of Latter-day Saints. Family History Library. – *Canada research outline.* – 1st ed. – Salt Lake City (Utah) : Family History Library, The Church of Jesus Christ of Latter-day Saints, 1993. – 48 p. : map.

An outline of sources for genealogical research on Canadian ancestors, prepared by the Family History Library, The Church of Jesus Christ of Latter-day Saints. Describes search strategies, records at the Family History Library, sources such as business, census, church, immigration, military, notarial and vital records, directories, newspapers and maps. Also discusses topics such as language, personal names and genealogical research for minority groups and Native peoples. Addresses of libraries, archives and historical and genealogical societies. Bibliographical references for many genealogical publications.   CS83 C35 1993 fol.   929.1072071

Aperçu des sources utiles aux recherches généalogiques sur les ancêtres canadiens, préparé par la Family History Library de l'Église de Jésus-Christ des saints des derniers jours. Décrit les stratégies de recherche, les dossiers de la Family History Library, les sources comme les registres des entreprises, les cahiers de recensement, les registres paroissiaux, militaires, d'immigration et d'état civil, les greffes de notaires, les répertoires, les journaux et les cartes. Discute aussi de sujets comme la langue, les noms et la recherche généalogique sur les groupes minoritaires et les Autochtones. Fournit les adresses de bibliothèques, d'archives et de sociétés historiques et généalogiques. Références bibliographiques à de nombreuses publications sur la généalogie.   CS83 C35 1993 fol. 929.1072071

1148

The Church of Jesus Christ of Latter-day Saints. Genealogical Library. – *Research outline.* – 1st ed., 1986. – Salt Lake City (Utah) : Corporation of the President of the Church of Jesus Christ of Latter-day Saints, 1986. – 10 vol.

A series of brief pamphlets which describe the primary sources for genealogical research in each of the Canadian provinces, prepared by the Genealogical Library of the Church of Jesus Christ of the Latter-day Saints. Each pamphlet includes: the historical background of the province, a research strategy, descriptions of sources such as cemetery, census, church, probate and land records, newspapers, maps and directories, addresses for genealogical and historical societies, archives and libraries and a brief bibliography.   CS83 929.1072071

Collection de courtes brochures qui décrivent les sources primaires de recherche généalogique dans chacune des provinces canadiennes. Elles ont été rédigées par la Genealogical Library de l'Église de Jésus-Christ des saints des derniers jours. Chaque brochure contient: des données sur l'histoire de la province, une stratégie de recherche, la description des sources, comme les registres des cimetières, les cahiers de recensement, les registres paroissiaux, les documents relatifs aux terres, les registres des successions, les journaux, les cartes et les répertoires, ainsi que les adresses des sociétés généalogiques et historiques, des archives et des bibliothèques et une courte bibliographie.   CS83 929.1072071

1149

Clendenan, Diane E. – *Researching your family tree : a beginner's guide from the Toronto Branch of the Ontario Genealogical Society.* – By Diane E. Clendenan & Jane E. Thompson with the assistance of Ruth M. Burkholder. – Toronto : Ontario Genealogical Society, Toronto Branch, c1993. – [6], 25 p. : charts. – 0777900467

A beginner's guide to genealogical research. Particularly useful for researchers working in Ontario. Provides basic information on getting started, using libraries, archives, genealogical and historical societies and organizing records. Also covers sources such as census, vital statistics, cemetery, land, estate and immigration records, maps, newspapers and directories. Addresses provided for relevant libraries, archives and societies. Samples of completed family group sheet and pedigree chart. Reading list for each section. 2nd ed. forthcoming 1995.   CS16 C54 1993   929.1072071

Guide sur la recherche généalogique conçu à l'intention des débutants. Particulièrement utile pour les chercheurs qui travaillent en Ontario. Donne des informations de base sur la façon d'entreprendre des recherches, de consulter les bibliothèques, les archives et les sociétés généalogiques et historiques, et sur la manière d'organiser les dossiers. Porte également sur les sources comme les cahiers de recensement, les registres d'état civil et des cimetières, les documents relatifs aux terres, les registres des successions et d'immigration, les cartes, les journaux et les répertoires. Des adresses sont fournies pour les bibliothèques, archives et sociétés pertinentes. Exemples d'arbre généalogique et de tableau généalogique complétés. Liste de livres recommandés dans chaque section. 2ᵉ éd., à paraître 1995. CS16 C54 1993   929.1072071

1150

Hebert, Donald J. – *Researching Acadian families.* – Ville Platte (La.) : Hebert Publications, c1987. – v, 22, 4, [2] p. : maps.

Provides a brief history of the Acadian people and outlines sources for genealogical research. Notes archives and genealogical societies. Bibliography. Also includes a reprint of: *Nova Scotia research outline* (Salt Lake City (Utah) : Corporation of the President of the Church of Jesus Christ of Latter-day Saints, c1986).   CS88 A84 H47 1987 fol.   929.1089410763

Contient une courte histoire du peuple acadien et donne un aperçu des sources utiles à la recherche généalogique. Signale les archives et les sociétés généalogiques. Bibliographie. Inclut également une réimpression de: *Nova Scotia research outline* (Salt Lake City (Utah) : Corporation of the President of the Church of Jesus Christ of Latter-day Saints, c1986).   CS88 A84 H47 1987 fol.   929.1089410763

1151

Himka, John-Paul. – *Sources for researching Ukrainian family history.* – John-Paul Himka and Frances A. Swyripa. – Edmonton : Canadian Institute of Ukrainian Studies, University of Alberta, 1984. – 37 p. : 1 map. – (Research report ; no. 6).

A guide to Ukrainian and Canadian sources for Ukrainian-Canadian genealogical research. Discusses published works on Ukrainian surnames, language and history and notes sources such as the Ukrainian bureau of vital statistics and archives of the former Soviet Union. Brief history of Ukrainian immigration and settlement in Canada. Covers published works on Ukrainian Canadians as well as unpublished sources such as Canadian vital statistics, church, land, immigration and naturalization records. Bibliography of local histories for Ukrainian districts of Alberta, Saskatchewan and Manitoba. FC106 U5 H55 1984 fol.   929.108991791071

Guide sur les sources ukrainiennes et canadiennes utiles à la recherche généalogique sur les Canadiens d'origine ukrainienne. Discute des ouvrages publiés qui portent sur des noms de famille ukrainiens ainsi que sur la langue et l'histoire ukrainiennes. Signale les sources comme le bureau d'état civil ukrainien et les archives de l'ancienne Union soviétique. Courte histoire de l'immigration ukrainienne et de l'installation des Ukrainiens au Canada. Traite des ouvrages publiés relatifs à des Canadiens d'origine ukrainienne ainsi que de sources non publiées, comme les registres d'état civil canadiens, les registres paroissiaux, les documents sur les terres, les registres d'immigration et de naturalisation. Bibliographie des ouvrages sur l'histoire locale des districts ukrainiens de l'Alberta, de la Saskatchewan et du Manitoba.   FC106 U5 H55 1984 fol.   929.108991791071

1152

Jetté, René. – *Traité de généalogie.* – Préface de Jacques Dupâquier. – Montréal (Québec) : Presses de l'Université de Montréal, 1991. – 716 p. : ill. – 2760615529

An encyclopedic work on all aspects of the science of genealogy with emphasis on research in Quebec. Covers the following topics among others: methods of determining family relationships; terminology of family relationships; naming conventions; arrangement of genealogical data; the practice of genealogy, its uses, and history in Quebec; types of proof for genealogical facts; the process of the genealogical enquiry; sources for genealogical research in Quebec including private and published sources, registers of births, etc., as well as notarial, census and other types of records. Numerous charts and sample entries from sources.

   Appendices: French, English, Latin glossary of terms for family relationships; formulae for calculating consanguinity; table of concordance for Quebec census counties and districts, 1792-1981; directory of regional centres of the Archives nationales du Québec (ANQ) and headquarters of judicial districts; table of census districts indicating judicial district and ANQ regional centre. Glossary. Bibliography. No index. Detailed table of contents.   CS10 J47 1991 929.1

Ouvrage encyclopédique sur tous les aspects de la généalogie avec insistance sur la recherche au Québec. Couvre notamment les sujets suivants: les méthodes pour déterminer les liens de parenté; la terminologie des liens de parenté; les règles d'attribution des noms; le classement des données généalogiques; la pratique de la généalogie, son utilisation et son histoire au Québec; les types de preuves de faits généalogiques; le processus de recherche généalogique; les sources de recherche généalogique au Québec incluant les documents privés et les sources publiées, les registres des naissances, etc. ainsi que les greffes de notaires, les cahiers de recensement et les autres types de registres. Nombreux diagrammes et exemples de notices tirées des sources.

   Annexes: glossaire français, anglais et latin des termes relatifs aux liens de parenté; formules pour calculer la consanguinité; tableau de concordance des comtés et des districts de recensement du Québec, 1792-1981; répertoire des centres régionaux des Archives nationales du Québec (ANQ) et des bureaux d'administration centrale des districts judiciaires; tableau des districts de recensement avec district judiciaire et centre régional de l'ANQ. Glossaire. Bibliographie. Aucun index. Tableau détaillé du contenu.   CS10 J47 1991   929.1

1153

Jonasson, Eric. – *The Canadian genealogical handbook : a comprehensive guide to finding your ancestors in Canada.* – 2d ed., rev. and enl. – Winnipeg : Wheatfield Press, 1978. – 352 p. : ill., facsims., maps. – 0920374026

1st ed., 1976. A guide to Canadian sources for genealogical research. For the beginner, covers getting started, organizing data, using family records, correspondence in genealogical research and using libraries. Chapter 2 describes archives, libraries, genealogical societies, Mormon Family History Libraries and genealogical publishers in Canada. Discusses the following types of sources: vital statistics, church, cemetery, probate, land, municipal, court, immigration, citizenship, military, ethnic and school records, census returns, wills, newspapers, maps, atlases and directories, material relating to French Canada, Acadia, Native peoples and heraldry. Provincial records and sources are also covered. Brief chapter on overseas research. Bibliographies accompany many sections.   CS82 J65 1978 fol.   929.1072071

1re éd., 1976. Guide sur les sources canadiennes de recherche généalogique. Conçu pour le débutant, il traite de la façon d'entreprendre des recherches, d'organiser les données, d'utiliser les documents et la correspondance de la famille, et de consulter les bibliothèques. Le chapitre 2 décrit les archives, les bibliothèques, les sociétés généalogiques, les bibliothèques des Mormons et les éditeurs d'ouvrages généalogiques du Canada. Discute des sources suivantes: registres d'état civil, paroissiaux, des cimetières et des successions, documents relatifs aux terres, registres municipaux, des tribunaux, d'immigration et de citoyenneté, militaires, ethniques et scolaires, résultats des recensements, testaments, journaux, cartes, atlas et répertoires, ainsi que documents relatifs au Canada français, à l'Acadie, aux peuples autochtones et à l'héraldique. Traite des sources et registres provinciaux. Court chapitre sur la recherche outre-mer. De nombreuses sections contiennent une bibliographie. CS82 J65 1978 fol.   929.1072071

1154

Konrad, J. – *French and French-Canadian family research.* – Rev. ed. – Indianapolis (Ind.) : Ye Olde Genealogie Shoppe, 1993. – iii leaves, 79 p. : maps. – 1878311204

1st ed., 1985. Rev. ed., 1989. Imprint varies. An English-language guide to researching French ancestors in the United States, Canada and France. Provides a brief history of France and French immigration to and settlement in North America. Other chapters cover sources available in the United States, French Canada and France including census returns, birth, marriage and death records as well as published materials. Includes addresses for relevant genealogical and historical societies and archives. Sample letters in French for corresponding with archives, etc. Brief French-English glossary. CS83 K65 1993 fol. 929.108941071

1re éd., 1985. Éd. révue, 1989. L'adresse bibliographique varie. Guide en anglais sur la recherche d'ancêtres français aux États-Unis, au Canada et en France. Contient une courte histoire de la France ainsi que de l'immigration et de la colonisation françaises en Amérique du Nord. D'autres chapitres portent sur les sources disponibles aux États-Unis, au Canada français et en France incluant les résultats des recensements, les registres des naissances, des mariages et des décès ainsi que les documents publiés. Inclut les adresses de sociétés généalogiques et historiques et d'archives pertinentes. Exemples de lettres en français qui peuvent servir à communiquer avec les archives, etc. Court glossaire français-anglais. CS83 K65 1993 fol. 929.108941071

1155

Roy, Janine. – *Guide des sources généalogiques au Canada.* – 8e éd. – Ottawa : Archives nationales du Canada, 1993. – 53 p. – 0662984560

1st ed., 1968. An introductory guide to genealogical research in Canada with emphasis on the collections of the National Archives of Canada. Arranged by type of source such as published materials, census, birth, marriage, death, land, estate, military, immigration, naturalization, citizenship and Loyalist records. List of census returns available on microfilm at the Archives or through interlibrary loan. Provides addresses for provincial and territorial archives and registrars of vital statistics. Also published in English under the title: *Tracing your ancestors in Canada.* CS83 929.1072071

1re éd., 1968. Guide d'introduction à la recherche généalogique au Canada avec insistance sur les collections des Archives nationales du Canada. Classement par types de sources comme les documents publiés, les cahiers de recensement, les registres des naissances, des mariages et des décès, les documents sur les terres et les successions, les registres militaires, d'immigration, de naturalisation et de citoyenneté, et les documents sur les Loyalistes. Donne la liste des résultats de recensements sur microfilm qui peuvent être consultés aux Archives ou qui peuvent faire l'objet de prêts entre bibliothèques. Fournit les adresses des archives et officiers de l'état civil des provinces et territoires. Publié aussi en anglais sous le titre: *Tracing your ancestors in Canada.* CS83 929.1072071

1156

Roy, Janine. – *Tracing your ancestors in Canada.* – 11th ed. – Ottawa : National Archives of Canada, 1993. – 47 p. – 0662207580

1st ed., 1968. An introductory guide to genealogical research in Canada with emphasis on the collections of the National Archives of Canada. Arranged by type of source such as published materials, census, birth, marriage, death, land, estate, military, immigration, naturalization, citizenship and Loyalist records. List of census returns available on microfilm at the Archives or through interlibrary loan. Provides addresses for provincial and territorial registrars of vital statistics and archives. Also published in French under the title: *Guide des sources généalogiques au Canada.* CS83 929.1072071

1re éd., 1968. Guide d'introduction à la recherche généalogique au Canada avec insistance sur les collections des Archives nationales du Canada. Classement par types de sources comme les documents publiés, les cahiers de recensement, les registres des naissances, des mariages et des décès, les documents sur les terres et les successions, les registres militaires, d'immigration, de naturalisation et de citoyenneté, et les documents sur les Loyalistes. Donne la liste des résultats de recensements sur microfilm qui peuvent être consultés aux Archives ou qui peuvent faire l'objet de prêts entre bibliothèques. Fournit les adresses des archives et officiers de l'état civil des provinces et territoires. Publié aussi en français sous le titre: *Guide des sources généalogiques au Canada.* CS83 929.1072071

1157

Skene, Cécile. – *Handbook to Canadian trees and French roots.* – Winnipeg : Manitoba Genealogical Society, 1987. – 57 p. : maps. – 0921622074

3rd printing, 1991. A guide to French-Canadian genealogical research using sources available in Manitoba. Provides address, telephone number and description of hours, services and genealogical holdings for the Société historique de Saint-Boniface, Bibliothèque Saint-Boniface, Manitoba Genealogical Society, Centennial Library, Winnipeg and the Mormon Family History Center, Winnipeg. Directory of genealogical societies and archives in Quebec and France as well as useful addresses in Canada, the United States and Belgium. CS83 S54 1991 fol. 929.1089114

3e impression, 1991. Guide de recherches en généalogie canadienne-française au moyen des sources disponibles au Manitoba. Donne l'adresse, le numéro de téléphone ainsi que l'horaire, les services et les fonds documentaires généalogiques de la Société historique de Saint-Boniface, de la Bibliothèque Saint-Boniface, de la Manitoba Genealogical Society, la Centennial Library, Winnipeg, et du Mormon Family History Center, Winnipeg. Répertoire des sociétés généalogiques et des archives du Québec et de la France, et adresses utiles au Canada, aux États-Unis et en Belgique. CS83 S54 1991 fol. 929.1089114

Historical Atlases

Atlas historiques

1158
Illustrated historical atlas of...

Illustrated historical atlases were published in Canada during the period 1875 through 1881. The largest number were published for the counties of Ontario. Generally they include a historical sketch of the county, maps of the townships, towns and villages which often note landholders' names, illustrations of public buildings, a directory, portraits and business cards of subscribers. Many of these atlases have been reprinted with revisions. A few have been reproduced on microfiche by the Canadian Institute for Historical Microreproductions. Genealogical indexes have been compiled and separately published for others. A bibliography of the atlases was published under the title: *County atlases of Canada : a descriptive catalogue = Atlas de comtés canadiens : catalogue descriptif* ([Ottawa] : National Map Collection, Public Archives of Canada, 1970).   G1116 911

Des atlas historiques illustrés ont été publiés au Canada durant la période de 1875 à 1881. La plupart portent sur des comtés ontariens. En général, ils comprennent une esquisse de l'histoire du comté, des cartes des cantons, des villes et des villages, souvent avec mention des noms des propriétaires terriens, des illustrations de bâtiments publics, un répertoire, des portraits et les cartes professionnelles des abonnés. Nombre de ces atlas ont été réimprimés après révision. Quelques-uns ont été reproduits sur microfiche par l'Institut canadien de microreproductions historiques. Dans d'autres cas, des index généalogiques ont été compilés et publiés séparément. Une bibliographie des atlas a été publiée sous le titre: *County atlases of Canada : a descriptive catalogue = Atlas de comtés canadiens : catalogue descriptif* ([Ottawa] : Collection nationale de cartes et de plans, Archives publiques du Canada, 1970).   G1116 911

New Brunswick

Nouveau-Brunswick

Atlas of St. John city and county, New Brunswick. – St. John : Roe and Colby, 1875. – 91 p. – Offset ed.: *Historical atlas of York County, N.B. and St. John, N.B. city and county.* – Belleville (Ont.) : Mika Publishing, 1973.

   Atlas of York County, New Brunswick. – Fredericton : Halfpenny, 1878. – 64 p. – Offset ed.: *Historical atlas of York County, N.B. and St. John, N.B. city and county.* – Belleville (Ont.) : Mika Publishing, 1973.

1159
Nova Scotia

Nouvelle-Écosse

Illustrated historical atlas of Pictou County, Nova Scotia. – [Toronto] : J.H. Meacham, 1879. – 96 p. – Offset ed.: Belleville (Ont.) : Mika Silk Screening, 1972. – 2nd. reprint ed.: Belleville (Ont.) : Mika Silk Screening, 1975.

1160
Ontario

Ontario

Illustrated historical atlas of the county of Brant, Ont. – Toronto : Page & Smith, 1875. – 65 p. – Offset ed.: Belleville (Ont.) Mika Silk Screening, 1972; *Illustrated historical atlas of the counties of Oxford (Walker and Miles, 1876) and Brant (Page and Smith, 1875).* – Port Elgin (Ont.) : Ross Cumming, 1972.

   Illustrated atlas of the Dominion of Canada [...] Bruce County supplement. – Toronto : H. Belden, 1880. – 58 p. – Offset editions: *Illustrated atlas of the county of Bruce containing authentic maps of the townships.* – Port Elgin (Ont.) : Ross Cumming, 1970, 1971.

   Illustrated historical atlas of the county of Carleton (including city of Ottawa) Ontario. – Toronto : H. Belden, 1879. – 70 p. – Offset ed.: Port Elgin (Ont.) : Ross Cumming, 1971; Belleville (Ont.) : Mika Silk Screening, 1971; Stratford (Ont.) : Cummings Atlas Reprints, 1976. – Reproduced in microform format: *CIHM/ICMH microfiche series*, no. 12020.

   Illustrated historical atlas of the county of Elgin, Ont. – Toronto : H.R. Page, 1877. – 60 p. – Offset editions: Port Elgin (Ont.) : Ross Cumming, 1971?, 1976.

   Illustrated atlas of the Dominion of Canada [...] Essex supplement. – Toronto : H. Belden, 1881. – 43 p. – Offset ed.: *Illustrated historical atlas of the counties of Essex and Kent.* – Sarnia (Ont.) : Edward Phelps, Ross Cumming, 1973. – Separately published indexes: *Index for the Essex Kent counties historical atlas.* – [Windsor, Ont. : Essex County Branch, Ontario Genealogical Society, 1986]; *Index to the H. Belden & Co. illustrated historical atlas of the counties of Essex & Kent, 1880-1881.* – Chatham (Ont.) : Kent County Branch, Ontario Genealogical Society, 1994.

   Illustrated historical atlas of the counties of Frontenac, Lennox and Addington, Ontario. – Toronto : J.H. Meacham, 1878. – 109 p. – Offset editions: Belleville (Ont.) : Mika Silk Screening, 1971, 1972, 1973. – Reproduced in microform format: *CIHM/ICMH microfiche series*, no. 09852. – Separately published index compiled by A.R. Hazelgrove: *Name and place index to Illustrated historical atlas of the counties of Frontenac, Lennox & Addington, Ontario.* – Kingston (Ont.) : [s.n.], 1973.

   Illustrated historical atlas of the counties of Grey and Bruce, Ont. – Port Elgin (Ont.) : Cumming Atlas Reprints, 1975. – 124 p. – With *Farmers' directory of Grey*, 1890, *Evan's directory of Bruce*, 1880.

   Illustrated atlas of the Dominion of Canada [...] Grey supplement. – Toronto : H. Belden, 1880. – 52 p. – Offset ed.: *Illustrated atlas of the county of Grey.* – Port Elgin (Ont.) : Ross Cumming, 1971.

   Illustrated historical atlas of the county of Haldimand, Ont. – Toronto : H.R. Page, 1879. – 77 p. – Offset ed.: *Illustrated historical atlas of the counties of Haldimand and Norfolk.* [S.l. : s.n.], 1972.

   Illustrated historical atlas of the county of Halton, Ont. – Toronto : Walker and Miles, 1877. – 93 p. – Offset editions: Port Elgin (Ont.) : Ross Cumming, 1971, 1976. – Separately published index: *Index to the Walker & Miles historical atlas of Halton County, 1877.* – [Oakville, Ont.] : Halton-Peel Branch, O.G.S., [1983?].

   Illustrated historical atlas of the counties of Hastings and Prince Edward, Ont. – Toronto : H. Belden, 1878. – 93 p. – Offset ed.: Belleville (Ont.) : Mika Silk Screening, 1972. – Separately published index compiled by A.R. Hazelgrove: *Name and place index to Illustrated historical atlas of the counties of Hastings and Prince Edward, Ontario.* – Kingston [Ont. : s.n.], 1974.

   Illustrated historical atlas of the county of Huron, Ont. – Toronto : H. Belden, 1879. – 86 p. – Offset ed.: Belleville (Ont.) : Mika Silk

Screening, 1972; Port Elgin (Ont.) : Ross Cumming, 1972. – Reproduced in microform format: *CIHM/ICMH microfiche series*, no. 12021.

Illustrated atlas of the Dominion of Canada [...] Kent supplement. – Toronto : H. Belden, 1881. – 144 p. – Offset ed.: *Illustrated historical atlas of the counties of Essex and Kent.* – Sarnia (Ont.) : Edward Phelps, Ross Cumming, 1973. – Separately published indexes: *Index for the Essex Kent counties historical atlas.* – [Windsor, Ont. : Essex County Branch, Ontario Genealogical Society, 1986]; *Index to the H. Belden & Co. illustrated historical atlas of the counties of Essex & Kent, 1880-1881.* – Chatham (Ont.) : Kent County Branch, Ontario Genealogical Society, 1994.

Illustrated atlas of the Dominion of Canada [...] Lambton supplement. – Toronto : H. Belden, 1880. – 133 p.

Illustrated atlas of the Dominion of Canada [...] Lanark supplement. – Toronto : H. Belden, 1880. 131 p. – Offset ed.: *Illustrated atlas of Lanark County 1880. Illustrated atlas of Renfrew County 1881.* – Port Elgin (Ont.) : Ross Cumming, 1972.

1161

Ontario (continued)

Ontario (suite)

Illustrated historical atlas of the counties of Leeds and Grenville, Canada West. – Belleville (Ont.) Mika Publishing, 1973. – 103 p. – Separately published index compiled by A.R. Hazelgrove: *Name and place index to Illustrated historical atlas of the counties of Leeds and Grenville, Ontario.* – Kingston (Ont.) : [s.n.], 1975.

Illustrated historical atlas of the counties of Lincoln and Welland, Ont. – Toronto : H.R. Page, 1876. – 83 p. – Offset ed.: Port Elgin (Ont.) : Ross Cumming, 1971.

Illustrated historical atlas of the county of Middlesex, Ont. – Toronto : H.R. Page, 1878. – 97 p. – Reprint ed.: Toronto : Peter Martin Associates, 1970. – Offset ed.: Belleville (Ont.) : Mika Silk Screening, 1972; Sarnia (Ont.) : Edward Phelps, 1972.

Guidebook and atlas of Muskoka and Parry Sound districts. – Toronto : H.R. Page, 1877. – 57 p. – Offset ed.: Port Elgin (Ont.) : Ross Cumming, 1971, 1972.

Illustrated historical atlas of the county of Norfolk. – Toronto : H.R. Page, 1877. – 57 p. – Offset ed.: Belleville (Ont.) : Mika Silk Screening, 1972.

Illustrated historical atlas of the counties of Northumberland and Durham, Ont. – Toronto : H. Belden, 1978. – 121 p. – Reproduced in microform format: *CIHM/ICMH microfiche series*, no. 12002. – 1st and 2nd offset ed.: Belleville (Ont.) : Mika Silk Screening, 1972. – Separately published index compiled by A.R. Hazelgrove: *Name and place index to Illustrated historical atlas of the counties of Northumberland and Durham, Ontario.* – Kingston [Ont. : s.n.], 1976.

Atlas of Ontario County, Province of Ontario by townships, coloured in school sections and showing owner's names and acreage of the different properties, with separate plans of various towns and villages. – Toronto : Charles E. Goad, 1895.

Illustrated historical atlas of the county of Ontario, Ont. – Toronto : J.H. Beers, 1877. – 71 p. – Offset ed.: Pickering (Ont.) : Lawson, 1970; Port Elgin (Ont.) : Ross Cumming, 1972; Belleville (Ont.) : Mika Silk Screening, 1972.

Topographical and historical atlas of the County of Oxford, Ontario. – Toronto : Walker and Miles, 1876. – 79 p. – Reproduced in microform format: *CIHM/ICMH microfiche series*, no. 25454. – Offset ed.: *Illustrated historical atlas of Oxford County, Ontario.* – Belleville (Ont.) : Mika Silk Screening, 1972; *Illustrated historical atlas of the counties of Oxford (Walker and Miles, 1876) and Brant (Page and Smith, 1875).* – Port Elgin (Ont.) : Ross Cumming, 1972.

Illustrated historical atlas of the county of Peel, Ontario. – Toronto : Walker and Miles, 1877. – 72 p. – Offset ed.: Port Elgin (Ont.) : Ross Cumming, 1971, 1972; Stratford (Ont.) : Cumming Atlas Reprints, 1977.

Illustrated historical atlas of the county of Perth, Ont. – Toronto : H. Belden, 1879. – 76 p. – Offset ed.: Belleville (Ont.) : Mika Silk Screening, 1972; Port Elgin (Ont.) : Ross Cumming, 1972.

Illustrated historical atlas of Peterborough County, 1825-1875. – Edited by A.O.C. Cole. – Peterborough (Ont.) : Peterborough Historical Atlas Foundation, 1975. – 127 p. : ill., maps.

Illustrated atlas of the Dominion of Canada [...] Prescott and Russell supplement. – Toronto : H. Belden, 1881. – 22 p. – Offset ed.: *Illustrated historical atlas of the counties of Stormont, Dundas and Glengarry 1879 : Prescott and Russell, supplement to the Illustrated atlas of the Dominion of Canada 1881.* – Port Elgin (Ont.) : Ross Cumming, 1972.

Illustrated atlas of the Dominion of Canada [...] Renfrew supplement. – Toronto : H. Belden, 1881. – 64 p. – Offset ed. *Illustrated atlas of Lanark County 1880. Illustrated atlas of Renfrew County 1881.* – Port Elgin (Ont.) : Ross Cumming, 1972.

Illustrated atlas of the Dominion of Canada [...] Simcoe supplement. – Toronto : H. Belden, 1881. – 60 p. – Offset ed.: *Illustrated atlas of the county of Simcoe.* – Port Elgin (Ont.) : Ross Cumming, 1972. – Separately published index: *Genealogical index to the Illustrated atlas of the county of Simcoe.* – Barrie (Ont.) : Simcoe County Branch, Ontario Genealogical Society, 1987.

Illustrated historical atlas of the county of Simcoe, Ont. – Port Elgin (Ont.) : Cumming Atlas Reprints, 1975.

Illustrated historical atlas of the counties of Stormont, Dundas and Glengarry, Ont. – Toronto : H. Belden, 1879. – 68 p. – Reproduced in microform format: *CIHM/ICMH microfiche series*, no. 12116. – Offset ed.: *Illustrated historical atlas of the counties of Stormont, Dundas and Glengarry 1879 : Prescott and Russell, supplement to the Illustrated atlas of the Dominion of Canada 1881.* – Port Elgin (Ont.) : Ross Cumming, 1972.

Illustrated atlas of the Dominion of Canada [...] Victoria supplement. – Toronto : H. Belden, 1881. – 114 p.

Illustrated atlas of the Dominion of Canada [...] Waterloo supplement. – Toronto : H. Parsell, 1881. – 18 p. – Offset ed.: *Illustrated atlas of the county of Waterloo. H. Parsell, Toronto, 1881. County of Waterloo directory 1877-1878. Armstrong and Co., Toronto. Illustrated atlas of the county of Wellington. Walker and Miles, Toronto, 1877.* – Port Elgin (Ont.) : Ross Cumming, 1972.

Topographical and historical atlas of the county of Wellington, Ont. – Toronto : Walker and Miles, 1877. – 167 p. – Offset ed.: *Illustrated atlas of the county of Waterloo. H. Parsell, Toronto, 1881. County of Waterloo directory 1877-1878. Armstrong and Co., Toronto. Illustrated atlas of the county of Wellington. Walker and Miles, Toronto, 1877.* – Port Elgin (Ont.) : Ross Cumming, 1972.

Historical atlas of the county of Wellington, Ont. – Toronto : Historical Atlas Publishing Co., 1906. – 71, 49 p. – Offset ed.: Belleville (Ont.) : Mika Silk Screening, 1972; Port Elgin (Ont.) : Ross Cumming, 1972.

Illustrated historical atlas of the county of Wentworth, Ont. – Toronto : Page and Smith, 1875. – 63 p. – Offset ed.: Dundas (Ont.) : Dundas Valley School of Art, 1971.

Illustrated historical atlas of the county of York and the township of West Gwillimbury and town of Bradford in the county of Simcoe, Ontario. – Toronto : Miles and Co., 1878. – 64 p. – Reprinted: Toronto : Peter Martin Associates, 1969. – Offset ed.: Belleville (Ont.) : Mika Silk Screening, 1972; Port Elgin (Ont.) : Ross Cumming, 1975. – Separately published index compiled by A.R. Hazelgrove: *Name and place index to Illustrated historical atlas of the county of York and of the township of West Gwillimbury and town of Bradford by Miles & Co., Toronto, 1878 and Mika Silk Screening Ltd., Belleville, 1972.* – Kingston (Ont.) : [s.n.], 1977.

1162
Prince Edward Island   Île-du-Prince-Édouard

Atlas of the province of Prince Edward Island, Canada and the world. – Toronto : Cummins Map Co., 1925. – 140 p.

Illustrated historical atlas of the province of Prince Edward Island. – [Toronto] : J.H. Meacham, 1880. – 162, 26 p. – 1st and 2nd offset editions: Belleville (Ont.) : Mika Silk Screening, 1972. – Centennial ed.: Belleville (Ont.) : Mika Silk Screening, 1973. – Reprinted: *Illustrated historical atlas of Prince Edward Island.* – [Charlottetown] : Prince Edward Island Museum and Heritage Foundation, 1995.

1163
Québec   Québec

Illustrated atlas of the Dominion of Canada [...] Eastern Townships and south western Quebec supplement. – Toronto : H. Belden, 1881. – 88 p. – Offset ed.: *Illustrated atlas of the Eastern Townships and south western Quebec.* – Port Elgin (Ont.) : Ross Cumming, 1972.

Indexes   *Index*

1164
Bunnell, Paul J. [Paul Joseph]. – ***The new Loyalist index.*** – Bowie (Md.) : Heritage Books, 1989. – xii, [500] p. – 1556132344

An index to the names of over 5,000 United Empire Loyalists compiled from published and unpublished sources. Alphabetically arranged by surname. Entries include: name of Loyalist, source code, birth, marriage and death dates, names of spouse and children, place of origin, place of settlement, regiment and rank, land claimed. List of sources consulted. Index of names within entries.
FC423 B87 1989   929.3713

Index des noms de plus de 5 000 United Empire Loyalists (ou Loyalistes) établi à partir de sources publiées ou non. Classement alphabétique par noms de famille. Les notices comprennent: nom du Loyaliste, code de la source, dates de naissance, de mariage et de décès, noms de l'épouse et des enfants, lieu d'origine, lieu d'installation, régiment et rang, terres réclamées. Liste des sources consultées. Index des noms mentionnés dans les notices.   FC423 B87 1989 929.3713

1165
The Loyalist gazette index, 1963-1983. – [Victoria : Victoria Branch, United Empire Loyalists' Association, 1984].

A subject index to *The Loyalist gazette*, the periodical of the United Empire Loyalists' Association of Canada, for the years 1963-1983. Two parts: 1963-1972, 1973-1983. Each part includes names of individuals and families, places and events alphabetically arranged. Separate lists of illustrations and book reviews. *The Loyalist gazette* is also indexed in *America, history and life* and *Historical abstracts*.
HS2339 U5 L6 1985 fol.   016.971024

Index des sujets de *The Loyalist gazette*, le périodique de la United Empire Loyalists' Association of Canada, pour les années 1963-1983. Deux parties: 1963-1972, 1973-1983. Chaque partie comprend les noms des personnes et des familles, les lieux et les événements selon l'ordre alphabétique. Listes distinctes des illustrations et des critiques de livres. *The Loyalist gazette* est également indexé dans *America, history and life* et dans *Historical abstracts*.   HS2339 U5 L6 1985 fol. 016.971024

1166
Passenger and immigration lists index : a guide to published arrival records of about 500,000 passengers who came to the United States and Canada in the seventeenth, eighteenth, and nineteenth centuries. – Edited by P. William Filby. – 1st ed. – Detroit (Mich.) : Gale Research Co., c1981. – 3 vol. (xxxv, 2339 p.). – 0736-8267

An index of immigrants to the United States and Canada during the sixteenth through mid-twentieth centuries, whose names appeared in published passenger and naturalization lists, church records, family and local histories, etc. Emphasis on American publications. Alphabetically arranged by name: vol. 1, A-G; vol. 2, H-N; vol. 3, O-Z. Entries may include: name and age of immigrant, place of arrival or naturalization, year of arrival or naturalization, source code, names of accompanying family members. Bibliography of sources indexed.

  Annual supplements, 1982-   . Subtitle varies. Cumulated supplements, 1982-1985, 1986-1990.   CS68 P363 fol.   929.373

Index des personnes qui ont immigré aux États-Unis et au Canada, du seizième siècle jusqu'au milieu du vingtième siècle, et dont les noms figurent dans les listes de passagers et de naturalisation publiées, les registres paroissiaux, les documents sur l'histoire locale et celle des familles, etc. Insistance sur les publications américaines. Classement alphabétique par noms: vol. 1, A-G; vol. 2, H-N; vol. 3, O-Z. Les notices peuvent comprendre: le nom et l'âge de l'immigrant, le lieu d'arrivée ou de naturalisation, l'année d'arrivée ou de naturalisation, les noms des membres de sa famille qui l'accompagnaient et le code de la source. Bibliographie des sources indexées.

  Suppléments annuels, 1982-   . Le sous-titre varie. Suppléments récapitulatifs, 1982-1985, 1986-1990.   CS68 P363 fol.   929.373

1167

Periodical source index, 1847-1985. – Prepared by the staff of the Allen County Public Library Foundation and the Allen County Public Library Genealogy Department. – Fort Wayne (Ind.) : Allen County Public Library Foundation, 1988-1992. – 12 vol. – Spine title: *PERSI*.

An index to articles on places, subjects and families in genealogical and local history periodicals with publication dates of 1847 through 1985. It is the intention of the compilers to index over 2,000 periodicals by the completion of the project, including 100-150 Canadian English- and French-language titles. Within this twelve-volume set, the periodicals were indexed in three instalments: vol.1-4, vol. 5-8, vol. 9-12. Each instalment is arranged in five sections: places in the United States arranged by state and county; places in Canada arranged by province; other countries; research methodology, covering articles which describe various types of records; families. Article entries include record type, article title, periodical code and issue reference. Appendices: list of periodicals included in the project; lists of periodicals included in each instalment, arranged by code and title. Continued by: *Periodical source index*, annual volumes. CS1 P47 fol.   016.9291

Index d'articles qui portent sur des lieux, des sujets et des familles et qui ont paru entre 1847 et 1985 dans des périodiques de généalogie et d'histoire locale. Les compilateurs ont l'intention de répertorier plus de 2 000 périodiques d'ici la fin du projet, y compris 100-150 périodiques canadiens-anglais et canadiens-français. Dans cet ensemble de douze volumes, les périodiques ont été indexés en trois parties, vol. 1-4, vol. 5-8, vol. 9-12. Chaque partie est divisée en 5 sections: lieux situés aux États-Unis, classés par états et par comtés; lieux situés au Canada, classés par provinces; autres pays; méthodologie de recherche, articles qui décrivent les divers types de documents; familles. Les notices sur les articles comprennent le type de registres, le titre de l'article, le code du périodique et un renvoi au numéro. Annexes: liste des périodiques inclus dans le projet; listes des périodiques inclus dans chaque partie, avec classement par codes et par titres. Suivi de: *Periodical source index*, volumes annuels. CS1 P47 fol.   016.9291

1168

Periodical source index. – Prepared by the staff of the Allen County Public Library Genealogy Department, Fort Wayne, Indiana. – Fort Wayne (Ind.) : Allen County Public Library Foundation, c1987-   . – vol. – 1065-9056

Annual. Continues: *Periodical source index, 1847-1985*. Indexes articles on places, subjects and families from genealogy and local history periodicals received by the Allen County Public Library, Genealogy Dept., during the year covered by each volume. Articles may have publication dates of 1986 through the volume year. Arrangement same as retrospective set.

The Allen County Public Library has also published: *Bibliography of genealogy and local history periodicals with union list of major U.S. collections* (Fort Wayne (Ind.) : Allen County Public Library Foundation, 1990). Includes some Canadian genealogical periodicals. CS1 P47 1992 fol.   016.9291

Annuel. Suite de: *Periodical source index, 1847-1985*. Indexe les articles sur des lieux, des sujets et des familles qui ont paru dans des périodiques de généalogie et d'histoire locale reçus par le département de généalogie de la Allen County Public Library, au cours de l'année couverte par chaque volume. Les dates de publication des articles vont de 1986 jusqu'à l'année couverte par le volume. Même classement que dans l'ensemble récapitulatif.

Allen County Public Library a aussi publié: *Bibliography of genealogy and local history periodicals with union list of major U.S. collections* (Fort Wayne (Ind.) : Allen County Public Library Foundation, 1990). Comprend quelques périodiques généalogiques canadiens. CS1 P47 1992 fol.   016.9291

Registers

Registres

1169

Beauregard, Marthe F. [Marthe Faribault]. – ***La population des forts français d'Amérique (XVIIIe siècle) : répertoire des baptêmes, mariages et sépultures célébrés dans les forts et les établissements français en Amérique du Nord au XVIIIe siècle.*** – Montréal : Éditions Bergeron, 1982-1984. – 2 vol. (299 ; 434 p.) : ill. – 2892471001 (vol. 1) 2892471168 (vol. 2)

Lists persons who were baptised, married or buried in the French forts or posts of North America during the eighteenth century. Includes Amerindians and black slaves. Information was transcribed from registers of baptisms, marriages and burials, census returns, marriage contracts, etc. Arranged by fort and type of act. Brief histories of forts. Index of names with separate sections for clergy, notaries, voyageurs, regiments and companies, slaves, Amerindians, and geographical index in each volume. CD3002 B42 929.308941073

Donne la liste des personnes dont le baptême, le mariage ou l'inhumation a eu lieu dans un fort ou un poste français en Amérique du Nord durant le dix-huitième siècle. Inclut des Amérindiens et des esclaves noirs. L'information a été transcrite à partir de registres des baptêmes, des mariages et des enterrements, de résultats de recensements, de contrats de mariage, etc. Classement par forts et par types d'actes. Courte histoire des forts. Index des noms avec sections distinctes sur le clergé, les notaires, les voyageurs, les régiments et les compagnies, les esclaves et les Amérindiens, et index géographique dans chaque volume. CD3002 B42   929.308941073

1170

Fryer, Mary Beacock. – ***Rolls of the Provincial (Loyalist) Corps, Canadian Command, American revolutionary period.*** – Prepared by Mary Beacock Fryer and Lieutenant-Colonel William A. Smy. – Toronto : Dundurn Press, 1981. – 104 p. – (Dundurn Canadian historical document series ; 1). – 0919670563

Transcriptions of the rolls of the five regiments which made up the Provincial Corps of the British Army during the American Revolution. These regiments were made up of over 3,000 loyal colonials most of whom settled in Ontario. The regiments were: the Royal Highland Emigrants, the King's Royal Regiment of New York, Butler's Rangers, the Loyal Rangers and the King's Rangers. The rolls are arranged by company and/or rank and may include information

Transcription des feuilles d'appel des cinq régiments qui formaient le Provincial Corps de l'armée britannique durant la Révolution américaine. Ces régiments comptaient plus de 3 000 colons loyalistes dont la plupart se sont installés en Ontario. Il s'agit des régiments suivants: les Royal Highland Emigrants, les King's Royal Regiment of New York, les Butler's Rangers, les Loyal Rangers et les King's Rangers. Les feuilles d'appel sont classées par compagnies et (ou) par

such as age, country of origin, height, number of years of service, date of capture, death or desertion, land granted, etc.

Mary Beacock Fryer and William A. Smy also compiled a name index to the rolls, entitled: *Index to Rolls of the Provincial (Loyalist) Corps., Canadian Command, American revolutionary period* [Oakville, Ont. : Halton-Peel Branch, Ontario Genealogical Society, 1981?]. FC420 F79 971.024

rangs, et peuvent contenir des renseignements comme l'âge, le pays d'origine, la taille, le nombre d'années de service, la date de capture, de décès ou de désertion, la concession de terre, etc.

Mary Beacock Fryer et William A. Smy ont également compilé un index des noms qui figurent dans les feuilles d'appel intitulé: *Index to Rolls of the Provincial (Loyalist) Corps., Canadian Command, American revolutionary period* [Oakville, Ont. : Halton-Peel Branch, Ontario Genealogical Society, 1981?]. FC420 F79 971.024

1171
Loyalist lists : over 2,000 Loyalist names and families from the Haldimand papers. – [Transcribed by] E. Keith Fitzgerald. – [Toronto] : Ontario Genealogical Society, c1984. – x, 125 p. – 0920036031

Transcriptions of four lists of Loyalists found in the papers of Sir Frederick Haldimand. Includes: General return of refugee Loyalists in the Province of Quebec; Roll of King's Rangers; Return of the 1st Battalion of the King's Royal Regiment of New York; Return of Loyal Rangers - Company of Pensioners (Jessup's). Index of names. Microfilm copies of the original lists can be borrowed on interlibrary loan from the National Archives of Canada. FC3070 L6 B75 1984 929.371

Transcription de quatre listes de Loyalistes qui figuraient dans les documents de Sir Frederick Haldimand. Inclut: recensement général des Loyalistes réfugiés dans la province de Québec; feuille d'appel des King's Rangers; recensement du 1er bataillon du King's Royal Regiment of New York; recensement des Loyal Rangers - Company of Pensioners (Jessup's). Index des noms. On peut obtenir des Archives nationales du Canada, par prêt entre bibliothèque, des copies sur microfilm des listes originales. FC3070 L6 B75 1984 929.371

Surnames

Noms de famille

1172
Bogdan, F. [Forwin]. – *Dictionary of Ukrainian surnames in Canada.* – Winnipeg : Onomastic Commission of UVAN : Canadian Institute of Onomastic Sciences, 1974. – 50, 354 p. – (Onomastica ; no. 47). – Title on added t.p. : *Dictionnaire des noms de famille ukrainiens au Canada.* Title on added t.p. : *Slovnyk ukraïns'kykh prizvyshch u Kanadi.*

A dictionary of over 30,000 Ukrainian surnames of Canada, alphabetically arranged according to the English transliterated form of name. Entries include the transliterated form of name, the cyrillic form of name and references to sources. List of sources in Ukrainian and English. Introductory essay on Ukrainian family names. Essay by J.B. Rudnyckyj on changes in given names and surnames in Canada and the United States. CS2860 U5 B6 929.4094771

Dictionnaire de plus de 30 000 noms de famille ukrainiens du Canada, selon l'ordre alphabétique de la forme anglaise translittérée du nom. Les notices contiennent la translittération du nom, le nom en caractères cyrilliques et des références aux sources. Liste des sources en ukrainien et en anglais. Essai de présentation sur les noms de famille ukrainiens. Essai par J.B. Rudnyckyj sur les changements dans les prénoms et les noms de famille au Canada et aux États-Unis. CS2860 U5 B6 929.4094771

1173
Bogdan, F. [Forwin]. – *Dictionnaire des noms de famille ukrainiens au Canada.* – Winnipeg : UVAN, Commission d'onomastique et l'Institut canadien des sciences onomastiques, 1974. – 50, 354 p. – (Onomastica ; n° 47). – Titre de la p. de t. additionnelle : *Dictionary of Ukrainian surnames in Canada.* Titre de la p. de t. additionnelle : *Slovnyk ukraïns'kykh prizvyshch u Kanadi.*

A dictionary of over 30,000 Ukrainian surnames of Canada, alphabetically arranged according to the English transliterated form of name. Entries include the transliterated form of name, the cyrillic form of name and references to sources. List of sources in Ukrainian and English. Introductory essay on Ukrainian family names. Essay by J.B. Rudnyckyj on changes in given names and surnames in Canada and the United States. CS2860 U5 B6 929.4094771

Dictionnaire de plus de 30 000 noms de famille ukrainiens du Canada, selon l'ordre alphabétique de la forme anglaise translittérée du nom. Les notices contiennent la translittération du nom, le nom en caractères cyrilliques et des références aux sources. Liste des sources en ukrainien et en anglais. Essai de présentation sur les noms de famille ukrainiens. Essai par J.B. Rudnyckyj sur les changements dans les prénoms et les noms de famille au Canada et aux États-Unis. CS2860 U5 B6 929.4094771

1174
Dionne, N.-E. [Narcisse-Eutrope]. – *Les Canadiens-français : origine des familles émigrées de France, d'Espagne, de Suisse, etc. pour venir se fixer au Canada, depuis la fondation de Québec jusqu'à ces derniers temps et signification de leurs noms.* – Québec : Librairie Garneau, Laflamme & Proulx ; Montréal : Librairie Granger, 1914. – xxxiii, 611 p.

Provides origins of approximately 9,000 French-Canadian family names. Names were collected from Tanguay's *Dictionnaire généalogique*, in addition to names of other French immigrants to Canada during the period after 1730. Alphabetically arranged. Entries include place of origin and meaning. Essay on the origins of family names. List of the provinces of France. Additions and corrections. Reprinted: Baltimore : Genealogical Publishing, 1969. CS2700 D5 929.420971

Donne les origines d'environ 9 000 noms de famille canadiens-français. Contient des noms tirés du *Dictionnaire généalogique* de Tanguay et les noms d'autres immigrants français venus au Canada après 1730. Classement alphabétique. Les notices comprennent le lieu d'origine et la signification du nom. Essai sur les origines des noms de famille. Liste des provinces de la France. Ajouts et corrections. Réimprimé: Baltimore : Genealogical Publishing, 1969. CS2700 D5 929.420971

1175

Klymasz, R. B. [Robert Bogdan]. – *A classified dictionary of Slavic surname changes in Canada.* – Winnipeg : Ukrainian Free Academy of Sciences, 1961. – 64 p. – (Onomastica ; no. 22). – Added title page in Ukrainian.

A dictionary of Slavic surname changes which were listed in the *Manitoba gazette*, vol. 66 (1937)-vol. 86 (1957). Two parts: 1, alphabetically arranged by old Slavic surname; 2, alphabetically arranged by new surname. Entries in part 1 include old name and variations, new name, reference to *Gazette*, classification number representing type of surname change, for example, orthographical, phonological, etc. Entries in part 2 include only the new name and the old name and any variants. PG303 U5 no. 22 929.420947

Dictionnaire des changements de noms de famille slaves qui figuraient dans la *Manitoba gazette*, vol. 66 (1937)-vol. 86 (1957). Deux parties: 1, classement alphabétique par anciens noms de famille slaves; 2, classement alphabétique par nouveaux noms de famille. Les notices de la partie 1 comprennent l'ancien nom et les variantes, le nouveau nom, un renvoi à la *Gazette*, un numéro de classification qui représente le type de changement de nom de famille, par exemple un changement orthographique, phonologique, etc. Les notices de la partie 2 contiennent seulement le nouveau nom, l'ancien nom et leurs variantes. PG303 U5 no. 22 929.420947

1176

[White, Stephen A.]. – *Patronymes acadiens = Acadian family names.* – Moncton : Éditions d'Acadie : Société du Monument Lefebvre, c1992. – 22 p. : map. – (Odyssée acadienne = Acadian odyssey). – 2760002160

An alphabetically arranged list of names of families who resided in Acadia between 1700 and 1755. Compiled from census returns, parish registers and documents related to the expulsion. Bilingual essay on the origins of Acadian families, use of nicknames, etc. CS88 A33 W44 1992 929.409715

Liste alphabétique des noms des familles qui habitaient en Acadie entre 1700 et 1755. Compilée à partir des résultats de recensements, des registres paroissiaux et des documents relatifs à l'expulsion. Essai bilingue sur les origines des familles acadiennes, l'utilisation des surnoms, etc. CS88 A33 W44 1992 929.409715

Provinces and Territories

Alberta

Provinces et territoires

Alberta

1177

Alberta Genealogical Society. – *Ancestor index.* – Vol. 1 (1977)- . – [Edmonton] : Alberta Genealogical Society, 1977- . – vol.

Annual. An alphabetically arranged list of names which are being researched by members of the Alberta Genealogical Society. Entries include surname and given names, geographical locations, time periods and member numbers. A numerically arranged list of members with addresses follows the surname list. Issues for 1986-1989 are bound with *Relatively speaking*, the Society's periodical. Continues: 1975, 1976, *Surnames register*. CS80 A42 fol. 929.107207123

Annuel. Liste alphabétique des noms qui font l'objet de recherches menées par des membres de l'Alberta Genealogical Society. Chaque notice comprend le nom de famille et les prénoms, le lieu, la période et le numéro du membre. Une liste numérique des membres, avec leurs adresses, suit la liste des noms de famille. Les numéros de 1986-1989 sont reliés avec *Relatively speaking*, le périodique de cette société. Suite de: 1975, 1976, *Surnames register*. CS80 A42 fol. 929.107207123

1178

Alberta Genealogical Society. Library. – *Alberta Genealogical Society Library holdings.* – (1989)- . – Edmonton : the Society, [1989]- . – vol. – 0848-8762

1989 ed., May 1991 supplement. A catalogue of the book, pamphlet, periodical and vertical file holdings of the Library of the Alberta Genealogical Society. Includes material relating to Albertan, Canadian and foreign research which can be borrowed by members of the Society. Arranged by type of document and subject. Additions to the Library are listed in each issue of the Society's periodical, *Relatively speaking*. CS80 A5 fol. 016.9291

Éd. de 1989, supplément de mai 1991. Catalogue des fonds documentaires de la bibliothèque de l'Alberta Genealogical Society qui comprennent des livres, des brochures, des périodiques et de la documentation éphémère. Inclut des documents qui se rapportent à la recherche sur les Albertains, les Canadiens et les étrangers et que les membres de cette société peuvent emprunter. Classement par types de documents et par sujets. La liste des nouvelles acquisitions de la bibliothèque paraît dans chaque numéro du périodique de cette société intitulé *Relatively speaking*. CS80 A5 fol. 016.9291

1179

Index to the census of Canada 1891. – Eileen P. Condon, editor. – Regina : Regina Branch, Saskatchewan Genealogical Society, 1988- . – vol. : maps. – 0969333803 (Assiniboia West) 0969333846 (Assiniboia East) 1895859026 (Saskatchewan)

An index of all names appearing in the 1891 federal census returns of the North West Territories. Microfilms of the returns held by the National Archives of Canada were indexed. Three volumes published to date under the following titles: 1988, *Assiniboia West : index to the census of Canada 1891*; 1990, *Assiniboia East : index to the census of Canada 1891*; 1992, *District of Saskatchewan : index to the census of Canada 1891*. Volumes covering Alberta and the Unorganized Territories in progress. Alphabetically arranged by surname. Entries include surname, given names, sex, age, birthplace, subdivision and page number within returns. Descriptions of census subdivisions. Bibliography. FC3217.1 929.3712

Index de tous les noms qui figurent dans les résultats du recensement fédéral de 1891 effectué dans les Territoires du Nord-Ouest. Les microfilms des résultats du recensement qui se trouvent aux Archives nationales du Canada ont été indexés. Trois volumes ont été publiés jusqu'à maintenant sous les titres suivants: 1988, *Assiniboia West : index to the census of Canada 1891*; 1990, *Assiniboia East : index to the census of Canada 1891*; 1992, *District of Saskatchewan : index to the census of Canada 1891*. Les volumes qui portent sur l'Alberta et les territoires non organisés sont en préparation. Classement alphabétique par noms de famille. Les notices comprennent le nom de famille, les prénoms, le sexe, l'âge, le lieu de naissance, la subdivision et le numéro de page dans les cahiers de recensement. Description des subdivisions de recensement. Bibliographie. FC3217.1 929.3712

1180

Kaye, Vladimir J. – *Dictionary of Ukrainian Canadian biography of pioneer settlers of Alberta, 1891-1900.* – Editor and compiler, Vladimir J. Kaye ; foreword by W.L. Morton ; preface by Isidore Goresky. – [Edmonton] : Ukrainian Pioneers' Association of Alberta, c1984. – viii, 360 p. : map.

Biographies of 660 Ukrainians who settled in Alberta during the period 1891 to 1900. Information compiled from sources such as naturalization records, homestead grant registers, baptismal, marriage and death records and newspapers. Arranged by geographical region. Name index. Bibliography. Addendum.
FC3700 U5 K37 1984   920.07123

Biographies de 660 Ukrainiens qui se sont installés en Alberta entre 1891 et 1900. Les données sont tirées de sources comme les registres de naturalisation, les registres des concessions, les registres des baptêmes, des mariages et des décès, et les journaux. Classement par régions. Index des noms. Bibliographie. Addendum.
FC3700 U5 K37 1984   920.07123

1181

Lemieux, Victoria. – *Tracing your ancestors in Alberta : a guide to sources of genealogical interest in Alberta's archives and research centres.* – By Victoria Lemieux and David Leonard. – Edmonton : Lemieux/Leonard Research Associates, c1992. – viii, 182 p. : ill. – 096959190X

A guide to archival sources of use for genealogical research in Alberta. Arranged by type of record, repository and record collection. Includes vital statistics, church, cemetery, funeral, census, education, health, land, immigration, naturalization, employment, association, union, business, legal and election records. Excludes collections containing only post-1975 material. Collection entries contain: title, date of creation, extent, biographical/historical sketch, scope and content note, finding aids, restrictions on access, reference number, language if other than English, additional notes. Bibliography. Subject index. Appendix: directory of archives. CS88 A43 L44 1992   929.107207123

Guide sur les sources d'archives qui servent à la recherche généalogique en Alberta. Classement par types de registres, par services d'archives et par collections. Inclut les registres d'état civil, paroissiaux, des cimetières et des inhumations, les cahiers de recensement, les registres scolaires, médicaux, d'immigration, de naturalisation, d'emploi, d'associations, de syndicats et d'entreprises et judiciaires et les listes électorales. Exclut les collections qui contiennent seulement des documents postérieurs à 1975. Les notices sur les collections contiennent: titre, date de création, portée, esquisse biographique ou historique, note sur la portée et le contenu, instruments de recherche, restrictions relatives à l'accès, numéro de référence, langue si autre que l'anglais, notes supplémentaires. Bibliographie. Index sujets. Annexe: répertoire des archives.   CS88 A43 L44 1992   929.107207123

1182

Main, Lorne W. [Lorne William]. – *Index to 1881 Canadian census of North West Territories & Algoma, Ontario.* – [Vancouver] : Lorne William Main, c1984. – v, 105, [3] p. : maps. – 0969109334

An index to the 1881 Canadian census of the North West Territories and Algoma, Ontario. Attempts to include all surnames listed in the census, regardless of origin. Arranged by enumeration area and subdivision and then alphabetically by surname. Entries include surname, first name of the first person listed with a particular surname, number of persons with same surname in a household, enumeration area page number, enumeration area household number. Maps of North West Territories, Algoma census area and Manitoulin Island.
HA741.5 1881 Index 1984 fol.   929.3712

Index du recensement canadien effectué en 1881 dans les Territoires du Nord-Ouest et à Algoma, Ontario. Tente d'inclure tous les noms de famille recensés, quelle qu'en soit l'origine. Classement par secteur de dénombrement et par subdivisions, puis classement alphabétique par noms de famille. Les notices comprennent le nom de famille, le prénom de la première personne inscrite sous un nom de famille donné, le nombre de personnes qui portent le même nom de famille dans un ménage, le numéro de page du secteur de dénombrement, le numéro de ménage du secteur de dénombrement. Cartes des Territoires du Nord-Ouest, de la zone de recensement d'Algoma et de l'Île Manitoulin.   HA741.5 1881 Index 1984 fol. 929.3712

1183

Master data microfiche index [microform]. – By Alberta Genealogical Society and Alberta Family Histories Society. – Edmonton : Alberta Genealogical Society, 1992. – 25 microfiches. – 920371601 (fiche) 920371288 (paper Intro.)

An index of 133,000 names recorded in Alberta cemeteries or indexed from local histories, birth, marriage and death records, newspapers, etc. Alphabetically arranged by surname. Entries include: name of person, date of event, type of source, source reference number, name of Society to contact for further information. Introduction provides lists of sources indexed, arranged by reference number and alphabetically by location or area covered. Introduction also published separately in print format: *Key to source of the Master data microfiche index* (Edmonton : Alberta Genealogical Society, [1992?]). 1994 microfiche edition in preparation. Replaces: *Master data bank index*, vol. 1 (1987)-vol. 4 (1990).   FC3670 C4 M38 fol. 929.5097123

Index de 133 000 noms relevés dans les cimetières de l'Alberta ou indexés dans des documents sur l'histoire locale, dans des registres des naissances, des mariages et des décès, dans des journaux, etc. Classement alphabétique par noms de famille. Les notices comprennent: le nom de la personne, la date de l'événement, le genre de source, le numéro de référence de la source et le nom de la société avec laquelle on peut communiquer pour obtenir de plus amples renseignements. L'introduction donne une liste des sources répertoriées avec classement par numéros de référence et une autre selon un classement alphabétique par lieux ou régions. L'introduction a aussi été publiée séparément sur support papier: *Key to source of the Master data microfiche index* (Edmonton : Alberta Genealogical Society, [1992?]). L'édition de 1994 sur microfiche est en préparation. Remplace: *Master data bank index*, vol. 1 (1987)-vol. 4 (1990).
FC3670 C4 M38 fol.   929.5097123

1184

The western Canadians, 1600-1900. – Noel Montgomery Elliot. – Toronto : Genealogical Research Library, c1994. – 3 vol. – 0919941311 (set)

Over 300,000 name entries for persons who resided in Alberta, Saskatchewan, British Columbia, Northwest Territories, or the Yukon Territory before 1900, compiled from sources such as census returns, directories and local histories. Alphabetically arranged. Entries may include name, occupation, year (which could be of birth, marriage, death, burial or a year in which the person was known to be living), place and source code. List of sources. List of villages, towns, townships, etc., with name changes. CS88 929.3712

Plus de 300 000 notices sur les noms de personnes qui résidaient en Alberta, en Saskatchewan, en Colombie-Britannique, dans les Territoires du Nord-Ouest ou au Yukon avant 1900. Les notices ont été compilées à partir de sources comme les résultats des recensements, les répertoires et les documents sur l'histoire locale. Classement alphabétique. Les notices peuvent comprendre le nom, l'occupation, l'année de naissance, de mariage, de décès, d'enterrement ou une année pendant laquelle on savait cette personne vivante, le lieu et le code de la source. Liste des sources. Liste des villages, villes, cantons, etc. avec les changements de noms. CS88 929.3712

British Columbia

Colombie-Britannique

1185

British Columbia Genealogical Society. – ***Surname book.*** – Richmond (B.C.) : the Society, 1973- . –   vol.

Irregular. An alphabetically arranged list of surnames which are being researched by members of the Society. Entries include surname, geographical location, time period and member number. A numerically arranged list of members with addresses follows the surname list. Title varies: 1973, *Surname index*; 1977, 1981, *An index of surnames being researched by members of the British Columbia Genealogical Society*; 1983, *Index of surnames. Supplement*; 1985, *Surname book*; 1988, *An index of surnames. Supplement*; 1992, *Surname book.* CS2389 S87 1992 fol. 929.10720711

Irrégulier. Liste alphabétique des noms de famille qui font l'objet de recherches menées par des membres de cette société. Les notices comprennent le nom de famille, le lieu, la période et le numéro du membre. Une liste numérique des membres et de leurs adresses suit la liste des noms de famille. Le titre varie: 1973, *Surname index*; 1977, 1981, *An index of surnames being researched by members of the British Columbia Genealogical Society*; 1983, *Index of surnames. Supplement*; 1985, *Surname book*; 1988, *An index of surnames. Supplement*; 1992, *Surname book.* CS2389 S87 1992 fol. 929.10720711

1186

Main, Lorne W. [Lorne William]. – ***Index to 1881 Canadian census of British Columbia. Part I.*** – [Vancouver] : Lorne William Main, c1981. – [4], 93, [2] p. : maps. – 096910930X

An index of the 1881 Canadian census of British Columbia. Includes only persons whose names follow the European format of surname and first names. Arranged by enumeration area and subdivision and then alphabetically by surname. Entries include household number, surname, first name of the first person listed for a particular surname, number of persons with same surname in census. Maps of enumeration areas and subdivisions. HA741.5 1880 Index 1981 929.3711

Index du recensement canadien effectué en 1881 en Colombie-Britannique. Inclut seulement les personnes dont les noms ont une forme européenne, c'est-à-dire un nom de famille et des prénoms. Classement par secteurs de dénombrement et par subdivisions, puis classement alphabétique par noms de famille. Les notices comprennent le numéro du ménage, le nom de famille, le prénom de la première personne inscrite sous un nom de famille donné, le nombre de personnes recensées qui portent le même nom de famille. Cartes des secteurs de dénombrement et des subdivisions. HA741.5 1880 Index 1981 929.3711

1187

Pioneer register : pioneers of British Columbia pre 1900. – Editor, Iline Gronlund. – 1st ed. – Richmond (B.C.) : British Columbia Genealogical Society, 1991. – 32 leaves. – 1895031044

An index of persons residing in British Columbia prior to 1900 whose names have been submitted by members of the British Columbia Genealogical Society. Alphabetically arranged by surname. Entries include: name of individual, year and location in British Columbia, reference number of submitter. Information on persons listed in the index, such as family group sheets, can be obtained for a fee from the Society or consulted at the Society library. FC3805 P55 1991 fol. 929.3711

Index des personnes qui habitaient en Colombie-Britannique avant 1900 et dont les noms ont été soumis par des membres de la British Columbia Genealogical Society. Classement alphabétique par noms de famille. Les notices comprennent: nom de la personne, année et lieu d'habitation en Colombie-Britannique, numéro de référence du chercheur. On peut obtenir des renseignements sur les personnes mentionnées dans l'index, notamment des arbres généalogiques, soit en payant certains frais à cette société, soit en consultant les documents sur place, à la bibliothèque. FC3805 P55 1991 fol. 929.3711

1188

Porter, Brian J. [Brian John]. – ***British Columbia vital statistics from newspapers, 1858-1872 : including, in an appendix, vital statistics from diaries, 1852-1857.*** – [Richmond, B.C.] : British Columbia Genealogical Society, 1994. – 1 vol. (various pagings) : 1 map. – 0895031176

Extracts of birth, marriage and death entries from 21 British Columbia newspapers, published during the period 1858-1872. Four parts: events occurring within British Columbia, arranged by surname; events occurring outside British Columbia, arranged by surname; associated persons mentioned in birth, marriage and death entries, arranged by surname; associated persons arranged by control number. List of newspapers examined; religious officials in British Columbia, 1854-1872; churches in British Columbia to 1872;

Extraits d'avis de naissance, de mariage et de décès tirés de 21 journaux de la Colombie-Britannique publiés durant la période 1858-1872. Quatre parties: événements survenus en Colombie-Britannique, classés par noms de famille; événements survenus à l'extérieur de la Colombie-Britannique, classés par noms de famille; autres personnes mentionnées dans les avis de naissance, de mariage et de décès, classés par noms de famille; autres personnes, classées par numéros de contrôle. Liste des journaux étudiés; officiants en Colombie-Britannique, 1854-1872; églises en Colombie-Britannique

map of British Columbia and Washington Territory, ca 1861. Appendices: births, marriages and deaths from journals and diaries, 1852-1857; text of an article on the printing press of Bishop Modeste Demers; other newspaper extracts; brief chronology of British Columbia history to 1871.   FC3805 P67 1994 fol.   929.3711

jusqu'en 1872; carte du territoire de la Colombie-Britannique et de Washington, vers 1861. Annexes: naissances, mariages et décès tirés de journaux personnels, 1852-1857; texte d'un article sur la presse à imprimer de l'évêque Modeste Demers; autres extraits de journaux; courte chronologie de l'histoire de la Colombie-Britannique jusqu'en 1871.   FC3805 P67 1994 fol.   929.3711

1189

The western Canadians, 1600-1900. – Noel Montgomery Elliot. – Toronto : Genealogical Research Library, c1994. – 3 vol. – 0919941311 (set)

Over 300,000 name entries for persons who resided in Alberta, Saskatchewan, British Columbia, Northwest Territories, or the Yukon Territory before 1900, compiled from sources such as census returns, directories and local histories. Alphabetically arranged. Entries may include name, occupation, year (which could be of birth, marriage, death, burial or a year in which the person was known to be living), place and source code. List of sources. List of villages, towns, townships, etc., with name changes.   CS88   929.3712

Plus de 300 000 notices sur les noms de personnes qui habitaient en Alberta, en Saskatchewan, en Colombie-Britannique, dans les Territoires du Nord-Ouest ou au Yukon avant 1900. Les notices ont été compilées à partir de sources comme les résultats des recensements, les répertoires et les documents sur l'histoire locale. Classement alpha-bétique. Les notices peuvent comprendre le nom, l'occupation, l'année de naissance, de mariage, de décès, d'enterrement ou encore une année pendant laquelle on savait la personne vivante, le lieu et le code de la source. Liste des sources. Liste des villages, villes, cantons, etc. avec les changements de noms.   CS88

Manitoba

Manitoba

1190

Carved in stone : Manitoba cemeteries and burial sites. – Edited by Kathleen Rooke Stokes. – Winnipeg : Manitoba Genealogical Society, 1990. – xii, 93 p. : ill., maps. – 0921622112

Lists cemeteries and burial sites in Manitoba. Concentrates on cemeteries located in the organized districts of the province. Section 1, list of cemeteries and burial sites, alphabetically arranged according to the city, rural municipality or local government district in which they are located. Section 2, cemeteries on Indian reserves. Essay on Native burial practices. Section 3, alphabetical list of cemeteries and burial sites with references to cities, rural municipalities and local government districts in which they are located. Cemeteries in which stones have been transcribed by the Manitoba Genealogical Society are marked with an asterisk. The Society has also published price lists of cemetery transcriptions: *Cemetery transcription listing*, 1987, 1990, 1992.   CS88 M34 C37 1990 fol.   929.50257127

Donne la liste des cimetières et des lieux de sépulture du Manitoba. Porte principalement sur les cimetières situés dans les districts organisés de la province. Section 1, liste des cimetières et des lieux de sépulture, avec classement alphabétique selon la ville, la municipalité rurale ou le district administratif local dans lequel ils se trouvent. Section 2, cimetières situés dans les réserves amérindiennes. Essai sur les pratiques d'inhumation autochtones. Section 3, liste alpha-bétique des cimetières et des lieux de sépulture, avec référence aux villes, municipalités rurales et districts administratifs locaux dans lesquels ils se trouvent. La Manitoba Genealogical Society a transcrit les inscriptions que portent les pierres tombales de certains cimetières, lesquels sont marqués d'un astérisque. La Société a également publié des listes de prix des transcriptions relatives aux cimetières: *Cemetery transcription listing*, 1987, 1990, 1992.   CS88 M34 C37 1990 fol.   929.50257127

1191

The central Canadians, 1600-1900. – Toronto : Genealogical Research Library, c1994. – 3 vol. (3128 p.). – 0919941176 (set)

500,000 name entries for persons who resided in Ontario or Manitoba before 1900, compiled from sources such as census returns, historical atlases, county directories, local histories and biographies. Alphabetically arranged. Entries may include name, occupation, year (which could be of birth, baptism, christening, marriage, death, burial or a year in which the person was known to be living), place and source code. List of sources. Volume 3 includes a list of villages, towns, townships, etc., with name changes.   CS88 A1 C44 1994 fol.   929.37127

Contient 500 000 notices sur les noms de personnes qui habitaient en Ontario ou au Manitoba avant 1900. Les notices ont été compilées à partir de sources comme les résultats des recensements, les atlas historiques, les répertoires de comté, les documents sur l'histoire locale et les biographies. Classement alphabétique. Les notices peuvent comprendre le nom, l'occupation, l'année de naissance, de baptême, de mariage, de décès, d'enterrement ou une année pendant laquelle on savait la personne vivante, le lieu et le code de la source. Liste des sources. Le volume 3 inclut une liste des villages, villes, cantons, etc. avec les changements de noms.   CS88 A1 C44 1994 fol.   929.37127

1192

An index of birth, marriage and death notices from Manitoba newspapers. – Special Projects Book Committee: Kathleen Rooke Stokes, Committee chair, editor & researcher, [et al.]. – [Winnipeg] : Manitoba Genealogical Society, c1986-   . –   vol. : ill., maps. – 096922110 (vol. 1) 921622171 (vol. 2)

An index of birth, marriage and death notices from English- and French-language newspapers of Manitoba. Two volumes published to date: vol. 1, 1859-1881 (does not include births); vol. 2, 1882-1884. Arranged in sections for births, marriages and deaths, each of which is alphabetically arranged by name. The names of both bride and groom are indexed for marriage notices.   CS88 M34 I54 1986 fol.   929.37127

Index des avis de naissance, de mariage et de décès publiés dans les journaux anglais et français du Manitoba. Deux volumes publiés jusqu'à maintenant: volume 1, 1859-1881 (ne comprend pas les naissances); vol. 2, 1882-1884. Divisé en sections sur les naissances, les mariages et les décès, selon un classement alphabétique par noms dans chaque section. Dans le cas des avis de mariage, les noms des deux époux sont indexés.   CS88 M34 I54 1986 fol.   929.37127

1193

Index to the census of Canada 1891. – Eileen P. Condon, editor. – Regina : Regina Branch, Saskatchewan Genealogical Society, 1988-   .
– vol. : maps. – 0969333803 (Assiniboia West) 0969333846 (Assiniboia East) 1895859026 (Saskatchewan)

An index of all names appearing in the 1891 federal census returns of the North West Territories. Microfilms of the returns held by the National Archives of Canada were indexed. Three volumes published to date under the following titles: 1988, *Assiniboia West : index to the census of Canada 1891*; 1990, *Assiniboia East : index to the census of Canada 1891*; 1992, *District of Saskatchewan : index to the census of Canada 1891*. Volumes covering Alberta and the Unorganized Territories in progress. Alphabetically arranged by surname. Entries include surname, given names, sex, age, birthplace, subdivision and page number within returns. Descriptions of census subdivisions. Bibliography.   FC3217.1   929.3712

Index de tous les noms qui figurent dans les résultats du recensement fédéral de 1891 relatifs aux Territoires du Nord-Ouest. Les microfilms des résultats du recensement qui se trouvent aux Archives nationales du Canada ont été indexés. Trois volumes ont été publiés jusqu'à maintenant sous les titres suivants: 1988, *Assiniboia West : index to the census of Canada 1891*; 1990, *Assiniboia East : index to the census of Canada 1891*; 1992, *District of Saskatchewan : index to the census of Canada 1891*. Les volumes qui portent sur l'Alberta et les territoires non organisés sont en préparation. Classement alphabétique par noms de famille. Les notices contiennent le nom de famille, les prénoms, le sexe, l'âge, le lieu de naissance, la subdivision et le numéro de page du cahier de recensement. Description des subdivisions de recensement. Bibliographie.   FC3217.1   929.3712

1194

Jonasson, Eric. – *Surname index to the 1870 census of Manitoba and Red River.* – Winnipeg : Wheatfield Press, 1981. – 27 p. : ill. –
0920374042

A surname index to the 1870 census of Manitoba and Red River. Alphabetically arranged with cross-references to variant spellings. References to folio numbers in microfilm copy of the census held by the National Archives of Canada.   FC3373.1 A1 J65 fol.   929.37127

Index des noms de famille relevés lors du recensement de 1870 effectué au Manitoba et à Red River. Classement alphabétique avec renvois aux diverses variantes orthographiques. Référence aux numéros de folio des cahiers de recensement sur microfilm que possèdent les Archives nationales du Canada.   FC3373.1 A1 J65 fol.   929.37127

1195

Kaye, Vladimir J. – *Dictionary of Ukrainian Canadian biography, pioneer settlers of Manitoba, 1891-1900.* – Toronto : Ukrainian Canadian
Research Foundation, 1975. – xxv, 249 p. : maps.

Biographies of 941 Ukrainians who settled in Manitoba during the period 1891 to 1900. Information compiled from sources such as naturalization records, homestead grant registers, baptismal, marriage and death records and newspapers. Arranged by geographical region. Name index. Bibliography.   FC3400 U4 K39   920.07127

Biographies de 941 Ukrainiens qui se sont installés au Manitoba entre 1891 et 1900. Les données sont tirées de sources comme les dossiers de naturalisation, les registres des concessions, les registres de baptêmes, de mariages et de décès, et les journaux. Classement par régions. Index des noms. Bibliographie.   FC3400 U4 K39 920.07127

1196

Main, Lorne W. [Lorne William]. – *Index to 1881 Canadian census of Manitoba with extensions & East Rupert's Land.* – Vancouver : Lorne
William Maine, c1984. – [v], 238, [3] p. : maps. – 0969109326

An index to the 1881 Canadian census of Manitoba, the Manitoba extensions and East Rupert's Land. Attempts to include all surnames listed in the census regardless of origin. Arranged by enumeration area and subdivision and then alphabetically by surname. Entries include surname, first name of first person listed with a particular surname, number of persons with the same surname in a household, enumeration area page number, enumeration area household number. Maps of North West Territories, Manitoba and extensions, East Rupert's Land (Ontario portion).   HA741.5 1881 Index 1984b
929.37127

Index du recensement canadien de 1881 effectué au Manitoba, dans les terres de prolongement du Manitoba et dans l'est de la Terre de Rupert. Tente d'inclure tous les noms de famille recensés, quelle qu'en soit l'origine. Classement par secteurs de dénombrement et par subdivisions, puis classement alphabétique par noms de famille. Les notices comprennent le nom de famille, le prénom de la première personne inscrite sous un nom de famille donné, le nombre de personnes qui portent le même nom de famille dans un ménage, le numéro de page du secteur de dénombrement et le numéro de ménage du secteur de dénombrement. Cartes des Territoires du Nord-Ouest, du Manitoba et de ses terres de prolongement ainsi que de l'est de la Terre de Rupert (partie ontarienne).
HA741.5 1881 Index 1984b   929.37127

1197

Main, Lorne W. [Lorne William]. – *Index to 1881 Canadian census of North West Territories & Algoma, Ontario.* – [Vancouver] : Lorne
William Main, c1984. – v, 105, [3] p. : maps. – 0969109334

An index to the 1881 Canadian census of the North West Territories and Algoma, Ontario. Attempts to include all surnames listed in the census, regardless of origin. Arranged by enumeration area and subdivision and then alphabetically by surname. Entries include surname, first name of the first person listed with a particular surname, number of persons with same surname in a household, enumeration area page number, enumeration area household number. Maps of North West Territories, Algoma census area and Manitoulin Island.
HA741.5 1881 Index 1984 fol.   929.3712

Index du recensement canadien effectué en 1881 dans les Territoires du Nord-Ouest et à Algoma, Ontario. Tente d'inclure tous les noms de famille recensés, quelle qu'en soit l'origine. Classement par secteurs de dénombrement et par subdivisions, puis classement alphabétique par noms de famille. Les notices comprennent le nom de famille, le prénom de la première personne inscrite sous un nom de famille donné, le nombre de personnes qui portent le même nom de famille dans un ménage, le numéro de page du secteur de dénombrement et le numéro de ménage du secteur de dénombrement. Cartes des Territoires du Nord-Ouest, du secteur de dénombrement d'Algoma et de l'Île Manitoulin.   HA741.5 1881 Index 1984 fol.   929.3712

1198

Manitoba Genealogical Society. – *Surname index.* – (1976/77)-   . – Winnipeg : the Society, [1977]-   .   vol. – 0847-9305 – Cover title.

Biennial. An alphabetically arranged list of surnames which are being researched by members of the Manitoba Genealogical Society. Entries include surname, time period, place and member number. A numerically arranged list of members, with addresses, follows the surname list. Title varies: 1976/77, 1979?, *Membership and surname directory*; 1981, 1983, *Membership list & surname index*; 1985, 1987, *Surname directory and membership list.*   CS80 M35 fol. 929.107207127

Biennial. Liste alphabétique des noms de famille qui font l'objet de recherches menées par les membres de la Manitoba Genealogical Society. Les notices comprennent le nom de famille, la période, le lieu et le numéro du membre. Une liste numérique des membres et de leurs adresses suit la liste des noms de famille. Le titre varie: 1976/77, 1979?, *Membership and surname directory*; 1981, 1983, *Membership list & surname index*; 1985, 1987, *Surname directory and membership list.*   CS80 M35 fol.   929.107207127

1199

Manitoba Genealogical Society. Library. – *Library holdings of the Manitoba Genealogical Society.* – (1982)-   . – Winnipeg : the Society, [1982]-   . –   vol. – 0843-0187

Biennial. A catalogue of the library holdings of the Manitoba Genealogical Society. Includes sources relating to Manitoban, Canadian and foreign genealogy which can be borrowed by members of the Society. Catalogued books, cassettes and microforms are arranged by subject. Separate lists of periodical holdings, Manitoba cemetery, baptism and marriage record transcriptions. Information on research policy and Resource Centre services.   CS80 M36 fol. 016.9291

Biennial. Catalogue des fonds documentaires de la bibliothèque de la Manitoba Genealogical Society. Inclut des sources qui se rapportent aux généalogies manitobaines, canadiennes et étrangères, et qui peuvent être empruntées par les membres de la Société. Les livres, cassettes et microformes catalogués sont classés par sujets. Listes distinctes des périodiques ainsi que des transcriptions de registres des cimetières, des baptêmes et des mariages du Manitoba. Information sur la politique de recherche et sur les services du centre de documentation.   CS80 M36 fol.   016.9291

1200

Manitoba Genealogical Society. Library. – *Supplement to library holdings of the Manitoba Genealogical Society.* – (1985)-   . – Winnipeg : the Society, [1986]-   . –   vol. – Cover title.

Biennial.   CS80 M362 fol.   016.9291

Biennial.   CS80 M362 fol.   016.9291

New Brunswick

Nouveau-Brunswick

1201

Arrivals : our first families in New Brunswick. – By the members of the Saint John Branch, New Brunswick Genealogical Society ; edited by Janice Brown Dexter, Sandra Keirstead Thorne. – Saint John : Saint John Branch, New Brunswick Genealogical Society, [1985]. – 164 leaves. – Cover title.

256 family group sheets for first ancestors to New Brunswick of 41 members of the Saint John Branch of the New Brunswick Genealogical Society. Alphabetically arranged by name of family. Entries include arrival date, name, dates and location of first ancestor, names and dates of spouse and children, reference number for the member who submitted the group sheet. Directory of contributing members. Index of names.   FC2455 A77 1985 fol.   929.209715

Contient 256 feuilles de famille traitant des premiers ancêtres au Nouveau-Brunswick de 41 membres de la section de Saint-Jean de la Société généalogique du Nouveau-Brunswick. Classement alphabétique par noms de famille. Les notices comprennent la date d'arrivée, le nom, l'endroit où vivait le premier ancêtre et les dates pertinentes, les noms de l'épouse et des enfants ainsi que les dates pertinentes, le numéro de référence du membre qui a présenté la feuille de famille. Répertoire des membres adhérents. Index des noms.   FC2455 A77 1985 fol.   929.209715

1202

The atlantic Canadians, 1600-1900. – Noel Montgomery Elliot. – Toronto : Genealogical Research Library, 1994. – 3 vol. (3608 p.). – 0919941346 (set)

Over 500,000 name entries for persons who resided in the Atlantic Provinces during the period 1600-1900, compiled from sources such as census returns, marriage records, directories and family histories. Alphabetically arranged. Entries may include name, occupation, year (which could be of birth, baptism, christening, marriage, death, burial or a year in which the person was known to be living), place and source code. List of sources. List of place names. CS88 A84 A84 1994 fol.   929.3715

Plus de 500 000 notices des noms de personnes qui habitaient dans les provinces de l'Atlantique pendant la période 1600-1900. Les notices ont été compilées à partir de sources comme les résultats de recensements, les registres des mariages, les répertoires et les documents sur l'histoire des familles. Classement alphabétique. Les notices peuvent comprendre le nom, l'occupation, l'année de naissance, de baptême, de mariage, de décès, d'enterrement ou une année pendant laquelle on savait la personne vivante, le lieu et le code de la source. Liste des sources. Liste des noms de lieux.   CS88 A84 A84 1994 fol. 929.3715

1203

Dionne, Raoul. – *La colonisation acadienne au Nouveau-Brunswick, 1760-1860 : données sur les concessions de terres.* – Moncton : Chaire d'études acadiennes, Université de Moncton, [1989]. – 413 p. : ill. – (Balises ; 1). – 2921166003

Data on Acadian land holdings in New Brunswick for the period from 1760 through 1860. Compiled from land records held by the Ministry of Natural Resources, county records and concession maps. Arranged by county. Entries include concession number, volume and folio numbers in land records, concession map numbers, name of landholder and location of lot as they appeared in original document, date of registration, size of lot, corrected form of name and actual location of lot. Statistical tables on Acadian population of New Brunswick, number of Acadian land owners, size of concessions, etc. Bibliography. Index of names arranged by county. FC2471.9 C65 D56 1989   971.51004114

Données sur les propriétés acadiennes au Nouveau-Brunswick, pendant la période de 1760 à 1860, compilées à partir des documents du Ministère des ressources naturelles relatifs aux terres, des registres de comté et des cartes de concessions. Classement par comtés. Les notices comprennent le numéro de concession, les numéros de volume et de folio des documents relatifs aux terres, les repères sur la carte des concessions, le nom du propriétaire et l'emplacement du lot tels qu'indiqués sur le document original, la date d'inscription, la grandeur du lot, la forme corrigée du nom et l'emplacement actuel du lot. Tableaux statistiques sur la population acadienne du Nouveau-Brunswick, le nombre de propriétaires acadiens, la taille des concessions, etc. Bibliographie. Index des noms classés par comtés.   FC2471.9 C65 D56 1989   971.51004114

1204

Dubeau, Sharon. – *New Brunswick Loyalists : a bicentennial tribute.* – Agincourt (Ont.) : Generation Press, 1983. – [8], 173 p. : maps. – 0920830188

Brief biographies of Loyalists who settled in New Brunswick, compiled from land records, marriage registers, census returns, probate records, cemetery listings and various published sources. Alphabetically arranged by surname. Bibliography. Index of names mentioned in biographies.   FC2471.3 D82 1983   971.51020922

Courtes biographies des Loyalistes qui se sont installés au Nouveau-Brunswick, compilées à partir des documents relatifs aux terres, des registres des mariages, des résultats des recensements, des registres des successions et des cimetières, et de diverses sources publiées. Classement alphabétique par noms de famille. Bibliographie. Index des noms mentionnés dans les biographies.   FC2471.3 D82 1983 971.51020922

1205

Fellows, Robert F. – *Researching your ancestors in New Brunswick, Canada.* – Fredericton : Robert F. Fellows, c1979. – 303 p. : maps. – 0969083025

A guide for conducting genealogical research in New Brunswick. Provides a brief history of the province and tips for the beginner on evaluating and organizing data, using and corresponding with archives and libraries and publishing a family history. Describes the genealogical holdings of a number of institutions such as the Provincial Archives of New Brunswick, the New Brunswick Museum and the Centre d'études acadiennes as well as other libraries, historical societies and museums. Several chapters are devoted to New Brunswick church, court, census and land records, newspapers, periodicals and photographs. Acadians, Loyalists and sources outside New Brunswick are also discussed. Appendices: books in the Provincial Archives of New Brunswick, Genealogical Library; church records at the Provincial Archives and the Maritime Baptist Historical Collection; epitaph transcriptions at the Provincial Archives and the New Brunswick Museum; New Brunswick counties and parishes; genealogical terms. Index of surnames, place names, institutions, etc.   CS82 F44 fol.   929.107207151

Guide sur la manière de mener des recherches généalogiques au Nouveau-Brunswick. Donne une courte histoire de la province et, à l'intention du débutant, des conseils sur la manière d'évaluer et d'organiser les données, de consulter les archives et les bibliothèques, de communiquer avec ces établissements et de publier une histoire de la famille. Décrit les fonds documentaires généalogiques d'un certain nombre d'établissements comme les Archives provinciales du Nouveau-Brunswick, le Musée du Nouveau-Brunswick et le Centre d'études acadiennes ainsi que ceux d'autres bibliothèques, sociétés historiques et musées. Plusieurs chapitres sont consacrés aux registres parois-siaux et judiciaires, aux résultats des recensements, aux documents relatifs aux terres, aux journaux, aux périodiques et aux photographies du Nouveau-Brunswick. Discute des Acadiens, des Loyalistes et des sources à l'extérieur du Nouveau-Brunswick. Annexes: livres qui se trouvent à la bibliothèque de généalogie des Archives provinciales du Nouveau-Brunswick; registres paroissiaux qui font partie des Archives provinciales et de la Maritime Baptist Historical Collection; transcriptions d'épitaphes qui se trouvent aux Archives provinciales et au Musée du Nouveau-Brunswick; comtés et paroisses du Nouveau-Brunswick; termes de généalogie. Index des noms de famille, des noms de lieux, des établissements, etc. CS82 F44 fol.   929.107207151

1206

Genealogist's handbook for Atlantic Canada research. – Edited by Terrence M. Punch. – Boston : New England Historic Genealogical Society, 1989. – viii, 142 p. : maps. – 0880820225

A guide to genealogical sources for the Atlantic Provinces. Arranged by province and record type. Also includes a chapter on regional resources and the Acadians. Covers vital statistics, census, land, probate, church, cemetery and immigration records, newspapers and periodicals. Lists libraries, museums, genealogical and historical societies in each province. Bibliography for each chapter. Index of subjects and institutions.   CS88 A84 G45 1989   929.10720715

Guide sur les sources généalogiques des provinces de l'Atlantique. Classement par provinces et par types de registres. Inclut aussi un chapitre sur les ressources régionales et les Acadiens. Porte sur les registres d'état civil, les résultats des recensements, les documents relatifs aux terres, les registres des successions, paroissiaux, des cimetières et d'immigration, les journaux et les périodiques. Donne la liste des bibliothèques, des musées et des sociétés généalogiques et historiques de chaque province. Bibliographie pour chaque chapitre. Index des sujets et des établissements.   CS88 A84 G45 1989 929.10720715

1207

Hale, R. Wallace. – *Early New Brunswick probate records, 1785-1835.* – Bowie (Md.) : Heritage Books, 1989. – viii, 558 p. – 1556132409

Abstracts of approximately 2,000 New Brunswick estate files from the period 1785-1835, held by the New Brunswick Provincial Archives. Data of genealogical and historical interest was abstracted. Alphabetically arranged by surname. Name index. CS88 N475 H35 1989   929.37151

Résumés d'environ 2 000 dossiers de succession du Nouveau-Brunswick de la période 1785-1835, qui se trouvent aux Archives provinciales du Nouveau-Brunswick. Fournit des données d'intérêt généalogique et historique. Classement alphabétique par noms de famille. Index des noms.   CS88 N475 H35 1989   929.37151

1208

Johnson, Daniel F. [Daniel Fred]. – *Vital statistics from New Brunswick newspapers.* – Saint John : D.F. Johnson, 1982-   . –   vol.

Births, deaths and marriages extracted from New Brunswick newspapers. 53 volumes published to date covering 1784-1880. Arranged by newspaper and chronologically. Name index in each volume. Indexes of places and ships in vols. 1-11. Index of regiments in vols. 1-5. Title varies: vols. 1-5, *New Brunswick vital statistics from newspapers.* Imprint varies.   FC2471.1 A1 N48   929.37151

Naissances, décès et mariages relevés dans des journaux du Nouveau-Brunswick. Jusqu'à maintenant, on a publié 53 volumes qui couvrent 1784-1880. Classement par journaux et par ordre chronologique. Index des noms dans chaque volume. Index des lieux et des navires dans les volumes 1-11. Index des régiments dans les volumes 1-5. Le titre varie: vol. 1-5, *New Brunswick vital statistics from newspapers.* L'adresse bibliographique varie.   FC2471.1 A1 N48 929.37151

1209

Loyalists all. – Compiled and edited by Gail Bonsall Pipes with a foreword by Colonel the Honorable George F.G. Stanley. – Saint John : New Brunswick Branch, United Empire Loyalist Association of Canada, 1985. – ix, 192 p. – 0969199708 – Cover title : *Loyalists all : stories told about New Brunswick Loyalists by their descendants.*

Biographies of New Brunswick Loyalists, contributed by members of the New Brunswick Branch of the United Empire Loyalist Association of Canada. Each biography is accompanied by a brief bibliography and a family tree. Alphabetically arranged by name. FC2471.3 L69 1985   971.51020922

Biographies des Loyalistes du Nouveau-Brunswick, fournies par des membres de la United Empire Loyalist Association of Canada, New Brunswick Branch. Chaque biographie est accompagnée d'une courte bibliographie et d'un arbre généalogique. Classement alphabétique par noms.   FC2471.3 L69 1985   971.51020922

1210

The New Brunswick census of 1851. – Fredericton : Provincial Archives of New Brunswick, 1972-1983. –   vol. : maps. – 0888380399 (Albert) 0888380410 (Carleton) 0888385064 (Restigouche) 0888383991 (Saint John, vol. 1) 0888384017 (Saint John, vol. 2) 0888380917 (Westmorland, vol. 1) 0888383703 (Westmorland, vol. 2) 1550484699 (Northumberland) – Some volumes have title on added t.p. : *Recensement du Nouveau-Brunswick de 1851.*

A transcription of the 1851 census records for selected counties of New Brunswick. Volumes for Albert, Carleton, Charlotte, Kings, Northumberland, Restigouche, Sunbury, Westmorland and York counties are arranged by parish. Volumes for Saint John and Victoria counties are arranged alphabetically by family name. Includes all family members, servants, lodgers, transients and visitors. Name, age, position in household, nationality, date of arrival in New Brunswick or date of birth and occupation are transcribed. Page references to the original records.

Volume for Victoria County has imprint: Perth-Andover (N.B.) : D.F. Johnson, c1979. Volume for Sunbury County has title and imprint: *1851 census, Sunbury County, New Brunswick* ([Toronto?] : George H. Hayward, c1974). Volumes for Kings County have title: *1851 census for Kings County, New Brunswick.* Also published: *Recensement 1851, comté de Northumberland, Nouveau-Brunswick = 1851 census, Northumberland County, New Brunswick* ([Fredericton : Government of] New Brunswick, 1991). Transcriptions of 1851 census records for Gloucester, Kent, Madawaska and Queens counties have not been published.

Reproduced in microform format: Northumberland, *Microlog,* no. 91-06882; Restigouche, *Microlog,* no. 83-02603; Saint John, *Microlog,* no. 83-04288.

The Genealogical Society of New Brunswick and the Provincial Archives of New Brunswick have also compiled and published transcriptions of 1861, 1871 and 1891 census returns for certain New Brunswick counties.   FC2495   929.37151

Transcription des résultats du recensement de 1851 pour une séléciton de comtés du Nouveau-Brunswick. Dans les volumes sur les comtés Albert, Carleton, Charlotte, Kings, Northumberland, Restigouche, Sunbury, Westmorland et York, classement par paroisses. Dans les volumes sur les comtés Saint-Jean et Victoria, classement en ordre alphabétique par noms de famille. Inclut tous les membres de la famille, les serviteurs, les pensionnaires, les personnes de passage et les visiteurs. Nom, âge, situation dans le ménage, nationalité, date d'arrivée au Nouveau-Brunswick ou date de naissance et occupation sont transcrits. Renvois aux pages des cahiers de recensement originaux.

Le volume sur le comté Victoria porte l'adresse bibliographique suivante: Perth-Andover (N.-B.) : D.F. Johnson, c1979. Le volume sur le comté Sunbury porte le titre et l'adresse bibliographique suivants: *1851 census, Sunbury County, New Brunswick* ([Toronto?] : George H. Hayward, c1974). Les volumes sur le comté Kings portent le titre: *1851 census for Kings County, New Brunswick.* Également publié: *Recensement 1851, comté de Northumberland, Nouveau-Brunswick = 1851 census, Northumberland County, New Brunswick* ([Fredericton : Government of] New Brunswick, 1991). Les transcriptions des cahiers du recensement de 1851 relatifs aux comtés Gloucester, Kent, Madawaska et Queens n'ont pas été publiées.

Reproduit sur support microforme: Northumberland, *Microlog,* nº 91-06882; Restigouche, *Microlog,* nº 83-02603; Saint John, *Microlog,* nº 83-04288.

La Société généalogique du Nouveau-Brunswick et les Archives provinciales du Nouveau-Brunswick ont aussi compilé et publié la transcription des résultats des recensements de 1861, 1871 et 1891 pour certains comtés du Nouveau-Brunswick.   FC2495   929.37151

1211

New Brunswick Genealogical Society. – *Membership and search list.* – [Fredericton] : the Society, 1991. – 135 p. – Cover title.

A directory of members of the New Brunswick Genealogical Society and of the surnames which they are researching. Arranged in two parts: directory of members, numerically arranged by member number; alphabetically arranged list of member names and surnames being researched. Member addresses and dates of active membership provided. Incorporates information from: *Index of surnames being researched by members of the New Brunswick Genealogical Society,* 1982, 1984.   CS81 N47 1991 fol.   929.107207151

Répertoire des membres de la Société généalogique du Nouveau-Brunswick et des noms de famille qui font l'objet de leurs recherches. Classement en deux parties: répertoire des membres, selon un classement numérique; liste alphabétique des noms des membres et des noms de famille qui font l'objet de recherches. Les adresses des membres et les dates du début et de la fin de leur adhésion à la Société sont précisées. Incorpore des données tirées de: *Index of surnames being researched by members of the New Brunswick Genealogical Society,* 1982, 1984.   CS81 N47 1991 fol. 929.107207151

1212

New Brunswick lineages : the ancestral charts of over 250 researchers who trace their lineage to New Brunswick, Canada. – [Compiled] by Daniel F. Johnson. – [Saint John : Daniel F. Johnson], c1988. – vi, 297 p.

Lineage charts submitted by genealogical researchers in the United States and Canada who trace their ancestry to New Brunswick. Alphabetically arranged by name of contributor. Contributors' addresses provided. Information in charts not verified by compiler. Surname index.   CS89 N48 1988   929.37151

Tableaux de lignées présentés par des généalogistes des États-Unis et du Canada dont les ancêtres venaient du Nouveau-Brunswick. Classement alpha-bétique par noms des collaborateurs. Les adresses des collaborateurs sont signalées. Les données fournies dans les tableaux n'ont pas été vérifiées par le compilateur. Index des noms de famille.   CS89 N48 1988   929.37151

1213

Passengers to New Brunswick : the custom house records, 1833, 34, 37 & 38. – [Edited by] Ken Kanner, Daniel F. Johnson. – Saint John : Saint John Branch, New Brunswick Genealogical Society, c1987. – [4], iii, [4], 483 p. – Cover title.

Transcriptions of passenger lists for ships arriving at New Brunswick ports during the 1830s, a period of heavy Irish immigration to New Brunswick. Alphabetically arranged by name of ship. Entries for passengers generally include name, age, occupation and place of origin. Index of names.   FC2455 P38 1987   929.30892107151

Transcription des listes de passagers des navires qui accostaient dans les ports du Nouveau-Brunswick pendant les années 1830, une période de forte immigration irlandaise au Nouveau-Brunswick. Classement alphabétique par noms des navires. Les notices sur les passagers comprennent habituellement le nom, l'âge, l'occupation et le lieu d'origine. Index des noms.   FC2455 P38 1987 929.30892107151

1214

Toner, Peter. – *An index to Irish immigrants in the New Brunswick census of 1851.* – [Fredericton : Provincial Archives of New Brunswick], c1991. – xviii, 378 p. – 155048465X

An index to Irish immigrants and their offspring who appeared in the 1851 census of New Brunswick. Alphabetically arranged by surname. Entries include name, date of entry, age, religion, location in New Brunswick, Irish county of origin. Reproduced in microform format: *Microlog,* no. 91-06881.   FC2500 I6 T65 1991 929.308916207151

Index des immigrants irlandais et de leurs descendants qui figurent dans les cahiers du recensement effectué en 1851 au Nouveau-Brunswick. Classement alphabétique par noms de famille. Les notices comprennent le nom, la date d'entrée, l'âge, la religion, le lieu d'habitation au Nouveau-Brunswick, le comté irlandais d'origine. Reproduit sur support microforme: *Microlog,* n° 91-06881. FC2500 I6 T65 1991   929.308916207151

1215

Wood-Holt, B. – *Early marriage records of New Brunswick : Saint John City and County from the British conquest to 1839.* – Saint John : Holland House, c1986. – viii, 359 p.

A compilation of data on Saint John City and County marriages from early New Brunswick parish and government registers and newspapers. Arranged by denomination, type of record and chronologically. Bibliography. Name index.   CS88 N475 W66 1986 929.371532

Compilation de données sur les mariages dans la ville et le comté de Saint-Jean. Les données proviennent des registres paroissiaux et gouvernementaux ainsi que des journaux du Nouveau-Brunswick. Classement par confessions, par types de registres et par ordre chronologique. Bibliographie. Index des noms.   CS88 N475 W66 1986 929.371532

1216

Wright, Esther Clark. – *The Loyalists of New Brunswick.* – 1st ed. – Fredericton : [s.n.], c1955. – 365 p. : ill.

A history of the Loyalists who came to New Brunswick to which is appended a list of several thousand Loyalists' names. Includes heads of families and single men eighteen years of age and older, their former homes, military service, first land grants, subsequent land grants and/or place of residence. Bibliography. Index to the history. Reprinted: Windsor (N.S.) : Printed by Lancelot, 1977; Wolfville (N.S.) : E.C. Wright, 1981; Wolfville (N.S.) : E.C. Wright, 1985. F5276 W7   929.2097151

Histoire des Loyalistes venus au Nouveau-Brunswick et, en annexe, liste de plusieurs milliers de noms de Loyalistes. Inclut les chefs de famille et les hommes célibataires de dix-huit ans et plus, leur ancien lieu d'habitation, leur service militaire, la première terre octroyée, la terre octroyée par la suite et (ou) le lieu de résidence. Bibliographie. Index de l'histoire. Réimprimé: Windsor (N.S.) : Printed by Lancelot, 1977; Wolfville (N.S.) : E.C. Wright, 1981; Wolfville (N.S.) : E.C. Wright, 1985.   F5276 W7   929.2097151

Newfoundland

Terre-Neuve

1217

The atlantic Canadians, 1600-1900. – Noel Montgomery Elliot. – Toronto : Genealogical Research Library, 1994. – 3 vol. (3608 p.). – 0919941346 (set)

Over 500,000 name entries for persons who resided in the Atlantic Provinces during the period 1600-1900, compiled from sources such as census returns, marriage records, directories and family histories. Alphabetically arranged. Entries may include name, occupation, year (which could be of birth, baptism, christening, marriage, death, burial or a year in which the person was known to be living), place and source code. List of sources. List of place names.
CS88 A84 A84 1994 fol.   929.3715

Plus de 500 000 notices des noms de personnes qui habitaient dans les provinces de l'Atlantique pendant la période 1600-1900. Les notices ont été compilées à partir de sources comme les résultats des recensements, les registres des mariages, les répertoires et les documents sur l'histoire des familles. Classement alphabétique. Les notices peuvent comprendre le nom, l'occupation, l'année de naissance, de baptême, de mariage, de décès, d'enterrement ou une année pendant laquelle on savait la personne vivante, le lieu et le code de la source. Liste des sources. Liste des noms de lieux.   CS88 A84 A84 1994 fol. 929.3715

1218

Crosbie, Gert. – ***Births, deaths, marriages in Newfoundland newspapers.*** – St. John's : Memorial University of Newfoundland, Maritime History Archive, 1986-   . –   vol.

Birth, marriage and death notices extracted from a number of Newfoundland newspapers published during the nineteenth century. Volumes published to date: vol. 1, 1825-1850; vol. 2, 1851-1859; vol. 3, 1860-1865; vol. 4, 1866-1870; vol. 5, 1871-1874; vol. 6, 1875-1877; vol. 7, 1878-1880; vol. 8, 1881-1882; vol. 9, 1883-1884; vol. 10, 1885-1886; vol. 11, 1887-1888. Each volume is alphabetically arranged by name.   CS88 N48 C76 1986 fol.   929.3718

Avis de naissance, de mariage et de décès tirés d'un certain nombre de journaux de Terre-Neuve publiés au cours du dix-neuvième siècle. Volumes publiés jusqu'à maintenant: vol. 1, 1825-1850; vol. 2, 1851-1859; vol. 3, 1860-1865; vol. 4, 1866-1870; vol. 5, 1871-1874; vol. 6, 1875-1877; vol. 7, 1878-1880; vol. 8, 1881-1882; vol. 9, 1883-1884; vol. 10, 1885-1886; vol. 11, 1887-1888. Dans chaque volume, classement alphabétique par noms.   CS88 N48 C76 1986 fol. 929.3718

1219

Genealogist's handbook for Atlantic Canada research. – Edited by Terrence M. Punch. – Boston : New England Historic Genealogical Society, 1989. – viii, 142 p. : maps. – 0880820225

A guide to genealogical sources for the Atlantic Provinces. Arranged by province and record type. Also includes a chapter on regional resources and the Acadians. Covers vital statistics, census, land, probate, church, cemetery and immigration records, newspapers and periodicals. Lists libraries, museums, genealogical and historical societies in each province. Bibliography for each chapter. Index of subjects and institutions.   CS88 A84 G45 1989   929.10720715

Guide sur les sources généalogiques des provinces de l'Atlantique. Classement par provinces et par types de registres. Inclut aussi un chapitre sur les ressources régionales et les Acadiens. Porte sur les registres d'état civil, les résultats des recensements, les documents relatifs aux terres, les registres des successions, paroissiaux, cimetières et d'immigration, les journaux et les périodiques. Donne la liste des bibliothèques, des musées et des sociétés généalogiques et historiques de chaque province. Bibliographie pour chaque chapitre. Index des sujets et des établissements.   CS88 A84 G45 1989

1220

Howard, Mildred. – ***Vital statistics and items from newspapers of Newfoundland from 1834 to 1854.*** – [St. John's : M. Howard], c1980. – 90 p.

Birth, marriage and death notices extracted from Newfoundland newspapers, 1834-1854. Also includes land petitions, articles on accidental deaths, executions and shipwrecks, notices of public meetings and other items of genealogical interest. The following newspapers are covered: *Public ledger; Newfoundland general advertiser; The Newfoundlander.* Arranged by newspaper, chronologically and by type of notice.   CS88 N48 H68 1980 fol.   929.3718

Avis de naissance, de mariage et de décès tirés de journaux de Terre-Neuve, 1834-1854. Inclut aussi des demandes de terres, des articles sur les morts accidentelles, les exécutions et les naufrages, des avis de réunion publique et d'autres entrefilets d'intérêt généalogique. Couvre les journaux suivants: *Public ledger; Newfoundland general advertiser; The Newfoundlander.* Classement par journaux, par ordre chronologique et par types d'avis.   CS88 N48 H68 1980 fol. 929.3718

1221

Howard, Mildred. – ***Vital statistics and items from newspapers of Newfoundland, 1831-1872.*** – [St. John's : M. Howard], c1983. – 183 p.

Birth, marriage and death notices extracted from Newfoundland newspapers, 1831-1872. Also includes land petitions, articles on accidental deaths, executions and shipwrecks, notices of public meetings and other items of genealogical interest. The following newspapers are covered for various time periods: *Times; Royal gazette; Harbor Grace standard & Conception Bay advertiser; Weekly herald & Conception Bay advertiser; Harbor Grace weekly and Conception Bay advertiser; The Newfoundlander.* Arranged by newspaper, chronologically and by type of notice. Indexes of surnames and ships.

Mildred Howard has also published the following: *Vital statistics and items from The Newfoundlander of St. John's Newfoundland from 1854 to 1870; Royal gazette and Newfoundland advertiser, 1810-1845 :*

Avis de naissance, de mariage et de décès tirés de journaux de Terre-Neuve, 1831-1872. Inclut aussi des demandes de terres, des articles sur les morts accidentelles, les exécutions et les naufrages, des avis de réunion publique et d'autres entrefilets d'intérêt généalogique. Couvre les journaux suivants de diverses périodes: *Times; Royal gazette; Harbor Grace standard & Conception Bay advertiser; Weekly herald & Conception Bay advertiser; Harbor Grace weekly and Conception Bay advertiser; The Newfoundlander.* Classement par journaux, par ordre chronologique et par types d'avis. Index des noms de famille et des noms des navires.

Mildred Howard a également publié les documents suivants: *Vital statistics and items from The Newfoundlander of St. John's*

vital statistics and items; *Royal gazette and Newfoundland advertiser,*
1846-1862 : vital statistics and items.   CS88 N48 H68 1983 fol.
929.3718

1222

Matthews, K. [Keith]. – A "who was who" of families engaged in the fishery and settlement of Newfoundland, 1660-1840. – [St. John's] :
Memorial University of Newfoundland, 1971. – 55, 465 leaves. – Cover title.

Lists surnames of individuals involved in the Newfoundland fishery
and other trades during the period 1660 to 1840. Alphabetically
arranged. Provides information on places in Great Britain with
which individuals were associated and occupations. More information can be obtained from the research files of Dr. Matthews which
are held in the Maritime History Archives, Memorial University.
Another name index to these files was published more recently but
with less information: *An index to the name files (a collection of files*
containing information on families connected with the trade and fish-
eries of Newfoundland, 1650-1830) (St. John's : Memorial University
of Newfoundland, Maritime History Group, 1981).   Z1374 M28 fol.
920.96392

1223

Newfoundland and Labrador Genealogical Society. – *Annual research index.* – (1984/85-   . – St. John's : the Society, c1986-   . –   vol. –
0841-8217

Annual. An alphabetically arranged list of surnames that are being
researched by members of the Newfoundland and Labrador
Genealogical Society. Entries include surname, time period, religion,
town, area and member number. A numerically arranged list of
members with addresses follows the surname list.   CS2389 N48 fol.
929.10720718

1224

Seary, E. R. [Edgar Ronald]. – *Family names of the island of Newfoundland.* – By E.R. Seary ; with the assistance of Sheila M.P. Lynch. – St.
John's : Memorial University of Newfoundland, 1977, 1978 printing. – lxxvii, 541 p. – 0889010021

An alphabetically arranged dictionary of family names of the island
of Newfoundland. Names studied were taken from the *Official list of*
electors 1955. Attempts to provide the geographic and linguistic origins of each name, its meaning, family and local traditions about the
name, early instances, modern status and common location, place
names associated with it. Sources and authorities for information on
names are cited in entries. Essay on the origins of surnames.
Bibliography. Appendices: ranked list of surnames of Newfoundland
with 50 or more entries in the *Official list of electors 1955*; comparative order of principal surnames of Newfoundland, England, Wales,
Ireland and Scotland; surnames recorded before 1700. Addenda and
corrigenda.   CS2389 S42 fol.   929.4209718

1225

Sherman, Scott Beverly. – *The Newfoundland ancestor surname index : volumes 1-5, 1984-1989.* – St. John's : Newfoundland and Labrador
Genealogical Society, 1990. – 27 p. – (Publication ; no. 14). – 092108613X

An alphabetically arranged index of surnames which appeared in
The Newfoundland ancestor, vol. 1, no. 1 (1984)-vol. 5, no. 4 (1989),
the Society's quarterly periodical. Includes surnames of authors,
guest speakers, board and committee members and surnames being
researched. Supersedes: *Surname index of the Newfoundland &*
Labrador Genealogical Society newsletter : volumes 1 & 2, 1984-1986;
Newsletter surname index, vol. 3.   CS80 N498 1990 fol.
929.10720718

Newfoundland from 1854 to 1870; Royal gazette and Newfoundland
advertiser, 1810-1845 : vital statistics and items; Royal gazette and
Newfoundland advertiser, 1846-1862 : vital statistics and items.   CS88
N48 H68 1983 fol.   929.3718

Donne la liste des noms de famille de personnes qui exerçaient des
métiers relatifs à la pêche ou autres, à Terre-Neuve, durant la période
de 1660 à 1840. Classement alphabétique. Donne des renseignements
sur des endroits en Grande-Bretagne auxquels les personnes étaient
associées et sur leurs occupations. Pour obtenir de plus amples
renseignements, il faut consulter les fichiers de recherche de M.
Matthews qui se trouvent aux Maritime History Archives, Memorial
University. Un autre index des noms qui figurent dans ces fichiers a
été publié plus récemment, mais il contient moins de détails: *An*
index to the name files (a collection of files containing information on
families connected with the trade and fisheries of Newfoundland, 1650-
1830) (St. John's : Memorial University of Newfoundland, Maritime
History Group, 1981).   Z1374 M28 fol.   920.96392

Annuel. Liste alphabétique des noms de famille qui font l'objet de
recherches menées par des membres de la Newfoundland and
Labrador Genealogical Society. Les notices comprennent le nom de
famille, la période, la religion, la ville, le secteur et le numéro du
membre. Une liste numérique des membres et de leurs adresses suit
la liste des noms de famille.   CS2389 N48 fol.   929.10720718

Dictionnaire alphabétique des noms de famille de Terre-Neuve. Les
noms étudiés proviennent de la *Official list of electors 1955.* Tente de
donner les origines géographiques et linguistiques de chaque nom,
sa signification, les traditions familiales et locales relatives à ce nom,
les premières apparitions du nom, la fréquence du nom aujourd'hui,
l'endroit où il se retrouve le plus souvent, les noms de lieux qui s'y
rapportent. Les sources de données sur les noms et les textes qui font
autorité en la matière sont signalées dans les notices. Essai sur les
origines des noms de famille. Bibliographie. Annexes: liste ordonnée
des noms de famille les plus fréquents à Terre-Neuve qui se
retrouvent 50 fois ou plus dans la *Official list of electors 1955*; ordre
comparatif des principaux noms de famille de Terre-Neuve, de
l'Angleterre, du pays de Galles, de l'Irlande et de l'Écosse; noms de
famille relevés avant 1700. Ajouts et corrections.   CS2389 S42 fol.
929.4209718

Index alphabétique des noms de famille qui figurent dans le
trimestriel de cette société, *The Newfoundland ancestor,* vol. 1, n° 1
(1984)-vol. 5, n° 4 (1989). Inclut les noms de famille des auteurs, des
conférenciers invités et des membres de conseils et de comités ainsi
que les noms de famille qui font l'objet de recherches. Remplace:
Surname index of the Newfoundland & Labrador Genealogical Society
newsletter : volumes 1 & 2, 1984-1986; Newsletter surname index,
vol. 3.   CS80 N498 1990 fol.   929.10720718

Nova Scotia

Nouvelle-Écosse

1226
The atlantic Canadians, 1600-1900. – Noel Montgomery Elliot. – Toronto : Genealogical Research Library, 1994. – 3 vol. (3608 p.). – 0919941346 (set)

Over 500,000 name entries for persons who resided in the Atlantic Provinces during the period 1600-1900, compiled from sources such as census returns, marriage records, directories and family histories. Alphabetically arranged. Entries may include name, occupation, year (which could be of birth, baptism, christening, marriage, death, burial or a year in which the person was known to be living), place and source code. List of sources. List of place names.
CS88 A84 A84 1994 fol.   929.3715

Plus de 500 000 notices des noms de personnes qui habitaient dans les provinces de l'Atlantique pendant la période 1600-1900. Les notices ont été compilées à partir de sources comme les résultats des recensements, les registres des mariages, les répertoires et les documents sur l'histoire des familles. Classement alphabétique. Les notices peuvent comprendre le nom, l'occupation, l'année de naissance, de baptême, de mariage, de décès, d'enterrement ou une année pendant laquelle on savait la personne vivante, le lieu et le code de la source. Liste des sources. Liste des noms de lieux.
CS88 A84 A84 1994 fol.   929.3715

1227
Dunlop, Allan C. – *Census of Nova Scotia - 1827 ; Census of District of Pictou - 1818.* – Halifax : Public Archives of Nova Scotia, 1979. – [2] leaves, 151 p. : map.

An index to the extant portions of the 1827 heads of families census for Nova Scotia. Excludes the District of Sydney (Antigonish County). Entries are alphabetically arranged by surname and include: religion, occupation, town or village, numbers of males and females in household, numbers of male and female servants, total number of persons, number of births in family during the year ending October 1, 1827, number of female marriages in family during the year, number of deaths in family during the year. Also includes an index of the 1817 census for the District of Pictou.   FC2322.1 A1 D85 1979 fol.   929.3716

Index des parties encore existantes des cahiers du recensement des chefs de famille de la Nouvelle-Écosse de 1827. Exclut le district de Sydney (comté Antigonish). Les notices sont classées en ordre alphabétique par noms de famille et comprennent: la religion, l'occupation, la ville ou le village, le nombre d'hommes et de femmes dans le ménage, le nombre de serviteurs masculins et féminins, le nombre total de personnes, le nombre de naissances dans la famille durant l'année qui se terminait le 1er octobre 1827, le nombre de mariages de femmes de la famille durant l'année, le nombre de morts dans la famille durant l'année. Contient aussi un index du recensement de 1817 effectué dans le district de Pictou.
FC2322.1 A1 D85 1979 fol.   929.3716

1228
Genealogical Association of Nova Scotia. – *Directory of members and surname interests.* – (1990)-   . – Halifax : Genealogical Association of Nova Scotia, c1990-   . –   vol. – 1193-1353

Annual. A directory of members of the Genealogical Association of Nova Scotia and the surnames which they are researching. Arranged in two alphabetical lists. Surname entries include a locality and a member number. Member addresses provided. Title varies: 1990, *Directory of members and surname research interests*; 1992, *Directory of members, surname interests and subject index to The Nova Scotia genealogist, vol. I to vol. IX*. Prior to 1990, surnames were listed in issues of *The Nova Scotia genealogist*. The 1992 directory also includes a subject index to the periodicals *Genealogical newsletter*, no. 1 (Feb. 1972)-no. 40 (Autumn 1982) and *The Nova Scotia genealogist*, vol. 1 (1983)-vol. 9 (1991).   CS 89 N69 G3 fol.   929.10720716

Annuel. Répertoire des membres de la Genealogical Association of Nova Scotia et des noms de famille qui font l'objet de leurs recherches. Classement en deux listes alphabétiques. Les notices sur les noms de famille incluent une localité et un numéro de membre. Les adresses des membres sont fournies. Le titre varie: 1990, *Directory of members and surname research interests*; 1992, *Directory of members, surname interests and subject index to The Nova Scotia genealogist, vol. I to vol. IX*. Avant 1990, la liste des noms de famille paraissait dans des numéros de *The Nova Scotia genealogist*. Le répertoire de 1992 contient aussi un index des sujets pour les périodiques *Genealogical newsletter*, n° 1 (févr. 1972)-n° 40 (automne 1982) et *The Nova Scotia genealogist*, vol. 1 (1983)-vol. 9 (1991).
CS 89 N69 G3 fol.   929.10720716

1229
Genealogist's handbook for Atlantic Canada research. – Edited by Terrence M. Punch. – Boston : New England Historic Genealogical Society, 1989. – viii, 142 p. : maps. – 0880820225

A guide to genealogical sources for the Atlantic Provinces. Arranged by province and record type. Also includes a chapter on regional resources and the Acadians. Covers vital statistics, census, land, probate, church, cemetery and immigration records, newspapers and periodicals. Lists libraries, museums, genealogical and historical societies in each province. Bibliography for each chapter. Index of subjects and institutions.   CS88 A84 G45 1989   929.10720715

Guide sur les sources généalogiques des provinces de l'Atlantique. Classement par provinces et par types de registres. Inclut aussi un chapitre sur les ressources régionales et les Acadiens. Porte sur les registres d'état civil, les résultats des recensements, les documents relatifs aux terres, les registres des successions, paroissiaux, des cimetières et d'immigration, les journaux et les périodiques. Donne la liste des bibliothèques, des musées et des sociétés généalogiques et historiques de chaque province. Bibliographie pour chaque chapitre. Index des sujets et des établissements.   CS88 A84 G45 1989 929.10720715

1230

Gilroy, Marion. – *Loyalists and land settlement in Nova Scotia.* – A list compiled by Marion Gilroy under the direction of D. C. Harvey. – Halifax : Public Archives of Nova Scotia, 1937. – 154 p. – (Publication ; 4).

A list of United Empire Loyalists of Nova Scotia, compiled from land records in the Public Archives of Nova Scotia and supplemented with land records from the Nova Scotia Dept. of Lands and Forests. Records examined include petitions, surveyors' warrants, descriptions and certificates and draft grants. Names are arranged by county and then under the following headings: grants, warrants and escheats. Entries include name, date of grant or warrant, location, number of acres, origin or rank of Loyalist, and date escheated when applicable. Appendices: texts of a petition and a counter-petition of certain Loyalists; petition from certain members of the 2nd Batallion, 84th Regiment.
  Reprinted: [Halifax] : Public Archives of Nova Scotia, 1980. Includes a name index compiled by Wm. G. Dodge-Murphy and Jessie M. (Rumley) Murphy.   FC2305   929.3716

Liste des Loyalistes (United Empire Loyalists) de la Nouvelle-Écosse, établie à partir des documents relatifs aux terres des Archives publiques de la Nouvelle-Écosse et complétée au moyen de ceux du Ministère des terres et forêts de Nouvelle-Écosse. Les documents examinés comprennent les demandes de terres, les cadastres, les descriptions et certificats ainsi que les actes de concessions. Les noms sont classés par comtés, puis sous les rubriques suivantes: actes de concessions, cadastres et successions en déshérence. Les notices comprennent le nom, la date de la déshérence ou de l'inscription au cadastre, le nombre d'acres, l'origine ou le rang du Loyaliste, et s'il y a lieu la date de déshérence. Annexes: texte d'une demande de terre et d'une demande reconventionnelle présentées par certains Loyalistes; demande de terre présentée par certains membres du 2e bataillon, 84e régiment.
  Réimprimé: [Halifax] : Public Archives of Nova Scotia, 1980. Inclut un index des noms compilé par Wm. G. Dodge-Murphy et Jessie M. (Rumley) Murphy.   FC2305   929.3716

1231

Marble, Allan E. [Allan Everett]. – *A catalogue of published genealogies of Nova Scotia families.* – 2nd ed. – Halifax : Genealogical Association of the Royal Nova Scotia Historical Society, 1984. – 77 p. – (Publication ; no. 2).

1st ed., 1979. A bibliography of 606 published genealogies of Nova Scotia families. Includes books, periodical articles and manuscripts which have been made available to the public. Alphabetically arranged by author or title. Index of 2,045 surnames included in works listed in the bibliography.   Z5313 C3 N69 1984 fol. 016.929209716

1re éd., 1979. Bibliographie de 606 généalogies publiées de familles de la Nouvelle-Écosse. Inclut des livres, des articles de périodiques et des manuscrits qui ont été mis à la disposition du public. Classement alphabétique par auteurs ou par titres. Index de 2 045 noms de famille mentionnés dans les ouvrages signalés dans la bibliographie.   Z5313 C3 N69 1984 fol.   016.929209716

1232

Marble, Allan Everett. – *Deaths, burials and probate of Nova Scotians, 1749-1799, from primary sources.* – Halifax : Genealogical Association of Nova Scotia, 1990. – 2 vol. (xiv, 209 ; xiv, 209 p.). – (Publication ; no. 15).

Data on persons who died, were buried or had estates probated in Nova Scotia during the period 1749-1799. Compiled from sources such as court, church and community records, family and individual papers, township books, newspapers, published diaries, journals and gravestone inscriptions. Two volumes, A-K, L-Z, are arranged in two parts: part 1, alphabetically arranged list of names; part 2, additional or conflicting information on persons included in part 1. Entries in part 1 include date of death, burial, inquest or probate, place of death, burial or residence before death, age at time of death, next of kin, reference to source and additional information such as cause of death, occupation, etc. List of sources consulted.   CS88 N69 M37 1990 fol.   929.3716

Données sur des personnes qui sont mortes ou inhumées en Nouvelle-Écosse ou dont la succession a été étudiée par un tribunal de cette province, durant la période 1749-1799. Ces données ont été compilées à partir de sources comme les registres judiciaires, paroissiaux et communautaires, les documents familiaux et personnels, les registres des cantons, les journaux, les journaux personnels publiés, les revues et les inscriptions sur les pierres tombales. Deux volumes, A-K, L-Z, présentés en deux parties: partie 1, liste alpha-bétique de noms; partie 2, données additionnelles ou contradictoires sur les personnes mentionnées dans la partie 1. Les notices de la première partie comprennent la date de décès, d'inhumation, d'enquête ou d'étude par le tribunal des successions, le lieu de décès, d'inhumation ou de résidence avant la mort, l'âge au moment de la mort, le plus proche parent, une référence à la source et des données supplémentaires comme la cause du décès, l'occupation, etc. Liste des sources consultées.   CS88 N69 M37 1990 fol.   929.3716

1233

Morris, Julie. – *Tracing your ancestors in Nova Scotia.* – 3rd ed. – Halifax : Public Archives of Nova Scotia, c1987. – 11 p.

1st ed., 1976. 2nd ed., 1981. A guide to the collections and services of the Public Archives of Nova Scotia of interest to genealogists. Discusses preparation for and problems of genealogical research, sources available at the Archives such as church, census, township, land and probate court records, immigration and passenger lists, newspapers and other printed sources. Also provides addresses for other institutions.   CS88 N69   929.10720716

1re éd., 1976. 2e éd., 1981. Guide sur les collections et services des Archives publiques de la Nouvelle-Écosse qui pourraient intéresser les généalogistes. Discute des préparatifs et des problèmes de la recherche généalogique ainsi que des sources disponibles aux Archives comme les registres paroissiaux, les résultats des recensements, les registres de canton, les documents relatifs aux terres, les registres judiciaires, les listes d'immigration et de passagers, les journaux et les autres sources imprimées. Donne aussi la liste des adresses d'autres établissements.   CS88 N69   929.10720716

1234

Nova Scotia vital statistics from newspapers. – Halifax : Genealogical Association of Nova Scotia, 1978-   . –   vol. – (Publication). – Cover title.

A series of publications which extract information on births, marriages and deaths from early Halifax newspapers held by the Public Archives of Nova Scotia. Volumes cover: 1769-1812, 1813-1822, 1823-1828, 1829-1834, 1835-1839, 1840-1843, 1844-1847, 1848-1851, 1852-1854. Chronological arrangement. Indexes of surnames and ships in each volume. Volumes for 1835-1839 and 1840-1843 have following title on t.p.: *Vital statistics from Halifax newspapers*; volumes for 1848-1851, 1852-1854 have following title on t.p.: *Nova Scotia vital statistics from Halifax newspapers*.

Volumes covering 1769-1834 reproduced on 1 reel of 16 mm. microfilm by the Association.   FC2305 H643 1984 fol.   929.371622

Série de publications qui contiennent des données sur les naissances, les mariages et les décès tirées de vieux journaux de Halifax conservés aux Archives publiques de la Nouvelle-Écosse. Les volumes couvrent: 1769-1812, 1813-1822, 1823-1828, 1829-1834, 1835-1839, 1840-1843, 1844-1847, 1848-1851, 1852-1854. Classement chronologique. Deux index: noms de famille et noms de navires dans chaque volume. Les volumes sur 1835-1839 et 1840-1843 portent le titre suivant sur la page de titre: *Vital statistics from Halifax newspapers*. Les volumes sur 1848-1851 et 1852-1854 portent le titre suivant sur la page de titre: *Nova Scotia vital statistics from Halifax newspapers*.

Cette association a reproduit sur 1 bobine de microfilm 16 mm les volumes qui couvrent 1769-1834.   FC2305 H643 1984 fol. 929.371622

1235

Punch, Terrence M. – *Genealogical research in Nova Scotia.* – 3rd rev. ed. – Halifax : Petheric Press, 1983. – [6], 136 p. : ill. – 0919380298

1st ed., 1978. 2nd ed., 1978. A guide to sources for genealogical research in Nova Scotia. Includes general information on getting started, organizing and presenting research and problems such as name changes, handwriting and vocabulary. Examines published sources such as local histories, genealogies and newspapers. Describes in some detail material available at the Public Archives of Nova Scotia including individual and family papers, church, township, district, census, poll tax and marriage records, wills and deeds. Discusses other repositories with holdings of genealogical interest, for example, court houses, churches, historical societies and museums. Bibliographies of local histories and genealogies. Surname and subject indexes.   CS88 N69 P85 1983   929.10720716

1re éd., 1978. 2e éd., 1978. Guide sur les sources de recherche généalogique en Nouvelle-Écosse. Inclut des données générales sur la façon d'entreprendre ce type de recherches, sur l'organisation et la présentation des données et sur les problèmes comme les changements de noms, l'écriture et le vocabulaire. Examine des sources publiées comme les documents sur l'histoire locale, les généalogies et les journaux. Décrit assez en détail les documents disponibles aux Archives publiques de la Nouvelle-Écosse, y compris les documents personnels et familiaux, les registres paroissiaux, de canton et de district, les cahiers de recensement, les registres des cens et des mariages, les testaments et les actes. Discute d'autres services d'archives qui possèdent des fonds documentaires d'intérêt généalogique, par exemple les palais de justice, les églises, les sociétés historiques et les musées. Bibliographies de documents sur l'histoire locale et de généalogies. Index des noms de famille et index des sujets.   CS88 N69 P85 1983   929.10720716

1236

Punch, Terrence M. – *In which county? : Nova Scotia surnames from birth registers, 1864 to 1877.* – Halifax : Genealogical Association of the Royal Nova Scotia Historical Society, 1985. – 104 p. : map. – (Publication ; no. 9). – Spine title : *Nova Scotia surnames from birth registers, 1864-1877.*

Statistical tables of surnames appearing in Nova Scotia birth registers for the period 1864 through 1877. Provides an alphabetically arranged list of surnames with number of occurrences in each county. Also includes statistics on distribution and regional concentration of surnames and most numerous surnames. List of surnames which appeared only in the registers of one county, organized by county.   CS88 N69 P86 1985 fol.   929.4209716

Tableaux de statistiques sur les noms de famille qui figurent dans les registres des naissances de la Nouvelle-Écosse de la période de 1864 à 1877. Fournit une liste alphabétique des noms de famille avec le nombre de fois qu'il se retrouve dans chaque comté. Contient aussi des statistiques sur la répartition et la concentration régionale des noms de famille et sur les noms de famille les plus fréquents. Liste des noms de famille qui figurent dans les registres d'un seul comté, classée par comtés.   CS88 N69 P86 1985 fol.   929.4209716

1237

Smith, Leonard H. – *Nova Scotia genealogy and local history : a trial bibliography.* – 2nd ed. – Clearwater (Fla.) : Owl Books, c1984. – 98 p. – 0932022286

1st ed., 1983. A bibliography of genealogical and local historical material on Nova Scotia and Acadia. Includes books, periodical articles, official publications and some archival resources alphabetically arranged by name of author or title. No index. Z1392 N72 S64 1984 fol.   016.9716

1re éd., 1983. Bibliographie de documents sur la généalogie et sur l'histoire locale relatifs à la Nouvelle-Écosse et à l'Acadie. Inclut des livres, des articles de périodiques, des publications officielles et certains fonds d'archives, classés alphabétiquement par noms d'auteurs ou par titres. Aucun index.   Z1392 N72 S64 1984 fol. 016.9716

1238

Smith, Leonard H. – *Nova Scotia immigrants to 1867.* – Compiled by Col. Leonard H. Smith, Jr., and Norma H. Smith. – Baltimore (Md.) : Genealogical Publishing, c1992-c1994. – 2 vol. (xiv, 546 ; ix, 295 p.). – 0806313439 (vol. 1) 0806308451 (vol. 2)

Data on immigrants to Nova Scotia prior to 1867. Vol. 1: part 1, data extracted from manuscript sources; part 2, data extracted from published Nova Scotia periodical literature. Vol. 2: part 1, data from non-Nova Scotia periodicals; part 2, data from published diaries and journals. Each part is alphabetically arranged by surname. Entries

Données sur les immigrants arrivés en Nouvelle-Écosse avant 1867. Vol. 1: partie 1, les données tirées de sources manuscrites; partie 2, les données tirées de périodiques publiés en Nouvelle-Écosse. Vol. 2: partie 1, les données tirées de périodiques publiés hors Nouvelle-Écosse; partie 2, les données tirées de journaux personnels publiés.

may include age, date and place of birth of immigrant, occupation, names and ages of persons accompanying immigrant, place and date of arrival in Nova Scotia, name of ship, place of departure and source code. Lists of immigrant vessels. Bibliography of sources consulted for each part.

Vol. 1, part 1 was originally prepared as an M.A. thesis, Vermont College, Norwich University, 1985. Published under the title: *A dictionary of immigrants to Nova Scotia* (Clearwater (Fla.) : Owl Books, c1985). CS88 N69 S65   929.3716

Dans chaque partie, classement alphabétique par noms de famille. Les notices peuvent comprendre l'âge, la date et le lieu de naissance de l'immigrant, son occupation, les noms et les âges des personnes qui l'accompagnaient, le lieu et la date d'arrivée en Nouvelle-Écosse, le nom du navire, le point de départ et le code de la source. Contient des listes de navires d'immigrants. Bibliographie des sources consultées pour chaque partie.

À l'origine, la première partie de vol. 1 avait été rédigée comme thèse de maîtrise au Vermont College, Norwich University, 1985. Publiée sous le titre: *A dictionary of immigrants to Nova Scotia* (Clearwater (Fla.) : Owl Books, c1985). CS88 N69 S65   929.3716

1239

Wright, Esther Clark. – *Planters and pioneers.* – Rev. ed. – [Wolfville, N.S. : E.C. Wright], 1982. – 334 p. – 0889990875 – Cover title : *Planters and pioneers : Nova Scotia, 1749 to 1775.*

Prev. ed., 1978. Genealogical data on pre-Loyalist settlers of Nova Scotia and New Brunswick, 1749-1775. Compiled from land, probate and census records, local and family histories, etc. Alphabetically arranged by surname of male settler. Entries may include place and date of settlement, place and date of birth/death, names of parents, date of marriage, names of spouse and children, etc. FC2305 W75 1982   929.3716

Éd. antérieure, 1978. Données généalogiques sur les colons pré-Loyalistes de la Nouvelle-Écosse et du Nouveau-Brunswick, 1749-1775. Compilé à partir des documents relatifs aux terres, des registres de tribunaux des successions, des résultats de recensements, des documents sur l'histoire locale et celle des familles, etc. Classement alphabétique par noms de famille des colons masculins. Les notices peuvent comprendre le lieu et la date d'installation, le lieu et la date de naissance ou de décès, les noms des parents, la date de mariage, les noms de l'épouse et des enfants, etc. FC2305 W75 1982   929.3716

Ontario

Ontario

1240

Aitken, Barbara B. – *Some Ontario references and sources for the family historian.* – By Barbara B. Aitken, Dawn Broughton and Yvonne J. Crouch. – Rev. and enl. – Toronto : Ontario Genealogical Society, c1984. – 56 p. – 0920036147

A guide to sources for genealogical research in Ontario. Discusses census returns, vital statistics, church, land, court, military, immigration and Loyalist records and sources for regional and biographical information. Describes the services, collections and publications of public repositories such as archives and libraries. Also provides addresses for genealogical and historical societies. Bibliography of books and periodical articles. Chronology. 1st ed., 1973, *Some references and sources for searching your ancestors in Ontario*; 2nd ed., 1974, *Some references and sources for the family historian in the province of Ontario*; 3rd ed., 1976. Imprint varies. Z5313 C3 O38 1984 fol.   016.9293713

Guide sur les sources de recherche généalogique en Ontario. Discute des résultats des recensements, des registres d'état civil, des registres paroissiaux, des documents relatifs aux terres, des registres judiciaires, militaires, d'immigration et loyalistes ainsi que des sources de données régionales et biographiques. Décrit les services, les collections et les publications des services publics comme les archives et les bibliothèques. Fournit aussi les adresses de sociétés généalogiques et historiques. Bibliographie de livres et d'articles de périodiques. Tableau chronologique. 1re éd., 1973, *Some references and sources for searching your ancestors in Ontario*; 2e éd., 1974, *Some references and sources for the family historian in the province of Ontario*; 3e éd., 1976. L'adresse bibliographique varie. Z5313 C3 O38 1984 fol.   016.9293713

1241

Archives de l'Ontario. Service de prêt entre établissements. – *Microfilm interloan catalogue = Catalogue pour prêt de microfilms entre établissements.* – Rédactrice en chef, Karen Bergsteinsson. – Toronto : Service de prêt entre établissements, Archives de l'Ontario, 1992. – [303] f.

A catalogue of records on microfilm available for interlibrary loan from the Archives of Ontario. Includes birth, marriage, death, court, land and municipal records and multicultural newspapers. Arranged by subject category. Entries include record group title, sub-group heading, series title and descriptions of the contents of microfilm reels. For newspapers publication information, ethnic group affiliation and holdings are noted. Index of languages and community groups for newspapers. Printed from computer disk. CD3645 O65 A73 1992 fol.   929.3713

Catalogue de registres sur microfilm qui peuvent être empruntés des Archives de l'Ontario par prêt entre établissements. Inclut les registres des naissances, des mariages, des décès, judiciaires et municipaux, les documents relatifs aux terres et les journaux multiculturels. Classement par catégories de sujets. Les notices contiennent le titre du groupe de registres, l'entête du sous-groupe, le titre de la série et la description du contenu des bobines de microfilm. Dans le cas des journaux, on fournit des données sur la publication, l'appartenance à un groupe ethnique et les fonds documentaires. Pour les journaux, index des langues et des groupes communautaires. Imprimé à partir d'un disque informatique. CD3645 O65 A73 1992 fol.   929.3713

1242

Archives of Ontario. – *Ontario Archives land record index* [microform]. – [Toronto : the Archives, 1979]. – 128 microfiches. – Header title.

An index to Ontario late eighteenth-, nineteenth- and early twentieth-century land records held by the Archives of Ontario. Two parts: name listing, alphabetically arranged by name of locatee;

Index des documents de la fin du dix-huitième, du dix-neuvième et du début du vingtième siècles qui se rapportent aux terres de l'Ontario et qui se trouvent aux Archives de l'Ontario. Deux parties:

township listing, alphabetically arranged by name of township, town or city. Entries include name of locatee, township, lot, concession, date of issue, transaction type, type of free grant, type of lease/sale, Archives reference number.

Douglas A. Robbins has produced print volumes of the parts of the index covering Lincoln and Welland counties: *Ontario Archives land records index for Lincoln County* (St. Catharines : D.A. Robbins, 1993); *Ontario land records index for Welland County* (St. Catharines : D.A. Robbins, 1993).   FC3053 A73 1979   929.3713

liste des noms, classée alphabétiquement par noms des occupants; liste des cantons, classée alphabétiquement par noms de cantons ou de villes. Les notices comprennent le nom de l'occupant, le canton, le lot, la concession, la date et le type de transaction, le genre d'octroi de terre, le genre de location ou d'achat, le numéro de référence des Archives.

Douglas A. Robbins a produit des volumes imprimés sur papier des parties de l'index qui portent sur les comtés Lincoln et Welland: *Ontario Archives land records index for Lincoln County* (St. Catharines : D.A. Robbins, 1993); *Ontario land records index for Welland County* (St. Catharines : D.A. Robbins, 1993). FC3053 A73 1979   929.3713

1243

Archives of Ontario. Interloan Service. – *Microfilm interloan catalogue = Catalogue pour prêt de microfilms entre établissements.* – Editor, Karen Bergsteinsson. – Toronto : Archives of Ontario, Interloan Service, 1992. – [303] leaves.

A catalogue of records on microfilm available for interlibrary loan from the Archives of Ontario. Includes birth, marriage, death, court, land and municipal records and multicultural newspapers. Arranged by subject category. Entries include record group title, sub-group heading, series title and descriptions of the contents of microfilm reels. For newspapers publication information, ethnic group affiliation and holdings are noted. Index of languages and community groups for newspapers. Printed from computer disk. CD3645 O65 A73 1992 fol.   929.3713

Catalogue de registres sur microfilm qui peuvent être empruntés des Archives de l'Ontario par prêt entre établissements. Inclut les registres des naissances, des mariages, des décès, judiciaires et municipaux, les documents relatifs aux terres et les journaux multiculturels. Classement par catégories de sujets. Les notices contiennent le titre du groupe de registres, l'entête du sous-groupe, le titre de la série et la description du contenu des bobines de microfilm. Dans le cas des journaux, on fournit des données sur la publication, l'appartenance à un groupe ethnique et les fonds documentaires. Pour les journaux, index des langues et des groupes communautaires. Imprimé à partir d'un disque informatique.   CD3645 O65 A73 1992 fol.   929.3713

1244

Bourrie, Doris B. – *Pioneers of Upper Canada, 1783-1839.* – Thornhill (Ont.) : Doris B. Bourrie, c1991. – [85], 60 p. – 0969515618 – Cover title.

An index of over 6,200 names found in 159 archival and published documents relating to Upper Canada. Includes lists of settlers and aliens, persons in various occupations, etc. Excludes sources concerning land transactions and most records concerning United Empire Loyalists or the militia unless they include information not found in other reference works. Source, location, title and description provided for each document. Many are available at the National Archives of Canada or the Archives of Ontario. FC3071.1 A1 B68 1991 fol.   929.3713

Index de plus de 6 200 noms qui figurent dans 159 documents d'archives et documents publiés relatifs au Haut-Canada. Inclut des listes de colons et d'étrangers, de personnes qui exerçaient divers métiers, etc. Exclut les sources qui se rapportent aux transactions immobilières et la plupart des registres qui se rapportent aux Loyalistes (United Empire Loyalists) ou à la milice, à moins que ces documents ne contiennent des données introuvables dans d'autres ouvrages de référence. Pour chaque document, on donne la source, la localisation, le titre et une description. Nombre de documents sont disponibles aux Archives nationales du Canada ou aux Archives de l'Ontario.   FC3071.1 A1 B68 1991 fol.   929.3713

1245

Centennial of the settlement of Upper Canada by the United Empire Loyalists, 1784-1884. – Toronto : Rose Publishing, 1885. – 334 p.

A register of United Empire Loyalists who settled in Upper Canada. Compiled as a result of an Order-in-Council, 1789. Alphabetically arranged. Entries include name, place of residence, notes on regiment, family members, etc. Supplementary list. Reproduced in microform format: *CIHM/ICMH microfiche series*, no. 02561. Reprinted: Boston : Gregg Press, 1972. Reprinted 1969, 1976, under the title: *The old United Empire Loyalists list* (Baltimore : Genealogical Publishing).   F5475 U6   929.3713

Registre des Loyalistes (United Empire Loyalists) qui se sont installés dans le Haut-Canada. Compilé à la suite d'un décret de 1789. Classement alphabétique. Les notices contiennent le nom, le lieu de résidence, des notes sur le régiment, les membres de la famille, etc. Liste complémentaire. Reproduit sur support microforme: *CIHM/ICMH collection de microfiches*, n° 02561. Réimprimé: Boston : Gregg Press, 1972. Réimprimé, en 1969 et en 1976, sous le titre: *The old United Empire Loyalists list* (Baltimore : Genealogical Publishing).   F5475 U6   929.3713

1246

The central Canadians, 1600-1900. – Noel Montgomery Elliot. – Toronto : Genealogical Research Library, c1994. – 3 vol. (3128 p.). – 0919941176 (set)

500,000 name entries for persons who resided in Ontario or Manitoba before 1900, compiled from sources such as census returns, historical atlases, county directories, local histories and biographies. Alphabetically arranged. Entries may include name, occupation, year (which could be of birth, baptism, christening, marriage, death, burial or a year in which the person was known to be living), place and source code. List of sources. Volume 3 includes a list of villages, towns, townships, etc., with name changes. Expands: *People of Ontario, 1600-1900 : alphabetized directory of the people, places and*

Contient 500 000 notices des noms de personnes qui habitaient en Ontario ou au Manitoba avant 1900. Les notices ont été compilées à partir de sources comme les résultats des recensements, les atlas historiques, les répertoires de comté, les documents sur l'histoire locale et les biographies. Classement alphabétique. Les notices peuvent comprendre le nom, l'occupation, l'année de naissance, de baptême, de mariage, de décès, d'inhumation ou une année pendant laquelle on savait la personne vivante, le lieu et le code de la source. Liste des sources. Le volume 3 inclut une liste des villages, villes, cantons, etc.

vital dates (London (Ont.) : Genealogical Research Library, 1984). CS88 A1 C44 1994 fol.   929.3713

avec les changements de noms. Augmente: *People of Ontario, 1600-1900 : alphabetized directory of the people, places and vital dates* (London (Ont.) : Genealogical Research Library, 1984).   CS88 A1 C44 1994 fol.   929.3713

1247

Chadwick, Edward Marion. – *Ontarian families : genealogies of United-Empire-Loyalist and other pioneer families of Upper Canada.* – Toronto : Rolph, Smith, 1894-1898. – 2 vol. (xii, 203 p., [17] leaves of plates ; xiii, 194 p., [9] leaves of plates) : ill. (some col.).

Genealogies of approximately 110 United-Empire-Loyalist and other Upper-Canadian families compiled from family records, wills, deeds, histories, etc. Random arrangement. Includes descriptions and illustrations of family coats of arms. Addenda and corrigenda in each volume. Indexes of genealogies and names mentioned, in each volume. Index of historical events referred to in genealogies, in volume one.

Reproduced in microform format: *CIHM/ICMH microfiche series*, no. 07682-07684. Reprinted: Lambertville (N.J.) : Hunterdon House, 1970. 2 vol. in 1, does not include plates illustrating coats of arms. Reprinted: Belleville (Ont.) : Mika Silk Screening, 1972. 2 vol. with plates.   CS88 O6 C4 fol.   929.209713

Généalogies d'environ 110 familles loyalistes (United Empire Loyalists) et autres du Haut-Canada, établies à partir de documents familiaux, de testaments, d'actes, d'histoires, etc. Classement au hasard. Inclut une description et une illustration des armoiries familiales. Ajouts et corrections dans chaque volume. Index des généalogies et index des noms mentionnés, dans chaque volume. Dans le volume 1, index des événements historiques mentionnés dans les généalogies.

Reproduit sur support microforme: *CIHM/ICMH collection de microfiches*, n° 07682-07684. Réimprimé: Lambertville (N.J.) : Hunterdon House, 1970. 2 vol. en 1, ne comprend pas de planches qui illustrent les armoiries. Réimprimé: Belleville (Ont.) : Mika Silk Screening, 1972. 2 vol. avec planches.   CS88 O6 C4 fol.   929.209713

1248

***County marriage registers of Ontario, Canada, 1858-1869.* –** Agincourt (Ont.) : Generation Press, c1979-c1990. – 26 vol. : maps. – 0920830005 (set)

An index to the county marriage registers of Ontario for the period 1858-1869. Each volume covers a county and is alphabetically arranged by surname. Variant spellings of surnames are grouped together. Names of both bride and groom are indexed. Entries include name of bride or groom, place of residence, name of father, name of spouse, year of marriage and reference to the page in the original register held by the Archives of Ontario.   CS88 O6 C68 fol.   929.3713

Index des registres des mariages de comtés de l'Ontario, de la période 1858-1869. Un volume sur chaque comté, classé alphabétiquement par noms de famille. Les variantes orthographiques des noms de famille sont regroupées. Les noms des deux époux sont répertoriés. Les notices contiennent le nom du marié ou de la mariée, le lieu de résidence, le nom du père, le nom du conjoint, l'année du mariage et un renvoi à la page du registre original qui se trouve aux Archives de l'Ontario.   CS88 O6 C68 fol.   929.3713

1249

***Court of Probate : registers and estate files at the Archives of Ontario (1793-1859) : an index for genealogical research.* –** Edited by Bill Zuefelt. – [Toronto] : Ontario Genealogical Society, 1986. – iv, 43 p. – 0920036139

A name index to Ontario estate files for the period 1793-1859, held by the Archives of Ontario. Files for testate and intestate estates contain documents such as wills and codicils, letters of probate and administration, affidavits, inventories of estates, etc. Alphabetically arranged by surname of deceased. Entries include place of residence, date and additional information such as profession, marital status, etc. Also lists the volumes of the registers of grants of probate and administration issued by the Court of Probate. CD3627 O5 C68 1986   929.3713

Index des noms mentionnés dans les dossiers de succession ontariens de la période 1793-1859 qui se trouvent aux Archives de l'Ontario. Les dossiers sur les successions testamentaires et non testamentaires contiennent des documents comme les testaments et les codicilles, les lettres d'homologation et d'administration, les affidavits, les inventaires de succession, etc. Classement alphabétique par noms de famille des personnes décédées. Les notices contiennent le lieu de résidence, la date et des données supplémentaires comme la profession, l'état civil, etc. Donne aussi la liste des volumes de registres d'actes d'homologation et d'administration émis par le tribunal des successions.   CD3627 O5 C68 1986   929.3713

1250

Crowder, Norman K. [Norman Kenneth]. – *Early Ontario settlers : a source book.* – Baltimore (Md.) : Genealogical Publishing, c1993. – xx, 239 p. : maps. – 0806313757

Lists settlers of Ontario in the 1780s. Includes Loyalists, discharged servicemen and refugees. Compiled from documents such as provisioning lists, muster rolls and returns of disbanded troops and Loyalists. Arranged chronologically and by document. Bibliography. Name index.   FC3071.1 A1 C75 1993   929.3713

Donne la liste des colons arrivés en Ontario dans les années 1780. Inclut les Loyalistes, les militaires libérés et les réfugiés. Compilé à partir de documents comme les listes d'approvisionnement, les feuilles d'appel et les recensements de troupes licenciées et de Loyalistes. Classement par ordre chronologique et par documents. Bibliographie. Index des noms.   FC3071.1 A1 C75 1993   929.3713

1251

Crowder, Norman Kenneth. – *Indexes to Ontario census records : interim update.* – Nepean (Ont.) : Norman K. Crowder, 1992. – 53 [i.e. 69] p. – 0921536011

1st ed., 1985. Rev. ed., 1987. 1988 supplement. A list of Ontario municipalities for which there are indexes and transcriptions of census returns for the period prior to 1842 through 1891. Alphabetically arranged by name of municipality. Entries include municipality, county/district, and source codes for census indexes in which the

1re éd., 1985. Éd. rev., 1987. Supplément de 1988. Liste des municipalités ontariennes pour lesquelles il existe des index et des transcriptions des résultats de recensements pour la période antérieure à 1842, jusqu'en 1891. Classement alphabétique par noms de municipalités. Les notices contiennent la municipalité, le comté

municipality has been included. Supplementary list of municipalities. Explanations of source codes.   HA747 O5 C76 1992
016.9293713

ou le district, et des codes relatifs à des index de recensement dans lesquels figure la municipalité en question. Liste complémentaire des municipalités. Explication des codes.   HA747 O5 C76 1992
016.9293713

1252

Dilts, Bryan Lee. – *1848 and 1850 Canada West (Ontario) census index : an every-name index.* – Salt Lake City (Utah) : Index Publishing,
1984. – xxxiii, 121 p. – 0914311247

An index of all names appearing in the 1848 and 1850 heads of household census returns for Canada West, now the province of Ontario. Microfilmed census returns were indexed. Alphabetically arranged by surname. Entries include surname, given names, census year, county, page number and locale, usually township. Locales with references to National Archives microfilm reel number and number in the Family History Library of the Church of Jesus Christ of the Latter-day Saints are listed in the introduction. Census data is described in the introduction and a bibliography of other census indexes is provided.   CS88 06 D54 1984 fol.   929.3713

Index de tous les noms qui figurent dans les réponses aux recensements de 1848 et de 1850 effectués auprès des chefs de famille dans ce qui était l'Ouest du Canada, une région qui correspond maintenant à l'Ontario. Les résultats microfilmés ont été indexés. Classement alphabétique par noms de famille. Les notices comprennent le nom de famille, les prénoms, l'année du recensement, le comté, le numéro de page et le lieu, habituellement le canton. L'introduction contient une liste des lieux avec référence au numéro de bobine de microfilm des Archives nationales et au numéro de la Family History Library de l'Église de Jésus-Christ des saints des derniers jours. Les données tirées des recensements sont décrites dans l'introduction, et une bibliographie d'autres index de recensement est fournie.
CS88 06 D54 1984 fol.   929.3713

1253

Fitzgerald, E. Keith. – *Ontario people : 1796-1803.* – Transcribed and annotated by E. Keith Fitzgerald ; with an introduction and index by Norman K. Crowder. – [Baltimore, Md.] : Genealogical Publishing, c1993. – xi, 250 p. : ill., maps. – 0806313668

A transcription of the Upper Canada District Loyalist Rolls from the period 1796-1803. Arranged by district. Entries include name and place of residence or township. Bibliography. List of place names mentioned in court records. Personal name index.
FC3071.1 A1 F58 1993   929.3713

Transcription des feuilles d'appel des Loyalistes du district du Haut Canada (Upper Canada District Loyalist Rolls) de la période 1796-1803. Classement par districts. Les notices contiennent le nom et le lieu de résidence ou le canton. Bibliographie. Liste des noms de lieux mentionnés dans les registres judiciaires. Index des noms personnels.
FC3071.1 A1 F58 1993   929.3713

1254

Fraser, Alexander. – *United Empire Loyalists : enquiry into the losses and services in consequence of their loyalty : evidence in the Canadian claims.* – Toronto : L.K. Cameron, 1905. – 2 vol. (1436 p.). – (Second report of the Bureau of Archives for the province of Ontario). – 0806314044 (reprint set) 0774398930 (microfiche) 0774398914 (Loyalist settlements pa.) 0774398906 (Loyalist settlements bd.)
0744398922 (map & document portfolio)

A transcription of the approximately 1,200 Loyalist claims for losses heard before a Commission appointed by the British Parliament from 1783 to 1789. Arranged by commissioner and Canadian city where claim was heard. Claims provide genealogical data such as name of claimant, place of origin, occupation, war service, location and value of lost property, names of family members, etc. Name index. Reprinted: Baltimore : Genealogical Publishing Co., 1994.

Reproduced in microform format: [Toronto] : Archives of Ontario, [1984], 15 microfiches. Companion volumes to microfiche set: Antliff, W. Bruce, *Loyalist settlements, 1783-1789 : new evidence of Canadian Loyalist claims* (Toronto : Ministry of Citizenship & Culture, c1985). Transcribes eleven volumes of evidence missing from the *Second report.* Index of evidence for all volumes, arranged by name. Name index to eleven volumes transcribed by Antliff. *Loyalist settlements, 1783-1789 : the land* is a portfolio of maps and documents.   FC426 F73   971.024

Transcription d'environ 1 200 réclamations en raison de perte présentées par des Loyalistes, de 1783 à 1789, à une commission nommée par le Parlement britannique. Classement par commissaires et par villes canadiennes où les plaintes ont été étudiées. Les réclamations fournissent des données généalogiques comme le nom du réclamant, son lieu d'origine, son occupation, son service militaire, l'emplacement et la valeur de la propriété perdue, les noms des membres de sa famille, etc. Index des noms. Réimprimé: Baltimore : Genealogical Publishing Co., 1994.

Reproduit sur support microforme: [Toronto] : Archives of Ontario, [1984], 15 microfiches. Volumes qui accompagnent le jeu de microfiches: Antliff, W. Bruce, *Loyalist settlements, 1783-1789 : new evidence of Canadian Loyalist claims* (Toronto : Ministry of Citizenship and Culture, c1985). Transcription de onze volumes de preuves qui ne figurent pas dans *Second report.* Index des noms pour tous les volumes, classées par noms. Index des noms pour les onze volumes transcrits par Antliff. *Loyalist settlements, 1783-1789 : the land* contient des cartes et des documents.   FC426 F73   971.024

1255

Gibson, June. – *Surrogate Court index of Ontario, Canada, 1859-1900.* – Compiled by June Gibson ; indexed by Elizabeth Hancocks, C.G. and Shannon Hancocks. – Agincourt (Ont.) : Generation Press, c1988-1992. – 23 vol. – 0920830501 (set)

Indexes of wills from the Ontario Surrogate Court records for the period 1859-1900. Microfilm copies of the wills are held by the Archives of Ontario. Volumes for each county are alphabetically arranged by surname. Entries include name, location, will number and year. A table of will numbers and the corresponding Archives of Ontario microfilm reel numbers is provided.

Catherine Shepard has prepared a brief guide to Ontario Surrogate Court records entitled: *Surrogate Court records at the*

Index des testaments inscrits dans les registres de tribunal des successions de l'Ontario, pour la période 1859-1900. Les Archives de l'Ontario possèdent des copies sur microfilm des testaments. Dans chaque volume portant sur un comté, classement alphabétique par noms de famille. Les notices comprennent le nom, le lieu, le numéro du testament et l'année. Fournit un tableau des numéros de testaments et des numéros de bobines de microfilm correspondants des Archives de l'Ontario.

Archives of Ontario : a genealogical research guide (Toronto : Ontario Genealogical Society, c1984). CS88 O6 G52 1988 fol. 929.3713

Catherine Shepard a préparé un court guide sur les registres de tribunal des successions de l'Ontario intitulé: *Surrogate Court records at the Archives of Ontario : a genealogical research guide* (Toronto : Ontario Genealogical Society, c1984). CS88 O6 G52 1988 fol. 929.3713

1256

A guide to Ontario land registry records. – Prepared for the Archives of Ontario, the Ministry of Consumer and Commercial Relations, and the Ontario Genealogical Society. – Toronto : Ontario Genealogical Society, 1994. – iii leaves, 42 p., [16] leaves of plates : ill. – 0777901846

A guide to using records held in Ontario land registry offices. Discusses types of documents, information needed to undertake research in a land registry office, alternative sources of information, problems, searching for family names, researching historic buildings, etc. Also provides a history of Ontario's land registry system and describes methods of land division. Glossary. Appendices: directories of Ontario land registry offices and repositories for copy books; fee schedule for registry offices. Bibliography. KEO274 G89 1994 fol. 929.3713

Guide d'utilisation des archives qui se trouvent dans les bureaux du cadastre de l'Ontario. Discute des types de documents, des données nécessaires pour entreprendre des recherches dans le bureau du cadastre, des autres sources d'information, des problèmes, de la recherche de noms de famille, de la recherche sur des édifices historiques, etc. Fournit aussi une histoire du système de cadastre de l'Ontario et décrit les méthodes de division des terres. Glossaire. Annexes: répertoires des bureaux de cadastre de l'Ontario et des dépôts d'archives dans le cas des registres copiés; frais exigés par les bureaux de cadastre. Bibliographie. KEO274 G89 1994 fol. 929.3713

1257

Hancocks, Elizabeth. – *General index to Families, the publication of the Ontario Genealogical Society : volume 1, 1963-volume 17, 1978.* – Agincourt (Ont.) : Generation Press, c1980. – iii, 31 p. – 0920830048

A guide to the contents of vol. 1, no. 1 (Aug. 1962)-vol. 17, no. 4 (1978) of the Ontario Genealogical Society's periodical, *Families.* Arranged by number. CS80 H35 fol. 016.929109713

Guide sur le contenu des vol. 1, nᵒ 1 (août 1962)-vol. 17, nᵒ 4 (1978) du périodique de l'Ontario Genealogical Society, *Families.* Classement par numéros. CS80 H35 fol. 016.929109713

1258

Index to the 1871 census of Ontario. – Bruce S. Elliott, general editor. – Toronto : Ontario Genealogical Society, 1986-1992. – 30 vol.

An index to the heads of families and stray individuals who were recorded in the 1871 census returns of Ontario. Each volume covers one or several counties and is alphabetically arranged by surname. Entries include surname, personal name, sex, age, birthplace, religion, ethnic origin, occupation and a location code which can be used to determine the National Archives of Canada microfilm reel number for the original census.

Returns for many Ontario counties, townships, etc., for other census years have been indexed or transcribed by the members of branches of the Ontario Genealogical Society, other organizations and individuals. For a list of such sources see: Crowder, Norman, *Indexes to Ontario census records : interim update* (Nepean (Ont.) : N. K. Crowder, 1992). FC3095 929.3713

Index des chefs de famille et des personnes isolées recensés en 1871 en Ontario. Chaque volume couvre un ou plusieurs comtés. Classement alphabétique par noms de famille dans chaque volume. Les notices contiennent le nom de famille, le prénom, le sexe, l'âge, le lieu de naissance, la religion, l'origine ethnique, l'occupation et un code de localisation qui peut servir à trouver le numéro de bobine de microfilm des Archives nationales du Canada.

Les résultats d'autres recensements effectués dans de nombreux comtés, cantons, etc. ontariens ont été indexés ou transcrits par les membres des sections de l'Ontario Genealogical Society, d'autres organisations ou personnes. Pour obtenir une liste de ces sources, consulter: Crowder, Norman, *Indexes to Ontario census records : interim update* (Nepean (Ont.) : N. K. Crowder, 1992). FC3095 929.3713

1259

Inventory of cemeteries in Ontario : a genealogical research guide. – Edited by Verna Ronnow. – Toronto : Ontario Genealogical Society, 1987. – viii, 248 p. : maps. – 1550340204

Previous editions, 1982, *Ontario cemetery recordings : list no 1*; 1983, *Inventory of recorded cemeteries in Ontario*. A list of all known cemeteries in Ontario alphabetically arranged by county, township and cemetery name. The following information is given for each cemetery: concession and lot number, the Ontario Genealogical Society (O.G.S.) branch from which a transcription, if any, can be purchased, availability of transcriptions for consultation at the Archives of Ontario, the National Archives of Canada or the O.G.S. Library. Also includes an alphabetically arranged list of over 3,000 Ontario place names with designation as county, township, city, village, etc., and the name of the county in which the place is located. List of Ontario counties/districts with name of O.G.S. Branch responsible for transcription. O.G.S. Branch addresses. CS88 O6 I57 1987 fol. 929.509713

Éditions antérieures, 1982, *Ontario cemetery recordings : list no 1*; 1983, *Inventory of recorded cemeteries in Ontario*. Liste de tous les cimetières connus de l'Ontario selon un classement alphabétique par comtés, cantons et noms des cimetières. Les données suivantes sont fournies pour chaque cimetière: numéro de concession et de lot, section de l'Ontario Genealogical Society (O.G.S.) auprès de laquelle on peut, le cas échéant, acheter une transcription, possibilité de consulter les transcriptions aux Archives de l'Ontario, aux Archives nationales du Canada ou à la bibliothèque de l'O.G.S. Dans la liste alphabétique de plus de 3 000 noms de lieux ontariens, on précise s'il s'agit d'un comté, canton, ville, village, etc. et le nom du comté où se trouve ce lieu. Liste des comtés ou districts ontariens avec nom de la section de l'O.G.S. responsable des transcriptions. Adresses des sections de l'O.G.S. CS88 O6 I57 1987 fol. 929.509713

1260

Main, Lorne W. [Lorne William]. – *Index to 1881 Canadian census of North West Territories & Algoma, Ontario.* – [Vancouver] : Lorne William Main, c1984. – v, 105, [3] p. : maps. – 0969109334

An index to the 1881 Canadian census of the North West Territories and Algoma, Ontario. Attempts to include all surnames listed in the census, regardless of origin. Arranged by enumeration area and sub-division and then alphabetically by surname. Entries include surname, first name of the first person listed with a particular surname, number of persons with same surname in a household, enumeration area page number, enumeration area household number. Maps of North West Territories, Algoma census area and Manitoulin Island. HA741.5 1881 Index 1984 fol. 929.3712

Index du recensement canadien effectué en 1881 dans les Territoires du Nord-Ouest et à Algoma, Ontario. Tente d'inclure tous les noms de famille recensés, quelle qu'en soit l'origine. Classement par secteurs de dénombrement et par subdivisions, puis classement alphabétique par noms de famille. Les notices comprennent le nom de famille, le prénom de la première personne inscrite sous un nom de famille donné, le nombre de personnes qui portent le même nom de famille dans un ménage, le numéro de page du secteur de dénombrement, le numéro de ménage du secteur de dénombrement. Cartes des Territoires du Nord-Ouest, de la zone de recensement d'Algoma et de l'Île Manitoulin. HA741.5 1881 Index 1984 fol. 929.3712

1261

McKenzie, Donald A., Rev. – *Death notices from The Canada Christian advocate, 1858-1872.* – Lambertville (N.J.) : Hunterdon House, 1992. – viii, 384 p. – 0912606355

Death and other genealogical data compiled from obituaries, death notices and news items published in *The Canada Christian advocate* during the years 1858 through 1872. Alphabetically arranged by surname of the deceased. Index of places and additional names. *The Canada Christian advocate* began publishing in January 1845 as the newspaper of the Methodist Episcopal Church in Upper Canada. Donald McKenzie indexed birth, marriage and death data from the first thirteen years of this newspaper in his publication entitled: *More notices from Methodist papers, 1830-1857.* FC3072.1 A1 M35 1992 929.3713

Données sur les décès et autres tirées des notices nécrologiques, des avis de décès et des entrefilets publiés dans *The Canada Christian advocate* durant les années 1858 à 1872. Classement alphabétique par noms des personnes décédées. Index des lieux et index des autres noms. *The Canada Christian advocate* a commencé de paraître en janvier 1845 à titre de journal de l'Église méthodiste épiscopale du Haut Canada. Dans sa publication intitulée *More notices from Methodist papers, 1830-1857*, Donald McKenzie a indexé les données sur les naissances, les mariages et les décès tirées des treize premières années de ce journal. FC3072.1 A1 M35 1992 929.3713

1262

McKenzie, Donald A., Rev. – *Death notices from the Christian guardian, 1836-1850.* – Lambertville (N.J.) : Hunterdon House, 1982. – 375 p. – 091260610X

Death and other data compiled from obituaries, death notices and news items published in the *Christian guardian* during the years 1836 through 1850. The *Christian guardian* was a Wesleyan Methodist newspaper published weekly in Toronto. Also includes seventeen notices from the period 1829-1832 omitted from William Reid's *Death notices of Ontario.* Alphabetically arranged by name of deceased. Indexes of additional names and places. Donald McKenzie has also published volumes covering the *Christian guardian* for the years 1851-1860 and 1861-1870. FC401 A1 M32 929.3713

Données sur les décès et autres tirées des notices nécrologiques, des avis de décès et des entrefilets publiés dans le *Christian guardian* durant les années 1836 à 1850. Le *Christian guardian*, hebdomadaire des méthodistes wesleyens, était publié à Toronto. Inclut aussi dix-sept avis de la période 1829-1832 qui avaient été oubliés par William Reid dans *Death notices of Ontario.* Classement alphabétique par noms des personnes décédées. Index des autres noms et index des lieux. Donald McKenzie a aussi publié des volumes qui portent sur le *Christian guardian* des années 1851-1860 et 1861-1870. FC401 A1 M32 929.3713

1263

McKenzie, Donald A., Rev. – *Death notices from the Christian guardian, 1851-1860.* – Lambertville (N.J.) : Hunterdon House, 1984. – vi, 365 p. – 0912606258

Compiles death and other data from obituaries, death notices and news items published in the *Christian guardian*, 1851-1860. Alphabetically arranged by surname of the deceased. Indexes of additional names and places. Donald McKenzie has also published volumes covering the *Christian guardian* for the years 1836-1850 and 1861-1870. FC471 A1 M32 1984 929.3713

Compilation de décès et d'autres données tirées des notices nécrologiques, des avis de décès et des entrefilets publiés dans le *Christian guardian*, 1851-1860. Classement alphabétique par noms de famille des personnes décédées. Index des autres noms et index des lieux. Donald McKenzie a aussi publié des volumes qui portent sur le *Christian guardian* des années 1836-1850 et 1861-1870. FC471 A1 M32 1984 929.3713

1264

McKenzie, Donald A., Rev. – *Obituaries from Ontario's Christian guardian, 1861-1870.* – Lambertville (N.J.) : Hunterdon House, 1988. – ix, 405 p. – 0912606339

The third in a series of compilations by Donald McKenzie based on obituaries, death notices and news items from the *Christian guardian.* Previous volumes cover 1836-1850 and 1851-1860. Alphabetically arranged by surname of the deceased. Over 60% of the entries summarize obituaries. Indexes of places and additional names. FC506 A1 M32 1988 929.3713

La troisième d'une série de compilations faites par Donald McKenzie à partir des notices nécrologiques, des avis de décès et des entrefilets du *Christian guardian.* Les volumes antérieurs portaient sur les périodes 1836-1850 et 1851-1860. Classement alphabétique par noms de famille des personnes décédées. Plus de 60 % des notices contiennent un résumé des notices nécrologiques. Index des lieux et index des autres noms. FC506 A1 M32 1988 929.3713

1265

McKenzie, Donald A., Rev. – *More notices from Methodist papers, 1830-1857*. – Lambertville (N.J.) : Hunterdon House, 1986. – xii, 424 p. – 0912606290

Extracts birth, marriage and death notices from the following Canadian Methodist newspapers: *The Wesleyan*, 1840-1843; *The Christian messenger*, 1844-1847; *The evangelist*, 1848, 1851; *Canada Christian advocate*, 1845-1857; *Canadian Wesleyan*, Nov. 8, 1832; *Religious repository*, Dec. 1839. Also includes birth notices from the *Christian guardian*, 1830-1857 and a few death notices (early 1830s) from the *Christian guardian* omitted by William Reid in his *Death notices of Ontario*. Three sections for births, marriages and deaths. Births are alphabetically arranged by the surname of the father, marriages by the surname of the groom and deaths by the surname of the deceased. Indexes of places and additional names. FC401 A1 M34 1986   929.3713

Contient les avis de naissance, de mariage et de décès tirés des journaux méthodistes canadiens suivants: *The Wesleyan*, 1840-1843; *The Christian messenger*, 1844-1847; *The evangelist*, 1848, 1851; *Canada Christian advocate*, 1845-1857; *Canadian Wesleyan*, 8 nov. 1832; *Religious repository*, déc. 1839. Inclut aussi les avis de naissance tirés du *Christian guardian*, 1830-1857, et quelques avis de décès (du début des années 1830) tirés du *Christian guardian* que William Reid a oublié de mentionner dans son livre *Death notices of Ontario*. Trois sections sur les naissances, les mariages et les décès. Les naissances sont classées en ordre alphabétique par nom de famille du père, les mariages par nom du mari et les décès par nom de famille de la personne décédée. Index des lieux et index des autres noms. FC401 A1 M34 1986   929.3713

1266

McKenzie, Donald A., Rev. – *Upper Canada naturalization records, 1828-1850*. – Toronto : Ontario Genealogical Society, 1991. – 88 p. – 155075050X

A name index to naturalization records of Upper Canada for the period 1828-1850. Naturalization records may include information such as place of residence, occupation, date of immigration to Canada and date of birth for immigrants from countries other than those of Great Britain. Naturalization registers held by the National Archives of Canada were indexed. Arranged by register volume. A list of counties or districts included and explanatory notes are provided for each volume. Index entries include name of person naturalized, file year, county or district, register entry number. Microfilms of the registers can be consulted at or borrowed from the National Archives. CS88 O6 M325 1991   929.3713

Index des noms qui figurent dans les registres de naturalisation du Haut Canada de la période 1828-1850. Les registres de naturalisation peuvent comprendre des données comme le lieu de résidence, l'occupation, la date d'immigration au Canada et la date de naissance des immigrants qui viennent de pays autres que la Grande-Bretagne. Les registres de naturalisation qui se trouvent aux Archives nationales du Canada ont été indexés. Classement selon le volume des registres. Chaque volume contient une liste des comtés ou des districts ainsi que des notes explicatives. Les entrées de l'index comprennent le nom de la personne naturalisée, l'année de la demande, le comté ou le district et le numéro d'entrée dans le registre. Il est possible de consulter ou d'emprunter les microfilms des registres que possèdent les Archives nationales. CS88 O6 M325 1991   929.3713

1267

Merriman, Brenda Dougall. – *Genealogy in Ontario : searching the records*. – Rev. – [Toronto] : Ontario Genealogical Society, c1988. – xiv, 168 p. : ill., maps. – 1550343114

1st ed., 1984. A handbook for genealogical research in Ontario that focusses on records available at the National Archives of Canada and the Archives of Ontario. An introductory chapter provides hints for beginners on finding ancestral locations in Ontario, organizing records and researching in resource centres. Other chapters describe sources such as vital statistics, land, court, immigration, naturalization, municipal, education, military, and Loyalist records and census returns. A final chapter discusses long-distance research using, for example, correspondence, interlibrary loan and hired researchers. Appendices: directories of resource centres, publishers, booksellers, suppliers of maps, etc.; bibliography of genealogical sources, local histories, etc. Subject index. CS88 O6 M47 1988   929.10720713

1re éd., 1984. Manuel de recherche généalogique en Ontario qui porte principalement sur les registres disponibles aux Archives nationales du Canada et aux Archives de l'Ontario. Un chapitre d'introduction donne des conseils aux débutants sur la façon de retrouver les lieux d'habitation de leurs ancêtres en Ontario, d'organiser les dossiers et de faire des recherches dans les centres de documentation. D'autres chapitres décrivent les sources comme les registres d'état civil, les documents relatifs aux terres, les registres d'immigration, de naturalisation, judiciaires, municipaux, scolaires, militaires et loyalistes et les résultats des recensements. Le dernier chapitre discute de la recherche à distance au moyen, par exemple, de la correspondance, des prêts entre bibliothèques et de l'embauche de chercheurs. Annexes: répertoires des centres de documentation, éditeurs, libraires, fournisseurs de cartes, etc.; bibliographie des sources généalogiques, des documents sur l'histoire locale, etc. Index des sujets. CS88 O6 M47 1988   929.10720713

1268

Ontario Genealogical Society. – *Directory of surnames*. – (1970)-   . – Toronto : Ontario Genealogical Society, [1970]-   . –   vol. – 0823-7891

1970-1989, annual. 1991-   , biennial. A directory of surnames which are being researched by members of the Ontario Genealogical Society. Alphabetically arranged entries may include date and place of birth, names of parents, spouse and children, occupation, emigration date, places of residence, death date, place of burial, member number. Appendices: contributors with addresses, arranged by member number; contributors with addresses, alphabetically arranged by name; index of names of spouses and parents and surname variations. CS2389 O6   929.10720713

1970-1989, annuel. 1991-   , biennial. Répertoire des noms de famille qui font l'objet de recherches menées par les membres de l'Ontario Genealogical Society. Classement alphabétique des notices qui peuvent comprendre la date et le lieu de naissance, les noms des parents, de l'épouse et des enfants, l'occupation, la date d'émigration, les lieux de résidence, la date du décès, le lieu d'inhumation, le numéro du membre. Annexes: les collaborateurs et leurs adresses, selon un classement par numéros des membres; les collaborateurs et leurs adresses selon un classement alphabétique par noms; index des noms des épouses et des parents et variantes du nom de famille. CS2389 O6   929.10720713

1269

Reid, William D. – *Death notices of Ontario.* – Lambertville (N.J.) : Hunterdon House, 1980. – 417 p. – 0912606061

Death notices extracted from Ontario newspapers published during the period 1810 through 1849. Reid extracted genealogical data from the obituary section and news items. Arranged by newspaper and chronologically. Indexes of names and places compiled by Thomas B. Wilson and Emily S. Wilson. Some death notices transcribed by Reid and not included in this volume have been published in vol. 5 of *The Ontario register* (Lambertville (N.J.) : Hunterdon House, 1981). FC3071.9 D42 R44   929.3713

Avis de décès tirés de journaux ontariens publiés pendant la période de 1810 à 1849. Reid a tiré les données généalogiques de la section des notices nécrologiques et des entrefilets. Classement par journaux et par ordre chronologique. Index des noms et index des lieux compilés par Thomas B. Wilson et Emily S. Wilson. Certains avis de décès transcrits par Reid et non inclus dans ce volume ont été publiés dans le volume 5 de *The Ontario register* (Lambertville (N.J.) : Hunterdon House, 1981).   FC3071.9 D42 R44   929.3713

1270

Reid, William D. – *The Loyalists in Ontario : the sons and daughters of the American Loyalists of Upper Canada.* – William D. Reid. – Lambertville (N.J.) : Hunterdon House, c1973. – vii, 418 p.

Information on Loyalists of Ontario extracted from a variety of sources most of which are held by the Archives of Ontario. Includes references to land grants from Orders-in-Council, baptismal and marriage information from church registers, death dates from notices in newspapers, lot and concession numbers from township papers, etc. Data is organized by name of family. Addenda. Index of stray names and names in the addenda. Reprinted: Baltimore (Md.) : Genealogical Publishing, 1994. CS88 O6 R4   929.3713

Données sur les Loyalistes de l'Ontario tirées de diverses sources dont la plupart se trouvent aux Archives de l'Ontario. Inclut des références aux concessions de terres tirées des décrets, des données sur les baptêmes et les mariages tirées des registres paroissiaux, des dates de décès tirées des avis publiés dans les journaux, des numéros de lot et de concession tirés de documents de canton, etc. Les données sont classées par noms de famille. Addenda. Index des noms isolés et des noms qui se trouvent dans l'addenda. Réimprimé: Baltimore (Md.) : Genealogical Publishing, 1994.   CS88 O6 R4

1271

Reid, William D. – *Marriage notices of Ontario.* – Lambertville (N.J.) : Hunterdon House, 1980. – 550 p. – 0912606053

Marriage notices extracted from Ontario newspapers and periodicals published during the years 1813 through 1854. Arranged by newspaper or periodical and chronologically. Indexes of names and places compiled by Thomas B. Wilson. Supplemented by Thomas B. Wilson's *Ontario marriage notices.*   FC3071.9 M37 R44   929.3713

Avis de mariage tirés de journaux et de périodiques ontariens publiés durant les années 1813 à 1854. Classement par journaux ou périodiques et par ordre chronologique. Index des noms et index des lieux compilés par Thomas B. Wilson. Complété par *Ontario marriage notices* de Thomas B. Wilson.   FC3071.9 M37 R44   929.3713

1272

Robbins, Douglas A. – *A genealogist's guide to Ontario's counties and townships.* – St. Catharines (Ont.) : Douglas A. Robbins, 1991. – 175 p. – 1895473063

A directory of genealogical resources in the counties of Ontario. Alphabetically arranged by name of county or district. Includes addresses and telephone numbers of land registry offices, historical and genealogical societies, libraries and museums. Map of each county showing townships, major cities and towns. Index of townships. CS88 O6 R624 1991 fol.   929.1025713

Répertoire des ressources généalogiques dans les comtés de l'Ontario. Classement alphabétique par noms des comtés ou des districts. Inclut l'adresse et le numéro de téléphone des bureaux du cadastre, des sociétés historiques et généalogiques, des bibliothèques et des musées. Carte de chaque comté montrant les cantons et les villes principales. Index des cantons.   CS88 O6 R624 1991 fol. 929.1025713

1273

Taylor, Ryan. – *Important genealogical collections in Ontario libraries and archives : a directory.* – Toronto : Ontario Genealogical Society, 1994. – vi, 75 p. – 0777901854

A directory of genealogical collections in Ontario libraries and archives. Arranged by place. Entries include: name of institution, mailing address, location, telephone number, hours, availability of cafeteria, smoking area, parking and public transport, brochures, pass requirements, charges, reading room restrictions, rules on access to materials, availability of microfilm reader-printers and photocopying facilities, staff expertise, list of independent researchers, collections, comments.   Z675 G44 T3 1994   026.9291

Répertoire des collections de généalogie des bibliothèques et archives de l'Ontario. Classement par lieux. Les notices comprennent: le nom de l'établissement, l'adresse postale, l'emplacement, le numéro de téléphone, les heures d'ouverture, l'existence d'une cafétéria, d'une salle pour fumeurs, d'un parc de stationnement et de moyens de transport public, les brochures, les autorisations à obtenir pour entrer, les frais, les restrictions relatives à la salle de lecture, les règles sur l'accès aux documents, la disponibilité de lecteurs ou d'imprimeurs de microfilm et de photocopieuses, les compétences particulières du personnel, une liste de chercheurs indépendants, les collections, des commentaires.   Z675 G44 T3 1994   026.9291

1274

Wilson, Thomas B. – *Marriage bonds of Ontario, 1803-1834.* – Lambertville (N.J.) : Hunterdon House, 1985. – 445 p. – 0912606266

Transcriptions of Ontario marriage bonds for the period 1803 through 1834. Names of parties intending to marry, place of residence, date and place of bond and names of bondsmen and witnesses are noted. Indexes of places and names. The National Archives of Canada and the Archives of Ontario hold microfilm

Transcription des cautionnements de mariages pour l'Ontario, 1803 à 1834. Précise les noms des parties qui veulent se marier, le lieu de résidence, la date et le lieu du cautionnement et les noms des cautions et des témoins. Index des lieux et index des noms. Les Archives nationales du Canada et les Archives du l'Ontario possèdent des

copies of Upper Canada (Ontario) marriage bonds, 1803-1845, with a name index.   CS88 O6 W55 1985   929.3713

copies sur microfilm des cautionnements de mariages pour le Haut Canada (Ontario), 1803-1845, ainsi qu'un index des noms.   CS88 O6 W55 1985   929.3713

1275

Wilson, Thomas B. – *Ontario marriage notices.* – Lambertville (N.J.) : Hunterdon House, 1982. – 435 p. – 091260607X

Extracts marriage notices from Ontario newspapers and periodicals published during the years 1830 through 1856. Supplements William D. Reid's *Marriage notices of Ontario* by completing coverage of some of the same titles. Arranged by newspaper or periodical and chronologically. Index of names compiled by Emily S. Wilson. Index of places.   CS88 06 W56   929.3713

Avis de mariage tirés des journaux et périodiques ontariens publiés durant les années 1830 à 1856. Complète *Marriage notices of Ontario* de William D. Reid en couvrant mieux certains des même documents. Classement par journaux ou périodiques et par ordre chronologique. Index des noms compilé par Emily S. Wilson. Index des lieux.   CS88 06 W56   929.3713

Prince Edward Island

Île-du-Prince-Édouard

1276

The atlantic Canadians, 1600-1900. – Noel Montgomery Elliot. – Toronto : Genealogical Research Library, 1994. – 3 vol. (3608 p.). – 0919941346 (set)

Over 500,000 name entries for persons who resided in the Atlantic Provinces during the period 1600-1900, compiled from sources such as census returns, marriage records, directories and family histories. Alphabetically arranged. Entries may include name, occupation, year (which could be of birth, baptism, christening, marriage, death, burial or a year in which the person was known to be living), place and source code. List of sources. List of place names.   CS88 A84 A84 1994 fol.   929.3715

Plus de 500 000 notices des noms de personnes qui habitaient dans les provinces de l'Atlantique pendant la période 1600-1900. Les notices ont été compilées à partir de sources comme les résultats de recensements, les registres des mariages, les répertoires et les documents sur l'histoire des familles. Classement alphabétique. Les notices peuvent comprendre le nom, l'occupation, l'année de naissance, de baptême, de mariage, de décès, d'enterrement ou une année pendant laquelle on savait la personne vivante, le lieu et le code de la source. Liste des sources. Liste des noms de lieux. CS88 A84 A84 1994 fol.   929.3715

1277

Gallant, Peter. – *An index of English immigrants based on obituaries and death notices in Prince Edward Island newspapers, 1835-1910. An index of English immigrants based on cemetery transcriptions.* – Compiled by Peter Gallant, Nelda Murray. – Charlottetown : Prince Edward Island Genealogical Society, 1991. – [4] leaves, 81 p. : maps. – Cover title : *From England to Prince Edward Island.*

Section I, death and obituary notices for English emigrants to Prince Edward Island, extracted from sixteen P.E.I. newspapers. Alphabetically arranged by surname. Section II, tombstone transcriptions for English emigrants buried in P.E.I. cemeteries. Arranged by lot or township number. Surname index to both sections. Map of shires and counties of England and Wales at the end of the nineteenth century. Map of P.E.I. townships.   CS88 P77 G336 1991 fol.   929.3717

Section I, avis de décès et notices nécrologiques sur les immigrants anglais de l'Île-du-Prince-Édouard, tirés de seize journaux de la province. Classement alphabétique par noms de famille. Section II, transcriptions des pierres tombales des immigrants anglais inhumés dans les cimetières de l'Île-du-Prince-Édouard. Classement par numéros de lot ou de canton. Index des noms de famille dans chacune des deux sections. Cartes des comtés de l'Angleterre et du Pays de Galles à la fin du dix-neuvième siècle. Carte des cantons de l'Île-du-Prince-Édouard.   CS88 P77 G336 1991 fol.   929.3717

1278

Gallant, Peter. – *An index of Irish immigrants based on obituaries and death notices in Prince Edward Island newspapers, 1835-1910.* – Compiled by Peter Gallant. – Charlottetown : Prince Edward Island Genealogical Society, 1990. – 55, 21 p. – Cover title : *From Ireland to Prince Edward Island.*

Part 1, death and obituary notices for Irish emigrants to Prince Edward Island extracted from P.E.I. newspapers. Alphabetically arranged by surname. Part 2, tombstone transcriptions for Irish emigrants buried in P.E.I. cemeteries. Alphabetically arranged by surname. Lot number and name of cemetery noted for each. CS88 P77 G34 1990 fol.   929.3717

Partie 1, avis de décès et notices nécrologiques des immigrants irlandais de l'Île-du-Prince-Édouard, tirés des journaux de la province. Classement alphabétique par noms de famille. Partie 2, transcriptions des pierres tombales des immigrants irlandais inhumés dans les cimetières de l'Île-du-Prince-Édouard. Classement alphabétique par noms de famille. Numéro de lot et nom du cimetière pour chacun.   CS88 P77 G34 1990 fol.   929.3717

1279

Gallant, Peter. – *Scottish immigrants to P.E.I. : from death & obituary notices in P.E.I. newspapers, 1835-1910.* – [Peter Gallant, newspapers researcher ; Nelda Murray, cemetery transcripts convenor]. – Charlottetown : Prince Edward Island Genealogical Society, 1993. – 1-1c, 62, 1d, 45 p. : maps. – Cover title : *From Scotland to Prince Edward Island.*

Section I, death and obituary notices for Scottish emigrants to Prince Edward Island extracted from sixteen P.E.I. newspapers. Alphabetically arranged by surname. Addendum. Section II, tombstone transcriptions for Scottish emigrants buried in P.E.I. cemeteries. Arranged by lot or township number. Surname index to both sections. Maps of Highland clans in the sixteenth century, counties of Scotland, P.E.I. townships.   CS88 P77 G343 1993 fol.   929.3717

Section I, avis de décès et notices nécrologiques des immigrants écossais de l'Île-du-Prince-Édouard, tirés de seize journaux de la province. Classement alphabétique par noms de famille. Addendum. Section II, transcriptions des pierres tombales des immigrants écossais inhumés dans les cimetières de l'Île-du-Prince-Édouard. Classement par numéros de lots ou de canton. Index des noms de famille dans les deux sections. Cartes des clans des Highlands du seizième siècle, des comtés d'Écosse et des cantons de l'Île-du-Prince-Édouard. CS88 P77 G343 1993 fol.   929.3717

1280

Genealogist's handbook for Atlantic Canada research. – Edited by Terrence M. Punch. – Boston : New England Historic Genealogical Society, 1989. – viii, 142 p. : maps. – 0880820225

A guide to genealogical sources for the Atlantic Provinces. Arranged by province and record type. Also includes a chapter on regional resources and the Acadians. Covers vital statistics, census, land, probate, church, cemetery and immigration records, newspapers and periodicals. Lists libraries, museums, genealogical and historical societies in each province. Bibliography for each chapter. Index of subjects and institutions.   CS88 A84 G45 1989   929.10720715

Guide sur les sources généalogiques des provinces de l'Atlantique. Classement par provinces et par types de registres. Inclut aussi un chapitre sur les ressources régionales et les Acadiens. Porte sur les registres d'état civil, les cahiers de recensement, les documents relatifs aux terres, les registres des successions, paroissiaux, des cimetières et d'immigration, les journaux et les périodiques. Donne la liste des bibliothèques, des musées et des sociétés généalogiques et historiques de chaque province. Bibliographie pour chaque chapitre. Index des sujets et des établissements.   CS88 A84 G45 1989   929.10720715

1281

An Island refuge : Loyalists and disbanded troops on the Island of Saint John. – Edited by Orlo Jones and Doris Haslam. – [Charlottetown] : Abegweit Branch of the United Empire Loyalist Association of Canada, 1983. – vii, 379 p., [8] p. of plates : ill., maps. – 0969138903

Family histories of Loyalists who settled in Prince Edward Island, written by descendants. Alphabetically arranged by surname. Biographical sketches of the original Loyalist settler and genealogical data on second and third generations. Sources noted for some histories. Brief histories of Loyalist regiments in Prince Edward Island. Facsimiles of muster rolls. 1841 claimants' list of Loyalists and disbanded soldiers. Index of families.   FC2620 L6 I 85 1983   929.209717

Histoires des familles loyalistes qui se sont installées à l'Île-du-Prince-Édouard, écrites par leurs descendants. Classement alphabétique par noms de famille. Esquisses biographiques du premier colon loyaliste et données généalogiques sur les deuxième et troisième générations. Dans certains cas, les sources sont signalées. Courtes histoires des régiments de Loyalistes à l'Île-du-Prince-Édouard. Facsimilés des feuilles d'appel. Liste des réclamants de 1841 qui comprend des Loyalistes et des soldats licenciés. Index des familles.   FC2620 L6 I 85 1983   929.209717

1282

Jones, Orlo. – *Family history in Prince Edward Island : a genealogical research guide.* – [Charlottetown] : Prince Edward Island Heritage Foundation, 1981. – [6], 41 p. : ill., forms, 1 map. – 0920434223

A handbook for conducting genealogical research in Prince Edward Island. Includes tips on beginning and organizing research and provides samples of pedigree charts and family group sheets. Covers sources such as the Master Name Index, census returns and newspapers. Lists of local and provincial histories. Also briefly discusses Acadian, English, Scottish and Irish family history. Orlo Jones also authored a chapter on Prince Edward Island genealogy in: *Genealogist's handbook for Atlantic Canada research.*   CS16 J65 fol.   929.109717

Manuel sur la façon de faire des recherches généalogiques à l'Île-du-Prince-Édouard. Inclut des conseils sur la manière d'entreprendre et d'organiser des recherches et fournit des exemples de tableaux généalogiques et de feuilles de famille. Couvre des sources comme le Master Name Index, les résultats de recensements et les journaux. Donne la liste des documents sur l'histoire locale et provinciale. Discute brièvement de l'histoire des familles acadiennes, anglaises, écossaises et irlandaises. Orlo Jones est également l'auteur d'un chapitre sur la généalogie à l'Île-du-Prince-Édouard publié dans: *Genealogist's handbook for Atlantic Canada research.*   CS16 J65 fol.   929.109717

Quebec

Québec

1283

Archives judiciaires de Québec. – *Inventaire des contrats de mariage du Régime français conservés aux Archives judiciaires de Québec.* – Par Pierre-Georges Roy. – Québec : [s.n.], 1937-1938. – 6 vol. – (Archives de la province de Québec).

An inventory of several thousand marriage contracts from the period of the French Regime. Alphabetically arranged by surname. Entries are listed under the surnames of both bride and groom. Name of notary and date of contract are provided. Notarial records for the period prior to 1900 are held by the Archives nationales du Québec.   CD3645 Q33 A76 1937 fol.   929.3714

Relevé de plusieurs milliers de contrats de mariage de la période du Régime français. Classement alphabétique par noms de famille. Les notices sont répertoriées sous les noms de famille des deux époux. Précise le nom du notaire et la date du contrat. Les greffes de notaires antérieurs à 1900 se trouvent aux Archives nationales du Québec.   CD3645 Q33 A76 1937 fol.   929.3714

1284

Archives nationales du Québec. – *Catalogue des greffes de notaires conservés aux Archives nationales du Québec.* – Par Gilles Héon. – Québec : Archives nationales du Québec, 1986. – xxviii, 212 p.

A catalogue of the notarial records of the seventeenth through nineteenth centuries held by the Archives nationales du Québec (ANQ) as of December 1986. Alphabetically arranged by name of notary. Entries include: name of notary, years covered by documents, call number, microfilm number if available, number of reels, finding aids on microfiche. Bibliography. List of published inventories arranged by name of notary. Addresses of ANQ regional centres. Essay on the evolution of the notary system in Quebec.   KEQ169   016.9293714

Catalogue des greffes de notaires des dix-septième, dix-huitième et dix-neuvième siècles qui se trouvaient aux Archives nationales du Québec (ANQ) en décembre 1986. Classement alphabétique par noms des notaires. Les notices contiennent: le nom du notaire, les années couvertes par les documents, la cote, le numéro de microfilm s'il y a lieu, le nombre de bobines, les instruments de recherche sur microfiche. Bibliographie. Liste des inventaires publiés, classée par noms des notaires. Adresses des centres régionaux des ANQ. Essai sur l'évolution du système de notariat au Québec.   KEQ169   016.9293714

1285

Archives nationales du Québec. – *Inventaire des greffes des notaires du Régime français.* – Vol. 1 (1942)-vol. 27 (1976). – Québec : Archives nationales du Québec, Ministère des affaires culturelles, 1942-1976. – 27 vol. – 0703-0452

An inventory of the legal documents such as marriage contracts, wills, estate inventories, land transfers, etc., which form the records of notaries of the French Regime. The records of 81 notaries who practised at Quebec, Montreal and Trois-Rivières for the period from the 1630s to 1760 are described. Entries are arranged by notary and chronologically. A biography and the location of the documents are provided for each notary. An index of names of parties involved in transactions follows the entries for each notary. Separately published cumulative index to names appearing in volumes 1-8: *Inventaire des greffes des notaires du Régime français : index des volumes I à VIII* (Québec : Archives nationales du Québec, 1974). KEQ169   929.3714

Relevé des actes juridiques comme les contrats de mariage, les testaments, les inventaires de succession, les transferts de titres de propriété, etc. qui forment les greffes de notaires du Régime français. Décrit les greffes de 81 notaires qui pratiquaient à Québec, à Montréal et à Trois-Rivières, depuis les années 1630 jusqu'à 1760. Les notices sont classées par notaires et par ordre chronologique. Une biographie et la localisation des documents sont fournies pour chaque notaire. Un index des noms des parties en cause dans les transactions suit les notices pour chaque notaire. Index cumulatif des noms qui figurent dans les volumes 1-8, publié séparément: *Inventaire des greffes des notaires du Régime français : index des volumes I à VIII* (Québec : Archives nationales du Québec, 1974). KEQ169   929.3714

1286

Auger, Roland-J. [Roland-Joseph]. – *Index onomastique des Mémoires de la Société généalogique canadienne-française, 1944-1975.* – Roland-J. Auger ; publié sous la direction de Benoît Pontbriand. – Québec : Publications audiovisuelles, 1984. – 2 vol. (ix, 692 p.) : portr. – 2892460131 (vol. 1) 289246014X (vol. 2)

An index to over 140,000 names appearing in the *Mémoires* of the Société généalogique canadienne-française for the years 1944 through 1975. Vol. 1, A-I; vol. 2, J-Z. CS80 A93 1984 Index   016.9291060714

Index de plus de 140 000 noms qui figurent dans les *Mémoires* de la Société généalogique canadienne-française des années 1944 à 1975. Vol. 1, A-I; vol. 2, J-Z. CS80 A93 1984 Index   016.9291060714

1287

Beauregard, Marthe F. [Marthe Faribault]. – *La généalogie : retrouver ses ancêtres.* – Marthe Faribault-Beauregard, Eve Beauregard-Malak. – [Montréal] : Éditions de l'Homme, c1987. – 190, [4], 16 p. : ill. – 2761906926

A guide to tracing ancestors in Quebec. Examines sources such as parish, notarial and land records, census returns, newspapers and published reference works. Outlines methods of organizing research. Includes a chapter on origins of personal and family names. Discusses problems encountered in genealogical research such as handwriting on early documents. Foreign research is also briefly presented. Appendices: directories of genealogical societies in Quebec and Canada, publishers of genealogical sources, Quebec and Canadian archives, genealogical societies and archives in France. Bibliography.   CS17 B42 1987   929.10720714

Guide sur la façon de retrouver ses ancêtres au Québec. Étudie des sources comme les registres paroissiaux, les greffes de notaires, les documents relatifs aux terres, les résultats de recensements, les journaux et les ouvrages de référence publiés. Décrit dans les grandes lignes des méthodes d'organisation des recherches. Inclut un chapitre sur les origines des prénoms et des noms de famille. Discute des problèmes que pose la recherche généalogique, comme l'écriture dans les premiers documents. Courte présentation de la recherche à l'étranger. Annexes: répertoire des sociétés généalogiques au Québec et au Canada, répertoire des éditeurs de sources généalogiques, répertoire des archives québécoises et canadiennes, répertoire des sociétés généalogiques et des archives de la France. Bibliographie. CS17 B42 1987   929.10720714

1288

Bélanger, Pauline. – *Inventaire des registres paroissiaux catholiques du Québec, 1621-1876.* – Pauline Bélanger et Yves Landry avec la collaboration de René Jetté. – Montréal : Presses de l'Université de Montréal, 1990. – xix, 352 p. : cartes. – 276061526X

An inventory of registers dating from prior to 1877 for approximately 600 Catholic parishes of Quebec. Prepared by the Programme de recherche en démographie historique, Université de Montréal. Parish entries are arranged alphabetically by county or census division and chronologically by year in which registration began. For each parish, registers in religious archives which have been microfilmed are listed before those housed in civil archives. Entries include parish code and name, historical notes, microfilm reel number, dates of first and last acts registered, whether a register is an original or a transcription, purpose of the register, observations on its state, contents, etc. Appendices: Catholic parishes, missions and institutions arranged by county and numerical code; parishes, etc., arranged alphabetically; parishes, etc., arranged by date of opening of register. Three maps locate parishes, etc., for which registers were opened before 1800, 1800-1849 and 1850-1876.

The Programme de recherche en démographie historique has also published data from the registers for the period prior to 1765 in: *Répertoire des actes de baptême, mariage, sépulture et des recensements du Québec ancien.*   CD3648.5 A1 B44 1990 fol.   016.9293714

Inventaire des registres antérieurs à 1877 d'environ 600 paroisses catholiques du Québec. Préparé par le Programme de recherche en démographie historique de l'Université de Montréal. Les notices sur les paroisses sont classées en ordre alphabétique par comtés ou par divisions de recensement et par ordre chronologique à partir de l'année où commence le registre. Pour chaque paroisse, la liste des registres d'archives ecclésiastiques qui ont été microfilmés précède la liste des registres des archives civiles. Les notices contiennent le code et le nom de la paroisse, des notes historiques, le numéro de bobine de microfilm, les dates de la première et de la dernière inscription, s'il s'agit du registre original ou d'une transcription, l'objet du registre, des remarques sur son état, son contenu, etc. Annexes: paroisses, missions et établissements catholiques, classés par comtés et par codes numériques; paroisses, etc., classées alphabétiquement; paroisses, etc., classées selon la date d'ouverture du registre. Trois cartes permettent de situer les paroisses, etc. dont les registres ont été ouverts avant 1800, entre 1800 et 1849, et entre 1850 et 1876.

Le Programme de recherche en démographie historique a aussi publié des données tirées de registres antérieurs à 1765 dans: *Répertoire des actes de baptême, mariage, sépulture et des recensements du Québec ancien.* CD3648.5 A1 B44 1990 fol.   016.9293714

1289

Bergeron, Adrien. – *Le grand arrangement des Acadiens au Québec : notes de petite-histoire, généalogies : France, Acadie, Québec de 1625 à 1925.* – Montréal : Éditions Élysée, 1981. – 8 vol. : cartes. – 0885450558

Historical notes on and genealogies of Acadian families in Quebec, 1625-1925. Each volume is alphabetically arranged by family name. Genealogies are arranged according to the marriages of the sons of the family. Longer genealogies are accompanied by an alphabetical list of first names. Introduction on Acadian genealogy. CS88 Q8 B47   929.209714

Notes historiques et généalogies des familles acadiennes au Québec, 1625-1925. Dans chaque volume, classement alphabétique par noms de famille. Les généalogies sont classées selon les mariages des fils de la famille. Les généalogies plus longues sont accompagnées d'une liste alphabétique des prénoms. Introduction à la généalogie acadienne.   CS88 Q8 B47   929.209714

1290

Bottin québécois des chercheurs en généalogie. – (1984)-   . – Sainte-Foy (Québec) : Fédération québécoise des sociétés de généalogie, 1985-   . – 0826-8428

Irregular, 1984, 1991. Imprint varies. A directory of genealogists who are members of thirteen genealogical societies which make up the Fédération québécoise des sociétés de généalogie. Arranged in three parts: alphabetically arranged directory of members with addresses and affiliations; index of family names researched; index of subjects researched. Appendix: directory of Quebec archives, libraries, genealogical and historical societies with genealogical resources.

The Fédération has also published catalogues of its own publications and those of its member societies: *Répertoire des publications des sociétés de généalogie du Québec* (Sainte-Foy : la Fédération, 1990-   ).   CS1 B6   929.1025714

Irrégulier, 1984, 1991. L'adresse bibliographique varie. Répertoire des généalogistes qui sont membres des treize sociétés généalogiques qui forment la Fédération québécoise des sociétés de généalogie. Classement en trois parties: répertoire alphabétique des membres avec adresses et affiliations; index des noms de famille qui font l'objet de recherches; index des sujets qui font l'objet de recherches. Annexe: répertoire des archives, bibliothèques et sociétés généalogiques et historiques du Québec qui possèdent de la documentation sur la généalogie.

La Fédération a aussi publié des catalogues de ses propres publications et de celles de ses sociétés membres: *Répertoire des publications des sociétés de généalogie du Québec* (Sainte-Foy : la Fédération, 1990-   ).   CS1 B6   929.1025714

1291

Les Canadiens français, 1600-1900. – Noel Montgomery Elliot. – 1ʳᵉ éd. – Toronto : Genealogical Research Library, c1992. – 3 vol. (3133 p.). – 0919941206 (set)

500,000 name entries for French Canadians of Quebec and other parts of Canada, extracted from marriage and land records, directories and local histories covering the period 1600-1900. Alphabetically arranged. Entries may include name, occupation, year (which could be year of birth, marriage or death or a year when the person was known to be living), place and source code. Place-name index. Appendix: list of sources. Also published in English under the title: *The French Canadians, 1600-1900 : an alphabetized directory of the people, places, and vital dates.*   CS83 F7414 1992 fol.   929.371

Contient 500 000 notices des noms de Canadiens français du Québec et d'autres parties du Canada, compilées à partir des registres des mariages, des documents sur les terres, des répertoires et des documents sur l'histoire locale qui couvrent la période 1600-1900. Classement alphabétique. Les notices peuvent comprendre le nom, l'occupation, l'année de naissance, de mariage, de décès, ou l'année pendant laquelle on savait la personne vivante, le lieu et le code de la source. Index des noms de lieux. Annexe: liste des sources. Publié aussi en anglais sous le titre: *The French Canadians, 1600-1900 : an alphabetized directory of the people, places, and vital dates.*   CS83 F7414 1992 fol.   929.371

1292

Daniel, François. – *Nos gloires nationales ou Histoire des principales familles du Canada : ouvrage enrichi des gravures.* – Montréal : Eusèbe Senécal, 1867. – 2 vol. (xv, 365 p., [33] feuillets de planches ; 378, 48 p., [30] feuillets de planches (1 plié)) : armoiries, fac-sim., cartes en coul., portr.

Genealogical essays on early prominent French-Canadian families. Coats of arms. Portraits. Supplementary section in volume 2 includes briefer entries on families not given full essays. Reproduced in microform format: *CIHM/ICMH microfiche series*, no. 09937-09939. This two-volume work appears to be the most complete edition of this publication. Eusèbe Senécal published other one-volume editions of this work in 1867 under the title: *Histoire des grandes familles françaises du Canada ou Aperçu sur le chevalier Benoist et quelques familles contemporaines.* One of these editions lacks the essays on the Baby, de Lery and Guy families and two others lack the essays on the de Lery and Guy families and the supplementary section. Reproduced in microform format: *CIHM/ICMH microfiche series*, no. 27016.   FC25 D34   929.20971

Essais généalogiques sur les premières grandes familles canadiennes-françaises. Armoiries. Portraits. Dans le volume 2, une section supplémentaire contient de plus courtes notices sur des familles pour lesquelles il n'y a pas d'essais complets. Reproduit sur support microforme: *CIHM/ICMH collection de microfiches*, nº 09937-09939. Cet ouvrage en deux volumes semble être l'édition la plus complète de cette publication. Eusèbe Senécal a publié d'autres éditions en un volume de cet ouvrage en 1867 sous le titre: *Histoire des grandes familles françaises du Canada ou Aperçu sur le chevalier Benoist et quelques familles contemporaines.* Dans l'une des éditions, il manque les essais sur les familles Baby, de Lery et Guy, et dans les deux autres, il manque les essais sur les familles de Lery et Guy ainsi que la section supplémentaire. Reproduit sur support microforme: *CIHM/ICMH collection de microfiches*, nº 27016.   FC25 D34   929.20971

1293

Dictionnaire national des Canadiens-français (1608-1760). – Éd. rev. – Montréal : Institut généalogique Drouin, 1985, c1979. – 3 vol. (2008 p.) : ill., cartes.

Previous eds., 1958, 1965, 1978. Data on marriages in Quebec during the period 1608-1760. Alphabetically arranged by family name of groom. Tome 1, A-K; tome 2, L-Z. Entries include names of groom and bride, names of groom's and bride's parents, place and date of marriage. Some entries also include references to historical material on families in tome 3, including portraits, arms and facsimiles of signatures. Corrigenda and addenda at back of tome 2. Continued by: *Répertoire alphabétique des mariages des Canadiens français, 1760-1935.* CS81 D5 1985 fol. 929.3714

Éditions antérieures, 1958, 1965, 1978. Données sur les mariages au Québec durant la période 1608-1760. Classement alphabétique par noms de famille des maris. Tome 1, A-K; tome 2, L-Z. Les notices contiennent les noms des deux époux, les noms de leurs parents, le lieu et la date de mariage. Certaines notices comprennent aussi des références aux documents historiques sur les familles qui figurent dans le tome 3, notamment des portraits, des armoiries et des reproductions de signatures. Corrections et ajouts à l'arrière du tome 2. Suivi de: *Répertoire alphabétique des mariages des Canadiens français, 1760-1935.* CS81 D5 1985 fol. 929.3714

1294

DuPuis, Gaston L. [Gaston Lucien]. – *Index des archivistes/généalogistes de famille.* – Gaston L. DuPuis avec la collaboration de Micheline DaPrato et Francine Fortin. – Montréal : Gaston L. DuPuis, 1993. – vii, 48 f. – 2894070594

A list of primarily French names that are being researched by genealogists of Quebec. Arranged in two parts: alphabetically arranged list of family names being researched with reference to the name of an ancestor; alphabetically arranged list of ancestors with name, address and telephone number of researcher. CS5 D87 1993 fol. 929.1025714

Liste de noms, surtout des noms français, qui font l'objet de recherches menées par des généalogistes du Québec. Classement en deux parties: liste alphabétique des noms de famille qui font l'objet de recherches avec renvoi au nom d'un ancêtre; liste alphabétique des ancêtres avec nom, adresse et numéro de téléphone du chercheur. CS5 D87 1993 fol. 929.1025714

1295

Fortin, Francine. – *Family histories index = Index d'histoires de familles.* – Par Francine Fortin ; collaboratrice, Micheline da Prato. – Lachine (Québec) : Francine Fortin, [1994?]. – xv, [276] p. – 2980329347

A catalogue of family histories in book form as well as an index of family histories found in collected biographical and genealogical works. Emphasis on French-Canadian families. Each section is arranged by family name. Quebec library locations provided for family histories in book form. Also includes a list of association bulletins produced by French North-American families and periodicals of Canadian genealogical societies. Bibliography. Z5313 016.929209714

Catalogue de livres d'histoire familiale et index des histoires familiales qui font partie de collections biographiques et généalogiques. Insistance sur les familles canadiennes-françaises. Classement par patronymes dans chaque section. Des localisations dans les bibliothèques du Québec sont fournies pour les livres d'histoire familiale. Inclut aussi une liste des bulletins d'association produits par des familles francophones d'Amérique du Nord ainsi que des périodiques des sociétés généalogiques canadiennes. Bibliographie. Z5313 016.929209714

1296

Fortin, Francine. – *Relevé des registres d'état civil du Québec : catholiques, autres dénominations et civils, 1621 à 1992.* – Par Francine Fortin avec la collaboration de Micheline DaPrato et Gaston DuPuis. – Lachine (Québec) : Francine Fortin, [1992?]. – ix, 304, [3] p. – 2980329304

A guide to places of Quebec for which there are registers of baptisms, marriages and burials. Includes Catholic registers and those of other denominations as well as civil registration records. Two lists, alphabetically arranged by place name and alphabetically arranged by name of county. Entries include place name, religious or civil institution, year registration was begun, county name, baptism, marriage or burial registration, years covered by register, call numbers for the Salle Gagnon, Bibliothèque de Montréal or the Société généalogique canadienne-française. Index of changed and other place names. Bibliography. CS88 Q8 F67 1992 fol. 929.3714

Guide sur les endroits du Québec pour lesquels il existe des registres des baptêmes, des mariages et des enterrements. Inclut les registres catholiques et ceux d'autres confessions ainsi que les registres d'état civil. Deux listes alphabétiques, l'une avec classement par noms de lieux et l'autre avec classement par noms de comtés. Les notices contiennent le nom du lieu, l'établissement religieux ou civil, l'année de début du registre, le nom du comté, s'il s'agit d'un registre des baptêmes, des mariages ou des enterrements, les années couvertes par le registre, la cote à la Salle Gagnon de la Bibliothèque de Montréal ou à la Société généalogique canadienne-française. Index des noms qui ont été changés et des autres noms de lieux. Bibliographie. CS88 Q8 F67 1992 fol. 929.3714

1297

Fournier, Marcel. – *Les Européens au Canada : des origines à 1765 (hors France).* – Montréal : Éditions du Fleuve, c1989. – 352, [8] p. : ill., cartes. – 2893720125

Brief biographies of immigrants who came to Quebec during the seventeenth and eighteenth centuries from 24 European countries, excluding France. Compiled from archival sources such as records of baptisms, marriages and burials, census returns and notarial records as well as various published works. Alphabetically arranged by family name. Separate list of Anglo-Protestants in Quebec for the period 1760-1765. List of marriages between Protestants and Catholics, 1759-1767. Essay on the history of European immigration to North America. Indexes: place of origin, place of establishment, spouse. Bibliography. FC306 A1 F6823 1989 929.209714

Courtes biographies des immigrants qui sont arrivés au Québec pendant les dix-septième et dix-huitième siècles et qui venaient de 24 pays européens, à l'exclusion de la France. Les données proviennent de sources d'archives comme les registres des baptêmes, des mariages et des enterrements, les résultats de recensements et les greffes de notaires ainsi que de divers ouvrages publiés. Classement alphabétique par noms de famille. Liste distincte des protestants anglais au Québec pendant la période 1760-1765. Liste des mariages entre protestants et catholiques, 1759-1767. Essai sur l'histoire de l'immigration européenne en Amérique du Nord. Trois index: lieux d'origine, lieux d'installation, épouses. Bibliographie. FC306 A1 F6823 1989 929.209714

1298

The French Canadians, 1600-1900 : an alphabetized directory of the people, places, and vital dates. – Edited by Noel Montgomery Elliot. – 1st ed. – Toronto : Genealogical Research Library, c1992. – 3 vol. (3069 p.). – 0919941206 (set)

500,000 name entries for French Canadians of Quebec and other parts of Canada, extracted from marriage and land records, directories and local histories covering the period 1600-1900. Alphabetically arranged. Entries may include name, occupation, year (which could be year of birth, marriage or death or a year when the person was known to be living), place and source code. Place-name index. Appendix: list of sources. Also published in French under the title: *Les Canadiens français, 1600-1900.* CS83 F74 1992 fol. 929.371

Contient 500 000 notices des noms de Canadiens français du Québec et d'autres parties du Canada, compilées à partir des registres des mariages, des documents sur les terres, des répertoires et des documents sur l'histoire locale qui couvrent la période 1600-1900. Classement alphabétique. Les notices peuvent comprendre le nom, l'occupation, l'année de naissance, de mariage, de décès, ou une année pendant laquelle on savait la personne vivante, le lieu et le code de la source. Index des noms de lieux. Annexe: liste des sources. Publié aussi en français sous le titre: *Les Canadiens français, 1600-1900.* CS83 F74 1992 fol. 929.371

1299

Gauthier, Louis-Guy. – *La généalogie : une recherche bibliographique. Précédée de Outils généalogiques à la Salle Gagnon de la Bibliothèque de la ville de Montréal par Daniel Olivier.* – 2ᵉ éd. – Montréal : Commission des bibliothécaires : Association des institutions d'enseignement, 1980. – xix, 150 p.

1st ed., ? A bibliography of books, periodical articles and theses on the genealogy of Quebec. Includes works in French and English. Arranged by subject or type of source including the seigneurial regime, Acadians, notarial records, baptism, marriage and burial registers, parish and family histories, etc. Indexes of personal and place names. Appendices: publications of Éditions Bergeron & fils; publications of the Centre de généalogie S.C.; catalogue of marriage registers published by B. Pontbriand. Bibliography is preceded by an essay on genealogical sources held by the Salle Gagnon of the Bibliothèque de la ville de Montréal. Z5305 C3 G38 fol. 016.92910720714

1ʳᵉ éd., ? Bibliographie de livres, d'articles de périodiques et de thèses sur la généalogie au Québec. Inclut des ouvrages en français et en anglais. Classement par sujets ou par types de sources, y compris le régime seigneurial, les Acadiens, les greffes de notaires, les registres des baptêmes, des mariages et des enterrements, l'histoire des paroisses et des familles, etc. Index des noms de personnes et index des noms de lieux. Annexes: publications des Éditions Bergeron & fils; publications du Centre de généalogie S.C.; catalogue des registres des mariages publiés par B. Pontbriand. La bibliographie est précédée d'un essai sur les sources généalogiques qui se trouvent à la Salle Gagnon de la Bibliothèque de la ville de Montréal. Z5305 C3 G38 fol. 016.92910720714

1300

Gilbert-Léveillé, Pierrette. – *Répertoire des greffes des notaires.* – Pierrette Gilbert-Léveillé en collaboration avec René Léveillé. – Québec : Société de généalogie de Québec, 1985-1988. – 3 vol. (iii, 391 ; 396 ; 479 p.). – (Contribution ; nᵒ 46, 50, 57). – 2891200268 (vol. 1) 2891200292 (vol. 2) 2891200381 (vol. 3)

An inventory of the legal documents such as marriage contracts, wills, land transfers, etc., which form the records of the notaries of the French Regime. Analyses the records of fifteen notaries not covered by the *Inventaire des greffes des notaires du Régime français* published by the Archives nationales du Québec. Entries are arranged by name of notary and chronologically. A biography, location of documents and references to sources are provided for each notary. Indexes to entries for each notary: names of parties involved in transactions; type of transaction; profession. Volume 3 compiled by Sylvie Tremblay.

Other notarial inventories have been published by organizations such as the Société de recherche historique archiv-histo, the Club de généalogie de Longueuil and the Société de généalogie de la Mauricie et des Bois-Francs. KEQ169 G54 1985 fol. 929.3714

Inventaire des actes juridiques comme les contrats de mariage, les testaments, les transferts de titres de propriété, etc. qui forment les greffes de notaires du Régime français. Analyse les greffes de quinze notaires qui n'étaient pas traités dans *Inventaire des greffes des notaires du Régime français* publié par les Archives nationales du Québec. Les notices sont classées par noms des notaires et chronologiquement. Pour chaque notaire sont fournies une biographie, la localisation des documents et des références aux sources. Trois index relatifs aux notices sur chaque notaire: noms des parties en cause dans les transactions; types de transactions; professions. Le volume 3 a été compilé par Sylvie Tremblay.

D'autres inventaires de greffes de notaires ont été publiés par des organisations comme la Société de recherche historique archiv-histo, le Club de généalogie de Longueuil et la Société de généalogie de la Mauricie et des Bois-Francs. KEQ169 G54 1985 fol. 929.3714

1301

Godbout, Archange, o.f.m. – *Origine des familles canadiennes-françaises : extrait de l'état civil français, première série.* – Lille [France] : Société Saint-Augustin, Desclée, De Brouwer, 1925. – 262 p.

Genealogical data on families of France who were the ancestors of persons who emigrated to Canada. Extracted from French registers of baptisms, marriages and burials of the seventeenth and eighteenth centuries. Dates of registers examined are noted. Arranged geographically and by family name. Indexes of family names and places. Reprinted: Montréal : Éditions Élysée, 1979. CS89 G6 fol. 929.2089114

Données généalogiques sur des familles de la France qui comptent des ancêtres de personnes qui ont émigré au Canada. Les données proviennent des registres français des baptêmes, des mariages et des enterrements des dix-septième et dix-huitième siècles. Les dates couvertes par les registres examinés sont signalées. Classement géographique et classement par noms de famille. Index des noms de famille et index des lieux. Réimprimé: Montréal : Éditions Élysée, 1979. CS89 G6 fol. 929.2089114

1302

Godbout, Archange, o.f.m. – *Vieilles familles de France en Nouvelle-France.* – Présentation et notes additionnelles de Roland-J. Auger. – Québec : Centre canadien de recherches généalogiques, 1976. – 166 p. – (Publications du Centre canadien de recherches généalogiques ; 1).

Genealogical data on old families of France of which members settled in New France. Compiled from French registers of baptisms, marriages and burials and notarial records. Alphabetically arranged by family name. Index of family names.   CS89 A2 G69 1976   929.2089114

Données généalogiques sur de vieilles familles de la France dont certains membres se sont installés en Nouvelle-France. Compilées à partir de registres français des baptêmes, des mariages et des enterrements, et de greffes de notaires. Classement alphabétique par noms de famille. Index des noms de famille.   CS89 A2 G69 1976   929.2089114

1303

Grégoire, Jeanne. – *Guide du généalogiste : à la recherche de nos ancêtres.* – Éd. revue, corr. et augm. – Montréal : Guérin, 1974. – 104 p. : form., tabl. généal.

1st ed., 1957, *À la recherche de nos ancêtres : guide du généalogiste.* A guide to researching Quebec genealogy. Describes sources such as birth, marriage and burial records, notarial records, census returns and published works including genealogical dictionaries, family histories and biographies. Also suggests methods of organizing information and provides samples of genealogical charts. Name index. Bibliography of onomastical sources.   Z5305 C3 G74 1974   929.10720714

1re éd., 1957, *À la recherche de nos ancêtres : guide du généalogiste.* Guide sur la recherche généalogique au Québec. Décrit les sources comme les registres des naissances, des mariages et des enterrements, les greffes de notaires, les résultats de recensements et les ouvrages publiés, notamment les dictionnaires généalogiques, les documents sur l'histoire des familles et les biographies. Suggère aussi des méthodes pour organiser l'information et donne des exemples de tableaux généalogiques. Index des noms. Bibliographie des sources onomastiques.   Z5305 C3 G74 1974   929.10720714

1304

Grenier, Roland. – *Répertoire des registres d'état civil catholiques et des toponymes populaires du Québec : l'outil indispensable du chercheur et du généalogiste.* – Sainte-Foy (Québec) : Société de généalogie de Québec, 1986. – xv, 316 p. – (Contribution ; no 53). – 2891200322

A guide to the registers of marriages of Catholic parishes and missions in Quebec. Entries are arranged in three alphabetical sequences: by census division, by place and by parish. Entries include place and parish names, year register was opened, years covered by existing manuscript or published marriage register, name of author or editor and other notes on publication. Index of place names with cross-references. Directory of publishers. CS81 G73 1986 fol.   929.3714

Guide sur les registres des mariages des paroisses et missions catholiques du Québec. Les notices sont classées en trois listes alphabétiques: par divisions de recensement, par lieux et par paroisses. Les notices contiennent le nom du lieu et celui de la paroisse, l'année d'ouverture du registre, les années couvertes par le manuscrit existant ou par le registre des mariages publié, le nom de l'auteur ou du rédacteur et d'autres notes sur la publication. Index des noms de lieux avec renvois. Répertoire des éditeurs.   CS81 G73 1986 fol.

1305

Jetté, René. – *Dictionnaire généalogique des familles du Québec.* – René Jetté avec la collaboration du Programme de recherche en démographie historique de l'Université de Montréal ; préface de Hubert Charbonneau. – Montréal : Presses de l'Université de Montréal, 1983. – xxviii, 1176 p. – 2760606455

Genealogies of Quebec families from the period of the French settlement of Quebec, during the first half of the seventeenth century to the year 1730. Attempts to correct errors and omissions in the work of Cyprien Tanguay, *Dictionnaire généalogique des familles canadiennes.* Information was collected primarily from the Catholic registers of births, marriages and deaths for the period 1621-1730. The author was able to make use of data compiled from the registers by the Programme de recherche en démographie historique of the Université de Montréal. Other sources examined include nominal census returns, marriage contracts and published materials on various professions practised in New France. Alphabetically arranged by family name. List of sources. Appendices: Birth, marriage and death registers and census returns which mention unidentified individuals; index of women whose families do not have distinct entries in the dictionary; index of surnames.   CS81 J48 1983 fol.   929.209714

Généalogies de familles québécoises de la période de la colonisation française du Québec, depuis la première moitié du dix-septième siècle jusqu'à 1730. Tente de corriger les erreurs et les omissions de l'ouvrage de Cyprien Tanguay, *Dictionnaire généalogique des familles canadiennes.* L'information provient principalement des registres catholiques des naissances, des mariages et des décès de la période 1621-1730. L'auteur a pu se servir des données compilées par le Programme de recherche en démographie historique de l'Université de Montréal à partir de ces registres. Les autres sources étudiées comprennent les résultats du recensement nominal, les contrats de mariage et les documents publiés sur les diverses professions exercées en Nouvelle-France. Classement alphabétique par noms de famille. Liste des sources. Annexes: registres des naissances, des mariages et des décès et résultats de recensements où figurent des personnes non identifiées; index des femmes dont les familles ne figurent pas dans des notices distinctes du dictionnaire; index des surnoms.   CS81 J48 1983 fol.   929.209714

1306

Jetté, René. – *Répertoire des noms de famille du Québec des origines à 1825.* – René Jetté, Micheline Lécuyer. – Montréal : Institut généalogique J.L., 1988. – iii, 201 p. – 2980124001

A list of family names, variant spellings and surnames of Quebec to 1825. Lists only family names of men who appeared in marriage registers. For the period prior to 1730 information was extracted from Jetté's *Dictionnaire généalogique des familles du Québec.* Arranged in two parts: family names alphabetically arranged with variant

Liste des noms de famille, de leurs variantes orthographiques et des surnoms du Québec jusqu'à 1825. Donne seulement la liste des noms de famille des hommes qui figurent dans les registres des mariages. Pour la période antérieure à 1730, les données proviennent du *Dictionnaire généalogique des familles du Québec* de Jetté.

spellings or surnames and year of first appearance; variants or surnames alphabetically arranged with family names and year of first appearance.   CS88 Q8 J48 1988 fol.   929.4209714

Classement en deux parties: liste alphabétique des noms de famille avec variantes orthographiques et surnoms, et année de la première apparition; liste alphabétique des variantes et des surnoms avec noms de famille et année de la première apparition.
CS88 Q8 J48 1988 fol.   929.4209714

1307

Laliberté, Jean-Marie. – *Index des lieux de résidence et de pratique : des commis— des garde-notes— des greffiers— des tabellions— autres— et des notaires, 1621-1991 ainsi que les lieux de dépôt de leur minutiers avec leurs cotes aux A.N.Q.* – Montréal : Jean-Marie Laliberté, 1991. – 15, 741 p. : cartes. – 2980264903

An index of the notaries of Quebec for the period 1621 through 1991, arranged according to place of practice. Also includes other persons not qualified as notaries but who performed notarial functions. Entries include judicial district number, city or village of practice, years of practice in that place, location of documents in Archives nationales du Québec (ANQ) or Cours supérieure, years of documents conserved, name of notary, ANQ call number, date of appointment as notary and last year of practice or year of death, principal district in which the notary practised. Addenda: lists of judicial districts and municipalities; information on regional centres of the Archives nationales du Québec; bibliography; directories of genealogical societies of Quebec, United States and France; various maps of parishes and missions, administrative districts, seigneuries of New France.

The author also compiled *Index des greffes des notaires décédés (1645-1948)* (Québec : B. Pontbriand, 1967) which includes lists of Quebec notaries arranged by place of practice and chronologically.
KEQ169.5 L34 1991 fol.   347.714016

Index des notaires du Québec de la période de 1621 à 1991, avec classement par lieux de pratique. Inclut aussi d'autres personnes qui n'étaient pas notaires mais qui remplissaient les mêmes fonctions. Les notices comprennent le numéro du district judiciaire, la ville ou le village où se trouvait la pratique, les années d'activité à cet endroit, la localisation des documents aux Archives nationales du Québec (ANQ) ou à la Cour supérieure, les années couvertes par les documents conservés, le nom du notaire, la cote de l'ANQ, la date de nomination du notaire et sa dernière année de pratique ou l'année de sa mort, le district principal dans lequel le notaire pratiquait. Addenda: listes des districts judiciaires et des municipalités; information sur les centres régionaux des Archives nationales du Québec; bibliographie; répertoires des sociétés généalogiques du Québec, des États-Unis et de la France; diverses cartes de paroisses et de missions, de districts administratifs et de seigneuries de la Nouvelle-France.

L'auteur a également compilé *Index des greffes des notaires décédés (1645-1948)* (Québec : B. Pontbriand, 1967) qui contient des listes de notaires du Québec avec classement par lieux de pratique et par ordre chronologique.   KEQ169.5 L34 1991 fol.   347.714016

1308

Landry, Yves. – *Les Filles du roi au XVIIᵉ siècle : suivi d'un Répertoire biographique des Filles du roi.* – Préface d'Hubert Charbonneau. – Montréal : Leméac, c1992. – 434, [2] p. – 2760950689 – En tête de titre : *Orphelines en France, pionnières au Canada.*

A demographic and historical study of the 770 women sent to New France by Louis XIV during the period 1663 through 1673. Chapters cover the origins, marriages, families and deaths of the women. Numerous statistical tables. Also includes biographies of the women which may provide the following pieces of information: name, names of parents, place of origin, date of birth, date of arrival in New France, value of possessions, date and place of death, ability to sign name, date and place of marriage, name and occupation of spouse, date of marriage contract, name of notary, place of residence, number of children. Much of the information was obtained from the Programme de recherche en démographie historique, Université de Montréal.   FC301 A1 L35 1992   325.7109032

Étude démographique et historique de 770 femmes qui avaient été envoyées en Nouvelle-France par Louis XIV pendant la période de 1663 à 1673. Les chapitres portent sur l'origine, le mariage, la famille et la mort de ces femmes. Nombreux tableaux statistiques. Comprend aussi les biographies de ces femmes qui peuvent contenir les données suivantes: nom, noms des parents, lieu et date de naissance, date d'arrivée en Nouvelle-France, valeur des possessions, date et lieu du décès,
aptitude à signer son nom, date et lieu du mariage, nom et occupation de l'époux, date du contrat de mariage, nom du notaire, lieu de résidence, nombre d'enfants. Une grande partie de l'information provient du Programme de recherche en démographie historique de l'Université de Montréal.   FC301 A1 L35 1992   325.7109032

1309

Lebel, Gérard. – *Nos ancêtres : biographies d'ancêtres.* – Saint-Anne-de-Beaupré [Québec] : G. Lebel, 1980-   . –   vol. : ill., cartes.

Biographical-genealogical essays on the earliest families of Quebec, their origins in France, settlement in New France and descendants. 24 volumes published to date, some in several editions, each containing fifteen to twenty essays. Information was gathered from notarial records and various published sources. Later editions include bibliographies with essays.

Most recent editions: vol. 1, 6th ed., 1993; vol. 2, 4th ed., 1992; vol. 3, 3rd ed., 1993; vol. 4, 1st ed., 1983; vol. 5, 2nd ed., 1989; vol. 6, 2nd ed., 1992; vol. 7, 3rd ed., 1992; vol. 8, 2nd ed., 1992; vol. 9, 2nd ed., 1990; vol. 10, 2nd ed., 1993; vols. 11-12, 1st ed., 1986; vol. 13, 1st ed., 1987; vol. 14, 2nd ed., 1993; vol. 15, 2nd ed., 1992; vol. 16, 1st ed., 1989; vols. 17-19, 1st ed., 1990; vol. 20, 1st ed., 1991; vols. 21-22, 1st ed., 1992; vol. 23, 1st ed., 1993; vol. 24, 1st ed., 1994. Vols. 1-13 also published in English under the title: *Our French-Canadian ancestors.*   FC306 A1 L42   929.209714

Essais biographiques et généalogiques sur les premières familles du Québec, leurs origines en France, leur installation en Nouvelle-France et leurs descendants. Jusqu'à maintenant, 24 volumes ont été publiés, certains en plusieurs éditions. Chaque volume contient de quinze à vingt essais. L'information provient des greffes de notaires et de diverses sources publiées. Les dernières éditions contiennent des bibliographies en plus des essais.

Éditions les plus récentes: vol. 1, 6ᵉ éd., 1993; vol. 2, 4ᵉ éd., 1992; vol. 3, 3ᵉ éd., 1993; vol. 4, 1ʳᵉ éd., 1983; vol. 5, 2ᵉ éd., 1989; vol. 6, 2ᵉ éd., 1992; vol. 7, 3ᵉ éd., 1992; vol. 8, 2ᵉ éd., 1992; vol. 9, 2ᵉ éd., 1990; vol. 10, 2ᵉ éd., 1993; vol. 11-12, 1ʳᵉ éd., 1986; vol. 13, 1ʳᵉ éd., 1987; vol. 14, 2ᵉ éd., 1993; vol. 15, 2ᵉ éd., 1992; vol. 16, 1ʳᵉ éd., 1989; vol. 17-19, 1ʳᵉ éd., 1990; vol. 20, 1ʳᵉ éd., 1991; vol. 21-22, 1ʳᵉ éd., 1992; vol. 23, 1ʳᵉ éd., 1993; vol. 24, 1ʳᵉ éd., 1994. Les volumes 1-13 ont été également publiés en anglais sous le titre: *Our French-Canadian ancestors.* FC306 A1 L42   929.209714

1310

Lebel, Gérard. – *Our French-Canadian ancestors.* – [Translated] by Thomas J. Laforest. – 1st ed. – Palm Harbor (Fla.) : LISI Press, 1983- . – vol. : ill., maps.

Translation of volumes 1-13 of *Nos ancêtres : biographies d'ancêtres.* Biographical-genealogical essays on the earliest families of Quebec, their origins in France, settlement in New France and descendants. Fifteen to twenty essays in each volume with references to sources. Index of names in each volume. FC306 A1 L4213 1983 920.0714

Traduction des volumes 1-13 de *Nos ancêtres : biographies d'ancêtres.* Essais biographiques et généalogiques sur les premières familles du Québec, leurs origines en France, leur installation en Nouvelle-France et leurs descendants. De quinze à vingt essais dans chaque volume avec référence aux sources. Index des noms dans chaque volume. FC306 A1 L4213 1983 920.0714

1311

Lettres de noblesse, généalogies, érections de comtés et baronnies insinuées par le Conseil souverain de la Nouvelle-France. – Publiées par Pierre-Georges Roy. – Beauceville [Québec] : L'Éclaireur, 1920. – 2 vol. ([vii], 282 ; 259, [2] p.). – (Archives de la province de Québec).

Includes genealogies of certain early families of New France and texts of documents of confirmation of nobility, creation of barons, etc., and division of lands as decided by the Conseil souverain de la Nouvelle-France from 1667 through 1743. Chronologically arranged. Index of names in volume 2. Appendices. Errata. CD3645 Q26 N45 1920 fol. 929.209714

Inclut les généalogies de certaines des premières familles de la Nouvelle-France et le contenu de lettres de noblesse, de documents qui accordent le titre de baron, etc., et de documents relatifs à la division des terres, tous signés par le Conseil souverain de la Nouvelle-France, de 1667 à 1743. Classement chronologique. Index des noms dans le volume 2. Annexes. Errata. CD3645 Q26 N45 1920 fol. 929.209714

1312

Liste des terrains concédés par la Couronne dans la province de Québec, de 1763 au 31 décembre 1890. – Québec : C.-F. Langlois, Imprimeur de la Reine, 1891. – 1921 p.

Lists land grants made in the province of Quebec during the period from 1763 through December 31, 1890. Arranged by county and canton. Entries include name of grantee, concession and lot numbers granted, number of acres, date of letters patent and register reference. Alphabetical index of grantees. Reproduced in microform format: *CIHM/ICMH microfiche series*, no. 09831. HD319 Q8 L58 1891 fol. 929.3714

Classement par comtés et par cantons. Les notices comprennent: nom du concessionnaire, numéros de rangs et de lots concédés, nombre d'acres, date des lettres patentes et référence au registre. Index alphabétique des concessionnaires. Reproduit sur support microforme: *CIHM/ICMH collection de microfiches*, n° 09831. HD319 Q8 L58 1891 fol. 929.3714

1313

Olivier, Reginald L. – *Your ancient Canadian family ties.* – Logan (Ut.) : Everton Publishers, c1972. – xii, 364 p. : map.

Brief genealogical entries in English for French-Canadian families from the period 1618 to 1700 compiled from sources such as parish registers and numerous published genealogical works. Alphabetically arranged by family name. Entries include references to sources. Map of archdioceses and dioceses of France. Glossary of French names. Bibliography of sources. Name index. CS88 Q8 O454 fol. 929.20971

Courtes notices généalogiques en anglais sur des familles canadiennes-françaises de la période de 1618 à 1700, compilées à partir de sources comme les registres paroissiaux et les nombreux ouvrages généalogiques publiés. Classement alphabétique par noms de famille. Les notices comprennent des références aux sources. Carte des archidiocèses et des diocèses de la France. Glossaire des noms français. Bibliographie des sources. Index des noms. CS88 Q8 O454 fol. 929.20971

1314

Répertoire alphabétique des mariages des Canadiens-français, 1760-1935. – Longueuil (Québec) : Services généalogiques Claude Drouin, c1989-[1991?]. – 110 vol.

Data on marriages in Quebec during the period 1760-1935. Arranged in two series of volumes, alphabetically arranged by the family name of the groom and alphabetically arranged by the family name of the bride, respectively. Each volume is divided into two sections, 1760-1880 and 1880-1935. However, it is necessary to check both as marriages are often listed in the wrong section. Entries include names of bride and groom, names of bride's and groom's parents, place and date of marriage. Some entries also provide information on the marriage contract. Continues: *Dictionnaire national des Canadiens-français (1608-1760).* CS88 A1 R46 1989 x.fol. CS88 A1 R462 1991 x.fol. 929.3714

Données sur les mariages au Québec durant la période de 1760 à 1935. Classement en deux séries de volumes, l'une avec classement alpha-bétique par noms de famille des maris et l'autre avec classement alphabétique par noms de famille des femmes. Chaque volume est divisé en deux sections, 1760-1880 et 1880-1935. Cependant, il est nécessaire de vérifier dans les deux sections car les données figurent souvent dans la mauvaise section. Les notices contiennent les noms des deux époux, les noms de leurs parents, le lieu et la date de mariage. Certaines notices fournissent aussi des renseignements sur le contrat de mariage. Suite de: *Dictionnaire national des Canadiens-français (1608-1760).* CS88 A1 R46 1989 x.fol. CS88 A1 R462 1991 x.fol. 929.3714

1315

Répertoire des actes de baptême, mariage, sépulture et des recensements du Québec ancien. – Ouvrage publié sous la direction de Hubert Charbonneau et Jacques Légaré. – Montréal : Presses de l'Université de Montréal, 1980-1990. – 47 vol. : ill. – 2760604713

Data of genealogical and historical interest collected from registers of baptisms, marriages and burials, census returns and other sources such as marriage contracts, lists of immigrants, confirmations, hospitalized persons, etc. Undertaken as a demographic study of early

Données d'intérêt généalogique et historique tirées de registres des baptêmes, des mariages et des enterrements, de résultats de recensements et d'autres sources comme les contrats de mariage, les listes d'immigrants, de confirmations, de personnes hospitalisées, etc. Projet entrepris à titre d'étude démographique sur les débuts du

Quebec by the Programme de recherche en démographie historique of the Université de Montréal. Approximately 300,000 baptisms, marriages and burials are noted. Volumes cover the following time periods: vols. 1-7, 17th century; vols. 8-17, 1700-1729; vols. 18-30, 1730-1749; vols. 31-45, 1750-1765; vols. 46-47, addenda, 1700-1765. Revised second editions of vols. 1-7 were published in 1991.

For each time period, parishes governed by the cities of Quebec, Trois-Rivières and Montreal are grouped. Within each parish, baptisms, marriages and burials are listed in separate chronological sequences. Information from census returns and other sources is listed separately. Separate indexes of names are provided for parishes and for other sources included in each volume. A general index of names is provided for each time period.   CD3648 A1 R46   929.3714

Québec par le Programme de recherche en démographie historique de l'Université de Montréal. Environ 300 000 baptêmes, mariages et enterrements sont répertoriés. Les volumes couvrent les périodes suivantes: vol. 1-7, 17e siècle; vol. 8-17, 1700-1729; vol. 18-30, 1730-1749; vol. 31-45, 1750-1765; vol. 46-47, addenda, 1700-1765. Une deuxième édition revue des volumes 1-7 a été publiée en 1991.

Pour chaque période, les paroisses gouvernées par les villes de Québec, de Trois-Rivières et de Montréal sont regroupées. Sous chaque paroisse, les baptêmes, les mariages et les enterrements figurent dans des listes chronologiques distinctes. Les données provenant des résultats de recensements et d'autres sources sont répertoriées à part. Des index séparés des noms sont fournis pour les paroisses et pour les autres sources incluses dans chaque volume. Un index général des noms est fourni pour chaque période.   CD3648 A1 R46   929.3714

1316

Robert, Normand. – *Catalogue des immigrants catholiques des Îles Britanniques avant 1825 = Catalog of Catholic immigrants from the British Isles before 1825*. – Normand Robert, Michel Thibault avec la collaboration de la Société généalogique Bourgchemin. – Montréal : Société de recherche historique archiv-histo, 1988. – 122, [4] p. : cartes. – 2920480146

Lists immigrants from the British Isles who were married in Catholic ceremonies in Quebec prior to 1825. Four sections for England, Scotland, Wales and the Channel Islands and Ireland. Entries in each section are organized according to place of origin. Index of immigrants' names for each country. Appendices: counties and county towns of England, Scotland, Wales; islands of the Channel Islands; territorial divisions of Ireland; Catholic dioceses of Ireland.
CS83 R62 1988   929.3089210714

Signale des immigrants des Îles Britanniques qui se sont mariés dans des cérémonies catholiques au Québec avant 1825. Quatre sections sur l'Angleterre, l'Écosse, le pays de Galles et les Îles Anglo-Normandes, et l'Irlande. Dans chaque section, les notices sont classées selon le lieu d'origine. Index des noms des immigrants de chaque pays. Annexes: comtés et cantons de l'Angleterre, de l'Écosse et du pays de Galles; Îles Anglo-Normandes; divisions territoriales de l'Irlande; diocèses catholiques de l'Irlande.   CS83 R62 1988 929.3089210714

1317

Robert, Normand. – *Nos origines en France : des débuts à 1825*. – Par Normand Robert avec la collaboration de la Société généalogique Bourgchemin. – Montréal : Société de recherche historique archiv-histo, 1984- . –   vol. : ill. – 2920480065 (n° 1) 2920480081 (n° 2) 2920480103 (n° 3) 2920480111 (n° 4) 2920480162 (n° 5) 2920480170 (n° 6) 2920480189 (n° 7) 2920480197 (n° 8) 2920480219 (n° 9) 2920480227 (n° 10)

A list of French immigrants to Canada prior to 1825 with marital data. Sources such as parish registers, marriage contracts, etc., were examined as well as Jetté's *Dictionnaire généalogique des familles du Québec*. Ten volumes to date covering the following provinces of France: no. 1, Bearn, Gascogne; no. 2, Guyenne, Périgord; no. 3, Angoumois, Saintonge; no. 4, Aunis; no. 5, Poitou; no. 6, Comtat-Venaissin, Comté de Foix, Dauphiné, Languedoc, Lyonnais, Provence, Roussillon, Savoie; no. 7, Normandie, Perche; no. 8, Auvergne, Berry, Bourbonnais, Limousin, Marche, Nivernois; no. 9, Alsace, Bourgogne, Champagne, Franche-Comté, Lorraine; no. 10, Anjou, Maine, Orléanais, Touraine. Each number is alphabetically arranged by commune (municipality). Within each commune family names are arranged by parish and alphabetically. Brief administrative description provided for each commune. Index of names in each number. No. 1 includes a list of parish registers and notarial records.
CS89 R58 1984   929.20971

Liste des immigrants français arrivés au Canada avant 1825 avec données sur les mariages. On a étudié des sources comme les registres paroissiaux, les contrats de mariage, etc. ainsi que le *Dictionnaire généalogique des familles du Québec* de Jetté. Jusqu'à maintenant ont été publiés dix volumes qui portent sur les provinces françaises suivantes: n° 1, Béarn, Gascogne; n° 2, Guyenne, Périgord; n° 3, Angoumois, Saintonge; n° 4, Aunis; n° 5, Poitou; n° 6, Comtat-Venaissin, Comté de Foix, Dauphiné, Languedoc, Lyonnais, Provence, Roussillon, Savoie; n° 7, Normandie, Perche; n° 8, Auvergne, Berry, Bourbonnais, Limousin, Marche, Nivernois; n° 9, Alsace, Bourgogne, Champagne, Franche-Comté, Lorraine; n° 10, Anjou, Maine, Orléanais, Touraine. Dans chaque numéro, classement alphabétique par communes (municipalités). Sous chaque commune, les noms de famille sont classés par paroisses et par ordre alphabétique. Courte description administrative de chaque commune. Index des noms dans chaque numéro. Le n° 1 contient une liste des registres paroissiaux et des greffes de notaires.   CS89 R58 1984 929.20971

1318

Roy, Pierre-Georges. – *Inventaire des testaments, donations et inventaires du Régime français conservés aux Archives judiciaires de Québec*. – Québec : [s.n.], 1941. – 3 vol. (300 ; 300 ; 300 p.).

Lists wills, estate inventories and settlements from the period of the French Regime. Notarial records for the period prior to 1900 are held by the Archives nationales du Québec. Alphabetically arranged by name. Entries include names of parties involved, name of notary and date. Texts of certain wills, etc., reproduced in appendices.
CD3645 Q33 A76 1941 fol.   929.3714

Donne la liste des testaments, des inventaires de succession et des donations de la période du Régime français. Les greffes de notaires de la période antérieure à 1900 se trouvent aux Archives nationales du Québec. Classement alphabétique par noms. Les notices contiennent les noms des parties en cause, le nom du notaire et la date. Le contenu de certains testaments, etc. est reproduit dans les annexes.   CD3645 Q33 A76 1941 fol.   929.3714

1319

Société de généalogie des Cantons de l'Est. – *Inventaire des ressources généalogiques de la Société de généalogie des Cantons de l'Est.* – Sherbrooke (Québec) : la Société, 1992. – 1 vol. (f. mobiles). – 2920199323

A catalogue of books and periodicals for genealogical research held by the library of the Société de généalogie des Cantons de l'Est. Focusses on the Estrie region of Quebec; however, also includes material on other parts of Quebec and Canada. Arranged in sections covering reference works, family histories, marriage registers of Quebec, marriage registers for other provinces and countries, parish histories, census returns and indexes, archives, biographies of individuals, collective biographies, periodicals, etc. Title entries are coded according to category of document and Quebec census division when appropriate. Z883 S54 S62 1992 fol. 016.9291

Catalogue des livres et périodiques de recherche généalogique qui se trouvent à la bibliothèque de la Société de généalogie des Cantons de l'Est. Porte principalement sur la région de l'Estrie au Québec, mais comprend aussi des documents sur d'autres parties du Québec et du Canada. Classement en sections sur les ouvrages de référence, les documents sur l'histoire des familles, les registres des mariages du Québec, les registres des mariages d'autres provinces et pays, les documents sur l'histoire des paroisses, les résultats et index des recensements, les archives, les biographies de personnes, les biographies collectives, les périodiques, etc. Les notices sur les titres sont codées selon la catégorie de document et la division de recensement du Québec, s'il y a lieu. Z883 S54 S62 1992 fol. 016.9291

1320

Société généalogique canadienne-française. – *Le mois généalogique : vol. I à X index.* – Montréal : la Société, [1958?]. – 39 p.

An index to vol. 1 (Jan. 1948)-vol. 10 (Dec. 1957) of *Le mois généalogique*, periodical of the Société until 1960. Six parts: indexes of names of persons, subjects and parishes, list of historical and genealogical societies, list of private archives open to members of the Société, manuscripts of members, list of members. CS80 929.1060714

Index des vol. 1 (janvier 1948)-vol. 10 (décembre 1957) du périodique de la Société intitulé *Le mois généalogique* qui a existé jusqu'en 1960. Six parties: index des noms de personnes, des sujets et des paroisses, liste des sociétés d'histoire et de généalogie, liste des archives privées ouvertes aux membres de la Société, manuscrits des membres, liste des membres. CS80 929.1060714

1321

Tanguay, Cyprien. – *Dictionnaire généalogique des familles canadiennes depuis la fondation de la colonie jusqu'à nos jours.* – Montréal : Eusèbe Senécal, 1871-1890. – 7 vol. : 1 carte, portr., tables.

Genealogies of French-Canadian families. Information compiled from registers of baptisms, marriages and burials, notarial records and census returns. Vol. 1, 1608-1700, vols. 2-7, 1700-1760. Separate alphabetical sequence of family names for each time period. Appendices: vol. 1, ecclesiastical provinces and cities of France in 1631, chronological, geographical and alphabetical tables of parishes of Quebec, list of governors, judges, notaries and doctors of New France 1681, seigneuries of New France 1681, personnel of religious houses in New France 1681; vol. 3, list of slaves; vol. 4, statistics on illegitimate births; vol. 7, alphabetical list of family names of men with variants and surnames, women for whom only a Christian name is mentioned, names of men married to Indian women.

Reprinted: New York : AMS Press, 1969; Montréal : Éditions Élysée, 1975. Vol. 1 reprinted: Baltimore : Genealogical Publishing, 1967. Reproduced in microform format: *CIHM/ICMH microfiche series*, no. 24476-24483; [Montréal] : Bibliothèque nationale du Québec, 1982, 2 reels of 35 mm. microfilm.

A number of authors have attempted to supplement or to correct omissions and errors in Tanguay's work. They include: Auger, Roland-J., *Noms de femmes : tome 1 de Tanguay*; Godbout, Archange, *Nos ancêtres au XVIIᵉ siècle*; Jetté, René, *Dictionnaire généalogique des familles du Québec*; Leboeuf, J.-Arthur, *Complément au dictionnaire généalogique Tanguay*. CS88 Q8 T3 fol. 929.20971

Généalogies des familles canadiennes-françaises. Les données ont été compilées à partir des registres des baptêmes, des mariages et des enterrements, de greffes de notaires et des résultats de recensements. Vol. 1, 1608-1700, vol. 2-7, 1700-1760. Liste alphabétique distincte pour les noms de famille de chaque période. Annexes: vol. 1, provinces et villes ecclésiastiques de la France en 1631, tableaux chronologiques, géographiques et alphabétiques des paroisses du Québec, liste des gouverneurs, des juges, des notaires et des docteurs de la Nouvelle-France en 1681, seigneuries de la Nouvelle-France en 1681, personnel des maisons religieuses de la Nouvelle-France en 1681; vol. 3, liste des esclaves; vol. 4, statistiques sur les naissances illégitimes; vol. 7, liste alphabétique des noms de famille des hommes avec variantes et surnoms, des noms des femmes pour lesquelles seul un prénom est mentionné et des hommes mariés à des femmes amérindiennes.

Réimprimé: New York : AMS Press, 1969; Montréal : Éditions Élysée, 1975. Vol. 1 réimprimé: Baltimore : Genealogical Publishing, 1967. Reproduit sur support microforme: *CIHM/ICMH collection de microfiches*, nº 24476-24483; [Montréal] : Bibliothèque nationale du Québec, 1982, 2 bobines de microfilm 35 mm.

Un certain nombre d'auteurs ont essayé de compléter l'ouvrage de Tanguay ou d'en corriger les omissions et les erreurs, notamment: Auger, Roland-J., *Noms de femmes : tome 1 de Tanguay*; Godbout, Archange, *Nos ancêtres au XVIIᵉ siècle*; Jetté, René, *Dictionnaire généalogique des familles du Québec*; Leboeuf, J.-Arthur, *Complément au dictionnaire généalogique Tanguay*. CS88 Q8 T3 fol. 929.20971

1322

Auger, Roland-J. [Roland-Joseph]. – *Noms de femmes : tome 1 de Tanguay.* – Ottawa : Sociéte franco-ontarienne d'histoire et de généalogie, [1983?]. – [3], 143 f.

A list of the names of women who appear in volume 1 of Cyprien Tanguay's *Dictionnaire généalogique des familles canadiennes*. Alphabetically arranged by maiden name. Entries include name of husband and a page reference to Tanguay. CS88 Q8 T33 1983 fol. 929.209714

Liste des noms de femmes qui figurent dans le volume 1 du *Dictionnaire généalogique des familles canadiennes* de Cyprien Tanguay. Classement alphabétique par noms de naissance. Les notices comprennent le nom du mari et un renvoi à l'ouvrage de Tanguay. CS88 Q8 T33 1983 fol. 929.209714

1323

Godbout, Archange, o.f.m. – *Nos ancêtres au XVIIe siècle : dictionnaire généalogique et bio-bibliographique des familles canadiennes.* – [Québec : s.n., 1953-1965?]. – 6 vol.

Genealogical data on families that settled in Quebec before 1700 from registers of baptisms, marriages and burials, marriage contracts, census records, etc. Attempts to correct errors and omissions in the first volume of Cyprien Tanguay's *Dictionnaire généalogique des familles canadiennes*. Alphabetically arranged by family name. Originally published as part of: *Rapport de l'Archiviste de la province de Québec*, 1951/52-1959/60, 1965.   CS88 Q8 G6 1951 fol.   929.20971

Données généalogiques sur les familles qui se sont installées au Québec avant 1700, compilées à partir des registres des baptêmes, des mariages et des enterrements, des contrats de mariage, des cahiers de recensement, etc. Tente de corriger les erreurs et les omissions du premier volume du *Dictionnaire généalogique des familles canadiennes* de Cyprien Tanguay. Classement alphabétique par noms de famille. Publié à l'origine dans le cadre de: *Rapport de l'Archiviste de la province de Québec*, 1951/52-1959/60, 1965.   CS88 Q8 G6 1951 fol.   929.20971

1324

Leboeuf, J.-Arthur [Joseph-Arthur]. – *Complément au dictionnaire généalogique Tanguay.* – Montréal : Société généalogique canadienne-française, 1957-1964. – 3 vol. (194 ; 269 ; 86 p.). – (Publications de la Société généalogique canadienne-française ; 2, 4, 6).

Supplements vols. 2-7 of Cyprien Tanguay's *Dictionnaire généalogique des familles canadiennes*. Corrects and adds information on eighteenth-century marriages. Each volume is alphabetically arranged by family name of husband. Page references to Tanguay. CS88 Q8 L4 fol.   929.20971

Complémente vol. 2-7 du *Dictionnaire généalogique des familles canadiennes* de Cyprien Tanguay. Corrections et ajouts au sujet des mariages au XVIIIᵉ siècle. Dans chaque volume, les entrées sont classées par ordre alphabétique, selon le nom de famille des maris. Renvois à l'ouvrage de Tanguay.   CS88 Q8 L4 fol.   929.20971

1325

Trudel, Marcel. – *Catalogue des immigrants, 1632-1662.* – Montréal : Hurtubise HMH, c1983. – [14], 569, [4] p. – (Cahiers du Québec Collection histoire). – 2890455793

A catalogue of immigrants to New France during the period of the Compagnie des Cents-Associés, compiled from employment contracts, registers of baptisms, marriages and burials, notarial records, etc. Arranged chronologically, according to destination (region of Quebec/Trois-Rivières or Montreal) and alphabetically by family name. Entries include name, age, province of origin in France, date and circumstances of arrival, date of marriage, occupation, etc. Index of names. Intended as a supplement to volume 3 of the author's *Histoire de la Nouvelle-France* (Montréal : Fides, 1979). FC305 T78 Suppl.   929.3714

Répertoire des immigrants en Nouvelle-France à l'époque de la Compagnie des Cent-Associés, compilé à l'aide de contrats d'engagement, de registres des baptêmes, des mariages et des sépultures, de greffes de notaires, etc. Classement par ordre chronologique, selon la destination (région de Québec/Trois-Rivières ou de Montréal), et par ordre alphabétique, selon le nom de famille. Le nom des personnes, leur âge, leur province d'origine en France, la date et les circonstances de leur arrivée, la date de leur mariage, leur métier, etc., sont indiqués. Index des noms. Conçu comme supplément au volume 3 de la publication *Histoire de la Nouvelle-France* (Montréal : Fides, 1979) de l'auteur.   FC305 T78 Suppl.   929.3714

Saskatchewan

Saskatchewan

1326

Hande, D'Arcy. – *Changes of name : The Saskatchewan gazette, 1917 to 1950.* – Compiled by D'Arcy Hande, Debbie Moyer, Rae Chamberlain. – Regina : Saskatchewan Genealogical Society, c1993. – [3], iii, [1], 89 p. – 1895859042

An index of names published in *The Saskatchewan gazette* in notices of application for a legal change of name, 1917-1950. Arranged in two alphabetical sequences: original name, new name. Entries include place of residence, date of notice of application in *The gazette*, date of certificate of approval in *The gazette*. CS2327 C2 H35 1993 fol.   929.37124

Index des noms donnés dans les avis de changement légal de nom publiés dans *The Saskatchewan gazette*, 1917-1950. Classement en deux suites alphabétiques : noms originaux, nouveaux noms. Les notices comprennent le lieu de résidence, la date de parution de l'avis de demande dans *The gazette*, la date de parution du certificat d'approbation dans *The gazette*.   CS2327 C2 H35 1993 fol. 929.37124

1327

Hande, D'Arcy. – *Exploring family history in Saskatchewan.* – Prepared by D'Arcy Hande ; assisted by Robert L. Pittendrigh. – Regina : Saskatchewan Archives Board, 1983. – vi, 24 p. : ill. – (Saskatchewan Archives reference series ; 2). – 0969144504

A guide to sources for genealogical research in Saskatchewan. Part 1 introduces the beginner to the following: use and preservation of family documents, interviewing relatives, organizing research, correspondence and Saskatchewan genealogical societies. Part 2 covers sources such as vital statistics, court, land, municipal, church, cemetery, educational and federal government records, libraries, museums and the Saskatchewan Archives Board. Part 3 discusses research outside Saskatchewan and provides addresses for provincial archives and genealogical societies as well as foreign genealogical organizations. Reproduced in microform format: *Microlog*, no. 84-03090.   CS88 S8 H36 1983 fol.   929.107207124

Guide sur les sources de recherche généalogique en Saskatchewan. La partie 1 présente les notions suivantes au débutant: l'utilisation et la conservation des documents de famille, les entrevues avec la parenté, l'organisation des recherches, la correspondance et les sociétés généalogiques de la Saskatchewan. La partie 2 couvre des sources comme les registres de l'état civil, les documents relatifs aux terres, les registres judiciaires, des cimetières, municipaux, paroissiaux, scolaires et fédéraux, les bibliothèques et les musées, et les Archives de la Saskatchewan. La partie 3 discute de la recherche à l'extérieur de la Saskatchewan et fournit les adresses des archives provinciales et des sociétés généalogiques ainsi que celles des organisations généalogiques étrangères. Reproduit sur support microforme: *Microlog*, n° 84-03090. CS88 S8 H36 1983 fol.   929.107207124

1328

Index to the census of Canada 1891. – Eileen P. Condon, editor. – Regina : Regina Branch, Saskatchewan Genealogical Society, 1988-   .
– vol. : maps. – 0969333803 (Assiniboia West) 0969333846 (Assiniboia East) 1895859026 (Saskatchewan)

An index of all names appearing in the 1891 federal census returns of the North West Territories. Microfilms of the returns held by the National Archives of Canada were indexed. Three volumes published to date under the following titles: 1988, *Assiniboia West : index to the census of Canada 1891*; 1990, *Assiniboia East : index to the census of Canada 1891*; 1992, *District of Saskatchewan : index to the census of Canada 1891*. Volumes covering Alberta and the Unorganized Territories in progress. Alphabetically arranged by surname. Entries include surname, given names, sex, age, birthplace, subdivision and page number within returns. Descriptions of census subdivisions. Bibliography.   FC3217.1   929.3712

Index de tous les noms qui figurent dans les résultats du recensement fédéral de 1891 effectué dans les Territoires du Nord-Ouest. Les microfilms des cahiers qui se trouvent aux Archives nationales du Canada ont été indexés. Trois volumes ont été publiés jusqu'à maintenant sous les titres suivants: 1988, *Assiniboia West : index to the census of Canada 1891*; 1990, *Assiniboia East : index to the census of Canada 1891*; 1992, *District of Saskatchewan : index to the census of Canada 1891*. Les volumes qui portent sur l'Alberta et les territoires non organisés sont en préparation. Classement alphabétique par noms de famille. Les notices contiennent le nom de famille, les prénoms, le sexe, l'âge, le lieu de naissance, la subdivision et le numéro de page du cahier de recensement. Description des subdivisions de recensement. Bibliographie.   FC3217.1   929.3712

1329

Main, Lorne W. [Lorne William]. – *Index to 1881 Canadian census of North West Territories & Algoma, Ontario.* – [Vancouver] : Lorne William Main, c1984. – v, 105, [3] p. : maps. – 0969109334

An index to the 1881 Canadian census of the North West Territories and Algoma, Ontario. Attempts to include all surnames listed in the census, regardless of origin. Arranged by enumeration area and subdivision and then alphabetically by surname. Entries include surname, first name of the first person listed with a particular surname, number of persons with same surname in a household, enumeration area page number, enumeration area household number. Maps of North West Territories, Algoma census area and Manitoulin Island.   HA741.5 1881 Index 1984 fol.   929.3712

Index du recensement canadien effectué en 1881 dans les Territoires du Nord-Ouest et à Algoma, Ontario. Tente d'inclure tous les noms de famille recensés, quelle qu'en soit l'origine. Classement par secteurs de dénombrement et par subdivisions, puis classement alphabétique par noms de famille. Les notices comprennent le nom de famille, le prénom de la première personne inscrite sous un nom de famille donné, le nombre de personnes qui portent le même nom de famille dans un ménage, le numéro de page du secteur de dénombrement, le numéro de ménage du secteur de dénombrement. Cartes des Territoires du Nord-Ouest, de la zone de recensement d'Algoma et de l'Île Manitoulin.   HA741.5 1881 Index 1984 fol.   929.3712

1330

Saskatchewan Genealogical Society. – *Members' interests.* – (1989)-   . – [Regina] : the Society, c1989-   .   – vol. – 1197-0146

Irregular. Lists surnames which members of the Saskatchewan Genealogical Society are researching. Arranged in two parts: alphabetical list of surnames with time period, place and member number for each; numerically arranged list of members who submitted surnames. Member addresses provided. Surnames were previously published in: 1972, 1974, 1977, *Surnames supplement,* a supplement to the Society *Bulletin*; 1981, *Surname exchange.*   CS80 S3 fol.   929.107207124

Irrégulier. Donne la liste des noms de famille qui font l'objet de recherches menées par des membres de la Saskatchewan Genealogical Society. Classement en deux parties: liste alphabétique des noms de famille avec la période, le lieu et le numéro du membre pour chacun; liste numérique des membres qui ont soumis des noms de famille. Les adresses des membres sont fournies. Les noms de famille ont déjà été publiés dans: 1972, 1974, 1977, *Surnames supplement* qui était un supplément du *Bulletin* de la Saskatchewan Genealogical Society; 1981, *Surname exchange.*   CS80 S3 fol.   929.107207124

1331

Saskatchewan Genealogical Society. – *A subject index to the Saskatchewan Genealogical Society Bulletin, volume 1, 1970 to volume 22, 1991.* – Compiled by Rae W. Chamberlain. – Regina : Saskatchewan Genealogical Society, c1992. – [4], 39 p. – 0969333897

An index to articles published in vol. 1 (1970)-vol. 22 (1991) of the Saskatchewan Genealogical Society *Bulletin.* Alphabetically arranged in two sequences for subjects and places.   CS80   929.1097124

Index des articles publiés dans les vol. 1 (1970)-vol. 22 (1991) du *Bulletin* de la Saskatchewan Genealogical Society. Classement en deux suites alphabétiques, l'une sur les sujets et l'autre sur les lieux.   CS80   929.1097124

1332

Szalasznyj, Kathlyn. – *How to research your Ukrainian ancestry in Saskatchewan : rodovid.* – Saskatoon : Ukrainian Canadian Committee, Saskatchewan Provincial Council, 1986. – [2], iii, 33 p., [2] leaves : ill., charts, maps. – 0969282702 – Cover title.

A guide to genealogical research on Ukrainian Canadians in Saskatchewan. A chapter on beginning research mentions a number of genealogical reference works and secondary sources on the history of the Ukraine and Ukrainians in Canada. Sources are described under the following categories: family, community and official. Community sources include churches, cemeteries, museums, institutes and research centres. Official sources include immigration, citizenship, land, vital statistics and estate records. Addresses are provided for the repositories noted. The holdings of the Saskatchewan Archives Board and the National Archives of Canada are highlighted. Bibliographic notes.   CS83 S93 1986   929.10899179107124

Guide de recherche généalogique sur les Canadiens d'origine ukrainienne de la Saskatchewan. Dans un chapitre sur la façon d'entreprendre les recherches, on mentionne un certain nombre d'ouvrages de référence généalogique et de sources secondaires sur l'histoire de l'Ukraine et celle des Ukrainiens au Canada. Les sources sont décrites sous les catégories suivantes: sources familiales, communautaires et officielles. Les sources communautaires comprennent les églises, les cimetières, les musées, les établissements et les centres de recherche. Les sources officielles comprennent les registres d'immigration et de citoyenneté, les documents relatifs aux terres, les registres d'état civil et les dossiers de succession. Les adresses des services d'archives signalés sont données. Souligne les fonds documentaires des Archives de la Saskatchewan et des Archives nationales du Canada. Notes bibliographiques.   CS83 S93 1986   929.10899179107124

1333
The western Canadians, 1600-1900. – Noel Montgomery Elliot. – Toronto : Genealogical Research Library, c1994. – 3 vol. – 0919941311 (set)

Over 300,000 name entries for persons who resided in Alberta, Saskatchewan, British Columbia, Northwest Territories, or the Yukon Territory before 1900, compiled from sources such as census returns, directories and local histories. Alphabetically arranged. Entries may include name, occupation, year (which could be of birth, marriage, death, burial or a year in which the person was known to be living), place and source code. List of sources. List of villages, towns, townships, etc., with name changes.   CS88   929.3712

Plus de 300 000 notices sur les noms de personnes qui habitaient en Alberta, en Saskatchewan, en Colombie-Britannique, dans les Territoires du Nord-Ouest ou au Yukon avant 1900. Les données ont été compilées à partir de sources comme les résultats de recensements, les répertoires et les documents sur l'histoire locale. Classement alphabétique. Les notices peuvent contenir le nom, l'occupation, l'année de naissance, de mariage, de décès, d'inhumation ou une année pendant laquelle on savait la personne vivante, le lieu et le code de la source. Liste des sources. Liste des villages, villes, cantons, etc. avec les changements de noms.   CS88   929.3712

Yukon and Northwest Territories

Territoires du Nord-Ouest et le Yukon

1334
The western Canadians, 1600-1900. – Noel Montgomery Elliot. – Toronto : Genealogical Research Library, c1994. – 3 vol. – 0919941311 (set)

Over 300,000 name entries for persons who resided in Alberta, Saskatchewan, British Columbia, Northwest Territories, or the Yukon Territory before 1900, compiled from sources such as census returns, directories and local histories. Alphabetically arranged. Entries may include name, occupation, year (which could be of birth, marriage, death, burial or a year in which the person was known to be living), place and source code. List of sources. List of villages, towns, townships, etc. with name changes.   CS88   929.3712

Plus de 300 000 notices sur les noms de personnes qui résidaient en Alberta, en Saskatchewan, en Colombie-Britannique, dans les Territoires du Nord-Ouest ou Yukon avant 1900. Les notices ont été compilées à partir de sources comme les résultats des recensements, les répertoires et les documents sur l'histoire locale. Classement alphabétique. Les notices peuvent comprendre le nom, l'occupation, l'année de naissance, de mariage, de décès, d'enterrement ou une année pendant laquelle on savait cette personne vivante, le lieu et le code de la source. Liste des sources. Liste des villages, villes, cantons, etc. avec les changements de noms.   CS88   929.3712

1335
Yukon Archives. – *Genealogy sources available at the Yukon Archives.* – [Whitehorse] : Yukon Archives, 1985. – 11 leaves. – 155018041X

A guide to sources for genealogical research held by the Yukon Archives. Arranged in sections covering the following types of materials: books, newspapers, directories, indexes; manuscripts including private papers of individuals and families; corporate records; Yukon and federal government records; municipal records; photographs. Brief descriptions of record contents, finding aids, restrictions on access. Archives call numbers provided.   CS88 Y8 Y85 1985 fol. 016.92937191

Guide sur les sources de recherche généalogique qui se trouvent dans les Yukon Archives. Classement en sections qui portent sur les types de documents suivants: les livres, les journaux, les répertoires, les index; les manuscrits, y compris les documents personnels et familiaux; les registres des entreprises; les registres du gouvernement du Yukon et du gouvernement fédéral; les registres municipaux; les photographies. Courte description du contenu des registres, des instruments de recherche et des restrictions relatives à l'accès. Les cotes des archives sont fournies.   CS88 Y8 Y85 1985 fol. 016.92937191

History and Related Subjects
Heraldry

Histoire et sujets connexes
Héraldique

1336
Archambault, Jacques. – *Le drapeau québécois.* – Jacques Archambault, Eugénie Lévesque. – 2e éd. – Québec : Ministère des Communications, Éditeur officiel du Québec, 1978. – xi, 77 p. : ill. (certaines en coul.). – (Collection Connaissance du Québec. La documentation québécoise). – 0775430269

History and description of the flag, coats of arms and emblems of Quebec. Bibliography. Glossary.   CR115   929.909714

Historique et description du drapeau, des armoiries et emblèmes du Québec. Bibliographie. Glossaire.   CR115   929.909714

1337
Les armoiries, drapeaux et emblèmes du Canada. – [2e] (rév.) éd. – [Ottawa] : Secrétariat d'État, 1981. – ii, 112 p. : ill. en coul., armoiries. – 0660905434

1st ed., 1978, *The arms, flags and emblems of Canada = Les armoiries, drapeaux et emblèmes du Canada.* Description and history of coats of arms, flags and emblems of Canada, its provinces and territories. Glossary. Also published in English under the title: *The arms, flags and emblems of Canada.* CR212 A7514 1980   929.820971

1re éd., 1978, *The arms, flags and emblems of Canada = Les armoiries, drapeaux et emblèmes du Canada.* Description et histoire des armoiries, drapeaux et emblèmes du Canada, des provinces et des territoires. Glossaire. Publié aussi en anglais sous le titre: *The arms, flags and emblems of Canada.* CR212 A7514 1980   929.820971

1338

Les armoiries du Canada. – [Ottawa] : Ministère du Secrétariat d'État, 1964. – 8 p. : armoiries en coul. – Titre de la couv.

Description and history of the coat of arms of Canada. Also published in English under the title: *The arms of Canada.* CR212   929.820971

Description et histoire des armoiries du Canada. Publié aussi en anglais sous le titre: *The arms of Canada.* CR212   929.820971

1339

The arms, flags and emblems of Canada. – 3rd ed. – [Ottawa] : Deneau Publishers in co-operation with the Dept. of the Secretary of State and the Canadian Government Publishing Centre, Supply and Services Canada, c1984. – ii, 112 p. : col. ill., coats of arms. – 0888790309

1st ed., 1978, *The arms, flags and emblems of Canada = Les armoiries, drapeaux et emblèmes du Canada.* 2nd ed., 1981. Description and history of coats of arms, flags and emblems of Canada, its provinces and territories. Glossary. Also published in French under title: *Les armoiries, drapeaux et emblèmes du Canada.* CR212   929.820971

1re éd., 1978, *The arms, flags and emblems of Canada = Les armoiries, drapeaux et emblèmes du Canada.* 2e éd., 1981. Description et histoire des armoiries, drapeaux et emblèmes du Canada, des provinces et des territoires. Glossaire. Publié aussi en français sous le titre: *Les armoiries, drapeaux et emblèmes du Canada.* CR212   929.820971

1340

The arms of Canada. – [Ottawa] : Dept. of the Secretary of State, 1964. – 8 p. : col. front. – Cover title.

Description and history of the coat of arms of Canada. Also published in French under the title: *Les armoiries du Canada.* CR212   929.820971

Description et histoire des armoiries du Canada. Publié aussi en français sous le titre: *Les armoiries du Canada.* CR212   929.820971

1341

Beddoe, Alan. – *Beddoe's Canadian heraldry.* – By Alan Beddoe ; revised by Strome Galloway. – Belleville (Ont.) : Mika Publishing, 1981. – 224 p. : ill. (some col.). – 0919303560

Description and history of coats of arms of Canada, its provinces and territories, municipalities, institutions and citizens. Glossary. Index of names and subjects.   CR212 B43 fol.   929.60971

Description et histoire des armoiries du Canada, des provinces et territoires, de municipalités, institutions et citoyens canadiens. Glossaire. Un index: noms-sujets.   CR212 B43 fol.   929.60971

1342

Birk, Hans Dietrich. – *Armorial heritage in Canada of continental European families.* – Toronto : Published under the auspices of The Armorial Heritage Foundation, 1984. – xiii, 235 p., xxxii leaves of plates : coats of arms (some col.). – 09691666050

Coats of arms and genealogies of 512 European families who emigrated to Canada. Alphabetically arranged by name. Bibliography. Name index.   CR1239 B57 1984 fol.   929.60971

Armoiries et généalogie de 512 familles européennes ayant émigré au Canada. Classement alphabétique des noms de famille. Bibliographie. Index des noms.   CR1239 B57 1984 fol.   929.60971

1343

Birk, Hans Dietrich. – *Heraldic/genealogical almanac (1988).* – By Hans Dietrich Birk, compiler and Peter Bela Merey, editor. – Toronto : Published under the auspices of the Armorial Heritage Foundation by Pro Familia Publishing, 1988. – xi, 221 p., viii p. of plates : ill. (some col.), coats of arms (some col.). – 0969251424

Coats of arms and genealogies of North American families, arranged alphabetically by name. Name index.   CR1239 B58 1988 fol.   929.6

Armoiries et généalogie de familles nord-américaines classées selon l'ordre alphabétique des noms de famille. Index des noms.   CR1239 B58 1988 fol.   929.6

1344

Brassard, Gérard. – *Armorial des évêques du Canada : album historico-héraldique contenant les portraits et les armoiries des évêques du Canada depuis Mgr de Montmorency de Laval jusqu'à date avec notice biographique pour chacun.* – Montréal : Mercury Publishing, c1940. – 403 p. : armoiries en coul., portr.

Portraits, coats of arms and biographies of supreme pontiffs and papal delegates to Canada since 1658, Catholic bishops in Canada and bishops of Canadian origin working outside of Canada, as well as mitred abbots. Chronologically arranged. Bibliography. Two indexes: names, geographical.   BX4671 B7 x.fol.   282.710922

Portraits, armoiries et biographies des souverains pontifes et des délégués officiels du pape au Canada depuis 1658, de l'épiscopat canadien, des évêques d'origine canadienne qui ont exercé à l'étranger et des abbés mitrés. Classement chronologique. Bibliographie. Deux index: noms, géographique.   BX4671 B7 x.fol.   282.710922

1345

Brassard, Gérard. – *Armorial des évêques du Canada : album historico-héraldique contenant les portraits, les armoiries et les biographies des évêques du Canada : premier supplément.* – Montréal : Mercury Publishing, 1948. – 79 p. : armoiries en coul., portr. BX4671 B72 1948 x.fol.   282.710922

1346

Campbell, Ian L. [Ian Lachlan]. – *The identifying symbols of Canadian institutions, part I : heraldry : a Canadian perspective and context, terminology and classifications; the heraldic tradition.* – [Waterloo, Ont.] : Renison College and Canadian Heraldry Associates, 1990. – 253 p. : ill. – 096939800X (set: pa.) 0969398042 (set: bd.) 0969398050 (bd.) 0969398018 (pa.)

History and description of aspects of heraldry in Canada and of the heraldic tradition in other countries. Bibliography. CR212 C34 1990   929.60971

Historique et description des composantes de l'héraldique au Canada et dans des pays ayant une tradition héraldique. Bibliographie.   CR212 C34 1990   929.60971

1347

Campbell, Ian L. [Ian Lachlan]. – *The identifying symbols of Canadian institutions, part II : the identifying symbols of Canadian educational institutions.* – Ian L. Campbell and Marion I. Campbell. – 2nd ed. – [Waterloo, Ont.] : Canadian Heraldry Associates and Renison College, 1990. – iv, 571 p. : ill. – 096939800X (set: pa.) 0969398042 (set: bd.) 0969398093 (bd.) 0969398026 (pa.)

1st ed., 1989. Description and history of coats of arms or insignias of Canadian universities, colleges and high schools. Some text in French.   CR212 C34 1990   929.60971

1re éd., 1989. Description et historique des armoiries ou insignes des universités, collèges et écoles secondaires du Canada. Comprend des textes en français.   CR212 C34 1990   929.60971

1348

Campbell, Ian L. [Ian Lachlan]. – *The identifying symbols of Canadian institutions, part III : the identifying symbols of Canadian municipalities.* – Ian L. Campbell with Marion I. Campbell. – [Waterloo, Ont.] : Renison College and Canadian Heraldry Associates, 1990. – 685 p. : ill. – 0969398034

History and description of the arms of Canadian municipalities. Arranged by province or territory and then by municipality. Includes some text in French. To be published: *The identifying symbols of Canadian institutions, part IV : the identifying symbols of Canadian health institutions; The identifying symbols of Canadian institutions, part V : the identifying symbols of Canadian religious institutions; The identifying symbols of Canadian institutions, part VI : the identifying symbols of Canadian libraries.*   CR212   929.60971

Historique et description des armoiries des municipalités canadiennes. Classement par provinces et territoires subdivisés par municipalités. Inclut des textes en français. À paraître: *The identifying symbols of Canadian institutions, part IV : the identifying symbols of Canadian health institutions; The identifying symbols of Canadian institutions, part V : the identifying symbols of Canadian religious institutions; The identifying symbols of Canadian institutions, part VI : the identifying symbols of Canadian libraries.*   CR212   929.60971

1349

Campbell, Ian L. [Ian Lachlan]. – *Index to Heraldry in Canada, the journal of the Heraldry Society of Canada : vol. I to vol. XXI = Index de l'Héraldique au Canada, publication de la Société héraldique du Canada : vol. I à vol. XXI.* – Ian L. Campbell and Colin G.W.A. Campbell. – [2nd ed.]. – [Ottawa] : Heraldry Society of Canada, [1988]. – 226 p. – 0969306326 – Cover title.

1st ed., 1986. Index of authors, titles and subjects of articles which appeared in *Heraldry in Canada = Héraldique au Canada*, vol. 1 (Sept. 1966)-vol. 21 (1987).   CR1   929.60971

1re éd., 1986. Index confondu des auteurs, titres et sujets des articles parus dans *Heraldry in Canada = Héraldique au Canada*, vol. 1 (sept. 1966)-vol. 21 (1987).   CR1   929.60971

1350

Campbell, Ian L. [Ian Lachlan]. – *Index to Heraldry in Canada, the journal of the Heraldry Society of Canada : vol. I to vol. XXI = Index de l'Héraldique au Canada, publication de la Société héraldique du Canada : vol. I à vol. XXI.* – Ian L. Campbell et Colin G.W.A. Campbell. – [2e éd.]. – [Ottawa] : Société héraldique du Canada, [1988]. – 226 p. – 0969306326 – Titre de la couv.

1st ed., 1986. Index of authors, titles and subjects of articles which appeared in *Heraldry in Canada = Héraldique au Canada*, vol. 1 (Sept. 1966)-vol. 21 (1987).   CR1   929.60971

1re éd., 1986. Index confondu des auteurs, titres et sujets des articles parus dans *Heraldry in Canada = Héraldique au Canada*, vol. 1 (sept. 1966)-vol. 21 (1987).   CR1   929.60971

1351

Canada. Bibliothèque du Parlement. Service de consultation et de référence. – *Canadian heraldry and flags : select bibliography = Armoiries et drapeaux canadiens : bibliographie sélective.* – Ottawa : [la Bibliothèque], 1980. – 13 f.

A bibliography of books, pamphlets, theses, periodicals and periodical articles relating to Canadian heraldry and flags. Four sections: general works on Canadian flags, arms and emblems; flag periodicals; Canadian national and provincial flags; general works on heraldry and works on Canadian national and provincial heraldry. Z5311   016.92992

Bibliographie de livres, de brochures, de thèses, de périodiques et d'articles de périodiques relatifs à l'héraldique et aux drapeaux canadiens. Quatre sections: ouvrages généraux sur les drapeaux, les armoiries et les emblèmes canadiens; périodiques sur les drapeaux; drapeaux nationaux et provinciaux canadiens; ouvrages généraux sur l'héraldique et ouvrages sur l'héraldique nationale et provinciale canadienne.   Z5311   016.92992

1352

Canada. Library of Parliament. Information and Reference Branch. – *Canadian heraldry and flags : select bibliography = Armoiries et drapeaux canadiens : bibliographie sélective.* – Ottawa : [the Library], 1980. – 13 leaves.

A bibliography of books, pamphlets, theses, periodicals and periodical articles relating to Canadian heraldry and flags. Four sections: general works on Canadian flags, arms and emblems; flag periodicals; Canadian national and provincial flags; general works on

Bibliographie de livres, de brochures, de thèses, de périodiques et d'articles de périodiques relatifs à l'héraldique et aux drapeaux canadiens. Quatre sections: ouvrages généraux sur les drapeaux, les armoiries et les emblèmes canadiens; périodiques sur les drapeaux;

heraldry and works on Canadian national and provincial heraldry. Z5311　016.92992

drapeaux nationaux et provinciaux canadiens; ouvrages généraux sur l'héraldique et ouvrages sur l'héraldique nationale et provinciale canadienne.　Z5311　016.92992

1353

Deschênes, Gaston. – *Les symboles d'identité québécoise.* – Recherche et rédaction: Gaston Deschênes ; [...] réalisée par l'Assemblée nationale. – Québec : Les Publications du Québec, 1990. – 39 p. : ill. (certaines en coul.). – 2551141893

Description and history of the coat of arms, motto, flag and emblems of Quebec, of the flag of the Lieutenant-Governor of Quebec, and of Canadian symbols.　CR213　929.609714

Description et historique des armoiries, devises, drapeaux et emblèmes du Québec, du drapeau du lieutenant-gouverneur du Québec et des symboles canadiens.　CR213　929.609714

1354

Heraldry Society of Canada. Library. – *Bibliography of the heraldic library of the Heraldry Society of Canada, la Société héraldique du Canada, at the City of Ottawa Archives.* – [Ottawa] : Heraldry Society of Canada, c1987. – 1 vol. (various pagings). – 0969306318 – Cover title.

A catalogue of books, pamphlets, serials, etc., held in the library of the Heraldry Society of Canada. Includes works relating to heraldry and genealogy of Canada, Great Britain, France and other countries. Various sections: books alphabetically arranged by title, books by name of author, pamphlets, etc., by title, pamphlets, etc., by author. Addendum no. 1, revised February 22, 1988, bound with main catalogue.　Z5319 H47 1987　016.9296

Catalogue de livres, de brochures, de publications en série, etc. conservés à la bibliothèque de la Société héraldique du Canada. Inclut des ouvrages relatifs à l'héraldique et à la généalogie au Canada, en Grande-Bretagne, en France et dans d'autres pays. Diverses sections: livres classés alphabétiquement par titres, livres par noms d'auteurs, brochures, etc. par titres, brochures, etc. par auteurs. Addendum n° 1, révisé le 22 février 1988 et relié avec le catalogue principal. Z5319 H47 1987　016.9296

1355

Kennedy, D. E. [Darrel Elbert]. – *An "ordinary" of arms from Heraldry in Canada : vols. 1-10, 1966-1976.* – [Guelph] : Guelph Printing Service, c1977. – 113 p. : ill.

Description of 545 coats of arms, with mottos, of Canadian individuals, organizations, dioceses, cities, provinces, etc., as well as 79 military insignias, which were published in *Heraldry in Canada*. Arranged alphabetically by name. Includes text in French. Index of English- and French-language keywords.　CR1232 K45　929.820971

Description de 545 armoiries accompagnées de devises de Canadiens, sociétés, diocèses, villes, provinces, etc. et des 79 insignes militaires parues dans *Héraldique au Canada*. Classement alphabétique des noms. Comprend quelques textes en français. Index confondu des mots clés de langue anglaise et française.　CR1232 K45　929.820971

1356

Massicotte, É.-Z. – *Armorial du Canada français.* – Par É.-Z. Massicotte et Régis Roy. – Montréal : Librairie Beauchemin, 1915-1918. – 2 vol. (xiii, 152 ; xvi, 151 p.) : armoiries.

Description of the arms of public authorities, clergy and the military of French Canada. Biographical entries. Bibliography. Glossary. Name index. Vol. 2 has the subtitle: *Armorial du Canada français : noblesse française et noblesse canadienne, baronnets canadiens-français, lieutenants-gouverneurs de la province de Québec.* Reprinted as two vol. in one: Baltimore : Genealogical Publishing, 1970. CR1247 Q8 M37　929.820971

Description des armes des autorités publiques, du clergé et des militaires du Canada français. Notices biographiques. Bibliographie. Glossaire. Index des noms. Vol. 2 comporte le sous-titre: *Armorial du Canada français : noblesse française et noblesse canadienne, baronnets canadiens-français, lieutenants-gouverneurs de la province de Québec.* Réimprimé deux vol. en un: Baltimore : Genealogical Publishing, 1970.　CR1247 Q8 M37　929.820971

1357

A roll of arms of members of the Society = Armorial des membres de la Société. – Vol. 10, no. 3 (Sept. 1976). – [Ottawa : Heraldry Society in Canada, 1976]. – 98 p. : ill., coats of arms. – (Heraldry in Canada). – 0441-6619

Descriptions of nearly 200 coats of arms of Canada, its provinces, cities and institutions, and of the members of the Heraldry Society of Canada. Mottos included when appropriate. Alphabetically arranged by name. Some text in French.　CR57 C2 R65 1976 929.60971

Description de près de 200 armoiries du Canada, de provinces, villes et institutions canadiennes, et des membres de la Société héraldique du Canada accompagnées s'il y a lieu de leur devise. Classement alphabétique des noms. Comprend quelques textes en français. CR57 C2 R65 1976　929.60971

1358

Stanley, George F. G. – *The story of Canada's flag : a historical sketch.* – Toronto : Ryerson Press, c1965. – 96 p., [4] leaves of plates : ill., coats of arms.

Description and history of Canadian flags, from the French Regime up to February 15, 1965, the arms of Canada, and the flags of the provinces. Glossary. Index of names and subjects.　CR115 C2 S7 929.920971

Description et histoire des drapeaux canadiens de l'Ancien régime jusqu'au 15 février 1965, des armoiries du Canada et des drapeaux des provinces canadiennes. Glossaire. Un index: noms-sujets. CR115 C2 S7　929.920971

1359

Stewart, John A. [John Alexander]. – *The arms of Nova Scotia.* – Glasgow [Scotland] : Saint Andrew Society, 1921. – 46 p., [1] leaf of plates : ill., coats of arms.

Description and history of the arms of Nova Scotia. Bibliography. Reprinted: Nova Scotia : Queen's Printer, 1955. CR1247 N69 S84 929.8209716	Description et histoire des armoiries de la Nouvelle-Écosse. Bibliographie. Réimprimé: Nova Scotia : Queen's Printer, 1955. CR1247 N69 S84 929.8209716

1360

Swan, Conrad. – *Canada : symbols of sovereignty : an investigation of the arms and seals borne and used from the earliest times to the present in connection with public authority in and over Canada, along with consideration of some connected flags.* – Toronto : University of Toronto Press, c1977. – xiv, 272 p., [12] leaves of plates : ill. (some col.). – 0802053467

Description and history of the coats of arms, seals and flags of Canada, its provinces and territories. Appendices: royal style and titles; privy seals of the governors general of Canada; arms and seals of Spain and Russia. Glossary. Index of subjects and names. CR212 S93 fol. 929.820971	Description et histoire des armoiries, sceaux et drapeaux du Canada, des provinces et territoires canadiens. Appendices: titres royaux; sceaux privés des gouverneurs généraux du Canada; armoiries et sceaux de l'Espagne et de la Russie. Glossaire. Un index: sujets-noms. CR212 S93 fol. 929.820971

1361

Les symboles canadiens. – Ottawa : Secrétariat d'État du Canada, c1991. – 52 p., [1] p. de pl. en coul. : ill. en coul., armoiries, cartes. – 0660932172 – Titre de la couv.

History and description of the arms, flags and emblems of Canada, its provinces and the Crown in Canada. Directory of responsible agencies. Replaces: 1987, *Trousse des symboles canadiens : documents didactiques.* Also published in English under the title: *Symbols of nationhood.* JC347 C2 S9514 1991 fol. 929.820971	Histoire et description des armoiries, drapeaux et emblèmes du Canada, des provinces et territoires, et de la Couronne du Canada. Répertoire des organismes responsables. Remplace: 1987, *Trousse des symboles canadiens : documents didactiques.* Publié aussi en anglais sous le titre: *Symbols of nationhood.* JC347 C2 S9514 1991 fol. 929.820971

1362

Symbols of nationhood. – Ottawa : Dept. of the Secretary of State of Canada, c1991. – 52 p., [1] p. of col. plates : col. ill., coats of arms, maps. – 0660138336 – Cover title.

History and description of the arms, flags and emblems of Canada, its provinces and the Crown in Canada. Directory of responsible agencies. Replaces: 1987, *Canadian symbols kit : classroom resource material.* Also published in French under the title: *Les symboles canadiens.* JC347 C2 S95 1991 fol. 929.820971	Histoire et description des armoiries, drapeaux et emblèmes du Canada, des provinces et territoires, et de la Couronne du Canada. Répertoire des organismes responsables. Remplace: 1987, *Canadian symbols kit : classroom resource material.* Publié aussi en français sous le titre: *Les symboles canadiens.* JC347 C2 S95 1991 fol. 929.820971

1363

Todd, Herbert George – *Armory and lineages of Canada : comprising pedigrees with historical notes, brief biographies, and family registers of prominent men of Canada, including blazons and illustrations of many armorials, and of insignia of knighthood.* – [7th] ed. – New York : H.G. Todd, [1919?]. – 122, [1] p., 8 leaves of plates : coats of arms (some col.).

Coats of arms, biographical entries and genealogies of 55 Canadians. Descriptions of the coats of arms of Canada, its provinces and territories. Title varies: 1st ed., 1913-3rd ed., 1915, *Armory and lineages of Canada : comprising the lineage of prominent and pioneer Canadians, with descriptions and illustrations of their coat armor, orders of knighthood, or other official insignia.* CS84 T6 fol. 929.820971	Armoiries, notice biographique et généalogie de 55 Canadiens. Description des armoiries du Canada, des provinces et territoires canadiens. Le titre varie: 1re éd., 1913-3e éd., 1915, *Armory and lineages of Canada : comprising the lineage of prominent and pioneer Canadians, with descriptions and illustrations of their coat armor, orders of knighthood, or other official insignia.* CS84 T6 fol. 929.820971

Honours and Awards

Décorations

1364

Blatherwick, Francis John. – *1000 brave Canadians : the Canadian gallantry awards, 1854-1989.* – Toronto : Unitrade Press, c1991. – 415 p. : ill. – 0919801587

Lists Canadians who have won British or Canadian bravery awards. Part 1, British awards, arranged by type of award and date of incident. Part 2, Canadian awards, arranged by type and chronologically by date of appearance in the *Canada gazette*. Entries include name of recipient, *London gazette* and/or *Canada gazette* date, dates and places of birth and death, military rank or occupation, date and location of incident, citation as it appears in *London gazette* or *Canada gazette*, medals, biographical information about recipient. Brief introduction to each award with picture of medal. Alphabetical index of recipients for each award. Bibliography.   CR6257 A2 B52 1991   929.8171025

Signale des Canadiens qui ont gagné des décorations pour bravoure britanniques ou canadiennes. Partie 1, décorations britanniques classées par types de décorations et date de l'incident. Partie 2, décorations canadiennes classées par types et chronologiquement par dates de parution dans la *Gazette du Canada*. Les notices comprennent le nom du titulaire, la date de parution dans la *London gazette* et (ou) la *Gazette du Canada*, les dates et lieux de naissance et de décès, le rang militaire ou l'occupation, la date et le lieu de l'incident, la citation de l'avis paru dans la *London gazette* ou dans la *Gazette du Canada*, les médailles, des données biographiques sur le titulaire. Courte introduction sur chaque décoration avec image de la médaille. Index alphabétique des titulaires de chaque médaille. Bibliographie.   CR6257 A2 B52 1991   929.8171025

1365

Membership of the Order of Canada = Répertoire de l'Ordre du Canada. – (August 1976)-   . – [Ottawa : the Chancellery, 1976-   ]. –   vol. – 1193-7904 – Cover title.

Irregular cumulative edition. Alphabetical list of recipients of the Order of Canada, which was created July 1, 1967. Notes the decoration conferred and the date of nomination. Updated monthly with an addendum. Title varies: 1976-1989, *Order of Canada : companions, officers, members = Ordre du Canada : compagnons, officiers, membres*; 1990, *Recipients of the Order of Canada = Récipiendaires de l'Ordre du Canada.*   CR6257 O7   929.8171025

Éd. cumulative irrégulière. Liste alphabétique des récipiendaires de l'Ordre du Canada, créé le 1er juillet 1967, avec la mention de la décoration conférée et la date de nomination. Mise à jour mensuelle par un addendum. Le titre varie: 1976-1989, *Order of Canada : companions, officers, members = Ordre du Canada : compagnons, officiers, membres*; 1990, *Recipients of the Order of Canada = Récipiendaires de l'Ordre du Canada.*   CR6257 O7   929.8171025

1366

Membership of the Order of Canada = Répertoire de l'Ordre du Canada. – (Août 1976)-   . – [Ottawa : la Chancellerie, 1976-   ]. –   vol. – 1193-7904 – Titre de la couv.

Irregular cumulative edition. Alphabetical list of recipients of the Order of Canada, which was created July 1, 1967. Notes the decoration conferred and the date of nomination. Updated monthly with an addendum. Title varies: 1976-1989, *Order of Canada : companions, officers, members = Ordre du Canada : compagnons, officiers, membres*; 1990, *Recipients of the Order of Canada = Récipiendaires de l'Ordre du Canada.*   CR6257 O7   929.8171025

Éd. cumulative irrégulière. Liste alphabétique des récipiendaires de l'Ordre du Canada, créé le 1er juillet 1967, avec la mention de la décoration conférée et la date de nomination. Mise à jour mensuelle par un addendum. Le titre varie: 1976-1989, *Order of Canada : companions, officers, members = Ordre du Canada : compagnons, officiers, membres*; 1990, *Recipients of the Order of Canada = Récipiendaires de l'Ordre du Canada.*   CR6257 O7   929.8171025

1367

Recipients of decorations for bravery = Récipiendaires des décorations pour actes de bravoure. – (1977)-   . – [Ottawa : Chancellery of Canadian Orders and Decorations], 1977-   . –   vol. – 0709-129X

Irregular cumulative edition. Alphabetical lists of recipients of the Cross of Valour, the Star of Courage and the Medal of Bravery. These decorations for bravery were created in 1972 as part of the Canadian Honours System. Arranged by type of decoration. Notes date of incident and date of award. Title varies: 1977-Sept. 1989, *Recipients of decorations for bravery = Récipiendaires de décorations pour bravoure.*   CR6257 R4   929.8171025

Éd. cumulative irrégulière. Liste alphabétique des récipiendaires de la Croix de la vaillance, de l'Étoile du courage et de la Médaille de la bravoure. Ces décorations pour actes de bravoure ont été instituées en 1972, au sein du Régime canadien de distinctions honorifiques. Classement par types de décorations avec les dates de l'événement et de l'attribution. Le titre varie: 1977-sept. 1989, *Recipients of decorations for bravery = Récipiendaires de décorations pour bravoure.* CR6257 R4   929.8171025

1368

Recipients of decorations for bravery = Récipiendaires des décorations pour actes de bravoure. – (1977)-   . – [Ottawa : Chancellerie des ordres et décorations du Canada], 1977-   . –   vol. – 0709-129X

Irregular cumulative edition. Alphabetical lists of recipients of the Cross of Valour, the Star of Courage and the Medal of Bravery. These decorations for bravery were created in 1972 as part of the Canadian Honours System. Arranged by type of decoration. Notes date of incident and date of award. Title varies: 1977-Sept. 1989, *Recipients of decorations for bravery = Récipiendaires de décorations pour bravoure.*   CR6257 R4   929.8171025

Éd. cumulative irrégulière. Liste alphabétique des récipiendaires de la Croix de la vaillance, de l'Étoile du courage et de la Médaille de la bravoure. Ces décorations pour actes de bravoure ont été instituées en 1972, au sein du Régime canadien de distinctions honorifiques. Classement par types de décorations avec les dates de l'événement et de l'attribution. Le titre varie: 1977-sept. 1989, *Recipients of decorations for bravery = Récipiendaires de décorations pour bravoure.* CR6257 R4   929.8171025

1369

The register of Canadian honours = Registre des distinctions honorifiques canadiennes. – Toronto : Canadian Almanac & Directory Publishing, c1991. – 416 p., [12] p. of plates : ill., ports., coats of arms. – 1895021014 1895021065 (deluxe ed.)

Describes the Canadian Honours System and provides biographical notices for or lists of recipients. Arranged by type of decoration. Short biographical entries, in English or in French, for each living member of the Order of Canada, for the recipients of decorations for bravery and of the Meritorious Service Cross. Lists of deceased members of the Order of Canada, of members of the Order of Military Merit and of Canadian members of the Royal Victorian Order. Text on the history of Canadian heraldry, with arms described in English or in French. Appendices: British and Commonwealth honours; table of abbreviations. Name index. CR6257 A2 R43 fol.   929.8171

Description du Régime canadien des distinctions honorifiques complétée des notices biographiques ou listes de récipiendaires concernés. Classement par types de décorations. Pour chaque membre vivant de l'Ordre du Canada, pour tous les récipiendaires des décorations pour actes de bravoure et de la Croix du Service méritoire, une courte biographie est rédigée en anglais ou en français. Listes des membres décédés de l'Ordre du Canada, des membres de l'Ordre du Mérite militaire et des membres canadiens de l'Ordre royal de Victoria. Texte sur l'histoire de l'héraldique au Canada étayé d'armoiries décrites en anglais ou en français. Annexe: distinctions honorifiques britanniques et du Commonwealth; tableaux d'abréviations. Index des noms.   CR6257 A2 R43 fol.   929.8171

History and Related Subjects
History

Archival Resources

Histoire et sujets connexes
Histoire

Fonds d'archives

1370

A bibliography of Loyalist source material in the United States, Canada and Great Britain. – Edited by Gregory Palmer ; with a preface by Robert A. East. – Westport (Conn.) : Meckler Publishing in association with the American Antiquarian Society, c1982. – [xii], 1064 p. – 0930466268

Describes Loyalist materials held by repositories in Canada, the United States and Great Britain. Includes 45 public and two private repositories in Canada holding unpublished materials. Entries are arranged by province, city and repository and provide a repository number and notes on types of materials, extent of collection or fonds, inclusive dates and contents. Bibliography of published works on Loyalists in Canada. Annotated list of Canadian newspapers. Appendices: Loyalist newspapers of the American Revolution; American Loyalist imprints. Index of names, places and subjects. Z1238 B52   016.973314

Décrit les documents loyalistes conservés dans les dépôts d'archives du Canada, des États-Unis et de la Grande-Bretagne. Inclut 45 dépôts publics et deux dépôts privés du Canada qui contiennent des documents non publiés. Classées par provinces, par villes et par dépôts, les notices comprennent un numéro de dépôt ainsi que des notes sur les types de documents, l'envergure de la collection ou du fonds, la période couverte et le contenu. Bibliographie des ouvrages publiés sur les Loyalistes au Canada. Liste annotée des journaux canadiens. Annexes: journaux loyalistes de la Révolution américaine; impressions loyalistes américaines. Index des noms, des lieux et des sujets.   Z1238 B52   016.973314

1371

Davison, Stephen. – *Northern Ireland and Canada : a guide to Northern Ireland sources for the study of Canadian history, c. 1705-1992.* – [Compiled and edited by Stephen Davison on behalf of the Centre of Canadian Studies, the Queen's University of Belfast, and the Public Record Office of Northern Ireland. – [Belfast] : Centre of Canadian Studies and the Public Record Office, c1994. – vii, 144 p., 10 p. of plates : ill. – 0905691334 FC16 D38 1994 fol.   016.971

1372

Guide des sources d'archives sur le Canada français, au Canada. – Ottawa : Archives publiques du Canada, 1975. – v, 195 p.

A guide to archival materials relating to French Canada held in federal, provincial, municipal, academic, religious, judicial, hospital, and other Canadian archives. Arranged by type of archives. Entries include: address, telephone number, institutional history, services, holdings and finding aids. Geographical and name indexes. Z1395 F7 C36 1975 fol.   016.971004114

Guide sur les fonds d'archives qui se rapportent au Canada français, conservés dans les archives canadiennes fédérales, provinciales, municipales, universitaires, religieuses, judiciaires, hospitalières et autres. Les notices sont classées par types d'archives et contiennent: l'adresse, le numéro de téléphone, l'historique de l'établissement, les services offerts, le fonds documentaire et les instruments de recherche disponibles. Index géographique et index des noms. Z1395 F7 C36 1975 fol.   016.971004114

1373

Guide des sources de l'histoire du Canada conservées en France. – [Ottawa] : Archives publiques Canada, 1982. – xix, 157 p. – 0660908867

A guide to archival resources in France on the history of French Canada, from its beginnings to July 10, 1940. Covers the Archives nationales, archival repositories of the departments, and of ministries not under the jurisdiction of the Archives de France, such as the Départements de la Guerre et de la Marine and the Bibliothèque nationale de la France. Arranged by repository, fonds and series. Address, hours of operation and information on reprography and access are provided for each repository. Some information

Guide sur les fonds d'archives conservés en France, relatifs à l'histoire du Canada-français, depuis ses débuts jusqu'au 10 juillet 1940. Porte sur les Archives nationales, les dépôts d'archives des départements, et des ministères qui ne relèvent pas des Archives de France, comme le Département de la Guerre et de la Marine, et la Bibliothèque nationale de la France. Classement par dépôts, par fonds et par séries. Donne pour chaque dépôt d'archives l'adresse, les heures d'ouverture ainsi que de l'information sur la reprographie et l'accès. Contient

in English. Descriptions of fonds and series are in French and include notes on finding aids. No index. Reproduced in microform format: *Microlog*, no. 83-00644.   Z1382 G84 1982 fol.   016.971

quelques données en anglais. Les descriptions de fonds et de collections, en français, contiennent des notes sur les instruments de recherche. Aucun index. Reproduit sur support microforme: *Microlog*, n° 83-00644.   Z1382 G84 1982 fol.   016.971

1374

A guide to manuscripts relating to America in Great Britain and Ireland : a revision of the guide edited in 1961 by B. R. Crick and Miriam Alman. – Edited by John W. Raimo under the general supervision of Dennis Welland. – Westport (Conn.) : Published for the British Association for American Studies by Meckler Books, c1978. – xxv, 467 p. – 0930466063

1st ed., 1961. A guide to manuscripts housed in British or Irish institutions relating to the political, economic, social or intellectual history of the American colonies and the United States. Canadian material relevant to America prior to 1867 has been included. Entries for institutions are arranged by country, county and then city. Canadian material can be accessed through the name, title, subject index.   CD1048 U5 C7 1978 fol.   016.973

1re éd., 1961. Guide sur les manuscrits qui se trouvent dans des établissements britanniques ou irlandais et qui se rapportent à l'histoire politique, économique, sociale ou intellectuelle des colonies américaines et des États-Unis. Les documents canadiens qui se rapportent à l'Amérique avant 1867 sont inclus. Les notices sur les établissements sont classées d'abord par pays, puis par comtés et enfin par villes. L'index des noms, des titres et des sujets permet de retrouver les documents canadiens.   CD1048 U5 C7 1978 fol. 016.973

1375

Spry, Irene M. – **The records of the Department of the Interior and research concerning Canada's western frontier of settlement.** – Irene M. Spry and Bennett McCardle. – Regina : Canadian Plains Research Center, University of Regina, 1993. – xii, 198 p., [32] p. of plates : ill., maps. – (Canadian plains studies ; 24). – 0889770611

A catalogue of the records of the federal Department of the Interior and other related records from the period 1867 through 1936, of value for research on western settlement and development. Focusses on material relating to the Prairie Provinces. Also deals with departmental activities in the Yukon, Northwest Territories and British Columbia as well as federal lands such as Indian reserves and national parks across Canada. Descriptive entries are organized by departmental unit and type of record. Locations provided. Lists series of records not located or known to have been destroyed. Essay on existing research on the frontier of settlement in Western Canada and the significance of the Dept. of the Interior records. Appendices: list of files documenting the transfer of Dept. records from the National Archives of Canada to the western provinces; list of Dominion Land Agencies and subagencies in Ontario, Manitoba, Saskatchewan, Alberta and British Columbia, 1873-1930; review of the *Dominion Lands Acts* and related legislation, 1870-1951. Subject index. Reproduced in microform format: *Microlog*, no. 94-01417. CD2638.5 A65 1993   016.35471063

Catalogue des dossiers du ministère fédéral de l'Intérieur et des autres dossiers connexes de la période de 1867 à 1936 qui ont de la valeur pour la recherche sur la colonisation et le développement de l'Ouest. Porte principalement sur les documents relatifs aux provinces des Prairies. Traite aussi des activités ministérielles au Yukon, dans les Territoires du Nord-Ouest et en Colombie-Britannique ainsi que des terres fédérales comme les réserves indiennes et les parcs nationaux de tout le Canada. Les notices descriptives sont classées par sections ministérielles et par types de documents. Localisations fournies. Signale des séries de documents sans localisation ou détruits. Essai sur la recherche déjà menée à propos de la frontière de colonisation dans l'Ouest canadien et de l'importance des documents du ministère de l'Intérieur. Annexes: liste des documents sur le transfert des dossiers du Ministère, des Archives nationales du Canada aux provinces de l'Ouest; liste des bureaux principaux et secondaires de l'Administration des terres fédérales en Ontario, au Manitoba, en Saskatchewan, en Alberta et en Colombie-Britannique, 1873-1930; examen des lois sur les terres fédérales et de la législation connexe, 1870-1951. Index des sujets. Reproduit sur support microforme: *Microlog*, n° 94-01417.   CD2638.5 A65 1993   016.35471063

1376

Wilson, Bruce G. – **Manuscripts and government records in the United Kingdom and Ireland relating to Canada = Manuscrits et documents gouvernementaux au Royaume-Uni et en Irlande concernant le Canada.** – Bruce G. Wilson, editor ; Anita Burdett, Bruce G. Wilson, compilers. – Ottawa : National Archives of Canada, 1992. – xxxi, 705 p. – 0660574241

A guide to manuscripts and government records relating to the political, economic, social, scientific and cultural history of Canada, held in archival repositories in the United Kingdom and Ireland. Also lists material in British and Irish repositories which has been copied by the National Archives of Canada. Includes original textual records and papers as well as microform holdings held by archives, record offices, libraries, museums, galleries, etc. Archives which specialize in the collection of cartographic, photographic, documentary art and audio-visual sources were not surveyed. However, these types of materials were noted if they were discovered in the search for textual materials.

Arranged by country, then county or district, then town or city, then repository. Repository entries: name of repository or private holder, address, a description of the nature of the archives, access to records, etc., publications and descriptive entries for fonds or collections. For materials copied by the National Archives of Canada, National Archives reference and finding aid numbers are provided. Lists of useful addresses and publications. Alphabetical listing of repositories and private holders. Appendices: institutions not found

Guide sur les manuscrits et les documents gouvernementaux qui se rapportent à l'histoire politique, économique, sociale, scientifique et culturelle du Canada, conservés dans des dépôts d'archives du Royaume-Uni et de l'Irlande. Signale aussi des documents qui se trouvent dans des dépôts d'archives britanniques et irlandais et qui ont été copiés par les Archives nationales du Canada. Inclut les textes et les documents originaux ainsi que les fonds documentaires sur microforme qui se trouvent dans des archives, des services de dossiers, des bibliothèques, des musées d'art et autres, etc. On n'a pas examiné les archives spécialisées en cartographie, en photographie, en art documentaire et en audiovisuel. Cependant, on a signalé les documents de ce type qui ont été découverts lors de la recherche de textes.

Classement par pays, par comtés ou districts, par villes et finalement par dépôts d'archives. Les notices sur les dépôts contiennent: le nom du dépôt d'archives ou du particulier, l'adresse, une description de la nature des archives, l'accès aux documents, etc., les publications et les notices descriptives sur les fonds ou les collections. Pour les documents copiés par les Archives nationales du Canada, on fournit

to have relevant archives; institutions for which information was unobtainable; institutions which have recently moved their archives, changed their name, etc. Subject index. Reproduced in microform format: *Microlog*, no. 93-04325. Z1382 W56 1992 fol. 016.971

le numéro de référence et le numéro de l'instrument de recherche des Archives nationales. Listes d'adresses et de publications utiles. Liste alphabétique des dépôts d'archives et des particuliers qui possèdent des fonds d'archives. Annexes: établissements qui ne possèdent pas d'archives pertinentes; établissements auprès desquels on n'a pas pu obtenir d'information; établissements qui ont récemment déménagé leurs archives, changé de nom, etc. Index sujets. Reproduit sur support microforme: *Microlog*, n° 93-04325. Z1382 W56 1992 fol. 016.971

1377

Wilson, Bruce G. – *Manuscripts and government records in the United Kingdom and Ireland relating to Canada = Manuscrits et documents gouvernementaux au Royaume-Uni et en Irlande concernant le Canada.* – Bruce G. Wilson, rédacteur ; Anita Burdett, Bruce G. Wilson, compilateurs. – Ottawa : Archives nationales du Canada, 1992. – xxxi, 705 p. – 0660574241

A guide to manuscripts and government records relating to the political, economic, social, scientific and cultural history of Canada, held in archival repositories in the United Kingdom and Ireland. Also lists material in British and Irish repositories which has been copied by the National Archives of Canada. Includes original textual records and papers as well as microform holdings held by archives, record offices, libraries, museums, galleries, etc. Archives which specialize in the collection of cartographic, photographic, documentary art and audio-visual sources were not surveyed. However, these types of materials were noted if they were discovered in the search for textual materials.

Arranged by country, then county or district, then town or city, then repository. Repository entries include: name of repository or private holder, address, a description of the nature of the archives, access to records, etc., publications and descriptive entries for fonds or collections. For materials copied by the National Archives of Canada, National Archives reference and finding aid numbers are provided. Lists of useful addresses and publications. Appendices: institutions not found to have relevant archives; institutions for which information was unobtainable; institutions which have recently moved their archives, changed their name, etc. Subject index. Reproduced in microform format: *Microlog*, no. 93-04325. Z1382 W56 1992 fol. 016.971

Guide sur les manuscrits et les documents gouvernementaux qui se rapportent à l'histoire politique, économique, sociale, scientifique et culturelle du Canada, conservés dans des dépôts d'archives du Royaume-Uni et de l'Irlande. Signale aussi des documents qui se trouvent dans des dépôts d'archives britanniques et irlandais et qui ont été copiés par les Archives nationales du Canada. Inclut les textes et les documents originaux ainsi que les fonds documentaires sur microforme qui se trouvent dans des archives, des services de dossiers, des bibliothèques, des musées d'art et autres, etc. On n'a pas examiné les archives spécialisées en cartographie, en photographie, en art documentaire et en audiovisuel. Cependant, on a signalé les documents de ce type qui ont été découverts lors de la recherche de textes.

Classement par pays, par comtés ou districts, par villes et finalement par dépôts d'archives. Les notices sur les dépôts contiennent: le nom du dépôt d'archives ou du particulier, l'adresse, une description de la nature des archives, l'accès aux documents, etc., les publications et les notices descriptives sur les fonds ou les collections. Pour les documents copiés par les Archives nationales du Canada, on fournit le numéro de référence et le numéro de l'instrument de recherche des Archives nationales. Listes d'adresses et de publications utiles. Liste alphabétique des dépôts d'archives et des particuliers qui possèdent des fonds d'archives. Annexes: établissements qui ne possèdent pas d'archives pertinentes; établissements auprès desquels on n'a pas pu obtenir d'information; établissements qui ont récemment déménagé leurs archives, changé de nom, etc. Index sujets. Reproduit sur support microforme: *Microlog*, n° 93-04325. Z1382 W56 1992 fol. 016.971

Atlases

Atlas

1378

Atlas historique du Canada. – Geoffrey J. Matthews, cartographe et graphiste. – Montréal : Presses de l'Université de Montréal, 1987-1993. – 3 vol. (xviii, 198 ; 186 ; 199 p.) : ill., cartes, fac-sim. – 276060800X (vol. 1) 2760615820 (vol. 2) 2760615243 (vol. 3)

A historical atlas intended to present the social and economic evolution of Canada through maps, graphs, tables, illustrations and text. Three volumes entitled: vol. 1, *Des origines à 1800*, edited by Louise Dechêne; vol. 2, *La transformation du territoire, 1800-1891*, edited by Jean-Claude Robert; vol. 3, *Jusqu'au coeur du XXe siècle, 1891-1961*, edited by Paul-André Linteau. Vol. 1 covers Canadian prehistory, the indigenous peoples and European exploration and settlement to approximately 1800. Vol. 2 deals with the arrival of the Loyalists in Quebec and Ontario and aspects of the nineteenth century such as immigration to British North America, agriculture, manufacturing, nation building, the establishment of Native reserves, urbanization, etc. Vol. 3 covers developments of the twentieth century including the industrialization of society, the rise of the labour movement and increased ethnic diversity. No indexes. Also published in English under the title: *Historical atlas of Canada*. G1116 S1 H5814 1987 x.fol. 911.71

Atlas historique conçu pour présenter l'évolution sociale et économique du Canada au moyen de cartes, de graphiques, de tableaux, d'illustrations et de textes. Trois volumes intitulés: vol. 1, *Des origines à 1800*, sous la direction de Louise Dechêne; vol. 2, *La transformation du territoire, 1800-1891*, sous la direction de Jean-Claude Robert; vol. 3, *Jusqu'au coeur du XXe siècle, 1891-1961*, sous la direction de Paul-André Linteau. Le vol. 1 porte sur la préhistoire canadienne, les peuples autochtones ainsi que l'exploration et la colonisation européennes jusqu'à environ 1800. Le vol. 2 traite de l'arrivée des Loyalistes au Québec et en Ontario et de divers aspects du dix-neuvième siècle comme l'immigration en Amérique du Nord britannique, l'agriculture, la fabrication, la formation de la nation, la création des réserves amérindiennes, l'urbanisation, etc. Le vol. 3 porte sur les développements survenus au vingtième siècle, notamment l'industrialisation de la société, la montée du mouvement ouvrier et la diversification ethnique. Aucun index. Publié aussi en anglais sous le titre: *Historical atlas of Canada*. G1116 S1 H5814 1987 x.fol. 911.71

1379

Historical atlas of Canada. – Geoffrey J. Matthews, cartographer/designer. – Toronto : University of Toronto Press, 1987-1993. – 3 vol. (xviii, 198 ; 184 ; 197 p.) : col. ill., col. maps. – 0802024955 (vol. 1) 0802034470 (vol. 2) 0802034489 (vol. 3)

A historical atlas intended to present the social and economic evolution of Canada through maps, graphs, tables, illustrations and text. Three volumes entitled: vol. 1, *From the beginning to 1800*, edited by R. Cole Harris; vol. 2, *The land transformed, 1800-1891*, edited by R. Louis Gentilcore; vol. 3, *Addressing the twentieth century, 1891-1961*, edited by Donald Kerr and Deryck W. Holdsworth. Vol. 1 covers Canadian prehistory, the indigenous peoples and European exploration and settlement to approximately 1800. Vol. 2 deals with the arrival of the Loyalists in Quebec and Ontario and aspects of the nineteenth century such as immigration to British North America, agriculture, manufacturing, nation building, the establishment of Native reserves, urbanization, etc. Vol. 3 covers developments of the twentieth century including the industrialization of society, the rise of the labour movement and increased ethnic diversity. No indexes. Also published in French under the title: *Atlas historique du Canada.* G1116 S1 H58 1987 x.fol. 911.71

Atlas historique conçu pour présenter l'évolution sociale et économique du Canada au moyen de cartes, de graphiques, de tableaux, d'illustrations et de textes. Trois volumes intitulés : vol. 1, *From the beginning to 1800*, sous la direction de R. Cole Harris; vol. 2, *The land transformed, 1800-1891*, sous la direction de R. Louis Gentilcore; vol. 3, *Addressing the twentieth century, 1891-1961*, sous la direction de Donald Kerr et Deryck W. Holdsworth. Le volume 1 porte sur la préhistoire canadienne, les peuples autochtones ainsi que l'exploration et la colonisation européennes jusqu'à environ 1800. Le volume 2 traite de l'arrivée des Loyalistes au Québec et en Ontario et de divers aspects du dix-neuvième siècle comme l'immigration en Amérique du Nord britannique, l'agriculture, la fabrication, la formation de la nation, la création des réserves indiennes, l'urbanisation, etc. Le volume 3 porte sur les développements survenus au vingtième siècle, notamment l'industrialisation de la société, la montée du mouvement ouvrier et la diversification ethnique. Aucun index. Publié aussi en français sous le titre: *Atlas historique du Canada.* G1116 S1 H58 1987 x.fol. 911.71

1380

Kerr, D. G. G. [Donald Gordon Grady]. – ***Atlas historique du Canada.*** – D.G.G. Kerr ; cartographie, C.C.J. Bond ; illustrations, Ellsworth Walsh [et al.]. – Éd. métrique. – Don Mills (Ont.) : Éditions Nelson, c1979. – iii, 100 p. : ill., cartes. – 0176006990

1st ed., 1967. Imprint varies. An outline of Canada's history, from prehistoric times to the early 1970s, in maps, graphs and illustrations. Arranged chronologically and thematically in six parts: environment and prehistory; exploration and development to 1763; British North America, 1763-1867; founding a nation, 1867-1914; wars and expansion since 1914; main economic and political trends since 1867. Bibliography. Index of names, subjects, places, etc. Also published in English under the title: *Historical atlas of Canada.* G1116 S1 K42 1979 fol. 911.71

1re éd., 1967. L'adresse bibliographique varie. Aperçu de l'histoire du Canada, depuis les temps préhistoriques jusqu'au début des années 1970, donné au moyen de cartes, de graphiques et d'illustrations. Classement chronologique et thématique en six parties: l'environnement et la préhistoire; l'exploration et le développement jusqu'en 1763; l'Amérique du Nord britannique, 1763-1867; la fondation d'une nation, 1867-1914; les guerres et l'expansion depuis 1914; les principales tendances économiques et politiques depuis 1867. Bibliographie. Index des noms, des sujets, des lieux, etc. Publié aussi en anglais sous le titre: *Historical atlas of Canada.* G1116 S1 K42 1979 fol. 911.71

1381

Kerr, Donald G. G. [Donald Gordon Grady]. – ***Historical atlas of Canada.*** – D.G.G. Kerr ; cartography preparation by C.C.J. Bond ; drawing by Ellsworth Walsh [et al.]. – 3d rev. ed. – Don Mills (Ont.) : Thomas Nelson & Sons (Canada), 1975. – iii, 100 p. : ill., maps. – 0176004084 (Educational ed.) 0176004092 (Trade ed.)

1st ed., 1961. 2nd ed., 1966. An outline of Canada's history, from prehistoric times to the early 1970s, in maps, graphs and illustrations. Arranged chronologically and thematically in six parts: environment and prehistory; exploration and development to 1763; British North America, 1763-1867; founding a nation, 1867-1914; wars and expansion since 1914; main economic and political trends since 1867. Bibliography. Index of names, subjects, places, etc. Also published in French under the title: *Atlas historique du Canada.* Reproduced in large-print format: Regina : Saskatchewan Education, Resource Centre, 1985. G1116 S1 K4 1975 fol. 911.71

1re éd., 1961. 2e éd., 1966. Aperçu de l'histoire du Canada, depuis les temps préhistoriques jusqu'au début des années 1970, donné au moyen de cartes, de graphiques et d'illustrations. Classement chronologique et thématique en six parties: l'environnement et la préhistoire; l'exploration et le développement jusqu'en 1763; l'Amérique du Nord britannique, 1763-1867; la fondation d'une nation, 1867-1914; les guerres et l'expansion depuis 1914; les principales tendances économiques et politiques depuis 1867. Bibliographie. Index des noms, des sujets, des lieux, etc. Publié aussi en français sous le titre: *Atlas historique du Canada.* Reproduit en gros caractères: Regina : Saskatchewan Education, Resource Centre, 1985. G1116 S1 K4 1975 fol. 911.71

Bibliographies and Catalogues

Bibliographies et catalogues

1382

Allen, Robert S. – ***Loyalist literature : an annotated bibliographic guide to the writings on the Loyalists of the American Revolution.*** – Toronto : Dundurn Press, 1982. – 63 p. – (Dundurn Canadian historical document series ; publication no. 2). – 091967061X

A critical bibliographical essay on the literature relating to Loyalist history. Includes books, periodical articles, pamphlets, theses, etc. Chapters covering general reference works, the American Revolution, the dispersal of Loyalists in Canada, England and other countries, and the Loyalist legacy. Z1238 A55 016.973314

Essai bibliographique critique sur la littérature relative à l'histoire des Loyalistes. Inclut des livres, des articles de périodiques, des brochures, des thèses, etc. Chapitres qui portent sur les ouvrages de référence de nature générale, la Révolution américaine, la dispersion des Loyalistes au Canada, en Angleterre et dans d'autres pays, et le legs loyaliste. Z1238 A55 016.973314

1383

Archives nationales du Canada. – *Publications et expositions itinérantes.* – (1974)-   . – Ottawa : Archives nationales du Canada, 1974-   . – vol. : ill. – 0844-711X – Titre de la p. de t. additionnelle : *Publications and travelling exhibitions.*

Annual. Not published 1983-1984. A bilingual catalogue of the publications and travelling exhibitions of the National Archives of Canada. Arranged by type of publication. Title varies: 1974-1982, *List of publications of the Public Archives of Canada*; 1985-1992, *Publications.* Imprint varies.   CD3623 P84 fol.   016.971

Annuel. Non publié en 1983-1984. Catalogue bilingue des publications et des expositions itinérantes des Archives nationales du Canada. Classement par types de publications. Le titre varie: 1974-1982, *Liste des publications des Archives publiques du Canada*; 1985-1992, *Publications.* L'adresse bibliographique varie.   CD3623 P84 fol. 016.971

1384

Aubin, Paul. – *Bibliographie de l'histoire du Québec et du Canada, 1946-1965 = Bibliography of the history of Quebec and Canada, 1946-1965.* – Paul Aubin, Louis-Marie Côté ; avec la collaboration de Microfor Inc. – Québec : Institut québecois de recherche sur la culture, 1987. – 2 vol. (lxxvii, 1396 p.). – 2892240980

One of a series of bibliographies on the history of Quebec and Canada compiled by Paul Aubin. Includes approximately 22,000 entries for books, theses and journal articles in French and English published during the years 1946 through 1965. Excludes newspaper and general interest magazine articles. Arranged in three sections according to a systematic classification scheme, an analytic classification scheme and by name of author.

The systematic classification scheme is comprised of six broad subdivisions: general history, prehistory, ethnohistory, explorations, Euro-Canadian era, demographic indexes and genealogies. The Euro-Canadian era is further subdivided by period of colonization, region and theme. A table with page references outlines this scheme. The analytic classification scheme gathers entries under narrower subject keywords not used in the systematic section.

French- and English-language indexes of terms used in both the systematic and analytic sections, with page references to the 1946-1965, 1966-1975 and 1976-1980 bibliographies. Cumulative indexes for the period 1946-1985 appear in the 1981-1985 bibliography. Alphabetically arranged index of authors, with reference numbers for entries appearing in the systematic section. List of 433 journals consulted. Available online as the *HISCABEQ* database through Services documentaires Multimedia Inc. (SDM). Coverage, 1946-   . Quarterly updates.   Z1382 A79 1987   016.971

Bibliographie faisant partie d'un ensemble consacré à l'histoire du Québec et du Canada compilée par Paul Aubin. Environ 22 000 notices répertoriant des livres, des thèses et des articles de revues, en français et en anglais, publiés pendant la période de 1946 à 1965. Exclut les articles de journaux et de revues d'intérêt général. Trois sections: classement systématique, classement analytique, noms des auteurs.

La section systématique comprend six grandes subdivisions: l'histoire générale, la préhistoire, l'ethnohistoire, les explorations, l'ère euro-canadienne, les index démographiques et les généalogies. La section sur l'ère euro-canadienne est en outre subdivisée par périodes de colonisation, par régions et par thèmes. Un tableau avec références aux pages donne les grandes lignes de ce cadre. La section analytique regroupe les notices sous des mots clés de sujets au sens plus étroit qui ne sont pas utilisés dans la section systématique.

Index anglais et index français des termes utilisés dans les sections systématique et analytique, avec des renvois aux pages des bibliographies de 1946-1965, 1966-1975 et 1976-1980. Les index cumulatifs de la période 1946-1985 figurent dans la bibliographie de la période 1981-1985. Index alphabétique des auteurs avec numéros de référence aux notices qui figurent dans la section systématique. Liste des 433 revues consultées. Base de données *HISCABEQ* accessible en direct via le serveur des Services documentaires Multimedia Inc. (SDM). Période couverte, 1946-   . Mises à jour trimestrielles.   Z1382 A79 1987   016.971

1385

Aubin, Paul. – *Bibliographie de l'histoire du Québec et du Canada, 1966-1975.* – Paul Aubin avec la collaboration de Paul André Linteau. – Québec : Institut québécois de recherche sur la culture, 1981. – 2 vol. (xxiii, 1430 p.). – 2892240034

One of a series of bibliographies on the history of Quebec and Canada. 22,000 entries for books, theses and journal articles published during the years 1966 through 1975. Same arrangement as the bibliography covering 1946-1965 compiled by Aubin. English-French glossary of terms used in analytical section. Cumulative English- and French-language indexes covering 1946-1985 appear in the 1981-1985 bibliography. List of 389 journals consulted. Available online as the *HISCABEQ* database through Services documentaires Multimedia Inc. (SDM). Coverage, 1946-   . Quarterly updates. Z1382 A8   016.971

Bibliographie faisant partie d'un ensemble consacré à l'histoire du Québec et du Canada. 22 000 notices répertoriant des livres, des thèses et des articles de revues publiés pendant la période de 1966 à 1975. Même classement que dans la bibliographie des années 1946-1965 compilée par M. Aubin. Glossaire anglais-français des termes utilisés dans la section analytique. Les index cumulatifs anglais et français de la période 1946-1985 figurent dans la bibliographie de la période 1981-1985. Liste des 389 revues consultées. Base de données *HISCABEQ* accessible en direct via le serveur Services documentaires Multimedia Inc. (SDM). Période couverte, 1946-   . Mises à jour trimestrielles.   Z1382 A8   016.971

1386

Aubin, Paul. – *Bibliographie de l'histoire du Québec et du Canada, 1976-1980 = Bibliography of the history of Quebec and Canada, 1976-1980.* – Paul Aubin, Louis-Marie Côté ; avec la collaboration de l'équipe de bibliographie de la Revue d'histoire de l'Amérique française et de Microfor C.E.J. Inc. – Québec : Institut québécois de recherche sur la culture, 1985. – 2 vol. (lxi, 1316 p.). – 2892240557

One of a series of bibliographies on the history of Quebec and Canada. Includes approximately 20,000 entries for books, journal articles and theses published during the years 1976 through 1980. Same arrangement as the bibliography covering 1946-1965 compiled by Aubin. French- and English-language indexes of terms used in both the systematic and analytic sections, with page references to the 1966-1975 and 1976-1980 bibliographies. Cumulative indexes for

Bibliographie faisant partie d'un ensemble consacré à l'histoire du Québec et du Canada. Environ 20 000 notices répertoriant des livres, des articles de revues et des thèses publiés pendant la période de 1976 à 1980. Même classement que dans la bibliographie des années 1946-1965 compilée par M. Aubin. Index anglais et index français des termes utilisés dans la section systématique et dans la section analytique, avec renvois aux pages des bibliographies de 1966-1975

the period 1946-1985 appear in the 1981-1985 bibliography. List of 519 journals consulted. Available online as the *HISCABEQ* database through Services documentaires Multimedia Inc. (SDM). Coverage, 1946-   . Quarterly updates.   Z1382 A83 1985   016.971

et 1976-1980. Les index cumulatifs anglais et français de la période 1946-1985 figurent dans la bibliographie de la période 1981-1985. Liste des 519 revues consultées. Base de données *HISCABEQ* accessible en direct via le serveur Services documentaires Multimedia Inc. (SDM). Période couverte, 1946-   . Mises à jour trimestrielles. Z1382 A83 1985   016.971

1387

Aubin, Paul. – ***Bibliographie de l'histoire du Québec et du Canada, 1981-1985 = Bibliography of the history of Quebec and Canada, 1981-1985.*** – Paul Aubin, Louis-Marie Côté. – Québec : Institut québécois de recherche sur la culture, 1990. – 2 vol. (c, 2073 p.). – 2892241421

One of a series of bibliographies on the history of Quebec and Canada. Includes approximately 29,000 entries for books, journal articles and theses published during the years 1981 through 1985. Same arrangement as the bibliography covering 1946-1965. French- and English-language indexes of terms used in both the systematic and analytic sections, with page references to the 1946-1965, 1966-1975, 1976-1980 and 1981-1985 bibliographies. List of 825 journals consulted. Reproduced in microform format: *Microlog*, no. 93-07011. Available online as the *HISCABEQ* database through Services documentaires Multimedia Inc. (SDM). Coverage, 1946-   . Quarterly updates.

Paul Aubin has also been involved in the compilation of the *Bibliographie d'histoire de l'Amerique française : publications récentes*, which has appeared in most issues of the *Revue d'histoire de l'Amérique française* since vol. 21, no. 1 (June 1967).   Z1382 A84 1990   016.971

Bibliographie faisant partie d'un ensemble consacré à l'histoire du Québec et du Canada. Environ 29 000 notices répertoriant des livres, des articles de revues et des thèses publiés pendant la période de 1981 à 1985. Même classement que dans la bibliographie de 1946-1965. Index anglais et index français des termes utilisés dans la section systématique et la section analytique, avec renvois aux pages des bibliographies de 1946-1965, 1966-1975, 1976-1980 et 1981-1985. Liste des 825 revues consultées. Reproduit sur support microforme: *Microlog*, n° 93-07011. Base de données *HISCABEQ* accessible en direct via le serveur Services documentaires Multimedia Inc. (SDM). Période couverte, 1946-   . Mises à jour trimestrielles.

Paul Aubin a aussi participé à la compilation de la *Bibliographie d'histoire de l'Amérique française : publications récentes*, qui a paru dans la plupart des numéros de la *Revue d'histoire de l'Amérique française* depuis le vol. 21, n° 1 (juin 1967).   Z1382 A84 1990 016.971

1388

Bibliographic guide to North American history. – (1979)-   . – Boston (Mass.) : G.K. Hall, c1980-   . –   vol. – 0147-6491

Annual. Includes books, serials and non-book materials, in all languages, on North American history catalogued by the New York Public Library and the Library of Congress during the past year. Covers the history of Canada and its provinces, British North America, New France, Native peoples of North America, etc. Author, title and subject entries in one alphabetical sequence. Z1236 B48 fol.   016.973

Annuel. Inclut des livres, des publications en série et des documents autres que des livres, dans toutes les langues, qui portent sur l'histoire nord-américaine et qui ont été catalogués par la New York Public Library et la Library of Congress au cours de la dernière année. Porte sur l'histoire du Canada et de ses provinces, sur l'Amérique du Nord britannique, sur la Nouvelle-France, sur les peuples autochtones d'Amérique du Nord, etc. Notices sur les auteurs, les titres et les sujets en ordre alphabétique absolu.   Z1236 B48 fol.   016.973

1389

Brown University. John Carter Brown Library. – ***Bibliotheca Americana : catalogue of the John Carter Brown Library, in Brown University, Providence, Rhode Island.*** – Providence (R.I.) : the Library, 1919-1931. – 3 vol. in 5 : ill.

A catalogue of works relating to the Americas, their exploration, settlement, etc., held in the John Carter Brown Library, Brown University. 3,737 books, pamphlets, maps and manuscripts, chronologically arranged by imprint date. Vol. 1, part 1, twelfth century to 1569; vol. 1, part 2, 1570-1599; vol. 2, part 1, 1600-1634; vol. 2, part 2, 1634-1658; vol. 3, 1659-1674. Indexes: vol. 1, author-printer-place; vol. 2, author-printer; vol. 3, author-title, printer-publisher-engraver. Reprinted: New York : Kraus, 1961. Continued by: *Bibliotheca Americana : catalogue of the John Carter Brown Library in Brown University, books printed 1675-1700* (Providence : Brown University Press, 1973) and *Bibliotheca Americana : catalogue of the John Carter Brown Library in Brown University, short-title list of additions, books printed 1471-1700* (Providence : Brown University Press, 1973). Completes the record of pre-1701 books in the Library as of June 30, 1971.

Earlier catalogue: *Bibliotheca Americana : a catalogue of books relating to North and South America in the library of John Carter Brown of Providence, R.I.* (Providence : [s.n.], 1865-1871), 3 parts in 4 vol. 2nd ed. of parts 1 and 2 published 1875-1882.   Z881 P9665 fol.   016.97

Catalogue d'ouvrages qui se rapportent aux Amériques, à leur exploration, à la colonisation, etc. et qui se trouvent dans la John Carter Brown Library, Brown University. Porte sur 3 737 livres, brochures, cartes et manuscrits, classés en ordre chronologique selon la date d'impression. Vol. 1, partie 1, du douzième siècle à 1569; vol. 1, partie 2, 1570-1599; vol. 2, partie 1, 1600-1634; vol. 2, partie 2, 1634-1658; vol. 3, 1659-1674. Index: vol. 1, auteurs-imprimeurs-lieux; vol. 2, auteurs-imprimeurs; vol. 3, auteurs-titres, imprimeurs-éditeurs-graveurs. Réimprimé: New York : Kraus, 1961. Suivi de: *Bibliotheca Americana : catalogue of the John Carter Brown Library in Brown University, books printed 1675-1700* (Providence : Brown University Press, 1973) et *Bibliotheca Americana : catalogue of the John Carter Brown Library in Brown University, short-title list of additions, books printed 1471-1700* (Providence : Brown University Press, 1973). Complète le registre des livres antérieurs à 1701 de cette bibliothèque, au 30 juin 1971.

Catalogue antérieur: *Bibliotheca Americana : a catalogue of books relating to North and South America in the library of John Carter Brown of Providence, R.I.* (Providence : [s.n.], 1865-1871), 3 parties en 4 vol. Les parties 1 et 2, 2ᵉ éd., ont été publiées en 1875-1882. Z881 P9665 fol.   016.97

1390

The Canadian historical review. – Vol. 1, no. 1 (March 1920)-   . – [Toronto] : University of Toronto Press, [1920]-   . –   vol. – 0008-3755

Quarterly. Each issue of the *Canadian historical review*, since vol. 1, no. 1 (March 1920), has included the bibliography *Recent publications relating to Canada*. Lists books and periodical articles in English and French. Arranged by subject and time period including Native history, discovery and exploration, history of Canada since 1867, social and labour history, regional and local history, etc. For the period 1920-1949, items listed in this bibliography are indexed in: *The Canadian historical review index.*   FC1   971.005

Trimestriel. Chaque numéro de *Canadian historical review*, depuis le vol. 1, n° 1 (mars 1920), comprend la bibliographie *Recent publications relating to Canada*. Signale des livres et des articles de périodiques en anglais et en français. Classement par sujets et par périodes, notamment l'histoire autochtone, la découverte et l'exploration, l'histoire du Canada depuis 1867, l'histoire sociale et ouvrière, l'histoire régionale et locale, etc. Pour la période 1920-1949, les titres qui figurent dans cette bibiographie sont répertoriés dans: *The Canadian historical review index.*   FC1   971.005

1391

Canadian history : a reader's guide. – Edited by M. Brook Taylor. – Toronto : University of Toronto Press, c1994. – 2 vol. (xix, 506 ; xix, 417 p.). – 0802050166 (vol. 1 bd.) 080206826X (vol. 1 pa.) 0802028012 (vol. 2 bd.) 0802076769 (vol. 2 pa.)

Critical bibliographical essays on writings in Canadian history. Books, essays, periodical articles and pamphlets are discussed. Volume 1, *Beginnings to Confederation*, edited by M. Brook Taylor; volume 2, *Confederation to the present*, edited by Douglas Owram. Volume 1 is arranged chronologically and by region. Chapters are subarranged by type of document (bibliographies, periodicals, surveys) or theme. Volume 2 is arranged by theme including national politics and government, foreign relations and defence policy, Native, women's and urban history, or region. Author and subject index in each volume. Updates: *A reader's guide to Canadian history* (Toronto : University of Toronto Press, c1982).   Z1382 C23 1994   016.971

Essais bibliographiques critiques sur les documents relatifs à l'histoire canadienne. Comprend des livres, des essais, des articles de périodiques et des brochures. Volume 1, *Beginnings to Confederation*, sous la direction de M. Brook Taylor; volume 2, *Confederation to the present*, sous la direction de Douglas Owram. Dans le volume 1, classement par ordre chronologique et par régions. Les chapitres sont subdivisés par types de documents (bibliographies, périodiques, ouvrages généraux) ou par thèmes. Dans le volume 2, classement par thèmes, comme le gouvernement et la politique nationale, les affaires étrangères et la politique de défense, les Autochtones, les femmes et l'histoire urbaine, ou par régions. Index des auteurs et des sujets dans chaque volume. Met à jour: *A reader's guide to Canadian history* (Toronto : University of Toronto Press, c1982).   Z1382 C23 1994   016.971

1392

Canadian Parks Service. National Historic Parks and Sites. Research Publications Section. – *Manuscript report series (discontinued).* – Ottawa : Research Publications Section, Research Division, National Historic Parks and Sites Directorate, Parks Service, 1990. – 33 p. – Cover title.

A catalogue of the 452 unedited, unpublished research reports prepared by the Canadian Parks Service, National Historic Parks and Sites Directorate for its *Manuscript report series*. This series was discontinued in 1982 and replaced by the *Microfiche report series*. The catalogue is arranged by report series number. No index. Also published in French under the title: *Travaux inédits : (collection discontinuée)*. A subject index of reports 1-341 was published in *Archivaria*, no. 12 (Summer 1981), pp. 65-119.   Z1382   016.971

Catalogue des 452 rapports de recherche non révisés et non publiés, rédigés par le Service canadien des parcs, Lieux et parcs historiques nationaux pour la collection *Travaux inédits*. Cette série a été discontinuée en 1982 et remplacée par la série *Rapports sur microfiches*. Dans le catalogue, classement selon le numéro de série des rapports. Aucun index. Publié aussi en français sous le titre: *Travaux inédits : (collection discontinuée)*. Un index des sujets des rapports 1-341 a été publié dans *Archivaria*, n° 12 (été 1981), p. 65-119.   Z1382   016.971

1393

Church, E. D. [Elihu Dwight]. – *A catalogue of books relating to the discovery and early history of North and South America forming a part of the library of E.D. Church.* – Compiled and annotated by George Watson Cole. – New York : Dodd, Mead and Co., 1907. – 5 vol. (vi, 2635 p.) : facsims.

A catalogue of early Americana collected by E.D. Church and now held in the Huntingdon Library, Huntingdon, California. 1,385 entries are chronologically arranged: vol. 1, 1482-1590; vol. 2, 1590-1625; vol. 3, 1626-1676; vol. 4, 1677-1752; vol. 5, 1753-1884. Entries include bibliographical reference, collation, notes on condition, historical notes, locations of other copies and references. Numerous facsimiles of title pages, colophons, etc. Main entry-subject index in volume 5. Reprinted: New York : Peter Smith, 1951.   Z1203 C55   016.97

Catalogue de documents relatifs aux Amériques qui ont été collectionnés par E.D. Church et qui se trouvent maintenant dans la Huntingdon Library, à Huntingdon, en Californie. Les 1 385 notices sont classées en ordre chronologique: vol. 1, 1482-1590; vol. 2, 1590-1625; vol. 3, 1626-1676; vol. 4, 1677-1752; vol. 5, 1753-1884. Les notices contiennent une référence bibliographique, le collationnement, des notes sur l'état du document, des notes historiques, la localisation d'autres exemplaires et des renvois. Nombreux fac-similés: pages de titre, "achevé d'imprimer", etc. Le volume 5 contient un index des notices principales et des sujets. Réimprimé: New York : Peter Smith, 1951.   Z1203 C55   016.97

1394

Dick, Trevor J. O. – *Economic history of Canada : a guide to information sources.* – Detroit : Gale Research Co., c1978. – xiii, 174 p. – (Economic information guide series ; vol. 9) (Gale information guide library). – 0810312921

A bibliography of books, periodical articles, conference proceedings and official publications relating to the economic history of Canada. Arranged chronologically (colonial times to present) and thematically (resources, sectors and industries, economic growth

Bibliographie de livres, d'articles de périodiques, d'actes de congrès et de publications officielles qui se rapportent à l'histoire économique du Canada. Classement chronologique (depuis le temps de la colonie jusqu'à maintenant) et thématique (ressources, secteurs et

and organization, technology). Includes English- and some French-language works. Author, title and subject indexes.   Z7165 C3 D5 016.330971

industries, croissance économique et organisation, technologie). Inclut des ouvrages en anglais et quelques ouvrages en français. Index: auteurs, titres, sujets.   Z7165 C3 D5   016.330971

1395

Faribault, G.-B. [Georges-Barthélémi]. – *Catalogue d'ouvrages sur l'histoire de l'Amérique, et en particulier sur celle du Canada, de la Louisiane, de l'Acadie et autres lieux, ci-devant connus sous le nom de Nouvelle-France, avec des notes bibliographiques, critiques, et littéraires.* – Québec : Des presses de W. Cowan, 1837. – 207 p.

A bibliography of 969 early books and pamphlets as well as maps relating to the history of Canada, with emphasis on New France. Numerous accounts of voyages. Three parts: works alphabetically arranged by name of author; works of unknown authorship chronologically arranged; maps, plans and prints. Annotations. Supplement and index of authors to part one. Reprinted: [East Ardsley, Yorkshire] : S.R. Publishers [New York] : Johnson Reprint, 1966. Reproduced in microform format: *CIHM/ICMH microfiche series*, no. 35093.   Z1382 F22   016.971

Bibliographie de 969 cartes, brochures et livres anciens se rapportant à l'histoire du Canada, avec insistance sur la Nouvelle-France. Nombreux récits de voyages. Trois parties: les oeuvres classées en ordre alphabétique selon le nom des auteurs; les ouvrages anonymes classés en ordre chronologique; les cartes, les plans et les estampes. Notes. Supplément et index des auteurs de la première partie. Réimprimé: [East Ardsley, Yorkshire] : S.R. Publishers ; [New York] : Johnson Reprint, 1966. Reproduit sur support microforme: *CIHM/ICMH collection de microfiches*, nº 35093.   Z1382 F22 016.971

1396

France. Bibliothèque nationale. Département des imprimés. – *Catalogue de l'histoire de l'Amérique.* – Par George-A. Barringer. – Paris : le Département, 1903-1911. – 5 vol.

A catalogue of works relating to the history of the Americas, held by the Bibliothèque nationale. Volume 1, chapter 2 describes works relating to Canada. Volume 1 also includes general works on the ethnology, archaeology and exploration of the Americas. Volume 5 includes references for genealogical and biographical works. Z1207 P25 fol.   016.97

Catalogue d'ouvrages relatifs à l'histoire des Amériques conservés à la Bibliothèque nationale. Le chapitre 2 du volume 1 décrit les documents qui portent sur le Canada. Le volume 1 comprend également des ouvrages de nature générale sur l'ethnologie, l'archéologie et l'exploration des Amériques. Le volume 5 inclut des références pour les ouvrages généalogiques et biographiques.   Z1207 P25 fol. 016.97

1397

Hare, John [E.]. – *Les Canadiens français aux quatre coins du monde : une bibliographie commentée des récits de voyage, 1670-1914.* – Québec : Société historique de Québec, 1964. – 215 p. – (Cahiers d'histoire ; nº 16).

A bibliography of narratives of voyages made by French Canadians prior to 1914. Includes separately published works and articles from selected periodicals. Arranged chronologically by date of voyage. Notes describing voyages and brief biographies of authors. Five indexes: author, proper name, places visited, purpose of voyage, method of transportation. Introductory essay. Bibliography. F5400 S67   016.971

Bibliographie de récits de voyages faits par des Canadiens-français avant 1914. Inclut des ouvrages publiés séparément et des articles de périodiques choisis. Classement chronologique selon la date des voyages. Notes qui décrivent les voyages et courtes biographies des auteurs. Cinq index: auteurs, noms propres, lieux visités, buts des voyages, modes de transport. Essai de présentation. Bibliographie. F5400 S67   016.971

1398

Harrisse, Henry. – *Bibliotheca Americana vetustissima : a description of works relating to America published between the years 1492 and 1551.* – New York : George P. Philes, 1866. – liv, 519 p. : facsims.

A bibliography of 304 works relating to the early explorations of the Americas, published anywhere, between 1492 and 1551. Chronologically arranged. Annotations and references. Name index. Additions, appendices and corrections. Reproduced in microform format: *CIHM/ICMH microfiche series*, no. 05616. Reprinted: Madrid : V. Suarez, 1958. Also published: *Bibliotheca Americana vetustissima : a description of works relating to America published between the years 1492 and 1551. Additions* (Paris : Librairie Tross, 1872). Reproduced in microform format: *CIHM/ICMH microfiche series*, no. 05617. Reprinted: [Paris : Maisonneuve, 1922]; Madrid : V. Suarez, 1958. Z1202 H3 1866 fol.   016.97

Bibliographie de 304 ouvrages relatifs aux premières explorations des Amériques, publiés à divers endroits entre 1492 et 1551. Classement chronologique. Annotations et références. Index des noms. Ajouts, annexes et corrections. Reproduit sur support microforme: *CIHM/ICMH collection de microfiches*, nº 05616. Réimprimé: Madrid : V. Suarez, 1958. Également publié: *Bibliotheca Americana vetustissima : a description of works relating to America published between the years 1492 and 1551. Additions* (Paris : Librairie Tross, 1872). Reproduit sur support microforme: *CIHM/ICMH collection de microfiches*, nº 05617. Réimprimé: [Paris : Maisonneuve, 1922]; Madrid : V. Suarez, 1958.   Z1202 H3 1866 fol.   016.97

1399

Histoire sociale = Social history. – 1 (avril 1968)-   . – Ottawa : Publications histoire sociale, 1968-   . –   vol. – 0018-2557

Histoire sociale = Social history has included an annual bibliography, *Bibliographie courante sur l'histoire de la population canadienne et la démographie historique au Canada = A current bibliography on the history of Canadian population and historical demography in Canada*, for the years 1977 to date. Includes books and periodical articles in English and French arranged in sections covering general works on Canada, and works covering the provinces or regions. Brief contents

Histoire sociale = Social history contient la bibliographie annuelle, *Bibliographie courante sur l'histoire de la population canadienne et la démographie historique au Canada = A current bibliography on the history of Canadian population and historical demography in Canada*, pour la période de 1977 à aujourd'hui. Inclut des livres et des articles de périodiques, en anglais et en français, classés par sections qui portent sur les ouvrages de nature générale sur le Canada et les ouvrages

notes for some items. Bibliographies appear in the following issues: 1977, vol. 12, no. 23 (May 1979); 1978, vol. 13, no. 25 (May 1980); 1979-1985, November issues, (1980)-(1986); 1986, vol. 21, no. 41 (May 1988); 1987- , November issues, (1988)- . D1 971.005

sur les provinces ou les régions. Courtes notes sur le contenu de certaines publications. Des bibliographies ont paru dans les numéros suivants: 1977, vol. 12, n° 23 (mai 1979); 1978, vol. 13, n° 25 (mai 1980); 1979-1985, numéros de novembre, (1980)-(1986); 1986, vol. 21, n° 41 (mai 1988); 1987- , numéros de novembre, (1988)- . D1 971.005

1400

The history of Canada : an annotated bibliography. – Dwight L. Smith, editor ; Alan H. MacDonald, introduction. – Santa Barbara (Calif.) : ABC-Clio, c1983. – xi, 327 p. – (Clio bibliography series ; no. 10). – 0874360471

An annotated bibliography of 3,362 periodical articles on the history of Canada for all periods. Articles were published during the years 1973 through 1978 in Canadian and foreign periodicals. Selected from the database: *America : history and life.* Entries are arranged under broad themes such as Native peoples, pre-Columbian exploration and exploitation, emergent nationalism, the regions, etc., which are subdivided by subject. Subject and author indexes. List of periodicals. List of abstracters. Z1382 H57 1983 fol. 016.971

Bibliographie annotée de 3 362 articles de périodiques sur l'histoire du Canada pour toutes les périodes. Les articles ont été publiés pendant les années 1973 à 1978 dans des périodiques canadiens et étrangers. Choisis à partir de la base de données: *America : history and life.* Les notices sont classées sous des thèmes généraux, comme les peuples autochtones, l'exploration et l'exploitation pré-colombienne, la montée du nationalisme, les régions, etc., qui se subdivisent par sujets. Index des auteurs et index des sujets. Liste des périodiques. Liste des analystes. Z1382 H57 1983 fol. 016.971

1401

Hudson's Bay Company. – *List of books relating to Hudson's Bay Company, incorporated 2nd May 1670.* – [London : Hudson's Bay Company], 1935. – 13 p. – Cover title.

A bibliography of books relating to the Hudson's Bay Company and the Canadian Northwest. Excludes periodical articles and unpublished manuscripts. Two sections: works entirely about the Company, biographies of Company men, etc.; other related titles on the settlement and exploration of the Northwest, the fur trade, etc. Brief annotations. No index. Z1395 H9 H84 1935 016.9712

Bibliographie de livres relatifs à la Compagnie de la Baie d'Hudson et au Nord-Ouest canadien. Exclut les articles de périodiques et les manuscrits non publiés. Deux sections: les ouvrages qui portent uniquement sur la Compagnie, les biographies d'employés de la Compagnie, etc.; les autres titres relatifs à la colonisation et à l'exploration du Nord-Ouest, au commerce de la fourrure, etc. Courtes annotations. Aucun index. Z1395 H9 H84 1935 016.9712

1402

Lande, Lawrence M. [Lawrence Montague]. – *Confederation pamphlets : a checklist : liste abrégée.* – Montreal : McGill University, 1967. – 67 p., [8] p. of plates : ill. (1 fold. in pocket).

A bibliography of approximately 100 pamphlets in English and in French, arranged by author or title. Annotations and excerpts. Z1387 C6 L3 016.971049

Bibliographie d'environ 100 brochures en anglais et en français, classées par auteurs ou par titres. Annotations et extraits. Z1387 C6 L3 016.971049

1403

Louis Riel : a bibliography. – Rev. 2nd ed. – Regina : Published by Saskatchewan Library Association with the co-operation of Saskatchewan Library, 1985. – x, 193 p. – 0919059139

1st ed., 1972. A bibliography of material on Louis Riel, the Northwest Rebellion, the Red River Uprising and the history of the Métis people. Includes 1,642 books, theses, official publications, periodical articles, films, microforms and archival materials in English and French. Alphabetically arranged by author or title. Locations and some annotations. Addendum. Index of titles, sub-titles, joint authors and editors. Z8745.3 A7 1985 fol. 016.971051

1re éd., 1972. Bibliographie de documents sur Louis Riel, sur la Rébellion du Nord-Ouest, le soulèvement de la rivière Rouge et l'histoire du peuple Métis. Inclut 1 642 livres, thèses, publications officielles, articles de périodiques, films, microformes et documents d'archives, en anglais et en français. Classement alphabétique par auteurs ou par titres. Localisations et quelques annotations. Addendum. Index des titres, des sous-titres, des co-auteurs et des rédacteurs. Z8745.3 A7 1985 fol. 016.971051

1404

Maggs Bros. – *The French colonisation of America as exemplified in a remarkable collection of French administrative acts (1581-1791) mainly from the library of Cardinal E.C. de Lomenie de Brienne ... : offered for sale by Maggs Bros.* – Paris : [Maggs], 1936. – 139 p.

Sales catalogue citing 650 French administrative acts relating to colonies in America. Includes edicts, ordinances, regulations, etc., 1581-1791, chronologically arranged by date of royal signature. Annotations. Subject index. Includes items not listed in Lawrence C. Wroth's *Acts of French Royal Administration concerning Canada, Guiana, the West Indies, and Louisiana, prior to 1791 : a list.* Z2187 C7 M3 1936 fol. 016.34871022

Catalogue de vente dans lequel sont mentionnés 650 actes administratifs français relatifs aux colonies en Amérique. Inclut des édits, des ordonnances, des règlements, etc., 1581-1791, classés chronologiquement selon la date de signature royale. Annotations. Index des sujets. Inclut des documents qui ne figurent pas dans *Acts of French Royal Administration concerning Canada, Guiana, the West Indies, and Louisiana, prior to 1791 : a list* de Lawrence C. Wroth. Z2187 C7 M3 1936 fol. 016.34871022

1405

McGill University. Humanities & Social Sciences Library. Reference Dept. – *Canadian history : a guide to reference sources.* – Compiled by Tracey Carmichael. – [Montreal] : Humanities & Social Sciences Library, Reference Dept., McGill University, 1993. – 25 p. – 0771702558 – Caption title.

A guide to basic reference sources for students of Canadian history. Arranged by type of source including encyclopedias, handbooks, chronologies, almanacs, statistical sources, theses and newspapers, and bibliographies of materials on Canada, the regions, and special topics such as foreign and military affairs. Annotations. McGill call numbers. Replaces: *Canadian history : a student's guide to reference sources* ([Montreal] : McLennan Library, McGill University, Reference Dept., 1978).   Z1382 M349 1993 fol.   016.971

Guide des sources de référence de base, conçu à l'intention des étudiants en histoire canadienne. Classement par types de sources comme les encyclopédies, les manuels, les chronologies, les almanachs, les documents statistiques, les thèses et les journaux, et les bibliographies de documents sur le Canada, sur les régions et sur des sujets particuliers, notamment les affaires étrangères et militaires. Annotations. Cotes à McGill. Remplace: *Canadian history : a student's guide to reference sources* ([Montreal] : McLennan Library, McGill University, Reference Dept., 1978).   Z1382 M349 1993 fol. 016.971

1406

National Archives of Canada. – *Publications and travelling exhibitions.* – (1974)-   . – [Ottawa] : National Archives of Canada, 1974-   . – vol. : ill. – 0844-711X – Title on added t.p. : *Publications et expositions itinérantes.*

Annual. Not published 1983-1984. A bilingual catalogue of the publications and travelling exhibitions of the National Archives of Canada. Arranged by type of publication. Title varies: 1974-1982, *List of publications of the Public Archives of Canada*; 1985-1992, *Publications*. Imprint varies.   CD3623 P84 fol.   016.971

Annuel. Non publié en 1983-1984. Catalogue bilingue des publications et des expositions itinérantes des Archives nationales du Canada. Classement par types de publications. Le titre varie: 1974-1982, *Liste des publications des Archives publiques du Canada*; 1985-1992, *Publications*. L'adresse bibliographique varie.   CD3623 P84 fol.

1407

New York Public Library. Reference Department. – *Dictionary catalog of the history of the Americas.* – Boston : G.K. Hall, 1961. – 28 vol.

A catalogue of the books, pamphlets and serials relating to the history of North, Central and South America, held in the history collection of the New York Public Library. Includes works in English, Spanish, French and other languages about the early explorations, settlement, Native peoples, etc. Authors, titles and subjects arranged in one alphabetical sequence.   Z1201 N4 fol.   016.97

Catalogue de livres, de brochures et de publications en série qui se rapportent à l'histoire de l'Amérique du Nord, de l'Amérique centrale et de l'Amérique du Sud et qui font partie de la collection d'histoire de la New York Public Library. Inclut des ouvrages en anglais, en espagnol, en français et en d'autres langues qui traitent des premières explorations, de la colonisation, des peuples autochtones, etc. Auteurs, titres et sujets en une seule liste alphabétique.   Z1201 N4 fol.   016.97

1408

New York Public Library. Research Libraries. – *Dictionary catalog of the history of the Americas : first supplement.* – Boston : G.K. Hall, 1973. – 9 vol. – 0816107718

Includes additions to the collection through December 31, 1971. Z1201 N413 x.fol.   016.97

Inclut les ajouts à la collection jusqu'au 31 décembre 1971. Z1201 N413 x.fol.   016.97

1409

Parcs Canada. Lieux historiques nationaux. Publications. – *Bulletins de recherches.* – (1990)-   . – Ottawa : Publications, National Historic Sites, Parks Canada, Canadian Heritage, 1990-   . –   vol. – Titre de la couv.

Annual? A catalogue of the research bulletins which describe Canadian Parks Service headquarters and regional research projects. Arranged by bulletin number. Each catalogue supersedes the previous. Also published in English under the title: *Research bulletins.* Z1382   016.971

Annuel? Catalogue des bulletins de recherche qui décrivent les projets de recherche de l'administration centrale et des bureaux régionaux du Service canadien des parcs. Classement par numéros de bulletin. Chaque catalogue remplace le catalogue antérieur. Publié aussi en anglais sous le titre: *Research bulletins.* Z1382   016.971

1410

Parcs Canada. Lieux historiques nationaux. Publications. – *Rapports sur microfiches.* – (1990)-   . – Ottawa : Publications, Lieux historiques nationaux, Parcs Canada, Patrimoine canadien, 1990-   . –   vol. – Titre de la couv.

Annual? A catalogue of the research reports produced in microfiche format by Parks Canada, National Historic Sites. This series replaces the *Manuscript report series* which was discontinued in 1982. Arranged by report number. Each catalogue supersedes the previous. Also published in English under the title: *Microfiche report series.* Z1382   016.971

Annuel? Catalogue des rapports de recherche produits sur microfiche par Parcs Canada, Lieux historiques nationaux. Cette collection remplace la collection *Travaux inédits* qui a été discontinuée en 1982. Classement par numéros de rapport. Chaque catalogue remplace le catalogue antérieur. Publié aussi en anglais sous le titre: *Microfiche report series.* Z1382   016.971

1411

Parks Canada. National Historic Sites. Publications. – *Microfiche report series.* – (1990)-   . – Ottawa : Publications, National Historic Sites, Parks Canada, Canadian Heritage, 1990-   . –   vol. – Cover title.

Annual? A catalogue of the research reports produced in microfiche format by Parks Canada, National Historic Sites. This series replaced the *Manuscript report series* which was discontinued in 1982. Arranged by report number. Each catalogue supersedes the previous. Also published in French under the title: *Rapports sur microfiches.* Z1382   016.971

Annuel? Catalogue des rapports de recherche produits sur microfiche par Parcs Canada, Lieux historiques nationaux. Cette collection remplace la collection *Travaux inédits* qui a été discontinuée en 1982. Classement par numéros de rapport. Chaque catalogue remplace le catalogue antérieur. Publié aussi en français sous le titre: *Rapport sur microfiches.* Z1382   016.971

1412

Parks Canada. National Historic Sites. Publications. – *Research bulletins.* – (1990)-   . – Ottawa : Publications, National Historic Sites, Parks Canada, Canadian Heritage, 1990-   . –   vol. – Cover title.

Annual? A catalogue of the research bulletins which describe Canadian Parks Service headquarters and regional research projects. Arranged by bulletin number. Each catalogue supersedes the previous. Also published in French under the title: *Bulletins de recherches.* Z1382   016.971

Annuel? Catalogue des bulletins de recherche qui décrivent les projets de recherche de l'administration centrale et des bureaux régionaux du Service canadien des parcs. Classement par numéros de bulletin. Chaque catalogue remplace le catalogue antérieur. Publié aussi en français sous le titre: *Bulletins de recherches.* Z1382 016.971

1413

Review of historical publications relating to Canada. – Vol. 1 (1896)-vol. 22 (1917/18). – Toronto : University of Toronto Press, 1897-1919. – 22 vol. – 0381-8055

Annual. Reviews of publications relating to the history of Canada. Each volume covers the works published during a year and significant omissions from the previous year's volume. Arranged by subject such as the history of Canada, provincial and local history, geography, economics and statistics, archaeology, ethnology and folklore, etc. Index of works reviewed in each volume. Also available in microform format: [Toronto] : Micromedia, [1985?], 105 microfiches. Continued by: *The Canadian historical review.*

Separately published cumulative indexes: *Review of historical publications relating to Canada : index, vols. I-X* (Toronto : Morang & Co., 1907); *Review of historical publications relating to Canada : index, vols. XI-XX* ([Toronto] : University of Toronto, published by the Librarian, 1918). Indexes of authors and subjects of works reviewed. Index of periodicals and publications of societies. F5000 C26 fol.   016.971

Annuel. Critiques des publications relatives à l'histoire du Canada. Chaque volume porte sur des ouvrages publiés au cours d'une année et sur les oublis importants de l'année antérieure. Classement par sujets comme l'histoire du Canada, l'histoire provinciale et locale, la géographie, l'économie et la statistique, l'archéologie, l'ethnologie et le folklore, etc. Index des ouvrages critiqués dans chaque volume. Également disponible sur support microforme: [Toronto] : Micromedia, [1985?], 105 microfiches. Suivi de: *The Canadian historical review.*

Index cumulatifs publiés séparément: *Review of historical publications relating to Canada : index, vols. I-X* (Toronto : Morang & Co., 1907); *Review of historical publications relating to Canada : index, vols. XI-XX* ([Toronto] : University of Toronto, published by the Librarian, 1918). Index des auteurs et index des sujets des ouvrages critiqués. Index des périodiques et des publications des sociétés. F5000 C26 fol.   016.971

1414

Rich, O. [Obadiah]. – *Bibliotheca Americana nova : a catalogue of books relating to America, in various languages, including voyages to the Pacific and round the world, and collections of voyages and travels printed since the year 1700.* – London : Rich and Sons, 1846. – 2 vol. ([2] leaves, 517 ; 4, 412, [1] leaf, 16, 8 p.).

Chronologically arranged catalogue of books relating to the Americas. Vol. 1, 1701-1800; vol. 2, 1801-1844. Author index in each volume. List of books from the period 1493-1700, and a supplement, in vol. 2. Vol. 1 is a reissue of an 1835 *Bibliotheca Americana nova* covering 1701-1800, and its supplement published in 1841. Vol. 2 is a reissue of two works covering the periods 1801-1830 and 1831-1844, published in 1844 and 1846 respectively. Reprinted: New York : Burt Franklin, [1964?]. Reproduced in microform format: *CIHM/ICMH microfiche series,* no. 47300-47302. The period 1500-1700 is covered by Rich's *A catalogue of books, relating principally to America.*   Z1207 R5 1846   016.97

Catalogue chronologique de livres relatifs aux Amériques. Vol. 1, 1701-1800; vol. 2, 1801-1844. Index des auteurs dans chaque volume. Liste de livres de la période 1493-1700, et un supplément dans le vol. 2. Le vol. 1 constitue une réédition d'un ouvrage de 1835, *Bibliotheca Americana nova,* qui couvre la période 1701-1800 et de son supplément publié en 1841. Le vol. 2 est une réédition de deux ouvrages qui portent sur les périodes 1801-1830 et 1831-1844 publiés respectivement en 1844 et en 1846. Réimprimé: New York : Burt Franklin, [1964?]. Reproduit sur support microforme: *CIHM/ICMH collection de microfiches,* n° 47300-47302. La période 1500-1700 est traitée dans *A catalogue of books, relating principally to America* de Rich.   Z1207 R5 1846   016.97

1415

Rich, O. [Obadiah]. – *A catalogue of books, relating principally to America : arranged under the years in which they were printed.* – London : O. Rich, 1832. – 129 p.

A chronologically arranged catalogue of 486 works relating to the Americas, published between 1500 and 1700. Annotations. Reproduced in microform format: *CIHM/ICMH microfiche series,* no. 35377. The period 1700-1844 is covered by Rich's *Bibliotheca Americana nova.*   Z1207 R515 1832   016.97

Catalogue chronologique de 486 ouvrages relatifs aux Amériques et publiés entre 1500 et 1700. Annotations. Reproduit sur support microforme: *CIHM/ICMH collection de microfiches,* n° 35377. La période 1700-1844 est traitée dans *Bibliotheca Americana nova* de Rich.   Z1207 R515 1832   016.97

1416

Service canadien des parcs. Lieux et parcs historiques nationaux. Publications de recherches. – *Travaux inédits : (collection discontinuée).* – Ottawa : Publications de recherches, Lieux et parcs historiques nationaux, Service des parcs, 1990. – 34 p. – Titre de la couv.

A catalogue of the 452 unedited, unpublished research reports prepared by the Canadian Parks Service, National Historic Parks and Sites Directorate for its *Manuscript report series*. This series was discontinued in 1982 and replaced by the *Microfiche report series*. The catalogue is arranged by report series number. Also published in English under the title: *Manuscript report series (discontinued)*. A subject index of reports 1-341 was published in *Archivaria*, no. 12 (Summer 1981), pp. 65-119. Z1382 016.971

Catalogue de 452 rapports de recherche non révisés et non publiés, rédigés par le Service canadien des parcs, Lieux et parcs historiques nationaux pour la collection *Travaux inédits*. Cette série a été discontinuée en 1982 et remplacée par *Rapports sur microfiches*. Dans le catalogue, classement selon le numéro de série des rapports. Publié aussi en anglais sous le titre: *Manuscript report series (discontinued)*. Un index des sujets des rapports 1-341 a été publié dans *Archivaria*, n° 12 (été 1981), p. 65-119. Z1382 016.971

1417

Staton, Frances M. [Frances Maria]. – *The rebellion of 1837-38 : a bibliography of the sources of information in the Public Reference Library of the city of Toronto, Canada.* – Toronto : Public Library of Toronto, 1924. – 81 p.

A bibliography of books, pamphlets, official publications, book chapters, society publications, periodical and newspaper articles on the rebellions of 1837-1838. Includes English- and French-language works. Arranged by type of document. Periodical and newspaper articles are chronologically arranged. All other sections are alphabetically arranged by title. No index. Z1382 T67 fol. 016.971038

Bibliographie de livres, de brochures, de publications officielles, de chapitres de livres, de publications de sociétés, d'articles de périodiques et de journaux sur les rébellions de 1837-1838. Inclut des ouvrages en anglais et en français. Classement par types de documents. Articles de périodiques et de journaux en ordre chronologique. Dans toutes les autres sections, classement alphabétique par titres. Aucun index. Z1382 T67 fol. 016.971038

1418

Sutherland, Neil. – *Contemporary Canadian childhood and youth : a bibliography.* – Compiled by Neil Sutherland, Jean Barman and Linda L. Hale ; technical consultant, W.G. Brian Owen. – Westport (Conn.) : Greenwood Press, 1992. – ix, 492 p. – (Bibliographies and indexes in world history ; no. 29). – 0313285861

A bibliography of over 7,000 titles on contemporary childhood and youth in Canada. Includes English-language books, periodical articles, reports of government commissions, theses and essays in anthologies. Arranged by province or region. Subject and author indexes. List of journals searched. Available online as part of the University of British Columbia's library catalogue, UBCLIB. Also accessible via the Internet, telnet: library.ubc.ca. Companion volume: *History of Canadian childhood and youth : a bibliography*. Z7164 C5 S92 1992 016.305230971

Bibliographie de plus de 7 000 ouvrages sur l'enfance et la jeunesse contemporaines au Canada. Inclut des livres, des articles de périodiques, des rapports de commissions gouvernementales, des thèses et des essais qui font partie d'anthologies, en anglais. Classement par provinces ou régions. Index des sujets et index des auteurs. Liste des revues qui ont fait l'objet de recherches. Accessible en direct dans le cadre du catalogue de la bibliothèque de la University of British Columbia, UBCLIB. Également accessible via Internet, telnet: library.ubc.ca. Volume qui va de pair avec: *History of Canadian childhood and youth : a bibliography*. Z7164 C5 S92 1992 016.305230971

1419

Sutherland, Neil. – *History of Canadian childhood and youth : a bibliography.* – Compiled by Neil Sutherland, Jean Barman and Linda L. Hale ; technical consultant, W.G. Brian Owen. – Wesport (Conn.) : Greenwood Press, 1992. – ix, 486 p. – (Bibliographies and indexes in world history ; no. 28). – 0313285853

A bibliography of approximately 8,000 titles related to the history of childhood in Canada prepared by the Canadian Childhood History Project at the University of British Columbia. Includes English-language books, periodical articles, theses, reports of government commissions and essays in anthologies. Arranged by province or region. Subject and author indexes. List of journals searched. Available online as part of the University of British Columbia's library catalogue, UBCLIB. Also accessible via the Internet, telnet: library.ubc.ca. Companion volume: *Contemporary Canadian childhood and youth : a bibliography*. Z7164 C5 S93 1992 016.305230971

Bibliographie d'environ 8 000 ouvrages relatifs à l'histoire de l'enfance au Canada, préparée par le Canadian Childhood History Project de la University of British Columbia. Inclut des livres, des articles de périodiques, des thèses, des rapports de commissions gouvernementales et des essais qui font partie d'anthologies, en anglais. Classement par provinces ou régions. Index des sujets et index des auteurs. Liste des revues qui ont fait l'objet de recherches. Accessible en direct dans le cadre du catalogue de la bibliothèque de la University of British Columbia, UBCLIB. Également accessible via Internet, telnet: library.ubc.ca. Volume qui va de pair avec: *Contemporary Canadian childhood and youth : a bibliography*. Z7164 C5 S93 1992 016.305230971

1420

Thibault, Claude. – *Bibliographia Canadiana.* – Don Mills (Ont.) : Longman Canada, c1973. – lxiv, 795 p.

A bibliography of 25,660 books and periodical articles in English and French on the history and historiography of Canada. Includes books published to 1970 and periodical articles published to the end of 1969. Emphasis on material of national significance and interest. Arranged in five parts: research tools, the French Regime, British North America, the Dominion of Canada, addenda. Each part is arranged by time period and theme within which books and articles are listed separately. List of periodicals examined. Bilingual subject index. Z1382 T4 016.971

Bibliographie de 25 660 livres et articles de périodiques en anglais et en français sur l'histoire et l'historiographie du Canada. Inclut des livres publiés jusqu'en 1970 et des articles de périodiques publiés jusqu'à la fin de 1969. Insistance sur les documents d'importance et d'intérêt nationaux. Cinq parties: outils de recherche, le Régime français, l'Amérique du Nord britannique, le Dominion du Canada, addenda. Dans chaque partie, classement par périodes et par thèmes, puis listes distinctes de livres et d'articles. Liste des périodiques examinés. Index des sujets bilingue. Z1382 T4 016.971

1421
Wagner, Henry R. [Henry Raup]. – *The Plains & the Rockies : a critical bibliography of exploration, adventure and travel in the American West, 1800-1865*. – Henry R. Wagner & Charles L. Camp. – 4th ed., rev., enl. and edited by Robert H. Becker. – San Francisco : John Howell-Books, 1982. – xx, 745 p., [32] p. of plates : ill. – 0910760111

1st ed., 1921; 2nd ed., 1937; 3rd ed., 1953. A bibliography of travel and exploration literature relating to the western United States and Canada, published during the period 1800 through 1865. Based on an examination of approximately 1,800 issues and editions of 690 works. Chronologically arranged. Entries include title-page transcription, collation, locations, references and historical notes. Index includes titles of books and maps, names of authors and of individuals appearing in notes, and some subject and geographical entries. Z1251 W5 W2 1982 fol. 016.978

1re éd., 1921; 2e éd., 1937; 3e éd., 1953. Bibliographie de récits de voyage et d'exploration relatifs à l'ouest des États-Unis et du Canada, publiés durant la période de 1800 à 1865. Repose sur l'examen d'environ 1 800 numéros et éditions de 690 ouvrages. Classement chronologique. Les notices comprennent la transcription de la page de titre, le collationnement, des localisations, des références et des notes historiques. L'index inclut les titres de livres et de cartes géographiques, les noms des auteurs et des personnes mentionnées dans les notes ainsi que quelques notices-matières et notices géographiques. Z1251 W5 W2 1982 fol. 016.978

1422
Waterston, Elizabeth. – *The travellers - Canada to 1900 : an annotated bibliography of works published in English from 1577.* – Elizabeth Waterston with Ian Easterbrook, Bernard Katz and Kathleen Scott. – Guelph (Ont.) : University of Guelph, 1989. – [4], viii, 321 p., [12] leaves of plates : ill., map. – 0889551707

An annotated bibliography of over 700 English-language books about Canada, written by travellers before 1900. Chronologically arranged. Provides Canadian Institute for Historical Microreproduction (CIHM) numbers for works reproduced in microfiche format. Author-title and subject indexes. Bibliography. Z1382 T73 1989 fol. 016.917104

Bibliographie annotée de plus de 700 livres en anglais sur le Canada, écrits par des voyageurs avant 1900. Classement chronologique. Fournit les numéros de l'Institut canadien de microreproductions historiques (ICMH) pour les ouvrages reproduits sur microfiche. Index: auteurs-titres, sujets. Bibliographie. Z1382 T73 1989 fol. 016.917104

1423
Western Americana : frontier history of the Trans-Mississipi West, 1550-1900 : guide and index to the microfilm edition. – Edited by Archibald Hanna. – Woodbridge (Conn.) : Research Publications, 1980-1982. – 2 vol. (vii, 528 ; xvi, 82 p.). – 089235030X

Guide to a microform collection of over 6,000 printed sources on the exploration, settlement and development of the western United States and Canada, 1550-1900. Includes personal narratives, local histories, directories, official publications, broadsides, pamphlets, etc., filmed from the collections of Yale University and the Newberry Library. Arranged according to reel number and alphabetically by main entry. Volume 2 includes a subject/added-entry index and a reel guide summary. The following catalogues have also been published: *Catalog of the Yale Collection of Western Americana* (Boston : G.K. Hall, [1961?]); *Dictionary catalog of the Edward E. Ayer Collection of Americana and American Indians in the Newberry Library* (Boston : G.K. Hall, 1961), *First supplement*, 1970, *Second supplement*, 1980. Z1251 W5 W48 fol. 016.978

Guide d'une collection sur microforme de plus de 6 000 sources imprimées sur l'exploration, la colonisation et le développement de l'ouest des États-Unis et du Canada, 1550-1900. Inclut des récits personnels, des documents d'histoire locale, des répertoires, des publications officielles, des in-planos, des brochures, etc. reproduits à partir des collections de la Yale University et de la Newberry Library. Classement selon le numéro des bobines et puis classement alphabétique par notices principales. Le volume 2 comprend un index des sujets et des notices ajoutées ainsi qu'un sommaire du contenu des bobines. Les catalogues suivants ont aussi été publiés: *Catalog of the Yale Collection of Western Americana* (Boston : G.K. Hall, [1961?]); *Dictionary catalog of the Edward E. Ayer Collection of Americana and American Indians in the Newberry Library* (Boston : G.K. Hall, 1961), *First supplement*, 1970, *Second supplement*, 1980. Z1251 W5 W48 fol. 016.978

1424
Wroth, Lawrence C. [Lawrence Counselman]. – *Acts of French Royal Administration concerning Canada, Guiana, the West Indies, and Louisiana, prior to 1791 : a list.* – Compiled by Lawrence C. Wroth and Gertrude L. Annan. – New York : New York Public Library, 1930. – 151 p.

A bibliography of 2,100 French administrative acts relating to the colonies of France, prior to 1791. Includes edicts, ordinances, regulations, etc., chronologically arranged by date of royal signature. Locations. References to collections which include the acts. Geographical-subject index. Reprinted from the *Bulletin of the New York Public Library*, November 1929-March 1930. Z2187 C7 W8 fol. 016.34871022

Bibliographie de 2 100 actes administratifs français relatifs aux colonies françaises et antérieurs à 1791. Inclut des édits, des ordonnances, des règlements, etc., classés chronologiquement selon la date de signature royale. Localisations. Renvois aux collections qui contiennent les actes. Index des lieux et des sujets. Réimprimé à partir de *Bulletin of the New York Public Library*, novembre 1929-mars 1930. Z2187 C7 W8 fol. 016.34871022

Biographies

Biographies

1425

Bosher, J. F. [John Francis]. – *Men and ships in the Canada trade, 1660-1760 : a biographical dictionary.* – Ottawa : National Historic Sites, Parks Service, Environment Canada, 1992. – 251 p. : ill. – (Studies in archaeology, architecture and history). – 0660144492

A dictionary of French merchants and ships involved in the Canada trade, 1660-1760. Part 1, biographical entries for merchants, alphabetically arranged. Eight family trees. Part 2, entries for ships, alphabetically arranged. Data on ship's tonnage, voyages, captains, owners, etc. Principal archival and published sources are cited in entries in both parts. List of useful references. Indexes of people and ships. Reproduced in microform format: *Microlog*, no. 93-03873. Also published in French under the title: *Négociants et navires du commerce avec le Canada de 1660 à 1760 : dictionnaire biographique.* VK26 B67 1992 fol. 387.50922

Dictionnaire des négociants et des navires français qui s'occupaient de commerce avec le Canada, 1660-1760. Dans la partie 1, notices biographiques sur les négociants selon l'ordre alphabétique. Huit arbres généalogiques. Dans la partie 2, notices sur les navires selon l'ordre alphabétique. Données sur le tonnage, les voyages, les capitaines, les propriétaires, etc. des navires. Dans les deux parties, les notices mentionnent les principaux fonds d'archives et documents publiés. Liste de références utiles. Index des personnes et index des navires. Reproduit sur support microforme: *Microlog*, nº 93-03873. Publié aussi en français sous le titre: *Négociants et navires du commerce avec le Canada de 1660 à 1760 : dictionnaire biographique.* VK26 B67 1992 fol. 387.50922

1426

Bosher, J. F. [John Francis]. – *Négociants et navires du commerce avec le Canada de 1660 à 1760 : dictionnaire biographique.* – Ottawa : Lieux historiques nationaux, Services des parcs, Environnement Canada, c1992. – 263 p. : ill. – (Études en archéologie, architecture et histoire). – 0660938111

A dictionary of French merchants and ships involved in the Canada trade, 1660-1760. Part 1, biographical entries for merchants, alphabetically arranged. Eight family trees. Part 2, entries for ships, alphabetically arranged. Data on tonnage, voyages, captains, owners, etc. Principal archival and published sources are cited in entries in both parts. List of useful references. Indexes of people and ships. Reproduced in microform format: *Microlog*, no. 93-03872. Also published in English under the title: *Men and ships in the Canada trade, 1660-1760 : a biographical dictionary.* VK26 B6714 1992 fol. 387.50922

Dictionnaire des négociants et des navires français qui s'occupaient de commerce avec le Canada, 1660-1760. Dans la partie 1, notices biographiques sur les négociants selon l'ordre alphabétique. Huit arbres généalogiques. Dans la partie 2, notices sur les navires selon l'ordre alphabétique. Données sur le tonnage, les voyages, les capitaines, les propriétaires, etc. Dans les deux parties, les notices mentionnent les principaux fonds d'archives et documents publiés. Liste de références utiles. Index des personnes et index des navires. Reproduit sur support microforme: *Microlog*, nº 93-03872. Publié aussi en anglais sous le titre: *Men and ships in the Canada trade, 1660-1760 : a biographical dictionary.* VK26 B6714 1992 fol. 387.50922

Chronologies

Chronologies

1427

Audet, Francis-J. [Francis-Joseph]. – *Canadian historical dates and events, 1492-1915.* – Ottawa : Printed by George Beauregard, 1917. – 239, [7] p.

Lists and provides dates for significant events, institutions, office-holders, etc., for Canada and the provinces, 1492-1915. Arranged by category and chronologically. Categories include voyages and discoveries, foundation of cities, battles, treaties, governors, parliamentary sessions, religious events, railways, fires, wrecks, Canadian titles and decorations, etc. F5010.1 A8 971.002

Donne les dates des événements importants, des établissements, des titulaires de charges, etc. du Canada et des provinces, 1492-1915. Classement par catégories et puis chronologique. Les catégories comprennent les voyages et les découvertes, la fondation des villes, les batailles, les traités, les gouverneurs, les séances parlementaires, les événements religieux, les chemins de fer, les incendies, les naufrages, les décorations et titres canadiens, etc. F5010.1 A8 971.002

1428

Bowman, Bob. – *Dateline : Canada.* – Toronto : Holt, Rinehart and Winston of Canada, 1973, c1967. – [384] p. : ill., facsims., maps, ports. – 0039252620

A calender of events in Canadian history. The entry for each day includes an article on one event and brief entries for others. Subject index. F5011 B864 1973 fol. 971.002

Calendrier des événements de l'histoire canadienne. La notice sur chaque jour contient un article sur un événement et de courtes notices sur les autres. Index des sujets. F5011 B864 1973 fol. 971.002

1429

Canadian chronology, 1497-1960. – Ottawa : Dominion Bureau of Statistics, Information Services Division, 1961. – 21 p.

A chronology of significant events in Canadian history for the period 1497-1960. Excludes references to provincial and federal elections, sessions of Parliament and changes in ministries. No index. Reprinted from the *Canada year book*, 1951-1960. F5010.1 C3 971.002

Chronologie des événements importants de l'histoire canadienne pour la période 1497-1960. Exclut les références aux élections provinciales et fédérales, les sessions du Parlement et les changements de ministères. Aucun index. Réimprimé à partir du *Canada year book*, 1951-1960. F5010.1 C3 971.002

1430

Chronicle of Canada. – Conceived and co-ordinated by Jacques Legrand ; editor in chief, Elizabeth Abbott. – Montreal : Chronicle Publications, c1990. – 980 p. : ill. (some col.), ports. (some col.), col. maps. – 0920417167

A chronology of Canadian events from the year 4.6 billion B.C. to December 31, 1989. Articles on events occurring in each year and brief entries for related or less significant events of the time period. Articles are written as though by a journalist contemporary with the event described. Numerous illustrations. Factual entries for each province and territory complete the work. Subject index. Index of photograph credits. FC24 C45 1990 fol. 971.002

Chronologie des événements canadiens depuis 4,6 milliards d'années avant J.-C. jusqu'au 31 décembre 1989. Articles sur les événements de chaque année et courtes notices sur les événements connexes ou moins importants de la période. Les articles sont rédigés comme si un journaliste contemporain décrivait l'événement. Nombreuses illustrations. Des notices factuelles sur chaque province et territoire complètent l'ouvrage. Index des sujets. Index des mentions de source des photographies. FC24 C45 1990 fol. 971.002

1431

Le Jeune L. [Louis-Marie], o.m.i. – *Tableaux synoptiques de l'histoire du Canada : édition rédigée pour l'enseignement classique et académique.* – Ottawa : Juniorat du Sacré-Coeur, c1916-c1917. – 4 tomes en 1 (373 p.).

A chronology of Canadian history, published in four fascicles, each covering a century for the period 1500-1900. Each fascicle is arranged by theme. Provides facts on significant events, persons and institutions. No index. Published in various formats: as separate fascicles, as five volumes in one, etc. A special fascicle was published to cover the history of Acadia, under the title: *Tableaux synoptiques de l'histoire de l'Acadie : fascicle special, 1500-1760 : avec suppléments concernant Terre-Neuve et la Nouvelle-Angleterre, faisant suite aux Tableaux de l'histoire du Canada* (Ottawa : Juniorat du Sacré-Coeur, c1918). The Acadia fascicle was reprinted: Richibouctou [N.B.] : R. Babineau, [1988?]. FC162 L42 971.002

Chronologie de l'histoire canadienne publiée en quatre fascicules qui couvrent chacun un siècle pour la période 1500-1900. Chaque fascicule est classé par thèmes. Mentionne les faits relatifs à des événements, des personnes et des établissements importants. Aucun index. Publié sous diverses formes: fascicules distincts, cinq volumes en un, etc. Un fascicule spécial sur l'histoire de l'Acadie a été publié sous le titre: *Tableaux synoptiques de l'histoire de l'Acadie : fascicle special, 1500-1760 : avec suppléments concernant Terre-Neuve et la Nouvelle-Angleterre, faisant suite aux Tableaux de l'histoire du Canada* (Ottawa : Juniorat du Sacré-Coeur, c1918). Le fascicule sur l'Acadie a été réimprimé: Richibouctou [N.-B.] : R. Babineau, [1988?]. FC162 L42 971.002

1432

Myers, Jay. – *The Fitzhenry & Whiteside book of Canadian facts & dates.* – Rev. and updated by Larry Hoffman and Fraser Sutherland. – Richmond Hill (Ont.) : Fitzhenry & Whiteside, c1991. – 404 p. – 1550410733

Prev. ed., 1986. A chronology of facts and dates about Canadian people, places and events from the time of the earliest known presence of humans to 1990. Indexes: names of persons; subjects; place names, corporate names, titles, etc. FC24 M94 1991 971.00202

Éd. antérieure, 1986. Chronologie des faits et des dates qui se rapportent au peuple canadien, aux lieux et aux événements, depuis le temps de la première présence humaine connue jusqu'en 1990. Index: noms des personnes; sujets, noms de lieux, dénominations sociales, titres, etc. FC24 M94 1991 971.00202

1433

Taplin, Glen W. – *Canadian chronology.* – Metuchen (N.J.) : Scarecrow Press, 1970. – 174 p. : 1 map. – 0810802848

A chronology of events in Canadian history from the time of the earliest European settlement to November 15, 1968. Arranged in sections for provinces, territories, the Hudson's Bay Company, the North West Company and the Royal Canadian Mounted Police. Events concern major political figures. List of Native culture groups and languages. List of European monarchs. Bibliography. Index. F5010.1 T3 971.002

Chronologie des événements de l'histoire canadienne depuis les débuts de la colonisation européenne jusqu'au 15 novembre 1968. Sections sur les provinces et les territoires, la Compagnie de la Baie d'Hudson, la Compagnie du Nord-Ouest et la Gendarmerie royale du Canada. Les événements se rapportent à des personnalités politiques importantes. Liste des groupes culturels et des langues autochtones. Liste des monarques européens. Bibliographie. Index. F5010.1 T3 971.002

1434

Terrill, Frederick William. – *A chronology of Montreal and of Canada from A.D. 1752 to A.D. 1893 : including commercial statistics, historic sketches of commercial corporations and firms and advertisements, arranged to show in what year the several houses and corporate bodies originated : together with calendars of every year from A.D. 1752 to A.D. 1925.* – Montreal : Printed by John Lovell & Son, 1893. – 501 p.

Provides calendars for each of the 174 years between 1752 and 1925 and notes significant Canadian events, persons and institutions for each year up to 1893. Numerous histories of Montreal companies and institutions. Subject index. Reproduced in microform format: *CIHM/ICMH microfiche series*, no. 24669. F5449 M6 T4 971.002

Contient un calendrier pour chacune des 174 années entre 1752 et 1925 et signale les événements, les personnes et les établissements importants du Canada pour chaque année jusqu'en 1893. Nombreuses histoires de compagnies et d'établissements montréalais. Index des sujets. Reproduit sur support microforme: *CIHM/ICMH série de microfiches*, n° 24669. F5449 M6 T4 971.002

Dictionaries

Dictionnaires

1435

Bercuson, David J. – *The Collins dictionary of Canadian history, 1867 to the present.* – David J. Bercuson and J.L. Granatstein. – Toronto : Collins, 1988. – xvii, 270 p. : ill., maps, ports. – 0002177587

A dictionary of events, people and institutions significant in the history of post-Confederation Canada. Brief entries. Time lines for the years 1867-1985 compare political, social, economic, scientific, cultural and sporting events. Numerous appendices include lists of governors general, prime ministers and premiers, organizational charts of the government of Canada in 1867, 1946 and 1980, maps of the political evolution of Canada and statistics on immigration, exports and imports, principal products, female labour force participation, wartime enlistments and casualties, etc. Bibliography of major reference sources consulted.   FC23 B47 1988   971.003

Dictionnaire d'événements, de personnes et d'établissements importants dans l'histoire du Canada après la Confédération. Courtes notices. Des schémas chronologiques pour les années 1867-1985 permettent de comparer les événements politiques, sociaux, économiques, scientifiques, culturels et sportifs. Les nombreuses annexes contiennent des listes de gouverneurs généraux et de premiers ministres, des organigrammes du gouvernement du Canada pour 1867, 1946 et 1980, des cartes de l'évolution politique du Canada ainsi que des statistiques sur l'immigration, les exportations et les importations, les principaux produits, la participation des femmes à la main-d'oeuvre, l'enrôlement et les pertes humaines en temps de guerre, etc. Bibliographie des principales sources de référence consultées.   FC23 B47 1988   971.003

1436

Guay, Luc. – *Dictionnaire d'histoire nationale.* – Luc Guay, Pierre Guay. – Luskville (Québec) : Éditions Pedagogia, 1993. – [4], 145 p. – 2980353000

A basic French-language dictionary of the social, cultural, economic, political and geographical history of Quebec and Canada. Includes events, individuals, peoples, institutions, places, movements, etc. Intended for use by high school and college students. Alphabetically arranged. Appendices: chronology; charts of political institutions. FC2904 G82 1993   971.4003

Dictionnaire de base en français sur l'histoire sociale, culturelle, économique, politique et géographique du Québec et du Canada. Inclut des événements, des personnes, des peuples, des établissements, des lieux, des mouvements, etc. Conçu pour être utilisé par des élèves du secondaire et du collégial. Classement alphabétique. Annexes: chronologie; diagrammes des institutions politiques. FC2904 G82 1993   971.4003

1437

The Oxford companion to Canadian history and literature. – Norah Story ; maps by C.C.J. Bond. – Toronto : Oxford University Press, 1967. – xi, [9], 935 p. : maps.

Biographies of Canadian public figures, explorers and authors; articles on historical events, significant places, political issues and parties, special subjects such as Acadia, New France, Hudson's Bay Company, Arctic exploration, the fur trade, etc., and literary genres; bibliographies. Alphabetically arranged. Appendices: officials of New France and British North America, governors general and prime ministers of Canada, Governor General's Award winners, 1936-1966. Maps of New France, Atlantic Canada in the seventeenth and eighteenth centuries, Canada, Arctic Canada, territorial development, 1867-1927. List of titles referred to in the *Companion*. One supplement. Also published in braille: Toronto : CNIB, [197?]. 43 vol.   F5010 S8   971.003

Biographies de personnalités, d'explorateurs et d'auteurs canadiens; articles sur les événements historiques, les lieux importants, les questions et les partis politiques, des sujets particuliers comme l'Acadie, la Nouvelle-France, la Compagnie de la Baie d'Hudson, l'exploration de l'Arctique, le commerce de la fourrure, etc., et les genres littéraires; bibliographies. Classement alphabétique. Annexes: représentants officiels de la Nouvelle-France et de l'Amérique du Nord britannique, gouverneurs généraux et premiers ministres du Canada, gagnants du prix du Gouverneur général, 1936-1966. Cartes de la Nouvelle-France, de la région atlantique du Canada aux dix-septième et dix-huitième siècles, du Canada, de l'Arctique canadien, du développement territorial, 1867-1927. Liste des ouvrages mentionnés dans *Companion*. Un supplément. Également publié en braille: Toronto : CNIB, [197?]. 43 vol.   F5010 S8   971.003

1438

Supplement to the Oxford companion to Canadian history and literature. – General editor, William Toye. – Toronto : Oxford University Press, 1973. – v, 318 p. – 0195402057

A supplement to Norah Story's work. Bibliographical articles include books published from the beginning of 1967 to the end of 1972. Author entries focus on novelists, poets, playwrights and historians of the same period. Governor General's Award winners, 1967-1972. No list of titles. William Toye has also edited *The Oxford companion to Canadian literature*, 1983.   F5010 S8 Suppl.   971.003

Supplément à l'ouvrage de Norah Story. Les articles bibliographiques comprennent les livres publiés depuis le début de 1967 jusqu'à la fin de 1972. Les notices sur les auteurs portent principalement sur des romanciers, des poètes, des dramaturges et des historiens de la même période. Gagnants des prix du Gouverneur général, 1967-1972. Aucune liste d'ouvrages. William Toye a aussi dirigé la publication de *The Oxford companion to Canadian literature*, 1983. F5010 S8 Suppl.   971.003

Directories　　　　　　　　　　　　　　　　*Répertoires*

1439

Canadian Historical Association. – *Directory of members = Répertoire des membres.* – (1991)-　. – Ottawa : Canadian Historical Association, 1991-　. – 　vol. – 1183-9260

Irregular. A bilingual directory of individual and institutional members of the Canadian Historical Association. Compiled from a survey of members. Alphabetically arranged in two lists. English- or French-language entries for individuals include: name, mailing address, telephone and fax numbers, e-mail address, institutional affiliation, position, themes and approaches to work, geographical areas and time period, specific interests and areas of expertise, current research. Addresses provided for institutional members. Index of members arranged by institution.　FC4 C352　971.002571

Irrégulier. Répertoire bilingue de personnes et d'établissements membres de la Société historique du Canada. Compilé à partir d'un sondage mené auprès des membres. Classement alphabétique en deux listes. Les notices en anglais ou en français sur les personnes contiennent: nom, adresse postale, numéros de téléphone et de télécopieur, adresse sur courrier électronique, affiliation à un établissement, poste occupé, thèmes et approches dans le travail, régions géographiques et période, intérêts particuliers et domaines de spécialisation, recherche actuelle. Dans le cas des établissements membres, les adresses sont fournies. Index des membres classés par établissements.　FC4 C352　971.002571

1440

Directory of historical organizations in the United States and Canada. – (1956)-　. – Nashville (Tenn.) : American Association for State and Local History, 1956-　. – 　vol. – 1045-465X

Irregular. 14th ed., 1990. A directory of approximately 13,000 historical organizations in the United States and Canada. Includes historical and genealogical societies, archives, libraries, museums and historic sites. Sections for each country are arranged by state or province/territory and city. Entries include: name of organization, street and mailing addresses, telephone number, county, type of agency, year founded, number of staff and members, title of major publication, description of organization, programmes, collections, name of chief administrative officer, names and titles of staff members. Directory of state history offices. Directory of product/service vendors in the United States and Canada. Indexes of programme subjects and organizations.

　Title varies: 1956, 1961, *Directory of historical societies and agencies in the United States and Canada*; 1963-12th ed., 1982, *Directory, historical societies and agencies in the United States and Canada*; 13th ed., 1986, *Directory, historical agencies in North America*. Imprint varies.　E172 A538　973.02573

Irrégulier, 14e éd., 1990. Répertoire d'environ 13 000 organisations historiques des États-Unis et du Canada. Inclut des sociétés historiques et généalogiques, des archives, des bibliothèques, des musées et des lieux historiques. Les sections sur chaque pays sont classées par états ou par provinces/territoires et par villes. Les notices contiennent: nom de l'organisation, adresse municipale et adresse postale, numéro de téléphone, comté, type d'organisme, année de fondation, nombre d'employés et de membres, titre de la principale publication, description de l'organisation, programmes, collections, nom de l'administrateur principal, noms et titres de membres du personnel. Répertoire des bureaux d'état chargés de l'histoire. Répertoire des vendeurs de produits et de services aux États-Unis et au Canada. Index des sujets de programmes et index des organisations.

　Le titre varie: 1956, 1961, *Directory of historical societies and agencies in the United States and Canada*; 1963-12e éd., 1982, *Directory, historical societies and agencies in the United States and Canada*; 13e éd., 1986, *Directory, historical agencies in North America*. L'adresse bibliographique varie.　E172 A538　973.02573

1441

Directory of history departments and organizations in the United States and Canada. – (1975/76)-　. – Washington (D.C.) : American Historical Association, Institutional Services Program, 1976-　. – 　vol. – 1077-8500

Annual. A directory of history departments in universities and colleges in the United States and Canada. 36 Canadian universities with undergraduate and graduate programmes in history are included. Entries are arranged by country and then alphabetically by institution name, and include: address, telephone and fax numbers, name of department chair, degrees offered, academic year system, areas of specialization, tuition, deadlines for admission, etc., enrolment, addresses of offices of admissions and financial aid, full-time and part-time faculty with area of specialization noted, Ph.D.s awarded during previous year. Directory of primarily American historical organizations. Indexes of historians, doctoral degrees, American schools arranged by state, Canadian schools arranged by province, historical organizations. Title varies: 1975/76-1989/90, *Guide to departments of history*.　D16.3 D53 fol.　907.1173

Annuel. Répertoire des départements d'histoire des universités et collèges des États-Unis et du Canada. Inclut 36 universités canadiennes qui offrent des programmes de premier, deuxième et troisième cycles en histoire. Les notices sont classées par pays, puis en ordre alphabétique selon le nom des établissements. Elles contiennent: adresse, numéros de téléphone et de télécopieur, nom du directeur de département, diplômes offerts, année universitaire, domaines de spécialisation, frais de scolarité, dates limites pour la présentation d'une demande d'admission, etc., inscription, adresse du bureau des admissions et du bureau de l'aide financière, professeurs à temps plein et à temps partiel avec domaines de spécialisation, doctorats accordés au cours de l'année antérieure. Répertoire qui contient surtout les organisations historiques américaines. Cinq index: historiens, doctorats, écoles américaines par états, écoles canadiennes par provinces, organisations qui s'occupent d'histoire. Le titre varie: 1975/76-1989/90, *Guide to departments of history*.　D16.3 D53 fol.　907.1173

1442

Handbook to graduate programmes in history in Canada = Guide des programmes d'études supérieures en histoire au Canada. – (1990)-　. – Ottawa : Graduate Students' Committee of the Canadian Historical Association, 1990-　. – 　vol. – 1180-3673

Biennial. A directory of graduate programmes in history available at Canadian universities. Alphabetically arranged by name of institution. Entries include: address, telephone and fax numbers of department, name of graduate director, professors and their areas of

Biennal. Répertoire des programmes de deuxième et troisième cycles en histoire offerts dans les universités canadiennes. Classement alphabétique selon le nom des établissements. Les notices contiennent: l'adresse et les numéros de téléphone et de télécopieur du département,

interest, language of instruction, areas of specialization, special programmes, application information, tuition, descriptions of M.A. and Ph.D. programmes, lists of theses recently completed, funding, student facilities. Entries in English or French. Directory of scholarships available inside and outside Canada. Table of graduate tuition and residence costs at Canadian universities. Copy of questionnaire used in compilation of directory.   FC4 H3 1992   907.1171

le nom du directeur des études supérieures, les professeurs et leurs domaines d'intérêt, la langue d'enseignement, les domaines de spécialisation, les programmes spéciaux, de l'information sur les demandes d'admission, les frais de scolarité, la description des programmes de maîtrise et de doctorat, des listes de thèses récemment terminées, le financement, les services étudiants. Notices en anglais ou en français. Répertoire des bourses offertes à l'intérieur et à l'extérieur du Canada. Tableau des frais de scolarité des deuxième et troisième cycles et des coûts de résidence dans les universités canadiennes. Exemplaire du questionnaire utilisé pour compiler le répertoire.   FC4 H3 1992   907.1171

1443

Handbook to graduate programmes in history in Canada = Guide des programmes d'études supérieures en histoire au Canada. – (1990)-   . – Ottawa : Comité d'étudiants/es diplômés/es de la Société historique du Canada, 1990-   . – vol. – 1180-3673

Biennial. A directory of graduate programmes in history available at Canadian universities. Alphabetically arranged by name of institution. Entries include: address, telephone and fax numbers of department, name of graduate director, professors and their areas of interest, language of instruction, areas of specialization, special programmes, application information, tuition, descriptions of M.A. and Ph.D. programmes, lists of theses recently completed, funding, student facilities. Entries in English or French. Directory of scholarships available inside and outside Canada. Table of graduate tuition and residence costs at Canadian universities. Copy of questionnaire used in compilation of directory.   FC4 H3 1992   907.1171

Biennial. Répertoire des programmes de deuxième et troisième cycles en histoire offerts dans les universités canadiennes. Classement alphabétique selon le nom des établissements. Les notices contiennent: l'adresse et les numéros de téléphone et de télécopieur du département, le nom du directeur des études supérieures, les professeurs et leurs domaines d'intérêt, la langue d'enseignement, les domaines de spécialisation, les programmes spéciaux, de l'information sur les demandes d'admission, les frais de scolarité, la description des programmes de maîtrise et de doctorat, des listes de thèses récemment terminées, le financement, les services étudiants. Notices en anglais ou en français. Répertoire des bourses offertes à l'intérieur et à l'extérieur du Canada. Tableau des frais de scolarité des deuxième et troisième cycles et des coûts de résidence dans les universités canadiennes. Exemplaire du questionnaire utilisé pour compiler le répertoire.   FC4 H3 1992   907.1171

1444

Répertoire des historiens et historiennes de l'Amérique française. – Outremont (Québec) : Institut d'histoire de l'Amérique française, 1990. – ca. 250 p.

A directory of historians whose work is related to the history of French societies in North America. Alphabetically arranged. Entries include name, address, telephone number, place of work, areas of research, publications and subjects taught. Directory of useful addresses. Subject index. 1st ed., 1971, 2nd ed., 1973, 3rd ed., 1977, 4th ed., 1980, 5th ed., 1986, entitled: *Répertoire des historiens du Québec et du Canada français.* Imprint varies.   FC2909.51 R46 1990 907.2022

Répertoire des historiens dont les travaux se rapportent à l'histoire des sociétés françaises en Amérique du Nord. Classement alphabétique. Les notices comprennent le nom, l'adresse, le numéro de téléphone, le lieu de travail, les domaines de recherche, les publications et les sujets enseignées. Répertoire des adresses utiles. Index des sujets. 1re éd., 1971, 2e éd., 1973, 3e éd., 1977, 4e éd., 1980, 5e éd., 1986, intitulées: *Répertoire des historiens du Québec et du Canada français.* L'adresse bibliographique varie.   FC2909.51 R46 1990 907.2022

1445

Société historique du Canada. – *Directory of members = Répertoire des membres.* – (1991)-   . – Ottawa : Société historique du Canada, 1991-   . – vol. – 1183-9260

Irregular. A bilingual directory of individual and institutional members of the Canadian Historical Association. Compiled from a survey of members. Alphabetically arranged in two lists. English- or French-language entries for individuals include: name, mailing address, telephone and fax numbers, e-mail address, institutional affiliation, position, themes and approaches to work, geographical areas and time period, specific interests and areas of expertise, current research. Addresses provided for institutional members. Index of members arranged by institution.   FC4 C352   971.002571

Irrégulier. Répertoire bilingue des personnes et des établissements membres de la Société historique du Canada. Compilé à partir d'un sondage mené auprès des membres. Classement alphabétique en deux listes. Les notices en anglais ou en français sur les personnes comprennent: nom, adresse postale, numéros de téléphone et de télécopieur, adresse sur courrier électronique, affiliation à un établissement, poste occupé, thèmes et approches dans le travail, régions géographiques et période, intérêts particuliers et domaines de spécialisation, recherche actuelle. Dans le cas des établissements membres, les adresses sont fournies. Index des membres classés par établissements.   FC4 C352   971.002571

Documents

Documents

1446

Canadian exploration literature in English : an anthology. – Edited by Germaine Warkentin. – Toronto : Oxford University Press, 1993. – xxiii, 464 p. : maps. – 0195409892 (bd.) 0195408675 (pa.)

An anthology of Canadian exploration literature written in English between 1660 and 1860. Includes selections from journals, letters, reports, etc. Arranged in five thematic parts: discovery or contact?, the North West in the eighteenth century, life and letters among the explorers, an imperial enterprise, prelude to settlement. Suggestions for further reading. Index of proper names.   FC161 C38 1993   971

Anthologie de documents sur l'exploration du Canada écrits en anglais entre 1660 et 1860. Inclut des extraits de revues, de lettres, de rapports, etc. Classement en cinq parties thématiques: la découverte ou les premiers contacts, le Nord-Ouest durant le dix-huitième siècle, la vie et les lettres des explorateurs, une entreprise impériale, le prélude à la colonisation. Lectures suggérées. Index des noms propres.   FC161 C38 1993   971

1447

Canadian historical documents series. – Scarborough (Ont.) : Prentice-Hall of Canada, c1965-c1966. – 3 vol. (xvi, 176 ; xii, 242 ; xvi, 334 p.).

A collection of documents emphasizing the political, social and economic aspects of Canadian history from 1534 to 1949. Vol. 1, *The French Régime*, edited by Cameron Nish; vol. 2, *Pre-Confederation*, edited by P.B. Waite; vol. 3, *Confederation to 1949*, edited by R.C. Brown and M.E. Prang. Reproduces, in whole or in part, public documents such as statutes, debates and reports, as well as manuscript sources such as correspondence and diaries. Documents originally in French have been translated into English. Each volume is arranged chronologically and thematically and includes a bibliography and a subject index.

Vol. 1 reproduced as a sound recording: Toronto : CNIB, [197?], 1 tape reel : 9.5 cm/s, 4 track, mono. Vol. 3 reproduced as a sound recording: Vancouver : Crane Library, 1980, 13 cassettes : 1 7/8 ips, 2 track, mono.; [Peterborough, Ont. : Ontario Audio Library Service, 1982], 3 tape reels : 4.75 cm/s, 4 track, mono.

Vols. 1 and 2 also published in French under the titles: *Le Régime français, 1534-1760*; *L'Amérique britannique du Nord*.   FC18   971

Collection de documents qui soulignent les aspects politiques, sociaux et économiques de l'histoire canadienne de 1534 à 1949. Vol. 1, *The French Régime*, sous la direction de Cameron Nish; vol. 2, *Pre-Confederation*, sous la direction de P.B. Waite; vol. 3, *Confederation to 1949*, sous la direction de R.C. Brown et M.E. Prang. Reproduit en tout ou en partie des documents publics comme des lois, des débats et des rapports ainsi que des sources manuscrites comme de la correspondance et des journaux personnels. Les documents rédigés à l'origine en français ont été traduits en anglais. Dans chaque volume, classement chronologique et thématique, bibliographie et index des sujets.

Le vol. 1 a été reproduit sous forme d'enregistrement sonore: Toronto : CNIB, [197?], 1 bobine : 9.5 cm/s, 4 pistes, monophonique. Le vol. 3 a été reproduit sous forme d'enregistrement sonore : Vancouver : Crane Library, 1980, 13 cassettes : 1 7/8 p/s, 2 pistes, monophonique; [Peterborough, Ont. : Ontario Audio Library Service, 1982], 3 bobines : 4.75 cm/s, 4 pistes, monophonique.

Les vol. 1 et 2 ont aussi été publiés en français sous les titres suivants: *Le Régime français, 1534-1760*; *L'Amérique britannique du Nord*.   FC18   971

1448

The Champlain Society. – ***The publications of The Champlain Society.*** – 1 (1907)-   . – Toronto : the Society, 1907-   . –   vol. : ill. – 0384-6202

The Champlain Society was founded in 1905 to publish rare books or unpublished documents relating to the history of Canada. Notable titles in the series include: *Select British documents of the Canadian War of 1812*; *Documents relating to the seigneurial tenure in Canada, 1598-1854*; *Documents relating to the North West Company*; *The works of Samuel de Champlain*. Society publications are available to individual and institutional Society members. Certain volumes have been reprinted by Greenwood Press of New York and others have been co-published with trade publishers and made available to the public.

Two special series, *Hudson's Bay Company series*, vol. 1 (1938)-vol. 12 (1949), and *Ontario series*, vol. 1 (1957)-   , have also been undertaken. The twelve volumes of the *Hudson's Bay Company series* were reprinted: Nendeln, Liechtenstein : Kraus Reprint, 1968. The series is continued by *The publications of the Hudson's Bay Record Society*, vol. 13 (1950)-   . *The Eldon House diaries : five women's views of the 19th century*, published in 1994, is volume 15 of the *Ontario series*.   FC15   971

La Champlain Society a été fondée en 1905 pour publier des livres rares ou des documents non publiés relatifs à l'histoire du Canada. Il faut notamment souligner les ouvrages suivants: *Select British documents of the Canadian War of 1812*; *Documents relating to the seigneurial tenure in Canada, 1598-1854*; *Documents relating to the North West Company*; *The works of Samuel de Champlain*. Les publications de cette société sont offertes aux personnes et aux établissements membres. Certains volumes ont été réimprimés par Greenwood Press de New York, et d'autres ont été publiés conjointement avec des éditeurs commerciaux pour être mis à la disposition du public.

Deux collections spéciales, *Hudson's Bay Company series*, vol. 1 (1938)-vol. 12 (1949), et *Ontario series*, vol. 1 (1957)-   , ont été commencées. Les douze volumes de la *Hudson's Bay Company series* ont été réimprimés: Nendeln, Liechtenstein : Kraus Reprint, 1968. Cette collection est suivie par *The publications of the Hudson's Bay Record Society*, vol. 13 (1950)-   . *The Eldon House diaries : five women's views of the 19th century*, publié en 1994, constitue le volume 15 de la *Ontario series*.   FC15   971

1449

Documenting Canada : a history of modern Canada in documents. – Dave De Brou and Bill Waiser, editors. – Saskatoon : Fifth House, c1992. – xv, 702 p. – 0920079946

A collection of documents in English, reproduced in whole or in part, relating to the history of Canada since Confederation, with emphasis on the period after World War II. Includes federal-level documents such as acts, charters, treaties, orders in council and

Collection de documents en anglais, reproduits en tout ou en partie, relatifs à l'histoire du Canada depuis la Confédération, avec insistance sur la période qui a suivi la Deuxième Guerre mondiale. Inclut des documents fédéraux comme des lois, des chartes, des traités, des

judicial rulings covering political, constitutional, economic, social and cultural issues. Chronologically arranged according to date of approval, proclamation or reporting. An introduction to each document provides a reference to the source and notes on significance and historical context. Index of titles and subjects. FC18 D63 1992 971.05

décrets et des décisions judiciaires qui portent sur des questions politiques, constitutionnelles, économiques, sociales et culturelles. Classement chronologique selon la date d'approbation, de proclamation ou de rapport. Dans l'introduction à chaque document, on signale la source, de même que l'importance et le contexte historique. Index des titres et des sujets. FC18 D63 1992 971.05

1450

Documents relatifs à l'histoire constitutionnelle du Canada. – Ottawa : Imprimeur du Roi, 1915-1935. – 3 vol. en 4 (xix, 1064 ; xiii, 582 ; xi, 534 p.) : cartes.

A collection of documents relating to the constitutional history of Canada. Volume 1, 1759-1791, 2nd ed. revised in two volumes, 1921, selected and edited by Adam Shortt and Arthur G. Doughty; volume 2, 1791-1818, selected and edited by Arthur G. Doughty and Duncan A. McArthur; volume 3, 1819-1828, selected and edited by Arthur G. Doughty and Norah Story. Includes statutes, court decisions, proclamations, orders in council, reports and debates of legislative bodies, petitions and correspondence. Chronologically arranged. Subject index in each volume. Reproduced in microform format: [Toronto] : Micromedia, [1974?], 24 microfiches. Also published in English under the title: *Documents relating to the constitutional history of Canada.* JL15 971

Collection de documents qui se rapporte à l'histoire constitutionnelle du Canada. Volume 1, 1759-1791, 2ᵉ éd. révisée en deux volumes, 1921, documents choisis et rédigés sous la direction de Adam Shortt et Arthur G. Doughty; volume 2, 1791-1818, documents choisis et rédigés sous la direction de Arthur G. Doughty et Duncan A. McArthur; volume 3, 1819-1828, documents choisis et rédigés sous la direction de Arthur G. Doughty et Norah Story. Inclut des lois, des décisions judiciaires, des proclamations, des décrets, des rapports et des débats d'organismes législatifs, des requêtes et de la correspondance. Classement chronologique. Index des sujets dans chaque volume. Reproduit sur support microforme: [Toronto] : Micromedia, [1974?], 24 microfiches. Publié aussi en anglais sous le titre: *Documents relating to the constitutional history of Canada.* JL15 971

1451

Documents relating to the constitutional history of Canada. – Ottawa : King's Printer, 1914-1935. – 3 vol. in 4 (xvi, 1084 ; xiii, 576 ; xi, 538 p.) : maps.

A collection of documents relating to the constitutional history of Canada. Volume 1, 1759-1791, 2nd ed. revised in two volumes, 1918, selected and edited by Adam Shortt and Arthur G. Doughty; volume 2, 1791-1818, selected and edited by Arthur G. Doughty and Duncan A. McArthur; volume 3, 1819-1828, selected and edited by Arthur G. Doughty and Norah Story. Includes statutes, court decisions, proclamations, orders in council, reports and debates of legislative bodies, petitions and correspondence. Chronologically arranged. Subject index in each volume. Reproduced in microform format: [Toronto] : Micromedia, [1974?], 24 microfiches. Also published in French under the title: *Documents relatifs à l'histoire constitutionnelle du Canada.* JL15 971

Collection de documents qui se rapporte à l'histoire constitutionnelle du Canada. Volume 1, 1759-1791, 2ᵉ éd. révisée en deux volumes, 1918, documents choisis et rédigés sous la direction de Adam Shortt et Arthur G. Doughty; volume 2, 1791-1818, documents choisis et redigés sous la direction de Arthur G. Doughty et Duncan A. McArthur; volume 3, 1819-1828, documents choisis et redigés sous la direction de Arthur G. Doughty et Norah Story. Inclut des lois, des décisions judiciaires, des proclamations, des décrets, des rapports et des débats d'organismes législatifs, des requêtes et de la correspondance. Classement chronologique. Index des sujets dans chaque volume. Reproduit sur support microforme: [Toronto] : Micromedia, [1974?], 24 microfiches. Publié aussi en français sous le titre: *Documents relatifs à l'histoire constitutionnelle du Canada.* JL15 971

1452

Elliot, Helen. – *Fate, hope and editorials : contemporary accounts and opinions in the newspapers, 1862-1873, microfilmed by the CLA/ACB Microfilm Project.* – Ottawa : Canadian Library Association, 1967. – 190 p. – Cover title : *Fate, hope & editorials, 1862-1873.*

Describes approximately 100 Canadian newspapers published between 1862 and 1873 which have been microfilmed by the Canadian Library Association. Arranged by province and city. Each entry includes title, place and dates of publication, dates microfilmed, names of publishers and/or editors, brief essay on editorial policy and content, names of institutions which supplied newspapers. Entries in English or French. Indexes: publisher-proprietor, editor, title-place of publication. F5067 E5 071.1

Décrit environ 100 journaux canadiens publiés entre 1862 et 1873 qui ont été microfilmés par la Canadian Library Association. Classement par provinces et par villes. Chaque notice contient le titre, le lieu et les dates de publication, les dates de création des microfilms, les noms des éditeurs et (ou) des rédacteurs, un court essai sur la politique éditoriale et le contenu, les noms des établissements qui fournissaient des journaux. Notices en anglais ou en français. Trois index: éditeurs-propriétaires, rédacteurs, titres-lieux de publication. F5067 E5 071.1

1453

L'histoire canadienne à travers le document. – Collection dirigée par Michel Allard. – Montréal : Guérin, [1976?]-   . –   vol. : ill., cartes. – 2760114260 (vol. 4) 2760123014 (vol. 5) 2760114104 (vol. 6) 2760121844 (vol. 7)

A collection of documents in French relating to the political, social and economic history of New France, Quebec and Canada. Vol. 1, *La Nouvelle-France, 1534-1713,* 1976?; vol. 2, *La Nouvelle-France, 1713-1760,* 1976?; vol. 3, *Les Deux-Canadas, 1760-1810,* 1978?; vol. 4, *Les Deux-Canadas, 1810-1867,* 1985; vol. 5, *Le Canada, 1867—aujourd'hui,* 1989; vol. 6, *Le Québec, 1867—aujourd'hui,* 1986; vol. 7, *L'Ontario de 1867 à nos jours,* 1988. Includes extracts from official

Collection de documents en français qui se rapportent à l'histoire politique, sociale et économique de la Nouvelle-France, du Québec et du Canada. Vol. 1, *La Nouvelle-France, 1534-1713,* 1976?; vol. 2, *La Nouvelle-France, 1713-1760,* 1976?; vol. 3, *Les Deux-Canadas, 1760-1810,* 1978?; vol. 4, *Les Deux-Canadas, 1810-1867,* 1985; vol. 5, *Le Canada, 1867—aujourd'hui,* 1989; vol. 6, *Le Québec, 1867—aujourd'hui,* 1986; vol. 7, *L'Ontario de 1867 à nos jours,* 1988. Inclut des extraits

documents such as statutes, treaties and royal commission reports, as well as newspaper and periodical articles, correspondence, etc. Numerous maps, photographs and charts. Arrangement within each volume is thematic. Introductions provide historical context. Each volume includes a chronology for the period covered, lists of government and religious leaders, a bibliography and/or reading list, and a subject index. FC18 971

de documents officiels comme les lois, les traités et les rapports des commissions royales ainsi que des articles de journaux et de périodiques, de la correspondance, etc. Nombreux diagrammes, cartes et photographies. Dans chaque volume, classement thématique. Les introductions donnent un contexte historique. Chaque volume contient une chronologie de la période couverte, des listes de dirigeants politiques et religieux, une bibliographie et (ou) une liste de lectures recommandées, et un index des sujets. FC18 971

1454

Histoire du Canada par les textes. – [Textes choisis et commentés par] Guy Frégault, Marcel Trudel, Michel Brunet. – Éd. rev. et augm. – Montréal : Fides, c1963. – 2 vol. (262 ; 281 p.). – 0775501174

1st ed., 1952, in one volume. A collection of documents in French which attempts to summarize significant events in Canadian history. Includes excerpts from public documents such as debates, royal commission reports, treaties, statutes, etc., as well as letters, journals and newspaper articles, dating from 1534 through 1960. Chronological arrangement. Introductions to documents provide historical context and suggestions for further reading. Author and subject index in each volume. Volume 2 of 1963 ed. reprinted in 1979. F5011 B79 1963 971

1re éd., 1952, en un volume. Collection de documents en français par laquelle on tente de résumer les événements importants de l'histoire du Canada. Inclut des extraits de documents publics comme les débats, les rapports des commissions royales, les traités, les lois, etc. ainsi que des lettres et des articles de revues et de journaux, qui datent d'entre 1534 et 1960. Classement chronologique. Les introductions aux documents fournissent un contexte historique et contiennent des suggestions de lecture. Index des auteurs et des sujets dans chaque volume. Le volume 2 de l'édition de 1963 a été réimprimé en 1979. F5011 B79 1963 971

1455

Historical documents of Canada. – General editor, C.P. Stacey. – Toronto : Macmillan of Canada, c1972. – [30], 656 p. – 0770508618 (vol. 5)

Originally intended to be a series of six volumes of historical documents covering the whole of Canadian history. However, only volume 5, entitled *The arts of war and peace, 1914-1945*, was published. This volume, edited by C.P. Stacey, includes extracts from numerous official publications such as statutes, debates, treaties, orders in council, conference proceedings, royal commission reports, as well as military dispatches, newspaper articles, etc., in English. Arranged by subject: for example, constitution and government, politics, law, justice and police, social life and institutions, economic life, religious and cultural development, and external affairs and defence. Brief introduction to each document. Name index. F5004 S75 971.06

Conçu à l'origine comme une série de six volumes de documents historiques sur l'ensemble de l'histoire du Canada. Cependant, seul le volume 5 intitulé *The arts of war and peace, 1914-1945* a été publié. Ce volume publié sous la direction de C.P. Stacey inclut des extraits de nombreuses publications officielles comme les lois, les débats, les traités, les décrets, les actes de congrès, les rapports des commissions royales ainsi que des dépêches militaires, des articles de journaux, etc., le tout en anglais. Classement par sujets, par exemple la constitution et le gouvernement, la politique, le droit, la justice et la police, la vie sociale et les institutions, la vie économique, le développement religieux et culturel, et les affaires extérieures et la défense. Courte introduction à chaque document. Index des noms. F5004 S75 971.06

1456

Morse, William Inglis. – *Acadiensia nova (1598-1779) in two volumes. New and unpublished documents and other data relating to Acadia (Nova Scotia, New Brunswick, Maine, etc.).* – London : Bernard Quaritch Ltd., 1935. – 2 vol. (xxx, 222 p. [15] leaves of plates, [4] folded leaves ; x, 170 p., [9] leaves of plates, [9] folded leaves) : ill., maps.

Texts of documents relating to the history of Acadia collected and edited by William Inglis Morse. Among the documents are Intendant de Meulles' account of his travels in Acadia, 1685-1686, census of Acadia by Gargas, 1687-1688, and an article on the "utility of Nova Scotia" by J.F.W. DesBarres. Introductions to documents. Bibliography. Index in volume 2. F5202 M6 971.5

Textes relatifs à l'histoire de l'Acadie, rassemblés et rédigés par William Inglis Morse. Ces documents comprennent le récit des voyages en Acadie de l'intendant de Meulle, 1685-1686, le recensement fait en Acadie par Gargas, 1687-1688, et un article sur «l'utilité de la Nouvelle-Écosse» par J.F.W. DesBarres. Introductions aux documents. Bibliographie. Le volume 2 contient un index.

1457

New American world : a documentary history of North America to 1612. – Edited, with a commentary by David B. Quinn, with the assistance of Alison M. Quinn and Susan Hillier. – New York : Arno Press : Hector Bye, 1979. – 5 vol. : ill. – 0405107595 (set)

A collection of documents relating to the early exploration and settlement of North America. Includes written texts such as accounts of voyages and correspondence as well as maps. Most texts are reproduced in full. Documents in languages other than English have been translated. Historical introductions to series of related documents. Brief introductions to individual documents with bibliographical references. Bibliography and name-subject index for the set in vol. 5. Vol. 1, *America from concept to discovery. Early exploration of North America*; vol. 2, *Major Spanish searches in Eastern North America. Franco-Spanish clash in Florida. The beginnings of Spanish Florida*; vol. 3, *English plans for North America. The Roanoke voyages. New England ventures*; vol. 4, *Newfoundland from fishery to colony. Northwest Passage searches*; vol. 5, *The extension of settlement in Florida, Virginia and the Spanish southwest.* E101 N48 fol. 970.01

Collection de documents relatifs aux premières explorations et à la colonisation de l'Amérique du Nord. Inclut des textes écrits, comme des récits de voyage et de la correspondance, ainsi que des cartes. La plupart des textes sont reproduits au complet. Les documents écrits dans des langues autres que l'anglais ont été traduits. Introductions historiques aux collections de documents connexes. Courtes introductions sur les documents particuliers avec références bibliographiques. Bibliographie et index des noms et des sujets pour l'ensemble dans le volume 5. Vol. 1, *America from concept to discovery. Early exploration of North America*; vol. 2, *Major Spanish searches in Eastern North America. Franco-Spanish clash in Florida. The beginnings of Spanish Florida*; vol. 3, *English plans for North America. The Roanoke voyages. New England ventures*; vol. 4, *Newfoundland from fishery to colony. Northwest Passage searches*; vol. 5, *The extension of settlement in Florida, Virginia and the Spanish southwest.* E101 N48 fol. 970.01

Encyclopedias

Encyclopédies

1458

Burpee, Lawrence J. – *Oxford encyclopaedia of Canadian history.* – Anniversary ed. – London : Oxford University Press, 1927. – vi, [2], 699 p. : ill., maps. – (Makers of Canada series ; vol. 12).

An encyclopedia of events, persons and places significant in the history of Canada. Brief articles are alphabetically arranged and include bibliographical references. Some of the articles were previously published in the *Index and dictionary of Canadian history* (Toronto : Morang & Co., 1911), edited by Lawrence J. Burpee and Arthur G. Doughty, which also included an index to the twenty-volume series, *The makers of Canada.* F5010 B8 1926 971

Encyclopédie sur les événements, les personnes et les lieux importants de l'histoire du Canada. Les courts articles sont classés en ordre alphabétique et comprennent des références bibliographiques. Certains articles ont déjà été publiés dans *Index and dictionary of Canadian history* (Toronto : Morang & Co., 1911), sous la direction de Lawrence J. Burpee et Arthur G. Doughty, qui incluait aussi un index de la collection en vingt volumes, *The makers of Canada.* F5010 B8 1926 971

1459

Canada and its provinces : a history of the Canadian people and their institutions. – By one hundred associates ; Adam Shortt, Arthur G. Doughty, general editors. – Authors' ed. – Toronto : Printed by T. & A. Constable at the Edinburgh University Press for the Publishers' Association of Canada, 1913-1917. – 23 vol. : ill., facsims., maps (some col.), ports.

Signed thematic articles on persons and subjects related to the history of Canada. Arranged in eleven principal sections: New France, 1534-1760; British dominion, 1760-1840; United Canada, 1840-1867; political development; industrial development; missions; arts and letters; Atlantic Provinces; Quebec; Ontario; Prairie Provinces; British Columbia. Vol. 23 includes a general index, an inventory of manuscript sources, a detailed bibliography arranged according to the volumes in the set, a chronology, historic tables and a list of subscribers. Another edition without illustrations was printed by T. & A. Constable. Reprinted: Toronto : Glasgow, Brook, 1914-1917. F5011 S5 fol. 971

Articles thématiques signés qui portent sur des personnes et des sujets relatifs à l'histoire du Canada. Classement en onze grandes sections: la Nouvelle-France, 1534-1760; la colonie britannique, 1760-1840; le Canada-Uni, 1840-1867; le développement politique; le développement industriel; les missions; les arts et les lettres; les provinces de l'Atlantique; le Québec; l'Ontario; les provinces des Prairies; la Colombie-Britannique. Le volume 23 comprend un index général, un relevé des sources manuscrites, une bibliographie détaillée avec classement en fonction du volume, une chronologie, des tableaux historiques et une liste d'abonnés. T. & A. Constable a imprimé une autre édition sans illustrations. Réimprimé: Toronto : Glasgow, Brook, 1914-1917. F5011 S5 fol. 971

1460

Colombo, John Robert. – *Mysterious Canada : strange sights, extraordinary events, and peculiar places.* – Toronto : Doubleday Canada, c1988. – xii, 436 p. : ill., ports. – 0385251505

Brief essays describe Canadian mysteries relating to lost worlds, wild creatures, spirits and spectres, extraordinary experiences, alien encounters, etc. Approximately 365 cities, towns, reserves, rivers, regions, etc., are arranged alphabetically within province or territory. Bibliography. Index of personal names, place names and subjects. Reproduced as a sound recording: Toronto : CNIB, [1989], cassettes : 2.5 cm/s, 4 track, mono. FC176 C64 1988 fol. 001.90971

Courts essais qui décrivent les mystères canadiens relatifs aux mondes perdus, aux créatures sauvages, aux esprits et aux spectres, aux expériences extraordinaires, aux rencontres avec des extraterrestres, etc. Environ 365 villes, réserves, rivières, régions, etc. sont classées en ordre alphabétique par provinces ou territoires. Bibliographie. Index des noms de personnes et de lieux et des sujets. Reproduit sous forme d'enregistrement sonore: Toronto : CNIB, [1989], cassettes : 2,5 cm/s, 4 pistes, monophonique. FC176 C64 1988 fol. 001.90971

1461

Encyclopedia of the North American colonies. – Editor in chief, Jacob Ernest Cooke ; associate editors, W.J. Eccles [et al.] ; special consultants, Mathé Allain [et al.]. – New York : Charles Scribner's Sons ; Don Mills (Ont.) : Maxwell Macmillan Canada, c1993. – 3 vol. (xxxv, 745 ; x, 787 ; xi, 865 p.) : maps. – 0684192691 (set) 0684196093 (vol. 1) 0684196107 (vol. 2) 0684196115 (vol. 3)

An encyclopedia of the history of colonial United States and Canada. Covers the period from the tenth-century Norse settlement in Newfoundland to the 1820s in New Mexico and the 1860s in Alaska. Signed essays by 193 scholars are arranged by theme including Old World expansion, government and law, labour systems, racial interaction, folkways, families and the life course, etc. Each thematic part is subarranged by subject and colonial power. Essays on Native governments, economies, languages, families, aesthetics, religions and interaction with colonists are also included. Bibliography with each essay. Chronology in volume 1. List of contributors and subject index in volume 3. E45 E53 1993 fol. 940.03

Encyclopédie de l'histoire des colonies aux États-Unis et au Canada. Couvre la période depuis la colonie norroise à Terre-Neuve du dixième siècle jusqu'aux années 1820 au Nouveau-Mexique et aux années 1860 en Alaska. Les essais signés par 193 universitaires sont classés par thèmes, comme l'expansion de l'Ancien monde, le gouvernement et le droit, les régimes de travail, l'interaction raciale, les traditions populaires, les familles et la vie quotidienne, etc. Dans chaque partie thématique, sous-classement par sujets et par autorités coloniales. Contient aussi des essais sur les gouvernements, l'économie, les langues, les familles, l'esthétique et les religions des Autochtones, et l'interaction de ceux-ci avec les colons. Une bibliographie accompagne chaque essai. Chronologie dans le volume 1. Liste des collaborateurs et index des sujets dans le volume 3. E45 E53 1993 fol. 940.03

Handbooks

Guides

1462

Guide de chercheur en histoire canadienne. – Rédaction, Gilbert Caron [et al.] ; recherche, Hélène Bernier [et al.] ; conception et coordination, Jean Hamelin. – Québec : Presses de l'Université Laval, 1986. – xxxii, 808 p. – 2763770967

A bibliographical guide to all aspects of research in Canadian history. Five parts: research tools including reference works, bibliographies and surveys of world history; archival resources, official publications, historical texts and statistical sources; studies including surveys of Canadian history, monographs, studies in historiography and educational material; brief bibliographies on related subjects, for example, political science, economics, demography, sociology, anthropology, etc.; history as a discipline, with bibliographies, information on associations, research centres, funding, presentation of research results, etc. Subject and name indexes. Replaces: *Le guide d'histoire du Canada* (Québec : Presses de l'Université Laval, 1969). Z1382 H3 1986 fol.   016.971

Guide bibliographique sur tous les aspects de la recherche en histoire canadienne. Cinq parties: outils de recherche, y compris les ouvrages de référence, les bibliographies et les survols de l'histoire mondiale; les sources d'archives, les publications officielles, les textes historiques et les sources statistiques; les études, y compris les aperçus de l'histoire du Canada, les monographies, les études en historiographie et les documents éducatifs; de courtes bibliographies sur des sujets connexes, comme la science politique, l'économie, la démographie, la sociologie, l'anthropologie, etc.; l'histoire en tant que discipline, avec des bibliographies et de l'information sur les associations, les centres de recherche, le financement, la présentation des résultats de recherche, etc. Index de sujets et index des noms. Remplace: *Le guide d'histoire du Canada* (Québec : Presses de l'Université Laval, 1969). Z1382 H3 1986 fol.   016.971

1463

Morton, Desmond. – *Canadian history.* – [Ottawa] : Dept. of the Secretary of State of Canada, Canadian Studies Directorate, c1992. – [8], 31, [1], [1], 33, [8] p. – (Canadian studies resource guides. Second series). – 0660588371 – Title on added t.p. : *L'histoire du Canada.*

A guide to basic sources for the study of Canadian history. Includes a brief overview essay and a chronology. Lists essential works on Canadian history, and others recommended for further reading. Includes major Canadian reference sources of use in historical research as well as microform, audio-visual and computer-based sources. Reproduced in microform format: *Microlog*, no. 93-01331. Replaces: Waite, P. B., *Canadian history* ([Ottawa] : Dept. of the Secretary of State of Canada, c1988).   Z1382 M67 1992   016.971

Guide sur les sources de base pour l'étude de l'histoire du Canada. Inclut un court essai d'aperçu et une chronologie. Donne la liste des ouvrages essentiels sur l'histoire du Canada et d'autres ouvrages recommandés. Inclut les principales sources de référence canadiennes utilisées dans la recherche historique ainsi que les sources sur microforme, les sources audiovisuelles et les sources informatiques. Reproduit sur support microforme: *Microlog*, n° 93-01331. Remplace: Waite, P. B., *L'histoire du Canada* ([Ottawa] : Secrétariat d'État du Canada, c1988).   Z1382 M67 1992   016.971

1464

Morton, Desmond. – *L'histoire du Canada.* – [Ottawa] : Secrétariat d'État du Canada, Direction des études canadiennes, c1992. – [8], 33, [1], [1], 31, [8] p. – (Guides pédagogiques des études canadiennes. Deuxième collection). – 0660588371 – Titre de la p. de t. additionnelle : *Canadian history.*

A guide to basic sources for the study of Canadian history. Includes a brief overview essay and a chronology. Lists essential works on Canadian history, and others recommended for further reading. Includes major Canadian reference sources of use in historical research as well as microform, audio-visual and computer-based sources. Reproduced in microform format: *Microlog*, no. 93-01331. Replaces: Waite, P. B., *Canadian history* ([Ottawa] : Dept. of the Secretary of State of Canada, c1988).   Z1382 M67 1992   016.971

Guide sur les sources de base pour l'étude de l'histoire du Canada. Inclut un court essai d'aperçu et une chronologie. Donne la liste des ouvrages essentiels sur l'histoire du Canada et d'autres ouvrages recommandés. Inclut les principales sources de référence canadiennes utilisées dans la recherche historique ainsi que les sources sur microforme, les sources audiovisuelles et les sources informatiques. Reproduit sur support microforme: *Microlog*, n° 93-01331. Remplace: Waite, P. B., *L'histoire du Canada* ([Ottawa] : Secrétariat d'État du Canada, c1988).   Z1382 M67 1992   016.971

Indexes

Index

1465

America, history and life : article abstracts and citations of reviews and dissertations covering the United States and Canada. – Vol. 1 (July 1964)-   . – Santa Barbara (Calif.) : ABC-Clio, 1964-   . –   vol. – 0002-7065

Three issues per year, vol. 1 (1964/65)-vol. 4 (1967/68); four issues per year, vol. 5 (1968/69)-vol. 10 (1973); seven issues per year, vol. 11 (1974)-vol. 25 (1988); five issues per year, vol. 26 (1989)-   . Provides signed abstracts of articles and citations for reviews and dissertations on the history and culture of the United States and Canada. Articles are indexed from 2,100 serial publications of which approximately 900 are published in North America. Includes serials in over 40 languages. Reviews of books and, since vol. 26 (1989), works in microform format, films and videos are cited. Information on dissertations is taken from *Dissertation abstracts international.* Vol. 0 was published in 1972 and includes 6,154 abstracts for periodical literature of the period 1954-1963.

Trois numéros par année, vol. 1 (1964/65)-vol. 4 (1967/68); quatre numéros par année, vol. 5 (1968/69)-vol. 10 (1973); sept numéros par année, vol. 11 (1974)-vol. 25 (1988); cinq numéros par année, vol. 26 (1989)-   . Fournit des résumés signés d'articles ainsi que des références à des critiques et à des dissertations qui portent sur l'histoire et la culture des États-Unis et du Canada. Les articles sont répertoriés à partir de 2 100 publications en série dont environ 900 sont publiées en Amérique du Nord. Inclut des publications en série en plus de 40 langues. Des critiques de livres et, depuis le vol. 26 (1989), des ouvrages sur microforme, des films et des documents vidéo sont mentionnés. Les données sur les dissertations sont tirées de *Dissertation abstracts international.* Le vol. 0 publié en 1972 inclut

Each issue is arranged in sections covering the following: North America; Canada; national history of the United States to 1945; United States, 1945 to present; regional, state and local history; history, humanities and social sciences. The section on Canada is arranged by period, region and province. Each of issues 1-3 contains four indexes: subject; author; book, microfiche, film/video title; reviewer. Issue 5 is an annual cumulative index and includes lists of abstracters and periodicals. Five-year indexes have also been published for 1964/65-1968/69, 1969/70-1973, 1974-1978 and 1964-1973 supplement, 1979-1983, 1984-1988.

Available online through DIALOG. Updated quarterly. Coverage, 1964- . Available on CD-ROM: *America history and life on disc*. Updated three times per year. Coverage, 1987- .

Citations for articles, with abstracts, have been selected from the *America, history and life* database and compiled as print subject bibliographies in the *Clio bibliography series*, for example: *The history of Canada : an annotated bibliography* (Santa Barbara (Calif.) : ABC-Clio, c1983); *Women in American history* (Santa Barbara (Calif.) : ABC-Clio, c1979-c1985); *Indians of the United States and Canada : a bibliography* (Santa Barbara (Calif.) : ABC-Clio, c1974-c1983). Z1236 A48 fol. 016.97

6 154 résumés d'articles de périodiques de la période 1954-1963.

Chaque numéro est classé en sections qui portent sur ce qui suit: l'Amérique du Nord; le Canada; l'histoire nationale des États-Unis jusqu'en 1945; les États-Unis, de 1945 à aujourd'hui; l'histoire régionale, d'état ou locale; l'histoire et les sciences humaines et sociales. La section sur le Canada est divisée par périodes, par régions et par provinces. Chacun des numéros 1-3 contient quatre index: sujets; auteurs; titres de livres, de microfiches et de film/vidéo; critiques. Le numéro 5 constitue un index cumulatif et inclut des listes d'analystes et de périodiques. Des index qui portent sur cinq ans ont aussi été publiés pour les périodes 1964/65-1968/69, 1969/70-1973, 1974-1978 et le supplément 1964-1973, 1979-1983, 1984-1988.

Accessible en direct via le serveur DIALOG. Mise à jour trimestrielle. Période couverte, 1964- . Disponible sur CD-ROM: *America history and life on disc*. Mis à jour trois fois par année. Période couverte, 1987- .

Les références aux articles avec résumés ont été choisies dans la base de données *America, history and life* et compilées à titre de bibliographies imprimées sur des sujets particuliers dans *Clio bibliography series*, par exemple: *The history of Canada : an annotated bibliography* (Santa Barbara (Calif.) : ABC-Clio, c1983); *Women in American history* (Santa Barbara (Calif.) : ABC-Clio, c1979-c1985); *Indians of the United States and Canada : a bibliography* (Santa Barbara (Calif.) : ABC-Clio, c1974-c1983). Z1236 A48 fol. 016.97

1466

Canada. Législature. – *Index aux Débats parlementaires sur la Confédération des provinces de l'Amérique du Nord britannique, 3ᵉ session, 8ᵉ Parlement provincial du Canada (1865).* – Compilateur, M.A. Lapin ; éditeur, J.S. Patrick. – Ottawa : Archives publiques du Canada, Division des publications, 1952. – 71 p. : 1 ill. – Titre de la couv. : *Index aux débats sur la Confédération, 1865.*

A subject index to the Confederation debates of 1865. Alphabetically arranged. Also published in English under the title: *Index to Parliamentary debates on the subject of the confederation of the British North American Provinces, 3rd Session, 8th Provincial Parliament of Canada (1865).* FC472 C3514 1952 016.971049

Index des sujets des débats de 1865 sur la Confédération. Classement alphabétique. Publié aussi en anglais sous le titre: *Index to Parliamentary debates on the subject of the confederation of the British North American Provinces, 3rd Session, 8th Provincial Parliament of Canada (1865).* FC472 C3514 1952 016.971049

1467

Canada. Legislature. – *Index to Parliamentary debates on the subject of the Confederation of the British North American Provinces, 3rd Session, 8th Provincial Parliament of Canada (1865).* – Compiled by M.A. Lapin ; edited and revised by J.S. Patrick. – Ottawa : Public Archives of Canada, Publications Division, 1951. – 69 p. : 1 ill. – Cover title : *Index to the Confederation debates of 1865.*

A subject index to the Confederation debates of 1865. Alphabetically arranged. Also published in French under the title: *Index aux débats parlementaires sur la confédération des provinces de l'Amérique du Nord britannique, 3ᵉ session, 8ᵉ Parlement provincial du Canada (1865).* FC472 C35 1951 016.971049

Index des sujets des débats de 1865 sur la Confédération. Classement alphabétique. Publié aussi en français sous le titre: *Index aux débats parlementaires sur la confédération des provinces de l'Amérique du Nord britannique, 3ᵉ session, 8ᵉ Parlement provincial du Canada (1865).* FC472 C35 1951 016.971049

1468

Canada's visual history : index volumes 1-80. Using Canada's visual history in the classroom. – [Ottawa] : Canadian Museum of Civilization : National Film Board of Canada, 1990. – 19, [41], [41], 19 p. : ill. – Title on added t.p. : *Histoire du Canada en images : index volumes 1-80. L'utilisation d'Histoire du Canada en images à l'école.*

An alphabetically arranged subject index to the 80 volumes which make up the series *Canada's visual history*. This series, which focusses on Canada's material and social history, was co-produced by the Canadian Museum of Civilization and the National Film Board of Canada. Each volume, prepared by a specialist in the field covered, includes essays, bibliographies, suggested classroom activities and a set of slides. Intended for use by students and teachers at the secondary and post-secondary levels. List of volumes in the series. Essay by Ken Osborne, "Using Canada's visual history in the classroom". The 80 volumes of the series are also available on one CD-ROM from the Canadian Museum of Civilization. FC59 016.971

Index alphabétique des sujets des 80 volumes qui forment la collection *Histoire du Canada en images*. Cette collection qui porte sur l'histoire matérielle et sociale du Canada a été produite en collaboration par le Musée canadien des civilisations et l'Office national du film du Canada. Chaque volume, préparé par un spécialiste du domaine traité, inclut des essais, des bibliographies, des activités suggérées pour la classe et un jeu de diapositives. Conçu à l'intention des étudiants et des professeurs des niveaux secondaires et post-secondaires. Liste des volumes de la collection. Essai par Ken Osborne, «L'utilisation d'Histoire du Canada en images à l'école». Le Musée canadien des civilisations offre aussi la collection de 80 volumes sur un CD-ROM. FC59 016.971

1469

Canadian Historical Association. – *Index to the Annual report, 1922-1951.* – Ottawa : the Association, 1952. – ix, 43 p. – Title on added t.p. : *Index du Rapport annuel, 1922-1951.*

Author and subject indexes to the *Annual report* of the Association, 1922-1951. Tables of contents of reports. Continued by: *Index to Annual report, 1952-1966 and Historical papers, 1967-1968 = Index du Rapport annuel, 1952-1966 et Communications historiques, 1967-1968.* The *Annual report* and *Historical papers* are indexed in *Canadian periodical index*, 1922- .   F5000 C252   016.971

Index des auteurs et index des sujets des rapports annuels de l'Association, 1922-1951. Tables des matières des rapports. Suivi de: *Index to Annual report, 1952-1966 and Historical papers, 1967-1968 = Index du Rapport annuel, 1952-1966 et Communications historiques, 1967-1968. Rapport annuel* et *Communications historiques* sont répertoriés dans *Index de périodiques canadiens*, 1922- .   F5000 C252   016.971

1470

Canadian Historical Association. – *Index to Annual report, 1952-1966 and Historical papers, 1967-1968 = Index du Rapport annuel, 1952-1966 et Communications historiques, 1967-1968.* – Ottawa : the Association, 1969. – vi, 28 p.

Continues: *Index to the Annual report, 1922-1951.*   F5000 C252 016.971

Suite de: *Index du Rapport annuel, 1922-1951.*   F5000 C252 016.971

1471

The Canadian historical review index. – Toronto : University of Toronto Press, 1930-c1993. – 5 vol. (284 ; 432 ; 404 ; 219 ; 317 p.). – 0802021565 (vol. 4) 0802027962 (vol. 5)

An index to articles and book reviews published in the *Canadian historical review*. Five volumes cover: vol. 1 (1920)-vol. 10 (1929); vol. 11 (1930)-vol. 20 (1939); vol. 21 (1940)-vol. 30 (1949); vol. 31 (1950)-vol. 51 (1970); vol. 52 (1971)-vol. 71 (1990). Volumes covering 1920-1949 are arranged in two sections covering authors and subjects, and also index all books and articles listed in the section "Recent publications relating to Canada" in the *Review*. The 1950-1970 volume indexes articles by author and subject, and books reviewed by author and reviewer. The 1971-1990 volume indexes articles by author and subject, and books reviewed by author and title. The latter two indexes also have a separate section for miscellaneous items such as correspondence, obituaries and university staff appointments. The *Canadian historical review* is also indexed in *Canadian periodical index*, 1920- , and *Canadian magazine index* and *Canadian index*, 1985- .

A French-language subject index has also been published: *Canadian historical review, 1950-1964 : index des articles et des comptes rendus de volumes* (Québec : Centre de documentation, Université Laval, 1969). Three indexes: French subject descriptors, authors of works reviewed, authors of articles and reviews.   F5000 C27 fol. Index 016.971

Index aux articles et aux critiques de livres publiés dans *Canadian historical review*. Cinq volumes: vol. 1 (1920)-vol. 10 (1929); vol. 11 (1930)-vol. 20 (1939); vol. 21 (1940)-vol. 30 (1949); vol. 31 (1950)-vol. 51 (1970); vol. 52 (1971)-vol. 71 (1990). Les volumes sur la période 1920-1949 sont divisés en deux sections, l'une sur les auteurs et l'autre sur les sujets. Y sont répertoriés tous les livres et les articles mentionnés dans la section «Recent publications relating to Canada» de *Review*. Le volume 1950-1970 répertorie les articles par auteurs et par sujets ainsi que les livres critiqués par auteurs et par critiques. Le volume 1971-1990 répertorie les articles par auteurs et par sujets ainsi que les livres critiqués par auteurs et par titres. Les deux derniers index comprennent aussi une section distincte d'éléments divers comme la correspondance, les notices nécrologiques et les nominations de personnel dans les universités. *Canadian historical review* est aussi répertorié dans *Index de périodiques canadiens*, 1920- , et dans *Canadian magazine index* et *Canadian index*, 1985- .

Un index des sujets en français a aussi été publié: *Canadian historical review, 1950-1964 : index des articles et des comptes rendus de volumes* (Québec : Centre de documentation, Université Laval, 1969). Trois index: descripteurs français, auteurs des ouvrages critiqués, auteurs des articles et des critiques.   F5000 C27 fol. Index

1472

Histoire du Canada en images : index volumes 1-80. L'utilisation d'Histoire du Canada en images à l'école. – [Ottawa] : Musée canadien des civilisations : Office national du film du Canada, 1990. – 19, [41], [41], 19 p. : ill. – Titre de la p. de t. additionnelle : *Canada's visual history : index volumes 1-80. Using Canada's visual history in the classroom.*

An alphabetically arranged subject index to the 80 volumes which make up the series *Canada's visual history*. This series, which focusses on Canada's material and social history, was co-produced by the Canadian Museum of Civilization and the National Film Board of Canada. Each volume, prepared by a specialist in the field covered, includes essays, bibliographies, suggested classroom activities and a set of slides. Intended for use by students and teachers at the secondary and post-secondary levels. List of volumes in the series. Essay by Ken Osborne, "Using Canada's visual history in the classroom". The 80 volumes of the series are also available on one CD-ROM from the Canadian Museum of Civilization.   FC59   016.971

Index alphabétique des sujets des 80 volumes qui forment la collection *Histoire du Canada en images*. Cette collection qui porte sur l'histoire matérielle et sociale du Canada a été produite en collaboration par le Musée canadien des civilisations et l'Office national du film du Canada. Chaque volume, préparé par un spécialiste du domaine traité, inclut des essais, des bibliographies, des activités suggérées pour la classe et un jeu de diapositives. Conçu à l'intention des étudiants et des professeurs des niveaux secondaire et post-secondaires. Donne la liste des volumes de la collection. Essai par Ken Osborne, «L'utilisation d'Histoire du Canada en images à l'école». Le Musée canadien des civilisations offre aussi la collection de 80 volumes sur un CD-ROM.   FC59   016.971

1473

Index to The Beaver. – [Winnipeg? : Hudson's Bay Company, 1955?-1983?]. –   vol.

An author and subject index to articles, book reviews, maps and illustrations in *The Beaver*, journal of the Hudson's Bay Company on the Canadian north. One volume cumulative index covers (October 1920)-(March 1954). Annual supplements cover (March 1954)-

Index des auteurs et des sujets des articles, des critiques de livres, des cartes et des illustrations qui ont paru dans *The Beaver*, la revue de la Compagnie de la Baie d'Hudson dans le nord canadien. Index cumulatif en un volume couvre (octobre 1920)-(mars 1954). Les

(Spring 1982). Supplements from Summer 1973 forward are arranged in four sections: authors-titles, subjects, illustrations, maps. *The Beaver* is indexed in *Canadian periodical index*, 1920- . F5550 B4 Index fol.   016.9719

suppléments annuels couvrent (mars 1954)-(printemps 1982). À partir de l'été 1973, les suppléments sont divisés en quatre sections: auteurs-titres, sujets, illustrations, cartes. *The Beaver* est répertorié dans *Index de périodiques canadiens*, 1920- .   F5550 B4 Index fol.   016.9719

1474

Irish University Press. – *Index to British parliamentary papers on Canada and Canadian boundary, 1800-1899.* – Dublin : Irish University Press, c1974. – xxv, 159 p. – 0716522411 – Half title : *Canada & Canadian boundary index.*

An index to British parliamentary papers relating to Canada as a colony and its boundaries, 1800-1899. These papers were reprinted in two sets by the Irish University Press (IUP) under the titles: *Colonies : Canada* and *Canadian boundary.* The index can be used with the offical bound set of parliamentary papers as well. Subjects, places and names of persons are arranged in one alphabetical sequence. Chronological list of papers indexed. Chronological table of imperial statutes referred to in the Canada papers. J301 H6 C64 fol.   971

Index des documents parlementaires britanniques qui se rapportent à la colonie du Canada et à ses frontières, 1800-1899. Ces documents ont été réimprimés en deux ensembles par Irish University Press (IUP) sous les titres: *Colonies : Canada* et *Canadian boundary.* L'index peut être aussi utilisé avec l'ensemble officiel relié de documents parlementaires. Sujets, lieux et noms de personnes en une seule liste alphabétique. Liste chronologique des documents indexés. Tableau chronologique des lois impériales mentionnées dans les documents sur le Canada.   J301 H6 C64 fol.   971

1475

Muise, Delphin A. [Delphin Andrew]. – *An index to selected articles on Canadian history.* – [S.l. : s.n.], 1967. – 316 leaves.

An index to articles on Canadian history published in 29 Canadian and American scholarly journals up to summer 1967. Emphasis on the history of the Maritime Provinces. Arranged by subject. List of periodicals examined.   Z1382 M85 fol.   016.971

Index d'articles sur l'histoire du Canada publiés dans 29 revues savantes canadiennes et américaines jusqu'à l'été 1967. Insistance sur l'histoire des provinces maritimes. Classement par sujets. Liste des périodiques examinés.   Z1382 M85 fol.   016.971

1476

Revue d'histoire de l'Amérique française : index. – Montréal : Institut d'histoire de l'Amérique française, 1957-[1987?]. – 4 vol. (315 ; 379 ; 148 ; 183 p.).

Indexes to articles, book reviews, historical documents and bibli- ographies published in the *Revue d'histoire de l'Amérique française.* The journal was founded by Lionel Groulx in 1947. Four volumes cover: vol. 1 (1947)-vol. 10 (1957); vol. 11 (1957)-vol. 20 (March 1967); vol. 21 (June 1967)-vol. 30 (March 1977); vol. 31 (June 1977)-vol. 40 (Spring 1987). First two indexes alphabetically arranged by subject. Index volumes for June 1967-Spring 1987 have separate indexes for authors and subjects of articles, books reviewed, authors of book reviews, etc. The *Revue* is also indexed in *Canadian periodical index*, 1948- , and *Index analytique*, *Périodex*, *Radar* and *Point de repère*, 1966- .   F5000 R48   016.971

Index des articles, des critiques de livres, des documents historiques et des bibliographies publiés dans la *Revue d'histoire de l'Amérique française.* Cette revue a été fondée en 1947 par Lionel Groulx. Quatre volumes: vol. 1 (1947)-vol. 10 (1957); vol. 11 (1957)-vol. 20 (mars 1967); vol. 21 (juin 1967)-vol. 30 (mars 1977); vol. 31 (juin 1977)- vol. 40 (printemps 1987). Dans les deux premiers index, classement alphabétique par sujets. Les index de juin 1967-printemps 1987, comprennent des index distincts des auteurs et des sujets des articles, des livres critiqués, des auteurs des critiques de livres, etc. La *Revue* est aussi répertoriée dans *Index de périodiques canadiens*, 1948- , et dans *Index analytique*, *Périodex*, *Radar* et *Point de repère*, 1966- . F5000 R48   016.971

1477

Société historique acadienne. – *Les cahiers : index.* – Vol. 9, n° 2-3 (juin-sept. 1978) ; vol. 24, n° 1-2 (janv.-juin 1993). – Moncton : la Société, 1978-1993. – 2 vol. ([4, 186] ; 143 p.). – 0049-1098

An index to the volumes of *Les cahiers* published for the years 1961 through 1992. Two volumes cover 1961-1976 and 1977-1992. The first volume lists names of persons and families, place names, names of boats, subjects, and titles of newspapers in one alphabetical sequence. The second volume is arranged in five parts: authors of articles, titles of articles, names of persons mentioned, names of places mentioned, subjects.   F5060 S6   016.9715

Index des volumes de *Les cahiers* publiés de 1961 à 1992. Deux volumes qui portent l'un sur 1961-1976 et l'autre sur 1977-1992. Le premier volume donne en une seule suite alphabétique la liste des noms de personnes, de familles, de lieux et de navires, des sujets et des titres de journaux. Le deuxième volume est divisé en cinq parties: auteurs des articles, titres des articles, noms des personnes mentionnées, noms des lieux mentionnés, sujets.   F5060 S6 016.9715

1478

Société historique du Canada. – *Index du Rapport annuel, 1922-1951.* – Ottawa : la Société, 1952. – ix, 43 p. – Titre de la p. de t. addition- nelle : *Index to the Annual report, 1922-1951.*

Author and subject indexes to the *Annual report* of the Association, 1922-1951. Tables of contents of reports. Continued by: *Index to Annual report, 1952-1966 and Historical papers, 1967-1968 = Index du Rapport annuel, 1952-1966 et Communications historiques, 1967-1968.* The *Annual report* and *Historical papers* are indexed in *Canadian periodical index*, 1922- .   F5000 C252   016.971

Index des auteurs et index des sujets des rapports annuels de l'Association, 1922-1951. Tables des matières des rapports. Suivi de: *Index to Annual report, 1952-1966 and Historical papers, 1967-1968 = Index du Rapport annuel, 1952-1966 et Communications historiques, 1967-1968.* *Rapport annuel* et *Communications historiques* sont répertoriés dans *Index de périodiques canadiens*, 1922- . F5000 C252   016.971

1479

Société historique du Canada. – *Index to Annual report, 1952-1966 and Historical papers, 1967-1968 = Index du Rapport annuel, 1952-1966 and Communications historiques, 1967-1968.* – Ottawa : la Société, 1969. – vi, 28 p.

Continues: *Index to Annual report, 1922-1951.* F5000 C252
016.971

Suite de: *Index du Rapport annuel, 1922-1951.* F5000 C252
016.971

Place Names

Noms de lieux

1480

Armstrong, G. H. [George Henry]. – *The origin and meaning of place names in Canada.* – Toronto : Macmillan Co. of Canada, 1930. – vii, 312 p.

An alphabetically arranged dictionary of names of populated places and physical features of Canada. Entries include name, type of entity, description of location, date of formation and origin of name. List of works consulted. Reprinted: Toronto : Macmillan of Canada, 1972. F5008 A25 917.1003

Dictionnaire alphabétique des noms de lieux habités et des caractéristiques géographiques du Canada. Les notices comprennent le nom, le type d'entité, une description de l'emplacement, la date de formation et l'origine du nom. Liste des ouvrages consultés. Réimprimé: Toronto : Macmillan of Canada, 1972. F5008 A25 917.1003

1481

Assiniwi, Bernard. – *Lexique des noms indiens en Amérique.* – [Montréal] : Leméac, c1973. – 2 vol. ([144] ; 166 p.). – (Collection ni-t'chawama, mon ami mon frère).

A dictionary in two volumes: vol. 1, *Noms géographiques*; vol. 2, *Personnages historiques.* Vol. 1 describes Canadian geographical names from Native languages. Alphabetically arranged entries include name, language, type of entity, original form of word if changed, Native meaning, information on history of site, Native legends, etc. Vol. 2 is an alphabetically arranged biographical dictionary of Native men and women significant in the history of indigenous peoples of North America. E98 N2 A88 917.1003

Dictionnaire en deux volumes: vol. 1, *Noms géographiques*; vol. 2, *Personnages historiques.* Le vol. 1 décrit les noms géographiques canadiens tirés des langues autochtones. Les notices en ordre alphabétique comprennent le nom, la langue, le type d'entité, la forme originale du mot s'il a changé, la signification pour les Autochtones, des données sur l'histoire du site, les légendes autochtones, etc. Le vol. 2 constitue un dictionnaire biographique alphabétique sur les femmes et les hommes autochtones qui ont joué un rôle important dans l'histoire des peuples aborigènes d'Amérique du Nord. E98 N2 A88 917.1003

1482

Canadian Permanent Committee on Geographical Names. – *Native Canadian geographical names : an annotated bibliography = La toponymie autochtone du Canada : une bibliographie annotée.* – [Ottawa] : Canadian Centre for Mapping, Surveys, Mapping and Remote Sensing Sector, 1993. – v, 158 p. – 0660588900

An annotated bibliography of books and periodical articles relating to Native toponymy of Canada. Two sections: 1,062 entries for works on Native geographical names in Canada; 189 entries for works on Native geographical names in other countries. Annotations in English or French in accordance with the language of the publication cited. Indexes: geographical, Native groups and languages. List of periodicals cited. Hierarchical list of geographical locations included in index. Sample data input form. Rev. ed., forthcoming 1995. Z1387 G37 C32 1993 016.910014

Bibliographie annotée de livres et d'articles de périodiques relatifs à la toponymie autochtone du Canada. Deux sections: 1 062 notices sur des ouvrages relatifs aux noms géographiques autochtones du Canada; 189 notices sur des ouvrages relatifs aux noms géographiques autochtones d'autres pays. Notes en anglais ou en français, selon la langue de la publication mentionnée. Index géographique, et index des groupes et des langues autochtones. Liste des périodiques mentionnés. L'index contient une liste hiérarchique des lieux géographiques. Exemplaire de formulaire d'entrée de données. Éd. rév., à paraître 1995. Z1387 G37 C32 1993 016.910014

1483

Comité permanent canadien des noms géographiques. – *Native Canadian geographical names : an annotated bibliography = La toponymie autochtone du Canada : une bibliographie annotée.* – [Ottawa] : Centre canadien de cartographie, Secteur des levés, de la cartographie et de la télédétection, 1993. – v, 158 p. – 0660588900

An annotated bibliography of books and periodical articles relating to Native toponymy of Canada. Arranged in two sections: 1,062 entries for works on Native geographical names in Canada; 189 entries for works on Native geographical names in other countries. Annotations in English or French in accordance with the language of the publication cited. Indexes: geographical, Native groups and languages. List of periodicals cited. Hierarchical list of geographical locations included in index. Sample data input form. Rev. ed., forthcoming 1995. Z1382 016.910014

Bibliographie annotée de livres et d'articles de périodiques relatifs à la toponymie autochtone du Canada. Classement en deux sections: 1 062 notices sur des ouvrages relatifs aux noms géographiques autochtones du Canada, 189 notices sur les ouvrages relatifs aux noms géographiques autochtones dans d'autres pays. Notes en anglais ou en français, selon la langue de la publication mentionnée. Index géographique, et index des groupes et des langues autochtones. Liste des périodiques mentionnés. L'index contient une liste hiérarchique des lieux géographiques. Exemplaire de formulaire d'entrée de données. Éd. rév., à paraître 1995. Z1382 016.910014

1484

DeGrâce, Éloi. – *Noms géographiques de l'Acadie.* – Moncton : Société historique acadienne, c1974. – 256 feuillets en foliotation multiple. – Titre de la couv.

Lists names of places in Acadia from the period prior to the dispersal. Arranged in sections covering Cape Breton, Gaspésie, Prince Edward Island, Îles-de-la-Madeleine, New Brunswick, New England, Nova Scotia, Newfoundland and the principal fishing banks of Acadia. Within each section names are alphabetically arranged. Entries include a description of the location, possible present-day site, references to early maps and other sources, with some quotations. List of sources.   FC2041 D43 fol.   917.15003

Signale des noms de lieux en Acadie depuis la période antérieure à la dispersion. Classement en sections sur le Cap-Breton, la Gaspésie, l'Île-du-Prince-Édouard, les Îles-de-la-Madeleine, le Nouveau-Brunswick, la Nouvelle-Angleterre, la Nouvelle-Écosse, Terre-Neuve et les principaux bancs de pêche de l'Acadie. Au sein de chaque section, classement alphabétique par noms. Les notices comprennent une description du lieu, le site actuel possible, des références aux premières cartes et à d'autres sources, avec quelques citations. Liste des sources.   FC2041 D43 fol.   917.15003

1485

Hamilton, William B. – *The Macmillan book of Canadian place names.* – 1st paperback ed. – Toronto : Macmillan of Canada, 1983, c1978. – ix, 287 p. – 0771597541

1st ed., 1978. A dictionary of approximately 2,500 names of populated places and physical features in Canada. Arranged by province or territory and then alphabetically by place name. Entries include notes on date and origin of name. Essay on naming principles. Bibliography.   FC36 H35 1983   917.1003

1re éd., 1978. Dictionnaire d'environ 2 500 noms de lieux habités et de caractéristiques géographiques du Canada. Classement par provinces ou territoires, puis classement alphabétique par noms de lieux. Les notices comprennent des notes sur la date et l'origine du nom. Essai sur les principes de toponymie. Bibliographie. FC36 H35 1983   917.1003

1486

Sealock, Richard B. [Richard Burl]. – *Bibliography of place-name literature : United States and Canada.* – By Richard B. Sealock, Margaret M. Sealock and Margaret S. Powell. – 3rd ed. – Chicago [Ill.] : American Library Association, 1982. – xii, 435 p. – 0838903606

1st ed., 1948, supplements, 1955, 1958; 2nd ed., 1967. A bibliography of books, periodical articles and official publications on the place names of the United States and Canada. Approximately 900 works on Canadian place names are arranged by province. Includes works in English and French. Some entries include notes. Index of authors and personal names. Subject index.   Z6824 S4 1982   016.9170014

1re éd., 1948, suppléments, 1955, 1958; 2e éd., 1967. Bibliographie de livres, d'articles de périodiques et de publications officielles sur les noms de lieux des États-Unis et du Canada. Environ 900 ouvrages sur des noms de lieux canadiens sont classés par provinces. Inclut des ouvrages en anglais et en français. Certaines notices contiennent des notes. Index des auteurs et des noms de personnes. Index des sujets.   Z6824 S4 1982   016.9170014

1487

Selected bibliography on Canadian toponymy = Bibliographie choisie d'ouvrages sur la toponymie au Canada. – Ottawa : Department of Mines and Technical Surveys, Geographical Branch, 1964. – 27 p. – (Bibliographical series ; 30).

A bibliography of the literature on Canadian place names. Includes books, periodical articles and official publications in English and French. Covers works on the history of place names and gazetteers, as well as documents dealing with the principles and problems of standardizing geographical names. Arranged by region or province. No index.   Z1382 C15 fol.   016.91710014

Bibliographie des documents sur les noms de lieux canadiens. Inclut des livres, des articles de périodiques et des publications officielles, en anglais et en français. Comprend les ouvrages sur l'histoire des noms de lieux et les répertoires toponymiques, ainsi que les documents qui portent sur les principes et les problèmes de normalisation des noms géographiques. Classement par régions ou provinces. Aucun index.   Z1382 C15 fol.   016.91710014

1488

Selected bibliography on Canadian toponymy = Bibliographie choisie d'ouvrages sur la toponymie au Canada. – Ottawa : Ministère des mines et des relevés techniques, Direction de la géographie, 1964. – 27 p. – (Série bibliographique ; 30).

A bibliography of the literature on Canadian place names. Includes books, periodical articles and official publications in English and French. Covers works on the history of place names and gazetteers, as well as documents dealing with the principles and problems of standardizing geographical names. Arranged by region or province. No index.   Z1382 C15 fol.   016.91710014

Bibliographie des documents sur les noms de lieux canadiens. Inclut des livres, des articles de périodiques et des publications officielles, en anglais et en français. Comprend les ouvrages sur l'histoire des noms de lieux et les répertoires toponymiques, ainsi que les documents qui portent sur les principes et les problèmes de normalisation des noms géographiques. Classement par régions ou provinces. Aucun index.   Z1382 C15 fol.   016.91710014

Statistics

Statistiques

1489

Historical statistics of Canada. – F.H. Leacy, editor ; M.C. Urquhart, editor and K.A.H. Buckley, assistant editor, first edition. – 2nd ed. – [Ottawa] : Published by Statistics Canada in joint sponsorship with the Social Science Federation of Canada, c1983. – ca. 800 p. – 0660112590

1st ed., 1965. A compendium of Canadian economic, social and political data for the period from Confederation to the mid-1970s. Arranged in sections covering statistical series on population and migration, vital statistics and health, labour force, government

1re éd., 1965. Répertoire de données économiques, sociales et politiques sur le Canada, depuis la période de la Confédération jusqu'au milieu des années 1970. Classement en sections qui portent sur des séries statistiques sur la population et la migration, l'état civil et la

finance, price indexes, agriculture, fisheries, construction and housing, manufactures, education, politics and government, etc. Some series which terminated prior to 1960, and were published in the first edition, have not been repeated in the second edition. The introduction to each section describes its series and sources for the data. Some early source material is only described in the first edition. Subject index. Also published in French under the title: *Statistiques historiques du Canada.*   HA746 U7 1983 fol.   317.1

santé, la main-d'oeuvre, les finances du gouvernement, les indices de prix, l'agriculture, la pêche, la construction et l'habitation, les produits manufacturés, l'éducation, la politique et le gouvernement, etc. Certaines séries qui se terminaient avant 1960 et qui étaient publiées dans la première édition n'ont pas été répétées dans la deuxième. L'introduction à chaque section comprend une description de la série qui figure dans cette section et des sources de données. Certaines sources anciennes ne sont décrites que dans la première édition. Index des sujets. Publié aussi en français sous le titre: *Statistiques historiques du Canada.*   HA746 U7 1983 fol.   317.1

1490
Statistiques historiques du Canada. – F.H. Leacy, rédacteur en chef. – 2ᵉ éd. – [Ottawa] : Publié par Statistique Canada en collaboration avec la Fédération canadienne des sciences sociales, c1983. – env. 800 p. – 0660909979

1st ed., 1965, published in English only. A compendium of Canadian economic, social and political data for the period from Confederation to the mid-1970s. Arranged in sections covering statistical series on population and migration, vital statistics and health, labour force, government finance, price indexes, agriculture, fisheries, construction and housing, manufactures, education, politics and government, etc. Some series which terminated prior to 1960, and were published in the first edition, have not been repeated in the second edition. The introduction to each section describes its series and sources for the data. Some early source material is only described in the first edition. Subject index. Also published in English under the title: *Historical statistics of Canada.*   HA746 U72 1983 fol.   317.1

1ʳᵉ éd., 1965, publiée en anglais seulement. Répertoire de données économiques, sociales et politiques sur le Canada, depuis la période de la Confédération jusqu'au milieu des années 1970. Classement en sections qui portent sur des séries statistiques sur la population et la migration, l'état civil et la santé, la main-d'oeuvre, les finances du gouvernement, les indices de prix, l'agriculture, la pêche, la construction et l'habitation, les produits manufacturés, l'éducation, la politique et le gouvernement, etc. Certaines séries qui se terminaient avant 1960 et qui étaient publiées dans la première édition n'ont pas été répétées dans la deuxième. L'introduction à chaque section comprend une description de la série qui figure dans cette section et des sources de données. Certaines sources anciennes ne sont décrites que dans la première édition. Index des sujets. Publié aussi en anglais sous le titre: *Historical statistics of Canada.* HA746 U72 1983 fol.   317.1

Surveys

Ouvrages généraux

1491
Careless, J. M. S. – **Canada : a story of challenge.** – 3rd ed. – Toronto : Macmillan Company of Canada, 1970. – xiii, 449 p., [32] p. of plates : ill., maps. – 0773673547 (pa. 1991)

1st ed., 1953; rev. and enl., 1963; paperback ed., 1991, c1970. A general history of Canada. Chronological, thematic arrangement. Subject index.   F5055 C37   971

1ʳᵉ éd., 1953; éd. rév. et augm., 1963; éd. de poche, 1991, c1970. Histoire générale du Canada. Classement chronologique et thématique. Index des sujets.   F5055 C37   971

1492
Creighton, Donald [Grant]. – **Dominion of the north : a history of Canada.** – New edition. – Toronto : Macmillan Company of Canada, c1957. – ix, 619 p. : maps.

1st ed., 1944. Considered a classic survey of Canadian history. Chronological, thematic arrangement from the founding of New France to the post-Second World War period. List of books for further reading. Subject index. Reprinted 1962, 1966. Braille format: Toronto : CNIB, [197?], 12 vol. of braille master. 1st ed., reproduced as a sound recording: [Peterborough : Ontario Audio Library Service, 1982], 4 tape reels : 4.75 cm/s, 4 track, mono 18 cm., master. F5055 C75   971

1ʳᵉ éd., 1944. Ouvrage considéré comme une étude classique de l'histoire canadienne. Classement chronologique et thématique, depuis la fondation de la Nouvelle-France jusqu'à la période qui a suivi la Deuxième Guerre mondiale. Liste de lectures suggérées. Index des sujets. Réimprimé en 1962, 1966. Publié en braille: Toronto : CNIB, [197?], 12 vol. en braille bande maîtresse. 1ʳᵉ éd., reproduite sous forme d'enregistrement sonore: [Peterborough : Ontario Audio Library Service, 1982], 4 bobines : 4.75 cm/s, 4 pistes, monophonique; 18 cm., bande maîtresse.   F5055 C75   971

1493
Histoire générale du Canada. – Sous la direction de Craig Brown ; édition française sous la direction de Paul-André Linteau ; traduction de Michel Buttiens [et al.]. – [Montréal] : Éditions du Boréal, [1990]. – 694 p. : ill., portr. – (Boréal compact ; 18). – 2890523438 (pa.)

An illustrated survey history of Canada, with chapters contributed by six Canadian historians including Desmond Morton, Peter Waite and Ramsay Cook. Chronologically arranged from the period of the early Native societies to 1988. Numerous black and white illustrations. Subject index. 1st ed., 1988 includes colour plates. Translation of: *The illustrated history of Canada* (Toronto : Lester & Orpen Dennys, c1987).   FC164 I4414 1990   971

Histoire générale illustrée du Canada dont les divers chapitres ont été rédigés par six historiens canadiens, notamment Desmond Morton, Peter Waite et Ramsay Cook. Classement chronologique depuis la période des premières sociétés autochtones jusqu'à 1988. Nombreuses illustrations en noir et blanc. Index des sujets. La 1ʳᵉ éd., 1988 comprend des planches en couleur. Traduction de: *The illustrated history of Canada* (Toronto : Lester & Orpen Dennys, c1987). FC164 I4414 1990   971

1494

The illustrated history of Canada. – Edited by Craig Brown. – Toronto : Lester Publishing, c1991. – 585 p. : ill., ports. – 1895555027 (pa.)

An illustrated survey history of Canada, with chapters contributed by six Canadian historians including Ramsay Cook, Desmond Morton and Peter Waite. Chronologically arranged from the period of the early Native societies to 1991. Numerous black and white illustrations. List of picture sources. Subject index. 1st ed., 1987, includes colour plates. 1st ed. reproduced as a sound recording, Toronto : CNIB, 1988, cassettes : 2.5 cm/s, 4 track, mono; and in braille, Toronto : CNIB, [1990]. 1st ed. translated into French: *Histoire générale du Canada.* FC164 I44 1991 971

Histoire générale illustrée du Canada dont les divers chapitres ont été rédigés par six historiens canadiens, notamment Ramsay Cook, Desmond Morton et Peter Waite. Classement chronologique depuis la période des premières sociétés autochtones jusqu'à 1991. Nombreuses illustrations en noir et blanc. Liste des sources des illustrations. Index des sujets. La 1re éd., 1987 comprend des planches en couleur. La première édition a été reproduite sous forme d'enregistrement sonore, Toronto : CNIB, 1988, cassettes : 2.5 cm/s, 4 pistes, monophonique, ainsi qu'en braille, Toronto : CNIB, [1990]. La première édition a été traduite en français: *Histoire générale du Canada.* FC164 I44 1991 971

1495

Morton, Desmond. – *A short history of Canada.* – 2nd rev. ed. – Toronto : McClelland & Stewart, c1994. – 351 p. – 0771065167

1st ed., 1983; rev., 1987. A concise history of Canada, chronologically arranged from the pre-contact period of the First Nations to the 1993 federal election. Subject index. 1983 ed. available in braille, Toronto : CNIB, 1985, 8 vol. of braille, thermoform, and as a sound recording, Brantford : W. Ross MacDonald School, 1984, cassettes : 15/16 ips., 4 track, mono. FC164 M676 1994 971

1re éd., 1983; rév., 1987. Histoire du Canada concise, avec classement chronologique depuis la période antérieure aux premiers contacts des premières nations avec les Européens jusqu'à l'élection fédérale de 1993. Index des sujets. L'édition de 1983 est disponible en braille, Toronto : CNIB, 1985, 8 vol. en braille, caractères thermoformés, et sous forme d'enregistrement sonore, Brantford : W. Ross MacDonald School, 1984, cassettes : 15/16 po/s, 4 pistes, monophonique. FC164 M676 1994 971

1496

Morton, W. L. [William Lewis]. – *The kingdom of Canada : a general history from earliest times.* – 2nd ed. – Toronto : McClelland and Stewart, c1969. – 594 p. : maps.

1st ed., 1963. Considered a classic national history. Chronological, thematic arrangement from the period of the Norse explorations to the 1968 election. References to works for additional reading at the end of each chapter. Bibliography. Lists of French and British monarchs sovereign over Canada, governors of Canada since Champlain, prime ministers since Confederation. Subject index. Reproduced as a sound recording: Toronto : CNIB, [197?], 7 tape reels : 9.5 cm/s, 4 track, mono. 1st ed. reproduced as a sound recording: Vancouver : Crane Library, 1993 24 cassettes : analog, 4.75 cm/s, 2 track, mono. F5055 M65 971

1re éd., 1963. Ouvrage considéré comme un classique de l'histoire nationale. Classement chronologique et thématique, depuis la période des explorations norroises jusqu'à l'élection de 1968. À la fin de chaque chapitre, renvois à d'autres ouvrages pour des lectures supplémentaires. Bibliographie. Listes des monarques français et britanniques qui ont régné sur le Canada, des gouverneurs du Canada depuis Champlain, des premiers ministres depuis la Confédération. Index des sujets. Reproduit sous forme d'enregistrement sonore: Toronto : CNIB, [197?]. 7 bobines : 9.5 cm/s, 4 pistes, monophonique. La première édition a été reproduite sous forme d'enregistrement sonore: Vancouver : Crane Library, 1993. 24 cassettes : analogique, 4.75 cm/s, 2 pistes, monophonique. F5055 M65 971

Theses

Thèses

1497

Kuehl, Warren F. – *Dissertations in history : an index to dissertations completed in history departments of United States & Canadian universities.* – Lexington (Ky.) : University of Kentucky Press, c1965-c1972. – 2 vol. ([xiii], 249 ; x, 237 p.). – 0813112648 (vol. 2)

A bibliography of Ph.D. theses in history completed in the history departments of American and Canadian universities. Volume 1, covering 1873-1960, includes four Canadian institutions: Laval, McGill, Ottawa and Toronto. Volume 2, 1961-June 1970, includes the University of Alberta, British Columbia and Manitoba as well. Alphabetically arranged by name of author. Subject index. Z6201 016.9

Bibliographie de thèses de doctorat en histoire faites dans les départements d'histoire des universités américaines et canadiennes. Le volume 1, qui porte sur la période 1873-1960 inclut quatre établissements canadiens: Laval, McGill, Ottawa et Toronto. Le volume 2, 1961-juin 1970, inclut aussi la University of Alberta, la University of British Columbia et la University of Manitoba. Classement alphabétique par noms d'auteurs. Index des sujets. Z6201 016.9

1498

Kuehl, Warren F. – *Dissertations in history : an index to dissertations completed in history departments of United States & Canadian universities.* – Santa Barbara (Calif.) : ABC-Clio Information Services, c1985. – xvii, 466 p. – 087436356X

Supplements the previous theses bibliographies compiled by Warren Kuehl, with coverage of the period from 1970-June 1980. Also includes a few theses from earlier years. Covers twenty Canadian universities. Arranged by subject. Author and subject indexes. Z6201 016.9

Complète les bibliographies de thèses déjà compilées par Warren Kuehl et couvre la période de 1970 à juin 1980. Inclut aussi quelques thèses d'années antérieures. Porte sur vingt universités canadiennes. Classement par sujets. Index des auteurs et index des sujets. Z6201 016.9

1499

Register of post-graduate dissertations in progress in history and related subjects = Répertoire des thèses en cours portant sur des sujets d'histoire et autres sujets connexes. – No. 1 (1966)- . – Ottawa : Canadian Historical Association, [1966]- . – no. – 0068-8088

Annual. A bibliography of doctoral and master's theses undertaken at Canadian universities on all aspects of history. Also includes theses on Canadian history undertaken at foreign universities. Arranged in sections for theses completed, abandoned and in progress, each of which is subarranged by geographical subject and time period. Author index. Imprint varies. Z5055 C2 C22 016.9

Annuel. Bibliographie de thèses de doctorat et de maîtrise qui ont été réalisées dans des universités canadiennes et qui portent sur tous les aspects de l'histoire. Inclut aussi des thèses sur l'histoire du Canada réalisées dans des universités étrangères. Classement par sections sur les thèses terminées, abandonnées ou en cours, et sous-classement par sujets géographiques et par périodes. Index des auteurs. L'adresse bibliographique varie. Z5055 C2 C22 016.9

1500

Register of post-graduate dissertations in progress in history and related subjects = Répertoire des thèses en cours portant sur des sujets d'histoire et autres sujets connexes. – N° 1 (1966)- . – Ottawa : Société historique du Canada, [1966]- . – n° – 0068-8088

Annual. A bibliography of doctoral and master's theses undertaken at Canadian universities on all aspects of history. Also includes theses on Canadian history undertaken at foreign universities. Arranged in sections for theses completed, abandoned and in progress, each of which is subarranged by geographical subject and time period. Author index. Imprint varies. Z5055 C2 C22 016.9

Annuel. Bibliographie de thèses de doctorat et de maîtrise qui ont été réalisées dans des universités canadiennes et qui portent sur tous les aspects de l'histoire. Inclut aussi des thèses sur l'histoire du Canada réalisées dans des universités étrangères. Classement par sections sur les thèses terminées, abandonnées ou en cours, et sous-classement par sujets géographiques et par périodes. Index des auteurs. L'adresse bibliographique varie. Z5055 C2 C22 016.9

Provinces and Territories

Alberta

Provinces et territoires

Alberta

1501

Cumulative index : Alberta history and its predecessor, Alberta historical review, 1953 to 1977. – [Prepared by Joseph Rek]. – Calgary : Historical Society of Alberta, 1981. – [2], 103 p. : ill.

An author, title, subject index to articles published in the first 25 volumes of *Alberta historical review*, vol. 1 (1953)-vol. 22 (1974) and *Alberta history*, vol. 23 (1975)-vol. 25 (1977). Alphabetically arranged. Also indexed in *Canadian periodical index*, 1953- ; *Canadian magazine index* and *Canadian index*, 1985- . FC3651 C84 1981 fol. 016.97123

Index des auteurs, des titres et des sujets des articles publiés dans les 25 premiers volumes de l'*Alberta historical review*, vol. 1 (1953)-vol. 22 (1974) et de l'*Alberta history*, vol. 23 (1975)-vol. 25 (1977). Classement alphabétique. Également indexés dans *Index de périodiques canadiens*, 1953- ; *Canadian magazine index* et *Canadian index*, 1985- . FC3651 C84 1981 fol. 016.97123

1502

Cumulative index : Alberta history, 1978 to 1991. – [Prepared by Barbara Holberton]. – Calgary : Historical Society of Alberta, 1994. – [2], 45 p.

An author, title, subject index to articles published in the periodical *Alberta history*, vol. 26 (1978)-vol. 39 (1991). Alphabetically arranged. Also indexed in *Canadian periodical index*, 1953- ; *Canadian magazine index* and *Canadian index*, 1985- . FC3651 C85 1994 fol. 016.97123

Index des auteurs, des titres et des sujets des articles publiés dans le périodique *Alberta history*, vol. 26 (1978)-vol. 39 (1991). Classement alphabétique. Également indexés dans *Index de périodiques canadiens*, 1953- ; *Canadian magazine index* et *Canadian index*, 1985- . FC3651 C85 1994 fol. 016.97123

1503

Dempsey, Hugh A. – *Historic sites, Alberta.* – 10th printing. – Edmonton : Alberta Government Travel Bureau, 1970. – 64 p. : ill., 1 map.

1st printing, 1952. 6th printing revised, 1964. A guide to historic sites and monuments in Alberta. Brief descriptive entries are arranged by subject including fur trade, missionaries, Riel Rebellion, transportation, etc. Index of subjects, places, names, etc. Title varies: 1st printing, 1952-4th printing, 1960, *Historic sites of the province of Alberta*; 5th printing, 1962-9th printing, 1969, *Historic sites of Alberta*. FC3662 971.23

1re impression, 1952. 6e impression révisée, 1964. Guide des lieux et monuments historiques de l'Alberta. Les courtes notices descriptives sont classées par sujets, comme le commerce de la fourrure, les missionnaires, la rébellion de Louis Riel, les transports, etc. Index des sujets, des lieux, des noms, etc. Le titre varie: 1re impression, 1952-4e impression, 1960, *Historic sites of the province of Alberta*; 5e impression, 1962-9e impression, 1969, *Historic sites of Alberta*. FC3662 971.23

1504

The formation of Alberta : a documentary history. – Introduction by L.G. Thomas and L.H. Thomas ; edited by Douglas R. Owram ; general editor, R.C. Macleod. – Calgary : Alberta Records Publication Board, Historical Society of Alberta, 1979. – lx, 403 p., [8] p. of plates : ill., maps, ports. – (Historical Society of Alberta ; vol. 3). – 0888649878

A collection of documents relating to the formation of Alberta as a province. Includes official documents of the federal and territorial governments and a selection of newspaper editorials, private correspondence, etc. Chronologically arranged to cover the period of

Collection de documents relatifs à la formation de l'Alberta en tant que province. Inclut des documents officiels fédéraux et territoriaux ainsi qu'une sélection d'éditoriaux de journaux, de lettres personnelles, etc. Classement chronologique depuis les débuts du

early constitutional development from 1670 to the establishment of a provincial government in 1905-1906. Introductory essay. Subject index. Appendix: brief biographies of Alberta politicians, newspapermen, etc., from the period.   FC3217 F67   971.2302

développement constitutionnel en 1670 jusqu'à l'établissement d'un gouvernement provincial en 1905-1906. Essai de présentation. Index des sujets. Annexe: courtes biographies des politiciens, des journalistes, etc. de l'Alberta de cette période.   FC3217 F67   971.2302

1505

Glenbow Archives. – *Glenbow Archives : a guide to the holdings.* – Compiled and edited by Susan M. Kooyman and Bonnie Woelk. – Calgary : the Archives, c1992. – 2 vol. (unpaged) : ill. – 1895379164

A guide to the fonds and collections of the Glenbow Archives which focusses on western Canadian studies. Alphabetically arranged by title of fonds or collection. Entries include: title, inclusive dates, physical description, historical/biographical and content notes, source of acquisition, information on availability of originals/reproductions, restrictions on access, availability of finding aids, associated material. Subject index. The online database from which this guide was generated can be searched for researchers by the staff of the Glenbow Archives.   CD3646 A5 G5 1992 fol.   016.97123

Guide sur les fonds et les collections de Glenbow Archives qui portent principalement des études de sur l'Ouest canadien. Classement alphabétique par titres de fonds ou de collections. Les notices comprennent: le titre, la période couverte, une description physique, des notes historiques ou biographiques, des notes sur le contenu, la source d'acquisition, des données sur la disponibilité des documents originaux ou des reproductions, les restrictions relatives à l'accès, la disponibilité des instruments de recherche et les documents connexes. Index des sujets. Le personnel de Glenbow Archives peut faire, pour les chercheurs, des recherches dans la base de données accessible en direct à partir de laquelle ce guide a été produit.   CD3646 A5 G5 1992 fol.   016.97123

1506

Krotki, Joanna E. – *Local histories of Alberta : an annotated bibliography.* – 2nd ed. – Edmonton : Dept. of Slavic and East European Studies, University of Alberta : Central and East European Studies Society of Alberta, 1983. – xvii, 430 p. – (Monographs, papers and reports ; 5).

1st ed., 1980. A bibliography of 1,144 local histories of Alberta published up to the end of 1982. Includes books, pamphlets and unpublished materials on Alberta cities, towns, villages, districts, schools, churches and hospitals. Alphabetically arranged by name of author. Annotations. Locations in Calgary and Edmonton libraries and archives. Indexes: place names; ethnocultural and religious groups; church histories arranged by denomination; schools, colleges and universities; hospitals; titles. Appendix: list of publications taken from *A bibliography of the Prairie Provinces to 1953*, located in libraries, etc., outside of Alberta.   Z1392 A4 K76 1983 fol.   016.97123

1re éd., 1980. Bibliographie de 1 144 documents d'histoire locale de l'Alberta publiés jusqu'à la fin de 1982. Inclut des livres, des brochures et des documents non publiés sur les villes, villages, districts, écoles, églises et hôpitaux de l'Alberta. Classement alphabétique selon le nom des auteurs. Annotations. Localisations dans les bibliothèques et les archives de Calgary et d'Edmonton. Index: noms de lieux; groupes ethnoculturels et religieux; églises classées par confessions; écoles, collèges et universités; titres. Annexe: liste des publications tirées de *A bibliography of the Prairie Provinces to 1953*, avec localisations dans les bibliothèques, etc. à l'extérieur de l'Alberta.   Z1392 A4 K76 1983 fol.   016.97123

1507

Place names of Alberta. – Edited and introduced by Tracey Harrison. – Calgary : Alberta Community Development and Friends of Geographical Names of Alberta Society and University of Calgary Press, c1991-   . –   vol. : ill. (some col.), maps. – 0919813739 (vol. 1) 091981395X (vol. 2) 0895176441 (vol. 3) 0919813917 (set)

Lists geographical names of Alberta. Includes populated places and physical features. Three volumes published to date: vol. 1, *Mountains, mountain parks and foothills*; vol. 2, *Southern Alberta*; vol. 3, *Central Alberta*. Vols. 1 and 2 were edited by Aphrodite Karamitsanis. A fourth volume will cover northern Alberta. Each volume is alphabetically arranged. Entries include: place name, type of feature, map sheet reference number, legal description, latitude and longitude, approximate distance from nearest populated community, descriptive or historical information on the feature or its name. Bibliography.   FC3656 P54 1991   917.123003

Signale des noms géographiques de l'Alberta. Inclut des lieux habités et des traits topographiques. Trois volumes publiés jusqu'à maintenant: vol. 1, *Mountains, mountain parks and foothills*; vol. 2, *Southern Alberta*; vol. 3, *Central Alberta*. Les vol. 1 et 2 ont été publiés sous la direction de Aphrodite Karamitsanis. Un quatrième volume portera sur le nord de l'Alberta. Classement alphabétique dans chaque volume. Les notices comprennent: le nom du lieu, le type de trait topographique, le numéro de référence de la feuille de carte, la désignation cadastrale, la latitude et la longitude, la distance approximative de la collectivité la plus proche, des données descriptives ou historiques sur le trait topographique ou son nom. Bibliographie.   FC3656 P54 1991   917.123003

1508

The Prairie west to 1905 : a Canadian sourcebook. – General editor, Lewis G. Thomas ; contributing editors, David H. Breen [et al.] ; maps by Geoffrey Matthews. – Toronto : Oxford University Press, 1975. – [xv], 360 p. : maps. – 0195402499

A collection of documents, reproduced in whole or in part, relating to the history of the settlement of the Prairies prior to 1905. Includes public documents such as statutes, debates, orders in council and law reports, as well as newspaper articles, correspondence, etc. Five sections covering Rupert's Land and the Red River Settlement, government and politics in Manitoba and the North West Territories, law and order, the ranching frontier and the development of transportation and communications, each of which is

Collection de documents, reproduits en tout ou en partie, relatifs à l'histoire de la colonisation des Prairies avant 1905. Inclut des documents publics comme les statuts, les débats, les décrets et les recueils de jurisprudence ainsi que des articles de journaux, des lettres, etc. Cinq sections qui portent sur la Terre de Rupert et la colonie de la rivière Rouge, le gouvernement et la politique au Manitoba et dans les Territoires du Nord-Ouest, l'ordre public, la frontière de l'élevage et le développement des transports et des communications. Chaque

subdivided by subject. An introduction and a guide to further reading are provided for each section. No index.   FC3206 P73   971.202

section est subdivisée par sujets. Introduction et liste de lectures recommandées dans chaque section. Aucun index.   FC3206 P73 971.202

1509

Provincial Archives of Alberta. Historical Resources Library. – *Alberta's local histories in the Historical Resources Library.* – 8th ed. – [Edmonton] : the Library, 1989. – 204 p.

1st ed., 19?; 2nd ed., 1977. A bibliography of over 2,600 local, church, school and other histories of Alberta communities held by the Historical Resources Library of the Provincial Archives of Alberta. Alphabetically arranged by place.   Z1392 A4 A53 016.97123

1re éd., 19?; 2e éd., 1977. Bibliographie de plus de 2 600 documents sur l'histoire locale ou l'histoire des églises ou des écoles, etc. des communautés de l'Alberta qui se trouvent à Historical Resources Library des Archives provinciales de l'Alberta. Classement alphabétique selon le nom des lieux.   Z1392 A4 A53   016.97123

1510

Voices of Alberta : a survey of oral history completed in Alberta up to 1980. – Edited by Jean E. Dryden ; compiled by Glen Johnson, Maryalice Stewart, Marlena Witschl. – Edmonton : Alberta Culture, Historical Resources Division, 1981. – vi, 430 p.

A survey of oral history collections in 35 Alberta repositories. Includes interviews, radio broadcasts, speeches, ceremonies and the proceedings of law-making bodies. Numerically arranged entries for the holdings in each collection include: identification number and institution's call number, name of person interviewed, name of interviewer, year of interview, finding aids and indexes, subjects mentioned, date range of information on tape, format and length of tape, remarks. Directory of repositories surveyed. Alphabetical index of names of persons interviewed. Alphabetical index of subjects, places and persons mentioned. Revised index of subjects published July 1982. Reproduced in microform format: *Microlog*, no. 82-02047. F1080   016.97123

Examen des collections d'histoire orale conservées dans 35 dépôts d'archives de l'Alberta. Inclut des entrevues, des émissions radiodiffusées, des discours, des cérémonies et les travaux d'organismes législatifs. Classées en ordre numérique, les notices sur les fonds documentaires de chaque collection comprennent: numéro d'identification et cote de l'établissement, nom de la personne interviewée, nom de l'intervieweur, année de l'entrevue, instruments de recherche et index, sujets mentionnés, période couverte dans l'entrevue, type et durée du ruban magnétique, remarques. Répertoire des dépôts examinés. Index alphabétique des noms des personnes interviewées. Index alphabétique des personnes, des sujets et des lieux mentionnés. Index révisé des sujets publiés en juillet 1982. Reproduit sur support microforme: *Microlog*, no 82-02047.   F1080   016.97123

1511

Voix albertaines. Supplément français à Voices of Alberta : a survey of oral history completed in Alberta up to 1980. – Edité par les Archives provinciales de l'Alberta ; compilé par Raymond Lanteigne [et al.]. – Edmonton : Alberta Culture, Historical Resources Division, 1983. – ix, 124 p.

A supplement to *Voices of Alberta* which describes the oral history collection of the association Héritage franco-albertain. Includes interviews with over 600 Francophone pioneers of Alberta. F1080 F83 V65 1983   016.97123

Supplément de *Voices of Alberta* qui décrit la collection d'histoire orale de l'association Héritage franco-albertain. Inclut des entrevues avec plus de 600 pionniers francophones de l'Alberta. F1080 F83 V65 1983   016.97123

1512

Writing local history. – Provincial Archives of Alberta. – 3rd revision. – [Edmonton] : Alberta Culture and Multiculturalism, 1987. – iii, 34 p. – (Publication ; no. 3).

1st ed., 1975; rev., 1980; 2nd rev., 1982. A guide to researching and writing local histories of Alberta communities. Provides a suggested outline for a community history. Describes sources of information such as newspapers, government, church and business records as well as research methods. Briefly discusses printing and publication. Bibliography.   FC3659.5   971.230072

1re éd., 1975; éd. révisée, 1980; 2e éd. révisée, 1982. Guide de recherche et de rédaction de l'histoire locale des communautés albertaines. Contient des suggestions sur les grandes lignes d'une histoire locale. Décrit les sources d'information, comme les journaux et les documents du gouvernement, des églises et des entreprises, ainsi que les méthodes de recherche. Discute brièvement l'impression et la publication. Bibliographie.   FC3659.5   971.230072

Atlantic Provinces

Provinces de l'Atlantique

1513

Acadiensis. – Vol. 1, no. 1 (Autumn 1971)-   . – Fredericton : Dept. of History, University of New Brunswick, 1971-   . –   vol. – 0044-5851

A bibliography, *Recent publications relating to the history of the Atlantic region,* has appeared in the following issues of *Acadiensis*: vol. 4, no. 2 (Spring 1975)-vol. 19, no. 2 (Spring 1990), vol. 21, no. 1 (Autumn 1991), vol. 21, no. 2 (Spring 1992), vol. 22, no. 2 (Spring 1993). Includes books, periodical articles and theses arranged by province.   FC2001   971.5

La bibliographie *Recent publications relating to the history of the Atlantic region* a paru dans les numéros suivants de *Acadiensis*: vol. 4, no 2 (printemps 1975)-vol. 19, no 2 (printemps 1990), vol. 21, no 1 (automne 1991), vol. 21, no 2 (printemps 1992), vol. 22, no 2 (printemps 1993). Inclut des livres, des articles de périodiques et des thèses classés par provinces.   FC2001   971.5

1514

Baker, Melvin. – *Bibliography of Newfoundland history books in print.* – 6th ed. – [St. John's] : Newfoundland Historical Society, 1991. – 36 leaves. – Cover title.

1st ed., 1986. A bibliography of in print books on the history of Newfoundland. Arranged in sections for books published within and outside of Newfoundland. Each section is alphabetically arranged by name of author. Also includes a list of pamphlets published by the Newfoundland Historical Society. Directories of booksellers in St. John's and publishers in Newfoundland. List of forthcoming books. Z1392 N56 B34 1991 fol.   016.9718

1re éd., 1986. Bibliographie de livres disponibles sur l'histoire de Terre-Neuve. Division en sections sur les livres publiés à Terre-Neuve ou à l'extérieur de cette province. Dans chaque section, classement alphabétique selon le nom des auteurs. Inclut également une liste des brochures publiées par la Newfoundland Historical Society. Répertoires des libraires de St. John's et des éditeurs de Terre-Neuve. Liste de livres à paraître.   Z1392 N56 B34 1991 fol.   016.9718

1515

Cooke, Dorothy. – *An index to Acadiensis, 1901-1908.* – Halifax : Dalhousie University Libraries and Dalhousie University School of Library Service, 1983. – [109] p. – (Occasional paper - Dalhousie University Libraries and Dalhousie University School of Library Service ; 33). – 07770301711

An index to the original *Acadiensis*, a journal on the history, genealogy and literature of the Maritime Provinces published from January 1901 to October 1908. Authors, titles and subjects are arranged in one alphabetical sequence. The following form headings are used: book reviews, poetry, illustrations, epitaphs. For an index to the more recent *Acadiensis,* see Eric Swanick's *The Acadiensis index, 1971-1991.*   FC2021 A32 1983 fol.   016.9715

Index de la première revue *Acadiensis*, une revue sur l'histoire, la généalogie et la littérature des provinces maritimes publiée de janvier 1901 à octobre 1908. Auteurs, titres et sujets sont classés en une seule suite alphabétique. Les sous-vedettes de formes suivantes sont utilisées: critiques de livres, poésie, illustrations, épitaphes. Pour consulter un index de la version plus récente de *Acadiensis*, voir *The Acadiensis index, 1971-1991* de Eric Swanick.   FC2021 A32 1983 fol. 016.9715

1516

Elliott, Shirley B. – *Nova Scotia book of days : a calendar of the province's history.* – [Halifax] : Nova Scotia Communications & Information Centre, c1979. – ca. 100 p. : ill. – 0888710135 (bd.) 0888710127 (pa.)

A calendar of events in the history of Nova Scotia from 1497 to the present. Includes various types of events such as the establishment of political parties, elections, leaders' birth dates, mining and shipping disasters, achievements of Nova Scotians abroad, incorporations of towns, etc. Illustrated with photographs, reproductions of drawings, paintings, cartoons, etc. Subject index.   FC2311 N7 1979   971.6002

Calendrier des événements de l'histoire de la Nouvelle-Écosse de 1497 jusqu'à maintenant. Inclut divers types d'événements comme la création de partis politiques, les élections, les dates de naissance des dirigeants, les désastres dans les mines, les naufrages, les réalisations d'habitants de la Nouvelle-Écosse à l'étranger, les constitutions en corporation des villes, etc. Illustré au moyen de photographies, de reproductions de dessins, de peintures, de bandes dessinées, etc. Index des sujets.   FC2311 N7 1979   971.6002

1517

Ganong, William F. [William Francis]. – *A monograph of historic sites in the province of New Brunswick.* – Ottawa : Royal Society of Canada, 1899. – P. 213-357, [4] folded leaves : maps, plans. – (Proceedings and transactions of the Royal Society of Canada ; 2nd series, vol. 5, section 2). – 0920732321 (reprint)

A study of New Brunswick historic sites. Brief descriptive entries are arranged according to six periods: prehistoric, exploration, Acadian, English, Loyalist and post-Loyalist. Bibliography. Supplement: *Additions and corrections to Monographs on the place-nomenclature, cartography, historic sites, boundaries and settlement-origins of the province of New Brunswick* in *Proceedings and transactions of the Royal Society of Canada,* 1906, 2nd series, vol. 12, section 2, p. 77-150. Reprint ed. of 1899 paper: *Historic sites in the province of New Brunswick* (St. Stephen (N.B.) : Print'n Press, 1983). FC2471 G35 1983   971.51

Étude des lieux historiques du Nouveau-Brunswick. Les courtes notices descriptives sont classées en fonction de six périodes: la préhistoire, l'exploration, les Acadiens, les Anglais, les Loyalistes et les post-Loyalistes. Bibliographie. Supplément: *Additions and corrections to Monographs on the place-nomenclature, cartography, historic sites, boundaries and settlement-origins of the province of New Brunswick* dans *Mémoires et comptes rendus de la Société royale du Canada,* 1906, 2e série, vol. 12, section 2, p. 77-150. Réimpression de l'étude de 1899: *Historic sites in the province of New Brunswick* (St. Stephen (N.B.) : Print'n Press, 1983).   FC2471 G35 1983   971.51

1518

Goodwin, Daniel C. [Daniel Corey]. – *A checklist of secondary sources for planter studies.* – Compiled by Daniel C. Goodwin and Steven Bligh McNutt. – [Wolfville, N.S.] : Planter Studies Committee, Acadia University, 1990. – v, 75 leaves.

Prelim. ed., 1987. A bibliography of books, periodical articles, theses and genealogies on the New England planters who emigrated to Nova Scotia in the eighteenth century. Arranged by type of document. No index. Z1392   016.6309715

Éd. prélim., 1987. Bibliographie des livres, des articles de périodiques, des thèses et des généalogies relatifs aux planteurs de la Nouvelle-Angleterre qui ont émigré en Nouvelle-Écosse au dix-huitième siècle. Classement par types de documents. Aucun index.   Z1392   016.6309715

1519

Grant, B. J. [Barry John]. – *People, places, things in New Brunswick : an index to The Royal gazette.* – Fredericton : B. J. Grant, 1990. – x, 179 p. – 0969460309 (vol. 1)

A subject index to *The Royal gazette* of New Brunswick. One volume published to date, covering the period 1784-1809. Indexes articles related to New Brunswick and the eastern seaboard. Excludes most items reprinted from British or American newspapers. Three parts: *The Royal St. John's gazette and Nova Scotia intelligencer; Royal New Brunswick gazette and general advertiser; The Royal gazette and the New Brunswick advertiser.* Names, places and things are alphabetically arranged in one sequence within each part. Brief summaries of subject matter are provided. FC2471 G73 1990 fol. 016.9715102

Index des sujets de *The Royal gazette* du Nouveau-Brunswick. Le seul volume publié jusqu'à maintenant porte sur la période 1784-1809. Répertorie des articles relatifs au Nouveau-Brunswick et à la côte est. Exclut la plupart des articles réimprimés, tirés de journaux britanniques ou américains. Trois parties: *The Royal St. John's gazette and Nova Scotia intelligencer; Royal New Brunswick gazette and general advertiser; The Royal gazette and the New Brunswick advertiser.* Au sein de chaque partie, les noms de personnes, de lieux et de choses sont classés en une seule suite alphabétique. Contient de courts résumés des sujets traités. FC2471 G73 1990 fol. 016.9715102

1520

Historical statistics of New Brunswick = *Statistiques historiques du Nouveau-Brunswick.* – [Ottawa] : Statistics Canada, 1984. – [6] leaves, 231, [7] p. : ill. – 0660528177

A bilingual compendium of historical social and economic statistics for New Brunswick. Fifteen sections covering population, labour force, economic accounts, agriculture, fisheries, manufacturing, construction, etc. Tables provide primarily twentieth-century data. A few cover earlier periods, for example, population from 1851, volume of minerals produced from 1886 and enrolment in public schools from 1890/91. Definitions of terms used and explanations of data covered for each section. Notes on sources. English and French subject indexes. Reproduced in microform format: *Microlog*, no. 85-02382. HC117 N4 317.15

Compendium bilingue de statistiques sociales et économiques de nature historique sur le Nouveau-Brunswick. Quinze sections qui portent sur la population, la main d'oeuvre, les comptes économiques, l'agriculture, les pêches, la fabrication, la construction, etc. Les tableaux fournissent surtout des données sur le vingtième siècle. Quelques-uns couvrent des périodes antérieures, par exemple la population à partir de 1851, le volume de minerai produit à compter de 1886 et les inscriptions dans les écoles depuis 1890/91. Chaque section contient la définition des termes utilisés et l'explication des données fournies. Notes sur les sources. Deux index des sujets (anglais, français). Reproduit sur support microforme: *Microlog*, nᵒ 85-02382. HC117 N4 317.15

1521

Historical statistics of New Brunswick = *Statistiques historiques du Nouveau-Brunswick.* – [Ottawa] : Statistique Canada, 1984. – [6] f., 231, [7] p. : ill. – 0660528177

A bilingual compendium of historical social and economic statistics for New Brunswick. Fifteen sections covering population, labour force, economic accounts, agriculture, fisheries, manufacturing, construction, etc. Tables provide primarily twentieth-century data. A few cover earlier periods, for example, population from 1851, volume of minerals produced from 1886 and enrolment in public schools from 1890/91. Definitions of terms used and explanations of data covered for each section. Notes on sources. English and French subject indexes. Reproduced in microform format: *Microlog*, no. 85-02382. HC117 N4 317.15

Compendium bilingue de statistiques sociales et économiques de nature historique sur le Nouveau-Brunswick. Quinze sections qui portent sur la population, la main d'oeuvre, les comptes économiques, l'agriculture, les pêches, la fabrication, la construction, etc. Les tableaux fournissent surtout des données sur le vingtième siècle. Quelques-uns couvrent des périodes antérieures, par exemple la population à partir de 1851, le volume de minerai produit à compter de 1886 et les inscriptions dans les écoles depuis 1890/91. Chaque section contient la définition des termes utilisés et l'explication des données fournies. Notes sur les sources. Deux index des sujets (anglais, français). Reproduit sur support microforme: *Microlog*, nᵒ 85-02382. HC117 N4 317.15

1522

Historical statistics of Newfoundland and Labrador. – Prepared by Newfoundland Statistics Agency, Executive Council, Government of Newfoundland and Labrador. – Vol. 1, no. 1 (October 1970)-vol. 2, no. 5 (February 1988). – [St. John's] : Division of Printing Services, Dept. of Public Works and Services, 1970-1988. – 10 vol. : maps. – 0225-2465

Historical statistics for Newfoundland and Labrador arranged in 24 sections covering population and vital statistics, health and welfare, education, labour force, fisheries, manufacturing, transportation, tourism, politics and government, etc. Most series include data for the period after 1949. A few tables provide earlier data, for example, population from 1836, births, deaths and marriages from 1921 and enrolment in public schools from 1924/25. Definitions of terms used in each section. Sources noted for each table. Each number updates the previous, although not all tables are updated with each issue. Vol. 1, no. 1-vol. 1, no. 5 include monthly statistics not included in volume 2. Vol. 2, no. 1-vol. 2, no. 5 include a subject index. Vol. 1, no. 2-vol. 1, no. 5 have title: *Supplement to the Historical statistics of Newfoundland and Labrador.* Imprint varies. HA747 N5 H52 fol. 317.18

Statistiques historiques sur Terre-Neuve et le Labrador classées en 24 sections qui portent sur la population et les statistiques de l'état civil, la santé et le bien-être social, l'éducation, la population active, les pêches, la fabrication, les transports, le tourisme, la politique et le gouvernement, etc. La plupart des séries comprennent des données sur la période postérieure à 1949. Quelques tableaux contiennent des données plus anciennes, par exemple la population à partir de 1836, les naissances, les décès et les mariages à compter de 1921 et les inscriptions dans les écoles publiques depuis 1924/25. Définition des termes utilisés dans chaque section. Les sources sont fournies pour chaque tableau. Chaque numéro met à jour le numéro antérieur, bien que tous les tableaux ne soient pas mis à jour dans chaque numéro. Les vol. 1, nᵒ 1-vol. 1, nᵒ 5 incluent des statistiques mensuelles qui ne figurent pas dans le volume 2. Les vol. 2, nᵒ 1-vol. 2, nᵒ 5 contiennent un index des sujets. Les vol. 1, nᵒ 2-vol. 1, nᵒ 5 portent le titre: *Supplement to the Historical statistics of Newfoundland and Labrador.* L'adresse bibliographique varie. HA747 N5 H52 fol. 317.18

1523

Memorial University of Newfoundland. Maritime History Archive. – *A guide to the Department of History student research papers held at the Maritime History Archive.* – St. John's : Memorial University of Newfoundland, 1993. – [2] leaves, ii, 77 p.

A guide to the collection of 1,170 undergraduate research papers completed by students in the Department of History, Memorial University, during the years 1971-1986. Numerous papers on the history of Newfoundland communities and regions as well as research on education, fisheries, politics and government, religion, social life, etc. Arranged by subject and then alphabetically by title. Previous editions: 1973-1975, 1978, 1981, 1983-1984, 1987, *Check list of research studies pertaining to the history of Newfoundland in the archives of the Maritime History Group*; 1990. CD3646 N5 M45 1993 fol. 016.9718

Guide de la collection de 1 170 travaux de recherche de premier cycle réalisés par des étudiants du département d'histoire de la Memorial University pendant les années 1971-1986. Nombreux documents sur l'histoire des communautés et des régions de Terre-Neuve, et travaux de recherche sur l'éducation, les pêches, la politique et le gouvernement, la religion, la vie sociale, etc. Classement par sujets puis classement alphabétique des titres. Éditions antérieures: 1973-1975, 1978, 1981, 1983-1984, 1987, *Check list of research studies pertaining to the history of Newfoundland in the archives of the Maritime History Group*; 1990. CD3646 N5 M45 1993 fol. 016.9718

1524

Memorial University of Newfoundland. Maritime History Archive. – *A guide to the holdings of the Maritime History Archive.* – Editors, Roberta Thomas, Heather Wareham. – [St. John's] : Maritime History Archive, Memorial University of Newfoundland, 1991. – [8], 112 p.

A guide to the holdings of the Maritime History Archive of Memorial University of Newfoundland, which collects documents related to the history of Newfoundland and the maritime history of the north Atlantic region. Excludes books and periodicals. Alphabetically arranged by main entry. Entries include title, dates covered by the subject matter, date of creation of documents, extent of collection, type of material, biographical, content and custodial history notes and finding aid or location number. No index. A card catalogue provides access to the collections by subject, personal and corporate name, geographical location or genre. Updates: *Preliminary inventory of records held at the archives of the Maritime History Group* (St. John's : Memorial University of Newfoundland, 1978). CD3646 N5 M45 1991 fol. 016.9718

Guide sur le fonds documentaire du Maritime History Archive de Memorial University of Newfoundland qui rassemble les documents relatifs à l'histoire de Terre-Neuve et à l'histoire maritime de la région du nord de l'Atlantique. Exclut les livres et les périodiques. Classement par ordre alphabétique de notices principales. Les notices comprennent un titre, la période couverte par le sujet, la date de création des documents, l'envergure de la collection, le type de documents, des notes biographiques, des notes sur le contenu et des notes sur les précédents responsables des documents, ainsi qu'un instrument de recherche ou un numéro de localisation. Aucun index. Un fichier donne accès aux collections par sujets, par noms de personnes ou de sociétés, par lieux ou par genres. Met à jour: *Preliminary inventory of records held at the archives of the Maritime History Group* (St. John's : Memorial University of Newfoundland, 1978). CD3646 N5 M45 1991 fol. 016.9718

1525

Memorial University of Newfoundland. Maritime History Group. – *Preliminary inventory of records held at the Maritime History Group.* – Compiled by Roberta Thomas under the direction of Dr. Keith Matthews. – St. John's : Memorial University of Newfoundland, 1978. – 123 l. – Cover title : *Preliminary inventory of records held in the archives of the Maritime History Group.*

An inventory of material relating to the history of fisheries and shipping worldwide, from 1500 to the present. Emphasis on the British Empire and the Commonwealth. Also extremely useful for genealogy. Included are census records, wills, directories, genealogies, British public records, customs, court, shipping and mercantile records, newspapers, periodicals and government publications. Arranged by type of material. No index. Updated by: *A guide to the holdings of the Maritime History Archive* ([St. John's] : Maritime History Archive, Memorial University of Newfoundland, 1991). CD3649 S25 M44 fol. 016.9718

Inventaire des documents qui se rapportent à l'histoire des pêches et de la marine marchande dans le monde entier, de 1500 jusqu'à nos jours. Insistance sur l'Empire britannique et le Commonwealth. Également très utile pour les études généalogiques. Comprend des états de recensement, des testaments, des répertoires et des histoires généalogiques, archives publiques britanniques, archives des douanes, des tribunaux et de la marine marchande, journaux, périodiques et publications officielles. Classement par types de documents. Aucun index. Mis à jour par: *A guide to the holdings of the Maritime History Archive* ([St.John's] : Maritime History Archive, Memorial University of Newfoundland, 1991). CD3649 S25 M44 fol. 016.9718

1526

Morley, William F. E. – *The Atlantic Provinces : Newfoundland, Nova Scotia, New Brunswick, Prince Edward Island.* – [Toronto] : University of Toronto Press, [1967]. – xx, 137 p. : facsims., maps. – (Canadian local histories to 1950 : a bibliography ; vol. 1).

A bibliography of local histories of the Atlantic Provinces published to 1950. Includes primarily monographic works. Excludes serials, periodical articles, unpublished material, fiction and pictorial works. Arrangement: general histories of the Atlantic Provinces and Acadia; histories of the regions, counties, cities and towns of each province. Annotations and locations. Bibliography. Index of place names not used as headings. General index of authors, editors, titles of anonymous works. Z1392 M37 M6 fol. 016.9715

Bibliographie des documents d'histoire locale des provinces de l'Atlantique publiés au plus tard en 1950. Inclut surtout des monographies. Exclut les publications en série, les articles de périodiques, les documents non publiés, les oeuvres de fiction et les illustrés. Classement: histoire générale des provinces de l'Atlantique et de l'Acadie; histoire des régions, des comtés et des villes de chaque province. Annotations et localisations. Bibliographie. Index des noms de lieux qui ne sont pas utilisés comme rubriques. Index général des auteurs, des rédacteurs et des titres d'ouvrages anonymes. Z1392 M37 M6 fol. 016.9715

1527
Mosdell, H. M. [Harris Munden]. – *When was that? : a chronological dictionary of important events in Newfoundland down to and including the year 1922.* – St. John's : Trade Printers and Publishers, 1923. – 163 p.

Brief factual entries for individuals, events, institutions and places significant in the history of Newfoundland to 1922. Alphabetically arranged. Appendix: essay by J.W. Withers, "St. John's over a century ago". Reprinted: St. John's : Robinson-Blackmore, 1974. FC2161 W44 1923 971.8

Courtes notices factuelles sur des personnes, des événements, des institutions et des lieux importants de l'histoire de Terre-Neuve jusqu'en 1922. Classement alphabétique. Annexe : essai par J.W. Withers, «St. John's over a century ago». Réimprimé : St. John's : Robinson-Blackmore, 1974. FC2161 W44 1923 971.8

1528
Mosher, Edith. – *From Howe to now.* – Hantsport (N.S.) : Lancelot Press, 1981. – 46 p. – 0889991596 – Subtitle on cover : *Yearly historical events from the time of Joseph Howe to the present.*

A chronology of significant Nova Scotia events, persons and institutions, from 1804-1980. Several events described briefly for each year. Exact dates not given for most events. Separate list of events of importance to Nova Scotians which occurred outside the province. FC2311 M68 971.6002

Chronologie des événements, des personnes et des établissements importants de la Nouvelle-Écosse, de 1804 à 1980. Plusieurs événements sont décrits brièvement pour chaque année. Dans la plupart des cas, on ne donne pas la date exacte de l'événement. Liste distincte des événements importants pour les habitants de la Nouvelle-Écosse qui se sont produits à l'extérieur de la province. FC2311 M68 971.6002

1529
New Brunswick historic events, 1784-1984 = Événements historiques du Nouveau-Brunswick, 1784-1984. – [Fredericton] : New Brunswick Bicentennial Commission, 1984. – [48] p. – Cover title.

A bilingual chronology of events significant in the history of New Brunswick. Arranged according to the day of the month on which the event occurred. No index. Biographies of Charles de Menou d'Aulnay and Thomas Carleton on insides of front and back covers. FC2461 971.51002

Chronologie bilingue des événements importants de l'histoire du Nouveau-Brunswick. Classement selon le jour du mois où s'est produit l'événement. Aucun index. Les couvertures intérieures avant et arrière contiennent les biographies de Charles de Menou d'Aulnay et de Thomas Carleton. FC2461 971.51002

1530
New Brunswick historic events, 1784-1984 = Événements historiques du Nouveau-Brunswick, 1784-1984. – [Fredericton] : Commission du bicentenaire du Nouveau-Brunswick, 1984. – [48] p. – Titre de la couv.

A bilingual chronology of events significant in the history of New Brunswick. Arranged according to the day of the month on which the event occurred. No index. Biographies of Charles de Menou d'Aulnay and Thomas Carleton on insides of front and back covers. FC2461 971.51002

Chronologie bilingue des événements importants de l'histoire du Nouveau-Brunswick. Classement selon le jour du mois où s'est produit l'événement. Aucun index. Les couvertures intérieures avant et arrière contiennent les biographies de Charles de Menou d'Aulnay et de Thomas Carleton. FC2461 971.51002

1531
Norton, Judith A. [Judith Ann]. – *New England planters in the Maritime Provinces of Canada, 1759-1800 : bibliography of primary sources.* – Toronto : University of Toronto Press in association with Planter Studies Centre, Acadia University, c1993. – [xviii], 403 p. : 1 map. – 0802028403

A bibliography of over 3,000 entries for primary materials relating to the New England planters who emigrated to Nova Scotia between 1759 and 1774. Includes government documents such as militia papers, census, court and property records and minutes of the Legislative Council and House of Assembly, personal papers, business records, documents created by societies or groups of planters, and newspapers. Repositories in New Brunswick, Nova Scotia and New England were surveyed and/or visited. Arranged by province or state and county and type of document. Directory of repositories. Indexes: names of planters; names of non-planters; New England town and church records; Nova Scotia and New Brunswick places; subjects. The Planter database is available online through the Acadia University library catalogue. Accessible via the Internet, telnet: auls.acadiau.ca. Z1392 M37 N67 1993 fol. 016.6309715

Bibliographie de plus de 3 000 notices sur des sources primaires relatives aux planteurs de la Nouvelle-Angleterre qui ont émigré en Nouvelle-Écosse entre 1759 et 1774. Inclut des documents officiels comme les registres de la milice, les états de recensement, les archives juridiques, les titres de propriété, les procès-verbaux du Conseil législatif et de l'Assemblée législative, des documents personnels et d'affaires, des documents créés par des sociétés ou par des groupes de planteurs, et des journaux. Les dépôts d'archives du Nouveau-Brunswick, de la Nouvelle-Écosse et de la Nouvelle-Angleterre ont été étudiés ou visités. Classement par provinces ou par états ainsi que par comtés et par types de documents. Répertoire des dépôts d'archives. Plusieurs index : noms des planteurs; noms des autres personnes; archives municipales et paroissiales de la Nouvelle-Angleterre; lieux en Nouvelle-Écosse et au Nouveau-Brunswick; sujets. La base de données sur les planteurs est disponible en direct par l'entremise du catalogue de la bibliothèque de l'Acadia University. Accessible par l'Internet, telnet: auls.acadiau.ca. Z1392 M37 N67 1993 fol. 016.6309715

1532

Nova Scotia. House of Assembly. – *Selections from the public documents of the Province of Nova Scotia.* – Edited by Thomas B. Akins. – Halifax : Charles Annand, 1869. – 755 p. : fold. facsims., fold. table.

A collection of documents relating to the history of Nova Scotia. Covers the Acadian inhabitants of Nova Scotia and their expulsion, 1714-1786, French encroachments in Nova Scotia, 1749-1754, the war in North America, 1754-1761, the settlement of Halifax, 1749-1756, and the establishment of representative government in Nova Scotia, 1755-1761. Includes letters, minutes of council meetings, proclamations, etc. Documents originally in French have been translated into English. Biographical notes for some persons mentioned in documents. Subject index. Reproduced in microform format: *CIHM/ICMH microfiche series*, no. 25914; Washington (D.C.) : Library of Congress, Photoduplication Service, 1987, 1 reel; as part of the microfilm set, *Canadiana* (Cambridge, Mass. : General Microfilm Co., [1967?]-   ), no. 117. Reprinted: Cottonport [La.] : Polyanthos, 1972.   F1036 N87   971.601

Collection de documents relatifs à l'histoire de la Nouvelle-Écosse. Porte sur les habitants acadiens de la Nouvelle-Écosse et leur expulsion, 1714-1786, les empiètements français en Nouvelle-Écosse, 1749-1754, la guerre en Amérique du Nord, 1754-1761, la colonie de Halifax, 1749-1756, et la création d'un gouvernement représentatif en Nouvelle-Écosse, 1755-1761. Inclut des lettres, des procès-verbaux de réunions du conseil, des proclamations, etc. Les documents écrits à l'origine en français ont été traduits en anglais. Notes biographiques sur certaines personnes mentionnées dans les documents. Index des sujets. Reproduit sur support microforme: *CIHM/ICMH collection de microfiches*, n° 25914; Washington (D.C.) : Library of Congress, Photoduplication Service, 1987, 1 bobine; fait partie du jeu de microfilms *Canadiana* (Cambridge, Mass. : General Microfilm Co., [1967?]-   ), n° 117. Réimprimé: Cottonport [La.] : Polyanthos, 1972.   F1036 N87   971.601

1533

Prince Edward Island statistics : past and present. – Prepared by Economics, Statistics and Fiscal Analysis Division, Department of Finance. – [Charlottetown] : the Division, 1990. – [99] leaves.

Historical and recent statistical data on the people, economy and government of Prince Edward Island. Arranged in 87 tables covering population, vital statistics, labour force, general economic indicators, economic statistics by sector, social statistics, and government. Most tables include twentieth-century data, a few cover earlier periods, for example, population from 1728 and provincial election data from 1873. Sources noted for each table. Reproduced in microform format: *Microlog*, no. 90-06760.   HA747 P8 P75 1990 x.fol.   317.17

Données statistiques historiques et récentes sur les habitants, l'économie et le gouvernement de l'Île-du-Prince-Édouard. Classement en 87 tableaux qui portent sur la population, les statistiques de l'état civil, la main d'oeuvre, les indicateurs économiques généraux, les statistiques économiques par secteurs, les statistiques sociales et le gouvernement. La plupart des tableaux contiennent des données du vingtième siècle. Quelques-uns portent sur des périodes antérieures, par exemple la population à partir de 1728 et les données sur l'élection provinciale de 1873. Mention des sources pour chaque tableau. Reproduit sur support microforme: *Microlog*, n° 90-06760.   HA747 P8 P75 1990 x.fol.   317.17

1534

Public Archives of Nova Scotia. – *The Loyalist guide : Nova Scotia Loyalists and their documents.* – Compiled by Jean Peterson ; assisted by Lynn Murphy and Heather MacDonald. – Halifax : the Archives, [1983]. – 272 p. – 0888710445

A bibliography of sources held by the Public Archives of Nova Scotia relating to Nova Scotia Loyalists. Two parts for published and manuscript sources, each of which is subdivided by subject or type of source including Cape Breton, black Loyalists, trade and commerce, societies, literature, religion, genealogy, newspapers, wills and deeds, assessment and census, etc. Annotations. Archives call numbers. Indexes of persons and places.   Z1392 N72 P83 1983   016.9293716

Bibliographie de sources conservées aux Archives publiques de la Nouvelle-Écosse relatives aux Loyalistes de la Nouvelle-Écosse. Deux parties sur les sources publiées et manuscrites. Chaque partie est subdivisée par sujets ou par types de sources, comme le Cap Breton, les Loyalistes noirs, le commerce, les sociétés, la littérature, la religion, la généalogie, les journaux, les testaments et les actes, les évaluations et les recensements, etc. Annotations. Cotes des Archives. Index des personnes et index des lieux.   Z1392 N72 P83 1983 016.9293716

1535

Public Archives of Nova Scotia. – *Place-names and places of Nova Scotia.* – With an introduction by Charles Bruce Ferguson. – Halifax : the Archives, 1967. – vi, 751 p., [18] fold. leaves of plates : maps. – (Nova Scotia series ; 3) – 0919302904 (Reprint ed.)

A dictionary of over 2,300 place names of Nova Scotia. Emphasis on names of populated places. Alphabetically arranged. Entries include place name, county name, description of location, history of name, facts about settlers, industries, etc., population in 1956. Map for each county. Reprinted with addenda and corrigenda: Belleville (Ont.) : Mika Publishing, 1974; Belleville (Ont.) : Mika Publishing, 1982. F5203 N65   917.16003

Dictionnaire de plus de 2 300 noms de lieux de la Nouvelle-Écosse. Insistance sur les noms de lieux habités. Classement alphabétique. Les notices comprennent le nom du lieu, le nom du comté, une description de l'emplacement, l'historique du nom, les faits relatifs aux colons, aux industries, etc., la population en 1956. Carte de chaque comté. Réimprimé avec addenda et rectificatifs: Belleville (Ont.) : Mika Publishing, 1974; Belleville (Ont.) : Mika Publishing, 1982.   F5203 N65   917.16003

1536

Rayburn, Alan. – *Geographical names of New Brunswick.* – By Alan Rayburn for Canadian Permanent Committee on Geographical Names. – Ottawa : Surveys and Mapping Branch, Dept. of Energy, Mines and Resources, 1975. – viii, 304 p. : ill., ports., folded col. map (in pocket).

Alphabetical dictionary of 4,006 names of populated places and physical features of New Brunswick. Includes names in current use as well as obsolete forms and historical names. 1,042 cross-references. Entries include name, location, origins of name and references to sources. Essays by W.F. Ganong on the principles of place

Dictionnaire alphabétique de 4 006 noms de lieux habités et de traits topographiques du Nouveau-Brunswick. Inclut des noms actuellement utilisés ainsi que des noms d'importance historique et des formes dépassées. Comprend 1 042 renvois. Les notices contiennent le nom du lieu, son emplacement, les origines du nom et des

nomenclature and the history of place nomenclature of New Brunswick. List of sources. FC2456 917.15003

références aux sources. Essais par W.F. Ganong sur les principes et l'histoire de la toponymie au Nouveau-Brunswick. Liste des sources. FC2456 917.15003

1537

Rayburn, Alan. – *Geographical names of Prince Edward Island.* – By Alan Rayburn for Canadian Permanent Committee on Geographical Names. – Ottawa : Surveys and Mapping Branch, Dept. of Energy, Mines and Resources, 1973, c1978. – vii, 135 p. : ill., ports., maps (1 folded in pocket). – (Toponymy study ; 1). – 0660017407

Alphabetical dictionary of 1,668 names of populated places and physical features of Prince Edward Island. Entries include location, notes on origin of name and name changes, references to maps and other place name sources. Essay on categories of Prince Edward Island names. Bibliography. Revises and updates: Douglas, Robert, *Place names of Prince Edward Island with meanings* (Ottawa : Geographic Board of Canada, 1925). F5303 R3 917.17003

Dictionnaire alphabétique de 1 668 noms de lieux habités et de traits topographiques de l'Île-du-Prince-Édouard. Les notices comprennent la localisation, des notes sur l'origine du nom et les changements de nom, des références aux cartes et à d'autres sources de noms de lieux. Essai sur les catégories de noms de l'Île-du-Prince-Édouard. Bibliographie. Révise et met à jour: Douglas, Robert, *Place names of Prince Edward Island with meanings* (Ottawa : Geographic Board of Canada, 1925). F5303 R3 917.17003

1538

Seary, E. R. [Edgar Ronald]. – *Place names of the Avalon Peninsula of the island of Newfoundland.* – Toronto : Published for Memorial University of Newfoundland by University of Toronto Press, c1971. – xv, 383 p. : maps (1 fold.). – (Memorial University series ; 2). – 0802032435

A study of the place names of the Avalon Peninsula of Newfoundland. Includes analyses of the Native, French, English and Irish place names of the seventeenth through nineteenth centuries and examines the elements of which place names are composed. Also includes an alphabetically arranged gazetteer. Entries include name, pronunciation if unusual, type of entity, latitude and longitude, map reference, references to the name as recorded in sources, cross-references to associated names, older forms of name and obsolete names, linguistic and interpretive commentary. Bibliography of cartographic, manuscript and printed sources. Subject index to essays. Edgar Seary also prepared: *Toponymy of the island of Newfoundland : check-list no. 1, sources : I, maps* (St. John's : Memorial University of Newfoundland, 1959); *Toponymy of the island of Newfoundland : check-list no. 2, names : I, the Northern Peninsula* (St. John's : Memorial University of Newfoundland, 1960). F5398 A8 S4 917.18003

Étude des noms de lieux de la péninsule Avalon à Terre-Neuve. Inclut une analyse des noms de lieux autochtones, français, anglais et irlandais depuis le dix-septième siècle jusqu'au dix-neuvième siècle. Examine les éléments de composition des noms de lieux. Comprend aussi un répertoire géographique classé alphabétiquement. Les notices comprennent le nom, la prononciation si elle est inhabituelle, le type de lieu, la latitude et la longitude, le renvoi à une carte, des références au nom tel qu'inscrit dans les sources, des renvois aux noms connexes, les anciennes formes des noms et les noms dépassés, un commentaire sur l'aspect linguistique et une interprétation. Bibliographie des sources cartographiques, manuscrites et imprimées. Index des sujets des essais. Edgar Seary a aussi rédigé: *Toponymy of the island of Newfoundland : check-list no. 1, sources : I, maps* (St. John's : Memorial University of Newfoundland, 1959); *Toponymy of the island of Newfoundland : check-list no. 2, names : I, the Northern Peninsula* (St. John's : Memorial University of Newfoundland, 1960). F5398 A8 S4 917.18003

1539

Sociéte historique Nicolas Denys. Centre de documentation. – *Catalogue des fonds d'archives conservés au Centre de documentation de la SHND.* – Shippagan (N.-B.) : Centre de documentation, Centre universitaire de Shippagan, 1986. – [iv], 27 f. – Titre de la couv.

A catalogue of the archival collections held by the Centre de documentation, Société historique Nicolas Denys at the Centre universitaire de Shippagan. The society focusses on the history of northeastern New Brunswick. Entries for each of 64 fonds include: fonds number and title, profession of individual or type of organization responsible for creation of fonds, place of residence or location, types of materials, inclusive dates, extent of collection, contents notes, restrictions on access, finding aid. List of sound recordings. Subject index. Z1392 N53 S6 1986 fol. 016.97151

Catalogue des collections d'archives qui se trouvent au Centre de documentation de la Société historique Nicolas Denys du Centre universitaire de Shippagan. Cette société se concentre sur l'histoire du nord-est du Nouveau-Brunswick. Les notices sur chacun des 64 fonds contiennent: numéro et titre du fonds, profession de la personne ou type de l'organisation responsable de la création du fonds, lieu de résidence ou emplacement, types de documents, période couverte, envergure de la collection, notes sur le contenu, restrictions relatives à l'accès, instrument de recherche. Liste des enregistrements sonores. Index sujets. Z1392 N53 S6 1986 fol. 016.97151

1540

Swanick, Eric L. – *The Acadiensis index, 1971-1991.* – By Eric L. Swanick with the assistance of David Frank. – Fredericton : Acadiensis Press, 1992. – [4], iii, 177, [7] p. – 0919107354

An index to the first twenty years of *Acadiensis*, a journal devoted to the history of the Atlantic Provinces. Two parts: author and subject index of articles, review essays, documents, bibliographies, etc.; alphabetically arranged index of authors of books reviewed. Supersedes: *The Acadiensis index, vols. I-XII, (Autumn 1971 to Spring 1983)* (Fredericton : Acadiensis Press, 1985). Also indexed in *Canadian periodical index*, 1981- ; *Canadian magazine index* and *Canadian index*, 1986- . This is the second journal on the Atlantic region entitled *Acadiensis*. For an index to the original *Acadiensis*, see Dorothy Cooke's *An index to Acadiensis, 1901-1908.* FC2001 A32 1992 016.9715

Index des vingt premières années de *Acadiensis*, une revue consacrée à l'histoire des provinces de l'Atlantique. Deux parties: index des auteurs et des sujets des articles, des essais de critique, des documents, des bibliographies, etc.; index alphabétique des auteurs des livres critiqués. Remplace: *The Acadiensis index, vols. I-XII, (Autumn 1971 to Spring 1983)* (Fredericton : Acadiensis Press, 1985). Également répertorié dans *Index de périodiques canadiens*, 1981- ; *Canadian magazine index* et *Canadian index*, 1986- . Il s'agit de la deuxième revue sur la région de l'Atlantique intitulée *Acadiensis*. Pour consulter un index de la première revue *Acadiensis*, voir *An index to Acadiensis, 1901-1908* de Dorothy Cooke. FC2001 A32 1992 016.9715

1541

Taylor, Hugh A. – *New Brunswick history : a checklist of secondary sources = Guide en histoire du Nouveau-Brunswick : une liste de contrôle des sources secondaires.* – Fredericton : Provincial Archives of New Brunswick, Historical Resources Administration, 1971. – xii, 254 p.

A checklist of books, periodical articles, official publications, theses and some newspaper articles on the history of New Brunswick. Includes English- and French-language works. Excludes archival resources such as manuscripts and government records, published annual reports, literature, folklore except Native folklore, directories, almanacs, sermons, natural history and general works by New Brunswick authors. Arranged according to seventy subject headings, for example, geography, exploration, immigration and settlement, boundaries, history of New Brunswick counties, families and persons, communications, commerce and industry, etc. One location for each title. Addenda. Appendices: articles on the history of Charlotte County from the *St. Croix courier*, 1892-1895; dissertations in progress. Index of personal authors. General index of persons, places and subjects. Two supplements compiled by Eric L. Swanick. Z1392 N53 T3   016.97151

Liste de contrôle de livres, d'articles de périodiques, de publications officielles, de thèses et de certains articles de journaux sur l'histoire du Nouveau-Brunswick. Inclut des ouvrages en anglais et en français. Exclut les fonds d'archives comme les manuscrits et les archives gouvernementales, les rapports annuels publiés, la littérature, le folklore à l'exception du folklore amérindien, les répertoires, les almanachs, les sermons, les ouvrages sur l'histoire naturelle et les ouvrages de nature générale écrits par des auteurs du Nouveau-Brunswick. Classement sous 70 vedettes-matière comme la géographie, l'exploration, l'immigration et la colonisation, les frontières, l'histoire des comtés du Nouveau-Brunswick, les familles et les personnes, les communications, le commerce et l'industrie, etc. Une localisation pour chaque titre. Addenda. Annexes: articles sur l'histoire du comté de Charlotte tirés du *St. Croix courier*, 1892-1895; dissertations en cours de rédaction. Index des auteurs. Index général des personnes, des lieux et des sujets. Deux suppléments compilés par Eric L. Swanick.   Z1392 N53 T3   016.97151

1542

Taylor, Hugh A. – *New Brunswick history : a checklist of secondary sources = Guide en histoire du Nouveau-Brunswick : une liste de contrôle des sources secondaires.* – Fredericton : Archives provinciales du Nouveau-Brunswick, Administration des ressources historiques, 1971. – xii, 254 p.

A checklist of books, periodical articles, official publications, theses and some newspaper articles on the history of New Brunswick. Includes English- and French-language works. Excludes archival resources such as manuscripts and government records, published annual reports, literature, folklore except Native folklore, directories, almanacs, sermons, natural history and general works by New Brunswick authors. Arranged according to seventy subject headings, for example, geography, exploration, immigration and settlement, boundaries, history of New Brunswick counties, families and persons, communications, commerce and industry, etc. One location for each title. Addenda. Appendices: articles on the history of Charlotte County from the *St. Croix courier*, 1892-1895; dissertations in progress. Index of personal authors. General index of persons, places and subjects. Two supplements compiled by Eric L. Swanick. Z1392 N53 T3   016.97151

Liste de contrôle de livres, d'articles de périodiques, de publications officielles, de thèses et de certains articles de journaux sur l'histoire du Nouveau-Brunswick. Inclut des ouvrages en anglais et en français. Exclut les fonds d'archives comme les manuscrits et les archives gouvernementales, les rapports annuels publiés, la littérature, le folklore à l'exception du folklore amérindien, les répertoires, les almanachs, les sermons, les ouvrages sur l'histoire naturelle et les ouvrages de nature générale écrits par des auteurs du Nouveau-Brunswick. Classement sous 70 vedettes-matière comme la géographie, l'exploration, l'immigration et la colonisation, les frontières, l'histoire des comtés du Nouveau-Brunswick, les familles et les personnes, les communications, le commerce et l'industrie, etc. Une localisation pour chaque titre. Addenda. Annexes: articles sur l'histoire du comté de Charlotte tirés du *St. Croix courier*, 1892-1895; dissertations en cours de rédaction. Index des auteurs. Index général des personnes, des lieux et des sujets. Deux suppléments compilés par Eric L. Swanick.   Z1392 N53 T3   016.97151

1543

Swanick, Eric L. – *New Brunswick history : a checklist of secondary sources. First supplement.* – Fredericton : Legislative Library, 1974. – vi, 96 p. – Cover title : *New Brunswick history : check list.* Z1392 N53 T3 Suppl. 1   016.97151

1544

Swanick, Eric L. – *New Brunswick history : a checklist of secondary sources. Second supplement = Guide en histoire du Nouveau-Brunswick : une liste de contrôle des sources secondaires. Deuxième supplément.* – Fredericton : Legislative Library, 1984. – vi, 214 p. – 0888387830 – Cover title : *New Brunswick history = Guide en histoire du Nouveau-Brunswick.* Z1392 N53 T3 Suppl. 2   016.97151

1545

Swanick, Eric L. – *New Brunswick history : a checklist of secondary sources. Second supplement = Guide en histoire du Nouveau-Brunswick : une liste de contrôle des sources secondaires. Deuxième supplément.* – Fredericton : Bibliothèque de l'Assemblée législative, 1984. – vi, 214 p. – 0888387830 – Titre de la couv. : *New Brunswick history = Guide en histoire du Nouveau-Brunswick.* Z1392 N53 T3 Suppl. 2   016.97151

1546

Travel in the Maritime Provinces, 1750-1867. – Compiled in the Nova Scotia Legislative Library. – [Halifax] : Nova Scotia Legislative Library, 1982. – 14 leaves.

A bibliography of travel accounts written by foreign visitors to the Maritime Provinces during the period 1750 through 1867. Alphabetically arranged by author or title.   Z1392 M37 T73 1982 fol.   016.9171504

Bibliographie de récits de voyage écrits par des étrangers qui ont visité les provinces maritimes pendant la période de 1750 à 1867. Classement alphabétique par auteurs ou par titres.
Z1392 M37 T73 1982 fol.   016.9171504

1547
Varennes, Fernand de. – *Lieux et monuments historiques de l'Acadie.* – Moncton : Éditions d'Acadie, c1987. – 245 p. : ill., cartes. – 2760001385

A guide to sites significant in the history of the Acadians in the Maritime Provinces. Also includes entries for museums. Arranged according to eleven travel routes which are grouped by province. Descriptive entries include directions to locations and historical notes. Map of each route. Indexes of places and historic sites. Bibliography. FC2024 V37 1987 971.5

Guide des lieux importants de l'histoire des Acadiens dans les provinces maritimes. Inclut aussi des notices sur les musées. Classement en fonction de onze itinéraires qui sont regroupés par provinces. Les notices descriptives comprennent des indications sur la façon de se rendre aux divers endroits et des notes historiques. Carte de chaque itinéraire. Index des lieux en général et index des lieux historiques. Bibliographie. FC2024 V37 1987 971.5

1548
Young, Aurèle. – *Le Canada atlantique : dictionnaire historique et politique.* – [S.l. : s.n.], 1993-1994. – 3 vol. (82 ; 110 ; 145 p.).

A dictionary of events, persons and places significant in the history of the Atlantic Provinces, compiled from published histories, newspaper and periodical articles. Vol. 1, A-C; vol. 2, D-L; vol. 3, M-Y. Bibliography in each volume. Numerous appendices: chronologies, lists of important personalities, former names of Acadian villages, governors of Acadia, lieutenant-governors, fires, shipwrecks, etc. FC2005 971.5003

Dictionnaire des événements, des personnes et des lieux importants de l'histoire des provinces de l'Atlantique, compilé à partir de livres d'histoire et d'articles de journaux et de périodiques. Vol. 1, A-C; vol. 2, D-L; vol. 3, M-Y. Bibliographie dans chaque volume. Nombreuses annexes: chronologies, listes de personnalités importantes, anciens noms des villages acadiens, gouverneurs de l'Acadie, lieutenants-gouverneurs, incendies, naufrages, etc. FC2005 971.5003

British Columbia

Colombie-Britannique

1549
Akrigg, G. P. V. – *British Columbia place names.* – G.P.V. Akrigg and Helen B. Akrigg. – Victoria : Sono Nis Press, 1986. – xxx, 346 p. : 1 map. – 0919203493 (bd.) 0919203965 (pa.)

An alphabetically arranged dictionary of over 2,300 names of populated places and physical features of British Columbia. Entries include name, location, map grid reference and notes on origin of name. Supersedes the author's previous work: *1001 British Columbia place names*, 1st ed., 1969; 2nd ed., 1970; 3rd ed., 1973. FC3806 A47 1986 917.11003

Dictionnaire alphabétique de plus de 2 300 noms de lieux habités et de traits topographiques de la Colombie-Britannique. Les notices contiennent le nom, la localisation, la référence à une grille cartographique et des notes sur l'origine du nom. Remplace l'ouvrage précédent du même auteur: *1001 British Columbia place names*, 1ʳᵉ éd., 1969; 2ᵉ éd., 1970; 3ᵉ éd., 1973. FC3806 A47 1986 917.11003

1550
Bowman, James. – *Big country : a bibliography of the history of the Kamloops Region & Southern Cariboo.* – [Burnaby, B.C.] : Simon Fraser University, Dept. of Sociology and Anthropology ; [Victoria] : Province of British Columbia, Ministry of Labour, 1977. – 79 p. : ill., maps.

A bibliography on the history of the Kamloops region of British Columbia for the period from 1812, date of the establishment of the first European settlement, to 1950. Excludes ethnology, archaeology and the natural and applied sciences as well as works on labour history. Arranged by type of document: books and pamphlets; articles from serials; unpublished works including theses, journals and essays. Locations provided for unpublished and difficult-to-find materials. Descriptive notes. Author-subject index. Z1392 K35 B68 fol. 016.97117

Bibliographie de l'histoire de la région de Kamloops en Colombie-Britannique, depuis 1812, date de l'établissement de la première colonie européenne, jusqu'en 1950. Exclut l'ethnologie, l'archéologie et les sciences naturelles et appliquées ainsi que les ouvrages sur l'histoire de la vie ouvrière. Classement par types de documents: livres et brochures; articles de publications en série; ouvrages non publiés, y compris les thèses, les mémoires et les essais. Localisations fournies pour les documents non publiés ou difficiles à trouver. Notes descriptives. Index des auteurs et des sujets. Z1392 K35 B68 fol. 016.97117

1551
British Columbia Historical Association. – *A two-part index to the British Columbia historical quarterly, volumes I-XXI, including British Columbia Historical Association annual reports and proceedings, numbers I-IV.* – [Victoria] : Camosun College, 1977. – [ca. 150] p.

An index to complete runs of the periodicals *British Columbia historical quarterly*, vol. 1 (1937)-vol. 21 (1958), and *British Columbia Historical Association annual reports and proceedings*, no. 1 (1923)-no. 4 (1929). Two parts: authors and titles of articles; subjects. Reviews are included in the subject index under the heading "book reviews". *British Columbia historical quarterly*, 1937-vol. 20 (Jan.-April 1956), is indexed in the *Canadian periodical index*. FC3801 B72 fol. 016.971

Index des séries complètes des périodiques *British Columbia historical quarterly*, vol. 1 (1937)-vol. 21 (1958), et *British Columbia Historical Association annual reports and proceedings*, n° 1 (1923)-n° 4 (1929). Deux parties: auteurs et titres d'articles; sujets. Les critiques sont incluses dans l'index des sujets sous «book reviews» (critiques de livres). *British Columbia historical quarterly*, 1937-vol. 20 (janvier-avril 1956), est répertorié dans *Index de périodiques canadiens*. FC3801 B72 fol. 016.971

1552

British Columbia Historical Federation. – *British Columbia historical news. Index.* – Vancouver : British Columbia Historical Federation, [1973]-1988. – 3 vol. (8 p. ; 9 leaves ; 28 p.).

Indexes of articles, book reviews, illustrations, etc., in the journal of the British Columbia Historical Federation, formerly the British Columbia Historical Association. Indexes cover: vol. 1 (Feb. 1968)-vol. 5 (June 1972); vol. 6 (Nov. 1972)-vol. 10 (June 1977); vol. 11 (1977)-vol. 20 (1987). Authors, titles and subjects arranged in one alphabetical sequence. Index for vols. 1-5 has title: *Index to B.C. historical news.* Index for vols. 11-20 is a special issue of *British Columbia historical news*, vol. 21, no. 3 (Summer 1988). *British Columbia historical news*, 1989-   , is indexed in *Canadian periodical index.* FC3801 B723 Index fol.   016.9711

Index des articles, des critiques de livres, des illustrations, etc. de la revue de la British Columbia Historical Federation autrefois appelée British Columbia Historical Association. Les index portent sur les volumes suivants: vol. 1 (février 1968)-vol. 5 (juin 1972); vol. 6 (novembre 1972)-vol. 10 (juin 1977); vol. 11 (1977)-vol. 20 (1987). Auteurs, titres et sujets sont classés en une seule liste alphabétique. L'index des volumes 1-5 porte le titre: *Index to B.C. historical news.* L'index des volumes 11-20 constitue un numéro spécial de *British Columbia historical news*, vol. 21, n° 3 (été 1988). *British Columbia historical news*, 1989-   , est répertorié dans *Index de périodiques canadiens.* FC3801 B723 Index fol.   016.9711

1553

Cassidy, Maureen. – *Local history in British Columbia : a guide to researching, writing and publishing for the non-professional.* – [Victoria] : British Columbia Heritage Trust, 1983. – [4], 36 p. : ill. – (Technical paper series ; 6). – 0771991819

A guide to preparing local histories for British Columbia communities, also of use to a broader audience. Covers planning a project, background research, using primary sources such as maps, photographs, manuscripts and government archives, writing and publishing a book. Appendix: sample local history topics. Bibliography. Subject index. Reproduced in microform format: *Microlog*, no. 83-03272.   FC3809.5   971.10072

Guide de rédaction de livres sur l'histoire locale des communautés de la Colombie-Britannique, également utile à un public plus vaste. Traite de la planification d'un projet, de la recherche de base, de l'utilisation des sources primaires, comme les cartes, les photographies, les manuscrits et les archives gouvernementales, ainsi que de la rédaction et de la publication d'un livre. Annexe: exemple de sujets d'histoire locale. Bibliographie. Index des sujets. Reproduit sur support microforme: *Microlog*, n° 83-03272.   FC3809.5   971.10072

1554

A guide to British Columbia stop-of-interest plaques. – Rev. ed. – [Victoria] : Ministry of Recreation and Conservation, 1978. – 27 p.

Previous editions, 1969, 1970, 1971, 1973, 1975, 1976. A guide to over 100 historic sites in British Columbia which have been marked with commemorative plaques. Arranged by region or highway. The text of each plaque is reproduced.   FC3812   971.1

Éditions antérieures, 1969, 1970, 1971, 1973, 1975, 1976. Guide de plus de 100 lieux historiques de la Colombie-Britannique où se trouvent des plaques commémoratives. Classement par régions ou par autoroutes. Reproduction du texte inscrit sur chaque plaque. FC3812   971.1

1555

Hale, Linda L. [Linda Louise]. – *British Columbia local histories : a bibliography.* – Linda L. Hale and Jean Barman ; technical consultant, G.W. Brian Owen ; produced under the auspices of the British Columbia Library Association. – Victoria : British Columbia Heritage Trust, c1991. – [8], 196 p. : 1 map. – 0771890788

A bibliography of over 1,000 local histories for 889 communities in British Columbia. Includes books, pamphlets, theses and special editions of newspapers of the nineteenth and twentieth centuries, up to and including 1990. Excludes works which are primarily autobiographical as well as church and school histories. Alphabetically arranged by author or title. Locations. Indexes: name, title, place. Reproduced in microform format: *Microlog*, no. 93-00310. Available online as part of the University of British Columbia Library catalogue. Accessible via the Internet, telnet: library.ubc.ca.   Z1392 B7 H35 1991 fol.   016.9711

Bibliographie de plus de 1 000 documents sur l'histoire locale de 889 communautés de la Colombie-Britannique. Inclut des livres, des brochures, des thèses et des éditions spéciales de journaux des dix-neuvième et vingtième siècles, jusqu'à 1990 inclusivement. Exclut les ouvrages qui sont principalement autobiographiques ainsi que les documents sur l'histoire des églises et des écoles. Classement alphabétique par auteurs ou par titres. Localisations. Trois index: noms, titres, lieux. Reproduit sur support microforme: *Microlog*, n° 93-00310. Disponible en direct dans le cadre du catalogue de la bibliothèque de la University of British Columbia. Accessible via l'Internet, telnet: library.ubc.ca.   Z1392 B7 H35 1991 fol.   016.9711

1556

Neering, Rosemary. – *A traveller's guide to historic British Columbia.* – Vancouver : Whitecap Books, c1993. – xviii, 280 p. : ill., maps. – 1551100959

A guide to British Columbia historic sites, buildings, etc. Arranged in chapters covering eight regions. Sites within each region are organized in walking or driving tours. Historical introduction for each region. Museums and archives are noted. Bibliography. Index of places, sites, museums, etc.   FC3812 N43 1993   971.1

Guide sur les sites historiques, les édifices, etc. de la Colombie-Britannique. Divisé en chapitres qui portent sur huit régions. Pour chaque région, les sites sont classés en fonction de visites à pied ou en voiture. Introduction historique pour chaque région. Les musées et les archives sont signalés. Bibliographie. Index des lieux, des sites historiques, des musées, etc.   FC3812 N43 1993   971.1

1557

Provincial Archives of British Columbia. Library. – *Dictionary catalogue of the Library of the Provincial Archives of British Columbia, Victoria.* – Boston (Mass.) : G.K. Hall, 1971. – 8 vol. – 0816109125

A catalogue of books, pamphlets, periodicals and official publications held by the Library of the Provincial Archives of British Columbia. The Archives was established in 1893 and within it a

Catalogue de livres, de brochures, de périodiques et de publications officielles conservés à la bibliothèque des Provincial Archives of British Columbia. Les archives provinciales ont été créées en 1893, et

library was developed including material on British Columbia as well as Western and Northern Canada. Authors, titles and subjects arranged in one alphabetical sequence. Z883 B64 x.fol. 016.9711

on y a monté une bibliothèque qui comprend des documents sur la Colombie-Britannique, ainsi que sur l'Ouest et le Nord du Canada. Auteurs, titres et sujets en une seule suite alphabétique. Z883 B64 x.fol. 016.9711

1558

Provincial Archives of British Columbia. Sound and Moving Image Division. – *Inventory and subject index of principal oral history collections.* – Victoria : Sound and Moving Image Division, Provincial Archives of British Columbia, 1985. – 53 p. – 0772602360

An inventory of 88 oral history collections held by the Sound and Moving Image Division of the Provincial Archives of British Columbia. Entries include: title of collection, accession number, number of interviews, total number of hours of interviews, availability of transcription, restrictions on access, subjects. Subject index. Z1392 B73 P75 1985 016.9711

Répertoire de 88 collections d'histoire orale que possède la Sound and Moving Image Division des Provincial Archives of British Columbia. Les notices comprennent: le titre de la collection, le numéro d'entrée, le nombre d'entrevues, le nombre total d'heures d'entrevues, les transcriptions disponibles, les restrictions relatives à l'accès, les sujets. Index sujets. Z1392 B73 P75 1985 016.9711

1559

Smith, Charles Wesley. – *Pacific Northwest Americana : a check list of books and pamphlets relating to the history of the Pacific Northwest.* – 3d ed., rev. and extended by Isabel Mayhew. – Portland (Or.) : Binfords & Mort, 1950. – 381 p.

11,298 entries for books and pamphlets relating to the history of the Pacific Northwest, including British Columbia and the Yukon Territory. Includes imprints to 1948. Excludes official publications, manuscripts, maps, periodicals, excerpts from books and periodicals and broadsides. Locations in 38 libraries of the region. Alphabetically arranged by main entry. Author index in supplement. 1st ed., 1909, *Check-list of books and pamphlets relating to the history of the Pacific Northwest to be found in representative libraries of that region;* 2nd ed., 1921. Z1251 N7 S62 1950 fol. 016.9795

Les 11 298 notices sur des livres et des brochures se rapportent à l'histoire du Nord-Ouest du Pacifique, y compris la Colombie-Britannique et le Yukon. Inclut des impressions jusqu'à 1948. Exclut les publications officielles, les manuscrits, les cartes, les périodiques, les extraits de livres et de périodiques ainsi que les in-planos. Localisations dans 38 bibliothèques de la région. Classement alphabétique par notices principales. Index des auteurs dans le supplément. 1ʳᵉ éd., 1909, *Check-list of books and pamphlets relating to the history of the Pacific Northwest to be found in representative libraries of that region;* 2ᵉ éd., 1921. Z1251 N7 S62 1950 fol. 016.9795

1560

Pacific Northwest Americana 1949-1974 : a supplement to Charles W. Smith's third edition 1950. – Edited by Richard E. Moore and Nadine H. Purcell. – 1st ed. – Portland (Or.) : Binford & Mort, 1981. – 365 p. – 0832303895

4,164 entries for works published between 1949 and 1974. Geographical arrangement. Author index to third edition and supplement. Z1251 N7 S62 1950 Suppl. fol. 016.9795

4 164 notices sur des ouvrages publiés entre 1949 et 1974. Classement géographique. Index des auteurs pour la troisième édition et le supplément. Z1251 N7 S62 1950 Suppl. fol. 016.9795

1561

Walbran, John T. – *British Columbia coast names, 1592-1906 : to which are added a few names in adjacent United States territory : their origin and history : with map and illustrations.* – Ottawa : Government Printing Bureau, 1909. – 546 p., [21] leaves of plates : ill., ports., fold map. – 0295951966 (reprint U.W.P.) 0888940017 (reprint J.J. Douglas) 0888941439 (pa. reprint J.J. Douglas) 0888941439 (pa. reprint D. & M.)

Provides detailed histories of names of populated places and physical features of the British Columbia coast. Alphabetically arranged. Chronological list of principal voyages to the coast. Addenda and corrigenda. Reprinted: Vancouver : The Library's Press, 1971; Vancouver : Published for the Vancouver Public Library by J.J. Douglas, 1971; Seattle : University of Washington Press, 1972; paperback reprint: Vancouver : J.J. Douglas, c1971, 1977; Vancouver : Douglas & McIntyre, [1994], c1971. F5753 W3 917.11003

Fournit l'histoire détaillée des noms de lieux habités et de traits topographiques de la côte de la Colombie-Britannique. Classement alphabétique. Liste chronologique des principaux voyages effectués sur cette côte. Addenda et rectificatifs. Réimprimé: Vancouver : The Library's Press, 1971; Vancouver : Published for the Vancouver Public Library by J.J. Douglas, 1971; Seattle : University of Washington Press, 1972; réimpression en livre de poche: Vancouver : J.J. Douglas, c1971, 1977; Vancouver : Douglas & McIntyre, [1994], c1971. F5753 W3 917.11003

1562

Woodward, Frances. – *Theses on British Columbia history and related subjects in the Library of the University of British Columbia.* – Rev. and enl. – Vancouver : University of British Columbia Library, 1971. – 57 p. – (Reference publication ; no. 35).

Prev. ed., 1969. A bibliography of 411 doctoral and master's theses and selected bachelor's essays on British Columbia history and related subjects. Two parts: theses completed at the University of British Columbia, organized by department; theses completed at other universities, of which copies are held at the University of British Columbia Library. Author and subject indexes. Z1392 B7 W66 1971 013.9711

Édition antérieure, 1969. Bibliographie de 411 thèses de doctorat et de maîtrise, et d'essais de premier cycle choisis sur l'histoire de la Colombie-Britannique et des sujets connexes. Deux parties: les thèses complétées à la University of British Columbia, classées par départements; les thèses réalisées dans d'autres universités dont la University of British Columbia possède des exemplaires. Index des auteurs et index des sujets. Z1392 B7 W66 1971 013.9711

Manitoba

Manitoba

1563

A bibliography of Manitoba local history : a guide to local and regional histories written about communities in Manitoba. – Christopher Hackett, ed. – 2nd ed. – [Winnipeg] : Manitoba Historical Society, 1989. – xvi, 156 p. – 0921950004

A bibliography of 1,302 local histories about communities of Manitoba. Includes books as well as pamphlets, theses, research papers and federal and provincial official publications when relevant to a place, group or institution. Two sections: histories of communities other than Winnipeg; Winnipeg and the Red River Settlement. Each section is alphabetically arranged by author or title. Locations. Geographical and subject indexes for each section. 1st ed., 1976, *Local history in Manitoba : a key to places, districts, schools and transport routes.* Z1392 M35 H49 1989 016.97127

Bibliographie de 1 302 documents sur l'histoire locale de communautés du Manitoba. Inclut des livres ainsi que des brochures, des thèses, des documents de recherche et des publications officielles fédérales et provinciales qui se rapportent à un lieu, à un groupe ou à un établissement. Deux sections: histoire des communautés autres que Winnipeg; Winnipeg et la colonie de la rivière Rouge. Classement alphabétique par auteurs ou par titres dans chaque section. Localisations. Index géographique et index des sujets pour chaque section. 1re éd., 1976, *Local history in Manitoba : a key to places, districts, schools and transport routes.* Z1392 M35 H49 1989 016.97127

1564

Dorge, Lionel. – *Introduction à l'étude des Franco-Manitobains : essai historique et bibliographique.* – Saint-Boniface (Man.) : Société historique de Saint-Boniface, 1973. – v f., 298 p.

An essay, *Histoire du groupe français au Manitoba* by Antoine D'Eschambault, and a bibliography compiled by Lionel Dorge on the history of the Franco-Manitoban community. The bibliography includes 2,885 books, periodical and newspaper articles and theses in French and English. Arranged in sections covering reference works, primary sources, and studies arranged by subject such as fur trade, Louis Riel, the Manitoba school question, local history, etc. Index of subjects and authors. Z1392 M35 D67 016.97127004114

Essai d'Antoine D'Eschambault intitulé *Histoire du groupe français au Manitoba* et bibliographie compilée par Lionel Dorge sur l'histoire de la communauté franco-manitobaine. La bibliographie inclut 2 885 livres, articles de périodiques et de journaux, et thèses, en français et en anglais. Division en sections qui portent sur des ouvrages de référence, des sources primaires et des études classées par sujets comme le commerce de la fourrure, Louis Riel, la question scolaire au Manitoba, l'histoire locale, etc. Index des sujets et des auteurs. Z1392 M35 D67 016.97127004114

1565

Friesen, Gerald. – *A guide to the study of Manitoba local history.* – Gerald Friesen and Barry Potyondi. – Winnipeg : Published by the University of Manitoba Press for the Manitoba Historical Society, c1981. – 182 p. : ill. – 0887551211 (bd.) 0887556051 (pa.)

A guide to researching the local history of Manitoba for historians, teachers and students. Aspects of local history such as the environment, transportation, agriculture, business, education and special themes, for example, Native studies and urban history, are covered. Approaches to study and sources are noted for each topic. Chapter 14 discusses writing a local history. Appendices: introduction to the study of land and settlement records; agricultural capability ratings; land records as a source for historical information; Manitoba directories; directory of selected archives, libraries, etc. Bibliography. FC3359.5 F75 971.270072

Guide de recherche sur l'histoire locale du Manitoba rédigé à l'intention des historiens, des enseignants et des étudiants. Porte sur divers aspects de l'histoire locale comme l'environnement, les transports, l'agriculture, les affaires, l'éducation et des thèmes particuliers, comme les études autochtones et l'histoire urbaine. Des méthodes d'étude et des sources sont signalées pour chaque sujet. Le chapitre 14 discute de la rédaction d'un livre d'histoire locale. Annexes: une introduction à l'étude des documents relatifs aux terres et à la colonisation; les cotes d'aptitude agronomique des sols; les documents relatifs aux terres à titre de sources de données historiques; les répertoires du Manitoba; un répertoire d'archives et de bibliothèques choisies, etc. Bibliographie. FC3359.5 F75 971.270072

1566

Ham, Penny. – *Place names of Manitoba.* – Saskatoon : Western Producer Prairie Books, c1980. – [xiv], 155 p. : 1 map. – 0888330677

An alphabetically arranged dictionary of the names of populated places and physical features of Manitoba. Entries include name, type of community or feature, description of location, legal location and notes on history of name. Appendices: Indian reserves, provincial and national parks, correspondence and interviews. Bibliography. FC3356 H35 917.127003

Dictionnaire alphabétique des noms de lieux habités et de traits topographiques du Manitoba. Les notices comprennent le nom et le type de la communauté ou du trait topographique, la description de l'emplacement, l'emplacement officiel et des notes sur l'histoire du nom. Annexes: réserves amérindiennes, parcs provinciaux et nationaux, correspondance et entrevues. Bibliographie. FC3356 H35 917.127003

1567

Manitoba historical atlas : a selection of facsimile maps, plans, and sketches from 1612 to 1969. – Edited with introductions and annotations by John Warkentin and Richard I. Ruggles. – Winnipeg : Historical and Scientific Society of Manitoba, 1970. – xvi, 585 p. : ill., maps.

Atlas which outlines the historical and geographical development of Manitoba through the reproduction of selected early maps. Three parts covering maps of the periods 1612-1800, 1801-1869 and 1870-1969. Each part is arranged chronologically and by theme including exploration and mapping, land surveys, settlement, communications, resource development and cultural features. Introductory essay for each part. Bibliographical citation and descriptive notes with each map. Bibliography. G1156 S1 W3 fol. 911.7127

Atlas qui donne les grandes lignes du développement historique et géographique du Manitoba au moyen de la reproduction de cartes anciennes choisies. Trois parties qui portent sur les cartes des périodes 1612-1800, 1801-1869 et 1870-1969. Chaque partie est classée par ordre chronologique et par thèmes comme l'exploration et l'établissement des cartes, les levés, la colonisation, les communications, le développement des ressources et les caractéristiques culturelles. Essai de présentation dans chaque partie. Référence bibliographique et notes descriptives avec chaque carte. Bibliographie. G1156 S1 W3 fol. 911.7127

1568

Manitoba history. – No. 1 (1980)- . – [Winnipeg : Manitoba Historical Society, 1980-]. – vol. – 0226-5036

Manitoba bibliography has appeared in the autumn issue of *Manitoba history* since 1983. Includes recent books, periodical articles and official publications relating to the history of Manitoba. Arranged by type of document. FC3351 971.27

Manitoba bibliography paraît dans le numéro d'automne de *Manitoba history* depuis 1983. Inclut des articles de périodiques, des publications officielles et des livres récents qui se rapportent à l'histoire du Manitoba. Classement par types de documents. FC3351 971.27

1569

Manitoba : the birth of a province. – [Edited by] W.L. Morton. – Altona (Man.) : Printed by D.W. Friesen & Sons for the Manitoba Record Society, 1965. – xxx, 265 p. : ill., ports. – (Manitoba Record Society publications ; vol. 1).

A collection of documents relating to the history of the creation of the province of Manitoba in 1870. Reproduces, in whole or in part, public documents such as statutes, debates and reports, personal letters and diaries. Chronologically arranged. Introductory essay. Brief introductions to documents provide historical context. Subject index. Reprinted in paperback, 1984. Reproduced in microform format: *Peel bibliography on microfiche* (Ottawa : National Library of Canada, 1976-1979), no. 310. F5602 M6 971.2702

Collection de documents qui se rapportent à l'histoire de la création de la province du Manitoba en 1870. Reproduit, en tout ou en partie, des documents officiels comme des statuts, des débats et des rapports, des lettres et des journaux personnels. Classement chronologique. Essai de présentation. Les courtes introductions aux documents donnent un contexte historique. Index des sujets. Réimprimé en édition de poche, 1984. Reproduit sur support microforme: *Bibliographie Peel sur microfiche* (Ottawa : Bibliothèque nationale du Canada, 1976-1979), n° 310. F5602 M6 971.2702

1570

The Prairie west to 1905 : a Canadian sourcebook. – General editor, Lewis G. Thomas ; contributing editors, David H. Breen [et al.] ; maps by Geoffrey Matthews. – Toronto : Oxford University Press, 1975. – [xv], 360 p. : maps. – 0195402499

A collection of documents, reproduced in whole or in part, relating to the history of the settlement of the Prairies prior to 1905. Includes public documents such as statutes, debates, orders in council and law reports, as well as newspaper articles, correspondence, etc. Five sections covering Rupert's Land and the Red River Settlement, government and politics in Manitoba and the North West Territories, law and order, the ranching frontier and the development of transportation and communications, each of which is subdivided by subject. An introduction and a guide to further reading are provided for each section. No index. FC3206 P73 971.202

Collection de documents, reproduits en tout ou en partie, relatifs à l'histoire de la colonisation des Prairies avant 1905. Inclut des documents publics comme les statuts, les débats, les décrets et les recueils de jurisprudence ainsi que des articles de journaux, des lettres, etc. Cinq sections qui portent sur la Terre de Rupert et la colonie de la rivière Rouge, le gouvernement et la politique au Manitoba et dans les Territoires du Nord-Ouest, l'ordre public, la frontière de l'élevage et le développement des transports et des communications. Chaque section est subdivisée par sujets. Introduction et liste de lectures recommandées dans chaque section. Aucun index. FC3206 P73 971.202

1571

Seaman, Holly S. – *Manitoba : landmarks and red letter days, 1610 to 1920.* – Winnipeg : [s.n.], c1920. – 92 p. : ill., maps, ports.

A chronology of events significant in the history of Manitoba, 1610 through 1920. Illustrated with drawings, photographs, maps, etc. No index. F5624 S4 971.27002

Chronologie des événements significatifs de l'histoire du Manitoba, de 1610 jusqu'en 1920. Illustré au moyen de dessins, de photographies, de cartes, etc. Aucun index. F5624 S4 971.27002

Ontario

Ontario

1572

Aitken, Barbara B. – *Local histories of Ontario municipalities, 1951-1977 : a bibliography : with representative trans-Canada locations of copies.* – Toronto : Ontario Library Association, 1978. – ix, 120 p. – 088969012X

A bibliography of approximately 1,700 Ontario local histories published or reprinted as books or pamphlets during the years 1951 through 1977. Includes agricultural, educational, military, medical, transportation, social and political histories, atlases, biographies of persons connected with places, histories of municipal public utility commissions and municipal railways, and Tweedsmuir histories. Excludes tourist brochures, industrial and commercial promotion booklets, planning studies, federal and provincial official publications, most serial publications, histories of Native peoples of Ontario and church histories. Arranged alphabetically by place. Locations. Appendices: major historical societies of Ontario and their serial publications; major church archives in Ontario. List of library symbols. Supplement: *Local histories of Ontario, 1977-1987 : a bibliography*.

Replaces the following works by the same compiler: *Local histories of Ontario municipalities published in the years 1958-1968* ([Kingston : Kingston Public Library, [1968?]); *Local histories of Ontario municipalities published in the years 1958-1969* (Kingston : Kingston Public

Bibliographie d'environ 1 700 documents d'histoire locale de l'Ontario publiés ou réimprimés sous forme de livres ou de brochures durant les années 1951 à 1977. Inclut l'histoire de l'agriculture, de l'éducation, de la médecine et des transports, l'histoire militaire, sociale et politique, des atlas, les biographies de personnes reliées à certains lieux, l'histoire des commissions municipales de services publics et des chemins de fer municipaux, et les documents d'histoire locale Tweedsmuir. Exclut les brochures touristiques, les livrets de promotion industrielle et commerciale, les études de planification, les publications officielles fédérales et provinciales, la plupart des publications en série, l'histoire des Autochtones de l'Ontario et l'histoire religieuse. Classement alphabétique par lieux. Localisations. Annexes: les principales sociétés historiques de l'Ontario et leurs publications en série; les principales archives religieuses de l'Ontario. Liste des sigles de bibliothèque. Supplément: *Local histories of Ontario, 1977-1987 : a bibliography*.

Remplace les ouvrages suivants réalisés par la même compilatrice: *Local histories of Ontario municipalities published in the years 1958-*

Library Board, [1969?]); *Local histories of Ontario municipalities published in the years 1957-1972* (Kingston : Kingston Public Library Board, c1972). Z1392 O5 A7 1978 fol. 016.9713

1968 ([Kingston : Kingston Public Library, [1968?]); *Local histories of Ontario municipalities published in the years 1958-1969* (Kingston : Kingston Public Library Board, [1969?]); *Local histories of Ontario municipalities published in the years 1957-1972* (Kingston : Kingston Public Library Board, c1972). Z1392 O5 A7 1978 fol. 016.9713

1573

Aitken, Barbara B. – *Local histories of Ontario municipalities, 1977-1987 : a bibliography : with representative cross-Canada locations of copies.* – Toronto : Ontario Library Association, 1989. – x, 74 p. : 1 folded map. – 0889690308

Supplement to the author's *Local histories of Ontario municipalities, 1951-1977 : a bibliography*. Includes approximately 1,050 local histories published or reprinted during the years 1977 through 1987. Scope same as previous work. Alphabetically arranged by geographical name. Locations. Appendices: major church archives in Ontario; historical changes in Ontario place names. Map of counties and townships of Southern and Central Ontario. Z1392 O5 A7 1989 fol. 016.9713

Supplément de *Local histories of Ontario municipalities, 1951-1977 : a bibliography* du même auteur. Inclut environ 1 050 documents d'histoire locale publiés ou réimprimés durant les années 1977 à 1987. Même portée que l'ouvrage antérieur. Classement alphabétique par noms géographiques. Localisations. Annexes: principales archives religieuses en Ontario; changements historiques dans les noms de lieux en Ontario. Carte des comtés et des cantons du sud et du centre de l'Ontario. Z1392 O5 A7 1989 fol. 016.9713

1574

Armstrong, Frederick H. [Frederick Henry]. – *Handbook of Upper Canadian chronology.* – Rev. ed. – Toronto : Dundurn Press, 1985. – 278 p. : maps. – (Dundurn Canadian historical document series ; no. 3). – 091967092X

Data on the history, politics and government of Upper Canada. Includes names and dates of British colonial officials, provincial officials such as members of the Executive and Legislative Councils and senior civil servants. Provides a chronology of parliaments and lists members of the House of Assembly alphabetically, by parliament and by riding. Outlines the history of the judiciary and the legal profession and lists judges, attorneys, law society treasurers, barristers and notaries. Examines systems of local and municipal government. Provides references to legislation for the establishment of districts, counties, towns and cities as well as lists of officials. Data on government departments and commissions, companies and religious denominations. Chronology of events for the War of 1812 and the 1837 rebellions. Brief bibliographies. Subject index. 1st ed., 1967, *Handbook of Upper Canadian chronology and territorial legislation.* F5476 A7 1985 fol. 971.302

Données sur l'histoire, la politique et le gouvernement du Haut Canada. Inclut les noms des représentants britanniques, des représentants provinciaux, comme les membres des conseils exécutifs et législatifs, et des hauts fonctionnaires, avec les dates pertinentes. Contient une chronologie des parlements et une liste alphabétique des députés de la Chambre d'assemblée, par parlements et par circonscriptions. Donne les grandes lignes de l'histoire judiciaire et de la profession juridique. Contient une liste des juges, des avocats, des trésoriers de sociétés juridiques, des avocats plaidants et de notaires. Examine les systèmes d'administration locale et municipale. Fournit des références aux lois sur la création de districts, de comtés et de villes, ainsi que des listes de représentants officiels. Contient des données sur les ministères et les commissions, les compagnies et les confessions religieuses. Chronologie des événements de la Guerre de 1812 et des rébellions de 1837. Courtes bibliographies. Index des sujets. 1re éd., 1967, *Handbook of Upper Canadian chronology and territorial legislation.* F5476 A7 1985 fol. 971.302

1575

Bishop, Olga B. – *Bibliography of Ontario history, 1867-1976 : cultural, economic, political, social.* – Olga B. Bishop ; assisted by Barbara I. Irwin, Clara G. Miller. – Toronto : University of Toronto Press, c1980. – 2 vol. (xviii, 1760 p.). – (Ontario historical studies series). – 0802023592 (set)

A bibliography of books, pamphlets, periodical articles and theses in English and French on the history of post-Confederation Ontario. Includes federal official publications and official publications of provinces other than Ontario which deal with the history of Ontario, local histories, reports on urban and rural planning, historical atlases and directories of cities and counties published between 1867 and 1912. Excludes manuscripts, maps and histories of individual churches and schools. Arranged in chapters covering broad topics such as general bibliographical and biographical works, social history, government and politics, cultural and intellectual history, which are further subdivided by subject and/or type of document. One location provided for each book or pamphlet. Appendices: lists of periodicals completely or selectively indexed, with locations. Index of authors, titles and subjects. Enlarges and updates: *Ontario since 1867 : a bibliography* ([Toronto : Ministry of Colleges and Universities], 1973). Continued by: *The bibliography of Ontario history, 1976-1986 = La bibliographie d'histoire ontarienne, 1976-1986.* Z1392 O5 O5 1980 016.9713

Bibliographie de livres, de brochures, d'articles de périodiques et de thèses, en anglais et en français, sur l'histoire de l'Ontario après la Confédération. Inclut des publications officielles fédérales ainsi que des publications officielles de provinces autres que l'Ontario qui traitent de l'histoire de l'Ontario, de l'histoire locale de la province, des rapports sur la planification urbaine et rurale, des atlas historiques et des annuaires de villes et de comtés publiés entre 1867 et 1912. Exclut les manuscrits, les cartes et les documents sur l'histoire d'églises et d'écoles en particulier. Division en chapitres qui traitent de sujets généraux, comme les ouvrages bibliographiques et biographiques de nature générale, l'histoire sociale, le gouvernement et la politique, l'histoire culturelle et intellectuelle, avec subdivision par sujets ou par types de documents. Une localisation est fournie pour chaque livre ou brochure. Annexes: liste des périodiques répertoriés, entièrement ou non, avec localisations. Index des auteurs, des titres et des sujets. Augmente et met à jour: *Ontario since 1867 : a bibliography* ([Toronto : Ministry of Colleges and Universities], 1973). Suivi de: *The bibliography of Ontario history, 1976-1986 = La bibliographie d'histoire ontarienne, 1976-1986.* Z1392 O5 O5 1980 016.9713

1576

The bibliography of Ontario history, 1976-1986 = La bibliographie de l'histoire ontarienne, 1976-1986. – [Edited by] Gaétan Gervais, Gwenda Hallsworth and Ashley Thomson ; prepared for the Ontario Historical Society by the Institute for Northern Research and Development. – Toronto : Dundurn Press, 1989. – xxxiv, 605 p. – 1550020315

Continues: *Bibliography of Ontario history, 1867-1976 : cultural, economic, political, social.* A bibliography of books, periodical articles and theses on the history of pre- and post-Confederation Ontario, published during the years 1976 through 1986. Includes works in English and French. Arranged in eight parts covering general works, Ontario before 1783, economic, social, political, military, cultural and regional and local history. Each part is subdivided into broader and narrower subjects. Lists of books and periodicals indexed. Name index. Based on the Ontario Historical Society's *Annual bibliography of Ontario history = Bibliographie annuelle d'histoire ontarienne* (1980)-(1985) (Sudbury : Laurentian University, 1980-1986). Z1392 O5 B5 1989 fol. 016.9713

Suite de: *Bibliography of Ontario history, 1867-1976 : cultural, economic, political, social.* Bibliographie de livres, d'articles de périodiques et de thèses qui portent sur l'histoire de l'Ontario avant et après la Confédération, et qui ont été publiés pendant les années 1976 à 1986. Inclut des ouvrages en anglais et en français. Classement en huit parties qui portent sur des ouvrages de nature générale, sur l'Ontario avant 1783, ainsi que sur l'histoire économique, sociale, politique, militaire, culturelle, régionale et locale. Chaque partie est subdivisée en sujets plus ou moins vastes. Liste des livres et des périodiques répertoriés. Index des noms. Fondé sur *Annual bibliography of Ontario history = Bibliographie annuelle d'histoire ontarienne* (1980)-(1985) (Sudbury : Université Laurentienne, 1980-1986) de la Société historique de l'Ontario. Z1392 O5 B5 1989 fol. 016.9713

1577

Bloomfield, Elizabeth. – *Guelph and Wellington County : a bibliography of settlement and development since 1800.* – Elizabeth Bloomfield and Gilbert A. Stelter ; with Jane Turner [et al.]. – [Guelph] : Guelph Regional Project, University of Guelph, 1988. – 329 p. : map. – 0889551332

1,716 entries for books, pamphlets, theses and journal articles related to the region's settlement and development to 1940. Arranged by subject. Annotations and locations provided. Indexes: author, place, subject, personal subject, corporate subject. Companion volume compiled by Elizabeth Bloomfield: *Inventory of primary and archival sources : Guelph and Wellington County to 1940* (Guelph : Guelph Regional Project, University of Guelph, 1989). Z1392 W395 B56 1988 fol. 016.971342

Les 1 716 notices portent sur des livres, des brochures, des thèses et des articles de revues qui se rapportent au peuplement et au développement de la région jusqu'en 1940. Classement par sujets. Des annotations et des localisations sont fournies. Index: auteurs, lieux, sujets, noms comme sujets, sociétés comme sujets. Volume qui va de pair, compilé par Elizabeth Bloomfield: *Inventory of primary and archival sources : Guelph and Wellington County to 1940* (Guelph : Guelph Regional Project, University of Guelph, 1989). Z1392 W395 B56 1988 fol. 016.971342

1578

Bloomfield, Elizabeth. – *Inventory of primary and archival sources : Guelph and Wellington County to 1940.* – Elizabeth Bloomfield with Jane Turner, Patricia Abbott and Joe Gabriel. – Guelph : Guelph Regional Project, University of Guelph, 1989. – [10], 628 p. : ill., maps. – 0889551723

3,762 entries for archival resources on Wellington County held in 69 repositories. Arranged by type of document or record, including government, business, land and church records, records of voluntary associations and special institutions, family and personal papers, gazetteers, directories, newspapers, maps, plans, architectural drawings, photographs, art works, compilations and collections. Entries include name of personal or corporate creator, title of record group, series, etc., date of creation or date span, title and publication information for published works, collation, format, description of document type and contents, and information on restrictions on access and availability of finding aids.

Indexes of personal creators, corporate creators, places, subject headings, personal subjects and corporate subjects. Also includes a guide to archives and repositories holding materials on Wellington County. Provides address, telephone number, hours, name of contact person, description of cataloguing system, services and major holdings of each institution. Companion volume compiled by Elizabeth Bloomfield: *Guelph and Wellington County : a bibliography of settlement and development since 1800* ([Guelph] : Guelph Regional Project, University of Guelph, 1988). Z1392 W395 B562 1989 fol. 016.971342

3 762 notices sur des fonds d'archives qui portent sur le comté de Wellington et qui se trouvent dans 69 dépôts d'archives. Classement par types de documents ou d'archives, comme les archives gouvernementales, commerciales, territoriales et paroissiales, les archives des associations de bénévoles et des établissements spéciaux, les documents familiaux, personnels, les répertoires géographiques, les annuaires, les journaux, les cartes, les plans, les dessins architecturaux, les photographies, les oeuvres d'art, les compilations et les collections. Les notices comprennent le nom de la personne ou de la société qui a créé le groupe d'archives, le titre du groupe, de la série, etc., la date de création ou la période couverte, le titre et les données sur la publication dans le cas des ouvrages publiés, la collation, le format, la description du type et du contenu des documents, des données sur les restrictions relatives à l'accès et sur la disponibilité des instruments de recherche.

Nombreux index: personnes créatrices d'un groupe d'archives, sociétés créatrices d'un groupe d'archives, lieux, vedettes-matière, noms comme sujets et sociétés comme sujets. Comprend également un guide sur les archives et les dépôts qui possèdent des documents sur le comté de Wellington. Donne l'adresse, le numéro de téléphone et les heures d'ouverture de l'établissement, le nom d'une personne-ressource, la description du système de catalogage, les services offerts et les principaux fonds documentaires disponibles. Volume qui va de pair, compilé par Elizabeth Bloomfield: *Guelph and Wellington County : a bibliography of settlement and development since 1800* ([Guelph] : Guelph Regional Project, University of Guelph, 1988). Z1392 W395 B562 1989 fol. 016.971342

1579

Bloomfield, Elizabeth. – *Waterloo County to 1972 : an annotated bibliography of regional history.* – Elizabeth Bloomfield with Linda Foster and Jane Forgay. – [Guelph, Ont.] : Waterloo Regional Heritage Foundation, c1993. – xxx, 734 p. – 0969693605

An annotated bibliography of 4,531 entries for books, pamphlets, theses, periodical articles, reports, series, chapters in books and special issues of newspapers relating to the history of Waterloo County prior to 1973. Excludes primary sources. Arranged under broad themes, including general surveys, settlement processes, economic development, culture and social institutions, government and politics, specific townships and urban centres, each of which is further subdivided. Locations. List of pre-1901 Waterloo County imprints with *CIHM/ICMH microfiche series* numbers. Indexes: author, subject, place, corporate subject, personal subject.   Z1392 W37 B56 1993 fol.   016.971344

Bibliographie annotée de 4 531 notices sur des livres, des brochures, des thèses, des articles de périodiques, des rapports, des collections, des chapitres de livres et des numéros spéciaux de journaux qui se rapportent à l'histoire du comté de Waterloo, avant 1973. Exclut les sources primaires. Classement sous des thèmes généraux, comme les ouvrages généraux, les processus de colonisation, le développement économique, la culture et les établissements sociaux, le gouvernement et la politique, certains cantons et centres urbains, avec subdivisions sous chaque thème. Localisations. Liste des impressions du comté de Waterloo antérieures à 1901 avec numéros de *CIHM/ICMH collection de microfiches*. Plusieurs index: auteurs, sujets, lieux, sociétés comme sujets, noms comme sujets.   Z1392 W37 B56 1993 fol.   016.971344

1580

Canada. Commission de la Capitale nationale. – *A bibliography of history and heritage of the National Capital Region = Une bibliographie de l'histoire et du patrimoine de la région de la Capitale nationale.* – Éd. rev. – [Ottawa] : la Commission, 1978. – xv, 310 f. – Titre de la couv. : *History & heritage bibliography : National Capital Region = Bibliographie de l'histoire et du patrimoine : région de la Capitale nationale.*

1st ed., 1976. A bibliography of books, periodical and newspaper articles, serials, official publications, maps and archival resources relating to the history of the National Capital Region. Includes works in English and French. Arranged by type of document or subject matter, including education, lumbering, Rideau Canal and transportation. Locations. List of place names in the region. No index.   Z1392 N3 N3 1978 fol.   016.971383

1re éd., 1976. Bibliographie de livres, d'articles de périodiques et de journaux, de publications en série, de publications officielles, de cartes et de fonds d'archives qui se rapportent à l'histoire de la région de la Capitale nationale. Inclut des ouvrages en anglais et en français. Classement par types de documents ou par sujets, comme l'éducation, l'exploitation forestière, le canal Rideau et les transports. Localisations. Liste des noms de lieux de la région. Aucun index.   Z1392 N3 N3 1978 fol.   016.971383

1581

Canada. Commission de la Capitale nationale. – *1982 supplement, history and heritage bibliography of the National Capital Region = Supplément 1982, bibliographie de l'histoire et du patrimoine de la région de la Capitale nationale.* – [Ottawa] : la Commission, 1982. – xv, 71 f.

Supplement to: 1978, *A bibliography of history and heritage of the National Capital Region = Une bibliographie de l'histoire et du patrimoine de la région de la Capitale nationale.* Contents and arrangement similar to previous volume. Genealogical materials such as cemetery lists and parish registers included.   Z1392 N3 N3 1978 fol. Suppl.   016.971383

Supplément de: 1978, *A bibliography of history and heritage of the National Capital Region = Une bibliographie de l'histoire et du patrimoine de la région de la Capitale nationale.* Ressemble au volume antérieur pour ce qui est du contenu et de la disposition. Des documents généalogiques comme des registres de cimetière et des registres paroissiaux sont inclus.   Z1392 N3 N3 1978 fol. Suppl.   016.971383

1582

Canada. National Capital Commission. – *A bibliography of history and heritage of the National Capital Region = Une bibliographie de l'histoire et du patrimoine de la région de la Capitale nationale.* – Rev. ed. – [Ottawa] : the Commission, 1978. – xv, 310 leaves. – Cover title : *History & heritage bibliography : National Capital Region = Bibliographie de l'histoire et du patrimoine : région de la Capitale nationale.*

1st ed., 1976. A bibliography of books, periodical and newspaper articles, serials, official publications, maps and archival resources relating to the history of the National Capital Region. Includes works in English and French. Arranged by type of document or subject matter, including education, lumbering, Rideau Canal and transportation. Locations. List of place names in the region. No index.   Z1392 N3 N3 1978 fol.   016.971383

1re éd., 1976. Bibliographie de livres, d'articles de périodiques et de journaux, de publications en série, de publications officielles, de cartes et de fonds d'archives qui se rapportent à l'histoire de la région de la Capitale nationale. Inclut des ouvrages en anglais et en français. Classement par types de documents ou par sujets, comme l'éducation, l'exploitation forestière, le canal Rideau et les transports. Localisations. Liste des noms de lieux de la région. Aucun index.   Z1392 N3 N3 1978 fol.   016.971383

1583

Canada. National Capital Commission. – *1982 supplement, history and heritage bibliography of the National Capital Region = Supplément 1982, bibliographie de l'histoire et du patrimoine de la région de la Capitale nationale.* – [Ottawa] : the Commission, 1982. – xv, 71 leaves.

Supplement to: 1978, *A bibliography of history and heritage of the National Capital Region = Une bibliographie de l'histoire et du patrimoine de la région de la Capitale nationale.* Contents and arrangement similar to previous volume. Genealogical materials such as cemetery lists and parish registers included.   Z1392 N3 N3 1978 fol. Suppl.   016.971383

Supplément de: 1978, *A bibliography of history and heritage of the National Capital Region = Une bibliographie de l'histoire et du patrimoine de la région de la Capitale nationale.* Ressemble au volume antérieur pour ce qui est du contenu et de la disposition. Des documents généalogiques comme des registres de cimetière et des registres paroissiaux sont inclus.   Z1392 N3 N3 1978 fol. Suppl.   016.971383

1584

Carter, Floreen Ellen. – *Place names of Ontario.* – 1st ed. – London (Ont.) : Phelps Publishing Co., 1984. – 2 vol. [vii, 1492 p.] : ill. – 0920298397

Lists historical and contemporary names of populated places in Ontario. Alphabetically arranged by the original name of a place. Cross-references from more recent names to original. Entries include type of entity, location, history of name including changes, information on post office, population, present approved name, map position and references to sources. List of sources cited with illustrations of some title pages, maps, etc. Reproduced in microform format: London (Ont.) : Phelps Publishing Co., 1985, 25 microfiches. FC3056 C37 1984 fol.   917.13003

Signale des noms historiques et contemporains de lieux habités de l'Ontario. Classement alphabétique selon le nom original des lieux. Renvois des noms les plus récents aux noms originaux. Les notices comprennent le type d'entité, l'emplacement, l'historique du nom avec les changements, des données sur le bureau de poste, la population, le nom actuellement reconnu, la position sur la carte et des références aux sources. Liste des sources citées avec illustration de certaines pages de titre, cartes, etc. Reproduit sur support microforme: London (Ont.) : Phelps Publishing Co., 1985, 25 microfiches. FC3056 C37 1984 fol.   917.13003

1585

Elliott, Robbins. – *The Ontario book of days.* – Robbins Elliott ; with some illustrations by W.J. Kettlewell. – Toronto : Dundurn Press, 1988. – 161 p. : ill., ports. – 1550020331

A calendar of significant or interesting events in the history of Ontario, from the beginning of the seventeenth century to the present. Includes political, religious, climatological, literary and sporting events among others. Portraits, photographs and drawings. No index.   FC3061 E45 1988   971.3002

Calendrier des événements importants ou intéressants de l'histoire de l'Ontario, depuis le début du dix-septième siècle jusqu'à maintenant. Inclut notamment des événements politiques, religieux, climatologiques, littéraires et sportifs. Portraits, photographies et dessins. Aucun index.   FC3061 E45 1988   971.3002

1586

Gentilcore, R. Louis. – *Ontario's history in maps.* – R. Louis Gentilcore, C. Grant Head ; with a cartographical essay by Joan Winearls. – Toronto : Published for the Ontario historical studies series [by] University of Toronto Press, c1984. – xvii, 284 p. : ill., maps (some col.). – (Ontario historical studies series). – 0802034004

An atlas which explores the social, political and economic history of Ontario through reproductions of selected early maps and plans. Arranged by theme including early exploration, the surrender of Native lands, surveys and settlement, use of natural resources, urban growth, etc. Citations for maps include library or archives locations. Descriptive notes. Carto-bibliographical essay, "Sources for early maps of Ontario", describes map collections, bibliographies, catalogues and finding aids.   G1146 S1 G46 1984 x.fol.   911.713

Atlas qui explore l'histoire sociale, politique et économique de l'Ontario au moyen de reproductions de cartes et de plans anciens choisis. Classement par thèmes comme les premières explorations, la résignation des terres autochtones, les levés et la colonisation, l'utilisation des ressources naturelles, la croissance urbaine, etc. Les références aux cartes comprennent des localisations dans les bibliothèques ou les archives. Notes descriptives. L'essai carto-bibliographique, «Sources for early maps of Ontario», décrit les collections de cartes, les bibliographies, les catalogues et les instruments de recherche.   G1146 S1 G46 1984 x.fol.   911.713

1587

Gervais, Gaétan. – *Bibliographie : histoire du nord-est de l'Ontario* = *Bibliography : history of north-eastern Ontario.* – Par Gaétan Gervais, Ashley Thomson, Gwenda Hallsworth. – Sudbury : Société historique du Nouvel-Ontario, 1985. – 112 p. – (Documents historiques ; nº 82).

A bibliography of 2,195 entries for books, pamphlets, official publications, theses and periodical articles on the history of northeastern Ontario. Includes works in English and in French. Locations for some items. Arranged by subject including economic, social, political and local history. Appendix: list of newspapers and periodicals of the region. Index of authors or titles.   F5450 S62 no. 82   016.971313

Bibliographie de 2 195 notices répertoriant des livres, des brochures, des publications officielles, des thèses et des articles de périodiques qui traitent de l'histoire du nord-est de l'Ontario. Inclut des ouvrages en anglais et en français. Localisations pour certains documents. Classement par sujets comme l'histoire économique, sociale, politique et locale. Annexe: liste des journaux et périodiques de la région. Index des auteurs ou des titres.   F5450 S62 nº 82 016.971313

1588

A history of the city of Scarborough : an annotated bibliography. – [Scarborough, Ont.] : Scarborough Public Library Board, [1991]. – [7] leaves, 174 p., [2] leaves inserted. – Cover title.

An annotated bibliography of 753 books, periodicals, periodical articles, newsletters, newspapers, maps, atlases, theses and unpublished materials on the history of Scarborough. Arranged by subject including social history, politics and government, community histories, education, economic history, historic sites, etc. One location for each item. Addresses for institutions holding works. Inserted addendum provides addresses of additional locations. No index. Z1392 S38 H57 1991 fol.   016.9713541

Bibliographie annotée de 753 livres, périodiques, articles de périodiques, bulletins, journaux, cartes, atlas, thèses et documents non publiés relatifs à l'histoire de Scarborough. Classement par sujets comme l'histoire sociale, la politique et le gouvernement, l'histoire des communautés, l'histoire de l'éducation, l'histoire économique, les lieux historiques, etc. Une localisation par document. Contient les adresses des établissements qui possèdent ces ouvrages. Des addenda donnent des adresses supplémentaires. Aucun index. Z1392 S38 H57 1991 fol.   016.9713541

1589

Lapierre, André. – *Toponymie française en Ontario.* – Montréal : Éditions études vivantes, c1981. – [vii], 120 p. : maps. – 2760700569

Alphabetical dictionary of 280 of the most well-known or important French place names of Ontario, intended for use by students. Limited to names which still exist in some form. Entries include French name, current English name, type of feature, name of county or district, latitude and longitude, historical notes in French and a small map locating the place in Ontario. Also includes a teaching guide. Bibliography. Index of names arranged by type of geographical feature.   FC3056 L36   917.13003

Dictionnaire alphabétique de 280 des plus connus ou importants noms de lieux français de l'Ontario, conçu à l'intention des étudiants. Limité aux noms qui existent encore sous une forme quelconque. Les notices comprennent le nom en français et en anglais actuel, le type de trait topographique, le nom du comté ou du district, la latitude et la longitude, des notes historiques en français et une petite carte pour la situation du lieu en Ontario. Inclut aussi un guide d'enseignement. Bibliographie. Index des noms classés par types de traits topographiques.   FC3056 L36   917.13003

1590

Lennox and Addington Historical Society. – *Collections of the Lennox and Addington Historical Society : preliminary inventory.* – Ottawa : Public Archives of Canada in co-operation with the Lennox and Addington Historical Society, 1959. – 127 p.

An inventory of the archival holdings of the Lennox and Addington Historical Society. Includes manuscripts and records of value for historical research on Napanee and the counties. Arranged in sections describing the papers of various individuals and families, the Napanee municipal council, the Lennox and Addington Historical Society, etc. Index of names and subjects. The collections of the society are held at the Lennox and Addington County Museum.   CD3646   016.971359

Inventaire des fonds d'archives de la Lennox and Addington Historical Society. Inclut des manuscrits et des documents de valeur pour la recherche historique sur Napanee et les comtés. Divisé en sections qui décrivent les documents de diverses personnes et familles, du conseil municipal de Napanee, de la Lennox and Addington Historical Society, etc. Index des noms et des sujets. Les collections de cette société se trouvent dans le Lennox and Addington County Museum.   CD3646   016.971359

1591

Lieux historiques nationaux : région de l'Ontario. – Ottawa : Parcs Canada, 1980. – xix, 59, 60, xix p., [2] p. de pl. pliée : ill., 2 cartes. – Titre de la p. de t. additionnelle : *National historic sites : Ontario region.*

A bilingual guide to historic sites of national significance located in Ontario. These sites are designated by the Historic Sites and Monuments Board of Canada. Brief descriptive entries are arranged by county, district or regional municipality. The location of each site is noted. Alphabetical and geographical indexes.   FC3062   971.3

Guide bilingue des lieux historiques d'importance nationale situés en Ontario et désignés par la Commission des lieux et monuments historiques du Canada. Les courtes notices descriptives sont classées par comtés, districts ou municipalités régionales. L'emplacement de chaque lieu est signalé. Index alphabétique et index géographique.   FC3062   971.3

1592

Macnaughton, Elizabeth. – *Guide to historical resources in the Regional Municipality of Waterloo.* – Elizabeth Macnaughton and Pat Wagner. – Waterloo (Ont.) : Wilfrid Laurier University Press : Heritage Resources Dept., Regional Municipality of Waterloo, c1989. – vii, 118 p. : ill., ports. – 0889209693

A directory of over 175 organizations including archives, libraries, businesses, churches, government agencies, schools, etc., which hold records of use for the study of the history of the Waterloo Region. Alphabetically arranged by name of organization. Entries include: year of foundation, address, telephone number, names of head of institution and contact person, hours, restrictions on access, facilities, mandate, description of holdings, publications. Index of organizations arranged by type.   CD3646 W38 M33 1989 026.9713440025

Répertoire de plus de 175 organisations, y compris des archives, des bibliothèques, des entreprises, des églises, des organismes gouvernementaux, des écoles, etc. qui possèdent des documents utiles pour l'étude de l'histoire de la région de Waterloo. Classement alphabétique selon le nom des organisations. Les notices comprennent: année de fondation, adresse, numéro de téléphone, nom du directeur de l'établissement et nom d'une personne-ressource, heures d'ouverture, restrictions relatives à l'accès, installations, mandat, description des fonds, publications. Index des organisations classées par types. CD3646 W38 M33 1989   026.9713440025

1593

Mika, Nick. – *Encyclopedia of Ontario.* – Compiled by Nick and Helma Mika. – Belleville (Ont.) : Mika Publishing Co., c1974-1983. – 2 vol. in 4 (400 ; 716 ; 718 ; 691 p.) : ill., maps. – 0919302858 (vol. 1) 0919303145 (vol. 2, pt. 1) 091930348X (vol. 2, pt. 2) 0919303714 (vol. 2, pt. 3)

An encyclopedia of Ontario which was to have included seven volumes on various aspects of Ontario culture and society. Only two volumes were published: vol. 1, *Historic sites of Ontario*; vol. 2, *Places in Ontario : their name, origins and history.* Vol. 1 provides descriptive entries for historic sites in Ontario. Alphabetically arranged by location. Descriptions are taken from the texts on plaques erected by the Ontario Archaeological and Historic Sites Board or the Historic Sites and Monuments Board of Canada. Subject index. Vol. 2, in three physical volumes, provides historical entries for approximately 5,000 places in Ontario. Vol. 2, pt. 1, A-E; pt. 2, F-M; pt. 3, N-Z. Entries include location, latitude and longitude, population, origin of place name, facts on historical events, persons, institutions, etc., sources. Bibliography. Subject index.   F5455 M5   971.3003

Encyclopédie de l'Ontario qui devait comprendre sept volumes sur divers aspects de la culture et de la société de cette province. Seulement deux volumes ont été publiés: vol. 1, *Historic sites of Ontario*; vol. 2, *Places in Ontario : their name, origins and history.* Le volume 1 contient des notices descriptives sur les lieux historiques en Ontario. Classement alphabétique des lieux. Les descriptions viennent du texte inscrit sur les plaques installées par l'Ontario Archaeological and Historic Sites Board ou la Commission des lieux et monuments historiques du Canada. Le volume 2, divisé en trois livres distincts, contient des notices historiques sur environ 5 000 lieux en Ontario. Vol. 2, partie 1, A-E; partie 2, F-M; partie 3, N-Z. Les notices contiennent l'emplacement, la latitude et la longitude, la population, l'origine du nom du lieu, des données sur les événements historiques, les personnes, les établissements, etc., les sources. Bibliographie. Index des sujets.   F5455 M5   971.3003

1594

Morley, William F. E. – ***Ontario and the Canadian North.*** – Toronto : University of Toronto Press, c1978. – xxxii, 322 p. : ill., maps. – (Canadian local histories to 1950 : a bibliography ; vol. 3). – 0802022812

A bibliography of over 1,000 local histories of Ontario and Northern Canada published to 1950. Includes primarily monographic works. Excludes unpublished material, serials, periodical articles, documentary and pictorial histories, works of imagination and purely genealogical works. Church histories, gazetteers, guidebooks and directories have also generally been excluded. Ontario local histories are arranged in sections covering the province and regions, counties and districts, cities, towns and townships. Histories of the Canadian North are arranged in sections for general works on the North, Hudson Bay, regions and settlements of the Northwest Territories, regions and settlements of the Yukon Territory. Annotations and locations. Bibliography. Geographical index of forms of place names not used. General index of authors, editors, titles of anonymous works, etc.   Z1392 O5 M67 fol.   016.9713

Bibliographie de plus de 1 000 documents d'histoire locale de l'Ontario et du Nord du Canada publiés au plus tard en 1950. Contient principalement des monographies. Exclut les documents non publiés, les publications en série, les articles de périodiques, les histoires documentaires et illustrées, les oeuvres d'imagination et les ouvrages purement généalogiques. Exclut aussi généralement les documents sur l'histoire religieuse, les répertoires géographiques, les guides et les annuaires. Les documents sur l'histoire locale de l'Ontario sont classés en sections qui portent sur la province et les régions, les comtés et les districts, les villes et les cantons. Les documents sur l'histoire locale du Nord canadien sont classés en sections qui portent sur les ouvrages de nature générale sur le Nord, la baie d'Hudson, les régions et les communautés des Territoires du Nord-Ouest, les régions et les communautés du Yukon. Annotations et localisations. Bibliographie. Index géographique des noms de lieux inutilisés. Index général des auteurs, des rédacteurs, des titres d'ouvrages anonymes, etc.   Z1392 O5 M67 fol.   016.9713

1595

National historic sites : Ontario region. – Ottawa : Parks Canada, 1980. – xix, 60, 59, xix p., [2] folded p. of plates : ill., 2 maps. – Title on added t.p. : *Lieux historiques nationaux : région de l'Ontario.*

A bilingual guide to historic sites of national significance located in Ontario. These sites are designated by the Historic Sites and Monuments Board of Canada. Brief descriptive entries are arranged by county, district or regional municipality. The location of each site is noted. Alphabetical and geographical indexes.   FC3062   971.3

Guide bilingue des lieux historiques d'importance nationale situés en Ontario et désignés par la Commission des lieux et monuments historiques du Canada. Les courtes notices descriptives sont classées par comtés, districts ou municipalités régionales. L'emplacement de chaque lieu est signalé. Index alphabétique et index géographique. FC3062   971.3

1596

Norfolk Historical Society. – ***Collections of the Norfolk Historical Society : preliminary inventory.*** – Ottawa : Published by the Public Archives of Canada in co-operation with the Norfolk Historical Society, 1958. – 94 p.

An inventory of archival materials relating to the history of Norfolk County, held by the Norfolk Historical Society. Includes papers of individuals and families, township papers and records of organizations, churches, schools, courts and businesses. Arranged by type of material. Index of names, subjects, etc. Materials are held at the Eva Brook Donly Museum in Simcoe.   CD3646   016.971336

Répertoire des documents d'archives qui se rapportent à l'histoire du comté de Norfolk et que possède la Norfolk Historical Society. Inclut les documents de personnes et de familles, les documents de cantons et les archives d'organisations, d'églises, d'écoles, de tribunaux et d'entreprises. Classement par types de documents. Index des noms, des sujets, etc. Les documents se trouvent à l'Eva Brook Donly Museum à Simcoe.   CD3646   016.971336

1597

Ontario Historical Society. – ***Index to the publications of the Ontario Historical Society, 1899-1972.*** – [Compiled by Hilary Bates and Robert Sherman]. – Toronto : the Society, 1974. – x, 175 p. – 0919352006

An index to the publications of the Society including the serials *Papers & records*, vol. 1 (1899)-vol. 38 (1946), and *Ontario history*, vol. 39 (1947)-vol. 64 (1972), and monographs. Three parts: chronological list of articles in *Papers & records* and *Ontario history*; author index including authors, editors and writers of introductions; subject index. Supersedes cumulative index to volumes 1-61: *Historical articles published in Ontario Historical Society papers and records and in Ontario history*. Continued by: *Ontario history index, 1973-1992. Papers & records* is also indexed in *Canadian periodical index, 1920-1937. Ontario history*, vol. 41, no. 1 (1949)-   , is indexed in the *Canadian periodical index.*   FC3051 05   016.9713

Index des publications de cette société, y compris les publications en série *Papers & records*, vol. 1 (1899)-vol. 38 (1946), et *Ontario history*, vol. 39 (1947)-vol. 64 (1972), ainsi que des monographies. Trois parties: liste chronologique d'articles de *Papers & records* et *Ontario history*; index des auteurs qui comprend les auteurs, les rédacteurs et les auteurs des introductions; index des sujets. Remplace l'index cumulatif des volumes 1-61: *Historical articles published in Ontario Historical Society papers and records and in Ontario history*. Suivi de: *Ontario history index, 1973-1992. Papers & records* est également répertorié dans *Canadian periodical index, 1920-1937. Ontario history*, vol. 41, n° 1 (1949)-   , est répertorié dans *Index de périodiques canadiens.*   FC3051 05   016.9713

1598

Ontario Historical Society. – ***Ontario history index, 1973-1992.*** – Design and co-ordination, Dr. Elizabeth Bloomfield ; indexing and data entry, Linda Foster. – Willowdale (Ont.) : the Society, c1993. – [6], 194 p. – 0919352111

An index to articles, research notes and book reviews published in *Ontario history*, vol. 65 (1973)-vol. 84 (1992). Four parts: table of contents for each number; author index to articles and reviews; index of books reviewed since 1978; subject index. Continues: *Index to the publications of the Ontario Historical Society, 1899-1972. Ontario history*, vol. 41, no. 1 (1949)-   , is indexed in the *Canadian periodical index.*   FC3051 O5 1993   016.9713

Index des articles, des notes de recherche et des critiques de livres publiés dans *Ontario history*, vol. 65 (1973)-vol. 84 (1992). Quatre parties: table des matières de chaque numéro; index des auteurs des articles et des critiques; index des livres critiqués depuis 1978; index sujets. Suite de: *Index to the publications of the Ontario Historical Society, 1899-1972. Ontario history*, vol. 41, n° 1 (1949)-   , est répertoirié dans *Index de périodiques canadiens.*   FC3051 O5 1993 016.9713

1599

Perkins, Mary Ellen. – ***Guide des plaques historiques de l'Ontario.*** – Traduit par Nicole André. – Toronto : Natural Heritage/Natural History Inc. pour la Fondation du patrimoine ontarien, c1989. – vi, 376 p. [1] p. de pl. pliée : ill., 2 cartes. – 0920474519 – En-tête du titre : *Découvrons notre patrimoine.*

A guide to plaques erected by the Archaeological and Historic Sites Board of Ontario and more recently the Ontario Heritage Foundation to commemorate people, places and events significant in Ontario's history. Arranged by county, district or regional municipality and city or town. Brief descriptive entries include locations. Index of places and plaque subjects. Also published in English under the title: *A guide to provincial plaques in Ontario.*   FC3062 P4714 1989 971.3

Guide des plaques installées par l'Archaeological and Historic Sites Board de l'Ontario et plus récemment par la Fondation du patrimoine ontarien pour commémorer des personnes, des lieux et des événements importants de l'histoire de l'Ontario. Classement par comtés, par districts ou municipalités régionales et par villes. Les courtes notices descriptives indiquent l'emplacement. Index des lieux et des sujets des plaques. Publié aussi en anglais sous le titre: *A guide to provincial plaques in Ontario.*   FC3062 P4714 1989   971.3

1600

Perkins, Mary Ellen. – ***A guide to provincial plaques in Ontario.*** – Toronto : Published by Natural Heritage/Natural History Inc. for the Ontario Heritage Foundation, c1989. – vi, 362 p. [1] folded p. of plates : ill., 2 maps. – 0920474500 – At head of title : *Discover your heritage.*

A guide to plaques erected by the Archaeological and Historic Sites Board of Ontario and more recently the Ontario Heritage Foundation to commemorate people, places and events significant in Ontario's history. Arranged by county, district or regional municipality and city or town. Brief descriptive entries include locations. Index of places and plaque subjects. Also published in French under the title: *Guide des plaques historiques de l'Ontario.*   FC3062 P47 1989 971.3

Guide des plaques installées par l'Archaeological and Historic Sites Board de l'Ontario et plus récemment par la Fondation du patrimoine ontarien pour commémorer des personnes, des lieux et des événements importants de l'histoire de l'Ontario. Classement par comtés, par districts ou municipalités régionales et par villes. Les courtes notices descriptives indiquent l'emplacement. Index des lieux et des sujets des plaques. Publié aussi en français sous le titre: *Guide des plaques historiques de l'Ontario.*   FC3062 P47 1989   971.3

1601

Scott, David. – ***Ontario place names : the historical, offbeat or humorous origins of close to 1,000 communities.*** – Vancouver : Whitecap Books, c1993. – ix, 254 p. – 1551100932

Provides origins of names of approximately 1,000 Ontario communities with a population of over 200 and which appear on the 1993 *Official road map of Ontario.* Alphabetically arranged by place name. Entries include population, location, history of name and notes on institutions, prominent settlers and inhabitants.   FC3056 S36 1993 917.130014

Fournit l'origine des noms d'environ 1 000 communautés ontariennes qui comptent une population de plus de 200 personnes et qui figurent sur la *Carte routière* officielle de l'Ontario de 1993. Classement alphabétique selon le nom des lieux. Les notices comprennent la population, l'emplacement, l'historique du nom et des notes sur les institutions, les colons et les habitants importants.   FC3056 S36 1993   917.130014

1602

Toponymes français de l'Ontario selon les cartes anciennes (avant 1764). – Sous la direction de Gaétan Gervais ; André Bertrand [et al.]. – Sudbury : Société historique du Nouvel-Ontario, Université de Sudbury, 1985. – [5], 85 p. – (Documents historiques ; n° 83).

An alphabetically arranged dictionary of French place names of Ontario, collected from maps of the period prior to 1764. Entries include name, type of entity, a description of the location and a list of maps on which the place appeared. List of cartographic and secondary sources.   F5450 S62 no. 83   917.13

Dictionnaire alphabétique des noms de lieux français en Ontario tirés de cartes antérieures à 1764. Les notices contiennent le nom, le type de trait topographique, une description de l'emplacement et une liste des cartes sur lesquelles le lieu figure. Liste des sources cartographiques et secondaires.   F5450 S62 n° 83   917.13

1603

Von Baeyer, Edwina. – ***Ontario rural society, 1867-1930 : a thematic index of selected Ontario agricultural periodicals.*** – Ottawa : Edwina von Baeyer, 1985. – [3], 37 p. + 13 microfiches. – 096921000

A microfiche index to articles in ten general interest agricultural periodicals, published in Ontario during the period 1867-1930. Intended to facilitate research on Ontario rural history and society. Excludes articles with a focus other than Ontario, reprints from other journals and short items such as recipes, advertisements, etc. Two sections: author and subject indexes. The subject index is arranged in three parts: land, people, organizations and institutions, each of which is further subdivided. Outline of subjects in introduction.   Z5075 C3 V65 1985 fol.   016.6309713

Index sur microfiche des articles de dix périodiques agricoles d'intérêt général publiés en Ontario durant la période 1867-1930. Conçu pour faciliter la recherche sur l'histoire et la société rurales ontariennes. Exclut les articles qui portent principalement sur d'autres endroits que l'Ontario, les réimpressions d'articles d'autres revues et les éléments très courts comme les recettes, les annonces publicitaires, etc. Deux parties: index des auteurs et index des sujets. L'index des sujets est divisé en trois parties: la terre, les personnes, les organisations et les établissements, avec subdivisions dans chacune. L'introduction contient un aperçu des sujets traités. Z5075 C3 V65 1985 fol.   016.6309713

Quebec

Québec

1604

Adshead, Gordon [Gordon R.]. – *Referendum.* – [Prepared by Gordon Adshead and Danielle Desrosiers]. – [Ottawa] : Ottawa Public Library, [1980]. – [2], 39 p. – Cover title.

A bibliography of books in French and English, published primarily since 1970, about the Quebec referendum of 1980. Arranged by subject. Annotations in language of document. Call numbers. Author and title indexes.   Z1387 R4 A37 fol.   016.971404

Bibliographie de livres en français et en anglais, publiés principalement depuis 1970, au sujet du référendum québécois de 1980. Classement par sujets. Annotations dans la langue du document. Cotes. Index des auteurs et index des titres.   Z1387 R4 A37 fol.   016.971404

1605

Adshead, Gordon [Gordon R.]. – *Referendum.* – [Préparé par Gordon Adshead et Danielle Desrosiers]. – [Ottawa] : Bibliothèque publique d'Ottawa, [1980]. – [2], 39 p. – Titre de la couv.

A bibliography of books in French and English, published primarily since 1970, about the Quebec referendum of 1980. Arranged by subject. Annotations in language of document. Call numbers. Author and title indexes.   Z1387 R4 A37 fol.   016.971404

Bibliographie de livres en français et en anglais, publiés principalement depuis 1970, au sujet du référendum québécois de 1980. Classement par sujets. Annotations dans la langue du document. Cotes. Index des auteurs et index des titres.   Z1387 R4 A37 fol.   016.971404

1606

Anniversaires et fêtes au Québec. – Réalisé sous la direction de Denis Turcotte avec la collaboration de Céline Marquis. – Sainte-Foy (Québec) : Québec dans le monde, c1993. – v, 152 p. – 2921309165

Covers events, persons, etc., significant in the history and culture of Quebec, from the sixteenth century to the present. Brief descriptive or biographical entries are arranged chronologically by the day of the month on which the event occurred. Alphabetical index of events, etc.   GT4813 A3 Q8 1993   971.4

Porte sur des événements, des personnes, etc. importants dans l'histoire et la culture du Québec, depuis le seizième siècle jusqu'à aujourd'hui. Les courtes notices descriptives ou biographiques sont classées en ordre chronologique selon le jour du mois où l'événement s'est produit. Index alphabétique des événements, etc. GT4813 A3 Q8 1993   971.4

1607

Beaulieu, André. – *La Province de Québec.* – Par André Beaulieu et William F.E. Morley ; avec la collaboration de Benoît Bernier et Agathe Garon. – Toronto : University of Toronto Press, 1971. – xxvii, 408 p. : ill. – (Histoires locales et régionales canadiennes des origines à 1950 ; vol. 2). – 0802017339

A bibliography of local histories of Quebec published to 1950. Includes primarily monographic works. Chapters covering general histories of the province, New France and Lower Canada, regions, counties, municipalities and cities, seigneuries, dioceses, parishes and missions. Annotations and locations. Index of places and authors.   Z1392 Q3 B32 fol.   016.9714

Bibliographie de documents sur l'histoire locale au Québec publiés au plus tard en 1950. Inclut surtout des monographies. Chapitres portant sur l'histoire générale de la province, de la Nouvelle-France et du Bas-Canada, des régions, des comtés, des municipalités et des villes, des seigneuries, des diocèses, des paroisses et des missions. Annotations et localisations. Index des lieux et des auteurs. Z1392 Q3 B32 fol.   016.9714

1608

Bernier, Gérald. – *Le Québec en chiffres de 1850 à nos jours.* – Gérald Bernier, Robert Boily avec la participation de Daniel Salée. – Montréal : ACFAS, c1986. – 389 p. – (Politique et économique ; nº 4). – 2892450632

Presents statistics for Quebec, 1850 through the 1980s, with the aim of charting the social-political evolution of the province. Earlier data included in some tables. Four parts covering demographic, economic, social and political data. Official and other sources are noted for each table. Also includes organizational charts for political parties, various provincial administrations, labour organizations, etc. HA747 Q8 B47 1986 fol.   317.14

Présente des statistiques sur le Québec, de 1850 aux années 1980, dans le but de retracer l'évolution socio-politique de la province. Certains tableaux contiennent des données plus anciennes. Quatre parties qui portent sur les données démographiques, économiques, sociales et politiques. Les sources officielles et autres sont signalées dans chaque tableau. Inclut aussi les organigrammes de partis politiques, de diverses administrations provinciales, d'organisations ouvrières, etc.   HA747 Q8 B47 1986 fol.   317.14

1609

Bernier, Gérald. – *Le Québec en transition : 1760-1867 : bibliographie thématique.* – Gérald Bernier, Robert Boily. – Montréal : ACFAS, c1987. – 193 p. – (Politique et économie ; nº 5). – 2892450683

A bibliography of 1,417 books, periodical articles and theses on the development of Quebec political systems and ideologies before 1867. Includes works in English and French. Arranged in parts covering economic development, social classes, political institutions and parties, and the patriotic movement and rebellion of 1837-1838, each of which is subdivided by subject and type of source. Critical introduction to each part. Author index.   Z1392 Q3 B365 1987 016.971402

Bibliographie de 1 417 livres, articles de périodiques et thèses sur le développement des systèmes politiques et des idéologies au Québec, avant 1867. Inclut des ouvrages en anglais et en français. Classement en parties qui portent sur le développement économique, les classes sociales, les institutions et les partis politiques, ainsi que le mouvement patriotique et la rébellion de 1837-1838, subdivisées par sujets et par types de sources. Introduction critique dans chaque partie. Index des auteurs.   Z1392 Q3 B365 1987   016.971402

1610

Bibliographie toponymique du Québec. – Éd. rev. et augm. – [Québec] : Commission de toponymie, 1987. – 160 p. – (Dossiers toponymiques ; 17). – 2550177444

Preliminary ed., 1984, *Bibliographie de la toponymie au Québec.* A bibliography of 1,208 books, periodical articles, official publications and theses on the place names of Quebec. Includes works in French and English. Alphabetically arranged by name of author. Some entries include notes. List of periodicals examined. Index of place names studied. Subject index. Reproduced in microform format: *Microlog*, no. 85-01440.   Z1392 Q3 B523 1987 fol.   016.917140014

Éd. préliminaire, 1984, *Bibliographie de la toponymie au Québec.* Bibliographie de 1 208 livres, articles de périodiques, publications officielles et thèses sur les noms de lieux du Québec. Inclut des ouvrages en français et en anglais. Classement alphabétique selon le nom des auteurs. Certaines notices contiennent des notes. Liste des périodiques examinés. Index des noms de lieux étudiés. Index des sujets. Reproduit sur support microforme: *Microlog*, nº 85-01440. Z1392 Q3 B523 1987 fol.   016.917140014

1611

Blais, Suzelle. – ***Apport de la toponymie ancienne aux études sur le français québécois et nord-américain : documents cartographiques du régime français.*** – Suzelle Blais ; cartographie, Christiane Pâquet. – Québec : Commission de toponymie, [1983]. – ix, 105 p. : ill. – (Études et recherches toponymiques ; 6). – 2551057663

A dictionary of terms used in the toponymy of New France collected from over 150 historical maps. Alphabetically arranged entries include a list of maps on which the term and variants appeared, quotations from literature which mention the term, explanation of usage and meaning, references to linguistic, place-name and other sources. List of cartographical sources. Bibliography. Index of terms. Reproduced in microform format: *Microlog*, no. 85-01865.   F1051.4 B53 1983   917.14003

Dictionnaire de termes utilisés dans la toponymie de la Nouvelle-France et rassemblés à partir de 150 cartes historiques. Les notices en ordre alphabétique comprennent une liste de cartes sur lesquelles figurent le terme et ses variantes, des citations tirées de documents qui mentionnent le terme, une explication de l'utilisation et de la signification du terme, des références aux sources linguistiques, toponymiques et autres. Liste des sources cartographiques. Bibliographie. Index des termes. Reproduit sur support microforme: *Microlog*, nº 85-01865.   F1051.4 B53 1983   917.14003

1612

Brome County Historical Society. – ***Collections of the Brome County Historical Society : preliminary inventory.*** – [Ottawa] : Public Archives of Canada in co-operation with Brome County Historical Society, 1954. – 99 p.

An inventory of the archival holdings of the Brome County Historical Society. Includes material of use for historical research on the county and the Estrie region of Quebec. Arranged in sections covering the papers of individuals and families, township, county and seigneury papers, towns and villages, New England papers, photographs, etc. Indexes of names and subjects.   CD3646   016.971464

Relevé des fonds d'archives de la Brome County Historical Society. Inclut des documents utiles à la recherche sur l'histoire du comté de Brome et de la région de l'Estrie au Québec. Classement en sections qui portent sur les documents de personnes et de familles, les documents de canton, de comté, de seigneurie, de ville et de village, les documents de la Nouvelle-Angleterre, les photographies, etc. Index des noms et index des sujets.   CD3646   016.971464

1613

Brome County Historical Society. – ***Collections of the Brome County Historical Society : supplementary inventory.*** – [Knowlton, Que.] : Brome County Historical Society, 1993. – 145 p. – 1895504279

An inventory of the archival materials added to the collection of the Brome County Historical Society between 1954 and 1993. CD3646 Q8 B76 1993 fol.   016.971464

Inventaire des documents d'archives ajoutés à la collection de la Brome County Historical Society entre 1954 et 1993. CD3646 Q8 B76 1993 fol.   016.971464

1614

Cardinal, Claudette. – ***The history of Quebec : a bibliography of works in English.*** – By Claudette Cardinal under the direction of Graeme Decarie & Ronald Rudin. – Montreal : Centre for the Study of Anglophone Quebec, Concordia University, 1981. – vi, 202 p. – 0889470022

A bibliography of works in English on the history of Quebec to 1976. Includes 3,347 books, periodical articles, theses and pamphlets arranged by broad theme such as economy, society and transmission of values, which are subarranged by subject. Author index. Z1392 Q3 C36 fol.   016.9714

Bibliographie d'ouvrages en anglais sur l'histoire du Québec jusqu'en 1976. Inclut 3 347 livres, articles de périodiques, thèses et brochures classés par thèmes généraux, comme l'économie, la société et la transmission des valeurs, subdivisés par sujets. Index des auteurs.   Z1392 Q3 C36 fol.   016.9714

1615

Centre d'archives de Québec. – ***Répertoire numérique des anciennes archives françaises conservées au Centre d'archives de Québec.*** – Gilles Héon. – [Québec] : Archives nationales du Québec, [1986]. – iii, 119 p. – 255016718X

A guide to the documents of the colonial administration and the judiciary of New France held by the Centre d'archives de Québec. Arranged by series. Call numbers, notes on contents and availability of finding aids.   CD3645 Q33 C45 1986 fol.   016.9714

Guide des documents de l'administration coloniale et de l'organisation judiciaire de la Nouvelle-France conservés au Centre d'archives de Québec. Classement par collections. Cotes, notes sur le contenu et instruments de recherche disponibles.   CD3645 Q33 C45 1986 fol. 016.9714

1616

Centre d'archives de Québec et de Chaudière-Appalaches. – *Copies d'archives d'origine française.* – Rénald Lessard. – [Québec] : Archives nationales du Québec, c1990. – xxi, [8], 488 p. : ill., 7 cartes. – 2550212398

A catalogue of microfilms, photocopies and transcriptions of archival materials relating to all aspects of the French colonization of North America, held by the Centre d'archives de Québec et de Chaudière-Appalaches. The originals are held by repositories in France including the Archives nationales and the Bibliothèque nationale. The majority of documents date from the sixteenth through eighteenth centuries. Arranged by repository, collection or fonds and series. Contents notes provided for series. Bibliography. Subject index. Reproduced in microform format: *Microlog*, no. 94-02082. CD3645 Q33 C4497 1990 fol. 016.971

Catalogue de microfilms, photocopies et transcriptions de documents d'archives qui se rapportent à tous les aspects de la colonisation française en Amérique du Nord et qui se trouvent au Centre d'archives de Québec et de Chaudière-Appalaches. Les documents originaux sont dans des dépôts d'archives en France, notamment les Archives nationales et la Bibliothèque nationale. La majorité des documents datent d'entre le seizième siècle et le dix-huitième siècle. Classement par dépôts, par collections ou fonds et par séries. Des notes sur le contenu des séries sont fournies. Bibliographie. Index des sujets. Reproduit sur support microforme: *Microlog*, n° 94-02082. CD3645 Q33 C4497 1990 fol. 016.971

1617

Centre de recherche Lionel-Groulx. – *État général des fonds d'archives et collections du Centre de recherche Lionel-Groulx.* – Par Danielle Saint-Hilaire et Juliette Rémillard. – Outremont (Québec) : le Centre, 1987. – [4], xiii, 279 p. : ill., portr. – 298000703X1

A guide to the archival collections and fonds of individuals and organizations held by the Centre which promotes research on the history of Quebec and French North America. Entries are numerically arranged and describe types and contents of material, extent of collection or fonds, inclusive dates, provenance, finding aids and restrictions on access. Biographical or historical notes, complementary sources and bibliographical references also included. Appendices include lists of sound recordings, films, newspapers, microforms, maps, an index of photographs and a general index. CD3649 O87 C46 1987 fol. 016.9714

Guide des fonds et des collections de personnes et d'organisations conservés au Centre, lequel encourage la recherche sur l'histoire du Québec et de l'Amérique du Nord française. Classées par ordre numérique, les notices précisent le type et le contenu des documents, l'envergure de la collection ou du fonds, la période couverte, la provenance, les instruments de recherche disponibles et les restrictions relatives à l'accès. Des notes biographiques ou historiques, des sources complémentaires et des références bibliographiques sont également fournies. Les annexes comprennent des listes d'enregistrements sonores, de films, de journaux, de microformes et de cartes, ainsi qu'un index des photographies et un index général. CD3649 O87 C46 1987 fol. 016.9714

1618

Les chemins de la mémoire : monuments et sites historiques du Québec. – Directeurs du projet, Paul-Louis Martin, Jean Lavoie. – Québec : Commission des biens culturels du Québec, c1990-c1991. – 2 vol. (xiv, 540 ; xiv, [2], 565 p.) : ill. (certaines en coul.), cartes, plans, portr. – 2551141451 (tome 1) 2551145708 (tome 2)

A guide to approximately 500 significant historic buildings, sites, etc., of Quebec. Organized by region, each of which is arranged in sections for travel routes or areas designated as historical districts. Essay on the history, architecture, etc., of each region, route or district. Map of each region. Signed descriptive entries include address of building or site, a discussion of its history, architectural significance, restoration, use, etc., numerous illustrations and references to sources. Indexes of monuments and places in each volume. F1052.8 C48 1990 971.4

Guide d'environ 500 édifices, lieux historiques, etc. importants du Québec. Classement par régions, avec division en sections sur les itinéraires ou les endroits désignés districts historiques. Essai sur l'histoire, l'architecture, etc. de chaque région, route ou district. Carte de chaque région. Les notices descriptives signées comprennent l'adresse de l'édifice ou du lieu, une discussion de son histoire, de son importance architecturale, de sa restauration, de son utilisation, etc., nombreuses illustrations et renvois à d'autres sources. Index des monuments et index des lieux dans chaque volume. F1052.8 C48 1990 971.4

1619

Clés pour l'histoire de Montréal : bibliographie. – Joanne Burgess, Louise Dechêne, Paul-André Linteau, Jean-Claude Robert ; avec la collaboration de Céline Bouchard [et al.]. – [Montréal] : Boréal, [1992]. – 247 p. – 2890524868

A bibliography of 3,988 books, journal articles, theses and reports in French and English on the history of the island of Montreal. Excludes articles from newspapers, magazines, encyclopedias and dictionaries. Arranged by time period and subject. Also includes sections on research tools and general history. Author and subject indexes. Appendix: list of persons from Montreal included in the *Dictionnaire biographique du Canada.* Z1392 M65 C53 1992 016.971428

Bibliographie de 3 988 livres, articles de revues, thèses et rapports, en français et en anglais, sur l'histoire de l'Île de Montréal. Exclut les articles de journaux, de magazines, d'encyclopédies et de dictionaries. Classement par périodes et par sujets. Inclut aussi des sections sur les instruments de recherche et l'histoire générale. Index des auteurs et index des sujets. Annexe: liste de Montréalais qui figurent dans le *Dictionnaire biographique du Canada.* Z1392 M65 C53 1992 016.971428

1620

Collection de manuscrits contenant lettres, mémoires, et autres documents historiques relatifs à la Nouvelle-France recueillis aux Archives de la province de Québec, ou copiés à l'étranger. – Mis en ordre et édités sous les auspices de la Législature de Québec avec table, etc. – [Québec : s.n.], 1883-1885 (Imprimé par A. Côté). – 4 vol. (viii, 637 ; xvii, 580 ; 576 ; xvii, 545 p.). – Faux-titre : *Collection de documents relatifs à l'histoire de la Nouvelle-France.*

A collection of documents relating to the history of the period of French domination in North America. Includes letters, memoirs, reports, judgements, etc., dating from 1492 to 1789. Vol. 1, 1492-

Collection de documents qui se rapportent à l'histoire de la période de la domination française en Amérique du Nord. Inclut des lettres, des mémoires, des rapports, des jugements, etc. qui datent d'entre

1712; vol. 2, 1690-1713; vol. 3, 1714-1755; vol. 4, 1755-1789. Reproduced in microform format: *CIHM/ICMH microfiche series*, no. 08720-08724. F5004 C58 fol. 971.018

1492 et 1789. Vol. 1, 1492-1712; vol. 2, 1690-1713; vol. 3, 1714-1755; vol. 4, 1755-1789. Reproduit sur support microforme: *CIHM/ICMH collection de microfiches*, n⁰ˢ 08720-08724. F5004 C58 fol. 971.018

1621

Côté, André. – *Sources de l'histoire du Saguenay-Lac-Saint-Jean.* – Québec : Direction générale des Archives nationales du Québec, 1977-   . –   vol. : cartes. – (Instruments de recherche : inventaire national des archives du Québec). – 0775430722 (tome 1) 276050591X (tome 4)

An inventory of sources on the history of Saguenay-Lac-Saint-Jean held by approximately 300 educational, religious and other archives of the region. Eight volumes are planned of which the following have been published: vol. 1, *Inventaire des archives paroissiales*; vol. 3, *Guide bibliographique*; vol. 4, *Guide des archives scolaires.* Imprint varies. In preparation: vol. 2, *Guide des archives municipales*; vol. 5, *Guide des archives religieuses.* Volumes are arranged by institution and fonds or category of document. Vol. 3, a bibliography of published materials, is arranged by subject. Address, telephone number and name of archivist are provided for each archives. Vol. 1, index of subject headings; vol. 3, author index; vol. 4, indexes of subject headings, fonds and archives. CD3646 S25 A1 1977 fol. 016.971414

Inventaire des sources sur l'histoire du Saguenay-Lac-Saint-Jean qui se trouvent dans environ 300 fonds d'archives d'établissements éducatifs, religieux et autres de la région. La série devrait comprendre huit volumes, dont les suivants qui ont déjà été publiés: vol. 1, *Inventaire des archives paroissiales*; vol. 3, *Guide bibliographique*; vol. 4, *Guide des archives scolaires.* L'adresse bibliographique varie. En progrès: vol. 2, *Guide des archives municipales*; vol. 5, *Guide des archives religieuses.* Les volumes sont classés par établissements et par fonds ou catégories de documents. Le volume 3 contient une bibliographie des documents publiés, classés par sujets. L'adresse, le numéro de téléphone et le nom de l'archiviste sont fournis pour chaque service d'archives. Vol. 1, index des vedettes-matière; vol. 3, index des auteurs; vol. 4, index des vedettes-matière, index des fonds et des archives. CD3646 S25 A1 1977 fol. 016.971414

1622

Fédération des sociétés d'histoire du Québec. – *Répertoire des membres.* – (1993/94)-   . – Montréal : la Fédération, 1993-   . –   vol. – 1197-6845

Annual? A directory of historical and genealogical societies in Quebec which are members of the Fédération. Alphabetically arranged by location. Entries in French or English include: name, address and telephone number of society, name of contact person, areas of interest, objectives, number of members, fees, services offered, publications. List of useful addresses including regional offices of the Ministère de la culture, regional centres of the Archives nationales du Québec and other archives. Alphabetical index of societies. Index of societies arranged by region. FC2901 S8 971.40025

Annuel? Répertoire des sociétés d'histoire et de généalogie du Québec qui sont membres de la Fédération. Classement alphabétique par lieux. Les notices en français ou en anglais contiennent: nom, adresse et numéro de téléphone de la société, nom de la personne-ressource, spécialisations, objectifs, nombre de membres, frais, services offerts, publications. Liste des adresses utiles, y compris les bureaux régionaux du Ministère de la culture, les centres régionaux des Archives nationales du Québec et d'autres archives. Index alphabétique des sociétés. Index des sociétés classées par régions. FC2901 S8 971.40025

1623

Fortier, Marie-France. – *Index du Bulletin des recherches historiques : analyse.* – Montréal : Archives nationales du Québec, 1988. – 100 p. : ill. + 9 microfiches. – 2551068584

An analysis of the publishing history and contents of the *Bulletin des recherches historiques*, together with a subject index to articles published in the complete run of the periodical from 1895 through 1968. The index, compiled by Antoine Roy, is published in microfiche format. Subjects, personal, corporate and place names are alphabetically arranged in one sequence. Replaces: Roy, Pierre-Georges, *Index du Bulletin des recherches historiques organe du Bureau des archives, 1895-1925* (Beauceville : L'Éclaireur, 1925-1926). FC1 B93 1988 fol. 016.9714

Analyse de l'histoire de l'édition et du contenu du *Bulletin des recherches historiques*, accompagnée d'un index des sujets des articles publiés dans tous les numéros du périodique, de 1895 à 1968. L'index compilé par Antoine Roy a été publié sur microfiche. Sujets, noms de personnes, de collectivités et de lieux en une seule suite alphabétique. Remplace: Roy, Pierre-Georges, *Index du Bulletin des recherches historiques organe du Bureau des archives, 1895-1925* (Beauceville : L'Éclaireur, 1925-1926). FC1 B93 1988 fol. 016.9714

1624

Guide d'histoire du Québec : du régime français à nos jours : bibliographie commentée. – Sous la direction de Jacques Rouillard. – 2ᵉ éd. – Laval (Québec) : Méridien, 1993. – 354 p. – (Collection histoire). – 2894150520

1st ed., 1991. A series of bibliographical essays on the history of Quebec written by experts in the field. Essays discuss a selection of the most significant monographs, periodical articles and reference works. Three parts covering the French Regime, the British Regime and contemporary Quebec, 1867 to date. Each part includes general and thematic sections such as political evolution, economic aspects, social history, intellectual life, etc. Biographical notes on contributors. Index of authors and subjects. Z1392 Q3 G83 1993 016.9714

1ʳᵉ éd., 1991. Collection d'essais bibliographiques sur l'histoire du Québec écrits par des spécialistes du domaine. Les essais discutent de certains des plus importants articles de périodiques, ouvrages de référence et monographies. Trois parties qui portent sur le Régime français, le Régime britannique et le Québec contemporain, de 1867 à nos jours. Chaque partie inclut des sections générales et thématiques comme l'évolution politique, les aspects économiques, l'histoire sociale, la vie intellectuelle, etc. Notes biographiques sur les collaborateurs. Index des auteurs et des sujets. Z1392 Q3 G83 1993 016.9714

1625

Harrisse, Henry. – *Notes pour servir à l'histoire, à la bibliographie et à la cartographie de la Nouvelle-France et des pays adjacents, 1545-1700.* – Paris : Librairie Tross, 1872. – xxxiii, 367 p.

A bibliography of 833 works relating to the exploration, settlement and administration of New France, produced between 1545 and 1700. Organized in three chronological sections: bibliography, cartography and notes on documentary sources. Annotations. Name index. Reproduced in microform format: *CIHM/ICMH microfiche series*, no. 05394. Reprinted: Dubuque (Iowa) : William C. Brown Reprint Library, [1962?]; New York : Published for University Microfilms by Argonaut Press, 1966; Amsterdam : Meridian, 1976. Cartographical section has supplement: Marcel, Gabriel, *Cartographie de la Nouvelle-France* (Paris : Maisonneuve et Leclerc, 1885). Z1383 H32 016.9714

Bibliographie de 833 ouvrages relatifs à l'exploration, à la colonisation et à l'administration de la Nouvelle-France, produits entre 1545 et 1700. Organisation en trois sections chronologiques: bibliographie, cartographie et notes sur les sources documentaires. Annotations. Index des noms. Reproduit sur support microforme: *CIHM/ICMH collection de microfiches*, n° 05394. Réimprimé: Dubuque (Iowa) : William C. Brown Reprint Library, [1962?]; New York : Published for University Microfilms by Argonaut Press, 1966; Amsterdam : Meridian, 1976. La section cartographique comporte un supplément: Marcel, Gabriel, *Cartographie de la Nouvelle-France* (Paris : Maisonneuve et Leclerc, 1885). Z1383 H32 016.9714

1626

Harvey, Fernand. – *Chronologie du Québec, 1940-1971.* – Fernand Harvey, Peter Southam. – Québec : Institut supérieur des sciences humaines, Université Laval, 1972. – v, 185 f. – (Collection instruments de travail ; 4).

A chronology intended to reflect the changes in Quebec society during the period 1940-1971. Arranged by subject including natural resources, transportation, provincial politics, terrorism, labour, culture and principal federal and provincial royal commissions. Entries within each subject are arranged chronologically. Bibliography of sources consulted. Bibliography of world chronologies. F5405 H3 fol. 971.404002

Chronologie conçue pour refléter les changements survenus dans la société québécoise durant la période 1940-1971. Classement par sujets comme les ressources naturelles, les transports, la politique provinciale, le terrorisme, le travail, la culture et les principales commissions fédérales et provinciales. Sous chaque sujet, les notices sont classées en ordre chronologique. Bibliographie des sources consultées. Bibliographie des chronologies mondiales. F5405 H3 fol. 971.404002

1627

Jean, Michèle. – *Bibliographie sur l'histoire de la ville de Québec.* – Recherche et rédaction, Michèle Jean ; avec la collaboration de Claude Achim [et al.]. – Québec : Ville de Québec, Service de l'urbanisme, [1989]. – 337 p. – (Cahier d'étude urbaine ; 5). – Titre de la couv.

A bibliography of over 2,000 books, periodical articles, pamphlets, theses and official publications on the history of the city of Quebec from its beginnings. Most of the works are held in the major repositories of Quebec City. Includes French- and English-language publications. Two sections for monographs and articles each of which has separate author, title and subject indexes. Entries include locations and notes. Z1392 016.9714471

Bibliographie de plus de 2 000 livres, articles de périodiques, brochures, thèses et publications officielles sur l'histoire de la ville de Québec depuis ses débuts. La plupart des ouvrages se trouvent dans les principaux dépôts d'archives de Québec. Inclut des publications en français et en anglais. Deux sections: monographies, articles. Trois index pour chaque section: auteurs, titres, sujets. Les notices comprennent des localisations et des notes. Z1392 016.9714471

1628

Lahaise, Robert. – *Le Québec, 1830-1939 : bibliographie thématique : histoire et littérature.* – LaSalle (Québec) : Hurtubise HMH, c1990. – 173 p. – 2890458628

A bibliography of literary and historical works of Quebec including poetry, novels, drama, essays, etc., from the period 1830 through 1939. Primarily French-language works. Arranged according to 57 themes, such as Anglophones and Quebec, education, missions, and historical novels, subarranged by form such as sources, periodicals, archives or studies. Z1392 Q3 L32 1990 016.971403

Bibliographie des ouvrages littéraires et historiques du Québec, y compris la poésie, les romans, les pièces de théâtre, les essais, etc. de la période de 1830 à 1939. Inclut surtout des ouvrages en français. Classement sous 57 thèmes, comme les anglophones et le Québec, l'éducation, les missions, et les romans historiques, subdivisés par formes, comme les sources, les périodiques, les archives ou les études. Z1392 Q3 L32 1990 016.971403

1629

Lamonde, Yvan. – *L'histoire des idées au Québec, 1760-1960 : bibliographie des études.* – Montréal : Bibliothèque nationale du Québec, 1989. – 167 p. : ill. – 255112140X

A selective bibliography on the history of ideas in Francophone Quebec, from the Conquest to the Quiet Revolution. Includes books, periodical articles and theses in French and English. Excludes manuscripts. Arranged chronologically and thematically. Author index. Z1395 I3 L35 1989 016.9714

Bibliographie sélective sur l'histoire des idées dans le Québec francophone, depuis la Conquête jusqu'à la Révolution tranquille. Inclut des livres, des articles de périodiques et des thèses en français et en anglais. Exclut les manuscrits. Classement chronologique et thématique. Index des auteurs. Z1395 I3 L35 1989 016.9714

1630

Laperrière, Guy. – *Bibliographie d'histoire des Cantons de l'Est = History of the Eastern Townships : a bibliography.* – Recherche, Michel Sharpe. – 2ᵉ éd., rev. et augm. – Sherbrooke : Département d'histoire, Université de Sherbrooke, 1986. – 210 p. : cartes. – 2893430066

1st ed., 1975, *Bibliographie d'histoire des Cantons de l'Est.* A bibliography of 1,762 books, pamphlets, periodical articles and theses on the history of the Estrie region of Quebec. Includes French- and

1ʳᵉ éd., 1975, *Bibliographie d'histoire des Cantons de l'Est.* Bibliographie de 1 762 livres, brochures, articles de périodiques et thèses sur l'histoire de la région de l'Estrie au Québec. Inclut des

English-language works. Excludes most periodical articles of under five pages, newspaper articles and official publications. Arranged in sections covering general research aids such as bibliographies, archival inventories and cartographic materials, the counties which form the Estrie region and themes such as Native peoples, settlement, politics, society, religion, etc. Locations provided for books and pamphlets published prior to 1914. List of theses. Addresses of historical societies, libraries, etc., in the region. Author index. Z1392 E3 S54 1986   016.97146

ouvrages en français et en anglais. Exclut la plupart des articles de périodiques de moins de cinq pages, les articles de journaux et les publications officielles. Division en sections qui portent sur des instruments de travail de nature générale comme les bibliographies, les inventaires d'archives et les documents cartographiques, les comtés qui forment la région de l'Estrie et des thèmes comme les Amérindiens, la colonisation, la politique, la société, la religion, etc. Des localisations sont fournies pour les brochures et les livres antérieurs à 1914. Liste des thèses. Adresse des sociétés historiques, des bibliothèques, etc. de la région. Index des auteurs.   Z1392 E3 S54 1986   016.97146

1631

Magnan, Hormisdas. – *Dictionnaire historique et géographique des paroisses, missions et municipalités de la province de Québec.* – Arthabaska (Québec) : L'Imprimerie d'Arthabaska, 1925. – 738 p.

An alphabetically arranged dictionary of 1,268 parishes, missions and municipalities of Quebec. Entries include date of foundation or establishment of parish, date of opening of parish registers, location, history of place name, population, historic information on institutions, early settlers, etc. Bibliography.   F5403 M3   917.14003

Dictionnaire alphabétique de 1 268 paroisses, missions et municipalités du Québec. Les notices comprennent la date de fondation ou de création de la paroisse, la date d'ouverture des registres paroissiaux, l'emplacement, l'historique du nom du lieu, la population, des données historiques sur les établissements, les premiers colons, etc. Bibliographie.   F5403 M3   917.14003

1632

Messier, Jean-Jacques. – *Bibliographie relative à la Nouvelle-France.* – Montréal : Éditions Univers : L'Aurore, c1979. – 198 p. – (Histoire) (Collection exploration). – 2890530043

A bibliography of approximately 2,300 books, periodical and newspaper articles, official publications and theses on New France. Includes French- and English-language works. Arranged by subject or type of document such as agriculture, art, commerce, costume, genealogy, history, the military, demography, bibliographies, dictionaries, periodical indexes, etc. Indexes of authors, names and places. Z1383 M47   016.9714

Bibliographie d'environ 2 300 livres, articles de périodiques et de journaux, publications officielles et thèses sur la Nouvelle-France. Inclut les ouvrages en français et en anglais. Classement par sujets ou par types de documents, comme l'agriculture, l'art, le commerce, les costumes, la généalogie, l'histoire, l'armée, la démographie, les bibliographies, les dictionnaires, les index de périodiques, etc. Index: auteurs, noms, lieux.   Z1383 M47   016.9714

1633

Monière, Denis. – *Les idéologies au Québec : bibliographie.* – Préface d'André J. Bélanger. – 3e éd. rev. et augm. – Montréal : Bibliothèque nationale du Québec, 1980. – 2550008219

1st ed., 1976. 2nd ed., 1977. A bibliography on the history of Quebec ideologies. Includes books, theses and periodical articles in French and English published between 1945 and 1977. Alphabetically arranged by name of author. Indexes of general sources, time periods, men, movements, newspapers and periodicals, themes. Z1395 I3 M6 1980 fol.   016.9714

1re éd., 1976. 2e éd., 1977. Bibliographie sur l'histoire des idéologies au Québec. Inclut des livres, des thèses et des articles de périodiques, en français et en anglais, publiés entre 1945 et 1977. Classement alphabétique selon le nom des auteurs. Index: généralités, périodes, hommes, mouvements, journaux et périodiques, thèmes. Z1395 I3 M6 1980 fol.   016.9714

1634

Moulary-Ouerghi, Josiane. – *Référendum québécois : bibliographie.* – Josiane Moulary-Ouerghi, Carmen Villemaire. – Montréal : Éditions Bergeron, 1983. – 276 p. – 2892471133

A bibliography of French-language materials published prior to May 31, 1980, about the Quebec referendum of 1980. Arranged in two parts: books, pamphlets and special numbers of periodicals alphabetically arranged by author; periodical and newspaper articles arranged by subject. Index of authors and subjects. Z1392 Q3 M69 1983 016.971404

Bibliographie de documents en français publiés avant le 31 mai 1980 à propos du référendum québécois de 1980. Classement en deux parties: livres, brochures et numéros spéciaux de périodiques classés par noms d'auteurs; articles de périodiques et de journaux classés par sujets. Index des auteurs et index des sujets.   Z1392 Q3 M69 1983 016.971404

1635

Noms et lieux du Québec : dictionnaire illustré. – Québec : Commission de toponymie, 1994. – xxxv, 925 p. : ill. en coul., 35 cartes en coul. – 2551140501

Alphabetical dictionary of Quebec place names. Includes approximately 6,000 entries for municipalities, townships, lakes, rivers, etc. Entries include: official place name and historical variants, origin and significance of name, type of entity, location, biographical notes, dates of creation of municipality, of appearance of place name or of proclamation of township, name of administrative region, geographical co-ordinates, map references, etc. List of sources. Indexes of place names and illustrations.   FC2906 N66 1994 fol.   917.4003

Dictionnaire alphabétique de noms de lieux du Québec. Inclut environ 6 000 notices des noms de municipalités, de cantons, de lacs, de rivières, etc. Les notices comprennent: nom de lieu officiel et variantes historiques, origine et signfication, type d'entité, localisation, notes biographiques, date d'érection municipale, d'apparition du toponyme ou de proclamation du canton, région administrative, coordonnées géographiques, références aux cartes, etc. Liste des sources. Index toponymique et index des illustrations. FC2906 N66 1994 fol.   917.4003

1636

Nouvelle-France. – *Édits, ordonnances royaux, déclarations et arrêts du Conseil d'État du Roi, concernant le Canada.* – Revus et corrigés. – Québec : E.R. Fréchette, 1854-1856. – 3 vol. (648 ; 650 ; 776 p.).

A collection of the texts of royal edicts, ordinances and declarations concerning Canada, commissions, orders and judgements of the governors and intendants of New France, regulations of the Conseil supérieur de Québec, and commissions of various civil officers from the period 1540 to 1758. Volume 1 covering royal edicts, etc., is chronologically arranged. Volumes 2 and 3 are arranged by type of document and chronologically. Index of keywords/subjects for each volume in volume 3. Volume 2 has title: *Arrêts et réglements du Conseil supérieur de Québec et ordonnances et jugements des intendants du Canada.* Volume 3 has title: *Complément des ordonnances et jugements des gouverneurs et intendants du Canada : précédé des commissions des dits gouverneurs et intendants et des différents officiers civils et de justice, avec un table alphabétique de toutes les matières contenues tant dans ce volume que dans les deux volumes précédents.* Reproduced in microform format: [Montréal] : Bibliothèque nationale du Québec, 1978, 1 reel of 16 mm. microfilm; Montréal : Bibliothèque nationale du Québec, 1983, 22 microfiches.

Originally published in two volumes: Québec : E.R. Fréchette, 1803-1806. Reproduced in microform format: [Montréal] : Bibliothèque nationale du Québec, 1982, 1 reel of 16 mm. microfilm; *CIHM/ICMH microfiche series*, no. 40522-40524. 1803-1806 ed. reprinted: Sainte-Eulalie (Québec) : Éditions du Chardonnet, 1991. KEQ48   348.71022

Collection des textes d'édits et d'ordonnances royaux, et de déclarations sur le Canada, les commissions, les ordonnances et les jugements des gouverneurs et intendants de la Nouvelle-France, de règlements du Conseil supérieur de Québec, et de commissions de divers officiers civils de la période 1540-1758. Classement chronologique dans le volume 1 qui porte sur les édits royaux. Classement par types de documents et classement chronologique dans les volumes 2 et 3. L'index des mots clés et des sujets de chaque volume se trouve dans le volume 3. Le volume 2 porte le titre: *Arrêts et règlements du Conseil supérieur de Québec et ordonnances et jugements des intendants du Canada.* Le volume 3 porte le titre: *Complément des ordonnances et jugements des gouverneurs et intendants du Canada : précédé des commissions des dits gouverneurs et intendants et des différents officiers civils et de justice, avec une table alphabétique de toutes les matières contenues tant dans ce volume que dans les deux volumes précédents.* Reproduit sur support microforme: [Montréal] : Bibliothèque nationale du Québec, 1978, 1 bobine de microfilm 16 mm.; Montréal : Bibliothèque nationale du Québec, 1983, 22 microfiches.

Publié à l'origine en deux volumes: Québec : E.R. Fréchette, 1803-1806. Reproduit sur support microforme: [Montréal] : Bibliothèque nationale du Québec, 1982, 1 bobine de microfilm 16 mm.; *CIHM/ICMH collection de microfiches*, n⁰ˢ 40522-40524. Édition de 1803-1806 réimprimée: Sainte-Eulalie (Québec) : Éditions du Chardonnet, 1991.   KEQ48   348.71022

1637

Nouvelle-France. – *Ordonnances, commissions, etc., etc., des gouverneurs et intendants de la Nouvelle-France, 1639-1706.* – Par Pierre-Georges Roy. – Beauceville [Québec] : L'Éclaireur Limitée, 1924. – 2 vol. (328 ; 352 p.).

A collection of the texts of ordinances and commissions of the governors and intendants of New France from the period 1639 through 1706. Chronologically arranged. Locations of original documents in Quebec and other archives are noted.   CD3645 Q26 fol.   348.71022

Collection de textes d'ordonnances et de commissions des gouverneurs et intendants de la Nouvelle-France de la période de 1639 à 1706. Classement chronologique. Les localisations des documents originaux à Québec et dans d'autres archives sont signalées.   CD3645 Q26 fol.   348.71022

1638

Provencher, Jean. – *Chronologie du Québec.* – [Montréal] : Boréal, [1991]. – 217 p. : ill., portr. – 2890524159

A chronology of events in the history of Quebec from 35,000 BC to 1980 AD. Events are arranged in four categories for each year: Quebec culture and society, Quebec politics, Canada and North America, the world. Index.   FC2911 P76 1991   971.4002

Chronologie des événements de l'histoire du Québec, de 35 000 av. J.-C. à 1980 ap. J.-C. Les événements sont classés en quatre catégories pour chaque année: culture et société du Québec, politique québécoise, le Canada et l'Amérique du Nord, le monde. Index.   FC2911 P76 1991   971.4002

1639

Québec (Province). Bibliothèque de la Législature. Service de référence. – *Le référendum : bibliographie sélective et annotée.* – 2ᵉ éd. rev. et augm. – Québec : Bibliothèque de la Législature, 1978. – x, 114 p. – (Bibliographie et documentation ; 6).

1st ed., 1977. Supplement, 1978. A selective bibliography of 344 books, periodical and newspaper articles, official publications, etc., on the referendum as used in Quebec, Canada and other countries. Includes works in French and English. Two sections covering theory and practice. The latter is arranged by country. Author index. Continued by: *Référendums (1979-1989) : bibliographie sélective et annotée* and *Référendums (1989-1992) : bibliographie sélective et annotée.*   Z7164 I5 Q44 1978 fol.   016.3282

1ʳᵉ éd., 1977. Supplément, 1978. Bibliographie sélective de 344 livres, articles de périodiques et de journaux, publications officielles, etc. sur le référendum tel qu'utilisé au Québec, au Canada et dans d'autres pays. Inclut des ouvrages en français et en anglais. Deux sections qui portent sur la théorie et la pratique. Classement par pays dans la deuxième section. Index des auteurs. Suivi de: *Référendums (1979-1989) : bibliographie sélective et annotée* et *Référendums (1989-1992) : bibliographie sélective et annotée.*   Z7164 I5 Q44 1978 fol.   016.3282

1640

Dufresne, Nicole. – *Référendums (1979-1989) : bibliographie sélective et annotée.* – Par Nicole Dufresne avec la collaboration de Diane Chamberlain. – Québec : Bibliothèque de l'Assemblée nationale, Division de la référence parlementaire, 1989. – 50 p. – (Bibliographie ; n° 29).

Continues: *Le référendum : bibliographie sélective et annotée.* 167 entries. Continued by: *Référendums (1989-1992) : bibliographie sélective et annotée.*   Z7164   016.3282

Suite de: *Le référendum : bibliographie sélective et annotée.* Contient 167 notices. Suivi de: *Référendums (1989-1992) : bibliographie sélective et annotée.*   Z7164   016.3282

1641

Dufresne, Nicole. – *Référendums (1989-1992) : bibliographie sélective et annotée.* – Par Nicole Dusfresne avec la collaboration de Diane Chamberlain. – Québec : Assemblée nationale, Direction générale de la Bibliothèque, Service de la référence, 1992. – [3], 22, [3] p. – (Bibliographie ; n° 45).

Continues: *Le référendum : bibliographie sélective et annotée* and *Référendums (1979-1989) : bibliographie sélective et annotée.* 104 entries. Reproduced in microform format: *Microlog*, no. 94-02014. Z7164 I5 Q44 fol. 016.3282

Suite de: *Le référendum : bibliographie sélective et annotée* et *Référendums (1979-1989) : bibliographie sélective et annotée.* 104 notices. Reproduit sur support microforme: *Microlog*, n° 94-02014. Z7164 I5 Q44 fol. 016.3282

1642

Répertoire des subventions disponibles pour les sociétés d'histoire du Québec. – Colligé par Marie-Claire Rousseau. – Montréal : Fédération des sociétés d'histoire du Québec, 1993. – [35] p. – Titre de la couv.

A directory of research grants available from the governments of Quebec and Canada and one private foundation of interest to historical societies of Quebec. Arranged by government ministry. Entries include name of programme, objectives, eligibility, deadline for proposals, form of assistance, address and telephone number of sponsoring agency. Addresses for regional offices of the Ministère de la culture, Quebec and the Archives nationales du Québec as well as other Quebec archives. FC2902 R45 1993 fol. 971.40079

Répertoire des subventions de recherche qui sont offertes par les gouvernements du Québec et du Canada et une fondation privée, et qui peuvent intéresser les sociétés d'histoire du Québec. Classement par ministères. Les notices comprennent le nom du programme, les objectifs, l'admissibilité, les dates limites de présentation des projets, la forme d'aide, l'adresse et le numéro de téléphone de l'organisme parrain. Adresse des bureaux régionaux du Ministère de la culture du Québec et des Archives nationales du Québec ainsi que d'autres archives québécoises. FC2902 R45 1993 fol. 971.40079

1643

Roy, Pierre-Georges. – *Inventaire des ordonnances des intendants de la Nouvelle-France conservées aux Archives provinciales de Québec.* – Beauceville [Québec] : L'Éclaireur Limitée, 1919. – 4 vol. (vii, 296 ; 304 ; 296 ; 242 p.).

An inventory of the ordinances of the intendants of New France, for the period 1705-1760. Arranged by name of intendant and chronologically. References to the complete texts of ordinances published in *Édits, ordonnances royaux, déclarations et arrêts du Conseil d'État du Roi, concernant le Canada*, 1854-1856. Volume 4 includes indexes of names of persons and places. CD3645 Q33 A75 1919 fol. 348.71022

Inventaire des ordonnances des intendants de la Nouvelle-France pour la période 1705-1760. Classement selon le nom des intendants et classement chronologique. Renvois aux textes complets des ordonnances publiés dans *Édits, ordonnances royaux, déclarations et arrêts du Conseil d'État du Roi, concernant le Canada*, 1854-1856. Le volume 4 comprend deux index: noms de personnes, noms de lieux. CD3645 Q33 A75 1919 fol. 348.71022

1644

Société d'histoire des Cantons de l'Est. – *La Société d'histoire des Cantons de l'Est, 1927-1977 : inventaire des archives.* – Par Andrée Lavoie, Gaston St-Hilaire, Denise Benoît-Cliche. – [S.l. : s.n., 1977]. – 141 f.

An inventory of documents held by the society including books, maps, pamphlets, newspapers, audio-visual materials and archival fonds of individuals and organizations of the Eastern Townships. Arranged by type of document. Includes a history of the Society. Entries describe types and contents of material, inclusive dates, extent of fonds and include biographical or historical notes. Index of names and newspaper titles. CD3649 S63 S63 fol. 016.97146

Inventaire des documents conservés par la Société, y compris les livres, les cartes, les brochures, les journaux, les documents audio-visuels et les fonds d'archives de personnes et d'organisations de l'Estrie. Classement par types de documents. Comprend un historique de la Société. Les notices précisent le type et le contenu des documents, la période couverte et l'envergure du fonds. De plus, elles comprennent des notes biographiques ou historiques. Index des noms et des titres de journaux. CD3649 S63 S63 fol. 016.97146

1645

Société historique du Saguenay. Archives. – *Guide sommaire des Archives de la Société historique du Saguenay.* – Préparé en collab. [Francine Gauthier et al.]. – [S.l.] : Perspectives-jeunesse, 1973. – [10], 582 p.

A guide to the collections and fonds of individuals, institutions and organizations associated with the Saguenay region. Five sections: documents, files, memoirs, maps, fonds of unions in the region. Entries describe types and contents of material and extent of collection or fonds. Name and subject index. CD3649 C55 S6 fol. 016.971414

Guide sur les collections et les fonds de personnes, d'établissements et d'organisations associées à la région du Saguenay. Cinq sections: documents, dossiers, mémoires, cartes, fonds des syndicats de la région. Les notices précisent le type et le contenu des documents et l'envergure de la collection ou du fonds. Index des noms et des sujets. CD3649 C55 S6 fol. 016.971414

1646

Trudel, Marcel. – *Atlas de la Nouvelle-France = An atlas of New France.* – Québec : Presses de l'Université Laval, 1968. – 219 p. : cartes.

Revises: *Atlas historique du Canada français, des origines à 1867.* An atlas outlining the history of New France through reproductions of early maps and other maps created by Marcel Trudel. 95 maps cover New France in the sixteenth through eighteenth centuries, its settlement, cities and towns and fall. Bilingual description of each map. Subject index. G1116 S1 T72 fol. 911.71

Révise: *Atlas historique du Canada français, des origines à 1867.* Cet atlas donne les grandes lignes de l'histoire de la Nouvelle-France au moyen de reproductions de cartes anciennes et d'autres cartes créées par Marcel Trudel. Les 95 cartes portent sur la Nouvelle-France du seizième siècle au dix-huitième siècle, la colonisation, les villes et la conquête. Description bilingue de chaque carte. Index des sujets. G1116 S1 T72 fol. 911.71

1647

Würtele, Fred C. [Frederick Christian]. – *Index of the lectures, papers and historical documents published by the Literary and Historical Society of Quebec, and also of the names of their authors, together with a list of unpublished papers read before the Society, 1829 to 1891.* – Compiled by Fred C. Wurtele and extended to 1927 (inclusive) by J. W. Strachan. – Quebec : Printed for the Society by L'Événement, 1927. – xlix p.

An author and subject index to papers published in the journal of the Literary and Historical Society of Quebec, 1829-1927, as well as historical documents published by the Society. Canada's oldest historical society was founded in 1824. Subjects and authors are arranged in two alphabetical sequences. Separate chronological list of unpublished papers read before the Society. Supersedes: *Index of the lectures, papers and historical documents published by the Literary and Historical Society of Quebec, and also of the names of their authors, together with a list of unpublished papers read before the Society, 1829 to 1891* (Quebec : Morning Chronicle, 1891). 1891 index reproduced in microform format: *CIHM/ICMH microfiche series*, no. 26287. Another index was published under the title: *Index to the archival publications of the Literary and Historical Society of Quebec, 1824-1924* (Quebec : L'Événement Press, 1923).

A catalogue of the Society's Library was also published: *Catalogue of books in the library of the Literary and Historical Society of Quebec* (Quebec : Printed at the Morning Chronicle Office, 1873). Previous catalogues published in 1845 and 1864. Reproduced in microform format: *CIHM/ICMH microfiche series*, no. 47017 (1845); no. 32822 (1873). FC2902 W8 016.9714

Index des auteurs et des sujets des articles publiés dans la revue de la Société littéraire et historique de Québec, 1829-1927, ainsi que des documents historiques publiés par cette société. La plus vieille société d'histoire du Canada a été fondée en 1824. Les sujets et les auteurs sont classés dans des suites alphabétiques distinctes. Liste chronologique distincte des articles non publiés et lus devant la Société. Remplace: *Index of the lectures, papers and historical documents published by the Literary and Historical Society of Quebec, and also of the names of their authors, together with a list of unpublished papers read before the Society, 1829 to 1891* (Quebec : Morning Chronicle, 1891). L'index de 1891 a été reproduit sur support microforme: *CIHM/ICMH collection de microfiches*, nº 26287. Un autre index a été publié sous le titre: *Index to the archival publications of the Literary and Historical Society of Quebec, 1824-1924* (Quebec : L'Événement Press, 1923).

Un catalogue de la bibliothèque de la Société a aussi été publié : *Catalogue of books in the library of the Literary and Historical Society of Quebec* (Quebec : Printed at the Morning Chronicle Office, 1873). Les catalogues antérieurs ont été publiés en 1845 et en 1864. Reproduit sur support microforme: *CIHM/ICMH microfiches*, nº 47017 (1845); nº 32822 (1873). FC2902 W8 016.9714

Saskatchewan

Saskatchewan

1648

Archives de la Saskatchewan. – *Guide des sources historiques des francophones aux Archives de la Saskatchewan.* – [Regina?] : Société historique de la Saskatchewan, 1992. – viii, 102 p. : portr. – (Saskatchewan Archives reference series ; 1). – 0920895050

1st ed., 1983. A guide to the fonds held by the Saskatchewan Archives Board relating to Francophone history and culture in Saskatchewan. Seven sections: documents of federal and provincial governments; documents of organizations and associations; local histories; oral histories and other audio-visual materials; newspapers; photographs. Entries in French are alphabetically arranged by title of fonds or subject and include: catalogue number, title, historical/biographical notes, types of documents, extent, inclusive dates, description of contents, availability of finding aids, restrictions on access. Brief entries for oral histories, films and photographs. Index of persons, organizations and places. Z1392 S27 A73 1992 fol. 016.97124004114

1re éd., 1983. Guide des fonds que possèdent les Archives de la Saskatchewan sur l'histoire et la culture francophones dans cette province. Sept sections: les documents des gouvernements fédéral et provincial; les documents des organisations et des associations; les documents d'histoire locale; les documents d'histoire orale et audiovisuels; les journaux; les photographies. Les notices en français, classées selon le titre des fonds ou le sujet, comprennent: le numéro de catalogue, le titre, des notes historiques ou biographiques, les types de documents, l'envergure du fonds, la période couverte, la description du contenu, les instruments de recherche disponibles, les restrictions relatives à l'accès. Courtes notices sur les documents d'histoire orale, les films et les photographies. Index des personnes, des organisations et des lieux. Z1392 S27 A73 1992 fol.

1649

***Building a province : a history of Saskatchewan in documents.* –** David E. Smith, editor. – Saskatoon : Fifth House, c1992. – vii, 443 p. – 1895618169 (bd.) 1895618029 (pa.)

A collection of 134 documents, reproduced in whole or in part, related to the history of Saskatchewan from the period of negotiation for provincial status to the early 1980s. Includes public documents such as statutes, pronouncements by public officials or reports by government agencies. Arranged according to theme and subject, for example, institutions, agriculture, social policy, political and economic relations. Introductory essays provide historical context for the documents. FC3511 B84 1992 971.24

Collection de 134 documents, reproduits en tout ou en partie, qui se rapportent à l'histoire de la Saskatchewan depuis la période de négociation pour l'acquisition du statut de province jusqu'au début des années 1980. Inclut des documents publics comme les statuts, les déclarations faites par des représentants officiels ou les rapports produits par des organismes gouvernementaux. Classement par thèmes et par sujets comme les institutions, l'agriculture, la politique sociale, les rapports politiques et économiques. Les essais de présentation donnent le contexte historique des documents. FC3511 B84

1650

Exploring local history in Saskatchewan. – 2nd ed. – Regina : Saskatchewan Archives Board, 1985. – iv, 44 p. : ill. – (Saskatchewan Archives reference series ; 3). – 0969144520

1st ed., 1980. A step-by-step guide to preparing a local history. Directed at Saskatchewan local historians but of use as a general guide as well. Sections covering planning, research, presentation, printing and publication. Outlines sources for Saskatchewan research including land and military records, provincial and federal government records, maps, etc. Bibliography. Addresses of relevant archives and libraries. Reproduced in microform format: *Microlog*, no. 85-05255.   FC3509.5 E96 1985 fol.   971.240072

1re éd., 1980. Guide qui décrit étape par étape comment rédiger une histoire locale. Conçu à l'intention des historiens de la Saskatchewan, mais utile comme guide général. Sections sur la planification, la recherche, la présentation, l'impression et la publication. Décrit dans les grandes lignes les sources de recherche en Saskatchewan, y compris le cadastre, les archives militaires, les archives provinciales et fédérales, les cartes, etc. Bibliographie. Adresse des archives et des bibliothèques pertinentes. Reproduit sur support microforme: *Microlog*, nº 85-05255.   FC3509.5 E96 1985 fol.   971.240072

1651

Guide to historic sites and points of interest. – [Saskatoon] : Saskatchewan Diamond Jubilee & Canada Centennial Corporation, 1965. – 96 p. : ill., maps.

A guide to historic sites maintained by the federal and provincial governments in Saskatchewan. Arranged by region. Descriptive entries. Map of each region. Subject index. Appendices: brief history of Saskatchewan; museums and display centres. Also published: *Saskatchewan guide to historic sites of the North West Rebellion* ([Regina] : North West Centennial Advisory Committee, c1985). FC3215   971.24

Guide des lieux historiques en Saskatchewan entretenus par les gouvernements fédéral et provincial. Classement par régions. Notices descriptives. Carte de chaque région. Index des sujets. Annexes: courte histoire de la Saskatchewan; musées et centres d'exposition. Également publié: *Saskatchewan guide to historic sites of the North West Rebellion* ([Regina] : North West Centennial Advisory Committee, c1985).   FC3215   971.24

1652

The Prairie west to 1905 : a Canadian sourcebook. – General editor, Lewis G. Thomas ; contributing editors, David H. Breen [et al.] ; maps by Geoffrey Matthews. – Toronto : Oxford University Press, 1975. – [xv], 360 p. : maps. – 0195402499

A collection of documents, reproduced in whole or in part, relating to the history of the settlement of the Prairies prior to 1905. Includes public documents such as statutes, debates, orders in council and law reports, as well as newspaper articles, correspondence, etc. Five sections covering Rupert's Land and the Red River Settlement, government and politics in Manitoba and the North West Territories, law and order, the ranching frontier and the development of transportation and communications, each of which is subdivided by subject. An introduction and a guide to further reading are provided for each section. No index.   FC3206 P73   971.202

Collection de documents, reproduits en tout ou en partie, relatifs à l'histoire de la colonisation des Prairies avant 1905. Inclut des documents publics comme les statuts, les débats, les décrets et les recueils de jurisprudence ainsi que des articles de journaux, des lettres, etc. Cinq sections qui portent sur la Terre de Rupert et la colonie de la rivière Rouge, le gouvernement et la politique au Manitoba et dans les Territoires du Nord-Ouest, l'ordre public, la frontière de l'élevage et le développement des transports et des communications. Chaque section est subdivisée par sujets. Introduction et liste de lectures recommandées dans chaque section. Aucun index. FC3206 P73   971.202

1653

Russell, E. T. [Edmund Thomas Pete]. – *What's in a name? : the story behind Saskatchewan place names.* – Expanded and rev. 3rd ed. – Saskatoon : Western Producer Prairie Books, 1980. – [14], 350 p. : ill., map, ports. – 0888330537

An alphabetically arranged dictionary of over 1,800 place names of Saskatchewan. Primarily populated places. Each entry includes a description of the location or occasionally the legal location, and a history of the name. 1st ed., 1968, *What's in a name? : travelling through Saskatchewan with the story behind 679 place names*; 2nd ed., 1973, *What's in a name? : travelling through Saskatchewan with the story behind 1600 place-names.*   FC3506 R87 1980   917.124003

Dictionnaire alphabétique de plus de 1 800 noms de lieux en Saskatchewan. Traite principalement des noms de lieux habités. Chaque notice comprend une description de l'emplacement ou, à l'occasion, l'emplacement officiel, et l'historique du nom. 1re éd., 1968, *What's in a name? : travelling through Saskatchewan with the story behind 679 place names*; 2e éd., 1973, *What's in a name? : travelling through Saskatchewan with the story behind 1600 place-names.*   FC3506 R87 1980   917.124003

1654

Saskatchewan history : index : volume I to volume XXX, 1948-1977. – Regina ; Saskatoon : Saskatchewan Archives Board, 1978. – ii, 132 p.

An index of articles and book reviews from the first 30 volumes of the journal *Saskatchewan history*. Authors, titles and subjects are arranged alphabetically in one sequence. *Saskatchewan history*, 1948- , is indexed in the *Canadian periodical index*.   FC3501 S382 fol. 016.97124

Index des articles et des critiques de livres des trente premiers volumes de la revue *Saskatchewan history*. Auteurs, titres et sujets en une seule suite alphabétique. *Saskatchewan history*, 1948- , est répertorié dans *Index de périodiques canadiens*.   FC3501 S382 fol.   016.97124

Yukon and Northwest Territories

Territoires du Nord-Ouest et le Yukon

1655

Archives publiques Canada. Division des archives fédérales. – *Documents pour l'étude du Nord canadien.* – Terry Cook. – Ottawa : Archives publiques Canada, 1980. – 24, 21 p. – (Collection de publications spéciales). – 0662508483 – Titre de la p. de t. additionnelle : *Sources for the study of the Canadian North.*

A guide to records of use for research on Northern Canada, held by the Federal Archives Division (now the Government Archives Division of the National Archives of Canada). Describes records of agencies responsible for the administration of or significantly involved in the North, and of investigative bodies and commissions. Brief discussion of sources held in other Divisions of the Archives. CD3627 N67 1980 fol. 016.9719

Guide des archives qui peuvent servir à la recherche sur le Nord du Canada, conservées à la Division des archives fédérales (maintenant la Division des archives gouvernementales des Archives nationales du Canada). Décrit les documents relatifs aux organismes chargés de l'administration générale du Nord ou qui ont contribué au développement du Nord, aux commissions d'enquête et autres organismes. Courte discussion des sources qui se trouvent dans d'autres divisions des Archives. CD3627 N67 1980 fol. 016.9719

1656

Berton, Pierre. – *A Klondike bibliography.* – [S.l. : s.n., 1958?]. – 23 leaves.

A bibliography of books and periodical articles about the Klondike gold rush, prepared during research on the book *Klondike : the life and death of the last great gold rush* (Toronto : McClelland & Stewart, 1958). Books are alphabetically arranged by author. Brief annotations. Articles are arranged chronologically under periodical title. Notes on relevant government documents and newspaper sources. No index. Z1392 K5 B4 fol. 016.9719

Bibliographie de livres et d'articles de périodiques sur la ruée vers l'or du Klondike, établie dans le cadre de la recherche pour le livre *Klondike : the life and death of the last great gold rush* (Toronto : McClelland & Stewart, 1958). Les livres sont classés en ordre alphabétique par auteurs. Courtes annotations. Les articles sont classés en ordre chronologique selon le titre des périodiques. Notes sur les documents gouvernementaux et les journaux pertinents. Aucun index. Z1392 K5 B4 fol. 016.9719

1657

Cooke, Alan. – *The exploration of Northern Canada : 500 to 1920, a chronology.* – Alan Cooke and Clive Holland. – Toronto : Arctic History Press, c1978. – 549, 25 p. : maps (1 fold. col. in pocket). – 0771022654

A chronological list of expeditions and events in the history of Northern Canada from 500 to 1920. Includes expeditions of geographical discovery and for the collection of scientific information and all known Northwest Passage expeditions, as well as political events, dates of trading posts, settlements, epidemics, etc. Entries include: date, type of expedition, national, commercial or other association, names of leader and other senior members of expedition, name of ship, points of departure and return, duration, description of purpose and achievements, references to works about the expedition. Bibliography. Index of names of leaders, senior and lesser members of expeditions. Subject index. See also: Holland, Clive, *Arctic exploration and development, c.500 B.C. to 1915 : an encyclopedia.* FC3956 C66 971.900202

Liste chronologique des expéditions et des événements de l'histoire du Nord du Canada, depuis l'an 500 jusqu'en 1920. Inclut les expéditions de découverte géographique et de collecte de données scientifiques, toutes les expéditions connues dans le Passage du Nord-Ouest ainsi que les événements politiques, les dates relatives aux postes de traite, aux colonies, aux épidémies, etc. Les notices comprennent: la date, le type d'expédition, s'il s'agissait d'une association nationale, commerciale ou autre, les noms des chefs et des autres principaux membres de l'expédition, le nom du navire, les points de départ et d'arrivée, la durée, la description du but et des réalisations, des renvois à des ouvrages sur l'expédition. Bibliographie. Index des noms des chefs, des principaux membres et des autres membres des expéditions. Index des sujets. Voir aussi: Holland, Clive, *Arctic exploration and development, c.500 B.C. to 1915 : an encyclopedia.* FC3956 C66 971.900202

1658

Coutts, R. C. [Robert C.]. – *Yukon : places & names.* – Sidney (B.C.) : Gray's Publishing, c1980. – [16], 294, [2] p. : maps. – 0888260857 (bd.) 0888260822 (pa.)

An alphabetically arranged dictionary of names of populated places and physical features of the Yukon Territory. Entries include the name, latitude and longitude, sheet map reference number, description of location and note on history of name. FC4006 C68 917.191003

Dictionnaire alphabétique des noms de lieux habités et de traits topographiques du Yukon. Les notices comprennent le nom, la latitude et la longitude, le numéro de référence de la feuille de carte, la description de l'endroit et une note sur l'historique du nom. FC4006 C68 917.191003

1659

Day, Alan Edwin. – *Search for the Northwest Passage : an annotated bibliography.* – New York : Garland Publishing, 1986. – xiv, 632 p. – (Garland reference library of social science ; vol. 186). – 0824092880

A bibliography of 5,160 entries for books, pamphlets, periodical and journal articles and exhibition catalogues relating to the Northwest Passage. Primarily English-language works. General sections cover encyclopedic works, maps and atlases, collections of voyages and reference sources. Other sections are chronologically arranged and deal with works on specific expeditions or voyages. Addenda. Index of authors/titles of general works. Z6016 N67 D39 1986 016.9100916327

Bibliographie de 5 160 notices répertoriant des livres, des brochures, des articles de journaux et de périodiques, et des catalogues d'exposition relatifs au Passage du Nord-Ouest. Il s'agit principalement d'ouvrages en anglais. Des sections générales portent sur les ouvrages encyclopédiques, les cartes et les atlas, les collections sur les voyages et les sources de référence. D'autres sections chronologiques portent sur des ouvrages relatifs à des expéditions ou des voyages en particulier. Addenda. Index des auteurs ou des titres d'ouvrages généraux. Z6016 N67 D39 1986 016.9100916327

1660

Friesen, Richard J. – *The Chilkoot : a literature review.* – By Richard J. Friesen. – [Ottawa] : National Historic Parks and Sites Branch, Parks Canada, Department of Indian and Northern Affairs, 1977. – iv, 111 p. : ill. – (Manuscript report ; no. 203).

A literature review and bibliography of books, pamphlets, theses and periodical articles on the history of the Chilkoot and White Passes used during the Klondike Gold Rush. The bibliography is arranged in two parts: books and pamphlets, periodicals. Richard Friesen has also prepared *The Chilkoot Pass : a preliminary bibliography* as National Historic Parks and Sites Branch *Research bulletin* no. 50. Z1392   016.97191

Analyse littéraire et bibliographie de livres, de brochures, de thèses et d'articles de périodiques sur l'histoire des cols Chilkoot et White traversés pendant la ruée vers l'or du Klondike. La bibliographie est divisée en deux parties: livres et brochures, périodiques. Richard Friesen a aussi rédigé *The Chilkoot Pass : a preliminary bibliography* comme *Bulletin de recherche* n° 50 de la Direction des lieux et des parcs historiques nationaux.   Z1392   016.97191

1661

Holland, Clive. – *Arctic exploration and development, c.500 B.C. to 1915 : an encyclopedia.* – New York : Garland Publishing, 1994. – xvi, 704 p. : maps. – (Garland reference library of the humanities ; vol. 930). – 0824076486

Approximately 1,900 entries for expeditions, voyages and historical events in the arctic, from 500 BC to 1915. Chronologically arranged. Entries include: years of expedition or event, general and specific location of activity, leader of expedition, captains of ships, names of ships, nationality and purpose of expedition, itinerary, discussion of achievements and significance, bibliographical references. Bibliography. Appendix: list of main expedition members. Maps of Arctic regions. Subject index. Many of the entries for expeditions to Canada are based on entries from *The exploration of Northern Canada* by Alan Cooke and Clive Holland.   G606 H64 1994 fol. 919.9804

Environ 1 900 notices répertoriant des expéditions, des voyages et des événements historiques dans l'Arctique, de 500 av. J.-C. jusqu'à 1915. Classement chronologique. Les notices comprennent: années de l'expédition ou de l'événement, lieu général ou précis de l'activité, chef de l'expédition, capitaines des navires, noms des navires, nationalité et but de l'expédition, itinéraire, discussion des résultats et de l'importance de l'activité, références bibliographiques. Bibliographie. Annexe: liste des principaux membres des expéditions. Cartes des régions arctiques. Index sujets. Nombre de notices sur les expéditions au Canada sont fondées sur des notices de la publication *The exploration of Northern Canada*, par Alan Cooke et Clive Holland.   G606 H64 1994 fol.   919.9804

1662

Morley, William F. E. – *Ontario and the Canadian North.* – Toronto : University of Toronto Press, c1978. – xxxii, 322 p. : ill., maps. – (Canadian local histories to 1950 : a bibliography ; vol. 3). – 0802022812

A bibliography of over 1,000 local histories of Ontario and Northern Canada published to 1950. Includes primarily monographic works. Excludes unpublished material, serials, periodical articles, documentary and pictorial histories, works of imagination and purely genealogical works. Church histories, gazetteers, guidebooks and directories have also generally been excluded. Ontario local histories are arranged in sections covering the province and regions, counties and districts, cities, towns and townships. Histories of the Canadian North are arranged in sections for general works on the North, Hudson Bay, regions and settlements of the Northwest Territories, regions and settlements of the Yukon Territory. Annotations and locations. Bibliography. Geographical index of forms of place names not used. General index of authors, editors, titles of anonymous works, etc.   Z1392 O5 M67 fol.   016.9713

Bibliographie de plus de 1 000 documents d'histoire locale de l'Ontario et du Nord du Canada publiés au plus tard en 1950. Contient principalement des monographies. Exclut les documents non publiés, les publications en série, les articles de périodiques, les histoires documentaires et illustrées, les oeuvres d'imagination et les ouvrages purement généalogique. Exclut aussi généralement les documents sur l'histoire religieuse, les répertoires géographiques, les guides et les annuaires. Les documents sur l'histoire locale de l'Ontario sont classés en sections qui portent sur la province et les régions, les comtés et les districts, les villes et les cantons. Les documents sur l'histoire locale du Nord canadien sont classés en sections qui portent sur les ouvrages de nature générale sur le Nord, la baie d'Hudson, les régions et les communautés des Territoires du Nord-Ouest, les régions et les communautés du Yukon. Annotations et localisations. Bibliographie. Index géographique des noms de lieux inutilisés. Index général des auteurs, des rédacteurs, des titres d'ouvrages anonymes, etc.   Z1392 O5 M67 fol.   016.9713

1663

Public Archives Canada. Federal Archives Division. – *Sources for the study of the Canadian North.* – Terry Cook. – Ottawa : Public Archives Canada, 1980. – 21, 24 p. – (Special publications series). – 0662508483 – Title on added t.p. : *Documents pour l'étude du Nord canadien.*

A guide to records of use for research on Northern Canada, held by the Federal Archives Division (now the Government Archives Division of the National Archives of Canada). Describes records of agencies responsible for the administration of or significantly involved in the North, and of investigative bodies and commissions. Brief discussion of sources held in other Divisions of the Archives. CD3627 N67 1980 fol.   016.9719

Guide des archives qui peuvent servir à la recherche sur le Nord canadien, conservées la Division des archives fédérales (maintenant la Division des archives gouvernementales des Archives nationales du Canada). Décrit les documents relatifs aux organismes chargés de l'administration générale du Nord, ou qui ont contribué au développement du Nord, aux commissions d'enquête et aux autres organismes. Courte discussion des sources conservées dans d'autres divisions des Archives.   CD3627 N67 1980 fol.   016.9719

1664

Sebert, Tina. – *The Yukon heritage sourcebook & service list.* – Dawson City : Yukon Anniversaries Commission, c1994. – 21 p. : ill. – 0969833407 – Cover title.

A directory of archives, libraries, government agencies, museums, First Nations organizations, etc., which hold information of interest to researchers of Yukon history. Arranged by type of organization. Entries include address, telephone and fax numbers, descriptions of services, programmes, collections, etc. Brief history of the Yukon. Bibliography of selected works on the history of the Yukon. A directory of services includes translators, researchers, etc. FC4009 S42 1994 fol.   971.910072

Répertoire des archives, des bibliothèques, des organismes gouvernementaux, des musées, des organisations des premières nations, etc. qui possèdent des données intéressantes pour les chercheurs qui étudient l'histoire du Yukon. Classement par types d'organisations. Les notices comprennent l'adresse et les numéros de téléphone et de télécopieur, ainsi que la description des services, des programmes, des collections, etc. Courte histoire du Yukon. Bibliographie d'oeuvres choisies sur l'histoire du Yukon. Le répertoire des services comprend les noms de traducteurs, de chercheurs, etc.   FC4009 S42 1994 fol. 971.910072

1665

Sources for Northwest Territories history. – Yellowknife : Northwest Territories Archives, Prince of Wales Northern Heritage Centre, c1981- c1983. – 3 vol. (36 ; 33 ; 88 p.). – 0824-9679

A series of three guides to sources on Northwest Territories history held by the Northwest Territories Archives in the Prince of Wales Northern Heritage Centre. 1, *Archives of the Northwest Territories Council, 1921-1951*, lists surviving records of the Territorial Council arranged by type; 2, *The church in Northern Canada : a bibliography*, an annotated list of books, pamphlets and serials; 3, *Archives of the city of Yellowknife*, arranged by type of record. Reproduced in microform format: *Microlog*, nos. 84-04232, 84-04233, 84-04234. Z1392 N7 S68 1981 fol.   016.97192

Série de trois guides des sources relatives à l'histoire des Territoires du Nord-Ouest conservées aux Northwest Territories Archives du Prince of Wales Northern Heritage Centre. Le premier, *Archives of the Northwest Territories Council, 1921-1951*, signale des archives existantes du Conseil territorial classées par types; le deuxième, *The church in Northern Canada : a bibliography*, constitue une liste annotée de livres, de brochures et de publications en série; le troisième, *Archives of the city of Yellowknife*, est divisé par types de documents. Reproduit sur support microforme: *Microlog*, nᵒˢ 84-04232, 84-04233, 84-04234.   Z1392 N7 S68 1981 fol.   016.97192

1666

Young, Richard J. – *A prospectus of historic sites in the Northwest Territories.* – [Ottawa] : National Historic Sites Service, National and Historic Parks Branch, Department of Indian Affairs and Northern Development, 1970. – iv, 69 p. – (Manuscript report ; no. 81).

Descriptions of historic sites in the Northwest Territories arranged under the following themes: exploration, fur trade, missionary activity, industrialization. Essay on each theme. Entries include locations and references to sources. Bibliography.   FC4165   971.92

Description des lieux historiques des Territoires du Nord-Ouest avec classement sous les thèmes suivants: exploration, commerce de la fourrure, activités des missionnaires, industrialisation. Essai sur chaque thème. Les notices comprennent des localisations et des références aux sources. Bibliographie.   FC4165   971.92

1667

Yukon Archives. – *Dalton Trail : a bibliography of sources available at Yukon Archives.* – [Whitehorse] : Yukon Archives, 1985. – [2], 21 leaves.

A bibliography of materials held by the Yukon Archives relating to the Dalton Trail, a toll road used during the Klondike Gold Rush. Arranged by type of document: publications including books, pamphlets, periodical articles and newspapers, manuscripts and corporate and government records, photographs, maps, sound recordings. Descriptive notes for manuscript sources. Archives call numbers. Reproduced in microform format: *Microlog*, no. 87-00291. Z1392   016.97191

Bibliographie des documents conservés aux Yukon Archives, qui se rapportent à la piste Dalton, une route à péage utilisée durant la ruée vers l'or du Klondike. Classement par types de documents: les publications comme les livres, les brochures, les articles de périodiques et les journaux, les manuscrits, les documents des entreprises et des gouvernements, les photographies, les cartes, les enregistrements sonores. Notes descriptives sur les sources manuscrites. Cotes des Yukon Archives. Reproduit sur support microforme: *Microlog*, nᵒ 87-00291.   Z1392   016.97191

1668

The Yukon's constitutional foundations. – Whitehorse : Northern Directories, 1991. – 2 vol. (ix, 263 ; xi, 332 p.).

A chronology of events and a selective collection of documents relating to the constitutional development of the Yukon Territory. Vol. 1, *The Yukon chronology*; vol. 2, *A compendium of documents relating to the constitutional development of the Yukon Territory*. Vol. 2 is arranged according to type of document including pre-1898 constitutional documents, the Yukon Act and amendments, letters of instruction to commissioners and Privy Council orders, national constitutional and institutional legislation, agreements and federal/territorial relations, Yukon Indians and the land claim. Bibliography of secondary sources in vol. 1.   JL500 Y8 A125 1991 320.97191

Chronologie des événements et collection sélective de documents relatifs au développement constitutionnel du Yukon. Vol. 1, *The Yukon chronology*; vol. 2, *A compendium of documents relating to the constitutional development of the Yukon Territory*. Dans le volume 2, classement selon le type de documents comme les documents constitutionnels antérieurs à 1898, la Loi sur le Yukon et ses modifications, les lettres d'instruction des commissaires et les décrets du Conseil privé, la législation constitutionnelle et institutionnelle nationale, les accords et les rapports fédéraux-territoriaux, les Amérindiens du Yukon et les réclamations territoriales. Le volume 1 contient une bibliographie des sources secondaires. JL500 Y8 A125 1991   320.97191

Ethnocultural History

Histoire ethnoculturelle

1669

Archives ethniques nationales (Canada). – *Guide des sources d'archives sur les Canadiens ukrainiens.* – Myron Momryk. – [Ottawa] : Archives ethniques nationales, c1984. – [6], 42, 42, [6] p. – 0662528034 – Titre de la p. de t. additionnelle : *A guide to sources for the study of Ukrainian Canadians.*

A bilingual guide to archival resources on the history of the Ukrainian-Canadian community, held by the Manuscript Division of the National Archives of Canada. Includes collections of private papers, as well as records of organizations and institutions. Entries are alphabetically arranged by collection title and include: manuscript group number, biographical/historical notes, type of material, inclusive dates, extent of collection, finding aid number, contents notes. Bibliography. List of other collections in the Manuscript Division that contain information on Ukrainian Canadians. Transliteration table. Z1395 U47 N37 1984 016.97100491791

Guide bilingue sur les fonds d'archives qui se rapportent à l'histoire de la communauté ukrainienne du Canada et qui se trouvent à la Division des manuscrits des Archives nationales du Canada. Inclut des collections de documents personnels ainsi que les dossiers d'organisations et d'établissements. Classées en ordre alphabétique selon le titre des collections, les notices contiennent: le numéro du groupe de manuscrits, des notes biographiques ou historiques, les types de documents, la période couverte, l'envergure de la collection, le numéro de l'instrument de recherche, des notes sur le contenu. Bibliographie. Liste des autres collections de la Division des manuscrits qui contiennent de l'information sur les Canadiens d'origine ukrainienne. Tableau de translittération. Z1395 U47 N37 1984 016.97100491791

1670

Archives ethniques nationales (Canada). – *Sources d'archives sur les Canadiens polonais.* – Myron Momryk. – Ottawa : Archives ethniques nationales (Canada), Archives publiques du Canada, c1987. – vii, 26, 26, vii p. – (Collection des guides ethnoculturels). – 0662548752 – Titre de la p. de t. additionnelle : *Archival sources for the study of Polish Canadians.*

A bilingual guide to archival resources relating to the history of Polish Canadians in Canada, held by the Manuscript Division of the National Archives of Canada (formerly the Public Archives of Canada). Includes major collections of private papers as well as records of organizations and institutions. Entries are alphabetically arranged by collection title and include: manuscript group number, biographical/historical notes, types of materials, inclusive dates, extent of collection, finding aid number, contents notes. Lists other collections in the Manuscript Division that contain information on Poland and Polish Canadians. Bibliography. Reproduced in microform format: *Microlog*, no. 84-03762. Z1395 P6 N37 1987 016.9710049185

Guide bilingue sur les fonds d'archives qui se rapportent à l'histoire des Canadiens d'origine polonaise au Canada, conservés à la Division des manuscrits des Archives nationales du Canada (autrefois les Archives publiques du Canada). Inclut des collections importantes de documents personnels ainsi que les dossiers d'organisations et d'établissements. Classées en ordre alphabétique selon le titre des collections, les notices comprennent: le numéro du groupe de manuscrits, des notes biographiques ou historiques, les types de documents, la période couverte, l'envergure de la collection, le numéro de l'instrument de recherche, des notes sur le contenu. Signale des autres collections de la Division des manuscrits qui contiennent de l'information sur la Pologne et les Canadiens d'origine polonaise. Bibliographie. Reproduit sur support microforme: *Microlog*, nº 84-03762. Z1395 P6 N37 1987 016.9710049185

1671

Archives nationales du Canada. – *Sources d'archives sur les Finno-Canadiens.* – Edward W. Laine. – Ottawa : Archives nationales du Canada, [1989]. – v, 104, 104, vii p. – (Collection des guides ethnoculturels). – 0662564359 – Titre de la p. de t. additionnelle : *Archival sources for the study of Finnish Canadians.*

A bilingual guide to the collections of private papers and records of individuals and organizations relevant to the study of the history of the Finnish-Canadian community, held by the National Archives of Canada. Alphabetically arranged by collection title. Entries include: manuscript group number, historical/biographical notes, types of materials, inclusive dates, extent of collection, contents notes, finding aid number. Brief history of the Finnish-Canadian community. Description of archival resources on Finnish Canadians in other National Archives divisions and in other archives. Bibliography. Subject index. Reproduced in microform format: *Microlog*, no. 90-01632. Z1395 F5 N38 1989 016.97100494541

Guide bilingue sur les collections de documents privés et les dossiers de personnes et d'organisations qui se rapportent à l'étude de la communauté des Canadiens d'origine finnoise et qui se trouvent aux Archives nationales du Canada. Classement alphabétique selon le titre des collections. Les notices contiennent: le numéro du groupe de manuscrits, des notes historiques et biographiques, les types de documents, la période couverte, l'envergure de la collection, des notes sur le contenu, le numéro de l'instrument de recherche. Courte histoire de la communauté finnoise au Canada. Description des fonds d'archives sur les Canadiens d'origine finnoise que possèdent d'autres divisions des Archives nationales et d'autres services d'archives. Bibliographie. Index des sujets. Reproduit sur support microforme: *Microlog*, nº 90-01632. Z1395 F5 N38 1989

1672

Archives nationales du Canada. – *Sources d'archives sur les groupes de langue allemande au Canada.* – Arthur Grenke. – Ottawa : les Archives, c1989. – v, 72, 70, v p. – (Collection des guides ethnoculturels). – 0662563654 – Titre de la p. de t. additionnelle : *Archival sources for the study of German language groups in Canada.*

A bilingual guide to archival resources relating to the history of Canada's German-language communities, held by the Manuscript Division, National Archives of Canada. Includes major collections of private papers as well as records of organizations and institutions. Entries are alphabetically arranged by collection title and include:

Guide bilingue sur les fonds d'archives qui se rapportent à l'histoire des communautés de langue allemande du Canada, conservés à la Division des manuscrits des Archives nationales du Canada. Inclut des collections importantes de documents personnels ainsi que les dossiers d'organisations et d'établissements. Classées en ordre

manuscript group number, biographical/historical notes, types of materials, inclusive dates, extent of collection, finding aid number, contents notes. List of other collections in the Manuscript Division that contain information on German-language groups. List of major church archives. Bibliography. Subject index. Reproduced in microform format: *Microlog*, no. 93-04142. Z1395 G3 N37 1989 016.97100431

alphabétique selon le titre des collections, les notices comprennent: le numéro du groupe de manuscrits, des notes biographiques ou historiques, les types de documents, la période couverte, l'envergure de la collection, le numéro de l'instrument de recherche, des notes sur le contenu. Signale des autres collections de la Division des manuscrits qui contiennent des données sur les groupes de langue allemande. Liste des principales archives religieuses. Bibliographie. Index sujets. Reproduit sur support microforme: *Microlog*, nº 93-04142. Z1395 G3 N37 1989 016.97100431

1673

Archives nationales du Canada. – *Sources d'archives sur les Juifs canadiens.* – Lawrence F. Tapper. – 2ᵉ éd. rev. et augm. – [Ottawa] : Archives nationales du Canada, c1987. – v, 102, 96, v p. – (Collection des guides ethnoculturels). – 0662553209 – Titre de la p. de t. additionnelle : *Archival sources for the study of Canadian Jewry.*

1st ed., 1978, *A guide to sources for the study of Canadian Jewry*. A bilingual guide to 150 major manuscript collections held by the National Archives of Canada, useful for the study of the history of Jews in Canada. Includes the papers of individuals, organizations and congregations. Alphabetically arranged by collection title. Entries include: manuscript group number, historical/biographical notes, types of materials, inclusive dates, extent of collection, finding aid number, contents notes. Bibliography of books, periodicals and theses on the history of the Jewish community in Canada. Subject index. Reproduced in microform format: *Microlog*, no. 88-01869. Z6373 C3 T37 1987 016.971004924

1ʳᵉ éd., 1978, *A guide to sources for the study of Canadian Jewry*. Guide bilingue sur 150 collections importantes de manuscrits que possèdent les Archives nationales du Canada et qui peuvent servir à l'étude de l'histoire des Juifs au Canada. Inclut les documents de personnes, d'organisations et de congrégations. Classement alphabétique selon le titre des collections. Les notices contiennent: le numéro du groupe de manuscrits, des notes historiques ou biographiques, les types de documents, la période couverte, l'envergure de la collection, le numéro de l'instrument de recherche, des notes sur le contenu. Bibliographie de livres, de périodiques et de thèses sur l'histoire de la communauté juive au Canada. Index sujets. Reproduit sur support microforme: *Microlog*, nº 88-01869. Z6373 C3 T37 1987 016.971004924

1674

Generations : a history of Canada's peoples. – Toronto : McClelland & Stewart in association with the Multiculturalism Program, Department of the Secretary of State of Canada and the Publishing Centre, Supply and Services Canada, 1976-1991. – 15 vol. : ill., maps.

A series of general histories of the ethnocultural groups in Canada. Each volume has a separate title: *A member of a distinguished family : the Polish group in Canada* (1976); *The Scottish tradition in Canada* (1976); *A future to inherit : Portuguese communities in Canada* (1976); *An olive branch on the family tree : the Arabs in Canada* (1980); *The Canadian odyssey : the Greek experience in Canada* (1980); *From fjord to frontier : a history of the Norwegians in Canada* (1980); *For a better life : a history of the Croatians in Canada = (Za bolji Život)* (1982); *From China to Canada : a history of the Chinese communities in Canada* (1982); *A heritage in transition : essays in the history of Ukrainians in Canada* (1982); *Struggle and hope : the Hungarian-Canadian experience* (1982); *Continuous journey : a social history of South Asians in Canada* (1985); *The political refugees : a history of the Estonians in Canada* (1985); *A bittersweet land : the Dutch experience in Canada, 1890-1980* (1988); *Coming Canadians : an introduction to a history of Canada's peoples* (1988); *The enemy that never was : a history of the Japanese Canadians* (updated ed., 1991). Bibliography and index in each volume. French-language editions published as part of the series: *Générations : histoire des peuples du Canada*. FC106 971.004

Série sur l'histoire générale des groupes ethnoculturels au Canada. Chaque volume porte un titre différent: *A member of a distinguished family : the Polish group in Canada* (1976); *The Scottish tradition in Canada* (1976); *A future to inherit : Portuguese communities in Canada* (1976); *An olive branch on the family tree : the Arabs in Canada* (1980); *The Canadian odyssey : the Greek experience in Canada* (1980); *From fjord to frontier : a history of the Norwegians in Canada* (1980); *For a better life : a history of the Croatians in Canada = (Za bolji Život)* (1982); *From China to Canada : a history of the Chinese communities in Canada* (1982); *A heritage in transition : essays in the history of Ukrainians in Canada* (1982); *Struggle and hope : the Hungarian-Canadian experience* (1982); *Continuous journey : a social history of South Asians in Canada* (1985); *The political refugees : a history of the Estonians in Canada* (1985); *A bittersweet land : the Dutch experience in Canada, 1890-1980* (1988); *Coming Canadians : an introduction to a history of Canada's peoples* (1988); *The enemy that never was : a history of the Japanese Canadians* (éd. misè a jour, 1991). Bibliographie et index dans chaque volume. Les éditions en français ont été publiées dans le cadre de la série: *Générations : histoire des peuples du Canada*. FC106 971.004

1675

Générations : histoire des peuples du Canada. – [Ottawa] : Multiculturalisme et citoyenneté Canada, 1976-1991. – 14 vol. : ill., cartes.

A series of general histories of the ethnocultural groups in Canada. Each volume has a separate title: *L'héritage du futur : les communautés portugaises au Canada* (1976); *Un membre d'une famille distinguée : les communautés polonaises du Canada* (1979); *La tradition écossaise au Canada* (1980); *À la conquête du Nouveau Monde : histoire des Norvégiens du Canada* (1981); *La présence arabe au Canada* (1981); *L'odyssée canadienne : histoire des Grecs du Canada* (1981); *Lutte et espoir : l'expérience des Canadiens hongrois* (1982); *Pour une vie meilleure : l'histoire des Croates au Canada = (Za bolji Život)* (1982); *Un patrimoine en pleine mutation : essais sur l'histoire des Canadiens ukrainiens* (1984); *De la Chine au Canada : histoire des communautés chinoises au Canada* (1984); *Les réfugiés politiques :*

Série sur l'histoire générale des groupes ethnoculturels au Canada. Chaque volume porte un titre différent: *L'héritage du futur : les communautés portugaises au Canada* (1976); *Un membre d'une famille distinguée : les communautés polonaises du Canada* (1979); *La tradition écossaise au Canada* (1980); *À la conquête du Nouveau Monde : histoire des Norvégiens du Canada* (1981); *La présence arabe au Canada* (1981); *L'odyssée canadienne : histoire des Grecs du Canada* (1981); *Lutte et espoir : l'expérience des Canadiens hongrois* (1982); *Pour une vie meilleure : l'histoire des Croates au Canada = (Za bolji Život)* (1982); *Un patrimoine en pleine mutation : essais sur l'histoire des Canadiens ukrainiens* (1984); *De la Chine au Canada : histoire des communautés chinoises au Canada* (1984); *Les réfugiés politiques :*

histoire des Estoniens du Canada (1989); *Le voyage continu : histoire sociale des Sud-Asiatiques au Canada* (1989); *Le pays doux-amer : histoire des Hollandais au Canada, 1890-1980* (1991); *Les Canadiens de demain : une introduction à l'histoire des peuples du Canada* (1991). Volume on Japanese Canadians by Ken Adachi not published in French. Bibliography and index in each volume. English-language editions published as part of the series: *Generations : a history of Canada's peoples.* FC106 971.004

histoire des Estoniens du Canada (1989); *Le voyage continu : histoire sociale des Sud-Asiatiques au Canada* (1989); *Le pays doux-amer : histoire des Hollandais au Canada, 1890-1980* (1991); *Les Canadiens de demain : une introduction à l'histoire des peuples du Canada* (1991). Le volume sur les Canadiens d'origine japonaise écrit par Ken Adachi n'a pas été publié en français. Bibliographie et index dans chaque volume. Les éditions en anglais ont été publiées dans le cadre de la série: *Generations : a history of Canada's peoples.* FC106 971.004

1676

Govia, Francine. – *Blacks in Canada : in search of the promise : a bibliographical guide to the history of Blacks in Canada.* – Francine Govia, Helen Lewis. – 1st ed. – Edmonton : Harambee Centres Canada, c1988. – [viii], 102 p. – 0921550006

An annotated bibliography on the history of blacks in Canada. A historical overview discusses groups such as the Loyalists, the Maroons, black pioneers in Alberta and West Indian immigrants. The bibliography includes Canadian and foreign books, periodical articles and theses. Arranged in chapters dealing with pre-colonial Africa, Africa, Europe and the New World, blacks in Canada, Ontario, Nova Scotia and New Brunswick, British Columbia and Alberta, West Indian immigrants, options to slavery and racism, writings by black authors, biographical and bibliographical sources. FC106 B5 G69 1988 016.97100496

Bibliographie annotée de l'histoire des noirs au Canada. Aperçu historique des groupes comme les Loyalistes, les Maroons, les pionniers noirs en Alberta et les immigrants antillais. La bibliographie inclut les thèses, les articles de périodiques et les livres canadiens et étrangers. Chapitres qui portent sur l'Afrique avant la colonisation, l'Afrique, l'Europe et le Nouveau-Monde, les noirs au Canada, en Ontario, en Nouvelle-Écosse et au Nouveau-Brunswick, en Colombie-Britannique et en Alberta, les immigrants antillais, les solutions de rechange à l'esclavage et au racisme, les écrits d'auteurs noirs, les sources biographiques et bibliographiques. FC106 B5 G69 1988 016.97100496

1677

Grace, Robert J. [Robert John]. – *The Irish in Quebec : an introduction to the historiography. Followed by An annotated bibliography on the Irish in Quebec.* – Fernand Harvey, Robert J. Grace, Brendan O'Donnell, Kevin O'Donnell. – Québec (Québec) : Institut québécois de recherche sur la culture, 1993. – 265 p. : ill., portr. – (Instruments de travail ; n° 12). – 2892241863

A study of the historiography of the Irish in Quebec which examines immigration and settlement, Irish institutions in Quebec and Irish contributions to Quebec politics and culture. Complemented by an annotated bibliography on the history of the Irish in Quebec. Includes 1,089 books, periodical articles and theses arranged by subject. Excludes archival documents and newspaper articles. Name index to bibliography. Addresses of associations and journals useful for research on the Irish in Quebec. FC2950 I6 G73 1993 971.40049162

Étude de l'historiographie des Irlandais au Québec qui examine l'immigration et la colonisation, les établissements irlandais au Québec et les contributions irlandaises à la politique et à la culture du Québec. Complétée par une bibliographie annotée sur l'histoire des Irlandais au Québec. Inclut 1 089 livres, des articles de périodiques et des thèses classés par sujets. Exclut les documents d'archives et les articles de journaux. Index des noms mentionnés dans la bibliographie. Adresse des associations et des revues utiles pour les recherches sur les Irlandais au Québec. FC2950 I6 G73 1993 971.40049162

1678

Mennonite historian : index, 1975-1986, volumes I-XII. – Edited by Jake Wiens ; compilers, Cindy Riediger and Peter Hildebrand. – Winnipeg : Mennonite Heritage Centre, 1988. – 12 p. – Cover title.

An index of articles, book reviews, photographs and illustrations from the *Mennonite historian*, vol. 1 (1975)-vol. 12 (1986). Author and subject indexes to articles; book review index arranged by author of work reviewed with a separate list of reviewers; photographs and illustrations arranged by subject. FC106 016.289771

Index des articles, des critiques de livres, des photographies et des illustrations du *Mennonite historian*, vol. 1 (1975)-vol. 12 (1986). Index des auteurs et index des sujets des articles; index des critiques de livres classées par auteurs des livres critiqués et liste distincte des critiques; photographies et illustrations classées par sujets. FC106 016.289771

1679

Multicultural History Society of Ontario. – *A guide to the collections of the Multicultural History Society of Ontario.* – Compiled by Nick G. Forte ; edited and with an introduction by Gabriele Scardellato. – [Toronto] : the Society, 1992. – xx, 695 p. – 0919045588

A guide to the manuscript, photograph and print collections of the Multicultural History Society of Ontario (MHSO), most of which are held by the Archives of Ontario. Includes material relating to the history of ethnocultural groups in Ontario donated to the Society by individuals and institutions and processed by the Society to the end of 1987. Arranged by ethnocultural group and then name of donor. Entries include name and place of residence of donor and a description of the materials donated. Index of donors and ethnocultural groups. The Archives of Ontario has produced inventories for the MHSO collections which they house. Z1395 E4 M84 1992 026.305800971

Guide des collections de manuscrits, de photographies et de gravures de la Multicultural History Society of Ontario, dont la plupart se trouvent aux Archives de l'Ontario. Inclut des documents qui se rapportent à l'histoire des groupes ethnoculturels en Ontario, qui ont été donnés à cette société par des personnes et des établissements et qui ont été traités par la société jusqu'à la fin de 1987. Classement par groupes ethnoculturels, puis par noms des donneurs. Les notices comprennent le nom et le lieu de résidence du donneur et une description des documents donnés. Index des donneurs et des groupes ethnoculturels. Les Archives de l'Ontario ont produit des inventaires de leurs collections de la société. Z1395 E4 M84 1992 026.305800971

1680

National Archives of Canada. – *Archival sources for the study of Canadian Jewry.* – Lawrence F. Tapper. – 2nd ed. rev. and exp. – [Ottawa] : National Archives of Canada, c1987. – v, 96, 102, v p. – (Ethnocultural guide series). – 0662553209 – Title on added t.p. : *Sources d'archives sur les Juifs canadiens.*

1st ed., 1978, *A guide to sources for the study of Canadian Jewry.* A bilingual guide to 150 major manuscript collections held by the National Archives of Canada, useful for the study of the history of Jews in Canada. Includes the papers of individuals, organizations and congregations. Alphabetically arranged by collection title. Entries include: manuscript group number, historical/biographical notes, types of materials, inclusive dates, extent of collection, finding aid number, contents notes. Bibliography of books, periodicals and theses on the history of the Jewish community in Canada. Subject index. Reproduced in microform format: *Microlog,* no. 88-01869. Z6373 C3 T37 1987   016.971004924

1re éd., 1978, *A guide to sources for the study of Canadian Jewry.* Guide bilingue sur 150 collections importantes de manuscrits que possèdent les Archives nationales du Canada et qui peuvent servir à l'étude de l'histoire des Juifs au Canada. Inclut les documents de personnes, d'organisations et de congrégations. Classement alphabétique selon le titre des collections. Les notices contiennent: le numéro du groupe de manuscrits, des notes historiques ou biographiques, les types de documents, la période couverte, l'envergure de la collection, le numéro de l'instrument de recherche, des notes sur le contenu. Bibliographie de livres, de périodiques et de thèses sur l'histoire de la communauté juive au Canada. Index sujets. Reproduit sur support microforme: *Microlog,* nº 88-01869.   Z6373 C3 T37 1987   016.971004924

1681

National Archives of Canada. – *Archival sources for the study of Finnish Canadians.* – Edward W. Laine. – Ottawa : National Archives of Canada, [1989]. – vii, 104, 104, v p. – (Ethnocultural guide series). – 0662564359 – Title on added t.p. : *Sources d'archives sur les Finno-Canadiens.*

A bilingual guide to the collections of private papers and records of individuals and organizations relevant to the study of the history of the Finnish-Canadian community, held by the National Archives of Canada. Alphabetically arranged by collection title. Entries include: manuscript group number, historical/biographical notes, types of materials, inclusive dates, extent of collection, contents notes, finding aid number. Brief history of the Finnish-Canadian community. Description of archival resources on Finnish Canadians in other National Archives divisions and in other archives. Bibliography. Subject index. Reproduced in microform format: *Microlog,* no. 90-01632.   Z1395 F5 N38 1989   016.97100494541

Guide bilingue sur les collections de documents privés et les dossiers de personnes et d'organisations qui se rapportent à l'étude de la communauté des Canadiens d'origine finnoise et qui se trouvent aux Archives nationales du Canada. Classement alphabétique selon le titre des collections. Les notices contiennent: le numéro du groupe de manuscrits, des notes historiques et biographiques, les types de documents, la période couverte, l'envergure de la collection, des notes sur le contenu, le numéro de l'instrument de recherche. Courte histoire de la communauté finnoise au Canada. Description des fonds d'archives sur les Canadiens d'origine finnoise que possèdent d'autres divisions des Archives nationales et d'autres services d'archives. Bibliographie. Index sujets. Reproduit sur support microforme: *Microlog,* nº 90-01632.   Z1395 F5 N38 1989 016.97100494541

1682

National Archives of Canada. – *Archival sources for the study of German language groups in Canada.* – Arthur Grenke. – Ottawa : the Archives, c1989. – v, 70, 72, v p. – (Ethnocultural guide series). – 0662563654 – Title on added t.p. : *Sources d'archives sur les groupes de langue allemande au Canada.*

A bilingual guide to archival resources relating to the history of Canada's German-language communities, held by the Manuscript Division, National Archives of Canada. Includes major collections of private papers as well as records of organizations and institutions. Entries are alphabetically arranged by collection title and include: manuscript group number, biographical/historical notes, types of materials, inclusive dates, extent of collection, finding aid number, contents notes. List of other collections in the Manuscript Division that contain information on German-language groups. List of major church archives. Bibliography. Subject index. Reproduced in microform format: *Microlog,* no. 93-04142.   Z1395 G3 N37 1989 016.97100431

Guide bilingue sur les fonds d'archives qui se rapportent à l'histoire des communautés de langue allemande du Canada, conservés à la Division des manuscrits des Archives nationales du Canada. Inclut des collections importantes de documents personnels ainsi que les dossiers d'organisations et d'établissements. Classées en ordre alphabétique selon le titre des collections, les notices comprennent: le numéro du groupe de manuscrits, des notes biographiques ou historiques, les types de documents, la période couverte, l'envergure de la collection, le numéro de l'instrument de recherche, des notes sur le contenu. Signale des autres collections de la Division des manuscrits qui contiennent des données sur les groupes de langue allemande. Liste des principales archives religieuses. Bibliographie. Index sujets. Reproduit sur support microforme: *Microlog,* nº 93-04142.   Z1395 G3 N37 1989   016.97100431

1683

National Ethnic Archives (Canada). – *Archival sources for the study of Polish Canadians.* – Myron Momryk. – Ottawa : National Ethnic Archives (Canada), Public Archives of Canada, c1987. – vii, 26, 26, vii p. – (Ethnocultural guide series). – 0662548752 – Title on added t.p. : *Sources d'archives sur les Canadiens polonais.*

A bilingual guide to archival resources relating to the history of Polish Canadians in Canada, held by the Manuscript Division of the National Archives of Canada (formerly the Public Archives of Canada). Includes major collections of private papers as well as records of organizations and institutions. Entries are alphabetically arranged by collection title and include: manuscript group number, biographical/historical notes, types of materials, inclusive dates,

Guide bilingue sur les fonds d'archives qui se rapportent à l'histoire des Canadiens d'origine polonaise au Canada, conservés à la Division des manuscrits des Archives nationales du Canada (autrefois les Archives publiques du Canada). Inclut des collections importantes de documents personnels ainsi que les dossiers d'organisations et d'établissements. Classées en ordre alphabétique selon le titre des collections, les notices comprennent: le numéro du groupe de

extent of collection, finding aid number, contents notes. Lists other collections in the Manuscript Division that contain information on Poland and Polish Canadians. Bibliography. Reproduced in microform format: *Microlog*, no. 84-03762. Z1395 P6 N37 1987 016.9710049185

manuscrits, des notes biographiques ou historiques, les types de documents, la période couverte, l'envergure de la collection, le numéro de l'instrument de recherche, des notes sur le contenu. Signale des autres collections de la Division des manuscrits qui contiennent de l'information sur la Pologne et les Canadiens d'origine polonaise. Bibliographie. Reproduit sur support microforme: *Microlog*, n° 84-03762. Z1395 P6 N37 1987 016.9710049185

1684

National Ethnic Archives (Canada). – *A guide to sources for the study of Ukrainian Canadians.* – By Myron Momryk. – [Ottawa] : National Ethnic Archives, c1984. – [6], 42, 42, [6] p. – 0662528034 – Title on added t.p. : *Guide des sources d'archives sur les Canadiens ukrainiens.*

A bilingual guide to archival resources on the history of the Ukrainian-Canadian community, held by the Manuscript Division of the National Archives of Canada. Includes collections of private papers, as well as records of organizations and institutions. Entries are alphabetically arranged by collection title and include: manuscript group number, biographical/historical notes, type of material, inclusive dates, extent of collection, finding aid number, contents notes. Bibliography. List of other collections in the Manuscript Division that contain information on Ukrainian Canadians. Transliteration table. Z1395 U47 N37 1984 016.97100491791

Guide bilingue sur les fonds d'archives qui se rapportent à l'histoire de la communauté ukrainienne du Canada et qui se trouvent à la Division des manuscrits des Archives nationales du Canada. Inclut des collections de documents personnels ainsi que les dossiers d'organisations et d'établissements. Classées en ordre alphabétique selon le titre des collections, les notices contiennent: le numéro du groupe de manuscrits, des notes biographiques ou historiques, les types de documents, la période couverte, l'envergure de la collection, le numéro de l'instrument de recherche, des notes sur le contenu. Bibliographie. Liste des autres collections de la Division des manuscrits qui contiennent de l'information sur les Canadiens d'origine ukrainienne. Tableau de translittération. Z1395 U47 N37 1984 016.97100491791

1685

Rosenberg, Louis. – *Chronology of Canadian Jewish history.* – [Montreal] : National Bicentenary Committee of the Canadian Jewish Congress, [1959]. – 24 p. : ill. – Cover title.

A chronology of events in Canadian Jewish history for the period 1697-1934. No index. FC106 J4 R62 971.004924

Chronologie des événements dans l'histoire juive canadienne pour la période 1697-1934. Aucun index. FC106 J4 R62 971.004924

1686

Russell, Hilary. – *A bibliography relating to African Canadian history.* – [Ottawa] : Historical Research Branch, National Historic Sites Directorate, 1990. – [64] p. – Cover title.

A bibliography of books, periodical articles and theses on the history of African Canadians. Arranged in sections for general works and bibliographies, the Atlantic region, Ontario, Western Canada and Quebec. Entries are alphabetically arranged by author within each section. Also includes a list of recent works on African-American history and related topics. No index. Z1395 N39 R87 1990 fol. 016.97100496

Bibliographie de livres, d'articles de périodiques et de thèses sur l'histoire des Canadiens d'origine africaine. Divisé en sections sur les ouvrages de nature générale et les bibliographies, la région de l'Atlantique, l'Ontario, l'Ouest du Canada et le Québec. Les notices sont classées en ordre alphabétique d'auteurs au sein de chaque section. Inclut aussi une liste des ouvrages récents sur l'histoire afro-américaine et les sujets connexes. Aucun index. Z1395 N39 R87 1990 fol. 016.97100496

1687

Swyripa, Frances A. – *Oral sources for researching Ukrainian Canadians : a survey of interviews, lectures and programmes recorded to December 1980.* – Edmonton : Canadian Institute of Ukrainian Studies, University of Alberta, 1985. – 434 p. – (Research report ; no. 11).

A listing of taped oral interviews conducted with Ukrainian Canadians prior to December 1980 and held in various public and private collections in Western Canada and Ontario. Public collections are arranged by province and institution. Entries include call number, names of informant and interviewer, location and date of interview, length, language, availability of synopsis or transcript, time period covered, subjects and comments. Informant and subject indexes. FC106 U5 S98 1985 fol. 016.97100491791

Liste d'entrevues orales qui ont été enregistrées auprès de Canadiens d'origine ukrainienne avant décembre 1980, conservées dans diverses collections publiques et privées de l'Ouest du Canada et de l'Ontario. Les collections publiques sont classées par provinces et par établissements. Les notices comprennent la cote, les noms de l'interviewé et de l'intervieweur, le lieu et la date de l'entrevue, la durée, la langue, la disponibilité d'un synopsis ou d'une transcription, la période couverte, les sujets traités et des commentaires. Index des interviewés et des sujets. FC106 U5 S98 1985 fol. 016.97100491791

1688

Walker, James W. St. G. – *A history of Blacks in Canada : a study guide for teachers and students.* – [Ottawa] : Minister of State, Multiculturalism, c1980. – x, 181 p. – 066010735X

A thematic guide for the study of African-Canadian history. Essays covering major topics, such as slaves, Loyalists, fugitives, immigrants, patterns of prejudice, racial barriers in religion and education and the development of a black community, are completed by bibliographical notes for books, periodical articles, theses, etc. No index. Also published in French under the title: *Précis d'histoire sur les Canadiens de race noire : sources et guide d'enseignement.* F1035 N3 W33 971.00496

Guide thématique d'étude de l'histoire des Canadiens d'origine africaine. Les essais portent sur des sujets importants comme les esclaves, les Loyalistes, les fugitifs, les immigrants, les types de préjugés, les barrières raciales en religion et en éducation, et le développement de la communauté noire. Ils sont complétés par des notes bibliographiques sur les livres, les articles de périodiques, les thèses, etc. Aucun index. Publié aussi en français sous le titre: *Précis d'histoire sur les Canadiens de race noire : sources et guide d'enseignement.* F1035 N3 W33 971.00496

1689

Walker, James W. St. G. – *Précis d'histoire sur les Canadiens de race noire : sources et guide d'enseignement.* – [Ottawa] : Ministre d'État, Multiculturalisme, c1980. – x, 197 p. – 0660905353

A thematic guide for the study of African-Canadian history. Essays covering major topics, such as slaves, Loyalists, fugitives, immigrants, patterns of prejudice, racial barriers in religion and education and the development of a black community, are completed by bibliographical notes for books, periodical articles, theses, etc. No index. Also published in English under the title: *A history of Blacks in Canada : a study guide for teachers and students.* F1035 N3 W34 971.00496

Guide thématique d'étude de l'histoire des Canadiens d'origine africaine. Les essais portent sur des sujets importants comme les esclaves, les Loyalistes, les fugitifs, les immigrants, les types de préjugés, les barrières raciales en religion et en éducation, et le développement de la communauté noire. Ils sont complétés par des notes bibliographiques sur les livres, les articles de périodiques, les thèses, etc. Aucun index. Publié aussi en anglais sous le titre: *A history of Blacks in Canada : a study guide for teachers and students.* F1035 N3 W34 971.00496

1690

Woycenko, Ol'ha. – *Litopys ukraïns'koho zhyttia v Kanadi.* – Edmonton : Canadian Institute of Ukrainian Studies Press, University of Alberta, 1961- . – vol. – 0920862209 (vol. 6) 0920862414 (vol. 7) 0920862772 (vol. 8) – Title on added t.p. : *The annals of Ukrainian life in Canada.*

A chronology of Ukrainian life in Canada from the arrival of the first settlers in Canada in 1874. Text in Ukrainian. Eight volumes published to date covering: 1, pioneering period, 1874-1918; 2, period of growth, 1919-1924; 3, 1925-1929; 4, 1930-1939; 5, war years and post-war development, 1940-1949; 6, 1950-1959; 7, 1960-1969; 8, 1970-1979. Volumes 1-7 include name, title-subject indexes. Volume 8, name index only. Imprint varies.

Andrew Gregorovich has compiled a chronology of Ukrainian Canadian history in English: *Chronology of Ukrainian Canadian history* (Toronto : Ukrainian Canadian Committee, 1974). F5031 U5 W59 971.00491791

Chronologie de la vie des Ukrainiens au Canada, depuis l'arrivée des premiers colons au Canada en 1874. Texte en ukrainien. Huit volumes publiés jusqu'à maintenant : 1, la période de la colonisation, 1874-1918; 2, la période de croissance, 1919-1924; 3, 1925-1929; 4, 1930-1939; 5, les années de guerre et le développement de l'après-guerre, 1940-1949; 6, 1950-1959; 7, 1960-1969; 8, 1970-1979. Les volumes 1-7 contiennent un index des noms, et un index des titres et des sujets. Dans le volume 8, index des noms seulement. L'adresse bibliographique varie.

Andrew Gregorovich a compilé une chronologie en anglais sur l'histoire des Canadiens d'origine ukrainienne: *Chronology of Ukrainian Canadian history* (Toronto : Ukrainian Canadian Committee, 1974). F5031 U5 W59 971.00491791

Fur Trade

Commerce des fourrures

1691

Howay, F. W. – *A list of trading vessels in the maritime fur trade, 1785-1825.* – Edited by Richard A. Pierce. – Kingston : Limestone Press, 1973. – v, [209] p. – (Materials for the study of Alaskan history ; no. 2). – 0919642519 (bd.) 0919642527 (pa.)

A list of ships involved in the Northwest Coast fur trade, 1785-1825. Compiled from newspapers, manuscripts such as letters and logs, published accounts of voyages, etc. Chronologically arranged. Entries include name and type of ship, names of owner and/or master, nationality, port of registry, brief descriptions of voyages and references to sources of information. Addenda and corrigenda. Bibliography. Index of ships and masters. Originally published in the *Proceedings and transactions* of the Royal Society of Canada, vol. 24 (1930)-vol. 28 (1934). F851.5 H852 fol. 387.22025711

Liste des navires qui ont participé au commerce de la fourrure sur la côte nord-ouest, 1785-1825. Compilée à partir de journaux, de manuscrits comme les lettres et les journaux de bord, de récits publiés de voyages, etc. Classement chronologique. Les notices comprennent le nom et le type du navire, le nom du propriétaire et (ou) du capitaine, la nationalité, le port d'attache, de courtes descriptions des voyages et des renvois aux sources. Addenda et notes rectificatives. Bibliographie. Index des navires et des capitaines. Publié à l'origine dans les *Mémoires et comptes rendus* de la Société royale du Canada, vol. 24 (1930)-vol. 28 (1934). F851.5 H852 fol. 387.22025711

1692

Toronto Public Library. – *The Canadian North West : a bibliography of the sources of information in the Public Reference Library of the City of Toronto, Canada in regard to the Hudson's Bay Company, the fur trade and the early history of the Canadian North West.* – [Compiled by Frances M. Staton]. – Toronto : Toronto Public Library, 1931. – 52 p.

A bibliography of works on the history of the Canadian Northwest. Arranged in four sections: books and pamphlets; chapters from books; papers from society transactions, collections, reports, etc.; periodical articles. No index. Reproduced in microform format: *Peel bibliography on microfiche* (Ottawa : National Library of Canada, 1976-1979), no. 3281. Z1392 N63 T7 fol. 016.971

Bibliographie des ouvrages sur l'histoire du Nord-Ouest canadien. Quatre sections: livres et brochures; chapitres de livres; documents tirés de travaux, de collections, de rapports, de sociétés, etc.; articles de périodiques. Aucun index. Reproduit sur support microforme: *Bibliographie Peel sur microfiche* (Ottawa : Bibliothèque nationale du Canada, 1976-1979), n° 3281. Z1392 N63 T7 fol. 016.971

1693

Usher, Peter J. – *Fur trade posts of the Northwest Territories, 1870-1970.* – Ottawa : Northern Science Research Group, Department of Indian Affairs and Northern Development, 1971. – 180 p. : maps.

A list of 535 fur trade posts operating within the present boundaries of the Northwest Territories during the period 1870-1970. Compiled from sources such as government documents, annual reports, directories, newspapers, maps, theses, archival materials, etc. Arranged in two lists: by location and by ownership. Entries include location with co-ordinates, name of owner, dates of operation, sources of information. Essay on the development of the fur trade in the Northwest Territories. Appendix: fur trade posts in operation, October 1970. Also published in French under the title: *Postes de traite des pelleteries des Territoires du Nord-Ouest, 1870-1970.* HD9944   380.1439

Liste de 535 postes de traite de la fourrure qui se trouvaient dans les limites actuelles des Territoires du Nord-Ouest durant la période 1870-1970. Compilé à partir de sources comme les documents du gouvernement, les rapports annuels, les répertoires, les journaux, les cartes, les thèses, les documents d'archives, etc. Classement en deux listes: par lieux et par propriétaires. Les notices comprennent le lieu avec les coordonnées, le nom du propriétaire, les dates d'exploitation, les sources d'information. Essai sur le développement du commerce de la fourrure dans les Territoires du Nord-Ouest. Annexe: postes de traite en exploitation en octobre 1970. Publié aussi en français sous le titre: *Postes de traite des pelleteries des Territoires du Nord-Ouest, 1870-1970.* HD9944   380.1439

1694

Usher, Peter J. – *Postes de traite des pelleteries des Territoires du Nord-Ouest, 1870-1970.* – Ottawa : Bureau de recherches scientifiques sur le Nord, Ministère des affaires indiennes et du Nord canadien, 1971. – 184 p. : cartes.

A list of 535 fur trade posts operating within the present boundaries of the Northwest Territories during the period 1870-1970. Compiled from sources such as government documents, annual reports, directories, newspapers, maps, theses, archival materials, etc. Arranged in two lists: by location and by ownership. Entries include location with co-ordinates, name of owner, dates of operation, sources of information. Essay on the development of the fur trade in the Northwest Territories. Appendix: fur trade posts in operation, October 1970. Also published in English under the title: *Fur trade posts of the Northwest Territories, 1870-1970.* HD9944   380.1439

Liste de 535 postes de traite de la fourrure qui se trouvaient dans les limites actuelles des Territoires du Nord-Ouest durant la période 1870-1970. Compilé à partir de sources comme les documents du gouvernement, les rapports annuels, les répertoires, les journaux, les cartes, les thèses, les documents d'archives, etc. Classement en deux listes: par lieux et par propriétaires. Les notices comprennent le lieu avec les coordonnées, le nom du propriétaire, les dates d'exploitation, les sources d'information. Essai sur le développement du commerce de la fourrure dans les Territoires du Nord-Ouest. Annexe: postes de traite en exploitation en octobre 1970. Publié aussi en anglais sous le titre: *Fur trade posts of the Northwest Territories, 1870-1970.* HD9944   380.1439

1695

Voorhis, Ernest. – *Historic forts and trading posts of the French Regime and of the English fur trading companies.* – Ottawa : Dept. of the Interior, 1930. – ii, 188 leaves : 4 fold. maps.

An alphabetically arranged list of the forts and trading posts established during the French Regime and by English fur trading companies. Historical notes on each and references to sources and maps consulted. Brief essays on the French forts, portage and canoe routes, French trading companies, the Hudson's Bay Company, etc. Lists of sources and maps. Reprinted: Ann Arbor (Mich.) : University Microfilms International, 1980. Reproduced in microform format: *Peel bibliography on microfiche* (Ottawa : National Library of Canada, 1976-1979), no. 3235.   F5064 C3 fol.   971.2

Liste alphabétique des forts et des postes de traite établis sous le Régime français et par des compagnies anglaises de commerce de la fourrure. Notes historiques pour chacun, et renvois aux sources et aux cartes consultées. Courts essais sur les forts français, les chemins de portage et de canot, les compagnies de commerce française, la Compagnie de la Baie d'Hudson, etc. Liste des sources et liste des cartes. Réimprimé: Ann Arbor (Mich.) : University Microfilms International, 1980. Reproduit sur support microforme: *Bibliographie Peel sur microfiche* (Ottawa : Bibliothèque nationale du Canada, 1976-1979), n° 3235.   F5064 C3 fol.   971.2

Labour History

Histoire ouvrière

1696

Cardin, Jean-François. – *Guide des archives des unions internationales à Montréal.* – Par Jean-François Cardin, Jacques Rouillard. – [Montréal] : Département d'histoire, Université de Montréal, 1987. – x, 349 p.

A guide to the archival materials of 46 international unions which operated out of and have archives in Montreal. Also includes 70 briefer entries for unions which do not have archives in Montreal. Useful for the study of Quebec labour history. Entries are alphabetically arranged by name of trade or keyword and include: historical notes, statistics on number of locals in Montreal, Quebec and Canada, inclusive dates, address and telephone number of archives and name of contact person, types and descriptions of documents, archival materials relating to the union held by the National Archives of Canada or in American institutions, secondary sources about the union or the trade. Index of international unions in Quebec.   HD6475 A1 C37 1987 fol.   331.8802571428

Guide des documents d'archives de 46 syndicats internationaux qui exercent leurs activités à partir de Montréal et qui y conservent des archives. Inclut aussi 70 notices plus courtes sur les syndicats qui ne possèdent pas d'archives à Montréal. Utile pour l'étude de l'histoire du travail au Québec. Les notices classées en ordre alphabétique par métiers ou par mots clés comprennent: des notes historiques, des statistiques sur le nombre de sections locales à Montréal, au Québec et au Canada, la période couverte, l'adresse et le numéro de téléphone du service d'archives et le nom de la personne-ressource, les types de documents et une description de ceux-ci, les archives relatives au syndicat conservées aux Archives nationales du Canada ou dans des établissements américains, les sources secondaires sur le syndicat ou le métier. Index des syndicats internationaux au Québec.   HD6475 A1 C37 1987 fol.   331.8802571428

1697

Confédération des syndicats nationaux. Service de la documentation. – *Guide des archives conservées à la CSN.* – Hélène Charbonneau. – [Montréal] : Confédération des syndicats nationaux, Service de la documentation, 1989. – 126, [6] p. – 2920658298

A guide to the archival resources relating to the history of trade-unionism and the labour movement in Quebec, held by the Confédération des syndicats nationaux (CSN) in Montreal. Entries for fonds or collections are arranged in four series: CSN administrative bodies, CSN executive bodies, trade-union organizations, private fonds. Entries include: title and number of fonds, dates of organization or individual, formats of materials, inclusive dates, extent of fonds, finding aid, types of documents, subjects, historical/biographical notes. Index of fonds or collection titles. Index of names of persons, places and organizations used as subjects. Bibliography. Appendix: list of CSN executive members, 1921-1988. Z7164 T7 C65 1989 fol. 016.3318809714

Guide des fonds d'archives qui se rapportent à l'histoire du syndicalisme et du mouvement ouvrier au Québec et que possède la Confédération des syndicats nationaux (CSN), à Montréal. Les notices sur les fonds ou les collections sont classées en quatre séries: organismes administratifs de la CSN, organismes de direction de la CSN, organisations syndicales, fonds privés. Les notices comprennent: le titre et le numéro du fonds, les dates pertinentes relatives à l'organisation ou à la personne, le format des documents, la période couverte, l'envergure du fonds, l'instrument de recherche, les types de documents, les sujets, des notes historiques ou biographiques. Index des titres de fonds ou de collections. Index des noms de personnes, de lieux et d'organisations utilisés comme sujets. Bibliographie. Annexe: liste des membres de la direction de la CSN, 1921-1988. Z7164 T7 C65 1989 fol. 016.3318809714

1698

Cross, Michael S. – *The workingman in the nineteenth century.* – Toronto : Oxford University Press, 1974. – xii, 316 p. – 0195402200

A collection of documents in English relating to the history of the working classes in nineteenth-century Canada. Includes extracts from newspaper articles, annual reports, official publications such as royal commission evidence and sessional papers, and unpublished sources such as diaries. Arranged according to the following themes: on farm and frontier, work, working-class life, the working classes and social institutions, organizing the working classes. Bibliographical essay on sources for the study of working-class history. HD8104 C7 331.0971

Collection de documents en anglais relatifs à l'histoire des classes ouvrières du dix-neuvième siècle au Canada. Inclut des extraits d'articles de journaux, de rapports annuels, de publications officielles comme les témoignages des commissions royales et les documents de la session, et des sources non publiées comme les journaux personnels. Classement sous les thèmes suivants: les fermes et les frontières, le travail, la vie des ouvriers, les classes ouvrières et les institutions sociales, l'organisation des classes ouvrières. Essai bibliographique sur les sources d'étude de l'histoire de la classe ouvrière. HD8104 C7 331.0971

1699

Hong, Robert. – *The Labour/Le travail index, 8/9-16, 1981-1985.* – St. John's : Committee on Canadian Labour History, 1986. – 47 p. – 0969206011

An author index to no. 8/9 (1981)-no. 16 (1985) of *Labour = Le travail*, and *Lectures in Canadian labour and working class history*, publications of the Committee on Canadian Labour History. Arranged in the following sections: archives, articles and notes, bibliography, book notes, miscellaneous, reviews arranged by name of author of work reviewed, reviews arranged by name of reviewer, poetry. An author index to no. 1 (1976)-no. 7 (1980) of *Labour = Le travailleur* was published in *Labour = Le travailleur*, no. 8/9 (Autumn/Spring 1981/82). HD8102 L3 1986 Index 016.3310971

Index des auteurs pour les nᵒˢ 8/9 (1981)-nᵒ 16 (1985) de *Labour = Le travail* et *Lectures in Canadian labour and working class history*, des publications du Committee on Canadian Labour History. Classement en sections: archives, articles et notes, bibliographie, notes sur les livres, divers, critiques classées par noms des auteurs des livres critiqués, critiques classées par noms des critiques, poésie. Un index des auteurs des nᵒ 1 (1976)-nᵒ 7 (1980) de *Labour = Le travailleur* a été publié dans *Labour = Le travailleur*, nᵒ 8/9 (automne/printemps 1981/82). HD8102 L3 1986 Index 016.3310971

1700

LeBlanc, André E. – *Le monde ouvrier au Québec : bibliographie rétrospective.* – Par André E. LeBlanc, James D. Thwaites ; en collaboration avec Hélène Espesset [et al.]. – Montréal : Presses de l'Université du Québec, 1973. – xv, 283 p. – (Collection histoire des travailleurs québécois ; 1). – 077700061X

A bibliography of 2,500 books, periodical articles, theses and official publications in French and English on the labour history of Quebec from 1660 to the present. Arranged by theme such as the labour movement, unions and trades, labour disputes, work, social setting, state, church and worker reactions, labour press. Locations for labour newspapers. Bibliography of bibliographies. Index of authors, titles and subjects. Z7164 L1 L358 016.33109714

Bibliographie de 2 500 livres, articles de périodiques, thèses et publications officielles, en français et en anglais, sur l'histoire des travailleurs au Québec, de 1660 jusqu'à maintenant. Classement par thèmes comme le mouvement ouvrier, les syndicats et les métiers, les conflits de travail, le travail, le milieu, l'état, l'église et les réactions des ouvriers, la presse ouvrière. Localisations pour les journaux ouvriers. Bibliographie des bibliographies. Index des auteurs, des titres et des sujets. Z7164 L1 L358 016.33109714

1701

May, Louise. – *A guide to labour records and resources in British Columbia.* – SSHRC Research Tools Grant Co-investigators, George Brandak, Elaine Bernard, Mark Thompson. – Vancouver : Special Collections Division, University of British Columbia Library, 1985. – [6], 197 p.

Part 1, bibliography of articles, theses, pamphlets, books and newspapers on historical and current labour issues in British Columbia. Part 2, annotated listing of primary documents on labour held by the Public Archives of British Columbia, Simon Fraser University Archives, University of British Columbia Library, Special Collections

Partie 1, bibliographie d'articles, de thèses, de brochures, de livres et de journaux sur les questions historiques et actuelles relatives au travail en Colombie-Britannique. Partie 2, liste annotée des sources primaires sur le travail qui se trouvent aux endroits suivants: Public Archives of British Columbia, Simon Fraser University Archives, les

and the Vancouver City Archives. Part 3, inventory of union records held in union offices throughout the Lower Mainland of British Columbia. Entries for archival materials include type of material, extent of collection, inclusive dates, location, access, finding aids, historical/biographical and contents notes. Index of names in parts 2 and 3. Z7164 016.33109711

collections spéciales de la University of British Columbia Library et Vancouver City Archives. Partie 3, répertoire des archives syndicales conservées dans les bureaux syndicaux de tout le Lower Mainland de la Colombie-Britannique. Les notices sur les documents d'archives comprennent les types de documents, l'envergure de la collection, la période couverte, la localisation, l'accès, les instruments de recherche, des notes historiques ou biographiques, et des notes sur le contenu. Index des noms dans les parties 2 et 3. Z7164 016.33109711

1702

The New Brunswick worker in the 20th century : a reader's guide : a selective annotated bibliography = Les travailleurs au Nouveau-Brunswick au 20ième siècle : un guide au lecteur : bibliographie choisie et annotée. – Compiled by David Frank, Carol Ferguson, Richard Clair, Richard McClellan, Raymond Léger. – Fredericton : Department of History, University of New Brunswick, 1986. – 178 p.

An annotated bibliography of 245 books, periodical articles and theses, in English or French, on twentieth-century New Brunswick labour history. Excludes official publications and archival materials. Alphabetically arranged by author or title. Annotations in English or French. Locations. Index of English and French subjects. Z1392 N53 N48 1986 fol. 016.3311109715

Bibliographie annotée de 245 livres, articles de périodiques et thèses, en anglais ou en français, sur l'histoire des ouvriers du Nouveau-Brunswick au vingtième siècle. Exclut les publications officielles et les documents d'archives. Classement alphabétique par auteurs ou par titres. Annotations en anglais ou en français. Localisations. Index des sujets anglais et français. Z1392 N53 N48 1986 fol. 016.3311109715

1703

The New Brunswick worker in the 20th century : a reader's guide : a selective annotated bibliography = Les travailleurs au Nouveau-Brunswick au 20ième siècle : un guide au lecteur : bibliographie choisie et annotée. – Compilée par David Frank, Carol Ferguson, Richard Clair, Richard McClellan, Raymond Léger. – Fredericton : Département d'histoire, Université du Nouveau-Brunswick, 1986. – 178 p.

An annotated bibliography of 245 books, periodical articles and theses, in English or French, on twentieth-century New Brunswick labour history. Excludes official publications and archival materials. Alphabetically arranged by author or title. Annotations in English or French. Locations. Index of English and French subjects. Z1392 N53 N48 1986 fol. 016.3311109715

Bibliographie annotée de 245 livres, articles de périodiques et thèses, en anglais ou en français, sur l'histoire des ouvriers du Nouveau-Brunswick au vingtième siècle. Exclut les publications officielles et les documents d'archives. Classement alphabétique par auteurs ou par titres. Annotations en anglais ou en français. Localisations. Index des sujets anglais et français. Z1392 N53 N48 1986 fol. 016.3311109715

1704

Primary sources in Canadian working class history, 1860-1930. – Russell G. Hann, Gregory S. Kealey, Linda Kealey, Peter Warrian. – Kitchener (Ont.) : Dumont Press, 1973. – 169 p.

A bibliography of 3,347 entries for manuscripts, newspapers, pamphlets and federal and provincial official publications on the labour history of English Canada. Excludes Newfoundland. Arranged by type of document. Manuscripts are organized by region, province, city and repository. Labour and ethnic newspapers are arranged geographically, pamphlets chronologically and official publications by jurisdiction and department. Chronological tables of newspapers. Locations for some items. Subject index. Z7164 L1 P7 016.3310971

Bibliographie de 3 347 notices sur des manuscrits, des journaux, des brochures et des publications officielles fédérales et provinciales qui portent sur l'histoire des travailleurs au Canada anglais. Exclut Terre-Neuve. Classement par types de documents. Les manuscrits sont classés par régions, par provinces, par villes et par dépôts d'archives. Les journaux syndicaux et ethniques sont classés selon un ordre géographique, les brochures selon un ordre chronologique et les publications officielles par juridictions et ministères. Tableaux chronologiques des journaux. Localisations de certains documents. Index des sujets. Z7164 L1 P7 016.3310971

1705

Vaisey, G. Douglas. – **The labour companion : a bibliography of Canadian labour history based on materials printed from 1950 to 1975.** – Compiled by G. Douglas Vaisey ; with the assistance of John Battye, Marie DeYoung and Gregory S. Kealey. – Halifax : Committee on Canadian Labour History, c1980. – 126 p. : ill.

A bibliography of books, periodical articles, official publications and theses in English and French on the history of the labour movement in Canada. Excludes archival materials, one-page articles, and trade-union publications which are not histories of the union or labour organizations. Alphabetically arranged by author or title. Subject index.

Annual bibliographies on Canadian labour history for 1974- , have been published in the Committee on Canadian Labour History's *Bulletin*, vol. 1 (Spring 1976), vol. 2 (Autumn 1976), vol. 4 (Autumn 1977), vol. 6 (Autumn 1978); *Labour = Le travailleur*, no. 6 (Autumn 1980), no. 8/9 (Autumn/Spring 1981/82), no. 10 (Autumn 1982), no. 12 (Autumn 1983); *Labour = Le travail*, no. 16 (Fall 1985), no. 24 (Fall 1989), no. 26 (Fall 1990), no. 27 (Spring 1991), no. 28 (Fall 1991), no. 30 (Fall 1992), no. 32 (Fall 1993), no. 34 (Fall 1994). Available online via the Internet, telnet: mungate.library.mun.ca. Includes references from 1985 to date. Z7164 L1 V35 016.3310971

Bibliographie de livres, d'articles de périodiques, de publications officielles et de thèses en anglais et en français sur l'histoire du mouvement ouvrier au Canada. Exclut les fonds d'archives, les articles d'une page et les publications syndicales qui n'entrent pas dans l'histoire des syndicats ou des organisations ouvrières. Classement alphabétique par auteurs ou par titres. Index des sujets.

Des bibliographies annuelles sur l'histoire du mouvement ouvrier canadien, 1974- , ont été publiées dans le *Bulletin* du Committee on Canadian Labour History, vol. 1 (printemps 1976), vol. 2 (automne 1976), vol. 4 (automne 1977), vol. 6 (automne 1978); *Labour = Le travailleur*, n° 6 (automne 1980), n° 8/9 (automne/printemps 1981/82), n° 10 (automne 1982), n° 12 (automne 1983); *Labour = Le travail*, n° 16 (automne 1985), n° 24 (automne 1989), n° 26 (automne 1990), n° 27 (printemps 1991), n° 28 (automne 1991), n° 30 (automne 1992), n° 32 (automne 1993); n° 34 (automne 1994). Également accessible en direct via Internet, telnet: mungate.library.mun.ca. Inclut des références de 1985 jusqu'à ce jour. Z7164 L1 V35 016.3310971

1706

Wylie, Robin. – *A guide to primary labour sources held by the Saskatchewan Archives Board.* – Saskatoon : Department of History, University of Saskatchewan, 1988. – 68 p. – Cover title : *Saskatchewan workers : a list of sources.*

Lists primary sources on Saskatchewan labour history held by the Saskatchewan Archives Board. Four parts: entries from the main card catalogue for government records, theses, oral histories, etc.; pamphlets; sources from finding aids; additional reference sources. HD4824.5 C26 W95 1988   016.331097124

Signale des sources primaires relatives à l'histoire des travailleurs en Saskatchewan, conservées aux Archives de la Saskatchewan. Quatre parties: notices du fichier principal sur les archives gouvernementales, les thèses, les documents d'histoire orale, etc.; brochures; sources tirées des instruments de recherche; ouvrages de référence supplé-mentaires.   HD4824.5 C26 W95 1988   016.331097124

Military History

Histoire militaire

1707

Archives publiques Canada. Division des archives fédérales. – *Documents sur la Deuxième Guerre mondiale.* – Jerome W. O'Brien, Glenn T. Wright. – Ottawa : Archives publiques Canada, 1979. – vii, 24, 22, vii p. – (Collection de publications spéciales). – 0662505158 – Titre de la p. de t. additionnelle : *Sources for the study of the Second World War.*

Describes the holdings of the Public Records Division (now the Government Archives Division, National Archives of Canada) relating to the Second World War. Two sections: wartime records and related record groups; sources in other divisions of the Archives. CD3627 W37 1979   016.9710632

Décrit les fonds documentaires de la Division des archives publiques (maintenant la Division des archives gouvernementales, Archives nationales du Canada) relatifs à la Deuxième Guerre mondiale. Deux sections: archives de temps de guerre et groupes d'archives connexes; sources conservées dans d'autres divisions des Archives. CD3627 W37 1979   016.9710632

1708

Bercuson, David J. [David Jay]. – *Dictionary of Canadian military history.* – David J. Bercuson & J.L. Granatstein. – Toronto : Oxford University Press, 1992. – 248 p. – 0195408470 (bd.) 0195411072 (pa.)

A dictionary of approximately 1,500 brief entries relating to Canadian military history. Includes individuals, events, places, institutions, regiments, equipment, medals, ships and other subjects such as war novels, women in the two World Wars, etc. Emphasis on the twentieth century as well as a selection of entries on the French and British Regimes and the post-Confederation period of the nineteenth century. Alphabetically arranged. Appendices: lists of ministers and ministries, comparative ranks in the navy, the army and the airforce, chiefs of military forces, Victoria Cross and George Cross winners, Axis submarine losses to Canadian forces. Reproduced as a sound recording: Toronto : CNIB, 1993,   cassettes : analog, 2.5 cm/s, 4 track, mono. FC226 B47 1992   355.00971

Dictionnaire d'environ 1 500 courtes notices relatives à l'histoire militaire canadienne. Inclut des personnes, des événements, des lieux, des établissements, des régiments, de l'équipement, des médailles, des navires et d'autres sujets comme les romans de guerre, les femmes pendant les deux Guerres mondiales, etc. Insistance sur le vingtième siècle et choix de notices sur les Régimes français et britannique et sur la période post-Confédération au dix-neuvième siècle. Classement alphabétique. Annexes: liste des ministres et des ministères, liste comparative des grades dans les armées de mer, de terre et de l'air, liste des chefs de forces militaires, gagnants de la Croix de Victoria et de la Croix de Georges, pertes des sous-marins Axis aux forces canadiennes. Reproduit sous forme d'enregistrement sonore: Toronto : CNIB, 1993,   cassettes : analogique, 2,5 cm/s, 4 pistes, monophonique.   FC226 B47 1992   355.00971

1709

The Canadian military heritage community : a directory of institutions. – Prepared for the Military Museums Task Force by Beverly Boutilier and Victoria Dickenson. – [S.l. : s.n.], 1990. – [57] leaves. – Cover title.

A directory of military history institutions in Canada. Three parts covering specialized military museums, historic sites and fortifications and military history collections. Each part is arranged alphabetically by province. Entries include name, address and type of institution, governing authority, type of military service if applicable, name and telephone number of contact person, collection description for military history collections.   U13   355.002571

Répertoire des établissements de l'histoire militaire du Canada. Trois parties qui portent sur les musées militaires, les lieux historiques et les fortifications, et les collections d'histoire militaire. Dans chaque partie, classement alphabétique par provinces. Les notices comprennent le nom, l'adresse et le type de l'établissement, l'autorité responsable, le type de services militaires s'il y a lieu, le nom et le numéro de téléphone de la personne-ressource ainsi que la description de la collection dans le cas des collections d'histoire militaire.   U13 355.002571

1710

Cooke, O. A. [Owen Arnold]. – *Bibliographie de la vie militaire au Canada, 1867-1983.* – 2e éd. – Ottawa : Service historique, Ministère de la défense nationale, 1984. – xix, 329 p. – (Monographie ; no 2). – 0660526492 – Titre de la p. de t. additionnelle : *The Canadian military experience, 1867-1983 : a bibliography.*

1st ed., 1979. A bibliography of approximately 2,500 books, serials, pamphlets and official publications on Canada's military history, from Confederation to the 1980s. Includes works in English and French. Newspapers and newsletters, poetry and fiction have been excluded. Six sections covering bibliography, defence policy and general works, naval, land and air forces and the unified Canadian forces since 1968. The sections on naval, land and air forces are

1re éd., 1979. Bibliographie d'environ 2 500 livres, publications en série, brochures et publications officielles sur l'histoire militaire du Canada, depuis la Confédération jusqu'aux années 1980. Inclut des ouvrages en anglais et en français. Les journaux et les bulletins ainsi que les poèmes et les oeuvres de fiction ont été exclus. Six sections sur la bibliographie, la politique de défense et les ouvrages généraux, les forces de marine, de terre et de l'aviation, et les forces armées

arranged chronologically according to the following time periods: 1867-1914, 1914-1918, 1919-1945, 1946-1967. English- and French-language indexes of subjects, persons and services, branches, formations and units. Reproduced in microform format: *Microlog*, no. 85-06265.   Z6725 C3 C66 1984   016.35500971

canadiennes unifiées depuis 1968. Dans les sections sur les forces de marine, de terre et de l'aviation, classement chronologique selon les périodes suivantes: 1867-1914, 1914-1918, 1919-1945, 1946-1967. Index anglais et index français des sujets, personnes, services, formations et unités. Reproduit sur support microforme: *Microlog*, nº 85-06265.   Z6725 C3 C66 1984   016.35500971

1711

Cooke, O. A. [Owen Arnold]. – *The Canadian military experience, 1867-1983 : a bibliography.* – 2nd ed. – Ottawa : Directorate of History, Department of National Defence, 1984. – xix, 329 p. – (Monograph series ; no. 2). – 0660526492 – Title on added t.p. : *Bibliographie de la vie militaire au Canada, 1867-1983.*

1st ed., 1979. A bibliography of approximately 2,500 books, serials, pamphlets and official publications on Canada's military history, from Confederation to the 1980s. Includes works in English and French. Newspapers and newsletters, poetry and fiction have been excluded. Six sections covering bibliography, defence policy and general works, naval, land and air forces and the unified Canadian forces since 1968. The sections on naval, land and air forces are arranged chronologically according to the following time periods: 1867-1914, 1914-1918, 1919-1945, 1946-1967. English- and French-language indexes of subjects, persons and services, branches, formations and units. Reproduced in microform format: *Microlog*, no. 85-06265.   Z6725 C3 C66 1984   016.35500971

1re éd., 1979. Bibliographie d'environ 2 500 livres, publications en série, brochures et publications officielles sur l'histoire militaire du Canada, depuis la Confédération jusqu'aux années 1980. Inclut des ouvrages en anglais et en français. Les journaux et les bulletins ainsi que les poèmes et les oeuvres de fiction ont été exclus. Six sections sur la bibliographie, la politique de défense et les ouvrages généraux, les forces de marine, de terre et de l'aviation, et les forces armées canadiennes unifiées depuis 1968. Dans les sections sur les forces de marine, de terre et de l'aviation, classement chronologique selon les périodes suivantes: 1867-1914, 1914-1918, 1919-1945, 1946-1967. Index anglais et index français des sujets, personnes, services, formations et unités. Reproduit sur support microforme: *Microlog*, nº 85-06265.   Z6725 C3 C66 1984   016.35500971

1712

Fredriksen, John C. – *Resource guide for the War of 1812.* – [S.l. : s.n.], c1979 (Los Angeles : Subia). – vii, 156 p. – Cover title : *War of 1812 resource guide.*

A bibliography of books, theses and periodical articles on the War of 1812. Arranged by subject including west and northwest frontiers, Niagara Frontier and Lake Ontario, the St. Lawrence and Lake Champlain, the war at sea, prisoners of war, etc. Also describes manuscript collections in the United States and Canada. Chronologies of service for American, British and Canadian regiments. Chronologies of the war on land and on sea.   Z1240 F74   016.971034

Bibliographie de livres, de thèses et d'articles de périodiques sur la Guerre de 1812. Classement par sujets comme les frontières ouest et nord-ouest, la frontière du Niagara et le lac Ontario, le Saint-Laurent et le lac Champlain, la guerre maritime, les prisonniers de guerre, etc. Décrit aussi les collections de manuscrits aux États-Unis et au Canada. Chronologies de service des régiments américains, britanniques et canadiens. Chronologies de la guerre sur terre et sur mer. Z1240 F74   016.971034

1713

Fryer, Mary Beacock. – *Battlefields of Canada.* – Toronto : Dundurn Press, 1986. – 273 p. : ill., maps, ports. – 1550020072

A series of brief essays describing sixteen significant Canadian battles. Provides historical background and discusses events, strategies and personalities related to each. Chronologically arranged. Illustrated with numerous artistic interpretations of battle scenes as well as maps, portraits, plans and photographs. Chronology of Canadian military history, 875-1885. Suggestions for further reading. Subject index.   FC226 F79 1986   971

Série de courts essais qui décrivent seize batailles canadiennes importantes. Donne un aperçu historique et discute des événements, des stratégies employées et des personnages importants qui se rapportent à chaque bataille. Classement chronologique. Illustré au moyen de nombreuses interprétations artistiques de scènes de bataille ainsi que de cartes, de portraits, de plans et de photographies. Chronologie de l'histoire militaire canadienne, 875-1885. Lectures recommandées. Index des sujets.   FC226 F79 1986   971

1714

Fryer, Mary Beacock. – *More battlefields of Canada.* – Toronto : Dundurn Press, c1993. – viii, 184 p. : ill., maps, ports. – 1550021893

A second series of essays by Mary Beacock Fryer on significant Canadian battles. Eighteen battles are chronologically arranged. Well illustrated with maps, plans, photographs and artists' interpretations of battles. Chronology of Canadian military history, 875-1953. Suggestions for further reading. Subject index.   FC226 F792 1993   971

Deuxième série d'essais par Mary Beacock Fryer sur les batailles canadiennes importantes. Dix-huit batailles en ordre chronologique. Bien illustré au moyen de cartes, de plans, de photographies et d'interprétations artistiques des batailles. Chronologie de l'histoire militaire du Canada, 875-1953. Lectures recommandées. Index des sujets.   FC226 F792 1993   971

1715

Graves, Donald E. [Donald Edward]. – *Nova Scotia military history : a resource guide.* – Compiled by Donald E. Graves and Anne E. MacLeod. – [Halifax] : Army Museum, Halifax Citadel, c1982. – 106 p.

A bibliography of books, periodical articles, theses and official publications relating to the military history of Nova Scotia. Arranged in sections covering the period of early exploration to 1763, the period 1763-1950, British and Canadian regular military units, Nova Scotia militia units 1749-1868, selected works on New Brunswick and Prince Edward Island, forts and fortifications, almanacs 1791-1867 and the Nova Scotia Legislative Assembly and military affairs. Subject index.   FC2318   016.355009716

Bibliographie de livres, d'articles de périodiques, de thèses et de publications officielles qui se rapportent à l'histoire militaire de la Nouvelle-Écosse. Sections qui portent sur la période des premières explorations à 1763, sur la période 1763-1950, sur les régiments ordinaires britanniques et canadiens, sur les unités de la milice de la Nouvelle-Écosse de 1749-1868, sur des ouvrages choisis relatifs au Nouveau-Brunswick et à l'Île-du-Prince-Édouard, sur les forts et fortifications, sur les almanachs de 1791-1867 et sur les affaires militaires et l'Assemblée législative de la Nouvelle-Écosse. Index des sujets. FC2318   016.355009716

1716

The Oxford book of Canadian military anecdotes. – Edited by Victor Suthren. – Toronto : Oxford University Press, 1989. – vi, 202 p. – 0195407113 (bd.) 019540825X (pa.)

A collection of anecdotes relating to the war experiences of Canadians taken from memoirs, military histories, historical fiction, etc. Arranged in sections covering early European contact with Native peoples, the War of 1812 and the rebellions of 1837 and the Northwest Rebellion, military life, warfare at sea, on land and in the air, the horror and humour of war, etc. Subject-author index. Paperback ed. published 1991. Reproduced as a sound recording: [Toronto : CNIB], 1991, cassettes : analog, 2.5 cm/s, 4 track, mono. FC226 O93 1989 355.00971

Collection d'anecdotes relatives aux expériences de guerre des Canadiens et tirées de mémoires, de documents sur l'histoire militaire, d'oeuvres de fiction historique, etc. Classement en sections qui portent sur les premiers contacts entre les Européens et les peuples autochtones, la Guerre de 1812, les rébellions de 1837 et la rébellion du Nord-Ouest, la vie militaire, la guerre sur mer, sur terre et dans les airs, l'horreur et l'humour de la guerre, etc. Index des sujets et des auteurs. Édition de poche publiée en 1991. Reproduit sous forme d'enregistrement sonore: [Toronto : CNIB], 1991, cassettes : analogique, 2,5 cm/s, 4 pistes, monophonique. FC226 O93 1989 355.00971

1717

Public Archives Canada. Public Records Division. – *Sources for the study of the Second World War.* – Jerome W. O'Brien, Glenn T. Wright. – Ottawa : Public Archives Canada, 1979. – vii, 22, 24, vii p. – (Special publications series). – 0662505158 – Title on added t.p. : *Documents sur la Deuxième Guerre mondiale.*

Describes the holdings of the Public Records Division (now the Government Archives Division, National Archives of Canada) relating to the Second World War. Two sections: wartime records and related record groups; sources in other divisions of the Archives. CD3627 W37 1979 016.9710632

Décrit les fonds documentaires de la Division des archives publiques (maintenant la Division des archives gouvernementales, Archives nationales du Canada) relatifs à la Deuxième Guerre mondiale. Deux sections: archives de temps de guerre et groupes d'archives connexes; sources conservées dans d'autres divisions des Archives. CD3627 W37 1979 016.9710632

1718

Smith, Dwight L. – *The War of 1812 : an annotated bibliography.* – New York : Garland Publishing, 1985. – xxiv, 340 p. – (Wars of the United States ; vol. 3) (Garland reference library of social science ; vol. 250). – 0824089456

An annotated bibliography of 1,393 English-language books, pamphlets, theses and periodical articles on the War of 1812. Excludes official publications, broadsides and most newspaper articles. Arranged by subject, geographically and chronologically including sections on the coming of war, the Canadian-American theatre, the British offensive of 1814, the war at sea, etc. Author and subject indexes. Z1240 S65 1985 016.971034

Bibliographie annotée de 1 393 livres, brochures, thèses et articles de périodiques en anglais sur la Guerre de 1812. Exclut les publications officielles, les in-planos et la plupart des articles de journaux. Classement par sujets, classement géographique et chronologique, avec sections sur l'avant-guerre, le théâtre de guerre canado-américain, l'offensive britannique de 1814, la guerre maritime, etc. Index des auteurs et index des sujets. Z1240 S65 1985 016.971034

Native History

Histoire des Autochtones

1719

Archives de l'Ontario. – *Aboriginal peoples in the Archives : a guide to sources in the Archives of Ontario = Les peuples autochtones dans les archives : un guide des sources aux Archives de l'Ontario.* – De James Morrison. – Toronto : les Archives, c1992. – iv, 129 p. : 1 carte. – (Archives de l'Ontario guide thématique ; n° 1). – 0772998388

A guide to materials for the study of the history and society of the Native peoples of Ontario, held by the Archives of Ontario. Four sections: government record groups arranged by RG number; private papers arranged by F number; special collections including photographic records and documentary art, cartographic records, sound and moving image records, newspapers and library holdings; microfilms of materials held by other archives. Introduction in English and French. Entries in English only.

Entries include: title of fonds or record group series, inclusive dates, extent of collection, biographical/historical notes, contents notes, finding aid, restrictions on access, availability of microfilm. Appendices: map of Aboriginal lands and treaties in Ontario; reading list for Ontario Aboriginal history; list of Ontario First Nation communities and Department of Indian Affairs and Northern Development agencies, 1844-1986. Subject index. CD3645 O65 M67 1992 fol. 016.971300497

Guide des documents qui peuvent servir à l'étude de l'histoire et de la société des peuples autochtones de l'Ontario, conservés aux Archives de l'Ontario. Quatre sections: les groupes d'archives du gouvernement classés par numéro RG; les documents personnels classés par numéro F; les collections spéciales, y compris les archives photographiques et l'art documentaire, les archives cartographiques, les enregistrements sonores et visuels, les journaux et les fonds de bibliothèque; les microfilms de documents qui font partie d'autres archives. Introduction en anglais et en français. Notices en anglais seulement.

Les notices comprennent: le titre du fonds ou du groupe d'archives, la période couverte, l'envergure de la collection, des notes biographiques ou historiques, des notes sur le contenu, l'instrument de recherche, les restrictions relatives à l'accès, la disponibilité sur microfilm. Annexes: carte des terres autochtones et des traités en Ontario; lectures recommandées sur l'histoire des Autochtones en Ontario; liste des communautés des premières nations de l'Ontario et des organismes du Ministère des affaires indiennes et du Nord canadien, 1844-1986. Index sujets. CD3645 O65 M67 1992 fol. 016.971300497

1720

Archives of Ontario. – *Aboriginal peoples in the Archives : a guide to sources in the Archives of Ontario = Les peuples autochtones dans les archives : un guide des sources aux Archives de l'Ontario.* – By James Morrison. – Toronto : the Archives, c1992. – iv, 129 p. : 1 map. – (Archives of Ontario thematic guide ; no. 1). – 0772998388

A guide to materials for the study of the history and society of the Native peoples of Ontario, held by the Archives of Ontario. Four sections: government record groups arranged by RG number; private papers arranged by F number; special collections including photographic records and documentary art, cartographic records, sound and moving image records, newspapers and library holdings; microfilms of materials held by other archives. Introduction in English and French. Entries in English only.

Entries include: title of fonds or record group series, inclusive dates, extent of collection, biographical/historical notes, contents notes, finding aid, restrictions on access, availability of microfilm. Appendices: map of Aboriginal lands and treaties in Ontario; reading list for Ontario Aboriginal history; list of Ontario First Nation communities and Department of Indian Affairs and Northern Development agencies, 1844-1986. Subject index. CD3645 O65 M67 1992 fol. 016.971300497

Guide des documents qui peuvent servir à l'étude de l'histoire et de la société des peuples autochtones de l'Ontario, conservés aux Archives de l'Ontario. Quatre sections: les groupes d'archives du gouvernement classés par numéro RG; les documents personnels classés par numéro F; les collections spéciales, y compris les archives photographiques et l'art documentaire, les archives cartographiques, les enregistrements sonores et visuels, les journaux et les fonds de bibliothèque; les microfilms de documents qui font partie d'autres archives. Introduction en anglais et en français. Notices en anglais seulement.

Les notices comprennent: le titre du fonds ou du groupe d'archives, la période couverte, l'envergure de la collection, des notes biographiques ou historiques, des notes sur le contenu, l'instrument de recherche, les restrictions relatives à l'accès, la disponibilité sur microfilm. Annexes: carte des terres autochtones et des traités en Ontario; lectures recommandées sur l'histoire des Autochtones en Ontario; liste des communautés des premières nations de l'Ontario et des organismes du Ministère des affaires indiennes et du Nord canadien, 1844-1986. Index sujets. CD3645 O65 M67 1992 fol. 016.971300497

1721

Atlas of Great Lakes Indian history. – Edited by Helen Hornbeck Tanner ; Adele Hast, associate editor ; Jacqueline Peterson, Robert J Surtees ; cartography by Miklos Pinther. – Norman (Okla.) : Published for the Newberry Library by the University of Oklahoma Press, c1987. – xv, 224 p. : ill., maps, ports. – (The civilization of the American Indian series ; vol. 174). – 0806115157

An atlas of the history of the Indians of the Great Lakes region, for the period 1641 through the 1870s. 36 maps cover the distribution of late prehistoric cultures, the Iroquois Wars, the French era 1720-1761, Pontiac's War, international treaties, Indian involvement in the War of 1812, Indian villages in Upper Canada, land cessions, epidemics among Indians, etc. Maps are accompanied by text, illustrations and portraits. Bibliographical essay. Bibliography. Index of subjects, places, names, etc. E78 G7 A87 1987 fol. 977.004970223

Atlas de l'histoire des Amérindiens de la région des Grands Lacs pendant la période de 1641 aux années 1870. Contient 36 cartes qui portent sur la distribution des dernières cultures préhistoriques, les guerres iroquoises, le Régime français 1720-1761, la Guerre de Pontiac, les traités internationaux, la participation amérindienne à la Guerre de 1812, les villages amérindiens du Haut Canada, les cessions de territoire, les épidémies chez les Amérindiens, etc. Les cartes sont accompagnées de textes, d'illustrations et de portraits. Essai bibliographique. Bibliographie. Index des sujets, des lieux, des noms, etc. E78 G7 A87 1987 fol. 977.004970223

1722

Canada. – *Indian treaties and surrenders.* – Ottawa : Brown Chamberlain, 1891-1912. – 3 vol. (lxii, 325 ; 318 ; xxii, 401 p.) : maps. – 1895618045 (vol. 1, 1992 reprint) 1895618053 (vol. 2, 1992 reprint) 1895618061 (vol. 3, 1992 reprint)

The texts of all treaties between the Indians of Canada and the Crown up to 1903. Vols. 1-2, 1680-1890; vol. 3, no. 281 to no. 483. Chronologically arranged. Numerous maps. Index to vols. 1 and 2 in vol. 1. Vol. 3 has separate index. Vol. 3 has imprint: Ottawa : C.H. Parmelee, 1912. Facsimile reprint editions: Toronto : Coles Publishing Co., c1971; Saskatoon : Fifth House, c1992. First two volumes reproduced in microform format: *CIHM/ICMH microfiche series*, nos. 91942-91943. KE7702.7 342.710872

Textes de tous les traités conclus entre les Indiens du Canada et la Couronne jusqu'en 1903. Vol. 1-2, 1680-1890; vol. 3, n° 281-n° 483. Classement chronologique. Nombreuses cartes. Index des volumes 1 et 2 dans le volume 1. Le volume 3 comporte un index distinct. L'adresse bibliographique du vol. 3: Ottawa : C.H. Parmelee, 1912. Éditions réimprimées en fac-similé: Toronto : Coles Publishing Co., c1971; Saskatoon : Fifth House Publishers, c1992. Les deux premiers volumes ont été reproduits sur support microforme: *CIHM/ICMH série de microfiches*, n°s 91942-91943. KE7702.7 342.710872

1723

Canada. Commission d'étude des revendications des Indiens. Centre de documentation et d'aide à la recherche. – *Indian claims in Canada : an introductory essay and selected list of library holdings = Revendications des Indiens au Canada : un exposé préliminaire et une sélection d'ouvrages disponibles en bibliothèque.* – Ottawa : Centre de documentation et d'aide à la recherche, Commission d'étude des revendications des Indiens, c1975. – viii, 278 p.

A bibliography of materials relating to Native claims in Canada, collected by the Research Resource Centre of the Indian Claims Commission. This material is now held by the National Library of Canada. Includes books, periodical and newspaper articles, serials, legal cases, official publications, manuscripts, cassettes and maps in English, French and other languages. Arranged in sections covering ethnographic and historical sources, government and the courts in Canada, National Indian Brotherhood and Native Council of Canada, treaties 1 to 7, regions and provinces of Canada as well as

Bibliographie des documents qui se rapportent aux revendications des Autochtones du Canada et qui ont été rassemblés par le Centre de documentation et d'aide à la recherche de la Commission d'étude des revendications des Indiens. Ces documents se trouvent maintenant à la Bibliothèque nationale du Canada. Inclut des livres, des articles de périodiques et de journaux, des publications en série, des causes juridiques, des publications officielles, des manuscrits, des cassettes et des cartes, en anglais, en français et en d'autres langues. Classement en sections qui portent sur les sources ethnographiques

the United States, Alaska, Central and South America, Australia, New Zealand and Eurasia. Introductory essay on the history of claims in Canada. Appendices: index to volumes of press clippings; Canadian legal decisions relating to Native peoples; indexes to documents relating to various court cases; selected legal decisions respecting Indians of the United States; miscellaneous Imperial and Commonwealth legal decisions. Has supplement: *Indian claims in Canada : supplementary bibliography = Revendications des Indiens du Canada : bibliographie supplémentaire.*   E92 C26   016.3231197071

et historiques, le gouvernement et les cours au Canada, la Fraternité des Indiens du Canada et le Conseil national des autochtones du Canada, les traités 1 à 7, les régions et provinces du Canada ainsi que celles des États-Unis, de l'Alaska, de l'Amérique centrale et de l'Amérique du Nord, de l'Australie, de la Nouvelle-Zélande et de l'Eurasie. Essai de présentation sur l'histoire des revendications au Canada. Annexes: index des volumes de coupures de presse; décisions judiciaires canadiennes relatives aux peuples autochtones; index des documents relatifs à diverses causes entendues en cour; décisions judiciaires choisies relatives aux Amérindiens des États-Unis; diverses décisions judiciaires prises dans l'Empire et le Commonwealth. Comprend un supplément: *Indian claims in Canada : supplementary bibliography = Revendications des Indiens du Canada : bibliographie supplémentaire.* E92 C26   016.3231197071

1724

Canada. Commission des droits des Indiens. Centre de documentation et d'aide à la recherche. – *Indian claims in Canada : supplementary bibliography = Revendications des Indiens au Canada : bibliographie supplémentaire.* – Ottawa : Publié pour la Commission des droits des Indiens par la Bibliothèque nationale du Canada, 1979. – iv, 116 p. – 0660501775 E92 C262   016.3231197071

1725

Canada. Indian Claims Commission. Research Resource Centre. – *Indian claims in Canada : an introductory essay and selected list of library holdings = Revendications des Indiens au Canada : un exposé préliminaire et une sélection d'ouvrages disponibles en bibliothèque.* – Ottawa : Research Resource Centre, Indian Claims Commission, c1975. – viii, 278 p.

A bibliography of materials relating to Native claims in Canada, collected by the Research Resource Centre of the Indian Claims Commission. This material is now held by the National Library of Canada. Includes books, periodical and newspaper articles, serials, legal cases, official publications, manuscripts, cassettes and maps in English, French and other languages. Arranged in sections covering ethnographic and historical sources, government and the courts in Canada, National Indian Brotherhood and Native Council of Canada, treaties 1 to 7, regions and provinces of Canada as well as the United States, Alaska, Central and South America, Australia, New Zealand and Eurasia. Introductory essay on the history of claims in Canada. Appendices: index to volumes of press clippings; Canadian legal decisions relating to Native peoples; indexes to documents relating to various court cases; selected legal decisions respecting Indians of the United States; miscellaneous Imperial and Commonwealth legal decisions. Has supplement: *Indian claims in Canada : supplementary bibliography = Revendications des Indiens du Canada : bibliographie supplémentaire.*   E92 C26   016.3231197071

Bibliographie des documents qui se rapportent aux revendications des Autochtones du Canada et qui ont été rassemblés par le Centre de documentation et d'aide à la recherche de la Commission d'étude des revendications des Indiens. Ces documents se trouvent maintenant à la Bibliothèque nationale du Canada. Inclut des livres, des articles de périodiques et de journaux, des publications en série, des causes juridiques, des publications officielles, des manuscrits, des cassettes et des cartes, en anglais, en français et en d'autres langues. Classement en sections qui portent sur les sources ethnographiques et historiques, le gouvernement et les cours au Canada, la Fraternité des Indiens du Canada et le Conseil national des autochtones du Canada, les traités 1 à 7, les régions et provinces du Canada ainsi que celles des États-Unis, de l'Alaska, de l'Amérique centrale et de l'Amérique du Nord, de l'Australie, de la Nouvelle-Zélande et de l'Eurasie. Essai de présentation sur l'histoire des revendications au Canada. Annexes: index des volumes de coupures de presse; décisions judiciaires canadiennes relatives aux peuples autochtones; index des documents relatifs à diverses causes entendues en cour; décisions judiciaires choisies relatives aux Amérindiens des États-Unis; diverses décisions judiciaires prises dans l'Empire et le Commonwealth. Comprend un supplément: *Indian claims in Canada : supplementary bibliography = Revendications des Indiens du Canada : bibliographie supplémentaire.* E92 C26   016.3231197071

1726

Canada. Indian Rights Commission. Research Resource Centre. – *Indian claims in Canada : supplementary bibliography = Revendications des Indiens au Canada : bibliographie supplémentaire.* – Ottawa : Published for the Canadian Indian Rights Commission by the National Library of Canada, 1979. – iv, 116 p. – 0660501775 E92 C262   016.3231197071

1727

The Canadian atlas of aboriginal settlement. – [Regina] : Gabriel Dumont Institute of Métis Studies and Applied Research, [1994]. – ii, 21 p. – 0920915345 – Cover title.

1st ed., 1985, *Saskatchewan historical atlas of aboriginal settlement.* An atlas intended to illustrate the settlement patterns of Native peoples in Canada. Emphasis on the Métis Nation. Arranged chronologically. Includes maps of linguistic groups, Indian treaty areas, the Red River Settlement in 1870, Métis dispersal during the period 1870-1880, Battle of Batoche, Saskatchewan bands and reserves, Métis Nation of Alberta, Saskatchewan, Manitoba, Ontario and the Northwest Territories, etc.   G1116 E1 C35 1994 fol. 971.0049700223

1re éd., 1985, *Saskatchewan historical atlas of aboriginal settlement.* Atlas conçu pour illustrer les types de peuplement des peuples autochtones au Canada. Insistance sur la nation Métis. Classement chronologique. Inclut des cartes des groupes linguistiques, des zones de traité avec les Indiens, de la colonie de la rivière Rouge en 1870, de la dispersion des Métis pendant la période 1870-1880, de la bataille de Batoche, des bandes et des réserves de la Saskatchewan, de la nation Métis en Alberta, en Saskatchewan, au Manitoba, en Ontario et dans les Territoires du Nord-Ouest, etc. G1116 E1 C35 1994 fol.   971.0049700223

1728

Canadian Indians and the law : selected documents, 1663-1972. – Edited and with an introduction by Derek G. Smith. – Toronto : McClelland and Stewart, c1975. – xxix, 220 p. – (The Carleton library ; no. 87). – 0771097875

A collection of legal documents relating to the history and position of Native peoples in Canadian society. Includes the full texts or extracts of proclamations, government instructions, legislation and treaties. Arranged in four sections: early British colonial period, 1760-1826; pre-Confederation legislation, 1663-1916; the British North America Act, the Indian Acts and allied documents; Indian treaties. Some texts originally in French have been translated into English. List of sources. Suggestions for further reading.
E92 C284   342.710872

Collection de documents juridiques qui se rapportent à l'histoire et à la situation des peuples autochtones dans la société canadienne. Inclut les textes complets ou des extraits des proclamations, des instructions du gouvernement, de la législation et des traités. Classement en quatre sections: les débuts de la période coloniale britannique, 1760-1826; la législation avant la Confédération, 1663-1916; l'Acte de l'Amérique du Nord britannique, les lois sur les Indiens et les documents connexes; les traités avec les Indiens. Certains textes originaux en français ont été traduits en anglais. Liste des sources. Lectures recommandées.   E92 C284   342.710872

1729

Cantor, George. – *North American Indian landmarks : a traveler's guide.* – By George Cantor ; foreword by Suzan Shown Harjo. – Detroit : Gale Research Inc., c1993. – liv, 409 p. : ill., maps. – 0810389169

A guide to 340 sites related to the history of North American Native peoples in the United States and Canada. Includes monuments, plaques, parks, museums, grave sites, battlefields, etc. Arranged by region and state or province. Entries include a brief description of the site and its significance together with information on location, hours, admission and telephone number. Chronology. List of cultural groups, and sites with which they are connected. Glossary. Bibliography. Index of sites, cultural groups, places, etc.
E77 C35 1993   917.30492908997

Guide sur 340 sites reliés à l'histoire des peuples autochtones nord-américains et situés aux États-Unis et au Canada. Inclut des monuments, des plaques, des parcs, des musées, des cimetières, des champs de bataille, etc. Classement par régions et par états ou provinces. Les notices comprennent une courte description du site et de son importance ainsi que des données sur l'emplacement, les heures d'ouverture, le prix d'entrée et le numéro de téléphone. Chronologie. Donne la liste des groupes culturels et des sites auxquels ils sont associés. Glossaire. Bibliographie. Index des sites, des groupes culturels, des lieux, etc.   E77 C35 1993   917.30492908997

1730

Chronology of Native North American history : from pre-Columbian times to the present. – Duane Champagne, editor. – Detroit : Gale Research, c1994. – lxxv, [4], 574 p. : ill., maps. – 0810391953

A chronology of Native North American history from 50,000 B.C. to March 18, 1994. Covers historical events in law, legislation, art, tribal history, politics, religion, education, health, etc. Emphasis on recent events. Brief descriptive entries. Historical time line. Excerpts from speeches made by Native orators. Excerpts from documents and legal cases significant in Native North American history. Bibliography. Subject index.   E77 C555 1994   970.0049700202

Chronologie de l'histoire autochtone nord-américaine, de 50 000 av. J.-C. jusqu'au 18 mars 1994. Couvre des événements historiques en droit, en législation, en art, en histoire tribale, en politique, en religion, en éducation, en santé, etc. Insistance sur les événements récents. Courtes notices descriptives. Tableau chronologique historique. Extraits de discours prononcés par des orateurs autochtones. Extraits de documents et de causes juridiques d'importance pour l'histoire autochtone nord-américaine. Bibliographie. Index sujets.
E77 C555 1994   970.0049700202

1731

Dickason, Olive Patricia. – *Canada's First Nations : a history of founding peoples from earliest times.* – Toronto : McClelland & Stewart, c1992. – 590 p. : ill., ports., maps. – 0771028016 (bd.) 0771028008 (pa.)

A history of Canada's Native peoples from the time of the first arrival in North America, through the early period of contact with Europeans, to issues of land claims and self-government. Extensive notes and bibliography. Subject index.   E78 C2 D535 1992 971.00497

Histoire des peuples autochtones du Canada, depuis le moment de la première arrivée en Amérique du Nord, en passant par la période des premièrs rencontres avec les Européens, jusqu'aux questions de réclamations territoriales et d'autonomie gouvernementale. Longues notes et bibliographie. Index des sujets. E78 C2 D535 1992 971.00497

1732

First people, first voices. – Edited by Penny Petrone. – Toronto : University of Toronto Press, c1983. – ix, 221 p. : ports. – 0802025153

A collection of Canadian Native writings and speeches in English, dating from the 1630s to the 1980s. Some early speeches in Native languages, which were recorded in French, have been translated into English. Excerpts from journals, letters, essays and speeches discuss the arrival and settlement of Europeans, the introduction of Christianity, aspects of Native culture, treaty negotiations, etc. Native legends and modern creative works are also included. Arranged chronologically. Brief introduction to each text. Index of names and literary forms.   E78 C2 F57 1983   971.00497

Collection d'écrits et de discours en anglais qui ont été rédigés par des Autochtones canadiens et qui datent d'entre les années 1630 et les années 1980. Certains des premiers discours en langues autochtones enregistrés en français ont été traduits en anglais. Les extraits de journaux personnels, de lettres, d'essais et de discours discutent de l'arrivée des Européens et de la colonisation, de l'introduction de la religion chrétienne, d'aspects de la culture autochtone, des négociations pour les traités, etc. Inclut aussi des légendes autochtones et des oeuvres de création modernes. Classement chronologique. Courte introduction à chaque texte. Index des noms et des formes littéraires.   E78 C2 F57 1983   971.00497

1733

Handbook of North American Indians. – William C. Sturtevant, general editor. – Washington : Smithsonian Institution, 1978-   . –   vol. : ill., maps.

An encyclopedic work on the prehistory, history and cultures of the Native peoples of North America. Volumes cover themes or culture areas. To be complete in twenty volumes of which nine have been published to date: vol. 4, *History of Indian-white relations* (1988); vol. 5, *Arctic* (1984); vol. 6, *Subarctic* (1984); vol. 7, *Northwest Coast* (1990); vol. 8, *California* (1978); vol. 9, *Southwest* (1983); vol. 10, *Southwest*, (1983); vol. 11, *Great Basin* (1986); vol. 15, *Northeast* (1978). The remaining volumes will include the plains, technology and visual arts, languages, a biographical dictionary, an index, etc. Volumes consist of signed essays by scholars, illustrated with maps, photographs and diagrams. Extensive bibliography and subject index in each volume.   E77 H34 1978 fol.   970.00497

Ouvrage encyclopédique sur la préhistoire, l'histoire et les cultures des peuples autochtones de l'Amérique du Nord. Les volumes portent sur des thèmes ou des régions culturelles. L'ensemble complet comprendra vingt volumes dont neuf ont été publiés jusqu'à maintenant: vol. 4, *History of Indian-white relations* (1988); vol. 5, *Arctic* (1984); vol. 6, *Subarctic* (1984); vol. 7, *Northwest Coast* (1990); vol. 8, *California* (1978); vol. 9, *Southwest* (1983); vol. 10, *Southwest*, (1983); vol. 11, *Great Basin* (1986); vol. 15, *Northeast* (1978). Les autres volumes incluront les plaines, la technologie et les arts visuels, les langues, un dictionnaire biographique, un index, etc. Les volumes sont formés d'essais signés par des spécialistes et illustrés au moyen de cartes, de photographies et de diagrammes. Chaque volume contient une vaste bibliographie et un index des sujets. E77 H34 1978 fol.   970.00497

1734

Iroquois Indians : a documentary history of the diplomacy of the Six Nations and their League : guide to the microfilm collection. – Francis Jennings, editor, William N. Fenton, joint editor, Mary A. Druke, associate editor, David R. Miller, research assistant. – Woodbridge (Conn.) : Research Publications, 1985. – xxi, 718 p. – 0892350881

The guide to a microfilm collection of texts relating to the diplomatic history of the League of the Iroquois. The full texts of manuscripts and printed documents produced during the period from the seventeenth century through 1842 are included in the collection. Photographs of wampum belts are also provided. Original documents held by numerous American, Canadian and British repositories were copied and filmed. Paper copies of all the documents are held by the D'Arcy McNickle Center for the History of the American Indian at the Newberry Library, Chicago. The guide consists of a calendar of references to documents, arranged by reel number and chronologically, and an index of names and subjects. The index is incomplete, covering only about one-sixth of the documents. List of repositories. Bibliography of printed sources. The location of each original document is noted with the text on the microfilm.   E99 I7 N47 1985 fol. 016.9730497

Guide de la collection de textes sur microfilm relatifs à l'histoire diplomatique de la League of the Iroquois. Cette collection comprend les textes complets des manuscrits et des documents imprimés produits durant la période du dix-septième siècle à 1842. Contient aussi des photographies de ceintures de wampum. Les documents originaux qui se trouvent dans de nombreux dépôts d'archives américains, canadiens et britanniques ont été copiés et microfilmés. Le D'Arcy McNickle Center for the History of the American Indian, de la bibliothèque Newberry à Chicago, possède des copies sur papier de tous ces documents. Le guide est formé d'un inventaire analytique des références aux documents, classés par numéros de bobine et par ordre chronologique, et un index des noms et des sujets. L'index est incomplet car il couvre seulement environ le sixième des documents. Liste des dépôts d'archives. Bibliographie des sources imprimées. La localisation de chaque document original est signalée avec le texte sur microfilm.   E99 I7 N47 1985 fol. 016.9730497

1735

Krech, Shepard. – *Native Canadian anthropology and history : a selected bibliography.* – By Shepard Krech III ; foreword by Jennifer S.H. Brown. – Rev. ed. – Winnipeg : Rupert's Land Research Centre, University of Winnipeg, c1994. – xii, 212 p. – 0806126175

1st ed., 1986. A bibliography of books, periodical articles and official publications on the anthropology and history of Canada's Native peoples. Includes English- and French-language publications. Emphasis on works published since 1980. Three parts: reference, comparative and basic historical sources; regional and ethnic sources arranged by culture area; special topics including writing the history of Native Canadians, missionaries, education, art and material culture, political, legal and constitutional issues. Author index. Z1209.2 C3 K74 1994 fol.   016.97100497

1re éd., 1986. Bibliographie de livres, d'articles de périodiques et de publications officielles sur l'anthropologie et l'histoire des peuples autochtones du Canada. Inclut des publications en anglais et en français. Insistance sur les ouvrages publiés depuis 1980. Trois parties: les sources de référence et les sources historiques comparatives et de base; les sources régionales et ethniques classées par régions culturelles; les sujets particuliers comme l'écriture de l'histoire des Autochtones canadiens, les missionnaires, l'éducation, l'art et la culture matérielle, les questions politiques, juridiques et constitutionnelles. Index des auteurs.   Z1209.2 C3 K74 1994 fol.   016.97100497

1736

Madill, D. [Dennis]. – *Bibliographie annotée et choisie sur l'histoire et les revendications des Métis.* – Ottawa : Centre de la recherche historique et de l'étude des traités, Orientations générales, Affaires indiennes et du Nord Canada, 1983. – iii, 54 p. : 1 carte.

A bibliographical essay describing books, periodical articles, essays, theses and conference papers on the history of the Métis people in Canada. Arranged by theme including foundations of Métis history to 1870, the Riel rebellions, Métis land claims, biographical and regional studies, constitutional issues, etc. Annotated list of primary sources. Alphabetically arranged list of works cited in bibliographical essay. Reproduced in microform format: *Microlog*, no. 85-05516. Also published in English under the title: *Select annotated bibliography on Métis history and claims.*   E92   016.97100497

Essai bibliographique qui décrit les livres, les articles de périodiques, les essais, les thèses et les actes de congrès sur l'histoire du peuple Métis au Canada. Classement par thèmes comme les fondements de l'histoire des Métis jusqu'en 1870, les rébellions de Riel, les terres revendiquées par les Métis, les études biographiques et régionales, les questions constitutionnelles, etc. Liste annotée des sources primaires. Liste alphabétique des ouvrages cités dans l'essai bibliographique. Reproduit sur support microforme: *Microlog*, n° 85-05516. Publié aussi en anglais sous le titre: *Select annotated bibliography on Métis history and claims.*   E92   016.97100497

1737

Madill, D. [Dennis]. – *Bibliographie choisie et annotée de la politique indienne et des revendications territoriales des Indiens de la Colombie-Britannique.* – Ottawa : Centre de la recherche historique et de l'étude des traités, Direction de la recherche, Orientations générales, Affaires indiennes et du Nord Canada, 1983. – v, 28 p. : carte.

A bibliographical essay describing books, periodical articles, theses, essays, etc., relating to the history of Native land claims and policy in British Columbia. Arranged in parts covering reference works, the pre- and post-Confederation periods and legal aspects. Brief descriptions of major archival repositories. Alphabetically arranged list of the 89 works cited in the bibliographical essay. Reproduced in microform format: *Microlog*, no. 86-03764. Also published in English under the title: *Select annotated bibliography on British Columbia Indian policy and land claims.* Z1209 016.32311970711

Essai bibliographique qui décrit les livres, les articles de périodiques, les thèses, les essais, etc. qui se rapportent à l'histoire des réclamations territoriales des Autochtones et à la politique en cette matière en Colombie-Britannique. Divisé en parties qui portent sur les ouvrages de référence, les périodes antérieures et postérieures à la Confédération et les aspects juridiques. Courte description des principaux dépôts d'archives. Liste alphabétique de 89 ouvrages mentionnés dans l'essai bibliographique. Reproduit sur support microforme: *Microlog*, nᵒ 86-03764. Publié aussi en anglais sous le titre: *Select annotated bibliography on British Columbia Indian policy and land claims.* Z1209 016.32311970711

1738

Madill, D. [Dennis]. – *Select annotated bibliography on British Columbia Indian policy and land claims.* – Ottawa : Treaties and Historical Research Centre, Research Branch, Corporate Policy, Dept. of Indian and Northern Affairs Canada, 1982. – i, 27 p. : map.

A bibliographical essay describing books, periodical articles, theses, essays, etc., relating to the history of Native land claims and policy in British Columbia. Arranged in parts covering reference works, the pre- and post-Confederation periods and legal aspects. Brief descriptions of major archival repositories. Alphabetically arranged list of the 89 works cited in the bibliographical essay. Reproduced in microform format: *Microlog*, no. 86-03764. Also published in French under the title: *Bibliographie choisie et annotée de la politique indienne et des revendications territoriales des Indiens de la Colombie-Britannique.* Z1209 016.32311970711

Essai bibliographique qui décrit les livres, les articles de périodiques, les thèses, les essais, etc. qui se rapportent à l'histoire des réclamations territoriales des Autochtones et à la politique en cette matière en Colombie-Britannique. Divisé en parties qui portent sur les ouvrages de référence, les périodes antérieures et postérieures à la Confédération et les aspects juridiques. Courte description des principaux dépôts d'archives. Liste alphabétique de 89 ouvrages mentionnés dans l'essai bibliographique. Reproduit sur support microforme: *Microlog*, nᵒ 86-03764. Publié aussi en français sous le titre: *Bibliographie choisie et annotée de la politique indienne et des revendications territoriales des Indiens de la Colombie-Britannique.* Z1209 016.32311970711

1739

Madill, D. [Dennis]. – *Select annotated bibliography on Métis history and claims.* – Ottawa : Treaties and Historical Research Centre, Research Branch, Corporate Policy, Indian and Northern Affairs Canada, 1983. – [3], 45 p. : 1 map.

A bibliographical essay describing books, periodical articles, essays, theses and conference papers on the history of the Métis people in Canada. Arranged by theme including foundations of Métis history to 1870, the Riel rebellions, Métis land claims, biographical and regional studies, constitutional issues, etc. Annotated list of primary sources. Alphabetically arranged list of works cited in bibliographical essay. Reproduced in microform format: *Microlog*, no. 85-05516. Also published in French under the title: *Bibliographie annotée choisie sur l'histoire et les revendications des Métis.* E92 016.97100497

Essai bibliographique qui décrit les livres, les articles de périodiques, les essais, les thèses et les actes de congrès sur l'histoire du peuple Métis au Canada. Classement par thèmes comme les fondements de l'histoire des Métis jusqu'en 1870, les rébellions de Riel, les terres revendiquées par les Métis, les études biographiques et régionales, les questions constitutionnelles, etc. Liste annotée des sources primaires. Liste alphabétique des ouvrages cités dans l'essai bibliographique. Reproduit sur support microforme: *Microlog*, nᵒ 85-05516. Publié aussi en français sous le titre: *Bibliographie annotée choisie sur l'histoire et les revendications des Métis.* E92 016.97100497

1740

McCardle, Bennett Ellen. – *Histoire et revendications des Indiens : guide de recherche.* – Préparé par Bennett Ellen McCardle pour le Centre de recherche historique de l'étude des traités, Direction de la recherche, Orientations générales, Affaires indiennes et du Nord Canada. – Ottawa : Affaires indiennes et du Nord Canada, 1984, c1985. – 2 vol. (400 p.) : ill., cartes.

A guide to sources and methods for researching the history of Indians in Canada. Arranged in two volumes covering research projects and research methods. Among the projects discussed are writing a band, reserve or community history, researching reserve land title, the history of a treaty, hunting rights, Indian status, etc. Useful archival resources are described for each project. Annotated bibliography of other aids to research in vol. 1. Vol. 2 outlines the stages of a project including planning, researching, writing, etc. Appendices in vol. 2: glossary of terms used in Indian historical research; restrictions on access to records; borrowing or buying microfilm for research; directory of archives, libraries, government departments, etc. Subject index in vol. 2. Also published in English under the title: *Indian history and claims : a research handbook.* KE7718 971.004970072

Guide des sources et des méthodes de recherche sur l'histoire des Amérindiens du Canada. Classement en deux volumes qui portent sur les projets et les méthodes de recherche. Parmi les projets discutés, notons la rédaction de l'histoire d'une bande, d'une réserve ou d'une communauté, la recherche du titre de propriété d'une réserve, l'histoire d'un traité, les droits de chasse, le statut d'Amérindien, etc. Les sources d'archives utiles sont décrites pour chaque projet. Le vol. 1 contient une bibliographie annotée des autres instruments de recherche. Le vol. 2 donne les grandes lignes des étapes d'un projet, y compris la planification, la recherche, la rédaction, etc. Annexes du vol. 2: un glossaire des termes utilisés dans la recherche sur l'histoire des Amérindiens; les restrictions relatives à l'accès aux documents; l'emprunt ou l'achat de microfilms pour la recherche; un répertoire des archives, des bibliothèques, des ministères, etc. Index des sujets dans le vol. 2. Publié aussi en anglais sous le titre: *Indian history and claims : a research handbook.* KE7718 971.004970072

1741

McCardle, Bennett Ellen. – *Indian history and claims : a research handbook.* – Prepared by Bennett Ellen McCardle for the Treaties and Historical Research Centre, Research Branch, Corporate Policy, Indian and Northern Affairs Canada. – Ottawa : Indian and Northern Affairs Canada, 1982. – 2 vol. : (376 p.) : ill., maps.

A guide to sources and methods for researching the history of Indians in Canada. Arranged in two volumes covering research projects and research methods. Among the projects discussed are writing a band, reserve or community history, researching reserve land title, the history of a treaty, hunting rights, Indian status, etc. Useful archival resources are described for each project. Annotated bibliography of other aids to research in vol. 1. Vol. 2 outlines the stages of a project including planning, researching, writing, etc. Appendices in vol. 2: glossary of terms used in Indian historical research; restrictions on access to records; borrowing or buying microfilm for research; directory of archives, libraries, government departments, etc. Subject index in vol. 2. Reproduced in microform format: *Microlog*, no. 85-01231. Also published in French under the title: *Histoire et revendications des Indiens : guide de recherche.* KE7718   971.004970072

Guide des sources et des méthodes de recherche sur l'histoire des Amérindiens du Canada. Classement en deux volumes qui portent sur les projets et les méthodes de recherche. Parmi les projets discutés, notons la rédaction de l'histoire d'une bande, d'une réserve ou d'une communauté, la recherche du titre de propriété d'une réserve, l'histoire d'un traité, les droits de chasse, le statut d'Amérindien, etc. Les sources d'archives utiles sont décrites pour chaque projet. Le vol. 1 contient une bibliographie annotée des autres instruments de recherche. Le vol. 2 donne les grandes lignes des étapes d'un projet, y compris la planification, la recherche, la rédaction, etc. Annexes du vol. 2: un glossaire des termes utilisés dans la recherche sur l'histoire des Amérindiens; les restrictions relatives à l'accès aux documents; l'emprunt ou l'achat de microfilms pour la recherche; un répertoire des archives, des bibliothèques, des ministères, etc. Index des sujets dans le vol. 2. Reproduit sur support microforme: *Microlog*, n° 85-01231. Publié aussi en français sous le titre: *Histoire et revendications des Indiens : guide de recherche.* KE7718   971.004970072

1742

McMillan, Alan D. [Alan Daniel]. – *Native peoples and cultures of Canada : an anthropological overview.* – 2nd ed. rev. and enl. – Vancouver : Douglas & McIntyre, c1995. – xii, 376 p. : ill., maps, ports. – 1550541501

1st ed., 1988. An overview of the history and cultures of Canada's Native peoples from prehistory to the present day. Arranged by region and cultural group. Introductory chapters discuss anthropological research in Canada and the origins of Canada's Native peoples. A final chapter deals with contemporary issues such as status, reserves, land claims, etc. List of sources. Subject index. E78 C2 M32 1995   971.00497

1re éd., 1988. Aperçu de l'histoire et des cultures des peuples autochtones du Canada, depuis la préhistoire jusqu'à nos jours. Classement par régions et par groupes culturels. Les chapitres d'introduction discutent de la recherche anthropologique au Canada et des origines des peuples autochtones du Canada. Le dernier chapitre traite de questions contemporaines comme le statut, les réserves, les réclamations territoriales, etc. Liste des sources. Index des sujets.   E78 C2 M32 1995   971.00497

1743

Provincial Archives of Alberta. Historical Resources Library. – *Native peoples of Alberta : a bibliographic guide.* – [Edmonton] : Alberta Culture and Multiculturalism, Historical Resources Division, 1988. – 36 p. : ill. – 0919411150

A bibliography of materials about the history and culture of the Native peoples of Alberta, held in the Historical Resources Library of the Provincial Archives of Alberta. Arranged by type of source including reference works, periodicals, theses sources, museum catalogues, etc. A section on special topics covers Métis, women and treaties, claims and government relations. Also briefly describes the archival holdings of the Provincial Archives of Alberta. Directory of resource centres. Reproduced in microform format: *Microlog*, no. 88-05714.   Z1209.2 C32 A42 1988   016.9712300497

Bibliographie de documents portant sur l'histoire et la culture des peuples autochtones de l'Alberta conservés à la Historical Resources Library des Archives provinciales de l'Alberta. Classement par types de sources, comme les ouvrages de référence, les périodiques, les thèses, les catalogues des musées, etc. Une section traite de sujets particuliers, soit les Métis, les femmes et les traités, les réclamations et les rapports avec le gouvernement. Décrit aussi brièvement les fonds d'archives des Archives provinciales de l'Alberta. Répertoire des centres d'information. Reproduit sur support microforme: *Microlog*,

1744

Quinn, David B. [David Beers]. – *Sources for the ethnography of northeastern North America to 1611.* – Ottawa : National Museums of Canada, 1981. – iv, 93 p. – (Mercury series) (Paper - Canadian Ethnology Service ; no. 76).

A bibliography of print and manuscript sources for the ethnography of northeastern North America, from the time of the earliest European discoveries to the period of the establishment of European settlements. Excludes Greenland saga material on eleventh-century contacts. Arranged chronologically. Contents notes for documents include the location of contact between European and Native peoples, Native cultural group encountered and characteristics noted, and descriptions of contact episodes. Bibliography. Reproduced in microform format: [Toronto] : Micromedia, [198?],   microfiches. Z1209   016.306097

Bibliographie des sources imprimées et manuscrites sur l'ethnographie du nord-est de l'Amérique du Nord, depuis le temps des premières découvertes européennes jusqu'à la période de la colonisation européenne. Exclut les sagas du Groenland sur les contacts au onzième siècle. Classement chronologique. Les notes sur le contenu des documents comprennent le lieu de la première rencontre entre les européens et les autochtones, le groupe culturel autochtone rencontré, les caractéristiques notées de ce groupe, et la description des premières rencontres. Bibliographie. Reproduit sur support microforme: [Toronto] : Micromedia, [198?],   microfiches. Z1209   016.306097

1745

Source materials relating to the New Brunswick Indian. – By W. D. Hamilton and W. A. Spray. – Fredericton : Hamray Books, 1977. – vii, 134 p. – 0920332056

A collection of documents relating to the history of the Indians of New Brunswick from prehistoric times up to Confederation. Includes complete texts or extracts of proclamations, reports, treaties, petitions, letters and legislation. Some documents originally in French have been translated into English. Arranged by time period and thematically. Introduction to each section. E78 N46 S66 1977 971.5100497

Collection de documents relatifs à l'histoire des Amérindiens du Nouveau-Brunswick, depuis les temps préhistoriques jusqu'à la Confédération. Inclut le texte complet ou des extraits de proclamations, de rapports, de traités, de requêtes, de lettres et de lois. Certains documents écrits à l'origine en français ont été traduits en anglais. Classement par périodes et par thèmes. Introduction à chaque section. E78 N46 S66 1977 971.5100497

1746

Surtees, Robert J. – *Canadian Indian policy : a critical bibliography.* – Bloomington [Ill.] : Published for the Newberry Library [by] Indiana University Press, c1982. – ix, 107 p. : 2 maps. – (Bibliographical series). – 0253313007

A bibliographical essay on the history of Canadian Indian policy. Includes books, official publications and periodical articles in English and French. Three sections: the French period, 1608-1763; the British period, 1763-1867; the Canadian period, 1867 to the present. List of recommended works for the beginner and for a basic library collection. List of 293 works cited in the essay, alphabetically arranged by name of author. A number of other titles in the *Bibliographical series* of the Center for the History of the American Indian are also of interest to students of Canada's Native peoples: *The Ojibwas : a critical bibliography*, 1976; *The Indians of the Subarctic : a critical bibliography*, 1976; *The Plains Indians : a critical bibliography*, 1977; *The Indians of the northeast : a critical bibliography*, 1978; *Native Americans of the Northwest Coast*, 1979. Z1209.2 C3 S97 016.3231197071

Essai bibliographique sur l'histoire de la politique canadienne sur les Amérindiens. Inclut des livres, des publications officielles et des articles de périodiques, en anglais et en français. Trois sections: la période française, 1608-1763, la période britannique, 1763-1867, la période canadienne, de 1867 à aujourd'hui. Liste des ouvrages recommandés pour les débutants et pour une collection de base. Liste des 293 ouvrages cités dans l'essai, classés alphabétiquement selon le nom des auteurs. Un certain nombre d'autres ouvrages de la *Bibliographical series* du Center for the History of the American Indian peuvent aussi intéresser ceux qui étudient les peuples autochtones du Canada: *The Ojibwas : a critical bibliography*, 1976; *The Indians of the Subarctic : a critical bibliography*, 1976; *The Plains Indians : a critical bibliography*, 1977; *The Indians of the northeast : a critical bibliography*, 1978; *Native Americans of the Northwest Coast*, 1979. Z1209.2 C3 S97 016.3231197071

1747

Vincent, Sylvie. – *Bilan des recherches ethnohistoriques concernant les groupes autochtones du Québec.* – Rapport du Centre de recherche et d'analyse en sciences humaines. – [Québec] : Ministère des affaires culturelles du Québec, Direction régionale du Nouveau-Québec et service aux autochtones, 1984. – 5 vol.

A study commissioned by the Ministère des affaires culturelles du Québec to evaluate the state of historical research on the Native peoples of Quebec. Compiled from responses to questionnaires and letters sent to researchers in ethnohistory, Native organizations and archives. Five volumes: vol. 1, *État de la recherche*; vol. 2, *Bibliographie des ouvrages ethnohistoriques, 1960-1983*, includes English- and French-language books, articles, theses and reports arranged by cultural group; vol. 3, *Bibliographie des sources publiées*, includes English- and French-language books, pamphlets, cartographic and iconographic materials and oral sources published from the fifteenth century to the 1950s, arranged by cultural group; vol. 4, *Tableaux des sources archivistiques*, identifies the holdings of major archives in Quebec, Canada, the United States and elsewhere relevant to the study of Native groups; vol. 5, *Bibliographie de guides et liste de dépôts d'archives*, lists guides and inventories to archival collections and provides a directory of relevant archives. Vols. 2-4 compiled by Jean-René Proulx. Also published in English under the title: *Review of ethnohistorical research on the Native peoples of Quebec*. E78 Q3 016.971400497

Étude commandée par le Ministère des affaires culturelles du Québec pour évaluer l'avancement de la recherche sur l'histoire des peuples autochtones du Québec. Réalisée à partir des réponses données à des questionnaires et à des lettres envoyés aux chercheurs en ethnohistoire, aux organisations autochtones et aux services d'archives. Cinq volumes: vol. 1, *État de la recherche*; le vol. 2, *Bibliographie des ouvrages ethnohistoriques, 1960-1983*, inclut des livres, des articles, des thèses et des rapports, en anglais et en français, classés par groupes culturels; le vol. 3, *Bibliographie des sources publiées*, comprend des livres, des brochures, des documents cartographiques et iconographiques ainsi que des sources orales publiés entre le quinzième siècle et les années 1950, classés par groupes culturels; le vol. 4, *Tableaux des sources archivistiques*, identifie les principaux fonds d'archives du Québec, du Canada, des États-Unis et d'ailleurs dans le monde qui se rapportent à l'étude des groupes autochtones; le vol. 5, *Bibliographie de guides et liste de dépôts d'archives*, signale des guides et des inventaires des collections d'archives et fournit un répertoire des archives pertinentes. Les volumes 2-4 ont été compilés par Jean-René Proulx. Publié aussi en anglais sous le titre: *Review of ethnohistorical research on the Native peoples of Quebec*. E78 Q3 016.971400497

1748

Vincent, Sylvie. – *Review of ethnohistorical research on the Native peoples of Quebec.* – By Consulting Services in Social Sciences Development and Cultural Change. – [Québec] : Ministère des affaires culturelles du Québec, Direction régionale du Nouveau-Québec et service aux autochtones, 1985. – 5 vol. – 2550122631 (set) 2550125045 (vol. 1) 2550122615 (vol. 2) 2550124235 (vol. 4) 2550122623 (vol. 5)

A study commissioned by the Ministère des affaires culturelles du Québec to evaluate the state of historical research on the Native peoples of Quebec. Compiled from responses to questionnaires and letters sent to researchers in ethnohistory, Native organizations and archives. Five volumes: vol. 1, *Assessment of research*; vol. 2,

Étude commandée par le Ministère des affaires culturelles du Québec pour évaluer l'avancement de la recherche sur l'histoire des peuples autochtones du Québec. Réalisée à partir des réponses à des questionnaires et des lettres envoyés aux chercheurs en ethnohistoire, aux organisations autochtones et aux services d'archives. Cinq volumes:

Bibliography of ethnohistorical works, 1960-1983, includes English- and French-language books, articles, theses and reports arranged by cultural group; vol. 3, *Bibliography of published sources*, includes English- and French-language books, pamphlets, cartographic and iconographic materials and oral sources published from the fifteenth century to the 1950s, arranged by cultural group; vol. 4, *Summary tables of archival sources*, identifies the holdings of major archives in Quebec, Canada, the United States and elsewhere relevant to the study of Native groups; vol. 5, *Bibliography of guides and list of archives*, lists guides and inventories to archival collections and provides a directory of relevant archives. Vols. 2-4 compiled by Jean-René Proulx. Also published in French under the title: *Bilan des recherches ethnohistoriques concernant les groupes autochtones du Québec*. E78 Q3 016.971400497

vol. 1, *Assessment of research*; le vol. 2, *Bibliography of ethnohistorical works, 1960-1983*, inclut des livres, des articles, des thèses et des rapports, en anglais et en français, classés par groupes culturels; le vol. 3, *Bibliography of published sources*, comprend des livres, des brochures, des documents cartographiques et iconographiques ainsi que des sources orales publiés entre le quinzième siècle et les années 1950, classés par groupes culturels; le vol. 4, *Summary tables of archival sources*, identifie les principaux fonds d'archives du Québec, du Canada, des États-Unis et d'ailleurs dans le monde qui se rapportent à l'étude des groupes autochtones; le vol. 5, *Bibliography of guides and list of archives*, signale des guides et des inventaires des collections d'archives et fournit un répertoire des archives pertinentes. Les volumes 2-4 ont été compilés par Jean-René Proulx. Publié aussi en français sous le titre: *Bilan des recherches ethnohistoriques concernant les groupes autochtones du Québec*. E78 Q3 016.971400497

1749

Young, Terry Ann. – *Researching the history of Aboriginal peoples in British Columbia : a guide to resources at the British Columbia Archives and Records Service and BC Lands.* – Victoria : BC Lands, c1992. – [4], ii, 98 p. : ill. – 0771891784

A guide to archival resources on the history of Native peoples in British Columbia, for the period 1849 to 1938. Focusses on the records of the provincial department, BC Lands, and its predecessors. Arranged in four parts: part 1, beginning your search, discusses general published sources and selected official publications and describes the collections of the British Columbia Archives and Records Service and BC Lands; part 2, historical framework, discusses sources related to events in the history of Aboriginal peoples in British Columbia and suggests research strategies; part 3, researching resource rights; part 4, descriptions of provincial and federal government records, annotated bibliography of published works. Appendix: addresses of archives, government departments, etc. Subject index. Reproduced in microform format: *Microlog*, no. 92-05925. Z1209.2 C32 B755 1992 fol. 016.971100497

Guide sur les fonds d'archives relatifs à l'histoire des peuples autochtones de la Colombie-Britannique pendant la période de 1849 à 1938. Porte principalement sur les dossiers du ministère provincial BC Lands et des organismes qui l'ont précédé. Classement en quatre parties: la partie 1 indique comment entreprendre la recherche, discute des sources publiées de nature générale et de publications officielles choisies, et décrit les collections du British Columbia Archives and Records Service et de BC Lands; la partie 2 donne un cadre historique, discute des sources relatives à des événements de l'histoire des peuples autochtones en Colombie-Britannique et suggère des stratégies de recherche; la partie 3 traite de la recherche des droits sur les ressources; la partie 4 décrit les documents provinciaux et fédéraux et donne une bibliographie annotée des ouvrages publiés. Annexe: adresses des services d'archives, des ministères, etc. Index des sujets. Reproduit sur support microforme: *Microlog*, n° 92-05925. Z1209.2 C32 B755 1992 fol. 016.971100497

1750

Yukon Archives. – *Yukon Native history and culture : a bibliography of sources available at the Yukon Archives.* – Whitehorse : the Archives, 1987. – ii, 65 p.

A bibliography of films, videotapes, posters, sound recordings, government records, maps, photographs and books relating to the history and culture of Native peoples of the Yukon. Arranged by format. Yukon Archives location codes. Subject index. Z1392 Y8 Y85 1987 fol. 016.9719100497

Bibliographie des films, des bandes vidéo, des affiches, des enregistrements sonores, des archives gouvernementales, des cartes, des photographies et des livres qui se rapportent à l'histoire et à la culture des peuples autochtones du Yukon. Classement par supports. Codes de localisation aux Yukon Archives. Index des sujets. Z1392 Y8 Y85 1987 fol. 016.9719100497

Oral History

Histoire orale

1751

Fortier, Normand. – *Guide to oral history collections in Canada = Guide des fonds d'histoire orale au Canada.* – [Ottawa] : Canadian Oral History Association, 1993. – [xxi], 402 p. – (Journal ; vol. 13 (1993)). – 0969789513

A bilingual guide to 1,816 oral history fonds or collections in audio or video form, held by 354 repositories in Canada. Excludes folklore studies collections entirely made up of songs, tales, legends, etc., the archives of radio and television broadcasters and collections with less than one hour of recording. Compiled from a questionnaire sent to 1,035 archives, museums, libraries, etc. Arranged alphabetically by province and then by repository. Entries in English or French include: name, address, telephone and fax numbers and hours of operation of repository, copying information, description of holdings, title of collection, call number, number and total duration of interviews, medium, contents notes, language of recordings, restrictions on access, finding aids, transcription. Questionnaire. Bibliography.

Guide bilingue sur 1 816 fonds d'archives et collections relatives à l'histoire orale, sous forme d'enregistrement sonore ou de documents vidéo, qui se trouvent dans 354 dépôts d'archives au Canada. Exclut les collections d'études folkloriques entièrement formées de chansons, de contes, de légendes, etc., les archives des radiodiffuseurs et des télédiffuseurs, et les collections qui comptent moins d'une heure d'enregistrement. Compilé à partir d'un questionnaire envoyé à 1 035 services d'archives, musées, bibliothèques, etc. Classement alphabétique par provinces, puis par dépôts d'archives. Les notices en anglais ou en français contiennent: nom, adresse, numéros de téléphone et de télécopieur, et heures d'ouverture du dépôt d'archives, information sur les possibilités de photocopie, description des fonds, titre de la collection, cote, nombre et durée totale des

Separate subject indexes to English- and French-language entries.
Z688 016.9072071

entrevues, moyen d'enregistrement, notes sur le contenu, langue des enregistrements, restrictions relatives à l'accès, instruments de recherche, transcription. Questionnaire. Bibliographie. Deux index des sujets, l'un pour les notices en anglais et l'autre pour les notices en français. Z688 016.9072071

1752

Fortier, Normand. – *Guide to oral history collections in Canada = Guide des fonds d'histoire orale au Canada.* – [Ottawa] : Société canadienne d'histoire orale, 1993. – [xxi], 402 p. – (Journal ; vol. 13 (1993)). – 0969789513

A bilingual guide to 1,816 oral history fonds or collections in audio or video form, held by 354 repositories in Canada. Excludes folklore studies collections entirely made up of songs, tales, legends, etc., the archives of radio and television broadcasters and collections with less than one hour of recording. Compiled from a questionnaire sent to 1,035 archives, museums, libraries, etc. Arranged alphabetically by province and then by repository. Entries in English or French include: name, address, telephone and fax numbers and hours of operation of repository, copying information, description of holdings, title of collection, call number, number and total duration of interviews, medium, contents notes, language of recordings, restrictions on access, finding aids, transcription. Questionnaire. Bibliography. Separate subject indexes to English- and French-language entries. Z688 016.9072071

Guide bilingue sur 1 816 fonds d'archives ou collections relatives à l'histoire orale, sous forme d'enregistrement sonore ou de documents vidéo, qui se trouvent dans 354 dépôts d'archives au Canada. Exclut les collections d'études folkloriques entièrement formées de chansons, de contes, de légendes, etc., les archives des radiodiffuseurs et des télédiffuseurs, et les collections qui comptent moins d'une heure d'enregistrement. Compilé à partir d'un questionnaire envoyé à 1 035 services d'archives, musées, bibliothèques, etc. Classement alphabétique par provinces puis par dépôts d'archives. Les notices en anglais ou en français contiennent: nom, adresse, numéros de téléphone et de télécopieur, et heures d'ouverture du dépôt d'archives, information sur les possibilités de photocopie, description des fonds, titre de la collection, cote, nombre et durée totale des entrevues, moyen d'enregistrement, notes sur le contenu, langue des enregistrements, restrictions relatives à l'accès, instruments de recherche, transcription. Questionnaire. Bibliographie. Deux index des sujets, l'un pour les notices en anglais et l'autre pour les notices en français. Z688 016.9072071

Seigneurial Tenure

Seigneuries

1753

Archives de la province de Québec. – *Inventaire des concessions en fief et seigneurie, fois et hommages et aveux et dénombrements conservés aux Archives de la province de Québec.* – Par Pierre-Georges Roy. – Beauceville [Québec] : Éclaireur, 1927-1929. – 6 vol.

An inventory of the documents recording land grants under the seigneurial system in Quebec, from 1625 to the 1850s. Arranged by fief and seigneurie. References to original registers and to other sources in which the texts of the documents have been published. Volume 6 includes: alphabetical table of fiefs, seigneuries and arrière-fiefs; table of the first seigneurs of New France; name index. CD3645 Q33 A72 1927 fol. 333.32209714

Inventaire des documents qui enregistrent les concessions de terres dans le cadre du système seigneurial au Québec, de 1625 aux années 1850. Classement par fiefs et par seigneuries. Références aux registres originaux et aux autres sources où les textes des documents ont été publiés. Le volume 6 comprend: tableau alphabétique des fiefs, des seigneuries et des arrière-fiefs; tableau des premiers seigneurs de la Nouvelle-France; index des noms. CD3645 Q33 A72 1927 fol. 333.32209714

1754

Edicts, ordinances, declarations and decrees relative to the seigniorial tenure, required by an address of the Legislative Assembly, 1851. – Quebec : Printed by E.R. Fréchette, 1852. – 337 p.

English translations of documents dating from 1627-1847, relating to the seigneurial tenure. Reproduced in microform format: [Montréal] : Bibliothèque nationale du Québec, 1983, 4 microfiches. French-language edition: *Édits, ordonnances, déclarations et arrêts relatifs à la tenure seigneuriale, demandés par une adresse de l'Assemblée législative, 1851.* FC310 333.32209714

Traduction anglaise de documents qui datent de la période 1627-1847 et qui se rapportent à la tenure seigneuriale. Reproduit sur support microforme: [Montréal] : Bibliothèque nationale du Québec, 1983, 4 microfiches. Édition en français: *Édits, ordonnances, déclarations et arrêts relatifs à la tenure seigneuriale, demandés par une adresse de l'Assemblée législative, 1851.* FC310 333.32209714

1755

Édits, ordonnances, déclarations et arrêts relatifs à la tenure seigneuriale, demandés par une adresse de l'Assemblée législative, 1851. – Québec : Imprimerie de E.R. Fréchette, 1852. – 308 p.

The texts of documents dating from 1627 to 1849, relating to the seigneurial tenure in Canada. Reproduced in microform format: *CIHM/ICMH microfiche series*, no. 61642; [Montréal] : Bibliothèque nationale du Québec, 1983, 4 microfiches. English-language edition: *Edicts, ordinances, declarations and decrees relative to the seigniorial tenure, required by an address of the Legislative Assembly, 1851.* FC310 333.32209714

Textes de documents qui datent de 1627 à 1849 et qui se rapportent à la tenure seigneuriale au Canada. Reproduit sur microforme: *CIHM/ICMH collection de microfiches*, n° 61642; [Montréal] : Bibliothèque nationale du Québec, 1983, 4 microfiches. Édition en anglais: *Edicts, ordinances, declarations and decrees relative to the seigniorial tenure, required by an address of the Legislative Assembly, 1851.* FC310 333.32209714

1756

Parent, Jean-Claude. – *Bibliographie commentée sur le régime seigneurial.* – [Ottawa] : Parcs Canada, 1985. – 4 microfiches. – (Rapport(s) sur microfiches ; n° 220).

Approximately 1,500 entries for published primary sources, scholarly publications, periodical articles, theses, student papers, pamphlets, etc., on the seigneurial regime in Canada. Arranged in the following sections: printed and cartographic sources, reference works, nature and operation of the regime, social and economic aspects, geographic aspects, monographs on seigneuries, seigneurs etc., general works, monographs on parishes. Brief annotations. Indexes of authors and seigneuries.   FC215   016.33332209714

Environ 1 500 notices répertoriant des sources primaires publiées, des publications savantes, des articles de périodiques, des thèses, des travaux d'étudiants, des brochures, etc. sur le régime seigneurial au Canada. Division en sections: sources imprimées et cartographiques, ouvrages de référence, nature et mode de fonctionnement du régime, aspects sociaux et économiques, aspects géographiques, monographies sur les seigneuries, les seigneurs, etc., ouvrages de nature générale, monographies sur les paroisses. Courtes annotations. Index des auteurs et index des seigneuries.   FC215   016.33332209714

1757

Pièces et documents relatifs à la tenure seigneuriale : demandés par une adresse de l'Assemblée législative, 1851. – Québec : Imprimerie de E.R. Fréchette, 1852. – 190, xix p.

Contains documents in French relating to the seigneurial system, dating from 1663-1843. Among others, the report of the Commission on Seigniorial Tenure is included. Reproduced in microform format: *CIHM/ICMH microfiche series*, no. 49340; [Montréal] : Bibliothèque nationale du Québec, 1983, 8 microfiches, (fiches 1-3). English edition: *Titles and documents relative to the seigniorial tenure : required by an address of the Legislative Assembly, 1851.*   FC310   333.32209714

Contient des documents en français qui se rapportent au système seigneurial et qui datent de la période 1663-1843. Inclut notamment le rapport de la Commission sur la tenure seigneuriale. Reproduit sur support microforme: *CIHM/ICMH collection de microfiches,* n° 49340; [Montréal] : Bibliothèque nationale du Québec, 1983, 8 microfiches, (fiches 1-3). Édition en anglais: *Titles and documents relative to the seigniorial tenure : required by an address of the Legislative Assembly, 1851.*   FC310   333.32209714

1758

Pièces et documents relatifs à la tenure seigneuriale : demandés par une adresse de l'Assemblée législative, 1851. – Québec : Imprimerie de E.R. Fréchette, 1852. – 484 p.

The texts of documents such as deeds of concession or grants in the fiefs and seigneuries of New France, dating from 1626-1797. Alphabetical table of contents. Reproduced in microform format: *CIHM/ICMH microfiche series*, no. 49341; [Montréal] : Bibliothèque nationale du Québec, 1983, 8 microfiches. English edition: *Titles and documents relative to the seigniorial tenure : required by an address of the Legislative Assembly, 1851.*   FC310   333.32209714

Textes de documents, comme les divers actes de concessions des fiefs et seigneuries de la Nouvelle-France, qui datent de la période 1626-1797. Table alphabétique des matières. Reproduit sur support microforme: *CIHM/ICMH collection de microfiches,* n° 49341; [Montréal] : Bibliothèque nationale du Québec, 1983, 8 microfiches. Édition en anglais: *Titles and documents relative to the seigniorial tenure : required by an address of the Legislative Assembly, 1851.*   FC310   333.32209714

1759

Titles and documents relative to the seigniorial tenure : required by an address of the Legislative Assembly, 1851. – Quebec : Printed by E.R. Fréchette, 1852. – 490 p.

English translations of deeds of concession or grants in the fiefs and seigneuries of New France, dating from 1634-1762. Alphabetical table of contents. Reproduced in microform format: *CIHM/ICMH microfiche series*, no. 49870. French-language edition: *Pièces et documents relatifs à la tenure seigneuriale : demandés par une adresse de l'Assemblée législative, 1851.*   FC310   333.32209714

Traduction anglaise de divers actes de concessions des fiefs et seigneuries de la Nouvelle-France qui datent de la période 1634-1762. Table alphabétique des matières. Reproduit sur support microforme: *CIHM/ICMH collection de microfiches,* n° 49870. Édition en français: *Pièces et documents relatifs à la tenure seigneuriale : demandés par une adresse de l'Assemblée législative, 1851.*   FC310   333.32209714

1760

Titles and documents relative to the seigniorial tenure : required by an address of the Legislative Assembly, 1851. – Quebec : Printed by E.R. Fréchette, 1852. – 216 p.

English translations of documents dating from 1663-1843, relating to the seigneurial tenure. Includes among others the report of the Commission on Seigniorial Tenure. Reproduced in microform format: *CIHM/ICMH microfiche series*, no. 10901; [Montréal] : Bibliothèque nationale du Québec, 1983, 3 microfiches. French edition: *Pièces et documents relatifs à la tenure seigneuriale : demandés par une adresse de l'Assemblée législative, 1851.*   FC310   333.32209714

Traduction anglaise de documents qui datent de la période 1663-1843 et qui se rapportent à la tenure seigneuriale. Inclut notamment le rapport de la Commission sur la tenure seigneuriale. Reproduit sur support microforme: *CIHM/ICMH collection de microfiches,* n° 10901; [Montréal] : Bibliothèque nationale du Québec, 1983, 3 microfiches. Édition française: *Pièces et documents relatifs à la tenure seigneuriale : demandés par une adresse de l'Assemblée législative, 1851.*   FC310   333.32209714

1761

Trudel, Marcel. – *Le terrier du Saint-Laurent en 1663.* – Ottawa : Éditions de l'Université d'Ottawa, 1973. – xlv, 618 p., [52] f. de planches (3 dépl.) : cartes. – (Cahiers du Centre de recherche en civilisation canadienne-française ; n° 6). – 0776640860

An inventory of the seigneuries along the St. Lawrence River in 1663. Arranged geographically. Provides names of landholders and describes size of holdings. Appendices: geographical and chronological lists of seigneuries, list of seigneurs with holdings in arpents, landholdings of the Company of One Hundred Associates. Index of personal and place names. Bibliography of sources. Forthcoming: Trudel, Marcel, *Le terrier du Saint-Laurent en 1674* (Laval, Québec : Éditions du Méridien, 1995). F5505 T78 333.32209714

Inventaire des seigneuries situées le long du fleuve Saint-Laurent en 1663. Classement géographique. Donne les noms des propriétaires et les dimensions de leurs propriétés. Annexes: liste géographique et liste chronologique des seigneuries, liste des seigneurs et de leurs propriétés en arpents, propriétés de la Compagnie des Cent-Associés. Index des noms de personnes et de lieux. Bibliographie des sources. À paraître: Trudel, Marcel, *Le terrier du Saint-Laurent en 1674* (Laval, Québec : Éditions du Méridien, 1995). F5505 T78 333.32209714

Urban History

Histoire urbaine

1762

Artibise, Alan F. J. – *Canada's urban past : a bibliography to 1980 and guide to Canadian urban studies.* – Alan F. J. Artibise and Gilbert A. Stelter. – Vancouver : University of British Columbia Press, c1981. – xxxix, 396 p. – 0774801344

A bibliography of over 7,000 entries for books, periodical articles and theses in English and in French on the urban history of Canada. Entries are arranged in sections covering general works, regions and provinces. Entries within provincial sections are arranged by city. Also includes "A guide to Canadian urban studies" which describes the following: newsletters and journals; the holdings of the National Archives of Canada, provincial, territorial and municipal archives, specialized libraries and urban information centres; audio-visual and other resources. Author, place and subject indexes. An annual bibliography, *Bibliography : recent publications relating to Canada's urban past = Bibliographie : publications récentes en histoire du Canada urbain*, was published in the October issue of *Urban history review = Revue d'histoire urbaine* for the years 1981 through 1987. Content and arrangement similar to *Canada's urban past.*

Gilbert Stelter has also compiled: *Canadian urban history : a selected bibliography* (Sudbury : Laurentian University Press, 1972). Z7164 U7 A78 016.307760971

Bibliographie de plus de 7 000 notices sur des livres, des articles de périodiques et des thèses, en anglais et en français, sur l'histoire urbaine du Canada. Les notices sont classées en sections qui portent sur les ouvrages de nature générale, les régions et les provinces. Au sein des sections sur les provinces, les notices sont classées par villes. Inclut aussi «A guide to Canadian urban studies» qui décrit ce qui suit: les bulletins et les revues; les fonds documentaires des Archives nationales du Canada, des archives provinciales, territoriales et municipales, des bibliothèques spécialisées et des centres d'information urbaine; les sources audiovisuelles et autres. Index: auteurs, lieux, sujets. Une bibliographie annuelle, *Bibliography : recent publications relating to Canada's urban past = Bibliographie : publications récentes en histoire du Canada urbain*, a été publiée dans le numéro d'octobre de la *Urban history review = Revue d'histoire urbaine* pour les années 1981 à 1987. Le contenu et la disposition sont semblables à ceux de *Canada's urban past.*

Gilbert Stelter a aussi compilé: *Canadian urban history : a selected bibliography* (Sudbury : Laurentian University Press, 1972). Z7164 U7 A78 016.307760971

1763

Artibise, Alan F. J. – *Index for the Urban history review, 1972-1977 = Index pour la Revue d'histoire urbaine, 1972-1977.* – Compiled by Alan F. J. Artibise and Irene Artibise. – Ottawa : National Museums of Canada, 1978. – 40 p. – (Paper ; no. 24) (Mercury series).

An index to the periodical *Urban history review*, no. 1-72 (February 1972)-no. 3-77 (February 1978). Arranged in three sections: authors, subjects, book reviews arranged by author of book. *Urban history review* is also indexed in *Canadian periodical index*, 1981- , and *Canadian magazine index* and *Canadian index*, 1986- . Reproduced in microform format: [Toronto] : Micromedia, [198?], 1 microfiche. HT127 016.3077609

Index du périodique *Revue d'histoire urbaine*, n° 1-72 (février 1972)-n° 3-77 (février 1978). Classement en trois sections: auteurs, sujets, critiques de livres classées par auteurs des livres critiqués. *Revue d'histoire urbaine* est également répertorié dans *Index de périodiques canadiens*, 1981- , et dans *Canadian magazine index* et *Canadian index*, 1986- . Reproduit sur support microforme: [Toronto] : Micromedia, [198?], 1 microfiche. HT127 016.3077609

1764

Artibise, Alan F. J. – *Index for the Urban history review, 1972-1977 = Index pour la Revue d'histoire urbaine, 1972-1977.* – Préparé par Alan F. J. Artibise et Irene Artibise. – Ottawa : Musées nationaux du Canada, 1978. – 40 p. – (Dossier ; n° 24) (Collection mercure).

An index to the periodical *Urban history review*, no. 1-72 (February 1972)-no. 3-77 (February 1978). Arranged in three sections: authors, subjects, book reviews arranged by author of book. *Urban history review* is also indexed in *Canadian periodical index*, 1981- , and *Canadian magazine index* and *Canadian index*, 1986- . Reproduced in microform format: [Toronto] : Micromedia, [198?], 1 microfiche. HT127 016.3077609

Index du périodique *Revue d'histoire urbaine*, n° 1-72 (février 1972)-n° 3-77 (février 1978). Classement en trois sections: auteurs, sujets, critiques de livres classées par auteurs des livres critiqués. *Revue d'histoire urbaine* est également répertorié dans *Index de périodiques canadiens*, 1981- , et dans *Canadian magazine index* et *Canadian index*, 1986- . Reproduit sur support microforme: [Toronto] : Micromedia, [198?], 1 microfiche. HT127 016.3077609

Women's History

Histoire des femmes

1765

Archives nationales du Canada. – *Guide des archives sur les femmes : sources manuscrites sur l'histoire des femmes.* – Joanna Dean et David Fraser. – Ottawa : Archives nationales du Canada, c1991. – v, 118, 110, v p. – 0662580745 – Titre de la p. de t. additionnelle : *Women's archives guide : manuscript sources for the history of women.*

A bilingual guide to manuscript collections useful for the study of Canadian women's history, held by the Manuscript Division of the National Archives of Canada. Does not include federal government records or non-manuscript materials. Emphasis on post-Confederation holdings. Alphabetically arranged by title of collection. Entries include: Archives call number, biographical/historical notes, types and contents of materials, inclusive dates, extent of collection, finding aid number. Index of personal names, organizations, places and subjects. List of other Archives publications of use for women's history. Updates: *Some sources for women's history in the Public Archives of Canada* (Ottawa : National Museums of Canada, 1974). Z7964 C3 N37 1991 016.30540971

Guide bilingue sur les collections de manuscrits qui peuvent être utiles à l'étude de l'histoire des Canadiennes et qui se trouvent à la Division des manuscrits des Archives nationales du Canada. Ne comprend pas les dossiers du gouvernement fédéral ni les documents autres que les manuscrits. Insistance sur les fonds postérieurs à la Confédération. Classement alphabétique selon le titre des collections. Les notices comprennent: la cote des Archives, des notes biographiques ou historiques, les types de documents et leur contenu, la période couverte, l'envergure de la collection, le numéro de l'instrument de recherche. Index des noms de personnes, des organisations, des lieux et des sujets. Signale des autres publications des Archives qui peuvent servir à l'étude de l'histoire des femmes. Met à jour: *Some sources for women's history in the Public Archives of Canada* (Ottawa : National Museums of Canada, 1974). Z7964 C3 N37 1991 016.30540971

1766

Armour, Moira. – *Canadian women in history : a chronology.* – Moira Armour and Pat Staton. – Toronto : Green Dragon Press, c1990. – [3] leaves, 173 p. – 0969195532

A chronology of events in the history of Canadian women from the year 1007 AD to 2020. Entries include date, source code, subject code and description of event. List of subjects includes abortion, awards, contraceptives, founding women, fur trade, immigrant women, labour, marriage, maternity leave, sexual harassment, women's suffrage, etc. Bibliography of sources. Subject and name indexes. HQ1453 A74 1990 fol. 305.40971

Chronologie des événements de l'histoire des Canadiennes depuis l'an 1007 après J.-C. jusqu'en 2020. Les notices comprennent la date, le code de la source, le code du sujet et une description de l'événement. La liste des sujets inclut l'avortement, les prix, les contraceptifs, les fondatrices, le commerce de la fourrure, les immigrantes, les ouvrières, le mariage, les congés de maternité, le harcèlement sexuel, le vote des femmes, etc. Bibliographie des sources. Index des sujets et index des noms. HQ1453 A74 1990 fol. 305.40971

1767

Canadian women : a history. – Alison Prentice, Paula Bourne, Gail Cuthbert Brandt, Beth Light, Wendy Mitchinson, Naomi Black. – Toronto : Harcourt Brace Jovanovich, c1988. – 496 p. : ill. – 0774731125

A general history of women in Canada, collectively written. Four broad chronological and thematic sections covering the experiences of the earliest women, to the Charter of Rights. Appendix: statistical tables on immigrants, population and life expectancy by sex, marital status, fertility rates, labour force participation, earnings, university enrolment, etc. Bibliography. Subject index. 2nd ed. forthcoming, 1996. HQ1453 C356 1988 305.40971

Histoire générale des femmes au Canada, écrite par un collectif. Quatre grandes sections chronologiques et thématiques qui vont des expériences des premières femmes jusqu'à la Charte des droits de la personne. Annexe: tableaux statistiques sur les immigrants, la population et l'espérance de vie selon le sexe, l'état civil, les taux de fertilité, la participation à la main-d'oeuvre, les salaires, les inscriptions dans les universités, etc. Bibliographie. Index des sujets. 2e éd. à paraître en 1996. HQ1453 C356 1988 305.40971

1768

The Canadian women's movement, 1960-1990 : a guide to archival resources = Le mouvement canadien des femmes, 1960-1990 : guide des ressources archivistiques. – Edited by Margaret Fulford. – Toronto : ECW Press, c1992. – 380 p. : ill. – 1550221566

A bilingual guide to archival resources on the history of the women's movement in Canada from 1960 to 1990. Compiled from a questionnaire sent to archives and women's groups by the Canadian Women's Movement Archives. Excludes government records. Arranged in two parts for resources held by archives and by groups. Each part is arranged in sections for national organizations and those based in a particular province or territory. Entries are in English and/or French according to the language of the records, and include: name of organization which created records, location, dates of existence, description of organization, location of records, name of collection and call number, types of materials, extent of collection, condition, restrictions on access, finding aids. Index of names of groups, periodical titles and conferences. French subject index for entries in French. English subject index for entries in English. Appendix: directory of archives. List of illustrations. Z7963 F44 C36 1992 fol. 305.42

Guide bilingue sur les fonds d'archives relatifs à l'histoire du mouvement des femmes au Canada de 1960 à 1990. Compilé à partir d'un questionnaire envoyé aux archives et aux groupes de femmes par les Archives canadiennes du mouvement des femmes. Exclut les dossiers du gouvernement. Classement en deux parties: les fonds des services d'archives; les fonds des groupes. Dans chaque partie, classement en sections sur les organisations nationales et sur celles des provinces ou des territoires. Les notices sont en anglais et (ou) en français, selon la langue des documents. Elles comprennent: le nom de l'organisation qui a créé les documents, le lieu, les dates d'existence, la description de l'organisation, la localisation des documents, le titre et la cote de la collection, les types de documents, l'envergure de la collection, l'état des documents, les restrictions relatives à l'accès, les instruments de recherche. Index des noms de groupes, des titres de périodiques et des conférences. Index des sujets des notices en français, avec termes français. Index des sujets des notices en anglais, avec termes anglais. Annexe: répertoire des archives. Liste des illustrations. Z7963 F44 C36 1992 fol. 305.42

1769

Diamond, Sara. – *Women's labour history in British Columbia : a bibliography, 1930-1948.* – Vancouver : Press Gang Publishers, c1980. – 80 p. – 0889740038

A bibliography on the labour history of women in British Columbia during the period 1930-1948. Includes books, periodicals, periodical and newspaper articles, theses, official publications, pamphlets and archival resources. Four sections: general sources, the depression years, the war years, the post-war period. Each section is arranged thematically. Annotations. British Columbia library and archives locations.   Z7963 E7 D52   016.331409711

Bibliographie de l'histoire de la vie ouvrière en Colombie-Britannique durant la période 1930-1948. Inclut des livres, des périodiques, des articles de périodiques et de journaux, des thèses, des publications officielles, des brochures et des fonds d'archives. Quatre sections: les sources générales, les années de dépression, les années de guerre, l'après-guerre. Classement thématique dans chaque section. Annotations. Localisations dans les bibliothèques et les archives de la Colombie-Britannique.   Z7963 E7 D52   016.331409711

1770

Documents in Canadian women's history. – Toronto : New Hogtown Press, 1980-1990. – 3 vol. (iv, 245 ; [iii], 300 ; 427p.). – 0919940153 (vol. 1 bd.) 0919940161 (vol. 1 pa.) 0919940188 (vol. 2 pa.) 0919940242 (vol. 3 bd.) 0919940234 (vol. 3 pa.)

A three-volume collection of documents relating to Canadian women's history. Reproduces, in whole or in part, letters, diaries, books, association, court and school records, apprenticeship indentures, advertisements, books, articles, etc., written by or about women. Documents are arranged by theme within each volume, for example, childhood, education, marriage, family and employment. Brief introductions to documents. Bibliography. Name-subject index in each volume. Vol. 1, *Pioneer and gentlewomen of British North America, 1713-1867*, 1980, edited by Beth Light and Alison Prentice; vol. 2, *Canadian women on the move, 1867-1920*, 1983, edited by Beth Light and Joy Parr; vol. 3, *No easy road : women in Canada 1920s to 1960s*, 1990, edited by Beth Light and Ruth Roach Pierson. HQ1453   305.420971

Collection en trois volumes de documents relatifs à l'histoire des Canadiennes. Reproduit, en tout ou en partie, des lettres, des journaux personnels, des livres, des dossiers d'associations, de tribunaux et d'écoles, des contrats d'apprentissage et des annonces publicitaires ainsi que des livres, des articles, etc. écrits par des femmes ou au sujet des femmes. Au sein de chaque volume, les documents sont classés par thèmes, par exemple l'enfance, l'éducation, le mariage, la famille et l'emploi. Courtes introductions aux documents. Bibliographie. Index des noms et des sujets dans chaque volume. Vol. 1, *Pioneer and gentlewomen of British North America, 1713-1867*, 1980, sous la direction de Beth Light et Alison Prentice; vol. 2, *Canadian women on the move, 1867-1920*, 1983, sous la direction de Beth Light et Joy Parr; vol. 3, *No easy road : women in Canada 1920s to 1960s*, 1990, sous la direction de Beth Light et Ruth Roach Pierson.   HQ1453   305.420971

1771

Fairbanks, Carol. – *Farm women of the Prairie frontier : a sourcebook for Canada and the United States.* – By Carol Fairbanks and Sara Brooks Sundberg. – Metuchen (N.J.) : Scarecrow Press, 1983. – xiii, 237 p. : ill. – 0810816253

Essays and a bibliography on the history and literature of women of the Canadian and American Prairies. Four essays cover the early agricultural settlement of the North American grasslands, pioneer women on the American Prairies, farm women on the Canadian Prairies, women's fiction. Annotated bibliography arranged in four parts: history and background, women's non-fiction of Canada and the United States, women's fiction of Canada and the United States, literary history and criticism. Includes books, periodical articles and theses. Subject index.   HQ1438 A17 F34 1983   305.40971

Essais et bibliographie sur l'histoire et la littérature des femmes des Prairies canadiennes et américaines. Quatre essais portent sur les premières colonies agricoles des Prairies nord-américaines, les pionnières dans les Prairies américaines, les fermières dans les Prairies canadiennes, les oeuvres de fiction écrites par des femmes. Bibliographie annotée, divisée en quatre parties: l'histoire et les données de base, les ouvrages autres que de fiction écrits par des femmes du Canada et des États-Unis, les oeuvres de fiction écrites par des femmes du Canada et des États-Unis, l'histoire littéraire et la critique. Inclut des livres, des articles de périodiques et des thèses. Index sujets.   HQ1438 A17 F34 1983   305.40971

1772

Hale, Linda Louise. – *Selected bibliography of manuscripts and pamphlets pertaining to women held by archives, libraries, museums and associations in British Columbia.* – [S.l. : s.n.], c1978. – [185] leaves.

A bibliography of sources on Canadian women's history held by repositories in British Columbia. Includes pamphlets, personal and family papers, business, union, government and organization records. Two parts covering archival resources and pamphlets, each of which is alphabetically arranged by name. Brief descriptions of contents of archival collections with inclusive dates and conditions of access. Locations. No index.   Z7961 H34 fol.   016.30540971

Bibliographie des sources qui traitent de l'histoire des femmes canadiennes et qui se trouvent dans les dépôts d'archives de la Colombie-Britannique. Inclut des brochures, des documents personnels et familiaux ainsi que des archives commerciales, syndicales, d'administrations et d'organisations. Deux parties, fonds d'archives et brochures, avec classement alphabétique par noms dans chacune. Courte description du contenu des collections d'archives, avec période couverte et conditions d'accès. Localisations. Aucun index.   Z7961 H34 fol.   016.30540971

1773

Jackel, Susan. – *Canadian Prairie women's history : a bibliographic survey ; and, Women and men in western American history.* – Ottawa : CRIAW, c1987. – 31 p. – (The CRIAW papers ; no. 14). – 0919653146

A bibliographical essay on sources for the study of Prairie women's history. Covers books, periodical articles and theses, and notes significant library and archival collections. Also discusses topics in need of further research.   Z7964 C3 J32 1987 fol.   016.305409712

Essai bibliographique sur les sources utiles pour l'étude de l'histoire des femmes des Prairies. Porte sur des livres, des articles de périodiques et des thèses, et signale les collections importantes des bibliothèques et des archives. Discute aussi de sujets qui pourraient faire l'objet de recherches plus approfondies.   Z7964 C3 J32 1987 fol. 016.305409712

1774

Kinnear, Mary. – *Planting the garden : an annotated archival bibliography of the history of women in Manitoba.* – Mary Kinnear, Vera Fast. – Winnipeg : University of Manitoba Press, c1987. – xviii, 314 p. – 0887551408

A guide to archival resources for the study of Manitoba women's history held by archives and libraries in Manitoba. Includes material relating to the period prior to 1980. Three parts covering the following themes: identity; work and activities; mentality, faith, reform. Each part is subdivided by subject. Entries for collections include the name of the individual or organization which created the documents, brief historical/biographical notes, types and contents of materials, inclusive dates, extent of collection, restrictions on access, repository code and call number. Appendix: selected photograph collections. Index of people, places and subjects. Z7964 C32 M36 1987   016.3054097127

Guide des fonds d'archives qui servent à l'étude de l'histoire des femmes du Manitoba conservés dans les archives et les bibliothèques du Manitoba. Inclut des documents relatifs à la période antérieure à 1980. Trois parties qui portent sur les thèmes suivants: identité; travail et activités; mentalité, foi et réforme. Chaque partie est subdivisée par sujets. Les notices sur les collections comprennent le nom de la personne ou de l'organisation qui a créé les documents, de courtes notes historiques ou biographiques, le type et le contenu des documents, la période couverte, l'envergure de la collection, les restrictions relatives à l'accès, le code du dépôt et la cote. Annexe: collections choisies de photographies. Index des personnes, des lieux et des sujets.   Z7964 C32 M36 1987   016.3054097127

1775

Lamothe, Madeleine. – *Archives des femmes au Québec : guide sommaire.* – Madeleine Lamothe, Ghislaine Fecteau, Pierrette Lalancette. – [Québec] : Archives nationales du Québec, c1990. – [xi], 356 p. – 2551143438

A guide to archival materials relating to the history of women in Quebec held by various Quebec archives. Includes approximately 190 institutional and private fonds. Arranged in three categories: archives of organizations, archives of religious communities, personal papers of individual women. Entries are alphabetically arranged within each category and include: historical/biographical notes, description of fonds with inclusive dates and extent, finding aids, name, address and telephone number of archives, conditions of access. Indexes of organizations, religious communities, individuals with fonds listed in the guide, personal names. Directory of repositories.   CD3645 Q8 L35 1990 fol.   026.97140082

Guide des documents d'archives relatifs à l'histoire des femmes au Québec, conservés dans divers dépôts d'archives du Québec. Inclut environ 190 fonds d'établissements et fonds privés. Classement en trois catégories: archives des organisations, archives des communautés religieuses, documents personnels de certaines femmes. Les notices classées en ordre alphabétique au sein de chaque catégorie comprennent: des notes historiques ou biographiques, la description du fonds avec période couverte et l'envergure, les instruments de recherche, le nom, l'adresse et le numéro de téléphone du service d'archives, les conditions d'accès. Index: organisations, communautés religieuses, noms des personnes dont les fonds sont mentionnés dans le guide, autres noms de personnes. Répertoire des dépôts d'archives.   CD3645 Q8 L35 1990 fol.   026.97140082

1776

Legros, Gisèle. – *Histoire des femmes au Canada : bibliographie sélective = Women's history in Canada : a selective bibliography.* – [Ottawa] : Dept. of the Secretary of State of Canada, Departmental Library : Dept. of the Secretary of State of Canada, Women's Program : Multiculturalism and Citizenship Canada, 1992. – 16 p. – Cover title.

A brief bibliography of books, theses, audio-visual materials, etc., on the history of women in Canada. Includes works in English and in French. Alphabetically arranged by author or title. No index. Z7964 C3 L44 1992 fol.   016.30540971

Courte bibliographie de livres, de thèses, de documents audiovisuels, etc. sur l'histoire des femmes au Canada. Inclut des ouvrages en anglais et en français. Classement alphabétique par auteurs ou par titres. Aucun index.   Z7964 C3 L44 1992 fol.   016.30540971

1777

Legros, Gisèle. – *Histoire des femmes au Canada : bibliographie sélective = Women's history in Canada : a selective bibliography.* – [Ottawa] : Secrétariat d'État du Canada, Bibliothèque ministérielle : Secrétariat d'État du Canada, Programme de promotion de la femme : Multiculturalisme et citoyenneté Canada, 1992. – 16 p. – Titre de la couv.

A brief bibliography of books, theses, audio-visual materials, etc., on the history of women in Canada. Includes works in English and in French. Alphabetically arranged by author or title. No index. Z7964 C3 L44 1992 fol.   016.30540971

Courte bibliographie de livres, de thèses, de documents audiovisuels, etc. sur l'histoire des femmes au Canada. Inclut des ouvrages en anglais et en français. Classement alphabétique par auteurs ou par titres. Aucun index.   Z7964 C3 L44 1992 fol.   016.30540971

1778

Light, Beth. – *Sources in women's history at the Public Archives of Ontario.* – Toronto : Women in Canadian History Project, Dept. of History and Philosophy of Education, Ontario Institute for Studies in Education, 1977. – 1 vol. (unpaged).

A list of material on the history of women in the manuscript, government record and pamphlet collections of the Archives of Ontario. Arranged by type of material and alphabetically by fonds or collection title. Brief descriptions of items relating to women.   Z7964 016.305409713

Liste de documents qui portent sur l'histoire des femmes et qui font partie des collections de manuscrits, d'archives gouvernementales et de brochures des Archives de l'Ontario. Classement par types de documents et classement alphabétique par titres de fonds ou de collection. Courtes descriptions des documents qui se rapportent aux femmes.   Z7964   016.305409713

1779

Light, Beth. – *True daughters of the North : Canadian women's history : an annotated bibliography.* – Beth Light & Veronica Strong-Boag. – Toronto : OISE Press, 1980. – v, 210 p. : ill. – (Bibliography series ; 5). – 0774401850

An annotated bibliography of published works useful for the study of the history of women in Canada. Chapters cover general sources, New France, British North America, Canada, 1867-1917, and post-World War I. Each chapter includes primary sources such as autobiographies, diaries and other documents and secondary sources arranged by subject such as education, law, literature, religion, sexuality and work. Addenda. Author index. Z7964 C3 L54 016.30540971	Bibliographie annotée d'ouvrages publiés qui peuvent servir à l'étude de l'histoire des femmes au Canada. Les chapitres portent sur les sources de nature générale, la Nouvelle-France, l'Amérique du Nord britannique, le Canada, 1867-1917 et la période postérieure à la Première Guerre mondiale. Chaque chapitre inclut les sources primaires, comme les autobiographies, les journaux personnels et d'autres documents, et les sources secondaires classées par sujets, comme l'éducation, le droit, la littérature, la religion, la sexualité et le travail. Addenda. Index des auteurs. Z7964 C3 L54

1780

National Archives of Canada. – *Women's archives guide : manuscript sources for the history of women.* – Joanna Dean and David Fraser. – Ottawa : National Archives of Canada, c1991. – v, 110, 118, v p. – 0662580745 – Title on added t.p. : *Guide des archives sur les femmes : sources manuscrites sur l'histoire des femmes.*

A bilingual guide to manuscript collections useful for the study of Canadian women's history, held by the Manuscript Division of the National Archives of Canada. Does not include federal government records or non-manuscript materials. Emphasis on post-Confederation holdings. Alphabetically arranged by title of collection. Entries include: Archives call number, biographical/historical notes, types and contents of materials, inclusive dates, extent of collection, finding aid number. Index of personal names, organizations, places and subjects. List of other Archives publications of use for women's history. Updates: *Some sources for women's history in the Public Archives of Canada* (Ottawa : National Museums of Canada, 1974). Z7964 C3 N37 1991 016.30540971	Guide bilingue sur les collections de manuscrits qui peuvent être utiles à l'étude de l'histoire des Canadiennes et qui se trouvent à la Division des manuscrits des Archives nationales du Canada. Ne comprend pas les dossiers du gouvernement fédéral ni les documents autres que les manuscrits. Insistance sur les fonds postérieurs à la Confédération. Classement alphabétique selon le titre des collections. Les notices comprennent: la cote des Archives, des notes biographiques ou historiques, les types de documents et leur contenu, la période couverte, l'envergure de la collection, le numéro de l'instrument de recherche. Index des noms de personnes, des organisations, des lieux et des sujets. Signale des autres publications des Archives qui peuvent servir à l'étude de l'histoire des femmes. Met à jour: *Some sources for women's history in the Public Archives of Canada* (Ottawa : National Museums of Canada, 1974). Z7964 C3 N37 1991 016.30540971

1781

Out from the shadows : a bibliography of the history of women in Manitoba. – Researched and compiled by Pam Atnikov, Reeva Finkel, Mary Hutchings, Mary Jensen, Chris Lane and Linda Lebedynski. – [Winnipeg] : Manitoba Human Rights Commission, 1975. – 64 p.

A bibliography of books, periodical articles, official publications and unpublished theses and essays on the history of women in Manitoba. Includes English-language works. Arranged by subject including laws and legal position, politics, women in the work force, society and culture. Brief annotations. Locations for some items. Bibliography of bibliographies. Z7964 M35 O98 016.30597127	Bibliographie de livres, d'articles de périodiques, de publications officielles et de thèses et essais non publiés sur l'histoire des femmes au Manitoba. Inclut des ouvrages en anglais. Classement par sujets comme le droit et le statut juridique, la politique, les femmes dans la main-d'oeuvre, la société et la culture. Courtes annotations. Localisations de certains documents. Bibliographie des bibliographies. Z7964 M35 O98 016.30597127

1782

Pedersen, Diana. – *Changing women, changing history : a bibliography of the history of women in Canada.* – Toronto : Green Dragon Press, [1992]. – [3], i, 111 p. – 0969195575

A bibliography of over 2,000 books, periodical articles and published essays on Canadian women's history. Includes English- and French-language works. Arranged by broad subject including New France, pioneer and rural life, labour activism, Native women, feminism, politics and social reform, material history, etc. No index. Z7964 016.30540971	Bibliographie de plus de 2 000 livres, articles de périodiques et essais publiés sur l'histoire des Canadiennes. Inclut des ouvrages en anglais et en français. Classement par sujets généraux comme la Nouvelle-France, la vie des pionniers et la vie rurale, le syndicalisme, les femmes autochtones, le féminisme, la politique et la réforme sociale, l'histoire matérielle, etc. Aucun index. Z7964 016.30540971

1783

Provincial Archives of Alberta. – *Some sources for women's history at the Provincial Archives of Alberta.* – Revised by Merrily K. Aubrey. – [Edmonton] : Alberta Culture and Multiculturalism, Historical Resources Division, [1989]. – vi, 224 p. : ill. – (Occasional paper ; no. 2).

1st ed., 1980. A guide to archival resources on the historical experience of women in Alberta, held by the Provincial Archives of Alberta as of June 30, 1988. Arranged in sections covering personal and family papers, organizations, government records, religious organizations and audio-visual sources including moving images, photographs and sound recordings. Entries include: biographical/historical notes, accession number, types and contents of materials, extent of collection, inclusive dates, availability of inventory. Subject index. Z7964 A5 P76 fol. 016.3054097123	1re éd., 1980. Guide des fonds d'archives qui traitent de l'histoire de l'expérience des femmes en Alberta et qui faisaient partie des Archives provinciales de l'Alberta le 30 juin 1988. Classement en sections qui portent sur les documents personnels et familiaux, les organisations, les documents gouvernementaux, les organisations religieuses ainsi que les sources audiovisuelles, y compris les images fixes ou non, les photographies et les enregistrements sonores. Les notices contiennent: notes biographiques ou historiques, numéro d'entrée, types de documents et contenu, l'envergure de la collection, période couverte, inventaire disponible. Index sujets. Z7964 A5 P76 fol. 016.3054097123

Humanities
Arts

Sciences humaines
Arts

Archival Resources

Fonds d'archives

1784

Université du Québec à Montréal. Service des archives. – *Guide des fonds et collections d'archives privées concernant les arts visuels et d'interprétation conservés au Service des archives de l'UQAM.* – Normand Charbonneau. – [Montréal] : Université du Québec à Montréal, Service des archives, 1990. – 124 f. – (Publication ; n° 40). – 2920266330

Guide to 24 private fonds and collections created by individuals and organizations, relating to the visual and performing arts, held by the Service des archives of the Université du Québec à Montréal. Entries are arranged numerically and include title of fonds or collection, inclusive dates, types of documents, biographical or historical notes, physical description, provenance, restrictions on access, finding aids, complementary sources and bibliographical references. Index of names mentioned in the physical descriptions. Alphabetical list of the 24 fonds and collections. Two lists in numerical order: 132 fonds and collections of private archives held by the Service; 42 publications of the unit. CD3649 Q25 U557 1990a fol. 016.7009714

Recension des 24 fonds et collections d'archives privées, d'individus ou d'organismes, liés aux arts visuels et d'interprétation, conservés au Service des archives de l'Université du Québec à Montréal. Classement numérique. Les notices comprennent le titre, les dates couvertes, les types de documents, les notices biographiques ou historiques, la description matérielle, la provenance, les restrictions à la consultation, les instruments de recherche, des sources complémentaires et des références bibliographiques. Index des noms mentionnés dans la description matérielle. Liste alphabétique des 24 fonds et collections. Deux listes numériques: les 132 fonds et collections d'archives privées conservés au Service; les 42 publications du même service. CD3649 Q25 U557 1990a fol. 016.7009714

1785

University of British Columbia. Library. Special Collections and University Archives Division. – *A guide to the literary, performing and visual arts holdings of the Special Collections and University Archives Division.* – Compiler, Cheryl Niamath ; editors, Christopher Hives, George Brandak. – Vancouver : University of British Columbia Library, 1990. – vi, 82 p. – 0888651937

Guide to the literary, performing and visual arts holdings of the Special Collections and University Archives Division of the University of British Columbia Library. Arranged in three parts, each of which is alphabetically arranged by fonds or collection title. Entries include: inclusive dates, biographical and historical notes, physical description and sources of complementary information. Name index. Z5961 C3 U55 1990 fol. 016.700971

Recension des fonds d'archives sur le monde littéraire, les arts visuels et d'interprétation conservés à la Special Collections and University Archives Division de la University of British Columbia Library. Présentation en trois parties selon l'ordre alphabétique des titres. Les notices comprennent les dates couvertes, des notes biographiques et historiques, la description matérielle et les sources d'information complémentaires. Index des noms. Z5961 C3 U55 1990 fol. 016.700971

Bibliographies and Catalogues

Bibliographies et catalogues

1786

Bessette, Émile. – *Répertoire pratique de littérature et de culture québécoises.* – Émile Bessette, Réginald Hamel, Laurent Mailhot. – Montréal : Fédération internationale des professeurs de français, 1982. – 63 p. – 2901106021

Selective bibliography on Quebec literature, language, social sciences, arts, film and music, arranged by subject. Includes books, recordings and periodicals. Chronology of Quebec films. Directory of institutions, organizations, etc. Z1377 F8 B47 1982 016.84099714

Bibliographie sélective en littérature, langue, sciences sociales, arts, cinéma et musique du Québec, classée par sujets. Comprend des livres, des disques et des périodiques. Chronologie de films québécois. Répertoire d'organismes-ressources. Z1377 F8 B47 1982 016.84099714

1787

Bradley, Ian [L.]. – *A bibliography of Canadian Native arts : Indian and Eskimo arts, crafts, dance and music.* – Ian and Patricia Bradley. – [Agincourt, Ont.] : GLC Publishers, c1977. – 107, [2] p. : ports. – 0888740514

1,516 publications on Amerindian and Inuit art arranged by type of document: bibliographies, theses, books and periodicals, or by discipline: dance and music. Subject index. Includes some works in French. Z1209.2 C3 B73 fol. 016.700971

1 516 publications sur l'art amérindien et inuit classées par types de documents: bibliographies, thèses, livres et périodiques ou par disciplines: danse et musique. Index des sujets. Comprend quelques ouvrages en français. Z1209.2 C3 B73 fol. 016.700971

1788

Canada Council. Research & Evaluation. – *Conseil des arts du Canada, répertoire des travaux de recherche sur les arts = The Canada Council arts research bibliography.* – [Ottawa] : Research & Evaluation, Canada Council, 1988-1993. – 4 vol. (unpaged). – 0660573156 (vol. 1) 0660573350 (vol. 2) 0660574772 (vol. 3) 0662600622 (vol. 4)

Bibliography of arts research held by the Library of the Research and Evaluation Unit of the Canada Council. Three principal sections: environment in which the arts exist, copyright and artistic sectors, subdivided by area of activity such as demography, economy, media arts, museums, visual arts, etc. Reproduced in microform format:

Bibliographie des ouvrages de recherche en rapport avec les arts, conservés à la Bibliothèque du Service de la recherche et de l'évaluation du Conseil des arts du Canada. Trois parties principales: milieu, droit d'auteur et secteurs artistiques qui se subdivisent en domaines d'activité tels que démographie, économie, arts médiatiques, musées,

vol. 1, *Microlog*, no. 94-01103; vol. 2, *Microlog*, no. 94-00420; vol. 3, *Microlog*, no. 94-00419; vol. 4, *Microlog*, no. 94-01615.

1st ed., 1983, *A Canada Council arts research bibliography*; 2nd ed., 1984, *Conseil des arts du Canada, répertoire des travaux de recherche sur les arts = A Canada Council arts research bibliography*; 3rd ed., 1986; supplement to the 3rd ed., 1987. Vol. 1 also published in 1988, described as the 4th ed. NX280   016.70072

arts visuels, etc. Reproduit sur support microforme: vol. 1, *Microlog*, nº 94-01103; vol. 2, *Microlog*, nº 94-00420; vol. 3, *Microlog*, nº 94-00419; vol. 4, *Microlog*, nº 94-01615.

1ʳᵉ éd., 1983, *A Canada Council arts research bibliography*; 2ᵉ éd., 1984, *Conseil des arts du Canada, répertoire des travaux de recherche sur les arts = A Canada Council arts research bibliography*; 3ᵉ éd., 1986; 3ᵉ éd. supplément, 1987. Le volume 1 a aussi paru en 1988 avec la mention 4ᵉ éd.   NX280   016.70072

1789

Canadian Conference of the Arts. Resource Centre. – *Municipalities and the arts : inventory of municipal cultural material in the Resource Centre of the Canadian Conference of the Arts = Les municipalités et les arts : répertoire de la documentation sur les municipalités et la culture disponible au Centre de ressources de la Conférence canadienne des arts.* – Ottawa : Canadian Conference of the Arts, 1989. – 27 p.

Bibliography of material on municipal cultural policy, held by the library of the Canadian Conference of the Arts. Arranged by subject, subdivided by province, and region or municipality. Directory of institutions, organizations, etc.   NX120 C3 M86 1989 016.3529450971

Bibliographie des documents sur les politiques culturelles des municipalités conservés à la bibliothèque de la Conférence canadienne des arts. Classement par sujets subdivisés par provinces, puis par régions ou municipalités. Répertoire d'organismes-ressources. NX120 C3 M86 1989   016.3529450971

1790

Conférence canadienne des arts. Centre de ressources. – *Municipalities and the arts : inventory of municipal cultural material in the Resource Centre of the Canadian Conference of the Arts = Les municipalités et les arts : répertoire de la documentation sur les municipalités et la culture disponible au Centre de ressources de la Conférence canadienne des arts.* – Ottawa : Conférence canadienne des arts, 1989. – 27 p.

Bibliography of material on municipal cultural policy, held by the library of the Canadian Conference of the Arts. Arranged by subject, subdivided by province, and region or municipality. Directory of institutions, organizations, etc.   NX120 C3 M86 1989 016.3529450971

Bibliographie des documents sur les politiques culturelles des municipalités conservés à la bibliothèque de la Conférence canadienne des arts. Classement par sujets subdivisées par provinces, puis par régions ou municipalités. Répertoire d'organismes-ressources. NX120 C3 M86 1989   016.3529450971

1791

Conseil des arts du Canada. Recherche et évaluation. – *Conseil des arts du Canada, répertoire des travaux de recherche sur les arts = The Canada Council arts research bibliography.* – [Ottawa] : Recherche et évaluation, Conseil des arts du Canada, 1988-1993. – 4 vol. (non paginés). – 0660573156 (vol. 1) 0660573350 (vol. 2) 0660574772 (vol. 3) 0662600622 (vol. 4)

Bibliography of arts research held by the Library of the Research and Evaluation Unit of the Canada Council. Three principal sections: environment in which the arts exist, copyright and artistic sectors, subdivided by area of activity such as demography, economy, media arts, museums, visual arts, etc. Reproduced in microform format: vol. 1, *Microlog*, no. 94-01103; vol. 2, *Microlog*, no. 94-00420; vol. 3, *Microlog*, no. 94-00419; vol. 4, *Microlog*, no. 94-01615.

1st ed., 1983, *A Canada Council arts research bibliography*; 2nd ed., 1984, *Conseil des arts du Canada, répertoire des travaux de recherche sur les arts = A Canada Council arts research bibliography*; 3rd ed., 1986; supplement to the 3rd ed., 1987. Vol. 1 also published in 1988, described as the 4th ed. NX280   016.70072

Bibliographie des ouvrages de recherche en rapport avec les arts conservés à la Bibliothèque du Service de la recherche et de l'évaluation du Conseil des arts du Canada. Trois parties principales: milieu, droit d'auteur et secteurs artistiques qui se subdivisent en domaines d'activité tels que démographie, économie, arts médiatiques, musées, arts visuels, etc. Reproduit sur support microforme: vol. 1, *Microlog*, nº 94-01103; vol. 2, *Microlog*, nº 94-00420; vol. 3, *Microlog*, nº 94-00419; vol. 4, *Microlog*, nº 94-01615.

1ʳᵉ éd., 1983, *A Canada Council arts research bibliography*; 2ᵉ éd., 1984, *Conseil des arts du Canada, répertoire des travaux de recherche sur les arts = A Canada Council arts research bibliography*; 3ᵉ éd., 1986; 3ᵉ éd. supplément, 1987. Le volume 1 a aussi paru en 1988 avec la mention 4ᵉ éd.   NX280   016.70072

1792

Cultural development in Canada [diskette]. – [Edmonton : Cultural Development Bibliography, 1993]. – 6 diskettes.

A bibliography of over 10,000 entries on all cultural industries in Canada including feature films, television and radio broadcasting, video production, sound recording, book and periodical publishing. Covers research done in Canada during the last two decades and the most significant work done in the United States and Great Britain. Available in IBM and MacIntosh formats.   Z1365 C78 1993 fol. 016.3064850971

Bibliographie de plus de 10 000 notices sur toutes les industries culturelles du Canada, y compris le long métrage, la télévision et la radiodiffusion, la production vidéo, l'enregistrement sonore et l'édition de livres et de périodiques. Couvre la recherche faite au Canada au cours des deux dernières décennies et les oeuvres les plus importantes réalisées aux États-Unis et en Grande-Bretagne. Disponible en format IBM ou MacIntosh.   Z1365 C78 1993 fol. 016.3064850971

1793

Milne, David. – *Canadian cultural industries : a bibliography = Industries culturelles canadiennes : une bibliographie.* – [Ottawa] : Library, Department of External Affairs, 1988. – 47 p. – Cover title.

Bibliography of works on the cultural industries in Canada. Arranged by area of activity or subject, such as broadcasting, film, publishing, government policy, copyright, free trade, etc. Includes books, serials and periodical articles.   Z5961   016.306480971

Bibliographie d'ouvrages portant sur l'industrie culturelle au Canada. Classement par secteurs d'activité ou sujets tels que radio-diffusion, cinéma, édition, politiques gouvernementales, droit d'auteur, libre-échange, etc. Comprend des livres, des publications en série et des articles de périodiques.   Z5961   016.306480971

1794

Milne, David. – *Canadian cultural industries : a bibliography = Industries culturelles canadiennes : une bibliographie.* – [Ottawa] : Bibliothèque, Ministère des affaires extérieures, 1988. – 47 p. – Titre de la couv.

Bibliography of works on the cultural industries in Canada. Arranged by area of activity or subject, such as broadcasting, film, publishing, government policy, copyright, free trade, etc. Includes books, serials and periodical articles.   Z5961   016.3064850971

Bibliographie d'ouvrages portant sur l'industrie culturelle au Canada. Classement par secteurs d'activité ou sujets tels que radio-diffusion, cinéma, édition, politiques gouvernementales, droit d'auteur, libre-échange, etc. Comprend des livres, des publications en série et des articles de périodiques.   Z5961   016.3064850971

1795

Paquet, Marion A. – *Cultural board development resources : an annotated bibliography = Pour favoriser l'essor des conseils culturels : une bibliographie annotée.* – Compiled and edited by Marion A. Paquet and Jill Humphries. – Waterloo (Ont.) : Centre for Cultural Management, University of Waterloo, c1993. – [6], 73 p. – 1895746035

Annotated bibliography of over 300 references on cultural board development. Includes books, periodical articles, pamphlets, audio and video cassettes produced between 1970 and 1992 by Canadian, American, British and Australian researchers. Six main categories: board development overview, human resources, finance, legal and ethical responsibilities, planning and reference works. Annotations written in the language of the document. Two indexes: title, author. Directory of institutions, organizations, etc. Abridged edition published under the title: *80 key cultural board development resources = Le développement des conseils culturels : 80 sources documentaires clés.* Z5956 A7 P37 1993 fol.   016.70068

Bibliographie annotée de plus de 300 références sur le développement des conseils du secteur culturel. Inclut des livres, articles de périodiques, brochures, cassettes audio et vidéo produits par des chercheurs canadiens, américains, britanniques et australiens entre 1970 et 1992. Six parties principales: le fonctionnement des conseils, les ressources humaines, les finances, les responsabilités juridiques et les obligations éthiques, la planification et les ouvrages de référence. Annotations rédigées dans la langue du document. Deux index: titres, auteurs. Répertoire des organismes-ressources. Éd. abrégée parue sous le titre: *80 key cultural board development resources = Le développement des conseils culturels : 80 sources documentaires clés.* Z5956 A7 P37 1993 fol.   016.70068

1796

Rozon, René. – *Répertoire des documents audiovisuels sur l'art et les artistes québécois.* – 2e éd. – Montréal : Ministère des affaires culturelles, Bibliothèque nationale du Québec et Ministère des communications, Direction générale du cinéma et de l'audiovisuel, 1981. – 319 p. – 2550017714

1st ed., 1980. Audio-visual material on art and artists of Quebec. 758 annotated entries for films, filmstrips, slides, diaporama and video-tapes. Eleven chapters: general works, architecture, crafts, film, dance, design, documents about artists, music, painting, photography, sculpture. Directory of distributors. Four indexes: collection, title, director, name of artist/place. Reproduced in microform format: *Microlog*, no. 83-00844.   Z5961 C3 R69 1981 fol.   016.7009714

1re éd., 1980. Recension de la production audiovisuelle sur l'art et les artistes québécois. Comprend 758 notices annotées de films, films fixes, diapositives, diaporamas et bandes vidéo. Onze chapitres: généralités, architecture, artisanat, cinéma, danse, design, documents d'artistes, musique, peinture, photographie, sculpture. Répertoire des distributeurs. Quatre index: collections, titres, réalisateurs, noms des artistes et des lieux. Reproduit sur support microforme: *Microlog*, n° 83-00844.   Z5961 C3 R69 1981 fol.   016.7009714

1797

Tobin, Mary A. T. – *Departmental Library Canadian Indian art and artists : a bibliography = Bibliothèque ministérielle art et artistes indiens du Canada : une bibliographie.* – By Mary A.T. Tobin, Susan Mongrain, Julia Finn. – Ottawa : Indian and Northern Affairs Canada, 1990. – 26 p. – 0662575091

Bibliography of material on Canadian Native art and artists, held by the Library of Indian and Northern Affairs Canada. Alphabetically arranged by author or title.   Z883 A13 H85 1990 fol.   016.7040397

Bibliographie des documents sur l'art et les artistes autochtones du Canada conservés à la Bibliothèque du Ministère des affaires indiennes et du Nord Canada. Recension alphabétique par auteurs ou par titres.   Z883 A13 H85 1990 fol.   016.7040397

1798

Tobin, Mary A. T. – *Departmental Library Canadian Indian art and artists : a bibliography = Bibliothèque ministérielle art et artistes indiens du Canada : une bibliographie.* – Par Mary A. T. Tobin, Susan Mongrain, Julia Finn. – Ottawa : Affaires indiennes et du Nord Canada, 1990. – 26 p. – 0662575091

Bibliography of material on Canadian Native art and artists, held by the Library of Indian and Northern Affairs Canada. Alphabetically arranged by author or title.   Z883 A13 H85 1990 fol.   016.7040397

Bibliographie des documents sur l'art et les artistes autochtones du Canada conservés à la Bibliothèque du Ministère des affaires indiennes et du Nord Canada. Recension alphabétique par auteurs ou par titres.   Z883 A13 H85 1990 fol.   016.7040397

1799

Ward, Megan. – *Evaluating the arts in education : an annotated bibliography.* – Prepared for the Research and Statistics Directorate, Arts and Culture Branch, Secretary of State Department by Megan Ward. – Ottawa : Government of Canada, Department of Communications, [1982?]. – ii, 73 p. – (Arts & Culture, Research and Statistics).

1st ed., Ottawa : Secretary of State, 1979. Bibliography of 145 periodical articles and other documents in French and English, on the role of the arts in education. Arranged by artistic discipline such as dance, drama, film/television, music, plastic arts, art history, etc. Includes Canadian and foreign publications. Indicates type of document: descriptive, empiric, theoretical, statistical, or bibliographic, as well as the level of instruction, where appropriate. Also published in French under the title: *Le rôle des arts dans l'enseignement : bibliographie commentée.*   Z5814 A8 W37 1982 fol.   016.70071071

1re éd., Ottawa : Secrétariat d'État, 1979. Bibliographie de 145 articles de périodiques et documents de langue anglaise et française traitant du rôle des arts dans l'enseignement. Classement par secteurs artistiques tels que danse, art dramatique, cinéma/télévision, musique, arts plastiques, histoire de l'art, etc. Comprend des publications canadiennes et étrangères. Mention du type de document: descriptif, empirique, théorique, statistique ou bibliographique et, si besoin en est, du niveau d'enseignement. Publié aussi en français sous le titre: *Le rôle des arts dans l'enseignement : bibliographie commentée.* Z5814 A8 W37 1982 fol.   016.70071071

1800

Ward, Megan. – *Le rôle des arts dans l'enseignement : bibliographie commentée.* – Étude réalisée pour la Direction de la recherche et des statistiques, Direction générale des arts et de la culture, Secrétariat d'État par Megan Ward. – Ottawa : [Gouvernement du Canada, Ministère des communications, 1982?]. – ii, 73 p. – (Arts and culture research report [i.e. Arts & culture, recherche et statistiques]).

1st ed., Ottawa : Secretary of State, 1979. Bibliography of 145 periodical articles and other documents in French and English, on the role of the arts in education. Arranged by artistic discipline such as dance, drama, film/television, music, plastic arts, art history, etc. Includes Canadian and foreign publications. Indicates type of document: descriptive, empiric, theoretical, statistical, or bibliographic, as well as the level of instruction, where appropriate. Also published in English under the title: *Evaluating the arts in education : an annotated bibliography.*   Z5814 A8 W372 1982 fol.   016.70071071

1re éd., Ottawa : Secrétariat d'État, 1979. Bibliographie de 145 articles de périodiques et documents de langue anglaise et française traitant du rôle des arts dans l'enseignement. Classement par secteurs artistiques tels que danse, art dramatique, cinéma/télévision, musique, arts plastiques, histoire de l'art, etc. Comprend des publications canadiennes et étrangères. Mention du type de document: descriptif, empirique, théorique, statistique ou bibliographique et, si besoin en est, du niveau d'enseignement. Publié aussi en anglais sous le titre: *Evaluating the arts in education : an annotated bibliography.* Z5814 A8 W372 1982 fol.   016.70071071

1801

Women and the arts : bibliography = Les femmes et les arts : bibliographie. – Ottawa : Canadian Conference of the Arts, c1986. – iv, 67 leaves. – Cover title.

Bibliography of material on the role and situation of women in the arts in Canada, held by the National Archives of Canada or the National Library of Canada. Five parts: general, visual arts, performing arts, media arts, writing and publishing. Appendix: directory of institutions, organizations, etc.   Z7963 A75 W64 1986 fol.   016.70082

Bibliographie des documents portant sur le rôle et la situation des femmes dans les arts au Canada conservés aux Archives nationales du Canada ou à la Bibliothèque nationale du Canada. Cinq parties: général, arts visuels, arts scéniques, médias, lettres et édition. Annexe: répertoire des organismes-ressources. Z7963 A75 W64 1986 fol.   016.70082

1802

Women and the arts : bibliography = Les femmes et les arts : bibliographie. – Ottawa : Conférence canadienne des arts, c1986. – iv, 67 f. – Titre de la couv.

Bibliography of material on the role and situation of women in the arts in Canada held by the National Archives of Canada or the National Library of Canada. Five parts: general, visual arts, performing arts, media arts, writing and publishing. Appendix: directory of institutions, organizations, etc.   Z7963 A75 W64 1986 fol.   016.70082

Bibliographie des documents portant sur le rôle et la situation des femmes dans les arts au Canada conservés aux Archives nationales du Canada ou à la Bibliothèque nationale du Canada. Cinq parties: général, arts visuels, arts scéniques, médias, lettres et édition. Annexe: répertoire des organismes-ressources. Z7963 A75 W64 1986 fol.   016.70082

Biographies

Biographies

1803

The CANSCAIP companion : a biographical record of Canadian children's authors, illustrators, and performers. – General editor, Barbara Greenwood. – 2nd ed. – Markham (Ont.) : Pembroke Publishers, c1994. – 398 p. : ill., ports. – 1551380218

1st ed., 1991. Bio-bibliographies of professional members of the Canadian Society of Children's Authors, Illustrators and Performers (CANSCAIP). Alphabetically arranged by name of artist. Entries include name, address, telephone number; place and date of birth; brief sketch of education and career developments; lists of published, produced or illustrated works, recordings, performances, commissions; awards; other memberships; information on readings, workshops etc., for which the artist is available; a black and white portrait. Appendices: list of members arranged by profession; list of

1re éd., 1991. Biobibliographies des membres professionnels de la Canadian Society of Children's Authors, Illustrators and Performers (CANSCAIP). Classement alphabétique des noms d'artistes. Les notices comprennent: le nom, l'adresse et le numéro de téléphone; le lieu et la date de naissance; une esquisse des études et de la carrière; des listes des oeuvres publiées, produites ou illustrées, des enregistrements, des spectacles, des oeuvres commandées; des prix remportés et des autres associations dont l'artiste est membre; des données sur les lectures, les ateliers, etc. auxquels l'artiste participe;

members arranged by region; directory of organizations involved with children and the arts; descriptions of major Canadian book awards and prizes. Updates: *CANSCAIP membership directory* (Toronto : the Society, c1986, updated February, 1990).

The Society's newsletter, *CANSCAIP news*, often includes biographical essays on new Canadian children's artists as well as a directory, "To market, to market", of children's literature publishers and periodicals. 36 of the biographical essays were compiled in *Presenting children's authors, illustrators and performers* (Markham (Ont.) : Pembroke Publishers, [1990]).   NX513 A1 C37 1994 700.922

1804

Creative Canada : a biographical dictionary of twentieth-century creative and performing artists. – Compiled by Reference Division, McPherson Library, University of Victoria. – Toronto : Published in association with McPherson Library, University of Victoria by University of Toronto Press, 1971-1972. – 2 vol. (xiv, 310 ; xiv, 306 p.). – 0802032621 (vol. 1) 0802032850 (vol. 2)

Approximately 1,000 biographies of Canadian artists in the fields of literature, music, fine and performing arts. Artist index. F5009 C7 fol.   700.922

1805

Les prix du Québec. – (1978)-   . – [Québec] : Ministère des affaires culturelles, [1978?]-   . –   vol. : ill. – 0226-7780

Annual. Biographical entries for the winners of the Athanase David prize for literature, the Marie Victorin prize for the natural sciences and engineering, the Léon Guérin prize for the humanities, the Paul-Émile Borduas prize for the visual arts, the Denise Pelletier prize for the performing arts and the Albert Tessier prize for film. Brief descriptions of awards and chronological lists of recipients. List of juries. AS911   001.44

Directories

1806

L'annuaire des arts. – (1987)-   . – [Ottawa] : Conférence canadienne des arts, 1987-   . –   vol. – 0832-865X – Titre sur la reliure : *Directory of the arts = L'annuaire des arts.*

Annual. Not published for 1990, 1993?. Directory of Canadian cultural associations and government departments and agencies concerned with the arts. Five parts: federal government; provincial governments; national arts associations arranged by field of interest such as film, copyright, education, heritage, etc.; provincial and community associations listed by province. The description of each government office includes address and telephone number, a brief description of its mandate and the names of contact persons. The description of each association includes address and telephone and fax numbers, names of contact persons, goals, activities, membership, income and publications. Index of organizations.

A merger of the French portions of: 1975-1985/86, *Who's who : répertoire des agences et ministères fédéraux et provinciaux, leurs programmes de subventions et les responsables de ces programmes*, and 1978/79-1985/86, *Les services : répertoire des associations nationales, organismes de services et syndicats du monde artistique.* 1991, 1992, published with *Directory of the arts.*   NX120 C3 W482 700.2571

1807

Art Libraries Society of North America. – ***Handbook and list of members.*** – (1973)-   . – Tucson (Ariz.) : the Society, 1973-   . –   vol. : ill. – (An ARLIS/NA publication). – 0737-3287

Annual. Directory of more than 1,300 members of the Art Libraries Society of North America. Arranged by membership category: individual, institutional, affiliated and overseas. Information on the association's mandate and organization. Geographical index. Title varies:

---

un portrait en noir et blanc. Annexes: liste des membres par professions; liste des membres par régions; répertoire des organismes au service des enfants et des arts; descriptions des principaux prix canadiens. Met à jour: *CANSCAIP membership directory* (Toronto : the Society, c1986, mis à jour en février 1990).

Le bulletin de cette société, *CANSCAIP news*, contient souvent des essais biographiques sur les nouveaux artistes canadiens pour enfants, ainsi qu'un répertoire, «To market, to market» des éditeurs et des périodiques de littérature pour enfants. 36 essais biographiques ont été compilés dans *Presenting children's authors, illustrators and performers* (Markham (Ont.) : Pembroke Publishers, [1990]). NX513 A1 C37 1994   700.922

Environ 1 000 biographies d'artistes canadiens provenant du monde littéraire, musical, des beaux-arts et des arts d'interprétation. Index des artistes.   F5009 C7 fol.   700.922

Annuel. Notices biographiques des lauréats des prix Athanase-David en littérature, Marie-Victorin en sciences de la nature et génie, Léon-Guérin en sciences humaines, Paul-Émile-Borduas en arts visuels, Denise-Pelletier en arts d'interprétation et Albert-Tessier en cinéma. Brèves descriptions des prix et listes chronologiques des récipiendaires. Liste des jurés. AS911   001.44

Répertoires

Annuel. 1990, 1993? n'a pas été publié. Répertoire des ministères et organismes gouvernementaux ayant un lien avec les arts et des associations culturelles du Canada. Cinq parties: gouvernement fédéral; gouvernements provinciaux; associations culturelles nationales classées par domaines tels que cinéma, droit d'auteur, éducation, patrimoine, etc.; associations culturelles provinciales et communautaires recensées par provinces. La description de chaque instance gouvernementale comprend l'adresse et le numéro de téléphone, une description sommaire du mandat et le nom de personnes-ressources. La description de chaque association comprend l'adresse et les numéros de téléphone et de télécopieur, les noms de personnes-ressources, les buts, les activités, l'adhésion, le revenu et les publications. Index des organismes.

Fusion des parties en français de: 1975-1985/86: *Who's who : répertoire des agences et ministères fédéraux et provinciaux, leurs programmes de subventions et les responsables de ces programmes*, et de 1978/79-1985/86, *Les services : répertoire des associations nationales, organismes de services et syndicats du monde artistique.* 1991, 1992, publiés avec *Directory of the arts.*   NX120 C3 W482 700.2571

Annuel. Répertoire de plus de 1 300 membres de la Art Libraries Society of North America. Classement selon quatre catégories de membres: individuel, institutionnel, affilié et d'outre-mer. Information sur le mandat et l'organisation de l'association. Index

1973, *ARLIS/NA membership directory*; 1974-1981, *ARLIS/NA directory of members*. 1986 ed. was not issued; however, a supplement was published in vol. 5, no. 2 (Summer 1986) of *Art documentation : bulletin of the Art Libraries Society of North America*. Z675 026.7

géographique. Le titre varie: 1973, *ARLIS/NA membership directory*; 1974-1981, *ARLIS/NA directory of members*. Éd. de 1986 n'a pas paru, mais un supplément a été publié dans le vol. 5, nº 2 (été 1986) de *Art documentation : bulletin of the Art Libraries Society of North America*. Z675 026.7

1808

Canada Council. – *Grants to artists*. – Ottawa : the Council, 1966- . – vol. – 1182-2120 – Cover title. – Title on added cover : *Subventions aux artistes*.

Irregular. Brief descriptions of grants and programmes of the Canada Council. Two parts: information applicable to all disciplines; instructions for applicants in specific disciplines, such as architecture, the visual arts, film, writing, dance, music, photography, theatre, video, etc. Title varies: 1966-1967, *Assistance to artists*; 1968-1988/89, *Aid to artists*. NX750 700.2571

Irrégulier. Description sommaire des subventions et programmes relevant du Conseil des arts du Canada. Deux parties: renseignements appropriés pour toutes les disciplines; modalités d'inscription classées par disciplines telles qu'architecture, arts visuels, cinéma, création littéraire, danse, musique, photographie, théâtre, vidéo, etc. Le titre varie: 1966-1988/1989, *Aide aux artistes*. NX750 700.2571

1809

Canadian Conference of the Arts. – *Who teaches what in the arts* = *Qui enseigne quoi en arts*. – Editor, Jocelyne Dubois ; assistant editor, Peggy McDonald ; research, Sigrid-Ann Thors. – Ottawa : the Conference, 1993. – xi, 107, 65 p. – 0920007309

Brief descriptions of post-secondary programmes in the arts offered by Canadian teaching institutions. Two parts: non-specialized institutions, arranged by province, and specialized institutions, arranged by discipline. For each institution the following information is provided: address and telephone and fax numbers, general admissions policy, admission criteria specific to each programme, number of students admitted, and length of programme. Description in the language of instruction of the institution. Table of disciplines taught.
    Previous eds., 1984, *Who teaches what : a compendium of all post-secondary degree, diploma and certificate courses in the arts in Canada = Qui enseigne quoi : un répertoire des programmes d'art offerts par les maisons d'enseignement postsecondaire ou spécialisé au Canada*; 1989, updated, 1991, *Who teaches what in the arts. Update 1990-1991 = Qui enseigne quoi en arts. Mise à jour 1990-1991*. NX400 W5 1993 fol. 700.71171

Description sommaire des programmes d'études postsecondaires dans les domaines des arts offerts par les établissements d'enseignement au Canada. Deux parties: établissements non spécialisés classés par provinces, établissements spécialisés classés par disciplines. Pour chaque institution figurent l'adresse et les numéros de téléphone et de télécopieur, la politique générale d'admission et les critères d'admission spécifiques à chaque programme, le nombre d'étudiants admis et la durée des programmes. Description dans la langue d'enseignement de l'institution. Tableau des disciplines enseignées.
    Éd. antérieures, 1984, *Who teaches what : a compendium of all post-secondary degree, diploma and certificate courses in the arts in Canada = Qui enseigne quoi : un répertoire des programmes d'art offerts par les maisons d'enseignement postsecondaire ou spécialisé au Canada*; 1989; mise à jour, 1991, *Who teaches what in the arts. Update 1990-1991 = Qui enseigne quoi en arts. Mise à jour 1990-1991*. NX400 W5 1993 fol. 700.71171

1810

Conférence canadienne des arts. – *Who teaches what in the arts* = *Qui enseigne quoi en arts*. – Rédactrice en chef, Jocelyne Dubois ; assistante à la rédaction, Peggy McDonald ; recherche, Sigrid-Ann Thors. – Ottawa : la Conférence, 1993. – xi, 107, 65 p. – 0920007309

Brief descriptions of post-secondary programmes in the arts offered by Canadian teaching institutions. Two parts: non-specialized institutions, arranged by province, and specialized institutions, arranged by discipline. For each institution the following information is provided: address and telephone and fax numbers, general admissions policy, admission criteria specific to each programme, number of students admitted, and length of programme. Description in the language of instruction of the institution. Table of disciplines taught.
    Previous eds., 1984, *Who teaches what : a compendium of all post-secondary degree, diploma and certificate courses in the arts in Canada = Qui enseigne quoi : un répertoire des programmes d'art offerts par les maisons d'enseignement postsecondaire ou spécialisé au Canada*; 1989, updated, 1991, *Who teaches what in the arts. Update 1990-1991 = Qui enseigne quoi en arts. Mise à jour 1990-1991*. NX400 W5 1993 fol. 700.71171

Description sommaire des programmes d'études postsecondaires dans les domaines des arts offerts par les établissements d'enseignement au Canada. Présentation en deux parties: établissements non spécialisés classés par provinces, établissements spécialisés classés par disciplines. Pour chaque institution figurent l'adresse et les numéros de téléphone et de télécopieur, la politique générale d'admission, et les critères d'admission spécifiques à chaque programme, le nombre d'étudiants admis et la durée des programmes. Description dans la langue d'enseignement de l'institution. Tableau des disciplines enseignées.
    Éd. antérieures, 1984, *Who teaches what : a compendium of all post-secondary degree, diploma and certificate courses in the arts in Canada = Qui enseigne quoi : un répertoire des programmes d'art offerts par les maisons d'enseignement postsecondaire ou spécialisé au Canada*; 1989; mise à jour, 1991, *Who teaches what in the arts. Update 1990-1991 = Qui enseigne quoi en arts. Mise à jour 1990-1991*. NX400 W5 1993 fol. 700.71171

1811

Conseil des arts du Canada. – *Subventions aux artistes*. – Ottawa : le Conseil, 1966- . – vol. – 1182-2120 – Titre de la couv. – Titre de la couv. additionnelle : *Grants to artists*.

Irregular. Brief descriptions of grants and programmes of the Canada Council. Two parts: information applicable to all disciplines; instructions for applicants in specific disciplines, such as architecture, the visual arts, film, writing, dance, music, photography, theatre, video, etc. Title varies: 1966-1967, *Assistance to artists*; 1968-1988/89, *Aid to artists*. NX750 700.2571

Irrégulier. Description sommaire des subventions et programmes relevant du Conseil des arts du Canada. Deux parties: renseignements appropriés pour toutes les disciplines; modalités d'inscription classées par disciplines, telles qu'architecture, arts visuels, cinéma, création littéraire, danse, musique, photographie, théâtre, vidéo, etc. Le titre varie: 1966-1988/1989, *Aide aux artistes*. NX750 700.2571

1812

Directory of the arts. – (1987)- . – [Ottawa] : Canadian Conference of the Arts, 1987- . – vol. – 0832-8668 – Title on binder : *Directory of the arts = L'annuaire des arts.*

Annual. Not published for 1990, 1993?. Directory of Canadian cultural associations and government departments and agencies concerned with the arts. Five parts: federal government; provincial governments; national arts associations arranged by field of interest such as film, copyright, education, heritage, etc.; provincial and community associations listed by province. The description of each government office includes address and telephone number, a brief description of its mandate and the names of contact persons. The description of each association includes address and telephone and fax numbers, names of contact persons, goals, activities, membership, income and publications. Index of organizations.

Merger of the English portions of: 1975-1985/86, *Who's who : a guide to federal and provincial departments and agencies, their funding programs and the people who head them*, and 1977-1985/86, *Who does what : a guide to national art associations, service organizations and unions*. 1991, 1992, published with *L'annuaire des arts*. NX120 C3 W48 700.2571

Annuel. 1990, 1993? n'a pas été publié. Répertoire des ministères et organismes gouvernementaux ayant un lien avec les arts et des associations culturelles du Canada. Cinq parties: gouvernement fédéral; gouvernements provinciaux; associations culturelles nationales classées par domaines tels que cinéma, droit d'auteur, éducation, patrimoine, etc.; associations culturelles provinciales et communautaires recensées par provinces. La description de chaque instance gouvernementale comprend l'adresse et le numéro de téléphone, une description sommaire du mandat et le nom de personnes-ressources. La description de chaque association comprend l'adresse et les numéros de téléphone et de télécopieur, les noms de personnes-ressources, les buts, les activités, l'adhésion, le revenu et les publications. Index des organismes.

Fusion des parties en anglais de: 1975-1985/86, *Who's who : a guide to federal and provincial departments and agencies, their funding programs and the people who head them*, et 1977-1985/86, *Who does what : a guide to national art associations, service organizations and unions*. 1991, 1992, publiés avec *L'annuaire des arts*. NX120 C3 W48 700.2571

1813

Guide to Canadian arts grants. – (1993/1994)- . – Toronto : Canada Grants Service, [c1993]- . – vol. – 1196-720X – Cover title.

Annual? A directory of government and private sources of arts funding in Canada. Sections for national and provincial programmes, subdivided according to artistic discipline. Includes dance, media arts, music, theatre, visual arts, writing and publishing. Entries for programmes include information on purpose, eligibility, type and size of grants, name, address and telephone number of a contact. Names and addresses of private organizations sponsoring grants and awards. Entries in French for Quebec programmes. NX705.5 C2 G72 fol. 700.7971

Annuel? Répertoire des sources gouvernementales et privées de subvention des arts au Canada. Sections sur les programmes nationaux et provinciaux, avec subdivision selon la discipline artistique. Inclut la danse, les arts médiatiques, la musique, le théâtre, les arts visuels, l'écriture et l'édition. Les notices sur les programmes comprennent des données sur le but, l'admissibilité, le type et l'importance des subventions, ainsi que le nom, l'adresse et le numéro de téléphone d'une personne-ressource. Nom et adresse des organisations privées qui subventionnent les arts et qui décernent des prix. Notices en français dans le cas des programmes offerts au Québec. NX705.5 C2 G72 fol. 700.7971

1814

Société des auteurs, recherchistes, documentalistes et compositeurs. – *Annuaire*. – (1979/80)- . – Montréal : SARDeC, [1979?]- . – vol. – 2980230413 – 0834-519X

Irregular. Alphabetical directory of members of SARDeC, a union of Francophone professionals working in Canada in radio, television and film. List of members arranged by profession. Title varies: 1979/80-1981/82, *Bottin*; 1985-1986, *Annuaire*; 1991/92, *Bottin*. PN121 S6 806.0714

Irrégulier. Répertoire alphabétique des membres de la SARDeC, syndicat de professionnels francophones oeuvrant au Canada dans les secteurs de la radio, de la télévision et du cinéma. Liste des membres par catégories professionnelles. Le titre varie: 1979/80-1981/82, *Bottin*; 1985-1986, *Annuaire*; 1991/92, *Bottin*. PN121 S6 806.0714

British Columbia

Colombie-Britannique

1815

The arts resource book. – Vancouver : Assembly of British Columbia Arts Councils, 1991. – 1 vol. (various pagings) : ill. – 0969787908

Describes grants programmes available to British Columbia artists. Municipal programmes arranged by location. Programmes at the provincial and federal levels arranged by organization. Information on fundraising by small- and medium-sized cultural organizations. Directory of 36 foundations which support the arts and culture in British Columbia, divided into three sections: British Columbia, Canada, and the United States. Each entry includes: foundation address and telephone and fax numbers, names of contact person and of members of the board of directors, a brief description of its objectives and areas of interest, geographic coverage, types of awards offered, breakdown of budget, application procedures and deadlines. Directory of institutions, organizations, etc. Bibliography. Subject/name index. NX705.5 C22 B75 1991 fol. 700.25711

Description sommaire des programmes d'aide aux artistes de la Colombie-Britannique. Classement par localités pour les programmes municipaux et par organismes pour ceux relevant des niveaux provincial et fédéral. Information sur les collectes de fonds par les organismes culturels de petite et moyenne importance. Répertoire de 36 fondations amies des arts et de la culture britanno-colombiens divisé en trois sections: Colombie-Britannique, Canada et États-Unis. Chaque notice comprend l'adresse et les numéros de téléphone et de télécopieur de la fondation, les noms d'une personne clé et des membres du conseil d'administration, une brève description de l'objectif, des champs d'intérêt, de la portée géographique, des genres de bourses offertes, de la répartition budgétaire, de la procédure et des dates d'inscription. Répertoire des organismes-ressources. Bibliographie. Un index: sujets-noms. NX705.5 C22 B75 1991 fol. 700.25711

1816

Répertoire culturel des ressources francophones de la Colombie-Britannique. – (1989)- . – Vancouver : Fédération des Franco-Colombiens, [1989?]- . – 113 p. : ill., portr. – 0843-7718 – Titre de la couv.

Directory of British Columbia Francophone artists, organizations and individuals involved in literary and performing arts, and resource persons in the field of artistic production. Organized by discipline. Professional biographies written in French and English. Name index. NX120 C3 R38 1989 fol. 700.25711

Répertoire d'artistes, d'intervenants dans les domaines de la littérature et des arts scéniques, et de personnes-ressources en production artistique franco-colombiens. Classement par disciplines. Notices biographiques professionnelles rédigées en français et en anglais. Index des noms. NX120 C3 R38 1989 fol. 700.25711

Manitoba

Manitoba

1817

Directory of the arts in Manitoba. – [Winnipeg : C.A.R.F.A.C. - Manitoba, 1988?]- . – vol. (loose-leaf) : plans.

Irregular. Alphabetical directory of exhibition space available from 87 Manitoba organizations for the performing arts, visual arts, literature, crafts, film and video. Each entry includes the institution's address and telephone number, a brief description of its mandate, publications, affiliations, facilities, etc. NX120 C3 D5727 700.257127

Irrégulier. Répertoire alphabétique des sites d'exposition de 87 organismes manitobains en arts d'interprétation, beaux-arts, littérature, artisanat, film et vidéo. Chaque notice comprend l'adresse et le numéro de téléphone de l'institution et une description sommaire de son mandat, ses publications, ses affiliations, ses installations, etc. NX120 C3 D5727 700.257127

1818

The Manitoba Ukrainian arts directory, 1988-1989. – Winnipeg : Manitoba Ukrainian Arts Council, 1989. – 33 p.

Alphabetical directory of more than 160 persons and organizations involved in the Ukrainian arts community in Manitoba. Two parts: organizations/groups and individuals. Entries note artistic field, purpose or specialty, activities, address and telephone number. Subject index. NX513 700.257127

Répertoire alphabétique de plus de 160 intervenants du monde artistique ukrainien du Manitoba. Deux parties: organismes et groupes, individus. Pour chaque intervenant figurent le domaine artistique, la raison d'être ou les spécialités, une brève description des activités et l'adresse et le numéro de téléphone. Index sujets. NX513 700.257127

New Brunswick

Nouveau-Brunswick

1819

Association acadienne des artistes professionnel(le)s du Nouveau-Brunswick. – *Répertoire des artistes et des ressources artistiques et culturelles du Nouveau-Brunswick.* – (1992/1993)- . – Moncton (N.-B.) : l'Association, c1992- . – vol. (feuilles mobiles) : ill., portr. – 1194-4307

Biennial. Directory of more than 700 individuals and organizations involved in arts and culture in New Brunswick. Four parts: artists, private-sector, institutional and cultural resources. Subdivided into categories such as dance, museums, art galleries, etc. Artist entries include an illustration of a work or the artist's portrait, address, telephone number, specialization, training, major achievements, projects, awards and distinctions. List of members and of the administrative council of the Association. N55 C3 A787 700.257151

Biennal. Répertoire de plus de 700 intervenants dans le monde des arts et de la culture du Nouveau-Brunswick. Quatre parties: artistes, ressources des secteurs privé, institutionnel et culturel subdivisés par catégories telles que danse, musées, galeries d'art, etc. Pour chaque artiste figurent son portrait ou l'illustration d'une oeuvre, l'adresse et le numéro de téléphone, la spécialisation, la formation, les principales réalisations, les projets, les bourses et distinctions. Liste des membres et du conseil d'administration de l'Association. N55 C3 A787 700.257151

Ontario

Ontario

1820

Conseil des arts de l'Ontario. – *Arts/education : a resource guide for artists and schools = Arts/éducation : un répertoire de ressources pour artistes et écoles.* – [Toronto] : le Conseil, 1973- . – vol. – 0824-8877 – Titre de la couv.

Annual. Brief description of programmes and services of the Ontario Arts Council and of other Ontario institutions, in art and education. Provides address and telephone number of contact person and, where relevant, application deadline. Directory of English-language resources arranged by field, such as dance, music, theatre, literature, etc. French-language resources are grouped in a single section. Each entry includes address and telephone number, a brief description of activities and, where appropriate, grade level, duration, availability, costs, equipment needed, etc. Directory of contact persons in the arts, by school board.

Annuel. Description sommaire des programmes et services relevant du Conseil des arts de l'Ontario et des institutions ontariennes en art et éducation. Comprend l'adresse et le numéro de téléphone de l'instance responsable et, le cas échéant, les dates d'inscription. Répertoire des ressources anglophones divisé par disciplines telles que danse, musique, théâtre, littérature, etc. Les ressources francophones forment une seule section. Chaque notice comprend l'adresse et le numéro de téléphone, une description sommaire des activités et, si besoin en est, le niveau scolaire, la durée, la disponibilité, les coûts, le matériel requis, etc. Répertoire des personnes clés en matière d'art, articulé par conseils scolaires.

Title varies: 1973-1976/77, *Ontour*. Division of this bilingual publication into two unilingual editions: 1977/78-1982/83, *Artslist*, and 1977, *Répertoire des ressources artistiques franco-ontariennes, 1977*; 1982, *Répertoire des ressources artistiques ontaroises, 1982/83*. Bilingual: 1983/84-1985/86, *Catalogue, arts/education : a resource guide for artists and schools = Catalogue, arts/éducation : un répertoire de ressources pour artistes et écoles*. PN3171 700.25713

Le titre varie: 1973-1976/77, *Ontour*. Scission de cette publication bilingue en deux éditions unilingues: 1977/78-1982/83, *Artslist*, et 1977, *Répertoire des ressources artistiques franco-ontariennes, 1977*; 1982, *Répertoire des ressources artistiques ontaroises, 1982/83*. Redevient bilingue: 1983/84-1985/86, *Catalogue, arts/education : a resource guide for artists and schools = Catalogue, arts/éducation : un répertoire de ressources pour artistes et écoles*. PN3171 700.25713

1821

Murray, Ian. – *Media arts guide : selected listings from the media arts database.* – 1st ed. – Toronto : Media Arts Database with assistance from the Ontario Arts Council, c1989. – iv, 177 p.

A directory of Ontario-based non-profit organizations and government agencies involved in the media arts: art works using audio, broadcast, computer, electronic, holographic, motion picture, photographic and other contemporary forms. Alphabetically arranged by name of organization or agency. Entries include: name, address, telephone and fax numbers, e-mail address, hours of operation, number of staff, membership, mandate, funding programmes, services, publications, availability of equipment, etc. Available online. NX120 C2 M42 1989 700.25713

Répertoire des organismes à but non lucratif et des agences gouvernementales de l'Ontario qui s'intéressent aux arts des médias à savoir: les oeuvres d'art qui ont recours à l'enregistrement sonore, à la radiodiffusion, à l'informatique, à l'électronique, à l'holographie, au cinéma et à la photographie et autres formes d'art contemporain. Classement alphabétique des noms des organismes ou des agences. Les notices comprennent: le nom, l'adresse, les numéros de téléphone et de télécopieur, l'adresse électronique, les heures d'ouverture, le nombre d'employés et de membres, le mandat, les programmes de financement, les services, les publications, la disponibilité du matériel, etc. Accessible en direct. NX120 C2 M42 1989 700.25713

1822

Ontario Arts Council. – *Arts/education : a resource guide for artists and schools = Arts/éducation : un répertoire de ressources pour artistes et écoles.* – [Toronto] : the Council, 1973- . – vol. – 0824-8877 – Cover title.

Annual. Brief description of programmes and services of the Ontario Arts Council and of other Ontario institutions, in art and education. Provides address and telephone number of contact person and, where relevant, application deadline. Directory of English-language resources arranged by field, such as dance, music, theatre, literature, etc. French-language resources are grouped in a single section. Each entry includes address and telephone number, a brief description of activities and, where appropriate, grade level, duration, availability, costs, equipment needed, etc. Directory of contact persons in the arts, by school board.

Title varies: 1973-1976/77, *Ontour*. Division of this bilingual publication into two unilingual editions: 1977/78-1982/83, *Artslist*, and 1977, *Répertoire des ressources artistiques franco-ontariennes, 1977*; 1982, *Répertoire des ressources artistiques ontaroises, 1982/83*. Bilingual: 1983/84-1985/86, *Catalogue, arts/education : a resource guide for artists and schools = Catalogue, arts/éducation : un répertoire de ressources pour artistes et écoles*. PN3171 700.25713

Annuel. Description sommaire des programmes et services relevant du Conseil des arts de l'Ontario et des institutions ontariennes en art et éducation. Comprend l'adresse et le numéro de téléphone de l'instance responsable et, le cas échéant, les dates d'inscription. Répertoire des ressources anglophones divisé par disciplines telles que danse, musique, théâtre, littérature, etc. Les ressources francophones forment une seule section. Chaque notice comprend l'adresse et le numéro de téléphone, une description sommaire des activités et, si besoin en est, le niveau scolaire, la durée, la disponibilité, les coûts, le matériel requis, etc. Répertoire des personnes clés en matière d'art, articulé par conseils scolaires.

Le titre varie: 1973-1976/77, *Ontour*. Scission de cette publication bilingue en deux éditions unilingues: 1977/78-1982/83, *Artslist*, et 1977, *Répertoire des ressources artistiques franco-ontariennes, 1977*; 1982, *Répertoire des ressources artistiques ontaroises, 1982/83*. Redevient bilingue: 1983/84-1985/86, *Catalogue, arts/education : a resource guide for artists and schools = Catalogue, arts/éducation : un répertoire de ressources pour artistes et écoles*. PN3171 700.25713

1823

Ontario. Ministère des affaires civiques et culturelles. – *Ressources culturelles en Ontario.* – Toronto : Ministère des affaires civiques et culturelles de l'Ontario, 1986- . – vol. – 0715-8394 – Titre de la p. de t. additionnelle : *Cultural resources in Ontario*.

Irregular, 1986. Description and directory of associations, cultural and government agencies at the provincial and federal levels, dealing with the arts. Arranged by area of activity such as radio/television, crafts, dance, film/video/photography, heritage, literary arts/publishing, museums, music, theatre, visual arts, etc. Entries include name, address and telephone number, a brief description of activities and publications and the name of the governing authority. Replaces unilingual English editions for 1976?, 1980?, 1982 and a unilingual French edition for 1975?, *Répertoire des activités et établissements culturels subventionnés par la province de l'Ontario*. 1986 edition reproduced in microform format: *Microlog*, no. 86-05033. NX120 C3 C85 700.25713

Irrégulier, 1986. Répertoire des associations, agences culturelles et gouvernementales aux niveaux provincial et fédéral liées aux arts. Classement par secteurs d'activité tels que radio/télévision, artisanat, danse, cinéma/vidéo/photographie, patrimoine, arts littéraires/ édition, musées, musique, théâtre, arts visuels, etc. Chaque notice comprend le nom, l'adresse et le numéro de téléphone, une description sommaire des activités et des publications, et l'instance responsable. Remplace les éditions unilingues anglaises de 1976?, 1980?, 1982 et l'édition unilingue française de 1975?, *Répertoire des activités et établissements culturels subventionnés par la province de l'Ontario*. L'éd. de 1986 reproduite sur support microforme: *Microlog*, n° 86-05033. NX120 C3 C85 700.25713

1824

Ontario. Ministry of Citizenship and Culture. – *Cultural resources in Ontario.* – Toronto : Ontario. Ministry of Citizenship and Culture, 1986- . – vol. – 0715-8394 – Title on added t.p. : *Ressources culturelles en Ontario.*

Irregular, 1986. Description and directory of associations, cultural and government agencies at the provincial and federal levels, dealing with the arts. Arranged by area of activity such as radio/television, crafts, dance, film/video/photography, heritage, literary arts/publishing, museums, music, theatre, visual arts, etc. Entries include name, address and telephone number, a brief description of activities and publications and the name of the governing authority. Replaces unilingual English editions for 1976?, 1980?, 1982 and a unilingual French edition for 1975?, *Répertoire des activités et établissements culturels subventionnés par la province de l'Ontario.* 1986 edition reproduced in microform format: *Microlog,* no. 86-05033. NX120 C3 C85 700.25713

Irrégulier, 1986. Répertoire des associations, agences culturelles et gouvernementales aux niveaux provincial et fédéral liées aux arts. Classement par secteurs d'activité tels que radio/télévision, artisanat, danse, cinéma/vidéo/photographie, patrimoine, arts littéraires/édition, musées, musique, théâtre, arts visuels, etc. Chaque notice comprend le nom, l'adresse et le numéro de téléphone, une description sommaire des activités et des publications, et l'instance responsable. Remplace les éditions unilingues anglaises de 1976?, 1980?, 1982 et l'édition unilingue française de 1975?, *Répertoire des activités et établissements culturels subventionnés par la province de l'Ontario.* L'éd. de 1986 reproduite sur support microforme: *Microlog,* n° 86-05033. NX120 C3 C85 700.25713

1825

L'Ontartiste : répertoire artistique. – Éd. 1991. – Toronto : Conseil des arts de l'Ontario, 1991. – 2 f., 204 p. – Titre de la couv.

A directory of Franco-Ontarian artists as well as galleries, libraries, publishers, festivals, artistic organizations and associations, government agencies, etc., of interest and assistance to Franco-Ontarian artists. Arranged in sections for visual arts, dance, film, literature, music, theatre and cultural centres. Entries for artists include address, telephone number, profession, education, lists of exhibitions, publications, performances, etc., projects and services. Personal and corporate name index. NX120 700.25713

Répertoire des artistes franco-ontariens ainsi que des galeries, des bibliothèques, des éditeurs, des festivals, des organismes et associations artistiques, des agences gouvernementales, etc. qui peuvent intéresser ou aider les artistes franco-ontariens. Divisé en sections sur les arts visuels, la danse, le cinéma, la littérature, la musique, le théâtre et les centres culturels. Les notices sur les artistes comprennent l'adresse, le numéro de téléphone, la profession, les études, la liste des expositions, des publications, des spectacles, etc., les projets et les services. Index des noms de personnes et de sociétés. NX120 700.25713

Quebec

Québec

1826

Art et culture au Québec : répertoire descriptif. – (1990/1991)- . – Sainte-Foy (Québec) : Québec dans le monde, 1990- . – vol. – 1188-4282

Biennial. Alphabetical directory of 1,783 Quebec organizations in the arts, film-making, writing, music, theatre, etc. Each entry includes the address and telephone number of the organization, and occasionally a brief description of its mandate, activities and publications. Subject and administrative district indexes. Title varies: 1990/91, *Le monde de la culture au Québec : répertoire descriptif.* NX120 C3 R43 700.25714

Biennal. Répertoire alphabétique de 1 783 organismes québécois du monde artistique, cinématographique, littéraire, musical, théâtral, etc. Chaque notice comprend l'adresse et le numéro de téléphone de l'organisme. Une description sommaire de son mandat, de ses activités et publications accompagne certaines notices. Deux index: sujets, régions administratives. Le titre varie: 1990/91, *Le monde de la culture au Québec : répertoire descriptif.* NX120 C3 R43 700.25714

1827

Québec (Province). Ministère des affaires culturelles. – *Directory : assistance programs and measures of the Ministère des affaires culturelles.* – 1st ed. – Québec : [s.n.], 1989. – 68 p. – 2550197577

Brief descriptions of programmes and measures under the responsibility of the Ministère des affaires culturelles. Arranged by area of activity such as archives, performing and visual arts, libraries, recording and show business industries, books and periodicals, crafts, museums and exhibition centres, heritage, etc. Directory of branches of the Ministère des affaires culturelles. Also published in French under the title: *Répertoire : mesures et programmes d'aide du Ministère des affaires culturelles.* NX750 700.25714

Descriptions sommaires des programmes et mesures relevant du Ministère des affaires culturelles. Classement par secteurs d'activité tels qu'archives, arts scéniques et visuels, bibliothèques, industrie du disque et du spectacle, livres et périodiques, métiers d'art, musées et centres d'exposition, patrimoine, etc. Répertoire des directions générales et régionales du Ministère des affaires culturelles. Publié aussi en français sous le titre: *Répertoire : mesures et programmes d'aide du Ministère des affaires culturelles.* NX750 700.25714

1828

Québec (Province). Ministère des affaires culturelles. – *Répertoire : mesures et programmes d'aide du Ministère des affaires culturelles.* – [2ᵉ éd.]. – Québec : Direction des communications, 1990. – 61 p. – 2550209214

1st ed., 1989. Brief descriptions of programmes and measures under the responsibility of the Ministère des affaires culturelles. Arranged by area of activity such as archives, performing and visual arts, libraries, recording and show business industries, books and periodicals, crafts, museums and exhibition centres, heritage, etc. Directory of branches of the Ministère des affaires culturelles. 1st ed. also

1ʳᵉ éd., 1989. Descriptions sommaires des programmes et mesures relevant du Ministère des affaires culturelles. Classement par secteurs d'activité tels qu'archives, arts scéniques et visuels, bibliothèques, industrie du disque et du spectacle, livres et périodiques, métiers d'art, musées et centres d'exposition, patrimoine, etc. Répertoire des directions générales et régionales du Ministère des

published in English under the title: *Directory : assistance programs and measures of the Ministère des affaires culturelles.* NX750 700.25714

affaires culturelles. 1ʳᵉ éd. publiée aussi en anglais sous le titre: *Directory : assistance programs and measures of the Ministère des affaires culturelles.* NX750 700.25714

1829

Répertoire CRARR. – Montréal : CRARR, c1994. – 365 p. : portr. – 2892920406 – Titre de la couv. : *Répertoire CRARR des communautés ethnoculturelles et autochtones.*

1st ed., 1992. A directory of artists from ethnocultural and Aboriginal groups of Quebec. Sections covering the performing, visual, media and literary arts. Entries include name of artist, profession, date of birth, weight and height for performing artists, training, telephone number, name and telephone number of agent, ethnic origin, languages spoken and written, performances, exhibitions or works published, awards, etc., and a photograph. Alphabetical index of artists. Directory of cultural organizations in Montreal area. PN2305 Q8 R394 1994 700.25714

1ʳᵉ éd., 1992. Répertoire des artistes de divers groupes ethnoculturels et autochtones du Québec. Sections portant sur les arts du spectacle, ainsi que sur les arts visuels, médiatiques et littéraires. Les notices comprennent le nom de l'artiste, sa profession, sa date de naissance, son poids et sa taille dans le cas des artistes de spectacle, sa formation, son numéro de téléphone, le nom et le numéro de téléphone de son agent, son origine ethnique, les langues parlées et écrites, les spectacles, les expositions ou les publications, les prix remportés, etc. et une photographie. Index alphabétique des artistes. Répertoire des organisations culturelles de la région de Montréal. PN2305 Q8 R394 1994 700.25714

1830

Répertoire des centres d'artistes autogérés du Québec. – 2ᵉ éd. – [Montréal] : Regroupement des centres d'artistes autogérés du Québec, c1992. – 252 p. : ill., cartes, plans. – 298024824X – Titre de la couv.

1st ed., 1989. Directory of 39 centres which are members of the Regroupement des centres d'artistes autogérés du Québec. Arranged by region. The description of each centre includes a historical note, address and telephone number, location on a city map, floor plans, name of a contact person and technical information such as hours, criteria for submission of portfolios, equipment, rooms available and other services. The introduction and the historical note for each centre are translated into English. Directory of institutions, organizations, etc., in Canada; special events, exhibition centres in educational institutions, and commercial galleries in Quebec. Index of centres. N55 C3 R458 1992 700.25714

1ʳᵉ éd., 1989. Répertoire de 39 centres membres du Regroupement des centres d'artistes autogérés du Québec. Classement par régions géographiques. La description de chaque centre comprend l'historique, l'adresse et le numéro de téléphone, sa localisation sur la carte de la ville, des plans, le nom d'une personne-ressource et des données techniques telles que les heures d'ouverture, les critères relatifs à la soumission de dossiers, le matériel, les locaux et les autres services. L'avant-propos et l'historique de chaque centre sont traduits en anglais. Répertoire des organismes-ressources au Canada; des événements spéciaux, des centres d'exposition en institutions d'enseignement, et des galeries commerciales au Québec. Index des centres. N55 C3 R458 1992 700.25714

Handbooks

Guides

1831

Guide culturel du Québec. – Sous la direction de Lise Gauvin et Laurent Mailhot avec la collaboration de Jean-François Chassay, Lise Maisonneuve, Benoît Melançon [et al.]. – Montréal : Boréal express, 1982. – 533 p. : ill., carte. – 2890520447

Analysis of the development of Quebec in the fields of literature, the arts, education, the social sciences and humanities. Accompanied by an alphabetical directory of organizations and a bibliography appropriate to each field. Social and cultural chronology from 1534 to 1981. Index to authors cited in the specialized bibliographies. FC2907 G83 700.25714

Analyse du développement du Québec dans le monde littéraire, artistique, éducatif et des sciences humaines, accompagnée d'un répertoire alphabétique des organismes et d'une bibliographie pertinente à chaque domaine. Chronologie sociale et culturelle de 1534 à 1981. Index des auteurs cités dans les bibliographies spécialisées. FC2907 G83 700.25714

1832

Harris, Lesley Ellen. – *Canadian copyright law.* – 2nd ed. – Toronto : McGraw-Hill Ryerson, c1995. – xvi, 304 p. – 007552547X – Cover title : *Canadian copyright law : the indispensable guide for writers, musicians, visual artists, filmmakers, publishers, editors, teachers, librarians, students, lawyers and business people.*

1st ed., 1992. Introductory guide to Canadian copyright law for creators and for those working in the cultural, performing arts, information and computer science industries. Sixteen chapters covering topics such as duration of copyright and a comparison of Canadian and American law. Each chapter includes a summary. Four appendices: the Copyright Act, sample forms, lists of member countries for two international agreements on copyright, Writers' Union of Canada electronic publishing agreements. Bibliography. Subject index. KE2799.2 H37 1995 346.710482

1ʳᵉ éd., 1992. Guide explicatif du droit d'auteur au Canada à l'intention des créateurs et des usagers affiliés à l'industrie de la culture, des arts du spectacle, de l'information et de l'informatique. Seize chapitres couvrant notamment la durée du droit d'auteur et la comparaison entre les lois canadienne et américaine. Chaque chapitre comporte un résumé. Quatre appendices: Loi sur le droit d'auteur, exemples de formulaires, listes des pays membres des deux conventions internationales en matière de droit d'auteur, accords sur l'édition électronique de Writers' Union of Canada. Bibliographie. Index sujets. KE2799.2 H37 1995 346.710482

History and Surveys

Aperçus historiques et études diverses

1833

Tweedie, Robert A. [Robert Allison]. – *Arts in New Brunswick.* – Edited by R. A. Tweedie, Fred Cogswell, W. Stewart MacNutt. – [Fredericton] : Brunswick Press, c1967. – 280 p. : ill. (some col.).

Signed articles on literature, painting, music, architecture and crafts in New Brunswick. Arranged by discipline, subdivided by period, institution, artist or geographic area. Name-subject index. N6546 N4 T89 fol.   700.97151

Articles signés portant sur la littérature, la peinture, la musique, l'architecture et l'artisanat au Nouveau-Brunswick. Classement par disciplines subdivisées par périodes, institutions, artistes ou régions géographiques. Un index: noms-sujets.   N6546 N4 T89 fol. 700.97151

Indexes

Index

1834

Index des articles de mai 1978 à mars 1992 dans le magazine culturel de l'Ontario français Liaison. – Ottawa : Éditions L'Interligne, c1992. – 233 p. – 2921463032

An index to articles appearing in the Franco-Ontarian cultural magazine *Liaison*, from May 1978 to March 1992. Arranged by subject such as crafts, visual arts, cinema, architecture and heritage, literature and publishing, media, music, cultural policy, theatre, etc. Brief articles, illustrations and advertisements are not indexed. Each article is assigned a subject code.   PN2305 06 L5 1978 fol.   016.7009713

Index des articles parus dans la revue culturelle franco-ontarienne *Liaison*, de mai 1978 à mars 1992. Classement par sujets tels que l'artisanat, les arts visuels, le cinéma, l'architecture et le patrimoine, la littérature et l'édition, les médias, la musique, la politique culturelle, le théâtre, etc. Les courts articles, les illustrations et les annonces publicitaires ne sont pas répertoriés. Un code de sujet est attribué à chaque article.   PN2305 06 L5 1978 fol.   016.7009713

1835

Parachute : index 1-50, 1975-1988. – Montréal : Éditions Parachute, 1988. – 37 p. – 2920284045

An index of articles published in *Parachute*, vol. 1 (1975)-vol. 50 (1988), a journal on contemporary art. Three sections: authors of articles; subjects of articles, i.e., artists, curators, theoreticians and art critics; thematic index, for example, architecture, cinema, dance, photography, etc. *Parachute* is also indexed in *Point de repère.* NX1   709.714

Index des articles publiés dans la revue d'art contemporain *Parachute*, vol. 1 (1975)-vol. 50 (1988). Trois sections: auteurs des articles; sujets des articles, c'est-à-dire artistes, conservateurs, théoriciens et critiques d'art; index thématique, par exemple architecture, cinéma, danse, photographie, etc. *Parachute* est également répertorié dans *Point de repère.*   NX1   709.714

Humanities
Fine and Applied Arts

Sciences humaines
Beaux-arts et arts appliqués

Art Prices

Vente aux enchères

1836

Campbell, H. C. [Henry Cummings]. – *The Canadian art auction record.* – (1969)-vol. 6 (1974). – Montreal : Bernard Amtmann, [1970?]-1975. – 6 vol. – 0317-7920

Annual. List of works by Canadian artists or on Canadian subjects sold by three auction houses in Montreal and two in Toronto. Arranged alphabetically by name of artist. Imprint varies. N8670 C3   702.94

Annuel. Recension d'oeuvres canadiennes ou dont le sujet est canadien vendues par trois maisons d'encan montréalaises et deux torontoises. Classement alphabétique des noms des artistes. Publié par différents éditeurs.   N8670 C3   702.94

1837

Campbell, Harry. – *Canadian art auctions : sales and prices, 1976-1978.* – Don Mills (Ont.) : General Publishing Co., c1980. – 255 p. : ill. – 0773600795

List of works by Canadian artists sold by auction houses in Montreal, Toronto and Vancouver. Alphabetically arranged by name of artist.   N8602 C35 fol.   702.94

Recension d'oeuvres d'artistes canadiens vendues par des maisons d'encan de Montréal, Toronto et Vancouver. Classement alphabétique des noms des artistes.   N8602 C35 fol.   702.94

1838

Sotheby & Co. (Canada). – *Canadian art at auction, 1968-1975 : a record of Sotheby & Co. (Canada) Ltd. sales, May 1968-May 1975.* – Edited by Geoffrey Joyner ; foreword by Paul Duval. – Toronto : Sotheby & Co. (Canada), 1975. – 212 p. : ill.

List of more than 4,000 Canadian paintings sold by Sotheby & Co. (Canada). Alphabetically arranged by name of artist.   N8675 S68 fol. 702.94

Recension de plus de 4 000 peintures canadiennes vendues par Sotheby & Co. (Canada). Classement alphabétique des noms des artistes.   N8675 S68 fol.   702.94

1839

Sotheby Parke Bernet (Canada). – *Canadian art at auction, 1975-1980 : a record of Sotheby Parke Bernet (Canada) Inc. sales, October 1975-May 1980.* – Edited by Geoffrey Joyner ; foreword Paul Duval. – Toronto : Sotheby Parke Bernet (Canada), 1980. – 200 p. : ill. (19 col.).

List of more than 4,000 Canadian paintings sold by Sotheby Parke Bernet (Canada). Alphabetically arranged by name of artist. N8675 S68 1975 fol. 702.94

Recension de plus de 4 000 peintures canadiennes vendues par Sotheby Parke Bernet (Canada). Classement alphabétique des noms des artistes. N8675 S68 1975 fol. 702.94

1840

Westbridge, Anthony R. – *Canadian art sales index : oil paintings, watercolours, drawings & prints by Canadian artists sold at auction in Canada and abroad.* – (1977/80)- . – Vancouver : Published for Westbridge Publications, [1980?]- . –   vol. : ill., graphics. – 0229-8961

Annual. List of works by Canadian artists sold at auction in Canada, the United States and London. Alphabetically arranged by name of artist. News on trends in the art market. List of 100 most expensive Canadian paintings. Alphabetical list of 100 Canadian painters with data on their highest-priced work. Imprint varies. N8670 C35 702.94

Annuel. Recension des oeuvres d'artistes canadiens vendues à l'encan au Canada, aux États-Unis et à Londres. Classement alphabétique des noms des artistes. Information sur les tendances du marché de l'art. Liste des 100 peintures canadiennes les plus dispendieuses. Liste alphabétique de 100 peintres canadiens et des coordonnées de leur tableau le plus lucratif. Publié par différents éditeurs. N8670 C35 702.94

Bibliographies and Catalogues

Bibliographies et catalogues

1841

Alexandrin, Barbara. – *Bibliography of the material culture of New France.* – Barbara Alexandrin and Robert Bothwell. – Ottawa : National Museums of Canada, 1970. – vii, 32 p. – (Publications in history ; no. 4).

A bibliography of 879 books, periodical articles, pamphlets and official publications on the material culture of New France. Arranged in sections for general works, local history, technology and society, architecture and the arts. Locations and critical notes for some items. Geographical index. Z5961 016.709714

Bibliographie de 879 livres, articles de périodiques, brochures et publications officielles sur la culture matérielle de la Nouvelle-France. Sections portant sur les ouvrages généraux, l'histoire locale, la technologie et la société, l'architecture et les arts. Localisations et notes critiques pour certains documents. Index géographique. Z5961 016.709714

1842

Artexte : catalogues d'art contemporain, livres d'artistes et publications indépendantes du Canada, d'Europe et des États-Unis = Artexte : contemporary art catalogues, artists' books and independent publications from Canada, Europe and the United States. – (1981)- . – Montréal : Centre d'information Artexte, c1981- . –   vol. : ill. – Titre de la couv.

Biennial, 1981-1983. Annual. Publications sold by the Artexte distribution service, listed by title or artist. Three parts: recent publications with or without trade discounts on the sale price, and a selection of material from previous years available at a discount. Only entries in the section of recent publications with trade discounts are annotated, in the language of publication. Title-artist index. Title varies: 1981-1983, *Catalogues : catalogues canadiens en art contemporain = Catalogues : Canadian catalogues on contemporary art*; 1984-1985, *Artexte : catalogues d'art contemporain, livres d'artistes et publications indépendantes du Canada, de l'Europe et des États-Unis = Artexte : contemporary art, catalogues, artists' books and independent publications from Canada, Europe and the United States.* Z5939 G73 016.70971

Biennal, 1981-1983. Annuel. Recension par titres ou artistes des documents vendus par le Service de distribution d'Artexte. Trois parties: parutions récentes avec ou sans réduction sur le prix de vente et sélection de documents d'années précédentes soldés. Seule la section des documents récents assortis d'une réduction comporte des annotations rédigées dans la langue de la publication. Un index: titres-artistes. Le titre varie: 1981-1983, *Catalogues : catalogues canadiens en art contemporain = Catalogues : Canadian catalogues on contemporary art*; 1984-1985, *Artexte : catalogues d'art contemporain, livres d'artistes et publications indépendantes du Canada, de l'Europe et des États-Unis = Artexte : contemporary art, catalogues, artists' books and independent publications from Canada, Europe and the United States.* Z5939 G73 016.70971

1843

Association des musées canadiens. – *Bibliography : an extensive listing of published material on the subjects of museology, museography and museum and art gallery administration = Bibliographie : un inventaire considérable de publications portant sur la muséologie, la muséographie et l'administration de musées et de galeries d'art.* – [Ottawa] : l'Association, [1976?]. – 1 vol. (pagination multiple). – Titre de la couv.

Bibliography of books and periodical articles on museum-related activities. 28 headings such as museums, collections management, conservation, legislation, etc. Twelve supplements. Z5052 C35 fol. 016.069

Recension de livres et d'articles de périodiques traitant des activités en milieu muséal. 28 rubriques telles que musées, gestion des collections, conservation, législation, etc. Douze suppléments. Z5052 C35 fol. 016.069

1844

Association des musées canadiens. – *Bibliography. Supplement = Bibliographie. Supplément.* – I-XII (1984/1985). – Ottawa : l'Association, [1976?]-1987. – 11 vol. – Titre de la couv.

Irregular. List of indexed periodicals.   Z5052 C35 fol. Suppl. 016.069

Irrégulier. Liste des périodiques indexés.   Z5052 C35 fol. Suppl. 016.069

1845

Bradshaw, Janice. – *Heritage conservation : a selected bibliography, 1979.* – Compiled by Janice Bradshaw ; updated by Robert Adam. – [Updated ed.]. – [Victoria] : British Columbia Heritage Trust, 1983. – 28 p. – (Technical paper series ; no. 1).

1st ed., 1980?. Annotated bibliography on various aspects of heritage. Arranged by area of activity or subject, such as archaeology, architecture, museology, administration, legislation, etc. Directory of periodicals and of institutions, organizations, etc. Reproduced in microform format: *Microlog*, no. 84-00496.   Z5943   016.9

1re éd., 1980?. Bibliographie annotée concernant diverses facettes du patrimoine. Classement par secteurs d'activités ou sujets tels qu'archéologie, architecture, muséologie, administration, législation, etc. Répertoire de périodiques et d'organismes-ressources. Reproduit sur support microforme: *Microlog*, n° 84-00496.   Z5943   016.9

1846

Canadian art publications : an annotated bibliography for the secondary school. – Compiled by Katherine L. Andoniadis. – Victoria : Canadian Society for Education through Art, 1978. – vi, 138 p. – (CSEA publication. Booklet ; no. 4).

Annotated bibliography of 380 publications in the visual arts, applied arts and architecture, English-language or bilingual, which are appropriate for high-school level instruction. Arranged by discipline, such as painting, sculpture, architecture, applied arts, etc. Includes monographs published in Canada since 1960 and Canadian art museum exhibition catalogues published since 1970 which contain at least 100 pages and/or 50 illustrations. Name index. Directory of seven periodicals on Canadian art and of institutions, organizations, etc. which provide audio-visual material on Canadian art. Z5961 C3 A63   016.70971

Bibliographie annotée de 380 publications en arts visuels, arts appliqués et architecture, de langue anglaise ou bilingues, appropriées à l'enseignement au niveau secondaire. Classement par disciplines telles que peinture, sculpture, architecture, arts appliqués, etc. Comprend des monographies publiées au Canada après 1960 et des catalogues d'exposition de musées d'art canadiens parus depuis 1970 contenant au moins 100 pages et (ou) 50 illustrations. Index des noms. Répertoire de sept périodiques en art canadien et d'organismes-ressources pour le matériel audiovisuel sur l'art canadien. Z5961 C3 A63   016.70971

1847

Canadian Museums Association. – *Bibliography : an extensive listing of published material on the subjects of museology, museography and museum and art gallery administration = Bibliographie : un inventaire considérable de publications portant sur la muséologie, la muséographie et l'administration de musées et de galeries d'art.* – [Ottawa] : the Association, [1976?]. – 1 vol. (various pagings). – Cover title.

Bibliography of books and periodical articles on museum-related activities. 28 headings such as museums, collections management, conservation, legislation, etc. Twelve supplements.   Z5052 C35 fol. 016.069

Recension de livres et d'articles de périodiques traitant des activités en milieu muséal. 28 rubriques telles que musées, gestion des collections, conservation, législation, etc. Douze suppléments. Z5052 C35 fol.   016.069

1848

Canadian Museums Association. – *Bibliography. Supplement = Bibliographie. Supplément.* – I-XII (1984/1985). – Ottawa : the Association, [1976?]-1987. – 11 vol. – Cover title.

Irregular. List of indexed periodicals.   Z5052 C35 fol. Suppl. 016.069

Irrégulier. Liste des périodiques indexés.   Z5052 C35 fol. Suppl. 016.069

1849

Careless, Virginia. – *Bibliography for the study of British Columbia's domestic material history.* – Ottawa : National Museums of Canada, 1976. – ii, 73 p. : ill. – (Mercury series) (Paper ; no. 20).

A bibliography of books, periodical articles and some unpublished materials relating to the domestic material culture of British Columbia. Arranged by subject including architecture of British Columbia, Canada, West Coast of the United States and England, clocks, clothing, folk art, interior decoration, jewellery, lamps and lighting, wallpaper, etc. British Columbia library locations. Reproduced in microform format: [Toronto] : Micromedia, [198?], microfiches.   Z5956 D3 C37 fol.   016.709711

Bibliographie de livres, d'articles de périodiques et de certains documents non publiés qui se rapportent à la culture matérielle domestique de la Colombie-Britannique. Classement par sujets comme l'architecture de la Colombie-Britannique, du Canada, de la côte ouest des États-Unis et de l'Angleterre, les horloges, les vêtements, l'art folklorique, la décoration intérieure, les bijoux, les lampes et l'éclairage, le papier peint, etc. Localisations dans les bibliothèques de la Colombie-Britannique. Reproduit sur support microforme: [Toronto] : Micromedia, [198?],   microfiches. Z5956 D3 C37 fol.   016.709711

1850

Conservation information network [online]. – [Ottawa : Canadian Conservation Institute ; Marina del Ray, Calif. : Getty Conservation Institute, s.d.].

A series of databases created as a joint effort of the Getty Conservation Institute and the Canadian Conservation Institute. Three principal databases: abstracts of conservation literature held by the libraries of major international conservation institutes; conservation materials, their uses, properties, etc.; directory of suppliers of conservation materials. These databases are accessible via the Canadian heritage information network (CHIN). Z5940 702.88

Ensemble de bases de données créées conjointement par le Getty Conservation Institute et l'Institut canadien de conservation. Trois bases de données principales: les résumés de documents sur la conservation conservés dans les bibliothèques des grands instituts internationaux de conservation; les produits de conservation, leurs usages, leurs propriétés, etc.; le répertoire des fournisseurs de produits de conservation. Ces bases de données sont accessibles par l'entremise du Réseau canadien d'information sur le patrimoine (RCIP). Z5940 702.88

1851

Fine arts library resources in Canada. – Ottawa : National Library of Canada, Resources Survey Division, Collections Development Branch, 1978. – 2 vol. (ix, 438 ; ii, 556, [3] p.) : tables. – (Research collections in Canadian libraries ; [II. Special studies] ; 6). – 0660101327

Descriptive survey and statistical data on library resources, and the organization and administration of collections in the fine arts held by 190 Canadian libraries and related institutions. Includes information on holdings of monographs, periodicals, exhibition and auction catalogues, slides, illustrations, reproductions, photographs, vertical files and press clippings, microform and archival material, recordings, etc. Checklist of 55 art periodicals. Union list of 97 reference works with Canadian content, and supplementary bibliography of titles suggested by participating institutions. Bibliography. Index of names, subjects, titles. Also published in French under the title: *Ressources bibliographiques dans le domaine des beaux-arts au Canada.* Z735 N3 fol. part 2 no. 6 026.7

Inventaire descriptif et données statistiques sur les fonds documentaires, l'organisation et l'administration des collections portant sur les beaux-arts de 190 bibliothèques et établissements connexes canadiens. Comprend des renseignements sur les fonds suivants: monographies, périodiques, catalogues d'exposition et de ventes aux enchères, diapositives, illustrations, reproductions, photographies, dossiers documentaires et coupures de presse, documents microformes et d'archives, disques, etc. Liste de contrôle de 55 périodiques en art. Liste collective de 97 ouvrages de référence à contenu canadien et bibliographie complémentaire de titres suggérés par les institutions participantes. Bibliographie. Un index: noms-sujets-titres. Publié aussi en français sous le titre: *Ressources bibliographiques dans le domaine des beaux-arts au Canada.* Z735 N3 fol. part 2 no. 6 026.7

1852

Galerie nationale du Canada. Bibliothèque. – *Canadiana in the Library of the National Gallery of Canada = Canadiana dans la Bibliothèque de la Galerie nationale du Canada.* – [Éd. mise à jour]. – Ottawa : [s.n.], 1967. – [287] p.

1st ed., 1965, *Canadian collection : author catalogue = La collection canadienne : catalogue par noms d'auteurs.* Photocopy of the shelflist entries for publications of Canadian origin or interest held by the Library of the National Gallery of Canada. Includes monographs, exhibition catalogues, periodicals produced by art museums and societies, etc., arranged according to the Library of Congress classification system. Two indexes: artist, author. Supplements. Z883 C35 1967 fol. 016.70971

1re éd., 1965, *Canadian collection : author catalogue = La collection canadienne : catalogue par noms d'auteurs.* Photocopie des fiches topographiques des documents d'origine ou d'intérêt canadiens conservés à la Bibliothèque de la Galerie nationale du Canada (maintenant le Musée des beaux-arts du Canada). Comprend des monographies, catalogues d'exposition, périodiques des musées d'art et sociétés artistiques, etc., classifiés selon le système de la Library of Congress. Deux index: artistes, auteurs. Suppléments. Z883 C35 1967 fol. 016.70971

1853

Galerie nationale du Canada. Bibliothèque. – *Canadiana in the Library of the National Gallery of Canada : supplement and cumulative indexes = Canadiana dans la Bibliothèque de la Galerie nationale du Canada : supplément et tables récapitulatives.* – (1968)-6e [1974]. – Ottawa : [s.n.], 1968-1974. – 6 vol. – 0078-6985

Annual. Not issued in 1972. Current publications and retrospective titles of Canadian origin or interest acquired in the course of the year. Two indexes: artist, author. Cumulative index of the seven issues in the 6th supplement, 1974. Z883 C35 1967 fol. Suppl. 016.70971

Annuel. 1972 non paru. Publications courantes et titres rétrospectifs d'origine ou d'intérêt canadiens acquis durant l'année. Deux index: artistes, auteurs. Refonte des index des sept livraisons dans le 6e suppl., 1974. Z883 C35 1967 fol. Suppl. 016.70971

1854

Galerie nationale du Canada. Bibliothèque. – *Catalogue de la Bibliothèque de la Galerie nationale du Canada, Ottawa, Ontario.* – Boston : G.K. Hall, 1973. – 8 vol. – 0816110433 – Titre de la p. de t. additionnelle : *Catalogue of the Library of the National Gallery of Canada, Ottawa, Ontario.*

Photocopy of the card catalogue entries for items in the Canadiana and general collections of the Library of the National Gallery of Canada. Includes monographs, exhibition catalogues, periodicals produced by art museums and societies, etc. Arranged alphabetically by author, title and subject heading in a single sequence. Supplement. Z883 N35 x.fol. 016.70971

Photocopie des fiches de catalogue des collections Canadiana et générale conservées à la Bibliothèque de la Galerie nationale du Canada (maintenant le Musée des beaux-arts du Canada). Comprend des monographies, catalogues d'exposition, périodiques des musées d'art et sociétés artistiques, etc. classés selon l'ordre alphabétique confondu des auteurs, titres et vedettes-matière. Comporte un supplément. Z883 N35 x.fol. 016.70971

1855

Galerie nationale du Canada. Bibliothèque. – *Catalogue de la Bibliothèque de la Galerie nationale du Canada, Ottawa, Ontario. Premier supplément.* – Boston : G.K. Hall, 1981. – 6 vol. – 0816102910 – Titre de la p. de t. additionnelle : *Catalogue of the Library of the National Gallery of Canada, Ottawa, Ontario. First suplement.* Z883 N352 x.fol. 016.70971

1856

Hayes, Janice E. – *Bibliography on Canadian feminist art.* – Montreal : Graduate School of Library and Information Studies, McGill University, 1986. – [8], 43, [1] p. – (Occasional papers ; 9).

An annotated bibliography of English-language books, periodical and newspaper articles, exhibition catalogues, theses and periodicals on Canadian feminist art. Includes only works covering three or more artists. Six sections: general, collective biography, galleries, exhibition catalogues and criticism, visual and applied arts, journal titles. Author and title indexes. Z7963 A75 H39 1986 fol. 016.7040420971

Bibliographie annotée des livres, articles de périodiques et de journaux, catalogues d'exposition, thèses et périodiques en anglais sur l'art féministe canadien. N'inclut que les ouvrages qui portent sur trois artistes ou plus. Six sections: généralités, biographies collectives, galeries, catalogues d'exposition et critiques, arts visuels et appliqués, titres des revues. Index des auteurs et index des titres. Z7963 A75 H39 1986 fol. 016.7040420971

1857

Lerner, Loren R. [Loren Ruth]. – *Art and architecture in Canada : a bibliography and guide to the literature to 1981 = Art et architecture au Canada : bibliographie et guide de la documentation jusqu'en 1981.* – Loren R. Lerner & Mary F. Williamson. – Toronto : University of Toronto Press, c1991. – 2 vol. (lvii, 987 ; xx, 570 p.) : maps. – 0802058566

Vol. 1 is a bibliography of 9,555 books, periodical articles, conference proceedings, exhibition catalogues and theses on Canadian art and architecture. Includes English- and French-language documents. Arranged by subject such as painting, sculpture, graphic arts, photography, decorative and industrial arts, art of the Native peoples, architecture and building types, each of which is further subdivided geographically by art form or historical period. Detailed annotations in the language of the document. Author and subject indexes in vol. 2. Z5961 C3 L47 1991 fol. 016.70971

Le vol. 1 constitue une bibliographie de 9 555 livres, articles de périodiques, travaux de congrès, catalogues d'exposition et thèses sur l'architecture et l'art canadiens. Inclut des documents en anglais et en français. Classement par sujets comme la peinture, la sculpture, les arts graphiques, la photographie, les arts décoratifs et industriels, les arts autochtones, l'architecture et les genres de bâtiments. Chacun de ces sujets est subdivisé par lieux, par formes artistiques ou par périodes historiques. Annotations détaillées dans la langue de rédaction du document en question. Index des auteurs et index des sujets dans le vol. 2. Z5961 C3 L47 1991 fol. 016.70971

1858

Musée d'art contemporain de Montréal. – *Répertoire des catalogues du Musée d'art contemporain de Montréal, 1965-1990.* – [Coordination, recherche et rédaction : Chantal Charbonneau]. – Montréal : le Musée, c1992. – 87 p. : ill. – 2551128803

215 catalogues of individual or group exhibitions held at the Musée d'art contemporain de Montréal between 1965 and 1990. Chronologically arranged. For each catalogue, a bibliographical reference, dates of exhibition, and names of participating artists are included. Two indexes: author, artist. Reproduced in microform format: *Microlog*, no. 93-01356. N910 M712 A64 1992 016.70811428

215 catalogues d'expositions individuelles ou collectives tenues au Musée d'art contemporain de Montréal, entre 1965 et 1990. Classement chronologique. Pour chaque catalogue, la notice bibliographique, les dates de l'exposition et le nom des artistes participants sont colligés. Deux index: auteurs, artistes. Reproduit sur support microforme: *Microlog*, n° 93-01356. N910 M712 A64 1992 016.70811428

1859

Musée de la civilisation (Québec). – *Répertoire des publications du Musée de la civilisation.* – Louise Dupont. – Québec : Service de la recherche et de l'évaluation, Musée de la civilisation, 1992. – 49 p. – (Document ; n° 10). – 2551129419

Bibliography of 112 references to publications of the Musée de la civilisation de Québec, which appeared between 1986 and 1992. Seven categories: monographs and exhibition catalogues; exhibition brochures; activity guides and other interpretative brochures; series; lectures, talks and conferences; cultural events; films and sound recordings, etc. Addenda. Subject index. AM101 Q8 A52 1992 fol. 017.1

112 références bibliographiques annotées des publications du Musée de la civilisation de Québec, parues entre 1986 et 1992. Sept catégories: monographies et catalogues d'exposition; brochures reliées à une exposition; guides d'activités et autres brochures d'accompagnement; collections; conférences, causeries et colloques; événements culturels; films, enregistrements sonores, etc. Addenda. Index des sujets. AM101 Q8 A52 1992 fol. 017.1

1860

Musées nationaux du Canada. Services de la bibliothèque. – [*Cutter author/title/subject card catalogue*] [microforme] = [*Fichier Cutter auteur/titre/sujet*]. – [Ottawa] : Services centraux du microfilm, [1985?]. – 47, 39 microfiches.

Microform edition of the card catalogues of the libraries of the National Gallery of Canada, the National Museum of Man (Canada), the National Museum of Natural Sciences (Canada), the National Museum of Science and Technology (Canada), the Canadian War Museum, the National Aeronautical Collection (Canada) and the Canadian Conservation Institute. Alphabetically arranged by author, title and English subject heading in a single sequence. Includes publications in English, French and other languages. Z883 O66 N39 1985 fiche 015.71

Édition microforme des catalogues sur fiches des collections des bibliothèques de la Galerie nationale du Canada, du Musée national de l'Homme (Canada), du Musée national des sciences naturelles (Canada), du Musée national des sciences et de la technologie (Canada), du Musée canadien de la guerre, de la Collection aéronautique nationale (Canada) et de l'Institut canadien de conservation. Classement selon l'ordre alphabétique confondu des auteurs, des titres et des vedettes-matière anglaises. Comprend des publications en anglais, en français et en d'autres langues. Z883 O66 N39 1985 fiche 015.71

1861

National Gallery of Canada. Library. – *Canadiana in the Library of the National Gallery of Canada = Canadiana dans la Bibliothèque de la Galerie nationale du Canada.* – [Updated ed.]. – Ottawa : [s.n.], 1967. – [287] p

1st ed., 1965, *Canadian collection : author catalogue = La collection canadienne : catalogue par noms d'auteurs*. Photocopy of the shelflist entries for publications of Canadian origin or interest held by the Library of the National Gallery of Canada. Includes monographs, exhibition catalogues, periodicals produced by art museums and societies, etc., arranged according to the Library of Congress classification system. Two indexes: artist, author. Supplements. Z883 C35 1967 fol.   016.70971

1re éd., 1965, *Canadian collection : author catalogue = La collection canadienne : catalogue par noms d'auteurs*. Photocopie des fiches topographiques des documents d'origine ou d'intérêt canadiens conservés à la Bibliothèque de la Galerie nationale du Canada (maintenant le Musée des beaux-arts du Canada). Comprend des monographies, catalogues d'exposition, périodiques des musées d'art et sociétés artistiques, etc., classifiés selon le système de la Library of Congress. Deux index: artistes, auteurs. Suppléments. Z883 C35 1967 fol.   016.70971

1862

National Gallery of Canada. Library. – *Canadiana in the Library of the National Gallery of Canada : supplement and cumulative indexes = Canadiana dans la Bibliothèque de la Galerie nationale du Canada : supplément et tables récapitulatives.* – (1968)-6th [1974]. – Ottawa : [s.n.], 1968-1974. – 6 vol. – 0078-6985

Annual. Not issued in 1972. Current publications and retrospective titles of Canadian origin or interest acquired in the course of the year. Two indexes: artist, author. Cumulative index of the seven issues in the 6th supplement, 1974.   Z883 C35 1967 fol. Suppl. 016.70971

Annuel. 1972 non paru. Publications courantes et titres rétrospectifs d'origine ou d'intérêt canadiens acquis durant l'année. Deux index: artistes, auteurs. Refonte des index des sept livraisons dans le 6e suppl., 1974.   Z883 C35 1967 fol. Suppl.   016.70971

1863

National Gallery of Canada. Library. – *Catalogue of the Library of the National Gallery of Canada, Ottawa, Ontario.* – Boston : G.K. Hall, 1973. – 8 vol. – 0816110433 – Title on added t.p. : *Catalogue de la Bibliothèque de la Galerie nationale du Canada, Ottawa, Ontario.*

Photocopy of the card catalogue entries for items in the Canadiana and general collections of the Library of the National Gallery of Canada. Includes monographs, exhibition catalogues, periodicals produced by art museums and societies, etc. Arranged alphabetically by author, title and subject heading in a single sequence. Supplement.   Z883 N35 x.fol.   016.70971

Photocopie des fiches de catalogue des collections Canadiana et générale conservées à la Bibliothèque de la Galerie nationale du Canada (maintenant le Musée des beaux-arts du Canada). Comprend des monographies, catalogues d'exposition, périodiques des musées d'art et sociétés artistiques, etc. classés selon l'ordre alphabétique confondu des auteurs, titres et vedettes-matière. Supplément.   Z883 N35 x.fol.   016.70971

1864

National Gallery of Canada. Library. – *Catalogue of the Library of the National Gallery of Canada, Ottawa, Ontario. First supplement.* – Boston : G.K. Hall, 1981. – 6 vol. – 0816102910 – Title on added t.p. : *Catalogue de la Bibliothèque de la Galerie nationale du Canada, Ottawa, Ontario. Premier supplément.* Z883 N352 x.fol.   016.70971

1865

National Museums of Canada. Library Services. – [*Cutter author/title/subject card catalogue*] [**microform**] = [*Fichier Cutter auteur/titre/sujet*]. – [Ottawa] : Central Microfilm Operations, [1985?]. – 47, 39 microfiches.

Microform edition of the card catalogues of the libraries of the National Gallery of Canada, the National Museum of Man (Canada), the National Museum of Natural Sciences (Canada), the National Museum of Science and Technology (Canada), the Canadian War Museum, the National Aeronautical Collection (Canada) and the Canadian Conservation Institute. Alphabetically arranged by author, title and English subject heading in a single sequence. Includes publications in English, French and other languages.   Z883 O66 N39 1985 fiche 015.71

Édition microforme des catalogues sur fiches des collections des bibliothèques de la Galerie nationale du Canada, du Musée national de l'Homme (Canada), du Musée national des sciences naturelles (Canada), du Musée national des sciences et de la technologie (Canada), du Musée canadien de la guerre, de la Collection aéronautique nationale (Canada) et de l'Institut canadien de conservation. Classement selon l'ordre alphabétique confondu des auteurs, des titres et des vedettes-matière anglaises. Comprend des publications en anglais, en français et en d'autres langues. Z883 O66 N39 1985 fiche 015.71

1866

Northern Affairs Program (Canada). Inuit Art Section. Libraries. – *Inuit art bibliography = Bibliographie de l'art inuit.* – [Ottawa] : Indian and Northern Affairs Canada, 1992. – 733, 69 p.

1st ed., 1987, *Inuit art bibliography*. 2,368 bibliographic entries for documents about contemporary Inuit art, held by the library and the documentation centre of the Inuit Art Section. Includes books, folders, periodicals, newspaper articles, videos, catalogues and brochures, mainly in English. Alphabetically arranged by author and, in the case of 248 anonymous documents, by title. Each reference includes location, subject headings and occasionally a brief summary. Subject-heading index.   Z1209.2 C3 C28 1992 fol. 016.7040397

1re éd., 1987, *Inuit art bibliography*. 2 368 notices bibliographiques de documents en rapport avec l'art inuit contemporain conservés à la bibliothèque et au centre de documentation de la Section de l'art inuit. Inclut des livres, dépliants, périodiques, articles de journaux, vidéos, catalogues et brochures majoritairement en anglais. Recension alphabétique des auteurs et, par titres, pour 248 documents anonymes. Chaque notice bibliographique comporte la localisation, des vedettes-matière et, parfois, un court résumé. Index des vedettes-matière.   Z1209.2 C3 C28 1992 fol.   016.7040397

1867

Programme des affaires du Nord (Canada). Section de l'art inuit. Bibliothèques. – *Inuit art bibliography = Bibliographie de l'art inuit.* –
[Ottawa] : Affaires indiennes et du Nord Canada, 1992. – 733, 69 p.

1st ed., 1987, *Inuit art bibliography.* 2,368 bibliographic entries for documents about contemporary Inuit art, held by the library and the documentation centre of the Inuit Art Section. Includes books, folders, periodicals, newspaper articles, videos, catalogues and brochures, mainly in English. Alphabetically arranged by author and, in the case of 248 anonymous documents, by title. With each reference, the location, subject headings and occasionally a brief summary are provided. Subject-heading index.
Z1209.2 C3 C28 1992 fol.   016.7040397

1re éd., 1987, *Inuit art bibliography.* 2 368 notices bibliographiques de documents en rapport avec l'art inuit contemporain conservés à la bibliothèque et au centre de documentation de la Section de l'art inuit. Inclut des livres, dépliants, périodiques, articles de journaux, vidéos, catalogues et brochures majoritairement en anglais. Recension alphabétique des auteurs et, par titres, pour 248 documents anonymes. Chaque notice bibliographique comporte la localisation, des vedettes-matière et, parfois, un court résumé. Index des vedettes-matière.   Z1209.2 C3 C28 1992 fol.   016.7040397

1868

Provincial Archives of Alberta. Historical Resources Library. – *Museums literature : a selected bibliography of materials available in the Historical Resources Library.* – Edmonton : Historical Resources Division, Alberta Culture and Multiculturalism, 1988. – iii, 19 p.

Bibliography of documents on museology and related activities such as administration, collections management, educational programmes, etc., held by the Historical Resources Library, Provincial Archives of Alberta. Books arranged by subject. Periodicals arranged alphabetically by title.   Z5052   016.069

Bibliographie de documents traitant de muséologie et d'activités connexes telles que l'administration, la gestion des collections, les programmes d'éducation, etc. conservés à la Provincial Archives of Alberta, Historical Resources Library. Livres classés par sujets. Liste alphabétique des titres de périodiques.   Z5052   016.069

1869

Répertoire des dossiers documentaires traitant de l'art et de l'architecture dans les régions représentées à la section ARLIS M/O/Q =
Directory of vertical file collections on art and architecture represented by ARLIS M/O/Q. – Directeur du projet, Peter Trepanier ;
rédactrices, Marilyn Berger & Patricia Black. – Montréal : ARLIS M/O/Q, 1989. – [14], 77, [14] p. – 096935150X – Titre de la couv. :
Répertoire des dossiers documentaires en art et architecture = Directory of vertical files on art and architecture.

List of vertical file holdings on art, architecture and related subjects, in 77 institutions in the Montreal, Outaouais and Quebec City regions. Arranged by region and alphabetically by institution. Entries include address, telephone number, physical description and organization of collection, subjects covered and services offered to the public. Each entry appears in the language in which information was provided. Three indexes: institution, subject (French, English).
Z675 A85 R46 1989   016.70971

Recension des dossiers documentaires sur l'art, l'architecture et les sujets connexes conservés dans 77 institutions des régions de Montréal, de l'Outaouais et de Québec. Classement par régions selon l'ordre alphabétique des institutions. Les notices comprennent l'adresse, le numéro de téléphone, la description matérielle et l'organisation de la collection, les sujets couverts et les services offerts au public. Chaque inscription figure dans la langue dans laquelle les renseignements ont été fournis. Trois index: institutions, sujets (français, anglais).   Z675 A85 R46 1989   016.70971

1870

Ressources bibliographiques dans le domaine des beaux-arts au Canada. – Ottawa : Bibliothèque nationale du Canada, Division de l'inventaire des ressources, Direction du développement des collections, 1978. – 2 vol. (ix, 452 ; ii, 556, [3] p.) : tableaux. – (Collections de recherche des bibliothèques canadiennes ; [II. Études particulières] ; 6). – 0660900734

Descriptive survey and statistical data on library resources, and the organization and administration of collections in the fine arts held by 190 Canadian libraries and related institutions. Includes information on holdings of monographs, periodicals, exhibition and auction catalogues, slides, illustrations, reproductions, photographs, vertical files and press clippings, microform and archival material, recordings, etc. Checklist of 55 art periodicals. Union list of 97 reference works with Canadian content, and supplementary bibliography of titles suggested by participating institutions. Bibliography. Index of names, subjects, titles. Reproduced in microform format: *Microlog*, no. 86-04847. Also published in English under the title: *Fine arts library resources in Canada.*   Z735 N32 fol. partie 2 n° 6   026.7

Inventaire descriptif et données statistiques sur les fonds documentaires, l'organisation et l'administration des collections portant sur les beaux-arts de 190 bibliothèques et établissements connexes canadiens. Comprend des renseignements sur les fonds suivants: monographies, périodiques, catalogues d'exposition et de ventes aux enchères, diapositives, illustrations, reproductions, photographies, dossiers documentaires et coupures de presse, documents microformes et d'archives, disques, etc. Liste de contrôle de 55 périodiques en art. Liste collective de 97 ouvrages de référence à contenu canadien et bibliographie complémentaire de titres suggérés par les institutions participantes. Bibliographie. Un index: noms-sujets-titres. Reproduit sur support microforme: *Microlog*, n° 86-04847. Publié aussi en anglais sous le titre: *Fine arts library resources in Canada.*   Z735 N32 fol. partie 2 n° 6   026.7

1871

Sacca, Elizabeth J. [Elizabeth Jean]. – *Visual arts reference and research guide, for artists, educators, curators, historians, and therapists.* –
Elizabeth J. Sacca, Loren R. Singer. – Montréal : Perspecto Press, c1983. – 245 p. – 0889470030

Annotated bibliography of 658 entries for reference material on the visual arts and the artistic aspects of other disciplines such as anthropology, economics, education, psychology, sociology, etc. Arranged by type of document: encyclopedias, dictionaries, official publications, indexes, photographs, reproductions, etc. Three indexes: subject, author-editor, title. Includes a few references in French.   Z5931 S23 1983 fol.   016.707

658 références bibliographiques annotées de documents de référence en arts visuels et autres disciplines telles qu'anthropologie, économie, éducation, psychologie, sociologie, etc. mais qui recoupent en partie la facette artistique dans leur domaine respectif. Classement par types de documents tels qu'encyclopédies, dictionnaires, publications officielles, index, photographies et reproductions, etc. Trois index: sujets, auteurs-rédacteurs, titres. Comprend quelques références en français.   Z5931 S23 1983 fol.   016.707

1872

Smith, Mary Margaret. – *A selected bibliography of historical artifacts : c. 1760-1920.* – By Mary Margaret Smith and Heinz Pyszczyk. – [Edmonton] : Alberta Culture and Multiculturalism, Historical Resources Division, 1988. – x, 325 p. – (Manuscript series ; no. 11).

A bibliography of 3,000 books, periodical articles and unpublished materials which include information on historical artifacts found in central and Western Canada, and manufactured between the mid-seventeenth century and the beginning of the second decade of the twentieth century. Arranged by type of artifact including arms and ammunition, beads, buttons, furniture, hardware for blacksmithing, kitchen and tableware, personal items such as combs, brushes and mirrors, sewing tools, etc. Reproduced in microform format: *Microlog*, no. 88-04312. Z5961 016.70971

Bibliographie de 3 000 livres, articles de périodiques et documents non publiés qui contiennent de l'information sur les artefacts historiques fabriqués entre le milieu du dix-septième siècle et le début des années 1920, trouvés dans le centre et l'Ouest du Canada. Classement par genres d'artefacts, y compris les armes et les munitions, les perles, les boutons, les meubles, le matériel des forgerons, les articles de table et de cuisine, les objets personnels comme les peignes, les brosses et les miroirs, les articles de couture, etc. Reproduit sur support microforme: *Microlog*, n° 88-04312. Z5961 016.70971

1873

Thibault, Marie-Thérèse. – *Bibliographie pour la conservation et la restauration de lieux et de bâtiments historiques.* – [Québec] : Ministère des affaires culturelles, Direction générale du patrimoine, Service de l'Inventaire des biens culturels, Centre de documentation, 1975. – iii, 43 p. – (Dossier ; 1).

A bibliography of books, theses and periodical articles on the conservation and restoration of historic buildings and sites. Includes works in English and French. Arranged by subject such as the architecture of Canada, Ontario, Quebec, the United States, France and Great Britain, architectural detail, carpentry, masonry, hardware, etc. Z5943 016.9

Bibliographie de livres, de thèses et d'articles de périodiques sur la conservation et la restauration des bâtiments et des lieux historiques. Inclut des ouvrages en anglais et en français. Classement par sujets comme l'architecture du Canada, de l'Ontario, du Québec, des États-Unis, de la France et de la Grande-Bretagne, les détails architecturaux, la charpenterie, la maçonnerie, les ferrures, etc. Z5943 016.9

1874

Université de Montréal. Faculté de l'aménagement. Bibliothèque. – *Architecture et arts anciens du Québec : répertoire d'articles de revues disponibles à la Bibliothèque de la Faculté de l'aménagement, Université de Montréal.* – [S.l. : s.n.], 1975. – 2 p., [2], 2, 92 f. – 0885290038

A bibliography of periodical articles on architecture and art in Quebec. Three sections: authors; subjects, such as architects, domestic and religious architecture, art, furniture, mills, museums, sculpture, etc.; periodicals. Z5945 U55 1975 fol. 016.709714

Bibliographie des articles de périodiques sur l'architecture et l'art au Québec. Trois sections: les auteurs; les sujets comme les architectes, l'architecture domestique et religieuse, les arts, l'ameublement, les moulins, les musées, la sculpture, etc.; les périodiques. Z5945 U55 1975 fol. 016.709714

Biographies

Biographies

1875

Biographies of Inuit artists. – Compiled by the Inuit Art Section, Indian and Northern Affairs Canada. – 3rd rev. ed., July 1990. – [Mississauga, Ont.] : Published by Tuttavik for Arctic Cooperatives ; Winnipeg : Fédération des coopératives du Nouveau-Québec, 1990. – 4 vol. (loose-leaf). – 0929042042 – Cover title.

1st ed., 1981; 2nd ed., 1984; 3rd ed., 1988; rev. 3rd ed., April 1989; 3rd rev. ed, July 1990; supplement, 1991. Approximately 1,257 biographical entries for Inuit artists. Each entry includes date of birth, place of residence, sex, disc number, media used, exhibitions, prizes, locations of artist's works and bibliographic references. The revised edition is not a cumulation of the four volumes, consisting rather of additions and changes to be inserted. Vol. 1, *Inuit artist alternate name index = Index des variantes de noms d'artistes inuit*, lists 3,700 Inuit artists on file at the Inuit Art Section, Northern Affairs Program (Canada). N6548 B58 1990 fol. 704.03971

1re éd., 1981; 2e éd., 1984; 3e éd., 1988; 3e éd. rév., avril 1989; 3e éd. rév., juillet 1990; supplément, 1991. Environ 1 257 notices biographiques d'artistes inuit. Chaque notice comprend la date de naissance, le lieu de résidence, le numéro de disc, le sexe, la liste des médiums utilisés, des expositions et des prix, ainsi que la localisation de leur production et des références bibliographiques. L'édition révisée n'est pas une refonte complète des quatre volumes, mais consiste plutôt en ajouts et modifications à insérer. Le vol. 1, *Inuit artist alternate name index = Index des variantes de noms d'artistes inuit*, recense 3,700 dossiers d'artistes inuit conservés à la Section de l'art inuit du Programme des affaires du Nord (Canada). N6548 B58 1990 fol. 704.03971

1876

Chénier, Louise. – *Ontario index of Canadian artists.* – Louise Chénier, editor. Prepared for the Ontario Arts Conference Committee under the auspices of the Sports and Recreation Bureau, Ontario Ministry of Community and Social Services. – [S.l. : s.n.], 1974. – ix, 25, [300] p.

1st ed., 1973. List of files on Canadian artists held by 51 public institutions and commercial art galleries of Ontario. Arranged alphabetically by name of artist. Entries include code for the Canadian art association to which the artist belongs, dates of birth and death, location of works, list of exhibitions (noting year and existence of catalogue), availability of slides, films and monographs on the artist, and agent's name, if a member of the Professional Art Dealers and Agents of Canada. Includes a directory of Ontario

1re éd., 1973. Recension des dossiers d'artistes canadiens conservés dans 51 institutions publiques et galeries commerciales de l'Ontario. Classement alphabétique des artistes. Les notices comprennent le sigle de l'association canadienne en art à laquelle ils appartiennent, les dates de naissance et de décès, la localisation de leur production artistique, la liste des expositions assortie de la mention de l'année et de l'existence d'un catalogue, la disponibilité de diapositives, films et monographies sur l'artiste et le nom de l'agent commercial, si

public institutions and commercial art galleries. List of Canadian art associations. Bibliography.   N6548 C48   709.22

membre de l'Association professionnelle des galeries d'art du Canada. Inclut un répertoire d'institutions publiques et de galeries commerciales ontariennes. Liste d'associations canadiennes en art. Bibliographie.   N6548 C48   709.22

1877

Guide Vallée : marché de l'art : biographies et cotes de 1570 artistes = Guide Vallée : fine art market : biographies and market values of 1570 artists. – [Edited by] Félix Vallée. – 3rd ed. – [Verdun, Québec] : Le guide Vallée, c1992. – 1156 p. : ill. (some col.). – 2920590022

1983 ed., *Le guide Vallée : marché de la peinture*; 2nd ed., 1989. A guide to 1,570 artists whose works are sold on Quebec and Canadian markets. Alphabetically arranged by name of artist. Each profile includes information on the artist's date and place of birth, training, media used, career, honours and awards, collections in which the artist is represented, prices, a bibliography and a reproduction of one work. Articles on evaluating, buying and insuring art. Artist index. Directory of galleries.   ND248 G83 1993   759.1140922

Éd. de 1983, *Le guide Vallée : marché de la peinture*; 2ᵉ éd., 1989. Guide sur 1 570 artistes dont les oeuvres sont vendues sur les marchés québécois et canadiens. Classement alphabétique des artistes. Chaque portrait comprend des données sur la date et le lieu de naissance de l'artiste, sa formation, son moyen d'expression, sa carrière, les récompenses et les prix remportés, les collections dont font partie ses oeuvres, le prix des oeuvres, une bibliographie et la reproduction d'une oeuvre. Articles sur l'évaluation, l'achat et l'assurance des oeuvres d'art. Index des artistes. Répertoire des galeries.   ND248 G83 1993   759.1140922

1878

Harper, J. Russell [John Russell]. – *Early painters and engravers in Canada.* – [Toronto] : University of Toronto Press, c1970. – xv, 376 p. – 0802016308

A biographical dictionary of painters and engravers who worked in Canada and were born prior to 1867. Alphabetically arranged. Entries include date and place of birth and death, information on the life of the artist, lists of exhibitions and collections in which the artist is represented. Bibliography.   ND248 H3 fol.   709.22

Dictionnaire biographique des peintres et des graveurs nés avant 1867 qui ont travaillé au Canada. Classement alphabétique. Les notices fournissent les dates et lieux de naissance et de décès, des données sur la vie de l'artiste, la liste des expositions et la liste des collections qui comprennent des oeuvres de l'artiste. Bibliographie. ND248 H3 fol.   709.22

1879

Inuit artist index arranged by community = Index d'artistes inuit par communauté. – (Jan. 1990)-   . – [Ottawa] : Indian and Northern Affairs Canada, Inuit Art Section, [1990?]-   . –   vol. – 0848-421X – Cover title.

Irregular. List of approximately 3,400 files on Inuit artists held by the Inuit Art Section, Northern Affairs Program (Canada). Arranged alphabetically by community and then by name of artist. Entries include dates of birth and death, variant names, disc number, sex, media used, and year of compilation of biographical entry in: *Biographies of Inuit artists*.   N6548   704.03971

Irrégulier. Recension d'environ 3 400 dossiers d'artistes inuit conservés à la Section de l'art inuit du Programme des affaires du Nord (Canada). Classement alphabétique des localités subdivisées par noms d'artistes. Chaque notice comprend les dates de naissance et de décès, les variantes de noms, le numéro du disc, le sexe, les médiums utilisés et l'année de compilation de la notice biographique publiée dans: *Biographies of Inuit artists*.   N6548   704.03971

1880

Inuit artist index arranged by community = Index d'artistes inuit par communauté. – (Janv. 1990)-   . – [Ottawa] : Affaires indiennes et du Nord Canada, Section de l'art inuit, [1990?]-   . –   vol. – 0848-421X – Titre de la couv.

Irregular. List of approximately 3,400 files on Inuit artists held by the Inuit Art Section, Northern Affairs Program (Canada). Arranged alphabetically by community and then by name of artist. Entries include dates of birth and death, variant names, disc number, sex, media used, and year of compilation of biographical entry in: *Biographies of Inuit artists*.   N6548   704.03971

Irrégulier. Recension d'environ 3 400 dossiers d'artistes inuit conservés à la Section de l'art inuit du Programme des affaires du Nord (Canada). Classement alphabétique des localités subdivisées par noms d'artistes. Chaque notice comprend les dates de naissance et de décès, les variantes de noms, le numéro du disc, le sexe, les médiums utilisés et l'année de compilation de la notice biographique publiée dans: *Biographies of Inuit artists*.   N6548   704.03971

1881

Inuit artist index arranged by disc number = Index d'artistes inuit par numéro du disc. – (Jan. 1990)-   . – [Ottawa] : Indian and Northern Affairs Canada, Inuit Art Section, [1990?]-   . –   vol. – 0848-4228 – Cover title.

Irregular. List of approximately 3,400 files on Inuit artists held by the Inuit Art Section, Northern Affairs Program (Canada). Arranged numerically by disc number. Entries include name of artist, place of residence, dates of birth and death, variant names, sex, media used, and year of compilation of the biographical entry in: *Biographies of Inuit artists*.   N6548   704.03971

Irrégulier. Recension d'environ 3 400 dossiers d'artistes inuit conservés à la Section de l'art inuit du Programme des affaires du Nord (Canada). Classement selon l'ordre séquentiel des numéros de disc. Les notices comprennent le nom de l'artiste, le lieu de résidence, les dates de naissance et de décès, les variantes de noms, le sexe, les médiums utilisés et l'année de compilation de la notice biographique publiée dans: *Biographies of Inuit artists*.   N6548   704.03971

1882

Inuit artist index arranged by disc number = Index d'artistes inuit par numéro du disc. – (Janv. 1990)- . – [Ottawa] : Affaires indiennes et du Nord Canada, Section de l'art inuit, [1990?]- . vol. – 0848-4228 – Titre de la couv.

Irregular. List of approximately 3,400 files on Inuit artists held by the Inuit Art Section, Northern Affairs Program (Canada). Arranged numerically by disc number. Entries include name of artist, place of residence, dates of birth and death, variant names, sex, media used, and year of compilation of the biographical entry in: *Biographies of Inuit artists.* N6548 704.03971

Irrégulier. Recension d'environ 3 400 dossiers d'artistes inuit conservés à la Section de l'art inuit du Programme des affaires du Nord (Canada). Classement selon l'ordre séquentiel des numéros de disc. Les notices comprennent le nom de l'artiste, le lieu de résidence, les dates de naissance et de décès, les variantes de noms, le sexe, les médiums utilisés et l'année de compilation de la notice biographique publiée dans: *Biographies of Inuit artists.* N6548 704.03971

1883

Inuit artist index arranged by last name = Index d'artistes inuit par nom. – (Jan. 1990)- . – [Ottawa] : Indian and Northern Affairs, Canada, Inuit Art Section, [1990?]- . vol. – 0848-4236 – Cover title.

Irregular. List of approximately 3,400 files on Inuit artists held by the Inuit Art Section, Northern Affairs Program (Canada). Arranged alphabetically by artist's name. Entries include place of residence, variant names, dates of birth and death, disc number, sex, media used, and year of compilation of biographical entry in: *Biographies of Inuit artists.* N6548 704.03971

Irrégulier. Recension d'environ 3 400 dossiers d'artistes inuit conservés à la Section de l'art inuit du Programme des affaires du Nord (Canada). Classement alphabétique des artistes. Les notices comprennent le lieu de résidence, les variantes de noms, les dates de naissance et de décès, le numéro du disc, le sexe, les médiums utilisés et l'année de compilation de la notice biographique publiée dans: *Biographies of Inuit artists.* N6548 704.03971

1884

Inuit artist index arranged by last name = Index d'artistes inuit par nom. – (Janv. 1990)- . – [Ottawa] : Affaires indiennes et du Nord Canada, Section de l'art inuit, [1990?]- . vol. – 0848-4236 – Titre de la couv.

Irregular. List of approximately 3,400 files on Inuit artists held by the Inuit Art Section, Northern Affairs Program (Canada). Arranged alphabetically by artist's name. Entries include place of residence, variant names, dates of birth and death, disc number, sex, media used, and year of compilation of biographical entry in: *Biographies of Inuit artists.* N6548 704.03971

Irrégulier. Recension d'environ 3 400 dossiers d'artistes inuit conservés à la Section de l'art inuit du Programme des affaires du Nord (Canada). Classement alphabétique des artistes. Les notices comprennent le lieu de résidence, les variantes de noms, les dates de naissance et de décès, le numéro du disc, le sexe, les médiums utilisés et l'année de compilation de la notice biographique publiée dans: *Biographies of Inuit artists.* N6548 704.03971

1885

Karel, David. – *Dictionnaire des artistes de langue française en Amérique du Nord : peintres, sculpteurs, dessinateurs, graveurs, photographes et orfèvres.* – [Québec] : Musée du Québec : Presses de l'Université Laval, c1992. – lxxx, 962 p. : ill., portr. – 2763772358

Biographical articles on North American visual artists whose mother tongue is French and who were born before 1901. Alphabetically arranged by name of artist. Entries include dates and places of birth and death, information on education, career, exhibitions, prizes, association memberships, public collections in which the artist's work is held and a summary of studies on the artist. References to sources complete each entry. 48 black and white illustrations. Bibliography arranged by type of document including archival resources, exhibition catalogues, books, theses, periodical articles and conference proceedings. Appendices: lists of artists arranged by place of origin or activity, by context such as a project, war, etc., by nationality, sex, race, religion, by subject, style or genre, by profession, by type of training, by exhibition, salon or prize; biographies of western Canadian artists written by Bernard Mulaire. N40 K37 1992 fol. 700.92

Articles biographiques sur les artistes visuels nord-américains nés avant 1901 dont la langue maternelle est le français. Classement alphabétique des artistes. Les notices comprennent les dates et lieux de naissance et de décès, des données sur l'éducation, la carrière, les expositions, les prix, la participation à des associations, les collections publiques où se trouvent les oeuvres et un résumé des études sur l'artiste. Des références aux sources complètent chaque notice. Contient 48 illustrations en noir et blanc. Bibliographie classée par types de documents comme les fonds d'archives, les catalogues d'exposition, les livres, les thèses, les articles de périodiques et les actes de congrès. Annexes: listes des artistes classés par lieux d'origine, par activités, par contextes tels un projet, la guerre, etc., ou selon la nationalité, le sexe, la race, la religion, le sujet, le style ou le genre, la profession, la formation et les expositions, salons ou prix; biographies des artistes de l'Ouest canadien rédigées par Bernard Mulaire. N40 K37 1992 fol. 700.92

1886

MacDonald, Colin S. – *A dictionary of Canadian artists.* – Ottawa : Canadian Paperbacks Publishing, 1967- . vol. – 0919554113 (vol. 1) 0919554040 (vol. 2) 0919554202 (vol. 3) 0919554156 (vol. 4) 091955413X (vol. 5) 0919554164 (vol. 6) 0919554199 (vol. 7)

Biographical entries on Canadian painters, printmakers, sculptors, potters and ceramic artists. Arranged alphabetically by name of artist. Entries include a list of works and exhibitions and bibliographic references. Vol. 1 (A-F) 1st ed., 1967; 2nd ed., 1969; 3rd ed., 1975; reprinted, 1977; vol. 2 (G-Jackson) 1st ed., 1968; 2nd ed., 1975; 3rd ed., 1977; reprinted, 1979; vol. 3 (Jacobi-Lisner) 1st ed., 1971; reprinted, 1975, 1977, 1978, 1980, 1986; 3rd ed. [i.e. 2nd ed.], 1991; vol. 4 (Little-Myles) 1st ed., 1974; 2nd ed., 1978; 3rd ed., 1979; vol. 5 (Nadeau-Perrigard) 1st ed., 1977; vol. 6 (Perrin-Rakine) 1982; vol. 7 (Rakos-Sadowiski) 1st ed., 1990; vol. 8 (Safdie-Z) forthcoming in 1996 or 1997. N6548 M27 1975 709.22

Notices biographiques de peintres, graveurs, sculpteurs, potiers et céramistes canadiens. Classement alphabétique des artistes. Les notices comprennent la liste de leur production artistique et de leurs expositions ainsi que des références bibliographiques. Vol. 1 (A-F) 1re éd., 1967; 2e éd., 1969; 3e éd., 1975; réimpr., 1977; vol. 2 (G-Jackson) 1re éd., 1968; 2e éd., 1975; 3e éd., 1977; réimpr., 1979; vol. 3 (Jacobi-Lisner) 1re éd., 1971; réimpr., 1975, 1977, 1978, 1980, 1986; 3e éd. [i.e. 2e éd.], 1991; vol. 4 (Little-Myles) 1re éd., 1974; 2e éd., 1978; 3e éd., 1979; vol. 5 (Nadeau-Perrigard) 1re éd., 1977; vol. 6 (Perrin-Rakine) 1re éd., 1982; vol. 7 (Rakos-Sadowiski) 1re éd., 1990; vol. 8 (Safdie-Z) à paraître en 1996 ou 1997. N6548 M27 1975 709.22

1887

McMann, Evelyn de R. [Evelyn de Rostaing]. – *Montreal Museum of Fine Arts, formerly Art Association of Montreal : spring exhibitions, 1880-1970.* – Toronto : University of Toronto Press, c1988. – xx, 417 p. – 0802026508

Lists 23,201 art works by 3,163 Canadian artists and approximately 100 foreign artists, presented at the annual exhibition held at the Montreal Museum of Fine Arts between 1880 and 1970, 1,292 Chinese objects exhibited between 1894 and 1926, and architectural drawings included in the exhibitions between 1885 and 1947. Arranged alphabetically by name of artist, with dates and places of birth and death, biographical notes, addresses, details of works exhibited (year, title, medium and price) and prizes awarded. List of juries for 1938-1941, 1943, 1945-1970. N6545 M25 1988 709.7107471428

Recension de 23 201 oeuvres d'art de 3 163 artistes canadiens et d'environ 100 artistes étrangers, présentées lors des expositions annuelles tenues au Musée des beaux-arts de Montréal de 1880 à 1970, de 1 292 pièces chinoises exposées entre 1894 et 1926 et de plans d'architectes intégrés aux expositions de 1885 à 1947. Classement alphabétique des artistes où figurent leurs dates et lieux de naissance et de décès, des références biographiques, leur adresse, des détails pertinents aux oeuvres exposées (année, titre, médium et prix) et les prix reçus. Liste des jurés de 1938-1941, 1943, 1945-1970. N6545 M25 1988 709.7107471428

1888

McMann, Evelyn de R. [Evelyn de Rostaing]. – *Royal Canadian Academy of Arts / Académie royale des arts du Canada : exhibitions and members, 1880-1979.* – Toronto : University of Toronto Press, c1981. – xvi, 448 p. – 0802023665

The Royal Canadian Academy of Arts was founded in 1880 by the Marquis of Lorne and has included among its members artists working in all media. This source records the annual and special exhibitions organized by the Academy and the national and international exhibitions in which it participated. Lists over 3,000 artists who contributed to the exhibitions. Alphabetically arranged by name of artist. Entries include: artist's dates and places of birth and death; sources of biographical information; status in the Academy; discipline of membership; addresses, year and nature of exhibition; works exhibited. Lists of members of the Academy's Council, 1880-1979, and exhibitions. N17 C3 M45 706.71

L'Académie royale des arts du Canada a été fondée en 1880 par le Marquis de Lorne et a compté parmi ses membres des artistes qui ont travaillé tous les médiums. Ce document donne la liste de toutes les expositions annuelles et spéciales organisées par l'Académie ainsi que des expositions nationales et internationales auxquelles elle a participé. Signale plus de 3 000 artistes qui ont contribué aux expositions. Classement alphabétique des artistes. Les notices comprennent: les dates et lieux de naissance et de décès de l'artiste; les sources de données biographiques; la situation au sein de l'Académie; la discipline artistique; les lieux, l'année et la nature de l'exposition; les oeuvres exposées. Liste des membres du conseil de l'Académie, 1880-1979, et liste des expositions. N17 C3 M45 706.71

1889

Musée des beaux-arts du Canada. Bibliothèque. – *Artists in Canada : a union list of artists' files = Artistes au Canada : une liste collective des dossiers d'artistes.* – (Mai 1968)- . – Ottawa : la Bibliothèque, 1969- . – vol. – 0705-7342

Irregular, 1969, 1970, 1972, 1975, 1977, 1982, 1988. List of approximately 40,000 files on Canadian and foreign artists working in Canada, held by 24 Canadian libraries and museums. Arranged alphabetically by name of artist. Entries include dates of birth, death and artistic activity, media used, province of residence and location of files. Available online through the Canadian Heritage Information Network (CHIN). Files include biographical notes, press clippings, exhibition notices, etc. A list of microfilmed files was published under the title: *Files on fiche = Dossiers sur fiche* (Ottawa : National Gallery of Canada, 1972-1985).

Title varies: 1969, *Check list of Canadian artists' files in the Library, May 1968 = Liste des dossiers d'artistes canadiens à la Bibliothèque, mai 1968*; 1970, *Supplementary check list of Canadian artists' files in the Library, March 1970 = Liste supplémentaire des dossiers d'artistes canadiens à la Bibliothèque, mars 1970*; 1972, *Check list of Canadian artists' files in the Library of the National Gallery, September 1971 = Liste cumulative des dossiers d'artistes canadiens à la Bibliothèque de la Galerie nationale, septembre 1971*; 1975-1977, *Artists in Canada, files in the National Gallery Library = Artistes au Canada, dossiers à la Bibliothèque de la Galerie nationale.* N55 C3 N32 fol. 016.70971

Irrégulier, 1969, 1970, 1972, 1975, 1977, 1982, 1988. Recension de quelque 40 000 dossiers d'artistes canadiens ou étrangers oeuvrant au Canada conservés dans 24 bibliothèques et musées canadiens. Classement alphabétique des artistes. Chaque notice inclut les dates de naissance, de décès, l'activité artistique, les médiums utilisés, la province de résidence et la localisation des dossiers. Disponible en direct via le serveur Réseau canadien d'information sur le patrimoine (RCIP). Les dossiers comprennent des notices biographiques, des coupures de presse, des annonces d'exposition, etc. Une recension des dossiers microfilmés a paru sous le titre: *Files on fiche = Dossiers sur fiche* (Ottawa : Musée des beaux-arts du Canada, 1972-1985).

Le titre varie: 1969, *Check list of Canadian artists' files in the Library, May 1968 = Liste des dossiers d'artistes canadiens à la Bibliothèque, mai 1968*; 1970, *Supplementary check list of Canadian artists' files in the Library, March 1970 = Liste supplémentaire des dossiers d'artistes canadiens à la Bibliothèque, mars 1970*; 1972, *Check list of Canadian artists' files in the Library of the National Gallery, September 1971 = Liste cumulative des dossiers d'artistes canadiens à la Bibliothèque de la Galerie nationale, septembre 1971*; 1975-1977, *Artists in Canada, files in the National Gallery Library = Artistes au Canada, dossiers à la Bibliothèque de la Galerie nationale.* N55 C3 N32 fol. 016.70971

1890

National Gallery of Canada. Library. – *Artists in Canada : a union list of artists' files = Artistes au Canada : une liste collective des dossiers d'artistes.* – (May 1968)- . – Ottawa : the Library, 1969- . – vol. – 0705-7342

Irregular, 1969, 1970, 1972, 1975, 1977, 1982, 1988. List of approximately 40,000 files on Canadian and foreign artists working in Canada, held by 24 Canadian libraries and museums. Arranged alphabetically by name of artist. Entries include dates of birth, death and artistic activity, media used, province of residence and location

Irrégulier, 1969, 1970, 1972, 1975, 1977, 1982, 1988. Recension de quelque 40 000 dossiers d'artistes canadiens ou étrangers oeuvrant au Canada conservés dans 24 bibliothèques et musées canadiens. Classement alphabétique des artistes. Chaque notice inclut les dates de naissance, de décès, l'activité artistique, les médiums utilisés, la

of files. Available online through the Canadian Heritage Information Network (CHIN). Files include biographical notes, press clippings, exhibition notices, etc. A list of microfilmed files was published under the title: *Files on fiche = Dossiers sur fiche* (Ottawa : National Gallery of Canada, 1972-1985).

Title varies: 1969, *Check list of Canadian artists' files in the Library, May 1968 = Liste des dossiers d'artistes canadiens à la Bibliothèque, mai 1968*; 1970, *Supplementary check list of Canadian artists' files in the Library, March 1970 = Liste supplémentaire des dossiers d'artistes canadiens à la Bibliothèque, mars 1970*; 1972, *Check list of Canadian artists' files in the Library of the National Gallery, September 1971 = Liste cumulative des dossiers d'artistes canadiens à la Bibliothèque de la Galerie nationale, septembre 1971*; 1975-1977, *Artists in Canada, files in the National Gallery Library = Artistes au Canada, dossiers à la Bibliothèque de la Galerie nationale.* N55 C3 N32 fol. 016.70971

province de résidence et la localisation des dossiers. Disponible en direct via le serveur Réseau canadien d'information sur le patrimoine (RCIP). Les dossiers comprennent des notices biographiques, des coupures de presse, des annonces d'exposition, etc. Une recension des dossiers microfilmés a paru sous le titre: *Files on fiche = Dossiers sur fiche* (Ottawa : Musée des beaux-arts du Canada, 1972-1985).

Le titre varie: 1969, *Check list of Canadian artists' files in the Library, May 1968 = Liste des dossiers d'artistes canadiens à la Bibliothèque, mai 1968*; 1970, *Supplementary check list of Canadian artists' files in the Library, March 1970 = Liste supplémentaire des dossiers d'artistes canadiens à la Bibliothèque, mars 1970*; 1972, *Check list of Canadian artists' files in the Library of the National Gallery, September 1971 = Liste cumulative des dossiers d'artistes canadiens à la Bibliothèque de la Galerie nationale, septembre 1971*; 1975-1977, *Artists in Canada, files in the National Gallery Library = Artistes au Canada, dossiers à la Bibliothèque de la Galerie nationale.* N55 C3 N32 fol. 016.70971

1891

Who's who in American art. – Vol. 1 (1936/1937)-   . – New York : R. R. Bowker, 1935-   . –   vol. – 0000-0191

Irregular. More than 11,000 biographical entries for living artists, administrators, historians, teachers, collectors, librarians, critics, curators and business agents who work in the arts in the United States, Canada and Mexico. Arranged alphabetically by name. Two indexes: geographical, and profession-discipline. Obituaries cumulated since 1953. N6536 W5 fol. 709.22

Irrégulier. Plus de 11 000 notices biographiques d'artistes, administrateurs, historiens, éducateurs, collectionneurs, bibliothécaires, critiques, conservateurs et agents commerciaux vivants qui oeuvrent dans le domaine des arts aux États-Unis, au Canada et au Mexique. Classement alphabétique des noms. Deux index: géographique, professions-disciplines. Nécrologies cumulatives depuis 1953. N6536 W5 fol. 709.22

Alberta

Alberta

1892

Baker, Suzanne Devonshire. – **Artists of Alberta.** – Edmonton : University of Alberta Press, c1980. – 97 p. : ill. (some col.). – 0888640307 (pa.) 0888640676

Biographical entries for 95 living artists who are natives of Alberta or have resided there for at least five years. Notes exhibitions, scholarships and grants, prizes, media, locations of works and address. Artist index. N6546 A4 B34 fol. 709.22

Notices biographiques de 95 artistes vivants natifs de l'Alberta ou qui y résident depuis au moins cinq ans. Figurent leurs expositions, bourses et prix, leurs médiums, la localisation de leur production et leur adresse. Index des artistes. N6546 A4 B34 fol. 709.22

British Columbia

Colombie-Britannique

1893

Morys-Edge, Derek. – **Artists of British Columbia.** – Vancouver : Chartwell Publishing, c1986. – 127 p. : col. ill., ports. – 0969240619

Biographical entries for more than 100 living artists who are natives or residents of British Columbia. Arranged alphabetically by name. Two indexes: medium, commercial gallery. N6546 B7 M67 1986 fol. 709.22

Notices biographiques de plus de 100 artistes vivants, natifs ou résidents de la Colombie-Britannique. Classement alphabétique des noms. Deux index: médiums, galeries commerciales. N6546 B7 M67 1986 fol. 709.22

Manitoba

Manitoba

1894

Manitoba visual artists index. – [2nd ed.]. – [Winnipeg, Man.] : Canadian Artists' Representation / Front des artistes canadiens Manitoba, 1992. – 224 p. : ill. – 0969588208

1st ed., 1983. Biographical entries for professional artists working in Manitoba. Arranged alphabetically by name. Each entry includes the artist's address, date and place of birth, brief description of work, education, media, principal exhibitions, scholarships and grants, prizes, collections, address of agent, professional affiliations and bibliographical references. Index of artists arranged by medium. Directory of galleries, visual arts organizations, etc. Includes CAR-FAC guidelines for exhibitions. NX120 C3 M36 1992 709.22

1re éd., 1983. Notices biographiques d'artistes professionnels travaillant au Manitoba. Classement alphabétique des noms. Chaque notice comprend l'adresse de l'artiste, sa date et son lieu de naissance, une brève description de son travail, son éducation, ses médiums, la liste de ses principales expositions, ses bourses et prix, les collections, l'adresse de son agent, ses affiliations professionnelles et des références bibliographiques. Index des artistes selon le médium. Répertoire des organismes-ressources. Inclut aussi les lignes directrices de la CAR-FAC au regard des expositions. NX120 C3 M36 1992 709.22

Ontario

1895
Who's who in Ontario art. – (Nov. 1947)-(Mar. 1968). – [Toronto] : Queen's Printer, 1947-1968. – 28 parts. – 0702-1747

Irregular. Reprint of *Ontario library review*. Biographical entries for artists who are Ontario natives or residents. Entries include exhibitions, collections and bibliographical references. Arranged alphabetically by artist. Part 16: index of artists for the first fifteen fascicles. N6548 W45 fol.   709.22

Irrégulier. Réimpr. de *Ontario library review*. Notices biographiques d'artistes natifs ou résidents de l'Ontario. Les notices comprennent la liste des expositions, des collections et des références bibliographiques. Classement alphabétique des artistes. Partie 16: index des artistes des quinze premiers fascicules.   N6548 W45 fol.   709.22

1896
Wolff, Hennie [L.]. – ***The index of Ontario artists.*** – [Toronto] : Visual Arts Ontario : Ontario Association of Art Galleries, c1978. – xi, 337 p.

More than 2,000 biographical entries for living Ontario artists, artisans and film-makers. Arranged alphabetically by name. Lists of principal Canadian exhibitions, sponsors and exhibition centres; North American and European professional associations; commercial agents in Canada and the United States. Two indexes: name, medium. Bibliography.   N6546 O5 W65   709.22

Plus de 2 000 notices biographiques professionnelles d'artistes, d'artisans et de cinéastes vivants de l'Ontario. Classement alphabétique des noms. Listes des principales expositions, commanditaires et centres d'exposition canadiens; associations professionnelles nord-américaines et européennes; agents commerciaux au Canada et aux États-Unis. Deux index: noms, médiums. Bibliographie. N6546 O5 W65   709.22

Quebec

Québec

1897
Comeau, André. – ***Artistes plasticiens : Canada, Régime français et Conquête, Bas-Canada et le Québec.*** – Montréal : Éditions Bellarmin, 1983. – 261 p. : ill. – 2890075133

2,862 biographical entries for architects, ceramic artists, film-makers, decorators, designers, art metalworkers, printmakers, goldsmiths, painters, photographers, fine book-binders, sculptors and weavers, as well as 99 institutions, movements, etc., which have shaped Quebec art since 1534. Arranged alphabetically by name. N6548 C64 1983   709.22

2 862 notices biographiques d'architectes, céramistes, cinéastes, décorateurs, designers, ensembliers, ferronniers d'art, graveurs, orfèvres, peintres, photographes, relieurs d'art, sculpteurs et tisserands, et de 99 institutions, mouvements, etc. qui ont façonné l'art québécois depuis 1534. Classement alphabétique des noms.   N6548 C64 1983 709.22

1898
Soudeyns, Maurice. – ***Les arts contemporains au Québec : les années 90 = Contemporary arts in Quebec : the 90's.*** – 1st ed. – Montréal : Société générale d'édition, c1994. – 82 p. : ill. – 2921228041

Bilingual entries for contemporary visual artists of Quebec. Alphabetically arranged. Entries include: place of birth, place of residence, areas of artistic activity, training, locations of exhibitions, telephone number, bibliography, statement on current research, black and white reproduction of one work with technical notes. References in bibliography are often general, for example, newspapers of Canada.   N6546 Q8 S68 1994   709.22

Notices bilingues sur les artistes en arts visuels contemporains du Québec. Classement alphabétique. Les notices contiennent: le lieu de naissance, le lieu de résidence, les domaines d'activité artistique, la formation, les lieux des expositions, le numéro de téléphone, une bibliographie, un énoncé sur la recherche actuelle, la reproduction en noir et blanc d'une oeuvre avec des notes techniques. Les références dans la biblio-graphie sont souvent de nature générale, par exemple les journaux canadiens.   N6546 Q8 S68 1994   709.22

Saskatchewan

Saskatchewan

1899
Newman, Marketa. – ***Biographical dictionary of Saskatchewan artists.*** – Compiled and edited by Marketa Newman. – Saskatoon : Fifth House, c1990-c1994. – 2 vol. (309 ; ix, 281 p.) : col. ill. – 0920079660 (vol. 1) 1895618452 (vol. 2)

Biographical entries on Saskatchewan artists born between 1872 and 1950, working in the following disciplines: painting, printmaking, sculpture, installation. Vol. 1, *Women artists*, 130 entries. Vol. 2, *Men artists*, 188 entries. Arranged alphabetically by name. Entries include media, education, exhibitions, societies and organizations, awards, collections and bibliographic references. Vol. 1, directory of commercial galleries, public collections, private societies, exhibition centres, museums and alternative galleries, most of which are Canadian or American; alphabetical list of artists with medium used. Vol. 2, index of artists. Bibliography in each volume.   N6546 S3 B56 1990 709.7124

Notices biographiques des artistes de la Saskatchewan nés entre 1872 et 1950, oeuvrant en peinture, gravure, sculpture et installation. Vol. 1, *Women artists*, 130 notices. Vol. 2, *Men artists*, 188 notices. Classement alphabétique des noms. Les notices comprennent les médiums, l'éducation, les expositions, sociétés et organismes, les prix et collections et des références bibliographiques. Vol. 1, répertoire des galeries commerciales, collections publiques, sociétés privées, centres d'exposition, musées et galeries parallèles, en majorité canadiens ou américains; liste alphabétique des artistes et du médium utilisé. Vol. 2, index des artistes. Bibliographie dans chaque volume.   N6546 S3 B56 1990   709.7124

Collections

Collections

1900

Agnes Etherington Art Centre. – *Permanent collection, 1968.* – Kingston : Agnes Etherington Art Centre, Queen's University, c1968. – 1 vol. (unpaged) : ill. (some col.).

A catalogue of the collection of Canadian, American and European paintings, sculpture and drawings by approximately 200 artists. Alphabetically arranged by name of artist. Entries include biographical information and the following data on works: title, date, medium, dimensions, inscriptions, provenance, exhibitions, method of acquisition, notes, references to literature. Most works are reproduced in black and white, eight in colour. List of portraits of record. Index of artists arranged by nationality. Index of portraits. N910 K5 A4 fol. 708.11372

Catalogue de la collection de peintures, de sculptures et de dessins canadiens, américains et européens qui sont l'oeuvre d'environ 200 artistes. Classement alphabétique par noms d'artistes. Les notices contiennent des renseignements biographiques et les données suivantes sur les oeuvres: titre, date, médium, dimensions, inscriptions, provenance, expositions, mode d'acquisition, notes et références à des ouvrages. La plupart des oeuvres sont reproduites en noir et blanc, huit en couleurs. Liste des portraits dignes de mention. Index des artistes classés par nationalités. Index des portraits. N910 K5 A4 fol. 708.11372

1901

Agnes Etherington Art Centre. – *Works recorded into the permanent collection after the publication of the catalogue of paintings, drawings and sculpture in 1968.* – Prepared by Linda Milrod. – [Kingston : Queen's University, Agnes Etherington Art Centre], 1976. – 52 p.

Alphabetically arranged by name of artist. Entries include works the following information: title, medium, dimensions, inscriptions, method of acquisition. No illustrations. N910 K45 A38 fol. 708.11372

Classement alphabétique par noms d'artistes. Les notices sur les oeuvres contiennent les données suivantes: titre, médium, dimensions, inscriptions, mode d'acquisition. Aucune illustration. N910 K45 A38 fol. 708.11372

1902

Alberta Art Foundation. – *Alberta art : works from the Alberta Art Foundation.* – [Edmonton : the Foundation, 1975?] – 1 vol. (unpaged) : ill. (some col.).

The catalogue of an exhibition of works by Alberta artists from the collection of the Alberta Art Foundation. The foundation was created in 1972 to establish an art collection for the government of Alberta. Black and white and colour reproductions of paintings, drawings, prints, ceramics, tapestries, etc., are accompanied by the following notes: name of artist, title, date, medium, dimensions. Biographies of artists. N910 A33 A6 1975 708.1123

Catalogue d'une exposition d'oeuvres d'artistes albertains qui font partie de la collection de la Fondation des arts de l'Alberta. Cette fondation a été créée en 1972 en vue de monter une collection d'oeuvres d'art pour le gouvernement de l'Alberta. Reproductions en noir et blanc ou en couleurs de peintures, de dessins, d'estampes, de pièces de céramique, de tapisseries, etc. qui sont accompagnées des données suivantes: nom de l'artiste, titre de l'oeuvre, date, médium, dimensions. Biographies des artistes. N910 A33 A6 1975 708.1123

1903

Archives nationales du Canada. – *Un moment dans l'histoire : vingt ans d'acquisition de peintures, de dessins et d'estampes aux Archives nationales du Canada.* – Introduction par Jim Burant. – Ottawa : Archives nationales du Canada, 1991. – ix, 302 p. : ill. (certaines en coul.). – 0660930870

A selection of 78 paintings, drawings and prints documenting Canadian life and history, acquired by the National Archives of Canada over the last twenty years. Arranged in four sections: Native peoples; topographical views; portraits; twentieth-century documentary art. Essays on artists provide biographical information and discuss style and subject matter. Descriptions of works include title, date, medium, dimensions, inscriptions, method and date of acquisition and National Archives accession and negative numbers. Black and white and twelve colour reproductions. Name index. Geographical index of illustrations. Also published in English under the title: *A place in history : twenty years of acquiring paintings, drawings and prints at the National Archives of Canada.* N910.072 N37 1991 708.11384

Sélection de 78 peintures, dessins et estampes qui documentent la vie et l'histoire canadiennes et qui ont été acquis par les Archives nationales du Canada au cours des vingt dernières années. Classement en quatre sections: les Autochtones; les paysages; les portraits; l'art documentaire du vingtième siècle. Les essais sur les artistes fournissent des données biographiques et traitent de leur style et du sujet de leurs oeuvres. Les descriptions des oeuvres comprennent le titre, la date, le médium, les dimensions, les inscriptions, le mode et la date d'acquisition, ainsi que les numéros d'inventaire et de négatif des Archives nationales. Reproductions en noir et blanc et douze reproductions en couleurs. Index des noms. Index géographique des illustrations. Publié aussi en anglais sous le titre: *A place in history : twenty years of acquiring paintings, drawings and prints at the National Archives of Canada.* N910.072 N37 1991 708.11384

1904

Archives publiques Canada. – *Collection d'oeuvres canadiennes de W.H. Coverdale : peintures, aquarelles et dessins (Collection du Manoir Richelieu).* – W. Martha E. Cooke. – Ottawa : Archives publiques Canada, c1983. – xix, 299, [ca. 260] p. de pl. : ill. – 0660909545

A catalogue of 500 paintings, drawings and watercolours representing about one-fifth of the works acquired by the Public Archives of Canada from the Manoir Richelieu in 1970. Alphabetically arranged by name of artist, with anonymous works listed last. Biographical

Catalogue de 500 peintures, dessins et aquarelles qui représentent environ un cinquième des oeuvres acquises en 1970 par les Archives publiques du Canada auprès du Manoir Richelieu. Classement alphabétique par noms d'artistes avec oeuvres anonymes à la fin.

essays of varying lengths. Entries for works include title, date, medium, dimensions, inscriptions and notes. Sources consulted for each artist are listed following the works. Black and white reproductions. Two tables provide concordances of the Coverdale collection numbers and the present catalogue numbers. Bibliography. Name, geographical and subject indexes. 62 works were transferred to the National Gallery of Canada. These are listed and identified with an NGC accession number. Also published in English under the title: *W.H. Coverdale collection of Canadiana : paintings, water-colours and drawings (Manoir Richelieu collection).* N910.072 P814 1984 708.11384

Essais biographiques de longueurs diverses. Les notices sur les oeuvres comprennent le titre, la date d'exécution, le médium, les dimensions, les inscriptions et des notes. La liste des sources consultées à propos de chaque artiste se trouve après les oeuvres. Reproductions en noir et blanc. Deux tables de concordance entre les numéros de la collection Coverdale et les numéros de catalogue actuels. Bibliographie. Index des noms, index géographique et index des sujets. Les 62 oeuvres qui ont été transférées au Musée des beaux-arts du Canada sont regroupées dans une liste et identifiées au moyen d'un numéro d'inventaire du musée. Publié aussi en anglais sous le titre: *W.H. Coverdale collection of Canadiana : paintings, water-colours and drawings (Manoir Richelieu collection).* N910.072 P814 1984 708.11384

1905

Archives publiques du Canada. – *Image of Canada : documentary watercolours and drawings from the permanent collection of the Public Archives of Canada = Visage du Canada : aquarelles et dessins historiques tirés de la collection permanente des Archives publiques du Canada.* – Ottawa : Information Canada, 1972. – 1 vol. (non paginé) : ill.

A catalogue of selected watercolours and drawings of Canadian scenes held by the Public Archives of Canada. The majority of works were produced between 1750 and 1850. Alphabetically arranged by name of artist. Brief biographies. Entries for works include: title, date, medium, dimensions, inscriptions, Archives inventory and negative numbers, provenance, exhibitions, references to literature. For each watercolour or drawing a related, contemporary text has been provided. Black and white reproductions. Bibliography. A set of 40 colour slides based on this exhibition was produced by the National Film Board of Canada and the Public Archives of Canada in 1974 as part of the *Archives Canada series.* ND2243 C2 A35 708.11384

Catalogue d'aquarelles et de dessins choisis de paysages canadiens qui se trouvent aux Archives publiques du Canada. La plupart des oeuvres ont été produites entre 1750 et 1850. Classement alphabétique par noms d'artistes. Courtes biographies. Les notices sur les oeuvres comprennent: titre, date, médium, dimensions, inscriptions, numéros d'inventaire et de négatif des Archives nationales, provenance, expositions, références à des ouvrages. Pour chaque aquarelle ou dessin, un texte contemporain pertinent a été fourni. Reproductions en noir et blanc. Bibliographie. Un ensemble de 40 diapositives en couleurs des oeuvres de cette exposition a été produit par l'Office national du film du Canada et par les Archives publiques du Canada en 1974, dans le cadre de la *Série : Archives du Canada.* ND2243 C2 A35 708.11384

1906

Art Gallery of Cobourg. – *Permanent collection, 1977.* – [Cobourg, Ont. : the Gallery, 1977]. – [32] p. : ill. – Cover title.

A catalogue of Canadian, American, European and Asian works of art from the Gallery's permanent collection. Arranged in three sections: paintings, drawings, sculpture and prints; Margaret and Henry Marsh Collection of Eskimo Art and Arctic Artifacts; crafts. Entries for artists are alphabetically arranged within each section. Brief biographies. Entries for works include title, medium, dimensions, inscriptions and method and date of acquisition. Eighteen black and white reproductions. N910 708.11357

Catalogue d'oeuvres d'art canadiennes, américaines, européennes et asiatiques qui font partie de la collection permanente du musée. Classement en trois sections: peintures, dessins, sculptures et estampes; Collection Margaret et Henry Marsh d'art inuit et d'artefacts de l'Arctique; artisanat. Les notices sur les artistes sont classées par ordre alphabétique au sein de chaque section. Courtes biographies. Les notices sur les oeuvres comprennent le titre, le médium, les dimensions, les inscriptions, ainsi que le mode et la date d'acquisition. Dix-huit reproductions en noir et blanc. N910 708.11357

1907

Art Gallery of Hamilton. – *The Art Gallery of Hamilton : seventy-five years (1914-1989).* – Hamilton : the Gallery, [1989?]. – ix, 122 p. : ill. (chiefly col.). – 9191531199

A history of the Gallery and 75 colour reproductions of paintings and sculpture from its collection. Name, nationality and dates of artist, title, date, medium, dimensions and method and date of acquisition noted for each work reproduced. N910 H3 A8 1989 fol. 708.11352

Historique de la Galerie et 75 reproductions en couleurs de peintures et de sculptures qui font partie de la collection. Nom et nationalité de l'artiste, dates pertinentes, ainsi que titre, date, médium, dimensions, mode et date d'acquisition pour chaque oeuvre reproduite. N910 H3 A8 1989 fol. 708.11352

1908

Art Gallery of Ontario. – *Art Gallery of Ontario : selected works.* – Toronto : the Gallery, c1990. – 463 p. : ill. – 0919777775

A selection of 350 works of art including paintings, sculpture, drawings and prints held by the Art Gallery of Ontario. Arranged in sections for European art, historical Canadian art, contemporary art and Inuit art. Entries for each work include a colour reproduction, artist's name, nationality and dates, title, date, medium, dimensions, discussion of artistic significance, method and date of acquisition. Artist index. Also published in French under the title: *Musée des beaux-arts de l'Ontario : oeuvres choisies.* N910 T6 A57 1990 708.113541

Sélection de 350 oeuvres d'art, comprenant des peintures, des sculptures, des dessins et des estampes qui se trouvent au Musée des beaux-arts de l'Ontario. Classement en sections sur l'art européen, l'art canadien d'importance historique, l'art contemporain et l'art inuit. Les notices sur chaque oeuvre comprennent une reproduction en couleurs, le nom de l'artiste, sa nationalité et les dates pertinentes, ainsi que le titre de l'oeuvre, la date, le médium, les dimensions, une discussion de son importance artistique, le mode et la date d'acquisition. Index des artistes. Publié aussi en français sous le titre: *Musée des beaux-arts de l'Ontario : oeuvres choisies.* N910 T6 A57 1990 708.113541

1909

Art Gallery of Ontario. – *Art Gallery of Ontario : the Canadian collection.* – Toronto : McGraw-Hill Company of Canada, c1970. – xvi, 603 p. : ill. – 0070925046

A catalogue of 1,553 Canadian paintings, drawings, prints and sculpture acquired by the Art Gallery of Ontario prior to June 30, 1967. Strong in works of the twentieth century and by Ontario artists. Alphabetically arranged by name of artist with biographical information for each. Entries for works include title, medium, dimensions, inscriptions, provenance, list of exhibitions, references to literature, method and date of acquisition. Black and white reproductions of selected works, 64 colour reproductions. Bibliography. Chronological list of exhibition catalogues. Indexes: accession number, subject, portrait, topographical, artist. N910 T62 O5 fol. 708.113541

Catalogue de 1 553 peintures, estampes, sculptures et dessins canadiens acquis par le Musée des beaux-arts de l'Ontario avant le 30 juin 1967. Beaucoup d'oeuvres du vingtième siècle et d'artistes ontariens. Classement alphabétique par noms d'artistes avec données biographiques sur chacun. Les notices sur les oeuvres comprennent le titre, le médium, les dimensions, les inscriptions, la provenance, une liste des expositions, des références à des ouvrages, ainsi que le mode et la date d'acquisition. Reproductions en noir et blanc d'oeuvres choisies, 64 reproductions en couleurs. Bibliographie. Liste chronologique des catalogues d'exposition. Cinq index : numéros d'inventaire, sujets, portraits, topographique, artistes. N910 T62 O5 fol. 708.113541

1910

Art Gallery of Windsor. – *A checklist of the permanent collection to December 31, 1971.* – [Windsor, Ont. : the Gallery, 1971?] – [3] leaves, 55 p. : ill. (some col.).

A catalogue of paintings, prints, sculpture and decorative arts in the collection of the Art Gallery of Windsor. Arranged in sections for Canadian paintings, drawings, prints, sculpture, decorative arts, Canadian Inuit prints and sculpture and works by foreign artists. Entries for works include the following information: title, date, medium, dimensions and method and date of acquisition. Ten colour and eighteen black and white reproductions. N910 W45 A5 fol. 708.11332

Catalogue des peintures, des estampes, des sculptures et des objets d'arts décoratifs qui font partie de la collection de l'Art Gallery of Windsor. Classement en sections sur les peintures, les dessins, les estampes, les sculptures et les objets d'arts décoratifs canadiens, les estampes et les sculptures inuit et les oeuvres d'artistes étrangers. Les notices sur les oeuvres comprennent les données suivantes: titre, date, médium, dimensions, mode et date d'acquisition. Dix reproductions en couleurs et dix-huit reproductions en noir et blanc. N910 W45 A5 fol. 708.11332

1911

Bayer, Fern. – *The Ontario collection.* – Markham (Ont.) : Published for the Ontario Heritage Foundation by Fitzhenry & Whiteside, c1984. – xii, 388 p. : ill. (some col.), ports. (some col.). – 0889029792

A catalogue of 1,103 paintings, sculpture and prints acquired by the government of Ontario from the 1850s to December 31, 1983. Arranged in chapters for collecting periods or styles. Chapter 1 lists purchases of Egerton Ryerson including original works, copies and casts. Original works are alphabetically arranged by name of artist, copies and casts by title. Chapters 2 and 4 are alphabetically arranged by name of artist. Chapter 3, the portrait catalogue, is alphabetically arranged by name of sitter. Biographical information on artists and portrait subjects.

Entries for works of art include title, date, medium, dimensions, inscriptions and method of acquisition. Black and white and colour reproductions of many works. Bibliography including catalogues and checklists of the collection. Index. Appendices: lieutenant-governors, premiers and speakers in the portrait collection; Vice-regal residences and legislative buildings; gifts to other institutions; abbreviations for honours, orders, degrees and societies. N5208.5 058 B39 1984 fol. 708.113

Catalogue de 1 103 peintures, sculptures et estampes acquises par le gouvernement de l'Ontario entre les années 1850 et le 31 décembre 1983. Classement par chapitres sur les périodes de collection ou les styles. Le chapitre 1 donne la liste des achats effectués par Egerton Ryerson, comprenant les oeuvres originales, les copies et les moulages. Les oeuvres originales sont classées en ordre alphabétique par noms d'artistes, les copies et les moulages par titres. Dans les chapitres 2 et 4, classement en ordre alphabétique par noms d'artistes. Le catalogue des portraits dans le chapitre 3 est classé en ordre alphabétique par noms de modèles. Données biographiques sur les artistes et les modèles.

Les notices sur les oeuvres d'art comprennent le titre, la date, le médium, les dimensions, les inscriptions et le mode d'acquisition. Reproductions en noir et blanc ou en couleurs de nombreuses oeuvres. La bibliographie comprend les catalogues et les listes de contrôle de la collection. Index. Annexes: lieutenants-gouverneurs, premiers ministres et orateurs de la Chambre dont les portraits font partie de la collection; résidences vice-royales et immeubles législatifs; dons à d'autres établissements; sigles des mentions, des ordres, des diplômes et des sociétés. N5208.5 058 B39 1984 fol. 708.113

1912

Beaverbrook Art Gallery. – *Beaverbrook Art Gallery.* – Fredericton : [s.n.], 1959. – 71 p., 68 p. of plates (some col.). – Cover title : *Beaverbrook Art Gallery. Paintings.*

A catalogue of Canadian and British paintings acquired by the Beaverbrook Art Gallery prior to July 1, 1959. Arranged in two sections for Canadian and British works, each of which is alphabetically arranged by name of artist. Biographical notes on artists. Entries for paintings include title, date, medium, dimensions, inscriptions, list of exhibitions, method of acquisition and, occasionally, historical notes. Twenty colour and 48 black and white reproductions. N910 F7 B4 708.115515

Catalogue des peintures canadiennes et britanniques acquises par la Galerie d'art Beaverbrook avant le 1er juillet 1959. Classement en deux sections sur les oeuvres canadiennes et britanniques, chacune avec classement alphabétique par noms d'artistes. Notes biographiques sur les artistes. Les notices sur les peintures comprennent le titre, la date, le médium, les dimensions, les inscriptions, la liste des expositions, le mode d'acquisition et, à l'occasion, des notes historiques. Vingt reproductions en couleurs et 48 reproductions en noir et blanc. N910 F7 B4 708.115515

1913

Blodgett, Jean. – *Gardons fermement nos traditions : oeuvres tirées de la collection d'art inuit de la famille Klamer.* – Toronto : Musée des beaux-arts de l'Ontario, c1983. – 271 p. : ill. (certaines en coul.), cartes. – 0919876927

The catalogue of an exhibition of contemporary Inuit prints, drawings and sculpture donated by the Klamer family to the Art Gallery of Ontario. Arranged by community and name of artist. Brief essays on the artists' styles, subject matter and techniques. 174 black and white and sixteen colour reproductions of works with notes on name, dates and community of artist, title, date, medium, dimensions and inscription. Bibliography. Glossary. Index of artists. Also published in English under the title: *Grasp tight the old ways : selections from the Klamer family collection of Inuit art.* NE541.4 B56   769.9719074713541

Catalogue d'une exposition de sculptures, d'estampes et de dessins contemporains inuit, don de la famille Klamer au Musée des beaux-arts de l'Ontario. Classement par communautés et par noms d'artistes. Courts essais sur les styles des artistes, les sujets des oeuvres et les techniques employées. 174 reproductions en noir et blanc et seize reproductions en couleurs accompagnées des précisions suivantes: nom, dates et communauté de l'artiste, titre de l'oeuvre, date, médium, dimensions et inscription. Bibliographie. Glossaire. Index des artistes. Publié aussi en anglais sous le titre: *Grasp tight the old ways : selections from the Klamer family collection of Inuit art.* NE541.4 B56   769.9719074713541

1914

Blodgett, Jean. – *Grasp tight the old ways : selections from the Klamer family collection of Inuit art.* – Toronto : Art Gallery of Ontario, c1983. – 271 p. : ill. (some col.), maps. – 0919876927

The catalogue of an exhibition of contemporary Inuit prints, drawings and sculpture donated by the Klamer family to the Art Gallery of Ontario. Arranged by community and name of artist. Brief essays on the artists' styles, subject matter and techniques. 174 black and white and sixteen colour reproductions of works with notes on name, dates and community of artist, title, date, medium, dimensions and inscription. Bibliography. Glossary. Index of artists. Also published in French under the title: *Gardons fermement nos traditions : oeuvres tirées de la collection d'art inuit de la famille Klamer.* NE541.4 B56 1983 fol.   769.9719074713541

Catalogue d'une exposition de sculptures, d'estampes et de dessins contemporains inuit, don de la famille Klamer au Musée des beaux-arts de l'Ontario. Classement par communautés et par noms d'artistes. Courts essais sur les styles des artistes, les sujets traités et les techniques employées. 174 reproductions en noir et blanc et seize reproductions en couleurs accompagnées des précisions suivantes: nom, dates et communauté de l'artiste, titre de l'oeuvre, date, médium, dimensions et inscription. Bibliographie. Glossaire. Index des artistes. Publié aussi en français sous le titre: *Gardons fermement nos traditions : oeuvres tirées de la collection d'art inuit de la famille Klamer.* NE541.4 B56 1983 fol.   769.9719074713541

1915

British Columbia. Cultural Services Branch. – *British Columbia art collection, 1974-80.* – 1st ed. – Victoria : Province of British Columbia, Ministry of Provincial Secretary and Government Services, Cultural Services Branch, 1981. – 48 p. : ill. (some col.). – 0771987943

A catalogue of over 700 works of art by 217 British Columbia artists purchased by the British Columbia government during the period from April 1974 to December 1980. Arranged in three sections: drawings, paintings and collage; prints; textiles and sculpture. Within each section works are alphabetically arranged by name of artist. Entries for works include the following information: title, date, medium, dimensions and accession number. One work by each artist reproduced in black and white. Seven colour reproductions. List of exhibitions from the collection.   N6546   708.111

Catalogue de plus de 700 oeuvres d'art réalisées par 217 artistes de la Colombie-Britannique et achetées par le gouvernement de la Colombie-Britannique entre avril 1974 et décembre 1980. Classement en trois sections: dessins, peintures et collages; estampes; oeuvres d'art en textile et sculptures. Au sein de chaque section, les oeuvres sont classées en ordre alphabétique par noms d'artistes. Les notices sur les oeuvres contiennent les données suivantes: titre, date, médium, dimensions et numéro d'inventaire. Une oeuvre de chaque artiste est reproduite en noir et blanc. Sept reproductions en couleurs. Liste des expositions de la collection.   N6546   708.111

1916

Canada Council. – *Art Bank catalogue, 1972-1987 = Catalogue de la Banque d'oeuvres d'art, 1972-1987.* – [Ottawa] : the Council, [1988?]. – xi, 166 p. : ill. – Cover title.

Catalogue of 13,536 contemporary works of art by 1,795 Canadian artists, purchased by the Canada Council's Art Bank between Sept. 1972 and April 1987. Alphabetically arranged by name of artist. Entries include title, date, medium, dimensions and acquisition number. Appendices: list of jury members and clients of the Art Bank; works bought back by artists, from the Art Bank, April 1977-April 1987.

   Previous editions: 1975?, *Art Bank catalogue, September 1972 to March 1975 = Catalogue de la Banque d'oeuvres d'art, septembre 1972 à mars 1975*; 1983?, *Art Bank catalogue, 09/1972 - 03/1982 = Catalogue de la Banque d'oeuvres d'art, 09/1972 - 03/1982*; 1985?, *Art Bank catalogue, 1972-1984 = Catalogue de la Banque d'oeuvres d'art, 1972-1984.*   N910   708.11384

Recension de 13 536 oeuvres d'art contemporain de 1 795 artistes canadiens achetées par la Banque d'oeuvres d'art du Conseil des arts du Canada de sept. 1972 à avril 1987. Classement en ordre alphabétique par noms d'artistes. Chaque description comprend titre, date, médium, dimensions et numéro d'acquisition. Appendices: liste des membres des jurys et clients de la Banque d'oeuvres d'art; oeuvres rachetées de la Banque d'oeuvres d'art, par les artistes, avril 1977-avril 1987.

   Éditions précédentes: 1975?, *Art Bank catalogue, September 1972 to March 1975 = Catalogue de la Banque d'oeuvres d'art, septembre 1972 à mars 1975*; 1983?, *Art Bank catalogue, 09/1972 - 03/1982 = Catalogue de la Banque d'oeuvres d'art, 09/1972 - 03/1982*; 1985?, *Art Bank catalogue, 1972-1984 = Catalogue de la Banque d'oeuvres d'art, 1972-1984.*   N910   708.11384

1917

Canada Steamship Lines. – *Catalogue of the Manoir Richelieu collection of Canadiana.* – Compiled by Percy F. Godenrath. – [Montreal] : Canada Steamship Lines, 1930. – 73 p.

A catalogue of approximately 1,500 paintings, prints, engravings and maps of Canadian historical interest formerly held at the Manoir Richelieu. The collection was transferred to the Public Archives of Canada in 1970. This catalogue is still useful for its description of prints, engravings and maps which are not included in the catalogues: *W.H. Coverdale collection of Canadiana* (Ottawa : Public Archives Canada, c1983); *Collection d'oeuvres canadiennes de W. H. Coverdale* (Ottawa : Public Archives Canada, c1983). Percy F. Godenrath also compiled supplementary catalogues of the collection in 1931, 1935 and 1939 as well as other exhibition catalogues.   N910 M8 A5   708.11384

Catalogue d'environ 1 500 peintures, estampes, gravures et cartes d'intérêt historique canadien qui se trouvaient autrefois au Manoir Richelieu. La collection a été transférée aux Archives publiques du Canada en 1970. Ce catalogue est toujours utile car il contient des descriptions des estampes, des gravures et des cartes qui ne figurent pas dans les catalogues suivants: *W.H. Coverdale collection of Canadiana* (Ottawa : Archives publiques du Canada, c1983); *Collection d'oeuvres canadiennes de W. H. Coverdale* (Ottawa : Archives publiques du Canada, c1983). Percy F. Godenrath a aussi compilé les catalogues supplémentaires de la collection en 1931, en 1935 et en 1939, ainsi que d'autres catalogues d'exposition.   N910 M8 A5   708.11384

1918

Canadian Guild of Crafts Quebec. – *The permanent collection, Inuit arts and crafts, c.1900-1980.* – Montreal : Canadian Guild of Crafts Quebec, c1980. – 207 p. : ill. (some col.). – 0969059116

A catalogue of the Inuit art collection of the Canadian Guild of Crafts Quebec. Includes works in various media such as stone, bone, ivory, wood, sealskin, etc., dating from 1900 through 1980. Sculpture from the period 1950-1965 forms the core of the collection. Includes essays on the Guild and its collection and on Inuit art, with emphasis on the co-operative movement. 305 black and white and six colour reproductions of works are accompanied by the following information: name and dates of artist, place and date of creation, medium and dimensions. List of works not illustrated. Also published in French under the title: *Collection permanente d'art et d'artisanat inuit, circa 1900-1980.*   E99 E7 C287 1980   704.0397

Catalogue de la collection d'art inuit de la Guilde canadienne des métiers d'art Québec. Inclut des oeuvres exécutées dans divers matériaux, comme la pierre, les os, l'ivoire, le bois, la peau de phoque, etc., qui datent de 1900 à 1980. Les sculptures de la période 1950-1965 constituent l'essentiel de la collection. Comprend des essais sur la guilde et sa collection, ainsi que sur l'art inuit, avec insistance sur le mouvement coopératif. 305 reproductions en noir et blanc et six reproductions en couleurs accompagnées des données suivantes: nom de l'artiste et dates pertinentes, lieu et date de création de l'oeuvre, médium et dimensions. Liste des oeuvres qui ne sont pas illustrées. Publié aussi en français sous le titre: *Collection permanente d'art et d'artisanat inuit, circa 1900-1980.*   E99 E7 C287 1980   704.0397

1919

Canadian heritage information network [online] = *Réseau canadien d'information sur le patrimoine.* – Ottawa : Communications Canada, 1972-   .

The Canadian heritage information network was established to form a comprehensive inventory of the collections of Canadian museums. The network is made up of a series of institutional databases containing records for objects held by participating museums. Non-confidential information is extracted from the institutional databases for inclusion in three national databases, the Humanities, the Natural Sciences and Archaeological Sites. More than three million records to date.

The Humanities database includes information on human-made objects in the fine and applied arts or which have cultural or historical significance. Records contain searchable fields such as source database, institution, department, object name and type, quantity, title, artist/maker, manufacturer, dates, school/style, material, medium, support, technique, origin, use, culture and dimensions. Bilingual command structure.

The Natural Sciences database includes information on specimens from subjects such as zoology, botany and the earth sciences. Records contain searchable fields such as source database, institution, department, discipline, phylum/division, class, order, family, genus, species, subspecies, date collected, sex, age/stage, chemical classification, geological period, lithostratigraphic, continent, ocean, country and province of origin. Bilingual command structure.

The Archaeological Sites database provides information on sites in seven provinces and territories.

The network also includes a series of reference databases: *Artists in Canada*, the directory of biographical files on Canadian artists held by Canadian galleries and libraries; *Repository of stolen art and artifacts*; *Historic sites supplies handbook*, a directory of suppliers of reproductions for use at historic sites; *Atlantic Canada newspaper survey*, a record of commodities and services listed in nineteenth-

Le Réseau canadien d'information sur le patrimoine a été créé pour constituer un inventaire complet des collections des musées canadiens. Le réseau est formé d'une série de bases de données d'établissements contenant des notices sur les objets que possèdent les musées participants. Les données non confidentielles sont tirées des bases des établissements et intégrées dans trois bases de données nationales, les sciences humaines, les sciences naturelles, et les sites archéologiques. Compte plus de trois millions de notices jusqu'à maintenant.

La base de données sur les sciences humaines inclut des renseignements sur les objets fabriqués qui ont une importance du point de vue des beaux-arts et des arts appliqués ou du point de vue culturel ou historique. Les notices contiennent des champs consultables comme la base de données de source, l'établissement, le département, le nom et le type de l'objet, la quantité, le titre, l'artiste ou l'artisan, le fabricant, les dates, l'école ou le style, le matériau, le médium, le support, la technique, l'origine, l'utilisation, la culture et les dimensions. Structure de commande bilingue.

La base de données sur les sciences naturelles inclut des renseignements sur des spécimens dans les domaines comme la zoologie, la botanique et les sciences de la terre. Les notices contiennent des champs consultables comme la base de données de source, l'établissement, le département, la discipline, le phylum ou la division, la classe, l'ordre, la famille, le genre, l'espèce, la sous-espèce, la date de prélèvement, le sexe, l'âge ou le stade de développement, la classification chimique, la période géologique, des données lithostratigraphiques, ainsi que le continent, l'océan, le pays et la province d'origine. Structure de commande bilingue.

Le base de données des sites archéologiques comprend des renseignements sur les sites de sept provinces et territoires.

century newspapers of Atlantic Canada; *Heritage directory*, listing national, provincial and territorial associations and government bodies related to heritage; *Art and architecture thesaurus*; *Curatorial and historical index of publications*, indexes of *Material history bulletin/review* and *Museum quarterly*; *Vessel information database*. N910   708.11

Le réseau comprend aussi une série de bases de données de référence: *Artistes au Canada*, le répertoire des notices biographiques sur les artistes canadiens qui se trouvent dans les bibliothèques et les musées canadiens; *Repository of stolen art and artifacts*; *Historic sites supplies handbook*, répertoire des fournisseurs de reproductions destinées aux sites historiques; *Atlantic Canada newspaper survey*, relevé des produits et des services offerts dans les journaux du dix-neuvième siècle dans la région Atlantique du Canada; le *Répertoire du patrimoine canadien* qui donne la liste des associations et des organismes gouvernementaux nationaux, provinciaux et territoriaux qui s'occupent du patrimoine; *Art and architecture thesaurus*; *Curatorial and historical index of publications*, les index de *Bulletin/Revue de la culture matérielle* et de *Museum quarterly*; *Vessel information database*. N910   708.11

1920

Carleton University. Art Collection. – *Art Carleton : Carleton University Art Collection.* – Ottawa : Carleton University Press, 1989. – [6], 223 p., [16] p. of col. plates : ill. – 088629083X

Includes a series of essays on the history of the Carleton University Art Collection and works within the collection. A checklist of paintings, prints and drawings acquired up to February 1989, alphabetically arranged by name of artist. Entries include artist's name, nationality, birth and death dates, title and date of work, medium, dimensions and acquisition information. 51 black and white and 24 colour reproductions.   N910 O676 A55 1989 fol.   708.11384

Inclut une série d'essais sur l'histoire de la collection d'oeuvres d'art de l'Université Carleton et sur les oeuvres qui en font partie. Liste de contrôle des peintures, des estampes et des dessins acquis jusqu'en février 1989, avec classement alphabétique par noms d'artistes. Les notices comprennent le nom de l'artiste, sa nationalité, ses dates de naissance et de décès, le titre et la date de l'oeuvre, le médium, les dimensions et des données sur l'acquisition. 51 reproductions en noir et blanc et 24 reproductions en couleurs.   N910 O676 A55 1989 fol.   708.11384

1921

Château de Ramezay. – *Catalogue du Musée du Château de Ramezay de Montréal.* – Texte original anglais de Louis Carrier ; version française revue et augmentée par Jean-Jacques Lefebvre. – Montréal : Société d'archéologie et de numismatique de Montréal, 1962. – 176 p. : ill.

1st French-language edition, 1922? Irregular. A catalogue of the collection of paintings, prints, drawings, documents, furniture and other household objects, Native art and artifacts, arms, religious sculpture, coins and medals, etc., relating to the history of Quebec and Canada. Descriptions of objects are arranged according to the room of the Museum in which they are displayed. Title varies: 1922, 1931, 1948, 1954, 1956, *Catalogue du Château de Ramezay : musée et galerie de portraits*. Also published in English under the title: *Catalogue of the Château de Ramezay museum and portrait gallery*. N910 M7 M6   708.11428

1re édition en français, 1922? Irrégulier. Catalogue de la collection de peintures, d'estampes, de dessins, de documents, de meubles et d'autres objets domestiques, d'oeuvres d'art et d'artefacts autochtones, d'armes, de sculptures religieuses, de pièces de monnaie et de médailles, etc. qui se rapportent à l'histoire du Québec et du Canada. Les descriptions des objets sont classées en fonction de la pièce du musée dans laquelle ils sont exposés. Le titre varie: 1922, 1931, 1948, 1954, 1956, *Catalogue du Château de Ramezay : musée et galerie de portraits*. Publié aussi en anglais sous le titre: *Catalogue of the Château de Ramezay museum and portrait gallery*. N910 M7 M6 708.11428

1922

Château de Ramezay. – *Catalogue of the Château de Ramezay museum and portrait gallery.* – 35th ed. – Montreal : Antiquarian and Numismatic Society of Montreal, [1966?]. – 95 p. : ill.

1st ed., 1897? Irregular. A catalogue of the collection of paintings, prints, drawings, documents, furniture and other household objects, Native art and artifacts, arms, religious sculpture, coins and medals, etc., relating to the history of Quebec and Canada. Descriptions of objects are arranged according to the room of the Museum in which they are displayed. Title varies: 1897? *Catalogue of the museum of the Château Ramezay*; 1898, *Catalogue of the Château Ramezay museum*. 1898 ed. published in microform format: *CIHM/ICMH microfiche series* no. 02123, 16807. Certain editions also published in French under the title: *Catalogue du Musée du Château de Ramezay de Montréal*. N910 M7 C5   708.11428

1re édition, 1897? Irrégulier. Catalogue de la collection de peintures, d'estampes, de dessins, de documents, de meubles et d'autres objets domestiques, d'oeuvres d'art et d'artefacts autochtones, d'armes, de sculptures religieuses, de pièces de monnaie et de médailles, etc. qui se rapportent à l'histoire du Québec et du Canada. Les descriptions des objets sont classées en fonction de la pièce du musée dans laquelle ils sont exposés. Le titre varie: 1897? *Catalogue of the museum of the Château Ramezay*; 1898, *Catalogue of the Château Ramezay museum*. Éd. de 1898 publiée sur microforme: *CIHM/ICMH collection de microfiches* no 02123, 16807. Certaines éditions ont également été publiées en français sous le titre: *Catalogue du Musée du Château de Ramezay de Montréal*. N910 M7 C5 708.11428

1923

Château de Ramezay. – *Selected catalogue of work in the permanent collection of the Chateau de Ramezay, Montreal.* – Prepared by students in the Master of Fine Arts Programme in Canadian Art History, Concordia University, Montreal. – Montreal : Dept. of Art History, Concordia University, 1985. – [iii], 144 p.

A catalogue of selected paintings, drawings, silhouettes, prints, photographs, posters and ceramics from the permanent collection of the Château de Ramezay. Arranged by medium and name of artist. Entries include biographical notes on the artist and the following

Catalogue d'une sélection de peintures, de dessins, de silhouettes, d'estampes, de photographies, d'affiches et de pièces de céramique qui font partie de la collection permanente du Château de Ramezay. Classement par médiums et par noms d'artistes. Les notices

pieces of information about the work: title, date, medium, dimensions, method and date of acquisition, references to literature, historical and descriptive notes on subject matter. Bibliography. Index of artists. N910 M7 C47 708.11428

comprennent des notes biographiques sur l'artiste et les données suivantes sur l'oeuvre: titre, date, médium, dimensions, mode et date d'acquisition, références à des ouvrages, notes historiques et descriptives sur le sujet traité. Bibliographie. Index des artistes. N910 M7 C47 708.11428

1924
Concordia Art Gallery. – ***An updated listing of the works in the permanent collection from 1963 to June 1985.*** – [Montreal : the Gallery, 1985?]. – [17] leaves.

A checklist of paintings, prints, drawings, sculpture and photographs held by the Concordia Art Gallery. Alphabetically arranged by name of artist. Entries include name of artist, title, medium and date of work. N910 M71 C65 1985 x.fol. 708.11428

Liste de contrôle des peintures, des estampes, des dessins, des sculptures et des photographies qui se trouvent à la Galerie d'art Concordia. Classement alphabétique par noms d'artistes. Les notices comprennent le nom de l'artiste, le titre de l'oeuvre, le médium et la date. N910 M71 C65 1985 x.fol. 708.11428

1925
Confederation Centre Art Gallery and Museum. – ***Permanent collection.*** – Judy MacDonald. – Charlottetown : Confederation Centre Art Gallery and Museum, c1986. – ix, 149 p. : ill. – 092008902X

A catalogue of the Canadian works of art acquired by the Gallery between June 1964 and May 1984, including paintings, drawings, prints and sculpture. Alphabetically arranged by name of artist. For each work the following information is provided: title, medium, dimensions, inscriptions, method of acquisition, source, provenance, list of exhibitions. Black and white reproductions of selected works. Separate list of works in the Robert Harris collection. Lists of donors and illustrations. Artist index. N910 C65 C65 1986 fol. 708.1175

Catalogue des oeuvres d'art canadiennes acquises par le musée entre juin 1964 et mai 1984, comprenant des peintures, des dessins, des estampes et des sculptures. Classement alphabétique par noms d'artistes. Pour chaque oeuvre, les données suivantes sont fournies: titre, médium, dimensions, inscriptions, mode d'acquisition, source, provenance, liste des expositions. Reproductions en noir et blanc d'une sélection d'oeuvres. Liste distincte des oeuvres de la collection Robert Harris. Liste des donateurs et liste des illustrations. Index des artistes. N910 C65 C65 1986 fol. 708.1175

1926
Conseil des arts du Canada. – ***Art Bank catalogue, 1972-1987 = Catalogue de la Banque d'oeuvres d'art, 1972-1987.*** – [Ottawa] : le Conseil, [1988?]. – xi, 166 p. : ill. – Titre de la couv.

Catalogue of 13,536 contemporary works of art by 1,795 Canadian artists, purchased by the Canada Council's Art Bank between Sept. 1972 and April 1987. Alphabetically arranged by name of artist. Entries include title, date, medium, dimensions and acquisition number. Appendices: list of jury members and clients of the Art Bank; works bought back by artists, from the Art Bank, April 1977-April 1987.

Previous editions: 1975?, *Art Bank catalogue, September 1972 to March 1975 = Catalogue de la Banque d'oeuvres d'art, septembre 1972 à mars 1975*; 1983?, *Art Bank catalogue, 09/1972 - 03/1982 = Catalogue de la Banque d'oeuvres d'art, 09/1972 - 03/1982*; 1985?, *Art Bank catalogue, 1972-1984 = Catalogue de la Banque d'oeuvres d'art, 1972-1984*. N910 708.11384

Recension de 13 536 oeuvres d'art contemporain de 1 795 artistes canadiens achetées par la Banque d'oeuvres d'art du Conseil des arts du Canada de sept. 1972 à avril 1987. Classement en ordre alphabétique par noms d'artistes. Chaque description comprend titre, date, médium, dimensions et numéro d'acquisition. Appendices: liste des membres des jurys et clients de la Banque d'oeuvres d'art; oeuvres rachetées de la Banque d'oeuvres d'art, par les artistes, avril 1977-avril 1987.

Éditions précédentes: 1975?, *Art Bank catalogue, September 1972 to March 1975 = Catalogue de la Banque d'oeuvres d'art, septembre 1972 à mars 1975*; 1983?, *Art Bank catalogue, 09/1972 - 03/1982 = Catalogue de la Banque d'oeuvres d'art, 09/1972 - 03/1982*; 1985?, *Art Bank catalogue, 1972-1984 = Catalogue de la Banque d'oeuvres d'art, 1972-1984*. N910 708.11384

1927
Dalhousie Art Gallery. – ***Dalhousie Art Gallery permanent collection catalogue.*** – Halifax : the Gallery, [1992]. – [2], 33 p. : ill. – Cover title.

A catalogue of the over 550 Canadian and foreign paintings, drawings, prints and sculpture which form the permanent collection of the Dalhousie Art Gallery, Dalhousie University. Entries are alphabetically arranged by name of artist and include: artist's birth and death dates, title and date of work, medium, dimensions, method and date of acquisition. 34 black and white illustrations. N910 708.116225

Catalogue de plus de 550 peintures, estampes, sculptures et dessins canadiens et étrangers qui forment la collection permanente de la Dalhousie Art Gallery, Dalhousie University. Classées en ordre alphabétique selon le nom des artistes, les notices comprennent: les dates de naissance et de décès de l'artiste, le titre et la date de l'oeuvre, le médium, les dimensions, la méthode et la date d'acquisition. Contient 34 illustrations en noir et blanc. N910 708.116225

1928
Firestone art collection. – Ontario Heritage Foundation ; photography, John Evans. – Toronto : McGraw-Hill Ryerson, 1978. – viii, 167 p. : ill. (some col.). – 0070827478

A catalogue of 1,234 Canadian paintings, drawings and prints in the Firestone art collection. 649 works by members of the Group of Seven. Originally donated to the Ontario Heritage Foundation by Mr. & Mrs. O. J. Firestone. In 1991 the collection was given to the city of Ottawa, in trust, for its municipal gallery, the Arts Court. Includes an introductory essay which discusses the collection from regional and historical perspectives. Entries for works of art are alphabetically arranged by name of artist. Entries include title, date,

Catalogue de 1 234 peintures, estampes et dessins canadiens qui font partie de la collection d'oeuvres d'art Firestone. Comprend 649 oeuvres réalisées par les membres du Groupe des Sept. À l'origine, don fait par M. et Mme O. J. Firestone à la Fondation du patrimoine ontarien. En 1991, la collection a été donnée en fidéicommis à la ville d'Ottawa pour son musée municipal, la Cour des Arts. Inclut une introduction qui traite de la collection du point de vue régional et historique. Les notices sur les oeuvres d'art sont classées en ordre

medium, dimensions, inscriptions and provenance when not the artist. Black and white and twenty colour reproductions of selected works. N6540 O585 fol. 709.71

alphabétique par noms d'artistes. Elles contiennent le titre de l'oeuvre, la date, le médium, les dimensions et les inscriptions, ainsi que la provenance quand l'oeuvre ne vient pas de l'artiste. Reproductions en noir et blanc et vingt reproductions en couleurs d'oeuvres choisies. N6540 O585 fol. 709.71

1929

Galerie nationale du Canada. – *Répertoire de diapos en vente aux établissements d'éducation.* – Compilé par Sheridan Carr. – Ottawa : Galerie nationale du Canada pour la Corporation des musées nationaux du Canada, c1984. – 76 p. – 0888845146

Catalogue of slides of works which are part of the permanent collection of the National Gallery of Canada. In two parts, Canada and international, which are subdivided into two categories for individual slides and series. Arranged alphabetically by name of artist. Bibliography. Index of alpha-numeric codes. Also published in English under the title: *Catalogue of slides for sale to educational institutions.*

Replaces: *Galerie nationale du Canada, Ottawa : répertoire des diapositives* (Ottawa : Galerie nationale du Canada pour la Corporation des musées nationaux du Canada, c1976); *Galerie nationale du Canada : répertoire de diapos* (Ottawa : Galerie nationale du Canada pour la Corporation des musées nationaux du Canada, c1978). N910 708.11384

Recension des diapositives d'oeuvres faisant partie de la collection permanente de la Galerie nationale du Canada (maintenant le Musée des beaux-arts du Canada). Présentation en deux parties, Canada et international, qui se subdivisent chacune en deux catégories: individuelle et série. Classement selon l'ordre alphabétique des artistes. Bibliographie. Index des codes alpha-numériques. Publié aussi en anglais sous le titre: *Catalogue of slides for sale to educational institutions.*

Remplace: *Galerie nationale du Canada, Ottawa : répertoire des diapositives* (Ottawa : Galerie nationale du Canada pour la Corporation des musées nationaux du Canada, c1976); *Galerie nationale du Canada : répertoire de diapos* (Ottawa : Galerie nationale du Canada pour la Corporation des musées nationaux du Canada, c1978). N910 708.11384

1930

Gallery 1.1.1. – *The permanent collection of Gallery 1.1.1, the University of Manitoba : paintings, drawings, prints, sculpture, ceramics and photography from the collection of Gallery 1.1.1, the University of Manitoba.* – Winnipeg : Gallery 1.1.1., School of Art, University of Manitoba, 1992. – 43 p.

A catalogue of the permanent collection of Gallery 1.1.1., University of Manitoba. Emphasis on contemporary paintings, drawings, prints, sculpture, ceramics and photography by Manitoban, other Canadian and foreign artists. Alphabetically arranged by name of artist. Entries include: artist's country of birth, date of birth and death, if known, title and date of work, medium, image size, overall size, signature location and form, provenance, accession number. N910 708.112743

Catalogue de la collection permanente de la Gallery 1.1.1. de l'université du Manitoba. Insistance sur les peintures, les dessins, les estampes, les sculptures, les céramiques et les photographies contemporains d'artistes manitobains, canadiens et étrangers. Classement alphabétique des noms d'artistes. Les notices comprennent: le pays de naissance de l'artiste, les dates de naissance et de décès si elles sont connues, le titre et la date de l'oeuvre, le médium, les dimensions de l'image, les dimensions totales, l'emplacement et la forme de la signature, la provenance, le numéro d'inventaire. N910 708.112743

1931

Glenbow Museum. – *Treasures of the Glenbow Museum.* – Hugh A. Dempsey ; photography by Ron Marsh, Jim Shipley and Anita Dammer. – Calgary : the Museum, c1991. – 200 p. : ill. (some col.). – 1895379008

An illustrated survey of selected works of art and artifacts from the collections of the Glenbow Museum. The Museum specializes in the heritage of Western Canada. Arranged in sections on the history of the collection, the First Nations, western heritage, the west in art, etc. Name index. FC3653.5 D44 1991 fol. 708.112338

Examen illustré d'une sélection d'oeuvres d'art et d'artefacts qui font partie de la collection du Glenbow Museum. Le musée se spécialise dans le patrimoine de l'Ouest du Canada. Classement en sections sur l'histoire de la collection, les premières nations, le patrimoine de l'Ouest, l'Ouest dans l'art, etc. Index des noms. FC3653.5 D44 1991 fol. 708.112338

1932

Guilde canadienne des métiers d'art Québec. – *Collection permanente d'art et d'artisanat inuit, circa 1900-1980.* – Montreal : Guilde canadienne des métiers d'art Québec, c1980. – 207 p. : ill. (certaines en coul.). – 0969059124

A catalogue of the Inuit art collection of the Canadian Guild of Crafts Quebec. Includes works in various media, such as stone, bone, ivory, wood, sealskin, etc., dating from 1900 through 1980. Sculpture from the period 1950-1965 forms the core of the collection. Essays on the Guild and its collection and on Inuit art, with emphasis on the co-operative movement. 305 black and white and six colour reproductions of works are accompanied by the following information: name and dates of artist, place and date of creation, medium and dimensions. List of works not illustrated. Also published in English under the title: *The permanent collection, Inuit arts and crafts, c.1900-1980.* E99 E7 C28714 1980 704.0397

Catalogue de la collection d'art inuit de la Guilde canadienne des métiers d'art Québec. Inclut des oeuvres exécutées dans divers matériaux, comme la pierre, les os, l'ivoire, le bois, la peau de phoque, etc., qui datent de 1900 à 1980. Les sculptures de la période 1950-1965 constituent l'essentiel de la collection. Comprend des essais sur la guilde et sa collection, ainsi que sur l'art inuit, avec insistance sur le mouvement coopératif. 305 reproductions en noir et blanc et six reproductions en couleurs accompagnées des données suivantes: nom de l'artiste et dates pertinentes, lieu et date de création de l'oeuvre, médium et dimensions. Liste des oeuvres qui ne sont pas illustrées. Publié aussi en anglais sous le titre: *The permanent collection, Inuit arts and crafts, c.1900-1980.* E99 E7 C28714 1980 704.0397

1933

Haffenreffer Museum of Anthropology. – *Hau, Kóla! : the Plains Indian collection of the Haffenreffer Museum of Anthropology.* – Barbara A. Hail. – 2nd print. rev. – Bristol (R.I.) : Haffenreffer Museum of Anthropology, Brown University, 1983, c1980. – 256 p. : ill. (some col.) – (Studies in anthropology and material culture ; vol. 3). – 0912089008

A catalogue of art works produced by Indians of the North American Plains during the late nineteenth and early twentieth centuries, held by the Haffenreffer Museum of Anthropology. Includes a stylistic analysis of Plains painting, quillwork and beadwork. Items in the catalogue are arranged by type such as male and female clothing, footwear, headgear, ornaments, weapons, musical instruments, horsegear and pipes. Numerous diagrams of motifs, stitching, plaiting and weaving techniques and photographs of objects. Notes accompanying photographs include type of object, name of cultural group or region, date of object, dimensions, source, catalogue number and a brief description of materials, construction techniques and purpose. Appendices: other museum collections, locations of major photographic archives of the Plains, sample methodology used for researching pieces in collection. Bibliography. E78 G73 H33 1983 fol. 704.03970710747455

Catalogue d'oeuvres d'art qui ont été produites par des Amérindiens des Plaines de l'Amérique du Nord à la fin du dix-neuvième siècle et au début du vingtième siècle conservées au Haffenreffer Museum of Anthropology. Inclut une analyse stylistique de la peinture, des décorations en piquants de porc-épic et de la broderie perlée des Plaines. Dans le catalogue, les objets sont classés par types comme vêtements d'homme ou de femme, chaussures, coiffures, ornements, armes, instruments de musique, articles pour les chevaux et pipes. Nombreux diagrammes de motifs, de broderie, de techniques de plissage et de tissage, et nombreuses photographies d'objets. Les notes qui accompagnent les photographies précisent le type d'objet, le nom du groupe culturel ou de la région, la date de l'objet, les dimensions, la source, le numéro de catalogue et une courte description des matériaux, des techniques de construction et du but recherché. Annexes: autres collections de musée, localisation des principales archives photographiques sur les Plaines, exemple de la méthodologie employée pour faire des recherches sur les pièces de la collection. Bibliographie. E78 G73 H33 1983 fol. 704.03970710747455

1934

Haffenreffer Museum of Anthropology. – *Out of the north : the subarctic collection of the Haffenreffer Museum of Anthropology.* – By Barbara A. Hail and Kate C. Duncan. – Bristol (R.I.) : Haffenreffer Museum of Anthropology, Brown University, 1989. – 301 p. : ill. (some col.), map. – (Studies in anthropology and material culture ; vol. 5). – 0912089075

A catalogue of the subarctic collection of the Museum. The subarctic region encompasses parts of Quebec and Labrador, northern Ontario, Manitoba, Saskatchewan, Alberta and British Columbia, Yukon and Northwest Territories and Central Alaska. Includes nineteenth-century and contemporary Native works of materials such as quills, beads, bark, bone, stone, wood, etc. Introductory essays discuss the subarctic region and peoples, the nineteenth-century collector Emma Shaw, and subarctic artistic styles.

The catalogue is arranged in two parts: nineteenth- and early twentieth-century collections; contemporary collections. Each part is arranged by technique or material used. Entries for works include the following: cultural group or region, date of manufacture, source, dimensions, museum catalogue number, description, interpretation, comparisons with other works. 27 colour and numerous black and white reproductions. Bibliography. E78 C2 H22 1989 fol. 704.039720710747455

Catalogue de la collection subarctique du musée. La région subarctique comprend certaines parties du Québec et du Labrador, du nord de l'Ontario, du Manitoba, de la Saskatchewan, de l'Alberta, de la Colombie-Britannique, du Yukon et des Territoires du Nord-Ouest, et du centre de l'Alaska. Inclut des oeuvres autochtones contemporaines et du dix-neuvième siècle réalisées dans des matériaux comme des piquants de porc-épic, des perles, de l'écorce, des os, de la pierre, du bois, etc. Les essais de présentation traitent de la région et des peuples subarctiques, de la collectionneuse du dix-neuvième siècle Emma Shaw et des styles artistiques subarctiques.

Le catalogue est classé en deux parties: collections du dix-neuvième siècle et du début du vingtième siècle; collections contemporaines. Chaque partie est classée en fonction de la technique employée ou du matériau utilisé. Les notices sur les oeuvres contiennent les précisions suivantes: le groupe culturel ou la région, la date de fabrication, la source, les dimensions, le numéro de catalogue du musée, une description, une interprétation, des comparaisons avec d'autres oeuvres. 27 reproductions en couleurs et nombreuses reproductions en noir et blanc. Bibliographie. E78 C2 H22 1989 fol. 704.039720710747455

1935

London Regional Art and Historical Museums. – *The collection, London, Canada.* – London (Ont.) : London Regional Art and Historical Museums, 1990. – xiv, 223 p. : ill. (some col.). – 0920872816

A history and catalogue of the permanent collection of paintings, prints, drawings, sculpture, etc. Emphasis on nineteenth- and twentieth-century Canadian art. The history is illustrated with black and white and colour reproductions of selected works. The catalogue is alphabetically arranged by name of artist. Entries for works include title, date, medium, dimensions and method of acquisition. Index. N910 L65 L65 1990 fol. 708.1132609

Historique et catalogue de la collection permanente de peintures, d'estampes, de dessins, de sculptures, etc. Insistance sur l'art canadien des dix-neuvième et vingtième siècles. L'historique est illustré au moyen de reproductions en noir et blanc ou en couleurs d'une sélection d'oeuvres. Dans le catalogue, classement en ordre alphabétique par noms d'artistes. Les notices sur les oeuvres incluent le titre, la date, le médium, les dimensions et le mode d'acquisition. Index. N910 L65 L65 1990 fol. 708.1132609

1936

McCord Museum. – *Everyman's Canada : paintings and drawings from the McCord Museum of McGill University.* – Text by J. Russell Harper. – Ottawa : Queen's Printer, 1962. – 80 p. : ill. (some col.).

A catalogue of 123 eighteenth- and nineteenth-century paintings and drawings of Canada held by the McCord Museum. Arranged by theme. Brief biographies of artists. Entries for works include title, medium, dimensions and description of subject matter. Black and white reproductions of selected works. Four colour plates. Index of artists and subjects. Also published in French under the title: *Une imagerie canadienne : peintures et dessins du musée McCord de l'Université McGill.* ND244 M3 708.11428

Catalogue de 123 peintures et dessins du Canada des dix-huitième et dix-neuvième siècles qui se trouvent au musée McCord. Classement par thèmes. Courtes biographies des artistes. Les notices sur les oeuvres comprennent le titre, le médium, les dimensions et la description du sujet traité. Reproductions en noir et blanc d'une sélection d'oeuvres. Quatre planches en couleurs. Index des artistes et des sujets. Publié aussi en français sous le titre: *Une imagerie canadienne : peintures et dessins du musée McCord de l'Université McGill.* ND244 M3 708.11428

1937

McIntosh Gallery. Canadian Art Collection. – *Canadian Art Collection, the University of Western Ontario : paintings, drawings, prints and sculpture from the collection of the University of Western Ontario.* – London [Ont.] : McIntosh Gallery, the University of Western Ontario, c1983. – [6], 234 p. : ill. (some col.). – 0771404395

A catalogue of over 550 Canadian works of art acquired by the University of Western Ontario up to April 30, 1983. Alphabetically arranged by name of artist. Entries for works include title, date, medium, dimensions, inscriptions, provenance, exhibitions, references to literature, notes, method of acquisition. Portraits of record and views of Western are listed separately. Numerous black and white and sixteen colour illustrations. List of special markings. Accession number, artist and portrait indexes. N910 L66 A53 1983 708.11326

Catalogue de plus de 550 oeuvres d'art canadiennes acquises par la University of Western Ontario jusqu'au 30 avril 1983. Classement alphabétique par noms d'artistes. Les notices sur les oeuvres comprennent le titre, la date, le médium, les dimensions, les inscriptions, la provenance, les expositions, des références à des ouvrages, des notes, le mode d'acquisition. Les portraits dignes de mention et les oeuvres où figure l'université se trouvent dans des listes distinctes. Nombreuses illustrations en noir et blanc et seize illustrations en couleurs. Liste des marques particulières. Index des numéros d'inventaire, index des artistes et index des portraits. N910 L66 A53 1983 708.11326

1938

McIntosh Gallery. – *Collective efforts : 50 years of intentionality.* – Catherine Elliot Shaw. – London (Ont.) : McIntosh Gallery, University of Western Ontario, c1992. – 59 p., [4] p. of plates : col. ill. – 0771414455

The catalogue of an exhibition of works from the permanent collection of the McIntosh Gallery, held at the Gallery, November 5 to December 13, 1992. Essay on the history of the Gallery and the University Collection. List of works exhibited. Catalogue of paintings, drawings, prints, sculpture and photographs acquired by the Gallery since 1983. Emphasis on contemporary Canadian works. Chronologically arranged by year of acquisition with notes on name of artist, title, date, medium, dimensions and method and date of acquisition. Four colour reproductions. N5030 L65 M35 1992 708.11326

Catalogue d'une exposition des oeuvres qui font partie de la collection permanente de la McIntosh Gallery. L'exposition a eu lieu à la McIntosh Gallery du 5 novembre au 13 décembre 1992. Essai sur l'histoire de la galerie et sur la collection de l'université. Liste des oeuvres exposées. Catalogue des peintures, des estampes, des sculptures, des photographies et des dessins acquis depuis 1983. Insistance sur les oeuvres canadiennes contemporaines. Classement chronologique par années d'acquisition des oeuvres. Pour chaque oeuvre, on précise le nom de l'artiste, le titre de l'oeuvre, la date, le médium et les dimensions, ainsi que le mode et la date d'acquisition. Quatre reproductions en couleurs. N5030 L65 M35 1992 708.11326

1939

McMaster University Art Gallery. – *The art collection of McMaster University : European, Canadian and American paintings, prints, drawings and sculpture.* – Hamilton : McMaster University Press, 1987. – v, 328 p. : ill. (some col.). – 0920603068

A catalogue of the over 3,000 works of art held by the McMaster University Art Gallery. The collection is strong in nineteenth- and twentieth-century Canadian art and includes the largest collection of German Expressionist prints in Canada. Arranged in three sections: European, Canadian, American collections. Entries for artists are alphabetically arranged within each section. Entries provide biographical information, a brief analysis of the artist's work and data on specific works of art including title, date, medium, dimensions, inscriptions, provenance, exhibitions and references to literature. 450 black and white and 32 colour reproductions. Works not described or reproduced with the artist entries are listed at the end of the catalogue. Bibliography. N910 H3 M37 1987 fol. 708.11352

Catalogue de plus de 3 000 oeuvres d'art qui se trouvent au McMaster University Art Gallery. La collection qui a comme point fort l'art canadien des dix-neuvième et vingtième siècles, comprend la plus importante collection d'estampes expressionnistes allemandes au Canada. Classement en trois sections: collection européenne, collection canadienne et collection américaine. Dans chaque section, les notices sur les artistes sont classées en ordre alphabétique. Elles contiennent des données biographiques, une courte analyse de l'oeuvre de l'artiste et des données sur des oeuvres d'art spéficiques, notamment le titre, la date, le médium, les dimensions, les inscriptions, la provenance, les expositions et des références à des ouvrages. 450 reproductions en noir et blanc et 32 reproductions en couleurs. À la fin du catalogue se trouve la liste des oeuvres qui ne sont pas reproduites ou décrites dans les notices sur les artistes. Bibliographie. N910 H3 M37 1987 fol. 708.11352

1940

**McMaster University Art Gallery. – *The art collection of McMaster University : European, Canadian, American, Chinese and Japanese paintings, prints, drawings, sculpture and ceramics.* – Hamilton : McMaster University Art Gallery, 1990. – 31 p. : ill.

A supplementary catalogue of works of art acquired by the Gallery since September 1987. Arranged in four sections: European, Canadian, American, Japanese and Chinese collections. Each section is alphabetically arranged by name of artist. Entries for works include title, date, medium, dimensions, inscriptions, method of acquisition, exhibitions and accession number. Twelve black and white reproductions. N910 H3 M372 1990 fol. 708.11352

Catalogue supplémentaire des oeuvres d'art acquises par le musée depuis septembre 1987. Classement en quatre sections: collection européenne, collection canadienne, collection américaine et collection japonaise et chinoise. Dans chaque section, classement alphabétique par noms d'artistes. Les notices sur les oeuvres comprennent le titre, la date, le médium, les dimensions, les inscriptions, le mode d'acquisition, les expositions et les numéros d'inventaire. Douze reproductions en noir et blanc. N910 H3 M372 1990 fol. 708.11352

1941

**McMichael Canadian Collection. – *A heritage of Canadian art : the McMichael Collection.* – [Biographies by Paul Duval]. – Toronto : Clarke, Irwin, c1979. – 208 p. : ill. (some col.). – 0772012091

A catalogue of the McMichael Collection of Canadian art. Essays on individual artists and Inuit and Indian art are illustrated with black and white and colour reproductions of selected works. Essays are followed by a catalogue alphabetically arranged by name of artist. Inuit sculpture, Inuit prints, works by West Coast Indians and Woodland Indians are grouped together. Entries for works include title, date, dimensions and medium if other than oil on canvas or panel. Small black and white reproductions of all works listed.
   Previous editions: 1967, *The McMichael Conservation Collection of art*; 1970, *Canadian art : vital decades : the McMichael Conservation Collection*; 1973, *The McMichael Canadian Collection*; 1973, *A vision of Canada : the McMichael Canadian Collection*; 1976, *A heritage of Canadian art : the McMichael Collection.* Imprint varies. ND245 M317 1979 fol. 708.113547

Catalogue de la collection McMichael d'art canadien. Les essais sur des artistes particuliers et sur l'art inuit et autochtone sont illustrés au moyen de reproductions en noir et blanc ou en couleurs d'une sélection d'oeuvres. Ces essais sont suivis d'un catalogue avec classement alphabétique par noms d'artistes. La sculpture inuit, les estampes inuit, ainsi que les oeuvres des Indiens de la Côte ouest et des Indiens Woodland sont regroupées. Les notices sur les oeuvres comprennent le titre, la date, les dimensions et le médium si autre qu'une peinture à l'huile sur toile ou sur panneau. Petites reproductions en noir et blanc de toutes les oeuvres mentionnées.
   Éditions antérieures: 1967, *The McMichael Conservation Collection of art*; 1970, *Canadian art : vital decades : the McMichael Conservation Collection*; 1973, *The McMichael Canadian Collection*; 1973, *A vision of Canada : the McMichael Canadian Collection*; 1976, *A heritage of Canadian art : the McMichael Collection.* L'adresse bibliographique varie. ND245 M317 1979 fol. 708.113547

1942

**Mendel Art Gallery. – *Twenty-five years of collecting.* – Matthew Teitelbaum. – Saskatoon : the Gallery, c1989. – 100 p. : ill. (some col.). – 0919863469

The catalogue of an exhibition celebrating the twenty-fifth anniversary of the Mendel Art Gallery. Includes Saskatchewan, Canadian and international paintings, prints and sculpture from the Gallery's permanent collection. Arranged in five sections: historical Canadian and international paintings and sculpture; Saskatchewan paintings; Saskatchewan sculpture; contemporary Canadian paintings and sculpture; Inuit art. Black and white and colour reproductions of works are accompanied by the following information: name, dates and nationality of artist, title, date, medium, dimensions, method and date of acquisition. Index of illustrations, arranged by name of artist. N910 S43 M46 1989 708.112425

Catalogue d'une exposition tenue à l'occasion du 25ᵉ anniversaire de la Mendel Art Gallery. Inclut des peintures, des estampes et des sculptures de la Saskatchewan, du Canada et de l'étranger qui font partie de la collection permanente du musée. Classement en cinq sections: peintures et sculptures canadiennes et internationales d'importance historique; peintures de la Saskatchewan; sculptures de la Saskatchewan; peintures et sculptures contemporaines canadiennes; art inuit. Les reproductions en noir et blanc ou en couleurs des oeuvres sont accompagnées des données suivantes: nom, dates de naissance et de décès et nationalité de l'artiste, titre de l'oeuvre, date, médium, dimensions, mode et date d'acquisition. Index des illustrations classées par noms d'artistes. N910 S43 M46 1989 708.112425

1943

**Mendel, Frederick S. [Frederick Salomon]. – *The Mendel collection, Saskatoon, Sask.* – Compiled by Gordon W. Snelgrove. – [Saskatoon : s.n.], 1955. – 113 p., [2] folded leaves of plates : ill. (some col.).

A catalogue of 166 works from the collection of Frederick Salomon Mendel now held at the Mendel Gallery in Saskatoon. Arranged in sections for international artists, various schools, Canadian artists, Saskatchewan artists, sporting prints, sculpture and ceramics. Biographical information on each artist is followed by descriptions of works including title, medium, dimensions, signature, date of creation, date of acquisition and brief analysis of subject matter and technique. 40 black and white and two colour reproductions. N5230 C22 M45 708.112425

Catalogue de 166 oeuvres de la collection de Frederick Salomon Mendel qui se trouvent maintenant à la Mendel Art Gallery à Saskatoon. Classement en sections sur les artistes internationaux, les diverses écoles, les artistes canadiens, les artistes de la Saskatchewan, les estampes sportives, la sculpture et la céramique. Les données biographiques sur chaque artiste sont suivies de la description des oeuvres qui comprend le titre, le médium, les dimensions, la signature, la date de création, la date d'acquisition et une courte analyse du sujet traité et de la technique employée. Quarante reproductions en noir et blanc et deux reproductions en couleurs. N5230 C22 M45 708.112425

1944

Montreal Museum of Fine Arts. – *Une collection montréalaise : don de Eleanore et David Morrice = A Montreal collection : gift from Eleanore and David Morrice.* – Montreal : the Museum, c1983. – 207 p. : ill. – 2891920260

The bilingual catalogue of an exhibition of 211 works of art given to the Museum by Eleanore and David Morrice. Includes Canadian paintings, drawings, prints, furniture and silverware as well as European sculpture, prints and decorative arts. A significant number of paintings and drawings by James Wilson Morrice formed a part of the gift. Arranged by art form with introductory essays on each. Black and white photographs of the works exhibited are accompanied by the following notes: artist's name, nationality, date and place of birth/death, title, date, medium, dimensions, signature and/or inscription, provenance, bibliography, notes on related works. Complete list of the works in the Eleanore and David Morrice collection. N910 M714 A55 fol. 708.114281

Catalogue bilingue d'une exposition de 211 oeuvres d'art qui ont été données au musée par Eleanore et David Morrice. Inclut des peintures, des dessins, des estampes, des meubles et des pièces d'argenterie canadiens, ainsi que des sculptures, des estampes et des objets d'arts décoratifs européens. Une partie du don consiste en un nombre important de peintures et de dessins réalisés par James Wilson Morrice. Classement par formes artistiques avec essais de présentation sur chacune. Les photographies en noir et blanc des oeuvres exposées sont accompagnées des notes suivantes: nom de l'artiste, nationalité, dates et lieux de naissance et de décès, titre de l'oeuvre, date, médium, dimensions, signature et (ou) inscription, provenance, bibliographie, notes sur les oeuvres connexes. Liste complète des oeuvres qui font partie de la collection Eleanore et David Morrice. N910 M714 A55 fol. 708.114281

1945

Mount Allison University. – *Collection of Canadian art.* – [Sackville, N.B. : the University, 1965]. – 1 vol. (unpaged) : ill.

A catalogue of 145 Canadian paintings, prints and drawings held by the University. Alphabetically arranged by name of artist. Biographical notes. Entries for works include title, medium, dimensions, date, location at the University and name of donor. N910 S12 A5 1965 708.11523

Catalogue de 145 peintures, estampes et dessins canadiens qui se trouvent à l'université. Classement alphabétique par noms d'artistes. Notes biographiques. Les notices sur les oeuvres comprennent le titre, le médium, les dimensions, la date, l'endroit où elle se trouve à l'université et le nom du donateur. N910 S12 A5 1965 708.11523

1946

Mount Saint Vincent University. Art Gallery. – *Regional realism : works from the permanent collection of Mount Saint Vincent University.* – Halifax : the Gallery, c1982. – [48] p. : ill. – 0770302009

The catalogue of an exhibition of 60 works by 35 Nova Scotia artists. Includes paintings, prints, drawings, photographs, fibre art, etc. Alphabetically arranged by name of artist. One work by each artist is reproduced in black and white. Notes on works include title, date, medium, dimensions, signature, provenance and exhibitions. Biographies of artists. A catalogue of recent acquisitions by the Gallery was published under the title: *Permanence : recent additions to the permanent collection, 30 April-31 May 1992* (Halifax : Art Gallery, Mount Saint Vincent University, c1992). N910 H24 A6 708.116225

Catalogue d'une exposition de 60 oeuvres réalisées par 35 artistes de la Nouvelle-Écosse. Inclut des peintures, des estampes, des dessins, des photographies, des oeuvres d'art en textile, etc. Classement alphabétique des noms des artistes. Une oeuvre de chaque artiste est reproduite en noir et blanc. Les notes sur les oeuvres comprennent le titre, la date, le médium, les dimensions, la signature, la provenance et les expositions. Biographies des artistes. Un catalogue des récentes acquisitions du musée a été publié sous le titre: *Permanence : recent additions to the permanent collection, 30 April-31 May 1992* (Halifax : Art Gallery, Mount Saint Vincent University, c1992). N910 H24 A6 708.116225

1947

Musée d'art contemporain de Montréal. – *La collection : tableau inaugural.* – Josée Bélisle, Manon Blanchette, Paulette Gagnon, Sandra Grant Marchand, Pierre Landry. – Montréal : Musée d'art contemporain de Montréal, c1992. – 591 p. : ill. (certaines en coul.). – 2551128501

The catalogue of an exhibition of 320 works by Quebec, Canadian and foreign artists, from the permanent collection of the Musée d'art contemporain de Montréal. Includes paintings, sculpture, photographs, prints and video produced since the 1930s. Organized in chapters focussing on a medium, time period and/or movement. An essay introduces each chapter. Entries for works include: name of artist, date and place of birth, place of residence, place and date of death, title, date, medium, dimensions, accession number, method, date and source of acquisition, list of exhibitions in which the work has been included, bibliographical references for sources discussing or reproducing the work, brief signed essay, black and white or colour illustration. List of works exhibited alphabetically arranged by name of artist. List of works held in the permanent collection of the Musée, alphabetically arranged by name of artist, with technical notes. N910 708.11428

Catalogue d'une exposition de 320 oeuvres qui ont été réalisées par des artistes québécois, canadiens et étrangers et qui font partie de la collection permanente du Musée d'art contemporain de Montréal. Inclut des peintures, des sculptures, des photographies, des estampes et des documents vidéo produits depuis les années 1930. Organisation en chapitres qui portent sur un médium, une période ou un mouvement. Essai de présentation pour chaque chapitre. Les notices sur les oeuvres comprennent: le nom de l'artiste, la date et le lieu de naissance, le lieu de résidence, la date et le lieu de décès, le titre de l'oeuvre, la date, le médium, les dimensions, le numéro d'inventaire, le mode, la date et la source d'acquisition, la liste des expositions dont l'oeuvre a fait partie, les références bibliographiques aux sources qui discutent ou reproduisent l'oeuvre, un court essai signé, une illustration en noir et blanc ou en couleur. Liste des oeuvres exposées avec classement alphabétique par artistes. Liste des oeuvres qui font partie de la collection permanente du musée, avec classement alphabétique par noms d'artistes et avec notes techniques. N910 708.11428

1948

Musée d'art contemporain de Montréal. – *Les vingt ans du Musée : à travers sa collection.* – Montréal : le Musée, 1985. – 371 p. : ill. (certaines en coul.). – 2550114728

A catalogue of works by Canadian and foreign artists from the collection of the Musée, published to celebrate its twentieth anniversary. Includes paintings, sculpture, photographs, prints and video. Alphabetically arranged by name of artist. One work by each is reproduced, with notes on artist's place and date of birth, title and date of work, medium, dimensions, date of acquisition and an analysis of medium and style. Video artists are listed separately. Chronologically arranged lists of directors, acquisition committee members, exhibitions and publications. Catalogue of the collection alphabetically arranged by name of artist. N910 M68 A65 1985 708.11428

Catalogue des oeuvres d'artistes canadiens et étrangers qui font partie de la collection du musée, publié pour célébrer le vingtième anniversaire de celui-ci. Inclut des peintures, des sculptures, des photographies, des estampes et des oeuvres vidéo. Classement alphabétique par noms d'artistes. Une oeuvre de chaque artiste est reproduite et accompagnée des précisions suivantes: date et lieu de naissance de l'artiste, titre et date de l'oeuvre, médium, dimensions, date d'acquisition et analyse du médium et du style choisis. Liste distincte des vidéastes. Listes chronologiques des directeurs, des membres du comité d'acquisition, des expositions et des publications. Dans le catalogue de la collection, classement alphabétique par noms d'artistes. N910 M68 A65 1985 708.11428

1949

Musée d'art de Joliette. – *Le Musée d'art de Joliette.* – [S.l. : s.n.], c1971. – 291 p., 12 p. de pl. en coul. : ill.

A catalogue of Canadian and foreign paintings, sculpture and decorative arts held by the Musée d'art de Joliette. Arranged by medium. Entries for works may include name of artist, title and date of work, medium, dimensions, inscriptions, method and date of acquisition, brief essay on subject matter and artistic significance. Bibliographies. Black and white and twelve colour reproductions. Glossary. Index of artists, authors, styles, subjects, etc. N910 J6 C67 708.11442

Catalogue des peintures, des sculptures et des objets d'arts décoratifs canadiens et étrangers qui se trouvent au Musée d'art de Joliette. Classement par médiums. Les notices sur les oeuvres peuvent comprendre le nom de l'artiste, le titre et la date de l'oeuvre, le médium, les dimensions, les inscriptions, le mode et la date d'acquisition, ainsi qu'un court essai sur le sujet traité et sur l'importance artistique de l'oeuvre. Bibliographies. Reproductions en noir et blanc et douze reproductions en couleurs. Glossaire. Index des artistes, des auteurs, des styles, des sujets, etc. N910 J6 C67 708.11442

1950

Musée de la civilisation (Québec). – *Objets de civilisation.* – [Québec] : le Musée, c1990. – 153 p. : ill. en coul. – 2890002942

Surveys a selection of the most significant objects from the collections of the Musée de la civilisation. Arranged in a series of well-illustrated essays on ceramics and glass, furniture, costume and textiles, domestic life, folk art and toys and the Indian and Inuit collections. Notes on provenance, date, medium and dimensions of objects exhibited are provided in the last chapter. FC2903.5 M87 1990 fol. 971.40074714471

Examen d'objets choisis parmi les plus significatifs des diverses collections du Musée de la civilisation. Classement en une série d'essais bien illustrés sur la céramique et le verre, les meubles, les costumes et l'art textile, la vie domestique, l'art folklorique et les jouets, ainsi que sur la collection amérindienne et la collection inuit. Le dernier chapitre contient des notes sur la provenance, la date, le médium et les dimensions des objets exposés. FC2903.5 M87 1990 fol. 971.40074714471

1951

Musée de Vaudreuil. – *Catalogue (sélectif) 1975.* – Vaudreuil : le Musée, 1975. – [99] p. : ill.

A selection of 88 items from the permanent collection of the Musée de Vaudreuil. Includes works of art, documents, household utensils, furniture, farm equipment, toys, musical instruments, etc. A black and white illustration of each object is accompanied by the following information: catalogue and inventory numbers, title of work or name of object, name of artist, date, medium, dimensions, description of object, name of donor, biographical notes on artist, notes on history and use of object, bibliographical references. Bibliography. N910 708.11426

Sélection de 88 articles de la collection permanente du Musée de Vaudreuil. Inclut des oeuvres d'art, des documents, des ustensiles de ménage, des meubles, de l'équipement agricole, des jouets, des instruments de musique, etc. Pour chaque objet, l'illustration en noir et blanc est accompagnée des données suivantes: numéros de catalogue et d'inventaire, titre de l'oeuvre ou nom de l'objet, nom de l'artiste, date, médium, dimensions, description de l'objet, nom du donateur, notes biographiques sur l'artiste, notes sur l'histoire et l'usage de l'objet, références bibliographiques. Bibliographie. N910 708.11426

1952

Musée des beaux-arts de l'Ontario. – *Musée des beaux-arts de l'Ontario : oeuvres choisies.* – Toronto : le Musée, c1990. – 463 p. : ill. – 0919777791

A selection of 350 works of art including paintings, sculpture, drawings and prints held by the Art Gallery of Ontario. Arranged in sections for European art, historical Canadian art, contemporary art, and Inuit art. Entries for each work include a colour reproduction, artist's name, nationality and dates, title, date, medium, dimensions, discussion of artistic significance, method and date of acquisition. Artist index. Also published in English under the title: *Art Gallery of Ontario : selected works.* N910 T6 A57 1990a 708.113541

Sélection de 350 oeuvres d'art, comprenant des peintures, des sculptures, des dessins et des estampes qui se trouvent au Musée des beaux-arts de l'Ontario. Classement en sections sur l'art européen, l'art canadien d'importance historique, l'art contemporain et l'art inuit. Les notices sur chaque oeuvre comprennent une reproduction en couleurs, le nom de l'artiste, sa nationalité et les dates pertinentes, ainsi que le titre de l'oeuvre, la date, le médium, les dimensions, une discussion de son importance artistique, le mode et la date d'acquisition. Index des artistes. Publié aussi en anglais sous le titre: *Art Gallery of Ontario : selected works.* N910 T6 A57 1990a 708.113541

1953

Musée des beaux-arts de Montréal. – *Une collection montréalaise : don de Eleanore et David Morrice = A Montreal collection : gift from Eleanore and David Morrice.* – Montreal : le Musée, c1983. – 207 p. : ill. – 2891920260

The bilingual catalogue of an exhibition of 211 works of art given to the Museum by Eleanore and David Morrice. Includes Canadian paintings, drawings, prints, furniture and silverware as well as European sculpture, prints and decorative arts. A significant number of paintings and drawings by James Wilson Morrice formed a part of the gift. Arranged by art form with introductory essays on each. Black and white photographs of the works exhibited are accompanied by the following notes: artist's name, nationality, date and place of birth/death, title, date, medium, dimensions, signature and/or inscription, provenance, bibliography, notes on related works. Complete list of the works in the Eleanore and David Morrice collection. N910 M714 A55 fol. 708.114281

Catalogue bilingue d'une exposition de 211 oeuvres d'art qui ont été données au musée par Eleanore et David Morrice. Inclut des peintures, des dessins, des estampes, des meubles et des pièces d'argenterie canadiens, ainsi que des sculptures, des estampes et des objets d'arts décoratifs européens. Une partie du don consiste en un nombre important de peintures et de dessins réalisés par James Wilson Morrice. Classement par formes artistiques avec essais de présentation sur chacune. Les photographies en noir et blanc des oeuvres exposées sont accompagnées des notes suivantes: nom de l'artiste, nationalité, dates et lieux de naissance et de décès, titre de l'oeuvre, date, médium, dimensions, signature et (ou) inscription, provenance, bibliographie, notes sur les oeuvres connexes. Liste complète des oeuvres qui font partie de la collection Eleanore et David Morrice. N910 M714 A55 fol. 708.114281

1954

Musée des beaux-arts du Canada. – *Art canadien.* – Sous la direction de Charles C. Hill et Pierre B. Landry. – Ottawa : Musée des beaux-arts du Canada pour la Corporation des musées nationaux du Canada, c1988- . – vol. : ill. – (Catalogue du Musée des beaux-arts du Canada). – 0888845464 (vol. 1) 0888846371 (vol. 2)

A catalogue of Canadian works of art, including paintings, sculpture, drawings, prints and decorative art objects, acquired by the National Gallery from its founding in 1880 to March 31, 1980. Alphabetically arranged by name of artist. Published to date, vol. 1, A-F (1988); vol. 2, G-K (1994). To be completed in four volumes and a supplement. Entries include biographical information, black and white reproductions of works and the following information about each: title, date, medium, supports, dimensions, inscriptions, commentary. Index of accession numbers. Also published in English under the title: *Canadian art.* N910 07 A5714 fol. 708.11384

Catalogue d'oeuvres d'art canadiennes, comprenant des peintures, des sculptures, des dessins, des estampes et des objets d'arts décoratifs, acquis par le Musée des beaux-arts du Canada depuis sa fondation en 1880 jusqu'au 31 mars 1980. Classement alphabétique par noms d'artistes. Publié jusqu'à maintenant, vol. 1, A-F (1988); vol. 2, G-K (1994). Une fois terminé, il comprendra quatre volumes et un supplément. Les notices comprennent des données biographiques, des reproductions en noir et blanc des oeuvres et les données suivantes sur chacune de celles-ci: titre, date, médium, supports, dimensions, inscriptions, commentaire. Index des numéros d'acquisition. Publié aussi en anglais sous le titre: *Canadian art.* N910 07 A5714 fol. 708.11384

1955

Musée du Québec. – *La collection des dessins et estampes : 80 oeuvres choisies.* – Denis Martin et Michèle Grandbois. – Québec : le Musée, c1991. – 214 p. : ill. (certaines en coul.). – 2551125855

The catalogue of an exhibition of 80 drawings and prints from the collection of the Musée du Québec. Includes works by 59 artists working in Quebec representing historical, modern and contemporary periods in Quebec art. Chronologically arranged. 80 black and white reproductions of the exhibited works. Sixteen also reproduced in colour. Notes accompanying reproductions include artist's name, place and date of birth/death, title, date, medium, dimensions, inscription, provenance, exhibitions, bibliographic references to other sources mentioning the work and an essay on the artist's life, technique, style and subject matter. Indexes of works exhibited and names. Bibliography. NE541 741.9714074714471

Catalogue d'une exposition de 80 dessins et estampes qui font partie de la collection du Musée du Québec. Inclut les oeuvres de 59 artistes qui ont travaillé ou travaillent au Québec et qui représentent des périodes historiques, modernes et contemporaines de l'art québécois. Classement chronologique. 80 reproductions en noir et blanc des oeuvres exposées, dont seize sont aussi reproduites en couleurs. Les notes qui accompagnent les reproductions comprennent le nom de l'artiste, le lieu et la date de sa naissance et de son décès, le titre de l'oeuvre, la date, le médium, les dimensions, l'inscription, la provenance, les expositions, les références bibliographiques à d'autres sources qui mentionnent l'oeuvre et un essai sur la vie de l'artiste, sa technique, son style et le sujet traité. Index des oeuvres exposées et index des noms. Bibliographie. NE541 741.9714074714471

1956

Musée du Québec. – *Le Musée du Québec : 500 oeuvres choisies.* – [Québec] : Direction des communications du Ministère des affaires culturelles, 1983. – xvi, 378 p., 48 p. de pl. : ill. (certaines en coul.). – 2551059739

A catalogue of 500 works held by the Musée du Québec, including paintings, sculpture, prints and drawings, photographs, silverware, ceramics, etc. The majority of works are Québécois. The catalogue was prepared for the fiftieth anniversary of the Museum. Arranged in sections by art form and period. Entries for works include title, dates, medium, dimensions, inscription, provenance, method of acquisition, exhibitions, bibliography and a brief essay providing biographical information and an analysis of style. Numerous black and white and 47 colour reproductions. Indexes of artists and works. List of exhibitions chronologically arranged. Bibliography. N910 Q75 A6 1983 708.114471

Catalogue de 500 oeuvres qui se trouvent au Musée du Québec, comprenant des peintures, des sculptures, des estampes et des dessins, des photographies, des pièces d'argenterie ou de céramique, etc. La plupart sont des oeuvres québécoises. Le catalogue a été rédigé pour le cinquantième anniversaire du musée. Classement en sections par formes artistiques et par périodes. Les notices sur les oeuvres comprennent le titre, les dates, le médium, les dimensions, l'inscription, la provenance, le mode d'acquisition, les expositions, une bibliographie et un court essai qui donne des renseignements biographiques et une analyse du style. Nombreuses reproductions en noir et blanc et 47 reproductions en couleurs. Index des artistes et index des oeuvres. Liste des expositions en ordre chronologique. Bibliographie. N910 Q75 A6 1983 708.114471

1957

Musée McCord. – *Une imagerie canadienne : peintures et dessins du musée McCord de l'Université McGill.* – Texte de J. Russell Harper. – Ottawa : Imprimeur de la Reine, 1962. – 80 p. : ill. (certaines en coul.).

A catalogue of 123 eighteenth- and nineteenth-century paintings and drawings of Canada held by the McCord Museum. Arranged by theme. Brief biographies of artists. Entries for works include title, medium, dimensions and description of subject matter. Black and white reproductions of selected works. Four colour plates. Also published in English under the title: *Everyman's Canada : paintings and drawings from the McCord Museum of McGill University.* N910 M8112 M171 1962   708.11428

Catalogue de 123 peintures et dessins du Canada des dix-huitième et dix-neuvième siècles qui se trouvent au musée McCord. Classement par thèmes. Courtes biographies des artistes. Les notices sur les oeuvres comprennent le titre, le médium, les dimensions et la description du sujet traité. Reproductions en noir et blanc d'une sélection d'oeuvres. Quatre planches en couleurs. Index des artistes et des sujets. Publié aussi en anglais sous le titre: *Everyman's Canada : paintings and drawings from the McCord Museum of McGill University.* N910 M8112 M171 1962   708.11428

1958

National Archives of Canada. – *A place in history : twenty years of acquiring paintings, drawings and prints at the National Archives of Canada.* – Introduction by Jim Burant. – Ottawa : the Archives, 1991. – ix, 300 p. : ill. (some col.). – 0660137402

A selection of 78 paintings, drawings and prints documenting Canadian life and history, acquired by the National Archives of Canada over the last twenty years. Arranged in four sections: Native peoples; topographical views; portraits; twentieth-century documentary art. Essays on artists provide biographical information and discuss style and subject matter. Descriptions of works include title, date, medium, dimensions, inscriptions, method and date of acquisition and National Archives accession and negative numbers. Black and white and twelve colour reproductions. Name index. Geographical index of illustrations. Also published in French under the title: *Un moment dans l'histoire : vingt ans d'acquisition de peintures, de dessins et d'estampes aux Archives nationales du Canada.* N910.072 N37 1991   708.11384

Sélection de 78 peintures, dessins et estampes qui documentent la vie et l'histoire canadiennes et qui ont été acquis par les Archives nationales du Canada au cours des vingt dernières années. Classement en quatre sections: les Autochtones; les paysages; les portraits; l'art documentaire du vingtième siècle. Les essais sur les artistes fournissent des données biographiques et traitent de leur style et du sujet de leurs oeuvres. Les descriptions des oeuvres comprennent le titre, la date, le médium, les dimensions, les inscriptions, le mode et la date d'acquisition, ainsi que les numéros d'inventaire et de négatif des Archives nationales. Reproductions en noir et blanc et douze reproductions en couleurs. Index des noms. Index géographique des illustrations. Publié aussi en français sous le titre: *Un moment dans l'histoire : vingt ans d'acquisition de peintures, de dessins et d'estampes aux Archives nationales du Canada.* N910.072 N37 1991 708.11384

1959

National Gallery of Canada. – *Canadian art.* – General editors, Charles C. Hill, Pierre B. Landry. – Ottawa : National Gallery of Canada for the Corporation of National Museums of Canada, c1988-   . – vol. : ill. – (Catalogue of the National Gallery of Canada). – 0888845456 (vol. 1) – 088884638X (vol. 2)

A catalogue of Canadian works of art, including paintings, sculpture, drawings, prints and decorative art objects, acquired by the National Gallery from its founding in 1880 to March 31, 1980. Alphabetically arranged by name of artist. Published to date, vol. 1, A-F (1988); vol. 2, G-K (1994). To be completed in four volumes and a supplement. Entries include biographical information, black and white reproductions of works and the following information about each: title, date, medium, supports, dimensions, inscriptions, commentary. Index of accession numbers. Also published in French under the title: *Art canadien.* N910 O7 A57 1988 fol.   708.11384

Catalogue d'oeuvres d'art canadiennes, comprenant des peintures, des sculptures, des dessins, des estampes et des objets d'arts décoratifs, acquis par le Musée des beaux-arts du Canada depuis sa fondation en 1880 jusqu'au 31 mars 1980. Classement alphabétique par noms d'artistes. Publié jusqu'à maintenant, vol. 1, A-F (1988); vol. 2, G-K (1994). Une fois terminé, il comprendra quatre volumes et un supplément. Les notices comprennent des données biographiques, des reproductions en noir et blanc des oeuvres et les données suivantes sur chacune de celles-ci: titre, date, médium, supports, dimensions, inscriptions, commentaire. Index des numéros d'acquisition. Publié aussi en français sous le titre: *Art canadien.* N910 O7 A57 1988 fol.   708.11384

1960

National Gallery of Canada. – *Catalogue of paintings and sculpture.* – Ottawa : Published for the Trustees of the National Gallery of Canada by the University of Toronto Press, 1957-1965. – 4 vol. (xi, 156 ; xi, 234 ; xxvii, 463 ; [xi], 233 p.) : ill.

A four-volume catalogue of the paintings and sculpture held by the National Gallery. Vol. 1, older schools; vol. 2, modern European schools; vol. 3, Canadian schools; vol. 4, European drawings. Within vols. 1 and 2 paintings are arranged by school and artist. Sculpture is arranged by artist. Vol. 2 also includes checklists of works in the study collection and of European paintings of the First and Second World Wars. Vol. 3 has sections for paintings and sculpture arranged by artist, works from the Royal Canadian Academy Diploma Collection, and checklists of works in the study collection and of Canadian works in the First and Second World War collections. Vol. 4 is arranged by school and chronologically.

Brief biographies of artists. Entries for works may include title, medium, dimensions, provenance, inscriptions, exhibitions and references to literature. Black and white reproductions. Indexes in vols.

Catalogue en quatre volumes des peintures et des sculptures qui se trouvent au Musée des beaux-arts du Canada. Vol. 1, anciennes écoles; vol. 2, écoles européennes modernes; vol. 3, écoles canadiennes; vol. 4, dessins européens. Dans les volumes 1 et 2, les peintures sont classées par écoles et par artistes. Les sculptures sont classées par artistes. Le volume 2 comprend aussi des listes de contrôle des oeuvres qui font partie de la collection de recherche et des peintures européennes des Première et Deuxième Guerres mondiales. Le volume 3 contient des sections sur les peintures et les sculptures classées par artistes et sur les oeuvres de la Royal Canadian Academy Diploma Collection ainsi que des listes de contrôle des oeuvres de la collection de recherche et sur celle des oeuvres canadiennes qui font partie des collections des Première et Deuxième Guerres mondiales. Dans le volume 4, classement chronologique par écoles.

1 to 3: numerical, portrait, subject, topography and landscape, artist. Artist and former collection indexes and a concordance of accession and catalogue numbers in vol. 4. Vol. 4 has title: *The National Gallery of Canada catalogue*. Updated in part by: *European and American painting, sculpture, and decorative arts*; *Peinture, sculpture et arts décoratifs européens et américains*; *Canadian art*; *Art canadien*. N910 O7 A55 fol.   708.11384

Courtes biographies des artistes. Les notices sur les oeuvres peuvent comprendre le titre, le médium, les dimensions, la provenance, les inscriptions, les expositions et des références à des ouvrages. Reproductions en noir et blanc. Plusieurs index dans les volumes 1 à 3: index numérique, index des portraits, index des sujets, index topographique, index des artistes. Dans le volume 4, index des artistes, index des anciennes collections et concordance des numéros d'inventaire et des numéros de catalogue. Le volume 4 porte le titre: *The National Gallery of Canada catalogue*. Mis à jour en partie par: *European and American painting, sculpture, and decorative arts*; *Peinture, sculpture et arts décoratifs européens et américains*; *Canadian art*; *Art canadien*.   N910 O7 A55 fol.   708.11384

1961

National Gallery of Canada. – *Catalogue of slides for sale to educational institutions.* – Compiled by Sheridan Carr. – Ottawa : National Gallery of Canada for the Corporation of the National Museums of Canada, c1984. – 75 p. – 0888845138

Catalogue of slides of works which are part of the permanent collection of the National Gallery of Canada. In two parts, Canada and international, which are subdivided into two categories for individual slides and series. Arranged alphabetically by name of artist. Bibliography. Index of alpha-numeric codes. Also published in French under the title: *Répertoire de diapos en vente aux établissements d'éducation*.

Replaces: *The National Gallery of Canada, Ottawa : slide catalogue* (Ottawa : National Gallery of Canada for the Corporation of the National Museums of Canada, c1976); *The National Gallery of Canada : slide catalogue* (Ottawa : National Gallery of Canada for the Corporation of the National Museums of Canada, c1978). N910   708.11384

Recension des diapositives d'oeuvres faisant partie de la collection permanente de la Galerie nationale du Canada (maintenant le Musée des beaux-arts du Canada). Présentation en deux parties, Canada et international, qui se subdivisent chacune en deux catégories: individuelle et série. Classement selon l'ordre alphabétique des artistes. Bibliographie. Index des codes alpha-numériques. Publié aussi en français sous le titre: *Répertoire de diapos en vente aux établissements d'éducation*.

Remplace: *The National Gallery of Canada, Ottawa : slide catalogue* (Ottawa : National Gallery of Canada for the Corporation of the National Museums of Canada, c1976); *The National Gallery of Canada : slide catalogue* (Ottawa : National Gallery of Canada for the Corporation of the National Museums of Canada, c1978).   N910 708.11384

1962

National Gallery of Canada. – *A check list of the war collections of World War I, 1914-1918 and World War II, 1939-1945.* – R. F. Wodehouse. – Ottawa : the Gallery, [1968]. – 239 p.

A checklist of over 5,400 paintings, drawings, prints and sculpture in the war art collections of the National Gallery of Canada. Arranged by collection: Canadian War Memorials, 1914-1918; War Records Collections, 1939-1945; pictures received from the British War Artists Advisory Committee; pictures commissioned, purchased or received as gifts by the National Gallery during and after World War II. Collections are alphabetically arranged by name of artist. Artist entries provide a brief biography including information on wartime career and a checklist of works with notes on title, medium and dimensions. Indexes: artist, accession number, portrait, locale, selected paintings identified with particular ships, units or services, sculpture.   708.11384

Liste de contrôle de plus de 5 400 peintures, dessins, estampes et sculptures qui font partie des collections d'art militaire du Musée des beaux-arts du Canada. Classement par collections: Souvenirs de guerre canadiens, 1914-1918; collections d'art militaire, 1939-1945; peintures reçues du British War Artists Advisory Committee; peintures commandées, achetées ou reçues par le musée pendant et après la Deuxième Guerre mondiale. Au sein des collections, classement alphabétique par noms d'artistes. Les notices sur les artistes contiennent une courte biographie, comprenant des données sur leur carrière en temps de guerre et une liste de leurs oeuvres accompagnées de notes sur le titre, le médium et les dimensions. Index des artistes, index des numéros d'inventaire, index des portraits, index des lieux, index de certaines peintures qui portent sur des navires, des unités ou des services particuliers, index des sculptures.   708.11384

1963

New Brunswick Museum. – *Catalogue of the John Clarence Webster Canadiana Collection (Pictorial Section), New Brunswick Museum.* – By J.C. Webster. – Saint John : the Museum, 1939-1949. – 3 vol. (xvi, 368, [3] ; [2] leaves, 377 ; [2] leaves, 140 p.). – (New Brunswick Museum catalogue ; no. 1-3).

A catalogue of 6,343 paintings, prints, drawings and photographs of Canada and Canadians collected by John Clarence Webster and held by the New Brunswick Museum. Arranged by subject. Entries include descriptions of subject matter, biographical notes for portraits, medium, dimensions and inscriptions. No reproductions. N4015 C3 S35 1939   708.11532

Catalogue de 6 343 peintures, estampes, dessins et photographies du Canada et de Canadiens dont John Clarence Webster a fait la collection et qui se trouvent au Musée du Nouveau-Brunswick. Classement par sujets. Les notices comprennent la description du sujet, des notes biographiques dans le cas des portraits, le médium, les dimensions et les inscriptions. Aucune reproduction.   N4015 C3 S35 1939 708.11532

1964

Pictures from the Douglas M. Duncan Collection. – Selected and introduced by Frances Duncan Barwick. – Toronto : University of Toronto Press, c1975. – 146 p. : ill. (some col.). – 0802033229

A selection of 146 paintings, drawings and prints originally from the private collection of Douglas M. Duncan. Since his death, his collection has been distributed to 41 galleries and universities in Canada. The majority of the works are by Canadian artists. Alphabetically arranged by name of artist. 124 black and white and 22 colour reproductions for which the following information is provided: title, date, medium, dimensions and the name of the institution which received the work.   N6545 P52   708.11

Sélection de 146 peintures, dessins et estampes qui faisaient originalement partie de la collection privée de Douglas M. Duncan. Depuis sa mort, la collection a été distribuée à 41 musées et universités du Canada. La plupart des oeuvres ont été réalisées par des artistes canadiens. Classement alphabétique par noms d'artistes. 124 reproductions en noir et blanc et 22 reproductions en couleurs pour lesquelles les données suivantes sont fournies: titre, date, médium, dimensions et nom de l'établissement qui a reçu l'oeuvre. N6545 P52 708.11

1965

Public Archives Canada. – *W.H. Coverdale collection of Canadiana : paintings, water-colours and drawings (Manoir Richelieu collection).* – W. Martha E. Cooke. – Ottawa : Public Archives Canada, c1983. – xix, 297, [ca. 260] p. of plates : ill. – 0660112213

A catalogue of 500 paintings, drawings and watercolours representing about one-fifth of the works acquired by the Public Archives of Canada from the Manoir Richelieu in 1970. Alphabetically arranged by name of artist, with anonymous works listed last. Biographical essays of varying lengths. Entries for works include title, date, medium, dimensions, inscriptions and notes. Sources consulted for each artist are listed following the works. Black and white reproductions. Two tables provide concordances of the Coverdale collection numbers and the present catalogue numbers. Bibliography. Name, geographical and subject indexes. 62 works were transferred to the National Gallery of Canada. These are listed and identified with an NGC accession number. Also published in French under the title: *Collection d'oeuvres canadiennes de W.H Coverdale : peintures, aquarelles et dessins (Collection du Manoir Richelieu).* N910.072 P8 708.11384

Catalogue de 500 peintures, dessins et aquarelles qui représentent environ un cinquième des oeuvres acquises en 1970 par les Archives publiques du Canada auprès du Manoir Richelieu. Classement alphabétique par noms d'artistes avec oeuvres anonymes à la fin. Essais biographiques de longueurs diverses. Les notices sur les oeuvres comprennent le titre, la date d'exécution, le médium, les dimensions, les inscriptions et des notes. La liste des sources consultées à propos de chaque artiste se trouve après les oeuvres. Reproductions en noir et blanc. Deux tables de concordance entre les numéros de la collection Coverdale et les numéros de catalogue actuels. Bibliographie. Index des noms, index géographique et index des sujets. Les 62 oeuvres qui ont été tranférées au Musée des beaux-arts du Canada sont regroupées dans une liste et identifiées au moyen d'un numéro d'inventaire du musée. Publié aussi en français sous le titre: *Collection d'oeuvres canadiennes de W.H Coverdale : peintures, aquarelles et dessins (Collection du Manoir Richelieu).* N910.072 P8 708.11384

1966

Public Archives of Canada. – *Image of Canada : documentary watercolours and drawings from the permanent collection of the Public Archives of Canada = Visage du Canada : aquarelles et dessins historiques tirés de la collection permanente des Archives publiques du Canada.* – Ottawa : Information Canada, 1972. – 1 vol. (unpaged) : ill.

A catalogue of selected watercolours and drawings of Canadian scenes held by the Public Archives of Canada. The majority of works were produced between 1750 and 1850. Alphabetically arranged by name of artist. Brief biographies. Entries for works include: title, date, medium, dimensions, inscriptions, Archives inventory and negative numbers, provenance, exhibitions, references to literature. For each watercolour or drawing a related, contemporary text has been provided. Black and white reproductions. Bibliography. A set of 40 colour slides based on this exhibition was produced by the National Film Board of Canada and the Public Archives of Canada in 1974 as part of the *Archives Canada series.* ND2243 C2 A35   708.11384

Catalogue d'aquarelles et de dessins choisis de paysages canadiens qui se trouvent aux Archives publiques du Canada. La plupart des oeuvres ont été produites entre 1750 et 1850. Classement alphabétique par noms d'artistes. Courtes biographies. Les notices sur les oeuvres comprennent: titre, date, médium, dimensions, inscriptions, numéros d'inventaire et de négatif des Archives nationales, provenance, expositions, références à des ouvrages. Pour chaque aquarelle ou dessin, un texte contemporain pertinent a été fourni. Reproductions en noir et blanc. Bibliographie. Un ensemble de 40 diapositives en couleurs des oeuvres de cette exposition a été produit par l'Office national du film du Canada et par les Archives publiques du Canada en 1974, dans le cadre de la *Série : Archives du Canada.* ND2243 C2 A35 708.11384

1967

Robert McLaughlin Gallery. – *Permanent collection.* – Oshawa [Ont.] : the Gallery, c1978. – xiii, 129 p. : ill.

A catalogue of 755 paintings, sculpture, prints and drawings, by 218 artists, acquired by the Gallery up to the end of December 1977. Includes works by members of the Painters Eleven, their contemporaries and artists influenced by them. Alphabetically arranged by name of artist. Entries for works include the following information: title, date, medium, dimensions, inscriptions, provenance, exhibitions, references to literature on the work. One colour and 194 black and white reproductions.   N910 O646 A6 1978   708.11356

Catalogue de 755 peintures, sculptures, estampes et dessins réalisés par 218 artistes et acquis par le musée jusqu'à la fin de décembre 1977. Comprend des oeuvres par des membres du Groupe des Onze, leur contemporains et des artistes qui ont été influencés par eux. Classement alphabétique par noms d'artistes. Les notices sur les oeuvres comprennent les données suivantes: titre, date, médium, dimensions, inscriptions, provenance, expositions, références à des ouvrages sur l'oeuvre. Une reproduction en couleurs et 194 reproductions en noir et blanc. N910 O646 A6 1978 708.11356

1968

Royal Ontario Museum. – *Canadian watercolours and drawings in the Royal Ontario Museum.* – Mary Allodi. – Toronto : the Museum, c1974. – 2 vol. (unpaged) : ill. (some col.), ports. – 0888541597

A catalogue of 2,220 eighteenth- and nineteenth-century Canadian watercolours and drawings held by the Royal Ontario Museum. Alphabetically arranged by name of artist. Vol. 1, A to K; vol. 2, K to Y. Brief biographies. Entries for works include title, medium, dimensions, inscriptions and occasional explanatory notes on subject matter. 400 black and white and 30 colour illustrations. Geographical and subject indexes.   ND1841 R6   741.9713541

Catalogue de 2 220 aquarelles et dessins canadiens des dix-huitième et dix-neuvième siècles qui se trouvent au Musée royal de l'Ontario. Classement alphabétique par noms d'artistes. Vol. 1, A à K; vol. 2, K à Y. Courtes biographies. Les notices sur les oeuvres comprennent le titre, le médium, les dimensions, les inscriptions et parfois des notes explicatives sur le sujet traité. 400 illustrations en noir et blanc et 30 illustrations en couleurs. Index géographique et index des sujets.   ND1841 R6   741.9713541

1969

Samuel, Sigmund. – *A catalogue of the Sigmund Samuel collection : Canadiana and Americana.* – Compiled and annotated by Charles W. Jefferys. – Toronto : Ryerson Press, [1948]. – xxxii, 180 p. : ill., 2 col. ports.

A catalogue of 809 paintings, maps, prints and books produced prior to 1890, collected by Sigmund Samuel and now held by the Royal Ontario Museum. Brief notes on medium, occasionally on printer, engraver, artist, publisher or subject matter. Black and white illustrations. Indexes: subject; artist, engraver, author.   N5230 S3   708.113541

Catalogue de 809 peintures, cartes, estampes et livres qui ont été produits avant 1890 et collectionnés par Sigmund Samuel et qui se trouvent maintenant au Musée royal de l'Ontario. Courtes notes sur le médium, à l'occasion sur l'imprimeur, le graveur, l'artiste, l'éditeur ou le sujet. Illustrations en noir et blanc. Deux index: sujets, artistes-graveurs-auteurs.   N5230 S3   708.113541

1970

Sarnia Public Library and Art Gallery. – *The collection.* – [Sarnia, Ont. : Sarnia Public Library and Art Gallery, 1981?]. – [2], 98 p. [9] leaves of plates : ill. (some col.). – Cover title.

A catalogue of 336 paintings, drawings, prints and sculpture by 184 Canadian artists. Arranged in two parts for works in two and three dimensions, each of which is alphabetically arranged by name of artist. Brief artist biographies. Entries for works include the following information: title, date, medium, dimensions, inscriptions, method of acquisition. Black and white and ten colour reproductions of selected works.   N910 S25 A54   708.11327

Catalogue de 336 peintures, dessins, estampes et sculptures réalisés par 184 artistes canadiens. Classement en deux parties, une sur les oeuvres en deux dimensions et l'autre sur les oeuvres en trois dimensions, avec classement alphabétique par noms d'artistes. Courtes biographies des artistes. Les notices sur les oeuvres comprennent les données suivantes: titre, date, médium, dimensions, inscriptions, mode d'acquisition. Reproductions en noir et blanc et dix reproductions en couleurs d'oeuvres choisies.   N910 S25 A54   708.11327

1971

Saskatchewan Arts Board. – *The Saskatchewan Arts Board collection : Norman Mackenzie Art Gallery, University of Regina, Regina, Saskatchewan, January 20 to February 19, 1978.* – [Regina : Norman Mackenzie Art Gallery, 1978]. – 82 p. : ill. (some col.).

A catalogue of 400 paintings, sculpture, drawings and prints from the collection of the Saskatchewan Arts Board, which purchases works from Saskatchewan artists. Includes works by a number of artists who attended the Emma Lake Artists' Workshops. Alphabetically arranged by name of artist. Biographical information including place and date of birth, education, activities, awards and place of residence. Entries for works of art include title, medium, dimensions and inscriptions. Numerous black and white and six colour illustrations.   N6546 S3 S374 fol.   708.1124

Catalogue de 400 peintures, sculptures, dessins et estampes qui font partie de la collection de la Saskatchewan Arts Board qui achète des oeuvres des artistes de la Saskatchewan. Inclut les oeuvres d'un certain nombre d'artistes qui ont participé aux Emma Lake Artists' Workshops. Classement alphabétique par noms d'artistes. Les données biographiques sur l'artiste comprennent le lieu et la date de naissance, les études, les activités, les prix remportés et le lieu de résidence. Les notices sur les oeuvres d'art contiennent le titre, le médium, les dimensions et les inscriptions. Nombreuses illustrations en noir et blanc et six illustrations en couleurs.   N6546 S3 S374 fol. 708.1124

1972

Sir George Williams University. – *Sir George Williams University collection of art.* – [Montreal : s.n., 1968?]. – 240 p. : chiefly ill. (some col.).

A catalogue of approximately 230 paintings, drawings, prints and sculpture held by Sir George Williams University which amalgamated with Loyola College to form Concordia University in 1974. Emphasis on Canadian works. Alphabetically arranged by name of artist. Descriptions of works include artist's name and dates, title, date, medium, dimensions, method of acquisition.   N910 M718 A55 708.11428

Catalogue d'environ 230 peintures, dessins, estampes et sculptures qui appartenaient à l'Université Sir George Williams, laquelle a fusionné avec le Collège Loyola pour former l'Université Concordia en 1974. Insistance sur les oeuvres canadiennes. Classement alphabétique par noms d'artistes. Les descriptions des oeuvres comprennent le nom de l'artiste, les dates pertinentes, le titre de l'oeuvre, la date, le médium, les dimensions, le mode d'acquisition.   N910 M718 A55   708.11428

1973

Swain, Robert. – *Hidden values : contemporary Canadian art in corporate collections.* – Introduction by Robert Fulford. – Vancouver : Douglas & McIntyre, c1994. – xi, 164 p. : col. ill. – 1550541706

100 works by 100 Canadian contemporary artists, from corporate art collections in Canada. Includes paintings, sculpture, prints, photographs, etc. Based on a series of regional exhibitions and a video highlighting works from these collections. Arranged by region. Colour plates with name of artist, title and date of work, medium, dimensions and collection noted. Biographical notes on artists. Lists of corporations and artists with works in exhibitions and video. List of works in exhibitions and video. Index of artists' names and titles of works. N6545 S93 1994 fol. 709.71

Il s'agit de 100 oeuvres qui ont été réalisées par 100 artistes contemporains canadiens et qui font partie de collections d'oeuvres d'art d'entreprises du Canada. Inclut des peintures, des sculptures, des estampes, des photographies, etc. Fondé sur une série d'expositions régionales et sur un film vidéo qui soulignait certaines oeuvres de ces collections. Classement par régions. Planches en couleur avec nom de l'artiste, titre et date de l'oeuvre, médium, dimensions et collection. Notes biographiques sur les artistes. Liste des sociétés et des artistes dont les oeuvres ont été présentées dans les expositions et le film vidéo. Liste des oeuvres présentées dans les expositions et le film vidéo. Index des noms des artistes et des titres des oeuvres. N6545 S93 1994 fol. 709.71

1974

Thunder Bay Art Gallery. – *The permanent collection : Thunder Bay Art Gallery.* – [Thunder Bay] : the Gallery, 1986. – [8], 49 p. : ill. (some col.). – 0920539149

A catalogue of the permanent collection of contemporary Canadian Native art. Arranged in three sections: Native life and craft; paintings, prints, drawings and photographs; sculptures and constructions. Each section is arranged by name of artist. Brief biographies. Entries for works include title or name of object, date, medium, dimensions, method of acquisition. 63 black and white and nine colour reproductions. Bibliography. E98 A7 T58 1986 fol. 708.11312

Catalogue de la collection permanente d'art autochtone canadien contemporain. Classement en trois sections: vie et artisanat autochtones; peintures, estampes, dessins et photographies; sculptures et constructions. Dans chaque section, classement par noms d'artistes. Courtes biographies. Les notices sur les oeuvres comprennent le titre ou le nom de l'objet, la date, le médium, les dimensions et le mode d'acquisition. 63 reproductions en noir et blanc et neuf reproductions en couleurs. Bibliographie. E98 A7 T58 1986 fol. 708.11312

1975

Tom Thomson Memorial Gallery and Museum of Fine Art. – *The permanent collection, 1978.* – [Owen Sound : the Gallery, 1978?]. – [6], 42 p. : ill.

A catalogue of the gallery's permanent collection as of August 15, 1978. Includes 600 works by 223 artists, the majority Canadian. Arranged in five sections: paintings, drawings and prints; sculpture; Native art; decorative arts; works by other than Canadian artists. Entries include title, medium, dimensions, method and date of acquisition. 23 black and white reproductions. N890 O8 T6 708.11318

Catalogue de la collection permanente du musée au 15 août 1978. Inclut 600 oeuvres de 223 artistes dont la plupart sont canadiens. Classement en cinq sections: peintures, dessins et estampes; sculptures; art autochtone; arts décoratifs; oeuvres d'artistes étrangers. Les notices comprennent le titre, le médium, les dimensions, le mode et la date d'acquisition. 23 reproductions en noir et blanc. N890 O8 T6 708.11318

1976

Toronto Public Library. – *Landmarks of Canada : what art has done for Canadian history : a guide to the J. Ross Robertson Historical Collection in the Public Reference Library, Toronto, Canada.* – Toronto : [s.n.], 1917-[1921]. – 2 vol. (xxxiv, 565 ; xii, 5-111, [1] p.).

A catalogue of over 4,000 paintings, prints, drawings and photographs of Canadian historical interest presented to the Toronto Public Library by John Ross Robertson in 1912. A strong collection of works related to Ontario and Toronto. Entries include biographical and historical notes, medium and dimensions. Portrait and general indexes. Vol. 2 has title: *Landmarks of Canada : a guide to the J. Ross Robertson Historical Collection in the Public Reference Library, Toronto, Canada.* Reprinted in one volume: Toronto : Toronto Public Library, 1967. Reprint ed. includes some black and white illustrations, portrait and consolidated general indexes. FC59 T6 971.0074713541

Catalogue de plus de 4 000 peintures, estampes, dessins et photographies d'intérêt historique canadien donnés en 1912 par John Ross Robertson à la Toronto Public Library. Importante collection d'oeuvres qui se rapportent à l'Ontario et à Toronto. En plus de préciser le médium et les dimensions, les notices comprennent des notes biographiques et historiques. Index des portraits et index général. Le volume 2 porte le titre: *Landmarks of Canada : a guide to the J. Ross Robertson Historical Collection in the Public Reference Library, Toronto, Canada.* Réimprimé en un seul volume: Toronto : Toronto Public Library, 1967. La réimpression contient quelques illustrations en noir et blanc, un index des portraits et un index général consolidé. FC59 T6 971.0074713541

1977

Toronto Public Library. – *Toronto and early Canada : a catalogue of the Toronto and early Canada picture collection in the Toronto Public Library : landmarks of Canada, volume 3.* – Toronto : Baxter Publishing in co-operation with the Toronto Public Library, 1964. – 63 p. : ill.

A catalogue of 1,144 paintings, prints, drawings and photographs of Canadian historical interest acquired by the Toronto Public Library since the publication of the first two volumes of *Landmarks of Canada* in 1917 and 1921. Index of artists, photographers, lithographers and publishers. Subject index. F5011 T584 971.0074713541

Catalogue de 1 144 peintures, estampes, dessins et photographies d'intérêt historique canadien acquis par la Toronto Public Library depuis la publication des deux premiers volumes de *Landmarks of Canada* en 1917 et 1921. Index des artistes, des photographes, des lithographes, et des éditeurs. Index des sujets. F5011 T584 971.0074713541

1978

University of British Columbia. Alma Mater Society. – *The Alma Mater Society art collection : University of British Columbia, 1948-1988.* – Research & writing, Trevor Smith. – [Vancouver : s.n., 1988]. – 64 p. : ill. (some col.).

A catalogue of 56 works by Canadian artists held in the Alma Mater Society art collection of the University of British Columbia. The majority are paintings. Alphabetically arranged by name of artist. 48 black and white and eight colour reproductions with title, date, method and date of acquisition, medium, dimensions, inscription, exhibitions, references to literature and provenance. Biographies of artists. N6545 U55 1988 fol. 759.1107471133

Catalogue de 56 oeuvres d'artistes canadiens qui font partie de la collection d'oeuvres d'art de l'Alma Mater Society de la University of British Columbia. La plupart de ces oeuvres sont des peintures. Classement alphabétique par noms d'artistes. 48 reproductions en noir et blanc et huit reproductions en couleurs. Les reproductions sont accompagnées de notes qui précisent le titre, la date, le mode et la date d'acquisition, le médium, les dimensions, l'inscription, les expositions, des références à des ouvrages et la provenance. Biographies des artistes. N6545 U55 1988 fol. 759.1107471133

1979

University of Guelph. – *The University of Guelph art collection : a catalogue of paintings, drawings, prints and sculpture.* – Judith M. Nasby. – [Guelph] : the University, c1980. – xiii, 410 p., [16] p. of plates : ill. (some col.). – 0920810446

A catalogue of works of art acquired by the University to June 1980. The collection includes 674 works by 317 Canadian, American and European artists. Alphabetically arranged by name of artist. Entries include biographical information, a brief analysis of the artist's style and the following data for works: title, medium, dimensions, inscriptions, provenance, exhibitions, references to literature. Numerous black and white and 29 colour reproductions. List of portraits of record. Index of artists arranged by nationality. Index of portraits. N910 G83 A63 fol. 708.11343

Catalogue des oeuvres d'art acquises par l'université jusqu'en juin 1980. La collection comprend 674 oeuvres réalisées par 317 artistes canadiens, américains et européens. Classement alphabétique par noms d'artistes. Les notices comprennent des données biographiques, une courte analyse du style de l'artiste et les données suivantes sur l'oeuvre: titre, médium, dimensions, inscriptions, provenance, expositions, références à des ouvrages. Nombreuses reproductions en noir et blanc et 29 reproductions en couleurs. Liste des portraits dignes de mention. Index des artistes classés par nationalités. Index des portraits. N910 G83 A63 fol. 708.11343

1980

University of Saskatchewan. – *The University of Saskatchewan permanent art collection 1980.* – Research and compilation, Lynne S. Bell. – [Saskatoon] : University of Saskatchewan, c1980. – x, 260 p. : ill. (some col.).

A catalogue of paintings, drawings, graphics, ceramics, sculpture, photography and weaving held by the University. Includes Canadian, European and American artists. Strong in works by Saskatchewan artists. Alphabetically arranged by name of artist. Entries include biographical information, a brief analysis of the artist's style and the following information on works: title, medium, dimensions, inscriptions, dates, provenance, method of acquisition, exhibitions, notes and references to literature. Selected works reproduced in black and white, ten in colour. Indexes of artists arranged alphabetically and by medium. Index of portraits. List of donors. N910 S27 U56 1980 fol. 708.112425

Catalogue des peintures, des dessins, des graphiques, des pièces de céramique, des sculptures, des photographies et du tissage qui se trouvent à l'université. Inclut des artistes canadiens, européens et américains. Nombreuses oeuvres d'artistes de la Saskatchewan. Classement alphabétique par noms d'artistes. Les notices comprennent des données biographiques, une courte analyse du style de l'artiste et les données suivantes sur les oeuvres: titre, médium, dimensions, inscriptions, dates, provenance, mode d'acquisition, expositions, notes et références à des ouvrages. Des oeuvres choisies sont reproduites en noir et blanc et dix le sont en couleurs. Index des artistes par ordre alphabétique et index des artistes par média. Index des portraits. Liste des donateurs. N910 S27 U56 1980 fol. 708.112425

1981

Vancouver Art Gallery. – *Selected view : the Longstaffe collection, 1959-1984.* – Vancouver : the Gallery, 1985. – 125 p. : ill. (some col.). – 092009550X

The catalogue of an exhibition of over 200 Canadian and foreign paintings, drawings, prints, etc., collected by J. Ron Longstaffe and donated to the Gallery. Alphabetically arranged by name of artist. Black and white and colour reproductions of 98 works with title, date, medium and dimensions. Brief biographies of artists include: date and place of birth, nationality, education, awards, collections. N6488.5 L66 S46 1985 fol. 708.11133

Catalogue d'une exposition de plus de 200 peintures, dessins, estampes, etc. canadiens et étrangers collectionnés par J. Ron Longstaffe et donnés au musée. Classement alphabétique par noms d'artistes. Reproductions en noir et blanc ou en couleurs de 98 oeuvres avec le titre, la date, le médium et les dimensions. De courtes biographies des artistes comprennent: date et lieu de naissance, nationalité, études, prix, collections où il est représenté. N6488.5 L66 S46 1985 fol. 708.11133

1982

Wilfrid Laurier University. – *Buried treasure : the art collection of Wilfrid Laurier University.* – [Waterloo, Ont.] : Wilfrid Laurier University, [1987]. – 55 p. : ill. (some col.). – 092182100X

41 black and white and 22 colour reproductions of paintings, drawings, prints and sculpture from the permanent collection of Wilfrid Laurier University. The majority of works are Canadian, many from Ontario. Name of artist, title, medium, dimensions and method and date of acquisition are given for each work reproduced. Includes a list of works in the collection not reproduced in the catalogue. N910 W375 W55 1987 fol. 708.11344

41 reproductions en noir et blanc et 22 reproductions en couleurs de peintures, de dessins, d'estampes et de sculptures qui font partie de la collection permanente de la Wilfrid Laurier University. La plupart des oeuvres sont canadiennes et nombre d'entre elles proviennent de l'Ontario. Le nom de l'artiste, le titre, le médium, les dimensions, ainsi que le mode et la date d'acquisition sont donnés pour chaque oeuvre reproduite. Inclut une liste des oeuvres de la collection qui ne sont pas reproduites dans le catalogue. N910 W375 W55 1987 fol. 708.11344

1983

Winnipeg Art Gallery. – ***Selected works from the Winnipeg Art Gallery collection.*** **–** [Winnipeg : the Gallery], 1971. – 192 p. : ill. (some col.).

Sculpture, paintings, prints, drawings, furniture, etc., from the collection of the Winnipeg Art Gallery. Canadian, European and some African and American works. Eight colour and 167 black and white reproductions accompanied by the following information: artist's name, nationality and dates, title, medium, dimensions, inscriptions and method of acquisition. N910 W55 A65 708.112743

Sculptures, peintures, estampes, dessins, meubles, etc. tirés de la collection de la Winnipeg Art Gallery. Oeuvres canadiennes, européennes et certaines oeuvres africaines et américaines. Huit reproductions en couleurs et 167 reproductions en noir et blanc accompagnées des données suivantes: nom et nationalité de l'artiste et dates pertinentes, titre de l'oeuvre, médium, dimensions, inscriptions et mode d'acquisition. N910 W55 A65 708.112743

Dictionaries

Dictionnaires

1984

Blanchet, Jean [Jean-Marie Eugène]. – ***Lexique de muséologie = Glossary of museology.*** **–** Jean Blanchet, Yolande Bernard. – Ottawa : Minister of Supply and Services Canada, c1989. – ix, 263 p. – (Terminology bulletin ; 188). – 0660546620

2,900 terms in museology, translated from English to French and vice versa. Arranged alphabetically. Bibliography. Reproduced in microform format: *Microlog,* no. 89-03360. AM3 B52 1988 069.03

2 900 termes muséologiques traduits de l'anglais au français et vice versa. Classement alphabétique. Bibliographie. Reproduit sur support microforme: *Microlog,* n° 89-03360. AM3 B52 1988 069.03

1985

Blanchet, Jean [Jean-Marie Eugène]. – ***Lexique de muséologie = Glossary of museology.*** **–** Jean Blanchet, Yolande Bernard. – Ottawa : Ministre des approvisionnements et services Canada, c1989. – ix, 263 p. – (Bulletin de terminologie ; 188). – 0660546620

2,900 terms in museology, translated from English to French and vice versa. Arranged alphabetically. Bibliography. Reproduced in microform format: *Microlog,* no. 89-03360. AM3 B52 1988 069.03

2 900 termes muséologiques traduits de l'anglais au français et vice versa. Classement alphabétique. Bibliographie. Reproduit sur support microforme: *Microlog,* n° 89-03360. AM3 B52 1988 069.03

1986

Canada. Bureau des traductions. Centre de terminologie. – ***Lexique d'art et d'archéologie.*** **–** Ottawa : Secrétariat d'État, Bureau des traductions, Centre de terminologie, 1970. – 3 vol. (ii, 1116 p.). – (Bulletin de terminologie ; 141).

Alphabetical list of 15,506 English terms in the fields of the arts and archaeology translated into French. Bibliography. Index of French terms. 1st fasc., A-L; 2nd fasc., M-Z; 3rd fasc., French index. N33 703

Recension alphabétique de 15 506 termes anglais liés aux domaines des arts et de l'archéologie traduits en français. Bibliographie. Index des termes français. 1er fasc., A-L; 2e fasc., M-Z; 3e fasc., index français. N33 703

1987

Létourneau, Lorraine. – ***Petit dictionnaire illustré du patrimoine québécois.*** **–** Montréal : Guérin, c1991. – 63 p. : ill. en coul. – 2760124398

Illustrated dictionary for young people containing biographical entries on artisans and terms relating to Quebec heritage. Arranged in a single alphabetical list of proper and common nouns. Also includes Quebec flora and fauna. Appendices: quotations or selections from works of eighteen famous Quebeckers. N6546 Q8 L485 709.71403

Dictionnaire illustré destiné aux jeunes, composé de notices biographiques d'artisans et de noms communs liés au patrimoine québécois. Classement selon un seul ordre alphabétique des noms propres et communs. Présente aussi la faune et la flore du Québec. Appendices: citations ou extraits d'oeuvres de dix-huit personnalités du Québec. N6546 Q8 L485 709.71403

1988

Phillimore, Elizabeth. – ***A glossary of terms useful in conservation with a supplement on reporting the condition of antiquities.*** **–** Ottawa : Canadian Museums Association, c1976. – 45 p. – Cover title.

Alphabetical list of terms associated with museum conservation. Entries include medium and a brief explanation. List of terms arranged by medium. Also includes a list of materials with descriptions used in reporting condition. AM141 P55 069.53

Recension alphabétique des termes associés à la conservation en muséologie. Chaque notice comprend le médium et une brève explication. Liste des termes par médiums. Comprend aussi l'inventaire des conditions possibles des pièces muséales, par genres de matériel. AM141 P55 069.53

Directories

Répertoires

1989

American art directory. **–** (1898)- . – New York : R. R. Bowker, c1898- . – vol. – 0065-6968

Irregular. Directory of museums and art schools in the United States, Canada and throughout the world, and of North American libraries, art organizations and associations and museum agencies. Arranged by country, state or province, and city. Each entry includes

Irrégulier. Répertoire des musées et écoles d'art aux États-Unis, au Canada et à travers le monde, et des bibliothèques, organisations et associations d'art et agences muséales nord-américaines. Classement par pays subdivisés par états ou provinces et par villes. Chaque notice

address, telephone number, names of director, curators, etc., brief description of the institution and its activities, collections, publications, financing, etc. List of periodicals, art critics and scholarships in the United States and Canada, and of American commercial shows. Three indexes: subject, personnel, institution. Title varies: 1898-July 1945, June 1948, *American art annual.* Imprint varies. N50 A54 fol. 069.0257

comprend l'adresse, le numéro de téléphone, les noms du personnel clé, une description sommaire de l'institution, de ses activités, collections et publications, son financement, etc. Liste des périodiques, critiques d'art et bourses d'étude des États-Unis et du Canada, et des salons commerciaux américains. Trois index: sujets, personnel, institutions. Le titre varie: 1898-juill. 1945, juin 1948, *American art annual.* Publié par différents éditeurs. N50 A54 fol. 069.0257

1990

Canadian contemporary art directory : the guide to the contemporary visual arts in Canada. – Sponsored by the Western Canada Art Association. – Vol. 1, no. 1 (1994/1995)-   . – Lethbridge (Alta.) : Nomaedia, c1994-   . –   vol. – 1202-8894 – Cover title : *Canadian contemporary art directory = Annuaire d'art contemporain canadien.*

Annual? Directory of Canadian visual arts associations, galleries, government agencies, educational programmes, etc. Arranged by province or territory and municipality. Separate sections for national organizations, periodicals and film/video festivals. Entries include name, address, telephone and fax numbers, type of organization, a brief description as well as information on hours, staff, submissions, activities, publications, collections, etc. Indexes: institutions, artist-run centres, special subjects, personnel. N1 C32 fol. 709.710904

Annuel? Répertoire des associations, galeries et musées, agences gouvernementales, programmes d'étude, etc. du domaine des arts visuels au Canada. Classement par provinces ou territoires, et par municipalités. Des sections distinctes signalent des organismes nationaux, des périodiques et des festivals de films/vidéos. Les notices comprennent le nom, l'adresse, les numéros de téléphone et de télécopieur, le genre d'organisme, une brève description et des données sur les heures d'ouverture, le personnel, les soumissions, activités, publications et collections, etc. Index: institutions, centres d'artistes autogérés, sujets spéciaux, personnel. N1 C32 fol. 709.710904

1991

The heritage directory = Le répertoire du patrimoine. – Ottawa : Heritage Canada, [1989]-   . –   vol. – 0845-8294

Irregular. 1989, 1990, 1992. Directory of government agencies and other institutions concerned with Canadian heritage. Arranged by level (federal, provincial, territorial, municipal) for Canada, and by country for international organizations. Each entry appears in the language in which information was provided. Organization mandate, programmes, grants, prizes, publications and membership are briefly described. List of members of the federal cabinet and of members of parliament arranged by province or territory. Available online through the Canadian Heritage Information Network (CHIN). FC215 H4815 fol. 971.005

Irrégulier, 1989, 1990, 1992. Répertoire des organismes gouvernementaux et autres institutions liés au patrimoine canadien. Classement par niveaux (fédéral, provincial, territorial, municipal) pour le Canada, et par pays pour les organisations internationales. Chaque inscription figure dans la langue dans laquelle les renseignements ont été fournis. Mandat, programmes, subventions, récompenses, publications et adhésion y sont sommairement décrits. Membres du cabinet fédéral et députés classés par provinces ou territoires. Disponible en direct via le serveur Réseau canadien d'information sur le patrimoine (RCIP). FC215 H4815 fol. 971.005

1992

Institut international pour la conservation des oeuvres historiques et artistiques. Groupe canadien. – *Directory of members = Annuaire des membres.* – (1989/1990)-   . – Ottawa : l'Institut, c1990-   . –   vol. : ill. – 1184-2121

Annual. Alphabetical directory of members of the International Institute for Conservation of Historic & Artistic Works - Canadian Group. Two categories: individual and institutional members. For each member, address and telephone number are given, as well as specialties of individual members. Also includes the by-laws of the Institute. Geographical index. Directory of related organizations, suppliers of conservation materials, and conservation training programmes. FC95.4 I55 069.5302571

Annuel. Répertoire alphabétique des membres du Groupe canadien de l'Institut international pour la conservation des oeuvres historiques et artistiques. Deux catégories: individus et institutions. L'adresse et le numéro de téléphone de chaque membre sont colligés de même que les spécialités des membres individuels. Inclut aussi les règlements de l'Institut. Index géographique. Répertoire des organismes apparentés, des fournisseurs de matériel de conservation et des programmes d'études en conservation-restauration. FC95.4 I55 069.5302571

1993

International Institute for Conservation of Historic and Artistic Works. Canadian Group. – *Directory of members = Annuaire des membres.* – (1989/1990)-   . – Ottawa : the Institute, c1990-   . –   vol. : ill. – 1184-2121

Annual. Alphabetical directory of members of the International Institute for Conservation of Historic & Artistic Works - Canadian Group. Two categories: individual and institutional members. For each member, address and telephone number are given, as well as specialties of individual members. Also includes the by-laws of the Institute. Geographical index. Directory of related organizations, suppliers of conservation materials, and conservation training programmes. FC95.4 I55 069.5302571

Annuel. Répertoire alphabétique des membres du Groupe canadien de l'Institut international pour la conservation des oeuvres historiques et artistiques. Deux catégories: individus et institutions. L'adresse et le numéro de téléphone de chaque membre sont colligés de même que les spécialités des membres individuels. Inclut aussi les règlements de l'Institut. Index géographique. Répertoire des organismes apparentés, des fournisseurs de matériel de conservation et des programmes d'études en conservation-restauration. FC95.4 I55 069.5302571

1994

Lambert, Nancy R. – *Répertoire mondial des collections et des fonds d'archives de l'art des enfants = World directory of collections and archives of children's art.* – Nancy R. Lambert ; collaboration, Paulette Bernhard, Gracia Pagola. – Montréal : Université de Montréal, Faculté des sciences de l'éducation, Vice-décanat à la recherche, [1991?]. – 198 p. – (Rapport de recherche ; n° 036). – 2920298682

A bilingual international directory of collections or archives of children's art. Includes 55 entries, twelve of which are Canadian, compiled from responses to a questionnaire. Arranged by country. Entries include: name of collection, reason for existence, name, address and telephone number for collection caretaker and original collector, number of children represented and their ages, dates when works were created, number of works, media, notes on origin and conservation of the collection, date of information in entry. Eleven indexes: national, international, collections which include drawings, claywork, construction, mixed media, other media, serials, material of historical interest, collections which involve research projects, collections which have or are planning to have computerized systems. Appendix: questionnaire in English and French. N352 L35 1991 704.054

Répertoire international bilingue des collections ou des fonds d'archives de l'art des enfants. Inclut 55 notices, dont douze canadiennes, compilées à partir des réponses à un questionnaire. Classement par pays. Les notices comprennent: le nom de la collection, son objet, les noms, adresses et numéros de téléphone du responsable de la collection et du collectionneur original, le nombre d'enfants représentés et leur âge, la date de création des oeuvres, le nombre d'oeuvres, les médiums, des notes sur l'origine et la conservation de la collection, la date des données fournies dans la notice. Onze index: national, international, collections (dessins, céramiques, constructions, médiums mixtes, autres médiums, publications en série, matériaux d'intérêt historique, collections relatives à des projets de recherche, collections qui figurent ou qui figureront sur support informatique). Annexe: questionnaire en anglais et en français. N352 L35 1991 704.054

1995

Lindschinger, Hildegard. – *Working directory of Canadian visual resources curators and collections.* – Waterloo (Ont.) : Wilfrid Laurier University, Library/Slides Dept., 1990. – 28 p. – Cover title.

A directory in two parts: Canadian visual resources curators, collections. Entries for curators include name, title, institution name, address and telephone number. Entries for collections include name, address and telephone number of institution, name of curator and notes on size of collection, subject matter, cataloguing system, users, automation and number of employees. In 1992 an interim update of the collections part of the directory was published under the same title. Z692 A93 L56 1990 fol. 025.17702571

Répertoire en deux parties: conservateurs canadiens spécialisés en ressources visuelles, collections. Les notices des conservateurs incluent son nom et son titre, le nom de l'établissement, l'adresse et le numéro de téléphone. Les notices sur les collections comprennent le nom, l'adresse et le numéro de téléphone de l'établissement, le nom du conservateur et des notes sur la taille de la collection, le sujet, le système de catalogage, les utilisateurs, l'automatisation et le nombre d'employés. En 1992, une mise à jour provisoire des collections inscrites au répertoire a été publié sous le même titre. Z692 A93 L56 1990 fol. 025.17702571

1996

The official directory of Canadian museums and related institutions = Répertoire officiel des musées canadiens et institutions connexes. – (1968)-   . – Ottawa : Canadian Museums Association, c1968-   . – vol. – 0829-0474

Irregular, 1968-1983. Triennial since 1984. Directory of Canadian museums and related organizations and government departments and agencies, arranged by province or territory. Also includes national and international organizations, arranged by country. Each entry, in English or French, includes the address, telephone and fax numbers of the institution, names of staff members, collections, activities, publications, governing authority, etc. Indexes: category, institution, personnel.

Title varies: 1968, *Canadian museums and related institutions : aquariums, art galleries, archives, botanical gardens* [...]; 1976, *Directory of Canadian museums = Répertoire des musées canadiens et institutions connexes*; 1978-1983/84? *Directory of Canadian museums and related institutions = Répertoire des musées canadiens et institutions connexes.* AM21 A2 D48 fol. 069.02571

Irrégulier, 1968-1983. Triennal depuis 1984. Répertoire des musées, des organismes connexes et des agences gouvernementales canadiens, classés par provinces ou territoires. Inclut aussi des organismes connexes nationaux et internationaux, classés par pays. Chaque notice, en anglais ou en français, comprend l'adresse, les numéros de téléphone et de télécopieur de l'institution, la liste du personnel, les collections, activités et publications, l'instance responsable, etc. Index: catégorie, institution, personnel.

Le titre varie: 1968, *Canadian museums and related institutions : aquariums, art galleries, archives, botanical gardens* [...]; 1976, *Directory of Canadian museums = Répertoire des musées canadiens et institutions connexes*; 1978-1983/84? *Directory of Canadian museums and related institutions = Répertoire des musées canadiens et institutions connexes.* AM21 A2 D48 fol. 069.02571

1997

The official directory of Canadian museums and related institutions = Répertoire officiel des musées canadiens et institutions connexes. – (1968)-   . – Ottawa : Association des musées canadiens, c1968-   . – vol. – 0829-0474

Irregular, 1968-1983. Triennial since 1984. Directory of Canadian museums and related organizations and government departments and agencies, arranged by province or territory. Also includes national and international organizations, arranged by country. Each entry, in English or French, includes the address, telephone and fax numbers of the institution, names of staff members, collections, activities, publications, governing authority, etc. Indexes: category, institution, personnel.

Title varies: 1968, *Canadian museums and related institutions : aquariums, art galleries, archives, botanical gardens* [...]; 1976, *Directory of Canadian museums = Répertoire des musées canadiens et*

Irrégulier, 1968-1983. Triennal depuis 1984. Répertoire des musées, des organismes connexes et des agences gouvernementales canadiens, classés par provinces ou territoires. Inclut aussi des organismes connexes nationaux et internationaux, classés par pays. Chaque notice, en anglais ou en français, comprend l'adresse, les numéros de téléphone et de télécopieur de l'institution, la liste du personnel, les collections, activités et publications, l'instance responsable, etc. Index: catégorie, institution, personnel.

Le titre varie: 1968, *Canadian museums and related institutions : aquariums, art galleries, archives, botanical gardens* [...]; 1976, *Directory of Canadian museums = Répertoire des musées canadiens et institutions connexes*; 1978-1983/84? *Directory of Canadian museums and related institutions = Répertoire des musées canadiens et institutions connexes.* AM21 A2 D48 fol. 069.02571

Alberta

1998

Alberta gallery & craft outlet guide. – (1978)- . – Edmonton : Alberta Culture and Multiculturalism, [1978?]- . – vol. : ill.

Annual? A directory of art galleries and craft outlets in Alberta. Two sections for southern and northern Alberta, each of which is alphabetically arranged by city or town. Entries include name, address, telephone number, media sold/exhibited, hours and credit cards accepted. Title varies: 1978, *Artist's gallery guide*; 1979/80-1981/82, *Handbook for artists & collectors*; 1983-1984, *Guide to art galleries in Alberta*; 1985, *Guide to art galleries and craft outlets in Alberta*; 1989, *A guide to craft outlets in Alberta*; 1992? *Alberta gallery & craft outlet directory.* NX120 C3 708.1123025

1999

The directory of Alberta museums and related institutions. – (1986)- . – Edmonton : Alberta Museums Association, [1986?]- . – vol. – 0844-1847

Irregular, 1986, 1987/1988. Biennial, 1991- . Directory of Alberta museums and related societies and organizations, arranged by municipality. Each entry includes the address and telephone and fax numbers of the institution, list of personnel, and a brief description of collections, activities, publications, governing authority, etc. Alphabetical directory of heritage organizations. Directory of suppliers. Two indexes: geographical, institution. Title varies: 1986, *Directory of Alberta museums.* AM21 A43 D57 069.0257123

British Columbia

2000

Directory of museums, archives & art galleries of British Columbia. – Compiled by British Columbia Museums Association, edited by Richard A. Duckles. – (1974)-4th ed. (1983). – [Victoria] : British Columbia Museums Association, [1974?]-c1983. – 4 vol. – 0714-7023

Irregular, 1974, 1977, 1981, 1983. Directory of British Columbia museums, related institutions and other conservation and exhibition centres, arranged by municipality. Each entry includes address and telephone number of institution, list of personnel, a brief description of collections and activities, and the governing authority. Two indexes: institution, personnel. Title varies: 1974-1977, *Museums & art galleries in British Columbia.* Imprint varies. 3rd ed., reproduced in microform format: *Microlog*, no. 82-00164. AM21 B7 M85 fol. 069.025711

2001

Heritage resource directory. – Editor, Karon Oliver. – 3rd printing. – Vancouver : Heritage Society of British Columbia, 1990. – vii, 111 p.

1st ed., 1988. Second printing, 1989. Directory of persons and institutions concerned with British Columbia heritage. Arranged by specialty, such as administration, archaeology, architecture, etc. Entries include address and telephone number, name of contact person, examples of completed projects, brief description of qualifications, etc. Name index. FC3806.2 H47 1990 fol. 971.10025

Manitoba

Manitoba

2002

Museums in Manitoba = Les musées du Manitoba. – Produced by Advisory and Training Services, Manitoba Museum of Man and Nature. – (1975)-   . – [Winnipeg] : Historic Resources Branch, Manitoba Culture, Heritage and Citizenship, [1975?]-   . – vol. : ill.

Annual. Directory of Manitoba museums, historic sites and related institutions. Each entry includes the institution's address and telephone number and a brief description of collections and/or activities, in the language in which the information was provided. Arranged according to eight tourist regions and by municipality. List of 80 commemorative plaques. Imprint varies. Title varies: 1975-1987, *Museums in Manitoba*.   AM21   069.0257127

Annuel. Répertoire des musées, sites historiques et établissements muséaux du Manitoba. Chaque notice comprend l'adresse et le numéro de téléphone de l'institution et une description sommaire des collections et (ou) activités rédigée dans la langue dans laquelle les renseignements ont été fournis. Classement selon huit régions touristiques subdivisées par municipalités. Liste de 80 plaques commémoratives. Publié par différents éditeurs. Le titre varie: 1975-1987, *Museums in Manitoba*.   AM21   069.0257127

2003

Museums in Manitoba = Les musées du Manitoba. – Production, Service de consultation et de formation, Musée de l'homme et de la nature du Manitoba. – (1975)-   . – [Winnipeg] : Direction des ressources historiques, culture, patrimoine et citoyenneté Manitoba, [1975?]-   . – vol. : ill.

Annual. Directory of Manitoba museums, historic sites and related institutions. Each entry includes the institution's address and telephone number and a brief description of collections and/or activities, in the language in which the information was provided. Arranged according to eight tourist regions and by municipality. List of 80 commemorative plaques. Imprint varies. Title varies: 1975-1987, *Museums in Manitoba*.   AM21   069.0257127

Annuel. Répertoire des musées, sites historiques et établissements muséaux du Manitoba. Chaque notice comprend l'adresse et le numéro de téléphone de l'institution et une description sommaire des collections et (ou) activités rédigée dans la langue dans laquelle les renseignements ont été fournis. Classement selon huit régions touristiques subdivisées par municipalités. Liste de 80 plaques commémoratives. Publié par différents éditeurs. Le titre varie: 1975-1987, *Museums in Manitoba*.   AM21   069.0257127

New Brunswick

Nouveau-Brunswick

2004

Directory of New Brunswick museums and related institutions = Répertoire des musées du Nouveau-Brunswick et institutions connexes. – [Doaktown, N.B. : Association Museums New Brunswick, 1987]. – iii, 72 p. : maps. – Cover title.

Directory of New Brunswick museums, exhibition and conservation centres, historical and genealogical societies, members of the Heritage Canada Foundation and historical parks. Arranged by type of organization and by municipality. Entries include address and telephone number, governing authority, name of contact person, and a brief description of collections, activities, etc., in the language in which the information was provided. Five indexes: archives, genealogical societies, members of the Heritage Canada Foundation, historical societies, museums. Replaces: *New Brunswick historical and cultural directory = Répertoire historique et culturel du Nouveau-Brunswick* (St. John : Association of New Brunswick Museums, 1984).   AM21 N4 D57 1987 fol.   069.0257151

Répertoire des musées, centres d'exposition et de conservation, sociétés généalogiques et historiques, membres de la Fondation canadienne pour la protection du patrimoine et des parcs historiques du Nouveau-Brunswick. Classement par catégories d'organismes et par municipalités. Chaque notice comprend l'adresse et le numéro de téléphone, le nom d'une personne clé, l'instance responsable, une description sommaire des collections, activités, etc. et figure dans la langue dans laquelle les renseignements ont été fournis. Cinq index: archives, sociétés généalogiques, membres de la Fondation, sociétés historiques, musées. Remplace: *New Brunswick historical and cultural directory = Répertoire historique et culturel du Nouveau-Brunswick* (Saint-Jean : Association des musées du Nouveau-Brunswick, 1984).   AM21 N4 D57 1987 fol.   069.0257151

2005

Directory of New Brunswick museums and related institutions = Répertoire des musées du Nouveau-Brunswick et institutions connexes. – [Doaktown, N.-B. : Association des musées du Nouveau-Brunswick, 1987]. – iii, 72 p. : cartes. – Titre de la couv.

Directory of New Brunswick museums, exhibition and conservation centres, historical and genealogical societies, members of the Heritage Canada Foundation and historical parks. Arranged by type of organization and by municipality. Entries include address and telephone number, governing authority, name of contact person, and a brief description of collections, activities, etc., in the language in which the information was provided. Five indexes: archives, genealogical societies, members of the Heritage Canada Foundation, historical societies, museums. Replaces: *New Brunswick historical and cultural directory = Répertoire historique et culturel du Nouveau-Brunswick* (St. John : Association of New Brunswick Museums, 1984).   AM21 N4 D57 1987 fol.   069.0257151

Répertoire des musées, centres d'exposition et de conservation, sociétés généalogiques et historiques, membres de la Fondation canadienne pour la protection du patrimoine et des parcs historiques du Nouveau-Brunswick. Classement par catégories d'organismes et par municipalités. Chaque notice comprend l'adresse et le numéro de téléphone, le nom d'une personne clé, l'instance responsable, une description sommaire des collections, activités, etc. et figure dans la langue dans laquelle les renseignements ont été fournis. Cinq index: archives, sociétés généalogiques, membres de la Fondation, sociétés historiques, musées. Remplace: *New Brunswick historical and cultural directory = Répertoire historique et culturel du Nouveau-Brunswick* (Saint-Jean : Association des musées du Nouveau-Brunswick, 1984).   AM21 N4 D57 1987 fol.   069.0257151

Nova Scotia

2006

Museums in Nova Scotia : a directory of museums, archives, public galleries, historical and heritage organizations. – (1974/75)- . –
Halifax : Nova Scotia Museum, [1975?]- . – vol. : map. – 0225-5235

Annual. Directory of Nova Scotia museums and related institutions, and conservation and exhibition centres, arranged by county and by municipality. Each entry includes address and telephone number, brief description of the institution, governing authority, name of contact person, list of services and activities. Two indexes: institution, geographical. Title varies: 1974/75, *Museums in Nova Scotia*. 1992 ed. reproduced in microform format: *Microlog*, no. 93-05682. AM21 N6 M72 fol.   069.025716

2007

Nova Scotia directory for heritage conservation. – [Halifax] : Nova Scotia, Department of Tourism and Culture, [s.d.]. – 98 p. – Cover title.

Alphabetical directory of more than 100 companies and individuals that offer approximately 40 services and products related to heritage preservation in Nova Scotia. Each entry includes address and telephone number, brief description of qualifications and years of experience. Two lists: services and products; counties subdivided by service or product.   FC2306.2   720.288

Ontario

2008

Directory of heritage organizations and institutions in Ontario. – Willowdale (Ont.) : Ontario Historical Society, 1989- . – vol. : map, ill. – 1189-8798

Triennial. Directory of organizations and institutions concerned with Ontario heritage. Arranged by county, district or regional municipality. Index of organizations arranged by county, municipality, etc.   FC3051   971.30025

2009

Directory of Ontario museums, art galleries, archives & related institutions. – [Updated and expanded ed.]. – [Toronto] : Ontario Museum Association, [c1982]. – 53 p. – 0920402046

1st ed., 1979, *Sources & resources, part III : directory of Ontario museums and related institutions.* Alphabetical directory of Ontario museums and related institutions, exhibition and conservation centres. Each entry provides address, telephone number, names of director, curator, etc., and the governing authority. Two indexes: subject, geographical. Reproduced in microform format: *Microlog*, no. 83-01691.   AM21 O58 S44 fol.   069.025713

2010

Ontario Association of Art Galleries. – *Directory.* – Toronto : the Association, [1981?]- . – vol. – 1184-7131 – Cover title.

Annual. Directory of members of the Ontario Association of Art Galleries. Arranged by municipality. Each entry includes the institution's address, telephone number, and names and titles of key personnel. Also includes a list of members of the board of directors and committees.   N400 08 fol.   708.113025

2011

Ontario Association of Art Galleries. – *Who's who directory of art galleries and service organizations in Ontario.* – [3rd ed.]. – Toronto : the Association, 1989. – iv, 255 p. – 0969018762

1st ed., 1984. 2nd ed., 1987. Directory of Ontario art museums, exhibition centres and organizations connected with the visual arts. Arranged by municipality. Entries include address, telephone and fax numbers, type of institution, professional affiliations, title and frequency of periodicals produced, and a list of personnel. Alphabetical

Nouvelle-Écosse

Annuel. Répertoire des musées, établissements muséaux, centres de conservation et d'exposition de la Nouvelle-Écosse classés par comtés et par municipalités. Chaque notice comprend l'adresse et le numéro de téléphone, une description sommaire de l'institution, l'instance responsable, le nom d'une personne clé, la liste des services et des activités. Deux index: institutions, géographique. Le titre varie: 1974/75, *Museums in Nova Scotia*. Éd. de 1992 reproduite sur support microforme: *Microlog*, n° 93-05682.   AM21 N6 M72 fol.   069.025716

Répertoire alphabétique de plus de 100 compagnies et individus offrant près de 40 services et produits liés à la conservation du patrimoine en Nouvelle-Écosse. Chaque notice comprend l'adresse et le numéro de téléphone, une description sommaire des compétences et les années d'expérience. Deux listes: services et produits; comtés subdivisés par services ou produits.   FC2306.2   720.288

Ontario

Triennal. Répertoire des organismes et institutions liés au patrimoine ontarien. Classement selon l'ordre alphabétique des comtés, districts ou municipalités régionales. Index des organismes classés par comtés, municipalités.   FC3051   971.30025

1re éd., 1979, *Sources & resources, part III : directory of Ontario museums and related institutions.* Répertoire alphabétique des musées, établissements muséaux, centres d'exposition et de conservation de l'Ontario. Chaque notice comprend l'adresse, le numéro de téléphone, la liste du personnel et l'instance responsable. Deux index: sujets, géographique. Reproduit sur support microforme: *Microlog*, n° 83-01691.   AM21 O58 S44 fol.   069.025713

Annuel. Répertoire des membres de l'Association des galeries publiques de l'Ontario. Classement par municipalités. Chaque notice comprend l'adresse et le numéro de téléphone de l'institution et les noms et titres de fonctions du personnel clé. Inclut aussi la liste des membres du conseil d'administration et des comités.   N400 08 fol.   708.113025

1re éd., 1984. 2e éd., 1987. Répertoire des musées d'art, centres d'exposition et organismes liés aux arts visuels en Ontario. Classement par municipalités. Les notices comprennent l'adresse, les numéros de téléphone et de télécopieur, le genre d'institution, les affiliations professionnelles, le titre et la fréquence des périodiques

directory of personnel. Two indexes: institutions, geographical. Available in Macintosh format, readable using Microsoft Word. FC3069 O5   708.113025

édités et la liste du personnel. Répertoire alphabétique du personnel. Deux index: institutions, géographique. Disponible sur disquette du système Macintosh, lisible via Microsoft Word.   FC3069 O5 708.113025

2012
Pine, Julia. – ***Ontario's amazing museums : a guide to Ontario's most interesting and unusual museums, archives, education centres, and collections*** – Toronto : ECW Press, c1994. – ix, 290 p. – 1550222082

A guide to interesting or unusual museums in Ontario. Excludes art galleries, most community museums and historic sites. Alphabetically arranged by name of institution. Each entry includes address, location, hours, admission fee and a brief description of the museum's purpose and collection. Location and subject indexes. AM21 O58 P5 1994   069.09713

Guide des musées intéressants ou inhabituels situés en Ontario. Exclut les galeries, ainsi que la plupart des musées locaux et des lieux historiques. Classement alphabétique selon le nom des établissements. Chaque notice comprend l'adresse, l'emplacement, les heures d'ouverture, le prix d'entrée et une courte description de l'objet et de la collection du musée. Index des localisations et index des sujets. AM21 O58 P5 1994   069.09713

2013
Répertoire des organismes et des personnes-ressources en patrimoine de l'Ontario français. – Ottawa : Regroupement des organismes du patrimoine franco-ontarien (ROPFO), 1993. – [xiii], 175 p. – 0969710402

A directory of archives, organizations, societies, government agencies and individuals connected with the French heritage of Ontario. Three parts: Franco-Ontarian organizations arranged in sections covering archives, folklore, genealogy, history and heritage; provincial and federal government agencies and national organizations; resource persons. Entries include name of organization, address, telephone and fax numbers, date of foundation and names of founders, goals, collections, programmes, projects completed and in progress, number of members, publications, names of administrators. For individuals, professional experience and activities are noted. Index of resource persons. Bibliography.   FC3100.5 R455 1993 fol.   971.30025

Répertoire des archives, organismes, sociétés, agences gouvernementales et personnes liés au patrimoine français de l'Ontario. Trois parties: organismes franco-ontariens classés par sections portant sur les archives, le folklore, la généalogie, l'histoire et le patrimoine; agences gouvernementales provinciales et fédérales et organismes nationaux; personnes-ressources. Les notices comprennent le nom de l'organisme, l'adresse, les numéros de téléphone et de télécopieur, la date de fondation et les noms des fondateurs, les objectifs, collections, programmes, projets terminés et en cours, le nombre de membres, les publications et les noms des administrateurs. Dans le cas des personnes, on signale leur expérience et leurs activités professionnelles. Index des personnes-ressources. Bibliographie. FC3100.5 R455 1993 fol.   971.30025

Québec

Québec

2014
Boulizon, Guy. – ***Les musées du Québec.*** – Montréal : Fides, c1976. – 2 vol. (205 ; 205 p.) : ill. (certaines en coul.), 2 cartes (hors texte). – (Collection loisirs et culture). – 0775505803 0775505811

History, address, telephone number and brief description of the collections of 120 Quebec museums. Organized into eight tourist routes. Vol. 1, Montreal and western Quebec; vol. 2, the old capital and eastern Quebec. Geographical index.   FC2903.5 B69 069.025714

Historique, adresse, numéro de téléphone et description sommaire des collections de 120 musées du Québec selon huit circuits touristiques. Tome 1, Montréal et l'ouest du Québec; tome 2, la vieille capitale et l'est du Québec. Index géographique. FC2903.5 B69   069.025714

2015
Galerie d'art : répertoire. – [Québec] : Ministère des affaires culturelles, c1988-   . –   vol. : cartes. – 1194-8647

Irregular: 1988, 1992. Directory of commercial galleries in Quebec arranged in sixteen geographical areas. The description of each gallery includes address and telephone number, hours, names of managers, year of foundation and names of artists exhibited. Two indexes: commercial galleries, municipalities.   N55 C3 G34 708.114025

Irrégulier: 1988, 1992. Galeries commerciales du Québec répertoriées en seize régions géographiques. La description de chaque galerie comprend l'adresse, le numéro de téléphone, les heures d'ouverture, le nom du personnel de direction, l'année de fondation et le nom des artistes exposés. Deux index: galeries commerciales, municipalités. N55 C3 G34   708.114025

2016
Répertoire : les institutions muséales du Québec. – [Montréal] : Société des musées québécois, [1990?]-   . –   vol. : ill. – 891720628

Biennial. Directory of museums and related institutions in Quebec. Arranged by geographical region and municipality. Each entry includes address, telephone and fax numbers, brief description of the institution, collections, activities and services, name of a contact person for visits. Includes information in English. Two indexes: museums by region, general. 1992 ed. reproduced in microform format: *Microlog*, no. 93-02943.

Title varies: 1990?, *Répertoire : institutions muséales du Québec.*
Replaces: *Répertoire des établissements muséologiques du Québec*

Biennal. Répertoire des musées et des institutions muséales du Québec. Classement par régions géographiques et municipalités. Chaque notice comprend l'adresse, les numéros de téléphone et de télécopieur, une description sommaire de l'institution, les collections, activités et services et le nom d'une personne-ressource aux fins des visites. Comprend des textes en anglais. Deux index: musées par régions, général. Éd. de 1992 reproduite sur support microforme: *Microlog*, n° 93-02943.

Le titre varie: 1990?, *Répertoire : institutions muséales du Québec.*

([Québec] : Ministère des affaires culturelles, Direction des musées privés et centres d'exposition, c1980); *Les musées du Québec* (Québec : Ministère des affaires culturelles, 1981); *Répertoire des musées et centres d'exposition du Québec* ([Québec] : Gouvernement du Québec, Ministère des affaires culturelles, [Direction des communications], c1987); *Répertoire : musées et centres d'expositions du Québec* ([Québec] : Direction des communications, Ministère des affaires culturelles, c1988).   AM21 Q8 R47   069.025714

Remplace: *Répertoire des établissements muséologiques du Québec* ([Québec] : Ministère des affaires culturelles, Direction des musées privés et centres d'exposition, c1980); *Les musées du Québec* (Québec : Ministère des affaires culturelles, 1981); *Répertoire des musées et centres d'exposition du Québec* ([Québec] : Gouvernement du Québec, Ministère des affaires culturelles, [Direction des communications], c1987); *Répertoire : musées et centres d'expositions du Québec* ([Québec] : Direction des communications, Ministère des affaires culturelles, c1988).   AM21 Q8 R47   069.025714

Saskatchewan

2017

Saskatchewan heritage directory. – (1991)-   . – [Saskatoon] : Saskatchewan Architectural Heritage Society, [1991]-   . –   vol. – 1187-371X – Cover title.

Irregular. Directory of organizations and consultants concerned with Saskatchewan heritage. Arranged by category, such as provincial agencies, archives, municipal committees, consultants, etc. Each institutional entry includes address, telephone number, name of contact person, brief description of mandate, services and membership fees if appropriate. Directory of consultants in history, archaeology, geology.   FC3506.2 S285 fol.   971.240025

2018

Saskatchewan museums : a traveller's discovery guide. – Regina : Saskatchewan Museums Association, c1987. – 111 p. : ill. (some col.), maps (some col.). – 0919683037

Directory of more than 200 Saskatchewan museums and related institutions, commercial galleries, exhibition and conservation centres, parks and historic sites. Organized according to seventeen tourist routes. History, address, telephone number and brief description of collections. Two indexes: geographical, institution.
AM21 S3 S28 1987   069.0257124

Saskatchewan

Irrégulier. Répertoire des organismes et de consultants liés au patrimoine de la Saskatchewan. Classement par catégories telles qu' agences provinciales, archives, comités municipaux, consultants, etc. Chaque notice institutionnelle comprend l'adresse, le numéro de téléphone, le nom d'une personne-ressource, une brève description de leur mandat, services et, le cas échéant, les frais d'adhésion. Répertoire des consultants en histoire, archéologie et géologie. FC3506.2 S285 fol.   971.240025

Répertoire de plus de 200 musées, établissements muséaux, galeries commerciales, centres d'exposition ou de conservation, parcs et sites historiques de la Saskatchewan. Organisé en dix-sept circuits touristiques. Historique, adresses, numéros de téléphone et descriptions sommaires des collections. Deux index: géographique, institutions.
AM21 S3 S28 1987   069.0257124

Handbooks

2019

Agnew, Ella. – ***Le droit à la portée de tous : à l'intention des musées et des galeries d'art au Canada, un guide sur les questions juridiques qui intéressent les collections.*** – Toronto : Association des galeries publiques de l'Ontario en collaboration avec l'Association des musées canadiens, 1991. – 155, [12], [10], 139 p. – 0969498713 – Titre de la p. de t. additionnelle : *Legaleasy : a step-by-step legal guide to collecting for Canadian art galleries and museums.*

Guide to various aspects of the law which affect Canadian museums and art galleries. Seven chapters: copyright and exhibiting institutions, gifts, appraisals and gifts, gifts and income tax receipts, ownership of art works, cultural property, and loans of art works. Appendices: checklist and sample forms. No index.   KE3990 A78 1991 fol.
344.71093

2020

Agnew, Ella. – ***Legaleasy : a step-by-step legal guide to collecting for Canadian art galleries and museums.*** – Toronto : Ontario Association of Art Galleries in collaboration with the Canadian Museum Association, 1991. – 139, [10], [12], 155 p. – 0969498713 – Title on added t.p. : *Le droit à la portée de tous : à l'intention des musées et des galeries d'art au Canada, un guide sur les questions juridiques qui intéressent les collections.*

Guide to various aspects of the law which affect Canadian museums and art galleries. Seven chapters: copyright and exhibiting institutions, gifts, appraisals and gifts, gifts and income tax receipts, ownership of art works, cultural property, and loans of art works. Appendices: checklist and sample forms. No index.   KE3990 A78 1991 fol.
344.71093

Guides

Guide sur les différentes facettes juridiques qui concernent les musées et galeries d'art au Canada. Sept chapitres: le droit d'auteur et les exposants, donations, évaluation des soins, dons et reçus pour fins d'impôt, la propriété des oeuvres, les biens culturels et les prêts d'oeuvres. Annexes: liste de contrôle et exemples de formulaires. Aucun index.   KE3990 A78 1991 fol.   344.71093

Guide sur les différentes facettes juridiques qui concernent les musées et galeries d'art au Canada. Sept chapitres: le droit d'auteur et les exposants, donations, évaluation des soins, dons et reçus pour fins d'impôt, la propriété des oeuvres, les biens culturels et les prêts d'oeuvres. Annexes: liste de contrôle et exemples de formulaires. Aucun index.   KE3990 A78 1991 fol.   344.71093

2021

Alberta. Alberta Culture. – *Housekeeping our heritage : practical advice for Alberta collections.* – Rev. ed. – Edmonton : Provincial Museum of Alberta, 1984. – 104 p. : ill.

1st ed., 1980. Information on conservation methods for museum collections and description of materials needed. Three parts: general principles, media, materials available. Each part is arranged by subject, such as storage, textiles, labels, etc. Directory of suppliers. Bibliography. Reproduced in microform format: *Microlog,* no. 85-02866.   AM141   069.53

1re éd., 1980. Information sur les méthodes de conservation des collections muséales et description du matériel nécessaire. Trois parties: principes généraux, supports et matériel disponibles. Chaque partie est classée par sujets tels qu'entreposage, textile, étiquetage, etc. Répertoire des fournisseurs. Bibliographie. Reproduit sur support microforme: *Microlog,* n° 85-02866.   AM141   069.53

2022

Alberta Museums Association. – *Standard practices handbook for museums.* – [Edmonton] : the Association, 1990. – viii, 336 p. : ill. – 0969451806

A handbook on standard museum practices intended for use by Alberta and other Canadian museums. Covers administration, collection management, conservation research, public programming and exhibitions. Each chapter includes a glossary, a bibliography and a summary of standard practices. Bibliography. Subject index. AM21 A43 A43 1990 fol.   069.5

Manuel des pratiques conçu à l'intention des musées de l'Alberta et des autres musées canadiens. Porte sur l'administration, la gestion des collections, la recherche en conservation, les programmes publics et les expositions. Chaque chapitre contient un glossaire, une bibliographie et un résumé des pratiques courantes. Bibliographie. Index sujets. AM21 A43 A43 1990 fol.   069.5

2023

Archives nationales du Canada. – *Division de l'art documentaire et de la photographie.* – Guide compilé par Jim Burant ; introduction de Lilly Koltun. – Ottawa : Archives nationales du Canada, c1992. – viii, 43, 41, viii p. : ill. – (Collection de guides généraux). – 0662586123 – Titre de la p. de t. additionnelle : *Documentary Art and Photography Division.*

A bilingual guide to the services and collections of the Documentary Art and Photography Division (now part of the Visual and Sound Archives Division) of the National Archives of Canada. Outlines the mandate and organization of the Division and methods of consulting the collections. Describes holdings of original works of art such as watercolours, drawings, paintings, caricatures, coats of arms, flags, seals and medals; printed material such as prints, cards and posters; photographs, government and private sector. Also describes the collections of the Canadian Postal Archives including stamps, artwork for stamp designs, photographs, postal maps, etc. List of selected major exhibitions. Replaces: *National Photography Collection* (Ottawa : Public Archives of Canada, 1984) and *Picture Division* (Ottawa : Public Archives of Canada, 1984).   N910.072 N37 1992 026.70971

Guide bilingue sur les services et collections de la Division de l'art documentaire et de la photographie (qui fait maintenant partie de la Division des archives visuelles et sonores) des Archives nationales du Canada. Donne les grandes lignes du mandat et de l'organisation de la Division et des méthodes de consultation des collections. Décrit divers fonds documentaires: les oeuvres d'art originales comme les aquarelles, les dessins, les peintures, les caricatures, les blasons, les drapeaux, les sceaux et les médailles; les documents imprimés comme les estampes, les cartes et les affiches; les photographies du gouvernement et du secteur privé. Décrit aussi les collections des Archives postales canadiennes, y compris les timbres, les oeuvres d'art réalisées pour les timbres, les photographies, les cartes géographiques postales, etc. Liste partielle d'expositions importantes. Remplace: *Collection nationale de photographies* (Ottawa : Archives publiques du Canada, 1984) et *Division de l'iconographie* (Ottawa : Archives publiques du Canada, 1984).   N910.072 N37 1992   026.70971

2024

Art gallery handbook. – Editors, W. McAllister Johnson and Frances K. Smith. – Toronto : Ontario Association of Art Galleries, 1982-1991. – 2 vol. (166 ; 167 p.) : ill. – 0969018711 (vol. 1) 0969018797 (vol. 2)

A handbook on all aspects of the operation of a public art gallery, comprised of essays by professionals from provincial galleries. Covers topics such as the gallery's role in the community, administration, funding, marketing, the building, collection management, exhibitions, the role of the curator, etc. Volume 2 expands on volume 1. Most essays include bibliographies. Volume 1 includes a directory of resource associations and a subject index. Also published in French under the title: *Manuel des musées d'art.* N470 A73 1991   708.0068

Manuel couvrant tous les aspects de l'exploitation d'un musée d'art, composé d'essais rédigés par des professionnels de musées provinciaux. Porte sur des sujets comme le rôle du musée dans la communauté, l'administration, le financement, le marketing, l'immeuble, la gestion de la collection, les expositions, le rôle du conservateur, etc. Le vol. 2 développe les idées du vol. 1. La plupart des essais comprennent une bibliographie. Le vol. 1 contient un répertoire des associations pertinentes ainsi qu'un index des sujets. Publié aussi en français sous le titre: *Manuel des musées d'art.* N470 A73 1991   708.0068

2025

Les arts plastiques au Canada : la peinture, le dessin et la sculpture. – Produit par le Programme des cultures et langues ancestrales en collaboration avec la Direction générale des communications. – Ottawa : Patrimoine canadien, 1993. – v, 42 p. – (Info-arts). – 0662987497 – Sur la couv. : *Guide des ressources sur les arts.*

A guide to the visual arts in Canada including painting, drawing and sculpture. Arranged in six parts: signed introduction, associations, developing professional skills, sources for funding, getting established and selling art, legal questions. Directory information and bibliographic references for pertinent sources. Also published in English under the title: *Visual arts in Canada : painting, drawing and sculpture.*   N6545   709.71

Guide et références bibliographiques en rapport avec la peinture, le dessin et la sculpture au Canada. Présentation en six parties principales: introduction signée, perfectionnement professionnel, sources de financement, solidification des assises et questions légales. Publié aussi en anglais sous le titre: *Visual arts in Canada : painting, drawing and sculpture.*   N6545   709.71

2026

Gahlinger-Beaune, Rosemary. – *Canadian artists' survival manual.* – Kapuskasing (Ont.) : Penumbra Press, c1988. – 119 p. – 0920806996

Information for artists on promotional and economic aspects of art: assembling a portfolio, types of galleries, contracts, copyright, taxes, scholarships and grants, arts-related careers, etc. Bibliography. N8600 G34 1988 fol.   706.88

Renseignements à l'intention des artistes sur les aspects promotionnels et économiques tels que composition du portfolio, genres de galeries, contrat, droit d'auteur, impôt, bourse, carrières apparentées aux arts, etc. Bibliographie.   N8600 G34 1988 fol.   706.88

2027

Gauthier, Ninon. – *Vivre des arts visuels : guide à l'intention des artistes en arts visuels.* – [Québec] : Ministère des affaires culturelles, [1987]. – [8], 91 p. – 2551088496

A professional guide for visual artists. Discusses topics such as life as an artist, art markets, copyright, etc. Bibliography. Directory of visual arts organizations and government agencies. Reproduced in microform format: *Microlog*, no. 87-06128.   N6546   709.714

Guide professionnel à l'intention des artistes en arts visuels. Discute de sujets comme la vie d'un artiste, le marché des arts, le droit d'auteur, etc. Bibliographie. Répertoire des organismes qui s'occupent d'arts visuels et des agences gouvernementales. Réproduit sur support microforme: *Microlog*, nº 87-06128.   N6546   709.714

2028

Gillies, Teresa. – *The ABCs of collections care.* – Teresa Gillies, Neal Putt ; edited by Marilyn de von Flindt. – [Rev.] ed. – Winnipeg : Manitoba Heritage Conservation Service, c1991. – viii, 152 p. (loose-leaf) : ill. - 0969442319

1st ed., 1990. Information on conservation methods for museum collections and description of materials needed. Nine parts, including labelling, storage and environmental control. Glossary. Directory of suppliers. Bibliography. Appendices: patterns and sketches. AM141 G54 1991 fol.   069.53

1ʳᵉ éd., 1990. Information sur les méthodes de conservation des collections muséales et description du matériel nécessaire. Neuf parties principales dont notamment l'étiquetage, l'entreposage et le contrôle de l'environnement. Glossaire. Répertoire des fournisseurs. Bibliographie. Appendices: patrons et croquis.   AM141 G54 1991 fol.   069.53

2029

Graham-Bell, Maggie. – *Preventive conservation : a manual.* – 2nd ed. – Victoria : British Columbia Museums Association, 1986. – 87, xi p. : ill.

1st ed., 1983. Manual of preventive conservation methods. Information of a general nature and on various types of material: textiles, ceramics, paper, paint, magnetic tape, etc. Directory of institutions, organizations, etc. Bibliography.   AM141 G73 1986 fol. 069.53

1ʳᵉ éd., 1983. Information sur les méthodes préventives de conservation d'ordre général et par genres de supports: textile, céramique, papier, peinture, ruban magnétique, etc. Répertoire des organismes-ressources. Bibliographie.   AM141 G73 1986 fol.   069.53

2030

Information for artists : a practical guide for visual artists. – Project co-ordinator, Judith Stephens-Wells ; editor and senior writer, Sarah Yates. – [Toronto] : Canadian Artists' Representation Ontario, c1989. – 1 vol. (various pagings) : ill. + 3 pamphlets. – 0919379125

Information for artists on promotional and economic aspects of the visual arts: publicity, curriculum vitae, clientele, scholarships and grants, taxes, insurance, etc. Includes some material in French. Bibliography. Directory of institutions, organizations, etc.   N8351 I54 1989 fol.   709.713

Renseignements à l'intention des artistes sur les aspects promotionnels et économiques en arts visuels tels que publicité, curriculum vitae, clientèle cible, bourse, impôt, assurance, etc. Comprend quelques textes en français. Bibliographie. Répertoire des organismes-ressources.   N8351 I54 1989 fol.   709.713

2031

Manuel des musées d'art. – Éditeurs responsables, W. McAllister Johnson et Frances K. Smith. – Toronto : Ontario Association of Art Galleries, 1982-1991. – 2 vol. (206 ; 196 p.) : ill. - 0969498705 (vol. 2)

A handbook on all aspects of the operation of a public art gallery, comprised of essays by professionals from provincial galleries. Covers topics such as the gallery's role in the community, administration, funding, marketing, the building, collection management, exhibitions, the role of the curator, etc. Vol. 2 expands on vol. 1. Most essays include bibliographies. Vol. 1 includes a directory of resource associations and a subject index. Vol. 1 has title: *Manuel des galeries publiques.* Also published in English under the title: *Art gallery handbook.*   N470 A7314 1991   708.0068

Manuel couvrant tous les aspects de l'exploitation d'un musée d'art, composé d'essais rédigés par des professionnels de musées provinciaux. Porte sur des sujets comme le rôle du musée dans la communauté, l'administration, le financement, le marketing, l'immeuble, la gestion de la collection, les expositions, le rôle du conservateur, etc. Le vol. 2 développe les idées du vol. 1. La plupart des essais comprennent une bibliographie. Le vol. 1 contient un répertoire des associations pertinentes ainsi qu'un index sujets. Le vol. 1 porte le titre: *Manuel des galeries publiques.* Publié aussi en anglais sous le titre: *Art gallery handbook.*   N470 A7314 1991 708.0068

2032

National Archives of Canada. – *Documentary Art and Photography Division.* – Compiled by Jim Burant ; with an introduction by Lilly Koltun. – Ottawa : National Archives of Canada, c1992. – viii, 41, 43, viii p. : ill. – (General guide series). – 0662586123 – Title on added t.p. : *Division de l'art documentaire et de la photographie.*

A bilingual guide to the services and collections of the Documentary Art and Photography Division (now part of the Visual and Sound Archives Division) of the National Archives of Canada. Outlines the mandate and organization of the Division and methods of consulting the collections. Describes holdings of original works of art such as watercolours, drawings, paintings, caricatures, coats of arms, flags, seals and medals; printed material such as prints, cards and posters; photographs, government and private sector. Also describes the collections of the Canadian Postal Archives including stamps, artwork for stamp designs, photographs, postal maps, etc. List of selected major exhibitions. Replaces: *National Photography Collection* (Ottawa : Public Archives of Canada, 1984) and *Picture Division* (Ottawa : Public Archives of Canada, 1984). N910.072 N37 1992 026.70971

Guide bilingue sur les services et collections de la Division de l'art documentaire et de la photographie (qui fait maintenant partie de la Division des archives visuelles et sonores) des Archives nationales du Canada. Donne les grandes lignes du mandat et de l'organisation de la Division et des méthodes de consultation des collections. Décrit divers fonds documentaires: les oeuvres d'art originales comme les aquarelles, les dessins, les peintures, les caricatures, les blasons, les drapeaux, les sceaux et les médailles; les documents imprimés comme les estampes, les cartes et les affiches; les photographies du gouvernement et du secteur privé. Décrit aussi les collections des Archives postales canadiennes, y compris les timbres, les oeuvres d'art réalisées pour les timbres, les photographies, les cartes géographiques postales, etc. Liste partielle d'expositions importantes. Remplace: *Collection nationale de photographies* (Ottawa : Archives publiques du Canada, 1984) et *Division de l'iconographie* (Ottawa : Archives publiques du Canada, 1984). N910.072 N37 1992   026.70971

2033

Saskatchewan visual arts handbook. – [Regina] : CARFAC SASK, 1994. – 119 p. : ill. – 0969531002

1st ed., 1980, *Art resources*; revised and enlarged ed., 1983?; revised ed., 1984, *Visual arts handbook*; 3rd ed., 1987; 4th ed., 1991. Information for Saskatchewan artists on financial issues such as contracts, copyright, taxes, etc. Directories of Saskatchewan museums and commercial galleries; government agencies, organizations and programmes at regional, provincial and/or national levels; Canadian and American educational institutions. List of arts and crafts festivals in Saskatchewan. Bibliography. 4th ed. reproduced in microform format: *Microlog*, no. 92-01101. N6546 S3 S375 1994 709.7124025

1re éd., 1980, *Art resources*; éd. rév. et augm. 1983?; éd. rév., 1984, *Visual arts handbook*; 3e éd., 1987; 4e éd., 1991. Information sur les aspects financiers tels que contrat, droit d'auteur, impôt, etc. à l'intention des artistes de la Saskatchewan. Répertoires des musées et des galeries commerciales de la Saskatchewan; des agences gouvernementales, organismes et programmes de niveau régional, provincial et (ou) national; des institutions d'enseignement canadiennes et américaines. Liste des festivals d'art et d'artisanat de la Saskatchewan. Bibliographie. 4e éd. reproduite sur support microforme: *Microlog*, no 92-01101. N6546 S3 S375 1994 709.7124025

2034

Smart, Stephen B. [Stephen Beverley]. – *Art, the art community, and the law : a legal and business guide for artists, collectors, gallery owners, and curators.* – Edited by Stephen B. Smart with Mary Baxter. – 1st ed. – North Vancouver (B.C.) : International Self-Counsel Press, 1994. – xiv, 202 p. – (Self-counsel legal series). – 0889087857

A guide to the legal and business aspects of creating, marketing, collecting and exhibiting art in Canada. Essays by professionals from the legal and art communities cover topics such as marketing art, copyright law, art and obscenity law, art dealers, art auctions, collection management, public art and galleries, family law and estate planning, cultural property donations and taxes. No index. KE3968 A78 1994 344.71097

Guide sur les aspects juridiques et commerciaux de la création, de la commercialisation, de la collection et de l'exposition d'oeuvres d'art au Canada. Les essais, rédigés par des professionnels des milieux juridique et artistique portent sur des sujets comme la mise en marché des oeuvres d'art, le droit d'auteur, l'art et la législation sur l'obscénité, les marchands d'oeuvres d'art, la vente aux enchères d'oeuvres d'art, la gestion d'une collection, les oeuvres d'art dans les lieux publics et les musées, le droit de la famille et la planification du droit successoral, les dons de biens culturels et les taxes. Aucun index. KE3968 A78 1994 344.71097

2035

Visual arts in Canada : painting, drawing and sculpture. – Produced by the Heritage Cultures and Languages Program in collaboration with the Communications Branch. – Ottawa : Canadian Heritage, 1993. – v, 41 p. – (ArtSource). – 0662211693 – On cover : *Resource guide to the arts.*

A guide to the visual arts in Canada including painting, drawing and sculpture. Six parts: signed introduction, associations, developing professional skills, sources for funding, getting established and selling art, legal questions. Directory information and bibliographic references for pertinent sources. Also published in French under the title: *Les arts plastiques au Canada : la peinture, le dessin et la sculpture.* N6545 709.71

Guide et références bibliographiques en rapport avec la peinture, le dessin et la sculpture au Canada. Six parties principales: introduction signée, perfectionnement professionnel, sources de financement, solidification des assises et questions légales. Publié aussi en français sous le titre: *Les arts plastiques au Canada : la peinture, le dessin et la sculpture.* N6545 709.71

2036

Wolff, Hennie L. – *The visual arts handbook.* – 3rd ed. – Toronto : Visual Arts Ontario, 1991. – vii, 770 p. – 0920708153

1st ed., 1975. 2nd ed., 1979. Directory of art museums, exhibition centres, art schools, associations and artists' colonies in North America and throughout the world, as well as workshops and alternative and commercial galleries in Canada. Arranged by type of organization. Each entry includes the address and telephone number of the institution and a brief description of collections and/or services. Information for Ontario artists on scholarships and prizes from government and private sources, with address and telephone number of the sponsoring agency, amount and eligibility criteria. Directory of organizations, etc. Bibliography. Two indexes: acronym, name.   N6546 O5 V5 1991   709.713

1re éd., 1975. 2e éd., 1979. Répertoire des musées d'art, centres d'exposition, écoles d'art, associations et colonies artistiques en Amérique du Nord et à travers le monde, ainsi que des ateliers, galeries parallèles et commerciales au Canada. Classement par genres d'organismes. Chaque notice comprend l'adresse et le numéro de téléphone de l'institution et une description sommaire des collections et (ou) services. Renseignements à l'intention des artistes ontariens sur les bourses d'étude et les prix de sources gouvernementales et privées ainsi que l'adresse et le numéro de téléphone de l'instance responsable, le montant et les critères d'admission. Répertoire des organismes-ressources. Bibliographie. Deux index: acronymes, noms.   N6546 O5 V5 1991   709.713

History and Surveys

Aperçus historiques et études diverses

2037

The art and pictorial press in Canada : two centuries of art magazines. – Karen McKenzie and Mary F. Williamson, contributing editors. – [Toronto] : Art Gallery of Ontario, 1979. – 71 p. : ill. – 0919876471

Essays on, and chronologically arranged lists of Canadian periodicals on the arts, published since 1792. Arranged by subject such as the arts press in Quebec, architecture, photography, art museums, etc. Bibliography. Title index. PN4904 A78 fol.   705.0971

Essais et listes chronologiques des périodiques canadiens sur les arts publiés depuis 1792. Classement par matières telles que la presse artistique québécoise, l'architecture, la photographie, les musées d'art, etc. Bibliographie. Index des titres.   PN4904 A78 fol.   705.0971

2038

Burnett, David. – *Contemporary Canadian art.* – David Burnett & Marilyn Schiff. – Edmonton : Hurtig Publishers in co-operation with the Art Gallery of Ontario, c1983. – 300 p. : ill. (some col.). – 0888302428 (bd.) 088830241X (pa.)

A survey of Canadian painting and sculpture from the Second World War to the 1980s. Excludes art of the Native peoples. 332 black and white and colour reproductions accompanied by the following information: name of artist, title, date, medium, dimensions, collection. Bibliography. Index of artists, galleries, movements, etc. N6545 B873 1983   709.71

Revue de la peinture et de la sculpture canadiennes depuis la Deuxième Guerre mondiale jusqu'aux années 1980. Exclut l'art autochtone. Les 332 reproductions en noir et blanc ou en couleurs sont accompagnées des données suivantes: nom de l'artiste, titre de l'oeuvre, date, médium, dimensions, collection. Bibliographie. Index des artistes, des galeries, des mouvements, etc.   N6545 B873 1983   709.71

2039

Canada. Dept. of Indian Affairs and Northern Development. – *Central Cree and Ojibway crafts.* – Ottawa : Indian and Northern Affairs, c1974. – 9 vols. : ill (some col.), col. maps.

A series of booklets on Ojibwa and Cree arts in a variety of forms and materials. Each booklet includes historical notes and a discussion of construction techniques as well as illustrations and descriptions of specific objects. 1, ceremonial objects; 2, ceremonial accessories; 3, clothing; 4, household accessories: bark; 5, household accessories: fibre; 6, food handling: wood; 7, tools and weapons; 8, transportation; 9, recreation and children's articles. Also published in French under the title: *Artisanat, Cris des Plaines et Chippewas.* E98 A7   709.71

Collection de livrets sur les oeuvres d'art des Ojibwa et des Cris réalisées sous diverses formes et dans divers matériaux. Chaque livret contient des notes historiques et une discussion des techniques de construction, ainsi que des illustrations et la description d'objets particuliers. 1, objets de cérémonie; 2, accessoires de cérémonie; 3, vêtements; 4, articles de cuisine et de ménage en écorce; 5, articles de cuisine et de ménage en tissu; 6, ustensiles de cuisine en bois; 7, outils et armes; 8, transport; 9, passe-temps et articles pour enfants. Publié aussi en français sous le titre: *Artisanat, Cris des Plaines et Chippewas.* E98 A7   709.71

2040

Canada. Ministère des affaires indiennes et du Nord canadien. – *Artisanat, Cris des Plaines et Chippewas.* – Ottawa : Affaires indiennes et du Nord, c1975. – 9 vols. : ill. (certaines en coul.), cartes en coul.

A series of booklets on Ojibwa and Cree arts in a variety of forms and materials. Each booklet includes historical notes and a discussion of construction techniques as well as illustrations and descriptions of specific objects. 1, ceremonial objects; 2, ceremonial accessories; 3, clothing; 4, household accessories: bark; 5, household accessories: fibre; 6, food handling: wood; 7, tools and weapons; 8, transportation; 9, recreation and children's articles. Also published in English under the title: *Central Cree and Ojibway crafts.* E98 A7 709.71

Collection de livrets sur les oeuvres d'art des Ojibwa et des Cris réalisées sous diverses formes et dans divers matériaux. Chaque livret contient des notes historiques et une discussion des techniques de construction, ainsi que des illustrations et la description d'objets particuliers. 1, objets de cérémonie; 2, accessoires de cérémonie; 3, vêtements; 4, articles de cuisine et de ménage en écorce; 5, articles de cuisine et de ménage en tissu; 6, ustensiles de cuisine en bois; 7, outils et armes; 8, transport; 9, passe-temps et articles pour enfants. Publié aussi en anglais sous le titre: *Central Cree and Ojibway crafts.* E98 A7   709.71

2041

Chefs d'oeuvre des arts indiens et esquimaux du Canada = Masterpieces of Indian and Eskimo art from Canada. – Paris : Société des Amis du Musée de l'Homme, c1969. – 1 vol. (non-paginé) : ill. (certaines en coul.), cartes.

Bilingual catalogue of an exhibition of 186 works of art by Canadian Indian and Inuit artists held at the Musée de l'Homme in Paris and the National Gallery of Canada in 1969 and 1970. Arranged in chapters on the art of the Inuit, Northwest Coast, Plains and Eastern Indians. Includes works from prehistoric times to the twentieth century in materials such as bone, ivory, stone, wood, buckskin, bark and beads. Each includes an introductory essay, followed by entries for the exhibited works. The following information is provided for each item: name of object, medium, dimensions, location, cultural group of artist, name of collector when known, a discussion of subject matter, style and technique, collection, bibliographical references. Black and white and colour plates. Bibliography. Maps of major cultural and linguistic groups. Slide set available for sale to museums and educational institutions from the National Gallery of Canada.   E98 A7 M89 fol.   709.7107471384

Catalogue bilingue d'une exposition de 186 oeuvres d'art réalisées par des artistes amérindiens et inuit du Canada. L'exposition a eu lieu au Musée de l'Homme à Paris et à la Galerie nationale du Canada, en 1969 et en 1970. Classement par chapitres sur l'art des Inuit, des Amérindiens de la Côte nord-ouest, des Amérindiens des Plaines et des Amérindiens de l'Est. Comprend des oeuvres qui datent de diverses périodes, depuis les temps préhistoriques jusqu'au vingtième siècle, et qui ont été réalisées dans des matériaux comme l'os, l'ivoire, la pierre, le bois, la peau de daim, l'écorce et les perles. Chaque chapitre comprend un essai de présentation suivi de notices sur les oeuvres exposées. Les données suivantes sont fournies pour chaque article: nom de l'objet, médium, dimensions, lieu d'origine, groupe culturel de l'artiste, nom du collectionneur s'il est connu, discussion du sujet traité, du style et de la technique, collection, références bibliographiques. Planches en noir et blanc ou en couleurs. Bibliographie. Cartes des principaux groupes culturels et linguistiques. Les musées et les établissements d'enseignement peuvent se procurer un jeu de diapositives auprès de la Galerie nationale du Canada (maintenant le Musée des beaux-arts du Canada).   E98 A7 M89 fol.   709.7107471384

2042

Dickason, Olive Patricia. – *Arts indiens au Canada.* – [Photographies par] Rudi Haas. – Ottawa : Section des services de promotion d'art et d'artisanat, Direction du progrès économique des Indiens et des Esquimaux, Ministère des affaires indiennes et du Nord canadien, 1972. – 138 p. : ill. (certaines en coul.).

An overview of the history, influences and motivations of Canadian Indian art in a variety of media. Covers prehistoric through contemporary periods. Black and white and colour photographs of works are accompanied by notes on title or type of object, name of artist, approximate date, medium, construction technique, dimensions and collection. Brief bibliography. No index. Also published in English under the title: *Indian arts in Canada.*   E98 A7 D536 fol.   709.71

Aperçu de l'histoire, des influences et des intentions des oeuvres d'art amérindien canadien réalisées dans divers médiums. Porte sur toutes les périodes, depuis la préhistoire jusqu'à l'époque contemporaine. Les photographies en noir et blanc ou en couleurs sont accompagnées des données suivantes: titre de l'oeuvre ou type d'objet, nom de l'artiste, date approximative, médium, techniques de construction, dimensions et collection. Courte bibliographie. Aucun index. Publié aussi en anglais sous le titre: *Indian arts in Canada.*   E98 A7 D536 fol.   709.71

2043

Dickason, Olive Patricia. – *Indian arts in Canada.* – [Photographs by] Rudi Haas. – Ottawa : Arts and Crafts Development Services Section, Indian-Eskimo Economic Development Branch, Department of Indian Affairs and Northern Development, 1972. – 138 p. : ill. (some col.).

An overview of the history, influences and motivations of Canadian Indian art in a variety of media. Covers prehistoric through contemporary periods. Black and white and colour photographs of works are accompanied by notes on title or type of object, name of artist, approximate date, medium, construction technique, dimensions and collection. Brief bibliography. No index. Also published in French under the title: *Arts indiens au Canada.*   E98 A7 D535 fol.   709.71

Aperçu de l'histoire, des influences et des intentions des oeuvres d'art amérindien canadien réalisées dans divers médiums. Porte sur toutes les périodes, depuis la préhistoire jusqu'à l'époque contemporaine. Les photographies en noir et blanc ou en couleurs sont accompagnées des données suivantes: titre de l'oeuvre ou type d'objet, nom de l'artiste, date approximative, médium, techniques de construction, dimensions et collection. Courte bibliographie. Aucun index. Publié aussi en français sous le titre: *Arts indiens au Canada.*   E98 A7 D535 fol.   709.71

2044

Hubbard, R. H. [Robert Hamilton]. – *Three hundred years of Canadian art : an exhibition arranged in celebration of the centenary of Confederation = Trois cents ans d'art canadien : exposition organisée à l'occasion du centenaire de la Confédération.* – Catalogue by R.H. Hubbard and J.R. Ostiguy. – Ottawa : National Gallery of Canada, 1967. – v, 254 p., [31] p. of plates : ill. (some col.).

The bilingual catalogue of an exhibition of 378 Canadian works of art, organized by and held at the National Gallery of Canada. Includes painting, sculpture, prints, drawings, silverware, furniture, etc. Chronologically arranged. Entries for works include: name and dates of artist, title, medium, dimensions, collection, date, literature on the work, exhibitions. 378 black and white and 31 colour reproductions. Biographies of artists. Slide sets available for purchase by museums and educational institutions from the National Gallery of Canada.   N6540   709.71

Catalogue bilingue d'une exposition de 378 oeuvres d'art canadiennes qui a été organisée par la Galerie nationale du Canada et qui a eu lieu à cet endroit. Inclut des peintures, des sculptures, des estampes, des dessins, de l'argenterie, des meubles, etc. Classement chronologique. Les notices sur les oeuvres comprennent: nom de l'artiste et dates pertinentes, titre, médium, dimensions, collection, date, documents sur l'oeuvre, expositions. 378 reproductions en noir et blanc et 31 reproductions en couleurs. Biographies des artistes. Les musées et les établissements d'enseignement peuvent se procurer un jeu de diapositives auprès de la Galerie nationale du Canada (maintenant le Musée des beaux-arts du Canada).   N6540   709.71

2045

Hubbard, R. H. [Robert Hamilton]. – *Three hundred years of Canadian art : an exhibition arranged in celebration of the centenary of Confederation = Trois cents ans d'art canadien : exposition organisée à l'occasion du centenaire de la Confédération.* – Catalogue par R.H. Hubbard et J.R. Ostiguy. – Ottawa : Galerie nationale du Canada, 1967. – v, 254 p., [31] p. de planches : ill. (certaines en coul.).

The bilingual catalogue of an exhibition of 378 Canadian works of art, organized by and held at the National Gallery of Canada. Includes painting, sculpture, prints, drawings, silverware, furniture, etc. Chronologically arranged. Entries for works include: name and dates of artist, title, medium, dimensions, collection, date, literature on the work, exhibitions. 378 black and white and 31 colour reproductions. Biographies of artists. Slide sets available for purchase by museums and educational institutions from the National Gallery of Canada.   N6540   709.71

Catalogue bilingue d'une exposition de 378 oeuvres d'art canadiennes qui a été organisée par la Galerie nationale du Canada et qui a eu lieu à cet endroit. Inclut des peintures, des sculptures, des estampes, des dessins, de l'argenterie, des meubles, etc. Classement chronologique. Les notices sur les oeuvres comprennent: nom de l'artiste et dates pertinentes, titre, médium, dimensions, collection, date, documents sur l'oeuvre, expositions. 378 reproductions en noir et blanc et 31 reproductions en couleurs. Biographies des artistes. Les musées et les établissements d'enseignement peuvent se procurer un jeu de diapositives auprès de la Galerie nationale du Canada (maintenant le Musée des beaux-arts du Canada).   N6540   709.71

2046

Indigena : contemporary Native perspectives. – Edited by Gerald McMaster and Lee-Ann Martin. – Vancouver : Douglas & McIntyre ; Hull : Canadian Museum of Civilization, c1992. – 199 p. : ill. (some col.), ports. – 155054036X (bd.) 155054022X (pa.)

The catalogue of an exhibition of works by contemporary Native Canadian visual, literary and performing artists in response to the five hundredth anniversary of Columbus's arrival in the Americas. Includes essays, paintings, videos, photographs, installations and performances. Biographies and portraits of artists. List of reproductions. Also published in French under the title: *Indigena : perspectives autochtones contemporaines.*   E78 C2 I595 1992 fol. 704.039707107471

Catalogue d'une exposition d'oeuvres réalisées par des artistes autochtones canadiens contemporains dans les domaines des arts visuels, de la littérature et des arts du spectacle, en réponse au cinq centième anniversaire de l'arrivée de Colomb en Amérique. Inclut des essais, des peintures, des oeuvres vidéo, des photographies, des installations et des spectacles. Biographies et portraits des artistes. Liste des reproductions. Publié aussi en français sous le titre: *Indigena : perspectives autochtones contemporaines.*   E78 C2 I595 1992 fol. 704.039707107471

2047

Indigena : perspectives autochtones contemporaines. – Réalisé sous la direction de Gerald McMaster et Lee-Ann Martin; traduit par Christian Bérubé avec les conseils de Georges E. Sioui Wendayete. – Hull : Musée canadien des civilisations, c1992. – 199 p. : ill. (certaines en coul.), portr. – 0660905558 (relié) 0660905566 (broché)

The catalogue of an exhibition of works by contemporary Native Canadian visual, literary and performing artists in response to the five hundredth anniversary of Columbus's arrival in the Americas. Includes essays, paintings, videos, photographs, installations and performances. Biographies and portraits of artists. List of reproductions. Also published in English under the title: *Indigena : contemporary Native perspectives.*   E78 C2 I5314 1992   704.039707107471

Catalogue d'une exposition d'oeuvres réalisées par des artistes autochtones canadiens contemporains dans les domaines des arts visuels, de la littérature et des arts du spectacle, en réponse au cinq centième anniversaire de l'arrivée de Colomb en Amérique. Inclut des essais, des peintures, des oeuvres vidéo, des photographies, des installations et des spectacles. Biographies et portraits des artistes. Liste des reproductions. Publié aussi en anglais sous le titre: *Indigena : contemporary Native perspectives.*   E78 C2 I5314 1992 704.039707107471

2048

Mellen, Peter. – *Les grandes étapes de l'art au Canada : de la préhistoire à l'art moderne.* – Peter Mellen ; adaptation française par Jacques de Roussan. – LaPrairie (Québec) : Éditions Marcel Broquet, c1981. – 260 p. : ill. (certaines en coul.). – 2890000516

A survey of 116 works considered to be landmarks in the development of Canadian art. Includes paintings, sculpture, drawings, etc., by artists who are or were permanent residents of Canada. Arranged in sections for Native art and the time periods 1500-1760, 1760-1867, 1867-1910, 1910-1940, 1940-1978. Introductory essays. Colour plates are accompanied by brief essays on the significance of the work and the artist and notes on title, date, medium, dimensions and collection. Also includes plates of thirteen other works considered to be potential landmarks of the future. Bibliography. Index of artists and titles of works. Also published in English under the title: *Landmarks of Canadian art.*   N6540 M4414 fol.   709.71

Étude de 116 oeuvres considérées comme des jalons importants dans le développement de l'art canadien. Inclut des peintures, des sculptures, des dessins, etc. réalisés par des artistes qui sont ou qui étaient des résidents permanents du Canada. Classement par sections sur l'art autochtone et sur diverses périodes, soit 1500-1760, 1760-1867, 1867-1910, 1910-1940, 1940-1978. Essais de présentation. Les planches en couleurs sont accompagnées de courts essais sur l'importance de l'oeuvre et sur l'artiste, ainsi que des données suivantes: titre, date, médium, dimensions et collection. Contient aussi des planches qui reproduisent treize autres oeuvres considérées comme d'éventuelles oeuvres marquantes. Bibliographie. Index des artistes et des titres des oeuvres. Publié aussi en anglais sous le titre: *Landmarks of Canadian art.*   N6540 M4414 fol.   709.71

2049

Mellen, Peter. – *Landmarks of Canadian art.* – Toronto : McClelland and Stewart, c1978. – 260 p. : ill. (some col.). – 0771058284

A survey of 116 works considered to be landmarks in the development of Canadian art. Includes paintings, sculpture, drawings, etc., by artists who are or were permanent residents of Canada. Arranged in sections for Native art and the time periods 1500-1760, 1760-1867, 1867-1910, 1910-1940, 1940-1978. Introductory essays. Colour

Étude de 116 oeuvres considérées comme des jalons importants dans le développement de l'art canadien. Inclut des peintures, des sculptures, des dessins, etc. réalisés par des artistes qui sont ou qui étaient des résidents permanents du Canada. Classement par sections sur l'art autochtone et sur diverses périodes, soit 1500-1760,

plates are accompanied by brief essays on the significance of the work and the artist and notes on title, date, medium, dimensions and collection. Also includes plates of thirteen other works considered to be potential landmarks of the future. Bibliography. Index of artists and titles of works. Also published in French under the title: *Les grandes étapes de l'art au Canada : de la préhistoire à l'art moderne.* N6540 M44 fol. 709.71

1760-1867, 1867-1910, 1910-1940, 1940-1978. Essais de présentation. Les planches en couleurs sont accompagnées de courts essais sur l'importance de l'oeuvre et sur l'artiste, ainsi que des données suivantes: titre, date, médium, dimensions et collection. Contient aussi des planches qui reproduisent treize autres oeuvres considérées comme d'éventuelles oeuvres marquantes. Bibliographie. Index des artistes et des titres des oeuvres. Publié aussi en français sous le titre: *Les grandes étapes de l'art au Canada : de la préhistoire à l'art moderne.* N6540 M44 fol. 709.71

2050

Musée national de l'Homme (Canada). – ***"Bo'jou, neejee!" : regards sur l'art indien du Canada.*** – Ted J. Brasser. – Ottawa : Musée national de l'Homme, c1976. – 204 p. : ill. (certaines en coul.), 2 cartes en coul. – 0660000091

Catalogue of an exhibition of rare early Canadian Indian art, organized by the National Museum of Man using many works from its own collection. Includes eighteenth, nineteenth and early twentieth-century works. An introductory essay discusses the materials, styles and techniques used during the periods prior to and after contact with Europeans. Eastern cultural groups are best represented. Black and white photographs of objects are accompanied by the following notes: name of object, description of materials, techniques and motifs, dimensions, cultural group, date, provenance. Twelve colour plates. Separate section of paintings, drawings and prints depicting the period. Bibliography. Also published in English under the title: *"Bo'jou, Neejee!" : profiles of Canadian Indian art.* E98 A7 N3814 fol. 709.7107471384

Catalogue d'une exposition qui regroupe des oeuvres rares du début de l'art amérindien du Canada et qui a été organisée par le Musée national de l'Homme à partir de nombreuses oeuvres de sa propre collection. Inclut des oeuvres des dix-huitième, dix-neuvième et début du vingtième siècles. Un essai de présentation traite des styles, des techniques et des matériaux employés avant et après les premiers contacts avec les Européens. Les groupes culturels de l'Est sont les mieux représentés. Les photographies en noir et blanc sont accompagnées des données suivantes: nom de l'objet, description des matériaux, techniques et motifs, dimensions, groupe culturel, date, provenance. Douze planches en couleurs. Section distincte sur les peintures, les dessins et les estampes qui illustrent la période. Bibliographie. Publié aussi en anglais sous le titre: *"Bo'jou, Neejee!" : profiles of Canadian Indian art.* E98 A7 N3814 fol. 709.7107471384

2051

National Museum of Man (Canada). – ***"Bo'jou, Neejee!" : profiles of Canadian Indian art.*** – Ted J. Brasser. – Ottawa : National Museum of Man, c1976. – 204 p. : ill. (some col.), 2 col. maps. – 0660000083

Catalogue of an exhibition of rare early Canadian Indian art, organized by the National Museum of Man using many works from its own collection. Includes eighteenth, nineteenth and early twentieth-century works. An introductory essay discusses the materials, styles and techniques used during the periods prior to and after contact with Europeans. Eastern cultural groups are best represented. Black and white photographs of objects are accompanied by the following notes: name of object, description of materials, techniques and motifs, dimensions, cultural group, date and provenance. Twelve colour plates. Separate section of paintings, drawings and prints depicting the period. Bibliography. Also published in French under the title: *"Bo'jou, neejee!" : regards sur l'art indien du Canada.* E98 A7 N38 fol. 709.7107471384

Catalogue d'une exposition qui regroupe des oeuvres rares du début de l'art amérindien du Canada et qui a été organisée par le Musée national de l'Homme à partir de nombreuses oeuvres de sa propre collection. Inclut des oeuvres des dix-huitième, dix-neuvième et début du vingtième siècles. Un essai de présentation traite des styles, des techniques et des matériaux employés avant et après les premiers contacts avec les Européens. Les groupes culturels de l'Est sont les mieux représentés. Les photographies en noir et blanc sont accompagnées des données suivantes: nom de l'objet, description des matériaux, techniques et motifs, dimensions, groupe culturel, date, provenance. Douze planches en couleurs. Section distincte sur les peintures, les dessins et les estampes qui illustrent la période. Bibliographie. Publié aussi en français sous le titre: *"Bo'jou, neejee!" : regards sur l'art indien du Canada.* E98 A7 N38 fol. 709.7107471384

2052

Nemiroff, Diana. – ***Land, spirit, power : First Nations at the National Gallery of Canada.*** – Diana Nemiroff, Robert Houle, Charlotte Townsend-Gault. – Ottawa : National Gallery of Canada, 1992. – [232] p. : ill. (some col.). – 0888846509

The catalogue of an exhibition of 53 contemporary works by eighteen North American Native artists, held at the National Gallery of Canada, September 25 to November 22, 1992. Introductory essays by each of the curators examine the nature of Native art and the history of its exhibition. Illustrated essays on or interviews with each of the artists analyse subject matter, style and medium. Biographical notes and references to literature on the artist. List of works exhibited. Also published in French under the title: *Terre, esprit, pouvoir : les premières nations au Musée des beaux-arts du Canada.* N6549.5 709.7107471384

Catalogue d'une exposition qui regroupait 53 oeuvres contemporaines réalisées par dix-huit artistes autochtones nord-américains et qui a eu lieu au Musée des beaux-arts du Canada du 25 septembre au 22 novembre 1992. Essais de présentation rédigés par les conservateurs qui examinent la nature de l'art autochtone et l'histoire de l'exposition des oeuvres de ce type. Pour chaque artiste, analyse du sujet traité, du style et du médium dans un essai illustré ou dans une entrevue. Notes biographiques et références aux documents sur l'artiste. Liste des oeuvres exposées. Publié aussi en français sous le titre: *Terre, esprit, pouvoir : les premières nations au Musée des beaux-arts du Canada.* N6549.5 709.7107471384

2053

Nemiroff, Diana. – *Terre, esprit, pouvoir : les premières nations au Musée des beaux-arts du Canada.* – Diana Nemiroff, Robert Houle, Charlotte Townsend-Gault. – Ottawa : Musée des beaux-arts du Canada, 1992. – [232] p. : ill. (certaines en coul.). – 0888846517

The catalogue of an exhibition of 53 comtemporary works by eighteen North American Native artists, held at the National Gallery of Canada, September 25 to November 22, 1992. Introductory essays by each of the curators examine the nature of Native art and the history of its exhibition. Illustrated essays on or interviews with each of the artists analyse subject matter, style and medium. Biographical notes and references to literature on the artist. List of works exhibited. Also published in English under the title: *Land, spirit, power : First Nations at the National Gallery of Canada.* N6549.5 709.7107471384

Catalogue d'une exposition qui regroupait 53 oeuvres contemporaines réalisées par dix-huit artistes autochtones nord-américains et qui a eu lieu au Musée des beaux-arts du Canada du 25 septembre au 22 novembre 1992. Essais de présentation rédigés par les conservateurs qui examinent la nature de l'art autochtone et l'histoire de l'exposition des oeuvres de ce type. Pour chaque artiste, analyse du sujet traité, du style et du médium dans un essai illustré ou dans une entrevue. Notes biographiques et références aux documents sur l'artiste. Liste des oeuvres exposées. Publié aussi en anglais sous le titre: *Land, spirit, power : First Nations at the National Gallery of Canada.* N6549.5 709.7107471384

2054

Patterson, Nancy-Lou. – *Canadian Native art : arts and crafts of Canadian Indians and Eskimos.* – Don Mills (Ont.) : Collier-Macmillan Canada, c1973. – [12], 180 p. : ill. (some col.), col. map. – 029756103

A survey history of Native art in Canada. Covers art forms such as sculpture, beadwork, quillwork, basketry, costume, painting, architecture, etc. Arranged in chapters for each cultural group or region. Fifteen colour and 55 black and white reproductions. Map of major linguistic groups. Bibliography. Index of media, cultural groups, etc. E98 A7 P3 fol. 709.71

Histoire générale de l'art autochtone au Canada. Porte sur des formes artistiques comme la sculpture, la broderie perlée, la décoration au moyen de piquants de porc-épic, la vannerie, les costumes, la peinture, l'architecture, etc. Classement par chapitres qui traitent chacun d'un groupe culturel ou d'une région. Quinze reproductions en couleurs et 55 reproductions en noir et blanc. Carte des principaux groupes linguistiques. Bibliographie. Index des médiums, des groupes culturels, etc. E98 A7 P3 fol. 709.71

2055

Pluralities, 1980 = Pluralités, 1980. – Selected by Philip Fry, Willard Holmes, Allan Mackay, Chantal Pontbriand ; coordinated by Jessica Bradley. – Ottawa : National Gallery of Canada, 1980. – 131 p. : ill. – 0888844468

The bilingual catalogue of an exhibition of 62 contemporary Canadian paintings, sculpture, photographs, installations, etc., organized for the centenary of the National Gallery. Alphabetically arranged by name of artist. Entries include an essay on the artist's style, medium and subject matter, biographical information with a list of exhibitions and a bibliography, a catalogue of works exhibited and black and white reproductions of selected works. N6545 709.7107471384

Catalogue bilingue d'une exposition qui portait sur 62 oeuvres canadiennes contemporaines, soit des peintures, des sculptures, des photographies, des installations, etc. et qui avait été organisée à l'occasion du centenaire de la Galerie nationale (maintenant, le Musée des beaux-arts). Classement alphabétique par noms d'artistes. Les notices comprennent un essai sur le style de l'artiste, le médium employé et le sujet traité, des données biographiques accompagnées d'une liste des expositions et d'une bibliographie, ainsi qu'un catalogue des oeuvres exposées avec les reproductions en noir et blanc de certaines d'entre elles. N6545 709.7107471384

2056

Pluralities, 1980 = Pluralités, 1980. – Sélection, Philip Fry, Willard Holmes, Allan Mackay, Chantal Pontbriand ; coordination, Jessica Bradley. – Ottawa : Galerie nationale du Canada, 1980. – 131 p. : ill. – 0888844468

The bilingual catalogue of an exhibition of 62 contemporary Canadian paintings, sculpture, photographs, installations, etc., organized for the centenary of the National Gallery. Alphabetically arranged by name of artist. Entries include an essay on the artist's style, medium and subject matter, biographical information with a list of exhibitions and a bibliography, a catalogue of works exhibited and black and white reproductions of selected works. N6545 709.7107471384

Catalogue bilingue d'une exposition qui portait sur 62 oeuvres canadiennes contemporaines, soit des peintures, des sculptures, des photographies, des installations, etc. et qui avait été organisée à l'occasion du centenaire de la Galerie nationale (maintenant, le Musée des beaux-arts). Classement alphabétique par noms d'artistes. Les notices comprennent un essai sur le style de l'artiste, le médium employé et le sujet traité, des données biographiques accompagnées d'une liste des expositions et d'une bibliographie, ainsi qu'un catalogue des oeuvres exposées avec les reproductions en noir et blanc de certaines d'entre elles. N6545 709.7107471384

2057

Smith, Harlan I. – *An album of prehistoric Canadian art.* – Ottawa : King's Printer, 1923. – iii, 195 p. : ill. – (Bulletin ; no. 37) (Anthropological series ; no. 8).

389 drawings of prehistoric Canadian art objects. Intended to be a catalogue of designs for use by manufacturers and commercial artists. Includes items made of stone, pottery, bone, shell, wood, antler, etc., the majority from British Columbia and Ontario. Arranged geographically and by type of material or object. Drawings are accompanied by notes on type of object, material, original location, possible cultural group, name of collector, date collected, name of institution holding item, catalogue number, ratio of drawing size to real size, form or style. Bibliography. E98 A7 S6 709.71

389 dessins d'objets d'art préhistorique canadien. Conçu comme un catalogue de dessins qui peuvent servir aux fabricants et aux graphistes. Comprend des articles faits de pierre, de terre, d'os, de coquillages, de bois, de bois d'animaux, etc., dont la majorité proviennent de la Colombie-Britannique et de l'Ontario. Classement géographique et classement par types de matériaux ou d'objets. Les dessins sont accompagnés des données suivantes: type d'objet, matériau, lieu d'origine, groupe culturel probable, nom du collectionneur, date de collecte, nom de l'établissement qui possède l'article, numéro de catalogue, rapport de grandeur entre le dessin et l'objet réel, forme ou style. Bibliographie. E98 A7 S6 709.71

2058

Society of Canadian Artists. – *Two decades.* – [Toronto] : the Society, [1979]. – 95 p. : ill.

The catalogue of an exhibition of works by members of the Society, commemorating its twentieth anniversary. Includes paintings, sculpture, prints, drawings, photographs, tapestries, etc. Alphabetically arranged by name of artist. One work by each of 90 members is reproduced, with biographical notes on place and date of birth, medium, education, exhibitions, awards and collections.   N17 A78 A3 1979   709.71074713541

Catalogue d'oeuvres réalisées par des membres de la Society of Canadian Artists et exposées pour célébrer le vingtième anniversaire de cette société. Inclut des peintures, des sculptures, des estampes, des dessins, des photographies, des tapisseries, etc. Classement alphabétique par noms d'artistes. Pour chacun des 90 membres, une oeuvre est reproduite et accompagnée des données suivantes: notes biographiques sur le lieu et la date de naissance, médium choisi, études, expositions, prix et collections.   N17 A78 A3 1979 709.71074713541

2059

The Spirit sings : artistic traditions of Canada's first peoples : a catalogue of the exhibition. – Toronto : McClelland and Stewart ; Calgary : Glenbow Museum, c1987. – [160] p. : ill. – 0771033575 (bd.) 0771033583 (pa.)

Catalogue of an exhibition of Canadian Native art mounted by the Glenbow Museum in 1988. Works exhibited were borrowed from approximately 90 institutions and individuals in twenty countries. Arranged in six sections for works of the East Coast, Northern Woodlands, Northern Plains, Western Subarctic, Arctic and Northwest Coast. Black and white photographs of the exhibited items are accompanied by the following information: name of object, cultural group, date, media, dimensions, collection, brief description of construction techniques, materials and designs. Bibliography.

   Also published: *The Spirit sings : artistic traditions of Canada's first peoples* (Toronto : McClelland & Stewart ; Calgary : Glenbow Museum, c1987), 264 p. *Le Souffle de l'esprit : coutumes et traditions chez les Indiens d'Amérique* (Montréal : Québec/Amérique, c1988), 262 p. These publications include essays by the curators of the exhibition analysing the artistic traditions of regional cultural groups.   E78 C2 S673 1987 fol.   709.71074712338

Catalogue d'une exposition d'oeuvres d'art autochtone du Canada montée par le Glenbow Museum en 1988. Les oeuvres exposées étaient empruntées à environ 90 établissements et personnes de vingt pays. Classement en six sections: la côte Est, les forêts du Nord, les plaines du Nord, la région subarctique Ouest, l'Arctique et la côte Nord-Ouest. Les photographies en noir et blanc des oeuvres exposées sont accompagnées des données suivantes: nom de l'objet, groupe culturel, date, médium, dimensions, collection, et courte description des techniques de construction, des matériaux et des dessins. Bibliographie.

   Également publiés: *The Spirit sings : artistic traditions of Canada's first peoples* (Toronto : McClelland & Stewart ; Calgary : Glenbow Museum, c1987), 264 p. *Le Souffle de l'esprit : coutumes et traditions chez les Indiens d'Amérique* (Montréal : Québec/Amérique, c1988), 262 p. Ces publications contiennent des essais rédigés par les conservateurs de l'exposition qui analysent les traditions artistiques des groupes culturels régionaux.   E78 C2 S673 1987 fol. 709.71074712338

2060

Tippett, Maria. – *By a lady : celebrating three centuries of art by Canadian women.* – Toronto : Viking, 1992. – xiii, 226 p. : ill. (some col.). – 0670844586

A survey history which examines and celebrates the artistic achievements of Canadian women. Includes paintings, sculpture, prints, photographs, drawings, etc. Chronologically arranged in chapters entitled beginnings, laying the foundations, between the wars, before the storm and the feminist revolution. Black and white and colour illustrations with notes on name of artist, title, date, medium, dimensions and collection. List of illustrations. Index of artists, galleries, etc.   N6540 T56 1992 fol.   709.71

Histoire générale qui étudie et célèbre les réalisations artistiques des Canadiennes. Comprend des peintures, des sculptures, des estampes, des photographies, des dessins, etc. Classement chronologique par chapitres qui portent sur diverses étapes: les débuts, les premières réalisations, l'entre-deux guerres, le calme avant la tempête et la révolution féministe. Illustrations en noir et blanc ou en couleurs accompagnées des données suivantes: nom de l'artiste, titre de l'oeuvre, date, médium, dimensions et collection. Liste des illustrations. Index des artistes, des galeries, etc.   N6540 T56 1992 fol.   709.71

2061

Women of the North : an exhibition of art by Inuit women of the Canadian Arctic : sculptures, drawings, wall hangings, costumes, dolls : June 6-July 11, 1992. – Vancouver : Marion Scott Gallery, [1992]. – 95 p. : col. ill., 1 map. – 0921634188

The catalogue of an exhibition of works by 65 Inuit women artists from fifteen communities of the Northwest Territories. Alphabetically arranged by name of artist. Colour illustrations are accompanied by notes on title or subject matter, date, medium and dimensions. Data is also provided for works exhibited but not illustrated in the catalogue. Indexes of artists, arranged alphabetically and by community.   E99 E7 W76 1992 fol.   709.719207471133

Catalogue d'une exposition d'oeuvres réalisées par 65 femmes artistes inuit qui viennent de quinze communautés des Territoires du Nord-Ouest. Classement alphabétique par noms d'artistes. Les illustrations en couleurs sont accompagnées des données suivantes: titre de l'oeuvre ou sujet traité, date, médium et dimensions. Des données sont également fournies pour les oeuvres exposées mais non illustrées dans le catalogue. Index alphabétique des artistes et index des artistes par communauté.   E99 E7 W76 1992 fol. 709.719207471133

Alberta

Alberta

2062

Alberta now : the Edmonton Art Gallery, May 2 to June 22, 1980. – Edmonton : Edmonton Art Gallery, c1980. – 79 p. : ill. – 0889500134

The catalogue of a juried exhibition of contemporary works by 39 Alberta painters and sculptors. Alphabetically arranged by name of artist. One work by each artist reproduced in black and white with notes on title, date, medium, dimensions and collection. Biographies of artists.   N6546 A4 A39 fol.   709.7123074712334

Catalogue d'une exposition avec jury d'oeuvres contemporaines réalisées par 39 peintres et sculpteurs de l'Alberta. Classement alphabétique par noms d'artistes. Pour chaque artiste, une oeuvre est reproduite en noir et blanc et accompagnée des données suivantes: titre, date, médium, dimensions et collection. Biographies des artistes.   N6546 A4 A39 fol.   709.7123074712334

2063

Heath, Terrence. – *Western untitled.* – [Calgary] : Glenbow-Alberta Institute, [1976]. – [76] p. : ill. (some col.), ports.

The catalogue of an exhibition of 121 contemporary works by 24 painters and sculptors from Western Canada. Selected by Terrence Heath for the Glenbow-Alberta Institute. 105 black and white and sixteen colour reproductions with notes on title, date, medium, dimensions and collection. Biographies of artists include: place and date of birth, education, place of residence, bibliography, list of works exhibited, portrait.   N6546 W47 W47   709.712074712338

Catalogue d'une exposition de 121 oeuvres contemporaines réalisées par 24 peintres et sculpteurs de l'Ouest canadien et choisies par Terrence Heath pour le Glenbow-Alberta Institute. 105 reproductions en noir et blanc et seize reproductions en couleurs avec titre, date, médium, dimensions et collection. Les biographies des artistes comprennent: lieu et date de naissance, études, lieu de résidence, bibliographie, liste des oeuvres exposées, portrait.   N6546 W47 W47 709.712074712338

2064

Survey Alberta 88, January 29 - March 4. – Catalogue text, Allan H. MacKay, Diana Nemiroff, Jeffrey Spalding. – Calgary : Alberta College of Art Gallery, c1988. – 67 p. : ill. (some col.).

The catalogue of a juried exhibition of works by 31 contemporary artists of Alberta, organized for the occasion of the 1988 Winter Olympics in Calgary. Includes paintings, sculpture, prints, ceramics, etc. Alphabetically arranged by name of artist. Colour reproductions of works with notes on title, date, medium, dimensions and collection. Biographies of artists include place and date of birth, place of residence, education, exhibitions and bibliography. List of works exhibited.   N6546 A4 S87 1988 fol.   709.712074712338

Catalogue d'une exposition avec jury qui regroupait les oeuvres de 31 artistes contemporains de l'Alberta et qui était organisée à l'occasion des Jeux olympiques d'hiver de 1988 à Calgary. Comprend des peintures, des sculptures, des estampes, des pièces de céramique, etc. Classement alphabétique par noms d'artistes. Reproductions en couleurs avec titre, date, médium, dimensions et collection. Les biographies des artistes incluent le lieu et la date de naissance, le lieu de résidence, les études, les expositions et une bibliographie. Liste des oeuvres exposées.   N6546 A4 S87 1988 fol.   709.712074712338

2065

Time for dialogue : contemporary artists, an exhibition of contemporary Alberta Aboriginal art. The collectors meet a mentor : an exhibition of works of senior Aboriginal artists from the art collections in Calgary. – [Calgary] : Calgary Aboriginal Awareness Society, [1992?]. – 58 p. : col. ill.

The catalogue of two exhibitions of contemporary Alberta Native art organized by the Calgary Aboriginal Awareness Society. The exhibitions feature paintings, sculpture and mixed media works by eleven senior and 21 emerging Native artists. Lists of works exhibited note the following information for each: title, date, medium, dimensions and collection. Colour reproductions of selected works. Artist biographies include place and year of birth, education, professional experience, solo and group exhibitions, prizes, awards, commissions, collections, galleries.   N6549.5   709.7123074712338

Catalogue de deux expositions d'art contemporain autochtone de l'Alberta organisées par la Calgary Aboriginal Awareness Society. Les expositions comprenaient des peintures, des sculptures et des oeuvres multimedia créées par onze artistes autochtones d'expérience et par 21 nouveaux artistes autochtones. Les listes des oeuvres exposées contiennent les données suivantes sur chaque oeuvre: titre, date, médium, dimensions et collection. Reproductions en couleur d'oeuvres choisies. Les biographies d'artistes comprennent le lieu et l'année de naissance, les études, l'expérience professionnelle, les expositions individuelles et collectives, les prix et les honneurs remportés, les commissions, les collections, les galeries.   N6549.5 709.7123074712338

Atlantic Provinces

Provinces de l'Atlantique

2066

Acadia Nova. – [Halifax : Art Gallery of Nova Scotia, 1980?]. – [40] p. : ill.

The bilingual catalogue of an exhibition of Acadian art by fifteen artists from New Brunswick and Nova Scotia, active in the 1960s and 1970s. Includes sculpture, folk art, painting and conceptual criticism. Alphabetically arranged by name of artist. Entries include a chronology of events in the artist's life and a list of works exhibited with notes on title, date, medium, dimensions and collection. Black and white reproductions of selected works from the exhibition. Notes on each artist's style and subject matter complete the catalogue.   N908 N6 A784   709.715074716225

Catalogue bilingue d'une exposition d'oeuvres d'art acadien réalisées par quinze artistes du Nouveau-Brunswick et de la Nouvelle-Écosse, actifs pendant les années 1960 et 1970. Comprend des sculptures, des oeuvres d'art populaire, des peintures et des oeuvres d'art conceptuel. Classement alphabétique par noms d'artistes. Les notices comprennent une chronologie de la vie de l'artiste et une liste des oeuvres exposées pour lesquelles on donne le titre, la date, le médium, les dimensions et la collection. Reproductions en noir et blanc d'oeuvres choisies de l'exposition. Des notes sur le style de chaque artiste et le sujet traité complètent le catalogue.   N908 N6 A784   709.715074716225

2067

The Beaverbrook Art Gallery presents nine New Brunswick artists = La Galerie d'art Beaverbrook organise neuf artistes du Nouveau-Brunswick. – [Fredericton : Beaverbrook Art Gallery, 1973?]. – 36 p. : ill.

The bilingual catalogue of an exhibition of 27 paintings, drawings and prints by nine New Brunswick artists. Black and white reproductions with notes on title, date, medium, dimensions, inscription and collection. Brief biographies of artists. N6546 N4 B43 fol. 709.7151074715515

Catalogue bilingue d'une exposition de 27 peintures, estampes et dessins réalisés par neuf artistes du Nouveau-Brunswick. Reproductions en noir et blanc avec titre de l'oeuvre, date, médium, dimensions, inscription et collection. Courtes biographies des artistes. N6546 N4 B43 fol. 709.7151074715515

2068

The Beaverbrook Art Gallery presents nine New Brunswick artists = La Galerie d'art Beaverbrook organise neuf artistes du Nouveau-Brunswick. – [Fredericton : Galerie d'art Beaverbrook, 1973?]. – 36 p. : ill.

The bilingual catalogue of an exhibition of 27 paintings, drawings and prints by nine New Brunswick artists. Black and white reproductions with notes on title, date, medium, dimensions, inscription and collection. Brief biographies of artists. N6546 N4 B43 fol. 709.7151074715515

Catalogue bilingue d'une exposition de 27 peintures, estampes et dessins réalisés par neuf artistes du Nouveau-Brunswick. Reproductions en noir et blanc avec titre de l'oeuvre, date, médium, dimensions, inscription et collection. Courtes biographies des artistes. N6546 N4 B43 fol. 709.7151074715515

2069

Innovascotia : five years of art by 17 Nova Scotia artists. – Selected by Léo Rosshandler. – [Halifax] : Art Gallery of Nova Scotia, c1985. – [40], [8] p. : ill., ports. – 0888710828

The bilingual catalogue of an exhibition of paintings and sculpture by seventeen Nova Scotia artists. Alphabetically arranged by name of artist. One work by each reproduced in black and white. Biographies include: place and date of birth, place of residence, education, awards, solo and group exhibitions, collections and works exhibited. Portraits of artists. N6546 N9 H123 1985 709.716074716225

Catalogue bilingue d'une exposition de peintures et de sculptures réalisées par dix-sept artistes de la Nouvelle-Écosse. Classement alphabétique par noms d'artistes. Pour chaque artiste, une oeuvre est reproduite en noir et blanc. Les biographies contiennent: lieu et date de naissance, lieu de résidence, études, prix, expositions individuelles ou collectives, collections et oeuvres exposées. Portraits des artistes. N6546 N9 H123 1985 709.716074716225

2070

Island visual artists : an exhibition representing the work of Island visual artists. – (1982)- . – West Royalty (P.E.I.) : Holland College, School of Visual Arts Gallery, c1982- . – vols. : ill., ports.

Annual. The catalogue of an exhibition of works in a variety of media by visual artists of Prince Edward Island. Alphabetically arranged by name of artist. Biographies of artists include place of residence, education, exhibitions, artist's statement and portrait. Photograph of one work by each artist with notes on title, medium and dimensions. N6548 I85 709.7170747174

Annuel. Catalogue d'une exposition d'oeuvres réalisées avec divers médiums par des artistes en art visuel de l'Île-du-Prince-Édouard. Classement alphabétique par noms d'artistes. Les biographies des artistes comprennent le lieu de résidence, les études, les expositions, ainsi qu'une déclaration et un portrait de l'artiste. Pour chaque artiste, une photographie d'une oeuvre avec titre, médium et dimensions. N6548 I85 709.7170747174

2071

Memorial University Art Gallery. – ***Twenty-five years of art in Newfoundland : some significant artists.*** – Patricia Grattan and Caroline Stone. – St. John's : Art Gallery, Memorial University of Newfoundland, c1987. – 40 p. : ill. (some col.).

The catalogue of an exhibition of works, dating from the 1960s, 1970s, and 1980s, by 23 Newfoundland artists. Organized to celebrate the twenty-fifth anniversary of the Memorial University Art Gallery which holds many of the works exhibited. Alphabetically arranged by name of artist. Black and white and colour reproductions of prints, paintings, sculpture, etc., with notes on title, date, medium, dimensions and collection. Biographies of artists include a chronology of events and lists of exhibitions, collections, grants, awards and commissions. List of works exhibited. Bibliography. N6546 N5 S13885 1987 709.7180747181

Catalogue d'une exposition d'oeuvres qui datent des années 1960, 1970 et 1980, et qui ont été réalisées par 23 artistes de Terre-Neuve. L'exposition avait été organisée pour célébrer le 25ᵉ anniversaire de la Memorial University Art Gallery qui possède nombre des oeuvres exposées. Classement alphabétique par noms d'artistes. Reproductions en noir et blanc ou en couleurs des estampes, des peintures, des sculptures, etc. avec titre, date, médium, dimensions et collection. Les biographies des artistes contiennent un tableau chronologique et la liste des expositions, des collections, des subventions, des prix et des commissions. Liste des oeuvres exposées. Bibliographie. N6546 N5 S13885 1987 709.7180747181

2072

O'Brien, Mern. – ***Diverse perspectives : a selection of work by 37 members of the Slide Registry of Nova Scotia Women Artists in celebration of its tenth anniversary and the United Nations Decade for Women.*** – Halifax : Art Gallery, Mount Saint Vincent University, c1985. – 48 p. : ill. – 0770306144

The catalogue of an exhibition of works by 37 Nova Scotia women artists who were members of the Slide Registry of Nova Scotia Women Artists. The exhibition includes paintings, drawings, prints, sculpture, ceramics, fibre art, works in glass, etc. Entries for artists are alphabetically arranged by name and include: place and date of birth, place of residence, education, exhibitions, description of the

Catalogue d'une exposition d'oeuvres réalisées par 37 femmes artistes de la Nouvelle-Écosse qui étaient membres du Slide Registry of Nova Scotia Women Artists. L'exposition comprenait des peintures, des dessins, des estampes, des sculptures, des oeuvres en céramique ou en verre, des oeuvres d'art en textile, etc. Les notices sur les artistes sont classées en ordre alphabétique par noms

artist's work, list of works exhibited. One work by each artist is reproduced in black and white. The registry was established in 1975 and was open to women artists born and/or living in Nova Scotia. From 1975 to 1990, when it was closed, it represented approximately 200 women. Slides of recent works by each and biographical and professional information were collected. The registry has been deposited at the Public Archives of Nova Scotia. N6546 N6 O27 1985   709.716074716225

d'artistes et elles contiennent: lieu et date de naissance, lieu de résidence, études, expositions, description de l'oeuvre de l'artiste, liste des oeuvres exposées. Pour chaque artiste, une oeuvre est reproduite en noir et blanc. Le registre créé en 1975 était ouvert aux femmes artistes qui étaient nées ou qui vivaient en Nouvelle-Écosse. De 1975 à 1990, alors qu'il était fermé, le registre représentait environ 200 femmes. Des diapositives d'oeuvres récentes de chacune des artistes, ainsi que des données de nature biographique et professionnelle ont été rassemblées. Le registre a été déposé aux Public Archives of Nova Scotia. N6546 N6 O27 1985   709.716074716225

2073

Rosenberg, Avis Lang. – *Mirrorings : women artists of the Atlantic Provinces.* – Halifax : Art Gallery, Mount Saint Vincent University, c1982. – 45 p. : ill. – 0770302025

The catalogue of a juried exhibition of works by fifteen women artists of the Atlantic Provinces. Includes paintings, drawings, photographs and fibre art. Entries are alphabetically arranged by name of artist and include: place and date of birth, place of residence, education, exhibitions, collections, awards, works exhibited, artist's statement. One work by each is reproduced in black and white. The text of the catalogue was also published separately in French, under the title: *Réflections : les femmes artistes des provinces de l'Atlantique.* N5030 H34 A6 1982 fol. 709.715074716225

Catalogue d'une exposition avec jury d'oeuvres réalisées par quinze femmes artistes des provinces de l'Atlantique. Inclut des peintures, des dessins, des photographies et des oeuvres d'art en textile. Les notices sont classées en ordre alphabétique par noms d'artistes et elles contiennent: lieu et date de naissance, lieu de résidence, études, expositions, collections, prix, oeuvres exposées, déclaration de l'artiste. Pour chaque artiste, une oeuvre est reproduite en noir et blanc. Le texte du catalogue a aussi été publié séparément en français sous le titre: *Réflections : les femmes artistes des provinces de l'Atlantique.* N5030 H34 A6 1982 fol. 709.715074716225

2074

Rosenberg, Avis Lang. – *Réflections : les femmes artistes des provinces de l'Atlantique.* – Halifax : Galerie d'art, Université Mount Saint Vincent, c1982. – 12 p. – 0770302041 – Titre de la couv.

The catalogue of a juried exhibition of works by fifteen women artists of the Atlantic Provinces. Includes paintings, drawings, photographs and fibre art. Entries are alphabetically arranged by name of artist and include: place and date of birth, place of residence, education, exhibitions, collections, awards, works exhibited, artist's statement. No illustrations. An illustrated catalogue was published in English under the title: *Mirrorings : women artists of the Atlantic Provinces.* N5030 H34 A6 1982a fol. 709.715074716225

Catalogue d'une exposition avec jury d'oeuvres réalisées par quinze femmes artistes des provinces de l'Atlantique. Inclut des peintures, des dessins, des photographies et des oeuvres d'art en textile. Les notices sont classées en ordre alphabétique par noms d'artistes et elles contiennent: lieu et date de naissance, lieu de résidence, études, expositions, collections, prix, oeuvres exposées, déclaration de l'artiste. Aucune illustration. Un catalogue illustré a été publié en anglais sous le titre: *Mirrorings : women artists of the Atlantic Provinces.* N5030 H34 A6 1982a fol. 709.715074716225

2075

Some women artists in Nova Scotia now. – Halifax : Art Gallery, Mount Saint Vincent University, 1990. – [14] p. : ill. – 1895215072

The catalogue of an exhibition of works by ten women artists of Nova Scotia, organized by the Art Gallery of Mount Saint Vincent University. Includes paintings, photographs, jewellery, books, fibre art, videos, mixed-media works, etc. Alphabetically arranged by name of artist. Entries include: place and date of birth, education, exhibitions, description of the artist's work, list of works exhibited with notes on title, date, medium and dimensions. One work by each artist reproduced in black and white. N6545 M68 709.716074716225

Catalogue d'une exposition qui regroupait des oeuvres réalisées par dix femmes artistes de la Nouvelle-Écosse et qui était organisée par la Galerie d'art de l'Université Mount Saint Vincent. Inclut des peintures, des photographies, des bijoux, des livres, des oeuvres d'art en textile, des oeuvres vidéo, des oeuvres multimédias, etc. Classement alphabétique par noms d'artistes. Les notices contiennent: lieu et date de naissance, études, expositions, description de l'oeuvre de l'artiste, liste des oeuvres exposées avec titre, date, médium et dimensions. Pour chaque artiste, une oeuvre est reproduite en noir et blanc. N6545 M68   709.716074716225

2076

Subject matter : contemporary painting and sculpture in Nova Scotia : Art Gallery of Nova Scotia, 2 May to 12 July, 1992. – Robin Metcalfe, guest curator. – Halifax : Art Gallery of Nova Scotia, c1992. – 64 p. : col. ill. – 0888711859

The catalogue of an exhibition examining contemporary Nova Scotia art. Includes works by ten painters and six sculptors. Introductory essay presents the curator's analysis of the themes of the exhibition. Colour reproductions of one work by each artist accompanied by notes on title, date, medium, dimensions and collection. Artist biographies include: date and place of birth, place of residence, education, individual and group exhibitions, commissions, collections, list and analysis of works exhibited. Bibliography. Reproduced in microform format: *Microlog*, no. 92-05532. N6546 709.716074716225

Catalogue d'une exposition sur l'art contemporain en Nouvelle-Écosse. Inclut des oeuvres réalisées par dix peintres et six sculpteurs. Dans un essai de présentation, le conservateur analyse les thèmes de l'exposition. Pour chaque artiste, reproduction en couleurs d'une oeuvre avec titre, date, médium, dimensions et collection. Les biographies des artistes contiennent: date et lieu de naissance, lieu de résidence, études, expositions individuelles et collectives, commissions, collections, liste et analyse des oeuvres exposées. Bibliographie. Reproduit sur support microforme: *Microlog*, n° 92-05532. N6546 709.716074716225

2077

Women artists of P.E.I. : a survey of female artistic activity on the Island. – [Charlottetown : Confederation Centre Art Gallery and Museum, 1975]. – [11] p. : ill.

The catalogue of an exhibition of twenty paintings, wall hangings, ceramic works and pieces of jewellery by women artists of Prince Edward Island. Organized to commemorate International Women's Year. List of works exhibited with title, medium and dimensions noted. Biographies of artists.   N8354 C47 1975   709.7170747175

Catalogue d'une exposition de vingt peintures, pièces murales, pièces de céramique et bijoux réalisés par des femmes artistes de l'Île-du-Prince-Édouard. Exposition organisée pour commémorer l'année internationale de la femme. Liste des oeuvres exposées avec titre, médium et dimensions. Biographies des artistes.   N8354 C47 1975   709.7170747175

British Columbia

Colombie-Britannique

2078

Artropolis 93 : public art and art about public issues. – Editors, Sue Kelly, Lisa Langford, Francesca Lund, Ann Rosenberg. – 1st ed. – Vancouver : A.T. Eight Artropolis Society, 1993. – 168 p. : ill. – 1895371082

The catalogue of the fifth in a series of exhibitions of contemporary works by British Columbia visual artists. Includes paintings, sculpture, photographs, videos, installations and performance art by 240 artists at various stages in their careers. Arranged according to themes relating to public art and art on public issues. Black and white photographs of works are accompanied by an artist's statement and notes on title, medium, dimensions or duration. Artist index. Previous exhibitions organized by A.T. Eight Artropolis Society: 1983, *October show*; 1984, *Warehouse exhibition*; 1987, *Artropolis : exhibition of contemporary British Columbia art*; 1990, *Artropolis 90 : lineages & linkages*.   N6546 V35 A77 709.71107471133

Catalogue de la cinquième d'une série d'expositions des oeuvres contemporaines réalisées par des artistes visuels de la Colombie-Britannnique. Comprend des peintures, des sculptures, des photographies, des oeuvres vidéo, des installations et des représentations en art de performance réalisées par 240 artistes à diverses étapes de leur carrière. Arrangé par thèmes en rapport avec l'art public et l'art engagé dans des causes sociales. Les photographies en noir et blanc sont accompagnées d'une déclaration de l'artiste et des données suivantes: titre de l'oeuvre, médium et dimensions ou durée. Index des artistes. Expositions précédentes organisées par A.T. Eight Artropolis Society: 1983, *October show*; 1984, *Warehouse exhibition*; 1987, *Artropolis : exhibition of contemporary British Columbia art*; 1990, *Artropolis 90 : lineages & linkages*.   N6546 V35 A77 709.71107471133

2079

British Columbia women artists, 1885-1985 : an exhibition organized by Nicholas Tuele at the Art Gallery of Greater Victoria. – Catalogue essays written by Nicholas Tuele, Roberta Pazdro, Christina Johnson-Dean. – Victoria : Art Gallery of Greater Victoria, [1985]. – 24 p. : [12] p. of col. plates. – 0888851162

The catalogue of an exhibition of works by women artists of British Columbia. Includes paintings, prints, drawings, sculpture, ceramics, metalwork, etc. Introductory essays outline the history of women artists in the province. Entries for works exhibited note name of artist, title, date, medium, dimensions and collection. Fourteen colour reproductions. Also includes an index of British Columbia women artists, many of whom are represented in biographical files and a slide registry at the Art Gallery of Greater Victoria. Bibliography.   N6546 B7 B75 1985 fol.   709.71107471128

Catalogue d'une exposition d'oeuvres réalisées par des femmes artistes de la Colombie-Britannique. Inclut des peintures, des estampes, des dessins, des sculptures, des pièces de céramique, des oeuvres en métal, etc. Essais de présentation qui donnent les grandes lignes de l'histoire des femmes artistes dans la province. Les notices sur les oeuvres exposées fournissent le nom de l'artiste, le titre de l'oeuvre, la date, le médium, les dimensions et la collection. Quatorze reproductions en couleurs. Inclut également un index des femmes artistes de la Colombie-Britannique, dont un bon nombre sont représentées dans les dossiers biographiques et dans le registre de diapositives de l'Art Gallery of Greater Victoria. Bibliographie. N6546 B7 B75 1985 fol.   709.71107471128

2080

Dawn : an exhibition by women artists of British Columbia. – Organized by the Art Gallery Committee, Alma Mater Society, University of British Columbia. – [Vancouver : University of British Columbia, Alma Mater Society, Art Gallery Committee, 1975?]. – 49 p.

Biographies of British Columbia women artists working in a variety of media. Alphabetically arranged by name of artist. Entries include information on education, exhibitions and collections.   N6546 B7 709.71107471133

Biographies de femmes artistes de la Colombie-Britannique qui travaillent avec divers médiums. Classement alphabétique par noms d'artistes. Les notices contiennent des données sur les études, les expositions et les collections.   N6546 B7   709.71107471133

2081

Duff, Wilson. – *Arts of the raven : masterworks by the Northwest Coast Indian : an exhibition in honour of the one hundredth anniversary of Canadian Confederation.* – Catalogue text by Wilson Duff, with contributory articles by Bill Holm and Bill Reid. – [Vancouver : Vancouver Art Gallery, 1967?]. – 1 vol. (unpaged) : ill. (some col.), 1 map.

The catalogue of an exhibition of 546 works of Haida, Tlingit, Tsimshian and Kwakiutl art, organized by the Vancouver Art Gallery in 1967. The catalogue follows the organization of the exhibition in which galleries were dedicated to the following: faces on masks; small sculptures in wood such as rattles, dishes, spoons and pipes;

Catalogue d'une exposition de 546 oeuvres d'art haida, tlingit, tsimshen et kwakiutl, organisée par la Vancouver Art Gallery en 1967. Le catalogue est divisé comme l'étaient les salles d'exposition: les visages sur les masques; les petites sculptures de bois comme les crécelles, les plats, les cuillères et les pipes; les oeuvres en ardoise, en

works in slate, ivory, horn, bone and silver; flat designs such as those found on the surfaces of chests and boxes and in woven items such as blankets; works of Charles Edenshaw; masterpieces of Northwest Coast art; arts of the Kwakiutl; the art today. Black and white and eight colour photographs. Essays on the contexts, styles and appreciation of Northwest Coast art by Wilson Duff, Bill Holm and Bill Reid. Entries for works include type of object, cultural group, name of artist when known, title, media, principal dimension, collection. E98 A7 V3 fol.   709.711

ivoire, en corne, en os et en argent; les dessins en deux dimensions comme ceux que se trouvent sur des coffres, des boîtes et des articles tissés, notamment les couvertures; les oeuvres de Charles Edenshaw; les chefs-d'oeuvre de l'art de la côte Nord-Ouest; les arts des Kwakiutl; l'art contemporain. Photographies en noir et blanc et huit photographies en couleurs. Essais rédigés par Wilson Duff, Bill Holm et Bill Reid sur les contextes, les styles et l'appréciation de l'art de la côte Nord-Ouest. Les notices sur les oeuvres précisent le type d'objet, le groupe culturel, le nom de l'artiste, s'il est connu, le titre, le médium, les dimensions principales, la collection.   E98 A7 V3 fol. 709.711

2082

From this point of view : 60 British Columbia painters, sculptors, photographers, graphic and video artists : the Vancouver Art Gallery, September 7th to October 2nd, 1977. – Organized by the Vancouver Art Gallery ; coordinated by Anne Pollock. – Vancouver : Vancouver Art Gallery, c1977. – 67 p. : ill.

The catalogue of a survey exhibition of works by 60 British Columbia artists organized by the Vancouver Art Gallery. Three sections: painting, sculpture, graphics; video; photography. Artist entries are alphabetically arranged in each section and include: place and date of birth, education, exhibitions, artist's statement, list of works exhibited with notes on date, dimensions or duration, media and collection, black and white illustration of one work. N6546 B7 V33 fol.   709.71107471133

Catalogue d'une exposition qui passait en revue les oeuvres de 60 artistes de la Colombie-Britannique et qui était organisée par la Vancouver Art Gallery. Trois sections: peintures, sculptures et documents graphiques; oeuvres vidéo; photographies. Les notices sur les artistes, classées alphabétiquement dans chaque section, comprennent: le lieu et la date de naissance, les études, les expositions, une déclaration de l'artiste, une liste des oeuvres exposées avec date, dimensions ou durée, médiums et collection ainsi qu'une illustration en noir et blanc d'une oeuvre.   N6546 B7 V33 fol. 709.71107471133

2083

Gilmore, B. C. [Berenice Cooper]. – *Artists from the sea, 1778-1793 : a visual documentation of British Columbia.* – Burnaby (B.C.) : Burnaby Art Gallery, 1978. – 35 p. : ill.

The catalogue of an exhibition of works providing a visual record of British Columbia for the period 1778 through 1793. Includes works by artists who accompanied various commercial and scientific expeditions. Fifteen works are reproduced in the text. Bibliography. This is the first of two exhibitions of British Columbia documentary art organized by the Burnaby Art Gallery.   N6546 B7 709.71107471133

Catalogue d'une exposition d'oeuvres qui constituent un document visuel sur la Colombie-Britannique entre 1778 et 1793. Comprend les oeuvres d'artistes qui accompagnaient diverses expéditions commerciales et scientifiques. Quinze oeuvres sont reproduites dans le texte. Bibliographie. Il s'agit de la première de deux expositions sur l'art documentaire en Colombie-Britannique organisées par la Burnaby Art Gallery.   N6546 B7   709.71107471133

2084

Gilmore, Berenice [Cooper]. – *Artists overland : a visual record of British Columbia, 1793-1886.* – [Burnaby, B.C.] : Burnaby Art Gallery, c1980. – 156 p. : ill. (some col.).

The catalogue of the second of two exhibitions organized by the Burnaby Art Gallery to create a visual record of British Columbia. This exhibition covers the period 1793 through 1886 and includes paintings, drawings and prints by amateur and professional artists, military artists, surveyors, etc. Illustrated essay, followed by black and white and colour plates of works in the exhibition. Bibliography. List of other works by exhibited artists, with locations in Canadian and foreign institutions.   N6546 B7 G5 1980   709.71107471133

Catalogue de la deuxième de deux expositions organisées par la Burnaby Art Gallery afin de créer un document visuel sur la Colombie-Britannique. Cette exposition portait sur la période de 1793 à 1886 et comprenait des peintures, des estampes et des dessins réalisés par des artistes amateurs et professionels, des artistes militaires, des arpenteurs, etc. Essai illustré suivi de planches en noir et blanc ou en couleurs qui reproduisent des oeuvres exposées. Bibliographie. Liste des autres oeuvres classées par artiste, avec localisations dans les établissements canadiens et étrangers.   N6546 B7 G5 1980 709.71107471133

2085

Hawthorn, Audrey. – *Kwakiutl art.* – Vancouver : Douglas & McIntyre, c1979. – xx, 272 p., [32] p. of col. plates : ill., maps. – 0295956747

A study of the traditions, styles, iconography and techniques of Kwakiutl art, illustrated with works from the collection of the University of British Columbia, Museum of Anthropology. Includes totem poles, ceremonial masks and weapons, clothing and headdresses, feast dishes, graphic arts, etc. 507 black and white and 32 colour plates. Appendix I on style and attributions includes brief biographies of seven Kwakiutl artists. Appendix II is an eyewitness account of the Hamatsa Ritual. Glossary. Bibliography. Index of objects, iconography, artists, places, etc. Also published by: Seattle : University of Washington Press, c1979.

Incorporates much of the material on Kwakiutl art found in an earlier work by the same author: *Art of the Kwakiutl Indians and*

Étude des traditions, des styles, de l'iconographie et des techniques de l'art kwakiutl, illustrée par des oeuvres de la collection du Museum of anthropology de la University of British Columbia. Inclut des mâts totémiques, des masques de cérémonie et des armes, des vêtements et des coiffes de plumes, des plats de fêtes, des oeuvres d'arts graphiques, etc. 507 planches en noir et blanc et 32 planches en couleurs. L'annexe I qui porte sur le style et l'attribution de la paternité des oeuvres comprend de courtes biographies de sept artistes kwakiutl. L'annexe II contient le compte rendu d'un témoin oculaire du rituel Hamatsa. Glossaire. Bibliographie. Index des objets, des icones, des artistes, des lieux, etc. Publié aussi par: Seattle : University of Washington Press, c1979.

other Northwest Coast tribes (Vancouver : University of British Columbia ; Seattle : University of Washington Press, c1967). E99 K9 H38 1979 fol. 709.711

Incorpore une grande partie de l'information sur l'art kwakiutl qui se trouve dans un ouvrage antérieur du même auteur: *Art of the Kwakiutl Indians and other Northwest Coast tribes* (Vancouver : University of British Columbia ; Seattle : University of Washington Press, c1967). E99 K9 H38 1979 fol. 709.711

2086
Heath, Terrence. – *Western untitled.* – [Calgary] : Glenbow-Alberta Institute, [1976]. – [76] p. : ill. (some col.), ports.

The catalogue of an exhibition of 121 contemporary works by 24 painters and sculptors from Western Canada. Selected by Terrence Heath for the Glenbow-Alberta Institute. 105 black and white and sixteen colour reproductions with notes on title, date, medium, dimensions and collection. Biographies of artists include: place and date of birth, education, place of residence, bibliography, list of works exhibited, portrait. N6546 W47 W47 709.712074712338

Catalogue d'une exposition de 121 oeuvres contemporaines réalisées par 24 peintres et sculpteurs de l'Ouest canadien et choisies par Terrence Heath pour le Glenbow-Alberta Institute. 105 reproductions en noir et blanc et seize reproductions en couleurs avec titre, date, médium, dimensions et collection. Les biographies des artistes comprennent: lieu et date de naissance, études, lieu de résidence, bibliographie, liste des oeuvres exposées, portrait. N6546 W47 W47 709.712074712338

2087
Holm, Bill. – *The box of daylight : Northwest Coast Indian art.* – Bill Holm with contributions by Peter L. Corey, Nancy Harris, Aldona Jonaitis, Alan R. Sawyer, and Robin K. Wright. – Seattle (Wash.) : Seattle Art Museum : University of Washington Press ; Vancouver : Douglas & McIntyre, [1984?]. – [xii], 147 p. : ill. (some col.), 1 map. – 0932216137 (S.A.M.) 0295960884 (U.W.P.) 0295706341 (D. & M.)

The catalogue of an exhibition of works of art by the Salish, Kwakiutl, Westcoast, Northern Wakashan, Bella Coola, Haida, Tsimshian and Tlingit, held at the Seattle Art Museum in 1983. Over 200 works are arranged by type or material such as rattles, masks, headdresses, baskets, blankets, canoes, argillite and silver. Eighteen colour plates. Black and white photographs of objects are accompanied by the following notes: cultural group, date, media, dimensions, names of owners, brief discussion of materials, techniques, design and artistry. Essays on topics such as Northwest Coast silver and Tlingit spruce root basketry follow the catalogue entries. Bibliography. E78 N78 H576 1984 fol. 709.795074797772

Catalogue d'une exposition d'oeuvres d'art réalisées par les Salish, les Kwakiutl, les Amérindiens de la côte Ouest, les Wakashen du Nord, les Bella Coola, les Haida, les Tsimshen et les Tlingit. Cette exposition a eu lieu au Seattle Art Museum en 1983. Plus de 200 oeuvres sont classées par types d'objets, comme les crécelles, les masques, les coiffes de plumes, les paniers, les couvertures et les canots, ou par matériaux, comme l'argillite et l'argent. Dix-huit planches en couleurs. Les photographies en noir et blanc des objets sont accompagnées des données suivantes: groupe culturel, date, médium, dimensions, noms des propriétaires, et courte discussion sur les matériaux, les techniques, le design et la valeur artistique. Après les notices du catalogue se trouvent des essais sur des sujets comme le travail de l'argent par les Amérindiens de la côte Nord-Ouest et les paniers en racine d'épinette des Tlingit. Bibliographie. E78 N78 H576 1984 fol. 709.795074797772

2088
MacDonald, George F. – *Haida monumental art : villages of the Queen Charlotte Islands.* – Foreward and graphics by Bill Reid ; commentary by Richard J. Huyda. – Vancouver : University of British Columbia Press, c1983. – ix, 218 p., [12] p. of col. plates : ill., maps. – 0774801557 077480484X (pa. reprint)

A study of Haida monumental art and architecture based on nineteenth- and early twentieth-century photographs of the villages of the Queen Charlotte Islands. An introductory essay discusses the archaeology, traditional society, cosmology and ethnohistory of the Haida of the Queen Charlotte Islands. An analysis of house types, building techniques and decoration is also provided. The layout and structures of each village are examined in detail. 278 black and white and eighteen colour photographs, plans of each village and line drawings. Essay on the early photography of Haida villages. Bibliography. Paperback ed.: Vancouver : UBC Press, 1994. E99 H2 M32 fol. 709.71112

Étude de l'art monumental et de l'architecture des Haida réalisée à partir de photographies des villages des Îles de la Reine-Charlotte prises au dix-neuvième siècle et au début du vingtième siècle. L'essai de présentation porte sur l'archéologie, la société traditionnelle, la cosmologie et l'ethnohistoire des Haida des Îles de la Reine-Charlotte. Contient également une analyse des types d'habitations, des techniques de construction et de la décoration. L'aménagement et les structures de chaque village sont étudiés en détail. 278 photographies en noir et blanc et dix-huit photographies en couleurs, plans de chaque village et dessins au trait. Essai sur les premières photographies des villages haida. Bibliographie. Édition brochée: Vancouver : UBC Press, 1994. E99 H2 M32 fol. 709.71112

2089
Stewart, Hilary. – *Looking at Indian art of the Northwest Coast.* – Vancouver : Douglas & McIntyre, c1979. – 111 p. : ill., map. – 088894229X

An analysis of and guide to the basic forms, motifs and styles used in the two-dimensional art of the Indians of the Northwest Coast. Discusses social, spiritual and artistic significance. Arranged in chapters on forms such as the ovoid and S-form, anatomical features, motifs such as the whale, bear, dogfish and sea monster and cultural styles. 169 black and white illustrations and photographs. Bibliography. Artist index. Also published by: Seattle : University of Washington Press, c1979. E78 N78 S73 709.711

Guide analytique sur les formes, les motifs et les styles de base utilisés dans l'art à deux dimensions des Amérindiens de la côte Nord-Ouest. Traite de leur signification sociale, spirituelle et artistique. Classement par chapitre sur les formes, notamment ovoïdes et en S, sur les caractéristiques anatomiques, sur les motifs comme la baleine, l'ours, l'aiguillat et le monstre de mer, et sur les styles culturels. 169 illustrations et photographies en noir et blanc. Bibliographie. Index des artistes. Également publié par: Seattle : University of Washington Press, c.1979. E78 N78 S73 709.711

2090

Vancouver Art Gallery. – *100 years of B.C. art.* – Compiled and arranged by Robert M. Hume. – [Vancouver : s.n., 1958?]. – 1 vol. (unpaged) : ill.

An exhibition of paintings, sculpture, drawings, maps, photographs and household items representing 100 years of art in British Columbia. Arranged in six sections: art of British Columbia Indians; early settlers; early painting and sculpture; contemporary painting and sculpture; paintings by Emily Carr; children's art. Each section includes an introductory essay, entries for works of art and selected black and white reproductions. Entries include name of artist, title, medium, dimensions, date and collection. N6546 B7 V35 709.71107471133

Exposition de peintures, de sculptures, de dessins, de cartes, de photographies et d'articles ménagers qui représentent 100 ans d'art en Colombie-Britannique. Classement en six sections: l'art des Amérindiens de la Colombie-Britannique; les premiers colons; les débuts de la peinture et de la sculpture; la peinture et la sculpture contemporaines; les peintures d'Emily Carr; l'art des enfants. Chaque section comprend un essai de présentation, des notices sur les oeuvres d'art et des reproductions en noir et blanc d'oeuvres choisies. Les notices contiennent le nom de l'artiste, le titre de l'oeuvre, le médium, les dimensions, la date et la collection. N6546 B7 V35 709.71107471133

2091

West coast waves : Michael de Courcy, Dean Ellis, Gathie Falk, Sherry Grauer, Bill Jones, Glenn Lewis, Allan McWilliams, Liz Magor, N.E. Thing Co., Richard Prince, Dennis Vance : the Winnipeg Art Gallery, September 4-November 14, 1976. – [Winnipeg : Winnipeg Art Gallery, 1976]. – [64] p. : ill., ports.

The catalogue of an exhibition of contemporary works by artists working on the West Coast. Includes sculpture, photographs and mixed-media works. Alphabetically arranged by name of artist. Black and white photographs of some of the exhibited works. Biographies of artists include: year and place of birth, place of residence, education, solo and group exhibitions, awards, works exhibited. N6546 B7 W37 709.71131074712743

Catalogue d'une exposition d'oeuvres contemporaines réalisées par des artistes qui travaillent sur la côte Ouest. Inclut des sculptures, des photographies et des oeuvres multimédias. Classement alphabétique par noms d'artistes. Photographies en noir et blanc de certaines oeuvres exposées. Les biographies des artistes comprennent: année et lieu de naissance, lieu de résidence, études, expositions individuelles et collectives, prix, oeuvres exposées. N6546 B7 W37 709.71131074712743

Manitoba

Manitoba

2092

150 years of art in Manitoba : struggle for a visual civilization : an exhibition for the Manitoba centennial 1970, May 1 to August 31, Legislative Building. – Winnipeg : Winnipeg Art Gallery, [1970?]. – xii, 115 p. : ill. (some col.).

An exhibition of 379 works of art created in or for Manitoba or by Manitobans including paintings, sculpture, drawings, prints and photographs. Introductory essay on the development of art in Manitoba. Arranged in two parts, for works created during the periods 1821 to 1912 and 1912 to 1970, each of which is alphabetically arranged by name of artist. Entries for works include notes on title, medium, date, inscription and collection. Black and white and twelve colour reproductions of selected works. Brief biographies of artists, collectors, art teachers, etc. Chronology of events. Glossary of historical and geographical terms. Bibliography. N910 W5 W5 709.7127

Exposition de 379 oeuvres d'art créées au Manitoba ou pour le Manitoba ou par des Manitobains. Il s'agit de peintures, de sculptures, de dessins, d'estampes et de photographies. Essai de présentation sur le développement artistique au Manitoba. Classement en deux parties, l'une sur les oeuvres créées entre 1821 et 1912 et l'autre sur celles créées entre 1912 et 1970. Classement alphabétique par noms d'artistes dans chaque partie. Les notices sur les oeuvres comprennent les données suivantes: titre, médium, date, inscription et collection. Reproductions en noir et blanc et douze reproductions en couleurs d'oeuvres choisies. Courtes biographies des artistes, des collectionneurs, des professeurs d'art, etc. Tableau chronologique. Glossaire des termes historiques et géographiques. Bibliographie. N910 W5 W5 709.7127

2093

1987 : contemporary art in Manitoba. – Curators, Michael Cox, Shirley Madill, Carl Nelson, Charles Scott. – Winnipeg : Winnipeg Art Gallery, c1987. – 108 p. : ill. (chiefly col.). – 0889151369

The catalogue of an exhibition of contemporary art by Manitoba artists, organized to celebrate the seventy-fifth anniversary of the Winnipeg Art Gallery. Includes paintings, sculpture, graphic arts, photographs, installations, ceramics, performance, films, videos, architecture and design. Arranged in illustrated essays on the various art forms. List of works exhibited provides the following notes for each: name of artist, title, date, medium, dimensions. Biographies of artists include: date and place of birth, education, exhibitions, performances, screenings or projects, videography or filmography. NX513 A3 M35 1987 fol. 709.7127074712743

Catalogue d'une exposition d'oeuvres d'art contemporain réalisées par des artistes manitobains. Cette exposition avait été organisée pour célébrer le 75e anniversaire de la Winnipeg Art Gallery. Inclut des peintures, des sculptures, des dessins de publicité, des photographies, des installations, des pièces de céramique, des représentations en art de performance, des films, des oeuvres vidéo, des exemples d'architecture et de design. Classement par essais illustrés sur les diverses formes artistiques. La liste des oeuvres exposées contient les données suivantes sur chacune: nom de l'artiste, titre de l'oeuvre, date, médium, dimensions. Les biographies des artistes comprennent: date et lieu de naissance, études, expositions, représentations en art de performance, projections ou projets, vidéographie ou filmographie. NX513 A3 M35 1987 fol. 709.7127074712743

2094

Berry, Virginia G. – *A boundless horizon : visual records of exploration and settlement in the Manitoba region, 1624-1874.* – Winnipeg : Winnipeg Art Gallery, c1983. – v, 62 p. : ill. (some col.), maps. – 0889151156

The catalogue of an exhibition of paintings, drawings, maps, book and periodical illustrations and photographs which form a visual record of Manitoba for the period 1624 through 1874. A chronologically organized essay illustrated with numerous reproductions. Bibliography. Biographies of artists. List of works exhibited. The first of two exhibitions on the art history of early Manitoba, organized by the Winnipeg Art Gallery.   FC3206 B476 1983   709.7127074712743

Catalogue d'une exposition de peintures, de dessins, de cartes, d'illustrations de livres et de périodiques, et de photographies qui constituent un document visuel sur le Manitoba de 1624 à 1874. L'essai organisé de façon chronologique est illustré de nombreuses reproductions. Bibliographie. Biographies des artistes. Liste des oeuvres exposées. Il s'agit de la première de deux expositions sur l'histoire de l'art des débuts du Manitoba organisées par la Winnipeg Art Gallery.   FC3206 B476 1983   709.7127074712743

2095

Berry, Virginia [G]. – *Vistas of promise, Manitoba 1874-1919.* – Winnipeg : Winnipeg Art Gallery, c1987. – 88 p. : ill. (some col.), maps. – 0889151377

The catalogue of an exhibition organized to create a visual record of Manitoba for the period 1874 through 1919. A chronologically arranged essay, illustrated with numerous reproductions of paintings, drawings, prints, etc. List of works exhibited. Index of artists. The second of two such exhibitions arranged by the Winnipeg Art Gallery.   FC3374 B47 1987   709.7127074712743

Catalogue d'une exposition organisée pour constituer un document visuel sur le Manitoba entre 1874 et 1919. L'essai organisé de façon chronologique est illustré de nombreuses reproductions de peintures, de dessins, d'estampes, etc. Liste des oeuvre exposées. Index des artistes. Il s'agit de la deuxième de deux expositions organisées par la Winnipeg Art Gallery.   FC3374 B47 1987   709.7127074712743

2096

Dahle, Sigrid. – *A multiplicity of voices : work by Manitoba women artists.* – Winnipeg : Gallery 1.1.1., [1987]. – 32 p. : ill. (some col.).

The catalogue of an exhibition of works in a variety of media by thirteen Manitoba women artists. Alphabetically arranged by name of artist. Entries include: education, solo and group exhibitions, works exhibited, artist's statement. One work by each artist is reproduced. An introductory essay discusses styles, subject matter and feminist perspectives of the works exhibited.   N6546 M3 D34 1987 fol.   709.7127074712743

Catalogue d'une exposition d'oeuvres réalisées avec divers médiums par treize femmes artistes du Manitoba. Classement alphabétique par noms d'artistes. Les notices comprennent: études, expositions individuelles et collectives, oeuvres exposées, déclaration de l'artiste. Pour chaque artiste, une oeuvre est reproduite. Un essai de présentation discute des styles, des sujets traités et des perspectives féministes des oeuvres exposées.   N6546 M3 D34 1987 fol. 709.7127074712743

2097

Heath, Terrence. – *Western untitled.* – [Calgary] : Glenbow-Alberta Institute, [1976]. – [76] p. : ill. (some col.), ports.

The catalogue of an exhibition of 121 contemporary works by 24 painters and sculptors from Western Canada. Selected by Terrence Heath for the Glenbow-Alberta Institute. 105 black and white and sixteen colour reproductions with notes on title, date, medium, dimensions and collection. Biographies of artists include: place and date of birth, education, place of residence, bibliography, list of works exhibited, portrait.   N6546 W47 W47   709.712074712338

Catalogue d'une exposition de 121 oeuvres contemporaines réalisées par 24 peintres et sculpteurs de l'Ouest canadien et choisies par Terrence Heath pour le Glenbow-Alberta Institute. 105 reproductions en noir et blanc et seize reproductions en couleurs avec titre, date, médium, dimensions et collection. Les biographies des artistes comprennent: lieu et date de naissance, études, lieu de résidence, bibliographie, liste des oeuvres exposées, portrait.   N6546 W47 W47 709.712074712338

Ontario

Ontario

2098

Murray, Joan. – *Ontario Society of Artists : 100 years.* – [Toronto : Art Gallery of Ontario, 1972]. – 64 p. : ill. (some col.).

The catalogue of a retrospective exhibition of 128 works by members of the Ontario Society of Artists (OSA), the oldest professional art society in Canada. Includes paintings, sculpture, prints and drawings. Introductory essay on the history of the Society. Catalogue entries are alphabetically arranged by name of artist. The following notes are provided for each work: title, date, medium, dimensions, inscription, OSA exhibition, method and date of acquisition, collection. All works exhibited are reproduced, seven in colour. Lists of past presidents and vice-presidents. List of members, 1872-1972. Chronological list of OSA annual exhibition locations.

Reproduced in microform format as part of: *Art exhibition catalogues on microfiche* (Cambridge : Chadwyck-Healey, 1975), 1 microfiche, no. 5.271.073.   N6546 O6 M8   709.713074713541

Catalogue d'une rétrospective de l'Ontario Society of Artists (OSA), la plus vieille société artistique professionnelle au Canada. Cette exposition regroupait 128 oeuvres réalisées par des membres de l'OSA. Inclut des peintures, des sculptures, des estampes et des dessins. Essai de présentation sur l'histoire de cette société. Les notices du catalogue sont classées en ordre alphabétique des noms d'artistes. Les données suivantes sont fournies pour chaque oeuvre: titre, date, médium, dimensions, inscription, exposition par l'OSA, mode et date d'acquisition, collection. Toutes les oeuvres exposées sont reproduites, sept le sont en couleurs. Liste des présidents et des vice-présidents. Liste des membres, 1872-1972. Liste chronologique des emplacements des expositions annuelles.

Reproduit sur support microforme comme partie de: *Art exhibition catalogues on microfiche* (Cambridge : Chadwyck-Healey, 1975), 1 microfiche, n° 5.271.073.   N6546 O6 M8   709.713074713541

2099

Reid, Dennis. – *From the four quarters : Native and European art in Ontario 5000 BC to 1867 AD.* – Dennis Reid & Joan Vastokas. – Toronto : Art Gallery of Ontario, c1984. – 48 p. : ill. (some col.). – 0919777023

The catalogue of an exhibition of 394 works, organized to survey the visual arts in Ontario from 5000 BC to 1867 AD. Examines Native and European visual arts traditions including paintings, sculpture, prints, costume, pictographs, jewellery, etc. Chronologically arranged. Illustrated with black and white and colour reproductions. Entries for works include: name of cultural group or artist, location, title of work or type of object, date, medium, dimensions, collection. N6546 O5 R45 1984   709.713074713541

Catalogue d'une exposition de 394 oeuvres, organisée pour donner une vue d'ensemble des arts visuels en Ontario, de 5000 av. J.-C. à 1867 ap. J.-C. Étudie les traditions artistiques autochtones et européennes, comprenant les peintures, les sculptures, les estampes, les costumes, les idéogrammes, les bijoux, etc. Classement chronologique. Illustré au moyen de reproductions en noir et blanc ou en couleurs. Les notices sur les oeuvres contiennent: nom du groupe culturel ou de l'artiste, lieu d'origine, titre de l'oeuvre ou type d'objet, date, médium, dimensions et collection.   N6546 O5 R45 1984 709.713074713541

2100

Viewpoint : twenty-nine by nine : an exhibition of twenty-nine works by Ontario artists, selected by nine curators. – Organized by the Art Gallery of Hamilton. – [Hamilton] : Art Gallery of Hamilton, c1981. – 80 p. : ill. (some col.). – 0919153046

The catalogue of an exhibition of 29 paintings, photographs and drawings by 29 Ontario artists selected by the curators of nine Ontario public galleries. Nineteen colour and ten black and white reproductions of works with notes on title, medium, date and dimensions, an artist's statement and portrait. Biographies of artists, alphabetically arranged, include place and date of birth, place of residence, education and lists of exhibitions and collections. N6546 O5 V44 fol.   709.71307471352

Catalogue d'une exposition de 29 peintures, photographies et dessins réalisés par 29 artistes ontariens choisis par les conservateurs de neuf musées de l'Ontario. Dix-neuf reproductions en couleurs et dix reproductions en noir et blanc accompagnées des éléments suivants: le titre, le médium, la date et les dimensions, ainsi qu'une déclaration et un portrait de l'artiste. Les biographies des artistes, classées en ordre alphabétique, donnent le lieu et la date de naissance, le lieu de résidence, les études et les listes des expositions et des collections.   N6546 O5 V44 fol.   709.71307471352

Québec

Québec

2101

Déry, Louise. – *Un archipel de désirs : les artistes du Québec et la scène internationale.* – [Québec] : Musée du Québec, c1991. – 223 p. : ill. en coul. – 2551125863

The catalogue of an exhibition of 38 Quebec artists recognized by the international art world. Includes paintings, sculpture, photographs, videos, etc. Most works date from the period 1980 to 1990. Reproductions are alphabetically arranged by name of artist. List of works exhibited provides the following notes on each: name of artist, title, date, medium, dimensions, collection, exhibitions, bibliography. Biographies of artists include: place and date of birth, gallery representation, individual and group exhibitions, bibliography of exhibition catalogues, monographs and periodical articles. Biographies of video artists are listed separately and include a videography/filmography. Table of international exhibitions noting participating Canadian artists. Bibliography. Introductory essay in French and English.   N6546   709.714074714471

Catalogue d'une exposition des oeuvres de 38 artistes québécois qui jouissent d'une réputation internationale dans le monde des arts. Inclut des peintures, des sculptures, des photographies, des oeuvres vidéo, etc. La plupart des oeuvres datent de la période de 1980 à 1990. Classement alphabétique des reproductions par noms d'artistes. La liste des oeuvres exposées fournit les données suivantes sur chaque oeuvre: nom de l'artiste, titre, date, médium, dimensions, collection, expositions, bibliographie. La biographie de chaque artiste contient: lieu et date de naissance, galerie qui le représente, expositions individuelles et collectives, bibliographie des catalogues d'exposition, monographies et articles de périodiques. Les biographies des vidéastes se trouvent dans une liste distincte et comprennent une vidéographie ou une filmographie. Tableau des expositions internationales avec noms des participants canadiens. Bibliographie. Essai de présentation en français et en anglais.   N6546   709.714074714471

2102

Myers, Marybelle. – *Things made by Inuit.* – Compiled and edited by Marybelle Myers. – Ville Saint-Laurent (Québec) : Fédération des coopératives du Nouveau-Québec, c1980. – [208] p. : ill. (some col.).

Catalogue of an exhibition of Inuit art which circulated through ten Inuit villages in Arctic Quebec during 1980 and then became the basis of a permanent collection held by the Fédération des coopératives du Nouveau-Québec. Most works date from 1978 or 1979. Arranged by type of object or art form such as carvings, miniatures, household equipment, garments, baskets, games, musical instruments, prints and drawings. Eight colour plates. 214 black and white photographs are accompanied by the following notes: date, dimensions, type of object or title of work, artist's name, place of creation, media, description of use, materials, construction, etc. Text in English and Inuktitut.   E99 E7 T43   709.7141107471411

Catalogue d'une exposition d'art inuit qui a été présentée dans dix villages arctiques du Québec en 1980 et qui a ensuite constitué la base de la collection permanente de la Fédération des coopératives du Nouveau-Québec. La plupart des oeuvres datent de 1978 ou 1979. Classement par types d'objets ou par formes artistiques comme les sculptures, les miniatures, les articles ménagers, les vêtements, les paniers, les jeux, les instruments de musique, les estampes et les dessins. Huit planches en couleurs. 214 photographies en noir et blanc accompagnées des données suivantes: date, dimensions, type d'objet ou titre de l'oeuvre, nom de l'artiste, lieu de création, médium, description de l'usage, matériaux, construction, etc. Texte en anglais et en inuktitut.   E99 E7 T43   709.7141107471411

2103
Ostiguy, Jean-René. – *Les esthétiques modernes au Québec de 1916 à 1946.* – Ottawa : Galerie nationale du Canada, c1982. – 168 p. : ill. (certaines en coul.). – 0888844794

An exhibition of Quebec paintings, drawings, sculpture and decorative arts from the first half of the twentieth century. Arranged by artistic movement. Entries for works include: name and dates of artist, title, date, medium, dimensions, provenance, exhibitions, bibliography, collection, notes on artistic significance. Black and white and six colour reproductions. Chronology. Bibliography. Also published in English under the title: *Modernism in Quebec art, 1916-1946.* N6546 709.71407471384

Exposition de peintures, de dessins, de sculptures et d'objets décoratifs du Québec, de la première moitié du vingtième siècle. Classement par mouvements artistiques. Les notices sur les oeuvres comprennent: nom de l'artiste et dates pertinentes, titre, date, médium, dimensions, provenance, expositions, bibliographie, collection, notes sur l'importance artistique. Reproductions en noir et blanc et six reproductions en couleurs. Tableau chronologique. Bibliographie. Publié aussi en anglais sous le titre: *Modernism in Quebec art, 1916-1946.* N6546 709.71407471384

2104
Ostiguy, Jean-René. – *Modernism in Quebec art, 1916-1946.* – Ottawa : National Gallery of Canada, c1982. – 167 p. : ill. (some col.). – 0888844808

An exhibition of Quebec paintings, drawings, sculpture and decorative arts from the first half of the twentieth century. Arranged by artistic movement. Entries for works include: name and dates of artist, title, date, medium, dimensions, provenance, exhibitions, bibliography, collection, notes on artistic significance. Black and white and six colour reproductions. Chronology. Bibliography. Also published in French under the title: *Les esthétiques modernes au Québec de 1916 à 1946.* N6546 709.71407471384

Exposition de peintures, de dessins, de sculptures et d'objets décoratifs du Québec, de la première moitié du vingtième siècle. Classement par mouvements artistiques. Les notices sur les oeuvres comprennent: nom de l'artiste et dates pertinentes, titre, date, médium, dimensions, provenance, expositions, bibliographie, collection, notes sur l'importance artistique. Reproductions en noir et blanc et six reproductions en couleurs. Tableau chronologique. Bibliographie. Publié aussi en français sous le titre: *Les esthétiques modernes au Québec de 1916 à 1946.* N6546 709.71407471384

2105
Robert, Guy. – *Art actuel au Québec depuis 1970.* – Montréal : Iconia, c1983. – 255 p. : ill. (certaines en coul.). – 2920058002

An illustrated essay on the arts in Quebec since 1970. Covers painting, sculpture, drawing, prints and other related art forms. Organized by art form and theme or style. Numerous illustrations of which over 400 are in colour. Artist index. N6546 Q3 R66 1983 709.714

Essai illustré sur les arts au Québec depuis 1970. Porte sur la peinture, la sculpture, le dessin, les estampes et d'autres formes artistiques connexes. Classement par formes artistiques et par thèmes ou par styles. Nombreuses illustrations, dont plus de 400 en couleurs. Index des artistes. N6546 Q3 R66 1983 709.714

2106
Robert, Guy. – *L'art au Québec depuis 1940.* – Montréal : Éditions La Presse, c1973. – 501 p. : ill. (certaines en coul.). – 0777700514

A study of the evolution of art in Quebec since 1940. Includes chapters on painting, sculpture, graphic and decorative arts as well as other media such as laser and video. Text illustrated with black and white reproductions. 24 colour plates. Bibliography. Index of artists, organizations, etc. ND246 Q8 R6 709.714

Étude de l'évolution de l'art au Québec depuis 1940. Inclut des chapitres sur la peinture, la sculpture, les arts graphiques et les arts décoratifs, ainsi que sur d'autres médiums comme le laser et la vidéo. Texte illustré de reproductions en noir et blanc. 24 planches en couleurs. Bibliographie. Index des artistes, des organisations, etc. ND246 Q8 R6 709.714

2107
Les temps chauds. – Josée Bélisle, France Gascon, Gilles Godmer, Pierre Landry, Réal Lussier. – Montréal : Musée d'art contemporain de Montréal, c1988. – 71 p. : ill. (certaines en coul., certaines pliées). – 2551068797

The catalogue of an exhibition of contemporary works by 25 Quebec artists organized by the Musée d'art contemporain de Montréal. Includes paintings, sculpture, photographs, performance, etc. Artist entries are alphabetically arranged and include: place and date of birth, place of residence, lists of solo and group exhibitions, bibliography of exhibition catalogues, periodical and newspaper articles, black and white or colour illustration of an exhibited work with title, date, medium and dimensions. List of works exhibited with technical notes. ND245 709.714074714281

Catalogue d'une exposition qui regroupait les oeuvres d'art contemporain de 25 artistes québécois et qui était organisée par le Musée d'art contemporain de Montréal. Inclut des peintures, des sculptures, des photographies, des performances, etc. Les notices sur les artistes, classées alphabétiquement, comprennent: le lieu et la date de naissance, le lieu de résidence, les listes des expositions personnelles et collectives, une bibliographie des catalogues d'exposition et des articles de périodiques et de journaux ainsi qu'une illustration en noir et blanc ou en couleur d'une oeuvre exposée avec titre, date, médium et dimensions. Liste des oeuvres exposées avec notes techniques. ND245 709.714074714281

2108
Tendances actuelles au Québec. – Montréal : Musée d'art contemporain, 1980. – 168 p. : ill. (certaines en coul.). – 2551034825

The catalogue of an exhibition of Quebec prints, paintings, photographs, sculpture and video from the 1970s. Works are arranged by medium. Reproductions in black and white or colour with the following notes: name of artist, title, date, medium, dimensions, collection. Brief essay on each medium. List of participating artists with place and date of birth and page references for illustrated works. N6546 709.71407471428

Catalogue d'une exposition d'estampes, de peintures, de photographies, de sculptures et d'oeuvres vidéo du Québec qui datent des années 1970. Les oeuvres sont classées par médiums. Reproductions en noir et blanc ou en couleurs accompagnées des données suivantes: nom de l'artiste, titre de l'oeuvre, date, médium, dimensions, collection. Court essai sur chaque médium. Liste des artistes participants avec lieu et date de naissance et références aux pages où sont illustrées leurs oeuvres. N6546 709.71407471428

2109

Trois générations d'art québécois : 1940, 1950, 1960. – Montréal : Musée d'art contemporain, 1976. – 135 p. : ill. (certaines en coul.).

The catalogue of an exhibition of 186 Quebec paintings, sculpture, prints and drawings which illustrate the major trends in Quebec art during the 1940s, 1950s and 1960s. Organized for the 1976 Olympics. 53 black and white and ten colour reproductions. Biographies of artists with lists of individual and group exhibitions. List of works exhibited with notes on title, date, medium, dimensions and collection. Introduction in French and English.   N6546 709.71407471428

Catalogue d'une exposition de 186 peintures, sculptures, estampes et dessins du Québec qui illustrent les grandes tendances de l'art québécois dans les années 1940, 1950 et 1960. Exposition organisée à l'occasion des Jeux olympiques de 1976. 53 reproductions en noir et blanc et dix reproductions en couleurs. Biographies des artistes avec listes des expositions individuelles et collectives. Liste des oeuvres exposées avec titre, date, médium, dimensions et collection. Introduction en français et en anglais.   N6546 709.71407471428

Saskatchewan

Saskatchewan

2110

Heath, Terrence. – *Western untitled.* – [Calgary] : Glenbow-Alberta Institute, [1976]. – [76] p. : ill. (some col.), ports.

The catalogue of an exhibition of 121 contemporary works by 24 painters and sculptors from Western Canada. Selected by Terrence Heath for the Glenbow-Alberta Institute. 105 black and white and sixteen colour reproductions with notes on title, date, medium, dimensions and collection. Biographies of artists include: place and date of birth, education, place of residence, bibliography, list of works exhibited, portrait.   N6546 W47 W47 709.712074712338

Catalogue d'une exposition de 121 oeuvres contemporaines réalisées par 24 peintres et sculpteurs de l'Ouest canadien et choisies par Terrence Heath pour le Glenbow-Alberta Institute. 105 reproductions en noir et blanc et seize reproductions en couleurs avec titre, date, médium, dimensions et collection. Les biographies des artistes comprennent: lieu et date de naissance, études, lieu de résidence, bibliographie, liste des oeuvres exposées, portrait.   N6546 W47 W47 709.712074712338

2111

Norman Mackenzie Art Gallery. – *Saskatchewan : art and artists.* – [Regina : Norman Mackenzie Art Gallery, 1971?]. – 106 p. : ill. (some col.).

Catalogue of an exhibition of paintings, sculpture, drawings, prints and ceramics by Saskatchewan artists working in the late nineteenth and twentieth centuries. Introductory essay on the development of art in Saskatchewan. The catalogue is alphabetically arranged by name of artist and includes brief biographies for each. Entries for works include the following notes: title, medium, dimensions, inscription, collection. Five colour and 201 black and white reproductions. Bibliography.   N6546 S3 N6 709.7124074712445

Catalogue d'une exposition de peintures, de sculptures, de dessins, d'estampes et de pièces de céramique réalisés par des artistes de la Saskatchewan de la fin du dix-neuvième siècle et au vingtième siècle. Essai de présentation sur le développement de l'art en Saskatchewan. Dans le catalogue, classement alphabétique par noms d'artistes incluant une courte biographie sur chacun. Les notices sur les oeuvres comprennent les données suivantes: titre, médium, dimensions, inscription, collection. Cinq reproductions en couleurs et 201 reproductions en noir et blanc. Bibliographie.   N6546 S3 N6 709.7124074712445

2112

Out of Saskatchewan : an exhibition of contemporary art. – Essay by Joan Borsa. – Regina : SaskExpo 86 Corporation, c1986. – 99 p. : ill. (chiefly col.).

The catalogue of an exhibition of contemporary paintings, sculpture, photographs, ceramics, tapestries, etc., by 43 Saskatchewan artists. Organized for the Saskatchewan Pavilion at Expo '86. Alphabetically arranged by name of artist. Colour and black and white reproductions of works with notes on title, medium, date, dimensions and collection. Biographies of artists include: place and date of birth, place of residence, education, solo and group exhibitions, bibliography. Introductory essay discusses the nature of Saskatchewan art.   N6546 S3 S55 1986 709.712407471133

Catalogue d'une exposition de peintures, de sculptures, de photographies, de pièces de céramique, de tapisseries, etc. réalisées par 43 artistes contemporains de la Saskatchewan. Exposition organisée pour le pavillon de la Saskatchewan à l'Exposition de 1986. Classement alphabétique par noms d'artistes. Reproductions des oeuvres en couleurs ou en noir et blanc avec titre, médium, date, dimensions et collection. Les biographies des artistes comprennent: lieu et date de naissance, lieu de résidence, études, expositions individuelles et collectives, bibliographie. L'essai de présentation traite de la nature de l'art en Saskatchewan.   N6546 S3 S55 1986 709.712407471133

2113

Sharing the circle : contemporary work by First Nations artists. – Organized by Saskatchewan Arts Board. – [Regina] : Saskatchewan Arts Board, c1992. – 48 p. : ill. – 0969009321

The catalogue of an exhibition of nineteen contemporary works by thirteen First Nations artists of Saskatchewan. Includes paintings, photography, drawings, etc. Introductory essay. Artists' statements with black and white illustrations. List of works exhibited noting name of artist, title, medium, dimensions, date and collection. Biographies of artists.   E98 709.712407471133

Catalogue d'une exposition qui regroupait dix-neuf oeuvres contemporaines réalisées par treize artistes autochtones de la Saskatchewan. Inclut des peintures, photographies, dessins, etc. Essai de présentation. Commentaires des artistes et illustrations en noir et blanc. Liste des oeuvres exposées précisant le nom de l'artiste, le titre, le médium, les dimensions, la date et la collection. Biographies des artistes.   E98 709.712407471133

Indexes

Index

2114

Boxer, Aviva D. – *Index to Museum quarterly : volumes 8 to 16*. – Toronto : Ontario Museum Association, c1989. – 16, [1] p. – (Technical leaflet ; no. 9). – 0920402178 – Caption title.

Author and subject index of articles published between 1979 and 1988 in *Museum quarterly : the journal of the Ontario Museum Association*. Contains some references in French. An index to this periodical is also included in the database *Curatorial and historical index of publications* available through the Canadian Heritage Information Network (CHIN). AM21 A1 M882 1989 fol. Index 016.069

Index des auteurs et des sujets des articles parus de 1979 à 1988 dans le *Museum quarterly : the journal of the Ontario Museum Association*. Comprend quelques références en français. Un index de ce périodique figure aussi dans la base de données *Curatorial and historical index of publications* via le serveur Réseau canadien d'information sur le patrimoine (RCIP). AM21 A1 M882 1989 fol. Index 016.069

2115

***The Concordia University art index to nineteenth century Canadian periodicals*.** – Edited by Hardy George. – [Montreal : Concordia University], 1981. – xiii, 304 p. – 0969095600

Subject and name index to articles on the visual arts and to illustrations which appeared in 29 Canadian English- and French-language periodicals, between 1830 and 1900. Z5937 C67 fol. 016.7

Index confondu des noms et des sujets des articles en arts visuels et des illustrations parus entre 1830 et 1900 dans 29 périodiques canadiens de langue anglaise et française. Z5937 C67 fol. 016.7

2116

Hudon, Jean-Paul. – *Répertoire bibliographique d'articles de périodiques sur les arts en général : dépouillement de seize (16) revues disponibles à la bibliothèque de l'UQAC*. – [Chicoutimi] : Bibliothèque, Université du Québec à Chicoutimi, 1987. – v, 87 p. – 2920751050

Subject and author index to articles on the arts, which appeared in French or in English in sixteen Canadian French-language periodicals of the nineteenth and twentieth centuries, held by the Library of the Université du Québec à Chicoutimi. Z5935 H82 1987 fol. 016.7

Index des sujets et des auteurs d'articles traitant des arts, rédigés en français ou en anglais, parus dans seize périodiques canadiens de langue française des dix-neuvième et vingtième siècles conservés à la Bibliothèque de l'Université du Québec à Chicoutimi. Z5935 H82 1987 fol. 016.7

2117

Love, Karen. – *Articles on art appearing in eleven Canadian periodicals in the English language of the nineteenth century*. – Ottawa : National Gallery of Canada, 1974. – [24] leaves.

List of articles on art which appeared in eleven Canadian English-language periodicals of the nineteenth century. Alphabetically arranged by periodical title. Title and subject indexes separately published: Filotas, Paul K. G., *Title and subject index to K. Love's Articles on art appearing in eleven Canadian periodicals in the English language of the nineteenth century* (Ottawa : Carleton University, 1976). Z5931 016.7

Recension des articles en art parus dans onze périodiques canadiens de langue anglaise au dix-neuvième siècle. Classement alphabétique des périodiques. Les index des titres et des sujets ont paru dans une publication distincte: Filotas, Paul K. G. *Title and subject index to K. Love's Articles on art appearing in eleven Canadian periodicals in the English language of the nineteenth century* (Ottawa : Carleton University, 1976). Z5931 016.7

2118

Mainprize, Garry. – *The National Gallery of Canada : a hundred years of exhibitions : list and index*. – Toronto : RACAR, 1984. – P. 3-77 : ill.

A list of exhibitions organized by the National Gallery during the period from 1880 to December 1979. Chronologically arranged. Subject index. Originally published in *RACAR*, vol. 11, 1-2 (1984). Supplement: Mainprize, Garry, *National Gallery of Canada = Musée des beaux-arts du Canada : addenda list of exhibitions, 1980-1992* (Ottawa : [the Gallery, 1992]). N910 O7 M35 1984 708.71384

Liste des expositions organisées par la Galerie nationale du Canada (aujourd'hui le Musée des beaux-arts du Canada) de 1880 à décembre 1979. Classement chronologique. Index des sujets. Publié originalement dans le *RACAR*, vol. 11, 1-2 (1984). Supplément: Mainprize, Garry, *National Gallery of Canada = Musée des beaux-arts du Canada : addenda list of exhibitions, 1980-1992* (Ottawa : [le Musée, 1992]). N910 O7 M35 1984 708.71384

2119

Musée du Québec. – *Répertoire des expositions présentées au Musée du Québec et à la Galerie du Musée, 1933-1994*. – [Québec] : le Musée, [1994?]. – 108 p.

Lists exhibitions presented at the Musée du Québec, 1933-1994, and the Galerie du Musée, 1976-1991. Arranged chronologically. Entries include date, type of exhibition, title, institution, notes on the exhibition or its catalogue, itinerary, availability of photographs, bibliographic citation, call number and ISBN of catalogue. Alphabetical list of exhibitions. Subject index to publications. N910 708.714471

Recense les expositions qui ont été présentées au Musée du Québec, de 1933 à 1994, et à la Galerie du Musée, de 1976 à 1991. Classement chronologique. Les notices comprennent la date, le genre d'exposition, le titre, l'institution qui présente ou met en circulation l'exposition, des notes sur l'exposition ou le catalogue, la circulation, la disponibilité de photographies, la référence bibliographique, la cote et l'ISBN du catalogue. Liste alphabétique des expositions. Index des sujets des publications. N910 708.714471

2120

Retfalvi, Andrea. – *Canadian illustrated news, Montreal, 1869-1883 : an index.* – Compiled by Andrea Retfalvi ; with the editorial assistance of Ann Hilty. – Toronto : Dept. of Fine Art, University of Toronto, c1989. – xv, 368 p. : ill. – 0772724326

An index to *Canadian illustrated news,* a weekly journal published from October 30, 1869 to December 28, 1883, covering current events, politics, literature, the arts, etc. Indexes of artists associated with illustrations included in the periodical, photographers whose works were reproduced, authors of non-fiction articles, poets, fiction writers and subjects. Andrea Retfalvi has also compiled *Canadian illustrated news (Montreal) : index to illustrations.* AP5 C2623 1989 fol. 051

Index du *Canadian illustrated news,* revue hebdomadaire publiée du 30 octobre 1869 au 28 décembre 1883 qui portait sur l'actualité, la politique, la littérature, les arts, etc. Nombreux index: artistes dont les illustrations ont paru dans le périodique, photographes dont les oeuvres ont été reproduites, auteurs d'articles autres que de fiction, poètes, romanciers et sujets. Andrea Retfalvi a également compilé *Canadian illustrated news (Montreal) : index to illustrations.* AP5 C2623 1989 fol. 051

2121

Retfalvi, Andrea. – *Canadian illustrated news (Montreal) : index to illustrations.* – Toronto : University of Toronto, Dept. of Fine Art, 1977-1988. – 29 vol.

A volume by volume index to illustrations in the order in which they appeared in *Canadian illustrated news.* The entry for each illustration includes its legend, size in millimetres, names of associated artists, and an issue and page number reference. Indexes of illustrations, provided in the original publication, have been reprinted.

Each volume also includes the following topical indexes: artists, Canadian current events, international current events, fashion, fiction, leggotype, photographers, portraits, social commentary, sources, Canadian topography and international topography. Andrea Retfalvi has also compiled *Canadian illustrated news, Montreal, 1869-1883 : an index.* AP5 C262 fol. 051

Index volume par volume des illustrations du *Canadian illustrated news,* par ordre de parution. La notice de chaque illustration comprend la légende, les dimensions en millimètres, les noms des artistes et une référence à la livraison et à la page. Les index des illustrations qui ont paru dans la publication originale ont été réimprimés.

Chaque volume comporte également les index sujets suivants: artistes, actualités canadiennes, actualités internationales, mode, fiction, leggotypes, photographes, portraits, commentaires sociaux, sources, topographie canadienne et internationale. Andrea Retfalvi a également compilé *Canadian illustrated news, Montreal, 1869-1883 : an index.* AP5 C262 fol. 051

2122

Roseneder, Jan. – *The A.S.A. index : an index to Highlights and the bulletins and newsletters of the Alberta Society of Artists, 1948-1980.* – Calgary : University of Calgary Libraries, 1982. – vii, 76 p., [7] leaves of plates : ill. – (University of Calgary. Bibliography series ; no. 1). – 0889530327

Subject-name index to articles in serials published by the Alberta Society of Artists held by the Special Collections Division of the University of Calgary Libraries. N1 H542 fol. 016.70607123

Index confondu sujets/noms d'articles parus dans les publications en série de l'Alberta Society of Artists conservées à la University of Calgary Libraries, Special Collections Division. N1 H542 fol. 016.70607123

2123

Vancouver Public Library. Fine Arts and Music Division. – *Index to Canadian painters and their works* [**microform**]. – [Vancouver : s.n., 1969]. – 6 reels of 16 mm. microfilm. – Box title.

Microfilm of an alphabetically arranged card index of Canadian artists working in all media. Approximately 30,000 entries. Books, periodicals and pamphlets held by the Vancouver Public Library are indexed. Works indexed are listed first, arranged in call number order. Artist entries follow with reference to the call number of the work in which the artist is discussed. The library continues to add to its card index which has grown to over 100,000 entries. Emphasis is now placed on Western Canadian artists. Z5949 C3 V3 016.70971

Microfilm d'un fichier alphabétique sur les artistes canadiens de tous les genres. Environ 30 000 notices. Les livres, périodiques et brochures que possède la Vancouver Public Library y sont indexés. On donne d'abord la liste des ouvrages par cotes, suivie de la liste des artistes avec renvoi à la cote de l'ouvrage qui en traite. La bibliothèque continue d'enrichir son fichier qui comporte maintenant plus de 100 000 notices. On insiste maintenant sur les artistes de l'Ouest canadien. Z5949 C3 V3 016.70971

2124

Vie des arts : index. – [Montréal : Société La Vie des arts, 1968-1991?]. – 4 vol. (45 ; 45 ; 69 ; 93 p.).

An index to vol. 1, no. 1 (January 1956)-vol. 35, no. 142 (March 1991) of *Vie des arts,* a periodical on the Quebec, Canadian and international art worlds. Index 1: vol. 1, no. 1 (January 1956)-vol. 10, no. 42 (Spring 1966); index 2: vol. 11, no. 43 (Summer 1966)-vol. 20, no. 82 (Spring 1976); index 3: vol. 21, no. 83 (Spring 1976)-vol. 30, no. 122 (Spring 1986); index 4: vol. 31, no. 123 (June 1986)-vol. 35, no. 142 (March 1991). Summaries of the contents of each issue. Author, subject indexes. Index 1 also includes an index to exhibitions and artists listed in the "Chronique" section of the periodical and an index of illustrations. Indexes 2 and 3 also include an index of book and catalogue reviews and a list of collaborators. *Vie des arts* is indexed in *Canadian periodical index,* 1960- , and in *Périodex, Radar* and *Point de repère,* 1972- . N2 V5 fol. 016.705

Index du vol. 1, n° 1 (janvier 1956)-vol. 35, n° 142 (mars 1991) de *Vie des arts,* périodique sur le milieu artistique québécois, canadien et international. Index 1: vol. 1, n° 1 (janvier 1956)-vol. 10, n° 42 (printemps 1966); index 2: vol. 11, n° 43 (été 1966)-vol. 20, n° 82 (printemps 1976); index 3: vol. 21, n° 83 (printemps 1976)-vol. 30, n° 122 (printemps 1986); index 4: vol. 31, n° 123 (juin 1986)-vol. 35, n° 142 (mars 1991). Résumé du contenu de chaque numéro. Index des auteurs et index des sujets. L'index 1 contient aussi un index des expositions et des artistes qui figurent dans la section «Chronique» du périodique et un index des illustrations. Les index 2 et 3 comportent aussi un index des critiques de livres et de catalogues ainsi qu'une liste des collaborateurs. *Vie des arts* est indexé dans *Index de périodiques canadiens,* 1960- , et dans *Périodex, Radar* et *Point de repère,* 1972- . N2 V5 fol. 016.705

Thesauri

Thésaurus

2125

Canadian Parks Service. – ***Classification system for historical collections.*** – Ottawa : National Historic Sites, Parks Service, Environment Canada, 1990. – 265 p. – 0660146665

A system of nomenclature for the material culture artifacts which form the collections of the Canadian Parks Service. Terms in the thesaurus are arranged in two ways: hierarchically by category and class and alphabetically. The categories used are: structures; furnishings; personal artifacts; tools and equipment for materials, science, technology, and communications; distribution and transportation artifacts; communication artifacts; recreational artifacts; unclassifiable artifacts. Definitions provided for categories, classes and subclasses. Bibliography. Reproduced in microform format: *Microlog*, no. 93-00803. Also published in French under the title: *Système de classification des collections historiques du Service canadien des parcs.* AM139 C35 1992 fol.   069.52

Nomenclature des artefacts de la culture matérielle des collections du Service canadien des parcs. Dans le thésaurus, les termes sont classés de deux façons: hiérarchiquement par catégories et par classes, et alphabétiquement. Les catégories employées sont: structures; ameublements; objets personnels; outils et équipements pour les matériaux, de la science, de la technologie et pour la communication; objets de distribution et de transport; objets de communication; objets de divertissement; objets inclassables. Des définitions sont fournies pour les catégories, les classes et les sous-classes. Bibliographie. Reproduit sur support microforme: *Microlog*, n° 93-00803. Publié aussi en français sous le titre: *Système de classification des collections historiques du Service canadien des parcs.* AM139 C35 1992 fol.   069.52

2126

Service canadien des parcs. – ***Système de classification des collections historiques du Service canadien des parcs.*** – Ottawa : Lieux historiques nationaux, Service des parcs, Environnement Canada, 1992. – 267 p. – 0660939290

A system of nomenclature for the material culture artifacts which form the collections of the Canadian Parks Service. Terms in the thesaurus are arranged in two ways: hierarchically by category and class and alphabetically. The categories used are: structures; furnishings; personal artifacts; tools and equipment for materials, science, technology, and communications; distribution and transportation artifacts; communication artifacts; recreational artifacts; unclassifiable artifacts. Definitions provided for categories, classes and subclasses. Bibliography. Reproduced in microform format: *Microlog*, no. 93-00802. Also published in English under the title: *Classification system for historical collections.*   AM139 C3514 1992 fol.   069.52

Nomenclature des artefacts de la culture matérielle des collections du Service canadien des parcs. Dans le thésaurus, les termes sont classés de deux façons: hiérarchiquement par catégories et par classes, et alphabétiquement. Les catégories employées sont: structures; ameublements; objets personnels; outils et équipements pour les matériaux, de la science, de la technologie et pour la communication; objets de distribution et de transport; objets de communication; objets de divertissement; objets inclassables. Des définitions sont fournies pour les catégories, les classes et les sous-classes. Bibliographie. Reproduit sur support microforme: *Microlog*, n° 93-00802. Publié aussi en anglais sous le titre: *Classification system for historical collections.*   AM139 C3514 1992 fol.   069.52

Antiques

Antiquités

2127

Antique showcase : directory of antique shops and show calendar. – (July 26, 1965)-   . – Bala (Ont.) : Amis Gibbs Publications, 1965-   . – vol. : ill., maps. – 0713-6315 – Cover title.

1965-1969, irregular; 1970-   , annual. A directory of antique dealers in Ontario. Arranged by region and town or city. Name, address, telephone number, hours and description of types of antiques sold, provided for each dealer. Calendar of shows. Town, market, auction service, advertiser indexes. Antique furniture identification chart. Illustrations of china marks, patent office design registration marks and British hallmarks. Title varies: published as an issue of the periodical *Ontario showcase*, July 26, 1965, February 24, 1969, May 18, 1970, April 19, 1971, April 17, 1972, April 16, 1973; May issue, 1974-1981; issue title varies. 1982-   , published as a special issue of the periodical *Antique showcase*, subtitle varies. Imprint varies. NK1127   745.109713

1965-1969, irrégulier; 1970-   , annuel. Répertoire des antiquaires de l'Ontario. Classement par régions et par villes. Pour chaque antiquaire sont donnés le nom, l'adresse, le numéro de téléphone, les heures d'ouverture et une description des types d'objets vendus. Calendrier des expositions. Quatre index: villes, marchés, services de vente aux enchères, annonceurs. Tableau d'identification des meubles anciens. Illustration des marques sur les objets de porcelaine, des marques d'enregistrement du bureau des brevets et des marques britanniques. Le titre varie: publié comme numéro du périodique *Ontario showcase* le 26 juil. 1965, le 24 févr. 1969, le 18 mai 1970, le 19 avril 1971, le 17 avril 1972 et le 16 avril 1973; publié comme numéro du mois de mai, 1974-1981; le titre des numéros varie. 1982-   , publié comme numéro spécial du périodique *Antique showcase*, le sous-titre varie. L'adresse bibliographique varie. NK1127   745.109713

2128

The book of Canadian antiques. – Edited by Donald Blake Webster. – Toronto : McGraw-Hill Ryerson, c1974. – 352 p. : ill. (some col.), facsims., ports. – 0070821402

A collection of illustrated essays on Canadian antiques by authorities in that field. Includes chapters on French-Canadian, Ontario, Nova Scotia and New Brunswick furniture, silver, pewter, pottery, glass, handweaving and textiles, prints, books, photography, etc. Essays

Collection d'essais illustrés sur les antiquités canadiennes rédigés par des autorités dans le domaine. Inclut des chapitres sur les meubles, les pièces d'argenterie, les objets en étain, les poteries, les verreries, les ouvrages tissés à la main et les tissus, les estampes, les livres, les

discuss history, materials, manufacturing techniques and types of objects. Many of the antiques illustrated are held in the Canadiana collection of the Royal Ontario Museum. Also includes general essays on dating, identification, restoration, care, fakery and antiques as investments. Bibliography. List of museums with Canadian antique collections. Index of names, places, etc.   NK1125 W3 fol. 745.10971

photographies, etc. du Canada français, de l'Ontario, de la Nouvelle-Écosse et du Nouveau-Brunswick. Les essais traitent de l'histoire, des matériaux, des techniques de fabrication et des types d'objets. Nombre des antiquités illustrées font partie de la collection d'objets canadiens du Musée royal de l'Ontario. Comprend également des essais généraux sur la façon de déterminer la date de fabrication des objets, de les identifier, de les restaurer et d'en prendre soin, ainsi que sur les contrefaçons et sur les antiquités en tant qu'investis-sements. Bibliographie. Liste des musées qui possèdent des collections d'antiquités canadiennes. Index des noms, des lieux, etc.   NK1125 W3 fol.   745.10971

2129

The Charlton collectors guide to Ontario : a directory listing over 2500 antique and collectable shops in Ontario. – (1991)-   . – Toronto : Charlton Press, c1991-   . – vol. – 1183-4145

Annual. A directory of Ontario dealers in all types of antiques and collectables. Alphabetically arranged by town or city. Larger cities are subarranged by type of dealer. Entries include name of business, types of antiques or collectables sold, address and telephone number. Directories of auctioneers and appraisers, markets and shows, alphabetically arranged by town or city. Information on GST and PST rebates. List of provincial and regional travel information centres. Advertiser and town indexes.   NK1127 C433   745.109713

Annuel. Répertoire des antiquaires ontariens qui s'occupent de toutes sortes d'antiquités et d'objets de collection. Classement alphabétique par villes. Pour les plus grandes villes, subdivision par types d'antiquaires. Les notices contiennent la raison sociale, les types d'articles vendus, l'adresse et le numéro de téléphone. Répertoires des commissaires-priseurs et des évaluateurs, des marchés et des foires. Classés alphabétiquement par villes. Données sur les rabais de TPS et de taxe de vente provinciale. Liste des centres d'information touristique provinciaux et régionaux. Index des commanditaires et des villes.   NK1127 C433   745.109713

2130

Cowie, Donald. – ***Antique collector's dictionary*** – Donald Cowie and Keith Henshaw. – Toronto : Info Books, c1978. – 208 p., [6] p. of plates : ill. – 0774025336

An international, English-language dictionary of antiques intended for North American readers. Includes terms related to furniture, ceramics, glass, silver, clocks, carpets, tapestries, styles, forms of decoration, artisans, etc. Seventeen black and white photographs of objects.   NK1125 C69   745.103

Dictionnaire anglais international des antiquités destiné aux lecteurs nord-américains. Contient des termes qui se rapportent aux meubles, aux objets de céramique, aux verreries, aux pièces d'argenterie, aux horloges, aux tapis, aux tapisseries, aux styles, aux formes de décoration, aux artisans, etc. Dix-sept photographies d'objets en noir et blanc.   NK1125 C69   745.103

2131

Fox, Hyla Wults. – ***Antiques : the survival kit for the Canadian collector.*** – Toronto : Dundurn Press, 1990. – 255 p. : ill. – 1550020781

An introductory handbook on collecting antiques in Canada, loosely based on articles written by the author for the *Toronto star* and various periodicals. Chapters on collecting antiques, buying and selling antiques, auctions, fakes, insurance and appraisal, antiques and the government and conservation and restoration. Also covers specific types of antiques such as furniture, jewellery, ceramics, glass, textiles, folk art, photographs, etc. Most chapters include a bibliography and a list of other information sources such as associations, dealers, etc. Well-illustrated with black and white photographs. Appendices: antique magazines, journals and newsletters; Canadian and American auction houses; clubs for collectors. Index. Revised ed. of: *Antiques : an illustrated guide for the Canadian collector* (Toronto : Methuen, 1983).   NK841 F68 1990   745.1075

Manuel d'introduction sur la façon de monter une collection d'antiquités au Canada. Il s'agit d'une adaptation assez libre des articles rédigés par l'auteur pour le *Toronto star* et pour divers périodiques. Les chapitres portent sur la façon de collectionner les antiquités, l'achat et la vente d'antiquités, les ventes aux enchères, les contrefaçons, les assurances et les évaluations, les antiquités et le gouvernement, la conservation et la restauration. Le manuel traite aussi de types particuliers d'objets anciens comme les meubles, les bijoux, les objets de céramique, les verreries, les tissus, les oeuvres d'art populaire, les photographies, etc. La plupart des chapitres comprennent une bibliographie et une liste d'autres sources d'information comme les associations, les négociants, etc. Bien illustré au moyen de photographies en noir et blanc. Annexes: périodiques, revues et bulletins sur les antiquités; maisons de vente aux enchères du Canada et des États-Unis; clubs de collectionneurs. Index. Édition révisée de: *Antiques : an illustrated guide for the Canadian collector* (Toronto : Methuen, 1983).   NK841 F68 1990   745.1075

2132

Genêt, Nicole. – ***Les objets familiers de nos ancêtres.*** – Nicole Genêt, Louise Décarie-Audet, Luce Vermette. – Montréal : Éditions de l'Homme, c1974. – [304] p. : ill. – 0775904236

A dictionary of terms for household objects used in New France during the seventeenth and eighteenth centuries. The authors consulted archival documents such as estate inventories. Includes furniture, tools, utensils, linens, etc. Alphabetically arranged entries include definitions and historical background. Numerous black and white photographs and drawings of objects. Notes with illustrations include type of object, material, provenance, approximate date, dimensions and collection. Bibliography.   GN415 G45   749.2114

Dictionnaire de termes relatifs aux objets domestiques utilisés en Nouvelle-France au cours des dix-septième et dix-huitième siècles. Les auteurs ont consulté des documents d'archives comme les inventaires de succession. Inclut les meubles, les outils, les ustensiles, la literie, etc. Classées en ordre alphabétique, les notices comprennent une définition et un aperçu historique. Nombreuses photographies en noir et blanc et nombreux dessins d'objets. Les notes qui accompagnent les illustrations précisent le type d'objet dont il s'agit, le matériau, la provenance, la date approximative, les dimensions et la collection. Bibliographie.   GN415 G45   749.2114

2133

Lessard, Michel. – *Complete guide to French-Canadian antiques.* – Text by Michel Lessard ; illustrated by Huguette Marquis ; translated by Elisabeth Abbott. – New York : Hart Publishing, c1974. – 255 p. : ill., map (on lining papers). – 0805511164

A guide to Quebec furniture, wooden objects, ceramics, glass, lamps, silver plate, pewter, toys, firearms, books, etc. Includes introductory essays on identifying and collecting Quebec antiques and the influences of French and Anglo-American styles on Quebec furniture. The history, material, and manufacturing techniques of specific types of objects are discussed in other chapters. Well-illustrated with black and white photographs and drawings. Lists of silversmiths, armorers, painters, lithographers, sculptors, carpenters and cabinetmakers working in Quebec before 1900. Glossary. Bibliography. Index of artisans, objects, styles, places, etc. Also published in French under the title: *Encyclopédie des antiquités du Québec : trois siècles de production artisanale.* NK1125 L413 fol. 745.109714075

Guide sur les meubles, les objets en bois, en céramique ou en étain, les verreries, les lampes, les pièces d'argenterie, les jouets, les armes à feu, les livres, etc. du Québec. Contient des essais de présentation sur l'identification des antiquités québécoises, les collections et l'influence des styles français et anglo-américains sur les meubles québécois. D'autres chapitres discutent de l'histoire, des matériaux et des techniques de fabrication d'objets particuliers. Bien illustré au moyen de photographies en noir et blanc et de dessins. Listes des orfèvres, des armuriers, des peintres, des lithographes, des sculpteurs, des menuisiers et des ébénistes qui ont travaillé au Québec avant 1900. Glossaire. Bibliographie. Index des artisans, des objets, des styles, des lieux, etc. Publié aussi en français sous le titre: *Encyclopédie des antiquités du Québec : trois siècles de production artisanale.* NK1125 L413 fol. 745.109714075

2134

Lessard, Michel. – *Encyclopédie des antiquités du Québec : trois siècles de production artisanale.* – Michel Lessard, Huguette Marquis. – Montréal : Éditions de l'Homme, c1971. – 526 p. : ill.

A guide to Quebec furniture, wooden objects, ceramics, glass, lamps, silver plate, pewter, toys, firearms, books, etc. Includes introductory chapters on identifying and collecting Quebec antiques and the influences of French and Anglo-American styles on Quebec furniture. The history, material, and manufacturing techniques of specific types of objects are discussed in other chapters. Well-illustrated with black and white photographs and drawings. Lists of silversmiths, armorers, painters, lithographers, sculptors, carpenters and cabinetmakers working in Quebec before 1900. Glossary. Bibliography. Index of artisans, objects, styles, places, etc. Also published in English under the title: *Complete guide to French-Canadian antiques.* NK1125 L4 745.109714075

Guide sur les meubles, les objets en bois, en céramique ou en étain, les verreries, les lampes, les pièces d'argenterie, les jouets, les armes à feu, les livres, etc. du Québec. Contient des essais de présentation sur l'identification des antiquités québécoises, les collections et l'influence des styles français et anglo-américains sur les meubles québécois. D'autres chapitres discutent de l'histoire, des matériaux et des techniques de fabrication d'objets particuliers. Bien illustré au moyen de photographies en noir et blanc et de dessins. Listes des orfèvres, des armuriers, des peintres, des lithographes, des sculpteurs, des menuisiers et des ébénistes qui ont travaillé au Québec avant 1900. Glossaire. Bibliographie. Index des artisans, des objets, des styles, des lieux, etc. Publié aussi en anglais sous le titre: *Complete guide to French-Canadian antiques.* NK1125 L4 745.109714075

2135

Lessard, Michel. – *Objets anciens du Québec.* – [Montréal] : Éditions de l'Homme, c1994-   . –   vol. : ill. (certaines en coul.). – 276191113X (vol. 1)

A three-volume work which examines the material culture of Quebec up to 1940. Volume 1, *Objets anciens du Québec : la vie domestique,* focusses on objects used in domestic life including wood stoves, lighting devices, woodenware, metalware, ceramics and glassware, domestic appliances and textile items such as quilts, hooked rugs and embroidery. Numerous colour photographs of objects and illustrations from early catalogues. Bibliography and filmography for each chapter. General annotated bibliography. Subject index. Volume 2 in the series is entitled: *Objets anciens du Québec : la vie sociale et culturelle.* A third volume will focus on furniture. NK842 Q8 L473 1994 fol. 745.1097140222

Ouvrage en trois volumes qui examine la culture matérielle du Québec jusqu'en 1940. Le volume 1, *Objets anciens du Québec : la vie domestique,* porte sur les objets utilisés dans la vie quotidienne à la maison, y compris les fours à bois, les appareils d'éclairage, les objets de bois, de métal, de céramique ou de verre, les appareils ménagers et les objets en tissu comme les courtepointes, les tapis crochetés et la broderie. Nombreuses photographies en couleur d'objets et illustrations tirées de vieux catalogues. Bibliographie et filmographie pour chaque chapitre. Bibliographie générale annotée. Index sujets. Le volume 2 de la collection s'intitule: *Objets anciens du Québec : la vie sociale et culturelle.* Un troisième volume portera sur les meubles. NK842 Q8 L473 1994 fol. 745.1097140222

2136

Moissan, Stéphane. – *À la découverte des antiquités québécois.* – Montréal : Éditions La Presse, 1978, c1976. – 243 p. : ill. – 0777701294

A guide to collecting Quebec antiques. Includes chapters on antique dealers, recognizing styles, identifying old furniture, restoration and preservation as well as specific types of antiques such as gold and silverware, glassware, ceramics, pewter, ironware, toys, wooden objects, etc. Illustrated with numerous black and white photographs. Lists of antique fairs, museums, periodicals and dealers. Entries for dealers include name, address, telephone number and specialty. Bibliography. NK1125 M64 1978 745.109714075

Guide sur la façon de monter une collection d'antiquités québécoises. Inclut des chapitres sur les antiquaires, sur la manière de reconnaître les styles, sur l'identification des vieux meubles, sur la restauration et la conservation, ainsi que sur des types particuliers d'antiquités comme les pièces d'orfèvrerie, les verreries, les objets de céramique, d'étain ou de fer, les jouets, les objets de bois, etc. Illustré au moyen de nombreuses photographies en noir et blanc. Listes des foires d'antiquités, des musées, des périodiques et des négociants. Les notices sur les négociants contiennent le nom, l'adresse, le numéro de téléphone et la spécialité. Bibliographie. NK1125 M64 1978 745.109714075

2137

Skoggard, Ross. – *Collecting the past : a guide to Canadian antiques.* – Markham (Ont.) : Octopus Publishing Group, c1992. – 126 p. : ill. – 0409907200

A guide to Canadian antiques for the beginner to intermediate collector. Covers the following: ceramics, wood, glass, paper, textiles, silver, plastic. Discusses history and techniques of manufacture, care and handling, methods of faking, etc. Also includes a chapter on selling antiques. Black and white photographs. Appendices: guidelines for pricing repaired antiques; glossaries for plastic, silver and wood; directory of antique and flea markets; information on GST rebates for visitors to Canada. Bibliography. NK1125 S56 1992 745.10971075

Guide sur les antiquités canadiennes destiné au collectionneur débutant ou intermédiaire. Englobe les matières suivantes: les objets de céramique, les objets de bois, les verreries, les papiers, les tissus, les pièces d'argenterie, les objets de plastique. Porte sur l'histoire et les techniques de fabrication, les soins et la manutention, les modes de contrefaçons, etc. Inclut aussi un chapitre sur la vente des antiquités. Photographies en noir et blanc. Annexes: lignes directrices sur l'établissement du prix des objets anciens réparés; glossaires relatifs aux objets en plastique, en bois et en argent; répertoire des marchés d'antiquités et des marchés aux puces; information sur les rabais de TPS accordés aux touristes étrangers. Bibliographie. NK1125 S56

2138

Stevens, Gerald. – *In a Canadian attic.* – With drawings by Jan Vanschyndel. – Toronto : Ryerson Press, c1963. – [xii], 260 p. : ill.

1st ed., 1955. A guide to Canadian antique collecting. Includes chapters on documents and maps, books, stamps, coins and medals, Native artifacts, wood, furniture, textiles, silver and pewter, china and pottery, glass, lamps, iron, copper and tin, weapons and works of art. Includes drawings of artifacts, patterns and marks. Lists of artisans working in Canada. Bibliography. Paperback ed., 1986. NK1125 S76 1963 745.10971075

1re éd., 1955. Guide sur la façon de monter une collection d'antiquités canadiennes. Inclut des chapitres sur les documents et les cartes, les livres, les timbres, les pièces de monnaie et les médailles, les artefacts autochtones, les objets de bois, les meubles, les tissus, les objets en argent ou en étain, les porcelaines et les poteries, les verreries, les lampes, les objets de fer, de cuivre ou de fer blanc, les armes et les oeuvres d'art. Contient des dessins d'artefacts, de motifs et de marques. Liste des artisans qui travaillent au Canada. Bibliographie. Éd. de poche, 1986. NK1125 S76 1963 745.10971075

2139

Unitt, Peter. – *Unitt's book of marks : antiques & collectables.* – Compiled and edited by Peter Unitt and Anne Worrall. – Revised and expanded. – Markham (Ont.) : Fitzhenry & Whiteside, c1990. – 223 p. : ill. – 155041027X

1st ed., 1973. Imprint varies. A guide to marks found on silver, ceramics, glass and pottery available in North America with emphasis on Canadiana. Arranged by type of mark. Marks are reproduced and biographical and historical notes on artisans and companies are provided. Brief glossary of silver terms. Chart and glossary of furniture styles. Bibliography. Index of marks arranged by type. NK1125 U48 1990 745.10278

1re éd., 1973. L'adresse bibliographique varie. Guide sur les marques qui se trouvent sur les pièces d'argenterie, les objets de céramique, les verreries et les poteries disponibles en Amérique du Nord, avec insistance sur les objets canadiens. Classement par types de marques. Les marques sont reproduites avec des notes biographiques et historiques sur les artisans et les compagnies. Court glossaire des termes particuliers à l'argenterie. Tableau et glossaire des styles de meubles. Bibliographie. Index des marques classées par types. NK1125 U48 1990 745.10278

2140

Unitt, Peter. – *Unitt's Canadian price guide to antiques & collectables.* – Book 1 (1968)-   . – Markham (Ont.) : Fitzhenry & Whiteside, 1968-   . – vol. : ill. – 0315-2383

Irregular. Imprint varies. A guide to current Canadian prices for bottles, dolls, ceramics, clocks, furniture, glass, lamps, mechanical music devices, pottery, silverware, tools, etc. Black and white photographs of objects with physical description, price, date, provenance and manufacturer if known. Index of objects arranged by type. NK1125 U6 745.10971

Irrégulier. L'adresse bibliographique varie. Guide sur les prix actuels au Canada des bouteilles, des poupées, des objets de céramique, des horloges, des meubles, des verreries, des lampes, des boîtes à musique, des poteries, des pièces d'argenterie, des outils, etc. Photographies en noir et blanc avec description matérielle de l'objet, prix, date, provenance et fabricant, si ces données sont connues. Index des objets classés par types. NK1125 U6 745.10971

2141

Unitt, Peter. – *Unitt's price guide to home & country collectables.* – By Peter Unitt and Anne Worrall. – 1st ed. – Richmond Hill (Ont.) : Fitzhenry & Whiteside, 1992. – 256 p. : ill. – 1550410318

A guide to current Canadian prices for kitchen and laundry items, irons, spinning wheels, baskets, boxes, tins, scales, tools, etc. Black and white photographs of objects with physical description, price and date if known. Also includes illustrations from mail order catalogues of the early twentieth century. Index of objects. NK1125 U63 1992 745.10971

Guide sur les prix canadiens actuels d'articles de cuisine et de lavage, de fers à repasser, de rouets, de paniers, de boîtes en fer blanc et autres, de balances, d'outils, etc. Photographies en noir et blanc d'objets avec description matérielle, prix et date, si elle est connue. Contient aussi des illustrations de catalogues de vente par correspondance du début du vingtième siècle. Index des objets. NK1125 U63 1992 745.10971

Architecture

Archival Resources

Architecture

Fonds d'archives

2142

Bibliothèque Blackader-Lauterman d'architecture et d'art. Collection d'architecture canadienne. – *Canadian Architecture Collection : a guide to the archives = Collection d'architecture canadienne : guide des fonds.* – Kathryn A. Jackson avec la collaboration de Peter Di Maso. – Montréal : Collection d'architecture canadienne, 1993. – ix, 226 p. – 0771702752

A bilingual guide to over 60 fonds which comprise the Canadian Architecture Collection (CAC), an archival unit of the Blackader-Lauterman Library of Architecture and Art, McGill University. Includes fonds of architects such as Percy Erskine Nobbs, Edward and W.S. Maxwell, Arthur Erickson and Moshe Safdie. Arranged by CAC accession number. Entries include: biography of the architect or architects, provenance, scope and contents notes arranged by medium, references to other relevant entries. Index of architects. CD3649 M6 B43 1993 fol. 016.720971

Guide bilingue sur plus de 60 fonds qui forment la Collection d'architecture canadienne (CAC), un module d'archives de la Bibliothèque Blackader-Lauterman d'architecture et d'art de l'Université McGill. Inclut les fonds d'architectes comme Percy Erskine Nobbs, Edward et W.S. Maxwell, Arthur Erickson et Moshe Safdie. Classement par numéros d'entrée CAC. Les notices comprennent: la biographie de l'architecte ou des architectes, la provenance, des notes sur la portée et le contenu classées par médiums, et des références à d'autres notices pertinentes. Index des architectes. CD3649 M6 B43 1993 fol. 016.720971

2143

Blackader-Lauterman Library of Architecture and Art. Canadian Architecture Collection. – *Canadian Architecture Collection : a guide to the archives = Collection d'architecture canadienne : guide des fonds.* – Kathryn A. Jackson with the assistance of Peter Di Maso. – Montreal : Canadian Architecture Collection, 1993. – ix, 226 p. – 0771702752

A bilingual guide to over 60 fonds which comprise the Canadian Architecture Collection (CAC), an archival unit of the Blackader-Lauterman Library of Architecture and Art, McGill University. Includes fonds of architects such as Percy Erskine Nobbs, Edward and W.S. Maxwell, Arthur Erickson and Moshe Safdie. Arranged by CAC accession number. Entries include: biography of the architect or architects, provenance, scope and contents notes arranged by medium, references to other relevant entries. Index of architects. CD3649 M6 B43 1993 fol. 016.720971

Guide bilingue sur plus de 60 fonds qui forment la Collection d'architecture canadienne (CAC), un module d'archives de la Bibliothèque Blackader-Lauterman d'architecture et d'art de l'Université McGill. Inclut les fonds d'architectes comme Percy Erskine Nobbs, Edward et W.S. Maxwell, Arthur Erickson et Moshe Safdie. Classement par numéros d'entrée CAC. Les notices comprennent: la biographie de l'architecte ou des architectes, la provenance, des notes sur la portée et le contenu classées par médiums, et des références à d'autres notices pertinentes. Index des architectes. CD3649 M6 B43 1993 fol. 016.720971

2144

Leggat, Portia. – *A union list of architectural records in Canadian public collections = Catalogue collectif de recherche documentaire sur l'architecture provenant de collections publiques canadiennes.* – Montréal : Canadian Centre for Architecture, c1983. – xxiii, 213 p.

A directory of Canadian institutions holding archival materials relating to Canadian architecture. Arranged by province and city or town. Entries for each institution include name, address and telephone number, name of contact person, scope and strengths of collection, admissions policy, hours of operation and duplicating processes available. Architect and institution indexes. NA740 L43 1983 fol. 720.2571

Répertoire des établissements canadiens qui possèdent des documents d'archives relatifs à l'architecture canadienne. Classement par provinces et par villes. Les notices sur chaque établissement comprennent le nom, l'adresse et le numéro de téléphone, le nom d'une personne-ressource, la portée et les points forts de la collection, la politique d'admission, les heures d'ouverture et les procédés de reproduction disponibles. Index des architectes et index des établissements. NA740 L43 1983 fol. 720.2571

2145

Leggat, Portia. – *A union list of architectural records in Canadian public collections = Catalogue collectif de recherche documentaire sur l'architecture provenant de collections publiques canadiennes.* – Montréal : Centre canadien d'architecture, c1983. – xxiii, 213 p.

A directory of Canadian institutions holding archival materials relating to Canadian architecture. Arranged by province and city or town. Entries for each institution include name, address and telephone number, name of contact person, scope and strengths of collection, admissions policy, hours of operation and duplicating processes available. Architect and institution indexes. NA740 L43 1983 fol. 720.2571

Répertoire des établissements canadiens qui possèdent des documents d'archives relatifs à l'architecture canadienne. Classement par provinces et par villes. Les notices sur chaque établissement comprennent le nom, l'adresse et le numéro de téléphone, le nom d'une personne-ressource, la portée et les points forts de la collection, la politique d'admission, les heures d'ouverture et les procédés de reproduction disponibles. Index des architectes et index des établissements. NA740 L43 1983 fol. 720.2571

Bibliographies and Catalogues

Bibliographies et catalogues

2146

Architecture series : bibliography. – Monticello (Ill.) : Vance Bibliographies, 1978-1990. –   vol. – 0194-1356

A series of over 3,000 small bibliographies on all aspects of architecture. Each includes books and periodical articles alphabetically arranged by name of author. No indexes. Anthony G. White has prepared the following on Canadian regional and provincial architecture: *Canadian architecture – Alberta : a selected bibliography,* 1989; *Canadian architecture – British Columbia : a selected bibliography,* 1989; *Canadian architecture – Manitoba : a selected bibliography,* 1990; *Canadian architecture – the Maritime Provinces : a selected bibliography,* 1989; *Canadian architecture – Ontario province/Ottawa northward : a selected bibliography,* 1990; *Canadian architecture – Prince Edward Island province : a selected bibliography,* 1990; *Canadian architecture – Saskatchewan province : a selected bibliography,* 1990; *Canadian architecture – southwestern Quebec province/Montreal area : a selected bibliography,* 1990; *Canadian architecture – Yukon and Northwest Territories : a selected bibliography,* 1990.

Separately published author, title and subject indexes provide access to other bibliographies in the series related to Canadian architecture: *Author index to Architecture series – bibliography no. A1 to A1000 (June 1978-July 1983); Title index to Architecture series – bibliography no. A1 to A1000 (June 1978-July 1983); Subject index to Architecture series – bibliography no. A1 to A1000 (June 1978-July 1983); Author index to Architecture series – bibliography no. A 1001 to A 2000 (July 1983-March 1988); Title index to Architecture series – bibliography no. A-1001 to A-2000 (July 1983-March 1988); Subject index to Architecture series : bibliography no. A 1001 to A 2000 (July 1983-March 1988).* Z5941 V22   016.720971

Collection de plus de 3 000 courtes bibliographies qui portent sur tous les aspects de l'architecture. Chaque bibliographie inclut des livres et des articles de périodiques classés par ordre alphabétique de noms d'auteurs. Aucun index. Anthony G. White a préparé ce qui suit sur l'architecture canadienne régionale et provinciale: *Canadian architecture – Alberta : a selected bibliography,* 1989; *Canadian architecture – British Columbia : a selected bibliography,* 1989; *Canadian architecture – Manitoba : a selected bibliography,* 1990; *Canadian architecture – the Maritime Provinces : a selected bibliography,* 1989; *Canadian architecture – Ontario province/Ottawa northward : a selected bibliography,* 1990; *Canadian architecture – Prince Edward Island province : a selected bibliography,* 1990; *Canadian architecture – Saskatchewan province : a selected bibliography,* 1990; *Canadian architecture – southwestern Quebec province/Montreal area : a selected bibliography,* 1990; *Canadian architecture – Yukon and Northwest Territories : a selected bibliography,* 1990.

Les index des auteurs, des titres et des sujets publiés séparément donnent accès à d'autres bibliographies de la collection qui se rapportent à l'architecture canadienne: *Author index to Architecture series – bibliography no. A1 to A1000 (June 1978-July 1983); Title index to Architecture series – bibliography no. A1 to A1000 (June 1978-July 1983); Subject index to Architecture series – bibliography no. A1 to A1000 (June 1978-July 1983); Author index to Architecture series – bibliography no. A 1001 to A 2000 (July 1983-March 1988); Title index to Architecture series – bibliography no. A-1001 to A-2000 (July 1983-March 1988); Subject index to Architecture series : bibliography no. A 1001 to A 2000 (July 1983-March 1988).* Z5941 V22   016.720971

2147

Lerner, Loren R. [Loren Ruth]. – *Art and architecture in Canada : a bibliography and guide to the literature to 1981 = Art et architecture au Canada : bibliographie et guide de la documentation jusqu'en 1981.* – Loren R. Lerner & Mary F. Williamson. – Toronto : University of Toronto Press, c1991. – 2 vol. (lvii, 987 ; xx, 570 p.) : maps. – 0802058566

Vol. 1 is a bibliography of 9,555 books, periodical articles, conference proceedings, exhibition catalogues and theses on Canadian art and architecture. Includes English- and French-language documents. Arranged by subject such as painting, sculpture, graphic arts, photography, decorative and industrial arts, art of the Native peoples, architecture and building types, each of which is further subdivided geographically, by art form or historical period. Detailed annotations in the language of the document. Author and subject indexes in vol. 2.   Z5961 C3 L47 1991 fol.   016.70971

Le volume 1 constitue une bibliographie de 9 555 livres, articles de périodiques, travaux de congrès, catalogues d'exposition et thèses sur l'architecture et l'art canadiens. Inclut des documents en anglais et en français. Classement par sujets comme la peinture, la sculpture, les arts graphiques, la photographie, les arts décoratifs et industriels, les arts autochtones, les types d'architecture et de bâtiments. Chacun de ces sujets est subdivisé géographiquement par formes artistiques ou par périodes historiques. Annotations détaillées dans la langue du document en question. Index des auteurs et index des sujets dans le volume 2.   Z5961 C3 L47 1991 fol.   016.70971

2148

Schade, Hellmut Walter. – *A gateway to Canadian architecture.* – 2nd ed. – Ottawa : Scholastic Slide Services, c1984. – [4], 185 p. : ill. – 0969138015

1st ed., 1981?. A catalogue of over 17,600 slides of Canadian architecture taken by and available from Hellmut Schade of Scholastic Slide Services in Ottawa. Includes all types of buildings constructed during the seventeenth through the twentieth centuries. Arranged by province, city and building type. Entries include name of building, view or detail photographed, name of architect and date of construction when known. Buildings included in the Canadian Inventory of Historic Building are noted. Black and white photographs provided for some buildings. Location index.   NA3513 S33 1984
016.720971

1re éd., 1981?. Catalogue de plus de 17 600 diapositives sur l'architecture canadienne prises et offertes par Hellmut Schade de Scholastic Slide Services à Ottawa. Porte sur tous les types de bâtiments construits depuis le dix-septième siècle jusqu'à maintenant. Classement par provinces, par villes et par types de bâtiments. Les notices comprennent le nom du bâtiment, des précisions sur la photographie (vue de l'avant ou de l'arrière du bâtiment, ou détail), ainsi que le nom de l'architecte et la date de construction si ces données sont connues. Les bâtiments qui figurent dans l'Inventaire des bâtiments historiques du Canada sont signalés. Photographies en noir et blanc de certains bâtiments. Index des lieux.   NA3513 S33 1984

2149

Simmins, Geoffrey. – *Bibliography of Canadian architecture = Bibliographie d'architecture canadienne.* – Compiled by Geoffrey Simmins ; translated by Dominique Michel. – Ottawa : Society for the Study of Architecture in Canada, c1992. – 28 p. – 0919525180

A bibliography of books, periodical articles, official publications and theses published since 1981 on Canadian architecture. Also includes some earlier works considered to be of enduring value. Excludes most walking tour guides, picture books, local histories, historical house publications and privately published studies, and occasional or annual reports of organizations concerned with historic buildings. Arranged in the following sections: bibliographies and general reference sources; journals; indigenous architecture; works on individuals or firms; studies of single buildings or building types; style; thematic studies; national and/or period studies; regional studies; urban planning; conservation and preservation. Includes English- and French-language publications. Some entries include brief explanatory notes. Index of authors, editors and compilers.
Z5944 C3 S55 1992 fol.   016.720971

Bibliographie de livres, d'articles de périodiques, de publications officielles et de thèses sur l'architecture canadienne publiés depuis 1981. Inclut également certains travaux antérieurs d'importance. Exclut la plupart des guides de visite à pied, des livres d'images, des livres d'histoire locale, des publications historiques internes et des études privées, ainsi que les rapports occasionnels ou annuels des organisations qui s'occupent des bâtiments historiques. Classement selon les sections suivantes: bibliographies et références de nature générale; revues; architecture autochtone; travaux sur des personnes ou des sociétés; études de bâtiments particuliers ou de types de bâtiments; styles; études thématiques; études nationales et (ou) études sur certaines périodes; études régionales; planification urbaine; conservation et préservation. Inclut des publications en anglais et en français. Certaines notices comprennent de courtes notes explicatives. Index des auteurs, des rédacteurs et des compilateurs.
Z5944 C3 S55 1992 fol.   016.720971

2150

Simmins, Geoffrey. – *Bibliography of Canadian architecture = Bibliographie d'architecture canadienne.* – Compilée par Geoffrey Simmins ; traduction par Dominique Michel. – Ottawa : Société pour l'étude de l'architecture au Canada, c1992. – 28 p. – 0919525180

A bibliography of books, periodical articles, official publications and theses published since 1981 on Canadian architecture. Also includes some earlier works considered to be of enduring value. Excludes most walking tour guides, picture books, local histories, historical house publications and privately published studies, and occasional or annual reports of organizations concerned with historic buildings. Arranged in the following sections: bibliographies and general reference sources; journals; indigenous architecture; works on individuals or firms; studies of single buildings or building types; style; thematic studies; national and/or period studies; regional studies; urban planning; conservation and preservation. Includes English- and French-language publications. Some entries include brief explanatory notes. Index of authors, editors and compilers.
Z5944 C3 S55 1992 fol.   016.720971

Bibliographie de livres, d'articles de périodiques, de publications officielles et de thèses sur l'architecture canadienne publiés depuis 1981. Inclut également certains travaux antérieurs d'importance. Exclut la plupart des guides de visite à pied, des livres illustrés, des livres d'histoire locale, des publications historiques internes et des études privées, ainsi que les rapports occasionnels ou annuels des organisations qui s'occupent des bâtiments historiques. Classement selon les sections suivantes: bibliographies et références de nature générale; revues; architecture autochtone; travaux sur des personnes ou des sociétés; études de bâtiments particuliers ou de types de bâtiments; styles; études thématiques; études nationales et (ou) études sur certaines périodes; études régionales; planification urbaine; conservation et préservation. Inclut des publications en anglais et en français. Certaines notices comprennent de courtes notes explicatives. Index des auteurs, des rédacteurs et des compilateurs.
Z5944 C3 S55 1992 fol.   016.720971

2151

Université de Montréal. Faculté de l'aménagement. Bibliothèque. – *Architecture et arts anciens du Québec : répertoire d'articles de revues disponibles à la Bibliothèque de la Faculté de l'aménagement, Université de Montréal.* – [S.l. : s.n.], 1975. – 2 p., [2], 2, 92 f. – 0885290038

A bibliography of periodical articles on architecture and art in Quebec. Three sections: authors; subjects, such as architects, domestic and religious architecture, art, furniture, mills, museums, sculpture, etc.; periodicals.   Z5945 U55 1975 fol.   016.709714

Bibliographie des articles de périodiques sur l'architecture et l'art au Québec. Trois sections: les auteurs; les sujets comme les architectes, l'architecture domestique et religieuse, les arts, l'ameublement, les moulins, les musées, la sculpture, etc.; les périodiques.
Z5945 U55 1975 fol.   016.709714

Directories

Répertoires

2152

Directory of Canadian architects. – (1987)-   . – Ottawa : Construction Industry and Capital Projects Directorate, Service and Construction Industries Branch, Industry, Science and Technology Canada, [1987]-   . –   vol. – 0842-6708

Irregular. An alphabetically arranged directory of Canadian architects and architectural firms. Entries include name, address, telephone, fax and telex numbers, parent country, year established, number of employees, domestic activities by province, foreign activities, languages in which company can conduct business and services offered in the last three years. Also includes a list of architects arranged by type of service. Available online as part of Industry, Science and Technology Canada's *Business opportunities sourcing system (BOSS)*. Also published in French under the title: *Répertoire des sociétés canadiennes d'architectes.*   NA60 C3 D52   720.2571

Irrégulier. Répertoire alphabétique des architectes canadiens et des sociétés canadiennes d'architectes. Les notices comprennent le nom, l'adresse, les numéros de téléphone, de télécopieur et de télex, le pays du siège social, l'année de fondation, le nombre d'employés, les activités au pays par provinces, les activités à l'étranger, les langues dans lesquelles la société fait affaires et les services offerts au cours des trois dernières années. Comprend également une liste des architectes qui sont classés par types de services offerts. Accessible en direct comme partie du *Réseau d'approvisionnement et de débouchés d'affaires (RADAR)* d'Industrie, Sciences et Technologie Canada. Publié aussi en français sous le titre: *Répertoire des sociétés canadiennes d'architectes.*
NA60 C3 D52   720.2571

2153

Hearn, John. – *Restoring Canadian homes : a sourcebook of supplies and services.* – Markham (Ont.) : Fitzhenry & Whiteside, c1986. – 176 p. : ill. – 0889029857

A directory of over 600 Canadian suppliers of products and services in the architectural preservation and restoration industry. Arranged by type of product, service, profession or area of expertise, such as purchasing a house, architects, exterior and interior structure, glass, furniture, energy, landscaping, etc. Entries include name, address and telephone number and often a description of the service or product offered. Information on heritage organizations and a directory of provincial government departments responsible for heritage. Glossary of building terms, p. 21. Subject index. NA7120 H42 1986 fol. 728.02880971

Répertoire de plus de 600 fournisseurs canadiens de produits et de services de l'industrie de la conservation et de la restauration des bâtiments. Classement par types de produits, par services, par professions ou par domaines de compétence, comme les conseils pour l'achat de maisons, les architectes, la structure interne et externe des bâtiments, les vitrines, l'ameublement, la consommation d'énergie, l'aménagement paysager, etc. Les notices comprennent le nom, l'adresse et le numéro de téléphone du fournisseur, et souvent une description du service ou du produit offert. Renseignements sur les organisations de protection du patrimoine et répertoire des ministères provinciaux responsables du patrimoine. Glossaire des termes du bâtiment, p. 21. Index des sujets. NA7120 H42 1986 fol. 728.02880971

2154

Institut royal d'architecture du Canada. – *RAIC directory : the Royal Architectural Institute directory = IRAC répertoire : répertoire de l'Institut royal d'architecture du Canada.* – [1953?]-   . – Toronto : Canadian Building Magazine, [1953?]-   . – vol. – 0849-1771

Annual. Lists registered architects and architectural firms by province. Includes members of the Institute and non-members. Entries include name, address and telephone number. Also provides a directory of Institute members not registered to practice in Canada. Directory of Canadian schools of architecture. Brief history and description of the Institute.

Title varies: 1953?-1963, *List of members*; 1964-1969/70, *Architectural directory annual*; 1970/71-1976/77, *Architecture Canada directory*; 1976?-1979, *Directory – List of members/practices*; 1981-1982, *List of members = Tableau des membres*; 1985, *Répertoire d'architecture du Canada = Canadian architectural directory*; 1986-1991, *Canadian architectural directory = Répertoire d'architecture du Canada*; 1992-   , *RAIC directory : the Royal Architectural Institute directory = IRAC répertoire : répertoire de l'Institut royal d'architecture du Canada*. Imprint varies. NA60 C3 C36 fol. 720.2571

Annuel. Recension par provinces, des architectes et des sociétés d'architectes membres des ordres provinciaux d'architectes. Inclut des membres de l'institut et des non membres. Les notices comprennent un nom, une adresse et un numéro de téléphone. Contient également un répertoire des membres de l'institut qui ne pratiquent pas au Canada. Répertoire des écoles canadiennes d'architecture. Court historique et description de l'institut.

Le titre varie: 1953?-1963, *List of members*; 1964-1969/70, *Architectural directory annual*; 1970/71-1976/77, *Architecture Canada directory*; 1976?-1979, *Directory – List of members/practices*; 1981-1982, *List of members = Tableau des membres*; 1985, *Répertoire d'architecture du Canada = Canadian architectural directory*; 1986-1991, *Canadian architectural directory = Répertoire d'architecture du Canada*; 1992-   , *RAIC directory : the Royal Architectural Institute directory = IRAC répertoire : répertoire de l'Institut royal d'architecture du Canada*. L'adresse bibliographique varie. NA60 C3 C36 fol. 720.2571

2155

The RAIC directory of scholarships and awards for architecture. – Editor, Timothy Kehoe ; research, Valerie Yates. – Ottawa : Royal Architectural Institute of Canada, 1991. – [6], 95 p. – 0919424147 – Cover title.

200 entries for scholarships and awards in architectural education provided by Canadian universities and colleges, government and private organizations. Also lists travel and exchange scholarships provided by some foreign organizations. Arranged by type of organization or scholarship. Entries include name of scholarship or award and information on frequency, value, objective, eligibility, terms and conditions and application deadline. Includes addresses of sponsoring agencies. NX396.6 R34 1991 fol. 720.07971

200 notices sur les bourses d'études, les prix et récompenses en architecture remises par les universités, les collèges, les gouvernements et les organismes privés du Canada. Donne aussi la liste des bourses de voyage et d'échange fournies par certains organismes étrangers. Classement par types d'organisations ou de bourses. Les notices comprennent le nom de la bourse ou du prix et des données sur sa fréquence, sa valeur, l'objectif poursuivi, les conditions d'admission, et la date limite de présentation d'une demande. Comprend les adresses des organismes de parrainage. NX396.6 R34 1991 fol. 720.07971

2156

Répertoire des sociétés canadiennes d'architectes. – (1987)-   . – Ottawa : Direction de l'industrie de la construction et des projets d'immobilisations, Direction générale des industries de services et de la construction, Industrie, Sciences et Technologie Canada, 1987-   . – vol. – 0842-6716

Irregular. An alphabetically arranged directory of Canadian architects and architectural firms. Entries include name, address, telephone, telex and fax numbers, parent country, year established, number of employees, domestic activities by province, foreign activities, languages in which the company can conduct business and services offered in the last three years. Also includes a list of architects arranged by type of service. Available online as part of Industry, Science and Technology Canada's *Business opportunities sourcing system (BOSS)*. Also published in English under the title: *Directory of Canadian architects*. NA60 C3 D5214 fol. 720.2571

Irrégulier. Répertoire alphabétique des architectes canadiens et des sociétés canadiennes d'architectes. Les notices comprennent le nom, l'adresse, les numéros de téléphone, de télex et de télécopieur, le pays du siège social, l'année de fondation, le nombre d'employés, les activités au pays par provinces, les activités à l'étranger, les langues dans lesquelles la société fait affaires et les services offerts au cours des trois dernières années. Comprend également une liste des architectes qui sont classés par types de services offerts. Accessible en direct comme partie du *Réseau d'approvisionnement et de débouchés d'affaires (RADAR)* d'Industrie, Sciences et Technologie Canada. Publié aussi en anglais sous le titre *Directory of Canadian architects*. NA60 C3 D5214 fol. 720.2571

2157

Royal Architectural Institute of Canada. – *RAIC directory : the Royal Architectural Institute directory = IRAC répertoire : répertoire de l'Institut royal d'architecture du Canada.* – [1953?]- . – Toronto : Canadian Building Magazine, [1953?]- . – vol. – 0849-1771

Annual. Lists registered architects and architectural firms by province. Includes members of the Institute and non-members. Entries include name, address and telephone number. Also provides a directory of Institute members not registered to practice in Canada. Directory of Canadian schools of architecture. Brief history and description of the Institute.

Title varies: 1953?-1963, *List of members*; 1964-1969/70, *Architectural directory annual*; 1970/71-1976/77, *Architecture Canada directory*; 1976?-1979, *Directory – List of members/practices*; 1981-1982, *List of members = Tableau des membres*; 1985, *Répertoire d'architecture du Canada = Canadian architectural directory*; 1986-1991, *Canadian architectural directory = Répertoire d'architecture du Canada*; 1992- , *RAIC directory : the Royal Architectural Institute directory = IRAC répertoire : répertoire de l'Institut royal d'architecture du Canada.* Imprint varies. NA60 C3 C36 fol. 720.2571

Annuel. Recension par provinces, des architectes et des sociétés d'architectes membres des ordres provinciaux d'architectes. Inclut des membres de l'institut et des non membres. Les notices comprennent un nom, une adresse et un numéro de téléphone. Contient également un répertoire des membres de l'institut qui ne pratiquent pas au Canada. Répertoire des écoles canadiennes d'architecture. Court historique et description de l'institut.

Le titre varie: 1953?-1963, *List of members*; 1964-1969/70, *Architectural directory annual*; 1970/71-1976/77, *Architecture Canada directory*; 1976?-1979, *Directory – List of members/practices*; 1981-1982, *List of members = Tableau des membres*; 1985, *Répertoire d'architecture du Canada = Canadian architectural directory*; 1986-1991, *Canadian architectural directory = Répertoire d'architecture du Canada*; 1992- , *RAIC directory : the Royal Architectural Institute directory = IRAC répertoire : répertoire de l'Institut royal d'architecture du Canada.* L'adresse bibliographique varie. NA60 C3 C36 fol. 720.2571

Handbooks

Guides

2158

Carter, Margaret. – *Faire des recherches sur les bâtiments anciens.* – [Ottawa] : Parcs Canada, c1983. – 42 p. : ill., plans. – 0662918738

A guide to researching heritage buildings in Canada. Outlines a research methodology and discusses commonly used sources such as directories, gazetteers, assessment rolls, land titles, newspapers, etc. Also published in English under the title: *Researching heritage buildings*. Reproduced in microform format: *Microlog*, no. 84-00726. FC215 720.971

Guide de recherche sur les bâtiments anciens du Canada. Donne les grandes lignes d'une méthodologie de recherche et traite des sources habituellement utilisées, comme les répertoires géographiques et autres, les rôles d'évaluation, les titres de biens-fonds, les journaux, etc. Publié aussi en anglais sous le titre: *Researching heritage buildings*. Reproduit sur support microforme: *Microlog*, n° 84-00726. FC215 720.971

2159

Carter, Margaret. – *Researching heritage buildings.* – [Ottawa] : Parks Canada, c1983. – 38 p. : ill., plans. – 0662123069

A guide to researching heritage buildings in Canada. Outlines a research methodology and discusses commonly used sources such as directories, gazetteers, assessment rolls, land titles, newspapers, etc. Also published in French under the title: *Faire des recherches sur les bâtiments anciens*. Reproduced in microform format: *Microlog*, no. 84-00726. FC215 C37 1983 fol. 720.971

Guide de recherche sur les bâtiments anciens du Canada. Donne les grandes lignes d'une méthodologie de recherche et traite des sources habituellement utilisées, comme les répertoires géographiques et autres, les rôles d'évaluation, les titres de biens-fonds, les journaux, etc. Publié aussi en français sous le titre: *Faire des recherches sur les bâtiments anciens*. Reproduit sur support microforme: *Microlog*, n° 84-00726. FC215 C37 1983 fol. 720.971

2160

Fram, Mark. – *Conserver, un savoir-faire : le manuel de la Fondation du patrimoine ontarien sur les théories et les pratiques de la conservation architecturale.* – Toronto : Stoddart ; Erin (Ont.) : Boston Mills Press, c1993. – xi, 239, [1] p. : ill. – 1550460773

A guide to theoretical and practical aspects of architectural conservation. Describes types and styles of architecture in Ontario. Outlines steps involved in a conservation project. Provides practical advice on preserving structural systems and interior and exterior features. Appendices: history and goals of Ontario Heritage Foundation; international, national and provincial charters and codes related to architectural conservation; directory of heritage organizations and information sources; list of local architectural conservation advisory committees (LACACS). Bibliography. List of illustrations. Subject index. Also published in English under the title: *Well-preserved : the Ontario Heritage Foundation's manual of principles and practice for architectural conservation.* NA109 C3 F7214 720.28809713

Guide sur les aspects théoriques et pratiques de la conservation des bâtiments. Décrit les types et les styles d'architecture en Ontario. Précise les grandes étapes de la réalisation d'un projet de conservation. Donne des conseils pratiques sur la préservation des stratégies structurales et des caractéristiques intérieures et extérieures. Annexes: historique et objectifs de la Fondation du patrimoine ontarien; chartes et codes internationaux, nationaux et provinciaux relatifs à la conservation des bâtiments; répertoire des organisations de protection du patrimoine et des sources d'information dans ce domaine; liste des comités consultatifs locaux pour la conservation de l'architecture. Bibliographie. Liste des illustrations. Index des sujets. Publié aussi en anglais sous le titre: *Well-preserved : the Ontario Heritage Foundation's manual of principles and practice for architectural conservation.* NA109 C3 F7214 720.28809713

2161

Fram, Mark. – *Well-preserved : the Ontario Heritage Foundation's manual of principles and practice for architectural conservation.* – Rev. ed. – Toronto : Stoddart ; Erin (Ont.) : Boston Mills Press, 1992. – xi, 239, [1] p. : ill. – 0919783422

1st ed., 1988. A guide to theoretical and practical aspects of architectural conservation. Describes types and styles of architecture in Ontario. Outlines steps involved in a conservation project. Provides practical advice on preserving structural systems and interior and exterior features. Appendices: history and goals of Ontario Heritage Foundation; international, national and provincial charters and codes related to architectural conservation; directory of heritage organizations and information sources; list of local architectural conservation advisory committees (LACACS). Bibliography. List of illustrations. Subject index. Also published in French under the title: *Conserver, un savoir faire : le manuel de la Fondation du patrimoine ontarien sur les théories et les pratiques de la conservation architecturale.* NA109 C3 F72 720.28809713

1re éd., 1988. Guide sur les aspects théoriques et pratiques de la conservation des bâtiments. Décrit les types et les styles d'architecture en Ontario. Précise les grandes étapes de la réalisation d'un projet de conservation. Fournit des conseils pratiques sur la préservation des systèmes structuraux et des caractéristiques intérieures et extérieures. Annexes: historique et objectifs de la Fondation du patrimoine ontarien; chartes et codes internationaux, nationaux et provinciaux relatifs à la conservation des bâtiments; répertoire des organisations de protection du patrimoine et des sources d'information dans ce domaine; liste des comités consultatifs locaux pour la conservation de l'architecture (LACACS). Bibliographie. Liste des illustrations. Index des sujets. Publié aussi en français sous le titre: *Conserver, un savoir-faire : le manuel de la Fondation du patrimoine ontarien sur les théories et les pratiques de la conservation architecturale.* NA109 C3 F72 720.28809713

2162

Humphreys, Barbara A. – *L'architecture du Canada : guide des styles d'architecture antérieurs au XXᵉ siècle.* – Par Barbara A. Humphreys et Meredith Sykes ; illustrations, Michael Middleton. – [Ottawa] : Environnement Canada, Parcs, c1980. – 13 p. : ill. (certaines en coul.).

A concise guide to styles of pre-twentieth century Canadian churches, houses, commercial and administrative buildings, barns, mills, lighthouses, etc., and Canadian vernacular. Line drawings with brief descriptions. Glossary. Also published in English under the title: *The buildings of Canada : a guide to pre-20th century styles in houses, churches and other structures.* NA740 H8514 1980 fol. 720.971

Guide concis sur les styles des églises, des maisons, des bâtiments commerciaux et administratifs, des granges, des moulins, des phares, etc. canadiens antérieurs au vingtième siècle et sur le style vernaculaire canadien. Dessins au trait accompagnés de courtes descriptions. Glossaire. Publié aussi en anglais sous le titre: *The buildings of Canada : a guide to pre-20th century styles in houses, churches and other structures.* NA740 H8514 1980 fol. 720.971

2163

Humphreys, Barbara A. – *The buildings of Canada : a guide to pre-20th-century styles in houses, churches and other structures.* – By Barbara A. Humphreys and Meredith Sykes ; illustrator, Michael Middleton. – [Ottawa] : Environment Canada, Parks, c1980. – 13 p. : ill. (some col.).

A concise guide to styles of pre-twentieth century Canadian churches, houses, commercial and administrative buildings, barns, mills, lighthouses, etc., and Canadian vernacular. Line drawings with brief descriptions. Glossary. Also published in French under the title: *L'architecture du Canada : guide des styles d'architecture antérieurs au XXᵉ siècle.* NA740 H85 1980 fol. 720.971

Guide concis sur les styles des églises, des maisons, des bâtiments commerciaux et administratifs, des granges, des moulins, des phares, etc. canadiens antérieurs au vingtième siècle et sur le style vernaculaire canadien. Dessins au trait accompagnés de courtes descriptions. Glossaire. Publié aussi en français sous le titre: *L'architecture du Canada : guide des styles d'architecture antérieurs au XXᵉ siècle.* NA740 H85 1980 fol. 720.971

2164

Maitland, Leslie. – *A guide to Canadian architectural styles.* – Leslie Maitland, Jacqueline Hucker and Shannon Ricketts. – Peterborough (Ont.) : Broadview Press, c1992. – [223] p. : ill. – 1551110040 (bd.) 1551110024 (pa.)

An introduction to Canadian architectural styles. Arranged by century and style. Describes the significant features of each style while discussing its origins, uses and development in Canada. Illustrated with black and white photographs. Glossary. Bibliography. Index of architects, buildings and places. NA740 M35 1992 720.971

Introduction aux styles canadiens d'architecture. Classement par siècles et par styles. Décrit les caractéristiques importantes de chaque style et examine ses origines, ses applications et son développement au Canada. Illustré de photographies en noir et blanc. Glossaire. Bibliographie. Index des architectes, des bâtiments et des lieux. NA740 M35 1992 720.971

History and Surveys

Aperçus historiques et études diverses

2165

Canadian inventory of historic building [online]. – [Ottawa : Canadian Inventory of Historic Building, 1970].

A computerized inventory of over 200,000 Canadian buildings of all types, constructed prior to 1945. Records for each building include dates, locations, uses, names of architects and builders and 65 categories of architectural detail. The database can be searched for the public, for a fee. Numerous manuscript reports and publications have been prepared using information from the inventory, for example, a series of manuscript reports on the early court house architecture of

Inventaire informatisé de plus de 200 000 bâtiments canadiens de tous les types, construits avant 1945. Les notices sur chaque bâtiment comprennent les dates pertinentes, les emplacements, les utilisations, les noms des architectes et des constructeurs et 65 catégories de détails architecturaux. Moyennant certains frais, le public peut faire faire des recherches dans la base de données. De nombreux rapports manuscrits et publications ont été rédigés au moyen des données

Canada, research bulletins on Canadian school architecture and publications such as *Town halls of Canada* and *Les hôtels de ville du Canada*. NA740 720.971

tirées de cet inventaire, notamment une collection de rapports manuscrits sur l'architecture des premiers palais de justice du Canada, des bulletins de recherche sur l'architecture des écoles canadiennes, et des publications comme *Town halls of Canada* et *Les hôtels de ville du Canada*. NA740 720.971

2166

Carter, Margaret. – *Early Canadian court houses.* – Ottawa : National Historic Parks and Sites Branch, Parks Canada, Environment Canada, 1983. – 258 p. : ill. – (Studies in archaeology, architecture and history). – 0660113155

Essays on the architectural history of the court houses of each province or region. Includes all extant court houses built before 1914 in Eastern Canada, and before 1930 in Northern Ontario and Western Canada. An appendix provides entries for each building, arranged by province or region and city. Entries include address, date of construction, names of architect and builder, material, notes on renovations, original use and present use. Accompanied by black and white photographs. Bibliography. Reproduced in microform format: *Microlog*, no. 85-04427. Also published in French under the title: *Les premiers palais de justice au Canada*. NA4475 C2 E3713 725.150971

Essais sur l'histoire de l'architecture des palais de justice de chaque province ou région. Comprend tous les palais de justice qui existent encore et qui ont été construits avant 1914 dans l'Est du Canada, et avant 1930 dans le Nord de l'Ontario et dans l'Ouest du Canada. Une annexe contient des notices sur tous les bâtiments classés par provinces ou régions et par villes. Chaque notice comprend l'adresse du bâtiment, la date de construction, les noms de l'architecte et du constructeur, les matériaux utilisés, des notes sur les rénovations, la première utilisation et l'utilisation actuelle. Photographies en noir et blanc. Bibliographie. Reproduit sur support microforme: *Microlog*, nº 85-04427. Publié aussi en français sous le titre: *Les premiers palais de justice au Canada*. NA4475 C2 E3713 725.150971

2167

Carter, Margaret. – *Les premiers palais de justice au Canada.* – Ottawa : Direction des lieux et des parcs historiques nationaux, Parcs Canada, 1983. – 264 p. : ill. – (Études en archéologie, architecture et histoire). – 0660910276

Essays on the architectural history of the court houses of each province or region. Includes all extant court houses built before 1914 in Eastern Canada, and before 1930 in Northern Ontario and Western Canada. An appendix provides entries for each building, arranged by province or region and city. Entries include address, date of construction, names of architect and builder, material, notes on renovations, original use and present use. Accompanied by black and white photographs. Bibliography. Reproduced in microform format: *Microlog*, no. 86-00312. Also published in English under the title: *Early Canadian court houses*. NA4475 C3 C3714 1983 725.150971

Essais sur l'histoire de l'architecture des palais de justice de chaque province ou région. Comprend tous les palais de justice qui existent encore et qui ont été construits avant 1914 dans l'Est du Canada, et avant 1930 dans le Nord de l'Ontario et dans l'Ouest du Canada. Une annexe contient des notices sur tous les bâtiments classés par provinces ou régions et par villes. Chaque notice comprend l'adresse du bâtiment, la date de construction, les noms de l'architecte et du constructeur, les matériaux utilisés, des notes sur les rénovations, la première utilisation et l'utilisation actuelle. Photographies en noir et blanc. Bibliographie. Reproduit sur support microforme: *Microlog*, nº 86-00312. Publié aussi en anglais sous le titre: *Early Canadian court houses*. NA4475 C3 C3714 1983 725.150971

2168

Cawker, Ruth. – *Contemporary Canadian architecture : the mainstream and beyond.* – Ruth Cawker & William Bernstein. – Rev. and exp. ed. – Markham (Ont.) : Fitzhenry & Whiteside, c1988. – 216 p. : ill. – 0889027331

1st ed., 1982. A study of major public commissions in Canada from 1967 to the 1980s. Examines trends in architectural style and urban development using examples such as the Expo '67 site and the National Gallery. Illustrated with numerous black and white photographs and plans. NA745 B47 1988 fol. 720.971

1re éd., 1982. Étude des grandes commandes publiques faites au Canada depuis 1967 jusqu'aux années 1980. Examine les tendances dans les styles architecturaux et dans l'urbanisme au moyen d'exemples comme le Musée des beaux-arts et le site de l'Expo 67. Illustré de nombreuses photographies en noir et blanc et de nombreux plans. NA745 B47 1988 fol. 720.971

2169

Gowans, Alan. – *Building Canada : an architectural history of Canadian life.* – [Rev. and enl. ed.]. – Toronto : Oxford University Press, 1966. – xx, 412 p. : ill.

1st ed., 1958, *Looking at architecture in Canada*. A history of Canadian architecture arranged by period and style. 245 plates of buildings, chronologically arranged, with notes. Index of buildings arranged by province and town or city. General index of architects, building types, styles, etc. NA740 G5 1966 fol. 720.971

1re éd., 1958, *Looking at architecture in Canada*. Histoire de l'architecture canadienne classée par périodes et par styles. 245 planches sur des bâtiments selon un classement chronologique et notes. Index des bâtiments classés par provinces et par villes. Index général des architectes, des types de bâtiments, des styles, etc. NA740 G5 1966 fol. 720.971

2170

Les hôtels de ville du Canada : un recueil de textes sur les hôtels de ville construits avant 1930. – Marc de Caraffe; C.A. Hale; Dana Johnson; G.E. Mills et introduction de Margaret Carter. – Ottawa : Lieux et parcs historiques nationaux, Environnement Canada - Parcs, c1987. – 358 p. : ill. – (Études en archéologie, architecture et histoire). – 0660919192

A study of town hall buildings across Canada. Includes essays on origins of town hall architecture, monumental, town or city halls, rural town halls, construction and symbolism of town halls. Glossary. Bibliography. Appendix: index of pre-1930 town halls, surviving as of 1981. Arranged by province and city. Entries include address, date of construction, names of architect and builder if

Étude sur les hôtels de ville de tout le Canada. Comprend des essais sur les origines de l'architecture des hôtels de ville, sur les divers types d'hôtels de ville, comme ceux de style monumental, ceux des petites et des grandes villes et ceux des municipalités rurales, ainsi que sur la construction et le symbolisme. Glossaire. Bibliographie. Annexe: index des hôtels de ville antérieurs à 1930 qui existaient known, material used for construction, description of original and present uses. Black and white photographs of some halls. Reproduced in microform format: *Microlog*, no. 87-03855. Also published in English under the title: *Town halls of Canada : a collection of essays on pre-1930 town hall buildings*.   NA4425 T6814   725.130971

toujours en 1981. Classement par provinces et par villes. Chaque notice comprend l'adresse, la date de construction, les noms de l'architecte et du constructeur s'ils sont connus, les matériaux utilisés pour la construction, ainsi que la description de la première utilisation et de l'utilisation actuelle. Photographies en noir et blanc de certains hôtels de ville. Reproduit sur support microforme: *Microlog*, n° 87-03855. Publié aussi en anglais sous le titre: *Town halls of Canada : a collection of essays on pre-1930 town hall buildings*.   NA4425 T6814   725.130971

2171

Hunter, Robert. – *Theatre architecture in Canada : a study of pre-1920 Canadian theatres.* – [S.l. : s.n.], 1984-1985. – 143, [120] p. : ill. – Cover title : *Theatre architecture in Canada = L'architecture des théâtres au Canada.*

A study and inventory of theatres in Canada constructed prior to 1920. Examines the influences on and development of Canadian theatre design. An appendix describes extant theatres. Entries include: name of structure, address, date of construction, name of architect and/or contractor, materials, description of condition, present use, etc., black and white photographs of interiors and exteriors. Index of appendix entries, arranged by province.   NA6840 C3 H86 725.8220971

Étude et inventaire des théâtres construits au Canada avant 1920. Examine ce qui a influencé la conception des théâtres canadiens et son développement. Une annexe décrit les théâtres qui existent toujours. Les notices comprennent: le nom de la structure, l'adresse, la date de construction, le nom de l'architecte et (ou) celui de l'entrepreneur, les matériaux utilisés, une description de l'état actuel, l'utilisation actuelle, etc. Photographies en noir et blanc de l'intérieur et de l'extérieur des théâtres. Index des notices en annexe classées par provinces.   NA6840 C3 H86   725.8220971

2172

Inventaire des bâtiments historiques du Canada **[en direct].** – [Ottawa : Inventaire des bâtiments historiques du Canada, 1970].

A computerized inventory of over 200,000 Canadian buildings of all types, constructed prior to 1945. Records for each building include dates, locations, uses, names of architects and builders and 65 categories of architectural detail. The database can be searched for the public, for a fee. Numerous manuscript reports and publications have been prepared using information from the inventory, for example, a series of manuscript reports on the early court house architecture of Canada, research bulletins on Canadian school architecture and publications such as *Town halls of Canada* and *Les hôtels de ville du Canada*.   NA740   720.971

Inventaire informatisé de plus de 200 000 bâtiments canadiens de tous les types, construits avant 1945. Les notices sur chaque bâtiment comprennent les dates pertinentes, les emplacements, les utilisations, les noms des architectes et des constructeurs et 65 catégories de détails architecturaux. Moyennant certains frais, le public peut faire faire des recherches dans la base de données. De nombreux rapports manuscrits et publications ont été rédigés au moyen des données tirées de cet inventaire, notamment une collection de rapports manuscrits sur l'architecture des premiers palais de justice du Canada, des bulletins de recherche sur l'architecture des écoles canadiennes, et des publications comme *Town halls of Canada* et *Les hôtels de ville du Canada*.   NA740   720.971

2173

Kalman, Harold. – *Encore : réaménagement de bâtiments publics à des fins artistiques et culturelles.* – Harold Kalman, Keith Wagland, Robert Bailey. – Ottawa : Secrétariat d'État, 1981. – [8], 354 p. : ill.

An inventory of 375 redundant public buildings in Canada which have been adapted for cultural use. Three sections: theatres and concert halls; museums and galleries; arts centres, workshops and libraries. Each section is arranged by province and municipality. Inventory entries may include: name and address of building, present use, operating agency, architect for adaptation, date of adaptation, cost, source of funds, description of facilities, original name or use of building, date of construction, original architect, name and address of contact person. Black and white photographs of some buildings.

   Case studies of twenty of the buildings and a general analysis of the adaptation process are also provided. Checklist of steps for recycling a building. Bibliography. Indexes: name of building, original use of building. Photograph credits. Reproduced in microform format: *Microlog*, no. 82-00987. Also published in English under the title: *Encore : recycling public buildings for the arts*.   NA4229 K35 720.286

Répertoire de 375 bâtiments publics en surnombre au Canada qui ont été réaménagés à des fins culturelles. Trois sections: théâtres et salles de concert; musées et galeries; centres artistiques, ateliers et bibliothèques. Dans chaque section, les bâtiments sont classés par provinces et par municipalités. Les notices de l'inventaire peuvent comprendre: le nom et l'adresse du bâtiment, l'utilisation actuelle, l'organisme chargé de son exploitation, l'architecte responsable du réaménagement, la date et le coût du réaménagement, la provenance des fonds, une description des installations, le premier nom du bâtiment et sa première utilisation, la date de construction, le premier architecte, le nom et l'adresse d'une personne-ressource. Photographies en noir et blanc de certains bâtiments.

   Études de cas qui portent sur vingt de ces bâtiments et analyse générale du processus de réaménagement. Liste de vérification des étapes à suivre pour réaménager un bâtiment. Bibliographie. Index: noms de bâtiments, premières utilisations des bâtiments. Mentions de source des photographies. Reproduit sur support microforme: *Microlog*, n° 82-00987. Publié aussi en anglais sous le titre: *Encore : recycling public buildings for the arts*.   NA4229 K35   720.286

2174

Kalman, Harold. – *Encore : recycling public buildings for the arts.* – Harold Kalman, Keith Wagland, Robert Bailey. – Don Mills (Ont.) : Corpus, c1980. – ix, 358 p. : ill., plans. – 091021715X (bd.) 0919217168 (pa.)

An inventory of 375 redundant public buildings in Canada which have been adapted for cultural use. Three sections: theatres and concert halls; museums and galleries; arts centres, workshops and

Répertoire de 375 bâtiments publics en surnombre au Canada qui ont été réaménagés à des fins culturelles. Trois sections: théâtres et salles de concert; musées et galeries; centres artistiques, ateliers et

libraries. Each section is arranged by province and municipality. Inventory entries may include: name and address of building, present use, operating agency, architect for adaptation, date of adaptation, cost, source of funds, description of facilities, original name or use of building, date of construction, original architect, name and address of contact person. Black and white photographs of some buildings.

Case studies of twenty of the buildings and an overview of the adaptation process are also provided. Checklist of steps for recycling a building. Bibliography. Indexes: name of building, original use of building. Photograph credits. Also published in French under the title: *Encore : réaménagement de bâtiments publics à des fins artistiques et culturelles.* NA4229 K35 720.286

bibliothèques. Dans chaque section, les bâtiments sont classés par provinces et par municipalités. Les notices de l'inventaire peuvent comprendre: le nom et l'adresse du bâtiment, l'utilisation actuelle, l'organisme chargé de son exploitation, l'architecte responsable du réaménagement, la date et le coût du réaménagement, la provenance des fonds, une description des installations, le premier nom du bâtiment et sa première utilisation, la date de construction, le premier architecte, le nom et l'adresse d'une personne-ressource. Photographies en noir et blanc de certains bâtiments.

Études de cas qui portent sur vingt de ces bâtiments et aperçu du processus de réaménagement. Liste de vérification des étapes à suivre pour réaménager un bâtiment. Bibliographie. Index: noms de bâtiments, premières utilisations des bâtiments. Mentions de source des photographies. Publié aussi en français sous le titre: *Encore : réaménagement de bâtiments publics à des fins artistiques et culturelles.* NA4229 K35 720.286

2175
Kalman, Harold. – *A history of Canadian architecture.* – Toronto : Oxford University Press, c1994. – 2 vol. (xi, 933 p.) : ill., maps, plans. – 019541103X (set)

A survey history of Canadian architecture. Chapters covering historical periods, geographical regions, building types and architectural styles. Numerous black and white photographs of building exteriors, interiors and details as well as plans. Notes, glossary, index of buildings and general index in each volume. NA740 K34 1994 fol. 720.971

Histoire générale de l'architecture canadienne. Chapitres qui portent sur les périodes historiques, les régions géographiques, les types de bâtiments et les styles architecturaux. Nombreuses photographies en noir et blanc d'extérieurs de bâtiments, d'intérieurs et de détails, ainsi que des plans. Notes, glossaire, index des bâtiments et index général dans chaque volume. NA740 K34 1994 fol. 720.971

2176
Levitt, Sheldon. – *Treasures of a people : the synagogues of Canada.* – Sheldon Levitt, Lynn Milstone, Sidney T. Tenenbaum. – 1st ed. – Toronto : Lester & Orpen Dennys, c1985. – ix, 150 p. : ill. (some col.). – 088619069X (bd.) 0886190940 (pa.)

A photographic survey of synagogues in Canada. Black and white and colour photographs of exteriors, interiors and details are accompanied by brief historical and architectural notes. Includes chapters on ornamentation, furnishings and stained glass. Index of synagogues, arranged by province and city. NA5240 L49 1985 fol. 726.30971

Examen photographique des synagogues au Canada. Les photographies en noir et blanc et en couleurs de l'extérieur, de l'intérieur et des détails des bâtiments sont accompagnées de courtes notes sur l'histoire et l'architecture. Comprend des chapitres sur l'ornementation, l'ameublement et les vitraux. Index des synagogues classées par provinces et par villes. NA5240 L49 1985 fol. 726.30971

2177
Nabokov, Peter. – *Native American architecture.* – Peter Nabokov, Robert Easton. – New York : Oxford University Press, 1989. – 431 p. : ill. (some col.). – 0195037812

A study of Native architecture in North America. Describes the types of structures found in each region or culture area, materials used and construction techniques. Numerous photographs and line drawings of all types of buildings and their structural details. Bibliography. List of photographic credits. Glossary. Detailed index. E98 D9 N33 1989 720.97

Étude de l'architecture autochtone en Amérique du Nord. Décrit les types de structures de chaque région ou de chaque culture, les matériaux utilisés et les techniques de construction. Nombreux dessins au trait et photographies de tous les types de bâtiments et de leurs détails structuraux. Bibliographie. Liste des mentions de source des photographies. Glossaire. Index détaillé. E98 D9 N33 1989 720.97

2178
Reports = Rapports. – Federal Heritage Buildings Review Office. – [Ottawa : Federal Heritage Buildings Review Office], 1982-   . –   vol. : ill.

Reports on federally-owned buildings of heritage value prepared on an ad-hoc basis by architectural historians of the Architectural History Branch. 48 volumes prepared to date. Each report provides a history and architectural analysis of the building including information on the architects, methods of construction, materials used and styles. Black and white photographs, drawings, plans and maps may accompany reports. Cumulative index of buildings in each volume, geographically arranged. NA4229 F43 725.102880971

Rapports sur les édifices fédéraux à valeur patrimoniale rédigés selon les besoins par les historiens en architecture de la Direction générale de l'histoire de l'architecture. Jusqu'à maintenant, 48 volumes ont été rédigés. Chaque rapport contient une analyse historique et architecturale de l'édifice, comprenant des données sur les architectes, les méthodes de construction, les matériaux utilisés et les styles. Les rapports sont parfois accompagnés de photographies en noir et blanc, de dessins, de plans et de cartes. Chaque volume contient un index cumulatif des édifices classés par lieux. NA4229 F43 725.102880971

2179

Reports = Rapports. – Bureau d'examen des édifices fédéraux à valeur patrimoniale. – [Ottawa : Bureau d'examen des édifices fédéraux à valeur patrimoniale], 1982- . – vol. : ill.

Reports on federally-owned buildings of heritage value prepared on an ad-hoc basis by architectural historians of the Architectural History Branch. 48 volumes prepared to date. Each report provides a history and architectural analysis of the building including information on the architects, methods of construction, materials used and styles. Black and white photographs, drawings, plans and maps may accompany reports. Cumulative index of buildings in each volume, geographically arranged.   NA4229 F43   725.102880971

Rapports sur les édifices fédéraux à valeur patrimoniale rédigés selon les besoins par les historiens en architecture de la Direction générale de l'histoire de l'architecture. Jusqu'à maintenant, 48 volumes ont été rédigés. Chaque rapport contient une analyse historique et architecturale de l'édifice, comprenant des données sur les architectes, les méthodes de construction, les matériaux utilisés et les styles. Les rapports sont parfois accompagnés de photographies en noir et blanc, de dessins, de plans et de cartes. Chaque volume contient un index cumulatif des édifices classés par lieux.   NA4229 F43 725.102880971

2180

Ritchie, T. [Thomas]. – ***Canada builds, 1867-1967.*** – T. Ritchie and the staff of the Division of Building Research, National Research Council. – Toronto : University of Toronto Press, 1967. – vii, 406 p. : ill. – (Canadian building series ; no. 1).

A history of building in Canada, arranged in chapters on regions or provinces and types of building materials. Numerous black and white photographs. Bibliography. List of photograph credits. Index of place names, architects, buildings, styles, materials and techniques, etc.   TH26 R5 fol.   720.971

Histoire du bâtiment au Canada avec classement en chapitres couvrant des régions ou des provinces et des types de matériaux de construction. Nombreuses photographies en noir et blanc. Bibliographie. Liste des mentions de source des photographies. Index des noms de lieux, des architectes, des bâtiments, des styles, des matériaux et des techniques, etc.   TH26 R5 fol.   720.971

2181

Town halls of Canada : a collection of essays on pre-1930 town hall buildings. – Marc de Caraffe, C.A. Hale, Dana Johnson, G.E. Mills and introduction by Margaret Carter. – Ottawa : National Historic Parks and Sites Branch, Environment Canada - Parks, c1987. – 343 p. : ill. – (Studies in archaeology, architecture and history). – 0660123347

A study of town hall buildings from across Canada. Includes essays on influences on town hall architecture, monumental, town or city halls, rural town halls, construction and symbolism of town halls. Glossary. Bibliography.
  Appendix: index of pre-1930 town halls, surviving as of 1981. Arranged by province and city. Entries include address, date of construction, names of architect and builder if known, material used for construction, description of original and present uses. Black and white photographs of some halls. Reproduced in microform format: *Microlog*, no. 87-03854. Also published in French under the title: *Les hôtels de ville du Canada : un recueil de textes sur les hôtels de villes construits avant 1930.*   NA4425 T6813   725.130971

Étude sur les hôtels de ville de tout le Canada. Comprend des essais sur ce qui a influencé l'architecture des hôtels de ville, sur les divers types d'hôtels de ville, comme ceux de style monumental, ceux des petites et des grandes villes et ceux des municipalités rurales, ainsi que sur la construction et le symbolisme. Glossaire. Bibliographie.
  Annexe: index des hôtels de ville antérieurs à 1930 qui existaient toujours en 1981. Classement par provinces et par villes. Chaque notice comprend l'adresse, la date de construction, les noms de l'architecte et du constructeur s'ils sont connus, les matériaux utilisés pour la construction, ainsi que la description de la première utilisation et de l'utilisation actuelle. Photographies en noir et blanc de certains hôtels de ville. Reproduit sur support microforme: *Microlog*, n° 87-03854. Publié aussi en français sous le titre: *Les hôtels de ville du Canada : un recueil de textes sur les hôtels de villes construits avant 1930.*   NA4425 T6813   725.130971

2182

Whiteson, Leon. – ***Modern Canadian architecture.*** – Edmonton : Hurtig Publishers, c1983. – 272 p. : ill. (some col.). – 0888302487

A survey of architecture designed in Canada since the Second World War. Includes domestic, religious, educational, recreational, industrial and commercial architecture. Arranged by province or region, and project. Colour and black and white photographs and plans included for many buildings. Glossary. Architects' biographies. NA745 W494 1983 fol.   720.971

Vue d'ensemble de l'architecture conçue au Canada depuis la Deuxième Guerre mondiale. Inclut l'architecture domestique, religieuse, éducationnelle, récréative, industrielle et commerciale. Classement par provinces ou régions et par projets. Des plans et des photographies en noir et blanc et en couleurs sont fournis pour de nombreux bâtiments. Glossaire. Biographies des architectes. NA745 W494 1983 fol.   720.971

2183

Young, Richard J. – ***Les blockhaus au Canada, 1749-1841 : étude comparative et catalogue.*** – Ottawa : Parcs Canada, 1980. – 193 p. : ill. – (Lieux historiques canadiens : cahiers d'archéologie et d'histoire ; n° 23).

Part 1 discusses the origins, construction and functions of blockhouses, comparing structural details of seven British North American examples. Part 2 is an alphabetically arranged catalogue of Canadian blockhouses accompanied by excerpts from relevant documentation. Black and white reproductions of paintings, drawings, plans, maps, etc. Bound with: *La Gaspésie, 1760-1867.* Also published in English under the title: *Blockhouses in Canada, 1749-1841 : a comparative report and catalogue.*   NA497   725.180971

La partie 1 traite des origines, de la construction et des fonctions des blockhaus et compare les détails structuraux de sept exemples de blockhaus en Amérique du Nord britannique. La partie 2 constitue un catalogue alphabétique des blockhaus canadiens accompagné d'extraits de documents pertinents. Reproductions en noir et blanc de peintures, de dessins, de plans, de cartes, etc. Relié avec: *La Gaspésie, 1760-1867.* Publié aussi en anglais sous le titre: *Blockhouses in Canada, 1749-1841 : a comparative report and catalogue.*   NA497 725.180971

2184

Young, Richard J. – *Blockhouses in Canada, 1749-1841 : a comparative report and catalogue.* – Ottawa : Parks Canada, 1980. – 190 p. : ill. – (Canadian historic sites : occasional papers in archaeology and history ; no. 23).

Part 1 discusses the origins, construction and functions of block-houses, comparing structural details of seven British North American examples. Part 2 is an alphabetically arranged catalogue of Canadian blockhouses accompanied by excerpts from relevant documentation. Black and white reproductions of paintings, drawings, plans, maps, etc. Reproduced in microform format: *Microlog*, no. 93-03092. Bound with: *Gaspé, 1760-1867*. Also published in French under the title: *Les blockhaus au Canada, 1749-1841 : étude comparative et catalogue.* Previously released as *Manuscript report no. 155* (Ottawa : Parks Canada, National Historic Parks and Sites Branch, 1973).   NA497   725.180971

La partie 1 traite des origines, de la construction et des fonctions des blockhaus et compare les détails structuraux de sept exemples de blockhaus en Amérique du Nord britannique. La partie 2 constitue un catalogue alphabétique des blockhaus canadiens accompagné d'extraits de documents pertinents. Reproductions en noir et blanc de peintures, de dessins, de plans, de cartes, etc. Reproduit sur support microforme: *Microlog*, n° 93-03092. Relié avec: *Gaspé, 1760-1867*. Publié aussi en français sous le titre: *Les blockhaus au Canada, 1749-1841 : étude comparative et catalogue.* Publié antérieurement à titre de *Travail inédit n° 155* (Ottawa : Parcs Canada, Direction générale des parcs et des lieux historiques nationaux, 1973).   NA497 725.180971

Indexes

Index

2185

Bergeron, Claude. – *Index des périodiques d'architecture canadiens, 1940-1980 = Canadian architectural periodicals index, 1940-1980.* – Traduction anglaise, Sylvia Bergeron. – Québec : Presses de l'Université Laval, 1986. – xiii, 518 p. – 2763770908

An index to nine Canadian English- and French-language architectural periodicals for the period 1940 through 1980. Section I is comprised of articles on specific architectural works. Arranged by category and type of building, for example, commerce and industry including banks, shopping malls, etc., housing including condominiums, row housing, etc., and health including hospitals, architecture for the handicapped, etc. Section I indexes: architects, building types, place names. Also includes a bilingual list of kinds of buildings. Section II lists articles on aspects of the architectural profession, construction industry and techniques and materials. Author index to Section II. Z5944 C3 B47 1986 fol.   016.720971

Index de neuf périodiques d'architecture canadiens en anglais et en français de la période de 1940 à 1980. La section I porte sur des articles relatifs à des travaux d'architecture déterminés. Classement par catégories et par types de bâtiments, par exemple, les commerces et les industries, comprenant les banques, les centres commerciaux, etc., les habitations, comprenant les logements en copropriété, les maisons en bande, etc., les établissements de santé, comprenant les hôpitaux, les aménagements pour les personnes handicapées, etc. Trois index dans la section I: architectes; types de bâtiments; noms de lieux. Contient aussi une liste bilingue des types de bâtiments. La section II signale des articles sur les divers aspects de la profession d'architecte, sur l'industrie de la construction, ainsi que sur les techniques et les matériaux de construction. Index des auteurs pour la section II.   Z5944 C3 B47 1986 fol.   016.720971

2186

Brousseau, Francine. – *Architecture in Canadian illustrated news and L'Opinion publique : inventory of references = L'architecture dans le Canadian illustrated news et L'Opinion publique : inventaire des références.* – Francine Brousseau, research and editing; Line Chabot, sources inventory. – Ottawa : Parks Canada, 1984. – 203 p. – 0662531671

An index of architectural material, text or illustrations in *Canadian illustrated news*, published weekly in Montreal from October 30, 1869 to December 29, 1883, in *L'Opinion publique*, published weekly in Montreal from January 1, 1870 to December 29, 1883, and in the 1873 edition of the *Portfolio and dominion guide*, an illustrated guide published for tourists, immigrants and the general public. Arranged geographically. Entries include periodical title, volume, date and page references, author of text, illustrator, and information on architectural subject described or illustrated. General index of buildings, architects, owners of buildings, etc. Index of streets, squares, cemeteries, etc. arranged by city. Reproduced in microform format: *Microlog*, no. 85-05551.   Z5944 C3 B76 1984 fol.   016.720971

Index des documents, des textes ou des illustrations relatifs à l'architecture qui ont paru dans *Canadian illustrated news* publié hebdomadairement à Montréal du 30 octobre 1869 au 29 décembre 1883, dans *L'Opinion publique*, publié hebdomadairement à Montréal du 1er janvier 1870 au 29 décembre 1883, et dans l'édition de 1873 du *Portfolio and dominion guide*, un guide illustré publié à l'intention des touristes, des immigrants et du grand public. Classement géographique. Les notices comprennent le titre du périodique, le volume, la date et le numéro de la page, l'auteur du texte, l'illustrateur, ainsi que des données sur le sujet décrit ou illustré. Index général des bâtiments, des architectes, des propriétaires de bâtiments, etc. Index des rues, des squares, des cimetières, etc. classés par villes. Reproduit sur support microforme: *Microlog*, n° 85-05551.   Z5944 C3 B76 1984 fol.   016.720971

2187

Brousseau, Francine. – *Architecture in Canadian illustrated news and L'Opinion publique : inventory of references = L'architecture dans le Canadian illustrated news et L'Opinion publique : inventaire des références.* – Francine Brousseau, recherche et rédaction; Line Chabot, dépouillement des sources. – Ottawa : Parcs Canada, 1984. – 203 p. – 0662531671

An index of architectural material, text or illustration in *Canadian illustrated news*, published weekly in Montreal from October 30, 1869 to December 29, 1883, in *L'Opinion publique*, published weekly in Montreal from January 1, 1870 to December 29, 1883, and in the 1873 edition of the *Portfolio and dominion guide*, an illustrated guide published for tourists, immigrants and the general public. Arranged

Index des documents, des textes ou des illustrations relatifs à l'architecture qui ont paru dans *Canadian illustrated news* publié hebdomadairement à Montréal du 30 octobre 1869 au 29 décembre 1883, dans *L'Opinion publique*, publié hebdomadairement à Montréal du 1er janvier 1870 au 29 décembre 1883, et dans l'édition de 1873 du *Portfolio and dominion guide*, un guide illustré publié à

geographically. Entries include periodical title, volume, date and page references, author of text, illustrator, and information on architectural subject described or illustrated. General index of buildings, architects, owners of buildings, etc. Index of streets, squares, cemeteries, etc., arranged by city. Reproduced in microform format: *Microlog*, no. 85-05551.   Z5944 C3 B76 1984 fol.   016.720971

l'intention des touristes, des immigrants et du grand public. Classement géographique. Les notices comprennent le titre du périodique, le volume, la date et le numéro de la page, l'auteur du texte, l'illustrateur, ainsi que des données sur le sujet décrit ou illustré. Index général des bâtiments, des architectes, des propriétaires de bâtiments, etc. Index des rues, des squares, des cimetières, etc. classés par villes. Reproduit sur support microforme: *Microlog*, n° 85-05551.   Z5944 C3 B76 1984 fol.   016.720971

2188

Cameron, Christina. – *Index of houses featured in Canadian homes and gardens from 1925 to 1944.* – [Ottawa] : Parks Canada, Environment Canada, 1980. – [2], 162 p.

An index of Canadian houses erected between the two World Wars which were featured in articles, house portfolios and some advertisements in the magazine *Canadian homes and gardens*. Arranged in three parts: architects; place names; proper names including names of houses, owners and architects.   NA7241 C36   016.720971

Index des maisons canadiennes qui ont été construites entre les deux guerres mondiales et qui figuraient dans des articles, dans des listes de maisons et dans certaines publicités de la revue *Canadian homes and gardens*. Classement en trois parties: architectes; noms de lieux; noms propres, notamment les noms des maisons, des propriétaires et des architectes.   NA7241 C36   016.720971

2189

Johnston, Patricia J. [Patricia Joyce]. – *Index of Canadian architect and builder, 1888-1908 = Index du Canadian architect and builder, 1888-1908.* – Patricia J. Johnston, Paul R.L. Chénier. – Ottawa : Society for the Study of Architecture in Canada, [1987?]. – [9], 156 p. – 0919525067

An index to *Canadian architect and builder*, a periodical published in Toronto by Charles H. Mortimer from 1888 to April 1908. This journal was directed at architects, engineers and members of the building trade and construction industry. It appeared in two editions, a regular edition and an architects' edition with more illustrations. The contents of the architects' edition are indexed, excluding editorials and advertisements. Names, subjects, building types and locations are listed in one alphabetical sequence. Bibliography. NA1 C35 J6 1987   720.971

Index du *Canadian architect and builder*, un périodique publié à Toronto par Charles H. Mortimer de 1888 à avril 1908. Cette revue s'adressait aux architectes, aux ingénieurs et aux membres du commerce du bâtiment et de l'industrie de la construction. Elle paraissait en deux éditions, une édition courante et une édition mieux illustrée destinée aux architectes. Le contenu de cette dernière a été indexé, à l'exclusion des éditoriaux et des publicités. Une seule liste alphabétique des noms, des sujets, des types de bâtiments et des lieux. Bibliographie.   NA1 C35 J6 1987   720.971

2190

Johnston, Patricia J. [Patricia Joyce]. – *Index of Canadian architect and builder, 1888-1908 = Index du Canadian architect and builder, 1888-1908.* – Patricia J. Johnston, Paul R.L. Chénier. – Ottawa : Société pour l'étude de l'architecture au Canada, [1987?]. – [9], 156 p. – 0919525067

An index to *Canadian architect and builder*, a periodical published in Toronto by Charles H. Mortimer from 1888 to April 1908. This journal was directed at architects, engineers and members of the building trade and construction industry. It appeared in two editions, a regular edition and an architects' edition with more illustrations. The contents of the architects' edition are indexed, excluding editorials and advertisements. Names, subjects, building types and locations are listed in one alphabetical sequence. Bibliography. NA1 C35 J6 1987   720.971

Index du *Canadian architect and builder*, un périodique publié à Toronto par Charles H. Mortimer de 1888 à avril 1908. Cette revue s'adressait aux architectes, aux ingénieurs et aux membres du commerce du bâtiment et de l'industrie de la construction. Elle paraissait en deux éditions, une édition courante et une édition mieux illustrée destinée aux architectes. Le contenu de cette dernière a été indexé, à l'exclusion des éditoriaux et des publicités. Une seule liste alphabétique des noms, des sujets, des types de bâtiments et des lieux. Bibliographie.   NA1 C35 J6 1987   720.971

Alberta

Alberta

2191

Alberta Association of Architects. – *Register and firm index.* – (1990/91)-   . – [Edmonton] : the Association, 1990-   . –   vol. – 1182-6606

Annual. Arranged in two parts, a register and a firm index. The register lists all members of the association under the following membership categories: practising members, other members, out of province licences and corporations. Entries include name, address and telephone number. The firm index lists firms practising in Alberta. Alphabetically arranged. Entries include name, address, telephone and fax numbers, date established, type of organization, firm profile, special capabilities, names of principals, number of staff, experience profile, recent commissions and other office locations. Also provides a list of national and provincial architecture associations. Continues: *The architects register* ([Edmonton] : Alberta Association of Architects, 1987-1988).   NA60 C3 A42   720.257123

Annuel. Classement en deux parties, un registre et un index des sociétés. Le registre donne la liste de tous les membres de l'association sous les catégories suivantes: membres qui pratiquent, autres membres, permis et sociétés de l'extérieur de la province. Chaque notice contient un nom, une adresse et un numéro de téléphone. L'index des sociétés donne la liste des sociétés qui pratiquent en Alberta. Classement alphabétique. Chaque notice contient le nom et l'adresse de la société, les numéros de téléphone et de télécopieur, la date de fondation, le type d'organisation, un profil de la société, ses compétences particulières, les noms des principaux responsables, le nombre d'employés, un aperçu de l'expérience de la société, les commandes récentes et l'emplacement des autres bureaux. Donne aussi une liste des associations d'architecture nationales et provinciales. Suite de: *The architects register* ([Edmonton] : Alberta Association of Architects, 1987-1988). NA60 C3 A42   720.257123

2192

Boddy, Trevor. – *Modern architecture in Alberta.* – [Edmonton] : Alberta Culture and Multiculturalism ; [Regina] : Canadian Plains Research Center, 1987. – 155 p. : ill. (some col.). – 0889770468

A study of the development of architecture in Alberta since 1925. Emphasizes public buildings. 154 photographs, some in colour. Appendix describes features of modern styles and notes Alberta examples of each. Bibliography. Index of architects, styles, buildings, materials, place names, etc. Reproduced in microform format: *Microlog*, no. 88-01092.   NA746 A3 B62 1987   720.97123

Étude sur le développement de l'architecture en Alberta depuis 1925. Insistance sur les bâtiments publics. Contient 154 photographies, dont quelques-unes en couleurs. L'annexe décrit les caractéristiques des styles modernes et signale des exemples de chacun des styles en Alberta. Bibliographie. Index des architectes, des styles, des bâtiments, des matériaux, des noms de lieux, etc. Reproduit sur support microforme: *Microlog*, n° 88-01092.   NA746 A3 B62 1987   720.97123

2193

MacDonald, Jac Charles. – *Historic Edmonton : an architectural and pictorial guide.* – Edmonton : Lone Pine Publishing, c1987. – 208 p. : ill. (some col.), maps. – 0919433332

Brief essays describe the history and architectural significance of 90 Edmonton buildings. Accompanied by black and white and colour photographs. Arranged by district. Glossary. Index of buildings, architects, etc. List of buildings, alphabetically arranged by name, indicating original function and style. First published as a series of articles in the *Edmonton journal*.   FC3696.7 M23 1987 720.9712334

De courts essais décrivent l'histoire et l'importance architecturale de 90 bâtiments d'Edmonton. Photographies en noir et blanc et en couleurs. Classement par districts. Glossaire. Index des bâtiments, des architectes, etc. Dans la liste des bâtiments, classés par ordre alphabétique de noms, l'utilisation et le style des bâtiments à l'origine sont précisés. Les essais ont été publiés pour la première fois comme une série d'articles dans l'*Edmonton journal*.   FC3696.7 M23 1987 720.9712334

2194

McGinnis, Janice Dicken. – *Reports on selected buildings in Calgary, Alberta.* – By Janice Dicken McGinnis and Frank Donnelly with an additional report by G.E. Mills and J. Wright. – [Ottawa] : Parks Canada, 1974-1976. – [2], 425 p. : ill., maps. – (Manuscript report ; no. 391).

A series of reports on 31 Calgary buildings, compiled for the Canadian Inventory of Historic Building. Reports may include name, address and construction date of building, names of architect, builder and craftsmen, name and occupation of original owner, types and names of notable occupants, building use and material, notes on alterations, miscellaneous comments and a black and white photograph. Reports are accompanied by essays of varying length which discuss the history of the buildings. Indexes: street address; date of construction; original use of building; architect, builder, craftsman. Also includes an essay on the early growth of Calgary, accompanied by a bibliography and the following appendices: chronology; population and immigration statistics; building; lists of major Calgary architects and builders; local building materials. NA747   720.9712338

Collection de rapports qui portent sur 31 bâtiments de Calgary et qui ont été compilés pour l'Inventaire des bâtiments historiques du Canada. Chaque rapport peut comprendre le nom, l'adresse et la date de construction du bâtiment, les noms de l'architecte, du constructeur et des artisans, le nom et l'occupation du premier propriétaire, les types et les noms des principaux occupants, l'utilisation du bâtiment, les matériaux, des notes sur les réfections, divers commentaires et une photographie en noir et blanc. Les rapports sont accompagnés d'essais plus ou moins longs sur l'histoire des bâtiments. Plusieurs index: adresses municipales; dates de construction; premières utilisations des bâtiments; architectes, constructeurs et artisans. Comprend également un essai sur les débuts de la croissance de Calgary accompagné d'une bibliographie et des annexes suivantes: table chronologique; statistiques sur la population et l'immigration; bâtiments; principaux architectes et constructeurs de Calgary; matériaux de construction locaux.   NA747   720.9712338

British Columbia

Colombie-Britannique

2195

Architectural Institute of British Columbia. – *Directory of firms.* – [Vancouver] : the Institute, [197?]-   . –   vol.

A directory of architectural firms active in British Columbia. Entries may include name of firm, address, telephone, fax and telex numbers, date established, name of owner, information on number and types of employees, characteristics of firm, types and examples of commissions, awards and honours. Title varies: 1982, *AIBC firm directory*; 1984, 1986, *AIBC firms list*.   NA60 C22 B75   720.25711

Répertoire des sociétés d'architectes pratiquant en Colombie-Britannique. Les notices peuvent comprendre le nom de la société, l'adresse, les numéros de téléphone, de télécopieur et de télex, la date de fondation, le nom du propriétaire, des données sur le nombre et le type d'employés, les caractéristiques de la société, le type de commandes et des exemples de celles-ci, les distinctions et les prix obtenus. Le titre varie: 1982, *AIBC firm directory*; 1984, 1986, *AIBC firms list*.   NA60 C22 B75   720.25711

2196

Kalman, Harold. – *Exploring Vancouver : the essential architectural guide.* – Text by Harold Kalman, Ron Phillips, and Robin Ward ; photographs and book design by Robin Ward ; additional photography by Ron Phillips. – Vancouver : UBC Press, c1993. – 294 p. : ill., maps. – 0774804106

A walking/driving tour guide to the architecture of Vancouver. Divides the city into fourteen areas. For each area an introductory essay is provided as well as descriptions of significant and/or interesting buildings, monuments, sculpture, etc. Black and white

Guide de visite, à pied ou en voiture, de Vancouver pour en découvrir l'architecture. Divise la ville en quatorze secteurs. Pour chaque secteur sont fournis un essai de présentation, ainsi que les descriptions des bâtiments, des monuments, des sculptures, etc. importants

photographs. Guide to architectural styles. Glossary of architectural terms. Map of each area. Bibliography. Indexes: architects, designers, engineers; buildings and other structures. Revises and updates: *Exploring Vancouver 2 : ten tours of the city and its buildings* (Vancouver : University of British Columbia Press, 1978, c1974). NA747 V3 K34 1993   720.971133

et (ou) intéressants. Photographies en noir et blanc. Guide des styles d'architecture. Glossaire des termes d'architecture. Carte de chaque secteur. Bibliographie. Deux index: architectes, concepteurs et ingénieurs; bâtiments et autres structures. Révise et met à jour: *Exploring Vancouver 2 : ten tours of the city and its buildings* (Vancouver : University of British Columbia Press, 1978, c1974). NA747 V3 K34 1993   720.971133

2197

Segger, Martin. – *Victoria : a primer for regional history in architecture.* – Text by Martin Segger ; photographs by Douglas Franklin. – Watkins Glen (N.Y.) : American Life Foundation and Study Institute ; Victoria : Heritage Architectural Guides, 1979. – 377 p. : ill., maps. – 0892570296

A guide to Victoria's architectural history including an introductory essay and four walking tours. On each route, significant buildings of all types are described. Entries include name of building, date of construction, address, name of architect, and a brief essay discussing the building's history and architectural significance. Numerous black and white photographs. Brief biographies of 33 architects. Bibliography. Glossary. Index of buildings, architects, styles, etc. FC3846.7 S44   720.971128

Guide sur l'histoire de l'architecture de Victoria qui comprend un essai de présentation et quatre visites à faire à pied. Pour chaque visite, les bâtiments importants de tous les types sont décrits. Les notices comprennent le nom du bâtiment, la date de construction, l'adresse, le nom de l'architecte et un court essai qui traite de l'histoire du bâtiment et de son importance architecturale. Nombreuses photographies en noir et blanc. Courtes biographies de 33 architectes. Bibliographie. Glossaire. Index des bâtiments, des architectes, des styles, etc.   FC3846.7 S44   720.971128

2198

Veillette, John. – *Early Indian village churches : wooden frontier architecture in British Columbia.* – John Veillette and Gary White ; commentaries by Harold Kalman, Robin Fisher, Warren Sommer. – Vancouver : University of British Columbia Press, c1977. – xx, 195 p. : ill., maps, plans, ports. – 0774800747 (bd.) 0774800755 (pa.)

A study of Indian churches of various denominations built prior to 1950 in British Columbia. Provides a history of missionary activity in the province and a discussion of construction techniques and architectural styles. Entries for individual churches are grouped geographically. Many black and white photographs of exteriors and interiors. Glossary. Bibliography. List of churches. NA5246 B7 V44 fol.   726.509711

Étude des églises amérindiennes de diverses confessions construites avant 1950 en Colombie-Britannique. Contient une histoire des activités missionnaires dans la province et un examen des techniques de construction et des styles d'architecture. Les notices sur les églises sont regroupées géographiquement. Nombreuses photographies en noir et blanc de l'extérieur et de l'intérieur des églises. Glossaire. Bibliographie. Liste des églises.   NA5246 B7 V44 fol.   726.509711

Manitoba

Manitoba

2199

Bingham, Neil. – *A study of the church buildings in Manitoba of the Congregational, Methodist, Presbyterian and United Churches of Canada.* – [Winnipeg] : Manitoba Culture, Heritage and Recreation, Historic Resources, 1987. – 289 p. : ill. – 0771108281

A study and inventory of nineteenth- and twentieth-century church buildings of Congregational, Methodist, Presbyterian and United Churches in Manitoba. Introductory essay on the styles, building materials and techniques used in church construction by these denominations. Bibliography. Appendices: graph plotting church construction; chronological list of existing church buildings. The inventory of churches is alphabetically arranged by location. Entries may include: name of church, location, municipality, date of construction, names of architect and builder, construction, notes on present use, miscellaneous comments on style, renovations, etc., bibliographic references, black and white photograph, photograph source. Bibliography. Reproduced in microform format: *Microlog*, no. 88-02571.   NA5246   726.5097127

Étude et inventaire des églises congrégationalistes, méthodistes, presbytériennes et unies des dix-neuvième et vingtième siècles au Manitoba. Essai de présentation sur les styles, les matériaux et les techniques de construction utilisés par ces confessions. Bibliographie. Appendices: graphique sur la construction des églises; liste chronologique des églises existantes. L'inventaire est classé par ordre alphabétique de lieux. Les notices peuvent comprendre: nom de l'église, localisation, municipalité, date de construction, noms de l'architecte et du constructeur, détails sur la construction, notes sur l'utilisation actuelle, divers commentaires sur le style, les rénovations, etc., références bibliographiques, photographies en noir et blanc et mention de source des photographies. Bibliographie. Reproduit sur support microforme: *Microlog*, nᵒ 88-02571.   NA5246   726.5097127

2200

Crossman, Kelly. – *A study of Anglican church buildings in Manitoba.* – [Winnipeg] : Manitoba Culture, Heritage and Recreation, Historic Resources, 1989. – 177 p. : ill., maps. – 0771108540

A study and inventory of nineteenth- and twentieth-century Anglican churches in Manitoba. Introductory essay on the styles, building materials and techniques used in Anglican church construction. Entries for 231 churches are alphabetically arranged by location and may include: name of church, address, date of construction, names of architect and builder, material, notes on present use, miscellaneous comments on style, renovations, etc., bibliographic references, black and white photograph, photograph source.

Étude et inventaire des églises anglicanes du dix-neuvième et du vingtième siècles au Manitoba. Essai de présentation sur les styles des églises anglicanes et sur les matériaux et les techniques de construction utilisés. Les notices sur 231 églises, classées par ordre alphabétique de lieux, peuvent comprendre: le nom de l'église, l'adresse, la date de construction, les noms de l'architecte et du constructeur, les matériaux utilisés, des notes sur l'utilisation actuelle, divers commentaires sur le style, les rénovations, etc., des références

Bibliography. Index of churches. Appendices include a graph plotting church construction and three maps showing church locations. Reproduced in microform format: *Microlog*, no. 90-05074. NA5246 M36 C77 1989 726.5097127

bibliographiques, des photographies en noir et blanc et la mention de source des photographies. Bibliographie. Index des églises. Les annexes incluent un graphique sur la construction des églises et trois cartes qui indiquent l'emplacement des églises. Reproduit sur support microforme: *Microlog*, n° 90-05074. NA5246 M36 C77 1989 726.5097127

2201
Early buildings of Manitoba. – [Compiled by Gillian Moir et al.]. – Winnipeg : Peguis Publishers, 1973. – 163 p. : ill., maps. – 0919566227

A pictorial history of Manitoba architecture. Arranged by type of construction such as log, frame, stone and brick. No bibliography or index. NA746 M3 E3 720.97127

Histoire en images de l'architecture au Manitoba. Classement par types de constructions, comme les constructions en rondins, en cloisons, en pierres et en briques. Aucune bibliographie ni aucun index. NA746 M3 E3 720.97127

2202
Identifying architectural styles in Manitoba. – [Winnipeg] : Manitoba Culture, Heritage and Citizenship, [1991?]. – 69 p. : ill. – (How-to series ; 5). – 0771108761

A guide to identifying architectural styles in Manitoba. Arranged in sections for styles and building types and traditions. A brief history, a description of major characteristics and black and white line drawings and photographs are provided for each style, type or tradition. Glossary of architectural terms. Supplementary data on buildings identified in the guide: name of building, location, name of architect, date and source of photograph. Bibliography. Reproduced in microform format: *Microlog*, no. 93-02266. NA746 M36 I33 1991 720.97127

Guide d'identification des styles d'architecture au Manitoba. Section sur les styles, les types et les traditions de bâtiments. Pour chaque type, style ou tradition sont fournis un court historique, une description des caractéristiques principales, ainsi que des dessins au trait et des photographies en noir et blanc. Glossaire des termes d'architecture. Données supplémentaires sur les bâtiments signalés dans le guide: nom du bâtiment, emplacement, nom de l'architecte, date et mention de source de la photographie. Bibliographie. Reproduit sur support microforme: *Microlog*, n° 93-02266. NA746 M36 I33 1991 720.97127

2203
Manitoba. Historic Resources Branch. – ***Ukrainian churches of Manitoba : a building inventory.*** – [Winnipeg] : Manitoba Culture, Heritage and Recreation, Historic Resources, 1987. – [3], i, 406 p. : ill., maps.

A study and inventory of 314 Ukrainian churches in Manitoba. Entries are alphabetically arranged by location and may include: church name, date of construction, original denomination, names of designer and builder, material, presence of iconostas and wall murals, name of artist, notes on alterations, miscellaneous notes, bibliographic references, black and white photograph, photograph source. Appendices list architects, contractors, carpenters and artists. Table of structures designed by Father Philip Ruh. Bibliography. Index of churches. Reproduced in microform format: *Microlog*, no. 88-02570. Another more detailed study of 49 Ukrainian churches of Manitoba has been prepared by Basil Rotoff: *Monuments to faith : Ukrainian churches in Manitoba* ([Winnipeg] : University of Manitoba Press, c1990). NA4829 U4 M36 1987 726.5097127

Étude et inventaire de 314 églises ukrainiennes du Manitoba. Les notices classées par ordre alphabétique de lieux, peuvent comprendre: le nom de l'église, la date de construction, la confession lors de la première utilisation, les noms du concepteur et du constructeur, les matériaux, la présence d'iconostases et de murales, le nom de l'artiste, des notes sur les réfections, divers commentaires, des références bibliographiques, une photographie en noir et blanc et la mention de source de la photographie. Les annexes donnent la liste des architectes, des entrepreneurs, des charpentiers et des artistes. Tableau des structures conçu par le père Philip Ruh. Bibliographie. Index des églises. Reproduit sur support microforme: *Microlog*, n° 88-02570. Une autre étude plus détaillée de 49 églises ukrainiennes du Manitoba a été préparée par Basil Rotoff: *Monuments to faith : Ukrainian churches in Manitoba* ([Winnipeg] : University of Manitoba Press, c1990). NA4829 U4 M36 1987 726.5097127

2204
Saunders, Ivan J. – ***Early building in Winnipeg.*** – By Ivan J. Saunders, R.R. Rostecki and Selwyn Carrington. – [Ottawa] : Parks Canada, 1974-1977. – 7 vol. : ill., maps. – (Manuscript report ; no. 389).

Vol. 1 is an essay on urban growth in Winnipeg accompanied by the following appendices: chronology; population statistics; building statistics; list of architects, contractors and builders; miscellaneous material. Vols. 2-7 include reports on Winnipeg buildings compiled for the Canadian Inventory of Historic Building. Each report may include name, address and date of construction of building, names of architect, builder and craftsmen, name and occupation of original owner, types and names of notable occupants, building use and material, notes on alterations, miscellaneous comments and a black and white photograph. An essay on the history of the building accompanies the report. Each volume includes the following indexes: street address; original use of building; date of construction; architect, builder and craftsman. NA747 720.971274

Le volume 1 contient un essai sur la croissance urbaine de Winnipeg accompagné des annexes suivantes: table chronologique; statistiques sur la population; statistiques sur la construction; liste des architectes, des entrepreneurs et des constructeurs; documents divers. Les volumes 2-7 contiennent des rapports portant sur les bâtiments de Winnipeg qui ont été compilés pour l'Inventaire des bâtiments historiques du Canada. Chaque rapport peut comprendre le nom, l'adresse et la date de construction du bâtiment, les noms de l'architecte, du constructeur et des artisans, le nom et l'occupation du premier propriétaire, les types et les noms des principaux occupants, l'utilisation du bâtiment, les matériaux, des notes sur les réfections, divers commentaires et une photographie en noir et blanc. Un essai sur l'histoire du bâtiment accompagne le rapport. Chaque volume inclut les index suivants: adresses municipales; premières utilisations des bâtiments; dates de construction; architectes, constructeurs et artisans. NA747 720.971274

2205

Thompson, William Paul. – *Winnipeg architecture.* – By William Paul Thompson ; photographs by Henry Kalen. – Rev. ed. – Winnipeg : Queenston House, c1982. – 73 p. : ill., maps. – 0919866778

1st ed., 1975, *Winnipeg architecture : 100 years.* A pictorial history of Winnipeg architecture, arranged by type of building such as commercial, industrial, residential, religious, cultural, civic, etc. Brief entries for each building include name of building, location, date of construction and a short history. Numerical index of buildings. Maps of building locations.   NA747 W5 T45 1982   720.971274

1ʳᵉ éd., 1975, *Winnipeg architecture : 100 years.* Histoire en images de l'architecture à Winnipeg, avec classement par types de bâtiments, comme les bâtiments commerciaux, industriels, résidentiels, religieux, culturels, municipaux, etc. De courtes notices donnent le nom du bâtiment, son emplacement, sa date de construction et un court historique. Index numérique des bâtiments. Cartes avec emplacement des bâtiments.   NA747 W5 T45 1982   720.971274

2206

Wade, Jill. – *Manitoba architecture to 1940 : a bibliography.* – Winnipeg : University of Manitoba Press, 1976. – xvi, 109 p., [8] leaves of plates : ill. – 0887551165

747 entries relating to Manitoba buildings, erected before 1940. Arranged in three sections for books, periodical articles and special materials such as maps, plans and photographs. The list of books is arranged alphabetically by author or title, the periodical articles are arranged chronologically, and the special materials are alphabetically arranged by corporate body or title. Contents and illustration notes included in some entries. Locations. Indexes: architects; buildings and places; building types.   Z5944 C3 W33   016.72097127

747 notices sur des bâtiments du Manitoba construits avant 1940. Classement en trois sections pour les livres, les articles de périodiques et les documents spéciaux comme les cartes, les plans et les photographies. Les livres sont classés par ordre alphabétique d'auteurs ou de titres; les articles de périodiques sont classés en ordre chronologique; et les documents spéciaux sont classés par ordre alphabétique de personnes morales ou de titres. Certaines notices contiennent des notes sur le contenu et les illustrations. Localisations. Trois index: architectes; bâtiments-lieux; types de bâtiments.   Z5944 C3 W33   016.72097127

New Brunswick

Nouveau-Brunswick

2207

Atlantic architects : an illustrated directory, 1992. – Halifax : Resource Centre Publications, Faculty of Architecture, Technical University of Nova Scotia, 1992, c1991. – 92 p. : ill. – 0929112164 – Cover title.

A directory of architects practising in the Atlantic Provinces. Arranged by province. Entries, which were submitted by the architects, include name of firm, address, telephone and fax numbers, description of services, previous experience, staff, etc. Photographs, plans and drawings of projects accompany each entry. Index of firms. List of firms which did not submit descriptive entries arranged by province. Includes name, address, telephone and fax numbers. Complete 1991 list of members of the Nova Scotia Association of Architects.   NA60 C3 A75 1992   720.25715

Répertoire des architectes pratiquant dans les provinces de l'Atlantique. Classement par provinces. Les notices qui ont été rédigées par les architectes contiennent le nom de la société, l'adresse, les numéros de téléphone et de télécopieur, la description des services, l'expérience acquise, les membres du personnel, etc. Des photographies, des plans et des dessins de projets accompagnent chaque notice. Index des sociétés. Liste des sociétés qui n'ont pas présenté de notices descriptives, classées par provinces. Comprend le nom, l'adresse et les numéros de téléphone et de télécopieur de chacune. Liste complète des membres de la Nova Scotia Association of Architects en 1991.   NA60 C3 A75 1992   720.25715

2208

Hale, C. A. – *Reports on selected buildings in Fredericton, Moncton and Woodstock, New Brunswick* [microform]. – [Ottawa] : Parks Canada, [1973-1976]. – 4 microfiches : ill., maps. – (Microfiche report series ; no. 13).

A series of reports on seventeen significant or interesting buildings in Fredericton, Moncton and Woodstock, compiled for the Canadian Inventory of Historic Building. Reports may include: name, address and date of construction of building, names of architect, builder and craftsmen, name and occupation of original owner, types and names of notable occupants, building use and material, notes on alterations, miscellaneous comments, black and white photograph. Each report is accompanied by an essay on the history of the building. Indexes: street address; date of construction; original use of building; architect, builder, craftsman.   FC215 M37 no. 13   720.97151

Collection de rapports qui portent sur dix-sept bâtiments importants ou intéressants de Frédéricton, Moncton et Woodstock et qui ont été compilés pour l'Inventaire des bâtiments historiques du Canada. Les rapports peuvent contenir: le nom, l'adresse et la date de construction du bâtiment, les noms de l'architecte, du constructeur et des artisans, le nom et l'occupation du premier propriétaire, les types et les noms des principaux occupants, l'utilisation du bâtiment, les matériaux, des notes sur les réfections, divers commentaires, une photographie en noir et blanc. Chaque rapport est accompagné d'un essai sur l'histoire du bâtiment. Quatre index: adresses municipales; dates de construction; premières utilisations des bâtiments; architectes, constructeurs et artisans.   FC215 M37 no. 13   720.97151

2209

Hale, C. A. – *Reports on selected buildings in Saint John, New Brunswick* [microform]. – [Ottawa] : Parks Canada, [s.d.]. – 6 microfiches : ill., maps. – (Microfiche report series ; no. 33).

A series of reports on 47 significant or interesting buildings in Saint John, compiled for the Canadian Inventory of Historic Building. Reports may include: name, address and date of construction of building, names of architect, builder and craftsmen, name and

Collection de rapports portant sur 47 bâtiments importants ou intéressants de Saint-Jean, compilés pour l'Inventaire des bâtiments historiques du Canada. Les rapports peuvent contenir: le nom, l'adresse et la date de construction du bâtiment, les noms de l'architecte, du

occupation of original owner, types and names of notable occupants, building use and material, notes on alterations, miscellaneous comments, black and white photograph. Each report is accompanied by an essay on the history of the building. Table of contents arranged by street address. Indexes: date of construction; original use of building; architect, builder, craftsman. FC215 M37 no. 33 720.971532

constructeur et des artisans, le nom et l'occupation du premier propriétaire, les types et les noms des principaux occupants, l'utilisation du bâtiment, les matériaux, des notes sur les réfections, divers commentaires, une photographie en noir et blanc. Chaque rapport est accompagné d'un essai sur l'histoire du bâtiment. Classement par adresses municipales dans la table des matières. Trois index: dates de construction; premières utilisations des bâtiments; architectes, constructeurs et artisans. FC215 M37 no. 33 720.971532

Newfoundland

Terre-Neuve

2210

Atlantic architects : an illustrated directory, 1992. – Halifax : Resource Centre Publications, Faculty of Architecture, Technical University of Nova Scotia, 1992, c1991. – 92 p. : ill. – 0929112164 – Cover title.

A directory of architects practising in the Atlantic Provinces. Arranged by province. Entries, which were submitted by the architects, include name of firm, address, telephone and fax numbers, description of services, previous experience, staff, etc. Photographs, plans and drawings of projects accompany each entry. Index of firms. List of firms which did not submit descriptive entries arranged by province. Includes name, address, telephone and fax numbers. Complete 1991 list of members of the Nova Scotia Association of Architects. NA60 C3 A75 1992 720.25715

Répertoire des architectes pratiquant dans les provinces de l'Atlantique. Classement par provinces. Les notices qui ont été rédigées par les architectes contiennent le nom de la société, l'adresse, les numéros de téléphone et de télécopieur, la description des services, l'expérience acquise, les membres du personnel, etc. Des photographies, des plans et des dessins de projets accompagnent chaque notice. Index des sociétés. Liste des sociétés qui n'ont pas présenté de notices descriptives, classées par provinces. Comprend le nom, l'adresse et les numéros de téléphone et de télécopieur de chacune. Liste complète des membres de la Nova Scotia Association of Architects en 1991. NA60 C3 A75 1992 720.25715

2211

Bill, Roger. – ***Reports on selected buildings in St. John's, Newfoundland.*** – By Roger Bill, Alison Earle and Jane Lewis. – [Ottawa] : National Historic Parks and Sites Branch, Parks Canada, 1974. – xx, 374 p. : ill., maps. – (Manuscript report ; no. 256).

A series of 61 reports on buildings of St. John's, compiled for the Canadian Inventory of Historic Building. Reports may include name, address and date of construction of building, names of architect, builder and craftsmen, name and occupation of original owner, types and names of notable occupants, building use, material, notes on alterations, miscellaneous comments, black and white photograph. Each report is accompanied by an essay on the history of the building. Table of contents arranged by street address. Indexes: date of construction; original use of building; architect, builder, craftsman. NA747 720.97181

Collection de 61 rapports qui portent sur des bâtiments de St. John's et qui ont été compilés pour l'Inventaire des bâtiments historiques du Canada. Les rapports peuvent comprendre le nom, l'adresse et la date de construction du bâtiment, les noms de l'architecte, du constructeur et des artisans, le nom et l'occupation du premier propriétaire, les types et les noms des principaux occupants, l'utilisation du bâtiment, les matériaux, des notes sur les réfections, divers commentaires, une photographie en noir et blanc. Chaque rapport est accompagné d'un essai sur l'histoire du bâtiment. Classement par adresses municipales dans la table des matières. Plusieurs index: dates de construction; premières utilisations des bâtiments; architectes, constructeurs et artisans. NA747 720.97181

2212

A gift of heritage. – Drawings by Jean M. Ball. – 1st ed. – [St. John's] : Valhalla Press by arrangement with the Newfoundland Historic Trust, c1975. – [100] p. : ill. – (Newfoundland Historic Trust publications ; vol. 1). – 919962017

Describes 45 buildings representative of periods and styles in St. John's architecture. Brief histories accompanied by line drawings. No index. FC2196.7 G53 720.97181

Décrit 45 bâtiments représentatifs des périodes et des styles d'architecture de St. John's. Courts historiques accompagnés de dessins au trait. Aucun index. FC2196.7 G53 720.97181

2213

Ten historic towns. – Drawings by Jean M. Ball. – 1st ed. – [St. John's] : Published by Valhalla Press by arrangement with the Newfoundland Historic Trust, 1978. – 1 vol. (unpaged) : ill., maps. – (Newfoundland Historic Trust publications ; vol. 2). – 0919962033

A study of 49 buildings in ten towns and outports of Newfoundland. Includes houses, churches, light houses, court houses, etc. Arranged by community. Historical sketch and map provided for each. Entries for buildings include a black and white drawing and notes on history, style and construction. FC2162 T45 720.9718

Étude de 49 bâtiments qui se trouvent dans dix villes et petits ports isolés de Terre-Neuve. Comprend des maisons, des églises, des phares, des palais de justice, etc. Classement par communautés. Esquisse historique et carte fournies pour chaque bâtiment. Les notices comprennent un dessin en noir et blanc et des notes sur l'histoire, le style et la construction des bâtiments en question. FC2162 T45 720.9718

Nova Scotia

Nouvelle-Écosse

2214

Atlantic architects : an illustrated directory, 1992. – Halifax : Resource Centre Publications, Faculty of Architecture, Technical University of Nova Scotia, 1992, c1991. – 92 p. : ill. – 0929112164 – Cover title.

A directory of architects practising in the Atlantic Provinces. Arranged by province. Entries, which were submitted by the architects, include name of firm, address, telephone and fax numbers, description of services, previous experience, staff, etc. Photographs, plans and drawings of projects accompany each entry. Index of firms. List of firms which did not submit descriptive entries arranged by province. Includes name, address, telephone and fax numbers. Complete 1991 list of members of the Nova Scotia Association of Architects.   NA60 C3 A75 1992   720.25715

Répertoire des architectes pratiquant dans les provinces de l'Atlantique. Classement par provinces. Les notices qui ont été rédigées par les architectes contiennent le nom de la société, l'adresse, les numéros de téléphone et de télécopieur, la description des services, l'expérience acquise, les membres du personnel, etc. Des photographies, des plans et des dessins de projets accompagnent chaque notice. Index des sociétés. Liste des sociétés qui n'ont pas présenté de notices descriptives, classées par provinces. Comprend le nom, l'adresse et les numéros de téléphone et de télécopieur de ces sociétés. Liste complète des membres de la Nova Scotia Association of Architects en 1991. NA60 C3 A75 1992   720.25715

2215

Comiter, Alvin. – ***Historic Halifax.*** – Photographs by Alvin Comiter ; text by Elizabeth Pacey. – Willowdale (Ont.) : Hounslow Press, c1988. – 159 p. : ill. – 0888821034

Brief essays discuss the history and architectural significance of 100 Halifax heritage buildings and streetscapes. Accompanied by 95 black and white photographs. Arranged in three sections: south suburbs, old town, north suburbs. Glossary. Bibliography. FC2346.7 C64 1988   720.9716225

Courts essais sur l'histoire et l'importance architecturale de 100 bâtiments et aménagements urbains qui font partie du patrimoine de Halifax. 95 photographies en noir et blanc. Classement en trois sections: banlieue sud, vieille ville, banlieue nord. Glossaire. Bibliographie.   FC2346.7 C64 1988   720.9716225

2216

Duffus, Allan F. – ***Thy dwellings fair : churches of Nova Scotia, 1750-1830.*** – Allan F. Duffus ; G. Edward MacFarlane ; Elizabeth A. Pacey ; George W. Rogers. – Hantsport (N.S.) : Lancelot Press, 1982. – 189 p. : ill. – 0889991669

Brief essays examining the history and architectural significance of 22 early Nova Scotia churches of various denominations. Construction techniques and architectural styles are discussed. Illustrated with black and white photographs and plans. Bibliography. List of photograph credits.   NA5246 N6 T58 726.509716

Courts essais sur l'histoire et l'importance architecturale de 22 des plus vieilles églises de diverses confessions de la Nouvelle-Écosse. Examen des techniques de construction et des styles d'architecture. Illustré au moyen de photographies en noir et blanc et de plans. Bibliographie. Liste des mentions de source des photographies. NA5246 N6 T58   726.509716

2217

Heritage Trust of Nova Scotia. – ***Seasoned timbers.*** – Heritage Trust of Nova Scotia. – Halifax : Heritage Trust of Nova Scotia, 1972-1974. – 2 vol. (151 ; 156 p.) : ill., maps.

A survey of primarily domestic architecture from the eighteenth and nineteenth centuries in Nova Scotia. Vol. 2 entitled: *South Shore : seasoned timbers : some historic buildings from Nova Scotia's South Shore.* Entries for buildings are arranged by county. Photographs accompany a brief history of each building. Index of buildings, architects and builders.   F5216 H46   720.9716

Examen de l'architecture, principalement de l'architecture domestique, du dix-huitième et du dix-neuvième siècles en Nouvelle-Écosse. Le volume 2 s'intitule: *South Shore : seasoned timbers : some historic buildings from Nova Scotia's South Shore.* Les notices sur les bâtiments sont classées par comtés. Des photographies accompagnent un court historique de chaque bâtiment. Index des bâtiments, des architectes et des constructeurs.   F5216 H46   720.9716

2218

A Nova Scotian's guide to built heritage : architectural styles, 1604-1930. – [Halifax] : Dept. of Culture, Recreation & Fitness, Heritage Unit, [1985]. – 1 vol. (unpaged) : ill. – Cover title.

A survey of Nova Scotia architectural styles developed during the period from 1604 to 1930. Principal features of each style are described. Illustrated with line drawings. Brief glossary. NA746 N6 N68   720.9716

Examen des styles d'architecture qui se sont développés en Nouvelle-Écosse de 1604 à 1930. Les principales caractéristiques de chaque style sont décrites. Illustré au moyen de dessins au trait. Court glossaire.   NA746 N6 N68   720.9716

2219

Pacey, Elizabeth. – ***Landmarks : historic buildings of Nova Scotia.*** – Text, Elizabeth Pacey ; photographs, Alvin Comiter. – Halifax : Nimbus Publishing, c1994. – 208 p. : ill. – 1551090465 (bd.) 1551090716 (pa.)

A study of Nova Scotia architecture comprised of a series of illustrated essays on various architectural styles and building types. Includes domestic and public architecture from the Georgian era to the early twentieth century. 126 black and white photographs of building exteriors and interiors. List of plates. Glossary. Bibliography.   FC3212 P23 1994 fol.   720.9716

Étude de l'architecture de la Nouvelle-Écosse, composée d'une série d'essais illustrés sur les divers styles d'architecture et les divers types de bâtiments. Porte sur l'architecture domestique et des édifices publics depuis l'époque du roi George jusqu'au début du vingtième siècle. Contient 126 photographies en noir et blanc d'extérieurs et d'intérieurs. Liste des planches. Glossaire. Bibliographie. FC3212 P23 1994 fol.   720.9716

2220

Pacey, Elizabeth. – *More stately mansions : churches of Nova Scotia, 1830-1910.* – By Elizabeth Pacey with George Rogers and Allan Duffus. – Hantsport (N.S.) : Lancelot Press, 1983. – 192 p. : ill. – 088999210X

Brief essays examining the architectural significance and history of 22 Nova Scotia churches of various denominations, dating from the period 1830 through 1910. Styles and construction techniques are discussed. An appendix arranged by county lists 577 churches. Name, denomination, place and a code indicating style are provided for each church. Glossary. Bibliography. List of photograph credits. NA5246 N6 P33 1983   726.509716

Courts essais sur l'histoire et l'importance architecturale de 22 églises de diverses confessions de la Nouvelle-Écosse qui datent de la période de 1830 à 1910. Examen des styles et des techniques de construction. Une annexe recense 577 églises, classées par comtés. Pour chaque église sont précisés le nom, la confession, le lieu et un code qui indique le style. Glossaire. Bibliographie. Liste des mentions de source des photographies.   NA5246 N6 P33 1983 726.509716

2221

Penney, Allen. – *Houses of Nova Scotia : an illustrated guide to architectural style recognition.* – Halifax : Formac Publishing : Nova Scotia Museum, 1989. – x, 145 p. : ill. – 0887800726

A guide for identifying styles of domestic architecture in Nova Scotia. Deals with house exteriors. Includes an illustrated glossary, a guide to building elements such as form, elevation, door, window, construction, decoration, and an illustrated guide to styles, chronologically arranged. Bibliography. Time chart of architectural styles. NA7242 N68 P45 1989   728.09716

Guide d'identification des styles d'architecture domestique en Nouvelle-Écosse. Traite de l'extérieur des maisons. Inclut un glossaire illustré, un guide des éléments de bâtiment comme la forme, la façade, les portes, les fenêtres, la construction, la décoration, ainsi qu'un guide illustré des styles classés par ordre chronologique. Bibliographie. Graphique chronologique des styles d'architecture. NA7242 N68 P45 1989   728.09716

2222

Rosinski, Maud. – *Architects of Nova Scotia : a biographical dictionary, 1605-1950.* – [Halifax] : Dept. of Municipal Affairs, Heritage Section, c1994. – [4], 296 p. : ill. – 0888712901

Biographies of architects of Nova Scotia, from the early seventeenth century to the 1950s. Chapters covering historical or stylistic periods. Introduction to each chapter. Biographies include references to sources. Illustrated with photographs of buildings. Indexes: buildings, personal and corporate names, place names.   NA60 720.922716

Biographies d'architectes de la Nouvelle-Écosse de la première partie du dix-septième siècle jusqu'aux années 1950. Chapitres couvrant des périodes historiques et stylistiques. Introduction à chaque chapitre. Les biographies comprennent des références aux sources. Illustré de photographies d'édifices. Index: édifices, noms d'individus et collectivités, lieux.   NA60   720.922716

Ontario

Ontario

2223

Arthur, Eric. – *Toronto : no mean city.* – 3rd ed., revised by Stephen A. Otto. – Toronto : University of Toronto Press, c1986. – xvii, 315 p. : ill. – 0802056687 (bd.) 0802065872 (pa.)

1st ed., 1964. 2nd ed., 1974. A history of Toronto architecture to the end of the nineteenth century. Numerous photographs, drawings and paintings of all types of building exteriors, interiors and details. Appendices: biographies of architects active in Toronto during the nineteenth century; biographies of builders and contractors active in Toronto during the nineteenth century; origins of Toronto street names. Bibliography. Subject index. List of picture credits. NA747 T6 A86 1986 fol.   720.9713541

1re éd., 1964. 2e éd., 1974. Histoire de l'architecture à Toronto jusqu'à la fin du dix-neuvième siècle. Nombreux dessins et nombreuses photographies et peintures de l'extérieur, de l'intérieur et des détails de bâtiments de tous les types. Annexes: biographies des architectes qui pratiquaient à Toronto au cours du dix-neuvième siècle; biographies des constructeurs et des entrepreneurs qui pratiquaient à Toronto au cours du dix-neuvième siècle; origine des noms des rues de Toronto. Bibliographie. Index des sujets. Liste des mentions de source des illustrations.   NA747 T6 A86 1986 fol.   720.9713541

2224

Blumenson, John. – *Ontario architecture : a guide to styles and building terms, 1784 to the present.* – [Markham, Ont.] : Fitzhenry & Whiteside, c1990. – vi, 255 p. : ill. – 0889028729

A guide to styles of Ontario architecture illustrated by various building types. Arranged by style. Many black and white photographs of building exteriors. Bibliography. Index of architects, buildings, place names, stylistic and technical terms.   NA746 O5 B58 1990 fol. 720.9713

Guide des styles d'architecture de l'Ontario illustrés par divers types de bâtiments. Classement par styles. Nombreuses photographies en noir et blanc de l'extérieur des bâtiments. Bibliographie. Index des architectes, des bâtiments, des noms de lieux, des termes relatifs aux styles et aux techniques.   NA746 O5 B58 1990 fol.   720.9713

2225

Kalman, Harold. – *Exploring Ottawa : an architectural guide to the nation's capital.* – Harold Kalman and John Roaf. – Toronto : University of Toronto Press, c1983. – vii, 216 p. : ill., maps. – 0802063950

Describes the buildings and monuments which can be seen on ten walking, cycling or driving tours of Ottawa. Entries for buildings include name of building, address, name of architect, date of construction, notes on history and architectural significance and a black and white photograph. Index of architects. General index of buildings, place names, etc.   NA747 O7 K35   720.971384

Décrit les bâtiments et les monuments qui peuvent être vus au cours de dix circuits d'Ottawa, à pied, à vélo ou en voiture. Les notices sur les bâtiments peuvent comprendre le nom du bâtiment, l'adresse, le nom de l'architecte, la date de construction, des notes sur l'histoire et l'importance architecturale du bâtiment, ainsi qu'une photographie en noir et blanc. Index des architectes. Index général des bâtiments, des noms de lieux, etc.   NA747 O7 K35   720.971384

2226

MacRae, Marion. – *The ancestral roof : domestic architecture of Upper Canada.* – By Marion MacRae in constant consultation with, and sometimes in spite of, Anthony Adamson, who wrote The first word and The last word, and made the drawings ; photographs are by Page Toles. – Toronto : Clarke, Irwin, c1963. – 258 p. : ill.

A history of the domestic architecture of Upper Canada. Emphasis on style rather than methods of construction. 203 plans and black and white photographs of building exteriors and interiors. The last section is an illustrated outline of types of house plans such as shanties, row houses, cottages, etc., and details such as porches, belvederes, privies, doorways, etc. Glossary. Index of titles, architects, buildings, addresses, etc.   NA7242 O5 M3 fol.   728.09713

Histoire de l'architecture domestique dans le Haut-Canada. Insistance sur le style plutôt que sur les méthodes de construction. Contient 203 plans et photographies en noir et blanc de l'extérieur et de l'intérieur des bâtiments. La dernière section illustre dans les grandes lignes les types de plans d'habitations comme les baraques de chantier, les maisons en bande, les maisons individuelles, etc. et des détails comme les porches, les belvédères, les toilettes, les entrées de porte, etc. Glossaire. Index des titres, des architectes, des bâtiments, des adresses, etc.   NA7242 O5 M3 fol.   728.09713

2227

MacRae, Marion. – *Hallowed walls : church architecture of Upper Canada.* – By Marion MacRae in continuing consultation with Anthony Adamson who wrote the postlude and made the drawings ; photographs, except where noted, by Page Toles. – Toronto : Clarke, Irwin & Co., c1975. – [viii], 304 p. : ill. – 0772010294

A study of the church architecture of Upper Canada. Major denominations from the period are considered. Arranged by style. Numerous black and white photographs and plans. The postlude is an illustrated outline of religious architectural styles and details from Upper Canadian churches such as the communion place, doors, windows, seating, etc. Glossary. Index of architects, buildings, place names, religious denominations, etc.   NA5246 O5 M37 fol. 726.509713

Étude de l'architecture des églises du Haut-Canada, en fonction des principales confessions de l'époque. Classement par styles. Nombreux plans et photographies en noir et blanc. À la fin se trouve un exposé illustré des styles et des détails de l'architecture religieuse dans le Haut-Canada, comme la table de communion, les portes, les fenêtres, les bancs, etc. Glossaire. Index des architectes, des bâtiments, des noms de lieux, des confessions, etc.   NA5246 O5 M37 fol.   726.509713

2228

McHugh, Patricia. – *Toronto architecture : a city guide.* – Patricia McHugh ; photographs by Susan McHugh ; maps by Tom Sam. – 2nd ed. – Toronto : McClelland & Stewart, c1989. – 294 p. : ill., maps. – 077105520X

1st ed., 1985. A guide to the architecture of Toronto arranged in 22 walking tours. Entries describe the architectural history of 900 buildings from all periods. Black and white photographs. Outline of architectural styles. Maps of each walk. Glossary. Bibliography. Architect and building indexes.   FC3097.7 M26 1989   720.9713541

1re éd., 1985. Guide de l'architecture de Toronto avec classement en 22 circuits à faire à pied. Les notices décrivent l'histoire architecturale de 900 bâtiments de toutes les périodes. Photographies en noir et blanc. Donne les grandes lignes des styles d'architecture. Cartes pour chaque circuit. Glossaire. Bibliographie. Index des architectes et index des bâtiments.   FC3097.7 M26 1989   720.9713541

2229

Ondaatje, Kim. – *Old Ontario houses.* – Kim Ondaatje and Lois Mackenzie. – [Agincourt, Ont.] : Gage Publishing, c1977. – [viii], 64, 64, 64, ix-xv p. : ill. (some col.), map. – 0771593503 (bd.) 0771593511 (pa.)

Approximately 170 Ontario houses constructed during the period from 1816 to 1916 are studied. Three sections for wood, stone and brick houses. Each entry provides a brief history and a discussion of style and construction techniques. Glossary. Bibliography. Index of architects, buildings, styles, etc.   NA7242 O5 O52 fol.   728.09713

Environ 170 maisons ontariennes construites pendant la période de 1816 à 1916 sont étudiées. Trois sections: maisons en bois, en pierre et en brique. Chaque notice contient un court historique et un examen du style et des techniques de construction. Glossaire. Bibliographie. Index des architectes, des bâtiments, des styles, etc. NA7242 O5 O52 fol.   728.09713

2230

Ontario Association of Architects. – *Directory : licencees & holders of certificates of practice.* – [1980/81?]-   . – Toronto : the Association, [198?]-   .–   vol. – Cover title.

Annual? An alphabetically arranged directory of Association members and a geographically arranged directory of Ontario practices. Also lists retired and associate members, student and graduate associates, provincial architectural associations and schools of

Annuel? Répertoire alphabétique des membres de l'association et répertoire géographique des cabinets d'architectes en Ontario. Donne également la liste des membres à la retraite et des membres associés, des étudiants et des diplômés associés, des associations

architecture. Title varies: 1980/81?-1982/83?, *List of members/practices directory;* 1986?- , *Directory : licencees & holders of certificates of practice.* NA60 720.25713

provinciales d'architecture et des écoles d'architecture. Le titre varie: 1980/81?-1982/83?, *List of members/practices directory;* 1986?- , *Directory : licencees & holders of certificates of practice.* NA60 720.25713

2231

Richardson, Douglas [Scott]. – *Architecture in Ontario : a select bibliography on architectural conservation and the history of architecture with special relevance to the province of Ontario.* – Edited and with an introduction by Douglas Richardson; compiled by Patricia Crawford, Philip Monk and Marianna Wood. – [Toronto : Sold by Heritage Administration Branch, Ministry of Culture and Recreation], 1976. – ix, 140 p.

A bibliography arranged in two parts: part 1, conservation; part 2, history of architecture. Includes books and periodical articles. Part 1 is arranged by subject such as history of the preservation movement, concepts of conservation, examples of conservation, technical aspects, etc. Part 2 is arranged in sections for countries, regions or provinces, building types, styles and periods, and architects. No index. Z5944 U5 A732 016.7209713

Bibliographie en deux parties: partie 1, conservation; partie 2, histoire de l'architecture. Inclut des livres et des articles de périodiques. Dans la partie 1, classement par sujets, comme l'histoire du mouvement de préservation, les concepts de conservation, des exemples de conservation, les aspects techniques, etc. Dans la partie 2, classement en sections par pays, régions ou provinces, par types de bâtiments, par styles et périodes et par architectes. Aucun index. Z5944 U5 A732 016.7209713

Prince Edward Island

Île-du-Prince-Édouard

2232

***Atlantic architects : an illustrated directory, 1992.* –** Halifax : Resource Centre Publications, Faculty of Architecture, Technical University of Nova Scotia, 1992, c1991. – 92 p. : ill. – 0929112164 – Cover title.

A directory of architects practising in the Atlantic Provinces. Arranged by province. Entries, which were submitted by the architects, include name of firm, address, telephone and fax numbers, description of services, previous experience, staff, etc. Photographs, plans and drawings of projects accompany each entry. Index of firms. List of firms which did not submit descriptive entries arranged by province. Includes name, address, telephone and fax numbers. Complete 1991 list of members of the Nova Scotia Association of Architects. NA60 C3 A75 1992 720.25715

Répertoire des architectes pratiquant dans les provinces de l'Atlantique. Classement par provinces. Les notices qui ont été rédigées par les architectes contiennent le nom de la société, l'adresse, les numéros de téléphone et de télécopieur, la description des services, l'expérience acquise, les membres du personnel, etc. Des photographies, des plans et des dessins de projets accompagnent chaque notice. Index des sociétés. Liste des sociétés qui n'ont pas présenté de notices descriptives, classées par province. Comprend le nom, l'adresse et les numéros de téléphone et de télécopieur de chacune. Liste complète des membres de la Nova Scotia Association of Architects en 1991. NA60 C3 A75 1992 720.25715

2233

Rogers, Irene. – *Reports on selected buildings in Charlottetown, P.E.I.* – [Ottawa] : National Historic Parks and Sites Branch, Parks Canada, 1974, 1976. – xiii, 278 p. : ill. – (Manuscript report ; no. 269).

A series of 57 reports on buildings in Charlottetown compiled for the Canadian Inventory of Historic Building. Reports may include: name, address and date of construction of building, names of architect, builder and craftsmen, name and occupation of original owner, types and names of notable occupants, building use and material, notes on alterations, miscellaneous comments, black and white photograph. Each report is accompanied by an essay on the history of the building. Table of contents arranged by street address. Indexes: date of construction; original use of building; architect, builder and craftsman. NA747 720.97175

Collection de 57 rapports portant sur des bâtiments de Charlottetown, compilés pour l'Inventaire des bâtiments historiques du Canada. Les rapports peuvent contenir: le nom, l'adresse et la date de construction du bâtiment, les noms de l'architecte, du constructeur et des artisans, le nom et l'occupation du premier propriétaire, les types et les noms des principaux occupants, l'utilisation du bâtiment, les matériaux, des notes sur les réfections, divers commentaires, et une photographie en noir et blanc. Chaque rapport est accompagné d'un essai sur l'histoire du bâtiment. Classement par adresses municipales dans la table des matières. Trois index: dates de construction; premières utilisations des bâtiments; architectes, constructeurs et artisans. NA747 720.97175

2234

Smith, H. M. Scott. – *The historic churches of Prince Edward Island.* – Erin (Ont.) : Boston Mills Press, c1986. – 119 p. : ill. (some col.). – 0919783252

Discusses the religious context, architectural styles, construction techniques and architects of Prince Edward Island churches. Includes profiles of 32 architecturally significant pre-1914 churches of various denominations. Accompanied by photographs and plans. Glossary. Descriptions of styles. Selective and general bibliographies. NA5246 P7 S64 1986 726.509717

Examen du contexte religieux, des styles d'architecture, des techniques de construction et des architectes des églises de l'Île-du-Prince-Édouard. Inclut les profils de 32 églises de diverses confessions antérieures à 1914 et importantes du point de vue de l'architecture. Photographies et plans. Glossaire. Description des styles. Bibliographie sélective et bibliographie générale. NA5246 P7 S64 1986 726.509717

2235

Smith, H. M. Scott. – *The historic houses of Prince Edward Island.* – Erin (Ont.) : Boston Mills Press, c1990. – 175 p. : ill. (some col.), 1 map. – 1550460242

A study of houses in Prince Edward Island constructed before 1914. Examines the evolution of domestic architecture from the time of the Micmac Indians through the influences and styles of immigrants such as the Acadians, British and Loyalists. Biographies of eleven architects who worked in Prince Edward Island. Essays on 82 houses discuss history, construction and style. Photographs of each and some floor plans. Glossary. Bibliography. Index of houses, architects, etc. NA7242 P7 S64 1990 728.09717

Étude des maisons de l'Île-du-Prince-Édouard construites avant 1914. Examine l'évolution de l'architecture domestique depuis le temps des Micmacs, en passant par les influences et les styles des immigrants comme les Acadiens, les Britanniques et les Loyalistes. Biographies de onze architectes qui ont travaillé à l'Île-du-Prince-Édouard. Essais sur 82 maisons qui traitent de l'histoire, de la construction et du style de ces bâtiments. Photographies de chaque maison et quelques plans. Glossaire. Bibliographie. Index des maisons, des architectes, etc. NA7242 P7 S64 1990 728.09717

Quebec

Québec

2236

Association des architectes en pratique privée du Québec. – *Répertoire = Directory.* – (1981)- . – Montréal : Association des architectes en pratique privée du Québec, [1981]- . – vol. – 0839-7589

Annual. Directory of architectural firms in private practice in Quebec which are members of the Association. Alphabetically arranged by municipality. Entries include name, address, telephone and fax numbers of firm, names of architects, types of buildings designed and services offered. Alphabetical list of architects who are members of the Association. Title varies: 1985, *Répertoire : bureaux d'architectes membres de l'AAPPQ = Roster : member firms of the AAPPQ*; 1986, *Répertoire des bureaux d'architectes membres de l'AAPPQ = Directory of member architectural firms of the AAPPQ.* NA746 Q4 A88 fol. 720.25714

Annuel. Répertoire des bureaux d'architectes en pratique privée du Québec qui sont membres de l'association. Classement alphabétique par municipalités. Les notices comprennent le nom, l'adresse, les numéros de téléphone et de télécopieur du bureau, les noms des architectes, les types de bâtiments conçus et les services offerts. Liste alphabétique des architectes qui sont membres de l'association. Le titre varie: 1985, *Répertoire : bureaux d'architectes membres de l'AAPPQ = Roster : member firms of the AAPPQ*; 1986, *Répertoire des bureaux d'architectes membres de l'AAPPQ = Directory of member architectural firms of the AAPPQ.* NA746 Q4 A88 fol. 720.25714

2237

Association of Architects in Private Practice of Quebec. – *Répertoire = Directory.* – (1981)- . – [Montreal] : Association of Architects in Private Practice of Quebec, [1981]- . – vol. – 0839-7589

Annual. Directory of architectural firms in private practice in Quebec which are members of the Association. Alphabetically arranged by municipality. Entries include name, address, telephone and fax numbers of firm, names of architects, types of buildings designed and services offered. Alphabetical list of architects who are members of the Association. Title varies: 1985, *Répertoire : bureaux d'architectes membres de l'AAPPQ = Roster : member firms of the AAPPQ*; 1986, *Répertoire des bureaux d'architectes membres de l'AAPPQ = Directory of member architectural firms of the AAPPQ.* NA746 Q4 A88 fol. 720.25714

Annuel. Répertoire des bureaux d'architectes en pratique privée du Québec qui sont membres de l'association. Classement alphabétique par municipalités. Les notices comprennent le nom, l'adresse, les numéros de téléphone et de télécopieur du bureau, les noms des architectes, les types de bâtiments conçus et les services offerts. Liste alphabétique des architectes qui sont membres de l'association. Le titre varie: 1985, *Répertoire : bureaux d'architectes membres de l'AAPPQ = Roster : member firms of the AAPPQ*; 1986, *Répertoire des bureaux d'architectes membres de l'AAPPQ = Directory of member architectural firms of the AAPPQ.* NA746 Q4 A88 fol. 720.25714

2238

Bergeron, Claude. – *L'architecture des églises du Québec, 1940-1985.* – Québec : Presses de l'Université Laval, 1987. – ix, 383, [2] p. : ill. – 2763770894

A study of Catholic church architecture in all regions of Quebec from the period 1940 through 1985. The architecture of each diocese is analysed. 38 churches are studied in detail. 327 black and white photographs of exteriors and interiors, and plans. Bibliography. List of illustrations. Church and personal name indexes. NA5246 Q4 B45 1987 726.509714

Étude de l'architecture des églises catholiques de toutes les régions du Québec qui datent d'entre 1940 et 1985. Analyse de l'architecture dans chaque diocèse. 38 églises sont étudiées en détail. 327 plans et photographies en noir et blanc de l'extérieur et de l'intérieur des bâtiments. Bibliographie. Liste des illustrations. Index des noms d'églises et index des noms de personnes. NA5246 Q4 B45 1987 726.509714

2239

Bergeron, Claude. – *Architectures du XXᵉ siècle au Québec.* – Montréal : Méridien, [1989]. – 271 p. : ill. – 2894150067 (rel.) 2894150059 (br.)

A study of twentieth-century Quebec architecture, published in conjunction with an exhibition held at the Musée de la civilisation in 1989 and 1990. Discusses industrial, commercial, domestic, religious and recreational architecture and suburban and urban development. Arranged by period. Illustrated with 202 black and white photographs of buildings and plans. Bibliography. Architect and building indexes. Glossary. NA746 Q4 B47 1989 720.9714

Étude de l'architecture du vingtième siècle au Québec, publiée lors d'une exposition qui a eu lieu au Musée de la civilisation en 1989 et 1990. Traite de l'architecture industrielle, commerciale, domestique, religieuse, et récréative, ainsi que de l'urbanisme dans les villes et en périphérie. Classement par périodes. Illustré au moyen de 202 plans et photographies en noir et blanc de bâtiments. Bibliographie. Index des architectes et index des bâtiments. Glossaire. NA746 Q4 B47 1989 720.9714

2240

Bergevin, Hélène. – *Églises protestantes.* – [Montréal] : Libre Expression, c1981. – 205 p. : ill. – (Patrimoine du Québec). – 2891110749

A study of nineteenth-century protestant churches in Quebec. Provides brief histories of denominations and a discussion of architectural styles. Entries for approximately 300 churches are arranged by region and accompanied by black and white photographs. Bibliography. List of churches alphabetically arranged by location. NA5246 Q4 B47 fol.   726.509714

Étude des églises protestantes du dix-neuvième siècle au Québec. Contient de courts historiques des diverses confessions et un examen des styles d'architecture. Les notices sur environ 300 églises sont classées par régions et accompagnées de photographies en noir et blanc. Bibliographie. Liste des églises classées par ordre alphabétique de lieux.   NA5246 Q4 B47 fol.   726.509714

2241

Centre d'archives de Québec. – *Guide, archives cartographiques et architecturales.* – Claude Boudreau. – [Sainte-Foy, Québec] : Archives nationales du Québec, c1989. – xxii, 401 p. : ill., cartes. – 2550201116

A guide to 288 fonds containing geographical maps and plans, architectural and engineering plans and aerial photographs held by the Centre d'archives de Québec. Alphabetically arranged by fonds title. Entries may include: fonds number coded to indicate type of fonds, for example, surveyors' or notaries' records, judicial archives, private or governmental fonds; inclusive dates; types of archival material, for example, architectural, textual, cartographic or photographic with inclusive dates and physical extent; surveyor biography; description of fonds contents; geographic coverage; names of surveyors, cartographers, etc.; finding aids. List of cartographic and architectural fonds in preparation. Indexes: place names; fonds containing aerial photographs; fonds containing architectural plans; fonds containing geographical maps and plans. Alphabetically arranged list of seigneuries keyed to a map.   NA746   016.912714

Guide de 288 fonds qui contiennent des cartes géographiques et des plans, des plans d'architectes et d'ingénieurs, et des photographies aériennes, conservés au Centre d'archives de Québec. Classement alphabétique par titres de fonds. Les notices peuvent comprendre: le numéro du fonds codé de façon à indiquer le type de fonds, par exemple les dossiers d'un arpenteur ou d'un notaire, les archives judiciaires, les fonds privés ou gouvernementaux; les dates extrêmes; les types de documents d'archives, par exemple des documents relatifs à l'architecture, des textes, des cartes ou des photographies, comprenant la période couverte et les dimensions; une biographie de l'arpenteur; une description du contenu du fonds; la portée géographique; les noms des arpenteurs, des cartographes, etc.; les instruments de recherche. Liste des fonds cartographiques et architecturaux en préparation. Nombreux index: noms de lieux; fonds qui contiennent des photographies aériennes; fonds qui contiennent des plans architecturaux; fonds qui contiennent des cartes géographiques et des plans. Liste alphabétique des seigneuries avec des codes qui renvoient à une carte.   NA746   016.912714

2242

Gauthier, Raymonde. – *Les manoirs du Québec.* – [Montréal] : Fides ; [Québec] : Éditeur officiel du Québec, c1976. – 244 p. : ill., cartes. – (Collection loisirs et culture). – 0775424579 (Éditeur officiel du Québec) 0775505919 (Fides)

A study of seigneurial manors in Quebec. Brief essays on the manors are arranged under three seigneurial regions, Montréal, Trois-Rivières and Québec. Accompanied by black and white photographs or reproductions of paintings. Appendices: list of manors inventoried by P.-G. Roy in *Vieux manoirs, vieilles maisons*, 1927; profiles of manors including a description of their state, an iconography and a bibliography. Manor index.   FC2912 G38   728.809714

Étude des manoirs seigneuriaux au Québec. De courts essais sur les manoirs sont classés sous trois régions seigneuriales, soit Montréal, Trois-Rivières et Québec. Ils sont accompagnés de reproductions de peintures ou de photographies noir et blanc. Annexes: liste des manoirs répertoriés par P.-G. Roy dans *Vieux manoirs, vieilles maisons*, 1927; profil des manoirs, comprenant la description de leur état, une iconographie et une bibliographie. Index des manoirs.   FC2912 G38 728.809714

2243

Laframboise, Yves. – *L'architecture traditionnelle au Québec : glossaire illustré de la maison aux 17e et 18e siècles.* – Montréal : Éditions de l'Homme, c1975. – 319 p., [8] f. de planches : ill. (certaines en coul.), diagr., fac-sim., plans. – 0775904570

An alphabetically arranged glossary of architectural terms used in Quebec during the seventeenth and eighteenth centuries. Entries include historical spellings of terms found in notarial documents, definitions, and quotations from documents of the period. 196 black and white and 22 colour illustrations. Classified list of terms. Bibliography. List of illustrations with sources.   NA7242 Q8 L34 728.09714

Glossaire alphabétique des termes d'architecture utilisés au Québec au cours du dix-septième et du dix-huitième siècles. Les notices comprennent l'ancienne orthographe de termes qui ont été relevés dans des documents notariés, des définitions et des citations tirées de documents de l'époque. 196 illustrations en noir et blanc et 22 en couleurs. Liste systématique des termes. Bibliographie. Liste des illustrations avec mentions de source.   NA7242 Q8 L34   728.09714

2244

Lessard, Michel. – *Encyclopédie de la maison québécoise.* – Michel Lessard, Huguette Marquis. [Avec la collab. de Gilles Vilandré et Pierre Pelletier]. – Montréal : Éditions de l'Homme, 1972. – [728] p. : ill. – (Encyclopédie de l'homme ; 4). – 0775903256

A history of domestic architecture in Quebec from the seventeenth through the twentieth centuries. Discusses building techniques, materials and styles. Numerous photographs, drawings and plans of buildings and details. Glossary. Bibliography. Index.   NA746 Q4 L37 728.09714

Histoire de l'architecture domestique au Québec depuis le dix-septième siècle jusqu'à maintenant. Traite des techniques de construction, des matériaux et des styles. Nombreux dessins, plans et photographies de bâtiments et de détails. Glossaire. Bibliographie. Index. NA746 Q4 L37   728.09714

2245

Noppen, Luc. – *Les églises du Québec (1600-1850).* – [Québec] : Éditeur officiel du Québec ; [Montréal] : Fides, c1977. – ix, 298 p. : ill. – (Collection loisirs et culture). – 0775428698 (Éditeur officiel du Québec) 0775506656 (Fides)

A study of religious architecture in Quebec. Emphasis on Roman Catholic churches. Entries for churches built before 1850 and still in existence are alphabetically arranged by location. Each entry includes a brief bibliography and black and white photographs of exteriors and interiors. General bibliography. Personal- and place-name indexes.   NA5246 Q4 N65   726.509714

Étude de l'architecture religieuse au Québec. Insistance sur les églises catholiques romaines. Les notices sur les églises qui ont été construites avant 1850 et qui existent encore sont classées par ordre alphabétique de lieux. Chaque notice comprend une courte bibliographie et des photographies en noir et blanc de l'extérieur et de l'intérieur de l'église. Bibliographie générale. Index des noms de personnes et index des noms de lieux.   NA5246 Q4 N65   726.509714

2246

Noppen, Luc. – *Québec : trois siècles d'architecture.* – Luc Noppen, Claude Paulette, Michel Tremblay. – [Montréal] : Libre Expression, c1979, [1989]. – xi, 440, [7] p. : ill. (certaines en coul.). – 2891110102

Part 1 outlines the history of the architecture of Quebec City. Part 2 describes types of buildings such as churches, educational institutions, hospitals, theatres, hotels, banks, etc. Numerous photographs, drawings and plans, 46 in colour. Bibliography. Index of architects, buildings, etc.   NA747 Q8 N66 1989 fol.   720.9714471

La partie 1 donne les grandes lignes de l'histoire de l'architecture de la ville de Québec. La partie 2 décrit les types de bâtiments comme les églises, les établissements d'éducation, les hôpitaux, les théâtres, les hôtels, les banques, etc. Nombreux dessins, plans et photographies, dont 46 en couleurs. Bibliographie. Index des architectes, des bâtiments, etc.   NA747 Q8 N66 1989 fol.   720.9714471

2247

Ordre des architectes du Québec. – *Tableau des membres.* – [1942?]   . – [Montréal] : Ordre des architectes du Québec, [1942?]-   . – vol. – 0317-8854

Annual. Directory of members of the Ordre des architectes du Québec, arranged by region. Entries include name of architect and firm, address and telephone number. Alphabetically arranged list of members also provided. Directory of organizations related to architecture. List of Quebec architectural award winners. Title varies: *Registre de l'Association des architectes de la province de Québec, 1890-1940 = Province of Quebec Association of Architects register, 1890-1940*; 1942?-1973, *Registre = Register*; 1974-1978, *Tableau des membres = Membership roll*; 1979-   , *Tableau des membres*. NA11 A812 fol.   720.25714

Annuel. Répertoire des membres de l'Ordre des architectes du Québec, classés par régions. Les notices contiennent les noms de l'architecte et du bureau d'architectes, l'adresse et le numéro de téléphone. Une liste alphabétique des membres est aussi fournie. Répertoire des organisations relatives à l'architecture. Liste des lauréats québécois de prix d'architecture. Le titre varie: *Registre de l'Association des architectes de la province de Québec, 1890-1940 = Province of Quebec Association of Architects register, 1890-1940*; 1942?-1973, *Registre = Register*; 1974-1978, *Tableau des membres = Membership roll*; 1979-   , *Tableau des membres*.   NA11 A812 fol. 720.25714

2248

Pinard, Guy. – *Montréal : son histoire, son architecture.* – Montréal : Méridien, c1987-   . –   vol. : ill., cartes. – 2890432254 (vol. 1) 2890432556 (vol. 2) 2890439968 (vol. 3) 2894150393 (vol. 4) 2894150997 (vol. 5)

Articles on all types of buildings in Montreal, originally published as the column "Rendez-vous 92" in *La Presse*. Five volumes published to date. Articles discuss historical and architectural significance of buildings. Numerous black and white photographs and reproductions of drawings and paintings. Each article also includes a small map with location of building indicated and bibliographic references for sources consulted. Glossary in each volume. Indexes in each volume: address, chronological, building, event, geographical, personal name, corporate name, street. Imprint varies.   FC2947.4 P55 1987 720.971428

Articles sur tous les types de bâtiments à Montréal, publiés à l'origine sous la rubrique «Rendez-vous 92» dans *La Presse*. Cinq volumes ont été publiés jusqu'à maintenant. Les articles traitent de l'importance historique et architecturale des bâtiments. Nombreuses photographies en noir et blanc et reproductions de dessins et de peintures. Chaque article comprend également une petite carte sur laquelle est indiqué l'emplacement du bâtiment, ainsi que les références bibliographiques des sources consultées. Glossaire dans chaque volume. Nombreux index dans chaque volume: adresses, chronologique, bâtiments, événements, géographique, noms de personnes, de sociétés, rues. L'adresse bibliographique varie.   FC2947.4 P55 1987   720.971428

2249

Rémillard, François. – *L'architecture de Montréal : guide des styles et des bâtiments.* – François Rémillard ; [photographies par] Brian Merrett. – Montréal : Méridien, c1990. – 222 p. : ill., cartes. – 2920417649

An illustrated guide to the architecture of Montreal arranged by style. Brief descriptions of each style and its distinguishing features. Entries for each building include name of building, date of construction, address, name of architect, a brief history and a discussion of its architectural significance. Black and white photographs. Bibliography. General index of styles, buildings, architects, etc. Index of addresses. Also published in English under the title: *Montreal architecture : a guide to styles and buildings.*   NA747 M65 R44 1990 720.971428

Guide illustré sur l'architecture de Montréal classé par styles. Courtes descriptions de chaque style et de ses caractéristiques distinctives. Les notices sur chaque bâtiment comprennent le nom du bâtiment, la date de construction, l'adresse, le nom de l'architecte, un court historique et un examen de son importance architecturale. Photographies en noir et blanc. Bibliographie. Index général des styles, des bâtiments, des architectes, etc. Index des adresses. Publié aussi en anglais sous le titre: *Montreal architecture : a guide to styles and buildings*.   NA747 M65 R44 1990   720.971428

2250

Rémillard, François. – *Montreal architecture : a guide to styles and buildings.* – François Rémillard ; [photographs by] Brian Merrett ; translated by Pierre Miville-Deschênes. – Montreal : Meridian Press, c1990. – 224 p. : ill., maps. – 292905802X

An illustrated guide to the architecture of Montreal arranged by style. Brief descriptions of each style and its distinguishing features. Entries for each building include name of building, date of construction, address, name of architect, a brief history and a discussion of its architectural significance. Black and white photographs. Bibliography. General index of styles, buildings, architects, etc. Index of addresses. Also published in French under the title: *L'architecture de Montréal : guide des styles et des bâtiments.*
NA747 M65 R4413 1990   720.971428

Guide illustré sur l'architecture de Montréal classé par styles. Courtes descriptions de chaque style et de ses caractéristiques distinctives. Les notices sur chaque bâtiment comprennent le nom du bâtiment, la date de construction, l'adresse, le nom de l'architecte, un court historique et un examen de son importance architecturale. Photographies en noir et blanc. Bibliographie. Index général des styles, des bâtiments, des architectes, etc. Index des adresses. Publié aussi en français sous le titre: *L'architecture de Montréal : guide des styles et des bâtiments.*   NA747 M65 R4413 1990   720.971428

2251

Richardson, A. J. H. [Arthur John Hampson]. – *Quebec City : architects, artisans and builders.* – By A.J.H. Richardson, Geneviève Bastien, Doris Dubé and Marthe Lacombe. – Ottawa : History Division, National Museum of Man, 1984. – xi, 589 p. : ill., ports. – (Mercury series. History ; no. 37). – 0316-1854 0316-1900

A biographical dictionary of over 400 architects, builders and artisans who did significant work in Quebec City or who were born there and did important work elsewhere. Alphabetically arranged. Entries include name, occupation, date and place of birth, baptism, marriage, death and burial, connections with other architects, builders, etc., movements, achievements, character, works, documents, references to published and archival sources. 394 black and white photographs and illustrations of buildings. Proper name index for illustrations. Bibliography.   NA747 Q4 Q4 1984   720.922714471

Dictionnaire biographique de plus de 400 architectes, constructeurs et artisans qui ont fait des travaux importants dans la ville de Québec ou qui y sont nés et qui ont fait des travaux importants ailleurs. Classement alphabétique. Les notices comprennent le nom, l'occupation, la date et le lieu de naissance de l'architecte, ses dates de baptême, de mariage, de décès et d'enterrement, ses relations avec d'autres architectes, constructeurs, etc., ses déplacements, ses réalisations, son caractère, ses travaux, les documents pertinents, les références à des sources publiées ou à des archives. 394 illustrations et photographies en noir et blanc des bâtiments. Index des noms propres pour les illustrations. Bibliographie.   NA747 Q4 Q4 1984   720.922714471

2252

Traquair, Ramsay. – *The old architecture of Quebec : a study of the buildings erected in New France from the earliest explorers to the middle of the nineteenth century.* – Toronto : Macmillan Company of Canada, 1947. – xix, 324 p. : ill., plans.

A history of Quebec architecture based on a survey of significant buildings made between 1924 and 1930. Includes chapters on building types, such as houses, cottages, manors, public buildings and churches. 179 plates including photographs, paintings and plans of buildings and architectural details. Chapter 14 provides biographies of Quebec architects and sculptors. Bibliography. Index of architects, place names, buildings, styles, techniques and materials, etc. Index of illustrations. Reproduced in microform format: Toronto : York University, 1971. 1 reel, 35 mm.   NA746 Q4 T78   720.9714

Histoire de l'architecture au Québec fondée sur un examen des bâtiments importants construits entre 1924 et 1930. Comprend des chapitres sur les types de bâtiments, comme les maisons individuelles et autres, les manoirs, les bâtiments publics et les églises. 179 planches, comprenant des photographies, des peintures, des plans de bâtiments et des détails architecturaux. Le chapitre 14 contient les biographies d'architectes et de sculpteurs du Québec. Bibliographie. Index des architectes, des noms de lieux, des bâtiments, des styles, des techniques et des matériaux, etc. Index des illustrations. Reproduit sur support microforme: Toronto : York University, 1971. 1 bobine, 35 mm.   NA746 Q4 T78   720.9714

Saskatchewan

Saskatchewan

2253

Grover, Sheila. – *Reports on selected buildings in Saskatoon, Saskatchewan.* – [Ottawa] : Parks Canada, 1977. – [2], 214 p. : ill. – (Manuscript report ; no. 385).

A series of reports on twenty significant or interesting buildings in Saskatoon, compiled for the Canadian Inventory of Historic Building. Reports may include name, address and date of construction of building, names of architect, builder and craftsmen, name and occupation of original owner, types and names of notable occupants, building use and material, information on alterations, miscellaneous comments, black and white photograph. Each report is accompanied by an essay on the history of the building. Table of contents arranged by street address. Indexes: original building use; date of construction; architect, builder and craftsman.
FC215 M36 no. 385   720.9712425

Collection de rapports portant sur vingt bâtiments importants ou intéressants de Saskatoon, compilés pour l'Inventaire des bâtiments historiques du Canada. Les rapports peuvent contenir le nom, l'adresse et la date de construction du bâtiment, les noms de l'architecte, du constructeur et des artisans, le nom et l'occupation du premier propriétaire, les types et les noms des principaux occupants, l'utilisation du bâtiment, les matériaux, des données sur les réfections, divers commentaires et une photographie en noir et blanc. Chaque rapport est accompagné d'un essai sur l'histoire du bâtiment. Classement par adresses municipales dans la table des matières. Trois index: premières utilisations des bâtiments; dates de construction; architectes, constructeurs et artisans.
FC215 M36 no. 385   720.9712425

2254

Saskatchewan Association of Architects. – *Historic architecture of Saskatchewan.* – Regina : Focus Publishing, c1986. – 184 p. : ill. (some col.). – 0919781136

A pictorial history of Saskatchewan architecture. Arranged by type of building. Numerous colour photographs accompanied by brief descriptions. Outline of architectural styles with Saskatchewan examples. List of photographic credits. Locations of buildings indicated on four simplified maps. No index or bibliography. NA746 S3 H58 1986   720.97124

Histoire illustrée de l'architecture en Saskatchewan. Classement par types de bâtiments. Nombreuses photographies en couleurs accompagnées de courtes descriptions. Donne les grandes lignes des styles d'architecture avec des exemples qui se trouvent en Saskatchewan. Liste des mentions de source des photographies. Situation des bâtiments sur quatre cartes simplifiées. Aucun index, ni aucune bibliographie.   NA746 S3 H58 1986   720.97124

Yukon Territory

Yukon

2255

Whitehorse heritage buildings : a walking tour of Yukon's capital. – 1st ed. – Whitehorse : Yukon Historical and Museums Association, c1983. – [2], 62 p. : ill., maps.

Outlines a walking tour of Whitehorse and describes historically and architecturally significant buildings. Includes black and white photographs of most structures. Map of walking tour route. No index. FC4046.7 W45 1983 fol.   720.97191

Donne les grandes lignes d'un circuit à pied de Whitehorse et décrit les bâtiments qui ont une importance historique et architecturale. Comprend des photographies en noir et blanc de la plupart des structures. Carte du parcours de la visite à pied. Aucun index. FC4046.7 W45 1983 fol.   720.97191

Book Arts

Arts du livre

2256

20th century bookbinding : an exhibition at the Art Gallery of Hamilton, October 15 to November 21, 1982. – Hamilton : Art Gallery of Hamilton, c1982. – [8], 40 p. : ill. (some col.). – 0919153100

The catalogue of an exhibition of 51 twentieth-century bookbindings by Canadian and foreign binders. Alphabetically arranged by name of binder. 36 black and white and fifteen colour photographs of bindings are accompanied by a bibliographic citation and notes on material, colours, design, dimensions and date of binding. Bibliography. List of lenders to the exhibition.   Z269 T94 1982 686.30207471352

Catalogue d'une exposition de 51 reliures du vingtième siècle réalisées par des relieurs canadiens et étrangers. Classement alphabétique par noms de relieurs. Les 36 photographies en noir et blanc et les quinze photographies en couleurs de reliures sont accompagnées d'une référence bibliographique et de notes sur le matériau, les couleurs, le design, les dimensions et la date de la reliure. Bibliographie. Liste des personnes qui ont prêté des reliures pour l'exposition.   Z269 T94 1982 686.30207471352

2257

The art of the book '93 : a juried exhibition of the works of members celebrating our tenth anniversary = Une exposition-concours des oeuvres par les membres en célébration de notre dixième anniversaire. – Toronto : Canadian Bookbinders and Book Artists Guild, c1993. – 128 p. : ill. (some col.). – 096950912X

The catalogue of a juried exhibition of 87 works by 63 Canadian and foreign artists who are members of the Guild. Includes examples of artists' books, fine printing, bookbinding, calligraphy, papermaking and decorated paper. Colour photographs with name and country of artist, title, medium, dimensions, date and category of book art. Artists' statements. Essays on the exhibition and bookbinding in Canada. The Guild held its first juried exhibition in 1988. The catalogue was entitled: *The art of the book : an exhibition celebrating the fifth anniversary of the Canadian Bookbinders and Book Artists Guild.* Z274 A752 1993   686.30207471

Catalogue d'une exposition avec jury de 87 oeuvres réalisées par 63 artistes canadiens et étrangers qui sont membres de la Guilde. Inclut des exemples de livres d'artistes, d'impressions de luxe, de reliures de livres, de calligraphie, de papier fait à la main et de papier décoré. Photographies en couleurs accompagnées des données suivantes: nom de l'artiste et pays, titre, médium, dimensions, date et catégorie des arts du livre. Déclarations des artistes. Essais sur l'exposition et la reliure de livres au Canada. La Guilde a tenu sa première exposition avec jury en 1988. Le catalogue était intitulé: *The art of the book : an exhibition celebrating the fifth anniversary of the Canadian Bookbinders and Book Artists Guild.*   Z274 A752 1993   686.30207471

2258

Aubrey, Irene E. – *Pictures to share : illustration in Canadian children's books = Images pour tous : illustration de livres canadiens pour enfants.* – Ottawa : National Library of Canada, 1987. – 59 p. – 066053763X

1st ed., 1979. A selection of books significant in the field of Canadian children's book illustration. Includes works in English, French and other languages. Arranged in three parts covering the nineteenth century to 1959, 1960 to 1979 and 1980 to 1985. Within each section works are alphabetically arranged by name of illustrator. Bilingual introduction and annotations. Index of titles, illustrators, authors, translators, compilers and adapters. Reproduced in microform format: *Microlog*, no. 90-00004.   Z1377 C45 A335 1987 fol.   016.7416420971

1re éd., 1979. Sélection de livres importants dans le domaine de l'illustration de livres canadiens pour enfants. Inclut des oeuvres en anglais, en français et en d'autres langues. Classement en trois parties qui couvrent chacune une période: du dix-neuvième siècle à 1959, de 1960 à 1979 et de 1980 à 1985. Au sein de chaque section, les oeuvres sont classées en ordre alphabétique par noms d'illustrateurs. Introduction et annotations bilingues. Index des titres, des illustrateurs, des auteurs, des traducteurs, des compilateurs et des adaptateurs. Reproduit sur support microforme: *Microlog*, n° 90-00004.   Z1377 C45 A335 1987 fol.   016.7416420971

2259

Aubrey, Irene E. – *Pictures to share : illustration in Canadian children's books = Images pour tous : illustration de livres canadiens pour enfants.* – Ottawa : Bibliothèque nationale du Canada, 1987. – 59 p. – 066053763X

1st ed., 1979. A selection of books significant in the field of Canadian children's book illustration. Includes works in English, French and other languages. Arranged in three parts covering the nineteenth century to 1959, 1960 to 1979 and 1980 to 1985. Within each section works are alphabetically arranged by name of illustrator. Bilingual introduction and annotations. Index of titles, illustrators, authors, translators, compilers and adapters. Reproduced in microform format: *Microlog*, no. 90-00004. Z1377 C45 A335 1987 fol. 016.7416420971

1re éd., 1979. Sélection de livres importants dans le domaine de l'illustration de livres canadiens pour enfants. Inclut des oeuvres en anglais, en français et en d'autres langues. Classement en trois parties qui couvrent chacune une période: du dix-neuvième siècle à 1959, de 1960 à 1979 et de 1980 à 1985. Au sein de chaque section, les oeuvres sont classées en ordre alphabétique par noms d'illustrateurs. Introduction et annotations bilingues. Index des titres, des illustrateurs, des auteurs, des traducteurs, des compilateurs et des adaptateurs. Reproduit sur support microforme: *Microlog*, n° 90-00004. Z1377 C45 A335 1987 fol. 016.7416420971

2260

Auteurs canadiens pour la jeunesse. – Montréal : Communication-jeunesse, [1972?-1975?]. – 3 vol. ([32] ; [32] ; 32 p.) : ill., portr.

Bio-bibliographical profiles of 64 French-Canadian authors and illustrators. Vols. 1 and 2 include 42 authors and vol. 3 includes 22 illustrators. Entries in each volume are alphabetically arranged by name. Profiles discuss early life, education, career development and major works and are completed by a black and white portrait and/or illustration, and a list of works. Vol. 3 has title: *Illustrateurs canadiens pour la jeunesse.* PS8081 C6 741.64209714

Profils bio-bibliographiques de 64 auteurs et illustrateurs canadiens-français. Les volumes 1 et 2 incluent 42 auteurs et le volume 3 inclut 22 illustrateurs. Dans chaque volume, les notices sont classées en ordre alphabétique par noms. Chacun des profils traite du début de la vie, des études, de la carrière et des principales oeuvres de l'auteur ou de l'illustrateur et chacun est complété d'un portrait en noir et blanc et (ou) d'une illustration, et d'une liste des oeuvres. Le volume 3 est intitulé: *Illustrateurs canadiens pour la jeunesse.* PS8081 C6 741.64209714

2261

Bibliothèque nationale du Canada. – *Artists' books : made in Canada = Livres d'artistes.* – Ottawa : Bibliothèque nationale du Canada, 1981- . – vol. : ill. (certaines en coul.). – 0228-7749

The bilingual catalogues of a series of exhibitions of books illustrated by Canadian artists and bookworks selected from the collection of the National Library of Canada. Six exhibitions to date. Alphabetically arranged by name of artist with place and date of birth provided for each. Information on edition, illustrations, text and binding provided for books. Edition, media, construction techniques, text and themes are described for bookworks. Selected works from the exhibitions are reproduced in the catalogues. Bibliography. Title varies: 1-5, *Artists in books : made in Canada = Livres d'artistes.* NC975.6 N37 016.70971

Catalogues bilingues d'une série d'expositions de livres illustrés par des artistes canadiens et de travaux d'édition choisis dans la collection de la Bibliothèque nationale du Canada. Six expositions ont déjà eu lieu. Classement alphabétique par noms d'artistes avec lieu et date de naissance pour chacun. Fournit des données sur l'édition, les illustrations, le texte et la reliure des livres. Décrit l'édition, les médiums, les techniques, le texte et les thèmes des travaux d'édition. Certaines des oeuvres exposées sont reproduites dans les catalogues. Bibliographie. Le titre varie: 1-5, *Artists in books : made in Canada = Livres d'artistes.* NC975.6 N37 016.70971

2262

Book arts supplies and suppliers. – Compiled by the Canadian Bookbinders and Book Artists Guild. – (1985)- . – Toronto : the Guild, 1985- . – vol. – 1187-1717

Biennial. A directory of Canadian and foreign suppliers of equipment and materials for printing, papermaking, bookbinding, etc. Two sections: alphabetically arranged list of supplies with names of suppliers; alphabetically arranged directory of suppliers with name of firm, address, telephone number and list of materials and equipment. Title varies: 1985-1989, *Supplies for the book arts.* Z267 C35 686.300294

Biennal. Répertoire des fournisseurs canadiens et étrangers d'équipement et de matériaux pour l'impression, la fabrication du papier, la reliure, etc. Deux sections: liste alphabétique des fournitures avec les noms des fournisseurs; répertoire alphabétique des fournisseurs avec le nom de l'entreprise, l'adresse, le numéro de téléphone et la liste des matériaux et de l'équipement offerts. Le titre varie: 1985-1989, *Supplies for the book arts.* Z267 C35 686.300294

2263

Bradbury, Maureen. – *Fine printing by Canadian private presses : a descriptive listing of the holdings of Special Collections.* – Edmonton : Special Collections, D.E. Cameron Library, University of Alberta, 1978-1980. – 2 vol. (97 ; 155 p.). – (News from the Rare Book Room ; no. 17 (June 1978)-no. 18 (December 1980)). – 0085-4166

A listing of works produced by Canadian private presses, most of which are held by Special Collections at the University of Alberta Library. Part I, presses outside Ontario; Part II, presses of Ontario. Each part is alphabetically arranged by name of press. Provides brief press histories and/or descriptions of the types of materials produced. Under each press, entries for works are chronologically arranged. Entries include title, author, date of printing, pagination, size, number of copies printed, description of colours used and binding. References to other publications on private presses are also

Liste d'ouvrages qui ont été produits par des imprimeries particulières canadiennes et dont la plupart se trouvent dans les collections spéciales de la University of Alberta Library. La partie I porte sur les imprimeries à l'extérieur de l'Ontario; la partie II traite des imprimeries ontariennes. Chaque partie est classée par ordre alphabétique de noms d'imprimeries. Fournit un court historique de l'imprimerie et (ou) une description des types de documents produits. Sous chaque imprimerie, les notices sur les ouvrages sont classées en ordre chronologique. Les notices contiennent le titre, le

provided for some items. Each part has three indexes: binder; geographical; author, title, press. Bibliography. Z231.5 015.71055

nom de l'auteur, la date d'impression, la pagination, les dimensions, le nombre d'exemplaires imprimés, ainsi qu'une description des couleurs utilisées et de la reliure. Dans certains cas, on fait également référence à d'autres publications sur des imprimeries particulières. Chaque partie contient trois index: relieurs; géographique; auteurs, titres, imprimeries. Bibliographie. Z231.5 015.71055

2264

Bringhurst, Robert. – *Elements of typographic style.* – 1st ed. – Point Roberts (Wa.) ; Vancouver : Hartley & Marks, 1992. – 254 p. : ill. (some col.). – 0881791105 (bd.) 0881790338 (pa.)

A guide to the principles of typographic style of use for hand or computer typesetting. Covers topics such as proportion, structural devices, choosing and combining types, history of letterforms, page layout, analphabetic symbols, etc. A range of typefaces are described and illustrated. Brief biographies of type designers. Appendices: sorts and characters; glossary; further reading; status of digital faces. Subject index. Z246 B74 1992 686.224

Guide sur les principes de typographie utiles pour la composition manuelle ou numérique. Porte sur des sujets comme la proportion, le montage, le choix et la combinaison des caractères, l'histoire des formes de lettres, la mise en page, les symboles autres qu'alphabétiques, etc. Toute une gamme d'oeils sont décrits et illustrés. Courtes biographies des concepteurs de caractères. Appendices: sortes et caractères; glossaire; lectures recommandées; caractères numériques. Index des sujets. Z246 B74 1992 686.224

2265

Bringhurst, Robert. – *Ocean, paper, stone : the catalogue of an exhibition of printed objects which chronicle more than a century of literary publishing in British Columbia.* – Vancouver : William Hoffer, 1984. – 111 p. : ill. (some col.). – 091975807X

The catalogue of an exhibition of 215 British Columbia literary publications, dating from 1875 through 1984. Includes books, chapbooks, broadsides and periodicals. Introductory essay provides an overview of literary publishing in British Columbia. Entries for works exhibited are arranged by name of press in roughly chronological order. Periodicals listed separately. Entries include bibliographic citation with notes on type, paper, binding and edition. Historical notes on each press. 32 works are illustrated in the catalogue. Bibliography. Indexes: imprints, periodicals, authors and translators. NC975.6 O34 1984 015.711022

Catalogue d'une exposition de 215 publications littéraires de la Colombie-Britannique qui datent d'entre 1875 et 1984. Inclut des livres, des livres de colportage, des in-planos et des périodiques. L'essai de présentation donne un aperçu de l'édition littéraire en Colombie-Britannique. Les notices sur les oeuvres exposées sont classées par noms de presses dans un ordre chronologique approximatif. Liste des périodiques distincte. Les notices contiennent une référence bibliographique accompagnée de notes sur le type de document, le papier, la reliure et l'édition. Notes historiques sur chaque presse. Illustration de 32 oeuvres dans le catalogue. Bibliographie. Plusieurs index: adresses bibliographiques, périodiques, auteurs et traducteurs. NC975.6 O34 1984 015.711022

2266

Canada à Bologne : une exposition d'illustrations de livres pour enfants, Bologne, du 5 au 8 avril 1990 = Canada at Bologna : an exhibition of Canadian children's book illustrations, Bologna, April 5 to 8, 1990. – Toronto : Canada at Bologna Steering Committee, c1990. – 63 p. : col. ill. – 0929095014

The bilingual catalogue of an exhibition of illustrations by Canadian children's book illustrators which was mounted at the Bologna Book Fair in 1990. Includes works created during the 1980s. Alphabetically arranged by name of illustrator. One work by each is reproduced in colour and accompanied by biographical notes on place and date of birth, address, education and awards and a list of works exhibited. NC975.6 C33 1990 fol. 741.64209710744541

Catalogue bilingue d'une exposition qui regroupait des illustrations réalisées par des illustrateurs canadiens de livres pour enfants et qui avait été montée pour la Foire du livre de Bologne en 1990. Inclut des oeuvres créées durant les années 1980. Classement alphabétique par noms d'illustrateurs. Pour chaque illustrateur, une oeuvre est reproduite en couleurs et accompagnée de données biographiques, c'est-à-dire lieu et date de naissance, adresse, études et prix, ainsi que d'une liste des oeuvres exposées. NC975.6 C33 1990 fol. 741.64209710744541

2267

Canada à Bologne : une exposition d'illustrations de livres pour enfants, Bologne, du 5 au 8 avril 1990 = Canada at Bologna : an exhibition of Canadian children's book illustrations, Bologna, April 5 to 8, 1990. – Toronto : Canada à Bologne comité organisateur, c1990. – 63 p. : ill. en coul. – 0929095014

The bilingual catalogue of an exhibition of illustrations by Canadian children's book illustrators which was mounted at the Bologna Book Fair in 1990. Includes works created during the 1980s. Alphabetically arranged by name of illustrator. One work by each is reproduced in colour and accompanied by biographical notes on place and date of birth, address, education and awards and a list of works exhibited. NC975.6 C33 1990 fol. 741.64209710744541

Catalogue bilingue d'une exposition qui regroupait des illustrations réalisées par des illustrateurs canadiens de livres pour enfants et qui avait été montée pour la Foire du livre de Bologne en 1990. Inclut des oeuvres créées durant les années 1980. Classement alphabétique par noms d'illustrateurs. Pour chaque illustrateur, une oeuvre est reproduite en couleurs et accompagnée de données biographiques, c'est-à-dire lieu et date de naissance, adresse, études et prix, ainsi que d'une liste des oeuvres exposées. NC975.6 C33 1990 fol. 741.64209710744541

2268

Canadian Bookbinders and Book Artists Guild. – *List of members.* – (1983)-   . – [Toronto] : the Guild, [1983]-   . –   vol. – 1193-9494 – Cover title.

Annual. An alphabetically arranged list of bookbinders and book artists in Canada who are members of the Guild. Entries include name, address and telephone number. Title varies: 1983-1989, *Membership list*; 1990, *Members list*; 1991, *Members*.   Z267 C3 fol. 686.3002571

Annuel. Liste alphabétique des relieurs et des artisans du livre au Canada qui sont membres de la Guilde. Les notices contiennent le nom, l'adresse et le numéro de téléphone. Le titre varie: 1983-1989, *Membership list*; 1990, *Members list*; 1991, *Members*.   Z267 C3 fol. 686.3002571

2269

A catalogue of the William Colgate printing collection : books, pamphlets, drawings. – Montreal : McGill University Library, 1956. – 25 p. : facsim.

A catalogue of the printing collection donated to McGill University Library by William Colgate. Includes foreign and Canadian material arranged by press, printer or subject, such as lettering, papermaking, type and typography. Works by William Colgate, J.E.H. MacDonald, Thoreau MacDonald and Grant MacDonald are included. No indexes.   Z118 A3 M3 C6 fol.   016.686

Catalogue de la collection sur l'imprimerie donnée à l'Université McGill par William Colgate. Comprend des documents étrangers et canadiens classés par presses, par imprimeurs ou par sujets, comme le lettrage, la fabrication du papier, les caractères et la conception typographique. Des ouvrages de William Colgate, J.E.H. MacDonald, Thoreau MacDonald et Grant MacDonald sont inclus. Aucun index. Z118 A3 M3 C6 fol.   016.686

2270

Découvrons la reliure : exposition internationale de reliure d'art Montréal. – Organisée par l'Association des relieurs du Québec. – [Outremont, Québec : Association des relieurs du Québec, 1988?]. – 1 vol. (non paginé) : ill. (certaines en coul.). – 2980118397

The catalogue of an international exhibition of fine bindings held at the Université du Québec à Montréal in 1988. Works by numerous Quebec bookbinders were exhibited. Arranged alphabetically by name of artist. Brief biographical notes for each. Reproductions of bindings are accompanied by a bibliographic citation and notes on material, colours, design and dimensions. Lists of bookbinders, marblers and jewellers, with addresses.   Z269 D42 1988 686.302074714281

Catalogue d'une exposition internationale de reliure d'art qui a eu lieu à l'Université du Québec à Montréal en 1988. Les oeuvres de nombreux relieurs du Québec étaient exposées. Classement alphabétique par noms d'artistes. Courtes notes biographiques sur chacun. Les reproductions de reliures sont accompagnées d'une référence bibliographique et de notes sur le matériau, les couleurs, le design et les dimensions. Listes des relieurs, des marbreurs, et des joailliers, avec leur adresse.   Z269 D42 1988   686.302074714281

2271

Fournier, Paul-André. – *Ex-libris canadiens.* – Québec : [s.n., 1972]. – [1], 36 f. : 78 fac-sim.

A list of 78 bookplates from the collection of Paul-André Fournier. Random arrangement under name of owner. Entries include some biographical information on owner and occasionally notes on the production of the bookplate. Illustrations of the plates follow the list.   Z994 C2 F6 fol.   769.52

Liste de 78 ex-libris de la collection de Paul-André Fournier. Classement au hasard sous le nom du propriétaire. Les notices contiennent certaines données biographiques sur le propriétaire et parfois des notes sur la production de l'ex-libris. La liste est suivie d'illustrations d'ex-libris.   Z994 C2 F6 fol.   769.52

2272

From hand to hand : a gathering of book arts in British Columbia. – Compiled and edited by Anne H. Tayler & Megan J. Nelson. – Vancouver : Alcuin Society, 1986. – 150 p. : ill.

The catalogue of an exhibition which surveys the book arts in British Columbia. Includes fine printing and publishing, bookbinding, papermaking, paper decoration, calligraphy, book design, typography and type design. Includes items dating from the nineteenth and twentieth centuries. Arranged chronologically within art form. Provides historical or biographical information on presses, publishers or book artists. Entries for exhibited items include title, date, medium, dimensions, construction techniques, etc. Illustrated with black and white reproductions of selected works. Directory of book artists. Index of book artists who were included in the exhibition. Z121 F76 1986   686.207471133

Catalogue d'une exposition qui donne une vue d'ensemble des arts du livre en Colombie-Britannique. Inclut l'impression et l'édition de luxe, la reliure de livres, la fabrication du papier, la décoration du papier, la calligraphie, la mise en page artistique des livres, la typographie et la conception typographique. Inclut des articles qui datent des dix-neuvième et vingtième siècles. Classement chronologique sous chaque forme artistique. Fournit des données historiques ou biographiques sur les presses, les éditeurs et les artistes du livre. Les notices sur les articles exposés comprennent le titre, la date, le médium, les dimensions, les techniques utilisées, etc. Illustré au moyen de reproductions en noir et blanc d'oeuvres choisies. Répertoire des artistes du livre. Index des artistes du livre qui participaient à l'exposition.   Z121 F76 1986   686.207471133

2273

Hould, Claudette. – *Répertoire des livres d'artistes au Québec, 1900-1980.* – Claudette Hould ; avec la collaboration de Sylvie Laramée. – Montréal : Bibliothèque nationale du Québec, 1982. – 240 p. : ill. (certaines en coul.). – 2550024567

A bibliography of 284 artists' books produced in Quebec during the period from 1900 to 1980. Alphabetically arranged by name of author. Printing processes, bindings, paper, photographs, etc., are described and names of artists, binders and printers are noted. Edition information. References to sources in which the work is

Bibliographie de 284 livres d'artistes produits au Québec entre 1900 et 1980. Classement alphabétique par noms d'auteurs. Les processus d'impression, les reliures, les papiers, les photographies etc. sont décrits, et les noms des artistes, des relieurs et des imprimeurs sont signalés. Information sur les diverses éditions. Références aux

mentioned. Locations. 30 illustrations reproduced. Indexes: author, artist, title, binder, publisher.   Z5961 C3 H69 fol.   016.709714

sources qui mentionnent l'oeuvre. Localisations. Reproduction de 30 illustrations. Cinq index: auteurs, artistes, titres, relieurs, éditeurs. Z5961 C3 H69 fol.   016.709714

2274

Hould, Claudette. – *Répertoire des livres d'artistes au Québec, 1981-1990.* – Claudette Hould avec la collaboration de Sylvie Alix et Peggy Davis, Anne-Marie Perreault-Ninacs. – Montréal : Bibliothèque nationale du Québec, 1993. – 346 p. : ill. (certaines en coul.). – 2551130603

Supplements: *Répertoire des livres d'artistes au Québec, 1900-1980.* A catalogue of 437 artists' books produced in Quebec and acquired by the Bibliothèque nationale du Québec during the years 1981 through 1990. Continues the numbering of the previous publication. Alphabetically arranged by name of author. 62 colour illustrations. Glossary. Indexes: title, author, artist, binder, publisher.   Z5956 A69 H68 1993 fol. 016.709714

Complète: *Répertoire des livres d'artistes au Québec, 1900-1980.* Catalogue de 437 livres d'artistes produits au Québec et acquis par la Bibliothèque nationale du Québec entre 1981 et 1990. Poursuit la numérotation commencée dans la publication antérieure. Classement alphabétique par noms d'auteurs. 62 illustrations en couleurs. Glossaire. Cinq index: titres, auteurs, artistes, relieurs, éditeurs. Z5956 A69 H68 1993 fol.   016.709714

2275

Alix, Sylvie. – *Répertoire des livres d'artistes au Québec, 1991-1992.* – Sylvie Alix sous la direction de Milada Vlach. – Montréal : Bibliothèque nationale du Québec, 1993. – 79 p. : ill. (certaines en coul.). – 2551131421

Supplements: *Répertoire des livres d'artistes au Québec, 1900-1980* and *Répertoire des livres d'artistes au Québec, 1981-1990.* A catalogue of 65 artists' books of Quebec acquired by the Bibliothèque nationale du Québec during 1991 and 1992. Alphabetically arranged by name of author. Sixteen colour illustrations. Indexes: title, author, artist, binder, publisher. The Bibliothèque nationale intends to publish an annual supplement and cumulations every five or six years. Z5956 A69 H68 1993 fol.   016.709714

Complète: *Répertoire des livres d'artistes au Québec, 1900-1980* et *Répertoire des livres d'artistes au Québec, 1981-1990.* Catalogue de 65 livres d'artistes du Québec acquis par la Bibliothèque nationale du Québec en 1991 et en 1992. Classement alphabétique par auteurs. Contient seize illustrations en couleurs. Plusieurs index: titres, auteurs, artistes, relieurs, éditeurs. La Bibliothèque nationale a l'intention de publier un supplément chaque année et des refontes tous les cinq ou six ans.   Z5956 A69 H68 1993 fol.   016.709714

2276

Loubier, Christiane. – *Vocabulaire de l'édition et de la reliure : vocabulaire anglais-français.* – [En collaboration avec Hélène L'Heureux, Madeleine Perron, Corinne Troude]. – [Montréal] : Office de la langue française, 1987. – [56] p. – (Cahiers de l'Office de la langue française. Terminologie technique et industrielle). – 2551086469

An English-French vocabulary of terms from the fields of publishing and bookbinding. Includes definitions in French. Arranged in two sections for vocabularies of each field. Entries are arranged alphabetically in English. Index of French terms. Bibliography. Reproduced in microform format: *Microlog*, no. 88-04034.   Z282.5 L68 1987 686.3003

Vocabulaire anglais-français de termes des domaines de l'édition et de la reliure. Inclut des définitions en français. Classement en deux sections, une sur chaque domaine. Les notices sont classées par ordre alphabétique en anglais. Index des termes français. Bibliographie. Reproduit sur support microforme: *Microlog*, nº 88-04034. Z282.5 L68 1987   686.3003

2277

National Library of Canada. – *Artists' books : made in Canada* = *Livres d'artistes.* – Ottawa : the Library, 1981-   . –   vol. : ill. (some col.). – 0228-7749

The bilingual catalogues of a series of exhibitions of books illustrated by Canadian artists and bookworks selected from the collection of the National Library of Canada. Six exhibitions to date. Alphabetically arranged by name of artist with place and date of birth provided for each. Information on edition, illustrations, text and binding provided for books. Edition, media, construction techniques, text and themes are described for bookworks. Selected works from the exhibitions are reproduced in the catalogues. Bibliography. Title varies: 1-5, *Artists in books : made in Canada* = *Livres d'artistes.* NC975.6 N37 016.70971

Catalogues bilingues d'une série d'expositions de livres illustrés par des artistes canadiens et de travaux d'édition choisis dans la collection de la Bibliothèque nationale du Canada. Six expositions ont déjà eu lieu. Classement alphabétique par noms d'artistes avec lieu et date de naissance pour chacun. Fournit des données sur l'édition, les illustrations, le texte et la reliure des livres. Décrit l'édition, les médiums, les techniques, le texte et les thèmes des travaux d'édition. Certaines des oeuvres exposées sont reproduites dans les catalogues. Bibliographie. Le titre varie: 1-5, *Artists in books : made in Canada* = *Livres d'artistes.* NC975.6 N37   016.70971

2278

Prescott, Winward. – *A list of Canadian bookplates : with a review of the history of ex libris in the Dominion.* – Edited by Winward Prescott, compiled by Stanley Harrod and Morely J. Ayearst. – Boston : Society of Bookplate Bibliophiles, 1919. – 156 p. : ill. – (Publications ; 4).

A list of Canadian bookplates, alphabetically arranged by name of owner. Entries include a description of the bookplate and some biographical information about the owner. Alphabetical list of mottoes appearing on anonymous plates. Selected reproductions. Z994 C2 P8   769.52

Liste d'ex-libris canadiens, avec classement alphabétique par noms de propriétaires. Les notices contiennent une description de l'ex-libris et quelques données biographiques sur le propriétaire. Liste alphabétique des devises qui figurent sur les ex-libris anonymes. Reproductions d'ex-libris choisis. Z994 C2 P8   769.52

2279

Reader, lover of books, lover of heaven : a catalogue based on an exhibition of the book arts in Ontario. – Compiled by David B. Kotin ; with a checklist of Ontario private presses by Marilyn Rueter ; and an introduction by Douglas Lochhead. – Willowdale [Ont.] : North York Public Library, 1978. – 109 p. : ill. – (Canadiana collection publication ; no. 1). – 0920552013

The catalogue of an exhibition on the book arts in Ontario that was held at the North York Public Library, March 21 to April 30, 1977. The exhibition included the work of 28 private presses, seventeen hand bookbinders and five hand papermakers. The checklist of private presses lists books and pamphlets printed by each to the end of 1977. Broadsides and printed ephemera are excluded. Entries include title, author, illustrator, place and date of publication, pagination, size, limitation, type faces, binding and binder. Includes a directory of hand bookbinders in Ontario. Bibliography. Indexes: artists and illustrators, printers, presses. Z231.5 P7 R43 686.2074713541

Catalogue d'une exposition sur les arts du livre en Ontario qui a eu lieu à la North York Public Library, du 21 mars au 30 avril 1977. L'exposition comprenait les oeuvres de 28 presses privées, de dix-sept relieurs à la main et de cinq artisans qui fabriquent du papier à la main. La liste de contrôle des presses privées donne la liste des livres et des brochures imprimés par chacun jusqu'à la fin de 1977. Les in-planos et les publications éphémères sont exclus. Les notices donnent le titre, le nom de l'auteur, le nom de l'illustrateur, le lieu et la date de publication, la pagination, la dimension, le tirage, les caractères, la reliure et le relieur. Inclut un répertoire des relieurs à la main de l'Ontario. Bibliographie. Trois index: artistes et illustrateurs, imprimeurs, presses. Z231.5 P7 R43 686.2074713541

2280

Reader, lover of books, volume two, 1981 : the book arts in Ontario. – [Compiled by] David B. Kotin & Marilyn Rueter. – Willowdale (Ont.) : North York Public Library, 1981. – 79 p. : ill. – (Canadiana collection publication ; no. 2). – 0920552021

The catalogue for the second exhibition of Ontario book arts held at the North York Public Library, May 28 to June 30, 1981, and at the Thomas Fisher Rare Book Library, July 6 to August 28, 1981. Includes 57 books and pamphlets from thirteen presses, five of which were not included in the first catalogue. Bibliography. Indexes: artists and illustrators, authors and compilers, printers, presses. Z231.5 P7 R432 686.2074713541

Catalogue de la deuxième exposition sur les arts du livre en Ontario qui a eu lieu à la North York Public Library, du 28 mai au 30 juin 1981, et à la Thomas Fisher Rare Book Library, du 6 juillet au 28 août 1981. Inclut 57 livres et brochures qui proviennent de treize presses, dont cinq ne figuraient pas dans le premier catalogue. Bibliographie. Quatre index: artistes et illustrateurs, auteurs et compilateurs, imprimeurs, presses. Z231.5 P7 R432 686.2074713541

2281

Sarrasin, Francine. – ***La griffe québécoise dans l'illustration du livre pour enfants.*** – [Montréal] : Communication-jeunesse ; Québec : Musée de la civilisation, c1991. – 63 p. : ill. (certaines en coul.). – 2920453068 (C-J.) 2551126746 (Musée)

The catalogue of an exhibition of 72 illustrations by children's book illustrators of Quebec, organized by the Galerie de l'Université de Québec à Montréal (UQAM). Includes an essay on the themes, artistry and techniques of children's book illustration. Numerous colour reproductions are accompanied by publication information and notes on medium and dimensions. Brief biographies of illustrators. List of works exhibited. NC975.6 S37 1991 fol. 741.64209714074

Catalogue d'une exposition qui regroupait 72 illustrations de livres pour enfants réalisées par des illustrateurs du Québec et qui était organisée par la Galerie de l'Université du Québec à Montréal (UQAM). Inclut un essai sur les thèmes, la valeur artistique et les techniques d'illustration des livres pour enfants. Les nombreuses reproductions en couleurs sont accompagnées de données sur l'édition et de notes sur le médium et les dimensions. Courtes biographies des illustrateurs. Liste des oeuvres exposées. NC975.6 S37 1991 fol. 741.64209714074

2282

Smiley, Barbara. – ***Illustrators of Canadian books for young people.*** – [Toronto : Ministry of Culture and Recreation], 1979. – [2], 49 p.

A bibliography of Canadian illustrated books for children. Lists books illustrated by Canadian as well as foreign illustrators. Works by the latter are included if published in Canada or if they have Canadian authorship or content. Alphabetically arranged by name of illustrator. NC965 S55 016.7416420971

Bibliographie de livres canadiens illustrés pour enfants. Donne la liste des livres illustrés par des illustrateurs canadiens et étrangers. Les oeuvres des illustrateurs étrangers sont incluses si elles ont été publiées au Canada ou si elles font partie d'un livre dont l'auteur ou le contenu est canadien. Classement alphabétique par noms d'illustrateurs. NC965 S55 016.7416420971

2283

Treasures : Canadian children's book illustration. – Toronto : Children's Book Centre, [1986]. – 63 p. : col. ill., ports.

A selection of illustrations by 30 Canadian children's book illustrators. Alphabetically arranged by name of illustrator. A colour reproduction of one work by each is accompanied by biographical notes on place and date of birth, education, career and awards and a black and white portrait. NC965 T74 1986 fol. 741.6420971

Sélection d'illustrations réalisées par 30 illustrateurs canadiens de livres pour enfants. Classement alphabétique par noms d'illustrateurs. Une oeuvre de chaque illustrateur est reproduite en couleurs et accompagnée de données biographiques, c'est-à-dire lieu et date de naissance, études, carrière et prix remportés, et d'un portrait en noir et blanc. NC965 T74 1986 fol. 741.6420971

Ceramics

Céramique

2284

Biennale nationale de céramique. – *Biennale nationale de céramique = National biennial of ceramics.* – 1re (1984)-   . – Trois-Rivières : Biennale nationale de céramique, 1984-   . –   vol. : ill. (certaines en coul.). – 0838-522X

Biennial. The bilingual catalogue of a juried exhibition of Canadian ceramics held in Trois-Rivières. Alphabetically arranged by name of artist. Black and white photographs of works with notes on title, medium and dimensions. Colour photographs of prize-winning works. Biographies of artists include date and place of birth, place of residence, professional experience, solo and group exhibitions, awards, honours, collections. A biennial exhibition of Canadian ceramics was held by the Canadian Guild of Potters for the years 1955-1975. Catalogue title varies: 1955-1961, *Canadian ceramics*; 1963-1971, *Canadian ceramics = Céramiques canadiennes*; 1975, *Ceramics*.   NK4030 C3 T76 fol.   738.0971074714451

Biennal. Catalogue bilingue d'une exposition de céramiques canadiennes avec jury et qui a eu lieu à Trois-Rivières. Classement alphabétique par noms d'artistes. Photographies en noir et blanc des oeuvres accompagnées de notes sur le titre, le médium et les dimensions. Photographies en couleurs des oeuvres qui ont gagné un prix. Les biographies comprennent la date et le lieu de naissance de l'artiste, le lieu de résidence, l'expérience professionnelle, les expositions individuelles et de groupe, les prix, les distinctions, les collections. De 1955 à 1975, la Canadian Guild of Potters a organisé une exposition biennale de céramiques canadiennes. Le titre du catalogue varie: 1955-1961, *Canadian ceramics*; 1963-1971, *Canadian ceramics = Céramiques canadiennes*; 1975, *Ceramics*.   NK4030 C3 T76 fol.   738.0971074714451

2285

Collard, Elizabeth. – *Nineteenth-century pottery and porcelain in Canada.* – 2nd ed. – Kingston : McGill-Queen's University Press, c1984. – xx, 477 p. : ill. (1 col.). – 0773503927 (bd.) 0773503935 (pa.)

1st ed., 1967. A study of pottery and porcelain made in Canada or exported from other countries to Canada in the nineteenth century. One colour and 156 black and white photographs of objects held by museums such as the Canadian Museum of Civilization and the Nova Scotia Museum. Appendices: essay on pottery and porcelain marks; checklist of nineteenth-century Canadian potters. Chapter notes. Index of potters, places, types of pottery, etc.   NK4029 C6 1984 fol.   738.0971

1re éd., 1967. Étude de la poterie et de la porcelaine fabriquées au Canada ou importées d'autres pays pendant le dix-neuvième siècle. Une photographie en couleurs et 156 photographies en noir et blanc d'objets qui se trouvent dans des musées comme le Musée canadien des civilisations et le Nova Scotia Museum. Annexes: essai sur les marques faites sur les pièces de poterie et de porcelaine; liste de contrôle des potiers canadiens du dix-neuvième siècle. Notes pour chaque chapitre. Index des potiers, des lieux, des types de poterie, etc.   NK4029 C6 1984 fol.   738.0971

2286

National Biennial of Ceramics. – *Biennale nationale de céramique = National biennial of ceramics.* – 1st (1984)-   . – Trois-Rivières : National Biennial of Ceramics, 1984-   . –   vol. : ill. (some col.). – 0838-522X

Biennial. The bilingual catalogue of a juried exhibition of Canadian ceramics held in Trois-Rivières. Alphabetically arranged by name of artist. Black and white photographs of works with notes on title, medium and dimensions. Colour photographs of prize-winning works. Biographies of artists include date and place of birth, place of residence, professional experience, solo and group exhibitions, awards, honours, collections. A biennial exhibition of Canadian ceramics was held by the Canadian Guild of Potters for the years 1955-1975. Catalogue title varies: 1955-1961, *Canadian ceramics*; 1963-1971, *Canadian ceramics = Céramiques canadiennes*; 1975, *Ceramics*.   NK4030 C3 T76 fol.   738.0971074714451

Biennal. Catalogue bilingue d'une exposition de céramiques canadiennes avec jury et qui a eu lieu à Trois-Rivières. Classement alphabétique par noms d'artistes. Photographies en noir et blanc des oeuvres accompagnées de notes sur le titre, le médium et les dimensions. Photographies en couleurs des oeuvres qui ont gagné un prix. Les biographies comprennent la date et le lieu de naissance de l'artiste, le lieu de résidence, l'expérience professionnelle, les expositions individuelles et de groupe, les prix, les distinctions, les collections. De 1955 à 1975, la Canadian Guild of Potters a organisé une exposition biennale de céramiques canadiennes. Le titre du catalogue varie: 1955-1961, *Canadian ceramics*; 1963-1971, *Canadian ceramics = Céramiques canadiennes*; 1975, *Ceramics*.   NK4030 C3 T76 fol.   738.0971074714451

2287

Ross, Judy Thompson. – *Down to earth : Canadian potters at work.* – Text by Judy Thompson Ross ; photographs by David Allen ; research by Nina Czegledy-Nagy. – [Don Mills, Ont.] : Nelson Canada, 1980. – 167 p. : ill. – 0176007741 (bd.) 0176014632 (pa.)

Biographies of eighteen contemporary Canadian potters. Statements by each artist discuss their development, style and techniques. 24 colour and numerous black and white photographs of the artists and their works. Glossary.   NK4200 R68   738.092271

Biographies de dix-huit céramistes canadiens contemporains. Dans une déclaration, chaque artiste discute de son développement, de son style et de sa technique. 24 photographies en couleurs et nombreuses photographies en noir et blanc des artistes et de leurs oeuvres. Glossaire.   NK4200 R68   738.092271

2288

Webster, Donald [Blake]. – *Early Canadian pottery.* – Toronto : McClelland and Stewart, c1971. – 256 p. : ill. (some col.). – 0771089309

An illustrated guide for collectors of early Canadian pottery. Chapters for regions or types of pottery such as Quebec pottery, Ontario and Maritime earthenware, miniatures, toys and whimseys, salt-glazed stoneware, whiteware and porcelain. Also discusses the production and archaeology of pottery. Sixteen colour and numerous black and white photographs with notes on form, colour, glaze,

Guide illustré destiné aux collectionneurs de poteries anciennes canadiennes. Chapitres sur les régions ou les types de pièces de céramique, comme la poterie du Québec, les objets en terre cuite de l'Ontario et des Maritimes, les pièces miniatures, les jouets et les pièces de fantaisie, les objets de grès vernissés au sel, les faïences à pâte blanche et porcelaine. Traite également de la production de la

mark, dimensions, provenance and date. Glossary. Bibliography. Index of potters, places and technical terms.   NK4029 W4 fol. 738.30971

poterie et des aspects relatifs à l'archéologie. Nombreuses photographies en noir et blanc et seize photographies en couleurs accompagnées de notes sur la forme, la couleur, la glaçure, la marque, les dimensions, la provenance et la date. Glossaire. Bibliographie. Index des potiers, des lieux et des termes techniques.   NK4029 W4 fol. 738.30971

Alberta

Alberta

2289

Alberta Potters' Association. – *Directory, Alberta potters : a basic guide to the work and the studios of the potters and sculptures in Alberta.* – 1st ed. – [Edmonton] : the Association, 1980. – 272 p. : ill.

An alphabetically arranged directory of Alberta potters. Entries include: name, address, studio hours, description of the artist's work, brief biography, artist's mark, photographs of the artist and selected works.   NK4030 A33 A333 1980   738.0257123

Répertoire alphabétique des céramistes de l'Alberta. Les notices contiennent: nom, adresse, heures d'ouverture du studio, description du travail de l'artiste, courte biographie, marque de l'artiste, photographies de l'artiste et d'oeuvres choisies.   NK4030 A33 A333 1980 738.0257123

2290

***The history of ceramics in Alberta.* –** [S.l. : s.n., 1975]. – [30] p. : ill., 1 fold-out chart.

The catalogue of an exhibition on Alberta pottery held at the Edmonton Art Gallery and the Alberta College of Art in 1975. Arranged in two sections for industrial ceramics dating from the early twentieth century and ceramics as an art form from the 1940s to the 1970s. Of the 85 works exhibited, 25 are illustrated in black and white in the catalogue with notes on name of artist, date, medium, dimensions and collection. Notes on all works exhibited are provided at the end of the catalogue. Chart outlining the history of Alberta ceramics from 1900 to 1975.   NK4030 A42 H57 738.097123074712334

Catalogue d'une exposition sur la poterie en Alberta qui a eu lieu à l'Edmonton Art Gallery et à l'Alberta College of Art en 1975. Classement en deux sections, l'une sur les céramiques industrielles qui datent du début du vingtième siècle et l'autre sur la céramique en tant que forme artistique, depuis les années 1940 jusqu'aux années 1970. Illustrations en noir et blanc de 25 des 85 oeuvres exposées, avec les notes suivantes: nom de l'artiste, date, médium, dimensions, collection. Les notes sur toutes les oeuvres exposées se trouvent à la fin du catalogue. Un diagramme donne les grandes lignes de l'histoire de la céramique en Alberta de 1900 à 1975. NK4030 A42 H57   738.097123074712334

2291

***Studio ceramics in Alberta, 1947-1952.* –** [Edmonton?] : Alberta Art Foundation, [1981?]. – 76 p. : ill. (some col.).

The catalogue of the first of three exhibitions tracing the development of studio ceramics in Alberta. Black and white and colour photographs of works by seventeen artists. Artist responses to a questionnaire on style, design, influences, etc. Interview with Luke Lindoe. Bibliography. Other catalogues in the series are entitled: *Studio ceramics in Alberta II, 1953-1963; Alberta clay comes of age : studio ceramics in Alberta III, 1964-1984.*   NK3720 C32 S78 1981 738.097123074712334

Catalogue de la première de trois expositions qui retracent le développement de la céramique artisanale en Alberta. Photographies en noir et blanc ou en couleurs des oeuvres de dix-sept artistes. Réponses des artistes à un questionnaire sur le style, le design, les influences, etc. Entrevue avec Luke Lindoe. Bibliographie. Les autres catalogues de la série sont intitulés: *Studio ceramics in Alberta II, 1953-1963; Alberta clay comes of age : studio ceramics in Alberta III, 1964-1984.*   NK3720 C32 S78 1981   738.097123074712334

2292

***Studio ceramics in Alberta II, 1953-1963.* –** Writer, Rona Murray ; researcher & editors, Marjorie Wilkinson Forbis, Luke O. Lindoe ; photography, Douglas Curran. – [Edmonton?] : Alberta Art Foundation, [1982]. – 87 p. : ill. (some col.).

The catalogue of the second of three exhibitions tracing the development of studio ceramics in Alberta. Black and white and colour photographs of works by twenty artists with notes on type of object and dimensions. Biographical information on artists. Bibliography. The other catalogues in the series are entitled: *Studio ceramics in Alberta, 1947-1952* and *Alberta clay comes of age : studio ceramics in Alberta III, 1964-1984.*   NK3720   738.097123074712334

Catalogue de la deuxième de trois expositions qui retracent le développement de la céramique artisanale en Alberta. Photographies en noir et blanc ou en couleurs des oeuvres de vingt artistes, accompagnées de notes sur le type d'objets et les dimensions. Données biographiques sur les artistes. Bibliographie. Les autres catalogues de la série sont intitulés: *Studio ceramics in Alberta, 1947-1952* et *Alberta clay comes of age : studio ceramics in Alberta III, 1964-1984.* NK3720   738.097123074712334

2293

***Alberta clay comes of age : studio ceramics in Alberta III, 1964-1984.* –** [Edmonton?] : Alberta Art Foundation ; Alberta Potters' Association, [1986?]. – 120 p. : ill. (some col.), ports.

The third in a series of exhibitions and catalogues documenting the work of ceramic artists of Alberta since 1947. Arranged in three sections covering works by clay instructors, works in clay for use and works in clay for contemplation. Artists' entries include: date and place of birth, education, teaching positions, selected exhibitions, portrait, colour photograph of one work. Chronology of events in the history of Alberta ceramics since 1910. Bibliography. The first

Troisième d'une série d'expositions et de catalogues qui documentent le travail des artistes céramistes de l'Alberta depuis 1947. Division en trois sections qui portent sur les oeuvres des professeurs, sur les objets utilitaires en argile et sur les oeuvres d'art en argile. Les notices sur les artistes comprennent: date et lieu de naissance, études, postes de professeur, expositions choisies, portrait, photographie en couleurs d'une oeuvre. Tableau chronologique des

two catalogues in the series are entitled: *Studio ceramics in Alberta, 1947-1952* and *Studio ceramics in Alberta II, 1953-1963.* NK3720 738.097123074712334

événements de l'histoire de la céramique en Alberta depuis 1910. Bibliographie. Les deux premiers catalogues de la série sont intitulés: *Studio ceramics in Alberta, 1947-1952* et *Studio ceramics in Alberta II, 1953-1963.* NK3720 738.097123074712334

British Columbia

Colombie-Britannique

2294

Kingsmill, Bob. – ***A catalogue of British Columbian potters.*** – Bowen Island [B.C.] : Bob Kingsmill, c1977. – [6], [125] p. : ill., ports.

A catalogue of potters and pottery from British Columbia. Alphabetically arranged by name of potter. Entries include date and place of birth, place of residence, information on education and teaching positions he/she has held, portraits and artist's comments. Black and white photographs of examples of each potter's work, with notes on medium, dimensions, colour and collection. NK4030 B7 K55 fol. 738.09711

Catalogue des potiers et de la poterie de la Colombie-Britannique. Classement alphabétique par noms de potiers. Les notices comprennent la date et le lieu de naissance, le lieu de résidence, des données sur les études et les postes de professeur, des portraits et des commentaires de l'artiste. Photographies en noir et blanc d'exemples des oeuvres de chaque potier, accompagnées de notes sur le médium, les dimensions, la couleur et la collection. NK4030 B7 K55 fol. 738.09711

Ontario

Ontario

2295

Fireworks. – [1976?]-   . – Toronto : FUSION : the Ontario Clay and Glass Association, [1976?]-   . –   vol. : ill. (some col.).

The catalogue of a biennial juried exhibition of works in clay and glass by Canadian artists. Emphasis on Ontario artists. Award-winning pieces are purchased and housed in the FUSION permanent collection at the Burlington Art Centre. Black and white photographs of works with notes on name of artist, type of object, medium, colour, dimensions. Biographies of artists. 1988 catalogue not published. 1990 and 1993 catalogues published as part of *Fusion magazine,* vol. 14, no. 3 (June 1990), vol. 17, no. 2 (Spring 1993). NK4030 05 F57 738.09713

Catalogue d'une exposition biennale avec jury sur des oeuvres en argile et en verre réalisées par des artistes canadiens. Insistance sur les artistes de l'Ontario. Les pièces qui ont remporté des prix sont achetées et ajoutées à la collection permanente de FUSION au Burlington Art Centre. Photographies en noir et blanc des oeuvres accompagnées de notes: nom de l'artiste, type d'objet, médium, couleurs, dimensions. Biographies des artistes. Le catalogue de 1988 n'a pas été publié. Les catalogues de 1990 et 1993 ont été publiés dans *Fusion magazine,* vol. 14, n° 3 (juin 1990) et vol. 17, n° 2 (printemps 1993). NK4030 05 F57 738.09713

2296

Fitzgerald, Bill [William Richard]. – ***First potters of Ontario.*** – Toronto : George R. Gardiner Museum of Ceramic Art, c1986. – [1], 23 p. : ill.

The catalogue of an exhibition which traces the development of Native pottery in Ontario from approximately 1200 BC to 1651 AD Provides a cultural overview and a description of the ceramics from each sub-period or stage. Fifteen pots are illustrated. List of 43 works exhibited with notes on cultural group or period, site, approximate date and name of lender. Brief bibliography. E76.85 F57 1986 738.09713

Catalogue d'une exposition qui retrace le développement de la poterie des Autochtones de l'Ontario, depuis environ 1200 avant J.-C. jusqu'à 1651 après J.-C. Donne un aperçu culturel et décrit la poterie de chaque période ou phase. Quinze pots sont illustrés. Liste de 43 objets exposés, avec notes sur le groupe culturel ou la période, le site, la date approximative et le nom du propriétaire. Courte bibliographie. E76.85 F57 1986 738.09713

2297

Newlands, David L. – ***Early Ontario potters : their craft and trade.*** – Toronto : McGraw-Hill Ryerson, 1979. – 245 p. : ill., maps. – 0070829721

A history of nineteenth-century Ontario potteries which produced utilitarian containers for domestic or industrial use. Introductory chapters discuss the profession, materials, manufacturing techniques and economic aspects of the industry. Specific potteries are discussed in chapters on each region or county, arranged by township, city or town. Illustrated with black and white photographs of pottery, pottery manufacturing, etc. Appendices: essay on the care and handling of pottery collections; glossary; illustrated checklist of Ontario pottery marks. Bibliography. Index of potters, places, etc. NK4030 O58 N48 fol. 738.309713

Histoire des fabriques de poteries ontariennes du dix-neuvième siècle qui ont produit des contenants utilitaires pour usage domestique ou industriel. Les chapitres d'introduction traitent de la profession, des matériaux, des techniques de fabrication et des aspects économiques de l'industrie. Il est question de poteries particulières dans des chapitres qui portent sur chaque région ou comté, avec classement par cantons ou par villes. Des photographies en noir et blanc illustrent des pièces de céramiques, la fabrication de la poterie, etc. Annexes: essais sur les soins et la manipulation des collections de poteries; glossaire; liste de contrôle illustrée des marques sur les poteries de l'Ontario. Bibliographie. Index des potiers, des lieux, etc. NK4030 O58 N48 fol. 738.309713

2298

Ontario Potters Association. – *Pottery & glass : an illustrated guide to the work and studios of potters and glassblowers of Ontario.* – 1st ed. – Hamilton : the Association, [1978?]. – 64 p. : ill.

An alphabetically arranged directory of Ontario potters and glassblowers. Entries include: name, address, telephone number, studio hours, description of the artist's work, brief biography, artist's mark, map locating studio, photographs of artist and selected works. Artist index. List of affiliate guilds in Ontario. NK4030 O58 P68 738.025713

Répertoire alphabétique des céramistes et des verriers de l'Ontario. Les notices contiennent: nom, adresse, numéro de téléphone, heures d'ouverture du studio, description du travail de l'artiste, courte biographie, marque de l'artiste, carte avec emplacement du studio, photographies de l'artiste et d'oeuvres choisies. Index des artistes. Liste des guildes affiliées en Ontario. NK4030 O58 P68   738.025713

Quebec

Québec

2299

Désy, Louise. – *La céramique.* – Éd. refondue et augm. – Québec : Ministère des communications, 1977. – xi, 157 p. : ill. (certaines en coul.). – (La documentation québécoise) (Collection Formart ; série initiation aux métiers d'art). – 0775426180

A guide to the creation of works in clay. Examines the history, materials, tools and techniques of shaping, glazing and firing ceramics. 134 black and white photographs illustrate techniques. 57 colour photographs of works by Quebec artists. Biographies of thirteen Quebec potters include date of birth, education, teaching positions, professional activities, exhibitions, prizes and grants and references to literature about the artist. Bibliography. Glossary. NK4030 738.1

Guide sur la création d'oeuvres en argile. Examine l'histoire, les matériaux, les outils et les techniques relativement au modelage, au vernissage et à la cuisson de pièces de céramique. 134 photographies en noir et blanc illustrent les techniques. 57 photographies en couleurs d'oeuvres réalisées par des artistes du Québec. Les biographies de treize céramistes québécois comprennent la date de naissance, les études, les postes de professeurs, les activités professionnelles, les expositions, les prix et les subventions, ainsi que des références à des ouvrages sur l'artiste. Bibliographie. Glossaire. NK4030   738.1

2300

Fire and fibres : Quebec ceramists and weavers. – Planned and organized by Léo Rosshandler. – [Montréal : Lavalin Inc., 1981?]. – 36 p. : ill., ports.

The catalogue of an exhibition of contemporary ceramics and woven works by 27 Quebec artists, held in Montreal, June 23-August 30, 1981. Entries for potters and weavers arranged in separate alphabetically arranged sequences. Entries include: place and date of birth, place of residence, education, exhibitions, grants, collections, list of works exhibited, photographs of the artist. Also published in French under the title: *Terre et trame : céramistes et lissiers du Québec.*   AC901 C3 Pt. 740 no. 239   738.0971407471428

Catalogue d'une exposition des poteries contemporaines et des oeuvres tissées réalisées par 27 artistes québécois et qui a eu lieu à Montréal, du 23 juin au 30 août 1981. Les notices sur les céramistes et sur les lissiers sont classées sous listes alphabétiques distinctes. Chaque notice contient: lieu et date de naissance, lieu de résidence, études, expositions, subventions, collections, liste des oeuvres exposées, photographies de l'artiste. Publié aussi en français sous le titre: *Terre et trame : céramistes et lissiers du Québec.* AC901 C3 Pt. 740 no. 239   738.0971407471428

2301

Imreh-Rásonyi, Lydia. – *La céramique québécoise ancienne : Collection Fortier-Tourangeau.* – Québec : Ministère des affaires culturelles, c1983. – 88 p. : ill. (certaines en coul.). – 2551052874

A study of the pottery collection of Yvan Fortier and Paulette Tourangeau donated to the Ministère des affaires culturelles. The collection includes approximately 50 pieces of pottery produced or used in Quebec during the period from the end of the eighteenth century to the beginning of the twentieth century. Discusses the history and techniques of pottery manufacturing in Quebec. Arranged by region or manufacturer. 41 black and white and eight colour photographs of objects with notes on use, medium, dimensions, manufacturing techniques, style, provenance and date. Manufacturer histories. Bibliography. Glossary.   NK4030 Q3 I47 1983   738.309714

Étude de la collection de poteries d'Yvan Fortier et de Paulette Tourangeau qui a été donnée au Ministère des affaires culturelles. La collection comprend environ 50 pièces de céramique qui ont été produites ou utilisées au Québec entre la fin du dix-huitième siècle et le début du vingtième siècle. Traite de l'histoire et des techniques de la fabrication de poteries au Québec. Classement par régions ou par fabricants. Huit photographies en couleurs et 41 photographies en noir et blanc accompagnées de notes sur l'usage de l'objet, le médium, les dimensions, les techniques de fabrication, le style, la provenance et la date. Historiques des fabricants. Bibliographie. Glossaire.   NK4030 Q3 I47 1983   738.309714

2302

Langlois, Jacques. – *Répertoire des artisans-potiers québécois, 1655-1916.* – Dessins et cartes, Lysane Parent ; photos, Jérôme-R. Morissette. – [Québec] : Centre de documentation, Direction de l'inventaire des biens culturels, 1978. – [4], 175 p. : ill., cartes. – (Dossier ; 37).

A directory of approximately 200 potters active during the period from 1655 through 1916. Alphabetically arranged by name. Entries include names of potter's parents, place and date of birth, name of spouse and date of marriage, apprenticeship information, places and years of activity, references to sources, signature of potter. Tables of activity for potters, during the periods 1655-1760, 1760-1800, 1800-1825, 1825-1850, 1850-1920. List of master potters and apprentices. Seven black and white photographs of pieces of pottery from

Répertoire d'environ 200 potiers actifs à un moment où l'autre de la période qui va de 1655 à 1916. Classement alphabétique par noms. Les notices comprennent les noms des parents du potier, le lieu et la date de naissance, le nom de l'épouse et la date du mariage, des données sur l'apprentissage, les lieux et les années d'activité, des références aux sources et la signature du potier. Tableaux d'activité des potiers pour les périodes suivantes: 1655-1760, 1760-1800, 1800-1825, 1825-1850, 1850-1920. Liste des maîtres-potiers et de leurs

different potters' studios. Indexes of place names and personal names. Bibliography of archival and published sources. NK4030 738.0922714

apprentis. Sept photographies en noir et blanc de poteries qui proviennent de divers ateliers. Index des noms de lieux et index des noms de personnes. Bibliographie des sources d'archives et des sources publiées. NK4030 738.0922714

2303

Terre et trame : céramistes et lissiers du Québec. – Conçue et organisée par Léo Rosshandler. – [Montréal : Lavalin, 1981?]. – 36 p. : ill., portr.

The catalogue of an exhibition of contemporary ceramics and woven works by 27 Quebec artists held in Montreal, June 23-August 30, 1981. Entries for potters and weavers arranged in separate alphabetically arranged sequences. Entries include: place and date of birth, place of residence, education, exhibitions, grants, collections, list of works exhibited, photographs of the artist. Also published in English under the title: *Fire and fibres : Quebec ceramists and weavers.* TT919.7 C32 Q8 1981 fol. 738.0971407471428

Catalogue d'une exposition des poteries contemporaines et des oeuvres tissées réalisées par 27 artistes québécois et qui a eu lieu à Montréal, du 23 juin au 30 août 1981. Les notices sur les céramistes et sur les lissiers sont classées dans des listes alphabétiques distinctes. Chaque notice contient: lieu et date de naissance, lieu de résidence, études, expositions, subventions, collections, liste des oeuvres exposées, photographies de l'artiste. Publié aussi en anglais sous le titre: *Fire and fibres : Quebec ceramists and weavers.* TT919.7 C32 Q8 1981 fol. 738.0971407471428

Costume

Costume

2304

Beaudoin-Ross, Jacqueline. – ***Costume in Canada : an annotated bibliography.*** – Jacqueline Beaudoin-Ross and Pamela Blackstock. – Ottawa : History Division, National Museum of Man, c1984. – P. 59-92. – (Material history bulletin ; no. 19 (Spring 1984)). – 0703-489X

A bibliography of English- and French-language books, articles, theses, etc., on civilian costume worn in Canada. Excludes Amerindian and Inuit clothing, theatrical costume, uniforms, textile history and costume conservation. Includes works published up to March 1984. Organized by author or title and chronologically. Critical annotations in English. Z5691 016.39100971

Bibliographie de livres, d'articles, de thèses, etc. en anglais et en français sur le costume civil au Canada. Exclut les vêtements des Amérindiens et des Inuit, les costumes de théâtre, les uniformes, l'histoire des étoffes et la conservation des costumes. Inclut des ouvrages publiés au plus tard en mars 1984. Classement par auteurs ou par titres et classement chronologique. Notes critiques en anglais. Z5691 016.39100971

2305

Beaudoin-Ross, Jacqueline. – ***Costume in Canada : the sequel.*** – Jacqueline Beaudoin-Ross and Pamela Blackstock. – Ottawa : National Museum of Science and Technology, c1991. – P. 42-67. – (Material history review ; no. 34 (Fall 1991)). – 1183-1073

Updates the authors' *Costume in Canada : an annotated bibliography.* Includes works published between March 1984 and March 1991 and any left out of the previous bibliography. Expanded to include documents on the clothing industry. Z5691 016.39100971

Met à jour *Costume in Canada : an annotated bibliography* des mêmes auteurs. Inclut des ouvrages publiés entre mars 1984 et mars 1991, ainsi que des ouvrages qui auraient dû figurer dans la bibliographie antérieure. Portée élargie de manière à comprendre des documents sur l'industrie du vêtement. Z5691 016.39100971

2306

Brett, K. B. [Katharine Beatrice]. – ***Clothing worn in Canada : changing fashions in the nineteenth century.*** – [Ottawa] : National Museum of Man, National Museums of Canada : National Film Board of Canada, [1979?]. – [2], 25, [3], [3], 27, [2] p. + 30 slides : some col. – (Canada's visual history ; vol. 41). – Title on added t.p. : *Évolution de la mode vestimentaire canadienne au XIXᵉ siècle.*

An overview of men's and women's clothing worn in Canada during the second half of the eighteenth century and the nineteenth century in Canada. Intended for instructional use. An essay is followed by notes for 30 slides of garments, illustrations from contemporary periodicals, and paintings held by various museums, galleries and individuals. Bibliography. Suggested classroom activities. GT620 B45 391.00971

Aperçu des vêtements que portaient les hommes et les femmes au Canada pendant la deuxième moitié du dix-huitième siècle et durant le dix-neuvième siècle. Conçu comme un ouvrage destiné à l'enseignement. Un essai est suivi de notes relatives à 30 diapositives de vêtements, illustrations tirées de périodiques contemporains et peintures que possèdent des musées, des galeries ou des personnes. Bibliographie. Suggestions d'activités à faire en classe. GT620 B45 391.00971

2307

Collard, Eileen. – ***Clothing in English Canada : circa 1867 to 1907.*** – Burlington (Ont.) : Eileen Collard, c1975. – [72] p. : ill., ports. – 09690552CX

A study of the clothing worn by women and men in English-speaking Canada during the period from 1867 through 1907. Illustrated with photographs and drawings from magazines of the period. Bibliography. Intended as a sequel to: *Early clothing in Southern Ontario* (Burlington (Ont.) : Eileen Collard, 1969). GT620 C59 fol. 391.00971

Étude sur les vêtements portés par les femmes et les hommes au Canada anglais entre 1867 et 1907. Illustrée au moyen de photographies et de dessins tirés des revues de l'époque. Bibliographie. Conçue comme la suite de: *Early clothing in Southern Ontario* (Burlington (Ont.) : Eileen Collard, 1969). GT620 C59 fol. 391.00971

2308

Collard, Eileen. – *The cut and construction of women's dress in the 1930's.* – Burlington (Ont.). : Eileen Collard, c1983. – 95 p. : ill. – 0969055293 – Cover title.

An outline of styles of women's clothing worn in Canada during the 1930s. Research based on costume collections, fashion journals, newspapers and archival resources. Arranged by type of garment. Quotations from contemporary sources. Numerous pattern diagrams. Bibliography.   GT620 C595 1983 fol.   391.20971

Grandes lignes des styles de vêtements portés par les femmes au Canada pendant les années 1930. Recherche fondée sur les collections de costumes, les revues de mode, les journaux et les fonds d'archives. Classement par types de vêtements. Citations tirées de sources contemporaines. Nombreux dessins de patrons. Bibliographie. GT620 C595 1983 fol.   391.20971

2309

Collard, Eileen. – *The cut of women's 19th century dress.* – Burlington (Ont.) : Costume Society of Ontario, c1972-c1979. – 4 vol. (various pagings) : ill. – 0969055269 (Parts 1 and 2 rev.) 0969055234 (Part 3) 0969055242 (Part 4) – Cover title.

A series of publications which outline changes in styles of women's clothing worn in Canada during the nineteenth century. Intended to assist with the identification of styles from different periods through analysis of design, cut and construction. Numerous quotations from nineteenth-century fashion journals. Illustrated with drawings of garments and pattern diagrams. Glossaries. Bibliographies. Part 1, *The vertical epoch, circa 1800-21*; part 2, *Romance and sentiment, circa 1822-39*; part 3, *Victorian gothic, circa 1840-66*; part 4, *The rise and fall of the bustle, circa 1867-98*. Revised and enlarged editions of parts 1 and 2 were published as one volume: Burlington (Ont.) : Eileen Collard, 1980.   GT620 C622 fol.   391.20971

Série de publications qui donnent les grandes lignes des changements survenus dans le style des vêtements portés par les femmes au Canada pendant le dix-neuvième siècle. Conçu pour aider à l'identification des styles des diverses périodes au moyen de l'analyse du modèle, de la coupe et de l'assemblage. Nombreuses citations tirées des revues de mode du dix-neuvième siècle. Illustré par des dessins de vêtements et de patrons. Glossaires. Bibliographies. Partie 1, *The vertical epoch, circa 1800-21*; partie 2, *Romance and sentiment, circa 1822-39*; partie 3, *Victorian gothic, circa 1840-66*; partie 4, *The rise and fall of the bustle, circa 1867-98*. Des éditions revues et augmentées des parties 1 et 2 ont été publiées en un seul volume: Burlington (Ont.) : Eileen Collard, 1980.   GT620 C622 fol. 391.20971

2310

Collard, Eileen. – *Decade of change, circa 1909-1919 : women's clothing in Canada just prior to, during and after the First World War.* – Burlington (Ont.) : Eileen Collard, c1981. – [93] p. : ill. – 0969055285 – Cover title.

An outline of the styles of women's clothing worn in Canada during the years 1909 through 1919. Research based on costume collections, fashion journals, newspapers and archival resources. Arranged by type of garment. Illustrated with advertisements and drawings from fashion journals and other sources of the period. Glossary. Bibliography.   GT620 C625 fol.   391.20971

Aperçu des styles de vêtements portés par les femmes au Canada entre 1909 et 1919. Recherche fondée sur les collections de costumes, les revues de mode, les journaux et les fonds d'archives. Classement par types de vêtements. Illustré au moyen de dessins publicitaires et autres tirés des journaux de mode et d'autres sources de l'époque. Glossaire. Bibliographie.   GT620 C625 fol.   391.20971

2311

Collard, Eileen. – *From toddler to teens : an outline of children's clothing, circa 1780 to 1930.* – Burlington (Ont.) : Eileen Collard, 1973. – [2] leaves, 58 p., [2] leaves : ill. – 0969055226 – Cover title.

An outline of children's clothing worn in Canada from 1780 through 1930. Illustrated with black and white drawings. Includes pattern diagrams for some nineteenth-century garments. Bibliography. GT1730 C6 1977 fol.   391.30971

Aperçu des vêtements portés par les enfants au Canada entre 1780 et 1930. Illustré au moyen de dessins en noir et blanc. Comprend les dessins de patrons pour certains vêtements du dix-neuvième siècle. Bibliographie.   GT1730 C6 1977 fol.   391.30971

2312

Collard, Eileen. – *Women's dress in the 1920's : an outline of women's clothing in Canada during the roaring twenties.* – Burlington (Ont.) : Eileen Collard, c1981. – 48 p. : ill. – 0969055277 – Cover title.

An outline of styles of women's clothing worn in Canada during the 1920s. Research based on costume collections, fashion journals, newspapers and archival resources. Quotations from contemporary journals. Illustrated with advertisements and drawings from fashion journals, patterns, etc. Bibliography. GT620 C63 fol.   391.20971

Aperçu des styles de vêtements portés par les femmes au Canada pendant les années 1920. Recherche fondée sur les collections de costumes, les revues de mode, les journaux et les fonds d'archives. Citations tirées de revues contemporaines. Illustré au moyen de dessins publicitaires et autres tirés des revues de mode, des patrons, etc. Bibliographie.   GT620 C63 fol.   391.20971

2313

De Marly, Diana. – *Dress in North America.* – New York : Holmes & Meier, 1990-   . – vol. : ill. (some col.). – 0841911991

A history of costume in Canada and the United States. One volume published to date, subtitled: *The New World, 1492-1800*. Covers the costume and adornment of Native peoples, costume in seventeenth-century New England, New France, the English colonies, 1689-1774, the United States and Canada, 1775-1800. Quotations from contemporary texts. 76 black and white and eight colour reproductions of paintings, drawings and prints. List of illustrations. Chronology of major events. Glossary of textiles. Appendices: English cloth and

Histoire des costumes au Canada et aux États-Unis. Un seul volume publié jusqu'à présent, avec le sous-titre suivant: *The New World, 1492-1800*. Traite des vêtements et des bijoux des Autochtones, des vêtements portés au dix-septième siècle en Nouvelle-Angleterre, en Nouvelle-France et dans les colonies anglaises, 1689-1774, aux États-Unis et au Canada, 1775-1800. Citations tirées de textes contemporains. Reproductions de peintures, de dessins et d'estampes, 76 en noir et blanc et huit en couleurs. Liste des illustrations. Tableau

clothing exports to the American colonies and Canada; essay on American cloth production. Bibliography. Subject index.   GT603 D44 1990 fol.   391.00971

chronologique des événements importants. Glossaires des tissus. Annexes: exportations anglaises d'étoffes et de vêtements à destination des colonies américaines et du Canada; essai sur la production américaine d'étoffes. Bibliographie. Index des sujets. GT603 D44 1990 fol.   391.00971

2314

Dupré, Céline. – *Vocabulaire de l'habillement : français-anglais.* – Céline Dupré en collaboration avec Marguerite Montreuil et Ghislaine Pesant. – Québec : Office de la langue française, c1984. – 173, [1] p. : ill. – (Cahiers de l'Office de la langue française) (Terminologie technique et industrielle). – 6551045959

An illustrated French-English dictionary of clothing terminology. 753 entries include French and English terms, French definitions and incorrect terms. Index of English terms. Index of terms and expressions which appear out of alphabetical order. Bibliography. Preliminary edition, 1974. Reproduced in microform format: *Microlog*, no. 85-03139.   TT494 D86 1984   646.30341

Dictionnaire illustré français-anglais sur la terminologie du vêtement. Les 753 notices comprennent les termes anglais et français, les définitions en français et les termes incorrects. Index des termes anglais. Index des termes et des expressions qui ne se retrouvent pas dans l'ordre alphabétique. Bibliographie. Édition préliminaire, 1974. Reproduit sur support microforme: *Microlog*, n° 85-03139. TT494 D86 1984   646.30341

2315

Gabor, R. [Bob]. – *Costume of the Iroquois.* – Ohsweken (Ont.) : Iroqrafts, 1988. – [40] p. : ill. – (Iroquois reprints). – 091964502X – Cover title.

A study of Iroquois costume and ornamentation. Discusses use, materials and design of garments and provides instructions for their construction. Illustrated with drawings. Analyses the details of costume illustrated in one painting and several photographs. E99 I7 G32 1988   391.008997

Étude des costumes et des parures des Iroquois. Discute de l'usage, des matériaux et du design de vêtements, et donne des instructions sur la façon de les faire. Illustrée au moyen de dessins. Analyse les détails des costumes illustrés dans une peinture et dans plusieurs photographies.   E99 I7 G32 1988 391.008997

2316

Humphries, Mary. – *Apparel anatomy.* – Illustrator, Jana Aljoe ; compilation, production Mary Humphries ; research, design and layout basis, Anne Roberts. – Scarborough (Ont.) : Mary Humphries, c1986. – [64] p. : chiefly ill.

An illustrated glossary of clothing terms in English. Arranged in sections for major garments such as dresses, coats, skirts and pants; garment features such as collars, sleeves and pockets; accessories, for example, belts, gloves, purses, footwear, jewellery; fasteners and trim. Bibliography. Index of terms.   TT506 A43 1986 fol.   391.003

Glossaire illustré des termes anglais relatifs aux vêtements. Classement par sections: les principaux types de vêtements, comme les robes, les manteaux, les jupes et les pantalons; les caractéristiques des vêtements, comme les collets, les manches et les poches; les accessoires, comme les ceintures, les gants, les sacs à main, les chaussures, les bijoux; les fermetures et les garnitures. Bibliographie. Index des termes.   TT506 A43 1986 fol.   391.003

2317

Issenman, Betty. – *Sources for the study of Inuit clothing.* – Rev. ed. – Montreal : Betty Issenman, 1982. – 61 p.

1st ed., 1981. A bibliography and guide to sources of information for the study of Inuit clothing. Includes books, periodical articles and films. Lists museums which hold Inuit costume in their collections, data centres and Inuit organizations. Arranged by type of source. No indexes.   Z5691   016.391008997

1re éd., 1981. Bibliographie et guide sur les sources utiles à l'étude des vêtements des Inuit. Comprend des livres, des articles de périodique et des films. Donne la liste des musées qui possèdent des costumes inuit dans leur collection, ainsi que celle des centres de données et des organisations inuit. Classement par types de sources. Aucun index.   Z5691   016.391008997

2318

Ivalu : traditions du vêtement inuit = Ivalu : traditions of Inuit clothing. – Betty Issenman, guest curator ; Catherine Rankin, associate curator. – Montreal : McCord Museum of Canadian History, c1988. – 153 p. : ill. (some col.), maps. – 0771701829

The catalogue of an exhibition organized by the McCord Museum to examine the construction, artistry and use of Inuit tailored skin clothing. Includes clothing and tools dating from prehistoric times to the present. Text in English, French and Inuktitut. Entries include: type of object, approximate date, medium, cultural group, site, collection, notes on use, construction and materials, dimensions. Black and white and colour photographs and drawings. Bibliography. GT1605 I93 1988   391.008997

Catalogue d'une exposition organisée par le Musée McCord afin d'étudier l'assemblage, l'art et l'usage des vêtements inuit taillés dans la peau d'animal. Inclut des vêtements et des outils qui datent des temps préhistoriques jusqu'à aujourd'hui. Texte en anglais, en français et en inuktitut. Les notices comprennent: type d'objet, date approximative, médium, groupe culturel, lieu d'origine, collection, notes sur l'usage, l'assemblage et les matières, dimensions. Photographies et dessins en noir et blanc ou en couleurs. Bibliographie. GT1605 I93 1988   391.008997

2319

Ivalu : traditions du vêtement inuit = Ivalu : traditions of Inuit clothing. – Betty Issenman, conservatrice invitée ; Catherine Rankin, conservatrice adjointe. – Montréal : Musée McCord d'histoire canadienne, c1988. – 153 p. : ill. (certaines en coul.), cartes. – 0771701829

The catalogue of an exhibition organized by the McCord Museum to examine the construction, artistry and use of Inuit tailored skin clothing. Includes clothing and tools dating from prehistoric times to the present. Text in English, French and Inuktitut. Entries include: type of object, approximate date, medium, cultural group, site,

Catalogue d'une exposition organisée par le Musée McCord afin d'étudier l'assemblage, l'art et l'usage des vêtements inuit taillés dans la peau d'animal. Inclut des vêtements et des outils qui datent des temps préhistoriques jusqu'à aujourd'hui. Texte en anglais, en français et en inuktitut. Les notices comprennent: type d'objet, date

collection, notes on use, construction and materials, dimensions. Black and white and colour photographs and drawings. Bibliography.   GT1605 I93 1988   391.008997

approximative, médium, groupe culturel, lieu d'origine, collection, notes sur l'usage, l'assemblage et les matières, dimensions. Photographies et dessins en noir et blanc ou en couleurs. Bibliographie.   GT1605 I93 1988   391.008997

2320

Karklins, Karlis. – *Les parures de traite chez les peuples autochtones du Canada : un ouvrage de référence.* – Ottawa : Lieux historiques nationaux, Service des parcs, Environnement Canada, 1992. – 255 p. [16] p. de planches : ill. (certaines en coul.), portr. (certaines en coul.), cartes. – (Études en archéologie, architecture et histoire). – 066093650X – 0821-1035

A study of trade ornaments and Native-made ornaments made from non-Native materials, used by the Native peoples of Canada for adornment. Published and manuscript sources, paintings, photographs and specimens were examined. Arranged by cultural region. Types of ornaments, materials and purpose are discussed. 135 black and white and twenty colour illustrations. Charts for each cultural region outline types of ornaments and uses by cultural group and sex. Bibliography. Reproduced in microform format: *Microlog*, no. 92-04687. Also published in English under the title: *Trade ornament usage among the Native peoples of Canada : a source book.* E78 C2 K3714 1992   971.00497

Étude des parures de traite et des parures autochtones faites de matériaux d'origine européenne, utilisées par les Autochtones du Canada. Découle de l'examen de sources publiées et manuscrites, de peintures, de photographies et de spécimens. Classement par régions culturelles. Discute des types de parures, des matériaux utilisés et de l'usage. 135 illustrations en noir et blanc et vingt illustrations en couleurs. Pour chaque région culturelle, des tableaux donnent les grandes lignes des types de parures et des usages, par groupes culturels et par sexes. Bibliographie. Reproduit sur support microforme: *Microlog*, nº 92-04687. Publié aussi en anglais sous le titre: *Trade ornament usage among the Native peoples of Canada : a source book.* E78 C2 K3714 1992   971.00497

2321

Karklins, Karlis. – *Trade ornament usage among the Native peoples of Canada : a source book.* – Ottawa : National Historic Sites, Parks Service, Environment Canada, c1992. – 244 p., [16] p. of plates : ill. (some col.), ports. (some col.), maps. – (Studies in archaeology, architecture and history). – 0660143976 – 0821-1027

A study of trade ornaments and Native-made ornaments made from non-Native materials, used by the Native peoples of Canada for adornment. Published and manuscript sources, paintings, photographs and specimens were examined. Arranged by cultural region. Types of ornaments, materials and purpose are discussed. 135 black and white and twenty colour illustrations. Charts for each cultural region outline types of ornaments and uses by cultural group and sex. Bibliography. Reproduced in microform format: *Microlog*, no. 92-04688. Also published in French under the title: *Les parures de traite chez les peuples autochtones du Canada : un ouvrage de référence.* E78 C2 K37 1992   971.00497

Étude des parures de traite et des parures autochtones faites de matériaux d'origine européenne, utilisées par les Autochtones du Canada. Découle de l'examen de sources publiées et manuscrites, de peintures, de photographies et de spécimens. Classement par régions culturelles. Discute des types de parures, des matériaux utilisés et de l'usage. 135 illustrations en noir et blanc et vingt illustrations en couleurs. Pour chaque région culturelle, des tableaux donnent les grandes lignes des types de parures et des usages, par groupes culturels et par sexes. Bibliographie. Reproduit sur support microforme: *Microlog*, nº 92-04688. Publié aussi en français sous le titre: *Les parures de traite chez les peuples autochtones du Canada : un ouvrage de référence.* E78 C2 K37 1992   971.00497

2322

Musée du Nouveau-Brunswick. – *Military uniforms from the collection of the New Brunswick Museum = Uniformes militaires tirés des collections du Musée du Nouveau-Brunswick.* – Par David Ross ; traduction par Léandre Goguen ; photographie par Don Simpson. – Saint-Jean : le Musée, 1980. – 87 p. : ill. (certaines en coul.). – (Collection de la série Musée du Nouveau-Brunswick). – 0919326064

A bilingual study of military uniforms worn in Canada, based on the collections of the New Brunswick Museum. Emphasis on uniforms of New Brunswick regiments or of those associated with the history of the province. Arranged by type of regiment. Also includes chapters on wartime souvenirs and badges of rank and regiment. Black and white and colour photographs of uniforms with notes on name of regiment, date, rank and name of individual who wore the uniform, and a description of fabrics, colours, details of accessories, etc. Bibliography.   UC485 C3 N48   355.140971

Étude bilingue des uniformes militaires portés au Canada, fondée sur les collections du Musée du Nouveau-Brunswick. Insistance sur les uniformes des régiments du Nouveau-Brunswick ou sur ceux des régiments associés à l'histoire de la province. Classement par types de régiments. Inclut également des chapitres sur les souvenirs de guerre et sur les insignes qui indiquent le rang et le régiment. Photographies des uniformes, en noir et blanc ou en couleurs, avec nom du régiment, date, rang et nom de la personne qui a porté l'uniforme, et avec description des tissus, des couleurs, des détails des accessoires, etc. Bibliographie.   UC485 C3 N48   355.140971

2323

Musée du Nouveau-Brunswick. – *Women's attire : a catalogue featuring selected women's wearing apparel from the collections of the New Brunswick Museum = Les vêtements féminins : catalogue des vêtements féminins choisis parmi les collections du Musée du Nouveau-Brunswick.* – Édité et introduit par Valerie Simpson ; photographie et maquette du catalogue de Don Simpson. – Saint-Jean : le Musée, 1977. – 63 p. : ill. (certaines en coul.). – (NBM collection catalogue ; 3).

A bilingual catalogue of women's clothing worn in New Brunswick during the nineteenth century and held by the New Brunswick Museum. Black and white and colour photographs of garments are accompanied by brief notes on materials, style, history of manufacture or ownership and date.   GT621 N48 N48 1977 391.20971507471532

Catalogue bilingue des vêtements qui étaient portés par les femmes au Nouveau-Brunswick pendant le dix-neuvième siècle et qui se trouvent au Musée du Nouveau-Brunswick. Les photographies des vêtements, en noir et blanc ou en couleurs, sont accompagnées de courtes notes sur les tissus, le style, l'histoire du fabricant ou de la propriétaire et la date.   GT621 N48 N48 1977 391.20971507471532

2324

New Brunswick Museum. – *Military uniforms from the collection of the New Brunswick Museum = Uniformes militaires tirés des collections du Musée du Nouveau-Brunswick.* – By David Ross ; translation by Léandre Goguen ; photography by Don Simpson. – Saint John : the Museum, 1980. – 87 p. : ill. (some col.). – (The New Brunswick Museum collections series). – 0919326064

A bilingual study of military uniforms worn in Canada, based on the collections of the New Brunswick Museum. Emphasis on uniforms of New Brunswick regiments or of those associated with the history of the province. Arranged by type of regiment. Also includes chapters on wartime souvenirs and badges of rank and regiment. Black and white and colour photographs of uniforms with notes on name of regiment, date, rank and name of individual who wore the uniform, and a description of fabrics, colours, details of accessories, etc. Bibliography.   UC485 C3 N48   355.140971

Étude bilingue des uniformes militaires portés au Canada, fondée sur les collections du Musée du Nouveau-Brunswick. Insistance sur les uniformes des régiments du Nouveau-Brunswick ou sur ceux des régiments associés à l'histoire de la province. Classement par types de régiments. Inclut également des chapitres sur les souvenirs de guerre et sur les insignes qui indiquent le rang et le régiment. Photographies des uniformes, en noir et blanc ou en couleurs, avec nom du régiment, date, rang et nom de la personne qui a porté l'uniforme, et avec description des tissus, des couleurs, des détails des accessoires, etc. Bibliographie.   UC485 C3 N48   355.140971

2325

New Brunswick Museum. – *Women's attire : a catalogue featuring selected women's wearing apparel from the collections of the New Brunswick Museum = Les vêtements féminins : catalogue des vêtements féminins choisis parmi les collections du Musée du Nouveau-Brunswick.* – Edited with an introduction by Valerie Simpson ; photography and catalogue design by Don Simpson. – Saint John : the Museum, 1977. – 63 p. : ill. (some col.). – (NBM collection catalogue ; 3).

A bilingual catalogue of women's clothing worn in New Brunswick during the nineteenth century and held by the New Brunswick Museum. Black and white and colour photographs of garments are accompanied by brief notes on materials, style, history of manufacture or ownership and date.   GT621 N48 N48 1977 391.20971507471532

Catalogue bilingue des vêtements qui étaient portés par les femmes au Nouveau-Brunswick pendant le dix-neuvième siècle et qui se trouvent au Musée du Nouveau-Brunswick. Les photographies des vêtements, en noir et blanc ou en couleurs, sont accompagnées de courtes notes sur les tissus, le style, l'histoire du fabricant ou de la propriétaire et la date.   GT621 N48 N48 1977 391.20971507471532

2326

Noël, Michel. – *Art décoratif et vestimentaire des Amérindiens du Québec : XVIᵉ et XVIIᵉ siècles.* – [Montréal] : Leméac, c1979. – ix, 194 p. : ill. – 2760952800

Discusses sixteenth- and seventeenth-century clothing and art forms such as basketry of the Indians of Quebec. Examines the impact of contact with Europeans on traditional Native techniques, materials and decorative motifs. Illustrated with black and white photographs and drawings of objects and motifs. List of illustrations. Bibliography.   E98 A7 N63   391.008997

Porte sur les vêtements et les formes artistiques comme la vannerie, chez les Amérindiens du Québec durant les seizième et dix-septième siècles. Étudie l'effet du contact avec les Européens sur les techniques, les matériaux et les motifs décoratifs autochtones traditionnels. Illustré au moyen de photographies en noir et blanc et de dessins des objets et des motifs. Liste des illustrations. Bibliographie. E98 A7 N63   391.008997

2327

Ross, David. – *Cataloguing military uniforms.* – David Ross, René Chartrand. – Saint John : New Brunswick Museum, 1977. – [2], 25 p. : ill.

Guidelines for museum workers on the cataloguing of military uniforms. Includes a glossary of standard terms, illustrated with photographs and drawings of uniforms worn in Canada. Charts of officers' badges of rank. Diagrams of officers' uniforms for cavalry, infantry, artillery, etc.   UC480   355.140971

Lignes directrices à l'intention des employés de musées qui doivent cataloguer des uniformes militaires. Inclut un glossaire des termes standardisés, illustré au moyen de photographies et de dessins des uniformes portés au Canada. Tableaux des insignes des officiers. Diagrammes des uniformes des officiers de cavalerie, d'infanterie, d'artillerie, etc.   UC480   355.140971

2328

Routh, Caroline. – *In style : 100 years of Canadian women's fashion.* – Toronto : Stoddart, 1993. – xii, 206 p. : ill. – 0773755683

A survey of Canadian women's dress during the twentieth century. Arranged by decade, this work examines high fashion, everyday wear, outerwear, sportswear and accessories. Also discusses the work of Canadian designers. Each chapter includes illustrations from advertisements, catalogues, etc., of the period as well as drawings by the author based on pieces from various costume collections. The label, names of designer, wearer and collection are noted with the drawings. Bibliography. Illustration credits. Subject index. GT620 R68 1993   391.20971

Examen des vêtements des Canadiennes durant le vingtième siècle. Cet ouvrage classé par décennies étudie la haute couture, les vêtements quotidiens, les vêtements d'extérieur, les vêtements sports et les accessoires. Discute aussi du travail des couturiers canadiens. Chaque chapitre contient des illustrations tirées d'annonces publicitaires, de catalogues, etc. de la période ainsi que des dessins réalisés par l'auteur à partir d'éléments de diverses collections de costumes. Le label ainsi que les noms du dessinateur, de la propriétaire originale et de la collection sont notés sous les dessins. Bibliographie. Noms des personnes qui ont réalisé les illustrations. Index sujets.   GT620 R68 1993   391.20971

2329

Royal Ontario Museum. – *Modesty to mod : dress and underdress in Canada, 1780-1967.* – Exhibition and catalogue prepared by Katharine B. Brett ; patterns and related notes by Dorothy K. Burnham ; photography by Leighton Warren. – [Toronto] : Royal Ontario Museum : University of Toronto, c1967. – 71 p. : ill. (some col.), patterns.

The bilingual catalogue of an exhibition of clothing worn in Canada during the years 1780 through 1967. 100 pieces from the exhibition are included in the catalogue, most of which are held by the Royal Ontario Museum. Notes on exhibited items discuss material, construction, manufacturing or ownership history. 38 black and white and eight colour photographs. Patterns included for certain items. NK4713 T6 fol. 391.00971074713541

Catalogue bilingue d'une exposition de vêtements portés au Canada entre 1780 et 1967. Le catalogue comprend 100 pièces qui faisaient partie de l'exposition et qui, pour la plupart, se trouvent au Musée royal de l'Ontario. Les notes sur les articles exposés portent sur les étoffes, l'assemblage et l'histoire du fabricant ou du propriétaire. Photographies, 38 en noir et blanc et huit en couleurs. Patrons inclus pour certains articles. NK4713 T6 fol. 391.00971074713541

2330

Séguin, Robert-Lionel. – *Le costume civil en Nouvelle-France.* – Ottawa : Impr. de la Reine, 1968. – xvi, 330 p. : ill. – (Bulletin - Musée national du Canada ; n° 215) (Série des bulletins de folklore ; n° 3).

A study of the clothing worn in New France. Includes an inventory of men's, women's and children's clothing and accessories, clothing for trade and mourning and jewellery compiled from archival resources such as notarial records. List of inventories analysed, arranged by name of notary. Bibliography. Subject index. GT620 S4 391.009714

Étude des vêtements portés en Nouvelle-France. Inclut un inventaire des vêtements et des accessoires pour hommes, femmes et enfants, des vêtements de traite, de deuil et des bijoux. Compilation faite à partir de fonds d'archives comme les actes notariés. Liste des inventaires analysés, avec classement par noms des notaires. Bibliographie. Index des sujets. GT620 S4 391.009714

2331

Summers, Jack L. – *Military uniforms in Canada, 1665-1970.* – Jack L. Summers, René Chartrand ; illustrated by R.J. Marrion. – Ottawa : National Museum of Man, National Museums of Canada, c1981. – [4], 192 p. : col. ill. – (Historical publication ; no. 16). – 066010346X

A study of 40 uniforms worn by military units which contributed to the development of Canada. A brief history of each unit is provided and the elements of its uniform discussed. Colour illustration of each uniform. Glossary. Bibliography. Subject index. Also published in French under the title: *L'uniforme militaire au Canada, 1665-1970.* UC485 C2 S85 355.140971

Étude de 40 uniformes portés par des unités militaires qui ont contribué au développement du Canada. Courte histoire de chaque unité et discussion des éléments de l'uniforme. Illustration en couleurs de chaque uniforme. Glossaire. Bibliographie. Index des sujets. Publié aussi en français sous le titre: *L'uniforme militaire au Canada, 1665-1970.* UC485 C2 S85 355.140971

2332

Summers, Jack L. – *L'uniforme militaire au Canada, 1665-1970.* – Jack L. Summers, René Chartrand ; illustré par R.J. Marrion, traduit par Jean Pariseau. – Ottawa : Musée national de l'Homme, Musées nationaux du Canada, c1981. – [4], 192 p. : en coul. ill. – (Publication d'histoire militaire ; n° 16). – 0660902605

A study of 40 uniforms worn by military units which contributed to the development of Canada. A brief history of each unit is provided and the elements of its uniform discussed. Colour illustration of each uniform. Glossary. Bibliography. Subject index. Also published in English under the title: *Military uniforms in Canada, 1665-1970.* UC485 C2 355.140971

Étude de 40 uniformes portés par des unités militaires qui ont contribué au développement du Canada. Courte histoire de chaque unité et discussion des éléments de l'uniforme. Illustration en couleurs de chaque uniforme. Glossaire. Bibliographie. Index des sujets. Publié aussi en anglais sous le titre: *Military uniforms in Canada, 1665-1970.* UC485 C2 355.140971

2333

Tyrchniewicz, Peggy. – *Ethnic folk costumes in Canada.* – Photographs by Bill Hicks. – Winnipeg : Hyperion Press, c1979. – x, 229 p. : col. ill., maps. – 0920534104 (bd.) 0920534112 (pa.)

A study of ethnic dress worn in Canada. Arranged by region or country of origin. Colour photographs are accompanied by a brief essay on the styles, materials and significance of the garments. Bibliography. Glossary. GT511 T97 fol. 391.00971

Étude des costumes ethniques portés au Canada. Classement par régions ou par pays d'origine. Les photographies en couleurs sont accompagnées d'un court essai sur les styles, les tissus et l'importance des vêtements. Bibliographie. Glossaire. GT511 T97 fol. 391.00971

2334

Vincent, Rodolphe. – *Notre costume civil et religieux.* – Montréal : Centre de psychologie et pédagogie, [1963?]. – 26 p. : ill. (certaines en coul.). – (Collection Canada).

A chronologically arranged outline of the history of civil and religious costume in Canada. Emphasis on French-Canadian clothing. A separate section illustrates details of clothing and accessories of the French Regime. Intended for children, colour illustrations are accompanied by brief notes on date, purpose and style of garment. GT620 V55 fol. 391.009714

Grandes lignes de l'histoire du costume civil et religieux au Canada, classées chronologiquement. Insistance sur les vêtements portés au Canada français. Une section distincte contient des illustrations des détails de vêtements et d'accessoires portés sous le Régime français. Conçu à l'intention des enfants. Les illustrations en couleurs sont accompagnées de quelques données: date, usage et style du vêtement. GT620 V55 fol. 391.009714

Crafts

Métiers d'art

2335

Abrahamson, Una. – *Crafts Canada : the useful arts.* – Toronto : Clarke, Irwin, c1974. – 191 p. : ill. (some col.). – 077200711X

An overview of contemporary crafts in Canada such as ceramics, glassmaking, knitting, weaving, leather, metal, needle and wood-work. Essays discuss history, techniques and styles for each art form. Illustrated with photographs of works by Canadian artisans and drawings of construction details, tools and patterns. Bibliography. Subject and artisan indexes.   NK841 A3 fol.   745.50971

Aperçu des métiers d'art exercés au Canada, tels que la céramique, la verrerie, le tricot, le tissage, le travail du cuir ou du métal, les travaux d'aiguille et l'ébénisterie. Des essais traitent de l'histoire, des techniques et des styles de chaque forme artistique. Photographies qui reproduisent les oeuvres d'artisans canadiens et dessins qui illustrent des détails de construction, des outils et des modèles. Bibliographie. Index des sujets et index des artisans.   NK841 A3 fol.   745.50971

2336

Canadian Crafts Council. – *Artisan '78 : the first national travelling exhibition of contemporary Canadian crafts = Artisan '78 : première exposition nationale itinérante d'artisanat canadien contemporain.* – Ottawa : the Council, 1979. – xii, 137 p. : ill. (some col.), ports. – 0889800030

The bilingual catalogue of an exhibition of works by 122 Canadian artisans, organized by the Canadian Crafts Council. Works exhibited were purchased by the Council and are currently held by the Canadian Museum of Civilization. Arranged by medium including clay, fibre, glass, leather, metal and wood. Artisan entries are alphabetically arranged within each medium. They include a colour photograph of one work, a black and white photograph of the artist and biographical notes including place and date of birth, training and experience.   NK841 A78 fol.   745.50971074

Catalogue bilingue d'une exposition qui regroupait les oeuvres de 122 artisans canadiens et qui était organisée par le Conseil canadien de l'artisanat. Les oeuvres exposées ont été achetées par ce conseil et se trouvent actuellement au Musée canadien des civilisations. Classement par médiums, comme le travail de l'argile, des fibres, du verre, du cuir, du métal ou du bois. Les notices sur les artisans sont classées en ordre alphabétique, sous chaque médium. Elles comprennent la photographie en couleurs d'une oeuvre, une photographie en noir et blanc de l'artiste et des données biographiques telles que le lieu et la date de sa naissance, sa formation et son expérience.   NK841 A78 fol.   745.50971074

2337

Célestin, Tina. – *Vocabulaire de base de huit métiers d'art.* – Québec : Office de la langue française, c1982. – 46, [1] p. – 2550028015

A dictionary of French terms used in violin making, bookbinding, tapestry weaving, metalworking, pottery making, pipe making, basketry and glassblowing. Arranged by craft. Definitions in French. Bibliography for each craft. Index of terms alphabetically arranged. NK30   745.503

Dictionnaire des termes français utilisés dans la lutherie (violon), la reliure, la tapisserie haute lice, le travail du métal, la poterie, la fabrication des pipes, la vannerie et le soufflage du verre. Classement par métiers d'art. Définitions en français. Bibliographie pour chaque métier d'art. Index des termes en ordre alphabétique. NK30   745.503

2338

Conseil canadien de l'artisanat. – *Artisan '78 : the first national travelling exhibition of contemporary Canadian crafts = Artisan '78 : première exposition nationale itinérante d'artisanat canadien contemporain.* – Ottawa : le Conseil, 1979. – xii, 137 p. : ill. (certaines en coul.), portr. – 0889800030

The bilingual catalogue of an exhibition of works by 122 Canadian artisans, organized by the Canadian Crafts Council. Works exhibited were purchased by the Council and are currently held by the Canadian Museum of Civilization. Arranged by medium including clay, fibre, glass, leather, metal and wood. Artisan entries are alphabetically arranged within each medium. They include a colour photograph of one work, a black and white photograph of the artist and biographical notes including place and date of birth, training and experience.   NK841 A78 fol.   745.50971074

Catalogue bilingue d'une exposition qui regroupait les oeuvres de 122 artisans canadiens et qui était organisée par le Conseil canadien de l'artisanat. Les oeuvres exposées ont été achetées par ce conseil et se trouvent actuellement au Musée canadien des civilisations. Classement par médiums, comme le travail de l'argile, des fibres, du verre, du cuir, du métal ou du bois. Les notices sur les artisans sont classées en ordre alphabétique, sous chaque médium. Elles comprennent la photographie en couleurs d'une oeuvre, une photographie en noir et blanc de l'artiste et des données biographiques telles que le lieu et la date de sa naissance, sa formation et son expérience.   NK841 A78 fol.   745.50971074

2339

Craft dimensions Canada : an exhibition sponsored by the Canadian Guild of Crafts (Ontario) and the Royal Ontario Museum. – [Toronto] : Royal Ontario Museum, c1969. – 1 vol. (unpaged) : ill.

The catalogue of an exhibition of 189 Canadian crafts, produced since the beginning of 1967, in a variety of media including fibre, metal, wood, ceramics, plastic, etc. Black and white photographs of selected works. Brief biographies of artisans with descriptions of works exhibited including medium and dimensions. Slide kit available from the Ontario Crafts Council, Craft Resource Centre. NK841 C73   745.50971074713541

Catalogue d'exposition de 189 oeuvres canadiennes réalisées depuis le début de 1967 dans divers médiums, notamment les fibres, le métal, le bois, la céramique, le plastique, etc. Photographies en noir et blanc d'oeuvres choisies. Courtes biographies des artisans avec description des oeuvres exposées, comprenant le médium et les dimensions. Jeu de diapositives disponible auprès du Craft Resource Centre du Ontario Crafts Council.   NK841 C73 745.50971074713541

2340

The craftsman's way : Canadian expressions. – Introduction by Hart Massey ; interviews and photographs by John Flanders. – Toronto : University of Toronto Press, c1981. – [6], 202 p. : ill. (some col.), ports. – 0802024335

An examination of contemporary works by Canadian artisans from the Massey Foundation collection which is held by the Canadian Museum of Civilization. Arranged by medium including pottery, wood, glass, textiles, basketry, brooms, paper, leather and metal. Entries for artists include an interview and black and white and colour photographs of the artist and his/her works. Photographs of works are accompanied by notes on date, medium and dimensions. Brief biographies of artisans discuss place and date of birth, education, awards and employment. TT26 C79 745.5092271

Examen d'oeuvres contemporaines qui ont été réalisées par des artisans canadiens, qui font partie de la collection de la Fondation Massey et qui se trouvent au Musée canadien des civilisations. Classement par médiums incluant la poterie, la vannerie et la fabrication de balais, ainsi que le travail du bois, du verre, des fibres textiles, du papier, du cuir ou du métal. Les notices sur les artistes comprennent une entrevue, ainsi que des photographies en noir et blanc ou en couleurs de l'artiste et de ses oeuvres. Les photographies des oeuvres sont accompagnées des données suivantes: date, médium et dimensions. Les courtes biographies des artisans précisent le lieu et la date de naissance, les études, les prix remportés et l'emploi occupé. TT26 C79 745.5092271

2341

De main de maître : les lauréats du Prix d'excellence en artisanat Saidye Bronfman, 1977-1986. – Les recherches pour cet ouvrage et l'exposition ont été faites par Stephen Inglis. – Hull (Québec) : Musée canadien des civilisations, c1989. – 144 p. : ill. (certaines en coul.), portr. – 0660902893

An exhibition of the works of the ten artisans who received the Saidye Bronfman Award for Excellence in the Crafts between 1977 and 1986. Most of the works exhibited are held by the Canadian Museum of Civilization. Chronologically arranged. Entries include: brief essay discussing the artisan's medium, style and subject matter; chronology of events; solo and group exhibitions; commissions and collections; teaching positions and workshops; publications; television appearances and radio interviews; honours and awards. Black and white and colour photographs of works with notes on title, date, medium, construction, dimensions, Canadian Museum of Civilization accession number or name of lender. Bibliography. Also published in English under the title: *Masters of the crafts : recipients of the Saidye Bronfman Award for Excellence in the Crafts, 1977-86.* NK841 M3714 1989 745.507971

Exposition des oeuvres de dix artisans qui, entre 1977 et 1986, ont remporté le Prix d'excellence en artisanat Saidye Bronfman. La plupart des oeuvres exposées se trouvent au Musée canadien des civilisations. Classement chronologique. Les notices comprennent: un court essai sur le médium, le style de l'artiste, et sur le sujet traité; un tableau chronologique; les expositions individuelles ou collectives; les commissions et les collections; les cours et les ateliers donnés; les publications; les entrevues à la télévision et à la radio; les distinctions et les prix. Photographies des oeuvres, en noir et blanc ou en couleurs, avec titre, date, médium, construction, dimensions, numéro d'inventaire du Musée canadien des civilisations ou nom du propriétaire de l'oeuvre. Bibliographie. Publié aussi en anglais sous le titre: *Masters of the crafts : recipients of the Saidye Bronfman Award for Excellence in the Crafts, 1977-86.* NK841 M3714 1989 745.507971

2342

Masters of the crafts : recipients of the Saidye Bronfman Award for Excellence in the Crafts, 1977-86. – Research for the book and the exhibition was carried out by Stephen Inglis. – Hull (Quebec) : Canadian Museum of Civilization, c1989. – 144 p. : ill. (some col.), ports. – 0660107880

An exhibition of the works of the ten artisans who received the Saidye Bronfman Award for Excellence in the Crafts between 1977 and 1986. Most of the works exhibited are held by the Canadian Museum of Civilization. Chronologically arranged. Entries include: brief essay discussing the artisan's medium, style and subject matter; chronology of events; solo and group exhibitions; commissions and collections; teaching positions and workshops; publications; television appearances and radio interviews; honours and awards. Black and white and colour photographs of works with notes on title, date, medium, construction, dimensions, Canadian Museum of Civilization accession number or name of lender. Bibliography. Also published in French under the title: *De main de maître : les lauréats du Prix d'excellence en artisanat Saidye Bronfman, 1977-1986.* NK841 M37 1989 745.507971

Exposition des oeuvres de dix artisans qui, entre 1977 et 1986, ont remporté le Prix d'excellence en artisanat Saidye Bronfman. La plupart des oeuvres exposées se trouvent au Musée canadien des civilisations. Classement chronologique. Les notices comprennent: un court essai sur le médium, le style de l'artiste, et sur le sujet traité; un tableau chronologique; les expositions individuelles ou collectives; les commissions et les collections; les cours et les ateliers donnés; les publications; les entrevues à la télévision et à la radio; les distinctions et les prix. Photographies des oeuvres, en noir et blanc ou en couleurs, avec titre, date, médium, construction, dimensions, numéro d'inventaire du Musée canadien des civilisations ou nom du propriétaire de l'oeuvre. Bibliographie. Publié aussi en français sous le titre: *De main de maître : les lauréats du Prix d'excellence en artisanat Saidye Bronfman, 1977-1986.* NK841 M37 1989 745.507971

2343

Richesse des métiers d'art canadiens : exposition inaugurale = A treasury of Canadian craft : inaugural exhibition. – Sam Carter, guest curator ; translation, Yolande Burchell, Réjean Beaudoin. – Vancouver : Canadian Craft Museum, c1992. – 168 p. : ill. (some col.). – 1895695007

The bilingual catalogue of an exhibition of works by 198 Canadian artisans held at the Canadian Craft Museum in 1992. Includes works in glass, wood, clay, metal, fibre, etc. Essays on the history of craft in Canada and developments in craftmaking in the regions. The catalogue is arranged in two sections: selected historical treasures and contemporary treasures. Contemporary works are arranged alphabetically by name of artisan. Black and white photographs of historical works

Catalogue bilingue d'une exposition qui regroupait les oeuvres de 198 artisans canadiens et qui a eu lieu au Musée canadien des métiers d'art en 1992. Inclut des oeuvres en verre, en bois, en argile, en métal, en fibres, etc. Essais sur l'histoire des métiers d'art au Canada et sur les développements de l'artisanat dans les régions. Le catalogue est classé en deux sections: trésors historiques choisis et trésors contemporains. Les oeuvres contemporaines sont classées en

and colour photographs of contemporary works are accompanied by the following notes: name, date of birth and place of residence of artisan, title of work, medium, dimensions, date of creation, artisan's statement or, for historical treasures, notes about the object. NK841 R52 1992   745.5097107471133

ordre alphabétique par noms d'artisans. Les photographies en noir et blanc des oeuvres d'importance historique et les photographies en couleurs des oeuvres contemporaines sont accompagnées des données suivantes: nom, date de naissance et lieu de résidence de l'artisan, titre de l'oeuvre, médium, dimensions, date de création, déclaration de l'artisan ou, dans le cas des oeuvres historiques, notes sur l'objet.   NK841 R52 1992   745.5097107471133

2344

Richesse des métiers d'art canadiens : exposition inaugurale = *A treasury of Canadian craft : inaugural exhibition.* – Sam Carter, conservateur invité ; traduction Yolande Burchell, Réjean Beaudoin. – Vancouver : Musée canadien des métiers d'art, c1992. – 168 p. : ill. (certaines en coul.). – 1895695007

The bilingual catalogue of an exhibition of works by 198 Canadian artisans held at the Canadian Craft Museum in 1992. Includes works in glass, wood, clay, metal, fibre, etc. Essays on the history of craft in Canada and developments in craftmaking in the regions. The catalogue is arranged in two sections: selected historical treasures and contemporary treasures. Contemporary works are arranged alphabetically by name of artisan. Black and white photographs of historical works and colour photographs of contemporary works are accompanied by the following notes: name, date of birth and place of residence of artisan, title of work, medium, dimensions, date of creation, artisan's statement or, for historical treasures, notes about the object. NK841 R52 1992   745.5097107471133

Catalogue bilingue d'une exposition qui regroupait les oeuvres de 198 artisans canadiens et qui a eu lieu au Musée canadien des métiers d'art en 1992. Inclut des oeuvres en verre, en bois, en argile, en métal, en fibres, etc. Essais sur l'histoire des métiers d'art au Canada et sur les développements de l'artisanat dans les régions. Le catalogue est classé en deux sections: trésors historiques choisis et trésors contemporains. Les oeuvres contemporaines sont classées en ordre alphabétique par noms d'artisans. Les photographies en noir et blanc des oeuvres d'importance historique et les photographies en couleurs des oeuvres contemporaines sont accompagnées des données suivantes: nom, date de naissance et lieu de résidence de l'artisan, titre de l'oeuvre, médium, dimensions, date de création, déclaration de l'artisan ou, dans le cas des oeuvres historiques, notes sur l'objet.   NK841 R52 1992   745.5097107471133

Atlantic Provinces

Provinces de l'Atlantique

2345

Atlantic visions : crafts from Canada's four Atlantic Provinces = *Visions de l'Atlantique : artisanat des quatres provinces atlantiques du Canada.* – Organized by the Atlantic Caucus of the Canadian Crafts Council. – [St. John's] : Atlantic Juried Craft Exhibition, c1982. – 93 p. : ill. (some col.). – 0969115105

The catalogue of an exhibition of 141 crafts from the Atlantic Provinces. Bilingual introduction and essay. Arranged in sections for award winners, body adornments, containers, garments, household furnishings, household textiles, implements, non-functional objects and playthings. Black and white photographs of works are accompanied by the following notes: name of artist, province, type or title of work, medium, technique, dimensions. Colour photographs of the award-winning works. Index of exhibiting artisans arranged by province. Index entries include name, address, date and place of birth and education.   TT6 C3 C43 1982   745.509715074718

Catalogue d'une exposition de 141 oeuvres d'artisanat des provinces de l'Atlantique. Introduction et essai bilingues. Sections pour les gagnants de prix, les parures, les récipients, les vêtements, les effets d'intérieur, les textiles de maison, les outils, les objets non-fonctionnels et les jouets. Les photographies en noir et blanc des oeuvres sont accompagnées des données suivantes: nom de l'artiste, province, type d'objet ou titre de l'oeuvre, médium, technique, dimensions. Photographies en couleurs des oeuvres gagnantes. Index des artisans qui participaient à l'exposition classés par provinces. Les notices de l'index contiennent le nom, l'adresse, la date et le lieu de naissance, et les études.   TT6 C3 C43 1982   745.509715074718

2346

Buy what's new, New Brunswick = *Métiers d'art, Nouveau-Brunswick.* – [196?]-   . – [Fredericton] : Dept. of Economic Development and Tourism, [196?]-   . –   vol. : maps. – Cover title.

Annual. A bilingual directory of craft shops, studios and sales in New Brunswick. Arranged by region. Entries include name, mailing address, location and telephone number of shop or studio, types of crafts made and/or sold and business hours. List of craft sales. Directory of New Brunswick craft associations. Index of shops/studios arranged by medium. Title varies: 1962, *New Brunswick handicrafts*; 1968, *Directory of New Brunswick crafts and craftsmen*; 1976, *New Brunswick craftsmen and craft shops* = *Artisans et boutiques d'artisanat du Nouveau-Brunswick*; 1984, 1986, *Guide to crafts New Brunswick* = *Guide de l'artisanat Nouveau-Brunswick*; 1987-1989, *Craft directory* = *Répertoire d'artisanat*; 1990?-1992, *Your [...] New Brunwick craft directory* = *Votre guide répertoire d'artisanat [...] du Nouveau-Brunswick*. Imprint varies.   NX120 C3   745.502947151

Annuel. Répertoire bilingue des boutiques, des ateliers et des ventes d'artisanat au Nouveau-Brunswick. Classement par régions. Les notices contiennent le nom, l'adresse postale, l'emplacement et le numéro de téléphone de la boutique ou de l'atelier, les types d'objets d'artisanat fabriqués et (ou) vendus et les heures d'ouverture. Liste des ventes d'artisanat. Répertoire des associations d'artisans du Nouveau-Brunswick. Index des boutiques et des ateliers classés par médiums. Le titre varie: 1962, *New Brunswick handicrafts*; 1968, *Directory of New Brunswick crafts and craftsmen*; 1976, *New Brunswick craftsmen and craft shops* = *Artisans et boutiques d'artisanat du Nouveau-Brunswick*; 1984, 1986, *Guide to crafts New Brunswick* = *Guide de l'artisanat Nouveau-Brunswick*; 1987-1989, *Craft directory* = *Répertoire d'artisanat*; 1990?-1992, *Your [...] New Brunswick craft directory* = *Votre guide répertoire d'artisanat [...] du Nouveau-Brunswick*. L'adresse bibliographique varie.   NX120 C3 745.502947151

2347

Buy what's new, New Brunswick = Métiers d'art, Nouveau-Brunswick. – [196?]- . – [Fredericton] : Ministère du développement économique et du tourisme, [196?]- . – vol. : cartes. – Titre de la couv.

Annual. A bilingual directory of craft shops, studios and sales in New Brunswick. Arranged by region. Entries include name, mailing address, location and telephone number of shop or studio, types of crafts made and/or sold and business hours. List of craft sales. Directory of New Brunswick craft associations. Index of shops/ studios arranged by medium. Title varies: 1962, *New Brunswick handicrafts*; 1968, *Directory of New Brunswick crafts and craftsmen*; 1976, *New Brunswick craftsmen and craft shops = Artisans et boutiques d'artisanat du Nouveau-Brunswick*; 1984, 1986, *Guide to crafts New Brunswick = Guide de l'artisanat Nouveau-Brunswick*; 1987-1989, *Craft directory = Répertoire d'artisanat*; 1990?-1992, *Your [...] New Brunwick craft directory = Votre guide répertoire d'artisanat [...] du Nouveau-Brunswick*. Imprint varies. NX120 C3 745.502947151

Annuel. Répertoire bilingue des boutiques, des ateliers et des ventes d'artisanat au Nouveau-Brunswick. Classement par régions. Les notices contiennent le nom, l'adresse postale, l'emplacement et le numéro de téléphone de la boutique ou de l'atelier, les types d'objets d'artisanat fabriqués et (ou) vendus et les heures d'ouverture. Liste des ventes d'artisanat. Répertoire des associations d'artisans du Nouveau-Brunswick. Index des boutiques et des ateliers classés par médiums. Le titre varie: 1962, *New Brunswick handicrafts*; 1968, *Directory of New Brunswick crafts and craftsmen*; 1976, *New Brunswick craftsmen and craft shops = Artisans et boutiques d'artisanat du Nouveau-Brunswick*; 1984, 1986, *Guide to crafts New Brunswick = Guide de l'artisanat Nouveau-Brunswick*; 1987-1989, *Craft directory = Répertoire d'artisanat*; 1990?-1992, *Your [...] New Brunwick craft directory = Votre guide répertoire d'artisanat [...] du Nouveau-Brunswick*. L'adresse bibliographique varie. NX120 C3 745.502947151

2348

Buyer's guide to art & crafts in Nova Scotia. – (1947?)- . – Halifax : Nova Scotia Department of Tourism and Culture, [1947?]- . – vol. : maps.

Irregular. A directory of people, shops and galleries in Nova Scotia that sell and/or exhibit crafts. Arranged by county. Entries include name, address, telephone number, business hours and a description of the types of crafts made, sold and/or exhibited. Directories of Nova Scotia art and craft organizations and sources of supplies. List of events. Index of artists and craftspeople arranged by medium. Title varies: 1947-1957?, *Where to buy handcrafts in Nova Scotia*; 1958-1960, *Handcrafts in Nova Scotia*; 1961?-1973, *Handcraft directory of Nova Scotia*; 1974-1978, *Nova Scotia handcraft directory*; 1979, *Handcraft directory of Nova Scotia*; 1983, *Buyer's guide to arts & crafts in Nova Scotia*; 1980-1982, 1984- , *Buyer's guide to art & crafts in Nova Scotia*. Imprint varies. NX120 C3 745.50294716

Irrégulier. Répertoire des personnes, des boutiques et des galeries de la Nouvelle-Écosse qui vendent et (ou) qui exposent des travaux d'artisanat. Classement par comtés. Les notices comprennent le nom, l'adresse, le numéro de téléphone, les heures d'ouverture et une description des types d'objets fabriqués, vendus ou exposés. Répertoires des organisations d'art et d'artisanat de la Nouvelle-Écosse et des sources d'approvisionnement dans la province. Liste des événements. Index des artistes et des artisans avec classement par médiums. Le titre varie: 1947-1957?, *Where to buy handcrafts in Nova Scotia*; 1958-1960, *Handcrafts in Nova Scotia*; 1961?-1973, *Handcraft directory of Nova Scotia*; 1974-1978, *Nova Scotia handcraft directory*; 1979, *Handcraft directory of Nova Scotia*; 1983, *Buyer's guide to arts & crafts in Nova Scotia*; 1980-1982, 1984- , *Buyer's guide to art & crafts in Nova Scotia*. L'adresse bibliographique varie. NX120 C3 745.50294716

2349

Hats off to crafts : a juried exhibition of contemporary Prince Edward Island crafts. – Organized by the Prince Edward Island Crafts Council, the Confederation Centre Art Gallery and Museum. – [Charlottetown : Confederation Centre Art Gallery and Museum, 1986?]. – 53 p. : ill. (some col.). – 0920029364

The catalogue of a juried exhibition of works by 44 Prince Edward Island artisans. Includes fibre and metal arts, woodwork, ceramics, etc. Black and white photographs of works with notes on title, medium and dimensions. Colour photographs of nine award-winning pieces. Brief biographies. Artisan index. NK842 745.5097170747175

Catalogue d'une exposition avec jury des oeuvres de 44 artisans de l'Île-du-Prince-Édouard. Inclut des oeuvres en fibres, en métal, en bois, en céramique, etc. Photographies en noir et blanc avec titre de l'oeuvre, médium et dimensions. Photographies en couleurs de neuf oeuvres gagnantes. Courtes biographies. Index des artisans. NK842 745.5097170747175

2350

The landscape of craft. – Edited by George Fry with an introduction by Nancy Bauer and photographs by Dale McBride. – Fredericton : Goose Lane : New Brunswick Crafts Council, 1990. – [91] p. : ill. (some col.). – 0864921306

A book of beautifully photographed crafts by New Brunswick artisans. Includes works in fibre, wood, glass, metal, clay, paper, etc. Arranged in sections such as form, line, texture, colour and content. Notes on each work include title, medium, dimensions, name and place of residence of artist, description of technique, subject matter, etc., and collection. NK842 N38 L36 1990 745.509715

Livre qui contient de belles photographies d'oeuvres réalisées par des artisans du Nouveau-Brunswick. Inclut des oeuvres en fibres, en bois, en verre, en métal, en argile, en papier, etc. Sections pour, la forme, les lignes, la texture, la couleur et le contenu. Les données fournies pour chaque oeuvre incluent le titre, le médium, les dimensions, le nom et le lieu de résidence de l'artiste, la description de sa technique, le sujet traité, etc., et la collection. NK842 N38 L36 1990 745.509715

2351

Newfoundland and Labrador craft directory. – (1981?)-   . – St. John's : Dept. of Development, [198?]-   . –   vol. : ill., maps. – 0846-6416 – Cover title.

Annual. A directory of craft shops and artisans in Newfoundland and Labrador. Arranged by region. Entries include name, address, telephone number and description of types of crafts sold. Title varies: 1981, 1982/83, 1984, 1986, *Crafts of Newfoundland and Labrador*; 1988-   , *Newfoundland and Labrador craft directory*. Imprint varies.   NX120 C3   745.50294718

Annuel. Répertoire des boutiques d'artisanat et des artisans de Terre-Neuve et du Labrador. Classement par régions. Les notices incluent le nom, l'adresse, le numéro de téléphone et la description des types d'objets d'artisanat vendus. Le titre varie: 1981, 1982/83, 1984, 1986, *Crafts of Newfoundland and Labrador*; 1988-   , *Newfoundland and Labrador craft directory*. L'adresse bibliographique varie. NX120 C3   745.50294718

2352

Patterns : applied & implied. – [Halifax : Nova Scotia Designer Crafts Council, 1989]. – 48 p. : ill. (some col.). – 0969410905

The catalogue of an exhibition of 51 works by 42 Nova Scotia artisans. Curated by the Nova Scotia Designer Crafts Council and mounted and toured by the Art Gallery of Nova Scotia. Includes works in fibre, wood and metal, stoneware, earthenware, etc. Introductory essay on the history of pattern. Entries include photograph of work, name of artist, title or type of object, medium and dimensions. Nineteen colour photographs. Alphabetically arranged index of exhibiting artisans with addresses.   NK1413 A3 N6 1989 745.509716074716225

Catalogue d'une exposition de 51 oeuvres réalisées par 42 artisans de la Nouvelle-Écosse. Le Nova Scotia Designer Crafts Council a organisé et préparé l'exposition. L'Art Gallery of Nova Scotia l'a montée et l'a présentée à plusieurs endroits. Inclut des oeuvres en fibres, en bois, en métal, en grès, en terre cuite, etc. Essai de présentation sur l'histoire des modèles. Chaque notice inclut une photographie de l'oeuvre, le nom de l'artiste, le titre ou le type d'objet, le médium et les dimensions. Dix-neuf photographies en couleurs. Index alphabétique des exposants avec leur adresse.   NK1413 A3 N6 1989 745.509716074716225

British Columbia

Colombie-Britannique

2353

Craftsmen's Association of British Columbia. – *An illustrated directory of crafts in British Columbia.* – Vancouver : Craftsmen's Association of British Columbia, 1983. – 95 p. : ill. – Cover title.

A directory of 400 British Columbia artisans who are members of the Association. Arranged by medium including ceramics, fibre, leather, glass, jewellery, metal, wood, paper, musical instruments, toys, etc. Entries for artisans include business name, address, telephone number, type of craft, business hours, exhibitions and training. Small black and white photographs of one work by each artist. Artisan, regional and business-name indexes.   NK842 B7 I45 1983 fol.   745.5025711

Répertoire de 400 artisans de la Colombie-Britannique qui sont membres de cette association. Classement par médiums comprenant la céramique, le travail des fibres, du cuir, du verre, du métal, du bois ou du papier, la fabrication d'instruments de musique, de bijoux, de jouets, etc. Les notices sur les artisans incluent les données suivantes: raison sociale, adresse, numéro de téléphone, forme d'artisanat, heures d'ouverture, expositions et formation. Petite photographie en noir et blanc d'une oeuvre de chaque artiste. Index: artisans, régional, raisons sociales.   NK842 B7 I45 1983 fol.   745.5025711

2354

The craftsperson's resource guide to British Columbia. – [1992/93?]-   . – Vancouver : Crafts Association of British Columbia, [1992?]-   . –   vol. – Cover title.

Annual. A directory of retail craft outlets, Native art retailers, craft fairs, suppliers, educational programmes, craft organizations and councils of British Columbia. Retailers are arranged by location, suppliers and craft organizations by medium. Entries for retail outlets include address, telephone number, media exhibited or sold and hours. Also includes a short essay on starting a business in British Columbia.   NX120   745.50294711

Annuel. Répertoire des points de vente d'artisanat, des détaillants d'art autochtone, des foires d'artisanat, des fournisseurs, des programmes éducatifs ainsi que des organismes et des conseils de l'artisanat de la Colombie-Britannique. Les détaillants sont classés par lieux, les fournisseurs et les organismes d'artisanat par médiums. Les notices sur les points de vente au détail contiennent l'adresse, le numéro de téléphone, les types d'objets exposés ou vendus et les heures d'ouverture. Inclut aussi un court essai sur la façon de mettre sur pied une entreprise en Colombie-Britannique.   NX120 745.50294711

2355

Made by hand : the pleasures of making. – Written and edited by Louise M. Jackson. – Vancouver : Canadian Craft Museum, c1993. – 32 p. – 1895695023

The catalogue of a juried exhibition of works in various media by 25 artisans of British Columbia. The exhibition was sponsored by the Craft Association of British Columbia and held at the Canadian Craft Museum in Vancouver. Artisan entries are alphabetically arranged and include: place of residence, place and date of birth, list of works exhibited with notes on title, date, medium and dimensions, brief essay on career and art, black and white photograph of one of the exhibited works.   NK842 B& J32 1993 745.50971107471133

Catalogue d'une exposition avec jury qui portait sur des oeuvres réalisées dans divers médiums par 25 artisans de la Colombie-Britannique. L'exposition était parrainée par la Craft Association of British Columbia et avait lieu au Musée canadien des métiers d'art à Vancouver. Les notices sur les artisans classées alphabétiquement comprennent: le lieu de résidence, le lieu et la date de naissance, une liste des oeuvres exposées avec titre, date, médium et dimensions, un court essai sur la carrière et l'art de l'artisan ainsi qu'une photographie en noir et blanc de l'une des oeuvres exposées. NK842 B& J32 1993   745.50971107471133

Ontario

Ontario

2356

Annual craft shows in Ontario. – (1976)- . – [Toronto] : Ontario Crafts Council, 1976- . – vol. – 1184-2628

Annual. A chronologically arranged directory of annual craft shows in Ontario. Entries include name and date of show, name and address of contact person, location and notes on types of crafts accepted, attendance, hours, admission charges, etc. Town, show date and application deadline indexes. Title varies: 1976-?, *Annual and biennial craft fairs and exhibitions in Ontario*; 1981-1989, *Shows list : annual craft fairs in Ontario*; 1990, *Annual craft fairs in Ontario*; 1991, *Craft shows in Ontario.* NX120 C3 O5 745.50294713

Annuel. Répertoire chronologique des expositions annuelles d'artisanat en Ontario. Les notices comprennent le nom et la date de l'exposition, le nom et l'adresse de la personne-ressource, l'emplacement, ainsi que les types d'objets d'artisanat acceptés, le nombre de visiteurs, les heures d'ouverture, les frais d'admission, etc. Index: villes, dates d'exposition, dates de tombée pour les demandes de participation. Le titre varie: 1976-?, *Annual and biennial craft fairs and exhibitions in Ontario*; 1981-1989, *Shows list : annual craft fairs in Ontario*; 1990, *Annual craft fairs in Ontario*; 1991, *Craft shows in Ontario.* NX120 C3 O5 745.50294713

2357

Crafts in Ontario. – (1966)- . – [Toronto] : Ontario Crafts Council, 1966- . – vol. – 1184-0285

Irregular. A directory of 250 craft shops and galleries in Ontario. Arranged by region and city or town. Entries include name of shop or gallery, address, telephone number, date established, name of contact person, business hours, description of crafts carried or exhibited, price range and credit cards accepted. Geographical and shop/gallery indexes. Title varies: 1966, *Ontario craft directory*; 1967, *Ontario crafts & gifts*; 4th ed., ?, 5th ed., 1974, 6th ed., 1978, *Ontario craft directory*; 1981, *Ontario crafts directory*; 1986, *Craft shops, galleries in Ontario*; 1990, *Crafts in Ontario.* Imprint varies. NX120 C3 05 745.50294713

Irrégulier. Répertoire de 250 boutiques et galeries d'artisanat en Ontario. Classement par régions et par villes. Les notices comprennent le nom de la boutique ou de la galerie, l'adresse, le numéro de téléphone, la date de fondation, le nom de la personne-ressource, les heures d'ouverture, la description des types d'objets vendus ou exposés, la gamme de prix et les cartes de crédit acceptées. Index géographique et index des boutiques et des galeries. Le titre varie: 1966, *Ontario craft directory*; 1967, *Ontario crafts & gifts*; 4ᵉ éd., ?, 5ᵉ éd., 1974, 6ᵉ éd., 1978, *Ontario craft directory*; 1981, *Ontario crafts directory*; 1986, *Craft shops, galleries in Ontario*; 1990, *Crafts in Ontario.* L'adresse bibliographique varie. NX120 C3 05 745.50294713

2358

Make (māk) contemporary crafts 1971 : an exhibit of contemporary crafts by Ontario's leading designer-craftsmen. – [Toronto : Canadian Guild of Crafts (Ontario), 1971?]. – 1 vol. (unpaged) : ill.

The catalogue of an exhibition of 119 works by Ontario artisans sponsored by the Canadian Guild of Crafts (Ontario) and the Ontario Science Centre. Includes earthenware, stoneware and works in fibre, metal, wood, glass and plastic. Black and white photographs of pieces are alphabetically arranged by name of artisan. Brief biographies include address, place and date of birth, education, list of works exhibited. Slide kit available from the Ontario Craft Council, Craft Resource Centre. NK520 C3 T63 745.509713074713541

Catalogue d'une exposition qui regroupait 119 oeuvres réalisées par des artisans de l'Ontario et qui était parrainée par la Guilde canadienne des métiers d'arts (Ontario) et par le Centre des sciences de l'Ontario. Inclut des oeuvres en terre cuite, en grès, en fibres, en métal, en bois, en verre et en plastique. Les photographies d'oeuvres en noir et blanc sont classées en ordre alphabétique par noms d'artisans. Les courtes biographies des artisans comprennent l'adresse, le lieu et la date de naissance, les études et la liste des oeuvres exposées. Jeu de diapositives disponible auprès du Craft Resource Centre du Conseil de l'artisanat de l'Ontario. NK520 C3 T63 745.509713074713541

2359

Ontario crafts. – (1975)- . – Toronto : Ontario Crafts Council, 1975- . – vol. : col. ill.

Annual, 1975-1983; biennial, 1985- . The catalogue of a juried exhibition of works by Ontario artisans, organized by the Ontario Crafts Council. Includes works in metal, wood, glass, fibre, clay, etc. Entries include name of artist, place of residence, title, medium, dimensions and award, if any. Colour photographs of award-winning works. Slide kits available from the Ontario Crafts Council, Craft Resource Centre. TT27 O6 O58 745.509713074713541

Annuel, 1975-1983; biennal, 1985- . Catalogue d'une exposition avec jury qui regroupait des oeuvres réalisées par des artisans de l'Ontario et qui était organisée par le Ontario Crafts Council. Inclut des oeuvres en métal, en bois, en verre, en fibres, en argile, etc. Les notices comprennent le nom de l'artiste, son lieu de résidence, le titre de l'oeuvre, le médium, les dimensions et, s'il y a lieu, les prix remportés. Photographies en couleurs des oeuvres gagnantes. Jeu de diapositives disponible auprès du Craft Resource Centre du Ontario Crafts Council. TT27 O6 O58 745.509713074713541

Prairie Provinces

Provinces des Prairies

2360

Alberta gallery & craft outlet guide. – (1978)- . – Edmonton : Alberta Culture and Multiculturalism, [1978?]- . – vol. : ill.

Annual? A directory of art galleries and craft outlets in Alberta. Arranged in two sections for southern and northern Alberta, each of which is alphabetically arranged by city or town. Entries include name, address, telephone number, media sold/exhibited, hours and credit cards accepted. Title varies: 1978, *Artist's gallery guide*; 1979/80-1981/82, *Handbook for artists & collectors*; 1983-1984, *Guide*

Annuel? Répertoire des galeries d'art et des points de vente d'artisanat en Alberta. Deux sections: sud et nord de l'Alberta, subdivisées alphabétiquement par villes. Les notices comprennent le nom, l'adresse, le numéro de téléphone, les genres d'objets vendus ou exposés, les heures d'ouverture et les cartes de crédit acceptées. Le titre varie: 1978, *Artist's gallery guide*; 1979/80-1981/82, *Handbook* to art galleries in Alberta; 1985, *Guide to art galleries and craft outlets in Alberta*; 1989, *A guide to craft outlets in Alberta*; 1992? *Alberta gallery & craft outlet directory.* NX120 C3 708.1123025

2361

Guide to craft in Manitoba. – (1983?)- . – Winnipeg : Manitoba Crafts Council, [1983?]- . – vol. : ill., maps.

Irregular. A directory of craft shops, galleries and studios in Manitoba. Entries include name, address, telephone number, hours and description of types of works sold or exhibited. List of craft events. Title varies: 1983, *The guide to crafts in Manitoba*; 1987, *The gift of hands.* NX120 C3 745.502947127

2362

Handspirits : a major travelling exhibition of contemporary Alberta crafts. – Presented by the Alberta Crafts Council. – Edmonton : Alberta Crafts Council, c1985. – 47 p. : ill. (some col.). – 0920677061

The catalogue of a juried exhibition of 54 works by 48 Alberta artisans. Includes fibre and metal arts, ceramics, woodwork etc. Colour photographs of 24 pieces. Artisans' biographies include places of birth and residence, education, exhibitions, commissions, collections and list of works exhibited with notes on medium and dimensions. NK142 A4 H258 1985 745.5097123074712334

2363

In praise of crafts 1988 = Louange aux métiers d'art 1988. – By the Crafts Guild of Manitoba. – Winnipeg : Winnipeg Art Gallery, c1988. – 84 p. : ill. (some col.). – 0889151504

The catalogue of an exhibition of Manitoba crafts, organized by the Crafts Guild of Manitoba to mark its 60th anniversary. Includes works in fibre, clay, wood, metal, etc. Alphabetically arranged by name of artisan. Entries include place of birth/residence and the following notes on works exhibited: title or type of work, medium, dimensions. Black and white photographs of pieces by each artisan. Colour photographs of the eleven award-winning works. NK842 M3 I56 1988 fol. 745.509712707471272

2364

Reflections on three plains : contemporary crafts. – Winnipeg : Winnipeg Art Gallery, c1984. – 72 p. : ill. (some col.). – 0889151180

The catalogue of an exhibition of 73 works by artisans from the Prairie Provinces. Organized by the Manitoba Crafts Council and the Winnipeg Art Gallery. Arranged by medium such as ceramics, fibre, enamel, glass, leather, metal, paper, wood, mixed media. Entries for artisans include: place of residence, place and date of birth, education, craft affiliations, title, date, medium and dimensions of exhibited works. One piece by each artisan photographed in black and white. Colour photographs of four award-winning works. Alphabetically arranged list of artisans included in the exhibition. List of award-winning works. NK842 P7 R44 1984 fol. 745.509712074712743

Quebec

2365

Biron, Normand. – ***Répertoire des programmes d'aide disponibles aux artisans professionnels.*** – Normand Biron, Normand Paquin. – 1ʳᵉ éd. – Montréal : Institut des métiers d'art, Cégep du Vieux Montréal, c1992. – 1 vol. (non-paginé). – 2980305618

A directory of government and private programmes to aid professional artisans of Quebec. Includes programmes which offer financial aid, services or courses. Entries are arranged by the name of the sponsoring agency and include information on programme objectives, conditions of admissibility, aid offered, address and telephone number of agency. Numerous appendices provide directory and descriptive information related to the sponsoring agencies and their programmes. Index of programmes arranged by type. TT27 Q8 B57 1992 fol. 745.5025714

---

for artists & collectors; 1983-1984, *Guide to art galleries in Alberta*; 1985, *Guide to art galleries and craft outlets in Alberta*; 1989, *A guide to craft outlets in Alberta*; 1992? *Alberta gallery & craft outlet directory.* NX120 C3 708.1123025

Irrégulier. Répertoire des boutiques d'artisanat, des galeries et des ateliers au Manitoba. Les notices comprennent le nom, l'adresse, le numéro de téléphone, les heures d'ouverture et la description des types d'oeuvres vendues ou exposées. Liste des événements relatifs à l'artisanat. Le titre varie: 1983, *The guide to crafts in Manitoba*; 1987, *The gift of hands.* NX120 C3 745.502947127

Catalogue d'une exposition avec jury de 54 oeuvres réalisées par 48 artisans de l'Alberta. Inclut des oeuvres en fibres, en métal, en céramique, en bois, etc. Photographies en couleurs de 24 oeuvres. Les biographies des artisans comprennent les lieux de naissance et de résidence, les études, les expositions, les commissions, les collections et la liste des oeuvres exposées avec médium et dimensions. NK142 A4 H258 1985 745.5097123074712334

Catalogue d'une exposition d'artisanat du Manitoba, organisée par la Crafts Guild of Manitoba pour souligner son 60ᵉ anniversaire. Inclut des oeuvres en fibres, en argile, en bois, en métal, etc. Classement alphabétique par noms d'artisans. Les notices incluent le lieu de naissance ou de résidence et les données suivantes sur les oeuvres exposées: titre ou type d'objet, médium, dimensions. Photographies en noir et blanc d'oeuvres de chaque artisan. Photographies en couleurs des onze oeuvres gagnantes. NK842 M3 I56 1988 fol. 745.509712707471272

Catalogue d'une exposition qui regroupait 73 oeuvres réalisées par des artisans des Prairies et qui était organisée par le Manitoba Crafts Council et le Winnipeg Art Gallery. Classement par médiums, comme la céramique, l'émail, le travail des fibres, du verre, du cuir, du métal, du papier, du bois ou de plusieurs de ces médiums. Les notices sur les artisans comprennent: lieu de résidence, lieu et date de naissance, études, affiliations d'artisans, titre, date, médium et dimensions des oeuvres exposées. Pour chaque artisan, une photographie en noir et blanc d'une oeuvre. Photographies en couleurs de quatre oeuvres gagnantes. Liste alphabétique des artisans qui ont participé à l'exposition. Liste des oeuvres gagnantes. NK842 P7 R44 1984 fol. 745.509712074712743

Québec

Répertoire des programmes gouvernementaux et privés conçus pour aider les artisans professionnels du Québec. Inclut des programmes qui offrent un soutien financier, des services ou des cours. Les notices sont classées selon le nom de l'organisme parrain et comprennent des données sur les objectifs du programme, les conditions d'admissibilité, l'aide offerte, l'adresse et le numéro de téléphone de l'organisme. De nombreuses annexes fournissent un répertoire et des détails relatifs aux organismes parrains et à leurs programmes. Index des programmes classés par types. TT27 Q8 B57 1992 fol. 745.5025714

2366

Grand prix des métiers d'art. – (1984)-   . – [Montréal?] : Grand prix des métiers d'art, 1984-   . –   vol. : ill. (certaines en coul.). – 0829-2337

Annual. The bilingual catalogue of an exhibition of works by Quebec artisans who competed for the Grand prix des métiers d'art as well as works by Canadian and foreign artisans invited to exhibit. Includes colour photographs of exhibited works with title, date, medium and dimensions. Biographies of artists.   NK520 C3 G7 745.50971407471428

Annuel. Catalogue bilingue d'une exposition d'oeuvres réalisées par des artisans du Québec qui se disputaient le Grand prix des métiers d'art, ainsi que d'oeuvres réalisées par des artisans canadiens et étrangers qui étaient invités à participer à l'exposition. Comprend des photographies en couleurs d'oeuvres exposées avec titre, date, médium et dimensions. Biographies des artistes.   NK520 C3 G7 745.50971407471428

2367

Guide des artisans du Québec. – Montréal : Stanké, c1983. – 190 p., [16] p. de planches en coul. : ill., portr. – 2760402150

Brief biographies of Quebec artisans, alphabetically arranged. Entries include an artist's statement, information on training, exhibitions, etc., address, telephone number, black and white photographs of works and a portrait. Directory of members of the Salon des métiers d'art du Québec, arranged by medium.   TT12 G95 1983 fol.   745.5025714

Courtes biographies d'artisans du Québec, selon un classement alphabétique. Les notices comprennent une déclaration de l'artiste, des données sur sa formation, les expositions, etc. son adresse, son numéro de téléphone, des photographies d'oeuvres en noir et blanc et un portrait. Répertoire des membres du Salon des métiers d'art du Québec, classés par médiums.   TT12 G95 1983 fol. 745.5025714

2368

Saint-Pierre, Louise. – *Bibliographie québécoise de l'artisanat et des métiers d'art (1689-1985).* – Québec : Centre de formation et de consultation en métiers d'art, c1986. – xxi, 205 p. – 2920790013

Revises: 1981, *Bibliographie de l'artisanat québécois.* A bibliography of over 4,000 books, periodical and newspaper articles, studies, theses, official publications, exhibition catalogues and audio-visual materials on Quebec crafts. Includes French- and English-language documents. Arranged in two parts: Quebec crafts; Indian and Inuit crafts. Each part is divided into the following sections: general works; media such as wood, leather, ink, metal, stone, silicate, fibre, etc.; specialized works such as exhibition catalogues, theses, periodicals; audio-visual materials; bibliographies. References include codes for media discussed. Brief notes on subject matter. Some locations. Z6154 Q8 S33 1986 fol.   016.745509714

Révise: 1981, *Bibliographie de l'artisanat québécois.* Bibliographie de plus de 4 000 livres, articles de périodiques et de journaux, études, thèses, publications officielles, catalogues d'exposition et documents audiovisuels sur l'artisanat au Québec. Inclut des documents en français et en anglais. Classement en deux parties: les métiers d'art québécois; les métiers d'art amérindiens et inuit. Chaque partie est subdivisée de la façon suivante: ouvrages de nature générale; les médiums comme le bois, le cuir, l'encre, le métal, la pierre, le silicate, les fibres, etc.; les ouvrages spécialisés, comme les catalogues d'exposition, les thèses, les périodiques; les documents audiovisuels; les bibliographies. Les références comprennent des codes pour les médiums dont il est question. Courtes notes sur le sujet traité. Quelques localisations.   Z6154 Q8 S33 1986 fol.   016.745509714

2369

Simard, Cyril. – *Artisanat québécois.* – Montréal : Éditions de l'Homme, c1975-   . –   vol. : ill., portr. – 0775904783 (vol. 1) 0775904902 (vol. 2) 0775905224 (vol. 3) 276190561X (vol. 4)

A study of Quebec crafts. Vol. 1, wood and fibre; vol. 2, ceramics, enamel, iron, glass, pewter, gold, silver, jewellery, candles, dolls, leather, handmade paper, engraving, bookbinding; vol. 3, Indian and Inuit arts; vol. 4, lace, felt, embroidery, pipes, violin making, basketry. The following aspects of each craft are discussed: individuals, institutions and events contributing to its development; technique; criteria of authenticity and quality; conservation and restoration; suggested readings; museums, exhibitions, etc. Numerous black and white photographs of works of art and artisans, line drawings of motifs and construction techniques and some colour plates. Directory of general information in vol. 3, including a bibliography of books, studies, periodicals, exhibition catalogues and audio-visual materials, lists of Quebec craft associations, organizations offering technical assistance, Canadian federal and provincial craft organizations and agencies, etc. Index in each volume.   TT157 S54 745.509714

Étude de l'artisanat québécois. Vol. 1, bois et textiles; vol. 2, poterie et céramique, émail, fer, verre, étain, or, argent, bijoux, chandelles, poupées, cuir, papier fait à la main, gravure, reliure; vol. 3, arts amérindiens et inuit; vol. 4, dentelle, feutre, broderie, pipes, lutherie du violon, vannerie. Pour chaque forme d'artisanat, les aspects suivants sont discutés: personnes, établissements et événements qui ont contribué à son développement; technique; critères d'authenticité et de qualité; conservation et restauration; lectures suggérées; musées, expositions, etc. Nombreuses photographies en noir et blanc d'oeuvres d'art et d'artisans, dessins au trait de motifs et de techniques de construction et quelques planches en couleurs. Répertoire d'information générale dans le vol. 3, comprenant une bibliographie des livres, des études, des périodiques, des catalogues d'exposition et des documents audiovisuels, ainsi que les listes des associations d'artisanat du Québec, des organisations qui offrent une aide technique, des agences et organismes fédéraux et provinciaux qui s'occupent d'artisanat, etc. Index dans chaque volume.   TT157 S54 745.509714

Drawing

Dessin

2370

Drawing : a Canadian survey, 1977-1982 = Dessin contemporain canadien, 1977-1982. – Montréal : Saidye Bronfman Centre, c1983. – [136] p. : ill. (some col.).

The bilingual catalogue of an exhibition of 75 drawings by sixteen Canadian artists. Alphabetically arranged by name of artist. 33 works are reproduced in black and white or colour with notes on title, medium, date, dimensions and collection. Biographies include: place and date of birth, lists of solo and group exhibitions. Essay on contemporary Canadian drawing exhibitions by Denis Lessard. Bibliography. List of works exhibited.   NC141 D7 1983 741.97107471428

Catalogue bilingue d'une exposition de 75 dessins réalisés par seize artistes canadiens. Classement alphabétique par noms d'artistes. Les 33 oeuvres reproduites en noir et blanc ou en couleurs sont accompagnées des données suivantes: titre, date, médium, dimensions et collection. Les biographies comprennent: lieu et date de naissance, listes des expositions individuelles et collectives. Essai de Denis Lessard sur les expositions de dessin contemporain canadien. Bibliographie. Liste des oeuvres exposées.   NC141 D7 1983 741.97107471428

2371

Graphics Atlantic : a juried exhibition of prints and drawings from artists in the Atlantic Provinces. – [Halifax : Mount Saint Vincent University, Art Gallery, 1976]. – [19] p. : ill.

The catalogue of a juried exhibition of 43 prints and drawings by 31 artists of the Atlantic Provinces. Black and white reproductions of exhibited works are accompanied by notes on title, medium and dimensions and brief biographies of the artists.   NE542 A7 G73 x.fol. 760.0971507471622

Catalogue d'une exposition avec jury de 43 estampes et dessins réalisés par 31 artistes des provinces de l'Atlantique. Les reproductions en noir et blanc des oeuvres exposées sont accompagnées de ce qui suit: titre, médium et dimensions, et courte biographie de l'artiste.   NE542 A7 G73 x.fol.   760.0971507471622

2372

Jackson, Marion E. [Marion Elizabeth]. – ***Contemporary Inuit drawings.*** – Marion E. Jackson & Judith M. Nasby. – Guelph : Macdonald Stewart Art Centre, c1987. – ix, 118 p., [12] p. of col. plates : ill. – 0920810314

The catalogue of an exhibition of 83 Inuit drawings from the collection of the Macdonald Stewart Art Centre. Surveys works produced by 43 artists during the past 30 years. Introductory essays examine the history, purpose and styles of Inuit drawing. Catalogue entries are arranged by artist and include biographical information and a brief stylistic analysis. Bibliographical references. Black and white reproductions with notes on title, date, medium, dimensions, signature and method and date of acquisition. Artist index. Abridged edition: *Contemporary Inuit drawings = Dessins inuits contemporains* (Guelph : Macdonald Stewart Art Centre, 1989), 12 p. NC142 N67 J32 1987   741.971907471343

Catalogue d'une exposition de 83 dessins inuit qui font partie de la collection du MacDonald Stewart Art Centre. Porte sur des oeuvres produites par 43 artistes au cours des 30 dernières années. Les essais de présentation portent sur l'histoire, l'objet et les styles des dessins inuit. Les notices du catalogue sont classées par noms d'artistes et elles comprennent des données suivantes: titre, date, médium, dimensions, signature, mode et date d'acquisition. Index des artistes. Édition abrégée: *Contemporary Inuit drawings = Dessins inuits contemporains* (Guelph : Macdonald Stewart Art Centre, 1989), 12 p. NC142 N67 J32 1987   741.971907471343

2373

Morris, Jerrold. – ***100 ans de dessins canadiens.*** – Traduit de l'anglais par Gilles Toupin. – Montréal : France-Amérique, c1980. – x, 192 p. : ill. – 289001066X

A chronologically arranged study of movements in Canadian drawing from the colonial period to the 1970s. Limited biographical information and a brief discussion of style and subject matter are provided for each artist. 200 black and white reproductions of works with notes on name of artist, title, medium, dimensions and collection. Index of plates. Also published in English under the title: *100 years of Canadian drawings.*   NC141 M6714 fol.   741.971

Étude chronologique des mouvements artistiques relatifs au dessin au Canada, depuis la période coloniale jusqu'aux années 1970. Pour chaque artiste sont fournies quelques données biographiques et une courte discussion du style et du sujet traité. 200 reproductions d'oeuvres en noir et blanc avec les données suivantes: nom de l'artiste, titre, médium, dimensions et collection. Index des planches. Publié aussi en anglais sous le titre: *100 years of Canadian drawings.* NC141 M6714 fol.   741.971

2374

Morris, Jerrold. – ***100 years of Canadian drawings.*** – Toronto : Methuen, c1980. – x, 197 p. : ill. – 0458945706

A chronologically arranged study of movements in Canadian drawing from the colonial period to the 1970s. Limited biographical information and a brief discussion of style and subject matter are provided for each artist. 200 black and white reproductions of works with notes on name of artist, title, date, medium, dimensions and collection. Index of plates. Also published in French under the title: *100 ans de dessins canadiens.*   NC141 M67 fol.   741.971

Étude chronologique des mouvements artistiques relatifs au dessin au Canada, depuis la période coloniale jusqu'aux années 1970. Pour chaque artiste sont fournies quelques données biographiques et une courte discussion du style et du sujet traité. 200 reproductions d'oeuvres en noir et blanc avec les données suivantes: nom de l'artiste, titre, médium, dimensions et collection. Index des planches. Publié aussi en français sous le titre: *100 ans de dessins canadiens.* NC141 M67 fol.   741.971

2375
Musée d'art contemporain. – *Cent-onze dessins du Québec.* – [Montréal : le Musée, 1976?]. – 54 p. : ill.

The catalogue of an exhibition of 111 drawings by 48 Quebec artists, held at the Musée d'art contemporain de Montréal in 1976. Black and white reproductions of one drawing by each artist. Artist's place and date of birth are noted as well as title, date, dimensions and medium for works exhibited. NC142 741.971407471428

Catalogue d'une exposition qui regroupait 111 dessins réalisés par 48 artistes québécois et qui a eu lieu au Musée d'art contemporain de Montréal en 1976. Pour chaque artiste, reproduction en noir et blanc d'un dessin. Le lieu et la date de naissance de l'artiste sont signalés, ainsi que le titre, la date, les dimensions des oeuvres exposées et le médium choisi. NC142 741.971407471428

2376
Selected Saskatchewan drawings. – [Saskatoon : Saskatoon Gallery and Conservatory Corp., 1977?]. – [24] p. : ill.

The catalogue of an exhibition of 56 drawings by nine Saskatchewan artists. Alphabetically arranged by name of artist. Black and white reproductions of one work by each. Biographies include place and date of birth, education, lists of exhibitions and an artist's statement. List of works exhibited. NC142 S3 S38 fol. 741.97124074712425

Catalogue d'une exposition de 56 dessins réalisés par neuf artistes de la Saskatchewan. Classement alphabétique par noms d'artistes. Pour chacun, une oeuvre est reproduite en noir et blanc. Les biographies contiennent le lieu et la date de naissance, les études, la liste des expositions et une déclaration de l'artiste. Liste des oeuvres exposées. NC142 S3 S38 fol. 741.97124074712425

2377
Some drawings by some Albertans : a major survey of drawing in Alberta : Alberta College of Art Gallery, November 13 to December 13, 1980. – Edmonton : Visual Arts, [1980]. – 60 p. : ill. (some col.).

The catalogue of an exhibition of drawings by 51 Alberta artists. Organized to celebrate Alberta's seventy-fifth anniversary. Alphabetically arranged by name of artist. One work by each is reproduced with notes on title, medium and dimensions and an artist's statement. NC142 A5 S66 fol. 741.97123074712334

Catalogue d'une exposition de dessins réalisés par 51 artistes de l'Alberta. Organisée à l'occasion du 75e anniversaire de l'Alberta. Classement selon l'ordre alphabétique des noms d'artistes. Pour chaque artiste, une oeuvre est reproduite et accompagnée du titre, du médium, des dimensions et d'une déclaration de l'artiste. NC142 A5 S66 fol. 741.97123074712334

Fibre Arts

Travail des fibres

2378
Burnham, Dorothy K. – *Warp and weft : a textile terminology.* – Toronto : Royal Ontario Museum, c1980. – xiv, 216 p. : ill. – 0888542569

A textile terminology in English, French, German, Italian, Portuguese, Spanish and Swedish. Alphabetically arranged according to the English term. Definitions in English. Numerous diagrams of weaving patterns and photographs of textiles and weaving equipment. Appendices: table of weaves; specialized French terms. Bibliography. TS1309 B87 fol. 677.003

Terminologie des tissus en anglais, en français, en allemand, en italien, en portugais, en espagnol et en suédois. Classement alphabétique selon les termes anglais. Définitions en anglais. Nombreux diagrammes de modèles de tissage et photographies de tissus et d'équipement de tissage. Annexes: tableau des armures; termes français spécialisés. Bibliographie. TS1309 B87 fol. 677.003

2379
Conseil des arts textiles du Québec. – *Répertoire 1991.* – Montréal : le Conseil, 1991. – 30, [6] p. : ill. – 2980238309 – Titre de la couv.

A directory of Quebec artists working in fibre or paper who are members of the Conseil. Alphabetically arranged by name of artist. Entries include: name, address, telephone number, medium, artist's statement, black and white photograph of one work with notes on title, date, medium, dimensions. NK8813 A3 Q8 1991 fol. 746.025714

Répertoire des artistes québécois qui travaillent les fibres ou le papier et qui sont membres du Conseil. Classement alphabétique par noms d'artistes. Les notices comprennent: nom, adresse, numéro de téléphone, médium, déclaration de l'artiste, photographie en noir et blanc d'une oeuvre avec titre, date, médium et dimensions. NK8813 A3 Q8 1991 fol. 746.025714

2380
Fibrations : a new generation of fibre art in Alberta. – [Edmonton : Visual Arts, 1980?]. – 56 p. : ill. (some col.). – Cover title.

The catalogue of a juried exhibition of 31 works by Alberta fibre artists, organized to celebrate Alberta's seventy-fifth anniversary as a province. One work by each of 25 artists is illustrated in colour or black and white. Biographies of artists include place of residence, place and date of birth, education, awards, exhibitions, commissions, teaching experience, collections, etc. NK8813 746.0971074712334

Catalogue d'une exposition avec jury qui regroupait 31 oeuvres réalisées par des lissiers de l'Alberta et qui était organisée pour célébrer le 75e anniversaire de la province. Pour chacun des 25 artistes, une oeuvre est illustrée en noir et blanc ou en couleurs. Les biographies des artistes précisent le lieu de résidence, le lieu et la date de naissance, les études, les prix, les expositions, les commissions, l'expérience en enseignement, les collections, etc. NK8813 746.0971074712334

2381

Fibre art fusion. – [Oakville, Ont] : Oakville Galleries, c1984. – 29 p. : ill. – 0921027044

The catalogue of a juried exhibition of 27 works in fibre by 22 Ontario artists organized by the Oakville Galleries. Entries are alphabetically arranged by name of artist and include: place and date of birth, place of residence, education, lists of solo and group exhibitions and black and white photographs of works exhibited. Notes accompanying photographs include title, date, dimensions and medium. Slide kit available from the Craft Resource Centre, Ontario Crafts Council. N6545 F52 1984 746.09713074713535

Catalogue d'une exposition avec jury qui regroupait 27 oeuvres en fibres réalisées par 22 artistes ontariens et qui était organisée par Oakville Galleries. Les notices sont classées en ordre alphabétique par noms d'artistes et elles contiennent: lieu et date de naissance, lieu de résidence, études, listes des expositions individuelles et collectives, et photographies en noir et blanc des oeuvres exposées. Les photographies sont accompagnées des données suivantes: titre, date, dimensions et médium. Jeu de diapositives disponible auprès du Craft Resource Centre du Ontario Crafts Council. N6545 F52 1984 746.09713074713535

2382

McRae, Bobbi A. – ***The fabric & fiber sourcebook.*** – Newtown (Conn.) : Taunton Press, c1989. – [6], 230 p. : ill. – 0942391187

1st ed., 1985, *The fiberworks source book.* A directory of sources for yarns, fibres and fabrics, supplies for printing, dyeing and painting fabric or fibre, papermaking and basketry. Also lists associations, textile collections, colleges and schools, specialty publishers, booksellers, magazines, journals and newsletters. The majority of suppliers are American. Some Canadian listings. Entries include name, address and telephone number and a brief description of supplies, services or courses offered, membership and purpose of organization or type of collection. Geographical and subject indexes. TT698 M36 1989 fol. 746.028

1re éd., 1985, *The fiberworks source book.* Répertoire des sources d'approvisionnement en fils, en fibres, en tissus et en produits pour l'impression, la teinture et la peinture des tissus ou des fibres, pour la fabrication du papier et pour la vannerie. Contient aussi la liste des associations, des collections d'oeuvres textiles, des collèges et des écoles, ainsi que des éditeurs, des libraires, des revues, des journaux et des bulletins spécialisés. La plupart des fournisseurs sont américains. Quelques fournisseurs canadiens. Les notices comprennent le nom, l'adresse et le numéro de téléphone, une courte description des fournitures, des services ou des cours offerts, ainsi que le but de l'organisation et la façon d'en devenir membre, ou le type de collection. Index géographique et index des sujets. TT698 M36 1989 fol. 746.028

2383

Musée du Nouveau-Brunswick. – ***Micmac & Maliseet : decorative traditions : a catalogue featuring a selection of Maliseet and Micmac decorative arts from the collections of the New Brunswick Museum = Micmac & Maliseet : traditions décoratives : un catalogue illustrant certains spécimens des arts décoratifs maliseet et micmacs tirés des collections du Musée du Nouveau-Brunswick.*** – Édité et introduit par Gaby Pelletier ; photographie et maquette du catalogue de Don Simpson. – [Saint-Jean : le Musée], 1977. – 64 p. : ill. (certaines en coul.). – 0919326021

A bilingual catalogue of Micmac and Maliseet works of art, most dating from the nineteeth century, held by the New Brunswick Museum. Includes beadwork, quillwork, basketry, etc. Black and white and colour photographs with notes on type of object, materials, motifs, dimensions, cultural group and date. Bibliography. E99 M6 N48 746.409715

Catalogue bilingue des oeuvres d'art micmacs et malécites qui datent pour la plupart du dix-neuvième siècle et qui se trouvent au Musée du Nouveau-Brunswick. Comprend de la broderie perlée, des objets décorés en piquants de porc-épic, de la vannerie, etc. Photographies en noir et blanc ou en couleurs avec les notes suivantes: type d'objet, matériaux, motifs, dimensions, groupe culturel et date. Bibliographie. E99 M6 N48 746.409715

2384

New Brunswick Museum. – ***Micmac & Maliseet : decorative traditions : a catalogue featuring a selection of Maliseet and Micmac decorative arts from the collections of the New Brunswick Museum = Micmac & Maliseet : traditions décoratives : un catalogue illustrant certains spécimens des arts décoratifs maliseet et micmacs tirés des collections du Musée du Nouveau-Brunswick.*** – Edited with an introduction by Gaby Pelletier ; photography and catalogue design by Don Simpson. – Saint John : the Museum, 1977. – 64 p. : ill. (some col.). – 0919326021

A bilingual catalogue of Micmac and Maliseet works of art, most dating from the nineteeth century, held by the New Brunswick Museum. Includes beadwork, quillwork, basketry, etc. Black and white and colour photographs with notes on type of object, materials, motifs, dimensions, cultural group and date. Bibliography. E99 M6 N48 746.409715

Catalogue bilingue des oeuvres d'art micmacs et malécites qui datent pour la plupart du dix-neuvième siècle et qui se trouvent au Musée du Nouveau-Brunswick. Comprend de la broderie perlée, des objets décorés en piquants de porc-épic, de la vannerie, etc. Photographies en noir et blanc ou en couleurs avec les notes suivantes: type d'objet, matériaux, motifs, dimensions, groupe culturel et date. Bibliographie. E99 M6 N48 746.409715

Basketry

Vannerie

2385

Lamb, Frank W. – ***Indian baskets of North America.*** – 1st ed. – Riverside (Calif.) : Riverside Museum Press, c1972. – [8], 155 p. : ill., maps.

A study of North American Indian baskets. Organized by region and by cultural group. Outlines the principal weaving techniques used in basketry and examines the materials, techniques, designs and uses of baskets created by each cultural group. Black and white photographs of baskets held in private collections and museums. Alphabetically

Étude de la vannerie telle que pratiquée par les Amérindiens d'Amérique du Nord. Classement par régions et par groupes culturels. Donne les grandes lignes des principales techniques de tressage utilisées et étudie les matériaux, les techniques, les motifs et les usages relatifs aux paniers créés par chaque groupe culturel.

arranged list of basketmaking groups of North America. Bibliography. E98 B3 L34 746.412097

Photographies en noir et blanc de paniers qui font partie de collections privées ou qui se trouvent dans des musées. Liste alphabétique des groupes qui font de la vannerie en Amérique du Nord. Bibliographie. E98 B3 L34 746.412097

2386
Lobb, Allan. – ***Indian baskets of the Pacific Northwest and Alaska.*** – Photography by Art Wolfe ; drawings by Barbara Paxson. – Portland (Or.) : Graphic Arts Center Publishing, c1990. – 128 p. : col. ill., maps. – 1558680225

A photographic essay on the basketry of the Northwest Coast Indians. Introductory overview of types of baskets, techniques, materials and designs of the region. Drawings of weaving patterns. Arranged in chapters on cultural groups. Colour photographs of baskets with notes on cultural group, use, materials, date, if known, and dimensions. Bibliography. Index of places, cultural groups, materials, techniques, etc. Earlier work by the same author: *Indian baskets of the Northwest Coast* (Portland (Or.) : Graphic Arts Center Publishing, c1978). E78 N77 L66 1990 fol. 746.412097111

Essai photographique sur la vannerie des Amérindiens de la côte Nord-Ouest. En introduction, aperçu des types de paniers, des techniques, des matériaux et des motifs de la région. Dessins des modèles de tressage. Chapitres sur les groupes culturels. Photographies en couleurs de paniers avec des notes sur le groupe culturel, l'usage, les matériaux, la date, si elle connue, et les dimensions. Bibliographie. Index des lieux, des groupes culturels, des matériaux, des techniques, etc. Ouvrage antérieur du même auteur: *Indian baskets of the Northwest Coast* (Portland (Or.) : Graphic Arts Center Publishing, c1978). E78 N77 L66 1990 fol. 746.412097111

2387
Pelletier, Gaby. – ***Abenaki basketry.*** – Ottawa : National Museum of Man, National Museums of Canada, 1982. – ix, 136 p. : ill. – (Mercury series) (Paper ; no. 85). – 0316-1854 0316-1862

A study of the splint basketry of the Abenaki Indians of Odanak, Quebec, an industry which flourished during the late nineteenth and early twentieth centuries. Based on an examination of 99 baskets, basket catalogues and interviews with basketmakers. An analysis of basket styles and construction techniques is illustrated with 63 black and white photographs. Appendices: illustrations from dealers' catalogues; chart of frequency of basket types made at Odanak; construction techniques, basketry tools. E99 A13 P45 1982 746.41209714

Étude des paniers en éclisses faits par les Abénaquis de Odanak au Québec, une industrie prospère de la fin du dix-neuvième siècle et du début du vingtième siècle. Fondée sur l'examen de 99 paniers, sur des catalogues de vannerie et sur des entrevues avec des vanniers. L'analyse des styles de paniers et des techniques de construction est illustrée au moyen de 63 photographies en noir et blanc. Annexes: illustrations tirées des catalogues des négociants; diagramme de fréquence de fabrication des divers types de paniers à Odanak; techniques de construction, outils de vannerie. E99 A13 P45 1982 746.41209714

Beadwork

Broderie de perles

2388
Duncan, Kate C. [Kate Corbin]. – ***Northern Athapaskan art : a beadwork tradition.*** – Vancouver : Douglas & McIntyre, 1989. – 224 p., [32] p. of col. plates : ill., maps. – 0888946082 (D. & M.) 029596569X (U.W.P.)

A study of the artwork of the Northern Athapaskan cultural groups. Discusses their cultural and artistic traditions, focussing on beadwork techniques and designs. Chapters 5 through 11 examine regional styles. Illustrated with black and white photographs and drawings and 44 colour plates. Extensive bibliography. Index of cultural groups, places, objects, materials, etc. Appendix: museums with Athapaskan collections. Also published by: Seattle : University of Washington Press, c1989. E99 A86 D85 1989 fol. 746.509719

Étude des oeuvres d'art des groupes culturels qui font partie des Athapascans du Nord. Discute des traditions culturelles et artistiques, avec insistance sur les techniques et les motifs de broderie perlée. Les chapitres 5 à 11 portent sur les styles régionaux. Illustré de photographies et de dessins en noir et blanc, ainsi que de 44 planches en couleurs. Bibliographie détaillée. Index des groupes culturels, des lieux, des objets, des matériaux, etc. Annexe: musées qui possèdent des collections d'oeuvres d'art athapascannes. Également publié par: Seattle : University of Washington Press, c1989. E99 A86 D85 1989 fol. 746.509719

Embroidery

Broderie

2389
The Canadian Embroiderers' Guild, Sept. 4 - Oct. 18. – London [Ont.] : London Regional Art Gallery, c1981. – 48 p. : ill. – 0920872220

The catalogue of a juried exhibition of 61 embroidered or stitched works by instructors and members of the Canadian Embroiderers' Guild. Catalogue entries are alphabetically arranged by name of artist. Title, dimensions and medium are noted for each work. Brief biographies of artists include places of birth and residence, education and exhibitions. NK9201.5 C3 746.44097107471326

Catalogue d'une exposition avec jury de 61 oeuvres brodées ou cousues par des enseignants ou des membres de la Canadian Embroiderers' Guild. Les notices du catalogue sont classées en ordre alphabétique des noms d'artistes. Titre, dimensions et médium sont précisés pour chaque oeuvre. Les courtes biographies des artistes comprennent les lieux de naissance et de résidence, les études et les expositions. NK9201.5 C3 746.44097107471326

2390

Fibre fireworks '91 : celebrating the twentieth anniversary of the Canadian Embroiderers' Guild. – London : London Regional Art and Historical Museums, [1991]. – 20 p. : ill. (some col.). – 0930872875

The catalogue of a juried exhibition of 69 works using embroidery, organized by the Canadian Embroiderers' Guild. 46 works are illustrated, fourteen in colour. Entries for works exhibited include: name of artist, title, medium and dimensions.   NK9201.5 C3 L66 1991 fol. 746.44097107471326

Catalogue d'une exposition avec jury qui rassemblait 69 oeuvres de broderie et qui était organisée par la Canadian Embroiderers' Guild. En tout, 46 oeuvres sont illustrées, dont quatorze en couleurs. Les notices sur les oeuvres exposées contiennent: nom de l'artiste, titre, médium et dimensions.   NK9201.5 C3 L66 1991 fol. 746.44097107471326

2391

Young, Deborah A. – *A record for time : an exhibition of decorated family and individual records, memorials, tokens of friendship and embroidered memorials and samplers produced in Nova Scotia prior to 1900.* – Organized by the Art Gallery of Nova Scotia. – Halifax : Art Gallery of Nova Scotia, c1985. – 63 p. : ill. (some col.). – 0888710666

The catalogue of an exhibition of 123 records, memorials and samplers created in Nova Scotia in the eighteenth and nineteenth centuries. Items exhibited were borrowed from numerous individuals and institutions. Two sections: records and memorials, samplers, each of which is subarranged by subject or artist. Entries include: date of object, name and dates of artist if known, medium, dimensions, inscription and/or text, collection, biographical information on subject of memorial or artist, black and white or colour reproduction. Notes on thread count and types of stitches used in embroidered pieces. Appendices: essays on stitches, borders and devices and conservation. Index of works. Bibliography.

Text of catalogue also published in French under the title: *Pour la postérité : une exposition de documents familiaux et personnels, d'oeuvres commémoratives de témoignages d'amitié et de modèles de broderie exécutés en Nouvelle-Écosse avant 1900.* NK9113 A3 N68 1985   745.09716074716225

Catalogue d'une exposition de 123 documents personnels, oeuvres commémoratives et modèles créés en Nouvelle-Écosse pendant les dix-huitième et dix-neuvième siècles. Les articles exposés étaient prêtés par nombre d'établissements et de personnes. Deux sections: documents personnels et oeuvres commémoratives, modèles, subdivisé dans chaque section par sujets ou par artistes. Les notices comprennent: date de fabrication de l'objet, nom de l'artiste, s'il est connu, et dates pertinentes, médium, dimensions, inscription et (ou) texte, collection, données biographiques sur le sujet de l'oeuvre commémorative ou sur l'artiste, reproduction en noir et blanc ou en couleurs. Notes sur le compte de fils et sur les types de points employés dans les broderies. Annexes: essais sur les points, les bordures, les outils et la conservation. Index des oeuvres. Bibliographie.

Le texte du catalogue a également été publié en français sous le titre: *Pour la postérité : une exposition de documents familiaux et personnels, d'oeuvres commémoratives de témoignages d'amitié et de modèles de broderie exécutés en Nouvelle-Écosse avant 1900.* NK9113 A3 N68 1985   745.09716074716225

Paper

Papier

2392

Handmade paper : the medium/the structure, 1985. – Burlington (Ont.) : Burlington Cultural Centre, c1985. – 23 p. : ill. – 0919752039

The catalogue of an exhibition of eighteen works in handmade paper by twelve contemporary Canadian artists. Introductory essay on the history of papermaking and paper as an artistic medium. Alphabetically arranged by name of artist. Black and white photographs of one work by each. Biographies of artists include: place and date of birth, education, place of residence, lists of solo and group exhibitions. List of works exhibited includes notes on name of artist, title, date, dimensions, medium and collection. N6545 E44 1985 fol.   709.7107471352

Catalogue d'une exposition de dix-huit oeuvres de papier fait à la main réalisées par douze artistes canadiens contemporains. Essai de présentation sur l'histoire de la fabrication du papier et sur le travail du papier comme médium artistique. Classement alphabétique par noms d'artistes. Photographie en noir et blanc d'une oeuvre de chaque artiste. Les biographies des artistes comprennent: lieu et date de naissance, études, lieu de résidence, liste des expositions individuelles et collectives. La liste des oeuvres exposées contient les données suivantes: nom de l'artiste, titre, date, dimensions, médium et collection.   N6545 E44 1985 fol.   709.7107471352

2393

Tendance papier. – Comité de rédaction, Carole Baillargeon, Élisabeth Dupond, Jocelyne Gaudreau, Carole Gauron. – Montréal : Conseil des arts textiles du Québec, [1992?]. – [27] p. : ill. – 2980238317

The catalogue of an exhibition of eighteen Quebec artists working in paper who are members of the Conseil. Alphabetically arranged by name of artist. Entries include: name of artist, place of residence, brief biography, black and white illustration of one work with notes on title, date, medium, dimensions and a description. NK8552.5 C3 M65 1992   709.71407471428

Catalogue d'une exposition des oeuvres de dix-huit artistes québécois qui travaillent le papier et qui sont membres du Conseil. Classement alphabétique par noms d'artistes. Les notices comprennent: nom de l'artiste, lieu de résidence, courte biographie, illustration en noir et blanc d'une oeuvre avec titre, date, médium, dimensions et description.   NK8552.5 C3 M65 1992   709.71407471428

Quillwork

Travail aux piquants

2394

Bebbington, Julia M. – *Quillwork of the Plains* = *Le «Travail aux piquants» des Indiens des Plaines.* – Calgary : Glenbow-Alberta Institute, c1982. – [72] p. : ill. (some col.), 1 map. – 0919224296

The bilingual catalogue of an exhibition of Plains Indian quillwork from the nineteenth and twentieth centuries, organized by the Glenbow Museum. Includes an essay discussing the history and significance of and the designs and techniques used in quillwork. Seven colour photographs of items. Diagrams of wrapping, sewing, plaiting and weaving techniques. The exhibition catalogue includes entries for 42 works arranged by cultural group. Entries include name and date of object, techniques used and dimensions. Black and white photographs of exhibited works. Table outlining dye stuffs used.   E98 C8 B42 1982 fol.   745.5809712074712338

Catalogue bilingue d'une exposition d'objets qui sont décorés en piquants de porc-épic et qui ont été fabriqués par des Amérindiens des Plaines au cours des dix-neuvième et vingtième siècles. Exposition organisée par le Glenbow Museum. Inclut un essai qui porte sur l'histoire et la signification des motifs et des techniques de ce type de décoration. Sept photographies en couleurs. Diagrammes des techniques d'enroulement, de couture, de tressage et de tissage. Le catalogue d'exposition contient des notices sur 42 oeuvres classées par groupes culturels. Les notices comprennent le nom et la date de fabrication de l'objet, les techniques utilisées et les dimensions. Photographies en noir et blanc des oeuvres exposées. Tableau de ce qui est nécessaire à la teinture.   E98 C8 B42 1982 fol.   745.5809712074712338

2395

Whitehead, Ruth Holmes. – *Micmac quillwork : Micmac Indian techniques of porcupine quill decoration, 1600-1950.* – With an appendix on quilled-bark conservation by Deborah Jewett. – Halifax : Nova Scotia Museum, 1982. – [vii], [231] p., [16] p. of col. plates : ill. – 0919680224

A detailed analysis of the artistry of Micmac quillwork. Arranged in three sections: history; materials, construction and ornamentation techniques; designs. Illustrated with 504 black and white photographs and drawings of objects and details of techniques and motifs. 32 colour plates. Appendices: essays on quillwork artists and conservation of quillwork. Bibliography.   E99 M6 N6 1982
745.58097150749716225

Analyse détaillée de la qualité artistique des objets décorés en piquants de porc-épic par les Micmacs. Classement en trois sections: histoire; matériaux et techniques de construction et de décoration; motifs. Illustré au moyen de 504 photographies et dessins en noir et blanc d'objets et de détails des techniques et des motifs. 32 planches en couleurs. Annexes: essais sur les artistes qui décorent des objets au moyen de piquants de porc-épic et sur la conservation de ce type d'objets. Bibliographie.   E99 M6 N6 1982   745.58097150749716225

Quilts

Courtepointes

2396

Canadian contemporary quilts : November 13-December 31, 1988. – Marilyn I. Walker, guest curator. – St. Catharines : Marilyn I. Walker, 1988. – [36] p. : ill. – 096912063X

The catalogue of a juried exhibition of contemporary quilts from across Canada. Photographs are accompanied by notes on name and place of residence of quiltmaker, title, dimensions, materials and construction techniques. Slide kit available from the Craft Resource Centre, Ontario Crafts Council.   NK9113 A1 C35 1988 fol.
746.97097107471338

Catalogue d'une exposition avec jury qui portait sur des courtepointes contemporaines de tout le Canada. Les photographies sont accompagnées des données suivantes: nom et lieu de résidence de l'artiste, titre de l'oeuvre, dimensions, tissus et techniques d'assemblage. Jeu de diapositives disponibles auprès du Craft Resource Centre du Ontario Crafts Council.   NK9113 A1 C35 1988 fol.
746.97097107471338

2397

Conroy, Mary. – *300 years of Canada's quilts.* – Toronto : Griffin House, 1976. – ix, 133 p., [8] p. : ill. (some col.). – (The Carleton library ; no. 69). – 0887600778

A chronological survey of quiltmaking in Canada from its origins in the seventeenth century to the 1970s. Covers a variety of techniques such as patchwork, appliqué and quilting as well as regional and ethnic traditions. Black and white and 23 colour photographs with name of artist if known, provenance, date, notes on colours, pattern, technique and collection. Glossary. Bibliography. Fifteen tracing patterns. List of Canadian museums, etc., holding quilts.   TT835 C65   746.970971

Examen chronologique de la fabrication des courtepointes au Canada, depuis ses origines au dix-septième siècle jusqu'aux années 1970. Porte sur diverses techniques comme le patchwork, les appliques et le matelassage, ainsi que sur les traditions régionales et ethniques. Photographies en noir et blanc et 23 en couleurs avec le nom de l'artiste, s'il est connu, la provenance, la date, des données comme les couleurs, le motif, la technique et la collection. Glossaire. Bibliographie. Quinze patrons à tracer. Liste des musées canadiens, etc. qui possèdent des courtepointes.   TT835 C65   746.970971

2398

Early Nova Scotia quilts and coverlets : 26 November 1981 - 3 January 1982, Dalhousie Art Gallery, Dalhousie University, Halifax, Nova Scotia. – Halifax : Dalhousie Art Gallery, Dalhousie University, c1981. – 24 p. : ill. – 077030186X

The catalogue of an exhibition of 56 Nova Scotia quilts and coverlets, dating from 1820 to 1930. Includes black and white photographs of the 49 quilts exhibited. Notes on works include pattern title, approximate date, dimensions, materials, names of makers if known, and collection. Brief bibliography.   NK9113 A3 N69
746.9709716074716225

Catalogue d'une exposition de 56 courtepointes et couvre-lits de la Nouvelle-Écosse qui datent d'entre 1820 et 1930. Inclut des photographies en noir et blanc des 49 courtepointes exposées. Les notes sur les oeuvres précisent le nom du modèle, la date approximative, les dimensions, les tissus, les noms des artistes, s'ils sont connus, et la collection. Courte bibliographie.   NK9113 A3 N69

2399

Gustafson, Paula. – *Alberta needles II : quilts for the 1990s.* – Organized by the Quilters' Group, Alberta Handicrafts Guild, Calgary Branch. – Calgary : Nickle Arts Museum, c1990. – 44 p. : ill. (chiefly col.). – 0889531323

The catalogue of an exhibition of 85 Alberta quilts held at the Nickle Arts Museum in 1990. Introductory essay on the significance of quilting in society. Small colour photographs of each quilt with notes on name and place of residence of quilter, title, dimensions, construction techniques and design. Alphabetically arranged by name of quilter. NK9113 A3 A4 1990 746.97097123074712338

Catalogue d'une exposition de 85 courtepointes de l'Alberta qui a eu lieu au Nickle Arts Museum en 1990. Essai de présentation sur l'importance de la courtepointe dans la société. Petites photographies en couleurs de chaque courtepointe avec nom de la personne qui l'a faite, lieu de résidence, titre de l'oeuvre, dimensions, techniques d'assemblage et motif. Classement alphabétique par noms d'artistes. NK9113 A3 A4 1990 746.97097123074712338

2400

McKendry, Ruth. – *Quilts and other bed coverings in the Canadian tradition.* – Ruth McKendry ; photographs by Blake McKendry ; foreword by William E. Taylor. – Toronto : Van Nostrand Reinhold, c1979. – 240 p. : ill. (some col.). – 0442297785

A history of quilts, coverlets and other bed coverings made or used in Ontario during the nineteenth and twentieth centuries. Discusses clothmaking, bed furniture and the manufacture of blankets, sheets, pillowcases, quilts, counterpanes and coverlets. The fabrics, symbolism and styles used in quilts are examined in more detail. Numerous quilt patterns are illustrated. Over 400 black and white and colour photographs of bed coverings owned by museums and private collectors. Notes on pattern, fabrics, colours, provenance, approximate date, dimensions, construction technique and design accompany many of the photographs. Glossary. Bibliography. Index of types of bed coverings, patterns, places, etc. Reprinted: [Toronto] : Key Porter Books, 1985, c1979. American ed.: *Traditional quilts and bed coverings* (New York : Van Nostrand Reinhold, c1979). NK9113 A3 O65 fol. 746.9709713

Histoire des courtepointes, des couvre-lits et des autres objets de literie faits ou utilisés en Ontario pendant les dix-neuvième et vingtième siècles. Discute de la fabrication des étoffes, des ameublements de chambre et de la fabrication des couvertures, des draps, des taies d'oreillers, des courtepointes, des couvre-pieds et des couvre-lits. Étude détaillée des tissus, du symbolisme et des styles des courtepointes. Illustration de nombreux modèles de courtepointes. Plus de 400 photographies en noir et blanc ou en couleurs d'objets de literie que possèdent les musées et les collectionneurs privés. Nombre des photographies sont accompagnées des données suivantes: modèle, tissus, couleurs, provenance, date approximative, dimensions, technique d'assemblage et motif. Glossaire. Bibliographie. Index des objets de literie, des patrons, des lieux, etc. Réimprimé: [Toronto] : Key Porter Books, 1985, c1979. Éd. américaine: *Traditional quilts and bed coverings* (New York : Van Nostrand Reinhold, c1979). NK9113 A3 O65 fol. 746.9709713

2401

Musée du Québec. – *Courtepointes québécoises.* – Choix des pièces et documentation, Nicole Grenier. – Québec : Musée du Québec, Services des expositions itinérantes, c1977. – 43 p. : ill. (certaines en coul.). – 0775428574

The catalogue of an exhibition of Quebec quilts from the collection of the Musée du Québec. Includes quilts dating from the nineteenth and twentieth centuries. An introductory essay discusses the history, uses, styles and construction techniques of quilts. Fourteen quilts are reproduced in colour with notes on construction, materials, motifs, provenance, dates and dimensions. Bibliography. NK9113 A3 746.9709714074714471

Catalogue d'une exposition de courtepointes du Québec qui font partie de la collection du Musée du Québec. Inclut des courtepointes qui datent des dix-neuvième et vingtième siècles. Essai de présentation sur l'histoire, les usages, les styles et les techniques d'assemblage des courtepointes. Reproduction en couleurs de quatorze courtepointes avec données sur l'assemblage, les tissus, les motifs, la provenance, les dates et les dimensions. Bibliographie. NK9113 A3 746.9709714074714471

2402

Oshins, Lisa Turner. – *Quilt collections : a directory for the United States and Canada.* – Compiled by Lisa Turner Oshins ; with state commentaries by Barbara S. Bockman. – Washington (D.C.) : Acropolis Books, c1987. – 255 p. : ill. (some col.). – 0874918456 (bd.) 0874918448 (pa.)

A directory of quilt collections held by Canadian and American institutions. Arranged by province. Entries include name, location, mailing address and telephone number of institution, hours, description of collection, notable quilts and study and public services offered. Colour photographs of sixteen quilts. Appendices: quilt documentation projects; selected quilt associations; conservation information. Glossary. Filmography. Bibliography. List of participating institutions. NK9112 085 1987 746.97097074

Répertoire des collections de courtepointes que possèdent les établissements canadiens et américains. Classement par provinces. Les notices comprennent le nom, l'emplacement, l'adresse postale et le numéro de téléphone de l'établissement, les heures d'ouverture, la description de la collection, les courtepointes remarquables, ainsi que les possibilités d'étude et les services offerts au public. Photographies en couleurs de seize courtepointes. Annexes: projets de documentation sur les courtepointes; sélection d'associations qui s'occupent de courtepointes; renseignements sur la conservation. Glossaire. Filmographie. Bibliographie. Liste des établissements participants. NK9112 085 1987 746.97097074

2403

Redefined : the quilt as art. – Banff (Alta.) : Whyte Museum of the Canadian Rockies, c1989. – 35 p. : ill. (some col.). – 0920608388

The catalogue of a juried exhibition of eighteen Canadian quilts. An essay on the quilt as an artistic medium is illustrated with black and white and colour photographs of the exhibited works. Name of artist, title, medium and dimensions are noted for each. Biographies include place of residence and a selective list of group exhibitions. NK9113 W53 1989 746.970971074712332

Catalogue d'une exposition avec jury de dix-huit courtepointes canadiennes. Un essai sur la courtepointe comme médium artistique est illustré au moyen de photographies en noir et blanc ou en couleurs des oeuvres exposées. Chaque photographie est accompagnée des données suivantes: nom de l'artiste, titre de l'oeuvre, médium et dimensions. Les biographies précisent le lieu de résidence de l'artiste et contiennent une liste sélective des expositions collectives. NK9113 W53 1989 746.970971074712332

2404

Sunshine and shadows : a look at Island quilts and quilting. – Charlottetown : Confederation Centre Art Gallery and Museum, [1978]. – [16] p. : ill.

The catalogue of a survey exhibition of 100 quilts by Prince Edward Island quiltmakers. Includes quilts dating back to the 1850s as well as contemporary quilts. Notes on exhibited works include title, quilting technique, name of quiltmaker, date and collection. Black and white photographs of fifteen of the quilts. List of quilters whose works are included in the exhibition. List of collectors and institutions who contributed to the exhibition. NK9113 A3 746.97097170747175

Catalogue d'une exposition avec jury de 100 courtepointes réalisées par des personnes de l'Île-du-Prince-Édouard. Inclut des courtepointes qui datent des années 1850, ainsi que des courtepointes contemporaines. Données fournies sur les oeuvres exposées: titre, technique d'assemblage, nom de la personne qui l'a faite, date et collection. Photographies en noir et blanc de quinze des courtepointes exposées. Liste des personnes dont les oeuvres font partie de l'exposition. Liste des collectionneurs et des établissements qui ont contribué à l'exposition. NK9113 A3   746.97097170747175

2405

Walker, Marilyn I. [Marilyn Isabel]. – ***Ontario's heritage quilts.*** – Erin (Ont.) : Boston Mills Press, 1992. – 160 p. : col. ill. – 1550460668

A study of nineteenth- and twentieth-century quilts of Ontario. Examines quilts not held in public museums. Arranged by type or design including pieced, appliqué, embroidered, Mennonite, commemorative, log cabin, honeycomb, etc. Numerous colour photographs with text describing history, materials, design and construction techniques. Instructions on care of quilts. Three patterns provided. Index of quilters, designs, etc. NK9113 A3 O65 1992 fol. 746.9709713

Étude des courtepointes des dix-neuvième et vingtième siècles en Ontario. Porte sur les courtepointes qui ne se trouvent pas dans les musées publics. Classement par types ou par motifs, par exemple les courtepointes faites avec des chutes ou avec des appliques, les courtepointes brodées, mennonites, commémoratives, de type «cabane en bois rond» ou de type «nid d'abeille», etc. Nombreuses photographies en couleurs avec texte qui décrit l'histoire, les tissus, les motifs et les techniques d'assemblage. Instructions sur l'entretien des courtepointes. Trois patrons sont fournis. Index des artistes, des motifs, etc. NK9113 A3 O65 1992 fol. 746.9709713

2406

Weizman, Sandra Morton. – ***Alberta quilts.*** – Edmonton : the authors, c1984. – 48 p. : ill. (some col.).

The catalogue of an exhibition of quilts made in Alberta during the twentieth century. Includes a history of quiltmaking in Alberta with a brief bibliography. Seventeen colour and eleven black and white photographs of exhibited quilts with notes on pattern, materials, technique, date, name of quiltmaker and collection. NK9113 A3 A42 746.970970971230749712334

Catalogue d'une exposition de courtepointes faites en Alberta au cours du vingtième siècle. Inclut une histoire de la fabrication des courtepointes en Alberta et une courte bibliographie. Les dix-sept photographies en couleurs et les onze photographies en noir et blanc de courtepointes exposées sont accompagnées des données suivantes: modèle, tissus, technique, date, nom de l'artiste et collection. NK9113 A3 A42   746.970970971230749712334

Rugs

Tapis

2407

The fabric of their lives : hooked and poked mats of Newfoundland and Labrador = L'étoffe de leur vie : tapis crochetés et poinçonnés de Terre-Neuve et du Labrador. – [St. John's : Art Gallery, Memorial University of Newfoundland, 1980?]. – iv, 65 p. : ill.

The bilingual catalogue of an exhibition of 60 hooked and poked mats made in Newfoundland and Labrador during the period from 1900 to the 1970s. Includes an introductory essay on the history, materials, techniques and styles of this art form. 60 works are reproduced in the catalogue, eight in colour, with notes on name and location of artist, title of work, date, dimensions and collection. Bibliography. TT859 F32 746.74097180747181

Catalogue bilingue d'une exposition de 60 tapis crochetés et poinçonnés faits à Terre-Neuve et au Labrador entre 1900 et les années 1970. Inclut un essai de présentation sur l'histoire, les matériaux, les techniques et les styles de cette forme artistique. 60 oeuvres sont reproduites dans le catalogue, dont huit en couleurs, avec nom et lieu de résidence de l'artiste, titre de l'oeuvre, date, dimensions et collection. Bibliographie. TT859 F32 746.74097180747181

Tapestry

Tapisserie

2408

Bernatchez, Michèle. – ***La tapisserie.*** – Michèle Bernatchez, Ginette Harvey Perrier. – Éd. refondue et augm. – Québec : Ministère des communications, 1977, c1976. – x, 179 p. : ill. (certaines en coul.). – (La documentation québécoise) (Collection Formart ; série initiation aux métiers d'art). – 0775426172

A guide to tapestry weaving techniques with emphasis on the art form as practised by Quebec artists. Discusses the equipment, materials and techniques used in loom and canvas weaving. Well-illustrated with diagrams and photographs. 140 colour photographs of the works of Quebec artists. Biographies of 22 artists. Bibliography. Glossary. TT849 746.39714

Guide sur les techniques de tissage des tapisseries avec insistance sur la forme artistique pratiquée au Québec. Discute de l'équipement, des matériaux et des techniques employés pour le tissage sur métier et sur toile. Bien illustré au moyen de diagrammes et de photographies. 140 photographies en couleurs des oeuvres d'artistes du Québec. Biographies de 22 artistes. Bibliographie. Glossaire. TT849 746.39714

2409

Biennale de tapisserie contemporaine de Montréal. – (1979)-   . – Montréal : Société québécoise de la tapisserie contemporaine, 1979-   .
– vol. : ill. (certaines en coul.).

The catalogue of a biennial juried exhibition of contemporary tapestries by Canadian artists. Works by nine artists are illustrated in the catalogue with notes on title, date, dimensions and medium. Biographies of artists include places of birth and residence, education and lists of individual and group exhibitions. List of participants in biennials held to date. Title varies: 1979, *Biennale de la nouvelle tapisserie québécoise*; 1981, *Biennale de tapisserie de Montréal*; 1984, 1986, *Biennale de tapisserie de Montréal = Montreal tapestry biennial*; 1988, 1990, *Biennale de tapisserie contemporaine de Montréal*. Imprint varies. Text of the 1979 biennial catalogue was published in English under the title: *Québec tapestries : works from the first Biennial of the Québec New Tapestry.* NK2981 C3 M6 746.397107471428

Catalogue d'une exposition biennale avec jury de tapisseries contemporaines réalisées par des artistes du Canada. Les oeuvres de neuf artistes sont illustrées dans le catalogue, avec titre, date, dimensions et médium. Les biographies des artistes comprennent les lieux de naissance et de résidence, les études et la liste des expositions individuelles et collectives. Liste des participants aux biennales qui ont eu lieu jusqu'à maintenant. Le titre varie: 1979, *Biennale de la nouvelle tapisserie québécoise*; 1981, *Biennale de tapisserie de Montréal*; 1984, 1986, *Biennale de tapisserie de Montréal = Montreal tapestry biennial*; 1988, 1990, *Biennale de tapisserie contemporaine de Montréal*. L'adresse bibliographique varie. Le texte du catalogue de la biennale de 1979 a été publié en anglais sous le titre: *Québec tapestries : works from the first Biennial of the Québec New Tapestry.* NK2981 C3 M6   746.397107471428

2410

Canada mikrokosma : an exhibition of contemporary Canadian tapestries by twenty-two Canadian artists = Canada mikrokosma : exposition de tapisseries contemporaines de vingt-deux artistes canadiens. – Organized by the Agnes Etherington Art Centre, Queen's University, Kingston, Ontario, for the Department of External Affairs. – [Kingston] : Agnes Etherington Art Centre, c1982. – [63] p. : col. ill., ports. – 088911028X

The bilingual catalogue of an exhibition of tapestries and works in fibre by 22 Canadian artists held at the Barbican Centre for Arts and Conferences, London, England, in 1982. Colour reproductions of works are alphabetically arranged by name of artist. Notes on each include artist's place and date of birth, place of residence and statement, title of work, date, dimensions, medium, collection. NK3013 A1 C34 1982 fol.   746.39710744212

Catalogue bilingue d'une exposition de tapisseries et d'oeuvres en fibres réalisées par 22 artistes du Canada. L'exposition a eu lieu au Barbican Centre for Arts and Conferences, à Londres en Angleterre, en 1982. Les reproductions en couleurs des oeuvres sont classées en ordre alphabétique par noms d'artistes. Pour chaque oeuvre, les données fournies incluent le lieu et la date de naissance de l'artiste, son lieu de résidence, une déclaration de l'artiste, le titre de l'oeuvre, la date, les dimensions, le médium, la collection. NK3013 A1 C34 1982 fol.   746.39710744212

2411

Canada mikrokosma : an exhibition of contemporary Canadian tapestries by twenty-two Canadian artists = Canada mikrokosma : exposition de tapisseries contemporaines de vingt-deux artistes canadiens. – Organisée par l'Agnes Etherington Art Centre, Université Queen's, Kingston, Ontario, pour le Ministère des affaires extérieures. – [Kingston] : Agnes Etherington Art Centre, c1982. – [63] p. : ill. en coul., portr. – 088911028X

The bilingual catalogue of an exhibition of tapestries and works in fibre by 22 Canadian artists held at the Barbican Centre for Arts and Conferences, London, England, in 1982. Colour reproductions of works are alphabetically arranged by name of artist. Notes on each include artist's place and date of birth, place of residence and statement, title of work, date, dimensions, medium, collection. NK3013 A1 C34 1982 fol.   746.39710744212

Catalogue bilingue d'une exposition de tapisseries et d'oeuvres en fibres réalisées par 22 artistes du Canada. L'exposition a eu lieu au Barbican Centre for Arts and Conferences, à Londres en Angleterre, en 1982. Les reproductions en couleurs des oeuvres sont classées en ordre alphabétique par noms d'artistes. Pour chaque oeuvre, les données fournies incluent le lieu et la date de naissance de l'artiste, son lieu de résidence, une déclaration de l'artiste, le titre de l'oeuvre, la date, les dimensions, le médium, la collection. NK3013 A1 C34 1982 fol.   746.39710744212

Weaving

Tissage

2412

Burnham, Dorothy K. – *L'art des étoffes : le filage et le tissage traditionnels au Canada.* – Ottawa : Galerie nationale du Canada, 1981. – xvii, 238 p. : ill. – 0888844735

The catalogue of an exhibition of Canadian textiles organized by the National Gallery of Canada. Covers Native, French, Loyalist, Scottish, Irish, English, German, Icelandic, Hutterite, Ukrainian and Doukhobor textile traditions. Includes clothing, blankets, coverlets, carpets, etc. Items in the exhibition were borrowed from 37 Canadian institutions and two private owners. Numerous diagrams of weaving constructions. Black and white photographs of pieces with notes on date, dimensions, provenance, materials, technique, colours, pattern and collection. Bibliography. Also published in English under the title: *The comfortable arts : traditional spinning and weaving in Canada.* NK8913 A1 B87 1981   746.1097107471384

Catalogue d'une exposition d'étoffes canadiennes organisée par la Galerie nationale du Canada (maintenant le Musée des beaux-arts du Canada). Porte sur les traditions textiles autochtones, françaises, loyalistes, écossaises, irlandaises, anglaises, allemandes, islandaises, huttérites, ukrainiennes et doukhobors. Inclut des vêtements, des couvertures, des couvre-pieds, des tapis, etc. Les articles exposés étaient empruntés à 37 établissements canadiens et à deux collectionneurs privés. Nombreux diagrammes d'armures. Photographies en noir et blanc de certaines pièces avec date, dimensions, provenance, tissus, technique, couleurs, modèle et collection. Bibliographie. Publié aussi en anglais sous le titre: *The comfortable arts : traditional spinning and weaving in Canada.*   NK8913 A1 B87 1981

2413

Burnham, Dorothy K. – *The comfortable arts : traditional spinning and weaving in Canada.* – Ottawa : National Gallery of Canada, 1981. – xvii, 238 p. : ill. – 0888844743

The catalogue of an exhibition of Canadian textiles organized by the National Gallery of Canada. Covers Native, French, Loyalist, Scottish, Irish, English, German, Icelandic, Hutterite, Ukrainian and Doukhobor textile traditions. Includes clothing, blankets, coverlets, carpets, etc. Items in the exhibition were borrowed from 37 Canadian institutions and two private owners. Numerous diagrams of weaving constructions. Black and white photographs of pieces with notes on date, dimensions, provenance, materials, technique, colours, pattern and collection. Bibliography. Also published in French under the title: *L'art des étoffes : le filage et le tissage traditionnels au Canada.* NK8913 A1 B87 1981 746.1097107471384

Catalogue d'une exposition d'étoffes canadiennes organisée par la Galerie nationale du Canada (maintenant le Musée des beaux-arts du Canada). Porte sur les traditions textiles autochtones, françaises, loyalistes, écossaises, irlandaises, anglaises, allemandes, islandaises, huttérites, ukrainiennes et doukhobors. Inclut des vêtements, des couvertures, des couvre-pieds, des tapis, etc. Les articles exposés étaient empruntés à 37 établissements canadiens et à deux collectionneurs privés. Nombreux diagrammes d'armures. Photographies en noir et blanc de certaines pièces avec date, dimensions, provenance, tissus, technique, couleurs, modèle et collection. Bibliographie. Publié aussi en français sous le titre: *L'art des étoffes : le filage et le tissage traditionnels au Canada.* NK8913 A1 B87 1981

2414

Burnham, Harold B. – *Keep me warm one night : early handweaving in Eastern Canada.* – Harold B. Burnham, Dorothy K. Burnham. – Toronto : published by University of Toronto Press in co-operation with the Royal Ontario Museum, 1972. – xv, 387 p., [4] leaves of plates : ill. (part col.), maps. – 0802018963 (bd.)

A study of textiles handwoven in Eastern Canada up to 1900, illustrated with pieces from collections such as the Royal Ontario Museum. Discusses the history, tools and techniques of early handweaving. Also describes textiles woven for specific purposes or using particular methods such as clothing, carpets, blankets, two-shaft, twill, draper and jacquard coverlets. Numerous diagrams illustrate weaving constructions and motifs. Black and white photographs of 491 textiles and tools with notes on provenance, date, collection, type of textile or tool, dimensions, colours, material, techniques and style. Bibliography. Index of techniques, materials, places, weavers, etc. TT848 B8 fol. 746.140971

Étude des étoffes tissées à la main dans l'Est du Canada, jusqu'en 1900. Illustrée au moyen de pièces qui proviennent de collections comme celle du Musée royal de l'Ontario. Discute de l'histoire du tissage à la main, ainsi que des outils et des techniques utilisés au début. Décrit également les étoffes tissés pour des objets déterminés comme les vêtements, les tapis et les couvertures, ou au moyen de méthodes particulières comme le double fléché, le sergé, le drap et le jacquard. De nombreux diagrammes illustrent les armures et les motifs. Photographies en noir et blanc de 491 étoffes et outils accompagnées des données suivantes: provenance, date, collection, type d'étoffe ou d'outil, dimensions, couleurs, matériaux, techniques et style. Bibliographie. Index des techniques, des matériaux, de lieux, des tisserands, etc. TT848 B8 fol. 746.140971

2415

Gustafson, Paula. – *Salish weaving.* – Vancouver : Douglas & McIntyre ; Seattle : University of Washington Press, c1980. – 131 p. : ill. (some col.), maps. – 0888942680 (D. & M.) 0295957557 (U.W.P.)

A study of the history and artistry of Salish weaving, focussing on blankets. Discusses materials, techniques and design. Illustrated with black and white photographs and drawings and five colour plates. Appendices: making natural dyes; catalogue of Salish weavings. The catalogue lists all known Salish blankets held in museum collections and examples of other woven items. Entries include the following notes: location, museum catalogue number, dimensions, fibres, colour, weave and history. Glossary. Bibliography. Index of materials, objects, places, cultural groups, etc. E99 S2 G87 fol. 746.1409711

Étude de l'histoire et de la qualité artistique du tissage salish, avec insistance sur les couvertures. Discute des matériaux, des techniques et des motifs. Illustré au moyen de photographies et de dessins en noir et blanc et de cinq planches en couleurs. Annexes: la fabrication des teintures naturelles; catalogue des armures salishs. Le catalogue signale toutes les couvertures salishs connues qui se trouvent dans les collections des musées, ainsi que des exemples d'autres articles tissés. Les notices contiennent les données suivantes: localisation, numéro de catalogue du musée, dimensions, fibres, couleurs, armure et histoire. Glossaire. Bibliographie. Index des matériaux, des objets, des lieux, des groupes culturels, etc. E99 S2 G87 fol. 746.1409711

2416

Samuel, Cheryl. – *The Chilkat dancing blanket.* – Illustrated by Sara Porter. – Seattle (Wash.) : Pacific Search Press, c1982. – 234 p., [8] p. of col. plates : ill., map. – 091471869X

A study of the ceremonial robes known as dancing blankets, woven by Chilkat weavers. Examines the origin, use, design, materials and weaving techniques. 440 black and white diagrams and photographs of equipment, motifs, weaving patterns and blankets. Eleven colour photographs. Appendices: map of major cultural groups of the northern Northwest Coast; dye recipes; colouring guidelines. Bibliography. Index of materials, shapes, weaving techniques. E99 C552 S25 1982 fol. 746.14097111

Étude des robes de cérémonie appelées couvertures de danse et tissées par les tisserands chilkats. Étude de l'origine, de l'usage, du motif, des matériaux et des techniques de tissage. 440 diagrammes et photographies en noir et blanc d'outils, de motifs, d'armures et de couvertures. Onze photographies en couleurs. Annexes: carte des principaux groupes culturels de la côte Nord-Ouest; recettes de teintures; indications en matière de couleurs. Bibliographie. Index des matériaux, des formes, des techniques de tissage. E99 C552 S25 1982 fol. 746.14097111

2417

Samuel, Cheryl. – *The raven's tail.* – Vancouver : University of British Columbia Press, 1987. – 167 p. : ill. – 0774802243 (pa.) 0774802960 (bd.)

A study of the Raven's Tail robes woven 200 years ago by Native weavers of the Northwest Coast for their wealthy classes. Describes the materials, condition, weaving techniques and design of each of fifteen robes. Locations noted. 446 black and white diagrams and photographs of weaving techniques, patterns and robes. Bibliography. Directory of museums.   E78 N78 S34 1987 fol. 746.14097111

Étude des robes Raven's Tail tissées il y a 200 ans par les Autochtones de la côte Nord-Ouest à l'intention des membres de leurs classes supérieures. Décrit les matériaux, l'état, les techniques de tissage et le motif de chacune des quinze robes. Localisations. 446 diagrammes et photographies en noir et blanc des techniques de tissage, des armures et des robes. Bibliographie. Répertoire des musées. E78 N78 S34 1987 fol.   746.14097111

Folk Art

Art populaire

2418

Les arts populaires au Canada. – Produit par le Programme des cultures et langues ancestrales en collaboration avec la Direction générale des communications. – Ottawa : Patrimoine canadien, 1993. – v, 44 p. – (Info-arts). – 0662987489 – Sur la couv. : *Guide des ressources sur les arts.*

A guide for folk artists and artisans in Canada. Arranged in six sections: signed introduction, associations, developing professional skills, sources of funding, getting established and selling your art, legal questions. Directory information and bibliographic references for pertinent sources. Also published in English under the title: *Folk arts and crafts in Canada.*   NK841   745.0971

Guide et références bibliographiques en rapport avec les arts populaires et l'artisanat au Canada. Présentation en six parties principales: introduction signée, associations, perfectionnement professionnel, sources de financement, solidification des assises et questions légales. Publié aussi en anglais sous le titre: *Folk arts and crafts in Canada.*   NK841   745.0971

2419

Bird, Michael. – *Canadian folk art : old ways in a new land.* – Toronto : Oxford University Press, 1983. – vi, 121 p. : col. ill. – 0195404246

A pictorial study of Canadian folk art dating from the eighteenth through twentieth centuries. Arranged by art form or type of object such as painting, sculpture, toys, textiles, furniture, architecture, grave markers, religious and household objects and decorated boxes. Colour reproductions with notes on title or type of object, name of artist if known, date, provenance, dimensions, collection, style, subject matter and motifs. Glossary. Bibliography. No index. NK841 B57 1983 fol.   745.0971

Étude illustrée de l'art populaire canadien, depuis le dix-huitième siècle jusqu'au vingtième siècle. Classement par formes artistiques ou par types d'objets comme les peintures, les sculptures, les jouets, les tissus, les meubles, l'architecture, les monuments funéraires, les objets religieux et domestiques et les boîtes décorées. Reproductions en couleurs accompagnées des données suivantes: titre ou type d'objet, nom de l'artiste s'il est connu, date, provenance, dimensions, collection, style, sujet traité et motifs. Glossaire. Bibliographie. Aucun index.   NK841 B57 1983 fol.   745.0971

2420

Bird, Michael. – *A splendid harvest : Germanic folk and decorative arts in Canada.* – Michael Bird & Terry Kobayashi. – Toronto : Van Nostrand Reinhold, c1981. – 240 p. : ill. (some col.), maps. – 0442296207

A study of German-Canadian folk art from the eighteenth through twentieth centuries. Artists, styles, motifs, media and techniques are discussed. Arranged in chapters for Nova Scotia and the East, Ontario and the Prairie Provinces. Includes furniture, architecture, tools, utensils, samplers, quilts, pottery, drawings, grave markers, etc. Glossary. Bibliography. Index of artists, objects, places, etc. NK841 A1 B57   745.0971

Étude de l'art populaire germano-canadien, depuis le dix-huitième siècle jusqu'au vingtième siècle. Discute des artistes, des styles, des motifs, des médiums et des techniques. Chapitres pour la Nouvelle-Écosse et l'Est, l'Ontario et les provinces des Prairies. Inclut les meubles, l'architecture, les outils, les ustensiles, les modèles de broderie, les courtepointes, les poteries, les dessins, les monuments funéraires, etc. Glossaire. Bibliographie. Index des artistes, des objets, des lieux, etc.   NK841 A1 B57   745.0971

2421

Canadian Museum of Civilization. – *Just for nice : German-Canadian folk art.* – Edited by Magnus Einarsson and Helga Benndorf Taylor. – Hull (Quebec) : the Museum, c1993. – 124 p. : ill. (some col.). – 0660140098

The catalogue of an exhibition of German-Canadian folk art from the collections of the Canadian Museum of Civilization. Includes introductory essays by experts on aspects of the art such as German influences on the folk art and material culture of Lunenburg County, the aesthetic of the Hutterian Brethren, and use of word and image. The catalogue is arranged by type of object such as chests, wardrobes, mats and rugs, wall pieces, boxes, clothing and accessories, toys and games, embroidery, etc. Black and white and colour photographs of works are accompanied by the following notes: name of artisan if known, place and date of creation, materials, dimensions, accession number, description of construction techniques, decoration and use. Biographical sketches of eleven

Catalogue d'une exposition d'oeuvres d'art populaire germano-canadien qui font partie des collections du Musée canadien des civilisations. Contient des essais de présentation qui ont été rédigés par des experts et qui portent sur certains aspects de l'art populaire, comme les influences germaniques sur l'art populaire et la culture matérielle du comté de Lunenburg, l'esthétique des Huttérites et l'utilisation de mots et d'images. Dans le catalogue, classement par types d'objets comme les coffres, les armoires, les tapis et les carpettes, les pièces murales, les boîtes, les vêtements et les accessoires, les jouets et jeux, les broderies, etc. Les photographies d'objets en noir et blanc ou en couleurs sont accompagnées des données suivantes: nom de l'artisan, s'il est connu, lieu et date de création, matériaux,

contemporary folk artists. Bibliography. Essay on the history of Germans in Canada. Also published in French under the title: *Un brin de fantaisie : art populaire germano-canadien.*   NK841   745.0971

dimensions, numéro d'inventaire, description des techniques de construction, décoration et usage. Notices biographiques sur onze artistes contemporains qui réalisent des oeuvres d'art populaire. Bibliographie. Essai sur l'histoire des Allemands au Canada. Publié aussi en français sous le titre: *Un brin de fantaisie : art populaire germano-canadien.*   NK841   745.0971

2422

Du fond du coeur : l'art populaire au Canada. – Recherche et rédaction, Jean-François Blanchette, Magnus Einarsson, Stephen Inglis, Wesley Mattie, Philip Tilney sous la direction de Pierre Crépeau, chef du Centre canadien d'études sur la culture traditionnelle. – Ottawa : Musée national de l'Homme, c1983. – 256 p. : ill. (certaines en coul.). – 0660902729 (rel.) 0660902737 (br.)

The catalogue of an exhibition of Canadian folk art organized by the Canadian Centre for Folk Culture Studies and held at the Glenbow Museum in 1983. Items exhibited are held by the Canadian Museum of Civilization, formerly the National Museum of Man. Most works date from the nineteenth and twentieth centuries. Arranged in sections on the following themes: artifacts which reflect traditional life; artifacts which symbolize commitment to family, community, country or religion; works of fantasy or imagination. A fourth section highlights the works of four twentieth-century artists, Nelphas Prévost, Sam Spencer, Frank Kocevar, George Cockayne. Subarranged by type of object such as trivets, crooked knives, butter moulds, tobacco cutters, hooked rugs, dancing dolls, bird houses, etc. 279 black and white and colour photographs are accompanied by the following notes: title or type of object, name of artist if known, date, provenance, medium, dimensions, CCFCS number, brief discussion of style, subject matter, motifs, etc. Bibliography. Index of artists. Also published in English under the title: *From the heart : folk art in Canada.*   NK841   745.0971074712338

Catalogue d'une exposition d'art populaire canadien qui a été organisée par le Centre canadien d'études sur la culture traditionnelle et qui a eu lieu au Glenbow Museum en 1983. Les objets exposés se trouvent au Musée canadien des civilisations, l'ancien musée national de l'Homme. La plupart des oeuvres datent des dix-neuvième et vingtième siècles. En sections qui portent sur les thèmes suivants: objets qui reflètent un mode de vie traditionnel; objets qui symbolisent l'engagement vis-à-vis de la famille, de la communauté, du pays ou de la religion; objets fantaisistes ou oeuvres de l'imagination. Une quatrième section souligne les oeuvres de quatre artistes du vingtième siècle: Nelphas Prévost, Sam Spencer, Frank Kocevar et George Cockayne. Classement secondaire par types d'objets comme les trépieds, les couteaux «croches», les moules à beurre, les hachoirs à tabac, les tapis crochetés, les bonhommes danseurs, les cabanes d'oiseaux, etc. Les 279 photographies en noir et blanc ou en couleurs sont accompagnées des données suivantes: titre ou type d'objet, nom de l'artiste s'il est connu, date, provenance, médium, dimensions, numéro du CCECT, courte discussion du style, du sujet traité, des motifs, etc. Bibliographie. Index des artistes. Publié aussi en anglais sous le titre: *From the heart : folk art in Canada.*   NK841   745.0971074712338

2423

Folk arts and crafts in Canada. – Produced by the Heritage Cultures and Languages Program in collaboration with the Communications Branch. – Ottawa : Canadian Heritage, 1993. – v, 41 p. – (ArtSource). – 0662211685 – On cover : *Resource guide to the arts.*

A guide for folk artists and artisans in Canada. Arranged in six sections: signed introduction, associations, developing professional skills, sources of funding, getting established and selling your art, legal questions. Directory information and bibliographic references for pertinent sources. Also published in French under the title: *Les arts populaires au Canada.*   NK841   745.0971

Guide et références bibliographiques en rapport avec les arts populaires et l'artisanat au Canada. Présentation en six parties principales: introduction signée, associations, perfectionnement professionnel, sources de financement, solidification des assises et questions légales. Publié aussi en français sous le titre: *Les arts populaires au Canada.*   NK841   745.0971

2424

From the heart : folk art in Canada. – Written by Jean-François Blanchette, Magnus Einarsson, Stephen Inglis, Wesley Mattie, and Philip Tilney, under the direction of Pierre Crépeau, chief of the Canadian Centre for Folk Culture Studies. – Toronto : McClelland and Stewart in co-operation with the National Museum of Man, c1983. – 256 p. : ill. (some col.). – 0771090218 (bd.) 0881090226 (pa.)

The catalogue of an exhibition of Canadian folk art organized by the Canadian Centre for Folk Culture Studies and held at the Glenbow Museum in 1983. Items exhibited are held by the Canadian Museum of Civilization, formerly the National Museum of Man. Most works date from the nineteenth and twentieth centuries. Arranged in sections on the following themes: artifacts which reflect traditional life; artifacts which symbolize committment to family, community, country or religion; works of fantasy or imagination. A fourth section highlights the works of four twentieth-century artists, Nelphas Prévost, Sam Spencer, Frank Kocevar, George Cockayne. Subarranged by type of object such as trivets, crooked knives, butter moulds, tobacco cutters, hooked rugs, dancing dolls, bird houses, etc. 279 black and white and colour photographs are accompanied by the following notes: title or type of object, name of artist if known, date, provenance, medium, dimensions, CCFCS number, brief discussion of style, subject matter, motifs, etc. Bibliography. Index of artists. Also published in French under the title: *Du fond du coeur : l'art populaire au Canada*   NK841 F76 1983 fol. 745.0971074712338

Catalogue d'une exposition d'art populaire canadien qui a été organisée par le Centre canadien d'études sur la culture traditionnelle et qui a eu lieu au Glenbow Museum en 1983. Les objets exposés se trouvent au Musée canadien des civilisations, l'ancien musée national de l'Homme. La plupart des oeuvres datent des dix-neuvième et vingtième siècles. En sections qui portent sur les thèmes suivants: objets qui reflètent un mode de vie traditionnel; objets qui symbolisent l'engagement vis-à-vis de la famille, de la communauté, du pays ou de la religion; objets fantaisistes ou oeuvres de l'imagination. Une quatrième section souligne les oeuvres de quatre artistes du vingtième siècle: Nelphas Prévost, Sam Spencer, Frank Kocevar et George Cockayne. Classement secondaire par types d'objets comme les trépieds, les couteaux «croches», les moules à beurre, les hachoirs à tabac, les tapis crochetés, les bonhommes danseurs, les cabanes d'oiseaux, etc. Les 279 photographies en noir et blanc ou en couleurs sont accompagnées des données suivantes: titre ou type d'objet, nom de l'artiste s'il est connu, date, provenance, médium, dimensions, numéro du CCECT, courte discussion du style, du sujet traité, des motifs, etc. Bibliographie. Index des artistes. Publié aussi en français sous le titre: *Du fond du coeur : l'art populaire au Canada*   NK841 F76 1983 fol.   745.0971074712338

2425

Harper, J. Russell [John Russell]. – *People's art : naïve art in Canada* = *L'art populaire : l'art naïf au Canada.* – Ottawa : National Gallery of Canada for the Corporation of the National Museums of Canada, c1973. – 167 p. : ill. (some col.). – 0888842538

The bilingual catalogue of an exhibition on Canadian folk art organized by J. Russell Harper in collaboration with the National Gallery of Canada. Works exhibited were borrowed from numerous institutions and private collectors. Includes paintings, wood carvings, drawings and prints from the seventeenth through twentieth centuries. Seven colour and 164 black and white illustrations. Arranged by subject matter including the Indian way of life, and religious, agrarian, nautical, urban and recreational activities among European immigrants. Notes on works include name of artist, title, date, medium, dimensions, provenance, subject matter and collection. Slide set available for purchase by museums and educational institutions from the National Gallery of Canada. J. Russell Harper also prepared a study of the paintings which were included in the exhibition: *A people's art : primitive, naïve, provincial and folk painting in Canada* (Toronto : University of Toronto Press, c1974). NK841 745.0971074

Catalogue bilingue d'une exposition d'oeuvres d'art populaire canadien organisée par J. Russell Harper en collaboration avec la Galerie nationale du Canada. Les oeuvres exposées étaient empruntées à de nombreux établissements et collectionneurs privés. Comprend des peintures, des sculptures sur bois, des dessins et des estampes qui datent du dix-septième au vingtième siècles. Sept illustrations en couleurs et 164 illustrations en noir et blanc. Classement par sujets traités comme le mode de vie des Amérindiens et les activités religieuses, agricoles, nautiques, urbaines et récréatives des immigrants européens. Les notes sur les oeuvres comprennent le nom de l'artiste, le titre, la date, le médium, les dimensions, la provenance, le sujet traité et la collection. Les musées et les établissements d'enseignement peuvent acheter un jeu de diapositives de la Galerie nationale du Canada (maintenant le Musée des beaux-arts du Canada). J. Russell Harper a aussi rédigé une étude sur les peintures qui faisaient partie de l'exposition: *A people's art : primitive, naïve, provincial and folk painting in Canada* (Toronto : University of Toronto Press, c1974). NK841 745.0971074

2426

Harper, J. Russell [John Russell]. – *People's art : naïve art in Canada* = *L'art populaire : l'art naïf au Canada.* – Ottawa : Galerie nationale du Canada pour la Corporation des musées nationaux du Canada, c1973. – 167 p. : ill. (certaines en coul.). – 0888842538

The bilingual catalogue of an exhibition on Canadian folk art organized by J. Russell Harper in collaboration with the National Gallery of Canada. Works exhibited were borrowed from numerous institutions and private collectors. Includes paintings, wood carvings, drawings and prints from the seventeenth through twentieth centuries. Seven colour and 164 black and white illustrations. Arranged by subject matter including the Indian way of life, and religious, agrarian, nautical, urban and recreational activities among European immigrants. Notes on works include name of artist, title, date, medium, dimensions, provenance, subject matter and collection. Slide set available for puchase by museums and educational institutions from the National Gallery of Canada. J. Russell Harper also prepared a study of the paintings which were included in the exhibition: *A people's art : primitive, naïve, provincial and folk painting in Canada* (Toronto : University of Toronto Press, c1974). NK841 745.0971074

Catalogue bilingue d'une exposition d'oeuvres d'art populaire canadien organisée par J. Russell Harper en collaboration avec la Galerie nationale du Canada. Les oeuvres exposées étaient empruntées à de nombreux établissements et collectionneurs privés. Comprend des peintures, des sculptures sur bois, des dessins et des estampes qui datent du dix-septième au vingtième siècles. Sept illustrations en couleurs et 164 illustrations en noir et blanc. Classement par sujets traités comme le mode de vie des Amérindiens et les activités religieuses, agricoles, nautiques, urbaines et récréatives des immigrants européens. Les notes sur les oeuvres comprennent le nom de l'artiste, le titre, la date, le médium, les dimensions, la provenance, le sujet traité et la collection. Les musées et les établissements d'enseignement peuvent acheter un jeu de diapositives de la Galerie nationale du Canada (maintenant le Musée des beaux-arts du Canada). J. Russell Harper a aussi rédigé une étude sur les peintures qui faisaient partie de l'exposition: *A people's art : primitive, naïve, provincial and folk painting in Canada* (Toronto : University of Toronto Press, c1974). NK841 745.0971074

2427

Kobayashi, Terry. – *A compendium of Canadian folk artists.* – Terry Kobayashi and Michael Bird. – Erin (Ont.) : Boston Mills Press, c1985. – 241, [2] p. : ill. – 0919783325

Brief biographies of Canadian folk artists active during the seventeenth through twentieth centuries. Alphabetically arranged by name of artist. Entries include: name, birth and death dates or period of artistic activity, type of artist, place of activity, description of the artist's work in terms of medium, style and subject matter, references to written sources on artist, names of individuals who have provided information about artist, collections holding the artist's works. Bibliography. NK841 K62 1985 745.092271

Courtes biographies d'artistes canadiens qui faisaient de l'art populaire du dix-septième au vingtième siècles. Classement alphabétique par noms d'artistes. Les notices contiennent: nom, dates de naissance et de décès ou période d'activité artistique, type d'artiste, lieu d'activité, description des oeuvres de l'artiste en termes de médium, de style et de sujet traité, références à des documents écrits qui portent sur l'artiste, noms des personnes qui ont fourni des renseignements sur l'artiste, collections dont les oeuvres de l'artiste font partie. Bibliographie. NK841 K62 1985 745.092271

2428

McKendry, Blake. – *A dictionary of folk artists in Canada : from the 17th century to the present with inclusions of popular portrait, topographical, genre, religious and decorative artists of the 17th, 18th and 19th centuries.* – Elginburg (Ont.) : Blake McKendry Ltd., c1988. – 287 p. – 0969329806

Brief biographical entries for Canadian folk artists, alphabetically arranged. Entries include: name of artist, birth and death dates or period of artistic activity, place of activity, media, notes on style and subject matter, references to other biographical sources. NK841 A1 M33 1988 fol. 745.092271

Courtes notices biographiques sur des artistes canadiens qui ont réalisé des oeuvres d'art populaire, selon le classement alphabétique. Les notices incluent: nom de l'artiste, dates de naissance et de décès ou période d'activité artistique, lieu d'activité, médium, notes sur le style et le sujet traité, références à d'autres sources biographiques. NK841 A1 M33 1988 fol. 745.092271

2429
McKendry, Blake. – *Folk art : primitive and naïve art in Canada.* – Foreword by J. Russell Harper. – Agincourt (Ont.) : Methuen ; New York : Facts on File, c1983. – 288 p. : ill., (some col.). – 0458968005 (Methuen) 0871969033 (Facts on File)

A study of folk art in Canada illustrated with works held by numerous galleries, museums and private collectors. Includes paintings, sculpture, samplers, quilts, hooked rugs, weather vanes, decoys, board games, household objects in wood, etc., dating from the eighteenth through twentieth centuries. Arranged in chapters discussing primitive, naïve and provincial art as well folk-culture artifacts. 264 black and white and colour reproductions with notes on name of artist, title or type of object, date, provenance, medium, dimensions, collection, style and subject matter. Bibliography. Checklist of Canadian folk artists. Index of artists, places, objects, movements, etc.   NK841 M34 1983 fol.   745.0971

Étude de l'art populaire au Canada illustrée par des oeuvres que possèdent des galleries, des musées et des collectionneurs privés. Inclut des peintures, des sculptures, des modèles de broderie, des courtepointes, des tapis crochetés, des girouettes, des leurres, des jeux de société, des objets domestiques en bois, etc. qui datent des dix-huitième, au vingtième siècles. Chapitres qui traitent de l'art primitif, naïf et provincial, ainsi que des objets de culture populaire. Les 264 reproductions en noir et blanc ou en couleurs sont accompagnées des données suivantes: nom de l'artiste, titre ou type d'objet, date, provenance, médium, dimensions, collection, style et sujet traité. Bibliographie. Liste de contrôle des artistes canadiens qui ont réalisé des oeuvres d'art populaire. Index des artistes, des lieux, des objets, des mouvements, etc.   NK841 M34 1983 fol.   745.0971

2430
Musée canadien des civilisations. – *Un brin de fantaisie : art populaire germano-canadien.* – Sous la direction de Magnus Einarsson et de Helga Benndorf Taylor. – Hull (Québec) : le Musée, c1993. – 125 p. : ill. (certaines en coul.). – 0660905604

The catalogue of an exhibition of German-Canadian folk art from the collections of the Canadian Museum of Civilization. Includes introductory essays by experts on aspects of the art such as German influences on the folk art and material culture of Lunenburg County, the aesthetic of the Hutterian Brethren, and use of word and image. The catalogue is arranged by type of object such as chests, wardrobes, mats and rugs, wall pieces, boxes, clothing and accessories, toys and games, embroidery, etc. Black and white and colour photographs of works are accompanied by the following notes: name of artisan if known, place and date of creation, materials, dimensions, accession number, description of construction techniques, decoration and use. Biographical sketches of eleven contemporary folk artists. Bibliography. Essay on the history of Germans in Canada. Also published in English under the title: *Just for nice : German-Canadian folk art.*   NK841   745.0971

Catalogue d'une exposition d'oeuvres d'art populaire germano-canadien qui font partie des collections du Musée canadien des civilisations. Contient des essais de présentation qui ont été rédigés par des experts et qui portent sur certains aspects de l'art populaire, comme les influences germaniques sur l'art et la culture matérielle du comté de Lunenburg, l'esthétique des Huttérites et l'utilisation de mots et d'images. Dans le catalogue, classement par types d'objets comme les coffres, les armoires, les tapis et les carpettes, les pièces murales, les boîtes, les vêtements et les accessoires, les jouets et les jeux, les broderies, etc. Les photographies d'objets en noir et blanc ou en couleurs sont accompagnées des données suivantes: nom de l'artisan, s'il est connu, lieu et date de création, matériaux, dimensions, numéro d'inventaire, description des techniques de construction, décoration et usage. Notices biographiques sur onze artistes contemporains qui réalisent des oeuvres d'art populaire. Bibliographie. Essai sur l'histoire des Allemands au Canada. Publié aussi en anglais sous le titre: *Just for nice : German-Canadian folk art.*   NK841   745.0971

2431
Robert McLaughlin Gallery. – *'Twas ever thus : a selection of Eastern Canadian folk art.* – Foreword by Joan Murray ; preface by Ralph and Patricia Price ; introduction by J. Russell Harper. – Toronto : M.F. Feheley Publishers, c1979. – 87 p. : ill. (some col.). – 0919880169 (bd.) 0919880150 (pa.)

The catalogue of an exhibition of works of folk art from the collection of Ralph and Patricia Price, organized by the Robert McLaughlin Gallery of Oshawa. Includes works from Ontario, Quebec, New Brunswick, Nova Scotia and Prince Edward Island dating from the eighteenth through twentieth centuries. Works are grouped by type such as weather vanes, trivets, butter stamps, walking sticks, quilts, decoys, paintings, sculpture. Bibliography. Index of artists, objects, places, etc.   NK841 T84   745.0971307471356

Catalogue d'une exposition qui regroupait des oeuvres d'art populaire de la collection Ralph et Patricia Price et qui était organisée par la Robert McLaughlin Gallery d'Oshawa. Inclut des oeuvres de l'Ontario, du Québec, du Nouveau-Brunswick, de la Nouvelle-Écosse et de l'Île-du-Prince-Édouard qui datent du dix-huitième au vingtième siècles. Les oeuvres sont regroupées par types comme les girouettes, les trépieds, les estampes de beurriers, les cannes, les courtepointes, les leurres, les peintures, les sculptures. Bibliographie. Index des artistes, des objets, des lieux, etc.   NK841 T84 745.0971307471356

Nova Scotia

Nouvelle-Écosse

2432
Art populaire de la Nouvelle-Écosse : une exposition itinérante d'art populaire de la Nouvelle-Écosse du XXe siècle. – Organisée par l'Art Gallery of Nova Scotia. – Ottawa : Galerie nationale du Canada, Musées nationaux du Canada, 1977. – 59 p. : ill. (certaines en coul.), carte. – 0888843437

The catalogue of an exhibition of twentieth-century works by 22 Nova Scotia folk artists. Alphabetically arranged by name of artist. Biographies of artists illustrated with black and white and colour reproductions of their works. Notes accompanying illustrations include title, date, dimensions, medium and collection. List of works

Catalogue d'une exposition d'oeuvres d'art populaire du vingtième siècle réalisées par 22 artistes de la Nouvelle-Écosse. Classement alphabétique par noms d'artistes. Les biographies des artistes sont illustrées au moyen de reproductions en noir et blanc ou en couleurs de leurs oeuvres. Les notes qui accompagnent les illustrations donnent

exhibited. Also published in English under the title: *Folk art of Nova Scotia : a travelling exhibition of 20th century folk art of Nova Scotia.* NK842 745.09716074716225

2433

Field, Richard Henning. – *Spirit of Nova Scotia : traditional decorative folk art 1780-1930.* – Halifax : Art Gallery of Nova Scotia ; Toronto : Dundurn Press, 1985. – x, 211 p. : ill. (some col.), 1 map. – 1550020064 (bd.) 1550020048 (pa.)

The catalogue of an exhibition of 295 works of Nova Scotia folk art organized by the Art Gallery of Nova Scotia. Arranged in sections for textiles, sculpture, paintings, watercolours, drawings and decorated utilitarian objects, each of which includes introductory essays contributed by experts in the field. Excludes objects made of metal, clay or glass, baskets and Indian quill and beadwork. 24 colour and numerous black and white photographs. Entries include title or type of object, provenance, medium, name of artist if known, date, dimensions, collection, notes on style, motifs, condition and conservation of the object. Bibliography.   NK842 N6 F54 1985 fol. 745.09716074716225

le titre, la date, les dimensions, le médium et la collection. Liste des oeuvres exposées. Publié aussi en anglais sous le titre: *Folk art of Nova Scotia : a travelling exhibition of 20th century folk art of Nova Scotia.* NK842   745.09716074716225

Catalogue d'une exposition de 295 oeuvres d'art populaire de la Nouvelle-Écosse organisée par la Galerie d'art de Nouvelle-Écosse. Sections sur les tissus, les sculptures, les peintures, les aquarelles, les dessins et les objets utilitaires décorés. Toutes les sections contiennent des essais de présentation rédigés par des experts dans le domaine. Exclut les objets de métal, d'argile ou de verre, les paniers, ainsi que les broderies perlées et les broderies en piquants de porc-épic des Amérindiens. Nombreuses photographies en noir et blanc et 24 photographies en couleurs. Les notices comprennent le titre ou le type d'objet, la provenance, le médium, le nom de l'artiste s'il est connu, la date, les dimensions, la collection, des notes sur le style, les motifs, l'état et le degré de conservation de l'objet. Bibliographie. NK842 N6 F54 1985 fol.   745.09716074716225

2434

Folk art of Nova Scotia : a travelling exhibition of 20th century folk art of Nova Scotia. – Organized and circulated by the Art Gallery of Nova Scotia. – Halifax : Art Gallery of Nova Scotia, [1976?]. – 59 p. : ill. (some col.).

The catalogue of an exhibition of twentieth-century works by 22 Nova Scotia folk artists. Alphabetically arranged by name of artist. Biographies of artists illustrated with black and white and colour reproductions of their works. Notes accompanying illustrations include title, date, dimensions, medium and collection. List of works exhibited. Also published in French under the title: *Art populaire de la Nouvelle-Écosse : une exposition itinérante d'art populaire de la Nouvelle-Écosse du XXᵉ siècle.* NK842   745.09716074716225

Catalogue d'une exposition d'oeuvres d'art populaire du vingtième siècle réalisées par 22 artistes de la Nouvelle-Écosse. Classement alphabétique par noms d'artistes. Les biographies des artistes sont illustrées au moyen de reproductions en noir et blanc ou en couleurs de leurs oeuvres. Les notes qui accompagnent les illustrations précisent le titre, la date, les dimensions, le médium et la collection. Liste des oeuvres exposées. Publié aussi en français sous le titre: *Art populaire de la Nouvelle-Écosse : une exposition itinérante d'art populaire de la Nouvelle-Écosse du XXᵉ siècle.* NK842 745.09716074716225

Ontario

Ontario

2435

Kobayashi, Terry. – *Folk treasures of historic Ontario.* – Terry Kobayashi, Michael Bird, Elizabeth Price. – Toronto : Ontario Heritage Foundation, c1985. – 128 p. : ill. (some col.). – 0774398760

The catalogue of an exhibition, organized by the Ontario Heritage Foundation, of over 200 Ontario folk art works, dating from the nineteenth and twentieth centuries. Includes works borrowed from museums and private collectors. Arranged in sections on graphic works, textiles, sculpture, utilitarian objects, game boards and furniture and accessories. Black and white and colour photographs with notes on title or type of object, name of artist if known, provenance, date, medium, dimensions, style, subject matter or techniques. Bibliography.   NK841 K6 1984   745.0971307471356

Catalogue d'une exposition qui a été organisée par la Fondation du patrimoine ontarien et qui regroupait plus de 200 oeuvres d'art populaire de l'Ontario du dix-neuvième et du vingtième siècles. Inclut des oeuvres empruntées à des musées et à des collectionneurs privés. Sections sur les oeuvres graphiques, les tissus, les sculptures, les objets utilitaires, les jeux de société, les meubles et les accessoires. Les photographies en noir et blanc ou en couleurs sont accompagnées des données suivantes: titre ou type d'objet, nom de l'artiste s'il est connu, provenance, date, médium, dimensions, style, sujet traité ou techniques. Bibliographie.   NK841 K6 1984   745.0971307471356

Prince Edward Island

Île-du-Prince-Édouard

2436

Les arts populaires acadiens de l'Île-du-Prince-Édouard = Acadian folk art of Prince Edward Island. – Réalisé par Prince Edward Island Heritage Foundation et la Société Saint-Thomas d'Aquin avec une introduction par Georges Arseneault. – [Charlottetown] : Prince Edward Island Heritage Foundation, 1982. – [32] p. : ill. – 0920434096

The bilingual catalogue of an exhibition of Acadian folk art from Prince Edward Island, dating from the late nineteenth and twentieth centuries. Items in the exhibition were researched and catalogued as part of a project undertaken by the Société Saint-Thomas d'Aquin and are held in households and museums. Includes quilts, blankets,

Catalogue bilingue d'une exposition d'oeuvres d'art populaire acadien de l'Île-du-Prince-Édouard qui datent de la fin du dix-neuvième siècle et du vingtième siècle. Les objets qui faisaient partie de l'exposition avaient fait l'objet d'une recherche et d'un catalogage dans le cadre d'un projet réalisé par la Société Saint-Thomas

bedspreads, furniture, etc. Black and white photographs. Catalogue entries include: type of object, medium, dimensions, provenance, name of artist, date and collection. Some notes on subject matter, motifs and construction.   NK842 P75 A77   745.097170747175

d'Aquin. Ces objets se trouvent dans des maisons privées ou dans des musées. Le catalogue inclut des courtepointes, des couvertures, des couvre-lits, des meubles, etc. Photographies en noir et blanc. Les notices du catalogue contiennent: type d'objet, médium, dimensions, provenance, nom de l'artiste, date et collection. Quelques notes sur le sujet traité, les motifs et la construction.   NK842 P75 A77   745.097170747175

Quebec

Québec

2437

Lessard, Michel. – *L'art traditionnel au Québec.* – Michel Lessard, Huguette Marquis. – Montréal : Éditions de l'Homme, c1975. – 463 p., 16 p. de planches en coul. : ill. – 0775904376

An encyclopedia of motifs used in the folk arts of Quebec from the eighteenth through the twentieth centuries. Analyses motifs found on furniture, architecture, costume, textiles, tools, toys, utensils, etc. Arranged by type of motif such as geometric, zoomorphic and sacred. Illustrated with numerous line drawings and black and white and colour photographs. Bibliography.   NK842 Q8 L47   745.449714

Encyclopédie des motifs qui se retrouvent dans les oeuvres d'art populaire du Québec des dix-huitième, dix-neuvième et vingtième siècles. Analyse les motifs qui se trouvent dans l'architecture et sur les meubles, les costumes, les tissus, les outils, les jouets, les ustensiles, etc. Classement par types comme les motifs géométriques et zoomorphiques et les motifs inspirés du sacré. Illustré au moyen de nombreux dessins au trait et de nombreuses photographies en noir et blanc ou en couleurs. Bibliographie.   NK842 Q8 L47   745.449714

2438

Musée du Québec. – *Arts populaires du Québec.* – [Québec] : Musée du Québec, [1975]. – 1 vol. (non paginé).

The catalogue of an exhibition of Quebec folk art from the collections of the Musée du Québec. Includes furniture, toys, signs, weather vanes, religious art, maple sugar moulds, quilts, paintings, etc., dating from the eighteenth through twentieth centuries. Eight colour and numerous black and white photographs. Title or type of object, medium, dimensions, date, name of artist if known, are noted for works exhibited. Descriptions of motifs are included for certain objects.   NK841 M8   745.09714074714471

Catalogue d'une exposition d'oeuvres d'art populaire québécois qui proviennent des collections du Musée du Québec. Inclut des meubles, des jouets, des enseignes, des girouettes, des objets d'art religieux, des moules à sucre d'érable, des courtepointes, des peintures, etc. qui datent des dix-huitième, dix-neuvième et vingtième siècles. Nombreuses photographies en noir et blanc et huit photographies en couleurs. Le titre ou le type d'objet, le médium, les dimensions, la date et le nom de l'artiste, s'il est connu, sont fournis pour chaque oeuvre exposée. Les descriptions des motifs sont données pour certains objets.   NK841 M8   745.09714074714471

2439

***Pour passer le temps : artistes populaires du Québec.* –** Jean Simard, Bernard Genest, Francine Labonté, René Bouchard. – [Québec] : Gouvernement du Québec, Ministère des affaires culturelles, 1985. – 186 p., [4] p. de planches en coul. : ill. – (Les cahiers du patrimoine ; nº 17). – 2551091195

Brief biographies of approximately 50 Quebec folk artists of the twentieth century, working in a variety of media. Entries discuss medium, style, technique and subject matter. Black and white photographs of the artist and examples of works. Extensive bibliography. Indexes: artists, works of art, places.   NK842 Q4 P68 1985   745.0922

Courtes biographies d'environ 50 artistes québécois du vingtième siècle qui ont réalisé des oeuvres d'art populaire avec divers médiums. Les notices discutent du médium, du style, de la technique et du sujet. Photographies en noir et blanc de l'artiste et d'exemples de ses oeuvres. Bibliographie détaillée. Index: artistes, oeuvres d'art, lieux. NK842 Q4 P68 1985   745.0922

2440

***Trésors d'art populaire québécois = Folk art treasures of Quebec.* –** [Québec] : Gouvernement du Québec, Ministère des affaires culturelles, Direction des musées et centres d'exposition, [1980?]. – 51 p. : ill. (certaines en coul.). – 240000109X

The bilingual catalogue of an exhibition of 49 works of Quebec folk art organized by the Direction des musées privés et centres d'exposition and the Art Gallery of Ontario Extension Services. Items were borrowed from fifteen Quebec museums. Most date from before 1900. Objects in metal, wood and fibre are grouped together. Includes weather vanes, lanterns, crucifixes, sculpture, canes, maple sugar and butter moulds, decoys, toys, blankets and hooked rugs. Thirteen colour and 36 black and white photographs. Title or type of object, medium, dimensions and provenance if known, noted for works exhibited.   NK842 745.09714074

Catalogue bilingue d'une exposition qui regroupait 49 oeuvres d'art populaire québécois et qui était organisée par la Direction des musées privés et centres d'exposition et par l'Art Gallery of Ontario Extension Services. Les articles empruntés provenaient de quinze musées du Québec. La plupart des objets datent d'avant 1900. Les objets en métal, en bois et en fibres sont regroupés ensemble. Inclut des girouettes, des lanternes, des crucifix, des sculptures, des cannes, des moules à sucre d'érable et à beurre, des leurres, des jouets, des couvertures et des tapis crochetés. Treize photographies en couleurs et 36 photographies en noir et blanc. Pour chaque oeuvre exposée sont précisés le titre ou le type d'objet, le médium, les dimensions et la provenance, si elle est connue.   NK842   745.09714074

Furniture and Interior Decoration

Directories

Mobilier et décoration intérieure

Répertoires

2441

Designers d'intérieur du Canada. – *Directory = Répertoire.* – (1989/90)- . – North Vancouver (B.C.) : Naylor Communications Ltd. pour Designers d'intérieur du Canada, [1989?]- . – vol. – 1187-7650 – Titre de la couv.

Annual. A bilingual directory of interior designers who are members of the association Interior Designers of Canada. Includes an alphabetical list of members and a directory arranged by province. List of suppliers arranged by type of product. Calendar of events. Information on the association including lists of past presidents, fellows and honorary members and a code of ethics. NK2115 I68 747.02571

Annuel. Répertoire bilingue des designers d'intérieur qui font partie de l'association Designers d'intérieur du Canada. Inclut une liste alphabétique des membres et un répertoire classé par provinces. La liste des fournisseurs est classée par types de produits. Calendrier des événements. Les données sur l'association comprennent les listes des anciens présidents, des membres associés et des membres honoraires, et un code d'éthique. NK2115 I68 747.02571

2442

***Interior design choice.* –** 1st ed. (1985)- . – Toronto : Indecs Publishing, c1985- . – vol. : col. ill. – 0829-5298

Annual. A directory of Canadian interior, product and exhibit designers; suppliers of interior design products such as furniture, fabrics, carpeting, lighting, wall coverings; art services; design schools. Heavily illustrated. Arranged by profession or product and geographically. 1990 ed. published in two volumes. Vol. 2 entitled: *Choice resource edition.* NK2115 I5 747.02571

Annuel. Répertoire canadien des concepteurs d'intérieur, de produits et d'étalages; des fournisseurs de produits de décoration d'intérieur comme les meubles, les tissus, les tapis, les systèmes d'éclairage et les revêtements muraux; des services graphiques; des écoles de design. Très nombreuses illustrations. Classement par professions ou par produits et classement géographique. L'édition de 1990 a été publiée en deux volumes. Le vol. 2 est intitulé: *Choice resource edition.* NK2115 I5 747.02571

2443

Interior Designers of Canada. – *Directory = Répertoire.* – (1989/90)- . – North Vancouver (B.C) : Naylor Communications Ltd. for Interior Designers of Canada, [1989?]- . – vol. – 1187-7650 – Cover title.

Annual. A bilingual directory of interior designers who are members of the association Interior Designers of Canada. Includes an alphabetical list of members and a directory arranged by province. List of suppliers arranged by type of product. Calendar of events. Information on the association including lists of past presidents, fellows and honorary members and a code of ethics. NK2115 I68 747.02571

Annuel. Répertoire bilingue des designers d'intérieur qui font partie de l'association Designers d'intérieur du Canada. Inclut une liste alphabétique des membres et un répertoire classé par provinces. La liste des fournisseurs est classée par types de produits. Calendrier des événements. Les données sur l'association comprennent les listes des anciens présidents, des membres associés et des membres honoraires, et un code d'éthique. NK2115 I68 747.02571

2444

***Resource directory = Répertoires ressources.* –** (1984?)- . – [Toronto] : Source Handbook Publishers, c1983- . – vol. – 0822-2479 – Cover title.

Annual. A Canadian directory of all types of product sources and services, for use by interior designers. Arranged by category of product or service. Emphasis on Ontario and Quebec. Entries include name, address, telephone, fax and telex numbers of firm, description of services or products offered and codes indicating stock levels, wholesale trade or discounts, type of client served, residential or commercial projects undertaken, price range, etc. Entries for Quebec firms include bilingual descriptions. Indexes: category, advertiser, geographical, company. Title varies: 1984-1986, *Resource directory*; 1987, *Design handbook*; 1988, *Home sourcebook*; 1990, *Resource directory*; 1991- , *Resource directory = Répertoires ressources.* NK1705 S8 747.025713

Annuel. Répertoire canadien de tous les types de sources de produits et de services qui peuvent être utiles aux concepteurs d'intérieur. Classement par catégories de produits ou de services. Insistance sur l'Ontario et le Québec. Les notices comprennent le nom, l'adresse, et les numéros de téléphone, de télécopieur et de télex de l'entreprise, la description des services ou des produits offerts et les codes de niveau des stocks, les ventes de gros et les remises au détaillant, le type de clients desservis, les projets résidentiels ou commerciaux réalisés, la gamme de prix, etc. Les notices sur les entreprises québécoises contiennent des descriptions bilingues. Quatre index: catégories, commanditaires, géographique, compagnies. Le titre varie: 1984-1986, *Resource directory*; 1987, *Design handbook*; 1988, *Home sourcebook*; 1990, *Resource directory*; 1991- , *Resource directory = Répertoires ressources.* NK1705 S8 747.025713

Exhibitions

Expositions

2445

A provincial elegance : arts of the early French and English settlements in Canada. – [Kitchener, Ont. : s.n., 1982?]. – 1 vol. (unpaged) : ill., ports. – 0969110103

The catalogue of an exhibition of decorative arts reflecting Canadian tastes from the mid-sixteenth century to 1900, held at the Kitchener-Waterloo Art Gallery. The majority of the 233 pieces of furniture, paintings and sculpture exhibited were made in Canada and are held in private collections. Also includes foreign pieces of Canadian ownership. Black and white reproductions with notes on approximate date, provenance, dimensions, name of collector, name of artisan if known, and a brief description of the medium, style, use or subject matter and alteration or restoration work. Artist, title and subject index. NK2211 C35 K57 fol. 709.7107471345

Catalogue d'une exposition d'arts décoratifs qui reflète les goûts des Canadiens entre le milieu du seizième siècle et 1900 et qui a eu lieu à la Kitchener-Waterloo Art Gallery. La plupart des 233 pièces d'ameublement, peintures et sculptures exposées ont été faites au Canada et font partie de collections privées. Comprend aussi des pièces étrangères de propriété canadienne. Les reproductions en noir et blanc sont accompagnées des données suivantes: date approximative, provenance, dimensions, nom du collectionneur, nom de l'artisan s'il est connu et courte description du médium, du style, de l'usage ou du sujet traité ainsi que des travaux de modification ou de restauration effectués. Index des artistes, des titres et des sujets. NK2211 C35 K57 fol. 709.7107471345

2446

Seduced and abandoned : modern furniture designers in Canada - the first fifty years. – Virginia Wright, exhibition curator. – Toronto : Art Gallery at Harbourfront, [1985?]. – [28] p. : ill. – 0921047002

The catalogue of an exhibition of approximately 40 original designs for Canadian manufactured furniture from the period 1930 to 1980. Chronologically arranged. Introductory essay on modern furniture design in Canada. Black and white photographs of pieces with names of designer and manufacturer, source of photograph, name of collector and a biographical note on the designer. Brief bibliography. NK2441 W75 749.211074713541

Catalogue d'une exposition d'environ 40 modèles originaux de meubles fabriqués au Canada pendant la période de 1930 à 1980. Classement chronologique. Essai de présentation sur le design des meubles modernes au Canada. Photographies en noir et blanc de certaines pièces avec le nom du designer et celui du fabricant, la source de la photographie, le nom du collectionneur et une note biographique sur le designer. Courte bibliographie. NK2441 W75 749.211074713541

History

Histoire

2447

Webster, Donald Blake. – *English-Canadian furniture of the Georgian period.* – Foreword by Charles F. Hummel. – Toronto : McGraw-Hill Ryerson, c1979. – 232 p. : ill. (some col.). – 0070829802

A study of English-Canadian furniture from the Georgian period in the eighteenth and early nineteenth centuries. An introductory essay discusses styles of the period, woods used, details such as inlay, veneer and hardware as well as cabinetmakers active during the period. 309 black and white photographs of pieces are grouped by type. Notes on provenance, approximate date, dimensions, collection, wood, style, alterations, etc., are provided for each. Bibliography. Index of types of furniture and wood, places, cabinetmakers, etc. NK2441 W43 fol. 749.211

Étude des meubles canadiens-anglais de la période georgienne, du dix-huitième siècle au début du dix-neuvième siècle. L'essai de présentation traite des styles de la période, des bois utilisés, de détails comme la marqueterie, le placage et les ferrures ainsi que les ébénistes actifs pendant cette période. Les 309 photographies en noir et blanc d'oeuvres sont regroupées par types de meubles. Pour chacune, les données suivantes sont fournies: provenance du meuble, date approximative, dimensions, collection, sorte de bois, style, modifications, etc. Bibliographie. Index des types de meubles et de bois, des lieux, des ébénistes, etc. NK2441 W43 fol. 749.211

New Brunswick

Nouveau-Brunswick

2448

Foss, Charles H. – *Cabinetmakers of the eastern seaboard : a study of early Canadian furniture.* – Text by Charles H. Foss ; photography by Richard Vroom. – Toronto : M.F. Feheley Publishers, c1977. – ix, 156 p. : ill. (some col.). – 0919880096

An illustrated study of the work of thirteen New Brunswick cabinetmakers from the nineteenth and twentieth centuries. Entries for each include biographical and business information and black and white and colour photographs of a number of pieces of furniture. The style, wood used and details of the woodworking are described for each piece. Also provides name of collection in which the work is held. Index of illustrations. Bibliography. NK2442 N46 F67 fol. 749.2115

Étude illustrée des oeuvres de treize ébénistes du Nouveau-Brunswick des dix-neuvième et vingtième siècles. Les notices sur chaque ébéniste contiennent des données biographiques et commerciales et des photographies en noir et blanc ou en couleurs d'un certain nombre de pièces d'ameublement. Pour chaque pièce sont précisés le style, le bois utilisé et les détails de menuiserie. Donne aussi le nom de la collection dont l'oeuvre fait partie. Index des illustrations. Bibliographie. NK2442 N46 F67 fol. 749.2115

2449

Musée du Nouveau-Brunswick. – *Heritage furniture : a catalogue featuring selected heritage furniture from the collection of the New Brunswick Museum = Le mobilier traditionnel : catalogue des meubles anciens choisis parmi les collections du Musée du Nouveau-Brunswick.* – Préparé et présenté par A. Gregg Finley ; photographie et maquette du catalogue de Don Simpson. – [Saint-Jean : le Musée], 1976. – 63 p. : ill. (certaines en coul.). – (NBM collection catalogue ; 2)

A bilingual catalogue of the furniture collection of the New Brunswick Museum. Includes furniture made and used in New Brunswick during the eighteenth and nineteenth centuries. Black and white and colour photographs of pieces are accompanied by notes on use, provenance, approximate date, materials and style. Brief bibliography. NK2441 N48 1976   749.211507471532

Catalogue bilingue de la collection de meubles du Musée du Nouveau-Brunswick. Inclut des meubles fabriqués et utilisés au Nouveau-Brunswick pendant les dix-huitième et dix-neuvième siècles. Les photographies en noir et blanc ou en couleurs des pièces sont accompagnées des données suivantes: usage, provenance, date approximative, matériaux et style. Courte bibliographie. NK2441 N48 1976   749.211507471532

2450

New Brunswick Museum. – *Heritage furniture : a catalogue featuring selected heritage furniture from the collection of the New Brunswick Museum = Le mobilier traditionnel : catalogue des meubles anciens choisis parmi les collections du Musée du Nouveau-Brunswick.* – Edited, with an introduction by A. Gregg Finley ; photography and catalogue design by Don Simpson. – Saint John : New Brunswick Museum, 1976. – 63 p. : chiefly ill. (some col.). – (NBM collection catalogue ; 2)

A bilingual catalogue of the furniture collection of the New Brunswick Museum. Includes furniture made and used in New Brunswick during the eighteenth and nineteenth centuries. Black and white and colour photographs of pieces are accompanied by notes on use, provenance, approximate date, materials and style. Brief bibliography. NK2441 N48 1976   749.211507471532

Catalogue bilingue de la collection de meubles du Musée du Nouveau-Brunswick. Inclut des meubles fabriqués et utilisés au Nouveau-Brunswick pendant les dix-huitième et dix-neuvième siècles. Les photographies en noir et blanc ou en couleurs des pièces sont accompagnées des données suivantes: usage, provenance, date approximative, matériaux et style. Courte bibliographie. NK2441 N48 1976   749.211507471532

2451

Ryder, Huia G. [Huia Gwendoline]. – *Antique furniture by New Brunswick craftsmen.* – Toronto : Ryerson Press, 1965. – xii, 180 p. : ill.

A study of furniture made by New Brunswick artisans in the eighteenth and nineteenth centuries. Includes furniture of the Acadians, Saint John and the counties and campaign and other portable furniture. Each chapter discusses historical background, styles, woods used, principal cabinetmakers and particular pieces of furniture. 82 black and white photographs illustrate the text. List of cabinetmakers working in New Brunswick prior to 1900, arranged by county. Bibliography. Index of cabinetmakers, places, etc. Paperback ed.: Toronto : McGraw-Hill Ryerson, 1973, c1965. NK2442 R93 749.2115

Étude de meubles fabriqués par des artisans du Nouveau-Brunswick pendant les dix-huitième et dix-neuvième siècles. Inclut les meubles de l'Acadie, de Saint-Jean et des comtés, ainsi que des meubles de campagne et d'autres meubles portatifs. Chaque chapitre traite de l'histoire, des styles, des bois utilisés, des principaux ébénistes et de pièces d'ameublement particulières. Le texte est illustré au moyen de 82 photographies en noir et blanc. Liste des ébénistes qui travaillaient au Nouveau-Brunswick avant 1900 selon un classement par comtés. Bibliographie. Index des ébénistes, des lieux, etc. Éd. de poche: Toronto : McGraw-Hill Ryerson, 1973, c1965.   NK2442 R93 749.2115

Newfoundland

Terre-Neuve

2452

Peddle, Walter W. – *The traditional furniture of outport Newfoundland.* – St. John's : Harry Cuff Publications, 1983. – 200 p. : ill. – 0919095372

A study of furniture made in rural Newfoundland. Includes an introductory essay on the history of outport furniture and chapters on beds, cradles, chairs, sofas, blanket boxes, chests of drawers, desks, kitchen dressers, sideboards, tables, washstands, etc. 235 black and white photographs of pieces of furniture, the majority dating from the nineteenth century. Notes on dimensions, provenance, wood, construction techniques and decorative details are provided for each. Glossary. Short bibliography with introduction. NK2442 N48 P44 1983   749.2118

Étude des meubles fabriqués dans les régions rurales de Terre-Neuve. Inclut un essai de présentation sur l'histoire des meubles dans les villages isolés ainsi que des chapitres sur les lits, les berceaux, les chaises, les sofas, les coffres de rangement, les commodes, les bureaux, les vaisseliers, les buffets bas, les tables, les consoles de toilette, etc. 235 photographies en noir et blanc de pièces d'ameublement qui datent pour la plupart du dix-neuvième siècle. Pour chaque pièce sont fournies les données suivantes: dimensions, provenance, bois, techniques de construction et détails décoratifs. Glossaire. Courte bibliographie avec introduction.   NK2442 N48 P44 1983   749.2118

Nova Scotia

Nouvelle-Écosse

2453

MacLaren, George E. G. – *Antique furniture of Nova Scotian craftsmen.* – Toronto : Ryerson Press, 1961. – xvii, 146 p.

A history of Nova Scotia furniture and its makers during the eighteenth and nineteenth centuries. Discusses pioneer furniture, chairs, furniture factories, clocks and piano manufacturers. Also

Histoire des meubles de la Nouvelle-Écosse et de leurs fabricants, des dix-huitième et dix-neuvième siècles. Discute des meubles des premiers colons, des chaises, des manufactures de meubles ainsi que des

includes a chapter on woods used by Nova Scotia cabinetmakers. 49 black and white illustrations. Appendices: cabinetmakers in Nova Scotia; chairmakers in Nova Scotia; cabinetmakers, joiners and turners who came to Halifax with Governor Cornwallis in June 1749; joiners on passenger lists of foreign Protestants who came to Halifax, 1750 to 1753; pianoforte makers in Nova Scotia; watch and clockmakers of Nova Scotia to 1880.   NK2442 M3   749.2116

fabricants d'horloges et de pianos. Contient aussi un chapitre sur les sortes de bois utilisées par les ébénistes de la Nouvelle-Écosse. 49 illustrations en noir et blanc. Annexes: ébénistes de la Nouvelle-Écosse; fabricants de chaises de la Nouvelle-Écosse; ébénistes, menuisiers et tourneurs qui sont venus à Halifax avec le gouverneur Cornwallis en juin 1749; menuisiers qui figuraient sur les listes de passagers des bateaux qui ont amené des protestants étrangers à Halifax, 1750 à 1753; facteurs de pianos de la Nouvelle-Écosse; horlogers de la Nouvelle-Écosse, jusqu'en 1880.   NK2442 M3   749.2116

Ontario

2454

Minhinnick, Jeanne. – *At home in Upper Canada.* – Illustration design and drawings by John Richmond. – Toronto : Clarke, Irwin, 1970. – 228 p. : ill. – 0772001065

A study of the social and material history of domestic life in Upper Canada. Objects are discussed within the context of a room such as the parlour, dining room or bedroom or according to use such as cooking, heating, bathing. Also includes chapters on gardens, dooryards and verandahs, pictures, lighting, children's furniture and toys. Black and white photographs of objects and house interiors and exteriors. List of plants of Upper Canada. Bibliography. Glossary. Index of objects, artisans, styles, houses, etc.   NK2442 M55 fol. 709.713

Étude de l'histoire sociale et matérielle de la vie de famille dans le Haut-Canada. Les objets sont discutés dans le contexte d'une pièce comme le petit salon, la salle à manger ou la chambre, ou selon l'usage comme les objets qui servaient à la cuisine, au chauffage ou au bain. Inclut aussi des chapitres sur les jardins, les arrière-cours et les vérandas, les tableaux, les systèmes d'éclairage, les meubles pour enfants et les jouets. Photographies en noir et blanc des objets ainsi que de l'intérieur et de l'extérieur des maisons. Liste des plantes du Haut-Canada. Bibliographie. Glossaire. Index des objets, des artisans, des styles, des maisons, etc.   NK2442 M55 fol.   709.713

2455

Pain, Howard. – *The heritage of Upper Canadian furniture : a study in the survival of formal and vernacular styles from Britain, America and Europe, 1780-1900.* – Foreword by Dean A. Fales, Jr. ; introduction by William Kilbourn. – Toronto : Van Nostrand Reinhold, c1978. – 548 p. : ill. (some col.), fold. col. map. – 0442298307 (limited ed.) 0442298293

A study of Ontario furniture from the period 1780 through 1900. Introductory chapters discuss the settlement of Ontario and influences on styles of furniture. Other chapters analyse the Anglo-American, German, Polish and French-Canadian traditions in Ontario furniture. Black and white and colour photographs of 1,347 pieces are grouped by type under each tradition. Notes accompanying photographs include provenance, date, collection and information on style. Technical notes on wood, finish, original hardware and dimensions are provided at the end of the book. Glossary. Bibliography. Index of objects, places, styles, etc. A limited edition of 400 copies in a slipcase and signed by the author was also published by Van Nostrand Reinhold in 1978. Reprinted: Toronto : Key Porter, 1984.   NK2442 O5 P34 fol.   749.2113

Étude des meubles de l'Ontario de 1780 à 1900. Les chapitres d'introduction traitent de la colonisation de l'Ontario et des influences sur les styles d'ameublement. D'autres chapitres analysent les traditions anglo-américaines, allemandes, polonaises et canadiennes-françaises des meubles en Ontario. Les photographies en noir et blanc ou en couleurs de 1 347 pièces sont regroupées par types de meubles sous chaque tradition. Les données qui accompagnent les photographies comprennent la provenance, la date, la collection et des renseignements sur le style. À la fin du livre sont fournies des notes techniques sur le bois, la finition, les ferrures originales et les dimensions. Glossaire. Bibliographie. Index des objets, des lieux, des styles, etc. En 1978, Van Nostrand Reinhold a également publié une édition limitée de 400 copies insérées dans des boîtiers et signées par l'auteur. Réimprimé: Toronto : Key Porter, 1984.   NK2442 O5 P34 fol. 749.2113

2456

Shackleton, Philip. – *The furniture of old Ontario.* – Toronto : Macmillan of Canada, 1973. – [xii], 399 p., [10] leaves of col. plates : ill. – 0770510469

A study of nineteenth-century furniture, most of which was made in Ontario and is held in Ontario collections. Introductory essays on the settlement of Ontario, influences on style and the history of Ontario furniture. Black and white photographs of chairs, sofas, bedsteads, cradles, chests, desks, sideboards, clocks, tables, washstands, looking glasses, etc. Notes on pieces include approximate date, provenance, collection, style, wood, finish and decoration details. No index. Published in smaller format with black and white photographs replacing colour plates: Toronto : Macmillan of Canada, 1978.   NK2442 O5 S5 fol.   749.2113

Étude de meubles du dix-neuvième siècle dont la plupart ont été fabriqués en Ontario et font partie de collections ontariennes. Essai de présentation sur la colonisation de l'Ontario, les influences sur le style des meubles et l'histoire de l'ameublement en Ontario. Photographies en noir et blanc de chaises, de sofas, de châlits, de berceaux, de coffres, de bureaux, de buffets bas, d'horloges, de tables, de consoles de toilette, de miroirs, etc. Les données fournies sur les pièces comprennent la date approximative, la provenance, la collection, le style, la sorte de bois, la finition et les détails décoratifs. Aucun index. Publié dans un plus petit format avec des photographies en noir et blanc plutôt que des planches en couleurs: Toronto : Macmillan of Canada, 1978.   NK2442 O5 S5 fol.   749.2113

2457

Stewart, Don R. – *A guide to pre-Confederation furniture of English Canada.* – Don Mills (Ont.) : Longmans Canada, c1967. – 150 p. : ill. (some col.).

An illustrated guide to English-Canadian furniture made by hand before 1867. Black and white photographs of pieces are grouped according to the room in which they would be used. Notes for each include materials, date, provenance and design. Index of pieces, construction techniques and styles.   NK2442 O5 S83   749.2113

Guide illustré sur les meubles canadiens-anglais fabriqués à la main avant 1867. Les photographies en noir et blanc des meubles sont regroupées selon la pièce dans laquelle ces meubles auraient été utilisés. Les notes sur chaque meuble indiquent les matériaux, la date, la provenance et le design. Index des pièces, des techniques de construction et des styles.   NK2442 O5 S83   749.2113

Quebec

Québec

2458

Fleming, John A. – *Les meubles peints du Canada français, 1700-1840.* – Traduction de Pierre Bouillaguet ; photographies de James A. Chambers. – Camden East (Ont.) : Camden House Publishing ; Hull (Québec) : Musée canadien des civilisations, c1994. – 179 p. : ill. en coul. – 0921820941

A study of the painted furniture of French Canada, from the period 1700 to 1840. Based on an examination of primary documents such as household inventories, contracts, government documents, travellers' accounts, newspapers, etc., and an analysis of pieces of furniture in terms of construction, style, finish and decoration. Colour photo-graphs of pieces are accompanied by the following notes: type of object, approximate date, materials used, description of surface, restoration and hardware, dimensions, stylistic analysis, collection if public. Appendices: record of a sale by auction of the goods of Ignace Adam, 1760; inventory of Nicolas Gaudin dit Lapoterie. Bibliography. Subject index. Also published in English under the title: *The painted furniture of French Canada, 1700-1840.*   NK2442 Q8 F4314 1994 fol.   749.2114

Étude des meubles peints du Canada-français, de la période 1700-1840. Fondé sur l'examen de documents primaires comme les inventaires de succession, les contrats, les documents gouvernementaux, les récits de voyageurs, les journaux, etc. et sur l'analyse de meubles du point de vue de la construction, du style, de la finition et de la décoration. Les photographies en couleur des meubles sont accompagnées des notes suivantes: type d'objet, date approximative, matériaux utilisés, description de la surface, restauration et ferrures, dimensions, analyse stylistique, collection s'il s'agit d'une collection publique. Annexes: document de vente aux enchères des biens de Ignace Adam, 1760; inventaire de Nicolas Gaudin dit Lapoterie. Bibliographie. Index des sujets. Publié aussi en anglais sous le titre: *The painted furniture of French Canada, 1700-1840.*   NK2442 Q8 F4314 1994 fol.   749.2114

2459

Fleming, John A. – *The painted furniture of French Canada, 1700-1840.* – John A. Fleming with photographs by James A. Chambers. – Camden East (Ont.) : Camden House Publishing ; Hull (Quebec) : Canadian Museum of Civilization, c1994. – 179 p. : col. ill. – 0921820852

A study of the painted furniture of French Canada, from the period 1700 to 1840. Based on an examination of primary documents such as household inventories, contracts, government documents, travellers' accounts, newspapers, etc., and an analysis of pieces of furniture in terms of construction, style, finish and decoration. Colour photographs of pieces are accompanied by the following notes: type of object, approximate date, materials used, description of surface, restoration and hardware, dimensions, stylistic analysis, collection if public. Appendices: record of a sale by auction of the goods of Ignace Adam, 1760; inventory of Nicolas Gaudin dit Lapoterie. Bibliography. Subject index. Also published in French under the title: *Les meubles peints du Canada français, 1700-1840.* NK2442 Q8 F43 1994 fol.   749.2114

Étude des meubles peints du Canada-français, de la période 1700-1840. Fondé sur l'examen de documents primaires comme les inventaires de succession, les contrats, les documents gouvernementaux, les récits de voyageurs, les journaux, etc. et sur l'analyse de meubles du point de vue de la construction, du style, de la finition et de la décoration. Les photographies en couleur des meubles sont accompagnées des notes suivantes: type d'objet, date approximative, matériaux utilisés, description de la surface, restauration et ferrures, dimensions, analyse stylistique, collection s'il s'agit d'une collection publique. Annexes: document de vente aux enchères des biens de Ignace Adam, 1760; inventaire de Nicolas Gaudin dit Lapoterie. Bibliographie. Index sujets. Publié aussi en français sous le titre: *Les meubles peints du Canada français, 1700-1840.* NK2442 Q8 F43 1994 fol.   749.2114

2460

Palardy, Jean. – *The early furniture of French Canada.* – Translated from the French by Eric McLean. – [2nd rev. ed.]. – Toronto : Macmillan of Canada ; New York : St. Martin's Press, 1965, c1963. – 413 p., 11 leaves of plates : ill., map.

A detailed study of French-Canadian furniture dating from the seventeenth to the early nineteenth centuries. Includes a catalogue of representative categories of furniture such as chests, armoires, dressers, buffets, corner cabinets, beds, cradles, seats, tables, desks, clocks and functional and decorative household objects. Notes on each piece include an approximate date, details of ornamentation, style and influences, dimensions, type of wood, provenance and collection. 585 black and white and eleven colour photographs. Also discusses historical and technical aspects such as fabrics, iron and brass work, woods used, woodworkers, apprenticeship, preservation and restoration and furniture identification. Appendices: master woodworkers, woodworkers and carvers who lived in French

Étude détaillée des meubles canadiens-français qui datent d'entre le début du dix-septième siècle et celui du dix-neuvième. Inclut un catalogue des catégories représentatives de meubles comme les coffres, les armoires, les vaisseliers, les buffets, les placards de coin, les lits, les berceaux, les sièges, les tables, les bureaux, les horloges et les objets domestiques fonctionnels et décoratifs. Les données fournies sur chaque pièce comprennent une date approximative, la description des détails d'ornementation, le style et les influences, les dimensions, la sorte de bois, la provenance et la collection. 585 photographies en noir et blanc et onze photographies en couleurs. Discute également des aspects historiques et techniques comme les tissus, les ferrures et cuivres, les bois utilisés, les menuisiers,

Canada; English and Scottish woodworkers and cabinetmakers who came to Quebec; master locksmiths and locksmiths in Quebec; furniture collectors; bibliography; lexicon of French-Canadian terms; glossary. Index of artisans, styles, influences, places, etc. Also published in French under the title: *Les meubles anciens du Canada français.* NK2442 P313 1965 fol. 749.2114

2461

Palardy, Jean. – *Les meubles anciens du Canada français.* – [2ᵉ éd. rev. et aug.]. – Paris : Arts et Métiers Graphiques, c1963, 1965. – 411 p., 11 f. de planches : ill., carte.

A detailed study of French-Canadian furniture dating from the seventeenth to the early nineteenth centuries. Includes a catalogue of representative types of furniture such as chests, armoires, dressers, buffets, corner cabinets, beds, cradles, seats, tables, desks, clocks and functional and decorative household objects. Notes on each piece include an approximate date, details of ornamentation, style and influences, dimensions, type of wood, provenance and collection. 585 black and white and eleven colour photographs. Also discusses historical and technical aspects such as fabrics, iron and brass work, woods used, woodworkers, apprenticeship, preservation and restoration and furniture identification. Appendices: master woodworkers, woodworkers and carvers who lived in French Canada; English and Scottish woodworkers and cabinetmakers who came to Quebec; master locksmiths and locksmiths in Quebec; furniture collectors; bibliography; lexicon of French-Canadian terms; glossary. Index of artisans, styles, influences, places, etc. Also published in English under the title: *The early furniture of French Canada.* Also published in smaller format without colour plates: Montréal : Le Cercle du Livre de France, c1971; Montréal : Éditions P. Tisseyre, 1992, c1971. NK2442 P3 1965 fol. 749.2114

l'apprentissage, la conservation et la restauration, et l'identification des meubles. Annexes: maîtres menuisiers, menuisiers et sculpteurs qui vivaient au Canada français; menuisiers et ébénistes anglais et écossais qui sont venus au Québec; maîtres serruriers et serruriers du Québec; collectionneurs de meubles; bibliographie; lexique de termes canadiens-français; glossaire. Index des artisans, des styles, des influences, des lieux, etc. Publié aussi en français sous le titre: *Les meubles anciens du Canada français.* NK2442 P313 1965 fol. 749.2114

Étude détaillée des meubles canadiens-français qui datent d'entre le début du dix-septième siècle et celui du dix-neuvième. Inclut un catalogue des catégories représentatives de meubles comme les coffres, les armoires, les vaisseliers, les buffets, les placards de coin, les lits, les berceaux, les sièges, les tables, les bureaux, les horloges et les objets domestiques fonctionnels et décoratifs. Les données fournies sur chaque pièce comprennent une date approximative, la description des détails d'ornementation, le style et les influences, les dimensions, la sorte de bois, la provenance et la collection. 585 photographies en noir et blanc et onze photographies en couleurs. Discute également des aspects historiques et techniques comme les tissus, les ferrures et cuivres, les bois utilisés, les menuisiers, l'apprentissage, la conservation et la restauration, et l'identification des meubles. Annexes: maîtres menuisiers, menuisiers et sculpteurs qui vivaient au Canada français; menuisiers et ébénistes anglais et écossais qui sont venus au Québec; maîtres serruriers et serruriers du Québec; collectionneurs de meubles; bibliographie; lexique de termes canadiens-français; glossaire. Index des artisans, des styles, des influences, des lieux, etc. Publié aussi en anglais sous le titre: *The early furniture of French Canada.* Également publié dans un format plus petit sans planches en couleurs: Montréal : Le Cercle du Livre de France, c1971; Montréal : Éditions P. Tisseyre, 1992, c1971. NK2442 P3 1965 fol. 749.2114

Glass

Bottles

Verre

Bouteilles

2462

Chopping, George Clifford. – *Bottles of the Canadian Prairies.* – 1st ed. – Spy Hill (Sask.) : George C. Chopping, c1978. – 403 p. : ill. – 0919213987

An illustrated guide to bottles from Alberta, Manitoba and Saskatchewan. Arranged by type of bottle including brewery, pottery ginger beer and dairy bottles, pottery jugs, wooden or metal kegs, prescription containers, siphons and sealers. Subarranged by province. Numerous black and white photographs of bottles in private and museum collections. Codes for each bottle indicate province, town or city on label or embossing, type of container and company name. Dimensions and colour are also described. List of breweries, dairies, druggists, soda water manufacturers and wine merchants of each province found in Henderson directories 1880-1920s. Company index. Code number index. Also published: *Bottles of the Canadian Prairies : code reference and price guide* (Spy Hill (Sask.) : G.C. Chopping, c1978). NK5440 B6 C48 fol. 748.8209712

Guide illustré sur les bouteilles de l'Alberta, du Manitoba et de la Saskatchewan. Classement par types, comprenant les bouteilles de bière, les bouteilles en grès de boisson au gingembre, les bouteilles de lait, les cruches en céramique, les barils de bois ou de métal, les contenants de médicaments vendus sur ordonnance, les siphons et les dispositifs de fermeture. Sous chaque catégorie, classement par provinces. Nombreuses photographies en noir et blanc de bouteilles qui font partie de collections privées et de collections de musées. Les codes fournis pour chaque bouteille indiquent la province et la ville inscrits sur l'étiquette de la bouteille ou en relief sur la bouteille, la sorte de contenant et le nom de la compagnie. Les dimensions et la couleur sont aussi précisées. Liste des brasseries, des laiteries, des pharmaciens, des fabricants d'eau gazéifiée et des marchands de vin de chaque province qui figuraient dans les répertoires Henderson de 1880 aux années 1920. Index des compagnies. Index des numéros de code. Également publié: *Bottles of the Canadian Prairies : code reference and price guide* (Spy Hill (Sask.) : G.C. Chopping, c1978). NK5440 B6 C48 fol. 748.8209712

2463

Sinclaire, Nathen. – *Bottles from the sea : a working project of Ocean Bottle Works.* – By Nathen Sinclaire and Teresa Aiello. – New Westminster (B.C.) : Ocean Bottle Works, c1988. – 76 leaves : ill. – 0929038002

A guide to embossed glass soft drink bottles used in British Columbia during the years 1915-1960. Bottles were collected from the ocean by a team of divers including the compilers. Alphabetically arranged by brand of soft drink or name of bottling company. Separate section for Coca-Cola bottles. Entries may include name and location of bottling company, dates in use, description of glass, dimensions, name of bottle manufacturer, date of manufacture, historical notes on use or manufacture of bottle and/or its contents. Line drawings of bottles and bases. Bottle price guide.
NK5440 B6 S55 1988 fol.   748.8209711

Guide sur les bouteilles de boissons gazeuses avec inscriptions en relief qui étaient utilisées en Colombie-Britannique entre 1915 et 1960. Une équipe de plongeurs comprenant les compilateurs du guide a fait la collecte des bouteilles dans l'océan. Classement alphabétique par marques de boissons gazeuses ou par noms de compagnies d'embouteillage. Section distincte pour les bouteilles de Coca-Cola. Les notices peuvent comprendre le nom et l'emplacement de la compagnie d'embouteillage, les dates d'utilisation, la description du verre, les dimensions, le nom du fabricant de la bouteille, la date de fabrication, des notes historiques sur l'utilisation ou la fabrication de la bouteille et (ou) de son contenu. Dessins au trait des bouteilles et des fonds de bouteilles. Guide des prix des bouteilles.
NK5440 B6 S55 1988 fol.   748.8209711

2464

Unitt, Doris [Joyce]. – *Bottles in Canada.* – Doris and Peter Unitt. – Peterborough (Ont.) : Clock House, c1972. – 240 p. : ill. (some col.).

An illustrated guide to bottles found in Canada including dairy, beer, pop, liquor, pottery ginger beer, medicine and perfume bottles, fruit jars and sealers. List of Canadian glass factories. Information on insulators. Glossary. Bibliography. Reprinted: 1980.
NK5440 B6 U6 fol.   748.820971

Guide illustré sur les bouteilles trouvées au Canada, comprenant les bouteilles de lait, de bière, de boissons gazeuses et d'alcool, les bouteilles en grès de boisson au gingembre, les bouteilles de médicaments et de parfum, les pots de confitures et les dispositifs de fermeture. Liste des fabricants de verre canadiens. Données sur les isolateurs. Glossaire. Bibliographie. Réimprimé: 1980.
NK5440 B6 U6 fol.   748.820971

2465

Urquhart, O. – *Bottlers and bottles, Canadian.* – 1st ed. – Toronto : S. & O. Urquhart, c1976. – [3], iii, 243 p. : ill. – 0969060408

A guide to bottles manufactured and used in Canada. Introductory essay on glass and bottle manufacturing, colour in glass and bottle collecting. Line drawings of bottles with notes on colour, dimensions and labels or embossing are grouped by type such as medicine, beer, liquor, cosmetic, perfume, food, dairy, mineral, soda water and ink. Somewhat difficult to read because pages are crowded with drawings and text. Checklist of Canadian bottlers, compiled from directories and newspapers. Index of bottles. General index. Bibliography.
NK5440 B6 U76 fol.   748.820971

Guide sur les bouteilles fabriquées et utilisées au Canada. Essai de présentation sur la fabrication du verre et des bouteilles, sur la coloration du verre et sur les collections de bouteilles. Dessins au trait de bouteilles avec des données sur la couleur, les dimensions et les étiquettes ou l'inscription en relief. Ces dessins sont regroupés par types, comme les contenants de médicaments, de bière, d'alcool, de produits cosmétiques, de parfum, de nourriture, de produits laitiers, d'eau minérale, d'eau gazéifiée et d'encre. Plutôt difficile à lire parce que les pages sont surchargées de dessins et de texte. Liste de contrôle des embouteilleurs canadiens compilée à partir des répertoires et des journaux. Index des bouteilles. Index général. Bibliographie.   NK5440 B6 U76 fol.   748.820971

2466

Watson, George. – *Western Canadian bottle collecting.* – By George Watson & Robert Skrill. – Nanaimo (B.C.) : Hume Compton, 1971-[1972?]. – 2 vol. (74 ; 113 p.) : ill.

A guide to bottles and bottle collecting in British Columbia. Arranged by type such as beer, soda water, medicine, liquor and ink bottles and fruit jars. Black and white photographs are accompanied by notes on embossing, size, colour and price. Glossary. Bibliography. List of British Columbia breweries active in the nineteenth and twentieth centuries.   NK5440 B6 W33 fol.   748.8209711

Guide sur les bouteilles et sur la façon de monter une collection de bouteilles en Colombie-Britannique. Classement par types comme les bouteilles de bière, d'eau gazéifiée, de médicaments, d'alcool et d'encre, et les pots de confitures. Les photographies en noir et blanc de bouteilles sont accompagnées des données suivantes: inscription en relief, taille, couleur et prix. Glossaire. Bibliographie. Liste des brasseries de la Colombie-Britannique actives au cours des dix-neuvième et vingtième siècles.   NK5440 B6 W33 fol.   748.8209711

Collections

Collections

2467

Glass collections in museums in the United States and Canada. – Corning Museum of Glass and the American National Committee of the International Association for the History of Glass. – Corning (N.Y.) : Corning Museum of Glass, 1982. – 224 p. : ill. – 0872901041

A directory of 27 museums in Canada with glass collections. Arranged alphabetically by city. Entries include: name, address and telephone number, hours, type of museum, size of glass collection, periods and geographic areas covered, subject specialties, description of glass collection, bibliography. Museum-collection and province-city indexes.   NK5101.8 G54 1982   748.20257

Répertoire de 27 musées au Canada qui possèdent des collections de verreries. Classement alphabétique par villes. Les notices contiennent: nom, adresse, numéro de téléphone, heures d'ouverture, sorte de musée, importance de la collection de verreries, périodes et régions couvertes, spécialisations, description de la collection de verreries, bibliographie. Index des musées et des collections, et index des provinces et des villes.   NK5101.8 G54 1982   748.20257

Glass Art

Arts du verre

2468
Canadian glassworks 1970-1990. – Toronto : Ontario Crafts Council, c1990. – 48 p. : ill. (some col.). – 0921059140

The catalogue of an exhibition intended to illustrate developments in the Canadian glass art movement over the past twenty years. Colour photographs of several works by each of thirteen artists are included in the catalogue with notes on title, date, medium, dimensions and collection. Biographies of artists include place and date of birth, place of residence, education, lists of solo and group exhibitions and collections. List of works exhibited. A slide kit is available from the Ontario Crafts Council, Craft Resource Centre.
NB1270 G4   748.2911

Catalogue d'une exposition devant illustrer l'évolution du mouvement artistique du travail du verre au Canada au cours des vingt dernières années. Des photographies en couleurs de plusieurs oeuvres de chacun des treize artistes sont incluses dans le catalogue avec les données suivantes: le titre, la date, le médium, les dimensions et le nom de la collection. Les biographies des artistes donnent le lieu et la date de naissance, le lieu de résidence, les études, la liste des expositions individuelles et collectives, et les collections dont leurs oeuvres font partie. Liste des oeuvres exposées. Un jeu de diapositives est disponible au Craft Resource Centre du Ontario Crafts Council.
NB1270 G4   748.2911

Glassware

Verrerie

2469
Jones, Olive R. – ***The Parks Canada glass glossary for the description of containers, tableware, flat glass, and closures.*** – Olive Jones and Catherine Sullivan with contributions by George L. Miller, E. Ann Smith, Jane E. Harris, Kevin Lunn. – Rev. ed. – Ottawa : National Historic Parks and Sites, Canadian Parks Service, Environment Canada, 1989. – [6], 184 p. : ill. – (Studies in archaeology, architecture and history). – 0660132451

1st ed., 1985. A glossary of terms intended for use by people creating inventories of, cataloguing, or researching glassware. Part I covers aspects of glass artifacts in general, such as colour, condition and manufacturing techniques. Parts II through V provide the terminology specific to containers, tableware, closures and flat glass. Illustrated with black and white photographs and drawings. Bibliography. Index of terms. Reproduced in microform format: *Microlog*, no. 90-04762. 1985 ed. also published in French under the title: *Glossaire du verre de Parcs Canada décrivant les contenants, la verrerie de table, les dispositifs de fermeture et le verre plat.* Reproduced in microform format: *Microlog*, no. 85-06268.   NK5104 J66   666.19

1ʳᵉ éd., 1985. Glossaire conçu à l'intention des personnes qui créent des inventaires, qui cataloguent ou qui font des recherches sur la verrerie. La partie I porte sur divers aspects des artefacts en verre en général, comme la couleur, l'état et les techniques de fabrication. Les parties II à V contiennent la terminologie particulière aux contenants, à la verrerie de table, aux dispositifs de fermeture et au verre plat. Illustré au moyen de dessins et de photographies en noir et blanc. Bibliographie. Index des termes. Reproduit sur support microforme: *Microlog*, nᵒ 90-04762. L'édition de 1985 a aussi été publiée en français sous le titre: *Glossaire du verre de Parcs Canada décrivant les contenants, la verrerie de table, les dispositifs de fermeture et le verre plat.* Reproduit sur support microforme: *Microlog*, nᵒ 85-06268.
NK5104 J66   666.19

2470
King, Thomas B. – ***Glass in Canada.*** – Erin (Ont.) : Boston Mills Press, c1987. – 318 p. : ill., maps, ports. – 0919783015

A history of the glass manufacturing industry in Canada which updates the work of Gerald Stevens and discusses aspects of the industry not covered elsewhere, such as flat glass, contemporary tableware, commercial and studio glassblowing and flameworking. Chronological presentation. Includes company histories and a chapter on excavation, authentication and attribution of pieces of glassware. Appendices: list of glass companies with operating dates; bottle markings and closures; selected pressed glass patterns in the Canadian Museum of Civilization collection. Illustrated with black and white photographs and drawings. Photographs of glassware in appendix 3 are accompanied by notes on dimensions, site of excavation, references to other sources, attribution and dating of pattern. Glossary. Bibliography. Index of patterns, companies, objects, etc.
TP854 C3 K55 1987 fol.   666.10971

Histoire de l'industrie de la fabrication du verre au Canada qui met à jour l'ouvrage de Gerald Stevens et qui discute d'aspects de l'industrie qui ne sont pas traités ailleurs, comme le verre plat, la verrerie de table contemporaine, le soufflage du verre et le travail du verre à la flamme en atelier et commercialement. Présentation chronologique. Inclut les historiques de compagnies et un chapitre sur les fouilles, l'authentification et l'attribution d'objets en verre. Annexes: liste des fabricants de verre avec période d'activité; inscriptions sur les bouteilles et dispositifs de fermeture; modèles choisis d'objets en verre moulé qui font partie de la collection du Musée canadien des civilisations. Illustré au moyen de dessins et de photographies en noir et blanc. Les photographies de verres en annexe 3 sont accompagnées des données suivantes: dimensions, lieu de fouilles, références à d'autres sources, attribution et date du modèle. Glossaire. Bibliographie. Index des modèles, des compagnies, des objets, etc.   TP854 C3 K55 1987 fol.   666.10971

2471
MacLaren, George [E. G.]. – ***Nova Scotia glass.*** – Rev. ed. – Halifax : Nova Scotia Museum, 1968. – 42 p. : ill. – (Occasional paper ; no. 4) (Historical series ; no. 1).

1st ed., 1965. A study of glassware manufacturing in Nova Scotia. Provides histories of several glass companies. Black and white photographs of pressed glassware with Nova Scotia patterns and bottles and fruit jars made or used in Nova Scotia.   NK5113   666.109716

1ʳᵉ éd., 1965. Étude de la fabrication des verreries en Nouvelle-Écosse. Contient les historiques de plusieurs fabricants de verre. Photographies en noir et blanc d'objets en verre pressé avec motifs de la Nouvelle-Écosse, ainsi que de bouteilles et de pots de confiture faits ou utilisés en Nouvelle-Écosse. NK5113   666.109716

2472

Spence, Hilda [Jennings]. – *A guide to early Canadian glass.* – Hilda & Kelvin Spence. – Don Mills (Ont.) : Longmans Canada, c1966. – 112 p. : ill. (some col.).

An illustrated guide to Canadian glass, primarily of the nineteenth century. 74 black and white and six colour photographs of glassware from the authors' collection. Photographs are accompanied by notes on patterns, manufacturing technique, glass company and date. Table of dates of early Canadian glassworks. Index of objects, patterns, company names, etc.   NK5113 S68 fol.   748.2911

Guide illustré sur le verre canadien, principalement le verre du dix-neuvième siècle. 74 photographies en noir et blanc et les six photographies en couleurs reproduisent les objets provenant de la collection des auteurs. Les photographies sont accompagnées des notes suivantes: modèles, technique de fabrication, fabricant du verre et date. Tableau des dates des premiers fabricants canadiens. Index des objets, des modèles, des noms de compagnies, etc. NK5113 S68 fol.   748.2911

2473

Stevens, Gerald. – *Early Canadian glass.* – Toronto : Ryerson Press, 1961, c1960. – 184 p. : ill. – 0774029196 (Reprint)

A study of Canadian glassmaking from its beginnings in the nineteenth century by Canada's foremost scholar on the subject. Arranged in chapters on the glass manufacturers of Ontario, Quebec and Nova Scotia. Provides histories of companies with descriptions of authenticated specimens of glass manufactured by each. Also includes a chapter on Canadian companies which produced stained and cut glass. Black and white photographs of selected pieces. Catalogue of authenticated specimens in the Edith Chown Pierce and Gerald Stevens collection of early Canadian glass held by the Royal Ontario Museum. Bibliography. 1st paperback ed.: Toronto : McGraw-Hill Ryerson, 1967. Reprinted: Toronto : Coles, c1979. NK5113 S8   748.2911

Étude de la fabrication du verre au Canada depuis les débuts au dix-neuvième siècle, réalisée par le principal spécialiste du sujet au Canada. Chapitres sur les fabricants de verre de l'Ontario, du Québec et de la Nouvelle-Écosse. Donne l'historique des fabricants avec la description des échantillons de verre certifiés authentiques. Inclut également un chapitre sur les compagnies canadiennes qui produisaient du verre coloré ou du cristal taillé. Photographies en noir et blanc de pièces choisies. Catalogue d'échantillons certifiés authentiques tirés de la collection Edith Chown Pierce et Gerald Stevens de verre ancien canadien qui se trouve au Musée royal de l'Ontario. Bibliographie. 1ʳᵉ éd. de poche: Toronto : McGraw-Hill Ryerson, 1967. Réimprimé: Toronto : Coles, c1979.   NK5113 S8 748.2911

2474

Stevens, Gerald. – *Canadian glass, c. 1825-1925.* – Toronto : Ryerson Press, 1967. – xiv, 262 p. : ill. (part col.).

A study of Canadian glass manufacturing from 1825 to 1925. Provides histories of glass companies in Ontario, Quebec, Nova Scotia, New Brunswick, Alberta, Manitoba and British Columbia with descriptions of specimens of their work. Reproduces pages from catalogues of various companies. Biographies of glassblowers who worked at the Wallaceburg Plant of the Dominion Glass Company. Provides information on and photographs of pieces of glass excavated at the site of the Burlington Glass Works, Hamilton, Ontario. Bibliography. Glossary.   NK5113 S78   748.2911

Étude de la fabrication du verre au Canada de 1825 à 1925. Donne l'historique de fabricants de verre de l'Ontario, du Québec, de la Nouvelle-Écosse, du Nouveau-Brunswick, de l'Alberta, du Manitoba et de la Colombie-Britannique avec la description d'échantillons de leurs produits. Reproduit les pages des catalogues de diverses compagnies. Biographies de souffleurs de verre qui travaillaient à l'usine Wallaceburg de la Dominion Glass Company. Contient des données et des photographies sur les morceaux de verre trouvés lors des fouilles sur l'emplacement de Burlington Glass Works, Hamilton, Ontario. Bibliographie. Glossaire.   NK5113 S78   748.2911

2475

Stevens, Gerald. – *Glass in Canada : the first one hundred years.* – Foreword by Ralph Hedlin and Heidi Redekop. – Toronto : Methuen, c1982. – 282 p. : ill. (some col.). – 0458954306

The last book on Canadian glass by Gerald Stevens. Arranged in chapters on types of objects or glass such as paperweights, whimseys, lamps, pressed and cut glass. 250 black and white and 55 colour photographs of pieces of glass collected and authenticated by Stevens. Photographs are accompanied by notes on type of glass, pattern, dimensions, name and location of manufacturer and date of piece. Glossary. Index of companies, places, patterns, etc.   NK5113 S82   748.2911

Dernier livre sur le verre canadien écrit par Gerald Stevens. Chapitres sur les types d'objets, comme les presse-papiers, les objets de fantaisie et les lampes, ou sur les sortes de verre, comme le verre pressé et le cristal taillé. Contient 250 photographies en noir et blanc et 55 photographies en couleurs d'objets en verre que Gerald Stevens avait collectionnés et certifiés authentiques. Les photographies sont accompagnées des données suivantes: type de verre, modèle, dimensions, nom et emplacement du fabricant, date de fabrication. Glossaire. Index des compagnies, des lieux, des modèles, etc. NK5113 S82   748.2911

2476

Unitt, Doris [Joyce]. – *Treasury of Canadian glass.* – Doris and Peter Unitt. – Peterborough (Ont.) : Clock House, c1969. – 279 p. : ill. (some col.).

An illustrated guide to patterns and forms of Canadian glass. Numerous black and white photographs of pieces with notes on type of object and dimensions. Grouped by pattern or form. List of glass factories in Canada. List of Canadian patterns identifying the company which manufactured each. Glossary. Bibliography. Pattern and goblet indexes.   NK5113 U6   748.2911

Guide illustré des modèles et des formes d'objets en verre du Canada. Nombreuses photographies en noir et blanc d'objets en verre avec des données sur le type d'objet et les dimensions. Regroupement par modèles ou par formes. Liste des usines de fabrication de verre au Canada. Liste des modèles canadiens et des compagnies qui les ont produits. Glossaire. Bibliographie. Index des modèles et index des coupes.   NK5113 U6   748.2911

2477

Unitt, Peter. – *Canadian handbook of pressed glass tableware.* – Peter Unitt and Anne Worrall. – Peterborough (Ont.) : Clock House, c1983. – 254 p. : ill. – 0919134009

A guide to Canadian pressed-glass tableware arranged in chapters for goblets, salts and peppers, pressed-glass tableware patterns, opaque glass, etched tumblers, etc. Notes on each pattern include other names, factories which produced the pattern, known pieces, colours and references to other sources. Black and white photographs of several pieces of each pattern, with dimensions. Brief factory histories. Pattern index.   NK5113 U63   748.2911

Guide sur la verrerie de table en verre moulé du Canada. Classement par chapitres sur les coupes, les salières et les poivrières, les modèles de verrerie de table en verre moulé, les objets en verre opaque, les verres droits gravés, etc. Pour chaque modèle, les notes suivantes sont mentionnées : les autres appellations, les fabricants, les objets connus, les couleurs et des références à d'autres sources. Photographies en noir et blanc de plusieurs objets pour chaque modèle, avec dimensions. Courts historiques des usines de fabrication. Index des modèles.   NK5113 U63   748.2911

2478

Unitt, Peter. – *Unitt's bottles & values & more.* – Peter Unitt and Anne Worrall. – Markham (Ont.) : Fitzhenry & Whiteside, c1990. – 279 p. : ill. – 1550410172

A guide to prices of bottles made and available in Canada. Includes Avon, beer, dairy and pop bottles and fruit jars. Also covers other related collectables such as ash trays, serving trays, bottle openers, bottle caps, etc. Black and white photographs of objects with brief physical description and price. Essays on methods of bottle making and the colour of glass. Diagrams of types of bottle lips and closures. Brief histories of Canadian glass factories. Reproductions of glassmakers' marks. Glossary. Bibliography. Index of bottles. Other price guides by the same author: *Unitt's bottle book & price guide* (Peterborough (Ont.) : Clock House, c1985); *Unitt's across Canada bottle price guide* (Peterborough (Ont.) : Clock House, 1973-1981). NK5440 B6 U65 1990   748.820971

Guide sur les prix des bouteilles faites et disponibles au Canada. Inclut les bouteilles Avon, les bouteilles de bière, de lait et de boisson gazeuse et les pots de confiture. Traite aussi d'autres objets à collectionner comme les cendriers, les plats de service, les ouvre-bouteilles, les capsules, etc. Photographies en noir et blanc avec une courte description matérielle de l'objet et son prix. Essais sur les méthodes de fabrication des bouteilles et sur la coloration du verre. Diagrammes des types de bords de bouteilles et des dispositifs de fermeture. Courts historiques des usines de fabrication de verre du Canada. Reproduction des marques des fabricants de verreries. Glossaire. Bibliographie. Index des bouteilles. Autres guides des prix du même auteur: *Unitt's bottle book & price guide* (Peterborough (Ont.) : Clock House, c1985); *Unitt's across Canada bottle price guide* (Peterborough (Ont.) : Clock House, 1973-1981).   NK5440 B6 U65 1990   748.820971

Stained Glass

Vitraux

2479

Hamilton, Alice [Blanche Lewis]. – *Manitoban stained glass.* – Alice Hamilton, text ; David Fox, Barbara Rogers, photographs. – [Winnipeg] : University of Winnipeg Press, 1970. – 279 p. : ill. (some col.).

A study of stained glass found in the churches and synagogues of Manitoba. Detailed essay on the history, subjects, construction techniques and creators of Manitoba church windows. Also includes a catalogue of glass in 117 cathedrals, churches, chapels and synagogues in Manitoba. Alphabetically arranged by place. Entries include name and denomination of church, address, brief history of the church and description of subjects depicted in each window. Names of designer and manufacturing firm, address of firm and date of window are noted, when known. Numerous black and white and four colour photographs. Index of subjects and stained-glass manufacturers.   NK5313 A1 H3   748.591127

Étude des vitraux qui se trouvent dans les églises et les synagogues du Manitoba. Essai détaillé sur l'histoire, les sujets traités, les techniques de construction et les créateurs des vitraux du Manitoba. Inclut également un catalogue des vitraux de 117 cathédrales, églises, chapelles et synagogues du Manitoba. Classement alphabétique par lieux. Les notices précisent le nom et la confession du temple, l'adresse, un court historique du temple et la description des sujets dépeints dans chaque vitrail. Les noms du dessinateur et du fabricant, l'adresse de l'entreprise et la date de fabrication sont donnés, s'ils sont connus. Nombreuses photographies en noir et blanc et quatre photographies en couleurs. Index des sujets traités et des fabricants de verre coloré.   NK5313 A1 H3   748.591127

2480

Portfolio 80 : contemporary Canadian stained glass. – [Stratford, Ont. : Gallery/Stratford, 1980]. – 15 p. : ill. (some col.).

The catalogue of an exhibition of 23 works by fifteen Canadian artists who are members of the association Artists in Stained Glass. Brief biographies of the artists. Illustrations of five of the exhibited works as well as other pieces not available for exhibition, with notes on title, location, date and dimensions. List of works exhibited. NK5313   748.5911

Catalogue d'une exposition de 23 oeuvres réalisées par quinze artistes canadiens qui sont membres de l'association Artists in Stained Glass. Courtes biographies des artistes. Illustration de cinq des pièces exposées, ainsi que d'autres pièces qui ne pouvaient pas être exposées. Les illustrations sont accompagnées du titre, de l'emplacement, de la date et des dimensions. Liste des oeuvres exposées.   NK5313   748.5911

2481

Russ, Joel. – *Contemporary stained glass : a portfolio of Canadian work.* – Joel Russ and Lou Lynn. – 1st ed. – Toronto : Doubleday Canada, 1985. – 192 p. : ill. (most col.), ports. – 0385233388

A study of the work of seventeen contemporary stained-glass artists in Canada. An essay on each artist examines artistic development, techniques, style and works. 55 colour plates with notes on location, date and dimensions. Bibliography. NK5313 A1 R87 1985 fol. 748.5911

Étude des vitraux réalisés par dix-sept artistes contemporains du Canada. Un essai étudie le développement artistique, les techniques, le style et les oeuvres de chaque artiste. Contient 55 planches en couleurs avec localisation, date et dimensions. Bibliographie. NK5313 A1 R87 1985 fol. 748.5911

2482

Simard, Guy. – *Verriers du Québec.* – LaPrairie (Québec) : Éditions Broquet, c1989. – 159 p. : ill. en coul., portr. en coul. – 289000077X

A study of the work of twelve contemporary stained-glass artists of Quebec. The life, artistic development, techniques and works of each artist are examined in an essay. Alphabetically arranged by name. Quotations from the artist are included. Colour photographs of works with notes on title, date, medium, dimensions and location. Brief outlines of traditional and contemporary techniques of stained-glass construction. Bibliography. List of stained-glass works in public places by Quebec artists. NK5313 A3 Q8 1989 748.59114

Étude des vitraux réalisés par douze artistes contemporains québécois. La vie, le développement artistique, les techniques et les oeuvres de chaque artiste sont étudiés dans un essai. Classement alphabétique par noms. Des citations des artistes sont incluses. Photographies en couleurs des oeuvres avec les données suivantes: titre, date, médium, dimensions et localisation. Courts exposés sur les techniques traditionnelles et contemporaines de fabrication des vitraux. Bibliographie. Liste des vitraux situés dans des lieux publics et réalisés par des artistes québécois. NK5313 A3 Q8 1989 748.59114

Graphic Arts

Awards

Arts graphiques

Prix

2483

Le design graphique au Canada = *Graphic design in Canada.* – (1984)- . – Montréal : Société des graphistes du Québec, 1985- . – vol. : ill. en coul. – 1187-8843

Irregular. A catalogue of works by graphic designers of Quebec who were award winners in the competition Graphisme Québec. The 1990/91 competition was open to graphic designers from across Canada, with the collaboration of the Society of Graphic Designers of Canada. Arranged by type of work including annual reports, brochures, folders, symbols, stationery, posters, books, packaging, magazines, trade newspapers, signage, exhibits, invitations, etc. Colour reproductions are accompanied by the following notes: names of winner and client, title and dimensions of work, name of company or individual responsible for art direction, graphic design, illustration, typography, printing, fibre and photography. 1990/91 catalogue has text in French and English. Title varies: 1984, 1986-1989, *Graphisme Québec.* Supplement to: 1984, *Communiqué;* 1986-1989, *Graphisme Québec : bulletin de la Société des graphistes du Québec.* NC997 A4 S6 fol. 741.6060714

Irrégulier. Catalogue des oeuvres de graphistes du Québec qui ont remporté les prix du concours Graphisme Québec. Le concours de 1990/91 était ouvert aux graphistes de tout le Canada, avec la collaboration de la Société des graphistes du Canada. Classement par types d'ouvrages comprenant les rapports annuels, les brochures, les dépliants, les symboles, la papeterie, les affiches, les livres, les emballages, les revues, les revues professionnelles, la signalisation, les expositions, les invitations, etc. Les reproductions en couleurs sont accompagnées des données suivantes: noms du gagnant et du client, titre et dimensions de l'ouvrage, noms des compagnies ou des personnes responsables de la direction artistique, du graphisme, de l'illustration, de la typographie, de l'impression, du papier et de la photographie. Le catalogue de 1990/91 contient du texte en français et en anglais. Le titre varie: 1984, 1986-1989, *Graphisme Québec.* Supplément de: 1984, *Communiqué;* 1986-1989, *Graphisme Québec : bulletin de la Société des graphistes du Québec.* NC997 A4 S6 fol. 741.6060714

2484

Directions. – 1 (1949)- . – Toronto : Applied Arts, 1949- . – vol. : ill. (some col.). – 0829-9242

Annual. A catalogue of Canadian advertising and graphic design by winners of the Art Directors' Club of Toronto awards. Includes advertising in print and broadcast media, editorial photography and illustration, stationery, annual reports, brochures, books, graphic design illustration, photography and posters. Colour photographs of works are accompanied by notes on title, category, names of art director, designer, photographer, illustrator, agency, client, publication, etc., and descriptions of video and audio elements of advertising on broadcast media. Name index. List of members. Title varies: 1 (1949)-16 (1964), *Annual of advertising and editorial art;* (1972/73)-(1973/74), *Art Directors' Club of Toronto annual exhibition;* (1979/80)-vol. 33 *Art Directors' Club of Toronto awards;* (1982)- , *Directions.* Imprint varies. NC998.6 C3 D57 fol. 741.602571

Annuel. Catalogue de la publicité et du graphisme au Canada des gagnants des prix décernés par l'Art Directors' Club of Toronto. Inclut la publicité dans les médias électroniques, la photographie et l'illustration éditoriale, la papeterie, les rapports annuels, les brochures, les livres, les illustrations graphiques, la photographie et les affiches. Les photographies en couleurs des oeuvres sont accompagnées des données suivantes: titre, catégorie, noms du directeur artistique, du graphiste, du photographe, de l'illustrateur, de l'organisme, du client, de la publication, etc. et description des éléments visuels et sonores de la publicité radiodiffusée ou télédiffusée. Index des noms. Liste des membres. Le titre varie: 1 (1949)-16 (1964), *Annual of advertising and editorial art;* (1972/73)-(1973/74), *Art Directors' Club of Toronto annual exhibition;* (1979/80)-vol. 33 *Art Directors' Club of Toronto awards;* (1982)- , *Directions.* L'adresse bibliographique varie. NC998.6 C3 D57 fol. 741.602571

Bibliographies and Catalogues

Bibliographies et catalogues

2485

Langlois, Pierre. – *Imprimerie et édition, arts et industries graphiques, reprographie, micrographie et domaines connexes.* – [Québec] : Gouvernement du Québec, Office de la langue française, 1982. – 137 p. – (Bibliographies). – 2551047315

A bibliography of 375 glossaries, vocabularies and dictionaries which include French terms relating to the graphic arts industries. Includes Canadian and foreign publications. Arranged by industry. Entries include bibliographic citation, brief contents description and locations. Subject index. Z117 016.68603

Bibliographie de 375 glossaires, lexiques et dictionnaires qui comprennent des termes français relatifs aux industries et aux arts graphiques. Inclut des publications canadiennes et étrangères. Classement par industries. Les notices contiennent une référence bibliographique, une courte description du contenu et des localisations. Index des sujets. Z117 016.68603

Cartoons and Caricature

Caricature

2486

Archives nationales du Canada. Division de l'art documentaire et de la photographie. – *ArchiVISTA* **[disque optique].** – [Ottawa : Archives nationales du Canada. Division de l'art documentaire et de la photographie, 1989-   ]. –   disques optiques.

An optical disc system which permits the display of images from approximately 20,000 nineteenth- and twentieth-century Canadian caricatures and cartoons, held by the National Archives. Records accompanying images include: name of artist, title, publication information, medium, dimensions, subjects. Subject and artist indexes. NC1447 741.5971

Système de disque optique qui permet d'afficher environ 20 000 caricatures et dessins humoristiques canadiens des dix-neuvième et vingtième siècles, qui se trouvent aux Archives nationales. Les notices qui accompagnent les images contiennent: nom de l'artiste, titre, données sur la publication, médium, dimensions, sujets traités. Deux index: sujets, artistes. NC1447 741.5971

2487

Bell, John. – *Canuck comics.* – Edited by John Bell ; with special contributions from Luc Pomerleau and Robert MacMillan ; foreword by Harlan Ellison. – Montréal : Published and distributed to the comic book trade by Matrix Books ; Downsview (Ont.) : Distributed to the book trade by Eden Press, c1986. – [6], 154 p. – ill. – 0921101007

A guide to English- and French-language comic books published in Canada up to the end of 1985. Excludes American reprints retitled by Canadian publishers and American comic books printed in Canada. Essays on the history of English-Canadian and Quebec comics and on Anglo-American Publishing, a Canadian comic book company of the 1940s. The Quebec essay appears in French and English. Two alphabetically arranged checklists of English-Canadian and Quebec comic books. The English list includes values assigned by the editor. The Quebec list provides cover prices only. Publisher indexes with each checklist. PN6790 C33 C358 1986 016.7415971

Guide sur les livres de bandes dessinées en anglais et en français publiés au Canada jusqu'à la fin de 1985. Exclut les réimpressions américaines dont les titres ont été changés par les éditeurs canadiens ainsi que les bandes dessinées américaines imprimées au Canada. Essais sur l'histoire des bandes dessinées en anglais du Canada et des bandes dessinées du Québec ainsi que sur Anglo-American Publishing, une compagnie canadienne de publication de bandes dessinées des années 1940. Essai bilingue sur le Québec. Deux listes alphabétiques de contrôle des livres de bandes dessinées canadiennes-anglaises et québécoises. La liste des livres en anglais inclut la valeur attribuée à chaque livre par le rédacteur. La liste des livres québécois contient les prix en couverture seulement. Chaque liste de contrôle comprend un index des éditeurs. PN6790 C33 C358 1986 016.7415971

2488

Bell, John. – *Guardians of the north : the national superhero in Canadian comic-book art.* – Ottawa : National Archives of Canada, c1992. – vi, 53 p. : ill. – 0662193474

The catalogue of an exhibition of Canadian comic books from the collections of the National Archives of Canada and private collectors. Surveys the Canadian superheros featured in twentieth-century comic books and their creators. Black and white illustrations with notes on title or subject, names of artist and author, comic book reference, medium and collection. Bibliography. Also published in French under the title: *Protecteurs du Nord : le superhéros national dans la bande dessinée canadienne.* PN6731 741.50971074

Catalogue d'une exposition de livres de bandes dessinées canadiennes qui font partie de la collection des Archives nationales du Canada et de collections privées. Donne un aperçu des superhéros canadiens des bandes dessinées du vingtième siècle et de leurs créateurs. Illustrations en noir et blanc avec les données suivantes: titre ou sujet, noms de l'artiste et de l'auteur, référence à la bande dessinée, médium et collection. Bibliographie. Publié aussi en français sous le titre: *Protecteurs du Nord : le superhéros national dans la bande dessinée canadienne.* PN6731 741.50971074

2489

Bell, John. – *Protecteurs du Nord : le superhéros national dans la bande dessinée canadienne.* – Ottawa : Archives nationales du Canada, c1992. – vi, 53 p. : ill. – 0662972708

The catalogue of an exhibition of Canadian comic books from the collections of the National Archives of Canada and private collectors. Surveys the Canadian superheros featured in twentieth-century comic books and their creators. Black and white illustrations with notes on title or subject, names of artist and author, comic book

Catalogue d'une exposition de livres de bandes dessinées canadiennes qui font partie de la collection des Archives nationales du Canada et de collections privées. Donne un aperçu des superhéros canadiens des bandes dessinées du vingtième siècle et de leurs créateurs. Illustrations en noir et blanc avec les données suivantes: titre ou

reference, medium and collection. Bibliography. Also published in English under the title: *Guardians of the north : the national superhero in Canadian comic-book art.* PN6731 741.50971074

sujet, noms de l'artiste et de l'auteur, référence à la bande dessinée, médium et collection. Bibliographie. Publié aussi en anglais sous le titre: *Guardians of the north : the national superhero in Canadian comic-book art.* PN6731 741.50971074

2490

Desbarats, Peter. – *The hecklers : a history of Canadian political cartooning and a cartoonists' history of Canada.* – Peter Desbarats, Terry Mosher. – Toronto : McClelland and Stewart, c1979. – 255 p. : ill. – 0771026862

A well-illustrated history of Canadian political cartoons. Includes English- and French-language cartoons. Biographies of cartoonists. List of winners, Canadian National Newspaper Award for Political Cartooning, 1949-1978. Bibliography. NC1440 D48 fol. 741.5971

Histoire bien illustrée des caricatures politiques canadiennes. Inclut des caricatures en anglais et en français. Biographie des caricaturistes. Liste des gagnants, Canadian National Newspaper Award for Political Cartooning, 1949-1978. Bibliographie. NC1440 D48 fol. 741.5971

2491

National Archives of Canada. Documentary Art and Photography Division. – *ArchiVISTA* [optical disc]. – [Ottawa : National Archives of Canada, Documentary Art and Photography Division, 1989-   ]. –   optical discs.

An optical disc system which permits the display of images from approximately 20,000 nineteenth- and twentieth-century Canadian caricatures and cartoons, held by the National Archives. Records accompanying images include: name of artist, title, publication information, medium, dimensions, subjects. Subject and artist indexes. NC1447 741.5971

Système de disque optique qui permet d'afficher environ 20 000 caricatures et dessins humoristiques canadiens des dix-neuvième et vingtième siècles qui se trouvent aux Archives nationales. Les notices qui accompagnent les images contiennent: nom de l'artiste, titre, données sur la publication, médium, dimensions, sujets traités. Deux index: sujets, artistes. NC1447 741.5971

2492

Portfoolio : the year in Canadian caricature. – (1985)-   . – Toronto : Macmillan of Canada, 1985-   . –   vol. : ill. – 0839-6485

Annual. A collection of over 300 editorial cartoons by 51 Canadian cartoonists. Cartoons are grouped by theme. Brief biographies of cartoonists, with portraits. Imprint varies. NC1300 P67 fol. 741.5971

Annuel. Collection de plus de 300 dessins humoristiques de pages éditoriales réalisés par 51 caricaturistes canadiens. Les dessins sont regroupés par thèmes. Chacune des courtes biographies de caricaturistes est accompagnée d'un portrait. L'adresse bibliographique varie. NC1300 P67 fol. 741.5971

Dictionaries

Dictionnaires

2493

Graphic arts = Industries graphiques. – Ottawa : Dept. of the Secretary of State of Canada, Terminology and Linguistic Services Branch, c1986. – 60 p. – (Glossary = Lexique). – 0662548442

A glossary of the terms most commonly used in the graphic arts. One alphabetical sequence of English and French terms with their respective equivalents. Includes synonyms and abbreviations. Reproduced in microform format: *Microlog*, no. 88-05912. Based on: *Graphic arts vocabulary : English-French, French-English*, 1986. Updates the 1984 glossary, *Printing*. Z244 686.203

Lexique des termes les plus couramment utilisés dans les industries graphiques. Termes anglais et français en une seule liste alphabétique avec leurs équivalents respectifs. Inclut des synonymes et des abréviations. Reproduit sur support microforme: *Microlog*, n° 88-05912. Fondé sur: *Vocabulaire des industries graphiques : anglais-français, français-anglais*, 1986. Met à jour le lexique de 1984, *Imprimerie*. Z244 686.203

2494

Graphic arts = Industries graphiques. – Ottawa : Secrétariat d'État du Canada, Direction générale de la terminologie et des services linguistiques, c1986. – 60 p. – (Glossary = Lexique). – 0662548442

A glossary of the terms most commonly used in the graphic arts. One alphabetical sequence of English and French terms with their respective equivalents. Includes synonyms and abbreviations. Reproduced in microform format: *Microlog*, no. 88-05912. Based on: *Graphic arts vocabulary : English-French, French-English*, 1986. Updates the 1984 glossary, *Printing*. Z244 686.203

Lexique des termes les plus couramment utilisés dans les industries graphiques. Termes anglais et français en une seule liste alphabétique avec leurs équivalents respectifs. Inclut des synonymes et des abréviations. Reproduit sur support microforme: *Microlog*, n° 88-05912. Fondé sur: *Vocabulaire des industries graphiques : anglais-français, français-anglais*, 1986. Met à jour le lexique de 1984, *Imprimerie*. Z244 686.203

2495

Paradis, Line. – *Vocabulaire des industries graphiques = Graphic arts vocabulary.* – [Ottawa] : Dept. of the Secretary of State of Canada, c1993. – xiii, 573 p. : ill. – (Bulletin de terminologie = Terminology bulletin ; 210). – 0660580254

A vocabulary of terms from all areas of the graphic arts. Arranged alphabetically in English with French equivalents provided in a parallel column. English- and French-language definitions. Also includes a French-English glossary. Appendices: type classification schemes, paper sizes, typographic units, diagram of parts of a typeface, type design elements, diagrams of parts of hand-bound and casebound books. Bibliography. Reproduced in microform format:

Vocabulaire de termes de tous les secteurs des industries graphiques. Classement alphabétique des termes anglais avec leurs équivalents français en parallèle. Définitions en anglais et en français. Inclut également un lexique français-anglais. Annexes: classifications de caractères, formats de papier, unités typographiques, diagrammes des parties d'un caractère, éléments de conception typographique, diagrammes des parties de livres reliés à la main et de livres

Microlog, no. 93-08236. Revises and updates: Neal, Thomas, *Vocabulaire des industries graphiques : anglais-français, français-anglais = Graphic arts vocabulary : English-French, French-English* ([Ottawa] : Department of the Secretary of State of Canada, Terminology and Linguistic Services Branch, 1986).   Z118 P37 1993 fol.   686.203

emboîtés. Bibliographie. Reproduit sur support microforme: *Microlog*, nº 93-08236. Révise et met à jour: Neal, Thomas, *Vocabulaire des industries graphiques : anglais-français, français-anglais = Graphic arts vocabulary : English-French, French-English* ([Ottawa] : Secrétariat d'État du Canada, Direction de la terminologie et des services linguistiques, 1986).   Z118 P37 1993 fol.   686.203

2496

Paradis, Line. – *Vocabulaire des industries graphiques = Graphic arts vocabulary.* – [Ottawa] : Secrétariat d'État du Canada, c1993. – xiii, 573 p. : ill. – (Bulletin de terminologie = Terminology bulletin ; 210). – 0660580254

A vocabulary of terms from all areas of the graphic arts. Arranged alphabetically in English with French equivalents provided in a parallel column. English- and French-language definitions. Also includes a French-English glossary. Appendices: type classification schemes, paper sizes, typographic units, diagram of parts of a typeface, type design elements, diagrams of parts of hand-bound and casebound books. Bibliography. Reproduced in microform format: *Microlog*, no. 93-08236. Revises and updates: Neal, Thomas, *Vocabulaire des industries graphiques : anglais-français, français-anglais = Graphic arts vocabulary : English-French, French-English* ([Ottawa] : Department of the Secretary of State of Canada, Terminology and Linguistic Services Branch, 1986).   Z118 P37 1993 fol.   686.203

Vocabulaire de termes de tous les secteurs des industries graphiques. Classement alphabétique des termes anglais avec leurs équivalents français en parallèle. Définitions en anglais et en français. Inclut également un lexique français-anglais. Annexes: classifications de caractères, formats de papier, unités typographiques, diagrammes des parties d'un caractère, éléments de conception typographique, diagrammes des parties de livres reliés à la main et de livres emboîtés. Bibliographie. Reproduit sur support microforme: *Microlog*, nº 93-08236. Révise et met à jour: Neal, Thomas, *Vocabulaire des industries graphiques : anglais-français, français-anglais = Graphic arts vocabulary : English-French, French-English* ([Ottawa] : Secrétariat d'État du Canada, Direction de la terminologie et des services linguistiques, 1986).   Z118 P37 1993 fol.   686.203

Directories

Répertoires

2497

Association des arts graphiques du Québec. – *Répertoire des membres.* – [Montréal] : l'Association, [1983?]-   . –   vol.

Annual. A directory of graphic arts companies who are members of the Association. Arranged by type of membership. Entries include name, address, telephone and fax numbers, date of foundation, brief description of services offered. List of members arranged by type of service offered. Title varies: 1983?, *Votre agenda personnel*; 1984?, *Répertoire, agenda personnel*; 1985?-1989?, *Répertoire*; 1990-   , *Répertoire des membres.*   Z244.6   741.6025714

Annuel. Répertoire des sociétés d'arts graphiques qui font partie de l'Association. Classement par types de membres. Les notices comprennent le nom, l'adresse, les numéros de téléphone et de télécopieur, la date de fondation et une courte description des services offerts. Liste des membres classés par types de services offerts. Le titre varie: 1983?, *Votre agenda personnel*; 1984?, *Répertoire, agenda personnel*; 1985?-1989?, *Répertoire*; 1990-   , *Répertoire des membres.* Z244.6   741.6025714

2498

Association des illustrateurs et illustratrices du Québec. – *Répertoire.* – (1986/87)-   . – Montréal : l'Association, c1985-   . –   vol. : ill. (certaines en coul.). – 0831-4098

Biennial. An alphabetically arranged directory of Quebec illustrators who are members of the Association. Entries include name, address, telephone number and a bilingual description of the types of work undertaken. Reproductions of the illustrators' works. Name and specialty indexes. List of members not included in the directory. NC975.6 A8   741.025714

Biennal. Répertoire alphabétique des illustrateurs du Québec qui sont membres de l'Association. Les notices contiennent le nom, l'adresse, le numéro de téléphone et une description bilingue des types d'ouvrages réalisés. Reproduction d'oeuvres des illustrateurs. Index des noms et index des spécialisations. Liste des membres qui ne figurent pas dans le répertoire.   NC975.6 A8   741.025714

2499

Canadian printer directory : graphic arts industry suppliers. – (1982)-   . – Toronto : Maclean Hunter, [1982?]-   . –   vol. – 0008-4816

Annual. An alphabetically arranged directory of Canadian and foreign suppliers is published as the March issue of *Canadian printer*, formerly *Canadian printer & publisher*. Entries include name, address, telephone and fax numbers, list of branches, names of personnel, list of dealers and type of product supplied. Also includes a list of suppliers arranged by type of product such as ink and paper, press and reproductive equipment, press accessories, bindery and finishing. Title varies: 1982?-1989, *Canadian printer & publisher directory : graphic arts industry suppliers.*   Z243   686.029471

Annuel. Répertoire alphabétique des fournisseurs canadiens et étrangers publié dans le numéro de mars de *Canadian printer*, autrefois *Canadian printer & publisher*. Les notices contiennent le nom, l'adresse, les numéros de téléphone et de télécopieur, la liste des succursales, les noms des membres du personnel, la liste des vendeurs et le type de produits fournis. Inclut également une liste des fournisseurs classés par types de produits, comme l'encre et le papier, les presses et l'équipement de reproduction, les accessoires pour les presses, la reliure et la finition. Le titre varie: 1982?-1989, *Canadian printer & publisher directory : graphic arts industry suppliers.*   Z243   686.029471

2500

Corporate source. – 1 (1989)-   . – Toronto : Wilcord Publications, c1989-   . –   vol. : col. ill. – 1187-2527

Annual. A directory of Canadian graphic design, exhibit and display firms, photographers and illustrators lavishly illustrated with samples of their work. Directory entries are arranged by province or region and profession, and include name of firm, address and telephone number. Split from *Creative source*, 1989.   NC999 C67 fol. 741.602571

Annuel. Répertoire des entreprises canadiennes de graphisme et de conception d'expositions et d'étalages, des photographes et des illustrateurs, somptueusement illustré avec des exemples de leur travail. Les notices du répertoire, classées par provinces ou par régions et par professions, précisent le nom, l'adresse et le numéro de téléphone de l'entreprise. Fait suite à la scission de *Creative source*, 1989. NC999 C67 fol.   741.602571

2501

Creative source Canada. – (1980)-   . – Toronto : Wilcord Publications, [1979?]-   . –   vol. : col. ill. – 0709-7727

Annual. A directory of Canadian illustrators and photographers lavishly illustrated with samples of their work. Arranged by profession and province or region. Entries include name of firm or individual, address, telephone number and codes indicating media used and styles. Title varies: 1980-1988, *Creative source*. Prior to 1989 included graphic design, exhibit and display firms now listed in *Corporate source*. Prior to 1991 included printers now listed in *Printing source*. NC997 C57 fol.   741.602571

Annuel. Répertoire des illustrateurs et des photographes canadiens somptueusement illustré au moyen d'exemples de leurs oeuvres. Classement par professions et par provinces ou régions. Les notices contiennent le nom de l'entreprise ou de la personne, son adresse, son numéro de téléphone et des codes qui indiquent les médiums utilisés et les styles. Le titre varie: 1980-1988, *Creative source*. Avant 1989, le répertoire comprenait les entreprises de graphisme et de conception d'expositions et d'étalages qui se trouvent maintenant dans *Corporate source*. Avant 1991, le répertoire comprenait les imprimeurs qui se trouvent maintenant dans *Printing source*. NC997 C57 fol.   741.602571

2502

Printing source. – (1991)-   . – Toronto : Wilcord Publications, c1991-   . –   vol. : ill. (chiefly col.). – 1188-3030

Annual. A directory of Canadian printers and related professions. Arranged by province or region and type of service or product such as commercial printing, packaging and labels, forms and stationery, magazines and books, financial printing, lamination, bindery, colour separation, paper, etc. Includes articles on printing processes, paper, ink and binding and charts of standard page sizes and commonly used envelope styles and sizes. Glossary. Split from: *Creative source*. Z243 C3 P72 fol.   741.602571

Annuel. Répertoire des imprimeurs canadiens et des professionnels des domaines connexes. Classement par provinces ou régions et par types de services ou de produits comme l'impression commerciale, l'emballage et l'étiquetage, les formulaires et la papeterie, les revues et les livres, l'impression financière, la plastification, la reliure, la séparation des couleurs, le papier, etc. Inclut des articles sur les procédés d'impression, le papier, l'encre et la reliure, ainsi que des diagrammes sur les formats de papier ordinaires et sur les styles et les tailles des enveloppes les plus utilisées. Lexique. Fait suite à la scission de: *Creative source*. Z243 C3 P72 fol.   741.602571

2503

Société des graphistes du Québec. – **Répertoire.** – 1 (1975)-   . – Montréal : Éditions Graphisme Québec, c1975-   . –   vol. : ill. (certaines en coul.).

Irregular. A directory of graphic artists who are members of the Société, illustrated with samples of their work. Alphabetically arranged by name. Entries include name of company, address, telephone and fax numbers. List of members arranged by type of membership. Code of ethics and conditions of admission to the Société. Geographically arranged index of artists whose works are illustrated. Index of advertisers. Title varies: 1975-1987?, *Répertoire des membres*; 1989/90-   , *Répertoire*. NC999.6 C3 S63 fol.   741.6025714

Irrégulier. Répertoire des graphistes membres de la Société, illustré au moyen d'exemples de leurs oeuvres. Classement alphabétique par noms. Les notices contiennent le nom de la compagnie, son adresse ainsi que ses numéros de téléphone et de télécopieur. Liste des membres classés par types de membres. Code d'éthique et conditions d'admission dans la Société. Index géographique des artistes dont les oeuvres sont illustrées. Index des commanditaires. Le titre varie: 1975-1987?, *Répertoire des membres*; 1989/90-   , *Répertoire*. NC999.6 C3 S63 fol.   741.6025714

Handbooks

Guides

2504

Bringhurst, Robert. – **Elements of typographic style.** – 1st ed. – Point Roberts (Wa.) ; Vancouver : Hartley & Marks, 1992. – 254 p. : ill. (some col.). – 0881791105 (bd.) 0881790338 (pa.)

A guide to the principles of typographic style of use for hand or computer typesetting. Covers topics such as proportion, structural devices, choosing and combining types, history of letterforms, page layout, analphabetic symbols, etc. A range of typefaces are described and illustrated. Brief biographies of type designers. Appendices: sorts and characters; glossary; further reading; status of digital faces. Subject index.   Z246 B74 1992   686.224

Guide sur les principes de typographie utiles pour la composition manuelle ou numérique. Porte sur des sujets comme la proportion, le montage, le choix et la combinaison des caractères, l'histoire des formes de lettres, la mise en page, les symboles autres qu'alphabétiques, etc. Toute une gamme d'oeils sont décrits et illustrés. Courtes biographies des concepteurs de caractères. Appendices: sortes et caractères; glossaire; lectures recommandées; caractères numériques. Index des sujets.   Z246 B74 1992   686.224

2505
MacDonald, Robert J. – *The graphic arts industry resource guide.* – Toronto : Youngblood Communications Corp., in association with MacDonald & Associates, c1990. – 1 vol. (loose-leaf). – 0969470002

A guide to information sources for the graphic arts industry in Canada and the United States. Arranged in the following sections: libraries and how to use them, business reference tools, online information sources, industry associations, industry publications, trade shows, exhibitions and conferences, federal and provincial government information sources, commercial information sources such as consulting firms, bibliography on free trade.

Entries for industry associations include name, acronym, address, telephone and fax numbers, names of contact persons, list of publications, membership information and availability of a library. Entries for industry publications include title, ISSN, address, telephone and fax numbers, names of editor, publisher and managers, circulation figures, subscription and advertising information and a description of publication contents. The list of trade shows is accompanied by a sponsor or event management index. NC998.6 C3 M32 1990 fol. 741.6

Guide sur les sources d'information pour les industries graphiques du Canada et des États-Unis. Classement selon les sections suivantes: les bibliothèques et la façon de les utiliser, les outils de référence sur les affaires, les sources d'information accessibles en direct, les associations de l'industrie, les publications de l'industrie, les salons professionnels, les expositions et les conférences, les sources d'information des gouvernements fédéral et provinciaux, les sources d'information commerciales comme les experts-conseils, une bibliographie sur le libre-échange.

Les notices sur les associations de l'industrie contiennent le nom, l'acronyme, l'adresse, les numéros de téléphone et de télécopieur, les noms des personnes-ressources, la liste des publications, des données sur l'adhésion et l'existence d'une bibliothèque. Les notices sur les publications de l'industrie comprennent le titre, l'ISSN, une adresse, des numéros de téléphone et de télécopieur, les noms du réviseur, de l'éditeur et des gestionnaires, des données sur le tirage, les abonnements et la publicité, et une description du contenu de la publication. La liste des salons professionnels est accompagnée d'un index des organismes qui parrainent ou qui gèrent ces événements. NC998.6 C3 M32 1990 fol. 741.6

History and Surveys

Aperçus historiques et études diverses

2506
Graphic design Canada : a catalogue of the exhibition commemorating the 25th anniversary of the Society of Graphic Designers of Canada = Graphisme canadien : catalogue de l'exposition en commémoration de la [sic] *25ᵉ anniversaire de la Société des graphistes du Canada.* – Toronto : Society of Graphic Designers of Canada, c1982. – 1 vol. (unpaged) : ill. – 0969124309

The bilingual catalogue of an exhibition of 200 works by Canadian graphic designers. Arranged by type of design such as corporate, editorial, advertising, packaging, display and exhibition, and poster. Reproductions of works are accompanied by the names of the artistic designer, creative designer, designer, photographer, illustrator, calligrapher, typographer, publisher, writer and client, when appropriate. National membership list. NC997 A4 T67 1982 741.60971074713541

Catalogue bilingue d'une exposition de 200 oeuvres réalisées par des graphistes canadiens. Classement par types de graphisme, comme le graphisme pour les sociétés, pour les revues et journaux, pour la publicité, les emballages, les étalages et les expositions, et les affiches. Les reproductions d'oeuvres sont accompagnées des noms du directeur artistique, du directeur de la création, du graphiste, du photographe, de l'illustrateur, du responsable de la calligraphie, du typographe, de l'éditeur, de l'auteur et du client, selon le cas. Liste nationale des membres. NC997 A4 T67 1982 741.60971074713541

2507
Graphic design Canada : a catalogue of the exhibition commemorating the 25th anniversary of the Society of Graphic Designers of Canada = Graphisme canadien : catalogue de l'exposition en commémoration de la [sic] *25ᵉ anniversaire de la Société des graphistes du Canada.* – Toronto : Société des graphistes du Canada, c1982. – 1 vol. (non paginé) : ill. – 0969124309

The bilingual catalogue of an exhibition of 200 works by Canadian graphic designers. Arranged by type of design such as corporate, editorial, advertising, packaging, display and exhibition, and poster. Reproductions of works are accompanied by the names of the artistic designer, creative designer, designer, photographer, illustrator, calligrapher, typographer, publisher, writer and client, when appropriate. National membership list. NC997 A4 T67 1982 741.60971074713541

Catalogue bilingue d'une exposition de 200 oeuvres réalisées par des graphistes canadiens. Classement par types de graphisme, comme le graphisme pour les sociétés, pour les revues et journaux, pour la publicité, les emballages, les étalages et les expositions, et les affiches. Les reproductions d'oeuvres sont accompagnées des noms du directeur artistique, du directeur de la création, du graphiste, du photographe, de l'illustrateur, du responsable de la calligraphie, du typographe, de l'éditeur, de l'auteur et du client, selon le cas. Liste nationale des membres. NC997 A4 T67 1982 741.60971074713541

2508
Time4DSign : an industry comes of age : a five-year retrospective of design in Atlantic Canada, 1985-1990. – Halifax : Society of Graphic Designers of Canada, Atlantic Chapter, c1990. – [4], 100 p. : ill. (some col.), ports. – 0969486405

The catalogue of a juried competition and exhibition of works by graphic designers from the Atlantic Provinces. Award-winning designs for posters, books, brochures, reports, magazine and newspaper advertisements, menus, billboards, etc., are reproduced. Arranged by type of award. Notes on works include names of designer, agency, client, art directors, photographers, printers and other individuals or companies involved in the creation of the work,

Catalogue d'un concours et d'une exposition avec jury des oeuvres de graphistes des provinces de l'Atlantique. Reproduction des oeuvres qui ont remporté des prix dans divers domaines: affiches, livres, brochures, rapports, publicité dans les revues et les journaux, menus, panneaux publicitaires, etc. Classement par types de prix. Les données fournies pour chaque oeuvre comprennent les noms du graphiste, de l'agence, du client, du directeur artistique, du

and type of paper used. List of members of the Atlantic Chapter. Index of designers, clients, designs, etc.   NC998.6 C3 T55 1990 fol. 741.609715074716225

photographe, de l'imprimeur et des autres personnes ou compagnies qui ont participé à la création de l'oeuvre, ainsi que le type de papier utilisé. Liste des membres du chapitre de l'Atlantique. Index des graphistes, des clients, des oeuvres, etc.   NC998.6 C3 T55 1990 fol. 741.609715074716225

Posters

Affiches

2509

Stacey, Robert. – *The Canadian poster book : 100 years of the poster in Canada.* – Toronto : Methuen, 1979. – xiv, 86 p. : ill. (some col.). – 0458938505

A history of Canadian posters from the late nineteenth and the twentieth centuries. Arranged by type of poster including broadsides, fair, exposition and show, travel, military, circus and carnival, sports, political and protest, book and periodical, government agency, entertainment and cultural event, product and service advertising, and health and safety posters, and billboards. Numerous posters are reproduced in black and white or colour with title, date, medium, dimensions and names of artist, designer, writer, photographer, art director, agency, client or advertiser, printer or publisher, if known. Bibliography. List of collections in which reproduced posters are held. Name index.   NC1807 C2 S83 x.fol.   741.6740971

Histoire des affiches canadiennes de la fin du dix-neuvième siècle et du vingtième siècle. Classement par types d'affiches: in-planos, foires, expositions, voyages, armée, cirques et carnavals, sports, politique et manifestations, livres et périodiques, organismes gouvernementaux, spectacles et événements culturels, publicité pour des produits et des services, santé et sécurité, et panneaux publicitaires. De nombreuses affiches sont reproduites en noir et blanc ou en couleurs avec titre, date, médium, dimensions et noms de l'artiste, du graphiste, de l'auteur, du photographe, du directeur artistique, de l'agence, du client ou du commanditaire, de l'imprimeur ou de l'éditeur, s'ils sont connus. Bibliographie. Liste des collections dont font partie les affiches reproduites. Index des noms.   NC1807 C2 S83 x.fol. 741.6740971

Prints

Estampes

2510

Action impression : Ontario, Québec. – Présentée par le Conseil québécois de l'estampe. Presented by the Print and Drawing Council of Canada. – [Montréal : Conseil québécois de l'estampe, 1985?]. – 1 vol. (non paginé) : ill. (certaines en coul.).

The bilingual catalogue of a juried exhibition of 85 prints by Ontario and Quebec artists. Alphabetically arranged by name of artist. Reproductions of prints with notes on title, date, medium and dimensions. Biographies of artists include place of residence, date of birth, education and exhibitions. List of prize winners. NE541.4 A38 1985   769.9713074713

Catalogue bilingue d'une exposition avec jury de 85 estampes réalisées par des artistes de l'Ontario et du Québec. Classement alphabétique par noms d'artistes. Reproduction d'estampes avec les données suivantes: titre, date, médium et dimensions. Les biographies des artistes comprennent le lieu de résidence, la date de naissance, les études et les expositions. Liste des gagnants de prix. NE541.4 A38 1985   769.9713074713

2511

Allodi, Mary. – *Printmaking in Canada : the earliest views and portraits = Les débuts de l'estampe imprimée au Canada : vues et portraits.* – Mary Allodi ; with contributions from Peter Winkworth [et al.]. – Toronto : Royal Ontario Museum, c1980. – xxviii, 244 p. : ill. – 0888542607

The bilingual catalogue of an exhibition on printmaking in Canada prior to 1850, held at the Royal Ontario Museum, the McCord Museum and the Public Archives of Canada (now the National Archives of Canada) in 1980. Surveys separately issued prints of landscapes, city views and portraits. Excludes book and magazine illustrations and early woodcuts. Chronologically arranged. Black and white reproductions are accompanied by the following notes: title of print, transcription of other text on print, dimensions of subject, plate (for engravings) and paper, description of printmaking technique and type of paper used, place and date of printing, location of impression illustrated, locations of other impressions and bibliographical references. An essay on each print also discusses the subject matter, printing processes used and provides biographical information on the printmaker. Bibliography. Index of artists, printmakers and publishers.   NE541 A44 fol.   769.97107471

Catalogue bilingue d'une exposition sur les estampes imprimées au Canada avant 1850, qui a eu lieu au Musée royal de l'Ontario, au Musée McCord et aux Archives publiques du Canada (maintenant les Archives nationales du Canada) en 1980. Porte sur des estampes imprimées séparément qui montrent des paysages ruraux et urbains et des portraits. Exclut les illustrations de livres et de revues et les premières gravures sur bois. Classement chronologique. Les reproductions en noir et blanc sont accompagnées des données suivantes: titre de l'estampe, transcription du texte sur l'estampe, dimensions de l'image, de la plaque (pour les gravures) et de la feuille de papier, description de la technique de gravure et du type de papier utilisé, lieu et date d'impression, le lieu où se trouve le paysage illustré, lieux illustrés dans d'autres estampes et références bibliographiques. Un essai sur chaque estampe discute du sujet traité et des processus d'impression utilisés, et donne des renseignements biographiques sur le graveur. Bibliographie. Index des artistes, des graveurs et des éditeurs.   NE541 A44 fol.   769.97107471

2512

Archives publiques Canada. Division de l'iconographie. – *In the best style of the art : commercial and fine art printing in Canada 1850-1950 = Selon les règles du métier : l'estampe commerciale et artistique au Canada 1850 à 1950.* – [Ottawa] : Archives publiques Canada, [1984]. – 1 vol. (non paginé).

A catalogue of an exhibition of 104 prints from the collection of the Public Archives of Canada. Arranged in two parts for commercial and fine art printing, each of which is arranged alphabetically by name of individual or company. Entries include a small black and white reproduction with notes on title, date, printmaking technique, dimensions of image and/or sheet, type of document, negative number. NE541 769.97107471384

Catalogue d'une exposition de 104 estampes de la collection des Archives publiques du Canada. Deux parties, l'estampe commerciale et artistique, classées alphabétiquement par noms de personnes ou de compagnies. Les notices contiennent une petite reproduction en noir et blanc avec les données suivantes: titre, date, technique de gravure, dimensions de l'image et (ou) de la feuille de papier, type de document, numéro de négatif. NE541 769.97107471384

2513

Art Gallery of Greater Victoria. – *Printmaking in British Columbia, 1889-1983 : October 6 to November 27, 1983, Art Gallery of Greater Victoria.* – Victoria : Art Gallery of Greater Victoria, c1983. – 1 vol. (unpaged) : ill. (some col.). – 0888850816

Catalogue of an exhibition which surveyed the history of printmaking in British Columbia through the works of approximately 90 artists. Arranged in two sections for the periods 1889-1950 and 1950-1983. Black and white and nine colour reproductions are accompanied by the following notes: name of artist, title and date of work, printmaking technique used, dimensions, collection. Brief biographies of the artists. NE542 B7 P75 1983 fol. 769.971107471128

Catalogue d'une exposition qui présente l'histoire de la gravure en Colombie-Britannique au moyen des oeuvres d'environ 90 artistes. Classement en deux sections, l'une sur la période 1889-1950, l'autre sur la période 1950-1983. Les photographies en noir et blanc et les neuf photographies en couleurs sont accompagnées des données suivantes: nom de l'artiste, titre et date de l'oeuvre, technique de gravure utilisée, dimensions, collection. Courtes biographies des artistes. NE542 B7 P75 1983 fol. 769.971107471128

2514

Art Gallery of Hamilton. – *Living impressions : contemporary Canadian graphics from the permanent collection of the Art Gallery of Hamilton.* – Hamilton : the Gallery, 1989. – [4], 92 p. : ill. (some col.). – 091915302X

Catalogue of an exhibition of 73 works by 54 Canadian artists covering 25 years of contemporary Canadian printmaking. Alphabetically arranged by name of artist. Entries include title, date, printmaking techniques used, edition number, dimensions and method and date of acquisition for works exhibited. The following information on each artist is also included: place and date of birth, education, lists of group and solo exhibitions, awards and public and corporate collections. Black and white and thirteen colour reproductions of selected prints. List of works exhibited. NE55 C3 H35 1989 fol. 769.97107471352

Catalogue d'une exposition qui regroupe 73 oeuvres réalisées par 54 artistes canadiens et qui couvre 25 ans de gravure contemporaine canadienne. Classement alphabétique par noms d'artistes. Les notices comprennent le titre, la date, les techniques de gravure utilisées, le numéro de tirage, les dimensions ainsi que le mode et la date d'acquisition des oeuvres exposées. De plus, les données suivantes sont fournies sur chaque artiste: lieu et date de naissance, études, listes des expositions individuelles et collectives, prix et collections publiques et privées. Reproductions en noir et blanc et treize reproductions en couleurs d'estampes choisies. Liste des oeuvres exposées. NE55 C3 H35 1989 fol. 769.97107471352

2515

Art Gallery of Hamilton. – *The Society of Canadian Painter-Etchers and Engravers in retrospect = La Société des peintres-graveurs canadiens : vue rétrospective.* – Hamilton : the Gallery, 1981. – 96 p. : ill. – 0919153054

Bilingual catalogue of an exhibition of 89 prints by members of the Society which provides an overview of Canadian printmaking in the twentieth century. The archives of the Society was given to the Art Gallery of Hamilton in 1976. Includes information on the membership, awards and activities of the Society and a brief essay describing the principal methods of printmaking. Entries in the exhibition catalogue are alphabetically arranged by name of printmaker and include title and date of print, printmaking technique used, edition number, dimensions of image and paper, inscriptions, references to literature on the print and list of exhibitions. Selected works reproduced in black and white. Chronology of Society exhibitions and activities. Checklist of artists represented in the Society archives. NE541.4 A77 1981 fol. 769.97107471352

Catalogue bilingue d'une exposition de 89 estampes réalisées par des membres de la Société, qui donne un aperçu de la gravure canadienne au vingtième siècle. La Société a cédé ses archives à l'Art Gallery of Hamilton en 1976. Contient des données sur les membres et les activités de la Société et sur les prix décernés ainsi qu'un court essai sur les principales méthodes de gravure. Dans le catalogue d'exposition, les notices sont classées en ordre alphabétique par noms de graveurs. Elles incluent le titre et la date de l'estampe, la technique de gravure utilisée, le numéro de tirage, les dimensions de l'image et du papier, les inscriptions, les références aux documents sur l'estampe et la liste des exposition. Certaines oeuvres sont reproduites en noir et blanc. Tableau chronologique des expositions et des activités de la Société. Liste de contrôle des artistes représentés dans les archives de la Société. NE541.4 A77 1981 fol. 769.97107471352

2516

Arts of the Eskimo : prints. – General editor, Ernst Roch ; texts by Patrick Furneaux and Leo Rosshandler. – Montreal : Signum Press ; Toronto : Oxford University Press, c1974. – 240 p. : col. ill., 1 map. – 0919686028

A survey of Inuit prints produced in the communities of Cape Dorset, Povungnituk, Holman, Baker Lake and Pangnirtung during the period from 1959 through 1974, as printshops were established. Includes essays on the evolution and artistry of Inuit prints and brief artists' biographies. Colour plates arranged by community are

Étude des estampes inuit produites dans les communautés de Cape Dorset, Povungnituk, Holman, Baker Lake et Pangnirtung pendant la période de 1959 à 1974, quand des ateliers de gravure ont été créés. Inclut des essais sur l'évolution et la valeur artistique des estampes inuit et de courtes biographies des artistes. Les planches en

accompanied by the following notes: name of artist, title of work, printmaking technique used, name of community, year of publication, year of creation, print number, number of prints in edition, sheet and image dimensions, brief discussion of subject matter and style. Bibliography. Index of artists, print titles, communities, etc. Also published by: Barre (Mass.) : Barre Publishers, 1975. E99 E7 R59 fol.   769.9719

couleurs sont classées par communautés et accompagnées des données suivantes: nom de l'artiste, titre de l'oeuvre, technique de gravure utilisée, nom de la communauté, année de publication, année de création, numéro de tirage, nombre d'estampes tirées, dimensions de la feuille et de l'image, courte discussion sur le sujet traité et le style. Bibliographie. Index des artistes, des titres d'estampes, des communautés, etc. Également publié par: Barre (Mass.) : Barre Publishers, 1975.   E99 E7 R59 fol.   769.9719

2517
Barz, Sandra B. – *Canadian Inuit print artist/printer biographies : Arctic Québec, Baker Lake, Clyde River, Holman, Independent, Pangnirtung.* – New York : Arts & Culture of the North, c1990. – 1 vol. (various pagings). – 096058983X

Biographies of Inuit print artists and printers from communities of Arctic Quebec, Baker Lake, Cape Dorset, Clyde River, Holman and Pangnirtung. Arranged by community. Entries include variant names, syllabic signature, gender, year of birth and death, disc number, family relationships, category of artist, print data, abstract and reference to *Inuit artists print workbook*. Also notes inclusion of artist in *Biographies of Inuit artists*.   N6548 C37 1990   769.9719

Biographies des artistes et graveurs inuit des communautés arctiques du Québec et de Baker Lake, Cape Dorset, Clyde River, Holman et Pangnirtung. Classement par communautés. Les notices comprennent les diverses formes du nom de l'artiste, la signature en écriture syllabique, le sexe, les années de naissance et de décès, le numéro de disc, les liens familiaux, la catégorie d'artiste, les données sur les estampes, un résumé et une référence à *Inuit artists print workbook*. Signale aussi l'inclusion de l'artiste dans *Biographies of Inuit artists*. N6548 C37 1990   769.9719

2518
Barz, Sandra B. – *Inuit artists print workbook.* – New York : Arts & Culture of the North, c1981-1990. – 2 vol. (323 ; 334 p.) : ill. – 0960589805 (vol. 1) 0960589813 (vol. 2) 0960589821 (set)

An index of over 5,000 catalogued Inuit prints produced since 1959 in communities of Arctic Quebec, Baker Lake, Cape Dorset, Holman Island, Clyde River and Pangnirtung. Arranged by community and subarranged by artist and print title. For each print the following information is provided: catalogue year, print number, techniques, colours, total number of prints in edition, date on print, original and auction prices. Artist and print-title indexes and list of catalogues/collections provided in each section. Additions and corrections to volume I are included in volume II.   NE541.4 B37 769.9719

Index de plus de 5 000 estampes inuit cataloguées produites depuis 1959 dans les communautés arctiques du Québec et à Baker Lake, Cape Dorset, Holman Island, Clyde River et Pangnirtung. Classement par communautés, puis par artistes et par titres d'estampes. Pour chaque estampe sont fournies les données suivantes: année de catalogage, numéro de tirage, techniques, couleurs, tirage total, date de l'estampe, prix original et prix aux enchères. Index des artistes, index des titres d'estampes et liste des catalogues et des collections dans chaque section. Les ajouts et les corrections au volume I se trouvent dans le volume II.   NE541.4 B37   769.9719

2519
Cochran, Bente Roed. – *Printmaking in Alberta, 1945-1985.* – Edmonton : University of Alberta Press, c1989. – ix, 173 p. : ill. (some col.). – 0888641397

A study of printmaking in Alberta since the Second World War. Parts I and II focus on the development of printmaking in Canada and Alberta. Part III examines the work of 38 major Alberta printmakers in terms of subject matter and technique. Colour and black and white reproductions with notes on name of artist, title and date of work, printmaking technique used, dimensions of image and paper, and collection. List of international and Canadian print exhibitions. Bibliography. Index.   NE542 A5 C62 1989   769.97123

Étude de la gravure en Alberta depuis la Deuxième Guerre mondiale. Les parties I et II portent principalement sur le développement de la gravure au Canada et en Alberta. La partie III examine l'oeuvre de 38 graveurs albertains importants, du point de vue du sujet traité et de la technique. Reproductions en couleurs ou en noir et blanc avec les données suivantes: nom de l'artiste, titre et date de l'estampe, technique de gravure utilisée, dimensions de l'image et de la feuille de papier et collection. Liste des expositions d'estampes canadiennes et internationales. Bibliographie. Index.   NE542 A5 C62 1989 769.97123

2520
Daigneault, Gilles. – *La gravure au Québec (1940-1980).* – Gilles Daigneault ; Ginette Deslauriers. – Saint Lambert (Québec) : Éditions Héritage, c1981. – 268 p. : ill. (certaines en coul.). – (Héritage + plus). – 0777355205

Analyses developments in Quebec printmaking over 40 years through the works of approximately 60 artists. Profiles of artists include brief biographical notes and an essay on subject matter, technique and style. 197 black and white and colour reproductions are accompanied by the following information: name of artist, title and date of work, printmaking technique, dimensions of image and paper, edition number and collection. Chronology. Glossary. Bibliography. Index of reproduced works.   NE542 Q8 D33 fol. 769.9714

Analyse du développement de la gravure au Québec sur une période de 40 ans, par le biais des oeuvres d'environ 60 artistes. Les profils des artistes contiennent de courtes notes biographiques et un essai sur le sujet traité, la technique et le style. Les 197 reproductions en noir et blanc et en couleurs sont accompagnées des données suivantes: nom de l'artiste, titre et date de l'estampe, technique de gravure, dimensions de l'image et de la feuille de papier, numéro de tirage et collection. Tableau chronologique. Glossaire. Bibliographie. Index des oeuvres reproduites.   NE542 Q8 D33 fol.   769.9714

2521

Davis, Geraldine. – ***Printshops of Canada : printmaking south of sixty.*** – Geraldine Davis ; Ingrid Jenkner. – Guelph : Macdonald Stewart Art Centre, c1987. – 84 p. : ill. (some col.). – 0920810292

Catalogue of an exhibition of prints produced by 31 printshops of southern Canada since the mid-1960s. Includes an overview of the printshop movement in Canada and profiles of the shops included in the exhibition. Each profile provides an address and telephone number, a brief history of the shop, a discussion of techniques used and printers and artists associated with the shop, as well as descriptions of exhibited works. Printshop and reproduction indexes. Appendices: artists and printers represented in the exhibition. Bibliography.   NE541.4 D38 1987 fol.   769.97107471343

Catalogue d'une exposition d'estampes produites par 31 ateliers de gravure du sud du Canada depuis le milieu des années 1960. Inclut un aperçu du mouvement des ateliers de gravure au Canada et des profils des ateliers représentés dans l'exposition. Chaque profil contient une adresse et un numéro de téléphone, un court historique de l'atelier, une discussion des techniques utilisées, et les noms des graveurs et artistes associés à l'atelier ainsi que la description des oeuvres exposées. Index des ateliers de gravure et index des reproductions. Annexes: artistes et graveurs représentés dans l'exposition. Bibliographie.   NE541.4 D38 1987 fol.   769.97107471343

2522

L'estampe originale au Québec, 1980-1990. – Montréal : Bibliothèque nationale du Québec : Conseil québécois de l'estampe, 1991. – 281 p. : ill. (certaines en coul.). – 2551127041

A survey of Quebec printmaking during the 1980s. Introductory essays discuss developments and artists in the cities and regions. Over 150 colour reproductions with notes on name of artist, title, date, medium and dimensions. Index of artists includes date of birth, places of birth, residence and work, and education. Index of names cited.   NE542 Q8 E88 1991 fol.   769.9714

Tour d'horizon de la gravure au Québec pendant les années 1980. Les essais de présentation discutent des développements et des artistes dans les villes et les régions. Plus de 150 reproductions en couleurs avec nom de l'artiste, titre et date de l'oeuvre, médium et dimensions. L'index des artistes comprend la date de naissance de chaque artiste, ses lieux de naissance, de résidence et de travail et ses études. Index des noms mentionnés.   NE542 Q8 E88 1991 fol.   769.9714

2523

Glenbow Museum. – ***Images of the land : Canadian block prints, 1919-1945.*** – Patricia Ainslie. – Calgary : the Museum, 1984. – 165 p. : ill. (some col.). – 0919224407

Catalogue of an exhibition of Canadian block prints from the period between 1919 and 1945, organized by the Glenbow Museum. Includes an essay on national and regional development of the block print, print societies and block printmaking techniques. Profiles of significant artists from each province or region. Exhibition catalogue includes 179 entries for works, alphabetically arranged by name of artist and illustrated with black and white reproductions. Published material and books are listed separately. Entries note title, date, printmaking technique, image and sheet dimensions, inscriptions, list of exhibitions and collection. Bibliography. Index of artists. NE1113.3 A45 1984 fol.   769.971074712338

Catalogue d'une exposition d'oeuvres réalisées par impression sur cliché entre 1919 et 1945, qui était organisée par le Glenbow Museum. Inclut un essai sur le développement national et régional, des sociétés de gravure et des techniques d'impression sur cliché. Profil des artistes importants de chaque province ou région. Le catalogue de l'exposition contient 179 notices sur des oeuvres avec classement alphabétique par noms d'artistes. Il est illustré au moyen de reproductions en noir et blanc. Les documents publiés et les livres figurent dans une liste distincte. Les notices donnent le titre, la date, la technique de gravure, les dimensions de l'image et de la feuille de papier, les inscriptions, la liste des expositions et la collection. Bibliographie. Index des artistes.   NE1113.3 A45 1984 fol.   769.971074712338

2524

Graphics Atlantic : a juried exhibition of prints and drawings from artists in the Atlantic Provinces. – [Halifax : Mount Saint Vincent University, Art Gallery, 1976]. – [19] p. : ill.

The catalogue of a juried exhibition of 43 prints and drawings by 31 artists of the Atlantic Provinces. Black and white reproductions of exhibited works are accompanied by notes on title, medium and dimensions and brief biographies of the artists.   NE542 A7 G73 x.fol. 760.0971507471622

Catalogue d'une exposition avec jury de 43 estampes et dessins réalisés par 31 artistes des provinces de l'Atlantique. Les reproductions en noir et blanc des oeuvres exposées sont accompagnées des données suivantes: titre, médium et dimensions, ainsi que d'une courte biographie de l'artiste.   NE542 A7 G73 x.fol.   760.0971507471622

2525

Hall, Edwin S., Jr. – ***Northwest Coast Indian graphics : an introduction to silk screen prints.*** – Edwin S. Hall, Jr., Margaret B. Blackman, Vincent Richard. – Vancouver : Douglas & McIntyre, 1981. – 144 p. : ill. (some col.), 1 map. – 0888943334 (D. & M.)

A survey of regional and individual styles and subject matter of the silk screen prints of Northwest Coast Indians. Discusses contemporary silk screen prints in relationship to traditional art and culture. Black and white and sixteen colour reproductions with notes on title, name of artist, date, edition size, dimensions, colours and a brief discussion of subject matter and style. Appendices: description of serigraphy techniques; list of Northwest Coast Indian artists working in serigraphy; definitions of terms used in serigraphy. Bibliography. Also published by: Seattle : University of Washington Press, c1981.   E78 N78 H34 fol.   769.9795

Tour d'horizon des styles régionaux et personnels, ainsi que des sujets traités dans les estampes produites par sérigraphie par les Amérindiens de la côte Nord-Ouest du Pacifique. Discute de la sérigraphie contemporaine par rapport à l'art et à la culture traditionnels. Reproductions en noir et blanc et seize reproductions en couleurs avec les données suivantes: titre, nom de l'artiste, date, tirage, dimensions, couleurs et une courte discussion du sujet traité et du style. Annexes: description des techniques de sérigraphie; liste des artistes amérindiens de la côte Nord-Ouest du Pacifique qui font de la sérigraphie; définitions des termes utilisés en sérigraphie. Bibliographie. Également publié par: Seattle : University of Washington Press, c1981.   E78 N78 H34 fol.   769.9795

2526

Krickhan, Sonja. – *Impressions : a Canadian printmakers handbook.* – Compiled and written by Sonja Krickhan and Morgan McGuigan. – Vancouver : Malaspina Printmakers Society, c1991. – 160 p. – 0969299842

A handbook for Canadian printmakers. Includes brief essays on topics such as writing a curriculum vitae, preparing slides, the art market, taxes, copyright and contracts, purchasing a press, and safety issues. Glossary of printmaking terms. Directories of: Canadian printshops; Canadian and foreign printmaking and other art organizations; Canadian federal and provincial government grants for artists; international print competitions; educational institutions in Canada teaching printmaking; international scholarships; Canadian and foreign suppliers; Canadian galleries. Entries for printshops include: name, address, telephone number, description of printing processes used, equipment, programmes, publications, name of contact person. Entries for galleries include: name, address, telephone number, type of gallery, types of works exhibited or collected, programmes, submission information, name of contact person. Bibliography. Index of subjects and names.   NE541.4 K75 1991   769.971

Manuel destiné aux graveurs canadiens. Inclut de courts essais sur des sujets comme la rédaction d'un curriculum vitae, la préparation de diapositives, le marché de l'art, les taxes, le droit d'auteur et les contrats, l'achat d'une presse et les questions de sécurité. Glossaire des termes de gravure. Nombreux répertoires: ateliers de gravure canadiens; organisations artistiques canadiennes et étrangères de gravure et autres; subventions fédérales et provinciales accordées aux artistes au Canada; concours internationaux de gravure; écoles canadiennes de gravure; bourses internationales; fournisseurs canadiens et étrangers; galeries canadiennes. Les notices sur les ateliers de gravure comprennent: nom, adresse, numéro de téléphone, description des procédés de gravure utilisés, de l'équipement, des programmes et des publications, nom de la personne-ressource. Les notices sur les galeries comprennent: nom, adresse, numéro de téléphone, sorte de galerie, types d'œuvres exposées ou achetées pour la collection, programmes, information sur les demandes d'exposition, nom de la personne-ressource. Bibliographie. Index des sujets et des noms.   NE541.4 K75 1991   769.971

2527

Malenfant, Nicole. – *L'estampe.* – Québec : Ministère des Communications, 1979. – xv, 307 p. : ill. (certaines en coul.). – (La documentation québécoise) (Collection Formart ; série initiation aux métiers d'art). - 0775429511

A manual of printmaking processes such as lithography, relief, intaglio and serigraphy. Materials, tools and techniques are discussed. Techniques are well-illustrated with black and white and colour photographs and drawings. Reproductions of works by Quebec artists are included for each printing process. Glossary. Bibliography. Artist index.   NE850 M4   760.28

Manuel sur les procédés de gravure comme la lithographie, l'impression en relief, la taille-douce et la sérigraphie. Discute des matériaux, des outils et des techniques. Les techniques sont bien illustrées au moyen de photographies en noir et blanc ou en couleurs et de dessins. Des œuvres réalisées par des artistes québécois sont reproduites pour illustrer chaque procédé de gravure. Glossaire. Bibliographie. Index des artistes.   NE850 M4   760.28

2528

Martin, Denis. – *L'estampe au Québec, 1900-1950.* – Québec : Musée du Québec, c1988. – 146 p. : ill. (certaines en coul.). – 255106872X

Catalogue of an exhibition of prints from the period 1900 to 1950, by twenty Quebec artists. Includes a chronology of events, a historical overview and the catalogue, alphabetically arranged by name of artist. Entries for artists include an essay on style and subject matter, and black and white reproductions of works with notes on title, date, printmaking technique, dimensions of image and paper, inscriptions, method and date of acquisition, list of exhibitions and bibliography. Eight colour reproductions. List of works exhibited. Name index. Glossary. Bibliography. Also published in English under the title: *Printmaking in Quebec, 1900-1950.*   NE542 Q4 M37 1988 769.9714074714471

Catalogue d'une exposition d'estampes réalisées par vingt artistes québécois pendant la période 1900 à 1950. Inclut un tableau chronologique des événements, un aperçu historique et un catalogue classé alphabétiquement par noms d'artistes. Les notices sur les artistes comprennent un essai sur le style et le sujet traité, ainsi que des reproductions en noir et blanc d'œuvres avec les données suivantes: titre, date, technique de gravure, dimensions de l'image et de la feuille de papier, inscriptions, mode et date d'acquisition, liste des expositions et bibliographie. Huit reproductions en couleurs. Liste des œuvres exposées. Index des noms. Glossaire. Bibliographie. Publié aussi en anglais sous le titre: *Printmaking in Quebec, 1900-1950.*   NE542 Q4 M37 1988   769.9714074714471

2529

Martin, Denis. – *Printmaking in Quebec, 1900-1950.* – [Québec] : Musée du Québec, [1990]. – 148 p. : ill. (some col.). – 2551123259

Catalogue of an exhibition of prints from the period 1900 to 1950, by twenty Quebec artists. Includes a chronology of events, a historical overview and the catalogue, alphabetically arranged by name of artist. Entries for artists include an essay on style and subject matter, and black and white reproductions of works with notes on title, date, printmaking technique, dimensions of image and paper, inscriptions, method and date of acquisition, list of exhibitions and bibliography. Eight colour reproductions. List of works exhibited. Name index. Glossary. Bibliography. Also published in French under the title: *L'estampe au Québec, 1900-1950.*   NE542 769.9714074714471

Catalogue d'une exposition d'estampes réalisées par vingt artistes québécois pendant la période 1900 à 1950. Inclut un tableau chronologique des événements, un aperçu historique et un catalogue classé alphabétiquement par noms d'artistes. Les notices sur les artistes comprennent un essai sur le style et le sujet traité, ainsi que des reproductions en noir et blanc d'œuvres avec les données suivantes: titre, date, technique de gravure, dimensions de l'image et de la feuille de papier, inscriptions, mode et date d'acquisition, liste des expositions et bibliographie. Huit reproductions en couleurs. Liste des œuvres exposées. Index des noms. Glossaire. Bibliographie. Publié aussi en français sous le titre: *L'estampe au Québec, 1900-1950.*   NE542   769.9714074714471

2530

Musée national de l'Homme (Canada). – *The Inuit print : a travelling exhibition of the National Museum of Man, National Museums of Canada and the Department of Indian and Northern Affairs, Ottawa = L'estampe inuit : une exposition itinérante du Musée national de l'Homme, Musées nationaux du Canada et du Ministère des affaires indiennes et du Nord Ottawa.* – Ottawa : Musée national de l'Homme, c1977. – 267 p. : ill. (certaines en coul.), 1 carte. – 0660000822 (br.) 066050278X (rel.)

A bilingual catalogue of an exhibition of Inuit prints produced in the communities of Cape Dorset, Povungnituk and other Arctic Quebec centres, Holman, Baker Lake and Pangnirtung during the period from 1959 through 1976. Includes essays by Helga Goetz on the development of Inuit printmaking and community printshops. Black and white reproductions of prints are arranged by community and accompanied by the following notes: names of artist and print-maker, title and date of work, printmaking technique, image dimensions, number and date of publication in print catalogue, related works and a brief discussion of technique, style and subject matter. Appendices: alphabetical list of artists and printmakers; list of artists and printmakers arranged by community; statistics on images produced and printmaking techniques used; history of the Canadian Eskimo Arts Council. Bibliography.   E99 E7 I565   769.9719

Catalogue bilingue d'une exposition d'estampes inuit produites entre 1959 et 1976 dans les communautés de Cape Dorset, Povungnituk et d'autres communautés arctiques du Québec, Holman, Baker Lake et Pangnirtung. Inclut des essais par Helga Goetz sur le développement de la gravure inuit et sur les ateliers de gravure communautaires. Les reproductions en noir et blanc des estampes sont classées par communautés et accompagnées des données suivantes: noms de l'artiste et du graveur, titre et date de l'oeuvre, technique de gravure, dimensions de l'image, numéro et date de publication dans le catalogue d'estampes, oeuvres connexes et courte discussion de la technique, du style et du sujet traité. Annexes: liste alphabétique des artistes et des graveurs; liste des artistes et des graveurs selon un classement par communautés; statistiques sur les images produites et les techniques de gravure utilisées; historique du Conseil canadien des arts esquimaux. Bibliographie.   E99 E7 I565   769.9719

2531

National Museum of Man (Canada). – *The Inuit print : a travelling exhibition of the National Museum of Man, National Museums of Canada and the Department of Indian and Northern Affairs, Ottawa = L'estampe inuit : une exposition itinérante du Musée national de l'Homme, Musées nationaux du Canada et du Ministère des affaires indiennes et du Nord Ottawa.* – Ottawa : National Museum of Man, c1977. – 267 p. : ill. (some col.), 1 map. – 0660000822 (pa.) 066050278X (bd.)

A bilingual catalogue of an exhibition of Inuit prints produced in the communities of Cape Dorset, Povungnituk and other Arctic Quebec centres, Holman, Baker Lake and Pangnirtung during the period from 1959 through 1976. Includes essays by Helga Goetz on the development of Inuit printmaking and community printshops. Black and white reproductions of prints are arranged by community and accompanied by the following notes: names of artist and print-maker, title and date of work, printmaking technique, image dimensions, number and date of publication in print catalogue, related works and a brief discussion of technique, style and subject matter. Appendices: alphabetical list of artists and printmakers; list of artists and printmakers arranged by community; statistics on images produced and printmaking techniques used; history of the Canadian Eskimo Arts Council. Bibliography.   E99 E7 I565   769.9719

Catalogue bilingue d'une exposition d'estampes inuit produites entre 1959 et 1976 dans les communautés de Cape Dorset, Povungnituk et d'autres communautés arctiques du Québec, Holman, Baker Lake et Pangnirtung. Inclut des essais par Helga Goetz sur le développement de la gravure inuit et sur les ateliers de gravure communautaires. Les reproductions en noir et blanc des estampes sont classées par communautés et accompagnées des données suivantes: noms de l'artiste et du graveur, titre et date de l'oeuvre, technique de gravure, dimensions de l'image, numéro et date de publication dans le catalogue d'estampes, oeuvres connexes et courte discussion de la technique, du style et du sujet traité. Annexes: liste alphabétique des artistes et des graveurs; liste des artistes et des graveurs selon un classement par communautés; statistiques sur les images produites et les techniques de gravure utilisées; historique du Conseil canadien des arts esquimaux. Bibliographie.   E99 E7 I565   769.9719

2532

Newfoundland (and Labrador) editions II. – Organized by the Art Gallery, Memorial University of Newfoundland. – [St. John's] : MUN Extension Service, [1982?]. – [27] p. : ill., ports.

The catalogue of an exhibition of 55 prints by eleven Newfoundland artists, organized by Memorial University Art Gallery. Alphabetically arranged by name of artist. Biographies of artists include a list of major exhibitions and a portrait. One work by each is reproduced in the catalogue. A list of works exhibited includes notes on title, medium and date. The first "Newfoundland editions" exhibition was organized by Memorial in 1975.   NE542 N49 N48 1982   769.9718074

Catalogue d'une exposition de 55 estampes réalisées par onze artistes de Terre-Neuve et organisée par la Memorial University Art Gallery. Classement alphabétique par noms d'artistes. Les biographies des artistes comprennent une liste des principales expositions et un portrait. Une oeuvre de chaque artiste est reproduite dans le catalogue. La liste des oeuvres exposées contient le titre de chaque oeuvre, le médium et la date. La première exposition «Newfoundland editions» avait été organisée par la Memorial University en 1975. NE542 N49 N48 1982   769.9718074

2533

Public Archives of Canada. Picture Division. – *In the best style of the art : commercial and fine art printing in Canada 1850-1950 = Selon les règles du métier : l'estampe commerciale et artistique au Canada 1850 à 1950.* – [Ottawa] : Public Archives Canada, [1984]. – 1 vol. (unpaged).

A catalogue of an exhibition of 104 prints from the collection of the Public Archives of Canada. Arranged in two parts for commercial and fine art printing, each of which is arranged alphabetically by name of individual or company. Entries include a small black and white repro-

Catalogue d'une exposition de 104 estampes de la collection des Archives publiques du Canada. Deux parties, l'estampe commerciale et artistique, classées alphabétiquement par noms de personnes ou de compagnies. Les notices contiennent une petite reproduction en

duction with notes on title, date, printmaking technique, dimensions of image and/or sheet, type of document, negative number. NE541 769.97107471384

noir et blanc avec les données suivantes: titre, date, technique de gravure, dimensions de l'image et (ou) de la feuille de papier, type de document, numéro de négatif. NE541 769.97107471384

2534

Spendlove, F. St. George [Francis St. George]. – *The face of early Canada : pictures of Canada which have helped to make history.* – Illustrated by examples from the Sigmund Samuel Canadiana Collection, Royal Ontario Museum. – Toronto : Ryerson Press, 1958. – xxi, 162 p. : plates (some col., incl. facsims.).

A study of prints of Canadian landscapes, townscapes and events from the period 1556 to 1867. Provides biographical information on artists and engravers and describes the subject matter of some of the prints. 122 black and white and five colour plates. Bibliography. Index of subjects of prints. Author, engraver and publisher index. N6543 S66 fol. 769.971

Étude des estampes canadiennes de paysages ruraux et urbains et d'événements, qui datent de la période entre 1556 et 1867. Contient des données biographiques sur les artistes et les graveurs et décrit le sujet traité dans certaines estampes. 122 planches en noir et blanc et cinq en couleurs. Bibliographie. Index des sujets traités dans les estampes. Index des auteurs, des graveurs et des éditeurs. N6543 S66 fol. 769.971

2535

The white line : wood engraving in Canada since 1945 : a selection of artists and images from a retrospective exhibition of the same name curated by G. Brender à Brandis. – Biographies prepared by Danuta M.A.K. Kamocki. – Erin (Ont.) : Porcupine's Quill, 1990. – [107] p. : ill. (some col.). – 0889841179

A selection of 46 wood engravings by 29 artists which formed a part of a 1990 exhibition at the Carnegie Gallery, Dundas, Ontario. Biographies of artists and an illustrated essay on the characteristics of wood engraving. NE113.3 W48 1990 769.97107471352

Sélection de 46 gravures sur bois qui ont été réalisées par 29 artistes et qui faisaient partie de l'exposition tenue en 1990 à la Carnegie Gallery, à Dundas en Ontario. Biographies des artistes et essai illustré sur les caractéristiques de la gravure sur bois. NE113.3 W48 1990 769.97107471352

2536

Xylon Québec (Canada). – *Catalogue des membres de Xylon-Québec.* – Montréal : Xylon-Québec (Canada), [1992?]. – [130] p. : ill., portr. – 2980280305

A directory of the artists of Xylon Québec, an organization of wood engravers. Alphabetically arranged by name. Biographies include: address, telephone number, education, grants and awards, individual and group exhibitions, associations, publications, collections, professional experience. One work by each artist is illustrated in black and white. Portraits and artists' statements. Lists of catalogues, literature and exhibitions by or about the organization. NE1113.4 Q8 X93 1992 fol. 761.2025714

Répertoire des artistes qui font partie de Xylon Québec, une organisation de graveurs sur bois. Classement alphabétique par noms. Les biographies comprennent: adresse, numéro de téléphone, études, subventions et prix, expositions individuelles et collectives, associations, publications, collections, expérience professionnelle. Une oeuvre de chaque artiste est illustrée en noir et blanc. Portraits et déclarations des artistes. Listes des catalogues, des documents et des expositions de Xylon Québec ou sur cette organisation. NE1113.4 Q8 X93 1992 fol. 761.2025714

Metal Arts

Arts du métal

2537

La chaîne d'alliance : l'orfèvrerie de traite et de cérémonie chez les Indiens : une exposition itinérante du Musée national de l'Homme. – Ottawa : Musées nationaux du Canada, c1980. – 168 p. : ill. (certaines en coul.), portr. – 0660902613 (rel.) 0660902621 (br.)

The catalogue of an exhibition of Indian trade silver, produced in the period 1750 through 1830 for use by fur traders. Includes an essay which discusses the introduction of silver to the Indians during the fur trade, the production of silver in North America, Indian uses of silver and Iroquois silversmiths. The catalogue includes black and white photographs of 210 pieces arranged by type of object or theme. The last section illustrates works by modern Iroquois silversmiths. Notes on each object include mark, name, location and dates of silversmith if known, dimensions and collection. Bibliography. Index of silversmiths, cultural groups, places, objects, etc., discussed in the essay. Also published in English under the title: *The covenant chain : Indian ceremonial and trade silver : a travelling exhibition of the National Museum of Man.* NK7113 739.23771

Catalogue d'une exposition de pièces d'orfèvrerie de traite avec les Amérindiens qui ont été produites entre 1750 et 1830 pour le commerce des fourrures. Inclut un essai sur l'introduction de l'orfèvrerie chez les Amérindiens lors du commerce des fourrures, sur la production d'objets en argent en Amérique du Nord, sur les usages fait de ces objets par les Amérindiens et sur les orfèvres iroquois. Le catalogue inclut les photographies en noir et blanc de 210 objets classés par types ou par thèmes. La dernière section illustre les oeuvres des orfèvres iroquois contemporains. Les données suivantes sont fournies pour chaque objet: marque, nom, provenance, dates relatives à l'orfèvre si elles sont connues, dimensions et collection. Bibliographie. Index des orfèvres, des groupes culturels, des lieux, des objets, etc. dont il est question dans l'essai. Publié aussi en anglais sous le titre: *The covenant chain : Indian ceremonial and trade silver : a travelling exhibition of the National Museum of Man.* NK7113 739.23771

2538

The covenant chain : Indian ceremonial and trade silver : a travelling exhibition of the National Museum of Man. – Ottawa : National Museums of Canada, c1980. – 168 p. : ill. (some col.), ports. – 0660103478 (bd.) 0660103486 (pa.)

The catalogue of an exhibition of Indian trade silver, produced in the period 1750 through 1830 for use by fur traders. Includes an essay which discusses the introduction of silver to the Indians during the fur trade, the production of silver in North America, Indian uses of silver and Iroquois silversmiths. The catalogue includes black and white photographs of 210 pieces arranged by type of object or theme. The last section illustrates works by modern Iroquois silversmiths. Notes on each object include mark, name, location and dates of silversmith if known, dimensions and collection. Bibliography. Index of silversmiths, cultural groups, places, objects, etc., discussed in the essay. Also published in French under the title: *La chaîne d'alliance : l'orfèvrerie de traite et de cérémonie chez les Indiens : une exposition itinérante du Musée national de l'Homme.* NK7113 739.23771

Catalogue d'une exposition de pièces d'orfèvrerie de traite avec les Amérindiens qui ont été produites entre 1750 et 1830 pour le commerce des fourrures. Inclut un essai sur l'introduction de l'orfèvrerie chez les Amérindiens lors du commerce des fourrures, sur la production d'objets en argent en Amérique du Nord, sur les usages fait de ces objets par les Amérindiens et sur les orfèvres iroquois. Le catalogue inclut les photographies en noir et blanc de 210 objets classés par types ou par thèmes. La dernière section illustre les oeuvres des orfèvres iroquois contemporains. Les données suivantes sont fournies pour chaque objet: marque, nom, provenance, dates relatives à l'orfèvre si elles sont connues, dimensions et collection. Bibliographie. Index des orfèvres, des groupes culturels, des lieux, des objets, etc. dont il est question dans l'essai. Publié aussi en français sous le titre: *La chaîne d'alliance : l'orfèvrerie de traite et de cérémonie chez les Indiens : une exposition itinérante du Musée national de l'Homme.* NK7113 739.23771

2539

Derome, Robert. – *Les orfèvres de Nouvelle-France : inventaire descriptif des sources.* – Ottawa : Galerie nationale du Canada, 1974. – x, 242, [2] p. : ill. – 0888842546

Biographical information on approximately 60 silversmiths of New France, gathered from archival resources such as parish registers and notaries' records as well as published sources. Alphabetically arranged by name of silversmith. Events in the life of each are chronologically arranged. References to sources of information are included in each entry. Photographs of silversmiths' marks. Bibliography. Index of names and marks. NK7113 A3 N483 739.237714

Données biographiques sur environ 60 orfèvres de la Nouvelle-France tirées de sources d'archives comme les registres paroissiaux et les actes notariés, ainsi que de sources publiées. Classement alphabétique par noms d'orfèvres. Les événements de la vie de chacun sont classés en ordre chronologique. Chaque notice contient des références aux sources. Photographies des marques des orfèvres. Bibliographie. Index des noms et des marques. NK7113 A3 N483 739.237714

2540

Detroit Institute of Arts. – *Quebec and related silver at the Detroit Institute of Arts.* – By Ross Allan C. Fox. – Detroit : Published for Founders Society, Detroit Institute of Arts, by Wayne State University Press, 1978. – 174 p. : ill. – 0814315755

A catalogue of the collection of Quebec silver held by the Detroit Institute of Arts. Most pieces date from the eighteenth or nineteenth centuries. An introductory essay discusses the role of silver in Quebec society, Quebec silversmiths and stylistic sources for Quebec silver. The catalogue is alphabetically arranged by name of silversmith. Biographies provided. Black and white photographs of 47 pieces from the collection accompanied by information on approximate date of object, dimensions, mark, condition, provenance, references to other sources which discuss the piece, exhibitions, method of acquisition, detailed physical description and a brief essay on use, construction techniques, material, style, etc. Appendices: essay on silver in estate inventories; elemental analysis of pieces listed in catalogue. Bibliography. Glossary. Index of silversmiths, etc. NK7113 A3 Q33 739.23771407477434

Catalogue de la collection d'objets québécois en argent qui se trouvent au Detroit Institute of Arts. La plupart des pièces datent des dix-huitième et dix-neuvième siècles. Un essai de présentation discute du rôle des objets en argent dans la société québécoise, des orfèvres québécois et de l'origine des styles d'orfèvrerie au Québec. Classement alphabétique par noms d'orfèvres. Des biographies sont fournies. Les photographies en noir et blanc de 47 objets sont accompagnées des données suivantes: date approximative de fabrication, dimensions, marque, état, provenance, références à d'autres sources qui portent sur l'objet, expositions, mode d'acquisition, description matérielle détaillée et court essai sur l'usage, les techniques de construction, le matériau, le style, etc. Annexes: essai sur les objets en argent dans les inventaires de successions; analyse élémentaire des pièces qui figurent dans le catalogue. Bibliographie. Glossaire. Index des orfèvres, etc. NK7113 A3 Q33 739.23771407477434

2541

Langdon, John E. [John Emerson]. – *American silversmiths in British North America, 1776-1800.* – [Lunenburg, Vt.] : Stinehour Press, 1970. – 82 p.

A study of American silversmiths and allied craftsmen who migrated to British North America during the period from 1776 to 1800. Includes an introductory history and biographies of 39 silversmiths. References to sources consulted for each biography. Bibliography. NK7111 L3 739.2372

Étude des orfèvres américains et des artisans associés qui ont émigré en Amérique du Nord britannique entre 1776 et 1800. Inclut un historique en guise d'introduction et les biographies de 39 orfèvres. Références aux sources consultées pour chaque biographie. Bibliographie. NK7111 L3 739.2372

2542

Langdon, John Emerson. – *Canadian silversmiths & their marks, 1667-1867*. – Lunenburgh (Vt.) : Stinehour Press, c1960. – 190 p., [38] p. of plates : ill., facsim.

A study of silversmiths working in Quebec, Nova Scotia, New Brunswick and Ontario during the period from 1667 to 1867. Includes essays on the history of silversmithing in these provinces and alphabetically arranged lists of silversmiths. Biographical entries may include birth and death dates, location of business, information on commissions and an illustration of the silversmith's mark. Black and white photographs of works. Appendices: Hendery & Leslie punchmarks; essay on marking of Canadian silver; notes on several Canadian marks; essay on forms of Canadian silver. Bibliography. Index of silversmiths.   NK7113 L3   739.2372

Étude des orfèvres qui travaillaient au Québec, en Nouvelle-Écosse, au Nouveau-Brunswick et en Ontario entre 1667 et 1867. Inclut des essais sur l'histoire de l'orfèvrerie dans ces provinces et les listes alphabétiques des orfèvres. Les notices biographiques peuvent comprendre les dates de naissance et de décès de l'orfèvre, son lieu d'affaires, des données sur les commandes et une illustration de sa marque. Photographies d'oeuvres en noir et blanc. Annexes: marques au poinçon de Hendery & Leslie; essai sur les marques d'orfèvrerie canadienne; notes sur plusieurs marques canadiennes; essais sur les formes d'orfèvrerie canadienne. Bibliographie. Index des orfèvres.   NK7113 L3   739.2372

2543

Langdon, John E. [John Emerson]. – *Canadian silversmiths, 1700-1900*. – [Lunenburg, Vt.] : Stinehour Press, 1966. – xx, 249 p. : ill., ports.

An alphabetically arranged list of Canadian silversmiths active during the period from 1700 to 1900. Includes an essay on the use, forms, styles, marking and identification of silver and Indian trade silver. Provides additional information on silversmiths already listed in *Canadian silversmiths & their marks, 1667-1867* and new information on those active between 1867 and 1900. 75 black and white plates of silver objects and portraits of silversmiths. Appendices: date-letters used on silver made by Henry Birks & Sons; punchmarks of dealers for whom silver was made by Robert Hendery and Hendery & Leslie; key to punchmarks in Appendix II; imitation hallmarks used on silver made by Robert Hendery and Hendery & Leslie. Index of silversmiths, forms and styles of silver, etc., mentioned in essay.   NK7113 L33 fol.   739.2372

Liste alphabétique des orfèvres canadiens actifs entre 1700 et 1900. Inclut un essai sur l'usage, les formes, les styles, les marques et l'identification de l'orfèvrerie et de l'orfèvrerie de traite avec les Amérindiens. Donne des renseignements supplémentaires sur les orfèvres qui figuraient déjà dans *Canadian silversmiths & their marks, 1667-1867*, ainsi que de nouveaux renseignements sur ceux qui exerçaient leurs activités entre 1867 et 1900. Contient 75 planches en noir et blanc qui illustrent des objets en argent et présentent les portraits d'orfèvres. Annexes: dates et lettres utilisées sur l'orfèvrerie d'Henry Birks & Sons; marques au poinçon des négociants pour qui Robert Hendery et Hendery & Leslie fabriquaient de l'orfèvrerie; clé des marques au poinçon de l'annexe II; imitation de marques faites sur l'orfèvrerie de Robert Hendery et Hendery & Leslie. Index des orfèvres, des formes et des styles d'orfèvrerie, etc. mentionnés dans l'essai.   NK7113 L33 fol.   739.2372

2544

Langdon, John [John Emerson]. – *Guide to marks on early Canadian silver, 18th and 19th centuries*. – Toronto : Ryerson Press, [c1968]. – viii, 104 p. : ill. – 0770002447

Includes all marks found in *Canadian silversmiths & their marks, 1667-1867* and *Canadian silversmiths, 1700-1900*, as well as additional research up to October 1968. Alphabetically arranged by name of silversmith. Supplement: Robert Hendery and Hendery & Leslie punchmarks.   NK7210 L3   739.230278

Inclut toutes les marques qui se trouvent dans *Canadian silversmiths & their marks, 1667-1867* et dans *Canadian silversmiths, 1700-1900*, ainsi que d'autres marques découvertes jusqu'en octobre 1968. Classement alphabétique par noms d'orfèvres. Supplément: marques au poinçon de Robert Hendery et de Hendery & Leslie.   NK7210 L3 739.230278

2545

Mackay, Donald C. – *Silversmiths and related craftsmen of the Atlantic Provinces*. – Halifax : Petheric Press, 1973. – vi, 133 p., [50] p. of plates : ill. – 0919380131 (bd.) 0919380263 (pa.)

Biographical notes on silversmiths and related artisans such as goldsmiths, clockmakers, jewellers, etc., active in each of the Atlantic Provinces during the eighteenth through twentieth centuries. Arranged by province and alphabetically by name of artisan. Some marks reproduced with biographies. Introductory essays on the history of silver and goldsmithing in each province. Black and white photographs of works with notes on date, dimensions and name and location of silversmith. Bibliography. Glossary.   NK7113 M325 fol. 739.2372

Notes biographiques sur les orfèvres et les artisans associés comme les horlogers, les bijoutiers, etc. qui ont exercé leurs activités dans les provinces de l'Atlantique aux dix-huitième, dix-neuvième et vingtième siècles. Classement par provinces subdivisées selon l'ordre alphabétique des noms d'artisans. Certaines marques sont reproduites avec les biographies. Essais de présentation sur l'histoire de l'orfèvrerie dans chaque province. Photographies en noir et blanc avec date de fabrication de l'objet, dimensions, nom et lieu de travail de l'orfèvre. Bibliographie. Glossaire.   NK7113 M325 fol.   739.2372

2546

***The medium is metal*. –** (1978)-   . – [Mississauga, Ont.] : Metal Arts Guild, 1978-   . – vol. : ill.

Annual. The catalogue of a juried exhibition of works in metal by Canadian artists, organized by the Metal Arts Guild. Includes jewellery, holloware, enamel work and other art objects. Black and white photographs of pieces with name and location of artist, title or type of object, medium, dimensions and date. Slide kits are available from the Ontario Crafts Council, Craft Resource Centre, for the 1978, 1981-1990 exhibitions.   NK6413 M43 739.0971074713

Annuel. Catalogue d'une exposition avec jury regroupant des oeuvres en métal réalisées par des artistes canadiens et organisée par la Metal Arts Guild. Inclut des bijoux, des plats de service, des ouvrages émaillés et d'autres objets d'art. Photographies en noir et blanc avec nom et lieu de travail de l'artiste, titre de l'oeuvre ou type d'objet, médium, dimensions et date. Des jeux de diapositives sur les expositions de 1978 et 1981-1990 peuvent être obtenus au Craft Resource Centre du Ontario Crafts Council.   NK6413 M43 739.0971074713

2547

Piers, Harry. – *Master goldsmiths and silversmiths of Nova Scotia and their marks.* – By Harry Piers ; compiled from unfinished MS. and notes (written between 1935-1940), with introd. and ill., by Una B. Thomson and A. Matilda Strachan ; supplement and drawings by Donald C. Mackay. – Halifax : Antiquarian Club, 1948. – 161 p. : ill., ports.

Biographies of Nova Scotia gold and silversmiths, most of whom were active during the eighteenth and nineteenth centuries. Numerous photographs of their works and marks. Supplement by Donald C. Mackay includes table of marks and additional information on silversmiths. Silversmith and illustration indexes. NK7113 P5   739.2092

Biographies d'orfèvres de la Nouvelle-Écosse qui pour la plupart ont exercé leurs activités au dix-huitième ou au dix-neuvième siècles. Nombreuses photographies de leurs oeuvres et de leurs marques. Le supplément rédigé par Donald C. Mackay inclut un tableau des marques, ainsi que des renseignements supplémentaires sur les orfèvres. Index des orfèvres et index des illustrations.   NK7113 P5   739.2092

2548

Shenstone, Douglas A. – *For the love of pewter : pewterers of Canada.* – 1st ed. – Toronto : Douglas A. Shenstone, 1990. – 86 p. : ill. – 0969450508

Examines the art of pewtering in Canada. Introductory essays on the history of pewtering, the medium and methods of working pewter. 29 entries for Canadian pewterers which discuss their development in the art, subject matter and techniques used. Pewter marks illustrated for some artists. Black and white photographs of one work by each pewterer with notes on technique and dimensions. Bibliography.   NK8415 C3 S54 1990   739.533092271

Étude de l'art du travail de l'étain au Canada. Essais de présentation sur l'histoire du travail de l'étain, sur ce médium et sur les méthodes de travail. Les 29 notices sur des artistes canadiens qui travaillent l'étain discutent de leur évolution artistique, du sujet traité et des techniques utilisées. Dans le cas de certains artistes, les marques faites sur les oeuvres en étain sont illustrées. Photographie en noir et blanc d'une oeuvre de chaque artiste avec notes sur la technique et les dimensions. Bibliographie.   NK8415 C3 S54 1990 739.533092271

2549

Spalding, Jeffrey J. – *Silversmithing in Canadian history.* – Calgary : Glenbow-Alberta Institute, c1979. – 71 p. : ill. (some col.). – 0919224083

A study of silverwork in Canada based on pieces from the Henry G. Birks Collection. Examines religious silver of New France and English Canada, Indian trade silver, domestic, and presentation silver. The text is illustrated with black and white and some colour photographs of pieces with notes on name, location and dates of silversmith if known, type of object, medium and dimensions. Appendices: essays on Native silversmiths and marking of Canadian silver. Bibliography.   NK7113 S63 1979   739.23771

Étude de l'orfèvrerie au Canada fondée sur des pièces de la collection Henry G. Birks. Examine l'orfèvrerie religieuse en Nouvelle-France et au Canada anglais, l'orfèvrerie de traite avec les Amérindiens, l'orfèvrerie domestique et l'orfèvrerie de présentation. Le texte est illustré au moyen de photographies en noir et blanc et de quelques photographies en couleurs accompagnées des données suivantes: nom, lieu de travail de l'orfèvre et dates pertinentes, s'il est connu, type d'objet, médium et dimensions. Annexes: essais sur les orfèvres autochtones et sur les marques sur l'orfèvrerie canadienne. Bibliographie.   NK7113 S63 1979   739.23771

2550

Traquair, Ramsay. – *The old silver of Quebec.* – Toronto : Macmillan Co. of Canada, 1940. – xi, 169 p. : ill.

A history of silverworking in Quebec during the seventeenth through nineteenth centuries. Includes a chronologically arranged list of Quebec silversmiths with biographical notes. An alphabetically arranged list follows. Table of marks used on Quebec silver. List of marks used by Hendery & Leslie between 1840 and 1898. Also includes chapters on French, American and English silver in Quebec, Indian trade silver, pewter and spoons and forks. Notes on old silver held in Quebec collections. Black and white photographs of works with notes on dimensions, mark, name, location and dates of silversmith. Index of silversmiths, places, marks, objects, etc. Reprinted, 1973.   NK7113 T7 1940   739.237714

Histoire de l'orfèvrerie au Québec du dix-septième au dix-neuvième siècles. Inclut une liste chronologique des orfèvres québécois avec notes biographiques, suivie d'une liste alphabétique. Tableau des marques faites sur l'orfèvrerie québécoise. Liste des marques utilisées par Hendery & Leslie entre 1840 et 1898. Comprend aussi des chapitres sur l'orfèvrerie française, américaine et anglaise au Québec, l'orfèvrerie de traite avec les Amérindiens, les objets en étain et la coutellerie. Notes sur les objets anciens en argent qui font partie de collections du Québec. Photographies en noir et blanc des oeuvres avec les données suivantes: dimensions, marque, nom et lieu de travail de l'orfèvre et dates pertinentes. Index des orfèvres, des lieux, marques, des objets, etc. Réimprimé, 1973.   NK7113 T7 1940 739.237714

2551

Trudel, Jean. – *L'orfèvrerie en Nouvelle-France.* – [Ottawa : Galerie nationale du Canada, 1974]. – vii, 239 p. : ill. – 0888842554

The catalogue of an exhibition of silverwork from New France organized by the National Gallery of Canada in 1974. Introductory essays on the history of French silver used in New France and of silver produced in New France. 162 black and white photographs of works exhibited. Arranged in two sections for silver from France and from New France, each of which is arranged alphabetically by name of silversmith. Notes on each piece include location and dates of silversmith, provenance and approximate date of work, dimensions, inscription, mark, references to other sources which discuss the piece and collection. Glossary. Bibliography. Indexes of silversmiths and

Catalogue d'une exposition d'orfèvrerie de la Nouvelle-France organisée par la Galerie nationale du Canada en 1974. Essais de présentation sur l'histoire de l'orfèvrerie française utilisée en Nouvelle-France et sur l'orfèvrerie produite en Nouvelle-France. Contient 162 photographies en noir et blanc des oeuvres exposées. Classement en deux sections sur l'orfèvrerie de la France et de la Nouvelle-France subdivisées selon l'ordre alphabétique des noms d'orfèvres. Les données fournies pour chaque pièce comprennent le lieu de travail de l'orfèvre et les dates pertinentes, la provenance, la date approximative de fabrication de l'objet, les dimensions, l'ins-

works exhibited. Also published in English under the title: *Silver in New France*. Slide set available for purchase by museums and educational institutions from the National Gallery of Canada. NK7113   739.237714

cription, la marque, les références à d'autres sources qui discutent de la pièce et de la collection. Glossaire. Bibliographie. Index des orfèvres et index des oeuvres exposées. Publié aussi en anglais sous le titre: *Silver in New France*. Les musées et les établissements d'enseignement peuvent acheter un jeu de diapositives en s'adressant à la Galerie nationale du Canada (aujourd'hui le Musée des beaux-arts du Canada).   NK7113   739.237714

2552
Trudel, Jean. – *Silver in New France.* – Ottawa : National Gallery of Canada, for the Corporation of the National Museums of Canada, 1974. – vii, 237 p. : ill. – 0888842562

The catalogue of an exhibition of silverwork from New France organized by the National Gallery of Canada in 1974. Introductory essays on the history of French silver used in New France and of silver produced in New France. 162 black and white photographs of works exhibited. Arranged in two sections for silver from France and from New France, each of which is arranged alphabetically by name of silversmith. Notes on each piece include location and dates of silversmith, provenance and approximate date of work, dimensions, inscription, mark, references to other sources which discuss the piece and collection. Glossary. Bibliography. Indexes of silversmiths and works exhibited. Also published in French under the title: *L'orfèvrerie en Nouvelle-France*. Slide set available for purchase by museums and educational institutions from the National Gallery of Canada.   NK7113 A3 N48714 fol.   739.237714

Catalogue d'une exposition d'orfèvrerie de la Nouvelle-France organisée par la Galerie nationale du Canada en 1974. Essais de présentation sur l'histoire de l'orfèvrerie française utilisée en Nouvelle-France et sur l'orfèvrerie produite en Nouvelle-France. Contient 162 photographies en noir et blanc des oeuvres exposées. Classement en deux sections sur l'orfèvrerie de la France et de la Nouvelle-France subdivisées selon l'ordre alphabétique des noms d'orfèvres. Les données fournies pour chaque pièce comprennent le lieu de travail de l'orfèvre et les dates pertinentes, la provenance, la date approximative de fabrication de l'objet, les dimensions, l'inscription, la marque, les références à d'autres sources qui discutent de la pièce et de la collection. Glossaire. Bibliographie. Index des orfèvres et index des oeuvres exposées. Publié aussi en français sous le titre: *L'orfèvrerie en Nouvelle-France*. Les musées et les établissements d'enseignement peuvent acheter un jeu de diapositives en s'adressant à la Galerie nationale du Canada (aujourd'hui le Musée des beaux-arts du Canada).   NK7113 A3 N48714 fol.   739.237714

2553
Unitt, Doris [Joyce]. – *Canadian silver, silver plate and related glass.* – Doris and Peter Unitt. – Peterborough (Ont.) : Clock House, c1970. – 256 p. : ill., ports.

Focusses on the silverwork of the period after the development of silverplating. Includes information on silverplating companies, silversmiths, merchants, manufacturers and jewellers. Numerous black and white illustrations of religious silverware, cutlery, napkin rings, ice pitchers, tea services and related glassware. List of glass factories in Canada. Glossary. Bibliography. Index of silversmiths, merchants and manufacturers, arranged by province: New Brunswick, Nova Scotia, Ontario, Quebec.   NK7111 U5 fol. 739.23771

Porte principalement sur l'orfèvrerie de la période qui a suivi le développement de la technique de l'argenture. Inclut des données sur les compagnies, les orfèvres, les marchands, les fabricants et les bijoutiers qui ont appliqué la technique de l'argenture. Nombreuses illustrations en noir et blanc d'orfèvrerie religieuse, de coutellerie, d'anneaux à serviettes de table, de pichets, de services à thé et des verreries qui s'y rapportent. Liste des fabricants de verreries du Canada. Glossaire. Bibliographie. Index des orfèvres, des marchands et des fabricants classés par provinces: Nouveau-Brunswick, Nouvelle-Écosse, Ontario, Québec.   NK7111 U5 fol.   739.23771

Numismatics

Bibliographies and Catalogues

Numismatique

Bibliographies et catalogues

2554
Canadian Numismatic Association. – *Library catalogue.* – Stayner (Ont.) : Canadian Numismatic Association, 1976. – [2], 70 p. – Cover title.

A catalogue of the library of the Canadian Numismatic Association which includes works on international numismatics. Arranged in parts for coins, exonumia such as tokens and medals, paper money and banking, periodicals and auctions catalogues. Subarranged by subject and/or country. Author index.   Z6870 C35   016.737

Catalogue de la bibliothèque de la Canadian Numismatic Association qui inclut des ouvrages de numismatique internationale. Classement en sections: les pièces de monnaie, les autres types de pièces comme les jetons et les médailles, le papier-monnaie et les effets de banque, les périodiques et les catalogues de vente aux enchères. Dans chaque section, classement par sujets et (ou) par pays. Index des auteurs.   Z6870 C35   016.737

2555
The Canadian numismatic journal. – Vol. 22, no. 2 (Feb. 1977)-vol. 22, no. 10 (Nov. 1977). – [Barrie] : Canadian Numismatic Association, 1977. – 9 no.

A bibliography of Canadian numismatics compiled by Robert C. Willey was published in parts in *The Canadian numismatics journal* during 1977. It includes books, pamphlets and periodical articles on

L'ouvrage intitulé *A bibliography of Canadian numismatics* compilé par Robert C. Willey a été publié en plusieurs parties dans *The Canadian numismatics journal* en 1977. Inclut des livres, des

Canadian coins, tokens and paper money. Alphabetically arranged by name of author. Vol. 22, no. 2 (Feb. 1977) P. 55-66, A-Bowman; vol. 22, no. 3 (Mar. 1977) P. 110-120, Bowman-E; vol. 22, no. 4 (Apr. 1977) P. 154-169, F-H; vol. 22, no. 5 (May 1977) P. 222-224, I-Koper; vol. 22, no. 6 (June 1977) P. 269-278, Krause-Palmer; vol. 22, no. 7 (July/Aug. 1977) P. 323-325, Palmer-Purdy; vol. 22, no. 8 (Sept. 1977) P. 363-373, R-S; vol. 22, no. 9 (Oct. 1977) P. 398-405, T-Z; vol. 22, no. 10 (Nov. 1977) P. 458-465, Anonymous. Replaces: Bowman, Fred, *A bibliography of Canadian numismatics* [Ottawa : Canadian Numismatic Association, 1954]. Z6869 016.737

brochures et des articles de périodiques sur les pièces de monnaie, les jetons et le papier-monnaie du Canada. Classement alphabétique par noms d'auteurs. Vol. 22, nº 2 (févr. 1977) P. 55-66, A-Bowman; vol. 22, nº 3 (mars 1977) P. 110-120, Bowman-E; vol. 22, nº 4 (avril 1977) P. 154-169, F-H; vol. 22, nº 5 (mai 1977) P. 222-224, I-Koper; vol. 22, nº 6 (juin 1977) P. 269-278, Krause-Palmer; vol. 22, nº 7 (juill./août 1977) P. 323-325, Palmer-Purdy; vol. 22, nº 8 (sept. 1977) P. 363-373, R-S; vol. 22, nº 9 (oct. 1977) P. 398-405, T-Z; vol. 22, nº 10 (nov. 1977) P. 458-465, ouvrages anonymes. Remplace: Bowman, Fred, *A bibliography of Canadian numismatics* [Ottawa : Canadian Numismatic Association, 1954]. Z6869 016.737

Biographies

Biographies

2556
Bowman, Fred. – *Collectors of Canadian coins of the past.* – [Richmond, B.C.] : Canadian Numismatic Research Society, 1972. – 39 p., [2] leaves of plates : ports.

Approximately 150 brief biographies of collectors of Canadian coins. Alphabetically arranged. Eighteen portraits. CJ61 B6 fol. 737.0922

Environ 150 courtes biographies de collectionneurs de pièces de monnaie canadienne. Classement alphabétique. Dix-huit portraits. CJ61 B6 fol. 737.0922

Catalogues

Catalogues

2557
Breton, P. N. [Pierre Napoléon]. – *Histoire illustrée des monnaies et jetons du Canada* = *Illustrated history of coins and tokens relating to Canada.* – Montreal : P.N. Breton, 1894. – [240] p. : ill., carte, plans, portr. – 0919909027 (Réimpression)

A bilingual catalogue of coins, tokens and paper money of Canada. Includes the currency of the French Regime, the pre-Confederation provinces and the Dominion of Canada. Black and white illustrations are accompanied by date, historical notes and rarity factor. List of paper-money issues. Biographies and portraits of principal Canadian collectors. Reproduced in microform format: *CIHM/ICMH microfiche series*, no. 00242. Reprinted in an abridged edition: Ottawa : R. Paul Nadin-Davis Numismatic Service, 1983. CJ1866 B7 1983 fol. 737.0971

Catalogue bilingue des pièces de monnaie, des jetons et du papier-monnaie du Canada. Inclut la monnaie du Régime français, celle des provinces avant la Confédération et celle du Dominion du Canada. Les illustrations en noir et blanc sont accompagnées de la date, de notes historiques et d'un facteur de rareté. Liste des émissions de papier-monnaie. Biographies et portraits des principaux collectionneurs canadiens. Reproduit sur support microforme: *CIHM/ICMH collection de microfiches*, nº 00242. Réimprimé en édition abrégée: Ottawa : R. Paul Nadin-Davis Numismatic Service, 1983. CJ1866 B7 1983 fol. 737.0971

2558
The Charlton coin guide. – 1st ed. (1961)- . – Toronto : Charlton Press, [1961]- . – vol. : ill. – 0706-0459

Annual, 1986- . A guide to dealers' buying prices for coins, tokens, medals and paper money of Canada, coins of the United States and world gold coinage. Appendices: tables of gold and silver content and bullion values of Canadian coins. Title varies: 1st ed. (1961) *Coin guide with premium list of Canadian & U.S. coins & bills*; 2nd ed. (1962)-16th ed. (1976) *Coin guide with premium list of Canadian & U.S. coins & bills & coins of Great Britain*; 17th ed. (1977) *Coin guide of Canadian, Newfoundland and Maritime coinage, tokens, paper money with premium list of U.S. coins & bills, coins of Great Britain*; 18th ed. (1978)- , *The Charlton coin guide*. Imprint varies. Also published in French under the title: *Le guide numismatique Charlton*. CJ1864 C5114 737.4971

Annuel, 1986- . Guide des prix offerts par les négociants qui achètent les pièces de monnaie, les jetons, les médailles et le papier-monnaie du Canada, les pièces de monnaie des États-Unis et les pièces d'or du monde entier. Annexes: tableaux des contenus en or et en argent et la valeur du métal précieux des pièces de monnaie canadienne. Le titre varie: 1ʳᵉ éd., (1961) *Coin guide with premium list of Canadian & U.S. coins & bills*; 2ᵉ éd. (1962)-16ᵉ éd. (1976) *Coin guide with premium list of Canadian & U.S. coins & bills & coins of Great Britain*; 17ᵉ éd. (1977) *Coin guide of Canadian, Newfoundland and Maritime coinage, tokens, paper money with premium list of U.S. coins & bills, coins of Great Britain*; 18ᵉ éd. (1978)- , *The Charlton coin guide*. L'adresse bibliographique varie. Publié aussi en français sous le titre: *Le guide numismatique Charlton*. CJ1864 C5114 737.4971

2559
The Charlton standard catalogue of Canadian bank notes. – 1st ed.- . – Toronto : Charlton Press, c1980- . – vol. : ill. – 0706-0432

Irregular. 2nd. ed., 1989. A catalogue of values for paper money issued by Canadian chartered and other banks. Alphabetically arranged by name of issuing bank. Historical notes on banks. Black and white illustrations. Brief glossary. Lists of private banks and bankers in Canada; Canadian chartered bank notes outstanding; current chartered banks in Canada; non-note issuing banks; bank mergers and amalgamations since July 1, 1867. Index of Canadian note issuing banks. Bibliography. 1st ed. issued as part of *The Charlton standard catalogue of Canadian paper money.* HG657 C45 1989 fol. 769.55971

Irrégulier. 2ᵉ éd., 1989. Catalogue qui donne la valeur du papier-monnaie émis par les banques canadiennes, à charte et autres. Classement alphabétique par noms de banques émettrices. Notes historiques sur les banques. Illustrations en noir et blanc. Court glossaire. Diverses listes: banques privées et banquiers du Canada; billets impayés de banques à charte canadiennes; banques à charte actuellement actives au Canada; banques non émettrices; fusions et absorptions par fusion des banques depuis le 1ᵉʳ juillet 1867. Index des banques émettrices. Bibliographie. 1ʳᵉ éd. publiée comme partie de *The Charlton standard catalogue of Canadian paper money.* HG657 C45 1989 fol. 769.55971

2560

The Charlton standard catalogue of Canadian coins. – (1952)- . – Toronto : Charlton Press, [1952]- . – vol. : ill. – 0706-0424

Annual. A catalogue of values for major varieties of Canadian commercial and commemorative coins. Introduction discusses the grading and manufacture of Canadian coins. Covers Canadian and pre-Confederation provincial decimal and specimen coins; foreign coins circulated in Canada; patterns, trial pieces and official fabrications; test tokens; collector coins and sets. Black and white illustrations. Tables of gold and silver content of Canadian coins; table of bullion values of Canadian silver coins. Glossary.

Title varies: (1952)-5th ed. (1957) *Catalogue of Canadian coins, tokens & fractional currency*; 6th ed. (1958)-7th ed. (1959) *Standard catalogue of Canadian & Newfoundland coins, tokens and fractional currency*; 8th ed. (1960)-26th ed. (1978) *Standard catalogue of Canadian coins, tokens and paper money*; continued in part by: 27th ed. (1979)-28th ed. (Summer 1979) *Standard catalogue of Canadian coins*; 29th ed. (Winter 1980)-30th ed. (Summer 1980) *Charlton's standard catalogue of Canadian coins*; 31st ed. (Winter 1981)- , *Charlton standard catalogue of Canadian coins*. Imprint varies.

The 1952 and 1988 coin catalogues were included in a special 36th anniversary edition entitled: *The Charlton standard catalogue of Canadian coins, tokens and paper money* (Toronto : Charlton Press, c1988). CJ1861 S82 737.4971

Annuel. Catalogue qui donne la valeur des principales sortes de pièces commerciales et commémoratives du Canada. L'introduction discute de l'évaluation et de la fabrication des pièces canadiennes. Porte sur les sujets suivants: les pièces décimales et spécimens du Canada et des provinces avant la Confédération; les pièces étrangères mises en circulation au Canada; les modèles, les pièces d'essai et les pièces officielles; les jetons d'essai; les pièces numismatiques et les jeux de pièces destinés aux collectionneurs. Illustrations en noir et blanc. Tableaux des contenus en or et en argent des pièces canadiennes; tableau de la valeur du métal précieux des pièces en argent canadiennes. Glossaire.

Le titre varie: (1952)-5e éd. (1957) *Catalogue of Canadian coins, tokens & fractional currency*; 6e éd. (1958)-7e éd. (1959) *Standard catalogue of Canadian & Newfoundland coins, tokens and fractional currency*; 8e éd. (1960)-26e éd. (1978) *Standard catalogue of Canadian coins, tokens and paper money*; suivi en partie par: 27e éd. (1979)-28e éd. (été 1979) *Standard catalogue of Canadian coins*; 29e éd. (hiver 1980)-30e éd. (été 1980) *Charlton's standard catalogue of Canadian coins*; 31e éd. (hiver 1981)- , *Charlton standard catalogue of Canadian coins*. L'adresse bibliographique varie.

À l'occasion du 36e anniversaire, les catalogues de pièces de 1952 et de 1988 ont été inclus dans une édition spéciale intitulée: *The Charlton standard catalogue of Canadian coins, tokens and paper money* (Toronto : Charlton Press, c1988). CJ1861 S82 737.4971

2561

The Charlton standard catalogue of Canadian colonial tokens. – 1st ed. (1988)- . – Toronto : Charlton Press, c1988- . – vol. : ill. – 0835-748X

Biennial. A catalogue of values for tokens in use or issued in British North America during the period 1794 through 1867. Includes tokens used for general circulation to alleviate shortages of official coinage. Excludes private business cards, trade and transportation tokens. Covers the tokens of each of the colonial provinces and certain other types of tokens such as Wellington and Blacksmith. Black and white illustrations. Cross-reference chart of Breton, Courteau, Willey and Charlton catalogue numbers. The 1st ed. (1988) of this catalogue was included in a special 36th anniversary edition entitled: *The Charlton standard catalogue of Canadian coins, tokens and paper money* (Toronto : Charlton Press, c1988).

Tokens were previously listed in the following Charlton publications: (1952)-5th ed. (1957) *Catalogue of Canadian coins, tokens & fractional currency*; 6th ed. (1958)-7th ed. (1959) *Standard catalogue of Canadian & Newfoundland coins, tokens and fractional currency*; 8th ed. (1960)-26th ed. (1978) *Standard catalogue of Canadian coins, tokens and paper money*. CJ4911 C42 737.30971

Biennal. Catalogue qui donne les valeurs des jetons utilisés ou émis en Amérique du Nord britannique entre 1794 et 1867. Inclut des jetons mis en circulation pour compenser le manque de pièces de monnaie officielle. Exclut les cartes d'affaires, les jetons commerciaux et de transport. Porte sur les jetons de chacune des provinces coloniales et sur certains autres types de jetons comme les Wellington et les Blacksmith. Illustrations en noir et blanc. Tableau de renvoi aux numéros des catalogues Breton, Courteau, Willey et Charlton. La 1re éd. (1988) de ce catalogue a été incluse dans une édition spéciale publiée à l'occasion du 36e anniversaire et intitulée: *The Charlton standard catalogue of Canadian coins, tokens and paper money* (Toronto : Charlton Press, c1988).

La liste des jetons se trouvait auparavant dans les publications Charlton suivantes: (1952)-5e éd. (1957) *Catalogue of Canadian coins, tokens & fractional currency*; 6e éd. (1958)-7e éd. (1959) *Standard catalogue of Canadian & Newfoundland coins, tokens and fractional currency*; 8e éd. (1960)-26e éd. (1978) *Standard catalogue of Canadian coins, tokens and paper money*. CJ4911 C42 737.30971

2562

The Charlton standard catalogue of Canadian government paper money. – Toronto : Charlton Press, c1984- . – vol. : ill. – 0835-3573

Annual. A catalogue of values for Canadian government paper money. An introduction discusses the history of its issuance in Canada and the grading of paper money. Includes a brief glossary. The catalogue covers issues of the French Regime; army bills; pre-Confederation provincial issues; municipal issues; Dominion of Canada and Bank of Canada issues; special serial numbers; paper money errors. Black and white illustrations. Continues in part: *The Charlton standard catalogue of Canadian paper money* (Toronto : Charlton Press, c1980). The 2nd ed. (1987) of the catalogue of government paper money was included in a special 36th anniversary edition entitled: *The Charlton standard catalogue of Canadian coins, tokens and paper money* (Toronto : Charlton Press, c1988).

Paper money was previously listed in the following Charlton publications: (1952)-5th ed., (1957) *Catalogue of Canadian coins, tokens & fractional money*; 6th ed. (1958)-7th ed.(1959) *Standard catalogue*

Annuel. Catalogue qui donne la valeur du papier-monnaie émis par le gouvernement canadien. L'introduction porte sur l'histoire de l'émission de papier-monnaie au Canada et sur l'évaluation de celui-ci. Inclut un court glossaire. Le catalogue englobe le papier-monnaie émis sous le Régime français, les billets de l'armée, le papier-monnaie émis par les provinces avant la Confédération, par les municipalités, par le Dominion du Canada et par la Banque du Canada, les numéros de série spéciaux et les erreurs sur le papier-monnaie. Illustrations en noir et blanc. Continue en partie: *The Charlton standard catalogue of Canadian paper money* (Toronto : Charlton Press, c1980). La 2e éd. (1987) du catalogue sur le papier-monnaie du gouvernement a été incluse dans une édition spéciale publiée à l'occasion du 36e anniversaire et intitulée: *The Charlton standard catalogue of Canadian coins, tokens and paper money* (Toronto : Charlton Press, c1988).

of Canadian & Newfoundland coins, tokens and fractional currency;
8th ed. (1960)-26th ed. (1978) *Standard catalogue of coins, tokens and paper money.* CJ1861 S83 769.55971

Le papier-monnaie figurait auparavant dans les publications Charlton suivantes: (1952)-5ᵉ éd., (1957) *Catalogue of Canadian coins, tokens & fractional money;* 6ᵉ éd. (1958)-7ᵉ éd.(1959) *Standard catalogue of Canadian & Newfoundland coins, tokens and fractional currency;* 8ᵉ éd. (1960)-26ᵉ éd. (1978) *Standard catalogue of coins, tokens and paper money.* CJ1861 S83 769.55971

2563

Côté, Jean-Guy. – *The CTD pocket guide : Canadian trade dollars.* – 1st ed. (1982) [i.e. 1981]- . – Toronto : Micro-Art Unlimited, c1981- . – vol. – 0713-813X

Annual. A price guide to Canadian trade dollars and notes. Alphabetically arranged by place of issue. Descriptions of tokens include date of issue, design, denomination, name of mint, material, quantity minted and estimated price. List of trade dollar dealers and associations. CJ1864 C78 737.30971

Annuel. Guide des prix offerts pour les coupons et les billets commerciaux canadiens. Classement alphabétique par lieux d'émission. La description des jetons comprend la date d'émission, le dessin, la dénomination, le nom de la fabrique, le matériau, la quantité émise et la prime approximative. Liste des négociants et des associations qui s'occupent de coupons. CJ1864 C78 737.30971

2564

Le guide numismatique Charlton. – 12ᵉ éd. (1972)- . – Toronto : Charlton Press, [1972]- . – vol. : ill. – 0706-0467

Irregular. Latest ed., 1986. A guide to dealers' buying prices for coins, tokens, medals and paper money of Canada, coins of the United States and world gold coinage. Appendices: tables of gold and silver content and bullion values of Canadian coins. Edition numbering follows that of the English edition. Title varies: 12th ed. (1972)-13th ed. (1973) *Guide et liste de valeur-prime de monnaies et billets du Canada et des E.-U. et des pièces de monnaie de Grande-Bretagne;* 15th ed. (1975)-16th ed. (1976) *Guide numismatique avec liste des primes pour les pièces de monnaies et billets de banque canadiens et américains ainsi que les pièces de monnaie de Grande-Bretagne;* 18th ed. (1978)- , *Le guide numismatique Charlton.* Imprint varies. Also published in English under the title: *The Charlton coin guide.* CJ1864 C516 737.49710294

Irrégulier. Dernière édition, 1986. Guide des prix offerts par les négociants qui achètent les pièces de monnaie, les jetons, les médailles et le papier-monnaie du Canada, les pièces de monnaie des États-Unis et les pièces d'or du monde entier. Annexes: tableaux des contenus en or, en argent et la valeur du métal précieux des pièces de monnaie canadienne. La numérotation des éditions françaises suit celle des éditions anglaises. Le titre varie: 12ᵉ éd. (1972)-13ᵉ éd. (1973) *Guide et liste de valeur-prime de monnaies et billets du Canada et des E.-U. et des pièces de monnaie de Grande-Bretagne;* 15ᵉ éd. (1975)-16ᵉ éd. (1976) *Guide numismatique avec liste des primes pour les pièces de monnaies et billets de banque canadiens et américains ainsi que les pièces de monnaie de Grande-Bretagne;* 18ᵉ éd. (1978)- , *Le guide numismatique Charlton.* L'adresse bibliographique varie. Publié aussi en anglais sous le titre: *The Charlton coin guide.* CJ1864 C516 737.49710294

2565

Guide officiel des monnaies canadiennes. – (1986)- . – Toronto : Unitrade Press, c1985- . – vol. : ill. – 0832-5308

Biennial?. Prices for coins, tokens and paper money of Canada and the provinces and for American coins. Arrangement: Canadian decimal coins, gold coins, pre-Confederation provincial coins, British North American tokens, commemorative medals, Canadian paper money, American coins. Glossary. Also published in English under the title: *Official Canadian coin guide.* CJ1864 G84 737.49710294

Biennal?. Prix offerts pour les pièces de monnaie, les jetons et le papier-monnaie du Canada et des provinces, ainsi que pour les pièces de monnaie américaine. Classement: pièces de monnaie décimale canadienne, pièces d'or, pièces des provinces avant la Confédération, jetons de l'Amérique du Nord britannique, médailles commémoratives, papier-monnaie canadien, pièces de monnaie américaine. Glossaire. Publié aussi en anglais sous le titre: *Official Canadian coin guide.* CJ1864 G84 737.49710294

2566

Haxby, J. A. [James A.]. – *Catalogue des monnaies du Canada.* – Par J.A. Haxby et R.C. Willey. – 8ᵉ éd. (1988)- . – Toronto : Unitrade Press, c1987- . – vol. : ill. – 0832-5952

Annual. A catalogue of values for Canadian coins and paper money. An introduction discusses the history and manufacture of coinage in Canada, and topics such as condition, grading, rarity and value. The catalogue covers Canadian and pre-Confederation provincial decimal coinage; Canadian collectors' and bullion issues; currency of the French Regime; pre-Confederation colonial issues; trade, advertising and transportation tokens; Dominion of Canada and Bank of Canada notes. Black and white illustrations. Tables of gold and silver bullion values. Glossary. Also published in English under the title: *Coins of Canada.* 1st to 7th editions not published in French. Numbering follows that of the English edition. CJ1806 H37 737.4971

Annuel. Catalogue qui donne la valeur des pièces de monnaie et du papier-monnaie du Canada. L'introduction porte sur l'histoire et la fabrication des pièces de monnaie canadienne et sur des sujets comme l'état, l'évaluation, la rareté et la valeur de ces pièces. Le catalogue englobe ce qui suit: les pièces de monnaie décimale du Canada et celles des provinces avant la Confédération; les émissions numismatiques et en métaux précieux; la monnaie du Régime français; les pièces coloniales antérieures à la Confédération; les jetons d'échange, de publicité et de transport; les billets du Dominion du Canada et de la Banque du Canada. Illustrations en noir et blanc. Tableaux des valeurs en or et en argent. Glossaire. Publié aussi en anglais sous le titre: *Coins of Canada.* De la 1ʳᵉ à la 7ᵉ édition, celles-ci n'ont pas été publiées en français. La numérotation des éditions françaises suit celle des éditions anglaises. CJ1806 H37 737.4971

2567

Haxby, J. A. [James A.]. – *Coins of Canada.* – By J.A. Haxby and R.C. Willey. – 1st ed. (1971)- . – Toronto : Unitrade Press, c1971- . – vol. : ill. – 0827-0716

Annual. Imprint varies. A catalogue of values for Canadian coins and paper money. An introduction discusses the history and manufacture of coinage in Canada, and topics such as condition, grading, rarity and value. The catalogue covers Canadian and pre-Confederation provincial decimal coinage; Canadian collectors' and bullion issues; currency of the French Regime; pre-Confederation colonial issues; trade, advertising and transportation tokens; Dominion of Canada and Bank of Canada notes. Black and white illustrations. Tables of gold and silver bullion values. Glossary. Also published in French under the title: *Catalogue des monnaies du Canada.* CJ1806 H38 737.4971

Annuel. L'adresse bibliographique varie. Catalogue qui donne la valeur des pièces de monnaie et du papier-monnaie du Canada. L'introduction porte sur l'histoire et la fabrication des pièces de monnaie canadienne et sur des sujets comme l'état, l'évaluation, la rareté et la valeur de ces pièces. Le catalogue englobe ce qui suit: les pièces de monnaie décimale du Canada et celles des provinces avant la Confédération; les émissions précieux numismatiques et en métaux; la monnaie du Régime français; les pièces coloniales antérieures à la Confédération; les jetons d'échange, de publicité et de transport; les billets du Dominion du Canada et de la Banque du Canada. Illustrations en noir et blanc. Tableaux des valeurs en or et en argent. Glossaire. Publié aussi en français sous le titre: *Catalogue des monnaies du Canada.* CJ1806 H38 737.4971

2568

LeRoux, Joseph. – *Le médaillier du Canada = The Canadian coin cabinet.* – 2nd ed. – Montreal : [s.n.], 1892. – 301 [i.e. 444] p. : ill. – 0919909027 (Reprint)

1st ed., 1888. Suppl., 1890. A bilingual catalogue of Canadian coins, tokens and medals. Covers coins dating from 1760, from the periods of French and English domination, from the pre-Confederation provinces and post-Confederation Canada to 1892. Black and white illustrations are accompanied by a transcription of the text on the coin, a description of the device on the coin, dimensions, and a rarity factor.

First ed. reproduced in microform format: *CIHM/ICMH microfiche series*, no. 06514. Second ed. reproduced in microform format: *CIHM/ICMH microfiche series*, no. 08532. Reprint of second ed. and supplement: Winnipeg : Canadian Numismatic Publishing Institute, 1964. Second ed. and supplement reprinted in an abridged edition: Ottawa : R. Paul Nadin-Davis and Douglas Robins, 1983. Also published: Nadin-Davis, R. Paul, *Canadian medal price guide : arranged according to the work of Jos. LeRoux, M.D.* (Ottawa : R. Paul Nadin-Davis Numismatic Service, 1984). CJ1866 L5 1892 fol. 737.4971

1re éd., 1888. Supplément, 1890. Catalogue bilingue des pièces de monnaie, des jetons et des médailles du Canada. Porte sur les pièces de monnaie de diverses périodes: celles de 1760, celles des périodes de domination française et anglaise, celles des provinces avant la Confédération et celles du Canada après la Confédération, jusqu'en 1892. Les illustrations en noir et blanc sont accompagnées d'une transcription du texte inscrit sur la pièce, d'une description du motif, des dimensions et d'un facteur de rareté.

Première édition reproduite sur support microforme: *CIHM/ICMH collection de microfiches*, nº 06514. Deuxième édition reproduite sur support microforme: *CIHM/ICMH collection de microfiches*, nº 08532. Réimpression de la deuxième édition et du supplément: Winnipeg : Canadian Numismatic Publishing Institute, 1964. Deuxième édition et supplément réimprimés dans une édition abrégée: Ottawa : R. Paul Nadin-Davis et Douglas Robins, 1983. Également publié: Nadin-Davis, R. Paul, *Canadian medal price guide : arranged according to the work of Jos. LeRoux, M.D.* (Ottawa : R. Paul Nadin-Davis Numismatic Service, 1984). CJ1866 L5 1892 fol. 737.4971

2569

LeRoux, Jos. [Joseph]. – *Supplément à la deuxième édition du Médaillier du Canada = Supplement to the 2nd edition of the Canadian coin cabinet.* – Montréal : C.O. Beauchemin, [1897?]. – 8 p. – Cover title.

Reproduced in microform format: *CIHM/ICMH microfiche series*, no. 25824. Reprinted with second ed.: Winnipeg : Canadian Numismatic Publishing Institute, 1964. Reprinted with an abridged edition of the second ed.: Ottawa : R. Paul Nadin-Davis and Douglas Robins, 1983. CJ1866 L5 1897a Suppl. 737.4971

Reproduit sur support microforme: *CIHM/ICMH collection de microfiches*, nº 25824. Réimprimé avec la deuxième édition: Winnipeg : Canadian Numismatic Publishing Institute, 1964. Réimprimé avec une édition abrégée de la deuxième édition : Ottawa : R. Paul Nadin-Davis et Douglas Robins, 1983. CJ1866 L5 1897a Suppl. 737.4971

2570

McLachlan, Robert Wallace. – *Canadian numismatics : a descriptive catalogue of coins, tokens and medals issued in or relating to the Dominion of Canada and Newfoundland : with notes, giving incidents in the history of many of these coins and medals.* – Montreal : Privately printed for the author, 1886. – 127 p., [2] leaves of plates : ill. – 0889400245 (Reprint)

A catalogue of 619 Canadian coins, tokens and medals. Arranged in sections for the coinage of the French Regime and the Canadian provinces. Originally published as a series of articles in *American journal of numismatics*. Descriptions of coins include a transcription of the text on the coin, a description of the device, dimensions, rarity factor and historical notes. A few black and white illustrations. Reproduced in microform format: *CIHM/ICMH microfiche series*, no. 09447. Reprinted: Montreal : Osiris Publications, 1975. CJ1866 M2 fol. 737.0971

Catalogue de 619 pièces de monnaie, jetons et médailles du Canada. Classement par sections sur les pièces de monnaie du Régime français et sur celles des provinces canadiennes. Publié à l'origine dans le cadre d'une série d'articles du *American journal of numismatics*. La description des pièces de monnaie comprend la transcription du texte inscrit sur la pièce, une description du motif, les dimensions, le facteur de rareté et des notes historiques. Quelques illustrations en noir et blanc. Reproduit sur support microforme: *CIHM/ICMH collection de microfiches*, nº 09447. Réimprimé: Montreal : Osiris Publications, 1975. CJ1866 M2 fol. 737.0971

2571

Official Canadian coin guide. – (1984)-   . – Toronto : Unitrade Press, c1984-   . – vol. – 0826-2217

Biennial?. Prices for coins, tokens and paper money for Canada and the provinces and for American coins. Arrangement: Canadian decimal coins, gold coins, pre-Confederation provincial coins, British North American tokens, commemorative medals, Canadian paper money, American coins. Glossary. Also published in French under the title: *Guide officiel des monnaies canadiennes.* CJ1864 O4 737.49710294

Biennal?. Prix offerts pour les pièces de monnaie, les jetons et le papier-monnaie du Canada et des provinces, ainsi que pour les pièces de monnaie américaine. Classement: pièces décimales canadiennes, pièces d'or, pièces des provinces avant la Confédération, jetons de l'Amérique du Nord britannique, médailles commémoratives, papier-monnaie canadien, pièces de monnaie américaine. Glossaire. Publié aussi en français sous le titre: *Guide officiel des monnaies canadiennes.* CJ1864 O4 737.49710294

2572

Pelletier, Serge. – *Standard catalogue of Canadian municipal trade tokens and notes.* – 15th anniversary ed. – Sainte-Julie (Québec) : Éditions St-Éloi, 1993. – 1 vol. (in various pagings) : ill. – 0969707401

A catalogue of values for municipal trade tokens and notes. Two sections covering tokens and notes, each of which is arranged by province and city or town. Descriptions of tokens include: name of issuer or designer, name of mint, diameter, edge, composition and weight, photograph of obverse and reverse, number, date, metal, mintage and value of issues. Introduction in English and French. Directory of catalogue numbers. Index of places. Previous publications by the same author: *The Charlton Canadian trade dollar guide* (Toronto : Charlton Press, 1980); *Canadian municipal trade dollars pocket checklist* (Toronto : Unitrade Press, 1983); *Standard catalogue of Canadian municipal trade dollars* (Toronto : Unitrade Press, 1984). CJ4912 P44 1993   737.30971

Catalogue qui donne la valeur des jetons et des billets commerciaux des municipalités. Deux sections, l'une sur les jetons et l'autre sur les billets, classés par provinces et par villes dans chacune. La description des jetons comprend: nom de l'émetteur ou du dessinateur, nom de la fabrique, diamètre, bord, composition et poids, photographie de l'avers et du revers, numéro, date, métal, frappe et valeur. Introduction en anglais et en français. Répertoire des numéros de catalogue. Index des lieux. Publications antérieures du même auteur: *The Charlton Canadian trade dollar guide* (Toronto : Charlton Press, 1980); *Canadian municipal trade dollars pocket checklist* (Toronto : Unitrade Press, 1983); *Standard catalogue of Canadian municipal trade dollars* (Toronto : Unitrade Press, 1984). CJ4912 P44 1993   737.30971

Dictionaries

Dictionnaires

2573

The Canadian numismatic journal. – Vol. 15, no. 4 (Apr. 1970)-vol. 16, no. 12 (Dec. 1971). – [S.l.] : Canadian Numismatic Association, 1970-1971. – 10 no.

A Canadian numismatic dictionary was published in parts in *The Canadian numismatic journal* during 1970 and 1971. It defines Canadian numismatic terms and general numismatics terms as they apply to the subject in Canada. Alphabetically arranged.

Vol. 15, no. 4 (Apr. 1970) P. 107-111, part 1, Altered dates-brockage; vol. 16, no. 3 (Mar. 1971) P. 86-88, part 2, Broken bank notes-chartered bank notes; vol. 16, no. 4 (Apr. 1971) P. 120-125, part 2 cont., Chelin-dollar; vol. 15, no. 9 (Sept. 1970) P. 251-253, part 3, Dominion of Canada notes-error; vol. 16, no. 5 (May 1971) P. 158-161, part 4, Evasions-gold; vol. 16, no. 6 (June 1971) P. 191-193, part 4, cont., Golden penny-Indian chief medals; vol. 16, no.7 and 8 (July-Aug. 1971) P. 226-230, part 5, Jeton-overstrike; vol. 16, no. 9 (Sept. 1971) P. 268-269, part 5, cont., Paper money-penny; vol. 16, no. 11 (Nov. 1971) P. 338-341, part 6, St. George tokens-sovereign; vol. 16, no. 12 (Dec. 1971) P. 368-373, part 6 cont., Spanish dollar-York shilling.   CJ1865 W54   737.0971

A Canadian numismatic dictionary a été publié en sections dans *The Canadian numismatic journal* en 1970 et 1971. Ce dictionnaire contient les définitions de termes de numismatique canadienne et de termes généraux qui s'appliquent à la numismatique au Canada. Classement en ordre alphabétique.

Vol. 15, n° 4 (avril 1970) P. 107-111, partie 1, Altered dates-brockage; vol. 16, n° 3 (mars 1971) P. 86-88, partie 2, Broken bank notes-chartered bank notes; vol. 16, n° 4 (avril 1971) P. 120-125, suite de la partie 2, Chelin-dollar; vol. 15, n° 9 (sept. 1970) P. 251-253, partie 3, Dominion of Canada notes-error; vol. 16, n° 5 (mai 1971) P. 158-161, partie 4, Evasions-gold; vol. 16, n° 6 (juin 1971) P. 191-193, suite de la partie 4, Golden penny-Indian chief medals; vol. 16, n° 7 et 8 (juill.-août 1971) P. 226-230, partie 5, Jeton-overstrike; vol. 16, n° 9 (sept. 1971) P. 268-269, suite de la partie 5, Paper money-penny; vol. 16, n° 11 (nov. 1971) P. 338-341, partie 6, St. George tokens-sovereign; vol. 16, n° 12 (déc. 1971) P. 368-373, suite de la partie 6, Spanish dollar-York shilling.   CJ1865 W54   737.0971

Handbooks

Guides

2574

Marquis, Yvon. – *La monnaie canadienne : son histoire, sa collection.* – Toronto : Unitrade Press, c1985. – [10], 218, [4] p. : ill. – 091980120X

A guide to the history and collecting of Canadian currency. Covers topics such as the origins of money, the origins of Canadian money, pre-Confederation provincial issues, current and historical Canadian coins, gold coins of Canada, the manufacture, preservation and valuation of coins, paper money and tokens, and types of collections. Black and white illustrations. List of clubs and associations. Glossary. Bibliography.   CJ1866 M37 1985   737.4971

Guide sur la monnaie canadienne, son histoire et sa collection. Porte sur des sujets comme les origines de la monnaie, les origines de la monnaie canadienne, les émissions des provinces avant la Confédération, les pièces de monnaie canadienne actuelles et historiques, les pièces d'or du Canada, la fabrication, la conservation et l'évaluation des pièces de monnaie, du papier-monnaie et des jetons, et les types de collections. Illustrations en noir et blanc. Liste des clubs et des associations. Glossaire. Bibliographie.   CJ1866 M37 1985   737.4971

2575
Willey, Robert C. – *A guide to the history and collecting of coins.* – Toronto : Unitrade Press, c1990. – 95 p. : ill. – 0919801625

A guide to coin collecting for the Canadian collector. Covers topics such as buying and grading coins, building a collection, the origin of money, Canadian colonial and decimal coinages, collectors' coins, Canadian paper money, trade and communion tokens, mints. Black and white illustrations. Bibliography. Appendices: glossary; Canadian commemorative coins; rare and scarce Canadian dates; Canadian numismatic associations; public collections in Canada. CJ1866 W54 1990   737.4971

Guide sur les pièces de monnaie, destiné aux collectionneurs canadiens. Porte sur des sujets comme l'achat et l'évaluation des pièces de monnaie, la façon de monter une collection, l'origine de la monnaie, les pièces coloniales et les pièces de monnaie décimale canadienne, les pièces numismatiques, le papier-monnaie canadien, les jetons d'échange et de communion, les hôtels de la monnaie. Illustrations en noir et blanc. Bibliographie. Annexes: glossaire; pièces commémoratives canadiennes; dates des pièces rares canadiennes; associations numismatiques canadiennes; collections publiques au Canada. CJ1866 W54 1990   737.4971

History

Histoire

2576
Haxby, James A. – *La Monnaie royale canadienne et notre système monétaire : pièces à l'appui.* – [Ottawa : Monnaie royale canadienne, 1984]. – xii, 289 p. : ill. (certaines en coul.). – 0660912341

A history of the Royal Canadian Mint and of the coinage used and produced in Canada. Numerous illustrations. Appendices: chief executive officers of the Mint, 1908-1983; Canadian commemorative coins, 1935-1983; designers, engravers and modellers of Canadian coinage, 1858-1983; Canadian numismatic coin production at the Mint, 1908-1983. Subject index. Also published in English under the title: *The Royal Canadian Mint and Canadian coinage : striking impressions.*   CJ1877 H392 1984   332.4971

Histoire de la Monnaie royale canadienne, du système monétaire utilisé et des pièces de monnaie produites au Canada. Nombreuses illustrations. Appendices: directeurs exécutifs de la Monnaie, 1908-1983; monnaies commémoratives canadiennes, 1935-1983; dessinateurs, graveurs et modeleurs des pièces canadiennes, 1858-1983; production de pièces numismatiques canadiennes à la Monnaie royale, 1908-1983. Index des sujets. Publié aussi en anglais sous le titre: *The Royal Canadian Mint and Canadian coinage : striking impressions.*   CJ1877 H392 1984   332.4971

2577
Haxby, James A. – *The Royal Canadian Mint and Canadian coinage : striking impressions.* – [Ottawa : Royal Canadian Mint, 1984]. – xii, 289 p. : ill. (some col.). – 0660115638

A history of the Royal Canadian Mint and of the coinage used and produced in Canada. Numerous illustrations. Appendices: chief executive officers of the Mint, 1908-1983; Canadian commemorative coins, 1935-1983; designers, engravers and modellers of Canadian coinage, 1858-1983; Canadian numismatic coin production at the Mint, 1908-1983. Subject index. Also published in French under the title: *La Monnaie royale canadienne et notre système monétaire : pièces à l'appui.*   CJ1877 H39 1984   332.4971

Histoire de la Monnaie royale canadienne, du système monétaire utilisé et des pièces de monnaie produites au Canada. Nombreuses illustrations. Appendices: directeurs exécutifs de la Monnaie, 1908-1983; monnaies commémoratives canadiennes, 1935-1983; dessinateurs, graveurs et modeleurs des pièces canadiennes, 1858-1983; production de pièces numismatiques canadiennes à la Monnaie royale, 1908-1983. Index des sujets. Publié aussi en français sous le titre: *La Monnaie royale canadienne et notre système monétaire : pièces à l'appui.*   CJ1877 H39 1984   332.4971

Indexes

Index

2578
Bowman, Fred. – *Canadian numismatics research index.* – [S.l.] : Canadian Numismatic Research Society, 1969. – 176 p.

A subject index to the literature on Canadian numismatics. Indexes books, periodical articles, official publications and pamphlets published up to December 1968. Part 1, subject index; part 2, list of works indexed, chronologically arranged by date of publication. Z6869 C3 B67   737.0971

Index des sujets établi pour la documentation sur la numismatique canadienne. Indexe des livres, des articles de périodiques, des publications officielles et des brochures publiés au plus tard en décembre 1968. Partie 1, index des sujets; partie 2, liste des ouvrages indexés, classés chronologiquement par dates de publication.   Z6869 C3 B67 737.0971

2579
Canadian Numismatic Association. – *Canadian Numismatic Association bulletin and journal index 1950 to 1966.* – By Fred Bowman and R.C. Willey. – [S.l. : s.n., 1968?]. – 84 p.

An index to the *C.N.A. bulletin*, vol. 1 (Feb. 1950)-vol. 6, no. 12 (Dec. 1955) and *The Canadian numismatic journal*, vol. 1 (Jan. 1956)-(1966). Authors and subjects arranged in one alphabetical sequence.   Z6867 C212   737.0971

Index de *C.N.A. bulletin*, vol. 1 (févr. 1950)-vol. 6, nᵒ 12 (déc. 1955) et de *The Canadian numismatic journal*, vol. 1 (janv. 1956)-(1966). Auteurs et sujets classés en un seul ordre alphabétique. Z6867 C212   737.0971

2580

Canadian Numismatic Association. – *The index to The Canadian numismatic journal, 1967-1976.* – Dean M. Ryder. – [Barrie, Ont.] : the Association, [1977?]. – 128 p.

An index of authors, titles and subjects of articles in *The Canadian numismatic journal*, 1967-1976. This journal is also indexed in the *Canadian magazine index* and *Canadian index*, 1985-   . CJ1 C352 1977   737.0971

Index confondu des auteurs, des titres et des sujets d'articles dans *The Canadian numismatic journal*, 1967-1976. Cette revue est aussi indexée dans *Canadian magazine index* et *Canadian index*, 1985-   . CJ1 C352 1977   737.0971

Medals

Médailles

2581

Archives publiques du Canada. – *Dix médailleurs canadiens contemporains.* – Ottawa : Archives publiques du Canada, 1971. – [24], [24] p. – Titre de la p. de t. additionnelle : *Ten contemporary Canadian medallists.*

The bilingual catalogue of an exhibition of medals created by ten Canadian artists. Includes medals from the National Medal Collection of the National Archives of Canada (formerly the Public Archives of Canada). Alphabetically arranged by name of artist. Entries include brief biographies and a list of works exhibited. Notes on works include title, date, medium and dimensions.   CJ5821 737.22097107471384

Catalogue bilingue d'une exposition de médailles créées par dix artistes canadiens. Inclut les médailles de la Collection nationale de médailles des Archives nationales du Canada (anciennement les Archives publiques du Canada). Classement alphabétique par noms d'artistes. Les notices contiennent une courte biographie et une liste des oeuvres exposées. Les notes sur les oeuvres précisent le titre, la date, le médium et les dimensions.   CJ5821   737.22097107471384

2582

Blatherwick, F. J. [Francis John]. – *Canadian orders, decorations and medals.* – 3rd ed. – Toronto : Unitrade Press, c1985. – [4], 132, [8] p., 1 folded chart. : ill. – 0919801218

1st ed.,? 2nd ed., 1983. A guide to Canadian medals, decorations and orders. Section A: medals for bravery and distinguished conduct, campaign service, war, United Nations, commemorative, polar, efficiency and long service medals, new Canadian awards and Mentioned in Despatches. Also discusses guidelines and procedures for instituting honours and the sequence for wearing Canadian orders, decorations and medals. Entries for medals include terms under which each can be awarded, levels, physical description of medal including obverse, reverse, mounting and ribbon, date instituted, number issued, examples of persons who have received the medal. Section B: table of medal prices. Illustrated chart of the sequence for wearing ribbons of orders, decorations and medals. CJ5826 B52 1985   737.2230971

1re éd.,? 2e éd., 1983. Guide sur les médailles, décorations et ordres canadiens. Section A: médailles de la bravoure et de conduite distinguée, de campagne, de guerre, des Nations Unies, commémoratives, polaires, de compétence et d'ancienneté, nouvelles récompenses canadiennes et dépêches de mention honorifique (M.I.D.). Contient également les lignes directrices et les modalités relatives à la création de mentions, ainsi que l'ordre dans lequel se portent les ordres, décorations et médailles du Canada. Les notices sur les médailles comprennent les conditions d'attribution, les niveaux, une description matérielle de la médaille, y compris de l'avers et du revers, de la monture et du ruban, la date de création, le nombre de médailles émises et des exemples de personnes qui les ont reçues. Section B: tableau des prix offerts pour les médailles. Tableau illustré de l'ordre dans lequel se portent les rubans des ordres, les décorations et les médailles.   CJ5826 B52 1985   737.2230971

2583

Public Archives of Canada. – *Ten contemporary Canadian medallists.* – Ottawa : Public Archives of Canada, 1971. – [24], [24] p. – Title on added t.p. : *Dix médailleurs canadiens contemporains.*

The bilingual catalogue of an exhibition of medals created by ten Canadian artists. Includes medals from the National Medal Collection of the National Archives of Canada (formerly the Public Archives of Canada). Alphabetically arranged by name of artist. Entries include brief biographies and a list of works exhibited. Notes on works include title, date, medium and dimensions.   CJ5821 737.22097107471384

Catalogue bilingue d'une exposition de médailles créées par dix artistes canadiens. Inclut les médailles de la Collection nationale de médailles des Archives nationales du Canada (anciennement les Archives publiques du Canada). Classement alphabétique par noms d'artistes. Les notices contiennent une courte biographie et une liste des oeuvres exposées. Les notes sur les oeuvres précisent le titre, la date, le médium et les dimensions.   CJ5821   737.22097107471384

Alberta

Alberta

2584

Stewart, Donald M. [Donald McKenzie]. – *Alberta trade tokens.* – [Victoria, B.C.] : Donald M. Stewart, c1987. – xii, 262 p. : ill., map. – 09692370X

Attempts to list all known trade tokens issued in Alberta. Excludes most municipal trade dollars and advertising tokens. Arranged by place of issue. Descriptions of tokens include name of issuer, date of issue, material, colour, shape, dimensions and historical notes on some of the companies, organizations and individuals who issued tokens. Rarity values provided for older metal tokens. Black and

Tentative d'établissement d'une liste de tous les jetons d'échange connus émis en Alberta. Exclut la plupart des dollars de commerce et des jetons de publicité. Classement par lieux d'émission. La description des jetons comprend le nom de l'émetteur, la date d'émission, le matériau, la couleur, la forme, les dimensions et des notes historiques sur certaines compagnies, organisations et

white illustrations. Index of maverick tokens. CJ4919 A4 S75 1987 fol. 737.3097123

personnes qui ont émis des jetons. Des valeurs établies en fonction de la rareté sont données pour les plus vieux jetons en métal. Illustrations en noir et blanc. Index des jetons non conformes. CJ4919 A4 S75 1987 fol. 737.3097123

British Columbia

Colombie-Britannique

2585

Hill, Leslie C. – *British Columbia numismatica.* – [White Rock, B.C.] : Leslie C. Hill, 1980. – 400 p. : ill.

Part 1, trade tokens. A listing of approximately 2,100 trade tokens issued in British Columbia. Arranged by place of issue. Descriptions of tokens include material, name of issuer, colour, date of issue, dimensions, rarity value, historical notes on issuer and a black and white illustration. Indexes of fare, car wash and amusement tokens, and trade dollars. List of maverick tokens. Cross-reference list of token numbers used in this source and in the following: *The tokens of British Columbia and the Yukon* (Vancouver : Vancouver Numismatic Society, 1969); *Supplement*, 1973. *B.C. trade tokens. Supplement #1*, prepared by Ronald A. Greene in January 1981, is a four-page insert, providing values for tokens listed in *British Columbia numismatica*. CJ1878 B7 H54 737.309711

Partie 1, jetons d'échange. Liste d'environ 2 100 jetons d'échange émis en Colombie-Britannique. Classement par lieux d'émission. La description des jetons comprend le matériau, le nom de l'émetteur, la couleur, la date d'émission, les dimensions, le facteur de rareté, des notes historiques sur l'émetteur et une illustration en noir et blanc. Index des jetons de transport, de lave-autos et de jeux, index des dollars de commerce. Liste des jetons non conformes. Liste de renvoi des numéros de jetons utilisés dans ce document et dans: *The tokens of British Columbia and the Yukon* (Vancouver : Vancouver Numismatic Society, 1969); *Supplement*, 1973. *B.C. trade tokens. Supplement #1* rédigé par Ronald A. Greene en janvier 1981 constitue un encart de quatre pages qui donne les valeurs des jetons dont la liste se trouve dans *British Columbia numismatica*. CJ1878 B7 H54 737.309711

2586

Williams, Norman W. – *An index to numismatic articles and authors published in Vintage & mintage...* – [S.l.] : B.C. Numismatics Association, 1969. – 14 p.

An index to the bulletins of four British Columbia numismatic clubs. Includes: *Vintage & mintage*, 1959-1968; *The golden spike*, 1965-1968; *Valley Coin Club bulletin*, 1964-1968; *Spruce dollar news*, 1965-1968. Authors and subjects in separate alphabetical sequences. Z6866 W54 737.09711

Index des bulletins de quatre clubs de numismatique de la Colombie-Britannique. Inclut: *Vintage & mintage*, 1959-1968; *The golden spike*, 1965-1968; *Valley Coin Club bulletin*, 1964-1968; *Spruce dollar news*, 1965-1968. Auteurs et sujets sous des séquences alphabétiques distinctes. Z6866 W54 737.09711

Manitoba

Manitoba

2587

Stewart, Donald M. [Donald McKenzie]. – *Trade and advertising tokens of Manitoba.* – Published under the auspices of the Canadian Numismatic Research Society. – [Calgary? : s.n.], 1969. – 135 p. : ill.

A catalogue of trade, advertising and commemorative tokens issued in Manitoba during the nineteenth and twentieth centuries. Arranged by type of token and place of issue. Descriptions of tokens include transcription of text on token, material, colour, shape, dimensions and date of issue. Black and white illustrations. Does not include values. List of maverick tokens. Table of token rarity. Index of selected issuing bodies. Cross-reference list of numbers assigned to tokens by other authors. CJ4919 M3 S7 737.3097127

Catalogue des jetons d'échange, de publicité et des jetons commémoratifs émis au Manitoba pendant les dix-neuvième et vingtième siècles. Classement par types de jetons et par lieux d'émission. La description des jetons comprend la transcription du texte inscrit sur le jeton, le matériau, la couleur, la forme, les dimensions et la date d'émission. Illustrations en noir et blanc. Aucune valeur n'est donnée. Liste des jetons non conformes. Tableau sur la rareté des jetons. Index d'organismes émetteurs sélectionnés. Liste de renvoi aux numéros attribués aux jetons par d'autres auteurs. CJ4919 M3 S7 737.3097127

2588

Stewart, Donald M. [Donald McKenzie]. – *A complete supplement to Trade and advertising tokens of Manitoba.* – [Calgary] : D.M. Stewart, c1979. – 30 p.

Includes previously unknown issues and denominations of tokens listed in *Trade and advertising tokens of Manitoba*, and new tokens issued since 1969. Expanded section on municipal commemorative and souvenir issues. No illustrations. CJ4919 M3 S72 737.3097127

Inclut des jetons de divers types et de diverses valeurs qui ne figuraient pas dans la liste de *Trade and advertising tokens of Manitoba*, ainsi que de nouveaux jetons émis depuis 1969. Section élargie sur les jetons commémoratifs et souvenirs émis par les municipalités. Aucune illustration. CJ4919 M3 S72 737.3097127

New Brunswick

2589
Bird, Richard W. – ***Coins of New Brunswick.*** – Fredericton : New Ireland Press, 1993. – 184 p. : ill. – (Canadian numismatic history series ; vol. 3). – 0920483402

A history of New Brunswick coinage, 1786-1867. Describes the early coinage and monetary system of New Brunswick. Chapters on copper tokens of 1843 and varieties, copper currency of 1854 and varieties and decimal coinage. Numerous black and white illustrations. Bibliography. Subject index.   CJ1876 737.497151

Newfoundland

2590
Rowe, C. Francis. – ***The currency and medals of Newfoundland.*** – By C. Francis Rowe, James A. Haxby, Robert J. Graham, with contributions by Ross W. Irwin, Robert C. Willey, Norman W. Williams, Ruth McQuade. – Willowdale (Ont.) : Published on behalf of the J. Douglas Ferguson Historical Research Foundation by the Numismatic Education Society of Canada, c1983. – xi, 117 p. : ill. – (Canadian numismatic history series ; vol. 1). – 0969147503

A history of the currency of Newfoundland. Includes chapters on merchant issues, banks and bank notes, government notes, decimal coinage and medals. Catalogues of the notes issued by banks in Newfoundland. Black and white illustrations. Appendices: table on die consumption; texts of coinage acts. Subject and medal indexes. CJ1879 N5 R68 1983 fol.   737.09718

2591
Irwin, R. W. [Ross Weston]. – ***Newfoundland medals after 1949.*** – R.W. Irwin, C.F. Rowe. – [Guelph, Ont.] : Canadian Numismatic Research Society, [1985?]. – leaves 62-80 : ill.

Supplements to Section VI, Medals of Newfoundland, in *The currency and medals of Newfoundland*. Includes commemorative, religious, athletic, temperance and educational medals. Notes accompanying black and white illustrations include descriptions of obverse and reverse, medium, dimensions, names of mint and designer and purpose of the medal.   CJ5829 N48 I79 1985 fol. 737.2209718

Nova Scotia

2592
Courteau, Eugene G. – ***The coins and tokens of Nova Scotia.*** – St. Jacques (Quebec) : [s.n.], 1910. – 30 p., 7 leaves of plates : ill.

Describes the coins and tokens issued for use in Nova Scotia prior to Confederation. Black and white photographs of obverses and reverses with descriptions and degree of rarity. Reprinted in one volume with *Le médaillier du Canada* and several other numismatic publications: Winnipeg : Canadian Numismatic Publishing Institute, 1964.   CJ1879 737.09716

Ontario

2593
Bowman, Fred. – ***Trade tokens of Ontario.*** – 2nd ed. – [S.l.] : Published under the auspices of the Canadian Numismatic Research Society, 1972. – 55 p. : ill.

1st ed., 1966. A listing of 3,529 trade tokens of Ontario. Bread, milk, advertising, transportation, church and wooden tokens are excluded. Arranged by place of issue. Descriptions of tokens include a transcription of any text, material, shape and dimensions.   CJ4919 737.309713

Nouveau-Brunswick

Histoire de la monnaie du Nouveau-Brunswick, 1786-1867. Décrit les premières pièces de monnaie et le système monétaire du Nouveau-Brunswick. Chapitres sur la monnaie de cuivre de 1843 et ses variantes, sur celle de 1854 et ses variantes et sur les pièces de monnaie décimale. Nombreuses illustrations en noir et blanc. Bibliographie. Index sujets.   CJ1876 737.497151

Terre-Neuve

Histoire de la monnaie à Terre-Neuve. Inclut des chapitres sur les pièces émises par les marchands, les banques et les billets de banque, les billets du gouvernement, le système de monnaie décimal et les médailles. Catalogues des billets émis par des banques de Terre-Neuve. Illustrations en noir et blanc. Annexes: tableau des matrices; texte des lois sur la monnaie. Index des sujets et index des médailles. CJ1879 N5 R68 1983 fol.   737.09718

Complète la Section VI sur les médailles de Terre-Neuve dans *The currency and medals of Newfoundland*. Inclut des médailles commémoratives, religieuses, athlétiques, scolaires et de tempérance. Les illustrations en noir et blanc sont accompagnées de la description de l'avers et du revers, du matériau utilisé, des dimensions, du nom de la fabrique et de celui du dessinateur, ainsi que de l'objet de la médaille.   CJ5829 N48 I79 1985 fol.   737.2209718

Nouvelle-Écosse

Décrit les pièces et les jetons mis en circulation en Nouvelle-Écosse avant la Confédération. Photographies en noir et blanc de l'avers et du revers avec description et facteur de rareté. Réimprimé en un volume avec *Le médaillier du Canada* et plusieurs autres publications numismatiques: Winnipeg : Canadian Numismatic Publishing Institute, 1964.   CJ1879   737.09716

Ontario

1re éd., 1966. Liste de 3 529 jetons d'échange de l'Ontario. Les jetons pour le pain et le lait, la publicité, le transport, les jetons des églises et ceux en bois sont exclus. Classement par lieux d'émission. La description des jetons comprend le matériau, la forme, les dimensions et, s'il y a lieu, la transcription du texte.   CJ4919 737.309713

Prince Edward Island

2594

Graham, Robert J. – *The currency and medals of Prince Edward Island.* – By Robert J. Graham, Earle K. Kennedy, J. Richard Becker ; with contributions by Ralph Dickieson, Gordon J. McCarville. – Willowdale (Ont.) : Published on behalf of J. Douglas Ferguson Historical Research Foundation by the Numismatic Education Society of Canada, c1988. – [8], 156, [4] p. : ill. – (Canadian numismatic history series ; vol. 2). – 0969147511

A history of the currency and banks of Prince Edward Island. Includes a brief history of the Island and chapters on tokens, private note issues, treasury notes, banks and banking, and medals. Histories of the local banks include catalogues of the notes issued. Black and white illustrations. Subject index. CJ1879 P7 G72 1988 fol. 737.09717

Quebec

2595

Bowman, Fred. – *The tokens of Quebec province.* – [S.l.] : Published under the auspices of the Canadian Numismatic Research Society, 1972. – iii, 88 p. : ill.

A listing of trade, commemorative and souvenir tokens issued in Quebec. Arranged by place of issue. Descriptions include transcription of text on token, material, colour, shape and dimensions. Limited number of black and white illustrations. Index of tokens issued in Montreal. Index of tokens for which no location appears on the piece. CJ4919 Q4 B68 737.309714

Saskatchewan

2596

Tannahill, Cecil C. – *An illustrated edition on banking, trade tokens, paper money & scrip used in the territory and province of Saskatchewan.* – [White Rock, B.C.] : Cecil C. Tannahill, c1980. – 219 p.: ill., map.

A listing of trade tokens, paper money and scrip issued in Saskatchewan. Arranged by place of issue. Black and white illustrations. Descriptions of tokens include transcription of text on token, material, shape, dimensions, historical notes on issuers of tokens and rarity value. Brief histories of banks and companies that issued paper money. Updates the following works by the same author: *Trade tokens of Saskatchewan and their history* ([Regina] : Published under the auspices of the Canadian Numismatic Research Society, 1967); *Trade tokens, paper and wooden money of Saskatchewan : an illustrated and descriptive treatise on tokens, paper and wooden money used in the territory and province of Saskatchewan* ([Regina] : Published under the auspices of the Canadian Numismatic Research Society, c1972). CJ4919 S3 T25 737.3097124

2597

Tannahill, Cecil C. – *First addendum to Saskatchewan trade tokens.* – [White Rock, B.C. : C.C. Tannahill], 1982. – 24 p. : ill. – Cover title.

Supplement to: *An illustrated edition on banking, trade tokens, paper money & scrip used in the territory and province of Saskatchewan.* CJ4919 S3 T322 737.3097124

Île-du-Prince-Édouard

Histoire de la monnaie et des banques de l'Île-du-Prince-Édouard. Inclut une courte histoire de la province et des chapitres sur les jetons, les billets privés, les bons du Trésor, les banques et les effets bancaires, et les médailles. Les historiques des banques locales comprennent un catalogue des billets émis. Illustrations en noir et blanc. Index des sujets. CJ1879 P7 G72 1988 fol. 737.09717

Québec

Liste des jetons d'échange, commémoratifs et souvenirs émis au Québec. Classement par lieux d'émission. Les descriptions comprennent la transcription du texte inscrit sur le jeton, le matériau, la couleur, la forme et les dimensions. Quelques illustrations en noir et blanc. Index des jetons émis à Montréal. Index des jetons sur lesquels aucun lieu n'est indiqué. CJ4919 Q4 B68 737.309714

Saskatchewan

Liste des jetons d'échange, du papier-monnaie et des billets d'échange émis en Saskatchewan. Classement par lieux d'émission. Illustrations en noir et blanc. La description des jetons comprend la transcription du texte inscrit sur le jeton, le matériau, la forme, les dimensions, des notes historiques sur les émetteurs des jetons et le facteur de rareté. Courts historiques des banques et des compagnies qui ont émis du papier-monnaie. Met à jour les ouvrages suivants du même auteur: *Trade tokens of Saskatchewan and their history* ([Regina] : Published under the auspices of the Canadian Numismatic Research Society, 1967); *Trade tokens, paper and wooden money of Saskatchewan : an illustrated and descriptive treatise on tokens, paper and wooden money used in the territory and province of Saskatchewan* ([Regina] : Published under the auspices of the Canadian Numismatic Research Society, c1972). CJ4919 S3 T25 737.3097124

Supplément de: *An illustrated edition on banking, trade tokens, paper money & scrip used in the territory and province of Saskatchewan.* CJ4919 S3 T322 737.3097124

Yukon Territory

Yukon

2598

Hill, Leslie C. – *Yukon numismatica.* – By Leslie C. Hill and Scott A. Simpson. – White Rock (B.C.) : Leslie C. Hill, c1989. – 128 p. : ill. – 0969109016

A listing of trade tokens, trade dollars, gaming chips, overprinted bank notes, privately stamped notes, cheques, card money, scrip, wooden money, medals and ingots, etc., issued or used in the Yukon Territory. Descriptions of tokens include name of issuer, date of issue, material, colour, shape, dimensions, rarity rating and historical notes on issuer. Black and white illustrations. List of maverick tokens. Supersedes: *Yukon trade tokens* (Vancouver : Vancouver Numismatic Society, 1979).   CJ1879 Y8 H54 1989   737.3097191

Liste des jetons d'échange, des dollars de commerce, des jetons de jeux, des billets de banque surimprimés, des billets privés, des chèques, de la monnaie de carte, des billets d'échange, de la monnaie de bois, des médailles et des lingots, etc. émis ou utilisés au Yukon. La description des jetons comprend le nom de l'émetteur, la date d'émission, le matériau, la couleur, la forme, les dimensions, le facteur de rareté et des notes historiques sur l'émetteur. Illustrations en noir et blanc. Liste des jetons non conformes. Remplace: *Yukon trade tokens* (Vancouver : Vancouver Numismatic Society, 1979). CJ1879 Y8 H54 1989   737.3097191

Painting

Peinture

2599

Agnes Etherington Art Centre. – *From women's eyes : women painters in Canada.* – Dorothy Farr and Natalie Luckyj. – Kingston : Agnes Etherington Art Centre, c1975. – xii, 81 p. : ill.

Catalogue of an exhibition of works by 45 women painters who were born or live in Canada and have contributed to the development of Canadian painting. Entries for each painter include a brief biography and artistic analysis as well as black and white reproductions of paintings. Reproductions may be accompanied by the following notes: title, date, medium, dimensions, inscription, provenance, exhibitions, references to literature, collection. Bibliography.   ND240 A34 fol. 759.1107471372

Catalogue d'une exposition d'oeuvres réalisées par 45 femmes peintres qui sont nées ou qui ont vécu au Canada et qui ont contribué au développement de la peinture canadienne. Les notices sur chaque peintre comprennent une courte biographie et une analyse de leur contribution artistique, ainsi que des reproductions en noir et blanc. Ces reproductions peuvent être accompagnées des notes suivantes: titre, date, médium, dimensions, inscription, provenance, expositions, références à des ouvrages, collection. Bibliographie.   ND240 A34 fol. 759.1107471372

2600

Archives publiques Canada. Division de l'iconographie. – *The painted past : selected paintings from the Picture Division of the Public Archives of Canada = Le passé en peinture : un choix d'oeuvres de la Division de l'iconographie des Archives publiques du Canada.* – Textes par Sylvia A. Antoniou, Lydia Foy, Martha Marleau, Douglas E. Schoenherr, Diane Tardif-Côté. – [Ottawa] : Archives publiques Canada, c1984. – 77, [22] p. : ill. – 0662531582

The bilingual catalogue of an exhibition of 40 paintings from the Documentary Art collection of the Public Archives of Canada (now the National Archives of Canada). Arranged by theme: Wolfe and Quebec, nineteenth-century topographical views, popular works by Krieghoff and Frances Ann Hopkins, portraits of distinguished Canadians, representations of Native peoples. Entries for works include artist's name and dates, title, date, medium, dimensions, inscription, method and date of acquisition, negative number, essay on artistry and subject matter. Black and white reproductions. No indexes. Reproduced in microform format: *Microlog*, no. 87-00082. ND240 P8 1984   759.1107471384

Catalogue bilingue d'une exposition de 40 peintures qui font partie de la collection d'art documentaire des Archives publiques du Canada (aujourd'hui les Archives nationales du Canada). Classement par thèmes: Wolfe et le Québec, paysages du dix-neuvième siècle, oeuvres populaires de Krieghoff et de Frances Ann Hopkins, portraits d'éminents Canadiens, représentations des Autochtones. Les notices sur les oeuvres comprennent le nom de l'artiste et les dates pertinentes, le titre de l'oeuvre, la date, le médium, les dimensions, l'inscription, le mode et la date d'acquisition, le numéro de négatif, ainsi qu'un essai sur la valeur artistique de l'oeuvre et sur le sujet traité. Reproductions en noir et blanc. Aucun index. Reproduit sur support microforme: *Microlog*, n° 87-00082.   ND240 P8 1984 759.1107471384

2601

The Canadian canvas : a travelling exhibition of 85 recent paintings = Peintres canadiens actuels : exposition itinérante de 85 oeuvres récentes. – [Toronto?] : Time Canada, c1974. – 119 p. : ill. (some col.).

The catalogue of an exhibition of 85 paintings by 46 Canadian artists selected by five curators representing galleries from the West Coast, the Prairies, Ontario, Quebec and the Atlantic Provinces. Essays by each of the curators. Black and white and colour reproductions with notes on title, date, medium, dimensions and collection. Arranged by region. Biographies of artists. Artist index.   ND245 C385   759.11

Catalogue d'une exposition de 85 peintures réalisées par 46 artistes canadiens choisis par cinq conservateurs qui représentent les musées de la Côte ouest, des Prairies, de l'Ontario, du Québec et des provinces de l'Atlantique. Essais écrits par chacun des conservateurs. Reproductions en noir et blanc ou en couleurs accompagnées de notes: titre, date, médium, dimensions et collection. Classement par régions. Biographies des artistes. Index des artistes.   ND245 C385 759.11

2602

Dewdney, Selwyn. – *Indian rock paintings of the Great Lakes.* – By Selwyn Dewdney and Kenneth E. Kidd. – 2nd ed. – [Toronto] : Published for the Quetico Foundation by University of Toronto Press, c1967. – x, 191 p. : ill. (some col.), maps.

1st ed., 1962. A study of Indian rock painting in Ontario and Minnesota. 166 occurrences are recorded and analysed in text, photographs and drawings. Arranged by site. Bibliography. List of pictograph sites. Index of places, cultural groups, symbols, etc. E98 P6 D4 1967   709.011308997

1re éd., 1962. Étude des peintures rupestres amérindiennes de l'Ontario et du Minnesota. 166 de ces peintures sont signalées et analysées dans un texte accompagné de photographies et de dessins. Classement par sites. Bibliographie. Liste des sites où se trouvent des peintures rupestres. Index des lieux, des groupes culturels, des symboles, etc.   E98 P6 D4 1967   709.011308997

2603

Duval, Paul. – *Four decades : the Canadian Group of Painters and their contemporaries, 1930-1970.* – Toronto : Clarke, Irwin, 1972. – 191 p. : ill. (some col.). – 0772005532

A study of the association known as the Canadian Group of Painters formed in 1933. Discusses the work of some 200 painters who were members or contemporaries of the group from 1930 to 1970. 128 colour and 69 black and white reproductions. Index of reproductions arranged by name of artist. Index of artists, institutions, styles, etc.   ND245 D8 fol.   759.11

Étude de l'association formée en 1933 et connue sous le nom de Canadian Group of Painters. Discute de l'oeuvre d'environ 200 peintres membres du groupe, ou contemporains de ces membres, de 1930 à 1970. 128 reproductions en couleurs et 69 reproductions en noir et blanc. Index des reproductions classées par noms d'artistes. Index des artistes, des établissements, des styles, etc.   ND245 D8 fol. 759.11

2604

Fenton, Terry. – *Modern painting in Canada : major movements in twentieth century Canadian art.* – Terry Fenton & Karen Wilkin. – Edmonton : Hurtig Publishers in co-operation with the Edmonton Art Gallery, c1978. – 119 p. : col. ill. – 0888301626

A series of essays surveying the major movements in Canadian painting of the twentieth century. Colour reproductions accompanied by the following notes: name of artist, title, medium, dimensions, date, collection. Brief biographies of 58 artists. Bibliography. ND245 F45   759.11

Série d'essais qui portent sur les principaux mouvements de la peinture canadienne au vingtième siècle. Reproductions en couleurs accompagnées des notes suivantes: nom de l'artiste, titre de l'oeuvre, médium, dimensions, date, collection. Courtes biographies de 58 artistes. Bibliographie.   ND245 F45   759.11

2605

Galerie nationale du Canada. – *Le Groupe des Sept = The Group of Seven.* – Par Dennis Reid. – [S.l. : s.n., 1970]. – 247 p. : ill., portr.

Catalogue of an exhibition held at the National Gallery of Canada, 19 June-8 Sept. 1970, and at the Montreal Museum of Fine Arts, 22 Sept.-31 Oct. 1970. Provides a history of the Group illustrated with 203 black and white reproductions. Each reproduction is accompanied by the following information: name of artist, title, date, medium, dimensions, inscription, provenance, references to literature, exhibitions. Bibliography. Slide set available for purchase by museums and educational institutions from the National Gallery of Canada.   ND245 N3 fol.   759.11

Catalogue d'une exposition qui a eu lieu à la Galerie nationale du Canada, du 19 juin au 8 septembre 1970, et au Musée des beaux-arts de Montréal, du 22 septembre au 31 octobre 1970. Contient un historique du Groupe illustré au moyen de 203 reproductions en noir et blanc. Chaque reproduction est accompagnée des données suivantes: nom de l'artiste, titre de l'oeuvre, date, médium, dimensions, inscription, provenance, références à des ouvrages, expositions. Bibliographie. Les musées et les établissements d'enseignement peuvent acheter un jeu de diapositives du Musée des beaux-arts du Canada.   ND245 N3 fol.   759.11

2606

Harper, J. Russell [John Russell]. – *Painting in Canada : a history.* – 2nd ed. – Toronto : University of Toronto Press, 1977, c1966. – vii, 463 p. : ill., ports. – 0802022715

1st ed., 1966. A survey of artists and movements in Canadian painting covering 1665 through 1960. 173 black and white reproductions of paintings from all periods. Approximately 350 brief biographies of artists. Bibliography. Index. 1st ed. also published in French under the title: *La peinture au Canada : des origines à nos jours.* ND240 H32 1977 fol.   759.11

1re éd., 1966. Examen des artistes et des mouvements de la peinture canadienne, de 1665 à 1960. 173 reproductions en noir et blanc de peintures de toutes les périodes. Environ 350 courtes biographies d'artistes. Bibliographie. Index. La première édition a également été publiée en français sous le titre: *La peinture au Canada : des origines à nos jours.*   ND240 H32 1977 fol.   759.11

2607

Harper, J. Russell [John Russell]. – *La peinture au Canada : des origines à nos jours.* – [Québec] : Presses de l'Université Laval, c1966. – viii, 442 p. : ill. (certaines en coul.).

A survey of artists and movements in Canadian painting covering 1665 through 1960. 308 black and white and 70 colour reproductions of paintings from all periods. Approximately 350 brief biographies of artists. Bibliography. Index. Also published in English under the title: *Painting in Canada : a history.*   ND240 H3 1966   759.11

Examen des artistes et des mouvements de la peinture canadienne, de 1665 à 1960. 308 reproductions en noir et blanc et 70 reproductions en couleurs de peintures de toutes les périodes. Environ 350 courtes biographies d'artistes. Bibliographie. Index. Publié aussi en anglais sous le titre: *Painting in Canada : a history.*   ND240 H3 1966 759.11

2608

Mellen, Peter. – ***The Group of Seven.*** – Repr. with revisions. – Toronto : McClelland and Stewart, 1981, c1970. – [8], 231 p. : ill. (some col.). – 0771058209

A history of the Group of Seven and their significance in the development of Canadian painting. 271 black and white and colour reproductions of works with the following information: name of artist, title, medium, dimensions, date, collection. Chronology for each artist. Bibliography. Index of illustrations. General index. Also published in French under the title: *Le Groupe des Sept.* ND245 M4 1981 fol.   759.11

Historique du Groupe des Sept et examen de leur importance dans l'évolution de la peinture canadienne. 271 reproductions en noir et blanc ou en couleurs accompagnées des données suivantes: nom de l'artiste, titre de l'oeuvre, médium, dimensions, date, collection. Table chronologique pour chaque artiste. Bibliographie. Index des illustrations. Index général. Publié aussi en français sous le titre: *Le Groupe des Sept.*   ND245 M4 1981 fol.   759.11

2609

Mellen, Peter. – ***Le Groupe des Sept.*** – Adaptation française par Jacques de Roussan. – La Prairie (Québec) : Éditions Marcel Broquet, c1980. – [8], 231 p. : ill. (certaines en coul.), portr. – 2890000141

A history of the Group of Seven and their significance in the development of Canadian painting. 271 black and white and colour reproductions of works with the following information: name of artist, title, medium, dimensions, date, collection. Chronology for each artist. Brief biographies. Bibliography. Index of illustrations. General index. Also published in English under the title: *The Group of Seven.*   ND245 M414 fol.   759.11

Historique du Groupe des Sept et examen de leur importance dans le développement de la peinture canadienne. 271 reproductions en noir et blanc ou en couleurs accompagnées des données suivantes: nom de l'artiste, titre de l'oeuvre, médium, dimensions, date, collection. Table chronologique pour chaque artiste. Bibliographie. Index des illustrations. Index général. Publié aussi en anglais sous le titre: *The Group of Seven.*   ND245 M414 fol.   759.11

2610

Montreal Museum of Fine Arts. – ***Catalogue of paintings.*** – Montreal : the Museum, 1960. – [1], 123 p.

A catalogue of the paintings held by the Montreal Museum of Fine Arts. Arranged in two sections for Canadian and foreign artists, each of which is alphabetically arranged by name. Brief biographical notes on each artist. Entries for works include title, description of subject matter, medium, dimensions, exhibitions, method and date of acquisition, notes on subject or artist. Artist index.   N910 M714 M65   750.7471428

Catalogue des peintures que possède le Musée des beaux-arts de Montréal. Classement en deux sections, l'une sur les artistes canadiens et l'autre sur les artistes étrangers, avec classement alphabétique par noms d'artistes dans chaque section. Courtes notes biographiques sur chaque artiste. Les notices sur les oeuvres donnent le titre, une description du sujet traité, le médium, les dimensions, les expositions, le mode et la date d'acquisition, des notes sur le sujet traité ou sur l'artiste. Index des artistes.   N910 M714 M65 750.7471428

2611

National Gallery of Canada. – ***Le Groupe des Sept = The Group of Seven.*** – By Dennis Reid, assistant curator. – [S.l. : s.n., 1970]. – 247 p. : ill., ports.

Catalogue of an exhibition held at the National Gallery of Canada, 19 June-8 Sept. 1970, and at the Montreal Museum of Fine Arts, 22 Sept.-31 Oct. 1970. Provides a history of the Group illustrated with 203 black and white reproductions. Each reproduction is accompanied by the following information: name of artist, title, date, medium, dimensions, inscription, provenance, references to literature, exhibitions. Bibliography. Slide set available for purchase by museums and educational institutions from the National Gallery of Canada.   ND245 N3 fol.   759.11

Catalogue d'une exposition qui a eu lieu à la Galerie nationale du Canada, du 19 juin au 8 septembre 1970, et au Musée des beaux-arts de Montréal, du 22 septembre au 31 octobre 1970. Contient un historique du Groupe illustré au moyen de 203 reproductions en noir et blanc. Chaque reproduction est accompagnée des données suivantes: nom de l'artiste, titre de l'oeuvre, date, médium, dimensions, inscription, provenance, références à des ouvrages, expositions. Bibliographie. Les musées et les établissements d'enseignement peuvent acheter un jeu de diapositives du Musée des beaux-arts du Canada.   ND245 N3 fol.   759.11

2612

Public Archives Canada. Picture Division. – ***The painted past : selected paintings from the Picture Division of the Public Archives of Canada = Le passé en peinture : un choix d'oeuvres de la Division de l'iconographie des Archives publiques du Canada.*** – Texts by Sylvia A. Antoniou, Lydia Foy, Martha Marleau, Douglas E. Schoenherr, Diane Tardif-Côté. – [Ottawa] : Public Archives Canada, c1984. – 77, [22] p. : ill. – 0662531582

The bilingual catalogue of an exhibition of 40 paintings from the Documentary Art collection of the Public Archives of Canada (now the National Archives of Canada). Arranged by theme: Wolfe and Quebec, nineteenth-century topographical views, popular works by Krieghoff and Frances Ann Hopkins, portraits of distinguished Canadians, representations of Native peoples. Entries for works include artist's name and dates, title, date, medium, dimensions, inscription, method and date of acquisition, negative number, essay on artistry and subject matter. Black and white reproductions. No indexes. Reproduced in microform format: *Microlog*, no. 87-00082. ND240 P8 1984   759.1107471384

Catalogue bilingue d'une exposition de 40 peintures qui font partie de la collection d'art documentaire des Archives publiques du Canada (aujourd'hui les Archives nationales du Canada). Classement par thèmes: Wolfe et le Québec, paysages du dix-neuvième siècle, oeuvres populaires de Krieghoff et de Frances Ann Hopkins, portraits d'éminents Canadiens, représentations des Autochtones. Les notices sur les oeuvres comprennent le nom de l'artiste et les dates pertinentes, le titre de l'oeuvre, la date, le médium, les dimensions, l'inscription, le mode et la date d'acquisition, le numéro de négatif, ainsi qu'un essai sur la valeur artistique de l'oeuvre et sur le sujet traité. Reproductions en noir et blanc. Aucun index. Reproduit sur support microforme: *Microlog*, n° 87-00082.   ND240 P8 1984 759.1107471384

2613

Rajnovich, Grace. – ***Reading rock art : interpreting the Indian rock paintings of the Canadian Shield.*** – Toronto : Natural Heritage/Natural History, 1994. – 191 p. : ill., maps. – 0920474721

An analysis of Indian rock paintings of the Canadian Shield. Discusses purposes, attribution, dating and meaning of the paintings. Interprets specific signs in the paintings using Algonquian picture writing. Numerous drawings and photographs. List of figures. List of rock painting sites alphabetically arranged, with figure numbers and page numbers in text. Bibliography. E78 C2 R35 1994 709.011308997

Analyse de l'art rupestre autochtone du Bouclier canadien. Discute de l'objet, de l'attribution, de la date et de la signification des peintures. Interprète des éléments particuliers des peintures au moyen de l'écriture algonquine en signes peints. Nombreux dessins et photographies. Liste des figures. Liste des sites de peintures rupestres avec classement alphabétique et renvoi aux numéros de figures et de pages dans le texte. Bibliographie. E78 C2 R35 1994 709.011308997

2614

Reid, Dennis. – ***A bibliography of the Group of Seven.*** – Ottawa : National Gallery of Canada, 1971. – 89 p.

A bibliography of books, periodical and newspaper articles on the Group of Seven, prepared in conjunction with an exhibition held at the National Gallery of Canada and the Montreal Museum of Fine Arts in 1970. Arranged in two parts, a bibliography and a list of exhibitions with citations for reviews. Each part is arranged alphabetically by name of artist. No index. Z5949 C3 R4 759.11016

Bibliographie de livres et d'articles de périodiques et de journaux sur le Groupe des Sept, établie à l'occasion d'une exposition qui a eu lieu en 1970 à la Galerie nationale du Canada et au Musée des beaux-arts de Montréal. Classement en deux parties, soit une bibliographie et une liste des expositions avec citations de critiques. Dans chaque partie, classement alphabétique par noms d'artistes. Aucun index. Z5949 C3 R4 759.11016

2615

Reid, Dennis. – ***A concise history of Canadian painting.*** – 2nd ed. – Toronto : Oxford University Press, 1988. – xii, 418 p., [32] p. of col. plates : ill. – 0195406648 (bd.) 019540663X (pa.)

1st ed., 1973. A history of Canadian painting covering the period from 1665 to 1980. Selected black and white and 36 colour reproductions. Index of artists, institutions, movements, etc. ND240 R4 1988 759.11

1re éd., 1973. Histoire de la peinture canadienne qui porte sur la période de 1665 à 1980. Reproductions en noir et blanc d'oeuvres choisies et 36 reproductions en couleurs. Index des artistes, des établissements, des mouvements, etc. ND240 R4 1988 759.11

2616

University of Toronto. Hart House. – ***The Hart House Collection of Canadian paintings.*** – Jeremy Adamson. – [Toronto] : Published in association with the Art Committee of Hart House by University of Toronto Press, c1969. – 120 p. : ill. (some col.), ports. (some col.). – 0802040225

A catalogue of 163 Canadian paintings from the Hart House collection. 66 plates, twelve in colour, are followed by data on the paintings alphabetically arranged by name of artist. Entries include title, date, medium, dimensions, inscription, method of acquisition, provenance, references to literature, exhibitions. Bibliography. List of members of the Sketch and Art Committee, Hart House, 1921-1969. ND240 A3 759.11074713541

Catalogue de 163 peintures canadiennes qui font partie de la collection Hart House. Contient 66 planches, dont douze en couleurs, suivies de données sur les peintures qui sont classées par ordre alphabétique de noms d'artistes. Les notices contiennent le titre de l'oeuvre, la date, le médium, les dimensions, l'inscription, le mode d'acquisition, la provenance, des références à des ouvrages, les expositions. Bibliographie. Liste des membres du Sketch and Art Committee, Hart House, 1921-1969. ND240 A3 759.11074713541

2617

Withrow, William. – ***Contemporary Canadian painting.*** – Toronto : McClelland and Stewart, c1972. – [224] p. : col. ill., ports. – 0771090293

Essays on 24 Canadian painters active during the period after 1945. Each essay includes an artist's statement and a discussion of his or her style and significance. Black and white portraits of artists and colour reproductions of works. Title, medium, date, dimensions and collection are noted for each painting. List of public collections and a bibliography provided for each artist. Also published in French under the title: *La peinture canadienne contemporaine.* ND245 W5 fol. 759.11

Essais sur 24 peintres canadiens actifs pendant la période qui a suivi 1945. Chaque essai comprend une déclaration de l'artiste et une discussion de son style et de son importance. Portraits en noir et blanc des artistes et reproductions en couleurs de leurs oeuvres. Le titre, le médium, la date, les dimensions et la collection sont donnés pour chaque peinture. Pour chaque artiste, une liste des collections publiques et une bibliographie sont fournies. Publié aussi en français sous le titre: *La peinture canadienne contemporaine.* ND245 W5 fol. 759.11

2618

Withrow, William. – ***La peinture canadienne contemporaine.*** – Traduction de René Chicoine. – Montréal : Éditions du Jour, c1973. – [224] p. : ill. en coul., portr.

Essays on 24 Canadian painters active during the period after 1945. Each essay includes an artist's statement and a discussion of his or her style and significance. Black and white portraits of artists and colour reproductions of works. Title, medium, date, dimensions and collection are noted for each painting. List of public collections and a bibliography for each artist. Also published in English under the title: *Contemporary Canadian painting.* ND245 W513 fol. 759.11

Essais sur 24 peintres canadiens actifs pendant la période qui a suivi 1945. Chaque essai comprend une déclaration de l'artiste et une discussion de son style et de son importance. Portraits en noir et blanc des artistes et reproductions en couleurs de leurs oeuvres. Le titre, le médium, la date, les dimensions et la collection sont donnés pour chaque peinture. Pour chaque artiste, une liste des collections publiques et une bibliographie sont fournies. Publié aussi en anglais sous le titre: *Contemporary Canadian painting.* ND245 W513 fol. 759.11

Alberta

Alberta

2619

Painting in Alberta : an historical survey : the Edmonton Art Gallery, July 11-August 31, 1980. – Organized by Sandra Shaul. – Edmonton : Edmonton Art Gallery, c1980. – [27] p., [25] p. of plates : ill. (some col.). – 0899500096

The catalogue of an exhibition surveying the history of painting in Alberta, organized in honour of the province's 75th anniversary. Includes an essay "Paul Kane to the present" by Karen Wilkin. Seven colour and 39 black and white reproductions. Checklist of 133 works exhibited provides the following information: name and dates of artist, title, date, medium, dimensions, collection. Bibliography. ND246 A4 P34 fol.   759.112307471233

Catalogue d'une exposition qui portait sur l'histoire de la peinture en Alberta et qui avait été organisée en l'honneur du 75ᵉ anniversaire de la province. Comprend un essai de Karen Wilkin intitulé «Paul Kane to the present». Sept reproductions en couleurs et 39 reproductions en noir et blanc. La liste de contrôle des 133 oeuvres exposées fournit les données suivantes: nom de l'artiste et dates pertinentes, titre de l'oeuvre, date, médium, dimensions, collection. Bibliographie.   ND246 A4 P34 fol.   759.112307471233

2620

Varga, Vincent. – ***Aspects of contemporary painting in Alberta.*** – Calgary : Glenbow Museum, c1987. – 81 p. : col. ill. – 0919224687

An exhibition of contemporary painting of Alberta from the period of the early 1960s onward. Brief essays discuss each of 24 artist's style and techniques and are illustrated with one colour reproduction. Artists' biographies include the following information: date and place of birth, education, selected exhibitions, bibliography. Entries for the 47 works in the exhibition provide notes on title, date, medium, dimensions and collection. Bibliography. Index of artists. ND246 A4 V37 1987   759.11230747123

Exposition de peintures contemporaines de l'Alberta réalisées depuis le début des années 1960. De courts essais traitent du style et des techniques de chacun des 24 artistes. Chaque essai est illustré d'une reproduction en couleurs. Les biographies des artistes contiennent les données suivantes: date et lieu de naissance, études, expositions choisies, bibliographie. Les notices sur les 47 oeuvres exposées précisent le titre, la date, le médium, les dimensions et la collection. Bibliographie. Index des artistes.   ND246 A4 V37 1987   759.11230747123

Maritime Provinces

Provinces maritimes

2621

Hashey, Mary W. – ***Maritime artists.*** – [Fredericton] : Maritime Arts Association, 1967. – 77 p. : ill., ports.

Brief biographies of 65 painters whose paintings were exhibited regularly in exhibitions of the Maritime Art Association. Alphabetically arranged by name of artist. Each biography is accompanied by a black and white reproduction of one work and a portrait of the artist.   ND246 M37 H37 fol.   759.115

Courtes biographies de 65 peintres dont les peintures ont régulièrement fait partie d'expositions de la Maritime Art Association. Classement alphabétique par noms d'artistes. Chaque biographie est accompagnée de la reproduction en noir et blanc d'une oeuvre et d'un portrait de l'artiste.   ND246 M37 H37 fol.   759.115

Ontario

Ontario

2622

Southcott, Mary E. (Beth). – ***The sound of the drum : the sacred art of the Anishnabec.*** – Erin (Ont.) : Boston Mills Press, c1984. – 222 p., [2] leaves : ill. (some col.), 2 maps, ports. – 0919822649

A study of the style and iconography of contemporary Anishnabec painters. Includes biographies of 27 painters arranged in four groups: pioneers; Northwestern Ontario style; Manitoulin Island; variationists. Style, iconography, aesthetics and legends are illustrated with black and white and 38 colour plates. Glossary. Bibliography. Index of artists, etc.   ND246 O5 S68 1984   759.113

Étude du style et de l'iconographie des peintres Anishnabec contemporains. Comprend les biographies de 27 peintres classés en quatre groupes: les pionniers; le style du nord-ouest de l'Ontario; les artistes de l'Île Manitoulin; les «variationnistes». Le style, l'iconographie, l'esthétique et les légendes sont illustrés au moyen de planches en noir et blanc et de 38 planches en couleurs. Glossaire. Bibliographie. Index des artistes, etc.   ND246 O5 S68 1984   759.113

Quebec

Québec

2623

Hôtel-Dieu de Québec. – ***Catalogue des oeuvres peintes conservées au Monastère des Augustines de l'Hôtel-Dieu de Québec.*** – Marie-Nicole Boisclair ; publication préparée par le Groupe de recherche en art du Québec de l'Université Laval, en collaboration avec les Augustines du Monastère de l'Hôtel-Dieu de Québec et l'Inventaire des biens culturels du Ministère des affaires culturelles du Québec. – [Québec] : Centre de documentation, Service de l'inventaire des biens culturels, 1977. – [2], 194 p., [55] f. de planches : ill. – (Dossier ; 24). – Titre de la couv. : *Hôtel-Dieu de Québec : catalogue des peintures.*

A catalogue of 312 paintings held by the Monastère de l'Hôtel-Dieu de Québec. Entries for works of art include name of artist, title, dimensions, provenance, location, condition, references to manuscript inventories, exhibition catalogues and other sources. Black and

Catalogue de 312 peintures qui se trouvent au Monastère de l'Hôtel-Dieu de Québec. Les notices sur les oeuvres d'art comprennent le nom de l'artiste, le titre, les dimensions, la provenance, la localisation, l'état, ainsi que les références aux répertoires manuscrits, aux

white reproductions. Subject and artist indexes.   N910 Q73 B64
759.114074714471

catalogues d'expositions et à d'autres sources. Reproductions en noir
et blanc. Index des sujets et index des artistes.   N910 Q73 B64
759.114074714471

2624

Lemieux, Irénée. – *Artistes du Québec.* – Irénée Lemieux, Michel Paquet. – Québec : La Minerve, 1974-   . – vol. : ill. (certaines en coul.).

Each of four volumes analyses the work of a number of active
Quebec artists in terms of style, technique and subject matter.
Minimal biographical information. Alphabetically arranged. Black
and white reproductions. Some colour reproductions in volume 1.
ND246 Q8 L44 fol.   759.114

Chacun des quatre volumes analyse l'oeuvre d'un certain nombre
d'artistes québécois actifs du point de vue du style, de la technique et
des sujets traités. Très peu de données biographiques. Classement
alphabétique. Reproductions en noir et blanc. Quelques reproductions en couleurs dans le volume 1.   ND246 Q8 L44 fol.   759.114

2625

La peinture au Québec, 1820-1850 : nouveaux regards, nouvelles perspectives. – Sous la direction de Mario Béland. – Québec : Musée du
Québec, c1991. – [14], 605 p. : ill. (certaines en coul.), portr. (certains en coul.). – 2551127033

The catalogue of an exhibition of 267 works by 70 Quebecois and
foreign artists working and residing in Quebec. Organized by the
Musée du Québec. Includes four essays on aspects of painting in
Quebec during the period 1790-1860: the market for paintings; portraiture; British landscape painters in Quebec; the aesthetics of the
period. The catalogue is arranged in three sections for the periods
1790-1820, 1820-1850, 1850-1860. Entries for each artist include a
biography and analyses of exhibited works. Notes on each work
include title, date, medium, dimensions, inscription, provenance,
exhibitions, bibliography and collection. 34 colour and numerous
black and white reproductions. Name index. Extensive bibliography.
Index of works presented in catalogue.   ND246 Q8 P44 1991
759.114074714471

Catalogue d'une exposition de 267 oeuvres réalisées par 70 artistes
québécois ou étrangers qui travaillent et qui habitent au Québec.
Organisée par le Musée du Québec. Inclut quatre essais sur divers
aspects de la peinture au Québec pendant la période 1790-1860: le
marché de la peinture; les portraits; les paysagistes britanniques au
Québec; l'esthétique de la période. Le catalogue est divisé en trois
sections qui portent chacune sur une période: 1790-1820, 1820-1850
et 1850-1860. Les notices sur chaque artiste comprennent une
biographie et une analyse des oeuvres exposées. Notes sur chaque
oeuvre: titre, date, médium, dimensions, inscription, provenance,
expositions, bibliographie et collection. 34 reproductions en
couleurs et nombreuses reproductions en noir et blanc. Index des
noms. Bibliographie détaillée. Index des oeuvres présentées dans le
catalogue.   ND246 Q8 P44 1991   759.114074714471

2626

Peinture au Québec : une nouvelle génération, Musée d'art contemporain de Montréal, 5 mai-23 juin 1985. – Conservateurs Gilles Godmer,
Sandra Grant Marchand, Pierre Landry. – [Montréal] : Musée d'art contemporain de Montréal, 1985. – 47 p. : ill. en coul. – 2551065313

The catalogue of an exhibition of 44 contemporary paintings by
sixteen Quebec artists. Alphabetically arranged by name of artist.
One work by each is reproduced in colour with notes on title, date,
medium and dimensions. Biographies include place and date of
birth, place of residence, education, exhibitions and bibliography.
List of works exhibited.   ND246 Q3 M85 P4 1985
759.11407471428

Catalogue d'une exposition de 44 peintures contemporaines
réalisées par seize artistes québécois. Classement alphabétique par
noms d'artistes. Pour chaque artiste, une reproduction en couleurs
accompagnée de notes: titre de l'oeuvre, date, médium et dimensions.
Les biographies donnent le lieu et la date de naissance de l'artiste, le
lieu de résidence, les études, les expositions et une bibliographie.
Liste des oeuvres exposées.   ND246 Q3 M85 P4 1985
759.11407471428

2627

Robert, Guy. – *La peinture au Québec depuis ses origines.* – Documentation et production Michel Bigué et Guy Robert. – 3ᵉ éd. – Montréal :
France-Amérique, 1985, c1978. – 221 p. : ill. (certaines en coul.), portr.

1st ed., 1978. 2nd ed., 1980. Imprint varies. A study of the evolution
of painting in Quebec from its origins during the French Regime to
the 1970s. Text illustrated with numerous black and white reproductions and 64 colour plates. Biographical notes on major painters
born before 1930. Bibliography. Index of painters.
ND246 Q4 R7 1985   759.114

1ʳᵉ éd., 1978. 2ᵉ éd., 1980. L'adresse bibliographique varie. Étude de
l'évolution de la peinture au Québec depuis ses origines, pendant le
Régime français, jusqu'aux années 1970. Texte illustré de nom-
breuses reproductions en noir et blanc et de 64 planches en couleurs.
Notes biographiques sur les principaux peintres nés avant 1930.
Bibliographie. Index des peintres.   ND246 Q4 R7 1985   759.114

2628

Trépanier, Jean. – *103 peintres du Québec.* – Grand-Mère (Québec) : Éditions JT, 1984. – 261 p., [48] p. de planches en coul. : ill., portr. –
2980031801

An inventory of 103 contemporary Quebec painters alphabetically
arranged by name. Entries include: portrait, date and place of birth,
media, education, individual and group exhibitions, references to
literature on the artist, public collections, grants, awards, association
memberships, teaching positions, galleries representing the artist.
Illustrations, prints and other works of art and artistic activities are
noted for some artists. One work by each artist reproduced in
colour. Artist index.   ND246 Q8 T743 1984   759.114

Ouvrage sur 103 peintres québécois contemporains classés par ordre
alphabétique. Les notices contiennent: portrait de l'artiste, date et
lieu de naissance, médium, études, expositions individuelles et de
groupe, références aux ouvrages sur l'artiste, collections publiques,
subventions, prix, associations dont il est membre, postes de
professeur, galleries qui représentent l'artiste. Pour certains artistes,
les illustrations, estampes, autres oeuvres d'art ou activités artistiques sont signalés. Pour chaque artiste, une oeuvre est reproduite
en couleurs. Index des artistes.   ND246 Q8 T743 1984   759.114

2629
Trépanier, Jean. – *Cent peintres du Québec.* – LaSalle (Québec) : Éditions Hurtubise HMH, c1980. – [7], 220, [6] p., [48] p. de planches en coul. : ill., portr. – (Cahiers du Québec ; CQ62. Collections Beaux-arts). – 2890454614

An inventory of 100 contemporary Quebec painters alphabetically arranged. Entries include: portrait, date and place of birth, media, education, individual and group exhibitions, public collections, teaching positions, galleries representing the artist, grants, awards, association memberships. One work by each artist reproduced in colour. Artist index.   ND246 Q8 T74   759.114

Ouvrage sur 100 peintres québécois contemporains classés par ordre alphabétique. Les notices contiennent: portrait de l'artiste, date et lieu de naissance, médium, études, expositions individuelles et de groupe, collections publiques, postes de professeur, galleries qui représentent l'artiste, subventions, prix, associations dont il est membre. Pour chaque artiste, une oeuvre est reproduite en couleurs. Index des artistes.   ND246 Q8 T74   759.114

Saskatchewan

Saskatchewan

2630
The second generation : fourteen Saskatchewan painters. – By Norman Zepp, Michael Parke-Taylor ; organized by the Norman Mackenzie Art Gallery, University of Regina. – Regina : Norman Mackenzie Art Gallery, University of Regina, c1985. – 85 p. : ill. (some col.). – 0920922376

The catalogue of an exhibition of recent paintings by fourteen Saskatchewan artists. Alphabetically arranged by name of artist. Colour and black and white reproductions of several works by each artist with notes on title, medium, date, dimensions and collection. Biographies include place and date of birth, place of residence, education, teaching positions, exhibitions, awards and an artist's statement.   ND246 S3 Z47 1985   759.112407471244

Catalogue d'une exposition de peintures récentes réalisées par quatorze artistes de la Saskatchewan. Classement alphabétique par noms d'artistes. Reproductions en couleurs ou en noir et blanc de plusieurs oeuvres de chaque artiste, avec notes: titre, médium, date, dimensions et collection. Les biographies comprennent le lieu et la date de naissance de l'artiste, le lieu de résidence, les études, les postes de professeur, les expositions, les prix et une déclaration de l'artiste.   ND246 S3 Z47 1985   759.112407471244

Philately

Philatélie

Bibliographies

Bibliographies

2631
Morin, Cimon. – *Canadian philately : bibliography and index, 1864-1973 = Philatélie canadienne : bibliographie et index, 1864-1973.* – Ottawa : National Library of Canada, 1979. – [2], xxi, 281 p. : ill. – 0660501759

A bibliography of 3,481 entries for books, pamphlets, periodical articles, exhibition and auction catalogues on postage stamps, postal history, stationery and markings of Canada and British North America. Includes works in English and French published between 1864 and 1973. Excludes manuscripts, newspapers and official publications. Arranged by subject. List of philatelic serials with Canadian locations and holdings. Author and subject indexes. Z7164 P85 M67 fol.   016.76956971

Bibliographie de 3 481 notices répertoriant les livres, des brochures, des articles de périodiques et des catalogues d'exposition et de ventes aux enchères relatifs aux timbres-poste, à l'histoire de la poste, aux entiers postaux et aux marques d'oblitération du Canada et de l'Amérique du Nord britannique. Inclut des ouvrages en anglais et en français publiés entre 1864 et 1973. Exclut les manuscrits, les journaux et les publications officielles. Classement par sujets. Liste des publications en série sur la philatélie avec localisations et fonds documentaires au Canada. Index des auteurs et index des sujets. Z7164 P85 M67 fol.   016.76956971

2632
Morin, Cimon. – *Canadian philately : bibliography and index, 1864-1973 = Philatélie canadienne : bibliographie et index, 1864-1973.* – Ottawa : Bibliothèque nationale du Canada, 1979. – [2], xxi, 281 p. : ill. – 0660501759

A bibliography of 3,481 entries for books, pamphlets, periodical articles, exhibition and auction catalogues on postage stamps, postal history, stationery and markings of Canada and British North America. Includes works in English and French published between 1864 and 1973. Excludes manuscripts, newspapers and official publications. Arranged by subject. List of philatelic serials with Canadian locations and holdings. Author and subject indexes.   Z7164 P85 M67 fol.   016.76956971

Bibliographie de 3 481 notices répertoriant les livres, des brochures, des articles de périodiques et des catalogues d'exposition et de ventes aux enchères relatifs aux timbres-poste, à l'histoire de la poste, aux entiers postaux et aux marques d'oblitération du Canada et de l'Amérique du Nord britannique. Inclut des ouvrages en anglais et en français publiés entre 1864 et 1973. Exclut les manuscrits, les journaux et les publications officielles. Classement par sujets. Liste des publications en série sur la philatélie avec localisations et fonds documentaires au Canada. Index des auteurs et index des sujets. Z7164 P85 M67 fol.   016.76956971

2633

Morin, Cimon. – *Canadian philately : bibliography and index. Supplement = Philatélie canadienne : bibliographie et index. Supplément.* – Ottawa : National Library of Canada, 1983. – vi, 246 p. : ill. – 066052098

5,772 entries for works published between 1974 and 1980, and pre-1974 items which were not listed in the previous volume. Another supplement is in preparation.   Z7164 P85 M672 1983 fol. 016.76956971

5 772 notices répertoriant des ouvrages publiés entre 1974 et 1980, ainsi que sur des ouvrages antérieurs à 1974 qui ne figuraient pas dans le volume précédent. Un autre supplément est en préparation. Z7164 P85 M672 1983 fol.   016.76956971

2634

Morin, Cimon. – *Canadian philately : bibliography and index. Supplement = Philatélie canadienne : bibliographie et index. Supplément.* – Ottawa : Bibliothèque nationale du Canada, 1983. – vi, 246 p. : ill. – 066052098

5,772 entries for works published between 1974 and 1980, and pre-1974 items which were not listed in the previous volume. Another supplement is in preparation.   Z7164 P85 M672 1983 fol. 016.76956971

5 772 notices répertoriant des ouvrages publiés entre 1974 et 1980, ainsi que sur des ouvrages antérieurs à 1974 qui ne figuraient pas dans le volume précédent. Un autre supplément est en préparation. Z7164 P85 M672 1983 fol.   016.76956971

Catalogues

Catalogues

2635

Holmes, L. Seale [Laurence Sealewyn]. – *Holmes' specialized philatelic catalogue of Canada and British North America.* – 11th ed., rev. – Toronto : Ryerson Press, 1968. – [viii], 434 p. : ill.

1st ed., 1935. A catalogue of values for Canadian postage stamps issued from 1851 through 1965. Includes postmarks and cancellations, essays and proofs, definitives, commemoratives, air mail, postage due, special delivery, meter and official stamps, booklet panes and booklets, imperforates, revenues and postal stationery. Black and white illustrations. Historical notes. Subject index. Title varies: 1937, 1939, 1940, *Holmes catalog of Canada and British North America*; 1943, *Holmes handbook and catalogue of Canada and British North America*; 1945, *Holmes handbook of Canada and British North America*; 7th ed., 1949, *Holmes catalogue of Canada and British North America*; 8th ed., 1954, 9th ed., 1960, *Specialized philatelic catalogue of Canada and British North America*; 10th ed., 1963, *Holmes' specialized philatelic catalogue of Canada and British North America.* Imprint varies.   HE6655 C2 H58 1968   769.569710294

1re éd., 1935. Catalogue qui donne la valeur des timbres-poste canadiens émis entre 1851 et 1965. Inclut les cachets et les empreintes d'oblitération, les essais et les épreuves, les timbres courants, les timbres commémoratifs, les timbres-avion, les timbres-taxe, les timbres-poste exprès, l'affranchissement par machine et les timbres-poste de service, les feuillets et les carnets de timbres, les timbres non dentelés, les timbres fiscaux et les entiers postaux. Illustrations en noir et blanc. Notes historiques. Index des sujets. Le titre varie: 1937, 1939, 1940, *Holmes catalog of Canada and British North America*; 1943, *Holmes handbook and catalogue of Canada and British North America*; 1945, *Holmes handbook of Canada and British North America*; 7e éd., 1949, *Holmes catalogue of Canada and British North America*; 8e éd., 1954, 9e éd., 1960, *Specialized philatelic catalogue of Canada and British North America*; 10e éd., 1963, *Holmes' specialized philatelic catalogue of Canada and British North America.* L'adresse bibliographique varie.   HE6655 C2 H58 1968 769.569710294

2636

Jarrett, Fred. – *B.N.A. book : stamps of British North America.* – Toronto : Fred Jarrett, c1929. – xvi, 610 p. : ill. – 088000052X (Reprint)

Prev. ed., 1926. A history and catalogue of values of the stamps of Canada. Also includes the issues of Nova Scotia, New Brunswick, Prince Edward Island, British Columbia and Vancouver Island and Newfoundland. Covers proofs, essays, issues, varieties and forgeries, stationery, air mail stamps and cancellations, revenue and law stamps, postmarks and cancellations, etc. Black and white illustrations. Glossary. Subject index. Reprinted: *Stamps of British North America* (Lawrence (Mass.) : Quarterman Publications, c1975). HE6185 C2 J37 1929   769.56971

Édition antérieure, 1926. Histoire des timbres du Canada et catalogue qui en donne la valeur. Inclut également les émissions de la Nouvelle-Écosse, du Nouveau-Brunswick, de l'Île-du-Prince-Édouard, de la Colombie-Britannique et l'Île de Vancouver, et de Terre-Neuve. Porte sur les épreuves, les essais, les émissions, les variétés et les falsifiés, les entiers postaux, les timbres pour la poste aérienne et les oblitérations poste-avion, les timbres fiscaux et les timbres judiciaires, les cachets et les empreintes d'oblitération, etc. Illustrations en noir et blanc. Glossaire. Index des sujets. Réimpression: *Stamps of British North America* (Lawrence (Mass.) : Quarterman Publications, c1975).   HE6185 C2 J37 1929   769.56971

2637

Minuse, Kenneth. – *The essays and proofs of British North America.* – Compiled by Kenneth Minuse and Robert H. Pratt. – 1st ed. – Federalsburg (Md.) : Sissons Publications, 1970. – 198 p. : ill.

A value catalogue for essays and proofs of postage stamps of British North America and Canada. Includes names of printers, designers or engravers, dimensions of designs and notes on design or printing processes. Black and white illustrations. Appendices: plate proofs by the American Bank Note Co.; proofs of Newfoundland stamps by Perkins Bacon & Co.; imperforates or plate proofs in normal colour on stamp paper of Province of Canada, Canada, Newfoundland and Prince Edward Island.   HE6185 C22 M5 fol.   769.569710294

Catalogue qui donne la valeur d'essais et d'épreuves de timbres-poste de l'Amérique du Nord britannique et du Canada. Inclut les noms des imprimeurs, des dessinateurs ou des graveurs, la dimension des dessins et des notes sur le dessin et le procédé d'impression. Illustrations en noir et blanc. Annexes: planches d'épreuves de l'American Bank Note Co.; épreuves de timbres de Terre-Neuve réalisées par Perkins Bacon & Co.; timbres non dentelés ou planches d'épreuves imprimés dans les couleurs habituelles sur du papier à timbres et émis par la Province du Canada, le Canada, Terre-Neuve et l'Île-du-Prince-Édouard. HE6185 C22 M5 fol.   769.569710294

2638

Rousseau-Darnell, Lyse. – *Le catalogue des timbres du Canada.* – Par Lyse Rousseau-Darnell, Emanuel Darnell. – (1985)- . – Montréal : Éditions Darnell, c1984- . – vol. : ill., fac-sim. en coul. – 0829-3066

Irregular. A catalogue of Canadian stamp values. Covers stamps of the Province of Canada, Nova Scotia and New Brunswick, 1851 to 1867, and Canada, 1868 to the present. Chronologically arranged. Includes definitive, commemorative, official and postage due stamps, souvenir collections and presentation sets, stamp bundles, varieties, etc. Colour illustrations. Uses the New Numbering System instead of the Scott Catalogue Numbering System. Also published in English under the title: *Stamps of Canada catalogue.* Continues in part: *Le catalogue des timbres canadiens = The Canadian stamp market guide* (Montréal : Éditions La Presse, c1980) and *Addenda pour le catalogue des timbres canadiens = Addenda for the Canadian stamp catalogue* (Montréal : Éditions La Presse, 1984).   HE6185 C22 R6   769.569710294

Irrégulier. Catalogue qui donne la valeur de timbres canadiens. Porte sur les timbres de la Province du Canada, de la Nouvelle-Écosse et du Nouveau-Brunswick, de 1851 à 1867, et sur ceux du Canada, de 1868 jusqu'à maintenant. Classement chronologique. Inclut les timbres courants et commémoratifs, les timbres-poste de service et les timbres-taxe, les collections souvenirs et les jeux complets, les liasses de timbres, les variétés de timbres, etc. Illustrations en couleurs. Utilise la Nouvelle Numérotation Systématique (NNS), plutôt que le système de numérotation Scott. Publié aussi en anglais sous le titre: *Stamps of Canada catalogue.* Continue en partie: *Le catalogue des timbres canadiens = The Canadian stamp market guide* (Montréal : Éditions La Presse, c1980) et *Addenda pour le catalogue des timbres canadiens = Addenda for the Canadian stamp catalogue* (Montréal : Éditions La Presse, 1984).   HE6185 C22 R6   769.569710294

2639

Rousseau-Darnell, Lyse. – *Stamps of Canada catalogue.* – By Lyse Rousseau-Darnell, Emanuel Darnell. – (1987)- . – Montreal : Darnell Publishing, c1986- . – vol. : ill., col. facsims. – 0832-9974

Irregular. A catalogue of Canadian stamp values. Covers stamps of the Province of Canada, Nova Scotia and New Brunswick, 1851 to 1867, and Canada, 1868 to the present. Chronologically arranged. Includes definitive, commemorative, official and postage due stamps, souvenir collections and presentation sets, stamp bundles, varieties, etc. Colour illustrations. Uses the New Numbering System instead of the Scott Numbering System. Also published in French under the title: *Le catalogue des timbres du Canada.* Continues in part: *Le catalogue des timbres canadiens = The Canadian stamp market guide* (Montréal : Éditions La Presse, c1980) and *Addenda pour le catalogue des timbres canadiens = Addenda for the Canadian stamp catalogue* (Montréal : Éditions La Presse, 1984).   HE6185 C22 R62   769.569710294

Irrégulier. Catalogue qui donne la valeur de timbres canadiens. Porte sur les timbres de la Province du Canada, de la Nouvelle-Écosse et du Nouveau-Brunswick, de 1851 à 1867, et sur ceux du Canada, de 1868 jusqu'à maintenant. Classement chronologique. Inclut les timbres courants et commémoratifs, les timbres-poste de service et les timbres-taxe, les collections souvenirs et les jeux complets, les liasses de timbres, les variétés de timbres, etc. Illustrations en couleurs. Utilise la Nouvelle Numérotation Systématique (NNS), plutôt que le système de numérotation Scott. Publié aussi en français sous le titre: *Le catalogue des timbres du Canada.* Continue en partie: *Le catalogue des timbres canadiens = The Canadian stamp market guide* (Montréal : Éditions La Presse, c.1980) et *Addenda pour le catalogue des timbres canadiens = Addenda for the Canadian stamp catalogue* (Montréal : Éditions La Presse, 1984).   HE6185 C22 R62   769.569710294

2640

Unitrade catalogue spécialisé de timbres canadiens. – (1981)- . – Toronto : Unitrade Press, c1981?- . – vol. : ill. en coul. – 1193-8838

Irregular. A catalogue of values for the stamps of Canada, New Brunswick, Nova Scotia, Prince Edward Island, British Columbia and Vancouver Island and Newfoundland. Covers definitives and commemoratives, major and minor varieties, air mail, special delivery, registration, postage due and war tax stamps, officials, plate blocks and postal stationery. Uses the Scott Catalogue Numbering System. Title varies: 1981?-1985?, 1987-1989, 1991, *Scott catalogue spécialisé des timbres canadiens.* Imprint varies. Also published in English under the title: *Unitrade specialized catalogue of Canadian stamps.*   HE6185 C22 S362 1992   769.569710294

Irrégulier. Catalogue qui donne la valeur des timbres du Canada, du Nouveau-Brunswick, de la Nouvelle-Écosse, de l'Île-du-Prince-Édouard, de la Colombie-Britannique et l'Île de Vancouver, et de Terre-Neuve. Porte sur les timbres courants et commémoratifs, les variétés majeures et mineures, les timbres pour la poste aérienne, les timbres-poste exprès, les timbres pour lettres recommandées, les timbres-taxe et les timbres taxe de guerre, les timbres-poste de service, les blocs avec inscription et les entiers postaux. Utilise le système de numérotation du catalogue Scott. Le titre varie: 1981?-1985?, 1987-1989, 1991, *Scott catalogue spécialisé des timbres canadiens.* L'adresse bibliographique varie. Publié aussi en anglais sous le titre: *Unitrade specialized catalogue of Canadian stamps.* HE6185 C22 S362 1992   769.569710294

2641

Unitrade specialized catalogue of Canadian stamps. – 1st ed. (1982)- . – Toronto : Unitrade Press, c1981- . – vol. : col. ill. – 1193-8811

Annual. A catalogue of values for the stamps of Canada, New Brunswick, Nova Scotia, Prince Edward Island, British Columbia and Vancouver Island and Newfoundland. Covers definitives and commemoratives, major and minor varieties, air mail, special delivery, registration, postage due and war tax stamps, officials, plate blocks and postal stationery. Uses the Scott Catalogue Numbering System. Title varies: 1982-1985, *Scott specialized catalogue of Canadian stamps and covers*; 1986?-1991, *Scott specialized catalogue of Canadian stamps.* Imprint varies. Also published in French under the title: *Unitrade catalogue spécialisé des timbres canadiens.*   HE6185 C22 S36 1992   769.569710294

Annuel. Catalogue qui donne la valeur des timbres du Canada, du Nouveau-Brunswick, de la Nouvelle-Écosse, de l'Île-du-Prince-Édouard, de la Colombie-Britannique et de l'Île de Vancouver, et de Terre-Neuve. Porte sur les timbres courants et commémoratifs, les variétés majeures et mineures, les timbres pour la poste aérienne, les timbres-poste exprès, les timbres pour lettres recommandées, les timbres-taxe et les timbres taxe de guerre, les timbres-poste de service, les coins datés et les entiers postaux. Utilise le système de numérotation du catalogue Scott. Le titre varie: 1982-1985, *Scott specialized catalogue of Canadian stamps and covers*; 1986?-1991, *Scott specialized catalogue of Canadian stamps.* L'adresse bibliographique varie. Publié aussi en français sous le titre: *Unitrade catalogue spécialisé des timbres canadiens.*   HE6185 C22 S36 1992   769.569710294

2642

Van Dam, E. S. J. [Erling S. J.]. – *The Canadian revenue stamp catalogue.* – 1st ed. (1982)-   . – Toronto : Unitrade Press, c1982-   . –   vol. : ill.

Irregular. A catalogue of values for Canadian federal, provincial and territorial revenue stamps issued from 1864 to the present. Includes bill, law, utility and war tax stamps, telephone franks, etc. Colour illustrations.   HJ5375 Z7 V35   769.57

Irrégulier. Catalogue qui donne la valeur des timbres fiscaux fédéraux, provinciaux et territoriaux du Canada émis depuis 1864. Inclut des timbres de l'effet, des timbres judiciaires, des timbres de services publics et des timbres taxe de guerre, des étiquettes des compagnies de téléphone, etc. Illustrations en couleurs.   HJ5375 Z7 V35   769.57

2643

Webb's postal stationery catalogue of Canada and Newfoundland. – 1st ed. (1971)-   . – Toronto : Unitrade Press, c1970-   . –   vol. : ill. – 0841-6001

Irregular. A catalogue of values for the postal stationery of Canada and Newfoundland. Includes regular issue, registered and private order envelopes; regular issue and precancelled post bands; regular issue, precancelled, private order and official pictorial postcards; Canada view cards; railway and steamship pictorial post cards; official stationery; essays and proofs, etc. Black and white illustrations. Introductory notes for some types of stationery provide definitions, history and identification instructions. Title varies: 1st ed. (1971)-4th ed. (1983), *Canada & Newfoundland postal stationery catalogue.* HE6185 C2 W4   769.566

Irrégulier. Catalogue qui donne la valeur des entiers postaux du Canada et de Terre-Neuve. Inclut ce qui suit : enveloppes pour le courrier ordinaire, pour les lettres recommandées et pour les entreprises privées; bandes postales ordinaires et préoblitérées; cartes postales ordinaires ou préoblitérées, cartes d'entreprises privées et cartes postales illustrées officielles; cartes qui illustrent des paysages du Canada; cartes postales illustrées de chemins de fer et de paquebots; entiers de service; essais et épreuves, etc. Illustrations en noir et blanc. Les notes de présentation sur certains types d'entiers postaux contiennent des définitions, un historique et des instructions relatives à l'identification. Le titre varie : 1re éd. (1971)-4e éd. (1983), *Canada & Newfoundland postal stationery catalogue.* HE6185 C2 W4   769.566

2644

Zaluski, Edward. – *Canadian revenues.* – 1st ed. – Ottawa : Edward Zaluski, c1988-c1994. – 7 vol. : ill. – 0921336012 (vol. 1) 0921336020 (vol. 2) 0921336039 (vol. 3) 0921336047 (vol. 4) 0921336055 (vol. 5) 0921336063 (vol. 6) 0921336071 (vol. 7)

A series of guides describing Canadian revenue stamps. Vol. 1, federal bill and law stamps; vol. 2, federal inspection, unemployment insurance and "America" duty stamps; vol. 3 federal war excise, customs, consular fee, postal currency, and war savings stamps; vol. 4, Prairie Provinces; vol. 5, Atlantic Provinces; vol. 6, Ontario and Quebec; vol. 7, British Columbia and Yukon revenue stamps and most federal franks, seals, and labels. Excludes vice-related tax paid seals and provincial hunting stamps. Uses the Canadian Revenue Identification System of numbering. Descriptions of stamps include legislative or historical background and physical descriptions of issues produced, including paper, printing process, perforation, etc. No values. Each volume includes corrections and additions to the previous volume. Black and white illustrations. Bibliography in each volume. Vol. 1 includes a glossary of commonly used philatelic terms.   HJ5375 Z7 Z34 1988   769.57

Série de guides qui décrivent les timbres fiscaux canadiens. Vol. 1, les timbres de l'effet et timbres judiciaires du fédéral; vol. 2, timbres fédéraux d'inspection, d'assurance-chômage et de droits américains; vol. 3, timbres fédéraux sur l'accise en temps de guerre, timbres des douanes, de droits consulaires, de monnaie postale et d'épargne de guerre; vol. 4, provinces des Prairies; vol. 5, provinces de l'Atlantique; vol. 6, Ontario et Québec; vol. 7, timbres fiscaux de Colombie-Britannique et du Yukon, et la plupart des étiquettes, sceaux et vignettes du fédéral. Exclut les sceaux de paiement des taxes et les timbres de chasse provinciaux. Utilise la numérotation du Canadian Revenue Identification System. Les descriptions de timbres comprennent une mise en contexte historique ou législative ainsi que la description matérielle des émissions, comprenant le papier, le procédé d'impression, le type de perforations, etc. Aucune valeur n'est donnée. Chaque volume comprend des corrections et des ajouts au volume antérieur. Illustrations en noir et blanc. Bibliographie dans chaque volume. Le vol. 1 contient un glossaire de termes de philatélie couramment utilisés.   HJ5375 Z7 Z34 1988 769.57

Dictionaries

Dictionnaires

2645

Masse, Denis. – *L'almanach de la philatélie canadienne.* – [Montréal] : D. Masse, 1992-   . –   vol. : ill. – 2980329908 (série) 2980329916 (tome 1)

A French-language dictionary of persons, events, places, etc., which have appeared on Canadian postage stamps or are related to Canadian philately. Alphabetically arranged. Tome 1 published to date.   HE6204 C3 M37 1992   769.5697103

Dictionnaire français des personnes, des événements, des lieux, etc. qui figurent sur les timbres-poste canadiens ou qui ont un rapport avec la philatélie canadienne. Classement alphabétique. Seul le tome 1 a été publié jusqu'à maintenant.   HE6204 C3 M37 1992 769.5697103

2646

Patrick, Douglas. – *The Musson stamp dictionary.* – Douglas Patrick and Mary Patrick. – Toronto : Musson Book Co., 1972. – [8], 277 p. : ill. – 0773700064

An international dictionary of terms relating to postage stamp design, production and use. Includes English-language definitions. Separate section of words which appear on stamps in the Cyrillic and Greek alphabets.   HE6196 P3   769.5603

Dictionnaire international de termes qui se rapportent à la conception, à la production et à l'utilisation des timbres-poste. Inclut des définitions en anglais. Section distincte pour les mots inscrits sur les timbres en caractères cyrilliques ou grecs.   HE6196 P3   769.5603

History

Histoire

2647

Boggs, Winthrop S. – *The postage stamps and postal history of Canada : a handbook for philatelists.* – Kalamazoo (Mich.) : Chambers Publishing Co., c1945. – 2 vols. (xxxvi, 761 ; xv, various pagings) : ill., maps, ports., diagrams, facsims. – (Chambers handbook series). – 0088000422 (Reprint)

A study of Canadian postage stamps and postal history from 1608 through the early 1940s. Includes handstruck stamps; biographical notes on printers of Canadian stamps; pence issues; Large Queen designs; Small Queen designs and printings; issues produced by the American, Canadian and British American Bank Note Companies; twentieth-century commemorative issues; booklet issues; registered letter, special delivery, postage due, war tax, air mail, official and pre-cancelled stamps; postal stationery; postmarks and cancellations. Excludes issues of the provinces of British Columbia, Nova Scotia, New Brunswick, Newfoundland and Prince Edward Island. Glossary. Numerous black and white illustrations. Bibliography. Subject index. Appendices: extracts from documents relating to postal service in Canada including legislation, regulations, correspondence and articles from the contemporary press; plate diagrams of issues of certain Canadian stamps, 1851-1943; postal statistics; list of Postmasters General of Canada, 1763-1926. Reprinted: Lawrence (Mass.) : Quarterman Publications, c1974.   HE6185 C2 B6 769.56971

Étude des timbres-poste canadiens et de l'histoire de la poste depuis 1608 jusqu'au début des années 1940. Inclut ce qui suit: les oblitérations manuelles; des notes biographiques sur les imprimeurs de timbres canadiens; les émissions des pence; les dessins des grandes reines; les dessins et impressions des petites reines; les émissions produites par les American, Canadian and British American Bank Note Companies; les émissions commémoratives du vingtième siècle; les carnets; les timbres pour lettres recommandées, les timbres-poste exprès, les timbres-taxe, les timbres taxe de guerre, les timbres pour la poste aérienne, les timbres-poste de service et les timbres préoblitérés; les entiers postaux; les cachets et les empreintes d'oblitération. Exclut les émissions des provinces de la Colombie-Britannique, de la Nouvelle-Écosse, du Nouveau-Brunswick, de Terre-Neuve et de l'Île-du-Prince-Édouard. Glossaire. Nombreuses illustrations en noir et blanc. Bibliographie. Index des sujets. Annexes: extraits de documents qui se rapportent au service postal au Canada, comprenant les lois, les règlements, la correspondance et des articles tirés de la presse contemporaine; diagrammes des planches de certains timbres canadiens, 1851-1943; statistiques sur la poste; liste des ministres des Postes du Canada, 1763-1926. Réimprimé: Lawrence (Mass.) : Quarterman Publications, c1974. HE6185 C2 B6   769.56971

2648

The encyclopaedia of British Empire postage stamps, 1639-1952. – London : Robson Lowe, 1949-1973. – 5 vol. : ill. (some col.), facsims, maps, ports.

Vol. 5 of this encyclopedia is entitled *The Empire in British North America*. Vol. 5, parts 2, 3 and 4 cover Canada, the Maritime Provinces, Newfoundland and British Columbia. Postal service, handstamps, cancellations, postage stamps and stationery, forgeries, etc., are discussed. Black and white illustrations and colour plates. Bibliography. Subject index.   HE6185 G6 E5   769.56971

Le volume 5 de cette encyclopédie s'intitule *The Empire in British North America*. Les parties 2, 3 et 4 du volume 5 portent sur le Canada, les provinces maritimes, Terre-Neuve et la Colombie-Britannique. Discute du service postal, des oblitérations manuelles, des empreintes d'oblitération, des timbres-poste et des entiers postaux, des falsifiés, etc. Illustrations en noir et blanc et planches en couleurs. Bibliographie. Index des sujets.   HE6185 G6 E5 769.56971

2649

Howes, Clifton A. – *Canada : its postage stamps and postal stationery.* – Boston : New England Stamp Co., 1911. – 287 p., [14] leaves of plates : ill. – 0880000198 (Reprint)

A classic study of Canadian postage stamps and stationery. Covers issues of the Province of Canada, and Canada to 1908; registration, postage due and special delivery stamps; stamped envelopes, wrappers, post and letter cards, and official stationery. Reference list of stamps and stationery. Reprinted: *Canadian postage stamps and stationery* (Lawrence (Mass.) : Quarterman Publications, c1974). HE6185 C2 H6 1974 fol.   769.56971

Étude classique des timbres-poste et des entiers postaux canadiens. Porte sur ce qui suit: les émissions de la Province du Canada et celles du Canada jusqu'en 1908; les timbres pour lettres recommandées, les timbres-taxe et les timbres-poste exprès; les enveloppes affranchies, les emballages, les cartes postales, les cartes-lettres et les entiers de service. Liste de référence des timbres et des entiers postaux. Réimprimé: *Canadian postage stamps and stationery* (Lawrence (Mass.) : Quarterman Publications, c1974).   HE6185 C2 H6 1974 fol.   769.56971

2650

Patrick, Douglas. – *Canada's postage stamps : fully illustrated.* – Douglas and Mary Patrick. – Rev. ed. – Toronto : McClelland and Stewart, c1968. – [4], 220 p. : ill.

1st ed., 1964. A study of the postage stamps of the Province of Canada, and Canada to 1963. Includes definitives, commemoratives, air mail, postage due, precancelled, registered, roll, special delivery and war tax stamps, postage stamp books and miniature sheets. Black and white illustrations are accompanied by notes on reason for issue, date of issue, name of designer, perforation, design, plates used and quantity of stamps received by the Post Office Department. Appendices: brief essay on stamp manufacturing; chronology of the development of the Post Office Department; biographical and historical notes on printers of Canadian stamps; list of Postmasters General, 1753-1963; bibliography; glossary. Subject index. HE6185 C2 P38 fol.   769.56971

1re éd., 1964. Étude des timbres-poste de la Province du Canada et du Canada, jusqu'en 1963. Inclut les timbres courants et commémoratifs, les timbres pour la poste aérienne, les timbres-taxe, les timbres préoblitérés, les timbres pour lettres recommandées, les timbres de roulette, les timbres-poste exprès et les timbres taxe de guerre, les carnets de timbres et les blocs feuillets. Les illustrations en noir et blanc sont accompagnées de notes sur la raison et la date de l'émission, le nom du dessinateur, la perforation, le dessin, les planches utilisées et la quantité de timbres reçus par le ministère des Postes. Annexes: court essai sur la fabrication des timbres; chronologie du développement du ministère des Postes; notes biographiques et historiques sur les imprimeurs des timbres canadiens; liste des ministres des Postes, 1753-1963; bibliographie; glossaire. Index des sujets.   HE6185 C2 P38 fol.   769.56971

British Columbia

Colombie-Britannique

2651

Deaville, Alfred Stanley. – *The colonial postal systems and postage stamps of Vancouver Island and British Columbia 1849-1871 : a sketch of the origin and early development of the postal service on the Pacific seaboard of British North America.* – Victoria : Charles F. Banfield, King's Printer, 1928. – 210 p., [15] leaves of plates : ill., ports. – (Memoir - Archives of British Columbia ; no. 8). – 0880001119 (Reprint)

A study of the postal services and postage stamps of British Columbia and Vancouver Island for the period 1849 through 1871. Discusses the Post Office Department under the direction of various Postmasters General and the stamps issued during each period. Appendices: hand-stamp postal franks; numeral postmarks; note on philatelic relations of colonies of Vancouver Island and British Columbia; reference list of British Columbia and Vancouver Island postage stamps; text of the British Columbia postal ordinance of 1864. Subject index. Reprinted: Lawrence (Mass.) : Quarterman Publications, [1979].   HE6656 B7 D43 1979   383.49711

Étude des services postaux et des timbres-poste de la Colombie-Britannique et de l'Île de Vancouver pour la période de 1849 à 1871. Discute du ministère des Postes sous la direction de divers ministres et des timbres émis au cours de chaque période. Annexes: oblitérations manuelles; cachet d'oblitération numérique; note sur les liens philatéliques entre la colonie de l'Île de Vancouver et celle de la Colombie-Britannique; liste de référence des timbres-poste de la Colombie-Britannique et de l'Île de Vancouver; texte de l'ordonnance postale de la Colombie-Britannique de 1864. Index des sujets. Réimprimé: Lawrence (Mass.) : Quarterman Publications, [1979]. HE6656 B7 D43 1979   383.49711

New Brunswick

Nouveau-Brunswick

2652

Argenti, Nicholas. – *The postage stamps of New Brunswick and Nova Scotia.* – London : Royal Philatelic Society, 1962. – xiv, 223 p., [25] p. of plates : ill. (some col.). – 0880000880 (Reprint)

A study of New Brunswick and Nova Scotia postage stamps issued between 1851 and 1867. Arranged in two parts for the Pence Issues of 1851 printed by Perkins Bacon and the Cents Issues of 1860 printed by the American Bank Note Company. Part 1 covers postmarks, first issues, forgeries, post office regulations and postal rates for each of New Brunswick and Nova Scotia. Part 2 covers quantities and dates of issue, die and plate proofs, stamps, remainders and forgeries, regulations, postal rates and covers for each of Nova Scotia and New Brunswick. Appendices: plate varieties of New Brunswick and Nova Scotia Pence and Cents issues. Subject index. Reprinted: Lawrence (Mass.) : Quarterman Publications, c1976. Includes corrigenda and addenda.   HE6185 C23 N3 fol.   769.569715

Étude des timbres-poste du Nouveau-Brunswick et de la Nouvelle-Écosse émis entre 1851 et 1867. Classement en deux parties sur les émissions de pence de 1851 imprimées par Perkins Bacon et les émissions des cents de 1860 imprimées par l'American Bank Note Company. La partie 1 porte sur les cachets d'oblitération, les premières émissions, les falsifiés, les règlements sur les bureaux de poste et les tarifs postaux au Nouveau-Brunswick et en Nouvelle-Écosse. La partie 2 porte sur les quantités et les dates des émissions, les matrices et les planches d'épreuves, les timbres, les invendus et les falsifiés, les règlements, les tarifs postaux et les emballages, pour chacune des deux provinces. Annexes: diverses planches des émissions des pence et des émissions des cents du Nouveau-Brunswick et de la Nouvelle-Écosse. Index des sujets. Réimprimé: Lawrence (Mass.) : Quarterman Publications, c1976. Inclut des corrections et des ajouts.   HE6185 C23 N3 fol.   769.569715

Newfoundland

Terre-Neuve

2653
Boggs, Winthrop S. – *The postage stamps and postal history of Newfoundland.* – Kalamazoo (Mich.) : Chambers Publishing Co., 1942. – 186 p. : ill. – 088000066X (Reprint)

A survey of Newfoundland postal history and postage stamps from the early nineteenth century to the 1930s. Covers handstruck stamps, regular, commemorative and air mail issues, postage due stamps, postal stationery, cancellations and postmarks, meter postage stamps, censor labels and postal service to Labrador. A brief essay on each issue is followed by a reference list of essays, proofs and issues. Black and white illustrations. Bibliography. List of post offices in Newfoundland and Labrador in 1940. Reprinted in a single volume with: Poole, Bertram W. H., *Postage stamps of Newfoundland* (Lawrence (Mass.) : Quarterman Publications, c1975).
HE6185 C23 N37   769.569718

Étude de l'histoire de la poste et des timbres-poste de Terre-Neuve, depuis le début du dix-neuvième siècle jusqu'aux années 1930. Porte sur les oblitérations manuelles, les émissions courantes, les timbres commémoratifs, les timbres pour la poste aérienne, les timbres-taxe, les entiers postaux, les cachets et les empreintes d'oblitération, les affranchissements par machine, les étiquettes de censure et le service postal au Labrador. Pour chaque émission, un court essai est suivi d'une liste de référence des essais, des épreuves et des émissions. Illustrations en noir et blanc. Bibliographie. Liste des bureaux de poste à Terre-Neuve et au Labrador en 1940. Réimprimé en un seul volume avec: Poole, Bertram W. H., *Postage stamps of Newfoundland* (Lawrence (Mass.) : Quarterman Publications, c1975).
HE6185 C23 N37   769.569718

Nova Scotia

Nouvelle-Écosse

2654
Argenti, Nicholas. – *The postage stamps of New Brunswick and Nova Scotia.* – London : Royal Philatelic Society, 1962. – xiv, 223 p., [25] p. of plates : ill. (some col.). – 0880000880 (Reprint)

A study of New Brunswick and Nova Scotia postage stamps issued between 1851 and 1867. Arranged in two parts for the Pence Issues of 1851 printed by Perkins Bacon and the Cents Issues of 1860 printed by the American Bank Note Company. Part 1 covers postmarks, first issues, forgeries, post office regulations and postal rates for each of New Brunswick and Nova Scotia. Part 2 covers quantities and dates of issue, die and plate proofs, stamps, remainders and forgeries, regulations, postal rates and covers for each of Nova Scotia and New Brunswick. Appendices: plate varieties of New Brunswick and Nova Scotia Pence and Cents issues. Subject index. Reprinted: Lawrence (Mass.) : Quarterman Publications, c1976. Includes corrigenda and addenda.   HE6185 C23 N3 fol.   769.569715

Étude des timbres-poste du Nouveau-Brunswick et de la Nouvelle-Écosse émis entre 1851 et 1867. Classement en deux parties sur les émissions de pence de 1851 imprimées par Perkins Bacon et les émissions des cents de 1860 imprimées par l'American Bank Note Company. La partie 1 porte sur les cachets d'oblitération, les premières émissions, les falsifiés, les règlements sur les bureaux de poste et les tarifs postaux au Nouveau-Brunswick et en Nouvelle-Écosse. La partie 2 porte sur les quantités et les dates des émissions, les matrices et les planches d'épreuves, les timbres, les invendus et les falsifiés, les règlements, les tarifs postaux et les emballages, pour chacune des deux provinces. Annexes: diverses planches des émissions des pence et des émissions des cents du Nouveau-Brunswick et de la Nouvelle-Écosse. Index des sujets. Réimprimé: Lawrence (Mass.) : Quarterman Publications, c1976. Inclut des corrections et des ajouts.   HE6185 C23 N3 fol.   769.569715

Prince Edward Island

Île-du-Prince-Édouard

2655
Lehr, James C. [Clinton]. – *The postage stamps and cancellations of Prince Edward Island, 1814-1873.* – Toronto : Unitrade Press, c1987. – [2], 174 p. : ill. – 0919801501

A study of the postage stamps and cancellations and postal history of Prince Edward Island. Arranged in two parts for stamps and cancellations. Covers postage rates and post offices, colonial stamps, proofs and essays, Island, paid, town, instructional and rate marks and fakes and forgeries. Black and white illustrations. Appendices: Post Office laws; extracts related to postal service from the *Prince Edward Island calendar* and *Harvie's Prince Edward Island almanac 1837-1875*; excerpts from the *Journal of the House of Assembly of Prince Edward Island* containing the annual report of the Postmaster General for 1861 and 1862.   HE6185 C23 P74 1987   769.569717

Étude des timbres-poste, des cachets d'oblitération et de l'histoire de la poste de l'Île-du-Prince-Édouard. Classement en deux parties, l'une sur les timbres et l'autre sur les oblitérations. Porte sur les tarifs postaux et les bureaux de poste, les timbres coloniaux, les épreuves et les essais, les faux et les falsifiés, ainsi que sur les marques de toutes sortes comme celles de l'Île et des villes, celles qui indiquent le paiement ou l'affranchissement et celles qui servent d'instructions. Illustrations en noir et blanc. Annexes: lois sur la poste; extraits relatifs au service postal tirés du *Prince Edward Island calendar* et du *Harvie's Prince Edward Island almanac 1837-1875*; extraits du *Journal of the House of Assembly of Prince Edward Island*, qui contient le rapport annuel du ministre des Postes de 1861 et celui de 1862.   HE6185 C23 P74 1987   769.569717

Quebec

Québec

2656

Serre, Louis-Maurice. – *La philatélie au Québec : index cumulatif des volumes 3 à 8 (1976/77-1981-82), sélectif par volume.* – [Montréal?] : Fédération québécoise de philatélie, 1982. – 184 p.

An index of volumes three through eight of the periodical *La philatélie au Québec*. Includes author and subject indexes for the six volumes combined as well as separate author and subject indexes for each volume. *La philatélie au Québec* is also indexed in *Radar*, vol. 10 (1981/82)-vol. 11 (1982/83). *Philatélie Québec* is indexed in *Point de repère*, 1984- . Forthcoming: *Philatélie Québec : index cumulatif des articles, sujets et auteurs, 1982-83 / 1993-94* (Boucherville : Michel Gagné, 1995). HE6187 S47 1982 fol. 016.769569714

Index des volumes trois à huit du périodique *La philatélie au Québec*. Inclut un index des auteurs et un index des sujets pour l'ensemble des six volumes ainsi que pour chacun de ces volumes. *La philatélie au Québec* est également répertorié dans *Radar*, vol. 10 (1981/82)-vol. 11 (1982/83). *Philatélie Québec* est répertorié dans *Point de repère*. À paraître: *Philatélie Québec : index cumulatif des articles, sujets et auteurs, 1982-83 / 1993-94* (Boucherville : Michel Gagné, 1995). HE6187 S47 1982 fol. 016.769569714

Photography

Photographie

Archival Resources

Fonds d'archives

2657

Guide to Canadian photographic archives = Guide des archives photographiques canadiennes. – Christopher Seifried, editor. – Ottawa : Public Archives Canada, 1984. – xxvi, 727 p. – 0660522748

Provisional ed., 1979. Includes 8,631 entries for collections of historical photographs reported by 139 Canadian archives, up to 1982. Alphabetically arranged by title of collection. Entries include collection title, birth and death dates for individuals or dates of existence for corporate bodies, geographical location, occupation, type and quantity of photographs, inclusive dates, contents notes, finding aids, repository name and control number. Repository, subject and photographer indexes. Z7137 G8 1983 fol. 017.537

Édition provisoire, 1979. Inclut 8 631 notices des collections de photographies historiques signalées par 139 archives canadiennes jusqu'en 1982. Classement alphabétique des titres de collections. Les notices contiennent le titre de la collection, les dates de naissance et de décès des personnes ou les dates d'existence des personnes morales, l'emplacement géographique, l'occupation, le type et la quantité de photographies, la période couverte, des notes sur le contenu, des instruments de recherche, le nom du dépôt d'archives et le numéro de contrôle. Trois index: dépôts d'archives, sujets et photographes. Z7137 G8 1983 fol. 017.537

2658

Guide to Canadian photographic archives = Guide des archives photographiques canadiennes. – Christopher Seifried, rédacteur. – Ottawa : Archives publiques Canada, 1984. – xxvi, 727 p. – 0660522748

Provisional ed., 1979. Includes 8,631 entries for collections of historical photographs reported by 139 Canadian archives, up to 1982. Alphabetically arranged by title of collection. Entries include collection title, birth and death dates for individuals or dates of existence for corporate bodies, geographical location, occupation, type and quantity of photographs, inclusive dates, contents notes, finding aids, repository name and control number. Repository, subject and photographer indexes. Z7137 G8 1983 fol. 017.537

Édition provisoire, 1979. Inclut 8 631 notices des collections de photographies historiques signalées par 139 archives canadiennes jusqu'en 1982. Classement alphabétique des titres de collections. Les notices contiennent le titre de la collection, les dates de naissance et de décès des personnes ou les dates d'existence des personnes morales, l'emplacement géographique, l'occupation, le type et la quantité de photographies, la période couverte, des notes sur le contenu, des instruments de recherche, le nom du dépôt d'archives et le numéro de contrôle. Trois index: dépôts d'archives, sujets et photographes. Z7137 G8 1983 fol. 017.537

Dictionaries

Dictionnaires

2659

Désilets, Antoine. – *La photo de A à Z.* – Antoine Désilets, Louis-Philippe Coiteux, Claude-M. Gariépy. – Montréal : Éditions de l'Homme, c1978. – 331, [5] p., [32] f. de planches : ill. (certaines en coul.), diagr. – 077590614X

An alphabetically arranged dictionary of French-language terms related to all aspects of photography. Entries include: French term, English term, French definition, cross-references to other terms. Illustrated with numerous diagrams and photographs. Index of English terms. Bibliography. TR9 D48 fol. 770.3

Dictionnaire selon l'ordre alphabétique des termes français se rapportant à tous les aspects de la photographie. Les notices contiennent: terme français, terme anglais, définition en français, renvois à d'autres termes. Illustré par de nombreux diagrammes et photographies. Index des termes anglais. Bibliographie. TR9 D48 fol. 770.3

2660

Pollet, Ray J. – *La photographie d'amateur (appareils et accessoires) : lexique des termes usuels (avec définitions et synonymes) = Amateur photography (still cameras and accessories) : a lexicon of basic terms (with definitions and synonyms).* – [Montréal] : Leméac, c1970. – 111 p.

A dictionary of English- and French-language terms related to amateur photography. Two parts: French-English lexicon with definitions in French; English-French lexicon with definitions in English. Bibliography. TR9 P64 771.03

Dictionnaire des termes anglais et français relatifs à la photographie d'amateur. Deux parties: lexique français-anglais avec définitions en français; lexique anglais-français avec définitions en anglais. Bibliographie. TR9 P64 771.03

Directories

Répertoires

2661

Directory = Répertoire. – (1954/55?)-   . – [Penticton, B.C. : Professional Photographers of Canada, 1954?]-   . –   vol. : ill., ports. – 0048-5462 – Cover title.

Annual. A directory of members of the Professional Photographers of Canada (PPOC) and of provincial associations affiliated with PPOC. Arranged by province and city or town. Entries include name, type of photography undertaken, company name, address, business and home telephone numbers. Directory of sustaining companies. Lists of award winners. Index of members alphabetically arranged. Index of advertisers.

Title varies: 1955/56, 1957, 1960-1962, *CAPPAC directory of Canadian professional photographers*; 1963/64, 1964/65, 1967, 1968, 1970, 1972/73, *Directory*; 1973-1975?, *National news - Directory issue*; 1978-1980, *Canadian directory of professional photography*; 1982/83-1989/90, *Directory*; 1990/91-   , *Directory = Répertoire*. Issues for 1990/91-   also have caption title: *Canadian directory of professional photographers*. TR12 C362 fol. 770.2571

Annuel. Répertoire des membres de Professional Photographers of Canada (PPOC) et des associations provinciales affiliées à cette organisation. Classement par provinces et par villes. Les notices contiennent le nom du photographe, le type de photographie, la raison sociale, l'adresse et les numéros de téléphone au studio et à la maison. Répertoire des compagnies. Listes des gagnants de prix. Index alphabétique des membres. Index des commanditaires.

Le titre varie: 1955/56, 1957, 1960-1962, *CAPPAC directory of Canadian professional photographers*; 1963/64, 1964/65, 1967, 1968, 1970, 1972/73, *Directory*; 1973-1975?, *National news - Directory issue*; 1978-1980, *Canadian directory of professional photography*; 1982/83-1989/90, *Directory*; 1990/91-   , *Directory = Répertoire*. Les répertoires de 1990/91-   portent également le titre de départ: *Canadian directory of professional photographers*. TR12 C362 fol. 770.2571

2662

National Archives of Canada. Documentary Art and Photography Division. – *Photographer checklist* [online]. – [Ottawa : National Archives of Canada, Documentary Art and Photography Division, 198?-   ].

A database of entries for photographers who were listed in Canadian city directories to 1885. Entries include name of photographer or firm, occupation, address and bibliographical reference with page number to city directory in which photographer was listed. Can be searched on request. TR12 770.2571

Base de données contenant des notices sur les photographes qui figuraient dans les annuaires de villes canadiennes jusqu'en 1885. Les notices incluent le nom du photographe ou de l'entreprise, l'occupation, l'adresse et une référence bibliographique avec le numéro de page de l'annuaire de villes où figurait le nom du photographe. Des recherches peuvent être faites dans cette base de données, sur demande. TR12 770.2571

Encyclopedias

Encyclopédies

2663

Nadeau, Luis. – *Encyclopedia of printing, photographic, and photomechanical processes : a comprehensive reference to reproduction technologies containing invaluable information on over 1500 processes.* – Fredericton : Atelier Luis Nadeau, c1989-c1990. – 2 vols. (200 ; 300-542 p.) : ill. – 0969084153 (vol. 1) 0969084161 (vol. 2)

Alphabetically arranged encyclopedia of printing, photographic or photomechanical processes. Vol. 1, A-L; vol. 2, M-Z. Entries include: English term, German term, type of process, English-language definition and history, references to sources, cross-references to other terms. Each volume has indexes of German terms and proper names and a general index. Vol. 2 includes an index of specimens referred to in vols. 1 and 2, and an appendix of technical terms and abbreviations about prints. TR9 N33 1989 771.03

Encyclopédie alphabétique des procédés d'impression ainsi que des procédés photographiques et photomécaniques. Vol. 1, A-L; vol. 2, M-Z. Les notices contiennent: terme anglais, terme allemand, type de processus, définition et historique en anglais, références à des sources, renvois à d'autres termes. Chaque volume contient trois index: termes allemands, noms propres, général. Le vol. 2 inclut un index des échantillons mentionnés dans les volumes 1 et 2 et, en annexe, une liste des termes techniques et des abréviations relatives aux imprimés. TR9 N33 1989 771.03

Handbooks

Guides

2664

Du Vernet, Christopher. – *Photography and the law : copyright, obscenity, liability, invasion of privacy.* – 2nd ed. – North Vancouver : International Self-Counsel Press, 1991. – xiv, 185 p. – (Self-counsel legal series). – 0889086664

1st ed., 1986. A guide to the law regarding photography in Canada and the United States. Covers the following topics: photographing subjects such as currency, stamps, buildings and people; obscenity; how to take and use photographs; releases; copyright; business issues such as insurance, contracts and payment. Samples of release and copyright registration forms. Glossary.   KE2868 D89 1991   346.71002477

1er éd., 1986. Guide sur les lois relatives à la photographie au Canada et aux États-Unis. Porte sur les sujets suivants: les sujets de photographies comme la monnaie, les timbres, les immeubles et les personnes; l'obscénité; la façon de prendre et d'utiliser des photographies; les libérations; le droit d'auteur; les questions commerciales comme les assurances, les contrats et les paiements. Exemples de formulaires de libération pour l'enregistrement des droits d'auteur. Glossaire.   KE2868 D89 1991   346.71002477

2665

Where to sell your photographs in Canada : Canadian photo market. – Edited by Melanie E. Rockett. – (1991)-   . – Edmonton : Proof Positive Productions, c1990-   . – vol. – 0921528027

Annual. A guide to Canadian photography markets for amateur and professional photographers. Brief essays on business aspects such as photograph submission, record keeping and copyright. Profiles of four professionals working in the field: a graphic designer, photographer, stock agency owner and a newspaper editor. Directories of magazines, publishers, stock agencies, newspapers, publications which do not pay for photographs and companies and publications which do not use photographs or accept submissions. Entries for publications, publishers or agencies include the following pieces of information: name, address, telephone and fax numbers; names of publisher, editor and/or photo editor; frequency and circulation for publications; date established for companies; description of type of publication, publisher or agency, subject areas and audience; photographs used and purchased; payment range; how to make contact; availability of photography or writer's guidelines; preferred formats for black and white or colour photographs; comments. Index of publications and companies. Forthcoming: *Canadian markets for writers & photographers* (Edmonton : Proof Positive Productions, 1995).   TR690 W53   770.688

Annuel. Guide sur les marchés canadiens de la photographie destiné aux photographes amateurs et professionnels. Courts essais sur les aspects commerciaux comme la présentation de photographies, la tenue de dossiers et le droit d'auteur. Profil de quatre professionnels qui travaillent dans le domaine: un graphiste, un photographe, le propriétaire d'une photothèque et le rédacteur en chef d'un journal. Répertoires de revues, d'éditeurs, de photothèques, de journaux, de publications qui ne paient pas pour la publication de photographies, et de compagnies et de publications qui n'utilisent pas de photographies ou qui ne veulent pas en recevoir. Les notices sur les publications, les éditeurs ou les photothèques comprennent les données suivantes: nom, adresse, numéros de téléphone et de télécopieur; noms de l'éditeur, du rédacteur en chef et (ou) du responsable de la photographie; fréquence et tirage des publications; date de fondation des compagnies; description du type de publication, d'éditeur ou d'agence, des sujets traités et du public; photographies utilisées et achetées; gamme de prix; manière de prendre contact; disponibilité de lignes directrices à l'intention du photographe ou du journaliste; formats préférés pour les photographies en noir et blanc ou en couleurs; commentaires. Index des publications et des compagnies. À paraître: *Canadian markets for writers & photographers* (Edmonton : Proof Positive Productions, 1995).   TR690 W53   770.688

History and Surveys

Aperçus historiques et études diverses

2666

Le coeur au métier : la photographie amateur au Canada, de 1839 à 1940. – Publié sous la direction de Lilly Koltun, Guy Tessier ; rédigé par des membres de la Collection nationale de photographies, Archives publiques du Canada, Andrew J. Birrell, Peter Robertson, Lilly Koltun, Andrew C. Rodger, Joan M. Schwartz. – Ottawa : Archives publiques Canada, c1985. – xv, 335 p. : ill. (certaines en coul.). – 06691140X

A study of amateur photography in Canada, based on an exhibition held at the Public Archives of Canada (now the National Archives of Canada) in 1983. Essays provide chronological coverage of the period from 1839 to 1940. Black and white and colour photographs are accompanied by the following notes: title, date, medium, dimensions, collection. The majority of works are held by the National Archives of Canada. Biographies of photographers include information on other collections in which photographs are held. Bibliography. Index. Also published in English under the title: *Private realms of light : amateur photography in Canada, 1839-1940.*   TR26 P714 1984   770.233097107471384

Étude de la photographie amateur au Canada, fondée sur une exposition qui a eu lieu aux Archives publiques du Canada (aujourd'hui les Archives nationales du Canada) en 1983. Les essais couvrent en ordre chronologique la période qui va de 1839 à 1940. Les photographies en noir et blanc ou en couleurs sont accompagnées des données suivantes: titre, date, médium, dimensions, collection. La plupart des oeuvres se trouvent aux Archives nationales du Canada. Les biographies des photographes comprennent des données sur les autres collections dont leurs photographies font partie. Bibliographie. Index. Publié aussi en anglais sous le titre: *Private realms of light : amateur photography in Canada, 1839-1940.*   TR26 P714 1984   770.233097107471384

2667

Exposure : Canadian contemporary photographers = Exposure : photographes canadiens contemporains. – Toronto : Art Gallery of Ontario, c1975. – 192 p. : chiefly ill. (some col.). – 0919876064

The bilingual catalogue of an exhibition of contemporary works by Canadian photographers, organized by the Art Gallery of Ontario. Photographs are accompanied by the following notes: artist's name, place of residence and place and date of birth, medium and dimensions. Artist index.   TR646 C4 T6 fol.   779.097107471354

Catalogue bilingue d'une exposition qui regroupait les oeuvres contemporaines de photographes canadiens et qui était organisée par la Galerie d'art de l'Ontario. Les photographies sont accompagnées des données suivantes: nom de l'artiste, lieu de résidence, lieu et date de naissance, médium et dimensions de l'oeuvre. Index des artistes. TR646 C4 T6 fol.   779.097107471354

2668

Exposure : Canadian contemporary photographers = Exposure : photographes canadiens contemporains. – Toronto : Galerie d'art de l'Ontario, c1975. – 192 p. : ill. (certaines en coul.). – 0919876064

The bilingual catalogue of an exhibition of contemporary works by Canadian photographers, organized by the Art Gallery of Ontario. Photographs are accompanied by the following notes: artist's name, place of residence and place and date of birth, medium and dimensions. Artist index.   TR646 C4 T6 fol.   779.097107471354

Catalogue bilingue d'une exposition qui regroupait les oeuvres contemporaines de photographes canadiens et qui était organisée par la Galerie d'art de l'Ontario. Les photographies sont accompagnées des données suivantes: nom de l'artiste, lieu de résidence, lieu et date de naissance, médium et dimensions de l'oeuvre. Index des artistes. TR646 C4 T6 fol.   779.097107471354

2669

Greenhill, Ralph. – *Canadian photography, 1839-1920.* – Ralph Greenhill and Andrew Birrell. – Toronto : Coach House Press, c1979. – 171, [8] p. : ill., ports. – 0889101345

A history of the development of photography in Canada during the period 1839 through 1920. Discusses photographic processes such as daguerreotype, wet-plate and dry-plate, subject matter and photographers. 104 photographs of Canadian scenes, events and people are reproduced. Bibliography. Index of photographers, processes, etc. Revised and expanded ed. of the author's *Early photography in Canada* (Toronto : Oxford University Press, 1965).   TR26 G72 1979 fol.   770.971

Histoire du développement de la photographie au Canada entre 1839 et 1920. Discute des procédés photographiques comme le daguerréotype, la plaque sèche et mouillée, des sujets abordés et des photographes. Reproduction de 104 photographies de paysages, d'événements et de personnes du Canada. Bibliographie. Index des photographes, des procédés, etc. Édition revue et augmentée de *Early photography in Canada* (Toronto : Oxford University Press, 1965) du même auteur.   TR26 G72 1979 fol.   770.971

2670

Jones, Laura. – *Rediscovery : Canadian women photographers, 1841-1941 : May 13-June 27, 1983.* – London (Ont.) : London Regional Art Gallery, c1983. – 36 p. : ill. – 0920872255

The catalogue of an exhibition of 59 photographs by Canadian women photographers active during the period from 1841 to 1941. Brief biographies of twelve of the photographers. Fourteen photographs are reproduced. Catalogue entries include name of photographer, title, date, medium, dimensions and collection. TR26 J65 1983   779.097107471326

Catalogue d'une exposition de 59 photographies réalisées par des photographes canadiennes actives entre 1841 et 1941. Courtes biographies de douze femmes photographes. Reproduction de quatorze photographies. Les notices du catalogue contiennent le nom de la photographe, le titre de l'oeuvre, la date, le médium, les dimensions et la collection.   TR26 J65 1983   779.097107471326

2671

Latitudes + parallels : focus on contemporary Canadian photography = Latitudes + parallèles : convergences sur la photographie canadienne contemporaine. – Editor, Charles Wilkins ; translator, Jean-Jacques Le François. – Winnipeg : Winnipeg Art Gallery, c1983. – 109 p. : ill. (some col.). – 088915113X

The bilingual catalogue of a juried exhibition of 80 photographs dating from the early 1980s by 27 Canadian photographers. Organized by the Winnipeg Art Gallery. Alphabetically arranged by name of photographer. Place of residence, date and place of birth provided for each photographer. Notes with each photograph include title, date, medium and dimensions. Artist index. TR646 C32 W5595 1983 fol.   779.0971074712743

Catalogue bilingue d'une exposition avec jury de 80 photographies qui datent du début des années 1980 et qui ont été réalisées par 27 photographes canadiens. Exposition organisée par la Winnipeg Art Gallery. Classement alphabétique par noms de photographes. Pour chaque photographe sont précisés le lieu de résidence ainsi que la date et le lieu de naissance. Les photographies sont accompagnées du titre, de la date, du médium et des dimensions. Index des artistes. TR646 C32 W5595 1983 fol.   779.0971074712743

2672

National Film Board of Canada. Still Photography Division. – *Contemporary Canadian photography from the collection of the National Film Board = Photographie canadienne contemporaine de la collection de l'Office national du film.* – Edmonton : Hurtig Publishers, 1984. – 176 p. : ill. (some col.). – 0888302649

A selection of over 100 Canadian photographs dating from the 1950s through 1984, from the collection of the National Film Board of Canada. Arranged roughly chronologically. Name of photographer, title, date, dimensions, medium, and notes on circumstances and significance provided for each photograph. Bilingual text. English- and French-language indexes of photographers with place

Sélection de plus de 100 photographies canadiennes qui datent d'entre 1950 et 1984 et qui proviennent de la collection de l'Office national du film du Canada. Classement chronologique approximatif. Pour chaque photographie sont fournies les données suivantes: nom du photographe, titre, date, dimensions, médium et notes sur l'importance et sur les circonstances qui l'entourent. Texte bilingue. Index en anglais et index en français des photographes avec lieu de

of residence, date and place of birth and death. The collection is now held by the Canadian Museum of Contemporary Photography. Negatives from the period 1939 to 1962 are held by the National Archives of Canada.   TR654 N38 1984 fol.   779.0971

résidence ainsi que date et lieu de naissance et de décès. La collection appartient maintenant au Musée canadien de la photographie contemporaine. Les négatifs des photographies qui datent d'entre 1939 et 1962 se trouvent aux Archives nationales du Canada. TR654 N38 1984 fol.   779.0971

2673

Office national du film du Canada. Service de la photographie. – *Contemporary Canadian photography from the collection of the National Film Board = Photographie canadienne contemporaine de la collection de l'Office national du film. –* Edmonton : Hurtig Publishers, 1984. – 176 p. : ill. (certaines en coul.). – 0888302649

A selection of over 100 Canadian photographs dating from the 1950s through 1984, from the collection of the National Film Board of Canada. Arranged roughly chronologically. Name of photographer, title, date, dimensions, medium, and notes on circumstances and significance provided for each photograph. Bilingual text. English- and French-language indexes of photographers with place of residence, date and place of birth and death. The collection is now held by the Canadian Museum of Contemporary Photography. Negatives from the period 1939 to 1962 are held by the National Archives of Canada.   TR654 N38 1984 fol.   779.0971

Sélection de plus de 100 photographies canadiennes qui datent d'entre 1950 et 1984 et qui proviennent de la collection de l'Office national du film du Canada. Classement chronologique approximatif. Pour chaque photographie sont fournies les données suivantes: nom du photographe, titre, date, dimensions, médium et notes sur l'importance et sur les circonstances qui l'entourent. Texte bilingue. Index en anglais et index en français des photographes avec lieu de résidence ainsi que date et lieu de naissance et de décès. La collection appartient maintenant au Musée canadien de la photographie contemporaine. Les négatifs des photographies qui datent d'entre 1939 et 1962 se trouvent aux Archives nationales du Canada. TR654 N38 1984 fol.   779.0971

2674

Private realms of light : amateur photography in Canada, 1839-1940. – Edited by Lilly Koltun; written by members of the National Photography Collection , Public Archives of Canada : Andrew J. Birrell, Peter Robertson, Lilly Koltun, Andrew C. Rodger, Joan M. Schwartz. – Markham (Ont.) : Fitzhenry & Whiteside, c1984. – xv, 335 p. : ill. (some col.), ports. – 0889027447

A study of amateur photography in Canada, based on an exhibition held at the Public Archives of Canada (now the National Archives of Canada) in 1983. Essays provide chronological coverage of the period from 1839 to 1940. Black and white and colour photographs are accompanied by the following notes: title, date, medium, dimensions, collection. The majority are held by the National Archives of Canada. Biographies of photographers include information on other collections in which photographs are held. Bibliography. Index. Also published in French under the title: *Le coeur au métier : la photographie amateur au Canada, de 1839 à 1940.*   TR26 P75 1984 fol. 779.097107471384

Étude de la photographie amateur au Canada, fondée sur une exposition qui a eu lieu aux Archives publiques du Canada (aujourd'hui les Archives nationales du Canada) en 1983. Les essais couvrent en ordre chronologique la période qui va de 1839 à 1940. Les photographies en noir et blanc ou en couleurs sont accompagnées des données suivantes: titre, date, médium, dimensions, collection. La plupart des oeuvres se trouvent aux Archives nationales du Canada. Les biographies des photographes comprennent des données sur les autres collections dont leurs photographies font partie. Bibliographie. Index. Publié aussi en français sous le titre: *Le coeur au métier : la photographie amateur au Canada, de 1839 à 1940.* TR26 P75 1984 fol.   779.097107471384

2675

Visions : an exhibition of contemporary Native photography organized by the Native Indian/Inuit Photographers' Association. – Organized by the Native Indian/Inuit Photographers' Association. – [Hamilton, Ont. : Native Indian/Inuit Photographers' Association, 1986]. – 41 p. : ill., ports.

The catalogue of an exhibition of contemporary works by sixteen Canadian and American Native photographers. Alphabetically arranged by name of photographer. One photograph by each is reproduced. Biographies include a list of recent exhibitions, an artist's statement and a portrait. Includes an essay on the history of Native peoples as photographic subjects.   TR646 C32 H35 1986 fol. 779.097107471352

Catalogue d'une exposition d'oeuvres contemporaines réalisées par seize photographes autochtones canadiens et américains. Classement alphabétique par noms de photographes. Pour chaque photographe, une oeuvre est reproduite. Les biographies comprennent une liste des récentes expositions, une déclaration de l'artiste et un portrait. Inclut un essai sur l'histoire des Autochtones en tant que sujets de photographies.   TR646 C32 H35 1986 fol.   779.097107471352

Alberta

Alberta

2676

Whyte Museum of the Canadian Rockies. Archives. – *Guide to photographs : the fonds and collections of the Archives, Whyte Museum of the Canadian Rockies. –* By Margery Tanner Hadley. – Banff (Alta.) : the Museum, 1990. – xi, 125 p. : ill., ports. – 0920608396

A guide to the fonds and collections of photographs relating to the Canadian Rockies, held by the Whyte Museum. Alphabetically arranged by name of fonds or collection. Entries include: name of fond or collection, call number, format of material, inclusive dates, physical extent, biographical/historical notes, contents, provenance, source/donor, restrictions on access, availability of finding aids, condition. A selection of photographs are reproduced in the guide. Subject index.   Z7137 W48 1990 fol.   016.971233200222

Guide sur les fonds et les collections de photographies qui se rapportent aux Rocheuses canadiennes et qui se trouvent au Whyte Museum. Classement alphabétique par noms de fonds ou de collections. Les notices comprennent: nom du fonds ou de la collection, cote, format du document, période couverte, envergure de la collection, notes biographiques ou historiques, contenu, provenance, source ou donateur, restrictions relatives à l'accès, disponibilité des instruments de recherche, état. Une sélection de photographies sont reproduites dans le guide. Index des sujets.   Z7137 W48 1990 fol. 016.971233200222

Atlantic Provinces　　　　　　　　　　　　　　　*Provinces de l'Atlantique*

2677

An Atlantic album : photographs of the Atlantic Provinces, before 1920. – Scott Robson and Shelagh Mackenzie. – Halifax : Nimbus Publishing, c1985. – 168 p. : ill. – 0920852408

A selection of over 150 photographs dating from the period 1870 through 1920, from communities throughout the Atlantic Provinces. Includes a brief history of early photography in the Atlantic Provinces. Photographs are grouped by subject matter such as people, places and activities. Title, name of photographer if known, date, collection and notes on the subject or circumstances of the photograph are provided for each. Biographical notes on photographers. List of photographs. Bibliography.　TR653 A84 1985 779.09715

Sélection de plus de 150 photographies qui datent d'entre 1870 et 1920 et qui proviennent de communautés des provinces de l'Atlantique. Inclut un court historique des débuts de la photographie dans les provinces de l'Atlantique. Les photographies sont regroupées par sujets comme les personnes, les lieux et les activités. Pour chaque photographie sont fournies les données suivantes: le titre, le nom du photographe s'il est connu, la date, la collection et des notes sur le sujet de la photographie ou sur les circonstances qui l'entourent. Notes biographiques sur les photographes. Liste des photographies. Bibliographie.　TR653 A84 1985　779.09715

2678

Atlantic parallels : works by ten photographers = Parallèles atlantiques : oeuvres de dix photographes. – [Montreal] : National Film Board of Canada, c1980. – [32] p. : ill. (some col.). – 0889340072

The bilingual catalogue of an exhibition of works by ten photographers of the Atlantic Provinces. An essay on each photographer discusses style, technique and subject matter and provides some biographical information. Black and white or colour reproductions of selected photographs. Physical description of each artist's group of photographs.　TR646　779.09715074

Catalogue bilingue d'une exposition d'oeuvres réalisées par dix photographes des provinces de l'Atlantique. Un essai sur chaque photographe fournit quelques données biographiques et discute de son style, de sa technique et du sujet traité. Reproductions en noir et blanc ou en couleurs d'une sélection de photographies. Description matérielle du groupe de photographies de chaque artiste.　TR646 779.09715074

2679

Atlantic parallels : works by ten photographers = Parallèles atlantiques : oeuvres de dix photographes. – [Montréal] : Office national du film du Canada, c1980. – [32] p. : ill. (certaines en coul.). – 0889340072

The bilingual catalogue of an exhibition of works by ten photographers of the Atlantic Provinces. An essay on each photographer discusses style, technique and subject matter and provides some biographical information. Black and white or colour reproductions of selected photographs. Physical description of each artist's group of photographs.　TR646　779.09715074

Catalogue bilingue d'une exposition d'oeuvres réalisées par dix photographes des provinces de l'Atlantique. Un essai sur chaque photographe fournit quelques données biographiques et discute de son style, de sa technique et du sujet traité. Reproductions en noir et blanc ou en couleurs d'une sélection de photographies. Description matérielle du groupe de photographies de chaque artiste.　TR646 779.09715074

2680

Fact or fiction : some points of view in contemporary Nova Scotian photography : Robert Bean, Barbara Badessi, Bruce Johnson, Maureen Donnelly, Susan McEachern, David Middleton, Charlie Murphy, Geri Nolan. – Cathy Busby, guest curator. – Halifax : Art Gallery of Nova Scotia, c1990. – 24 p. : ill. – 0888711336

The catalogue of an exhibition of contemporary works by eight Nova Scotia photographers, organized by the Art Gallery of Nova Scotia. Ten photographs are reproduced in the catalogue with notes on title, date, dimensions and medium and a brief essay on subject matter, style and technique. Biographies of photographers. List of works exhibited.　TR646　779.09716074716225

Catalogue d'une exposition qui regroupait des oeuvres contemporaines réalisées par huit photographes de la Nouvelle-Écosse et qui était organisée par la Gallerie d'art de Nouvelle-Écosse. Dix photographies sont reproduites dans le catalogue avec indication du titre, de la date, des dimensions et du médium, ainsi qu'un court essai sur le sujet traité, le style et la technique. Biographies des photographes. Liste des oeuvres exposées.　TR646 779.09716074716225

2681

Twelve photographers, February 12 - March 15, 1981. – Charlottetown : Confederation Centre Art Gallery and Museum, Confederation Centre of the Arts, [1981?]. – 16 p. : ill.

The catalogue of an exhibition of 60 photographs by twelve photographers of Prince Edward Island. Alphabetically arranged by name of artist. Illustrated with black and white reproductions of one photograph by each photographer. Biographies.　TR26 C485 1981 779.097170747175

Catalogue d'une exposition de 60 photographies réalisées par douze photographes de l'Île-du-Prince-Édouard. Classement alphabétique par noms d'artistes. Reproduction en noir et blanc d'une oeuvre de chaque photographe. Biographies.　TR26 C485 1981 779.097170747175

British Columbia

Colombie-Britannique

2682

Cobb, Myrna. – *Eight women photographers of British Columbia, 1860-1978.* – By Myrna Cobb and Sher Morgan. – Victoria : [s.n.], c1978. – 97 p. : ill., ports.

Biographies of eight British Columbia women photographers with selections of their photographs. Chronologically arranged. TR27 B7 C63   779.09711

Biographies de huit femmes photographes de la Colombie-Britannique accompagnées de certaines de leurs photographies. Classement chronologique.   TR27 B7 C63   779.09711

2683

Eleven early British Columbian photographers, 1890-1940. – [Vancouver : Vancouver Art Gallery, 1976?]. – [40] p. : ill.

The catalogue of an exhibition of works by eleven British Columbia photographers active during the period 1890 through 1940. Brief biographies. Reproductions of nineteen photographs. TR646 C32 V35 1976   779.0971107471133

Catalogue d'une exposition d'oeuvres réalisées par onze photographes de la Colombie-Britannique actifs entre 1890 et 1940. Courtes biographies. Reproduction de dix-neuf photographies. TR646 C32 V35 1976   779.0971107471133

2684

Mattison, David. – *Camera workers : the British Columbia photographers directory, 1858-1900.* – 1st ed. – Victoria : Camera Workers Press, 1985. – 1 vol. (various pagings) : ill. – 0969202903

Biographical entries for commercial, landscape, portrait and some amateur photographers who worked in or visited British Columbia during the period from 1858 to 1900. Entries include: name and variants, places and dates of birth and death, places of professional activity, business and home addresses with dates, period of professional activity, category of camera worker, biographical summary, collections, identifying marks, bibliographical references. Bibliography. Indexes: variant name, special categories, date, geographical. TR139 M37 1985 fol.   770.922

Notices biographiques des photographes commerciaux, de paysages, des portraitistes et quelques photographes amateurs qui ont travaillé en Colombie-Britannique ou qui ont visité cette province entre 1858 et 1900. Les notices contiennent: nom et les variantes, lieux et dates de naissance et de décès, lieux d'activité professionnelle, adresses commerciale et personnelle avec dates, période d'activité professionnelle, type de travail en photographie, résumé biographique, collections, marques d'identification, références bibliographiques. Bibliographie. Quatre index: variantes de noms, catégories spéciales, dates, géographique.   TR139 M37 1985 fol.   770.922

2685

Williams, Carol. – *A bibliography on historic and contemporary photography in British Columbia.* – Surrey (B.C.) : Surrey Art Gallery, 1992. – 16 leaves. – 0920181325 – Cover title.

A bibliography of books, theses, exhibition catalogues, periodical and newspaper articles and exhibition reviews on historical and contemporary British Columbia photography. Arranged in sections covering historical photography, ethnohistorical photographs, local social history, First Nations research and artists, contemporary photography.   Z7134 B53 1992 fol.   016.77909711

Bibliographie de livres, de thèses, de catalogues d'exposition, d'articles de périodiques et de journaux, et de critiques d'expositions sur la photographie historique et contemporaine en Colombie-Britannique. Classement en sections qui portent sur la photographie historique, les photographies ethnohistoriques, l'histoire sociale locale, la recherche sur les premières nations et les artistes autochtones, la photographie contemporaine.   Z7134 B53 1992 fol. 016.77909711

Manitoba

Manitoba

2686

A sense of place : photography in Manitoba : Winnipeg Art Gallery, November 27, 1986 to January 27, 1987. – Essay by Shirley Madill. – Winnipeg : Winnipeg Art Gallery, c1986. – 28 p. : ill. (some col.). – 0889151334

The catalogue of an exhibition of contemporary works by eleven Manitoba photographers, organized by the Winnipeg Art Gallery. Introductory essay on the subject matter and style of the photographs exhibited. One photograph by each artist is reproduced in the catalogue, accompanied by a biography. A list of works exhibited provides title, date, medium and dimensions for each. TR646 C32 W555 1986   779.097127074712743

Catalogue d'une exposition qui regroupait les oeuvres contemporaines de onze photographes manitobains et qui était organisée par la Winnipeg Art Gallery. Essai de présentation sur les sujets traités et sur le style des photographies exposées. Pour chaque artiste, une photographie est reproduite dans le catalogue et accompagnée d'une biographie. La liste des oeuvres exposées comprend le titre de chaque oeuvre, la date, le médium et les dimensions.   TR646 C32 W555 1986   779.097127074712743

Ontario

2687

Phillips, Glen C. – *The Ontario photographers list (1851-1900)*. – Sarnia (Ont.) : Iron Gate Publishing, c1990. – xiii, 125 p. – 0921818041

A listing of 2,976 photographers who worked in Ontario during the period from 1851 to 1900. Compiled from directories. Arranged by community. Entries include name, occupation and dates of professional activity. Indexes of communities and names.   TR12 P48 1990 fol.   770.25713

Liste des 2 976 photographes qui ont travaillé en Ontario entre 1851 et 1900. Compilée à partir d'annuaires de villes. Classement par communautés. Les notices comprennent le nom, l'occupation et la période d'activité professionnelle. Deux index: communautés, noms. TR12 P48 1990 fol.   770.25713

2688

***Seeing people, seeing space : contemporary photography from Ontario, Canada*.** – [Toronto : Visual Arts Ontario, 1984?]. – 35 p. : ill. (some col.).

The catalogue of an exhibition of contemporary works by fifteen Ontario photographers, held at the Photographers Gallery, London, England. One photograph by each artist is reproduced. Biographies include an artist's statement, lists of solo and group exhibitions, awards, publications and list of works exhibited with notes on title, date, medium and dimensions.   TR646 G72 L65 1984 779.0971307471326

Catalogue d'une exposition qui regroupait les oeuvres contemporaines de quinze photographes ontariens et qui a eu lieu à la Photographers Gallery, à Londres, en Angleterre. Une photographie de chaque artiste est reproduite. Les biographies comprennent une déclaration de l'artiste, les listes des expositions individuelles et collectives, les prix remportés, les publications et la liste des oeuvres exposées avec titre, date, médium et dimensions.   TR646 G72 L65 1984   779.0971307471326

Quebec / Québec

2689

***Photographie actuelle au Québec = Quebec photography invitational*.** – Montréal : Centre Saidye Bronfman, 1982. – 48 p. : ill. (certaines en coul.).

The bilingual catalogue of an exhibition of works by 25 contemporary Quebec photographers, organized by the Saidye Bronfman Centre. Six colour and nineteen black and white photographs with title, date, medium and dimensions noted. Biographies of artists include date and place of birth, education, individual and group exhibitions and awards.   TR27 Q8 P455 1982   779.0971407471428

Catalogue bilingue d'une exposition qui regroupait les oeuvres de 25 photographes contemporains du Québec et qui était organisée par le Centre Saidye Bronfman. Six photographies en couleurs et dix-neuf en noir et blanc avec titre, date, médium et dimensions. Les biographies des artistes comprennent la date et le lieu de naissance, les études, les expositions individuelles et collectives et les prix remportés.   TR27 Q8 P455 1982   779.0971407471428

2690

Québec (Province). Musée d'art contemporain. – *Esthétiques actuelles de la photographie au Québec : onze photographes*. – Montréal : le Musée, c1982. – 35 p. : ill. (certaines en coul.). – 2551047331

An exhibition of 56 photographic works from the 1970s, by eleven Quebec photographers. Organized for the Rencontres internationales de la photographie, Arles, France, July 8-August 21, 1982. Nine black and white and five colour photographs are included in the catalogue with notes on name of photographer, title of work, date, medium, dimensions and collection. Biographical notes on artists include lists of collective and individual exhibitions. Bibliography. List of works exhibited.   TR646   779.097140744491

Exposition de 56 oeuvres photographiques des années 1970 réalisées par 11 photographes québécois. Organisée à l'occasion des Rencontres internationales de la photographie, Arles, France, qui avaient lieu du 8 juillet au 21 août 1982. Le catalogue contient neuf photographies en noir et blanc et cinq photographies en couleur avec notes sur le nom du photographe, le titre de l'oeuvre, la date, le médium, les dimensions et la collection. Les notes biographiques sur les artistes comprennent les listes des expositions individuelles et collectives. Bibliographie. Liste des oeuvres exposées.   TR646 779.097140744491

2691

***La traversée des mirages : photographie du Québec : Champagne-Ardenne, été 1992*.** – [Troyes, France] : Transfrontières, 1992. – 125 p. : ill.

The bilingual catalogue of an exhibition of works by fourteen contemporary Quebec photographers. Held in various locations of the Champagne-Ardenne region of France. Organized by the Association Transfrontières and VU, centre d'animation et de diffusion de la photographie (Québec). Includes essays on Quebec and contemporary photography. Several photographs by each artist are reproduced with notes on title, date, medium and dimensions. Also includes a critical text on each artist's work, excerpted from an article or a monograph. Biographical notes include place and date of birth, place of residence, lists of solo and group exhibitions. List of works exhibited.   TR646 F7 T72 1992 fol.   779.09714074443

Catalogue bilingue d'une exposition d'oeuvres réalisées par quatorze photographes contemporains du Québec. Cette exposition a été présentée à divers endroits dans la région Champagne-Ardenne, en France. Elle était organisée par l'Association Transfrontières et par VU, centre d'animation et de diffusion de la photographie (Québec). Inclut des essais sur la photographie québécoise et contemporaine. Plusieurs photographies de chaque artiste sont reproduites avec titre, date, médium et dimensions. Inclut aussi une critique de l'oeuvre de chaque artiste tirée d'un article ou d'une monographie. Les notes biographiques comprennent le lieu et la date de naissance, le lieu de résidence, ainsi que la liste des expositions individuelles et collectives. Liste des oeuvres exposées. TR646 F7 T72 1992 fol. 779.09714074443

Saskatchewan

Saskatchewan

2692

Between time and place : contemporary Saskatchewan photography. – Randy Burton and Don Hall, editors ; introductory essay by Dan Thorburn. – Saskatoon : Fifth House, c1989. – 1 vol. (unpaged) : ill. (some col.). – 0920079466

A selection of 86 photographs taken by 25 Saskatchewan photographers during the 1970s and 1980s. Includes an essay on the history of photography in Saskatchewan and biographical notes on the photographers. Twenty colour photographs. TR654 B49 1989 779.097124

Sélection de 86 photographies prises par 25 photographes de la Saskatchewan pendant les années 1970 et 1980. Inclut un essai sur l'histoire de la photographie en Saskatchewan et des notes biographiques sur les photographes. Vingt photographies en couleurs. TR654 B49 1989 779.097124

Sculpture

Sculpture

2693

Cameron, Dorothy. – *Sculpture '67 : an open-air exhibition of Canadian sculpture = Sculpture '67 : exposition en plein air de sculptures canadiennes.* – Presented by the National Gallery of Canada. – Ottawa : Queen's Printer, 1968. – 115 p. : ill. (some col.), ports.

The bilingual catalogue of an open-air exhibition of Canadian sculpture, organized by the National Gallery of Canada for the Canadian centennial. Includes 65 works by 51 sculptors. Black and white and colour reproductions of exhibited works with notes on title, date, medium and dimensions. Artists' statements and brief biographies. NB245 730.97107471384

Catalogue bilingue d'une exposition en plein-air de sculptures canadiennes, organisée par la Galerie nationale du Canada à l'occasion du centenaire du Canada. Comprend 65 oeuvres réalisées par 51 sculpteurs. Reproductions en noir et blanc ou en couleurs des oeuvres exposées, avec notes: titre, date, médium et dimensions. Déclarations des artistes et courtes biographies. NB245 730.97107471384

2694

Cameron, Dorothy. – *Sculpture '67 : an open-air exhibition of Canadian sculpture = Sculpture '67 : exposition en plein air de sculptures canadiennes.* – Presentée par la Galerie nationale du Canada. – Ottawa : Imprimeur de la Reine, 1968. – 115 p. : ill. (certaines en coul.), portr.

The bilingual catalogue of an open-air exhibition of Canadian sculpture, organized by the National Gallery of Canada for the Canadian centennial. Includes 65 works by 51 sculptors. Black and white and colour reproductions of exhibited works with notes on title, date, medium and dimensions. Artists' statements and brief biographies. NB245 730.97107471384

Catalogue bilingue d'une exposition en plein-air de sculptures canadiennes, organisée par la Galerie nationale du Canada à l'occasion du centenaire du Canada. Comprend 65 oeuvres réalisées par 51 sculpteurs. Reproductions en noir et blanc ou en couleurs des oeuvres exposées, avec notes: titre, date, médium et dimensions. Déclarations des artistes et courtes biographies. NB245 730.97107471384

2695

Musée d'art de Winnipeg. – *The first passionate collector : the Ian Lindsay collection of Inuit art = Le premier collectionneur passionné : la collection d'art inuit Ian Lindsay.* – Conservatrice, Darlene Coward Wight. – Winnipeg : le Musée, 1991. – 175 p. : ill. – 0889151598

The bilingual catalogue of an exhibition of Inuit works of art from the Ian Lindsay collection which is a part of the permanent collection of the Winnipeg Art Gallery. Presents a selection of 152 works, the majority sculpture, from the collection of over 400 pieces acquired by Mr. Lindsay between 1949 and 1989. Introductory essays on Inuit art, particularly of the period 1949-1953. Arranged in sections for geographical areas, time periods, subjects and artists emphasized in the collection. Entries for works include name of artist if known, date of birth, community, title and date of work, medium, signature, method of acquisition, dimensions, accession number and references to the work in other sources. E99 E7 W72 1991 730.9719074712743

Catalogue bilingue d'une exposition d'oeuvres d'art inuit qui proviennent de la collection Ian Lindsay, laquelle fait partie de la collection permanente du Musée d'art de Winnipeg. Présente une sélection de 152 oeuvres, surtout des sculptures, de la collection de plus de 400 oeuvres acquises par M. Lindsay entre 1949 et 1989. Essais de présentation sur l'art inuit, particulièrement celui de la période 1949-1953. Classement en sections qui correspondent à des régions géographiques, à des périodes, à des sujets et à des artistes bien représentés dans la collection. Les notices sur les oeuvres comprennent le nom de l'artiste, s'il est connu, sa date de naissance, sa communauté, le titre et la date de l'oeuvre, le médium, la signature, le mode d'acquisition, les dimensions, le numéro d'inventaire et des références à l'oeuvre dans d'autres ouvrages. E99 E7 W72 1991 730.9719074712743

2696

Sculptors Society of Canada. – *Challenge and tradition : anniversary exhibition = Défi et tradition : exposition de l'anniversaire.* – Toronto : the Society, c1988. – [48] p. : ill.

The bilingual catalogue of an exhibition in honour of the 60th anniversary of the Society. 54 sculptures by current members and photographs of works by former members were exhibited. Illustrations of the 54 works are followed by a catalogue, alphabetically arranged by name of artist. Catalogue entries include title, date, dimensions and medium. NB245 S51 1988 730.971074713541

Catalogue bilingue d'une exposition organisée en l'honneur du 60e anniversaire de la société. 54 sculptures réalisées par les membres actuels ont été exposées, ainsi que des photographies d'oeuvres réalisées par d'anciens membres. Les illustrations des 54 oeuvres sont suivies d'un catalogue avec classement alphabétique par noms d'artistes. Les notices du catalogue donnent le titre de l'oeuvre, la date, les dimensions et le médium. NB245 S51 1988 730.971074713541

2697

Sculptors Society of Canada. – *Permanent collection.* – [Toronto : the Society, 1985?]. – 1 vol. (unpaged) : ill.

The catalogue of the Society's permanent collection of over 100 works of Canadian sculpture. Catalogue entries are alphabetically arranged by name of artist and include title, dimensions and medium. Illustrations of works. NB245 730.971

Catalogue de la collection permanente de la société qui comprend plus de 100 sculptures canadiennes. Les notices du catalogue sont classées en ordre alphabétique par noms d'artistes et elles contiennent le titre de l'oeuvre, les dimensions et le médium. Illustrations d'oeuvres. NB245 730.971

2698

Sculptors Society of Canada. – *Sculpture Canada '78 : Sculptors Society of Canada 50th anniversary exhibition = Sculpture Canada '78 : exposition du 50ᵉ anniversaire de la Sculptors Society of Canada.* – [Toronto : the Society, 1978?]. – [36] p. : ill.

The bilingual catalogue of an exhibition of contemporary Canadian sculpture organized by the Sculptors Society of Canada to celebrate its 50th anniversary. Includes sculpture by members of the Society and non-members. One work by each of 66 artists is illustrated, with information on title, medium and dimensions. Arranged in rough alphabetical order by name of artist. List of the 76 participating sculptors. NB245 S38 730.971074713541

Catalogue bilingue d'une exposition de sculptures contemporaines canadiennes organisée par la Société des sculpteurs du Canada afin de célébrer son 50ᵉ anniversaire. Comprend des sculptures réalisées par des membres de la Société et des non membres. Une oeuvre de chacun des 66 artistes est illustrée et accompagnée des données suivantes: titre, médium et dimensions. Classement alphabétique approximatif par noms d'artistes. Liste des 76 sculpteurs participants. NB245 S38 730.971074713541

2699

Sculpture canadienne : Expo 67 = Canadian sculpture : Expo 67. – Présentation par William Withrow ; photographies par Bruno Massenet. – Montréal : Graph, c1967. – 1 vol. (non paginé) : ill.

A bilingual catalogue of the 51 Canadian sculptures commissioned for the site of Expo '67. Works by numerous well-known Canadian sculptors. Biographies of artists include place and date of birth, education, lists of commissions, awards, exhibitions and collections. NB245 S43 730.97107471428

Catalogue bilingue de 51 sculptures canadiennes commandées pour le site de l'Expo 67. Oeuvres de nombreux sculpteurs canadiens bien connus. Les biographies incluent le lieu et la date de naissance de l'artiste, les études, la liste des commandes, les prix, les expositions et les collections. NB245 S43 730.97107471428

2700

Sculpture/Inuit : sculpture of the Inuit : masterworks of the Canadian Arctic = Sculpture/Inuit : la sculpture chez les Inuit : chefs-d'oeuvre de l'Arctique canadien. – [Toronto] : Published for the Canadian Eskimo Arts Council by the University of Toronto Press, c1971. – 493 p. : ill. (some col.), 1 col. map. – 0802018467 (pa.) 0802018459 (bd.)

The catalogue of an exhibition of 405 pieces of Inuit sculpture organized by the Canadian Eskimo Arts Council. Three introductory essays by William E. Taylor, Jr., George Swinton and James Houston trace the evolution of Inuit sculpture. Black and white photographs of works are accompanied by the following information: title of work or name of object, name and dates of artist, place and date of creation, medium and dimensions. Twelve colour photographs. Index of artists, geographically arranged. Index of lenders. Title page and foreword in English, French and Inuktitut. Essays and catalogue entries in English and French. Also published by: [London] : A. Ellis, c1971. E99 E7 S39 fol. 730.9719

Catalogue d'une exposition de 405 sculptures inuit organisée par le Conseil canadien des arts esquimaux. Trois essais de présentation rédigés par William E. Taylor, Jr., George Swinton et James Houston décrivent l'évolution de la sculpture inuit. Les photographies d'oeuvres en noir et blanc sont accompagnées des données suivantes: titre de l'oeuvre ou nom de l'objet, nom de l'artiste et dates pertinentes, lieu et date de création, médium et dimensions. Douze photographies en couleurs. Index des artistes, avec classement géographique. Index des propriétaires des oeuvres prêtées. Page de titre et avant-propos en anglais, en français et en inuktitut. Essais et notices du catalogue en anglais et en français. Également publié par: [London] : A. Ellis, c1971. E99 E7 S39 fol. 730.9719

2701

Société des sculpteurs du Canada. – *Challenge and tradition : anniversary exhibition = Défi et tradition : exposition de l'anniversaire.* – Toronto : la Société, c1988. – [48] p. : ill.

The bilingual catalogue of an exhibition in honour of the 60th anniversary of the Society. 54 sculptures by current members and photographs of works by former members were exhibited. Illustrations of the 54 works are followed by a catalogue, alphabetically arranged by name of artist. Catalogue entries include title, date, dimensions and medium. NB245 S51 1988 730.971074713541

Catalogue bilingue d'une exposition organisée en l'honneur du 60ᵉ anniversaire de la société. 54 sculptures réalisées par des membres actuels ont été exposées, ainsi que des photographies d'oeuvres réalisées par d'anciens membres. Les illustrations des 54 oeuvres sont suivies d'un catalogue avec classement alphabétique par noms d'artistes. Les notices du catalogue donnent le titre de l'oeuvre, la date, les dimensions et le médium. NB245 S51 1988 730.971074713541

2702

Swinton, George. – *La sculpture des Esquimaux du Canada.* – Traduit de l'anglais par Jean-Paul Partensky. – Montréal : Éditions La Presse, c1976. – 255 p. : ill. (certaines en coul.), 1 carte. – 0777701391

A study of the development, techniques, styles and significance of Inuit sculpture. Includes an illustrated text and a catalogue of works geographically arranged. 825 black and white and colour illustrations are accompanied by the following information: name of artist when known, place and date of creation, medium, principal

Étude du développement, des techniques, des styles et de l'importance de la sculpture inuit. Comprend un texte illustré et un catalogue d'oeuvres selon un classement géographique. Les 825 illustrations en noir et blanc ou en couleurs sont accompagnées des données suivantes: nom de l'artiste quand il est connu, lieu et date dimension, collection. Extensive bibliography. General index. Index of artists. Also published in English under the title: *Sculpture of the Inuit.*   E99 E7 S94213 fol.   730.9719

de création, médium, principales dimensions, collection. Bibliographie détaillée. Index général. Index des artistes. Publié aussi en anglais sous le titre: *Sculpture of the Inuit.*   E99 E7 S94213 fol.   730.9719

2703

Swinton, George. – *Sculpture of the Inuit.* – Rev. and updated. – Toronto : McClelland & Stewart, c1992. – 288 p.: ill. (some col.), maps. – 0771083688 (bd.) 077108370X (pa.)

A study of the development, techniques, styles and significance of Inuit sculpture from prehistoric times to the present day. Includes an illustrated text and a geographically arranged catalogue of artists. 875 black and white and 37 colour photographs are accompanied by the following notes: name of artist when known, place and date of creation, medium, principal dimension, collection. Extensive bibliography. General index. Index of artists. Prev. ed., 1972, entitled: *Sculpture of the Eskimo.* Prev. ed. also published in French under the title: *La sculpture des Esquimaux du Canada.*   E99 E7 S942 fol. 730.9719

Étude du développement, des techniques, des styles et de l'importance de la sculpture inuit depuis les temps préhistoriques jusqu'à maintenant. Comprend un texte illustré et un catalogue des artistes selon un classement géographique. Les 875 photographies en noir et blanc et les 37 photographies en couleurs sont accompagnées des données suivantes: nom de l'artiste quand il est connu, lieu et date de création, médium, principales dimensions, collection. Bibliographie détaillée. Index général. Index des artistes. Éd. antérieure, 1972, intitulée: *Sculpture of the Eskimo.* Éd. antérieure également publiée en français sous le titre: *La sculpture des Esquimaux du Canada.*   E99 E7 S942 fol.   730.9719

2704

Winnipeg Art Gallery. – *The first passionate collector : the Ian Lindsay collection of Inuit art* = *Le premier collectionneur passionné : la collection d'art inuit Ian Lindsay.* – Curator, Darlene Coward Wight. – Winnipeg : the Gallery, 1991. – 175 p. : ill. – 0889151598

The bilingual catalogue of an exhibition of Inuit works of art from the Ian Lindsay collection which is a part of the permanent collection of the Winnipeg Art Gallery. Presents a selection of 152 works, the majority sculpture, from the collection of over 400 pieces acquired by Mr. Lindsay between 1949 and 1989. Introductory essays on Inuit art, particularly of the period 1949-1953. Arranged in sections for geographical areas, time periods, subjects and artists emphasized in the collection. Entries for works include name of artist if known, date of birth, community, title and date of work, medium, signature, method of acquisition, dimensions, accession number and references to the work in other sources. E99 E7 W72 1991   730.9719074712743

Catalogue bilingue d'une exposition d'oeuvres d'art inuit qui proviennent de la collection Ian Lindsay, laquelle fait partie de la collection permanente du Musée d'art de Winnipeg. Présente une sélection de 152 oeuvres, surtout des sculptures, de la collection de plus de 400 oeuvres acquises par M. Lindsay entre 1949 et 1989. Essais de présentation sur l'art inuit, particulièrement celui de la période 1949-1953. Classement en sections qui correspondent à des régions géographiques, à des périodes, à des sujets et à des artistes bien représentés dans la collection. Les notices sur les oeuvres comprennent le nom de l'artiste, s'il est connu, sa date de naissance, sa communauté, le titre et la date de l'oeuvre, le médium, la signature, le mode d'acquisition, les dimensions, le numéro d'inventaire et des références à l'oeuvre dans d'autres ouvrages.   E99 E7 W72 1991   730.9719074712743

2705

York University. Art Gallery. – *Inuit sculpture in the collection of the Art Gallery of York University.* – By Cynthia Waye Cook. – North York (Ont.) : Art Gallery of York University, 1988. – 87 p. : ill. – 1550140612

A catalogue of 167 Inuit sculpture from the collection of the Gallery. Arranged by name of community. Black and white photographs of works accompanied by the following notes: artist's name and gender, community, title, date, medium, dimensions, method and date of acquisition, attribution, provenance, exhibitions. Brief essays discussing style and meaning have been provided for 49 of the works. Bibliography.   E99 E7 Y67 1988 fol.   730.9719074713541

Catalogue de 167 sculptures inuit qui font partie de la collection de la galerie. Classement par noms de communautés. Les photographies en noir et blanc sont accompagnées des notes suivantes: nom et sexe de l'artiste, communauté, titre de l'oeuvre, date, médium, dimensions, mode et date d'acquisition, attribution, provenance, expositions. De courts essais qui discutent du style et de la signification d'une oeuvre ont été fournis pour 49 des sculptures. Bibliographie. E99 E7 Y67 1988 fol.   730.9719074713541

British Columbia

Colombie-Britannique

2706

Barbeau, Marius. – *Totem poles.* – [Ottawa] : National Museum of Canada, 1950-1951. – 2 vol. (xii, 880 p.) : ill. – (Bulletin ; no. 119) (Anthropological series ; no. 30).

A study of totem poles, house posts and frontals, and grave pillars of British Columbia and Alaska, except those of the Gitksan, Upper Skeena River, British Columbia. Vol. 1, totem poles arranged according to crest and topic; vol. 2, totem poles arranged according to location. Poles are described and their mythologies explained. 651 black and white illustrations, the majority photographs. No index. Reprinted: Hull (Quebec) : Canadian Museum of Civilization, c1990.   E98 T65 B37   731.7

Étude des mâts totémiques, des poteaux sculptés de maisons, et de façades, et des colonnes tombales de la Colombie-Britannique et de l'Alaska, sauf ceux des Gitksans, Upper Skeena River, Colombie-Britannique. Vol. 1, mâts totémiques classés selon l'emblème et le sujet; vol. 2, mâts totémiques classés selon l'emplacement. Les mâts sont décrits, et les mythologies pertinentes sont expliquées. 651 illustrations en noir et blanc, surtout des photographies. Aucun index. Réimprimé: Hull (Québec) : Musée canadien des civilisations, c1990.   E98 T65 B37   731.7

2707

B.C. sculptors. – [Vancouver : Sculptors' Society of Canada, Western Chapter 197?]. – [52] p. : ill. – Cover title.

A catalogue of works by 21 British Columbia sculptors. Entries for each artist may include the following information: place and date of birth, training, teaching positions, awards, exhibitions, commissions, collections. Black and white photographs of two works by each artist with notes on title, medium and dimensions.   NB246 B73 B22 730.9711

Catalogue d'oeuvres réalisées par 21 sculpteurs de la Colombie-Britannique. Les notices sur chaque artiste peuvent inclure les données suivantes: lieu et date de naissance, formation, postes de professeur, prix, expositions, commandes, collections. Pour chaque artiste, photographies en noir et blanc de deux oeuvres avec notes sur le titre, le médium et les dimensions.   NB246 B73 B22 730.9711

2708

Centennial sculpture '67 : July 1-September 10, 1967, Queen Elizabeth Theatre. – [S.l. : s.n., 1967?]. – [44] p. : ill.

The catalogue of an exhibition of works by sixteen British Columbia sculptors, active during the 1950s and 1960s, organized by the Federation of Canadian Artists (B.C. Region) for Centennial year. Alphabetically arranged by name of artist. Brief biographies. Two works by each sculptor are illustrated, with notes on title, medium, dimensions and price.   NB245 C33   730.971107471133

Catalogue d'une exposition qui présentait des oeuvres réalisées par seize sculpteurs de la Colombie-Britannique actifs pendant les années 1950 et 1960, et qui était organisée par la Federation of Canadian Artists (région de la C.-B.) à l'occasion du centenaire. Classement alphabétique par noms d'artistes. Courtes biographies. Pour chaque sculpteur, deux oeuvres sont illustrées avec notes sur le titre, le médium, les dimensions et le prix.   NB245 C33 730.971107471133

2709

Drew, Leslie. – ***Argillite : art of the Haida.*** – By Leslie Drew and Douglas Wilson. – North Vancouver (B.C.) : Hancock House, c1980. – 313 p. : ill., maps, ports. – 0888390378

An analysis of the artistic and historical significance of Haida carvings in argillite. A variety of objects, including panel pipes, bowls, dishes, boxes, figurines and miniature totem poles, are illustrated with black and white photographs or drawings. Crests, symbols and figures are analysed as well as the styles of individual artists. Appendices: chronology; list of carvers; museums with argillite collections; bibliography; index of artists, objects, institutions, etc. E99 H2 D74 fol.   731.7

Analyse de l'importance artistique et historique des sculptures des Haida faites en argilite. Divers objets, notamment des calumets, des bols, des plats, des boîtes, des figurines et des mâts totémiques miniatures sont illustrés au moyen de photographies en noir et blanc ou de dessins. Les emblèmes, les symboles et les figures sont analysés, ainsi que les styles de certains artistes. Annexes: chronologie; liste des sculpteurs; musées qui possèdent des collections de sculptures en argilite; bibliographie; index des artistes, des objets, des établissements, etc.   E99 H2 D74 fol.   731.7

2710

Duff, Wilson. – ***Images stone B.C. : thirty centuries of Northwest Coast Indian sculpture : an exhibition originating at the Art Gallery of Greater Victoria.*** – Photographs and drawings by Hilary Stewart. – Saanichton (B.C.) : Hancock House Publishers, 1975. – 191 p., [8] leaves of plates : ill. (some col.), maps. – 0919654274 (bd.) 0919654290 (pa.)

Catalogue of an exhibition of 136 prehistoric stone sculptures by Northwest Coast Indians. The evolution, use and symbolism of the sculptures are discussed in chapters on themes or types of objects such as images of man, images of power, sledge hammers, pile drivers, tobacco mortars, etc. Illustrated with black and white photographs and drawings. Catalogue entries include: name of object, principal dimension, collection, bibliographical references, brief discussion of the discovery of the object, its date if determined, and symbolism. Small black and white photographs accompany entries. Bibliography. Also published by: Toronto : Oxford University Press, 1975.   E98 A7 D84   732.2

Catalogue d'une exposition de 136 sculptures de pierre préhistoriques réalisées par des Amérindiens de la Côte nord-ouest. L'évolution du style, l'usage et le symbolisme des sculptures sont discutés dans divers chapitres qui portent sur des thèmes ou sur des types d'objets comme les images de l'homme, les emblèmes du pouvoir, les masses, les béliers, les mortiers pour le tabac, etc. Illustré au moyen de photographies en noir et blanc et de dessins. Les notices du catalogue comprennent: le nom de l'objet, les dimensions principales, la collection, les références bibliographiques, une courte description de la découverte de l'objet, la date de création si elle a pu être déterminée, et le symbolisme de l'objet. De petites photographies en noir et blanc accompagnent les notices. Bibliographie. Également publié par: Toronto : Oxford University Press, 1975. E98 A7 D84   732.2

2711

Hill, Beth. – ***Indian petroglyphs of the Pacific Northwest.*** – Beth and Ray Hill. – Saanichton (B.C.) : Hancock House, c1974. – 320 p. : ill., maps. – 091965407X

A record of petroglyph sites in the Pacific Northwest. Arranged by location. Photographs, rubbings and drawings of petroglyphs are accompanied by descriptions of site, rock carving techniques and subject matter. List of sites. Bibliography. Index of sites, cultural groups, etc. Also published by: Seattle : University of Washington Press, 1974.   E78 N77 H5   732.2

Relevé des gravures rupestres de la région de la Côte nord-ouest du Pacifique. Classement par lieux. Les photographies, les estampages et les dessins de gravures rupestres sont accompagnés de descriptions des sites, des techniques de gravure de la pierre et des sujets traités. Liste des sites. Bibliographie. Index des sites, des groupes culturels, etc. Également publié par: Seattle : University of Washington Press, 1974.   E78 N77 H5   732.2

2712

Malin, Edward. – *A world of faces : masks of the Northwest Coast Indians.* – Portland (Or.) : Timber Press, c1978. – [10], 83 p., [75] p. of plates : ill., 1 map. – 0917304039 (bd.) 0917304055 (pa.)

A study of the art of maskmaking among Indians of the Northwest Coast. Discusses their history, purpose, construction, symbolism and distinctive cultural styles. 48 black and white and eight colour plates are accompanied by the following information: cultural group, region, date, description of type of mask. Bibliography. List of modern mask carvers.   E78 N78 M34 fol.   731.75

Étude de l'art de la fabrication des masques chez les Amérindiens de la Côte nord-ouest. Traite de l'histoire des masques, de leur objet, de leur fabrication, du symbolisme et des styles culturels distinctifs. Les 48 planches en noir et blanc et les huit planches en couleurs sont accompagnées des données suivantes: groupe culturel, région, date, description du type de masque. Bibliographie. Liste des sculpteurs de masques modernes.   E78 N78 M34 fol.   731.75

2713

Stewart, Hilary. – *Totem poles.* – Written & illustrated by Hilary Stewart. – Vancouver : Douglas & McIntyre, c1990. – 192 p. : ill., maps. – 0888947011

A study of Northwest Coast totem poles discussing types, functions and symbolism. Entries for poles are arranged geographically, starting with those at the southern border of British Columbia and moving northwards. Entries include: location, name of carver, cultural style, discussion of original location, purpose and mythology, black and white drawing. List of poles arranged by location. Bibliography. Index of artists, cultural groups, figures, etc. A paperback edition based on this work was published under the title: *Looking at totem poles* (Vancouver : Douglas & McIntyre ; Seattle : University of Washington Press, c1993).   E98 T65 S84 1990   731.7

Étude des mâts totémiques de la Côte nord-ouest qui traite des types de mâts, de leurs fonctions et de leur symbolisme. Les notices sur les mâts totémiques sont classées géographiquement, depuis ceux qui sont sud de la Colombie-Britannique jusqu'à ceux qui se trouvent dans le nord. Les notices comprennent: le lieu, le nom du sculpteur, le style culturel, une discussion de l'emplacement original, l'objet et la mythologie, un dessin en noir et blanc. Une liste des mâts classés par lieux. Bibliographie. Index des artistes, des groupes culturels, des figures, etc. Une édition de poche fondée sur cet ouvrage a été publiée sous le titre: *Looking at totem poles* (Vancouver : Douglas & McIntyre ; Seattle : University of Washington Press, c1993).   E98 T65 S84 1990   731.7

New Brunswick

Nouveau-Brunswick

2714

Galerie Restigouche. – *3D-NB200 : une exposition itinérante des oeuvres de 15 sculpteurs du Nouveau-Brunswick = 3D-NB200 : a travelling exhibition of works by 15 New Brunswick sculptors.* – Campbellton (N.-B.) : la Galerie, c1984. – 71 p. : ill. – 0919113052

The bilingual catalogue of an exhibition of the works of fifteen New Brunswick sculptors. Arranged by the Restigouche Gallery to celebrate the New Brunswick bicentennial. Works exhibited date from the 1980s. Alphabetically arranged by name of artist. One or two works by each sculptor are illustrated in black and white with notes on title, date and artist's statement. Biographies of artists include date and place of birth, education, individual and group exhibitions, projects, public collections, employment and address. NB248 T76 1984   730.971507471511

Catalogue bilingue d'une exposition des oeuvres de quinze sculpteurs du Nouveau-Brunswick qui était organisée par la Galerie Restigouche pour célébrer le bicentenaire du Nouveau-Brunswick. Les oeuvres exposées dataient des années 1980. Classement alphabétique par noms d'artistes. Illustration en noir et blanc d'une ou deux oeuvres de chaque sculpteur avec titre de l'oeuvre, date et déclaration de l'artiste. Les biographies comprennent la date et le lieu de naissance de l'artiste, les études, les expositions individuelles ou de groupe, les projets, les collections publiques, l'emploi et l'adresse. NB248 T76 1984   730.971507471511

2715

Restigouche Gallery. – *3D-NB200 : une exposition itinérante des oeuvres de 15 sculpteurs du Nouveau-Brunswick = 3D-NB200 : a travelling exhibition of works by 15 New Brunswick sculptors.* – Campbellton (N.B.) : the Gallery, c1984. – 71 p. : ill. – 0919113052

The bilingual catalogue of an exhibition of the works of fifteen New Brunswick sculptors. Arranged by the Restigouche Gallery to celebrate the New Brunswick bicentennial. Works exhibited date from the 1980s. Alphabetically arranged by name of artist. One or two works by each sculptor are illustrated in black and white with notes on title, date and artist's statement. Biographies of artists include date and place of birth, education, individual and group exhibitions, projects, public collections, employment and address. NB248 T76 1984   730.971507471511

Catalogue bilingue d'une exposition des oeuvres de quinze sculpteurs du Nouveau-Brunswick qui était organisée par la Galerie Restigouche pour célébrer le bicentenaire du Nouveau-Brunswick. Les oeuvres exposées dataient des années 1980. Classement alphabétique par noms d'artistes. Illustration en noir et blanc d'une ou deux oeuvres de chaque sculpteur avec titre de l'oeuvre, date et déclaration de l'artiste. Les biographies comprennent la date et le lieu de naissance de l'artiste, les études, les expositions individuelles ou de groupe, les projets, les collections publiques, l'emploi et l'adresse. NB248 T76 1984   730.971507471511

Prairie Provinces

Provinces des Prairies

2716

Winnipeg Art Gallery. – *Sculpture on the Prairies : the Winnipeg Art Gallery, July 16-September 25, 1977.* – [Winnipeg] : the Gallery, [1977?]. – 87 p. : ill., ports.

The catalogue of an exhibition of contemporary sculpture by fifteen artists working on the Prairies, held at the Winnipeg Art Gallery in 1972. Alphabetically arranged by name of artist. Two to five works by each sculptor are illustrated, with notes on title, date, medium, dimensions and collection. Biographies of artists include place and date of birth, place of residence, education, employment, individual and group exhibitions, commissions, awards and collections. NB246 P7 W55   730.9712074712743

Catalogue d'une exposition des sculptures contemporaines réalisées par quinze artistes travaillant dans les Prairies et qui a eu lieu au Musée d'art de Winnipeg en 1972. Classement alphabétique par noms d'artistes. Illustrations de deux à cinq oeuvres de chaque artiste avec notes: titre, date, médium, dimensions et collection. Les biographies précisent le lieu et la date de naissance de l'artiste, le lieu de résidence, les études, l'emploi, les expositions individuelles et de groupe, les commandes, les prix et les collections.   NB246 P7 W55 730.9712074712743

Quebec

Québec

2717

Drolet, Gaëtan. – *Bibliographie sur la sculpture québécoise.* – [Montréal] : École de bibliothéconomie, Université de Montréal, 1974. – 28 f.

A bibliography of 267 books, periodical and newspaper articles, official publications, exhibition catalogues, slides and films on Quebec sculpture and sculptors. Excludes Inuit sculptors. Includes English- and French-language documents. Index of sculptors. Z5954 C3 D36 fol.   016.7309714

Bibliographie de 267 livres, articles de périodiques et de journaux, publications officielles, catalogues d'exposition, diapositives et films sur la sculpture et les sculpteurs du Québec. Exclut les sculpteurs inuit. Inclut des documents en anglais ou en français. Index des sculpteurs.   Z5954 C3 D36 fol.   016.7309714

2718

Musée du Québec. – *Sculpture traditionnelle du Québec.* – [Québec] : le Musée, 1967. – 168 p. : ill.

The catalogue of an exhibition of early Quebec sculpture held at the Musée du Québec. Primarily religious works dating from the eighteenth and nineteenth centuries. Arranged in two parts for religious and secular sculpture. 93 black and white illustrations are accompanied by the following information: name of artist or school, title of work, medium, dimensions, date, provenance, method and date of acquisition, exhibitions, notes on restoration and biographical or historical information on artist or school. Bibliography. Index of artists.   NB246 Q4 M87 1967   730.9714074714471

Catalogue d'une exposition des premières sculptures québécoises qui a eu lieu au Musée du Québec. Il s'agit principalement d'oeuvres religieuses qui datent des dix-huitième et dix-neuvième siècles. Classement en deux parties, l'une sur la sculpture religieuse et l'autre sur la sculpture profane. Les 93 illustrations en noir et blanc sont accompagnées des données suivantes: nom de l'artiste ou de l'école, titre de l'oeuvre, médium, dimensions, date, provenance, mode et date d'acquisition, expositions, notes sur la restauration et données biographiques ou historiques sur l'artiste ou l'école. Bibliographie. Index des artistes.   NB246 Q4 M87 1967   730.9714074714471

2719

Porter, John R. – *La sculpture ancienne au Québec : trois siècles d'art religieux et profane.* – John R. Porter et Jean Bélisle. – Montréal : Éditions de l'Homme, c1986. – [513] p., [8] p. de planches en coul. : ill. – 2761906365

A study of Quebec religious and secular sculpture in wood produced during the seventeenth through the twentieth centuries. Three parts: part 1 discusses the training, tools and material of the sculptor, careers of the principal sculptors of Quebec and iconography; part 2 consists of photographs of sculptures with brief descriptions; part 3 provides extracts from various documents such as account books, contracts, newspaper and periodical articles relating to Quebec sculptors and sculpture. 634 black and white and 24 colour illustrations. Extensive bibliography. Glossary. Indexes: place names, institutions, workshops, etc.; personal names; subjects. NB246 Q8 P67 1986 fol.   730.9714

Étude de la sculpture sur bois religieuse et profane réalisée au Québec depuis le dix-septième siècle. Trois parties: la partie 1 porte sur la formation, les outils et le matériel du sculpteur, les carrières des principaux sculpteurs du Québec et l'iconographie; la partie 2 contient des photographies de sculptures accompagnées de courtes descriptions; la partie 3 donne des extraits de divers documents comme les livres de comptes, les contrats, les articles de journaux et de périodiques qui se rapportent aux sculpteurs et à la sculpture du Québec. 634 illustrations en noir et blanc et 24 illustrations en couleurs. Bibliographie détaillée. Glossaire. Index des noms de lieux, des établissements, des ateliers, etc.; index des noms de personnes; index des sujets.   NB246 Q8 P67 1986 fol.   730.9714

2720

Québec (Province). Musée d'art contemporain. – *Panorama de la sculpture au Québec, 1945-70.* – [Montréal : le Musée, 1970?]. – 195 p. : ill., portr.

The catalogue of an exhibition tracing the evolution of Quebec sculpture from the period 1945 through 1970, held at the Musée d'art contemporain, Montreal and the Musée Rodin, Paris, in 1970 and 1971. 95 works by 74 sculptors were exhibited. Biographies of the artists include information on education, awards, employment, public collections and individual and group exhibitions. 95 black and white reproductions. Catalogue entries include title, date,

Catalogue d'une exposition qui retrace l'évolution de la sculpture au Québec depuis 1945 jusqu'à 1970 et qui a eu lieu au Musée d'art contemporain à Montréal et au Musée Rodin à Paris en 1970 et 1971. 95 oeuvres réalisées par 74 sculpteurs ont été exposées. Les biographies des artistes contiennent des données sur les études, les prix, l'emploi, les collections publiques et les expositions individuelles ou de groupe. 95 reproductions en noir et blanc. Les notices

medium, dimensions and collection. Chronology. Bibliography. Index of reproductions. Also published by: Paris : Presses artistiques, [1971?]. NB246 Q8 M8   730.971407471428

du catalogue incluent le titre de l'oeuvre, la date, le médium, les dimensions et la collection. Table chronologique. Bibliographie. Index des reproductions. Également publié par: Paris : Presses artistiques, [1971?]. NB246 Q8 M8   730.971407471428

Toys

Jouets

2721

Musée du Québec. – *Le jouet dans l'univers de l'enfant, 1800-1925 : Musée du Québec, du 17 février au 1ᵉʳ mai 1977.* **–** [Québec] : Gouvernement du Québec, Ministère des affaires culturelles, Musée du Québec, 1977. – 80 p. : ill. (certaines en coul.). – 0775426822

The catalogue of an exhibition of toys made in Quebec, Canada, the United States and Europe during the period from 1800 to 1925. Many of the exhibited works are held by the Musée du Québec. Organized by type of toy including dolls, dolls' furniture, rocking horses, sleds, tops, toys with wheels, etc. 110 black and white and eight colour illustrations with notes on type of object, medium, dimensions, date and place of manufacture if known, and collection. Toy index.   NK9509.3 C2 Q45   688.7209034074714471

Catalogue d'une exposition de jouets fabriqués au Québec, au Canada, aux États-Unis et en Europe entre 1800 et 1925. Nombre des oeuvres exposées appartiennent au Musée du Québec. Organisation par types de jouets comprenant les poupées, les meubles de poupées, les chevaux à bascule, les luges, les toupies, les jouets à roulettes, etc. Les 110 illustrations en noir et blanc et les huit illustrations en couleurs sont accompagnées des données suivantes: type d'objet, matériau, dimensions, date et lieu de fabrication si ces données sont connues, et collection. Index des jouets.   NK9509.3 C2 Q45   688.7209034074714471

2722

Séguin, Robert-Lionel. – *Les jouets anciens du Québec.* **–** Éd. revue et augm. – [Montréal] : Leméac, [c1976]. – 123 p., [4] f. de planches : ill. (certaines en coul.). – 077615351X

1st ed., 1969. A history of toys of Quebec from the seventeenth to twentieth centuries. Covers Amerindian toys of the seventeeth and eighteenth centuries. Black and white and four colour photographs of toys with notes on construction, dimensions, provenance, approximate date and name of collector. Bibliography. Index of toys, names, etc.   GV1218.5 S43 1976 1982   745.59209714

1ʳᵉ éd., 1969. Histoire des jouets au Québec du dix-septième au vingtième siècle. Traite des jouets amérindiens des dix-septième et dix-huitième siècles. Photographies en noir et blanc et quatre photographies en couleurs de jouets avec notes sur la construction, dimensions, provenance, date approximative et nom du collectionneur. Bibliographie. Index des jouets, des noms, etc.   GV1218.5 S43 1976 1982   745.59209714

2723

Strahlendorf, Evelyn Robson. – *The Charlton standard catalogue of Canadian dolls.* **–** 1st ed. (1990)-   . – Toronto : Charlton Press, c1990-   . –   vol. : ill. – 1188-8873

Biennial. A guide to prices for Canadian dolls. Includes Inuit, Indian, Eaton's Beauty, celebrity, paper, commercial and original artists' dolls, etc. Commercial dolls are arranged by manufacturer and then chronologically. Entries for each doll include name, date, height, physical description, mark, references to other sources, prices depending on condition and black and white photograph. Bibliography. Index of dolls. Table of reference numbers from *Dolls of Canada : a reference guide,* by the same author. Title varies: 1st ed., 1990, *The Charlton price guide to Canadian dolls.*   NK4894 C3 S87 fol.   688.72210750971

Biennal. Guide sur les prix des poupées canadiennes. Inclut des poupées inuit et amérindiennes, «Eaton's Beauty», des poupées représentant des célébrités, en papier, commerciales et originales conçues par des artistes. Les poupées commerciales sont classées par fabricants, puis en ordre chronologique. Les notices sur chaque poupée donnent le nom, la date, la hauteur, une description, la marque, des références à d'autres sources, les prix selon l'état et une photographie en noir et blanc. Bibliographie. Index des poupées. Tableau des numéros de référence de *Dolls of Canada : a reference guide,* du même auteur. Le titre varie: 1ʳᵉ éd., 1990, *The Charlton price guide to Canadian dolls.*   NK4894 C3 S87 fol.   688.72210750971

2724

Strahlendorf, Evelyn Robson. – *Dolls of Canada : a reference guide.* **–** Photography by U.C. Strahlendorf ; Eaton's Beauty chapter by Judy Tomlinson Ross. – Toronto : University of Toronto Press, 1990, c1986. – viii, 421 p. : ill. (some col.). – 0802027474

A guide to and history of Canadian dolls. Includes Inuit dolls dating from prehistoric times to the present, Indian, settlers', ethnic, Eaton's Beauty, celebrity, paper, commercial and artists' dolls, etc. Commercial dolls are arranged by manufacturer and then chronologically. Brief histories of each type of doll and of doll companies. Biographies of doll artists. Entries for dolls include the following notes: figure code, name of artist or manufacturer, date, name of doll, height, material, construction, physical description, mark, description of clothing, name of owner and black and white photograph. 68 colour photographs. Glossary. Bibliography. Index of figure codes. Index of dolls, companies and artists. Originally published: Ottawa : Booklore Publishers, 1986.   NK4894 C2 S87 1990 fol.   688.72210971

Guide et histoire des poupées canadiennes. Inclut des poupées inuit qui datent des temps préhistoriques jusqu'à aujourd'hui, des poupées amérindiennes, des poupées de colons, des poupées ethniques, des poupées représentant des célébrités en papier, commerciales et celles réalisées par des artistes, etc. Les poupées commerciales sont classées par fabricants, puis en ordre chronologique. Courts historiques des types et des fabricants de poupées. Biographies des artistes fabricants de poupées. Les notices sur les poupées comprennent les données suivantes: code de renvoi à une photographie, nom de l'artiste ou du fabricant, date, nom de la poupée, hauteur, matériau, construction, description, marque, description des vêtements, nom du propriétaire et photographie en noir et blanc. 68 photographies en couleurs. Glossaire. Bibliographie. Index des codes de renvoi aux photographies. Index des poupées, des compagnies et des artistes. Publié à l'origine par: Ottawa : Booklore Publishers, 1986.   NK4894 C2 S87 1990 fol.   688.72210971

2725

Strickler, Eva. – *Inuit dolls : reminders of a heritage.* – Eva Strickler ; Anaoyok Alookee. – 1st ed. – Toronto : Canadian Stage & Arts Publications, c1988. – 176 p. : ill. (some col.), 1 map. – 0919952380

A photographic essay on the disappearing art of Inuit dollmaking. Includes Inuit play dolls, traditionally used to teach Inuit girls, and collectors' dolls, made for retail sale, many made by the women of Spence Bay, N.W.T.. Dollmaking materials and techniques, Inuit garments and the dollmakers are discussed. Black and white and colour photographs. Text in English and some Inuktitut. Index of dollmakers. Glossary.   E99 E7 S86 1988   745.5922109719

Essai photographique sur la disparition de l'art inuit de la fabrication des poupées. Inclut des poupées inuit destinées au jeu, tradition-nellement utilisées pour enseigner aux fillettes inuit, ainsi que des poupées de collectionneurs fabriquées pour la vente au détail, dont bon nombre sont faites par les femmes de Spence Bay, dans les Territoires du Nord-Ouest. Discussion des matériaux et des techniques de fabrication des poupées, des vêtements inuit et des fabricants. Photographies en noir et blanc ou en couleurs. Texte en anglais et une partie du texte en inuktitut. Index des fabricants. Glossaire. E99 E7 S86 1988   745.5922109719

2726

Symons, Harry. – *Playthings of yesterday : Harry Symons introduces the Percy Band Collection.* – Toronto : Ryerson Press, c1963. – x, 96 p. : ill. (some col.).

A guide to the Percy Band collection of nineteenth-century toys, played with by Canadian children. The collection is housed at Black Creek Pioneer Village, Toronto, Ontario. Includes dolls, dollhouses, games, magic lanterns, wheel toys and sets of soldiers. Black and white and colour photographs with notes on history, materials, dimensions, date, etc.   NK9509.6 B35 S95 1963   688.720971

Guide de la collection Percy Band de jouets du dix-neuvième siècle avec lesquels ont joué des enfants canadiens. La collection se trouve au Black Creek Pioneer Village, Toronto, Ontario. Inclut des poupées, des maisons de poupées, des jeux, des lanternes magiques, des jouets à roulettes et des jeux de soldats. Photographies en noir et blanc ou en couleurs avec historique, matériaux, dimensions, date, etc.   NK9509.6 B35 S95 1963   688.720971

2727

Unitt, Peter. – *Unitt's Canadian price guide to dolls & toys.* – By Peter Unitt, Joan Unitt and Anne Worrall. – Rev. ed. – Markham (Ont.) : Fitzhenry & Whiteside, c1990. – [6], 287 p. : ill. – 1550410296

1st ed., 1988. A price guide to Canadian and foreign dolls and toys. Arranged in two parts for dolls and toys. Dolls are grouped by country of manufacture including Canada, England, France, Germany, Italy and United States. Toys are grouped by type such as soft toys, banks, push/pull-riding, dinky toys, trains, wind-up, battery and friction toys. Entries include name of doll or toy, name of manufacturer, date, material, brief physical description, description of clothing, dimensions, mark, price and black and white photograph. List of Canadian doll manufacturers and marks. Glossary. Bibliography. Index of dolls and toys.   NK4893 U63 1990   688.7221075

1re éd., 1988. Guide de prix des poupées et des jouets canadiens et étrangers. Classement en deux parties, l'une sur les poupées et l'autre sur les jouets. Les poupées sont regroupées par pays de fabrication, notamment le Canada, l'Angleterre, la France, l'Allemagne, l'Italie et États-Unis. Les jouets sont regroupés par types comme les jouets en peluche, les tirelires, les jouets à tirer ou à pousser, les jouets sur lesquels on monte, les babioles, les trains, les jouets à remonter et les jouets qui fonctionnent à pile ou à friction. Les notices contiennent le nom de la poupée ou du jouet, le nom du fabricant, la date, le matériau, une courte description matérielle, la description des vêtements, les dimensions, la marque, le prix et une photographie en noir et blanc. Liste des fabricants canadiens de poupées et de leurs marques. Glossaire. Bibliographie. Index des poupées et des jouets. NK4893 U63 1990   688.7221075

Miscellaneous Arts

Arts divers

2728

Belton, John A. – *Canadian gunsmiths from 1608 : a checklist of tradesmen.* – By John A. Belton ; with an introduction by S. James Gooding. – Bloomfield (Ont.) : Museum Restoration Service, c1992. – 39 p. : ill., maps. – 0919316298

A list of gunsmiths and gunmakers working in Canada from 1608 to the present. Compiled from city directories and other sources. Alphabetically arranged by name. Entries include name, occupation, location and dates. List of illustrations. Bibliography. Updates the lists of gunsmiths provided in S. James Goodings' *The Canadian gunsmiths, 1608-1900* and *The gunsmiths of Canada : a checklist of tradesmen.*   TS535 B44 1992 fol.   683.400922

Liste des armuriers qui ont travaillé au Canada, entre 1608 et aujourd'hui. Compilé à partir des annuaires de villes et d'autres sources. Classement alphabétique par noms. Les notices précisent le nom, l'occupation, le lieu et les dates pertinentes. Liste des illustrations. Bibliographie. Met à jour les listes d'armuriers données dans *The Canadian gunsmiths, 1608-1900* et *The gunsmiths of Canada : a checklist of tradesmen* de S. James Goodings.   TS535 B44 1992 fol. 683.400922

2729

Bouchard, Russel. – *Les armuriers de la Nouvelle-France.* – Québec : Ministère des affaires culturelles, 1978. – 159 p. : ill. – (Série arts et métiers). – 0775429961

A biographical dictionary of 206 armourers who repaired arms in New France. Alphabetically arranged by name of artisan. Introductory essay discusses the role, geographical distribution, tasks, equipment and social status of the armourer in New France. Illustrated with photographs of arms and plates from the section

Dictionnaire biographique de 206 armuriers qui réparaient les armes en Nouvelle-France. Classement alphabétique par noms d'artisans. L'essai de présentation traite du rôle, de la répartition géo-graphique, des tâches, de l'équipement et de la position sociale des armuriers en Nouvelle-France. Illustré au moyen de photographies

"Armurier" of the *Encyclopédie de Diderot*. Appendix: texts of documents related to armourers of New France. Bibliography. List of photographs and plates.   F5466 A25   683.400922

d'armes et de planches tirées de la section «Armurier» de l'*Encyclopédie de Diderot*. Annexes: texte de documents qui se rapportent aux armuriers de la Nouvelle-France. Bibliographie. Liste des photographies et des planches.   F5466 A25   683.400922

2730

Burrows, G. Edmond. – *Canadian clocks and clockmakers.* – Oshawa : G.E. Burrows, through Kalabi Enterprises, c1973. – 506 p. : ill., facsims.

A study of clock and watchmakers and clockmaking companies in Ontario, Quebec, Nova Scotia and New Brunswick in the eighteenth and nineteenth centuries. Company histories are illustrated with numerous black and white photographs of clocks from the collections of individuals and institutions such as the Royal Ontario Museum and the New Brunswick Museum. Lists of clock and watchmakers, repairmen, dealers, etc., for each of the four provinces, arranged by city. Texts and drawings of important Canadian clock patents are reproduced. List of clock and watchmakers, repairmen, dealers, etc., in Canada, alphabetically arranged by name. Entries include name, address, profession, references to sources such as directories, newspapers etc. Bibliography.   TS543 C3 B8 fol. 681.11302571

Étude des horlogers et des compagnies d'horlogerie de l'Ontario, du Québec, de la Nouvelle-Écosse et du Nouveau-Brunswick des dix-huitième et dix-neuvième siècles. Les historiques des compagnies sont illustrés au moyen de nombreuses photographies en noir et blanc d'horloges qui font partie de collections privées ou de collections d'établissements comme le Musée royal de l'Ontario et le Musée du Nouveau-Brunswick. Signale des horlogers, des réparateurs, des négociants, etc. pour chacune des quatre provinces, classés par villes. Reproduction des textes et des dessins de brevets canadiens importants relatifs aux horloges. Liste des horlogers, des réparateurs, des négociants, etc. au Canada, classés alphabétiquement par noms. Les notices contiennent le nom, l'adresse, la profession et des références aux sources comme les répertoires, les journaux, etc. Bibliographie.   TS543 C3 B8 fol.   681.11302571

2731

Chamberlain, K. E. [Ken E.]. – *Design by Canadians : a bibliographic guide.* – Richmond (B.C.) : K.E. Chamberlain, c1994. – ca. 110 p.

A bibliography of books, pamphlets and periodical articles on design in Canada published during the period 1940-1989. Arranged by decade, each of which is organized in two sections: articles, other sources. Annotations. Indexes: author, graphic designer, industrial designer, subject. Prev. editions: 1983, *Design in Canada : a bibliography*; 1985, *Design in Canada, 2 : an annotated bibliography of publications in Vancouver libraries produced by the National Design Council and related groups*; 1988, *Design in Canada, 1940-1987 : a bibliography*. Z5956 D5 C48 1994 fol.   016.74544971

Bibliographie de livres, de brochures et d'articles de périodiques sur le design au Canada publiés dans la période 1940-1989. Classement par décennies, chacune subdivisée en deux sections: articles, autres sources. Annotations. Index: auteurs, designers en esthétique graphique, designers en esthétique industrielle, sujets. Éditions précédentes: 1983, *Design in Canada : a bibliography*; 1985, *Design in Canada, 2 : an annotated bibliography of publications in Vancouver libraries produced by the National Design Council and related groups*; 1988, *Design in Canada, 1940-1987 : a bibliography*.   Z5956 D5 C48 1994 fol. 016.74544971

2732

Day, Peter. – *Art in everyday life : observations on contemporary Canadian design.* – By Peter Day and Linda Lewis. – Toronto : Summerhill Press/The Power Plant, 1988. – 176 p. : ill. – 0920197655

The catalogue of an exhibition on contemporary Canadian design of the last twenty years, held at the Power Plant in 1988. Includes interviews with contemporary designers. A catalogue of 116 product descriptions is arranged by type such as accessories, boats, computers, household products, healthcare and aids for persons with disabilities, office furniture, power tools, toys and games, etc. Descriptions include name and date of product, names of designer, manufacturer and lender and a discussion of materials, use and design. Black and white photographs of selected pieces. "Bibliography of design in Canada", 1967-1986, by Ken Chamberlain. List of lenders to the exhibition. Index of works, designers and manufacturers.   NK1413 A1 D39 1988 fol. 745.44971074713541

Catalogue d'une exposition qui portait sur le design contemporain canadien des vingt dernières années et qui a eu lieu au Power Plant en 1988. Inclut des entrevues avec des designers contemporains. Catalogue de 116 descriptions de produits selon un classement par types comme les accessoires, les bateaux, les ordinateurs, les produits domestiques, les produits de santé et les aides pour les personnes handicapées, les meubles de bureau, les outils électriques, les jouets et les jeux, etc. Les descriptions contiennent le nom et la date du produit, les noms du designer, du manufacturier et de la personne qui a prêté l'objet, ainsi qu'une discussion des matériaux, de l'usage et du design. Photographies en noir et blanc de pièces sélectionnées. «Bibliography of design in Canada», 1967-1986 de Ken Chamberlain. Liste des personnes qui ont prêté des objets pour l'exposition. Index des oeuvres, des designers et des fabricants.   NK1413 A1 D39 1988 fol.   745.44971074713541

2733

Gooding, S. James [Sidney James]. – *The Canadian gunsmiths, 1608 to 1900.* – West Hill (Ont.) : Museum Restoration Service, 1962. – xvi, 308 p.: ill., ports.

A biographical dictionary of gunsmiths working in Canada during the period from 1608 to 1900. Alphabetically arranged. Information compiled from city and county directories, biographical and other sources. Illustrated with photographs of guns and portraits of gunsmiths. Introductory chapters discuss the settlement of Canada, and the types of guns used and made in Canada during the seventeenth through nineteenth centuries. Appendices: list of gunsmiths, arranged by location; selected portions of documents relating to the arms of New France, 1619-1630; an article on the Corporation des armuriers à Montréal; Canadian patents. Bibliography. Subject index.   TS535 G6 fol.   683.400922

Dictionnaire biographique des armuriers qui ont travaillé au Canada entre 1608 et 1900. Classement alphabétique. Les données ont été compilées à partir des annuaires de villes et de comtés, et de sources biographiques et autres. Illustré au moyen de photographies d'armes et de portraits d'armuriers. Les chapitres d'introduction portent sur la colonisation du Canada et les types d'armes utilisées et fabriquées au Canada pendant les dix-septième, dix-huitième et dix-neuvième siècles. Annexes: liste des armuriers classés par lieux; extraits de documents qui se rapportent aux armes en Nouvelle-France, 1619-1630; article sur la Corporation des armuriers à Montréal; brevets canadiens. Bibliographie. Index des sujets.   TS535 G6 fol.   683.400922

2734

Gooding, S. James [Sidney James]. – *The gunsmiths of Canada : a checklist of tradesmen.* – Ottawa : Museum Restoration Service, 1974. – 36 p. – 091931614X

Supplements the biographical section of *The Canadian gunsmiths, 1608 to 1900*, with research undertaken since 1962. Bibliography. TS535 G62 fol.   683.400922

Complète la section biographique de *The Canadian gunsmiths, 1608 to 1900*, grâce aux recherches menées depuis 1962. Bibliographie. TS535 G62 fol.   683.400922

2735

Langdon, John E. – *Clock & watchmakers and allied workers in Canada, 1700 to 1900.* – Toronto : Anson-Cartwright Editions, 1976. – xix, 195 p. – 0919974023 – Cover title : *Clock & watchmakers in Canada, 1700 to 1900.*

A directory of clock and watchmakers and allied workers such as jewellers, active in Canada during the period 1700 to 1900. Compiled from newspapers, directories, credit reference books and archival resources such as the census. Alphabetically arranged by name of worker. Entries include name, profession, location, type of source in which the worker was listed, dates of birth and death if known, or dates of professional activity. Geographical index. TS543 C3 L35   681.11302571

Répertoire des horlogers et des artisans associés, comme les bijoutiers, actifs au Canada entre 1700 et 1900. Compilé à partir des journaux, des répertoires, des registres des crédits et des sources d'archives comme les données des recensements. Classement alphabétique par noms d'artisans. Les notices contiennent le nom, la profession, le lieu, le type de source qui mentionne l'artisan, les dates de naissance et de décès si elles sont connues ou les dates d'activité professionnelle. Index géographique.   TS543 C3 L35 681.11302571

2736

Manarey, R. Barrie. – *Handbook of identification marks on Canadian arms.* – Edmonton : Century Press, c1973. – [8], 82 p. : ill.

A guide to marks on arms manufactured, purchased and used by Canadian institutions, during the eighteenth through twentieth centuries. Arranged in sections for Canadian Government ownership, regimental, police department, headstamps and Canadian arms company marks. Bibliography.   V819 C2 M3   623.440971

Guide sur les marques inscrites sur les armes fabriquées, achetées et utilisées par des établissements canadiens, du dix-huitième au vingtième siècles. Classement en sections pour les armes dont la propriété relève du gouvernement canadien, les armes de régiments, les armes de policiers, les marques de culot et les marques des fabricants d'armes canadiens. Bibliographie.   V819 C2 M3   623.440971

2737

Out of the woods : an exhibition of contemporary woodwork and sculpture by Ontario designer-craftsmen. – Cambridge (Ont.) : Cambridge Public Library and Art Gallery, 1979. – [24] p. : ill.

The catalogue of a juried exhibition of 34 works in wood by twenty Ontario artists. Includes furniture, sculpture, containers, etc. Black and white photographs of 33 of the pieces with notes on title of work or type of object, type of wood, finish and dimensions and a brief biography of the artist. A second *Out of the woods* exhibition was held in 1984.   NK9600   745.510971307471344

Catalogue d'une exposition avec jury de 34 oeuvres en bois réalisées par vingt artistes de l'Ontario. Inclut des meubles, des sculptures, des contenants, etc. Photographies en noir et blanc de 33 des pièces avec les données suivantes: titre de l'oeuvre ou type d'objet, sorte de bois, finition et dimensions, ainsi qu'une courte biographie de l'artiste. Une deuxième exposition intitulée *Out of the woods* a eu lieu en 1984.   NK9600   745.510971307471344

2738

Russell, Loris S. – *A heritage of light : lamps and lighting in the Canadian home.* – [Toronto] : University of Toronto Press, c1968. – [4], 344 p. : ill., facsims., ports. – 802015301

A history of early Canadian lighting from rushlight to oil lamp to electric light. Discusses the technology and manufacture of different kinds of lighting devices and examines specific models of each. Illustrated with black and white photographs of lamps from private and public collections such as the National Museums of Canada and the Royal Ontario Museum. Glossary. Bibliography. Index. TP746 R84   621.320971

Histoire des débuts de l'éclairage au Canada, depuis les chandelles à mèche de jonc en passant par les lampes à l'huile jusqu'à l'éclairage électrique. Discute de la technologie et de la fabrication des différentes sortes d'appareils d'éclairage et étudie des modèles particuliers à chacune. Illustré au moyen de photographies en noir et blanc de lampes qui proviennent de collections privées ou publiques comme celles des Musées nationaux du Canada et du Musée royal de l'Ontario. Glossaire. Bibliographie. Index.   TP746 R84   621.320971

2739

Séguin, Robert-Lionel. – *Les moules du Québec.* – Ottawa : Ministère du Nord canadien et des ressources nationales, 1963. – vii, 141 p. : ill. – (Musée national du Canada. Bulletin n° 188). (Série des bulletins d'histoire ; n° 1).

A study of moulds in wood, metal and stone, made in Quebec during the seventeenth through nineteenth centuries. Covers maple sugar, butter, cheese, pastry, candle, and shot moulds as well as those used for religious purposes, by fishermen and tinkers, etc. Arranged by type. Numerous black and white illustrations with notes on type of mould, dimensions, material, provenance, inscription, etc. Bibliography. Name index. One-page summary in English. TS243 S4   731.43

Étude des moules de bois, de métal et de pierre fabriqués au Québec du dix-septième au dix-neuvième siècle. Porte sur les moules à sucre d'érable, à beurre, à fromage, à pâtisserie, à chandelles et à plombs, ainsi que sur les moules utilisés à des fins religieuses, par les pêcheurs et les tonneliers, etc. Classement par types. Nombreuses illustrations en noir et blanc avec type de moule, dimensions, matériau, provenance, inscription, etc. Bibliographie. Index des noms. Résumé d'une page en anglais.   TS243 S4   731.43

2740

Unitt, Peter. – *Unitt's clock price guide.* – By Peter Unitt and Anne Worrall. – Markham (Ont.) : Fitzhenry & Whiteside, c1991. – 127 p. : ill. – 1550410571

A guide to Canadian prices for Canadian, American, English, French and German clocks. Arranged by country of manufacture or type of clock such as grandfather, carriage, ship's, advertising and alarm. Black and white photographs of clocks with notes on type of clock, name of manufacturer if known, description of case, dimensions and price. Glossary. Index of clocks, manufacturers, etc. Updates: *Unitt's price guide to clocks in Canada* (Peterborough (Ont.) : Clock House, 1975-1980). NK7499 U55 1991 681.113075

Guide sur les prix canadiens des horloges canadiennes, américaines, anglaises, françaises et allemandes. Classement par pays de fabrication ou par types d'horloges comme les horloges de parquet, portatives, de bord, publicitaires et les réveille-matin. Photographies en noir et blanc d'horloges avec les données suivantes: type d'horloge, nom du fabricant s'il est connu, description du boîtier, dimensions et prix. Glossaire. Index des horloges, des fabricants, etc. Met à jour: *Unitt's price guide to clocks in Canada* (Peterborough (Ont.) : Clock House, 1975-1980). NK7499 U55 1991 681.113075

2741

Varkaris, Jane. – *Early Canadian timekeepers.* – Jane Varkaris & James E. Connell. – Erin (Ont.) : Boston Mills Press, c1993. – 272 p. : ill., ports. – 1550460730

A history of pre-1900 clock and watchmaking in Canada. Focusses on clocks made in Canada, imported movements and other clock parts which were placed in cases made in Canada and imported clocks to which a Canadian vendor's label was added. Chapters covering the Maritime Provinces and Newfoundland, Lower Canada, Canada East and Quebec, Upper Canada, Canada West and Ontario. Within each region, entries for clockmakers are alphabetically arranged. Personal and professional information is provided as well as descriptions of surviving pieces. Numerous black and white photographs. Table of information on clock imports from nineteenth-century port records. Appendices: clockmaker family histories. Bibliography. Subject index. TS543 C3 V374 1993 fol. 681.1130922

Histoire des horloges et de l'horlogerie au Canada avant 1900. Porte principalement sur les horloges fabriquées au Canada, sur les mouvements importés et sur les autres éléments placés dans les boîtiers fabriqués au Canada ainsi que sur les horloges importées auxquelles un vendeur canadien avait ajouté son étiquette. Chapitres pour les provinces maritimes et Terre-Neuve, le Bas-Canada, Canada-Est et le Québec, le Haut-Canada, Canada-Ouest et l'Ontario. Sous chaque région, les notices sur les horlogers sont classées en ordre alphabétique. Des données personnelles et professionnelles sont fournies ainsi que la description des pièces qui existent encore. Nombreuses photographies en noir et blanc. Tableau de données sur les importations d'horloges tirées de documents portuaires du dix-neuvième siècle. Annexes: histoires familiales des horlogers. Bibliographie. Index des sujets. TS543 C3 V374 1993 fol. 681.1130922

2742

Woodhead, E. I. – *Appareils d'éclairage : Collection de référence nationale, Parcs Canada.* – E.I. Woodhead, C. Sullivan et G. Gusset. – Ottawa : Direction des lieux et des parcs historiques nationaux, Parcs Canada, Environnement Canada, 1984. – 103 p. : ill. – (Études en archéologie, architecture et histoire). – 0660913577

A study of lighting devices dating from the late seventeenth to the mid-twentieth century. Most of the artifacts were excavated at Parks Canada archaeological sites and form part of the National Reference Collection. Arranged by type such as devices for creating spark, candles, candle moulds, candlesnuffers, pan, spout and vertical wick lamps, lanterns, acetylene lamps and electrical lights. The use, technology and manufacture of each type are discussed and illustrated with drawings and photographs of artifacts from the collection. Notes on site of excavation, material, dimensions, construction and style are provided. Bibliography. Reproduced in microform format: *Microlog*, no. 85-04071. Also published in English under the title: *Lighting devices in the National Reference Collection, Parks Canada.* GT445 W6614 621.32097107471384

Étude des appareils d'éclairage qui datent d'entre la fin du dix-septième siècle et le milieu du vingtième siècle. La plupart des artefacts proviennent des fouilles archéologiques de Parcs Canada et font partie de la Collection de référence nationale. Classement par types d'objets comme les briquets, les chandelles, les moules à chandelles, les mouchettes, les lampes à l'huile, à mèche verticale, les lanternes, les lampes à acétylène et les luminaires électriques. Traite de l'usage, de la technologie et de la fabrication de chaque type de lampe. Illustré au moyen de dessins et de photographies d'artefacts de la collection. Contient des notes sur le lieu des fouilles, le matériau, les dimensions, la construction et le style. Bibliographie. Reproduit sur support microforme: *Microlog*, n° 85-04071. Publié aussi en anglais sous le titre: *Lighting devices in the National Reference Collection, Parks Canada.* GT445 W6614 621.32097107471384

2743

Woodhead, E. I. – *Lighting devices in the National Reference Collection, Parks Canada.* – E.I. Woodhead, C. Sullivan and G. Gusset. – Ottawa : National Historic Parks and Sites Branch, Parks Canada, Environment Canada, 1984. – [4], 86 p. : ill. – (Studies in archaeology, architecture and history). – 0660117096

A study of lighting devices dating from the late seventeenth to the mid-twentieth century. Most of the artifacts were excavated at Parks Canada archaeological sites and form part of the National Reference Collection. Arranged by type such as devices for creating spark, candles, candle moulds, candlesnuffers, pan, spout and vertical wick lamps, lanterns, acetylene lamps and electrical lights. The use, technology and manufacture of each type are discussed and illustrated with drawings and photographs of artifacts from the collection. Notes on site of excavation, material, dimensions, construction and style are provided. Bibliography. Reproduced in microform format: *Microlog*, no. 85-06231. Also published in French under the title: *Appareils d'éclairage : collection de référence nationale, Parcs Canada.* GT445 W66 1984 621.32097107471384

Étude des appareils d'éclairage qui datent d'entre la fin du dix-septième siècle et le milieu du vingtième siècle. La plupart des artefacts proviennent des fouilles archéologiques de Parcs Canada et font partie de la Collection de référence nationale. Classement par types d'objets comme les briquets, les chandelles, les moules à chandelles, les mouchettes, les lampes à bec et à mèche verticale, les lanternes, les lampes à acétylène et les luminaires électriques. Traite de l'usage, de la technologie et de la fabrication de chaque type de lampe. Illustré au moyen de dessins et de photographies d'artefacts de la collection. Contient des notes sur le lieu des fouilles, le matériau, les dimensions, la construction et le style. Bibliographie. Reproduit sur support microforme: *Microlog*, n° 85-06231. Publié aussi en français sous le titre: *Appareils d'éclairage : collection de référence nationale, Parcs Canada.* GT445 W66 1984 621.32097107471384

Humanities
Languages and Linguistics

Sciences humaines
Langues et linguistique

Acronyms, Abbreviations

Sigles, abréviations

2744

12 000 sigles usuels canadiens = 12,000 Canadian usual acronyms. – Montreal : Canadian Institute of Acronyms, c1991. – ca. 200 p. – 2980127019

List of French and English initialisms and acronyms used in Canada, with their meaning. Where appropriate, the equivalent in the other language is provided.   P365.5 C3 D65 1991 fol.   423.1

Liste alphabétique de sigles et acronymes français et anglais en usage au Canada avec l'appellation appropriée. S'il y a lieu l'équivalent dans l'autre langue est aussi inscrit.   P365.5 C3 D65 1991 fol.   423.1

2745

12 000 sigles usuels canadiens = 12,000 Canadian usual acronyms. – Montréal : Institut canadien du sigle, c1991. – env. 200 p. – 2980127019

List of French and English initialisms and acronyms used in Canada, with their meaning. Where appropriate, the equivalent in the other language is provided.   P365.5 C3 D68 1991 fol.   423.1

Liste alphabétique de sigles et acronymes français et anglais en usage au Canada avec l'appellation appropriée. S'il y a lieu l'équivalent dans l'autre langue est aussi inscrit.   P365.5 C3 D68 1991 fol.   423.1

2746

Dobroslavić, Thérèse. – ***The Canadian dictionary of abbreviations.*** – Compiled by Thérèse Dobroslavić ; research and editorial assistant, Gail Edwards. – 2nd ed., rev. – Toronto : ECW Press, c1994. – 396 p. – 1550221965

An alphabetical dictionary of approximately 18,000 English- and French-language abbreviations, initialisms and acronyms used in Canada, with meanings. 1st ed., 1985, *Abbreviations : a Canadian handbook.*   PE1693 A22 1994 fol.   423.1

Dictionnaire alphabétique d'environ 18 000 abréviations, initiales et sigles, en anglais et en français, utilisés au Canada, avec leur signification. 1re éd., 1985, *Abbreviations : a Canadian handbook.* PE1693 A22 1994 fol.   423.1

2747

Quenneville, Jean-Marie. – ***Répertoire des sigles et acronymes en usage dans la francophonie.*** – Compilé par Jean-Marie Quenneville. – 2e éd. rév. et augm. – [Ottawa : Banque internationale d'information sur les États francophones (BIEF)], 1990. – 214 p. – (Bief ; 3). – 0848-8614

1st ed., 1989. French and English initialisms and acronyms for organizations, projects and programmes with ties to the French-speaking countries. Two parts: initialisms and acronyms with names or meanings; names with initialisms or acronyms. The equivalent name in the other language is indicated where appropriate. PC2693 R46 fol.   443.1

1re éd., 1989. Sigles et acronymes français et anglais des organismes, projets et programmes reliés à la francophonie. Deux parties: les sigles et acronymes avec l'appellation appropriée; les appellations avec le sigle ou acronyme approprié. S'il y a lieu l'appellation équivalente dans l'autre langue est aussi inscrite.   PC2693 R46 fol.   443.1

2748

Sigles & acronymes illimités. – Compilés par Cétadir inc. ; sous la direction de Paul Paré. – Montréal : Le Temps, c1992. – 507 p. – 2921472007

Alphabetical list of 13,500 French and English acronyms and abbreviations, with meanings. Where appropriate, the French translation of the English name is given, but not vice versa. Replaces: *Sigles et acronymes illimités* (Hull (Québec) : Cétadir, c1991). P365 S53 1992   443.1

Liste alphabétique de 13 500 sigles acronymes et abréviations français et anglais avec l'appellation appropriée. S'il y a lieu l'appellation anglaise comporte la traduction française, mais non l'inverse. Remplace: *Sigles et acronymes illimités* (Hull (Québec) : Cétadir, c1991).   P365 S53 1992   443.1

2749

Sigles en usage au Québec. – Réalisé par la Bibliothèque de l'Assemblée nationale. – [7e] éd. rev. et augm. – Québec : Publications du Québec, 1990. – 176 p. – 2551085225

1st ed., 1972; 2nd ed., 1973; 3rd ed., 1975; 4th ed., 1977; 5th ed., 1980; 6th ed., 1984. 6,500 French and English initialisms, acronyms and abbreviations used in Quebec, with meanings. Where appropriate, the equivalent in the other language is provided. Bibliography. P365.5 Q8 S54 1990   443.1

1re éd., 1972; 2e éd., 1973; 3e éd., 1975; 4e éd., 1977; 5e éd., 1980; 6e éd., 1984. 6 500 sigles, acronymes et abréviations français et anglais en usage au Québec avec l'appellation appropriée. S'il y a lieu l'équivalent dans l'autre langue est aussi inscrit. Bibliographie. P365.5 Q8 S54 1990   443.1

Bibliographies and Catalogues

Bibliographies et catalogues

2750

Annotated bibliography of the official languages of Canada = Bibliographie analytique des langues officielles au Canada. – [International Center for Research on Language Planning (ICRLP) in collaboration with the Office of the Commissioner of Official Languages]. – [Ottawa] : Office of the Commissioner of Official Languages, [1991?]. – 53 p.

Annotated bibliography of 88 works on the official languages of Canada between 1960 and 1989. Arranged in fifteen subject areas, such as institutional bilingualism, federal-provincial co-operation, linguistic demography, language of work, etc. Includes monographs, official publications, chapters of books and periodical articles. Author index. Directory of organizations. List of serials on official languages. Reproduced in microform format: *Microlog*, no. 91-04773.   Z7004 B5 A56   016.30644971

Bibliographie annotée de 88 ouvrages portant sur les langues officielles au Canada entre 1960 et 1989. Classement selon quinze thèmes notamment bilinguisme institutionnel, collaboration fédérale-provinciale, démographie linguistique, langue de travail, etc. Comprend des monographies, publications officielles, chapitres de livres et articles de périodiques. Index des auteurs. Répertoire d'organismes-ressources. Liste des publications en série relatives aux langues officielles. Reproduit sur support microforme: *Microlog*, n° 91-04773.   Z7004 B5 A56   016.30644971

2751

Annotated bibliography of the official languages of Canada = Bibliographie analytique des langues officielles au Canada. – [Centre international de recherche en aménagement linguistique (CIRAL) en collaboration avec le Commissariat aux langues officielles]. – [Ottawa] : Commissariat aux langues officielles, [1991?]. – 53 p.

Annotated bibliography of 88 works on the official languages of Canada between 1960 and 1989. Arranged in fifteen subject areas, such as institutional bilingualism, federal-provincial co-operation, linguistic demography, language of work, etc. Includes monographs, official publications, chapters of books and periodical articles. Author index. Directory of organizations. List of serials on official languages. Reproduced in microform format: *Microlog*, no. 91-04773.   Z7004 B5 A56   016.30644971

Bibliographie annotée de 88 ouvrages portant sur les langues officielles au Canada entre 1960 et 1989. Classement selon quinze thèmes notamment bilinguisme institutionnel, collaboration fédérale-provinciale, démographie linguistique, langue de travail, etc. Comprend des monographies, publications officielles, chapitres de livres et articles de périodiques. Index des auteurs. Répertoire d'organismes-ressources. Liste des publications en série relatives aux langues officielles. Reproduit sur support microforme: *Microlog*, n° 91-04773.   Z7004 B5 A56   016.30644971

2752

Bibliographie sélective, analytique et thématique : la didactique de la langue maternelle : écriture, lecture, communication orale. – [Québec] : Ministère de l'éducation, Direction de la formation générale des jeunes, c1993. – 182 p. – 255023636X

Annotated bibliography on teaching a mother tongue at primary and high school levels. Three main parts: writing, reading and oral communication, subdivided into 26 themes. Symbols indicate that a publication is practical, analytical or theoretical. Includes some works in English. Author index.   Z5818   016.4407

Bibliographie annotée en rapport avec l'enseignement de la langue maternelle au primaire et au secondaire. Trois parties principales: écriture, lecture et communication orale qui se subdivisent en 26 thèmes. Trois symboles caractérisent la publication de pratique, analytique ou théorique. Inclut des ouvrages en anglais. Index des auteurs.   Z5818   016.4407

2753

Bibliothèque nationale du Canada. – *Books in Native languages in the rare book collections of the National Library of Canada = Livres en langues autochtones dans les collections de livres rares de la Bibliothèque nationale du Canada.* – Compilé par Joyce M. Banks. – Éd. rev. et augm. – Ottawa : la Bibliothèque, 1985. – [18], 190 p. : ill., fac.-sim. – 0660530309

More than 500 bibliographical references for works in Canada's Native languages published before 1950 and held in the rare books collection of the National Library of Canada. Includes books, dictionaries, and grammars, and excludes vocabularies, glossaries and brief translations found in larger works. Arranged according to 58 Native languages and dialects. Bibliography. Three indexes: translator-author-editor, printer-publisher, title. Reproduced in microform format: *Microlog*, no. 86-00330. 1st ed., 1980, *Books in Native languages in the collection of the Rare Books and Manuscripts Division of the National Library of Canada = Livres en langues autochtones dans la collection de la Division des livres rares et des manuscrits de la Bibliothèque nationale du Canada.*   Z7118 N37 1985 fol.   016.497

Plus de 500 références bibliographiques d'ouvrages en langues indigènes en rapport avec les populations autochtones du Canada, parus avant 1950 et conservés dans la collection des livres rares de la Bibliothèque nationale du Canada. Inclut les livres, les dictionnaires et les grammaires, et exclut les vocabulaires, les glossaires et les courtes traductions extraites d'un ouvrage. Classement selon 58 langues et dialectes autochtones. Bibliographie. Trois index: traducteurs-auteurs-rédacteurs, imprimeurs-éditeurs, titres. Reproduit sur support microforme: *Microlog*, n° 86-00330. 1re éd., 1980, *Books in Native languages in the collection of the Rare Books and Manuscripts Division of the National Library of Canada = Livres en langues autochtones dans la collection de la Division des livres rares et des manuscrits de la Bibliothèque nationale du Canada.*   Z7118 N37 1985 fol.   016.497

2754

Carrière, Gaston, o.m.i. – *Contribution des Oblats de Marie Immaculée de langue française aux études de linguistique et d'ethnologie du Nord canadien.* – Québec : Culture, [1951?]. – 14 p. – Titre de la couv.

Bibliography of 210 pamphlets and monographs written by Oblates of Mary Immaculate who worked in Canada. Lists dictionaries, grammars, prayer books in Native languages and studies in French and English of the peoples involved in the evangelization of the

Bibliographie de 210 brochures et monographies écrites par les Oblats de Marie Immaculée ayant oeuvré au Canada. Recense des dictionnaires, des grammaires, des manuels de prière en langues autochtones, et des études en français et en anglais des populations

Canadian North. Originally published in: *Culture*, vol. 12, no. 2 (June 1951).   Z7118 C37 1951   016.49709719

concernées par l'évangélisation du Nord canadien. Publié originellement dans: *Culture* vol. 12, n° 2 (juin 1951).   Z7118 C37 1951 016.49709719

2755

Comité international permanent des linguistes. – *Bibliographie linguistique de l'année* [...] *et complément des années précédentes.* – Vol. 1- . – Dordrecht [Pays-Bas] : Kluwer Academic Publishers, 1949- . – vol. – 0378-4592 – Titre de la p. de t. additionnelle : *Linguistic bibliography for the year* [...] *and supplement for previous years.*

Annual, with a publication delay of at least two years. Bibliography of works on linguistics. Includes monographs and periodical articles published in more than 1,800 serials, of which approximately 30 are Canadian. Arranged according to a detailed subject outline. Author index. Imprint varies. The 1949 and 1950 volumes cover the years from 1939 to 1947.   Z7001 P4   016.41

Annuel avec un décalage de parution d'au moins deux ans. Bibliographie d'ouvrages concernant la linguistique. Comprend des monographies et des articles de périodiques parus dans plus de 1 800 publications en série, dont une trentaine proviennent du Canada. Présentation selon un plan de classement détaillé. Index des auteurs. Publié par différents éditeurs. Les volumes de 1949 et 1950 couvrent des années 1939/47.   Z7001 P4   016.41

2756

Edward E. Ayer Collection. – *A bibliographical check list of North and Middle American Indian linguistics in the Edward E. Ayer Collection.* – [Compiled by Ruth Lapham Butler]. – Chicago : The Newberry Library, 1941. – 2 vol. (unpaged).

Bibliographical references to material on Native languages of Central and North America in the Edward E. Ayer collection. Includes monographs, pamphlets, serials, manuscripts and extracts. Arranged by 328 languages and dialects. Author-translator-editor index. Also published: *Dictionary catalog of the Edward E. Ayer Collection of Americana and American Indians in the Newberry Library* (Boston : G.K. Hall, 1961); *First supplement*, 1970; *Second supplement*, 1980. Z7116 N4 fol.   016.497

Références bibliographiques de documents conservés dans la collection Edward E. Ayer ayant un rapport avec les langues indigènes des Amériques centrale et du Nord. Inclut monographies, brochures, publications en série, manuscrits et extraits d'ouvrage. Classement selon 328 langues et dialectes. Un index: auteurs-traducteurs-rédacteurs. Publié aussi: *Dictionary catalog of the Edward E. Ayer Collection of Americana and American Indians in the Newberry Library* (Boston : G.K. Hall, 1961); *First supplement*, 1970; *Second supplement*, 1980. Z7116 N4 fol.   016.497

2757

Evans, Karen. – *Masinahikan : Native language imprints in the archives and libraries of the Anglican Church of Canada.* – Toronto : Anglican Book Centre, 1985. – xxiii, 357 p. – 0919891330

746 annotated bibliographical references to material in Native languages published between 1780 and 1983 and held by 72 institutions with ties to the Anglican Church of Canada. Arranged under 44 languages. Entries include bibliographical reference, notes, references to other bibliographies and locations. Also describes 49 manuscripts. Bibliography. Six indexes: author-translator-editor, printer-publisher, syllabic spelling, title in Native language, subject, chronological. Z7118 E93 1985   016.497

746 références bibliographiques annotées de documents de langues autochtones parus entre 1780 et 1983 et conservés dans 72 institutions ayant un lien avec l'Église épiscopale du Canada. Classement selon 44 langues. Pour chaque référence bibliographique, des notes, renvois bibliographiques et localisations sont colligés. Décrit aussi 49 manuscrits. Bibliographie. Six index: auteurs-traducteurs-rédacteurs, imprimeurs-éditeurs, orthographe syllabique, titres en langues autochtones, sujets, chronologique.   Z7118 E93 1985   016.497

2758

Heritage languages : a bibliography. – [Compiled by Linda Anthony]. – Regina : Multicultural Council of Saskatchewan, c1983. – 16 p.

Bibliography of material on languages and multiculturalism in Canada. Five parts: monographs, reports, conference proceedings, periodical articles and bibliographies.   Z5814 M5 A57 1983   016.4

Bibliographie d'ouvrages sur les langues et le multiculturalisme au Canada. Cinq parties: monographies, rapports, actes de colloque, articles de périodiques et bibliographies.   Z5814 M5 A57 1983 016.4

2759

Lamarche, Rolande. – *Bibliographie de travaux québécois.* – [Québec] : Office de la langue française, c1988. – 2 vol. (175 ; 315 p.). – 2550192443 (vol. 1) 2550192451 (vol. 2)

Bibliography of 5,812 works on psycholinguistics, language teaching, general and computational linguistics, terminology and translation of works by Quebec authors. Includes monographs, periodical articles, theses and conference proceedings. Arranged alphabetically by author. Includes some references in English and Spanish. Two subject indexes. Vol. 1, *Psycholinguistique et pédagogie de la langue* by Rolande M. Lamarche and Elca Tarrab; vol. 2, *Linguistique générale, linguistique computationnelle, terminologie, traduction* by Rolande M. Lamarche and Denise Daoust.   Z7001   016.41

Bibliographie de 5 812 ouvrages concernant la psycholinguistique, l'enseignement des langues, la linguistique générale et computationnelle, la terminologie et la traduction d'écrits d'auteurs québécois. Comprend des monographies, des articles de périodiques, des thèses et des actes de colloque. Recension alphabétique des auteurs. Inclut des références en anglais et en espagnol. Deux index des sujets. Vol. 1, *Psycholinguistique et pédagogie de la langue* par Rolande M. Lamarche et Elca Tarrab; vol. 2, *Linguistique générale, linguistique computationnelle, terminologie, traduction* par Rolande M. Lamarche et Denise Daoust.   Z7001   016.41

2760

Mackey, William F. [William Francis]. – *Le bilinguisme canadien : bibliographie analytique et guide du chercheur.* – Québec : Centre international de recherche sur le bilinguisme, 1978. – [viii], 603, ix p. – (Publication - Centre international de recherche sur le bilinguisme ; B-75).

Bibliography of works on bilingualism in Canada. In fourteen chapters, including historical studies, linguistic demography, political solutions, economic consequences, etc. Includes monographs, official publications, and periodical and newspaper articles. Some works in English. Each chapter is introduced by an analysis. Appendices: texts of four language laws and charters. Glossary. Z7004 B5 M32 fol. 016.30644971

Bibliographie d'ouvrages portant sur le bilinguisme au Canada. Quatorze chapitres incluant études historiques, démographie linguistique, solutions politiques, incidences économiques, etc. Comprend des monographies, des publications officielles et des articles de périodiques et de journaux. Comprend des références de langue anglaise. Inclut aussi des textes analytiques en introduction de chaque chapitre et quatre annexes juridiques. Glossaire. Z7004 B5 M32 fol. 016.30644971

2761

Manitoba. Multiculture Educational Resource Centre. – *Heritage language resources : an annotated bibliography.* – Winnipeg : Multiculture Educational Resource Centre, Instructional Resources Branch, Manitoba Education, 1989. – iv, 89 p. – 077110796X

Annotated bibliography of material in the Multiculture Educational Resource Centre relevant to study of languages and of their historical and cultural contexts. Excludes Native languages, English and French. Includes monographs, pamphlets, ephemera, video and sound recordings. Twenty languages arranged alphabetically with a separate section for methodology. Call numbers. Reproduced in microform format: *Microlog*, no. 89-03481. Z5818 016.407

Bibliographie annotée de documents conservés au Multiculture Educational Resource Centre convenant à l'étude des langues et de leurs contextes historiques et culturels. Exclut les langues autochtones, l'anglais et le français. Inclut des monographies, des brochures, de la documentation éphémère, des enregistrements vidéo et sonores. Classement alphabétique de vingt langues et sous l'intitulé méthodologie. Cotes. Reproduit sur support microforme: *Microlog*, n° 89-03481. Z5818 016.407

2762

Manitoba. Native Education Branch. – *Native languages : resources pertaining to Native languages of Manitoba.* – [Winnipeg] : Manitoba Education, Native Education, 1985. – ii leaves, 135 p. – Cover title.

Prev. ed., 1981. Bibliography of books, periodical articles, conference proceedings, official publications, etc., relating to the Native languages of Manitoba. Includes material in Native languages as well as in English and in French, available from various Manitoba libraries. Arranged by language, each of which is subdivided into the following sections: dictionaries, research and comparative study, Native language materials, other titles. Locations and call numbers. Title index. Reproduced in microform format: *Microlog*, no. 86-01416. Z7118 016.497097127

Éd. précédente, 1981. Bibliographie de livres, articles de périodiques, actes de congrès, publications officielles, etc. concernant des langues autochtones du Manitoba. Inclut des documents en langues autochtones, en anglais et en français conservés dans plusieurs bibliothèques du Manitoba. Classement par langues subdivisées en sections: dictionnaires, recherche et études comparatives, documents en langues autochtones, autres titres. Localisations et cotes. Index des titres. Reproduit sur support microforme: *Microlog*, n° 86-01416. Z7118 016.497097127

2763

Massey, D. Anthony. – *A bibliography of articles and books on bilingualism in education.* – D. Anthony Massey and Joy Potter. – Ottawa : Canadian Parents for French, [1980]. – [136 p.].

Annotated bibliography of research on teaching French as a second language in Canada since 1965. Includes 297 monographs and periodical articles. Arranged alphabetically by author. Includes some works in French. Bibliography. Subject index. Z7004 B5 M38 fol. 016.37197

Bibliographie annotée de recherches concernant l'enseignement du français langue seconde au Canada depuis 1965. Comprend 297 monographies et articles de périodiques. Recension alphabétique des auteurs. Inclut des ouvrages en français. Bibliographie. Index des sujets. Z7004 B5 M38 fol. 016.37197

2764

Metropolitan Toronto Central Library. Languages Centre. – *A bibliographical check-list of Canadian Indian linguistics in the Languages Centre of Metropolitan Toronto Central Library.* – Barry J. Edwards. – Toronto : Languages Centre, Metropolitan Toronto Library Board, 1975. – 31 p.

Bibliographical references, half of which are annotated, for material on the Native languages of Canada held by the Metropolitan Toronto Central Library, Languages Centre. Arrangement: general works, eleven language families subdivided by language. Includes monographs, periodical articles and excerpts from larger works. Call numbers. Language index. Supplement: *A supplement to A bibliographical check-list of Canadian Indian linguistics in the Languages Centre of Metropolitan Toronto Library.* Z7118 M48 fol. 016.4970971

Références bibliographiques, dont la moitié sont annotées, de documents en rapport avec les langues indigènes du Canada conservés au Metropolitan Toronto Central Library, Languages Centre. Classement: ouvrages généraux, onze familles linguistiques subdivisées par langues. Inclut des monographies, articles de périodiques et extraits d'ouvrages. Cotes. Index des langues. Supplément: *A supplement to A bibliographical check-list of Canadian Indian linguistics in the Languages Centre of Metropolitan Toronto Library.* Z7118 M48 fol. 016.4970971

2765

Metropolitan Toronto Central Library. Languages Centre. – *A supplement to A bibliographical check-list of Canadian Indian linguistics in the Languages Centre of Metropolitan Toronto Library.* – Toronto : Languages Centre, Metropolitan Toronto Library Board, 1976. – 4 p.

30 additional references. Z7118 M48 Suppl. fol. 016.4970971

Ajout de 30 références. Z7118 M48 Suppl. fol. 016.4970971

2766

Minion, Robin. – *Inuit and Indian languages, including educational concerns and materials in these languages.* – Edmonton : Boreal Institute for Northern Studies, University of Alberta, 1985. – [4], 77 p. – (BINS bibliographic series ; no. 16) (Miscellaneous publications - Boreal Institute for Northern Studies). – 0824-8192

214 bibliographical references to material on Canadian Native languages in the library of the Boreal Institute for Northern Studies (now the Canadian Circumpolar Library) or in the library of the Scott Polar Research Institute in England. Includes monographs and serials in the two libraries and theses, official publications, atlases, reports, microforms, etc., in the library of the Boreal Institute for Northern Studies. Arranged alphabetically by author. Call numbers and brief summaries. Three indexes: author, geographical, title. Extracted from the *Boreal* database. FC3951 B5 fol. no. 16 016.4970971

214 références bibliographiques de documents en rapport avec les langues indigènes du Canada conservés dans la bibliothèque de l'Institut boréal des études du Nord (maintenant la Bibliothèque circumpolaire canadienne) ou dans la bibliothèque au Scott Polar Research Institute d'Angleterre. Inclut les monographies et publications en série des deux bibliothèques, et les thèses, publications officielles, atlas, rapports, microformes, etc. de la bibliothèque de l'Institut boréal des études du Nord. Recension alphabétique des auteurs. Cotes et courts résumés. Trois index: auteurs, géographique, titres. Extrait de la base de données *Boreal*. FC3951 B5 fol. no. 16 016.4970971

2767

National Library of Canada. – *Books in Native languages in the rare book collections of the National Library of Canada = Livres en langues autochtones dans les collections de livres rares de la Bibliothèque nationale du Canada.* – Compiled by Joyce M. Banks. – Rev. and enl. ed. – Ottawa : the Library, 1985. – [18], 190 p. : ill., facsims. – 0660530309

More than 500 bibliographical references for works in Canada's Native languages published before 1950 and held in the rare books collection of the National Library of Canada. Includes books, dictionaries and grammars, and excludes vocabularies, glossaries and brief translations found in larger works. Arranged according to 58 Native languages and dialects. Bibliography. Three indexes: translator-author-editor, printer-publisher, title. Reproduced in microform format: *Microlog*, no. 86-00330. 1st ed., 1980, *Books in Native languages in the collection of the Rare Books and Manuscripts Division of the National Library of Canada = Livres en langues autochtones dans la collection de la Division des livres rares et des manuscrits de la Bibliothèque nationale du Canada.* Z7118 B37 1985 fol. 018.1297

Plus de 500 références bibliographiques d'ouvrages en langues indigènes en rapport avec les populations autochtones du Canada, parus avant 1950 et conservés dans la collection des livres rares de la Bibliothèque nationale du Canada. Inclut les livres, les dictionnaires et les grammaires, et exclut les vocabulaires, les glossaires et les courtes traductions extraites d'un ouvrage. Classement selon 58 langues et dialectes autochtones. Bibliographie. Trois index: traducteurs-auteurs-rédacteurs, imprimeurs-éditeurs, titres. Reproduit sur support microforme: *Microlog*, n° 86-00330. 1re éd., 1980, *Books in Native languages in the collection of the Rare Books and Manuscripts Division of the National Library of Canada = Livres en langues autochtones dans la collection de la Division des livres rares et des manuscrits de la Bibliothèque nationale du Canada.* Z7118 B37 1985 fol. 018.1297

2768

Permanent International Committee of Linguists. – *Linguistic bibliography for the year [...] and supplement for previous years.* – Vol. 1- . – Dordrecht [Netherlands] : Kluwer Academic Publishers, 1949- . – vol. – 0378-4592 – Title on added t.p. : *Bibliographie linguistique de l'année [...] et complément des années précédentes.*

Annual, with a publication delay of at least two years. Bibliography of works on linguistics. Includes monographs and periodical articles published in more than 1,800 serials, of which approximately thirty are Canadian. Arranged according to a detailed subject outline. Author index. Imprint varies. Title varies: 1949, *Linguistic bibliography for the years 1939/1947, vol. 1*; 1950, *Linguistic bibliography for the years 1939/1947, vol. 2*; 1951, *Linguistic bibliography for the year 1948 and supplement for the years 1939/1947.* Z7001 P4 016.41

Annuel avec un décalage de parution d'au moins deux ans. Bibliographie d'ouvrages concernant la linguistique. Comprend des monographies et des articles de périodiques parus dans plus de 1 800 publications en série dont une trentaine proviennent du Canada. Présentation selon un plan de classement détaillé. Index des auteurs. Publié par différents éditeurs. Le titre varie: 1949, *Linguistic bibliography for the years 1939/1947, vol. 1*; 1950, *Linguistic bibliography for the years 1939/1947, vol. 2*; 1951, *Linguistic bibliography for the year 1948 and supplement for the years 1939/1947.* Z7001 P4 016.41

2769

Saskatchewan Organization for Heritage Languages. Resource Centre. – *Annotated bibliography.* – 2nd ed. – Regina : the Organization, 1992. – vi, 380 p. (loose-leaf).

1st ed., 1991. Annotated bibliography of approximately 450 items in the Resource Centre of the Saskatchewan Organization for Heritage Languages, relevant to the study of languages and of their social context. Includes monographs, serials, pamphlets, ephemera, video and sound recordings. Arranged by subject, such as bilingualism, Canadians of Portuguese origin, teaching of Vietnamese, etc. Z883 R38 S37 1992 fol. 016.40707124

1re éd., 1991. Bibliographie annotée d'environ 450 documents conservés au Resource Centre de Saskatchewan Organization for Heritage Languages, convenant à l'étude des langues et de leur contexte social. Inclut des monographies, publications en série, brochures, documents éphémères, enregistrements vidéo et sonores. Classement par sujets dont notamment bilinguisme, les canadiens d'origine portugaise, l'enseignement du vietnamien, etc. Z883 R38 S37 1992 fol. 016.40707124

2770

Vechter, Andrea R. [Andrea Rae]. – *Le maintien de l'acquis en langue seconde : bibliographie analytique.* – Préparé pour le Commissariat aux langues officielles par A. Vechter. – [Ottawa] : le Commissariat, 1988. – ii, 91 p.

Annotated bibliography of 56 references to research conducted in Canada and in other countries on second-language retention. Arranged alphabetically by author. Includes monographs, periodical articles and theses. Some works in English. Also published in English under the title: *Second-language retention : an annotated bibliography.* P118.2 V42 1988 fol. 016.40193

Bibliographie annotée de 56 références sur les recherches concernant le maintien de l'acquis d'une langue seconde au Canada et dans d'autres pays. Recension alphabétique des auteurs. Comprend des monographies, articles de périodiques et thèses. Inclut des ouvrages en anglais. Publié aussi en anglais sous le titre: *Second-language retention : an annotated bibliography.* P118.2 V42 1988 fol. 016.40193

2771

Vechter, Andrea R. [Andrea Rae]. – *Second-language retention : an annotated bibliography.* – Prepared for the Office of the Commissioner of Official Languages by Andrea Vechter. – [Ottawa] : the Office, 1988. – ii, 78 p.

Annotated bibliography of 56 references to research conducted in Canada and in other countries on second-language retention. Arranged alphabetically by author. Includes monographs, periodical articles and theses. Some works in French. Also published in French under the title: *Le maintien de l'acquis en langue seconde : bibliographie analytique.* P118.2 016.40193

Bibliographie annotée de 56 références sur les recherches concernant le maintien de l'acquis d'une langue seconde au Canada et dans d'autres pays. Recension alphabétique des auteurs. Comprend des monographies, articles de périodiques et thèses. Inclut des ouvrages en français. Publié aussi en français sous le titre: *Le maintien de l'acquis en langue seconde : bibliographie analytique.* P118.2 016.40193

Braille

Braille

2772

Bogart, Darleen. – *Mastering literacy braille : a comprehensive course.* – By Darleen Bogart [et al.]. – Toronto : National Library Division, Canadian National Institute for the Blind, 1989. – 1 vol. (various pagings, loose-leaf) : ill. – 0921122063

Handbook for learning to read and write Level 2 braille. 30 chapters, including punctuation, contractions, numbers, etc. Each chapter includes exercises. Appendices: lists of contractions and of words which present difficulties. Subject index. Braille ed.: Toronto : CNIB, National Library Division, c1989, 5 vol. HV1669 M35 1989 fol. 411

Guide pour l'apprentissage du système de lecture et d'écriture braille de niveau 2. 30 chapitres dont notamment ponctuation, cellules de contraction, nombres, etc. Chaque chapitre est étayé d'exercices. Appendices: listes des mots contractés et ceux comportant des difficultés. Index des sujets. Éd. en braille: Toronto : CNIB, National Library Division, c1989, 5 vol. HV1669 M35 1989 fol. 411

2773

Campbell, Rolland. – *Le braille.* – Rolland Campbell, Suzanne Olivier ; éd. rev. et corr. par Pierre Ferland. – Éd. rev. et corr. – Longueuil (Québec) : Institut Nazareth et Louis-Braille, c1992. – 3 vol. (iv, 52 ; vi, 122 ; iv, 324 p.). – 2893760112 (ensemble de 3 vol.)

1st ed., 1981. Handbook for reading and writing braille intended for the sighted. Introduction to abridged first and second level braille. Vol. 1, *Historique et techniques*; vol. 2, *Symboles et mise en page*; vol. 3, *Exercices et corrigé*. Appendix: list of abbreviations with the exception of letter groups. HV1669 411

1re éd., 1981. Guide pour l'apprentissage du système de lecture et d'écriture braille destiné aux voyants. Présentation du braille abrégé du premier et second degrés. Vol. 1, *Historique et techniques*; vol. 2, *Symboles et mise en page*; vol. 3, *Exercices et corrigé*. Annexe: liste des abréviations à l'exclusion des assemblages de lettres. HV1669 411

2774

Canadian National Institute for the Blind. National Library Division. Tactile Section. – *Hands-on alphabet book* [braille]. – Toronto : Canadian National Institute for the Blind, c1987. – [28] leaves of print and braille (thermoform) : tactile ill. – 0921122004 – Added t.p. in braille.

Illustrated dictionary of the 26 letters of the alphabet, intended for visually impaired children. An illustration in relief and a word in braille accompany each letter. HV1669 H35 1987 411

Dictionnaire illustré portant sur les 26 lettres de l'alphabet destiné aux enfants handicapés visuels. Pour chaque lettre, une illustration en relief et un mot en braille sont associés. HV1669 H35 1987 411

2775

Canadian National Institute for the Blind. National Library Division. Tactile Section. – *Hands-on numbers book* [braille]. – Toronto : Canadian National Institute for the Blind, c1990. – [24] leaves of print and braille (thermoform) : tactile ill. – 0921122047 – Added t.p. in braille.

Illustrated book of the numbers from 1 to 20, intended for children with visual impairments. An illustration in relief and the braille text accompany each number. HV1669 H35 1990 411.1

Dictionnaire illustré portant sur les chiffres de 1 à 20 destiné aux enfants handicapés visuels. Pour chaque chiffre, une illustration en relief et du texte braille sont associés. HV1669 H35 1990 411.1

2776

Code de transcription de l'imprimé en braille. – [Rédaction : Nicole Trudeau]. – [Québec] : Ministère de l'enseignement supérieur et de la science ; Ministère de l'éducation, 1989. – 375 p. – 2550202708 – Titre en braille.

Handbook for standardized braille transcription of material in French. Ten chapters, including symbols, titles and tables. Summary of each chapter in an appendix. Braille ed.: [Québec] : Gouvernement du Québec, Ministère de l'enseignement supérieur et de la science, 1989, 4 vol. 2nd ed. in preparation. HV1669 686.282

Guide pour la transcription normalisée en braille de documents en français. Dix chapitres dont notamment les symboles, les titres et les tableaux. Sommaire de chaque chapitre en appendice. Éd. en braille: [Québec] : Gouvernement du Québec, Ministère de l'enseignement supérieur et de la science, 1989, 4 vol. 2ᵉ éd. en progrès. HV1669 686.282

Directories

Répertoires

2777

Association canadienne de linguistique. – ***Bulletin.*** – 1 (printemps 1984)- . – [S.l. : l'Association, 1984?]- . – vol. – 0825-2823 – Titre de la couv.

Annual. Directory of members of the Canadian Linguistic Association. Each entry includes the member's address. Replaces: 1967/68, *Membership = Mémento*; 1968/69, 1970/71, 1973, *Mémento = Membership directory and data book*; 1975, *Directory = Mémento.* P11 C285 410.6071

Annuel. Répertoire alphabétique des membres de l'Association canadienne de linguistique. Chaque notice comprend leur adresse. Remplace: 1967/68, *Membership = Mémento*; 1968/69, 1970/71, 1973, *Mémento = Membership directory and data book*; 1975, *Directory = Mémento.* P11 C285 410.6071

2778

Canada. Direction générale de la promotion des langues officielles. – ***Répertoire des programmes du gouvernement du Canada intéressant les communautés minoritaires de langue officielle.*** – [Hull, Québec] : Secrétariat d'État du Canada, Promotion des langues officielles, [1990]- . – vol. (feuilles mobiles).

Irregular. Brief descriptions of approximately 100 federal programmes of interest to official language minority communities. Seven parts: employment and training, arts and culture, official languages, social development, agriculture, housing and economic development. Entries include address, telephone and fax numbers, objective, description, amount of financial assistance available, eligibility criteria, application procedure and deadlines. Programme index. Directory of organizations. Also published in English under the title: *Directory of federal government programs of interest to official language minority communities.* JL108 D5714 fol. 354.710085

Irrégulier. Description sommaire d'une centaine de programmes fédéraux susceptibles d'intéresser les communautés de langue officielle en situation minoritaire. Sept parties: emploi et formation, arts et culture, langues officielles, développement social, agriculture, logement et développement économique. Pour chaque programme figurent l'adresse, les numéros de téléphone et de télécopieur, l'objectif, la description, le montant de l'aide financière, les critères d'admissibilité, les modalités d'inscription et les dates limites. Index des programmes. Répertoire des organismes-ressources. Publié aussi en anglais sous le titre: *Directory of federal government programs of interest to official language minority communities.* JL108 D5714 fol. 354.710085

2779

Canada. Promotion of Official Languages Branch. – ***Directory of federal government programs of interest to official language minority communities.*** – [Hull, Quebec] : Dept. of the Secretary of State of Canada, Promotion of Official Languages, [1990]- . – vol. (loose-leaf).

Irregular. Brief descriptions of approximately 100 federal programmes of interest to official language minority communities. Seven parts: employment and training, arts and culture, official languages, social development, agriculture, housing and economic development. Entries include address, telephone and fax numbers, objective, description, amount of financial assistance available, eligibility criteria, application procedure and deadlines. Programme index. Directory of organizations. Also published in French under the title: *Répertoire des programmes du gouvernement du Canada intéressant les communautés minoritaires de langue officielle.* JL108 D57 fol. 354.710085

Irrégulier. Description sommaire d'une centaine de programmes fédéraux susceptibles d'intéresser les communautés de langue officielle en situation minoritaire. Sept parties: emploi et formation, arts et culture, langues officielles, développement social, agriculture, logement et développement économique. Pour chaque programme figurent l'adresse, les numéros de téléphone et de télécopieur, l'objectif, la description, le montant de l'aide financière, les critères d'admissibilité, les modalités d'inscription et les dates limites. Index des programmes. Répertoire des organismes-ressources. Publié aussi en français sous le titre: *Répertoire des programmes du gouvernement du Canada intéressant les communautés minoritaires de langue officielle.* JL108 D57 fol. 354.710085

2780

Canadian Linguistic Association. – ***Bulletin.*** – 1 (Spring 1984)- . – [S.l. : the Association, 1984?]- . – vol. – 0825-2823 – Cover title.

Annual. Directory of members of the Canadian Linguistic Association. Each entry includes the member's address. Replaces: 1967/68, *Membership = Mémento*; 1968/69, 1970/71, 1973, *Mémento = Membership directory and data book*; 1975, *Directory = Mémento.* P11 C285 410.6071

Annuel. Répertoire alphabétique des membres de l'Association canadienne de linguistique. Chaque notice comprend leur adresse. Remplace: 1967/68, *Membership = Mémento*; 1968/69, 1970/71, 1973, *Mémento = Membership directory and data book*; 1975, *Directory = Mémento.* P11 C285 410.6071

2781

Conseil des programmes de langues secondes au Canada. – *Canada : directory = Canada : brochure.* – Ottawa : le Conseil, [1992?]. – 50 p. : ill. – 0969603401 – Titre de la couv.

Brief descriptions of English or French as a second language programmes offered by 50 post-secondary educational institutions in Canada. Two parts: English and French programmes subdivided by province. Each entry includes address, telephone and fax numbers and a brief description of the institution and of the programme. Introduction in French, English, Spanish, Japanese, Korean, Chinese and Arabic. Replaces: *Canada, langues secondes = Second languages, Canada* ([Ottawa] : Council of Second Language Programmes in Canada, [1988?]).   P57 C3 L4 1992 fol. 428.0071171

Description sommaire des programmes d'anglais et de français langues secondes offerts dans 50 institutions d'enseignement post-secondaires au Canada. Deux parties: programmes d'anglais et de français qui se subdivisent par provinces. Chaque notice comprend l'adresse, les numéros de téléphone et de télécopieur et une brève description de l'institution et du programme. Texte préliminaire en français, en anglais, en espagnol, en japonais, en coréen, en chinois et en arabe. Remplace: *Canada, langues secondes = Second languages, Canada* ([Ottawa] : le Conseil, [1988?]).   P57 C3 L4 1992 fol. 428.0071171

2782

Council of Second Language Programmes in Canada. – *Canada : directory = Canada : brochure.* – Ottawa : the Council, [1992?]. – 50 p. : ill. – 0969603401 – Cover title.

Brief descriptions of English or French as a second language programmes offered by 50 post-secondary educational institutions in Canada. Two parts: English and French programmes subdivided by province. Each entry includes address, telephone and fax numbers and a brief description of the institution and of the programme. Introduction in French, English, Spanish, Japanese, Korean, Chinese and Arabic. Replaces: *Canada, langues secondes = Second languages, Canada* ([Ottawa] : the Council, [1988?]).   P57 C3 L4 1992 fol.   428.0071171

Description sommaire des programmes d'anglais et de français langues secondes offerts dans 50 institutions d'enseignement post-secondaires au Canada. Deux parties: programmes d'anglais et de français qui se subdivisent par provinces. Chaque notice comprend l'adresse, les numéros de téléphone et de télécopieur et une brève description de l'institution et du programme. Texte préliminaire en français, en anglais, en espagnol, en japonais, en coréen, en chinois et en arabe. Remplace: *Canada, langues secondes = Second languages, Canada* ([Ottawa] : Conseil des programmes de langues secondes au Canada, [1988?]).   P57 C3 L4 1992 fol.   428.0071171

2783

Directory of programs in linguistics in the United States & Canada. – Washington (D.C.) : Linguistic Society of America, 1984-   . –   vol.

Irregular. Directory of linguistics programmes offered by North American universities (approximately twenty Canadian), related research institutes in North America and linguistics associations throughout the world. Universities arranged by country. Entries for universities include address, year programme established, number of degrees awarded in the last three academic years, degrees offered, resources and facilities, uncommon languages taught and list of teaching personnel with titles and specialization. Summary table. Indexes of names and of uncommon languages. Previous editions: part of the *LSA bulletin.* P51   410.7

Irrégulier. Répertoire des programmes d'étude universitaires en linguistique offerts dans les universités nord-américaines, dont une vingtaine sont canadiennes, des instituts de recherche connexes d'Amérique du Nord et des associations en linguistique de par le monde. Classement des universités par pays. Pour chaque université figurent l'adresse, l'année d'établissement du programme, le nombre de diplômes octroyés pour les trois dernières années scolaires, les grades offerts, les ressources et installations, les langues non communes enseignées, et la liste du personnel enseignant avec leurs titre et spécialité. Tableau synthèse. Deux index: noms, langues non communes. Éditions précédentes: partie de la publication en série *LSA bulletin.* P51   410.7

2784

Directory of projects funded under the Promotion of Official Languages Program (1989-1990). – [Hull, Quebec] : Dept. of the Secretary of State of Canada, Promotion of Official Languages Branch, 1991. – vi, 60, 60, vi p. – 0662582861 – Title on added t.p. : *Répertoire de projets financés dans le cadre du Programme de promotion des langues officielles (1989-1990).*

Brief descriptions of 75 projects financed by the Promotion of Official Languages Program, Secretary of State, in 1989-1990. Organized according to the six parts of the programme: support for official-language organizations and institutions, assistance for the establishment of community radio stations, administration of justice in both official languages, intergovernmental co-operation, support for dialogue and understanding between official-language communities and co-operation with the voluntary sector. For each project, address, description of the organization, of the project and of its importance are provided. Directory of regional offices of the Secretary of State. Index of organizations. Reproduced in microform format: *Microlog,* no. 92-02778.   P119.32   306.449

Description sommaire de 75 projets financés par le Secrétariat d'État en 1989-1990 pour la promotion des langues officielles. Présentation selon les six composantes du Programme: appui aux organismes et aux institutions des communautés des langues officielles, aide à l'établissement de stations de radio communautaire, administration de la justice dans les deux langues officielles, coopération intergouvernementale, appui au dialogue et à la compréhension entre communautés de langue officielle, et collaboration avec le secteur bénévole. Pour chaque projet, l'adresse, la description de l'organisme, du projet et de son incidence sont mentionnées. Répertoire des bureaux régionaux du Secrétariat d'État. Index des organismes. Reproduit sur support microforme: *Microlog,* nº 92-02778.   P119.32   306.449

2785

Répertoire de projets financés dans le cadre du Programme de promotion de langues officielles, (1989-1990). – [Hull, Québec] : Secrétariat d'État du Canada, Direction générale de la promotion des langues officielles, 1991. – vi, 60, 60, vi p. – 0662582861 – Titre de la p. de t. additionnelle : *Directory of projects funded under the Promotion of Official Languages program, (1989-1990).*

Brief descriptions of 75 projects financed by the Promotion of Official Languages Program, Secretary of State, in 1989-1990. Organized according to the six parts of the programme: support for official-language organizations and institutions, assistance for the establishment of community radio stations, administration of justice in both official languages, intergovernmental co-operation, support for dialogue and understanding between official-language communities and co-operation with the voluntary sector. For each project, address, description of the organization, of the project and of its importance are provided. Directory of regional offices of the Secretary of State. Index of organizations. Reproduced in microform format: *Microlog*, no. 92-02778. P119.32 306.449

Description sommaire de 75 projets financés par le Secrétariat d'État en 1989-1990 pour la promotion des langues officielles. Présentation selon les six composantes du Programme: appui aux organismes et aux institutions des communautés des langues officielles, aide à l'établissement de stations de radio communautaire, administration de la justice dans les deux langues officielles, coopération intergouvernementale, appui au dialogue et à la compréhension entre communautés de langue officielle, et collaboration avec le secteur bénévole. Pour chaque projet, l'adresse, la description de l'organisme, du projet et de son incidence sont mentionnées. Répertoire des bureaux régionaux du Secrétariat d'État. Index des organismes. Reproduit sur support microforme: *Microlog*, n° 92-02778. P119.32 306.449

Documents

Documents

2786

Recueil des législations linguistiques dans le monde. – Textes recueillis et colligés par Jacques Leclerc. – Québec : Centre international de recherche en aménagement linguistique, 1994. – 6 vol. – 2892192412 (vol. 1)

Volume 1 consists of 48 texts of Canadian federal and provincial laws, regulations and agreements relating to language. Includes laws currently in force or of historical significance. French versions of bilingual texts as well as certain English texts. Subject index. Other volumes: 2, Belgium; 3, France, Luxembourg and Switzerland; 4, Principality of Andorra, Spain, Italy; 5, Algeria, Austria, China, Denmark, Finland, Hungary, Malta, Morocco, Norway, New Zealand, Netherlands, United Kingdom, Tunisia, Turkey, countries of the former USSR; 6, Colombia, United States, Mexico, Puerto Rico, international treaties. K3716 A48 1994 fol. 344.090263

Le volume 1 est formé de 48 textes de lois, de règlements et d'accords fédéraux et provinciaux canadiens relatifs à la langue. Inclut les lois actuellement en vigueur ou d'importance historique. Version française des textes bilingues, ainsi que de certains textes en anglais. Index des sujets. Autres volumes: 2, Belgique; 3, France, Luxembourg et Suisse; 4, principauté d'Andore, Espagne, Italie; 5, Algérie, Autriche, Chine, Danemark, Finlande, Hongrie, Malte, Maroc, Norvège, Nouvelle-Zélande, Pays-Bas, Royaume-Uni, Tunisie, Turquie, pays de l'ancien URSS; 6, Colombie, États-Unis, Mexique, Porto Rico, traités internationaux. K3716 A48 1994 fol. 344.090263

Handbooks

Guides

2787

King, Ruth [Elizabeth]. – *Talking gender : a guide to nonsexist communication.* – Toronto : Copp Clark Pitman, c1991. – x, 94 p. : ill. – 0773051236

Guide to basic principles for use of nonsexist language, with examples. Nine main parts, for example, pronouns, position titles, illustrations, etc. Includes material in French. Appendices: list of sexist English terms with nonsexist alternatives; list of French masculine terms with their feminine alternatives. Reading list for each chapter. Bibliography. P120 S48 K55 1991 306.44082

Guide des principes fondamentaux, étayés d'exemples pour réaliser la féminisation linguistique. Neuf parties principales notamment les pronoms, les titres d'emploi, les illustrations, etc. Comprend des textes en français. Appendices: liste des termes anglais sexistes et des alternatives non sexistes; liste des termes masculins français et leurs équivalents féminins. Liste d'oeuvres recommandées à la fin de chaque chapitre. Bibliographie. P120 S48 K55 1991 306.44082

2788

Linguistic and cultural affiliations of Canadian Indian bands = Appartenance linguistique et culturelle des bandes indiennes du Canada. – Indian and Inuit Affairs Program ; Research Branch - Corporate Policy. – [3rd ed.]. – [Ottawa] : Indian and Northern Affairs Canada, [1980]. – 50 p. – Cover title.

1st ed., 1967, 2nd ed., 1970, *Linguistic and cultural affiliations of Canadian Indian bands*. List of Canadian Indian bands noting population on December 31, 1978, linguistic group, language or dialect and culture area. Arranged by province and territory. Table of the six culture areas describing location, principal characteristics and linguistic groups. E78 C2 L55 1979 fol. 971.00497

1ʳᵉ éd., 1967, 2ᵉ éd., 1970, *Linguistic and cultural affiliations of Canadian Indian bands*. Recension des bandes amérindiennes du Canada avec mention de la population au 31 déc. 1978, le groupe linguistique, la langue ou le dialecte et la région culturelle. Classement par provinces et territoires. Tableau des six régions culturelles qui décrit l'aire géographique, des principales caractéristiques et des groupes linguistiques concernés. E78 C2 L55 1979 fol. 971.00497

2789

Linguistic and cultural affiliations of Canadian Indian bands = Appartenance linguistique et culturelle des bandes indiennes du Canada. –
Programme des affaires indiennes et inuit ; Recherche - Politique générale. – [3ᵉ éd.]. – [Ottawa] : Affaires indiennes et du Nord Canada,
[1980]. – 50 p. – Titre de la couv.

1st ed., 1967, 2nd ed., 1970, *Linguistic and cultural affiliations of Canadian Indian bands*. List of Canadian Indian bands noting population on December 31, 1978, linguistic group, language or dialect and culture area. Arranged by province and territory. Table of the six culture areas describing location, principal characteristics and linguistic groups.   E78 C2 L55 1979 fol.   971.00497

1ʳᵉ éd., 1967, 2ᵉ éd., 1970, *Linguistic and cultural affiliations of Canadian Indian bands*. Recension des bandes amérindiennes du Canada avec mention de la population au 31 déc. 1978, le groupe linguistique, la langue ou le dialecte et la région culturelle. Classement par provinces et territoires. Tableau des six régions culturelles qui décrit l'aire géographique, des principales caractéristiques et des groupes linguistiques concernés.   E78 C2 L55 1979 fol. 971.00497

2790

Plain language, clear and simple. – [Prepared by NGL Consulting Ltd. and the National Literacy Secretariat of the Department of Multiculturalism and Citizenship Canada]. – [Ottawa] : Multiculturalism and Citizenship Canada, c1991. – 55 p. – 066014185X

Handbook for writing and formatting concise, simple government documents. Bibliography. Directory of resource persons. Reproduced in braille and audio cassette formats. Reproduced in microform format: *Microlog*, no. 93-08897. Also published in French under the title: *Pour un style clair et simple*.   HF5718.3 P6813 1991 808.042

Guide de rédaction et de présentation de textes gouvernementaux structurés selon un style concis et direct. Bibliographie. Répertoire de personnes-ressources. Reproduit sur support braille et sur bande sonore. Reproduit sur support microforme: *Microlog*, nº 93-08897. Publié aussi en français sous le titre: *Pour un style clair et simple*. HF5718.3 P6813 1991 808.042

2791

Pour un style clair et simple. – [Préparé par NGL Consultants ltéé et le Secrétariat national à l'alphabétisation de Multiculturalisme et citoyenneté Canada]. – [Ottawa] : Multiculturalisme et citoyenneté Canada, c1991. – 62 p. – 0660934272

Handbook for writing and formatting concise, simple government documents. Bibliography. Directory of resource persons. Reproduced in braille and audio cassette formats. Reproduced in microform format: *Microlog*, no. 94-00467. Also published in English under the title: *Plain language, clear and simple*. HF5718.3 P68 1991 808.0441

Guide de rédaction et de présentation de textes gouvernementaux structurés selon un style concis et direct. Bibliographie. Répertoire de personnes-ressources. Reproduit sur support braille et sur bande sonore. Reproduit sur support microforme: *Microlog*, nº 94-00467. Aussi publié en anglais sous le titre: *Plain language, clear and simple*. HF5718.3 P68 1991 808.0441

History

Histoire

2792

Nos deux langues officielles au fil des ans. – [Ottawa] : Commissariat aux langues officielles, [1990]. – xiii, 44, 40, xiii p. – Titre de la p. de t. additionnelle : *Our two official languages over time.*

Chronology of significant events relating to Canada's official languages at the federal, provincial/territorial and municipal levels. In three parts: 1867-1963, 1963-1980, 1980-1990. Information organized in three columns: year, jurisdiction, category of event; summary of major events; source of information and cross-references. Reproduced in microform format: *Microlog*, no. 90-07166. Replaces: *Deux langues, un passé = Language over time* ([Ottawa] : Commissioner of Official Languages, 1979), poster inserted in *Language and society*, no. 1 (Autumn 1979).   FC145 306.44971

Chronologie des événements marquants de l'évolution des langues officielles au Canada aux échelons fédéral, provincial/territorial et municipal. Trois parties: 1867-1963, 1963-1980, 1980-1990. Disposition de l'information sur trois colonnes: l'année, l'autorité législative et le domaine; le sommaire des principaux événements; la source des renseignements et renvois. Reproduit sur support microforme: *Microlog*, nº 90-07166. Remplace: *Deux langues, un passé = Language over time* ([Ottawa] : Commissaire aux langues officielles, 1979), affiche insérée dans *Langue et société*, nº 1 (automne 1979). FC145   306.44971

2793

Our two official languages over time. – [Ottawa] : Office of the Commissioner of Official Languages, [1990]. – xiii, 40, 44, xiii p. – Title on added t.p. : *Nos deux langues officielles au fil des ans.*

Chronology of significant events relating to Canada's official languages at the federal, provincial/territorial and municipal levels. In three parts: 1867-1963, 1963-1980, 1980-1990. Information organized in three columns: year, jurisdiction, category of event; summary of major events; source of information and cross-references. Reproduced in microform format: *Microlog*, no. 90-07166. Replaces: *Deux langues, un passé = Language over time* ([Ottawa] : Commissioner of Official Languages, 1979), poster inserted in *Language and society*, no. 1 (Autumn 1979).   FC145 306.41971

Chronologie des événements marquants de l'évolution des langues officielles au Canada aux échelons fédéral, provincial/territorial et municipal. Trois parties: 1867-1963, 1963-1980, 1980-1990. Disposition de l'information sur trois colonnes: l'année, l'autorité législative et le domaine; le sommaire des principaux événements; la source des renseignements et renvois. Reproduit sur support microforme: *Microlog*, nº 90-07166. Remplace: *Deux langues, un passé = Language over time* ([Ottawa] : Commissaire aux langues officielles, 1979), affiche insérée dans *Langue et société*, nº 1 (automne 1979). FC145   306.41971

Indexes

Index

2794

Fournier, Robert. – *Revue québécoise de linguistique théorique et appliquée : revue de l'Association québécoise de linguistique, index.* – Vol. 6, nº 4 (déc. 1987)-vol. 9, nº 4 (déc. 1990). – [Sherbrooke, Québec] : Association québécoise de linguistique, c1987-c1990. – 2 vol. (62 ; 12 p.).

Index to articles published in *Recherches linguistiques à Montréal = Montréal working papers in linguistics* and *Revue québécoise de linguistique théorique et appliquée : revue de l'Association québécoise de linguistique* between 1974 and 1990. Vol. 1, 1974-1986; vol. 2, 1987-1990. Two parts: articles listed by author; various items listed by title. Includes directory of members of the Association. Also indexed by: *Linguistics and language behaviour abstracts : LLBA*; *Francis bulletin signalétique. 524 : sciences du langage, linguistics* and *Linguistic bibliography for the year [...] and supplement for previous years.* P2 016.4105

Index des articles parus dans les publications en série *Recherches linguistiques à Montréal = Montréal working papers in linguistics* et *Revue québécoise de linguistique théorique et appliquée : revue de l'Association québécoise de linguistique* entre 1974 et 1990. Vol. 1, 1974-1986; vol. 2, 1987-1990. Deux parties: articles recensés par auteurs; divers répertoriés par titres. Inclut aussi le répertoire des membres de l'Association. Aussi indexé par: *Linguistics and language behavior abstracts : LLBA*; *Francis bulletin signalétique. 524 : sciences du langage, linguistics* et *Bibliographie linguistique de l'année [...] et complément des années précédentes.* P2 016.4105

2795

Francis bulletin signalétique. 524 : sciences du langage, linguistics. – Vol. 23, nº 1-   . – Vandoeuvre-lès-Nancy [France] : Institut de l'information scientifique et technique (INIST), 1969-   . –   vol. – 1157-3740

Quarterly with annual cumulation of indexes. Bibliographical references to articles on linguistics published in approximately 400 specialized publications, of which some fifteen are Canadian. Nineteen main parts, including biology of language, psycholinguistics, semiotics and communication, etc. Three indexes: subject, language, author. Available online through Questel: *Francis*, period covered, 1972 to present. Available in CD-ROM format: *Francis CD-ROM*, period covered, 1984-   . Title varies: 1969-1990, *Bulletin signalétique. 524 : sciences du langage*. Continues: 1968, *Bulletin signalétique. C (19-24) : sciences humaines*; 1965-1967, *Bulletin signalétique. 19-24 : sciences humaines, philosophie*; 1964, *Bulletin signalétique. 19-23 : sciences humaines, philosophie*; 1961-1963, *Bulletin signalétique. 19 : sciences humaines, philosophie*; 1956-1960, *Bulletin signalétique : philosophie, sciences humaines*; 1952-1955, *Bulletin analytique : philosophie*. Z7001 B84 fol. 016.41

Trimestriel avec refonte annuelle des index. Références bibliographiques d'articles en rapport avec la linguistique parus dans environ 400 publications en série spécialisées dont une quinzaine proviennent du Canada. Dix-neuf parties principales dont biologie du langage, psycholinguistique, sémiotique et communication, etc. Trois index: sujets, langues, auteurs. Disponible en direct via le serveur Questel: *Francis*, période couverte, 1972 à ce jour. Disponible sur support CD-ROM: *Francis CD-ROM*, période couverte, 1984-   . Le titre varie: 1969-1990, *Bulletin signalétique. 524 : sciences du langage*. Fait suite à: 1968, *Bulletin signalétique. C (19-24) : sciences humaines*; 1965-1967, *Bulletin signalétique. 19-24 : sciences humaines, philosophie*; 1964, *Bulletin signalétique. 19-23 : sciences humaines, philosophie*; 1961-1963, *Bulletin signalétique. 19 : sciences humaines, philosophie*; 1956-1960, *Bulletin signalétique : philosophie, sciences humaines*; 1952-1955, *Bulletin analytique : philosophie*. Z7001 B84 fol. 016.41

2796

Index de Néologie en marche. – Montréal : Office de la langue française, 1981-1982. – 2 vol. (153 ; 118 p.). – 2551041899 (1-15) 2551046092 (17-27)

Index to 7,600 terms discussed in the serial *Néologie en marche* between 1973 and 1982. Three parts: French terms, English terms and terms in other languages. Index to nos. 1-15 in no. 24 (1981) by Jean-Claude Boulanger and Nicole Legris; index to nos. 17-27 in no. 28 (1982) by Nicole Legris. PC3631 016.9714

Index de 7 600 termes traités dans la publication en série *Néologie en marche* entre 1973 et 1982. Trois parties: termes français, anglais et d'autres langues. Index de nᵒˢ 1-15 dans nº 24 (1981) par Jean-Claude Boulanger et Nicole Legris; index de nᵒˢ 17-27 dans nº 28 (1982) par Nicole Legris. PC3631 016.9714

2797

Linguistics and language behavior abstracts : LLBA. – Vol. 1, no. 1 (Jan. 1967)-   . – La Jolla (Calif.) : Sociological Abstracts, c1967-   . –   vol. – 0888-8027 – Cover title.

Quarterly with annual cumulation of indexes. Bibliography and abstracts of articles on linguistics and applied linguistics in approximately 700 specialized serial publications, of which some 30 are Canadian. 29 main parts, including psycholinguistics, lexicography, phonetics, etc. Also includes abstracts of recently published books. Four indexes: author, periodical, book and subject. Title varies: 1967-1984, *Language and language behaviour abstracts : LLBA*. Available online through Dialog: *Linguistics and language behavior abstracts : LLBA*, period covered, 1973 to present; and Ovid Technologies: *LLBA*, period covered, 1973 to present. P1 L15 fol. 016.41

Trimestriel avec refonte annuelle des index. Bibliographie et résumés d'articles en rapport avec la linguistique et ses applications parus dans environ 700 publications en série spécialisées, dont une trentaine proviennent du Canada. 29 parties principales dont psycholinguistique, lexicographie, phonétique, etc. Inclut aussi des résumés de livres récemment publiés. Quatre index: auteurs, périodiques, livres et sujets. Le titre varie: 1967-1984, *Language and language behavior abstracts : LLBA*. Disponible en direct via les serveurs Dialog: *Linguistics and language behavior abstracts : LLBA*, période couverte, 1973 à ce jour; et Ovid Technologies: *LLBA*, période couverte, 1973 à ce jour. P1 L15 fol. 016.41

2798

Marcotte, Hélène. – *Index de Québec français, 1970-1988*. – Québec : Publications Québec français, 1989. – 89 p. : ill. – 2920204076

Index to articles published in the periodical *Québec français* between 1970 and 1988. Five parts: "Cahier pratique" chronologically arranged, authors studied, articles grouped by theme, book reviews grouped by genre and records listed by author. Also indexed in *Point de repère*.   P57 C3 Q83 1989 Index   016.44009714

Index des articles parus dans la publication en série *Québec français* entre 1970-1988. Cinq parties: «Cahier pratique» classé chronologiquement, les auteurs étudiés, les articles regroupés par thèmes, les comptes rendus recensés par genres, les disques répertoriés par auteurs. Aussi indexé par *Point de repère*.   P57 C3 Q83 1989 Index 016.44009714

2799

Mollica, Anthony. – *The Canadian modern language review : cumulative index, volumes 1-37 = La revue canadienne des langues vivantes : index cumulatif, volumes 1-37*. – Compiled by Anthony Mollica, Marcel Danesi, Anne Urbancic. – Vol. 39, no. 3 (March 1983). – Welland (Ont.) : Canadian Modern Language Review, c1983. – P. [373]-768 : ill. – 0008-4506

Index to 4,495 articles published in the quarterly *The Canadian modern language review = La revue canadienne des langues vivantes* between 1944 and 1981. Ten main parts, including psychology of language learning, linguistics, equipment and media, etc. Unilingual English introduction and conclusion. Includes references in English, French, German, Italian, Polish, Russian, Spanish and Ukrainian. Three author indexes: articles, book reviews, monographs. Advertiser index. Reproduced in microform format: [Toronto] : Micromedia, [s.d.]; Ann Arbor (Mich.) : University Microfilms, [s.d]. Also indexed by: *Francis bulletin signalétique. 524 : sciences du langage, linguistics*; *Linguistics and language behavior abstracts : LLBA*; *Canadian periodical index*.   PB5   016.4107

Index de 4 495 articles parus dans le trimestriel *The Canadian modern language review = La revue canadienne des langues vivantes* entre 1944 et 1981. Dix parties principales notamment psychologie de l'apprentisage, linguistique, équipement et média, etc. Textes d'introduction et de conclusion en anglais seulement. Comprend des références en anglais, en français, en allemand, en italien, en polonais, en russe, en espagnol et en ukrainien. Trois index des auteurs: articles, comptes rendus, monographies. Index des annonceurs. Reproduit sur support microforme: [Toronto] : Micromedia, [s.d.]; Ann Arbor (Mich.) : University Microfilms, [s.d.]. Aussi indexé par: *Francis bulletin signalétique. 524 : sciences du langage, linguistics*; *Linguistics and language behavior abstracts : LLBA*; *Index de périodiques canadiens*.   PB5   016.4107

2800

Mollica, Anthony. – *The Canadian modern language review : cumulative index, volumes 1-37 = La revue canadienne des langues vivantes : index cumulatif, volumes 1-37*. – Compilé par Anthony Mollica, Marcel Danesi, Anne Urbancic. – Vol. 39, n° 3 (mars 1983). – Welland (Ont.) : Revue canadienne des langues vivantes, c1983. – P. [373]-768 : ill. – 0008-4506

Index to 4,495 articles published in the quarterly *The Canadian modern language review = La revue canadienne des langues vivantes* between 1944 and 1981. Ten main parts, including psychology of language learning, linguistics, equipment and media, etc. Unilingual English introduction and conclusion. Includes references in English, French, German, Italian, Polish, Russian, Spanish and Ukrainian. Three author indexes: articles, book reviews, monographs. Advertiser index. Reproduced in microform format: [Toronto] : Micromedia, [s.d.]; Ann Arbor (Mich.) : University Microfilms, [s.d]. Also indexed by: *Francis bulletin signalétique. 524 : sciences du langage, linguistics*; *Linguistics and language behavior abstracts : LLBA*; *Canadian periodical index*.   PB5   016.4107

Index de 4 495 articles parus dans le trimestriel *The Canadian modern language review = La revue canadienne des langues vivantes* entre 1944 et 1981. Dix parties principales notamment psychologie de l'apprentisage, linguistique, équipement et média, etc. Textes d'introduction et de conclusion en anglais seulement. Comprend des références en anglais, en français, en allemand, en italien, en polonais, en russe, en espagnol et en ukrainien. Trois index des auteurs: articles, comptes rendus, monographies. Index des annonceurs. Reproduit sur support microforme: [Toronto] : Micromedia, [s.d.]; Ann Arbor (Mich.) : University Microfilms, [s.d.]. Aussi indexé par: *Francis bulletin signalétique. 524 : sciences du langage, linguistics*; *Linguistics and language behavior abstracts : LLBA*; *Index de périodiques canadiens*.   PB5   016.4107

2801

Wheeler, Eric S. – *The Canadian journal of linguistics : index 1954-80, the first twenty-five years = La revue canadienne de linguistique : index 1954-1980, les vingt-cinq premières années*. – [S.l.] : Canadian Linguistic Association, 1982. – 78 p. – 0008-4131

Index to articles published in *The Canadian journal of linguistics = La revue canadienne de linguistique* between 1954 and 1980. Four parts: articles and book reviews listed by author, miscellaneous material including bibliographies and obituaries, subjects. Also indexed by: *Linguistic bibliography for the year [...] and supplement for the previous years* and *Linguistics and language behavior abstracts : LLBA*.   P121   016.4105

Index des articles parus dans la publication en série *The Canadian journal of linguistics = La revue canadienne de linguistique* entre 1954 et 1980. Quatre parties: articles et comptes rendus recensés par auteurs, écrits divers notamment bibliographies et nécrologie, sujets. Aussi indexé par: *Bibliographie linguistique de l'année [...] et complément des années précédentes* et *Linguistics and language behavior abstracts : LLBA*.   P121   016.4105

2802

Wheeler, Eric S. – *The Canadian journal of linguistics : index 1954-80, the first twenty-five years = La revue canadienne de linguistique : index 1954-1980, les vingt-cinq premières années*. – [S.l.] : Association canadienne de linguistique, 1982. – 78 p. – 0008-4131

Index to articles published in *The Canadian journal of linguistics = La revue canadienne de linguistique* between 1954 and 1980. Four parts: articles and book reviews listed by author, miscellaneous material including bibliographies and obituaries, subjects. Also indexed by: *Linguistic bibliography for the year [...] and supplement for the previous years* and *Linguistics and language behavior abstracts : LLBA*.   P121   016.4105

Index des articles parus dans la publication en série *The Canadian journal of linguistics = La revue canadienne de linguistique* entre 1954 et 1980. Quatre parties: articles et comptes rendus recensés par auteurs, écrits divers notamment bibliographies et nécrologie, sujets. Aussi indexé par: *Bibliographie linguistique de l'année [...] et complément des années précédentes* et *Linguistics and language behavior abstracts : LLBA*.   P121   016.4105

Literacy

Alphabétisation

2803

Canada. Multiculturalism and Citizenship Canada. – *Partners in literacy : National Literacy Program : an overview of projects.* – Ottawa : Multiculturalism and Citizenship Canada, 1990. – iii, 36, 40, iii p. – 0662576225 – Title on added t.p. : *Partenaires en alphabétisation : Programme national d'alphabétisation : un aperçu des projets.*

Brief descriptions of projects supported by the National Literacy Program during the previous year. Five categories: joint federal-provincial-territorial initiatives, literacy projects in the voluntary sector, workplace literacy projects, literacy initiatives in certain federal departments, research projects. For each project, name and address of organization, brief description and the amount of financial support are indicated. Reproduced in microform format: *Microlog*, no. 92-02282. Replaces: *Partnerships in literacy : National Literacy Program : an overview of projects* (Ottawa : Multiculturalism and Citizenship Canada, 1989). LC154 C357 1990 fol. 374.0120971

Description sommaire de projets financés par le Programme national d'alphabétisation pendant l'année précédente. Cinq catégories: initiatives conjointes fédérales-provinciales-territoriales, projets d'alphabétisation dans le secteur bénévole, projets d'alphabétisation en milieu de travail, initiatives en alphabétisation dans certains ministères fédéraux, projets de recherche. Pour chaque projet, le nom et l'adresse de l'organisme, une brève description et le montant de l'aide financière sont colligés. Reproduit sur support microforme: *Microlog*, nº 92-02282. Remplace: *Partenaires dans le domaine de l'alphabétisation : Programme national d'alphabétisation : un aperçu des projets* (Ottawa : Multiculturalisme et citoyenneté Canada, 1989). LC154 C357 1990 fol. 374.0120971

2804

Canada. Multiculturalisme et citoyenneté Canada. – *Partenaires en alphabétisation : Programme national d'alphabétisation : un aperçu des projets.* – Ottawa : Multiculturalisme et citoyenneté Canada, 1990. – iii, 40, 36, iii p. – 0662576225 – Titre de la p. de t. additionnelle : *Partners in literacy : National Literacy Program : an overview of projects.*

Brief description of projects supported by the National Literacy Program during the previous year. Five categories: joint federal-provincial-territorial initiatives, literacy projects in the voluntary sector, workplace literacy projects, literacy initiatives in certain federal departments, research projects. For each project, name and address of organization, a brief description and the amount of financial support are indicated. Reproduced in microform format: *Microlog*, no. 92-02282. Replaces: *Partnerships in literacy : National Literacy Program : an overview of projects* (Ottawa : Multiculturalism and Citizenship Canada, 1989). LC154 C357 1990 fol. 374.0120971

Description sommaire de projets financés par le Programme national d'alphabétisation pendant l'année précédente. Cinq catégories: initiatives conjointes fédérales-provinciales-territoriales, projets d'alphabétisation dans le secteur bénévole, projets d'alphabétisation en milieu de travail, initiatives en alphabétisation dans certains ministères fédéraux, et projets de recherche. Pour chaque projet, le nom et l'adresse de l'organisme, une brève description et le montant de l'aide financière sont colligés. Reproduit sur support microforme: *Microlog*, nº 92-02282. Remplace: *Partenaires dans le domaine de l'alphabétisation : Programme national d'alphabétisation : un aperçu des projets* (Ottawa : Multiculturalisme et citoyenneté Canada, 1989). LC154 C357 1990 fol. 374.0120971

2805

Centre de ressources sur l'alphabétisation (Canada). – *Catalogue du Centre de ressources sur l'alphabétisation = Literacy Resource Centre catalogue.* – [Hull, Québec] : Multiculturalisme et citoyenneté Canada, Bibliothèque ministérielle : Secrétariat national à l'alphabétisation, 1990- . – vol. – 1196-0884

Irregular. Bibliography of material collected and organized by the Literacy Resource Centre, most of which is in the departmental library of the National Literacy Secretariat and of Multiculturalism and Citizenship Canada. Arranged alphabetically by title, author and subject. Includes a list of press releases on literacy issued by Multiculturalism and Citizenship Canada. Lists of French and English subject headings for material in vertical files. Title varies: 1990, *Liste des ressources documentaires = List of documentary resources*; 1991-1992, *Catalogue des ressources documentaires = Documentary resource catalogue.* Supplement: *Liste de nouvelles acquisitions = New acquisitions list.* Replaces: 1989, *Liste provisoire des publications = Temporary list of publications.* Z883 016.3022244

Irrégulier. Bibliographie de documents recueillis et organisés par le Centre de ressources sur l'alphabétisation et conservés en majeure partie à la Bibliothèque ministérielle du Secrétariat national à l'alphabétisation et de Multiculturalisme et citoyenneté Canada. Recension confondue selon l'ordre alphabétique des titres, auteurs et sujets. Inclut aussi la liste des communiqués de presse traitant de l'alphabétisation diffusés par Multiculturalisme et citoyenneté Canada. Listes des vedettes-matière anglaises et françaises associées à la documentation éphémère. Le titre varie: 1990, *Liste des ressources documentaires = List of documentary resources*; 1991-1992, *Catalogue des ressources documentaires = Documentary resource catalogue.* Supplément: *Liste de nouvelles acquisitions = New acquisitions list.* Remplace: 1989, *Liste provisoire des publications = Temporary list of publications.* Z883 016.3022244

2806

Centre de ressources sur l'alphabétisation (Canada). – *Liste de nouvelles acquisitions = New acquisitions list.* – [Hull, Québec] : Multiculturalisme et citoyenneté Canada, Bibliothèque ministérielle : Secrétariat national à l'alphabétisation, 1990- . – vol. – 1187-5152 – Titre de la couv.

Supplement to: *Catalogue du Centre de ressources sur l'alphabétisation = Literacy Resource Centre catalogue.* Irregular. Z883 016.3022244

Supplément de: *Catalogue du Centre de ressources sur l'alphabétisation = Literacy Resource Centre catalogue.* Irrégulier. Z883 016.3022244

2807

Centre franco-ontarien de ressources en alphabétisation. – *Répertoire des outils de référence du Centre FORA.* – (Juin 1990)-   . – [Sudbury, Ont. : Centre FORA], 1990-   . –   vol. – 0846-0698 – Titre de la couv.

Twice a year (June and January). Annotated bibliography of material in the Centre franco-ontarien de ressources en alphabétisation. Seven categories: catalogues, directories and dictionaries; audiovisual material; studies and research; French; mathematics; serials; supplementary material. Call number, brief description and address and telephone number of distributor accompany each bibliographical reference.   LC154.2 016.374012

Deux fois par an (juin et janvier). Bibliographie annotée de documents conservés au Centre franco-ontarien de ressources en alphabétisation. Sept catégories: catalogues, répertoires et dictionnaires; documentation audiovisuelle; études et recherches; français; mathématiques; publications en série; documents complémentaires. Pour chaque référence bibliographique, une cote, une brève description et l'adresse et le numéro de téléphone du distributeur sont colligées.   LC154.2 016.374012

2808

Collective des mouches à feu. – *Guide d'intervention en alphabétisation : approche thématique.* – Sudbury (Ont.) : Centre franco-ontarien de ressources en alphabétisation, Centre FORA ; [Rockland, Ont.] : Centre d'alphabétisation Moi, j'apprends, 1991, c1992. – 87 p. – 1895336449

Adult literacy manual for trainers. Arranged under thirteen themes such as sports, rights, food, etc. Themes are developed as follows: objectives, resources, strategies and evaluation. Appendices: exercises for learners, directory of games commercially available and of games in preparation by the Centre d'alphabétisation Moi, j'apprends. Bibliography.   LC154.2 O6 G85 1992 fol. 374.01209713

Guide pour l'alphabétisation des adultes destiné aux formateurs. Présentation selon treize thèmes dont notamment les sports, nos droits, l'alimentation, etc. Développement de chaque thème: objectifs, ressources, stratégies et évaluation. Appendices: exercices pour des apprenants, répertoire des jeux commerciaux disponibles sur le marché et des jeux qui seront produits par le Centre d'alphabétisation Moi, j'apprends. Bibliographie.   LC154.2 O6 G85 1992 fol. 374.01209713

2809

Dion, Judith. – *Alphabétisation : répertoire 1975-1989.* – Ottawa : Réseau national d'action éducation femmes, [1990?]. – 55 p. – 0969372450

Bibliography of works on literacy, for the most part published in Canada between 1975 and 1989. Three parts: teaching, general, video. References for video tapes are annotated. Directory of organizations in Ontario and Quebec.   Z5814 I3 D56 1990 fol. 016.3022244

Bibliographie d'ouvrages en rapport avec l'alphabétisation, majoritairement publiés au Canada entre 1975 et 1989. Trois parties: didactique, général, vidéo. Les références des enregistrements vidéo sont annotées. Répertoire des organismes-ressources de l'Ontario et du Québec.   Z5814 I3 D56 1990 fol. 016.3022244

2810

***Directory : adult literacy programs in Alberta.* –** [Edmonton] : Alberta Advanced Education, [1990?]-   . – 1 vol. (loose-leaf).

Irregular. Directory of more than 300 Alberta adult literacy programmes. Arranged alphabetically by municipality. For each programme, the following are noted: level of instruction, address, telephone and fax numbers, name and address of host institution. Three indexes: programme, institution, community. 1990 edition reproduced in microform format: *Microlog*, no. 91-04955. LC154.2 A4 D57 1990 fol. 374.0120257123

Irrégulier. Répertoire de plus de 300 programmes d'alphabétisation offerts aux adultes en Alberta. Classement alphabétique des municipalités. Pour chaque programme figurent le niveau d'apprentissage, l'adresse, les numéros de téléphone et de télécopieur, le nom et l'adresse de l'institution d'acceuil. Trois index: programmes, institutions, communautés. Édition de 1990 reproduite sur support microforme: *Microlog*, n° 91-04955. LC154.2 A4 D57 1990 fol. 374.0120257123

2811

***Directory of adult literacy programs in Manitoba = Répertoire des programmes d'alphabétisation pour adultes au Manitoba.* –** (1989)-   . – [Winnipeg] : Manitoba Education and Training, [1989?]-   . –   vol. – 0848-3604 – Cover title.

Annual. Directory of Manitoba adult literacy programmes. Two categories: general public, special target groups such as English as a second language, correctional institutions, etc. Entries include address, telephone number, name of contact person, brief description and symbol for funding agency. 1994 edition reproduced in microform format: *Microlog*, no. 94-05181. LC154.2 M3 D57 fol. 374.0120257127

Annuel. Répertoire des programmes d'alphabétisation offerts aux adultes au Manitoba. Deux catégories: pour le public en général et par groupes spécifiques tels qu'anglais langue seconde, instituts correctionnels, etc. Les notices comprennent l'adresse, le numéro de téléphone, le nom d'une personne contact, une brève description et le symbole de l'organisme souscripteur. Édition de 1994 reproduite sur support microforme: *Microlog*, n° 94-05181. LC154.2 M3 D57 fol. 374.0120257127

2812

***Directory of adult literacy programs in Manitoba = Répertoire des programmes d'alphabétisation pour adultes au Manitoba.* –** (1989)-   . – [Winnipeg] : Éducation et formation professionelle Manitoba, [1989?]-   . –   vol. – 0848-3604 – Titre de la couv.

Annual. Directory of Manitoba adult literacy programmes. Two categories: general public, special target groups such as English as a second language, correctional institutions, etc. Entries include address, telephone number, name of contact person, brief description and symbol for funding agency. 1994 edition reproduced in microform format: *Microlog*, no. 94-05181. LC154.2 M3 D57 fol. 374.0120257127

Annuel. Répertoire des programmes d'alphabétisation offerts aux adultes au Manitoba. Deux catégories: pour le public en général et par groupes spécifiques tels qu'anglais langue seconde, instituts correctionnels, etc. Les notices comprennent l'adresse, le numéro de téléphone, le nom d'une personne contact, une brève description et le symbole de l'organisme souscripteur. Édition de 1994 reproduite sur support microforme: *Microlog*, n° 94-05181. LC154.2 M3 D57 fol. 374.0120257127

2813

A directory of literacy and adult basic education programs in Ontario = Annuaire ontarien des programmes d'alphabétisation et d'éducation de base des adultes. – Toronto : Ontario Ministry of Skills Development, 1988. – [54], 536, [45] p. – 0772944946 – On cover : *Literacy Ontario.*

Directory of more than 500 Ontario adult literacy and skills training programmes. Arranged in five regions subdivided by municipality. Programme entries include: address, telephone number, name of contact person, levels of instruction, length of course, dates offered, cost, prerequisites, target group, brief description of programme, related services. Description of programme in language of instruction. Municipality index. Appendices: brief description of government initiatives; directory of national, provincial and regional groups. Reproduced in microform format: *Microlog*, no. 91-03821. LC5254.2 05 D57 1988   374.012025713

Répertoire de plus de 500 programmes ontariens d'alphabétisation et de formation professionnelle offerts aux adultes. Présentation selon cinq aires géographiques subdivisées par municipalités. Pour chaque programme figurent l'adresse, le numéro de téléphone, le nom d'une personne responsable, les niveaux d'apprentissage, la durée, la période, le coût, les pré-requis, le groupe cible, une courte description et les services complémentaires. La description des programmes est donnée dans la langue d'enseignement utilisée. Index des municipalités. Annexes: description sommaire des initiatives gouvernementales; répertoire des organismes nationaux, provinciaux et régionaux. Reproduit sur support microforme: *Microlog*, n° 91-03821.   LC5254.2 05 D57 1988   374.012025713

2814

A directory of literacy and adult basic education programs in Ontario = Annuaire ontarien des programmes d'alphabétisation et d'éducation de base des adultes. – Toronto : Ministère de la formation professionnelle de l'Ontario, 1988. – [54], 536, [45] p. – 0772944946 – Sur la couv. : *Alphabétisation Ontario.*

Directory of more than 500 Ontario adult literacy and skills training programmes. Arranged in five regions subdivided by municipality. Programme entries include: address, telephone number, name of contact person, levels of instruction, length of course, dates offered, cost, prerequisites, target group, brief description of programme, related services. Description of programme in language of instruction. Municipality index. Appendices: brief description of government initiatives; directory of national, provincial and regional groups. Reproduced in microform format: *Microlog*, no. 91-03821. LC5254.2 05 D57 1988   374.012025713

Répertoire de plus de 500 programmes ontariens d'alphabétisation et de formation professionnelle offerts aux adultes. Présentation selon cinq aires géographiques subdivisées par municipalités. Pour chaque programme figurent l'adresse, le numéro de téléphone, le nom d'une personne responsable, les niveaux d'apprentissage, la durée, la période, le coût, les pré-requis, le groupe cible, une courte description et les services complémentaires. La description des programmes est donnée dans la langue d'enseignement utilisée. Index des municipalités. Annexes: description sommaire des initiatives gouvernementales; répertoire des organismes nationaux, provinciaux et régionaux. Reproduit sur support microforme: *Microlog*, n° 91-03821.   LC5254.2 05 D57 1988   374.012025713

2815

Draper, James A. – *Writings relating to literacy : done at the Ontario Institute for Studies in Education.* – [Toronto : OISE], 1990. – xi, 31 p.

Bibliography of works on literacy produced by the Ontario Institute for Studies in Education. Three parts: publications by faculty members, student theses, publications by alumni.   Z5814 I3 W75 1990 016.3022244

Bibliographie des ouvrages en rapport avec l'alphabétisation émanant de l'Institut d'études pédagogiques de l'Ontario. Trois parties: publications des membres de la faculté, thèses des étudiants, publications des gradués.   Z5814 I3 W75 1990 016.3022244

2816

Duesterbeck, Florence. – *Literacy materials produced in Saskatchewan : a bibliography.* – Compiled by Florence Duesterbeck and Nayda Veeman. – Saskatoon : Saskatchewan Literacy Network, 1991. – 16 p. – 0919059589 – Cover title.

Annotated bibliography of literacy materials produced in Saskatchewan. Alphabetically arranged in a single sequence of authors and titles. Each entry includes an abstract, reading level and availability for interlibrary loan through the Saskatchewan Provincial Library, purchase, reproduction, etc. Directory of organizations.   Z5814 I3 D83 1991 fol.   016.374012

Bibliographie annotée recensant le matériel d'alphabétisation produit en Saskatchewan. Recension selon un seul ordre alphabétique des auteurs et titres. Chaque référence comprend un résumé avec le niveau de lecture, la disponibilité pour un prêt entre bibliothèques par l'intermédiaire de la Saskatchewan Provincial Library, et la possibilité d'achat, de reproduction, etc. Répertoire des organismes-ressources.   Z5814 I3 D83 1991 fol.   016.374012

2817

Ennis, Frances. – *Learning together : the challenge of adult literacy : a resource book for providers.* – Frances Ennis and Helen Woodrow, editors. – St. John's : Educational Planning and Design Associates, [1992]. – 220 p. : ill. – 0969631405

Adult literacy manual intended for trainers. Nine chapters, including process of reading and writing, suggested approaches and activities, study aids, etc. Eleven appendices: directory of Newfoundland and Labrador literacy programmes, list of 300 of the most frequently used words, summary grammar, etc. Bibliography. Companion volume: *Learning together : the challenge of adult literacy : a resource book for trainers* (St. John's : Educational Planning and Design Associates, [1992]).   LC154.2 N53 L43 1992 fol.   374.012

Guide pour l'alphabétisation des adultes destiné aux formateurs. Neuf chapitres tels que processus de lecture et d'écriture, approches et activités suggérées, matériels d'étude, etc. Onze appendices dont notamment, répertoire des programmes d'alphabétisation à Terre-Neuve et au Labrador, liste de 300 mots les plus fréquemment utilisés, abrégé grammatical, etc. Bibliographie. Comporte un ouvrage d'appoint: *Learning together : the challenge of adult literacy : a resource book for trainers* (St. John's : Educational Planning and Design Associates, [1992]).   LC154.2 N53 L43 1992 fol.   374.012

2818

Gladu, Nicole. – *Documentation, bibliographie.* **–** Nicole Gladu, Francine Pelletier. – Toronto : Ministère de la formation professionnelle de l'Ontario, [1989?]. – 113 p. : ill. – (Alpha-communautaire chez les Franco-ontariens ; cahier 8). – 0772953120

Annotated bibliography on literacy for Franco-Ontarians. Four main parts: philosophy and politics, projects and experiences in literacy, literacy programmes, general material and serials. Annotations and locations. Directory of organizations. Author and subject indexes. LC154.2   016.374012

Bibliographie annotée en rapport avec l'alphabétisation des Franco-Ontariens. Quatre parties principales: philosophie et politique; projets et expériences en alphabétisation; programmes d'alphabétisation; documents généraux et publications en série. Annotations et localisations. Répertoire des organismes-ressources. Deux index: auteurs, sujets. LC154.2   016.374012

2819

Gladu, Nicole. – *Documentation, information, ressources : une réponse aux besoins des formatrices en alphabétisation.* **–** Nicole Gladu et Francine Pelletier. – [Montréal] : Regroupement des groupes populaires en alphabétisation du Québec, 1989. – 322, [11] p. – 2980075353 – Titre de la couv.

Annotated bibliography on adult literacy and directory of relevant organizations in Quebec. Seven chapters: issues, pre-literacy, persons who cannot read, learning, literacy, groups and reference works. Locations. Directory entries include address, telephone number, name of resource person, objectives, courses offered and publications available. Author index.   Z5814 I3 D62 1989 fol.   016.374012

Bibliographie annotée et répertoire d'organismes québécois en rapport avec l'alphabétisation des adultes. Sept chapitres: problématique, pré-alpha, personnes analphabètes, apprentissage, alphabétisation, groupe et outils de référence. Localisations. Pour chaque organisme-ressource figurent l'adresse, le numéro de téléphone, le nom d'une personne-ressource, les objectifs, la description des cours dispensés et les publications disponibles. Index des auteurs. Z5814 I3 D62 1989 fol.   016.374012

2820

Literacy Resource Centre (Canada). – *Catalogue du Centre de ressources sur l'alphabétisation* **=** *Literacy Resource Centre catalogue.* **–** [Hull, Quebec] : Multiculturalism and Citizenship Canada, Departmental Library : National Literacy Secretariat, 1990-   . –   vol. – 1196-0884

Irregular. Bibliography of material collected and organized by the Literacy Resource Centre, most of which is in the departmental library of the National Literacy Secretariat and of Multiculturalism and Citizenship Canada. Arranged alphabetically by title, author and subject. Includes a list of press releases on literacy issued by Multiculturalism and Citizenship Canada. Lists of French and English subject headings for material in vertical files. Title varies: 1990, *Liste des ressources documentaires = List of documentary resources*; 1991-1992, *Catalogue des ressources documentaires = Documentary resource catalogue.* Supplement: *Liste de nouvelles acquisitions = New acquisitions list.* Replaces: 1989, *Liste provisoire des publications = Temporary list of publications.*   Z883   016.3022244

Irrégulier. Bibliographie de documents recueillis et organisés par le Centre de ressources sur l'alphabétisation et conservés en majeure partie à la Bibliothèque ministérielle du Secrétariat national à l'alphabétisation et de Multiculturalisme et citoyenneté Canada. Recension confondue selon l'ordre alphabétique des titres, auteurs et sujets. Inclut aussi la liste des communiqués de presse traitant de l'alphabétisation diffusés par Multiculturalisme et citoyenneté Canada. Listes des vedettes-matière anglaises et françaises associées à la documentation éphémère. Le titre varie: 1990, *Liste des ressources documentaires = List of documentary resources*; 1991-1992, *Catalogue des ressources documentaires = Documentary resource catalogue.* Supplément: *Liste de nouvelles acquisitions = New acquisitions list.* Remplace: 1989, *Liste provisoire des publications = Temporary list of publications.*   Z883   016.3022244

2821

Literacy Resource Centre (Canada). – *Liste de nouvelles acquisitions* **=** *New acquisitions list.* **–** [Hull, Quebec] : Multiculturalism and Citizenship Canada, Departmental Library : National Literacy Secretariat, 1990-   . –   vol. – 1187-5152 – Cover title.

Supplement to: *Catalogue du Centre de ressources sur l'alphabétisation = Literacy Resource Centre catalogue.* Irregular.   Z883   016.3022244

Supplément de: *Catalogue du Centre de ressources sur l'alphabétisation = Literacy Resource Centre catalogue.* Irrégulier.   Z883   016.3022244

2822

Literacy trainer handbook. **–** Edited by Connie Morgan. – Canadian ed. – Saint John : Laubach Literacy of Canada, c1992. – xiv, 434 p. (loose-leaf) : ill., forms. – 0920877117

Adult literacy manual intended for educators. Six chapters: becoming a trainer, working with volunteer tutors, organizing a workshop, presentation, resources and content of workshops. Bibliography. LC5225 R4 L58 1992 fol.   374.012

Guide pour l'alphabétisation des adultes destiné aux formateurs. Six chapitres: devenir formateur, travailler avec des tuteurs bénévoles, l'organisation de l'atelier, la présentation, les ressources et le contenu des ateliers. Bibliographie.   LC5225 R4 L58 1992 fol.   374.012

2823

A provincial bibliography of literacy learning materials, curricula and reference documents. **–** Prepared by Literacy BC with the assistance of the Department of Multiculturalism and Citizenship Canada, National Literacy Secretariat. – Vancouver : Literacy BC, 1991. – 25 p. – 0969570902

Bibliography of literacy material produced in British Columbia. Six categories: teaching resources, research reports, monographs for adult learners, periodicals, non-print formats and works in progress. Price and name of distributor are given for each item. Directory of distributors. Author-title index.   Z5814 I3 P76 1991 fol. 016.374201

Références bibliographiques recensant le matériel d'alphabétisation produit en Colombie-Britannique. Six catégories: matériel d'enseignement, rapports de recherche, monographies pour les apprenants adultes, périodiques, supports autres qu'imprimés et travaux en cours. Pour chaque ouvrage, le prix et le nom du distributeur sont mentionnés. Répertoire des distributeurs. Index des auteurs et des titres. Z5814 I3 P76 1991 fol.   016.374201

2824

Regroupement des groupes populaires en alphabétisation du Québec. Centre de documentation. – *Documentation alpha : répertoire bibliographique du Centre de documentation du Regroupement des groupes populaires en alphabétisation du Québec.* – Montréal : Centre populaire de documentation de Montréal : Regroupement des groupes populaires en alphabétisation du Québec, 1986. – xi, 132 p. : ill. – 2980075302 (RGPAQ) 2920611046 (CPD)

Bibliography of material on literacy and adult education held by the Centre de documentation du Regroupement des groupes populaires en alphabétisation du Québec. Arranged under 118 subject headings. Z5814 I3 R43 1986 fol.   016.374012

Bibliographie de documents en rapport avec l'alphabétisation et l'éducation des adultes conservés au Centre de documentation du Regroupement des groupes populaires en alphabétisation du Québec. Classement selon 118 vedettes-matière. Z5814 I3 R43 1986 fol. 016.374012

2825

A resource directory of English adult literacy in Quebec. – [Marilyn Caplan, coordinator of the directory project]. – Montreal : Literacy Partners of Quebec, 1992. – [4], 77 p. – 0969658109

Directory of persons and organizations involved in English-language adult literacy in Quebec. Four categories: school boards, literacy councils, organizations, educators and students. Organization entries include address, telephone and fax numbers, name of contact person and brief description of mandate. Areas of interest and expertise are noted for individuals. Index of areas of interest and/or expertise. LC154.2 Q8 R47 1992 fol.   374.012025714

Répertoire des intervenants en alphabétisation pour les adultes anglophones du Québec. Quatre catégories: commissions scolaires, conseils d'alphabétisation, organisations, éducateurs et étudiants. Pour chaque organisme figurent l'adresse, les numéros de téléphone et de télécopieur, le nom d'une personne contact et une brève description du mandat. Pour chaque individu leurs spécialités sont colligées. Index des spécialités.   LC154.2 Q8 R47 1992 fol. 374.012025714

Sign Language

Langage par signes

2826

Bourcier, Paul. – *La langue des signes (LSQ).* – Paul Bourcier, Julie Élaine Roy. – [S.l. : Publications Bourcier & Roy, 1985?]. – viii, 239 p. : ill., portr. – Titre de la couv.

More than 1,700 photographs illustrating words and expressions in the sign language used by Quebec Francophones with hearing impairments. Arranged in 25 subject areas, including the family, verbs and the arts. Word index. Replaces: *Langue des signes québécois-1* [Montréal : Association des sourds du Montréal-métropolitain], 1981.   HV2469 Q8 B69 1985 fol.   371.9127

Plus de 1 700 photographies illustrant les unités lexicales du langage gestuel des sourds francophones du Québec. Présentation selon 25 thèmes dont notamment la famille, les verbes et les arts. Index des mots. Remplace: *Langue des signes québécois-1* [Montréal : Association des sourds du Montréal-métropolitain], 1981.   HV2469 Q8 B69 1985 fol.   371.9127

2827

Costello, Elaine. – *Signing : how to speak with your hands.* – Toronto : Bantam Books, 1983. – xvii, 248 p. : ill. – 0553014587

More than 1,200 drawings which illustrate words and expressions of the sign language used by Anglophones with hearing impairments in North America. Thirteen chapters, including people, food, time, etc. Each chapter includes an introduction to linguistic principles. A brief description of the movement accompanies each drawing. Glossary. Bibliography. Word index.   HV2474 C67 1983 fol.   371.9127

Plus de 1 200 dessins illustrant les unités lexicales du langage gestuel des sourds anglophones d'Amérique du Nord. Treize chapitres dont notamment les gens, la nourriture, le temps, etc. Chaque chapitre comprend une introduction aux principes linguistiques. Chaque dessin est accompagné d'un bref texte descriptif du mouvement. Glossaire. Bibliographie. Index des mots.   HV2474 C67 1983 fol. 371.9127

2828

Delage, Paul. – *Le français signé.* – Paul Delage, Claudette Tremblay. – [Charlesbourg, Québec] : Commission régionale Jean-Talon, [1983?]. – [3], 204 p. : ill. – 2980022403

Collection of drawings which illustrate words and expressions in the French sign language used by hearing-impaired Francophone children in Quebec. This language presents a number of differences from standard sign language. In two levels: Beginner I and II, each of which is arranged according to fifteen stages of learning. Bibliography. Word index.   HV2469 F7 D44 1983 fol.   371.9127

Recension des dessins illustrant les unités lexicales du français signé, un langage gestuel des enfants malentendants francophones du Québec, comportant des variantes par rapport à la langue des signes. Présentation selon deux niveaux: débutant I et II qui se subdivise chacun en quinze étapes d'apprentissage. Bibliographie. Index des mots.   HV2469 F7 D44 1983 fol.   371.9127

2829

Une introduction à la communication manuelle. – National Association of the Deaf ; compilée et adaptée par Jacques Guimond et les enseignants francophones du Centre de ressources des provinces atlantiques pour les handicapés de l'ouie, Canada. – Longueuil (Québec) : Éditions Prolingua, c1980. – 106 p. : ill. – 2920166042

713 drawings which illustrate words and expressions of the American version of the sign language used by Francophones. Arranged by subject area such as colours, food, time, etc. Word

713 dessins illustrant les unités lexicales de la version américaine de la langue des signes parlée par des francophones. Présentation par thèmes tels que les couleurs, la nourriture, le temps, etc. Index des

index. Derived from: *A basic course in manual communication* (Silver Spring (Md.) : Communicative Skills Program, National Association of the Deaf, 1973). HV2477 C6514 371.9127

mots. Dérivé de: *A basic course in manual communication* (Silver Spring (Md.) : Communicative Skills Program, National Association of the Deaf, 1973). HV2477 C6514 371.9127

2830

Let your fingers do the talking. – [Edmonton] : Alberta Advanced Education and Manpower in cooperation with Distinctive Employment Councelling [Sic] Services of Alberta, c1981. – [6], 51 p. : ill. – Cover title.

Photographs that illustrate 135 words and expressions of the sign language used by Anglophones with hearing impairments in North America. Arranged in eight subject areas, including courtesies, work, time, etc. Directory of organizations in Alberta. Word index. HV2474 371.9127

Photographies illustrant 135 unités lexicales du langage gestuel des sourds anglophones d'Amérique du Nord. Présentation selon huit thèmes dont notamment formules de courtoisie, travail, temps, etc. Répertoire d'organismes-ressources albertans. Index des mots. HV2474 371.9127

Terminology and Translation

Terminologie et traduction

2831

L'Actualité terminologique : index = Terminology update : index. – Ottawa : Terminology and Documentation Directorate, Translation Bureau, [1979?]-1985. – 2 vol. ([45] ; [48] p.). – 0001-7779

Indexes to terms, expressions and subjects covered in *L'Actualité terminologique = Terminology update*, vol. 1 (January 1968)-vol. 18 (1985). Index 1, vol. 1-11; index 2, vol. 12-18. English- and French-language terms in one alphabetical sequence. Updated by annual indexes. PC2689 016.44802

Index des termes, des expressions et des sujets couverts dans *L'Actualité terminologique = Terminology update*, vol. 1 (janvier 1968)-vol. 18 (1985). Index 1, vol. 1-11; index 2, vol. 12-18. Termes anglais et français en une seule suite alphabétique. Mis à jour au moyen d'index annuels. PC2689 016.44802

2832

L'Actualité terminologique : index = Terminology update : index. – Ottawa : Direction générale de la terminologie et de la documentation, Bureau des traductions, [1979?]-1985. – 2 vol. ([45] ; [48] p.). – 0001-7779

Indexes to terms, expressions and subjects covered in *L'Actualité terminologique = Terminology update*, vol. 1 (January 1968)-vol. 18 (1985). Index 1, vol. 1-11; index 2, vol. 12-18. English- and French-language terms in one alphabetical sequence. Updated by annual indexes. PC2689 016.44802

Index des termes, des expressions et des sujets couverts dans *L'Actualité terminologique = Terminology update*, vol. 1 (janvier 1968)-vol. 18 (1985). Index 1, vol. 1-11; index 2, vol. 12-18. Termes anglais et français en une seule suite alphabétique. Mis à jour au moyen d'index annuels. PC2689 016.44802

2833

Association des traducteurs et interprètes de l'Ontario. – **Répertoire des membres = Directory of members.** – (1970)-   . – Ottawa (Ont.) : l'Association, [1970?]-   . –   vol. : ill. – 1188-102X – Titre de la couv.

Irregular. Alphabetical directory of members of the Association: translators, terminologists and conference interpreters. Entries include: addresses and telephone numbers of members and their employers, profession and type of membership, working languages. List of certified members by profession and by language combination. Title varies: 1970-1972, *Directory of the Association of Translators and Interpreters of Ontario = Annuaire de l'Association des traducteurs et interprètes de l'Ontario*; 1976/77, *Répertoire de l'Association des traducteurs et interprètes de l'Ontario = Directory of the Association of Translators and Interpreters of Ontario*; 1978-1987/88, 1990, *Répertoire = Directory*; 1989, *Directory = Répertoire*; 1991/92, *Directory of members of the Association of Translators and Interpreters of Ontario = Répertoire des membres de l'Association des traducteurs et interprètes de l'Ontario.* PN241 A1 A8 fol. 418.02025713

Irrégulier. Répertoire alphabétique des traducteurs, terminologues et interprètes de conférence, membres de l'Association. Chaque notice comprend l'adresse et le numéro de téléphone du membre et de son employeur, les catégories professionnelles et d'adhésion et la combinaison des langues de travail. Liste des membres agréés par professions et par combinaisons linguistiques. Le titre varie: 1970-1972, *Directory of the Association of Translators and Interpreters of Ontario = Annuaire de l'Association des traducteurs et interprètes de l'Ontario*; 1976/77, *Répertoire de l'Association des traducteurs et interprètes de l'Ontario = Directory of the Association of Translators and Interpreters of Ontario*; 1978-1987/88, 1990, *Répertoire = Directory*; 1989, *Directory = Répertoire*; 1991/92, *Directory of members of the Association of Translators and Interpreters of Ontario = Répertoire des membres de l'Association des traducteurs et interprètes de l'Ontario.* PN241 A1 A8 fol. 418.02025713

2834

Association of Translators and Interpreters of Alberta. – **ATIA directory.** – Calgary : the Association, [1986]-   . –   vol. : ill.

Annual. Directory of certified and associate members of the Association. Each entry includes address and telephone number, professional category and working languages. List of certified translators by language combination and list of certified interpreters. Title varies: 1986/87-1990, *AATI directory.* P306 418.020257123

Annuel. Répertoire alphabétique des membres certifiés et associés de l'Association. Chaque notice comprend l'adresse, le numéro de téléphone, la catégorie professionnelle et la combinaison des langues de travail. Deux listes: traducteurs certifiés par combinaisons langagières, interprètes certifiés. Le titre varie: 1986/87-1990, *AATI directory.* P306 418.020257123

2835

Association of Translators and Interpreters of Ontario. – *Répertoire des membres = Directory of members.* – (1970)-   . – Ottawa (Ont.) : the Association, [1970?]-   . – vol. : ill. – 1188-102X – Cover title.

Irregular. Alphabetical directory of members of the Association: translators, terminologists and conference interpreters. Entries include: addresses and telephone numbers of members and their employers, profession and type of membership, working languages. List of certified members by profession and by language combination. Title varies: 1970-1972, *Directory of the Association of Translators and Interpreters of Ontario = Annuaire de l'Association des traducteurs et interprètes de l'Ontario*; 1976/77, *Répertoire de l'Association des traducteurs et interprètes de l'Ontario = Directory of the Association of Translators and Interpreters of Ontario*; 1978-1987/88, 1990, *Répertoire = Directory*; 1989, *Directory = Répertoire*; 1991/92, *Directory of members of the Association of Translators and Interpreters of Ontario = Répertoire des membres de l'Association des traducteurs et interprètes de l'Ontario.* PN241 A1 A8 fol. 418.02025713

Irrégulier. Répertoire alphabétique des traducteurs, terminologues et interprètes de conférence, membres de l'Association. Chaque notice comprend l'adresse et le numéro de téléphone du membre et de son employeur, les catégories professionelles et d'adhésion et la combinaison des langues de travail. Liste des membres agréés par professions et par combinaisons linguistiques. Le titre varie: 1970-1972, *Directory of the Association of Translators and Interpreters of Ontario = Annuaire de l'Association des traducteurs et interprètes de l'Ontario*; 1976/77, *Répertoire de l'Association des traducteurs et interprètes de l'Ontario = Directory of the Association of Translators and Interpreters of Ontario*; 1978-1987/88, 1990, *Répertoire = Directory*; 1989, *Directory = Répertoire*; 1991/92, *Directory of members of the Association of Translators and Interpreters of Ontario = Répertoire des membres de l'Association des traducteurs et interprètes de l'Ontario.* PN241 A1 A8 fol. 418.02025713

2836

Association of Translators and Interpreters of Saskatchewan. – *Directory.* – Regina : the Association, [1991]-   . – vol. – 1199-5661 – Cover title.

Annual. Alphabetical directory of members of the Association. Entries include address, telephone numbers, profession, membership category and working languages. Index of certified translators arranged by language combination. P306 A2 A6 418.020257124

Annuel. Répertoire alphabétique des membres de l'Association. Les notices comprennent: adresse, numéros de téléphone, profession, catégorie d'adhésion et langues de travail. Index des traducteurs agréés classés par combinaisons linguistiques. P306 A2 A6 418.020257124

2837

La banque de terminologie du Québec [fichier d'ordinateur] : *BTQ.* – [Montréal] : Office de la langue française, 1973-   .

Updated daily. Data bank made up of three databases: terminology, sources and documentary inventory. The terminology database is made up of nearly one million records for approximately two million standardized or recommended terms in nearly 200 generic areas and 2,000 specific fields. Each record includes: areas of activity, English term and its French translation, definition, additional notes, synonyms and sources. The sources database lists the 30,000 works cited in the various records. The documents inventory database provides 45,000 bibliographical references to monographs, serials and catalogues on terminology. Available online through DATAPAC. A CD-ROM edition is planned for autumn 1994. Handbook: *Guide d'interrogation de la Banque de terminologie du Québec* (Montréal : Office de la langue française, c1988). Two compilations based on the documents inventory database have been published under the titles: *Inventaire des travaux en cours et des projets de terminologie*; *Inventaire des travaux de terminologie récents : publiés et à diffusion restreinte.* PC2640 025.0644

Mise à jour quotidiennes. Banque de données comprenant trois bases de données: terminologie, sources et inventaire documentaire. Près d'un million de fiches composent la base de données terminologie. Les fiches recensent environ 2 millions de termes normalisés ou recommandés dans près de 200 domaines génériques et 2 000 domaines spécifiques. Chaque fiche comprend la mention des domaines, le terme anglais et sa traduction française, une définition, des notes complémentaires, les synonymes et les sources. La base de données sources liste les 30 000 sources associées aux différentes fiches. La base de données inventaire documentaire fournit 45 000 références bibliographiques de monographies, publications en série et catalogues en rapport avec la terminologie. Disponible en direct via le réseau DATAPAC. Édition sur CD-ROM prévue pour l'automne 1994. Guide: *Guide d'interrogation de la Banque de terminologie du Québec* (Montréal : Office de la langue française, c1988). Deux compilations d'extraits de la base de données inventaire documentaire ont paru sous les titres: *Inventaire des travaux en cours et des projets de terminologie* et *Inventaire des travaux de terminologie récents : publiés et à diffusion restreinte.* PC2640 025.0644

2838

Bélanger, Louis. – *Index de vocabulaires = Index of vocabularies.* – Compiled by Louis Bélanger, Johanne Bertrand, Sylvie Doucet, Céline Lefebvre-Turcotte. – 2nd ed. – [Ottawa] : Documentation Directorate, Information and Reference Services Division, 1985. – xiii, 212 p.

1st ed., 1983. Index to vocabularies, glossaries and lexicons published in 27 serial publications in the field of terminology, of which approximately ten are Canadian. Arranged alphabetically by keyword. Z7914 016.413

1re éd., 1983. Index de vocabulaires, glossaires et lexiques parus dans 27 publications en série du domaine de la terminologie dont une dizaine proviennent du Canada. Recension alphabétique des mots clés. Z7914 016.413

2839

Bélanger, Louis. – *Index de vocabulaires = Index of vocabularies.* – Compilé par Louis Bélanger, Johanne Bertrand, Sylvie Doucet, Céline Lefebvre-Turcotte. – 2e éd. – [Ottawa] : Direction de la documentation, Division des services d'information et de référence, 1985. – xiii, 212 p.

1st ed., 1983. Index to vocabularies, glossaries and lexicons published in 27 serial publications in the field of terminology, of which approximately ten are Canadian. Listed alphabetically by keyword. Z7914 T28 I53 1985 016.413

1re éd., 1983. Index de vocabulaires, glossaires et lexiques parus dans 27 publications en série du domaine de la terminologie dont une dizaine proviennent du Canada. Recension alphabétique des mots clés. Z7914 T28 I53 1985 016.413

2840

Bibliographie du traducteur = Translator's bibliography. – Collectif de l'École de traducteurs et d'interprètes. – [Ottawa] : Presses de l'Université d'Ottawa, c1987. – xiii, 332 p. – (Cahiers de traductologie ; n° 6). – 2760301206

Bibliography of more than 2,000 works on translation, interpretation, terminology and writing, intended for Canadian translators. Includes monographs and articles in serials. Six main parts: general, French, English, Spanish, bilingual dictionaries and specialized fields. Author index. Revision of: *Guide bibliographique du traducteur, rédacteur et terminologue = Bibliographic guide for translators, writers and terminologists* (Ottawa : Éditions de l'Université d'Ottawa, 1979). Z7004 T72 B52 1987   016.41802

Plus de 2 000 ouvrages portant sur la traduction, l'interprétation, la terminologie et la rédaction, destinés au milieu traductionnel canadien. Comprend des monographies et articles de publications en série. Six parties principales: général, langues française, anglaise et espagnole, dictionnaires bilingues et domaines spécialisés. Index des auteurs. Refonte de: *Guide bibliographique du traducteur, rédacteur et terminologue = Bibliographic guide for translators, writers and terminologists* (Ottawa : Éditions de l'Université d'Ottawa, 1979). Z7004 T72 B52 1987   016.41802

2841

Bibliographie internationale de la terminologie. – G. Rondeau et H. Felber, rédacteurs, avec la collaboration d'Infoterm. – Québec : Groupe interdisciplinaire de recherche scientifique et appliquée en terminologie (GIRSTERM), Université Laval, c1984. – xi, 222 p. – 2920242113

International bibliography of approximately 1,300 works on the science of terminology, terminology work, documentation, standardization and training as well as related disciplines. Arranged alphabetically by author. Introduction in French and English. Indexes of authors and subjects.   Z7004 T47 B52 1984   016.418

Bibliographie internationale d'environ 1 300 ouvrages concernant la science de la terminologie, les travaux, la documentation, la normalisation et la formation et les disciplines connexes. Classement alphabétique des auteurs. Texte de présentation en français et en anglais. Deux index: auteurs, sujets.   Z7004 T47 B52 1984   016.418

2842

Bibliographie sélective : terminologie et disciplines connexes = Selective bibliography : terminology and related fields. – [Ottawa] : Terminology Directorate, c1988. – vi, 87 p. – 0660541203

Bibliography of works on terminology. Includes monographs, periodical articles and conference proceedings. Arranged under 23 subjects including lexicography, standardization, synonymy, translation, etc. Reproduced in microform format: *Microlog*, no. 88-05459. Z7001 B53 1988   016.418

Bibliographie d'ouvrages sur les questions liées à l'étude de terminologie. Comprend des monographies, des articles de périodiques et des actes de colloque. Classement selon 23 sujets notamment lexicographie, normalisation, synonymie, traduction, etc. Reproduit sur support microforme: *Microlog*, n° 88-05459.   Z7001 B53 1988   016.418

2843

Bibliographie sélective : terminologie et disciplines connexes = Selective bibliography : terminology and related fields. – [Ottawa] : Direction de la terminologie, c1988. – vi, 87 p. – 0660541203

Bibliography of works on terminology. Includes monographs, periodical articles and conference proceedings. Arranged under 23 subjects including lexicography, standardization, synonymy, translation, etc. Reproduced in microform format: *Microlog*, no. 88-05459. Z7001 B53 1988   016.418

Bibliographie d'ouvrages sur les questions liées à l'étude de terminologie. Comprend des monographies, des articles de périodiques et des actes de colloque. Classement selon 23 sujets notamment lexicographie, normalisation, synonymie, traduction, etc. Reproduit sur support microforme: *Microlog*, n° 88-05459.   Z7001 B53 1988 016.418

2844

Boutin-Quesnel, Rachel. – ***Vocabulaire systématique de la terminologie.*** – Rachel Boutin-Quesnel [et al.]. – [Nouv. éd.]. – Québec : Gouvernement du Québec, Office de la langue française, 1990, c1985. – 38 p. – (Cahiers de l'Office de la langue française). – 2551091349

1st ed., 1979. List of some 200 terms in the field of terminology in current use in Quebec. Four main parts: terminology, terminography, directories and standardization. For each term a definition, examples and notes are provided. Subject index. Bibliography. P305   418

1re éd., 1979. Vocabulaire de quelque 200 termes liés au domaine de la terminologie, actuellement en usage au Québec. Quatre parties principales: terminologie, terminographie, répertoires et normalisation. Pour chaque terme, la définition est complétée d'exemples et de notes. Index sujets. Bibliographie.   P305   418

2845

Buisseret, Irène de. – ***Deux langues, six idiomes : manuel pratique de traduction de l'anglais au français : préceptes, procédés, exemples, glossaires, index.*** – [Rév., augm., annoté et indexé par Denys Goulet]. – Ottawa : Carlton-Green Publishing, 1975. – 480 p., [1] f. de planches : ill., portr. – 0919904017

1st ed., *Guide du traducteur : de l'anglais au français* (Ottawa : Association des traducteurs et interprètes de l'Ontario, 1973). Manual of translation from English to French intended for use in Canada where six linguistic realities interact: British, American and Canadian English, contemporary, standard and Quebec French. 21 chapters, including barbarisms, slang and clichés. Twelve exercises with solutions and several glossaries. Bibliography. Analytical index and index of proper names.   PN241 B85 1975 fol. 418.02

1re éd., *Guide du traducteur : de l'anglais au français* (Ottawa : Association des traducteurs et interprètes de l'Ontario, 1973). Guide de rédaction de l'anglais au français destiné aux traducteurs selon l'usage au Canada où six facettes linguistiques interagissent: l'anglais britannique, américain et canadien, le néo-français, le français universel et celui du Québec. 21 chapitres, dont notamment les barbarismes, le jargon et les clichés. Comprend douze exercices avec les solutions et plusieurs glossaires. Bibliographie. Deux index: analytique, noms propres.   PN241 B85 1975 fol.   418.02

2846

Corporation des traducteurs, traductrices, terminologues et interprètes du Nouveau-Brunswick. – *Répertoire = Directory.* – [Fredericton] : la Corporation, 1976-   . –   vol. : ill. – 1187-8711 – Titre de la couv.

Irregular. Alphabetical directory of certified and associate members of the Corporation. Each entry includes address and telephone numbers, profession, membership category, working languages and region of residence. Lists of interpreters and terminologists. Indexes of professions, foreign languages and fields of interest. Title varies: *Annuaire = Directory* (Fredericton : Corporation of Translators and Interpreters of New Brunswick, 1976-1987).   P306 A1 C41 418.020257151

Irrégulier. Répertoire alphabétique des membres agréés et associés de la Corporation. Chaque notice comprend l'adresse et les numéros de téléphone, les catégories professionnelles et d'adhésion, la combinaison des langues de travail et la région géographique de leur résidence. Deux listes: interprètes, terminologues. Index: professions, langues étrangères, domaines d'intérêt. Le titre varie: *Annuaire = Directory* (Fredericton : Corporation des traducteurs et interprètes du Nouveau-Brunswick, 1976-1987).   P306 A1 C41   418.020257151

2847

Corporation of Translators, Terminologists and Interpreters of New Brunswick. – *Répertoire = Directory.* – [Fredericton] : the Corporation, 1976-   . –   vol. : ill. – 1187-8711 – Cover title.

Irregular. Alphabetical directory of certified and associate members of the Corporation. Each entry includes address and telephone numbers, profession, membership catergory, working languages and region of residence. Lists of interpreters and terminologists. Indexes of professions, foreign languages and fields of interest. Title varies: *Annuaire = Directory* (Fredericton : Corporation of Translators and Interpreters of New Brunswick, 1976-1987).   P306 A1 C41 418.020257151

Irrégulier. Répertoire alphabétique des membres agréés et associés de la Corporation. Chaque notice comprend l'adresse et les numéros de téléphone, les catégories professionnelles et d'adhésion, la combinaison des langues de travail et la région géographique de leur résidence. Deux listes: interprètes, terminologues. Index: professions, langues étrangères, domaines d'intérêt. Le titre varie: *Annuaire = Directory* (Fredericton : Corporation des traducteurs et interprètes du Nouveau-Brunswick, 1976-1987).   P306 A1 C41   418.020257151

2848

Corporation professionnelle des traducteurs et interprètes agréés du Québec. – *Répertoire.* – Montréal : la Corporation, [1970?]-   . –   vol. : ill. – 1193-7572 – Sur la couv.: *Traduction, terminologie, interprétation.*

Annual. 1979 and 1982 issues were not published. Directory of members of the Corporation: translators, terminologists and conference interpreters. Arranged by professional category. Each entry includes address and telephone number, name and telephone number of employer, two asterisks to indicate members in private practice and a single asterisk to designate freelancers, profession, membership category and working language combinations. Entries in French and English. Index of specializations and foreign and Native languages. Title varies: 1970?-1976, *Répertoire des membres agrées = Directory of certified members* (Translators' Society of Quebec); 1977-1980, *Répertoire = Directory* (Translators' Society of Quebec). Absorbed: 1983?-1989, *Annuaire des traducteurs, interprètes et terminologues indépendants et pigistes, français, anglais et autres langues = Directory of independent and free-lance translators, interpreters and terminologists, French, English and other languages* (Translators' Society of Quebec).   PN241 A1 S622   418.02025714

Annuel. Les livraisons de 1979 et 1982 n'ont pas été publiées. Répertoire des traducteurs, terminologues et interprètes de conférence, membres de la Corporation. Classement par catégories professionnelles. Chaque notice comprend l'adresse, le numéro de téléphone, le nom et le numéro de téléphone de leur employeur, la mention d'un double astérisque si en pratique privée et d'un simple astérique si pigiste, les catégories professionnelles et d'adhésion, et la combinaison des langues de travail. Textes en français et en anglais. Index des spécialisations et des langues étrangères et autochtones. Le titre varie: 1970?-1976, *Répertoire des membres agrées = Directory of certified members* (Société des traducteurs du Québec); 1977-1980, *Répertoire = Directory* (Société des traducteurs du Québec). Absorbé: 1983?-1989, *Annuaire des traducteurs, interprètes et terminologues indépendants et pigistes, français, anglais et autres langues = Directory of independent and free-lance translators, interpreters and terminologists, French, English and other languages* (Société des traducteurs du Québec).   PN241 A1 S622   418.02025714

2849

Delisle, Jean. – *La traduction au Canada, 1534-1984.* – Jean Delisle avec la participation de Christel Gallant, Paul Horguelin. – [Ottawa] : Presses de l'Université d'Ottawa, 1987. – 436 p. : ill., portr. – 2760301826 – Titre de la p. de t. additionnelle : *Translation in Canada, 1534-1984.*

Outline and bibliography of the history of translation, interpretation and terminology in Canada. The outline is comprised of six sections: chronology, descriptions of associations and organizations, directories of archives and translation schools, winners of the Canada Council translation awards, winners of the John Glasco Award. Bibliography of 2,472 references for books, documents, periodical and newspaper articles. Arranged by type of material. List of 160 periodicals examined and list of subjects.   P306.8 C3 D44 1987   016.418020971

Un précis et une bibliographie de l'histoire de la traduction, de l'interprétation et de la terminologie au Canada. Le précis comprend six sections: chronologie, associations et organismes, répertoires des archives et des écoles de traduction, prix de traduction du Conseil des arts du Canada et prix John Glassco. Bibliographie de 2 472 références répertoriant des livres et des documents, des articles de périodiques et de journaux. Classement par types de documents. Inclut aussi la liste des 160 périodiques dépouillés et la liste des sujets.   P306.8 C3 D44 1987   016.418020971

2850

Delisle, Jean. – *Translation in Canada, 1534-1984.* – Jean Delisle with contributions from Christel Gallant, Paul Horguelin. – [Ottawa] : University of Ottawa Press, 1987. – 436 p. : ill., ports. – 2760301826 – Title on added t.p. : *La traduction au Canada, 1534-1984.*

Outline and bibliography of the history of translation, interpretation and terminology in Canada. The outline is comprised of six sections: chronology, descriptions of associations and organizations, directories of archives and translation schools, winners of the Canada Council translation awards, winners of the John Glasco Award. Bibliography of 2,472 references for books, documents, periodical and newspaper articles. Arranged by type of material. List of 160 periodicals examined and list of subjects. P306.8 C3 D44 1987 016.418020971

Un précis et une bibliographie de l'histoire de la traduction, de l'interprétation et de la terminologie au Canada. Le précis comprend six sections: chronologie, associations et organismes, répertoires des archives et des écoles de traduction, prix de traduction du Conseil des arts du Canada et prix John Glassco. Bibliographie de 2 472 références répertoriant les livres et des documents, des articles de périodiques et de journaux. Classement par types de documents. Inclut aussi la liste des 160 périodiques dépouillés et la liste des sujets. P306.8 C3 D44 1987 016.418020971

2851

Meta : journal des traducteurs : organe d'information et de recherche dans les domaines de la traduction, de la terminologie et de l'interprétation : index cumulatif, 1955-1980 = Meta : translator's journal. – Montréal : Presses de l'Université de Montréal, 1982. – viii, 207 p. – 2760605965 – Titre de la couv. : *Meta : journal des traducteurs : index cumulatif, 1955-1980 = Meta : translators journal.*

Index to more than 20,000 articles published in *Meta* between 1955 and 1980. Three parts: six headings with entries arranged by author; word-subject (French, English). Also indexed by *Francis bulletin signalétique. 524 : sciences du langage, linguistics; Linguistic bibliography for the year [...] and supplement for previous years; Linguistics and language behavior abstracts : LLBA*; and *Point de repère.* P306 016.41802

Index de plus de 20 000 des articles parus dans la publication en série *Meta* entre 1955 et 1980. Trois parties: selon six rubriques qui se subdivisent par auteurs; mots-sujets (français, anglais). Aussi indexé par: *Francis bulletin signalétique. 524 : sciences du langage, linguistics; Bibliographie linguistique de l'année [...] et complément des années précédentes; Linguistics and language behavior abstracts : LLBA* et *Point de repère.* P306 016.41802

2852

TERMIUM [CD-ROM]. – [Ottawa] : Public Works and Government Services Canada, Translation Services, 1988-   . – 1 computer laser optical disk. – Title from disk.

Updated three times a year, only once in 1994. More than one million English and French equivalents of terms and titles in use in Canada and elsewhere. Data bank made up of two databases: linguistic and sources. The linguistic database consists of three files: terminology, titles and translation problems. Each record includes: file, subject field, French or English equivalent, list of sources in coded form, definition, synonyms, provenance, geographic origin, frequency of use and grammatical notes. The source database provides references for the sources noted in each record. Four indexes: English and French terms, English and French words.

System requirements: IBM PC, XT, AT or 100 percent compatible, or PS/2; 640K; MS-DOS or PC-DOS, version 3.1 or later; Microsoft MS-DOS CD-ROM Extensions, version 2.0 or later; version 2.1 is required if version MS-DOS or PC-DOS 4.0 or later is used; two disk drives or a disk drive and a hard disk; monitor compatible with Microsoft Extensions software. Imprint varies. Title varies: 1988-1993, *TERMIUM : banque de données linguistiques = TERMIUM : linguistic data bank.* Includes publication: *Repères-T/R* ([Ottawa] : Secretary of State Canada, c1992-   ). Two manuals: *TERMIUM on CD-ROM : querying guide for DOS; TERMIUM on CD-ROM : querying guide for the Macintosh.* PC2640 T47 025.0644

Trois mises à jour/an, sauf qu'annuel en 1994. Plus d'un million d'équivalences anglaises et françaises de termes et appellations en usage au Canada et à l'étranger. Banque de données comprenant deux bases de données: linquistique et documentaire. La base de données linguistique est composée de trois fonds: terminologie, appellations et difficultés de traduction. Chaque fiche comprend la mention du fonds, du domaine, l'équivalent français ou anglais, la liste des sources sous forme de code, une définition, les synonymes, la provenance, la marque géographique, la fréquence et notes grammaticales. La base de données documentaire liste des sources associées à chaque fiche. Quatre index: termes anglais et français, mots anglais et français.

Configuration requise: IBM PC XT, AT ou 100% compatible, ou PS/2; 640K; MS-DOS ou PC-DOS, version 3.1 ou plus récente; le logiciel Microsoft MS-DOS CD-ROM Extensions, version 2.0 ou plus récente; version 2.1 est requise si la version 4.0 ou une version plus récente, du MS-DOS ou du PC-DOS est utilisée; deux lecteurs de disque ou un lecteur de disque et un disque rigide; tout lecteur compatible avec le logiciel Microsoft Extensions. L'adresse bibliographique varie. Le titre varie: 1988-1993, *TERMIUM : banque de données linguistiques = TERMIUM : linguistic data bank.* Intègre la publication: *Repères-T/R* ([Ottawa] : Secrétariat d'État du Canada, c1992-   ). Deux guides complémentaires: *TERMIUM sur CD-ROM : manuel de l'utilisateur pour environnement DOS; TERMIUM sur CD-ROM : manuel de l'utilisateur pour environnement Macintosh.* PC2640 T47 025.0644

2853

TERMIUM [CD-ROM]. – [Ottawa] : Travaux publics et services gouvernementaux Canada, Services de Traduction, 1988-   . – 1 disque au laser d'ordinateur. – Titre du disque.

Updated three times a year, only once in 1994. More than one million English and French equivalents of terms and titles in use in Canada and elsewhere. Data bank made up of two databases: linguistic and sources. The linguistic database consists of three files: terminology, titles and translation problems. Each record includes: file, subject field, French or English equivalent, list of sources in

Trois mises à jour/an, sauf qu'annuel en 1994. Plus d'un million d'équivalences anglaises et françaises de termes et appellations en usage au Canada et à l'étranger. Banque de données comprenant deux bases de données: linquistique et documentaire. La base de données linguistique est composée de trois fonds: terminologie, appellations et difficultés de traduction. Chaque fiche comprend la

coded form, definition, synonyms, provenance, geographic origin, frequency of use and grammatical notes. The source database provides references for the sources noted in each record. Four indexes: English and French terms, English and French words.

System requirements: IBM PC, XT, AT or 100 percent compatible, or PS/2; 640K; MS-DOS or PC-DOS, version 3.1 or later; Microsoft MS-DOS CD-ROM Extensions, version 2.0 or later; version 2.1 is required if version MS-DOS or PC-DOS 4.0 or later is used; two disk drives or a disk drive and a hard disk; monitor compatible with Microsoft Extensions software. Imprint varies. Title varies: 1988-1993, *TERMIUM : banque de données linguistiques = TERMIUM : linguistic data bank*. Includes publication: *Repères-T/R* ([Ottawa] : Secretary of State Canada, c1992-   ). Two manuals: *TERMIUM on CD-ROM : querying guide for DOS*; *TERMIUM on CD-ROM : querying guide for the Macintosh*. PC2640 T47   025.0644

mention du fonds, du domaine, l'équivalent français ou anglais, la liste des sources sous forme de code, une définition, les synonymes, la provenance, la marque géographique, la fréquence et notes grammaticales. La base de données documentaire liste des sources associées à chaque fiche. Quatre index: termes anglais et français, mots anglais et français.

Configuration requise: IBM PC XT, AT ou 100% compatible, ou PS/2; 640K; MS-DOS ou PC-DOS, version 3.1 ou plus récente; le logiciel Microsoft MS-DOS CD-ROM Extensions, version 2.0 ou plus récente; version 2.1 est requise si la version 4.0 ou une version plus récente, du MS-DOS ou du PC-DOS est utilisée; deux lecteurs de disque ou un lecteur de disque et un disque rigide; tout lecteur compatible avec le logiciel Microsoft Extensions. L'adresse bibliographique varie. Le titre varie: 1988-1993, *TERMIUM : banque de données linguistiques = TERMIUM : linguistic data bank*. Intègre la publication: *Repères-T/R* ([Ottawa] : Secrétariat d'État du Canada, c1992-   ). Deux guides complémentaires: *TERMIUM sur CD-ROM : manuel de l'utilisateur pour environnement DOS*; *TERMIUM sur CD-ROM : manuel de l'utilisateur pour environnement Macintosh*. PC2640 T47   025.0644

Algonquian Languages

Langues algonquiennes

2854

Cuoq, Jean André. – *Grammaire de langue algonquine*. – [Ottawa : s.n., 1892?]. – (P. 85-114 ; p. 41-119). – Titre de la couv.

Grammar of the Algonquin language in forty chapters, including: adjectives, kinship and affinity, compound verbs, conjugation using negatives, etc. Reproduced in microform format: *CIHM/ICMH microfiches series*, no. 03966. Offprint from: *Proceedings and transactions of the Royal Society of Canada*, Section I, volume IX (1891) and volume X (1892). Supplement: *Anotc kekon*. PM605 C75 1892 fol.   497.3

Grammaire de la langue algonquine comportant 40 chapitres dont notamment: adjectifs, noms de parenté et d'affinité, verbes composés, conjugaisons négatives, etc. Reproduit sur support microforme: *CIHM/ICMH collection de microfiches*, n° 03966. Tiré à part de: *Mémoires et comptes rendus de la Société royale du Canada*, Section I, tome IX (1891) et tome X (1892). Supplément: *Anotc kekon*. PM605 C75 1892 fol.   497.3

2855

Cuoq, Jean André. – *Anotc kekon*. – [Ottawa : s.n., 1893?]. – P. 137-179. – Titre de la couv.

Supplement to: *Grammaire de langue algonquine*. Twelve chapters, including: expressions in daily use, time and units of time, catechisms and hymns, remarks on some aspects of grammar, etc. Offprint from: *Proceedings and transactions of the Royal Society of Canada*, Section I, volume XI (1893). PM605 C75 1892 fol.   497.3

Supplément de: *Grammaire de langue algonquine*. Douze chapitres dont notamment: petites phrases familières, le temps et ses divisions, catéchismes et cantiques, remarques sur quelques chapitres de la grammaire, etc. Tiré à part de: *Mémoires et comptes rendus de la Société royale du Canada*, Section I, tome XI (1893). PM605 C75 1892 fol.   497.3

2856

Hewson, John. – *A computer-generated dictionary of proto-Algonquian*. – Hull (Quebec) : Canadian Museum of Civilization, c1993. – ix, 281 p. – (Mercury series). (Paper - Canadian Ethnology Service ; no. 125). – 066014011X

Proto-Algonquian-English dictionary consisting of 4,066 words that constitute the roots of languages belonging to the Algonquian family. For each word, an English translation of related words and bibliographical references are given. Two indexes: proto-Algonquian roots, English terms. Includes a summary in French. PM605 H48 1993   497.3

Dictionnaire proto-algonquin-anglais de 4 066 mots qui constituent les racines des langues de la famille linguistique algonquienne. Pour chaque mot, la traduction anglaise des mots associés et des renvois bibliographiques sont colligés. Deux index: radicaux proto-algonquins, termes anglais. Comprend un résumé en français. PM605 H48 1993   497.3

2857

McGregor, Ernest. – *Algonquin lexicon*. – Maniwaki (Quebec) : River Desert Education Authority, c1983. – 68 p.

English-Algonquin lexicon of approximately 1,100 words listed alphabetically. PM603 M31   497.3

Lexique anglais-algonquin d'environ 1 100 mots répertoriés alphabétiquement. PM603 M31   497.3

2858

Murdoch, John. – *A bibliography of Algonquian syllabic texts in Canadian repositories.* – [Rupert House, Quebec] : Project ASTIC, 1984. – xiii, [11], 147 p. : ill., facsims. – 0920245080

Bibliography of 388 works in Algonquian languages, printed in syllabics between 1841 and 1981 and held by 46 Canadian institutions. Listed chronologically. For each reference, the following information is provided: reproduction of title page, indication of Native language (one of five), translation of title, references to other bibliographies and locations. Bibliography. Five indexes: publishers, printers, authors, titles of religious works, titles of other works.   Z7119 A4 M87 1984   016.4973

Bibliographie de 388 ouvrages de langues algonquiennes édités en orthographe syllabique entre 1841 et 1981 et conservés dans 46 institutions canadiennes. Recension chronologique. Pour chaque référence bibliographique, l'illustration de la page titre, la mention de l'une des cinq langues autochtones, la traduction du titre, des références d'autres bibliographies et localisations sont colligés. Bibliographie. Cinq index: éditeurs, imprimeurs, auteurs, titres d'ouvrages religieux, titres non religieux.   Z7119 A4 M87 1984 016.4973

2859

Pentland, David H. – *Bibliography of Algonquian linguistics.* – David H. Pentland & H. Christoph Wolfart. – Winnipeg : University of Manitoba Press, 1982. – xix, 333 p. – 0887551289 (bd.) 0887556116 (pa.)

Bibliography of studies of Algonquian linguistics published between 1891 and 1981, and additions to the work of James Constantine Pilling: *Bibliography of the Algonquin languages* (Washington : Government Printing Office, 1891). Includes monographs, periodical articles, reports and theses, listed alphabetically by author. Entries include references to book reviews and brief explanatory notes. Index. Previous edition: *A bibliography of Algonquian linguistics* (Winnipeg : Dept. of Anthropology, University of Manitoba, 1974). Z7119 A4 B5 1982 fol.   016.4973

Bibliographie de publications en rapport avec la linguistique des langues algonquiennes parues entre 1891 et 1981, et des ajouts à l'ouvrage de James Constantine Pilling: *Bibliography of the Algonquin languages* (Washington : Government Printing Office, 1891). Comprend des monographies, articles de périodiques, rapports et thèses. Recension alphabétique des auteurs. Pour chaque notice, les références de compte-rendu et de brèves notes explicatives sont colligés. Index. Édition précédente: *A bibliography of Algonquian linguistics* (Winnipeg : Dept. of Anthropology, University of Manitoba, 1974). Z7119 A4 B5 1982 fol.   016.4973

2860

Pilling, James Constantine. – *Bibliography of the Algonquin languages.* – Washington : Government Printing Office, 1891. – x, 614 p., [82] leaves of plates : facsims. – (Bulletin - Smithsonian Institution. Bureau of Ethnology ; no. 13). – 0404073921 (reprint vol. 2) 0404073905 (reprint set)

Annotated bibliography of 2,245 works in the Algonquian languages published between 1609 and 1891. Includes monographs, pamphlets, periodical articles, manuscripts, etc., listed alphabetically by author. Entries include notes, locations and biographical information. Two indexes integrated with main arrangement of bibliography: Native languages, subjects. Chronological index. Reprint: *Bibliographies of the languages of the North American Indians, vol. II, part V : Algonquian (Acadian, Algonquin, Arapaho, Blackfoot, Cheyenne, Chippewa, Cree, Mohegan, Narragansett, Shawnee, etc.). 1891.* (New York : AMS Press, 1973). Reproduced in microform format: *CIHM/ICMH microfiche series*, no. 12052. Supplement: Pentland, David H., Wolfart, H. Christoph, *Bibliography of Algonquian linguistics* (Winnipeg : University of Manitoba Press, 1982).   Z7119 A4 P6 016.4973

Bibliographie annotée de 2 245 documents en langues algonquiennes parus entre 1609 et 1891. Comprend des monographies, brochures, articles de périodiques, manuscrits, etc. Recension alphabétique des auteurs. Les notices comprennent des notes, des localisations et des données biographiques. Deux index intégrés à l'arrangement principal: langues autochtones, sujets. Index chronologique. Réimpr.: *Bibliographies of the languages of the North American Indians, vol. II, part V : Algonquian (Acadian, Algonquin, Arapaho, Blackfoot, Cheyenne, Chippewa, Cree, Mohegan, Narragansett, Shawnee, etc.). 1891.* (New York : AMS Press, 1973). Reproduit sur support microforme: *CIHM/ICMH collection de microfiches*, n° 12052. Supplément: Pentland, David H., Wolfart, H. Christoph, *Bibliography of Algonquian linguistics* (Winnipeg : University of Manitoba Press, 1982).   Z7119 A4 P6   016.4973

Abenaki

Abénaqui

2861

Day, Gordon M. – *Western Abenaki dictionary. Volume 1 : Abenaki-English.* – Hull (Quebec) : Canadian Museum of Civilization, c1994. – lxxi, 538 p. – (Mercury series). (Paper - Canadian Ethnology Service ; no. 128). – 0660140241

Abenaki-English dictionary of the language as spoken at Odanak and in the Missisquoi Bay area. Grammatical variants and an English translation are provided for each word. List of roots. Includes an abstract in French. Vol. 2, *English-Abenaki*, forthcoming 1995.   PM551 Z5 D39 1994   497.3

Dictionnaire abénaqui-anglais de la langue parlée à Odanak et dans la région de la baie Missisquoi. Pour chaque mot, les variantes grammaticales et la traduction anglaise sont colligées. Liste des racines des mots. Comprend un résumé en français. Vol. 2, *English-Abenaki*, à paraître 1995.   PM551 Z5 D39 1994   497.3

2862

Laurent, Joseph. – *Langue abénakise.* – [Traduit et adapté par Jean-Louis R.-Obomsawin]. – [Odanak? Québec : s.n.], 1988. – viii, 161, [5] f. : ill. – Titre de la couv.

Abenaki-French lexicon and grammar of the language as spoken at Odanak. Arranged in approximately one hundred subject areas, such as the Godhead, nature, places, daily conversation, conjugations, etc.

Lexique abénaqui-français et grammaire de la langue abénaquise parlée à Odanak. Présentation selon une centaine de thèmes tels que Divinité, éléments naturels, lieux géographiques, conversation

Translation and adaptation of: *New familiar Abenakis and English dialogues, the first ever published on the grammatical system.*   PM551 L314 1988 fol.   497.3

courante, conjugaisons, etc. Traduction et adaptation de: *New familiar Abenakis and English dialogues, the first ever published on the grammatical system.*   PM551 L314 1988 fol.   497.3

2863
Laurent, Joseph. – *New familiar Abenakis and English dialogues, the first ever published on the grammatical system.* – [Québec? : s.n.], 1884. (Québec : L. Brousseau). – 230 p. – Added t.p. : *New familiar Abenakis and English dialogues, the first vocabulary ever published in the Abenakis language, comprising : the Abenakis alphabet, the key to the pronunciation and many grammatical explanations, also synoptical illustrations showing the numerous modifications of the Abenakis verb, &c. : to which is added the etymology of Indian names of certain localities, rivers, lakes, &c., &c.*.

Abenaki-English lexicon and grammar of the language as spoken at Odanak. Arranged in approximately one hundred subject areas, such as the Godhead, nature, places, daily conversation, conjugations, etc. Reproduced in microform format: *CIHM/ICMH microfiche series*, no. 08895. Translated and adapted for use in Abenaki and French under the title: *Langue abénakise.*   PM551 L3   497.3

Lexique abénaquis-anglais et grammaire de la langue abénaquise parlée à Odanak. Présentation selon une centaine de thèmes tels que Divinité, éléments naturels, lieux géographiques, conversation courante, conjugaisons, etc. Reproduit sur support microforme: *CIHM/ICMH collection de microfiches*, n° 08895. Traduit et adapté en abénaquis-français sous le titre: *Langue abénakise.*   PM551 L3   497.3

2864
Rasles, Sébastien. – *A dictionary of the Abnaki language in North America.* – By Sebastian Rasles ; published from the original manuscript of the author, with an introductory memoir and notes by John Pickering. – [Cambridge, Mass. : s.n., 1833]. – P. [370]-574.

French-Abenaki/Abenaki-French dictionary alphabetically arranged by keyword. Appendix: grammatical notes and remarks. Offprint from: *Memoirs of the American Academy of Arts and Sciences*, new series, vol. 1, 1833.   PM551 Z5 R3 fol.   497.3

Dictionnaire français-abénaqui/abénaqui-français répertorié selon l'ordre alphabétique des mots clés. Appendice: notes et observations grammaticales. Tiré à part de: *Memoirs of the American Academy of Arts and Sciences*, new series, vol. 1, 1833.   PM551 Z5 R3 fol.   497.3

Attikamek

Attikamek

2865
***Atikamekw nehiromowin itasinahikewin* = *L'introduction à l'orthographe standardisée atikamekw.* –** La Tuque (Québec) : Wasikahikan, Institut linguistique atikamekw, 1987. – 27 p. – 290662201

Study of the Attikamek language spoken in the area of the Haute-Mauricie, Quebec. Two parts: guide to spelling in six chapters: letters, sounds, pronunciation, comparison of spelling systems, use of blank space and conventions; Attikamek-French lexicon arranged according to nine subjects, including numbers, animals and colours. PM663 A7 A85 1987   497.3

Ouvrage se rapportant à la langue attikamek parlée en Haute-Mauricie québécoise. Deux parties: guide orthographique classé en six chapitres: lettres, sons, prononciation, orthographes comparés, espace blanc et conventions; lexique attikamek-français répertorié selon neuf thèmes, dont notamment chiffres, animaux et couleurs. PM663 A7 A85 1987   497.3

Cree

Cri

2866
Ahenakew, Freda. – *Cree language structures : a Cree approach.* – Winnipeg : Pemmican Publications, c1987. – x, 170 p. – 0919143423

Grammar of the Plains Cree dialect spoken in Saskatchewan. Five main parts: introduction, nouns, verbs, particles and text-based teaching. Bibliography.   PM987 A34 1987   497.3

Grammaire du dialecte des plaines de la langue crie parlée en Saskatchewan. Cinq parties principales: introduction, noms, verbes, particules et approche textuelle. Bibliographie.   PM987 A34 1987 497.3

2867
Anderson, Anne. – *Plains Cree dictionary in the "y" dialect.* – Edmonton : [s.n.], c1971. – [7], 102 p.

Cree-English/English-Cree lexicon of the Plains dialect, arranged alphabetically.   PM988 A5 fol.   497.3

Lexique cri-anglais/anglais-cri du dialecte des plaines de la langue crie, répertorié alphabétiquement.   PM988 A5 fol.   497.3

2868
Beardy, L. – *Pisiskiwak kâ-pîkiskwêcik* = *Talking animals.* – Told by L. Beardy ; edited & translated by H.C. Wolfart. – Winnipeg : Algonquian and Iroquoian Linguistics, 1988. – xxiii, 90 p. – (Memoir ; 5). – 0921064055

Study of the Manitoba Swampy Cree dialect. Collection of seven texts in syllabics and translated from a romanized transcription into English. Cree-English glossary of words from the texts, arranged alphabetically. Index of English words. Bibliography.   PM989 B43 1988   497.3

Ouvrage se rapportant au dialecte moskégon de la langue crie du Manitoba. Recueil de sept textes en caractères syllabiques et traduits du cri romanisé à l'anglais. Glossaire cri-anglais des mots provenant des textes, répertorié alphabétiquement. Index des mots anglais. Bibliographie.   PM989 B43 1988   497.3

2869

Cree lexicon : eastern James Bay dialects = Iinuu ayimuun masinahiikan : waapanuutaahch Chemis Pei eishi ayiminaanuuhch = Iiyiyuu ayimuun misinihiikin : waapanuutaahch Chemis Pei aaishi ayiminaanuuch. – [Chisasibi, Quebec] : Cree School Board, c1987. – xvi, 474, [1] p. – 0920245803

15,000-word Eastern Cree-English dictionary, the dialect spoken on the Quebec shore of James Bay. This dialect is subdivided into northern and southern sub-dialects. Arranged according to syllabic spelling. Each entry includes syllabic and romanized transcriptions, geographical location and English translation. Table of syllabic characters. Includes texts in Cree syllabics. PM988 C74 1987 497.3

Dictionnaire cri-anglais de 15 000 mots du cri de l'est, dialecte parlé du côté québécois de la baie James qui se subdivise en deux sous-dialectes: du nord et du sud. Classement selon l'orthographe syllabique. Chaque article comprend la transcription syllabique et romanisée, la localisation géographique, et la traduction anglaise. Tableau des caractères syllabiques. Comprend des textes en cri syllabique. PM988 C74 1987 497.3

2870

Cree lexicon : eastern James Bay dialects = Iinuu ayimuun masinahiikan : waapanuutaahch Chemis Pei eishi ayiminaanuuhch = Iiyiyuu ayimuun misinihiikin : waapinuutaahch Chemis Pei aaishi ayiminaanuuch. – [Chisasibi, Quebec] : Iyiyiw Chisakotamachaon, c1987. – xvi, 474, [1] p. – 0920245803

15,000-word Eastern Cree-English dictionary, the dialect spoken on the Quebec shore of James Bay. This dialect is subdivided into northern and southern sub-dialects. Arranged according to syllabic spelling. Each entry includes syllabic and romanized transcriptions, geographical location and English translation. Table of syllabic characters. Includes texts in Cree syllabics. PM988 C74 1987 497.3

Dictionnaire cri-anglais de 15 000 mots du cri de l'est, dialecte parlé du côté québécois de la baie James qui se subdivise en deux sous-dialectes: du nord et du sud. Classement selon l'orthographe syllabique. Chaque article comprend la transcription syllabique et romanisée, la localisation géographique, et la traduction anglaise. Tableau des caractères syllabiques. Comprend des textes en cri syllabique. PM988 C74 1987 497.3

2871

Horden, John. – *A grammar of the Cree language.* – Rev. ed. in plain Cree. – London : Society for Promoting Christian Knowledge, 1913. – 209 p.

1st ed., 1881, *A grammar of the Cree language : as spoken by the Cree Indians of North America.* Grammar of the Plains Cree dialect in 23 chapters, including etymology, nouns, verbs, syntax, etc. 1st ed., reproduced in microform format: *CIHM/ICMH microfiche series,* no. 06839. Revised ed.: *Peel bibliography on microfiche* (Ottawa : National Library of Canada, 1976-1979), no. 2398. PM987 H68 1913 497.3

1re éd., 1881, *A grammar of the Cree language : as spoken by the Cree Indians of North America.* Grammaire du dialecte des plaines de la langue crie en 23 chapitres dont notamment étymologie, noms, verbes, syntaxe, etc. 1re éd. reproduite sur support microforme: *CIHM/ICMH collection de microfiches,* no 06839. Éd. rev.: *Bibliographie Peel sur microfiche* (Ottawa : Bibliothèque nationale du Canada, 1976-1979), no 2398. PM987 H68 1913 497.3

2872

Lacombe, Albert,. – *Dictionnaire de la langue des Cris.* – Montréal : C.O. Beauchemin & Valois, 1874. – xx, 711 [i.e. 709], [2] p. : carte.

French-Cree/Cree-French dictionary. Two parts: list of keywords and roots, alphabetically arranged. Appendices: kinship terms, parts of the body, roots, places, symbols of the twelve apostles and the Ten Commandments. Reproduced in microform format: *CIHM/ICMH microfiche series,* no. 50563; *Peel bibliography on microfiche* (Ottawa : National Library of Canada, 1976-1979), no. 394. PM988 L3 497.3

Dictionnaire français-cri/cri-français. Répertorié selon l'ordre alphabétique des mots clés dans la 1re partie et des radicaux dans la 2e partie. Appendices: liste des liens de parenté, des différentes parties du corps, des radicaux, des lieux géographiques, des douze symboles des apôtres et des dix commandements de Dieu. Reproduit sur support microforme: *CIHM/ICMH collection de microfiches,* no 50563; *Bibliographie Peel sur microfiche* (Ottawa : Bibliothèque nationale du Canada, 1976-1979), no 394. PM988 L3 497.3

2873

Lacombe, Albert. – *Grammaire de la langue des Cris.* – Montréal : C.O. Beauchemin & Valois, 1874. – iii, 190 p., [1] f. pliée : ill.

Grammar of the Cree language in three parts: words, syntax and adverbs. Reproduced in microform format: *CIHM/ICMH microfiche series,* no. 30288; *Peel bibliography on microfiche* (Ottawa : National Library of Canada, 1976-1979), no. 395. PM988 L3 497.3

Grammaire de la langue crie présentée en trois parties: mots, syntaxe et adverbes. Reproduit sur support microforme: *CIHM/ICMH collection de microfiches,* no 30288; *Bibliographie Peel sur microfiche* (Ottawa : Bibliothèque nationale du Canada, 1976-1979), no 395. PM988 L3 497.3

2874

Picture dictionary. – Illustrations, Morley Stewart ; editing, Linda Visitor, Luci Salt. – Chisasibi (Quebec) : Cree Programs of the Cree School Board, c1993. – 63 p. : ill. – 1550362836

A picture dictionary in the northern dialect of James Bay Cree. Text and title in syllabics. PM989 Z9 J2 1993 fol. 497.303

Dictionnaire illustré du dialecte parlé par les Cris du nord de la baie James. Texte et titre en caractères syllabiques. PM989 Z9 J2 1993 fol. 497.303

2875

Picture dictionary. – Illustrations, Morley Stewart ; editing, Annie Whiskeychan. – Chisasibi (Quebec) : Cree Programs of the Cree School Board, c1993. – 78 p. : ill. – 1550362852

A picture dictionary of the southern dialect of James Bay Cree. Text and title in syllabics. PM989 Z9 J3 1993 fol. 497.303

Dictionnaire illustré du dialecte parlé par les Cris du nord de la baie James. Texte et titre en caractères syllabiques. PM989 Z9 J3 1993 fol. 497.303

2876

Vaillancourt, Louis-Philippe. – *Dictionnaire français-cri : dialecte québécois.* – Sillery (Québec) : Presses de l'Université du Québec ; Chicoutimi (Québec) : Fondation de l'Université du Québec à Chicoutimi, 1992. – xxii, 460 p. : carte, tableau, ill. – (Collection Tekonerimat ; 10). – 2760507084

Eastern Cree-French dictionary of approximately 16,000 words, in the dialect spoken on the Quebec side of James Bay. Alphabetically arranged by keyword. Each article includes translations of related expressions. Bibliography. Table of syllabics.   PM988 V34 1992 497.3

Dictionnaire français-cri de quelque 16 000 mots du cri de l'est, dialecte parlé du côté québécois de la baie James. Classement alphabétique des mots clés. Chaque article comprend la traduction des locutions associées. Bibliographie. Tableau des caractères syllabiques.   PM988 V34 1992   497.3

2877

Vandall, Peter. – *Wâskahikaniwiyiniw-âcimowina = Stories of the House People.* – Told by Peter Vandall and Joe Douquette ; edited, translated and with a glossary by Freda Ahenakew. – Winnipeg : University of Manitoba Press, 1987. – (Publications of the Algonquian Text Society = Collection de la Société d'édition de textes algonquiens). – 0887551335

Study of the Saskatchewan Plains Cree dialect. Collection of ten texts in syllabics and translated from a romanized transcription into English. Cree-English/English-Cree lexicon arranged alphabetically. List of radicals. Bibliography.   PM989 A2 V36 1987   497.3

Ouvrage se rapportant au dialecte des plaines de la langue crie de la Saskatchewan. Recueil de dix textes en caractères syllabiques et traduits du cri romanisé à l'anglais. Lexique cri-anglais/anglais-cri répertorié alphabétiquement. Liste des radicaux. Bibliographie. PM989 A2 V36 1987   497.3

2878

Watkins, Edwin Arthur. – *Dictionary of the Cree language : as spoken by the Indians in the provinces of Quebec, Ontario, Manitoba, Saskatchewan and Alberta.* – Based upon the foundation laid by Rev. E.A. Watkins ; revised, enriched and brought up to date by the late Ven. J.A. Mackay [et al.] ; edited by Ven. R. Faries. – Toronto : Published under the direction of the General Synod of the Church of England in Canada, 1938. – ix, 530 p.

English-Cree/Cree-English dictionary, the first part of which is arranged alphabetically by keyword. Table of syllabic characters. Reproduced in microform format: *Peel bibliography on microfiche* (Ottawa : National Library of Canada, 1976-1979), no. 3654. Reprinted: Toronto : Anglican Book Centre, 1981; Toronto : Anglican Book Centre, 1986.

1st ed., *A dictionary of the Cree language : as spoken by the Indians of the Hudson's Bay Company's territories* (London : Society for Promoting Christian Knowledge, 1865). 1st ed. reproduced in microform format: *CIHM/ICMH microfiche series*, no. 41985; *Peel bibliography on microfiche*, no. 0251.   PM988 W3 1938   497.3

Dictionnaire anglais-cri/cri-anglais dont la 1re partie est répertoriée selon l'ordre alphabétique des mots clés. Tableau des caractères syllabiques. Reproduit sur support microforme: *Bibliographie Peel sur microfiche* (Ottawa : Bibliothèque nationale du Canada, 1976-1979), n° 3654. Réimpr.: Toronto : Anglican Book Centre, 1981; Toronto : Anglican Book Centre, 1986.

1re éd., *A dictionary of the Cree language : as spoken by the Indians of the Hudson's Bay Company's territories* (London : Society for Promoting Christian Knowledge, 1865). 1re éd. reproduite sur support microforme: *CIHM/ICMH collection de microfiches*, n° 41985; *Bibliographie Peel sur microfiche*, n° 0251.   PM988 W3 1938   497.3

Delaware

Delaware

2879

Zeisberger, David. – *Zeisberger's Indian dictionary : English, German, Iroquois (the Onondaga) and Algonquin (the Delaware).* – Printed from the original manuscript in Harvard College Library ; [edited by Eben Norton Horsford]. – Cambridge [Mass.] : John Wilson and Son, University Press, 1887. – v, 236 p.

English-German-Onondaga-Delaware dictionary arranged alphabetically by English keyword. Reprinted: New York : AMS Press, [1983]. PM605 Z5 fol.   413

Dictionnaire anglais-allemand-onondaga-delaware répertorié selon l'ordre alphabétique des mots clés anglais. Réimpr.: New York : AMS Press, [1983].   PM605 Z5 fol.   413

Maliseet

Malécite

2880

Chamberlain, Montague. – *Maliseet vocabulary.* – Cambridge (Mass.) : Harvard Coöperative Society, 1899. – 94 p.

English-Maliseet lexicon of the language spoken by the Maliseet communities of New Brunswick. Organized by subject, such as religion, food, insects, useful phrases, etc. Includes a text translated from Maliseet to English. Reproduced in microform format: *CIHM/ICMH microfiche series*, no. 00543.   PM1695 Z5 C53 1899 497.3

Lexique anglais-malécite de la langue parlée par les communautés malécites du Nouveau-Brunswick. Présentation par thèmes tels que religion, nourriture, insectes, phrases, etc. Inclut un texte traduit du malécite à l'anglais. Reproduit sur support microforme: *CIHM/ICMH collection de microfiches*, n° 00543.   PM1695 Z5 C53 1899   497.3

2881

LeSourd, Philip S. – *Kolusuwakonol : peskotomuhkati-wolastoqewi naka ikolisomani latuwewakon = Philip S. LeSourd's English and Passamaquoddy-Maliseet dictionary.* – Edited and revised by Robert M. Leavitt and David A. Francis. – Fredericton (N.B.) : Micmac-Maliseet Institute, University of New Brunswick, 1984. – xii, 184 p. – 0920114741

Passamaquoddy-Maliseet-English/English-Passamaquoddy-Maliseet dictionary of the language as spoken by the Passamaquoddy communities in the state of Maine and by the Maliseet population of New Brunswick. Each entry in the Passamaquoddy-Maliseet-English section includes a translation, with notes on grammar and examples. PM2135   497.3

Dictionnaire passamaquoddy-malécite-anglais, anglais-passamaquoddy-malécite de la langue parlée par les communautés passamaquoddys de l'état du Maine et par les populations malécites du Nouveau-Brunswick. Chaque article de la partie passamaquoddy-malécite-anglais comprend la traduction, des informations grammaticales et des phrases exemples.   PM2135   497.3

Michif

Michif

2882

Laverdure, Patline. – *The Michif dictionary : Turtle Mountain Chippewa Cree.* – Patline Laverdure, Ida Rose Allard ; edited by John C. Crawford. – Winnipeg : Pemmican Publications, c1983. – 368 p. : ill. – 0919143350

English-Michif dictionary. Michif is the language spoken by the Métis of Manitoba and Saskatchewan. Each entry includes the translation of the word and of an example of usage.   PM989 Z9 M5 1983   497.3

Dictionnaire anglais-michif, langue parlée par les Métis du Manitoba et de la Saskatchewan. Chaque article comprend la traduction du mot et d'une phrase exemple.   PM989 Z9 M5 1983   497.3

Micmac

Micmac

2883

DeBlois, Albert D. – *Micmac lexicon.* – Albert D. DeBlois, Alphonse Metallic. – Ottawa : National Museum of Man, National Museums of Canada, 1984. – xvii, 392 p. – (Mercury series) (Papers - Canadian Ethnology Service ; no. 91).

Micmac-English/English-Micmac lexicon of 5,500 words of the language spoken in Nova Scotia, New Brunswick and Quebec. Expressions translated from English to Micmac are alphabetically arranged by keyword. Geographical location noted for words or expressions of limited usage. Includes an abstract in French. Reproduced in microform format: [Toronto] : Micromedia, [198?]. Replaces: *Micmac lexicon* ([S.l. : s.n.], 1979).   PM1793   497.3

Lexique micmac-anglais/anglais-micmac de 5 500 mots de la langue micmaque parlée en Nouvelle-Écosse, au Nouveau-Brunswick et au Québec. Recension des mots et locutions traduits de l'anglais au micmac selon l'ordre alphabétique des mots clés. Pour chaque mot ou locution d'usage limité, la localisation géographique est mentionnée. Comprend un résumé en français. Reproduit sur support microforme: [Toronto] : Micromedia, [198?]. Remplace: *Micmac lexicon* ([S.l. : s.n.], 1979).   PM1793   497.3

2884

Hewson, John. – *Kilusuaqaney wi' katikin : a Newfoundland Micmac picture dictionary.* – Compiled by John Hewson ; drawings by Anne Furlong. – St. John's (Nfld.) : Dept. of Linguistics, Memorial University, 1978. – iii, 28 leaves : ill., maps, facsims.

Illustrated Micmac dictionary organized by subject, such as animals, tools, trees, etc. Also includes two English-Micmac lists, of parts of the body and of kinship terms, a Micmac-English list of places in Newfoundland, and the Micmac and English translations of approximately thirty pictographs.   PM1793 H49 fol. 497.3

Dictionnaire illustré de la langue micmaque répertorié par thèmes tels qu'animaux, outils, arbres, etc. Comprend aussi deux listes anglais-micmac, le corps humain et les liens de parenté, une liste micmac-anglais des lieux géographiques de Terre-Neuve, et la traduction micmaque et anglaise d'une trentaine d'hiéroglyphes. PM1793 H49 fol.   497.3

2885

Pacifique, père. – *Leçons grammaticales théoriques et pratiques de la langue micmaque.* – Sainte-Anne de Ristigouche (Québec) : Bureau du Messager micmac, 1939. – 243 p., [1] f. de planches : portr. – Tiré à part des *Annales de l'ACFAS*, vol. 4, 1938, et vol. 5, 1939.

Micmac grammar in 33 chapters, including nouns and adjectives, conjugation of verbs, numbers, etc. Translated and retranscribed into English under the title: *The Micmac grammar of Father Pacifique.* Two supplements: *Leçons grammaticales de la langue micmaque : exercices supplémentaires d'épellation et de prononciation* [Canada : s.n., s.d.]; *Notes supplémentaires sur les traités de langue micmaque* (Montréal : [s.n.], 1940).   PM1792 P3   497.3

Grammaire de la langue micmaque comportant 33 chapitres dont notamment noms et adjectifs, conjugaison des verbes, nombres, etc. Traduit et retranscrit en anglais sous le titre: *The Micmac grammar of Father Pacifique.* Deux suppléments: *Leçons grammaticales de la langue micmaque : exercices supplémentaires d'épellation et de prononciation* [Canada : s.n., s.d.]; *Notes supplémentaires sur les traités de langue micmaque* (Montréal : [s.n.], 1940).   PM1792 P3   497.3

2886

Pacifique, père. – *The Micmac grammar of Father Pacifique.* – Translated and retranscribed by John Hewson and Bernard Francis. – Winnipeg : Algonquian and Iroquoian Linguistics, 1990. – xi, 280 p. – (Memoir ; 7). – 0921064071

Micmac grammar in 33 chapters, including nouns and adjectives, conjugation of verbs, numbers, etc. Index of Micmac words. Translation and retranscription of: *Leçons grammaticales théoriques et pratiques de la langue micmaque.*   PM1792 P313 1990 fol.   497.3

Grammaire de la langue micmaque comportant 33 chapitres dont notamment noms et adjectifs, conjugaison des verbes, nombres, etc. Index des mots micmacs. Traduction et retranscription de: *Leçons grammaticales théoriques et pratiques de la langue micmaque.* PM1792 P313 1990 fol.   497.3

2887

Rand, Silas Tertius. – ***Dictionary of the language of the Micmac Indians, who reside in Nova Scotia, New Brunswick, Prince Edward Island, Cape Breton and Newfoundland.*** – Halifax (N.S.) : Nova Scotia Printing, 1888. – viii, 286 p.

40,000-word English-Micmac dictionary, arranged alphabetically by keyword. Each entry includes translations of related expressions. Reproduced in microform format: *CIHM/ICMH microfiche series*, no. 12361. Reprinted: New York : Johnson Reprint Corp., 1972. PM1793 R3 fol.   497.3

Dictionnaire anglais-micmac de plus de 40 000 mots répertoriés selon l'ordre alphabétique des mots clés. Chaque article comprend la traduction des locutions associées. Reproduit sur support microforme: *CIHM/ICMH collection de microfiches*, n° 12361. Réimpr.: New York : Johnson Reprint Corp., 1972.   PM1793 R3 fol.   497.3

Montagnais

Montagnais

2888

Drapeau, Lynn. – ***Dictionnaire montagnais français.*** – Sillery (Québec) : Presses de l'Université du Québec, 1991. – xxii, 904 p. – 2760506614

Montagnais-French dictionary of approximately 21,700 words, based on the Betsiamites dialect. Each entry includes phonetic transcription, French translation and equivalent in the dialect of the lower North Shore. Bibliography.   PM1923 D72 1991   497.3

Dictionnaire montagnais-français d'environ 21 700 mots compilés à partir du dialecte de Betsiamites. Chaque article comprend la transcription phonétique, la traduction française et d'équivalent en dialecte de la basse Côte-Nord. Bibliographie.   PM1923 D72 1991 497.3

2889

Lemoine, Georges. – ***Dictionnaire français-montagnais : avec un vocabulaire montagnais-anglais, une courte liste de noms géographiques, et une grammaire montagnaise.*** – Boston : W.B. Cabot and P. Cabot, 1901. – 281, 63 p.

French-Montagnais dictionary arranged alphabetically by keyword. Each entry includes translations of related expressions. Also provides a Montagnais-English lexicon and a Montagnais grammar. PM1923 L44 1901   497.3

Dictionnaire français-montagnais répertorié selon l'ordre alphabétique des mots clés. Chaque article comprend la traduction des locutions associées. Inclut aussi un lexique montagnais-anglais et une grammaire de la langue montagnaise.   PM1923 L44 1901 497.3

2890

McNulty, Gérard E. – ***Petite grammaire du parler montagnais en tš-n.*** – Québec : Centre d'études nordiques, Université Laval, [1971]. – xii, 99 f. : ill., cartes. – (Collection notes de cours ; n° 4).

Grammar of the Montagnais language, as spoken on the lower North Shore and in Labrador. 25 chapters, including animate and inanimate gender, isolated personal pronouns and negation. Exercises in each chapter. Guide to conversation in Montagnais and French. French-Montagnais lexicon. Preface also in English. PM1922 M3 fol.   497.3

Grammaire de la langue montagnaise parlée sur la basse Côte-Nord et au Labrador. 25 chapitres dont notamment genre animé et genre inanimé, pronoms personnels isolés et négation. Chaque chapitre est étayé d'exercices. Guide de conversation montagnais-français. Lexique français-montagnais. Préface aussi rédigée en anglais.   PM1922 M3 fol.   497.3

Naskapi

Naskapi

2891

Naskapi lexicon = Lexique naskapi. – Edited by Marguerite MacKenzie [et al.] ; Naskapi editors, Joe Guanish, Agnes McKenzie ; compiled by Lana Martens, Elijah Einish, Donald Peastitute. – 1st ed. – Kawawachikamach (Quebec) : Naskapi Development Corporation, c1994. – 3 vol. (xlii, 431 ; xxviii, 650 ; xxvi, 622 p.). – 2980435503 – Added title in Naskapi (syllabics).

Vol. 1, Naskapi-English-French lexicon; vol. 2, English-Naskapi; vol. 3, French-Naskapi. Each entry in vol. 1 includes the Naskapi word in syllabics, romanized transcription, English and French translations and the part of speech. Introductory text on the Naskapi language. Preliminary edition, 1989, *Lexique naskapi = Naskapi lexicon.*   PM2004 N3 L49 1994 fol.   497.3

Vol. 1, lexique naskapi-anglais-français; vol. 2, anglais-naskapi; vol. 3, français-naskapi. Pour chaque article du vol. 1, le mot naskapi en caractères syllabiques, la transcription romanisée, les traductions anglaise et française et la catégorie grammaticale sont données. Texte de présentation sur la langue naskapi. Version prélim., 1989, *Lexique naskapi = Naskapi lexicon.*   PM2004 N3 L49 1994 fol.   497.3

2892

Naskapi lexicon = Lexique naskapi. – Sous la direction éditoriale de Marguerite Mackenzie [et al.] ; éditeurs naskapis, Joe Guanish, Agnes McKenzie ; collecte de termes, Elijah Einish, Lana Martens, Donald Peastitute. – 1ʳᵉ éd. – Kawawachikamach (Québec) : Société de développement des Naskapis, c1994. – 3 vol. (xlii, 431 ; xxviii, 650 ; xxvi, 622 p.). – 2980435503 – Titre addit. en naskapi (en caractères syllabiques).

Vol. 1, Naskapi-English-French lexicon; vol. 2, English-Naskapi; vol. 3, French-Naskapi. Each entry in vol. 1 includes the Naskapi word in syllabics, romanized transcription, English and French translations and part of speech. Introductory text on the Naskapi language. Preliminary edition, 1989, *Lexique naskapi = Naskapi lexicon.*   PM2004 N3 L49 1994 fol.   497.3

Vol. 1, lexique naskapi-anglais-français; vol. 2, anglais-naskapi; vol. 3, français-naskapi. Pour chaque article du vol. 1, le mot naskapi en caractères syllabiques, la transcription romanisée, les traductions anglaise et française et la catégorie grammaticale sont données. Texte de présentation sur la langue naskapi. Version prélim., 1989, *Lexique naskapi = Naskapi lexicon.*   PM2004 N3 L49 1994 fol.   497.3

Ojibwa

Ojibwa

2893

Baraga, Frederic. – *A dictionary of the Otchipwe language, explained in English.* – New ed. by a missionary of the Oblates [i.e. Albert Lacombe]. – Montreal : Beauchemin & Valois, 1878-1880. – 2 vol. (301 ; viii, 422 p.).

English-Ojibwa/Ojibwa-English dictionary, the first part of which is arranged alphabetically by keyword. For certain entries of the English-Ojibwa part, the Cree equivalent is listed. Part I, *English-Otchipwe* (1878); part II, *Otchipwe-English* (1880). 1st ed., *A dictionary of the Otchipwe language, explained in English : this language is spoken by the Chippewa Indians, as also by the Otawas, Potawatamis and Algonquins, with little difference. For the use of missionaries and other persons living among the above mentioned Indians* (Cincinnati : J.A. Hemann, 1853).

1853 ed. reproduced in microform format: *CIHM/ICMH microfiche series*, no. 60172. 1878-1880 ed. reproduced in microform format: *CIHM/ICMH microfiche series*, no. 12985-12987. 1878-1880 ed. reprinted: Minneapolis : Ross & Haines, 1966. (2 vol. in 1); St. Paul : Minnesota Historical Society Press, 1992.

Also published in an abridged edition in 2 vols.: 1st ed., *A concise dictionary of the Ojibway Indian language. Compiled and abridged from larger editions by English and French authors* (Toronto : International Colportage Mission, 1903); *A cheap and concise dictionary in two parts. Ojibway Indian language. Second part, Ojibway-English. Compiled and abridged from larger editions by English and French authors* (Toronto : International Colportage Mission, 1907). 2nd ed., *A cheap and concise dictionary in two parts. Ojibway Indian language. Part I, English-Ojibway. Compiled and abridged from larger editions by English and French authors* (Toronto : International Colportage Mission, 1912). PM852 B33 1878 497.3

Dictionnaire anglais-ojibwa/ojibwa-anglais dont la 1re partie est répertoriée selon l'ordre alphabétique des mots clés. Pour certaines articles de la partie anglais-ojibwa, l'équivalent en langue crie est donné. Part I, *English-Otchipwe* (1878); part II, *Otchipwe-English* (1880). 1re éd., *A dictionary of the Otchipwe language, explained in English : this language is spoken by the Chippewa Indians, as also by the Otawas, Potawatamis and Algonquins, with little difference. For the use of missionaries and other persons living among the above mentioned Indians* (Cincinnati : J.A. Hemann, 1853).

Éd. de 1853 reproduite sur support microforme: *CIHM/ICMH collection de microfiches*, n° 60172. Éd. de 1878-1880 reproduite sur support microforme: *CIHM/ICMH collection de microfiches*, n° 12985-12987. Éd. de 1878-1880 réimpr.: Minneapolis : Ross & Haines, 1966. (2 vol. en 1); St. Paul : Minnesota Historical Society Press, 1992.

Aussi publié en éd. abrégée en 2 vol.: 1re éd., *A concise dictionary of the Ojibway Indian language. Compiled and abridged from larger editions by English and French authors* (Toronto : International Colportage Mission, 1903); *A cheap and concise dictionary in two parts. Ojibway Indian language. Second part, Ojibway-English. Compiled and abridged from larger editions by English and French authors* (Toronto : International Colportage Mission, 1907). 2e éd., *A cheap and concise dictionary in two parts. Ojibway Indian language. Part I, English-Ojibway. Compiled and abridged from larger editions by English and French authors* (Toronto : International Colportage Mission, 1912). PM852 B33 1878 497.3

2894

Baraga, Frederic. – *A theoretical and practical grammar of the Otchipwe language for the use of missionaries and other persons living among the Indians.* – 2nd ed. by a missionary of the Oblates [i.e. Albert Lacombe]. – Montreal : Beauchemin & Valois, 1878. – xi, 422 p.

Ojibwa grammar in three parts: orthography, etymology and syntax. Reproduced in microform format: *CIHM/ICMH microfiche series*, no. 03364. 1st ed., *A theoretical and practical grammar of the Otchipwe language, the language spoken by the Chippewa Indians which is also spoken by the Algonquin, Otawa and Potawatami Indians with little differences. For the use of missionaries and other persons living among the Indians of the above named tribes* (Detroit : Jabez Fox, 1850). PM852 B32 1878 497.303

Grammaire de la langue ojibwa présentée en trois parties: orthographe, étymologie et syntaxe. Reproduit sur support microforme: *CIHM/ICMH collection de microfiches*, n° 03364. 1re éd., *A theoretical and practical grammar of the Otchipwe language, the language spoken by the Chippewa Indians which is also spoken by the Algonquin, Otawa and Potawatami Indians with little differences. For the use of missionaries and other persons living among the Indians of the above named tribes* (Detroit : Jabez Fox, 1850). PM852 B32 1878 497.303

2895

Belcourt, G.-A. [Georges-Antoine]. – *Principes de la langue des sauvages appelés Sauteux.* – [Québec? : s.n.], 1839. (Québec : Fréchette). – iv, [2], 146 p.

Grammar of the Saulteaux dialect of Ojibwa, organized in categories such as nouns, adjectives, verbs, syntax, etc. Reproduced in microform format: *CIHM/ICMH microfiche series*, no. 21742; *Peel bibliography on microfiche* (Ottawa : National Library of Canada, 1976-1979), no. 100. PM852 B5 497.3

Grammaire du dialecte saulteaux qui relève de la langue ojibwa présentée par catégories telles que noms, adjectifs, verbes, syntaxe, etc. Reproduit sur support microforme: *CIHM/ICMH collection de microfiches*, n° 21742; *Bibliographie Peel sur microfiche* (Ottawa : Bibliothèque nationale du Canada, 1976-1979), n° 100. PM852 B5 497.3

2896

Chamberlain, Alexander Francis. – *The language of the Mississaga Indians of Skugog : a contribution to the linguistics of the Algonkian tribes of Canada.* – Philadelphia : Press of MacCalla, 1892. – 84 p. : tables. – Ph.D. thesis, Clark University, 1891.

English-Mississauga lexicon, with a brief study of the Mississauga dialect of the Ojibwa language. Includes texts of legends and songs, lists of place names, names of persons, etc. Bibliography. Reproduced in microform format: *CIHM/ICMH microfiche series*, no. 02955. PM1831 C5 497.3

Lexique anglais-mississauga complété d'une brève étude du dialecte mississauga qui relève de la langue ojibwa. Inclut aussi des textes de légendes, des chansons, des listes de lieux géographiques, noms de personnes, etc. Bibliographie. Reproduit sur support microforme: *CIHM/ICMH collection de microfiches*, n° 02955. PM1831 C5 497.3

2897

Couture, Yvon H. [Yvon Herman]. – *Lexique français-algonquin.* – Val d'Or (Québec) : Éditions Hyperborée, c1982. – 103 p. : ill. – (Collection racines amérindiennes). – 2920402005

French-Algonquin (Ojibwa) lexicon, with approximately 1,000 common words and 40 proper names translated from Algonquin to French. Thirteen chapters, such as animals, plants, time, verbal phrases, etc. For each common word, the Algonquin translation and its geographic distribution or a bibliographical reference are included. For each proper noun, the French translation is provided. Bibliography. PM605 C69 497.3

Lexique français-algonquin (ojibwa) d'environ 1 000 mots usuels et 40 noms propres traduits de l'algonquin au français. Treize chapitres tels qu'animaux, plantes, temps, locutions verbales, etc. Pour chaque mot usuel, la traduction algonquine et la distribution géographique ou la référence bibliographique sont mentionnées. Pour chaque nom propre, la traduction française est inscrite. Bibliographie. PM605 C69 497.3

2898

Cuoq, Jean André. – *Lexique de la langue algonquine.* – Montréal : J. Chapleau & fils, 1886. – xii, 446 p.

Algonquin (Ojibwa)-French dictionary, arranged by root word. Each entry includes a translation and additional notes. Reproduced in microform format: *CIHM/ICMH microfiche series*, no. 02240; Montréal : Bibliothèque nationale du Québec, [1977], 1 reel. PM605 C8 497.3

Dictionnaire algonquin(ojibwa)-français répertorié selon la racine des mots. Chaque article comprend la traduction et des notes complémentaires. Reproduit sur support microforme: *CIHM/ICMH collection de microfiches*, n° 02240; Montréal : Bibliothèque nationale du Québec, [1977], 1 bobine. PM605 C8 497.3

2899

Dumouchel, Paul A. – *Grammaire saulteuse.* – Paul A. Dumouchel en collaboration avec Joseph Brachet. – Saint Boniface (Man.) : Province oblate du Manitoba, 1942. – xiii, 151 p. : tableaux.

Grammar of the Saulteaux dialect of Ojibwa spoken in Manitoba. Nine principal sections: substantives, pronouns, verbs, adjectives, numbers, prepositions, adverbs, conjunctions and interjections. Appendices: alphabetical list of prefixes and suffixes translated from Saulteaux to French. Two religious texts with word-by-word grammatical analysis. PM852 D94 fol. 497.3

Grammaire du dialecte saulteaux parlé au Manitoba et qui relève de la langue ojibwa. Neuf parties principales: substantifs, pronoms, verbes, adjectifs, nombres, prépositions, adverbes, conjonctions et interjections. Appendices: liste alphabétique des préfixes et suffixes traduits du saulteaux au français. Deux textes religieux comportant l'analyse grammaticale mot par mot. PM852 D94 fol. 497.3

2900

Johnston, Basil. – *Ojibway language lexicon for beginners.* – Ottawa : Indian and Inuit Affairs Program, Education and Cultural Support Branch, c1978. – 134 p.

Ojibwa-English lexicon presented in three main parts: nouns, verbs and auxiliary words, each subdivided by subject such as geography, motion of water, suffixes, etc. PM853 497.3

Lexique ojibwa-anglais présenté en trois parties principales: noms, verbes et mots auxiliaires qui se subdivisent par thèmes tels que géographie, mouvements de l'eau, suffixes, etc. PM853 497.3

2901

Lemoine, Georges. – *Dictionnaire français-algonquin.* – Chicoutimi (Québec) : G. Delisle, 1909. – 258, [254] p., [12] f. pliées.

French-Algonquin (Ojibwa) dictionary arranged alphabetically by keyword. Each entry includes translations of related expressions. Appendix: synoptic table of verbs. Reprinted: 1911. PM605 L4 497.3

Dictionnaire français-algonquin (ojibwa) répertorié selon l'ordre alphabétique des mots clés. Chaque article comprend la traduction des locutions associées. Appendices: tableau synoptique des verbes. Réimpr.: 1911. PM605 L4 497.3

2902

Piggott, G. L. [Glyne Leroy]. – *An Ojibwa lexicon.* – Editors, G.L. Piggott and A. Grafstein. – Ottawa : National Museum of Man, National Museums of Canada, 1983. – ix, 377 p. – (Mercury series) (Paper - Canadian Ethnology Service ; no. 90).

Ojibwa-English lexicon of the Ojibwa language as spoken in northwestern Quebec and in Ontario. In two parts which are arranged alphabetically by word and by ending. For each word of limited usage, the geographical distribution is noted. Includes an abstract in French. Reproduced in microform format: [Toronto] : Micromedia, [198?]. Replaces: *Odawa language project, second report* (Toronto : Centre for Linguistic Studies, University of Toronto, 1973). PM853 497.3

Lexique ojibwa-anglais de la langue ojibwa parlée dans le Nord-Ouest québécois et en Ontario. Deux parties: selon l'ordre alphabétique des mots et des terminaisons. Pour chaque mot d'usage limité, la localisation géographique est mentionnée. Comprend un résumé en français. Reproduit sur support microforme: [Toronto] : Micromedia, [198?]. Remplace: *Odawa language project, second report* (Toronto : Centre for Linguistic Studies, University of Toronto, 1973). PM853 497.3

2903

Rhodes, Richard Alan. – *Eastern Ojibwa-Chippewa-Ottawa dictionary.* – Berlin : Mouton, c1985. – liii, 623, [2] p. – (Trends in linguistics. Documentation ; 3). – 0899251145 (bd.) 3110137496 (pa.)

Ojibwa-English/English-Ojibwa dictionary of the various dialects spoken in Ontario and Michigan. The Ojibwa-English section contains approximately 9,100 words, including conjugated verbs. The English-Ojibwa section contains approximately 3,800 words listed

Dictionnaire ojibwa-anglais/anglais-ojibwa des différents dialectes ojibwas parlés en Ontario et au Michigan. La partie ojibwa-anglais comprend approximativement 9 100 mots incluant les déclinaisons des verbes. La partie anglais-ojibwa comprend environ 3 800 mots

alphabetically by keyword. For each word of limited usage, geographical distribution is noted. Bibliography.   PM853 R48 1985   497.3

répertoriés selon l'ordre alphabétique des mots clés. Pour chaque mot d'usage limité, la localisation géographique est mentionnée. Bibliographie.   PM853 R48 1985   497.3

2904

Todd, Evelyn Mary. – *A grammar of the Ojibwa language : the Severn dialect.* – Chapel Hill [N.C.] : [s.n.], 1970, c1971. – xxiv, 281 leaves : ill., map. – Ph.D. thesis, University of North Carolina, 1970.

Grammar of the Severn dialect of Ojibwa spoken in Ontario. Ten main sections, including sentences, nouns and pronouns, verbs and phonology. Bibliography. Appendix: a text translated from Severn to English. Reproduced in microform format: Ann Arbor [Mich.] : University Microfilms, 1970, no. 71-3606, 1 reel.   PM852   497.3

Grammaire du dialecte severn parlé en Ontario et qui relève de la langue ojibwa. Dix parties principales dont notamment phrases, noms et pronoms, verbes et phonologie. Bibliographie. Appendice: un texte traduit du severn à l'anglais. Reproduit sur support microforme: Ann Arbor [Mich.] : University Microfilms, 1970, n° 71-3606, 1 bobine.   PM852   497.3

2905

Williams, Angeline. – *The dog's children : Anishinaabe texts.* – Told by Angeline Williams ; edited and translated by Leonard Bloomfield ; newly edited and with a glossary by John D. Nichols. – Winnipeg : University of Manitoba Press, 1991. – vii, 262 p. – (Publications of the Algonquian Text Society = Collection de la Société d'édition de textes algonquiens). – 0887551483

Collection of 20 texts translated from Ojibwa to English. Ojibwa-English/English-Ojibwa lexicon arranged alphabetically. Two lists of endings: arranged alphabetically from right to left and from left to right. Bibliography.   PM854 W54 1991   497.3

Recueil de 20 textes traduits de l'ojibwa à l'anglais. Lexique ojibwa-anglais/anglais-ojibwa répertorié alphabétiquement. Deux listes des terminaisons: selon l'ordre alphabétique de la droite vers la gauche et de la gauche vers la droite. Bibliographie.   PM854 W54 1991   497.3

2906

Wilson, Edward F. [Edward Francis]. – *The Ojebway language : a manual for missionaries and others employed among the Ojebway Indians.* – Toronto : Printed by Rowsell and Hutchinson, for the venerable Society for Promoting Christian Knowledge, London, 1874. – 412 p.

Grammar, phrase book and dictionary of Ojibwa. The grammar is organized in nine sections: articles, nouns, adjectives, pronouns, adverbs, prepositions, conjunctions, interjections and verbs. Guide to conversation organized by subject, such as greetings, meals, religion, etc. English-Ojibwa dictionary arranged alphabetically by keyword. Reproduced in microform format: *CIHM/ICMH microfiche series*, no. 25984. Reprinted: [Ottawa] : Department of Indian Affairs and Northern Development, [1968?]; [1973?]; 1975.   PM852 W6 1975   497.3

Grammaire, manuel de conversation et dictionnaire en rapport avec la langue ojibwa. Présentation de la grammaire en neuf parties principales: articles, noms, adjectifs, pronoms, adverbes, prépositions, conjonctions, interjections et verbes. Manuel de conversation présenté par thèmes tels que salutations, repas, religion, etc. Dictionnaire anglais-ojibwa répertorié selon l'ordre alphabétique des mots clés. Reproduit sur support microforme: *CIHM/ICMH collection de microfiches*, n° 25984. Réimpr.: [Ottawa] : Dept. of Indian Affairs and Northern Development, [1968?]; [1973?]; 1975.   PM852 W6 1975   497.3

Potawatomi

Potawatomi

2907

Hockett, Charles [Francis]. – *The Potawatomi language : a descriptive grammar.* – Ann Arbor (Mich.) : University Microfilms International, 1987. – [5], 158 leaves. – Ph.D. thesis, Yale University, 1939.

Grammar of the Potawatomi language spoken in Ontario. Eleven chapters, including phonology, nouns, verbs and syntax. Includes a text translated from Potawatomi to English with grammatical analysis. Potawatomi-English lexicon. Reproduced in microform format: Ann Arbor (Mich.) : University Microfilms, 1969, no. 69-20384, 1 reel.   PM2191   497.3

Grammaire de la langue potawatomi parlée en Ontario. Onze chapitres dont notamment phonologie, noms, verbes et syntaxe. Inclut un texte traduit du potawatomi à l'anglais avec analyse grammaticale. Lexique potawatomi-anglais. Reproduit sur support microforme: Ann Arbor (Mich.) : University Microfilms, 1969, n° 69-20384, 1 bobine.   PM2191   497.3

Siksika

Pied-Noir

2908

Frantz, Donald G. – *Blackfoot dictionary of stems, roots and affixes.* – Donald G. Frantz and Norma Jean Russell. – Toronto : University of Toronto Press, c1989. – xxii, 470 p. – 0802026915

Alberta Blackfoot-English dictionary, arranged alphabetically by radical. Each entry includes translations of derivatives. Index of English words. Bibliography. Appendix: alphabet and orthography.   PM2343 F73 1989   497.3

Lexique pied-noir-anglais de la langue parlée en Alberta, répertorié selon l'ordre alphabétique des radicaux. Chaque article comprend la traduction des mots dérivés. Index des mots anglais. Bibliographie. Appendice: alphabet et orthographe.   PM2343 F73 1989   497.3

2909

Frantz, Donald G. – *Blackfoot grammar.* – Toronto : University of Toronto Press, c1991. – 159 p. – 0802059643

Alberta Blackfoot grammar in 22 chapters, the first eight of which include exercises. Bibliography. Subject index. Appendices: verb paradigms, phonological rules.   PM2342 F68 1991   497.3

Grammaire de la langue pied-noire parlée en Alberta comportant 22 chapitres dont les huit premiers sont étayés d'exercices. Bibliographie. Index des sujets. Appendices: modèles de conjugaison, règles phonologiques.   PM2342 F68 1991   497.3

2910

Tims, J. W. [John William]. – *Grammar and dictionary of the Blackfoot language in the Dominion of Canada : for the use of missionaries, school-teachers, and others.* – London : Society for Promoting Christian Knowledge, [1889?]. – xii, 191 p., [1] folded leaf.

Alberta Blackfoot grammar and dictionary. Grammar in eight main sections: nouns, pronouns, adjectives, verbs, adverbs, conjunctions, prepositions and interjections. English-Blackfoot lexicon arranged alphabetically by keyword. Reproduced in microform format: *CIHM/ICMH microfiche series*, no. 30658.   PM2342 T6 1889   497.3

Grammaire et lexique en rapport avec la langue pied-noire parlée en Alberta. La grammaire comporte huit parties principales: noms, pronoms, adjectifs, verbes, adverbes, conjonctions, prépositions et interjections. Lexique anglais-pied-noir répertorié selon l'ordre alphabétique des mots clés. Reproduit sur support microforme: *CIHM/ICMH collection de microfiches*, n° 30658.   PM2342 T6 1889 497.3

Athapaskan Languages

Langues athapascannes

2911

Boas, Franz. – *Handbook of American Indian languages.* – Glückstadt (Germany) : J.J. Augustin, 1911-1938. – 3 vol., ill., tables. – (Smithsonian Institution. Bureau of American Ethnology. Bulletin ; 40).

Grammar of languages spoken by the Native peoples of North America and Siberia. These languages belong to the Athapaskan, Tlingit, Haida, Tsimshian and Algonquian language families. The languages are: Kwakiutl, Chinook, Maidu, Dakota, Inuktitut, Talkelma, Coos, Siuslawan, Chukchi, Tonkawa, Quileut, Yuchi, Zuni and Coeur d'Alene. Each language is presented as follows: phonetics, verbs, suffixes, texts with English translation, etc. Imprint varies. Reproduction of the first two volumes in microform format: Zuz (Switzerland) : Inter Documentation Company, [s.d.], no. N238, 35 microfiches. Reprint of the two first volumes: Oosterhout (Netherlands) : Anthropological Publications, 1969; St. Clair Shores (Mich.) : Scholarly Press, 1976. Reprint of chapter, "Introduction": *Introduction to Handbook to American Indian languages* (Lincoln : University of Nebraska Press, 1966, 1991). Reprint of chapter, "Eskimo": *The Eskimo language* (Seattle : Shorey Book Store, 1971). PM108 B7 497

Grammaire de langues parlées par les Autochtones d'Amérique du Nord et de Sibérie. Il s'agit des familles linguistiques athapascanne, tlingit, haida, tsimshian et algonquienne, et des langues kwakiutl, chinook, maidu, dakota, inuktitut, talkelma, coos, siuslawan, tchoukche, tonkawa, quileute, yuchi, zuni et coeur d'Alene. Présentation de chaque langue: la phonétique, les verbes, les suffixes, des textes et leurs traductions anglaises, etc. Publié par différents éditeurs. Reproduction des deux premiers vol. sur support microforme: Zuz (Switzerland) : Inter Documentation Company, [s.d.], n° N238, 35 microfiches. Réimpr. des deux premiers vol.: Oosterhout (Netherlands) : Anthropological Publications, 1969; St. Clair Shores (Mich.) : Scholarly Press, 1976. Réimpr. du chapitre «Introduction»: *Introduction to Handbook to American Indian languages* (Lincoln : University of Nebraska Press, 1966, 1991). Réimpr. du chapitre «Eskimo»: *The Eskimo language* (Seattle : Shorey Book Store, 1971). PM108 B7   497

2912

Parr, Richard T. – *A bibliography of the Athapaskan languages.* – Ottawa : National Museum of Man, National Museums of Canada, 1974. – xiii, 333 p. : maps. – (Mercury series) (Paper - Canadian Ethnology Service ; no. 14).

Bibliography of approximately 5,000 works covering linguistic, anthropological, folkloric and ethnomusicological perspectives on the Athapaskan languages. Three main sections: Northern, Pacific and Southern Athapaskan, subdivided into 55 languages. Includes monographs, periodical articles, theses, manuscripts, sound recordings, etc. Certain entries specify location among seven libraries and archival centres in North America. Includes a summary in French and census data on languages. Reproduced in microform format: [Toronto : Micromedia, 1985?], 4 microfiches.   Z7119   016.4972

Bibliographie de quelque 5 000 ouvrages en rapport avec les langues athapascannes du point de vue linguistique, anthropologique, folklorique et ethnomusicologique. Trois parties principales: Athapascans du nord, de la côte du Pacifique et du sud qui se subdivisent en 55 langues. Inclut des monographies, articles de périodiques, thèses, manuscrits, enregistrements sonores, etc. Certaines notices comportent une localisation parmi sept bibliothèques et centres d'archives d'Amérique du Nord. Comprend un résumé en français et le recensement par langues. Reproduit sur support microforme: [Toronto : Micromedia, 1985?], 4 microfiches.   Z7119   016.4972

2913

Petitot, Émile. – *Dictionnaire de la langue dènè-dindjié : dialectes montagnais ou chippewayan, peaux de lièvre et loucheux, renfermant en outre un grand nombre de termes propres à sept autres dialectes de la même langue ; précédé d'une monographie des Dènè-Dindjié, d'une grammaire et de tableaux synoptiques des conjugaisons.* – Paris : Ernest Leroux ; San Francisco : A.-L. Bancroft, 1876. – lxxxviii, 367 p., [5] tableaux pliés. – (Bibliothèque de linguistique et d'ethnographie américaines ; vol. 2).

Essay, grammar and dictionary of Athapaskan languages. French-Chipewyan-Hare-Kutchin lexicon organized as a synoptic table of the four languages. Five conjugation tables. Reproduced in microform format: *CIHM/ICMH microfiche series*, no. 15858.   PM641 P5 x.fol.   497.2

Essai, grammaire et dictionnaire en rapport avec les langues athapascannes. Lexique français-chippewyan-lièvre-kutchin présenté sous forme de tableau mettant en parallèle les quatre langues. Cinq tableaux de conjugaison. Reproduit sur support microforme: *CIHM/ICMH collection de microfiches*, n° 15858.   PM641 P5 x.fol. 497.2

2914

Pilling, James Constantine. – *Bibliography of the Athapascan languages.* – Washington : Government Printing Office, 1892. – xii, 125 p. : facsims. – (Bulletin - Smithsonian Institution. Bureau of Ethnology ; no. 14). – 040407393X (reprint vol. 3) 0404073905 (reprint set)

Annotated bibliography of 544 references to material in the Athapaskan languages published between 1744 and 1892. Includes monographs, pamphlets, periodical articles, manuscripts, etc. Listed alphabetically by author. With each bibliographical reference, notes, location and a brief biography of the author are provided. Two indexes integrated with main arrangement of references: Native languages, subjects. Chronological index. Reprint: *Bibliographies of the languages of the North American Indians, vol. III, part VI : Athapaskan (Apache, Athapaskan, Hupa, Navajo, Umpkwa, etc.). 1892* (New York : AMS Press, 1973). Reproduced in microform format: *CIHM/ICMH microfiche series*, no. 15900.   Z7119 A9 P6   016.4972

Bibliographie annotée de 544 références de documents en langues athapascannes parus entre 1744 et 1892. Comprend des monographies, brochures, articles de périodiques, manuscrits, etc. Recension selon l'ordre alphabétique des auteurs. Pour chaque référence bibliographique, des notes, localisations et notice biographique sont colligées. Deux index intégrés à l'arrangement principal: langues autochtones, sujets. Index chronologique. Réimpr.: *Bibliographies of the languages of the North American Indians, vol. III, part VI : Athapascan (Apache, Athapascan, Hupa, Navajo, Umpkwa, etc.). 1892* (New York : AMS Press, 1973). Reproduit sur support microforme: *CIHM/ICMH collection de microfiches*, n° 15900.   Z7119 A9 P6   016.4972

Carrier

2915

Central Carrier bilingual dictionary. – Francesca Antoine [et al.]. – Fort Saint James (B.C.) : Carrier Linguistic Committee, 1974. – xiv, 397 p. : ill., map.

3,500-word Carrier-English/English-Carrier dictionary of the language spoken in British Columbia. For each word translated from Carrier to English, an example of usage is provided. Six appendices: alphabet; map of the Athapaskan language family; grammar in ten sections: nouns, pronouns, adjectives, verbs, prepositions, conjunctions, interjections, clauses, sentences; kinship terms; calendar; numbers. Bibliography. The grammar in the appendix was previously published under the title: *Central Carrier grammar sketch* (Ft. St. James (B.C.) : D. Walker, 1973).   PM2411 Z9 C43   497.2

Dictionnaire carrier-anglais/anglais-carrier d'environ 3 500 mots de la langue carrier parlée en Colombie-Britannique. Pour chaque mot traduit du carrier à l'anglais, une phrase exemple a été colligée. Six appendices: alphabet; carte de la famille linguistique athapascan; grammaire présentée en dix sections: noms, pronoms, adjectifs, verbes, adverbes, prépositions, conjonctions, interjections, propositions, phrases; liens de parenté; calendrier; nombres. Bibliographie. La grammaire en appendice a déjà été publiée sous le titre: *Central Carrier grammar sketch* (Ft. St. James (B.C.) : D. Walker, 1973). PM2411 Z9 C43   497.2

2916

Morice, A. G. [Adrien Gabriel]. – *The Carrier language (Déné family) : a grammar and dictionary combined.* – St.-Gabriel-Mödling, (Austria) : Anthropos ; Winnipeg : the author, 1932. – 2 vol. (xxxv, 660 ; 691 p.) : port. – (Collection internationale de monographies linguistiques. Bibliothèque linguistique Anthropos = Anthropos linguistische bibliothek. Internationale sammlung linguistischer monographien ; t. 9-10).

Carrier grammar and five texts translated from Carrier to English. Index of English words. Bibliography.   PM2411 M6 fol.   497.2

Grammaire de la langue carrier et cinq textes traduits du carrier à l'anglais. Index des mots anglais. Bibliographie.   PM2411 M6 fol. 497.2

Chipewyan

2917

Elford, Leon W. – *English-Chipewyan dictionary.* – Compiled by Leon W. Elford and Marjorie Elford. – Prince Albert (Sask.) : Northern Canada Evangelical Mission, c1981. – iv, 202 p.

English-Chipewyan dictionary in two parts: nouns and verbs. Related expressions are noted with nouns and each verb is conjugated. Appendices: lists of kinship terms, numbers, particles, place names, postpositions, etc.   PM850 C2 E5   497.2

Dictionnaire anglais-chippewyan présenté en deux parties: noms et verbes. Pour chaque nom, les locutions associées sont mentionnées et pour chaque verbe les déclinaisons sont inscrites. Appendices: listes des liens de parenté, nombres, particules, lieux géographiques, postpositions, etc.   PM850 C2 E5   497.2

2918

Legoff, Laurent. – *Dictionnaire français-montagnais : précédé d'une explication de l'alphabet et d'un tableau des principales racines.* – Lyon : Société Saint-Augustin, Desclée, de Brouwer, 1916. – xlviii, 1058 p.

French-Chipewyan dictionary arranged alphabetically by keyword. Each entry includes translations of related expressions. PM850 C2 L3 fol.   497.2

Dictionnaire français-chippewyan répertorié selon l'ordre alphabétique des mots clés. Chaque article comprend la traduction des locutions associées.   PM850 C2 L3 fol.   497.2

2919

Legoff, Laurent. – *Grammaire de la langue montagnaise.* – Montréal : [Frères des écoles chrétiennes], 1889. – 351 p., [1] f. pliée : tableau. – Titre de départ : *Grammaire montagnaise ou chippewyane.*

Chipewyan grammar in nine chapters: articles, nouns, pronouns, adverbs, prepositions, conjunctions, interjections, adjectives and verbs. Appendices: kinship terms, parts of the body and frequently used sentences. Reproduced in microform format: *CIHM/ICMH microfiche series*, no. 08643.   PM850 C2 L32   497.2

Grammaire de la langue chippewyanne comportant neuf chapitres: articles, noms, pronoms, adverbes, prépositions, conjonctions, interjections, adjectifs et verbes. Appendices: liste des liens de parenté, des différentes parties du corps et quelques phrases les plus employées. Reproduit sur support microforme: *CIHM/ICMH collection de microfiches*, n° 08643.   PM850 C2 L32   497.2

2920

Reynolds, Margaret. – *Déné language.* – [Saskatoon, Sask.] : Saskatchewan Indian Cultural College, Federation of Saskatchewan Indians, Curriculum Development Department, c1977. – 42 p. – Title in syllabics.

Chipewyan-English lexicon arranged by subject, such as verbs, pronouns, colours, numbers, etc. Entries include Chipewyan word, transcription in syllabics and in the Latin alphabet and an English translation. English-Chipewyan phrase book.   PM850   497.2

Lexique chippewyan-anglais répertorié par thèmes tels que verbes, pronoms, couleurs, nombres, etc. Les articles comprennent le mot chippewyan, la transcription syllabique et romanisée, et la traduction anglaise. Guide de conversation anglais-chippewyan.   PM850 497.2

Dogrib

Flanc-de-Chien

2921

Feenstra, Jacob. – *Dogrib dictionary.* – Compiled and edited by Jacob Feenstra in cooperation with the Dogrib Language Centre. – Preliminary ed. – Rae-Edzo (N.W.T.) : Dogrib Divisional Board of Education, 1992. – x, 246 p.

Dogrib-English/English-Dogrib dictionary. The first part is arranged according to the 41 characters of the Dogrib alphabet. PM1091 Z5 F4 1992 fol. 497.2

Lexique flanc-de-chien/anglais, anglais/flanc-de-chien. La 1ʳᵉ partie est répertoriée selon les 41 symboles de l'alphabet flanc-de-chien. PM1091 Z5 F4 1992 fol.   497.2

Kutchakutchin

Kutchakutchin

2922

Firth, William G. – *Gwich'in language dictionary = Gwich'in ginjik Dìnehtł'eh.* – [Yellowknife] : Department of Culture and Communications, Government of the Northwest Territories, 1991. – 208, [3] p. : ill. – 077083874X

English-Kutchakutchin lexicon based on the language spoken around Fort McPherson, Northwest Territories. In four parts: nouns; verbs, particles and postpositions; conjugation; alphabet chart. Each entry in the first two parts includes translations of related expressions.   PM641 F57 1991 fol.   497.2

Lexique anglais-kutchakutchin basé sur la langue parlée dans les environs de Fort McPherson, Territoires du Nord-Ouest. Quatre parties: noms; verbes, particules et postpositions; conjugaison; charte alphabétique. Chaque article des deux premières parties comprend la traduction des locutions associées.   PM641 F57 1991 fol. 497.2

Sarcee

Sarsi

2923

Cook, Eung-Do. – *A Sarcee grammar.* – Vancouver : University of British Columbia Press, 1984. – 304 p. : ill. – 0774802006

Alberta Sarcee grammar in eleven chapters dealing with spelling, syntax and morphology. Bibliography.   PM2275 C66 1984   497.2

Grammaire de la langue sarsi parlée en Alberta. Onze chapitres portant sur l'orthographe, la syntaxe et la morphologie. Bibliographie.   PM2275 C66 1984   497.2

Slavey

Esclave

2924

Howard, Philip G. – *A dictionary of the verbs of South Slavey.* – 1st ed. – Yellowknife (N.W.T.) : Dept. of Culture and Communications, Govt. of the Northwest Territories, c1990. – viii, 868 p. : ill., map. – 0770838685

South Slavey-English/English-South Slavey dictionary of approximately 4,000 verbs used in the dialect spoken at Fort Simpson, Fort Liard, Nahanni Butte, Hay River and Fort Providence in the Northwest Territories. Words in the first part listed alphabetically by radical with appropriate declensions. For each word in the second part, radicals and related words are given. Appendices: report on

Dictionnaire esclave du sud-anglais/anglais-esclave du sud d'approximativement 4 000 verbes du dialecte parlé à Fort Simpson, Fort Liard, Nahanni Butte, Hay River et Fort Providence dans les Territoires du Nord-Ouest. Recension des mots de la 1ʳᵉ partie selon l'ordre alphabétique des radicaux avec les déclinaisons appropriées. Pour chaque mot de la 2ᵉ partie, les radicaux et les mots associés sont colligés. Appendices: rapport sur la standardisation de la

standardization of the language, grammar, etc. Glossary of terms used in the introduction and the appendices. Index of radicals. Replaces: *A dictionary of the verbs of the Slave language* ([Ottawa] : Northern Social Research Division, Dept. of Indian and Northern Affairs, 1977).   PM2365 Z5 H68 1990 fol.   497.2

langue, grammaire, etc. Glossaire de termes employés en introduction et dans les appendices. Index des radicaux. Remplace: *A dictionary of the verbs of the Slave language* ([Ottawa] : Northern Social Research Division, Dept. of Indian and Northern Affairs, 1977). PM2365 Z5 H68 1990 fol.   497.2

2925

Monus, Victor P. – *Slavey topical dictionary : a topical list of words and phrases reflecting the dialect of the Slavey language spoken in the Fort Simpson area.* – Developed by Vic Monus and Stanley Isaiah. – [S.l.] : Summer Institute of Linguistics, c1977. – 100 p.

South Slavey-English lexicon of the dialect spoken in the area of Fort Simpson, Northwest Territories. Arranged in five categories: people, creatures and wildlife, natural features, time and qualifiers. PM2365   497.2

Lexique esclave du sud-anglais de noms du dialecte parlé dans les environs de Fort Simpson, Territoires du Nord-Ouest. Classement en cinq catégories: gens, vie sauvage, nature, temps et qualificatifs. PM2365   497.2

2926

Rice, Keren Dichter. – *A grammar of Slave.* – Berlin : Mouton de Gruyter, 1989. – xliv, 1370 p. : maps. – (Mouton grammar library ; 5). – 0889251404

Grammar of the Slavey language spoken in the Northwest Territories. Six main divisions: introduction, sounds, lexical categories, model, syntax and texts. Bibliography. Author-subject index. PM2365 R53 1989   497.2

Grammaire de la langue esclave parlée dans les Territoires du Nord-Ouest. Six parties principales: introduction, sons, catégories lexicales, modèle, syntaxe et textes. Bibliographie. Un index: auteurs-sujets.   PM2365 R53 1989   497.2

2927

Rice, Keren Dichter. – *Hare dictionary.* – [Ottawa] : Northern Social Research Division, Dept. of Indian Affairs and Northern Development, 1978. – ca 570 p.

North Slavey-English/English-North Slavey dictionary based on the dialect spoken in the area of Fort Good Hope, Northwest Territories. Four parts: introduction, nouns, verbs, miscellaneous. The entry for each noun includes translation of related expressions. Each verb is conjugated and an example of usage is provided.   PM1488   497.2

Dictionnaire esclave du nord-anglais/anglais-esclave du nord basé sur le dialecte parlé dans les environs de Fort Good Hope, Territoires du Nord-Ouest. Quatre parties: introduction, noms, verbes et divers. Chaque nom comprend la traduction des locutions associées. Pour chaque verbe, les déclinaisons et une phrase exemple sont colligées. PM1488   497.2

2928

Sahtú got'iné gokedé. – Edited by Jane Modeste and Fibbie Tatti. – [Yellowknife] : Northwest Territories, Education, 1986. – 56 p. : ill. – Cover title : *Slavey dictionary : Fort Franklin dialect* p. 4 of cover.

English-North Slavey dictionary based on the dialect spoken in the area of Fort Franklin, Northwest Territories. Arranged in 29 subject areas, such as place names, religion, clothing, numbers, etc. Adaptation of: Bloomquist, Chuck, *Slavey topical dictionary : Fort Franklin dialect* [Fort Franklin, N.W.T. : Dept. of Indian and Northern Affairs - Northern Research Division, s.d.].   PM1488 497.2

Lexique anglais-esclave du nord basé sur le dialecte parlé dans les environs de Fort Franklin, Territoires du Nord-Ouest. Classement selon 29 thèmes tels que lieux géographiques, religion, vêtements, nombres, etc. Adaption de: Bloomquist, Chuck, *Slavey topical dictionary : Fort Franklin dialect* [Fort Franklin, N.W.T. : Dept. of Indian and Northern Affairs - Northern Research Division, s.d.].   PM1488 497.2

Tsattine

Tsattine

2929

Garrioch, A. C. [Alfred Campbell]. – *A vocabulary of the Beaver Indian language : consisting of part I, Beaver-English, part II, English-Beaver-Cree.* – London : Society for Promoting Christian Knowledge, [1885]. – 138 p.

Tsattine-English/English-Tsattine-Cree lexicon arranged alphabetically. Reproduced in microform format: New York : New York Public Library, 1970, 1 reel.   PM2493   497.2

Lexique tsattine-anglais/anglais-tsattine-cri répertorié alphabétiquement. Reproduit sur support microforme: New York : New York Public Library, 1970, 1 bobine.   PM2493   497.2

Tukkuthkutchin

Tukkuthkutchin

2930

McDonald, Robert. – *A grammar of the Tukudh language.* – London : Society for Promoting Christian Knowledge, 1911. – 201 p.

Tukkuthkutchin grammar and lexicon. The grammar is in three main parts: spelling, etymology and syntax. The English-Tukkuthkutchin lexicon is alphabetically arranged. Reprinted: Yellowknife : Curriculum Division, Dept. of Education, Government of the Northwest Territories, 1972.   PM2496 M33 1911   497.2

Grammaire et lexique en rapport avec la langue tukkuthkutchin. La grammaire comprend trois parties principales: orthographe, étymologie et syntaxe. Lexique anglais-tukkuthkutchin répertorié alphabétiquement. Réimpr.: Yellowknife : Curriculum Division, Dept. of Education, Government of the Northwest Territories, 1972. PM2496 M33 1911   497.2

Beothuk Language

Langue beothuk

2931

Hewson, John. – *Beothuk vocabularies : a comparative study.* – [St. John's : Office of Public Programming, Newfoundland Museum, 1978]. – vii, 178 p. : maps, facsims. – (Technical papers of the Newfoundland Museum ; no. 2). – Cover title.

English-Beothuk glossary of 358 words from six written sources. Entries include English word, references to sources and Beothuk translation. Includes a historical introduction and a linguistic analysis of Beothuk. Bibliography. Reproduced in microform format: *Microlog*, no. 86-05334. PM695 497.9

Glossaire anglais-beothuk de 358 mots provenant de six sources documentaires. Les articles comprennent le mot anglais, les références des sources et la traduction beothuk. Inclut aussi une présentation historique et l'analyse linguistique du beothuk. Bibliographie. Reproduit sur support microforme: *Microlog*, n° 86-05334. PM695 497.9

Chinookan Languages

Langues chinooks

2932

A dictionary of the Chinook jargon or Indian trade language of the north Pacific Coast. – [3rd ed.]. – Victoria (B.C.) : T.N. Hibben, 1899. – 35, [3] p. : ill.

1st ed., 1871; reprinted, 1878; 2nd ed., 1883; reprinted, 1887, 1889, 1892; 3rd ed., 1899; reprinted, 1906, 1908, 1965, 1972, 1973, 1975. British Columbia Chinook-English/English-Chinook lexicon. Each entry in the Chinook-English section includes translation, related words and examples of usage. Related to: Gibbs, George, *A dictionary of the Chinook jargon, or trade language of Oregon*. Reproduced in microform format: *CIHM/ICMH microfiche series*, no. 14263 (1878 reprint); no. 14264 (2nd ed., 1883); no. 14266 (1887 reprint); no. 14267 (1889 reprint); no. 14269 (3rd ed., 1899). PM848 D55 1899 497.41

1re éd., 1871; réimpr., 1878; 2e éd., 1883; réimpr., 1887, 1889, 1892; 3e éd., 1899; réimpr., 1906, 1908, 1965, 1972, 1973, 1975. Lexique chinook-anglais/anglais-chinook en usage en Colombie-Britannique. Pour chaque article de la partie chinook-anglais, la traduction, les mots associés et des phrases exemples sont colligés. Relation avec: Gibbs, George, *A dictionary of the Chinook jargon, or trade language of Oregon*. Reproduit sur support microforme: *CIHM/ICMH collection de microfiches*, n° 14263 (1878 réimpression); n° 14264 (2e éd., 1883); n° 14266 (1887 réimpression); n° 14267 (1889 réimpression); n° 14269 (3e éd., 1899). PM848 D55 1899 497.41

2933

Gibbs, George. – *A dictionary of the Chinook jargon, or trade language of Oregon.* – Washington : Smithsonian Institution, 1863. – xiv, 43, [1] p. – (Smithsonian miscellaneous collections ; 161).

Chinook-English/English-Chinook dictionary of 490 Chinook and 792 English words. Each entry of the Chinook-English section includes etymology, translation, related words and notes. Bibliography. Reproduced in microform format: *CIHM/ICMH microfiche series*, no. 35964. Other edition: New York : Cramoisy Press, 1863. Reproduced in microform format: *CIHM/ICMH microfiche series*, no. 44733. Reprint of the Cramoisy Press edition: New York : A.M.S Press, 1970. Related to: *A dictionary of the Chinook jargon or Indian trade language of the north Pacific Coast.* PM848 G4 1863 497.41

Dictionnaire chinook-anglais/anglais-chinook de 490 mots chinooks et 792 mots anglais. Pour chaque article de la partie chinook-anglais, l'origine, la traduction, les mots associés et des commentaires sont colligés. Bibliographie. Reproduit sur support microforme: *CIHM/ICMH collection de microfiches*, n° 35964. Autre édition: New York : Cramoisy Press, 1863. Reproduit sur support microforme: *CIHM/ICMH collection de microfiches*, n° 44733. Réimpr. de l'édition de Cramoisy Press: New York : A.M.S. Press, 1970. Relation avec: *A dictionary of the Chinook jargon or Indian trade language of the north Pacific Coast.* PM848 G4 1863 497.41

2934

Gill, John Kaye. – *Gill's dictionary of the Chinook jargon with examples of use in conversation and notes upon tribes and tongues.* – 17th ed. – Portland (Or.) : J.K. Gill, 1933, c1909. – 80 p.

1st ed., 1852-7th ed., 1879, Blanchet, Francis Norbert, *Dictionary of the Chinook jargon : to which is added numerous conversations, thereby enabling any person to speak Chinook correctly*. English-Chinook/Chinook-English lexicon of approximately 300 words. Appendices: phrases and prayers. 1869 ed. reproduced in microform format: *CIHM/ICMH microfiche series*, no. 14272. PM848 G6 1933 497.41

1re éd., 1852-7e éd., 1879, Blanchet, Francis Norbert, *Dictionary of the Chinook jargon : to which is added numerous conversations, thereby enabling any person to speak Chinook correctly*. Lexique anglais-chinook/chinook-anglais d'environ 300 mots. Appendices: expressions et prières. Éd. de 1869 reproduite sur support microforme: *CIHM/ICMH collection de microfiches*, n° 14272. PM848 G6 1933 497.41

2935

Pilling, James Constantine. – *Bibliography of the Chinookan languages (including the Chinook jargon).* – Washington : Government Printing Office, 1893. – xiii, 81 p. : facsims. – (Bulletin - Smithsonian Institution. Bureau of Ethnology ; no. 15). – 040407393X (reprint vol. 3) 0404073905 (reprint set)

Annotated bibliography of 270 items in Chinookan languages published between 1820 and 1893. Includes monographs, pamphlets, periodical articles, manuscripts, etc. Listed alphabetically by author. Entries include bibliographical reference, notes, location and

Bibliographie annotée de 270 documents en langues chinooks parus entre 1820 et 1893. Comprend des monographies, brochures, articles de périodiques, manuscrits, etc. Recension alphabétique des auteurs. Les notices comprennent la référence bibliographique, des notes, des

author's biography. Two indexes integrated with main arrangement of entries: Native languages, subjects. Chronological index. Reproduced in microform format: *CIHM/ICMH microfiche series*, no. 15901. Reprinted: Seattle : Shorey Book Store, 1972. Reprinted: *Bibliographies of the languages of the North American Indians, vol. III, part VII : Chinookan (Cascade, Chinook, Clatsop, Watala, etc.). 1893* (New York : AMS Press, 1973).   Z7119 C6 P6   016.49741

localisations et des données biographiques. Deux index intégrés à l'arrangement principal: langues autochtones, sujets. Un index chronologique. Reproduit sur support microforme: *CIHM/ICMH collection de microfiches*, n° 15901. Réimpr.: Seattle : Shorey Book Store, 1972. Réimpr.: *Bibliographies of the languages of the North American Indians, vol. III, part VII : Chinookan (Cascade, Chinook, Clatsop, Watala, etc.). 1893* (New York : AMS Press, 1973). Z7119 C6 P6   016.49741

2936

Tate, C. M. [Charles Montgomery]. – *Chinook jargon as spoken by the Indians of the Pacific Coast : for the use of missionaries, traders, tourists and others who have business intercourse with the Indians : Chinook-English, English-Chinook.* – [Rev. ed.]. – Victoria (B.C.) : Thos. R. Cusack, 1914. – 48 p.

British Columbia Chinook-English/English-Chinook lexicon. For each entry in the Chinook-English section, translation, related words and examples of usage are provided. Appendices: numbers and 22 hymns. Hymn index. Reprinted: Victoria (B.C.) : T.N. Hibben, 1931; Victoria (B.C.) : Diggon-Hibben, 1952. Includes only four hymns in the appendix. 1st ed., *Chinook as spoken by the Indians of Washington Territory, British Columbia and Alaska : for the use of traders, tourists and others who have business intercourse with the Indians : Chinook-English, English-Chinook* (Victoria (B.C.) : M.W. Waitt, 1889). 1st ed., reproduced in microform format: *CIHM/ICMH microfiche series*, no. 16237.   PM848 T32 1914   497.403

Lexique chinook-anglais/anglais-chinook en usage en Colombie-Britannique. Pour chaque article de la partie chinook-anglais, la traduction, les mots associés et des phrases exemples sont colligés. Appendices: nombres et 22 hymnes religieux. Index des hymnes. Réimpr.: Victoria (B.C.) : T.N. Hibben, 1931; Victoria (B.C.) : Diggon-Hibben, 1952. Comporte seulement quatre hymnes religieux en appendice. 1ʳᵉ éd., *Chinook as spoken by the Indians of Washington Territory, British Columbia and Alaska : for the use of traders, tourists and others who have business intercourse with the Indians : Chinook-English, English-Chinook* (Victoria (B.C.) : M.W. Waitt, 1889). 1ʳᵉ éd. reproduite sur support microforme: *CIHM/ICMH collection de microfiches*, n° 16237.   PM848 T32 1914   497.403

English Language

Bibliographies and Catalogues

Langue anglaise

Bibliographies et catalogues

2937

Avis, Walter S. – *Writings on Canadian English, 1792-1975 : an annotated bibliography.* – Walter S. Avis, A. M. Kinloch. – Toronto : Fitzhenry & Whiteside, [1978?]. – 153 p. – 088902121X (bd.) 0889021201 (pa.)

Annotated bibliography of 723 works on the English language in Canada, published between 1792 and 1975. Includes monographs, periodical articles and theses. Listed alphabetically by author. Co-author/co-editor index. Supplement: Kinloch, A. Murray, *Sources of an annotated bibliography of writings on Canadian English to 1975* ([Fredericton] : University of New Brunswick, [1978]). Replaces: Avis, Walter S., *A bibliography of writings on Canadian English (1857-1965)* (Toronto : Gage, c1965). Continued by: *Writings on Canadian English, 1976-1987 : a selective, annotated bibliography.*   Z1379 A85 016.427971

Bibliographie annotée de 723 ouvrages portant sur la langue anglaise au Canada, publiés entre 1792 et 1975. Comprend des monographies, des articles de périodiques et des thèses. Recension alphabétique des auteurs. Un index: coauteurs-corédacteurs. Supplément: Kinloch, A. Murray, *Sources of an annotated bibliography of writings on Canadian English to 1975* ([Fredericton] : University of New Brunswick, [1978]). Remplace: Avis, Walter S., *A bibliography of writings on Canadian English (1857-1965)* (Toronto : Gage, c1965). Suivi de: *Writings on Canadian English, 1976-1987 : a selective, annotated bibliography.* Z1379 A85   016.427971

2938

Avis, Walter S. – *Writings on Canadian English, 1976-1987 : a selective, annotated bibliography.* – Kingston (Ont.) : Strathy Language Unit, Queen's University, [1988]. – xiii, 66 p. – (Occasional papers ; no. 2). – 0889115109

Continues: *Writings on Canadian English, 1792-1975 : an annotated bibliography.* Approximately 300 publications on the English language in Canada, published between 1976 and 1987. Subject and name indexes.   Z1379 L68 1988   016.427971

Fait suite à: *Writings on Canadian English, 1792-1975 : an annotated bibliography.* Environ 300 publications portant sur la langue anglaise au Canada, publiées entre 1976 et 1987. Index des sujets et des noms.   Z1379 L68 1988   016.427971

2939

Bähr, Dieter. – *A bibliography of writings on the English language in Canada : from 1857 to 1976.* – Heidelberg [Germany] : Winter, 1977. – xi, 51 p. – (Anglistische Forschungen ; Heft 116). – 3533025659

Bibliography of 438 works on the English language in Canada, published between 1857 and 1976. Includes monographs, periodical articles and theses. Listed alphabetically by author. Includes some works in French. Index follows a subject outline.   Z1379 B35 016.427971

Bibliographie de 438 ouvrages portant sur la langue anglaise au Canada, publiés entre 1857 et 1976. Comprend des monographies, des articles de périodiques et des thèses. Recension alphabétique des auteurs. Inclut des ouvrages en français. Index selon un plan de classement.   Z1379 B35   016.427971

Dictionaries, Glossaries

Dictionnaires, glossaires

2940

The Canadian dictionary for children. – Don Mills (Ont.) : Maxwell Macmillan Canada, c1979, 1984. – 44, 724 p. : col. ill. – 0029912105

Dictionary of nearly 30,000 words and expressions, adapted to a Canadian context and suitable for use by children in primary grades. Each entry includes a Canadianism note, definitions, examples of usage, pronunciation, declensions, idiomatic expressions, synonyms and additional notes. Printed in large-print format: Winnipeg : Manitoba Education and Training, Special Materials Services, Large Print Production Unit, 1989. Two supplements: *The Canadian dictionary for children : practice book* (Don Mills (Ont.) : Collier Macmillan Canada, c1979); *The Canadian dictionary for children : [teacher's manual]* ([Don Mills, Ont.] : Collier Macmillan Canada, c1979). Adaptation of: *Macmillan dictionary for children* (New York : Macmillan, c1977). PE1628.5 C35 fol. 423

Dictionnaire de près de 30 000 mots et locutions adapté au contexte canadien et destiné aux élèves du primaire. Chaque article comprend la mention si canadianisme, des définitions, des phrases exemples, la prononciation, les déclinaisons, les locutions idiomatiques, les synonymes et des notes complémentaires. Reproduit sur support en gros caractères: Winnipeg : Manitoba Education and Training, Special Materials Services, Large Print Production Unit, 1989. Deux suppléments: *The Canadian dictionary for children : practice book* (Don Mills (Ont.) : Collier Macmillan Canada, c1979); *The Canadian dictionary for children :* [teacher's manual] ([Don Mills, Ont.] : Collier Macmillan Canada, c1979). Adaptation du: *Macmillan dictionary for children* (New York : Macmillan, c1977). PE1628.5 C35 fol. 423

2941

Canadian dictionary for English learners. – Edited by Daniel Liebman. – Don Mills (Ont.) : Addison-Wesley, c1987. – viii, 360 p. : ill. – 0201053926

Dictionary of words and expressions suitable for use in Canada by students of English as a second language. Each entry includes pronunciation, definitions, examples of usage, declensions, idiomatic expressions and additional notes. Includes lists of Canadian prime ministers, Canadian cities with a population of 100,000 inhabitants or more, a conjugation table, etc. PE1628.5 C37 1987 423

Dictionnaire de mots et de locutions adapté au contexte canadien et destiné aux étudiants dont l'anglais est la langue seconde. Chaque article comprend la prononciation, des définitions, des phrases exemples, les déclinaisons, des locutions idiomatiques et des notes complémentaires. Inclut aussi la liste des premiers ministres canadiens, des villes canadiennes ayant une population de 100 000 habitants et plus, table de conjugaison, etc. PE1628.5 C37 1987 423

2942

The Canadian dictionary for schools. – [Don Mills, Ont.] : Maxwell Macmillan Canada, c1981. – G2-G40, 1064 p. : ill. – 0029902401

Dictionary of 65,000 words, expressions and proper names, adapted to a Canadian context and intended for high school students. Entries for words include pronunciation, Canadianism note, definitions, declensions, examples of usage, idiomatic expressions and additional notes. Brief biographical, historical or geographical descriptions for proper nouns. Adaptation of: *Macmillan dictionary* (New York : Macmillan, c1977). PE3237 C36 fol. 423

Dictionnaire de 65 000 mots, locutions et noms propres adapté au contexte canadien et destiné aux élèves du niveau secondaire. Pour chaque mot figurent la prononciation, la mention si canadianisme, des définitions, les déclinaisons, des phrases exemples, les locutions idiomatiques et des notes complémentaires. Pour chaque nom propre, une courte description biographique, historique ou géographique. Adaptation du: *Macmillan dictionary* (New York : Macmillan, c1977). PE3237 C36 fol. 423

2943

A concise dictionary of Canadianisms. – Produced for W.J. Gage Limited by the Lexicographical Centre for Canadian English, University of Victoria, Victoria, B.C. ; editorial board : Walter S. Avis, editor in chief, Charles Crate, Patrick Drysdale, Douglas Leechman, Matthew H. Scargill. – Toronto : Gage Educational Publishing, c1973. – xvii, 294 p. : ill. – (Dictionary of Canadian English). – 0771519680

Abridged edition of: *A dictionary of Canadianisms on historical principles*. Entries include pronunciation, etymology, restrictive label, definitions, bibliographical references, quotations and notes. PE3235 C6 G5 427.971

Éd. abrégée de: *A dictionary of Canadianisms on historical principles*. Pour chaque article figurent la prononciation, l'étymologie, l'étiquette restrictive, les définitions, les références bibliographiques, les citations et des notes. PE3235 C6 G5 427.971

2944

Corbeil, Jean-Claude. – ***The Stoddart colour visual dictionary : French-English.*** – Jean-Claude Corbeil, Ariane Archambault. – Toronto : Stoddart, 1992. – xxx, 896 p. : col. ill. – 077372642X

Dictionary suitable for the general public including 50,000 words translated from French to English, with 3,500 colour illustrations. Arranged under 28 themes, including astronomy, music, sports and clothing, subdivided into 600 subjects. Italic and Roman type are used to identify differences in North American and European spelling and usage. Two indexes: French, English. Bibliography. Replaces: *The Stoddart English/French visual dictionary : look up the word from the picture, find the picture from the word* (Toronto : Stoddart, 1987). Also published in French under the title: *Le visuel : dictionnaire thématique français-anglais*. A unilingual English dictionary without terminological variants published under title: *The Stoddart colour visual dictionary* (Toronto : Stoddart, 1992). AG250 C6614 1992 fol. 443.21

Dictionnaire destiné au grand public comprenant 50 000 mots traduits du français à l'anglais et associés à 3 500 illustrations en couleurs. Classement selon 28 thèmes, dont notamment astronomie, musique, sports et vêtements qui se subdivisent en 600 sujets. Pour les mots anglais et français comportant une variante terminologique entre l'Europe et l'Amérique du Nord, les caractères italiques et romains distinguent les deux usages. Deux index: français, anglais. Bibliographie. Remplace: *The Stoddart English/French visual dictionary : look up the word from the picture, find the picture from the word* (Toronto : Stoddart, 1987). Publié aussi en français sous le titre: *Le visuel : dictionnaire thématique français-anglais*. Édition unilingue anglaise sans variantes terminologiques parue sous le titre: *The Stoddart colour visual dictionary* (Toronto : Stoddart, 1992). AG250 C6614 1992 fol. 443.21

2945

Dictionary for young Canadians. – Ken Weber, Cecile Weber, general editors. – Toronto : Globe/Modern Curriculum Press, c1988. – xxvi, 1094 p. : ill. – 088996128

Dictionary of words, expressions and proper names, adapted to a Canadian context, for use by primary and secondary school students. Entries include: Canadianism symbol, pronunciation, definitions, declensions, idiomatic expressions and additional notes. Brief biographical, historical or geographical descriptions for proper names. Lists of Canadian prime ministers, provinces, governors general, the Fathers of Confederation, etc. Adaptation of: *Webster's new world dictionary for young readers* (New York : Simon and Schuster, c1983). PE1628.5 D53 1988 423

Dictionnaire de mots, de locutions et de noms propres adapté au contexte canadien et destiné aux élèves des niveaux primaire et secondaire. Les articles comprennent le symbole distinctif des canadianismes, la prononciation, les définitions, les déclinaisons, les locutions idiomatiques et des notes complémentaires. Une courte description biographique, historique ou géographique pour chaque nom propre. Listes des premiers ministres du Canada et des provinces, des gouverneurs généraux, des pères de la Confédération, etc. Adaptation du: *Webster's new world dictionary for young readers* (New York : Simon and Schuster, c1983). PE1628.5 D53 1988 423

2946

A dictionary of Canadianisms on historical principles. – Produced for W.J. Gage Limited by the Lexicographical Centre for Canadian English, University of Victoria, Victoria, British Columbia, Canada ; editorial board : Walter S. Avis, editor in chief, Charles Crate, Patrick Drysdale, Douglas Leechman, Matthew H. Scargill. – Toronto : W. J. Gage, 1967. – xxiii, 926, [1] p. : ill. – (Dictionary of Canadian English).

Words and expressions particular to Canadian English. Each entry provides pronunciation, etymology, a restrictive label, definitions, bibliographical references, citations and notes. Bibliography. Reprinted: Toronto : Gage Educational Publishing, c1991. Abridged edition published under the title: *A concise dictionary of Canadianisms*. PE3235 D5 427.971

Mots et locutions du vocabulaire canadien-anglais. Chaque article comprend la prononciation, l'étymologie, l'étiquette restrictive, les définitions, les références bibliographiques, les citations et des notes. Bibliographie. Réimpr.: Toronto : Gage Educational Publishing, c1991. Éd. abrégée publiée sous le titre: *A concise dictionary of Canadianisms*. PE3235 D5 427.971

2947

Dictionary of Newfoundland English. – Edited by G.M. Story, W.J. Kirwin, J.D.A. Widdowson. – 2nd ed. with supplement. – Toronto : University of Toronto Press, c1990. – lxxvii, 770 p. : map, charts. – 0802058876 (bd.) 0802068197 (pa.)

1st ed., 1982. Words and expressions particular to Newfoundland English. Material collected as part of a scholarly research project, using written sources dated from 1497 to 1989 and oral sources. Entries include: pronunciation, bibliographical references, definitions, synonyms and quotations with references. Chronological list of printed sources with author-title index. List of oral sources by code with contributor-collector index. Supplement with separate lists of sources. PE3245 N4 D53 1990 fol. 427.9718

1re éd., 1982. Mots, locutions et expressions du vocabulaire de langue anglaise propre à Terre-Neuve. Compilation réalisée dans un cadre de recherche savante à partir de sources écrites datant de 1497 à 1989 et de sources orales. Articles comprennent: la prononciation, les références bibliographiques, les définitions, les synonymes, et les citations avec références. Liste chronologique des sources imprimées avec index des auteurs et des titres. Liste des sources orales par codes, avec index des interviewés et des collectionneurs. Supplément comportant deux listes distinctes des sources. PE3245 N4 D53 1990 fol. 427.9718

2948

Dictionary of Prince Edward Island English. – Edited by T.K. Pratt. – Toronto : University of Toronto Press, c1988. – xxx, 192 p. : maps, charts. – 0802057810

873 English words and expressions particular to Prince Edward Island. Material collected as part of a scholarly research project using 360 written and oral sources. Entries provide: pronunciation, usage, definitions, quotations with references, notes on other dictionaries. Bibliography. PE3245 P75 D53 1988 fol. 427.9717

873 mots et locutions du vocabulaire de langue anglaise propre à l'Île-du-Prince-Édouard. Compilation réalisée dans un cadre de recherche savante à partir de 360 sources écrites et de sources orales. Les articles comprennent: la prononciation, l'usage, les définitions, les citations avec références, des notes sur des dictionnaires. Bibliographie. PE3245 P75 D53 1988 fol. 427.9717

2949

Funk & Wagnalls Canadian college dictionary. – Toronto : Fitzhenry & Whiteside, c1989. – xxvi, 1590 p. : ill. – 0889029237 (thumb-indexed) 0889023476 (pa.) – Spine title : *Funk & Wagnalls standard college dictionary*.

Previous edition, 1986. Dictionary of more than 155,000 words, expressions and proper names suitable for use in Canada by college and university students and the general public. Entries for words and expressions provide: pronunciation, restrictive label including Canadianism symbol, definitions, declensions, adjectival forms of nouns, idiomatic expressions, synonyms, antonyms, etymology and additional notes. Brief biographical, historical or geographical descriptions for proper names. Includes the text of the Canadian Charter of Rights and Freedoms, lists of the Fathers of Confederation, Canadian prime ministers and institutions of higher education in Canada, given names, proof-reader's marks, tables of measures, etc. The same content appears under title: *Funk & Wagnalls Canadian school dictionary* (Markham (Ont.) : Fitzhenry & Whiteside, c1989). PE1628 S586 1989 423

Éd. précédente, 1986. Dictionnaire de plus de 155 000 mots, locutions et noms propres adapté au contexte canadien et destiné aux étudiants des niveaux collégial et universitaire et au public en général. Les articles comprennent la prononciation, l'étiquette restrictive dont le symbole distinctif des canadianismes, les définitions, les déclinaisons, les adjectifs concomitants, les locutions idiomatiques, les synonymes, les antonymes, l'étymologie et des notes complémentaires. Pour chaque nom propre, une courte description biographique, historique ou géographique. Comprend aussi le texte de la Charte canadienne des droits et libertés, la liste des pères de la Confédération, des gouverneurs généraux, des premiers ministres et des institutions d'enseignement supérieur au Canada, liste de prénoms, signes typographiques, tables de mesures, etc. Même contenu paraît sous le titre: *Funk & Wagnalls Canadian school dictionary* (Markham (Ont.) : Fitzhenry & Whiteside, c1989). PE1628 S586 1989 423

2950

Gage Canadian dictionary. – Walter S. Avis, Patrick D. Drysdale, Robert J. Gregg, Victoria E. Neufeldt, Matthew H. Scargill. – Toronto : Gage Publishing, c1983. – xxx, 1313 p. : ill., tables. – (Dictionary of Canadian English). – 077151980x (bd.) 0771591225 (pa.)

Dictionary of words and expressions suitable for use in Canada by university students and the general public. Entries include pronunciation, Canadianism symbol, definitions, examples of usage, declensions, idiomatic expressions and additional notes on homonyms, synonyms and usage. Includes tables of weights and measures, currency, military rank, etc. Replaces: *Canadian senior dictionary* (Toronto : Gage Publishing, c1979). PE3237 S4 1983 423

Dictionnaire de mots et de locutions adapté au contexte canadien et destiné aux étudiants de niveau universitaire et au public en général. Les articles comprennent la prononciation, le symbole distinctif des canadianismes, les définitions, des exemples, les déclinaisons, les locutions idiomatiques et des notes complémentaires concernant les homonymes, les synonymes et l'usage. Inclut aussi des tables, notamment celles des mesures, des monnaies, la hiérarchie militaire, etc. Remplace: *Canadian senior dictionary* (Toronto : Gage Publishing, c1979). PE3237 S4 1983 423

2951

Gage Canadian dictionary, intermediate. – Walter S. Avis, Robert J. Gregg, Matthew H. Scargill, Rosemary Courtney. – Toronto : Gage Educational Publishing, c1991. – xlii, 1408 p. : ill., tables. – (Dictionary of Canadian English). – 0771519960

Dictionary of words and expressions suitable for use in Canada by students at high school and college levels. Each entry includes pronunciation, Canadianism symbol, definitions, examples of usage, declensions, idiomatic expressions, and additional notes on homonyms, synonyms, etymology and usage. Appendices: tables of weights and measures, chemical elements, currency, military rank, etc. Replaces: *Canadian intermediate dictionary* (Toronto : Gage Publishing, c1979). PE3237 A9 1991 423

Dictionnaire de mots et de locutions adapté au contexte canadien et destiné aux étudiants des niveaux secondaire et collégial. Chaque article comprend la prononciation, le symbole distinctif des canadianismes, les définitions, des phrases exemples, les déclinaisons, les locutions idiomatiques et des notes complémentaires concernant les homonymes, les synonymes, l'étymologie et l'usage. Appendices: tables de mesures, d'éléments chimiques, de monnaies, la hiérarchie militaire, etc. Remplace: *Canadian intermediate dictionary* (Toronto : Gage Publishing, c1979). PE3237 A9 1991 423

2952

Gage junior dictionary. – W.S. Avis, R.J. Gregg, M.H. Scargill. – Toronto : Gage Educational Publishing, c1985. – G1-G32, 742 p. : ill. – (Dictionary of Canadian English). – 0771519907

Dictionary of nearly 30,000 words and expressions suitable for use in Canada by elementary school students. Each entry includes pronunciation, Canadianism symbol, definitions, examples of usage, declensions, idiomatic expressions, and additional notes on homonyms, synonyms, etymology and usage. Replaces: *Canadian junior dictionary* ([Agincourt, Ont.] : Gage Educational Publishing, c1977). PE1628.5 A95 1985 fol. 423

Dictionnaire de près de 30 000 mots et locutions adapté au contexte canadien et destiné aux élèves du primaire. Chaque article comprend la prononciation, le symbole distinctif des canadianismes, les définitions, des phrases exemples, les déclinaisons, les locutions idiomatiques et des notes complémentaires concernant les homonymes, les synonymes, l'étymologie et l'usage. Remplace: *Canadian junior dictionary* ([Agincourt, Ont.] : Gage Educational Publishing, c1977). PE1628.5 A95 1985 fol. 423

2953

Magnuson, Wayne. – *Canadian English idioms : saying and expressions.* – Calgary : Prairie House Books, c1989. – 112 p. – 1895012007

Sayings and expressions in current Canadian usage. Each entry includes: definition, symbol denoting impolite expression, synonyms and examples of usage. New ed. under the title: *English idioms : sayings and slang*, forthcoming 1995. PE3227 M35 1989 423.1

Locutions et expressions du vocabulaire anglais en usage actuellement au Canada. Chaque article comprend une définition, un symbole distinctif pour les locutions ou expressions impolies, les synonymes et des phrases exemples. Nouv. éd. sous le titre: *English idioms : sayings and slang*, à paraître 1995. PE3227 M35 1989 423.1

2954

Moseley, David. – *Canadian spelling dictionary : find words quickly, improve your spelling.* – Toronto : Stoddart, c1993. – xx, 332 p. : ill. – 0773755594

More than 25,000 words spelled according to Canadian usage. Arranged using a system of fifteen vowel sounds. Abstract. Derived from: *The A.C.E. spelling dictionary* (Wispech, (Cambs., England) : Learning Development Aids, 1993). PE1146 M67 1993 428.1

Plus de 25 000 mots orthographiés selon l'usage au Canada. Classement selon un système de quinze sons de voyelles. Sommaire du contenu. Dérivé de: *The A.C.E. spelling dictionary* (Wispech, (Cambs., England) : Learning Development Aids, 1993). PE1146 M67 1993 428.1

2955

Parkin, Tom. – *Wetcoast words : a dictionary of British Columbia words and phrases.* – Victoria (B.C.) : Orca Book Publishers, c1989. – 156 p. : ill., port. – 0920501303

Nearly 700 words and expressions used in British Columbia. Each entry includes a definition and brief explanatory notes. PE3245 B7 P37 1989 427.9711

Près de 700 mots et expressions en usage en Colombie-Britannique. Chaque article comprend une définition et de brèves explications. PE3245 B7 P37 1989 427.9711

2956

The Penguin Canadian dictionary. – Edited by Thomas M. Paikeday. – Markham (Ont.) : Penguin Books Canada ; Mississauga (Ont.) : Copp Clark Pitman, c1990. – xviii, 852 p. : ill. – 0773050078

Dictionary of words and expressions suitable for use in Canada by high school and college students. Each entry includes pronunciation, Canadianism symbol, definitions, examples of usage, idiomatic expressions and declensions. PE1625 P46 1990 fol.   423

Dictionnaire de mots et de locutions adapté au contexte canadien et destiné aux étudiants des niveaux secondaire et collégial. Chaque article comprend la prononciation, le symbole distinctif des canadianismes, les définitions, des phrases exemples, les locutions idiomatiques et les déclinaisons.   PE1625 P46 1990 fol.   423

2957

Sandilands, John. – *Western Canadian dictionary and phrase-book : things a newcomer wants to know.* – [2nd ed.]. – Winnipeg : J. Sandilands, [c1912]. – 51 p. – Cover title : *Western Canadian dictionary and phrase-book, explaining in plain English, the meaning of the most popular Canadianisms, colloquialisms and slang, added to which is a wide selection of items of a cyclopaedic character immediately helpful to the stranger.*

1st ed., 1912, *Western Canadian dictionary and phrase-book, explaining in plain English, for the special benefit of newcomers, the meaning of the most common Canadianisms, colloquialisms and slang, added to which is a selection of items of general information immediately helpful to the newcomer.* Words and expressions used in English by Western Canadians, with a historical account of the particular character of the Canadian West. Reprint: *Western Canadian dictionary and phrase book : picturesque language of the cowboy and the broncho-buster* (Edmonton : University of Alberta Press, 1977). 1st ed. reproduced in microform format: *Peel bibliography on microfiche* (Ottawa : National Library of Canada, 1976-1979), no. 2342.   PE3237 S35 1912   427.9712

1re éd., 1912, *Western Canadian dictionary and phrase-book, explaining in plain English, for the special benefit of newcomers, the meaning of the most common Canadianisms, colloquialisms and slang, added to which is a selection of items of general information immediately helpful to the newcomer.* Mots et expressions du vocabulaire canadien-anglais et guide historique des particularités de l'Ouest canadien. Réimpr.: *Western Canadian dictionary and phrase book : picturesque language of the cowboy and the broncho-buster* (Edmonton : University of Alberta Press, 1977). 1re éd. reproduite sur support microforme: *Bibliographie Peel sur microfiche* (Ottawa : Bibliothèque nationale du Canada, 1976-1979), no 2342.   PE3237 S35 1912   427.9712

2958

Thain, Chris. – *Cold as a Bay Street banker's heart : the ultimate prairie phrase book.* – Saskatoon : Western Producer Prairie Books, c1987. – 165 p. : ill., port. – 0888332165

Words and expressions used in Alberta, Manitoba and Saskatchewan, with explanatory notes.   PE3245 P7 T43 1987   427.9712

Mots et expressions en usage en Alberta, au Manitoba et en Saskatchewan avec l'explication appropriée.   PE3245 P7 T43 1987   427.9712

2959

Young Canada dictionary. – [General editor, Daniel Liebman]. – 2nd ed. – Scarborough (Ont.) : Nelson Canada, c1989. – 260 p. : ill. – 0176026789

1st ed., 1980. Dictionary of words and expressions suitable for use in Canada by pupils in the early primary grades. Each entry includes pronunciation, definitions, examples of usage, declensions and additional notes. Another edition, intended for teachers, was published with a 32-page appendix of exercises. 1st ed. available in braille format: Toronto : Canadian National Institute for the Blind, 1981; Brantford (Ont.) : W. Ross Macdonald School, 1984; and in large-print format, Brantford (Ont.) : W. Ross Macdonald School, 1984.   PE1628.5 Y68 1988 fol.   423

1re éd., 1980. Dictionnaire de mots et de locutions adapté au contexte canadien et destiné aux élèves des premières classes du primaire. Chaque article comprend la prononciation, les définitions, des phrases exemples, les déclinaisons et des notes complémentaires. Une autre éd. comportant une annexe de 32 pages d'exercices est destinée aux enseignants. 1re éd. disponible sur support braille, Toronto : Canadian National Institute for the Blind, 1981; Brantford (Ont.) : W. Ross Macdonald School, 1984; et éditée en gros caractères, Brantford (Ont.) : W. Ross Macdonald School, 1984.   PE1628.5 Y68 1988 fol.   423

2960

Young Canada thesaurus. – [General editor : Linsay Knight]. – Scarborough (Ont.) : Nelson Canada, 1988. – xi, 553 p. – 0176023275

Thesaurus intended for students in the upper primary and lower high school grades. 940 groups of five to six words completed by synonyms and antonyms. For each word, a definition and an example of usage are provided. Word index. Appendices: lists of animals, weather phenomena, Canadian government, musical instruments, etc. Adaptation of: *The Macquarie junior thesaurus* (Milton (Qld.) : Jacaranda, 1986). Other edition: *Young writer's thesaurus* (Evanston (Ill.) : McDougal, Littell, c1990).   PE1591 Y68 1988   423.1

Un thésaurus destiné aux élèves de la fin du primaire et du début du secondaire. 940 regroupements de cinq à six mots complétés de synonymes et d'antonymes. Pour chaque mot, une définition et une phrase exemple sont colligées. Index des mots. Appendices: listes thématiques d'animaux, de phénomènes environnementaux, du gouvernement canadien, d'instruments de musique, etc. Adaptation de: *The Macquarie junior thesaurus* (Milton (Qld.) : Jacaranda, 1986). Autre éd.: *Young writer's thesaurus* (Evanston (Ill.) : McDougal, Littell, c1990).   PE1591 Y68 1988   423.1

Directories

Répertoires

2961

English as a second language : a directory of ESL programs and services for adults in Alberta. – [Edmonton] : Alberta Career Development and Employment, Immigration and Settlement, 1992. – 133 p. – Cover title.

Directory of Alberta institutions that offer courses in English as a second language for adults and of literacy programmes in Alberta communities with populations of less than 20,000. Two parts: urban and rural communities. For each institution, the following information is provided: address, telephone and fax numbers, names of resource persons, fees and registration dates, support services, average class size and list of courses and programmes offered. Geographical index. Reproduced in microform format: *Microlog*, no. 93-02125.   PE1068   420.70257123

Répertoire des institutions offrant des cours d'anglais langue seconde aux adultes en Alberta et des programmes d'alphabétisation dans les communautés albertaines de moins de 20 000 personnes. Deux parties: centres urbains et ruraux. Pour chaque institution figurent l'adresse, les numéros de téléphone et de télécopieur, les noms des personnes-ressources, les frais et périodes d'inscription, les services connexes, le nombre d'etudiants et la liste des cours et programmes offerts. Index géographique. Reproduit sur support microforme: *Microlog*, n° 93-02125.   PE1068   420.70257123

2962

Inventory of English language training for non-native speakers of English at the post-secondary level in English-medium institutions in Canada. – Conducted by the TESL Canada Federation for the Canadian International Development Agency (CIDA). – [Toronto : TESL Canada Federation], 1988. – xiv, 207 p.

Brief description of English as a second language programmes offered by 75 post-secondary educational institutions in Canada. Arranged by province or region. For each institution, the following information is provided: address, name of resource person, brief description of programmes, teaching staff and educational resources, admission criteria and information on assistance previously provided by the Canadian International Development Agency to foreign students.   LB1631   420.702571

Description sommaire des programmes d'anglais langue seconde offerts dans 75 institutions d'enseignement post-secondaires au Canada. Classement par provinces ou régions. Pour chaque institution figurent l'adresse, le nom d'une personne-ressource, une brève description des programmes, le profil du personnel enseignant et des ressources, les critères d'admission et des données sur l'assistance antérieure prodiguée par l'Agence canadienne de développement international auprès d'étudiants étrangers.   LB1631   420.702571

2963

Where to learn English as a second language (ESL) in Saskatchewan. – Saskatchewan Council for Educators of Non-English Speakers. – Regina : Scenes, c1991. – v, 31 p. : map.

Directory of Saskatchewan institutions which offer courses in English as a second language. Arranged in four regions subdivided by municipality. Entries provide address, telephone number and brief description of programmes. Geographical index.
PB38 C3 W45 1991   420.70257124

Répertoire des institutions offrant des cours d'anglais langue seconde en Saskatchewan. Présentation en quatre aires géographiques qui se subdivisent par municipalités. Pour chaque institution, l'adresse, le numéro de téléphone et une brève description des programmes sont colligées. Index géographique.   PB38 C3 W45 1991   420.70257124

Handbooks

Guides

2964

The Canadian style : a guide to writing and editing. – Toronto : Published by Dundurn Press Limited in co-operation with the Dept. of the Secretary of State and the Canadian Government Publishing Centre, Supply and Services Canada, 1985. – 256 p. : ill. – 0919670938

Manual for writing and editing English-language material intended for use by the civil service and the general public, providing examples of Canadian usage. Twelve chapters: abbreviations, hyphenation, spelling, capitalization, numerical expressions, italics, punctuation, quotations, reference matter, letters and memoranda, reports and minutes and usage. Three appendices: geographical names, elimination of sexual, racial and ethnic stereotypes, proof-reader's marks. Bibliography. Index. Reproduced on sound tape: Halifax : Atlantic Provinces Special Education Authority Resource Centre for the Visually Impaired, 1992, 7 cassettes. Replaces: *Government of Canada style manual for writers and editors* (Ottawa : Queen's Printer, 1966). French-language equivalent: *Guide du rédacteur de l'administration fédérale.*   PN147 C36 1985 808.042

Guide de rédaction et de présentation de documents administratifs de langue anglaise destiné aux fonctionnaires et au public en général avec des exemples selon l'usage au Canada. Douze chapitres: abréviations, division des mots et des groupes de mots, orthographe, majuscules, nombres, italique, ponctuation, citations, références bibliographiques, lettres et notes de service, rapports et procès-verbaux, et termes prêtant à confusion. Trois appendices: noms géographiques, élimination des stéréotypes sexuels, raciaux ou ethniques et signes typographiques. Bibliographie. Index. Reproduit sur bande magnétique: Halifax : Atlantic Provinces Special Education Authority Resource Centre for the Visually Impaired, 1992, 7 cassettes. Remplace: *Government of Canada style manual for writers and editors* (Ottawa : Queen's Printer, 1966). Équivalent en langue française: *Guide du rédacteur de l'administration fédérale.*
PN147 C36 1985   808.042

2965

Communicating without bias : guidelines for government. – [Victoria] : Province of British Columbia, 1992. – 25 p. – 077261590X – Cover title.

Manual for use of nonsexist language in government communications. Four main parts: equality of the sexes, forms of address, generic terms and non-written communications. Bibliography. Subject index. Reproduced in microform format: *Microlog*, no. 93-00673. Replaces: *Gender-neutral language : interim guidelines for government communications* ([Victoria] : Province of British Columbia, 1991).   PN203 B72 1992   306.44082

Guide des principes fondamentaux de féminisation linguistique dans les communications gouvernementales. Quatre parties principales: égalité des sexes, formules de politesse, noms génériques et matériaux non écrits. Bibliographie. Index des sujets. Reproduit sur support microforme: *Microlog*, n° 93-00673. Remplace: *Gender-neutral language : interim guidelines for government communications* ([Victoria] : Province of British Columbia, 1991).   PN203 B72 1992   306.44082

2966

Editing Canadian English. – Lydia Burton [et al.] ; prepared for the Freelance Editors' Association of Canada. – Vancouver : Douglas & McIntyre, c1987. – x, 205 p. – 088894540X (bd.) 0888946244 (pa.)

Guide to editing Canadian English intended for the publishing industry and for the general public. Twelve chapters: spelling, compound words, capitalization, abbreviations, punctuation, French in an English context, Canadianization, avoiding bias, measurements, documentation, law and glossary. Bibliography. Index.   PE3227 E35 1987   808.042

Guide de rédaction en langue anglaise destiné aux personnes oeuvrant dans le domaine de l'édition et au public en général avec des exemples selon l'usage au Canada. Douze chapitres: orthographe, mots composés, majuscules, abréviations, ponctuation, la langue française dans le contexte anglais, canadianisation, formulation neutre, mesures, références bibliographiques, loi et glossaire. Bibliographie. Index.   PE3227 E35 1987   808.042

2967

Flick, Jane. – *Handbook for writers.* – Jane Flick, Celia Millward. – 2nd Canadian ed. – Toronto : Harcourt Brace Jovanovich Canada, c1993. – xiv, 665 p. – 0774732318

1st Canadian ed., 1985. A guide to grammar and writing adapted for use by Canadian college and university students and instructors. Five parts covering grammar, punctuation, diction, rhetoric and research. Uses works by Canadian and international authors as examples and cites Canadian research tools. Exercises. Appendices: glossary of usage; glossary of grammatical terms; complete conjugation of an English verb; irregular verbs; spelling problems; dictionaries for ESL students; preparing a manuscript. Subject index. Available as a sound recording: Vancouver : CILS, 1994. 28 cassettes (41 hrs.) : analog, 4.75 cm/s, 2 track, mono.   PE1112 M49 1993   808.042

1re éd. canadienne, 1985. Guide sur la grammaire et l'écriture adapté pour les étudiants et les enseignants des collèges et universités du Canada. Cinq parties qui portent sur la grammaire, la ponctuation, la diction, la rhétorique et la recherche. Utilise comme exemples les oeuvres d'auteurs canadiens et étrangers, et cite des instruments de recherche canadiens. Exercices. Annexes: glossaire d'usage; glossaire de termes grammaticaux; conjugaison complète d'un verbe anglais; verbes irréguliers; problèmes d'épellation; dictionnaires pour les étudiants dont l'anglais est la langue seconde; rédaction d'un manuscrit. Index des sujets. Disponible sous forme d'enregistrement sonore: Vancouver : CILS, 1994. 28 cassettes (41 heures) : analogique, 4,75 cm/s, 2 pistes, monophonique.   PE1112 M49 1993   808.042

2968

Fowler, Henry Ramsey. – *The Little, Brown handbook.* – H. Ramsey Fowler, Jane E. Aaron, Deane E.D. Downey, Barbara H. Peel. – 1st Canadian ed. – Toronto : Gage Educational Publishing, c1991. – xxi, 773 p. : ill. – 0771557566

Guide to English grammar and writing adapted for use by Canadian college and university students and for the general public. Nine main sections: the writing process, sentences, clarity, effective sentences, punctuation, mechanics, effective words, research and practical writing, in 40 chapters. Each chapter includes exercises, examples and quotations from approximately 60 Canadian writers and journalists. Glossary of usage. Subject index. Supplement: *The Little, Brown handbook : instructor's manual.* Adaptation of: *The Little, Brown handbook* (Glenview (Ill.) : Scott, Foresman, c1989).   PE1112 L58 1991   808.042

Guide de grammaire et composition en langue anglaise destinés aux étudiants canadiens des niveaux collégial et universitaire et au public en général. Neuf parties principales: processus d'écriture, phrases, clareté, efficacité, ponctuation, signes, vocabulaire, document de recherche et écrits typiques qui se subdivisent en 40 chapitres. Chaque chapitre est étayé d'exercices et comprend des exemples et des citations parmi une soixantaine d'auteurs et de journalistes canadiens. Glossaire d'usage. Un index des sujets. Supplément: *The Little, Brown handbook : instructor's manual.* Adaptation de: *The Little, Brown handbook* (Glenview (Ill.) : Scott, Foresman, c1989).   PE1112 L58 1991   808.042

2969

Guidelines for contemporary communications. – Halifax : Nova Scotia Women's Directorate, 1992. – 13 p. – 0888711891

Guide to use of nonsexist language and equitable representation of visible minorities and disabled persons in government communications, with examples of usage. In five main parts: objectives, written, oral and visual communications, and checklist. Bibliography. List of terms about persons with disabilities.   P95.82   306.44082

Guide des principes fondamentaux, étayés d'exemples de féminisation linguistique et de représentation équitable des minorités «visibles» et des personnes handicapées dans les communications gouvernementales. Cinq parties principales: objectifs, communications écrites, verbales et visuelles, et aide-mémoire. Bibliographie. Liste de termes se rapportant aux personnes handicapées.   P95.82   306.44082

2970

Kane, Thomas S. – *The Canadian Oxford guide to writing : a rhetoric and handbook.* – Thomas S. Kane, Karen C. Ogden. – Toronto : Oxford University Press, 1993. – xxix, 767 p. : ill. – 0195408705

Guide to English grammar and writing intended for use by Canadian college and university students and the general public. Composition guide in nine principal parts and 54 chapters: the writing process, the essay, the paragraph, the sentence, diction, description and narration, persuasion, the research paper and punctuation. Each chapter includes exercises, examples and quotations from Canadian and foreign writers. Grammar in two principal parts: parts of speech and sentences. Appendices: conjunctive adverbs, glossary of usage, remarks on Canadian spelling. Subject and name indexes. Adaptation of: *The Oxford guide to writing : a rhetoric and handbook for college students* (New York : Oxford University Press, 1983). PE1408 K29 1993 808.042

Guide de composition et grammaire en langue anglaise destiné aux étudiants canadiens des niveaux collégial et universitaire et au public en général. Guide de composition comportant neuf parties principales: processus d'écriture, essai, paragraphe, phrase, diction, description et narration, persuasion, travail de recherche et ponctuation qui se subdivisent en 54 chapitres. Chaque chapitre est étayé d'exercices et comprend des exemples et des citations d'auteurs canadiens ou étrangers. Grammaire présentée en deux parties principales: discours et phrases. Appendices: adverbes, glossaire d'usage, commentaires sur l'orthographe canadien. Deux index: sujets, noms. Adaptation de: *The Oxford guide to writing : a rhetoric and handbook for college students* (New York : Oxford University Press, 1983). PE1408 K29 1993 808.042

2971

Lunsford, Andrea. – *The St. Martin's handbook for Canadians.* – Andrea Lunsford, Robert Connors, Judy Z. Segal. – 2nd ed. – Scarborough (Ont.) : Nelson Canada, c1995. – xix, 702 p. – 017604213X

1st ed., 1991. Handbook of English grammar and composition intended for Canadian college and university students and the general public. Ten principal parts: the writing process, essays, research, grammar, conventions, style, selecting effective words, punctuation, mechanics, English for multilingual writers. Each part includes exercises, examples and quotations from Canadian authors. Two glossaries: grammatical terms, usage. Key to the exercises. Bibliography. Author-title and subject indexes. 1st ed. reproduced in large print format: Edmonton : Alberta Education, 1992. Adaptation of: *The St. Martin's handbook* (New York : St. Martin's Press, c1989). PE1112 L85 1995 808.042

1re éd., 1991. Guide de grammaire et composition en langue anglaise destiné aux étudiants canadiens des niveaux collégial et universitaire et au public en général. Dix parties principales: processus d'écriture, essai, recherche et sources, choix grammaticaux, choix conventionnels, choix stylistiques, efficacité, ponctuation, typographie, anglais pour les écrivains multilingues. Chaque partie est étayée d'exercices et comprend des exemples et des citations d'auteurs canadiens. Deux glossaires: termes grammaticaux, termes d'usage. Corrigé des exercices. Bibliographie. Deux index: auteurs-titres, sujets. 1re éd. reproduite sur support en gros caractères: Edmonton : Alberta Education, 1992. Adaptation de: *The St. Martin's handbook* (New York : St. Martin's Press, c1989). PE1112 L85 1995 808.042

2972

Measures, Howard. – *Styles of address : a manual of usage in writing and in speech.* – 3rd ed. – Toronto : Macmillan Co. of Canada, c1969. – vii, 161 p. – 0770511279

1st ed., 1947. 2nd ed., 1962. A guide to forms of address, title, salutation, etc., used for persons in various positions and countries. Includes religious, royal, military, peerage, medical, political and educational titles. Alphabetically arranged by type of addressee. Provides alternative forms for formal, official, business, informal and friendly situations. CR3515 M4 1969 395.4

1re éd., 1947. 2e éd., 1962. Guide de titres de politesse et de salutations, etc., appropriés aux personnes de rangs et de pays divers. Inclut des titres religieux, militaires, de noblesse, médicaux, politiques et éducatifs. Classement alphabétique selon le destinataire. Fournit des titres propres aux situations formelles, officielles, administratives, familières et amicales. CR3515 M4 1969 395.4

2973

Messenger, William E. – *The Canadian writer's handbook.* – William E. Messenger, Jan De Bruyn. – 3rd ed. – Scarborough (Ont.) : Prentice-Hall Canada, c1995. – xviii, 605 p. – 0132875748

1st ed., 1980. 2nd ed., 1986. Handbook of English grammar and writing intended for Canadian college and university students and for the general public. Five principal parts: sentences and punctuation, mechanics, style, research paper, sample essays and checklist, subdivided into twelve chapters. Each chapter includes exercises. Subject index. 2nd ed. reproduced in large print format: Calgary : Alberta Education, 1988, and on cassette: Edmonton : Alberta Education, 1987, 12 cassettes; Vancouver : CILS, 1988, 25 cassettes. PE1408 M58 808.042

1re éd., 1980. 2e éd., 1986. Guide de grammaire et composition en langue anglaise destiné aux étudiants canadiens des niveaux collégial et universitaire et au public en général. Cinq parties principales: phrases et ponctuation, signes, style, document de recherche, exemples et aide-mémoire qui se subdivisent en douze chapitres. Chaque chapitre est étayé d'exercices. Index des sujets. 2e éd. reproduite sur support en gros caractères: Calgary : Alberta Education, 1988, et sur bande magnétique: Edmonton : Alberta Education, 1987, 12 cassettes; Vancouver : CILS, 1988, 25 cassettes. PE1408 M58 808.042

2974

Moore, Michael D. [Michael David]. – *A writer's handbook of current English.* – Michael D. Moore, Jim W. Corder, John J. Ruszkiewicz. – 3rd Canadian ed. – [Agincourt, Ont.] : Gage Educational Publishing Co., 1988. – xxii, 553 p. – 0771556039

1st ed., 1979; 2nd ed., 1983, *Handbook of current English.* Handbook of English grammar and writing intended for Canadian college and university students and for the general public. Three principal parts: language conventions, the writing process, and typical assignments, subdivided into 32 chapters. Each chapter includes exercises and

1re éd., 1979; 2e éd., 1983, *Handbook of current English.* Guide de grammaire et composition en langue anglaise destiné aux étudiants canadiens des niveaux collégial et universitaire et au public en général. Trois parties principales: conventions de la langue, processus d'écriture et applications typiques qui se subdivisent en 32 chapitres.

Canadian and international examples. Glossary of usage. Subject index. Supplement: *A writer's handbook of current English. Instructor's manual.*   PE1408 C67 1988   808.042

Chaque chapitre est étayé d'exercices et comprend des exemples canadiens ou d'envergure internationale. Glossaire des termes d'usage. Index des sujets. Supplément: *A writer's handbook of current English. Instructor's manual.*   PE1408 C67 1988   808.042

2975

Newman, Dorothy [M]. – *Forms of address : honours, orders, decorations, medals, religious orders, academic degrees, diplomas, licentiates, academic and professional associations in Canada, Great Britain, U.S.A.* – By Dorothy Newman and Jean Newman. – Toronto : McGraw-Hill Ryerson, 1980. – [4], 124 p. – 0070779708

A guide to forms of address used in Canada, Great Britain and the United States. Arranged in sections for forms of address used in business, religion, education, government, the diplomatic service, medicine, British royalty and peerage, the judiciary and the military. Provides formal and informal usage for the address, salutation, complimentary close and spoken salutation. Lists of honours, orders, decorations and medals, Roman Catholic religious orders, academic degrees, diplomas and licentiates, academic and professional associations. Index. Excerpted from *Canadian business handbook*, 3rd ed., 1979. CR3515 N39   395.4 219

Guide des titres de politesse en usage au Canada, en Grande-Bretagne et aux États-Unis. Sections: affaires, religion, éducation, gouvernement, diplomatie, médecine, royauté et noblesse britanniques, pouvoir judiciaire et vie militaire. Donne l'usage formel et familier du titre, la salutation écrite, la conclusion et la salutation verbale. Listes: ordres, décorations et médailles, ordres religieux catholiques, diplômes et licences, associations universitaires et professionnelles. Index. Extrait du *Canadian business handbook*, 3ᵉ éd., 1979.   CR3515 N39   395.4 219

2976

Willson, Robert Frank. – *The Macmillan handbook of English.* – Robert F. Willson, Jr., John M. Kierzek, W. Walker Gibson ; consulting editors - Canadian edition, John Orange, David Silver. – Canadian ed. – Don Mills (Ont.) : Collier Macmillan Canada, c1984. – 607 p. – 0029978904

Handbook of English grammar and writing intended for Canadian college and university students and for the general public. Two main parts: the art of writing; writing and revision. Subdivided into thirteen chapters. Each chapter includes exercises and quotations from 75 Canadian authors. Bibliography. Glossary of usage. Subject index. Adaptation of: *The Macmillan handbook of English* (New York : Macmillan, c1982).   PE1408 W57 1984   808.042

Guide de grammaire et composition en langue anglaise destiné aux étudiants canadiens des niveaux collégial et universitaire et au public en général. Deux parties principales: l'art d'écrire, et la pratique et la révision qui se subdivisent en treize chapitres. Chaque chapitre est étayé d'exercices et comprend des exemples et des citations parmi 75 auteurs canadiens. Bibliographie. Glossaire d'usage. Index des sujets. Adaptation de: *The Macmillan handbook of English* (New York : Macmillan, c1982).   PE1408 W57 1984 808.042

2977

Words that count women out/in. – 2nd ed. – Toronto : Ontario Women's Directorate, [1993?]. – 37 p. : ill. – 0777813815 – Cover title.

1st ed., 1992?. Guide to nonsexist language with examples of usage. List of exclusive terms with inclusive alternatives. Chronology. Bibliography. Reproduced in microform format: *Microlog*, no. 93-07807.   PE1460 W598 1993   306.44082

1ʳᵉ éd., 1992?. Guide des principes fondamentaux, étayés d'exemples pour réaliser la féminisation linguistique. Liste des termes exclusifs et alternatives inclusives. Chronologie. Bibliographie. Reproduit sur support microforme: *Microlog*, n° 93-07807.   PE1460 W598 1993 306.44082

French Language

Bibliographies and Catalogues

Langue française

Bibliographies et catalogues

2978

Bibliographie des chroniques de langage publiées dans la presse au Canada. – Sous la direction d'André Clas. – [Montréal] : Dépt. de linguistique et philologie, Université de Montréal, [1975]-1976. – 2 vol. (xxix, 466 ; xxxvii, 1007 p.). – (Matériaux pour l'étude du français au Canada). – En tête du titre : *Observatoire du français moderne et contemporain.*

30,147 references to articles on the French language published in the following daily newspapers: *L'Action catholique*, 1954-1961; *L'Action*, 1962-1970; *Le Devoir*, 1910-1970; *Le Droit*, 1913-1970; *Le Nouveau journal*, 1961-1962; *La Patrie*, 1879-1957; *La Presse*, 1884-1970; *Le Soleil*, 1880-1970; and one weekly newspaper: *La Patrie*, 1958-1970. Vol. 1, 1950-1970; vol. 2, 1879-1949. Five principal parts: general problems, pronunciation and spelling, vocabulary, syntax and stylistic issues. List of columnists. Three indexes: words, authors cited, organizations cited.   Z2175 A2 B4 fol.   016.44

30 147 références se rapportant aux chroniques de la langue française publiées dans les quotidiens suivants: *L'Action catholique*, 1954-1961; *L'Action*, 1962-1970; *Le Devoir*, 1910-1970; *Le Droit*, 1913-1970; *Le Nouveau journal*, 1961-1962; *La Patrie*, 1879-1957; *La Presse*, 1884-1970; *Le Soleil*, 1880-1970; et un hebdomadaire: *La Patrie*, 1958-1970. Vol. 1, 1950-1970; vol. 2, 1879-1949. Cinq parties principales: problèmes généraux, prononciation et graphie, lexique, syntaxe et études de style. Liste des chroniqueurs. Trois index: mots, auteurs cités, organismes cités.   Z2175 A2 B4 fol.   016.44

2979

Boilard, Gilberte. – *Charte de la langue française (Loi 101) : bibliographie annotée.* – 2ᵉ éd. – Québec : Bibliothèque de l'Assemblée nationale, Division de la référence parlementaire, 1988, 1989. – 115 p. – (Bibliographie ; n° 23).

1st ed., 1987, *Charte de la langue française (Loi 101) : bibliographie sélective et annotée.* Bibliography of 427 publications on the *Charte de la langue française.* Arranged in three categories: serials, official publications and monographs. Includes some works in English. Subject index. Includes a chronological list of 73 court decisions in the *Annuaire de jurisprudence du Québec* from 1977 to 1988. Supplement: *Charte de la langue française (Loi 101) : bibliographie annotée (septembre 1988 - septembre 1992).* KEQ752 A1 B63 1989 fol. 016.34471409

1ʳᵉ éd., 1987, *Charte de la langue française (Loi 101) : bibliographie sélective et annotée.* Bibliographie de 427 publications en rapport avec la *Charte de la langue française.* Présentation selon trois catégories: publications en série, publications officielles et monographies. Comprend des ouvrages en anglais. Index des sujets. Inclut aussi la liste chronologique des 73 jugements recensés dans l'*Annuaire de jurisprudence du Québec* de 1977 à 1988. Supplément: *Charte de la langue française (Loi 101) : bibliographie annotée (septembre 1988 - septembre 1992).* KEQ752 A1 B63 1989 fol. 016.34471409

2980

Boilard, Gilberte. – *Charte de la langue française (Loi 101) : bibliographie annotée (septembre 1988 - septembre 1992).* – 2ᵉ éd. – Québec : Bibliothèque de l'Assemblée nationale, Service de la référence, 1992. – 120 p. – (Bibliographie ; n° 24).

Supplement to: *Charte de la langue française (Loi 101) : bibliographie annotée.* Addition of 291 references. Includes a list of 21 court decisions listed between 1988 and 1991. Subject index. Replaces: *Charte de la langue française (Loi 101) : bibliographie sélective et annotée (septembre 1988 - avril 1989).* KEQ752 016.34471409

Supplément de: *Charte de la langue française (Loi 101) : bibliographie annotée.* Ajout de 291 références. Inclut la liste chronologique de 21 jugements recensés entre 1988 et 1991. Index des sujets. Remplace: *Charte de la langue française (Loi 101) : bibliographie sélective et annotée (septembre 1988 - avril 1989).* KEQ752 016.34471409

2981

Boulanger, Jean-Claude. – *Bibliographie linguistique de la néologie, 1960-1980, 1 : études linguistiques.* – [Québec] : Gouvernement du Québec, Office de la langue française, c1981. – 291 p. – (Études, recherches et documentation). – 2551039347

Bibliography of 1,057 monographs and journal articles on neology, most of which were published between 1960 and 1980. Alphabetically arranged by author. List of publications examined. Three indexes: thematic, encyclopedic, affixes-words in titles. Two supplements: *Bibliographie de la néologie : 300 apports nouveaux (1980-1987)*; *Bibliographie de la néologie : nouveaux fragments (1980-1989).* Z2175 B68 1981 fol. 016.448

Bibliographie de 1 057 monographies et articles de revues portant sur la néologie, majoritairement parues entre 1960 et 1980. Recension alphabétique des auteurs. Liste des publications dépouillées. Trois index: thématique, encyclopédique, affixes-mots dans les titres. Deux suppléments: *Bibliographie de la néologie : 300 apports nouveaux (1980-1987)*; *Bibliographie de la néologie : nouveaux fragments (1980-1989).* Z2175 B68 1981 fol. 016.448

2982

Turcotte, Roselyne. – *Bibliographie de la néologie : 300 apports nouveaux (1980-1987).* – Québec : Gouvernement du Québec, Office de la langue française, 1987. – 98 p. – (Études, recherches et documentation). – 255018579X

Bibliography of 300 works on neology, published between 1980 and 1987. Includes monographs, conference proceedings, theses and periodical articles. Alphabetically arranged by author. Up to three descriptors accompany each reference. Index of descriptors. Reproduced in microform format: *Microlog,* no. 89-04417. Supplement to: *Bibliographique linguistique de la néologie, 1960-1980, 1 : études linguistiques.* Complemented by: *Bibliographie de la néologie : nouveaux fragments (1980-1989).* Z2175 016.448

Bibliographie de 300 ouvrages portant sur la néologie, parues entre 1980 et 1987. Comprend des monographies, actes de colloques, thèses et articles de périodiques. Recension alphabétique des auteurs. Chaque référence bibliographique est complétée d'un maximum de trois descripteurs. Index des descripteurs. Reproduit sur support microforme: *Microlog,* n° 89-04417. Supplément de: *Bibliographique linguistique de la néologie, 1960-1980, 1 : études linguistiques.* Complément: *Bibliographie de la néologie : nouveaux fragments (1980-1989).* Z2175 016.448

2983

Boulanger, Jean-Claude. – *Bibliographie de la néologie : nouveaux fragments (1980-1989).* – Québec : Rint, Réseau international de néologie et de terminologie : Gouvernement du Québec, Office de la langue française, 1990. – v, 192 p. : tableaux.

Bibliography of 600 works on neology, published between 1980 and 1989. Includes monographs, conference proceedings, theses and periodical articles. Arranged alphabetically by author. Up to three descriptors accompany each reference. Index of descriptors. List of publications examined. Reproduced in microform format: *Microlog,* no. 91- 05593. Supplement to: *Bibliographie linguistique de la néologie, 1960-1980, 1 : études linguistiques.* Complement to: *Bibliographie de la néologie : 300 apports nouveaux (1980-1987).* Z2175 016.448

Bibliographie de 600 ouvrages portant sur la néologie, parus entre 1980 et 1989. Comprend des monographies, actes de colloques et articles de périodiques. Recension alphabétique des auteurs. Chaque référence bibliographique est complétée d'un maximum de trois descripteurs. Index des descripteurs. Liste des publications dépouillées. Reproduit sur support microforme: *Microlog,* n° 91-05593. Supplément de: *Bibliographie linguistique de la néologie, 1960-1980, 1 : études linguistiques.* Complément de: *Bibliographie de la néologie : 300 apports nouveaux (1980-1987).* Z2175 016.448

2984

Canadian Teachers' Federation. – *Teaching French as a second language in Canada.* – [Prepared by Marita Moll]. – Ottawa : the Federation, 1979. – 95 p. – (Bibliographies in education ; no. 70). – 0889890676 – Cover title.

Annotated bibliography of 481 publications on teaching French as a second language in Canada, mainly published since 1967. Seven sections: aims and objectives, bibliographies, bilingualism, factors affecting learning and retention, programmes, research methodology and testing and evaluation. Includes monographs and periodical articles. Items available in the library of the Federation are flagged. Includes some references and annotations in French.
Z5811 C28 fol. no. 70   016.448007071

Bibliographie annotée de 481 publications concernant l'enseignement du français langue seconde au Canada, principalement publiées depuis 1967. Sept sections: buts et objectifs, bibliographies, bilinguisme, facteurs d'influence et rétention, programmes, recherche et évaluation. Comprend des monographies et des articles de périodiques. Les documents disponibles à la bibliothèque de la Fédération sont signalés. Inclut des références et des annotations en français.
Z5811 C28 fol. n° 70   016.448007071

2985

Cazabon, Benoît. – *Le répertoire des travaux et produits en didactique du français langue maternelle au Canada.* – Benôit Cazabon, Alain Cossette. – Ottawa : Alliance canadienne des responsables et des enseignantes et enseignants en français langue maternelle, 1992. – 135 p. – 0969601603

Bibliography of 298 works on teaching French as a mother tongue in Canada. Studies and products published between 1980 and 1991. Alphabetically arranged by author. Each entry includes an abstract and descriptors. Index of descriptors.   Z5818 F6 C39 1992
016.448007

Bibliographie de 298 ouvrages concernant la didactique du français, langue maternelle au Canada. Études et produits publiés entre 1980 et 1991. Recension alphabétique des auteurs. Chaque notice comprend un résumé et des descripteurs. Index des descripteurs.
Z5818 F6 C39 1992   016.448007

2986

Dulong, Gaston. – *Bibliographie linguistique du Canada français.* – Québec : Presses de l'Université Laval ; Paris : Librairie C. Klincksieck, 1966. – xxxii, 166 p. – (Bibliothèque française et romane. Série E : langue et littérature française au Canada ; 1).

Bibliography of 1,054 works on North American French between 1691 and 1965. Arranged chronologically. Includes monographs, periodical articles, theses and conference proceedings. Some references in English. Annotations. List of serials cited. Author and subject indexes. Reproduces and continues: Geddes, James; Rivard, Adjutor, *Bibliographie du parler français au Canada : catalogue analytique des ouvrages traitant de la langue française au Canada* (Paris : H. Champion ; Québec : E. Marcotte, 1906).   Z1377 F8 G4 1966
016.440971

Bibliographie de 1 054 publications portant sur la langue française en Amérique du Nord entre 1691 et 1965. Classement chronologique. Comprend des monographies, articles de périodiques, thèses et actes de colloques. Inclut des références en anglais. Annotations. Liste des publications en série citées. Deux index: auteurs, sujets. Reproduit et continue: Geddes, James; Rivard, Adjutor, *Bibliographie du parler français au Canada : catalogue analytique des ouvrages traitant de la langue française au Canada* (Paris : H. Champion ; Québec : E. Marcotte, 1906).   Z1377 F8 G4 1966   016.440971

2987

Foley, Kathryn Shred. – *Research in core French : an annotated bibliography = Recherches sur le français de base : bibliographie analytique.* – Kathryn Shred Foley, Birgit Harley and Alison d'Anglejan. – [Winnipeg] : Canadian Association of Second Language Teachers, 1987. – v, 167 p. – 0921238002

Approximately 100 bibliographical references to research since 1970 on teaching French as a second language in Canada. Includes monographs, reports, theses and periodical articles. Alphabetically arranged by author. For each project, the purpose, programme, subjects, instruments, procedures, results and conclusions are noted. Description in the language of the document. Bibliography.
Z5818 F6 F64 1987 fol.   016.448007071

Une centaine de références bibliographiques sur les recherches concernant l'enseignement du français langue seconde au Canada depuis 1970. Comprend des monographies, rapports, thèses et articles de périodiques. Recension alphabétique des auteurs. Pour chaque projet figurent l'objectif, le programme, les sujets, instruments, procédures, résultats et conclusions. Description dans la langue du document. Bibliographie.   Z5818 F6 F64 1987 fol.   016.448007071

2988

Foley, Kathryn Shred. – *Research in core French : an annotated bibliography = Recherches sur le français de base : bibliographie analytique.* – Kathryn Shred Foley, Birgit Harley [et] Alison d'Anglejan. – [Winnipeg] : Association canadienne des professeurs de langues secondes, 1987. – v, 167 p. – 0921238002

Approximately 100 bibliographical references to research since 1970 on teaching French as a second language in Canada. Includes monographs, reports, theses and periodical articles. Alphabetically arranged by author. For each project, the purpose, programme, subjects, instruments, procedures, results and conclusions are noted. Description in the language of the document. Bibliography.
Z5818 F6 F64 1987 fol.   016.448007071

Une centaine de références bibliographiques sur les recherches concernant l'enseignement du français langue seconde au Canada depuis 1970. Comprend des monographies, rapports, thèses et articles de périodiques. Recension alphabétique des auteurs. Pour chaque projet figurent l'objectif, le programme, les sujets, instruments, procédures, résultats et conclusions. Description dans la langue du document. Bibliographie.   Z5818 F6 F64 1987 fol.   016.448007071

2989
Gagné, Gilles. – *Recherches en didactique et acquisition du français langue maternelle.* – Gilles Gagné, Roger Lazure, Liliane Sprenger-Charolles, Françoise Ropé. – Paris : Éditions universitaires ; Bruxelles : De Boeck Université, c1989. – 2 vol. (200 ; 497 p.) : tableaux. – (Pédagogies en développement. Série 1, Problématiques et recherches). – 2804112071

Vol. 1, *Cadre conceptuel, thésaurus et lexique des mots-clés*; vol. 2, *Répertoire bibliographique.* The bibliography lists 2,452 monographs, periodical articles, theses, conference proceedings and research reports produced between 1970 and 1984. Arranged by author. Each entry is comprised of thirteen elements including country where research was conducted, age and grade level of subjects, languages studied, type of research, etc. Bibliography. Author index. Keyword index in five parts. List of bibliographical works consulted and of periodicals examined. Available online through Services documentaires Multimedia, iNET 2,000 and INFOPUQ: *DAF*, period covered, 1970 to present. Three supplements. LB1577 F7 R42 1989 016.448007

Tome 1, *Cadre conceptuel, thésaurus et lexique des mots-clés*; tome 2, *Répertoire bibliographique.* La bibliographie répertorie 2 452 monographies, articles de périodiques, thèses, actes de colloques et rapports de recherche produits entre 1970 et 1984. Classement par auteurs. Pour chaque notice treize champs d'information sont asssociés tels que le pays de la recherche, l'âge et le niveau scolaire, les composantes langagières, le type de recherche, etc. Bibliographie. Index des auteurs. Index des mots clés en cinq parties. Liste des instruments bibliographiques consultés et des périodiques dépouillés. Disponible en direct via les serveurs Services documentaires Multimedia, iNET 2 000 et INFOPUQ: *DAF*, période couverte, 1970 à ce jour. Trois suppléments. LB1577 F7 R42 1989 016.448007

2990
Gagné, Gilles. – *Recherches en didactique et acquisition du français langue maternelle : répertoire bibliographique : mise à jour 1.* – Gilles Gagné, Liliane Sprenger-Charolles, Roger Lazure, Françoise Ropé. – Montréal : Services documentaires Multimedia, [1990?]. – 251 p. – 2890591123

641 works published between 1970 and 1988. Additional keywords. References for research published since 1984 include an abstract. LB1577 F7 R42 1989 Suppl. 1 016.448007

641 ouvrages parus entre 1970 et 1988. Ajout de mot clés. Références pour les recherches postérieures à 1984 sont complétées d'un résumé. LB1577 F7 R42 1989 Suppl. 1 016.448007

2991
Gagné, Gilles. – *Recherches en didactique et acquisition du français langue maternelle : répertoire bibliographique : mise à jour 2.* – Gilles Gagné, Georgette Pastiaux-Thiriat, Roger Lazure, Liliane Sprenger-Charolles. – Montréal : Services documentaires Multimedia, [1991?]. – 178 p. – 2890591247

399 items published between 1970 and 1989. Additional keywords. References for research published since 1984 include an abstract. LB1577 F7 R42 1989 Suppl. 2 016.448007

399 publications parues entre 1970 et 1989. Ajout de mot clés. Références pour les recherches postérieures à 1984 sont complétées d'un résumé. LB1577 F7 R42 1989 Suppl. 2 016.448007

2992
Gagné, Gilles. – *Recherches en didactique et acquisition du français langue maternelle : répertoire bibliographique : mise à jour 3.* – Gilles Gagné, Georgette Pastiaux-Thiriat, Roger Lazure. – Montréal : Services documentaires Multimedia, [1993?]. – 312 p. – 2890591387

574 items published between 1970 and 1991. Additional keywords. References for research published since 1984 include an abstract. LB1577 F7 R42 1989 Suppl. 3 016.448007

574 publications parues entre 1970 et 1991. Ajout de mots clés. Références pour les recherches postérieures à 1984 sont complétées d'un résumé. LB1577 F7 R42 1989 Suppl. 3 016.448007

2993
Gagnon, Claude-Marie. – *Bibliographie critique du joual, 1970-1975.* – Québec: Intitute supérieur des sciences humaines, Université Laval, 1976. – 117 p. – (Cahiers de l'ISSH. Collection instruments de travail ; 19).

Bibliography of 404 publications on spoken Quebec French produced between 1970 and 1975. Three parts: monographs, journal and newspaper articles. Annotations. Author index. Z1395 L5 G34 fol. 016.4409714

Bibliographie de 404 publications portant sur la langue parlée des Québécois, parues entre 1970 et 1975. Trois parties: monographies, articles de revues et de journaux. Annotations. Index des auteurs. Z1395 L5 G34 fol. 016.4409714

2994
Gesner, [B.] Edward. – *Bibliographie annotée de linguistique acadienne.* – Québec : Centre international de recherche sur le bilinguisme, 1986. – 89 p. – (Publication ; B-155).

Bibliography of 430 publications on the Acadian dialects of Nova Scotia, New Brunswick, Newfoundland, Quebec, the Magdalen Islands and Louisiana. Includes monographs, periodical articles, theses and conference proceedings. Some works in English. In two parts, Acadia and Louisiana, subdivided by subject such as phonetics and phonology, morphology and syntax, lexicology, etc. Annotations. Two indexes: author, region subdivided by theme. P115 U53 no. 155 016.4479715

Bibliographie de 430 publications portant sur les parlers acadiens de la Nouvelle-Écosse, du Nouveau-Brunswick, de Terre-Neuve, du Québec, des Îles-de-la-Madeleine et de la Louisiane. Comprend des monographies, articles de périodiques, thèses et actes de colloques. Inclut des ouvrages en anglais. Deux parties, Acadie et Louisiane qui se subdivisent par sujets notamment phonétique et phonologie, morphologie et syntaxe, lexicologie, etc. Annotations. Deux index: auteurs, aires géographiques qui se subdivisent par thèmes. P115 U53 n° 155 016.4479715

2995

Ouvrages de consultation pour l'apprentissage du français et la révision linguistique. – [Montréal] : SDM, 1990. – 43 p. – (DSI, diffusion sélective de l'information ; n° 149). – 2890593681

Bibliography of 226 works relating to learning French and linguistic revision. Three principal parts: pupils in primary grades, high school students and the general public, subdivided by category such as dictionary, grammar and vocabulary. Textbooks are excluded. Each entry includes: bibliographical information, subject headings, classification number, intended audience, recommendation on usefulness, abstract. Author, title and series indexes. Extracted from the *Choix* database. Z674.2 D83 fol. 016.44

Bibliographie de 226 ouvrages portant sur l'apprentissage du français et la révision linguistique. Trois parties principales: écoliers du primaire, élèves du secondaire et grand public qui se subdivisent en catégories telles que dictionnaires, grammaire et vocabulaire. Exclut les manuels scolaires. Pour chaque notice figurent les informations bibliographiques, vedettes-matière, indices de classification, public visé, indice d'utilité et un résumé. Trois index: auteurs, titres, collections. Extrait de la base de données: *Choix*. Z674.2 D83 fol. 016.44

2996

Parkin, Micheal. – *French immersion research relevant to decisions in Ontario.* – Michael Parkin, principal investigator ; Frances Morrison, Gwyneth Watkin. – [Toronto] : Ontario Ministry of Education, c1987. – 181 p. : tables. – (Review and evaluation bulletins ; no. 1). – 077292758

Report and annotated bibliography of research on French immersion programmes in Canada. Bibliography arranged according to six themes: attitudes and motivation, achievements in English and other subjects, French proficiency, cultural knowledge and language use, prediction of success and transfer procedures, pedagogical and administrative issues. PC2068 016.4482

Rapport et bibliographie annotée sur les recherches concernant l'enseignement du français dans les programmes d'immersion au Canada. Classement de la bibliographie selon six thèmes: attitudes et motivation, réalisations en langue anglaise et autres sujets, compétence en langue française, bagage culturel et utilisation de la langue, prédiction de succès et procédures de transfert, aspects pédagogiques et administratifs. PC2068 016.4482

2997

Recueil de documents pédagogiques pour l'immersion. – [4ᵉ éd.]. – Ottawa : Association canadienne des professeurs d'immersion, [1989?]. – 270 p. – 0921612028

1st ed., 1977, 2nd ed., 1982, 3rd ed., 1984, *Recueil de documents pédagogiques préparés pour les classes d'immersion française.* List of teaching sources prepared for French-language immersion programmes in Canada. Arranged by province and by administrative unit. For each teaching aid, the following are provided: subject, title, grade level, address of distributor and price. Z5818 F6 R42 fol. 016.44824

1ʳᵉ éd., 1977; 2ᵉ éd., 1982; 3ᵉ éd., 1984, *Recueil de documents pédagogiques préparés pour les classes d'immersion française.* Liste de documents pédagogiques produits pour les programmes d'immersion française au Canada. Classement par provinces et puis par organismes scolaires. Pour chaque document pédagogique, le sujet, le titre, le niveau d'enseignement, l'adresse du distributeur et le prix sont mentionnés. Z5818 F6 R42 fol. 016.44824

2998

Répertoire bibliographique sur la langue française et sur la francophonie. – [Paris?] : Commissariat général de la langue française : Éditions Mermon, 1989. – 81 p. – 287824003

Bibliography of more than 900 publications on the French language and the Francophone countries of the world. Eight sections: conferences, lectures, reports; dictionaries, encyclopedias, directories; French language; Francophone countries; literature, poetry, songs and theatre; French-language monographs; language policies; theses. Z7033 F7 R46 1989 016.44

Bibliographie de plus de 900 publications se rapportant à la langue française et à la francophonie. Huit sections: colloques, conférences, rapports; dictionnaires, encyclopédies, répertoires; langue française; francophonie; littérature, poésie, chanson et théâtre; monographies francophones; politiques de la langue; thèses. Z7033 F7 R46 1989 016.44

2999

Sabourin, Conrad. – *La francité canadienne.* – Conrad F. Sabourin, Rolande M. Lamarche, Elca Tarrab. – Montréal : Université de Montréal, Faculté des sciences de l'éducation, 1985-1987. – 2 vol. (vii, 394; vii, 459 p.). – 292082600X (vol. 1) 2920298518 (vol. 2)

Bibliography on linguistic, sociological and political perspectives on the French language in North America. Includes 6,618 monographs, periodical articles, theses and conference proceedings. Listed alphabetically by author. Includes some references in English. Subject index. Vol. 1, *Aspects linguistiques : bibliographie*; vol. 2, *Sociologie et politicologie de la langue.* Z1380 S23 1985 016.440971

Bibliographie portant sur la langue française en Amérique du Nord du point de vue linguistique, sociologique et politique. Comprend 6 618 monographies, articles de périodiques, thèses et actes de colloques. Recension alphabétique des auteurs. Inclut des références en anglais. Index sujets. Vol. 1, *Aspects linguistiques : bibliographie*; vol. 2, *Sociologie et politicologie de la langue.* Z1380 S23 1985 016.440971

3000

Varin, Marie-Ève. – *Inventaire des travaux de terminologie récents : publiés et à diffusion restreinte.* – Préparé par l'Office de la langue française pour le Réseau international de néologie et de terminologie ; Marie-Ève Varin avec la collaboration de John Humbley [et al.]. – 2ᵉ éd. – [Paris] : Agence de coopération culturelle et technique ; [Québec] : Office de la langue française du Québec ; [Ottawa] : Secrétariat d'État du Canada, 1990, c1991. – 490 p. – 2550216474

1st ed., 1989. 1,191 annotated bibliographical references to works on terminology written entirely or partly in French since 1987 for the countries of the North, and since 1961 for the countries of the

1ʳᵉ éd., 1989. 1 191 références bibliographiques annotées de travaux terminologiques, rédigés en tout ou en partie en français depuis 1987 pour les pays du Nord, et depuis 1961 pour les pays du Sud.

South. Includes dictionaries, glossaries, lexicons, nomenclatures, thesauri and vocabularies. Arranged in nineteen subject areas, including law, medical sciences, computer science and automation, sports and recreation, etc. Each bibliographical reference is supplemented by notes such as the type of document, languages discussed, terminological data, subject headings, etc. Author and subject indexes. Directories of organizations. Extracted from the documentary inventory database of *La banque de terminologie du Québec : BTQ.*   Z7004 T47 I58 1991   016.418

Comprend des dictionnaires, glossaires, lexiques, nomenclatures, thésaurus et vocabulaires. Classement selon dix-neuf thèmes notamment droit, sciences médicales, informatique et automatisation, sports et loisirs, etc. Chaque référence bibliographique est complétée de notes telles que le type de document, les langues traitées, les données terminologiques, les vedettes-matière, etc. Deux index: auteurs, sujets. Répertoires des organismes-ressources. Extrait de la base de données inventaire documentaire de *La banque de terminologie du Québec : BTQ.*   Z7004 T47 I58 1991   016.418

3001

Varin, Marie-Ève. – ***Inventaire des travaux en cours et des projets de terminologie.*** – Préparé à l'Office de la langue française par Marie-Ève Varin avec la collaboration de John Humbley [et al.]. – (1987)-   . – [Paris] : Agence de coopération culturelle et technique ; [Québec] : Office de la langue française, [1987]- . –   vol. – 1184-8081

Annual, 1987-1990. 5th ed., 1992. Inventory of works on terminology written entirely or partly in French, which are updated on a regular basis, in progress or completed but not published. Includes classifications, dictionaries, glossaries, lexicons, nomenclatures, thesauri and vocabularies. Arranged in sixteen subject areas, including management and administration, energy and the environment, transportation, etc. For each work listed, the following information is provided: name of organization and/or persons responsible with address, telephone and fax numbers, notes such as title, type of work, languages treated, terminological data, expected date of publication, subject headings, etc. Author and subject indexes. Extracted from the documentary inventory database of *La banque de terminologie du Québec : BTQ.* Replaces: *Inventaire des travaux de terminologie : projets, travaux en cours, fichiers et publications récentes* ([Québec] : Service du traitement des données terminologiques, Banque de terminologie du Québec, Office de la langue française, 1973-[1985]).   Z7004 T47 I59   016.418

Annuel, 1987-1990. 5ᵉ éd., 1992. Inventaire des travaux terminologiques, rédigés en tout ou en partie en français, mis à jour de façon permanente, en cours d'élaboration ou terminés mais non publiés. Comprend des classifications, dictionnaires, glossaires, lexiques, nomenclatures, thésaurus et vocabulaires. Classement selon seize sujets notamment administration et gestion, énergie et environnement, transports, etc. Pour chaque travail recensé, le nom de l'organisme et (ou) les personnes responsables, l'adresse et les numéros de téléphone et de télécopieur, des notes telles que le titre, le type de document, les langues traitées, les données terminologiques, la date de publication prévue, les vedettes-matière, etc. Deux index: auteurs, sujets. Extrait de la base de données inventaire documentaire de *La banque de terminologie du Québec : BTQ.* Remplace: *Inventaire des travaux de terminologie : projets, travaux en cours, fichiers et publications récentes* ([Québec] : Service du traitement des données terminologiques, Banque de terminologie du Québec, Office de la langue française, 1973-[1985]).   Z7004 T47 I59   016.418

3002

Villiers, Marie-Éva de. – ***Francisation des entreprises (1970-1989) : analyse de l'activité terminologique québécoise.*** – [Québec] : Service des communications, Conseil de la langue française, c1990. – 138 p. – (Notes et documents ; 74). – 2550208129

More than 700 bibliographical references for terminological projects undertaken between 1970 and 1989 to allow business in Quebec to work in French. Arranged in nineteen subject areas such as construction, communications, the environment, etc. For each subject, a summary of research precedes the references. Appendix: list of studies evaluating the linguistic needs of Quebeckers. Z2175 D6 V54 1990   016.448009714

Plus de 700 références bibliographiques de travaux terminologiques, élaborés entre 1970 et 1989 dans le but de franciser les entreprises du Québec. Classement selon dix-sept domaines tels que le bâtiment, les communications, l'environnement, etc. Pour chaque domaine, un bilan des recherches précède les références. Annexe: liste des études portant sur l'évaluation des besoins linguistiques des Québécois. Z2175 D6 V54 1990   016.448009714

Dictionaries, Glossaries

Dictionnaires, glossaires

3003

Académie canadienne-française. – ***Grammaire & linguistique.*** – Conçu et réalisé par Victor Barbeau. – Montréal : l'Académie, [s.d.]. – 169 p. – (Cahiers de l'Académie canadienne-française ; nº 12). – 0065-0528

Collection of linguistic newsletters published between January 1957 and December 1966 describing words and expressions used in Canada which present difficulties. Each entry includes observations, updates or clarifications.   AC20 A25   447.9714

Réunion des bulletins de linguistique publiés entre janvier 1957 et décembre 1966. Mots et expressions employés au Canada qui comportent des difficultés. Chaque article fait l'objet d'observations, de mise au point ou d'éclaircissements.   AC20 A25   447.9714

3004

Barbeau, Victor. – ***Le français du Canada.*** – Nouv. éd. rev. et considérablement augm. – [Québec : Librairie Garneau, 1970]. – 303 p. – (Garneau histoire).

1st ed., 1963. Words, expressions and basic principles of the French language which create difficulties for Canadian Francophones. Three main parts: French, Anglo-Saxon and Canadian traditions subdivided by theme, such as archaisms, French words used in their English sense, grammar, etc. For each word and expression, incorrect and correct usage is compared using examples. Index of words not accepted in standard French. Replaces: *Le ramage de mon pays : le*

1ʳᵉ éd., 1963. Mots, expressions et notions fondamentales de la langue française comportant des difficultés pour les francophones du Canada. Trois parties principales: les fonds français, anglo-saxon et canadien qui se subdivisent par thèmes tels qu'archaïsmes, anglicismes de sens, grammaire, etc. Pour chaque mot et expression, l'emploi fautif et approprié sont colligés avec des exemples non conventionnels au français standard. Index des mots non conformes

français tel qu'on le parle au Canada (Montréal : Bernard Valiquette, 1939). PC3608 B37 1970 447.9714

au français standard. Remplace: *Le ramage de mon pays : le français tel qu'on le parle au Canada* (Montréal : Bernard Valiquette, 1939). PC3608 B37 1970 447.9714

3005

Beauchemin, Normand. – *Dictionnaire d'expressions figurées en français parlé du Québec : les 700 «québécoiseries» les plus usuelles.* – [Sherbrooke, Québec : Université de Sherbrooke], 1982. – 145 p. – (Recherches sociolinguistiques dans la région de Sherbrooke. Document de travail ; n° 18).

700 expressions of Quebec spoken French. Two parts: index of keywords with expressions in which they are used, and numerical listing of expressions with bibliographical source, definition and remarks. Bibliography. PC3645 S5 B423 447.9714

700 expressions du français parlé au Québec. Deux parties: index des mots significatifs accompagnés des expressions, et recension numérique des expressions, chacune complétée des informations suivantes: la source bibliographique, la définition et des remarques. Bibliographie. PC3645 S5 B423 447.9714

3006

Beauchemin, Normand. – *Dictionnaire de fréquence des mots du français parlé au Québec : fréquence, dispersion, usage, écart réduit.* – Normand Beauchemin, Pierre Martel, Michel Théorêt. – New York : Peter Lang, c1992. – liii, 765 p. : tables, graphs. – (American university studies. Series XIII, linguistics ; vol. 26). – 0820417408

Alphabetical listing of 11,327 words of the basic language of the Francophones of the following regions of Quebec: Estrie, Montreal, Quebec and Saguenay-Lac-Saint-Jean. For each word, its part of speech, frequency in sociological sampling from the five regions, frequency in a sample of material from plays, monologues, folktales and scripts of radio and television serial dramas, data on distribution and usage are provided. Bibliography. Lists of words arranged according to frequency, distribution and usage. PC3645 Q8 B4 1992 fol. 447.9714

Recension alphabétique de 11 327 vocables du langage de base des francophones des régions suivantes du Québec: l'Estrie, Montréal, Québec et Saguenay-Lac-Saint-Jean. Pour chaque vocable, la classe grammaticale, la fréquence d'échantillons sociologiques des cinq régions du Québec, la fréquence d'extraits de pièces de théâtre, de monologues, de contes folkloriques, de textes radiophoniques et de télé-romans, les indices de dispersion et d'usage sont colligés. Bibliographie. Listes des vocables: fréquence, dispersion et usage. PC3645 Q8 B4 1992 fol. 447.9714

3007

Bélisle, Louis-Alexandre. – *Dictionnaire nord-américain de la langue française.* – Éd. entièrement refondue. – Chomedey, Laval (Québec) : Beauchemin, 1989, 1979. – [14], 1196 p. : ill. – 2761600134

1st ed., 1979; reprinted 1986. Approximately 60,000 words including Canadianisms of three types: accepted, popular and traditional, barbarisms and Anglo-American words not acceptable in French. Each entry includes etymology, definition, examples, Canadianism symbol and quotation. Bibliography. Appendix with biographical, historical and geographical entries and list of major cities of the world with populations. Replaces: *Dictionnaire général de la langue française au Canada* (Québec : Bélisle ; Montréal : Sondec, 1974). PC3637 B45 1979 fol. 447.9714

1re éd., 1979; réimpr., 1986. Environ 60 000 mots incluant les canadianismes répartis selon trois catégories: de bon aloi, populaires et folkloriques, barbarismes et mots anglo-américains non francisés. Chaque article comprend l'étymologie, une définition, des exemples, le symbole de canadianisme et une citation. Bibliographie. Comporte en annexe des notices biographiques, historiques et géographiques et la liste des principales villes du monde avec leur population. Remplace: *Dictionnaire général de la langue française au Canada* (Québec : Bélisle ; Montréal : Sondec, 1974). PC3637 B45 1979 fol. 447.9714

3008

Bergeron, Léandre. – *Dictionnaire de la langue québécoise.* – Montréal-Nord : vlb éditeur, 1980. – 574 p. – 2890050319

15,000 words and 5,000 expressions of Quebec French. Each entry includes pronunciation, a definition and examples. Thematic glossary. Bibliography. Available in paperback. Abridged and adapted edition published in English under the title: *The Québécois dictionary*. Supplement. PC3637 B47 447.9714

15 000 mots et 5 000 expressions du vocabulaire québécois. Chaque article comprend la prononciation, une définition et des exemples. Glossaire thématique. Bibliographie. Disponible en format poche. Éd. abrégée et adaptée publié en anglais sous le titre: *The Québécois dictionary*. Supplément. PC3637 B47 447.9714

3009

Bergeron, Léandre. – *Dictionnaire de la langue québécoise. [Supplément 1981] ; précédé de La charte de la langue québécoise.* – Montréal : vlb éditeur, 1981. – 168 p. : ill. – 2890051412

Addition of 2,300 words and expressions. PC3637 B472 447.9714

Ajout de 2 300 mots et expressions. PC3637 B472 447.9714

3010

Bergeron, Léandre. – *The Québécois dictionary.* – Toronto : James Lorimer, 1982. – xvi, 207 p. – 0888625480 0888625472 (pa.)

Abridged and adapted edition of: *Dictionnaire de la langue québécoise* and of its supplement. Translation from French to English of words and expressions used in Quebec French. Each entry includes pronunciation, definition and examples. Bibliography. Available in large-print format: Calgary : Alberta Education, 1987, 2 vol. PC3637 B4713 447.9714

Éd. abrégée et adaptée du: *Dictionnaire de la langue québécoise* et son supplément. Traduction du français à l'anglais des mots et expressions du vocabulaire québécois. Chaque article comprend la prononciation, une définition et des exemples. Bibliographie. Disponible en éd. gros caractères: Calgary : Alberta Education, 1987, 2 vol. PC3637 B4713 447.9714

3011

Breton, Rita. – *Le petit Breton : dictionnaire scolaire.* – Montréal : Éditions HRW, c1990. – xii, 1762 p. [66] p. de pl. : ill. (certaines en coul.), cartes en coul., portr. – 0039263290

Dictionary of approximately 25,000 words and of 1,500 proper names intended for young Canadians from eight to fourteen years old. Two parts: words and proper names. For each word, level of usage, definitions, examples, synonyms, antonyms, homonyms, Canadianisms and cross-references are provided. For each proper name, a biographical, historical or geographical description is given. Includes conjugation tables, proverbs, list of anglicisms and Canadianisms to be avoided, Canadians who won Olympic medals, etc. Bibliography.   PC2628 B73 1990   443

Dictionnaire d'environ 25 000 mots et 1 500 noms propres adapté au contexte canadien et destiné aux jeunes de huit à quatorze ans. Deux parties: mots et noms propres. Pour chaque mot figurent le niveau de langue, une définition pour chaque sens, des exemples, les synonymes, antonymes, homonymes, canadianismes et renvois. Pour chaque nom propre, une description biographique, historique ou géographique a été fournie. Comprend aussi des tables de conjugaisons, de proverbes, la liste des anglicismes et canadianismes à éviter, des médaillés olympiques canadiens, etc. Bibliographie. PC2628 B73 1990   443

3012

The Canadian dictionary : French-English, English-French. – [Editor in chief], Jean-Paul Vinay ; [editors], Pierre Daviault, Henry Alexander. – Concise ed. – [Toronto] : McClelland and Stewart, c1962. – xxxiv, 861 p. – Title on added t.p. : *Dictionnaire canadien : français-anglais, anglais-français.*

Bilingual dictionary of Canadian usage in French and English. Entries include pronunciation, translation, examples, Canadian variant marked with a symbol and other information such as conjugation of verbs. Tables of phonetic symbols. PC2640 C38   443.21

Dictionnaire bilingue du français et de l'anglais en usage au Canada. Les articles comprennent la prononciation, la traduction, des exemples, la variante canadienne précédée d'un symbole et d'autres indications telles la conjugaison des verbes. Tableaux des symboles phonétiques.   PC2640 C38   443.21

3013

Clapin, Sylva. – *Dictionnaire canadien-français ou Lexique-glossaire des mots, expressions et locutions ne se trouvant pas dans les dictionnaires courants et dont l'usage appartient surtout aux Canadiens-français. Avec de nombreuses citations ayant pour but d'établir les rapports existant avec le vieux français, l'ancien et le nouveau patois normand et saintongeais, l'anglais, et les dialectes des premiers aborigènes.* – Montréal : C.O. Beauchemin ; Boston : S. Clapin, [1894?]. – xlvi, 388 p. – 0774667230

4,136 French-Canadian words and expressions. Each entry includes a definition and quotations. Introduction includes lists of loanwords from Native languages, anglicisms and French words with a meaning different from that current in France. Thematic glossary. Bibliography. Reprinted: Montréal : C.O. Beauchemin, 1902; *Dictionnaire canadien-français* (Québec : Presses de l'Université Laval, 1974). Reproduced in microform format: *CIHM/ICMH microfiche series*, no. 03198; Paris : France-expansion, 1973, 5 microfiches and 3 booklets.   PC3637 C6   447.9714

4 136 mots et expressions du vocabulaire canadien-français. Chaque article comprend une définition et des citations. Texte de présentation comprenant des listes des emprunts aux langues autochtones, des anglicismes et des mots français ayant un sens différent de celui en usage en France. Glossaire thématique. Bibliographie. Réimpr.: Montréal : C.O. Beauchemin, 1902; *Dictionnaire canadien-français* (Québec : Presses de l'Université Laval, 1974). Reproduit sur support microforme: *CIHM/ICMH collection de microfiches*, n° 03198; Paris : France-expansion, 1973, 5 microfiches & 3 feuillets.   PC3637 C6 447.9714

3014

Clas, André. – *J'parle en tarmes : dictionnaire de locutions et d'expressions figurées au Québec.* – A. Clas, E. Seutin. – Montréal : Sodilis, 1989. – vi, 245 p. – 2920286110

1,753 phrases and expressions of Quebec French. Alphabetically arranged by keyword. Each entry includes a definition, one or two examples from Quebec literature, reference and commentary. Word index. Bibliography. Previously published under the title: *Dictionnaire de locutions et d'expressions figurées du Québec* ([Montréal] : Université de Montréal, 1985).   PC3643 C52 1989 447.9714

1 753 locutions et expressions du français québécois. Classement alphabétique des mots clés. Chaque article comprend une définition, un ou deux exemples puisés dans la littérature québécoise, le renvoi bibliographique et un commentaire. Index des mots. Bibliographie. Publié antérieurement sous le titre: *Dictionnaire de locutions et d'expressions figurées du Québec* ([Montréal] : Université de Montréal, 1985).   PC3643 C52 1989   447.9714

3015

Colpron, Gilles. – *Le Colpron : le nouveau dictionnaire des anglicismes.* – Mise à jour de Constance Forest, Louis Forest. – Laval (Québec) : Éditions Beauchemin, c1994. – ix, 289 p. – 2761600681

Words and expressions derived from English used by Francophone Quebeckers. Includes six categories of anglicisms: semantic, lexical, syntactic, morphological, phonetic and graphic. Arranged alphabetically. For each anglicism, examples of incorrect and correct forms are provided. Bibliography. Available in CD-ROM format. Replaces: *Les anglicismes au Québec : répertoire classifié* (Montréal : Beauchemin, c1970), and *Dictionnaire des anglicismes* (Montréal : Beauchemin, c1982).   PC3608 C583 1994   447.9714

Mots et locutions provenant de l'anglais utilisés par les Québécois francophones. Comprend six catégories d'anglicismes d'ordre sémantique, lexical, syntaxique, morphologique, phonétique et graphique. Classement alphabétique. Pour chaque anglicisme, exemples de formes fautives et correctes. Bibliographie. Disponible en version CD-ROM. Remplace: *Les anglicismes au Québec : répertoire classifié* (Montréal : Beauchemin, c1970) et *Dictionnaire des anglicismes* (Montréal : Beauchemin, c1982).   PC3608 C583 1994 447.9714

3016

Comité de la normalisation et de la qualité du français à l'Université Laval. – *Les maux des mots : recueil récapitulatif des articles parus dans le bulletin du Comité de 1968 à 1982.* – Québec : Université Laval, 1982. – [6], 154 p. – 2763769977

Approximately 500 French words and concepts which create difficulties for Francophones of North America. Cumulation of articles which appeared between 1968 and 1982 in the Comité's serial publications *Bulletin* and *Terminologie*. Each entry includes examples, illustrations of incorrect usage and the rules or principles which should be followed. Three indexes of words and expressions discussed within articles: recommended, not recommended, English terms. PC2460 M39 448.1

Quelque 500 mots et notions fondamentales de la langue française comportant des difficultés pour les francophones d'Amérique du Nord. Refonte des articles parus entre 1968 et 1982 dans les publications en série *Bulletin* et *Terminologie* du Comité. Chaque article comprend des exemples, les emplois fautifs et les règles ou principes à suivre. Trois index des mots et locutions traités dans le corps des articles: recommandés, non recommandés, termes anglais. PC2460 M39 448.1

3017

Corbeil, Jean-Claude. – *Le visuel : dictionnaire thématique français-anglais.* – Jean-Claude Corbeil, Ariane Archambault. – Montréal : Québec/Amérique, c1992. – xxx, 896 p. : ill. en coul. – 289037579X

Dictionary suitable for the general public including 50,000 words translated from French to English, with 3,500 colour illustrations. Arranged according to 28 themes (astronomy, music, sports, clothing, etc.) subdivided into 600 subjects. Italic and Roman type are used to identify differences in North American and European spelling and usage. Two indexes: French, English. Bibliography. Also published in English under title: *The Stoddart colour visual dictionary : French-English*. Unilingual French edition published under title: *Dictionnaire thématique visuel* ([Montréal] : Québec/Amérique, c1986). Replaces: *Dictionnaire thématique visuel français-anglais = French-English visual dictionary* ([Montréal] : Québec/Amérique c1987). AG250 C66 1992 fol. 443.21

Dictionnaire destiné au grand public comprenant 50 000 mots traduits du français à l'anglais, et associés à 3 500 illustrations en couleurs. Classement selon 28 thèmes (astronomie, musique, sports, vêtements, etc.) qui se subdivisent en 600 sujets. Pour les mots anglais et français comportant une variante teminologique entre l'Europe et l'Amérique du Nord, les caractères italiques et romains distinguent les deux usages. Deux index: français, anglais. Bibliographie. Publié aussi en anglais sous le titre: *The Stoddart colour visual dictionary : French-English*. Édition unilingue française parue sous le titre: *Dictionnaire thématique visuel* ([Montréal] : Québec/Amérique, c1986). Remplace: *Dictionnaire thématique visuel français-anglais = French-English visual dictionary* ([Montréal] : Québec/Amérique c1987). AG250 C66 1992 fol. 443.21

3018

Côté, Jean. – *Expressions populaires québécoises.* – Outremont (Québec) : Éditions Quebecor, c1995. – 141 p. – 2890899551

A dictionary of idiomatic expressions used in Quebec French. Arranged thematically. Each expression is accompanied by a definition. PC3645 Q8 C67 1995 447.9714

Dictionnaire d'expressions idiomatiques du français parlé au Québec. Classement thématique. Chaque expression est accompagnée d'une définition. PC3645 Q8 C67 1995 447.9714

3019

Côté, Louise. – *L'Indien généreux : ce que le monde doit aux Amériques.* – Louise Côté, Louis Tardivel, Denis Vaugeois. – [Montréal] : Boréal, 1992. – 287 p. : ill. – 2890524639

Words of Native-American origin, French words with Native elements and thematic articles on the original populations of the Americas. Arranged alphabetically. Description of each word includes etymology, definition and historical note. Bibliography. E59 I53 C67 1992 970.00497

Mots d'origine amérindienne, mots français d'éléments autochtones et rubriques thématiques sur les populations des trois Amériques. Classement alphabétique. La description de chaque mot comprend son étymologie, une définition et un rappel historique. Bibliographie. E59 I53 C67 1992 970.00497

3020

Dagenais, Gérard. – *Dictionnaire des difficultés de la langue française au Canada.* – Gérard Dagenais ; [collaboration, Jean Pelletier]. – 2ᵉ éd. – Boucherville (Québec) : Éditions françaises, c1984, 1990. – xv, 522, [16] p. – 2761810376

1st ed., 1967. French words and concepts which create difficulties for Canadian Francophones. Each entry includes examples, illustrations of incorrect usage, rules or principles to be observed, historical and lexicographical note, bibliographical reference and cross-references. Bibliography. Index of English words and expressions. PC3608 D33 1984 447.9714

1ʳᵉ éd., 1967. Mots et notions fondamentales de la langue française comportant des difficultés pour les francophones au Canada. Chaque article comprend des exemples, les emplois fautifs, les règles ou principes à suivre, un rappel historique et lexicographique, la référence bibliographique et des renvois. Bibliographie. Index des mots et locutions en anglais. PC3608 D33 1984 447.9714

3021

Darbelnet, Jean. – *Dictionnaire des particularités de l'usage.* – Éd. rev. et corr. – Sillery (Québec) : Presses de l'Université du Québec, 1988. – 215 p. – 2760505065

1st. ed., 1986. French words and concepts which present difficulties for North American Francophones. Each entry includes examples, illustrations of incorrect usage, rules or principles to be observed and cross-references. Index of words and expressions discussed within the articles. PC3639 D37 1988 447.9714

1ʳᵉ éd., 1986. Plus de 1 200 mots et notions fondamentales de la langue française comportant des difficultés pour les francophones de l'Amérique de Nord. Chaque article comprend des exemples, les emplois fautifs, les règles ou principes à suivre et des renvois. Index des mots et locutions traités dans le corps des articles. PC3639 D37 1988 447.9714

3022

DesRuisseaux, Pierre. – *Dictionnaire des expressions québécoises.* – Nouv. éd. rév. et largement augm. – [Montréal] : BQ, 1990. – 446 p. – 2894060408

1st ed., *Le livre des expressions québécoises* (Lasalle (Québec) : Hurtubise HMH, c1979). More than 4,000 phrases, expressions and comparisons from current Quebec French. Arranged alphabetically by keyword. Each entry includes a definition, examples and notes, such as correct spelling, etymology, equivalent used in France, etc. Bibliography. Index of secondary words. PC3643 D47 1990 447.9714

1re éd. *Le livre des expressions québécoises* (Lasalle (Québec) : Hurtubise HMH, c1979). Plus de 4 000 locutions, expressions et comparaisons du français québécois actuellement en usage. Classement alphabétique des mots clés. Chaque article comprend une définition, des exemples et des notes telles que la graphie correcte, le mots d'origine, l'équivalent français, etc. Bibliographie. Index des mots secondaires. PC3643 D47 1990 447.9714

3023

Dictionnaire canadien : français-anglais, anglais-français. – [Rédacteur en chef], Jean-Paul Vinay ; [rédacteurs], Pierre Daviault, Henry Alexander. – Éd. abrégée. – [Toronto] : McClelland and Stewart, c1962. – xxxiv, 861 p. – Titre de la p. de t. additionnelle : *The Canadian dictionary : French-English, English-French.*

Bilingual dictionary of Canadian usage in French and English. Entries include pronunciation, translation, examples, Canadian variant marked with a symbol and other information such as conjugation of verbs. Tables of phonetic symbols. PC2640 C38   443.21

Dictionnaire bilingue du français et de l'anglais en usage au Canada. Les articles comprennent la prononciation, la traduction, des exemples, la variante canadienne précédée d'un symbole et d'autres indications telles la conjugaison des verbes. Tableaux des symboles phonétiques. PC2640 C38   443.21

3024

Dictionnaire CEC intermédiaire. – Anjou (Québec) : Centre éducatif et culturel, c1992. – xii, 2049 p. : ill. (certaines en coul.), cartes en coul., portr. – 2761709853

Dictionary of more than 27,000 words and 2,100 proper names, intended for use by Canadian high school and college students. Two parts: words and proper names. For each word, definitions, examples of usage, synonyms, antonyms and cross-references are provided. Entries for proper names include brief biographical, historical or geographical data. Includes tables of conjugations, lists of Quebec awards, governors and administrators of New France, first ministers of Canada, Quebec, Ontario and New Brunswick, winners of the Nobel Peace Prize, winners of the Stanley Cup, etc. PC2628 D5 1992 443

Dictionnaire de plus de 27 000 mots et 2 100 noms propres adapté au contexte canadien et destiné au public des niveaux secondaire et collégial. Deux parties: mots et noms propres. Pour chaque mot figurent les définitions, des phrases exemples, les synonymes, antonymes et renvois. Pour chaque nom propre, une courte description biographique, historique ou géographique. Comprend aussi des tables de conjugaisons, la liste des prix du Québec, des gouverneurs et intendants de la Nouvelle-France, les premiers ministres du Canada, du Québec, de l'Ontario et du Nouveau-Brunswick, les prix Nobel de la paix, les gagnants de la coupe Stanley, etc. PC2628 D5 1992 443

3025

Dictionnaire CEC jeunesse. – Équipe éditoriale: Raymonde Abenaim, Jean-Claude Boulanger avec la collaboration de Pierre Auger et de Jean-Yves Dugas. – 3e éd. [rev. et mise à jour]. – [Anjou, Québec : Centre éducatif et culturel], c1992. – 1287 p. : ill. (certaines en coul.), cartes en coul., portr. – 2761709950

1st ed., 1982; new, revised and augmented ed., 1986, *Dictionnaire CEC jeunesse : index historique et géographique*. Adaptation of the *Dictionnaire Hachette juniors* (Paris : Hachette, 1980). Dictionary of more than 20,000 words and of 2,000 proper names, suitable for young Canadians from eight to thirteen years old. In two parts: words and proper names. For each word, the following are provided: definitions, examples of usage, synonyms, antonyms and cross-references. Entries for proper names provide biographical, historical or geographical data. Includes tables and lists of conjugations, proverbs and sayings, names of inhabitants of Canadian towns and cities, pioneer families of New France, etc. List of illustrations, tables and maps. PC2628 D52 1992   443

1re éd., 1982; nouv. éd. rev. et augm., 1986, *Dictionnaire CEC jeunesse : index historique et géographique*. Adaptation du *Dictionnaire Hachette juniors* (Paris : Hachette, 1980). Dictionnaire de plus de 20 000 mots et de 2 000 noms propres adapté au contexte canadien et destiné aux jeunes de huit à treize ans. Deux parties: mots et noms propres. Pour chaque mot figurent les définitions, des phrases exemples, les synonymes, antonymes et renvois. Pour chaque nom propre, une courte description biographique, historique ou géographique. Comprend aussi des tables de conjugaisons, de proverbes et dictons, de gentilés canadiens, de familles pionnières de la Nouvelle-France, etc. Liste des illustrations, tableaux et cartes géographiques. PC2628 D52 1992   443

3026

Dictionnaire du français plus : à l'usage des francophones d'Amérique. – Montréal (Québec) : Centre éducatif et culturel, c1988. – xxiv, 1856 p. : ill. – 2761705084

Adaptation of the *Dictionnaire du français* (Paris : Hachette, 1987). Dictionary of approximately 62,000 words, of which 4,000 are Canadianisms, adapted for use in Canada. For each word, the following information is provided: definitions, examples chosen from Quebec and Acadian literature, synonyms and antonyms, level of usage, etymology and cross-references. 1,000 words are the subjects of encyclopedia articles, of which 200 are on Canadian topics.

Adaptation du *Dictionnaire du français* (Paris : Hachette, 1987). Dictionnaire d'environ 62 000 mots, dont 4 000 canadianismes, adapté au contexte canadien. Pour chaque mot figurent la prononciation, les définitions, des exemples puisés dans la littérature québécoise et acadienne, les synonymes et antonymes, le niveau de langue, l'étymologie et des renvois. 1 000 mots font l'objet d'un article dont 200 sur les réalités canadiennes. Comprend aussi des tables de

Includes tables of conjugations and chemical elements, lists of names of inhabitants of Quebec towns and cities, illustrations of the flags and floral emblems of Canada and its provinces and territories, etc.   PC2625 D464 1988   443

conjugaisons, des éléments chimiques, la liste de gentilés canadiens, la reproduction des drapeaux et emblèmes floraux du Canada, des provinces et territoires canadiens, etc.   PC2625 D464 1988   443

3027
Dictionnaire du français québécois : description et histoire des régionalismes en usage au Québec depuis l'époque de la Nouvelle-France jusqu'à nos jours, incluant un aperçu de leur extension dans les provinces canadiennes limitrophes : volume de présentation. – Sous la direction de Claude Poirier ; rédacteurs principaux, Lionel Boisvert [et al.]. – Sainte-Foy [Québec] : Presses de l'Université Laval, 1985. – xxxviii, 167 p. : cartes. – 2763770185

74 articles on 300 French words of Quebec. Introduction to a work which should be published in 1995-1996 in three volumes. Arranged according to word family. Each article includes a historical section. Entry for each word includes pronunciation, variant forms of spelling, definitions, examples taken from written and oral sources, notes, geographical distribution, synonyms, associated expressions and references. Bibliography. Word index.   PC3637 D48 1985 fol.   447.9714

74 articles traitant de 300 mots du vocabulaire québécois. Ouvrage de présentation d'une publication qui devrait paraître en 1995/96 en trois volumes. Classement des mots par familles. Chaque article comprend une partie historique. Pour chaque mot figurent la prononciation, les différentes graphies, les définitions, des exemples tirés de sources écrites et orales, des commentaires, l'aire géographique, les synonymes, les expressions associées et des renvois bibliographiques. Bibliographie. Index des mots.   PC3637 D48 1985 fol.   447.9714

3028
Dictionnaire québécois d'aujourd'hui : langue française, histoire, géographie, culture générale. – Rédaction dirigée par Jean-Claude Boulanger ; supervisée par Alain Rey. – Nouv. éd. – Saint-Laurent (Québec) : Dicorobert, 1993, c1992. – xxxvii, 1273, [192], iv, 343, lxii p. : cartes en coul. – 2980297801

Adaptation of *Le Micro-Robert plus : langue française, noms propres, chronologie, cartes* (Paris : Dictionnaires Le Robert, 1988). Dictionary of approximately 40,000 words and 12,000 proper names, suitable for high school and college-level audiences. Two parts: words and proper names. Entries for words include: pronunciation, definitions, examples, synonyms and antonyms, level of usage and cross-references. Biographical, historical or geographical data provided for each proper name. Includes a chronology, tables of conjugations, lists of names of inhabitants of towns and cities, of the governors and administrators of New France, of the first ministers of Canada and of Quebec, of Canadians canonized and beatified, etc.   PC2625 D522 1992   443

Adaptation de *Le Micro-Robert plus : langue française, noms propres, chronologie, cartes* (Paris : Dictionnaires Le Robert, 1988). Un dictionnaire d'environ 40 000 mots et 12 000 noms propres adapté au contexte canadien et destiné au public des niveaux secondaire et collégial. Deux parties: mots et noms propres. Pour chaque mot figurent la prononciation, les définitions, des exemples, les synonymes et antonymes, le niveau de langue et des renvois. Pour chaque nom propre, une courte description biographique, historique ou géographique est fournie. Comprend aussi une chronologie, tables de conjugaisons, la liste des gentilés, les gouverneurs et intendants de la Nouvelle-France, les premiers ministres du Canada et du Québec, les canonisés et béatifiés canadiens, etc.   PC2625 D522 1992   443

3029
Dion, André. *Mon grand vocabulaire en images.* – Montréal : Guérin, c1990. – 184 p. : ill. en coul. – 2760123324

Vocabulary of 480 words in current usage in Canada, suitable for children. For each word, an illustration, an expression and an example of usage are given. Also provides sixteen thematic lists such as food, furnishings, animals, etc.   PC2445 D55 1990 fol.   448.1

Vocabulaire de 480 mots d'usage courant au Canada, destiné aux enfants. Pour chaque mot, une illustration, une expression et une phrase exemple sont colligées. Inclut aussi seize listes thématiques tel qu'aliments, ameublement, animaux, etc.   PC2445 D55 1990 fol.   448.1

3030
Dionne, N.-E. [Narcisse-Eutrope]. – *Le parler populaire des canadiens français ou Lexique des canadianismes, acadianismes, anglicismes, américanismes, mots anglais les plus en usage au sein des familles canadiennes et acadiennes françaises, comprenant environ 15,000 mots et expressions.* – Québec : J.-P. Garneau ; New York : G.-E. Stechert, 1909. – xxiv, 671 p. – 0774667249

Approximately 15,000 words and expressions of Canadian French. Each entry includes a definition and examples. Bibliography. Reprinted: *Le parler populaire des Canadiens français* (Québec : Presses de l'Université Laval, 1974).   PC3637 D5 1909   447.9714

Environ 15 000 mots et expressions du vocabulaire canadien-français. Chaque article comprend une définition et des exemples. Bibliographie. Réimpr.: *Le parler populaire des Canadiens français* (Québec : Presses de l'Université Laval, 1974).   PC3637 D5 1909   447.9714

3031
Dubuc, Robert. – *En français dans le texte.* – Brossard (Québec) : Linguatech, 1994. – xviii, 264 p. – 292034224X

A guide to correct French as spoken and written in Quebec and Canada. Includes anglicisms, archaisms, provincialisms, etc. Incorrectly used words and phrases are alphabetically arranged. Each is accompanied by the correct word or expression, a definition for the erroneous usage with an explanation of the problem and examples using the correct expression, etc. Exercises. Glossary of English words and phrases.   PC2460 D82 1994   448

Guide qui sert à corriger le français parlé et écrit au Québec et au Canada. Inclut les anglicismes, les archaïsmes, les provincialismes, etc. Classement alphabétique des phrases et des mots incorrects qui sont accompagnés de l'expression ou du mot correct, d'une définition des erreurs avec explication du problème et exemples d'utilisation de la bonne expression, etc. Exercices. Lexique des mots et des phrases en anglais.   PC2460 D82 1994   448

3032

Dubuc, Robert. – *Régionalismes québécois usuels.* – R. Dubuc, J.-C. Boulanger. – Paris : Conseil international de la langue française, c1983. – viii, 227 p. – 2853191133

Approximately 750 words and expressions currently used in Quebec French. Each entry includes a definition, synonyms, examples and notes, such as dating, a symbol marking Canadianisms accepted by the Office de la langue française, etc. Index. Two lists: expressions, syntagms. Bibliography.   PC3637 R44 1983   447.9714

Environ 750 mots et expressions du vocabulaire français actuellement en usage au Québec. Chaque article comprend une définition, les synonymes, exemples et des notes telles que la datation, le sigle pour les canadianismes de bon aloi répertoriés par l'Office de la langue française, etc. Index. Deux listes: locutions, syntagmes. Bibliographie. PC3637 R44 1983   447.9714

3033

Dugas, André. – *Le dictionnaire pratique des expressions québécoises.* – André Dugas et Bernard Soucy. – Montréal : Éditions Logiques, c1991. – xix, 299 p. – (Logiques/Sociétés). – 2893810535 – Titre de la couv. : *Le dictionnaire pratique des expressions québécoises : le français vert et bleu.*

5,610 expressions of Quebec spoken French, each of which begins with a verb. Each entry includes a definition and a reference to a source. Bibliography. Word index.   PC3635 D84 1991   447.9714

5 610 expressions, débutant toutes par un verbe, du français parlé au Québec. Chaque article comprend une définition et le renvoi bibliographique. Bibliographie. Index des mots.   PC3635 D84 1991 447.9714

3034

Dulong, Gaston. – *Dictionnaire des canadianismes.* – [Sillery, Québec] : Septentrion ; [Boucherville, Québec] : Larousse Canada, c1989. – xvi, 461 p. : carte. – 2920318071 (Larousse) 2921114321 (Septentrion)

Approximately 8,000 words and expressions of Canadian French. Entries include: origin of word, level of usage, definitions, examples, synonyms and notes such as geographical area, word or expression to be avoided, etc.   PC3637 D83 1989   447.9714

Environ 8 000 mots et expressions du vocabulaire canadien-français. Pour chaque article figurent l'origine du mot, le niveau de langue, les définitions, des exemples, les synonymes et des notes telles que la localisation, les emplois déconseillés, etc.   PC3637 D83 1989 447.9714

3035

Dulong, Gaston. – *Le parler populaire du Québec et de ses régions voisines : atlas linguistique de l'Est du Canada.* – Gaston Dulong, Gaston Bergeron. – Québec : Gouvernement du Québec, Ministère des communications : Office de la langue française, 1980. – 10 vol. : ill., cartes géographiques. – (Collection études et dossiers). – 2551036747 (éd. complète)

Words and expressions relating to daily and traditional life, collected from 700 residents of 172 places in Quebec, Francophone Ontario and Acadia. Arranged according to the order of the questionnaire used, with 77 subject areas such as furnishings, weather phenomena, social life, farm animals, plants, etc. For each question, associated words with pronunciation, list of persons interviewed, words used in similar context, linguistic and ethnographic notes are provided. Vol. 1, *Guide de l'usager et présentation des personnes interviewées par localité*; vol. 2-8, *Questions 1-2 310*; vol. 9-10, *Index des vocables*. PC3641   447.9714

Vocables relatifs à la vie courante et traditionnelle, receuillis auprès de 700 personnes résidant dans 172 localités du Québec, de l'Ontario francophone et de l'Acadie. Présentation selon l'ordre du questionnaire comportant 77 thèmes dont notamment le mobilier, les phénomènes atmosphériques, la vie sociale, les animaux de la ferme, les plantes, etc. Pour chaque question, les mots associés avec leur prononciation, la liste des personnes interviewées, le vocabulaire de contexte et des commentaires linguistiques ou ethnographiques sont colligés. Vol. 1, *Guide de l'usager et présentation des personnes interviewées par localité*; vol. 2-8, *Questions 1-2 310*; vol. 9-10, *Index des vocables*.   PC3641   447.9714

3036

Dunn, Oscar. – *Glossaire franco-canadien et vocabulaire de locutions vicieuses usitées au Canada.* – Québec : Imprimerie A. Côté, 1880. – xxv, 196, [3] p. – 0774667796

More than 1,750 words and expressions of Canadian French. Each entry includes etymology, definition, examples and notes. Bibliography. Reprint: *Glossaire franco-canadien* (Québec : Presses de l'Université Laval, 1976). Reprinted: [Montréal] : Leméac, c1980. Reproduced in microform format: *CIHM/ICMH microfiche series*, no. 02800. [Montréal] : Bibliothèque nationale du Québec, [c1974], 1 reel.   PC3637 D85 1880   447.9714

Plus de 1 750 mots et locutions du vocabulaire canadien-français. Chaque article comprend l'étymologie, une définition, des exemples et des commentaires. Bibliographie. Réimpr.: *Glossaire franco-canadien* (Québec : Presses de l'Université Laval, 1976). Réimpr.: [Montréal] : Leméac, c1980. Reproduit sur support microforme: *CIHM/ICMH collection de microfiches*, n° 02800. [Montréal] : Bibliothèque nationale du Québec, [c1974], 1 bobine.   PC3637 D85 1880   447.9714

3037

Gaborieau, Antoine. – *À l'écoute des Franco-manitobains.* – Saint-Boniface (Man.) : Éditions des Plaines, [1985?]. – [16], 146 p. – 0920944523

Approximately 1,300 Franco-Manitoban words and expressions. Each entry includes the origin, an example and a definition or the equivalent in standard French. Bibliography.   PC3645 M3 G32 1985 447.97127

Quelque 1 300 mots et locutions du vocabulaire franco-manitobain. Chaque article comprend l'origine, une phrase exemple et une définition ou l'équivalence en français standard. Bibliographie. PC3645 M3 G32 1985   447.97127

3038

Glossaire du parler français au Canada, contenant : les mots et locutions en usage dans le parler de la province de Québec et qui ne sont pas admis dans le français d'école; la définition de leurs différents sens avec des exemples; des notes sur leur provenance; la prononciation figurée des mots étudiés. – Préparé par la Société du parler français au Canada. – Québec : Action sociale, 1930. – xix, 709 p.

Words and expressions of Quebec French. Each entry includes pronunciation, definitions, examples and five categories of notes: old French, dialects, French, Canadian and etymology. Bibliography. Reprinted: Québec : Presses de l'Université Laval, 1968.
PC3637 S6 fol.   447.9714

Mots et locutions du vocabulaire québécois. Chaque article comprend la prononciation, une définition pour chaque sens, des exemples et des notes présentées en cinq catégories: vieux français, dialectes, français, canadien et étymologie. Bibliographie. Réimpr.: Québec : Presses de l'Université Laval, 1968.   PC3637 S6 fol. 447.9714

3039

Mailhot, Camille H. – *Dictionnaire des petites ignorances de la langue française au Canada.* – 2ᵉ éd. – Hull (Québec) : Éditions Asticou, 1990. – 287 p. – 2891981057 (rel.) 2891980786 (br.)

1st ed., 1988. 626 French words and basic concepts which present difficulties for Canadian Francophones. Each entry provides examples of faulty and correct usage. Appendix: approximately 100 examples of errors of usage extracted from six Canadian newspapers, with corrections and explanatory notes.
PC2460 M343 1990   447.9714

1ʳᵉ éd., 1988. 626 mots et notions fondamentales de la langue française comportant des difficultés pour les francophones du Canada. Chaque article comprend les emplois fautifs et appropriés. Appendice: une centaine d'erreurs recueillies dans six journaux canadiens avec corrections et notes explicatives. PC2460 M343 1990 447.9714

3040

Martin, J.-C. [Jean-Claude]. – *Guide pratique de français correct.* – Montréal : Études vivantes, c1990. – 124 p. – 2760704750

French words and expressions that create difficulties for Quebec Francophones. Each entry includes explanatory notes, examples of incorrect usage and of suggested corrections. Index of terms.
PC2460 M37 1990   447.9714

Mots et locutions de la langue française comportant des difficultés pour les francophones du Québec. Chaque article comprend des notes explicatives, les emplois fautifs et les corrections suggérées. Index des termes.   PC2460 M37 1990   447.9714

3041

Massignon, Geneviève. – *Les parlers français d'Acadie : enquête linguistique.* – Paris : Librairie C. Klincksieck, [1962]. – 2 vol. (975, [5] p.) : cartes, graph., fac.-sim.

History, vocabulary and linguistic study of Acadian French. 1,941 words and expressions listed in fourteen subject areas, including earth and sea, domestic animals, kinship terms, etc. For each word or expression in standard French, the following are provided: etymology, Acadian variants with locations, references and notes. Bibliography of 929 references in three main parts: material on New France (1534-1763), works produced after 1763 dealing with North American French, works on the Gallo-Roman dialects. Three indexes: names (history), words (vocabulary) and abbreviations (bibliography).   PC3642 M34   447.9715

Histoire, vocabulaire et étude linguistique de la langue française en usage en Acadie. Recension de 1 941 mots et locutions selon quatorze thèmes dont notamment la terre et la mer, les animaux domestiques, les liens de parenté, etc. Pour chaque mot et locution en français standard, l'étymologie, les variantes acadiennes, leurs localisations, des références et des commentaires sont colligés. Bibliographie de 929 références comportant trois parties principales: documents relatifs à la Nouvelle France (1534-1763), ouvrages postérieurs à 1763 concernant la langue française en Amérique du Nord, ouvrages traitant des parlers gallo-romans. Trois index: onomastique pour l'histoire, lexicologique pour le vocabulaire, et par abréviations pour la bibliographie.   PC3642 M34   447.9715

3042

Petit Guérin express : étymologies, synonymes, antonymes, homonymes, paronymes, analogies, difficultés. – Sous la direction de Gérard Langlois. – Montréal : Guérin, c1985. – xxvii, 762 p. – 2760109038

Dictionary of 17,000 words most commonly used in Canada, intended for high school and college students. Entries include: etymology, brief definition, synonyms, antonyms, homonyms, paronyms, analogies and grammatical, syntactic and other difficulties.   PC2625 P37 1985   443.1

Dictionnaire de 17 000 mots du vocabulaire usuel au Canada et destiné aux niveaux secondaire et collégial. Les articles comprennent: l'étymologie, une courte définition, les synonymes, antonymes, homonymes, paronymes, analogies et difficultés grammaticales, syntaxiques ou autres.   PC2625 P37 1985   443.1

3043

Pichette, Jean-Pierre. – *Le guide raisonné des jurons : langue, littérature, histoire et dictionnaire des jurons.* – Montréal : Quinze, c1980. – 305 p. : ill., fac.-sim., graph. – (Mémoires d'Homme). – 2890262499

Linguistic and literary study, history and dictionary of oaths and expletives in Canadian French. The dictionary includes 1,300 Canadian oaths listed alphabetically by keyword. Dictionary entries include pronunciation, year and place collected, meaning, examples, bibliographical references and cross-references. Chronological list of written sources from 1694 to 1976. Bibliography.   GT3080 P52 447.9714

Ouvrage comportant trois volets: étude linguistique et littéraire, historique et dictionnaire. Le dictionnaire comprend 1 300 jurons canadiens répertoriés selon l'ordre alphabétique des mots clés. Les articles comprennent la prononciation, l'année et le lieu du recensement, la signification, des exemples, les références biblio-graphiques et des renvois. Liste chronologique des sources écrites de 1694 à 1976. Bibliographie.   GT3080 P52   447.9714

3044

Poirier, Pascal. – *Le glossaire acadien.* – Éd. critique établie par Pierre M. Gérin. – Moncton (N.-B.) : Éditions d'Acadie : Centre d'études acadiennes, [1994?]. – lxii, 440 p. : fac-sim., portr. – 2760002454 091969103

More than 3,000 words and approximately 500 expressions particular to the Acadians of New Brunswick, Nova Scotia, Prince Edward Island and Quebec. Each entry includes pronunciation, definition, references and examples. Includes a linguistic study. Chronology, 1852-1933. Bibliography. Replaces: *Glossaire acadien* (Moncton : Centre d'études acadiennes, Université de Moncton, 1953-1977). PC3642 P65 1994   447.9715

Plus de 3 000 mots et environ 500 locutions propres aux Acadiens du Nouveau-Brunswick, de la Nouvelle-Écosse, de l'Île-du-Prince-Édouard et du Québec. Chaque article comprend la prononciation, une définition, des références et des phrases exemples. Inclut une étude linguistique. Chronologie, 1852-1933. Bibliographie. Remplace: *Glossaire acadien* (Moncton : Centre d'études acadiennes, Université de Moncton, 1953-1977).   PC3642 P65 1994   447.9715

3045

Proteau, Lorenzo. – *Le français populaire au Québec et au Canada : 350 ans d'histoire.* – Boucherville (Québec) : Publications Proteau, c1991. – 1 vol. (pag. multiple) : ill. (certaines en coul.), cartes. – 2920369288

50,000 expressions of spoken Canadian French. Arranged according to more than 60 themes, including shopping, family life, food, health, etc. Each entry includes the expression and its equivalent in standard French. Lists of nicknames, French translations of Native place names, Quebec municipalities with their population, and names of inhabitants of Quebec towns and cities. Keyword index. Bibliography.   PC3643 P76 1991   447.971

50 000 expressions du français parlé au Canada. Présentation selon plus de 60 thèmes dont notamment achat, famille, nourriture, santé, etc. Chaque article comprend l'expression et son énoncé en français standard. Listes des sobriquets, des traductions françaises de noms géographiques amérindiens, des municipalités du Québec avec leur population, et des gentilés québécois. Index des mots clés. Bibliographie.   PC3643 P76 1991   447.971

3046

Robinson, Sinclair. – *Dictionary of Canadian French = Dictionnaire du français canadien.* – Sinclair Robinson, Donald Smith. – Toronto : Stoddart, c1990. – xi, 292 p. – 077375363X

Words and expressions of Quebec and Acadian French, with the equivalent used in France and an English translation. Two parts: Quebec and Acadia. Quebec words and expressions arranged in nearly 60 subject areas, including animals, cooking, weather, clothing, etc. Includes a grammar of the main differences between Quebec and Acadian French and standard French. Word index. Replaces: *Practical handbook of Quebec and Acadian French = Manuel pratique du français québécois et acadien* (Toronto : Anansi, c1984). Other ed., *NTC's dictionary of Canadian French* (Lincolnwood (Ill.) : National Textbook Company, 1991, c1990).   PC3645 Q8 R62 1990 447.971

Mots et locutions du français québécois et acadien, accompagnés de l'équivalent utilisé en France et de la traduction anglaise. Deux parties: Québec et Acadie. Classement des mots et locutions québécoises selon plus de 60 thèmes dont notamment animaux, cuisine, temps, vêtements, etc. Inclut aussi une grammaire des principaux points distinctifs du français québécois et acadien au français standard. Index des mots. Remplace: *Practical handbook of Quebec and Acadian French = Manuel pratique du français québécois et acadien* (Toronto : Anansi, c1984). Autre éd.: *NTC's dictionary of Canadian French* (Lincolnwood (Ill.) : National Textbook Company, 1991, c1990). PC3645 Q8 R62 1990   447.971

3047

Rodriguez, Liliane. – *Mots d'hier, mots d'aujourd'hui.* – Saint-Boniface (Man.) : Éditions des Plaines, 1984. – 95 p. – 0920944442

Archaisms and other rare French terms used in Manitoba. Four categories of archaisms: phonetic, lexical, morphological and syntactic. Each entry includes: code for category of archaism, examples of usage, brief history, references and equivalents in standard French. Bibliography.   PC3645 M3 R63 1984   447.97127

Archaïsmes et autres termes rares de la langue française en usage au Manitoba. Quatre catégories d'archaïsmes: phonétiques, lexicaux, morphologiques et syntaxiques. Chaque article comprend le degré d'archaïsmes sous forme de code, des phrases exemples, un court historique, des références et les équivalents en français standard. Bibliographie.   PC3645 M3 R63 1984   447.97127

3048

Rogers, David. – *Dictionnaire de la langue québécoise rurale.* – Montréal-Nord : vlb éditeur, 1977. – 246 p. : ill.

Approximately 2,000 rural words and expressions collected from eleven Quebec novels published between 1904 and 1951. Each entry includes a definition and a quotation that defines the context and the meaning of the word or the expression. Bibliography. PC3637 R63   447.9714

Environ 2 000 mots et expressions du terroir provenant de onze romans québécois parus entre 1904 et 1951. Chaque article comprend une définition et une citation qui situe le contexte et le sens du mot ou de l'expression. Bibliographie.   PC3637 R63   447.9714

3049

Séguin, Marcel. – *Dictionnaire «Écrire en anglais».* – Montréal : Guérin, c1989. – 276012343

French words and expressions that present difficulties in translation to Canadian English. Each entry includes translation and examples from Canadian English-language print and electronic media and literature.   PC2640 S43 1989   443.21

Des mots et locutions en français qui présentent des difficultés de traduction vers l'anglais canadien. Chaque article comprend la traduction et des exemples provenant de la presse écrite et électronique de langue anglaise du Canada, et de la littérature canadienne-anglaise.   PC2640 S43 1989   443.21

3050

Seutin, Emile. – *Richesses et particularités de la langue écrite au Québec.* – Emile Seutin, André Clas et Manon Brunet avec la collaboration de Marthe Faribault et Chantal Bouchard. – [Montréal] : Département de linguistique et philologie, Université de Montréal, 1979-1982. – 8 vol. (iv, 2465 p.). – (Observatoire du français contemporain).

Words and expressions of Canadian French collected from approximately 400 works of Quebec and Acadian literature, most of them published between 1940 and 1975. Each entry includes: definitions, notes, quotations and bibliographical references. Bibliography. Replaces: *Matériaux pour l'étude du français au Canada : néologismes-canadianismes, volume I* ([Montréal] : Département de linguistique et philologie, Université de Montréal, 1976). PC3643 S48 fol. 447.9714

Mots et locutions du vocabulaire canadien-français relevés dans quelque 400 oeuvres de la littérature québécoise et acadienne, majoritairement parues entre 1940 et 1975. Chaque article comprend les définitions, un commentaire, des citations et des références bibliographiques. Bibliographie. Remplace: *Matériaux pour l'étude du français au Canada : néologismes-canadianismes, volume I* ([Montréal] : Département de linguistique et philologie, Université de Montréal, 1976). PC3643 S48 fol. 447.9714

3051

Société Radio-Canada. Comité de linguistique. – *C'est-à-dire.* – Vol. 1, n° 1 (1er nov. 1960)- . – [Montréal] : le Comité, 1960- . – vol. – 0577-4179

Irregular, 1960-1991. Annual. Grammatical and terminological notes on difficulties in French, supplemented by a vocabulary of 4,000 entries. For each English term, the subject area, a French equivalent and additional notes are given. For each grammatical concept, an explanation of correct usage and examples are provided. PC2002 448.105

Irrégulier, 1960-1991. Annuel. Observations grammaticales et terminologiques de la langue française comportant des difficultés, complétées de plus de 4 000 fiches de vocabulaire. Pour chaque terme anglais, le domaine, une définition, l'équivalent français et des notes complémentaires sont mentionnés. Pour chaque notion grammaticale, l'emploi correct et des exemples sont colligés. PC2002 448.105

3052

Timmins, Steve. – *French fun : an exciting visit to the everyday language of our Québécois friends and neighbours.* – Beloeil (Québec) : Northwinds Press/Éditions Vents du Nord, c1992. – 165 p. : ill. – 0969634501

Words and expressions of everyday Quebec French, translated into English. Arranged alphabetically by keyword. Each entry provides a literal translation, the English equivalent, examples with translations into everyday English. Pronunciation, origin and synonym in standard French are provided for certain words. Bibliography. New edition: *French fun : the real spoken language of Quebec* (Toronto : J. Wiley, forthcoming 1995). PC3637 T55 1992 447.9714

Mots et expressions du français québécois de tous les jours, traduits en anglais. Classement alphabétique des mots clés. Chaque article comprend la traduction littérale, l'équivalent anglais, des exemples avec la traduction en anglais de tous les jours, et pour certains mots, la prononciation, l'origine et le synonyme en français standard. Bibliographie. Nouvelle édition: *French fun : the real spoken language of Quebec* (Toronto : J. Wiley, à paraître 1995). PC3637 T55 1992 447.9714

3053

Turenne, Augustin. – *Petit dictionnaire du «joual» au français.* – Montréal : Éditions de l'Homme, c1962. – 93 p.

Words and expressions used in Canadian French with the equivalent in standard French. Two parts: subjects such as food, cars, sports, etc., and categories such as incorrect expressions beginning with a verb, a noun, an adjective, etc. Acceptable Canadianisms in quotation marks. PC3643 T88 1962 447.9714

Mots, locutions et expressions en usage au Canada français avec l'équivalent en français standard. Deux parties: sujets tels qu'alimentation, automobiles, sports, etc.; catégories telles qu'expressions erronées commençant par un verbe, un nom ou un adjectif, etc. Signalisation des canadianismes de bon aloi par des guillemets. PC3643 T88 1962 447.9714

3054

Villiers, Marie-Éva de. – *Multidictionnaire des difficultés de la langue française : orthographe, grammaire, conjugaison, significations, abréviations, prononciation, typographie, canadianismes, anglicismes, correspondance.* – [Nouv. éd. mise à jour et enrichie]. – Montréal : Québec/Amérique, c1992. – xxi, 1324 p. – (Collection langue et culture). – 2890375986

1st ed., 1988. Words and expressions in contemporary French which create difficulties for all Francophones but more specifically for those in Quebec. Each entry includes a definition, examples, level of usage and notes. Includes 145 tables on basic concepts in French grammar. These tables were published separately under title: *La grammaire en tableaux.* Excludes extremely technical terms. Bibliography. List of tables. PC2625 V54 1992 443.1

1re éd., 1988. Mots et locutions du français contemporain comportant des difficultés pour l'ensemble de la francophonie et plus spécifiquement le Québec. Chaque article comprend une définition, des exemples, le niveau de langue et des notes. Inclut aussi 145 tableaux portant sur les notions fondamentales de la langue française. Ces tableaux ont fait l'objet d'une publication distincte qui a paru en 1991 sous le titre: *La grammaire en tableaux.* Exclut les termes très techniques. Bibliographie. Liste des tableaux. PC2625 V54 1992 443.1

Directories

Répertoires

3055
Canadian Parents for French. – *The immersion registry.* – [Ottawa] : Canadian Parents for French, 1980-   . –   vol. : tables. – 1187-0850 – Cover title.

Annual. The 1990 issue was not published. Directory of elementary and high schools in Canada and the United States that offer French immersion programmes. Arranged by country subdivided by province, territory or state, and by municipality. The following information is provided for each school board: address, telephone number, name of resource person, total enrolment, immersion enrolment, policies and list of schools. For schools, address, telephone number, type of school, programmes offered, grades and immersion enrolment are noted. Title varies: 198?-1989, *The CPF immersion registry.*   PC2068 C3 C67 fol.   448.24025

Annuel. La livraison de 1990 n'a pas été publiée. Répertoire des écoles des niveaux primaire et secondaire offrant des cours de français en immersion au Canada et aux États-Unis. Classement par pays subdivisés par provinces, territoires ou états et municipalités. Pour chaque conseil scolaire figurent l'adresse, le numéro de téléphone, le nom d'une personne-ressource, le nombre d'élèves inscrits et ceux en immersion, les politiques en vigueur et la liste des écoles. Pour chaque école, l'adresse, le numéro de téléphone, le type d'école, les programmes offerts, les classes et le nombre d'élèves concernés sont colligés. Le titre varie: 198?-1989, *The CPF immersion registry.* PC2068 C3 C67 fol.   448.24025

3056
Jolicoeur, Pierre. – *Répertoire de ressources en francisation accessibles aux personnes immigrantes et allophones au Québec.* – [Québec] : Office de la langue française, Service de la recherche, 1993. – [107] p. – 2550281691

1st ed., 1992. Directory of organizations, institutions, etc., involved in French-language training for adult immigrants and allophones in Quebec. Excludes private language schools, courses offered or organized by the federal government, universities and unions. Arranged by municipality. Indexes of organizations: arranged by municipality and time of day or week when course is offered; by municipality and level of course; by ethnic group; by school board; arranged alphabetically by name. Index of municipalities of the Île de Montréal. 1992 ed. reproduced in microform format: *Microlog*, no. 93-04592. PC2068   C3 J64 1993   448.240715

1re éd., 1992. Répertoire des organisations, des établissements, etc. qui offrent une formation en français aux immigrants et aux allophones adultes au Québec. Exclut les cours offerts dans les écoles privées, ainsi que ceux qui sont offerts ou organisés par le gouvernement fédéral, les universités et les syndicats. Classement par municipalités. Plusieurs index des organisations: par municipalités et selon l'heure ou le jour où le cours est donné; par municipalités et par niveaux de cours; par groupes ethniques; par commissions scolaires; par ordre alphabétique de noms. Index des municipalités de l'Île de Montréal. Éd. de 1992 reproduite sur support microforme: *Microlog*, n° 93-04592.   PC2068   C3 J64 1993   448.240715

3057
Vachon-L'Heureux, Pierrette. – *Répertoire de logiciels d'aide linguistique à la rédaction.* – Pierrette Vachon-L'Heureux et Renate Moison-Hildebrand. – Éd. provisoire. – [Québec] : Gouvernement du Québec, Office de la langue française, [1991]. – 72 p. – 2550217497

Description of approximately twenty software packages available in Canada, designed to assist with composition and editing in French. Five main parts: writing, grammatical analysis, evaluation, educational software and word processing. Description of each piece of software includes designer, date offered for sale, price, distributor, hardware requirements, documentation, target clientele, type of product and notes. Bibliography. Directory of organizations and suppliers. Z52.2   448.0028534

Description d'une vingtaine de logiciels d'aide aux rédacteurs de langue française et disponibles au Canada. Cinq parties principales: rédaction, analyse grammaticale, évaluation, didacticiels et traitement de texte. Pour chaque logiciel figurent le concepteur, la date de mise en marché, le prix, le distributeur, le matériel requis, la documentation d'accompagnement, la clientèle visée, le type de produit et des commentaires. Bibliographie. Répertoire des organismes-ressources et des fournisseurs. Z52.2   448.0028534

Handbooks

Guides

3058
Au féminin : guide de féminisation des titres de fonction et des textes. – Publication de la Direction des services linguistiques de l'Office de la langue française ; rédaction, Monique Biron. – Québec : Publications du Québec, c1991. – 34 p. – (Guides de l'Office de la langue française). – 2551145597

Guide to basic principles for use of nonsexist language, with examples. Two main parts: titles and written texts. List of French masculine and feminine titles, positions and forms of address. Includes recommendations of the Office de la langue française published in the *Gazette officielle du Québec.* Reproduced in microform format: *Microlog*, no. 92-02848.   P120 S48 B57 1991   306.44082

Guide des principes fondamentaux, étayés d'exemples, pour réaliser la féminisation linguistique. Deux parties principales: titres et textes. Liste du masculin au féminin des titres, fonctions et appellations de personnes. Inclut les avis de recommandation de l'Office de la langue française publiés à la *Gazette officielle du Québec.* Reproduit sur support microforme: *Microlog*, n° 92-02848.   P120 S48 B57 1991 306.44082

3059
Canada. Bureau des traductions. Division de la formation et du perfectionnement. – *Aide-mémoire d'autoperfectionnement à l'intention des traducteurs et des rédacteurs.* – Direction générale de la terminologie et des services linguistiques, Direction des services linguistiques, Division de la formation et du perfectionnement. – [Ottawa] : la Division, 1987, c1988. – xvi, 230 p. – 0660922657

356 recommendations on translation and writing in French, with references and exercises. Bibliography. Analytical index. Reproduced in microform format: *Microlog*, no. 88-03061.   PC2498.2   418.02

356 recommandations, étayées de références et d'exercices, liées à la traduction et la rédaction en français. Bibliographie. Index analytique. Reproduit sur support microforme: *Microlog*, n° 88-03061. PC2498.2   418.02

3060

La féminisation des titres et du discours au gouvernement de l'Ontario. – Service de traduction du gouvernement, Ministère des Services gouvernementaux en collaboration avec Unité des services en français, Direction générale de la condition féminine de l'Ontario. – Toronto : Direction générale de la condition féminine de l'Ontario, [1992?]. – 58 p. – Titre de la couv.

Guide to basic principles for use of nonsexist language, with examples. Three main parts: titles, oral communication and specific types of written material. List of masculine and feminine forms of titles and positions. Bibliography. PN203 306.44082

Guide des principes fondamentaux, étayés d'exemples, pour réaliser la féminisation linguistique. Trois parties principales: titres, discours et documents particuliers. Liste du masculin au féminin des titres et fonctions de personnes. Bibliographie. PN203 306.44082

3061

Féminisation : lignes directrices pour la rédaction de textes. – [Recherche et rédaction, Pierre Goulet]. – [Hull (Québec) : Direction de la terminologie, Secrétariat d'État ; Ottawa : Direction des communications, Condition féminine Canada, 1988?]. – [4], 30 p.

Guide to basic principles for use of nonsexist language in government communications, with examples. Four main parts: basic principles, rules to follow, forms, data banks and tables. List of masculine and feminine forms of titles and positions. P96 306.44082

Guide des principes fondamentaux, étayés d'exemples, pour réaliser la féminisation linguistique dans les communications gouvernementales. Quatre parties principales: principes de base, règles à suivre, formulaires, banques de données et tableaux. Liste du masculin au féminin des titres et fonctions de personnes. Bibliographie. P96 306.44082

3062

Guide du rédacteur de l'administration fédérale. – Ottawa : Direction de l'information, Bureau des traductions, Secrétariat d'État, c1983, 1992. – xxii, 218 p.

Handbook for writing and presentation of administrative material in French, intended for civil servants and for the general public, with examples of Canadian usage. Seven chapters: abbreviations, numbers, capitalization, hyphenation, italics, punctuation and proof-reader's marks. Bibliography. Analytical index. English-language equivalent: *The Canadian style : a guide to writing and editing.* Z253 G85 1992 808.027

Guide de rédaction et de présentation de documents administratifs de langue française destiné aux fonctionnaires et au public en général avec des exemples en usage au Canada. Sept chapitres: abréviations, nombres, majuscules, division des mots et des groupes de mots, italique, ponctuation et signes typographiques. Bibliographie. Index analytique. Équivalent en langue anglaise: *The Canadian style : a guide to writing and editing.* Z253 G85 1992 808.027

3063

Vade-mecum linguistique. – Direction générale de la terminologie et des services linguistiques, Direction des services linguistiques, Division des recherches et conseil linguistiques. – Éd. rev. et corr. – [Ottawa] : Secrétariat d'État du Canada, Bureau des traductions, 1987. – v, 183 p. – 066092188X

1st ed., 1985. In three parts: handbook, grammar and bibliography. The first part describes general principles of writing. The second part is a collection of linguistic problems with definitions, examples and references. The third part is an annotated bibliography of useful works. List of sources consulted. Subject index. Reproduced in microform format: *Microlog*, no. 89-00213. PC2112 448.2

1re éd., 1985. Ouvrage comportant trois volets: guide, grammaire et bibliographie. Le 1er volet traite des grands principes d'écriture. Le 2e volet réunit les difficultés langagières. Pour chaque notion, une définition, des exemples et des références sont colligés. Le 3e volet constitue une bibliographie annotée. Liste des sources consultées. Index des notions traitées. Reproduit sur support microforme: *Microlog*, n° 89-00213. PC2112 448.2

Indexes

Index

3064

Université de Montréal. Secrétariat général. – ***Observations grammaticales et terminologiques, n° 13 : répertoire 1972-1985.*** – Montréal : le Secrétariat, c1985. – 112 p. – 0703-2005 – Titre de la couv.

Index to 246 entries on words and basic concepts in French that create difficulties for the university community, published between 1972 and 1985. Four parts: chronological, titles, subjects grouped by field, terms and subjects treated. Replaces two cumulative indexes: a chronological index published under title: *Répertoire chronologique : fiches publiées de septembre 1972 à juin 1985, numéro 1 à numéro 246 inclus*; and a subject index published under title: *Répertoire analytique : fiches publiées de septembre 1972 à juin 1985, numéro 1 à numéro 246 inclus.* PC3608 O2 fol. 016.448

Index des 246 fiches portant sur les mots et notions fondamentales de la langue française qui comportent des difficultés pour les membres de la communauté universitaire, publiées entre 1972 et 1985. Quatre parties: chronologique, titres, sujets groupés par domaines, termes et sujets traités. Remplace deux index cumulatifs: *Répertoire chronologique : fiches publiées de septembre 1972 à juin 1985, numéro 1 à numéro 246 inclus*; *Répertoire analytique : fiches publiées de septembre 1972 à juin 1985, numéro 1 à numéro 246 inclus.* PC3608 O2 fol. 016.448

Standards

3065

Répertoire des avis linguistiques et terminologiques : mai 1979 à septembre 1989. – 3ᵉ éd. rev. et augm. – Québec : Gouvernement du Québec, Office de la langue française, 1990. – 251 p. – 2551140617

1,448 recommendations and standardization notices published by the Office de la langue française in the *Gazette officielle du Québec* between May 26, 1979 and September 1989. In chronological order. French and English indexes of terms. Bibliography. Also includes three texts: *Énoncé d'une politique relative à l'emprunt de formes linguistiques étrangères*; *Énoncé d'une politique linguistique relative aux québécismes*, with a glossary of expressions particular to Quebec; *Titres et fonctions au féminin : essai d'orientation de l'usage*, supplemented by an index of masculine titles. 1st ed., 1981, (May 1979-July 1981); 2nd ed., 1982, (May 1979-August 1982); revised, 1983, (updated from November 13, 1982 to October 1, 1983); 2nd ed. revised and augmented, 1986, (May 1979-October 1985). PC3639   448.1

1 448 avis de recommandation et de normalisation de l'Office de la langue française parus à la *Gazette officielle du Québec* entre le 26 mai 1979 et le 16 septembre 1989. Classement selon l'ordre chronologique. Deux index des termes: français, anglais. Bibliographie. Inclut aussi trois textes: *Énoncé d'une politique relative à l'emprunt de formes linguistiques étrangères*; *Énoncé d'une politique linguistique relative aux québécismes*, accompagné d'un glossaire des québécismes; *Titres et fonctions au féminin : essai d'orientation de l'usage*, complété d'un index des titres masculins. 1ʳᵉ éd., 1981, (mai 1979-juillet 1981) ; 2ᵉ éd., 1982, (mai 1979-août 1982); mise à jour, 1983, (mise à jour du 13 novembre 1982 au 1ᵉʳ octobre 1983); 2ᵉ éd. rev. et augm., 1986, (mai 1979-octobre 1985).   PC3639   448.1

Haida Language

Langue haida

3066

Haida dictionary. – Compiler, Erma Lawrence. – [S.l.] : Society for the Preservation of Haida Language and Literature ; Fairbanks (Alas.) : Alaska Native Language Center, University of Alaska, 1977. – 464 p. : ill.

Grammar and lexicon of the Haida language spoken in British Columbia and Alaska. For each Haida word, an English translation, declensions and an example of usage are included. Index of English words.   PM1273 H3   497.2

Grammaire et lexique haida de la langue parlée en Colombie-Britannique et en Alaska. Pour chaque mot haida, la traduction anglaise, les déclinaisons et une phrase exemple sont colligées. Index des mots anglais.   PM1273 H3   497.2

3067

Keen, J. H. [John Henry]. – ***A grammar of the Haida language.*** – London : Society for Promoting Christian Knowledge, 1906. – 46 leaves.

Grammar of the Haida language as spoken in the Queen Charlotte Islands, B.C. Ten chapters: nouns, articles, pronouns, verbs, adverbs, conjunctions, prepositions, interjections and notes on syntax. Appendices: kinship terms, crests, family names, months. PM1272 K44 1906 fol.   497.2

Grammaire de la langue haida parlée dans les Îles de la Reine Charlotte en Colombie-Britannique. Dix chapitres: noms, articles, pronoms, verbes, adverbes, conjonctions, prépositions, interjections et notes syntaxiques. Appendices: liens de parenté, emblèmes, noms de famille, mois.   PM1272 K44 1906 fol.   497.2

3068

La Grasserie, Raoul de. – ***Cinq langues de la Colombie Britannique : haïda, tshimshian, kwagiutl, nootka et tlinkit : grammaires, vocabulaires, textes traduits et analysés.*** – Paris : J. Maisonneuve, 1902. – 530 p. – (Bibliothèque linguistique américaine ; t. 24).

Grammars, vocabularies and texts in five Native languages of British Columbia. For each language, the grammar is divided into three parts: phonetics, lexicology and morphology. French-Haida, French-Tsimshian, French-Kwakiutl and French-Tlingit vocabularies are arranged by subject area: parts of the body, clothing, shelter, etc. Haida-French, Tsimshian-French, Kwakiutl-French and Tlingit-French vocabularies are arranged alphabetically by first two letters only. Five groups of religious texts, translated from Native language to French. Comparative table of the five languages. Reprinted: Nendeln (Liechtenstein) : Kraus Reprint, 1968.   PM282 L3 fol.   497

Grammaires, vocabulaires et textes en rapport avec cinq langues indigènes de Colombie-Britannique. Pour chaque langue, la grammaire est présentée en trois parties: phonétique, lexicologie et morphologie. Vocabulaires français-haida, français-tsimshian, français-kwakiutl et français-tlingit répertoriés par thèmes tels que parties du corps, vêtements, habitations, etc. Vocabulaires haida-français, tsimshian-français, kwakiutl-français et tlingit-français recensés seulement selon l'ordre alphabétique que des deux premières lettres. Cinq groupes de textes religieux traduits de la langue amérindienne au français. Tableau comparatif des cinq langues. Réimpr.: Nendeln (Liechtenstein) : Kraus Reprint, 1968.   PM282 L3 fol.   497

3069

Tolmie, W. Fraser [William Fraser]. – ***Comparative vocabularies of the Indian tribes of British Columbia : with a map illustrating distribution.*** – By W. Fraser Tolmie and George M. Dawson. – Montreal : Dawson Brothers, 1884. – 131 p., [1] folded leaf of plates : col. map. – (Geological and Natural History Survey of Canada).

English words translated into 28 Native languages and dialects of British Columbia. Organized in the form of a table. 221 English words make up the basic list. Appendix: comparative list of certain words in various Native languages of North America. Reproduced in microform format: *CIHM/ICMH microfiche series*, no. 06186. PM283 T7 1884   497

Mots anglais traduits en 28 langues et dialectes autochtones de la Colombie-Britannique. Présentation sous forme de tableau. 211 mots anglais constituent la liste de base. Appendice: liste comparative de quelques mots dans différentes langues autochtones de l'Amérique du Nord. Reproduit sur support microforme: *CIHM/ICMH collection de microfiches*, nᵒ 06186.   PM283 T7 1884   497

Inuktitut Language

Langue inuktitut

3070

Dorais, Louis-Jacques. – *1000 Inuit uqausingit = 1000 Inuit words = 1 000 mots inuit.* – Québec : Association Inuksiutiit Katimajiit : Groupe d'études inuit et circumpolaires (GETIC), Université Laval, 1990. – xii, 215 p. – (Inuit studies occasional papers = Cahiers d'études inuit ; 3). – 2920016105

Inuktitut-English-French list of 1,417 words from fourteen dialects and sub-dialects spoken in Greenland and the Canadian Arctic. Four main parts: forms and categories, nature, the human being and culture, subdivided into 28 chapters, including space, astronomy, feelings, housing. Entries include the Inuktitut word in syllabics (Igloolik dialect), English and French translations and romanized transcriptions of fourteen Inuktitut dialects. Bibliography. PM63 497.1

Lexique inuktitut-anglais-français de 1 417 mots inventoriant quatorze dialectes et sous-dialectes parlés au Groenland et en Arctique canadien. Quatre parties principales: formes et catégories, nature, être humain et culture qui se subdivisent en 28 chapitres dont notamment espace, astronomie, sentiments, habitation. Les articles comprennent le mot inuktitut en syllabique (parler d'Igloolik), la traduction anglaise, française et les quatorze dialectes en inuktitut romanisé. Bibliographie. PM63 497.1

3071

Dorais, Louis-Jacques. – *Lexique analytique du vocabulaire inuit moderne au Québec-Labrador.* – Québec : Presses de l'Université Laval, 1978. – 136 p. : cartes. – (Travaux du Centre international de recherche sur le bilinguisme = Publications of the International Center for Research on Bilingualism ; A-14). – 0774668504

Inuktitut-French dictionary of more than 2,100 words for ideas and objects introduced into Nouveau-Québec and Labrador by the Euro-Americans. French translation, geographical distribution and etymology are given in each entry. Analytical introduction. Bibliography. Also published in Inuktitut and English under the title: *Uqausigusiqtaat : an analytical lexicon of modern Inuktitut in Quebec-Labrador.* PM63 D67 fol. 497.1

Dictionnaire inuktitut-français de plus de 2 100 mots désignant des réalités introduites au Nouveau-Québec et au Labrador par les Euro-américains. Chaque article comprend la traduction française, la distribution géographique et l'étymologie. Comprend un texte analytique en introduction. Bibliographie. Publié aussi en inuktitut-anglais sous le titre: *Uqausigusiqtaat : an analytical lexicon of modern Inuktitut in Quebec-Labrador.* PM63 D67 fol. 497.1

3072

Dorais, Louis-Jacques. – *Tukilik : an Inuktitut grammar for all.* – Québec : Association Inuksiutiit Katimajiit : Groupe d'études inuit et circumpolaires (GETIC), Université Laval, 1988. – v, 132 p. – (Inuit studies occasional papers = Cahiers d'études inuit ; 2). – 2920016075

Grammar of Inuktitut as spoken in Nouveau-Québec and understood by most of the Inuit of the Eastern Canadian Arctic. Six main parts: structure, name giving words, events, localizers, small words and questions about adjectives, pronouns, etc. Includes material in Inuktitut syllabics. Bibliography. Table of syllabics. Two indexes: grammatical terms, Inuktitut syllabics. PM62 D69 1988 fol. 497.1

Grammaire de l'inuktitut parlé au Nouveau-Québec et compris par la plupart des Inuit de l'Arctique canadien de l'Est. Six parties principales: structure, noms, événements, localisateurs, liaisons et questions sur des adjectifs, des pronoms, etc. Inclut des textes en inuktitut syllabique. Bibliographie. Tableau des symboles syllabiques. Deux index: termes grammaticaux, inuktitut syllabique. PM62 D69 1988 fol. 497.1

3073

Dorais, Louis-Jacques. – *Uqausigusiqtaat : an analytical lexicon of modern Inuktitut in Quebec-Labrador.* – Québec : Presses de l'Université Laval, 1983. – xii, 168 p. : maps. – 2763770150

Inuktitut-English dictionary of more than 2,100 words for ideas and objects introduced into Nouveau-Québec and Labrador by the Euro-Americans. English translation, geographical distribution and etymology are given in each entry. Includes an analytical essay and a syllabic index. Glossary of linguistic terms. Bibliography. Also published in Inuktitut and French under the title: *Lexique analytique du vocabulaire inuit moderne au Québec-Labrador.* PM63 D6713 1983 fol. 497.1

Dictionnaire inuktitut-anglais de plus de 2 100 mots désignant des réalités introduites au Nouveau-Québec et au Labrador par les Euro-américains. Chaque article comprend la traduction anglaise, la distribution géographique et l'étymologie. Comprend un texte analytique et un index syllabique. Glossaire des termes linguistiques. Bibliographie. Publié aussi en inuktitut-français sous le titre: *Lexique analytique du vocabulaire inuit moderne au Québec-Labrador.* PM63 D6713 1983 fol. 497.1

3074

I/T word list book = Tusaajiit uqausiqarvingat = Glossaire I/T. – (1989)- . – Iqaluit (N.W.T.) : Arctic College, Nunatta Campus, c1989- . – vol. – 0849-5661

Annual. Translation of English terms into Inuktitut and French. Arranged by subject such as teaching, the environment, government, medicine, etc. Each Inuktitut term is written in syllabics with a romanized transcription. Title varies: 1989-1990, *Interpreter translator word list book = Tusaajiit uqausiqarvingat.* PN40.5 L36 I56 fol. 497.1

Annuel. Traduction de termes anglais en inuktitut et en français. Classement par thèmes tels qu'enseignement, environnement, gouvernement, médecine, etc. Chaque terme inuktitut est inscrit en caractères syllabiques avec sa transcription romanisée. Le titre varie: 1989-1990, *Interpreter translator word list book = Tusaajiit uqausiqarvingat.* PN40.5 L36 I56 fol. 497.1

3075

I/T word list book = Tusaajiit uqausiqarvingat = Glossaire I/T. – (1989)- . – Iqaluit (T.N.-O.) : Collège de l'Arctique, Campus Nunatta, c1989- . – vol. – 0849-5661

Annual. Translation of English terms into Inuktitut and French. Arranged by subject such as teaching, the environment, government, medicine, etc. Each Inuktitut term is written in syllabics with a romanized transcription. Title varies: 1989-1990, *Interpreter translator word list book = Tusaajiit uqausiqarvingat.* PN40.5 L36 I56 fol. 497.1

Annuel. Traduction de termes anglais en inuktitut et en français. Classement par thèmes tels qu'enseignement, environnement, gouvernement, médecine, etc. Chaque terme inuktitut est inscrit en caractères syllabiques avec sa transcription romanisée. Le titre varie: 1989-1990, *Interpreter translator word list book = Tusaajiit uqausiqarvingat.* PN40.5 L36 I56 fol. 497.1

3076

Jenness, Diamond. – *Comparative vocabulary of the Western Eskimo dialects.* – Ottawa : F.A. Acland, 1928. – 134 p. – (Report of the Canadian Arctic Expedition, 1913-18 ; vol. 15, pt. A).

Inuktitut-English vocabulary of approximately 2,000 words from dialects spoken in the Western Canadian Arctic, Labrador, Alaska and Greenland. Each entry includes geographical location, variants and an English translation. PM63 J45 1928 497.1

Vocabulaire inuktitut-anglais d'environ 2 000 mots provenant des dialectes parlés en Arctique canadien de l'Ouest, au Labrador, en Alaska et au Groenland. Chaque article comprend la localisation géographique, les variantes et la traduction anglaise. PM63 J45 1928 497.1

3077

Lowe, Ronald. – *Kangiryuarmiut uqauhingita ilihautdjutikhangit = Basic Kangiryuarmiut Eskimo grammar.* – Inuvik (N.W.T.) : Committee for Original Peoples Entitlement, 1985. – xi, 233 p. – (C.O.P.E. ; 4). – 0969159730 – Spine title : *Kangiryuarmiut grammar.*

Grammar of Kangiryuarmiut, an Inuktitut dialect spoken in the area of Holman in the Northwest Territories. Four main parts: objects, actions, quality words and localizers. Glossary of grammatical terms. PM62 L69 1985 497.1

Grammaire Kangiryuarmiut, dialecte inuktitut parlé dans les environs d'Holman dans les Territoires du Nord-Ouest. Quatre parties principales: objets, actions, qualificatifs et localisateurs. Glossaire des termes grammaticaux. PM62 L69 1985 497.1

3078

Lowe, Ronald. – *Kangiryuarmiut uqauhingita numiktittitdjutingit = Basic Kangiryuarmiut Eskimo dictionary.* – Inuvik (N.W.T.) : Committee for Original Peoples Entitlement, 1983. – xxiv, 241 p. – (C.O.P.E ; 1). – 0969159706 – Spine title : *Kangiryuarmiut dictionary.*

Bilingual dictionary of English and Kangiryuarmiut, an Inuktitut dialect spoken in the area of Holman in the Northwest Territories. Three parts: 2,300 words and expressions translated from Kangiryuarmiut to English, listed in seventeen categories including animals, clothes, time, etc.; 171 Kangiryuarmiut suffixes translated into English; 2,500 words and expressions translated from English to Kangiryuarmiut, listed alphabetically by keyword. PM63 L69 1983 497.1

Dictionnaire bilingue de langues anglaise et kangiryuarmiut, dialecte inuktitut parlé dans les environs d'Holman dans les Territoires du Nord-Ouest. Trois parties: 2 300 mots et locutions traduits du kangiryuarmiut à l'anglais, répertoriés selon dix-sept catégories notamment animaux, vêtements, temps, etc.; 171 suffixes kangiryuarmiut-anglais; 2 500 mots et locutions traduits de l'anglais au kangiryuarmiut, répertoriés selon l'ordre alphabétique des mots clés. PM63 L69 1983 497.1

3079

Lowe, Ronald. – *Siglit Inuvialuit uqausiita ilisarviksait = Basic Siglit Inuvialuit Eskimo grammar.* – Inuvik (N.W.T.) : Committee for Original Peoples Entitlement, 1985. – xi, 298 p. – (C.O.P.E. ; 6). – 0969159757 – Spine title : *Siglit Inuvialuit grammar.*

Grammar of Siglit, an Inuktitut dialect spoken in the Western Canadian Arctic. Four main parts: objects, actions, quality words and localizers. Glossary of grammatical terms. PM62 L693 1985 497.1

Grammaire siglit, dialecte inuktitut parlé en Arctique canadien de l'Ouest. Quatre parties principales: objets, actions, qualificatifs et localisateurs. Glossaire des termes grammaticaux. PM62 L693 1985 497.1

3080

Lowe, Ronald. – *Siglit Inuvialuit uqausiita kipuktirutait = Basic Siglit Inuvialuit Eskimo dictionary.* – Inuvik (N.W.T.) : Committee for Original Peoples Entitlement, 1984. – xxviii, 305 p. – (C.O.P.E ; 3). – 0969159722 – Spine title : *Siglit Inuvialuit dictionary.*

Bilingual dictionary of English and Siglit, an Inuktitut dialect spoken in the Western Canadian Arctic. Three parts: 2,800 words and expressions translated from Siglit to English, listed in seventeen categories including animals, clothes, time, etc.; 182 Siglit suffixes translated into English; 3,500 words and expressions translated from English to Siglit, listed alphabetically by keyword. PM63 L693 1984 497.1

Dictionnaire bilingue de langues anglaise et siglit, dialecte inuktitut parlé en Arctique canadien de l'Ouest. Trois parties: 2 800 mots et locutions traduits du siglit à l'anglais répertoriés selon dix-sept catégories notamment animaux, vêtements, temps, etc.; 182 suffixes siglit-anglais; 3 500 mots et locutions traduits de l'anglais au siglit, répertoriés selon l'ordre alphabétique des mots clés. PM63 L693 1984 497.1

3081

Lowe, Ronald. – *Uummarmiut uqalungiha ilihaurrutikrangit = Basic Uummarmiut Eskimo grammar.* – Inuvik (N.W.T.) : Committee for Original Peoples Entitlement, 1985. – xi, 277 p. – (C.O.P.E. ; 6). – 0969159749 – Spine title : *Uummarmiut grammar.*

Grammar of Uummarmiut, an Inuktitut dialect spoken in the Western Canadian Arctic. Four main parts: objects, actions, quality words and localizers. Glossary of grammatical terms. PM62 L694 1985   497.1

Grammaire uummarmiut, dialecte inuktitut parlé en Arctique canadien de l'Ouest. Quatre parties principales: objets, actions, qualificatifs et localisateurs. Glossaire des termes grammaticaux. PM62 L694 1985   497.1

3082

Lowe, Ronald. – *Uummarmiut uqalungiha mumikhitchirutingit = Basic Uummarmiut Eskimo dictionary.* – Inuvik (N.W.T.) : Committee for Original Peoples Entitlement, 1984. – xxvii, 262 p. – (C.O.P.E ; 2). – 0969159714 – Spine title : *Uummarmiut dictionary.*

Bilingual dictionary of English and Uummarmiut, an Inuktitut dialect spoken in the Western Canadian Arctic. Three parts: 2,600 words and expressions translated from Uummarmiut to English, listed in seventeen categories including animals, clothes, time, etc.; 148 Uummarmiut suffixes translated into English; 3,300 words and expressions translated from English to Uummarmiut, listed alphabetically by keyword.   PM63 L694 1984   497.1

Dictionnaire bilingue de langues anglaise et uummarmiut, dialecte inuktitut parlé en Arctique canadien de l'Ouest. Trois parties: 2 600 mots et locutions traduits du uummarmiut à l'anglais, répertoriés selon dix-sept catégories notamment animaux, vêtements, temps, etc.; 148 suffixes uummarmiut-anglais; 3 300 mots et locutions traduits de l'anglais au uummarmiut, répertoriés selon l'ordre alphabétique des mots clés.   PM63 L694 1984   497.1

3083

Mallon, Sidney Tate. – *Introductory Inuktitut : reference grammar.* – Montréal : Arctic College-McGill University Inuktitut Text Project, 1991. – 161 p. – 0771702353

Grammar of the Inuktitut language spoken in the area of Igloolik in the Northwest Territories. Ten chapters including verbs, nouns, possessives, morphemes attached to nouns and verbs, roots and endings.   PM61 M3572 1991   497.1

Grammaire de la langue inuktitut parlée dans les environs d'Igloolik dans les Territoires du Nord-Ouest. Dix chapitres, y compris verbes, noms, possessifs, morphèmes accolés aux noms at aux verbes, racines et terminaisons.   PM61 M3572 1991   497.1

3084

Metropolitan Toronto Central Library. Languages Centre. – *A bibliography of Inuit (Eskimo) linguistics in collections of the Metropolitan Toronto Library.* – Compiled by Barry Edwards in collaboration with Mary Love. – Toronto: Metropolitan Toronto Library Board, Languages Centre, [1982?]. – iii, 36 p. – Cover title.

Bibliography of material on Inuktitut in the various collections of the Metropolitan Toronto Central Library. Includes monographs, serials, periodical articles and excerpts from works. Excludes musical recordings, maps, general works on culture and ethnography, ephemera and Inuit literature written in languages other than Inuktitut. Each title in syllabics is also romanized. Brief notes and locations.   Z7119 E7 M48 fol.   016.4971

Bibliographie de documents en rapport avec l'inuktitut et conservés dans les différentes collections de Metropolitan Toronto Central Library. Inclut des monographies, publications en série, articles de périodiques et extraits d'ouvrages. Exclut les enregistrements sonores musicaux, cartes, ouvrages généraux de culture et d'ethnographie inuit, publications éphémères et la littérature inuit écrite dans les langues autres que l'inuktitut. Chaque titre inscrit en caractères syllabiques comporte une transcription romanisée. Brèves notes et les localisations.   Z7119 E7 M48 fol.   016.4971

3085

Petitot, Émile. – *Vocabulaire français-esquimau, dialecte des Tchiglit des bouches du Mackenzie et de l'Anderson : précédé d'une monographie de cette tribu et de notes grammaticales.* – Paris : Ernest Leroux ; San Francisco : A.L. Bancroft, 1876. – lxiv, 75, [3] p. : ill. – (Bibliothèque de linguistique et d'ethnographie américaines ; vol. 3).

Essay, grammar and lexicon of the Inuktitut dialect spoken by the Tchiglits of the Northwest Territories. Historical essay organized by subject area, such as dress, shelter and way of life. Grammar organized by category, such as pronouns, adjectives, verbs, etc. French-Tchiglit lexicon arranged alphabetically by keyword. Appendix: list of place names. Reproduced in microform format: *CIHM/ICMH microfiche series*, no. 15871.   PM63 P4 fol.   497.1

Essai, grammaire et lexique en rapport avec le dialecte inuktitut parlé par les Tchiglits des Territoires du Nord-Ouest. Essai historique présenté par thèmes dont notamment costume, habitation et genre de vie. Présentation de la grammaire par catégories telles que pronoms, adjectifs, verbes, etc. Lexique français-tchiglit répertorié selon l'ordre alphabétique des mots clés. Appendice: liste de lieux géographiques. Reproduit sur support microforme: *CIHM/ICMH collection de microfiches*, nº 15871.   PM63 P4 fol.   497.1

3086

Pilling, James Constantine. – *Bibliography of the Eskimo language.* – Washington : Government Printing Office, 1887. – v, 116 p. : facsims. – (Bulletin - Smithsonian Institution. Bureau of Ethnology ; no. 1). – 0404073913 (reprint vol. 1) 0404073905 (reprint set)

Annotated bibliography of material in Inuktitut languages published between 1656 and 1887. Includes monographs, pamphlets, periodical articles, manuscripts, etc., listed alphabetically by author. Each bibliographical reference includes notes, location and author's biography. Native language and subject indexes integrated with main arrangement of entries. Chronological index. Reproduced in microform format: *CIHM/ICMH microfiche series*, no. 12051. Reprinted:

Bibliographie annotée de documents en langues inuktituts parus entre 1656 et 1887. Comprend des monographies, brochures, articles de périodiques, manuscrits, etc. Recension alphabétique des auteurs. Pour chaque référence bibliographique, des notes, localisations et notice biographique sont colligées. Deux index intégrés à l'arrangement principal: langues autochtones, sujets. Un index chronologique. Reproduit sur support microforme: *CIHM/ICMH collection de microfiches*, nº 12051. Réimpr.: Toronto : Canadiana House, 1969.

Toronto : Canadiana House, 1969. Reprinted: *Bibliographies of the languages of the North American Indians, vol. I, part I : Eskimo (Greenland, Labrador, Aleut, Kodiak, Karalit, Malamute, etc.). 1887* (New York : AMS Press, 1973).   Z7119 E7 P6   016.4971

Réimpr.: *Bibliographies of the languages of the North American Indians, vol. I, part I : Eskimo (Greenland, Labrador, Aleut, Kodiak, Karalit, Malamute, etc.). 1887* (New York : AMS Press, 1973). Z7119 E7 P6   016.4971

3087

Qumaq Allatangit, Taamusi. – *Inuit uqausillaringit : ulirnaisigutiit.* – Kupaimmi [Québec] : Association Inuksiutiit katimajiit ; Inukjuak (Québec) : Institut culturel Avataq, 1991. – 600 p. – 2920616091

Dictionary of approximately 30,000 words defined in Nunavik Inuktitut, a dialect spoken in Nouveau-Québec, intended for high school and college students and for the general public. Certain entries include examples. Text in syllabics. Title translated on the verso of the title page: *The genuine Inuit words : a dictionary of definitions in Nunavik (Arctic Quebec) Inuktitut = Les véritables mots inuit : un dictionnaire des définitions en inuktitut du Nunavik (Québec arctique).* 1990 ed. defective: several pages are missing. PM63 Q53 1991 fol.   497.1

Dictionnaire d'environ 30 000 mots définis en inuktitut du Nunavik, dialecte parlé au Nouveau-Québec, destiné aux niveaux secondaire et collégial et au grand public. Certaines articles comportent des exemples. Texte en caractères syllabiques. Titre traduit au verso de la page titre: *The genuine Inuit words : a dictionary of definitions in Nunavik (Arctic Quebec) Inuktitut = Les véritables mots inuit : un dictionnaire des définitions en inuktitut du Nunavik (Québec arctique).* Éd. de 1990 défectueuse: plusieurs pages sont manquantes. PM63 Q53 1991 fol.   497.1

3088

Schneider, Lucien. – *Dictionnaire esquimau-francais du parler de l'Ungava et contrées limitrophes.* – Nouv. éd. augm. – Québec : Presses de l'Université Laval, 1970. – xvii, 437 p. – (Travaux et documents du Centre d'études nordiques ; 3).

1st ed., 1966, *Dictionnaire alphabético-syllabique du langage esquimau de l'Ungava et contrées limitrophes.* Inuktitut-French dictionary of the language spoken in the Eastern Canadian Arctic. Each entry includes geographical location and French translation. Also published in Inuktitut and English under the title: *Ulirnaisigutiit : an Inuktitut-English dictionary of Northern Quebec, Labrador and Eastern Arctic dialects (with an English-Inuktitut index).* PM63 S3 1970 fol.   497.1

1ʳᵉ éd., 1966, *Dictionnaire alphabético-syllabique du langage esquimau de l'Ungava et contrées limitrophes.* Dictionnaire inuktitut-français de la langue parlée dans l'Arctique canadien de l'Est. Chaque article comprend la localisation géographique et la traduction française. Publié aussi en inuktitut-anglais sous le titre: *Ulirnaisigutiit : an Inuktitut-English dictionary of Northern Quebec, Labrador and Eastern Arctic dialects (with an English-Inuktitut index).*   PM63 S3 1970 fol.   497.1

3089

Schneider, Lucien. – *Dictionnaire français-esquimau du parler de l'Ungava et contrées limitrophes.* – Québec : Presses de l'Université Laval, 1970. – [14], 421 p. – (Travaux et documents du Centre d'études nordiques ; 5).

French-Inuktitut dictionary of the language spoken in Nouveau-Québec. Arranged alphabetically by keyword. Each entry includes translations of associated expressions.   PM63 S32 fol.   497.1

Dictionnaire français-inuktitut de mots provenant du Nouveau-Québec. Classement alphabétique des mots clés. Chaque article comprend la traduction des locutions associées.   PM63 S32 fol.   497.1

3090

Schneider, Lucien. – *Ulirnaisigutiit : an Inuktitut-English dictionary of Northern Quebec, Labrador and Eastern Arctic dialects (with an English-Inuktitut index).* – By Lucien Schneider ; translated from the French and transliterated by Dermot Ronan F. Collis. – Québec : Presses de l'Université Laval, 1985. – x, 507 p. – 2763770657

Inuktitut-English dictionary of the language spoken in the Eastern Canadian Arctic. Each entry includes syllabic transcription, English translation and geographical location. English-Inuktitut lexicon. Also published in Inuktitut and French under the title: *Dictionnaire esquimau-français du parler de l'Ungava et contrées limitrophes.* PM63 S313 1985 fol.   497.1

Dictionnaire inuktitut-anglais de la langue parlée dans l'Arctique canadien de l'Est. Chaque article comprend la transcription syllabique, la traduction anglaise et la localisation géographique. Comprend un lexique anglais-inuktitut. Publié aussi en inuktitut-français sous le titre: *Dictionnaire esquimau-français du parler de l'Ungava et contrées limitrophes.* PM63 S313 1985 fol.   497.1

3091

Spalding, Alex. – *Learning to speak Inuktitut : a grammar of North Baffin dialects.* – London : Centre for Research and Teaching of Canadian Native Languages, University of Western Ontario, 1979. – xiii, 182 p. – (Native language research series ; no. 1). – 0771401396

Grammar of Inuktitut spoken in the northern part of Baffin Island, Northwest Territories. Organized in 49 learning levels. Index of infixes, suffixes and grammatical terms. Appendices: English-Inuktitut lexicon and introduction to syllabics.   PM62 S65   497.1

Grammaire de l'inuktitut parlé au nord de Baffin dans les Territoires du Nord-Ouest. Présentation selon 49 niveaux d'apprentissage. Index des infixes, suffixes et termes grammaticaux. Appendices: lexique anglais-inuktitut et présentation des symboles syllabiques. PM62 S65   497.1

Iroquoian Languages

Langues iroquoises

3092

Pilling, James Constantine. – *Bibliography of the Iroquoian languages.* – Washington : Government Printing Office, 1888. – vi, 208 p. : fac-sims. (1 double). – (Bulletin - Smithsonian Institution. Bureau of Ethnology ; no. 6). – 0404073913 (reprint vol. 1) 0404073905 (reprint set)

Annotated bibliography of 949 items in Iroquoian languages published between 1545 and 1888. Includes monographs, pamphlets, periodical articles, manuscripts, etc., listed alphabetically by author. Each bibliographical reference includes notes, locations and author biography. Native language and subject indexes integrates with main arrangement of entries. Chronological index. Reprinted: *Bibliographies of the languages of the North American Indians, vol. I, part III : Iroquoian (Cayuga, Cherokee, Huron, Iroquois, Mohawk, Oneida, Onandaga, Seneca, etc.). 1888* (New York : AMS Press, 1973). Reproduced in microform format: *CIHM/ICMH microfiche series*, no. 12050. Z7119 I7 P6 016.4975

Bibliographie annotée de 949 documents en langues iroquoises parus entre 1545 et 1888. Comprend des monographies, brochures, articles de périodiques, manuscrits, etc. Recension alphabétique des auteurs. Pour chaque référence bibliographique, des notes, localisations et notice biographique sont colligées. Deux index intégrés à l'arrangement principal: langues autochtones, sujets. Index chronologique. Réimpr.: *Bibliographies of the languages of the North American Indians, vol. I, part III : Iroquoian (Cayuga, Cherokee, Huron, Iroquois, Mohawk, Oneida, Onandaga, Seneca, etc.). 1888* (New York : AMS Press, 1973). Reproduit sur support microforme: *CIHM/ICMH collection de microfiches*, n° 12050. Z7119 I7 P6 016.4975

Cayuga

Cayuga

3093

Kick, Shirley. – *Cayuga thematic dictionary : a list of commonly used words in the Cayuga language, using the Henry orthography.* – By Shirley Kick, Marge Henry, Evelyn Jacobs, Geraldine Sandy ; Reg Henry, editor ; Amos Key, coordinator. – Brantford (Ont.) : Woodland Publishing, Woodland Cultural Centre, 1988. – 3, iii, 119, 14 p. – 0919775098

English-Cayuga lexicon of 1,388 words grouped in 67 subject areas such as birds, clothing, colours, days, etc. Index of English words. PM757 Z5 C39 1988 fol. 497.5

Lexique anglais-cayuga de 1 388 mots répertoriés selon 67 thèmes tels qu'oiseaux, vêtements, couleurs, jours, etc. Index des mots anglais. PM757 Z5 C39 1988 fol. 497.5

Huron

Huron

3094

Sagard, Gabriel. – *Dictionaire* [sic] *de la langue huronne : nécessaire à ceux qui n'ont l'intelligence d'icelle, & ont à traiter avec les sauvages du pays.* – Paris : Denys Moreau, 1632. – 12, [132] p.

French-Huron dictionary arranged alphabetically by keyword. Each entry includes translations of associated expressions and declensions. Reproduced in microform format: *CIHM/ICMH microfiche series*, no. 63297. Reprinted: Paris : Libr. Tross, 1865. 1865 ed. reproduced in microform format: *CIHM/ICMH microfiche series*, no. 41217. Other ed.: *Le grand voyage du pays des Hurons situé en l'Amérique vers la mer douce, és derniers confins de la Nouvelle France dite Canada [...] avec un dictionnaire de la langue huronne pour la commodité de ceux qui ont à voyager dans le pays & n'ont l'intelligence d'icelle langue* (Paris : Denys Moreau, 1632). F5061 S33 497.5

Dictionnaire français-huron répertorié selon l'ordre alphabétique des mots clés. Chaque article comprend la traduction des locutions associées et les déclinaisons. Reproduit sur support microforme: *CIHM/ICMH collection de microfiches*, n° 63297. Réimpr.: Paris : Libr. Tross, 1865. Éd. de 1865 reproduite sur support microforme: *CIHM/ICMH collection de microfiches*, n° 41217. Autre éd.: *Le grand voyage du pays des Hurons situé en l'Amérique vers la mer douce, és derniers confins de la Nouvelle France dite Canada [...] avec un dictionnaire de la langue huronne pour la commodité de ceux qui ont à voyager dans le pays & n'ont l'intelligence d'icelle langue* (Paris : Denys Moreau, 1632). F5061 S33 497.5

Mohawk

Mohawk

3095

Cuoq, Jean André. – *Lexique de la langue iroquoise avec notes et appendices.* – [Réédition]. – Montréal : J. Chapleau & fils, [1883]. – ix, 238 [i.e. 237] p.

1st ed., 1882. Mohawk-French lexicon in four parts: roots, supplement to roots, derived forms and compound forms, additional notes. Each entry includes translation and notes. Appendices: homonyms and paronyms, names, personal names and family names, etc. Index of authors cited. Reproduced in microform format: 1882 ed., *CIHM/ICMH microfiche series*, no. 02441. 1883 ed., *CIHM/ICMH microfiche series*, no. 27053. PM1383 C8 1883 497.5

1re éd., 1882. Lexique mohawk-français présenté en quatre parties: racines, supplément aux racines, dérivés et composés, notes supplémentaires. Chaque article comprend la traduction et des notes complémentaires. Appendices: homonymes et paronymes, noms, prénoms et surnoms, etc. Index des auteurs cités. Reproduit sur support microforme: Éd. de 1882, *CIHM/ICMH collection de microfiches*, n° 02441; Éd de 1883, *CIHM/ICMH collection de microfiches*, n° 27053. PM1383 C8 1883 497.5

3096
Maracle, David R. – *Iontewennaweienhstáhkwa' : Mohawk language dictionary.* – Belleville (Ont.) : Mika Publishing, 1990. – [10], 413 p. – 0921341385 – Spine title : *Mohawk language dictionary : iontewennaweienhstáhkwa'.*

Mohawk-English/English-Mohawk dictionary, with a Mohawk grammar. A section entitled "reference" groups related words under 429 radicals. The grammar is in five sections: nouns, agglutination, numeration, possessive forms and conjugation of verbs. PM1883 M37 1990 fol.   497.5

Dictionnaire mohawk-anglais/anglais-mohawk complété d'une grammaire de la langue mohawk. Une section intitulée référence regroupe les mots ayant des liens, sous 429 radicaux. La partie grammaticale comporte cinq sections: noms, agglutination, numération, possessifs et conjugaison des verbes.   PM1883 M37 1990 fol.   497.5

Oneida

Oneida

3097
Honʌyote'a:ká kawʌnakalatatú. – London : Centre for the Research and Teaching of Canadian Native Languages, University of Western Ontario, 1982. – [8], 165 p. : ports. – 0771403305

Oneida-English lexicon arranged alphabetically by keyword. Each entry includes the radical and translations of related words conjugated in different ways.   PM2073 H55 fol.   497.5

Lexique oneida-anglais répertorié selon l'ordre alphabétique des mots clés. Chaque article comprend le radical et la traduction des mots associés selon différentes formes de conjugaison. PM2073 H55 fol.   497.5

3098
Ji? ni twa wʌ no•tʌ: ho nyo ta aka. – Illustrations by Catherine Farley ; edited by Elda Antone, M.E. O'Neail, Mary Pepper, Thais Skelly. – [London] : Centre for Research and Teaching of Native Canadian Languages, c1979. – 64 p. : ill.

Illustrated Oneida dictionary organized by subject such as the alphabet, clothing, animals, etc. Includes two songs and a story. Oneida-English and English-Oneida glossaries.   PM2073   497.5

Dictionnaire illustré de la langue oneida répertorié par thèmes tels qu'alphabet, vêtements, animaux, etc. Comprend aussi deux chansons et une histoire. Deux glossaires: oneida-anglais, anglais-oneida. PM2073   497.5

3099
Tekalihwathé:tha'. – Edited by Angela Antone [et al.] ; illustrated by Pat Nicholas, Carol Summers. – London : Centre for the Research and Teaching of Canadian Native Languages, University of Western Ontario, 1981. – x, 232 p. : ill., music.

English-Oneida lexicon arranged by subject such as animals, clothing, songs, conjugation tables, etc.   PM2073 T46 fol.   497.5

Lexique anglais-oneida répertorié par thèmes tels qu'animaux, vêtements, chansons, tables de conjugaison, etc.   PM2073 T46 fol. 497.5

Onondaga

Onontaga

3100
Shea, John Gilmary. – *French-Onondaga dictionary from a manuscript of the seventeenth century.* – New York : Cramoisy Press, 1860. – viii, 103 p. – (Shea's library of American linguistics ; 1). – Titre de la p. de t. additionnelle : *Dictionnaire françois-onontagué édité d'après un manuscrit du 17ᵉ siècle.*

French-Onondaga dictionary arranged alphabetically by keyword. For each word, Onondaga translations of related words and declensions are provided. Includes a brief introduction to the grammar. Reproduced in microform format: *CIHM/ICMH microfiche series*, no. 49524. Reprinted: New York : AMS Press, 1970.   PM2076 S5 fol. 497.5

Dictionnaire français-onontaga répertorié selon l'ordre alphabétique des mots clés. Pour chaque mot, la traduction onontaga des mots associés et les déclinaisons sont colligées. Inclut une brève présentation grammaticale. Reproduit sur support microforme: *CIHM/ICMH collection de microfiches*, n° 49524. Réimpr.: New York : AMS Press, 1970.   PM2076 S5 fol.   497.5

3101
Zeisberger, David. – *Zeisberger's Indian dictionary : English, German, Iroquois (the Onondaga) and Algonquin (the Delaware).* – Printed from the original manuscript in Harvard College Library ; [edited by Eben Norton Horsford]. – Cambridge [Mass.] : John Wilson and Son, University Press, 1887. – v, 236 p.

English-German-Onondaga-Delaware dictionary arranged alphabetically by English keyword. Reprinted: New York : AMS Press, [1983]. PM605 Z5 fol.   413

Dictionnaire anglais-allemand-onontaga-delaware répertorié selon l'ordre alphabétique des mots clés anglais. Réimpr.: New York : AMS Press, [1983].   PM605 Z5 fol.   413

Seneca

Seneca

3102

Chafe, Wallace L. – *Seneca morphology and dictionary.* – Washington : Smithsonian Press, 1967. – v, 126 p. : tables.

Grammar and lexicon of Seneca spoken in Ontario and in New York state. The grammar includes 29 sections such as phonemes, verbs and prefixes. Index of morphological terms. Seneca-English lexicon of 2,146 words with related expressions. Index of English words and expressions. Bibliography. PM2296 497.5

Grammaire et lexique de la langue seneca parlée en Ontario et dans l'état de New York. La partie grammaticale comporte 29 sections telles que phonèmes, verbes et préfixes. Index des termes morphologiques. Lexique seneca-anglais comportant 2 146 mots avec les locutions associées. Index des mots et locutions anglais. Bibliographie. PM2296 497.5

Tuscarora

Tuscarora

3103

Rudes, Blair A. – *Tuscarora roots, stems, and particles : towards a dictionary of Tuscarora.* – Winnipeg : Algonquian and Iroquoian Linguistics, c1987. – 377, [3] p. – (Memoir ; 3). – 0921064039

Tuscarora-English list of 1,504 radicals arranged alphabetically. For each radical, derived words and their English translations are given, with a reference to Rudes, Blair A., Crouse, Dorothy, *The Tuscarora legacy of J.N.B. Hewitt : materials for the study of the Tuscarora language and culture = J.N.B. Hewitt Waˀękhiríhwayęˀθ ska rù·reˀ : yerihętyáˀkhwaˀ haˀ uwę́·teh tíhsneˀ urihwakà·yęˀ ska rù·ręˀ* (Ottawa : Canadian Museum of Civilisation, 1987). Index of English words. Bibliography. PM2501 R83 1987 fol. 497.5

Lexique tuscarora-anglais de 1 504 radicaux répertorié alphabétiquement. Pour chaque radical, les mots dérivés et leur traduction anglaise sont colligés avec un renvoi à: Rudes, Blair A., Crouse, Dorothy, *The Tuscarora legacy of J.N.B. Hewitt : materials for the study of the Tuscarora language and culture = J.N.B. Hewitt Waˀękhiríhwayęˀθ ska rù·reˀ : yerihętyáˀkhwaˀ haˀ uwę́·teh tíhsneˀ urihwakà·yęˀ ska rù·ręˀ* (Ottawa : Canadian Museum of Civilisation, 1987). Index des mots anglais. Bibliographie. PM2501 R83 1987 fol. 497.5

Salishan Languages

Langues salishs

3104

Pilling, James Constantine. – *Bibliography of the Salishan languages.* – Washington : Government Printing Office, 1893. – xi, [3], 86 p. : facsims. – (Bulletin - Smithsonian Institution. Bureau of Ethnology ; no. 16). – 040407393X (reprint vol. 3) 0404073905 (reprint set)

Annotated bibliography of 320 items in the Salishan languages published between 1801 and 1893. Includes monographs, pamphlets, periodical articles, manuscripts, etc. Listed alphabetically by author. Entries include notes, locations and author biography. Two indexes integrated with main arrangement of entries: Native language, subject. Reprint: *Bibliographies of the languages of the North American Indians, vol. III, part VIII : Salishan (Bilkula, Dwamish, Flathead, Skokomish, Spokan, Tilamuk, etc.). 1893* (New York : AMS Press, 1973). Reproduced in microform format: *CIHM/ICMH microfiche series*, no. 15902. Z7119 S1 P6 016.4979

Bibliographie annotée de 320 documents en langues salishs parus entre 1801 et 1893. Comprend des monographies, brochures, articles de périodiques, manuscrits, etc. Recension alphabétique des auteurs. Les références comprennent des notes, localisations et notice biographique. Deux index intégrés à l'arrangement principal: langues autochtones, sujets. Index chronologique. Réimpr.: *Bibliographies of the languages of the North American Indians, vol. III, part VIII : Salishan (Bilkula, Dwamish, Flathead, Skokomish, Spokan, Tilamuk, etc.). 1893* (New York : AMS Press, 1973). Reproduit sur support microforme: *CIHM/ICMH collection de microfiches*, n° 15902. Z7119 S1 P6 016.4979

Bella Coola

Bella Coola

3105

Nater, H. F. – *A concise Nuxalk-English dictionary.* – Hull (Quebec) : Canadian Museum of Civilization, c1990. – x, 169 p. – (Mercury series) (Paper - Canadian Ethnology Service ; no. 115). – 0660107988

Bella Coola-English dictionary of 2,131 words, compiled between 1972 and 1983. Each entry includes translations of related expressions and a reference code to grammatical concepts presented in *The Bella Coola language* (Ottawa : National Museums of Canada, 1984). Includes an abstract in French. Replaces: *Stem list of the Bella Coola language* (Lisse [Netherlands] : Peter de Ridder Press, 1977). PM675 N37 1990 497.9

Dictionnaire bella coola-anglais de 2 131 mots compilés entre 1972 et 1983. Chaque article comprend la traduction des locutions associées et le code référant aux notions grammaticales contenues dans *The Bella Coola language* (Ottawa : Musées nationaux du Canada, 1984). Comprend un résumé en français. Remplace: *Stem list of the Bella Coola language* (Lisse [Netherlands] : Peter de Ridder Press, 1977). PM675 N37 1990 497.9

Comox

Comox

3106
Harris, Herbert R. [Herbert Raymond]. – *A grammatical sketch of Comox* [microform]. – Ann Arbor (Mich.) : University Microfilms International, 1981. – 3 microfiches : maps. – (University Microfilms ; no. 8128776). – Ph.D. thesis, University of Kansas, 1977.

A grammar of the Comox language spoken on Vancouver Island, British Columbia. Four main parts: introduction, linguistic and cultural situation, syntax and phonology. Two appendices: sentence structure with an index of twenty cross-references, table of 38 phonological rules. Bibliography.   PM941   497.9

Grammaire de la langue comox, parlée sur l'Île de Vancouver en Colombie-Britannique. Quatre parties principales: introduction, assises linguistique et culturelle, syntaxe et phonologie. Deux appendices: structure phraséologique avec index de vingt renvois, schéma de 38 règles phonologiques. Bibliographie.   PM941   497.9

Halkomelem

Halkomelem

3107
Galloway, Brent D. [Brent Douglas]. – *A grammar of upriver Halkomelem.* – Berkeley (Calif.) : University of California Press, c1993. – xix, 663, [4] p. : 2 folded maps, ports., ill., graphs. – (University of California publications in linguistics ; vol. 96). – 0520096193

Grammar of the Stalo dialect of the Halkomelem language spoken in British Columbia. Thirteen chapters, including phonetics, pronouns, verbs and syntax. Bibliography.   PM2381   497.9

Grammaire du dialecte stalo qui relève de la langue halkomelem parlée en Colombie-Britannique. Treize chapitres dont notamment phonétique, pronoms, verbes et syntaxe. Bibliographie. PM2381   497.9

3108
Leslie, Adrian Roy. – *A grammar of Cowichan dialect of Halkomelem Salish* [microform]. – Ottawa : National Library of Canada, 1980. – 4 microfiches. – (Canadian theses on microfiche ; no. 42124). – Ph.D. thesis, University of Victoria, 1979.

Grammar of the Cowichan dialect of the Halkomelem language spoken in British Columbia. Detailed treatment of morphology and syntax. Bibliography. Appendix: Cowichan text translated into English with grammatical analysis. Subject index.   PM981   497.9

Grammaire du dialecte cowichan qui relève de la langue halkomelem parlée en Colombie-Britannique. Classement détaillé portant sur la morphologie et la syntaxe. Bibliographie. Appendice: texte traduit du cowichan à l'anglais avec analyse grammaticale. Index sujets.   PM981   497.9

3109
The structure of upriver Halq'eméylem : a grammatical sketch. Classified word list for upriver Halq'eméylem. – By Brent Galloway [et al.]. – Sardis (B.C.) : Coqualeetza Education Training Centre, c1980. – vii, 164 p. : ill., map, ports. – On cover and spine : *Halq'eméylem language : Halq'eméylem classified word list.*

Grammar and word list of the Stalo dialect of the Halkomelem language spoken in British Columbia. Grammar divided into categories such as verb tenses, plural, comparison, etc. English-Stalo list of 2,205 words arranged by subject such as numerals, parts of the body, clothing, etc. Certain entries include translation of sub-dialectic forms.   PM2381   497.9

Grammaire et lexique du dialecte stalo qui relève de la langue halkomelem parlée en Colombie-Britannique. Grammaire présentée par catégories telles que temps des verbes, pluriel, comparaison, etc. Lexique anglais-stalo de 2 205 mots répertoriés par thèmes dont notamment nombres, parties du corps, vêtements, etc. Certains articles comportent la traduction par sous-dialectes. PM2381   497.9

3110
Wells, Oliver. – *A vocabulary of Native words in the Halkomelem language, as used by the Native people of the Lower Fraser Valley, B.C.* – [Oliver N. Wells ; translated by C. Casey Wells]. – [2nd ed.]. – Sardis (B.C.) : Oliver N. Wells, [1969?], c1965. – 47 p. : ill., ports, music, map. – Cover title.

English-Halkomelem vocabulary of more than 1,200 words arranged alphabetically by keyword. Includes eight biographies of informants, a brief introduction to the phonetic system and three songs recorded in 1926 by Dennis Peters of the Smithsonian Institution. Also includes thematic lists, such as British Columbia place names, the seasons, colours, numbers, kinship terms, etc. Bibliography. PM284 W4 1969   497.9

Vocabulaire anglais-halkomelem de plus de 1 200 mots répertoriés selon l'ordre alphabétique des mots clés. Comprend aussi huit notices biographiques des personnes interviewées, une brève présentation du système phonétique et trois chansons enregistrées en 1926 par Dennis Peters du Smithsonian Institution. Inclut aussi des listes thématiques notamment des lieux géographiques de Colombie-Britannique, les saisons, les couleurs, les nombres, les liens de parenté, etc. Bibliographie.   PM284 W4 1969   497.9

Kalispel

Kalispel

3111

Giorda, Joseph. – *A dictionary of the Kalispel or Flat-head Indian language.* – By J. Giorda [whose work owed much to the manuscript dictionary of Rev. G. Mengarini]. Compiled by the Missionaries of the Society of Jesus. – [St. Ignatius Mission, Mont.? : s.n.], 1877-1879 ([St. Ignatius Mission, Mont.? : St. Ignatius Print.). – 2 vol. (644 ; [8], 456 p.).

Kalispel-English/English-Kalispel dictionary, the first part arranged alphabetically by root and the second part arranged alphabetically by keyword. Certain entries of the Kalispel-English section include references to the declensions presented in a supplement. Reproduced in microform format: *CIHM/ICMH microfiche series*, no. 35613-35615. Supplement: *Appendix to the Kalispel-English dictionary*. PM1431 Z5 G6 1877   497.9

Dictionnaire kalispel-anglais/anglais-kalispel, répertorié dans la 1re partie selon l'ordre alphabétique des racines et dans la 2e partie par mots clés. Certains articles de la partie kalispel-anglais comporte des renvois aux déclinaisons parues dans un supplément. Reproduit sur support microforme: *CIHM/ICMH collection de microfiches*, n°s 35613-35615. Supplément: *Appendix to the Kalispel-English dictionary*.   PM1431 Z5 G6 1877   497.9

3112

Giorda, J. [Joseph]. – *Appendix to the Kalispel-English dictionary.* – Compiled by the Missionaries of the Society of Jesus. [By J. Giorda whose work owed much to the manuscript dictionary of Rev. G. Mengarini]. – [St. Ignatius Mission, Mont.? : s.n.], 1879 ([St. Ignatius Mission, Mont.?] : St. Ignatius Print.). – [2], 36 p.

Appendix to: *A dictionary of the Kalispel or Flat-head Indian language.* 21 conjugation tables listing various Kalispel verb declensions. Reproduced in microform format: *CIHM/ICMH microfiche series*, no. 35704.   PM1431 Z5 G62   497.9

Supplément de: *A dictionary of the Kalispel or Flat-head Indian language.* 21 tables de conjugaison recensant différentes déclinaisons de verbes de la langue kalispel. Reproduit sur support microforme: *CIHM/ICMH collection de microfiches*, n° 35704.   PM1431 Z5 G62 497.9

Northern Straits Salish

Salish des détroits du nord

3113

Galloway, Brent Douglas. – *A phonology, morphology, and classified word list for the Samish dialect of Straits Salish.* – Hull (Quebec) : Canadian Museum of Civilization, c1990. – xii, 117, [3] p. : map. – (Mercury series)(Paper - Canadian Ethnology Service ; no. 116). – 0660107996

Grammatical and lexical study of the Samish dialect of Northern Straits Salish spoken in British Columbia, with a sample text. The grammatical study is in three main parts: phonemes, morphophonemics and morphology. English-Samish word list arranged by subject area such as numbers, nature, qualifiers, etc. Sample text translated from Samish to English with grammatical codes. Includes an abstract in French. Bibliography.   PM2263   497.9

Étude grammaticale, lexique et texte en rapport avec le dialecte samish qui relève de la langue salish des détroits du nord parlée en Colombie-Britannique. Étude grammaticale comportant trois parties principales: phonèmes, morphophonologie et morphologie. Lexique anglais-samish répertorié par thèmes tels que nombres, nature, qualificatifs, etc. Texte traduit du samish à l'anglais avec les codes grammaticaux. Comprend un résumé en français. Bibliographie.   PM2263   497.9

3114

Montler, Timothy. – *Saanich, North Straits Salish classified word list.* – Hull (Quebec) : Canadian Museum of Civilization, c1991. – x, 171 p. – (Mercury series) (Paper - Canadian Ethnology Service ; no. 119). – 0660129086

English-Saanich list of more than 2,800 words of this dialect of Northern Straits Salish, a language spoken in British Columbia. Arranged by topic such as numbers, animals, place names, etc. English and Saanich indexes of terms. Includes an abstract in French. Bibliography.   PM2263 M66 1991   497.9

Lexique anglais-saanich de plus de 2 800 mots du dialecte qui relève de la langue salish des détroits du nord, parlée en Colombie-Britannique. Présentation par sujets tels que nombres, animaux, lieux géographiques, etc. Deux index des termes: anglais, saanich. Comprend un résumé en français. Bibliographie.   PM2263 M66 1991 497.9

Ntlakyapamuk

Ntlakyapamuk

3115

Good, J. B. [John Booth]. – *A vocabulary and outlines of grammar of the Nitlakapamuk or Thompson tongue, (the Indian language spoken between Yale, Lillooet, Cache Creek and Nicola Lake) : together with a phonetic Chinook dictionary, adapted for use in the province of British Columbia.* – [Victoria? : s.n.], 1880 (Victoria : St. Paul's Mission Press). – 46 p.

English-Chinook and English-Ntlakyapamuk vocabularies and phrase books, with a summary grammar of the Ntlakyapamuk language spoken in British Columbia. Reproduced in microform format: *CIHM/ICMH microfiche series*, no. 02276.   PM2045 G66 1880 497.9

Vocabulaires et guides de conversation anglais-chinook, anglais-ntlakyapamuk et d'un abrégé grammatical de la langue ntlakyapamuk parlée en Colombie-Britannique. Reproduit sur support microforme: *CIHM/ICMH collection de microfiches*, n° 02276.   PM2045 G66 1880   497.9

3116

Thompson, Laurence C. – *The Thompson language.* – Laurence C. Thompson and M. Terry Thompson. – Missoula, (Mont.) : University of Montana, 1992. – xxvii, 253 p. – (University of Montana occasional papers in linguistics ; no. 8). – 1879763087

Grammar of the Ntlakyapamuk language spoken in British Columbia. 52 chapters on phonology, morphology and syntax. Appendices: numbering system, kinship terms, text translated from Ntlakyapamuk to English with grammatical codes. Bibliography. Subject index.   PM2045 T47 1992   497.9

Grammaire de la langue ntlakyapamuk parlée en Colombie-Britannique. 52 chapitres portant sur la phonologie, la morphologie et la syntaxe. Appendices: système numérique, liens de parenté, texte traduit du ntlakyapamuk à l'anglais avec les codes grammaticaux. Bibliographie. Index sujets.   PM2045 T47 1992   497.9

Okanagan

Okanagan

3117

Doak, Ivy G. – *The 1908 Okanagan word lists of James Teit.* – Missoula (Mont.) : Dept. of Anthropology, University of Montana, c1983. – v, 128 p. : map. – (Occasional papers in linguistics ; no. 3). – M.A. thesis, University of Montana.

English-Okanagan list of 636 words of the Okanagan language and four dialects spoken in British Columbia and the state of Washington. Introduction. Bibliography. Index of English words. PM2066   497.9

Lexique anglais-okanagan de 636 mots de la langue et des quatres dialectes parlés en Colombie-Britannique et dans l'état de Washington. Inclut un texte de présentation. Bibliographie. Index des mots anglais.   PM2066   497.9

Sechelt

Sechelt

3118

Beaumont, Ronald C. [Ronald Clayton]. – *She shashishalhem, the Sechelt language : language, stories and sayings of the Sechelt Indian people of British Columbia.* – Penticton (B.C.) : Theytus Books, 1985. – xx, 305 p. : ports., map, ill. – 0919441262

Study of the Sechelt language spoken in British Columbia. First section: pronunciation and spelling, grammar with exercises and an answer key. Second section: three legends, sixteen proverbs and 300 sentences and expressions translated from Sechelt to English. Third section: Sechelt-English/English-Sechelt word list. Each entry includes translation and cross-references to grammar, legends, proverbs, sentences and expressions. Bibliography. PM2264 Z9 S5 1985   497.9

Ouvrage se rapportant à la langue sechelt parlée en Colombie-Britannique. 1er volet: prononciation et orthographe, grammaire avec des exercices et les réponses. 2e volet: trois légendes, seize dictons et 300 phrases et expressions traduits du sechelt à l'anglais. 3e volet: lexique sechelt-anglais/anglais-sechelt. Chaque article comprend la traduction et des renvois à la grammaire, aux légendes, aux dictons, et aux phrases et expressions. Bibliographie. PM2264 Z9 S5 1985   497.9

Shuswap

Shuswap

3119

Kuipers, Aert H. [Aert Hendrik]. – *A classified English-Shuswap word-list.* – Lisse [Netherlands] : Peter de Ridder Press, 1975. – 35 p. – (PdR Press publications on Salish languages ; 3). – 9031600830

English-Shuswap list of 1,800 words of the Shuswap language spoken in British Columbia. Arranged under 23 subjects, such as numbers, birds, plants, transportation, action verbs, etc.   PM2325   497.9

Lexique anglais-shuswap de 1 800 mots de la langue shuswap parlée en Colombie-Britannique. Présentation selon 23 sujets, tels que nombres, oiseaux, plantes, transport, verbes d'action, etc.   PM2325 497.9

3120

Kuipers, Aert H. [Aert Hendrik]. – *The Shuswap language : grammar, texts, dictionary.* – The Hague : Mouton, 1974. – 297, [1] p. – (Janua linguarum : series practica ; 225).

Study of the Shuswap language spoken in British Columbia. Grammar in three main parts: phonology, morphology and syntax. Eight texts translated from Shuswap to English. Shuswap-English dictionary arranged alphabetically by consonants in radicals. Entries include: translations of radical and derived words, geographical location, cross-references to grammar and texts, notes on etymology. List of suffixes with cross-references to the grammar. Etymological index of the six subdivisions of the Salishan language family. Bibliography.   PM2325 K8 fol.   497.9

Ouvrage se rapportant à la langue shuswap parlée en Colombie-Britannique. Une grammaire comportant trois parties principales: phonologie, morphologie et syntaxe. Huit textes traduits du shuswap à l'anglais. Dictionnaire shuswap-anglais recensé selon l'ordre alphabétique des consonnes des radicaux. Pour chaque article figurent la traduction du radical et des mots dérivés, la localisation géographique, des renvois à la grammaire et aux textes, et des notes complémentaires sur l'étymologie. Liste des suffixes avec renvois à la grammaire. Index étymologique selon six subdivisions de la famille linguistique salishen. Bibliographie.   PM2325 K8 fol.   497.9

Squamish

3121

Kuipers, Aert H. [Aert Hendrik]. – *The Squamish language : grammar, texts, dictionary.* – The Hague : Mouton, 1967-1969. – 2 vol. (407 ; 98 p.) : 2 maps (1 fold.), port. – (Janua linguarum : series practica ; 73).

Study of the Squamish language spoken in British Columbia. Grammar in three main parts: phonology, morphology and syntax. Fourteen texts translated from Squamish to English. Squamish-English dictionary arranged alphabetically by radical. Entries include: translation of radical and of derivatives, cross-references to grammar and texts, notes on etymology. List of 161 place names of which the first 124 refer to a map at the end of vol. 2, and 72 personal names. Bibliography.   PM2381 S6 K85 fol.   497.9

Ouvrage se rapportant à la langue squamish parlée en Colombie-Britannique. Une grammaire comportant trois parties principales: phonologie, morphologie et syntaxe. Quatorze textes traduits du squamish à l'anglais. Dictionnaire squamish-anglais recensé selon l'ordre alphabétique des radicaux. Chaque article comprend la traduction du radical et des mots dérivés, des renvois à la grammaire et aux textes, et des notes complémentaires sur l'étymologie. Liste de 161 noms géographiques dont les 124 premiers réfèrent à la carte se trouvant à la fin du vol. 2, et de 72 noms attribués aux personnes. Bibliographie.   PM2381 S6 K85 fol.   497.9

Siouan Languages

3122

Pilling, James Constantine. – *Bibliography of the Siouan languages.* – Washington : Government Printing Office, 1887. – v, 87 p. – (Bulletin - Smithsonian Institution. Bureau of Ethnology ; no. 5). – 0404073913 (reprint vol. 1) 0404073905 (reprint set)

Annotated bibliography of material in the Siouan languages published between 1680 and 1887. Includes monographs, pamphlets, periodical articles, manuscripts, etc. Arranged alphabetically by author. Entries include: notes, location and author biography. Native language and subject indexes integrated with main arrangement of entries. Chronological index. Reproduced in microform format: *CIHM/ICMH microfiche series*, no. 12048. Reprinted: *Bibliographies of the languages of the North American Indians, vol. I, part II : Siouan (Crow, Dakota, Mandan, Omaha, Osage, Sioux, Teton, Winnebago, etc.). 1887* (New York : AMS Press, 1973).   Z7119 E7 P6   016.4975

Bibliographie annotée de documents en langues sioux parus entre 1680 et 1887. Comprend des monographies, brochures, articles de périodiques, manuscrits, etc. Recension alphabétique des auteurs. Les références comprennent des notes, localisations et notice biographique. Deux index intégrés à l'arrangement principal: langues autochtones, sujets. Index chronologique. Reproduit sur support microforme: *CIHM/ICMH collection de microfiches*, n° 12048. Réimpr.: *Bibliographies of the languages of the North American Indians, vol. I, part II : Siouan (Crow, Dakota, Mandan, Omaha, Osage, Sioux, Teton, Winnebago, etc.). 1887* (New York : AMS Press, 1973).   Z7119 E7 P6   016.4975

Dakota

3123

Buechel, Eugene. – *A dictionary of the Teton Dakota Sioux language ; Lakota-English : English-Lakota with considerations given to Yankton and Santee Oie wowapi waŋ ; Lakota-Ieska : Ieska-Lakota.* – By Eugene Buechel ; edited by Paul Manhart in cooperation with the Institute of Indian Studies, University of South Dakota. – Pine Ridge (S.D.) : Red Cloud Indian School, Holy Rosary Mission, c1970. – vi, 852 p. – Cover title : *Lakota-English dictionary.*

Lakota-English/English-Lakota dictionary of the Teton or Lakota dialect of the Dakota language spoken in Saskatchewan and Alberta. Arranged alphabetically by keyword. Each entry includes translations of related expressions. Certain entries in the Lakota-English section mention a source. History of the Sioux and a summary of *A grammar of Lakota : the language of the Teton Sioux Indians.* Bibliography.   PM1024 Z9 T42 1970 fol.   497.5

Dictionnaire lakota-anglais/anglais-lakota du dialecte teton ou lakota qui relève de la langue dakota parlée en Saskatchewan et en Alberta. Recension alphabétique des mots clés. Chaque article comprend la traduction des locutions associées. Certains articles de la partie lakota-anglais mentionnent la source. Inclut aussi un texte sur l'histoire des Sioux et un résumé de: *A grammar of Lakota : the language of the Teton Sioux Indians.* Bibliographie. PM1024 Z9 T42 1970 fol.   497.5

3124

Buechel, Eugene. – *A grammar of Lakota : the language of the Teton Sioux Indians.* – St. Louis [Mo.] : John S. Swift, c1939. – v, 374 p.

Grammar of the Lakota dialect of the Dakota language. Five main parts: spelling, parts of speech, word formation, syntax, supplementary syntax. Subject index.   PM1022 B8   497.5

Grammaire du dialecte lakota qui relève de la langue dakota. Cinq parties principales: orthographe, partie du discours, formation des mots, syntaxe, complément syntaxique. Index sujets.   PM1022 B8 497.5

3125

Everyday Lakota : an English-Sioux dictionary for beginners. – General editor, Joseph S. Karol ; assistant editor, Stephen L. Rozman. – Rev. version. – St. Francis (S.D.) : Rosebud Educational Society, St. Francis Mission, 1974. – xii, 122 p.

1st ed., 1971. English-Lakota dictionary of 3,800 words, 300-sentence phrase book and grammar of the Teton or Lakota dialect of the Dakota language. Each entry in the dictionary includes translations of related expressions. The conversation manual is arranged by

1re éd., 1971. Dictionnaire anglais-lakota de 3 800 mots, guide de conversation de 300 phrases et grammaire en rapport avec le dialecte teton ou lakota qui relève de la langue Dakota. Chaque article du dictionnaire comprend la traduction des locutions associées. Guide

theme such as everyday sentences, months, numbers, animals, etc. Abridged grammar in four parts: pronunciation, accent, syntax and variations.   PM1023 497.5

de conversation répertorié par thèmes tels que phrases courantes, mois, nombres, animaux, etc. Abrégé grammatical présenté en quatre parties: prononciation, accent, syntaxe et variations.   PM1023 497.5

3126
Letendre, Lonnie. – *Alexis Stoney language.* – Prepared by Lonnie Letendre, Isabelle Aginas, Richard Lavein. – [Glenevis, Alta.] : Alexis School, Dept. Indian & Inuit Affairs, [1985?]. – v, 44, [7] leaves : ill. – Cover title.

Illustrated dictionary of the Assiniboine dialect arranged by subject area such as the alphabet, numbers, animals, parts of the body, etc. PM638   497.5

Dictionnaire illustré du dialecte assiniboine répertorié par thèmes tels qu'alphabet, nombres, animaux, parties du corps, etc.   PM638 497.5

3127
Riggs, Stephen Return. – *A Dakota-English dictionary.* – By Stephen Return Riggs ; edited by James Owen Dorsey. – Washington : Government Printing Office, 1890. – x, 665 p. – (Contributions to North American ethnology ; vol. 7).

Dakota-English dictionary arranged alphabetically by the 29 letters of the Dakota language. Reprinted: Minneapolis : Ross & Haines, 1968 ; St. Paul : Minnesota Historical Society Press, 1992. Replaces: *Grammar and dictionary of the Dakota language* (Washington : Smithsonian Institution ; New York : G.P. Putnam, 1852); abridged edition: *An English and Dakota vocabulary* ([New York?] : A.B.C.F.M., 1852). The vocabulary is reproduced in microform format: *CIHM/ICMH microfiche series*, no. 47297.   PM1023 R55 fol.   497.5

Dictionnaire dakota-anglais répertorié selon l'ordre alphabétique des 29 symboles de la langue dakota. Réimpr.: Minneapolis : Ross & Haines, 1968; St. Paul : Minnesota Historical Society Press, 1992. Remplace: *Grammar and dictionary of the Dakota language* (Washington : Smithsonian Institution ; New York : G.P. Putnam, 1852); qui comporte une éd. abrégée: *An English and Dakota vocabulary* ([New York?] : A.B.C.F.M., 1852). Vocabulaire reproduit sur support microforme: *CIHM/ICMH collection de microfiches*, nᵒ 47297.   PM1023 R55 fol.   497.5

3128
Riggs, Stephen Return. – *Dakota grammar, texts, and ethnography.* – By Stephen Return Riggs ; edited by James Owen Dorsey. – Washington : Government Printing Office, 1893. – xxxii, 239 p. – (Contributions to North American ethnology ; vol. 9)

Study of the Dakota language. Grammar in three main parts: phonology, morphology, syntax. Eleven texts translated from Dakota to English. Ethnographical study in seven chapters including migration, unwritten laws and dances. Subject index. Reproduced in microform format: *CIHM/ICMH microfiche series*, no. 52751. Reprinted: Minneapolis : Ross & Haines, 1973; New York : AMS Press, 1976. Replaces: *Grammar and dictionary of the Dakota language* (Washington : Smithsonian Institution ; New York : G.P. Putnam, 1852).   PM1021 R53 1893 fol.   497.5

Ouvrage se rapportant à la langue dakota. Une grammaire comportant trois parties principales: phonologie, morphologie, syntaxe. Onze textes traduits du dakota à l'anglais. Étude ethnographique présentée selon sept chapitres dont notamment migration, lois non écrites et danses. Index sujets. Reproduit sur support microforme: *CIHM/ICMH collection de microfiches*, nᵒ 52751. Réimpr.: Minneapolis : Ross & Haines, 1973; New York : AMS Press, 1976. Remplace: *Grammar and dictionary of the Dakota language* (Washington : Smithsonian Institution ; New York : G.P. Putnam, 1852).   PM1021 R53 1893 fol.   497.5

Hidatsa

Hidatsa

3129
Matthews, Washington. – *Ethnography and philology of the Hidatsa Indians.* – Washington : Government Printing Office, 1877. – vi, 239 p. – (Miscellaneous publications - United States. Geological and Geographical Survey of the Territories ; no. 7).

Study of Hidatsa culture and language. Ethnographic study arranged by subject, such as history, ceremonies, mythology, etc. Grammar covering nouns, pronouns, verbs, etc. Hidatsa-English/English-Hidatsa word list arranged alphabetically. Reproduced in microform format: *CIHM/ICMH microfiche series*, no. 55834. Reprinted with an introduction and additional bibliography by R.F. Spencer: New York : Johnson Reprint Corporation, 1971.   E99 H6 497.5

Ouvrage portant sur la culture et la langue hidatsas. Une étude ethnographique présentée par sujets tels qu'histoire, cérémonies, mythologie, etc. Une grammaire présentée selon les notions de base telles que noms, pronoms, verbes, etc. Lexique hidatsa-anglais/anglais-hidatsa répertorié alphabétiquement. Reproduit sur support microforme: *CIHM/ICMH collection de microfiches*, nᵒ 55834. Réimpr. avec une introduction et une bibliographie additionnelles par R.F. Spencer: New York : Johnson Reprint Corporation, 1971.   E99 H6 497.5

Tsimshian Languages

Coast Tsimshian

3130

Dunn, John Asher. – *A practical dictionary of the Coast Tsimshian language.* – Ottawa : National Museum of Man, National Museums of Canada, 1978. – x, 155 p. – (Mercury series) (Paper - Canadian Ethnology Service ; no. 42).

Coast Tsimshian-English dictionary of 2,250 words, collected between 1968 and 1977 at Hartley Bay, Kitkatla and Prince Rupert in British Columbia and at Metlakatla in Alaska. Each entry includes English translation, phonetic transcription and regional variants. Index of English keywords. Includes an abstract in French. Reproduced in microform format: [Toronto] : Micromedia, [1985?], 2 microfiches; Ottawa : National Museums of Canada, 1978, 1 reel. PM831 497.41

3131

Dunn, John Asher. – *A reference grammar for the Coast Tsimshian language.* – Ottawa : National Museum of Man, National Museums of Canada, 1979. – xiii, 91 p. – (Mercury series) (Paper - Canadian Ethnology Service ; no. 55).

Grammar of the Coast Tsimshian language spoken at Port Simpson, Hartley Bay, Kitkatla and Prince Rupert in British Columbia and at Metlakatla in Alaska. 54 chapters which deal with pronunciation, modulation, morphology and syntax. Reproduced in microform format: Toronto : Micromedia, 1985, 1 microfiche. PM831 497.41

3132

Schulenburg, Albrecht Conon, Graf von der. – *Schulenburg's Tsimshian grammar.* – Translation and notes by Virginia C. Flaherty. – Greeley (Colo.) : Museum of Anthropology, University of Northern Colorado, 1982. – 2 vol. (258, [1] leaves). – (Occasional publications in anthropology. Linguistics series ; no. 8).

Grammar of the Coast Tsimshian language spoken in British Columbia. Eight chapters, including pronouns, verbs, simple and complex sentences. Bibliography. Translation of the 1st part of: *Die Sprache der Zimshian-Indianer in Nordwest-America* (Braunschweig : R. Sattler ; New York : G.E. Stechert, 1894). 1894 work reproduced in microform format: *CIHM/ICMH microfiche series*, no. 16096. PM831 497.41

Wakashan Languages

3133

Pilling, James Constantine. – *Bibliography of the Wakashan languages.* – Washington : Government Printing Office, 1894. – x, [2], 70 p. : facsims. – (Bulletin - Smithsonian Institution. Bureau of Ethnology ; no. 19) – 040407393X (reprint vol. 3) 0404073904 (reprint set)

Annotated bibliography of 251 items in the Wakashan languages published between 1782 and 1893. Includes monographs, pamphlets, periodical articles, manuscripts, etc. Listed alphabetically by author. Each bibliographical reference is accompanied by notes, locations and author biography. Two indexes integrated with main arrangement of entries: Native languages, subjects. Chronological index. Reproduced in microform format: *CIHM/ICMH microfiche series*, no. 15903. Reprinted: *Bibliographies of the languages of the North American Indians, vol. III, part IX : Wakashan (Hailtsuk, Kwakiutl, Nutka, Wakashan, Wikenak, etc.). 1894* (New York : AMS Press, 1973). Z7119 W2 P6 016.4979

Langues tsimshians

Tsimshian de la côte

Dictionnaire tsimshian de la côte-anglais de 2 250 mots, compilés entre 1968 et 1977 à Hartley Bay, Kitkatla et Prince Rupert en Colombie-Britannique, et à Metlakatla en Alaska. Chaque article comprend la traduction anglaise, la transcription phonétique et les variantes régionales. Index des mots clés anglais. Comprend un résumé en français. Reproduit sur support microforme: [Toronto] : Micromedia, [1985?], 2 microfiches; Ottawa : National Museums of Canada, 1978, 1 bobine. PM831 497.41

Grammaire de la langue tsimshian de la côte parlée à Port Simpson, Hartley Bay, Kitkatla et Prince Rupert en Colombie-Britannique, et à Metlakatla en Alaska. 54 chapitres portant sur la prononciation, la modulation, la morphologie et la syntaxe. Reproduit sur support microforme: Toronto : Micromedia, 1985, 1 microfiche. PM831 497.41

Grammaire de la langue tsimshian de la côte parlée en Colombie-Britannique. Huit chapitres dont notamment pronoms, verbes, phrases simples et complexes. Bibliographie. Traduction de la 1re partie de: *Die Sprache der Zimshian-Indianer in Nordwest-America* (Braunschweig : R. Sattler ; New York : G.E. Stechert, 1894). Ouvrage de 1894 reproduit sur support microforme: *CIHM/ICMH collection de microfiches*, n° 16096. PM831 497.41

Langues wakashs

Bibliographie annotée de 251 documents en langues wakashs parus entre 1782 et 1893. Comprend des monographies, brochures, articles de périodiques, manuscrits, etc. Recension alphabétique des auteurs. Pour chaque référence bibliographique, des notes, localisations et notice biographique sont colligées. Deux index intégrés à l'arrangement principal: langues autochtones, sujets. Index chronologique. Reproduit sur support microforme: *CIHM/ICMH collection de microfiches*, n° 15903. Réimpr.: *Bibliographies of the languages of the North American Indians, vol. III, part IX : Wakashan (Hailtsuk, Kwakiutl, Nutka, Wakashan, Wikenak, etc.). 1894* (New York : AMS Press, 1973). Z7119 W2 P6 016.4979

Haisla

3134

Lincoln, Neville J. – *Phonology, dictionary and listing of roots and lexical derivates of the Haisla language of Kitlope and Kitimaat, B.C.* – Neville J. Lincoln, John C. Rath. – [Ottawa] : Canadian Museum of Civilization, National Museums of Canada, 1986. – 2 vol. (x, 511 p.). – (Mercury series) (Paper - Canadian Ethnology Service ; no. 103).

Haisla-English dictionary with a section on the phonological system of the Haisla language spoken at Kitlope and Kitimat in British Columbia. The English section provides translations of approximately 14,550 words and expressions. Each entry includes the root of the word with synonyms, antonyms, regional differences and those of other languages of the Wakashan language family. List of roots with associated words and expressions and a reference to *North Wakashan comparative root list* (Ottawa : National Museums of Canada, 1980). Introduction to the phonological system under four headings: general observations, phonemic system, morphophonemics and syntactic concepts. Bibliography. Includes an abstract in French. Reproduced in microform format: [Toronto] : Micromedia, [198?]. PM2531 497.9

Dictionnaire haisla-anglais complété d'une section sur le système phonologique de la langue haisla parlée à Kitlope et à Kitimat en Colombie-Britannique. La partie haisla-anglais comprend la traduction d'environ 14 550 unités lexicales. Pour chaque article la racine du mot est mentionnée avec les synonymes, les antonymes, les particularités régionales et celles des autres langues de la famille linguistique wakashan. Liste des racines de mots avec les unités lexicales associées et un renvoi à *North Wakashan comparative root list* (Ottawa : National Museums of Canada, 1980). Présentation du système phonologique en quatre points: généralités, système phonémique, morphophonémique et concepts syntaxiques. Bibliographie. Comprend une résumé en français. Reproduit sur support microforme: [Toronto] : Micromedia, [198?]. PM2531 497.9

Heiltsuk

3135

Rath, John C. – *A practical Heiltsuk-English dictionary with a grammatical introduction.* – Ottawa : National Museum of Man, National Museums of Canada, 1981. – 2 vol. (ix, 768 p.) : ill. – (Mercury series) (Papers - Canadian Ethnology Service ; no. 75).

Heiltsuk-English dictionary of more than 9,500 words, with a grammar of the Heiltsuk language spoken at Bella Bella and Klemtu in British Columbia. Grammar in five sections: introduction, phonetics, word and sentence structure and grammatical paradigms. Bibliography. Includes an abstract in French. Reproduced in microform format: [Toronto] : Micromedia, [198?]. PM1321 497.9

Dictionnaire heiltsuk-anglais de plus de 9 500 mots, complété d'une grammaire de la langue heiltsuk parlée à Bella Bella et à Klemtu en Colombie-Britannique. La grammaire comporte cinq sections: introduction, phonétique, structure des mots et des phrases, et paradigmes grammaticaux. Bibliographie. Comprend une résumé en français. Reproduit sur support microforme: [Toronto] : Micromedia, [198?]. PM1321 497.9

Kwakiutl

3136

Grubb, David McClintock. – *A practical writing system and short dictionary of Kwakw'ala (Kwakiutl).* – Ottawa : National Museum of Man, National Museums of Canada, 1977. – ix, 251 p. : port. – (Mercury series) (Paper - Canadian Ethnology Service ; no. 34).

English-Kwakw'ala/Kwakw'ala-English dictionary, with a section on the orthographical system of the Kwagulh (Kwakiutl) people of British Columbia. The English-Kwakw'ala section includes 12,000 entries listed alphabetically by keyword. The Kwakw'ala-English section includes 4,000 words with note on geographical location for words of limited range. Introduction to the orthographic system: writing principles, alphabet, accent, letters and symbols. Bibliography. Includes an abstract in French. Reproduced in microform format: [Toronto] : Micromedia, [1980?], 3 microfiches. PM1641 497.9

Lexique anglais-kwakw'ala/kwakw'ala-anglais, complété d'une section sur le système orthographique de la langue des Kwagulhs (Kwakiutls) de Colombie-Britannique. La partie anglais-kwakw'ala comprend 12 000 articles répertoriées selon l'ordre alphabétique des mots clés. La partie kwakw'ala-anglais comprend 4 000 mots avec la mention de la localisation géographique si d'usage limité. Présentation du système orthographique: principes d'écriture, alphabet, accent, lettres et symboles. Bibliographie. Comprend un résumé en français. Reproduit sur support microforme: [Toronto] : Micromedia, [1980?], 3 microfiches. PM1641 497.9

3137

Hall, Alfred James. – *A grammar of the Kwagiutl language.* – Montreal : Dawson Brothers, 1889. – P. 59-105.

Kwakiutl grammar in ten chapters: vowels, consonants, nouns, adjectives, pronouns, verbs, prepositions, adverbs, conjunctions and interjections. Offprint from: *Transactions and proceedings of the Royal Society of Canada*, section II, volume VI (1888). Reproduced in microform format: *CIHM/ICMH microfiche series*, no. 05333. Reprinted: [Victoria, B.C.] : Fleming-Review, 1971. PM1641 H3 1889 fol. 497.9

Grammaire de la langue kwakiutl comportant dix chapitres: voyelles, consonnes, noms, adjectifs, pronoms, verbes, prépositions, adverbes, conjonctions et interjections. Tiré à part de: *Mémoires et comptes rendus de la Société royale du Canada*, section II, tome VI (1888). Reproduit sur support microforme: *CIHM/ICMH collection de microfiches*, n° 05333. Réimpr.: [Victoria, B.C.] : Fleming-Review, 1971. PM1641 H3 1889 fol. 497.9

Nootka

Nootka

3138

Sapir, Edward. – *Nootka texts : tales and ethnological narratives, with grammatical notes and lexical materials.* – Edward Sapir and Morris Swadesh. – Philadelphia : Linguistic Society of America, University of Pennsylvania, 1939. – 334 p. : ill., (music). – (William Dwight Whitney linguistic series).

Study of the Nootka language of British Columbia. 44 texts translated from Nootka to English. In two categories: legends and ethnological narratives. Grammatical section organized according to basic concepts such as symbols, radicals and suffixes. Nootka-English lexicon arranged alphabetically. Reprinted: New York : AMS Press, 1978.   PM2031 Z73 S3   497.9

Ouvrage se rapportant à la langue nootka de la Colombie-Britannique. 44 textes traduits du nootka à l'anglais. Classement en deux catégories: légendes et récits ethnologiques. Présentation de la partie grammaticale selon les notions de base telles que les symboles, les radicaux et les suffixes. Lexique nootka-anglais répertorié alphabétiquement. Réimpr.: New York : AMS Press, 1978. PM2031 Z73 S3   497.9

Tahkaht

Tahkaht

3139

Knipe, C. – *Some account of the Tahkaht language, as spoken by several tribes on the western coast of Vancouver Island.* – London : Hatchard, 1868. – 80 p.

Grammar and lexicon of the Tahkaht language spoken on Vancouver Island in British Columbia. The grammar is arranged in categories such as roots, endings, verbs, etc. Tahkaht-English/English-Tahkaht lexicon. Reproduced in microform format: *CIHM/ICMH microfiche series*, no. 15389.   PM2301 K6   497.9

Grammaire et lexique de la langue tahkaht parlée sur l'Île de Vancouver en Colombie-Britannique. Présentation de la grammaire par catégories telles que racines, terminaisons, verbes, etc. Lexique tahkaht-anglais/anglais-tahkaht. Reproduit sur support microforme: *CIHM/ICMH collection de microfiches*, nº 15389.   PM2301 K6   497.9

Humanities
Literature

Sciences humaines
Littérature

Anthologies

Anthologies

3140

Anthologie critique—littérature canadienne-française et québécoise. – Michel Erman ; préface de Paul Wyczynski. – Laval (Québec) : Éditions Beauchemin, c1992. – xxii, 570 p. – 276160489X

An anthology of French-Canadian literature from the period 1837 to the present. Includes poetry and excerpts from novels, short stories, drama and essays. Arranged by genre. Bio-bibliographical notes provided for each author. Bibliography. Name and title indexes. PS8255 Q8 A57   C840.8

Anthologie de la littérature canadienne-française qui couvre la période de 1837 jusqu'à aujourd'hui. Inclut de la poésie ainsi que des extraits de romans, de nouvelles, de pièces de théâtre et d'essais. Classement par genres. Des notes biobibliographiques sont fournies pour chaque auteur. Bibliographie. Deux index: noms, titres. PS8255 Q8 A57   C840.8

3141

Anthologie de la littérature québécoise. – Sous la direction de Gilles Marcotte. – Montréal : La Presse, c1978-1980. – 4 vol. (xiii, 311 ; xii, 516 ; xv, 498 ; [14], 463 p.). – 0777701961 (vol. 1) 0777702029 (vol. 2) 2890430081 (vol. 3) 2890430421 (vol. 4) 2890064328 (vol. 1, 1994) 2890064336 (vol. 2, 1994)

A chronologically arranged anthology of Quebec literature from the period 1534 through 1952. Each volume was prepared by a different editor and has a unique title: vol. 1, LeBlanc, Léopold, *Écrits de la Nouvelle-France, 1534-1760*; vol. 2, Dionne, René, *La patrie littéraire, 1760-1895*; vol. 3, Marcotte, Gilles, Hébert, François, *Vaisseau d'or et croix du chemin, 1895-1935*; vol. 4, Dionne, René, Poulin, Gabrielle, *L'âge de l'interrogation, 1937-1952*. Covers a range of genres, including poetry, drama, fiction, essays, literary criticism, songs, sermons, historical and political writings, travel accounts, personal literature, etc. Brief introductions to texts and biographical information on some authors are provided. Each volume includes a bibliography of texts presented. Published in two volumes: Montréal : Éditions de l'Hexagone, 1994.   PS8233 A72   C840.8

Anthologie chronologique de la littérature québécoise, de 1534 à 1952. Chaque volume a été publié sous la direction d'une personne différente et porte un titre particulier: vol. 1, LeBlanc, Léopold, *Écrits de la Nouvelle-France, 1534-1760*; vol. 2, Dionne, René, *La patrie littéraire, 1760-1895*; vol. 3, Marcotte, Gilles, Hébert, François, *Vaisseau d'or et croix du chemin, 1895-1935*; vol. 4, Dionne, René, Poulin, Gabrielle, *L'âge de l'interrogation, 1937-1952*. Porte sur toute une gamme de genres, notamment les poèmes, les pièces de théâtre, les oeuvres de fiction, les essais, les critiques littéraires, les chansons, les sermons, les écrits historiques et politiques, les récits de voyage, les documents personnels, etc. Contient de courtes introductions aux textes et des données biographiques sur certains auteurs. Chaque volume comprend une bibliographie des textes présentés. Publié en deux volumes: Montréal : Éditions de l'Hexagone, 1994. PS8233 A72   C840.8

3142

Anthologie de textes littéraires acadiens. – Par Marguerite Maillet, Gérard LeBlanc, Bernard Émont. – Moncton : Éditions d'Acadie, c1979. – 643 p. : ill., portr. – 2760000311 (rel.) 2760002284 (br.)

An anthology of approximately 225 excerpts from works by approximately 60 Acadian authors written during the period from 1606 to 1975. Includes travel and missionary writings, historical works, poetry, drama, short stories and novels by Acadian authors of the Maritime Provinces, Gaspésie and Îles de la Madeleine as well as French-Canadian and French authors who have lived in and written at least one book about Acadia. Arranged by time period. Bio-bibliographical notes. Chronological table of history and literature. Bibliography.   PS8255 A23 A58   C840.809715

Anthologie d'environ 225 extraits d'oeuvres écrites entre 1606 et 1975 par environ 60 auteurs acadiens. Inclut des récits de voyageurs et de missionnaires, des ouvrages historiques, des poèmes, des pièces de théâtre, des nouvelles et des romans écrits par des auteurs acadiens des provinces maritimes, de la Gaspésie et des Îles de la Madeleine ainsi que par des auteurs canadiens-français et français qui ont vécu en Acadie et qui ont écrit au moins un livre sur l'Acadie. Classement par périodes. Notes biobibliographiques. Tableau chronologique de l'histoire et de la littérature. Bibliographie.   PS8255 A23 A58 C840.809715

3143

An anthology of Canadian literature in English. – Edited by Russell Brown, Donna Bennett & Nathalie Cooke. – Rev. and abr. – Toronto : Oxford University Press, 1990. – xviii, 763 p. – 0195407857

1st ed., 1982-1983. An anthology of English-Canadian literature dating from 1769 to the 1980s. With a few exceptions, the complete texts of poems, short fiction and prose works are included. Excludes drama and literary criticism. Arranged chronologically by author's birthdate. Bio-critical essays. Index of authors and titles. 1st ed. reproduced as a sound recording: Vancouver : Crane Library, 1985-1988,   cassettes : 1 7/8 ips, 2 track, mono.   PS8233 A58 1990 C810.8

1re éd., 1982-1983. Anthologie de la littérature canadienne-anglaise depuis 1769 jusqu'aux années 1980. À quelques exceptions près, les textes complets des poèmes, des nouvelles et des écrits en prose sont inclus. Exclut les pièces de théâtre et les critiques littéraires. Classement chronologique selon la date de naissance des auteurs. Essais biocritiques. Index des auteurs et des titres. 1re éd. reproduite comme enregistrement sonore: Vancouver : Crane Library, 1985-1988,   cassettes : 1 7/8 po/s, 2 pistes, monophonique.   PS8233 A58 1990 C810.8

3144

An anthology of Canadian Native literature in English. – Edited by Daniel David Moses & Terry Goldie. – Toronto : Oxford University Press, 1992. – xxii, 393 p. – 0195408195

An anthology of Canadian Native literature in English. Includes traditional oral materials, as well as nineteenth- and twentieth-century speeches, essays, poetry, short stories and drama. Chronologically arranged by author's birthdate. Biographical notes. Index of authors and titles.   PS8235 I6 A56 1992   C810.80897

Anthologie de la littérature autochtone du Canada, en anglais. Inclut les documents relatifs à la tradition orale ainsi que des discours, des essais, des poèmes, des nouvelles et des pièces de théâtre des dix-neuvième et vingtième siècles. Classement chronologique selon la date de naissance des auteurs. Notes biographiques. Index des auteurs et des titres.   PS8235 I6 A56 1992   C810.80897

3145

Arab-Canadian writing : stories, memoirs, and reminiscences. – Edited by Kamal A. Rostom. – Fredericton : York Press, c1989. – 72 p. – (Arabic literature and scholarship). – 0919966721

A collection of short stories, essays and memoirs in English by Arab-Canadian authors. Biographical notes.   PS8235 A73 A73 1989 C810.808927

Collection de nouvelles, d'essais et de mémoires écrits en anglais par des auteurs canadiens d'origine arabe. Notes biographiques. PS8235 A73 A73 1989   C810.808927

3146

Celebrating Canadian women : prose and poetry by and about women. – Edited by Greta Hofmann Nemiroff. – [Markham, Ont.] : Fitzhenry & Whiteside, c1989. – xvii, 406 p. – 0889026467

An anthology of poetry and short stories by 87 contemporary Canadian women authors written in English or translated from French. Organized thematically around women's experiences: growing up female, body/mind, romantic love, work, families, women aging, etc. Biographical notes.   PS8235 W7 C44 1989   C810.809287

Anthologie de nouvelles et de poèmes, en anglais ou traduits du français, écrits par 87 écrivaines canadiennes contemporaines. Organisation selon les thèmes relatifs aux expériences des femmes: l'enfance, le corps et l'esprit, l'amour romantique, le travail, la famille, le vieillissement, etc. Notes biographiques.   PS8235 W7 C44 1989   C810.809287

3147

Italian Canadian voices : an anthology of poetry and prose (1946-1983). – Edited by Caroline Morgan DiGiovanni. – Oakville (Ont.) : Mosaic Press, co-published with the Canadian Centre for Italian Culture and Education, c1984. – 205 p. – 0889622531 (bd.) 088962254X (pa.)

An anthology of poetry, short stories and excerpts from novels by Canadian writers of Italian descent. Includes works in Italian, English and French by authors such as Pier Giorgio Di Cicco, Mary Di Michele, George Amabile and Joseph Pivato. Bibliography of works by authors included in the anthology. Biographical notes. Reproduced as a sound recording: Brantford (Ont.) : W. Ross Macdonald School, 1987,   tape reels : 9.5 cm/s, 4 track, mono. ; master.   PS8235 I8 I83 1984   C810.80851

Anthologie de poèmes, de nouvelles et d'extraits de romans écrits par des écrivains canadiens d'origine italienne. Inclut des oeuvres en italien, en anglais et en français par des auteurs comme Pier Giorgio Di Cicco, Mary Di Michele, George Amabile et Joseph Pivato. L'anthologie contient une bibliographie des oeuvres écrites par les auteurs. Notes biographiques. Reproduit sous forme d'enregistrement sonore: Brantford (Ont.) : W. Ross Macdonald School, 1987,   bobines : 9,5 cm/s, 4 pistes, monophonique; bande maîtresse.   PS8235 I8 I83 1984   C810.80851

3148

Literatura Hispano-Canadiense : cuentos, poesia, teatro = Hispano-Canadian literature = Littérature hispano-canadienne. – Edicion de Diego Marin. – Toronto : Alianza Cultural Hispano-Canadiense, 1984. – 292, [4] p. : ill. – 0919659128

An anthology of poetry, fiction and drama by Spanish-Canadian authors. Each piece is presented in Spanish, and in English and French translation. Organized in three sections according to language, each of which is arranged by genre. Biographical notes. PS8235.5 S6 L57 1984   C860.8

Anthologie de poèmes, d'oeuvres de fiction et de pièces de théâtre écrits par des auteurs canadiens d'origine hispanique. Chaque écrit est présenté en espagnol avec traduction en anglais et en français. Organisé en trois sections, selon la langue, classées par genres dans chaque section. Notes biographiques. PS8235.5 S6 L57 1984 C860.8

3149

Literature in Canada. – Edited by Douglas Daymond, Leslie Monkman. – Toronto : Gage Educational Publishing, c1978. – 2 vol. (x, 484 ; xii, 761 p.). – 0771511566 (vol. 1) 0771511574 (vol. 2)

An anthology of Canadian literature dating from the sixteenth century to the 1970s. Emphasizes the development of English-Canadian literature. Also includes translated texts by a selection of major French-Canadian authors. Travel and missionary literature, newspaper sketches, personal journals, poetry, fiction and drama are included. Works originating in oral traditions and critical essays have been excluded. Chronologically arranged by author's birthdate. Volume 1 covers writings from the sixteenth to early twentieth centuries. Volume 2 covers writers of the post-World War I period to the 1970s. Biographical notes. Bibliography, index of authors and titles in each volume. Reproduced as a sound recording: [Vancouver] : Crane Library, 1984-1985,   cassettes : 1 7/8 ips., 2 track, mono. PS8231 L58   C810.8

Anthologie de la littérature canadienne depuis le seizième siècle jusqu'aux années 1970. Insiste sur le développement de la littérature canadienne-anglaise. Inclut aussi des textes traduits de quelques auteurs canadiens-français importants. Comprend des récits de voyageurs et de missionnaires, des articles de journaux, des journaux personnels, des poèmes, des oeuvres de fiction et des pièces de théâtre. Les oeuvres qui découlent de la tradition orale et les essais critiques ont été exclus. Classement chronologique selon la date de naissance des auteurs. Le volume 1 porte sur les écrits du seizième siècle jusqu'au début du vingtième siècle. Le volume 2 porte sur les écrivains de la période qui a suivi la Première Guerre mondiale jusqu'aux années 1970. Notes biographiques. Bibliographie, index des auteurs et des titres dans chaque volume. Reproduit sous forme d'enregistrement sonore: [Vancouver] : Crane Library, 1984-1985, cassettes : 1 7/8 po/s, 2 pistes, monophonique. PS8231 L58   C810.8

3150

Many-mouthed birds : contemporary writing by Chinese Canadians. – Edited by Bennett Lee & Jim Wong-Chu. – Vancouver : Douglas & McIntyre ; Seattle : University of Washington Press, c1991. – viii, 184 p. – 0295971495 (U. of S.) 0888947119 (D. & M.)

An anthology of poetry, short stories and excerpts from novels by twenty Canadian authors of Chinese descent. Includes works in English by authors such as Evelyn Lau, Fred Wah and Sky Lee. Biographical notes.   PS8235 C5 M35 1991   C810.808951

Anthologie de poèmes, de nouvelles et d'extraits de romans écrits par vingt auteurs canadiens d'origine chinoise. Inclut les oeuvres en anglais d'auteurs comme Evelyn Lau, Fred Wah et Sky Lee. Notes biographiques.   PS8235 C5 M35 1991   C810.808951

3151

Mosaic in media : selected works of ethnic journalists and writers. – [Toronto] : Canadian Ethnic Journalists and Writers' Club, c1986. – [6], 239 p. : ill., ports. – 096925590X

An anthology of selected works by Canadian ethnic journalists and writers. Alphabetically arranged by name of writer. Entries include a biographical sketch, a photograph of the writer and the text of an article, poems, etc. Appendices: essay on ethnic journalists in Canada; statute of the Canadian Ethnic Journalists' and Writers' Club (CEJWC); Ethnic Journalists' Award recipients, 1978-1986; list of CEJWC members; media represented by CEJWC members. PS8235 M56 M67 1986 fol.   C810.808

Anthologie d'oeuvres choisies de journalistes et écrivains d'origines ethniques diverses. Classement alphabétique par noms d'écrivains. Les notices comprennent une esquisse biographique, une photographie de l'écrivain et le texte d'un article, de poèmes, etc. Annexes: essai sur les journalistes d'origine ethnique au Canada; charte du Canadian Ethnic Journalists' and Writers' Club (CEJWC); récipiendaires de l'Ethnic Journalists' Award, 1978-1986; liste des membres du CEJWC; médias représentés par les membres du CEJWC. PS8235 M56 M67 1986 fol.   C810.808

3152

The sound of time : anthology of Canadian-Hungarian authors. – Edited by John P. Miska. – Lethbridge (Alta.) : Canadian-Hungarian Authors' Association, 1974. – 208 p.

An anthology of poetry and short stories by 27 Hungarian-Canadian authors. Includes works written in English or translated from Hungarian by authors such as George Faludy, George Jonas, Tamás Tüz and Stephen Vizinczey. Alphabetically arranged by name of author. Biographical notes. PS8235 H8 M5 C810.80894511

Anthologie de nouvelles et de poèmes écrits par 27 auteurs canadiens d'origine hongroise. Inclut des oeuvres, en anglais ou traduites du hongrois, écrites par des auteurs comme George Faludy, George Jonas, Tamás Tüz et Stephen Vizinczey. Classement alphabétique par noms d'auteurs. Notes biographiques. PS8235 H8 M5 C810.80894511

3153

The spice box : an anthology of Jewish Canadian writing. – Selected by Gerri Sinclair & Morris Wolfe. – Toronto : Lester & Orpen Dennys, c1981. – ix, 310 p. – 0919630758

An anthology of poetry, short stories, essays and excerpts from novels by 38 Canadian Jewish authors. Include works in English by well-known authors such as Eli Mandel, Leonard Cohen, Mordecai

Anthologie de poèmes, de nouvelles, d'essais et d'extraits de romans écrits par 38 auteurs canadiens d'origine juive. Inclut des oeuvres en anglais d'auteurs bien connus, comme Eli Mandel, Leonard Cohen,

Richler and Adele Wiseman as well as translations of Yiddish works by Solomon Ary, Rachel Korn and J.I. Segal. Biographical notes. PS8235 J4 S64 1985   C810.808924

Mordecai Richler et Adele Wiseman, ainsi que des traductions d'oeuvres écrites en yiddish par Solomon Ary, Rachel Korn et J.I. Segal. Notes biographiques.   PS8235 J4 S64 1985   C810.808924

3154

Voices : Canadian writers of African descent. – Ayanna Black, editor. – 1st ed. – Toronto : HarperCollins, c1992. – xiii, 142 p. : ports. – 0006474136

An anthology of recent poetry and fiction by fifteen Canadian writers of African descent. Includes works in English by authors such as Austin Clarke, George Elliott Clarke, Cyril Dabydeen, Rozena Maart and Claire Harris and a translation of a French work by Dany Laferrière. Biographical notes and a black and white portrait provided for each author.   PS8235 B53 V64 1992   C810.80896

Anthologie d'oeuvres de fiction et de poèmes récents écrits par quinze écrivains canadiens d'origine africaine. Inclut les oeuvres en anglais d'auteurs comme Austin Clarke, George Elliott Clarke, Cyril Dabydeen, Rozena Maart et Claire Harris ainsi que la traduction d'une oeuvre écrite en français par Dany Laferrière. Des notes biographiques et un portrait en noir et blanc sont fournis pour chaque auteur.   PS8235 B53 V64 1992   C810.80896

3155

Women and words : the anthology = Les femmes et les mots : une anthologie. – Edited by West Coast Editorial Collective. – Madeira Park (B.C.) : Harbour Publishing, c1984. – [12], 264, [10] p. – 0920080537

An anthology of English- and French-language poetry, fiction, drama and essays by approximately 180 Canadian women writers. Created as a result of the Women and words/Les femmes et les mots conference held in Vancouver in 1983. Biographical notes. PS8235 W7 W48 1984   C810.809287

Anthologie de poèmes, d'oeuvres de fiction, de pièces de théâtre et d'essais écrits, en anglais ou en français, par environ 180 écrivaines canadiennes. Créée à la suite de la conférence Women and words/Les femmes et les mots qui a eu lieu à Vancouver en 1983. Notes biographiques.   PS8235 W7 W48 1984   C810.809287

3156

Yarmarok : Ukrainian writing in Canada since the Second World War. – Edited by Jars Balan and Yuri Klynovy. – Edmonton : Canadian Institute of Ukrainian Studies, University of Alberta, c1987. – [xxv], 352 p. : ill. – 0920862527

An anthology of poetry, short stories and excerpts from novels and plays by Ukrainian-Canadian writers. Includes works written in English and works translated from Ukrainian by authors such as Vera Lysenko, Myrna Kostash, Janice Kulyk Keefer and Yar Slavutych. Alphabetically arranged by name of author. Bio-bibliographical notes. Index of titles and first lines.   PS8235 V4 Y34 1987 C810.80891791

Anthologie de poèmes, de nouvelles et d'extraits de romans et de pièces de théâtre écrits par des auteurs canadiens d'origine ukrainienne. Inclut des oeuvres, en anglais ou traduites de l'ukrainien, écrites par des auteurs comme Vera Lysenko, Myrna Kostash, Janice Kulyk Keefer et Yar Slavutych. Classement alphabétique par noms d'auteurs. Notes biobibliographiques. Index des titres et des premières lignes.   PS8235 V4 Y34 1987   C810.80891791

Archival Resources

Fonds d'archives

3157

Archives nationales du Canada. – *Guide des archives littéraires.* – [Ottawa] : les Archives, c1988. – v, 66, 59, v p. – 0662554248 – Titre de la p. de t. additionnelle : *Literary archives guide.*

A bilingual guide to the Canadian literary fonds and collections of the post-Confederation period acquired by the Manuscript Division of the National Archives of Canada, before September 30, 1987. Includes the papers of individual authors as well as the records of literary organizations and associations. Alphabetically arranged by name of author or organization. Entries include: name of individual or organization, biographical or historical notes, call number, description of the types and contents of material, inclusive dates, extent of collection, note on availability of finding aids. Significant materials are highlighted.   Z1375 N37 1988   016.8098971

Guide bilingue sur les fonds et les collections littéraires canadiens de la période postérieure à la Confédération acquis avant le 30 septembre 1987 par la Division des manuscrits des Archives nationales du Canada. Inclut les documents d'auteurs particuliers ainsi que les dossiers d'organisations et d'associations littéraires. Classement alphabétique par noms d'auteurs ou d'organisations. Les notices comprennent: le nom de la personne ou de l'organisation, des notes biographiques ou historiques, la cote, la description du type et du contenu des documents, les dates extrêmes, l'envergure de la collection, une note sur les instruments de recherche disponibles. Les documents importants sont soulignés.   Z1375 N37 1988   016.8098971

3158

Bibliothèque nationale du Canada. – *Literary manuscripts at the National Library of Canada = Les manuscrits littéraires à la Bibliothèque nationale du Canada.* – Par Linda Hoad. – 2ᵉ éd. rev. et augm. – Ottawa : la Bibliothèque, 1990. – xii, 61 p. : ill., portr. – 0662572637

1st ed., 1984. A bilingual guide to the collections and fonds held in the Literary Manuscript Collection of the National Library of Canada. Alphabetically arranged by the name of the individual or organization responsible for the creation of the fonds or collection. Entries include: name of individual or organization, title of fonds or collection, inclusive dates, extent of collection, biographical or historical notes, description of the types and contents of material, notes on availability of finding aids and restrictions on access, accession

1ʳᵉ éd., 1984. Guide bilingue sur les collections et les fonds qui font partie de la Collection de manuscrits littéraires de la Bibliothèque nationale du Canada. Classement alphabétique selon le nom de la personne ou de l'organisation responsable de la création du fonds ou de la collection. Les notices comprennent: le nom de la personne ou de l'organisation, le titre du fonds ou de la collection, les dates extrêmes, l'envergure de la collection, des notes biographiques ou historiques, la description du type et du contenu des documents, des

number. Name index. Chronological table groups individuals and authors by time period. Reproduced in microform format as part of: *National inventory of documentary sources in Canada* (Alexandria [Virg.] : Chadwyck-Healey, 1991-   ). Unit 1, microfiche no. 5.2.1. Z6621 N38 N38 1990 fol.   016.8098971

notes sur les instruments de recherche disponibles et sur les restrictions relatives à l'accès, un numéro d'entrée. Index des noms. Un tableau chronologique regroupe les personnes et les auteurs par périodes. Reproduit sur support microforme dans le cadre de: *National inventory of documentary sources in Canada* (Alexandria [Virg.] : Chadwyck-Healey, 1991-   ). Unité 1, microfiche n° 5.2.1. Z6621 N38 N38 1990 fol.   016.8098971

3159

National Archives of Canada. – *Literary archives guide.* – [Ottawa] : the Archives, c1988. – v, 59, 66, v p. – 0662554248 – Title on added t.p. : *Guide des archives littéraires.*

A bilingual guide to the Canadian literary fonds and collections of the post-Confederation period acquired by the Manuscript Division of the National Archives of Canada, before September 30, 1987. Includes the papers of individual authors as well as the records of literary organizations and associations. Alphabetically arranged by name of author or organization. Entries include: name of individual or organization, biographical or historical notes, call number, description of the types and contents of material, inclusive dates, extent of collection, note on availability of finding aids. Significant materials are highlighted.   Z1375 N37 1988   016.8098971

Guide bilingue sur les fonds et les collections littéraires canadiens de la période postérieure à la Confédération acquis avant le 30 septembre 1987 par la Division des manuscrits des Archives nationales du Canada. Inclut les documents d'auteurs particuliers ainsi que les dossiers d'organisations et d'associations littéraires. Classement alphabétique par noms d'auteurs ou d'organisations. Les notices comprennent: le nom de la personne ou de l'organisation, des notes biographiques ou historiques, la cote, la description du type et du contenu des documents, les dates extrêmes, l'envergure de la collection, une note sur les instruments de recherche disponibles. Les documents importants sont soulignés.   Z1375 N37 1988   016.8098971

3160

National Library of Canada. – *Literary manuscripts at the National Library of Canada = Les manuscrits littéraires à la Bibliothèque nationale du Canada.* – By Linda Hoad. – 2nd ed., rev. and enl. – Ottawa : the Library, 1990. – xii, 61 p. : ill., ports. – 0662572637

1st ed., 1984. A bilingual guide to the collections and fonds held in the Literary Manuscript Collection of the National Library of Canada. Alphabetically arranged by the name of the individual or organization responsible for the creation of the fonds or collection. Entries include: name of individual or organization, title of fonds or collection, inclusive dates, extent of collection, biographical or historical notes, description of the types and contents of material, notes on availability of finding aids and restrictions on access, accession number. Name index. Chronological table groups individuals and authors by time period. Reproduced in microform format as part of: *National inventory of documentary sources in Canada* (Alexandria [Virg.] : Chadwyck-Healey, 1991-   ). Unit 1, microfiche no. 5.2.1. Z6621 N38 N38 1990 fol.   016.8098971

1re éd., 1984. Guide bilingue sur les collections et les fonds qui font partie de la Collection de manuscrits littéraires de la Bibliothèque nationale du Canada. Classement alphabétique selon le nom de la personne ou de l'organisation responsable de la création du fonds ou de la collection. Les notices comprennent: le nom de la personne ou de l'organisation, le titre du fonds ou de la collection, les dates extrêmes, l'envergure de la collection, des notes biographiques ou historiques, la description du type et du contenu des documents, des notes sur les instruments de recherche disponibles et sur les restrictions relatives à l'accès, un numéro d'entrée. Index des noms. Un tableau chronologique regroupe les personnes et les auteurs par périodes. Reproduit sur support microforme dans le cadre de: *National inventory of documentary sources in Canada* (Alexandria [Virg.] : Chadwyck-Healey, 1991-   ). Unité 1, microfiche n° 5.2.1. Z6621 N38 N38 1990 fol.   016.8098971

3161

Université de Montréal. Service des archives. – *Guide des manuscrits littéraires conservés au Service des archives de l'Université de Montréal.* – Denis Plante, Chantale Watier. – Montréal : Université de Montréal, Service des archives, 1993. – [ii], 35 p. – (Publication ; n° 95). – 2891190777

A guide to archival fonds that include literary manuscripts, held by the Université de Montréal, Service des archives. Includes two institutional fonds and twelve private fonds, for example, Centre de documentation des lettres canadiennes-françaises, Hector de Saint-Denys-Garneau, Éditions Parti-Pris and Louis Hémon. Arranged by fonds number. Entries include: fonds title, historical/biographical and content notes, inclusive dates, extent of collection, finding aids, list of manuscripts. Author and title indexes. CD3649 M6 U55433 1993 fol.   016.84

Guide sur les fonds d'archives qui contiennent des manuscrits littéraires et qui se trouvent au Service des archives de l'Université de Montréal. Inclut deux fonds institutionnels et douze fonds privés, par exemple, Centre de documentation des lettres canadiennes-françaises, Hector de Saint-Denys-Garneau, Éditions Parti-Pris et Louis Hémon. Classement par numéros de fonds. Les notices contiennent: le titre du fonds, des notes historiques ou biographiques et des notes sur le contenu, les dates extrêmes, l'envergure de la collection, les instruments de recherche, la liste des manuscrits. Deux index: auteurs, titres.   CD3649 M6 U55433 1993 fol.   016.84

3162

University of Calgary. Libraries. Special Collections Division. – *Mapping the territory : a guide to the archival holdings, Special Collections, University of Calgary Library.* – Compiler, Jean M. Moore; editors, Marlys Chevrefils, Apollonia Steele. – Calgary : University of Calgary Press, 1994. – xvii, 150 p. : ill. (1 col.). – 1895176530

A guide to the archival collections held by the Special Collections Division, University of Calgary Libraries. Collection strengths include Canadian literature, music and architecture. Alphabetically arranged by name of creator of archival unit. Entries include: title of fonds or collection, inclusive dates, extent of collection, biographical/historical and scope notes, physical description, method and date

Guide sur les collections d'archives qui se trouvent à la Special Collections Division, University of Calgary Libraries. Les éléments les plus intéressants portent sur la littérature, la musique et l'architecture canadiennes. Classement alphabétique par noms de créateurs des fonds d'archives. Les notices comprennent: le titre du fonds ou de la collection, les dates extrêmes, l'envergure de la collection, des

of acquisition, language, restrictions on access, finding aids, additional notes such as *Union list of manuscripts* numbers, repository location numbers. Subject index. Guide to names in archival collections. List of donors.

The Special Collections Division has also published complete inventories of a number of their literary manuscript collections as part of their *Canadian archival inventory series* (Calgary : University of Calgary Press, 1986-   ). Alice Munro, W.O. Mitchell, Aritha Van Herk, Sharon Pollock, Hugh Maclennan and Mordecai Richler are among the authors whose papers have been inventoried to date. CD3649 C3 U54   016.971

notes biographiques ou historiques et des notes sur la portée du document, une description matérielle, le mode et la date d'acquisition, la langue, les restrictions relatives à l'accès, les instruments de recherche, des notes supplémentaires comme les numéros *Catalogue collectif des manuscrits des archives canadiennes* et les numéros de localisation des archives. Index des sujets. Guide sur les noms qui figurent dans les collections d'archives. Liste des donateurs.

La Special Collections Division a également publié les répertoires complets d'un nombre de ses collections de manuscrits littéraires dans le cadre de *Canadian archival inventory series* (Calgary : University of Calgary Press, 1986-   ). Alice Munro, W.O. Mitchell, Aritha Van Herk, Sharon Pollock, Hugh Maclennan et Mordecai Richler comptent parmi les auteurs dont les documents ont déjà été répertoriés.   CD3649 C3 U54   016.971

3163

Victoria University (Toronto, Ont.). Library. – *Guide to the Canadian manuscript collections in Victoria University Library.* – Toronto : the Library, 1988. – iii, 388 p.

Includes collections of Canadian manuscripts held by the Victoria University Library. Covers the papers of many well-known literary figures such as Northrop Frye, Bliss Carman, E.J. Pratt and Raymond Knister. Entries are alphabetically arranged by name. Detailed descriptions of the extent and arrangement of collections, types and contents of material, provenance, source or donor and finding aids. Entries also include *Union list of manuscripts in Canadian repositories* number. Biographical sketches. Index of personal and corporate names and titles.   Z6621 V56 G85 1988 fol.   016.971

Comprend les collections de manuscrits canadiens qui se trouvent à la Victoria University Library. Porte sur les documents de nombreuses personnalités littéraires comme Northrop Frye, Bliss Carman, E.J. Pratt et Raymond Knister. Les notices sont classées en ordre alphabétique par noms. Description détaillée de l'envergure de la collection, de la forme de classement, du type et du contenu des documents, de la provenance, de la source ou du donateur et des instruments de recherche. Les notices comprennent aussi un numéro *Catalogue collectif des manuscrits des archives canadiennes.* Esquisses biographiques. Index des noms de personnes et de sociétés, et des titres.   Z6621 V56 G85 1988 fol.   016.971

Awards

Prix

3164

Awards directory 1993-1994 : awards for Canadian publishers and writers. – Toronto : Canadian Book Marketing Centre, c1993. – iv, 226 p. : 1 fold. calendar. – 1895080088

A directory of literary awards for Canadian writers and publishers. Includes Canadian and foreign awards. Alphabetically arranged by name of award. Entries include: name, address, telephone and fax numbers of contact, description of award and conditions of eligibility, category such as non-fiction, scholarly, periodical writing, etc., deadline, names of sponsors, type of selection process, number of copies of work to be submitted, dates of short list and winner announcements. Index of awards arranged by category. Chronological list of awards.   PS8107 A8 A9   C810.79

Répertoire des prix littéraires pour les écrivains et éditeurs canadiens. Inclut des prix canadiens et étrangers. Classement alphabétique des noms de prix. Les notices comprennent: le nom, l'adresse, le numéro de téléphone et le numéro de télécopieur de la personne-ressource, une description du prix et des conditions d'admissibilité, la catégorie comme ouvrages documentaires, ouvrages savants, articles de périodiques, etc., les dates limites, les noms des organismes de parrainage, le type de processus de sélection, le nombre de copies de l'oeuvre à soumettre ainsi que les dates auxquelles sont annoncés la liste des candidats sélectionnés et les gagnants. Index des prix classés par catégories. Liste chronologique des prix.   PS8107 A8 A9 C810.79

3165

Literary and journalistic awards in Canada = *Les prix de littérature et de journalisme au Canada.* – Statistics Canada, Education, Science and Culture Division, Fine Arts and Media Section. – (1923/1973). – Ottawa : Statistics Canada, 1976. – 276 p. – 0382-0343

A bilingual survey of 89 literary and journalistic awards presented to Canadians during the period 1923 through 1973. Part 1, literary awards, is arranged according to the following categories: general, fiction, poetry, drama, history, juvenile, radio and television, miscellaneous. Part 2, journalistic awards, is arranged according to the following categories: general, business, sports and travel, miscellaneous. Entries for each award include: name, language and monetary value of award, year of inception, last year awarded if discontinued, name of individual or organization administering the award, description, names of winners and titles of winning works.

Twelve statistical tables on language of awards, type of literature, value by language, type of publication, category of sponsor or eligibility conditions, etc. Appendices: lists of literary and journalistic

Examen bilingue de 89 prix de littérature et de journalisme remis à des Canadiens pendant la période de 1923 à 1973. Dans la partie 1, les prix de littérature sont classés selon les catégories suivantes: catégorie générale, fiction, poésie, théâtre, histoire, littérature pour enfants, radio et télévision, divers. Dans la partie 2, les prix de journalisme sont classés selon les catégories suivantes: catégorie générale, affaires, sports et voyages, divers. Les notices sur chaque prix comprennent: le nom, la langue et la valeur monétaire du prix, la première et, s'il y a lieu, la dernière année de remise du prix, le nom de la personne ou de l'organisation qui administre le prix, la description, les noms des gagnants et les titres des oeuvres gagnantes.

Douze tableaux statistiques sur les langues reliées à chaque prix, le type de littérature, la valeur par langues, le type de publication, la

awards, arranged by category and chronologically; alphabetical lists of literary and journalistic awards, and award winners.   PS8047 A8 L5 fol.   807.9

catégorie de parrainage ou les conditions d'admissibilité, etc. Annexes: listes des prix de littérature et de journalisme classés par catégories et classés chronologiquement; listes alphabétiques des prix de littérature et de journalisme, et des gagnants de prix.   PS8047 A8 L5 fol.   807.9

3166

Literary and journalistic awards in Canada = Les prix de littérature et de journalisme au Canada. – Statistique Canada, Division de l'éducation, des sciences et de la culture, Section des beaux-arts et des média. – (1923/1973). – Ottawa : Statistique Canada, 1976. – 276 p. – 0382-0343

A bilingual survey of 89 literary and journalistic awards presented to Canadians during the period 1923 through 1973. Part 1, literary awards, is arranged according to the following categories: general, fiction, poetry, drama, history, juvenile, radio and television, miscellaneous. Part 2, journalistic awards, is arranged according to the following categories: general, business, sports and travel, miscellaneous. Entries for each award include: name, language and monetary value of award, year of inception, last year awarded if discontinued, name of individual or organization administering the award, description, names of winners and titles of winning works.

Twelve statistical tables on language of awards, type of literature, value by language, type of publication, category of sponsor or eligibility conditions, etc. Appendices: lists of literary and journalistic awards, arranged by category and chronologically; alphabetical lists of literary and journalistic awards, and award winners.   PS8047 A8 L5 fol. 807.9

Examen bilingue de 89 prix de littérature et de journalisme remis à des Canadiens pendant la période de 1923 à 1973. Dans la partie 1, les prix de littérature sont classés selon les catégories suivantes: catégorie générale, fiction, poésie, théâtre, histoire, littérature pour enfants, radio et télévision, divers. Dans la partie 2, les prix de journalisme sont classés selon les catégories suivantes: catégorie générale, affaires, sports et voyages, divers. Les notices sur chaque prix comprennent: le nom, la langue et la valeur monétaire du prix, la première et, s'il y a lieu, la dernière année de remise du prix, le nom de la personne ou de l'organisation qui administre le prix, la description, les noms des gagnants et les titres des oeuvres gagnantes.

Douze tableaux statistiques sur les langues reliées à chaque prix, le type de littérature, la valeur par langues, le type de publication, la catégorie de parrainage ou les conditions d'admissibilité, etc. Annexes: listes des prix de littérature et de journalisme classés par catégories et classés chronologiquement; listes alphabétiques des prix de littérature et de journalisme, et des gagnants de prix.   PS8047 A8 L5 fol. 807.9

3167

Prix littéraires du Québec : répertoire. – (1977)-   . – [Québec] : Ministère des affaires culturelles, 1977-   . –   vol. – 0715-1519

Biennial. A directory of literary prizes of Quebec. Excludes journalism, history and other cultural prizes. Alphabetically arranged by name of prize. Entries include name, address and telephone number of the organization responsible for the award, notes on the history, nature and rules of the prize, a list of winners from previous years, a checklist of genres covered by the prize and an indication of whether manuscripts and/or published works can be submitted. Genre index. Index of prizes given for individual works, an author's complete output, manuscripts, published works or to the author as a personality. Title varies: 1977, *Guide des prix littéraires décernés au Québec*; 1981, 1982, 1984-1987, *Répertoire des prix littéraires*; 1991, *Prix littéraires du Québec : répertoire.* Imprint varies.   PN171 P75 R42   807.9

Biennial. Répertoire des prix de littérature du Québec. Exclut le journalisme, l'histoire et d'autres prix culturels. Classement alphabétique des noms des prix. Les notices contiennent le nom, l'adresse et le numéro de téléphone de l'organisation responsable du prix, des notes sur l'histoire, la nature et les règles du prix, une liste des gagnants des années précédentes, une liste de contrôle des genres couverts par le prix. De plus, il est indiqué s'il est possible de soumettre des manuscrits ou des oeuvres publiées. Index des genres. Index des prix décernés pour des oeuvres particulières, pour l'ensemble de l'oeuvre d'un auteur, pour des manuscrits, pour des oeuvres publiées ou encore à l'auteur en tant que personnalité. Le titre varie: 1977, *Guide des prix littéraires décernés au Québec*; 1981, 1982, 1984-1987, *Répertoire des prix littéraires*; 1991, *Prix littéraires du Québec : répertoire.* L'adresse bibliographique varie.   PN171 P75 R42   807.9

Bibliographies and Catalogues

Bibliographies et catalogues

3168

Bell, Inglis Freeman. – *Canadian literature, 1959-1963 : a checklist of creative and critical writings = Littérature canadienne, 1959-1963 : bibliographie de la critique et des oeuvres d'imagination.* – Edited by Inglis F. Bell and Susan W. Port. – [Vancouver] : Publications Centre, University of British Columbia, 1966. – [10], 140 p. : ill.

An amended cumulation of the annual lists of writing in Canada from *Canadian literature : a quarterly of criticism and review*. Part I covers English-Canadian literature and part II French-Canadian literature. Entries are arranged alphabetically by author under genre or subject. No index.   Z1375 C3   016.8098971

Refonte modifiée des listes annuelles relatives à la littérature au Canada tirées de *Canadian literature : a quarterly of criticism and review*. La partie I porte sur la littérature canadienne-anglaise, et la partie II sur la littérature canadienne-française. Les notices sont classées en ordre alphabétique par auteurs, sous chaque genre ou sujet. Aucun index.   Z1375 C3   016.8098971

3169

Bessette, Émile. – *Répertoire pratique de littérature et de culture québécoises.* – Émile Bessette, Réginald Hamel, Laurent Mailhot. – Montréal : Fédération internationales des professeurs de français, 1982. – [64] p. – 2901106021

A bibliography of the principal primary and secondary sources on Quebec literature, intended for use in teaching. Includes major sources such as bibliographies, dictionaries and anthologies; critical

Bibliographie des principales sources primaires et secondaires sur la littérature québécoise, conçue pour servir à l'enseignement. Comprend les sources importantes comme les bibliographies, les dic-

studies; works by Quebecois authors of the nineteenth and twentieth centuries, arranged by genre. Also lists significant works on history, art, cinema and music in Quebec. Filmography and discography provided. List of periodicals. Themes, authors and genres which could be used as the basis for classes are described briefly. Directory of libraries, archives, organizations, university literature departments and research centres, distributors of films, etc.   Z1377 F8 B47 1982   016.84099714

tionnaires et les anthologies; les études critiques; les oeuvres d'auteurs québécois des dix-neuvième et vingtième siècles classées par genres. Signale aussi des oeuvres importantes sur l'histoire, l'art, le cinéma et la musique du Québec. Une filmographie et une discographie sont fournies. Liste des périodiques. Les thèmes, les auteurs et les genres sur lesquels les cours pourraient porter sont brièvement décrits. Répertoire des bibliothèques, des archives, des organisations, des départements de littérature des universités et des centres de recherche, des distributeurs de films, etc.   Z1377 F8 B47 1982   016.84099714

3170

Bibliothèque nationale du Canada. – *Indian-Inuit authors : an annotated bibliography = Auteurs indiens et inuit : bibliographie annotée.* – Ottawa : [Bibliothèque nationale du Canada], 1974. – 108 p. : ill.

Attempts to create a definitive record of the written and published works of Aboriginal peoples of Canada to 1972. Part one includes works by Canadian Indian and Métis authors, part two, works by Canadian Inuit authors. Each part is arranged in eight sections: books, anthologies, collected works, poetry and songs, articles, addresses, conferences, reports, studies and theses, language, texts. Annotations in English and French. Author and illustrator indexes. Z1209 I58   016.971

Tente de dresser une liste définitive des oeuvres écrites par les peuples autochtones du Canada et publiées, jusqu'en 1972. La partie I inclut les oeuvres d'auteurs amérindiens et métis canadiens, et la partie II celles d'auteurs inuit canadiens. Chaque partie se divise en huit sections: livres, anthologies, oeuvres choisies, poèmes et chansons, articles, discours, conférences, rapports, études et thèses, langues, textes. Annotations en anglais et en français. Deux index: auteurs, illustrateurs.   Z1209 I58   016.971

3171

Bibliothèque nationale du Canada. – *Manitoba authors = Écrivains du Manitoba.* – [Rédigé par Wilfrid Eggleston]. – Ottawa : Bibliothèque nationale du Canada, 1970. – 1 vol. (non paginé) : ill., portr.

The bilingual catalogue of the National Library exhibition organized to commemorate the Centennial of Manitoba. Includes works by Manitobans and works about Manitoba by non-residents, from the period 1841 through 1970. Five sections: early printed works; travellers' writings; works for and by immigrants and settlers; historical and biographical chronicles of the province; poetry and prose. Annotations. Author index.   Z1392   C810.99715

Catalogue bilingue d'une exposition organisée par la Bibliothèque nationale pour commémorer le centenaire du Manitoba. Inclut des oeuvres écrites par des Manitobains et des oeuvres sur le Manitoba écrites par des personnes de l'extérieur de la province. Ces oeuvres datent de la période de 1841 à 1970. Cinq sections: premières oeuvres imprimées; récits de voyages; oeuvres écrites pour et par des immigrants et des colons; chroniques historiques et biographiques de la province; poésie et prose. Annotations. Index des auteurs. Z1392   C810.99715

3172

Bibliothèque nationale du Canada. – *New Brunswick authors = Écrivains du Nouveau-Brunswick.* – Ottawa : Bibliothèque nationale du Canada, 1984. – 72 p. : ill. – 0662529979

The bilingual catalogue of an exhibition of works by New Brunswick authors. Organized by the National Library of Canada to commemorate the 1984 bicentenary of New Brunswick. Includes works in English and French arranged in four parts: fiction and drama; poetry; peoples, places and events; diverse studies. Annotations. No index. Reproduced in microform format: *Microlog*, no. 84-03278. PS8131 N3 N49 1984   C810.99715

Catalogue bilingue d'une exposition d'oeuvres écrites par des auteurs du Nouveau-Brunswick. L'exposition avait été organisée par la Bibliothèque nationale du Canada pour commémorer le bicentenaire du Nouveau-Brunswick en 1984. Inclut des oeuvres en anglais et en français classées en quatre parties: oeuvres de fiction et oeuvres dramatiques; poèmes; peuples, lieux et événements; études diverses. Annotations. Aucun index. Reproduit sur support microforme: *Microlog*, n° 84-03278.   PS8131 N3 N49 1984   C810.99715

3173

Books by Manitoba authors : a bibliography. – Winnipeg : Manitoba Writers' Guild, [1986]. – [4], 88 p. – 0969252501

A bibliography of 148 books by 74 Manitoba authors including drama, short story, poetry and essay collections, novels, histories, biographies, criticism and children's literature. All works were in print in 1986. Alphabetically arranged by name of author. Entries include notes on audience, genre and locale as well as a descriptive annotation. Title index.   Z1392 M35 B66 1986 fol.   013.97127

Bibliographie de 148 livres écrits par 74 auteurs manitobains comprenant des pièces de théâtre, des collections de nouvelles, de poèmes ou d'essais, des romans, des livres d'histoire, des biographies, des critiques et des livres pour enfants. Toutes les oeuvres se trouvaient en librairie en 1986. Classement alphabétique par noms d'auteurs. Les notices comprennent des notes sur le public visé, le genre littéraire et le lieu de l'action ainsi qu'une annotation descriptive. Index des titres.   Z1392 M35 B66 1986 fol.   013.97127

3174

Bringhurst, Robert. – *Ocean, paper, stone : the catalogue of an exhibition of printed objects which chronicle more than a century of literary publishing in British Columbia.* – Vancouver : William Hoffer, 1984. – 111 p. : ill. (some col.). – 091975807X

The catalogue of an exhibition of 215 British Columbia literary publications, dating from 1875 through 1984. Includes books, chapbooks, broadsides and periodicals. Introductory essay provides an overview of literary publishing in British Columbia. Entries for works exhibited are arranged by name of press in roughly chronological order.

Catalogue d'une exposition de 215 publications littéraires de la Colombie-Britannique qui datent de 1875 à 1984. Inclut des livres, des livres de colportage, des in-planos et des périodiques. L'essai de présentation donne un aperçu de l'édition littéraire en Colombie-Britannique. Les notices sur les oeuvres exposées sont classées par

Periodicals listed separately. Entries include bibliographical citation with notes on type, paper, binding and edition. Historical notes on each press. 32 works are illustrated in the catalogue. Bibliography. Indexes: imprints, periodicals, authors and translators. NC975.6 O34 1984 686.207471133

noms de maisons d'édition, dans un ordre chronologique approximatif. Liste des périodiques distincte. Les notices comprennent une référence bibliographique avec des notes sur la typographie, le papier, la reliure et l'édition. Notes sur l'histoire de chaque maison d'édition. 32 oeuvres sont illustrées dans le catalogue. Bibliographie. Quatre index: impressions, périodiques, auteurs et traducteurs. NC975.6 O34 1984 686.207471133

3175

Canadian literature : a quarterly of criticism and review = Littérature canadienne. – No. 1 (Summer 1959)-   . – Vancouver : University of British Columbia, 1959-   . – vol. : ill. – 0008-4360

The periodical *Canadian literature* includes an annual *Canadian literature checklist* for the years 1959 through 1970. Books and periodical articles are arranged in two sections for English- and French-Canadian literature. Each section is arranged by genre including collections, fiction, poetry, drama, essays, humour, biography, children's literature, bibliography, literary criticism, etc. Appeared in the winter issue, 1960-1966, and the spring issue, 1967-1971. List of theses on Canadian literature included with 1959-1968 checklists. Theses for 1969/70 appeared in no. 49 (Summer 1971). Checklists for 1959-1963 were cumulated in Inglis Freeman Bell's *Canadian literature, 1959-1963 : a checklist of creative and critical writings = Littérature canadienne, 1959-1963 : bibliographie de la critique et des oeuvres d'imagination.*

The complete periodical is reproduced in microform format: Ann Arbor (Mich.) : University Microfilms International, [19?]-   , microfilm reels. A separate cumulative index to *Canadian literature* has been compiled by Glenn Clever.

Annual bibliographies of Canadian literature for the years 1971-1975 were published in the following: 1971, *Essays on Canadian writing*, no. 9 (Winter 1977/78); 1972, *Journal of Canadian fiction*, vol. 2, no. 2 (1973); 1973, *Journal of Canadian fiction*, vol. 3, no. 4 (1975); 1974, *Journal of Canadian fiction*, no. 17/18 (1976); 1975, *Journal of Canadian fiction*, no. 23 (1979). PS8001 C25 809.8971

Le périodique *Littérature canadienne* a publié chaque année *Canadian literature checklist* de 1959 à 1970. Les livres et les articles de périodiques sont classés en deux sections, l'une sur la littérature canadienne-anglaise et l'autre sur la littérature canadienne-française. Chaque section est divisée par genres comme les collections, les oeuvres de fiction, les poèmes, les oeuvres dramatiques, les essais, les oeuvres humoristiques, les biographies, les livres pour enfants, les bibliographies, les critiques littéraires, etc. Parution dans le numéro d'hiver, 1960-1966, puis dans le numéro de printemps, 1967-1971. Une liste des thèses sur la littérature canadienne est jointe aux bibliographies de 1959 à 1968. Les thèses de 1969-1970 figurent dans le numéro 49 (été 1971). Inglis Freeman Bell a fait une refonte des bibliographies de 1959-1963 dans *Canadian literature, 1959-1963 : a checklist of creative and critical writings = Littérature canadienne, 1959-1963 : bibliographie de la critique et des oeuvres d'imagination.*

Tous les numéros du périodique ont été reproduits sur support microforme: Ann Arbor (Mich.) : University Microfilms International, [19?]-   , bobines de microfilm. Un autre index cumulatif de *Littérature canadienne* a été compilé par Glenn Clever.

Des bibliographies annuelles de la littérature canadienne des années 1971-1975 ont été publiées dans les documents suivants: 1971, *Essays on Canadian writing*, n° 9 (hiver 1977/78); 1972, *Journal of Canadian fiction*, vol. 2, n° 2 (1973); 1973, *Journal of Canadian fiction*, vol. 3, n° 4 (1975); 1974, *Journal of Canadian fiction*, n° 17/18 (1976); 1975, *Journal of Canadian fiction*, n° 23 (1979). PS8001 C25 809.8971

3176

Coach House Press. – *Tweny/20.* – Toronto : Coach House Press, c1985. – 142, [2] p. – 0889102953

A twentieth-anniversary catalogue of 286 titles produced by Coach House Press from 1966 through 1985. Coach House is noted for its high quality literary publications as well as works on art and photography. Chronologically arranged. Annotations. Genre noted for each work. Critical comments from reviews, etc., provided for some titles. Author and title indexes. Z1367 C67 1985 070.509713541

Catalogue qui regroupe 286 livres produits par Coach House Press de 1966 à 1985 et qui a été publié à l'occasion du vingtième anniversaire de la maison d'édition. Coach House Press est connue pour ses publications littéraires de grande qualité ainsi que pour ses ouvrages sur l'art et la photographie. Classement chronologique. Annotations. Le genre de chaque ouvrage est précisé. Des commentaires tirés de critiques, etc. sont fournis pour certains ouvrages. Deux index: auteurs, titres. Z1367 C67 1985 070.509713541

3177

Coppens, Patrick. – *Littérature québécoise contemporaine.* – Préface de Gaston Miron. – Montréal : Centrale des bibliothèques ; La Pocatière (Québec) : Société du stage en bibliothéconomie de La Pocatière, 1982. – 77 p. – (Bibliothèmes ; n° 1). – 2891230841

A bibliography of 460 works on the contemporary literature of Quebec. Arranged in sections for general works such as anthologies, dictionaries, periodicals, etc.; poetry and songs; drama; novels, short stories, tales, etc. Critical annotations include recommendations on audience and usefulness and references to reviews. Appendix: reprints of important works published before 1945. Z1377 F8 C67 1982 016.840809714

Bibliographie de 460 ouvrages sur la littérature contemporaine du Québec. Classement en sections: les ouvrages de nature générale comme les anthologies, les dictionnaires, les périodiques, etc.; les poèmes et les chansons; les pièces de théâtre; les romans, les nouvelles, les contes, etc. Les annotations critiques contiennent des recommandations quant au public visé et à l'utilité de l'ouvrage ainsi que des renvois aux critiques. Annexe: réimpressions des ouvrages importants publiés avant 1945. Z1377 F8 C67 1982 016.840809714

3178

Dechene, Verona M. – *Liste de référence de la littérature canadienne-française dans les bibliothèques manitobaines = A checklist of French-Canadian literature in Manitoba libraries.* – Winnipeg : University of Manitoba Libraries, 1976. – [10], 317 p. – (Bibliography series ; no. 2).

A checklist of the French-Canadian literature holdings of various Manitoba libraries. Includes fiction, poetry, drama, literary criticism and biography published prior to 1973. Excludes history, essays, folklore and juvenile fiction. Entries are alphabetically arranged by author or title under the following categories: serials, anthologies, bibliography, history and criticism, works. Content notes and locations. Z1375 D43 fol. 016.84080971

Liste de référence des oeuvres canadiennes-françaises conservées dans les diverses bibliothèques du Manitoba. Inclut des oeuvres de fiction, des poèmes, des oeuvres dramatiques, des critiques littéraires et des biographies publiées avant 1973. Exclut les livres d'histoire, les essais, le folklore et les romans pour les jeunes. Les notices sont classées en ordre alphabétique, par auteurs ou par titres, sous les catégories suivantes: séries, anthologies, bibliographies, livres d'histoire et critiques, oeuvres. Notes sur le contenu et localisations. Z1375 D43 fol. 016.84080971

3179

Dionne, René. – *Bibliographie de la littérature outaouaise et franco-ontarienne.* – 2ᵉ éd., rév. et augm. – Ottawa : Centre de recherche en civilisation canadienne-française, 1981. – [6], viii, 204 p. – (Documents de travail ; 10).

1st ed., 1978. A bibliography of approximately 1,800 literary works in French and in English by over 400 Francophone authors born or residing and writing in Ontario or the Outaouais region of Quebec. Alphabetically arranged by name of author. Entries include a library location and a call number. Z1377 F8 D56 1981 fol. 016.8408097142

1ʳᵉ éd., 1978. Bibliographie d'environ 1 800 oeuvres littéraires en français et en anglais de plus de 400 auteurs francophones nés ou habitant en Ontario ou dans l'Outaouais au Québec, et qui y écrivent. Classement alphabétique par noms d'auteurs. Les notices comprennent une localisation en bibliothèque et une cote. Z1377 F8 D56 1981 fol. 016.8408097142

3180

Echlin, Kim. – *Bibliography of Canadian Indian mythology.* – [Downsview, Ont.? : s.n.], 1984. – 48 p. – Caption title.

Bibliography of sources on the mythology of Canada's Native peoples. Arranged under a general heading, and then by geographical area, subdivided by cultural group. Contains some references in French. Other ed.: Nortorf : Völkerkundliche Arbeitsgemeinschaft, 1988. Z1209.2 C3 E23 1984 016.398208997071

Bibliographie de sources portant sur la mythologie des Autochtones du Canada. Classement sous un intitulé général et par aires géographiques qui se subdivisent par groupes culturels. Comprend quelques références de langue française. Autre éd.: Nortorf : Völkerkundliche Arbeitsgemeinschaft, 1988. Z1209.2 C3 E23 1984 016.398208997071

3181

Éditions de l'Hexagone. – *L'Hexagone 25 : rétrospective 1953-1978.* – Montréal : Bibliothèque nationale du Québec, 1979. – 55 p. : ill., fac-sim., portr. – 2400000638

A bibliography of the publications of Éditions de l'Hexagone, a literary press of Quebec founded by Gaston Miron in 1954. Chronologically arranged. Indexes of titles, authors and illustrators. List of series published by l'Hexagone. Z483 E23 1979 070.50971428

Bibliographie des publications des Éditions de l'Hexagone, une maison d'édition littéraire du Québec fondée par Gaston Miron en 1954. Classement chronologique. Trois index: titres, auteurs, illustrateurs. Liste des collections publiées par l'Hexagone. Z483 E23 1979 070.50971428

3182

Fairbanks, Carol. – *Farm women of the Prairie frontier : a sourcebook for Canada and the United States.* – By Carol Fairbanks and Sara Brooks Sundberg. – Metuchen (N.J.) : Scarecrow Press, 1983. – xiii, 237 p. : ill. – 0810816253

Essays and a bibliography on the history and literature of women of the Canadian and American Prairies. Four essays cover the early agricultural settlement of the North American grasslands, pioneer women on the American Prairies, farm women on the Canadian Prairies, women's fiction. Annotated bibliography arranged in four parts: history and background, women's non-fiction of Canada and the United States, women's fiction of Canada and the United States, literary history and criticism. Includes books, periodical articles and theses. Subject index. HQ1438 A17 F34 1983 305.40971

Essais et bibliographie sur l'histoire et la littérature des femmes des Prairies canadiennes et américaines. Quatre essais portent sur les premières colonies agricoles des Prairies nord-américaines, les pionnières dans les Prairies américaines, les fermières dans les Prairies canadiennes, les oeuvres de fiction écrites par des femmes. Bibliographie annotée, divisée en quatre parties: l'histoire et les données de base, les ouvrages autres que de fiction écrits par des femmes du Canada et des États-Unis, les oeuvres de fiction écrites par des femmes du Canada et des États-Unis, l'histoire littéraire et la critique. Inclut des livres, des articles de périodiques et des thèses. Index sujets. HQ1438 A17 F34 1983 305.40971

3183

The Fiddlehead. – No. 1 (Feb. 1945)- . – Frederiction : University of New Brunswick, 1945- . – vol. – 0015-0630

For the years 1983 through 1989, *Atlantic soundings : a checklist of recent literary publications of Atlantic Canada* was included annually in *The Fiddlehead*. Anthologies, bibliography, drama, prose, poetry, children's literature and literary criticism were covered. Arranged by genre. Included books, periodical articles, conference proceedings in English and French. Appeared in the following issues: no. 135 (Jan. 1983); no. 141 (Autumn 1984); no. 145 (Autumn 1985); no. 148

De 1983 à 1989, *Atlantic soundings : a checklist of recent literary publications of Atlantic Canada* paraissait chaque année dans *The Fiddlehead*. Portait sur des anthologies, des bibliographies, des pièces de théâtre, de la prose, de la poésie, de la littérature pour enfants et des critiques littéraires. Classement par genres. Incluait des livres, des articles de périodiques et des actes de congrès en anglais et en français. A paru dans les numéros suivants: nᵒ 135 (janv. 1983); nᵒ

(Summer 1986); no. 151 (Spring 1987); no. 155 (Spring 1988); no. 159 (Spring 1989).   PS8001 F5   809.89715

141 (automne 1984); nº 145 (automne 1985); nº 148 (été 1986); nº 151 (printemps 1987); nº 155 (printemps 1988); nº 159 (printemps 1989).   PS8001 F5   809.89715

3184

Gedalof, Robin. – *An annotated bibliography of Canadian Inuit literature.* – Ottawa : Indian and Northern Affairs Canada, 1979. – [4], 108 p.

Lists documents available in English by Canadian Inuit authors. Alphabetically arranged by author. Annotations indicate whether a work is also in French or syllabics.   Z1395 I5 G43 1979 fol.   016.971

Donne la liste des documents, disponibles en anglais, d'auteurs inuit canadiens. Classement alphabétique par noms d'auteurs. Des annotations précisent si les oeuvres existent aussi en français ou en écriture syllabique.   Z1395 I5 G43 1979 fol.   016.971

3185

Gilbert, Charlotte. – *Répertoire bibliographique. Auteurs amérindiens du Québec = Bibliographic directory of Amerindian authors in Quebec.* – Saint-Luc (Quebec) : Research Centre for Native Literature and Arts in Quebec, 1993. – 46 p., 2 leaves : 1 map. – 2980342602

A bibliography of books and articles in French written by Native authors of Quebec. Excludes manuscripts and unpublished studies and reports. Four parts: Algonquian authors, Iroquoian authors, Native press, songs. Entries indicate cultural origins of author. Quebec university library locations provided. Appendices: directories of Quebec university libraries, publishers, periodicals and collected works to which Amerindians have contributed, Quebec Amerindian organizations, Quebec Amerindian nations and communities. Map of Native groups in Quebec. The Centre is also planning to publish the following titles: *Répertoire biographique. Auteurs amérindiens du Québec = Biographic directory of Amerindian authors in Quebec*; *Répertoire. Artistes amérindiens du Québec = Directory of Amerindian artists in Quebec.*   Z1376 I52 G54 1993 fol.   016.840809714

Bibliographie de livres et d'articles en français écrits par des auteurs amérindiens du Québec. Exclut les manuscrits et les études et rapports non publiés. Quatre parties: auteurs algonquins, auteurs iroquois, médias écrits autochtones, chansons. Les notices précisent les origines culturelles de l'auteur. Des localisations dans les bibliothèques universitaires du Québec sont fournies. Plusieurs répertoires en annexe: bibliothèques des universités du Québec, éditeurs, périodiques et oeuvres collectives auxquels des Amérindiens ont contribué, organisations amérindiennes du Québec, nations et communautés amérindiennes du Québec. Carte des groupes autochtones du Québec. Le Centre prévoit aussi de publier les ouvrages suivants: *Répertoire biographique. Auteurs amérindiens du Québec = Biographic directory of Amerindian authors in Quebec*; *Répertoire. Artistes amérindiens du Québec = Directory of Amerindian artists in Quebec.* Z1376 I52 G54 1993 fol.   016.840809714

3186

Gilbert, Charlotte. – *Répertoire bibliographique. Auteurs amérindiens du Québec = Bibliographic directory of Amerindian authors in Quebec.* – Saint-Luc (Quebec) : Centre de recherche sur la littérature et les arts autochtones du Québec, 1993. – 46 p., 2 f. : 1 carte. – 2980342602

A bibliography of books and articles in French written by Native authors of Quebec. Excludes manuscripts and unpublished studies and reports. Four parts: Algonquian authors, Iroquoian authors, Native press, songs. Entries indicate cultural origins of author. Quebec university library locations provided. Appendices: directories of Quebec university libraries, publishers, periodicals and collected works to which Amerindians have contributed, Quebec Amerindian organizations, Quebec Amerindian nations and communities. Map of Native groups in Quebec. The Centre is also planning to publish the following titles: *Répertoire biographique. Auteurs amérindiens du Québec = Biographic directory of Amerindian authors in Quebec*; *Répertoire. Artistes amérindiens du Québec = Directory of Amerindian artists in Quebec.*   Z1376 I52 G54 1993 fol.   016.840809714

Bibliographie de livres et d'articles en français écrits par des auteurs amérindiens du Québec. Exclut les manuscrits et les études et rapports non publiés. Quatre parties: auteurs algonquins, auteurs iroquois, médias écrits autochtones, chansons. Les notices précisent les origines culturelles de l'auteur. Des localisations dans les bibliothèques universitaires du Québec sont fournies. Plusieurs répertoires en annexe: bibliothèques des universités du Québec, éditeurs, périodiques et oeuvres collectives auxquels des Amérindiens ont contribué, organisations amérindiennes du Québec, nations et communautés amérindiennes du Québec. Carte des groupes autochtones du Québec. Le Centre prévoit aussi de publier les ouvrages suivants: *Répertoire biographique. Auteurs amérindiens du Québec = Biographic directory of Amerindian authors in Quebec*; *Répertoire. Artistes amérindiens du Québec = Directory of Amerindian artists in Quebec.* Z1376 I52 G54 1993 fol.   016.840809714

3187

Gnarowski, Michael. – *A concise bibliography of English-Canadian literature.* – Rev. ed. – Toronto : McClelland and Stewart, c1978. – 145 p. – 0771033621

1st ed., 1973. Includes selective bibliographies of works by 118 Canadian authors writing in English as well as critical material about their works. Covers authors writing during the period from the eighteenth century to 1975. Arranged alphabetically by author and then genre. No index.   Z1375 G53 1978   016.81080971

1ʳᵉ éd., 1973. Inclut des bibliographies sélectives d'oeuvres écrites en anglais par 118 auteurs canadiens ainsi que des critiques de leurs oeuvres. Porte sur des auteurs qui ont écrit durant la période du dix-huitième siècle à 1975. Classement alphabétique par auteurs, puis classement par genres. Aucun index.   Z1375 G53 1978 016.81080971

3188

Gnarowski, Michael. – *Contact Press, 1952-1967 : a note on its origins, a check list of titles.* – Montreal : Delta Canada, 1970. – [42] p.

A checklist of the titles published by Contact Press between 1952 and 1967. The press was founded by Louis Dudek and published poetry by Irving Layton, Milton Acorn, F.R. Scott, Margaret Atwood and other writers. Chronologically arranged by year of publication. Notes on contents and publication history of some titles. Introductory essay on the origins of the press.   Z232 C63 G6 070.50971428

Liste de référence des oeuvres publiées par Contact Press entre 1952 et 1967. Cette maison d'édition fondée par Louis Dudek a publié les poèmes de Irving Layton, Milton Acorn, F. R. Scott, Margaret Atwood et d'autres écrivains. Classement chronologique par années de publication. Notes sur le contenu et histoire de la publication de certaines oeuvres. Essai de présentation sur les origines de la maison d'édition.   Z232 C63 G6   070.50971428

3189

Hamel, Réginald. – *Bibliographie sommaire sur l'histoire de l'écriture féminine au Canada (1764-1961).* – [Montréal] : Université de Montréal, 1974. – 134 p.

A bibliography of writings in French by and about French-Canadian women. Books and periodical articles are arranged under seven headings: the family, woman, fatality, novels for adults, novels for young people, poetry, general works. No index. Numerous typographical errors.   Z7964 C3 H25 fol.   016.84080971

Bibliographie des ouvrages en français écrits par des Canadiennes-françaises ou à leur propos. Les livres et les articles de périodiques sont classés sous sept vedettes-matière: la famille, la femme, la fatalité, les romans pour adultes, les romans pour jeunes, la poésie, les ouvrages de nature générale. Aucun index. Nombreuses erreurs typographiques.   Z7964 C3 H25 fol.   016.84080971

3190

Janelle, Claude. – *Les Éditions du Jour : une génération d'écrivains.* – Préface d'André Major. – Montréal : Hurtubise HMH, c1983. – [6], 338, [6] p. : portr. – (Cahiers du Québec ; 73. Collection littérature). – 2890455807

A history and bibliography of the Quebec French-language publisher Éditions du Jour which was founded in 1961 by Jacques Hébert and existed until 1980. Known for its literary collections such as "Romanciers du Jour" which included novels by Marie-Claire Blais, Yves Thériault, Jacques Ferron, etc. List of works which won literary prizes. Bibliography of 906 works published or co-published by Éditions du Jour, arranged by collection or co-publisher. Index of literary authors. Bibliography of critical articles on works published as part of the collection "Romanciers du Jour". List of newspaper articles about the publisher.   Z483 J69 J35 1983   070.509714281

Histoire et bibliographie de la maison d'édition québécoise de langue française, les Éditions du Jour, qui a été fondée en 1961 par Jacques Hébert et qui a cessé ses activités en 1980. Connue pour ses collections littéraires, comme les «Romanciers du Jour» qui comprenait des romans de Marie-Claire Blais, Yves Thériault, Jacques Ferron, etc. Signale des oeuvres qui ont gagné des prix littéraires. Bibliographie de 906 oeuvres publiées ou co-publiées par les Éditions du Jour, avec classement par collections ou par co-éditeurs. Index des auteurs d'oeuvres littéraires. Bibliographie d'articles critiques sur les ouvrages de la collection «Romanciers du Jour». Liste des articles de journaux sur la maison d'édition.   Z483 J69 J35 1983 070.509714281

3191

The journal of Commonwealth literature. – No. 1 (Sept. 1965)-   . – London : Hans Zell Publishers, 1965-   . –   vol. : ill. – 0021-9894

Includes the *Annual bibliography of Commonwealth literature* in English for the years 1964 onward, usually in the December issue of the following year. Organized by country. An introductory essay and a bibliography arranged by genre are provided for Canada. Includes bibliographies, poetry, drama, fiction, anthologies, literary criticism, non-fiction works and a list of new journals and special issues. Translations into English listed as a separate category since 1983. PR1 J67   820.05

À partir de 1964, inclut *Annual bibliography of Commonwealth literature* qui porte sur les ouvrages en anglais. Habituellement publié dans le numéro de décembre de l'année suivante. Classement par pays. Un essai de présentation et une bibliographie classée par genres sont fournis pour le Canada. Inclut les bibliographies, les poèmes, les pièces de théâtre, les oeuvres de fiction, les anthologies, les critiques littéraires, les ouvrages documentaires et une liste des nouvelles revues et des numéros spéciaux. Les traductions en anglais se trouvent dans une liste distincte depuis 1983.   PR1 J67   820.05

3192

Kandiuk, Mary. – *French-Canadian authors : a bibliography of their works and of English-language criticism.* – Metuchen (N.J.) : Scarecrow Press, 1990. – xii, 22p. : ill. – 0810823624

A bibliography of works by and about major Quebec authors for whom there is a significant body of criticism in English. Alphabetically arranged by name of author. Each author bibliography is arranged in three sections: monographs by the author; works about the author including books, parts of books, journal articles and dissertations; book reviews, arranged by the title of the book reviewed. Index of authors of critical works. Editor index. Directory of Canadian publishers.   Z1377 F8 K35 1990   016.84099714

Bibliographie des oeuvres écrites par des auteurs québécois importants, ou à leur sujet, et pour lesquels il existe une quantité considérable de critiques en anglais. Classement alphabétique par noms d'auteurs. Pour chaque auteur, la bibliographie est divisée en trois sections: les monographies écrites par l'auteur; les écrits sur l'auteur, y compris les livres, les parties de livres, les articles de revues et les dissertations; les critiques classées par titres des livres critiqués. Index des auteurs d'oeuvres critiques. Index des rédacteurs. Répertoire des éditeurs canadiens.   Z1377 F8 K35 1990 016.84099714

3193

Lahaise, Robert. – *Le Québec, 1830-1939 : bibliographie thématique : histoire et littérature.* – LaSalle (Québec) : Hurtubise HMH, c1990. – 173 p. – 2890458628

A bibliography of literary and historical works of Quebec including poetry, novels, drama, essays, etc., from the period 1830 through 1939. Includes mostly French-language works. Arranged by theme, such as Anglophones and Quebec, education, missions, historical novels and tuberculosis, each of which is subarranged by form such as sources, periodicals, archives or studies.   Z1392 Q3 L32 1990 016.9714

Bibliographie des oeuvres littéraires et historiques du Québec comprenant des poèmes, des romans, des pièces de théâtre, des essais, etc., de la période de 1830 à 1939. Inclut principalement des oeuvres en français. Classement par thèmes, comme les anglophones et le Québec, l'éducation, les missions, les romans historiques ou la tuberculose. Sous chaque thème, classement par types de documents comme les ouvrages de référence, les périodiques, les documents d'archives ou les études.   Z1392 Q3 L32 1990   016.9714

3194

Lecker, Robert. – *The annotated bibliography of Canada's major authors.* – Edited by Robert Lecker and Jack David. – Downsview (Ont.) : ECW Press, 1979-   .–   vol. – 0920802087 (set) 0920802044 (vol. 1 pa.) 0920802028 (vol. 1 bd.) 0920802400 (vol. 2 pa.) 0920802389 (vol. 2 bd.) 0920802257 (vol. 3 pa.) 0920802230 (vol. 3 bd.) 0920802540 (vol. 4 pa.) 0920802524 (vol. 4 bd.) 0920802702 (vol. 5 pa.) 0920802680 (vol. 5 bd.) 0920802958 (vol. 6 pa.) 0920802931 (vol. 6 bd.) 092076312X (vol. 7 pa.) 0920763111 (vol. 7 bd.) 1550220438 (vol. 8 pa.) 1550220438 (vol. 8 bd.)

Eight volumes published to date, each containing three to six comprehensive annotated bibliographies of major English- and French-Canadian writers of poetry and prose. Bibliographies are contributed by different compilers. Each bibliography in two parts: works by the author including books, broadsides, audio-visual material, manuscripts, contributions to periodicals; works about the author including books, articles, theses, interviews, audio-visual material, awards, honours and selected book reviews. Subarranged chronologically. An index to critics is provided for each bibliography. Critical introductions on each author are provided in volumes 1-3.

Vol. 1, Margaret Atwood (prose), Margaret Laurence, Hugh MacLennan, Mordecai Richler, Gabrielle Roy, 1979; vol. 2, Margaret Atwood (poetry), Leonard Cohen, Archibald Lampman, E.J. Pratt, Al Purdy, 1980; vol. 3, Ernest Buckler, Robertson Davies, Raymond Knister, W.O. Mitchell, Sinclair Ross, 1981; vol. 4, Earle Birney, Dorothy Livesay, F.R. Scott, A.J.M. Smith, 1983; vol. 5, Morley Callaghan, Mavis Gallant, Hugh Hood, Alice Munro, Ethel Wilson, 1984; vol. 6, Margaret Avison, John Newlove, Michael Ondaatje, P.K. Page, Miriam Waddington, Phyllis Webb, 1985; vol. 7, Marian Engel, Anne Hébert, Robert Kroetsch, Thomas H. Raddall, 1987; vol. 8, Irving Layton, Dennis Lee, Duncan Campbell Scott, 1994. Some of the bibliographies have also been published as monographs by ECW Press.   Z1375 L35   016.81

Huit volumes ont été publiés jusqu'à présent. Chacun contient de trois à six bibliographies commentées détaillées des principaux auteurs canadiens-anglais et canadiens-français qui ont écrit de la poésie ou de la prose. Les bibliographies ont été faites par divers compilateurs. Chaque bibliographie est divisée en deux parties: les oeuvres écrites par l'auteur, y compris les livres, les in-planos, les documents audiovisuels, les manuscrits et les contributions aux périodiques; les ouvrages qui portent sur l'auteur, y compris les livres, les articles, les thèses, les entrevues, les documents audio-visuels, les prix, les honneurs et des critiques de livres choisies. Classement secondaire chronologique. Un index des critiques est fourni pour chaque bibliographie. Les volumes 1 à 3 contiennent des introductions critiques sur chaque auteur.

Vol. 1, Margaret Atwood (prose), Margaret Laurence, Hugh MacLennan, Mordecai Richler, Gabrielle Roy, 1979; vol. 2, Margaret Atwood (poésie), Leonard Cohen, Archibald Lampman, E.J. Pratt, Al Purdy, 1980; vol. 3, Ernest Buckler, Robertson Davies, Raymond Knister, W.O. Mitchell, Sinclair Ross, 1981; vol. 4, Earle Birney, Dorothy Livesay, F.R. Scott, A.J.M. Smith, 1983; vol. 5, Morley Callaghan, Mavis Gallant, Hugh Hood, Alice Munro, Ethel Wilson, 1984; vol. 6, Margaret Avison, John Newlove, Michael Ondaatje, P.K. Page, Miriam Waddington, Phyllis Webb, 1985; vol. 7, Marian Engel, Anne Hébert, Robert Kroetsch, Thomas H. Raddall, 1987; vol. 8, Irving Layton, Dennis Lee, Duncan Campbell Scott, 1994. Certaines des bibliographies ont aussi été publiées comme monographies par ECW Press.   Z1375 L35   016.81

3195

Maillet, Marguerite. – *Bibliographie des publications d'Acadie, 1609-1990 : sources premières et sources secondes.* – Moncton : Chaire d'études acadiennes, 1992. – 389 p. – (Balises ; 2). – 2921166054

A bibliography of 621 Acadian publications by 335 authors as well as 3,674 entries for secondary sources. Part I includes works by and critical articles about Acadian authors born in the Maritimes, authors who live in the Maritimes and work in an Acadian setting or for an Acadian cause, authors of works dealing with Acadia and published there, etc. Alphabetically arranged by name of author.

Part II includes general periodical articles on Acadian literature and culture. Arranged according to the following genres/subjects: literature, novels and short stories, poetry, theatre, the press, folklore and ethnology, language and linguistics, arts and culture, distribution of literature. List of authors of primary works, alphabetically arranged by name. List of primary works alphabetically arranged by title. Index of authors of critical articles. List of periodicals examined.   Z1377 A2 M35 1992   016.840809715

Bibliographie de 621 publications acadiennes écrites par 335 auteurs et 3 674 notices répertoriant des sources secondaires. La partie I comprend les oeuvres d'auteurs acadiens nés dans les Maritimes, d'auteurs qui vivent dans les Maritimes et qui travaillent dans un milieu acadien ou pour une cause acadienne, d'auteurs dont les oeuvres portent sur l'Acadie et ont été publiées en Acadie, etc. La partie I contient aussi des articles critiques sur les oeuvres de ces auteurs. Classement alphabétique des noms d'auteurs.

La partie II comprend des articles de périodiques de nature générale sur la littérature et la culture de l'Acadie. Classement selon les sujets ou les genres suivants: la littérature, les romans et les nouvelles, la poésie, le théâtre, la presse, le folklore et l'ethnologie, la langue et la linguistique, les arts et la culture, la distribution des oeuvres littéraires. Listes alphabétiques des auteurs et des titres des sources primaires. Index des auteurs de critiques. Liste des périodiques étudiés.   Z1377 A2 M35 1992   016.840809715

3196

McGrath, Robin. – *Canadian Inuit literature : the development of a tradition.* – Ottawa : National Museum of Man, National Museums of Canada, 1984. – x, 230 p. : ill., maps. – (Mercury series). (Paper - Canadian Ethnology Service ; no. 94).

A study of oral and written traditions in Inuit literature. Examines the effect of European contact on Inuit literacy; the change from an oral to a written tradition; early Inuktitut publications; poetry and prose in the oral and written traditions; themes and structures in contemporary Inuit literature. Includes an abstract in French. Appendices: maps of languages and dialects; Inuktitut writing systems; list of periodicals, newspapers and newsletters by, for and about Canadian Inuit with covers or pages reproduced for certain titles.

Also includes a bibliography of approximately 750 entries for

Étude des traditions orales et écrites de la littérature inuit. Examine ce qui suit: l'effet du contact avec les Européens sur l'alphabétisme des Inuit; le passage de la tradition orale à la tradition écrite; les premières publications en inuktitut; la poésie et la prose dans les traditions orales et écrites; les thèmes et les structures dans la littérature contemporaine inuit. Inclut un résumé en français. Annexes: cartes des langues et des dialectes; systèmes d'écriture de l'inuktitut; liste des périodiques, des journaux et des bulletins qui sont faits par des Inuit canadiens ou qui sont publiés à leur intention ou à leur sujet, avec reproduction de la couverture ou de pages de certains documents.

prose and poetry written by Inuit authors of the Canadian Arctic during the last 50 years. Includes books and articles alphabetically arranged by author or title. Bibliography of secondary sources on Inuit art, music and literature.   PS8075.5 M24 fol.   809.89719

Inclut également une bibliographie d'environ 750 notices sur la prose et la poésie écrites par des auteurs inuit de l'Arctique canadien au cours des cinquante dernières années. Inclut des livres et des articles avec classement alphabétique par auteurs ou par titres. Bibliographie des sources secondaires sur l'art, la musique et la littérature inuit.   PS8075.5 M24 fol.   809.89719

3197

McLennan Library. Reference Dept. – *Canadian literature : a guide to reference sources.* – Compiled by Lillian Rider. – [Montreal] : McLennan Library, Reference Dept., McGill University, 1982. – 28 p. – Caption title.

An annotated guide to reference sources on English- and French-Canadian literature. Includes general and specialized bibliographies, indexes, literary histories and handbooks, biographical and quotation dictionaries and periodicals. Excludes works on children's literature, film, mass media, performing arts and folklore. Arranged by type of source. Index of authors and titles.   Z1375 M35 fol.   016.016809

Guide annoté sur les ouvrages de référence relatifs à la littérature canadienne en anglais et en français. Inclut des bibliographies générales et spécialisées, des index, des histoires de la littérature et des manuels, des dictionnaires biographiques, des dictionnaires de citation et des périodiques. Exclut les ouvrages sur la littérature pour enfants, les films, les médias, les arts d'interprétation et le folklore. Classement par types d'ouvrages. Index des auteurs et des titres.   Z1375 M35 fol.   016.016809

3198

Melanson, Holly. – *Literary presses in Canada, 1975-1985 : a checklist and bibliography.* – Halifax : Dalhousie University, School of Library and Information Studies, 1988. – iii, 187, [3] p. – (Occasional papers series ; 43). – 0770397174

A directory and bibliography of 240 English-Canadian literary presses which published at least two original literary works during the years 1975 through 1985. Alphabetically arranged by name of press. Entries include name changes or mergers, ISBN prefix, address, names of founders, dates of operation, chronologically arranged list of publications, comments on press purpose or history and bibliography of journal articles on press history. Lists only adult English-language or bilingual literary works that fall into one of the following categories: novels, short stories, poetry, humour, literary criticism or memoirs. Founder and regional indexes. Bibliography.   Z231.5 L5 M44 1988 fol.   015.71055

Répertoire et bibliographie de 240 maisons d'édition littéraire canadiennes-anglaises qui ont publié au moins deux oeuvres littéraires originales entre 1975 et 1985. Classement alphabétique par noms de maisons d'édition. Les notices comprennent les changements de noms ou les fusions, le préfixe ISBN, l'adresse, les noms des fondateurs, les dates d'exploitation, une liste chronologique des publications, des commentaires sur les objectifs ou l'historique de la maison d'édition et une bibliographie des articles de journaux sur l'histoire de la maison d'édition. Seuls les ouvrages littéraires pour adultes en anglais ou bilingues qui se trouvent dans l'une des catégories suivantes: romans, nouvelles, poèmes, écrits humoristiques, critiques littéraires ou mémoires sont énumérés. Deux index: fondateurs, régional. Bibliographie.   Z231.5 L5 M44 1988 fol.   015.71055

3199

Miska, John [P.]. – *Ethnic and Native Canadian literature : a bibliography.* – Toronto : University of Toronto Press, c1990. – xv, 445 p. – 0802058523

A bibliography of 5,500 references to works by ethnic and Native-Canadian writers as well as publications about ethnic and Native-Canadian literature. Includes authors of poetry, fiction or drama in any language, who were born outside Canada and have settled and written works in Canada. Excludes writers from France, the United States, Great Britain, Australia and New Zealand. Native authors are not well covered. Includes books, contributions to periodicals, reviews from periodicals and newspapers, and theses.

Three sections: part 1, general reference tools, research studies and collective works; part 2, literary works by authors of 65 nationality/language groups and writings about them; part 3, writings relating to ethnic and Native peoples in mainstream Canadian literature. Part 2 is alphabetically arranged by nationality/language group, each of which is divided into general works and writings by and about individual authors. Brief biographies. Annotations or notes on genre, language, etc., accompany some citations. Author-subject index. Based on the author's *Ethnic and Native Canadian literature, 1850-1979 : a bibliography of primary and secondary materials* (Lethbridge (Alta.) : Microform Biblios, c1980), 7 microfiches.   Z1376 E87 M57 1990 fol.   016.80889971

Bibliographie de 5 500 références d'oeuvres écrites par des Canadiens d'origine ethnique ou autochtone et de publications sur la littérature ethnique et autochtone du Canada. Inclut les auteurs de poèmes, d'oeuvres de fiction et de pièces de théâtre, quelle que soit la langue d'écriture, qui sont nés à l'étranger, se sont installés au Canada et ont écrit des oeuvres. Exclut les écrivains qui viennent de la France, des États-Unis, de la Grande-Bretagne, de l'Australie et de la Nouvelle-Zélande. Ne traite pas en profondeur des auteurs autochtones. Inclut des livres, des contributions à des périodiques, des critiques tirées de périodiques et de journaux, et des thèses.

Trois sections: partie 1, ouvrages de référence de nature générale, études et oeuvres collectives; partie 2, oeuvres littéraires écrites par des auteurs de 65 groupes ethniques/langues et écrits sur ces oeuvres; partie 3, écrits relatifs à la place des groupes ethniques et des peuples autochtones dans le courant dominant de la littérature canadienne. Dans la partie 2, classement alphabétique par groupes ethniques ou langues, avec classement secondaire selon les ouvrages généraux et les oeuvres de ou au sujet de chaque auteur. Courtes biographies. Des annotations ou notes sur le genre, la langue, etc. accompagnent certaines références. Index des auteurs et des sujets. Fondé sur un ouvrage du même auteur: *Ethnic and Native Canadian literature, 1850-1979 : a bibliography of primary and secondary materials* (Lethbridge (Alta.) : Microform Biblios, c1980), 7 microfiches.   Z1376 E87 M57 1990 fol.   016.80889971

3200

Moyles, R. G. – *English-Canadian literature to 1900 : a guide to information sources.* – Detroit : Gale Research Co., c1976. – xi, 346 p. – (American literature, English literature, and world literatures in English ; vol. 6) (Gale information guide library). – 0810312220

A selective bibliography of primary and secondary materials on English-Canadian literature to 1900. Includes chapters covering general reference works, full-length studies, articles and theses on Canadian literary history and criticism, works by and about twelve major and 36 minor authors, exploration and travel literature, selected nineteenth-century journals. Each author bibliography is subarranged by genre. Travel literature is arranged geographically. Annotations. Author and title indexes.   Z1375 M692   016.81080971

Bibliographie sélective de documents primaires et secondaires sur la littérature canadienne-anglaise jusqu'en 1900. Contient des chapitres d'ouvrages de référence généraux, des études détaillées, des articles et des thèses sur l'histoire et la critique littéraire au Canada, des oeuvres écrites par et sur douze auteurs importants et 36 auteurs secondaires, des récits d'exploration et de voyage ainsi qu'une sélection de journaux personnels du dix-neuvième siècle. Pour chaque auteur, la bibliographie est classée par genres. Classement géographique des récits de voyage. Annotations. Deux index: auteurs, titres. Z1375 M692   016.81080971

3201

Murray, Elaine D. – *Bibliography of imaginative literature by Canadian Native authors, 1970-1986.* – Lower Sackville (N.S.) : [E.D. Murray], 1987. – 19 leaves. – Cover title.

A bibliography of legends, poetry, novels, etc., by Canadian Native authors, published in English between 1970 and 1986. Includes monographs for adult and juvenile audiences. Arranged in three sections: legends, poetry, prose.   Z1209.2 C3 M87 1987 fol. 016.81080971

Bibliographie des légendes, des poèmes, des romans, etc. écrits par des auteurs autochtones du Canada et publiés en anglais entre 1970 et 1986. Inclut des monographies pour les adultes et pour les jeunes. Classement en trois sections: légendes, poésie, prose.   Z1209.2 C3 M87 1987 fol.   016.81080971

3202

National Library of Canada. – *Indian-Inuit authors : an annotated bibliography = Auteurs indiens et inuit : bibliographie annotée.* – Ottawa : [National Library of Canada], 1974. – 108 p. : ill.

Attempts to create a definitive record of the written and published works of Aboriginal peoples of Canada to 1972. Part one includes works by Canadian Indian and Métis authors, part two, works by Canadian Inuit authors. Each part is arranged in eight sections: books, anthologies, collected works, poetry and songs, articles, addresses, conferences, reports, studies and theses, language, texts. Annotations in English and French. Author and illustrator indexes. Z1209 I58   016.971

Tente de dresser une liste définitive des oeuvres écrites par les peuples autochtones du Canada et publiées, jusqu'en 1972. La partie I inclut les oeuvres d'auteurs amérindiens et métis canadiens, et la partie II celles d'auteurs inuit canadiens. Chaque partie se divise en huit sections: livres, anthologies, oeuvres choisies, poèmes et chansons, articles, discours, conférences, rapports, études et thèses, langues, textes. Annotations en anglais et en français. Deux index: auteurs, illustrateurs.   Z1209 I58   016.971

3203

National Library of Canada. – *Manitoba authors = Écrivains du Manitoba.* – [Edited by Wilfrid Eggleston]. – Ottawa : National Library of Canada, 1970. – 1 vol. (unpaged) : ill., ports.

The bilingual catalogue of the National Library exhibition organized to commemorate the Centennial of Manitoba. Includes works by Manitobans and works about Manitoba by non-residents, from the period 1841 through 1970. Five sections: early printed works; travellers' writings; works for and by immigrants and settlers; historical and biographical chronicles of the province; poetry and prose. Annotations. Author index.   Z1392   C810.99715

Catalogue bilingue d'une exposition organisée par la Bibliothèque nationale pour commémorer le centenaire du Manitoba. Inclut des oeuvres écrites par des Manitobains et des oeuvres sur le Manitoba écrites par des personnes de l'extérieur de la province. Ces oeuvres datent de la période de 1841 à 1970. Cinq sections: premières oeuvres imprimées; récits de voyages; oeuvres écrites pour et par des immigrants et des colons; chroniques historiques et biographiques de la province; poésie et prose. Annotations. Index des auteurs.   Z1392 C810.99715

3204

National Library of Canada. – *New Brunswick authors = Écrivains du Nouveau-Brunswick.* – Ottawa : National Library of Canada, 1984. – 72 p. : ill. – 0662529979

The bilingual catalogue of an exhibition of works by New Brunswick authors. Organized by the National Library of Canada to commemorate the 1984 bicentenary of New Brunswick. Includes works in English and French arranged in four parts: fiction and drama; poetry; peoples, places and events; diverse studies. Annotations. No index. Reproduced in microform format: *Microlog*, no. 84-03278. PS8131 N3 N49 1984   C810.99715

Catalogue bilingue d'une exposition d'oeuvres écrites par des auteurs du Nouveau-Brunswick. L'exposition avait été organisée par la Bibliothèque nationale du Canada pour commémorer le bicentenaire du Nouveau-Brunswick en 1984. Inclut des oeuvres en anglais et en français classées en quatre parties: oeuvres de fiction et oeuvres dramatiques; poèmes; peuples, lieux et événements; études diverses. Annotations. Aucun index. Reproduit sur support microforme: *Microlog*, n° 84-03278.   PS8131 N3 N49 1984   C810.99715

3205

Our books in the curriculum : pre-school, kindergarten, grades 1-8. – Toronto : Writers' Union of Canada, c1985. – 347 p. – Cover title.

An annotated bibliography of fictional works, biographies, picture books, histories, social studies, etc., written by members of the Writers' Union of Canada and suitable for curriculum use for pre-school, kindergarten and grades 1-8. Includes primarily English-

Bibliographie annotée d'oeuvres de fiction, de biographies, de livres illustrés, de livres d'histoire, d'études sociales, etc. écrits par des membres de la Writer's Union of Canada et adéquats au niveau pré-scolaire, à la maternelle et aux niveaux scolaires 1 à 8. Inclut

language works, some of which have been translated into French. Alphabetically arranged by name of author. Entries include author's recommendation on audience level and comments on the work. Z1378 O87 1985 fol. 016.81080971

principalement des ouvrages en anglais dont certains ont été traduits en français. Classement alphabétique par noms d'auteurs. Les notices précisent le public auquel s'adresse l'auteur et contiennent ses commentaires sur l'ouvrage. Z1378 O87 1985 fol. 016.81080971

3206
Our books in the curriculum : grades 9-13. – Toronto : Writers' Union of Canada, c1986. – 406 p. – Cover title.

An annotated bibliography of novels, biographies, histories, short story, essay and poetry collections written by members of the Writers' Union of Canada and suitable for curriculum use for grades 9 through 13. Includes primarily English-language works. Entries are alphabetically arranged by name of author and include a recommended audience level and author's comments. Author index. Z1378 O873 1986 fol. 016.81080971

Bibliographie annotée de romans, de biographies, de livres d'histoire et de collections de nouvelles, de poèmes et d'essais écrits par des membres de la Writers' Union of Canada et appropriés pour les élèves des niveaux 9 à 13. Contient principalement des ouvrages en anglais. Classement alphabétique par noms d'auteurs avec le public visé et des commentaires de l'auteur. Index des auteurs. Z1378 O873 1986 fol. 016.81080971

3207
Our books in the curriculum : undergraduate, adult. – Toronto : Writers' Union of Canada, c1986. – 357 p. – Cover title.

An annotated bibliography of novels, biographies, histories and collections of short stories, poetry and essays written by members of the Writers' Union of Canada. Selected as suitable for undergraduate course work and other adult readers. Primarily English-language works included. Entries are alphabetically arranged by name of author and include a recommended audience level and author's comments. Author index. Z1378 O875 1986 fol. 016.81080971

Bibliographie annotée de romans, de biographies, de livres d'histoire et de collections de nouvelles, de poèmes et d'essais écrits par des membres de la Writers' Union of Canada. Les oeuvres choisies doivent convenir aux étudiants de premier cycle universitaire et autres lecteurs adultes. Contient principalement des oeuvres en anglais. Classement alphabétique par noms d'auteurs avec le public visé et des commentaires de l'auteur. Index des auteurs. Z1378 O875 1986 fol. 016.81080971

3208
Ralph Pickard Bell Library. – *Pre-twentieth century literature of and about the Maritime Provinces : a bibliography of titles held in the special collections of Mount Allison University Library.* – [Compiled by E. E. Magee]. – Sackville (N.B.) : Ralph Pickard Bell Library, Mount Allison University, c1978. – iv, 25 p. – (Maritime studies bibliography ; no. 2). – 0888280211

Bibliography of 321 titles by Maritime authors or about the region, published prior to 1900 and held by the Ralph Pickard Bell Library, Mount Allison University. Arranged by genre including poetry, fiction and drama by Maritime authors and poetry and fiction about the Maritimes. A miscellaneous section includes published personal narratives, letters and essays. Indexes: author, chronological, place of publication, title. Z1392 M37 M68 fol. 016.810809715

Bibliographie de 321 oeuvres écrites par des auteurs des Maritimes ou au sujet de la région, publiées avant 1900 et conservées à la Ralph Pickard Bell Library de Mount Allison University. Classement par genres comme les poèmes, les oeuvres de fiction et les oeuvres dramatiques écrits par des auteurs des Maritimes, ou les poèmes et les oeuvres de fiction qui portent sur les Maritimes. Une section regroupe les récits personnels, les lettres et les essais publiés. Quatre index: auteurs, chronologique, lieux de publication, titres. Z1392 M37 M68 fol. 016.810809715

3209
Rhodenizer, Vernon Blair. – *Canadian literature in English.* – [Montreal : Printed by Quality Press, c1965]. – 4 leaves, 1055 p.

Bibliographical survey of Canadian literature in English from its beginnings to 1960. Entries are annotated and arranged chronologically within nineteen genres or subjects. Biographical information for some authors. Some errors and difficult to use without Lois Mary Thierman's *Index to Vernon Blair Rhodenizer's Canadian literature in English.* Z1375 R45 016.81080971

Revue bibliographique de la littérature canadienne-anglaise, depuis ses débuts jusqu'aux années 1960. Les notices sont annotées et classées par ordre chronologique au sein de dix-neuf genres ou sujets. Données biographiques sur certains auteurs. Contient quelques erreurs. Difficile à utiliser sans *Index to Vernon Blair Rhodenizer's Canadian literature in English* de Lois Mary Thierman. Z1375 R45 016.81080971

3210
Thierman, Lois Mary. – *Index to Vernon Blair Rhodenizer's Canadian literature in English.* – Edmonton : La Survivance Printing, [1968]. – ix, 469 p.

Separate alphabetical indexes of authors, titles and subjects. Many authors and titles verified and corrected. Z1375 R452 016.81080971

Trois index alphabétiques distincts: auteurs, titres et sujets. Nombre de noms d'auteurs et de titres ont été vérifiés et corrigés. Z1375 R452 016.81080971

3211
Robinson, Jill M. – *Seas of earth : an annotated bibliography of Saskatchewan literature as it relates to the environment.* – Regina : Canadian Plains Research Center, University of Regina, 1977. – [10], x, 139 p., [38] p. of plates : ill., ports. – (Canadian plains reports ; 2). – 0889770107

An annotated bibliography of Saskatchewan literary works by approximately 100 authors, dealing with environmental themes. Designed for high school teachers and students. Arranged in the following categories: fiction; pioneer life; history; exploration, travel and environment; biography and memoir. Each category consists of

Bibliographie annotée des oeuvres littéraires de la Saskatchewan d'environ 100 auteurs portant sur des thèmes relatifs à l'environnement. Conçue pour les enseignants et les élèves du niveau secondaire. Classement selon les catégories suivantes: oeuvres de fiction; vie des premiers colons; histoire; exploration, voyages et

longer critiques of selected works and a supplementary bibliography of other titles with brief annotations. Brief bibliography of literary criticism. Index of titles and authors. Reproduced in microform format: *Microlog*, no. 87-01119.   Z1392 S27 R63   016.97124

environnement; biographies et mémoires. Chaque catégorie comprend d'assez longues critiques d'oeuvres choisies et une bibliographie complémentaire des autres titres avec courtes annotations. Courte bibliographie des critiques littéraires. Index des titres et des auteurs. Reproduit sur support microforme: *Microlog*, n° 87-01119.   Z1392 S27 R63   016.97124

3212

Rogers, Amos Robert. – *American recognition of Canadian authors writing in English, 1890-1960.* – [Ann Arbor, Mich. : University Microfilms, 1972, c1965]. – 2 vol. (v, 813 leaves). – Ph.D. thesis, University of Michigan, 1964.

This thesis examines the extent to which 278 Canadian authors, prominent between 1890 and 1960, have been recognized in the United States. Questionnaires were sent to 79 large universities and library research was conducted. Ten appendices include the following checklists: 278 Canadian writers selected for this study; Canadian poetry, fiction and drama, 1956-1960; American editions and reprints of works by 278 Canadian writers; editions of works by 278 Canadian writers published outside the United States but represented in the Library of Congress; editions of works by 278 Canadian writers published outside the United States and not represented in the Library of Congress; poems published in American anthologies; American anthologies which contain works by Canadian writers; poems, short stories and other works of belles lettres published in American magazines; book reviews in American periodicals, 1890-1960. Reproduced in microform format: Ann Arbor (Mich.) : University Microfilms, 1965, 1 reel, 35 mm.   PS8071 R6 1972   016.81080971

Cette thèse étudie dans quelle mesure 278 auteurs canadiens importants entre 1890 et 1960 ont été reconnus aux États-Unis. Des questionnaires ont été envoyés à 79 grandes universités, et des recherches en bibliothèque ont été effectuées. Dix annexes contiennent les listes de contrôle suivantes: les 278 écrivains canadiens choisis pour cette étude; les oeuvres de fiction, les oeuvres dramatiques et les poèmes canadiens, 1956-1960; les éditions et les réimpressions américaines des oeuvres des 278 écrivains canadiens; les éditions des oeuvres des 278 écrivains canadiens qui ont été publiées en dehors des États-Unis mais qui se trouvent à la Library of Congress; les éditions des oeuvres des 278 écrivains canadiens qui ont été publiées en dehors des États-Unis et qui ne se trouvent pas à la Library of Congress; les poèmes publiés dans des anthologies américaines; les anthologies américaines qui contiennent des oeuvres d'écrivains canadiens; les poèmes, les nouvelles et les autres oeuvres de belles-lettres publiés dans les revues américaines; les critiques de livres publiées dans des périodiques américains, 1890-1960. Reproduite sur support microforme: Ann Arbor (Mich.) : University Microfilms, 1965, 1 bobine, 35 mm.   PS8071 R6 1972   016.81080971

3213

Rudi, Marilynn J. – *Atlantic Canadian literature in English : a guide to sources of information.* – Halifax : Dalhousie University, School of Library and Information Studies, 1991. – [4], iii, 60, [4] p. – (Occasional papers series ; 51). – 0770397522

Bibliography of information sources on the English-language literature of the Atlantic Provinces. Emphasizes works on poetry and prose. Includes: anthologies; works on literary presses and publications such as bibliographies of literary presses, indexes and directories of literary periodicals; directories and catalogues of libraries and archives; national and regional literary histories and criticism including theses; biographical reference works; general and literary regional bibliographies; bibliographies of individual authors; dictionaries. Arranged according to type of publication. Some annotations for works seen by the compiler. Appendix: checklist of general reference works on Canadian literature. Indexes: author, editor and compiler; title.   Z1392 A8 R83 1991 fol.   016.81099715

Bibliographie des sources d'information sur la littérature anglaise des provinces de l'Atlantique. Insistance sur la poésie et la prose. Inclut: des anthologies; des ouvrages sur les presses et les publications littéraires comme les bibliographies des presses, les index et les répertoires de périodiques littéraires; des répertoires et des catalogues de bibliothèques et d'archives; des histoires nationales et régionales de la littérature et des critiques littéraires comprenant des thèses; des ouvrages de référence biographiques; des bibliographies générales et des bibliographies littéraires régionales; des bibliographies d'auteurs particuliers; des dictionnaires. Classement par types de publications. Quelques annotations sur les ouvrages vus par le compilateur. Annexe: liste de contrôle des ouvrages de référence de nature générale sur la littérature canadienne. Index des auteurs, des rédacteurs et des compilateurs et index des titres.   Z1392 A8 R83 1991 fol.   016.81099715

3214

Saskatchewan books! : a selected annotated bibliography of Saskatchewan literature. – Regina : Saskatchewan Writers Guild, c1990. – 65 p. – 0969038771 – Cover title : *SWG presents Saskatchewan books!.*

An annotated bibliography of works for children and adults by Saskatchewan writers. Includes in print fiction, non-fiction, poetry, drama, folklore, picture books, anthologies and bibliographies. Alphabetically arranged by name of author. Annotations indicate audience level. Descriptions of awards mentioned in annotations. Supplementary, unannotated list of Saskatchewan books. Genre index.   Z1392 S27 S24 1990 fol.   013.97124

Bibliographie annotée des oeuvres pour enfants et pour adultes écrites par des auteurs de la Saskatchewan. Inclut les oeuvres de fiction, les ouvrages documentaires, les poèmes, les pièces de théâtre, le folklore, les livres d'images, les anthologies et les bibliographies disponibles. Classement alphabétique par noms d'auteurs. Des annotations précisent le public visé. Description des prix mentionnés dans les annotations. Liste complémentaire, non annotée, des livres de la Saskatchewan. Index des genres.   Z1392 S27 S24 1990 fol.   013.97124

3215

Slavutych, Yar. – *An annotated bibliography of Ukrainian literature in Canada : Canadian book publications, 1908-1986.* – 3rd enl. ed. – Edmonton : Slavuta, 1987. – [167], [26] p. – 0919452132 – Title on added t.p. : *Anotovana bibliohrafiiă ukraïnskoï literatury v Kanadi.*

1st ed., 1984. 2nd enl. ed., 1986. A bibliography of Ukrainian-Canadian literature. 915 entries for reference works, poetry, prose, memoirs, drama, and literary criticism in Ukrainian or English. Arranged by genre. Text of bibliography written in the Cyrillic

1ʳᵉ éd., 1984. 2ᵉ éd. augm., 1986. Bibliographie des oeuvres de littérature canadienne en ukrainien. Contient 915 notices sur des ouvrages de référence, de la poésie, de la prose, des mémoires, des oeuvres dramatiques et des critiques littéraires en ukrainien ou en anglais.

alphabet. Annotations. Index of authors, pseudonyms and titles for anonymous works. Separate bibliography of works about Yar Slavutych, a poet, translator and literary scholar.   Z1395 U47 S57 1986 fol.   016.89179

Classement par genres. Le texte de la bibliographie est écrit en alphabet cyrillique. Annotations. Index des auteurs, des pseudonymes et des titres des oeuvres anonymes. Bibliographie distincte des oeuvres sur Yar Slavutych, poète, traducteur et spécialiste de la littérature. Z1395 U47 S57 1986 fol.   016.89179

3216
Sutherland, Fraser. – *Scotland here : a checklist of Canadian writers of Scottish ancestry.* – [Scotsburn, N.S. : Fraser Sutherland, 1979]. – 13 leaves. – Cover title.

A bibliography of works in English or Gaelic by Canadian authors of Scottish ancestry. Includes authors born in 1918 or earlier. Two parts: general works and anthologies; works by individual authors, alphabetically arranged by name. Birth and death dates and place of birth noted for some authors. No index.   Z1375 S88 fol. 016.810989163

Bibliographie des oeuvres en anglais ou en gaélique écrites par des auteurs canadiens d'origine écossaise. Inclut les auteurs nés en 1918 ou avant. Deux parties: ouvrages généraux et anthologies; oeuvres écrites par des auteurs particuliers avec classement alphabétique par noms. Dans le cas de certains auteurs, les dates de naissance et de décès et le lieu de naissance sont précisés. Aucun index. Z1375 S88 fol.   016.810989163

3217
Tellier, Sylvie. – *Chronologie littéraire du Québec, 1760 à 1960.* – Québec : Institut québécois de recherche sur la culture, 1982. – [349], [3] p. : tableaux. – (Instruments de travail ; n° 6). – 2892240247

A chronologically arranged guide to 6,000 Quebec literary works, from 1760 to 1960. Three parts for the periods 1761-1899, 1900-1939 and 1940-1959. Within each part references to works are arranged by year of publication and then according to the following genres: fiction, drama, poetry and essays. Appendices: statistical tables on Quebec literary publications.   PS8131 Q8 T44 C840.99714

Guide chronologique sur 6 000 ouvrages littéraires québécois qui datent d'entre 1760 et 1960. Divisé en trois parties: 1761-1899, 1900-1939 et 1940-1959. Au sein de chaque partie, les références aux ouvrages sont classées par années de publication puis selon les genres, soit ouvrages de fiction, pièces de théâtre, poèmes ou essais. Annexes: tableaux statistiques sur les publications littéraires du Québec.   PS8131 Q8 T44   C840.99714

3218
Tremblay, Jean-Pierre. – *Bibliographie québécoise : roman, théâtre, poésie, chanson. Inventaire des Écrits du Canada français.* – [Cap-Rouge, Québec] : Éduco média, 1973. – 252 p.

A bibliography of primary and secondary materials on Quebec literature. Includes general studies and articles, genre studies on the novel, poetry, drama and song as well as critical works on individual authors. Also provides a bibliography of works by major Quebec authors of the nineteenth and twentieth centuries, alphabetically arranged by name. List of anthologies. Chronologically arranged list of guides on the history of French-Canadian literature, with annotations. Outlines the contents of selected major works such as *Histoire de la littérature française du Québec* and *Archives des lettres canadiennes*. Analyses the contents of numbers 1 to 35 of *Écrits du Canada français*, by author and by genre. List of pseudonyms.   Z1377 F8 T74 016.840809714

Bibliographie des sources primaires et secondaires sur la littérature québécoise. Inclut des études et des articles de nature générale, des études de genre sur les romans, les poèmes, les pièces de théâtre et les chansons ainsi que des ouvrages critiques sur des auteurs particuliers. Contient aussi une bibliographie des oeuvres d'auteurs québécois importants des dix-neuvième et vingtième siècles, selon l'ordre alphabétique des noms. Liste des anthologies. Liste chronologique des guides sur l'histoire de la littérature canadienne-française, avec annotations. Décrit dans ses grandes lignes le contenu d'une sélection d'oeuvres importantes comme *Histoire de la littérature française du Québec* et *Archives des lettres canadiennes*. Analyse le contenu des numéros 1 à 35 des *Écrits du Canada français*, par auteurs et par genres. Liste des pseudonymes.   Z1377 F8 T74   016.840809714

3219
Université de Montréal. Bibliothèque des sciences humaines et sociales. – *Guide de la documentation en lettres françaises et québécoises : a l'intention des usagers de la Bibliothèque des sciences humaines et sociales.* – 3ᵉ éd. rev., corr. et augm. – [Montréal] : Université de Montréal, Bibliothèque des sciences humaines et sociales, 1985. – vi, 166 p. – 0885290402

An annotated bibliography of the major reference sources on the literatures of France and Quebec. Includes general and specialized bibliographies, histories, language and biographical dictionaries, directories of theses, periodicals, specialists, libraries, etc. Arranged in two parts for French and Quebec literatures, subarranged by type of source. Index of authors and titles. 1st ed., 1973, 2nd ed., 1977, *Guide bibliographique des lettres françaises et québécoises.* Z883 M6 1985 fol.   016.84099714

Bibliographie annotée des principaux ouvrages de référence sur la littérature de la France et du Québec. Inclut des bibliographies générales et spécialisées, des livres d'histoire, des dictionnaires de langue et des dictionnaires biographiques, des répertoires de thèses, de périodiques, de spécialistes, de bibliothèques, etc. Classement en deux parties: la littérature française et la littérature québécoise, selon un classement par types d'ouvrages dans chaque partie. Index des auteurs et des titres. 1ʳᵉ éd., 1973, 2ᵉ éd., 1977, *Guide bibliographique des lettres françaises et québécoises.*   Z883 M6 1985 fol. 016.84099714

3220
University of British Columbia. Library. – *A checklist of printed materials relating to French-Canadian literature, 1763-1968 = Liste de référence d'imprimés relatifs à la littérature canadienne-française, 1763-1968.* – [Compiled by] Gérard Tougas. – 2nd ed., rev. and enl. – Vancouver : University of British Columbia Press, 1973. – xvi, 174 p. – 0774800070 (bd.) 0774800089 (pa.)

1st ed., 1958. Bibliography of French-Canadian literature held by the University of British Columbia Library. Includes novels, poetry, drama, short stories, chronicles, literary criticism, biography, parliamentary oratory, travellers' chronicles, and folklore. Excludes history,

1ʳᵉ éd., 1958. Bibliographie des oeuvres de littérature canadienne-française qui se trouvent à la bibliothèque de la University of British Columbia. Inclut les romans, les poèmes, les oeuvres dramatiques, les nouvelles, les chroniques, les critiques littéraires, les biographies,

philosophy and religious oratory. Arranged alphabetically by author. No index. Z1377 F8 B68 1973 016.84080971

les discours parlementaires, les chroniques de voyage et le folklore. Exclut l'histoire, la philosophie et les sermons. Classement alphabétique par auteurs. Aucun index. Z1377 F8 B68 1973 016.84080971

3221

University of New Brunswick. Library. – *A catalogue of the Rufus Hathaway collection of Canadian literature, University of New Brunswick.* – Fredericton : [s.n.], 1935. – vi, 53 p. : port.

Rufus Hathaway collected publications by and about selected Canadian writers including Duncan Campbell Scott, Bliss Carman, Charles G.D. Roberts, Goldwin Smith and Gilbert Parker, as well as some related manuscripts, correspondence and memorabilia. Arranged alphabetically by author. Includes biographical sketch of Rufus Hathaway and a subject index to vertical file contents. Z1375 U43 018.2

Rufus Hathaway a collectionné des publications écrites par et sur certains écrivains canadiens, notamment Duncan Campbell Scott, Bliss Carman, Charles G.D. Roberts, Goldwin Smith et Gilbert Parker, de même que des manuscrits, des lettres et des souvenirs qui se rapportent à ces auteurs. Classement alphabétique par auteurs. Inclut une notice biographique sur Rufus Hathaway et un index des sujets de la documentation éphémère. Z1375 U43 018.2

3222

University of Toronto quarterly. – Vol. 1, no. 1 (Mar. 1895)-vol. 3, no. 2 (Dec. 1896) ; vol. 1 (Oct. 1931)-   . – Toronto : University of Toronto Press, 1931-   . –   vol. : ill. – 0042-0247

University of Toronto quarterly has included its annual critical survey of Canadian publications in the humanities, *Letters in Canada*, since vol. 5, no. 3 (April 1936) which covered works published in 1935. Organized in essays on English- and French-language fiction, poetry, drama, and translation, written by experts on Canadian literature. Also includes book reviews of selected Canadian and foreign works in the humanities. Index to books reviewed. A survey of *Publications in other languages* was included for the years 1937 through 1978. The periodical has been reproduced in microform format: Toronto : Micromedia, [19?]-   . Coverage vol. 1 (1931)-   . AS42 805

University of Toronto quarterly contient une étude critique annuelle des publications canadiennes en sciences humaines, *Letters in Canada*, depuis le vol. 5, n° 3 (avril 1936) qui portait sur les oeuvres publiées en 1935. Organisé en essais qui traitent des oeuvres de fiction, des poèmes, des oeuvres dramatiques et des traductions en anglais et en français, rédigés par des spécialistes en littérature canadienne. Contient également les critiques d'ouvrages choisis, canadiens et étrangers, en sciences humaines. Index des comptes rendus de livres. L'étude *Publications in other languages* a été incluse pour les années 1937 à 1978. Le périodique a été reproduit sur support microforme: Toronto : Micromedia, [19?]-   . Période couverte: vol. 1 (1931)-   . AS42 805

3223

Watters, Reginald Eyre. – *A checklist of Canadian literature and background materials, 1628-1960. In two parts : first, a comprehensive list of the books which constitute Canadian literature written in English ; and second, a selective list of other books by Canadian authors which reveal the backgrounds of that literature.* – 2d ed. rev. and enl. – Toronto : University of Toronto Press, 1972. – xxiv, 1085 p. – 0802018661

1st ed., 1958. A checklist of approximately 16,000 works in English produced by Canadians to 1960. Part one, organized by literary genre, aims at completeness. Part two, organized according to the following categories, biography, essays and speeches, local history and description, religion and morality, social history, scholarship and travel and description, is selective. Authors' dates provided when known. Locations. Index of anonymous titles and a general index of names, initials and pseudonyms. Z1375 W3 1972 016.81080971

1re éd., 1958. Liste de référence d'environ 16 000 ouvrages en anglais produits par des Canadiens, jusqu'en 1960. La partie 1 est organisée par genres littéraires et se veut complète. Plus sélective, la partie 2 se divise selon les catégories suivantes: biographies, essais et discours, histoire locale et descriptions, religion et moralité, histoire sociale, études savantes, voyages et descriptions. Les dates relatives aux auteurs sont fournies quand elles sont connues. Localisations. Index des titres anonymes et index général des noms, des initiales et des pseudonymes. Z1375 W3 1972 016.81080971

Bio-bibliographies

Biobibliographies

3224

Auteurs francophones des Prairies. – Saint-Boniface (Man.) : Centre de ressources éducatives françaises du Manitoba, c1981. – iii, 47 p. : portr. – Titre de la couv.

Bio-bibliographical entries for 25 Francophone authors of the Prairie Provinces. Alphabetically arranged by name of author. Entries include biographical and critical notes and a selective bibliography of published and unpublished works. PS8081 A97 1981 C840.99712

Notices biobibliographiques sur 25 auteurs francophones des provinces des Prairies. Classement alphabétique par noms d'auteurs. Les notices comprennent des notes biographiques et critiques ainsi qu'une bibliographie sélective des oeuvres publiées ou non. PS8081 A97 1981 C840.99712

3225

Barbeau, Victor. – *Dictionnaire bibliographique du Canada français.* – [Compilé par] Victor Barbeau et André Fortier. – Montréal : Académie canadienne-française, 1974. – 246 p. – 096900814

A bibliography of French-Canadian writings and French-language writings on Canada by non-residents, from Cartier to contemporary authors. Alphabetically arranged by name of author. Provides some information about authors: dates of birth and death, place of birth, profession. Bibliography. Z1391 B37 fol. 015.71

Bibliographie des écrits canadiens-français et des ouvrages en français sur le Canada écrits par des étrangers, depuis Cartier jusqu'aux auteurs contemporains. Classement alphabétique par noms d'auteurs. Donne certains renseignements sur les auteurs: dates de naissance et de décès, lieu de naissance, profession. Bibliographie. Z1391 B37 fol. 015.71

3226
Bisztray, George. – *Hungarian-Canadian literature.* – Toronto : University of Toronto Press, c1987. – viii, [4], 116 p. : ports. – 0802057152

A study of Hungarian-Canadian literature written in the Hungarian language. Discusses the development and forms of the literature and analyses the work of the major writers. Presents a sociopsychological profile of the Hungarian-Canadian author. The profile summarizes the questionnaire and interview responses of fifteen authors. Appendices: English translation of questionnaire and a breakdown of answers; bio-bibliography of Hungarian-Canadian authors, writing after World War II. Includes brief biographies for some authors and lists of works, reviews, and criticism. Index of names appearing in chapters 1-5. Some of the research used as the basis for this study was undertaken in 1978-1979, and published as one of a series of reports commissioned by the Multiculturalism Sector of the Department of the Secretary of State: *Canadian-Hungarian literature : a preliminary survey* ([Ottawa] : Dept. of the Secretary of State of Canada, 1988). PS8075 H8 B57 1987 C894.51109

Étude des oeuvres littéraires canadiennes écrites en hongrois. Traite du développement de cette littérature et des formes littéraires et analyse les oeuvres des principaux écrivains. Présente un profil socio-psychologique de l'auteur canadien d'origine hongroise établi à partir des réponses données par quinze auteurs dans un questionnaire et en entrevue. Annexes: traduction anglaise du questionnaire et analyse des réponses; biobibliographie des auteurs canadiens d'origine hongroise qui ont écrit après la Seconde Guerre mondiale. Inclut de courtes biographies pour certains auteurs et signale des oeuvres et des critiques. Index des noms qui figurent dans les chapitres 1 à 5. Une partie de la recherche sur laquelle est fondée cette étude avait été effectuée en 1978-1979 et publiée comme l'un des rapports dans la série commandée par le Secteur du multiculturalisme du Secrétariat d'État: *Canadian-Hungarian literature : a preliminary survey* ([Ottawa] : Dept. of the Secretary of State of Canada, 1988). PS8075 H8 B57 1987 C894.51109

3227
Canadian writers before 1890. – Edited by W.H. New. – Detroit : Gale Research, c1990. – xiv, 434 p. : ill., ports. – (Dictionary of literary biography ; vol. 99). – 081034579X

A bio-bibliographical dictionary devoted to Canadian authors writing in English or in French, active during the period from the seventeenth century to 1890. Includes explorers, travellers, settlers, journalists, missionaries, politicians, etc., who were authors, together with poets, dramatists and writers of fiction. Alphabetically arranged by name of author. Signed entries include: bibliographical references for books, periodical articles and other works by the author; biographical essay focussing on the author's literary career; bibliographical references for collections of letters, bibliographies, biographies and criticism; location of the author's papers. Supplementary reading list. List of contributors. Cumulative index for the *Dictionary of literary biography*, vol. 1-99; *Dictionary of literary biography yearbook*, 1980-1989; *Dictionary of literary biography documentary series*, vol. 1-7. PS8081 C2646 1990 fol. C810.9003

Dictionnaire biobibliographique consacré aux auteurs canadiens qui ont écrit en anglais ou en français, pendant la période de 1890 à 1920. Comprend également un certain nombre d'auteurs qui ont été influencés par les événements de l'époque. Classement alphabétique par noms d'auteurs. Les notices signées comprennent: des références bibliographiques aux livres, aux articles de périodiques et aux autres ouvrages de l'auteur; un essai biographique qui porte principalement sur la carrière littéraire de l'auteur; des références bibliographiques aux collections de lettres, aux bibliographies, aux biographies et aux critiques; la localisation des documents personnels de l'auteur. Liste d'ouvrages supplémentaires recommandés. Liste des collaborateurs. Index cumulatif du *Dictionary of literary biography*, vol. 1-99, du *Dictionary of literary biography yearbook*, 1980-1989 et du *Dictionary of literary biography documentary series*, vol. 1-7. PS8081 C2646 1990 fol. C810.9003

3228
Canadian writers, 1890-1920. – Edited by W.H. New. – Detroit : Gale Research, c1990. – xv, 472 p. : ill., ports. – (Dictionary of literary biography ; vol. 92). – 0810345722

A bio-bibliographical dictionary devoted to Canadian authors working in English or in French who came to prominence during the period 1890 through 1920. Also includes a number of authors who were influenced by events of the period. Alphabetically arranged by name of author. Signed entries include: bibliographical references for books, periodical articles and other works by the author; biographical essay focussing on the author's literary career; bibliographical references for collections of letters, bibliographies, biographies and criticism; location of the author's papers. Supplementary reading list. List of contributors. Cumulative index for the *Dictionary of literary biography*, vol. 1-92; *Dictionary of literary biography yearbook*, 1980-1988; *Dictionary of literary biography documentary series*, vol. 1-7. PS8081 C2647 1990 fol. C810.9

Dictionnaire biobibliographique consacré aux auteurs canadiens qui ont écrit en anglais ou en français, pendant la période de 1890 à 1920. Comprend également un certain nombre d'auteurs qui ont été influencés par les événements de l'époque. Classement alphabétique par noms d'auteurs. Les notices signées comprennent: des références bibliographiques aux livres, aux articles de périodiques et aux autres ouvrages de l'auteur; un essai biographique qui porte principalement sur la carrière littéraire de l'auteur; des références bibliographiques aux collections de lettres, aux bibliographies, aux biographies et aux critiques; la localisation des documents personnels de l'auteur. Liste d'ouvrages supplémentaires recommandés. Liste des collaborateurs. Index cumulatif du *Dictionary of literary biography*, vol. 1-92, du *Dictionary of literary biography yearbook*, 1980-1988 et du *Dictionary of literary biography documentary series*, vol. 1-7. PS8081 C2647 1990 fol. C810.9

3229
Canadian writers, 1920-1959. First series. – Edited by W.H. New. – Detroit : Gale Research, c1988. – xv, 417 p. : ill., ports. – (Dictionary of literary biography ; vol. 68). – 081031746X

A bio-bibliographical dictionary devoted to Canadian authors writing in English or in French who came to prominence during the period 1920 through 1959. Includes novelists, short-story writers, poets and dramatists, with an emphasis on writers of fiction. Alphabetically arranged by name of author. Signed entries include: bibliographical references for books, periodical articles and other

Dictionnaire biobibliographique consacré aux auteurs canadiens qui ont écrit en anglais ou en français et qui ont pris de l'importance pendant la période de 1920 à 1959. Inclut des romanciers, des auteurs de nouvelles, des poètes et des dramaturges, avec insistance sur les auteurs d'oeuvres de fiction. Classement alphabétique par noms d'auteurs. Les notices signées comprennent: des références

works by the author; biographical essay focussing on the author's literary career; bibliographical references for collections of letters, bibliographies, biographies and criticism; location of the author's papers. Supplementary reading list. List of contributors. Companion volume to: *Canadian writers, 1920-1959. Second series.* Cumulative index for the *Dictionary of literary biography*, vol. 1-68; *Dictionary of literary biography yearbook*, 1980-1987; *Dictionary of literary biography documentary series*, vol. 1-4. PS8081 C2648 1988 fol. C810.9005

bibliographiques aux livres, aux articles de périodiques et aux autres ouvrages de l'auteur; un essai biographique qui porte principalement sur la carrière littéraire de l'auteur; des références bibliographiques aux collections de lettres, aux bibliographies, aux biographies et aux critiques; la localisation des documents personnels de l'auteur. Liste d'ouvrages supplémentaires recommandés. Liste des collaborateurs. Volume qui va de pair avec: *Canadian writers, 1920-1959. Second series.* Index cumulatif du *Dictionary of literary biography*, vol. 1-68, du *Dictionary of literary biography yearbook*, 1980-1987 et du *Dictionary of literary biography documentary series*, vol. 1-4. PS8081 C2648 1988 fol. C810.9005

3230

Canadian writers, 1920-1959. Second series. – Edited by W.H. New. – Detroit : Gale Research, c1989. – xiii, 442 p. : ill., ports. – (Dictionary of literary biography ; vol. 88). – 0810345668

A bio-bibliographical dictionary devoted to Canadian authors writing in English or French who came to prominence during the period 1920 through 1959. Includes novelists, poets, short-story writers, dramatists and other literary figures, with an emphasis on poets. Alphabetically arranged by name of author. Signed entries include: bibliographical references for books, periodical articles and other works by the author; biographical essay focussing on the author's literary career; bibliographical references for collections of letters, bibliographies, biographies and criticism; location of the author's papers. Supplementary reading list. List of contributors. Companion volume to: *Canadian writers, 1920-1959. First series.* Cumulative index for the *Dictionary of literary biography*, vol. 1-88; *Dictionary of literary biography yearbook*, 1980-1988; *Dictionary of literary biography documentary series*, vol. 1-6. PS8081 C2649 1989 fol. C810.9005

Dictionnaire biobibliographique consacré aux auteurs canadiens qui ont écrit en anglais ou en français et qui ont pris de l'importance pendant la période de 1920 à 1959. Inclut des romanciers, des poètes, des auteurs de nouvelles, des dramaturges et d'autres personnalités littéraires, avec insistance sur les poètes. Classement alphabétique par noms d'auteurs. Les notices signées comprennent: des références bibliographiques aux livres, aux articles de périodiques et aux autres ouvrages de l'auteur; un essai biographique qui porte principalement sur la carrière littéraire de l'auteur; des références bibliographiques aux collections de lettres, aux bibliographies, aux biographies et aux critiques; la localisation des documents personnels de l'auteur. Liste d'ouvrages supplémentaires recommandés. Liste des collaborateurs. Volume qui va de pair avec: *Canadian writers, 1920-1959. First series.* Index cumulatif du *Dictionary of literary biography*, vol. 1-88, du *Dictionary of literary biography yearbook*, 1980-1988 et du *Dictionary of literary biography documentary series*, vol. 1-6. PS8081 C2649 1989 fol. C810.9005

3231

Canadian writers since 1960. First series. – Edited by W.H. New. – Detroit : Gale Research, c1986. – xiii, 445 p. : ill., ports. – (Dictionary of literary biography ; vol. 53). – 0810317311

A bio-bibliographical dictionary devoted to Canadian authors writing in English or French who came to prominence in the 1960s and 1970s. Alphabetically arranged by name of author. Signed entries include: bibliographical references for books, periodical articles and other works by the author; biographical essay focussing on the author's literary career; bibliographical references for collections of letters, bibliographies, biographies and criticism; location of the author's papers. Supplementary reading list. List of contributors. Companion volume to: *Canadian writers since 1960. Second series.* Cumulative index for the *Dictionary of literary biography*, vol. 1-53; *Dictionary of literary biography yearbook*, 1980-1985; *Dictionary of literary biography documentary series*, vol. 1-4. PS8081 C265 1986 fol. C810.90054

Dictionnaire biobibliographique consacré aux auteurs canadiens qui ont écrit en anglais ou en français et qui ont pris de l'importance durant les années 1960 et 1970. Classement alphabétique par noms d'auteurs. Les notices signées comprennent: des références bibliographiques aux livres, aux articles de périodiques et aux autres ouvrages de l'auteur; un essai biographique qui porte principalement sur la carrière littéraire de l'auteur; des références bibliographiques aux collections de lettres, aux bibliographies, aux biographies et aux critiques; la localisation des documents personnels de l'auteur. Liste d'ouvrages supplémentaires recommandés. Liste des collaborateurs. Volume qui va de pair avec: *Canadian writers since 1960. Second series.* Index cumulatif du *Dictionary of literary biography*, vol. 1-53, du *Dictionary of literary biography yearbook*, 1980-1985 et du *Dictionary of literary biography documentary series*, vol. 1-4. PS8081 C265 1986 fol. C810.90054

3232

Canadian writers since 1960. Second series. – Edited by W.H. New. – Detroit : Gale Research, c1987. – (Dictionary of literary biography ; vol. 60). – 0810317389

A bio-bibliographical dictionary devoted to Canadian authors writing in English or French who became prominent in the 1960s and 1970s. Alphabetically arranged by name of author. Entries include: bibliographical references for books, periodical articles and other works by the author; biographical essay focussing on the author's literary career; bibliographical references for collections of letters, bibliographies, biographies and criticism; location of the author's papers. Supplementary reading list. List of contributors. Companion volume to: *Canadian writers since 1960. First series.* Cumulative index for the *Dictionary of literary biography*, vol. 1-61; *Dictionary*

Dictionnaire biobibliographique consacré aux auteurs canadiens qui ont écrit en anglais ou en français et qui ont pris de l'importance durant les années 1960 et 1970. Classement alphabétique par noms d'auteurs. Les notices signées comprennent: des références bibliographiques aux livres, aux articles de périodiques et aux autres ouvrages de l'auteur; un essai biographique qui porte principalement sur la carrière littéraire de l'auteur; des références bibliographiques aux collections de lettres, aux bibliographies, aux biographies et aux critiques; la localisation des documents personnels de l'auteur. Liste d'ouvrages supplémentaires recommandés. Liste

of literary biography yearbook, 1980-1986; *Dictionary of literary biography documentary series*, vol. 1-4.   PS8081 C266 1987 fol. C810.90054

des collaborateurs. Volume qui va de pair avec: *Canadian writers since 1960. First series*. Index cumulatif du *Dictionary of literary biography*, vol. 1-61, du *Dictionary of literary biography yearbook*, 1980-1986 et du *Dictionary of literary biography documentary series*, vol. 1-4.   PS8081 C266 1987 fol.   C810.90054

3233

Connections : writers and the land. – Winnipeg : Manitoba School Library Audio-Visual Association, 1974. – viii, 136 p. : ports.

Bio-bibliographies of 28 authors who were born in Manitoba, lived and worked there or wrote about it, during the period after 1920. Includes writers of fiction, poetry and non-fiction in English. Alphabetically arranged by name of author. Entries include: a brief biography discussing education, career development and significant titles; annotations for selected works; list of other works, not annotated; notes on critical response to the writer's works; list of articles and other publications about the author and his or her works. Black and white photographs of most authors. Title index. PS8131 M3 C6   C810.97127

Biobibliographies de 28 auteurs qui sont nés au Manitoba, qui y ont vécu et travaillé ou qui ont écrit à ce sujet après 1920. Inclut des auteurs d'oeuvres de fiction, de poèmes et d'ouvrages documentaires en anglais. Classement alphabétique par noms d'auteurs. Les notices comprennent: une courte biographie qui traite des études, de la carrière et des oeuvres importantes de l'auteur; des annotations sur des oeuvres choisies; une liste des autres oeuvres, non annotées; des notes sur les réactions de la critique aux oeuvres de l'écrivain; une liste des articles et des autres publications qui portent sur l'auteur et son oeuvre. Photographies en noir et blanc de la plupart des auteurs. Index des titres.   PS8131 M3 C6   C810.97127

3234

Connections two : writers & the land. – Winnipeg : Manitoba School Library Audio-Visual Association, 1983. – [iv], [124] p. : ports. – 0920082009

Entries for 57 writers who were born in Manitoba, have lived or worked there and who have had one or more works published since 1970. Includes writers of fiction, poetry, drama, music and cartoons in English. Alphabetically arranged by name of author. Entries include an informal, often anecdotal biography based on an interview with the author and a list of published works. Black and white photographs of most authors. Appendix: works published by some of the authors included in *Connections : writers and the land*, since its publication.   PS8131 M2 C65 1983   C810.997127

Notices sur 57 écrivains qui sont nés au Manitoba, qui y ont vécu et travaillé et dont au moins une oeuvre a été publiée depuis 1970. Inclut les auteurs d'oeuvres de fiction, de poèmes, de pièces de théâtre, de chansons et de bandes dessinées en anglais. Classement alphabétique par noms d'auteurs. Les notices comprennent une biographie non officielle, souvent anecdotique, fondée sur une entrevue avec l'auteur ainsi qu'une liste des oeuvres publiées. Photographies en noir et blanc de la plupart des auteurs. Annexe: nouvelles oeuvres publiées par certains des auteurs qui figuraient déjà dans *Connections : writers and the land*.   PS8131 M2 C65 1983 C810.997127

3235

Contemporary authors : a bio-bibliographical guide to current writers in fiction, general nonfiction, poetry, journalism, drama, motion pictures, television, and other fields. – Vol. 1 (1962)-   . – Detroit (Mich.) : Gale Research, 1962-   . –   vol. – 0010-7468

Frequency varies. Subtitle varies. Bio-bibliographical entries for contemporary writers from many countries working in a variety of subjects, genres and media. Emphasizes writing in English. Authors working in other languages are included if their works have been published in the United States or translated into English. Entries include: complete form of author's name, personal information, addresses, career information, awards and honours, memberships, comprehensive bibliography of writings, adaptations of the author's works, work in progress, sidelights, biographical and critical sources. Obituary notices provided for authors previously included in *Contemporary authors.*

Updated by: *Contemporary authors. First revision* (Detroit : Gale Research, 1967-1979), 11 vol. Revises and cumulates all sketches from the first 44 volumes of the original series; *Contemporary authors. New revision series* (Detroit : Gale Research, 1981-   ),   vol. Revises only those entries from the original and revision series which have undergone significant change; *Contemporary authors. Permanent series* (Detroit : Gale Research, 1975-1978), 2 vol. Includes revised biographies of authors whose sketches have been removed from the original series because they are deceased, or are of retirement age and have no recent publications or work in progress.

A cumulative author index to entries in *Contemporary authors, First revision, New revision series* and *Permanent series* is published separately and distributed with even-numbered *Contemporary authors* volumes and odd-numbered *New revision series* volumes. Also indexes entries in other Gale publications such as *Contemporary authors. Autobiography series, Contemporary authors.*

La fréquence varie. Le sous-titre varie. Notices biobibliographiques sur des écrivains contemporains de nombreux pays qui ont abordé divers sujets, genres et médias. Insistance sur les écrits en anglais. Les auteurs qui écrivent dans d'autres langues sont inclus si leurs oeuvres ont été publiées aux États-Unis ou si elles ont été traduites en anglais. Les notices comprennent: le nom complet de l'auteur, des données personnelles, des adresses, des données sur la carrière, les prix et les honneurs remportés, les associations dont il fait partie, une bibliographie détaillée de ses écrits, les adaptations faites des oeuvres de l'auteur, les travaux en cours, quelques éclaircissements, les sources biographiques et critiques. Des notices nécrologiques sont fournies pour les auteurs qui figuraient déjà dans *Contemporary authors.*

Mis à jour par: *Contemporary authors. First revision* (Détroit : Gale Research, 1967-1979), 11 vol. Révision et refonte de toutes les notices des 44 premiers volumes de la série originale; *Contemporary authors. New revision series* (Détroit : Gale Research, 1981-   ),   vol. Révision uniquement des notices de la série originale et de celles de la série révisée qui ont beaucoup changé; *Contemporary authors. Permanent series* (Détroit : Gale Research, 1975-1978), 2 vol. Inclut les biographies révisées des auteurs dont les notices ont été retirées de la série originale parce qu'ils sont morts ou qu'ils sont à l'âge de la retraite et qu'ils n'ont pas publié récemment ou ne sont pas en train d'écrire.

Un index cumulatif des auteurs relatif aux notices de *Contemporary authors, First revision, New revision series* et *Permanent series* est publié séparément et distribué avec les volumes

Bibliographical series, Dictionary of literary biography, Something about the author, etc.   Z1224 C6 fol.   928.1

pairs de *Contemporary authors* et avec les volumes impairs de *New revision series*. Répertorie aussi les notices qui se trouvent dans d'autres publications Gale comme *Contemporary authors. Autobiography series, Contemporary authors. Bibliographical series, Dictionary of literary biography, Something about the author,* etc.   Z1224 C6 fol.   928.1

3236
Contemporary authors. Autobiography series. – Vol. 1-   . – Detroit (Mich.) : Gale Research, 1984-   . –   vol. : ill., ports. – 0748-0636

Each volume in the series includes approximately twenty autobiographical essays of about 10,000 words by contemporary authors from many countries. A bibliography of the author's book-length works is provided at the end of each essay. Cumulative index of authors, titles and subjects in each volume.   Z1224 C62 fol.   928.1

Chaque volume de la série comprend environ vingt essais autobiographiques d'environ 10 000 mots écrits par des auteurs contemporains de divers pays. Une bibliographie des livres écrits par l'auteur est fournie à la fin de chaque essai. Index cumulatif des auteurs, des titres et des sujets dans chaque volume.   Z1224 C62 fol.   928.1

3237
Czaykowski, Bogdan. – *Polish writings in Canada : a preliminary survey.* – Edited by Michael S. Batts. – [Ottawa] : Dept. of the Secretary of State of Canada, 1988. – 45 leaves, p. 46-51, leaves 52-53, p.54-59. – 0662160304

One of a series of preliminary surveys of the literature of Canadian ethnic writers, commissioned by the Multicultural Sector of the Department of the Secretary of State. Includes an essay analysing and comparing the works of Polish writers in Canada. Emphasis on poetry. Brief essays on Polish immigration to Canada and Polish publications in Canada. Bibliography of creative works by 42 Polish authors in Canada including published books and contributions to periodicals and collections. Excludes works published prior to arrival in Canada. Alphabetically arranged by name of author. Dates of birth and death, pseudonyms provided. Lists of periodicals and collections cited. Bibliography of criticism. Reproduced in microform format: *Microlog,* no. 88-06144. PS8075 P6 C93 1988 fol. C891.8509

Fait partie d'une collection d'examens préliminaires sur la littérature des écrivains canadiens d'origine ethnique, examens effectués à la demande du Secteur du multiculturalisme du Secrétariat d'État du Canada. Inclut un essai qui analyse et compare les oeuvres des écrivains canadiens d'origine polonaise. Insistance sur la poésie. Courts essais sur l'immigration polonaise au Canada et sur les publications canadiennes en polonais. Bibliographie des oeuvres créatives de 42 auteurs canadiens d'origine polonaise comprenant les livres publiés et les contributions à des périodiques et à des collections. Exclut les oeuvres publiées avant l'arrivée au Canada. Classement alphabétique par noms d'auteurs. Les dates de naissance et de décès ainsi que les pseudonymes sont précisés. Listes des collections et des périodiques mentionnés. Bibliographie des critiques. Reproduit sur support microforme: *Microlog,* n° 88-06144.   PS8075 P6 C93 1988 fol.   C891.8509

3238
Davey, Frank. – *From there to here : a guide to English-Canadian literature since 1960.* – Erin (Ont.) : Press Porcepic, 1974. – 288 p. : ill., ports. – (Our nature, our voices ; 2). – 0888780362 (bd.) 0888780370 (pa.)

Bio-bibliographies of English-Canadian novelists, poets, short-story writers, essayists and literary critics who have become significant since 1960. Alphabetically arranged. Entries include a brief essay on the author's literary career, techniques, forms and themes and a list of works by and about the author. Appendices: bibliography of general sources on contemporary Canadian authors; anthologies which include works by writers in this volume. Continues: Thomas, Clara, *Our nature - our voices : a guidebook to English-Canadian literature.* PS8071 T5   C810.90054

Biobibliographies des romanciers, poètes, auteurs de nouvelles, essayistes et critiques littéraires canadiens-anglais qui ont pris de l'importance depuis 1960. Classement alphabétique. Les notices comprennent un court essai sur la carrière littéraire de l'auteur, ses techniques, les formes et les thèmes, ainsi qu'une liste des ouvrages qui ont été écrits par l'auteur ou qui portent sur lui. Annexes: bibliographie des sources de nature générale sur les auteurs canadiens contemporains; anthologies qui comprennent les oeuvres d'auteurs mentionnés dans ce volume. Suite de: *Our nature - our voices : a guidebook to English-Canadian literature* de Clara Thomas. PS8071 T5   C810.90054

3239
De Leon, Lisa. – *Writers of Newfoundland and Labrador : twentieth century.* – St. John's : Jesperson Press, 1985. – [16], 380 p. : ports. – 092050258X

Bio-bibliographical articles on 37 Newfoundland authors of the twentieth century. Includes novelists, poets, lyricists, essayists, historians, journalists, folklorists, biographers, etc. Chronologically arranged by author's date of birth. Entries include biographical essay; synopses of the author's published books; excerpt from a work; brief commentary on style, structure, themes, characters, etc.; bibliography of selected books, articles, etc. Black and white photographs of authors. Lists of authors included, alphabetically arranged by name, and chronologically arranged by birthdate. Index of authors and titles.   PS8131 N4 D4 1985   C810.99718

Articles biobibliographiques sur 37 auteurs de Terre-Neuve du vingtième siècle. Inclut des romanciers, des poètes, des paroliers, des essayistes, des historiens, des journalistes, des auteurs de contes populaires, des biographes, etc. Classement chronologique par dates de naissance. Les notices comprennent un essai biographique; les synopsis des livres publiés; un extrait d'une oeuvre; un bref commentaire sur le style, la structure, les thèmes, les personnages, etc.; une bibliographie sélective de livres, d'articles, etc. Photographies en noir et blanc des auteurs. Listes des auteurs classés alphabétiquement par noms et chronologiquement par dates de naissance. Index des auteurs et des titres.   PS8131 N4 D4 1985   C810.99718

3240

Elliott, Lorris. – *Literary writing by Blacks in Canada : a preliminary survey.* – Edited by Michael S. Batts. – [Ottawa] : Dept. of the Secretary of State of Canada, 1988. – 40 leaves. – 0662160290

One of a series of preliminary surveys of the literatures of Canadian ethnic writers, commissioned by the Multiculturalism Sector of the Department of the Secretary of State. This survey provides bio-bibliographies of 89 African-Canadian writers of fiction, poetry, drama, essays, etc. Alphabetically arranged by name of author. Entries may include place of birth, place of residence, notes on education and career development and lists of published and unpublished works as well as works in progress. Lists of reference works such as bibliographies, checklists and general and historical studies on writings and experiences of blacks in Canada. Lists of periodicals and collections cited. By the same author: *The bibliography of literary writings by Blacks in Canada* (Toronto : Williams-Wallace, 1986). Reproduced in microform format: *Microlog*, no. 88-06145. PS8089.5 B5 E55 1988 fol. C810.9896

Fait partie d'une collection d'examens préliminaires de la littérature des écrivains canadiens d'origine ethnique, examens effectués à la demande du Secteur du multiculturalisme du Secrétariat d'État du Canada. Cet examen fournit les biobibliographies de 89 Canadiens d'origine africaine, auteurs d'oeuvres de fiction, de poèmes, de pièces de théâtre, d'essais, etc. Classement alphabétique par noms d'auteurs. Les notices peuvent comprendre les lieux de naissance et de résidence, des notes sur les études et la carrière de l'auteur, et les listes des oeuvres publiées, non publiées ou des travaux en cours. Donne la liste des ouvrages de référence comme les bibliographies, les listes de référence et les études de nature générale ou historique sur les écrits et les expériences des Noirs au Canada. Donne la liste des collections et des périodiques mentionnés. Du même auteur: *The bibliography of literary writings by Blacks in Canada* (Toronto : Williams-Wallace, 1986). Reproduit sur support microforme: *Microlog*, nº 88-06145. PS8089.5 B5 E55 1988 fol. C810.9896

3241

Fox, Ch. L. [Hayyim Leib]. – *100 yor Yidishe un Hebreishe literatur in Kanade.* – Montreal : H.L. Fuks Bukh Fond Komitet, 1980. – 326, [1] p. : port. – Title on added t.p. : *100 years of Yiddish and Hebrew literature in Canada.*

Over 400 bio-bibliographical entries for Canadian authors writing in Yiddish or Hebrew. Includes nineteenth- and twentieth-century poets, novelists, essayists, historians, etc. Text in Yiddish. Arranged by name, according to the Hebrew alphabet. PS8075 Y5 F68 C839.0908003

Plus de 400 notices biobibliographiques sur les auteurs canadiens qui écrivent en yiddish ou en hébreu. Inclut des poètes, des romanciers, des essayistes, des historiens, etc. des dix-neuvième et vingtième siècles. Texte en yiddish. Classement par noms, selon l'alphabet hébreu. PS8075 Y5 F68 C839.0908003

3242

Gallant, Melvin. – *Portraits d'écrivains : dictionnaire des écrivains acadiens.* – Melvin Gallant, Ginette Gould. – Moncton : Éditions Perce-neige : Éditions d'Acadie, c1982. – [182] p. : portr. – 2920221040 (Perce-neige) 2760000710 (Acadie)

A biographical dictionary of 83 Acadian authors who have published at least one book. Alphabetically arranged by name of author. Entries include a biographical/literary career sketch, a black and white photograph and an excerpt from a work. Photographs of fifteen other Acadian authors who have published in periodical literature or given readings are also included. PS8081 G34 C840.90054

Dictionnaire biographique sur 83 auteurs acadiens qui ont publié au moins un livre. Classement alphabétique par noms d'auteurs. Les notices comprennent des renseignements biographiques sur la vie et la carrière littéraire de l'auteur, une photographie en noir et blanc ainsi qu'un extrait d'une oeuvre. Contient également les photographies de quinze autres auteurs acadiens qui ont publié dans des périodiques littéraires ou qui ont lu leurs oeuvres en public. PS8081 G34 C840.90054

3243

Hamel, Réginald. – *Dictionnaire des auteurs de langue française en Amérique du Nord.* – Réginald Hamel, John Hare, Paul Wyczynski. – [Montréal] : Fides, c1989. – xxvi, 1364 p. : portr. – 2762114756

Provides bio-bibliographies for approximately 1,600 North American authors writing in the French language. Includes authors from all time periods working in literary genres as well as authors of historical, sociological, political, religious and journalistic works. Alphabetically arranged by name.

   Articles are presented in two sections: a biography including name, pseudonyms, dates of birth and death, place of birth, genres, education, career, other significant events, critical notes on important works, etc.; a bibliography of works by the author including books, pamphlets and a selection of contributions to periodical literature and studies on the author including books and articles. Photographs of some writers. Bibliography of sources such as bibliographies, directories, dictionaries, anthologies, studies of literature and history, etc. Updates Hamel's *Dictionnaire pratique des auteurs québécois* (Montréal : Fides, c1976). PS8081 H344 1989 C840.9971

Contient les biobibliographies d'environ 1 600 auteurs nord-américains qui ont écrit en français. Inclut des auteurs de toutes les époques qui ont écrit dans les divers genres littéraires, de même que des ouvrages de nature historique, sociologique, politique, religieuse ou journalistique. Classement alphabétique par noms.

   Les articles sont présentés en deux sections: une biographie qui comprend le nom, les pseudonymes, les dates de naissance et de décès, le lieu de naissance, les genres littéraires, les études, la carrière, les autres événements importants, des notes critiques sur les oeuvres importantes, etc.; une bibliographie des oeuvres de l'auteur comprenant les livres, les brochures et une sélection de contributions aux périodiques et d'études sur l'auteur, comprenant les livres et les articles. Photographies de certains écrivains. Bibliographie des sources comme les bibliographies, les répertoires, les dictionnaires, les anthologies, les études sur la littérature et l'histoire, etc. Mise à jour du *Dictionnaire pratique des auteurs québécois* (Montréal : Fides, c1976) de Hamel. PS8081 H344 1989 C840.9971

3244

Houle, Ghislaine. – *Écrivains québécois de nouvelle culture.* – Ghislaine Houle, Jacques Lafontaine. – Montréal : Bibliothèque nationale du Québec, Centre bibliographique, 1975. – l, 137 p. : ill. – (Bibliographies québécoises ; n° 2).

Bio-bibliographies for ten Quebec writers of the 1960s and early 1970s counter culture. Alphabetically arranged by name of writer. Entries include a brief biography and a bibliography of the author's books and contributions to periodicals, and of criticism of the author's works. Author and title indexes. Z1377 F8 H6 fol. C840.90054

Biobibliographies de dix écrivains québécois de nouvelle culture des années 1960 et 1970. Classement alphabétique par noms d'écrivains. Les notices comprennent une courte biographie ainsi qu'une bibliographie des livres de l'auteur, de ses contributions à des périodiques et des critiques de ses oeuvres. Deux index: auteurs, titres. Z1377 F8 H6 fol. C840.90054

3245

Key people : writers in Atlantic Canada. – Halifax : Writers' Federation of Nova Scotia, c1990. – 201 p. : ports. – 0920636152

Bio-bibliographies for members of the Writers' Federation of Nova Scotia, the Writers' Alliance of Newfoundland and Labrador, the Prince Edward Island Writers' Guild, l'Association des écrivains acadiens and the Writers' Federation of New Brunswick. Arranged in two alphabetical sequences for professional established writers and developing or apprentice writers. Entries are written in English or in French, according to the author's choice.

Longer entries for professional writers include: brief biographical sketch providing place and date of birth, education, place of residence, notes on career development; list of selected works; awards; comments from reviews, etc.; readings, lectures and workshops; mailing address; photograph. Entries for apprentice writers include: biographical sketch; list of selected works; mailing address. List of Writers' Federation of Nova Scotia members, for whom entries are not included. Indexes of writers, arranged by location and area of interest. PS8081 K49 1990 C810.99715

Biobibliographies des membres de la Writers' Federation of Nova Scotia, de la Writers' Alliance of Newfoundland and Labrador, de la Prince Edward Island Writers' Guild, de l'Association des écrivains acadiens et de la Writers' Federation of New Brunswick. Classement en deux listes alphabétiques, l'une pour les écrivains professionnels reconnus et l'autre pour les nouveaux écrivains. Les notices sont rédigées en anglais ou en français, au choix de l'écrivain.

Les notices sur les écrivains professionnels sont plus longues et contiennent: un court essai biographique qui comprend le lieu et la date de naissance, les études, le lieu de résidence, des données sur la carrière; une liste d'oeuvres choisies; les prix remportés; des commentaires tirés de critiques, etc.; les lectures, les conférences et les ateliers; une adresse postale; une photographie. Les notices sur les nouveaux écrivains incluent: un essai biographique; une liste d'oeuvres choisies; une adresse postale. Liste des membres de la Writers' Federation of Nova Scotia pour lesquels aucune notice n'est fournie. Index des écrivains classés par lieux et par domaines d'intérêt. PS8081 K49 1990 C810.99715

3246

Khan, Nuzrat Yar. – *Urdu literature in Canada : a preliminary survey.* – Edited by Michael S. Batts. – [Ottawa] : Dept. of the Secretary of State of Canada, 1988. – 45 leaves. – 0662160282

One of a series of preliminary surveys of the literature of Canadian ethnic writers, commissioned by the Multiculturalism Sector of the Department of the Secretary of State. This study attempts to present an overview of the state of Urdu language and literature in Canada. Includes essays on the development of the Urdu language, its literary forms and major authors, the status of the language and literary activity in Canada. Bio-bibliographies for 32 Urdu authors of poetry, prose and drama provide information on style, genre and works. Alphabetically arranged by name of author. Appendices: list of reference works on Urdu language and literature; lists of periodicals and collections cited. Reproduced in microform format: *Microlog*, no. 88-06148. PS8075 U7 K53 1988 fol. C891.43909

Fait partie d'une collection d'examens préliminaires de la littérature des écrivains canadiens d'origine ethnique, examens effectués à la demande du Secteur du multiculturalisme du Secrétariat d'État du Canada. Cette étude tente de donner un aperçu de l'état de la langue et de la littérature ourdoue au Canada. Inclut des essais sur le développement et l'état de la langue ourdoue, les formes littéraires, les principaux auteurs et l'activité littéraire ourdoue au Canada. Les biobibliographies de 32 auteurs de poèmes, d'oeuvres en prose et de pièces de théâtre fournissent des données sur le style, le genre et les oeuvres de la littérature ourdoue. Classement alphabétique par noms d'auteurs. Annexes: liste des ouvrages de référence sur la langue et la littérature ourdoue; listes des collections et des périodiques mentionnés. Reproduit sur support microforme: *Microlog*, n° 88-06148. PS8075 U7 K53 1988 fol. C891.43909

3247

Laugher, Charles T. – *Atlantic province authors of the twentieth century : a bio-bibliographical checklist.* – Halifax : Dalhousie University Libraries, 1982. – [2], vi, 620, [3] p. – (Occasional paper ; 29). – 0770301630

Bio-bibliographical entries for authors of juvenile and adult poetry, fiction and drama, who were born in or who published a body of works while residing in the Atlantic Provinces during the twentieth century. Entries are alphabetically arranged by name of author and include: biographical information sufficient to identify the author; citations for books; titles of anthologies and periodicals to which the author contributed. Z1377 A84 L38 fol. C810.99715

Notices biobibliographiques sur les auteurs de poèmes, d'oeuvres de fiction et de pièces de théâtre, pour jeunes ou pour adultes, natifs des provinces de l'Atlantique ou ayant publié des oeuvres au cours de leur vie dans l'une de ces provinces, pendant le vingtième siècle. Les notices sont classées en ordre alphabétique par noms d'auteurs et comprennent: suffisamment de données biographiques pour identifier l'auteur; des références bibliographiques; les titres des anthologies et des périodiques auxquels l'auteur a contribué. Z1377 A84 L38 fol. C810.99715

3248

Légaré, Yves. – *Dictionnaire des écrivains québécois contemporains.* – Montréal : Québec/Amérique, c1983. – 399 p. : portr. – 2890371581

Bio-bibliographies of contemporary Quebec writers. Includes members of the Union des écrivains et écrivaines québécois and writers born or living in Quebec who have produced at least two literary works since 1970. Not restricted to authors writing in the French language. Excludes Acadians and Anglophones born in Quebec but longtime residents of English Canada.

Alphabetically arranged by name of author. Entries include a brief biography providing information on place and date of birth, pseudonyms, education, employment, literary activities, association membership, literary awards, etc., and a photograph. Bibliographies for each author include original works and translations by the author, translations and studies of his/her works. Excludes most re-editions, periodical articles and contributions to anthologies. Updates: *Petit dictionnaire des écrivains* ([Montréal] : l'Union, c1979). PS8081 D53 C840.90054

Biobibliographies d'écrivains québécois contemporains. Inclut des membres de l'Union des écrivains et écrivaines québécois ainsi que des auteurs natifs du Québec ou qui y vivent, ayant produit au moins deux oeuvres littéraires depuis 1970. Ne se limite pas aux auteurs qui écrivent en français. Exclut les Acadiens et les anglophones natifs du Québec habitant depuis longtemps au Canada anglais.

Classement alphabétique par noms d'auteurs. Les notices comprennent une courte biographie qui donne le lieu et la date de naissance de l'auteur, ses pseudonymes, ses études, son travail, ses activités littéraires, sa participation à des associations, les prix littéraires remportés, etc. ainsi qu'une photographie. Les bibliographies de chaque auteur incluent les oeuvres originales et les traductions rédigées par l'auteur, les traductions de ses oeuvres et les études qui portent sur ses oeuvres. Exclut la plupart des rééditions, des articles de périodiques et des contributions à des anthologies. Mise à jour du: *Petit dictionnaire des écrivains* ([Montréal] : l'Union, c1979). PS8081 D53 C840.90054

3249

Machalski, Andrew. – *Hispanic writers in Canada : a preliminary survey of the activities of Spanish and Latin-American writers in Canada.* – Edited by Michael S. Batts. – [Ottawa] : Dept. of the Secretary of State of Canada, 1988. – 51 leaves. – 0662160312

One of a series of preliminary surveys of the literatures of Canadian ethnic writers, commissioned by the Multiculturalism Sector of the Department of the Secretary of State. This overview of Spanish and Latin-American writers in Canada is based on a questionnaire sent to writers and a selection of publishers, writers' associations, libraries, government agencies, embassies, etc. Visits to a number of writers were made as well. Responses to questions on the experience of being a Hispanic writer in Canada are summarized in Part 1. Part 2 includes 68 bio-bibliographies of varying lengths. Entries may include place and date of birth, date of arrival in Canada, place of residence, brief summary of education, career development, achievements, memberships and a list of works. Lists of periodicals and collections cited. Reproduced in microform format: *Microlog*, no. 88-06146. PS8075 S6 M33 1988 fol. C860.9

Fait partie d'une collection d'examens préliminaires de la littérature des écrivains canadiens d'origine ethnique, examens effectués à la demande du Secteur du multiculturalisme du Secrétariat d'État du Canada. Cet aperçu des écrivains canadiens d'origine espagnole ou latino-américaine est fondé sur un questionnaire qui a été envoyé à des écrivains ainsi qu'à des éditeurs, des associations d'écrivains, des bibliothèques, des organismes gouvernementaux, des ambassades, etc. De plus, des visites ont été effectuées auprès d'un certain nombre d'écrivains. Les réponses aux questions sur l'expérience d'écrire en espagnol au Canada sont résumées dans la partie 1. La partie 2 inclut 68 biobibliographies plus ou moins longues. Les notices peuvent comprendre le lieu et la date de naissance, la date d'arrivée au Canada, le lieu de résidence, un court résumé des études, de la carrière et des réalisations, les associations dont l'écrivain fait partie et une liste des oeuvres. Listes des collections et des périodiques mentionnés. Reproduit sur support microforme: *Microlog*, n° 88-06146. PS8075 S6 M33 1988 fol. C860.9

3250

Melanson, Lloyd J. – *Thirty-four Atlantic Provinces authors = Trente-quatre auteurs des provinces de l'Atlantique.* – By Lloyd J. Melanson for the Atlantic Provinces Library Association ; French translations by Joan Dawson. – Halifax : A.P.L.A., 1979. – 38 p. – 0920844006

Bio-bibliographies in English and in French for 34 authors of the Atlantic Provinces. Alphabetically arranged by name. Entries include places and dates of birth and death, information on education and career development and a discussion of significant works. List of authors arranged by province. PS8131 M35 M44 C810.99715

Biobibliographies en anglais et en français de 34 auteurs des provinces de l'Atlantique. Classement alphabétique par noms. Les notices comprennent les lieux et dates de naissance et de décès, des données sur les études et la carrière et une discussion des oeuvres importantes. Liste des auteurs classés par provinces. PS8131 M35 M44 C810.99715

3251

Melanson, Lloyd J. – *Thirty-four Atlantic Provinces authors = Trente-quatre auteurs des provinces de l'Atlantique.* – Par Lloyd J. Melanson pour l'Association des bibliothèques des provinces de l'Atlantique ; [traductions par] Joan Dawson. – Halifax : A.B.P.A., 1979. – 38 p. – 0920844006

Bio-bibliographies in English and in French for 34 authors of the Atlantic Provinces. Alphabetically arranged by name. Entries include places and dates of birth and death, information on education and career development and a discussion of significant works. List of authors arranged by province. PS8131 M35 M44 C810.99715

Biobibliographies en anglais et en français de 34 auteurs des provinces de l'Atlantique. Classement alphabétique par noms. Les notices comprennent les lieux et dates de naissance et de décès, des données sur les études et la carrière et une discussion des oeuvres importantes. Liste des auteurs classés par provinces. PS8131 M35 M44 C810.99715

3252

Miska, John [P.]. – *Literature of Hungarian-Canadians.* – Toronto : Rákóczi Foundation, 1991. – 143 p. : 1 port. – 0919279074

A study of Hungarian-Canadian literature including critical essays on trends in poetry, prose and novels, sources for Hungarica studies and a bio-bibliography. 608 citations to general sources such as bibliographies, directories, research papers and anthologies followed by entries for works by and about individual Hungarian-Canadian authors. Brief biographies included for many of the authors. Author, subject index. The essays were previously published in periodicals such as *Hungarian studies review* and *Canadian verse II*. The bibliography was previously published as part of John Miska's *Ethnic and Native Canadian literature : a bibliography*. PS8089.5 H8 M57 1991 C894.51109

Étude de la littérature hongroise au Canada qui comprend des essais critiques sur les tendances dans les poèmes, les oeuvres en prose et les romans. Donne des sources sur les études hongroises et une biobibliographie. Les 608 citations à des ouvrages généraux, comme les bibliographies, les répertoires, les documents de recherche et les anthologies, sont suivies de notices sur des oeuvres qui ont été écrites par des auteurs canadiens d'origine hongroise ou qui portent sur ces auteurs. Pour de nombreux auteurs, de courtes biographies sont incluses. Index des auteurs et des sujets. Les essais ont déjà été publiés dans des périodiques comme *Hungarian studies review* et *Canadian verse II*. La bibliographie a déjà été publiée dans *Ethnic and Native Canadian literature : a bibliography* de John Miska. PS8089.5 H8 M57 1991 C894.51109

3253

Morgan, Henry J. [Henry James]. – *Bibliotheca Canadensis, or, A manual of Canadian literature.* – Ottawa : Printed by G.E. Desbarats, 1867. – xiv, 411 p.

Includes books, pamphlets, periodical and newspaper articles written in Canada, by Canadians or relating to Canada for the period 1763 to 1867. Includes English- and French-language works. Arrangement is alphabetical by name of author. Provides biographical sketches of authors. Reprinted: Detroit : Gale Research Co., 1968. Reproduced in microform format: *CIHM/ICMH microfiche series*, no. 11068. Z1365 M84 fol. 015.71

Inclut des livres, des brochures, et des articles de périodiques et de journaux qui ont été écrits au Canada, par des Canadiens ou au sujet du Canada et qui datent de la période de 1763 à 1867. Inclut des ouvrages en anglais et en français. Classement alphabétique par noms d'auteurs. Contient des notices biographiques sur les auteurs. Réimprimé: Detroit : Gale Research Co., 1968. Reproduit sur support microforme: *CIHM/ICMH collection de microfiches*, n° 11068. Z1365 M84 fol. 015.71

3254

Native North American literature : biographical and critical information on Native writers and orators from the United States and Canada from historical times to the present. – Janet Witalec, editor ; Jeffery Chapman, Christoper Giroux, associate editors. – New York : Gale Research Inc., c1994. – xlv, 706 p. : maps, ports. – 0810398982

Bio-bibliographies of Native American and Canadian authors and orators from various cultural groups and time periods. Includes a general essay on oral literature, criticism of stories, myths and songs, and entries for oral autobiographers and orators. The section on written literature consists of author entries alphabetically arranged. Entries include a brief essay, personal and career data, portrait, address, awards and honours, list of major works, excerpts from criticism, list of sources for further study. Among the Canadian authors included are Jeannette Armstrong, Maria Campbell, Tomson Highway and Lee Maracle. Indexes: cultural group, genre, title. PS508 I5 N38 1994 fol. 810.9897

Biobibliographies d'auteurs et d'orateurs autochtones américains et canadiens de divers groupes culturels et époques. Inclut un essai général sur la littérature orale, la critique des histoires, des mythes et des chansons, ainsi que des notices sur les orateurs et les personnes qui font oralement des récits autobiographiques. La section sur la littérature écrite est formée de notices sur les auteurs en ordre alphabétique. Les notices contiennent un court essai, des données de nature personnelle et de l'information sur la carrière, un portrait, une adresse, les prix et les honneurs remportés, la liste des oeuvres principales, des extraits de critiques et une liste de sources utiles pour une étude plus approfondie. Les auteurs canadiens comprennent Jeannette Armstrong, Maria Campbell, Tomson Highway et Lee Maracle. Trois index: groupes culturels, genres, titres. PS508 I5 N38 1994 fol. 810.9897

3255

Nova Scotia writes. – Edited by Philip Milner. – Antigonish (N.S.) : FORMAC Publishing, 1979. – 100 p. : ill., ports. – 088780036X

Bio-bibliographies of contemporary Nova Scotia authors and publishers. Alphabetically arranged by name. Entries include a brief biographical sketch, a list of works and for most authors, a photograph. PS8081 M55 C810.99716

Biobibliographies des auteurs et des éditeurs contemporains de la Nouvelle-Écosse. Classement alphabétique par noms. Les notices contiennent un court essai biographique, une liste des oeuvres et, dans la plupart des cas, une photographie. PS8081 M55 C810.99716

3256

Pivato, Joseph. – *Italian-Canadian writers : a preliminary survey.* – Edited by Michael S. Batts. – [Ottawa] : Dept. of the Secretary of State of Canada, 1988. – 53 leaves. – 0662160347

One of a series of preliminary surveys of the literatures of Canadian ethnic writers, commissioned by the Multiculturalism Sector of the Department of the Secretary of State. Includes: essay on the socio-cultural experiences of Italian-Canadians, in particular, of writers; bibliography of sources cited such as periodicals, general works on the Italian-Canadian experience and writings, and collections which include works by Italian-Canadian authors; bio-bibliography of Italian-Canadian writers. Author entries include place and date of birth, year of settlement in Canada, place and date of death, pseudo-

Fait partie d'une collection d'examens préliminaires de la littérature des écrivains canadiens d'origine ethnique, examens effectués à la demande du Secteur du multiculturalisme du Secrétariat d'État du Canada. Comprend: un essai sur les expériences socio-culturelles des Canadiens d'origine italienne, particulièrement celles des écrivains; une bibliographie des sources mentionnées comme les périodiques, les ouvrages de nature générale sur les expériences et les écrits des Canadiens d'origine italienne, et les collections qui comprennent des oeuvres écrites par des auteurs canadiens d'origine italienne; une

nyms, list of published works such as books, periodical articles and contributions to anthologies, radio broadcasts, unpublished works and works in progress. List of published writers for whom little or no information is available.   PS8075 I8 P58 1988 fol.   C850.9

biobibliographie des écrivains canadiens d'origine italienne. Les notices sur les auteurs comprennent le lieu et la date de naissance, l'année d'arrivée au Canada, le lieu et la date de décès, les pseudonymes, la liste des publications comme les livres, les articles de périodiques et les contributions à des anthologies, les oeuvres diffusées à la radio, les oeuvres non publiées et les travaux en cours. Liste des écrivains dont les oeuvres ont été publiées et sur qui l'on ne possède que peu ou pas d'information.   PS8075 I8 P58 1988 fol.   C850.9

3257

Profiles in Canadian literature. – Edited by Jeffrey M. Heath. – Toronto : Dundurn Press, 1980-1991. – 8 vol. : ill., ports. – 0919670466 (vol. 1) 0919670504 (vol. 2) 091967058X (vol. 3) 0919670598 (vol. 4) 1550020013 (vol. 5) 1550020021 (vol. 6) 1550021451 (vol. 7) 1550021461 (vol. 8)

A series of 124 profiles of Canadian authors, each written by a different contributor with an interest or specialization in Canadian literature. Attempts to include writers from all periods and from all regions, working in various genres in English or in French. Each profile includes an essay on the author's style, subject matter and techniques, a chronology, comments about or by the author, and a selected bibliography of works and criticism. Author index for the series included in each of volumes 7 and 8.   PS8071 P76 fol.   C810.9

Série de 124 profils d'auteurs canadiens, dont chaque profil est écrit par un collaborateur différent qui s'intéresse à la littérature canadienne ou qui se spécialise dans ce domaine. On a essayé d'inclure des écrivains de toutes les périodes et de toutes les régions qui ont écrit dans divers genres, en anglais ou en français. Chaque profil comprend un essai sur le style de l'auteur, le sujet traité et les techniques utilisées, un tableau chronologique, des commentaires faits sur ou par l'auteur, et une bibliographie d'oeuvres et de critiques choisies. L'index des auteurs de la série figure dans les volumes 7 et 8. PS8071 P76 fol.   C810.9

3258

Proulx, Jeanne. – *Bio-bibliographies canadiennes-françaises.* – Liste compilée par Jeanne Proulx sous la direction de Anna Poray-Wybranowski. – Montréal : Université de Montréal, 1970. – 59, [11] f.

A list of bio-bibliographies of French-Canadian authors compiled by students of the library school, Université de Montréal, between 1938 and 1962. Alphabetically arranged by name of author studied. List of pseudonyms. Also includes a list of other bibliographies on various subjects related to Canada and Quebec, arranged by keyword.

268 of the bio-bibliographies were reproduced on microfilm. The contents of each reel are listed at the back of the guide. The National Library of Canada and the Bibliothèque nationale du Quebec and other institutions hold sets of the microfilm: Montréal : Université de Montréal, Écoles de bibliothécaires, 1958, 10 reels. Also published: Chalifoux, Jean-Pierre. *Bio-bibliographies et bibliographies : liste des travaux bibliographiques des étudiants en bibliothéconomie de l'Université de Montréal* (Montréal : Ministère des affaires culturelles du Québec, 1970). A few titles listed in Proulx are not included in Chalifoux's work.   Z1374 P6 fol.   C840.9

Liste de biobibliographies d'auteurs canadiens-français compilée par des étudiants de l'école de bibliothéconomie de l'Université de Montréal, entre 1938 et 1962. Classement alphabétique par noms des auteurs étudiés. Liste des pseudonymes. Comprend également une liste des autres bibliographies sur diverses matières qui se rapportent au Canada et au Québec, avec classement par mots-clés.

En tout, 268 biobibliographies ont été reproduites sur microfilm. Le contenu de chaque bobine est donné à l'endos du guide. La Bibliothèque nationale du Canada, la Bibliothèque nationale du Québec et d'autres établissements possèdent des jeux de ces microfilms: Montréal : Université de Montréal, École de bibliothécaires, 1958, 10 bobines. Également publié: Chalifoux, Jean-Pierre. *Bio-bibliographies et bibliographies : liste des travaux bibliographiques des étudiants en bibliothéconomie de l'Université de Montréal* (Montréal : Ministère des affaires culturelles du Québec, 1970). Quelques oeuvres mentionnées dans l'ouvrage de Proulx ne se trouvent pas dans celui de Chalifoux.   Z1374 P6 fol.   C840.9

3259

Répertoire des écrivains franco-ontariens. – Recherchiste : Paul-François Sylvestre. – Sudbury (Ont.) : Prise de Parole, 1987. – 111 p. : portr. – 0920814921

Bio-bibliographies of contemporary Franco-Ontarian writers. Includes novelists, poets, dramatists and authors of short stories. Excludes historians, essayists and writers of other non-literary works. Alphabetically arranged by name of author. Entries include: biographical sketch providing place and date of birth, information on education, career development and professional affiliations; critical comment from a newspaper or periodical; list of works; name of contact such as publisher or professional organization. Black and white drawing of each writer. Appendices: list of writers arranged by genre; directory of contacts.   PS8081 R45 1987 C840.99713

Biobibliographies d'écrivains franco-ontariens contemporains. Inclut des romanciers, des poètes, des dramaturges et des auteurs de nouvelles. Exclut les historiens, les essayistes et les auteurs d'ouvrages documentaires. Classement alphabétique par noms d'auteurs. Les notices comprennent: un essai biographique qui fournit le lieu et la date de naissance, des données sur les études, la carrière et les affiliations professionnelles; un commentaire critique tiré d'un journal ou d'un périodique; une liste des oeuvres; le nom d'une personne-ressource d'une maison d'édition ou d'une organisation professionnelle. Dessin en noir et blanc de chaque écrivain. Annexes: liste des écrivains classés par genres; répertoire des personnes-ressources.   PS8081 R45 1987   C840.99713

3260

Répertoire littéraire de l'Ouest canadien. – Saint-Boniface (Man.) : Centre d'études franco-canadiennes de l'Ouest, 1984. – ix, 368 p. : portr. – 0919841031

Bio-bibliographies of Francophone authors of Western Canada, writing in the nineteenth and twentieth centuries. Includes novelists, dramatists, poets, essayists and folklorists as well as historians, writers of religious works, etc. Alphabetically arranged by name of author. Entries include: birth and death dates; biographical sketch providing place of birth, education and career information and critical comments on significant writings; list of works; excerpt from a work or works. Photographs of most authors.   PS8081 R46 1984 C840.99712

Biobibliographies des auteurs francophones de l'Ouest du Canada qui ont écrit pendant les dix-neuvième et vingtième siècles. Inclut des romanciers, des dramaturges, des poètes, des essayistes et des auteurs de contes populaires ainsi que des historiens, des auteurs d'oeuvres religieuses, etc. Classement alphabétique par noms d'auteurs. Les notices contiennent: la date de naissance et de décès; une notice biographique qui comprend le lieu de naissance, les études, des données sur la carrière et des commentaires critiques sur les écrits importants; une liste des oeuvres; un extrait d'une ou de plusieurs oeuvres. Photographies de la plupart des auteurs. PS8081 R46 1984   C840.99712

3261

Rhodenizer, V. B. [Vernon Blair]. – *At the sign of the hand and pen : Nova-Scotian authors.* – Halifax : Nova Scotia Branch, Canadian Authors' Association, [1948?]. – [4], 43 p.

Brief bio-bibliographical entries for Nova Scotia authors of the nineteenth and twentieth centuries. Includes writers of fiction, biography, history, literary criticism, poetry, etc. Arranged by genre. Brief introductory essay on Native, Puritan, Loyalist and Scottish literatures in Nova Scotia. Reprinted: Toronto : Canadiana House, 1968.   PS8131 N6 R34   C810.99716

Courtes notices biobibliographiques sur des auteurs de la Nouvelle-Écosse des dix-neuvième et vingtième siècles. Inclut les auteurs d'oeuvres de fiction, de biographies, de livres d'histoire, de critiques littéraires, de poèmes, etc. Classement par genres. Court essai de présentation sur la littérature autochtone, puritaine, loyaliste et écossaise en Nouvelle-Écosse. Réimprimé: Toronto : Canadiana House, 1968.   PS8131 N6 R34   C810.99716

3262

Rome, David. – *Jews in Canadian literature : a bibliography.* – Rev. ed. – Montreal : Canadian Jewish Congress : Jewish Public Library, 1964. – 2 vol. (ca. 252 leaves).

1st ed., 1961. Bio-bibliographical sketches of 56 Canadian Jewish authors writing in English. Organized chronologically. Also includes brief chapters covering: contributions to literary journals by younger Jewish writers; literary criticism and translation; the Jewish presence in Canadian literature; writings by Canadian Jewish authors in French. Bibliography.   Z6373 C3 R58 1964 fol.   C810.9

1re éd., 1961. Notices biobibliographiques sur 56 auteurs juifs canadiens qui ont écrit en anglais. Classement chronologique. Contient aussi de courts chapitres qui portent sur: les contributions aux revues littéraires des plus jeunes écrivains juifs; les critiques littéraires et les traductions; la présence des Juifs dans la littérature canadienne; les oeuvres écrites en français par des auteurs juifs canadiens. Bibliographie.   Z6373 C3 R58 1964 fol.   C810.9

3263

Rome, David. – *Recent Canadian Jewish authors and la langue française : supplementary to Jews in Canadian literature.* – By David Rome, with preface by Dr. Joseph Kage. – Montreal : Jewish Public Library, 1970. – [lxxx, 32] leaves.

A supplement to *Jews in Canadian literature*, rev. ed., 1964. Includes bio-bibliographical sketches of 42 Canadian Jewish authors who published their first work in book form between 1964 and 1970. Also includes a revised essay on Jewish themes in French-Canadian literature and Canadian Jewish authors writing in French.   Z6373 C3 R58 1964 fol. Suppl.   C810.90054

Supplément de *Jews in Canadian literature*, éd. révisée, 1964. Inclut des notices biobibliographiques sur 42 auteurs juifs canadiens qui ont publié leur premier livre entre 1964 et 1970. Comprend aussi un essai révisé sur les thèmes juifs dans la littérature canadienne-française et sur les auteurs juifs canadiens qui ont écrit en français. Z6373 C3 R58 1964 fol. Suppl.   C810.90054

3264

The search for meaning : the literature of Canadians of South Asian origin. – By Suwanda H.J. Sugunasiri, editor ; revised by Michael S. Batts. – [Ottawa] : Dept. of the Secretary of State of Canada, 1988. – 215 leaves. – 0662160320

One of a series of preliminary surveys of the literature of Canadian ethnic writers, commissioned by the Multicultural Sector of the Department of the Secretary of State. This study surveys the creative writing of Canadians of South Asian origin. Essays by six contributors study South Asian-Canadian poetry, short stories and novels, Punjabi and Gujarati literature in Canada. Lists of periodicals and collections cited. Bibliography of works by Canadians of South Asian origin, alphabetically arranged by name of author or editor. Reproduced in microform format: *Microlog*, no. 88-06143. PS8089.5 S68 S43 1988 fol.   C895.09

Fait partie d'une série d'examens préliminaires sur la littérature des Canadiens d'origine ethnique, examens effectués à la demande du Secteur du multiculturalisme du Secrétariat d'État. Cette étude examine les oeuvres créatives des Canadiens d'origine sud-asiatique. Les essais rédigés par six collaborateurs traitent des poèmes, des nouvelles et des romans écrits par des Canadiens d'origine sud-asiatique ainsi que de la littérature penjabi et gujrati au Canada. Listes des collections et des périodiques mentionnés. Bibliographie des oeuvres écrites par des Canadiens d'origine sud-asiatique selon l'ordre alphabétique des noms d'auteurs ou de rédacteurs. Reproduit sur support microforme: *Microlog*, n° 88-01643. PS8089.5 S68 S43 1988 fol.   C895.09

3265

Stouck, David. – *Major Canadian authors : a critical introduction to Canadian literature in English.* – 2nd ed., rev. and exp. – Lincoln [Neb.] : University of Nebraska Press, c1988. – xiv, 330 p. : ports. – 0803241194 (bd.) 0803291884 (pa.)

A series of essays which provide a critical introduction to eighteen of Canada's major authors, working in or translated into English. Includes nineteenth- and twentieth-century writers of novels, short stories, poetry and drama. Essays are chronologically arranged to outline the evolution of Canadian literature. Each author's styles, themes and techniques are discussed. Bibliography of selected writings included with each essay. Appendices: brief entries for 73 other Canadian authors; Governor-General's Award winners for fiction and poetry/drama in English, 1936-1986. Bibliography. Index of names and periodical titles. 1st ed., 1984, *Major Canadian authors : a critical introduction.*   PS8071 S77 1988   C810.9

Série d'essais qui donnent une introduction critique sur dix-huit des principaux auteurs canadiens qui ont écrit ou dont les oeuvres ont été traduites en anglais. Inclut des écrivains des dix-huitième et dix-neuvième siècles auteurs de romans, de nouvelles, de poèmes et de pièces de théâtre. Les essais sont classés dans un ordre chronologique qui suit les grands courants de la littérature canadienne. Le style, les thèmes et les techniques de chaque auteur sont discutés. Chaque essai comprend une bibliographie d'oeuvres choisies. Annexes: courtes notices sur 73 autres auteurs canadiens; gagnants du prix du Gouverneur général pour les oeuvres de fiction et pour les poèmes et les pièces de théâtre en anglais, 1936-1986. Bibliographie. Index des noms et des titres de périodiques. 1re éd., 1984, *Major Canadian authors : a critical introduction.*   PS8071 S77 1988   C810.9

3266

Sylvestre, Guy. – *Canadian writers : a biographical dictionary* = *Écrivains canadiens : un dictionnaire biographique.* – Edited by Guy Sylvestre, Brandon Conron, Carl F. Klinck. – New ed. rev. and enl. – Toronto : Ryerson Press, 1966, c1964. – xviii, 186 p.

1st ed., 1964. Bio-bibliographies for over 350 Canadian authors writing in English or in French. Alphabetically arranged by name. Entries in English and in French. Entries include biographical data and critical notes on the author's works. Chronological table of literary and historical events, 1606-1965. Bibliography of anthologies, bibliographies and studies. Title index. Also published by: Montréal : Éditions HMH, 1966.   PS8081 S9 1966   C810.9

1re éd., 1964. Biobibliographies de plus de 350 auteurs canadiens qui écrivent en anglais ou en français. Classement alphabétique par noms. Les notices sont en anglais ou en français. Elles comprennent des données biographiques et des notes critiques sur les oeuvres de l'auteur. Tableau chronologique des événements littéraires et historiques, 1606-1965. Bibliographie des anthologies, des bibliographies et des études. Index des titres. Également publié par: Montréal : Éditions HMH, 1966.   PS8081 S9 1966   C810.9

3267

Thomas, Clara. – *Our nature - our voices: a guidebook to English-Canadian literature.* – Volume 1. – Toronto : New Press, 1972, c1973. – ix, 175 p. : ill., ports. – 0887706185 (bd.) 0887706193 (pa.)

A guide to English-Canadian literature intended primarily for high-school students. Bio-bibliographical essays on significant poets, novelists, journalists, etc., arranged in three parts: settlement to 1867; Confederation to World War II; the modern period, 1918-1970. Within each part entries are arranged chronologically by author's date of birth. Entries include a brief essay on the author's life and literary career and a selective list of works by and about the author. Bibliography. List of works arranged by suggested theme for study. Continued by: Davey, Frank. *From there to here : a guide to English-Canadian literature since 1960.*   PS8071 T5 C810.90054

Guide sur la littérature canadienne-anglaise conçu principalement à l'intention des élèves du niveau secondaire. Contient des essais biobibliographiques sur des poètes, des romanciers, des journalistes, etc. importants. Classement en trois parties: de la colonisation à 1867; de la Confédération à la Seconde Guerre mondiale; la période moderne, 1918-1970. Au sein de chaque partie, les notices sont classées en ordre chronologique par date de naissance des auteurs. Chaque notice comprend un court essai sur la vie de l'auteur et sa carrière littéraire ainsi qu'une liste sélective d'oeuvres écrites par l'auteur ou qui portent sur lui. Bibliographie. Liste des oeuvres avec classement par thèmes d'étude suggérés. Suivi de: Davey, Frank. *From there to here : a guide to English-Canadian literature since 1960.* PS8071 T5 C810.90054

3268

Union des écrivains québécois. – *Les écrivaines du Québec.* – [Montréal] : l'Union, c1988. – 53 p. : portr. – 2920088181

Bio-bibliographical entries for 250 women authors who are members of the Union. Two parts: biographical sketches and lists of publications for 22 authors who participated in the 3e foire internationale du livre féministe; brief entries for other women members noting place and date of birth, genres practised and one publication. PS8081 U54 1988   C840.90054

Notices biobibliographiques sur 250 écrivaines qui font partie de l'Union. Deux parties: notices biographiques et liste des publications de 22 écrivaines qui ont participé à la 3e foire internationale du livre féministe; courtes notices sur les autres membres féminins avec mention du lieu et de la date de naissance, des genres littéraires employés et d'une publication.   PS8081 U54 1988   C840.90054

3269

Who's who in Canadian literature. – Gordon Ripley & Anne Mercer. – (1983/84)-   . – Teeswater (Ont.) : Reference Press, 1983-   . –   vol. – 0715-9366

Biennial. Bio-bibliographies of over 1,100 living Canadian poets, novelists, dramatists, short-story writers, writers of children's literature, critics, editors or translators who have been active in and contributed to the field of literature. Excludes authors who died before November 1983 and journalists, historians and biographers, except literary biographers. Compiled from questionnaire responses and secondary sources. Alphabetically arranged by name of author. Entries for francophone authors are in French.

Biennal. Biobibliographies de plus de 1 100 poètes, romanciers, dramaturges, auteurs de nouvelles, auteurs de livres pour enfants, critiques, rédacteurs ou traducteurs canadiens encore vivants qui ont joué un rôle dans le domaine de la littérature. Exclut les auteurs qui sont morts avant novembre 1983 ainsi que les journalistes, les historiens et les biographes, à l'exception des biographes littéraires. Compilé à partir de sources secondaires et des réponses données à un questionnaire. Classement alphabétique par noms d'auteurs. Les

Entries include: literary profession; place and date of birth; names of parents; education; information on family; current occupation and place of employment; membership in professional and literary organizations; awards; honorary degrees; anthologies in which the author's writings have been published; works in progress; place of residence; mailing address; other sources of biographical and critical information; list of literary publications. Brief entries are included for writers who appeared in a previous edition of *Who's who in Canadian literature* and have since died.   PS8081 W46 C810.9005

notices sur les auteurs francophones sont en français.

Les notices comprennent: profession littéraire; lieu et date de naissance; nom des parents; études; données sur la famille; occupation actuelle et lieu de travail; participation à des organisations professionnelles et littéraires; prix; diplômes honorifiques; anthologies qui contiennent des oeuvres de l'auteur; travaux en cours; lieu de résidence; adresse postale; autres sources de données biographiques et de critiques; liste des publications littéraires. De courtes notices sont fournies pour les auteurs qui figuraient dans l'édition antérieure du *Who's who in Canadian literature* et qui sont morts depuis. PS8081 W46 C810.9005

Dictionaries

Dictionnaires

3270
Colombo, John Robert. – *Canadian literary landmarks.* – Willowdale (Ont.) : Hounslow Press, c1984. – 318 p. : ill. – 0888820739

Over 1,200 references to 750 Canadian sites or landmarks associated with approximately 500 authors. Entries are arranged by province or territory and city, town, etc. Over 650 black and white illustrations. Name index. FC95 C62 1984 fol. C810.321

Plus de 1 200 références à 750 lieux canadiens associés à environ 500 auteurs. Les notices sont classées par provinces ou territoires et puis par villes, etc. Plus de 650 illustrations en noir et blanc. Index des noms. FC95 C62 1984 fol. C810.321

3271
Dictionnaire des oeuvres littéraires du Québec. – Sous la direction de Maurice Lemire. – Montréal : Fides, c1978- . – vol. : ill. – 2762109728 (vol. 1 rev.) 2762109981 (vol. 2 rev.) 276210999X (vol. 3) 2762110599 (vol. 4) 2762113989 (vol. 5) 2762116953 (vol. 6) 2762111900 (série)

A dictionary on the literature of Quebec, since its beginnings. Includes works of the imagination and other works which have influenced the development of Quebec's literature and culture. Six volumes cover the following periods: 1, origins to 1900; 2, 1900 to 1939; 3, 1940 to 1959; 4, 1960 to 1969; 5, 1970 to 1975; 6, 1976 to 1980. Second edition revised and corrected for volumes 1 and 2. Each volume includes signed articles of 250 to 3,000 words on works from the period covered. Alphabetically arranged by title. The article on the first published work of an author includes a brief biography. A bibliography at the end of each article describes the editions of the work and a selection of studies on the title and its author.

Each volume also includes: introductory essay on the literature of the period covered; chronology of literary, historical and cultural events; bibliography of literary works from the period covered; bibliography of research sources; list of contributors; table of illustrations; name index.   PS8015 D53 C840.3

Dictionnaire de la littérature du Québec, depuis ses débuts. Inclut des oeuvres d'imagination et d'autres ouvrages qui ont eu une influence sur le développement de la littérature et de la culture au Québec. Les six volumes couvrent les périodes suivantes: 1, des origines jusqu'à 1900; 2, 1900-1939; 3, 1940-1959; 4, 1960-1969; 5, 1970-1975; 6, 1976-1980. Deuxième édition revue et corrigée des volumes 1 et 2. Chaque volume comprend des articles signés de 250 à 3 000 mots sur des oeuvres de la période couverte. Classement alphabétique par titres. L'article sur la première oeuvre publiée d'un auteur comprend une courte biographie. À la fin de chaque article, une bibliographie décrit les éditions de l'oeuvre et une sélection d'études sur cette oeuvre et son auteur.

Chaque volume comprend également: essai de présentation sur a littérature de la période couverte; tableau chronologique des événements littéraires, historiques et culturels; bibliographie des oeuvres littéraires de la période couverte; bibliographie des sources de recherche; liste des collaborateurs; tableau des illustrations; index des noms.   PS8015 D53 C840.3

3272
Dupriez, Bernard. – *A dictionary of literary devices : gradus, A-Z.* – Translated and adopted by Albert W. Halsall. – Toronto : University of Toronto Press, c1991. – xx, 545 p. – 0802027563 (bd.) 0802068030 (pa.)

An alphabetically arranged dictionary of rhetorical and literary terms. Entries include definitions, examples taken from English- and French-Canadian, American, English, French and other literatures, synonyms, antonyms and remarks. Bibliography. Index of terms and authors. Translation of: *Gradus : les procédés littéraires : dictionnaire.* PC2420 D77713 1991   808.003

Dictionnaire alphabétique de termes de rhétorique et de termes littéraires. Les notices comprennent des définitions, des exemples tirés des littératures canadienne-anglaise, canadienne-française, américaine, anglaise, française et autres, des synonymes, des antonymes et des remarques. Bibliographie. Index des termes et des auteurs. Traduction de: *Gradus : les procédés littéraires : dictionnaire.* PC2420 D77713 1991   808.003

3273
Dupriez, Bernard. – *Gradus : les procédés littéraires : dictionnaire.* – Paris : Union générale d'éditions, 1980, c1977. – [544] p. – 2264002034

An alphabetically arranged dictionary of literary and rhetorical terms. Entries include definitions, examples from French, French-Canadian and other literatures, synonyms, antonyms and remarks. Bibliography. Index of terms and authors. Reprinted 1984. Translated as: *A dictionary of literary devices : gradus, A-Z.* PC2420 D777   808.003

Dictionnaire alphabétique de termes de littérature et de rhétorique. Les notices comprennent des définitions, des exemples tirés des littératures française, canadienne-française et autres, des synonymes, des antonymes et des remarques. Bibliographie. Index des termes et des auteurs. Réimprimé en 1984. Traduit sous le titre: *A dictionary of literary devices : gradus, A-Z.* PC2420 D777   808.003

3274

Moritz, Albert [F.]. – *The Oxford illustrated literary guide to Canada.* – Albert & Theresa Moritz. – Toronto : Oxford University Press, 1987. – x, 246 p. : ill., ports. – 019540596X

A dictionary of over 500 entries on Canadian places with literary associations. Cities, towns, villages, islands, rivers, etc., are arranged by province or territory and then alphabetically. Numerous black and white photographs of authors, residences, etc. Also reproduced as a sound recording: Toronto : CNIB, 1988, cassettes : 2.5 cm/s, 4 track, mono. PS8087 M67 1987 fol. C810.3

Dictionnaire de plus de 500 notices sur des lieux canadiens associés à la littérature. Les villes, les villages, les îles, les rivières, etc. sont classés par provinces ou territoires, puis par ordre alphabétique. Nombreuses photographies en noir et blanc des auteurs, des résidences, etc. Également reproduit sous forme d'enregistrement sonore: Toronto : CNIB, 1988, cassettes : 2,5 cm/s, 4 pistes, monophonique. PS8087 M67 1987 fol. C810.3

3275

The Oxford companion to Canadian literature. – General editor, William Toye. – Toronto : Oxford University Press, 1983. – xviii, 843 p. – 0195402839

A dictionary of English- and French-Canadian literature. Signed articles include: bio-bibliographies of authors; surveys of genres such as drama in French, poetry in English, mystery and crime, short stories, children's literature; surveys of regional, ethnic and Native literatures; surveys of writings in other subject areas such as history, religion and philosophy; entries on a selection of notable titles; entries on publishers and organizations. Emphasis on writings from the 1940s onward. Alphabetically arranged. No index; however, includes cross-references. List of contributors. Updates: *Oxford companion to Canadian history and literature* (Toronto : Oxford University Press, 1967); *Supplement to the Oxford companion to Canadian history and literature* (Toronto : Oxford University Press, 1973). PS8015 O93 1983 C810.3

Dictionnaire de littérature canadienne-anglaise et canadienne-française. Les articles signés comprennent: des biobibliographies des auteurs; des examens des genres comme les pièces de théâtre en français, la poésie en anglais, les romans à énigmes et les romans policiers, les nouvelles, les livres pour enfants; des examens des écrits littéraires régionaux, ethniques et autochtones; des examens des écrits dans d'autres domaines comme l'histoire, la religion, la philosophie; des notices sur une sélection d'oeuvres remarquables; des notices sur les éditeurs et les organisations. Insistance sur les écrits des années 1940 et subséquentes. Classement alphabétique. Ne contient aucun index mais des renvois. Liste des collaborateurs. Met à jour: *Oxford companion to Canadian history and literature* (Toronto : Oxford University Press, 1967); *Supplement to the Oxford companion to Canadian history and literature* (Toronto : Oxford University Press, 1973). PS8015 O93 1983 C810.3

Directories

Répertoires

3276

Association des auteurs de l'Ontario. – *Répertoire des membres.* – (1988/89)- . – Ottawa : l'Association, [1989]- . – vol. – 0848-0796

Irregular, 1988/89, 1993. An alphabetical directory of authors who are members of the Association. The majority are Franco-Ontarians. Entries include: name, address, telephone numbers, professional experience, services offered, list of principal publications. Appendices: lists of authors, arranged by genre and by service offered. PS8005 A788 C840.25713

Irrégulier, 1988/89, 1993. Répertoire alphabétique des auteurs qui sont membres de l'Association, des franco-ontariens pour la plupart. Les notices comprennent: nom, adresse, numéros de téléphone, expérience professionnelle, services offerts, liste des principales publications. Annexes: listes des auteurs selon un classement par genres et par services offerts. PS8005 A788 C840.25713

3277

Association des traducteurs et traductrices littéraires du Canada. – *Répertoire = Directory.* – Montréal : l'Association, [1987]- . – vol. – 1188-1097

Annual. Not published, 1990. A directory of the members of the Literary Translators' Association of Canada. Includes an alphabetically arranged list of members with addresses, telephone numbers and languages of work. A second alphabetical list provides a biographical note and a list of translations as well as the translator's address and telephone number. Index of translated authors. Title varies: 1987, *Liste des membres et répertoire des oeuvres traduites = List of members and directory of translated works.* PN241.5 C36 A87 fol. 418.0202571

Annuel. N'a pas été publié en 1990. Répertoire des membres de l'Association des traducteurs et traductrices littéraires du Canada. Inclut une liste alphabétique des membres avec adresses, numéros de téléphone et langues de travail. Une deuxième liste alphabétique comprend une note biographique et une liste des traductions, en plus de l'adresse et du numéro de téléphone du traducteur. Index des auteurs traduits. Le titre varie: 1987, *Liste des membres et répertoire des oeuvres traduites = List of members and directory of translated works.* PN241.5 C36 A87 fol. 418.0202571

3278

Federation of B.C. Writers. – *Have we got a writer for you! : a directory of members.* – (1986)- . – vol. – 0848-8304 – Cover title.

Irregular. A directory of over 250 members of the Federation of B.C. Writers. Includes writers working in all genres and is intended for use by teachers, businesses, librarians and others, who wish to hire a writer for readings, workshops, etc. Arranged by region and then alphabetically by name of author. Entries include: author's name, address and telephone number, genres, preferred subjects, print and

Irrégulier. Répertoire de plus de 250 membres de la Federation of B.C. Writers. Inclut les écrivains qui travaillent dans tous les genres. Conçu à l'intention des professeurs, des entreprises, des bibliothécaires et des autres personnes qui veulent embaucher un écrivain pour des lectures publiques, des ateliers, etc. Classement par régions, puis classement alphabétique par noms d'auteurs. Les notices comprennent:

other media credits, awards and prizes, teaching and related experience, languages other than English spoken or written, services offered, author's comments. Indexes of writers arranged by genre and service offered. Also includes guidelines for hiring a writer and a reprint of the article "How to host a reading in your community" by Sandy Duncan. Title varies: 1986, *Directory of members and writing services including teachers' guide.*   PS8255 B7 F4 fol.   C810.25711

le nom de l'auteur, son adresse et son numéro de téléphone, les genres, les sujets préférés, les publications et autres diffusions dans les médias, les prix remportés, l'expérience en enseignement et dans d'autres domaines, les langues parlées et écrites autres que l'anglais, les services offerts, des commentaires de l'auteur. Index des écrivains par genres et par services offerts. Comprend aussi des lignes directrices sur la façon d'embaucher un écrivain et une réimpression de l'article de Sandy Duncan, «How to host a reading in your community». Le titre varie: 1986, *Directory of members and writing services including teachers' guide.*   PS8255 B7 F4 fol.   C810.25711

3279

Literary Translators' Association of Canada. – *Répertoire = Directory.* – Montréal : the Association, [1987]-   . –   vol. – 1188-1097

Annual. Not published, 1990. A directory of the members of the Literary Translators' Association of Canada. Includes an alphabetically arranged list of members with addresses, telephone numbers and languages of work. A second alphabetical list provides a biographical note and a list of translations as well as the translator's address and telephone number. Index of translated authors. Title varies: 1987, *Liste des membres et répertoire des oeuvres traduites = List of members and directory of translated works.*   PN241.5 C36 A87 fol.   418.0202571

Annuel. N'a pas été publié en 1990. Répertoire des membres de l'Association des traducteurs et traductrices littéraires du Canada. Inclut une liste alphabétique des membres avec adresses, numéros de téléphone et langues de travail. Une deuxième liste alphabétique comprend une note biographique et une liste des traductions, en plus de l'adresse et du numéro de téléphone du traducteur. Index des auteurs traduits. Le titre varie: 1987, *Liste des membres et répertoire des oeuvres traduites = List of members and directory of translated works.*   PN241.5 C36 A87 fol.   418.0202571

3280

Prince Edward Island Writers' Guild. – *The Prince Edward Island Writers' Guild directory.* – Edited by Wendy Pobjoy. – Charlottetown : Prince Edward Island Writers' Guild, 1992. – [6], 127 p. : ports. – 0969647409

An alphabetically arranged directory of 75 Prince Edward Island writers. Entries include: brief biography, selected publications, awards, comments, professional organizations, readings, lectures and workshops, professional affiliations, mailing address, telephone number, black and white photograph. Indexes of writers arranged by genre, by type of reading, lecture or workshop given and by professional service. Guild executives, 1989/90-1991/92. List of Guild members, 1992.   PS8081 P75 1992   C810.25717

Répertoire alphabétique de 75 écrivains de l'Île-du-Prince-Édouard. Les notices comprennent: une courte biographie, des publications choisies, les prix remportés, des commentaires, les affiliations professionnelles, les lectures et les ateliers donnés, les services professionnels offerts, l'adresse postale, le numéro de téléphone, une photographie en noir et blanc. Trois index des écrivains: genres, types de lectures, de conférences ou d'ateliers donnés; services professionnels. Cadres de la guilde, 1989/90-1991/92. Liste des membres de la guilde, 1992.   PS8081 P75 1992   C810.25717

3281

Saskatchewan writes! : a guide to readings and workshops and a directory of 200 writers in the province. – Regina : Saskatchewan Writers Guild, [1990?]. – 72 p. : 1 map.

A directory of 200 writers from all parts of Saskatchewan, intended for use by teachers, librarians and others who wish to host a reading, workshop, etc. Alphabetically arranged by name of author. Entries include: name, location, genres, books published, contributions to anthologies and periodicals, works edited, broadcasts, films/videos, plays produced, awards, achievements, experience/education, services offered, audience level. Provides a brief guide to hosting a reading or workshop. Includes "Writers at a glance", a table of genres, services and audience levels for each author. Location index. PS8131 S3 S37 1990 fol.   C810.257124

Répertoire de 200 écrivains de toutes les parties de la Saskatchewan, conçu à l'intention des professeurs, des bibliothécaires et des autres personnes qui veulent organiser une lecture publique, un atelier, etc. Classement alphabétique des noms d'auteurs. Les notices comprennent: nom, lieu, genres, livres publiés, contributions à des anthologies et des périodiques, oeuvres éditées, diffusions à la radio ou à la télévision, films et bandes vidéo, pièces produites, prix remportés, réalisations, expérience et études, services offerts, public visé. Contient un court guide sur la façon d'organiser une lecture publique ou un atelier. Inclut «Writers at a glance», un tableau des genres, des services et des publics visés pour chaque auteur. Index des lieux.   PS8131 S3 S37 1990 fol.   C810.257124

3282

Twigg, Alan. – *Twigg's directory of 1001 B.C. writers.* – Victoria : Crown Publications, 1992. – [10], 194 p. : ports. – 0969641702

An alphabetical directory of British Columbia writers. A brief paragraph describes the career and significant titles of each author. Codes for publishers or literary organizations with which the author is affiliated are included in each entry. Numerous black and white photographs of authors. Directories of publishers and/or representatives of British Columbia writers, and literary and related organizations. Lists of winners of the B.C. Book Prize and the 3-Day Novel Contest. Title index. Updates: *Starting line-up : a directory of British Columbia writers for public libraries* ([Victoria] : Province of British Columbia, Ministry of Municipal Affairs, Recreation and Culture, [1990?]).   PS8131 B7795 1992 fol.   C810.25711

Répertoire alphabétique des écrivains de la Colombie-Britannique. Un court paragraphe décrit la carrière et les oeuvres importantes de chaque auteur. Chaque notice comprend des codes pour les éditeurs ou les organisations littéraires dont l'auteur fait partie. Nombreuses photographies en noir et blanc des auteurs. Répertoire des éditeurs ou des représentants des écrivains de la Colombie-Britannique, et répertoire des organisations littéraires et autres. Listes des gagnants du B.C. Book Prize et du 3-Day Novel Contest. Index des titres. Met à jour: *Starting line-up : a directory of British Columbia writers for public libraries* ([Victoria] : Province of British Columbia, Ministry of Municipal Affairs, Recreation and Culture, [1990?]). PS8131 B7795 1992 fol.   C810.25711

3283

Union des écrivaines et écrivains québécois. – *Annuaire.* – (1978?)-   . – Montréal : l'Union, [1978?]-   . –   vol. – 0849-3928

Annual. Alphabetical directory of the members of the Union des écrivaines et écrivains québécois. Entries include name, address and telephone number. Also includes addresses of literary and cultural organizations. Index of members, geographically arranged. PN121 U7   C840.25714

Annuel. Répertoire alphabétique des membres de l'Union des écrivaines et écrivains québécois. Les notices comprennent le nom, l'adresse et le numéro de téléphone. Contient aussi les adresses d'organisations littéraires et culturelles. Index géographique des membres.   PN121 U7   C840.25714

3284

Writers' Guild of Alberta. – *Directory of Alberta writers.* – (1981)-   . – Edmonton : the Guild, [1981]-   . –   vol. – 0843-1620

Biennial. Alphabetical directory of members of the Writers' Guild of Alberta who are available for readings, workshops, ghostwriting, visits to classrooms, libraries, etc. Entries include: name, telephone number, address, genres, list of works, writing preferences, awards, experience, audience age level, services offered. Appendices: indexes of authors arranged by genre, service, place of residence, audience age preference; directory of sources of information on readings/ workshops; lists of publications for young writers and readers; directory of Alberta and national literary organizations and government agencies; brief list of reference sources on writing and publishing; list of winners of the Writers' Guild of Alberta Awards, 1982-1988. Title varies: 1981, 1983, 1985, *Teachers' guide*; 1988-   , *Directory of Alberta writers.*   PS8081 W745 fol.   C810.257123

Biennal. Répertoire alphabétique des membres de la Writer's Guild of Alberta qui sont disponibles pour faire des lectures publiques, pour donner des ateliers, pour écrire au nom d'autres personnes, pour visiter les classes, des bibliothèques, etc. Les notices comprennent: nom, numéro de téléphone, adresse, genres, liste des oeuvres, préférences, prix, expérience, public visé, services offerts. Annexes: index des auteurs classés par genres, par services, par lieux de résidence, par public visé; répertoire des sources d'information sur les lectures publiques et les ateliers; listes des publications adressées aux jeunes auteurs et lecteurs; répertoire des organisations littéraires et des organismes gouvernementaux de l'Alberta et du Canada; courte liste des ouvrages de référence sur l'écriture et l'édition; liste des gagnants de la Writer's Guild of Alberta Awards, 1982-1988. Le titre varie: 1981, 1983, 1985, *Teachers' guide*; 1988-   , *Directory of Alberta writers.*   PS8081 W745 fol. C810.257123

3285

Writers' Union of Canada. – *Who's who in the Writers' Union of Canada : a directory of members.* – 4th ed. – Toronto : the Union, c1993. – [xvi], 382 p. : ports. – 096907963X

Alphabetical directory of 920 Canadian writers who are members of the Writers' Union of Canada. Membership is open to any writer of fiction, poetry or non-fiction who has published at least one trade book in the last seven years or whose work is still in print. Entries include: concise biography, list of selected publications, awards, readings, lectures and workshops, mailing address, black and white photograph. List of members for whom entries are not included in the directory. List of members of the Union's National Council, 1973/74-1992/93. Information on the structure, programmes and publications of the Union. List of photograph credits. 1st ed., 1977, *Canada writes! : the members' book of the Writers' Union of Canada*; 2nd ed., 1981, *The Writers' Union of Canada : a directory of members*; 3rd ed., 1988.   PS8081 W77 1993   C810.2571

Répertoire alphabétique de 920 écrivains canadiens qui sont membres de la Writers' Union of Canada. Peut en faire partie tout auteur d'ouvrage de fiction, de poème ou d'ouvrage documentaire qui a publié au moins un livre grand public au cours des sept dernières années ou dont l'ouvrage est encore en librairie. Les notices comprennent: une biographie concise, une liste de publications choisies, les prix remportés, les lectures, conférences et ateliers donnés, l'adresse postale, une photographie en noir et blanc. Liste des membres sur lesquels le répertoire ne comprend pas de notices. Liste des membres de l'Union's National Council, 1973/74-1992/93. Information sur la structure, les programmes et les publications de l'Union. Liste des photographes. 1re éd., 1977, *Canada writes! : the members' book of the Writers' Union of Canada*; 2e éd., 1981, *The Writers' Union of Canada : a directory of members*; 3e éd., 1988. PS8081 W77 1993   C810.2571

Handbooks

Guides

3286

Arsenault, Marie Évangeline. – *Écrire : vade-mecum à l'usage des écrivains, journalistes et pigistes.* – Marie Évangeline Arsenault : avec la collaboration de Benoit Dutrisac. – Montréal : Marché de l'écriture, c1981-   . –   vol. – 0711-5474

Prev. ed., 1981. Supplement, 1982, *Écrire II : supplément au vade-mecum à l'usage des écrivains, journalistes et pigistes.* Suspended, 1983-1990. A manual on the art of writing for writers, journalists and editors working primarily in the Quebec market. Includes brief essays on manuscript preparation, copyright, legal deposit, literary translation, literary agents and finance. Five directories: writers', editors' and publishers' organizations; grants, competitions and prizes; periodicals; newspapers; publishers. The directory of periodicals is arranged by broad subject such as business, arts and culture, education, transportation, etc. Bibliography. Glossary. Index of titles, publishers, organizations, prizes, etc.   PN161 A7   808.02509714

Éd. précédente, 1981. Supplément, 1982, *Écrire II : supplément au vade-mecum à l'usage des écrivains, journalistes et pigistes*. Interrompu, 1983-1990. Manuel sur l'art d'écrire destiné aux écrivains, aux journalistes et aux pigistes de l'édition qui travaillent principalement pour le marché québécois. Inclut de courts essais sur la présentation des manuscrits, le droit d'auteur, les dépôts légaux, les traductions littéraires, les agents littéraires et les aspects financiers. Cinq répertoires: associations d'écrivains, de pigistes de l'édition et d'éditeurs; subventions, concours et prix; périodiques; journaux; éditeurs. Le répertoire des périodiques est classé par grandes catégories comme les affaires, les arts et la culture, l'éducation, les transports, etc. Bibliographie. Lexique. Index des titres, des éditeurs, des organisations, des prix, etc.   PN161 A7   808.02509714

3287

The Canadian writer's guide : official handbook of the Canadian Authors Association. – 1st ed. (1962)-   . – Richmond Hill (Ont.) :
Fitzhenry & Whiteside, 1962-   . –   vol. – 1550410873 (11th ed., 1992)

Includes articles by numerous contributors on how to write, edit, publish, promote and market all types of writing including fiction, drama, poetry, periodical and newspaper articles, humour, local history, children's literature, craft and how to books, biographies, etc. Also includes the following directories: Canadian writers' associations; literary agencies; writers' awards; writing markets and grammar hotlines; Canadian periodicals arranged alphabetically and by category such as arts, consumer, business, literary, sports and outdoors, religious, etc.; script and radio markets; Canadian newspapers; book publishers arranged alphabetically and by category. List of contributors.

Title varies: 1st ed. (1962)-2nd ed. (1964), *A Canadian market list for writers*; 3rd ed. (1968)-4th ed. (1970), *The writer's guide : a comprehensive Canadian market list*; 5th ed. (1973), *Canadian writer's guide : a comprehensive manual and market list for professional writing in Canada.* Imprint varies.   PN161 C33   808.02

Inclut des articles rédigés par de nombreux collaborateurs sur l'art d'écrire, d'éditer, de publier, de promouvoir et de commercialiser tous les types d'écrits, y compris les romans, les pièces de théâtre, les poèmes, les articles de périodiques et de journaux, les écrits humoristiques, les documents sur l'histoire locale, les livres pour enfants, les livres pratiques de toutes sortes, les biographies, etc. Inclut également les répertoires suivants: les associations canadiennes d'écrivains; les agences littéraires; les prix décernés aux auteurs; les marchés de l'écrit et les lignes ouvertes sur la grammaire; les périodiques canadiens classés alphabétiquement et par catégories, comme les arts, la consommation, les affaires, la littérature, les sports et le plein air, la religion, etc.; les marchés pour les scénarios et la radio; les journaux canadiens; les éditeurs classés alphabétiquement et par catégories. Liste des collaborateurs.

Le titre varie: 1ʳᵉ éd. (1962)-2ᵉ éd. (1964), *A Canadian market list for writers*; 3ᵉ éd. (1968)-4ᵉ éd. (1970), *The writer's guide : a comprehensive Canadian market list*; 5ᵉ éd. (1973), *Canadian writer's guide : a comprehensive manual and market list for professional writing in Canada.* L'adresse bibliographique varie.   PN161 C33   808.02

3288

La création littéraire au Canada. – Produit par le Programme des cultures et langues ancestrales en collaboration avec la Direction générale des communications. – Ottawa : Patrimoine canadien, 1993. – v, 43 p. – (Info-Arts). – 0662987470 – Sur la couv. : *Guide des ressources sur les arts.*

A guide to writing and publishing in Canada. Six parts: signed introduction, associations, developing professional skills, sources of funding, getting published, legal questions. Directory information and bibliographic references for pertinent sources. Also published in English under the title: *Writing in Canada.*   PS8071.4   808.02

Guide en rapport avec la création littéraire au Canada. Six parties principales: introduction signée, associations, perfectionnement professionnel, sources de financement, solidification des assises, questions légales. Publié aussi en anglais sous le titre: *Writing in Canada.*   PS8071.4   808.02

3289

Dionne, René. – *Canadian literature in French.* – [Ottawa] : Canadian Studies Directorate, c1988. – [8], 31, 35, [8] p. – (Canadian studies resource guides). – 0662562097 – Title on added t.p. : *La littérature canadienne de langue française.*

A bilingual guide to basic sources for the study of French-Canadian literature. Includes an introductory essay on the subject, an annotated survey of essential primary sources such as novels, drama, collections of poems and short stories and suggestions for further reading. Lists secondary sources such as bibliographies, dictionaries, literary histories, critical studies and literary periodicals. Includes a selection of works on the French language in Canada and general reference works useful for the study of literature. Describes microform, audio-visual and computer-based sources. Directory of Canadian book trade associations and French-language publishers. Reproduced in microform format: *Microlog*, no. 91-00762. Z1377 F8 D57 1988   016.840809714

Guide bilingue sur les principales sources pour l'étude de la littérature canadienne-française. Inclut un essai de présentation sur le sujet, une revue annotée des sources primaires essentielles, comme les romans, les pièces de théâtre, les collections de poèmes et de nouvelles, ainsi que des suggestions de lectures complémentaires. Signale des sources secondaires, comme les bibliographies, les dictionnaires, les histoires de la littérature, les études critiques et les périodiques littéraires. Inclut une sélection d'ouvrages sur la langue française au Canada et d'ouvrages de consultation utiles à l'étude de la littérature. Décrit les sources microformes, audiovisuelles et ordinolingues. Répertoire des associations canadiennes de l'industrie du livre et des éditeurs de livres en français. Reproduit sur support microforme: *Microlog*, n° 91-00762.   Z1377 F8 D57 1988   016.840809714

3290

Dionne, René. – *La littérature canadienne de langue française.* – [Ottawa] : Direction des études canadiennes, c1988. – [8], 35, 31, [8] p. – (Guides pédagogiques des études canadiennes). – Titre de la p. de t. additionnelle : *Canadian literature in French.*

A bilingual guide to basic sources for the study of French-Canadian literature. Includes an introductory essay on the subject, an annotated survey of essential primary sources such as novels, drama, collections of poems and short stories and suggestions for further reading. Lists secondary sources such as bibliographies, dictionaries, literary histories, critical studies and literary periodicals. Includes a selection of works on the French language in Canada and general reference works useful for the study of literature. Describes microform, audio-visual and computer-based sources. Directory of Canadian book trade associations and French-language publishers. Reproduced in microform format: *Microlog*, no. 91-00762. Z1377 F8 D57 1988   016.84080971

Guide bilingue sur les principales sources pour l'étude de la littérature canadienne-française. Inclut un essai de présentation sur le sujet, une revue annotée des sources primaires essentielles, comme les romans, les pièces de théâtre, les collections de poèmes et de nouvelles, ainsi que des suggestions de lectures complémentaires. Signale des sources secondaires, comme les bibliographies, les dictionnaires, les histoires de la littérature, les études critiques et les périodiques littéraires. Inclut une sélection d'ouvrages sur la langue française au Canada et d'ouvrages de consultation utiles à l'étude de la littérature. Décrit les sources microformes, audiovisuelles et ordinolingues. Répertoire des associations canadiennes de l'industrie du livre et des éditeurs de livres en français. Reproduit sur support microforme: *Microlog*, n° 91-00762.   Z1377 F8 D57 1988   016.840809714

3291

Écrire à loisir : guide d'animation littéraire. – Par Loisir littéraire du Québec ; préface de Jeanne-Mance Dubé ; recherche et rédaction Anne-Marie Aubin. – Montréal : Marché de l'écriture, c1985. – 103 p. – 2920330047

A guide to organizing recreational activities focussed on Quebec literature, for children and adults. Activities include writing workshops, readings, exhibitions, quizzes, making or illustrating a book, etc. A description, a list of materials required and a bibliography are provided for each. General bibliography arranged by subject. Directory of information sources such as associations, libraries, educational institutions, book fairs, etc. Index of organizations. Z1003 E27 1985   028.8

Guide sur l'organisation d'activités récréatives centrées sur la littérature québécoise pour enfants et pour adultes. Les activités comprennent des ateliers, des lectures, des expositions, des jeux-concours, la rédaction ou l'illustration d'un livre, etc. Pour chaque activité sont fournies une description, une liste du matériel requis et une bibliographie. Bibliographie générale classée par sujets. Répertoire des sources d'information comme les associations, les bibliothèques, les établissements d'enseignement, les foires du livre, etc. Index des organismes.   Z1003 E27 1985   028.8

3292

Fortin, Marcel. – *Guide de la littérature québécoise.* – Marcel Fortin, Yvan Lamonde, François Ricard. – [Montréal] : Boréal, [1988]. – [160] p. – 2890522482

An annotated bibliography of major studies on Quebec literature. Emphasis on monographic works. Excludes theses, unpublished studies and most articles. Arranged in chapters which cover the following: basic sources such as dictionaries of authors and their works, general and specialized bibliographies, histories of the literature, and anthologies; genre bibliographies, studies and anthologies; sources on ethnic and Aboriginal literatures in Quebec and comparative studies of Quebec literature and English-Canadian, American and other French literatures; bibliographies of imprints and studies of the publishing industry in Quebec; sources on linguistics in Quebec.

A chapter on research includes: bibliographies of theses; list of scholarly journals; directory of major research institutions such as libraries, archives and university research centres and bibliographical references to directories and guides of institutions, organizations, etc. The final section attempts to place literature in its cultural context by noting major sources on Quebec history and society, music, cinema and the visual arts. Appendix: index of works on three subjects: women, the literary institution, and New France. Name index.   Z1377 F8 F6 1988   016.84099714

Bibliographie annotée des principales études sur la littérature québécoise. Insistance sur les monographies. Exclut les thèses, les études non publiées et la plupart des articles. Chapitres qui portent sur ce qui suit: les ouvrages de base comme les dictionnaires sur les auteurs et leurs oeuvres, les bibliographies générales et spécialisées, les histoires de la littérature et les anthologies; les bibliographies, les études et les anthologies qui portent sur un genre littéraire particulier; les ouvrages sur la littérature ethnique et autochtone au Québec et les études comparées des littératures québécoise, canadienne-anglaise, américaine ou française; les bibliographies d'impressions et d'études relatives à l'industrie de l'édition au Québec; les ouvrages sur la linguistique au Québec.

Un chapitre sur la recherche comprend: les bibliographies de thèses; une liste de revues savantes; un répertoire des principaux établissements de recherche comme les bibliothèques, les archives et les centres de recherche universitaire; des références bibliographiques aux répertoires et aux guides des établissements, des organisations, etc. Dans la dernière section, on tente de situer la littérature dans son contexte culturel en signalant les principaux ouvrages sur l'histoire du Québec, sa société, sa musique, son cinéma et ses arts visuels. Annexe: index des ouvrages sur trois sujets: les femmes, l'institution littéraire et la Nouvelle-France. Index des noms.   Z1377 F8 F6 1988 016.84099714

3293

Kernaghan, Eileen. – *The upper left-hand corner : a writer's guide for the Northwest.* – 3rd ed. – Vancouver : International Self-Council Press, 1986. – xi, 129, [2] p. – 0889086311

1st ed., 1975. 2nd ed., 1984. Imprint varies. A guide for writers working in the Northwest region of North America including Manitoba, Saskatchewan, Alberta and British Columbia, the Yukon and Northwest Territories and of Washington, Oregon, Idaho and Alaska. Provides information on manuscript preparation and submission, government funding, copyright, contracts, self-publishing and writing for specific markets such as magazines, theatre, radio, television, children, etc. Lists local, regional, national and international writers' associations, writers' retreats, writing schools, festivals and contests. Directories of northwestern publishers and periodicals with subject and geographical indexes.   PN161 K47 1986 fol. 808.02

1re éd., 1975. 2e éd., 1984. L'adresse bibliographique varie. Guide à l'intention des écrivains qui travaillent dans la région du Nord-Ouest de l'Amérique du Nord, soit dans les provinces du Manitoba, de la Saskatchewan, de l'Alberta et de la Colombie-Britannique, dans les territoires du Yukon et du Nord-Ouest et dans les états de Washington, de l'Orégon, de l'Idaho et de l'Alaska. Fournit des données sur la rédaction et la présentation des manuscrits, le droit d'auteur, les contrats, le financement par le gouvernement, l'édition à compte d'auteur et la rédaction pour des marchés particuliers comme les revues, le théâtre, la radio, la télévision, les enfants, etc. Signale des associations d'écrivains locales, régionales, nationales et internationales, des retraites pour écrivains, des écoles d'écrivains, des festivals et des concours. Répertoires des éditeurs et des périodiques du Nord-Ouest avec index des sujets et index géographique. PN161 K47 1986 fol.   808.02

3294

Literary arts directory II. – Edited & compiled by Gail D. Whitter. – [2nd ed.]. – Vancouver : Federation of B.C. Writers, 1990. – 103 p. – 09291260107

1st ed., 1988. A directory intended for use by writers in British Columbia but also of use to writers in other parts of Canada. Describes funding available to writers from the federal and British Columbia governments. Lists national and British Columbia awards, competitions and organizations as well as British Columbia literary

1re éd., 1988. Répertoire établi à l'intention des écrivains de la Colombie-Britannique, mais également utile aux écrivains d'autres régions du Canada. Décrit le financement offert par le gouvernement fédéral et par le gouvernement de la Colombie-Britannique. Signale des associations, des prix, des concours nationaux et provinciaux, des

festivals, educational programmes and libraries. Directories of Canadian periodicals and publishers. Also includes brief essays on topics such as deciding to publish, choosing a publisher, submitting a manuscript, choosing a computer and organizing a writers' support group. Bibliography.   PS8255 B7 L4   070.520971

festivals littéraires, des programmes éducationnels et des bibliothèques de la Colombie-Britannique. Répertoires des périodiques et des éditeurs canadiens. Inclut aussi de courts essais sur des sujets tels que décider de publier, choisir un éditeur, présenter un manuscrit, choisir un ordinateur et organiser un groupe de soutien des écrivains. Bibliographie.   PS8255 B7 L4   070.520971

3295

Le métier d'écrivain : guide pratique. – Union des écrivaines et écrivains québécois. – Éd. rev. et mise à jour. – Montréal : Boréal, 1993. – [188] p. : ill. – 2890522148

1st ed., 1981. 2nd ed., 1988. A guide for writers covering manuscript preparation, book production, copyright, contracts, financial matters, writing for theatre, television, radio, film and magazines, etc. Lists of Canadian French-language publishers, Quebec film production companies, Quebec periodicals, book industry associations and organizations, archives and libraries, and Quebec and Canadian literary prizes. No index.   PN161 M48 1993   808.02

1re éd., 1981. 2e éd., 1988. Guide rédigé à l'intention des écrivains, qui porte sur la rédaction du manuscrit, la production d'un livre, le droit d'auteur, les contrats, les aspects financiers, l'écriture pour le théâtre, la télévision, la radio, le cinéma et les revues, etc. Listes des éditeurs canadiens-français, des compagnies de production de film du Québec, des périodiques québécois, des associations et des organisations de l'industrie du livre, des archives et des bibliothèques, et des prix littéraires québécois et canadiens. Aucun index.   PN161 M48 1993   808.02

3296

Nesbitt, Bruce. – *Canadian literature in English.* – Ottawa : Canadian Heritage, forthcoming. – (Canadian studies resource guides). – 0662600126 – Title on added t.p. : *La littérature canadienne de langue anglaise.* Z1375   016.81080971

3297

Nesbitt, Bruce. – *La littérature canadienne de langue anglaise.* – Ottawa : Patrimoine canadien, à paraître. – (Guides pédagogiques des études canadiennes). – 0662600126 – Titre de la p. de t. additionnelle : *Canadian literature in English.* Z1375   016.81080971

3298

Saskatchewan literary arts handbook. – 4th ed. – Regina : Saskatchewan Writers Guild, c1994. – vii, 150 p. – 096903878X

1st ed., 1985. 2nd ed., 1987. 3rd ed., 1990. Intended to encourage writing activity in Saskatchewan. Includes chapters covering business aspects of writing (copyright, contracts, goods and services tax, marketing, etc.); technology and the writer; educational programmes in writing available at colleges, universities, etc., in Canada, and writers' colonies and retreats; provincial and national writers', publishers', library and book trade organizations; financial assistance available to writers from municipal, provincial and federal governments and other national agencies; Canadian and Saskatchewan periodicals; Canadian and Saskatchewan book publishers; Saskatchewan radio, television, newspaper and film markets; Saskatchewan and selected Canadian and international awards, prizes and competitions; Saskatchewan bookstores; Saskatchewan archives and libraries. Bibliography. No index.   PN147 R53 1994   070.520257124

1re éd., 1985. 2e éd., 1987. 3e éd., 1990. Conçu pour encourager l'écriture en Saskatchewan. Inclut des chapitres portant sur les aspects commerciaux de l'écriture (le droit d'auteur, les contrats, la taxe sur les biens et les services, la mise en marché, etc.); la technologie et l'écrivain; les programmes d'enseignement de l'écriture offerts dans les collèges, universités, etc. du Canada et les camps et retraites pour écrivains; les organisations provinciales et nationales d'écrivains, d'éditeurs, de bibliothèques et de l'industrie du livre; l'aide financière offerte aux écrivains par les administrations municipales, provinciales et fédérales et par d'autres organismes nationaux; les périodiques du Canada et de la Saskatchewan; les éditeurs de livres du Canada et de la Saskatchewan; les marchés de la radio, de la télévision, de la presse et du cinéma en Saskatchewan; les prix et concours de la Saskatchewan et certains prix et concours canadiens et étrangers; les librairies de la Saskatchewan; les archives et bibliothèques de la Saskatchewan. Bibliographie. Aucun index.   PN147 R53 1994   070.520257124

3299

Vanasse, André. – *La littérature québécoise à l'étranger : guide aux usagers.* – Montréal : XYZ, 1989. – 95 p. – (Collection études et documents). – 2892610176

A handbook intended to aid in the promotion of Quebec literature outside of Quebec and Canada. Includes practical information on how to arrange and fund writer visits, publish, translate, borrow or buy publications. Describes funding programmes of the Canadian and Quebec governments and other organizations. Lists of Canadian French-language publishers, distributors, periodicals and newspapers, research centres such as universities and libraries. Bibliography of reference works, studies and anthologies. Directory of associations, publishers and government agencies which deal with Quebec literature.   PS8015 V36 1989   C840.99714

Manuel conçu pour aider à la promotion de la littérature québécoise à l'extérieur du Québec et du Canada. Inclut des renseignements pratiques sur la façon d'organiser et de financer les visites d'écrivains, de publier, de traduire ainsi que d'emprunter ou d'acheter des publications. Décrit les programmes de financement des gouvernements canadiens et québécois et d'autres organisations. Listes des éditeurs canadiens-français, des distributeurs, des périodiques et des journaux, et des centres de recherche comme les universités et les bibliothèques. Bibliographie des ouvrages de référence, des études et des anthologies. Répertoire des associations, des éditeurs et des agences gouvernementales qui s'occupent de littérature québécoise.   PS8015 V36 1989   C840.99714

3300

Waller, Adrian. – *The Canadian writer's market.* – 1st ed. (1970)-   . – Toronto : McClelland and Stewart, c1970-   .   vol. – 1193-3305

A guide to markets for Canadian writers. Includes an introductory essay on marketing, copyright, libel, manuscripts, style, income tax, etc. Directories of consumer magazines, trade, business and professional publications arranged by subject. Directories of farm publications, daily newspapers, book publishers, literary agents, awards and grants, courses in creative writing and journalism and writers' and publishers' organizations. Bibliography of useful books for writers. 6th ed. (1981) and 8th ed. (1988) also produced as sound recordings: Toronto : CNIB, 1981, 1988,   cassettes.   PN4908 G66 070.5202571

Guide sur les marchés ouverts aux écrivains canadiens. Inclut un essai de présentation sur le marketing, le droit d'auteur, le libelle diffamatoire, les manuscrits, le style, les impôts, etc. Répertoires des revues de consommation et des publications commerciales, spécialisées et professionnelles classées par sujets. Répertoires des publications agricoles, des quotidiens, des éditeurs de livres, des agents littéraires, des prix et des subventions, des cours en création littéraire et en journalisme et des associations d'écrivains et d'éditeurs. Bibliographie des livres utiles aux écrivains. 6ᵉ éd. (1981) et 8ᵉ éd. (1988) également produites comme enregistrements sonores: Toronto : CNIB, 1981, 1988,   cassettes.   PN4908 G66   070.5202571

3301

The writers' handbook. – Editor, Ellen Smythe. – 1st ed. – Winnipeg : Manitoba Writers' Guild, c1991. – 76 p.

A handbook on writing and publishing for Manitoba authors. Provides information on Manitoba educational programmes for writers, reading series and writers' workshops and Manitoba and national writers and publishers organizations. Discusses the business aspects of writing and publishing such as income tax, goods and services tax, submitting a manuscript, literary agents, contracts, copyright, etc. Includes essays by experienced authors on writing for literary, magazine, television, newspaper, radio, fiction and children's markets. Directories of Manitoba and Canadian publishers, periodicals and writing awards. List of works for further reading. PN147 W75 1991   808.2

Manuel sur l'art d'écrire et la façon d'être publié, rédigé à l'intention des auteurs du Manitoba. Donne des renseignements sur les programmes éducatifs manitobains offerts en écriture, sur les séances de lecture et les ateliers pour écrivains, ainsi que sur les associations manitobaines et nationales d'écrivains et d'éditeurs. Traite des aspects commerciaux de l'écriture et de l'édition, comme les impôts, la taxe sur les produits et services, la présentation d'un manuscrit, les agents littéraires, les contrats, le droit d'auteur, etc. Inclut des essais rédigés par des auteurs d'expérience sur l'art d'écrire pour les marchés de la littérature, des revues, de la télévision, de la presse, de la radio, des romans et des livres pour enfants. Répertoires des éditeurs, des périodiques et des prix littéraires du Manitoba et du Canada. Liste d'ouvrages complémentaires recommandés. PN147 W75 1991   808.2

3302

Writing in Canada. – Produced by the Heritage Cultures and Languages Program in collaboration with the Communications Branch. – Ottawa : Canadian Heritage, 1993. – v, 39 p. – (ArtSource). – 0662211677 – On cover : *Resource guide to the arts.*

A guide to writing and publishing in Canada. Six parts: signed introduction, associations, developing professional skills, sources of funding, getting published, legal questions. Directory information and bibliographic references for pertinent sources. Also published in French under the title: *La création littéraire au Canada.* PS8071.4   808.02

Guide en rapport avec la création littéraire au Canada. Six parties principales: introduction signée, associations, perfectionnement professionnel, sources de financement, solidification des assises, questions légales. Publié aussi en français sous le titre: *La création littéraire au Canada.*   PS8071.4 808.02

History and Criticism

Histoire et critique

3303

Archives des lettres canadiennes. – Montréal : Fides, [1961]-   . –   vol. – 0775506451 (tome 3) 0775505838 (tome 5) 2762112796 (tome 6) 2762113814 (tome 7) 2762116120 (tome 8) – Publiée en collaboration avec : Centre de recherche en civilisation canadienne-française de l'Université d'Ottawa.

A series of volumes dealing with aspects of the history of French-Canadian literature including genres, movements, publications, etc. Volumes published to date: tome 1, *Mouvement littéraire de Québec, 1860,* 1961; tome 2, *L'école littéraire de Montréal,* 1st ed., 1963, 2nd ed., 1972; tome 3, *Le roman canadien-français : évolution, témoignages, bibliographie,* 1st ed., 1964, 2nd ed., 1971, 3rd ed., 1977; tome 4, *La poésie canadienne-française : perspectives historiques et thématiques, profils de poètes, témoignages, bibliographie,* 1969; tome 5, *Le théâtre canadien-français : évolution, témoignages, bibliographie,* 1976; tome 6, *L'essai et la prose d'idées au Québec : naissances et évolution d'un discours d'ici, recherche et forces de la pensée et de l'imaginaire, bibliographie,* 1985; tome 7, *Le nigog,* 1987; tome 8, *Le roman contemporain au Québec, 1960-1985,* 1992. Each volume includes critical essays by various contributors. The genre volumes include commentaries or essays by authors, and bibliographies of primary and secondary materials. Tome 7, *Le nigog,* includes a bibliography on and an index of the periodical.   PS8073   C840.9

Série de volumes qui traitent des aspects de l'histoire de la littérature canadienne-française comprenant les genres, les mouvements, les publications, etc. Les volumes suivants ont été publiés jusqu'à maintenant: tome 1, *Mouvement littéraire de Québec, 1860,* 1961; tome 2, *L'école littéraire de Montréal,* 1ʳᵉ éd., 1963, 2ᵉ éd., 1972; tome 3, *Le roman canadien-français : évolution, témoignages, bibliographie,* 1ʳᵉ éd., 1964, 2ᵉ éd., 1971, 3ᵉ éd., 1977; tome 4, *La poésie canadienne-française : perspectives historiques et thématiques, profils de poètes, témoignages, bibliographie,* 1969; tome 5, *Le théâtre canadien-français : évolution, témoignages, bibliographie,* 1976; tome 6, *L'essai et la prose d'idées au Québec : naissances et discours d'ici, recherche et érudition, forces de la pensée et de l'imaginaire, bibliographie,* 1985; tome 7, *Le nigog,* 1987; tome 8, *Le roman contemporain au Québec, 1960-1985,* 1992. Chaque volume contient des essais critiques écrits par divers collaborateurs. Les volumes qui portent sur un genre particulier contiennent des commentaires ou des essais écrits par les auteurs ainsi que des bibliographies des sources primaires et secondaires. Le tome 7, *Le nigog,* inclut une bibliographie et un index du périodique.   PS8073   C840.9

3304

Bibliography of studies in comparative Canadian literature, 1930-1987 = Bibliographie d'études de littérature canadienne comparée, 1930-1987. – Antoine Sirois, Jean Vigneault, Maria van Sundert, David M. Hayne ; historical introduction, David M. Hayne ; bilan de la recherche, Antoine Sirois. – [Sherbrooke, Québec] : Université de Sherbrooke, Département des lettres et communications, [1989]. – [2], 130 p. – 2893430104

A bibliography of books, periodical articles and theses undertaking comparative studies of English- and French-Canadian literature, published during the period from 1930 through 1987. Thirteen sections: bibliographies and checklists, reference works such as biographical dictionaries and literary encyclopedias; anthologies and collections including both English- and French-Canadian literature; current periodicals publishing both English- and French-Canadian literature; literary histories pertaining to both English- and French-Canadian literature; general or comparative studies; comparison of authors and works; comparison of themes and studies of influence; comparison of literary genres; comparison of form; epistemology and methodology; the literary institution; general articles. Essay on the history of the discipline in Canada and an evaluation of research achievements and critical approaches. Index of authors studied. Index of authors of works and studies. List of relevant periodicals. A supplement was published in the March/June 1989 issue of the *Canadian review of comparative literature*. Z1377 C64 B52 1989 016.8098971

Bibliographie de livres, d'articles de périodiques et de thèses qui portent sur l'étude comparée des littératures canadienne-anglaise et canadienne-française publiée pendant la période de 1930 à 1987. Treize sections: bibliographies et listes de contrôle, ouvrages de référence comme les dictionnaires biographiques et les encyclopédies de littérature; anthologies et collections des littératures canadienne-anglaise et canadienne-française; périodiques qui publient actuellement de la littérature des deux langues; histoires littéraires relatives aux deux littératures; études générales ou comparées; comparaison d'auteurs et d'oeuvres; comparaison de thèmes et étude des influences; comparaison des genres littéraires; comparaison des formes; épistémologie et méthodologie; l'institution littéraire; articles généraux. Essai sur l'histoire de la discipline au Canada et évaluation des résultats des recherches et des méthodes critiques. Index des auteurs étudiés. Index des auteurs d'ouvrages et d'études. Liste des périodiques pertinents. Un supplément a été publié dans le numéro de mars/juin 1989 de *Revue canadienne de littérature comparée*. Z1377 C64 B52 1989 016.8098971

3305

Cahiers bibliographiques des lettres québécoises. – Vol. 1, n° 1 (1966)-vol. 4, n° 4 (1969). – Montréal : Centre de documentation des lettres canadiennes-françaises, Université de Montréal, 1966-[1970?]. – 4 vol. (1176; 1829; 236, 214, 160, 234; 346, 144, 123 p.). – 0045-3730

An index of articles on Quebec literature published in Quebec and Canadian French-language periodicals and newspapers. Also includes articles from selected Canadian English-language and foreign serials. Each number is arranged in four parts: general sources (anthologies, bibliographies, dictionaries, etc.); subjects such as theories of literary criticism, teaching, the press, poetic theory, literary prizes, literary themes; Quebec authors and critics; French-Canadian authors writing on foreign literatures. A fifth section appeared in vol. 1, no. 3 (1966) and vol. 2, no. 4 (1967) listing the sound recording holdings of the Centre de documentation. List of periodicals and journals indexed. Annual index of authors and subjects. Continues: *Bibliographie des lettres canadiennes-françaises* compiled by Réginald Hamel for the June 1965, October 1965 and February 1966 issues of *Études françaises*. The three bibliographies were combined in a special number of *Études françaises* for June 1966. Z1377 F8 H3 fol. 016.8409

Index des articles sur la littérature québécoise publiée dans des périodiques et journaux, québécois et canadiens-français. Contient également une sélection d'articles tirés de publications en série canadiennes-anglaises et étrangères. Chaque numéro est classé en quatre parties: sources générales (les anthologies, les bibliographies, les dictionnaires, etc.); sujets comme les théories de la critique littéraire, l'enseignement, la presse, la théorie de la poésie, les prix littéraires, les thèmes littéraires; auteurs et critiques québécois; auteurs canadiens-français qui écrivent à propos de littérature étrangère. Une cinquième section qui signale des enregistrements sonores conservés au Centre de documentation a paru dans le vol. 1, n° 3 (1966) et dans le vol. 2, n° 4 (1967). Liste des revues et des périodiques répertoriés. Index annuel des auteurs et des sujets. Suite de: *Bibliographie des lettres canadiennes-françaises* compilée par Réginald Hamel pour les numéros de juin 1965, octobre 1965 et février 1966 de la revue *Études françaises*. Les trois bibliographies ont été regroupées dans un numéro spécial de la revue *Études françaises* de juin 1966. Z1377 F8 H3 fol. 016.8409

3306

Cantin, Pierre. – **Bibliographie de la critique de la littérature québécoise dans les revues des XIXe et XXe siècles.** – Par Pierre Cantin, Normand Harrington, Jean-Paul Hudon. – Ottawa : Centre de recherche en civilisation canadienne-française, 1979, c1978. – 5 vol. (x, 1254 p.). – (Documents de travail du Centre de recherche en civilisation canadienne-française ; 12-16).

A bibliography of 18,440 references to literary criticism on Quebec literature, from 425 periodicals of Quebec and Canada. Covers periodicals of the nineteenth and twentieth centuries, up to the end of 1973. Arranged in five volumes covering the following: tome 1, general studies, studies of periods, movements, theoretical studies on literature, writing and literary criticism, linguistics, genres including novels, poetry, drama, short stories, essays, journalism, folklore and song; tomes 2-5, studies on individual authors, alphabetically arranged; tome 2, A-C; tome 3, D-G; tome 4, H-M; tome 5, N-Z. Tome 5 also includes the following appendices: lists of periodicals examined, incompletely examined, or not examined; cross-references for names of authors including pseudonyms, etc.; bibliography; index of authors of articles. Partially superseded by: *Bibliographie de la critique de la littérature québécoise et canadienne-française dans les revues canadiennes*. Z1377 F8 C35 fol. 016.8409

Bibliographie de 18 440 références à des critiques de la littérature québécoise tirées de 425 périodiques du Québec et du Canada. Couvre les périodiques des dix-neuvième et vingtième siècles, jusqu'à la fin de 1973. Classement en cinq volumes qui portent sur ce qui suit: tome 1, études générales, études des périodes, mouvements, études théoriques sur la littérature, écrits et critiques littéraires, linguistique, genres comme les romans, les poèmes, les pièces de théâtre, les nouvelles, les essais, le journalisme, le folklore et les chansons; les tomes 2-5, études sur des auteurs particuliers selon l'ordre alphabétique; tome 2, A-C; tome 3, D-G; tome 4, H-M; tome 5, N-Z. Le tome 5 contient aussi les annexes suivantes: listes des périodiques examinés, entièrement, en partie ou pas du tout; renvois relatifs aux noms des auteurs, y compris les pseudonymes, etc.; bibliographie; index des auteurs des articles. Remplacé en partie par: *Bibliographie de la critique de la littérature québécoise et canadienne-française dans les revues canadiennes*. Z1377 F8 C35 fol. 016.8409

3307

Contemporary literary criticism : excerpts from criticism of the works of today's novelists, poets, playwrights, short story writers, scriptwriters, and other creative writers. – Vol. 1-   . – Detroit (Mich.) : Gale Research, 1973-   . –   vol. : ill., ports. – 0091-3421

Each volume in the series provides English-language excerpts from literary criticism on living authors or those who have died since December 31, 1959. 127 Canadian authors included as of vol. 71. Excerpts are taken from literary reviews, general and scholarly periodicals and books. Entries include: author's name, birth and death dates, portrait if available, biographical and critical introduction, list of major works, excerpted criticism, further readings. Cumulative author and nationality indexes in each volume. Title index in each volume. Cumulative title index separately published. One volume each year entitled: *Contemporary literary criticism yearbook*, 1984-   . Provides an annual review of fiction, drama and poetry, new authors, prizewinners, obituaries, etc. Other related series, *Twentieth-century literary criticism* and *Nineteenth-century literary criticism*, published by Gale Research include only a few Canadian entries. PN771 C5 fol.   809.04

Chaque volume de la collection fournit des extraits en anglais tirés de critiques littéraires sur des auteurs encore vivants ou qui sont morts depuis le 31 décembre 1959. Comprend 127 auteurs, jusqu'au volume 71. Les extraits sont tirés de critiques littéraires, de périodiques de nature générale ou savants et de livres. Les notices contiennent: nom de l'auteur, dates de naissance et de décès, portrait, s'il y en a un de disponible, introduction biographique et critique, liste des oeuvres principales, extraits de critiques, lectures suggérées. Index cumulatif des auteurs et des nationalités dans chaque volume. Index des titres dans chaque volume. Un index cumulatif des titres est publié séparément. Un volume chaque année intitulé: *Contemporary literary criticism yearbook*, 1984-   . Fournit une revue annuelle des oeuvres de fiction, des pièces de théâtre et des poèmes, des nouveaux auteurs, des gagnants de prix, des notices nécrologiques, etc. Les autres collections connexes publiées par Gale Research, soit *Twentieth-century literary criticism* et *Nineteenth-century literary criticism*, ne contiennent que quelques notices canadiennes.   PN771 C5 fol. 809.04

3308

Dionne, René. – *Bibliographie de la critique de la littérature québécoise et canadienne-française dans les revues canadiennes.* – René Dionne et Pierre Cantin. – [Ottawa] : Presses de l'Université d'Ottawa, 1988-1994. – 4 vol. ([ix], 480 ; [vii], 493 ; [vii], 308 ; 328 p.). – (Histoire littéraire du Québec et du Canada français). – 2760301478 (vol. 1) 2760302989 (vol. 2) 2760303616 (vol. 3) 2760303810 (vol. 4)

A bibliography of criticism on Quebec and French-Canadian literature from French- and English-Canadian periodicals. Four volumes covering periodicals published during the years 1760-1899, 1974-1978, 1979-1982 and 1983-1984. Each volume covers the following: studies of periods, movements, theories of literature, writing and criticism, linguistics, culture, etc.; genre studies; studies of individual authors, alphabetically arranged. Three indexes in each volume: authors of articles, periodicals examined, years. Appendices in each volume: lists of periodicals examined, issues not examined, periodicals not examined. Revised and enlarged edition of "Bibliographie de la critique" in *Revue d'histoire littéraire du Québec et du Canada français*.   Z1377 F8 D55 1988   016.8409

Bibliographie des critiques sur la littérature québécoise et canadienne-française tirées de périodiques canadiens-français et canadiens-anglais. Quatre volumes portent sur les périodiques publiés durant les années 1760-1899, 1974-1978, 1979-1982 et 1983-1984. Chaque volume couvre ce qui suit: études des périodes, des mouvements, des théories de la littérature, des écrits et des critiques, de la linguistique, de la culture, etc.; études de genres; études d'auteurs individuels, avec classement alphabétique. Trois index dans chaque volume: auteurs des articles, périodiques examinés, années. Annexes dans chaque volume: liste des périodiques examinés, liste des numéros non examinés, liste des périodiques non examinés. Édition revue et augmentée de «Bibliographie de la critique» dans *Revue d'histoire littéraire du Québec et du Canada français*. Z1377 F8 D55 1988   016.8409

3309

Gerry, Thomas M. F. – *Contemporary Canadian and U.S. women of letters : an annotated bibliography.* – New York : Garland, 1993. – xxii, 287 p. – (Garland bibliographies of modern critics and critical schools ; vol. 21). – 0824069897

An annotated bibliography of the critical works of over twenty Canadian and American women authors. Includes books, periodical articles, interviews and reviews by women who write criticism and poetry, fiction or drama. Author, title and subject index. Z1376.W65 G46 1993   016.810809287

Bibliographie annotée des oeuvres critiques de plus de vingt écrivaines canadiennes et américaines. Inclut des livres, des articles de périodiques, des entrevues et des examens par des femmes qui écrivent des critiques ainsi que des poèmes, des oeuvres de fiction ou des pièces de théâtre. Trois index: auteurs, titres, sujets. Z1376.W65 G46 1993   016.810809287

3310

Godard, Barbara. – *Bibliography of feminist criticism = Bibliographie de la critique féminist* [sic]. – Toronto : ECW Press, c1987. – [10], 116 p. – 0920763979

A bibliography of books, articles, theses, conference papers and book reviews in the field of Canadian feminist literary criticism. Arranged in the following sections: bibliographies; feminist literary theory; general studies of several writers; individual writers, alphabetically arranged; images of women in men's writing; images of men; journalism; feminist presses. No indexes. Also published as part of: *Gynocritics : feminist approaches to Canadian and Quebec women's writing = Gynocritiques : démarches féministes à l'écriture des Canadiennes et Québécoises* (Toronto : ECW Press, c1987). Z1377 F38 G67 1987 fol.   016.81099287

Bibliographie de livres, d'articles, de thèses, d'actes de congrès, et de critiques de livres dans le domaine de la critique littéraire féministe canadienne. Classement en sections: bibliographies; théorie littéraire féministe; études générales de plusieurs écrivains; écrivains individuels selon l'ordre alphabétique; images des femmes dans les écrits des hommes; images des hommes; journalisme; maisons d'édition féministes. Aucun index. Également publié dans le cadre de: *Gynocritics : feminist approaches to Canadian and Quebec women's writing = Gynocritiques : démarches féministes à l'écriture des Canadiennes et Québécoises* (Toronto : ECW Press, c1987). Z1377 F38 G67 1987 fol.   016.81099287

3311

Grandpré, Pierre de. – ***Histoire de la littérature française du Québec.*** – Réimpr. rév. et mise à jour. – Montréal : Librairie Beauchemin, 1971-1973. – 3 vol. (368 ; 390 ; 428 p.) : ill., portr. – 0775001651 (tome 4)

1st ed., 1967-1969, in 4 volumes. Rev. ed. of tomes 1, 2 and 4. A critical history of the French literature of Quebec. Chronologically arranged in four volumes: tome 1, 1534-1900; tome 2, 1900-1945; tome 3, 1945 to present, poetry; tome 4, 1945 to present, novels, drama, history, journalism, essays, literary criticism. Each volume includes essays, by various experts in the field, on significant authors, movements, titles and genres of the period covered. Attempts to set literature into the context of Quebec society. Indexes of names and titles and a table of illustrations in each volume. Tome 4 includes a bibliography of sources for the study of the French literature of Quebec. 1st ed. reproduced as a sound recording: Vancouver : Crane Library, 1974, reels : 4.75 cm/s, 4 track, mono. ; 18 cm., master. PS8073 G74 1973 C840.9

1re éd., 1967-1969 en 4 volumes. Éd. rév. des tomes 1, 2 et 4. Histoire critique de la littérature française au Québec. Classement chronologique en quatre volumes: tome 1, 1534-1900; tome 2, 1900-1945; tome 3, 1945 à aujourd'hui, poésie; tome 4, 1945 à aujourd'hui, romans, pièces de théâtre, histoire, journalisme, essais, critiques littéraires. Chaque volume comprend des essais écrits par divers spécialistes dans le domaine à propos d'auteurs, de mouvements, d'oeuvres et de genres importants de la période couverte. Tente d'inscrire la littérature dans le contexte de la société québécoise. Deux index: noms, titres, et un tableau des illustrations dans chaque volume. Le tome 4 contient une bibliographie des sources utiles à l'étude de la littérature française au Québec. 1re éd. reproduite sous forme d'enregistrement sonore: Vancouver : Crane Library, 1974, bobines : 4,75 cm/s, 4 pistes, monophonique ; 18 cm, bande maîtresse. PS8073 G74 1973 C840.9

3312

Histoire littéraire du Canada : littérature canadienne de langue anglaise. – Publié sous la direction de Carl F. Klinck ; avec la collaboration de Alfred G. Bailey [et al.] ; traduit de l'anglais par Maurice Lebel. – Québec : Presses de l'Université Laval, c1970. – 1105 p. – 2763763162

A translation of the 1967 reprint of *Literary history of Canada : Canadian literature in English.* Essays on writings in English from the sixteenth century to 1960. Genres, authors, regions, historical periods, etc. are discussed. Bibliography and notes. List of contributors. Index of authors, titles and subjects. Includes approximately 200 names and titles not found in the index to the English edition. PS8071 K5513 C810.9

Traduction de la réimpression de 1967 de *Literary history of Canada : Canadian literature in English.* Essais sur les écrits en anglais, depuis le seizième siècle jusqu'en 1960. Les genres, les auteurs, les régions, les périodes historiques, etc. sont discutés. Bibliographie et notes. Liste des collaborateurs. Index des auteurs, des titres et des sujets. Inclut environ 200 noms et titres qui ne se trouvent pas dans l'index de l'édition anglaise. PS8071 K5513 C810.9

3313

Keith, W. J. [William John]. – ***Canadian literature in English.*** – London : Longman, 1985. – [xii], 287 p. – (Longman literature in English series). – 0582493080 (bd.) 0582493072 (pa.)

A history of the English-language literature of Canada from its beginnings to the early 1980s. Arranged by genre including poetry, fiction, drama and prose. Chronological table of literary, cultural and historical events. Bibliography of Canadian reference sources and studies, both general and literary. Bio-bibliographical entries for individual authors. Index of authors, titles, subjects. PS8071 K45 1985 C810.9

Histoire de la littérature de langue anglaise du Canada, depuis ses débuts jusqu'au commencement des années 1980. Classement par genres comme la poésie, les oeuvres de fiction, les pièces de théâtre et la prose. Tableau chronologique des événements littéraires, culturels et historiques. Bibliographie des études et des documents de référence canadiens, de nature générale ou spécialisés en littérature. Notices biobibliographiques sur certains auteurs. Index des auteurs, des titres et des sujets. PS8071 K45 1985 C810.9

3314

Literary history of Canada : Canadian literature in English. – 2nd ed. – Toronto : University of Toronto Press, 1976-1990. – 4 vol. (xiii, 550 ; 410 ; xiii, 391 ; xxxii, 492 p.). – 0802022111 (vol. 1 bd.) 0802062768 (vol. 1 pa.) 0802022138 (vol. 2 bd.) 0802062776 (vol. 2 pa.) 0802022146 (vol. 3 bd.) 0802062784 (vol. 3 pa.) 0802056857 (vol. 4 bd.) 0802066100 (vol. 4 pa.)

1st ed., 1965. Reprinted with corrections 1966, 1967, 1970, 1973. A survey of Canadian literature in English. Includes bibliographical essays by numerous contributors examining genres, authors, regions, movements, historical periods, etc. Writings in fields such as philosophy, religion, political science, history and the sciences are also covered. Vol. 1, writings from the sixteenth century to 1920; vol. 2, 1920-1960; vol. 3, 1960-1973; vol.4, 1972-1984. Vol. 1 to 3, general editor, Carl F. Klinck; vol. 4, general editor, W. H. New. Bibliography and/or notes in each volume. List of contributors, vol. 3 and 4. Author, title, subject index in each volume.

2nd ed., vol. 1 to 3, reproduced as a sound recording: [Peterborough, Ont. : Ontario Audio Library Service, 1982], 17 tape reels : 4.75 cm/s, 4 track, mono., master. 1967 reprint translated into French: *Histoire littéraire du Canada : littérature canadienne de langue anglaise* (Québec : Presses de l'Université Laval, 1970). PS8071 K55 1976 C810.9

1re éd., 1965. Réimprimé avec des corrections en 1966, 1967, 1970 et 1973. Examen de la littérature canadienne-anglaise. Inclut des essais bibliographiques écrits par de nombreux collaborateurs, sur les genres, les auteurs, les régions, les mouvements, les périodes historiques, etc. Porte également sur les écrits dans des domaines comme la philosophie, la religion, les sciences politiques, l'histoire et les sciences. Vol. 1, du seizième siècle jusqu'en 1920; vol. 2, 1920-1960; vol. 3, 1960-1973; vol. 4, 1972-1984. Les volumes 1 à 3 ont été publiés sous la direction générale de Carl F. Klinck; le volume 4 sous celle de W. H. New. Bibliographie et (ou) notes dans chaque volume. Liste des collaborateurs, vol. 3 et 4. Index des auteurs, des titres et des sujets dans chaque volume.

2e éd., vol. 1 à 3, reproduite sous forme d'enregistrement sonore: [Peterborough, Ont. : Ontario Audio Library Service, 1982], 17 bobines : 4,75 cm/s, 4 pistes, monophonique, bande maîtresse. La réimpression de 1967 a été traduite en français: *Histoire littéraire du Canada : littérature canadienne de langue anglaise* (Québec : Presses de l'Université Laval, 1970). PS8071 K55 1976 C810.9

3315

Livres et auteurs québécois : revue critique de l'année littéraire. – (1961)-(1982). – Québec : Presses de l'Université Laval, [1961?]-1983. – 22 vol. – 0316-2621

An annual review of Quebec literature produced for the years 1961 through 1982. Includes reviews of fiction, poetry, drama, literary criticism, children's literature, non-fiction. List of literary prize winners. List of theses on topics in Quebec, French and comparative literatures and linguistics supported by Canadian and Quebec universities. Bibliography of studies on Quebec literature appearing in Canadian periodicals, arranged by periodical title. General bibliography of the year's works, arranged by subject or genre. Directory of publishers. Indexes of collaborators and authors. Title varies: 1961-1968, *Livres et auteurs canadiens.* Imprint varies. 1961-1982 reproduced in microform format: Montréal : Bibliothèque nationale du Québec, 1984, 83 microfiches.   PS8001 L53 fol.   C840.90054

Revue annuelle de la littérature québécoise produite pendant les années 1961 à 1982. Inclut des critiques d'oeuvres de fiction, de poèmes, de pièces de théâtre, de critiques littéraires, de livres pour enfants et d'ouvrages documentaires. Liste des gagnants de prix littéraires. Liste des thèses sur des sujets en littérature québécoise, en littérature française, en littératures comparées et en linguistique présentées dans des universités canadiennes et québécoises. Bibliographie des études sur la littérature québécoise qui ont paru dans des périodiques canadiens selon l'ordre alphabétique des titres de périodiques. Bibliographie générale des oeuvres de l'année selon un classement par sujets ou par genres. Répertoire des maisons d'édition. Deux index : collaborateurs, auteurs. Le titre varie: 1961-1968, *Livres et auteurs canadiens.* L'adresse bibliographique varie. De 1961 à 1982, reproduit sur support microforme: Montréal : Bibliothèque nationale du Québec, 1984, 83 microfiches. PS8001 L53 fol.   C840.90054

3316

Bourassa, Yolande. – *Index alphabétique des titres parus dans Livres et auteurs québécois, 1970-1980.* – Yolande Bourassa, Carole Mercier. – Montréal : Association des institutions d'enseignement secondaire, 1982. – 89 p.

An alphabetically arranged index of all the titles mentioned in *Livres et auteurs québécois* for the years 1970 through 1980.   PS8001 L532 fol.   C840.90054

Index alphabétique de tous les titres mentionnés dans *Livres et auteurs québécois* dans les numéros des années 1970 à 1980.   PS8001 L532 fol.   C840.90054

3317

Maillet, Marguerite. – *Histoire de la littérature acadienne : de rêve en rêve.* – Moncton : Éditions d'Acadie, c1983. – 262 p. : ill., portr. – (Collection universitaire). – 2760000958

A history of Acadian literature from 1604 to the present. Considers the careers and works of Francophone authors who have lived in and written about Acadia and of Francophone authors born in the Maritime Provinces who have published a literary work. Four parts: 1604-1866, period of foundation and colonisation followed by deportation and disruption of the Acadian culture; 1867-1928, re-establishment of the culture and birth of an Acadian literature; 1929-1957, development of the major genres; 1958-   , contemporary literature. Chronological table. Bibliography of primary and secondary sources including books, periodical and newspaper articles, manuscripts and theses. Name index.   PS8131 M3 M34 1983 C840.99715

Histoire de la littérature acadienne de 1604 à aujourd'hui. Traite de la carrière et des oeuvres d'auteurs francophones qui ont vécu en Acadie et qui ont écrit au sujet de cette région, et de celles d'auteurs francophones natifs des provinces Maritimes et qui ont publié une oeuvre littéraire. Quatre parties: 1604-1866, la période de la fondation et de la colonisation suivie de la déportation et du «dérangement» de la culture acadienne; 1867-1928, le rétablissement de la culture et la naissance d'une littérature acadienne; 1929-1957, le développement des principaux genres; 1958-   , la littérature contemporaine. Tableau chronologique. Bibliographie des sources primaires et secondaires comprenant les livres, les articles de périodiques et de journaux, les manuscrits et les thèses. Index des noms.   PS8131 M3 M34 1983   C840.99715

3318

Mandryka, M. I. [Mykyta I.]. – *History of Ukrainian literature in Canada.* – Winnipeg : Ukrainian Free Academy of Sciences, 1968. – 247 p. : ill. – Title on added t.p. : *Histoire de la littérature ukrainienne au Canada.*

A study of the development of Ukrainian literature in Canada. Four chapters covering the pioneer era, the late pioneer era, the period between the wars and developments after the Second World War. Brief essays examine the lives and works of poets, novelists, essayists and literary critics. Bibliography. Author index.   PS8075 U5 M3 891.7909

Étude du développement de la littérature ukrainienne au Canada. Quatre chapitres qui couvrent l'ère des pionniers, la fin de cette ère, l'entre-deux-guerres et les développements après la Seconde Guerre mondiale. De courts essais examinent la vie et les oeuvres des poètes, des romanciers, des essayistes et des critiques littéraires. Bibliographie. Index des auteurs.   PS8075 U5 M3   891.7909

3319

Mezei, Kathy. – *Bibliographie de la critique des traductions littéraires anglaises et françaises au Canada : de 1950 à 1986, avec commentaires.* – Kathy Mezei, avec la collaboration de Patricia Matson et Maureen Hole. – Ottawa : Presses de l'Université d'Ottawa : Fédération canadienne des études humaines, c1988. – [xii], 177 p. – (Cahiers de traductologie ; 7). – 0776601989 – Titre de la p. de t. additionnelle : *Bibliography of criticism on English and French literary translations in Canada : 1950-1986, annotated.*

An annotated bibliography of 581 critical works on English- and French-language literary translation in Canada, 1950-1986. Entries are alphabetically arranged by author within the following categories: articles, bibliographies, books, interviews, introductions, review articles, reviews, translators' notes. Annotations in language of item. Indexes: author, translator, title, English subject, French subject.   Z1377 T7 M49 1988   016.8109

Bibliographie annotée de 581 oeuvres critiques sur la traduction littéraire anglaise et française au Canada, 1950-1986. Les notices sont classées en ordre alphabétique par auteurs au sein des catégories suivantes: articles, bibliographies, livres, entrevues, introductions, articles de critique, critiques, thèses, notes des traducteurs. Annotations dans la langue du document. Cinq index: auteurs, traducteurs, titres, sujets anglais et français.   Z1377 T7 M49 1988   016.8109

3320

Mezei, Kathy. – *Bibliography of criticism on English and French literary translations in Canada : 1950-1986, annotated.* – Kathy Mezei, with the assistance of Patricia Matson and Maureen Hole. – Ottawa : University of Ottawa Press : Canadian Federation for the Humanities, c1988. – [xii], 177 p. – (Cahiers de traductologie ; 7). – 0776601989 – Title on added t.p. : *Bibliographie de la critique des traductions littéraires anglaises et françaises au Canada : de 1950 à 1986, avec commentaires.*

An annotated bibliography of 581 critical works on English- and French-language literary translation in Canada, 1950-1986. Entries are alphabetically arranged by author within the following categories: articles, bibliographies, books, interviews, introductions, review articles, reviews, theses, translators' notes. Annotations in language of item. Indexes: author, translator, title, English subject, French subject. Z1377 T7 M49 1988 016.8109

Bibliographie annotée de 581 oeuvres critiques sur la traduction littéraire anglaise et française au Canada, 1950-1986. Les notices sont classées en ordre alphabétique par auteurs au sein des catégories suivantes: articles, bibliographies, livres, entrevues, introductions, articles de critique, critiques, thèses, notes des traducteurs. Annotations dans la langue du document. Cinq index: auteurs, traducteurs, titres, sujets anglais et français. Z1377 T7 M49 1988 016.8109

3321

MLA international bibliography of books and articles on the modern languages and literatures. – (1921)- . – New York : Modern Language Association of America, 1922- . – vol. – 0024-8215

Annual. An international bibliography of books and articles on modern languages, literatures, folklore and linguistics. No restrictions on language or place of publication. Excludes works limited to classical Greek and Latin literatures, most book reviews, letters to the editor and obituaries. Since 1981, arranged in five classified volumes: I, British Isles, British Commonwealth, English Caribbean, and American literatures; II, European, Asian, African and Latin American literatures; III, linguistics; IV, general literature and related topics; V, folklore. Each volume is organized from general to specific including national literatures, languages, time periods, genres, individual authors, specific works, etc. Author and subject indexes.

Title varies: 1921-1955, *American bibliography*; 1956-1963, *Annual bibliography*; 1964- , *MLA international bibliography*. 1921-1968 published as part of *Publications of the Modern Language Association of America* vol. 37, no. 1 (March 1922)-vol. 84, no. 4 (June 1969). Reprinted: 1921/25-1954/55, *MLA American bibliography* (New York : Kraus Reprint Corp., 1964), 8 vol.; 1956-1968, *MLA international bibliography* (New York : Kraus Reprint Corp., 1964-1969), 13 vol.

Available online through DIALOG, coverage 1963 to date; WILSONLINE, coverage, 1981 to date. Available on CD-ROM: Bronx, (N.Y.) : H.W. Wilson Co., [198?]- ; Norwood (Ma) : Silver Platter Information Inc., [198?]- . Coverage 1981 to date. Updated quarterly.

Available in several editions: individual paperback volumes with author and subject indexes; five-volume set with author and subject indexes; five-volume set with author index only; vols. I-III with author index only. Companion volumes: *MLA directory of periodicals : a guide to journals and series in languages and literatures* (New York : Modern Language Association of America, 1979-), biennial; *MLA directory of scholarly presses in language and literature* (New York : Modern Language Association of America, 1991-), annual. Z7001 M6 fol. 016.809

Annuel. Bibliographie internationale de livres et d'articles sur les langues modernes, les littératures, le folklore et la linguistique. Aucune restriction quant à la langue ou au lieu de publication. Exclut les ouvrages limités aux littératures grecques et latines, la plupart des critiques de livres, les lettres à l'éditeur et les notices nécrologiques. Depuis 1981, classement en cinq volumes distincts: I, littérature des Îles britanniques, du Commonwealth britannique, des Antilles anglaises et des États-Unis; II, littératures européennes, asiatiques, africaines et latino-américaines; III, linguistique; IV, littérature générale et sujets connexes; V, folklore. Chaque volume passe du général au particulier incluant les littératures nationales, les langues, les périodes, les genres, les auteurs individuels, les oeuvres particulières, etc. Deux index: auteurs, sujets.

Le titre varie: 1921-1955, *American bibliography*; 1956-1963, *Annual bibliography*; 1964- , *MLA international bibliography*. 1921-1968, publié comme partie de *Publications of the Modern Language Association of America* vol. 37, n° 1 (mars 1922)-vol. 84, n° 4 (juin 1969). Réimprimé: 1921/25-1954/55, *MLA American bibliography* (New York : Kraus Reprint Corp., 1964), 8 vol.; 1956-1968, *MLA international bibliography* (New York : Kraus Reprint Corp., 1964-1969), 13 vol.

Accessible en direct via DIALOG, période couverte, 1963 jusqu'à aujourd'hui; WILSONLINE, période couverte, 1981 jusqu'à aujourd'hui. Disponible sur CD-ROM: Bronx, (N.Y.) : H.W. Wilson Co., [198?]- ; Norwood (Ma) : Silver Platter Information Inc., [198?]- . Période couverte, 1981 jusqu'à aujourd'hui. Mise à jour trimestrielle.

Disponible en plusieurs éditions: volumes séparés en édition brochée avec index des auteurs et index des sujets; ensemble de cinq volumes avec index des auteurs et index des sujets; ensemble de cinq volumes avec index des auteurs seulement; volumes I-III avec index des auteurs seulement. Volumes qui vont de pair avec: *MLA directory of periodicals : a guide to journals and series in languages and literatures* (New York : Modern Language Association of America, 1979-), biennal; *MLA directory of scholarly presses in language and literature* (New York : Modern Language Association of America, 1991-), annuel. Z7001 M6 fol. 016.809

3322

New, W. H. [William Herbert]. – *A history of Canadian literature.* – London : Macmillan Education, 1989. – [xi], 380 p., [8] p. of plates : ill., maps. – (Macmillan history of literature). – 03341375X (bd.) 0333412768 (pa.)

A history of Canadian literature in English and in French from its beginnings through 1985. Examines literature in relationship to historical, political and cultural events. Chapters entitled mythmakers, reporters, tale-tellers, narrators and encoders cover the literatures of different periods. Indian and Inuit mythologies, exploration, missionary and settlement journals, satire and social reform, realism, literature and war, radio and stage, the state and the academies, fantasy and folklore are among the genres and themes explored. Chronology of literary works and historical events. Bibliography. Index of

Histoire de la littérature canadienne en anglais et en français, depuis ses débuts jusqu'en 1985. Étudie la littérature par rapport aux événements historiques, politiques et culturels. Les chapitres portent sur les créateurs de mythes, les reporters, les conteurs, les narrateurs et les encodeurs, et couvrent les littératures des différentes périodes. Parmi les genres et les thèmes explorés, notons: les mythologies amérindiennes et inuit, les journaux des explorateurs, des missionnaires et des colons, la satire et la réforme sociale, le réalisme, la littérature et la guerre, la radio et la scène, l'État et les académies, la

authors and subjects. American ed.: New York : New Amsterdam, c1989. PS8065 N49 1989 C810.9

fantaisie et le folklore. Tableau chronologique des oeuvres littéraires et des événements historiques. Bibliographie. Index des auteurs et des sujets. Édition américaine: New York : New Amsterdam, c1989. PS8065 N49 1989 C810.9

3323

Pacey, Desmond. – *Creative writing in Canada : a short history of English-Canadian literature.* – New ed., rev. and enl. – Toronto : Ryerson Press, 1961. – [x], 314 p.

1st ed., 1952. A survey of English-Canadian literature which focusses on fiction and poetry. Attempts to highlight the most interesting works of the following periods: colonial, 1750-1867; Confederation, 1867-1897; early twentieth century, 1897-1920; modern, 1920-1950; 1950s. Bibliography of anthologies, general studies and studies of individual authors. Index of authors, titles and subjects. Reprinted: Westport (Conn.) : Greenwood Press, 1976, c1961. PS8071 P3 1961 C810.9

1re éd., 1952. Examen de la littérature canadienne-anglaise, principalement de la fiction et de la poésie. Tente de souligner les oeuvres les plus intéressantes des périodes suivantes: l'époque coloniale, 1750-1867; l'époque de la Confédération, 1867-1897; le début du vingtième siècle, 1897-1920; l'époque moderne, 1920-1950; les années 1950. Bibliographie des anthologies, des études générales et des études sur des auteurs particuliers. Index des auteurs, des titres et des sujets. Réimprimé: Westport (Conn.) : Greenwood Press, 1976, c1961. PS8071 P3 1961 C810.9

3324

Petrone, Penny. – *Native literature in Canada : from the oral tradition to the present.* – Toronto : Oxford University Press, 1990. – viii, 213 p., [18] p. of plates : ills, ports. – 0195407962

A history of Native literature in Canada from its beginnings as an oral tradition through nineteenth- and twentieth-century written works. Concentrates on English-language writings in a variety of genres. Bibliography. Index of names, titles, subjects. PS8089.5 I6 P4 1990 C810.9897

Histoire de la littérature autochtone au Canada, depuis ses débuts sous forme de tradition orale jusqu'aux oeuvres écrites des dix-neuvième et vingtième siècles. Porte principalement sur les écrits en anglais dans divers genres. Bibliographie. Index des noms, des titres, des sujets. PS8089.5 I6 P4 1990 C810.9897

3325

***Revue d'histoire littéraire du Québec et du Canada français.* –** 1 (1979)-14 (été-automne 1987). – Ottawa : Presses de l'Université d'Ottawa, 1980-1987. – 14 vol. – 0713-7958

Biannual. Title varies: 1 (1979) *Histoire littéraire du Québec*. Imprint varies. A periodical devoted to the study of Quebec and French-Canadian literature. Examines themes such as literary publishing, theatre, regional literature, literary journals, Quebec literature and film, individual authors, etc. Each number is organized in seven sections: articles exploring the theme of the number; notes or brief articles examining aspects of literary history; documents, usually reprints of unpublished texts, of literary interest; book reviews; summaries of recent theses relevant to the study of literary history; annual bibliography of criticism on Quebec and French-Canadian literature covering the years 1974 through 1984; miscellaneous information such as conference announcements, notes on research projects, etc.

  The annual bibliography is arranged in two parts: A, books; B, articles. Part B is arranged by genre, individual author, etc. Index of authors of articles and list of periodicals examined. Revised and enlarged edition of the bibliography: Dionne, René, *Bibliographie de la critique de la littérature québécoise et canadienne-française dans les revues canadiennes*. Four volumes covering 1760-1899, 1974-1978, 1979-1982 and 1983-1984 published to date. PS8131 Q8 R48 C840.9

Biannuel. Le titre varie: 1 (1979) *Histoire littéraire du Québec*. L'adresse bibliographique varie. Périodique consacré à l'étude de la littérature québécoise et canadienne-française. Examine des thèmes comme l'édition littéraire, le théâtre, la littérature régionale, les revues littéraires, la littérature québécoise et le cinéma, des auteurs particuliers, etc. Chaque numéro est divisé en sept sections: des articles qui explorent le thème du numéro; des notes ou de courts articles qui traitent d'aspects de l'histoire de la littérature; des documents d'intérêt littéraire, habituellement les réimpressions de textes inédits; des critiques de livres; des résumés de thèses récentes pertinentes à l'étude de l'histoire de la littérature; une bibliographie annuelle des critiques de la littérature québécoise et canadienne-française qui couvre les années 1974 à 1984; diverses informations comme des annonces de conférences, des notes sur les projets de recherche, etc.

  La bibliographie annuelle est classée en deux parties: A, livres; B, articles. La partie B est classée par genres, par auteurs, etc. Index des auteurs des articles et liste des périodiques examinés. Édition révisée et augmentée de la bibliographie: Dionne, René, *Bibliographie de la critique de la littérature québécoise et canadienne-française dans les revues canadiennes*. Quatre volumes qui couvrent 1760-1899, 1974-1978, 1979-1982, 1983-1984 ont été publiés jusqu'à présent. PS8131 Q8 R48 C840.9

3326

Tougas, Gérard. – *Histoire de la littérature canadienne-française.* – 5e éd. – Paris : Presses universitaires de France, 1974. – 270 p.

1st ed., 1960. 2nd ed., 1964. 3rd ed., 1966. 4th ed., 1967. A critical history of French-Canadian literature which emphasizes the nineteenth and twentieth centuries. Chapters covering the periods 1845-1865, 1865-1899, 1900-1939 and 1939-1970 are arranged by genre. Brief essays on the works of significant authors within each genre. Also discusses the relationship between French-Canadian literature and the culture of France. Index of authors and titles. 2nd ed. also published in English under the title: *A history of French-Canadian literature.* PS8073 T62 1974 C840.9

1re éd., 1960. 2e éd., 1964. 3e éd., 1966, 4e éd., 1967. Histoire critique de la littérature canadienne-française qui met l'emphase sur les dix-neuvième et vingtième siècles. Classement par genres dans les chapitres qui couvrent les périodes 1845-1865, 1865-1899, 1900-1939 et 1939-1970. Courts essais sur les oeuvres des auteurs importants, sous chaque genre. Discute aussi du rapport entre la littérature canadienne-française et la culture de la France. Index des auteurs et des titres. La deuxième édition a également été publiée en anglais sous le titre: *A history of French-Canadian literature.* PS8073 T62 1974 C840.9

3327

Tougas, Gérard. – *A history of French-Canadian literature.* – Translation by Alta Lind Cook. – 2nd ed. – Toronto : Ryerson Press, 1966. – [xii], 301 p.

Translation of: *Histoire de la littérature canadienne-française*, 2nd ed., 1964. A critical history of French-Canadian literature which emphasizes the nineteenth and twentieth centuries. Chapters covering the periods 1845-1865, 1865-1899, 1900-1939 and 1939 to the early 1960s, are arranged by genre. Brief essays on the works of significant authors within each genre. Also discusses the relationship between French-Canadian literature and the culture of France. Appendices: essay on the poet Albert Lozeau; manifesto of the Refus Global movement; regulations of the Académie canadienne-française. List of principal pseudonyms. Index of authors and titles. Reprinted: Westport (Conn.) : Greenwood Press, 1976, c1966.   PS8073 T62 1966 C840.9

Traduction de: *Histoire de la littérature canadienne-française*, 2ᵉ éd. 1964. Histoire critique de la littérature canadienne-française qui met l'emphase sur les dix-neuvième et vingtième siècles. Classement par genres dans les chapitres qui couvrent les périodes 1845-1865, 1865-1899, 1900-1939 et 1939-1970. Courts essais sur les oeuvres des auteurs importants sous chaque genre. Discute aussi du rapport entre la littérature canadienne-française et la culture de la France. Annexes: essai sur le poète Albert Lozeau; manifeste du mouvement du Refus global; règlements de l'Académie canadienne-française. Liste des principaux pseudonymes. Index des auteurs et des titres. Réimprimé: Westport (Conn.) : Greenwood Press, 1976, c1966. PS8073 T62 1966   C840.9

3328

La vie littéraire au Québec. – Sous la direction de Maurice Lemire. – Sainte-Foy [Québec] : Presses de l'Université Laval, 1991-   . –   vol. : ill., portr. – 2763772595 (vol. 1) 276377282X (vol. 2)

A five-volume history which traces the development of a distinct Quebec literature. Two volumes published to date: tome 1, *1764-1805, la voix française des nouveaux sujets britanniques*; tome 2, *1806-1839, le projet national des Canadiens*. Other volumes will cover the periods 1840-1869, 1870-1894 and 1895-1914. Each volume includes a chronology of literary, cultural and historical events in Quebec and the world, an excellent bibliography and indexes of names, works and periodicals.   PS8073 V53 1991   C840.9

Histoire en cinq volumes qui retrace le développement d'une littérature distincte au Québec. Deux volumes publiés jusqu'à maintenant: tome 1, *1764-1805, la voix française des nouveaux sujets britanniques*; tome 2, *1806-1839, le projet national des Canadiens*. Les autres volumes couvriront les périodes 1840-1869, 1870-1894 et 1895-1914. Chaque volume comprend une chronologie des événements littéraires, culturels et historiques au Québec et dans le monde, une excellente bibliographie et trois index: noms, oeuvres, périodiques. PS8073 V53 1991   C840.9

3329

Watters, Reginald Eyre. – *On Canadian literature, 1806-1960 : a check list of articles, books, and theses on English-Canadian literature, its authors, and language.* – Compiled by Reginald Eyre Watters, Inglis Freeman Bell. – Reprinted with corrections and additions 1973. – Toronto : University of Toronto Press, 1973, c1966. – ix, 165 p. – 0802051669

A bibliography of biographical, critical and scholarly writings to 1960. Part 1 includes works about English-Canadian literature, its development, genres and related topics, arranged in fourteen sections. Works on individual authors are covered in part 2. Alphabetically arranged by name of author. No index.   Z1375 W32 1973 016.8109

Bibliographie des écrits biographiques, critiques et savants jusqu'à 1960. La partie 1 comprend des ouvrages sur la littérature canadienne-anglaise, son développement, les genres et des sujets connexes selon un classement en 14 sections. La partie 2 porte sur les oeuvres d'auteurs particuliers. Classement alphabétique des noms d'auteurs. Aucun index.   Z1375 W32 1973   016.8109

Indexes

Index

3330

30 ans de Liberté : index des noms (1959-1989). – Montréal : Université de Montréal, Département d'études françaises, c1990. – 115 p. – (Paragraphes ; vol. 5 (1990/91)).

An index to the Quebec literary and cultural journal *Liberté* which publishes poetry, drama, short stories and critical articles. Includes an author index and an index of the names of persons who are the subjects of articles. Replaces: *Liberté : index des noms (1959-1973)* (Montréal : [s.n.], 1974). *Liberté* is also indexed in *Canadian periodical index*, 1961-   , *Radar*, 1972/73-1982/83, and *Point de repère*, 1984-   . PS8255   C840.80054

Index de la revue littéraire et culturelle québécoise *Liberté* qui publie des poèmes, des oeuvres dramatiques, des nouvelles et des articles critiques. Inclut un index des auteurs et un index des noms des personnes dont il est question dans les articles. Remplace: *Liberté : index des noms (1959-1973)* (Montréal : [s.n.], 1974). *Liberté* est aussi indexé dans *Index de périodiques canadiens*, 1961-   , *Radar*, 1972/73-1982/83, et *Point de repère*, 1984-   . PS8255   C840.80054

3331

Armitage, Andrew D. – *Canadian essay and literature index.* – Compiled and edited by Andrew D. Armitage and Nancy Tudor. – (1973)-(1975). – Toronto : University of Toronto Press, 1975-1977. – 3 vol. (xi, 445 ; x, 489 ; x, 517 p.). – 0316-0696

Indexes English-language essays, book reviews, poems, plays, and short stories published in anthologies, collections and periodicals during the years 1973 through 1975. Attempts to include all anthologies and collections published during each year. Excludes highly technical works, textbooks and collections of poems, plays or short stories by one author. Includes periodicals not already indexed in the *Canadian periodical index* which contain general interest

Index des essais, des critiques de livres, des poèmes, des pièces de théâtre et des nouvelles en anglais publiés dans des anthologies, des collections et des périodiques de 1973 à 1975. Essaye d'inclure toutes les anthologies et les collections publiées au cours de chacune de ces années. Exclut les ouvrages très techniques, les manuels scolaires, ainsi que les collections de poèmes, de pièces de théâtre ou de nouvelles d'un auteur. Inclut des périodiques qui n'ont pas été indexés dans

articles, poems, plays or short stories. Arranged in three sections: essays, book reviews, literature. Author, title, and subject indexing as well as first line for poetry. Lists of books and periodicals indexed. Locations for periodicals. Continues: *Canadian essays and collections index, 1971-1972.* AI3 C282 fol. 016.810808112

Index de périodiques canadiens et qui contiennent des articles d'intérêt général, des poèmes, des pièces de théâtre ou des nouvelles. Classement en trois sections: essais, critiques de livres, littérature. Indexation des auteurs, des titres et des sujets, ainsi que de la première ligne des poèmes. Listes des livres et des périodiques indexés. Localisations des périodiques. Suite de: *Canadian essays and collections index, 1971-1972.* AI3 C282 fol. 016.810808112

3332

La barre du jour, La nouvelle barre du jour : index général, 1965-1985 : numéros 1 à 150. – [Montréal] : nbj, c1985. – [128] p. : ill. – 2893140378

A literary journal of Quebec founded by Nicole Brossard and others to promote avant-garde and feminist writings. This index covers the first 150 numbers published between February 1965 and March 1985. Includes an alphabetically arranged author index, a list of special issues chronologically arranged, and lists of writings appearing under six headings or genres in the periodical. List of editorial board members, arranged by issue number. Selected covers are reproduced. *Barre du jour* is also indexed in *Périodex*, 1972-1975/76, *Radar*, 1972/73-1982/83, and *Point de repère*, 1984-1988. PS8255 Q8 B37 1985 Index C840.80054

Revue littéraire du Québec fondée par Nicole Brossard et d'autres personnes afin de promouvoir l'écriture d'avant-garde et féministe. Cet index porte sur les 150 premiers numéros publiés entre février 1965 et mars 1985. Inclut un index alphabétique des auteurs, une liste de numéros spéciaux classés chronologiquement et des listes d'oeuvres classées sous six rubriques ou genres dans le périodique. Liste des membres du comité de rédaction selon l'ordre séquentiel des numéros. Certaines couvertures sont reproduites. La *Barre du jour* est également indexée dans *Périodex*, 1972-1975/76, *Radar*, 1972/73-1982/83, et *Point de repère*, 1984-1988. PS8255 Q8 B37 1985 Index C840.80054

3333

Bentley, D. M. R. – *A checklist of literary materials in The week : Toronto, 1883-1896.* – D. M. R. Bentley ; assisted by MaryLynn Wickens. – Ottawa : Golden Dog Press, 1978. – vi, 161 p. – 0919614302

An index to literary materials appearing in *The week*, a literary and cultural periodical published in Toronto from December 6, 1883 to November 20, 1896. Five sections for articles, poetry, fiction, book reviews and miscellaneous items. Each section is arranged alphabetically by author and/or title. Book reviews are arranged alphabetically by the author of the book reviewed. Z1375 B45 016.8108004

Index des documents sur la littérature qui ont paru dans *The week*, un périodique littéraire et culturel publié à Toronto du 6 décembre 1883 au 20 novembre 1896. Cinq sections sur les articles, la poésie, la fiction, les critiques de livres et les faits divers. Dans chaque section, classement alphabétique par auteurs ou par titres. Les critiques de livres sont classées en ordre alphabétique par auteurs des livres. Z1375 B45 016.8108004

3334

Brown, Douglas I. – *A history and index of Alphabet magazine.* – M.A. thesis, McMaster University, 1973. – v, 112 p.

A history and index of *Alphabet*, a little magazine published for nineteen issues from September 1960 through June 1971. Founded and edited by James Reaney, *Alphabet* included poetry, short stories, literary criticism, book reviews, music, etc. Names of contributors and titles arranged in one alphabetical sequence. PS8001 C810.80054

Histoire et index de la petite revue *Alphabet* dont dix-neuf numéros ont été publiés de septembre 1960 à juin 1971. Fondée et rédigée par James Reaney, *Alphabet* comprenait des poèmes, des nouvelles, des articles critiques, des critiques de livres, de la musique, etc. Les noms des contributeurs et les titres sont classés dans une seule liste alphabétique. PS8001 C810.80054

3335

Brown, Mary Markham. – *An index to The literary garland (Montreal, 1838-1851).* – Toronto : Bibliographical Society of Canada, 1962. – x, 61 p.

An author index to the thirteen volumes of *The literary garland* published between December 1838 and December 1851. This periodical was notable for the amount of original Canadian prose and verse which it published. Prose or verse and original selections are identified. Includes a history of the publication. An appendix provides biographical information on some of the Canadian contributors. AP5 L58 Index C810.8003

Index des auteurs pour les treize volumes de *The literary garland* publiés entre décembre 1838 et décembre 1851. Ce périodique était remarquable en raison de la quantité d'oeuvres canadiennes originales publiées, en prose ou en vers. Précise s'il s'agit de prose ou de vers ou de sélections originales. Inclut une histoire de la publication. Une annexe fournit des données biographiques sur certains collaborateurs canadiens. AP5 L58 Index C810.8003

3336

Canadian essays and collections index, 1971-1972. – Ottawa : Canadian Library Association, c1976. – [10], 219 p. – 088802116X

An index to Canadian English-language essays, short stories and plays in collections published in 1971 and 1972. Includes poetry only if part of a collection of essays. Arranged by subject. List of works indexed. Continued by: *Canadian essay and literature index.* AI3 C2819 016.971

Index des essais, nouvelles et pièces de théâtre canadiens en anglais publiés dans des collections en 1971 et en 1972. Inclut les poèmes seulement s'ils font partie d'une collection d'essais. Classement par sujets. Liste des ouvrages indexés. Suivi de: *Canadian essay and literature index.* AI3 C2819 016.971

3337

Canadian literary periodicals index. – Vol. 1 (1992)- . – Teeswater (Ont.) : Reference Press, forthcoming. – vol. – 1188-2646 Z1375 016.81

3338

Canadian literature index : a guide to periodicals and newspapers. – Janet Fraser, editor. – (1985)- . – Toronto : ECW Press, c1987- . – vol. – 0838-6021

Annual. An index to over 100 Canadian periodicals and newspapers and foreign periodicals which deal significantly with Canadian literature. Indexes primary materials such as poems, short stories, novels, plays and literary essays and secondary materials such as critical articles, book reviews, bibliographies and interviews. Indexes English- and French-language publications and a limited number in other languages. Two alphabetically arranged indexes of authors and subjects. The author index includes writers of primary material as well as literary critics, scholars and reviewers. The subject index includes authors, book titles and subject headings or keywords. List of subject headings used. List of periodicals and newspapers indexed. Appendices: periodical and newspaper subscription information and library locations; list of library symbols. Z1375 C33 1986 fol. 016.81

Annuel. Index de plus de 100 périodiques et journaux canadiens et périodiques étrangers qui traitent de façon significative de littérature canadienne. Indexe les documents primaires comme les poèmes, les nouvelles, les romans, les pièces de théâtre et les essais littéraires ainsi que les documents secondaires comme les articles critiques, les critiques de livres, les bibliographies et les entrevues. Indexe les publications en anglais et en français ainsi qu'un nombre limité de publications en d'autres langues. Deux index alphabétiques: auteurs, sujets. L'index des auteurs comprend les écrivains des documents primaires, ainsi que les critiques littéraires et les spécialistes. L'index des sujets comprend les auteurs, les titres de livres et les vedettes-matière ou les mots clés. Liste des vedettes-matière utilisées. Liste des périodiques et des journaux indexés. Annexes: renseignements sur l'abonnement aux périodiques et aux journaux et sur leur localisation en bibliothèque; liste des sigles des bibliothèques. Z1375 C33 1986 fol. 016.81

3339

Canadian literature scrapbooks. Index. – [Toronto] : Metropolitan Toronto Library Board, 1981. – 83 p. – Cover title.

A print index to the Canadian literature scrapbooks compiled by the Metropolitan Toronto Library and reproduced in microfilm format. Covers volumes 1 through 6 of the scrapbooks which include clippings from Toronto newspapers, 1910 to 1947, primarily on literary figures. A few articles date from the 1890s. Names, titles and subjects are alphabetically arranged in one sequence. PS8081 C262 fol. 016.81

Index imprimé des Canadian literature scrapbooks compilés par la Metropolitan Toronto Library et reproduits sur microfilm. Couvre les volumes 1 à 6 qui contiennent des coupures de support presse des journaux de Toronto de 1910 à 1947, lesquelles portent principalement sur les personnalités littéraires. Quelques articles datent des années 1890. Classement des noms, des titres et des sujets en une seule liste alphabétique. PS8081 C262 fol. 016.81

3340

Carrier, Denis. – *Études littéraires. Index (1968-1983).* – [Québec] : Université Laval, c1984. – 78 p.

An index to vol. 1, no. 1 (April 1968)-vol. 16, no. 3 (December 1983) of *Études littéraires,* a scholarly journal on French literature published by Université Laval. Each number presents a theme, often related to the literature of Quebec. The index is arranged in six parts: chronologically arranged content summary of each issue; document titles; book reviews, arranged by the author of the book reviewed; theses, arranged by author; authors studied; authors of articles. *Études littéraires* is also indexed in: *Point de repère*, 1984- , and *Canadian literature index*, 1985- . PN4919 Q83 E88 1984 Index 840.9

Index d'*Études littéraires*, vol. 1, n° 1 (avril 1968)- vol. 16, n° 3 (décembre 1983), une revue savante sur la littérature française publiée par l'Université Laval. Chaque numéro présente un thème, souvent relié à la littérature du Québec. L'index est divisé en six parties: classement chronologique du contenu de chaque numéro; titres des documents; critiques de livres selon l'ordre alphabétique des auteurs des livres critiqués; thèses selon l'ordre alphabétique des auteurs; auteurs étudiés; auteurs des articles. La revue *Études littéraires* est également répertoriée dans *Point de repère*, 1984- , et dans *Canadian literature index*, 1985- . PN4919 Q83 E88 1984 Index 840.9

3341

Clever, Glenn. – *An index to the contents of the periodical Canadian literature, nos. 1-102.* – Compiled by Glenn Clever, assisted by Christine S. Zeber. – Ottawa : Tecumseh Press, 1984. – 218 p. – 091966203X – Spine title : *Index to Canadian literature, nos. 1-102.*

An index of articles, book reviews, etc., which have appeared in *Canadian literature*, published by the University of British Columbia since 1959. One alphabetical sequence of authors and subjects. Major articles are indexed under the name of the author of the article and the topic; signed book reviews are indexed under the name of the author or editor of the book reviewed and the subject; unsigned or brief reviews are indexed by subject only. Continued by supplements. Supersedes: *Canadian literature : an index to the contents of Canadian literature, numbers 1-50*; *Index to the periodical Canadian literature, nos. 1-62*; *Index to the contents of the periodical Canadian literature, nos. 1-77*. Also indexed in *Canadian periodical index*, 1959- . PS8001 C25 1984 809.8971

Index des articles, critiques de livres, etc. qui ont paru dans *Littérature canadienne* publié par la University of British Columbia depuis 1959. Auteurs et sujets en une seule liste alphabétique. Les principaux articles se retrouvent sous le nom de l'auteur de l'article et sous le sujet traité; les critiques de livres signées figurent sous le nom de l'auteur ou du rédacteur du livre critiqué et sous le sujet; les critiques courtes ou non signées sont indexées par sujets seulement. Suivi de suppléments. Remplace: *Canadian literature : an index to the contents of Canadian literature, numbers 1-50*; *Index to the periodical Canadian literature, nos. 1-62*; *Index to the contents of the periodical Canadian literature, nos. 1-77*. *Littérature canadienne* est également indexé dans *Index de périodiques canadiens*, 1959- . PS8001 C25 1984 809.8971

3342

Clever, Glenn. – *An index to the contents of the periodical Canadian literature. Supplement 1 : nos. 103-107.* – Ottawa : Tecumseh Press, 1987. – 34 p. – 0919662188 PS8001 C25 1984 Suppl. 1 809.8971

3343

Clever, Glenn. – *An index to the contents of the periodical Canadian literature. Supplement 2 : nos. 108-111.* – Ottawa : Tecumseh Press, 1987. – 26 p. – 0919662196 PS8001 C25 1984 Suppl. 2   809.8971

3344

Clever, Glenn. – *An index to the contents of the periodical Canadian literature. Supplement 3 : nos. 112-115.* – Ottawa : Tecumseh Press, 1988. – 38 p. – 091966220X PS8001 C25 1988 Suppl. 3   809.8971

3345

Clever, Glenn. – *An index to the contents of the periodical Canadian literature. Supplement 4 : nos. 116-119.* – Ottawa : Tecumseh Press, 1989. – 38 p. – 0919662277 PS8001 C25 1989 Suppl. 4   809.8971

3346

Clever, Glenn. – *An index to the contents of the periodical Canadian literature. Supplement 5 : nos. 120-123.* – Ottawa : Tecumseh Press, 1990. – 38 p. – 0919662307 PS8001 C25 1990 Suppl. 5   809.8971

3347

Clever, Glenn. – *An index to the contents of the periodical Canadian literature. Supplement 6 : nos. 124-127.* – Ottawa : Tecumseh Press, 1991. – 32 p. – 0919662331 PS8001 C25 1991 Suppl. 6   809.8971

3348

Clever, Glenn. – *An index to the contents of the periodical Canadian literature. Supplement 7 : nos. 128-131.* – Ottawa : Tecumseh Press, 1992. – 48 p. – 0919662404 PS8001 C25 1992 Suppl. 7   809.8971

3349

Clever, Glenn. – *An index to the contents of the periodical Canadian literature. Supplement 8 : nos. 132-135.* – Ottawa : Tecumseh Press, 1993. – 46 p. – 0919662412 PS8001 C25 1993 Suppl. 8   809.8971

3350

Clever, Glenn. – *An index to the contents of the periodical Canadian literature. Supplement 9 : nos. 136-139.* – Ottawa : Tecumseh Press, 1994. – 31 p. – 0919662269 PS8001 C25 1994 Suppl. 9   809.8971

3351

Clever, Glenn. – *An index to the contents of the periodical Canadian literature. Supplement 10 : nos. 140-143.* – Ottawa : Tecumseh Press, 1995. – 31 p. – 1896133185 PS8001 C25 1995 Suppl. 10   809.8971

3352

Études françaises : index 1965-1984. – [Raymond-Louis Laguerre]. – Montréal : Presses de l'Université de Montréal, 1986. – 76 p. – 2760607526

An index of the articles, book reviews, creative works, etc., which appeared in *Études françaises*, a periodical on Canadian literature in French and French literature. Covers the first twenty numbers, published between 1965 and 1984. Arranged in separate indexes: authors of articles; authors of creative works; reviews, arranged by the title of the work reviewed; subjects, including titles of works studied; authors studied. Also indexed in *Périodex*, 1972/73-1983, *Radar*, 1972/73-1982/83, and *Point de repère*, 1984-   . PQ2 E88 1986 C840.9005

Index des articles, des critiques de livres, des oeuvres, etc. qui ont paru dans *Études françaises*, un périodique sur la littérature française et canadienne-française. Couvre les vingt premiers numéros publiés entre 1965 et 1984. Classement en divers index: auteurs des articles; auteurs des oeuvres; critiques classées par titres des oeuvres critiquées; sujets, y compris les titres des oeuvres étudiées; auteurs étudiés. Également indexé dans *Périodex*, 1972/73-1983, *Radar*, 1972/73-1982/83, et *Point de repère*, 1984-   . PQ2 E88 1986 C840.9005

3353

Fisher, Neil H. – *First statement, 1942-1945 : an assessment and an index.* – Ottawa : Golden Dog Press, c1974. – iv, 106 p. – 0919614086

First statement was published from vol. 1, no. 1 (Sept. 1942)-vol. 3 (June/July 1945), when it merged with another journal, *Preview*, to form *Northern review*. Included poetry, essays, criticism and short stories by contributors such as Louis Dudek, Irving Layton and Miriam Waddington. Fisher's work consists of a literary history of the journal and an author, title and selective subject index. Index entries are arranged in one alphabetical sequence. Appendices: lists of contributors to *Contemporary verse*, *First statement* and *Preview*; charts outlining contents of *First statement* and *Preview*. Bibliography of works cited.   PS8001 F57   C810.80052

First statement a été publié du vol. 1, nᵒ 1 (sept. 1942) au vol. 3 (juin/juill. 1945) et a alors fusionné avec une autre revue, *Preview*, pour former *Northern review*. Contenait des poèmes, des essais, des critiques et des nouvelles écrits par des collaborateurs comme Louis Dudek, Irving Layton et Miriam Waddington. L'ouvrage de Fisher comprend une histoire littéraire de la revue ainsi qu'un index des auteurs, des titres et de sujets choisis. Les notices de l'index sont classées en une seule liste alphabétique. Annexes: listes des collaborateurs de *Contemporary verse*, *First statement* et *Preview*; tableaux qui donnent les grandes lignes du contenu de *First statement* et *Preview*. Bibliographie des oeuvres citées.   PS8001 F57   C810.80052

3354

Gnarowski, Michael. – *Contact, 1952-1954 : being an index to the contents of Contact, a little magazine edited by Raymond Souster, together with notes on the history and the background of the periodical.* – By Michael Gnarowski ; and "Some afterthoughts on Contact magazine" by Raymond Souster. – Montreal : Delta Canada, 1966. – vi, 37 p. : facsims.

An index to the little magazine *Contact* which published Canadian and foreign poetry in a total of ten issues from January 1952 to March 1954. Authors, titles and selected subjects are listed in one alphabetical sequence. Essay on the history of the periodical. Bibliography of articles relating to *Contact*. PS8001 C6 C811.54

Index de la petite revue *Contact* qui a publié de la poésie canadienne et étrangère dans dix numéros, de janvier 1952 à mars 1954. Auteurs, titres et sujets choisis figurent dans une seule liste alphabétique. Essai sur l'histoire du périodique. Bibliographie des articles qui se rapportent à *Contact*. PS8001 C6 C811.54

3355

Gnarowski, Michael. – *Index to CIV/n : a little magazine edited by Aileen Collins in association with Jackie Gallagher, Wanda Staniszewska, Stan Rozynski in 1953 and 1954 for a total of seven issues : an author/title index with select subject headings.* – Arranged and edited by Michael Gnarowski with an introductory note by Louis Dudek. – [Toronto? : Atkinson Charitable Foundation?, 1966?]. – 20 p.

An index to the little magazine *CIV/n* which published poetry, critical essays and book reviews by Canadian and foreign writers, from January 1953 to early winter 1955. Included works by writers such as Irving Layton, Raymond Souster, D.G. Jones, Phyllis Webb and Ralph Gustafson. Authors, titles and selected subjects in one alphabetical sequence. *CIV/n : a literary magazine of the 50's* (Montréal : Véhicule Press, c1983) reprints the index together with the seven issues of *CIV/n*. PS8001 C23 PS8270 C54 C811.5

Index de la petite revue *CIV/n* qui, de janvier 1953 jusqu'au début de l'hiver 1955, a publié des poèmes, des essais critiques et des critiques de livres écrits par des écrivains canadiens et étrangers. Inclut les oeuvres d'écrivains comme Irving Layton, Raymond Souster, D.G. Jones, Phyllis Webb et Ralph Gustafson. Auteurs, titres et sujets choisis en une seule liste alphabétique. *CIV/n : a literary magazine of the 50's* (Montréal : Véhicule Press, c1983) contient la réimpression de l'index et de sept numéros de *CIV/n*. PS8001 C23 PS8270 C54 C811.5

3356

Gnarowski, Michael. – *An index to Direction.* – Quebec : Culture, 1965. – 14 p.

Direction issued from November 1943 through February 1946, was edited by Raymond Souster, William Goldberg and David Mullen and published primarily Canadian poetry. The index includes authors, titles and selected subject headings arranged in one alphabetical sequence. First published in: *Culture*, vol. 25 [1964], p. 405-416. PS8001 D492 1965 C811.5

La revue littéraire *Direction* a paru de novembre 1943 à février 1946. Publiée sous la direction de Raymond Souster, William Goldberg et David Mullen, elle contenait surtout de la poésie canadienne. L'index inclut les auteurs, les titres et des vedettes-matière choisies en une seule liste alphabétique. Publié pour la première fois dans: *Culture*, vol. 25 [1964], p. 405-416. PS8001 D492 1965 C811.5

3357

Hébert, Pierre. – *Index-thesaurus, 1967-1987 : vingt ans de recherche en littérature québécoise.* – Par Pierre Hébert et Bill Winder. – [Montréal] : Université du Québec à Montréal, Service des publications, c1987. – 226 p. – 2892760461 – Titre courant : *Voix et images : index-thesaurus, 1967-1987.*

An index to *Voix et images*, a scholarly journal on Quebec literature in French. Three parts: outline of the contents of each volume, chronologically arranged; index of authors and works studied, editors, time periods, themes, genres, approaches, authors cited; index of headings used in the journal including forewords, bibliographies, dossiers, interviews and unpublished works. Also indexed in *Périodex*, 1981-1983, *Radar*, 1978/79-1982/83, *Point de repère*, 1984- . PS8255 C840.9005

Index de *Voix et images*, une revue savante sur la littérature québécoise en français. Trois parties: grandes lignes du contenu de chaque volume avec classement chronologique; index des auteurs et des oeuvres étudiés, des rédacteurs, des périodes, des thèmes, des genres, des approches, des auteurs cités; index des rubriques utilisées dans la revue incluant les avant-propos, les bibliographies, les dossiers, les entrevues et les oeuvres non publiées. Également indexé dans *Périodex*, 1981-1983, *Radar*, 1978/79-1982/83, *Point de repère*, 1984- . PS8255 C840.9005

3358

Heggie, Grace [Grace F.]. – *Index to Canadian bookman.* – Compiled and edited by Grace Heggie and Anne McGaughey. – Toronto : McLaren Editions, 1993. – [10], 131, [2] p.

An index to the *Canadian bookman*, a journal focussing on Canadian art, literature, bookselling, publishing and the library profession, which was published in Toronto under various titles in 1909-1910, 1915, and 1919-1939. Indexes major signed articles, book reviews, theatre reviews, lead editorials, unsigned articles of at least two hundred words, poetry, reproductions of works of art and portraits of Canadian personalities. Excludes advertisements, short notices, announcements and material identified as filler. Authors and subjects are alphabetically arranged in one sequence. Z487 H43 1993 fol. 015.71034

Index de *Canadian bookman*, une revue qui porte principalement sur les arts, la littérature, la vente de livres, l'édition et la profession de bibliothécaire au Canada, et qui a été publiée à Toronto sous divers titres de 1909 à 1910, en 1915, et de 1919 à 1939. Indexe les principaux articles signés, les critiques de livres, les critiques de pièces de théâtre, les éditoriaux, les articles anonymes d'au moins deux cents mots, les poèmes, les reproductions d'oeuvres d'art et les portraits de personnalités canadiennes. Exclut les publicités, les courts avis, les annonces et les documents considérés comme des bouche-trous. Classement des auteurs et des sujets en une seule liste alphabétique. Z487 H43 1993 fol. 015.71034

3359

Index to pre 1900 English language Canadian cultural and literary magazines **[CD-ROM].** – [Compiled by Thomas B. Vincent]. – Ottawa : Optim Corporation, [1994?]. – 1 computer disk ; 1 quick reference guide. – 1550890247

An index to 191 pre-1900 English-language Canadian literary and cultural periodicals. Includes titles such as *The Nova Scotia magazine, The literary garland, Canadian Methodist magazine, The week* and numerous periodicals which were published for only short runs. Articles, poems, short stories, illustrations and editorials are indexed. Notes on genre, general subject, place of origin and first line (poetry) accompany bibliographic citations. Boolean search capabilities. Searchable by author, title, subject, date, month, year, keyword, genre and place of origin. Also possible to display detailed table of contents for a particular periodical.

Thomas Vincent has also prepared separate print indexes of the following periodicals: *The Acadian magazine, 1826-1828 : contents report and index* (Kingston : Royal Military College of Canada, 1982); *The Amaranth, 1841-1843 : contents report and index* (Kingston : Royal Military College of Canada, 1984); *The Canadian magazine and literary repository, July 1823-June 1825 : contents report and index* (Kingston : Royal Military College of Canada, 1984); *The Nova-Scotia magazine : contents report and index* (Kingston : Royal Military College of Canada, 1982); *The provincial, or Halifax monthly magazine 1852-1853 : contents report and index* (Kingston : Royal Military College of Canada, 1982).   AI3 I48 1994   015.71034

Index de 191 périodiques littéraires et culturels canadiens-anglais antérieurs à 1900. Inclut des périodiques comme *The Nova Scotia magazine, The literary garland, Canadian Methodist magazine, The week* et de nombreuses revues qui ont été publiées pendant une courte période seulement. Articles, poèmes, nouvelles, illustrations et éditoriaux sont indexés. Les références bibliographiques sont accompagnées de notes sur le genre, le sujet, le lieu d'origine ainsi que de la première ligne (dans le cas des poèmes). Possibilités de recherches booléennes. Les recherches peuvent être faites par auteurs, titres, sujets, dates, mois, années, mots clés, genres et lieux d'origine. Il est également possible d'afficher la table des matières détaillée d'un périodique particulier.

Thomas Vincent a aussi préparé des index distincts des périodiques suivants: *The Acadian magazine, 1826-1828 : contents report and index* (Kingston : Royal Military College of Canada, 1982); *The Amaranth, 1841-1843 : contents report and index* (Kingston : Royal Military College of Canada, 1984); *The Canadian magazine and literary repository, July 1823-June 1825 : contents report and index* (Kingston : Royal Military College of Canada, 1984); *The Nova-Scotia magazine : contents report and index* (Kingston : Royal Military College of Canada, 1982); *The provincial, or Halifax monthly magazine 1852-1853 : contents report and index* (Kingston : Royal Military College of Canada, 1982).   AI3 I48 1994   015.71034

3360

José, Patricia. – *The Malahat review index, 1967-1977, nos. 1-42.* – Compiled by Patricia José with a brief history of the review by Robin Skelton. – [Victoria : University of Victoria], 1977. – 108 p.

An index to the first ten years of *The Malahat review*, an international literary journal published by the University of Victoria which presents new works by Canadian and foreign authors. Arranged by genre including drama, essays, fiction, letters, memoires, poetry and works in translation. Also indexes bibliographies, editorials, photographs and reproductions of art, review articles, books reviewed and translators. Alphabetically arranged by name within each section. A brief history of the journal introduces the index. Also indexed in *Canadian periodical index*, 1990- . PN2   808.8004

Index des dix premières années de *The Malahat review*, une revue littéraire internationale qui est publiée par la University of Victoria et qui présente les nouvelles oeuvres d'auteurs canadiens et étrangers. Classement par genres, comprenant les pièces de théâtre, les essais, la fiction, les lettres, les mémoires, la poésie et les oeuvres traduites. Indexe aussi les bibliographies, les éditoriaux, les photographies et les reproductions d'oeuvres d'art, les articles de critiques, les livres critiqués et les traducteurs. Classement alphabétique par noms au sein de chaque section. Court historique de la revue au début de l'index. La revue est également indexée dans *Index de périodiques canadiens*, 1990- . PN2   808.8004

3361

Leverette, Clarke E. – *Index to little magazines of Ontario.* – (1967/1970)-(1973). – London (Ont.) : Killaly Press, 1972-1975. – 4 vol. (unpaged). – 0318-1677

An author index to little magazines published in Ontario. 26 magazines indexed in 1967/1970 volume and eighteen in 1973 volume. Volume for 1967/1970 issued in three parts. AI3 L4   051

Index des auteurs des petites revues publiées en Ontario. Le volume de 1967/1970 portait sur 26 magazines et le volume de 1973, sur dix-huit. Le volume de 1967/1970 a été publié en trois parties. AI3 L4 051

3362

McCullagh, Joan. – *Alan Crawley and Contemporary verse.* – Vancouver : University of British Columbia Press, c1976. – xxvi, 92 p. – 077480047X

A literary history and index of the periodical *Contemporary verse*, founded by Alan Crawley in 1941 to publish modern Canadian poetry. The index covers the complete run of the journal from September 1, 1941 through Fall/Winter 1952. Authors, titles and selected subjects in one alphabetical sequence. PS8001 C627 M32 C811.5

Histoire littéraire et index du périodique *Contemporary verse* fondé en 1941 par Alan Crawley qui voulait publier de la poésie canadienne moderne. L'index couvre tous les numéros de la revue, du 1er septembre 1941 jusqu'au numéro automne/hiver 1952. Auteurs, titres et sujets choisis en une seule liste alphabétique. PS8001 C627 M32 C811.5

3363

Prism international cumulative index, volumes 1-22, 1959-1984. – Compiled by Lidia A. Wolanskyj, Karen Petersen. – [Vancouver : Dept. of Creative Writing, University of British Columbia, 1985?]. – 78 p.

A cumulative index to the first twenty-five years of *Prism international*, a journal of international contemporary literature. Alphabetically arranged by name of contributor. Entries are coded as fiction, poetry, essay, drama or artwork. PR8900 P72 808.8004

Index cumulatif des 25 premières années de *Prism international*, une revue de littérature contemporaine internationale. Classement alphabétique par collaborateurs. Les notices portent un code indiquant s'il s'agit d'une oeuvre de fiction, d'un poème, d'un essai, d'une pièce de théâtre ou d'une oeuvre d'art. PR8900 P72 808.8004

3364

Rousseau, Guildo. – ***Index littéraire de L'Opinion publique (1870-1883).*** – Trois-Rivières : Centre de documentation en littérature et théâtre québécois de l'Université du Québec à Trois-Rivières, 1978. – 107 f. – (Guides bibliographiques ; 1).

An index to the literary content of the periodical *L'Opinion publique*. Two parts: literary history and genres; authors published or discussed in *L'Opinion publique*. Part 1 covers general articles on Canadian literature in French, and French, English, American and Spanish literatures; articles on literary genres; articles on the French language. Part 2 covers French-Canadian authors; French authors; English, American, English-Canadian and other authors. Name index. PS8001 O65 fol. 071.14281

Index du contenu littéraire du périodique *L'Opinion publique*. Deux parties: histoire littéraire et genres; auteurs publiés ou discutés dans *L'Opinion publique*. Partie 1: articles de nature générale sur la littérature canadienne en français, et sur la littérature française, anglaise, américaine et espagnole; articles sur les genres littéraires; articles sur la langue française. Partie 2: auteurs canadiens-français; auteurs français; auteurs anglais, américains, canadiens-anglais et autres. Index des noms. PS8001 O65 fol. 071.14281

3365

Vanneste, Hilda M. C. – ***Northern review, 1945-1956 : a history and an index.*** – Ottawa : Tecumseh Press, c1982. – ix, 296 p. – 0919662803

Northern review, a Canadian literary journal edited by John Sutherland, was published from vol. 1, no. 2 (Dec./Jan. 1945-1946)-vol. 7, no. 4 (Summer 1956). It was formed by the merger of two journals *First statement* and *Preview*. Poetry, short stories, essays and book reviews by authors such as Dorothy Livesay, P.K. Page, Norman Levine and James Reaney were published in *Northern review*. The first part of Vanneste's work is a history of the journal. The second is an alphabetically arranged author, title and selective subject index to the contents of all issues. Bibliography of sources consulted. PS8001 N6 Suppl. C810.80054

La revue littéraire canadienne *Northern review* a été publiée sous la direction de John Sutherland du vol. 1, n° 2 (déc./janv. 1945-1946) au vol. 7, n° 4 (été 1956). Elle a été créée de la fusion de deux revues, *First statement* et *Preview*. Dans *Northern review* ont été publiés des poèmes, des nouvelles, des essais et des critiques de livres écrits par des auteurs comme Dorothy Livesay, P.K. Page, Norman Levine et James Reaney. La première partie de l'ouvrage de Vanneste contient un historique de la revue. La deuxième partie est un index alphabétique des auteurs, des titres et de sujets choisis qui couvre tous les numéros. Bibliographie des sources consultées. PS8001 N6 Suppl. C810.80054

Pseudonyms

Pseudonymes

3366

Amtmann, Bernard. – ***Contributions to a dictionary of Canadian pseudonyms and anonymous works relating to Canada = Contributions à un dictionnaire des pseudonymes canadiens et des ouvrages anonymes relatifs au Canada.*** – Montreal : Bernard Amtmann, 1973. – [6], 144 p. : facsims.

A list of Canadian pseudonyms and anonymous works relating to Canada. Includes English- and French-language titles. Compiled from Bernard Amtmann's catalogues, 1950-1972, and the Montreal Book Auction catalogues, 1967-1972. Names and titles alphabetically arranged in one sequence. Entries include author's name if known. Z1047 A48 016.971

Liste des pseudonymes canadiens et des oeuvres anonymes qui se rapportent au Canada. Comprend des oeuvres en anglais et en français. Compilée à partir des catalogues de Bernard Amtmann, 1950-1972, et des catalogues du Montreal Book Auction, 1967-1972. Les noms et les titres sont classés ensemble dans une seule liste alphabétique. Les notices contiennent le nom de l'auteur s'il est connu. Z1047 A48 016.971

3367

Colombo, John Robert. – ***Colombo's names & nicknames.*** – Toronto : NC Press, 1978. – ix, 212 p. – 0919601162 (bd.) 0919601189 (pa.)

A checklist of approximately 4,000 entries for nicknames, pseudonyms, aliases, code names, stage names, etc., used by approximately 2,000 Canadians from all walks of life. Two alphabetical lists: names with nicknames, nicknames with names. CT108 C64 929.40971

Liste de contrôle d'environ 4 000 notices sur les sobriquets, les pseudonymes, les alias, les noms de code, les noms de scène, etc. utilisés par environ 2 000 Canadiens de tous les horizons. Deux listes alphabétiques: noms et sobriquets correspondants, sobriquets et noms correspondants. CT108 C64 929.40971

3368

Vincent, Thomas B. [Thomas Brewer]. – ***Canadian forum : October 1929-April 1934 : a key to the authorship of anonymous materials and to the pseudonyms, pen-names and initial sets used.*** – Kingston (Ont.) : Loyal Colonies Press, 1993. – vii, 55 p. – 0920832113

Provides information on the authorship of anonymous and pseudonymous material published in the *Canadian forum* from October 1929 through April 1934. Information was collected from annotated office copies of the periodical issues for that time period, held by the Vincent Massey Library of the Royal Military College, Kingston.

Contient des informations sur les auteurs de documents anonymes ou publiés sous un pseudonyme dans *Canadian forum*, entre octobre 1929 et avril 1934. Les données ont été collectées à partir des copies annotées des numéros du périodique conservées au bureau de la revue pendant cette période et qui se trouvent maintenant à la

Four parts: anonymous materials chronologically arranged, with name of author; anonymous materials arranged by name of author; pseudonyms and initial sets alphabetically arranged, with name of author; names of authors alphabetically arranged, with pseudonym or intial set used.   PS8001 C242   C810.90052

bibliothèque Vincent Massey du Collège militaire royal, Kingston. Quatre parties: documents anonymes en ordre chronologique avec noms des auteurs; documents anonymes selon l'ordre alphabétique des noms d'auteurs; pseudonymes et initiales en ordre alphabétique avec noms des auteurs; noms des auteurs en ordre alphabétique avec initiales ou pseudonymes utilisés.   PS8001 C242   C810.90052

3369

Vincent, Thomas B. [Thomas Brewer]. – *A directory of known pseudonyms, initial sets and maiden names found in selected English-Canadian magazines, newspapers and books of the nineteenth century.* – Kingston (Ont.) : Loyal Colonies Press, 1993. – vi, 224 p. – 0920832105

Pseudonyms, initial sets and maiden names collected from approximately 190 nineteenth-century English-Canadian cultural and intellectual magazines, and selected newspapers and books. These materials were examined as part of the Early Canadian Cultural Journals Database Project. Most religious, professional and special interest publications were not examined. Two parts: alphabetical list of pseudonyms, initial sets and maiden names, with authors' names; alphabetical list of authors' names, with pseudonyms, etc. Entries in both parts include geographical location of author, decade of pseudonym usage, list of publications in which the pseudonym was used. Appendices: key to publication abbreviations; secondary sources consulted.   Z1047   C810.9004

Pseudonymes, initiales et noms de naissance tirés d'environ 190 revues culturelles et intellectuelles, et d'une sélection de journaux et livres canadiens-anglais du dix-neuvième siècle. Ces documents sont étudiés dans le cadre du Early Canadian Cultural Journals Database Project. La plupart des publications religieuses, professionnelles et d'intérêt spécial n'ont pas été examinées. Deux parties: liste alphabétique des pseudonymes, initiales et noms de naissance, avec nom correspondant des auteurs; liste alphabétique des noms d'auteurs avec pseudonymes, etc. Les notices dans les deux parties comprennent le lieu de résidence de l'auteur, la décennie pendant laquelle le pseudonyme a été utilisé, une liste des documents publiés sous le pseudonyme. Annexes: liste des abréviations qui réfèrent aux publications; sources secondaires consultées. Z1047   C810.9004

3370

Vinet, Bernard. – *Pseudonymes québécois.* – Québec : Éditions Garneau, 1974. – xiv, 361 p. – 0775700258

A dictionary of pseudonyms used by quebecois authors. Two alphabetical lists: pseudonyms and authors' names. Entries in the pseudonym list include the author's real name, information on the publications in which the pseudonym was used and a reference to a source. List of sources consulted. Updates: Audet, Francis-J., *Pseudonymes canadiens* (Montréal : G. Ducharme, 1936). Z1047 V55   929.409714

Dictionnaire des pseudonymes utilisés par des auteurs québécois. Deux listes alphabétiques: pseudonymes et noms d'auteurs. Les notices dans la liste des pseudonymes comprennent le nom réel de l'auteur, des données sur les publications pour lesquelles le pseudonyme a été utilisé et une référence à une source. Liste des sources consultées. Met à jour: Audet, Francis-J. *Pseudonymes canadiens* (Montréal : G. Ducharme, 1936).   Z1047 V55   929.409714

Theses

Thèses

3371

Gabel, Gernot U. – *Canadian literature : an index to theses accepted by Canadian universities, 1925-1980.* – 1st ed. – Köln : Edition Gemini, 1984. – 157 p. – 3922331157

A bibliography of 1,531 doctoral, master's, and honour's, bachelor theses on English- and French-Canadian literature accepted by Canadian universities during the period 1925 through 1980. Two sections: general studies on drama, poetry, fiction and the press; theses on individual authors. Author and subject indexes. Z1375 G32 1984   016.809

Bibliographie de 1 531 thèses de doctorat, de maîtrise ou de spécialisation sur la littérature canadienne-anglaise et canadienne-française, acceptées par des universités canadiennes pendant la période de 1925 à 1980. Deux sections: études générales sur le théâtre, la poésie, la fiction et le journalisme; thèses sur des auteurs particuliers. Deux index: auteurs, sujets.   Z1375 G32 1984   016.809

3372

Naaman, Antoine. – *Répertoire des thèses littéraires canadiennes de 1921 à 1976.* – Antoine Naaman, avec la collaboration de Léo A. Brodeur. – Sherbrooke (Québec) : Éditions Naaman, [1978?]. – 453 p. – (Collection bibliographies ; 3). – 2890400433

A bibliography of approximately 5,600 doctoral and master's theses by Canadian authors, on the literatures of all countries. Includes theses in English, French and other languages, completed or in progress at Canadian and foreign universities. Two parts: general subjects such as civilization, folklore and the history of ideas, genres such as journalism, poetry, fiction, and theatre, literary history, French literature outside of France and Quebec, comparative studies, translation and linguistics; individual authors. Five indexes: authors of theses, supervisors of theses, authors studied, subjects in English and French, works studied. Updates: Naaman, Antoine, *Guide bibliographique des thèses littéraires canadiennes de 1921 à 1969* (Montréal : Éditions Cosmos, [1970]); and Brodeur, Léo A., Naaman, Antoine, *Répertoire des thèses littéraires canadiennes (janvier 1969-septembre 1971) : 1786 sujets = Index of Canadian literary theses (January 1969-*

Bibliographie d'environ 5 600 thèses de doctorat et de maîtrise écrites par des auteurs canadiens sur les littératures de tous les pays. Inclut des thèses en anglais, en français et en d'autres langues, terminées ou en cours, faites dans des universités canadiennes ou étrangères. Deux parties: des sujets généraux comme la civilisation, le folklore et l'histoire des idées, des genres comme le journalisme, la poésie, la fiction et le théâtre, sur l'histoire de la littérature, la littérature française en dehors de la France et du Québec, des études comparatives, la traduction et la linguistique; des auteurs particuliers. Cinq index: auteurs de thèses, superviseurs de thèses, auteurs étudiés, sujets en anglais et en français, oeuvres étudiées. Met à jour: Naaman, Antoine, *Guide bibliographique des thèses littéraires canadiennes de 1921 à 1969* (Montréal : Éditions Cosmos, [1970]); et Brodeur, Léo A., Naaman, Antoine, *Répertoire des thèses littéraires*

September 1971) : 1786 subjects (Sherbrooke : Centre d'étude des littératures d'expression française, 1972).   Z1377 T45 N32   016.809

canadiennes (janvier 1969-septembre 1971) : 1786 sujets = Index of Canadian literary theses (January 1969 - September 1971) : 1786 subjects (Sherbrooke : Centre d'étude des littératures d'expression française, 1972).   Z1377 T45 N32   016.809

3373

Steele, Apollonia. – *Theses on English-Canadian literature : a bibliography of research produced in Canada and elsewhere from 1903 forward.* – Compiled by Apollonia Steele, with assistance from Joanne K. Henning. – Calgary : University of Calgary Press, 1988. – xxvi, 505 p. – 091981347X

A bibliography of doctoral and master's theses, and some honour's B.A. theses and graduating essays on English-Canadian literature. Two parts: citations alphabetically arranged by thesis author; citations alphabetically arranged by thesis subject. Entries may include University of Calgary Libraries location symbol, ISBN, National Library of Canada *Canadian theses on microfiche* number, or University Microfilms International order number. University, degree and date indexes. List of subject headings. Z1375 S73 1988 fol.   016.8109

Bibliographie des thèses de doctorat et de maîtrise ainsi que de certains essais de fin d'études et de thèses de spécialisation sur la littérature canadienne-anglaise. Deux parties: références par ordre alphabétique d'auteurs de thèses; références par ordre alphabétique de sujets de thèses. Les notices peuvent comprendre un sigle de localisation dans les bibliothèques de la University of Calgary, l'ISBN, le numéro *Thèses canadiennes sur microfiche* de la Bibliothèque nationale du Canada, ou un numéro de commande de University Microfilms International. Trois index: universités, diplômes, chronologique. Liste des vedettes-matière.   Z1375 S73 1988 fol. 016.8109

Children's Literature

Anthologies

3374

***Share a tale : Canadian stories to tell to children & young adults.* –** [Selected by] Irene Aubrey, Louise McDiarmid. – Ottawa : Canadian Library Association, c1995. – x, 222 p. : music. – 0888022700

102 Canadian stories and poems suitable for telling to children and young adults. Arranged by type of story including eerie tales, traditional tales, tales from First Nations. Time required and suggested age level noted for each story. Name-title and subject indexes. Storytelling resources. Suggestions for further reading. Companion volume to: *Storyteller's rendezvous* (Ottawa : Canadian Library Association, c1979); *Storyteller's encore* (Ottawa : Canadian Library Association, c1984).   PS8231 S5 1995   C813.01089282

Littérature de jeunesse

Anthologies

102 histoires et poèmes canadiens à raconter aux enfants et jeunes adultes. Classement par genres tels que contes étranges, traditionnels et autochtones. Le temps requis et l'âge suggéré sont mentionnés pour chaque histoire. Deux index: noms-titres, sujets. Ressources pour les conteurs. Lectures suggérées. Volume qui va de pair avec: *Storyteller's rendezvous* (Ottawa : Canadian Library Association, c1979); *Storyteller's encore* (Ottawa : Canadian Library Association, c1984).   PS8231 S5 1995   C813.01089282

Awards

3375

***Canadian children's book awards.* –** Toronto : Canadian Children's Book Centre, c1989. – 8 p. : ill.

A listing of Canadian national children's book awards. Alphabetically arranged by award name. Entries include a brief description of the prize, the name and address of the organization responsible for the award and previous winners. Separate list of discontinued awards. Updated in *Our choice*, the annual list of children's books published by the Centre.   PS8069 C33 C35 1989 fol.   011.62079

Prix

Liste des prix canadiens nationaux décernés aux auteurs de livres pour enfants. Classement alphabétique des titres de prix. Les notices contiennent une courte description du prix, le nom et l'adresse de l'organisation responsable du prix et les noms des anciens gagnants. Liste distincte des prix qui ne se donnent plus. Mis à jour dans *Our choice*, la liste annuelle de livres pour enfants publiée par le Centre. PS8069 C33 C35 1989 fol.   011.62079

3376

Criscoe, Betty L. – *Award-winning books for children and young adults.* – (1989)-   . – Metuchen (N.J.) : Scarecrow Press, 1990-   . –   vol. : ill., ports. – 1055-792X

Biennial, 1990/91-   . A guide to awards given throughout the world for books in English for children and young adults. Includes approximately twenty Canadian awards. Alphabetically arranged by name of award. Entries include name and address of the sponsoring organization, background information on the award, bibliographic citation and descriptive review for the award-winning book. Appendices: addresses of publishers whose books have won awards; list of books arranged by age/grade preference; list of books arranged by genre. Indexes: author, award, title, illustrator, recipients of special awards.   Z1037 A2 A92 1989 fol.   011.62079

Biennal, 1990/91-   . Guide des prix remis dans le monde entier pour des livres en anglais destinés aux enfants et aux jeunes adultes. Inclut environ 20 prix canadiens. Classement alphabétique par titres des prix. Les notices contiennent le nom et l'adresse de l'organisation responsable, des données de base sur le prix, une référence bibliographique et une critique descriptive du livre qui a remporté le prix. Annexes: adresses des éditeurs dont les livres ont remporté des prix; liste des livres avec classement selon les préférences par âge/niveau; liste des livres classés par genres. Cinq index: auteurs, prix, titres, illustrateurs, récipiendaires des prix spéciaux. Z1037 A2 A92 1989 fol.   011.62079

Bibliographies and Catalogues

Bibliographies et catalogues

3377

Abracadabra : une sélection de livres québécois pour les enfants. – (1989)- . – [Montréal] : Communication-jeunesse, [1989]- . – vol. : ill. – Titre de la couv.

Annual. 1994 ed., tête-bêche with *Sélection de livres pour les adolescentes et adolescents.* Quebec children's books in French, selected by a committee of children's literature specialists such as teachers, librarians, researchers, etc. Includes books suitable for children ages nine months to twelve years. Arranged by genre. Entries include brief annotations and recommendations on reading levels. List of the books most popular with children who are members of the Club de la livromagie. Communication-jeunesse previously published lists of selected children's books under the following titles: 1978, *100 livres pour nous, 100 livres à nous*; 1979, *Lire de nouveau*; 1980, *Des livres plein la tête*; 1981-1984, 1986, *Livres québécois pour enfants : une sélection de Communication-jeunesse.*   Z716.3 R42 1991 fol.   011.62

Annuel. Éd. de 1994 tête-bêche avec *Sélection de livres pour les adolescentes et adolescents.* Livres québécois pour enfants en français, choisis par un comité de spécialistes en littérature pour enfants formé d'enseignants, de bibliothécaires, de chercheurs, etc. Inclut des livres pour les enfants de neuf mois à douze ans. Classement par genres. Les notices comprennent de courtes annotations et des recommandations sur le niveau de lecture. Liste des livres les plus populaires auprès des enfants membres du Club de la livromagie. Communication-jeunesse a déjà publié des listes de livres choisis pour enfants sous les titres suivants: 1978, *100 livres pour nous, 100 livres à nous*; 1979, *Lire de nouveau*; 1980, *Des livres plein la tête*; 1981-1984, 1986, *Livres québécois pour enfants : une sélection de Communication-jeunesse.*   Z716.3 R42 1991 fol.   011.62

3378

Amtmann, Bernard. – *Early Canadian children's books, 1763-1840 : a bibliographical investigation into the nature and extent of early Canadian children's books and books for young people = Livres de l'enfance & livres de la jeunesse au Canada, 1763-1840 : étude bibliographique.* – Montreal : Bernard Amtmann, 1976. – xv, 150 p. : facsims.

A bibliography of 593 books suitable for and available to children in Canada prior to 1840. Includes publications in English and in French. Two parts: works published or printed in Canada or written by Canadians and published outside of Canada; a selection of works by non-Canadians relating to Canada and published or printed in other countries. Entries are alphabetically arranged by author or title within each part. References to bibliographical sources provided in each entry. Index of pseudonyms and selected titles. Z1378 A48   011.62

Bibliographie de 593 livres offerts aux enfants du Canada avant 1840. Inclut des publications en anglais et en français. Deux parties: les oeuvres publiées ou imprimées au Canada ou écrites par des Canadiens et publiées à l'extérieur du Canada; une sélection d'oeuvres écrites par des étrangers, qui se rapportent au Canada et qui ont été publiées ou imprimées à l'étranger. Les notices sont classées en ordre alphabétique par auteurs ou par titres au sein de chaque partie. Des références aux sources bibliographiques sont fournies avec chaque notice. Index des pseudonymes et des titres choisis.   Z1378 A48   011.62

3379

Amtmann, Bernard. – *A bibliography of Canadian children's books and books for young people, 1841-1867 = Livres de l'enfance & livres de la jeunesse au Canada, 1841-1867.* – Montreal : Bernard Amtmann, 1977. – viii, 124 p.

A bibliography of 643 books in English and in French for Canadian children, published or printed in Canada during the period 1841 through 1867. Also includes works relating to Canada and published or printed in other countries. Alphabetically arranged by author or title. References to bibliographic sources provided in each entry. Index of pseudonyms and selected titles.   Z1378 A482   011.62

Bibliographie de 643 livres en anglais et en français offerts aux enfants canadiens et publiés ou imprimés au Canada durant la période de 1841 à 1867. Comprend également des oeuvres qui se rapportent au Canada et qui ont été publiées ou imprimées dans d'autres pays. Classement alphabétique par auteurs ou par titres. Des références aux sources bibliographiques sont fournies pour chaque notice. Index des pseudonymes et de titres choisis. Z1378 A482   011.62

3380

Aubrey, Irene E. – *Sources of French Canadian children's and young people's books = Sources d'information sur les livres de jeunesse canadiens-français.* – Rev. and enl. – Ottawa : National Library of Canada, 1984. – 18 p. – 0622528921

A guide to bibliographies, directories, dictionaries, periodicals, etc., dealing in whole or in part with French-Canadian children's literature. Some brief annotations. Publisher or subscription addresses included. 1st ed., 1976, *Sources of French Canadian children's literature*; 1978, 1979, *Sources d'information sur les livres canadiens-français pour enfants = Sources of French-Canadian materials for children*; 1980, *Sources d'information sur les livres canadiens-français de jeunesse = Sources of French Canadian children's and young people's books.*   Z1378 A85 1984 fol.   011.62

Guide sur les bibliographies, les répertoires, les dictionnaires, les périodiques, etc. qui traitent en tout ou en partie de la littérature canadienne-française pour enfants. Contient quelques courtes annotations. L'adresse de l'éditeur ou d'abonnement est fournie. 1re éd., 1976, *Sources of French Canadian children's literature*; 1978, 1979, *Sources d'information sur les livres canadiens-français pour enfants = Sources of French-Canadian materials for children*; 1980, *Sources d'information sur les livres canadiens-français de jeunesse = Sources of French Canadian children's and young people's books.* Z1378 A85 1984 fol.   011.62

3381

Aubrey, Irene E. – *Sources of French Canadian children's and young people's books = Sources d'information sur les livres de jeunesse canadiens-français.* – Rév. et augm. – Ottawa : Bibliothèque nationale du Canada, 1984. – 18 p. – 0622528921

A guide to bibliographies, directories, dictionaries, periodicals, etc., dealing in whole or in part with French-Canadian children's literature. Some brief annotations. Publisher or subscription addresses included. 1st ed., 1976, *Sources of French Canadian children's literature*; 1978,

Guide sur les bibliographies, les répertoires, les dictionnaires, les périodiques, etc. qui traitent en tout ou en partie de la littérature canadienne-française pour enfants. Contient quelques courtes annotations. L'adresse de l'éditeur ou l'adresse d'abonnement est fournie.

1979, *Sources d'information sur les livres canadiens-français pour enfants = Sources of French-Canadian materials for children*; 1980, *Sources d'information sur les livres canadiens-français de jeunesse = Sources of French Canadian children's and young people's books.* Z1378 A85 1984 fol.   011.62

1re éd., 1976, *Sources of French Canadian children's literature*; 1978, 1979, *Sources d'information sur les livres canadiens-français pour enfants = Sources of French-Canadian materials for children*; 1980, *Sources d'information sur les livres canadiens-français de jeunesse = Sources of French Canadian children's and young people's books.* Z1378 A85 1984 fol.   011.62

3382

Beauchamp, Hélène. – *Bibliographie annotée sur le théâtre québécois pour l'enfance et la jeunesse, 1970-1983 : suivie d'une liste sélective d'articles de presse portant sur les productions de théâtre québécois pour l'enfance et la jeunesse, 1950-1980.* – Réimpr. – Montréal : Dépt. de théâtre, Université du Québec à Montréal, 1984. – [iv], 39 f.

An annotated bibliography on theatre of Quebec for children and young people. Two parts: monographs and periodical articles, plays and shows. Subarranged by publication or type of document (*Lurelu*, theses, videos, etc.). Also includes selected articles from five Quebec daily newspapers. The author has also written a critical work entitled: *Le théâtre pour enfants au Québec, 1950-1980* (LaSalle (Québec) : Hurtubise HMH, c1985).   Z5784 C5 B42 1984 fol. 016.84254099282

Bibliographie annotée portant sur l'activité théâtrale au Québec destinée au jeune public. Deux parties: monographies et articles de périodiques, pièces et spectacles. Classement par publications ou par catégories de documents (*Lurelu*, thèses, documents vidéo, etc.). Inclut aussi une sélection d'articles. L'auteur a aussi écrit un ouvrage critique intitulé: *Le théâtre pour enfants au Québec, 1950-1980* (LaSalle (Québec) : Hurtubise HMH, c1985).   Z5784 C5 B42 1984 fol. 016.84254099282

3383

Canadian book review annual : children's literature. – (1993)-   . – Toronto : Canadian Book Review Annual, 1994-   . –   vol. – 0969739036 (1993 pa.)

Annual. Reviews of over 300 children's books by Canadian authors or illustrators or published by Canadian publishers. Arranged by subject. Age range noted for each title. Directory of publishers. Index of authors, titles, subjects. These reviews are also included in the *Canadian book review annual.* Z1378 C348 1993   011.62

Annuel. Critiques de plus de 300 livres pour enfants écrits ou illustrés par des auteurs ou des illustrateurs canadiens ou publiés par des éditeurs canadiens. Organisé par sujets. Le public visé est mentionné pour chaque titre. Répertoire des éditeurs. Index des auteurs, des titres et des sujets. Ces critiques figurent aussi dans le *Canadian book review annual.*   Z1378 C348 1993   011.62

3384

Canadian books for young people = Livres canadiens pour la jeunesse. – Edited by André Gagnon and Ann Gagnon. – 4th ed. – Toronto : University of Toronto Press, c1988. – 186 p. : ill. – 0802066623

A selection of Canadian books and magazines in English and in French for children and young adults. Includes works which were in print at the time of publication. Organized in two parts for English- and French-language titles. Each part is arranged by subject or type of book including board books, picture books, social sciences, sciences, the arts, language and literature, history, award-winning books, reference books, etc. Entries include annotations in English or in French and note suggested reading level. Author, title and illustrator indexes. 1st ed., 1976, *Canadian books for children = Livres canadiens pour les enfants*; 2nd ed., 1978; 3rd ed., 1980. Edited by Irma McDonough.   Z1037 M24 1988   011.62

Choix de revues et de livres canadiens en anglais et en français pour les enfants et les jeunes adultes. Comprend des ouvrages qui étaient disponibles en librairie au moment de la publication. Organisé en deux parties, ouvrages en anglais et ouvrages en français. Chaque partie est classée par sujets ou par types de livres comme les livres indéchirables, les livres d'image, les sciences sociales, les sciences, les arts, la langue et la littérature, l'histoire, les livres qui ont remporté des prix, les livres de référence, etc. Les notices comprennent des annotations en anglais ou en français et une recommandation quant au niveau de lecture. Index des auteurs, des titres et des illustrateurs. 1re éd., 1976, *Canadian books for children = Livres canadiens pour les enfants*; 2e éd., 1978; 3e éd., 1980. Publié sous la direction de Irma McDonough.   Z1037 M24 1988   011.62

3385

Canadian children's literature = Littérature canadienne pour la jeunesse. – No. 1-   . – Guelph (Ont.) : Canadian Children's Press in cooperation with the Canadian Children's Literature Association, 1975-   . –   vol. – 0319-0080

This periodical included an annual bibliography of English- and French-language children's and young people's books published in Canada during the years 1975 through 1985. Alphabetically arranged by author or title. Each title is coded according to genre and reading level. The bibliographies appeared in the following issues: 1975, no. 11 (1978); 1976, no. 13 (1979); 1977, no. 17 (1980); 1978, no. 21 (1981); 1979, no. 26 (1982); 1980, no. 30 (1983); 1981, no. 35/36 (1984); 1982, no. 44 (1986); 1983, no. 47 (1987); 1984, no. 52 (1988); 1985, no. 56 (1989).   PS8069   C810.9928205

Ce périodique inclut une bibliographie annuelle des livres pour les enfants et pour les jeunes publiés en anglais et en français, au Canada, durant les années 1975 à 1985. Classement alphabétique par auteurs ou par titres. Chaque ouvrage porte un code qui indique le genre et le niveau de lecture. Les bibliographies ont paru dans les numéros suivants: 1975, n° 11 (1978); 1976, n° 13 (1979); 1977, n° 17 (1980); 1978, n° 21 (1981); 1979, n° 26 (1982); 1980, n° 30 (1983); 1981, n° 35/36 (1984); 1982, n° 44 (1986); 1983, n° 47 (1987); 1984, n° 52 (1988); 1985, n° 56 (1989).   PS8069   C810.9928205

3386

Canadian National Institute for the Blind. Library for the Blind. – *Talking books for kids.* – Toronto : Canadian National Institute for the Blind, Library for the Blind, 1991. – v, 216 p.

A large-print catalogue of talking books on 4-track cassettes, available from the CNIB library, of interest to young people ages four to fourteen. Includes Canadian and foreign publications arranged in sections for fiction and non-fiction, subarranged by genre or subject. Annotations include grade levels. Catalogue available on cassette or computer diskette upon request. Author and title indexes.   Z5347 018.138

Catalogue en gros caractères de livres-cassettes (quatre pistes) qui peuvent intéresser les jeunes de quatre à quatorze ans et qui peuvent être empruntés de la bibliothèque de l'INCA. Inclut des publications canadiennes et étrangères classées en deux sections, l'une sur les oeuvres de fiction et l'autre sur les ouvrages documentaires, selon un classement par genres ou par sujets au sein de chaque section. Les annotations contiennent des précisions sur les niveaux de lecture. Catalogue disponible sur cassette ou sur disquette, sur demande. Deux index: auteurs, titres.   Z5347   018.138

3387

Canadian National Institute for the Blind. Library for the Blind. – *Talking books for teens.* – Toronto : Canadian National Institute for the Blind, Library for the Blind, 1991. – iv, 131 p.

A catalogue of talking books on 4-track cassettes, available from the CNIB library, of interest to young adult readers, grade 7 through high school. Includes Canadian and foreign publications arranged in two sections for fiction and non-fiction, subarranged by genre or subject. Brief annotations. Author and title indexes. Catalogue available on cassette or computer diskette upon request. 1987 ed., *Catalogue of talking books for young adults.*   Z5347   018.138

Catalogue de livres-cassettes (quatre pistes) qui peuvent intéresser les jeunes lecteurs adultes de la septième année jusqu'à la fin du secondaire, et qui peuvent être empruntés de la bibliothèque de l'INCA. Inclut des publications canadiennes et étrangères classées en deux sections, l'une sur les oeuvres de fiction et l'autre sur les ouvrages documentaires, avec classement par genres ou par sujets au sein de chaque section. Courtes annotations. Deux index: auteurs, titres. Catalogue disponible sur cassette ou sur disquette, sur demande. Éd. de 1987, *Catalogue of talking books for young adults.*   Z5347 018.138

3388

Canadian National Institute for the Blind. National Library Division. – *Braille books for young adults.* – Toronto : Canadian National Institute for the Blind, National Library Division, 1987. – [4], 43, [4] p.

A catalogue of books in braille, available from the CNIB library, suitable for young adult readers, grade 7 through high school. Includes Canadian and foreign publications, alphabetically arranged by author. Title index. A catalogue of braille books for young people ages four to thirteen was published in 1985, under the title: *Catalogue of books in braille for young people.*   Z5346 Z9 C353 1987 fol.   018.163

Catalogue de livres en braille destinés aux jeunes adultes, de la septième année à la fin du secondaire, qui peuvent être empruntés de la bibliothèque de l'INCA. Inclut des publications canadiennes et étrangères classées alphabétiquement par auteurs. Index des titres. Un catalogue de livres en braille destinés aux jeunes de quatre à treize ans a été publié en 1985 sous le titre: *Catalogue of books in braille for young people.*   Z5346 Z9 C353 1987 fol.   018.163

3389

Choix jeunesse : documentation imprimée. – nᵒ 78/1 (mars 1978)-   . – [Montréal] : Services documentaires Multimedia, 1978-   . – vol. – 0706-2265

Ten numbers a year. Annual cumulation. A bibliography of French-language publications available in Quebec, of interest to children ages four through twelve. Intended for use by primary schools and public libraries. Includes approximately 3,000 publications each year. Arranged by subject according to Dewey decimal classification. Annotations. Codes indicating audience and potential usefulness. Author, title, series and subject indexes in each number which cumulate annually. Imprint varies. Available online as part of the *Choix* database from SDM, and via the servers ISM and iNET; coverage 1964 to date. Available on CD-ROM as part of *Choix-David BQLÉÉ* (Montréal : SDM, 1989-   ).

  Supersedes in part: *Choix à l'intention des bibliothèques*, no. 1 (March 1970)-no. 9 (Feb./March 1971); *Choix : bibliothèques d'enseignement préscolaire et élémentaire*, no. 10 (Oct. 1971)-no. 19 (1972); *Choix : documentation des bibliothèques d'enseignement préscolaire et élémentaire*, no. 20 (Sept. 1972)-no. 59 (June 1976); *Choix jeunesse : documentation pour les enfants de 4 à 12 ans*, no. 60 (1976)-no. 73 (Dec. 1977).   Z1378   011.62

Dix numéros par année. Refonte annuelle. Bibliographie des publications en français disponibles au Québec et destinées aux enfants de quatre à douze ans. Conçue pour être utilisée par les bibliothèques des écoles primaires et les bibliothèques publiques. Inclut environ 3 000 publications par année. Classement par sujets selon la classification décimale de Dewey. Annotations. Des codes précisent le public visé et l'utilité possible. Quatre index: auteurs, titres, collections, sujets dans chaque numéro, avec refonte annuelle. L'adresse bibliographique varie. Accessible en direct, partie de base de données *Choix* de SDM et par l'entremise des serveurs ISM et iNET; période couverte: de 1964 à aujourd'hui. Disponible sur CD-ROM: partie de *Choix-David BQLÉÉ* (Montréal : SDM, 1989-   ).

  Remplace en partie: *Choix à l'intention des bibliothèques*, nᵒ 1 (mars 1970)-nᵒ 9 (févr.-mars 1971); *Choix : bibliothèques d'enseignement préscolaire et élémentaire*, nᵒ 10 (oct. 1971)-nᵒ 19 (1972); *Choix : documentation des bibliothèques d'enseignement préscolaire et élémentaire*, nᵒ 20 (sept. 1972)-nᵒ 59 (juin 1976); *Choix jeunesse : documentation pour les enfants de 4 à 12 ans*, nᵒ 60 (1976)-nᵒ 73 (déc. 1977).   Z1378   011.62

3390

Documents sonores pour enfants : 1469 documents pour les jeunes de 12 ans et moins. – Montréal : Services documentaires Multimedia, [1989?]. – ix, 248 p. : ill. – (Les guides Tessier). – 2890590909

Catalogue of sound recordings in French or without narration, available in Canada through 38 distributors. Arranged according to Dewey decimal classification. Entries include bibliographical information, abstract, subject headings, Dewey classification number, dis-

Recension des documents sonores de langue française ou sans narration, disponibles au Canada auprès de 38 diffuseurs. Répertoriés selon le système de classification décimale Dewey. Chaque notice comprend les informations bibliographiques, résumé,

tributor code, audience, recommendation on usefulness, bibliographical references and note on Quebec programme of study. Five indexes: name, title, series, subject, distributor. Directory of distributors, licence managers, and community audio-visual centres; updated by: *Distributeurs de documents audiovisuels.*

Extracted from the database *David.* Replaces in part: *Le Tessier 86 : répertoire 83-86 des documents audiovisuels canadiens de langue française, avec index refondus Tessier 83-Tessier 86* (Montréal : Centrale des bibliothèques, 1986). LB1043 Z9 D62 1989 fol. 017.138

vedettes-matière, indice de classification décimale Dewey, code du diffuseur, public visé et indice d'utilité, des références bibliographiques et la mention au programme d'étude québécois adéquat. Cinq index: noms, titres, collections, sujets, distributeurs. Répertoire des distributeurs, gestionnaires de licences et audio-vidéothèques communautaires; mis à jour par: *Distributeurs de documents audiovisuels.*

Extrait de la base de données *David.* Remplace en partie: *Le Tessier 86 : répertoire 83-86 des documents audiovisuels canadiens de langue française, avec index refondus Tessier 83-Tessier 86* (Montréal : Centrale des bibliothèques, 1986). LB1043 Z9 D62 1989 fol. 017.138

3391

Egoff, Sheila [A.]. – *Notable Canadian children's books = Un choix de livres canadiens pour la jeunesse.* – Rev. and updated to include notable books published in 1973 and 1974. – Ottawa : National Library of Canada, 1976. – vii, 94 leaves.

An annotated bibliography of selected, noteworthy Canadian children's books, in English and in French, of the eighteenth through twentieth centuries. Includes creative writing by authors born or resident in Canada as well as works by foreign authors on Canadian themes. Arranged in two parts for English- and French-language books. Entries in each part are chronologically arranged by date of first publication. Introductory essays in English and in French, by Sheila Egoff and Alvine Bélisle, trace the development of the two literatures. Annotations in English or in French. Selected literary awards and winning titles listed in each part. Index of authors and titles. Reprinted: [Vancouver] : Vancouver School Board, 1977. The first edition, 1973, was prepared as the catalogue of an exhibition organized by the National Library of Canada and includes illustrations. Z1037 E34 1976 fol. 011.62

Bibliographie annotée de livres canadiens pour enfants, choisis et dignes d'attention, en anglais et en français, du dix-huitième siècle au vingtième siècle. Inclut les créations littéraires d'auteurs natifs du Canada ou qui y habitent, ainsi que les oeuvres d'auteurs étrangers qui ont écrit sur des thèmes canadiens. Classement en deux parties, livres en anglais et livres en français. Dans chaque partie, les notices sont classées en ordre chronologique par dates de la première édition. Les essais de présentation en anglais et en français, écrits par Sheila Egoff et Alvine Bélisle, retracent le développement de la littérature dans les deux langues. Annotations en anglais ou en français. Chaque partie contient une liste sélective de prix littéraires et d'oeuvres qui ont remporté ces prix. Index des auteurs et des titres. Réimprimé: [Vancouver] : Vancouver School Board, 1977. La première édition de 1973 a été préparée en tant que catalogue pour une exposition organisée par la Bibliothèque nationale du Canada et elle contient des illustrations. Z1037 E34 1976 fol. 011.62

3392

Egoff, Sheila [A.]. – *Notable Canadian children's books = Un choix de livres canadiens pour la jeunesse.* – Rev. et mis à jour, y compris les meilleurs livres parus en 1973 et 1974. – Ottawa : Bibliothèque nationale du Canada, 1976. – vii, 94 f.

An annotated bibliography of selected, noteworthy Canadian children's books, in English and in French, of the eighteenth through twentieth centuries. Includes creative writing by authors born or resident in Canada as well as works by foreign authors on Canadian themes. Arranged in two parts for English- and French-language books. Entries in each part are chronologically arranged by date of first publication. Introductory essays in English and in French, by Sheila Egoff and Alvine Bélisle, trace the development of the two literatures. Annotations in English or in French. Selected literary awards and winning titles listed in each part. Index of authors and titles. Reprinted: [Vancouver] : Vancouver School Board, 1977. The first edition, 1973, was prepared as the catalogue of an exhibition organized by the National Library of Canada and includes illustrations. Z1037 E34 1976 fol. 011.62

Bibliographie annotée de livres canadiens pour enfants, choisis et dignes d'attention, en anglais et en français, du dix-huitième siècle au vingtième siècle. Inclut les créations littéraires d'auteurs natifs du Canada ou qui y habitent, ainsi que les oeuvres d'auteurs étrangers qui ont écrit sur des thèmes canadiens. Classement en deux parties, livres en anglais et livres en français. Dans chaque partie, les notices sont classées en ordre chronologique par dates de la première édition. Les essais de présentation en anglais et en français, écrits par Sheila Egoff et Alvine Bélisle, retracent le développement de la littérature dans les deux langues. Annotations en anglais ou en français. Chaque partie contient une liste sélective de prix littéraires et d'oeuvres qui ont remporté ces prix. Index des auteurs et des titres. Réimprimé: [Vancouver] : Vancouver School Board, 1977. La première édition de 1973 a été préparée en tant que catalogue pour une exposition organisée par la Bibliothèque nationale du Canada et elle contient des illustrations. Z1037 E34 1976 fol. 011.62

3393

Aubrey, Irene E. – *Notable Canadian children's books. Supplement = Un choix de livres pour la jeunesse. Supplément.* – (1975)- . – Ottawa : National Library of Canada, 1977- . – vol. : ill. – 0715-2612 – Title on added t.p. : *Un choix de livres canadiens pour la jeunesse.* *Supplément = Notable Canadian children's books. Supplement.*

An annual bibliography of selected noteworthy Canadian children's books in English and in French. Arranged in two parts, tête-bêche, according to language. Bilingual critical annotations include notes on awards won and recommendations on audience level. Index of authors, titles, illustrators, subjects in English and in French, and literary awards in each part. Supplement to: Egoff, Sheila, *Notable Canadian children's books = Un choix de livres canadiens pour la jeunesse.* 1975, 1976/77 supplements for English- and French-language works published as separate volumes. 1988 and 1989 lists

Bibliographie annuelle de livres canadiens pour enfants, dignes de mention, écrits en anglais ou en français. Classement en deux parties, tête-bêche, une pour chaque langue. Les annotations critiques bilingues comprennent des précisions sur les prix remportés et des recommandations quant au public visé. Dans chaque partie, index des auteurs, des titres, des illustrateurs, des sujets en anglais et en français, et des prix littéraires. Complète: Egoff, Sheila, *Notable Canadian children's books = Un choix de livres canadiens pour la jeunesse.* Les suppléments 1975, 1976/77 sur les oeuvres en anglais

issued together in one volume. Also published: 1975-1979, 1980-1984 cumulative editions.   Z1037 E342 fol.   011.62

ou en français ont été publiés dans des volumes distincts. Les listes de 1988 et 1989 ont été publiées ensemble dans un seul volume. Des éditions récapitulatives ont également été publiées: 1975-1979, 1980-1984.   Z1037 E342 fol.   011.62

3394

Aubrey, Irene E. – *Un choix de livres canadiens pour la jeunesse. Supplément = Notable Canadian children's books. Supplement.* – (1975)-   . – Ottawa : Bibliothèque nationale du Canada, 1977-   . – vol. ; ill. – 0715-2604 – Titre de la p. de t. additionnelle : *Notable Canadian children's books. Supplement = Un choix de livres canadiens pour la jeunesse. Supplément.*

An annual bibliography of selected noteworthy Canadian children's books in English and in French. Arranged in two parts, tête-bêche, according to language. Bilingual critical annotations include notes on awards won and recommendations on audience level. Index of authors, titles, illustrators, subjects in English and in French, and literary awards in each part. Supplement to: Egoff, Sheila, *Notable Canadian children's books = Un choix de livres canadiens pour la jeunesse.* 1975, 1976/77 supplements for English- and French-language works published as separate volumes. 1988 and 1989 lists issued together in one volume. Also published: 1975-1979, 1980-1984 cumulative editions.   Z1037 E343 fol.   011.62

Bibliographie annuelle de livres canadiens pour enfants, dignes de mention, écrits en anglais ou en français. Classement en deux parties, tête-bêche, une pour chaque langue. Les annotations critiques bilingues comprennent des précisions sur les prix remportés et des recommandations quant au public visé. Dans chaque partie, index des auteurs, des titres, des illustrateurs, des sujets en anglais et en français, et des prix littéraires. Complète: Egoff, Sheila, *Notable Canadian children's books = Un choix de livres canadiens pour la jeunesse.* Les suppléments 1975, 1976/77 sur les oeuvres en anglais ou en français ont été publiés dans des volumes distincts. Les listes de 1988 et 1989 ont été publiées ensemble dans un seul volume. Des éditions récapitulatives ont également été publiées: 1975-1979, 1980-1984.   Z1037 E343 fol.   011.62

3395

Frayne, June. – *Print for young Canadians : a bibliographical catalogue of Canadian fiction for children, from 1825-1920.* – Prepared by June Frayne, Jennifer Laidley and Henry Hadeed. – Toronto : [s.n.], 1975. – x, 80 p. : ill.

A bibliography of Canadian children's literature in English from the period 1825 through 1920. Includes books with a Canadian topic or setting written by Canadian authors or by persons who travelled in Canada. Alphabetically arranged by name of author. Locations. Title index. Appendices: bibliographies of books of Canadian poetry, Native legends and folklore; list of reference sources.   Z1378 F73 fol. 011.62

Bibliographie de la littérature canadienne pour enfants en anglais de la période de 1825 à 1920. Inclut des livres dont le sujet ou le cadre sont canadiens, écrits par des auteurs canadiens ou par des personnes qui voyageaient au Canada. Classement alphabétique par noms d'auteurs. Localisations. Index des titres. Annexes: bibliographies de livres sur la poésie canadienne, les légendes autochtones et le folklore; liste des sources de référence.   Z1378 F73 fol.   011.62

3396

In search of Canadian materials. – Winnipeg : Collection Development Services, Instructional Resources Branch, Manitoba Education and Training, 1976-   . – vol. – 0228-3905

1st ed., 1976; 1977 supplement; rev. ed., 1978; annual, 1979-   . A bibliography of Canadian English-language materials suitable for children and young adults in grades kindergarten through twelve. A selection tool for teachers, librarians and administrators. Includes materials written by Canadians or with Canadian content. Arranged by subject. Critical annotations. Grade level, price and reviewer's rating are noted. Directory of publishers. Title index. Imprint varies. 1991 ed. reproduced in microform format: *Microlog,* no. 92-05209.   Z1378 P45   011.62

1re éd., 1976; supplément de 1977; éd. révisée, 1978; annuel, 1979-   . Bibliographie de documents canadiens-anglais destinés aux enfants et aux jeunes adultes, depuis le niveau de la maternelle jusqu'à la douzième année. Outil de sélection pour les enseignants, les bibliothécaires et les administrateurs. Inclut des documents qui ont été écrits par des Canadiens ou qui ont un contenu canadien. Classement par sujets. Annotations critiques. Le niveau scolaire, le prix et la cote donnée par le critique sont colligés. Répertoire des éditeurs. Index des titres. L'adresse bibliographique varie. Éd. de 1991 reproduite sur support microforme: *Microlog,* n° 92-05209.   Z1378 P45   011.62

3397

Lire! : un guide d'excellents livres français pour enfants et adolescents. – Pointe-Claire (Québec) : Association des bibliothécaires du Québec, 1993.

An annotated list of recommended Canadian and foreign books in French for children and young adults. Includes works published in the last ten years. Arranged by genre including nursery rhymes, picture books, folk and fairy tales, fiction and non-fiction. Author/illustrator, title indexes. The Association has also published a guide to recommended English-language books under the title: *Read! : guide to quality children's and young adult books.*   Z1037   011.62

Liste annotée de livres en français, canadiens et étrangers, recommandés pour les enfants et les jeunes adultes. Inclut des oeuvres publiées au cours des dix dernières années. Classement par genres comme les comptines, les livres d'images, les contes folkloriques et les contes de fée, les oeuvres de fiction et les ouvrages documentaires. Deux index: auteurs-illustrateurs, titres. L'Association a aussi publié un guide de livres recommandés en anglais sous le titre: *Read! : guide to quality children's and young adult books.*   Z1037   011.62

3398

Littérature pour la jeunesse. – (1990)-   . – Montréal : Services documentaires Multimedia (SDM) : Communication jeunesse, [1989?]-   . – 1189-8860

Annual. A bibliography of French books and periodicals of Quebec for children and young adults. Arranged in sections for works published in Quebec, works by Quebec authors and illustrators published outside Quebec, Quebec translations of English-Canadian works. Each section is arranged by genre or type of document. Indexes: title, author, series, publisher, subject.   Z1378 L577   011.62

Annuel. Bibliographie de livres et de périodiques en français du Québec destinés aux enfants et aux jeunes adultes. Classement en sections sur les oeuvres publiées au Québec, sur les oeuvres d'auteurs et d'illustrateurs québécois publiées à l'extérieur du Québec et sur les traductions québécoises d'oeuvres canadiennes-anglaises. Dans chaque section, classement par genres ou par types de documents. Cinq index: titres, auteurs, collections, éditeurs, sujets.   Z1378 L577   011.62

3399

McQuarrie, Jane. – *Canadian picture books = Livres d'images canadiens.* – Compiled and edited by Jane McQuarrie, Diane Dubois. – Toronto : Reference Press, 1986. – xv, 217 p. – 0919981127 (bd.) 0919981097 (pa.)

A bibliography of Canadian illustrated books in English and French written for children of pre-school and primary school ages and published during the period 1970 through July 1985. Includes works by Canadian-born authors and/or illustrators as well as books by authors and/or illustrators of other nationalities residing in Canada. Excludes Canadian translations of books originally written by non-Canadians. Alphabetically arranged by title. Brief annotations in the language of the book. Works of superior quality, as judged by the compilers, are marked with a star. Bilingual subject index. Author index.   Z1378 M27 1986   011.62

Bibliographie de livres illustrés canadiens en anglais ou en français écrits pour les enfants des niveaux pré-scolaires et primaires et publiés pendant la période de 1970 à juillet 1985. Inclut les oeuvres d'auteurs ou d'illustrateurs nés au Canada ainsi que les oeuvres d'auteurs ou d'illustrateurs d'autres nationalités qui habitent au Canada. Exclut les traductions canadiennes de livres écrits à l'origine par des étrangers. Classement alphabétique par titres. Courtes annotations dans la langue du livre. Les oeuvres jugées de qualité supérieure par les compilateurs ont été signalées au moyen d'un astérisque. Index bilingue des sujets. Index des auteurs.
Z1378 M27 1986   011.62

3400

Nilson, Lenore. – *The best of Children's choices.* – Compiled by Lenore Nilson ; edited by Jane Charlton. – Ottawa : Citizens' Committee on Children, c1988. – vi, 114 p. : ports. – 0969020554

An annotated bibliography of 600 favourite Canadian English-language children's books selected by children. Arranged in three sections according to age category: preschoolers, beginning and intermediate readers, young teens. Entries include bibliographic information, notes on the type of story, setting, availability of French edition, brief annotation, age range and popularity rating. Author and title indexes. Full reviews of these titles first appeared in volumes 1-5 of the periodical *Children's choices of Canadian books* which was published from vol. 1 (1979)-vol. 7, no. 2 (May 1991). Z1037 N69 1988   011.62

Bibliographie annotée de 600 livres canadiens-anglais pour enfants choisis par des enfants. Classement en trois sections selon l'âge: lecteurs de niveau préscolaire, lecteurs débutants et de niveau intermédiaire, pré-adolescents. Les notices comprennent des données bibliographiques, des notes sur le type d'histoire, le cadre, la disponibilité d'une édition en français, une courte annotation, l'âge du public visé et l'indice de popularité. Deux index: auteurs, titres. Des critiques complètes de ces oeuvres ont paru pour la première fois dans les volumes 1-5 du périodique *Children's choices of Canadian books* qui a été publié du vol. 1 (1979) au vol. 7, n° 2 (mai 1991).   Z1037 N69 1988   011.62

3401

Our books in the curriculum : pre-school, kindergarten, grades 1-8. – Toronto : Writers' Union of Canada, c1985. – 347 p. – Cover title.

An annotated bibliography of fictional works, biographies, picture books, histories, social studies, etc., written by members of the Writers' Union of Canada and suitable for curriculum use for pre-school, kindergarten and grades 1-8. Primarily English-language works, some of which have been translated into French. Alphabetically arranged by name of author. Entries include author's recommendation on audience level and comments on the work.
Z1378 O87 1985 fol.   016.81080971

Bibliographie annotée d'oeuvres de fiction, de biographies, de livres illustrés, d'histoires, d'études sociales, etc. écrits par des membres de la Writer's Union of Canada et destinés aux élèves du niveau préscolaire, de la maternelle et des niveaux 1 à 8. Principalement des oeuvres en anglais dont certaines ont été traduites en français. Classement alphabétique par noms d'auteurs. Les notices comprennent des commentaires de l'auteur et sa recommandation quant au niveau du public visé.   Z1378 O87 1985 fol.   016.81080971

3402

Our books in the curriculum : grades 9-13. – Toronto : Writers' Union of Canada, c1986. – 406 p. – Cover title.

An annotated bibliography of novels, biographies and histories, short story, essay and poetry collections written by members of the Writers' Union of Canada and suitable for curriculum use for grades 9 through 13. Primarily English-language works. Entries are alphabetically arranged by name of author and include a recommended audience level and author's comments. Author index.
Z1378 O873 1986 fol.   016.81080971

Bibliographie annotée de romans, de biographies et d'histoires, de nouvelles et de collections d'essais et de poèmes écrits par des membres de la Writer's Union of Canada et destinés aux élèves de la 9e à la 13e années. Principalement des oeuvres en anglais. Les notices sont classées en ordre alphabétique par noms d'auteurs et elles comprennent une recommandation sur le niveau du public visé et des commentaires de l'auteur. Index des auteurs.   Z1378 O873 1986 fol. 016.81080971

3403

Our choice. – (1977)- . – Toronto : Canadian Children's Book Centre, [1977?]- . – vol. : ill. – 1192-2125 – Cover title.

Annual. Best Canadian children's books in English selected by a committee of children's literature specialists including librarians, booksellers and teachers. Arranged by genre or subject. Entries include brief annotations and recommendations on reading and interest levels. Backlist of *Our choice* selections from the previous two years. List of Canadian children's book awards and recent winners. Index of authors and titles. Title varies: 1977-1984/85, *Our choice*; 1985/86-1989/90, *Our choice/your choice*; 1990- , *Our choice*. Subtitle varies. Z1037 O97 1991 fol. 011.62

Annuel. Les meilleurs livres canadiens-anglais pour enfants choisis par un comité de spécialistes en littérature pour enfants comprenant des bibliothécaires, des libraires et des enseignants. Classement par genres ou par sujets. Les notices contiennent de courtes annotations et des recommandations sur les niveaux de lecture et d'intérêt. Liste des ouvrages sélectionnés au cours des deux dernières années dans *Our choice*. Liste des prix remis pour les livres canadiens pour enfants et des plus récents gagnants de ces prix. Index des auteurs et des titres. Le titre varie: 1977-1984/85, *Our choice*; 1985/86-1989/90, *Our choice/your choice*; 1990- , *Our choice*. Le sous-titre varie. Z1037 O97 1991 fol. 011.62

3404

Potvin, Claude. – ***Le Canada français et sa littérature de jeunesse : bref historique, sources bibliographiques, répertoire des livres.*** – Préface de Cécile Gagnon. – Moncton, (N.-B). : Éditions CRP, [1981?]. – 185 p. – 096909390X

A guide to French-Canadian children's literature. Consists of a history of the literature from its beginnings to 1979, chronologically arranged by decade; an annotated bibliography of bibliographical tools for Canadian children's literature in French; a bibliography of works for children by French-Canadian authors published in Canada or elsewhere, up to 1979. List of pseudonyms. Author, title indexes. 1st ed., *La littérature de jeunesse au Canada français : bref historique, sources bibliographiques, répertoire des livres* (Montréal : Association canadienne des bibliothécaires de langue française, 1972). Z1377 C45 P67 1981 C840.99282

Guide sur la littérature canadienne-française pour enfants. Comprend: une histoire de la littérature depuis ses débuts jusqu'en 1979, classée chronologiquement par décennies; une bibliographie annotée des ouvrages bibliographiques relatifs à la littérature canadienne-française pour enfants; une bibliographie des oeuvres pour enfants écrites par des auteurs canadiens-français et publiées au Canada ou à l'étranger, jusqu'en 1979. Liste des pseudonymes. Deux index: auteurs, titres. 1re éd., *La littérature de jeunesse au Canada français : bref historique, sources bibliographiques, répertoire des livres* (Montréal : Association canadienne des bibliothécaires de langue française, 1972). Z1377 C45 P67 1981 C840.99282

3405

Read! : guide to quality children's and young adult books. – Pointe-Claire (Quebec) : Quebec Library Association, c1992. – 29 p. : ill.

An annotated list of recommended Canadian and foreign books in English for children and young adults. Includes works published in the last ten years. Compiled by a committee of librarians. Arranged by genre including nursery rhymes, picture books, folk and fairy tales, fiction and non-fiction. Reading levels indicated for junior fiction. Author/illustrator, title indexes. A guide to recommended French-language books was also published by the Association under the title: *Lire! : un guide d'excellents livres français pour enfants et adolescents.* Z1037 R35 1992 011.62

Liste annotée de livres en anglais, canadiens et étrangers, recommandés pour les enfants et les jeunes adultes. Inclut des oeuvres publiées au cours des dix dernières années. Compilées par un comité de bibliothécaires. Classement par genres comme les comptines, les livres d'images, les contes folkloriques et les contes de fée, les oeuvres de fiction et les ouvrages documentaires. Le niveau de lecture est précisé dans le cas des oeuvres de fiction pour les jeunes. Deux index: auteurs-illustrateurs, titres. L'Association a aussi publié un guide de livres recommandés en français sous le titre: *Lire! : un guide d'excellents livres français pour enfants et adolescents.* Z1037 R35 1992 011.62

3406

Sélection de livres québécois pour les adolescents et adolescentes. – (1988)- . – Montréal : Communication-jeunesse, 1988- . – vol. : ill. – Titre de la couv.

Annual. 1994 ed., tête-bêche with *Abracadabra*. A selection of Quebec books in French for young people ages twelve through sixteen. Chosen by a committee of children's literature specialists such as teachers, librarians, researchers, etc. Arranged by genre. Entries include a brief annotation and an indication of level of difficulty. List of the books most popular with young people who are members of the Club de la livromagie. Z1378 011.625

Annuel. Éd. de 1994 tête-bêche avec *Abracadabra*. Sélection de livres québécois en français destinés aux jeunes de douze à seize ans. Choisis par un comité de spécialistes en littérature pour enfants composé d'enseignants, de bibliothécaires, de chercheurs, etc. Classement par genres. Les notices comprennent une courte annotation et une indication du niveau de difficulté. Liste des livres les plus populaires auprès des jeunes adultes qui sont membres du Club de la livromagie. Z1378 011.625

3407

Stanbridge, Joanne. – ***An annotated bibliography of Canadian poetry books written in English for children.*** – [Montreal : s.n.], 1985. – 43 leaves.

Attempts to be a comprehensive bibliography of English-language poetry books written in Canada for children ages two through fourteen. 108 books by 82 poets and editors published since 1867 in hard cover and paperbound trade editions. Entries are alphabetically arranged by name of author. Annotations. Grade-level recommendations. List of Canadian children's poetry books, chronologically arranged. Annotated list of bibliographical and review sources. The bibliography of poetry books was published in *Canadian children's literature = Littérature canadienne pour la jeunesse* no. 42 (1986) p. 51-61. Z1377 P7 S72 1985 fol. 016.8110809282

Tentative d'établissement d'une bibliographie détaillée des livres de poésie en anglais publiés au Canada pour les enfants de deux à quatorze ans. Comprend 108 livres de 82 poètes et rédacteurs publiés depuis 1867 dans des éditions à couverture cartonnée ou à couverture souple. Les notices sont classées en ordre alphabétique par noms d'auteurs. Annotations. Indication du niveau scolaire visé. Liste des livres canadiens de poésie pour enfants classés chronologiquement. Liste annotée des sources de bibliographies et de critiques. La bibliographie des livres de poésie a été publiée dans *Canadian children's literature = Littérature canadienne pour la jeunesse* n° 42 (1986) p. 51-61. Z1377 P7 S72 1985 fol. 016.8110809282

3408

University of British Columbia. Library. Special Collections and University Archives Division. – *Canadian children's books, 1799-1939, in the Special Collections and University Archives Division, the University of British Columbia Library : a bibliographical catalogue.* – Compiled by Sheila A. Egoff with the asistance of Margaret Burke, Ronald Hagler and Joan Pert. – Vancouver : University of British Columbia Library, 1992. – [391] p. : ill. – (Occasional publication : no. 2). – 088865197X

A catalogue of approximately 850 early Canadian children's books held by the Special Collections and University Archives Division of the University of British Columbia Library. Includes works written by Canadians or on Canadian subjects or works having a Canadian imprint. 204 textbooks and a few periodicals and annuals have been included. Chronologically arranged by year of printing. Entries include title page transcription, printing information, collation, information on illustrations, description of binding, provenance, contents, biographical or explanatory notes, etc. List of illustrations. Indexes: illustrator/engraver with notes, publisher/printer with notes, author/title/series/editor/translator.   Z1038 V35 U55 1992 fol. 011.62

Catalogue d'environ 850 des premiers livres canadiens pour enfants que possède la Special Collections and University Archives Division de la bibliothèque de la University of British Columbia. Inclut des oeuvres écrites par des Canadiens ou qui portent sur des sujets canadiens, ou des oeuvres qui portent une adresse bibliographique canadienne. Comprend 204 livres scolaires et quelques périodiques et publications annuelles. Classement chronologique par années d'impression. Les notices comprennent la transcription de la page de titre, des données sur l'impression, la collation et les illustrations, la description de la reliure, la provenance, le contenu, des notes biographiques ou explicatives, etc. Liste des illustrations. Trois index: illustrateurs/graveurs avec notes, éditeurs/imprimeurs avec notes, auteurs/titres/collections/rédacteurs/traducteurs. Z1038 V35 U55 1992 fol.   011.62

Bio-bibliographies

Biobibliographies

3409

Auteurs canadiens pour la jeunesse. – Montréal : Communication-jeunesse, [1972?-1975?]. – 3 vol. ([32] ; [32] ; 32 p.) : ill., portr.

Bio-bibliographical profiles of 64 French-Canadian authors and illustrators. Vols. 1 and 2 include 42 authors and vol. 3 includes 22 illustrators. Entries in each volume are alphabetically arranged by name of author or illustrator. Profiles discuss early life, education, career development and major works and are completed by a black and white portrait and/or illustration, and a list of works. Vol. 3 has title: *Illustrateurs canadiens pour la jeunesse.*   PS8081 C6 C840.99282

Profils biobibliographiques de 64 auteurs et illustrateurs canadiens-français. Les volumes 1 et 2 comprennent 42 auteurs et le volume 3 inclut 22 illustrateurs. Les notices dans chaque volume sont classées en ordre alphabétique par noms d'auteurs ou d'illustrateurs. Les profils traitent des débuts de la vie et des études, du développement de la carrière et des oeuvres principales. Ils comprennent un portrait en noir et blanc et (ou) une illustration et une liste des oeuvres. Le volume 3 porte le titre: *Illustrateurs canadiens pour la jeunesse.* PS8081 C6   C840.99282

3410

The CANSCAIP companion : a biographical record of Canadian children's authors, illustrators, and performers. – General editor, Barbara Greenwood. – 2nd ed. – Markham (Ont.) : Pembroke Publishers, c1994. – 398 p. : ill., ports. – 1551380218

1st ed., 1991. Bio-bibliographies of professional members of the Canadian Society of Children's Authors, Illustrators and Performers (CANSCAIP). Alphabetically arranged by name of artist. Entries include name, address, telephone number, place and date of birth, brief sketch of education and career developments, lists of published, produced or illustrated works, recordings, performances, commissions, awards, other memberships, information on readings, workshops etc., for which the artist is available and a black and white portrait. Appendices: list of members arranged by profession; list of members arranged by region; directory of organizations involved with children and the arts; descriptions of major Canadian book awards and prizes. Updates: *CANSCAIP membership directory* (Toronto : the Society, c1986, updated February, 1990).

The Society's newsletter, *CANSCAIP news*, often includes biographical essays on new Canadian children's artists as well as a directory, "To market, to market", of children's literature publishers and periodicals. 36 of the biographical essays were compiled in *Presenting children's authors, illustrators and performers* (Markham (Ont.) : Pembroke Publishers, [1990]).   NX513 A1 C37 1994 700.922

1re éd., 1991. Biobibliographies des membres professionnels de la Canadian Society of Children's Authors, Illustrators and Performers (CANSCAIP). Classement alphabétique des noms d'artistes. Les notices comprennent: le nom, l'adresse et le numéro de téléphone; le lieu et la date de naissance; une esquisse des études et de la carrière; des listes des oeuvres publiées, produites ou illustrées, des enregistrements, des spectacles, des oeuvres commandées, des prix remportés et des autres associations dont l'artiste est membre; des données sur les lectures, les ateliers, etc. auxquels l'artiste participe; un portrait en noir et blanc. Annexes: liste des membres classés par professions; liste des membres classés par régions; répertoire des organismes au service des enfants et des arts; descriptions des principaux prix canadiens. Met à jour: *CANSCAIP membership directory* (Toronto : the Society, c1986, mis à jour en février 1990).

Le bulletin de cette société, *CANSCAIP news*, contient souvent des essais biographiques sur les nouveaux artistes canadiens pour enfants, ainsi qu'un répertoire, «To market, to market» des éditeurs et des périodiques de littérature pour enfants. 36 essais biographiques ont été compilés dans *Presenting children's authors, illustrators and performers* (Markham (Ont.) : Pembroke Publishers, [1990]). NX513 A1 C37 1994   700.922

3411

Gertridge, Allison. – ***Meet Canadian authors and illustrators : 50 creators of children's books.*** – Richmond Hill (Ont.) : Scholastic Canada, c1994. – 128 p. : ill., ports. – 0590243195

Biographies of 50 Canadian authors and illustrators of children's books. Alphabetically arranged. Entries include: date and place of birth, place of residence, selective bibliography, essay, portrait, black and white illustrations. List of Canadian children's literature awards. List of authors'/illustrators' birthdays. Bibliography of additional sources on authors.   PS8081 G37 1994 fol. C810.99282

Biographies de 50 auteurs et illustrateurs canadiens de livres pour enfants. Classement alphabétique. Les notices comprennent: date et lieu de naissance, lieu de résidence, bibliographie sélective, essai, portrait, illustrations en noir et blanc. Liste de prix canadiens en littérature de jeunesse. Liste de dates de naissance des auteurs et des illustrateurs. Bibliographie de sources additionnelles sur les auteurs.   PS8081 G37 1994 fol. C810.99282

3412

Profiles. – Irma McDonough, editor. – Rev. ed. – Ottawa : Canadian Library Association, 1975. – [4], 159 p. : ill., ports. – 0888021097

44 bio-bibliographical profiles of Canadian children's authors and illustrators, originally published in the periodical *In review : Canadian books for children*. Alphabetically arranged by name of author or illustrator. The early life, education and career development of each author or illustrator are described. Major works are discussed and comments from the author provided. Each sketch is completed by a list of books written or illustrated by the biographee. Black and white portraits. Profiles of francophones appear in both French and English. 1st ed., 1971, *Profiles from In review : Canadian books for children*.   PS8081 M25 1975 C810.99282

Les 44 profils biobibliographiques des auteurs et illustrateurs canadiens de livres pour enfants ont été publiés à l'origine dans le périodique *In review : Canadian books for children*. Classement alphabétique par noms d'auteurs ou d'illustrateurs. Décrit la jeunesse, les études et la carrière de chaque auteur ou illustrateur. Les principales oeuvres sont discutées, et des commentaires de l'auteur sont fournis. Chaque esquisse est complétée par une liste de livres écrits ou illustrés par la personne dont il est question. Portraits en noir et blanc. Les profils des francophones sont donnés en français et en anglais. 1re éd., 1971, *Profiles from In review : Canadian books for children*.   PS8081 M25 1975 C810.99282

3413

Profiles 2 : authors and illustrators, children's literature in Canada. – Irma McDonough, editor. – Ottawa : Canadian Library Association, 1982. – 170 p. : ill., ports. – 0888021631

A second collection of 45 bio-bibliographical profiles, 44 of which were originally published in the periodical *In review : Canadian books for young people*. The 45th profile appeared in *Author kit #1* prepared by the Children's Book Centre. Alphabetically arranged by name of author or illustrator. Biographical essays with a black and white portrait and list of books written or illustrated by the biographee. Profiles of Francophones appear in both French and English.   PS8081 M25 1982 C810.99282

Deuxième collection de 45 profils biobibliographiques, dont 44 ont été publiés à l'origine dans le périodique *In review : Canadian books for young people*. Le 45e profil a paru dans *Author kit #1* préparé par le Children's Book Centre. Classement alphabétique par noms d'auteurs ou d'illustrateurs. Essais biographiques avec un portrait en noir et blanc et une liste des livres écrits ou illustrés par la personne dont il est question. Les profils des francophones sont donnés en français et en anglais.   PS8081 M25 1982 C810.99282

3414

Something about the author : facts and pictures about authors and illustrators of books for young people. – Detroit : Gale Research, c1971-   . –   vol. : ill., ports. – 0276-816X

An ongoing series which provides bio-bibliographical entries for authors and illustrators of books for children and young people. Covers primarily authors from English-speaking countries, in particular the United States, Canada and Great Britain. Also includes authors whose works are available in English translation. Entries in each volume are alphabetically arranged by name and include: name; personal information including date and place of birth and death, names of family members, education, etc.; type of career; memberships; awards and honours; bibliography of books written or illustrated; works in progress; an essay on the writer's or illustrator's development; references for further reading; a black and white portrait. Obituaries are also provided.

Cumulative illustration and author/illustrator indexes included in each volume, vol. 3-57, and in every second volume, vol. 59-   . The indexes also include references to authors and illustrators who appear in *Yesterday's authors of books for children, Children's literature review* and *Something about the author autobiography series* published by Gale Research. Cumulative character index in volumes 50 and 54.   PN451 S6 1992 fol.   810.99282

Collection permanente qui fournit des notices biobibliographiques sur les auteurs et les illustrateurs de livres pour les enfants et pour les jeunes. Porte principalement sur les auteurs de pays anglophones, particulièrement les États-Unis, le Canada et la Grande-Bretagne. Inclut également des auteurs dont les oeuvres sont disponibles en traduction anglaise. Dans chaque volume, les notices sont classées en ordre alphabétique par noms et elles comprennent: le nom, des données personnelles comme la date et le lieu de naissance et de décès, les noms des autres membres de la famille, les études, etc.; le type de carrière; la participation à des associations; les prix et les honneurs remportés; une bibliographie des livres écrits ou illustrés; les travaux en cours; un essai sur le développement de l'écrivain ou de l'illustrateur; des références à d'autres documents; un portrait en noir et blanc. Les notices nécrologiques sont aussi fournies.

Deux index cumulatifs: illustrations, auteurs/illustrateurs sont inclus dans chaque volume, vol. 3-57, puis à tous les deux volumes, vol. 59-   . Les index comprennent aussi des références aux auteurs et aux illustrateurs qui figuraient dans *Yesterday's authors of books for children, Children's literature review* et *Something about the author autobiography series* publié par Gale Research. Index cumulatif des personnages dans les volumes 50 et 54.   PN451 S6 1992 fol. 810.99282

3415

Stott, John C. – *Canadian books for children : a guide to authors & illustrators.* – John C. Stott, Raymond E. Jones. – Toronto : Harcourt Brace Jovanovich Canada, c1988. – viii, 246 p. : ill. – 0774730811

A guide to Canadian children's literature in English designed to address the needs of teachers, librarians, etc. Part I is comprised of 105 bio-bibliographical articles on Canadian children's authors and illustrators. Articles discuss career development, themes, techniques and major works. References to other sources of information on the author/illustrator are also noted. Part II includes an essay on curriculum use of Canadian children's books and a list of recommended Canadian books for elementary and junior high school, arranged by grade. Part III describes and lists past winners of Canadian children's English-language book awards. Index of authors, illustrators and titles. PS8081 S86 1988 C810.99282

Guide sur la littérature canadienne-anglaise pour enfants conçu en fonction des besoins des enseignants, des bibliothécaires, etc. La partie I comprend 105 articles biobibliographiques sur les auteurs et les illustrateurs de livres canadiens pour enfants. Les articles discutent de la carrière, des thèmes, des techniques et des oeuvres principales de chacun. Contient aussi des références à d'autres sources d'information sur les auteurs et les illustrateurs. La partie II inclut un essai sur l'utilisation à l'école de livres canadiens pour enfants ainsi qu'une liste de livres canadiens recommandés pour les écoles primaires et pour le premier cycle du secondaire classés par niveaux. La partie III contient la liste et la description des livres canadiens-anglais pour enfants qui ont remporté des prix. Index des auteurs, des illustrateurs et des titres. PS8081 S86 1988 C810.99282

3416

Writing stories, making pictures : biographies of 150 Canadian children's authors and illustrators. – Toronto : Canadian Children's Book Centre, c1994. – 352 p. : ports. – 092909512X

Biographies of 150 Canadian authors and illustrators of primarily English-language books for children. Arranged alphabetically. Entries include: place and date of birth, school, place of residence, career and family information, author's/illustrator's comments, bibliography, awards, black and white portrait. List of Canadian children's book awards. NX513 Z8 W75 1994 fol. C810.99282

Biographies de 150 auteurs et illustrateurs canadiens de livres pour enfants publiés principalement en anglais. Classement alphabétique. Les notices comprennent: lieu et date de naissance, école, lieu de résidence, renseignements sur la carrière et la famille, commentaires de l'auteur ou de l'illustrateur, bibliographie, prix, portrait en noir et blanc. Liste de prix canadiens en littérature de jeunesse. NX513 Z8 W75 1994 fol. C810.99282

Directories

Répertoires

3417

CANSCAIP travels. – Toronto : CANSCAIP, [1991]. – 34 p. – Cover title.

A directory of CANSCAIP members who are available for readings, workshops, storytelling and performances. Arranged by type of activity and then alphabetically by name of artist. Entries include artist's name, telephone number and place of residence and a brief description of the activities undertaken. NX28 C32 C355 1991 fol. 700.2571

Répertoire des membres de CANSCAIP qui sont disponibles pour faire des lectures, donner des ateliers, raconter des histoires et présenter des spectacles. Classement par types d'activités, puis classement alphabétique par noms d'artistes. Les notices comprennent le nom de l'artiste, son numéro de téléphone et son lieu de résidence ainsi qu'une courte description de ses activités. NX28 C32 C355 1991 fol. 700.2571

3418

Horning, Kathleen T. – *Alternative press publishers of children's books : a directory.* – 3rd ed. – Madison (Wis.) : Cooperative Children's Book Center, 1988. – xiv, 89 p. – 0931641024

1st ed., 1982. 2nd ed., 1985. A directory of independent publishers of children's books in the United States and Canada. Twenty Canadian publishers are included in the third edition. Alphabetically arranged by name of publisher. Entries include name, address, telephone number, description of types of books published, ISBN prefix, contact person, date of foundation, information about catalogues, billing and discounts if provided by publisher, total number of titles in print, children's titles in print, submissions and query letters. Language, geographical, distributor and subject indexes. Z475 S45 1988 070.50257

1re éd., 1982. 2e éd., 1985. Répertoire des éditeurs indépendants de livres pour enfants des États-Unis et du Canada. Vingt éditeurs canadiens sont inclus dans la troisième édition. Classement alphabétique des noms d'éditeurs. Les notices contiennent le nom, l'adresse, le numéro de téléphone, la description des types de livres publiés, le préfixe ISBN, le nom d'une personne-ressource, la date de fondation, des données sur les catalogues, la facturation et les remises, le nombre total de titres disponibles, les livres pour enfants disponibles, les titres pour enfants publiés en 1987, et la politique sur la présentation de manuscrits et sur les lettres de demande. Quatre index: langues, géographique, distributeurs, sujets. Z475 S45 1988 070.50257

3419

Warren, Louise. – *Répertoire des ressources en littérature de jeunesse.* – Préface d'André Vanasse. – Montréal : Marché de l'écriture, 1982. – [152] p. – 2920330020

A directory of organizations, publishers, researchers, creators, educators, librarians and critics involved in French-Canadian children's literature. Sections covering resource persons, organizations, periodicals, literary prizes, publishers and booksellers. Entries for resource persons include: name, home and work addresses and telephone numbers, education, association memberships, areas of activity,

Répertoire des organisations, des éditeurs, des chercheurs, des créateurs, des éducateurs, des bibliothécaires et des critiques qui s'occupent de la littérature canadienne-française pour enfants. Sections qui portent sur les personnes-ressources, les organisations, les périodiques, les prix littéraires, les éditeurs et les libraires. Les notices sur les personnes-ressources comprennent: nom, adresse et

research or works in progress, articles and books published. Descriptive annotations are provided in entries for organizations, periodicals and literary prizes. Past winners of prizes are also noted. Index of resource persons, arranged by area of activity.
PS8069 W37   C840.99282

numéros de téléphone à la maison et au travail, études, associations dont la personne fait partie, domaines d'activité, travaux en cours, articles et livres publiés. Les notices sur les organisations, les périodiques et les prix de littérature contiennent des annotations descriptives. Les anciens gagnants des prix sont signalés. Index des personnes-ressources classées par domaines d'activité.   PS8069 W37 C840.99282

Handbooks

Guides

3420

Écrire pour la jeunesse. – Sous la direction de Bernadette Renaud. – Longueuil (Québec) : Conseil culturel de la Montérégie, [1990?]. – 154 p. : portr. – 2980184705

A guide to writing for children, designed for Quebec authors. Three parts covering writing for print media, television and cinema, and theatre. Introductory essays on each medium and descriptive entries for individual publishers, television and film production companies and theatre companies. Entries include: name, address and telephone number; date of foundation; names of principal personnel; types of publications or projects undertaken; audience ages; statement of objectives; notes on submission of manuscripts, illustrations, film or television projects; methods of distribution; director's statement. Relevant organizations, funding agencies, promotional programmes, prizes, fairs and festivals are also described in each section.
Z286 C48 E27 1990   808.06809714

Guide sur l'art d'écrire pour les enfants à l'intention des auteurs québécois. Trois parties qui portent sur l'écriture pour les médias imprimés, pour la télévision et le cinéma, et pour le théâtre. Essai d'introduction sur chaque média et notices descriptives sur des éditeurs, des maisons de production pour la télévision et le cinéma et des compagnies théâtrales. Les notices contiennent: le nom, l'adresse et le numéro de téléphone; la date de fondation; les noms des principaux membres du personnel; les types de publications ou de projets entrepris; l'âge du public; un énoncé des objectifs; des notes sur la présentation de manuscrits, d'illustrations et de projets de films ou d'émissions de télévision; les méthodes de distribution; un énoncé du directeur. Dans chaque section sont également décrites les associations pertinentes, les organismes de financement, les programmes de promotion, les prix, les salons et les festivals.
Z286 C48 E27 1990   808.06809714

3421

A guide for authors and illustrators. – Toronto : Canadian Children's Book Centre, c1990. – 24 p. : ill. – Cover title.

Prev. ed., 1986. A guide to writing and illustrating children's books in Canada. Three sections covering subjects of interest to writers, to illustrators and general information of interest to both groups. Discusses topics such as getting started, genres, manuscript and portfolio preparation, selecting a publisher, copyright, contracts and agents. Directory of writers' associations and professional organizations. Bibliography of sources on writing and children's literature. This booklet was included in a kit prepared by the Centre entitled: *Writing for children.*   PN147.5 W76 1991 fol.   808.0680971

Éd. antérieure, 1986. Guide sur l'art d'écrire et d'illustrer des livres pour enfants au Canada. Trois sections qui portent sur les domaines d'intérêt pour les écrivains et les illustrateurs et sur des notions générales qui intéressent les deux. Discute de questions comme les premières étapes, les genres, la préparation des manuscrits et des portfolios, le choix d'un éditeur, le droit d'auteur, les contrats et les agents. Répertoire des associations d'écrivains et des organisations professionnelles. Bibliographie des documents de référence sur l'écriture et la littérature pour enfants. Ce livret a été inclus dans un ensemble multi-support préparé par le Centre et intitulé: *Writing for children.*   PN147.5 W76 1991 fol.   808.0680971

3422

Lemieux, Louise. – *Pleins feux sur la littérature de jeunesse au Canada français.* – [Montréal] : Leméac, 1972. – [342] p.

A guide to and study of French-Canadian children's literature. Part 1 is an essay examining the evolution of the literature from its beginnings to 1971 as well as aspects of its development such as publication, distribution and illustration. Part II is comprised of biographical entries for selected authors, with sources noted. Part II also includes a preliminary bibliography of novels, tales, short stories and biographies written for children ages four to fifteen, by French-Canadian authors. Appendices: text of the charter of the Bureau international catholique de l'enfance (B.I.C.E.); list of literary prize winners; texts of several documents related to the organization Communication-jeunesse; list of illustrators and their works. Author and title indexes.   PN1009 C3 L4   C840.99282

Guide et étude de la littérature canadienne-française pour enfants. La partie I est un essai qui examine l'évolution de la littérature depuis ses débuts jusqu'en 1971 ainsi que certains aspects de son développement comme la publication, la distribution et l'illustration. La partie II est formée de notices biographiques sur des auteurs choisis, avec indication des sources. La partie II contient aussi une bibliographie préliminaire des romans, des contes, des nouvelles et des biographies écrits par des auteurs canadiens-français pour les enfants de quatre à quinze ans. Annexes: texte de la charte du Bureau international catholique de l'enfance (B.I.C.E.); liste des gagnants de prix littéraires; texte de plusieurs documents relatifs à l'organisation Communication-jeunesse; liste des illustrateurs et de leurs oeuvres. Deux index: auteurs, titres.   PN1009 C3 L4   C840.99282

History and Criticism

Histoire et critique

3423

Children's literature review : excerpts from reviews, criticism, and commentary on books for children and young people. – Detroit : Gale Research, 1976- . – vol. : ill., ports. – 0362-4145

Each volume presents critical material from English-language sources on approximately fifteen children's authors or illustrators. International in coverage. 24 Canadian authors included to date. Each entry includes: an introductory overview of the author's life and works; commentary by the author; critical excerpts from general commentary by reviewers, critics, etc.; critical excerpts from reviews, etc., of specific titles; black and white portrait when available. Cumulative indexes of authors, nationalities and titles in each volume. The author index includes references to other Gale publications including *Something about the author, Contemporary authors*, etc.   Z1037 A1 C5 fol.   028.162

Chaque volume présente des documents critiques tirés de sources en anglais sur environ quinze auteurs ou illustrateurs de livres pour enfants. De portée internationale. Jusqu'à maintenant, inclut 24 auteurs canadiens. Chaque notice contient: un aperçu introductif de la vie de l'auteur et de ses oeuvres; un commentaire de l'auteur; des commentaires généraux faits par des critiques, etc.; des extraits de critiques, etc. relatives à des oeuvres particulières; un portrait en noir et blanc quand il y en a un de disponible. Trois index cumulatifs dans chaque volume: auteurs, nationalités et titres. L'index des auteurs inclut des références à d'autres publications Gale, notamment *Something about the author, Contemporary authors*, etc.   Z1037 A1 C5 fol.   028.162

3424

Demers, Dominique. – ***Du Petit Poucet au Dernier des raisins : introduction à la littérature jeunesse.*** – Dominique Demers avec la collaboration de Paul Bleton ; illustrations intérieures, Anne Villeneuve. – Boucherville (Québec) : Québec/Amérique jeunesse ; Sainte-Foy (Québec) : Télé-université, c1994. – 253 p., [12] p. de pl. : ill. (certaines en coul.). – (Explorations). – 2890376664 2762406587 (Télé-université)

A critical study of children's literature in French, with emphasis on Quebec authors. Examines text and illustrations. List of suggested children's works. Bibliography.   PN1009 A1 D42 1994   C840.99282

Étude critique de la littérature de jeunesse en français. Emphase sur les auteurs québécois. Traite de textes et d'images. Liste des ouvrages de jeunesse recommandés. Bibliographie.   PN1009 A1 D42 1994 C840.99282

3425

Egoff, Sheila [A.]. – ***The new republic of childhood : a critical guide to Canadian children's literature in English.*** – Sheila Egoff and Judith Saltman. – Toronto : Oxford University Press, 1990. – xiv, 378 p. : ill. – 0195405765

A critical study of Canadian children's literature in English. Discusses the development of the literature and the history of its publication in Canada. Examines in detail genres such as realistic fiction and animal stories, historical fiction, picture books, Native legends, folk and fairy tales, fantasy, science fiction, poetry and verse. Bibliography. Index of authors, illustrators and titles. 1st ed., 1967, 2nd ed., 1975, *The republic of childhood : a critical guide to Canadian children's literature in English*. Previous editions are still useful for the annotated list of titles which completes each chapter. Also: produced as a sound recording: Vancouver : Crane Library, 1990, cassettes : analog, 4.75 cm/s, 2 track, mono.   PS8069 E34 1990 C810.99282

Étude critique de la littérature canadienne-anglaise pour enfants. Discute du développement de la littérature et de l'histoire de la publication au Canada. Examine les genres en détail, notamment la fiction réaliste et les histoires d'animaux, la fiction historique, les livres illustrés, les légendes autochtones, les contes folkloriques et les contes de fée, les histoires fantastiques, la science fiction, la poésie et les vers. Bibliographie. Index des auteurs, des illustrateurs et des titres. 1re éd., 1967, 2e éd., 1975, *The republic of childhood : a critical guide to Canadian children's literature in English*. Les éditions antérieures restent utiles en raison de la liste d'oeuvres commentées qui complète chaque chapitre. Aussi produit sous forme d'enregistrement sonore: Vancouver : Crane Library, 1990,   cassettes : analogique, 4.75 cm/s, 2 pistes, monophonique.   PS8069 E34 1990 C810.99282

3426

Saltman, Judith. – ***Modern Canadian children's books.*** – Toronto : Oxford University Press, 1987. – viii, 136 p. : ill. – (Perspectives on Canadian culture). – 0195405722

A survey of Canadian children's literature and publishing during the decade from 1975 to 1985. Emphasis on English-language literature although does include sections on bilingual books and translations, and French-Canadian folklore. Provides an overview of picture books, fiction, the oral tradition and poetry. Each chapter is completed by a bibliography of titles mentioned. Index of authors, titles and illustrators.   Z1037 S24 1987   C810.99282

Examen de la littérature et de l'édition canadiennes pour enfants durant la décennie 1975-1985. Insiste sur la littérature en anglais, mais contient des sections sur les livres bilingues et les traductions, et sur le folklore canadien-français. Donne un aperçu des livres illustrés, des oeuvres de fiction, de la tradition orale et de la poésie. Chaque chapitre est complété par une bibliographie des oeuvres mentionnées. Index des auteurs, des titres et des illustrateurs. Z1037 S24 1987   C810.99282

3427

Thaler, Danielle. – ***Était-il une fois? littérature de jeunesse : panorama de la critique (France-Canada).*** – Toronto : Paratexte, c1989. – 1, 100 p. + 3 disquettes. – 0920615147 092061518X (disquettes)

A bibliography of approximately 8,000 critical works on children's literature in French of Canada and France. Includes books, theses, conference proceedings and periodical articles in French, English and other languages. Two sections: subjects including genres, themes, authors and illustrators studied; authors of critical works. List of periodicals examined. Index of subjects. Also produced as a database on three diskettes.   Z1037.2 T48 1989 fol.   016.84099282

Bibliographie d'environ 8 000 oeuvres de critique sur la littérature pour enfants en français du Canada et de la France. Inclut des livres, des thèses, des actes de congrès et des articles de périodiques en français, en anglais et en d'autres langues. Deux sections: les sujets comprenant les genres, les thèmes, les auteurs et les illustrateurs étudiés; les auteurs d'oeuvres de critique. Liste des périodiques examinés. Index des sujets. Également produite sous forme de base de données sur trois disquettes.   Z1037.2 T48 1989 fol.   016.84099282

3428

Waterston, Elizabeth. – *Children's literature in Canada.* – New York : Twayne Publishers ; Toronto : Maxwell Macmillan Canada, c1992. – xiv, 212 p. : ill. – (Twayne's world authors series. Children's literature ; TWAS 823). – 0805782648

A study and history of Canadian children's literature in English or French. Includes chapters covering genres, themes and types of publications such as traditional stories, easy-to-read books, animal studies, literature for girls and historical fiction. Organized to reflect reading development from babyhood to young adult. Chronology. Bibliography. Index of authors and subjects.   PS8069 W375 1992 C810.99282

Étude et histoire de la littérature canadienne pour enfants, en anglais ou en français. Inclut des chapitres qui portent sur les genres, les thèmes et les types de publications comme les histoires tradition-nelles, les livre faciles à lire, les études d'animaux, la littérature pour les filles et la fiction historique. Organisée de manière à refléter l'apprentissage de la lecture, depuis le niveau du bébé jusqu'à celui du jeune adulte. Tableau chronologique. Bibliographie. Index des auteurs et des sujets.   PS8069 W375 1992   C810.99282

Illustration

Illustration

3429

Aubrey, Irene E. – *Pictures to share : illustration in Canadian children's books = Images pour tous : illustration de livres canadiens pour enfants.* – Ottawa : National Library of Canada, 1987. – 59 p. – 066053763X

1st ed., 1979. A selection of books significant in the field of Canadian children's book illustration. Includes works in English, French and other languages. Arranged in three parts covering the nineteenth century to 1959, 1960 to 1979 and 1980 to 1985. Within each section works are alphabetically arranged by name of illustra-tor. Bilingual introduction and annotations. Index of titles, illustra-tors, authors, translators, compilers and adapters. Reproduced in microform format: *Microlog*, no. 90-00004.   Z1377 C45 A335 1987 fol.   011.62

1re éd., 1979. Sélection de livres importants dans le domaine de l'illustration de livres pour enfants au Canada. Inclut des oeuvres en anglais, en français et en d'autres langues. Classement en trois parties qui couvrent le dix-neuvième siècle jusqu'à 1959, de 1960 à 1979 et de 1980 à 1985. Au sein de chaque partie, les oeuvres sont classées en ordre alphabétique par noms d'illustrateurs. Introduction bilingue et annotations. Index des titres, des illustrateurs, des auteurs, des traducteurs, des compilateurs et des adaptateurs. Reproduit sur support microforme: *Microlog*, n° 90-00004. Z1377 C45 A335 1987 fol.   011.62

3430

Aubrey, Irene E. – *Pictures to share : illustration in Canadian children's books = Images pour tous : illustration de livres canadiens pour enfants.* – Ottawa : Bibliothèque nationale du Canada, 1987. – 59 p. – 066053763X

1st ed., 1979. A selection of books significant in the field of Canadian children's book illustration. Includes works in English, French and other languages. Arranged in three parts covering the nineteenth century to 1959, 1960 to 1979 and 1980 to 1985. Within each section works are alphabetically arranged by name of illustra-tor. Bilingual introduction and annotations. Index of titles, illustra-tors, authors, translators, compilers and adapters. Reproduced in microform format: *Microlog*, no. 90-00004.   Z1377 C45 A335 1987 fol.   011.62

1re éd., 1979. Sélection de livres importants dans le domaine de l'illustration de livres pour enfants au Canada. Inclut des oeuvres en anglais, en français et en d'autres langues. Classement en trois parties qui couvrent le dix-neuvième siècle jusqu'à 1959, de 1960 à 1979 et de 1980 à 1985. Au sein de chaque partie, les oeuvres sont classées en ordre alphabétique par noms d'illustrateurs. Introduction bilingue et annotations. Index des titres, des illustrateurs, des auteurs, des traducteurs, des compilateurs et des adaptateurs. Reproduit sur support microforme: *Microlog*, n° 90-00004.   Z1377 C45 A335 1987 fol.   011.62

3431

Canada à Bologne : une exposition d'illustrations de livres pour enfants, Bologne, du 5 au 8 avril 1990 = Canada at Bologna : an exhibition of Canadian children's book illustrations, Bologna, April 5 to 8, 1990. – Toronto : Canada at Bologna Steering Committee, c1990. – 63 p. : col. ill. – 0929095014

The bilingual catalogue of an exhibition of illustrations by Canadian children's book illustrators which was mounted at the Bologna Book Fair in 1990. Includes works created during the 1980s. Alphabetically arranged by name of illustrator. One work by each is reproduced in colour and accompanied by notes on place and date of birth, address, education and awards and a list of works exhibited. NC975.6 C33 1990 fol.   741.6420971074

Catalogue bilingue d'une exposition d'illustrations réalisées par des illustrateurs canadiens de livres pour enfants. Cette exposition a été montée à la foire du livre de Bologne en 1990. Inclut des oeuvres créées pendant les années 1980. Classement alphabétique par noms d'illustrateurs. Pour chaque illustrateur, une oeuvre est reproduite en couleurs et accompagnée de notes sur la date et le lieu de sa naissance, son adresse, ses études et les prix remportés ainsi qu'une liste des oeuvres exposées.   NC975.6 C33 1990 fol.   741.6420971074

3432

Canada à Bologne : une exposition d'illustrations de livres pour enfants, Bologne, du 5 au 8 avril 1990 = Canada at Bologna : an exhibition of Canadian children's book illustrations, Bologna, April 5 to 8, 1990. – Toronto : Canada à Bologne comité organisateur, c1990. – 63 p. : ill. en coul. – 0929095014

The bilingual catalogue of an exhibition of illustrations by Canadian children's book illustrators which was mounted at the Bologna Book Fair in 1990. Includes works created during the 1980s. Alphabetically arranged by name of illustrator. One work by each is reproduced in colour and accompanied by notes on place and date of birth,

Catalogue bilingue d'une exposition d'illustrations réalisées par des illustrateurs canadiens de livres pour enfants. Cette exposition a été montée à la foire du livre de Bologne en 1990. Inclut des oeuvres créées pendant les années 1980. Classement alphabétique par noms d'illustrateurs. Pour chaque illustrateur, une oeuvre est reproduite en

address, education and awards and a list of works exhibited.
NC975.6 C33 1990 fol.   741.6420971074

couleurs et accompagnée de notes sur la date et le lieu de sa naissance, son adresse, ses études et les prix remportés ainsi qu'une liste des oeuvres exposées.   NC975.6 C33 1990 fol.   741.6420971074

3433

Sarrasin, Francine. – *La griffe québécoise dans l'illustration du livre pour enfants.* – [Montréal] : Communication-jeunesse ; Québec : Musée de la civilisation, c1991. – 63 p. : ill. (certaines en coul.). – 2920453068 (C-J.) 2551126746 (Musée)

The catalogue of an exhibition of 72 illustrations by children's book illustrators of Quebec, organized by the Galerie de l'Université du Québec à Montréal. Includes an essay on the themes, artistry and techniques of children's book illustration. Numerous colour reproductions are accompanied by publication information and notes on medium and dimensions. Brief biographies of illustrators. List of works exhibited.   NC975.6 S37 1991 fol.   741.64209714074

Catalogue d'une exposition de 72 illustrations de livres pour enfants réalisées par des illustrateurs québécois de livres pour enfants. L'exposition était organisée par la Galerie de l'Université du Québec à Montréal. Inclut un essai sur les thèmes, la valeur artistique et les techniques de l'illustration de livres pour enfants. Les nombreuses reproductions en couleurs sont accompagnées de données sur la publication et de notes sur le médium et les dimensions de l'oeuvre. Courtes biographies des illustrateurs. Liste des oeuvres exposées. NC975.6 S37 1991 fol.   741.64209714074

3434

Smiley, Barbara. – *Illustrators of Canadian books for young people.* – [Toronto : Ministry of Culture and Recreation], 1979. – [2], 49 p.

A bibliography of Canadian illustrated books for children. Lists books illustrated by Canadian as well as foreign illustrators. Works by the latter are included if published in Canada or if they have Canadian authorship or content. Alphabetically arranged by name of illustrator.   NC965 S55   741.6420922

Bibliographie de livres canadiens illustrés pour enfants. Signale des livres illustrés par des Canadiens ainsi que par des étrangers. Ces dernières oeuvres sont incluses si elles ont été publiées au Canada ou si l'auteur ou le contenu est canadien. Classement alphabétique par noms d'illustrateurs.   NC965 S55   741.6420922

3435

Stieda, Sieglinde. – *The development of a handbook of bio-bibliographies of Canadian artists who illustrated children's books published between 1815-1975.* – Ottawa : National Library of Canada, 1981. – 3 microfiches. – (Canadian theses on microfiche ; 46795). – M. Ed. thesis, Memorial University, 1977.

164 bio-bibliographical entries for Canadian artists who have illustrated and/or created children's books. Alphabetically arranged by name of artist. Entries include a brief biography, lists of works illustrated and/or written by the artist, references to books, periodical and newspaper articles about the artist. List of sources consulted. Chronology of significant events in the development of Canadian children's literature.   NC965   741.6420971

Contient 164 notices biobibliographiques sur des artistes canadiens qui ont illustré ou créé des livres pour enfants. Classement alphabétique des noms d'artistes. Les notices contiennent une courte biographie, les listes des oeuvres illustrées ou écrites par l'artiste ainsi que des références aux livres et aux articles de périodiques et de journaux sur l'artiste. Liste des sources consultées. Tableau chronologique des événements importants dans le développement de la littérature canadienne pour enfants.   NC965   741.6420971

3436

Treasures : Canadian children's book illustration. – Toronto : Children's Book Centre, [1986]. – 63 p. : col. ill., ports.

A selection of illustrations by 30 Canadian children's book illustrators. Alphabetically arranged by name of illustrator. A colour reproduction of one work by each is accompanied by notes on place and date of birth, education, career and awards and a black and white portrait.   NC965 T74 1986 fol.   741.6420971

Sélection d'illustrations réalisées par 30 illustrateurs canadiens de livres pour enfants. Classement alphabétique par noms d'illustrateurs. Une oeuvre de chaque illustrateur est reproduite en couleurs et accompagnée de données biographiques, c'est-à-dire lieu et date de naissance, études, carrière et prix remportés, et d'un portrait en noir et blanc.   NC965 T74 1986 fol.   741.6420971

Indexes

Index

3437

In review : Canadian books for young people. Index 1967-1981. – Toronto : Ministry of Citizenship and Culture, Libraries and Community Information Branch, 1981. – 148 p. – (In review : Canadian books for young people ; vol. 15, no. 6 (December 1981)). – 0019-3259

An index to vol. 1, no. 1 (Winter 1967)-vol. 15, no. 5 (Sept. 1981) of the periodical *In review : Canadian books for young people*. *In review*, which ceased publication with its April 1982 issue, provided articles on Canadian children's literature and librarianship, profiles of children's authors and illustrators and reviews of books for children and children's literature professionals. The index is arranged in two parts: authors, titles and subjects of articles and profiles; author and title access to reviews. *In review* was also indexed in *Children's literature abstracts*, *Canadian essay and literature index* and *Book review index*.   Z1037 A1 I5   028.55

Index du périodique *In review : Canadian books for young people*, vol. 1, n° 1 (hiver 1967)-vol. 15, n° 5 (sept. 1981). *In review*, dont la publication a cessé avec le numéro d'avril 1982, fournissait des articles sur la littérature et la bibliothéconomie canadiennes pour enfants, des profils d'auteurs et d'illustrateurs de livres pour enfants et des critiques de livres pour enfants et de livres pour les professionnels de la littérature pour enfants. L'index est classé en deux parties : auteurs, titres et sujets des articles et des profils; accès aux critiques par auteurs et par titres. Le périodique *In review* était également répertorié dans *Children's literature abstracts*, *Canadian essay and literature index* et *Book review index*.   Z1037 A1 I5   028.55

3438

Index Lurelu, 1977-1985. – [Saint-Jérôme, Québec : Lurelu, 1986?]. – 56 f. – Titre de la couv.

An index to articles, interviews and book reviews published in *Lurelu*, a periodical on French-language children's literature of Quebec. *Lurelu* has been published since Winter 1977 and is also indexed in the *Canadian periodical index*, 1987- , and *Point de repère*, 1989- . AP203 L87 1986 fol. Index   016.0285

Index des articles, entrevues et critiques de livres publiés dans *Lurelu*, un périodique sur la littérature québécoise en français pour enfants. *Lurelu* est publié depuis l'hiver 1977 et répertorié dans *Index de périodiques canadiens*, 1987- , et *Point de repère*, 1989- . AP203 L87 1986 fol. Index   016.0285

3439

Snow, Kathleen M. – *Subject index to Canadian poetry in English for children and young people.* – Compiled by Kathleen M. Snow, Rickey Dabbs, Esther Gorosh. – 2nd ed. – [Ottawa] : Canadian Library Association, c1986. – [14], 307 p. – 0888022026

A subject index to poems in English found in 120 Canadian collections in print during the years 1976 through 1983. Volumes which include five or more poems of interest to children and young people, ages six through fourteen, were selected. List of collections indexed. 1st ed., 1983, *Subject index for children and young people to Canadian poetry in English.*   Z1377 P7 S66 1986 fol.   016.811

Index des sujets pour les poèmes en anglais qui font partie de 120 collections canadiennes disponibles en librairie durant les années 1976 à 1983. On a retenu les volumes qui contiennent cinq poèmes ou plus destinés aux enfants et aux jeunes de six à quatorze ans. Liste des collections répertoriées. 1re éd., 1983, *Subject index for children and young people to Canadian poetry in English.*   Z1377 P7 S66 1986 fol.   016.811

3440

Vidéo-presse. Index cumulatif de 1979 à 1993. – Montréal : Éditions Paulines, [1994?]. – 172 p. – 2894202091

Subject index to 1,859 articles published in vol. 9 (1979)-vol. 22 (1993) of *Vidéo-presse.* Alphabetically arranged.   AP203 V53 fol.   054.1

Index sujets de 1 859 articles parus dans *Vidéo-presse*, vol. 9 (1979)-vol. 22 (1993). Classement alphabétique.   AP203 V53 fol.   054.1

Diaries and Autobiographies

Journaux intimes et autobiographies

3441

Lamonde, Yvan. – *Je me souviens : la littérature personnelle au Québec (1860-1980).* – Québec : Institut québécois de recherche sur la culture, 1983. – 275 p. – (Instruments de travail ; n° 9). – 289224028X

A bibliography of 480 autobiographies, personal journals, recollections and memoires of 366 Francophones of Quebec. Includes both published and manuscript formats. Excludes autobiographical novels, personal correspondence and chronicles. Alphabetically arranged by name of author. Entries include name, pseudonym, dates of birth and death, biographical notes, bibliographic citation or, in the case of manuscripts, a physical description of the material, location, contents notes, genre and history and references to published studies on the document. An introductory essay examines the genres of personal literature and their history in Quebec. Statistical tables analyse percentages of titles in published and manuscript format, according to genre, time period, etc. List of documents arranged by genre and then alphabetically by author, 1860-1980. List of documents arranged by genre and time period, 1824-1980. Name index. Z1374 L35 1983   016.84803

Bibliographie de 480 autobiographies, journaux personnels, souvenirs et mémoires de 366 francophones du Québec. Inclut les ouvrages publiés et les manuscrits. Exclut les romans autobiographiques, la correspondance personnelle et les chroniques. Classement alphabétique par noms d'auteurs. Les notices comprennent le nom, le pseudonyme, les dates de naissance et de décès, des notes biographiques, des références bibliographiques ou dans le cas des manuscrits, une description matérielle du document, une localisation, des notes sur le contenu, le genre et l'histoire ainsi que des références aux études publiées sur le document en question. Un essai de présentation étudie les genres de la littérature personnelle et leur histoire au Québec. Les tableaux statistiques analysent les pourcentages de titres publiés et sous forme de manuscrits, selon le genre, la période, etc. Liste des documents classés par genres puis alphabétiquement par auteurs, 1860-1980. Liste des documents classés par genres et par périodes, 1824-1980. Index des noms. Z1374 L35 1983 016.84803

3442

Matthews, William. – *Canadian diaries and autobiographies.* – Berkeley (Calif.) : University of California Press, 1950. – 130 p.

A bibliography of 1,276 entries for diaries and autobiographies relating to Canada. Includes English and French titles, published and unpublished, dating from the eighteenth through the twentieth centuries. Excludes diaries and travel books of Americans visiting Canada, diaries of fur traders working in what is now American territory, journals of world and Arctic explorers whose travels were only incidentally in Canada. Alphabetically arranged by name of author. Brief biographical and content notes. Addenda. Subject index.   Z1374 M3   016.808883

Bibliographie de 1 276 notices sur des journaux personnels et des autobiographies qui se rapportent au Canada. Inclut des ouvrages en anglais et en français, publiés ou non, datant du dix-huitième siècle jusqu'au vingtième siècle. Exclut les journaux personnels et de voyage des Américains qui visitaient le Canada, les journaux personnel des commerçants de fourrure qui travaillaient dans ce qui est maintenant le territoire américain, les journaux des explorateurs de l'Arctique et du reste du monde dont les voyages au Canada ne présentent qu'un intérêt secondaire. Classement alphabétique par noms d'auteurs. Courtes notes biographiques et notes sur le contenu. Addenda. Index des sujets.   Z1374 M3   016.808883

Drama

Anthologies

Théâtre

Anthologies

3443

20 ans. – Centre d'essai des auteurs dramatiques. – Montréal : vlb, c1985. – 313, [7] p. : ill. – 2890052249

Complete texts of twenty short plays by major contemporary French-Canadian dramatists written to mark the twentieth anniversary of the Centre d'essai des auteurs dramatiques (now the Centre des auteurs dramatiques) in 1985. Includes works by playwrights such as Marcel Dubé, Marie Laberge, Antonine Maillet, Maryse Pelletier and Michel Tremblay. Alphabetically arranged by name of playwright. Bio-bibliographical notes precede each play. PS8315.5 Q8 V55 1985 C842.5408

Texte complet de vingt courtes pièces écrites par des dramaturges canadiens-français contemporains importants, à l'occasion du vingtième anniversaire du Centre d'essai des auteurs dramatiques (aujourd'hui le Centre des auteurs dramatiques) en 1985. Inclut les oeuvres d'auteurs dramatiques comme Marcel Dubé, Marie Laberge, Antonine Maillet, Maryse Pelletier et Michel Tremblay. Classement alphabétique des noms de dramaturges. Des notes biobibliographiques précèdent chaque pièce. PS8315.5 Q8 V55 1985 C842.5408

3444

Anthologie du théâtre québécois, 1606-1970. – Jan Doat. – Québec : Éditions La Liberté, 1973. – 505 p.

A survey anthology of excerpts from French-Canadian plays. Excludes plays for children, musicals and texts written for radio or television. Extracts are arranged by time period: 1606-1899, 1900-1930, 1930-1945, 1945-1970. Brief bio-bibliographical notes on playwright precede each play. Directory of French-Canadian dramatists, including authors whose works are not included in the anthology.

   Appendices: dramatic works held in the salle Gagnon, Bibliothèque municipale de Montréal; dramatic works held in the collection Villeneuve, Université du Québec à Chicoutimi; extract from a bibliography on Quebec theatre by Jean Du Berger; list of French-Canadian plays arranged by author; list of playwrights arranged by time period; list of plays cited or excerpted, alphabetically arranged by title. Brief bibliography. PS8307 D62 C842.008

Anthologie générale d'extraits de pièces canadiennes-françaises. Exclut les pièces pour enfants, les comédies musicales et les textes écrits pour la radio ou la télévision. Les extraits sont classés par périodes: 1606-1899, 1900-1930, 1930-1945, 1945-1970. De courtes notes biobibliographiques sur l'auteur dramatique précèdent chaque pièce. Répertoire des dramaturges canadiens-français, y compris ceux dont les oeuvres ne figurent pas dans l'anthologie.

   Annexes: oeuvres dramatiques conservées dans la salle Gagnon de la Bibliothèque municipale de Montréal; oeuvres dramatiques qui font partie de la collection Villeneuve de l'Université du Québec à Chicoutimi; extrait d'une bibliographie sur le théâtre québécois faite par Jean Du Berger; liste des pièces canadiennes-françaises classées par auteurs; liste des dramaturges par périodes; liste des pièces citées ou dont on a tiré des extraits classées alphabétiquement par titres. Courte bibliographie. PS8307 D62 C842.008

3445

Canada's lost plays. – Series editor, Anton Wagner. – Toronto : CTR Publications, 1978-1982. – 4 vol. (223 ; 272 ; 200 ; 334 p.) : ill. – 0920644465 (vol. 1 bd.) 0920644481 (vol. 1 pa.) 0920644465 (vol. 2 bd.) 0920644481 (vol. 2 pa.) 0920644546 (vol. 3 bd.) 0920644562 (vol. 3 pa.) 0920644589 (vol. 4 bd.) 0920644600 (vol. 4 pa.)

A series of anthologies which survey the development of English-Canadian theatre from the early 1800s to the 1950s and of French-Canadian theatre from 1606 to 1966. Vol. 1, *The nineteenth century*; vol. 2, *Women pioneers*; vol. 3, *The developing mosaic : English-Canadian drama to mid-century*; vol. 4, *Colonial Quebec : French-Canadian drama, 1606 to 1966*. French-Canadian plays are presented in English translation. General introduction to each volume. Brief introductions to some plays. Bibliographies of works by and about individual playwrights. PS8305 C35 C812.008

Série d'anthologies qui étudie le développement du théâtre canadien-anglais depuis le début des années 1800 jusqu'aux années 1950 et du théâtre canadien-français de 1606 à 1966. Vol. 1, *The nineteenth century*; vol. 2, *Women pioneers*; vol. 3, *The developing mosaic : English-Canadian drama to mid-century*; vol. 4, *Colonial Quebec : French-Canadian drama, 1606 to 1966*. Traduction en anglais de pièces canadiennes-françaises. Introduction générale dans chaque volume. Courtes introductions à certaines pièces. Bibliographies des ouvrages sur chaque dramaturge et des ouvrages écrits par les dramaturges. PS8305 C35 C812.008

3446

Major plays of the Canadian theatre, 1934-1984. – Selected and edited by Richard Perkyns ; foreword by Robertson Davies. – Toronto : Irwin Publishing, c1984. – x, 742 p. – 0772515018

Complete texts of twelve major plays by established Canadian playwrights. Includes eleven English-language plays by Herman Voaden, Robertson Davies, John Coulter, John Herbert, Gwen Pharis Ringwood, Carol Bolt, Michael Cook, David French, Aviva Ravel, Sharon Pollock and James Reaney and a translation of a work by Gratien Gélinas. Provides a biographical essay on each playwright and an introduction to each play. Bibliography of general works on Canadian drama and works by and about individual dramatists. PS8307 M34 1984 C812.508

Texte complet de douze pièces importantes écrites par des dramaturges canadiens reconnus. Inclut onze pièces en anglais écrites par Herman Voaden, Robertson Davies, John Coulter, John Herbert, Gwen Pharis Ringwood, Carol Bolt, Michael Cook, David French, Aviva Ravel, Sharon Pollock et James Reaney ainsi que la traduction d'une pièce de Gratien Gélinas. Contient un essai biographique sur chaque dramaturge et une introduction à chaque pièce. Bibliographie des ouvrages de nature générale sur les pièces de théâtre canadiennes, des ouvrages écrits par ou à propos de certains dramaturges. PS8307 M34 1984 C812.508

3447

Modern Canadian plays. – Edited by Jerry Wasserman. – 3rd ed. – Vancouver : Talonbooks, 1993-1994. – 2 vol. (414 ; 368 p.). – 0889223394 (vol. 1) 0889223408 (vol. 2) 0889223432 (set)

1st ed., 1985. Rev. ed., 1986. Complete texts of twenty Canadian plays in English produced since 1967. Includes works by George F. Walker, David Fennario, Sharon Pollock, Tomson Highway, Michel Tremblay, Erika Ritter, James Reaney, Robert Lepage and Marie Brassard, Judith Thompson, John Gray and Eric Peterson. General introduction. Bio-critical introduction to each play. Bibliography of general works on Canadian drama and material on individual playwrights and plays. 1985 ed. reproduced as a sound recording: Toronto : CNIB, 1986, 7 tape reels : 9.5 cm/s, 4 track, mono. ; 18 cm, master. PS8315 M63 1993 fol. C812.5408

1ʳᵉ éd., 1985. Éd. rév., 1986. Texte complet de vingt pièces canadiennes en anglais produites depuis 1967. Inclut des oeuvres de George F. Walker, David Fennario, Sharon Pollock, Tomson Highway, Michel Tremblay, Erika Ritter, James Reaney, Robert Lepage and Marie Brassard, Judith Thompson, John Gray et Eric Peterson. Introduction générale. Introduction biographique et critique à chaque pièce. Bibliographie des ouvrages de nature générale sur le théâtre canadien et des documents sur les dramaturges et les pièces. Édition de 1985 reproduite sous forme d'enregistrement sonore: Toronto : CNIB, 1986, 7 bobines : 9,5 cm/s, 4 pistes, monophonique ; 18 cm, bande maîtresse. PS8315 M63 1993 fol. C812.5408

3448

New Canadian drama. – Ottawa : Borealis Press, 1980-   . –   vol. : ports. – 0888870566 (vol. 1) 0888870701 (vol. 2 bd.) 0888870728 (vol. 2 pa.) 0888878788 (vol. 3 bd.) 088887880X (vol. 3 pa.) 0888879121 (vol. 4 bd.) 0888879148 (vol. 4 pa.) 0888870965 (vol. 5 bd.) 0888870981 (vol. 5 pa.) 0888870930 (vol. 6 bd.) 0888870957 (vol. 6 pa.) 0888871643 (vol. 7 bd.) 088887166X (vol. 7 pa.)

A series of anthologies, each of which includes the complete texts of three or four recently produced Canadian plays. Seven volumes published to date. Volumes 1 and 2 bring together plays from different parts of the country. Volumes 3-7 focus on Alberta and Manitoba dramatists, political drama, feminist drama and west coast plays respectively. Volumes 3-7 provide biographical sketches of playwrights. PS8307 N49   C812.5408

Série d'anthologies qui contiennent chacune le texte complet de trois ou quatre pièces canadiennes récemment produites. Sept volumes ont été publiés jusqu'à maintenant. Les volumes 1 et 2 regroupent des pièces de diverses régions du pays. Les volumes 3 à 7 portent respectivement sur les dramaturges de l'Alberta, sur ceux du Manitoba, sur les pièces politiques, les pièces féministes et les pièces de la côte Ouest. Les volumes 3 à 7 contiennent des notices biographiques sur les auteurs dramatiques. PS8307 N49   C812.5408

Bibliographies and Catalogues

Bibliographies et catalogues

3449

Alberta plays and playwrights : Alberta Playwrights' Network catalogue. – Edited by Faye Reineberg Holt. – Calgary : Alberta Playwrights' Network, c1992. – 80, [4] p. – 0969545908

A catalogue of Alberta playwrights and their plays. Alphabetically arranged by name. Entries include the playwright's address and telephone number and a brief biography, and for each play, notes on plot, genre, audience, length, cast requirements, production, publication and awards. Directories of literary and performing arts organizations, Alberta community theatres, and legal services for the literary and performing arts. Title and genre indexes. Z1377 D7 A42 1992 fol. 016.81254

Catalogue des dramaturges albertains et de leurs pièces. Classement alphabétique des noms. Les notices contiennent l'adresse et le numéro de téléphone du dramaturge et une courte biographie, ainsi que, pour chaque pièce, des notes sur l'intrigue, le genre, le public, la durée, les exigences en matière de distribution, la production, la publication et les prix remportés. Répertoires des organisations littéraires et du spectacle, des théâtres communautaires de l'Alberta et des services juridiques relatifs à la littérature et aux arts du spectacle. Deux index: titres, genres. Z1377 D7 A42 1992 fol. 016.81254

3450

Bilodeau, Françoise. – *Bibliographie du théâtre canadien-français de 1900-1955.* – Québec : F. Bilodeau, 1956. – 94 f.

More than 500 plays written by 173 French-Canadian playwrights between 1900 and 1955. Arranged alphabetically by author. Some entries include a brief biographical note on the playwright and a brief description of the play. Bibliography. Title-author index. Reproduced in microform format: Québec : Unité de microcopie, Service de l'audio-visuel, Section photographique, Université Laval, [1978], 1 reel; *Les bibliographies du cours de bibliothéconomie de l'Université Laval, 1947-1966* (Montréal : Bibliothèque nationale du Québec, 1978-1980), no. 23, 1 microfiche. Z1377 F8 B48   016.8425

Plus de 500 pièces de théâtre écrites par 173 auteurs entre 1900 et 1955 au Canada français. Classement alphabétique des auteurs. Certaines notices incluent une courte biographie des dramaturges et une brève description de l'oeuvre théâtrale. Bibliographie. Un index: titres-auteurs. Reproduit sur support microforme: Québec : Unité de microcopie, Service de l'audio-visuel, Section photographique, Université Laval, [1978], 1 bobine; *Les bibliographies du cours de bibliothéconomie de l'Université Laval, 1947-1966* (Montréal : Bibliothèque nationale du Québec, 1978-1980), nᵒ 23, 1 microfiche. Z1377 F8 B48   016.8425

3451

The Brock bibliography of published Canadian plays in English, 1766- 1978. – Edited by Anton Wagner. – Toronto : Playwrights Press, c1980. – xi, 375 p. – 0887541577 (bd.) 0887541550 (pa.)

A bibliography of 2,469 published Canadian plays in English. Includes works written in Canada by playwrights who are of Canadian birth or citizenship or who are immigrants to Canada. Covers all types of drama including radio, television and children's plays. Arranged chronologically by century. Alphabetically arranged by playwright within each century. Entries include bibliographical

Bibliographie de 2 469 pièces canadiennes publiées en anglais. Inclut les oeuvres écrites au Canada par des dramaturges nés au Canada, de citoyenneté canadienne ou immigrants au Canada. Porte sur tous les genres de pièces, y compris les pièces pour la radio ou la télévision et les pièces pour enfants. Classement chronologique selon le siècle. Classement alphabétique par dramaturges, sous chaque siècle. Les

reference, length, number of male and female cast members, a brief description of the play and notes on the first production. Short-title index. Supersedes: *The Brock bibliography of published Canadian stage plays in English, 1900-1972* (St. Catharines (Ont.) : Brock University, 1972); *First supplement to the Brock bibliography of published Canadian plays* (St. Catharines (Ont.) : Brock University, 1973). Z1377 D7 B69 016.812

notices comprennent une référence bibliographique, la durée, le nombre d'hommes et de femmes dans la distribution, une courte description de la pièce et des notes sur la première production. Index des titres abrégés. Remplace: *The Brock bibliography of published Canadian stage plays in English, 1900-1972* (St. Catharines (Ont.) : Brock University, 1972); *First supplement to the Brock bibliography of published Canadian plays* (St. Catharines (Ont.) : Brock University, 1973). Z1377 D7 B69 016.812

3452

Centre des auteurs dramatiques. – *Théâtre québécois : 146 auteurs, 1 067 pièces résumées : répertoire du Centre des auteurs dramatiques. –* 1994. – Montréal : Cead : vlb, c1994. – x, 405 p. : ill., portr. – 2890055779 (vlb) 2920308181 (Cead)

Summaries, performance times and casts of characters of 1,067 Quebec plays intended for children, young people or adults, written by members of the Centre des auteurs dramatiques (formerly the Centre d'essai des auteurs dramatiques). Two parts: individual authors, collective works. Entries for authors or groups include a photograph or the company logo, a biographical sketch, together with information on publication, first performance and translations. Five indexes: playwrights, titles, translators, plays for children and young people. 1981? ed., *Répertoire des textes du Centre d'essai des auteurs dramatiques*; 1983 ed., *Annexe au répertoire*; 1985 ed., *Répertoire du Centre d'essai des auteurs dramatiques, CEAD : des auteurs, des pièces : portraits de la dramaturgie québécoise*; 1987 ed., *Répertoire du Centre d'essai des auteurs dramatiques, CEAD : des auteurs, des pièces : portraits de la dramaturgie québécoise. Annexe*; 1990 ed., *Théâtre québécois : ses auteurs, ses pièces : répertoire du Centre d'essai des auteurs dramatiques.* Z1377 D7 C45 1994 016.8425

Résumé, durée et distribution de 1 067 pièces de théâtre québécois destinées aux publics enfant, adolescent ou adulte, et écrites par les membres du Centre des auteurs dramatiques (auparavant dénommé le Centre d'essai des auteurs dramatiques). Deux parties: auteurs individuels et créations collectives. Pour chaque auteur individuel ou collectif, une photographie ou le logo de la troupe, une notice biographique et des informations sur l'édition, la première représentation et traductions sont mentionnées. Cinq index: dramaturges, titres, traducteurs, textes pour enfants et adolescents. Éd. de 1981?, *Répertoire des textes du Centre d'essai des auteurs dramatiques*; éd. de 1983, *Annexe au répertoire*; éd. de 1985, *Répertoire du Centre d'essai des auteurs dramatiques, CEAD : des auteurs, des pièces : portraits de la dramaturgie québécoise*; éd. de 1987, *Répertoire du Centre d'essai des auteurs dramatiques, CEAD : des auteurs, des pièces : portraits de la dramaturgie québécoise. Annexe*; éd. de 1990, *Théâtre québécois : ses auteurs, ses pièces : répertoire du Centre d'essai des auteurs dramatiques.* Z1377 D7 C45 1994 016.8425

3453

Croteau, Jean-Yves. – *Répertoire des séries, feuilletons et téléromans québécois : de 1952 à 1992. –* Jean-Yves Croteau ; sous la direction de Pierre Véronneau. – Québec : Publications du Québec ; [Montréal] : Cinémathèque québécoise, Musée du cinéma : Société générale des industries culturelles (SOGIC), 1993. – xxi, 692 p. : ill. – 2551155223

More than 600 series and serial dramas produced or co-produced in Quebec by public and private television networks between 1952 and 1992, listed by title. Excludes single-episode dramas, mini-series and series produced by community television with the exception of Canal-Famille. The description of each television programme includes medium, format, number of episodes, length of programme, dates of production, production company, location of copies, names of broadcaster, directors, producers, authors, composers and actors with name of character played, category and genre, date and time of broadcast, size of audience, when available, and a summary. Seven indexes: director, author, actor, production company, category, genre, chronological. List of Gemini Awards. Summary table of the television schedule, 1952/53-1991/92. Bibliography. Z7711 C76 1993 016.791457509714

Recension par titres de plus de 600 séries, feuilletons et téléromans produits ou coproduits au Québec par les chaînes publiques et privées entre 1952 et 1992. Exclut les dramatiques uniques, les émissions modulaires et les séries produites par la télévision communautaire à l'exception du Canal-Famille. La description de chaque émission de télévision comprend le support, le format, le nombre d'épisodes, la durée, les dates de production, la maison de production, la localisation des copies, le nom du diffuseur, des réalisateurs, des producteurs, des auteurs, des compositeurs, des acteurs avec le nom de leurs personnages, la catégorie, le genre, les dates et heures de diffusion, les cotes d'écoute si disponibles et un résumé. Sept index: réalisateurs, auteurs, acteurs, maisons de production, catégories, genres, chronologique. Liste des Prix Gémeaux. Tableau synthèse de la grille horaire, 1952/53-1991/92. Bibliographie. Z7711 C76 1993 016.791457509714

3454

Du Berger, Jean. – *Bibliographie du théâtre québécois de 1935 à nos jours. –* Québec : Université Laval, Dépt. d'études canadiennes, 1970. – 18 f.

Monographs and periodical articles related to Quebec theatre, as well as Quebec plays, 1935-1970. Z1377 D7 D82 fol. 016.842

Recension des monographies, articles de périodiques et oeuvres théâtrales ayant un lien avec le théâtre québécois de 1935 à 1970. Z1377 D7 D82 fol. 016.842

3455

Fink, Howard. – *Canadian national theatre on the air, 1925-1961 : CBC-CRBC-CNR radio drama in English, a descriptive bibliography and union list. –* Howard, Fink ; senior research associate, Brian Morrison. – Toronto : University of Toronto Press, 1983. – ix, 48 p. + 25 microfiches. – (The Concordia Radio Drama Project). – 0802003583

Bibliography of 3,700 English-language radio dramas broadcast by the Canadian National Radio Department from 1925 to 1932, the Canadian Radio Broadcasting Commission from 1932 to 1936, and the Canadian Broadcasting Corporation from 1936 to 1961. Includes plays produced by the Drama Department; plays produced by other

Bibliographie de 3 700 dramatiques en anglais radiodiffusées par le Canadian National Radio Department de 1925 à 1932, par la Canadian Radio Broadcasting Commission de 1932 à 1936, et la Société Radio-Canada de 1936 à 1961. Inclut des pièces produites par le département des oeuvres dramatiques. Les pièces produites par

departments (education, agriculture, film and public relations) are excluded, with a few exceptions. Arranged in two sections for individual plays and serials, each of which is arranged by author. Co-author index for each section. Also includes a section for dramatic series listed alphabetically by title. Each series entry contains an index of the plays of the series.

Description of each radio drama includes title, series, date of broadcast, name of producer, city, network, length of broadcast, number of pages in script, script serial number in Concordia Broadcasting Archives, location among eight Canadian institutions and two European depositories, genre and a summary. Indexes: producers, authors, titles, chronological.   Z1377 D7 F55 1983   016.812022

d'autres départements (éducation, agriculture, film et relations publiques) sont exclues, à quelques exceptions près. Deux sections: pièces individuelles, dramatiques par épisodes, classées par auteurs. Index des co-auteurs pour chaque section. Inclut aussi une section sur les séries classées alphabétiquement par titres. Chaque notice comprend un index des pièces de la série.

La description de chaque pièce radiophonique comprend le titre, la série, la date de radiodiffusion, le nom du producteur, la ville, le réseau, la durée de la diffusion, le nombre de pages dans le scénario, le numéro de série du scénario dans les Concordia Broadcasting Archives, la localisation dans l'un des huit établissements canadiens et des deux dépôts européens, le genre et un résumé. Quatre index: producteurs, auteurs, titres, chronologique.   Z1377 D7 F55 1983   016.812022

3456

Fink, Howard. – *Canadian national theatre on the air, vol. 2, 1962-1986 : CBC radio drama in English, a descriptive bibliography and union list.* – Kingston : Quarry Press, forthcoming. Z1377 D7   016.812022

3457

Flack, David. – *History through drama : sourcebook.* – Editor Robert J.M. Shipley ; authors, David Flack, Lynn J. Hunt, Danielle Murray. – [St. Catharines, Ont.?] : Playback 200 Festival Committee, c1984. – 125 p. – 0969174705 – Cover title.

List of plays on Canadian history, intended for elementary and high school students. Arranged by author. Each entry includes: synopsis, commentary, provenance, cast of characters, historical period and setting and grade level. Arranged by theme, such as Native peoples, Confederation, women's issues, etc. Includes annotated bibliographical references for complementary material related to each theme. Bibliography. Seven indexes: grade level, geographical, historical period, secondary subject, author, title, general (name-subject). Z1377 D7 F58 1984   C812.0514093271

Recension par auteurs de pièces de théâtre portant sur l'histoire canadienne, destinées aux étudiants des niveaux élémentaire et secondaire. Chaque notice comprend synopsis, commentaires, source d'acquisition, distribution, période et lieu avec le niveau d'enseignement adéquat. Classement par sujets tels qu'Autochtones, Confédération, préoccupations des femmes, etc. Chaque sujet est complété de références bibliographiques annotées de documents complémentaires. Bibliographie. Sept index: niveaux scolaires, géographique, périodes historiques, sujets secondaires, auteurs, titres, général (noms-sujets).   Z1377 D7 F58 1984   C812.0514093271

3458

Houyoux, Philippe. – *Théâtre québécois : M. Dubé, J. Ferron, G. Gélinas, G. Lamarche, J. Languirand, A. Laurendeau, F. Leclerc, Y. Thériault : bibliographies de travail.* – Compilées par Philippe Houyoux et le personnel du Centre bibliographique. – Trois-Rivières [Québec] : UQTR, Bibliothèque, Centre bibliographique, 1975. – 175 f. – (Publication ; n° 6).

Bibliographies of works by and about eight Quebec dramatists. Includes plays, periodical and newspaper articles, theses, etc. Arranged by dramatist. List of reference sources on French-Canadian literature and drama.   Z1377 D7 T45 fol.   016.8425

Bibliographies des ouvrages écrits ou à propos de huit dramaturges du Québec. Inclut des pièces, des articles de périodiques et de journaux, des thèses, etc. Classement par dramaturges. Liste des ouvrages de référence sur la littérature et le théâtre canadiens-français. Z1377 D7 T45 fol.   016.8425

3459

Mount Saint Vincent University. Library. – *Catalogue of the Canadian drama collection in the Library of Mount Saint Vincent University, Halifax, Nova Scotia, 1984.* – [Halifax : the University], 1984. – 29, 22, 62 p. + 3 microfiches in pocket. – Cover title : *Mount Saint Vincent University Canadian drama collection.*

An author, title and subject catalogue of the microfilm collection of Canadian drama held by Mount Saint Vincent University Library. Lists 781 manuscripts which were located by Patrick O'Neill in the United States Copyright Office and subsequently filmed. A microfiche edition of the catalogue is provided with the paper edition. Z883 H367 M68 1984   016.812

Catalogue des auteurs, des titres et des sujets de la collection de microfilms sur le théâtre canadien qui se trouve à la bibliothèque de la Mount Saint Vincent University. Signale 781 manuscrits retrouvés par Patrick O'Neill au Copyright Office des États-Unis et qui ont ensuite été microfilmés. Une édition sur microfiche du catalogue accompagne l'édition sur papier.   Z883 H367 M68 1984   016.812

3460

New Play Centre. – *The catalogue : plays by British Columbia playwrights.* – Suzann Zimmering, editor. – Vancouver : Athletica Press for New Play Centre, c1977. – 40 p. – 0920294006

A catalogue of plays by playwrights resident in British Columbia, published or professionally produced since 1950. Alphabetically arranged by name of playwright. Entries include information on cast and setting requirements, length, a brief description of the play and production and/or publication information. Manuscripts of some plays are available for a fee from the Centre. Title index. Updated by a series of unpublished lists prepared by the Centre: *New Play Centre catelogue* [sic] *of plays*, 1986, 12 leaves; *New Play Centre catalogue of plays produced but not published*, 1990?, 12 leaves. *Twenty years at play : a New Play Centre anthology* (Vancouver : Talonbooks, 1990)

Catalogue des pièces écrites par des dramaturges habitant la Colombie-Britannique, et publiées ou produites par des professionnels depuis 1950. Classement alphabétique des noms de dramaturges. Les notices contiennent des informations sur la distribution et le décor, la durée, une courte description de la pièce et des données sur la production et (ou) publication. Les manuscrits de certaines pièces sont disponibles pour la Centre moyennant certains frais. Index des titres. Mis à jour par une série de listes non publiées établies par le Centre: *New Play Centre catelogue* [sic] *of plays*, 1986, 12 f.; *New Play Centre catalogue of plays produced but not published*, 1990?, 12 f.

includes a chronologically arranged list of plays produced by the Centre during the period from 1972 through 1990.   Z1377 D7 N48 016.81254

Twenty years at play : a New Play Centre anthology (Vancouver : Talonbooks, 1990) comprend une liste chronologique des pièces produites par le Centre durant la période de 1972 à 1990.   Z1377 D7 N48   016.81254

3461

O'Neill, Patrick B. – *Canadian plays : a supplementary checklist to 1945.* – Halifax : Dalhousie University, University Libraries, School of Library Science, 1978. – [4], 69, [2] leaves. – (Occasional paper ; 19). – 0770301584

A bibliography of 820 Canadian plays compiled from Canadian and American copyright registers, bibliographies and catalogues. Includes published and unpublished works. Alphabetically arranged by name of playwright. Locations provided for some titles. Short-title index. The author compiled an updated list, *A checklist of Canadian dramatic materials to 1967,* which was published in two parts in *Canadian drama = L'art dramatique canadien,* vol. 8, no. 2 (1982); vol. 9, no. 2 (1983).   Z1377 P6 O54 fol.   016.812

Bibliographie de 820 pièces canadiennes compilée à partir des registres de droit d'auteur, de bibliographies et de catalogues canadiens et américains. Inclut des oeuvres publiées ou non. Classement alphabétique des noms de dramaturges. Localisations fournies pour certaines pièces. Index des titres abrégés. L'auteur a compilé une liste mise à jour, *A checklist of Canadian dramatic materials to 1967,* qui a été publiée en deux parties dans *Canadian drama = L'art dramatique canadien* vol. 8, nº 2 (1982); vol. 9, nº 2 (1983).   Z1377 P6 O54 fol.   016.812

3462

Ouellet, Thérèse. – *Bibliographie du théâtre canadien-français avant 1900.* – Québec : [s.n.], 1949. – 53 f.

140 plays written before 1900 by French-Canadian playwrights. Arranged alphabetically by author. Some entries include a brief biographical sketch of the playwright and a short description of the play. Index of authors and keywords in titles. Bibliography. Reproduced in microform format: *Les bibliographies du cours de bibliothéconomie de l'Université Laval, 1947-1966* (Montréal : Bibliothèque nationale du Québec, 1970-1980), no. 257, 1 microfiche.   Z1377 F8 O8 1949 fol.   016.842

140 pièces de théâtre créées avant 1900 au Canada français. Classement alphabétique des auteurs. Certaines notices incluent une courte biographie des dramaturges et une brève description de la pièce de théâtre. Un index: auteurs-mots clés des titres. Bibliographie. Reproduit sur support microforme: *Les bibliographies du cours de bibliothéconomie de l'Université Laval, 1947-1966* (Montréal : Bibliothèque nationale du Québec, 1970-1980), nº 257, 1 microfiche.   Z1377 F8 O8 1949 fol.   016.842

3463

Pagé, Pierre. – *Répertoire des dramatiques québécoises à la télévision, 1952-1977 : vingt-cinq ans de télévision à Radio-Canada : téléthéâtres, feuilletons, dramatiques pour enfants.* – Pierre Pagé et Renée Legris. – Montréal : Fides, c1977. – 252 p. – (Archives québécoises de la radio et de la télévision ; vol. 3). – 0775506648

Catalogue of original works broadcast on the French television network of the Canadian Broadcasting Corporation between August 3, 1952 and June 1, 1977. Three parts: television plays (335), serial dramas (48) and plays for children (97). Sketches and adaptations are excluded. The description of each television programme includes: classification code, author, title, genre, original source of script, series, dates of broadcast, frequency and timing, station, contributors, directors, cast and dates of repeat broadcasts. Chronology and summary table for each genre. Three indexes: author, title, director.   PN1992.65 P34 fol.   016.842025

Recension des oeuvres originales diffusées à la télévision du réseau français de la Société Radio-Canada du 3 août 1952 au 1er juin 1977. Trois parties: téléthéâtres (335), feuilletons (48) et dramatiques pour enfants (97). Les sketches et adaptations sont exclus. La description de chaque émission télévisée comprend un code de classement, l'auteur, le titre, le genre, la source préalable au texte, la série, les dates de durée, la périodicité et le minutage, la station, les noms des collaborateurs, des réalisateurs et de la distribution, et les dates de reprises. Chronologie et tableau-synthèse pour chaque genre. Trois index: auteurs, titres, réalisateurs.   PN1992.65 P34 fol.   016.842025

3464

Pagé, Pierre. – *Répertoire des oeuvres de la littérature radiophonique québécoise, 1930-1970.* – Par Pierre Pagé avec la collaboration de Renée Legris et Louise Blouin. – Montréal : Fides, c1975. – 826 p. : tableaux. – (Archives québécoises de la radio et de la télévision ; vol. 1). – 0775505331

More than 2,000 original French-language radio dramas by approximately 300 writers, broadcast on the AM band in Quebec between 1931 and 1970. Includes 1,074 radio plays, 71 soap operas, 120 dramatic series, 111 comedies, 182 tales and narratives, 83 historical dramatizations, and nearly 400 titles in minor genres. Scripts for news broadcasts, variety shows, public affairs broadcasts and sports news are excluded. Arranged alphabetically by author. Each entry includes: classification number, description of radio broadcast, information on manuscript and its location, and description of microfilm copy. Broadcast chronology. Summary table for each genre. Three indexes: title, director, scriptwriter-designer-producer-collaborator.   Z1392 Q3 P33 fol.   016.842022

Plus de 2 000 oeuvres originales de langue française écrites pour la radio au Québec par environ 300 auteurs et diffusées au réseau AM de 1931 à 1970. Inclut 1 074 radiothéâtres, 71 radioromans, 120 dramatiques par épisodes, 111 textes humoristiques, 182 contes et récits, 83 dramatisations historiques et près de 400 titres de genres mineurs. Les textes des émissions d'information, de variétés, d'affaires publiques ou de chroniques sportives sont exclus. Classement alphabétique des auteurs. Chaque notice comprend un code de classement, la description de l'émission radiophonique, des informations sur le manuscrit et sa localisation, et la description du microfilm. Tableau-synthèse pour chaque genre. Trois index: titres, réalisateurs, scripteurs-concepteurs-producteurs-collaborateurs.   Z1392 Q3 P33 fol.   016.842022

3465

Les pages blanches : synopsis de la Banque de textes de Théâtre Action. – Coordination, Brigitte Beaulne, Lyne-Marie Tremblay ; textes, Johanne Côté, Marie-Thé Morin. – [Ottawa : Théâtre-Action, 1989?]. – [8], 158 p. – 0969154240

Provides summaries of 158 unpublished French-language plays from Ontario and French Canada, the texts of which form a part of the collection of Théâtre-Action, an organization which supports the development of Franco-Ontarian theatre. Members of Théâtre-Action can obtain copies of the texts. Arranged in three sections according to audience, adults, adolescents and children. Within each section plays are alphabetically arranged by title. Entries include a summary and notes on genre, length, cast requirements, number of songs and origin of play if an adaptation. Z1377 D7 P33 1989 fol. 016.842

Fournit les résumés de 158 pièces de théâtre en français non publiées, de l'Ontario et du Canada français, dont les textes font partie de la collection de Théâtre-Action, une organisation qui appuie le développement du théâtre franco-ontarien. Les membres de Théâtre-Action peuvent obtenir des copies des textes. Classement en trois sections selon le public, adultes, adolescents ou enfants. Au sein de chaque section, les pièces sont classées en ordre alphabétique par titres. Les notices comprennent un résumé et des notes sur le genre, la durée, la distribution, le nombre de chansons et l'origine de la pièce s'il s'agit d'une adaptation. Z1377 D7 P33 1989 fol. 016.842

3466

Pearson, Willis Barry. – *A bibliographical study of Canadian radio and television drama produced on the Canadian Broadcasting Corporation's national network, 1944 to 1967.* – Saskatoon : Department of Drama, University of Saskatchewan, 1968. – xix, 123 leaves. – M.A. thesis, University of Saskatchewan, 1968.

Radio and television drama broadcast by the English-language network of the Canadian Broadcasting Corporation between 1944 and 1967. Two parts: radio (681) and television (446). The description of each radio or television programme includes: title, length of programme, genre, names of playwright or author, translator or adapter and director, series, date of broadcast and mention of any second production. Four indexes by medium: adapter and translator, author and playwright, director, series. PN1992.2 C3 P4 016.81202

Recension des oeuvres diffusées à la radio et à la télévision du réseau anglais de la Société Radio-Canada entre 1944 et 1967. Deux parties: radio (681) et télévision (446). La description de chaque émission radiophonique et télévisuelle comprend le titre, la durée, le genre, le nom du dramaturge ou de l'auteur, du traducteur ou de l'adaptateur, du réalisateur, la série, la date de diffusion et la mention d'une seconde production. Quatre index par média: adaptateurs et traducteurs, auteurs et dramaturges, réalisateurs, séries. PN1992.2 C3 P4 016.81202

3467

Playwrights Union of Canada. – *Canadian plays catalogue.* – (1984/85)-   . – Toronto : Playwrights Canada Press, c1984-   . –   vol.

Annual. A catalogue of Canadian plays available for purchase from the Playwrights Union. Includes plays for adults and young people. Arranged alphabetically by name of playwright. Entries include title, synopsis, notes on style, length and casting, publisher and ISBN, if applicable, and price. List of plays available from the Playwrights Union archives. Indexes of plays for young audiences, radio plays, casting requirements, titles. List of Playwrights Union reading rooms. The Playwrights Union of Canada was founded in 1984 as a result of a merger between Playwrights Canada and the Guild of Canadian Playwrights. Title varies: 1984/85-1990, *Catalogue of plays*; 1991-1993? *Catalogue of Canadian plays.* Continues: *Directory of Canadian plays and playwrights* (Toronto : Playwright's Canada, 1972?-1982); *Members' catalogue* (Toronto : Guild of Canadian Playwrights, 1979). Z1377 D7 P63 016.81254

Annuel. Catalogue de pièces canadiennes qui peuvent être achetées à la Playwrights Union of Canada. Inclut des pièces pour les adultes et pour les jeunes. Classement alphabétique des noms de dramaturges. Les notices comprennent le titre, un synopsis, des notes sur le style, la durée et la distribution, l'éditeur et l'ISBN, s'il y a lieu, et le prix. Liste des pièces disponibles des archives de Playwrights Union. Index: pièces pour les jeunes, oeuvres radiophoniques, distribution, titres. Liste des salles de lecture de la Playwrights Union of Canada. La Playwrights Union of Canada a été fondée en 1984 à la suite de la fusion de Playwrights Canada et de la Guild of Canadian Playwrights. Le titre varie: 1984/85-1990, *Catalogue of plays*; 1991-1993? *Catalogue of Canadian plays.* Suite de: *Directory of Canadian plays and playwrights* (Toronto : Playwright's Canada, 1972?-1982); *Members' catalogue* (Toronto : Guild of Canadian Playwrights, 1979). Z1377 D7 P63 016.81254

3468

Québec plays in translation : a catalogue of Québec playwrights and plays in English translation. – Montréal : Centre des auteurs dramatiques, c1990. – xii, 86 p. : ill. – 2920308149

Summaries, performance times and casts of characters of French-language Quebec plays in English translation. Works by approximately fifty playwrights and three theatre companies, members of the Centre des auteurs dramatiques (Montreal), are included. Arranged alphabetically by author. Entries include biographical sketch and information on publication in English and French, first performance in English and appropriateness for a young audience. Two indexes: title, playwright. Z1377 D7 Q84 1990 016.84254

Résumé, durée et distribution des pièces de théâtre québécois traduites en anglais d'une cinquantaine de dramaturges et trois compagnies théâtrales, membres du Centre des auteurs dramatiques (Montréal). Classement alphabétique des auteurs. Une notice biographique et des informations sur les éditions anglaise et française, la première représentation anglaise et la mention pour jeune public sont mentionnées. Deux index: titres, dramaturges. Z1377 D7 Q84 1990 016.84254

3469

Rinfret, G.-Édouard [Gabriel-Édouard]. – *Le théâtre canadien d'expression française : répertoire analytique des origines à nos jours.* –
[Montréal] : Leméac, c1975-c1978. – 4 vol. (xxiii, 390 ; 404 ; 387 ; 338 p.). – (Collection documents). – 0776194089 (série) 0776194097 (vol. 1) 0776194100 (vol. 2) 0776194119 (vol. 3) 0776194216 (vol. 4)

A bibliography of Canadian plays in French published or presented between 1606 and 1973. Alphabetically arranged by name of playwright. Vol. 4 covers television dramas, 1952-1973. Entries include title, genre, duration, number and types of characters, description of the setting, plot summary, publication and/or production information and library or archives locations for the text. Vol. 3 includes a chronologically arranged table of playwrights. Vol. 4 includes a title index to plays listed in vols. 1-3 and a title index and a chronological table of television plays listed in vol. 4.   PS8163 R55   016.842

Bibliographie de pièces canadiennes en français publiées ou présentées entre 1606 et 1973. Classement alphabétique des noms de dramaturges. Le volume 4 porte sur les téléthéâtres, 1952-1973. Les notices comprennent le titre, le genre, la durée, le nombre et le type de personnages, une description du décor, un résumé de l'intrigue, des données sur la publication et (ou) la production, et des localisations du texte en bibliothèque ou dans les archives. Le volume 3 comprend un tableau chronologique des dramaturges. Le volume 4 inclut un index des titres des pièces qui figurent dans les volumes 1 à 3 et un index des titres et un tableau chronologique des pièces pour la télévision qui figurent dans le volume 4.   PS8163 R55   016.842

3470

Sedgwick, Dorothy. – *A bibliography of English-language theatre and drama in Canada, 1800-1914.* – Edmonton : Nineteenth Century Theatre Research, 1976. – 48 p. : ill. – (Occasional publications ; no. 1). – 0316-5329

525 bibliographical references on English-language Canadian theatre from 1800 to 1914. Arranged by subject: playwrights, criticism, history, etc. Canadian locations provided for monographs. Bibliography. Two indexes: titles of plays, names-subjects.   Z1377 D7 S4   016.812

525 références bibliographiques portant sur le théâtre canadien-anglais de 1800 à 1914. Classement par sujets tels que dramaturges, critique, histoire, etc. Localisations canadiennes des monographies. Bibliographie. Deux index: titres des pièces de théâtre, noms-sujets.
Z1377 D7 S4   016.812

3471

Le théâtre et le droit d'auteur. – Montréal : Association québécoise des auteurs dramatiques : Centre des auteurs dramatiques, 1993. – [2], 81 p. –
2920308173

1st ed., 1982; rev. eds., 1984, 1991. A guide to Quebec drama which includes information on copyright, a directory of Quebec dramatists and agents, and a list of unpublished play texts which can be borrowed for a fee and of published texts which can be purchased from the documentation centre of the Centre des auteurs dramatiques. The list of texts is arranged by cast requirement. Audience, length and publication information are noted.   Z652 D7 T54 fol. 016.84254

1re éd., 1982; éditions révisées, 1984, 1991. Guide sur le théâtre québécois qui inclut des données sur le droit d'auteur, un répertoire des dramaturges et des agents du Québec, ainsi qu'une liste des textes de pièces non publiés qui peuvent être empruntés moyennant certains frais et des textes publiés qui peuvent être achetés au centre de documentation du Centre des auteurs dramatiques. La liste des textes est classée en fonction des exigences de distribution. Des données sur le public, la durée et la publication sont fournies.
Z652 D7 T54 fol.   016.84254

3472

Université du Québec à Trois-Rivières. Centre de documentation en lettres québécoises. – *Répertoire des collections et des fonds d'archives en théâtre québécois.* – Établi et présenté par Mario Audet ; sous la direction de Guildo Rousseau. – Trois-Rivières : Centre de documentation en lettres québécoises de l'Université du Québec à Trois-Rivières, 1979. – 171 f. – (Guides bibliographiques ; 3).

Directory in four parts. The first part includes plays held by the Centre, including the collection of Mr. Justice Édouard-Georges Rinfret, which contains more than 1,000 plays by approximately 300 French-Canadian playwrights. Alphabetically arranged by playwright. The second part describes the private archival fonds of four Quebec amateur theatre companies. The third part covers interviews on theatre in Quebec and the Mauricie region from the period 1968-1978. Alphabetically arranged by name of person interviewed. The fourth part lists special material by category, such as playwrights' papers, theatre programmes, performance posters, press clippings, etc., with notes on types of materials, extent, and period covered.
CD3649 Q26 U555 fol.   016.842

Ouvrage comportant quatre volets. Le 1er volet comprend les pièces de théâtre conservées au Centre dont entre autre la collection du juge Édouard-Georges Rinfret qui inclut plus de 1 000 pièces d'environ 300 dramaturges canadiens-français. Recension alphabétique des dramaturges. Le 2e volet inventorie les fonds privés de quatre troupes de théâtre amateur du Québec. Le 3e volet consigne des entretiens et interviews sur le théâtre québécois et mauricien de 1968 à 1978. Recension alphabétique des personnes interviewées. Le 4e volet répertorie les documents spéciaux par catégories telles que dossiers de dramaturges, programmes de théâtre et affiches de spectacles, coupures de presse, etc. avec mention du type de document, envergure et période couverte.   CD3649 Q26 U555 fol.
016.842

3473

Vingt-cinq ans de dramatiques à la télévision de Radio-Canada, 1952-1977. – Relations publiques, Services français, Société Radio-Canada. –
Montréal : Société Radio-Canada, c1978. – xxi, 684 p.

Original works and adaptations broadcast by the French television network of the Canadian Broadcasting Corporation between August 3, 1952 and August 31, 1977, listed chronologically. Two parts: television dramas (746) and serials (200). Sketches and children's shows are excluded. The description of each television programme includes: classification code, title, genre, years in which material was written and adapted, programme number, dates of broadcast, number of episodes, timing, dates of repeat broadcasts, signature theme music, note if incidental music is original, indication of broadcast in

Recension chronologique des oeuvres originales et des adaptations diffusées à la télévision du réseau français de la Société Radio-Canada entre le 3 août 1952 et le 31 août 1977. Deux parties: téléthéâtres (746) et feuilletons (200). Les sketches et dramatiques pour enfants sont exclus. La description de chaque émission télévisée comprend un code de classement, le titre, le genre, les années de composition et d'adaptation, le numéro d'émission, les dates de diffusion, le nombre d'épisodes, le minutage, les dates de reprises, l'indicatif musical, la mention si musique de scène originale et précision entre les émis-

colour or in black and white, author, adapter, production team and cast. Summary table for each genre. List of signature themes for television drama series. Two indexes: title, name. Continued by: *Les dramatiques à la télévision de Radio-Canada de 1977 à 1982.* PN1992.65 V55 fol.   016.842025

sions couleur et celles noir et blanc, l'auteur, l'adaptateur, les noms de l'équipe de production et de la distribution. Tableau-synthèse pour chaque genre. Liste des indicatifs musicaux des séries de téléthéâtres. Deux index: titres, noms. Suivi de: *Les dramatiques à la télévision de Radio-Canada de 1977 à 1982.*   PN1992.65 V55 fol. 016.842025

3474
Les dramatiques à la télévision de Radio-Canada de 1977 à 1982. – Communications, Réseau français, Société Radio-Canada. – Montréal : Société Radio-Canada, c1983. – 456 p. – 2891210158

Continues: *Vingt-cinq ans de dramatiques à la télévision de Radio-Canada, 1952-1977.* Covers an additional 76 television dramas and 31 serials broadcast by the French network of the Canadian Broadcasting Corporation between September 1, 1977 and August 31, 1982. Summary table for each genre, 1952-1982. Chronological table of the serials. List of signature themes for television drama series. Ten television dramas not mentioned in the first volume appear in a separate section. Title and name indexes.   PN1992.65 016.842025

Fait suite à: *Vingt-cinq ans de dramatiques à la télévision de Radio-Canada, 1952-1977.* Ajout de 76 téléthéâtres et 31 feuilletons télédiffusés au réseau français de la Société Radio-Canada entre le 1er sept. 1977 et le 31 août 1982. Tableau-synthèse pour chaque genre de 1952 à 1982. Tableau chronologique des feuilletons. Liste des indicatifs musicaux: séries de téléthéâtres. Une section de dix dramatiques non mentionnées dans le premier volume. Deux index: titres, noms.   PN1992.65   016.842025

3475
York University Libraries. – *CBC television drama.* – [Willowdale, Ont. : Xebec], 1989. – 6 microfiches.

A catalogue of the Canadian Broadcasting Corporation (CBC) television drama collection held at the Scott Archives, York University. Includes scripts, production and administrative documents, 1952-1981. Three parts: author, title and CBC file number indexes. PN1992.8 E4 Z6 Y6 1989   016.842025

Catalogue de la collection de dramatiques télévisées de la Société Radio-Canada (SRC) qui fait partie des archives Scott de l'Université York. Inclut des scénarios ainsi que des documents de production et d'administration, 1952-1981. Trois parties: index des auteurs, des titres et des numéros de dossier de la SRC.   PN1992.8 E4 Z6 Y6 1989 016.842025

Bio-bibliographies

Biobibliographies

3476
Canada's playwrights : a biographical guide. – Edited by Don Rubin and Alison Cranmer-Byng. – Toronto : Canadian Theatre Review Publications, c1980. – 191 p. : ports. – 092064449X (bd.) 0920644473 (pa.)

Bio-bibliographies of 70 Canadian playwrights writing in English and in French. Alphabetically arranged by name. Entries include a biographical essay, a black and white photograph and a list of the playwright's works arranged by genre such as stage, radio and television writing, fiction. Works in progress also included. Descriptions of works include length, date written, publication information if published, production history and awards. Secondary sources noted for some playwrights.   PS8081 C25   C812.509

Biobibliographies de 70 dramaturges canadiens qui ont écrit en anglais et en français. Classement alphabétique des noms. Les notices contiennent un essai biographique, une photographie en noir et blanc et une liste des oeuvres du dramaturge classées par genres, comme les pièces pour la scène, la radio ou la télévision et les romans. Les oeuvres en cours d'élaboration sont incluses. La description des oeuvres comprend la durée, la date de rédaction, des données sur la publication s'il y a lieu, un historique de la production et les prix remportés. Les sources secondaires sont signalées dans le cas de certains dramaturges.   PS8081 C25   C812.509

3477
Legris, Renée. – *Dictionnaire des auteurs du radio-feuilleton québécois.* – Renée Legris avec la collaboration de Pierre Pagé, Suzanne Allaire-Poirier, Louise Blouin. – Montréal : Fides, c1981. – 200 p. : tableaux. – (Collection radiophonie et société québécoise). – 2762110904

Biographical entries on 30 authors of radio serial dramas lasting at least a year, written in Quebec between 1935 and 1975. Arranged alphabetically by author. Entries also include a bibliography arranged by type of text: radio, television, film, stage play, revue and/or published work.   PN1991.4 A2 L43   791.4475

Notices biographiques de 30 auteurs de feuilletons radiophoniques d'une durée minimale d'un an, écrits au Québec entre 1935 et 1975. Classement alphabétique des auteurs. Les notices comprennent aussi une bibliographie répertoriée par genres de textes: radiophonique, télévisuel, cinématographique, théâtral, des revues sur scène et (ou) oeuvres publiées.   PN1991.4 A2 L43   791.4475

3478
Pontaut, Alain. – *Dictionnaire critique du théâtre québécois.* – Montréal : Leméac, 1972. – 161 p. – (Documents).

Bio-critical essays on Quebec dramatists, from Marc Lescarbot to Michel Tremblay. Alphabetically arranged by name of dramatist. Index of authors and titles. Bibliography.   PS8161 P65   C842.003

Essais biographiques et critiques sur les dramaturges du Québec, depuis Marc Lescarbot jusqu'à Michel Tremblay. Classement alphabétique des noms de dramaturges. Index des auteurs et des titres. Bibliographie.   PS8161 P65   C842.003

Directories

Répertoires

3479
Playwrights Union of Canada. – *Who's who in the Playwrights Union of Canada : directory of members.* – (1994)-   . – Toronto : the Union, c1993-   . – vol. : ill. – 1551556588 PS8005   C812.5402571

Encyclopedias

Encyclopédies

3480
The Oxford companion to Canadian theatre. – Edited by Eugene Benson and L.W. Conolly. – Toronto : Oxford University Press, 1989. – xviii, 662 p. : ill., ports. – 0195406729

703 signed articles on theatre in Canada. Entries for people, institutions, genres, themes and approximately 50 major plays (National Arts Centre, Amerindian and Inuit theatre, archives and collections, Michel Tremblay, etc.). Arranged alphabetically. Index to names, themes and titles.   PN2301 O93 1989   792.0971

703 articles signés portant sur le théâtre au Canada. Classement alphabétique des noms, établissements, genres, sujets et titres d'une cinquantaine de pièces majeures (Centre national des arts, théâtre amérindien et inuit, archives et collections, Michel Tremblay, etc.). Un index: noms-thèmes-titres.   PN2301 O93 1989   792.0971

Handbooks

Guides

3481
Tisseyre, François. – *Vivre de l'écriture dramatique.* – [Québec] : Ministère des affaires culturelles, [1987]. – 50 p. – 255108850X

A professional guide for playwrights. Discusses publication of plays, contracts, copyright and audio-visual production, etc. Describes professional organizations and funding agencies. Directory of cultural organizations, government bodies and agents.   PN151   792.09714

Guide à l'intention des dramaturges professionnels. Discute la publication de pièces, les contrats, le droit d'auteur et la production audiovisuelle, etc. Décrit les organismes professionnelles et les agences subventionnaires. Répertoire des organismes culturelles, des agences gouvernementales et des agents.   PN151   792.09714

History and Criticism

Histoire et critique

3482
Benson, Eugene. – *English-Canadian theatre.* – Eugene Benson & L.W. Connolly. – Toronto : Oxford University Press, 1987. – viii, 134 p. : ill. – (Perspectives on Canadian culture). – 0195405838

Bibliographical essay on English-Canadian theatre and the principal people and organizations involved. Arranged by historical period, subdivided by subject. Bibliography. Index of names, titles and subjects.   PN2301 B45 1987   792.0971

Essai bibliographique sur le théâtre au Canada anglais et ses personnes et organismes principaux. Classement par périodes historiques subdivisées par sujets. Bibliographie. Un index: noms-titres-sujets.   PN2301 B45 1987   792.0971

3483
Miller, Mary Jane. – *Turn up the contrast : CBC television drama since 1952.* – Vancouver : University of British Columbia Press ; CBC Enterprises, 1987. – ix, 429 p., [8] p. of plates : ill. – 0774802782

Historical description of television dramas and series broadcast by the English network of the Canadian Broadcasting Corporation. Twelve chapters, including mini-series, regionalism versus centralization, etc. Appendices: chronology, information on archival repositories and checklist of television broadcasts. Bibliography. Index of names, programmes and subjects.   PN1992.65 M54 1987   791.455

Description historique des dramatiques et séries télédiffusées au réseau anglais de la Société Radio-Canada. Douze chapitres dont notamment les mini-séries, le régionalisme versus la centralisation, etc. Appendices: chronologie, informations sur les dépôts d'archives et liste de contrôle des émissions télévisées. Bibliographie. Un index: noms-émissions-sujets.   PN1992.65 M54 1987   791.455

3484
Modern drama. – Vol. 1 (May 1958)-   . – Toronto : Published for the Graduate Centre for Study of Drama by the University of Toronto Press, 1958-   . –   vol. – 0026-7694

Includes the international bibliography *Modern drama studies : an annual bibliography.* First appeared in vol. 17, no. 1 (March 1974) which covered material published in 1972 and 1973. Since 1976, in the June issue of each year. Imprint varies. Includes literary criticism on modern drama found in books and journal articles. Excludes theses, book reviews, reprints and studies of non-dramatic works by playwrights. Material on Canadian drama is included in a section on the Commonwealth. General works are listed first, followed by

Inclut la bibliographie internationale *Modern drama studies : an annual bibliography.* A paru pour la première fois dans le vol. 17, n° 1 (mars 1974) qui portait sur des documents publiés en 1972 et 1973. Depuis 1976, paraît chaque année dans le numéro de juin. L'adresse bibliographique varie. Inclut des critiques littéraires sur le théâtre moderne trouvées dans des livres et des articles de journaux. Exclut les thèses, les critiques de livres, les réimpressions et les études des oeuvres autres que théâtrales écrites par les dramaturges. Les

works on specific playwrights, alphabetically arranged by name.
PN1811   809.2005

documents sur le théâtre canadien figurent dans la section sur le Commonwealth. Comprend d'abord la liste des ouvrages généraux, puis celle des ouvrages sur des dramaturges particuliers, selon un classement alphabétique par noms.   PN1811   809.2005

Fiction

Anthologies

Fiction

Anthologies

3485

Anthologie de la nouvelle au Québec. – François Gallays. – [Montréal] : Fides, c1993. – 427, [2] p. – 2762116325

An anthology of 35 short stories in French published in Quebec between 1936 and 1984. Chronologically arranged by date of publication. Includes works by Roch Carrier, Jacques Ferron, Anne Hébert and Anne Dandurand among others. Biographical and bibliographical notes.   PS8329.5 Q4 A57 1993   C843.0108054

Anthologie de 35 nouvelles en français publiées au Québec entre 1936 et 1984. Classement chronologique selon la date de publication. Inclut entre autres des oeuvres de Roch Carrier, Jacques Ferron, Anne Hébert et Anne Dandurand. Notes biographiques et bibliographiques.   PS8329.5 Q4 A57 1993   C843.0108054

3486

Anthologie du roman canadien-français. – Gérald Moreau. – Montréal : Lidec, c1973. – 224 p. – 077625037X

A survey anthology of excerpts from novels by French-Canadian authors, from Philippe Aubert de Gaspé (fils) to Réjean Ducharme. Works were selected on the basis of their literary merit or their importance in the history of French-Canadian literature. Chronologically arranged with multiple excerpts by one author grouped together. Biographical notes.   PS8321 M67   C843.008

Anthologie générale composée d'extraits de romans écrits par des auteurs canadiens-français, de Philippe Aubert de Gaspé (fils) à Réjean Ducharme. Les oeuvres ont été choisies en fonction de leur valeur littéraire ou de leur importance dans l'histoire de la littérature canadienne-française. Classement chronologique avec regroupement de plusieurs extraits des oeuvres d'un même auteur. Notes biographiques.   PS8321 M67   C843.008

3487

Best Canadian stories. – Edited by David Helwig & Maggie Helwig. – (1971)-   . – [Ottawa] : Oberon Press, 1971-   . – vol. – 0703-9476

An annual anthology of new Canadian short stories in English. Selected from periodical literature and unpublished manuscripts. Eight to twelve stories in each volume. Brief biographical notes. Title varies: 1971, *Fourteen stories high*; 1972-1976, *New Canadian stories*. Reproduced as a sound recording: Toronto : CNIB, [1977]-   , cassettes : 2.5 cm/s, 4 track, mono.   PS8329 N42   C813.0108

Anthologie annuelle de nouvelles canadiennes récentes en anglais. Choisies dans les périodiques littéraires et dans les manuscrits non publiés. Chaque volume contient de huit à douze nouvelles. Courtes notes biographiques. Le titre varie: 1971, *Fourteen stories high*; 1972-1976, *New Canadian stories*. Reproduit sous forme d'enregistrement sonore: Toronto : CNIB, [1977]-   , cassettes : 2,5 cm/s, 4 pistes, monophonique.   PS8329 N42   C813.0108

3488

Canadian short fiction : from myth to modern. – Edited by W.H. New. – Scarborough (Ont.) : Prentice-Hall Canada, c1986. – xii, 516 p. – 0131138200

A survey of Canadian short fiction which attempts to cover a range of time periods, themes and forms. Includes myths, legends, folk-tales, sketches and short stories. Also includes some translations of French-Canadian fiction. Chronologically arranged by author's birthdate. Bio-bibliographical notes. List of stories chronologically arranged by date of composition. Table of contents arranged by theme. Reproduced as a sound recording: Vancouver : CILS, 1988, 32 cassettes : 4.75 cm/s, 2 track, mono.   PS8319 C353 1986   C813.0108

Tour d'horizon des nouvelles canadiennes avec tentative de représenter plusieurs périodes, thèmes et formes. Inclut des mythes, des légendes, des contes populaires, des saynètes et des nouvelles, ainsi que quelques traductions d'ouvrages de fiction canadiens-français. Classement chronologique selon la date de naissance des auteurs. Notes biobibliographiques. Liste chronologique des nouvelles avec classement selon la date de composition. Table des matières selon un classement par thèmes. Reproduit sous forme d'enregistrement sonore: Vancouver : CILS, 1988, 32 cassettes : 4,75 cm/s, 2 pistes, monophonique.   PS8319 C353 1986   C813.0108

3489

Canadian short stories. – Selected by Robert Weaver. – Toronto : Oxford University Press, 1960-   . – vol. – 019540291X (3rd series) 0195405021 (4th series) 0195407385 (5th series)

A series of anthologies of Canadian English-language short stories. Each series includes approximately eighteen stories, alphabetically arranged by name of author. Bio-bibliographical notes. Contents: *First series* (1960), late nineteenth century, first half of the twentieth century; *Second series* (1968), writers of the 1950s and 1960s; *Third series* (1978), stories published in the late 1960s and 1970s; *Fourth series* (1985), works from the early 1980s; *Fifth series* (1991), stories published during the second half of the 1980s.

   First and *Second series* reproduced in braille format: Toronto : CNIB, [197?]. *First series* reproduced as a sound recording: Brantford : W. Ross Macdonald School, 1984,   cassettes : 2.5 cm/s, 4

Collection d'anthologies de nouvelles canadiennes en anglais. Chaque série contient environ dix-huit nouvelles classées selon l'ordre alphabétique des noms d'auteurs. Notes biobibliographiques. Contenu: *First series* (1960), fin du dix-neuvième siècle, première moitié du vingtième siècle; *Second series* (1968), écrivains des années 1950 et 1960; *Third series* (1978), nouvelles publiées à la fin des années 1960 et durant les années 1970; *Fourth series* (1985), oeuvres du début des années 1980; *Fifth series* (1991), nouvelles publiées pendant la deuxième partie des années 1980.

   First series et *Second series* reproduites sur support braille: Toronto : CNIB, [197?]. *First series* reproduite sous forme d'enregistrement

track, mono. ; master. *Second series* reproduced as a sound recording: Vancouver : Taped Books Project, 1974, 3 reels : 4.75 cm/s, 4 track, mono. ; master. *Fourth series* reproduced as a sound recording: Toronto : CNIB, 1986,   cassettes : 2.5 cm/s, 4 track, mono. *Fifth series* reproduced as a sound recording: Toronto : CNIB, 1991,   cassettes : analog, 2.5 cm/s, 4 track, mono.   PS8319 W426 1991 C813.0108

sonore: Brantford : W. Ross Macdonald School, 1984,   cassettes : 2,5 cm/s, 4 pistes, monophonique. ; bande maîtresse. *Second series* reproduite sous forme d'enregistrement sonore: Vancouver : Taped Books Project, 1974, 3 bobines : 4,75 cm/s, 4 pistes, monophonique ; bande maîtresse. *Fourth series* reproduite sous forme d'enregistrement sonore: Toronto : CNIB, 1986,   cassettes : 2,5 cm/s, 4 pistes, monophonique. *Fifth series* reproduite sous forme d'enregistrement sonore: Toronto : CNIB, 1991,   cassettes : analogique, 2,5 cm/s, 4 pistes, monophonique.   PS8319 W426 1991   C813.0108

3490

The Oxford book of Canadian short stories in English. – Selected by Margaret Atwood & Robert Weaver. – Toronto : Oxford University Press, 1986. – xix, 436 p. – 019540565X

An anthology of 41 Canadian short stories in English written during the nineteenth and twentieth centuries. Includes stories by Isabella Valancy Crawford, Stephen Leacock, Mavis Gallant, Hugh Hood, Alice Munro, Leon Rooke, Audrey Thomas, Bharati Mukherjee, Sandra Birdsell, etc. Chronologically arranged by author's date of birth. Biographical notes. Author index. Forthcoming 1995 : *The new Oxford book of Canadian short stories in English.*   PS8319 O95 1986 C813.0108

Anthologie de 41 nouvelles canadiennes en anglais écrites pendant les dix-neuvième et vingtième siècles. Inclut des nouvelles écrites par Isabella Valancy Crawford, Stephen Leacock, Mavis Gallant, Hugh Hood, Alice Munro, Leon Rooke, Audrey Thomas, Bharati Mukherjee, Sandra Birdsell, etc. Classement chronologique selon la date de naissance des auteurs. Notes biographiques. Index des auteurs. À paraître, 1995 : *The new Oxford book of Canadian short stories in English.*   PS8319 O95 1986   C813.0108

Bibliographies

Bibliographies

3491

Boivin, Aurélien. – **Bibliographie analytique de la science-fiction et du fantastique québécois (1960-1985).** – Aurélien Boivin, Maurice Émond, Michel Lord. – Québec : Nuit blanche, 1992. – 577, [6] p. – (Cahiers du Centre de recherche en littérature québécoise). – 2921053071

An annotated bibliography of science fiction and fantastic literature by over 400 Quebec authors. Includes more than 1,500 novels, short stories, tales and narratives for adult readers. Alphabetically arranged by name of author and then chronologically arranged by date of publication. Each work is classified as science fiction, fantastic or hybrid. Dates and places of birth and death provided for some authors. Appendices: list of Quebec science fiction and fantastic literature published in monograph format; list of periodicals examined.   Z1377 S3 B65 1992   016.8430876

Bibliographie annotée de romans de science-fiction et de romans fantastiques écrits par plus de 400 auteurs québécois. Inclut plus de 1 500 romans, nouvelles, contes et récits pour adultes. Classement alphabétique des noms d'auteurs, puis classement chronologique selon la date de publication. Chaque oeuvre est classée comme une oeuvre de science-fiction, fantastique ou hybride. Les dates et lieux de naissance et de décès sont fournis pour certains auteurs. Appendices: liste des romans de science-fiction et des romans fantastiques publiés sous forme de monographies; liste des périodiques dépouillés.   Z1377 S3 B65 1992   016.8430876

3492

Boivin, Aurélien. – **Le conte littéraire québécois au XIXᵉ siècle : essai de bibliographie critique et analytique.** – Montréal : Fides, c1975. – xxxviii, 385 p. – 0775505579

A bibliography of 1,138 nineteenth-century tales and legends of Quebec published in anthologies, periodicals and newspapers. Alphabetically arranged by author. Annotations and citations to criticism provided for some works. Bibliography of reference works, theses and other studies on Quebec literature. List of periodicals and newspapers examined. List of anthologies. Author index. Z5983 F17 B65   016.8433

Bibliographie de 1 138 contes et légendes du Québec du dix-neuvième siècle publiés dans des anthologies, des périodiques et des journaux. Classement alphabétique des auteurs. Des annotations et des références aux critiques sont fournies pour certaines oeuvres. Bibliographie des ouvrages de référence, des thèses et des autres études sur la littérature québécoise. Liste des périodiques et des journaux dépouillés. Liste des anthologies. Index des auteurs. Z5983 F17 B65   016.8433

3493

C D N S F & F : a bibliography of Canadian science fiction and fantasy. – Compiled by John Robert Colombo, Michael Richardson, John Bell, Alexandre L. Amprimoz. – Toronto : Hounslow Press, c1979. – viii, 85 p. – 0888820364

A bibliography of approximately 600 books arranged under the following categories: science fiction, national disaster scenarios, polar worlds, fantasy and weird tales, French-language science fiction and fantasy, children's literature, poetry and prose, collections and criticism, fanzines, works of Canadian interest. Includes works by authors with a Canadian connection or which are set in Canada. Excludes works in the following fields: Native legends and myths, ethnic folklore, strange beings and happenings, spiritualism, the occult, parapsychology. Entries are alphabetically arranged by name of author within each category. Brief annotations.   Z1377 F4 C35 016.8130876

Bibliographie d'environ 600 livres classés sous les catégories suivantes: science-fiction, scénarios de désastre national, mondes polaires, fantaisies et contes étranges, oeuvres fantastiques et de science-fiction en français, littérature pour enfants, poésie et prose, collections et critiques, fanzines, oeuvres d'intérêt canadien. Inclut les oeuvres d'auteurs reliés au Canada ou des oeuvres dont l'action se déroule au Canada. Exclut les oeuvres des domaines suivants: les légendes et mythes autochtones, le folklore ethnique, les êtres et les événements étranges, le spiritualisme, le surnaturel, la parapsychologie. Au sein de chaque catégorie, les notices sont classées selon l'ordre alphabétique des noms d'auteurs. Courtes annotations.   Z1377 F4 C35 016.8130876

3494

Crime Writers of Canada. – *In cold blood.* – Toronto : Crime Writers of Canada, [1992]-   . –   vol. – 1192-554X

Annual, 1993-   . A bibliography of works by members of Crime Writers of Canada. Arranged under the following categories: novels, short-story anthologies, short stories, true crime, criticism/reference. Within each category entries are alphabetically arranged by name of author and include names of series characters, publication data and a brief plot summary. List of winners of Arthur Ellis Awards, 1983-   . Z697 D48 I7   016.8130872

Annuel, 1993-   . Bibliographie d'oeuvres écrites par des membres de Crime Writers of Canada. Classement selon les catégories suivantes: romans, anthologies de nouvelles, nouvelles, crimes véridiques, critiques/référence. Au sein de chaque catégorie, les notices sont classées selon l'ordre alphabétique des noms d'auteurs et comprennent les noms des personnages de séries, des donnée sur la publication et un court résumé de l'intrigue. Liste des gagnants des Arthur Ellis Awards, 1983-   . Z697 D48 I7   016.8130872

3495

Drolet, Antonio. – *Bibliographie du roman canadien-francais, 1900-1950.* – Québec : Presses universitaires de Laval, 1955. – 125 p.

A bibliography of approximately 900 novels and short stories written in French by French-Canadian authors, or by foreign authors and published first in Canada. Alphabetically arranged by name of author. Also includes lists of bibliographical sources consulted and critical works on the novel. Separate list of authors of prefaces to novels. Title index.   Z1377 F8 D7   016.8435

Bibliographie d'environ 900 nouvelles et romans écrits en français par des auteurs canadiens-français, ou par des auteurs étrangers et publiés d'abord au Canada. Classement alphabétique des noms d'auteurs. Inclut également une liste des sources bibliographiques consultées et une liste des oeuvres critiques relatives au roman. Liste distincte des auteurs des préfaces de romans. Index des titres. Z1377 F8 D7   016.8435

3496

Fee, Margery. – *Canadian fiction : an annotated bibliography.* – Margery Fee, Ruth Cawker. – Toronto : Peter Martin Associates, c1976. – xiii, 170 p. – 0887781349 (bd.) 0887781403 (pa.)

An annotated bibliography on Canadian fiction, designed for secondary school teachers. Includes English-language works and French-language works which have been translated into English. Lists only authors who had at least one work in print during 1973 or 1974. Three parts: secondary sources such as bibliographies, biographical and historical sources, general critical works, periodicals and indexes; works by or about individual authors including novels, short-story collections, autobiographical, biographical and critical works and audio-visual materials; short-story anthologies including more than one author with lists of contents. Only works in print are annotated. Index to annotated novel titles. Subject guide to novels. Short-story author and title indexes.   Z1377 F4 F44   016.813

Bibliographie annotée des oeuvres canadiennes de fiction, conçue pour les enseignants des écoles secondaires. Inclut des oeuvres en anglais ainsi que des oeuvres en français traduites en anglais. La liste contient uniquement les auteurs dont au moins une oeuvre était disponible en librairie en 1973 ou 1974. Trois parties: les sources secondaires comme les bibliographies, les sources biographiques et historiques, les oeuvres de critique générale, les périodiques et les index; les oeuvres écrites par ou à propos de certains auteurs incluant des romans, des collections de nouvelles, des autobiographies, des oeuvres biographiques et critiques et des documents audiovisuels; les anthologies qui regroupent les nouvelles de plus d'un auteur, avec table des matières. Seules les oeuvres disponibles en librairie sont annotées. Index des titres des romans annotés. Guide des sujets dans les romans. Deux index: auteurs et titres de nouvelles.   Z1377 F4 F44 016.813

3497

Hare, John E. – *Bibliographie du roman canadien-français, 1837-1962.* – Préface de Paul Wyczynski. – Montréal : Fides, 1965. – 82, [2] p.

A bibliography of novels written by French-Canadian authors, published in Canada and elsewhere. Excludes novels published in parts in serials which have never been published as monographs. Alphabetically arranged by name of author. Entries include information on multiple editions of a work. For better-known authors critical books and articles are also listed. Separate bibliography of novels for adolescents. Bibliography of general studies, theses and articles on the French-Canadian novel. List of novels, chronologically arranged by date of publication. Also published as part of *Archives des lettres canadiennes*, tome 3, *Le roman canadien-français : évolution, témoignages, bibliographie.*   Z1377 F8 H37   016.843

Bibliographie de romans écrits par des auteurs canadiens-français, publiés au Canada et ailleurs. Exclut les romans publiés en parties dans des publications en série et qui n'ont jamais paru comme monographies. Classement alphabétique des noms d'auteurs. Les notices comprennent des renseignements sur les éditions multiples d'une même oeuvre. Dans les cas des auteurs les plus connus, une liste des livres et des articles de critique est aussi fournie. Bibliographie distincte des romans pour adolescents. Bibliographie des études, thèses et articles de nature générale sur le roman canadien-français. Liste des romans, classée chronologiquement selon la date de publication. Également publié comme partie de *Archives des lettres canadiennes*, tome 3, *Le roman canadien-français : évolution, témoignages, bibliographie.*   Z1377 F8 H37   016.843

3498

Hayne, David M. – *Bibliographie critique du roman canadien-français, 1837-1900.* – David M. Hayne, Marcel Tirol. – [Toronto] : University of Toronto Press, c1968. – viii, 144 p. – 802015417

A bibliography of nineteenth-century novels written in French for adult readers by authors born and raised or of permanent residency in Canada. Only novels published as monographs at least once have been included. Alphabetically arranged by name of author. Monographic editions, editions in parts, translations into English, excerpts appearing in periodicals and collections are listed in chronological order for each title. Locations. Notes on the literary and publishing history of works. Selective list of critical books and

Bibliographie des romans du dix-neuvième siècle écrits en français pour des lecteurs adultes, par des auteurs nés et ayant grandi au Canada ou qui s'y sont installés en permanence. Seuls les romans publiés au moins une fois comme monographies sont inclus. Classement alphabétique des noms d'auteurs. Pour chaque oeuvre, liste chronologique des éditions monographiques, des éditions en plusieurs parties, des traductions en anglais, des extraits parus dans des périodiques et des collections. Localisations. Notes sur l'écriture

articles on the novels of each author. Bibliography of bibliographical, biographical and critical sources on the French-Canadian novel. Index of authors and titles. Also published by: Québec : Presses de l'Université Laval, c1968.   Z1377 F8 H39   016.843

et la publication des oeuvres. Liste sélective de livres et d'articles de critique des romans de chaque auteur. Bibliographie des sources bibliographiques, biographiques et critiques relatives au roman canadien-français. Index des auteurs et des titres. Également publié par: Québec : Presses de l'Université Laval, c1968.   Z1377 F8 H39   016.843

3499

Horning, Lewis Emerson. – ***A bibliography of Canadian fiction (English).*** – By Lewis Emerson Horning and Lawrence J. Burpee. – Toronto : Printed for the [Victoria University] Library by W. Briggs, 1904. – 82 p. – (Publication - Victoria University Library ; no. 2).

A bibliography of Canadian fictional works in English. Alphabetically arranged by author. Biographical notes. List of pseudonyms. Separate bibliography of works set in Canada, written by foreign authors. List of works consulted.   Z1377 F4 H6   016.813

Bibliographie d'oeuvres de fiction canadiennes en anglais. Classement alphabétique des auteurs. Notes biographiques. Liste des pseudonymes. Bibliographie distincte des oeuvres dont l'action se déroule au Canada, écrites par des auteurs étrangers. Liste des oeuvres consultées.   Z1377 F4 H6   016.813

3500

Hoy, Helen. – ***Modern English-Canadian prose : a guide to information sources.*** – Detroit : Gale Research, c1983. – xxiii, 605 p. – (American literature, English literature, and world literatures in English information guide series ; vol. 38) (Gale information guide library). – 081031245X

A bibliography of twentieth-century Canadian fiction and nonfiction prose in English. Includes: reference sources such as bibliographies, biographical dictionaries, periodical indexes and theses bibliographies; books and articles on literary history, criticism and theory; works by and about individual authors. Two alphabetical sequences of 68 fiction and ten non-fiction prose writers. Brief biographical sketches are followed by a list of primary sources including monographs arranged by genre and shorter works such as short stories and articles, and a list of secondary sources including bibliographies, criticism and book reviews. Author, title and subject indexes.
Z1377 F4 H68 1983   016.8185

Bibliographie des oeuvres canadiennes en prose, de fiction et autres, écrites en anglais au vingtième siècle. Inclut: les ouvrages de référence comme les bibliographies, les dictionnaires biographiques, les index de périodiques et les bibliographies de thèses; les livres et les articles sur l'histoire, la critique et la théorie littéraires; les oeuvres écrites par ou sur des auteurs particuliers. Deux listes alphabétiques: 68 auteurs d'oeuvres de fiction en prose et dix auteurs d'ouvrages de non fiction en prose. Les courtes notices biographiques sont suivies d'une liste des sources primaires comprenant les monographies classées par genre et les oeuvres plus courtes comme les nouvelles et les articles, ainsi que d'une liste des sources secondaires comme les bibliographies et les critiques de livres et autres. Trois index: auteurs, titres, sujets.   Z1377 F4 H68 1983   016.8185

3501

McLeod, Gordon Duncan. – ***A descriptive bibliography of the Canadian Prairie novel, 1871-1970*** [microform]. – Ottawa : National Library of Canada, 1975. – 3 microfiches. – (Canadian theses on microfiche ; 20399). – Ph.D. thesis, University of Manitoba, 1974.

An annotated bibliography of English-language Canadian Prairie novels for adults published during the period 1871 through 1970. Includes novels written by authors residing on the Prairies regardless of subject matter or novels with Prairie themes or settings by authors who have at some time resided on the Prairies. Three parts. Part 1 is alphabetically arranged by name of author. Includes biographical sketches and bibliographic entries with descriptive annotations. Part 2 lists novels by year of publication. Part 3 lists novels according to category such as adventure, biographical, historical, pioneer, psychological, war, etc. Appendix: bibliographical and biographical sources. Index of novels.   PS8191 P7 M3 1974   016.813

Bibliographie annotée de romans en anglais pour adultes se rapportant aux Prairies canadiennes publiés entre 1871 et 1970. Inclut des romans écrits par des auteurs habitant les Prairies, quel que soit le sujet du roman, ou des romans dont le thème ou le lieu se rapportent aux Prairies écrits par des auteurs habitant les Prairies à un moment ou à un autre. Trois parties. Dans la partie 1, classement alphabétique des noms d'auteurs. Inclut de courtes biographies et des notices bibliographiques avec annotations descriptives. Dans la partie 2, liste des romans par années de publication. Dans la partie 3, liste des romans selon la catégorie comme ceux d'aventure, biographiques, historiques, sur les premiers colons, psychologiques, de guerre, etc. Annexe: sources bibliographiques et biographiques. Index des romans.   PS8191 P7 M3 1974   016.813

3502

Roy, Zo-Ann. – ***Bibliographie des contes, récits et légendes du Canada-français.*** – Boucherville (Québec) : Éditions Proteau, 1983. – 326 p. – 2920369172

A bibliography of published French-Canadian tales, legends and narratives as well as critical material on folk literature. Two parts: bibliography of works, alphabetically arranged by name of author; index of titles of legends, etc., with references to the collections in which they can be found. Locations.   Z1377 F8 R73 1983   016.843

Bibliographie des contes, légendes et récits canadiens-français publiés ainsi que des documents critiques sur la littérature populaire. Deux parties: bibliographie des oeuvres classées alphabétiquement par noms d'auteurs; index des titres de légendes, etc. avec références aux collections dont les documents font partie. Localisations.
Z1377 F8 R73 1983   016.843

3503

Weiss, Allan [Barry]. – ***A comprehensive bibliography of English-Canadian short stories, 1950-1983.*** – Toronto : ECW Press, c1988. – 973 p. – 0920763677

A bibliography of 14,314 English-language short stories by 4,966 Canadian authors, published in periodicals, anthologies and radio productions during the period 1950 through 1983. Excludes translations into English. Author and title indexes. Lists of periodicals,

Bibliographie de 14 314 nouvelles en anglais écrites par 4 966 auteurs canadiens, publiées dans des périodiques, des anthologies et des productions radiophoniques pendant la période de 1950 à 1983. Exclut les traductions en anglais. Deux index: auteurs, titres. Listes

anthology series, anthologies and periodical indexes cited in the author index. Notes on sources used for, and editorial problems involving, individual authors.   Z1377 F4 W44 1988   016.81301

des périodiques, des collections d'anthologies, des anthologies et des index de périodiques cités dans l'index des auteurs. Notes sur les sources consultées pour chacun des auteurs et des problèmes éditoriaux pour certains d'entre eux.   Z1377 F4 W44 1988   016.81301

Bio-bibliographies

Biobibliographies

3504

Canadian writers and their works : fiction series. – Edited by Robert Lecker, Jack David, Ellen Quigley. – Toronto : ECW Press, 1983-   .
– vol. : ports. – 0920802451 (vol. 1) 1550220462 (vol. 2) 092076374X (vol. 3) 1550220527 (vol. 4) 1550220276 (vol. 5) 0920802869 (vol. 6) 0920802885 (vol. 7) 1550220322 (vol. 8) 0920763790 (vol. 9) 0920763855 (vol. 10) 0920802435 (set)

A multi-volume series, each volume of which includes four or five critical essays on Canadian fiction writers of the eighteenth through the twentieth centuries. Each volume includes an introduction by George Woodcock. Essays include the following: a brief biography; a discussion of influences on the author; a review of published criticism; an analysis of the author's works; a selected bibliography of primary and secondary material. Name and title index in each volume.

Vol. 1, Frances Brooke, Susanna Moodie, John Richardson, Catherine Parr Traill, Rosanna Leprohon, James De Mille, Agnes Maule Machar; vol. 2, Thomas Chandler Haliburton, William Kirby, Gilbert Parker, Charles G.D. Roberts, Ernest Thompson Seton; vol. 3, Sarah Jeannette Duncan, Stephen Leacock, Robert Stead, Ralph Connor; vol. 4, Frederick Philip Grove, Raymond Knister, W.O. Mitchell, Martha Ostenso, Sinclair Ross; vol. 5, Ernest Buckler, Morley Callaghan, Hugh MacLennan, Thomas H. Raddall; vol. 6, Robertson Davies, Hugh Garner, Mordecai Richler, Ethel Wilson, Adele Wiseman; vol. 7, Clark Blaise, Hugh Hood, John Metcalf, Alice Munro, Sheila Watson; vol. 8, Mavis Gallant, Norman Levine, Leon Rooke, Audrey Thomas; vol. 9, Margaret Atwood, Matt Cohen, Marian Engel, Margaret Laurence, Rudy Wiebe; vol. 10, Leonard Cohen, Dave Godfrey, Robert Harlow, Jack Hodgins, Robert Kroetsch.

Author essays have also been published as monographs by ECW Press. Biographies have been published in one volume: *ECW's biographical guide to Canadian novelists*. Introductory essays have also been revised and published by ECW in a one-volume work: *George Woodcock's introduction to Canadian fiction*. Indexes have been published in one volume: *Canadian writers and their works cumulated index : fiction series.*   PS8187 C37 1983   C813.009

Collection de dix volumes. Chaque volume comprend de quatre à cinq essais critiques sur les romanciers canadiens des dix-huitième, dix-neuvième et vingtième siècles. Chaque volume contient une introduction écrite par George Woodcock. Les essais incluent ce qui suit: une courte biographie; une discussion des influences subies par l'auteur; un examen des critiques publiées; une analyse des oeuvres de l'auteur; une bibliographie sélective des sources primaires et secondaires. Index des noms et des titres dans chaque volume.

Vol. 1, Frances Brooke, Susanna Moodie, John Richardson, Catherine Parr Traill, Rosanna Leprohon, James De Mille, Agnes Maule Machar; vol. 2, Thomas Chandler Haliburton, William Kirby, Gilbert Parker, Charles G.D. Roberts, Ernest Thompson Seton; vol. 3, Sarah Jeannette Duncan, Stephen Leacock, Robert Stead, Ralph Connor; vol. 4, Frederick Philip Grove, Raymond Knister, W.O. Mitchell, Martha Ostenso, Sinclair Ross; vol. 5, Ernest Buckler, Morley Callaghan, Hugh MacLennan, Thomas H. Raddall; vol. 6, Robertson Davies, Hugh Garner, Mordecai Richler, Ethel Wilson, Adele Wiseman; vol. 7, Clark Blaise, Hugh Hood, John Metcalf, Alice Munro, Sheila Watson; vol. 8, Mavis Gallant, Norman Levine, Leon Rooke, Audrey Thomas; vol. 9, Margaret Atwood, Matt Cohen, Marian Engel, Margaret Laurence, Rudy Wiebe; vol. 10, Leonard Cohen, Dave Godfrey, Robert Harlow, Jack Hodgins, Robert Kroetsch.

Les essais sur les auteurs ont aussi été publiés comme monographies par ECW Press. Les biographies ont été publiées en un seul volume: *ECW's biographical guide to Canadian novelists*. Les essais de présentation ont aussi été révisés et publiés en un seul volume par ECW Press: *George Woodcock's introduction to Canadian fiction*. Les index ont été publiés en un seul volume: *Canadian writers and their works cumulated index : fiction series*.   PS8187 C37 1983   C813.009

3505

Canadian writers and their works cumulated index : fiction series. – Edited by Donald W. McLeod. – Toronto : ECW Press, 1993. – 102 p. – 1550221426

An alphabetically arranged index of names and titles appearing in the ten volumes of *Canadian writers and their works : fiction series*. Revises and cumulates the indexes included in each of the volumes. Indexes all proper names mentioned in the essays excluding place names, academic institutions and names of characters. Titles of stories, poems, articles, books, periodicals, etc., are indexed.
PS8187 C372 1993   016.813009

Index alphabétique des noms et des titres qui figurent dans les dix volumes de *Canadian writers and their works : fiction series*. Révision et refonte des index de tous les volumes. Contient tous les noms propres mentionnés dans les essais, à l'exclusion des noms de lieux, d'établissements d'enseignement et de personnages. Les titres des récits, des poèmes, des articles, des livres, des périodiques, etc. sont indexés.   PS8187 C372 1993   016.813009

3506

ECW's biographical guide to Canadian novelists. – Toronto : ECW Press, c1993. – 252 p. : ports. – 1550221515

Biographical essays on 49 Canadian novelists writing in English. These biographies were originally published as part of longer essays in: *Canadian writers and their works : fiction series*. Some have been updated. Chronologically arranged by year of birth.
PS8081 E32 1993   C813.009

Essais biographiques sur 49 romanciers canadiens qui écrivent en anglais. Ces biographies ont été publiées à l'origine dans le cadre d'essais plus longs dans: *Canadian writers and their works : fiction series*. Certaines ont été mises à jour. Classement chronologique selon la date de naissance des auteurs.   PS8081 E32 1993   C813.009

3507

Helly, Denise. – *Romanciers immigrés : biographies et oeuvres publiées au Québec entre 1970 et 1990.* – Denise Helly, Anne Vassal. – Québec : Institut québécois de recherche sur la culture ; Montréal : Centre interuniversitaire d'analyse du discours et sociocritique des textes, [1993]. – xx, 122 p. – 2892241871 (IQRC) 0771702655 (CIADEST)

Bio-bibliographies of novelists and short story writers who have immigrated to Quebec or other parts of Canada and have published works in Quebec during the period 1970-1990. Includes authors writing in English or French or whose works have been translated. Alphabetically arranged by name of author. Entries include place and date of birth, date of immigration, education, professions, literary career, awards, list of works of fiction. List of first Quebec editions of fictional works, arranged by name of author. List of first editions, arranged by name of publisher. List of authors. Index of Quebec publishers. PS8089.6 I5 H44 1993 C843.54098

Biobibliographies de romanciers et d'auteurs de nouvelles qui ont immigré au Québec ou dans d'autres parties du Canada et qui ont publié des oeuvres au Québec pendant la période 1970-1990. Inclut des auteurs qui ont écrit en anglais ou en français ou dont les oeuvres ont été traduites. Classement alphabétique des noms d'auteurs. Les notices comprennent le lieu et la date de naissance, la date d'immigration, les études, les professions exercées, la carrière littéraire, les prix remportés et la liste des oeuvres de fiction. Liste des premières éditions québécoises d'oeuvres de fiction classées par noms d'auteurs. Liste des premières éditions classée par noms d'éditeurs. Liste des auteurs. Index des éditeurs québécois. PS8089.6 I5 H44 1993 C843.54098

3508

Thomas, Clara. – *Canadian novelists, 1920-1945.* – Toronto : Longmans, Green, c1946. – 129 p.

Bio-bibliographical entries for Canadian authors who published fiction in English during the period from 1920 through 1945. Alphabetically arranged by name of author. Entries include a brief biography and a list of works arranged by genre. Appendix: list of authors, arranged by type of novel such as adventure, historical, juvenile, regional, etc. Author index. Reprinted: [Folcroft, Pa.] : Folcroft Library Editions, 1970; Norwood (Pa.) : Norwood Editions, 1977. Z1377 F4 T5 016.81352

Notices biobibliographiques d'auteurs canadiens qui ont publié des oeuvres de fiction en anglais pendant la période de 1920 à 1945. Classement alphabétique des noms d'auteurs. Les notices comprennent une courte biographie et une liste des oeuvres classées par genres. Annexe: liste des auteurs classés par types de romans comme ceux d'aventure, historiques, pour les jeunes, régionaux, etc. Index des auteurs. Réimprimé: [Folcroft, Pa.] : Folcroft Library Editions, 1970; Norwood (Pa.) : Norwood Editions, 1977. Z1377 F4 T5 016.81352

Handbooks

Guides

3509

The NCF guide to Canadian science fiction and fandom. – [Edited by] Robert Runte. – 3rd ed. – Edmonton : New Canadian Fandom, c1988. – 35 p. – 0921900007

1st ed., 1978. 2nd ed., 1981. A guide to Canadian science fiction. Includes: brief bio-bibliographies of Canadian science-fiction authors, list of the winners of the Canadian Science Fiction & Fantasy Achievement Awards since 1980, essays on Canadian science fiction and fandom, directory of associations, glossary of fan jargon, chart outlining the sub-genres of speculative fiction. The bio-bibliographies were extracted and published separately as: *Canadian science fiction : an introduction and list of recommended authors* (Edmonton : New Canadian Fandom, 1989). PS8191 S34 E45 1988 fol. C813.0876

1ʳᵉ éd., 1978. 2ᵉ éd., 1981. Guide sur la science-fiction canadienne. Inclut: courtes biobibliographies des auteurs canadiens de science-fiction, liste des gagnants des Canadian Science Fiction & Fantasy Achievement Awards depuis 1980, essais sur la science-fiction canadienne et le monde des amateurs de science-fiction, répertoire des associations, glossaire du jargon des amateurs de science-fiction, tableau qui donne les grandes lignes des genres secondaires des romans d'anticipation. Les biobibliographies ont été extraites et publiées séparément sous le titre: *Canadian science fiction : an introduction and list of recommended authors* (Edmonton : New Canadian Fandom, 1989). PS8191 S34 E45 1988 fol. C813.0876

History and Criticism

Histoire et critique

3510

Gadpaille, Michelle. – *The Canadian short story.* – Toronto : Oxford University Press, 1988. – viii, 126 p. – (Perspectives on Canadian culture). – 0195406532

An historical survey on the development of the Canadian short story in English. Includes three summary chapters covering the nineteenth and twentieth centuries and three chapters devoted to the short stories of Mavis Gallant, Alice Munro and Margaret Atwood. Index of authors and titles. PS8191 S5 G33 1988 C813.0109

Tour d'horizon historique du développement de la nouvelle canadienne en anglais. Inclut trois chapitres qui couvrent les dix-neuvième et vingtième siècles et trois chapitres consacrés aux nouvelles de Mavis Gallant, Alice Munro et Margaret Atwood. Index des auteurs et des titres. PS8191 S5 G33 1988 C813.0109

3511

Ketterer, David. – *Canadian science fiction and fantasy.* – Bloomington (Ind.) : Indiana University Press, c1992. – [xi], 206 p. – 0253331226

A survey of English- and French-Canadian science fiction and fantasy literature of the nineteenth and twentieth centuries. Discusses major and minor authors, influences, movements and themes as well as significant periodicals and anthologies. Good bibliography. Index of authors, editors, titles and subjects. PS8191 S34 K48 1992 C813.0876

Tour d'horizon des romans canadiens en anglais et en français de science-fiction et de fantaisie des dix-neuvième et vingtième siècles. Discute des auteurs importants ou non, des influences, des mouvements et des thèmes ainsi que des anthologies et des périodiques importants. Bonne bibliographie. Index des auteurs, des rédacteurs, des titres et des sujets. PS8191 S34 K48 1992 C813.0876

3512

Miska, John [P.]. – *Canadian prose written in English, 1833-1980* [microform] : *a bibliography of secondary material.* – Lethbridge (Alta.) : Microform Biblios, 1980. – 5 microfiches. – (Canadian literature bibliographic series ; no. 2). – 0919279007

A bibliography of secondary material on Canadian English-language fiction and prose. Includes 3,360 books, articles, theses, research papers, book reviews, etc. Arranged in sections covering reference works such as bibliographies, catalogues and directories; general works; works on fiction, the novel and the short story, subarranged by subject such as war, women, immigrants; regionalism, arranged by province; individual authors, alphabetically arranged. Author index. List of periodicals examined.   Z1375 M72   016.8109

Bibliographie des sources secondaires sur la fiction et la prose canadiennes en anglais. Inclut 3 360 livres, articles, thèses, documents de recherche, critiques de livres, etc. Classement en sections: les ouvrages de référence comme les bibliographies, les catalogues et les répertoires; les oeuvres de nature générale; les oeuvres sur la fiction, le roman et la nouvelle, avec sous-classement par sujets comme la guerre, les femmes, les immigrants; le régionalisme classé par provinces; les auteurs selon l'ordre alphabétique. Index des auteurs. Liste des périodiques dépouillés.   Z1375 M72   016.8109

3513

Moss, John. – *A reader's guide to the Canadian novel.* – 2nd ed. – Toronto : McClelland and Stewart, c1987. – xxii, 522 p. – 0771065477

1st ed., 1981. Critical essays on over 200 significant Canadian novels published during the period from 1769 through 1986. Excludes Canadian fiction written in languages other than English or French. Alphabetically arranged by name of author. Essays on Quebec novels in translation and Canadian novels for young readers are arranged in separate alphabetical sequences. Essays discuss plot, themes, structure, characters, setting, etc.

Appendices: selections in chronological order; selections by primary setting; winners of the Governor General's Award for fiction, chronologically arranged; short list of Canadian novels; Canadian poet-novelists included in this book; novels grouped by form or theme such as: experimental, visionary, didactic, war, historic, erotica, science fiction, horror, satire, regional, urban, immigrant, feminist, etc. Index of titles and authors. Second edition produced as a sound recording: Toronto : CNIB, 1989, 5 cassettes (1590 min.) : analog, 2.5 cm/s, 4 track, mono.   PS8187 M68 1987 C813.009

1re éd., 1981. Essais critiques sur plus de 200 romans canadiens importants publiés entre 1769 et 1986. Exclut les oeuvres canadiennes de fiction écrites en d'autres langues que l'anglais ou le français. Classement alphabétique des noms d'auteurs. Les essais sur les romans québécois traduits et sur les romans canadiens pour les jeunes sont classés en suites distinctes selon l'ordre alphabétique. Les essais traitent de l'intrigue, des thèmes, de la structure, des personnages, du lieu, etc.

Annexes: oeuvres choisies, en ordre chronologique; oeuvres choisies par lieu principal; gagnants des Prix du Gouverneur général pour des oeuvres de fiction, en ordre chronologique; liste des principaux romans canadiens; poètes-romanciers canadiens inclus dans ce livre; romans regroupés par genres ou par thèmes comme les romans d'essai, d'anticipation, didactiques, de guerre, historiques, érotiques, de science-fiction, d'horreur, satiriques, régionaux, urbains, sur les immigrants, féministes, etc. Index des titres et des auteurs. Deuxième édition produite sous forme d'enregistrement sonore: Toronto : CNIB, 1989, 5 cassettes (1 590 min.) : analogique, 2,5 cm/s, 4 pistes, monophonique.   PS8187 M68 1987   C813.009

3514

Romanciers du Québec : Hubert Aquin, Roch Carrier, Jacques Ferron, Jacques Godbout, Anne Hébert, André Langevin, Jacques Poulin, Gabrielle Roy, Félix-Antoine Savard, Yves Thériault. – Québec : Québec français, 1980. – [4], 224 p. : portr. – 2920204009

A collection of articles on ten Quebec novelists, originally published in *Québec français* between 1974 and 1980. The articles have been revised and include a brief biography, an interview with the author, a critical analysis of selected works and a bibliography of primary and secondary sources.   PS8131 Q8 R64   C843.509

Collection d'articles sur dix romanciers québécois, publiée à l'origine dans le *Québec français* entre 1974 et 1980. Les articles ont été revisés et comprennent une courte biographie, une entrevue avec l'auteur, une analyse critique d'oeuvres choisies et une bibliographie de sources primaires et secondaires.   PS8131 Q8 R64 C843.509

3515

Spehner, Norbert. – *Écrits sur la science-fiction : bibliographie analytique des études & essais sur la science-fiction publiés entre 1900 et 1987 (littérature/cinéma/illustration).* – Longueuil (Québec) : Le Préambule, c1988. – 534 p. – (Paralittératures. Série études et références). – 2891330927

An international bibliography of critical writings in French, English and occasionally other languages on science-fiction literature, film and illustration. Includes books, special issues of periodicals, periodical and newspaper articles and theses published between 1900 and 1987. Part 1 covers reference sources, general works on the history, theory and themes of science-fiction writing, children's literature, illustration and comic strips and film. Part 2 covers studies of the works of individual authors, alphabetically arranged by name. Quebec authors are well represented. Author index. Index of illustrators, filmmakers and authors studied.   Z5917 S36 S63 1988 016.80938762

Bibliographie internationale d'écrits importants en français, en anglais et à l'occasion en d'autres langues sur la littérature, les films et les illustrations de science-fiction. Inclut des livres, des périodiques et des articles de journaux, des numéros spéciaux de périodiques et des thèses publiés entre 1900 et 1987. La partie 1 porte sur les ouvrages de référence, les oeuvres générales sur l'histoire, la théorie et les thèmes des écrits, de la littérature pour enfants, des illustrations et bandes dessinées et des films relatifs à la science-fiction. La partie 2 traite des études sur les oeuvres d'auteurs particuliers avec classement alphabétique par noms. Les auteurs québécois sont bien représentés. Index des auteurs. Index des illustrateurs, des cinéastes et des auteurs étudiés.   Z5917 S36 S63 1988   016.80938762

3516

Spehner, Norbert. – *Écrits sur le fantastique : bibliographie analytique des études & essais sur le fantastique publiés entre 1900 et 1985 (littérature/cinéma/art fantastique).* – Longueuil (Québec) : Le Préambule, c1986. – 349 p. – (Paralittératures. Série études et références). – 28913340773

An international bibliography of critical writings on fantastic literature. Includes books, periodical articles, special issues of periodicals and theses, in English, French and other languages, published between 1900 and 1985. Part 1 includes reference sources and general studies on the theory, history and themes of fantastic literature, cinema and art. Part 2 covers studies of the works of individual authors. Indexes: authors, authors studied, special issues of periodicals.   Z5917 F3 S63 1986   016.80938766

Bibliographie internationale sur des écrits importants de littérature fantastique. Inclut des livres, des articles de périodiques, des numéros spéciaux de périodiques et des thèses en anglais, en français et en d'autres langues, publiés entre 1900 et 1985. La partie 1 comprend les ouvrages de référence et les études générales sur la théorie, l'histoire et les thèmes de la littérature, du cinéma et de l'art fantastiques. La partie 2 porte sur les études des oeuvres d'auteurs particuliers. Trois index: auteurs, auteurs étudiés, numéros spéciaux de périodiques.   Z5917 F3 S63 1986   016.80938766

3517

Spehner, Norbert. – *Écrits sur le roman d'espionnage : bibliographie analytique et critique des études et essais sur le roman et le film d'espionnage.* – Québec : Nuit blanche, 1994. – [385] p. – (Collection études paralittéraires). – 2921053233

An international bibliography of critical writings in French, English and other languages on espionage literature and film. Includes books, essays, periodical articles, book reviews and theses. Part 1 covers reference sources, and general works on the history, theory and themes of espionage literature, film and television series. Part 2 covers studies of the works of individuals authors. Canadian and Quebec authors are included. Reference works are annotated. Index of authors. Index of authors and filmmakers studied. Addendum. Z5917 S69 S63 1994   016.8093872

Bibliographie internationale des critiques en français, en anglais et en d'autres langues de la littérature et du cinéma d'espionnage. Inclut des livres, des essais, des articles de périodiques, des critiques de livres et des thèses. La partie 1 porte sur les ouvrages de référence et les ouvrages de nature générale relatifs à l'histoire, à la théorie et aux thèmes de la littérature, des films et des séries de télévision d'espionnage. La partie 2 traite des études sur les oeuvres d'auteurs particuliers. Les auteurs canadiens et québécois sont inclus. Les ouvrages de référence sont annotés. Index des auteurs. Index des auteurs et des cinéastes étudiés. Addendum.   Z5917 S69 S63 1994 016.8093872

3518

Spehner, Norbert. – *Écrits sur le roman policier : bibliographie analytique et critique des études & essais sur le roman et le film policiers.* – Norbert Spehner, Yvon Allard. – Longueuil (Québec) : Le Préambule, c1990. – 772 p. – (Paralittératures. Série études et références). – 2891331214

An international bibliography of critical writings in French, English and occasionally other languages on detective fiction and film. Excludes gothic, fantastic and spy literature. Includes books, newspaper and periodical articles and special issues of periodicals published between 1900 and the beginning of 1990. Part 1 covers reference sources, general sources on the theory, history and themes of the genre, how to write detective fiction and studies on detective films. Part 2 includes studies of individual authors, alphabetically arranged by name. Lists of best detective fiction. Author index. Index of authors and filmmakers studied.   Z5917 D5 S63 1990   016.8093872

Bibliographie internationale d'écrits importants en français, en anglais et à l'occasion en d'autres langues sur les films et les romans policiers. Exclut la littérature de genre gothique ou fantastique et la littérature d'espionnage. Inclut des livres, des articles de journaux et de périodiques et des numéros spéciaux de périodiques publiés entre 1900 et le début de 1990. La partie 1 porte sur les ouvrages de référence, les sources générales sur la théorie, l'histoire et les thèmes du genre, la façon d'écrire des romans policiers et les études sur les films policiers. La partie 2 inclut des études sur des auteurs particuliers selon un classement alphabétique par noms. Listes des meilleurs romans policiers. Index des auteurs. Index des auteurs et des cinéastes étudiés.   Z5917 D5 S63 1990   016.8093872

Indexes

Index

3519

Canadian short story index, 1950-1994. – Teeswater (Ont.) : Reference Press, forthcoming. – 360 p. – 0919981119

An author, title and subject index to short stories and novellas written by Canadian authors and published in anthologies during the period 1950-1994.   Z1377   016.81301

Index des auteurs, des titres et des sujets pour les nouvelles et les courts romans écrits par des auteurs canadiens et publiés dans des anthologies durant la période 1950-1994.   Z1377   016.81301

3520

Short story index : compiled from the Canadian periodical index, 1938-1947. – Ottawa : Canadian Library Association, 1967. – 46 p. – Cover title.

A title index to short stories listed in the *Canadian periodical index, 1938-1947*. Short stories are indexed under the name of the author in that cumulation.   AI3 C26 1966a fol.   016.81301

Index des titres des nouvelles qui figurent dans *Canadian periodical index, 1938-1947*. Dans cette refonte, les nouvelles sont répertoriées sous le nom de l'auteur.   AI3 C26 1966a fol.   016.81301

Film

Cinéma

3521

Godard, Barbara. – *Filmography of Canadian and Quebec literature = Filmography* [sic] *des littératures canadiennes et québécoises.* – Barbara Godard with the help of Carrie Dodd. – [S.l.] : Association for Canadian and Quebec Literatures, [1986?]. – 67 p. – Cover title.

A list of films based on works of Canadian literature or of which Canadian literature is the subject. In two sections: 394 films on English-Canadian literature and 199 films on Quebec literature. Entries include film title, name of producer and/or director, name of distributor, length, format and subject. Directory of distributors. Indexes of English-Canadian and Quebec writers. PN1998 F557 1980   016.8098971

Liste des films qui sont fondés sur des oeuvres de littérature canadienne ou qui traitent de littérature canadienne. Deux sections: 394 films sur la littérature canadienne-anglaise et 199 films sur la littérature québécoise. Les notices comprennent le titre du film, le nom du producteur et (ou) du réalisateur, le nom du distributeur, la durée, le format et le sujet traité. Répertoire des distributeurs. Index des écrivains canadiens-anglais et québécois.   PN1998 F557 1980 016.8098971

Poetry

Anthologies

Poésie

Anthologies

3522

The new Canadian poets, 1970-1985. – Edited by Dennis Lee. – Toronto : McClelland and Stewart, c1985. – liii, 383 p. – 0771052162

An anthology of poems by 45 Canadian poets who published their first book between 1970 and 1985. Alphabetically arranged by name of poet. Introductory essay by Dennis Lee. Biography and bibliography for each poet. PS8293 N48 1985   C811.5408

Anthologie de poèmes écrits par 45 poètes canadiens qui ont publié leur premier livre entre 1970 et 1985. Classement alphabétique des noms de poètes. Essai de présentation rédigé par Dennis Lee. Biographie et bibliographie pour chaque poète.   PS8293 N48 1985 C811.5408

3523

The new Oxford book of Canadian verse in English. – Chosen and with an introduction by Margaret Atwood. – Toronto : Oxford University Press, 1982. – xl, 477 p. – 0195403967

An anthology of Canadian poetry in English. Includes works by 120 authors writing during the seventeenth through twentieth centuries. Chronologically arranged by poet's date of birth. Emphasis on established writers. Index of poets.   PS8273 N48   C811.008

Anthologie de poésie canadienne en anglais. Inclut les oeuvres de 120 auteurs du dix-septième au vingtième siècles. Classement chronologique selon la date de naissance des poètes. Insistance sur les écrivains reconnus. Index des poètes.   PS8273 N48   C811.008

3524

The Penguin book of Canadian verse. – Edited with an introduction and notes by Ralph Gustafson. – 4th rev. ed. – Markham (Ont.) : Penguin Books Canada, 1984. – 362 p. – (The Penguin poets). – 014042329X

1st ed., 1942, *Anthology of Canadian poetry (English)*, revised editions 1958, 1967, 1975. Imprint varies. A survey of English-language poetry of the nineteenth and twentieth centuries written by Canada's established poets. Chronologically arranged by poet's date of birth. Biographical notes. Author and title indexes. 2nd rev. ed. reproduced as a sound recording: Edmonton : Alberta Education, [1979], 5 reels : 9.5 cm/s, 2 track mono.   PS8273 G88 1984   C811.008

1re éd., 1942, *Anthology of Canadian poetry (English)*, éditions révisées 1958, 1967, 1975. L'adresse bibliographique varie. Tour d'horizon de la poésie des dix-neuvième et vingtième siècles écrite par des poètes canadiens reconnus. Classement chronologique selon la date de naissance des poètes. Notes biographiques. Deux index: auteurs, titres. 2e éd. rév. reproduite sous forme d'enregistrement sonore: Edmonton : Alberta Education, [1979], 5 bobines : 9,5 cm/s, 2 pistes monophoniques.   PS8273 G88 1984   C811.008

3525

La poésie québécoise contemporaine : anthologie. – Présentée par Jean Royer. – Montréal : L'Hexagone ; Paris : La Découverte, 1987. – 255 p. – 2890062791 (Hex.) 2707117072 (Déc.)

A survey anthology of contemporary Quebec poetry. Includes 77 poets who published at least two collections of poems between 1945 and 1985. Chronologically arranged by the date of publication of the poet's first collection. Bio-bibliographical notes on each poet. Reprinted 1991.   PS8279 P6438 1987   C841.5408

Anthologie générale de la poésie québécoise contemporaine. Inclut 77 poètes qui ont publié au moins deux collections de poèmes entre 1945 et 1985. Classement chronologique selon la date de publication de la première collection de chaque poète. Notes biobibliographiques sur chaque poète. Réimprimé en 1991. PS8279 P6438 1987 C841.5408

3526

La poésie québécoise des origines à nos jours. – Laurent Mailhot, Pierre Nepveu. – Nouv. éd. – Montréal : L'Hexagone, c1986. – 642 p. – (Typo poésie ; 7). – 2892950066

1st ed., 1981. A survey anthology of Quebec poetry from the seventeenth century to the mid-1980s. Includes works by over 100 poets, chronologically arranged by birth date. Introductory essay outlines the development of Quebec poetry. Biographical notes on each poet.

1re éd., 1981. Anthologie générale de la poésie québécoise, du dix-septième siècle jusqu'au milieu des années 1980. Inclut les oeuvres de plus de 100 poètes, avec classement chronologique selon la date de naissance des poètes. L'essai de présentation donne les grandes

Bibliography of general works on French-Canadian poetry and works by and about individual poets. Author index. Reprinted 1990. PS8279 P644 1986   C841.008

lignes du développement de la poésie au Québec. Notes biographiques sur chaque poète. Bibliographie des ouvrages généraux sur la poésie canadienne-française et des ouvrages écrits par ou à propos de certains poètes. Index des auteurs. Réimprimé en 1990.   PS8279 P644 1986   C841.008

3527

Les textes poétiques du Canada français, 1606-1867. – Yolande Grisé et Jeanne d'Arc Lortie avec la collaboration de Pierre Savard, Paul Wyczynski. – Éd. intégrale. – Montréal : Fides, c1987-   .–   vol. – 2762113938 (vol. 1) 2762114691 (vol. 2) 2762115019 (vol. 3) 2762115361 (vol. 4) 2762115620 (vol. 5) 2762116430 (vol. 6) 2762117089 (vol. 7)

A twelve-volume collection of the complete texts of some 3,500 French-Canadian poems created during the period 1606 through 1867. Seven volumes published to date covering the years 1606-1806, 1806-1826, 1827-1837, 1838-1849, 1850-1855, 1856-1858, 1859. Includes published poems which originally appeared in periodicals, newspapers and collections, as well as manuscripts. The first published edition of a work or the earliest manuscript was chosen for inclusion. Excludes oral literature, travel narratives and collections of hymns.

Chronologically arranged by date of composition. Poems are accompanied by an annotation describing the circumstances of composition and publication, the source of the poem and the subject matter as well as historical, literary and linguistic notes. Each volume includes a bibliography, biographical notes on poets, alphabetically arranged list of poem titles and a list of words explained in notes. Volumes 6 and 7 also include alphabetical lists of authors and airs and an index of proper names.   PS8289 T49 1987   C841.308

Collection en douze volumes des textes complets d'environ 3 500 poèmes canadiens-français créés entre 1606 et 1867. Les sept volumes publiés jusqu'à présent couvrent les périodes 1606-1806, 1806-1826, 1827-1837, 1838-1849, 1850-1855, 1856-1858, 1859. Inclut des poèmes publiés qui ont paru à l'origine dans des périodiques, des journaux et des collections, ainsi que des manuscrits. On a choisi d'inclure la première édition publiée d'une oeuvre ou le premier manuscrit. Exclut les documents de tradition orale, les récits de voyage et les collections d'hymnes.

Classement chronologique selon la date de composition du poème. Les poèmes sont accompagnés d'une annotation qui décrit les circonstances de la composition et de la publication, la source du poème, le sujet traité ainsi que de notes historiques, littéraires et linguistiques. Chaque volume inclut une bibliographie, des notes biographiques sur les poètes, une liste alphabétique des titres de poèmes et une liste de mots expliqués dans les notes. Les volumes 6 et 7 contiennent aussi les listes alphabétiques des auteurs et des airs ainsi qu'un index des noms propres.   PS8289 T49 1987   C841.308

Bibliographies

Bibliographies

3528

Fraser, Ian Forbes. – *Bibliography of French-Canadian poetry. Part 1 : From the beginnings of the literature through the École littéraire de Montréal.* – New York : Columbia University, 1935. – vi, 105, [14] p.

A bibliography of primary and secondary sources on French-Canadian poetry. Includes general sources such as histories, manuals and anthologies of French-Canadian literature and poetry. Bibliographies of works by and about 37 poets, which include books and contributions to periodicals, newspapers and anthologies. Lists of general biographical and bibliographical sources, French-Canadian periodicals and bibliographies of periodicals. Also includes collections and studies of French-Canadian folk songs. Z1377 P7 F8   016.841008

Bibliographie des sources primaires et secondaires sur la poésie canadienne-française. Inclut des sources générales comme les livres d'histoire, les manuels et les anthologies relatifs à la littérature et à la poésie canadiennes-françaises. Bibliographie des oeuvres écrites par ou à propos de 37 poètes qui comprend les livres et les contributions à des périodiques, des journaux et des anthologies. Listes des sources générales biographiques et bibliographiques, des périodiques canadiens-français et des bibliographies de périodiques. Inclut également des collections de chants folkloriques canadiens-français et des études sur ceux-ci.   Z1377 P7 F8   016.841008

3529

James, C. C. [Charles Canniff]. – *A bibliography of Canadian poetry (English).* – Toronto : Printed for the [Victoria University] Library by William Briggs, 1899. – 71, [1] p. – (Publication ; no. 1).

A bibliography of approximately 400 books and pamphlets of Canadian poetry. Alphabetically arranged by name of poet. Biographical notes include references to other sources such as Henry Morgan's *Canadian men and women of the time.* Notes on publishing history of some items. Also includes lists of anonymous works, anthologies, periodical articles on Canadian poets, articles in *Canadian magazine,* pseudonyms of Canadian poets. Addenda. Reproduced in microform format: *CIHM/ICMH microfiche series,* no. 07356.   Z1377 P7 J3   016.811008

Bibliographie d'environ 400 livres et brochures de poésie canadienne. Classement alphabétique des noms de poètes. Les notes biographiques comprennent des références à d'autres sources comme *Canadian men and women of the time* de Henry Morgan. Notes sur la publication de certains titres. Contient plusieurs listes: oeuvres anonymes, anthologies, articles de périodiques sur les poètes canadiens, articles parus dans *Canadian magazine,* pseudonymes des poètes canadiens. Addenda. Reproduit sur support microforme: *CIHM/ICMH collection de microfiches,* n° 07356.   Z1377 P7 J3   016.811008

3530

Lochhead, Douglas G. – *A checklist of nineteenth century Canadian poetry in English : the Maritimes.* – Preliminary ed. – Sackville (N.B.) : Centre for Canadian Studies, Mount Allison University, 1987. – [79] leaves.

A bibliography of nineteenth-century English-language works of poetry of the Maritime Provinces. Includes books, pamphlets and broadsides. Alphabetically arranged by name of author. Based on Reginald Watters' *A checklist of Canadian literature and background*

Bibliographie des oeuvres poétiques en anglais écrites au dix-neuvième siècle dans les provinces maritimes. Inclut des livres, des brochures et des in-planos. Classement alphabétique des noms d'auteurs. Fondé sur *A checklist of Canadian literature and background materials, 1628-1960,* 2nd ed., rev. and enl., 1972. Includes additional titles, editions and library locations. Intended to be part of a larger work covering all of Canada.   Z1377 P7 L63 1987 fol.   016.811008

materials, 1628-1960 de Reginald Watters, 2ᵉ éd., rév. et augm., 1972. Inclut des titres, éditions et localisations en bibliothèque additionnels. Conçu comme un élément d'un ouvrage plus large qui couvre tout le Canada.   Z1377 P7 L63 1987 fol.   016.811008

3531

McGill University. Centre d'études canadiennes-françaises. Bibliothèque. – *Bibliographie préliminaire de poésie canadienne-française.* – [Montréal] : Bibliothèque, Centre d'études canadiennes-françaises, McGill University, 1968. – 26 f.

A bibliography of books of Quebec, French-language poetry. Emphasis on volumes published in the twentieth century. Brief entries alphabetically arranged by name of poet. No index. Z1377 P7 M3 fol.   016.841008

Bibliographie de livres sur la poésie québécoise en français. Insistance sur les volumes publiés au vingtième siècle. Courtes notices selon l'ordre alphabétique des noms de poètes. Aucun index. Z1377 P7 M3 fol.   016.841008

3532

Woodcock, George. – *Canadian poets, 1960-1973 : a list.* – Ottawa : Golden Dog Press, 1976. – x, 69 p. – 0919614140 – Cover title : *Canadian poets, 1960-1973 : a checklist.*

A checklist of books of Canadian poetry published during the period from 1960 through 1973. Two parts: works by individuals; anthologies and collections.   Z1377 P7 W66   016.81154

Liste de contrôle des livres de poésie canadienne publiés pendant la période de 1960 à 1973. Deux parties: oeuvres d'un auteur en particulier; anthologies et collections.   Z1377 P7 W66   016.81154

Bio-bibliographies

Biobibliographies

3533

Canadian writers and their works : poetry series. – Edited by Robert Lecker, Jack David, Ellen Quigley. – Toronto : ECW Press, 1983-   .
– vol. : ports. – 0920763693 (vol. 1) 092080246X (vol. 2) 0920763197 (vol. 3) 1550220217 (vol. 4) 0920802907 (vol. 5) 1550220071 (vol. 6) 0550220578 (vol. 7) 1550220632 (vol. 8) 0920802478 (vol. 9) 1550220691 (vol. 10) 0920802435 (set)

A multi-volume series, each volume of which includes four or five critical essays on Canadian poets of the nineteenth and twentieth centuries. Introduction to each volume by George Woodcock. Essays include the following: a brief biography; a discussion of influences on the author's works; a review of published criticism; an analysis of the author's works; a selected bibliography of primary and secondary material. Name and title index in each volume. Separately published cumulated index entitled: *Canadian writers and their works cumulated index : poetry series.*

Vol. 1, Isabella Valancy Crawford, Charles Heavysege, Charles Mair, Charles Sangster; vol. 2, William Wilfred Campbell, Bliss Carman, Archibald Lampman, Charles G.D. Roberts, Duncan Campbell Scott; vol. 3, Raymond Knister, Dorothy Livesay, E.J. Pratt, W.W.E. Ross; vol. 4, Robert Finch, Leo Kennedy, A.M. Klein, F.R. Scott, A.J.M. Smith; vol. 5, Earle Birney, Louis Dudek, Irving Layton, Raymond Souster, Miriam Waddington; vol. 6, Margaret Avison, Ralph Gustafson, Jay Macpherson, P.K. Page, Anne Wilkinson; vol. 7, Milton Acorn, Alden Nowlan, Al Purdy, James Reaney, Phyllis Webb; vol. 8, George Bowering, Daphne Marlatt, bp Nichol, Michael Ondaatje, Dennis Lee; vol. 9, Margaret Atwood, D.G. Jones, Patrick Lane, Dennis Lee, Gwendolyn MacEwen; vol. 10, John Newlove, Eli Mandel, Robert Kroetsch, Joe Rosenblatt, Leonard Cohen.

Author essays have also been published as monographs by ECW Press. The biographies have been published in one volume: *ECW's biographical guide to Canadian poets.* Introductory essays have been revised and published in a one-volume work: *George Woodcock's introduction to Canadian poetry.* Indexes published in one volume: *Canadian writers and their works cumulated index : poetry series.* PS8141 C35 1983   C811.009

Collection en dix volumes. Chaque volume comprend de quatre à cinq essais critiques sur les poètes canadiens des dix-neuvième et vingtième siècles. Chaque volume contient une introduction écrite par George Woodcock. Les essais incluent ce qui suit: une courte biographie; une discussion des influences sur les oeuvres de l'auteur; un examen des critiques publiées; une analyse des oeuvres de l'auteur; une bibliographie sélective des sources primaires et secondaires. Index des noms et des titres dans chaque volume. Index cumulatif publié séparément et intitulé: *Canadian writers and their works cumulated index : poetry series.*

Vol. 1, Isabella Valancy Crawford, Charles Heavysege, Charles Mair, Charles Sangster; vol. 2, William Wilfred Campbell, Bliss Carman, Archibald Lampman, Charles G.D. Roberts, Duncan Campbell Scott; vol. 3, Raymond Knister, Dorothy Livesay, E.J. Pratt, W.W.E. Ross; vol. 4, Robert Finch, Leo Kennedy, A.M. Klein, F.R. Scott, A.J.M. Smith; vol. 5, Earle Birney, Louis Dudek, Irving Layton, Raymond Souster, Miriam Waddington; vol. 6, Margaret Avison, Ralph Gustafson, Jay Macpherson, P.K. Page, Anne Wilkinson; vol. 7, Milton Acorn, Alden Nowlan, Al Purdy, James Reaney, Phyllis Webb; vol. 8, George Bowering, Daphne Marlatt, bp Nichol, Michael Ondaatje, Dennis Lee; vol. 9, Margaret Atwood, D.G. Jones, Patrick Lane, Dennis Lee, Gwendolyn MacEwen; vol. 10, John Newlove, Eli Mandel, Robert Kroetsch, Joe Rosenblatt, Leonard Cohen.

Les essais sur les auteurs ont aussi été publiés comme monographies par ECW Press. Les biographies ont été publiées en un seul volume: *ECW's biographical guide to Canadian poets.* Les essais de présentation ont été révisés et publiés par ECW Press en un seul volume: *George Woodcock's introduction to Canadian poetry.* Les index ont été publiés en un seul volume: *Canadian writers and their works cumulated index : poetry series.*   PS8141 C35 1983 C811.009

3534

Canadian writers and their works cumulated index : poetry series. – Edited by Donald W. McLeod. – Toronto : ECW Press, 1993. – 137 p. – 1550221434

An alphabetical index of names and titles appearing in the ten volumes of *Canadian writers and their works : poetry series*. Revises and cumulates the indexes included in each of the volumes. Indexes all proper names mentioned in the essays excluding place names, academic institutions and names of characters. Titles of stories, poems, articles, books, periodicals, etc., are indexed.
PS8141 C352 1993   016.811009

Index alphabétique des noms et des titres qui se trouvent dans les dix volumes de *Canadian writers and their works : poetry series*. Révision et refonte des index de tous les volumes. Contient tous les noms propres mentionnés dans les essais, à l'exclusion des noms de lieux, d'établissements d'enseignement et de personnages. Les titres des récits, des poèmes, des articles, des livres, des périodiques, etc. sont indexés. PS8141 C352 1993   016.811009

3535

ECW's biographical guide to Canadian poets. – Toronto : ECW Press, c1993. – 282 p. : ports. – 1550221523

Biographical essays on 48 Canadian poets writing in English. These biographies were originally published as part of longer essays in: *Canadian writers and their works : poetry series*. Some have been updated. Chronologically arranged by year of birth.
PS8081 E33 1993   C811.009

Essais biographiques sur 48 poètes canadiens qui ont écrit en anglais. À l'origine, ces biographies ont été publiées dans le cadre d'essais plus longs dans: *Canadian writers and their works : poetry series*. Certaines ont été mises à jour. Classement chronologique selon l'année de naissance des poètes. PS8081 E33 1993   C811.009

Biographies

Biographies

3536

Schwab, Arnold T. – ***Canadian poets : vital facts on English-writing poets born from 1730 through 1910.*** – Halifax : Dalhousie University, School of Library and Information Studies, 1989. – ix, 100, [3] p. – (Occasional papers series ; 47). – 0770397344

Biographical information on Canadian poets, writing in English, born in 1910 or earlier. Arranged in three alphabetical lists: approximately 1,200 deceased poets for whom most vital facts are known; approximately 100 deceased poets for whom most vital facts are unknown; approximately 80 poets alive when the author completed his research. Entries for deceased poets include name and, if known, dates and places of birth and death and age. Entries for living poets include name, date and place of birth, date when they were last known to be alive and place of residence at that time. Notes on variant pieces of information.   PS8081 S38 1989 fol.   C811.009

Renseignements biographiques sur les poètes canadiens qui écrivaient en anglais, nés en 1910 ou avant cela. Trois listes alphabétiques: environ 1 200 poètes décédés pour lesquels la plupart des données essentielles sont connues; environ 100 poètes décédés pour lesquels on ignore la plupart des données essentielles; environ 80 poètes encore en vie quand l'auteur terminait ses recherches. Les notices sur les poètes décédés comprennent le nom et, si ces données sont connues, les lieux et dates de naissance et de décès et l'âge. Les notices sur les poètes encore en vie comprennent le nom, la date et le lieu de naissance, la dernière date à laquelle on le savait encore vivant et le lieu de résidence à ce moment. Notes sur les éléments d'information divergents.   PS8081 S38 1989 fol.   C811.009

3537

Vesta's who's who of North American poets. – Editor in chief, Stephen Gill. – Cornwall (Ont.) : Vesta Publications, 1990. – 409 p. – 0919301126

Biographies of Canadian and American poets who have published at least two collections of poems. Includes poets working in English and French. Alphabetically arranged by name. Entries include: date and place of birth, education, memberships/awards, publications, address, additional information on contributions to periodicals, newspapers and anthologies, readings, workshops, etc. List of literary organizations in Canada and the United States.   Z1224 V38 1990 fol.   C811.009

Biographies des poètes canadiens et américains qui ont publié au moins deux collections de poèmes. Inclut des poètes qui travaillent en anglais et en français. Classement alphabétique des noms. Les notices comprennent: date et lieu de naissance, études, associations dont le poète est membre, prix remportés, publications, adresse, renseignements additionnels sur les contributions aux périodiques, aux journaux et aux anthologies, les lectures publiques, les ateliers, etc. Liste des organisations littéraires du Canada et des États-Unis.   Z1224 V38 1990 fol.   C811.009

Directories

Répertoires

3538

League of Canadian Poets. – ***Who's who in the League of Canadian Poets.*** – Edited by Stephen Scobie. – 25th anniversary ed. – Toronto : the League, c1991. – 244 p. : ports. – 0969032749

1st ed., 1976, *Catalogue of members*; 2nd ed., 1980, *League of Canadian Poets*; 3rd ed., 1988. A directory of professional poets who are members of the League. Alphabetically arranged by name of poet. Entries include: a brief biography, a list of literary awards, major publications such as books of poetry, sound recordings, etc., anthologies to which the poet has contributed, critical comments on the poet's work. Commemorative essay by Raymond Souster. List of

1ʳᵉ éd., 1976, *Catalogue of members*; 2ᵉ éd., 1980, *League of Canadian Poets*; 3ᵉ éd., 1988. Répertoire des poètes professionnels qui sont membres de la ligue. Classement alphabétique des noms de poètes. Les notices contiennent: une courte biographie, une liste des prix littéraires remportés, les publications importantes comme les livres de poésie, les enregistrements sonores, etc., les anthologies auxquelles le poète a contribué et des critiques sur l'oeuvre du poète. Essai souvenir

past presidents, honorary, life and associate members. Lists of winners of the following poetry awards sponsored by the League: Pat Lowther Memorial Award; Gerald Lampert Memorial Award; F.R. Scott Award; LCP National Poetry Contest.   PS8081 L43 1991 C811.5409

écrit par Raymond Souster. Liste des anciens présidents, des membres honoraires, à vie et agréés. Liste des gagnants des prix de poésie suivants, remis par la ligue: le Pat Lowther Memorial Award, le Gerald Lampert Memorial Award, le F.R. Scott Award, le LCP National Poetry Contest.   PS8081 L43 1991   C811.5409

Handbooks

Guides

3539

Poetry markets for Canadians. – (1982)-   . – [Toronto] : Aya Press, c1982-   . –   vol. – 0843-2287

Biennial. A guide to publishing for Canadian poets. Includes information on aspects of getting published in periodicals, books and chapbooks, such as copyright, contracts and book promotion. Lists Canadian and foreign periodicals, and Canadian book publishers interested in poetry submissions. Also lists reading venues for Canadian poets, writers' organizations, arts councils, government arts agencies and literary awards and contests. Index of titles, publishers and organizations. Title varies: 1982, 1984, *Poetry markets in Canada*; 1987, 1989, 1992, *Poetry markets for Canadians.* Imprint varies.   PN155 P6 fol.   070.520971

Biennial. Guide sur la publication à l'intention des poètes canadiens. Inclut des données sur les façons de se faire publier dans les périodiques, les livres et les livres de colportage, notamment les questions comme le droit d'auteur, les contrats et la promotion des livres. Signale des périodiques canadiens et étrangers, et des éditeurs canadiens intéressés à recevoir des manuscrits de poésie. Donne aussi la liste des lieux de lecture publique pour les poètes canadiens, des organisations d'écrivains, des conseils des arts, des organismes gouvernementaux chargés des arts, et des prix et concours littéraires. Index des titres, des éditeurs et des organisations. Le titre varie: 1982, 1984, *Poetry markets in Canada*; 1987, 1989, 1992, *Poetry markets for Canadians.* L'adresse bibliographique varie. PN155 P6 fol.   070.520971

History and Criticism

Histoire et critique

3540

Canadian poetry. – No. 1 (Fall/Winter 1977)-   . – London : Dept. of English, University of Western Ontario, [1977?]-   .   vol. – 0704-5646

Canadian poetry published an annual bibliography, *The year's work in Canadian poetry studies*, for the years 1976 through 1986. It appeared in the Spring/Summer issue of each year beginning with no. 2 (Spring/Summer 1978) and ceasing with no. 20 (Spring/Summer 1987). The bibliography includes literary criticism on English-Canadian poetry found in full-length studies, periodical articles, conference proceedings, etc. Arranged in sections for the poetry of the pre-Confederation, Confederation, modern and contemporary periods. Annotations.   PS8141   C811.009

Canadian poetry a publié une bibliographie annuelle, *The year's work in Canadian poetry studies*, de 1976 à 1986. Cette bibliographie a paru dans le numéro printemps/été de chaque année depuis le n° 2 (printemps/été 1978) jusqu'au n° 20 (printemps/été 1987). La bibliographie comprend des critiques littéraires sur la poésie canadienne-anglaise tirées d'études complètes, d'articles de périodiques, des actes de congrès, etc. Sections sur la poésie antérieure à la Confédération, celle de la période de la Confédération, la poésie moderne et contemporaine. Annotations.   PS8141   C811.009

3541

Platnick, Phyllis. – **Canadian poetry : index to criticisms (1970-1979)** = *Poésie canadienne : index de critiques (1970-1979).* – [Ottawa] : Canadian Library Association, c1985. – xxviii, 337 p. – 0888021941

An index to criticism of Canadian poetry published in English- and French-language periodicals, collections of essays and theses during the 1970s. Alphabetically arranged by name of poet. Under each poet, general critical works, bibliographies, criticisms of specific books and criticisms of individual poems are grouped. Lists of collections and periodicals analysed. The author is preparing an index to criticism published in the 1980s.   PS8155 P53 1985 fol.   016.811009

Index des critiques sur la poésie canadienne publiées dans des périodiques, des collections d'essais et des thèses, en anglais et en français, pendant les années 1970. Classement alphabétique des noms de poètes. Sous chaque poète sont regroupées les oeuvres critiques générales, les bibliographies, les critiques de livres et les critiques de poèmes. Listes des collections et des périodiques analysés. L'auteur prépare un index sur les critiques publiées dans les années 1980. PS8155 P53 1985 fol.   016.811009

3542

Stevens, Peter. – *Modern English-Canadian poetry : a guide to information sources.* – Detroit (Mich.) : Gale Research, c1978. – xi, 216 p. – (Gale information guide library) (American literature, English literature, and world literatures in English ; vol. 15). – 0810312441

A bibliography of primary and secondary materials on English-Canadian poetry of the twentieth century. Includes reference sources such as bibliographies, biographical dictionaries, periodical indexes and theses bibliographies; descriptions of literary manuscript collections in university libraries; literary histories and criticism; major anthologies; literary periodicals. Works by and about Canadian poets are arranged alphabetically by name within three time periods: 1900-1940, 1940s and 1950s, 1960s and 1970s. Biographical and

Bibliographie des sources primaires et secondaires sur la poésie canadienne-anglaise du vingtième siècle. Inclut: des ouvrages de référence comme les bibliographies, les dictionnaires biographiques, les index de périodiques et les bibliographies de thèses; la description de collections de manuscrits littéraires qui se trouvent dans les bibliothèques des universités; des histoires et des critiques littéraires; des anthologies importantes; des périodiques littéraires. Les ouvrages écrits par ou à propos des poètes canadiens sont classés

critical notes on each author. Annotations for significant titles. Prose works by a poet, such as autobiographical writings and critical statements, have been included when they cast light on the poetry. Author, title and subject indexes.   Z1377 P7 S79   016.8115

selon l'ordre alphabétique des noms, sous trois périodes: 1900-1940, les années 1940 et 1950, les années 1960 et 1970. Notes biographiques et critiques sur chaque auteur. Annotations sur les oeuvres importantes. Les ouvrages en prose écrits par un poète, comme les écrits autobiographiques et les déclarations importantes, ont été inclus quand ils aident à comprendre l'oeuvre du poète. Trois index: auteurs, titres, sujets.   Z1377 P7 S79   016.8115

Indexes

Index

3543

Fee, Margery. – *Canadian poetry in selected English-language anthologies : an index and guide.* – Edited and with an introduction by Margery Fee. – Halifax : Dalhousie University, University Libraries : Dalhousie University, School of Library Service, 1985. – v, [258], [2] p. – (Occasional papers series ; 36). – 07703018305

An index of Canadian poetry in 44 English-language anthologies. Includes English-language poetry and French-language poetry in translation. Indexes a selection of the best-known and most comprehensive poetry and mixed-genre anthologies. Some overlap with *Index to Canadian poetry in English*. Five indexes: author, title, first line, translator, anthology editor. Annotated list of anthologies indexed. Selective list of Canadian poetry anthologies in print July 1984, arranged by type, eg., women poets, Quebec anthologies in French.   Z1377 P7 F43 1985 fol.   016.811

Index de la poésie canadienne qui se trouve dans 44 anthologies en anglais. Inclut de la poésie en anglais et de la poésie traduite du français. Répertorie une sélection des anthologies les plus connues et les plus complètes de la poésie et de divers genres. Un peu de chevauchement avec *Index to Canadian poetry in English*. Cinq index: auteurs, titres, premières lignes, traducteurs, rédacteurs d'anthologies. Liste annotée des anthologies répertoriées. Liste sélective des anthologies de poésie canadienne en librairie en juillet 1984, selon un classement par types tels que les femmes poètes ou les anthologies québécoises en français.   Z1377 P7 F43 1985 fol.   016.811

3544

McQuarrie, Jane. – *Index to Canadian poetry in English.* **–** Compiled and edited by Jane McQuarrie, Anne Mercer, Gordon Ripley. – Toronto : Reference Press, 1984. – 367 p. – 091998102X

An index to approximately 7,000 Canadian poems in 51 anthologies which might be expected to be held by public libraries. Includes English-language poetry and French-language poetry in translation. Three indexes: title and first line; author and translator; subject. List of anthologies examined. Some overlap with *Canadian poetry in selected English-language anthologies : an index and guide*. New edition forthcoming, Reference Press.   Z1377 P4 M36 1984 016.811

Index d'environ 7 000 poèmes canadiens regroupés dans 51 anthologies qui devraient se trouver dans les bibliothèques publiques. Inclut de la poésie en anglais et de la poésie traduite du français. Trois index: titres et premières lignes; auteurs et traducteurs; sujets. Liste des anthologies étudiées. Un peu de chevauchement avec *Canadian poetry in selected English-language anthologies : an index and guide*. Nouvelle édition, à paraître, Reference Press.   Z1377 P4 M36 1984 016.811

3545

Stuart, Ross. – *A chronological index of locally written verse published in the newspapers and magazines of Upper and Lower Canada, Maritime Canada, and Newfoundland through 1815.* – Compiled by Ross Stuart and Thomas B. Vincent. – Kingston (Ont.) : Loyal Colonies Press, 1979. – vii, 386 p. – 0920832008

A chronological index of Canadian poetry written before 1815 and published in local periodicals and newspapers. Includes English- and French-language poems. Entries include first line, title, author, length in lines, title of periodical or newspaper in which the poem was published, date of publication and notes on genre, cross-references etc. Indexes: newspaper, genre, subject, first line, title, author.   PS8149 S88 fol.   016.8113

Index chronologique de la poésie canadienne écrite avant 1815 et publiée dans des périodiques et des journaux locaux. Inclut des poèmes en anglais et en français. Les notices contiennent la première ligne du poème, le titre, le nom de l'auteur, le nombre de lignes, le titre du périodique ou du journal dans lequel le poème a été publié, la date de publication et des notes sur le genre, les renvois, etc. Six index: journaux, genres, sujets, premières lignes, titres, auteurs.   PS8149 S88 fol.   016.8113

Quotations

Citations

3546

Citations québécoises modernes. – Claude Janelle. – Montréal : Éditions de l'Aurore, c1976. – 126 p. : ill. – (Collection connaissance des pays québécois). – 0885321170

A dictionary of over 800 quotations in French from 180 quebecois novels, mainly from the period 1945 through 1975. Arranged by subject. Bibliography of novels examined. Index of subjects. PN6086 C58   C848.5402

Dictionnaire de plus de 800 citations en français tirées de 180 romans québécois, principalement de la période de 1945 à 1975. Classement par sujets. Bibliographie des romans étudiés. Index des sujets.   PN6086 C58   C848.5402

3547

Colombo's all-time great Canadian quotations. – John Robert Colombo. – Don Mills (Ont.) : Stoddart, 1994. – xiv, 272 p. – 0773756396
PN6081   C818.02

3548

Colombo's Canadian quotations. – Edited by John Robert Colombo. – Edmonton : Hurtig, c1974. – x, 735 p. – 0888300794

A dictionary of 6,000 quotations in English by Canadians or about Canada, dating from 400 BC through 1973. Emphasis on the modern period. Arranged by name of author. Index of subjects and keywords.   PN6081 C6   C818.02

Dictionnaire de 6 000 citations en anglais faites par des Canadiens ou relatives au Canada et qui datent d'entre 400 av. J.-C. et 1973. Insistance sur la période moderne. Classement par noms d'auteurs. Index des sujets et des mots clés.   PN6081 C6   C818.02

3549

Colombo's concise Canadian quotations. – Edited by John Robert Colombo. – Edmonton : Hurtig, c1976. – 280 p. – 0888301103 (pa.)
0888301111 (bd.)

A dictionary of 2,500 quotations in English by Canadians or about Canada. 1,700 are reprinted from *Colombo's Canadian quotations.* Arranged under 600 subjects. Author index.   PN6081 C62   C818.02

Dictionnaire de 2 500 citations en anglais faites par des Canadiens ou relatives au Canada, dont 1 700 ont déjà paru dans le *Colombo's Canadian quotations.* Classement sous 600 sujets. Index des auteurs. PN6081 C62   C818.02

3550

The dictionary of Canadian quotations. – [Edited by] John Robert Colombo. – Toronto : Stoddart, 1991. – xv, 671 p. – 0773725156

A dictionary of over 6,000 quotations in English, written or spoken by Canadians on all subjects or by non-Canadians on Canada. Focusses on contemporary society. Arranged under more than 900 subjects. Minimal repetition of quotations included in the author's previous works. Author index.   PN6081 D5 1991   C818.02

Dictionnaire de plus de 6 000 citations en anglais, écrites ou dites par des Canadiens, sur toutes sortes de sujets, ou écrites ou dites par des étrangers à propos du Canada. Porte principalement sur la société contemporaine. Classement sous plus de 900 sujets. Répétition minimale des citations incluses dans les oeuvres antérieures de l'auteur. Index des auteurs. PN6081 D5 1991   C818.02

3551

The dictionary of Canadian quotations and phrases. – Robert M. Hamilton and Dorothy Shields. – Rev. and enl. ed. – Toronto : McClelland and Stewart, 1982, c1979. – 1063 p. – 0771038461

1st ed., 1952, *Canadian quotations and phrases, literary and historical.* A dictionary of over 10,300 quotations and phrases about Canada or used by Canadians. Arranged under approximately 2,000 subjects. List of subjects with cross-references. Author index. PN6081 H24 1979 fol.   C818.02

1re éd., 1952, *Canadian quotations and phrases, literary and historical.* Dictionnaire de plus de 10 300 citations et phrases sur le Canada ou utilisées par des Canadiens. Classement sous environ 2 000 sujets. Liste des sujets avec renvois. Index des auteurs.   PN6081 H24 1979 fol.   C818.02

3552

Dictionnaire de citations de la littérature québécoise. – Choisies par David Strickland. – Montréal : La Presse, 1974. – 322 p. – 0777700824

A collection of French-language quotations from the literature of Quebec. Selected from poetry, drama, fiction and essays. Alphabetically arranged by subject. Subject index.   PS8073 S78 C848.02

Ensemble de citations en français tirées d'oeuvres littéraires du Québec comme des poèmes, des pièces de théâtre, des oeuvres de fiction et des essais. Classement alphabétique par sujets. Index des sujets.   PS8073 S78   C848.02

3553

Dictionnaire des citations québécoises. – Gilbert Forest. – Montréal : Québec/Amérique, c1994. – [xv, 851] p. – 2890377482

A dictionary of French quotations from the novels and short stories of French-Canadian authors. Arranged by theme. Indexes of authors with references to works consulted, titles of works, themes. PN6086 F67 1994   C848.02

Dictionnaire de citations en français tirées de romans et de nouvelles d'auteurs canadiens-français. Classement par thèmes. Index: auteurs avec renvois aux oeuvres consultées, titres des oeuvres, thèmes. PN6086 F67 1994   C848.02

3554

Dictionnaire des proverbes québécois. – Pierre DesRuisseaux. – Nouv. éd. rev., corr. et augm. – Montréal : Hexagone, 1991. – 287 p. – 2892950619

1st ed., 1974, 2nd ed., 1978, *Le livre des proverbes québécois.* Imprint varies. A dictionary of approximately 700 proverbs used in Quebec, collected from oral and written sources. Alphabetically arranged by keyword. Entries include keyword, proverb, subject descriptor, explanation of meaning and other versions of proverb. Bibliography. Subject index. Index of principal words, excluding keywords and verbs.   PN6455 Q8 D47 1991   398.941

1re éd., 1974, 2e éd., 1978, *Le livre des proverbes québécois.* L'adresse bibliographique varie. Dictionnaire d'environ 700 proverbes utilisés au Québec, obtenus de sources orales ou écrites. Classement alphabétique par mots clés. Les notices comprennent un mot clé, le proverbe, un descripteur, une explication et les autres versions du proverbe. Bibliographie. Index des sujets. Index des mots principaux, à l'exclusion des mots clés et des verbes.   PN6455 Q8 D47 1991 398.941

3555

The Fitzhenry & Whiteside book of quotations. – Edited by Robert I. Fitzhenry. – 3rd ed. rev. and enlarged. – Markham (Ont.) : Fitzhenry & Whiteside, c1993. – xvi, 528 p. – 155041089X (bd.) 1550410911 (pa.)

1st ed., 1981. 2nd ed., 1986. An international book of quotations in English. Organized by subject. Includes quotations by Canadian authors and about Canada and Canadians. Author index. PN6081 F57 1992   808.882

1re éd., 1981. 2e éd., 1986. Livre international des citations en anglais. Organisé par sujets. Inclut des citations faites par des auteurs canadiens et à propos du Canada et des Canadiens. Index des auteurs. PN6081 F57 1992   808.882

3556

New Canadian quotations. – [Edited by] John Robert Colombo. – Edmonton : Hurtig, c1987. – xvi, 480 p. – 0888303092 – Spine title : *Colombo's new Canadian quotations.*

A dictionary of 4,600 quotations in English by Canadians or about Canada. The majority of quotations appeared in books, periodicals, newspapers, etc., from the period 1967 to 1987. 600 of the quotations were published in the author's previous works, *Colombo's Canadian quotations* and *Colombo's concise Canadian quotations.* Arranged under approximately 800 subjects. Author index. PN6081 C64 1987   C818.02

Dictionnaire de 4 600 citations en anglais faites par des Canadiens ou à propos du Canada. La plupart des citations ont paru dans des livres, des périodiques, des journaux, etc. qui datent d'entre 1967 et 1987. 600 citations ont déjà paru dans les oeuvres antérieures de l'auteur, *Colombo's Canadian quotations* et *Colombo's concise Canadian quotations.* Classement sous environ 800 sujets. Index des auteurs. PN6081 C64 1987   C818.02

3557

Petit dictionnaire Héritage des citations. – Gilbert Forest ; préf. d'Henri Bergeron. – Saint-Lambert (Québec) : Éditions Héritage, c1980. – 427 p. – (Héritage+plus). – 0777338610

A dictionary of 2,500 quotations from 430 French-Canadian novels published between 1837 and 1975. Arranged under 511 themes. List of works examined. Index of secondary subjects. PN6086 F67 C848.02

Dictionnaire d'environ 2 500 citations tirées de 430 romans canadiens-français publiés entre 1837 et 1975. Classement sous 511 thèmes. Liste des documents examinés. Index des sujets secondaires. PN6086 F67   C848.02

3558

Quotations from English Canadian literature. – [Compiled] by David Strickland. – Toronto : Modern Canadian Library, c1973. – 189 p. – 0919364233

A collection of quotations from Canadian literature in English. Includes selections from poetry, fiction, essays, drama and criticism of the eighteenth through twentieth centuries. Alphabetically arranged by subject. Author index. PS8071 S78   C818.02

Ensemble de citations tirées de la littérature canadienne-anglaise. Inclut des poèmes, des oeuvres de fiction, des pièces de théâtre, des critiques et des essais choisis qui datent des dix-huitième, dix-neuvième et vingtième siècles. Classement alphabétique par sujets. Index des auteurs. PS8071 S78   C818.02

Humanities
Performing Arts

Sciences humaines
Arts du spectacle

Archival Resources

Fonds d'archives

3559

Memorial University of Newfoundland. Centre for Newfoundland Studies. – *A guide to the performing arts collections in the Centre for Newfoundland Studies Archives of the Memorial University Library.* – Prepared by Gail Weir. – [St. John's] : Memorial University of Newfoundland, Centre for Newfoundland Studies Archives, Queen Elizabeth II Library, 1992. – 21 p. : ill.

A guide to 45 fonds or collections relating to the performing arts in Newfoundland, and held by the Centre for Newfoundland Studies at Memorial University of Newfoundland. Entries include types of documents, inclusive dates, extent, brief description, provenance, year of acquisition, finding aids, call number. Z6935 W45 1992 fol. 026.7902097181

Guide de 45 fonds et collections pertinents aux arts d'interprétation à Terre-Neuve conservés au Centre for Newfoundland Studies de la Memorial University of Newfoundland. Les notices comprennent le genre de documents, les années extrêmes, l'envergure, une brève description, la provenance, l'année d'acquisition, les instruments de recherche, le numéro de classement.   Z6935 W45 1992 fol. 026.7902097181

Bibliographies and Catalogues

Bibliographies et catalogues

3560

Les arts du spectacle : Canada : bibliographie des ouvrages en français publiés au Canada entre 1960 et 1985, concernant le théâtre, la musique, la danse, le mime, les marionnettes, les spectacles de variétés, le cirque, la radio et la télévision, le cinéma. – Liège (Belgique) : Recherches et formation théâtrales en Wallonie, [1986?]. – [7], 79 f.

Bibliography on the performing arts in Canada. Arranged by subject. Includes nearly 600 books, special issues of periodicals and master's and doctoral theses. No index.   Z6935 A77 1986 fol.   016.79020971

Bibliographie portant sur les arts du spectacle au Canada. Classement par sujets. Signale près de 600 livres, numéros spéciaux de périodiques et thèses de maîtrise et de doctorat. Aucun index.   Z6935 A77 1986 fol.   016.79020971

3561

Buller, Edward. – ***Indigenous performing and ceremonial arts in Canada : a bibliography : an annotated bibliography of Canadian Indian rituals and ceremonies (up to 1976).*** – Toronto : Association for Native Development in the Performing and Visual Arts, c1981. – x, 151 p. : map. – (ANDPVA books).

Bibliography on the performing arts of Canada's Native peoples. Four sections: geographical areas subdivided by cultural group, performing arts, ceremonies and masks. Includes books, periodical articles and reports, briefly annotated. Includes some French-language works.   Z1209.2 C3 B853   016.29974

Bibliographie portant sur les arts d'interprétation des Autochtones du Canada. Quatre sections: aires géographiques subdivisées par groupes culturels, arts d'interprétation, cérémonies et masques. Comprend des livres, articles de périodiques et rapports brièvement annotés. Signale quelques ouvrages en français.   Z1209.2 C3 B853 016.29974

Biographies

Biographies

3562

Gould, Ed. – ***Entertaining Canadians : Canada's international stars, 1900-1988.*** – Victoria : Cappis Press, c1988. – vii, 325 p. : ports. – 0919763189

Biographical entries for Canadian entertainers who have international careers, with lists of their films or recordings. Arranged alphabetically by name. Bibliography.   FC26 E6 G67 1988 fol.   790.20922

Notices biographiques d'artistes interprètes canadiens ayant fait carrière sur la scène internationale, assorties de leur filmographie ou discographie. Classement alphabétique par noms. Bibliographie. FC26 E6 G67 1988 fol.   790.20922

Directories

Répertoires

3563

Alberta performing artists : a directory of performing arts groups and individuals. – Edmonton : Alberta Culture and Multiculturalism, [1976?]- . – vol. : ports.

Annual, 1975/76-1982/83. Biennial. A directory of musicians, dancers, theatre companies, etc., of Alberta. Arranged by art form. Separate sections for dance, music and theatre for young audiences. Entries include: brief description of type of performance, technical requirements, availability, number of performers in company, contact name, address and telephone number, photograph. Appendices: directory of agents, alphabetical index of performers, photograph credits. 1992/93 ed. reproduced in microform format: *Microlog*, no. 92-07367. Title varies: 1975/76-1979/80, *Alberta performing arts on tour.*   PN2305   791.40257123

Annuel, 1975/76-1982/83. Biennal. Répertoire des musiciens, des danseurs, des compagnies théâtrales, etc. de l'Alberta. Classement par formes artistiques. Sections distinctes sur la danse, la musique et le théâtre destinés aux jeunes. Les notices comprennent: une courte description du type de spectacle, les exigences techniques, la disponibilité, le nombre de comédiens dans la compagnie, le nom de la personne-ressource, l'adresse et le numéro de téléphone, une photographie. Annexes: répertoire des agents, index alphabétique des artistes, mention de source des photographies. L'édition 1992/93 a été reproduite sur support microforme: *Microlog*, n° 92-07367. Le titre varie: 1975/76-1979/80, *Alberta performing arts on tour.* PN2305   791.40257123

3564

Alliance of Canadian Cinema, Television and Radio Artists. – ***Face to face with talent.*** – Toronto : the Alliance, [1970?]- . – vol. : ports. – 0829-4747

Biennial, 1970-1989. Irregular. Biographical entries for more than 2,300 entertainers and radio and television hosts who are members of the Alliance of Canadian Cinema, Television and Radio Artists and of the Canadian Actors' Equity Association. Three parts: women, men and children. Each entry includes profession, province of residence, recent engagements, and address and telephone number or that of an agent/impresario. Index of artists arranged by province, profession and sex. Multilingual index published separately. PN1573 C3 A8   791.402571

Biennal, 1970-1989. Irrégulier. Notices biographiques de plus de 2 300 artistes interprètes et animateurs des médias électroniques membres de l'Alliance of Canadian Cinema, Television and Radio Artists et de la Canadian Actors' Equity Association. Trois parties: femmes, hommes et enfants. Chaque notice comprend leur profession et province de résidence, leurs prestations récentes, leur adresse et numéro de téléphone et (ou) de leur agent/imprésario. Index des artistes classés par provinces, professions et sexes. Index multilingue publié à part.   PN1573 C3 A8   791.402571

3565

Alliance of Canadian Cinema, Television and Radio Artists. Alberta Branches. – *Alberta performers and writers talent directory.* – (1991)-   . – Edmonton : Northern Alberta Office ; Calgary : Southern Alberta Office, [1991?]-   . vol. : ports.

Irregular. Biographical entries and addresses and telephone numbers for 134 Alberta performers and ten writers who are members of the Alliance of Canadian Cinema, Television and Radio Artists. Three parts: female performers, male performers, writers. Each entry includes profession, recent engagements, address, telephone number and a portrait. Index of artists arranged by profession and sex. Replaces: *Faces in focus & Alberta writers' directory* (Edmonton : Northern Alberta Performers' Branch of ACTRA : ACTRA Writers' Guild (Alberta Branch), [1989?]); *Talent directory* (Edmonton : Northern Alberta Performers Guild : ACTRA Writers Guild (Alberta Branch), [1990?]).   PN2305   791.40257123

Irrégulier. Notices biographiques de 134 artistes interprètes et dix auteurs albertains membres de l'Alliance of Canadian Cinema, Television and Radio Artists. Trois parties : femmes, hommes et écrivains. Chaque notice comprend leur profession, leurs prestations récentes, leur adresse et numéro de téléphone et un portrait. Index des artistes par professions et par sexes. Remplace: *Faces in focus & Alberta writers' directory* (Edmonton : Northern Alberta Performers' Branch of ACTRA : ACTRA Writers' Guild (Alberta Branch), [1989?]); *Talent directory* (Edmonton : Northern Alberta Performers Guild : ACTRA Writers Guild (Alberta Branch), [1990?]). PN2305   791.40257123

3566

Alliance of Canadian Cinema, Television and Radio Artists, Atlantic Canada. – *Talent catalogue.* – Halifax : ACTRA Atlantic Canada, c1988-   . –   vol. : ports. – 091925912X – 1181-6090 – Cover title.

Irregular. Biographical entries for entertainers and radio and television hosts of Nova Scotia, New Brunswick, Prince Edward Island and Newfoundland who are members of the Alliance of Canadian Cinema, Television and Radio Artists and of the Canadian Actors' Equity Association. Arranged according to sex. Each entry includes profession, recent engagements, address, telephone number, language other than English and a portrait. Index of artists arranged by sex, profession, language other than English. Title varies: 1988, *ACTRA talent catalogue.*   PN1580 T32   791.4025715

Irrégulier. Notices biographiques des artistes interprètes et animateurs des médias électroniques de la Nouvelle-Écosse, du Nouveau-Brunswick, de l'Île-du-Prince-Édouard et de Terre-Neuve membres de l'Alliance of Canadian Cinema, Television and Radio Artists et de la Canadian Actors' Equity Association. Classement selon le sexe. Chaque notice comprend leur profession, leurs prestations récentes, leur adresse et numéro de téléphone, les langues autres que l'anglais et un portrait. Index des artistes par sexes, professions et langues autres que l'anglais. Le titre varie: 1988, *ACTRA talent catalogue.* PN1580 T32   791.4025715

3567

Canada Council. Touring Office. – *Facilities directory* = *Répertoire des salles de spectacle.* – 1988 ed. – Ottawa : the Office, 1988. – 4 vol. (loose-leaf) : plans. – 088837013X

1st ed., 1980. Updated, 1982. Directory of performance facilities used by performers and professional companies during Canadian tours. Arranged by province or territory and municipality. Each entry includes the address and telephone number of the institution, a description of its facilities, an outline of its performance schedule by discipline and the annual budget. Four lists of facilities: general, by category, by number of seats, facilities not included. Absorbed: 1985, *Alternate facilities directory.*   PN1589   792.029571

1re éd., 1980. Mise à jour, 1982. Répertoire des salles de spectacles utilisées par les artistes interprètes et les groupes professionnels lors des tournées canadiennes. Classement par provinces ou territoires et par municipalités. Chaque notice comprend l'adresse et le numéro de téléphone de l'établissement, une description des installations, un aperçu de la programmation par disciplines et le budget annuel. Quatre listes de salles: générales, par catégories, par nombre de places, non répertoriées. A absorbé: 1985, *Répertoire des centres alternatifs.*   PN1589   792.029571

3568

Canada Council. Touring Office. – *TourArts : performing arts directory* = *TourArts : répertoire des arts de la scène.* – [8th ed.]. – Ottawa : the Office, 1989. – 1 vol. (various pagings). – 0847-3412

Directory of Canadian performers and professional companies available for touring. Arranged by discipline: dance, music, opera and theatre, subdivided by specialty, such as ballet, orchestra, soprano, etc. Each entry includes a brief introduction followed by descriptions of repertoire, previous engagements, professional experience and training, awards and union membership. A fifth part is devoted to services related to touring, such as impresarios, government agencies, trade unions, etc. Five discipline indexes. Six name indexes.

Replaces: French-language edition: 1975, *Tournées de spectacles : guide pour l'organisation de tournées de spectacles au Canada*; 1976-1977/78, *Annuaire du spectacle pour les tournées au Canada*; English-language edition: 1975-1977/78, *Touring directory of the performing arts in Canada*; which became a bilingual publication: 1978/79, *Touring directory of the performing arts in Canada = Annuaire du spectacle pour les tournées au Canada*; 1980/81, 1982/83, 1986, *Touring artists' directory of the performing arts in Canada = Répertoire des artistes et compagnies de tournée au Canada.*   PN2304 T6 fol.   790.202571

Répertoire des artistes interprètes et groupes professionnels canadiens disponibles pour les tournées. Classement en quatre disciplines: danse, musique, opéra et théâtre subdivisées par spécialités telles que ballet, orchestre, soprano, etc. Chaque notice comprend une courte présentation suivie du répertoire, des engagements antérieurs, de l'expérience et de la formation professionnelle, des prix reçus et des affiliations syndicales. Une cinquième partie concerne les services reliés aux tournées tels qu'imprésarios, agences gouvernementales, syndicats, etc. Cinq index par disciplines; six par noms.

Remplace: l'édition en français: 1975, *Tournées de spectacles : guide pour l'organisation de tournées de spectacles au Canada*; 1976-1977/78, *Annuaire du spectacle pour les tournées au Canada*; l'édition en anglais: 1975-1977/78, *Touring directory of the performing arts in Canada*; qui devient la publication bilingue: 1978/79, *Touring directory of the performing arts in Canada = Annuaire du spectacle pour les tournées au Canada*; 1980/81, 1982/83, 1986, *Touring artists' directory of the performing arts in Canada = Répertoire des artistes et compagnies de tournée au Canada.*   PN2304 T6 fol.   790.202571

3569

Conseil des arts du Canada. Office des tournées. – *Facilities directory = Répertoire des salles de spectacle.* – Éd. 1988. – Ottawa : l'Office, 1988. – 4 vol. (feuilles mobiles) : plans. – 088837013X

1st ed., 1980. Updated, 1982. Directory of performance facilities used by performers and professional companies during Canadian tours. Arranged by province or territory and municipality. Each entry includes the address and telephone number of the institution, a description of its facilities, an outline of its performance schedule by discipline and the annual budget. Four lists of facilities: general, by category, by number of seats, facilities not included. Absorbed: 1985, *Alternate facilities directory.*   PN1589   792.029571

1re éd., 1980. Mise à jour, 1982. Répertoire des salles de spectacles utilisées par les artistes interprètes et les groupes professionnels lors des tournées canadiennes. Classement par provinces ou territoires et par municipalités. Chaque notice comprend l'adresse et le numéro de téléphone de l'établissement, une description des installations, un aperçu de la programmation par disciplines et le budget annuel. Quatre listes de salles: générales, par catégories, par nombre de places, non répertoriées. A absorbé: 1985, *Répertoire des centres alternatifs.*   PN1589   792.029571

3570

Conseil des arts du Canada. Office des tournées. – *TourArts : performing arts directory = TourArts : répertoire des arts de la scène.* – [8e éd.]. – Ottawa : l'Office, 1989. – 1 vol. (pagination multiple). – 0847-3412

Directory of Canadian performers and professional companies available for touring. Arranged by discipline: dance, music, opera and theatre, subdivided by specialty, such as ballet, orchestra, soprano, etc. Each entry includes a brief introduction followed by descriptions of repertoire, previous engagements, professional experience and training, prizes and union membership. A fifth part is devoted to services related to touring, such as impresarios, government agencies, trade unions, etc. Five discipline indexes. Six name indexes.

Replaces: French-language edition: 1975, *Tournées de spectacles : guide pour l'organisation de tournées de spectacles au Canada*; 1976-1977/78, *Annuaire du spectacle pour les tournées au Canada*; English-language edition: 1975-1977/78, *Touring directory of the performing arts in Canada*; which became a bilingual publication: 1978/79, *Touring directory of the performing arts in Canada = Annuaire du spectacle pour les tournées au Canada*; 1980/81, 1982/83, 1986, *Touring artists' directory of the performing arts in Canada = Répertoire des artistes et compagnies de tournée au Canada.*   PN2304 T6 fol. 790.202571

Répertoire des artistes interprètes et groupes professionnels canadiens disponibles pour les tournées. Classement en quatre disciplines: danse, musique, opéra et théâtre subdivisées par spécialités telles que ballet, orchestre, soprano, etc. Chaque notice comprend une courte présentation suivie du répertoire, des engagements antérieurs, de l'expérience et de la formation professionnelle, des prix reçus et des affiliations syndicales. Une cinquième partie concerne les services reliés aux tournées tels qu'imprésarios, agences gouvernementales, syndicats, etc. Cinq index par disciplines; six par noms.

Remplace: l'édition en français: 1975, *Tournées de spectacles : guide pour l'organisation de tournées de spectacles au Canada*; 1976-1977/78, *Annuaire du spectacle pour les tournées au Canada*; l'édition en anglais: 1975-1977/78, *Touring directory of the performing arts in Canada*; qui devient la publication bilingue: 1978/79, *Touring directory of the performing arts in Canada = Annuaire du spectacle pour les tournées au Canada*; 1980/81, 1982/83, 1986, *Touring artists' directory of the performing arts in Canada = Répertoire des artistes et compagnies de tournée au Canada.*   PN2304 T6 fol. 790.202571

3571

Gros plan sur les comédiens et comédiennes québécois. – (1990)-   . – Montréal : Répertoire-Photos G.P., c1990-   . –   vol. : portr. – 0849-8547

Biennial. Directory of more than 1,000 Quebec performers. Divided into four parts: women, men, young people and graduates of theatre schools. Each entry includes a photograph, performer's address and telephone number and/or those of an agent/impresario, professional memberships, languages spoken, height, weight and date of birth for young people. Directory of institutions, organizations, etc. PN1563 G8   792.02809714

Biennal. Répertoire de plus de 1 000 artistes interprètes du Québec. Quatre parties: femmes, hommes, jeunes et finissants des écoles d'art dramatique. Chaque notice comprend une photographie, leur adresse et leur numéro de téléphone et (ou) de l'agent/imprésario, leurs affiliations professionnelles, les langues parlées, leur taille, leur poids et la date de naissance des jeunes. Répertoire des organismes-ressources.   PN1563 G8   792.02809714

3572

Musical America : international directory of the performing arts. – Musical America Publications. – New York : ABC Consumer Magazines, 1961-   . –   vol. : ill. – 0735-7788

Annual. Directory of persons and organizations in the fields of music and dance. Two parts: United States/Canada, international. Arranged by subject, such as orchestras, choirs, dance companies, festivals, etc. Each entry includes the address and telephone and fax numbers of the person or organization, with additional information on number of concerts per year, budget, contact persons, halls and seats available, etc. Also includes signed essays on the state of music and dance during the previous year. Two indexes of advertisers: specialty, name. Imprint varies. Title varies: 1961-1964, special issue of the periodical *Musical America*; 1965-1967, *Special directory issue* Dec. 15 issue of the periodical *High fidelity/Musical America*; 1968/69-1971, *Musical America : annual directory issue*; 1972-1973, *Musical America : directory of the performing arts.* Listings earlier than 1961 included in *Musical America.*   ML12 M88 fol.   780.25

Annuel. Répertoire des intervenants dans les domaines de la musique et de la danse. Deux parties: États-Unis/Canada, international. Classement par sujets tels qu'orchestres, chorales, compagnies de danse, festivals, etc. Chaque notice comprend l'adresse, les numéros de téléphone et de télécopieur de l'intervenant ainsi que de brèves informations complémentaires telles que le nombre de concerts par an, le budget, les personnes-ressources, les salles et les sièges disponibles, etc. Inclut aussi des essais signés sur la situation de la musique et de la danse durant la précédente année. Deux index des annonceurs: spécialités, noms. Publié par différents éditeurs. Le titre varie: 1961-1964, numéro spécial du périodique *Musical America*; 1965-1967, *Special directory issue* numéro du 15 déc. du périodique *High fidelity/Musical America*; 1968/69-1971, *Musical America : annual directory issue*; 1972-1973, *Musical America : directory of the performing arts.* Recensions antérieures à 1961 incluses dans *Musical America.*   ML12 M88 fol.   780.25

3573

Qui fait quoi : guide annuel. – Montréal : Qui fait quoi, [1985?]-   . –   vol. : ill. (certaines en coul.). – 0828-6140

Annual. Double Dec./Jan. issue of the periodical *Qui fait quoi*. Directory of persons and institutions involved in the performing arts in Quebec. Arranged by subject, such as film/video, television/radio, publicity/marketing, sound recording, theatre, etc. Each entry includes address and telephone number, names of contact persons, and additional information such as number of seats, types of costumes, etc. Three indexes: fax numbers, name, advertisers. Title varies: 1985?, *Qui fait quoi : répertoire annuel*; 1986, *Qui fait quoi : le répertoire = Qui fait quoi : the directory*.   PN1560 Q5 790.209714

Annuel: numéro double déc./janv. du périodique *Qui fait quoi*. Répertoire des intervenants dans les arts du spectacle au Québec. Classement par sujets tels que film/vidéo, télévision/radio, publicité/marketing, disque, scène, etc. Chaque notice comprend l'adresse et le numéro de téléphone, les noms des personnes-ressources, ainsi que de brèves informations complémentaires telles que le nombre de sièges, les genres de costumes, etc. Trois index: numéros de télécopieur, noms, annonceurs. Le titre varie: 1985?, *Qui fait quoi : répertoire annuel*; 1986, *Qui fait quoi : le répertoire = Qui fait quoi : the directory*. PN1560 Q5   790.209714

3574

Répertoire : spectacles pour jeunes publics. – Préparé par la Direction de l'aide aux artistes, aux arts de la scène et aux industries culturelles. – [Québec] : Direction des communications, [1988]-   . –   vol. – 1187-9548

Irregular. Directory of organizations funded by the Ministère des affaires culturelles du Québec, which perform for children and teenagers. Four categories: multidisciplinary arts, dance, music, theatre. Each entry includes the address and telephone number of the organization, a brief description of performance, the intended audience, availability and equipment required. Geographical index. Replaces: *Place au spectacle* ([Québec] : Direction des communications, c1987).   PN3159   790.2083025714

Irrégulier. Répertoire des organismes subventionnés par le Ministère des affaires culturelles du Québec offrant des spectacles destinés aux enfants et aux adolescents. Quatre catégories: arts multidisciplinaires, danse, musique, théâtre. Chaque notice comprend l'adresse et le numéro de téléphone de l'organisme, une description sommaire du spectacle, la clientèle cible, la disponibilité et le matériel nécessaire. Index géographique. Remplace: *Place au spectacle* ([Québec] : Direction des communications, c1987).   PN3159   790.2083025714

3575

Spivack, Carol. – ***Best festivals of North America : a performing arts guide.*** – By Carol Spivack & Richard A. Weinstock. – 3rd ed. – Ventura (Calif.) : Printwheel Press, 1989. – 208 p. : ill. – 0882-4193

1st ed., 1984. 2nd ed., 1985, *Best festivals of North America: a practical guide to festival/vacations*. Directory of more than 200 performing arts festivals in Canada and the United States. Arranged by type, such as classical music, jazz, theatre, film, ethnic, etc. Each entry includes address, telephone number, brief description of the festival, and information on accessibility and nearby tourist attractions. Four indexes: name, geographical, tourist attractions, chronological. PN1590 F47 S65   790.20257

1re éd., 1984. 2e éd., 1985, *Best festivals of North America : a practical guide to festival/vacations*. Répertoire de plus de 200 festivals d'arts d'interprétation au Canada et aux États-Unis. Classement par genres tels que musique classique, jazz, théâtre, films, festivals ethniques, etc. Chaque notice comprend l'adresse, le numéro de téléphone, une description sommaire du festival, des informations sur l'accessibilité et les attractions touristiques des environs. Quatre index: noms, géographique, attractions touristiques, chronologique. PN1590 F47 S65   790.20257

3576

Stern's performing arts directory. – Dance magazine. – (1967)-   . – [New York] : DM, c1966-   . –   vol. : ill. – 0896-3193

Annual. Directory of persons and organizations in the fields of dance and music, in North America and throughout the world. Three parts: dance, music and resources, each of which is subdivided into categories such as performers, professionals, schools, services, etc. Each entry includes address, telephone and fax numbers and additional information such as names of contact persons, musical instruments, levels of study, festival dates, etc. Includes some signed articles. Index of advertisers. Title varies: 1967-1969, *Dance magazine annual*; 1970-1973, *Dance magazine*; 1974-1985, *Dance magazine annual*; 1986-1988, *Performing arts directory*. Imprint varies. GV1580 D247 fol.   790.2025

Annuel. Répertoire des intervenants dans les domaines de la danse et de la musique en Amérique du Nord et à travers le monde. Trois parties: danse, musique et ressources subdivisées par catégories telles qu'interprètes, professionnels, écoles, services, etc. Chaque notice comprend l'adresse, les numéros de téléphone et de télécopieur de l'intervenant et de brèves informations complémentaires telles que les personnes-ressources, instruments de musique, les niveaux académiques, les dates des festivals, etc. Inclut quelques articles signés. Index des annonceurs. Le titre varie: 1967-1969, *Dance magazine annual*; 1970-1973, *Dance magazine*; 1974-1985, *Dance magazine annual*; 1986-1988, *Performing arts directory*. Publié par différents éditeurs.   GV1580 D247 fol.   790.2025

3577

Union des artistes. – ***Répertoire de membres de l'Union des artistes.*** – Montréal : l'Union, [1968?]-   . –   vol. – 0820-8425 – Titre de la couv.

Annual. Alphabetical directory of the members of the Union des artistes and of organizations and companies connected with the performing arts. List of members arranged by profession and municipality. Title varies: 1968?-197?, *Bottin, statuts*; 197?-1982, *Répertoire*; 1983?-1990, *Répertoire des membres de l'UDA*. N55 C3 U5   790.2025714

Annuel. Répertoire alphabétique des membres de l'Union des artistes et des organismes liés aux arts d'interprétation. Liste des membres par professions et par municipalités. Le titre varie: 1968?-197?, *Bottin, statuts*; 197?-1982, *Répertoire*; 1983?-1990, *Répertoire des membres de l'UDA*.   N55 C3 U5   790.2025714

3578

Union des artistes. – *Répertoire - photos UDA.* – [Montréal] : l'Union, [1990?]. – 248 p. : portr.

Biographical entries for 956 performers and electronic media hosts who are members of the Union des artistes. Three parts: women, men and children. Each entry includes profession, languages other than French, union membership, recent engagements, awards received, training and a portrait. Index of artists arranged by profession for each part. Replaces: *Répertoire - photos 1981-82* (Montréal : Union des artistes, 1981). PN1580 791.4025714

Notices biographiques de 956 artistes interprètes et animateurs des médias électroniques membres de l'Union des artistes. Trois parties: femmes, hommes et enfants. Chaque notice comprend leur profession, les langues autres que le français, leurs affiliations syndicales, leurs prestations récentes, les prix reçus, leur formation et un portrait. Pour chaque partie: index des artistes par professions. Remplace: *Répertoire - photos 1981-82* (Montréal : Union des artistes, 1981). PN1580 791.4025714

3579

Wasserman, Steven R. – *The lively arts information directory : a guide to the fields of music, dance, theater, film, radio, and television in the United States and Canada, covering professional and trade organizations, arts agencies, government grant sources, foundations, educational programs, journals and periodicals, consultants, special libraries, research and information centers, festivals, awards, and book and media publishers.* – Steven R. Wasserman and Jacqueline Wasserman O'Brien, editors. – 2nd ed. – Detroit : Gale Research Co., c1985. – xi, 1040 p. – 0810303213

1st ed., 1982. Directory of more than 9,000 institutions and organizations involved in the performing arts in the United States and Canada. Arranged by type of institution. Each entry includes address, telephone number and a brief description of services, activities, publications, collections, etc. Fifteen indexes: name, subject and/or geographical, according to the chapter. PN2289 L55 1985 fol. 790.20257

1re éd., 1982. Répertoire de plus de 9 000 institutions et organismes liés aux arts d'interprétation aux États-Unis et au Canada. Classement par genres d'institutions. Chaque notice comprend l'adresse, le numéro de téléphone et une description sommaire des services, activités, publications, collections, etc. Quinze index: noms, sujets et (ou) géographique, selon le chapitre. PN2289 L55 1985 fol. 790.20257

Handbooks

Guides

3580

Canada Council. Touring Office. – *The presenters handbook.* – Written by Miriam Browne. – Ottawa : Communications Section of the Canada Council, c1992. – viii, 142 p. : ill. – Cover title.

Information for Canadian community and professional groups interested in putting on performances. Arranged by subject, such as planning, programming, marketing, income, etc. Two glossaries: technical and administrative. Bibliography. Directory of institutions, organizations, etc. List of publications and programmes of the Touring Office. Also published in French under the title: *Le guide du diffuseur*. Replaces: 1983, *Sponsors' handbook for the 80s.* PN1590 790.20971

Renseignements à l'intention des organismes communautaires et professionnels du Canada voués à la présentation de spectacles. Classement par sujets tels que planification, programmation, marketing, revenus, etc. Deux glossaires: technique, administratif. Bibliographie. Répertoire des organismes-ressources. Liste des publications et programmes de l'Office. Publié aussi en français sous le titre: *Le guide du diffuseur*. Remplace: 1983, *Sponsors' handbook for the 80s.* PN1590 790.20971

3581

Canada Council. Touring Office. – *There and back : the performing arts tour organizer's handbook.* – Written by Jane Buss. – Ottawa : Communications Section of the Canada Council, c1992. – viii, 82, 12, 22, 53 p. (loose-leaf) : ill.

Information to help performers and small- and medium-sized companies in planning and carrying out a tour in Canada. Arranged according to the chronology of a tour: budget, planning, feedback, etc. Directory of institutions, organizations, etc. Glossary. Bibliography. List of the Office's publications and programmes. Also published in French under the title: *Aller retour : guide du directeur de tournée*. Replaces: 1981, *Performing arts tour organizer's handbook.* PN1590 790.20971

Renseignements à l'intention des artistes et des petites et moyennes compagnies pour planifier et conduire une tournée au Canada. Classement selon l'ordre chronologique d'une tournée, notamment budget, planification, rétroaction, etc. Répertoire des organismes-ressources. Glossaire. Bibliographie. Liste des publications et programmes de l'Office. Publié aussi en français sous le titre: *Aller retour : guide du directeur de tournée*. Remplace: 1981, *Performing arts tour organizer's handbook.* PN1590 790.20971

3582

Conseil des arts du Canada. Office des tournées. – *Aller retour : guide du directeur de tournée.* – Rédigé par Jane Buss. – Ottawa : Service des communications du Conseil des arts du Canada, c1992. – viii, 78, 13, 22, 53 p. (feuilles mobiles) : ill.

Information to help performers and small- and medium-sized companies in planning and conducting a tour in Canada. Arranged according to the chronology of a tour: budget, planning, feedback, etc. Directory of institutions, organizations, etc. Glossary. Bibliography. List of the Office's publications and programmes. Also published in English under the title: *There and back : the performing arts tour organizer's handbook*. Replaces: 1981, *Guide du directeur de tournées de spectacles.* PN1590 790.20971

Renseignements à l'intention des artistes et des petites et moyennes compagnies pour planifier et conduire une tournée au Canada. Classement selon l'ordre chronologique d'une tournée, notamment budget, planification, rétroaction, etc. Répertoire des organismes-ressources. Glossaire. Bibliographie. Liste des publications et programmes de l'Office. Publié aussi en anglais sous le titre: *There and back : the performing arts tour organizer's handbook*. Replaces: 1981, *Guide du directeur de tournées de spectacles.* PN1590 790.20971

3583

Conseil des arts du Canada. Office des tournées. – *Le guide du diffuseur.* – Rédigé par Miriam Browne. – Ottawa : Service des communications du Conseil des arts du Canada, c1992. – viii, 142 p. : ill. – Titre de la couv.

Information for Canadian community and professional groups interested in putting on performances. Arranged by subject, such as planning, programming, marketing, income, etc. Two glossaries: technical and administrative. Bibliography. Directory of institutions, organizations, etc. List of publications and programmes of the Touring Office. Also published in English under the title: *The presenters handbook.* Replaces: 1983, *Guide du commanditaire pour les années 80.* PN1590 790.20971

Renseignements à l'intention des organismes communautaires et professionnels du Canada voués à la présentation de spectacles. Classement par sujets tels que planification, programmation, marketing, revenus, etc. Deux glossaires: technique, administratif. Bibliographie. Répertoire des organismes-ressources. Liste des publications et programmes de l'Office. Publié aussi en anglais sous le titre: *The presenters handbook.* Replaces: 1983, *Guide du commanditaire pour les années 80.* PN1590 790.20971

3584

Saskatchewan performing arts handbook. – Revised and written by Edward Schroeter. – 2nd ed. – Regina : Organization of Saskatchewan Arts Councils, 1989. – 112 p. : ill. – 0919845746 – Cover title : *Performing arts handbook.*

1st ed., 1985, *Performing arts handbook.* Directory of organizations involved in the performing arts in Saskatchewan. Arranged by subject or discipline, such as administration, dance, festivals, etc. Each entry includes address and telephone number and a brief description of mandate. Bibliography. PN2305 S25 S382 1989 790.2097124

1re éd., 1985, *Performing arts handbook.* Répertoire des intervenants liés aux arts du spectacle en Saskatchewan. Classement par sujets ou disciplines tels qu'administration, danse, festival, etc. Chaque notice comprend l'adresse, le numéro de téléphone et une brève description du mandat. Bibliographie. PN2305 S25 S382 1989 790.2097124

Dance

Danse

3585

Alberta Dance Alliance. – *The Alberta dance directory.* – A publication of: Alberta Dance Alliance, Alberta Branch of Dance in Canada Association with assistance from the Alberta Foundation for the Performing Arts and Alberta Lotteries. – (1988/89)- . – [Edmonton] : the Alliance, 1988- . – vol. : ill. – 1182-8374

Irregular. Directory of persons and organizations in the field of dance in Alberta. Arranged by category, such as dance artists, education, events, funding sources, services, etc. Each entry includes address and telephone number and a brief description of activities. GV1587.5 A392 fol. 792.8097123

Irrégulier. Répertoire des intervenants dans le domaine de la danse en Alberta. Classement par catégories telles qu'artistes, éducation, événements, sources de financement, services, etc. Chaque notice comprend l'adresse, le numéro de téléphone et une description sommaire de leurs activités. GV1587.5 A392 fol. 792.8097123

3586

Bellehumeur, Lyne. – *Répertoire de documents audio-visuels traitant de la danse.* – [Montréal] : Fédération des loisirs-danse du Québec, 1987, c1988. – 60 p. – 2920192094 – Titre de la couv.

16 mm films and videocassettes on dance, available in thirteen institutions in the Montreal area. Each entry includes a synopsis and a location. Some text in English. Subject index. Directory of organizations. PN1998 B44 1987 016.79280208

Recension des films 16mm et vidéocassettes sur la danse, disponibles dans treize institutions de la région de Montréal. Chaque notice comprend un résumé et la localisation. Inclut des textes en anglais. Index sujets. Répertoire des organismes-ressources. PN1998 B44 1987 016.79280208

3587

Collier, Clifford. – *Dance resources in Canadian libraries.* – By Clifford Collier and Pierre Guilmette. – Ottawa : National Library of Canada, Resources Survey Division, Collections Development Branch, 1982. – vi, 136, 141, vi p. – (Research collections in Canadian libraries ; [II. Special studies] ; 8). – 0660510227 – Title on added t.p. : *Ressources sur la danse des bibliothèques canadiennes.*

Description of dance collections in 124 libraries and related institutions in Canada. Arranged by province subdivided by municipality and by institution. Collections include monographs, serials, manuscripts, sound recordings, films and ephemera. List of 98 periodicals on dance with locations. List of reference works. List of Canadian centres for graduate studies in dance. Name-subject-title index. Z735 A1 C585 fol. 026.7928

Description des collections sur la danse dans 124 bibliothèques et établissements connexes au Canada. Classement par provinces subdivisées par municipalités et institutions. Les collections comprennent des monographies, publications en série, manuscrits, ressources sonores, films et documentation éphémère. Liste de 98 périodiques sur la danse et de leur localisation. Liste d'ouvrages de référence. Liste des centres d'étude supérieure sur la danse au Canada. Un index: noms-titres-sujets. Z735 A1 C585 fol. 026.7928

3588

Collier, Clifford. – *Ressources sur la danse des bibliothèques canadiennes.* – Par Clifford Collier et Pierre Guilmette. – Ottawa : Bibliothèque nationale du Canada, Division de l'inventaire des ressources, Direction du développement des collections, 1982. – vi, 141, 136, vi p. – (Collections de recherche des bibliothèques canadiennes ; [II. Études particulières] ; 8). – 0660510227 – Titre de la p. de t. additionnelle : *Dance resources in Canadian libraries.*

Description of dance collections in 124 libraries and related institutions in Canada. Arranged by province subdivided by municipality and by institution. Collections include monographs, serials, manuscripts, sound recordings, films and ephemera. List of 98 periodicals on dance with locations. List of reference works. List of Canadian centres for graduate studies in dance. Name-subject-title index. Z735 A1 C585 fol. 026.7928

Description des collections sur la danse dans 124 bibliothèques et établissements connexes au Canada. Classement par provinces subdivisées par municipalités et institutions. Les collections comprennent des monographies, publications en série, manuscrits, ressources sonores, films et documentation éphémère. Liste de 98 périodiques sur la danse et de leur localisation. Liste d'ouvrages de référence. Liste des centres d'étude supérieure sur la danse au Canada. Un index: noms-titres-sujets. Z735 A1 C585 fol. 026.7928

3589

Dance in Canada. – Produced by the Heritage Cultures and Languages Program in collaboration with the Communications Branch. – Ottawa : Canadian Heritage, 1993. – v, 41 p. – (ArtSource). – 0662211642 – On cover : *Resource guide to the arts.*

A guide for dancers in Canada. Six parts: signed introduction, associations, developing professional skills, sources of funding, getting established, legal questions. Directory information and bibliographical references for pertinent sources. Also published in French under the title: *La danse au Canada.* GV1625 792.80971

Guide pour les danseurs au Canada. Six parties principales: introduction signée, associations, perfectionnement professionnel, sources de financement, solidification des assises, questions légales. Coordonnées et références bibliographiques des sources pertinentes. Publié aussi en français sous le titre: *La danse au Canada.* GV1625 792.80971

3590

Dance manager's handbook. – Toronto : Dance in Canada Association, c1986. – 1 vol. (various pagings) : forms. – 0969026714

Information on administrative and economic aspects of Canadian dance companies, such as organization, fundraising, contracts, public relations, box office, etc. Bibliography. GV1595 D35 1986 fol. 792.8068

Information sur les aspects administratifs et économiques relatifs aux compagnies de danse canadiennes tels que l'organisation, les collectes de fonds, contrats, relations publiques, guichets, etc. Bibliographie. GV1595 D35 1986 fol. 792.8068

3591

Dance Ontario. – *The dance Ontario directory.* – (1984)- . – Toronto : Dance Ontario, 1984- . – vol. – ill. – 0847-9593

Irregular. Directory of persons and organizations in the field of dance in Ontario. Arranged by category such as professionals, facilities, services, schools. Title varies: 1984, 1986, *Dance Ontario membership directory*, which absorbed: 1984, *Toronto dance umbrella production directory* and 1984, *Ontario dance schools index.* GV1625.5 O7 D3 fol. 792.809713

Irrégulier. Répertoire des intervenants dans le domaine de la danse en Ontario. Classement par catégories telles que professionnels, équipements, services, écoles. Le titre varie: 1984, 1986, *Dance Ontario membership directory*, qui a absorbé: 1984, *Toronto dance umbrella production directory* et 1984, *Ontario dance schools index.* GV1625.5 O7 D3 fol. 792.809713

3592

La danse au Canada. – Produit par le Programme des cultures et langues ancestrales en collaboration avec la Direction générale des communications. – Ottawa : Patrimoine canadien, 1993. – v, 41 p. – (Info-Arts). – 0662978446 – Sur la couv. : *Guide des ressources sur les arts.*

A guide for dancers in Canada. Six parts: signed introduction, associations, developing professional skills, funding sources, getting established, legal questions. Directory information and bibliographical references for pertinent sources. Also published in English under the title: *Dance in Canada.* GV1625 792.80971

Guide pour les danseurs au Canada. Six parties principales: introduction signée, associations, perfectionnement professionnel, sources de financement, solidification des assises, questions légales. Coordonnées et références bibliographiques des sources pertinentes. Publié aussi en anglais sous le titre: *Dance in Canada.* GV1625 792.80971

3593

Deiter-McArthur, Pat. – *Dances of the northern plains.* – Compiled by Pat Deiter-McArthur ; edited by Stan Cuthand. – [Saskatoon] : Saskatchewan Indian Cultural Centre : Federation of Saskatchewan Indian Nations, c1987. – xii, 70 p. : ill. (some col.). – 0920571206

Describes performance traditions and meaning of Cree dances. Arranged by type of dance, such as ceremonial or social. Bibliography. E99 C88 D35 1987 792.31089973

Description de la signification et le déroulement des danses de tradition crie. Classement par types de danses tels que cérémoniale ou sociale. Bibliographie. E99 C88 D35 1987 792.31089973

3594

Guilmette, Pierre. – *Bibliographie de la danse théâtrale au Canada.* – Ottawa : Bibliothèque nationale du Canada, 1970. – 150 p. : ill.

1,717 bibliographical references to periodical articles and monographs on dance in Canada and on Canadian performances abroad. Eleven principal parts, such as relation of dance to other arts, Canadian companies and groups, Canadian personalities, study and teaching, history of dance in Canada, etc. Includes works in French and English. Name-subject index. Available in machine-readable

1 717 références bibliographiques d'articles de périodiques et de monographies portant sur la danse au Canada et de manifestations chorégraphiques canadiennes à l'étranger. Onze parties principales telles que relations de la danse avec les autres arts, compagnies et groupes canadiens, personnalités canadiennes, étude et enseignement, histoire de la danse au Canada, etc. Comprend des ouvrages

form: Toronto : Dance Collection Danse, 1990, 2 diskettes.
Z7514 D2 G82   016.79280971

en français et en anglais. Un index: noms-sujets. Disponible sur support ordinolingue: Toronto : Dance Collection Danse, 1990, 2 diskettes.   Z7514 D2 G82   016.79280971

3595

Index, Dance in Canada magazine, 1973-1986 = Index, Danse au Canada revue, 1973-1986. – [Project co-ordinator, Alison T. McMahon ; index consultant, Clifford Collier]. – Toronto : Dance Collection Danse, 1994. – 135 p. – 0929003144

An index to issues no. 1 (1973)-no. 48 (1986) of *Dance in Canada*, the periodical of the Dance in Canada Association, which ceased with issue no. 61 (1989). Four parts: authors/titles of articles and reviews; names of people, companies, associations, etc.; choreographers; subjects including general descriptors, choreographed works, films, musical compositions, etc.   GV1625 D35 Index 1994 fol.   016.79280971

Index des n°s 1 (1973)-48 (1986) de *Danse au Canada*, le périodique de l'Association Danse au Canada, qui a cessé de paraître au n° 61 (1989). Quatre parties: auteurs/titres des articles et des critiques; noms des personnes, des compagnies, des associations, etc.; chorégraphes; sujets, y compris les descripteurs généraux, les oeuvres chorégraphiées, les films, les compositions musicales, etc.   GV1625 D35 Index 1994 fol.   016.79280971

3596

Officer, Jillian. – ***Encyclopedia of theatre dance in Canada*** [diskette]. – Toronto : Dance Collection Danse, 1990- . – 9 diskettes ; 5 1/4 in. + user guide + quick help sheet. – 0929003047 – Title from label.

Irregular. Nearly 6,000 biographies of persons involved in dance in Canada. Searches may be performed using keywords. Each entry includes date and place of birth, professional categories, training and career. List of names. Bibliography. System requirement: IBM PC or compatible, MS-DOS version 3.0 or higher, with a minimum of 265K of RAM.   GV1625 O43 1990   792.8092271

Irrégulier. Près de 6 000 notices biographiques de personnes impliquées dans le monde de la danse au Canada. Les recherches peuvent s'effectuer à partir des mots clés. Chaque notice biographique comprend la date et le lieu de naissance, les catégories professionnelles, la formation et la carrière. Liste des noms. Bibliographie. Configuration requise: IBM PC ou compatible; MS-DOS version 3.0 ou supérieure, avec un minimum de 265k de mémoire vive.   GV1625 O43 1990   792.8092271

3597

Professional dance in Canada : a selected and annotated bibliography. – Prepared by [Hickling-Johnston Limited] in consultation with the Canadian Association of Professional Dance Organizations. – [Ottawa] : Hickling-Johnston, 1981. – 22 p.

Annotated bibliography of works on the state of dance in Canada. Arranged by subject, such as marketing, touring, administration, etc. Includes monographs, periodical articles and reports. Covers a few works in French.   Z7514 D2   016.79280971

Bibliographie annotée d'ouvrages portant sur la situation de la danse au Canada. Classement par sujets tels que marketing, tournée, administration, etc. Comprend des monographies, articles de périodiques et rapports. Inclut quelques ouvrages en français.   Z7514 D2   016.79280971

3598

Séguin, Robert-Lionel. – ***La danse traditionnelle au Québec.*** – Sillery (Québec) : Presses de l'Université du Québec, 1986. – 176 p. : ill., notation musicale. – 2760503836

History of folk dance in Quebec. Six main sections: parties; special occasions; the campaign against dancing; step, figure and narrative dances; feasts and seasonal tasks; legend and fantasy. List of illustrations. Bibliography. Name index.   GV1625.5 Q8 S44 1986.   793.319714

Description historique de la danse traditionnelle au Québec. Six parties principales: la veillée; les occasions; la vindicte; les danses de pas, de figures et de gestes; les fêtes et les travaux saisonniers; le légendaire et le fantastique. Liste des illustrations. Bibliographie. Index onomastique.   GV1625.5 Q8 S44 1986.   793.319714

3599

Wyman, Max. – ***Dance Canada : an illustrated history.*** – Vancouver : Douglas & McIntyre, c1989. – 224 p. : ill. – 0888946570

History of classical ballet and modern dance in Canada. Four parts: 1534-1900, 1900-1950, 1950-1970, contemporary. Index of names and works.   GV1625 W95 1989 fol.   792.80971

Description historique du milieu du ballet classique et de la danse moderne au Canada. Quatre parties: 1534-1900, 1900-1950, 1950-1970, contemporaire. Un index: noms-pièces.   GV1625 W95 1989 fol.   792.80971

Film, Radio and Television

Cinéma, radio et télévision

Archival Resources

Fonds d'archives

3600

Archives nationales du film, de la télévision et de l'enregistrement sonore (Canada). – ***Inventaire des collections des Archives nationales du film, de la télévision et de l'enregistrement sonore.*** – Préparé sous la direction de Jean T. Guénette et de Jacques Gagné. – [Ottawa] : Archives publiques Canada, c1983. – xi, 237 p. : ill. – 0662919920

An inventory of 1,164 collections of films, videotapes, sound tapes and records held by the National Film, Television and Sound Archives, Canada (now part of the Visual and Sound Archives Division, National Archives of Canada). Arranged alphabetically by

Recension de 1 164 collections des films, bandes magnétoscopiques, bandes sonores et disques conservées aux Archives nationales du film, de la télévision et de l'enregistrement sonore (Canada), (maintenant une partie de la Division des archives visuelles et sonores,

name of collection. Each entry includes a summary or detailed description of contents and cross-references to related materials. Name-title-subject index. Reproduced in microform format: *Microlog*, no. 84-00138. Also published in English under the title: *Inventory of the collections of the National Film, Television and Sound Archives.* CD3627 F55 N3714 1983 fol. 015.71037

Archives nationales du Canada). Classement alphabétique des noms de collections. Chaque notice comprend la description sommaire ou détaillée du contenu et un renvoi à des documents connexes. Un index: noms-titres-sujets. Reproduit sur support microforme: *Microlog*, n° 84-00138. Publié aussi en anglais sous le titre: *Inventory of the collections of the National Film, Television and Sound Archives.* CD3627 F55 N3714 1983 fol. 015.71037

3601

Archives publiques Canada. – *Archives nationales du film, de la télévision et de l'enregistrement sonore.* – Jean T. Guénette. – [Ottawa] : les Archives, c1983. – vii, 47, 45, vii p. : ill. – (Collection de guides généraux 1983). – 0662526503 – Titre de la p. de t. additionnelle : *National Film, Television and Sound Archives.*

Summary description of the collections of the National Film, Television and Sound Archives, Canada (now part of the Visual and Sound Archives Division, National Archives of Canada). Arranged by theme, such as performing arts, war and the military, peoples of Canada, science, etc. List of publications of the National Film, Television and Sound Archives (Canada). Reproduced in microform format: *Microlog*, no. 84-04861. PN1993.4 026.79140971384

Description sommaire des collections des Archives nationales du film, de la télévision et de l'enregistrement sonore (Canada), (maintenant une partie de la Division des archives visuelles et sonores, Archives nationales du Canada). Présentation par thèmes tels qu'art d'interprétation, guerre et questions militaires, peuples du Canada, sciences, etc. Liste des publications des Archives nationales du film, de la télévision et de l'enregistrement sonore (Canada). Reproduit sur support microforme: *Microlog*, n° 84-04861. PN1993.4 026.79140971384

3602

Archives publiques Canada. – *Catalogue des fonds sur la Société Radio-Canada déposés aux Archives publiques.* – Ernest J. Dick. – [Ottawa] : les Archives, c1987. – viii, 141, 125, viii p. – 0662549112 – Titre de la p. de t. additionnelle : *Guide to CBC sources at the Public Archives.*

Guide to 782 collections related to the Canadian Broadcasting Corporation held by various divisions of the Public Archives of Canada before January 1, 1985. Five parts: Head Office, English and French Services Divisions, Regional Broadcasting Division, and Radio Canada International. Each entry includes a brief introduction to the person, the programme or the administrative unit, location of the collection, accession number, finding aid, format, inclusive dates and description of content. Four indexes: name, book title, programme title, subject. Z7224 C3 P83 1987 fol. 016.384540971

Recension de 782 collections en rapport avec la Société Radio-Canada conservés dans les différentes divisions d'Archives publiques Canada avant le 1er janvier 1985. Cinq parties: siège social, divisions des services anglais et français, division de la radiotélévision régionale et Radio Canada international. Chaque notice comprend une présentation sommaire de la personne, de l'émission ou de l'unité administrative, la localisation de la collection, le numéro d'entrée, l'instrument de recherche, le support, les dates et la description du contenu. Quatre index: noms, titres de livres, titres d'émissions, sujets. Z7224 C3 P83 1987 fol. 016.384540971

3603

National Film, Television and Sound Archives (Canada). – *Inventory of the collections of the National Film, Television and Sound Archives.* – Compiled under the direction of Jean T. Guénette and Jacques Gagné. – [Ottawa] : Public Archives Canada, c1983. – xi, 227 p. : ill. – 0662124383

An inventory of 1,164 collections of films, videotapes, sound tapes and records held by the National Film, Television and Sound Archives, Canada (now part of the Visual and Sound Archives Division, National Archives of Canada). Arranged alphabetically by name of collection. Each entry includes a summary or detailed description of contents and cross-references to related material. Name-title-subject index. Reproduced in microform format: *Microlog*, no. 84-00137. Also published in French under the title: *Inventaire des collections des Archives nationales du film, de la télévision et de l'enregistrement sonore.* CD3627 F55 N37 1983 fol. 015.71037

Recension de 1 164 collections des films, bandes magnétoscopiques, bandes sonores et disques conservées aux Archives nationale du film, de la télévision et de l'enregistrement sonore (Canada), (maintenant une partie de la Division des archives visuelles et sonores, Archives nationales du Canada). Classement alphabétique des noms de collections. Chaque notice comprend la description sommaire ou détaillée du contenu et un renvoi à des documents connexes. Un index: noms-titres-sujets. Reproduit sur support microforme: *Microlog*, n° 84-00137. Publié aussi en français sous le titre: *Inventaire des collections des Archives nationales du film, de la télévision et de l'enregistrement sonore.* CD3627 F55 N37 1983 fol. 015.71037

3604

Public Archives Canada. – *Guide to CBC sources at the Public Archives.* – Ernest J. Dick. – [Ottawa] : the Archives, c1987. – viii, 125, 141, viii p. – 0662549112 – Title on added t.p. : *Catalogue des fonds sur la Société Radio-Canada déposés aux Archives publiques.*

Guide to 782 collections related to the Canadian Broadcasting Corporation held by various divisions of the Public Archives of Canada before January 1, 1985. Five parts: Head Office, English and French Services Divisions, Regional Broadcasting Division, and Radio Canada International. Each entry includes a brief introduction to the person, the programme or the administrative unit, location of the collection, accession number, finding aid, format, inclusive dates and description of content. Four indexes: name, book title, programme title, subject. Z7224 C3 P83 1987 fol. 016.384540971

Recension de 782 collections en rapport avec la Société Radio-Canada conservés dans les différentes divisions d'Archives publiques Canada avant le 1er janvier 1985. Cinq parties: siège social, divisions des services anglais et français, division de la radiotélévision régionale et Radio Canada international. Chaque notice comprend une présentation sommaire de la personne, de l'émission ou de l'unité administrative, la localisation de la collection, le numéro d'entrée, l'instrument de recherche, le support, les dates et la description du contenu. Quatre index: noms, titres de livres, titres d'émissions, sujets. Z7224 C3 P83 1987 fol. 016.384540971

3605

Public Archives Canada. – *National Film, Television and Sound Archives.* – Jean T. Guénette. – [Ottawa] : the Archives, c1983. – vii, 45, 47, vii p. : ill. – (General guide series 1983). – 0662526503 – Title on added t.p. : *Archives nationales du film, de la télévision et de l'enregistrement sonore.*

Summary description of the collections of the National Film, Television and Sound Archives, Canada (now part of the Visual and Sound Archives Division, National Archives of Canada). Arranged by theme, such as performing arts, war and the military, peoples of Canada, science, etc. List of publications of the National Film, Television and Sound Archives (Canada). Reproduced in microform format: *Microlog*, no. 84-04861. PN1993.4 026.79140971384

Description sommaire des collections des Archives nationales du film, de la télévision et de l'enregistrement sonore (Canada), (maintenant une partie de la Division des archives visuelles et sonores, Archives nationales du Canada). Présentation par thèmes tels qu'art d'interprétation, guerre et questions militaires, peuples du Canada, sciences, etc. Liste des publications des Archives nationales du film, de la télévision et de l'enregistrement sonore (Canada). Reproduit sur support microforme: *Microlog*, n° 84-04861. PN1993.4 026.79140971384

Awards

Prix

3606

Prix remportés par le cinéma québécois dans les années 80. – Préparé par: Les rendez-vous du cinéma québécois en collaboration avec l'Association des cinémas parallèles du Québec ; recherchiste: Bernard Perron, assistante à la recherche: Marysol Moran. – [Montréal : Association des cinémas parallèles du Québec, 1989?]. – 105 p. – 2980026735

Chronology of awards won by Quebec films, 1980-1989. Entries for films include code indicating short- or medium-length, name of director, year of production, prize, recipient, event and dates. Also lists persons and organizations who have received awards, with name of prize and date of event. No index. PN1993.93 C3 P74 1989 fol. 791.43079714

Chronologie des prix remportés par les films québécois, 1980-1989. Pour chaque film, la mention sous forme de code d'un court ou moyen métrage, le nom du réalisateur, l'année de production, le prix, le récipiendaire, l'événement et les dates sont colligés. Recense aussi des organismes ou des personnalités qui ont reçu des prix avec mention de l'événement et des dates. Aucun index. PN1993.93 C3 P74 1989 fol. 791.43079714

3607

Topalovich, Maria. – *A pictorial history of the Canadian film awards.* – Maria Topalovich with the assistance of Andra Sheffer. – Toronto : Stoddart : Academy of Canadian Cinema, 1984. – x, 182 p. : ill. – 0773720367

Brief description of Canadian film events and list of recipients of the Canadian Film Awards, 1949-1978, and of the Genie Awards, 1980-1984. Arranged chronologically. Appendices: award-winning productions of the National Film Board of Canada; English-language productions of the Canadian Broadcasting Corporation; films produced with assistance from Telefilm Canada; films; filmmakers. PN1993.5 C3 T66 1984 791.4307971

Brève description des événements cinématographiques sur la scène canadienne et liste des récipiendaires de Canadian Film Awards de 1949 à 1978 et du Prix Génie de 1980 à 1984. Classement chronologique. Appendices: productions primées de l'Office national du film du Canada; productions anglaises de Société Radio-Canada; films ayant bénéficié d'une participation financière de Téléfilm Canada; films; cinéastes. PN1993.5 C3 T66 1984 791.4307971

Bibliographies

Bibliographies

3608

Archives nationales du film, de la télévision et de l'enregistrement sonore (Canada). – *Periodical holdings = Collection des périodiques.* – Préparé par Sylvie Robitaille. – Ottawa : Archives publiques Canada, 1982. – iii, 76 p. – 0662516265

Lists 1,461 serials held by the National Film, Television and Sound Archives, Canada (now part of the Visual and Sound Archives Division, National Archives of Canada), acquired before December 31, 1979. Each entry includes title, country of origin, years, volumes and/or issues available, and changes in title. Thematic issues are excluded, since they are part of the monographs collection. Geographical index. Z6945 N225 fol. 016.791405

Recension de 1 461 publications en série conservées aux Archives nationales du film, de la télévision et de l'enregistrement sonore (Canada) (maintenant une partie de la Division des archives visuelles et sonores, Archives nationales du Canada) et acquises avant le 31 décembre 1979. Chaque notice comprend le titre, pays d'origine, années, volumes et (ou) numéros disponibles, et la mention des changements de titre. Les parutions traitant d'un sujet particulier sont exclues parce qu'intégrées à la collection des monographies. Index géographique. Z6945 N225 fol. 016.791405

3609

Bérubé, Bernard. – *Les films québécois dans la critique américaine : répertoire analytique, 1960-1979.* – Bernard Bérubé, Richard Magnan ; sous la direction de François Baby [et al.]. – Montréal : Centre de recherche cinéma/réception de l'Université de Montréal : Cinémathèque québécoise, 1994. – viii, 139 p. – 2980271454

A bibliography of writings on Quebec cinema published in American periodicals and newspapers during the period 1960-1979. Two sections covering writings on specific feature-length films and general works. List of films covered. Index of directors. Index of film

Bibliographie d'écrits sur le cinéma québécois publiés dans des périodiques et des journaux américains durant la période 1960-1979. Deux parties: écrits relatifs à des longs métrages particuliers, ouvrages généraux. Liste des films mentionnés. Index des réalisateurs. Index

journals. Appendices: descriptions of sections in film journals; list of feature-length films of Quebec, 1960-1979. Z5784 M9 F52 1994 fol. 016.7914309714

des revues sur le cinéma. Annexes: description de sections de revues sur le cinéma; liste des longs métrages québécois, 1960-1979. Z5784 M9 F52 1994 fol. 016.7914309714

3610

Bérubé, Bernard. – *Les films québécois dans la critique américaine : répertoire analytique, 1980-1992.* – Bernard Bérubé, Richard Magnan ; sous la direction de François Baby [et al.]. – Montréal : Centre de recherche cinéma/réception de l'Université de Montréal : Cinémathèque québécoise, 1994. – viii, 163 p. – 2980271446

A bibliography of periodical and newspaper articles and articles from collected works on Quebec cinema, published in the United States during the period 1980-1992. Two parts covering writings on specific feature-length films and general works. List of films covered. Index of directors. Index of film journals. Appendices: descriptions of sections of film journals, list of Quebec feature-length films, 1980-1992. Z5784 M9 F52 1994 fol. 016.7914309714

Bibliographie d'articles de périodiques et de journaux ainsi que d'articles tirés d'ouvrages collectifs sur le cinéma québécois, publiés aux États-Unis durant la période 1980-1992. Deux parties: écrits relatifs à des longs métrages particuliers, ouvrages généraux. Liste des films mentionnés. Index des réalisateurs. Index des revues sur le cinéma. Annexes: description de sections de revues sur le cinéma, liste des longs métrages québécois, 1980-1992. Z5784 M9 F52 1994 fol. 016.7914309714

3611

Bérubé, Bernard. – *Les films québécois dans la critique française : répertoire analytique, 1950-1979.* – Bernard Bérubé, Louise Carrière et Marc Guénette ; sous la direction de François Baby [et al.]. – Montréal : Centre de recherche cinéma/réception de l'Université de Montréal : Cinémathèque québécoise, 1992. – [v], 175 p. – 298027142X

A bibliography of periodical and newspaper articles, articles from collections, and monographs on Quebec cinema, published in France during the period 1950-1979. Two sections covering writings on specific feature-length films and general works. List of films covered. Index of directors. Index of film journals. Appendices: descriptions of sections in film journals; list of Quebec feature-length films, 1950-1979; list of Quebec films shown in French cinemas, arranged according to number of viewers; list of Quebec films shown on French television, arranged chronologically. Z5784 M9 F5118 1992 fol. 016.7914309714

Bibliographie d'articles de périodiques et de journaux, ainsi que d'articles tirés de collections et de monographies sur le cinéma québécois qui ont été publiés en France durant la période 1950-1979. Deux sections: écrits relatifs à des longs métrages en particulier, ouvrages généraux. Liste des films mentionnés. Index des réalisateurs. Index des revues sur le cinéma. Annexes: description de sections de revues sur le cinéma; liste des longs métrages québécois, 1950-1979; liste des films québécois présentés dans les cinémas en France, avec classement selon le nombre de spectateurs; liste des films québécois présentés à la télévision française, avec classement chronologique. Z5784 M9 F5118 1992 fol. 016.7914309714

3612

Bérubé, Bernard. – *Les films québécois dans la critique française : répertoire analytique, 1980-1989.* – Bernard Bérubé, Denise Pérusse et Marie-Josée Rosa ; sous la direction de François Baby [et al.]. – Montréal : Centre de recherche cinéma/réception de l'Université de Montréal : Cinémathèque québécoise, 1992. – viii, 153 p. – 2980271411

A bibliography of 1,315 periodical and newspaper articles, articles from collected works and books on Quebec cinema published in France during the period 1980-1989. Two sections covering writings on specific feature-length films and general works. List of films covered. Index of directors. Index of film journals. Appendices: descriptions of sections in film journals; list of Quebec feature-length films, 1980-1989; list of Quebec feature-length films produced before 1980 and mentioned in the bibliography. Z5784 M9 F5118 1992 fol. 016.7914309714

Bibliographie de 1 315 articles de périodiques et de journaux ou articles tirés d'ouvrages collectifs et de livres sur le cinéma québécois qui ont été publiés en France durant la période 1980-1989. Deux sections: écrits relatifs à des longs métrages déterminés, ouvrages généraux. Liste des films mentionnés. Index des réalisateurs. Index des revues sur le cinéma. Annexes: description de sections de revues sur le cinéma; liste des longs métrages québécois, 1980-1989; liste des longs métrages québécois produits avant 1980 et mentionnés dans la bibliographie. Z5784 M9 F5118 1992 fol. 016.7914309714

3613

Canadian Radio-Television and Telecommunications Commission. – *Bibliography of CRTC studies.* – Ottawa : the Commission, 1982. – vi, 75, 77, vi p. – 0662520548 – Title on added t.p. : *Bibliographie des études du C.R.T.C..*

356 annotated bibliographic references to studies presented to the Canadian Radio and Telecommunications Council since 1968 and available for sale. Arranged by subject, such as audience analysis, children, publicity, satellites, pay TV, etc. Z5630 C35 1982 fol. 016.384540971

356 références bibliographiques annotées des documents présentés au Conseil de la radiodiffusion et des télécommunications canadiennes depuis 1968 et disponibles pour acquisition moyennant des frais. Classement par sujets tels qu'analyse d'auditoires, enfants, publicité, satellites, télévision payante, etc. Z5630 C35 1982 fol. 016.384540971

3614

Conseil de la radiodiffusion et des télécommunications canadiennes. – *Bibliographie des études du C.R.T.C.* – Ottawa : le Conseil, 1982. – vi, 77, 75, vi p. – 0662520548 – Titre de la p. de t. additionnelle : *Bibliography of CRTC studies.*

356 annotated bibliographic references to studies presented to the Canadian Radio and Telecommunications Council since 1968 and available for sale. Arranged by subject, such as audience analysis, children, publicity, satellites, pay TV, etc. Z5630 C35 1982 fol. 016.384540971

356 références bibliographiques annotées des documents présentés au Conseil de la radiodiffusion et des télécommunications canadiennes depuis 1968 et disponibles pour acquisition moyennant des frais. Classement par sujets tels qu'analyse d'auditoires, enfants, publicité, satellites, télévision payante, etc. Z5630 C35 1982 fol. 016.384540971

3615

Fournier-Renaud, Madeleine. – *Écrits sur le cinéma : bibliographie québécoise, 1911-1981.* – Madeleine Fournier-Renaud, Pierre Véronneau. – Montréal : Cinémathèque québécoise/Musée du cinéma, c1982. – 180 p. : ill. – (Les dossiers de la Cinémathèque ; 9). – 2892070228

Annotated bibliography of 1,685 works on film in Quebec, published between 1911 and 1981. Arranged alphabetically by title. Includes monographs, thematic issues of periodicals, screenplays, briefs by professional associations, theses, certain distributor catalogues and laws with a direct influence on distribution and production of films. Three indexes: film-name-subject, author, chronological. Supplements: 1982-1983, *Écrits sur le cinéma*; 1984-1987, published in the periodical *Copie zéro* (nos. 24, 28, 32, 36); subsequently absorbed by: *Annuaire du cinéma québécois : bibliographie, films, vidéos.* Z5784 M9 F69 fol.   016.7914309714

Bibliographie annotée de 1 685 ouvrages portant sur le cinéma québécois, publiés entre 1911 et 1981. Comprend des monographies, numéros spéciaux de périodiques portant sur un seul thème, scénarios de films, mémoires d'associations professionnelles, thèses, certains catalogues de distributeurs et les lois ayant une incidence directe sur la présentation et la production des films. Classement alphabétique par titres. Trois index: films-noms-sujets, auteurs, chronologique. Suppléments: 1982-1983, *Écrits sur le cinéma*; 1984-1987 a été publié dans le périodique *Copie zéro*, (nos 24, 28, 32, 36); par la suite est absorbé par: *Annuaire du cinéma québécois : bibliographie, films, vidéos.* Z5784 M9 F69 fol.   016.7914309714

3616

Lerner, Loren R. [Loren Ruth]. – *Canadian film and video : a bibliography and guide to the literature = Film et vidéo canadiens : bibliographie et guide de la documentation.* – Toronto : University of Toronto, forthcoming.

In preparation. 10,500 annotated references for works about Canadian film. Arranged by subject. Includes books, catalogues, official publications, theses and periodical and newspaper articles in English and French. Indexes: author, film-video, name-subject. Z5784 M9   016.791430971

À paraître. 10 500 références bibliographiques annotées en rapport avec le cinéma canadien. Classement par sujets. Comprend des livres, catalogues, publications officielles, thèses et articles de périodiques et de journaux en anglais et en français. Trois index: auteurs, films-vidéos, noms-sujets.   Z5784 M9   016.791430971

3617

National Film Board of Canada. Reference Library. – *Books on film and television in the Reference Library of the National Film Board of Canada = Livres sur le cinéma et la télévision se trouvant à la Bibliothèque de l'Office national du film du Canada.* – Montréal : the Library, 1992-   . – vol. – 0772203954 (vol. 1)

References for books on film and television held by the Reference Library of the National Film Board of Canada. Arranged by subject. Items in French and English are listed under separate subject headings. The series will include three volumes: *Vol. I : production, production technology and distribution = Vol. I : production, technologie de production et distribution.*   Z883 M6 N38 1992 fol.   016.79143

Références bibliographiques des livres se rapportant aux domaines cinématographique et télévisuel, conservés à la Bibliothèque de l'Office national du film du Canada. Classement par sujets. Les documents en français et en anglais sont répertoriés sous des vedettes distinctes. Série devant comporter trois volumes: *Vol. I : production, production technology and distribution = Vol. I : production, technologie de production et distribution.* Z883 M6 N38 1992 fol. 016.79143

3618

National Film, Television and Sound Archives (Canada). – *Periodical holdings = Collection des périodiques.* – Prepared by Sylvie Robitaille. – Ottawa : Public Archives Canada, 1982. – iii, 76 p. – 0662516265

Lists 1,461 serials held by the National Film, Television and Sound Archives, Canada (now part of the Visual and Sound Archives Division, National Archives of Canada), acquired before December 31, 1979. Each entry includes title, country of origin, years, volumes and/or issues available, and changes in title. Thematic issues are excluded, since they are part of the monographs collection. Geographical index.   Z6945 N225 fol.   016.791405

Recension de 1 461 publications en série conservées aux Archives nationales du film, de la télévision et de l'enregistrement sonore (Canada) (maintenant une partie de la Division des archives visuelles et sonores, Archives nationales du Canada) et acquises avant le 31 décembre 1979. Chaque notice comprend le titre, pays d'origine, années, volumes et (ou) numéros disponibles, et la mention des changements de titre. Les parutions traitant d'un sujet particulier sont exclues parce qu'intégrées à la collection des monographies. Index géographique.   Z6945 N225 fol.   016.791405

3619

Office national du film du Canada. Bibliothèque. – *Books on film and television in the Reference Library of the National Film Board of Canada = Livres sur le cinéma et la télévision se trouvant à la Bibliothèque de l'Office national du film du Canada.* – Montréal : la Bibliothèque, 1992-   . – vol. – 0772203954 (vol. 1)

References for books on film and television held by the Reference Library of the National Film Board of Canada. Arranged by subject. Items in French and English are listed under separate subject headings. The series will include three volumes: *Vol. I : production, production technology and distribution = Vol. I : production, technologie de production et distribution.*   Z883 M6 N38 1992 fol.   016.79143

Références bibliographiques des livres se rapportant aux domaines cinématographique et télévisuel, conservées à la Bibliothèque de l'Office national du film du Canada. Classement par sujets. Les documents en français et en anglais sont répertoriés sous des vedettes distinctes. Série devant comporter trois volumes: *Vol. I : production, production technology and distribution = Vol. I : production, technologie de production et distribution.* Z883 M6 N38 1992 fol. 016.79143

3620

Pagé, Pierre. – *Répertoire des dramatiques québécoises à la télévision, 1952-1977 : vingt-cinq ans de télévision à Radio-Canada : téléthéâtres, feuilletons, dramatiques pour enfants.* – Pierre Pagé et Renée Legris. – Montréal : Fides, c1977. – 252 p. – (Archives québécoises de la radio et de la télévision ; vol. 3). – 0775506648

Catalogue of original works broadcast on the French television network of the Canadian Broadcasting Corporation between August 3, 1952 and June 1, 1977. Three parts: television plays (335), serial dramas (48) and plays for children (97). Sketches and adaptations are excluded. The description of each television programme includes: classification code, author, title, genre, original source of script, series, dates of broadcast, frequency and timing, station, contributors, directors, cast and dates of repeat broadcasts. Chronology and summary table for each genre. Three indexes: author, title, director. PN1992.65 P34 fol. 016.842025

Recension des oeuvres originales diffusées à la télévision du réseau français de la Société Radio-Canada du 3 août 1952 au 1er juin 1977. Trois parties: téléthéâtres (335), feuilletons (48) et dramatiques pour enfants (97). Les sketches et adaptations sont exclus. La description de chaque émission télévisée comprend un code de classement, l'auteur, le titre, le genre, la source préalable au texte, la série, les dates de durée, la périodicité et le minutage, la station, les noms des collaborateurs, des réalisateurs et de la distribution, et les dates de reprises. Chronologie et tableau-synthèse pour chaque genre. Trois index: auteurs, titres, réalisateurs. PN1992.65 P34 fol. 016.842025

3621

Pagé, Pierre. – *Répertoire des oeuvres de la littérature radiophonique québécoise, 1930-1970.* – Par Pierre Pagé avec la collaboration de Renée Legris et Louise Blouin. – Montréal : Fides, c1975. – 826 p. : tableaux. – (Archives québécoises de la radio et de la télévision ; vol. 1). – 0775505331

More than 2,000 original French-language radio dramas by approximately 300 writers, broadcast on the AM band in Quebec between 1931 and 1970. Includes 1,074 radio plays, 71 soap operas, 120 dramatic series, 111 comedies, 182 tales and narratives, 83 historical dramatizations, and nearly 400 titles in minor genres. Scripts for news broadcasts, variety shows, public affairs broadcasts and sports news are excluded. Arranged alphabetically by author. Each entry includes: classification number, description of radio broadcast, information on manuscript and its location, and description of microfilm copy. Broadcast chronology. Summary table for each genre. Three indexes: title, director, scriptwriter-designer-producer-collaborator. Z1392 Q3 P33 fol. 016.842022

Plus de 2 000 oeuvres originales de langue française écrites pour la radio au Québec par environ 300 auteurs et diffusées au réseau AM de 1931 à 1970. Inclut 1 074 radiothéâtres, 71 radioromans, 120 dramatiques par épisodes, 111 textes humoristiques, 182 contes et récits, 83 dramatisations historiques et près de 400 titres de genres mineurs. Les textes des émissions d'information, de variétés, d'affaires publiques ou de chroniques sportives sont exclus. Classement alphabétique des auteurs. Chaque notice comprend un code de classement, la description de l'émission radiophonique, des informations sur le manuscrit et sa localisation, et la description du microfilm. Tableau-synthèse pour chaque genre. Trois index: titres, réalisateurs, scripteurs-concepteurs-producteurs-collaborateurs. Z1392 Q3 P33 fol. 016.842022

3622

Pearson, Willis Barry. – *A bibliographical study of Canadian radio and television drama produced on the Canadian Broadcasting Corporation's National Network, 1944 to 1967.* – Saskatoon : Department of Drama, University of Saskatchewan, 1968. – xix, 123 leaves. – M.A. thesis, University of Saskatchewan, 1968.

Radio and television drama broadcast by the English-language network of the Canadian Broadcasting Corporation between 1944 and 1967. Two parts: radio (681) and television (446). The description of each radio or television programme includes: title, length of programme, genre, names of playwright or author, translator or adapter and director, series, date of broadcast and mention of any second production. Four indexes by medium: adapter and translator, author and playwright, director, series. PN1992.2 C3 P4 016.81202

Recension des oeuvres diffusées à la radio et à la télévision du réseau anglais de la Société Radio-Canada entre 1944 et 1967. Deux parties: radio (681) et télévision (446). La description de chaque émission radiophonique et télévisuelle comprend le titre, la durée, le genre, le nom du dramaturge ou de l'auteur, du traducteur ou de l'adaptateur, du réalisateur, la série, la date de diffusion et la mention d'une seconde production. Quatre index par média: adaptateurs et traducteurs, auteurs et dramaturges, réalisateurs, séries. PN1992.2 C3 P4 016.81202

3623

Roy, Jean-Luc, s.c. – *Bibliographie sur le cinéma : essai de bibliographie des publications canadiennes-françaises sur le cinéma de 1940 à 1960.* – Québec : [s.n.], 1963. – 121 f. (feuilles mobiles). – Thèse, diplôme, Université Laval, 1963.

Annotated bibliography of film studies in French Canada between 1940 and 1960. Includes 552 manuscripts, books, pamphlets, periodical articles, etc. Twelve chapters: directories, indexes, catalogues; history, countries; film criticism; artistic aspects; technical aspects; religious and moral issues; film culture; film and education; organizations; directors, actors; miscellaneous issues; periodicals on film. One author-title-subject index to books and pamphlets. Reproduced in microform format: *Les bibliographies du cours de bibliothéconomie de l'Université Laval, 1947-1966* (Montréal : Bibliothèque nationale du Québec, 1978-1980) no. 292. Z5784 M9 016.791430971

Bibliographie annotée portant sur les études cinématographiques au Canada français entre 1940 et 1960. Inclut 552 manuscrits, livres, brochures, articles de périodiques, etc. Douze chapitres: répertoires, index, catalogues; histoire, pays; critique cinématographique; aspects artistiques; aspects techniques; aspects religieux et moraux; culture cinématographique; cinéma et éducation; organisations; réalisateurs, acteurs; aspects divers; périodiques sur le cinéma. Un index: auteurs-sujets-titres des livres et brochures. Reproduit sur support microforme: *Les bibliographies du cours de bibliothéconomie de l'Université Laval, 1947-1966* (Montréal : Bibliothèque nationale du Québec, 1978-1980) n° 292. Z5784 M9 016.791430971

3624

Vingt-cinq ans de dramatiques à la télévision de Radio-Canada, 1952-1977. – Relations publiques, Services français, Société Radio-Canada. – Montréal : Société Radio-Canada, c1978. – xxi, 684 p.

Original works and adaptations broadcast by the French television network of the Canadian Broadcasting Corporation between August 3, 1952 and August 31, 1977, listed chronologically. Two parts: television dramas (746) and serials (200). Sketches and children's shows are excluded. The description of each television programme includes: classification code, title, genre, years in which material was written and adapted, programme number, dates of broadcast, number of episodes, timing, dates of repeat broadcasts, signature theme music, note if incidental music is original, indication of broadcast in colour or in black and white, author, adapter, production team and cast. Summary table for each genre. List of signature themes for television drama series. Two indexes: title, name. Continued by: *Les dramatiques à la télévision de Radio-Canada de 1977 à 1982.* PN1992.65 V55 fol. 016.842025

Recension chronologique des oeuvres originales et des adaptations diffusées à la télévision du réseau français de la Société Radio-Canada entre le 3 août 1952 et le 31 août 1977. Deux parties: téléthéâtres (746) et feuilletons (200). Les sketches et dramatiques pour enfants sont exclus. La description de chaque émission télévisée comprend un code de classement, le titre, le genre, les années de composition et d'adaptation, le numéro d'émission, les dates de diffusion, le nombre d'épisodes, le minutage, les dates de reprises, l'indicatif musical, la mention si musique de scène originale et précision entre les émissions couleur et celles noir et blanc, l'auteur, l'adaptateur, les noms de l'équipe de production et de la distribution. Tableau-synthèse pour chaque genre. Liste des indicatifs musicaux des séries de téléthéâtres. Deux index: titres, noms. Suivi de: *Les dramatiques à la télévision de Radio-Canada de 1977 à 1982.* PN1992.65 V55 fol. 016.842025

3625

Les dramatiques à la télévision de Radio-Canada de 1977 à 1982. – Communications, Réseau français, Société Radio-Canada. – Montréal : Société Radio-Canada, c1983. – 456 p. – 2891210158

Continues: *Vingt-cinq ans de dramatiques à la télévision de Radio-Canada, 1952-1977.* Covers an additional 76 television dramas and 31 serials broadcast by the French network of the Canadian Broadcasting Corporation between September 1, 1977 and August 31, 1982. Summary table for each genre, 1952-1982. Chronological table of the serials. List of signature themes for television drama series. Ten television dramas not mentioned in the first volume appear in a separate section. Title and name indexes. PN1992.65 016.842025

Fait suite à: *Vingt-cinq ans de dramatiques à la télévision de Radio-Canada, 1952-1977.* Ajout de 76 téléthéâtres et 31 feuilletons télédiffusés au réseau français de la Société Radio-Canada entre le 1er sept. 1977 et le 31 août 1982. Tableau-synthèse pour chaque genre de 1952 à 1982. Tableau chronologique des feuilletons. Liste des indicatifs musicaux: séries de téléthéâtres. Une section de dix dramatiques non mentionnées dans le premier volume. Deux index: titres, noms. PN1992.65 016.842025

3626

York University Libraries. – ***CBC television drama.*** – [Willowdale, Ont. : Xebec], 1989. – 6 microfiches.

A catalogue of the Canadian Broadcasting Corporation (CBC) television drama collection held at the Scott Archives, York University. Includes scripts, production and administrative documents, 1952-1981. Three parts: author, title and CBC file number indexes. PN1992.8 E4 Z6 Y6 1989 016.842025

Catalogue sur une collection de dramatiques télévisées de la Société Radio-Canada (SRC) qui fait partie des archives Scott de l'université York. Inclut des scénarios ainsi que des documents de production et d'administration, 1952-1981. Trois parties: index des auteurs, des titres et des numéros de dossier de la SRC. PN1992.8 E4 Z6 Y6 1989

Biographies

Biographies

3627

Jacques, Michel. – ***Dictionnaire filmographique des acteurs québécois.*** – Éd. rev. et augm. – Québec : Botakap, c1994. – 119 p. – 2980302465

Roles and filmographies of Quebec professional actors and personalities who participated in films produced in Quebec and abroad. Arranged alphabetically by name. Includes short-, medium- and feature-length films, and television films produced in film format. Bibliography. Prev. ed.: *407 acteurs québécois de cinéma* (Québec : Éditions l'Escalier, [1991?]). PN1998.2 J32 1994 fol. 791.430922714

Résumé des prestations et filmographie d'acteurs professionnels et de personnalités québécoises ayant participé aux films tournés au Québec et à l'étranger. Classement par alphabétique des noms. Inclut les courts, moyens et longs métrages, et les téléfilms tournés sur support film. Bibliographie. Édition précédente: *407 acteurs québécois de cinéma* (Québec : Éditions l'Escalier, [1991?]). PN1998.2 J32 1994 fol. 791.430922714

3628

Legris, Renée. – ***Dictionnaire des auteurs du radio-feuilleton québécois.*** – Renée Legris avec la collaboration de Pierre Pagé, Suzanne Allaire-Poirier, Louise Blouin. – Montréal : Fides, c1981. – 200 p. : tableaux. – (Collection radiophonie et société québécoise). – 2762110904

Biographical entries on 30 authors of radio serial dramas lasting at least a year, written in Quebec between 1935 and 1975. Arranged alphabetically by author. Entries also include a bibliography arranged by type of text: radio, television, film, stage play, revue and/or published work. PN1991.4 A2 L43 791.4475

Notices biographiques de 30 auteurs de feuilletons radiophoniques d'une durée minimale d'un an, écrits au Québec entre 1935 et 1975. Classement alphabétique des auteurs. Les notices comprennent aussi une bibliographie répertoriée par genres de textes: radiophonique, télévisuel, cinématographique, théâtral, des revues sur scène et (ou) oeuvres publiées. PN1991.4 A2 L43 791.4475

Catalogues

Catalogues

3629

100 films pour enfants en vidéocassettes. – Sélection des films et rédaction des textes d'appréciation: Robert-Claude Bérubé. – Montréal : Services documentaires Multimedia : Office des communications sociales, c1989. – 150 p. : ill. – (Collection 100). – 2890590917

Feature-length intended for children and available in French-language versions on videocassette. The descriptions and selection are based on the serial publication *Recueil des films*. Five indexes: director, performer, original title, theme, country. Replaces: 1979, *100 films pour enfants.* PN1998 A1 C543 1989 011.37

Recension de longs métrages conçus pour les enfants et disponibles en version française sur support vidéo. Textes tirés et sélection faite à partir de la publication en série: *Recueil des films.* Cinq index: réalisateurs, interprètes, titres originaux, thèmes, pays. Remplace: 1979, *100 films pour enfants.* PN1998 A1 C543 1989 011.37

3630

Browne, Colin. – *Motion picture production in British Columbia, 1898-1940 : a brief historical background and catalogue.* – Victoria : British Columbia Provincial Museum, 1979. – [vii], 381 p. : ill. – (British Columbia Provincial Museum, Heritage record ; no. 6). – 0771881363 – Spine title : *B.C. film history & catalogue.*

1,131 films made in or about British Columbia. Description of each film includes technical data, institution holding film if available, and a description. Also includes an historical essay. Bibliography. Subject-name index. Directory of 33 film repositories. Supplement published as an appendix to: *Camera west : British Columbia on film, 1941-1965 : including new information on films produced before 1941.* PN1993.5 C3 B76 1979 fol. 015.711037

Recension de 1 131 films faits en ou à propos de la Colombie-Britannique. La description de chaque film comprend les informations techniques avec le cas échéant l'institution dépositaire et un résumé. Inclut aussi un essai historique. Bibliographie. Un index: sujets-noms. Répertoire de 33 institutions dépositaires. Supplément publié en annexe de: *Camera west : British Columbia on film, 1941-1965 : including new information on films produced before 1941.* PN1993.5 C3 B76 1979 fol. 015.711037

3631

Canadian Association of Children's Librarians. – *Canadian films for children and young adults.* – Ottawa : Canadian Library Association, c1987. – 33 p. – 0888022190

140 annotated references to Canadian 16 mm films suitable for children and young adults. Listed alphabetically by English title, with the title of any French version noted. Arranged under four age categories: preschool, 6-9 years, 10-13 years and 14 years and older. No index. PN1998 C32 1987 fol. 011.37

140 références annotées de films canadiens en 16mm appropriés pour les jeunes et les adolescents. Recension selon l'ordre alpha-bétique des titres de langue anglaise avec le cas échéant la mention du titre de la version française. Classement en quatre catégories d'âge: pré-scolaire, de 6 à 9 ans, de 10 à 13 ans et de 14 ans et plus. Pas d'index. PN1998 C32 1987 fol. 011.37

3632

Canadian Film Institute. Film Library. – *Guide to the collection of the Film Library of the Canadian Film Institute = Guide de la collection de la Cinémathèque de l'Institut canadien du film.* – Edited and compiled by Debbie Green. – Ottawa : Canadian Film Institute, c1984. – 317, 108 p. – 0919096271

Over 6,000 16 mm films and videocassettes held by the Film Library of the Canadian Film Institute. Description of each film and video includes bibliographical information, a summary and the title of a second version, if any. Description in the language of the item. Index of subjects (English-French) and names. Replaces: 1976, *Black book : master title index.* Supplement: 1985, *Guide to the collection : supplementary index = Guide de la collection : supplément à l'index.* LB1043.2 C3 Z926 1984 fol. 011.37

Recension de plus de 6 000 films de 16mm et vidéocassettes conservés à la Cinémathèque de l'Institut canadien du film. La description de chaque film et vidéo comprend les informations bibliographiques, un résumé avec le cas échéant le titre d'une seconde version. Description dans la langue du document. Un index: sujets (anglais-français)-noms. Remplace: 1976, *Black book : master title index.* Supplément: 1985, *Guide to the collection : supplementary index = Guide de la collection : supplément à l'index.* LB1043.2 C3 Z926 1984 fol. 011.37

3633

Canadian Film-Makers Distribution Centre. – *Catalogue.* – (1972)- . – Toronto : the Centre, c1972- . – vol. : ill. – 0315-2715

Irregular, with occasional updates. Films and videos distributed by the Canadian Film-Makers Distribution Centre. Four parts: anima-tion, documentaries arranged by theme, drama, experimental works. Description of each film includes a summary, running time, colour/black and white, year, rental or purchase price, participation in festivals and awards won. Three indexes: filmmaker, title, subject. PN1998 A1 C312 fol. 011.37

Irrégulier avec mise à jour occasionnelle. Recension des films et vidéos distribués par Canadian Film-Makers Distribution Centre. Quatre parties: animation, documentaires subdivisés par thèmes, dramatique, expérimental. La description de chaque film comprend un résumé, la durée, la couleur ou non, l'année, le prix de location ou d'acquisition et la mention de participation à des festivals et les prix gagnés. Trois index: réalisateurs, titres, sujets. PN1998 A1 C312 fol. 011.37

3634

The catalogue of catalogues : independent video in Canada. – Toronto : Vtape, [1986?]- . – vol. : ill.

Irregular. A catalogue of videotapes produced by Canadian artists and independent producers and distributed in Canada by Vtape. Vol. 1, producer-director, title, genre, subject indexes. Indexes include videotapes available for distribution from Vtape and other distribu-tors. Vtape distribution catalogue arranged by name of producer.

Irrégulier. Catalogue de films vidéo produits par des artistes canadiens et des producteurs indépendants et distribués au Canada par Vtape. En deux volumes. Vol. 1, index des producteurs et réalisateurs, index des titres, index des genres, index des sujets. Les index comprennent les films vidéo distribués par Vtape ou par d'autres distributeurs.

Entries for videotapes include: title, date, duration, language, colour or black and white, and a brief description of the subject matter. Vol. 2. includes videotape catalogues of other Canadian distributors. Also available as a database which can be searched on request by Vtape staff. PN1992.95 C38 015.71037

Catalogue de distribution de Vtape classé selon le nom des producteurs. Les notices sur les films vidéo comprennent: le titre, la date, la durée, la langue, s'il est en couleur ou en noir et blanc, et une courte description du sujet traité. Le volume 2 comprend les catalogues de films vidéo d'autres distributeurs canadiens. Également disponible sous forme de base de données dans laquelle le personnel de Vtape peut faire des recherches sur demande. PN1992.95 C38 015.71037

3635

Centre d'archives de Québec. – *Archives des films et des vidéos : inventaire.* – Brigitte Banville, Richard Gagnon, Antoine Pelletier. – Québec : Ministère des affaires culturelles, Direction des communications, c1990. – xvi, 479 p., [12] p. de pl. : ill. (certaines en coul.).

4,665 films, videos and slide shows held by the Centre d'archives de Québec. Four indexes: series, fonds and collections, directors and producers, subjects. PN1998 C45 1990 fol. 015.714037

Recension de 4 665 films, vidéos et diaporamas conservés au Centre d'archives de Québec. Quatre index: séries, fonds et collections, réalisateurs et producteurs, sujets. PN1998 C45 1990 fol. 015.714037

3636

Children's Broadcast Institute. – *The Canadian children's film and video directory* = *Le répertoire canadien des films et vidéos pour enfants.* – (1980/1985)- . – [Toronto] : the Institute, 1985- . – vol. : ill. – 0831-6104 – Cover title.

Biennial. More than 600 serial television dramas, special programmes, feature-length and short films and videos, produced in Canada since 1980, for children and young people. Each entry includes bibliographic information, a summary, genre, age group for which film is suitable and awards received. Description in the language of the item. Directory of production companies and organizations. Title and company indexes. PN1998 A1 C36 016.791437

Biennal. Plus de 600 feuilletons télévisés, émissions spéciales, longs et courts métrages, produits au Canada depuis 1980 à l'intention des enfants et des adolescents. Chaque notice comprend les informations bibliographiques, un résumé, le genre, le groupe d'âge approprié, les prix reçus. Texte descriptif dans la langue du document. Répertoire des compagnies et organismes de production. Deux index: titres, firmes. PN1998 A1 C36 016.791437

3637

Croteau, Jean-Yves. – *Répertoire des séries, feuilletons et téléromans québécois : de 1952 à 1992.* – Jean-Yves Croteau ; sous la direction de Pierre Véronneau. – Québec : Publications du Québec ; [Montréal] : Cinémathèque québécoise, Musée du cinéma : Société générale des industries culturelles (SOGIC), 1993. – xxi, 692 p. : ill. – 2551155223

More than 600 series and serial dramas produced or co-produced in Quebec by public and private television networks between 1952 and 1992, listed by title. Excludes single-episode dramas, mini-series and series produced by community television with the exception of Canal-Famille. The description of each television programme includes medium, format, number of episodes, length of programme, dates of production, production company, location of copies, names of broadcaster, directors, producers, authors, composers and actors with name of character played, category and genre, date and time of broadcast, size of audience, when available, and a summary. Seven indexes: director, author, actor, production company, category, genre, chronological. List of Gemini Awards. Summary table of the television schedule, 1952/53-1991/92. Bibliography. Z7711 C76 1993 016.791457509714

Recension par titres de plus de 600 séries, feuilletons et téléromans produits ou coproduits au Québec par les chaînes publiques et privées entre 1952 et 1992. Exclut les dramatiques uniques, les émissions modulaires et les séries produites par la télévision communautaire à l'exception du Canal-Famille. La description de chaque émission de télévision comprend le support, le format, le nombre d'épisodes, la durée, les dates de production, la maison de production, la localisation des copies, le nom du diffuseur, des réalisateurs, producteurs, auteurs, compositeurs, acteurs avec le nom de leurs personnages, la catégorie, le genre, les dates et heures de diffusion, les cotes d'écoute si disponible et un résumé. Sept index: réalisateurs, auteurs, acteurs, maisons de production, catégories, genres, chronologique. Liste des Prix Gémeaux. Tableau synthèse de la grille horaire, 1952/53-1991/92. Bibliographie. Z7711 C76 1993 016.791457509714

3638

***David : documentation audiovisuelle.* –** n° 78/1 (janv. 1978)- . – Montréal : Services documentaires Multimedia, [1978?]- . – vol. – 0706-2257

Ten issues per year with annual cumulation, 1978-1988. Six issues per year with annual cumulation, 1989- . Listing of films, videos, sound recordings, sets of slides or slide shows, multi-media kits, film strips and material in other formats distributed in Canada. Arranged according to Dewey decimal classification. Each entry includes: bibliographic information, summary, subject headings, Dewey decimal number, distributor code, intended audience, recommendation on usefulness and note on appropriate Quebec programme of study. Six indexes: name, title, collection, subjects for young people and adults, subjects for children, distributor. Directory of distributors, licence managers and community audio-visual collections. Imprint varies. Title varies: (Jan. 1978)-(1993), *Choix : documentation audiovisuelle.* Available online through SDM, ISM and iNET: *David.* Period covered, 1971 to present. Available on CD-ROM as part of *Choix-David BQLÉÉ* (Montreal: SDM, 1989-). Period covered, 1964 to present. Updated semi-annually. Reproduced in microform format. Updated annually. LB1043.2 Q3 C546 fol. 015.71037

Dix n^os/an avec refonte annuelle, 1978-1988. Six n^os/an avec refonte annuelle, 1989- . Recension de films, vidéos, enregistrements sonores, jeux de diapositives ou diaporamas, ensembles multi-supports, films fixes et documents sur autres supports diffusés au Canada. Classement selon le système de classification décimale Dewey. Chaque notice comprend les informations bibliograpiques, résumé, vedettes-matière, indice de classification décimale Dewey, code du diffuseur, public visé, indice d'utilité, et la mention au programme d'étude québécois adéquat. Six index: noms, titres, collections, sujets pour adolescents et adultes, sujets pour jeunes, distributeurs. Répertoire des distributeurs, gestionnaires de licences et audiovidéothèques communautaires. Publié par différents éditeurs. Le titre varie: (janv. 1978)-(1993), *Choix : documentation audiovisuelle.* Disponible en direct chez SDM et via les serveurs ISM et iNET: *David.* Période couverte, 1971 à ce jour. Disponible sur CD-ROM comme partie de *Choix-David BQLÉÉ* (Montréal : SDM, 1989-). Période couverte, 1964 à ce jour. Mise à jour semestrielle. Reproduit sur support microforme. Mise à jour annuelle. LB1043.2 Q3 C546 fol. 015.71037

3639

Duffy, Dennis J. – *Camera west : British Columbia on film, 1941-1965 : including new information on films produced before 1941.* – Victoria : Province of British Columbia, Provincial Archives, Sound and Moving Image Division, c1986. – ix, 318 p. : ill. – 0771884796

1,082 films or collections of films produced in British Columbia. Description of each film includes bibliographic information, production credits, cast, genre, a summary, bibliographic references, locations shown in film, and repository. Also includes an historical essay. Bibliography. Subject-name index. Directory of 71 repositories. As an appendix, includes a supplement to: *Motion picture production in British Columbia, 1898-1940 : a brief historical background and catalogue.* Reproduced in microform format: *Microlog*, no. 86-03026. PN1993.5 C3 D83 1986 fol. 015.711037

Recension de 1 082 films ou collections de films tournés en Colombie-Britannique. La description de chaque film comprend les informations bibliographiques, la production, la distribution, le genre, un résumé, références bibliographiques, lieux dans le film, et l'institution dépositaire. Inclut aussi un essai historique. Bibliographie. Un index: sujets-noms. Répertoire de 71 institutions dépositaires. Inclut en annexe le supplément de: *Motion picture production in British Columbia, 1898-1940 : a brief historical background and catalogue.* Reproduit sur support microforme: *Microlog*, n° 86-03026.

3640

Easterbrook, Ian K. – *Canada and Canadians in feature films : a filmography, 1928-1990.* – Compiled by Ian K. Easterbrook and Susan Waterman MacLean ; with Bernard M.L. Katz, Kathleen E. Scott and Paul W. Salmon. – Guelph (Ont.) : Canadian Film Project, University of Guelph, forthcoming 1995. – 0889554153 PN1998 016.791436271

3641

Feature film catalogue = Catalogue de longs métrages. – (1988)- . – [Montréal] : Téléfilm Canada, [1988?]- . – vol. : ill. en coul. – 0846-5428

Annual. Feature films produced or co-produced in Canada in the previous year with financial assistance from Telefilm Canada. Description of each film includes address, telephone and fax numbers of the production company and of the distributor, bibliographic information, cast, a summary and a brief career sketch of the director. Replaces two unilingual editions: *Au Canada on tourne! toujours plus toujours mieux! : guide de la production canadienne du long métrage* ([Ottawa] : Société de développement de l'industrie cinématographique canadienne, 1979?) and *Canada can and does : guide to Canadian feature film production* ([Ottawa] : Canadian Film Development Corporation, 1979?); and two bilingual editions which appeared under different titles: *Le Canada en tête d'affiche* ([Ottawa] : Canadian Film Development Corporation, 1985?) and *Great pictures : Canada's got them* ([Ottawa] : Canadian Film Development Corporation, [1985?]). PN1998 016.791430971

Annuel. Recension des longs métrages de production et coproduction canadiennes de l'année précédente ayant bénéficié de la participation financière de Téléfilm Canada. La description de chaque film comprend l'adresse, les numéros de téléphone et de télécopieur de la maison de production et du distributeur, les informations bibliographiques, la distribution, un résumé et une courte notice biographique professionnelle du réalisateur. Remplace: deux éd. unilingues: *Au Canada on tourne! toujours plus toujours mieux! : guide de la production canadienne du long métrage* ([Ottawa] : Société de développement de l'industrie cinématographique canadienne, 1979?) et *Canada can and does : guide to Canadian feature film production* ([Ottawa] : Canadian Film Development Corporation, 1979?); et deux éd. bilingues parues sous titres distincts: *Le Canada en tête d'affiche* ([Ottawa] : Société de développement de l'industrie cinématographique canadienne, 1985?) et *Great pictures : Canada's got them* ([Ottawa] : Société de développement de l'industrie cinématographique canadienne, [1985?]). PN1998 016.791430971

3642

Film, video and audio productions supported by multiculturalism programs, 1973-1992 = Productions cinématographiques, vidéos et sonores subventionnées par les programmes du multiculturalisme, 1973-1992. – [Compiled by Daniel Woolford]. – Ottawa : Multiculturalism and Citizenship Canada, c1992. – vii, 83 p. – 0662593154

Films, videos and sound recordings on aspects of Canadian multiculturalism, supported entirely or in part by Multiculturalism and Citizenship Canada between 1973 and 1992. Three parts: films and videotapes currently in distribution in Canada, sound recordings currently in distribution in Canada, films, videotapes and sound recordings not distributed in Canada. For each item, the following information is given: year of production, duration, a summary, names of producer, director, production company and distributor. Description in the language of the item. Items in languages other than English or French are described in both official languages. Four indexes: subject, geographical, ethnocultural group, name. Directory of distributors. Reproduced in microform format: *Microlog*, no. 93-06323. FC104 F53 1992 fol. 016.305800971

Recension des films, vidéos et enregistrements sonores portant sur des thèmes liés au multiculturalisme canadien qui ont été en tout ou en partie financés par Multiculturalisme et citoyenneté Canada entre 1973 et 1992. Trois parties: films et bandes vidéo actuellement distribués au Canada; enregistrements sonores actuellement distribués au Canada; films, bandes vidéo et enregistrements sonores non distribués au Canada. Pour chaque document, l'année de production, la durée, un résumé, les noms du producteur, du réalisateur, de la maison de production et du diffuseur sont mentionnés. Description dans la langue du document, et les documents produits dans une langue autre que l'anglais ou le français sont décrits dans les deux langues officielles. Quatre index: sujets, géographique, groupes ethnoculturels, noms. Répertoire des diffuseurs. Reproduit sur support microforme: *Microlog*, n° 93-06323. FC104 F53 1992 fol. 016.305800971

3643

Film, video and audio productions supported by multiculturalism programs, 1973-1992 = Productions cinématographiques, vidéos et sonores subventionnées par les programmes du multiculturalisme, 1973-1992. – [Préparée par Daniel Woolford]. – Ottawa : Multiculturalisme et citoyenneté Canada, c1992. – vii, 83 p. – 0662593154

Films, videos and sound recordings on aspects of Canadian multi-culturalism, supported entirely or in part by Multiculturalism and Citizenship Canada between 1973 and 1992. Three parts: films and videotapes currently in distribution in Canada, sound recordings currently in distribution in Canada, films, videotapes and sound recordings not distributed in Canada. For each item, the following information is given: year of production, duration, a summary, names of producer, director, production company and distributor. Description in the language of the item. Items in languages other than English or French are described in both official languages. Four indexes: subject, geographical, ethnocultural group, name. Directory of distributors. Reproduced in microform format: *Microlog*, no. 93-06323. FC104 F53 1992 fol. 016.305800971

Recension des films, vidéos et enregistrements sonores portant sur des thèmes liés au multiculturalisme canadien qui ont été en tout ou en partie financés par Multiculturalisme et citoyenneté Canada entre 1973 et 1992. Trois parties: films et bandes vidéo actuellement distribués au Canada; enregistrements sonores actuellement distribués au Canada; films, bandes vidéo et enregistrements sonores non distribués au Canada. Pour chaque document, l'année de production, la durée, un résumé, les noms du producteur, du réalisateur, de la maison de production et du diffuseur sont mentionnés. Description dans la langue du document, et les documents produits dans une langue autre que l'anglais ou le français sont décrits dans les deux langues officielles. Quatre index: sujets, géographique, groupes ethnoculturels, noms. Répertoire des diffuseurs. Reproduit sur support microforme: *Microlog*, n° 93-06323. FC104 F53 1992 fol. 016.305800971

3644

Film/vidéo Canadiana [**CD-ROM**]. – [Montreal] : NFB ; [Ottawa] : National Library of Canada : National Archives of Canada ; [Montreal] : Cinémathèque québécoise, Musée du cinéma, 1993-   . –   computer laser optical disks + 1 folded leaf. – 1189-8666 – Title from computer disk label.

Annual. 26,000 films and videos produced or co-produced in Canada since 1980 and films and videos produced by the National Film Board since 1939. Databank which includes four databases: all titles or National Film Board titles, in English or French. Searchable by title, series, subject, synopsis, producer, distributor, year, credits, credits index and running time. Boolean search capabilities. Description of each film and video includes bibliographical information, cast and a summary with supplementary notes such as names of persons or organizations that commissioned works, title of a second version, awards received, etc.

System requirements: IBM PC XT/AT (286 to 486) or 100% compatible; 512KB of RAM, hard disk with 2.5MB of free space; MS-DOS version 3.0 or higher; CD-ROM unit with controller and interface cable, CD-ROM MS-DOS extension 2.01 or higher (2.1 with MS-DOS 4.0 or higher); colour screen recommended; printer recommended. Directory of more than 8,000 producers and distributors. Two subject lists: English and French. Available online through ISM; and through QL Systems: *Film/vidéo Canadiana (FORMAT)*. PN1998 A1 F52 015.71037

Annuel. 26 000 films et vidéos de production et coproduction canadiennes depuis 1980 et ceux produits par l'Office national du film depuis 1939. Banque de données comprenant quatre bases de données: tous les titres ou exclusivement ceux de l'Office national du film, en français ou en anglais. Les recherches peuvent s'effectuer à partir du titre, de la série, du sujet, du synopsis, du producteur, du distributeur, de l'année, du générique, de l'index du générique ou de la durée. Pleines capacités de recherches booléennes. La description de chaque film et vidéo comprend les informations bibliographiques, la distribution et un résumé avec le cas échéant des notes complémentaires telles que le nom des commanditaires, le titre d'une seconde version, prix reçus, etc.

Configuration requise: IBM PC XT/AT (286 à 486) ou 100% compatible; 512Ko de mémoire vive; disque rigide avec 2.5 MB d'espace libre; MS-DOS version 3.0 ou supérieure; unité CD-ROM avec contrôleur et câble d'interface; Extensions MS-DOS CD-ROM version 2.01 ou supérieure (2.1 avec MS-DOS 4.0 ou supérieure); écran (couleur recommandé); imprimante recommandée. Répertoire de plus de 8 000 producteurs et distributeurs. Deux listes de sujets: anglais, français. Disponible en direct via le serveur ISM; via le serveur QL System: *Film/vidéo Canadiana (FORMAT)*. PN1998 A1 F52 015.71037

3645

Film/vidéo Canadiana [**CD-ROM**]. – [Montréal] : ONF ; [Ottawa] : Bibliothèque nationale du Canada : Archives nationales du Canada ; [Montréal] : Cinémathèque québécoise, Musée du cinéma, 1993-   . –   disques au laser d'ordinateur + 1 f. plié. – 1189-8666 – Titre de l'étiquette du disque.

Annual. 26,000 films and videos produced or co-produced in Canada since 1980 and films and videos produced by the National Film Board since 1939. Databank which includes four databases: all titles or National Film Board titles, in English or French. Searchable by title, series, subject, synopsis, producer, distributor, year, credits, credits index and running time. Boolean search capabilities. Description of each film and video includes bibliographical information, cast and a summary with supplementary notes such as names of persons or organizations that commissioned works, title of a second version, awards received, etc.

System requirements: IBM PC XT/AT (286 to 486) or 100% compatible; 512KB of RAM, hard disk with 2.5MB of free space; MS-DOS version 3.0 or higher; CD-ROM unit with controller and interface cable, CD-ROM MS-DOS extension 2.01 or higher (2.1 with MS-DOS 4.0 or higher); colour screen recommended; printer

Annuel. 26 000 films et vidéos de production et coproduction canadiennes depuis 1980 et ceux produits par l'Office national du film depuis 1939. Banque de données comprenant quatre bases de données: tous les titres ou exclusivement ceux de l'Office national du film, en français ou en anglais. Les recherches peuvent s'effectuer à partir du titre, de la série, du sujet, du synopsis, du producteur, du distributeur, de l'année, du générique, de l'index du générique ou de la durée. Pleines capacités de recherches booléennes. La description de chaque film et vidéo comprend les informations bibliographiques, la distribution et un résumé avec le cas échéant des notes complémentaires telles que le nom des commanditaires, le titre d'une seconde version, prix reçus, etc.

Configuration requise: IBM PC XT/AT (286 à 486) ou 100% compatible; 512Ko de mémoire vive; disque rigide avec 2.5 MB d'espace libre; MS-DOS version 3.0 ou supérieure; unité CD-ROM avec

recommended. Directory of more than 8,000 producers and distributors. Two subject lists: English and French. Available online through ISM; and through QL Systems: *Film/vidéo Canadiana (FORMAT)*.   PN1998 A1 F52   015.71037

contrôleur et câble d'interface; Extensions MS-DOS CD-ROM version 2.01 ou supérieure (2.1 avec MS-DOS 4.0 ou supérieure); écran (couleur recommandé); imprimante recommandée. Répertoire de plus de 8 000 producteurs et distributeurs. Deux listes de sujets: anglais, français. Disponible en direct via le serveur ISM; via le serveur QL System: *Film/vidéo Canadiana (FORMAT)*.   PN1998 A1 F52   015.71037

3646

Film/video Canadiana = Film/vidéo Canadiana. – Vol. 1, no. 1 (Fall 1969)-(1987/1988). – Montréal : Published by the National Film Board of Canada for National Library of Canada, National Archives of Canada, Moving Image and Sound Archives, la Cinémathèque québécoise : musée du cinéma, 1971-1990. –   vol. – 0836-1002

Irregular, 1969/-1972. Annual, 1972/3-1979/80. Triennial, 1980-1982. Biennial, 1983/84-1987/88 with an interval of approximately two years between the period covered and publication. Films and videos produced or co-produced in Canada. Includes feature-length and short films and television programmes in commercial distribution. Description of each film or video includes bibliographic information, cast and a summary, with additional information in some cases, such as names of persons or institutions who commissioned the work, title of second version, awards received, etc. Description in the language of the item. Two subject indexes: films and videos (English, French). Two subject indexes by broad category: films and videos (English, French). Four other indexes: series, directors, producers, production companies. Two lists of titles, subdivided by year: feature films, co-productions. Directory of producers and distributors.

Available online through ISM; and through QL Systems: *Film/video Canadiana (FORMAT)*, period covered, 1969 to present. Available in CD-ROM format: *Film/vidéo Canadiana*, period covered, 1980-present. 1969-1987/88, reproduced in microform format: Toronto, Micromedia, [198?], 25 microfiches. Title varies: 1969/70-1972, *Film Canadiana : Canada's national filmography = Film Canadiana : la filmographie canadienne*; 1972/73-1979/80, *Film Canadiana : the Canadian Film Institute yearbook of Canadian cinema = Film Canadiana : l'annuaire canadien du cinéma de l'Institut canadien du film*; 1980/82-1983/84, *Film Canadiana*. Imprint varies. PN1998 A1 F5 fol.   015.71037

Irrégulier, 1969/70-1972. Annuel, 1972/73-1979/80. Triennal, 1980-1982. Biennal, 1983/84-1987/88 avec un intervalle d'environ deux ans entre la période couverte et la parution. Recension des films et vidéos de production et coproduction canadiennes. Inclut les longs et courts métrages et les émissions de télévision distribuées commercialement. La description de chaque film et vidéo comprend les informations bibliographiques, la distribution et un résumé avec le cas échéant des notes complémentaires telles que les noms des commanditaires, le titre d'une seconde version, prix reçus, etc. Description dans la langue du document. Deux index des sujets: films et vidéos (anglais, français). Deux index des sujets par grandes catégories: films et vidéos (anglais, français). Quatre autres index: séries, réalisateurs, producteurs, maisons de production. Deux listes des titres, subdivisés par années: longs métrages, coproductions. Répertoire des producteurs et de distributeurs.

Disponible en direct via le serveur ISM; via le serveur QL system: *Film/video Canadiana (FORMAT)*, période couverte, 1969 à ce jour. Disponible sur support CD-ROM: *Film/vidéo Canadiana*, période couverte, 1980 à ce jour. 1969-1987/88, reproduit sur support microforme: Toronto : Micromedia, [198?], 25 microfiches. Le titre varie: 1969/70-1972, *Film Canadiana : Canada's national filmography = Film Canadiana : la filmographie canadienne*; 1972/73-1979/80, *Film Canadiana : the Canadian Film Institute yearbook of Canadian cinema = Film Canadiana : l'annuaire canadien du cinéma de l'Institut canadien du film*; 1980/82-1983/84, *Film Canadiana*. Publié par différents éditeurs.   PN1998 A1 F5 fol.   015.71037

3647

Film/video Canadiana = Film/vidéo Canadiana. – Vol. 1, n° 1 (automne 1969)-(1987/1988). – Montréal : Publié par l'Office national du film du Canada pour Bibliothèque nationale du Canada, Archives nationales du Canada, Division des archives audiovisuelles, la Cinémathèque québécoise : musée du cinéma, 1971-1990. –   vol. – 0836-1002

Irregular, 1969/-1972. Annual, 1972/3-1979/80. Triennial, 1980-1982. Biennial, 1983/84-1987/88 with an interval of approximately two years between the period covered and publication. Films and videos produced or co-produced in Canada. Includes feature-length and short films and television programmes in commercial distribution. Description of each film or video includes bibliographic information, cast and a summary, with additional information in some cases, such as names of persons or institutions who commissioned the work, title of second version, awards received, etc. Description in the language of the item. Two subject indexes: films and videos (English, French). Two subject indexes by broad category: films and videos (English, French). Four other indexes: series, directors, producers, production companies. Two lists of titles, subdivided by year: feature films, co-productions. Directory of producers and distributors.

Available online through ISM; and through QL Systems: *Film/video Canadiana (FORMAT)*, period covered, 1969 to present. Available in CD-ROM format: *Film/vidéo Canadiana*, period covered, 1980-present. 1969-1977/88, reproduced in microform format: Toronto, Micromedia, [198?], 25 microfiches. Title varies: 1969/70-1972, *Film Canadiana : Canada's national filmography = Film Canadiana : la filmographie canadienne*; 1972/73-1979/80, *Film

Irrégulier, 1969/70-1972. Annuel, 1972/73-1979/80. Triennal, 1980-1982. Biennal, 1983/84-1987/88 avec un intervalle d'environ deux ans entre la période couverte et la parution. Recension des films et vidéos de production et coproduction canadiennes. Inclut les longs et courts métrages et les émissions de télévision distribuées commercialement. La description de chaque film ou vidéo comprend les informations bibliographiques, la distribution et un résumé avec le cas échéant des notes complémentaires telles que les noms des commanditaires, le titre d'une seconde version, prix reçus, etc. Description dans la langue du document. Deux index des sujets: films et vidéos (anglais, français). Deux index des sujets par grandes catégories: films et vidéos (anglais, français). Quatre autres index: séries, réalisateurs, producteurs, maisons de production. Deux listes des titres, subdivisés par années: longs métrages, coproductions. Répertoire des producteurs et distributeurs.

Disponible en direct via le serveur ISM; via le serveur QL system: *Film/video Canadiana (FORMAT)*, période couverte, 1969 à ce jour. Disponible sur support CD-ROM: *Film/vidéo Canadiana*, période couverte, 1980 à ce jour. 1969-1987/88, reproduit sur support microforme: Toronto : Micromedia, [198?], 25 microfiches. Le titre varie: 1969/70-1972, *Film Canadiana : Canada's national filmography = Film Canadiana : la filmographie canadienne*; 1972/73-1979/80, *Film

Canadiana : the Canadian Film Institute yearbook of Canadian cinema = Film Canadiana : l'annuaire canadien du cinéma de l'Institut canadien du film; 1980/82-1983/84, *Film Canadiana*. Imprint varies. PN1998 A1 F5 fol.   015.71037

Canadiana : the Canadian Film Institute yearbook of Canadian cinema = Film Canadiana : l'annuaire canadien du cinéma de l'Institut canadien du film; 1980/82-1983/84, *Film Canadiana*. Publié par différents éditeurs.   PN1998 A1 F5 fol.   015.71037

3648

Films et vidéos de fiction pour adolescents et adultes : 2000 documents pour les 12 ans et plus. – Montréal : Services documentaires Multimedia, [1994]. – [xv], 386 p. : ill. – (Les guides Tessier). – 289059162X

List of films and videos in French or without narration, available in Canada through 90 distributors. Includes short-, medium- and feature-length films listed alphabetically by title. Description of each film or video includes bibliographical information, cast, summary, subject headings, Dewey decimal classification number, distributor code, intended audience, recommendation on usefulness and bibliographical references. Five indexes: name, title, collection, subject, distributor. Directory of distributors, licence managers and community audio-visual collections; updated by: *Distributeurs de documents audiovisuels*. Extracted from the *David* database. Replaces in part: *Le Tessier 86 : répertoire 83-86 des documents audiovisuels canadiens de langue française, avec index refondus Tessier 83-Tessier 86* (Montréal : Centrale des bibliothèques, 1986).   PN1998 A1 F6196 1994 fol.   011.37

Recension des films et vidéos de langue française ou sans narration, disponibles au Canada auprès de 90 diffuseurs. Inclut les courts, moyens et longs métrages répertoriés selon l'ordre alphabétique des titres. La description de chaque film ou vidéo comprend les informations bibliographiques, distribution, résumé, vedettes-matière, indice de classification décimale Dewey, code du diffuseur, public visé, indice d'utilité et des références bibliographiques. Cinq index: noms, titres, collections, sujets, distributeurs. Répertoire des distributeurs, gestionnaires de licences et audiovidéothèques communautaires; mis à jour par: *Distributeurs de documents audiovisuels*. Extrait de la base de données *David*. Remplace en partie: *Le Tessier 86 : répertoire 83-86 des documents audiovisuels canadiens de langue française, avec index refondus Tessier 83-Tessier 86* (Montréal : Centrale des bibliothèques, 1986).   PN1998 A1 F6196 1994 fol.   011.37

3649

Films et vidéos de fiction pour enfants : 1025 documents pour les jeunes de 12 ans et moins. – Montréal : Services documentaires Multimedia, [1989?]. – viii, 186 p. : ill. – (Les guides Tessier). – 2890590968

List of films and videos in French or without narration, available in Canada through 43 distributors. Includes short-, medium- and feature-length films listed alphabetically by collection, or by title for single-episode works. Description of each film or video includes bibliographical information, cast, summary, subject headings, Dewey decimal classification number, distributor code, intended audience, recommendation on usefulness and bibliographical references. Five indexes: name, title, collection, subject, distributor. Directory of distributors, licence managers and community audio-visual collections; updated by: *Distributeurs de documents audiovisuels*. Extracted from the *David* database. Replaces in part: *Le Tessier 86 : répertoire 83-86 des documents audiovisuels canadiens de langue française, avec index refondus Tessier 83-Tessier 86* (Montréal : Centrale des bibliothèques, 1986).   PN1998 A1 F6198 1989 fol.   011.37

Recension des films et vidéos de langue française ou sans narration, disponibles au Canada auprès de 43 diffuseurs. Inclut les courts, moyens et longs métrages répertoriés selon l'ordre alphabétique des collections ou par titres pour les documents hors-séries. La description de chaque film ou vidéo comprend les informations bibliographiques, distribution, résumé, vedettes-matière, indice de classification décimale Dewey, code du diffuseur, public visé, indice d'utilité et des références bibliographiques. Cinq index: noms, titres, collections, sujets, distributeurs. Répertoire des distributeurs, gestionnaires de licences et audiovidéothèques communautaires; mis à jour par: *Distributeurs de documents audiovisuels*. Extrait de la base de données *David*. Remplace en partie: *Le Tessier 86 : répertoire 83-86 des documents audiovisuels canadiens de langue française, avec index refondus Tessier 83-Tessier 86* (Montréal : Centrale des bibliothèques, 1986).   PN1998 A1 F6198 1989 fol.   011.37

3650

Films et vidéos documentaires pour adolescents et adultes : 11 299 documents pour les 12 ans et plus. – Montréal : Services documentaires Multimedia, [1991?]. – xiii, [47], 1629 p. : ill. – (Les guides Tessier). – 289059114X

List of films and videos in French or without narration, available in Canada through 406 distributors. Includes short-, medium- and feature-length films arranged according to Dewey decimal classification. Description of each film or video includes bibliographical information, summary, subject headings, Dewey decimal classification number, distributor code, intended audience, recommendation on usefulness, bibliographical references and note on appropriate Quebec programme of study. Five indexes: name, title, collection, subject, distributor. Directory of distributors, licence managers and community audio-visual collections; updated by: *Distributeurs de documents audiovisuels*. Extracted from the *David* database. Replaces in part: *Le Tessier 86 : répertoire 83-86 des documents audiovisuels canadiens de langue française, avec index refondus Tessier 83-Tessier 86* (Montréal : Centrale des bibliothèques, 1986). PN1998 A1 F63 1991 fol.   011.37

Recension des films et vidéos de langue française ou sans narration, disponibles au Canada auprès de 406 diffuseurs. Inclut les courts, moyens et longs métrages répertoriés selon le système de classification décimale Dewey. La description de chaque film ou vidéo comprend les informations bibliographiques, résumé, vedettes-matière, indice de classification décimale Dewey, code du diffuseur, public visé et indice d'utilité, avec le cas échéant des références bibliographiques et la mention au programme d'étude québécois adéquat. Cinq index: noms, titres, collections, sujets, distributeurs. Répertoire des distributeurs, gestionnaires de licences et audiovidéothèques communautaires; mis à jour par: *Distributeurs de documents audiovisuels*. Extrait de la base de données *David*. Remplace en partie: *Le Tessier 86 : répertoire 83-86 des documents audiovisuels canadiens de langue française, avec index refondus Tessier 83-Tessier 86* (Montréal : Centrale des bibliothèques, 1986). PN1998 A1 F63 1991 fol.   011.37

3651

Films et vidéos documentaires pour enfants : 1397 documents pour les jeunes de 12 ans et moins. – Montréal : Services documentaires Multimedia, [1988?]. – ix, 246 p. : ill. – (Les guides Tessier). – 2890590798

List of films and videos in French or without narration, available in Canada through 69 distributors. Includes short-, medium- and feature-length films arranged according to Dewey decimal classification. Description of each film or video includes bibliographical information, cast, summary, subject headings, Dewey decimal classification number, distributor code, intended audience, recommendation on usefulness, bibliographical references and note about appropriate Quebec programme of study. Five indexes: name, title, collection, subject, distributor. Directory of distributors, licence managers and community audio-visual collections; updated by: *Distributeurs de documents audiovisuels.* Extracted from the *David* database. Replaces in part: *Le Tessier 86 : répertoire 83-86 des documents audiovisuels canadiens de langue française, avec index refondus Tessier 83-Tessier 86* (Montréal : Centrale des bibliothèques, 1986). PN1998 A1 F62 1988 fol. 011.37

Recension des films et vidéos de langue française ou sans narration, disponibles au Canada auprès de 69 diffuseurs. Inclut les courts, moyens et longs métrages répertoriés selon le système de classification décimale Dewey. La description de chaque film et vidéo comprend les informations bibliographiques, distribution, résumé, vedettes-matière, indice de classification décimale Dewey, code du diffuseur, public visé, indice d'utilité, des références bibliographiques et la mention au programme d'étude québécois adéquat. Cinq index: noms, titres, collections, sujets, distributeurs. Répertoire des distributeurs, gestionnaires de licences et audiovidéothèques communautaires; mis à jour par: *Distributeurs de documents audiovisuels.* Extrait de la base de données *David.* Remplace en partie: *Le Tessier 86 : répertoire 83-86 des documents audiovisuels canadiens de langue française, avec index refondus Tessier 83-Tessier 86* (Montréal : Centrale des bibliothèques, 1986). PN1998 A1 F62 1988 fol. 011.37

3652

Films on Indians and Inuit of North America, 1965-1978 = Films sur les Indiens et les Inuit de l'Amérique du Nord, 1965-1978. – Prepared by Stephen J. Rothwell ; research, Alex Redcrow. – Ottawa : Indian and Inuit Affairs Program, Public Communications and Parliamentary Relations Branch, c1978. – xxxiv, 255, [9] p.

Films on Native peoples of North America produced between 1965 and 1978. For each film the following information is provided: country, year of production, duration, format, languages, names of producer and of distributor and a summary. Two subject indexes for films in English: Amerindians, Inuit. Title index for films in French. Directory of distributors. Z1209 R67 016.97000497

Recension des films produits entre 1965 et 1978 en rapport avec les Autochtones de l'Amérique du Nord. Pour chaque film, le pays, l'année de production, la durée, le format, les langues, les noms du producteur et du distributeur, et un résumé sont colligés. Deux index des sujets pour les films en anglais: amérindiens, inuit. Un index des titres des films en français. Répertoire des distributeurs. Z1209 R67 016.97000497

3653

Films on Indians and Inuit of North America, 1965-1978 = Films sur les Indiens et les Inuit de l'Amérique du Nord, 1965-1978. – Préparé par Stephen J. Rothwell ; recherches, Alex Redcrow. – Ottawa : Programme des affaires indiennes et inuit, Direction des communications et des relations parlementaires, c1978. – xxxiv, 255, [9] p.

Films on Native peoples of North America produced between 1965 and 1978. For each film the following information is provided: country, year of production, duration, format, languages, names of producer and of distributor and a summary. Two subject indexes for films in English: Amerindians, Inuit. Title index for films in French. Directory of distributors. Z1209 R67 016.97000497

Recension des films produits entre 1965 et 1978 en rapport avec les Autochtones de l'Amérique du Nord. Pour chaque film, le pays, l'année de production, la durée, le format, les langues, les noms du producteur et du distributeur, et un résumé sont colligés. Deux index des sujets pour les films en anglais: amérindiens, inuit. Un index des titres des films en français. Répertoire des distributeurs. Z1209 R67 016.97000497

3654

Fink, Howard. – *Canadian national theatre on the air, 1925-1961 : CBC-CRBC-CNR radio drama in English, a descriptive bibliography and union list.* – Howard Fink ; senior research associate, Brain Morrison. – Toronto : University of Toronto Press, 1983. – ix, 48 p. + 25 microfiches. – (The Concordia Radio Drama Project). – 0802003583

Bibliography of 3,700 English-language radio dramas broadcast by the Canadian National Radio Department from 1925 to 1932, the Canadian Radio Broadcasting Commission from 1932 to 1936, and the Canadian Broadcasting Corporation from 1936 to 1961. Includes plays produced by the Drama Department; plays produced by other departments (education, agriculture, film and public relations) are excluded, with a few exceptions. Arranged in two sections for individual plays and serials, each of which is arranged by author. Co-author index for each section. Also includes a section for dramatic series listed alphabetically by title. Each series entry contains an index of the plays of the series.

Description of each radio drama includes title, series, date of broadcast, name of producer, city, network, length of broadcast, number of pages in script, script serial number in Concordia Broadcasting Archives, location among eight Canadian institutions and two European depositories, genre and a summary. Indexes: producers, authors, titles, chronological. Z1377 D7 F55 1983 016.812022

Bibliographie de 3 700 dramatiques en anglais radiodiffusées par le Canadian National Radio Department de 1925 à 1932, par la Canadian Radio Broadcasting Commission de 1932 à 1936, et la Société Radio-Canada de 1936 à 1961. Inclut des pièces produites par le département des oeuvres dramatiques. Les pièces produites par d'autres départements (éducation, agriculture, film et relations publiques) sont exclues, à quelques exceptions près. Deux sections: pièces individuelles, dramatiques par épisodes, classées par auteurs. Index des co-auteurs pour chaque section. Inclut aussi une section sur les séries classées alphabétiquement par titres. Chaque notice comprend un index des pièces de la série.

La description de chaque pièce radiophonique comprend le titre, la série, la date de radiodiffusion, le nom du producteur, la ville, le réseau, la durée de la diffusion, le nombre de pages dans le scénario, le numéro de série du scénario dans les Concordia Broadcasting Archives, la localisation dans l'un des huit établissements canadiens et des deux dépôts européens, le genre et un résumé. Quatre index: producteurs, auteurs, titres, chronologique. Z1377 D7 F55 1983 016.812022

3655

Fink, Howard. – *Canadian national theatre on the air, vol. 2, 1962-1986 : CBC radio drama in English, a descriptive bibliography and union list.* – Kingston : Quarry Press, forthcoming. Z1377 D7   016.812022

3656

Godard, Barbara. – *Filmography of Canadian and Quebec literature = Filmography* [sic] *des littératures canadiennes et québécoises.* – Barbara Godard with the help of Carrie Dodd. – [S.l.] : Association for Canadian and Quebec Literatures, [1986?]. – 67 p. – Cover title.

A list of films based on works of Canadian literature or of which Canadian literature is the subject. In two sections: 394 films on English-Canadian literature and 199 films on Quebec literature. Entries include film title, name of producer and/or director, name of distributor, length, format and subject. Directory of distributors. Indexes of English-Canadian and Quebec writers. PN1998 F557 1980   016.8098971

Liste des films qui sont fondés sur des oeuvres de littérature canadienne ou qui traitent de littérature canadienne. Deux sections: 394 films sur la littérature canadienne-anglaise et 199 films sur la littérature québécoise. Les notices comprennent le titre du film, le nom du producteur et (ou) du réalisateur, le nom du distributeur, la durée, le format et le sujet traité. Répertoire des distributeurs. Index des écrivains canadiens-anglais et québécois. PN1998 F557 1980   016.8098971

3657

Institut canadien du film. Cinémathèque. – *Guide to the collection of the Film Library of the Canadian Film Institute = Guide de la collection de la Cinémathèque de l'Institut canadien du film.* – Rédigé et colligé par Debbie Green. – Ottawa : Institut canadien du film, c1984. – 317, 108 p. – 0919096271

Over 6,000 16 mm films and videocassettes held by the Film Library of the Canadian Film Institute. Description of each film and video includes bibliographical information, a summary and the title of a second version, if any. Description in the language of the item. Index of subjects (English-French) and names. Replaces: 1976, *Black book : master title index.* Supplement: 1985, *Guide to the collection : supplementary index = Guide de la collection : supplément à l'index.* LB1043.2 C3 Z926 1984 fol.   011.37

Recension de plus de 6 000 films de 16mm et vidéocassettes conservés à la Cinémathèque de l'Institut canadien du film. La description de chaque film et vidéo comprend les informations bibliographiques, un résumé avec le cas échéant le titre d'une seconde version. Description dans la langue du document. Un index: sujets (anglais-français)-noms. Remplace: 1976, *Black book : master title index.* Supplément: 1985, *Guide to the collection : supplementary index = Guide de la collection : supplément à l'index.* LB1043.2 C3 Z926 1984 fol.   011.37

3658

Institut de radio-télédiffusion pour enfants. – *The Canadian children's film and video directory = Le répertoire canadien des films et vidéos pour enfants.* – (1980/1985)-   . – [Toronto] : l'Institut, 1985-   . – vol. : ill. – 0831-6104 – Titre de la couv.

Biennial. More than 600 serial television dramas, special programmes, feature-length and short films and videos, produced in Canada since 1980, for children and young people. Each entry includes bibliographic information, a summary, genre, age group for which film is suitable and awards received. Description in the language of the item. Directory of production companies and organizations. Title and company indexes.   PN1998 A1 C36   016.791437

Biennal. Plus de 600 feuilletons télévisés, émissions spéciales, longs et courts métrages, produits au Canada depuis 1980 à l'intention des enfants et des adolescents. Chaque notice comprend les informations bibliographiques, un résumé, le genre, le groupe d'âge approprié, les prix reçus. Texte descriptif dans la langue du document. Répertoire des compagnies et organismes de production. Deux index: titres, firmes.   PN1998 A1 C36   016.791437

3659

Livesley, Jack. – *The Penguin guide to children's tv and video with reviews of 400 tv shows and videos.* – Jack Livesley, Frank Trotz. – Toronto : Penguin Books Canada, c1993. – xviii, 315 p. – 0140158847

Listing of approximately 400 television programmes and videos intended for children, available in Canada. In four age categories: 1-5, 5-8, 8-12, and 12 and older. For each item, the following information is given: format, production company, year, duration, summary and cast. Also includes an essay on television and video for children. Bibliography. Title index.   PN1992.8 C46 L58 1993 791.45083

Recension d'environ 400 feuilletons télévisés et vidéos destinés aux jeunes et disponibles au Canada. Présentation en quatre catégories d'âge: 1-5, 5-8, 8-12, 12 et plus. Pour chaque document, le support, la maison de production, l'année, la durée, un résumé et la distribution sont colligés. Inclut aussi un essai sur les questions relatives à la télévision et au vidéo conçus à l'attention du jeune public. Bibliographie. Index des titres.   PN1992.8 C46 L58 1993   791.45083

3660

Magar, Ghislaine. – *Cinéma au feminin.* – Ghislaine Magar, Ginette Terreault, Denis Langlois, recherche et rédaction ; Rino Morin Rossignol, traduction et révision. – [Montréal] : Cinéma libre, [1990?]. – 116, [10] p. : ill., portr. – 2980187801

A bilingual catalogue of films directed by Quebec women, distributed by Cinéma libre. Alphabetically arranged by name of director. Each entry includes a brief biography and a portrait of the director as well as a list of her films and a description of one or two films distributed by Cinéma libre. Alphabetical and thematic indexes of films.   PN1993.5 C3 M24 1990 fol.   791.430232025714

Catalogue bilingue de films réalisés par des Québécoises et distribués par Cinéma libre. Classement alphabétique selon le nom des réalisatrices. Chaque notice comprend une courte biographie et un portrait de la réalisatrice, ainsi qu'une liste de ses films et la description d'un ou deux films distribués par Cinéma libre. Index alphabétique et index thématique des films.   PN1993.5 C3 M24 1990 fol. 791.430232025714

3661

Metropolitan Toronto Library Board. – *16 mm films available from the public libraries of Metropolitan Toronto.* – [Toronto] : the Board, 1969-   . – vol. – 0315-7326

Irregular, with occasional supplements. 16 mm films held by the Audio Visual Department of the Metropolitan Toronto Reference Library and in the film collections of the public libraries of East York, North York, Toronto and York. This is one of the most complete film collections in Canada. Description of each film includes bibliographical information, name of Canadian distributor, duration, audience level, classification of the Ontario Film Review Board, location, abstract, subject headings and sequence number. Two indexes: subject-name, language other than English. Title varies: 1969, *16 mm sound films available from the public libraries of Metropolitan Toronto.* Z5784 M9 S5 fol.   011.37

Irrégulier avec suppléments occasionnels. Recension des films 16mm conservés au Metropolitan Toronto Reference Library, Audio Visual Dept., et dans les cinémathèques des bibliothèques publiques de East York, North York, Toronto et York, c'est-à-dire: une des plus complètes collections filmographiques au Canada. La description de chaque film comprend les informations bibliographiques, le nom du distributeur canadien, la durée, le niveau d'âge, le code de classification de la Commission de contrôle cinématographique de l'Ontario, la localisation, un résumé, les vedettes-matière et le numéro séquentiel. Deux index: sujets-noms, langues autres que l'anglais. Le titre varie: 1969, *16 mm sound films available from the public libraries of Metropolitan Toronto.* Z5784 M9 S5 fol.   011.37

3662

Metropolitan Toronto Reference Library. Audio Visual Dept. – *1/2 inch VHS videocassettes in the Audio Visual Services Department collection.* – [Toronto] : Metropolitan Toronto Reference Library, 1988-   .   vol. – 0840-7134 – Cover title : *1/2" videocassettes in the Audio Visual Services Department collection, Metropolitan Toronto Reference Library.*

Annual. 1/2 inch VHS videocassettes held by the Audio Visual Services Department, Metropolitan Toronto Reference Library. Description of each videocassette includes bibliographic information, name of Canadian distributor, duration, audience level, abstract, subject headings and sequence number. Subject-name index. Title varies: 1988-1989, *1/2 inch videocassettes in the Audio Visual Services Department collection.* Z692 A93 M47 fol.   011.37

Annuel. Recension des vidéocassettes 1/2 pouces VHS conservées au Metropolitan Toronto Reference Library, Audio Visual Dept. La description de chaque vidéocassette comprend les informations bibliographiques, le nom du distributeur canadien, la durée, le niveau d'âge, un résumé, les vedettes-matière et le numéro séquentiel. Un index: sujets-noms. Le titre varie: 1988-1989, *1/2 inch videocassettes in the Audio Visual Services Department collection.* Z692 A93 M47 fol.   011.37

3663

Morris, Peter. – *Canadian feature films, 1913-1969.* – [Amended and enlarged ed.]. – Ottawa : Canadian Film Institute, 1970-1976. – 3 vol. (iv, 20 ; v, 44 ; vi, 64 p.) : ill. – (Canadian filmography series ; no. 6, 7, 10).

1st ed., 1965, *Canadian feature films, 1914-1964.* Canadian feature films, chronologically arranged. Part 1, 1913-1940; part 2, 1941-1963; part 3, 1964-1969, by Piers Handling. Description of each film includes bibliographical information, cast, duration, place of filming, synopsis, comments, explanatory notes and bibliographical references. The first two parts also include lists of foreign films with Canadian content. Two indexes: name, title.   PN1998 C2 M6 1970 fol. 016.791430971

1re éd., 1965, *Canadian feature films, 1914-1964.* Recension chronologique des longs métrages canadiens. Part. 1, 1913-1940; part. 2, 1941-1963; part. 3, 1964-1969, par Piers Handling. La description de chaque film comprend les informations bibliographiques, la distribution, la durée et les lieux de tournage, un résumé, des commentaires, des notes explicatives et des références bibliographiques. Les deux premières parties incluent aussi la liste des films étrangers ayant un contenu canadien. Deux index: noms, titres. PN1998 C2 M6 1970 fol.   016.791430971

3664

Multiculturalism film and video catalogue, 1982 = Répertoire des films et vidéos sur le multiculturalisme, 1982. – Compiled and edited by the Canadian Film Insitute ; editor, Margaret Britt ; associate editor/research, Marg. Taylor ; supervising editor, Peter Dyson-Bonter. – Ottawa : Canadian Film Institute, [1982?]. – 89 p. – 0919096123

More than 800 films and videos on themes related to multiculturalism available in Canada on a national basis. The following information is provided for each: name of producer, country, year of production, running time, film/video, formats available, synopsis and name of distributor. Description in the language of the item. Theme index. Directory of distributors. Reproduced in microform format: *Microlog*, no. 83-00385. Supplement.   PN1998 A1 M84 fol. 016.305800971

Recension de plus de 800 films et vidéos portant sur des thèmes liés au multiculturalisme disponibles au Canada au niveau national. Pour chaque film, le nom du producteur, le pays, l'année de production, la durée, le format, les supports disponibles, un résumé et le nom du distributeur sont colligés. Description dans la langue du document. Index thématique. Répertoire des distributeurs. Reproduit sur support microforme: *Microlog*, n° 83-00385. Supplément. PN1998 A1 M84 fol.   016.305800971

3665

Multiculturalism film and video catalogue, 1982 = Répertoire des films et vidéos sur le multiculturalisme, 1982. – Colligé et préparé par l'Institut canadien du film ; rédactrice, Margaret Britt ; rédactrice adjointe/recherche, Marg. Taylor ; rédacteur principal, Peter Dyson-Bonter. – Ottawa : Institut canadien du film, [1982?]. – 89 p. – 0919096123

More than 800 films and videos on themes related to multiculturalism available in Canada on a national basis. The following information is provided for each: name of producer, country, year of production, running time, film/video, formats available, synopsis and name of distributor. Description in the language of the item. Theme index. Directory of distributors. Reproduced in microform format: *Microlog*, no. 83-00385. Supplement.   PN1998 A1 M84 fol. 016.305800971

Recension de plus de 800 films et vidéos portant sur des thèmes liés au multiculturalisme disponibles au Canada au niveau national. Pour chaque film, le nom du producteur, le pays, l'année de production, la durée, le format, les supports disponibles, un résumé et le nom du distributeur sont colligés. Description dans la langue du document. Index thématique. Répertoire des distributeurs. Reproduit sur support microforme: *Microlog*, n° 83-00385. Supplément. PN1998 A1 M84 fol. 016.305800971

3666

Multiculturalism film and video catalogue. 1984 supplement = Répertoire des films et vidéos sur le multiculturalisme. Supplément 1984. –
Compiled and edited by the Canadian Film Institute ; editor/research co-ordinator, M.S. Kiely. – Ottawa : Canadian Film Institute, [1984?]. –
19 p. – 0919096263

Supplement to: *Multiculturalism film and video catalogue, 1982 = Répertoire des films et vidéos sur le multiculturalisme, 1982.* Addition of approximately 130 titles. Theme index. Directory of distributors. PN1998 A1 M84 fol. Suppl.   016.305800971

Supplément de: *Multiculturalism film and video catalogue, 1982 = Répertoire des films et vidéos sur le multiculturalisme, 1982.* Ajout d'environ 130 titres. Index thématique. Répertoire des distributeurs. PN1998 A1 M84 fol. Suppl.   016.305800971

3667

Multiculturalism film and video catalogue. 1984 supplement = Répertoire des films et vidéos sur le multiculturalisme. Supplément 1984. –
Colligé et préparé par l'Institut canadien du film ; rédacteur/coordonnateur des recherches, M.S. Kiely. – Ottawa : Institut canadien du film, [1984?]. – 19 p. – 0919096263

Supplement to: *Multiculturalism film and video catalogue, 1982 = Répertoire des films et vidéos sur le multiculturalisme, 1982.* Addition of approximately 130 titles. Theme index. Directory of distributors. PN1998 A1 M84 fol. Suppl.   016.305800971

Supplément de: *Multiculturalism film and video catalogue, 1982 = Répertoire des films et vidéos sur le multiculturalisme, 1982.* Ajout d'environ 130 titres. Index thématique. Répertoire des distributeurs. PN1998 A1 M84 fol. Suppl.   016.305800971

3668

National Film Board of Canada. – ***Beyond the image : films and videos about women's culture, politics and values.*** – [3rd ed.]. – Montreal : the Board, c1991. – 102 p. : ill. – 0772203164

1st ed., 1981, 2nd ed., 1984, *Beyond the image : a guide to films about women and change.* Approximately 250 films on women, distributed, unless indicated otherwise, by the National Film Board of Canada. Arranged by theme, such as pioneering women, reproductive choices, work, etc. Description of each film or video includes bibliographical information, an abstract with supplementary notes such as names of persons or organizations who commissioned the item, title of French version, awards received, etc. Directories of American distributors, offices of the National Film Board of Canada and participating libraries. Title and subject indexes.   PN1995.9 W6 B84 1991 fol. 016.30542

1re éd., 1981, 2e éd., 1984, *Beyond the image : a guide to films about women and change.* Recension d'environ 250 films et vidéos portant sur les femmes et distribués, à moins d'avis contraire, par l'Office national du film du Canada. Classement par thèmes tels femmes pionnières, choix de reproduction, travail, etc. La description de chaque film ou vidéo comprend les informations bibliographiques, un résumé avec des notes complémentaires telles que les noms des commanditaires, le titre de la version française, prix reçus, etc. Répertoire des distributeurs américains, des bureaux de l'Office national du film du Canada et des bibliothèques participantes. Deux index: titres, sujets.   PN1995.9 W6 B84 1991 fol.   016.30542

3669

National Film Board of Canada. – ***NFB catalogue.*** – (1951/52)-   . – Rexdale (Ont.) : McIntyre Media, [1951?]-   . –   vol. : ill.

Irregular. List of videos, filmstrips, slides and multi-media kits produced by the National Film Board of Canada, available in English. Arranged by theme. The following information is given for each item: intended audience, synopsis, date of publication, format, acquisition number and price. Title index. Imprint varies. Title varies: 1951/52-195?, *Filmstrips catalogue*; 1958/59-196?, *Canadian filmstrips catalogue*; 1967/68-197?, *Filmstrips and slides catalogue*; 1972/73-197?, *Media catalogue : filmstrips, 8 mm. film loops, multi-media kits, slide sets, overhead projectuals*; 1979-198?, *Media : learning resource materials*; 1981-198?, *Learning resource materials catalogue : multi-media kits, slide sets, filmstrips*; 1989-1992, *National Film Board of Canada catalogue : videos, filmstrips, slides, multimedia kits.* Also published in French under title: *Catalogue : documents audiovisuels de l'Office national du film du Canada.*   PN1993.71 N35 fol. 015.71037

Irrégulier. Recension de vidéos, films fixes, diapositives et ensembles multimédia produits par l'Office national du film du Canada et disponibles en version anglaise. Classement par thèmes. Pour chaque document, le public cible, un résumé, la date de publication, le support, le numéro d'acquisition et le prix sont mentionnés. Index des titres. L'adresse bibliographie varie. Le titre varie: 1951/52-195?, *Filmstrips catalogue*; 1958/59-196?, *Canadian filmstrips catalogue*; 1967/68-197?, *Filmstrips and slides catalogue*; 1972/73-197?, *Media catalogue : filmstrips, 8 mm. film loops, multi-media kits, slide sets, overhead projectuals*; 1979-198?, *Media : learning resource materials*; 1981-198?, *Learning resource materials catalogue : multi-media kits, slide sets, filmstrips*; 1989-1992, *National Film Board of Canada catalogue : videos, filmstrips, slides, multimedia kits.* Publié aussi en français sous le titre: *Catalogue : documents audiovisuels de l'Office national du film du Canada.*   PN1993.71 N35 fol.   015.71037

3670

National Film Board of Canada. – ***The NFB film guide : the productions of the National Film Board of Canada from 1939 to 1989.*** – Editor in chief, Donald W. Bidd. – Montréal : Published by the National Film Board of Canada in collaboration with the National Archives of Canada (Moving Image and Sound Archives), the Department of the Secretary of State of Canada (Canadian Studies Directorate), la Cinémathèque québécoise/Musée du cinéma [and] UTLAS International Canada, c1991. – clvii, 960 p., [72] p. of plates : ill., ports. – 0660564858 (set) 0660139871 (English vol.) : not available separately

List of English versions of 4,475 films and videos produced by the National Film Board of Canada (NFB) between 1939 and 1989. Description of each film or video includes: bibliographical information, credits, cast, abstract, with additional notes such as names of persons or organizations who commissioned the work, title of French version, indication if from archival collection, awards

Recension de 4 475 films et vidéos de version anglaise produits par l'Office national du film du Canada (ONF) entre 1939 et 1989. La description de chaque film ou vidéo comprend les informations bibliographiques, le générique, la distribution, un résumé avec des notes complémentaires telles que les noms des commanditaires, le titre de la version française, mention si film de la collection d'archives, prix

received, etc. Chronology of the National Film Board of Canada and of the Canadian film industry. Also includes four signed essays and a guide to resources about the NFB. Six indexes: subject, series, director, producer, production year, alternate title. Bibliography. Companion volume listing French versions of films, published under the title: *Le répertoire des films de l'ONF : la production de l'Office national du film du Canada de 1939 à 1989*. Available online through ISM; and through QL Systems, as part of *Film/video Canadiana (FORMAT)*, period covered, 1969 to present. Available in CD-ROM format: *Film/vidéo Canadiana*, period covered, 1980 to present.   PN1998 N325 1991 fol.   015.71037

reçus, etc. Chronologie de l'Office national du film du Canada et de l'industrie cinématographique canadienne. Inclut aussi quatre essais signés et un guide des ressources sur l'ONF. Six index: sujets, séries, réalisateurs, producteurs, années de production, titres complémentaires. Bibliographie. Volume d'accompagnement contenant la liste des films de version française, publié sous le titre: *Le répertoire des films de l'ONF : la production de l'Office national du film du Canada de 1939 à 1989*. Disponible en direct via le serveur ISM; et via le serveur QL System, partie de: *Film/vidéo Canadiana (FORMAT)*, période couverte, 1969 à ce jour. Disponible sur support CD-ROM: *Film/vidéo Canadiana*, période couverte, 1980 à ce jour.   PN1998 N325 1991 fol.   015.71037

3671

National Film Board of Canada. – *Video and film catalogue.* – (1941/42)-   . – Montreal : the Board, [1941?]-   . –   vol. : ill. (some col.). – 1187-0427

Irregular, with occasional supplements. Films and videos in English currently available through the National Film Board of Canada. Description of each film or video includes bibliographic information, abstract and additional notes such as names of persons or institutions that commissioned the work, title of French version, awards received, etc. Six indexes: category, subject, series, director, producer, video compilations. Directory of National Film Board of Canada film service locations and offices outside Canada.

Title varies: 1941/42-1945, *16mm films*; 1948-1950, *Catalogue of films and filmstrips*; 1951-1954, *Films and filmstrips*; 1955-1965, *Catalogue of films*; 1967/68-1971/72, *Film catalogue, Canadian edition*; and also 1971/72, *Film catalogue, international edition*; 1973/74-1974/75/76, *Film catalogue*; 1978-1983, *Catalogue - National Film Board of Canada*; 1984/85-1988, *Film and video catalogue*; and also 1985, *International film and video guide*. Also published in French under title: *Catalogue de vidéos et films*. Available online through ISM; and through QL systems, as part of: *Film/video Canadiana (FORMAT)*, period covered, 1969 to present. Available in CD-ROM format: *Film/vidéo Canadiana*, period covered, 1980 to present. PN1998 N312 fol.   015.71037

Irrégulier, avec suppléments occasionnels. Recension de la collection courante des films et vidéos en anglais distribués par l'Office national du film du Canada. La description de chaque film et vidéo comprend les informations bibliographiques, un résumé avec des notes complémentaires telles que les noms des commanditaires, le titre de la version française, prix reçus, etc. Six index: catégories, sujets, séries, réalisateurs, producteurs, vidéos en compilation. Répertoire des cinémathèques et bureaux à l'étranger de l'Office national du film du Canada.

Le titre varie: 1941/42-1945, *16mm films*; 1948-1950, *Catalogue of films and filmstrips*; 1951-1954, *Films and filmstrips*; 1955-1965, *Catalogue of films*; 1967/68-1971/72, *Film catalogue, Canadian edition*; et aussi 1971/72, *Film catalogue, international edition*; 1973/74-1974/75/76, *Film catalogue*; 1978-1983, *Catalogue - National Film Board of Canada*; 1984/85-1988, *Film and video catalogue*; et aussi 1985, *International film and video guide*. Publié aussi en français sous le titre: *Catalogue de vidéos et films*. Disponible en direct via le serveur ISM; et via le serveur QL system, partie de: *Film/vidéo Canadiana (FORMAT)*, période couverte, 1969 à ce jour. Disponible sur support CD-ROM: *Film/vidéo Canadiana*, période couverte, 1980 à ce jour.   PN1998 N312 fol.   015.71037

3672

National Film Board of Canada. French Program. Animation Studio. – *Répertoire des films produits par le Studio d'animation du Programme français de l'Office national du film du Canada, 1966-1991 = Catalogue of films produced by the French Program Animation Studio, National Film Board of Canada, 1966-1991.* – Montréal : the Studio, c1991. – 37 p. – 0772203326

Films and videos produced by the Animation Studio of the French Program of the National Film Board of Canada between 1966 and 1991. Description of each film and video includes running time, year of production, name of director and of producer, abstract, original medium, title of video series and of English version, formats available. Two indexes: director, producer. Glossary. Directory of offices of the NFB.   PN1998 N325 1991b fol.   015.71037

Recension des films et vidéos produits par le Studio d'animation du Programme français de l'Office national du film du Canada entre 1966 et 1991. La description de chaque film et vidéo comprend la durée, l'année de production, le nom du réalisateur et du producteur, un résumé, le média d'origine, le titre du regroupement vidéo et de la version anglaise, et les supports disponibles. Deux index: réalisateurs, producteurs. Glossaire. Répertoire des bureaux de l'ONF. PN1998 N325 1991b fol.   015.71037

3673

National Film Board of Canada. Stockshot Library. – *Stockshot catalogue.* – Montreal : the Board, 1990-   . –   vol. : ill. – 1180-3525 – Title on added t.p. : *Catalogue de plans d'archives.*

Irregular. List of unused shots from English and French productions of the National Film Board of Canada, of Associate Screen News, of the Canadian Army Film and Photo Unit, and of the Government of Canada Film Office held by the Stockshot Library. Arranged alphanumerically by reference to the original film. Each entry includes camera angles and a brief description of the unused shots, in the language of the unit that produced the original film. Subject index. Vol. 1 includes English and French lists of subjects, excluding military terms, people and places. List of original films with year of production. Title varies: 1990, *Stockshot catalogue = Catalogue de plans d'archives.*   PN1998   015.71037

Irrégulier. Recension des plans non utilisés des productions anglaises et françaises de l'Office national du film du Canada, de Associated Screen News, de Canadian Army Film and Photo Unit et du Bureau de cinématographie du gouvernement canadien conservés à la Cinémathèque de plans d'archives. Classement selon un ordre alphanumérique référant au film d'origine. Chaque notice comprend les angles de caméra et une description sommaire, dans la langue en usage dans l'unité de production du film d'origine, des plans non retenus. Index des sujets. Le vol. 1 inclut deux listes (en anglais et en français) des fiches-sujet, à l'exclusion des termes militaires, des noms des personnalités et de géographie. Liste des films d'origine avec année appropriée. Le titre varie: 1990, *Stockshot catalogue = Catalogue de plans d'archives.*   PN1998   015.71037

3674

Northern lights. – Supervising editor, Michael Sean Kiely; compiled and edited by Kirsten Embree and Heather Moore. – Ottawa : Canadian Film Institute, 1986. – xvii, 245 p. – 0919096301 – Cover title : *Northern lights : a programmer's guide to the Festival of festivals retrospective = Northern lights : un guide à la programmation de la rétrospective du «Festival of festivals».*

List of Canadian films presented at the Festival of Festivals (Toronto), in 1983 and 1984. This was the most complete retrospective of Canadian film ever shown. Two parts: programmes listed in chronological order, and films listed by title in two categories: feature-length and short films. Description of each programme includes a synopsis of the film or of the theme. Description of each film includes bibliographical information, cast, formats available by distributor, existence of promotional material and two bibliographical references. Text in English and/or French. List of films arranged by director. Film index. Directory of distributors.
PN1993.4 N58 1986 fol.   791.430971

Recension des films canadiens présentés au Festival of Festivals (Toronto) en 1983 et 1984, c'est-à-dire: la rétrospective la plus complète sur le cinéma canadien jusqu'alors réalisée. Deux parties: les programmes recensés selon l'ordre chronologique et les films répertoriés par titres selon deux catégories: longs et courts métrages. La description de chaque programme comprend un résumé du film ou du thème. La description de chaque film comprend les informations bibliographiques, la distribution, les supports disponibles par distributeurs, l'existence de matériel promotionnel et deux références bibliographiques lorsque disponibles. Texte en anglais et (ou) en français. Liste des films classés par réalisateurs. Index des films. Répertoire des distributeurs.   PN1993.4 N58 1986 fol.   791.430971

3675

Northern lights. – Rédacteur en chef, Michael Sean Kiely; préparé et colligé par Kirsten Embree et Heather Moore. – Ottawa : Institut canadien du film, 1986. – xvii, 245 p. – 0919096301 – Titre de la couv. : *Northern lights : a programmer's guide to the Festival of festivals retrospective = Northern lights : un guide à la programmation de la rétrospective du «Festival of festivals».*

List of Canadian films presented at the Festival of Festivals (Toronto), in 1983 and 1984. This was the most complete retrospective of Canadian film ever shown. Two parts: programmes listed in chronological order, and films listed by title in two categories: feature-length and short films. Description of each programme includes a synopsis of the film or of the theme. Description of each film includes bibliographical information, cast, formats available by distributor, existence of promotional material and two bibliographical references. Text in English and/or French. List of films arranged by director. Film index. Directory of distributors.
PN1993.4 N58 1986 fol.   791.430971

Recension des films canadiens présentés au Festival of Festivals (Toronto) en 1983 et 1984, c'est-à-dire: la rétrospective la plus complète sur le cinéma canadien jusqu'alors réalisée. Deux parties: les programmes recensés selon l'ordre chronologique et les films répertoriés par titres selon deux catégories: longs et courts métrages. La description de chaque programme comprend un résumé du film ou du thème. La description de chaque film comprend les informations bibliographiques, la distribution, les supports disponibles par distributeurs, l'existence de matériel promotionnel et deux références bibliographiques lorsque disponibles. Texte en anglais et (ou) en français. Liste des films classés par réalisateurs. Index des films. Répertoire des distributeurs.   PN1993.4 N58 1986 fol.   791.430971

3676

Northern Native Broadcasting, Yukon, catalogue of video programs. – Whitehorse (Yukon) : Keyah Productions, 1991. – 57 p. – Cover title.

Video programmes produced by Northern Native Broadcasting, Yukon. Two parts: new releases (1990-1991) and the main catalogue (1986-1990). Description of each video includes a serial number, abstract, language, date and running time.
PN1992.3 C3 N67 1991 fol.   015.7191037

Recension des programmes vidéo produits par Northern Native Broadcasting, Yukon. Deux parties: nouveautés (1990-1991) et catalogue principal (1986-1990). La description de chaque vidéo comprend un numéro séquentiel, un résumé, la langue, la date et la durée.   PN1992.3 C3 N67 1991 fol.   015.7191037

3677

Office des communications sociales. – *Recueil des films.* – (1955/1956)-   . – Montréal : l'Office, [1957?]-   .–   vol. : ill. – 2920065017 – 0085-543X

Annual cumulation of: *Films à l'écran.* Feature-length films from any country, shown in French or English versions in Quebec. Description of each film includes bibliographical information, cast, abstract, an artistic rating, an assessment of its human and Christian value, and note if intended for audiences of children or young people. Includes a cumulative title index, published separately: *Index : recueil des films, 1956-1992.* Imprint varies. Replaces: 1955, *Index de 6000 titres de films avec leur cote morale, 1948-1955.*   PN1995.5 R4 791.437

Refonte annuelle de: *Films à l'écran.* Recension de longs métrages, de toute provenance, présentés en version française ou anglaise au Québec. La description de chaque film comprend les informations bibliographiques, la distribution, un résumé, une cote de valeur artistique, une appréciation de la valeur humaine et chrétienne, et la mention du public spécifiquement visé: enfants ou adolescents. Comporte un index cumulatif des titres, publié à part: *Index : recueil des films, 1956-1992.* Publié par différents éditeurs. Remplace: 1955, *Index de 6000 titres de films avec leur cote morale, 1948-1955.* PN1995.5 R4 791.437

3678

Office national du film du Canada. – *Catalogue de vidéos et films.* – (1941/42)-   . – Montréal : l'Office, [1941?]-   .–   vol. : ill. (certaines en coul.). – 1187-0435

Irregular, with occasional supplements. Films currently in distribution through the National Film Board of Canada, available in French. Description of each film or video includes bibliographical information, abstract and additional information such as names of persons or institutions that commissioned the work, title of English version, awards received, etc. Six indexes: category, subject, series, director, producer, video compilations. Directory of National Film

Irrégulier, avec suppléments occasionnels. Recension de la collection courante des films et vidéos distribués par l'Office national du film du Canada et disponibles en version française. La description de chaque film et vidéo comprend les informations bibliographiques, un résumé avec des notes complémentaires telles que les noms des commanditaires, le titre de la version anglaise, prix reçus, etc. Six index: catégories, sujets, séries, réalisateurs, producteurs, vidéos en

Board of Canada film service locations and offices outside Canada. Title varies: 1941/42-1945, *Films en 16mm*; 1948-1950, *Catalogue des films et films-fixes*; 1951-1954, *Films et films-fixes*; 1955-1965, *Catalogue des films*; 1967/68-1971/72, *Catalogue des films, édition canadienne*; as well as 1971/72, *Catalogue des films, internationale*; 1973/74-1974/75/76, *Catalogue des films*; 1978-1983, *Catalogue - Office national du film du Canada*; 1984/85-1988, *Catalogue de films et vidéos*; as well as 1985, *Répertoire international des films et vidéos*. Also published in English under title: *Video and film catalogue*. Available online through ISM; and through QL systems, as part of: *Film/video Canadiana (FORMAT)*, period covered, 1969 to present. Available in CD-ROM format: *Film/vidéo Canadiana*, period covered, 1980 to present.   PN1998 N322 fol.   015.71037

compilation. Répertoire des cinémathèques et bureaux à l'étranger de l'Office national du film du Canada. Le titre varie: 1941/42-1945, *Films en 16mm*; 1948-1950, *Catalogue des films et films-fixes*; 1951-1954, *Films et films-fixes*; 1955-1965, *Catalogue des films*; 1967/68-1971/72, *Catalogue des films, édition canadienne*; et aussi 1971/72, *Catalogue des films, édition internationale*; 1973/74-1974/75/76, *Catalogue des films*; 1978-1983, *Catalogue - Office national du film du Canada*; 1984/85-1988, *Catalogue de films et vidéos*; et aussi 1985, *Répertoire international des films et vidéos*. Publié aussi en anglais sous le titre: *Video and film catalogue*. Disponible en direct via le serveur ISM; et via le serveur QL system, partie de: *Film/vidéo Canadiana (FORMAT)*, période couverte, 1969 à ce jour. Disponible sur support CD-ROM: *Film/vidéo Canadiana*, période couverte, 1980 à ce jour.   PN1998 N322 fol.   015.71037

3679

Office national du film du Canada. – *Catalogue : documents audiovisuels de l'Office national du film du Canada.* – (1951/52)-   . – Montréal : Laurent Bourdon Audiovisuel, [1951?]-   . – vol. : ill.

Irregular. List of videos, filmstrips films, slides and multi-media kits produced by the National Film Board of Canada, available in French. Arranged by theme, including Native peoples, Canadian history, and the natural sciences. The following information is given for each item: intended audience, synopsis, format, running time, acquisition number and price. Title index. Imprint varies. Title varies: 1951/52-195?, *Films-fixes catalogue*; 1960-196?, *Catalogue des films fixes de l'Office national du film, Canada*; 1963-196?, *Catalogue des films fixes*; 1967/68-197?, *Films fixes et diapositives catalogue*; 1972/73-197?, *Catalogue de media : films en boucle 8mm., films fixes, jeux de diapositives, ensembles multi media, transparents pour rétroprojecteur*; 1979/80-1988?, *Catalogue multi-média*. Also published in English under the title: *NFB catalogue*.   PN1993.71 N352 015.71037

Irrégulier. Recension des vidéos, films fixes, diapositives et ensembles multimédia produits par l'Office national du film du Canada et disponibles en français. Classement par thèmes dont notamment les Autochtones, l'histoire du Canada et les sciences naturelles. Pour chaque document, le public cible, un résumé, le support, la durée, le numéro d'acquisition et le prix sont mentionnés. Index des titres. L'adresse bibliographique varie. Le titre varie: 1951/52-195?, *Films-fixes catalogue*; 1960-196?, *Catalogue des films fixes de l'Office national du film, Canada*; 1963-196?, *Catalogue des films fixes*; 1967/68-197?, *Films fixes et diapositives catalogue*; 1972/73-197?, *Catalogue de media : films en boucle 8mm., films fixes, jeux de diapositives, ensembles multi media, transparents pour rétroprojecteur*; 1979/80-1988?, *Catalogue multi-média*. Publié aussi en anglais sous le titre: *NFB catalogue*. PN1993.71 N352   015.71037

3680

Office national du film du Canada. – *Le répertoire des films de l'ONF : la production de l'Office national du film du Canada de 1939 à 1989.* – Rédacteur en chef, Donald W. Bidd. – Montréal : Publié par l'Office national du film du Canada en collaboration avec les Archives nationales du Canada (Division des archives audio-visuelles), le Secrétariat d'État du Canada (Direction des études canadiennes), la Cinémathèque québécoise/Musée du cinéma [et] UTLAS International Canada, c1991. – clvii, 758 p., [72] p. de pl. : ill., portr. – 0660564858 (série) 0660932229 (vol. français) : non disponible séparément

French versions of 3,355 films and videos produced by the National Film Board of Canada (NFB) between 1939 and 1989. Description of each film or video includes: bibliographical information, credits, cast, abstract, with additional notes such as names of persons or organizations who commissioned the work, title of English version, indication if from archival collection, awards received, etc. Chronology of the National Film Board of Canada and of the Canadian film industry. Also includes four signed essays and a guide to resources about the NFB. Six indexes: subject, series, director, producer, year of production, alternate title. Bibliography. Companion volume listing English versions of films, published under the title: *The NFB film guide : the productions of the National Film Board of Canada from 1939 to 1989*. Available online through ISM; and through QL Systems, as part of *Film/video Canadiana (FORMAT)*, period covered, 1969 to present. Available in CD-ROM format: *Film/vidéo Canadiana*, period covered, 1980 to present. PN1998 N325 1991a fol.   015.71037

Recension de 3 355 films et vidéos de version française produits par l'Office national du film du Canada (ONF) entre 1939 et 1989. La description de chaque film et vidéo comprend les informations bibliographiques, le générique, la distribution, un résumé avec des notes complémentaires telles que les noms des commanditaires, le titre de la version anglaise, mention si film de la collection d'archives, prix reçus, etc. Chronologie de l'Office national du film du Canada et de l'industrie cinématographique canadienne. Inclut aussi quatre essais signés et un guide des ressources sur l'ONF. Six index: sujets, séries, réalisateurs, producteurs, années de production, titres complémentaires. Bibliographie. Volume d'accompagnement contenant la liste des films de version anglaise publié sous le titre: *The NFB film guide : the productions of the National Film Board of Canada from 1939 to 1989*. Disponible en direct via le serveur ISM; et via le serveur QL System, partie de: *Film/vidéo Canadiana (FORMAT)*, période couverte, 1969 à ce jour. Disponible sur support CD-ROM: *Film/vidéo Canadiana*, période couverte, 1980 à ce jour. PN1998 N325 1991a fol.   015.71037

3681

Office national du film du Canada. Cinémathèque de plans d'archives. – *Catalogue de plans d'archives.* – Montréal : l'Office, 1990-   . – vol. : ill. – 1180-3525 – Titre de la p. de t. additionnelle : *Stockshot catalogue*.

Irregular. List of unused shots from English and French productions of the National Film Board of Canada, of Associate Screen News, of the Canadian Army Film and Photo Unit, and of the Government of Canada Film Office held by the Stockshot Library. Arranged alphanumerically by reference to the original film. Each entry includes

Irrégulier. Recension des plans non utilisés des productions anglaises et françaises de l'Office national du film du Canada, de Associated Screen News, de Canadian Army Film and Photo Unit et du Bureau de cinématographie du gouvernement canadien conservés à la Cinémathèque de plans d'archives. Classement selon un ordre alpha-

camera angles and a brief description of the unused shots, in the language of the unit that produced the original film. Subject index. Vol. 1 includes English and French lists of subjects, excluding military terms, people and places. List of original films with year of production. Title varies: 1990, *Stockshot catalogue = Catalogue de plans d'archives.* PN1998   015.71037

numérique référant au film d'origine. Chaque notice comprend les angles de caméra et une description sommaire, dans la langue en usage dans l'unité de production du film d'origine, des plans non retenus. Index des sujets. Le vol. 1 inclut deux listes (anglais et français) des fiches-sujet, à l'exclusion des termes militaires, des noms des personnalités et de géographie. Liste des films d'origine avec année appropriée. Le titre varie: 1990, *Stockshot catalogue = Catalogue de plans d'archives.* PN1998   015.71037

3682

Office national du film du Canada. Programme français. Studio d'animation. – ***Répertoire des films produits par le Studio d'animation du Programme français de l'Office national du film du Canada, 1966-1991 = Catalogue of films produced by the French Program Animation Studio, National Film Board of Canada, 1966-1991.*** – Montréal : le Studio, c1991. – 37 p. – 0772203326

Films and videos produced by the Animation Studio of the French Program of the National Film Board of Canada between 1966 and 1991. Description of each film and video includes running time, year of production, name of director and of producer, abstract, original medium, title of video series and of English version, formats available. Two indexes: director, producer. Glossary. Directory of offices of the NFB. PN1998 N325 1991b fol.   015.71037

Recension des films et vidéos produits par le Studio d'animation du Programme français de l'Office national du film du Canada entre 1966 et 1991. La description de chaque film et vidéo comprend la durée, l'année de production, le nom du réalisateur et du producteur, un résumé, le média d'origine, le titre du regroupement vidéo et de la version anglaise, et les supports disponibles. Deux index: réalisateurs, producteurs. Glossaire. Répertoire des bureaux de l'ONF. PN1998 N325 1991b fol.   015.71037

3683

Petits médias pour enfants : 1053 documents pour les jeunes de 12 ans et moins. – Montréal : Services documentaires Multimedia, [1989?]. – ix, 199 p. : ill. – (Les guides Tessier). – 2890590844

Listing of 664 sets of French-language slides or slide shows, 314 filmstrips, 46 educational games, 42 multi-media kits, eight sets of reproductions, four maps, a globe and a film loop available in Canada through 71 distributors. Arranged according to Dewey decimal classification. Each entry includes: bibliographic information, summary, subject headings, Dewey decimal number, distributor code, intended audience, recommendation on usefulness, and note on appropriate Quebec programme of study. Five indexes: name, title, collection, subject, distributor. Directory of distributors, licence managers and community audio-visual collections; updated by: *Distributeurs de documents audiovisuels.* Extracted from the *David* database. Replaces in part: *Le Tessier 86 : répertoire 83-86 des documents audiovisuels canadiens de langue française, avec index refondus Tessier 83-Tessier 86* (Montréal : Centrale des bibliothèques, 1986). LB1043 Z9 P47 1989 fol.   011.37

Recension de 664 jeux de diapositives ou diaporamas, 314 films fixes, 46 jeux didactiques, 42 ensembles multi-supports, huit ensembles de reproduction, quatre cartes, un globe et un film en boucle de langue française, disponibles au Canada auprès de 71 diffuseurs. Classement selon le système de classification décimale Dewey. Chaque notice comprend les informations bibliographiques, résumé, vedettes-matière, indice de classification décimale Dewey, code du diffuseur, public visé, indice d'utilité et la mention au programme d'étude québécois adéquat. Cinq index: noms, titres, collections, sujets, distributeurs. Répertoire des distributeurs, gestionnaires de licences et audiovidéothèques communautaires; mis à jour par: *Distributeurs de documents audiovisuels.* Extrait de la base de données *David.* Remplace en partie: *Le Tessier 86 : répertoire 83-86 des documents audiovisuels canadiens de langue française, avec index refondus Tessier 83-Tessier 86* (Montréal : Centrale des bibliothèques, 1986). LB1043 Z9 P47 1989 fol.   011.37

3684

Reid, Alison. – ***Canadian women film-makers : an interim filmography.*** – Ottawa : Canadian Film Institute, 1972. – [12] leaves – (Canadian filmography series ; no. 8).

Guide to films and television programmes directed and produced by women. Arranged alphabetically by name. Replaces: *Canadian women directors : a filmography*, published in *Take one*, vol. 3, no. 2 (Nov.-Dec. 1970). PN1998 A1 R4 fol.   016.7910971

Recension des films et émissions de télévision réalisés et produits par des Canadiennes. Classement selon l'ordre alphabétique des réalisatrices et productrices. Remplace: *Canadian women directors : a filmography*, paru dans *Take one*, vol. 3, n° 2 (nov.-déc. 1970). PN1998 A1 R4 fol.   016.7910971

3685

Répertoire des films, cinéma et télévision. – Édition internationale. – Montréal : Sogic, Société générale des industries culturelles, Québec, [1980?]-   .   – vol. : ill. – 0835-0817 – Titre de la couv.

Annual. 1984 issue not published. Guide to films intended for theatres or television, recently produced with assistance from the Société générale des industries culturelles. In four categories: feature-length fiction films, documentaries, short- and medium-length films, and films made for television. Description of each film includes bibliographical information, cast, abstract, address, telephone and fax numbers of distributor and awards received. Directory of resource organizations and of film festivals in Quebec. Entries in French and English. Title varies: 1980?-1982, *Cinéma québécois*; 1983, *Répertoire québécois cinéma-télévision.* Imprint varies. Unilingual French edition also published. PN1998 015.714037

Annuel. La livraison de 1984 n'a pas été publiée. Recension des films destinés aux salles de cinéma ou à la télévision, produits récemment avec la participation financière de la Société générale des industries culturelles. Classement en quatre catégories: longs métrages de fiction, documentaires, courts et moyens métrages, et téléfilms. La description de chaque film comprend les informations bibliographiques, la distribution, un résumé, l'adresse, les numéros de téléphone et de télécopieur, distributeur et les prix reçus. Répertoire des organismes-ressources et des festivals du film au Québec. Textes en français et en anglais. Le titre varie: 1980?-1982, *Cinéma québécois*; 1983, *Répertoire québécois cinéma-télévision.* L'adresse bibliographique varie. Éd. unilingue française aussi publiée. PN1998   015.714037

3686

Rothwell, Helene de F. – *Canadian selection : filmstrips*. – Toronto : University of Toronto Press, c1980. – xvi, 537 p. – 0802045863

A selection of approximately 1,800 filmstrips produced and available in Canada, suitable for children and young adults. Arranged according to Dewey decimal classification. Description of each filmstrip includes bibliographical information, annotation, recommended age group, price, distributor code, subject headings used, series title and description of any accompanying material. Includes some references in French. Subject and title indexes. List of titles by series. Directory of 29 Canadian distributors. LB1043.8 Z9 R67 015.71037

Sélection d'environ 1 800 films fixes produits et vendus au Canada, et appropriés pour les enfants et les jeunes adultes. Classement selon la classification décimale Dewey. La description de chaque film fixe comprend les informations bibliographiques, un résumé, la catégorie d'âge pertinente, le prix, le code du distributeur, les vedettes-matière retenues, le titre de la série et la spécification du matériel d'accompagnement lorsque disponibles. Comprend des références de langue française. Deux index: sujets, titres. Liste des titres par séries. Répertoire de 29 distributeurs canadiens. LB1043.8 Z9 R67 015.71037

3687

Selected survey of radio art in Canada, 1967-1992. – Edited and compiled by Dan Lander. – Banff (Alta.) : Walter Phillips Gallery, c1994. – 71 p. : ill. – 0920159761

Descriptions of radio art programmes produced in Canada between 1967 and 1992, listed chronologically. For each programme, the following information is provided: title, name of artist, duration, radio station, place and synopsis. No index. NX513 A1 R322 1994 700

Description d'émissions radiophoniques artistiques réalisées au Canada entre 1967 et 1992. Recension chronologique. Pour chaque émission, le titre, le nom de l'artiste, la durée, la station radiophonique, le lieu et un résumé sont colligés. Aucun index. NX513 A1 R322 1994 700

3688

Une sélection de 100 films de science-fiction en vidéocassettes. – Sélection des films et rédaction des textes d'appréciation: Robert-Claude Bérubé. – Montréal : Services documentaires Multimedia : Office des communications sociales, c1990. – 164 p. : ill. – (Collection 100). – 289059100X 2920065009 (O.C.S.)

Feature-length science fiction films available in French in video format. The entries and the selection are based on the serial: *Recueil des films*. Six indexes: director, performer, original title, theme, country, chronological. PN1998 S44 1990 016.79143

Recension de longs métrages en science fiction et disponibles en version française sur support vidéo. Textes tirés et sélection faite à partir de la publication en série: *Recueil des films*. Six index: réalisateurs, interprètes, titres originaux, thèmes, pays, chronologique. PN1998 S44 1990 016.79143

3689

Une sélection de 100 films tirés de romans en vidéocassettes. – Sélection des films et rédaction des textes d'appréciation: Robert-Claude Bérubé. – Montréal : Services documentaires Multimedia : Office des communications sociales, c1990. – 137 p. – (Collection 100). – 2890591255

Feature-length films adapted from novels and available in French in video format. Entries and selection are based on the serial *Recueil des films*. Five indexes: director, performer, original title, country, author. PN1998 S443 1990 016.79143

Recension de longs métrages, adaptés de romans et disponibles en version française sur support vidéo. Textes tirés et sélection faite à partir de la publication en série: *Recueil des films*. Cinq index: réalisateurs, interprètes, titres originaux, pays, auteurs. PN1998 S443 1990 016.79143

3690

Television programme catalogue = Catalogue d'émissions de télévision. – (1988)- . – [Montréal] : Téléfilm Canada, [1988?]- . – vol. : ill. en coul. – 0844-7942

Annual. Guide to Canadian television programmes produced by the private sector in the previous year with financial assistance from Telefilm Canada. Four categories: dramas, variety programmes, children's programmes and documentaries. Description of each includes addresses and telephone and fax numbers of the production company and of the distributor, technical information, credits, cast and synopsis. Title varies: 1988, *Television program catalogue = Catalogue d'émissions de télévision*. PN1992.3 791.45750971

Annuel. Recension des émissions de télévision canadiennes, produites l'année précédente par le secteur privé et ayant bénéficié de la participation financière de Téléfilm Canada. Quatre catégories: dramatiques, variétés, émissions enfantines et documentaires. La description de chaque émission comprend les adresses et les numéros de téléphone et de télécopieur de la maison de production et du distributeur, les informations techniques, le générique, la distribution et un résumé. Le titre varie: 1988, *Television program catalogue = Catalogue d'émissions de télévision*. PN1992.3 791.45750971

3691

Turner, D. J. [D. John]. – _Canadian feature film index, 1913-1985 = Index des films canadiens de long métrage, 1913-1985_. – D.J. Turner ; French text, Micheline Morisset. – [Ottawa] : Public Archives Canada, National Film, Television and Sound Archives, c1987. – xx, 816 p. – 0660533642

Chronological guide to 1,222 feature films produced or co-produced in Canada. Description of each film includes bibliographical information, cast, running time, dates and location of shoot, genre of film if other than fiction, cost, granting agencies and their contribution to the cost, distributors, dates of première and release, festivals, items held by the National Film, Television and Sound Archives Canada (now part of the Visual and Sound Archives Division, National Archives of Canada), and explanatory notes. Description in the language of the film except for the notes, which are bilingual.

Recension chronologique de 1 222 longs métrages de production et coproduction canadiennes. La description de chaque film comprend les informations bibliographiques, la distribution, la durée, les dates et les lieux de tournage, le genre de film si autre que fiction, le coût, les organismes subventionneurs et leur participation financière, les distributeurs, les dates de première et de sortie, les festivals, les éléments conservés aux Archives nationales du film, de la télévision et de l'enregistrement sonore (Canada) (maintenant une partie de la Division des archives visuelles et sonores, Archives nationales du

Seven indexes: title, name, title arranged by year, production company, granting agency (2), co-production. Reproduced in microform format: *Microlog*, no. 87-04986.   PN1998 T87 1987 fol.   015.71037

Canada) et de notes explicatives. Description dans la langue du document sauf les notes qui sont bilingues. Sept index: titres, noms, titres par années, compagnies de production, organismes subventionneurs (2), coproductions. Reproduit sur support microforme: *Microlog*, n° 87-04986.   PN1998 T87 1987 fol.   015.71037

3692

Turner, D. J. [D. John]. – *Canadian feature film index, 1913-1985 = Index des films canadiens de long métrage, 1913-1985.* **–** D. J. Turner ; texte français, Micheline Morisset. – [Ottawa] : Archives publiques Canada, Archives nationales du film, de la télévision et de l'enregistrement sonore, c1987. – xx, 816 p. – 0660533642

Chronological guide to 1,222 feature films produced or co-produced in Canada. Description of each film includes bibliographical information, cast, running time, dates and location of shoot, genre of film if other than fiction, cost, granting agencies and their contribution to the cost, distributors, dates of première and release, festivals, items held by the National Film, Television and Sound Archives Canada (now part of the Visual and Sound Archives Division, National Archives of Canada), and explanatory notes. Description in the language of the film except for the notes, which are bilingual. Seven indexes: title, name, title arranged by year, production company, granting agency (2), co-production. Reproduced in microform format: *Microlog*, no. 87-04986.   PN1998 T87 1987 fol.   015.71037

Recension chronologique de 1 222 longs métrages de production et coproduction canadiennes. La description de chaque film comprend les informations bibliographiques, la distribution, la durée, les dates et les lieux de tournage, le genre de film si autre que fiction, le coût, les organismes subventionneurs et leur participation financière, les distributeurs, les dates de première et de sortie, les festivals, les éléments conservés aux Archives nationales du film, de la télévision et de l'enregistrement sonore (Canada) (maintenant une partie de la Division des archives visuelles et sonores, Archives nationales du Canada) et de notes explicatives. Description dans la langue du document sauf les notes qui sont bilingues. Sept index: titres, noms, titres par années, compagnies de production, organismes subventionneurs (2), coproductions. Reproduit sur support microforme: *Microlog*, n° 87-04986.   PN1998 T87 1987 fol.   015.71037

3693

Vers une perception plus juste des Amérindiens et des Inuit : guide à l'intention des enseignants et des enseignantes du primaire et du secondaire : filmographie sélective commentée. – Préparée par Les Ateliers pédagogiques Orford pour la Coordination des activités en milieux amérindien et inuit. – [Québec] : Gouvernement du Québec, Ministère de l'éducation, 1992. – viii, 190 p. – 2550060539

Guide to 489 audio-visual items on Native peoples, especially of Quebec. The material is relevant to teaching social studies in the primary grades and history and geography in high school. Includes films, videos, filmstrips, slide shows and slides in French, English and Native languages, and material without narrative. In two sections: highly recommended/recommended and recommended with reservations/not relevant. For each item in the first section, the following information is noted: format, year of production, duration, language, names of director, producer and distributor, abstract, note of appropriate school programme, and general comments. For each item in the second section, the following information is given: format, year of production, running time, names of director, producer and distributor, the item's shortcomings and a brief evaluation. Three indexes to the material in the first section: programme of study, theme, Native group. Directory of distributors with conditions of rental and sale. Title index. Replaces: 1983, *Vers une perception plus juste des Amérindiens et des Inuit : guide à l'usage des enseignants de sciences humaines, primaire et secondaire : filmographie sélective commentée*; and its 1986 supplement, *Filmographie sélective commentée, annexe 1 : compte rendu détaillé de l'état de la production audiovisuelle concernant les Amérindiens et les Inuit par thèmes.* Z1209.2   016.97100497

Recension de 489 documents audiovisuels en rapport avec les Autochtones principalement du Québec et pertinents dans le cadre des programmes d'études de sciences humaines au primaire, d'histoire et de géographie au secondaire. Inclut des films, vidéos, films fixes, diaporamas et diapositives de langues française, anglaise et autochtones ou sans narration. Présentation des documents en deux sections: fortement recommandés et recommandés, recommandés avec réserve et non pertinents. Pour chaque document de la 1re section, le format, l'année de production, la durée, la langue, les noms du réalisateur, du producteur et du distributeur, un résumé, la spécification du programme scolaire pertinent et des commentaires généraux sont colligés. Pour chaque document de la 2e section, le format, l'année de production, la durée, les noms du réalisateur, du producteur et du distributeur, les lacunes et une évaluation succincte sont mentionnés. Trois index des documents de la 1re section: programmes d'étude, thèmes, groupes autochtones. Répertoire des distributeurs avec les conditions de location ou d'achat. Index des titres. Remplace: 1983, *Vers une perception plus juste des Amérindiens et des Inuit : guide à l'usage des enseignants de sciences humaines, primaire et secondaire : filmographie sélective commentée*; et son supplément de 1986, *Filmographie sélective commentée, annexe 1 : compte rendu détaillé de l'état de la production audiovisuelle concernant les Amérindiens et les Inuit par thèmes.* Z1209.2   016.97100497

Chronologies

Chronologies

3694

Jacques, Michel. – *Chronologie du cinéma québécois : les années '80.* **–** Québec : Botakap, c1993. – 59 p. – 2980302430

Chronology of events in the Quebec film industry, 1980-1989. Film-name index. Bibliography of publications consulted. PN1993.5 C3 J32 1993 fol.   791.4309714

Chronologie des événements en rapport avec l'industrie cinématographique au Québec, 1980-1989. Index: films-noms. Bibliographie des publications consultées.   PN1993.5 C3 J32 1993 fol. 791.4309714

Dictionaries

Dictionnaires

3695

Le dictionnaire du cinéma québécois. – Sous la direction de Michel Coulombe et Marcel Jean. – [Nouv. éd. rev. et augm.]. – Montréal : Boréal, c1991. – xix, 603 p. : ill., portr. – 289052423X

1st ed., 1988. More than 700 signed articles on professionals in Quebec film and on issues relevant to the field. Arranged alphabetically by name or subject. Each biography includes a filmography and bibliographical references. Also includes 350 films. Bibliography. PN1993.45 D42 1991   791.4309714

1re éd., 1988. Plus de 700 articles signés portant sur les professionnels du cinéma québécois et les thèmes propres au domaine. Classement selon l'ordre alphabétique confondu des noms et sujets. Chaque notice biographique intègre leur filmographie respective et des références bibliographiques. Inclut aussi 350 génériques de film. Bibliographie.   PN1993.45 D42 1991   791.4309714

3696

Dubuc, Robert. – **Vocabulaire bilingue de la production télévision : anglais-français, français-anglais.** – 2e éd., rev. et augm. – Montréal : Société Radio-Canada, Service de linguistique et de traduction, 1991. – 1 vol. (non paginé).

1st ed., 1982. Alphabetical listing of 1,700 English terms related to television production, translated and defined in French, noting specific field of activity such as directing, programmes, etc. French-English index. Bibliography. Absorbs: *Vocabulaire bilingue du droit d'auteur appliqué à l'audiovisuel : anglais-français, français-anglais* (Montréal : Société Radio-Canada, Service de linguistique et de traduction, 1988).   PN1992.18 D82 1991   791.45023203

1re éd., 1982. Recension alphabétique de 1 700 termes anglais liés au domaine de la production télévisuelle traduits et définis en français, avec mention de la catégorie spécifique telle que mise en scène, programmes, etc. Index français-anglais. Bibliographie. Absorbe: *Vocabulaire bilingue du droit d'auteur appliqué à l'audiovisuel : anglais-français, français-anglais* (Montréal : Société Radio-Canada, Service de linguistique et de traduction, 1988).   PN1992.18 D82 1991 791.45023203

3697

National Film Board of Canada. – **Glossary.** – [3rd ed.]. – Montreal : Research and Development National Film of Canada, c1984. – 44, 54 p. – 0772200823 – Title on added t.p. : *Glossaire.*

1st ed., 1975. 2nd ed., 1979. Alphabetical listing of terms used in filmmaking, translated from French to English and vice versa. Notes field of activity in which the term is used, such as animation, laboratory, sound, etc. PN1993.45   791.43014

1re éd., 1975. 2e éd., 1979. Recension alphabétique des termes employés en milieu cinématographique traduits du français à l'anglais et vice versa. Mention du domaine d'activité auquel il se rattache, tel qu'animation, laboratoire, son, etc.   PN1993.45 791.43014

3698

Office national du film du Canada. – **Glossaire.** – [3e éd.]. – Montréal : Recherche et développement, Office national du film du Canada, c1984. – 54, 44 p. – 0772200823 – Titre de la p. de t. additionnelle: *Glossary.*

1st ed., 1975. 2nd ed., 1979. Alphabetical listing of terms used in filmmaking, translated from French to English and vice versa. Notes field of activity in which the term is used, such as animation, laboratory, sound, etc. PN1993.45   791.43014

1re éd., 1975. 2e éd., 1979. Recension alphabétique des termes employés en milieu cinématographique traduits du français à l'anglais et vice versa. Mention du domaine d'activité auquel il se rattache, tel qu'animation, laboratoire, son, etc.   PN1993.45 791.43014

3699

Société Radio-Canada. Service de linguistique et de traduction. – **Vocabulaire bilingue de la mesure en radiotélévision : français-anglais, anglais-français.** – Préparé par Elaine Kennedy, Dominique Bérard & Joanne Pelland sous la direction de Louise Brunette. – Montréal : Société Radio-Canada, Service de linguistique et de traduction, 1985. – 188 f.

Alphabetical listing of French terms related to audience and survey methods for radio and television, translated into English. Each entry includes the definition of the term in French and the sub-field to which it belongs. Two indexes: French terms other than the principal entries, English terms.   PN1990.4 S63 1985 fol.   384.5403

Recension alphabétique des termes français liés à l'auditoire et aux méthodes d'enquête propres à la radio et à la télévision, traduits en anglais. Chaque article comprend la définition du terme en français et le sous-domaine auquel il se rattache. Deux index: termes français autres que ceux des entrées principales; termes anglais. PN1990.4 S63 1985 fol.   384.5403

Directories

Répertoires

3700

Académie canadienne du cinéma et de la télévision. – **Who's who in Canadian film and television = Qui est qui au cinéma et à la télévision au Canada.** – (1986)- . – Waterloo (Ont.) : Publié pour l'Académie canadienne du cinéma et de la télévision par Wilfrid Laurier University Press, c1985- . – vol. : ill. – 0831-6309

Irregular, 1986, 1987, 1989, 1991/92. Over 2,500 biographies of professionals in the Canadian film and television industry, with the exception of actors. Arranged by professional category such as directors, editors, production managers, publicists, writers, etc. Each entry includes address, telephone number, professional affiliations, media, types of productions, genres, a selective filmography and

Irrégulier, 1986, 1987, 1989, 1991/92. Recension de plus de 2 500 notices biographiques de professionnels de l'industrie cinématographique et télévisuelle au Canada, à l'exclusion des acteurs. Classement par catégories professionnelles telles que réalisateurs, monteurs, régisseurs, publicistes, scénaristes, etc. Chaque notice comprend adresse, numéro de téléphone, affilations professionnelles,

awards received. Description in the language in which the information was provided (English or French). Preface in five languages: English, French, Spanish, Italian and German. Two indexes: name, advertiser.   PN1998 A2 W48   791.43029571

média, types de productions et (ou) d'oeuvres, ainsi qu'une filmographie sélective et les prix gagnés. Description dans la langue dans laquelle les renseignements ont été fournis (anglais ou français). Préface rédigée en cinq langues: anglais, français, espagnol, italien et allemand. Deux index: noms, annonceurs publicitaires.   PN1998 A2 W48   791.43029571

3701

Academy of Canadian Cinema and Television. – *Who's who in Canadian film and television = Qui est qui au cinéma et à la télévision au Canada.* – (1986)-   . – Waterloo (Ont.) : Published for the Academy of Canadian Cinema and Television by Wilfrid Laurier University Press, c1985-   . –   vol. : ill. – 0831-6309

Irregular, 1986, 1987, 1989, 1991/92. Over 2,500 biographies of professionals in the Canadian film and television industry, with the exception of actors. Arranged by professional category such as directors, editors, production managers, publicists, writers, etc. Each entry includes address, telephone number, professional affiliations, media, types of productions, genres, a selective filmography and awards received. Description in the language in which the information was provided (English or French). Preface in five languages: English, French, Spanish, Italian and German. Two indexes: name, advertiser.   PN1998 A2 W48   791.43029571

Irrégulier, 1986, 1987, 1989, 1991/92. Recension de plus de 2 500 notices biographiques de professionnels de l'industrie cinématographique et télévisuelle au Canada, à l'exclusion des acteurs. Classement par catégories professionnelles telles que réalisateurs, monteurs, régisseurs, publicistes, scénaristes, etc. Chaque notice comprend adresse, numéro de téléphone, affilations professionnelles, média, types de productions et (ou) d'oeuvres, ainsi qu'une filmographie sélective et les prix gagnés. Description dans la langue dans laquelle les renseignements ont été fournis (anglais ou français). Préface rédigée en cinq langues: anglais, français, espagnol, italien et allemand. Deux index: noms, annonceurs publicitaires. PN1998 A2 W48   791.43029571

3702

Association des producteurs de films et de télévision du Québec. – *Répertoire des membres.* – [Montréal] : l'Association, 1987-   . –   vol. – 0846-250X – Titre de la couv.

Annual. 1989/90 and 1990/91 issues were not published. Alphabetical directory of members of the Association des producteurs de films et de télévision du Québec. Each entry includes address, telephone and fax numbers, and as necessary, brief description of activities, list of productions, name of regular production team and of collaborators. Six lists by area of activity. Title varies: 1987-1988, *Répertoire des membres de l'Association des producteurs de films et de vidéo du Québec.*   PN1998 A1 A82   791.430232025714

Annuel. Les livraisons de 1989/90 et 1990/91 n'ont pas été publiées. Répertoire alphabétique des membres de l'Association des producteurs de films et de télévision du Québec. Chaque notice comprend l'adresse et les numéros de téléphone et de télécopieur avec le cas échéant une brève description de leurs activités, la liste de leurs réalisations et le nom de l'équipe régulière et des collaborateurs. Six listes par secteurs d'activité. Le titre varie: 1987-1988, *Répertoire des membres de l'Association des producteurs de films et de vidéo du Québec.*   PN1998 A1 A82   791.430232025714

3703

Avison, Liz. – *Distribution guide for non-theatrical 16 mm film and video in Canada (including subject guide).* – 1st ed.-   . – Toronto : L. Avison, c1984-   . –   vol. : tables. – 1187-0982

Annual. Directory of Canadian distributors of educational films and videos. Each entry includes address and telephone and fax numbers, names of resource persons, intended audience and a brief description of collections and/or services offered. Two indexes: producer-director-distributor, subject. Absorbed: 1989, *Subject guide for non-theatrical 16 mm film and video distribution in Canada.* Title varies: 1984, *Distribution guide for non-theatrical 16 mm films in Canada.*   PN1990.6 C3 B68 fol.   011.37025

Annuel. Répertoire alphabétique des sources de distribution au Canada de films et vidéo éducatifs. Chaque notice comprend l'adresse, les numéros de téléphone et de télécopieur, les noms de personnes-ressources, le public visé et une brève description de la collection et (ou) services offerts. Deux index: producteurs-réalisateurs-distributeurs, sujets. A absorbé: 1989, *Subject guide for non-theatrical 16 mm film and video distribution in Canada.* Le titre varie: 1984, *Distribution guide for non-theatrical 16 mm films in Canada.* PN1990.6 C3 B68 fol.   011.37025

3704

Canadian Society of Cinematographers. – *Directory.* – (1980)-   . – Toronto : the Society, 1980-   . –   vol. : ill. – 0229-6985

Annual. 1982 issue not published. Alphabetical directory of members of the Canadian Society of Cinematographers. Entries include address, telephone and fax numbers and type of membership, with brief notes on experience, specialization, equipment, awards received and other professional affiliations. Geographical index subdivided by profession. Index of advertisers. Includes a list of award winners of the previous year, and the statutes and by-laws of the Society. TR847.5 C36   778.5302571

Annuel. La livraison de 1982 n'a pas été publiée. Répertoire alphabétique des membres de Canadian Society of Cinematographers. Les notices comprennent l'adresse, les numéros de téléphone et de télécopieur et le type d'adhésion avec le cas échéant de brèves informations sur leurs expériences, spécialités, équipements, prix reçus et autres affiliations professionnelles. Index géographique subdivisé par catégories professionnelles. Index des annonceurs publicitaires. Comprend aussi la liste des récipiendaires des prix décernés l'année précédente, et les arrêtés et règlements de la Société.   TR847.5 C36 778.5302571

3705

Dagenais, Suzanne. – *International festivals and markets, 1993 = Festivals et marchés internationaux, 1993.* – [Montréal] : Téléfilm Canada, [1993?]. – vii, 160 p.

Directory of festivals and markets in Canada and throughout the world, to which Canadian films may be submitted. Two parts: festivals and markets. Listed alphabetically by city for fixed events and by country for itinerant events. Description of each festival and market includes address, telephone and fax numbers, specialization, dates, deadline for registration, registration fees, and general information. Six indexes: festivals for the general public, by format, by genre, by specialty, itinerant festivals, markets. Reproduced in microform format: *Microlog*, no. 93-06156. Replaces: *Directory of festivals and markets, 1988 = Répertoire des festivals et des marchés, 1988,* and *Canadian festivals and events, 1989 = Festivals et événements canadiens, 1989.*   PN1993.4 D34 1993 fol.   791.43079

Répertoire des festivals et marchés au Canada et à travers le monde où les films canadiens sont admis. Deux parties: festivals et marchés. Recension selon l'ordre alphabétique des villes pour les événements fixes et par pays pour les organisations itinérantes. La description de chaque festival et marché comprend l'adresse et les numéros de téléphone et de télécopieur, la spécialité, le mois de l'événement et de l'inscription, la mention de frais d'inscription ou non, et des renseignements d'ordre général. Six index: grand public, par formats, par genres, par spécialités, des festivals itinérants, des marchés. Reproduit sur support microforme: *Microlog*, n° 93-06156. Remplace: *Directory of festivals and markets, 1988 = Répertoire des festivals et des marchés, 1988,* et *Canadian festivals and events, 1989 = Festivals et événements canadiens, 1989.*   PN1993.4 D34 1993 fol.   791.43079

3706

Directors Guild of Canada. – *A handbook of directors.* – (1965/1966)-   . – Toronto : the Guild, [1965?]-   . –   vol. : ports.

Irregular. Alphabetical directory of members of the Directors Guild of Canada. Each entry includes address and telephone number of member and of his/her agent, professional affiliations, languages other than English, a selection of awards received and of works produced by category, with brief notes on career. Title varies: 1965/66-1980, *Directory of members.*   PN1998.2 791.430233092271

Irrégulier. Répertoire alphabétique des membres de la Guilde canadienne des réalisateurs. Chaque notice comprend l'adresse et le numéro de téléphone du membre et de son représentant, affiliations professionnelles, langues autres que l'anglais, une sélection des prix reçus et des productions réalisées par catégories, et de brèves notes sur la carrière professionnelle. Le titre varie: 1965/66-1980, *Directory of members.*   PN1998.2   791.430233092271

3707

Directory of the Canadian film, television and video industry = Répertoire de l'industrie canadienne du film, de la télévision et de la vidéo. – (1980/81)-   . – [Montréal] : Téléfilm Canada, [1980?]-   . –   vol. – 0844-8043

Irregular. Directory of organizations connected with the Canadian film and television industry. Arranged by category, such as government and cultural agencies, professional associations, producers, distributors, foreign sales agents, festivals, etc. Each entry includes address, telephone and fax numbers and names of resource persons. Index of names. Index of companies and organizations. Title varies: 1980/81, *Annuaire = Directory* (Ottawa : Secretary of State, Film Festivals Office, 1980?); 1983/84-1985, *Directory of the Canadian film and video industry = Annuaire de l'industrie canadienne du film et de la vidéo.*   PN1993.5 C3 D55 fol.   338.4779143029571

Irrégulier. Répertoire des organismes liés à l'industrie cinématographique et à la télédiffusion au Canada. Classement par catégories telles qu'organismes gouvernementaux et culturels, associations professionnelles, producteurs, distributeurs, exportateurs, festivals, etc. Chaque notice comprend l'adresse, les numéros de téléphone et de télécopieur et les noms des personnes-ressources. Index des noms. Index des compagnies et des organismes. Le titre varie: 1980/81, *Annuaire = Directory* (Ottawa : Secrétariat d'État, Bureau des festivals du film, 1980?); 1983/84-1985, *Directory of the Canadian film and video industry = Annuaire de l'industrie canadienne du film et de la vidéo.*   PN1993.5 C3 D55 fol.   338.4779143029571

3708

Distributeurs de documents audiovisuels. – (1985)-   . – Montréal : Services documentaires Multimedia, [1985?]-   . –   vol. : ill. – 0838-2409

Annual. 1986 issue not published. Directory of Canadian organizations which distribute audio-visual material listed in the *David* database and in the serial *David : documentation audiovisuelle.* Arranged alphabetically by code assigned to each distributor. Each entry includes address, telephone and fax numbers, names of resource persons, information on acquiring items, formats available and number of items listed. Name index. Available online through SDM and through iNET, as part of the *PRODAV* database. Period covered, 1983 to present.   LB1042.76 C3 D47 fol.   011.37025

Annuel. La livraison de 1986 n'a pas été publiée. Répertoire des organismes diffusant des documents audiovisuels au Canada recensés dans la base de données *David* et la publication en série *David : documentation audiovisuelle.* Classement selon l'ordre alphabétique du code attribué à chaque diffuseur. Chaque notice comprend l'adresse et les numéros de téléphone et de télécopieur, les noms de personnes-ressources, les modalités d'acquisition, les supports disponibles et le nombre de documents recensés. Index des noms. Disponible en direct chez SDM et via le serveur iNET: partie de la base de données *PRODAV*; période couverte, 1983 à ce jour.   LB1042.76 C3 D47 fol.   011.37025

3709

Film Canada yearbook. – (1951)-   . – Toronto : Cine-communications, [1951?]-   . –   vol. : ill., tables. – 0831-5175

Annual. Directory of persons and organizations involved in film production and distribution, and the television and video industries in Canada. Also includes government agencies, associations, institutions, courses and periodicals on film in Canada. Arranged by category subdivided by province. Each entry includes address and telephone and fax numbers, names of key personnel and a brief description of specialties and/or services. Also includes a list of

Annuel. Répertoire des intervenants en production et distribution cinématographiques, de l'industrie de la télévision et du vidéo, au Canada. Inclut aussi des instances gouvernementales, des associations, institutions, cours et périodiques en rapport avec le cinéma au Canada. Classement par catégories qui se subdivisent par provinces. Chaque notice comprend l'adresse, les numéros de téléphone et de télécopieur, le nom du personnel clé avec une description sommaire

festivals with award winners. Chronology of principal winners of the Genie Awards and of the Academy Awards. Indexes of illustrations, advertisers, organizations, people. Title varies: 1951, *Year book, Canadian motion picture industry*; 1952/53-1958/59, *Year book of the Canadian motion picture industry*; 1959/60-1964/65, *Year book, Canadian motion picture industry with television section*; 1965/66-1970/71, *Year book, Canadian entertainment industry*; 1971/72, *Year book for the Canadian motion picture industry*; 1972/73, *The Canadian film digest yearbook*; 1974-1975, *Yearbook of the Canadian film industry*; 1976, *Year book of exhibition, distribution and the most comprehensive collection of data ever assembled on Canadian film production*; 1977-1985, *Canadian film digest yearbook*. Imprint varies. Includes some material in French. PN1993.3 C3 fol. 338.4779143029571

des spécialités et (ou) services. Inclut aussi la liste des festivals avec les prix attribués. Chronologie des principaux récipiendaires aux Prix Génie et Academy Awards. Index: illustrations, annonceurs publicitaires, organisations, personnes. Le titre varie: 1951, *Year book, Canadian motion picture industry*; 1952/53-1958/59, *Year book of the Canadian motion picture industry*; 1959/60-1964/65, *Year book, Canadian motion picture industry with television section*; 1965/66-1970/71, *Year book, Canadian entertainment industry*; 1971/72, *Year book for the Canadian motion picture industry*; 1972/73, *The Canadian film digest yearbook*; 1974-1975, *Yearbook of the Canadian film industry*; 1976, *Year book of exhibition, distribution and the most comprehensive collection of data ever assembled on Canadian film production*; 1977-1985, *Canadian film digest yearbook*. Publié par différents éditeurs. Comprend quelques textes en français. PN1993.3 C3 fol. 338.4779143029571

3710

Get the picture : the who, what, where and why of film and television production in Ontario, Canada. – Ontario Film Development Corporation. – Toronto : Ministry of Culture and Communications, [1979?]- . – vol. : col. ill., map, tables. – 0772952299 0772961530 – Cover title.

Irregular. Two volumes in a slipcase. Vol. 1, *Picture perfect : Ontario, Canada*; vol. 2, *The Ontario option : Ontario, Canada*. Vol. 1 contains photographs of Ontario sites. Vol. 2 is a directory of people and organizations involved in film and television production in Ontario. Arranged by professional category or type of service, such as associations, distribution, festivals, etc. Each entry includes address and telephone number, names of resource persons, brief notes on specialties, and the mandate of government organizations. Subject and name indexes. Imprint varies. Title varies: 1979?, *Get the picture : the who, what, why and where of making films in Ontario, Canada*, two volumes in a slipcase: vol. 1, *Picture perfect : Ontario, Canada*; vol. 2, *The filmmakers' almanac : Ontario, Canada*. Replaces: 1976?, *Film production directory : Ontario, Canada*. PN1998 791.430295713

Irrégulier. Deux volumes dans un étui. Vol. 1, *Picture perfect : Ontario, Canada*; vol. 2, *The Ontario option : Ontario, Canada*. Le vol. 1 comprend des photographies d'emplacements ontariens. Le vol. 2 consiste en un répertoire des personnes et organismes liés à la production cinématographique et télévisuelle en Ontario. Classement par catégories professionnelles ou par types de services tels qu'associations, distribution, festivals, etc. Chaque notice comprend l'adresse et le numéro de téléphone et les noms de personnes-ressources, de succinctes informations sur les spécialités, et une brève description du mandat des organismes gouvernementaux. Deux index: sujets, noms. Publié par différents éditeurs. Le titre varie: 1979?, *Get the picture : the who, what, why and where of making films in Ontario, Canada*, coffret incluant deux volumes: vol. 1, *Picture perfect : Ontario, Canada*; vol. 2, *The filmmakers' almanac : Ontario, Canada*. Remplace: 1976?, *Film production directory : Ontario, Canada*. PN1998 791.430295713

3711

Le guide des programmes d'études offerts au Canada en cinéma, télévision et communication, 1985. – Michael Sean Kiely, rédacteur ; Jean Széles, rédactrice adjointe. – [Ottawa] : Institut canadien du film, [1985?]. – 68, 202 p. : ill. – 091909628X – Titre de la p. de t. additionnelle : *The guide to film, television and communication studies in Canada, 1985.*

Directory of Canadian post-secondary programmes of study in film, television and communications. Two parts: French and English programmes. Each entry includes address and telephone number of the institution and a description of the courses in each programme. Lists of universities and colleges by programme and by province. Replaces: 1970/71-1971/72, *A guide to film courses in Canada = Un guide des cours de cinéma offerts au Canada*; 1973/74-1978/79, *A guide to film and television courses in Canada = Un guide des cours de cinéma et de télévision offerts au Canada*. PN1993.8 C3 G78 1985 fol. 791.4307071

Répertoire des programmes d'étude postsecondaires offerts au Canada en cinéma, télévision et communication. Deux parties: programmes français et anglais. Chaque notice comprend l'adresse et le numéro de téléphone de l'institution et la description des cours par programmes. Listes des universités et collèges par programmes et par provinces. Remplace: 1970/71-1971/72, *A guide to film courses in Canada = Un guide des cours de cinéma offerts au Canada*; 1973/74-1978/79, *A guide to film and television courses in Canada = Un guide des cours de cinéma et de télévision offerts au Canada*. PN1993.8 C3 G78 1985 fol. 791.4307071

3712

The guide to film, television and communication studies in Canada, 1985. – Michael Sean Kiely, editor ; Jean Széles, associate editor. – [Ottawa] : Canadian Film Institute, [1985?]. – 202, 68 p. : ill. – 091909628X – Title on added t.p. : *Le guide des programmes d'études offerts au Canada en cinéma, télévision et communication, 1985.*

Directory of Canadian post-secondary programmes of study in film, television and communications. Two parts: French and English programmes. Each entry includes address and telephone number of the institution and a description of the courses in each programme. Lists of universities and colleges by programme and by province. Replaces: 1970/71-1971/72, *A guide to film courses in Canada = Un guide des cours de cinéma offerts au Canada*; 1973/74-1978/79, *A guide to film and television courses in Canada = Un guide des cours de cinéma et de télévision offerts au Canada*. PN1993.8 C3 G78 1985 fol. 791.4307071

Répertoire des programmes d'étude postsecondaires offerts au Canada en cinéma, télévision et communication. Deux parties: programmes français et anglais. Chaque notice comprend l'adresse et le numéro de téléphone de l'institution et la description des cours par programmes. Listes des universités et collèges par programmes et par provinces. Remplace: 1970/71-1971/72, *A guide to film courses in Canada = Un guide des cours de cinéma offerts au Canada*; 1973/74-1978/79, *A guide to film and television courses in Canada = Un guide des cours de cinéma et de télévision offerts au Canada*. PN1993.8 C3 G78 1985 fol. 791.4307071

3713

Manitoba film digest. – Editor, Carole Vivier ; research assistant, Norlaine Thomas. – Winnipeg : Manitoba Culture, Heritage and Recreation Cultural Industries Development Branch, [1986?]. – [8], 87 p.

Directory of persons and organizations involved in filmmaking in Manitoba. Arranged by category, such as animation, audio-visual production, government agency, video, etc. No index. PN1995.9 P7 M29   791.4302957127

Répertoire des intervenants en production cinématographique au Manitoba. Classement par catégories telles qu'animation, production audiovisuelle, instance gouvernementale, vidéo, etc. Pas d'index. PN1995.9 P7 M29   791.4302957127

3714

Nova Scotia film and video production guide. – Halifax : Nova Scotia Film Development Corporation, [1988?]-   . –   vol. : ill., map. – 0969463545 (1994/95)

Annual. Directory of persons and organizations involved in film production in Nova Scotia. Arranged by professional category or by type of service, such as funding agencies, camera, costume, etc. Each entry includes address, telephone and fax numbers and brief notes on activities and/or specialties. Name-subject index. Title varies: 1988-1991/92, *Film Nova Scotia production guide.* Imprint varies. 1993/94 ed. reproduced in microform format: *Microlog,* no. 94-00298.   PN1993.5 C3 F48   791.430295716

Annuel. Répertoire des intervenants liés à la production cinématographique en Nouvelle-Écosse. Classement par catégories professionnelles ou par types de services tels qu'organismes de financement, caméra, costume, etc. Chaque notice comprend l'adresse, les numéros de téléphone et de télécopieur et de succintes informations sur les activités et (ou) spécialités. Un index: noms-sujets. Le titre varie: 1988-1991/92, *Film Nova Scotia production guide.* L'adresse bibliographique varie. 1993/94 éd. reproduite sur support microforme: *Microlog,* n° 94-00298.   PN1993.5 C3 F48   791.430295716

3715

Québec : guide de tournage = Québec : shooting guide. – Rédaction, Christiane Ducasse. – Montréal : Qui fait quoi, c1987-   . –   vol. : ill. (certaines en coul.), cartes. – 1189-5101

Irregular: 1987, 1989/90, 1992. Two volumes in a slipcase. Vol. 1: *Québec : images;* vol. 2, *Québec : contacts.* Directory of persons and organizations involved in film and television production in Quebec. Arranged by professional category or type of service such as distribution, equipment, associations, etc. Each entry includes address, telephone and fax numbers, names of resource persons and notes on activities and/or specializations. Includes a brief description of tourist attractions by geographical area and of co-production programmes by agency. Name and company indexes.   PN1998 Q83 338.4779143025714

Irrégulier: 1987, 1989/90, 1992. Deux volumes dans un étui. Vol 1: *Québec : images;* vol. 2: *Québec : contacts.* Répertoire des intervenants en production cinématographique et télévisuelle au Québec. Classement par catégories professionnelles ou par types de services tels que distribution, équipement, associations, etc. Chaque notice comprend l'adresse, les numéros de téléphone et de télécopieur, les noms de personnes-ressources et de succintes informations sur les activités et (ou) spécialités. Comprend aussi une description sommaire des attraits touristiques par régions géographiques et des programmes de coproduction par organismes. Deux index: noms, compagnies.   PN1998 Q83   338.4779143025714

3716

Reel west digest : a directory for film, video and audio visual production in Western Canada. – Vol. 1, no. 1 (1981)-   . – Burnaby (B.C.) : Reel West Productions, c1980-   . –   vol. : ill., ports. – 0821-7947 – Cover title.

Annual. Directory of persons and organizations involved in film and television production in Alberta, British Columbia, Manitoba, Saskatchewan and the Yukon. Arranged by category, such as unions, photography, music, services, etc. Each entry includes address, telephone and fax numbers and brief notes on activities and/or specialties. Name index, which does not include performers. Title varies: 1981-1982, *The reel west film and video digest : a directory for film, video and audio visual production in Western Canada;* 1983-1987, *Reel west digest : a directory for film, video, audio-visual, photography and graphics production in Western Canada.*   PN1998 A1 R39 791.430299

Annuel. Répertoire des intervenants en production cinématographie et télévisuelle en Alberta, Colombie-Britannique, Manitoba, Saskatchewan et Yukon. Classement par catégories telles que syndicats, photographie, musique, services, etc. Chaque notice comprend l'adresse et les numéros de téléphone et de télécopieur et de succintes informations sur les activités et (ou) spécialités. Index des noms à l'exception des artistes-interprètes. Le titre varie: 1981-1982, *The reel west film and video digest : a directory for film, video and audio visual production in Western Canada;* 1983-1987, *Reel west digest : a directory for film, video, audio-visual, photography and graphics production in Western Canada.*   PN1998 A1 R39   791.430299

Documents

Documents

3717

Documents of Canadian broadcasting. – Edited by Roger Bird. – Ottawa : Carleton University Press, 1988. – 756 p. – 0886290724 (pa.) 0886290732 (bd.)

Collection of 64 legislative and other texts relating to radio broadcasting and telecommunications in Canada. Four sections: 1900-1913, 1923-1947, 1951-1966, 1968-1986. Each item is preceded by a short introduction. No index.   PN1990.6 C3 D63 1988   384.540971

Collection de 64 textes législatifs et autres en rapport avec la radiodiffusion et les télécommunications au Canada. Quatre sections: 1900-1913, 1923-1947, 1951-1966, 1968-1986. Chaque texte est précédé d'une courte présentation. Aucun index. PN1990.6 C3 D63 1988   384.540971

Exhibitions

3718

The 1978 Canadian video open. – Organized by: Clive Robertson and Marcella Bienvenue. – Calgary : Arton's, [1978]. – [44] p. : ill. (some col.). – Cover title.

Catalogue of an exhibition of videos by 36 Canadian artists, arranged alphabetically by name. Description of each video includes a photograph, title, format and duration. For each artist, an address and the titles of previous works are noted. Transcript of an interview between an award winner and a member of the jury. PN1992.8 V5 N55 1978   709.71074712338

3719

Luminous sites : 10 video installations. – [Vancouver : Video Inn/Western Front, 1986]. – 62 p., [1] p. of plates : ill. (some col.), plan. – 0920974147 – Cover title.

Catalogue of an exhibition of ten video installations by Canadian artists, held in Vancouver from February 25 to April 4, 1986. Description of each installation includes photographs, introduction, its elements and dimensions and staff involved. Biographies of the artists with place of residence, solo and group exhibitions, publications, performance art appearances, screenings, collections and bibliographical references. Four signed essays on the art of video installation. Supplementary material: a 60-minute video cassette available in Beta and VHS formats from Video Out International. PN1992.8 V5 L84 1986   709.7107471133

Handbooks

3720

Action, guide to film and television production in Canada = Action, guide sur la production cinématographique et télévisuelle au Canada. – (Spring 1988)-   . – Toronto : Canadian Film and Television Association, c1988-   . –   vol. : ill. – 0844-1391 – Cover title.

Annual. Directory of organizations involved in film and television production in Canada. Arranged by category such as studios, unions, legal and financial services, distributors, broadcasters, etc. Each entry includes address, telephone and fax numbers, names of resource persons and notes on activities and/or specialties. Brief descriptions of locations by province or territory, of co-production treaties by country, of private and public investment programmes by organization, and general information on Canadian content and labour issues.   PN1993.5 C3 A28 fol.   791.4

3721

Action, guide to film and television production in Canada = Action, guide sur la production cinématographique et télévisuelle au Canada. – (Printemps 1988)-   . – Toronto : Association canadienne de cinéma-télévision, c1988-   . –   vol. : ill. – 0844-1391 – Titre de la couv.

Annual. Directory of organizations involved in film and television production in Canada. Arranged by category such as studios, unions, legal and financial services, distributors, broadcasters, etc. Each entry includes address, telephone and fax numbers, names of resource persons and notes on activities and/or specialties. Brief descriptions of locations by province or territory, of co-production treaties by country, of private and public investment programmes by organization, and general information on Canadian content and labour issues.   PN1993.5 C3 A28 fol.   791.4

Expositions

3718

Catalogue d'exposition des vidéos de 36 artistes canadiens répertoriés selon l'ordre alphabétique des noms. La description de chaque vidéo comprend une photographie, le titre, le support et la durée. Pour chaque artiste, une adresse et les titres précédents sont colligés. Retranscription de l'interview d'une gagnante avec un membre du jury.   PN1992.8 V5 N55 1978   709.71074712338

3719

Catalogue d'exposition de dix installations vidéo d'artistes canadiens qui ont eu lieu à Vancouver du 25 février au 4 avril 1986. La description de chaque installation comprend des photographies, un texte de présentation, les éléments, les coordonnées de l'aire d'installation et le personnel impliqué. Notices biographiques des artistes avec mention du lieu de résidence, listes des expositions solos et de groupe, publications, représentations en art de performance, projections, collections et références bibliographiques. Inclut aussi quatre essais signés en rapport avec l'art de l'installation vidéo. Comprend un document d'appoint: une cassette vidéo de 60 minutes disponible sur supports Beta et VHS auprès de Video Out International. PN1992.8 V5 L84 1986 709.7107471133

Guides

3720

Annuel. Répertoire des organismes liés à la production cinématographique et télévisuelle au Canada. Classement par catégories telles que studios, syndicats, services juridiques et financiers, distributeurs, télédiffuseurs, etc. Chaque notice comprend l'adresse et les numéros de téléphone et de télécopieur, les noms de personnes-ressources et de succintes informations sur les activités et (ou) spécialités. Comprend aussi une description sommaire des lieux de tournage par provinces ou territoires; des ententes de coproductions par pays, des programmes d'investissement privés et publics par organismes, et d'information générale sur la teneur canadienne des productions et la main d'oeuvre cinématographique au Canada.   PN1993.5 C3 A28 fol.   791.4

3721

Annuel. Répertoire des organismes liés à la production cinématographique et télévisuelle au Canada. Classement par catégories telles que studios, syndicats, services juridiques et financiers, distributeurs, télédiffuseurs, etc. Chaque notice comprend l'adresse et les numéros de téléphone et de télécopieur, les noms de personnes-ressources et de succintes informations sur les activités et (ou) spécialités. Comprend aussi une description sommaire des lieux de tournage par provinces ou territoires; des ententes de coproductions par pays, des programmes d'investissement privés et publics par organismes, et d'information générale sur la teneur canadienne des productions et la main d'oeuvre cinématographique au Canada.   PN1993.5 C3 A28 fol.   791.4

3722

Annuaire du cinéma québécois : bibliographie, films, vidéos. – (1978)-   . – Montréal : Cinémathèque québécoise, Musée du cinéma : Sogic, Société générale des industries culturelles, Québec, [1979?]-   . –   vol. : ill. – 0849-5726

Irregular, 1979-1988. Annual, 1989-   . Two parts: filmography and bibliography. First part: films and videos produced and co-produced in Quebec arranged in two sections: feature-length films, short- and medium-length films. Description of each feature film includes bibliographical information, cast, abstract, dates and place of production, cost of production, dates shown in theatres and on television, supplementary notes. Description of each short- and medium-length film includes bibliographic information, cast and synopsis. Index of directors. Directory of producers and distributors. Chronological list of public screenings of feature films. Two lists of awards received: films, names. Chronology of the year's events in Quebec film. The second part contains signed and annotated bibliographical entries for works on Quebec film. Four sections: reviews listed by film, newspapers, periodicals and monographs arranged by author. Three indexes: titles of monographs, author, film-name-subject.

Title varies: 1978-1987 appeared in the periodical *Copie zéro*, nos. 3, 4, 7, 9, 10, 12, 13, 15, 17/18, 20, 21, 24, 25, 28, 29, 32, 36; absorbs *Écrits sur le cinéma*; 1988, *Annuaire du cinéma québécois : longs métrages, bibliographie*. Available online as part of *Médiodoq* (Quebec : Réseau québécois d'information sur la communication), 1984 to present.   PN1993.3 A56   016.7914309714

Irrégulier, 1979-1988. Annuel, 1989-   . Ouvrage comportant deux volets: filmographie et bibliographie. Dans le premier volet: recension des films et vidéos de production et coproduction québécoises. Deux parties: longs métrages, courts et moyens métrages. La description de chaque long métrage comprend les informations bibliographiques et la distribution, un résumé, les dates et lieux de tournage, coûts de production, dates de présentation en salle et à la télévision avec des notes complémentaires. La description de chaque court et moyen métrages comprend les informations bibliographiques, la distribution et un sommaire. Index des réalisateurs. Répertoire des producteurs et distributeurs. Liste chronologique des sorties en salle de longs métrages. Deux listes de prix reçus: films, noms. Chronologie des événements de l'année liés au monde du cinéma québécois. Dans le deuxième volet: notices bibliographiques annotées et signées portant sur le cinéma québécois. Quatre parties: critiques répertoriées par films, journaux, périodiques et monographies classés par auteurs. Trois index: titres des monographies, auteurs, films-noms-sujets.

Le titre varie: 1978-1987 a été publié dans le périodique *Copie zéro*, nᵒˢ 3, 4, 7, 9, 10, 12, 13, 15, 17/18, 20, 21, 24, 25, 28, 29, 32, 36; absorbe *Écrits sur le cinéma*; 1988, *Annuaire du cinéma québécois : longs métrages, bibliographie*. Disponible sur support ordinolingue: partie de *Médiodoq* (Québec : Réseau québécois d'information sur la communication), 1984 à ce jour.   PN1993.3 A56   016.7914309714

3723

Le film, la vidéo et la photographie au Canada. – Produit par le Programme des cultures et langues ancestrales en collaboration avec la Direction générale des communications. – Ottawa : Patrimoine canadien, 1993. – v, 45 p. – (Info-arts). – 0662987454 – Sur la couv. : *Guide des ressources sur les arts.*

A guide for artists to the film industry and photography in Canada. Six parts: signed introduction, associations, developing professional skills, sources of funding, getting established, legal questions. Directory information and bibliographic references for pertinent sources. Also published in English under the title: *Film, video and photography in Canada*.   PN1993.5   770.971

Guide et références bibliographiques en rapport avec l'industrie cinématographique et la photographie au Canada. Six parties principales: introduction signée, associations, perfectionnement professionnel, sources de financement, solidification des assises et questions légales. Publié aussi en anglais sous le titre: *Film, video and photography in Canada*.   PN1993.5   770.971

3724

Film, video and photography in Canada. – Produced by the Heritage Cultures and Languages Program in collaboration with the Communications Branch. – Ottawa : Canadian Heritage, 1993. – v, 43 p. – (ArtSource). – 0662211650 – On cover : *Resource guide to the arts.*

A guide for artists to the film industry and photography in Canada. Six parts: signed introduction, associations, developing professional skills, sources of funding, getting established, legal questions. Directory information and bibliographic references for pertinent sources. Also published in French under the title: *Le film, la vidéo et la photographie au Canada*.   PN1993.5   770.971

Guide et références bibliographiques en rapport avec l'industrie cinématographique et la photographie au Canada. Six parties principales: introduction signée, associations, perfectionnement professionnel, sources de financement, solidification des assises et questions légales. Publié aussi en français sous le titre: *Le film, la vidéo et la photographie au Canada*.   PN1993.5   770.971

3725

Morris, Peter. – *The film companion.* – Toronto : Irwin Publishing, c1984. – 335 p. – 0772515050

More than 300 biographies of producers, directors, screenwriters, set designers, composers and other Canadian film professionals, with the exception of actors. Each entry includes a filmography. Also lists, briefly describes and evaluates approximately 300 Canadian short- and feature-length films. Arranged alphabetically by film title, subject or name. Includes articles on issues relevant to the Canadian film industry. Bibliography.   PN1993.5 C3 M672 1984   791.430971

Plus de 300 notices biographiques de producteurs, réalisateurs, scénaristes, monteurs, compositeurs et autres professionnels canadiens du cinéma, à l'exclusion des acteurs. Chaque notice comprend leur filmographie. Recense aussi environ 300 courts et longs métrages canadiens brièvement décrits et évalués. Classement alphabétique par titres de film, sujets ou noms. Inclut des articles sur des thèmes propres à l'industrie cinématographique au Canada. Bibliographie. PN1993.5 C3 M672 1984   791.430971

History

Histoire

3726

Les cinémas du Canada : Québec, Ontario, Prairies, côte Ouest, Atlantique. – Sous la direction de Sylvain Garel et André Pâquet ; textes de René Beauclair [et al.]. – Paris : Éditions du Centre Pompidou, 1992. – 383 p. : ill., portr. – 2858507066

Essays on the history of film in Canada. Emphasis on Quebec; however, other provinces are covered. Also includes essays on specific topics such as documentary, feminist and experimental film. Chronology of events in cinema, culture and society in Canada. Biographical dictionaries of Quebec and Canadian directors with filmographies. Descriptive entries for Quebec and Canadian films. Bibliography. Glossary. Indexes of films and names.
PN1993.5 C3 C538 1992   791.430971

Essais sur l'histoire du cinéma au Canada. Insistance sur le Québec, même si d'autres provinces sont couvertes. Inclut aussi des essais sur des sujets particuliers comme le documentaire, le féminisme et le film expérimental. Chronologie des événements cinématographiques, de la culture et de la société au Canada. Dictionnaires biographiques des réalisateurs québécois et canadiens avec filmographies. Notices descriptives sur les films québécois et canadiens. Bibliographie. Glossaire. Index des films et index des noms.   PN1993.5 C3 C538 1992 791.430971

3727

Clandfield, David. – ***Canadian film.*** – Toronto : Oxford University Press, 1987. – viii, 136 p. – (Perspectives on Canadian culture). – 0195405811

Bibliographic essay on the Canadian film industry and its major personalities and organizations. Six parts: 1896-1939; English and French documentary since 1939; English and French fiction since 1939; animated and experimental films. Bibliography. Filmmaker index.   PN1993.5 C3 C58 1987   791.430971

Essai bibliographique sur l'industrie canadienne du cinéma et ses principaux intervenants. Six parties: 1896-1939; documentaires depuis 1939 (anglais, français); fictions depuis 1939 (anglais, français); films d'animation et expérimentaux. Bibliographie. Index des cinéastes.   PN1993.5 C3 C58 1987   791.430971

3728

Dreamland [motion picture] : ***a history of early Canadian movies, 1895-1939.*** – Dir., Donald Brittain ; prod., Kirwan Cox. – [Montréal] : Produced by the Great Canadian Moving Picture Co. with assistance from the NFB, 1974. – 85 min., 50 sec., 16 mm.

A history of Canadian film put together from footage of early Canadian films up to World War II.   PN1993.5   791.430971

Histoire du cinéma canadien montée à partir d'extraits des premiers films canadiens, jusqu'à la Deuxième Guerre mondiale.   PN1993.5 791.430971

3729

Has anybody here seen Canada? [motion picture] : ***a history of Canadian movies, 1939-1953.*** – Dir., John Kramer ; prod. Kirwan Cox, Michael McKennirey, Arthur Hammond. – [Montreal] : Co-produced by NFB and CBC in association with the Great Canadian Moving Picture Co., 1978. – 84 min., 37 sec., 16 mm.

A documentary on the history of filmmaking in Canada from 1939-1953, using film footage and interviews with pioneers of the Canadian film industry. Covers establishment of the NFB, private film producers development of the film industry in Quebec, etc. PN1993.5   791.430971

Documentaire sur l'histoire du cinéma au Canada de 1939 à 1953, réalisé à partir d'extraits de films et d'entrevues avec des pionniers de l'industrie canadienne du cinéma. Traite de la création de l'ONF, des producteurs de films privés, du développement de l'industrie cinématographique au Québec, etc.   PN1993.5   791.430971

3730

Lever, Yves. – ***Histoire générale du cinéma au Québec.*** – Éd. ref. et mise à jour. – Montréal : Boréal, [1995]. – 635 p. : ill. – 2890526488

Previous ed., 1988. History of the Quebec film industry and of the people and organizations active in it. In four principal parts: 1896-1938, 1939-1955, 1956-1968, and 1969-1994. Appendices: chronological lists of the Commissioners of the National Film Board since 1939, of winners at the Canadian Film Festival, of the prix de la critique, 1974-1993, of the prix Albert Tessier, 1980-1994, etc. Bibliography. Name-subject and film indexes.   PN1993.5 C32 Q8 1995 791.4309714

Éd. précédente, 1988. Description historique de l'industrie cinématographique québécoise et de ses intervenants. Quatre parties principales: 1896-1938, 1939-1955, 1956-1968, et 1969-1994. Annexes: listes chronologiques des commissaires de l'Office national du film depuis 1939; du palmarès du Festival du cinéma canadien, 1963-1967; du prix de la critique, 1974-1993; du prix Albert Tessier, 1980-1994, etc. Bibliographie. Deux index: noms-sujets, films. PN1993.5 C32 Q8 1995   791.4309714

3731

Miller, Mary Jane. – ***Turn up the contrast : CBC television drama since 1952.*** – Vancouver : University of British Columbia Press ; CBC Enterprises, 1987. – ix, 429 p., [8] p. of plates : ill. – 0774802782

Historical description of television dramas and series broadcast by the English network of the Canadian Broadcasting Corporation. Twelve chapters, including mini-series, regionalism versus centralization, etc. Appendices: chronology, information on archival repositories and checklist of television broadcasts. Bibliography. Index of names, programmes and subjects.   PN1992.65 M54 1987   791.455

Description historique des dramatiques et séries télédiffusées au réseau anglais de la Société Radio-Canada. Douze chapitres dont notamment les mini-séries, le régionalisme versus la centralisation, etc. Appendices: chronologie, informations sur les dépôts d'archives et liste de contrôle des émissions télévisées. Bibliographie. Un index: noms-émissions-sujets.   PN1992.65 M54 1987   791.455

3732

Morris, Peter. – *Embattled shadows : a history of Canadian cinema, 1895-1939.* – Montreal : McGill-Queen's University Press, c1978. – 350 p. : ill., ports. – 0773503226 (bd.) 0773503234 (pa.)

History of the Canadian film industry, with sketches of its principal figures. Arranged by historical period, subdivided by subject. Chronology, 1894-1913. Filmography, 1913-1939. Film and name-subject indexes.   PN1993.5 C3 M67   791.430971

Description historique et portrait des protagonistes de l'industrie cinématographique canadienne. Classement par périodes historiques qui se subdivisent par sujets. Chronologie, 1894-1913. Filmographie, 1913-1939. Deux index: films, noms-sujets.   PN1993.5 C3 M67 791.430971

3733

Pratley, Gerald. – *Torn sprockets : the uncertain projection of the Canadian film.* – Newark : University of Delaware Press ; London ; Toronto : Associated University Presses, c1987. – 330 p. : ill. – (An Ontario Film Institute book). – 0874131944

History of film in Canada from 1900 to 1984, and chronological list of Canadian films shown in theatres between 1940 and 1984. Description of each film includes a synopsis with bibliographic information and the cast. Bibliography. Films by the National Film Board of Canada currently in circulation, listed by producer and/or director. Name-subject-film index.   PN1993.5 C3 P69 1987 fol. 791.430971

Description historique du cinéma au Canada de 1900 à 1984 et recension chronologique des films canadiens présentés en salle de 1940 à 1984. La description de chaque film comprend un sommaire avec les informations bibliographiques et la distribution. Bibliographie. Une liste des films en circulation de l'Office national du film du Canada par producteurs et (ou) réalisateurs. Un index: noms-sujets-films.   PN1993.5 C3 P69 1987 fol.   791.430971

3734

Rainsberry, F. B. – *A history of children's television in English Canada, 1952-1986.* – Metuchen (N.J.) : Scarecrow Press, 1988. – xi, 308 p. : ill. – 081082079X

A history of children's television programming in English Canada since its beginning in 1952. Programmes falling into the following categories are examined: daily shows, magazine, information, variety and pre-school programming and drama and storytelling. Other issues such as programming policy, the relationship of English and French cultures and advertising are discussed. Much of the information used in this history is derived from interviews with CBC writers, performers, producers, etc. Appendices: annotated list of references; list of interviewers; source companies and associations. Index of names, programme titles, etc.   PN1992.8 C46 R34 1988 791.4575083

Historique des émissions de télévision canadiennes anglaises pour enfants depuis le commencement en 1952. Traite des genres suivants: émissions quotidiennes, magazines, information, émissions de variété et de niveau préscolaire, théâtre et «heure du conte». Couvre aussi les politiques en matière de programmation, les liens entre les cultures anglaise et française et la publicité. La majeure partie des renseignements de cet historique sont tirés d'entrevues menées auprès d'écrivains, d'artistes et de réalisateurs, etc. de la SRC. Appendices: liste annotée de références; liste des interviewers; compagnies et associations. Index des noms, des titres d'émissions, etc. PN1992.8 C46 R34 1988   791.4575083

3735

Stewart, Sandy. – *From coast to coast : a personal history of radio in Canada.* – Toronto : CBC Enterprises, c1985. – xi, 191 p. : ill., ports. – 0887941885 (pa.) 0887941478 (bd.)

History of Canadian radio broadcasting and of the people and organizations involved, with particular reference to the English network of the Canadian Broadcasting Corporation. Seven principal parts: inventions, beginnings, 1906-1936, 1936-1949, 1944-1954, 1954-1970, 1970-1980. Bibliography. Name-programme index. Braille edition: (Toronto : CNIB, 1991), 4 vol. Reproduced as a sound recording: (Toronto : CNIB, 1985), 1 cassette : (5.25 hrs.) : 15/16 ips, 4 tracks, mono. (Toronto : CNIB, 1985), 4 cassettes : (6 hrs.) : 1 7/8 ips, 2 tracks, mono. Replaces: *A pictorial history of radio in Canada* (Toronto : Gage, 1975).   PN1991.3 C3 S73 1985   384.540971

Description historique de la radiodiffusion et de ses intervenants au Canada anglais, et plus particulièrement du réseau anglais de la Société Radio-Canada. Sept parties principales: inventions, débuts, 1906-1936, 1936-1949, 1944-1954, 1954-1970, 1970-1980. Bibliographie. Index: noms-émissions. Éd. en braille: (Toronto : CNIB, 1991), 4 vol. Sous forme d'enregistrement sonore: (Toronto : CNIB, 1985), 1 cassette : (5.25 hrs) : 15/16 iàs, 4 pistes, mono. (Toronto : CNIB, 1985), 4 cassettes : (6 hrs) : 1 7/8 iàs, 2 pistes, mono. Remplace: *A pictorial history of radio in Canada* (Toronto : Gage, 1975).   PN1991.3 C3 S73 1985   384.540971

Indexes

Index

3736

Lever, Yves. – *Index analytique de Cinéma Québec.* – [S.l.] : Y. Lever, c1984. – 72 p. – 2920664018 – Titre de la couv.

Subject and name index to articles which appeared between May 1971 and October 1978 in 58 issues of the periodical *Cinéma Québec*. Includes five separate indexes: Canadian and Quebec films, foreign films, books on film, interviews, authors. Two separate lists of films arranged by director: Quebec/Canadian and foreign. Four chronological lists: letters to *Cinéma Québec*, briefs and manifestos, criticism, theory.   PN1993 L48 1984   016.7914309714

Index confondu des sujets et noms des articles parus entre mai 1971 et oct. 1978 dans les 58 nos du périodique *Cinéma Québec*. Comporte cinq index séparés: films canadiens et québécois, films étrangers, ciné-livres, entrevues, auteurs. Deux listes distinctes des films par réalisateurs: québécois et canadiens, étrangers. Quatre listes chronologiques: lettres à *Cinéma Québec*, mémoires et manifestes, études, théorie.   PN1993 L48 1984   016.7914309714

3737

Lever, Yves. – *Index analytique d'Objectif.* – Montréal : Y. Lever, c1986. – 44 p. – 2920664042 – Titre de la couv.

Subject and name index to articles which appeared between October 1960 and September 1967 in 39 issues of the periodical *Objectif*. Includes eight separate indexes: Canadian films, Canadian directors, photographs related to Canadian film, foreign films, foreign directors, books on film, authors. PN1993.42 L45 1986 016.7914309714

Index confondu des sujets et noms des articles parus entre oct. 1960 et sept. 1967 dans les 39 nos du périodique *Objectif*. Comporte huit index séparés: films canadiens, réalisateurs canadiens, photographies concernant le cinéma canadien, films étrangers, réalisateurs étrangers, ciné-livres, auteurs. PN1993.42 L45 1986 016.7914309714

Music

Anthologies

Musique

Anthologies

3738

The Canadian musical heritage = Le patrimoine musical canadien. – Ottawa : Canadian Musical Heritage Society, 1983- . – vol. : scores, facsims., ill. – 0919883001 (set)

Anthology of Canadian popular and classical music, at amateur and professional levels. Each volume includes an introduction, information on each of the pieces, a bibliography and the scores. The series will contain 25 volumes: vol. 1, *Piano music I = Musique pour piano I* (1983); vol. 2, *Sacred choral music I = Choeurs religieux et liturgiques I* (1984); vol. 3, *Songs I to English texts = Chansons I sur des textes anglais* (1985); vol. 4, *Organ music I = Musique d'orgue I* (1985); vol. 5, *Hymn tunes = Cantiques* (1986); vol. 6, *Piano music II = Musique pour piano II* (1986); vol. 7, *Songs II to French texts = Chansons II sur des textes français* (1987); vol. 8, *Music for orchestra I = Musique pour orchestre I* (1990); vol. 9, *Sacred choral music II = Choeurs religieux et liturgiques II* (1988); vol. 10, *Opera and operetta excerpts I = Extraits d'opéras et d'opérettes I* (1991); vol. 11, *Chamber music I : piano trios = Musique de chambre I : trios avec piano* (1989); vol. 12, *Songs III to French texts = Chansons III sur des textes français* (1992); vol. 13, *Chamber music II : string quartets = Musique de chambre II : quatuors à cordes* (1992); vol. 14, *Songs IV to English texts = Chansons IV sur textes anglais* (1993); vol. 15, *Music for orchestra II = Musique pour orchestre II* (1994); vol. 16, *Secular choral music I = Choeurs profanes I* (forthcoming); vol. 17, *Music for orchestra III = Musique pour orchestre III* (forthcoming); vol. 18, *Oratorio and cantata excerpts = Extraits d'oratorios et de cantates* (forthcoming). Vols. 19-25 will cover essentially the same categories of music as the above. M2.3 C3 C33 fol. 780.26

Anthologie d'oeuvres musicales canadiennes provenant de la musique populaire et savante, de niveau amateur et professionnel. Chaque volume comprend un texte de présentation, une fiche de renseignements sur chacune des pièces, une bibliographie et les partitions musicales. Série comportera 25 vol. Vol. 1, *Piano music I = Musique pour piano I* (1983); vol. 2, *Sacred choral music I = Choeurs religieux et liturgiques I* (1984); vol. 3, *Songs I to English texts = Chansons I sur des textes anglais* (1985); vol. 4, *Organ music I = Musique d'orgue I* (1985); vol. 5, *Hymn tunes = Cantiques* (1986); vol. 6, *Piano music II = Musique pour piano II* (1986); vol. 7, *Songs II to French texts = Chansons II sur des textes français* (1987); vol. 8, *Music for orchestra I = Musique pour orchestre I* (1990); vol. 9, *Sacred choral music II = Choeurs religieux et liturgiques II* (1988); vol. 10, *Opera and operetta excerpts I = Extraits d'opéras et d'opérettes I* (1991); vol. 11, *Chamber music I : piano trios = Musique de chambre I : trios avec piano* (1989); vol. 12, *Songs III to French texts = Chansons III sur des textes français* (1992); vol. 13, *Chamber music II : string quartets = Musique de chambre II : quatuors à cordes* (1992); vol. 14, *Songs IV to English texts = Chansons IV sur textes anglais* (1993); vol. 15, *Music for orchestra II = Musique pour orchestre II* (1994); vol. 16, *Secular choral music I = Choeurs profanes I* (à paraître); vol. 17, *Music for orchestra III = Musique pour orchestre III* (à paraître); vol. 18, *Oratorio and cantata excerpts = Extraits d'oratorios et de cantates* (à paraître). Les vol. 19 à 25 couvriront grosso modo les mêmes catégories musicales que citées précédemment. M2.3 C3 C33 fol. 780.26

3739

The Canadian musical heritage = Le patrimoine musical canadien. – Ottawa : Société pour le patrimoine musical canadien, 1983- . – vol. : partitions, fac-sim., ill. – 0919883001 (série)

Anthology of Canadian popular and classical music, at amateur and professional levels. Each volume includes an introduction, information on each of the pieces, a bibliography and the scores. The series will contain 25 volumes: vol. 1, *Piano music I = Musique pour piano I* (1983); vol. 2, *Sacred choral music I = Choeurs religieux et liturgiques I* (1984); vol. 3, *Songs I to English texts = Chansons I sur des textes anglais* (1985); vol. 4, *Organ music I = Musique d'orgue I* (1985); vol. 5, *Hymn tunes = Cantiques* (1986); vol. 6, *Piano music II = Musique pour piano II* (1986); vol. 7, *Songs II to French texts = Chansons II sur des textes français* (1987); vol. 8, *Music for orchestra I = Musique pour orchestre I* (1990); vol. 9, *Sacred choral music II = Choeurs religieux et liturgiques II* (1988); vol. 10, *Opera and operetta excerpts I = Extraits d'opéras et d'opérettes I* (1991); vol. 11, *Chamber music I : piano trios = Musique de chambre I : trios avec piano* (1989); vol. 12, *Songs III to French texts = Chansons III sur des textes français* (1992); vol. 13, *Chamber music II : string quartets = Musique de chambre II :*

Anthologie d'oeuvres musicales canadiennes provenant de la musique populaire et savante, de niveau amateur et professionnel. Chaque volume comprend un texte de présentation, une fiche de renseignements sur chacune des pièces, une bibliographie et les partitions musicales. Série comportera 25 vol. Vol. 1, *Piano music I = Musique pour piano I* (1983); vol. 2, *Sacred choral music I = Choeurs religieux et liturgiques I* (1984); vol. 3, *Songs I to English texts = Chansons I sur des textes anglais* (1985); vol. 4, *Organ music I = Musique d'orgue I* (1985); vol. 5, *Hymn tunes = Cantiques* (1986); vol. 6, *Piano music II = Musique pour piano II* (1986); vol. 7, *Songs II to French texts = Chansons II sur des textes français* (1987); vol. 8, *Music for orchestra I = Musique pour orchestre I* (1990); vol. 9, *Sacred choral music II = Choeurs religieux et liturgiques II* (1988); vol. 10, *Opera and operetta excerpts I = Extraits d'opéras et d'opérettes I* (1991); vol. 11, *Chamber music I : piano trios = Musique de chambre I : trios avec piano* (1989); vol. 12, *Songs III to French texts = Chansons*

quatuors à cordes (1992); vol. 14, *Songs IV to English texts = Chansons IV sur textes anglais* (1993); vol. 15, *Music for orchestra II = Musique pour orchestre II* (1994); vol. 16, *Secular choral music I = Choeurs profanes I* (forthcoming); vol. 17, *Music for orchestra III = Musique pour orchestre III* (forthcoming); vol. 18, *Oratorio and cantata excerpts = Extraits d'oratorios et de cantates* (forthcoming). Vols. 19-25 will cover essentially the same categories of music as the above.   M2.3 C3 C33 fol.   780.26

III sur des textes français (1992); vol. 13, *Chamber music II : string quartets = Musique de chambre II : quatuors à cordes* (1992); vol. 14, *Songs IV to English texts = Chansons IV sur textes anglais* (1993); vol. 15, *Music for orchestra II = Musique pour orchestre II* (1994); vol. 16, *Secular choral music I = Choeurs profanes I* (à paraître); vol. 17, *Music for orchestra III = Musique pour orchestre III* (à paraître); vol. 18, *Oratorio and cantata excerpts = Extraits d'oratorios et de cantates* (à paraître). Les vol. 19 à 25 couvriront grosso modo les mêmes catégories musicales que citées précédemment.   M2.3 C3 C33 fol.   780.26

Archival Resources

Fonds d'archives

3740

Archives nationales du film, de la télévision et de l'enregistrement sonore (Canada). – *Catalogue collectif des documents sonores de langue française (Tome 1: 1916-1950).* – Sous la direction de Jacques Gagné et Jean-Paul Moreau. – Ottawa : Archives publiques Canada, 1981. – xxxi, 371 p. : ill. – 0662911407

1,243 sound recordings in French, held by six archival depositories in Canada. Arranged chronologically. For each recording, the following information is provided: a descriptive title, date of recording, brief analysis of content, names of persons involved in production, provenance, duration, repository and accession number. The introduction is also printed in English. Name-title-subject index.   ML156.2 G23 fol.   018.138

1 243 documents sonores de langue française conservés dans six dépôts d'archives au Canada. Classement chronologique. Pour chaque document figurent un titre descriptif, la date de l'enregistrement, une brève analyse du contenu, les noms des personnes impliquées dans la production, l'origine, la durée, le dépôt d'archives et le numéro d'accession. Le texte d'introduction est aussi rédigé en anglais. Un index: onomastique-titres-sujets.   ML156.2 G23 fol.   018.138

3741

Bibliothèque nationale du Canada. Division de la musique. – *Catalogue des fonds et collections d'archives de la Division de la musique.* – Par Jeannine Barriault et Stéphane Jean. – Ottawa : Bibliothèque nationale du Canada, 1994. – xiv, 115, 109, xiv p. : ill. – 0660590867 – Titre de la p. de t. additionnelle : *Catalogue of the archival fonds and collections of the Music Division.*

Catalogue of 229 archival fonds relating to Canadian music and musicians, as well as collections of manuscripts, photographs and concert programmes held by the Music Division of the National Library of Canada. Arranged alphabetically by name. For each archival fonds or collection, the following information is provided: name of person or organization, years of birth and death or of activity, call number, title, inclusive dates, quantity of textual records, iconographic records and sound recordings, biographical sketch or administrative history, description of fond or collection, source of acquisition, restrictions on access, availability of finding aids and existence of associated material. An index to names in the descriptive section.   ML136 O88 N38 1994 fol.   016.780971

229 fonds d'archives liés à la musique et aux musiciens canadiens ainsi qu'aux collections de manuscrits, de photographies et de programmes de concerts conservés à la Division de la musique de la Bibliothèque nationale du Canada. Classement alphabétique des noms. Pour chaque fonds d'archives ou collection figurent le nom de la personne ou de l'organisme, les années de naissance et de décès ou d'activité, la cote, le titre, les années extrêmes, l'envergure des documents textuels, le nombre de documents iconographiques et sonores, la notice biographique ou l'histoire administrative, la description du fonds ou de la collection, la source d'acquisition, les restrictions d'accès, les instruments de recherche et la mention de versements complémentaires. Un index onomastique de la section descriptive.   ML136 O88 N38 1994 fol.   016.780971

3742

Bolduc, Anicette. – *Catalogue collectif des archives musicales au Québec.* – Montréal : Association pour l'avancement de la recherche en musique du Québec, 1988. – [vii], 127 p. – (Les cahiers de l'ARMuQ ; n° 9). – 0821-1817

Inventory of approximately 300 musical fonds held by 61 archives of Quebec. Arranged alphabetically by title of fonds. The description of each fonds includes information on the individuals or organizations that created the fonds, such as dates, locations and occupations, the accession number, data on materials in various formats, number of items, inclusive dates, restrictions on consultation, and finding aids. List of fonds by repository. Directory of the 61 archival repositories. Name-title index.   ML136 A1 B687 1988   016.78

Inventaire de quelque 300 fonds musicaux conservés dans 61 dépôts d'archives du Québec. Classement alphabétique des titres de fonds. La description de chaque fonds comprend des renseignements sur les individus ou organismes à l'origine du fonds tels que dates, lieux et occupations, le numéro d'accession, des données sur les documents par types de supports, quantité, dates extrêmes et restriction à la consultation, et le signalement d'instruments de recherche. Liste des fonds par dépôts d'archives. Répertoire des 61 dépôts d'archives. Un index: noms-titres.   ML136 A1 B687 1988   016.78

3743

National Library of Canada. Music Division. – *Catalogue of the archival fonds and collections of the Music Division.* – By Jeannine Barriault and Stéphane Jean. – Ottawa : National Library of Canada, 1994. – xiv, 109, 115, xiv p. : ill. – 0660590867 – Title on added t.p. : *Catalogue des fonds et collections d'archives de la Division de la musique.*

Catalogue of 229 archival fonds relating to Canadian music and musicians, as well as collections of manuscripts, photographs and concert programmes held by the Music Division of the National Library of Canada. Arranged alphabetically by name. For each

229 fonds d'archives liés à la musique et aux musiciens canadiens ainsi qu'aux collections de manuscrits, de photographies et de programmes de concerts conservés à la Division de la musique de la Bibliothèque nationale du Canada. Classement alphabétique des

archival fonds or collection, the following information is provided: name of person or organization, years of birth and death or of activity, call number, title, inclusive dates, quantity of textual records, iconographic records and sound recordings, biographical sketch or administrative history, description of fond or collection, source of acquisition, restrictions on access, availability of finding aids and existence of associated material. An index to names in the descriptive section. ML136 O88 N38 1994 fol. 016.780971

noms. Pour chaque fonds d'archives ou collection figurent le nom de la personne ou de l'organisme, les années de naissance et de décès ou d'activité, la cote, le titre, les années extrêmes, l'envergure des documents textuels, le nombre de documents iconographiques et sonores, la notice biographique ou l'histoire administrative, la description du fonds ou de la collection, la source d'acquisition, les restrictions d'accès, les instruments de recherche et la mention de versements complémentaires. Un index onomastique de la section descriptive. ML136 O88 N38 1994 fol. 016.780971

Bibliographies of Bibliographies

Bibliographies de bibliographies

3744

Proctor, George A. – *Sources in Canadian music : a bibliography of bibliographies* = *Les sources de la musique canadienne : une bibliographie des bibliographies.* – 2nd ed. – Sackville (N.B.) : Ralph Pickard Bell Library, Mount Allison University, 1979. – 36 p. – (Publication in music ; no. 4). – 0888280270

1st ed., 1975. Annotated bibliography of 157 bibliographies in Canadian music. Arranged by subject, such as biographies, scores, music education, folk music, theses, etc. Name and title indexes. ML120 C3 P76 1979 fol. 016.016780971

1re éd., 1975. Bibliographie annotée portant sur 157 bibliographies en musique canadienne. Classement par sujets tels que biographie, partitions, éducation musicale, musique folklorique, thèses, etc. Deux index: noms, titres. ML120 C3 P76 1979 fol. 016.016780971

Bibliographies and Catalogues

Bibliographies et catalogues

3745

A basic bibliography of musical Canadiana. – Frederick A. Hall, Sharyn Lea Hall, D. Bruce Minorgan, Kathryn Minorgan, Nadia Turbide. – Toronto : [Faculty of Music, University of Toronto and the Graduate Students' Union, University of Toronto], 1970. – [4], 38 leaves.

Bibliography of works on Canadian music. Arranged by category: bibliographies, theses, history, biographies, compositions, education, etc. Includes references in French. ML120 C3 B3 fol. 016.780971

Bibliographie d'ouvrages portant sur la musique canadienne. Classement par catégories: bibliographies, thèses, histoire, biographies, compositions, éducation, etc. Comprend des références en français. ML120 C3 B3 fol. 016.780971

3746

Bégin, Carmelle. – *Opus : la facture instrumentale au Canada.* – Carmelle Bégin avec le concours de Constance Lebel. – Hull (Québec) : Musée canadien des civilisations, c1992. – 148 p.: ill. (certaines en coul.). – 0660905582

Catalogue for an exhibition of 102 musical instruments made in Canada by some sixty contemporary instrument makers. The instruments are part of the permanent collection of the Canadian Museum of Civilization. Organized around four themes: making musical instruments, history, aesthetics and symbolism. The description of each instrument includes the name of the maker, location and year of construction, materials used, dimensions and classification number. Biographical notes are included. Two bibliographies: general, selective. Two indexes: instrument makers, instruments. Also published in English under the title: *Opus : the making of musical instruments in Canada.* ML462 H85 M87 1992 784.19074714221

Catalogue d'exposition de 102 instruments de musique fabriqués au Canada par une soixantaine de luthiers et facteurs contemporains et qui font partie de la collection permanente du Musée canadien des civilisations. Présentation en quatre thèmes: la facture, l'historique, l'esthétique et la symbolique. La description de chaque instrument comprend le nom de l'artisan, sa localité, l'année de réalisation, les matériaux utilisés, les dimensions et le numéro de classement. Des notices biographiques sont incluses. Deux bibliographies: générale, sélective. Deux index: facteurs, instruments. Publié aussi en anglais sous le titre: *Opus : the making of musical instruments in Canada.* ML462 H85 M87 1992 784.19074714221

3747

Bégin, Carmelle. – *Opus : the making of musical instruments in Canada.* – Carmelle Bégin with the assistance of Constance Lebel. – Hull (Quebec) : Canadian Museum of Civilization, c1992. – 148 p.: ill. (some col.). – 0660140063

Catalogue for an exhibition of 102 musical instruments made in Canada by some sixty contemporary instrument makers. The instruments are part of the permanent collection of the Canadian Museum of Civilization. Organized around four themes: making musical instruments, history, aesthetics and symbolism. The description of each instrument includes the name of the maker, location and year of construction, materials used, dimensions and classification number. Biographical notes are included. Two bibliographies: general, selective. Two indexes: instrument makers, instruments. Also published in French under the title: *Opus : la facture instrumentale au Canada.* ML462 H84 M87 1992 784.19074714221

Catalogue d'exposition de 102 instruments de musique fabriqués au Canada par une soixantaine de luthiers et facteurs contemporains et qui font partie de la collection permanente du Musée canadien des civilisations. Présentation en quatre thèmes: la facture, l'historique, l'esthétique et la symbolique. La description de chaque instrument comprend le nom de l'artisan, sa localité, l'année de réalisation, les matériaux utilisés, les dimensions et le numéro de classement. Des notices biographiques sont incluses. Deux bibliographies: générale, sélective. Deux index: facteurs, instruments. Publié aussi en français sous le titre: *Opus : la facture instrumentale au Canada.* ML462 H84 M87 1992 784.19074714221

3748

Bibliothèque nationale du Québec. – *La chanson au Québec, 1965-1975.* – Normand Cormier, Ghislaine Houle, Suzanne Lauzier, Yvette Trépanier. – Montréal : Bibliothèque nationale du Québec, 1975. – ix, 219 p. – (Bibliographies québécoises ; n° 3).

2,049 bibliographic references for works about Quebec popular song, resulting from a non-exhaustive search of four daily newspapers and some twenty periodicals, published between 1965 and 1975. In two parts: monographs and periodical articles. Two indexes: title, subject. ML125 Q4 C5 fol. 016.7824209714

2 049 références bibliographiques sur la chanson populaire québécoise, provenant du dépouillement non exhaustif de quatre quotidiens et d'une vingtaine de périodiques, parus entre 1965 et 1975. Présentation en deux parties: monographies et articles de périodiques. Deux index: titres, sujets. ML125 Q4 C5 fol. 016.7824209714

3749

Bradley, Ian L. – *A selected bibliography of musical Canadiana.* – Rev. ed. – Victoria : University of Victoria ; [Agincourt, Ont.] : GLC Publishers, c1976. – [vi], 177, [2] p. : ports. – 0888740506

1st ed., 1974. Bibliography of over 2,000 references on Canadian music. Arranged by category, such as bibliographies, theses, biographies, compositions, education, etc. Includes references in French. ML120 C3 B73 1976 fol. 016.780971

1ʳᵉ éd., 1974. Bibliographie de plus de 2 000 références portant sur la musique canadienne. Classement par catégories telles que bibliographies, thèses, biographies, compositions, éducation, etc. Comprend des références en français. ML120 C3 B73 1976 fol. 016.780971

3750

Chants pour la liturgie : onze années de bibliographie canadienne (1968-1978), suivie d'un index général descriptif. – [Compilée par] V. Bernard. – Québec : ALPEC. Animation et liturgie par l'expression et la communication, 1980. – 59 p. – 2920198009

Annotated bibliography of 30 works published between 1968 and 1978, listing more than 800 hymns in French. 750 of these are entirely or partly of Canadian origin. Arranged chronologically. Each entry includes bibliographic reference, number of hymns, recordings available, extract from the preface, etc. Two indexes: hymns, works. Table of authors and composers. Directory of seven publishers and two resource organizations. ML128 S2 C45 fol. 016.7823

Bibliographie annotée de 30 ouvrages répertoriant plus de 800 cantiques de langue française, dont 750 sont d'origine ou de contribution canadienne, parus entre 1968 et 1978. Classement chronologique. Chaque notice comprend la référence bibliographique avec des informations complémentaires telles que nombre de chants, enregistrements disponibles, extrait de préface, etc. Deux index: cantiques, ouvrages. Table des auteurs et compositeurs. Répertoire de sept éditeurs et deux organismes-ressources. ML128 S2 C45 fol. 016.7823

3751

Canadian National Institute for the Blind. Music Library. – *Catalogue of music literature : 1984 braille-cassette = Catalogue de littérature musicale : 1984 braille-cassette.* – [Toronto] : Canadian National Institute for the Blind, National Library Division, Music Library, [1984?]. – viii, 210 p. – Cover title.

Bibliography of 600 monographs transcribed into braille or reproduced as talking books, held by the Music Library of the Canadian National Institute for the Blind. Two parts: braille and recordings arranged within categories such as biography, history, orchestra, etc. A few entries include an annotation in the language of the material. Monographs in English are transcribed into grade 2 English braille; those in French, into abridged French braille. The talking books require special equipment. Two indexes: title, author. ML136 T7 C324 fol. 016.78

Bibliographie de 600 monographies transcrites en braille ou en livre parlé, conservées à l'Institut national canadien pour les aveugles, Bibliothèque de musique. Deux parties: braille et enregistrement. Classement par sujets tels que biographie, histoire, orchestre, etc. Quelques notices comportent une annotation dans la langue du document. Les monographies de langue anglaise sont transcrites en braille anglais, niveau deux, et celles de langue française, en braille français abrégé. L'audition des livres parlés requiert un appareil spécial. Deux index: titres, auteurs. ML136 T7 C324 fol. 016.78

3752

Gibbons, Roy W. – *The CCFCS collection of musical instruments.* – Ottawa : National Museums of Canada, 1982-1984. – 3 vol. (xi, 161 ; xii, 121 ; viii, 267 p.) : ill., tables. – (Mercury series) (Paper - Canadian Centre for Folk Culture Studies ; nos. 43-45). – 0316-1897 0316-1854

Catalogue of 426 folk music instruments from the collection of the Canadian Centre for Folk Culture Studies. Each volume is in two parts: a main section subdivided by instrument and a second section arranged in the sequential order of the catalogue. The description of each authenticated instrument in the main section includes a photograph and/or sketches, acquisition number, country or culture of origin, material used, dimensions, location and date of acquisition. The description of each manufactured or undocumented instrument in the second part includes the same type of information as in the first, without the illustrations. Two indexes per volume: instruments and countries or cultures. Two bibliographies per volume: general, selective. Two cumulative indexes: instruments and countries or cultures. Includes a summary in French. Vol. 1, *Aerophones*; vol. 2, *Idiophones and membraphones*; vol. 3, *Chordophones*. ML462 O8 C3 fol. 784.19

Catalogue de 426 instruments de musique populaire de la collection du Centre d'études sur la culture traditionnelle. Chaque volume se subdivise en deux parties: la partie principale se subdivise par instruments et la partie secondaire est répertoriée en ordre séquentiel du catalogue. La description de chaque instrument authentifié de la partie principale comprend une photographie et (ou) des croquis, le numéro d'acquisition, le pays ou l'aire culturelle d'origine, les matériaux utilisés, les dimensions, la localisation et la date d'acquisition. La description de chaque instrument produit en usine ou non documenté de la partie secondaire comprend le même genre d'informations que la partie principale sauf les illustrations. Deux index par volume: instruments, pays ou aires culturelles. Deux bibliographies par volume: générale, sélective. Deux index cumulatifs: instruments, pays ou aires culturelles. Comprend un résumé en français. Vol. 1, *Aerophones*; vol. 2, *Idiophones and membraphones*; vol. 3, *Chordophones*. ML462 O8 C3 fol. 784.19

3753

Institut national canadien pour les aveugles. Bibliothèque de musique. – *Catalogue of music literature : 1984 braille-cassette = Catalogue de littérature musicale : 1984 braille-cassette.* – [Toronto] : Institut national canadien pour les aveugles, Division de la bibliothèque nationale, Bibliothèque de musique, [1984?]. – viii, 210 p. – Titre de la couv.

Bibliography of 600 monographs transcribed into braille or reproduced as talking books, held by the Music Library of the Canadian National Institute for the Blind. Two parts: braille and recordings arranged within categories such as biography, history, orchestra, etc. A few entries include an annotation in the language of the material. Monographs in English are transcribed into grade 2 English braille; those in French, into abridged French braille. The talking books require special equipment. Two indexes: title, author. ML136 T7 C324 fol. 016.78

Bibliographie de 600 monographies transcrites en braille ou en livre parlé, conservées à l'Institut national canadien pour les aveugles, Bibliothèque de musique. Deux parties: braille et enregistrement. Classement par sujets tels que biographie, histoire, orchestre, etc. Quelques notices comportent une annotation dans la langue du document. Les monographies en anglais sont transcrites en braille anglais, niveau deux, et celles en français, en braille français abrégé. L'audition des livres parlés requiert un appareil spécial. Deux index: titres, auteurs. ML136 T7 C324 fol. 016.78

3754

Keillor, Elaine. – *A bibliography of items on music in Canada.* – [Toronto?] : E. Keillor, c1972. – 89 leaves. – Cover title.

Chronological listing of 1,214 articles on Canadian musical life, which appeared in nine serials between 1883 and 1937. Name index. ML120 C3 K4 fol. 016.780971

Recension chronologique de 1 214 articles traitant de la vie musicale canadienne, parus dans neuf publications en série entre 1883 et 1937. Index des noms. ML120 C3 K4 fol. 016.780971

3755

Keillor, Elaine. – *Canadian items in The musical courier, 1880-1897.* – [Toronto?] : E. Keillor, c1974. – 25 leaves. – Cover title.

Index of names and places for 249 articles relating to Canadian music which appeared in the serial *The musical courier.* Listed in chronological order. Continued by: *Bibliography of items on music in Canada in The musical courier, 1898-1903.* ML120 C3 K412 fol. 016.780971

Index par noms ou par localités de 249 articles liés à la musique canadienne, parus dans la publication en série *The musical courier.* Recension chronologique. Suivi de: *Bibliography of items on music in Canada in The musical courier, 1898-1903.* ML120 C3 K412 fol. 016.780971

3756

Keillor, Elaine. – *Bibliography of items on music in Canada in The musical courier, 1898-1903.* – Compiled by Elaine Keillor with the assistance of Susan Baskin. – Ottawa : E. Keillor, 1979. – 27 leaves. – Cover title.

Continues: *Canadian items in The musical courier, 1880-1897.* Chronological listing of articles about Canadian musical life which appeared in 218 issues of the serial *The musical courier.* No index. ML120 C3 K413 fol. 016.780971

Fait suite à: *Canadian items in The musical courier, 1880-1897.* Inventaire des articles liés à la vie musicale canadienne, parus dans la publication en série *The musical courier.* Classement chronologique de 218 numéros. Aucun index. ML120 C3 K413 fol. 016.780971

3757

Laflamme, Claire. – *Bibliographie analytique de la littérature musicale canadienne-française.* – Québec : [s.n.], 1950. – 75 f. (feuilles mobiles) : ill. – Thèse, diplôme, Université Laval, 1950.

Annotated bibliography of 239 references to French-Canadian literature on music. Three parts: manuscripts (1934-1950); monographs and pamphlets (1828-1950); periodical articles (1940-1950). Index of authors, titles and names cited. Reproduced in microform format: *Les bibliographies du cours de bibliothéconomie de l'Université Laval, 1947-1966* (Montréal : Bibliothèque nationale du Québec, 1978-1980), no. 146. ML120 016.780971

Bibliographie annotée de 239 références portant sur la littérature musicale au Canada français. Trois parties: manuscrits (1934-1950); monographies et brochures (1828-1950); articles de périodiques (1940-1950). Un index: auteurs-titres-noms cités. Reproduit sur support microforme: *Les bibliographies du cours de bibliothéconomie de l'Université Laval, 1947-1966* (Montréal : Bibliothèque nationale du Québec, 1978-1980), n° 146. ML120 016.780971

3758

Ralph Pickard Bell Library. – *Catalogue of Canadian folk music in the Mary Mellish Archibald Library and other special collections.* – [Compiled by Eleanor E. Magee, librarian, and Margaret Fancy, special collections librarian]. – [Sackville, N.B.] : Ralph Pickard Bell Library, Mount Allison University, [1974?]. – iv leaves, 88 p. – (Library publication ; no. 5).

264 bibliographic references to English- and French-language material on Canadian folk music, held by the Ralph Pickard Bell Library. Arranged by category, such as bibliographies, periodicals, records, scores, etc. Two indexes: author-subject-title, song. ML128 F74 M6 fol. 016.7816200971

264 références bibliographiques des documents de langues anglaise et française se rapportant à la musique folklorique canadienne, conservés à Ralph Pickard Bell Library. Classement par catégories telles que bibliographies, périodiques, disques, partitions, etc. Deux index: auteurs-sujets-titres, chansons. ML128 F74 M6 fol. 016.7816200971

3759

A reference list on Canadian folk music. – Rev. and updated. – Calgary : Canadian Folk Music Society ; Toronto : Canadian Music Centre, 1978. – 16 p.

1st ed., 1966. Revised and updated, 1973. Bibliography of material on Canadian folk music. In three parts: books, pamphlets and articles arranged by language; compositions listed by musical genre; records, divided into traditional and non-traditional sources. Includes some references in French. ML128 F74 C3 1973 016.7816200971

1re éd., 1966. Rev. et mise à jour, 1973. Bibliographie d'ouvrages se rapportant à la musique folklorique canadienne. Présentation en trois parties: livres, brochures et articles classés par langues; compositions répertoriées par genres musicaux; et disques subdivisés selon deux sources: traditionnelle et non traditionnelle. Comprend des références en français. ML128 F74 C3 1973 016.7816200971

3760

Répertoire bibliographique de textes de présentation générale et d'analyse d'oeuvres musicales canadiennes (1900-1980) = Canadian musical works 1900-1980 : a bibliography of general and analytical sources. – Under the direction of Lucien Poirier. – [Ottawa] : Canadian Association of Music Libraries, c1983. – xiv, 96 p. – (Publications - Canadian Association of Music Libraries ; 3). – 0969058322

1,995 bibliographical references from 82 secondary sources, relating to approximately 1,500 serious musical works written between 1900 and 1980 by more than 165 Canadian composers. Alphabetically arranged by composer and by musical work. Author index. Bibliography. ML120 C3 R425 fol. 016.780971

1 995 références bibliographiques de 82 sources secondaires, se rapportant à environ 1 500 oeuvres de musique savante écrites entre 1900 et 1980 par plus de 165 compositeurs canadiens. Classement alphabétique des compositeurs et des oeuvres. Index des auteurs. Bibliographie. ML120 C3 R425 fol. 016.780971

3761

Répertoire bibliographique de textes de présentation générale et d'analyse d'oeuvres musicales canadiennes (1900-1980) = Canadian musical works 1900-1980 : a bibliography of general and analytical sources. – Sous la direction [de] Lucien Poirier. – [Ottawa] : Association canadienne des bibliothèques musicales, c1983. – xiv, 96 p. – (Publications - Association canadienne des bibliothèques musicales ; 3). – 0969058322

1,995 bibliographic references from 82 secondary sources, relating to approximately 1,500 serious musical works written between 1900 and 1980 by more than 165 Canadian composers. Alphabetically arranged by composer and by musical work. Author index. Bibliography. ML120 C3 R425 fol. 016.780971

1 995 références bibliographiques de 82 sources secondaires, se rapportant à environ 1 500 oeuvres de musique savante écrites entre 1900 et 1980 par plus de 165 compositeurs canadiens. Classement alphabétique des compositeurs et des oeuvres. Index des auteurs. Bibliographie. ML120 C3 R425 fol. 016.780971

3762

Wilfrid Laurier University. Library. – *Music in Canada : a bibliography of resources in W.L.U. Library.* – By Diane E. Peters. – Waterloo (Ont.) : The Library, Wilfrid Laurier University, 1991. – 24 p. – 0921821158

Bibliography of material on Canadian music held by the Wilfrid Laurier University Library. Arranged by type of material, such as bibliographies, dictionaries, periodicals, monographs, etc., subdivided by subject. Call numbers and some annotations. Title index. ML136 W327 W678 1991 fol. 016.780971

Notices bibliographiques des documents portant sur la musique canadienne, conservés à la bibliothèque de la Wilfrid Laurier University. Classement par types de documents tels que bibliographies, dictionnaires, périodiques, monographies, etc., subdivisés par sujets. Cotes et quelques annotations. Index des titres. ML136 W327 W678 1991 fol. 016.780971

Bibliographies and Catalogues of Music

Bibliographies et catalogues de musique

3763

Bibliothèque nationale du Québec. Section de la musique. – *Catalogue des partitions musicales publiées avant 1968.* – Notices établies par la Section de la musique ; sous la direction d'Hélène Boucher. – Montréal : Bibliothèque nationale du Québec, 1994- . – vol. : fac-sim. – 2551133773 (vol. 1)

This series will list nearly 5,000 scores published within or outside of Quebec, and with Quebec or French North American content. To be complete in seven volumes. The works listed are part of the music collection of the Bibliothèque nationale du Québec. Compilations of popular songs and unharmonized hymns are excluded. Approximately 700 titles are covered per volume, in the order of acquisition. Arrangement of material may vary from one volume to another. Volume I is in three main parts: secular vocal music, sacred vocal music and instrumental music. Bibliography. Three indexes: general, chronological, musical form. ML136 M8 B58 1994 fol. 016.7809714

Série devant comporter environ sept tomes et totaliser près de 5 000 partitions musicales publiées au Québec ou à l'extérieur du Québec, si le contenu est québécois ou originant de la francophonie nord-américaine. Les oeuvres recensées font partie de la collection de musique de la Bibliothèque nationale du Québec. Exclut les compilations de chants populaires et de cantiques sans harmonisations. Regroupement par tomes d'environ 700 titres selon l'ordre des arrivages. Présentation selon un plan de classement pouvant varier d'un tome à l'autre. Le tome I comporte trois parties principales: musique vocale profane et sacrée, et instrumentale. Bibliographie. Trois index: général, chronologique, formes musicales. ML136 M8 B58 1994 fol. 016.7809714

3764

Cammac. Music Library. – [*Cammac catalogue*]. – [Montreal : the Library, 1976?]. – 3 vol. ([x], 54 ; [xii, 67] ; [x, 17] p.) (loose-leaf) (Pages numbered: 54, 155-221, 300-316).

List of scores held by the Music Library of Cammac, a Canadian association of amateur musicians. Vol. 1, *Vocal music = Musique vocale*; vol. 2, *Orchestral & chamber music = Musique orchestrale et de chambre*; vol. 3, *Recorder music = Musique pour flûte à bec*. Arranged according to Dewey decimal classification. The description of each work appears in the language of the title of the piece, with name of composer and number of copies available. Replaces: 1962, *Catalogue*; 1963, *Catalogue. Supplement I.* ML139 C184 1976 fol. 016.78

Recension des partitions conservées à la Musicothèque de Cammac, une association de musiciens amateurs du Canada. Vol. 1, *Vocal music = Musique vocale*; vol. 2, *Orchestral & chamber music = Musique orchestrale et de chambre*; vol. 3, *Recorder music = Musique pour flûte à bec*. Classement selon le système de classification Dewey. La description de chaque oeuvre est dans la langue du titre de la pièce musicale avec le nom du compositeur et le nombre de copies disponibles. Remplace: 1962, *Catalogue*; 1963, *Catalogue. Supplément I.* ML139 C184 1976 fol. 016.78

3765

Cammac. Musicothèque. – [*Cammac catalogue*]. – [Montréal : la Musicothèque, 1976?]. – 3 vol. ([x], 54 ; [xii, 67] ; [x, 17] p.) (feuilles mobiles) (Pages numérotées: 54, 155-221, 300-316).

List of scores held by the Music Library of Cammac, a Canadian association of amateur musicians. Vol. 1, *Vocal music = Musique vocale*; vol. 2, *Orchestral & chamber music = Musique orchestrale et de chambre*; vol. 3, *Recorder music = Musique pour flûte à bec*. Arranged according to Dewey decimal classification. The description of each work appears in the language of the title of the piece, with name of composer and number of copies available. Replaces: 1962, *Catalogue*; 1963, *Catalogue. Supplement I.* ML139 C184 1976 fol. 016.78

Recension des partitions conservées à la Musicothèque de Cammac, une association de musiciens amateurs du Canada. Vol. 1, *Vocal music = Musique vocale*; vol. 2, *Orchestral & chamber music = Musique orchestrale et de chambre*; vol. 3, *Recorder music = Musique pour flûte à bec*. Classement selon le système de classification Dewey. La description de chaque oeuvre est dans la langue du titre de la pièce musicale avec le nom du compositeur et le nombre de copies disponibles. Remplace: 1962, *Catalogue*; 1963, *Catalogue. Supplément I.* ML139 C184 1976 fol. 016.78

3766

Canadian Music Centre. – *Canadian chamber music = Musique de chambre canadienne.* – Toronto : the Centre, c1980. – 1 vol. (unpaged). – 0969083645

List of 1,738 scores for chamber music by Canadian composers, held by the lending libraries of the Canadian Music Centre. Arranged alphabetically by composer. The description of each work includes title, instrumentation, number and titles of movements, code for degree of difficulty, duration, publisher, year of composition, information on text, recordings and explanatory notes, when appropriate. Index of works arranged by instrumental combination subdivided by composer. Directory of music publishers in Canada and copyright associations.

Replaces: 1967, *Catalogue of chamber music available on loan from the library of the Canadian Music Centre = Catalogue de musique de chambre disponible à la musicothèque du Centre musical canadien*; 1976, *List of Canadian chamber music : supplementary to the CMC 1967 catalogue of Canadian chamber music = Musique de chambre canadienne : liste supplémentaire au catalogue de 1967 de musique de chambre canadienne.* ML128 C4 C212 016.785

Recension de 1 738 partitions de compositions canadiennes pour musique de chambre conservées dans les musicothèques de prêt du Centre de musique canadienne. Classement alphabétique des compositeurs. La description de chaque oeuvre musicale comprend le titre, l'instrumentation, les mouvements, le degré de difficulté sous forme de code, la durée, l'éditeur, l'année de composition, des renseignements sur le texte, l'enregistrement sonore et de notes explicatives lorsqu'approprié. Index des oeuvres par instrumentations subdivisées par compositeurs. Répertoire des éditeurs de musique et des sociétés de droit d'auteur au Canada.

Remplace: 1967, *Catalogue of chamber music available on loan from the library of the Canadian Music Centre = Catalogue de musique de chambre disponible à la musicothèque du Centre musical canadien*; 1976, *List of Canadian chamber music : supplementary to the CMC 1967 catalogue of Canadian chamber music = Musique de chambre canadienne : liste supplémentaire au catalogue de 1967 de musique de chambre canadienne.* ML128 C4 C212 016.785

3767

Canadian Music Centre. – *Canadian choral music : catalogue = Catalogue, musique chorale canadienne.* – Compiled and edited by Mitchell Kitz ; project coordinator, Mark Hand. – [4th ed.]. – Toronto : the Centre, 1993. – 271 p. – 0921519168

List of 2,191 scores for Canadian choral music, held by the music lending libraries of the Canadian Music Centre. In four main categories: mixed choirs, women's choirs, men's choirs, and children's choirs or unison choirs. For each choral work, the following information is included: call number, bibliographical information, duration, subject headings, type of choir, number of soloists and instrumentation required. Title-composer index. 1st ed., 1966; 2nd ed., 1970, *Catalogue of Canadian choral music available for perusal from the library of the Canadian Music Centre*; 3rd ed., 1978, *Catalogue of Canadian choral music = Catalogue de musique chorale canadienne.* ML128 C4 C3 1993 fol. 016.7825

2 191 partitions de compositions canadiennes pour chorale, conservées dans les musicothèques de prêt du Centre de musique canadienne. Présentation en quatre catégories principales: choeurs mixtes, de femmes, d'hommes, d'enfants ou à l'unisson. Pour chaque oeuvre chorale figurent la cote, les informations bibliographiques, la durée, les vedettes-matière, le type de choeur, le nombre de soloistes et l'instrumentation requise. Un index: titres-compositeurs. 1re éd., 1966; 2e éd., 1970, *Catalogue of Canadian choral music available for perusal from the library of the Canadian Music Centre*; 3e éd., 1978, *Catalogue of Canadian choral music = Catalogue de musique chorale canadienne.* ML128 C4 C3 1993 fol. 016.7825

3768

Canadian Music Centre. – *Canadian compositions for band = Oeuvres canadiennes pour fanfare et harmonie.* – Toronto : the Centre, 1977. – 5 leaves. – Cover title.

List of scores for brass band and concert band by Canadian composers, held by the music lending libraries of the Canadian Music Centre. Alphabetically arranged by composer. No index. ML128 B23 C25 fol. 016.7848

Recension des partitions de compositions canadiennes pour fanfare et harmonie conservées dans les musicothèques de prêt du Centre de musique canadienne. Classement alphabétique des compositeurs. Aucun index. ML128 B23 C25 fol. 016.7848

3769

Canadian Music Centre. – *Canadian music for accordion = Musique canadienne pour accordéon.* – Toronto : the Centre, 1982. – [4], 14 p. – Cover title.

List of scores for accordion by Canadian composers, held by the music lending libraries of the Canadian Music Centre. In three parts, solo, ensemble, orchestra, each of which is arranged alphabetically by composer. The description of each musical work includes title, instrumentation, code for degree of difficulty, duration, year of composition, publisher and classification number of sound recording, when applicable. No index. ML128 A3 C212 1982 016.78886

Recension des partitions de compositions canadiennes pour accordéon conservées dans les musicothèques de prêt du Centre de musique canadienne. Trois parties: solo, ensemble, orchestre, subdivisées selon l'ordre alphabétique des compositeurs. La description de chaque oeuvre comprend le titre, l'instrumentation, le degré de difficulté sous forme de code, la durée, l'année de composition, l'éditeur et le numéro de classification de l'enregistrement sonore lorsqu'approprié. Aucun index. ML128 A3 C212 1982 016.78886

3770

Canadian Music Centre. – *Canadian music for bassoon = Musique canadienne pour basson.* – Toronto : the Centre, 1982. – [4], 27 p. – Cover title.

List of scores for bassoon by Canadian composers, held by the music lending libraries of the Canadian Music Centre. Six parts: solo, bassoon and keyboard instruments, bassoon ensemble, ensemble with bassoon, chamber ensemble, orchestra, each of which is alphabetically arranged by composer. The description of each piece of music includes title, instrumentation, code for degree of difficulty, duration, year of composition, publisher, and sound recording classification number, if applicable. No index. ML128 B39 C212 1982 016.78858

Recension des partitions de compositions canadiennes pour basson conservées dans les musicothèques de prêt du Centre de musique canadienne. Six parties: solo, basson et clavier, ensemble de bassons, ensemble avec basson, ensemble de chambre, orchestre, subdivisées selon l'ordre alphabétique des compositeurs. La description de chaque oeuvre musicale comprend le titre, l'instrumentation, le degré de difficulté sous forme de code, la durée, l'année de composition, l'éditeur et le numéro de classification d'enregistrement sonore lorsqu'approprié. Aucun index. ML128 B39 C212 1982 016.78858

3771

Canadian Music Centre. – *Canadian music for clarinet = Musique canadienne pour clarinette.* – Toronto : the Centre, 1981. – [4], 45 p. – Cover title.

List of scores for clarinet by Canadian composers, held by the music lending libraries of the Canadian Music Centre. Six parts: solo, clarinet and keyboard instrument, clarinet ensemble, ensemble with clarinet, chamber ensemble, orchestra, each of which is alphabetically arranged by composer. The description of each work includes title, instrumentation, code for degree of difficulty, duration, year of composition, publisher and sound recording classification number, when appropriate. No index. Replaces: 1978, *Canadian music featuring clarinet.* ML128 C58 C25 1981 016.78862

Recension des partitions de compositions canadiennes pour clarinette, conservées dans les musicothèques de prêt du Centre de musique canadienne. Six parties: solo, clarinette et clavier, ensemble de clarinettes, ensemble avec clarinette, ensemble de chambre, orchestre, subdivisées selon l'ordre alphabétique des compositeurs. La description de chaque oeuvre musicale comprend le titre, l'instrumentation, le degré de difficulté sous forme de code, la durée, l'année de composition, l'éditeur et le numéro de classification de l'enregistrement sonore lorsqu'approprié. Aucun index. Remplace: 1978, *Canadian music featuring clarinet.* ML128 C58 C25 1981

3772

Canadian Music Centre. – *Canadian music for guitar = Musique canadienne pour guitare.* – Toronto : the Centre, 1980. – [3], 18 p. – Cover title.

List of scores for guitar by Canadian composers, held by the music lending libraries of the Canadian Music Centre, listed by title. Five parts: solo, guitar duo, guitar with another instrument, chamber ensemble, voice and guitar with or without other instruments, each of which is alphabetically arranged by composer. The description of each work includes title, instrumentation, year of composition, duration, publisher and sound recording classification number, when appropriate. No index. Replaces: 1979, *List of Canadian music for guitar.* ML128 G8 C212 1980 016.78787

Recension des partitions de compositions canadiennes pour guitare, conservées dans les musicothèques de prêt du Centre de musique canadienne. Cinq parties: solo, duo de guitares, guitare avec un instrument, ensemble de chambre, voix et guitare avec ou sans autres instruments, subdivisées selon l'ordre alphabétique des compositeurs. La description de chaque oeuvre musicale comprend le titre, l'instrumentation, l'année de composition, la durée, l'éditeur et le numéro de classification de l'enregistrement sonore lorsqu'approprié. Aucun index. Remplace: 1979, *List of Canadian music for guitar.* ML128 G8 C212 1980 016.78787

3773

Canadian Music Centre. – *Canadian music for saxophone = Musique canadienne pour saxophone.* – Toronto : the Centre, 1981. – [4], 20 p. – Cover title.

List of scores for saxophone by Canadian composers, held by the lending libraries of the Canadian Music Centre. Five parts: solo, saxophone and keyboard instrument, quartet, orchestra, ensemble, each of which is alphabetically arranged by composer. The description of each work includes title, instrumentation, code for degree of difficulty, duration, year of composition, publisher and sound recording classification number, when appropriate. No index. Replaces: 1972, *Canadian music featuring saxophone.*
ML128 S23 C3 1981 016.7889

Recension des partitions de compositions canadiennes pour saxophone, conservées dans les musicothèques de prêt du Centre de musique canadienne. Cinq parties: solo, saxophone et clavier, quatuor, orchestre, ensemble, subdivisées selon l'ordre alphabétique des compositeurs. La description de chaque oeuvre musicale comprend le titre, l'instrumentation, le degré de difficulté sous forme de code, la durée, l'année de composition, l'éditeur et le numéro de classification de l'enregistrement sonore lorsqu'approprié. Aucun index. Remplace: 1972, *Canadian music featuring saxophone.*
ML128 S23 C3 1981 016.7889

3774

Canadian Music Centre. – *Canadian music for viola = Musique canadienne pour alto.* – Toronto : the Centre, 1981. – [3], 38 p. – Cover title.

List of scores for viola by Canadian composers, held by the music lending libraries of the Canadian Music Centre. Seven parts: solo, viola and piano, duo, trio, ensemble, orchestra, ensemble and voice, each of which is alphabetically arranged by composer. The description of each work includes title, instrumentation, code for degree of difficulty, duration, year of composition, publisher and sound recording classification number, when appropriate. No index.
ML128 V36 C212 1981 016.7873

Recension des partitions de compositions canadiennes pour alto, conservées dans les musicothèques de prêt du Centre de musique canadienne. Sept parties: solo, alto et piano, duo, trio, ensemble, orchestre, ensemble et voix, subdivisées selon l'ordre alphabétique des compositeurs. La description de chaque oeuvre musicale comprend le titre, l'instrumentation, le degré de difficulté sous forme de code, la durée, l'année de composition, l'éditeur et le numéro de classification de l'enregistrement sonore lorsqu'approprié. Aucun index. ML128 V36 C212 1981 016.7873

3775

Canadian Music Centre. – *Canadian orchestral music catalogue = Catalogue, musique orchestrale canadienne.* – Compiled and edited by Sam D. King ; project coordinator, Mark Hand. – Toronto : the Centre, c1994. – [7], 247 p. – 0921519192

Catalogue of Canadian orchestral music for full orchestra, chamber orchestra, string orchestra, symphonic wind ensemble and band, available from the libraries of the Canadian Music Centre. Arranged by type of ensemble. Entries include bibliographic reference, duration, date of composition, instrumentation, movements, date and location of première, subject headings. Index of composers, titles and subjects.

    1st ed., 1963, *Catalogue of orchestral music at the Canadian Music Centre including orchestra, band, concertos, operas and vocal-orchestral = Catalogue des oeuvres disponibles au Centre musical canadien : orchestre, fanfare et harmonie, opéra, voix et orchestre*; 1968, *List of Canadian orchestral music : supplementary to the CMC 1963 Catalogue of Canadian orchestral music = Oeuvres orchestrales canadiennes : liste supplémentaire au Catalogue de 1963 de musique orchestrale canadienne du Centre musical canadien*; 1971?, *List of Canadian orchestral music accepted into the library of the Canadian Music Centre, June 1968-July 1971*; 2nd ed., 1976, *Catalogue of Canadian music for orchestra including concertos and works with choir and/or solo voice(s), in the libraries of the Canadian Music Centre = Catalogue de musique canadienne pour orchestre comprenant également les concertos ainsi que les oeuvres avec choeur ou soliste(s), disponible dans les bibliothèques du Centre de musique canadienne*; 1979, *Catalogue of Canadian music for orchestra : supplement 1979 = Catalogue de musique canadienne pour orchestre : supplément 1979*; 1983, *Canadian music for string orchestra : supplement 1983 = Musique canadienne pour orchestra [sic] à cordes : supplément 1983.*
ML128 O5 C19 1994 fol. 016.7842

Catalogue de musique d'orchestre canadienne pour les orchestres complets, les orchestres de chambre, les orchestres à cordes, les orchestres symphoniques à vent et les fanfares, disponible dans les bibliothèques du Centre de musique canadienne. Classement par types d'ensembles. Les notices comprennent une référence bibliographique, la durée, la date de composition, l'instrumentation, les mouvements, la date et le lieu de la première, les vedettes-matière. Index des compositeurs, des titres et des sujets.

    1re éd., 1963, *Catalogue of orchestral music at the Canadian Music Centre including orchestra, band, concertos, operas and vocal-orchestral = Catalogue des oeuvres disponibles au Centre musical canadien : orchestre, fanfare et harmonie, opéra, voix et orchestre*; 1968, *List of Canadian orchestral music : supplementary to the CMC 1963 Catalogue of Canadian orchestral music = Oeuvres orchestrales canadiennes : liste supplémentaire au Catalogue de 1963 de musique orchestrale canadienne du Centre musical canadien*; 1971?, *List of Canadian orchestral music accepted into the library of the Canadian Music Centre, June 1968-July 1971*; 2e éd., 1976, *Catalogue of Canadian music for orchestra including concertos and works with choir and/or solo voice(s), in the libraries of the Canadian Music Centre = Catalogue de musique canadienne pour orchestre comprenant également les concertos ainsi que les oeuvres avec choeur ou soliste(s), disponible dans les bibliothèques du Centre de musique canadienne*; 1979, *Catalogue of Canadian music for orchestra : supplement 1979 = Catalogue de musique canadienne pour orchestre : supplément 1979*; 1983, *Canadian music for string orchestra : supplement 1983 = Musique canadienne pour orchestra [sic] à cordes : supplément 1983.*
ML128 O5 C19 1994 fol. 016.7842

3776

Canadian Music Centre. – *Canadian vocal music available on loan from the libraries of the Canadian Music Centre = Musique vocale canadienne disponible aux musicothèques du Centre de musique canadienne.* – 3rd ed. – Toronto : the Centre, 1976. – 108 leaves.

List of vocal scores by Canadian composers, intended for professional singers, held by the music lending libraries of the Canadian Music Centre. Four parts: solo; duo, trio, quartet, etc.; collection; opera. Each part is arranged alphabetically by composer. The

Recension des partitions d'oeuvres vocales canadiennes, destinées aux chanteurs professionnels et conservées dans les musicothèques de prêt du Centre de musique canadienne. Présentation en quatre parties: solo; duo, trio, quatuor, etc; collection; opéra; subdivisées

description of each work includes primary and secondary titles, voices, accompanying instruments, date of composition and publisher, when appropriate. Directory of music publishers. No index. 1st ed., 1967; 2nd ed., 1971, *Canadian vocal music available for perusal from the library of the Canadian Music Centre = Musique vocale canadienne disponible pour examen de la musicothèque du Centre musical canadien.*   ML128 V7 C27 1976 fol.   016.782

selon l'ordre alphabétique des compositeurs. La description de chaque oeuvre comprend les titres primaire et secondaire, les voix, les instruments d'accompagnement, la date de composition et l'éditeur lorsqu'approprié. Répertoire des éditeurs de musique. Aucun index. 1re éd., 1967; 2e éd., 1971, *Canadian vocal music available for perusal from the library of the Canadian Music Centre = Musique vocale canadienne disponible pour examen de la musicothèque du Centre musical canadien.*   ML128 V7 C27 1976 fol.   016.782

3777

Canadian Music Centre. – *Catalogue of Canadian keyboard music available on loan from the library of the Canadian Music Centre = Catalogue de musique canadienne à clavier disponible à titre de prêt à la bibliothèque du Centre musical canadien.* – Toronto : the Centre, c1971. – 91 p. – Cover title : *Canadian keyboard music : catalogue = Musique canadienne à clavier : catalogue.*

List of scores for keyboard instruments by Canadian composers, intended primarily for professional performers, held by the Toronto music library of the Canadian Music Centre. Two parts: organ and piano, further subdivided into solo, four hands and two pianos. The description of each work includes title, code for degree of difficulty, duration, number and titles of movements, year of composition, publisher, sound recordings and performers, and explanatory notes, when appropriate. Directory of music publishers and copyright associations in Canada. No index. Supplement.   ML128 P3 C4 1971 016.786

Recension des partitions de compositions canadiennes pour instruments à clavier, destinées principalement à l'exécutant professionnel et conservées dans la musicothèque torontoise du Centre de musique canadienne. Deux parties: orgue et piano. Cette dernière se subdivise en trois catégories: solo, à quatre mains et deux pianos. La description de chaque oeuvre musicale comprend le titre, le degré de difficulté sous forme de code, la durée, les mouvements, l'année de composition, l'éditeur, l'enregistrement sonore et les interprètes, et de notes explicatives lorsqu'approprié. Répertoire des éditeurs de musique et des sociétés de droit d'auteur au Canada. Aucun index. Supplément.   ML128 P3 C4 1971   016.786

3778

Canadian Music Centre. – *List of Canadian keyboard music : supplementary to the 1971 Catalogue of Canadian keyboard music.* – Toronto : the Centre, 1976. – 5 leaves. – Cover title.

Same arrangement, but description of the musical works only includes the title and, if known, year of composition, duration and publisher. No index.   ML128 P3 C4 Suppl.   016.786

Même arrangement, mais la description des oeuvres musicales ne comprend que le titre et lorsque connu, l'année de composition, la durée et l'éditeur. Aucun index.   ML128 P3 C4 Suppl.   016.786

3779

Canadian Music Centre. – *List of Canadian music inspired by the music, poetry, art and folklore of Native peoples.* – Toronto : the Centre, 1980. – 22 leaves. – Cover title.

Canadian musical works inspired by Native cultures, the scores of which are held by the music lending libraries of the Canadian Music Centre. Alphabetically arranged by composer. The description of each musical work includes title, instrumentation, year of composition, duration, publisher, recordings and explanatory notes, when appropriate. No index.   ML128 E8 C25 fol.   016.780971

Recension des partitions d'oeuvres musicales canadiennes d'inspiration autochtone, conservées dans les musicothèques de prêt du Centre de musique canadienne. Classement alphabétique des compositeurs. La description de chaque oeuvre musicale comprend le titre, l'instrumentation, l'année de composition, la durée, l'éditeur, l'enregistrement sonore et des notes explicatives lorsqu'approprié. Aucun index.   ML128 E8 C25 fol.   016.780971

3780

Canadian Music Centre. – *List of Canadian operas (including operettas & stage works) = Liste des opéras canadiens (incluant opérettes et musique de scène).* – Toronto : the Centre, 1982. – 20 p. – Cover title.

List of Canadian opera scores held by the music lending libraries of the Canadian Music Centre. Alphabetically arranged by composer. The description of each work includes title, genre, information on libretto, vocal distribution, instrumentation, year of composition, publisher, duration and explanatory notes. No index. Replaces: 1978, *List of Canadian operas available from the Canadian Music Centre = Liste des opéras canadiens disponibles au Centre de musique canadienne.*   ML128 O4 C25 1982   016.7821

Recension des partitions d'opéras canadiens conservés dans les musicothèques de prêt du Centre de musique canadien. Classement alphabétique des compositeurs. La description de chaque oeuvre musicale comprend le titre, le genre, des renseignements sur le texte, les voix, l'instrumentation, l'année de composition, l'éditeur, la durée et des notes explicatives. Aucun index. Remplace: 1978, *List of Canadian operas available from the Canadian Music Centre = Liste des opéras canadiens disponibles au Centre de musique canadienne.* ML128 O4 C25 1982   016.7821

3781

Canadian Music Centre. Library. – *Acquisitions.* – Toronto : Canadian Music Centre, [1983?]-   . –   vol.

Annual. Catalogue of Canadian scores and cassette recordings of electroacoustic music acquired by the music lending libraries of the Canadian Music Centre. Two parts: scores listed in accordance with the Rosen classification system and electroacoustic music archives listed by acquisition number. The description of each entry includes bibliographic information, instrumentation, information on text and additional notes. Composer index. List of accredited composers of the Canadian Music Centre.

Annuel. Catalogue des partitions d'oeuvres musicales canadiennes et de cassettes de musique électroacoustique acquises par les musicothèques de prêt du Centre de musique canadienne. Deux parties: partitions répertoriées selon le système de classification Rosen et archives électroacoustiques recensées en ordre numérique des acquisitions. La description de chaque inscription comprend les informations bibliographiques complétées de l'instrumentation, des renseignements sur le texte et des notes complémentaires. Index des

Title varies: 1983?, *New works accepted into the library of the Canadian Music Centre from January 1, 1982 to December 31, 1982 = Nouvelles oeuvres acceptées à la musicothèque du Centre de musique canadienne du 1er janvier, 1982 au 31 décembre, 1982*; 1984, *Almanac = Almanach.* ML136 C32 016.780971

compositeurs. Liste des compositeurs agréés du Centre de musique canadienne.

Le titre varie: 1983?, *New works accepted into the library of the Canadian Music Centre from January 1, 1982 to December 31, 1982 = Nouvelles oeuvres acceptées à la musicothèque du Centre de musique canadienne du 1er janvier, 1982 au 31 décembre, 1982*; 1984, *Almanac = Almanach.* ML136 C32 016.780971

3782

Canadian Music Library Association. – *Musical Canadiana : a subject index.* – Preliminary ed. – [Ottawa : the Association], 1967. – v, 62 p. – Cover title : *Subject index to Musical Canadiana : a CMLA-ACBM Centennial project.*

Lists nearly 800 musical works of Canadian association published before 1921, arranged by subject. The description of each piece of music includes title, name of composer and lyricist, instrumentation, dedication and date of publication if known. ML120 C3 C35 fol. 016.780971

Recension de près de 800 pièces musicales publiées avant 1921 et associées au Canada. Classement par sujets. La description de chaque pièce musicale comprend le titre, le nom du compositeur et du parolier, l'instrumentation, la dédicace et la date de publication lorsque connus. ML120 C3 C35 fol. 016.780971

3783

Canadian "pops" music project : music for orchestra by Canadian composers = Projet de musique «pop» canadienne : musique pour orchestre de compositeurs canadiens. – 2nd ed. – Toronto : Association of Canadian Orchestras, 1981. – [60] p. – Cover title.

1st ed., 1980. Description of Canadian popular music for orchestra. Two parts: pops concerts, educational concerts for children and for families. For each musical work, the following information is recorded: place of residence of the composer, title, movements, duration, instrumentation, summary, publisher, cross-reference to *Catalogue of Canadian music for orchestra including concertos and works with choir and/or solo voice(s), in the libraries of the Canadian Music Centre = Catalogue de musique canadienne pour orchestre comprenant également les concertos ainsi que les oeuvres avec choeur ou soliste(s), disponible dans les bibliothèques du Centre de musique canadienne* or its supplement, degree of difficulty, orchestra and date of première, and availability of sound recording. Directory of publishers. ML128 O5 C212 1981 fol. 016.7842

1re éd., 1980. Description des oeuvres de musique populaire canadiennes pour orchestre. Deux parties: concerts populaires; concerts éducatifs, pour les enfants et les familles. La description de chaque oeuvre musicale comprend le lieu de résidence du compositeur, le titre, les mouvements, la durée, l'instrumentation, un résumé, l'éditeur, un renvoi au *Catalogue of Canadian music for orchestra including concertos and works with choir and/or solo voice(s), in the libraries of the Canadian Music Centre = Catalogue de musique canadienne pour orchestre comprenant également les concertos ainsi que les oeuvres avec choeur ou soliste(s), disponible dans les bibliothèques du Centre de musique canadienne* ou son supplément, le degré de difficulté, l'orchestre et la date de première, et l'enregistrement sonore. Répertoire des éditeurs. ML128 O5 C212 1981 fol. 016.7842

3784

Canadian "pops" music project : music for orchestra by Canadian composers = Projet de musique «pop» canadienne : musique pour orchestre de compositeurs canadiens. – 2e éd. – Toronto : Association des orchestres canadiens, 1981. – [60] p. – Titre de la couv.

1st ed., 1980. Description of Canadian popular music for orchestra. Two parts: pops concerts, educational concerts for children and for families. For each musical work, the following information is recorded: place of residence of the composer, title, movements, duration, instrumentation, summary, publisher, cross-reference to *Catalogue of Canadian music for orchestra including concertos and works with choir and/or solo voice(s), in the libraries of the Canadian Music Centre = Catalogue de musique canadienne pour orchestre comprenant également les concertos ainsi que les oeuvres avec choeur ou soliste(s), disponible dans les bibliothèques du Centre de musique canadienne* or its supplement, degree of difficulty, orchestra and date of première, and availability of sound recording. Directory of publishers. ML128 O5 C212 1981 fol. 016.7842

1re éd., 1980. Description des oeuvres de musique populaire canadiennes pour orchestre. Deux parties: concerts populaires; concerts les enfants et les familles. La description de chaque oeuvre musicale comprend le lieu de résidence du compositeur, le titre, les mouvements, la durée, l'instrumentation, un résumé, l'éditeur, un renvoi au *Catalogue of Canadian music for orchestra including concertos and works with choir and/or solo voice(s), in the libraries of the Canadian Music Centre = Catalogue de musique canadienne pour orchestre comprenant également les concertos ainsi que les oeuvres avec choeur ou soliste(s), disponible dans les bibliothèques du Centre de musique canadienne* ou son supplément, le degré de difficulté, l'orchestre et la date de première, et l'enregistrement sonore. Répertoire des éditeurs. ML128 O5 C212 1981 fol. 016.7842

3785

A catalogue of works commissioned by the Canadian Broadcasting Corporation, 1936-1986. – Compiled and edited by the staff of the CBC Music Library in Toronto, Patricia Kellogg, supervisor. – [Toronto : Canadian Broadcasting Corporation, 1986?]. – 2 vol. (122 ; 126 leaves).

Serious compositions commissioned by the Canadian Broadcasting Corporation from 1936 to 1986, listed chronologically. Two parts: by composer and by instrumental combination. The description of each work includes the name of the composer, years of birth and death, title, date, duration, classification in one of nine musical categories, vocal distribution, instrumentation, information on the text and supplementary notes on location and recordings. ML120 C3 C377 1986 fol. 016.780971

Recension chronologique des compositions de musique savante commandées par la Société Radio-Canada de 1936 à 1986. Deux parties: par compositeurs et par instrumentations. La description de chaque oeuvre comprend le nom du compositeur avec les années de naissance et de décès, le titre, la date, la durée, le classement dans l'une des neuf catégories musicales, les voix, l'instrumentation, des renseignements sur le texte et des notes complémentaires sur la localisation et les enregistrements. ML120 C3 C377 1986 fol. 016.780971

3786

Centre de musique canadienne. – *Canadian chamber music = Musique de chambre canadienne.* – Toronto : le Centre, c1980. – 1 vol. (non paginé). – 0969083645

List of 1,738 scores for chamber music by Canadian composers, held by the lending libraries of the Canadian Music Centre. Arranged alphabetically by composer. The description of each work includes title, instrumentation, number and titles of movements, code for degree of difficulty, duration, publisher, year of composition, information on text, recordings and explanatory notes, when appropriate. Index of works arranged by instrumental combination subdivided by composer. Directory of music publishers in Canada and copyright associations.

Replaces: 1967, *Catalogue of chamber music available on loan from the library of the Canadian Music Centre = Catalogue de musique de chambre disponible à la musicothèque du Centre musical canadien*; 1976, *List of Canadian chamber music : supplementary to the CMC 1967 catalogue of Canadian chamber music = Musique de chambre canadienne : liste supplémentaire au catalogue de 1967 de musique de chambre canadienne.* ML128 C4 C212 016.785

Recension de 1 738 partitions de compositions canadiennes pour musique de chambre conservées dans les musicothèques de prêt du Centre de musique canadienne. Classement alphabétique des compositeurs. La description de chaque oeuvre musicale comprend le titre, l'instrumentation, les mouvements, le degré de difficulté sous forme de code, la durée, l'éditeur, l'année de composition, des renseignements sur le texte, l'enregistrement sonore et des notes explicatives lorsqu'approprié. Index des oeuvres par instrumentations subdivisées par compositeurs. Répertoire des éditeurs de musique et des sociétés de droit d'auteur au Canada.

Remplace: 1967, *Catalogue of chamber music available on loan from the library of the Canadian Music Centre = Catalogue de musique de chambre disponible à la musicothèque du Centre musical canadien*; 1976, *List of Canadian chamber music : supplementary to the CMC 1967 catalogue of Canadian chamber music = Musique de chambre canadienne : liste supplémentaire au catalogue de 1967 de musique de chambre canadienne.* ML128 C4 C212 016.785

3787

Centre de musique canadienne. – *Canadian choral music : catalogue = Catalogue, musique chorale canadienne.* – Compilé et edité par Mitchell Kitz ; coordinateur du projet, Mark Hand. – [4ᵉ éd.]. – Toronto : le Centre, 1993. – 271 p. – 0921519168

List of 2,191 scores for Canadian choral music, held by the music lending libraries of the Canadian Music Centre. Four main categories: mixed choirs, women's choirs, men's choirs, and children's choirs or unison choirs. For each choral work, the following information is included: call number, bibliographic information, duration, subject headings, type of choir, number of soloists and instrumentation required. Title-composer index. 1st ed., 1966; 2nd ed., 1970, *Catalogue of Canadian choral music available for perusal from the library of the Canadian Music Centre*; 3rd ed., 1978, *Catalogue of Canadian choral music = Catalogue de musique chorale canadienne.* ML128 C4 C3 1993 fol. 016.7825

2 191 partitions de compositions canadiennes pour chorale, conservées dans les musicothèques de prêt du Centre de musique canadienne. Quatre catégories principales: choeurs mixtes, de femmes, d'hommes, d'enfants ou à l'unisson. La description de chaque oeuvre chorale comprend la cote, les informations bibliographiques, la durée, les vedettes-matière, le type de choeur, le nombre de soloistes et l'instrumentation requise. Un index: titres-compositeurs. 1ʳᵉ éd., 1966; 2ᵉ éd., 1970, *Catalogue of Canadian choral music available for perusal from the library of the Canadian Music Centre*; 3ᵉ éd., 1978, *Catalogue of Canadian choral music = Catalogue de musique chorale canadienne.* ML128 C4 C3 1993 fol. 016.7825

3788

Centre de musique canadienne. – *Canadian compositions for band = Oeuvres canadiennes pour fanfare et harmonie.* – Toronto : le Centre, 1977. – 5 f. – Titre de la couv.

List of scores for brass band and concert band by Canadian composers, held by the music lending libraries of the Canadian Music Centre. Alphabetically arranged by composer. No index. ML128 B23 C25 fol. 016.7848

Recension des partitions de compositions canadiennes pour fanfare et harmonie conservées dans les musicothèques de prêt du Centre de musique canadienne. Classement alphabétique des compositeurs. Aucun index. ML128 B23 C25 fol. 016.7848

3789

Centre de musique canadienne. – *Canadian music for accordion = Musique canadienne pour accordéon.* – Toronto : le Centre, 1982. – [4], 14 p. – Titre de la couv.

List of scores for accordion by Canadian composers, held by the music lending libraries of the Canadian Music Centre. Three parts, solo, ensemble, orchestra, each of which is arranged alphabetically by composer. The description of each musical work includes title, instrumention, code for degree of difficulty, duration, year of composition, publisher and classification number of sound recording, when applicable. No index. ML128 A3 C212 1982 016.78886

Recension des partitions de compositions canadiennes pour accordéon conservées dans les musicothèques de prêt du Centre de musique canadienne. Trois parties: solo, ensemble, orchestre, subdivisées selon l'ordre alphabétique des compositeurs. La description de chaque oeuvre comprend le titre, l'instrumentation, le degré de difficulté sous forme de code, la durée, l'année de composition, l'éditeur et le numéro de classification de l'enregistrement sonore lorsqu'approprié. Aucun index. ML128 A3 C212 1982 016.78886

3790

Centre de musique canadienne. – *Canadian music for bassoon = Musique canadienne pour basson.* – Toronto : le Centre, 1982. – [4], 27 p. – Titre de la couv.

List of scores for bassoon by Canadian composers, held by the music lending libraries of the Canadian Music Centre. Six parts: solo, bassoon and keyboard instruments, bassoon ensemble, ensemble with bassoon, chamber ensemble, orchestra, each of which is alphabetically arranged by composer. The description of each piece of music includes title, instrumentation, code for degree of difficulty, duration,

Recension des partitions de compositions canadiennes pour basson conservées dans les musicothèques de prêt du Centre de musique canadienne. Six parties: solo, basson et clavier, ensemble de bassons, ensemble avec basson, ensemble de chambre, orchestre, subdivisées selon l'ordre alphabétique des compositeurs. La description de chaque oeuvre musicale comprend le titre, l'instrumentation, le

year of composition, publisher, and sound recording classification number, if applicable. No index. ML128 B39 C212 1982 016.78858

degré de difficulté sous forme de code, la durée, l'année de composition, l'éditeur et le numéro de classification d'enregistrement sonore lorsqu'approprié. Aucun index. ML128 B39 C212 1982 016.78858

3791

Centre de musique canadienne. – *Canadian music for clarinet = Musique canadienne pour clarinette.* – Toronto : le Centre, 1981. – [4], 45 p. – Titre de la couv.

List of scores for clarinet by Canadian composers, held by the music lending libraries of the Canadian Music Centre. Six parts: solo, clarinet and keyboard instrument, clarinet ensemble, ensemble with clarinet, chamber ensemble, orchestra, each of which is alphabetically arranged by composer. The description of each work includes title, instrumentation, code for degree of difficulty, duration, year of composition, publisher and sound recording classification number, when appropriate. No index. Replaces: 1978, *Canadian music featuring clarinet.* ML128 C58 C25 1981 016.78862

Recension des partitions de compositions canadiennes pour clarinette, conservées dans les musicothèques de prêt du Centre de musique canadienne. Six parties: solo, clarinette et clavier, ensemble de clarinettes, ensemble avec clarinette, ensemble de chambre, orchestre, subdivisées selon l'ordre alphabétique des compositeurs. La description de chaque oeuvre musicale comprend le titre, l'instrumentation, le degré de difficulté sous forme de code, la durée, l'année de composition, l'éditeur et le numéro de classification de l'enregistrement sonore lorsqu'approprié. Aucun index. Remplace: 1978, *Canadian music featuring clarinet.* ML128 C58 C25 1981 016.78862

3792

Centre de musique canadienne. – *Canadian music for guitar = Musique canadienne pour guitare.* – Toronto : le Centre, 1980. – [3], 18 p. – Titre de la couv.

List of scores for guitar by Canadian composers, held by the music lending libraries of the Canadian Music Centre, listed by title. In five parts: solo, guitar duo, guitar with another instrument, chamber ensemble, voice and guitar with or without other instruments, each of which is alphabetically arranged by composer. The description of each work includes title, instrumentation, year of composition, duration, publisher and sound recording classification number, when appropriate. No index. Replaces: 1979, *List of Canadian music for guitar.* ML128 G8 C212 1980 016.78787

Recension des partitions de compositions canadiennes pour guitare, conservées dans les musicothèques de prêt du Centre de musique canadienne. Présentation en cinq parties: solo, duo de guitares, guitare avec un instrument, ensemble de chambre, voix et guitare avec ou sans autres instruments, subdivisées selon l'ordre alphabétique des compositeurs. La description de chaque oeuvre musicale comprend le titre, l'instrumentation, l'année de composition, la durée, l'éditeur et le numéro de classification de l'enregistrement sonore quand approprié. Pas d'index. Remplace: 1979, *List of Canadian music for guitar.* ML128 G8 C212 1980 016.78787

3793

Centre de musique canadienne. – *Canadian music for saxophone = Musique canadienne pour saxophone.* – Toronto : le Centre, 1981. – [4], 20 p. – Titre de la couv.

List of scores for saxophone by Canadian composers, held by the lending libraries of the Canadian Music Centre. Five parts: solo, saxophone and keyboard instrument, quartet, orchestra, ensemble, each of which is alphabetically arranged by composer. The description of each work includes title, instrumentation, code for degree of difficulty, duration, year of composition, publisher and sound recording classification number, when appropriate. No index. Replaces: 1972, *Canadian music featuring saxophone.* ML128 S23 C3 1981 016.7887

Recension des partitions de compositions canadiennes pour saxophone, conservées dans les musicothèques de prêt du Centre de musique canadienne. Cinq parties: solo, saxophone et clavier, quatuor, orchestre, ensemble, subdivisées selon l'ordre alphabétique des compositeurs. La description de chaque oeuvre musicale comprend le titre, l'instrumentation, le degré de difficulté sous forme de code, la durée, l'année de composition, l'éditeur et le numéro de classification de l'enregistrement sonore lorsqu'approprié. Aucun index. Remplace: 1972, *Canadian music featuring saxophone.* ML128 S23 C3 1981 016.7887

3794

Centre de musique canadienne. – *Canadian music for viola = Musique canadienne pour alto.* – Toronto : le Centre, 1981. – [3], 38 p. – Titre de la couv.

List of scores for viola by Canadian composers, held by the music lending libraries of the Canadian Music Centre. Seven parts: solo, viola and piano, duo, trio, ensemble, orchestra, ensemble and voice, each of which is alphabetically arranged by composer. The description of each work includes title, instrumentation, code for degree of difficulty, duration, year of composition, publisher and sound recording classification number, when appropriate. No index. ML128 V36 C212 1981 016.7873

Recension des partitions de compositions canadiennes pour alto conservées dans les musicothèques de prêt du Centre de musique canadienne. Sept parties: solo, alto et piano, duo, trio, ensemble, orchestre, ensemble et voix, subdivisées selon l'ordre alphabétique des compositeurs. La description de chaque oeuvre musicale comprend le titre, l'instrumentation, le degré de difficulté sous forme de code, la durée, l'année de composition, l'éditeur et le numéro de classification de l'enregistrement sonore lorsqu'approprié. Aucun index. ML128 V36 C212 1981 016.7873

3795

Centre de musique canadienne. – *Canadian orchestral music catalogue = Catalogue, musique orchestrale canadienne.* – Compilé et édité par Sam D. King ; coordinateur du projet, Mark Hand. – Toronto : Centre de musique canadienne, c1994. – [7], 247 p. – 0921519192

Catalogue of Canadian orchestral music for full orchestra, chamber orchestra, string orchestra, symphonic wind ensemble and band, available from the libraries of the Canadian Music Centre. Arranged by type of ensemble. Entries include bibliographic reference, duration, date of composition, instrumentation, movements, date and location of première, subject headings. Index of composers, titles and subjects.

Catalogue de musique d'orchestre canadienne pour les orchestres complets, les orchestres de chambre, les orchestres à cordes, les orchestres symphoniques à vent et les fanfares, disponible dans les bibliothèques du Centre de musique canadienne. Classement par types d'ensembles. Les notices comprennent une référence bibliographique, la durée, la date de composition, l'instrumentation, les

1st ed., 1963, *Catalogue of orchestral music at the Canadian Music Centre including orchestra, band, concertos, operas and vocal-orchestral = Catalogue des oeuvres disponibles au Centre musical canadien : orchestre, fanfare et harmonie, opéra, voix et orchestre*; 1968, *List of Canadian orchestral music : supplementary to the CMC 1963 Catalogue of Canadian orchestral music = Oeuvres orchestrales canadiennes : liste supplémentaire au Catalogue de 1963 de musique orchestrale canadienne du Centre musical canadien*; 1971?, *List of Canadian orchestral music accepted into the library of the Canadian Music Centre, June 1968-July 1971*; 2nd ed., 1976, *Catalogue of Canadian music for orchestra including concertos and works with choir and/or solo voice(s), in the libraries of the Canadian Music Centre = Catalogue de musique canadienne pour orchestre comprenant également les concertos ainsi que les oeuvres avec choeur ou soliste(s), disponible dans les bibliothèques du Centre de musique canadienne*; 1979, *Catalogue of Canadian music for orchestra : supplement 1979 = Catalogue de musique canadienne pour orchestre : supplément 1979*; 1983, *Canadian music for string orchestra : supplement 1983 = Musique canadienne pour orchestra [sic] à cordes : supplément 1983.* ML128 O5 C19 1994 fol.   016.7842

mouvements, la date et le lieu de la première, les vedettes-matière. Index des compositeurs, des titres et des sujets.

1re éd., 1963, *Catalogue of orchestral music at the Canadian Music Centre including orchestra, band, concertos, operas and vocal-orchestral = Catalogue des oeuvres disponibles au Centre musical canadien : orchestre, fanfare et harmonie, opéra, voix et orchestre*; 1968, *List of Canadian orchestral music : supplementary to the CMC 1963 Catalogue of Canadian orchestral music = Oeuvres orchestrales canadiennes : liste supplémentaire au Catalogue de 1963 de musique orchestrale canadienne du Centre musical canadien*; 1971?, *List of Canadian orchestral music accepted into the library of the Canadian Music Centre, June 1968-July 1971*; 2e éd., 1976, *Catalogue of Canadian music for orchestra including concertos and works with choir and/or solo voice(s), in the libraries of the Canadian Music Centre = Catalogue de musique canadienne pour orchestre comprenant également les concertos ainsi que les oeuvres avec choeur ou soliste(s), disponible dans les bibliothèques du Centre de musique canadienne*; 1979, *Catalogue of Canadian music for orchestra : supplement 1979 = Catalogue de musique canadienne pour orchestre : supplément 1979*; 1983, *Canadian music for string orchestra : supplement 1983 = Musique canadienne pour orchestra [sic] à cordes : supplément 1983.* ML128 O5 C19 1994 fol.   016.7842

3796

Centre de musique canadienne. – *Canadian vocal music available on loan from the libraries of the Canadian Music Centre = Musique vocale canadienne disponible aux musicothèques du Centre de musique canadienne.* – 3e éd. – Toronto : le Centre, 1976. – 108 f.

List of vocal scores by Canadian composers, intended for professional singers, held by the music lending libraries of the Canadian Music Centre. Four parts: solo; duo, trio, quartet, etc.; collection; opera. Each part is arranged alphabetically by composer. The description of each work includes primary and secondary titles, voices, accompanying instruments, date of composition and publisher, when appropriate. Directory of music publishers. No index. 1st ed., 1967; 2nd ed., 1971, *Canadian vocal music available for perusal from the library of the Canadian Music Centre = Musique vocale canadienne disponible pour examen de la musicothèque du Centre musical canadien.* ML128 V7 C27 1976 fol.   016.782

Recension des partitions d'oeuvres vocales canadiennes, destinées aux chanteurs professionnels et conservées dans les musicothèques de prêt du Centre de musique canadienne. Quatre parties: solo; duo, trio, quatuor, etc; collection; opéra; subdivisées selon l'ordre alphabétique des compositeurs. La description de chaque oeuvre comprend les titres primaire et secondaire, les voix, les instruments d'accompagnement, la date de composition et l'éditeur lorsqu'approprié. Répertoire des éditeurs de musique. Aucun index. 1re éd., 1967; 2e éd., 1971, *Canadian vocal music available for perusal from the library of the Canadian Music Centre = Musique vocale canadienne disponible pour examen de la musicothèque du Centre musical canadien.* ML128 V7 C27 1976 fol.   016.782

3797

Centre de musique canadienne. – *List of Canadian operas (including operettas & stage works) = Liste des opéras canadiens (incluant opérettes et musique de scène).* – Toronto : le Centre, 1982. – 20 p. – Titre de la couv.

List of Canadian opera scores held by the music lending libraries of the Canadian Music Centre. Alphabetically arranged by composer. The description of each work includes title, genre, information on libretto, vocal distribution, instrumentation, year of composition, publisher, duration and explanatory notes. No index. Replaces: 1978, *List of Canadian operas available from the Canadian Music Centre = Liste des opéras canadiens disponibles au Centre de musique canadienne.* ML128 O4 C25 1982   016.7821

Recension des partitions d'opéras canadiens conservés dans les musicothèques de prêt du Centre de musique canadien. Classement alphabétique des compositeurs. La description de chaque oeuvre musicale comprend le titre, le genre, des renseignements sur le texte, les voix, l'instrumentation, l'année de composition, l'éditeur, la durée et des notes explicatives. Aucun index. Remplace: 1978, *List of Canadian operas available from the Canadian Music Centre = Liste des opéras canadiens disponibles au Centre de musique canadienne.* ML128 O4 C25 1982   016.7821

3798

Centre de musique canadienne. Bibliothèque. – *Acquisitions.* – Toronto : Centre de musique canadienne, [1983?]-   . –   vol.

Annual. Catalogue of Canadian scores and cassette recording of electroacoustic music acquired by the music lending libraries of the Canadian Music Centre. Two parts: scores listed in accordance with the Rosen classification system and electroacoustic music archives listed by acquisition number. The description of each entry includes bibliographic information, instrumentation, information on text and additional notes. Composer index. List of accredited composers of the Canadian Music Centre.

Title varies: 1983?, *New works accepted into the library of the Canadian Music Centre from January 1, 1982 to December 31, 1982 = Nouvelles oeuvres acceptées à la musicothèque du Centre de musique canadienne du 1er janvier, 1982 au 31 décembre, 1982*; 1984, *Almanac = Almanach.* ML136 C32   016.780971

Annuel. Références bibliographiques des partitions d'oeuvres musicales canadiennes et de cassettes de musique électroacoustique acquises par les musicothèques de prêt du Centre de musique canadienne. Deux parties: partitions répertoriées selon le système de classification Rosen et archives électroacoustiques recensées en ordre numérique des acquisitions. La description de chaque inscription comprend les informations bibliographiques complétées de l'instrumentation, des renseignements sur le texte et des notes complémentaires. Index des compositeurs. Liste des compositeurs agréés du Centre de musique canadienne.

Le titre varie: 1983?, *New works accepted into the library of the Canadian Music Centre from January 1, 1982 to December 31, 1982 = Nouvelles oeuvres acceptées à la musicothèque du Centre de musique canadienne du 1er janvier, 1982 au 31 décembre, 1982*; 1984, *Almanac = Almanach.* ML136 C32   016.780971

3799

Centre musical canadien. – *Catalogue of Canadian keyboard music available on loan from the library of the Canadian Music Centre =
Catalogue de musique canadienne à clavier disponible à titre de prêt à la bibliothèque du Centre musical canadien.* – Toronto : le Centre,
c1971. – 91 p. – Titre de la couv. : *Canadian keyboard music : catalogue = Musique canadienne à clavier : catalogue.*

List of scores for keyboard instruments by Canadian composers,
intended primarily for professional performers, held by the Toronto
music library of the Canadian Music Centre. Two parts: organ and
piano, further subdivided into solo, four hands and two pianos. The
description of each work includes title, code for degree of difficulty,
duration, number and titles of movements, year of composition,
publisher, sound recordings and performers, and explanatory notes,
when appropriate. Directory of music publishers and copyright
associations in Canada. No index. Supplement: *List of Canadian keyboard music : supplementary to the 1971 Catalogue of Canadian keyboard music.* ML128 P3 C4 1971 016.786

Recension des partitions de compositions canadiennes pour
instruments à clavier, destinées principalement à l'exécutant professionnel et conservées dans la musicothèque torontoise du Centre de
musique canadienne. Deux parties: orgue et piano. Cette dernière se
subdivise en trois catégories: solo, à quatre mains et deux pianos.
La description de chaque oeuvre musicale comprend le titre, le degré
de difficulté sous forme de code, la durée, les mouvements, l'année
de composition, l'éditeur, l'enregistrement sonore et les interprètes,
et des notes explicatives lorsqu'approprié. Répertoire des éditeurs de
musique et des sociétés de droit d'auteur au Canada. Aucun index.
Supplément: *List of Canadian keyboard music : supplementary to the
1971 Catalogue of Canadian keyboard music.* ML128 P3 C4 1971
016.786

3800

Canadian National Institute for the Blind. Music Library. – *Organ catalogue : 1985 braille = Catalogue d'orgue : 1985 braille.* – [Toronto] :
Canadian National Institute for the Blind, National Library Division, Music Library, [1986?]. – iv, 219 p. – Cover title.

Lists 1,000 organ scores in braille held by the Music Library of the
Canadian National Institute for the Blind. Three parts: main
catalogue arranged by composer, organ method books listed by
author, collections. The description of each work includes composer,
title and as necessary, catalogue number, key, title of larger work
from which excerpted, editor, publisher, producer and number of
volumes if more than one. Directory of braille producers and
publishers. ML136 T7 C32 1985 fol. 016.7865

Recension de 1 000 partitions pour orgue transcrites en braille conservées à l'Institut national canadien pour les aveugles, Bibliothèque
de musique. Trois parties: catalogue principal classé selon l'ordre
alphabétique des compositeurs, méthodes d'orgue répertoriées par
auteurs, collections. La description de chaque oeuvre comprend
compositeur et titre avec le cas échéant numéro du catalogue, clé,
oeuvre maîtresse, annotateur, éditeur, producteur et nombre de
volumes si plus d'un. Répertoire des producteurs et éditeurs de
braille. ML136 T7 C32 1985 fol. 016.7865

3801

Canadian National Institute for the Blind. Music Library. – *Piano catalogue : 1983 braille = Catalogue pour piano : 1983 braille.* –
[Toronto] : Canadian National Institute for the Blind, National Library Division, Music Library, [1983?]. – [4] leaves, 97 p. – Cover title.

Lists 1,700 piano scores in braille held by the Music Library of the
Canadian National Institute for the Blind. In five parts: main catalogue; piano duets arranged by composer; duo-piano works arranged
by composer; conservatory examination pieces arranged by institution and then by level of instruction; collections. The description of
each work includes composer, title, and as necessary catalogue
number, key, larger work, editor and publisher. Reproduced in
braille under the same title. ML136 T7 C32 1983 fol. 016.7862

Recension de 1 700 partitions pour piano transcrites en braille conservées à l'Institut national canadien pour les aveugles, Bibliothèque
de musique. Cinq parties: catalogue principal; duos classés selon
l'ordre alphabétique des compositeurs; oeuvres pour deux pianos
classées selon l'ordre alphabétique des compositeurs; ouvrages
d'examen de conservatoire répertoriés par institutions qui se subdivisent par niveaux d'enseignement; collections. La description de
chaque oeuvre comprend compositeur et titre avec le cas échéant
numéro du catalogue, clé, oeuvre maîtresse, annotateur et éditeur.
Reproduit sur support braille sous le même titre. ML136 T7 C32
1983 fol. 016.7862

3802

Canadian National Institute for the Blind. Music Library. – *Vocal catalogue : 1984 braille = Catalogue de la voix : 1984 braille.* – [Toronto] :
Canadian National Institute for the Blind, National Library Division, Music Library, [1985?]. – iii, 389 p.

Lists 1,750 vocal music scores in braille held by the Music Library
of the Canadian National Institute for the Blind. Three parts: main
catalogue arranged by composer, vocal exercises arranged by author,
collections. The description of each work includes composer, title
and as necessary catalogue number, key, larger work, language of
text, editor, publisher, accompanying instruments other than piano,
and producer. Directory of braille producers and publishers.
Title index. Reproduced on magnetic tape under the same title,
2 cassettes. ML136 T7 C32 1984 fol. 016.782

Recension de 1 750 partitions de musique vocale transcrites en
braille conservées à l'Institut national canadien pour les aveugles,
Bibliothèque de musique. Trois parties: catalogue principal classé
selon l'ordre alphabétique des compositeurs, études vocales
répertoriées par auteurs, collections. La description de chaque
oeuvre comprend compositeur et titre avec le cas échéant numéro
du catalogue, clé, oeuvre maîtresse, langue du texte, annotateur,
éditeur, instruments d'accompagnement si autre que piano, et
producteur. Répertoire des producteurs et éditeurs de braille. Index
des titres. Reproduit sur support magnétique sous le même titre,
2 cassettes. ML136 T7 C32 1984 fol. 016.782

3803

**Complete list of Canadian copyright musical compositions, (entered from 1868 to January 19th, 1989), compiled from the official register
at Ottawa.** – [S.l. : s.n., 1889?]. – 32 leaves.

List of musical compositions protected by Canadian copyright, with
the name of the author and/or the composer, date, registration
number and name of applicant. Arranged by title. Photocopy of the
original loaned by Heintzman & Co. ML120 C3 C3 016.780971

Recension par titres des compositions musicales bénéficiant du droit
d'auteur canadien, avec le nom de l'auteur et (ou) compositeur, la
date et numéro d'entrée et le nom du demandeur. Photocopie de
l'original prêté par Heintzman & Co. ML120 C3 C3 016.780971

3804

Institut national canadien pour les aveugles. Bibliothèque de musique. – *Organ catalogue : 1985 braille = Catalogue d'orgue : 1985* *braille.* – [Toronto] : Institut national canadien pour les aveugles, Division de la bibliothèque nationale, Bibliothèque de musique, [1986?]. – iv, 219 p. – Titre de la couv.

Lists 1,000 organ scores in braille held by the Music Library of the Canadian National Institute for the Blind. Three parts: main catalogue arranged by composer, organ method books listed by author, collections. The description of each work includes composer, title and as necessary catalogue number, key, title of larger work from which excerpted, editor, publisher, producer and number of volumes if more than one. Directory of braille producers and publishers. ML136 T7 C32 1985 fol.   016.7865

Recension de 1 000 partitions pour orgue transcrites en braille conservées à l'Institut national canadien pour les aveugles, Bibliothèque de musique. Trois parties: catalogue principal classé selon l'ordre alphabétique des compositeurs, méthodes d'orgue répertoriées par auteurs, collections. La description de chaque oeuvre comprend compositeur et titre avec le cas échéant numéro du catalogue, clé, oeuvre maîtresse, annotateur, éditeur, producteur et nombre de volumes si plus d'un. Répertoire des producteurs et éditeurs de braille. ML136 T7 C32 1985 fol.   016.7865

3805

Institut national canadien pour les aveugles. Bibliothèque de musique. – *Piano catalogue : 1983 braille = Catalogue pour piano : 1983* *braille.* – [Toronto] : Institut national canadien pour les aveugles, Division de la bibliothèque nationale, Bibliothèque de musique, [1983?]. – [4] f., 97 p. – Titre de la couv.

Lists 1,700 piano scores in braille held by the Music Library of the Canadian National Institute for the Blind. Five parts: main catalogue; piano duets arranged by composer; duo-piano works arranged by composer; conservatory examination pieces arranged by institution and then by level of instruction; collections. The description of each work includes composer, title and as necessary catalogue number, key, larger work, editor and publisher. Reproduced in braille under the same title.   ML136 T7 C32 1983 fol.   016.7862

Recension de 1 700 partitions pour piano transcrites en braille conservées à l'Institut national canadien pour les aveugles, Bibliothèque de musique. Cinq parties: catalogue principal; duos classés selon l'ordre alphabétique des compositeurs; oeuvres pour deux pianos classées selon l'ordre alphabétique des compositeurs; ouvrages d'examen de conservatoire répertoriés par institutions qui se subdivisent par niveaux d'enseignement; collections. La description de chaque oeuvre comprend compositeur et titre avec le cas échéant numéro du catalogue, clé, oeuvre maîtresse, annotateur et éditeur. Reproduit sur support braille sous le même titre.   ML136 T7 C32 1983 fol. 016.7862

3806

Institut national canadien pour les aveugles. Bibliothèque de musique. – *Vocal catalogue : 1984 braille = Catalogue de la voix : 1984* *braille.* – [Toronto] : Institut national canadien pour les aveugles, Division de la bibliothèque nationale, Bibliothèque de musique, [1985?]. – iii, 389 p.

Lists 1,750 vocal music scores in braille held by the Music Library of the Canadian National Institute for the Blind. Three parts: main catalogue arranged by composer, vocal exercises arranged by author, collections. The description of each work includes composer, title and as necessary catalogue number, key, larger work, language of text, editor, publisher, accompanying instruments other than piano, and producer. Directory of braille producers and publishers. Title index. Reproduced on magnetic tape under the same title, 2 cassettes.   ML136 T7 C32 1984 fol.   016.782

Recension de 1 750 partitions de musique vocale transcrites en braille conservées à l'Institut national canadien pour les aveugles, Bibliothèque de musique. Trois parties: catalogue principal classé selon l'ordre alphabétique des compositeurs, études vocales répertoriées par auteurs, collections. La description de chaque oeuvre comprend compositeur et titre avec le cas échéant, numéro du catalogue, clé, oeuvre maîtresse, langue du texte, annotateur, éditeur, instruments d'accompagnement si autre que piano, et producteur. Répertoire des producteurs et éditeurs de braille. Index des titres. Reproduit sur support magnétique sous le même titre, 2 cassettes. ML136 T7 C32 1984 fol.   016.782

3807

Jarman, Lynne. – *Canadian music : a selected checklist, 1950-73.* – Toronto : University of Toronto Press, c1976. – xiv, 170 p. – 0802053270 – Title on added t.p. : *La musique canadienne : une liste sélective, 1950-73.*

Cumulation of bibliographical references for Canadian music, published in the journal of the International Association of Music Libraries, *Fontes artis musicae*, and in *Canadiana* between 1950 and 1973. Excludes popular music. Arranged according to Dewey decimal classification. Description in the language of the material. Two indexes: composer/author, title.   ML120 C3 C328   016.780971

Refonte des références bibliographiques pour la musique canadienne parues dans la revue de l'Association internationale des bibliothèques musicales, *Fontes artis musicae* et dans *Canadiana* entre 1950 et 1973. Exclut la musique populaire. Classement selon la classification décimale Dewey. Description dans la langue du document. Deux index: compositeurs/auteurs, titres.   ML120 C3 C328   016.780971

3808

Jarman, Lynne. – *La musique canadienne : une liste sélective, 1950-73.* – Toronto : University of Toronto Press, c1976. – xiv, 170 p. – 0802053270 – Titre de la p. de t. additionnelle : *Canadian music : a selected checklist, 1950-73.*

Cumulation of bibliographical references for Canadian music, published in the journal of the International Association of Music Libraries, *Fontes artis musicae*, and in *Canadiana* between 1950 and 1973. Excludes popular music. Arranged according to Dewey decimal classification. Description in the language of the material. Two indexes: composer/author, title.   ML120 C3 C328   016.780971

Refonte des références bibliographiques pour la musique canadienne parues dans la revue de l'Association internationale des bibliothèques musicales, *Fontes artis musicae* et dans *Canadiana* entre 1950 et 1973. Exclut la musique populaire. Classement selon la classification décimale Dewey. Description dans la langue du document. Deux index: compositeurs/auteurs, titres.   ML120 C3 C328   016.780971

3809

Laforte, Conrad. – *Le catalogue de la chanson folklorique française.* – Par Conrad Laforte ; avec l'assistance d'Édith Champagne. – Nouv. éd. augm. et entièrement refondue. – Québec : Presses de l'Université Laval, 1977-1987. – 6 vol. (cxi, 561; xiv, 841 ; xv, 144 ; xiv, 295, 33 ; xxx, 1017 ; xvii, 649 p.). : cartes. – (Les archives de folklore ; 18-23). – 9774668245 (vol. 1) 2763769179 (vol. 2) 2763768830 (vol. 3 et 4) 2763771254 (vol. 5) 2763770002 (vol. 6)

1st ed., 1958. More than 3,600 French-language folk songs of Europe and North America, with their variants, as catalogued by CELAT, a centre for the study of the language, arts and folk traditions of Francophones of North America. Each volume covers one category of song, subdivided into five to eighteen specific groupings, such as festivals and trades, departures, love songs, enumerative songs, nursery rhymes, hymns and Christmas carols, etc. Index of titles/root words in each volume. Bibliographies. Vol. 1, *Chansons en laisse* (1977); vol. 2, *Chansons strophiques* (1981); vol. 3, *Chansons en forme de dialogue* (1982); vol. 4, *Chansons énumératives* (1979); vol. 5, *Chansons brèves (les enfantines)* (1987); vol. 6, *Chansons sur des timbres* (1983). ML128 F75 L33 1977 fol.   016.78162

1re éd., 1958. Plus de 3 600 chansons folkloriques de langue française d'Europe et d'Amérique du Nord et de leurs variantes cataloguées au CELAT, un centre d'études sur la langue, les arts et les traditions populaires des francophones en Amérique du Nord. Chaque volume couvre une catégorie de chansons qui se subdivise de cinq à dix-huit groupes spécifiques tels que fêtes et métiers, départs, la belle et l'amant, nombres en décroissant, comptines, cantiques et chants de Noël, etc. Index des titres-mots de souche dans chaque volume. Bibliographies. Vol. 1, *Chansons en laisse* (1977); vol. 2, *Chansons strophiques* (1981); vol. 3, *Chansons en forme de dialogue* (1982); vol. 4, *Chansons énumératives* (1979); vol. 5, *Chansons brèves (les enfantines)* (1987); vol. 6, *Chansons sur des timbres* (1983).   ML128 F75 L33 1977 fol. 016.78162

3810

Lande, Lawrence M. [Lawrence Montague]. – *A checklist of early music relating to Canada.* – Collected, compiled and annotated by Lawrence M. Lande from his private library. – Montreal : McGill University, 1973. – 23 p. : facsims. – (Lawrence Lande Foundation for Canadian Historical Research ; no. 8).

Bibliography of 112 entries for early music relating to Canada. Three parts: manuscripts, books and pamphlets arranged by subject heading, sheet music listed chronologically. Some entries are annotated and include references. Supplement to: 1965, *The Lawrence Lande collection of Canadiana in the Redpath Library of McGill University*; and 1971, *Rare and unusual Canadiana : first supplement to the Lande bibliography.*   ML120 C3 L3 fol.   016.780971

Bibliographie de 112 notices sur la vieille musique ayant un lien avec le Canada. Trois parties: manuscrits, livres et brochures classés par vedettes-matière, partitions répertoriées en ordre chronologique. Certaines notices sont annotées et comportent des références. Supplément de: 1965, *The Lawrence Lande collection of Canadiana in the Redpath Library of McGill University*; et 1971, *Rare and unusual Canadiana : first supplement to the Lande bibliography.* ML120 C3 L3 fol.   016.780971

3811

MacInnis, Peggy. – *Guidelist of Canadian solo free bass accordion music suitable for student performers.* – Toronto : Canadian Music Centre in co-operation with the Canadian Music Educators' Association, 1991. – x, 92 p. – 0921519052

Description of 72 Canadian musical works for accordion, suited to performers who have been studying for two to five years. Arranged by level of difficulty: easy and intermediate. The description of each work includes: publisher, year of composition, degree of difficulty, appeal for the performer, effectiveness in performance, musical style, technical challenges and pedagogical value. Three indexes: composer, title, concept and technique.   ML128 A3 M152 1991 fol.   016.78886

Description de 72 oeuvres musicales canadiennes pour accordéon, appropriées pour les exécutants possédant de deux à cinq ans de formation. Présentation selon deux degrés de difficulté: facile et intermédiaire. La description de chaque oeuvre musicale comprend l'éditeur, l'année de composition, le degré de difficulté, l'attrait pour l'interprète, l'impression du public, le style musical, les défis techniques et la valeur pédagogique. Trois index: compositeurs, titres, concepts et techniques.   ML128 A3 M152 1991 fol.   016.78886

3812

Maxwell, Karen A. – *A guide to solo Canadian trombone literature available through the Canadian Music Centre.* – Karen A. Maxwell ; Patricia Martin Shand, research consultant and editor. – Toronto : Canadian Music Centre, 1985. – i, 14 p. : music. – Cover title.

Description of nine Canadian musical works for trombone, with or without accompaniment, the scores of which are held by the music lending libraries of the Canadian Music Centre. Covers music for a wide range of abilities (musicians with less than two years of training to university-level performers). Arranged by composer. For each piece, the following information is provided: instrumentation, source, range, degree of difficulty, duration, musical characteristics, technical aspects, and note on co-ordination of parts. ML128 T76 M46 1985   016.78893

Description de neuf oeuvres musicales canadiennes pour trombone, accompagné ou non, et dont les partitions sont conservées aux musicothèques de prêt du Centre de musique canadienne. L'interprétation des pièces musicales rejoint un large éventail d'exécutants, plus précisément, pour les trombonistes possédant moins de deux ans de formation jusqu'aux interprètes du niveau universitaire. Classement alphabétique par compositeurs. La description de chaque oeuvre musicale comprend l'instrumentation, l'éditeur ou le dépositaire, l'étendue musicale, le degré de difficulté, la durée, les caractéristiques musicales, les défis techniques et des notes sur le synchronisme des instruments.   ML128 T76 M46 1985   016.78893

3813

McMaster University. Library. William Ready Division of Archives and Research Collections. – *Indexed guide to the Dorothy H. Farquharson collection of Canadian sheet music.* – Gayle D. Sherwood. – Hamilton [Ont.] : William Ready Division of Archives and Research Collections, McMaster University Library, c1989. – 425 p.

1,178 items of Canadian sheet music dating from 1830 to 1980, held by the McMaster University Library in the William Ready Division of Archives and Research Collections. Arranged by composer. Each entry includes the title of the piece, name of composer and/or

1 178 partitions musicales canadiennes, datant de 1830 à 1980, conservées à McMaster University Library, William Ready Division of Archives and Research Collections. Classement alphabétique par compositeurs. Chaque notice comprend le titre de la pièce musicale,

author, instrumentation, place, publisher, date, number of pages, language, subject and/or type of composition, format, names of performers, illustration and comments. Six indexes: composer, title, author, subject, publisher, chronological.   ML136 H36 M36 1989 016.780971

le nom du compositeur et (ou) d'auteur, l'instrumentation, le lieu, l'éditeur, la date, la pagination, la langue, le sujet et (ou) catégories de composition, le format, les noms des interprètes, l'illustration et des notes complémentaires. Six index: compositeurs, titres, auteurs, sujets, éditeurs, chronologique.   ML136 H36 M36 1989   016.780971

3814

Memorial University of Newfoundland. Folklore and Language Archive. – *Songs sung by French Newfoundlanders : a catalogue of the holdings of the Memorial University of Newfoundland Folklore and Language Archive.* – Compiled by Gerald Thomas. – St. John's (Nfld.) : Dept. of Folklore and Dept. of French and Spanish, Memorial University of Newfoundland, 1978. – ix, 93 p. – (Bibliographical and special series ; no. 4).

Listing of 180 French-language folk songs and their variants, recorded in Newfoundland between 1970 and March 1978. Two parts: by title with the name of the performer and details of the recording, by name of singer with title, date and details of the recording. Also includes biographical sketches of the 24 French-speaking Newfoundland singers.   ML125 N54 T45 016.78162009718

Recension de 180 chansons folkloriques de langue française et de leurs variantes, enregistrées à Terre-Neuve entre 1970 et mars 1978. Deux parties: par titres avec le nom de l'interprète et les coordonnées de l'enregistrement, par chanteurs avec le titre, la date et les coordonnées de l'enregistrement. Inclut aussi les notices biographiques des 24 chanteurs franco-terre-neuviens.   ML125 N54 T45 016.78162009718

3815

Morley, Glen Stewart. – *The Glen Morley collection of historical Canadian music of the nineteenth century : a catalogue of Canadian music published between 1832 and 1914.* – [Ottawa : Kingsmere Concert Enterprises, c1984]. – [2], 18, [1] leaves. – Cover title.

Chronological listing of 365 scores by Canadian composers, published between 1832 and 1914 and held by the Music Division of the National Library of Canada. The description of each piece includes year, title, genre and name of composer.   ML120 C3 M67 1984 016.780971

Recension chronologique de 365 partitions de compositeurs canadiens, publiées entre 1832 et 1914 et conservées à la Bibliothèque nationale du Canada, Division de la musique. La description de chaque pièce musicale inclut l'année, le titre, le genre et le nom du compositeur. ML120 C3 M67 1984   016.780971

3816

Mount Allison University. Libraries. – *Canadian music scores and recordings : a classified catalogue of the holdings of Mount Allison University libraries.* – Compiled by Gwendolyn Creelman, Esther Cooke and Geraldine King. – Sackville (N.B.) : Ralph Pickard Bell Library, Mount Allison University, c1976. – viii, 192 p. – (Publication in music ; no. 3). – 0888280009

2,662 scores and recordings of Canadian music, held by the Ralph Pickard Bell Library and the Alfred Whitehead Memorial Music Library. Listed according to Library of Congress classification in two sections: scores and recordings. Bibliography. Four indexes: composer, performer, subject, title.   ML136 S12 C913 fol.   016.780971

2 662 partitions et enregistrements de musique canadienne, conservés à Ralph Pickard Bell Library et Alfred Whitehead Memorial Music Library. Recension selon le système de classification Library of Congress en deux sections: partitions et enregistrements. Bibliographie. Quatre index: compositeurs, interprètes, sujets, titres.   ML136 S12 C913 fol.   016.780971

3817

Pille, John M. – *Catalogue of band music by Canadian composers.* – [Lennoxville, Quebec] : J.M. Pille, c1981. – 80 leaves : music.

Canadian compositions for brass and concert band arranged alphabetically by composer. The title of each work is followed by a source code and, where appropriate, the name of the publisher. Bibliography. Discography. List of composers. Replaces: *Catalogue of band music by Canadian composers* ([S.l : s.n.], 1973). ML128 B23 P55 1981 fol.   016.7848

Recension des compositions canadiennes pour fanfare et harmonie classées selon l'ordre alphabétique des compositeurs. Chaque titre d'oeuvre est complété d'un code de provenance et du nom de l'éditeur lorsqu'approprié. Bibliographie. Discographie. Liste des compositeurs. Remplace: *Catalogue of band music by Canadian composers* ([S.l. : s.n.], 1973).   ML128 B23 P55 1981 fol.   016.7848

3818

Provincial Archives of British Columbia. – *Catalogue of the sheet music collection.* – Robert Dale McIntosh. – [Vancouver] : the Archives, 1984. – 83, 7, 6, 13, 13 leaves (loose-leaf). – Cover title.

556 musical scores held by the Provincial Archives of British Columbia, listed in numerical order. Each entry includes the title of the piece, date, composer, lyricist, publisher, instrumentation and supplementary notes. Four indexes: composer, lyricist, title, chronological.   ML136 V36 P96 1984 fol.   016.7809711

556 partitions musicales conservées au Provincial Archives of British Columbia, répertoriées en ordre numérique. Chaque inscription comprend le titre de la pièce musicale, la date, le compositeur, le parolier, l'éditeur, l'instrumentation et des notes complémentaires. Quatre index: compositeurs, paroliers, titres, chronologique. ML136 V36 P96 1984 fol.   016.7809711

3819

Shand, Patricia Martin. – *Canadian music : a selective guidelist for teachers.* – Toronto : Canadian Music Centre, 1978. – viii, 186 p. : music. – 0969083602

Description of 162 published Canadian musical works suited to large or small choral or instrumental ensembles and to a wide range of abilities (musicians with less than two years of training to university-level performers). Divided into categories: choir, band, orchestra, string orchestra, chamber ensemble. Entries for musical works include a few bars of music, a brief commentary, publisher, price, duration, sound recording if available, instrumentation, degree of difficulty, grade level, musical style, technical challenges, pedagogical value, appeal to the performer and effectiveness in performance. Bibliography. Directory of publishers. Two folk song indexes: choral and instrumental compositions. Two indexes: composers, titles. Revised edition published in French under the title: *Musique canadienne : oeuvres choisies à l'intention des professeurs.* ML120 C3 S52 fol. 016.780971

Description de 162 oeuvres musicales canadiennes publiées et appropriées à de grands ou de petits ensembles chorals ou instrumentaux, pour un vaste éventail d'exécutants (les instrumentistes possédant moins de deux ans de formation jusqu'aux interprètes du niveau universitaire). Présentation par catégories : choeurs, harmonies, orchestres, orchestres à cordes et petits ensembles. La description de chaque oeuvre musicale comprend quelques mesures musicales, un bref commentaire, l'éditeur, le prix, la durée, l'enregistrement sonore s'il y a lieu, l'instrumentation, le degré de difficulté, le niveau d'études, le style musical, les défis techniques, la valeur pédagogique, l'attrait pour l'interprète et l'impression faite par l'exécution. Bibliographie. Répertoire des éditeurs. Deux index des chansons folkloriques : compositions chorales et instrumentales. Deux index : compositeurs, titres. Éd. revue publiée en français sous le titre : *Musique canadienne : oeuvres choisies à l'intention des professeurs.* ML120 C3 S52 fol. 016.780971

3820

Shand, Patricia Martin. – *A guide to published Canadian violin music suitable for student performers.* – Toronto : Canadian Music Centre in co-operation with the Canadian Music Educators' Association, 1993. – viii, 101 p. – 0921519176

Description of 51 Canadian musical works for violin and piano suited to performers at the junior or intermediate level (lower than the ninth grade of the Royal Conservatory of Music of Toronto). Arranged alphabetically by composer. For each musical work, the following information is provided: instrumentation, duration, publisher, level of difficulty, musical characteristics, technical challenges and pedagogical value. Title index. Directory of publishers. ML132 V4 S528 fol. 016.7872

Description de 51 oeuvres musicales canadiennes pour violon et piano appropriées pour l'exécutant de niveau junior ou intermédiaire (inférieur à la neuvième classe du Royal Conservatory of Music de Toronto). Classement alphabétique par compositeurs. Pour chaque oeuvre musicale figurent l'instrumentation, la durée, l'éditeur, l'un des trois degrés de difficulté, les caractéristiques musicales, les défis techniques et la valeur pédagogique. Index des titres. Répertoire des éditeurs. ML132 V4 S528 fol. 016.7872

3821

Shand, Patricia Martin. – *Guidelist of Canadian band music suitable for student performers.* – Toronto : Canadian Music Centre in co-operation with the Canadian Music Educators' Association, 1987. – xi, 76 p. : music. – 092151901X

Description of 63 Canadian musical works for band, suited to performers with less than two years of training up to high school level. Arranged by level of difficulty: easy, intermediate and difficult. For each work, the following information is provided: instrumentation, duration, availability, degree of difficulty, musical characteristics, technical challenges and pedagogical value. Composer and title indexes. ML132 B3 S522 fol. 016.7848

Description de 63 oeuvres musicales canadiennes pour harmonie, appropriées pour les exécutants possédant moins de deux ans de formation jusqu'aux instrumentistes du niveau de l'école secondaire. Présentation selon trois degrés de difficulté: facile, intermédiaire et difficile. Pour chaque oeuvre musicale, l'instrumentation, la durée, la disponibilité, le degré de difficulté, les caractéristiques musicales, les défis techniques et la valeur pédagogique sont consignés. Deux index: compositeurs, titres. ML132 B3 S522 fol. 016.7848

3822

Shand, Patricia Martin. – *Guidelist of unpublished Canadian string orchestra music suitable for student performers.* – Toronto : Canadian Music Centre in co-operation with the Canadian Music Educators' Association, 1986. – viii, 138 p. : music. – 0921519001

Description of 63 Canadian musical works for string orchestra, suitable for primary and secondary school performers. Arranged by level of difficulty: easy, intermediate and difficult. For each piece, the following information is provided: instrumentation, duration, availability, degree of difficulty, technical challenges, musical characteristics and pedagogical value. Composer and title indexes. ML132 O68 S52 1986 fol. 016.7847

Description de 63 oeuvres musicales canadiennes pour orchestre à cordes, appropriées pour les exécutants des écoles primaires et secondaires. Présentation selon trois degrés de difficulté: facile, intermédiaire et difficile. Pour chaque oeuvre musicale, l'instrumentation, la durée, la disponibilité, le degré de difficulté, les défis techniques, les caractéristiques musicales et la valeur pédagogique sont consignés. Deux index: compositeurs, titres. ML132 O68 S52 1986 fol. 016.7847

3823

Shand, Patricia Martin. – *Musique canadienne : oeuvres choisies à l'intention des professeurs.* – Patricia Martin Shand ; Jean Patenaude, directeur de l'édition française. – Toronto : Centre de musique canadienne, 1982. – viii, 133 p. : musique. – 0969083610

Description of 115 published Canadian musical works, suited to large or small choral or instrumental ensembles, and to a wide range of performers (musicians with less than two years of training to university-level performers). Arranged by category: choir, band, orchestra, string orchestra, small ensemble. Entries include a few bars of the score, a brief commentary, publisher, price, duration, sound recording if availability, instrumentation, degree of difficulty,

Description de 115 oeuvres musicales canadiennes publiées et appropriées à de grands ou de petits ensembles chorals ou instrumentaux pour un vaste éventail d'exécutants (les instrumentistes possédant moins de deux ans de formation jusqu'aux interprètes du niveau universitaire). Présentation par catégories: choeurs, harmonies, orchestres, orchestres à cordes et petits ensembles. Pour chaque oeuvre musicale figurent quelques mesures musicales, un bref

grade level, musical style, technical challenges, pedagogical value, appeal to the performer and effectiveness in performance. Bibliography. Directory of publishers. Two indexes of folk songs: choral and instrumental compositions. Two indexes: composer, title. Also published in English under the title: *Canadian music : a selective guidelist for teachers.* ML120 C3 S5214 fol. 016.780971

commentaire, l'éditeur, le prix, la durée, l'enregistrement sonore s'il y a lieu, l'instrumentation, le degré de difficulté, le niveau d'études, le style musical, les défis techniques, la valeur pédagogique, l'attrait pour l'interprète et l'impression faite par l'exécution. Bibliographie. Répertoire des éditeurs. Deux index des chansons de folklore: compositions chorales et instrumentales. Deux index: compositeurs, titres. Publié aussi en anglais sous le titre: *Canadian music : a selective guidelist for teachers.* ML120 C3 S5214 fol. 016.780971

3824

Société Radio-Canada. Réseau FM stéréo. – *La musique actuelle à notre antenne.* – 2ᵉ éd. – [Montréal] : SRC, Réseau FM stéréo, 1991. – 95 p. : musique.

1st ed., 1986. Listing of contemporary music by Canadian composers, broadcast by the French FM network of the Canadian Broadcasting Corporation. Five main parts: commissions, production, programming, competitions and festivals, international organizations. HE8697.95 C3 S678 1991 fol. 791.44657

1ʳᵉ éd., 1986. Recension des compositions canadiennes de musique contemporaine, diffusée au réseau FM français de la Société Radio-Canada. Cinq parties principales: commandes, production, programmation, concours et festivals, organismes internationaux. HE8697.95 C3 S678 1991 fol. 791.44657

3825

Stubley, Eleanor Victoria. – *A guide to solo french horn music by Canadian composers.* – Toronto : Canadian Music Centre in co-operation with the Canadian Music Educators' Association, 1990. – ix, 75 p. : music. – 0921519060

Guide to 46 Canadian musical works for french horn, solo or with accompaniment, suited to a wide range of performers (musicians with less than two years of training to professional soloists). Arranged by category of instrumentation: french horn solo, or accompanied by piano or organ, tape, percussion or electronic instruments. For each work, the following information is provided: instrumentation, availability, duration, year of composition, degree of difficulty, sound recording if available, range, style, technical challenges and performance notes. Title and composer indexes. Directory of publishers. ML128 H67 S32 1990 fol. 016.78894

Description de 46 oeuvres musicales canadiennes pour cor, accompagné ou non, et appropriées pour un large éventail d'exécutants (les instrumentists possédant deux ans de formation aux solistes professionels). Présentation par catégories d'instrumentation: cor solo, ou accompagné du piano ou de l'orgue, d'un enregistrement, d'instruments de percussion ou électroniques. Pour chaque oeuvre musicale figurent l'instrumentation, la disponibilité, la durée, l'année de composition, le degré de difficulté, l'enregistrement sonore s'il y a lieu, l'étendue musicale, le style, les défis techniques et des commentaires d'exécution. Deux index: titres, compositeurs. Répertoire des éditeurs. ML128 H67 S32 1990 fol. 016.78894

3826

Stubley, Eleanor Victoria. – *A guide to unpublished Canadian brass chamber music suitable for student performers.* – Toronto : Canadian Music Educators' Association in co-operation with the Canadian Music Centre, 1989. – x, 106 p. : music. – 0921519028

Description of 52 Canadian musical works for brass ensemble, suitable for students with less than two years of training to high-school-level performers. Arranged by degree of difficulty: easy, intermediate, difficult. Entries include instrumentation, source, duration, year of composition, degree of difficulty, range, technical, musical and ensemble challenges, and pedagogical value. Indexes of composers, titles and instrumentation. ML128 C4 S929 1989 fol. 016.7859

Description de 52 oeuvres musicales canadiennes pour ensembles de cuivres pour les exécutants possédant moins de deux ans de formation jusqu'aux instrumentistes du niveau de l'école secondaire. Présentation selon trois degrés de difficulté: facile, intermédiaire et difficile. Pour chaque oeuvre figurent l'instrumentation, la source, la durée, l'année de composition, le degré de difficulté, l'étendue musicale, les défis techniques, musicaux et d'ensemble, et la valeur pédagogique. Trois index: compositeurs, titres, instrumentations. ML128 C4 S929 1989 fol. 016.7859

3827

Walter, Cameron [Kenneth]. – *A guide to unpublished Canadian jazz ensemble music suitable for student performers.* – Toronto : Canadian Music Centre in co-operation with the Canadian Music Educators' Association, 1994. – ix, 76 p. : music. – 0921519206

Describes 32 Canadian musical works for jazz ensemble suitable for secondary school students. Arranged by degree of difficulty: medium and difficult. Entries include name of composer, title of work, duration, level of difficulty, availability, musical characteristics, technical and improvisational challenges, pedagogical value. Indexes of composers and titles. Directory of composers. ML128 J3 W231 1994 fol. 016.78165

Description de 32 oeuvres musicales canadiennes pour ensembles de jazz, appropriées pour les étudiants du niveau secondaire. Présentation selon deux degrés de difficulté: intermédiaire et difficile. Les notices comprennent le nom du compositeur, le titre, la durée, le degré de difficulté, la disponibilité, les caractéristiques musicales, les défis techniques et d'improvisation, la valeur pédagogique. Deux index: compositeurs, titres. Répertoire des compositeurs. ML128 J3 W231 1994 fol. 016.78165

3828

Zuk, Ireneus. – *The piano concerto in Canada (1900-1980) : a bibliographic survey.* – Baltimore (Md.) : Peabody Conservatory of Music, Peabody Institute of the Johns Hopkins University, 1985. – xxxi, 429 leaves. – Thesis, D.M.H., Peabody Conservatory of Music, 1985.

Bibliographical survey of 103 piano concertos by 59 Canadian composers, with biographical notes. Arranged alphabetically by composer. The description of each concerto includes date of composition, publisher, location of manuscript, instrumentation, performance time, tempo, première, recording, explanatory notes and annotated bibliographical references, where appropriate. The biographical

Description de 103 concertos pour piano de 59 compositeurs canadiens, incluant leur notice biographique. Classement alphabétique des compositeurs. La description de chaque concerto comprend la date de composition, éditeur, localisation du manuscrit, instrumentation, durée, tempo, première, enregistrement, notes explicatives et références bibliographiques annotées lorsqu'approprié.

notes take the form of chronological tables supplemented by bibliographical references. Includes a list of works arranged by composer and a directory of music publishers. Bibliography. Reproduced in microform format: Ann Arbor (Mich.) : University Microfilms International, 1986, 5 microfiches.   ML128 P3 Z94 1985 fol. 016.78423

Chaque notice biographique est présentée sous forme d'un tableau chronologique complété de références bibliographiques. Une liste des oeuvres par compositeurs. Répertoire des éditeurs de musique. Bibliographie. Reproduit sur support microforme: Ann Arbor (Mich.) : University Microfilms International, 1986, 5 microfiches. ML128 P3 Z94 1985 fol.   016.78423

Biographies

Biographies

3829

Atlantic Canadian Composers' Association. – *Composers of Atlantic Canada '81.* – [Halifax : ACCA, 1981]. – 24 p. : ports. – Cover title.

Biographies of twenty members of the Atlantic Canada Composers' Association, arranged alphabetically. Entries include a brief career description, address, professional affiliations and chronological list of compositions. The following information is given for each work: year of composition, instrumentation, duration, publisher or location of scores, date of publication, recording, lyricist and explanatory notes.   ML390 C73 780.922

Notices biographiques de vingt membres de l'Association des compositeurs canadiens de l'Atlantique. Classement alphabétique des noms. Chaque notice comprend une description sommaire de leur carrière, adresse, affiliations professionnelles et la liste chronologique de leurs compositions. La description de chaque oeuvre comprend l'année de composition, instrumentation, durée, éditeur ou localisation des partitions, date de publication, enregistrement, parolier et notes explicatives.   ML390 C73 780.922

3830

British Columbia Old Time Fiddlers' Association. – *British Columbia Old Time Fiddlers' Association.* – Prince George (B.C.) : the Association, 1990. – 168 p. : ill., ports. – 1550560697

Biographies of the members of the British Columbia Old Time Fiddlers' Association, arranged alphabetically. Divided into sections corresponding to the Association's seventeen regional divisions, with an account of each division's history. List of members of the executive from 1979 to 1991. List of winners of the provincial championship from 1970 to 1990. Name index.   ML398 B82 1990 fol. 787.0922

Notices biographiques des membres du British Columbia Old Time Fiddlers' Association, classées selon l'ordre alphabétique des noms. Présentation selon les dix-sept divisions régionales de l'Association, chacune faisant l'objet d'une description historique. Liste des membres du conseil d'administration de 1979 à 1991. Liste des gagnants du championnat provincial de 1970 à 1990. Index des noms. ML398 B82 1990 fol.   787.0922

3831

Canadian Broadcasting Corporation. – *Catalogue of Canadian composers.* – Edited by Helmut Kallmann. – Rev. and enl. ed. – [Toronto] : the Corporation, [1952?]. – 254 p. : table. – 0403013755

1st ed., 1947. Repr. of 1952 ed.: St. Clair Shores (Mich.) : Scholarly Press, 1972. 356 biographical entries on Canadian composers, arranged alphabetically. Each entry provides a brief career description, address, list of compositions by type of instrumentation or in chronological order, including the performance time and publisher, professional affiliations and bibliographic references. Includes a short historical essay. Bibliography. Index by musical style. Directory of principal music publishers in Canada.   ML106 C3 C3 1952 016.780922

1re éd., 1947. Réimpr. de l'éd. de 1952: St. Clair Shores (Mich.) : Scholarly Press, 1972. 356 notices biographiques de compositeurs canadiens classées selon l'ordre alphabétique des noms. Chaque notice comprend une description sommaire de leur carrière, l'adresse, la liste de leurs compositions par types d'instrumentation ou selon l'ordre chrono-logique avec mention de sa durée et l'éditeur, affiliations professionnelles et références bibliographiques. Inclut aussi un court essai historique. Bibliographie. Index par styles musicaux. Répertoire des principaux éditeurs de musique canadiens.   ML106 C3 C3 1952   016.780922

3832

Canadian Country Music Hall of Fame. – *Official souvenir book : pictures and stories of the 25 inaugural inductees.* – [Kitchener, Ont.] : the Hall, c1990. – 56 p. : ports., ill. – Cover title.

Biographies of 25 Canadian country musicians or groups, arranged alphabetically by name.   ML400 B922 1990 fol. 781.6420922

Notices biographiques de 25 musiciens ou groupes de musique country originaires du Canada. Classement alphabétique par noms. ML400 B922 1990 fol. 781.6420922

3833

Giroux, Robert. – *Le guide de la chanson québécoise.* – Robert Giroux avec la collaboration de Constance Havard et Rock LaPalme. – Paris : Syros/Alternatives ; Montréal : Triptyque, c1991. – 179 p. : ill., portr. – (Les guides culturels Syros). – 2890311244

Biographical and historical data on singers and others active in the area of French-language popular song in Quebec. Six parts: prehistory, 1946-1959, 1960-1967, 1968-1977, 1978-1984, 1985-1990. Arranged alphabetically by name. Each entry includes a brief career description, recordings and/or important songs. Bibliography. Name index.   ML3563 G528 G94 1991   782.42164

Description historique et notices biographiques des chanteurs et autres intervenants dans le domaine de la chanson populaire francophone au Québec. Six parties: préhistoire, 1946-1959, 1960-1967, 1968-1977, 1978-1984, 1985-1990. Classement alphabétique des noms. Chaque notice comprend une description sommaire de leur carrière avec mention des disques et (ou) chansons importantes. Bibliographie. Index des noms.   ML3563 G528 G94 1991 782.42164

3834

Guest, Bill. – *Canadian fiddlers.* – Hantsport (N.S.) : Lancelot Press, 1985. – 232 p. : ill., music, ports. – 0889992681

174 biographical entries for Canadian fiddlers, with recordings noted. Two parts: 157 living musicians, and seventeen famous deceased fiddlers. Arranged alphabetically by name. Two name indexes. ML398 G936 1985 787.20922

174 notices biographiques de violoneux canadiens avec mention des enregistrements. Deux parties: 157 musiciens vivants et dix-sept violoneux célèbres, mais décédés. Classement alphabétique des noms. Deux index des noms. ML398 G936 1985 787.20922

3835

Jackson, Rick. – *Encyclopedia of Canadian rock, pop and folk music.* – Kingston (Ont.) : Quarry Press, c1994. – 319 p., [8] col. p. of plates : ill. – 1550821075 (bd.) 1550820982 (pa.)

Encyclopedia of Canadian rock, pop and folk music performers and groups active between 1950 and 1990. Arranged alphabetically by name. Each entry includes biographical data and a discography. Three appendices: list of artists who had records on the charts in the 1960s and 1970s but were not included in the encyclopedia; list of thirteen Canadian performers who worked with groups outside Canada; chronology of Juno award winners, 1964-1994. Bibliography. Photo credits. ML102 P66 J34 781.640971

Encyclopédie d'interprètes et de groupes canadiens de musique rock, populaire et folk ayant oeuvré entre 1950 et 1990. Classement alphabétique des noms. Chaque notice comprend des informations biographiques et une discographie. Trois appendices: liste des artistes non sélectionnés ayant fait partie de palmarès dans les années 1960 et 1970; liste de treize artistes canadiens qui ont fait carrière avec des groupes hors Canada; chronologie des récipiendaires des prix Juno, 1964-1994. Bibliographie. Sources photographiques. ML102 P66 J34 781.640971

3836

Labbé, Gabriel. – *Les pionniers du disque folklorique québécois, 1920-1950.* – Montréal : L'Aurore, c1977. – 216 p. : ill., fac-sim., musique, portr. – (Collection Connaissance des pays québécois : patrimoine). – 0885321227

Biographical information and discographies for approximately thirty Quebec folk musicians and singers who recorded between 1920 and 1950. Two parts: musicians and singers. Includes some historical articles. ML156.4 F5 L32 781.620922

Notices biographiques et discographies d'une trentaine de musiciens et chanteurs folkloriques québécois ayant endisqué entre 1920 et 1950. Deux parties: musiciens et chanteurs. Inclut des textes historiques. ML156.4 F5 L32 781.620922

3837

Laplante, Louise. – *Compositeurs canadiens contemporains.* – Éd. française dirigée par Louise Laplante ; traduction de Véronique Robert. – Montréal : Presses de l'Université du Québec, 1977. – xxviii, 382 p., [8] p. de planches : ill., musique. – 0777002051

Revised and expanded edition of *Contemporary Canadian composers.* 160 biographical entries for Canadian composers who influenced the musical life of Canada between 1920 and 1977. Excludes composers of popular music. Arranged alphabetically. Each entry includes a career description, professional affiliations, lists of musical and literary works and bibliographic references. Composer index. Bibliography. ML106 C3 C6513 780.922

Éd. rev. et augm. de *Contemporary Canadian composers.* 160 notices biographiques de compositeurs canadiens ayant marqué la vie musicale au Canada de 1920 à 1977. Classement alphabétique. Exclut les compositeurs de la musique populaire. Chaque notice comprend la description de leur carrière avec leurs affiliations professionnelles, la liste de leurs oeuvres musicales, écrits littéraires et de références bibliographiques. Index des compositeurs. Bibliographie. ML106 C3 C6513 780.922

3838

MacMillan, Keith. – *Contemporary Canadian composers.* – Edited by Keith MacMillan and John Beckwith. – Toronto : Oxford University Press [Canadian Branch], 1975. – xxiv, 248 p., [4] p. of plates : ill., music. – 0195402448

144 biographical entries for composers prominent in Canada after 1920. Arranged alphabetically. Excludes composers of popular music, and most jazz, band and church music composers. Each entry includes a career description, professional affiliations, lists of musical and literary works and bibliographic references. Bibliography. A revised and expanded edition was published in French under the title: *Compositeurs canadiens contemporains.* ML106 C3 C65 780.922

144 notices biographiques de compositeurs éminents au Canada depuis 1920. Classement alphabétique. Exclut les compositeurs de la musique populaire et la plupart de ceux qui écrivent la musique jazz, fanfare et harmonie, et religieuse. Chaque notice comprend la description de leur carrière avec leurs affiliations professionnelles, la liste de leurs oeuvres musicales, écrits littéraires et de références bibliographiques. Bibliographie. Éd. rev. et augm. a paru en français sous le titre: *Compositeurs canadiens contemporains.* ML106 C3 C65 780.922

3839

McNamara, Helen. – *The bands Canadians danced to.* – Helen McNamara & Jack Lomas. – Toronto : Griffin House, 1973. – ix, 118 p. : ill., ports. – 0887600638

History of Canadian dance bands and biographical sketches of jazz musicians. Five parts: bands and ballrooms, singers, bands on radio, visiting bands, international personalities. Name index. ML394 M3 fol. 784.165

Description historique des orchestres de danse du Canada et notices biographiques des musiciens de jazz. Cinq parties: orchestres et salles de bal, chanteurs, groupes à la radio, orchestres en visite, célébrités internationales. Index des noms. ML394 M3 fol. 784.165

3840

Napier, Ronald. – *A guide to Canada's composers.* – 1976 ed. – Willowdale (Ont.) : Avondale Press, c1976. – 56 p. – 0969045255

1st ed., 1973. List of Canadian composers with information on instrumentation used, publisher and professional affiliation. Arranged alphabetically by name. Bibliography. Directory of music publishers in Canada. ML106 C3 N3 1976 780.922

1re éd., 1973. Liste des compositeurs canadiens avec le type d'instrumentation, éditeur et affiliation professionnelle qui leurs sont propres. Classement alphabétique des noms. Bibliographie. Répertoire des éditeurs de musique canadiens. ML106 C3 N3 1976 780.922

3841

Newlove, Harold J. – *Fiddlers of the Canadian West.* – Swift Current (Sask.) : [s.n.], c1976. – 272 p. : ill., ports.

Biographical sketches of fiddlers from Alberta, British Columbia, Manitoba, Saskatchewan and the Yukon. Two parts: living and deceased fiddlers. List of members of the executive and description of the activities of the Swift Current Old Time Fiddlers. List of winners of the Western Canada Amateur Old Time Fiddling Championship, 1966-1975. ML398 F449 N55 1976 787.20922

Notices biographiques de violoneux de l'Alberta, de la Colombie-Britannique, du Manitoba, de la Saskatchewan et du Yukon. Deux parties: violoneux vivants et décédés. Liste des membres du conseil d'administration et description des activités du Swift Current Old Time Fiddlers. Liste des gagnants du Western Canada Amateur Old Time Fiddling Championship, 1966-1975. ML398 F449 N55 1976 787.20922

3842

Soeurs de Sainte-Anne. – *Dictionnaire biographique des musiciens canadiens.* – [2e éd. entièrement rév. et considérablement augm.]. – Lachine (Québec) : Mont-Sainte-Anne, 1935. – 299, [3] p. : portr.

Biographical information on musicians and others involved in music, chiefly French Canadian. Arranged alphabetically. 1st ed., 1922, *Dictionnaire biographique des musiciens et un vocabulaire de termes musicaux*. Facsimile of 2nd ed.: Ann Arbor (Mich.) : University Microfilms, 1981. ML106 C3 S5 1935 780.922

Notices biographiques des musiciens et intervenants dans le domaine de la musique, principalement au Canada français. Classement alphabétique. 1re éd., 1922, *Dictionnaire biographique des musiciens et un vocabulaire de termes musicaux*. Fac-sim. de la 2e éd.: Ann Arbor (Mich.) : University Microfilms, 1981. ML106 C3 S5 1935 780.922

3843

Swift Current Old Time Fiddlers. – *Swift Current Old Time Fiddlers.* – [Swift Current, Sask. : s.n., 1989?]. – 1 vol. (various pagings) : ill., ports.

Biographical entries for the members of the Swift Current Old Time Fiddlers, arranged alphabetically. List of members of the executive and description of activities from 1972 to 1989. ML205.8 S97 S977 1989 fol. 787.20922

Notices biographiques des membres du Swift Current Old Time Fiddlers classées alphabétiquement. Liste des membres du conseil d'administration et description des activités de 1972 à 1989. ML205.8 S97 S977 1989 fol. 787.20922

3844

Thérien, Robert. – *Dictionnaire de la musique populaire au Québec, 1955-1992.* – Robert Thérien, Isabelle D'Amours. – Québec : Institut québécois de recherche sur la culture, 1992. – xxv, 580 p. : portr. – 2892241839

351 biographical entries and discographies for performers, groups, writers, composers and producers of Quebec popular music active between 1955 and 1992. Arranged alphabetically by name or pseudonym under which the person or group worked. Each entry provides biographical information, a bibliography, filmography and discography. Includes supplementary information, such as associations and agencies, musical comedies, record labels, competitions, etc. List of performers not selected who made at least one recording between 1955 and 1992, with note on status, decade and record label. Glossary. Bibliography. Name index. ML102 P66 T55 1992 781.6409714

351 notices biographiques et discographies d'interprètes, groupes, auteurs, compositeurs et producteurs de musique populaire du Québec ayant oeuvré entre 1955 et 1992. Classement alphabétique des noms ou pseudonymes sous lesquels l'artiste a fait carrière. Chaque notice comprend les informations biographiques, une bibliographie, filmographie et discographie. Inclut aussi des informations complémentaires telles qu'associations et organismes, comédies musicales, étiquettes, concours, etc. Liste des artistes non sélectionnés ayant enregistré au moins un disque entre 1955 et 1992 avec mention du statut, de la décennie et de l'étiquette. Glossaire. Bibliographie. Index des noms. ML102 P66 T55 1992 781.6409714

3845

Toomey, Kathleen M. – *Musicians in Canada : a bio-bibliographical finding list = Musiciens au Canada : index bio-bibliographique.* – Edited by Kathleen M. Toomey & Stephen C. Willis. – [2nd ed.]. – Ottawa : Canadian Association of Music Libraries, 1981. – xiv, 185 p. – (Publications - Canadian Association of Music Libraries ; 1). – 0969058314

1st ed., 1961, *A bio-bibliographical finding list of Canadian musicians and those who have contributed to music in Canada*. Alphabetical list of musicians who have worked in Canada, derived from more than 200 documentary sources. Entries include years of birth and death, place of birth and summary of the individual's contribution to music. Bibliography. List of musicians by type of contribution. ML106 C3 T66 fol. 780.922

1re éd., 1961, *A bio-bibliographical finding list of Canadian musicians and those who have contributed to music in Canada*. Liste alphabétique de musiciens ayant travaillé au Canada, information émanant de plus de 200 sources documentaires. Pour chaque musicien répertorié, les années de naissance et de décès et le lieu de naissance sont indiqués, avec mention sous forme abrégée de leur contribution au domaine musical. Bibliographie. Liste des musiciens par contributions musicales. ML106 C3 T66 fol. 780.922

3846

Toomey, Kathleen M. – *Musicians in Canada : a bio-bibliographical finding list = Musiciens au Canada : index bio-bibliographique.* – Rédigé par Kathleen M. Toomey & Stephen C. Willis. – [2ᵉ éd.]. – Ottawa : Association canadienne des bibliothèques musicales, 1981. – xiv, 185 p. – (Publications - Association canadienne des bibliothèques musicales ; 1). – 0969058314

1st ed., 1961, *A bio-bibliographical finding list of Canadian musicians and those who have contributed to music in Canada.* Alphabetical list of musicians who have worked in Canada, derived from more than 200 documentary sources. Entries include years of birth and death, place of birth and summary of the individual's contribution to music. Bibliography. List of musicians by type of contribution. ML106 C3 T66 fol.   780.922

1ʳᵉ éd., 1961, *A bio-bibliographical finding list of Canadian musicians and those who have contributed to music in Canada.* Liste alphabétique de musiciens ayant travaillé au Canada, information émanant de plus de 200 sources documentaires. Pour chaque musicien répertorié, les années de naissance et de décès et le lieu de naissance sont indiqués, avec mention sous forme abrégée de leur contribution au domaine musical. Bibliographie. Liste des musiciens par contributions musicales. ML106 C3 T66 fol.   780.922

3847

Walker, Carl Ian. – *Pioneer pipers of British Columbia : a biographical directory of pipers active in British Columbia by the 1950s.* – Squamish (B.C.) : Western Academy of Pipe Music, c1987. – v, 286 p. : ill., ports. – 096933505

Nearly 700 biographical sketches of British Columbia pipers who began or made their musical careers before 1950. Arranged alphabetically. Indexes of names and maiden names. Bibliography. ML3563 W177 1987 fol.   788.490922

Près de 700 notices biographiques de cornemuseurs de la Colombie-Britannique ayant débuté ou fait leur carrière musicale avant 1950. Classement alphabétique. Deux index: noms, noms des femmes mariées. Bibliographie.   ML3563 W177 1987 fol.   788.490922

Chronologies

Chronologies

3848

Composers, Authors and Publishers Association of Canada. – *CAPAC presents 3000 all-time song hits, 1892-1963.* – Toronto : the Association, [1964?]. – 101 p. – Cover title.

Lists over 3,000 English popular songs which were hits in Canada, during the period 1892-1963. Arranged chronologically. Each title is followed by the name of composer and/or lyricist. Two chronological lists: songs that won an Academy Award between 1934 and 1963; fifteen songs composed by Canadians. Title index.   ML128 S3 C73 781.64

Recension de plus de 3 000 chansons populaires de langue anglaise qui furent les favorites au Canada entre 1892 et 1963. Classement chronologique. Chaque chanson est complétée du nom du compositeur de la musique et (ou) des paroles. Deux listes chronologiques: chansons gagnantes d'un Academy Award entre 1934 et 1963; quinze chansons composées par des Canadiens. Index des titres. ML128 S3 C73   781.64

Dictionaries

Dictionnaires

3849

Gilpin, Wayne. – *Student's dictionary of music.* – Oakville (Ont.) : Frederick Harris Music, c1985. – 300 p. : ill. – 0887971954

Dictionary of music, with entries on composers, performers, pieces of music, instruments, etc., listed alphabetically. Includes biographical sketches and lists of major works for musicians; history of musical forms; definition or English translation of other terms. List of 162 entries related to music in Canada. Bibliography.   ML100 G48 1985 780.3

Dictionnaire de musique comprenant des notices en rapport avec des compositeurs, des interprètes, des pièces, des instruments, etc. Notices biographiques et liste des oeuvres majeures pour les personnalités musicales; description historique pour les formes musicales; définition ou traduction anglaise pour les autres notions. Liste de 162 notices spécifiques à la vie musicale canadienne. Bibliographie.   ML100 G48 1985   780.3

Directories

Répertoires

3850

Association canadienne des bibliothèques musicales. – *Membership list = Liste des membres.* – [Ottawa] : l'Association, [1972?]-   . –   vol. – 0828-7007

Annual. Directory of the members of the Canadian Association of Music Libraries. Arranged by membership category: individuals, students, institutions (subdivided by province), subscribers. Title varies; 1972?-1975, *Liste définitive des membres = Final membership list*; 1976, *Membership list = Liste des cotisations*; 1977-1978, *Official membership list = Liste officielle des cotisations*; 1979-1983, *Official membership list = Liste officielle des membres.*   ML111 C34 fol. 780.2571

Annuel. Répertoire des membres de l'Association canadienne des bibliothèques musicales. Quatre catégories: individus, étudiants, institutions (subdivisées par provinces), souscripteurs. Le titre varie: 1972?-1975, *Liste définitive des membres = Final membership list*; 1976, *Membership list = Liste des cotisations*; 1977-1978, *Official membership list = Liste officielle des cotisations*; 1979-1983, *Official membership list = Liste officielle des membres.*   ML111 C34 fol. 780.2571

3851

Association canadienne des harmonies. – *Canadian Band Association directory* = *L'annuaire du* [sic] *l'Association canadienne des harmonies.* – [Truro, N.-É.?] : l'Association, [1982?]-   . –   vol. – Titre de la couv.

Annual. Directory of the members of the Canadian Band Association, arranged by province. Chronological list of presidents since 1931, and of winners of the C.B.A. National Band Award since 1976. List of members of the executive and of provincial affiliates with their calendar of activities. Includes the Association's constitution and the selection criteria of its competition. Title varies: 1982/83-1983/84, *Directory - Canadian Band Directors' Association. Alberta Chapter*; 1984/85, *National directory - Canadian Band Directors' Association*; 1985/86, *National directory - Canadian Band Association*; 1986/87-1989?, *Membership directory - Canadian Band Association*. ML27 C3 C252   784.806071

Annuel. Répertoire des membres de l'Association canadienne des harmonies recensés par provinces. Liste chronologique des présidents de 1931 à ce jour, et des récipiendaires du C.B.A. National Band Award depuis 1976. Liste des membres du conseil d'administration et des affiliations provinciales, y compris le calendrier de leurs activités. Inclut aussi les statuts et les critères de sélection au concours de l'Association. Le titre varie: 1982/83-1983/84, *Directory - Canadian Band Directors' Association. Alberta Chapter*; 1984/85, *National directory - Canadian Band Directors' Association*; 1985/86, *National directory - Canadian Band Association*; 1986/87-1989?, *Membership directory - Canadian Band Association*.   ML27 C3 C252   784.806071

3852

Association de musicothérapie du Canada. – *Membership directory* = *Répertoire des membres.* – Sarnia (Ont.) : l'Association, [1989?]-   .   –   vol. – 1185-619X – Titre de la couv.

Annual. Directory of the members of the Canadian Music Therapy Association, listed by membership class. Title varies: 1989, *Membership directory*.   ML3919 C33   615.85154

Annuel. Répertoire des membres de l'Association de musicothérapie du Canada. Liste par catégories de membres. Le titre varie: 1989, *Membership directory*.   ML3919 C33   615.85154

3853

Association des compositeurs, auteurs et éditeurs du Canada. – *Membership list* = *Liste des membres.* – CAPAC. – (Juin 1956)-(avril 1991). – Toronto : l'Association, 1956-1991. –   vol. – 0823-955X – Titre de la couv.

Irregular, 1956-1966. Annual, 1968-1989. Alphabetical list of members of the Canadian Association of Composers, Authors and Publishers, in two parts: composers/authors and publishers. For composers and authors, symbols indicate a pseudonym or a deceased member. The address of each publisher is included. Title varies: 1956-196?, *List of members*; 1966, *Composer and author members of CAPAC = Compositeurs et auteurs membres de la CAPAC*; 1968, *Membership list*; 1969-1974, *CAPAC members = Membres de la CAPAC*; 1975-1979, *Membres de la CAPAC = CAPAC membership list*; 1980-1982, *Membres de la CAPAC = Members of CAPAC*. Updated monthly, 1989-1991, *Supplement to CAPAC membership list.* ML21 C612   780.6071

Irrégulier, 1956-1966. Annuel, 1968-1989. Liste alphabétique des membres de l'Association des compositeurs, auteurs et éditeurs du Canada présentée en deux catégories: compositeurs/auteurs et éditeurs. Pour chaque compositeur ou auteur, un symbole indique un pseudonyme ou un membre décédé. L'adresse de chaque éditeur est incluse. Le titre varie: 1956-196?, *List of members*; 1966, *Composer and author members of CAPAC = Compositeurs et auteurs membres de la CAPAC*; 1968, *Membership list*; 1969-1974, *CAPAC members = Membres de la CAPAC*; 1975-1979, *Membres de la CAPAC = CAPAC membership list*; 1980-1982, *Membres de la CAPAC = Members of CAPAC*. Comporte des mises à jour mensuelles, 1989-1991, *Supplement to CAPAC membership list.*   ML21 C612   780.6071

3854

Association des organismes musicaux du Québec. – *Répertoire.* – (1992)-   . – Montréal : l'Association, [1992]-   . –   vol.

A directory of professional organizations involved in concert music in Quebec. Sections for ensembles, festivals, early music, contemporary music, symphony orchestras, and specialized organizations. Entries include notes on history, repertoire, names of general and artistic directors, recordings, tours, address, telephone and fax numbers.   ML27   780.25714

Répertoire d'organismes professionnels impliqués dans la musique de concert au Québec. Sections sur les ensembles, les festivals, la musique ancienne, la musique contemporaine, les orchestres symphoniques et les organismes spécialisés. Les notices comprennent des notes sur l'histoire, le répertoire, les noms des directeurs généraux et artistiques, les enregistrements, les tournées, les adresses, les numéros de téléphone et de télécopieur.   ML27   780.25714

3855

Association of Canadian Women Composers. – *Directory.* – [Toronto] : the Association, [1987?]. – vii, 47 p. – 0836-6349

Biographical sketches of the members of the Association of Canadian Women Composers, arranged alphabetically by name. Each entry includes a brief career description and a list of compositions by type of instrumentation. Where applicable, the name of the commissioning organization is indicated, as well as information on published and/or recorded versions. Alphabetical directory of members by province.   ML27 C3 A83 A87   780.922

Notices biographiques des membres de l'Association des femmes compositeurs canadiennes. Classement alphabétique des noms. Chaque notice comprend une description sommaire de leur carrière et la liste de leurs compositions par genres d'instrumentation et, le cas échéant, l'organisme de commande, les versions publiées et (ou) enregistrées, etc. Répertoire alphabétique des membres par provinces.   ML27 C3 A83 A87   780.922

3856

Cammac. – *Cammac.* – Montréal : Cammac, [1986?-1990?]. – vol. – 1182-2953 – Titre de la couv.

Annual. Alphabetical directory of the members of Cammac, an association of Canadian amateur musicians. Each entry includes the subscriber number, musical specialty (voice and/or instrument), address and telephone number. ML21 C3 C35 780.6071

Annuel. Répertoire alphabétique des membres de la Cammac, association de musiciens amateurs du Canada. Chaque notice comprend le numéro de membre, la spécialité musicale: voix et (ou) instrument, l'adresse et le numéro de téléphone. ML21 C3 C35 780.6071

3857

Canada. Communications Canada. – *Le gouvernement fédéral et l'enregistrement sonore.* – [Ottawa] : Communications Canada, c1990. – 26, 26 p. – 0662573463 – Titre de la couv. : *Sound recording and the federal government.*

Brief descriptions of programmes of assistance to the Canadian sound recording industry offered by the federal government, with the address and telephone number of the sponsoring agency. Arranged by government department and agency. ML3790 S724 1990 781.49

Description sommaire des programmes d'aide à l'industrie canadienne de l'enregistrement sonore offert par le gouvernement fédéral, assortie de l'adresse et du numéro de téléphone de l'instance responsable. Classement par ministères et agences gouvernementales. ML3790 S724 1990 781.49

3858

Canada. Communications Canada. – *Sound recording and the federal government.* – [Ottawa] : Communications Canada, c1990. – 26, 26 p. – 0662573463 – Cover title : *Le gouvernement fédéral et l'enregistrement sonore.*

Brief description of programmes of assistance to the Canadian sound recording industry offered by the federal government, with the address and telephone number of the sponsoring agency. Arranged by government department and agency. ML3790 S724 1990 781.49

Description sommaire des programmes d'aide à l'industrie canadienne de l'enregistrement sonore offert par le gouvernement fédéral, assortie de l'adresse et du numéro de téléphone de l'instance responsable. Classement par ministères et agences gouvernementales. ML3790 S724 1990 781.49

3859

Canadian Association for Music Therapy. – *Membership Directory = Répertoire des membres.* – Sarnia (Ont.) : the Association, [1989?]- . – vol. – 1185-619X – Cover title.

Annual. Directory of the members of the Canadian Music Therapy Association, listed by membership class. Title varies: 1989, *Membership directory.* ML3919 C33 615.85154

Annuel. Répertoire des membres de l'Association de musicothérapie du Canada. Liste par catégories de membres. Le titre varie: 1989, *Membership directory.* ML3919 C33 615.85154

3860

Canadian Association of Music Libraries. – *Membership list = Liste des membres.* – [Ottawa] : the Association, [1972?]- . – vol. – 0828-7007

Annual. Directory of the members of the Canadian Association of Music Libraries. Arranged by membership category: individuals, students, institutions (subdivided by province), subscribers. Title varies; 1972?-1975, *Liste définitive des membres = Final membership list*; 1976, *Membership list = Liste des cotisations*; 1977-1978, *Official membership list = Liste officielle des cotisations*; 1979-1983, *Official membership list = Liste officielle des membres.* ML111 C34 fol. 026.7802571

Annuel. Répertoire des membres de l'Association canadienne des bibliothèques musicales. Quatre catégories: individus, étudiants, institutions (subdivisées par provinces), souscripteurs. Le titre varie: 1972?-1975, *Liste définitive des membres = Final membership list*; 1976, *Membership list = Liste des cotisations*; 1977-1978, *Official membership list = Liste officielle des cotisations*; 1979-1983, *Official membership list = Liste officielle des membres.* ML111 C34 fol. 026.7802571

3861

Canadian Band Association. – *Canadian Band Association directory = L'annuaire du* [sic] *l'Association canadienne des harmonies.* – [Truro, N.S.?] : the Association, [1982?]- . – vol. – Cover title.

Annual. Directory of the members of the Canadian Band Association, arranged by province. Chronological list of presidents since 1931, and of winners of the C.B.A. National Band Award since 1976. List of members of the executive and of provincial affiliates with their calendar of activities. Includes the Association's constitution and the selection criteria of its competition. Title varies: 1982/83-1983/84, *Directory - Canadian Band Directors' Association. Alberta Chapter*; 1984/85, *National directory - Canadian Band Directors' Association*; 1985/86, *National directory - Canadian Band Association*; 1986/87-1989?, *Membership directory - Canadian Band Association.* ML27 C3 C252 784.806071

Annuel. Répertoire des membres de l'Association canadienne des harmonies recensés par provinces. Liste chronologique des présidents de 1931 à ce jour, et des récipiendaires du C.B.A. National Band Award depuis 1976. Liste des membres du conseil d'administration et des affiliations provinciales y compris le calendrier de leurs activités. Inclut aussi les statuts et les critères de sélection au concours de l'Association. Le titre varie: 1982/83-1983/84, *Directory - Canadian Band Directors' Association. Alberta Chapter*; 1984/85, *National directory - Canadian Band Directors' Association*; 1985/86, *National directory - Canadian Band Association*; 1986/87-1989?, *Membership directory - Canadian Band Association.* ML27 C3 C252 784.806071

3862

Canadian Country Music Association. – *Canadian Country Music Association directory.* – (1993)- . – [Woodbridge, Ont.] : the Association, [1992]- . – vol. – 1199-5750 – Cover title.

Annual. Directory of individuals and organizations involved in country music in Canada. Arranged by category, such as artists, distributors, promoters, radio stations, etc. Entries include address, telephone and fax numbers, name of contact person. The Association published another directory (1988) entitled: *Country music in the 80's : Canadian country music industry.* ML3790 C213 781.64202571

Annuel. Répertoire des intervenants de la musique country au Canada. Classement par catégories telles qu'artistes, distributeurs, promoteurs, stations de radio, etc. Les notices comprennent l'adresse, les numéros de téléphone et de télécopieur, le nom d'une personne-ressource. L'Association a publié un autre répertoire (1988) intitulé: *Country music in the 80's : Canadian country music industry.* ML3790 C213 781.64202571

3863

Canadian Music Centre. – *Directory of associate composers.* – Editor, Carolyn Beatty ; coordinator, Mark Hand. – Toronto : the Centre, 1989. – 1 vol. (loose-leaf). – 0921519087 0921519125 (Suppl.)

Biographies of Canadian composers who are members of the Canadian Music Centre, arranged alphabetically by name. Each entry includes a career description, professional affiliations, and a list of up to 30 selected works, grouped by type of instrumentation. The description of each work includes the title, date of composition, performance time, number of performers required and supplementary information such as commissioning institution, première, publisher, etc. List of composers. Supplement of 38 new entries to be inserted into the original directory: 1991, *Supplement to Directory of associate composers.* Also published in French under the title: *Répertoire des compositeurs agréés.* ML106 C3 D598 1989 fol. 780.922

Notices biographiques des compositeurs canadiens, membres du Centre de musique canadienne, classées alphabétiquement. Chacune comprend la description de leur carrière, les affiliations professionnelles et un choix d'au plus 30 oeuvres, répertoriées par genres d'instrumentation. La description de chaque oeuvre comprend le titre, la date de composition, la durée, le nombre de musiciens requis et des informations complémentaires telles que l'organisme de commande, la première, l'éditeur, etc. Liste des compositeurs. Supplément de 38 nouvelles inscriptions à insérer au répertoire original: 1991, *Supplement to Directory of associate composers.* Publié aussi en français sous le titre: *Répertoire des compositeurs agréés.* ML106 C3 D598 1989 fol. 780.922

3864

Canadian Society for Musical Traditions. – *Guide to Canada's folk music festivals.* – Calgary : the Society, 1984- . – vol. : ill. – (The Canadian folk music bulletin = Bulletin de musique folklorique canadienne). – 0827-2492

Irregular. Canadian folk music festivals, listed chronologically and grouped by province and territory. Each entry includes dates, address and telephone number and a brief summary of activities. Title varies: 1984, *Canadian folk festival directory*; absorbed by *The Canadian folk music bulletin = Bulletin de musique folklorique canadienne* vol. 19, no. 2 (June 1985); vol. 20, no. 2 (June 1986); vol. 21, no. 1 (March 1987); vol. 25, no. 2 (Summer 1991); vol. 26, no. 1 (Summer 1992); vol. 27, no. 2 (June 1993); vol. 28, no. 2 (June 1994). ML3543 C32 780.7971

Irrégulier. Recension chronologique des festivals de musique folklorique au Canada répertoriés par provinces et territoires. La description de chaque festival comprend les dates, l'adresse et le numéro de téléphone et un bref résumé des activités. Le titre varie: 1984, *Canadian folk festival directory*; est absorbé par: *The Canadian folk music bulletin = Bulletin de musique folklorique canadienne* vol. 19, n° 2 (juin 1985); vol. 20, n° 2 (juin 1986); vol. 21, n° 1 (mars 1987); vol. 25, n° 2 (été 1991); vol. 26, n° 1 (été 1992); vol. 27, n° 2 (juin 1993); vol. 28, n° 2 (juin 1994). ML3543 C32 780.7971

3865

Canadian University Music Society. – *Annuaire = Directory.* – (1980/1981)- . – [St. John's, Nfld.] : the Society, [1980?]- . – vol. – 0710-5398 – Cover title.

Annual, 1980/81-1982/83. Irregular. Directory of teaching staff in Canadian university music departments, schools and faculties. Arranged by university, with the institution's address and telephone and fax numbers, list of programmes, number of students enrolled and name and title of director. Teaching staff listed by rank: professors emeritus, regular professors and auxiliary personnel. Each entry includes the professor's name, awards and degrees received, faculty rank and specialties. Name index. Replaces: 1974/75-1979/80, *Annuaire = Directory* (Sherbrooke (Québec) : Association canadienne des écoles universitaires de musique, 1974?-1979?). ML21 A7 780.71971

Annuel, 1980/81-1982/83. Irrégulier. Répertoire du personnel enseignant dans les départements, écoles et facultés de musique des universités canadiennes. Classement alphabétique par universités, assorties de l'adresse, des numéros de téléphone et de télécopieur de l'institution, de la liste des programmes, du nombre d'étudiants inscrits, et des nom et titre de fonction du directeur. Présentation selon le statut du corps professoral: professeurs émérites, réguliers et auxiliaires. Chaque notice comprend le nom du professeur, les prix et diplômes reçus, le rang professoral et les spécialités. Index des noms. Remplace: 1974/75-1979/80, *Annuaire = Directory* (Sherbrooke (Québec) : Association canadienne des écoles universitaires de musique, 1974?-1979?). ML21 A7 780.71971

3866

Centre de musique canadienne. – *Répertoire des compositeurs agréés.* – Coordination: Carolyn Beatty, Mark Hand. – Toronto : le Centre, 1989. – 1 vol. (feuilles mobiles). – 0921519095 0921519133 (Suppl.)

Biographical sketches of Canadian composers who are members of the Canadian Music Centre, arranged alphabetically. Each entry includes a career description, professional affiliations and a list of up to 30 selected works, grouped by type of instrumentation. The description of each work includes title, date of composition, performance time, number of performers required and supplementary information such as commissioning institution, première, publisher,

Notices biographiques des compositeurs canadiens, membres du Centre de musique canadienne, classées alphabétiquement. Chacune comprend la description de leur carrière, les affiliations professionnelles et un choix d'au plus 30 oeuvres, répertoriées par genres d'instrumentation. La description de chaque oeuvre comprend le titre, la date de composition, la durée, le nombre de musiciens requis et des informations complémentaires telles que l'organisme de

etc. List of composers. Supplement of 38 new entries to be inserted into the original directory: 1991, *Supplément au Répertoire des compositeurs agréés*. Also published in English under the title: *Directory of associate composers*. ML106 C3 D59814 1989 fol. 780.922

commande, la première, l'éditeur, etc. Liste des compositeurs. Supplément de 38 nouvelles inscriptions à insérer au répertoire original: 1991, *Supplément au Répertoire des compositeurs agréés*. Publié aussi en anglais sous le titre: *Directory of associate composers*. ML106 C3 D59814 1989 fol. 780.922

3867

Composers, Authors and Publishers Association of Canada. – *Membership list = Liste des membres*. – CAPAC. – (June 1956)-(April 1991). – Toronto : the Association, 1956-1991. – vol. – 0823-955X – Cover title.

Irregular, 1956-1966. Annual, 1968-1989. Alphabetical list of members of the Canadian Association of Composers, Authors and Publishers, in two parts: composers/authors and publishers. For composers and authors, symbols are added to indicate a pseudonym or a deceased member. The address of each publisher is included. Title varies: 1956-196?, *List of members*; 1966, *Composer and author members of CAPAC = Compositeurs et auteurs membres de la CAPAC*; 1968, *Membership list*; 1969-1974, *CAPAC members = Membres de la CAPAC*; 1975-1979, *Membres de la CAPAC = CAPAC membership list*; 1980-1982, *Membres de la CAPAC = Members of CAPAC*. Updated monthly, 1989-1991, *Supplement to CAPAC membership list*. ML21 C612 780.6071

Irrégulier, 1956-1966. Annuel, 1968-1989. Liste alphabétique des membres de l'Association des compositeurs, auteurs et éditeurs du Canada présentée en deux catégories: compositeurs/auteurs, et éditeurs. Pour chaque compositeur ou auteur, un symbole indique un pseudonyme ou un membre décédé. L'adresse de chaque éditeur est incluse. Le titre varie: 1956-196?, *List of members*; 1966, *Composer and author members of CAPAC = Compositeurs et auteurs membres de la CAPAC*; 1968, *Membership list*; 1969-1974, *CAPAC members = Membres de la CAPAC*; 1975-1979, *Membres de la CAPAC = CAPAC membership list*; 1980-1982, *Membres de la CAPAC = Members of CAPAC*. Comporte des mises à jour mensuelles, 1989-1991, *Supplement to CAPAC membership list*. ML21 C612 780.6071

3868

Contact : the essential Canadian music business directory. – (1991)- . – [Toronto : Record Information Centre & Music Entertainment Services (Reinforcements), 1991?-]. – vol. : ill. – 1185-8519 – Cover title.

Biannual, 1991. Annual. Directory of individuals and organizations in the Canadian music industry. Arranged by category, such as artists, distributors, managers, radio stations, festivals, etc. Entries include address, telephone and fax numbers, and names of resource persons. ML21 C3 C66 fol. 780.2571

Semestriel, 1991. Annuel. Répertoire des intervenants dans la domaine de la musique au Canada. Classement par catégories telles qu'artistes, distributeurs, gérants, stations radiophoniques, festivals, etc. Les notices comprennent l'adresse, les numéros de téléphone et de télé-copieur et les noms des personnes-ressources. ML21 C3 C66 fol. 780.2571

3869

Directory of Canadian orchestras and youth orchestras = Annuaire des orchestres canadiens et orchestres des [sic] *jeunes*. – (1975/76)- . – [Toronto] : Association of Canadian Orchestras ; Ontario Federation of Symphony Orchestras, [1975?]- . – vol. : ill. – 0705-6249

Annual. Directory of Canadian orchestras arranged alphabetically, and youth orchestras arranged by province. Each entry includes the address and telephone number of the institution and of resource persons. Orchestra entries also include the address of the official concert hall. Directory of organizations, etc. Advertiser index. Title varies: 1975/76-1977/78, *Directory of Canadian orchestras and youth orchestras*; 1978/79-1980/81, *Directory of Canadian orchestras and youth orchestras = Annuaire des orchestres et orchestres des* [sic] *jeunes canadiens*; 1981/82-1984/85, *Directory of Canadian orchestras and youth orchestras = Annuaire canadien des orchestres et des orchestres des* [sic] *jeunes*. ML21 D5 fol. 784.202571

Annuel. Répertoire alphabétique des orchestres canadiens et des orchestres de jeunes classés par provinces. Chaque notice comprend l'adresse et le numéro de téléphone de l'institution et des personnes-ressources. Les notices des orchestres comprennent aussi l'adresse de la salle de concert attitrée. Répertoire d'organismes-ressources. Index des annonceurs. Le titre varie: 1975/76-1977/78, *Directory of Canadian orchestras and youth orchestras*; 1978/79-1980/81, *Directory of Canadian orchestras and youth orchestras = Annuaire des orchestres et des orchestres des* [sic] *jeunes canadiens*; 1981/82-1984/85, *Directory of Canadian orchestras and youth orchestras = Annuaire canadien des orchestres et des orchestres des* [sic] *jeunes*. ML21 D5 fol. 784.202571

3870

Directory of Canadian orchestras and youth orchestras = Annuaire des orchestres canadiens et des orchestres des [sic] *jeunes*. – (1975/76)- . – [Toronto] : Association des orchestres canadiens ; Fédération des orchestres symphoniques de l'Ontario, [1975?]- . – vol. : ill. – 0705-6249

Annual. Directory of Canadian orchestras arranged alphabetically, and youth orchestras arranged by province. Each entry includes the address and telephone number of the institution and of resource persons. Orchestra entries also include the address of the official concert hall. Directory of organizations, etc. Advertiser index. Title varies: 1975/76-1977/78, *Directory of Canadian orchestras and youth orchestras*; 1978/79-1980/81, *Directory of Canadian orchestras and youth orchestras = Annuaire des orchestres et orchestres des* [sic] *jeunes canadiens*; 1981/82-1984/85, *Directory of Canadian orchestras and youth orchestras = Annuaire canadien des orchestres et des orchestres des* [sic] *jeunes*. ML21 D5 fol. 784.202571

Annuel. Répertoire alphabétique des orchestres canadiens et des orchestres de jeunes classés par provinces. Chaque notice comprend l'adresse et le numéro de téléphone de l'institution et des personnes-ressources. Les notices des orchestres comprennent aussi l'adresse de la salle de concert attitrée. Répertoire d'organismes-ressources. Index des annonceurs. Le titre varie: 1975/76-1977/78, *Directory of Canadian orchestras and youth orchestras*; 1978/79-1980/81, *Directory of Canadian orchestras and youth orchestras = Annuaire des orchestres et des orchestres des* [sic] *jeunes canadiens*; 1981/82-1984/85, *Directory of Canadian orchestras and youth orchestras = Annuaire canadien des orchestres et des orchestres des* [sic] *jeunes*. ML21 D5 fol. 784.202571

3871

Directory of musical Canada. – [Rev. ed.]. – Agincourt (Ont.) : GLC Publishers, [1981?]. – vii, 363 p. – 0888740867

1st ed., 1978. Directory of individuals and organizations in Canadian music. Arranged by category, such as administration, performance, education, competitions, etc. Subdivided by specialty and/or province. Each entry includes address and telephone number. Description of the activities of several of the organizations listed. Bibliography. Discography.   ML21 C3 D6 1981   780.2571

1re éd., 1978. Répertoire des intervenants du domaine de la musique au Canada. Classement par catégories telles qu'administration, interprétation, éducation, compétitions, etc., subdivisées par spécialités et (ou) provinces. Chaque notice comprend l'adresse et le numéro de téléphone. Description des activités de plusieurs organismes recensés. Bibliographie. Discographie.   ML21 C3 D6 1981   780.2571

3872

Guilde des musiciens du Québec. – *Répertoire = Directory.* – Montréal : la Guilde, [1989?]- . – vol. : ill. – 0844-3424 – Titre de la couv.

Annual. Directory of members of the Guilde des musiciens du Québec, listed by instrument. Replaces: 1977?-1988?, *Répertoire de la Guilde des musiciens de Montréal = Directory of the Musicians' Guild of Montreal.*   ML21 C3 G845   780.60714

Annuel. Répertoire des membres de la Guilde des musiciens du Québec, classés par instruments. Remplace: 1977?-1988?, *Répertoire de la Guilde des musiciens de Montréal = Directory of the Musicians' Guild of Montreal.*   ML21 C3 G845   780.60714

3873

Kallmann, Helmut. – *Canadian-built 19th century musical instruments : a check list.* – 2nd ed., rev. – Edmonton : Edmonton Public Library, 1966. – [6] leaves.

1st ed., 1965. List of musical instruments made in Canada in the nineteenth century and held by Canadian individuals or institutions. Arranged by province, from west to east. Instrument descriptions include information on the type, maker, place, number and year. ML478 K3 1966 fol.   784.1971

1re éd., 1965. Liste des instruments de musique fabriqués au Canada pendant le 19e siècle et conservés par des Canadiens ou des institutions canadiennes. Classement par provinces, d'ouest en est. La description de chaque instrument comprend le genre, le fabricant, le lieu, le numéro et l'année.   ML478 K3 1966 fol.   784.1971

3874

Music directory Canada. – ('83)- . – Toronto : CM Books, c1982- . – vol. : ill. – 0820-0416

Biennial. Directory of individuals and organizations involved in Canadian music. Arranged alphabetically by subject, such as choirs, distributors, festivals, orchestras, radio stations, etc. Each entry includes address and telephone and fax numbers, with additional information on resource persons, record labels distributed, audition schedule, specialty, etc. Includes a list of artists with contact information, the Canadian hit parade since 1970, award winners, a selective discography, a bibliography of popular, jazz, country, folk and Francophone music, and a calendar of upcoming events and performances. ML21 C3 M87   780.2571

Biennal. Répertoire des intervenants du domaine de la musique au Canada. Classement alphabétique des sujets tels que chorales, distributeurs, festivals, orchestres, stations de radio, etc. Chaque notice comprend l'adresse, les numéros de téléphone et de télécopieur et de succintes informations complémentaires telles que les personnes-ressources, les étiquettes distribuées, la période d'audition, la spécialité, etc. Inclut aussi une liste des artistes assortie d'informations clés, du palmarès canadien depuis 1970, des prix décernés, d'une discographie sélective, d'une bibliographie en musique populaire, jazz, country, folklorique et francophone, et d'une chronologie des événements/spectacles à venir.   ML21 C3 M87   780.2571

3875

Music resources in Canadian collections. – Ottawa : National Library of Canada, Resources Survey Division, Collections Development Branch, 1980. – v, 103, 108, vi p. : tables. – (Research collections in Canadian libraries ; [II. Special studies] ; 7). – 0660504510 – Title on added t.p. : *Ressources musicales des bibliothèques canadiennes.*

Description, including statistical data, of music collections held by 197 Canadian libraries and related institutions such as orchestras, choirs, radio and television stations, music camps, etc., with the exception of archives. Institutions are listed by province and by municipality. Entries describe services and holdings (books, serials, scores, sheet music, performance materials, pamphlets, iconographic material, concert programmes, vertical files, manuscripts, audiovisual material, sound recordings). List of collections not accessible to the public. Bibliography. Name index. Reproduced in microform format: *Microlog*, no. 86-05873.   ML21 C19 M98 fol.   026.7802571

Inventaire descriptif et données statistiques des collections portant sur la musique de 197 bibliothèques et établissements connexes canadiens tels les orchestres, chorales, stations de radio et de télévision, camps musicaux, etc. à l'exclusion des dépôts d'archives. Classement des institutions par provinces subdivisées par municipalités. Les notices décrivent des services et des fonds (livres, publications en série, partitions, musique en feuilles, matériel d'exécution, brochures, documents iconographiques, programmes de concert, dossiers documentaires, manuscrits, documents audiovisuels, enregistrements sonores). Inclut la liste des collections inaccessibles au public. Bibliographie. Index des noms. Reproduit sur support microforme: *Microlog*, n° 86-05873.   ML21 C19 M98 fol.   026.7802571

3876

Musicians' Guild of Quebec. – *Répertoire = Directory.* – Montréal : the Guild, [1989?]- . – vol. : ill. – 0844-3424 – Cover title.

Annual. Directory of members of the Guilde des musiciens du Québec, listed by instrument. Replaces: 1977?-1988?, *Répertoire de la Guilde des musiciens de Montréal = Directory of the Musicians' Guild of Montreal.*   ML21 C3 G845   780.60714

Annuel. Répertoire des membres de la Guilde des musiciens du Québec, classés par instruments. Remplace: 1977?-1988?, *Répertoire de la Guilde des musiciens de Montréal = Directory of the Musicians' Guild of Montreal.*   ML21 C3 G845   780.60714

3877

Ressources musicales des bibliothèques canadiennes. – Ottawa : Bibliothèque nationale du Canada, Division de l'inventaire des ressources, Direction du développement des collections, 1980. – vi, 108, 103, v p. : tableaux. – (Collections de recherche des bibliothèques canadiennes ; [II. Études particulières] ; 7). – 0660504510 – Titre de la p. de t. additionnelle : *Music resources in Canadian collections.*

Description, including statistical data, of music collections held by 197 Canadian libraries and related institutions such as orchestras, choirs, radio and television stations, music camps, etc., with the exception of archives. Institutions are listed by province and by municipality. Entries describe services and holdings (books, serials, scores, sheet music, performance materials, pamphlets, iconographic material, concert programmes, vertical files, manuscripts, audio-visual material, sound recordings). List of collections not accessible to the public. Bibliography. Name index. Reproduced in microform format: *Microlog*, no. 86-05873. ML21 C19 M98 fol. 026.7802571

Inventaire descriptif et données statistiques des collections portant sur la musique de 197 bibliothèques et établissements connexes canadiens tels les orchestres, chorales, stations de radio et de télévision, camps musicaux, etc., à l'exclusion des dépôts d'archives. Classement des institutions par provinces subdivisées par municipalités. Les notices décrivent des services et des fonds (livres, publications en série, partitions, musique en feuilles, matériel d'exécution, brochures, documents iconographiques, programmes de concert, dossiers documentaires, manuscrits, documents audiovisuels, enregistrements sonores). Inclut la liste des collections inaccessibles au public. Bibliographie. Index des noms. Reproduit sur support microforme: *Microlog*, nᵒ 86-05873. ML21 C19 M98 fol. 026.7802571

3878

Royal Canadian College of Organists. – *Yearbook.* – (1939/40)-   . – [Toronto] : the College, [1939?]-   . –   vol. : ill. – 0228-9539 – Cover title.

Annual. Alphabetical directory of members of the Royal Canadian College of Organists. Each entry gives name, address, degrees and institutional affiliation. Includes minutes and report on the previous year, list of committee members and examination regulations. Chronological list of presidents since 1909. Member index arranged by place. Title varies: 1939/40-1972/73, *Year book*, combines with *The R C C O newsletter*, and becomes (Oct. 1973)-(June 1978) *Quarterly*. ML27 C3 R6 fol. 786.506071

Annuel. Répertoire alphabétique des membres du Collège royal canadien des organistes. Chaque notice comprend le nom, l'adresse, les diplômes et l'institution d'appartenance. Inclut aussi le procès-verbal et le compte-rendu de l'année précédente, les listes des membres des comités et les règlements des examens. Liste chronologique des présidents de 1909 à ce jour. Index des membres par lieux. Le titre varie: 1939/40-1972/73, *Year book*, fusionne avec *The R C C O newsletter*, et devient *Quarterly* (oct. 1973)-(juin 1978). ML27 C3 R6 fol. 786.506071

3879

Session musicians directory of B.C. – (May 1993)-   . – North Delta (B.C.) : Malécot-Carlisle Publishing, c1993-   . –   vol. : ill. – 1194-7500 – Cover title.

Irregular. Directory of British Columbia session musicians, arranged by instrument. Entries include name, address and telephone number, musical styles, and a symbol to indicate membership in the American Federation of Musicians of the United States and Canada. ML21 C3 S4 780.25711

Irrégulier. Répertoire des musiciens de studio de la Colombie-Britannique classés par instruments. Les notices comprennent le nom, l'adresse et le numéro de téléphone, leurs styles musicaux et le symbole d'adhésion à l'American Federation of Musicians of United States and Canada. ML21 C3 S4 780.25711

3880

Société de musique des universités canadiennes. – *Annuaire = Directory.* – (1980/1981)-   . – [St. John's, T.-N.] : la Société, [1980?]-   . –   vol. – 0710-5398 – Titre de la couv.

Annual, 1980/81-1982/83. Irregular. Directory of teaching staff in Canadian university music departments, schools and faculties. Arranged by university, with the institution's address and telephone and fax numbers, list of programmes of study offered in music, number of students enrolled and name and title of director. Teaching staff listed by rank: professors emeritus, regular professors and auxiliary personnel. Each entry includes the professor's name, awards and degrees received, faculty rank and specialties. Name index. Replaces: 1974/75-1979/80, *Annuaire = Directory* (Sherbrooke (Québec) : Association canadienne des écoles universitaires de musique, 1974?-1979?). ML21 A7 780.71971

Annuel, 1980/81-1982/83. Irrégulier. Répertoire du personnel enseignant dans les départements, écoles et facultés de musique des universités canadiennes. Classement alphabétique des universités assorties de l'adresse, des numéros de téléphone et de télécopieur de l'institution, de la liste des programmes, du nombre d'étudiants inscrits, et des nom et titre de fonction du directeur. Présentation selon le statut du corps professoral: professeurs émérites, réguliers et auxiliaires. Chaque notice comprend le nom du professeur, les prix et diplômes reçus, le rang professoral et les spécialités. Index des noms. Remplace: 1974/75-1979/80, *Annuaire = Directory* (Sherbrooke (Québec) : Association canadienne des écoles universitaires de musique, 1974?-1979?). ML21 A7 780.71971

Discographies

Discographies

3881

Audio key : the record, tape & compact disc guide. – Winnipeg : Audio Key Publications, 1985-1987. – 4 vol. (291 ; 279 ; 380 ; 168 p.). – 9820-1691

Irregular. Listing of sound recordings of popular music available in North America. Two parts: compact discs and other formats (long-playing albums, cassettes). Arranged alphabetically by performer. Each entry indicates the album title, price code, record label, formats available and serial number for each. Two lists: labels, price codes. Title varies: 1985, *Audio key: the Canadian record and tape guide*;

Irrégulier. Recension des enregistrements sonores de musique populaire disponibles en Amérique du Nord. Deux parties: disques compacts et autres supports (albums longues durées et cassettes). Classement alphabétique des interprètes. Chaque notice comprend le titre de l'album, le code de prix, l'étiquette, les supports disponibles et numéro de série respectif. Deux listes: étiquettes, codes de prix. Le

1986, *Audio key: the record, tape and compact disc catalogue.*
ML156.2 A9   016.780266

titre varie: 1985, *Audio key : the Canadian record & tape guide*; 1986, *Audio key : the record, tape & compact disc catalogue.*   ML156.2 A9 016.780266

3882

Canadian record catalogue = Catalogue de disques canadiens. – [Toronto] : CIRPA/ADISQ Foundation, c1982-1984. – 2 vol. in 3 binders (loose-leaf). – 0714-8070

Irregular. Guide to Canadian records, arranged alphabetically by album, performer, composer and piece of music. Each main entry includes information on availability, album and single numbers, recordings in other formats, record label, type of music, date of publication and language when appropriate. Directory of labels and distributors. Two subject lists: records for children arranged by performer, and Christmas records. Reproduced in microform format: Toronto: CIRPA, c1982-1984, 5 microfiches.   ML156.2 C35 016.7802660971

Irrégulier. Recension des disques canadiens, disponibles ou non, répertoriés alphabétiquement par albums, interprètes, compositeurs et oeuvres. Chaque notice principale est complétée du statut de disponibilité, des numéros spécifiques pour les albums et 45 tours, d'autres supports disponibles, d'étiquette, de catégorie musicale, de date de publication et de la langue lorsqu'approprié. Répertoire des étiquettes et distributeurs. Deux listes sujets: disques pour enfants classés par interprètes, disques de Noël. Reproduit sur support microforme: Toronto : CIRPA, c1982-1984, 5 microfiches. ML156.2 C35   016.7802660971

3883

Canadian record catalogue = Catalogue de disques canadiens. – [Toronto] : Fondation ADISQ/CIRPA, c1982-1984. – 2 vol. en 3 reliures (feuilles mobiles). – 0714-8070

Irregular. Guide to Canadian records, arranged alphabetically by album, performer, composer and piece of music. Each main entry includes information on availability, album and single numbers, recordings in other formats, record label, type of music, date of publication and language when appropriate. Directory of labels and distributors. Two subject lists: records for children arranged by performer, and Christmas records. Reproduced in microform format: Toronto: CIRPA, c1982-1984, 5 microfiches.   ML156.2 C35 016.7802660971

Irrégulier. Recension des disques canadiens, disponibles ou non, répertoriés alphabétiquement par albums, interprètes, compositeurs et oeuvres. Chaque notice principale est complétée du statut de disponibilité, des numéros spécifiques pour les albums et 45 tours, d'autres supports disponibles, d'étiquette, de catégorie musicale, de date de publication et de la langue lorsqu'approprié. Répertoire des étiquettes et distributeurs. Deux listes sujets: disques pour enfants classés par interprètes, disques de Noël. Reproduit sur support microforme: Toronto : CIRPA, c1982-1984, 5 microfiches. ML156.2 C35   016.7802660971

3884

Canadian Society for Musical Traditions. – Folk music catalogue : CD's, cassettes, LP's, and books. – Calgary : CSMT Mail Order Service, 1990-   . –   vol. – 1186-7523 – Cover title.

Annual. List of recordings and books on Canadian folk music, available for purchase from the Mail Order Service of the Canadian Society for Musical Traditions. Arranged by category, such as traditional music of the Maritimes, contemporary performers and song writers, music for children, printed material, etc. Each entry includes a brief summary, order numbers, prices and formats available. Two indexes: performer, title. Title varies: 1990, *Catalogue of LP's, cassettes, and books*; 1991, *Folk music catalogue: LP's, cassettes and books*. Replaces: *Mail order catalogue, Canadian folk music bulletin = Bulletin de musique folklorique canadienne*; vol. 19, no. 1, (March 1985).   ML156.4 F5 C37 fol.   016.7816200971

Annuel. Recension des enregistrements et des documents portant sur la musique folklorique canadienne, disponibles pour acquisition auprès de CSMT Mail Order Service. Classement par catégories telles que musique traditionnelle des Maritimes, interprètes et paroliers contemporains, musique pour enfants, documents, etc. Chaque notice comprend un bref résumé, les numéros de commande, prix et supports disponibles. Deux index: interprètes, titres. Le titre varie: 1990, *Catalogue of LP's, cassettes, and books*; 1991, *Folk music catalogue : LP's, cassettes, and books*. Remplace: *Mail order catalogue, Canadian folk music bulletin = Bulletin de musique folklorique canadienne*; vol. 19, n° 1 (mars 1985).   ML156.4 F5 C37 fol. 016.7816200971

3885

Chabot, Normand. – Discographie du cinéma québécois, 1960-1990. – Document préparé par Les Rendez-vous du cinéma québécois en collaboration avec l'Association des cinémas parallèles du Québec ; recherchiste, Normand Chabot. – Montréal : Association des cinémas parallèles du Québec, [1991?]. – 29 f. – 2980026743

59 recordings of music available on record, cassette and/or compact disk, composed especially for films produced or co-produced in Quebec. Arranged roughly in chronological order. Description of each recording includes bibliographical data with additional information such as names of performers, lyricists, narrators, etc. Composer and film indexes.   ML156.4 M6 D611 1991 fol. 016.78154209714

Recension chronologique, plus ou moins respectée, de 59 enregistrements de musique expressément composée pour des films produits ou coproduits au Québec et disponibles sur disque, cassette et (ou) disque compact. La description de chaque enregistrement sonore comprend les données bibliographiques avec des informations complémentaires telles que les noms des interprètes, paroliers, narrateurs, etc. Deux index: compositeurs, films.   ML156.4 M6 D611 1991 fol.   016.78154209714

3886

Concordia Electro-Acoustic Composers' Group. – *Q résonance : Magnétothèque du Groupe électroacoustique de Concordia = Q résonance : Concordia Electroacoustic Composers' Group Tape Collection.* – Jean-François Denis, editor. – Montréal : the Group, 1988. – xii, 194 p. : ill. – 0889470162

Lists approximately 700 electroacoustic works, catalogued by the tape library of the Concordia Electro-Acoustic Composers' Group since 1980. Two parts: Canadian and foreign composers arranged alphabetically, with date of birth, professional affiliation and place of residence. For 80 of the 250 composers listed, a biographical sketch is included. The description of each work includes year of composition, duration, studio used, place and date of world première, programme notes and format available. Also includes a brief history of the Concordia Electro-Acoustic Composers' Group. Text in French and/or English. List of works presented in concerts organized by the Concordia Electro-Acoustic Composers' Group between 1982 and 1988. Two indexes: composer, title. Supplement.   ML136 M8 C74 1988 fol. 786.7

Recension d'environ 700 oeuvres électro-acoustiques cataloguées à la Magnétothèque du Groupe électro-acoustique de Concordia depuis 1980. Deux parties: compositeurs canadiens et étrangers classés alphabétiquement, avec leur date de naissance, affiliation professionnelle et ville de résidence. Pour 80 des 250 compositeurs recensés, une notice biographique est incluse. La description de chaque oeuvre comprend l'année de composition, durée, studio utilisé, lieu et date de la première mondiale, notes de programme et support disponible. Inclut aussi un bref historique du Groupe électro-acoustique de Concordia. Texte en français et (ou) en anglais. Liste des oeuvres présentées dans le cadre des concerts organisés par le Groupe électro-acoustique de Concordia, entre 1982 et 1988. Deux index: compositeurs, titres. Supplément.   ML136 M8 C74 1988 fol.   786.7

3887

Concordia Electro-Acoustic Composers' Group. – *Q résonance addendum : Concordia Electroacoustic Composers' Group Tape Collection = Q résonance addendum : Magnétothèque du Groupe électroacoustique de Concordia.* – Jean-François Denis, editor. – Montréal : the Group, 1989. – xi, 66 p. : ill. – 0889470189

Addition of 236 works. Includes 75 biographical sketches of the 134 Canadian and foreign composers listed. List of works performed during the 1988-1989 concerts of the Concordia Electro-Acoustic Composers' Group. Title index.   ML136 M8 C74 1989 fol.   786.7

Ajout de 236 oeuvres. Inclut 75 notices biographiques des 134 compositeurs canadiens et étrangers recensés. Liste des oeuvres exécutées lors des concerts de 1988-1989 du Groupe électro-acoustique de Concordia. Index des titres.   ML136 M8 C74 1989 fol.   786.7

3888

Documents sonores pour adolescents et adultes : 2836 documents pour les 12 ans et plus. – Montréal : Services documentaires Multimedia, [1994?]. – ix, 491 p. – (Les guides Tessier). – 2890591611

2,836 French-language sound recordings suitable for young people over the age of twelve and adults. Includes spoken-word sound recordings and popular vocal music on cassette or compact disk, produced in Quebec, other parts of Canada or in other countries. Arranged by subject according to Dewey decimal classification. Entries include a bibliographic reference, a brief annotation or contents notes, codes for audience and degree of usefulness, subject headings and name of distributor. Directory of distributors. Extracted from the *David* database. Indexes: name, title, subject, series, distributor.   ML156.2 D637 1994 fol.   017.438

2 836 enregistrements sonores en français qui conviennent aux jeunes de plus de douze ans et aux adultes. Inclut des enregistrements sonores parlés et des chansons populaires, sur cassettes ou disques compacts, produits au Québec, dans d'autres parties du Canada ou dans d'autres pays. Classement par sujets selon le système de classification décimale Dewey. Les notices comprennent une référence bibliographique, une courte note sur le contenu ou autre, des codes sur le public visé et le degré d'utilité, des vedettes-matières et le nom du distributeur. Répertoire des distributeurs. Extrait de la base de données *David*. Index des noms, index des titres, index des sujets, index des séries, index des distributeurs.   ML156.2 D637 1994 fol.   017.438

3889

Gibeault, André. – *Canadian records : a discography & price guide of Canadian 45's and LP's from 1955 to 1975.* – Montreal : Underworld Ed., 1987. – [v], 237, [65], 41, [11], 38 p. : ill.

Approximately 4,000 Canadian popular music albums and singles, with the exception of country music recordings, for sale between 1955 and 1975. Three parts: all types of music combined, pop to rock, folk and instrumental; punk and psychedelic, 1965-1971; Francophone groups with separate section on punk and psychedelic music. Each part is arranged alphabetically by performer. The description of each recording provides the title of the album or singles, code for type of music, record label, serial number, year and suggested price. Includes a brief history of some musical groups. List of Canadian record labels with their colours. Selection of the best punk and psychedelic songs, listed by musical group.   ML156.4 P6 016.7802660971

Environ 4 000 albums et 45 tours de musique populaire canadienne, à l'exception des enregistrements de musique country, mis en vente entre 1955 et 1975. Trois parties: toutes catégories musicales confondues, populaire à rock, folklorique et instrumentale; musique punk et psychédélique, 1965-1971; groupes francophones avec section distincte pour la musique punk et psychédélique. Classement alphabétique des interprètes. La description de chaque enregistrement sonore comprend le titre de l'album ou des pièces musicales pour les 45 tours, le genre musicale sous forme de code, l'étiquette, le numéro de série, l'année et le prix suggéré. Comprend aussi un bref historique de certains groupes musicaux. Liste des étiquettes canadiennes avec leurs couleurs distinctives. Liste d'appréciation des meilleures chansons punks, et psychédéliques répertoriées par groupes musicaux.   ML156.4 P6   016.7802660971

3890

Groupe électro-acoustique de Concordia. – *Q résonance : Magnétothèque du Groupe électroacoustique de Concordia = Q résonance : Concordia Electroacoustic Composers' Group Tape Collection.* – Jean-François Denis, directeur. – Montréal : le Groupe, 1988. – xii, 194 p. : ill. – 0889470162

Lists approximately 700 electroacoustic works, catalogued by the tape library of the Concordia Electro-Acoustic Composers' Group since 1980. Two parts: Canadian and foreign composers arranged alphabetically, with date of birth, professional affiliation and place of residence. For 80 of the 250 composers listed, a biographical sketch is included. The description of each work includes year of composition, duration, studio used, place and date of world première, programme notes and format available. Also includes a brief history of the Concordia Electro-Acoustic Composers' Group. Text in French and/or English. List of works presented in concerts organized by the Concordia Electro-Acoustic Composers' Group between 1982 and 1988. Two indexes: composer, title. Supplement.   ML136 M8 C74 1988 fol.   786.7

Recension d'environ 700 oeuvres électro-acoustiques cataloguées à la Magnétothèque du Groupe électro-acoustique de Concordia depuis 1980. Deux parties: compositeurs canadiens et étrangers classés alphabétiquement, avec leur date de naissance, affiliation professionnelle et ville de résidence. Pour 80 des 250 compositeurs recensés, une notice biographique est incluse. La description de chaque oeuvre comprend l'année de composition, durée, studio utilisé, lieu et date de la première mondiale, notes de programme et support disponible. Inclut aussi un bref historique du Groupe électro-acoustique de Concordia. Texte en français et (ou) en anglais. Liste des oeuvres présentées dans le cadre des concerts organisés par le Groupe électro-acoustique de Concordia, entre 1982 et 1988. Deux index: compositeurs, titres. Supplément.   ML136 M8 C74 1988 fol.   786.7

3891

Groupe électro-acoustique de Concordia. – *Q résonance addendum : Concordia Electroacoustic Composers' Group Tape Collection = Q résonance addendum : Magnétothèque du Groupe électroacoustique de Concordia.* – Jean-François Denis, directeur. – Montréal : le Groupe, 1989. – xi, 66 p. : ill. – 0889470189

Addition of 236 works. Includes 75 biographical sketches of the 134 Canadian and foreign composers listed. List of works performed during the 1988-1989 concerts of the Concordia Electro-Acoustic Composers' Group. Title index.   ML136 M8 C74 1989 fol.   786.7

Ajout de 236 oeuvres. Inclut 75 notices biographiques des 134 compositeurs canadiens et étrangers recensés. Liste des oeuvres exécutées lors des concerts de 1988-1989 du Groupe électro-acoustique de Concordia. Index des titres.   ML136 M8 C74 1989 fol.   786.7

3892

Indiana University. Archives of Traditional Music. – *Native North American music and oral data : a catalogue of sound recordings, 1893-1976.* – Dorothy Sara Lee. – Bloomington : Indiana University Press, c1979. – xiv, 463 p. – 0253188776

Nearly 500 sound recordings of music and oral data of North and Central American Native peoples held by the Archives of Traditional Music at Indiana University. Includes cylinders, records, steel wire and magnetic tape. Arranged alphabetically by name. Entries include: name of collector, performer, depositor and editor, accession number, cultural group, culture area, year and medium of recording, record company and issue number, restrictions on access, duration, quality of recording, identification number, supplementary documentation and subjects. Two indexes: cultural group, subject.   ML156.2 I55   016.7808997

Près de 500 enregistrements sonores portant sur la musique et les données orales des Autochtones d'Amérique centrale et du Nord conservés à Indiana University, Archives of Traditional Music. Inclut des cylindres, disques, fils d'acier et rubans magnétiques. Classement alphabétique des noms. Chaque inscription comprend le nom des collectionneur, interprète, dépositaire et rédacteur, numéro d'accession, groupe culturel, région géographique, année et support de l'enregistrement, étiquette et numéro de série, restriction à l'accès, durée, qualité sonore, numéro d'identification, documentation complémentaire et sujets. Deux index: groupes culturels, sujets.   ML156.2 I55   016.7808997

3893

Kennedy, Ted. – *Canada pop weekly : Jan. 1960-Dec. 1991.* – Kelowna (B.C.) : Canadian Chart Research, [1992]. – 595 p.

Chronological compilation of the Canadian pop music weekly charts, including both Canadian and foreign music, from 1960 to 1991 inclusive. Presented as a chart showing the ten leading songs, new release of the week, highest-rated Canadian song with its rank, and number-one song on the country music hit parade. The description of the top ten songs includes their rank in the previous week and the number of weeks on the charts. Title index.   ML156.4 P6 K355 1992 fol.   782.421640971021

Compilation chronologique du palmarès hebdomadaire de la musique populaire au Canada, tant étrangère que canadienne entre 1960 et 1991 inclusivement. Présentation sous forme de tableau des dix premières positions, de la nouveauté de la semaine, de la chanson canadienne qui s'est le mieux positionnée avec son rang et la première position au palmarès de la musique country. La description des dix premières pièces musicales comprend la position occupée la semaine précédente et le nombre de semaines au palmarès. Index des titres.   ML156.4 P6 K355 1992 fol.   782.421640971021

3894

Kennedy, Ted. – *Country Canada.* – Kelowna (B.C.) : Canadian Chart Research, [1994?]. – [4] leaves, 455 p. – 1189-0061

Prev. ed., 1989. Canadian country music weekly charts, including both Canadian and foreign music, compiled up to March 1, 1994, by *R P M weekly* since March 1965, by *The record* since March 1984, and by *Billboard* since 1958. Arranged alphabetically by performer. The description of each piece includes song title, record label and serial number, date of entry and peak date, highest position reached, and number of weeks on chart in each publication.   ML156.4 C7 K36 016.7816420266

Éd. antérieure, 1989. Refonte du palmarès hebdomadaire de la musique country au Canada, tant étrangère que canadienne, compilée jusqu'au 1ᵉʳ mars 1994, par *R P M weekly* depuis mars 1965, *The record* depuis mars 1984, et *Billboard* depuis 1958. Classement alphabétique par interprètes. La description de chaque pièce comprend le titre de chanson, l'étiquette et le numéro de série, les dates d'entrée et du sommet atteint au palmarès, la meilleure position, et le nombre de semaines par sociétés compilatrices.   ML156.4 C7 K36 016.7816420266

3895

Kennedy, Ted. – *Maple music.* – [Kelowna, B.C.] : Canadian Chart Research, [1994?]. – [4] leaves, 448, [5] p. – 1189-0150

Prev. ed., 1991. Canadian pop music weekly charts, including both Canadian and foreign music, compiled up to March 1, 1994, by *R P M weekly* since 1964, by *The record* since 1983, and by *Billboard* since 1955. Arranged alphabetically by performer. The description of each piece includes Canadian content in composition and/or performance, highest position reached and date, and number of weeks on chart in each publication. Title index. Four chronological lists of songs: Canadian artists in first place in *Billboard*; 20 top songs (1964-1970, 1970-1979, 1980-1989). Replaces: 1989?, *Charts Canada*. ML156.4 P6 K38 1994 fol.   016.781640266

Éd. précédente, 1991. Refonte du palmarès hebdomadaire de la musique populaire au Canada, tant étrangère que canadienne, compilée jusqu'au 1er mars 1994, par *R P M weekly* depuis 1964, *The record* depuis 1983, et *Billboard* depuis 1955. Classement alphabétique des interprètes. La description de chaque pièce musicale comprend la spécificité du contenu canadien par rapport à la composition et (ou) l'interprétation, la date du sommet atteint au palmarès, la meilleure position, et le nombre de semaines par sociétés compilatrices. Index des titres. Quatre listes chronologiques de chansons: 1re position d'artistes canadiens au *Billboard*; 20 premières positions (1964-1970, 1970-1979, 1980-1989). Remplace: 1989?, *Charts Canada*. ML156.4 P6 K38 1994 fol.   016.781640266

3896

Kennedy, Ted. – *(Oh) Canada cuts.* – [Kelowna, B.C.] : Canadian Chart Research, [1989?]. – [8], 104, [9] p.

Canadian pop music weekly charts, compiled up to June 1, 1989, by *R P M weekly* since 1964, by *The record* since 1983, and by *Billboard* since 1955. Arranged alphabetically by performer. The description of each piece includes the Canadian content in composition and/or performance, record label and serial number, date first on the hit parade, highest position reached and date, and number of weeks on chart in each publication. Title index. Four chronological lists of songs: first place in *Billboard*; 25 top songs, Canadian and foreign combined, in *R P M weekly* and *The record*; 100 Canadian hits that flopped in the States.   ML156.4 P6 K35 1989   016.781640266

Refonte du palmarès hebdomadaire de la musique populaire canadienne, compilée jusqu'au 1er juin 1989, par *R P M weekly* depuis 1964, *The record* depuis 1983, et *Billboard* depuis 1955. Classement alpha-bétique des interprètes. La description de chaque pièce musicale comprend la spécificité du contenu canadien par rapport à la composition et (ou) l'interprétation, l'étiquette et le numéro de série, les dates d'entrée et du sommet atteint au palmarès, la meilleure position, et le nombre de semaines par sociétés compilatrices. Index des titres. Quatre listes chronologiques de chansons: 1re position au *Billboard*; 25 premières positions, canadiennes et étrangères confondues, au *R P M weekly* et *The record*; 100 succès canadiens mais échecs américains.   ML156.4 P6 K35 1989   016.781640266

3897

Litchfield, Jack. – *The Canadian jazz discography, 1916-1980.* – Toronto : University of Toronto Press, c1982. – 945 p. – 0802024483

Listing of jazz recordings made in Canada and those made abroad by Canadian jazz musicians. Biographies of musicians. Three parts: piano rolls and records arranged alphabetically by musician or musical group; motion pictures, arranged alphabetically. Descriptions of piano rolls and of recordings on vinyl records or magnetic tape include a list of the musicians and their instruments, city and date of recording, record label, serial number, title, list of musical pieces, composers and bibliographical references. The description of each film includes bibliographical data, a summary, code for jazz content in film, list of musicians and their instruments, and explanatory notes. Bibliography. Two indexes: tune title and musician.   ML156.4 J3 L776   016.781650266

Recension des enregistrements de jazz produits au Canada et ceux réalisés à l'étranger par les musiciens de jazz canadiens. Biographie de chaque musicien. Trois parties: rouleaux pour piano et disques classés selon l'ordre alphabétique des musiciens ou groupes musicaux, et enregistrements cinématographiques répertoriés alphabétiquement. La description des rouleaux pour piano et des enregistrements sur support vinyle ou magnétique comprend la liste des musiciens et de leurs instruments, la ville et la date de l'enregistrement, l'étiquette, le numéro de série, le titre, la liste des pièces musicales et des compositeurs et de références bibliographiques. La description de chaque film comprend les données bibliographiques, un résumé, l'apport du jazz au film sous forme de code, la liste des musiciens et leurs instruments et de notes explicatives. Bibliographie. Deux index: pièces musicales, musiciens.   ML156.4 J3 L776   016.781650266

3898

Mealing, F. M. – *A Doukhobor discography.* – Castlegar (B.C.) : F. M. Mealing, c1973, 1974, 1976. – 12, [1], 4 leaves. – Caption title.

Sound recordings of Doukhobor hymns and folk songs. Arranged by musical group, from traditional to contemporary. The descriptions of the sound recordings include title, record label, serial number, year, list of pieces and performers, and brief notes on musical style, recording quality, etc.   BX7433 M4 fol.   016.780266

Recension des enregistrements sonores de chants liturgiques et de chansons folkloriques d'origine doukhobor. Classement par groupes musicaux allant du traditionnel au contemporain. La description de chaque enregistrement sonore comprend le titre, l'étiquette, le numéro de série, l'année, la liste des pièces musicales, des interprètes, et de courts commentaires sur le style musical, la qualité de l'enregistrement, etc.   BX7433 M4 fol.   016.780266

3899

Moogk, Edward B. – *En remontant les années : l'histoire et l'héritage de l'enregistrement sonore au Canada, des débuts à 1930.* – Ottawa : Bibliothèque nationale du Canada, 1975. – xii, 447 p. : ill., fac-sim., portr. ; & 1 disque (2 faces : 7 1/2 po. ; 33 1/3 t/m.) dans une pochette.

In three sections: history, biography, discography. Essay on the history of sound recording in Canada in four periods: genesis, 1900-1909, 1910-1919, 1920-1929. More than 80 biographical sketches of people in the Canadian sound recording industry, alphabetically arranged. Entries for recordings organized in three sections: Canadian performers, Canadian composers and lyricists, Canadian series. The description of each work includes the following informa-

Ouvrage comportant trois volets: histoire, biographie et discographie. Essai portant sur l'histoire des enregistrements sonores canadiens présenté en quatre périodes: débuts, 1900-1909, 1910-1919, 1920-1929. Plus de 80 notices biographiques de personnalités liées à l'industrie de l'enregistrement sonore au Canada classées selon l'ordre alphabétique des noms. Notices discographiques d'oeuvres musicales répertoriées en trois sections: interprètes canadiens, compositeurs et

tion, if available: accompaniment, record company, size and type of record, catalogue number, composer, matrix number, dates of recording or issue. Bibliography. Name-title index for the historical and biographical sections. Also published in English under the title: *Roll back the years : history of Canadian recorded sound and its legacy, genesis to 1930.*

Supplement: 1988, *Title index to Canadian works listed in Edward B. Moogk's Roll back the years : history of Canadian recorded sound and its legacy, genesis to 1930 = Index des titres d'oeuvres canadiennes énumérés dans l'ouvrage d'Edward B. Moogk, En remontant les années : l'histoire et l'héritage de l'enregistrement sonore au Canada, des débuts à 1930.* ML205 M613 fol. 016.7802660971

paroliers canadiens, séries canadiennes. La description de chaque oeuvre musicale comprend l'accompagnement, la compagnie de disques, le format et le type de disque, le numéro du catalogue, le nom du compositeur, le numéro de matrice, la date d'enregistrement ou du lancement lorsque connu. Bibliographie. Index noms-titres pour les volets histoire et biographie. Publié aussi en anglais sous le titre: *Roll back the years : history of Canadian recorded sound and its legacy, genesis to 1930.*

Supplément: 1988, *Title index to Canadian works listed in Edward B. Moogk's Roll back the years : history of Canadian recorded sound and its legacy, genesis to 1930 = Index des titres d'oeuvres canadiennes énumérés dans l'ouvrage d'Edward B. Moogk, En remontant les années : l'histoire et l'héritage de l'enregistrement sonore au Canada, des débuts à 1930.* ML205 M613 fol. 016.7802660971

3900

Moogk, Edward B. – *Roll back the years : history of Canadian recorded sound and its legacy, genesis to 1930.* – Ottawa : National Library of Canada, 1975. – xii, 443 p. : ill., facsims., ports. ; & phonodisc (2 s. : 7 1/2 in. ; 33 1/3 r.p.m.) in pocket. – 0660013827

Reprinted, 1980. In three sections: history, biography, discography. Essay on the history of sound recording in Canada in four periods: genesis, 1900-1909, 1910-1919, 1920-1929. More than 80 biographical sketches of people in the Canadian sound recording industry, listed alphabetically. Entries for recordings organized in three sections: Canadian performers, Canadian composers and lyricists, Canadian series. The description of each work includes the following information, if available: accompaniment, record company, size and type of record, catalogue number, composer, matrix number, dates of recording or issue. Bibliography. Name-title index for the historical and biographical sections. Also published in French under the title: *En remontant les années : l'histoire et l'héritage de l'enregistrement sonore au Canada, des débuts à 1930.*

Two supplements: 1986, *Additions and corrections to Edward B. Moogk's "Roll back the years", vol. 1 ("En remontant les années", vol. 1) : a contribution to understanding early recorded sound in Canada*; 1988, *Title index to Canadian works listed in Edward B. Moogk's Roll back the years : history of Canadian recorded sound and its legacy, genesis to 1930 = Index des titres d'oeuvres canadiennes énumérés dans l'ouvrage d'Edward B. Moogk, En remontant les années : l'histoire et l'héritage de l'enregistrement sonore au Canada, des débuts à 1930.* ML205 M6 fol. 016.7802660971

Réimpr., 1980. Ouvrage comportant trois volets: histoire, biographie et discographie. Essai portant sur l'histoire des enregistrements sonores canadiens présenté en quatre périodes: débuts, 1900-1909, 1910-1919, 1920-1929. Plus de 80 notices biographiques de personnalités liées à l'industrie de l'enregistrement sonore au Canada classées selon l'ordre alphabétique des noms. Notices discographiques d'oeuvres musicales répertoriées en trois sections: interprètes canadiens, compositeurs et paroliers canadiens, séries canadiennes. La description de chaque oeuvre musicale comprend l'accompagnement, la compagnie de disques, le format et le type de disque, le numéro du catalogue, le nom du compositeur, le numéro de matrice, la date d'enregistrement ou du lancement lorsque connu. Bibliographie. Index noms-titres pour les volets histoire et biographie. Publié aussi en français sous le titre: *En remontant les années : l'histoire et l'héritage de l'enregistrement sonore au Canada, des débuts à 1930.*

Deux suppléments: 1986, *Additions and corrections to Edward B. Moogk's "Roll back the years", vol. 1 («En remontant les années», vol. 1) : a contribution to understanding early recorded sound in Canada*; 1988, *Title index to Canadian works listed in Edward B. Moogk's Roll back the years : history of Canadian recorded sound and its legacy, genesis to 1930 = Index des titres d'oeuvres canadiennes énumérés dans l'ouvrage d'Edward B. Moogk, En remontant les années : l'histoire et l'héritage de l'enregistrement sonore au Canada, des débuts à 1930.* ML205 M6 fol. 016.7802660971

3901

Bryan, Martin F. – *Additions and corrections to Edward B. Moogk's "Roll back the years", vol. 1 («En remontant les années», vol. 1) : a contribution to understanding early recorded sound in Canada.* – St. Johnsbury (Vt.) : Vintage Recording Co., 1986. – 7 leaves.

Additions and corrections to the information included in the "Canadian series" section of the discography by Edward B. Moogk. Arranged numerically by page or entry, with reference only to the English edition. ML205 M6 1986 fol. 016.7802660971

Ajouts et corrections des informations répertoriées dans l'une des trois sections de la discographie intitulée «séries canadiennes» parue dans l'ouvrage d'Edward B. Moogk. Classement numérique des pages ou des notices, se référant uniquement à l'édition anglaise. ML205 M6 1986 fol. 016.7802660971

3902

Moogk, Edith K. [Edith Katherine]. – *Title index to Canadian works listed in Edward B. Moogk's Roll back the years : history of Canadian recorded sound and its legacy, genesis to 1930 = Index des titres d'oeuvres canadiennes énumérés dans l'ouvrage d'Edward B. Moogk, En remontant les années, l'histoire et l'héritage de l'enregistrement sonore au Canada, des débuts à 1930.* – Edith K. Moogk ; edited by C.-P. Gerald Parker and David Emmerson. – Ottawa : Canadian Association of Music Libraries, 1988. – ii, 13 p. – (CAML Occasional papers ; no. 1). – 0969058330

Index of works listed in the "Canadian composers and songwriters" section of the discography by Edward B. Moogk. References to English and French editions. List of composers and lyricists with dates of birth and death, and abbreviations for specialties. Replaces: *Titles of Canadian works in Edward B. Moogk's "Roll back the years : history of Canadian recorded sound and its legacy, genesis to 1930"* [Ottawa : Music Division, National Library of Canada, 1981]. ML205 M66 1988 fol. 016.7802660971

Index des oeuvres musicales répertoriées dans l'une des trois sections de la discographie instituée «compositeurs et paroliers canadiens» parue dans l'ouvrage d'Edward B. Moogk. Références aux éditions anglaise et française. Liste des compositeurs et paroliers avec les dates de naissance et de décès, et leur spécialité sous forme abrégée. Remplace: *Titles of Canadian works in Edward B. Moogk's "Roll back the years : history of Canadian recorded sound and its legacy, genesis to 1930"* [Ottawa : Music Division, National Library of Canada, 1981]. ML205 M66 1988 fol. 016.7802660971

3903

Moogk, Edith K. [Edith Kathryn]. – *Title index to Canadian works listed in Edward B. Moogk's Roll back the years : history of Canadian recorded sound and its legacy, genesis to 1930 = Index des titres d'oeuvres canadiennes énumérés dans l'ouvrage d'Edward B. Moogk, En remontant les années, l'histoire et l'héritage de l'enregistrement sonore au Canada, des débuts à 1930*. – Edith K. Moogk ; rédigé par C.-P. Gérald Parker et David Emmerson. – Ottawa : Association canadienne des bibliothèques musicales, 1988. – ii, 13 p. – (Cahiers de l'ACBM ; n° 1). – 0969058330

Index of works listed in the "Canadian composers and songwriters" section of the discography by Edward B. Moogk. References to English and French editions. List of composers and lyricists with dates of birth and death, and abbreviations for specialties. Replaces: *Titles of Canadian works in Edward B. Moogk's "Roll back the years : history of Canadian recorded sound and its legacy, genesis to 1930"* [Ottawa : Music Division, National Library of Canada, 1981]. ML205 M66 1988 fol. 016.780266

Index des oeuvres musicales répertoriées dans l'une des trois sections de la discographie instituée «compositeurs et paroliers canadiens» parue dans l'ouvrage d'Edward B. Moogk. Références aux éditions anglaise et française. Liste des compositeurs et paroliers avec les dates de naissance et de décès, et leur spécialité sous forme abrégée. Remplace: *Titles of Canadian works in Edward B. Moogk's "Roll back the years : history of Canadian recorded sound and its legacy, genesis to 1930"* [Ottawa : Music Division, National Library of Canada, 1981]. ML205 M66 1988 fol. 016.780266

3904

R P M weekly. – Vol. 1, no. 1 (Feb. 24, 1964)- . – Toronto : RPM Music Publications, 1964- . – vol. : ill. (some col.). – 0033-7064

Weekly. Charts for popular music, all nationalities combined, broadcast by radio stations and sold by distributors and record stores in Canada. Charts for rock singles, rock albums, country, popular music for adults, dance music and new Canadian releases to watch. The following information is provided for each piece: rank on the chart, rank during previous week, number of weeks, title, performer, record label, serial number, distributor and nature of Canadian content (composition and/or performance) when appropriate. Includes articles. Title varies: vol. 2, no. 8 (Oct. 19, 1964)-vol. 4, no. 14 (Nov. 29, 1965), *R. P. M., records promotion music*; vol. 4, no. 15 (Dec. 6, 1965)-vol. 8, no. 26 (Feb. 24, 1968), *R P M music weekly*; vol. 9, no. 1 (Mar. 2, 1968)-vol. 11, no. 9 (Apr. 28, 1969), *R P M music television radio film records theatre weekly*. ML1 R111 fol. 016.781640266

Hebdomadaire. Compilation du palmarès de la musique populaire, toutes nationalités confondues, diffusée par les stations radiophoniques et vendue par les distributeurs et disquaires du Canada. Comporte les palmarès suivants: succès rock, album rock, country, populaire adulte, danse et nouveautés canadiennes à surveiller. La description de chaque pièce musicale comprend la position actuelle au palmarès, le rang de la semaine précédente, le nombre de semaines, le titre, l'interprète, l'étiquette, le numéro de série, le distributeur et la spécificité du contenu canadien par rapport à la composition et (ou) l'interprétation lorsqu'approprié. Inclut aussi des articles. Le titre varie: vol. 2, n° 8 (19 oct. 1964)-vol. 4, n° 14 (29 nov. 1965), *R. P. M., records promotion music*; vol. 4, n° 15 (6 déc. 1965)-vol. 8, n° 26 (24 févr. 1968), *R P M music weekly*; vol. 9, n° 1 (2 mars 1968)-vol. 11, n° 9 (28 avril 1969), *R P M music television radio film records theatre weekly*. ML1 R111 fol. 016.781640266

3905

Radio activité inc. – Vol. 1, n° 1 (21 sept. 1981)- . – Montréal : Luc Martel, [1981]- . – vol. : ill. (certaines en coul.). – 0822-7926

Irregular, 1981-1983. Weekly. Charts for popular music, all nationalities combined, broadcast by radio stations and sold by record stores in Quebec. Two categories: French- and English-language. Four charts for each language: radio, rock, popular music for adults, albums sold. The following information is provided for each piece: number of weeks, rank the previous week, current rank on the hit parade, title, performer, record label, serial number and sales code, if available. Includes lists of pieces of music arranged alphabetically, the hit parades arranged by radio station, new releases arranged by record label, and articles. ML156.4 016.781640266

Irrégulier, 1981-1983. Hebdomadaire. Compilation du palmarès de la musique populaire, toutes nationalités confondues, diffusée par les stations radiophoniques et vendue par les disquaires du Québec. Deux catégories: francophone et anglophone. Comporte quatre palmarès de chaque langue: radio, rock, populaire adulte, et albums vendus. La description de chaque pièce musicale comprend le nombre de semaine, le rang de la semaine précédente, et la position actuelle au palmarès, le titre, l'interprète, l'étiquette, le numéro de série et le code des ventes lorsqu'approprié. Inclut aussi la liste des pièces musicales selon l'ordre alphabétique des titres, le palmarès par stations radiophoniques, une liste de nouveautés par étiquettes, et des articles. ML156.4 016.781640266

3906

The record. – Vol. 1, no. 1 (July 13, 1981)- . – Toronto : David Farrell, 1981- . – vol. : ill. (some col.). – 0712-8290

Issued 48 times a year. Charts for popular music, all nationalities combined, as broadcast by Canadian radio stations and sold by Canadian record stores. Includes charts for rock albums, rock singles, country, adult popular music, top retail, etc. The following information is provided for each piece of music: number of weeks on the chart, rank the previous week, current rank, title, performer, record label, distributor, serial number and sales code when appropriate. Includes hit parades arranged by record store and radio station, as well as articles. ML156.4 016.781640266

48 publications par an. Compilation du palmarès de la musique populaire, toutes nationalités confondues, diffusée par les stations radiophoniques et vendue par les disquaires du Canada. Comporte les palmarès suivants: rock (album), rock (45 tours), country, populaire adulte, albums vendus. La description de chaque pièce musicale comprend le nombre de semaine, le rang de la semaine précédente et la position actuelle au palmarès, le titre, l'interprète, l'étiquette, le distributeur, le numéro de série et le code des ventes lorsqu'approprié. Inclut aussi le palmarès par disquaires et par stations radiophoniques ainsi que des articles. ML156.4 016.781640266

3907

Société Radio-Canada. Services de musique. Service des catalogues. – *Disques, partitions.* – Montréal : le Service, [1973?]- . – vol. – 0821-1523 – Titre de la couv.

Irregular, 1973?-1979. Bimonthly, 1979-1981. Monthly, 1982- . Bibliographic references to sound recordings and scores acquired by the Société Radio-Canada, Services de musique, Service des catalogues, noting Canadian content of the composition and/or performance. Arranged by format, such as compact disk, cassette, score, etc., subdivided by musical genre, such as classical, French popular vocal, jazz, etc. The description of classical recordings includes title of album, list of musical works, performers, record label and serial number. The description of recordings in other musical genres includes title of album, record label and serial number. Title varies: 1973?-August 10, 1979, *Nouvelles acquisitions, disques*; August 20, 1979-November 11, 1981?, *Disques, musique en feuilles.* ML156.2 S58 fol. 016.78

Irrégulier, 1973?-1979. Bimensuel, 1979-1981. Mensuel, 1982- . Références bibliographiques des enregistrements sonores et des partitions acquis par Société Radio-Canada, Services de musique, Service des catalogues, avec mention du contenu canadien par rapport à la composition et (ou) l'interprétation. Classement par types de supports tels que disques compacts, cassettes, partitions, etc. qui se subdivisent par genres musicaux tels que classique, populaire vocale française, jazz, etc. La description de chaque enregistrement de musique classique comprend le titre de l'album, la liste des pièces musicales, les interprètes, l'étiquette et le numéro de série. La description des enregistrements des autres genres musicaux comprend le titre de l'album, l'étiquette et le numéro de série. Le titre varie: 1973?-10 août 1979, *Nouvelles acquisitions, disques*; 20 août 1979-11 nov. 1981?, *Disques, musique en feuilles.* ML156.2 S58 fol. 016.78

3908

Taft, Michael. – *A regional discography of Newfoundland and Labrador, 1904-1972.* – Compiled, with an introduction by Michael Taft. – St. John's, (Nfld.) : Memorial University of Newfoundland Folklore and Language Archive, 1975. – xxx, 102 p. : ill., ports. – (Bibliographical and special series ; no. 1).

Recordings of popular music with a connection to Newfoundland. Two parts: recordings made by Newfoundlanders and songs from Newfoundland recorded by non-Newfoundlanders. Entries are alphabetically arranged by performer and note names of accompanying musicians, instruments, and place and date of recording. Song descriptions include name of composer if known, record label and recording numbers. List of LPs arranged by record label. Two indexes: song, accompanist. ML156.4 P6 T34 016.78026609718

Recension des disques de musique populaire ayant un rapport avec Terre-Neuve. Deux parties: enregistrements réalisés par des Terre-Neuviens et chansons d'origine terre-neuvienne endisquées par des non Terre-Neuviens. Classement alphabétique des interprètes avec mention des musiciens accompagnateurs et instruments, lieu et date de l'enregistrement. La description de chaque chanson comprend le nom du compositeur lorsque connu, l'étiquette et numéro pertinents. Liste des albums longue durée par étiquettes. Deux index: chansons, accompagnateurs. ML156.4 P6 T34 016.78026609718

3909

Wilburn, Gene. – *Northern journey : a guide to Canadian folk music.* – Teeswater (Ont.) : Reference Press, c1995. – xvii, 336 p. – 0919981453 – Subtitle on cover : *A guide to Canadian folk music on CD.* ML156.4 F5 W666 1995 016.7816200971

Encyclopedias

Encyclopédies

3910

Encyclopedia of music in Canada. – Helmut Kallmann and Gilles Potvin, editors ; Robin Elliott, Mark Miller, associate editors. – 2nd ed. – Toronto : University of Toronto Press, c1992. – xxxii, 1524 p. : ill., facsims., ports. – 0802028810

1st ed., 1981, edited by Helmut Kallmann, Gilles Potvin and Kenneth Winters. More than 3,700 articles, mostly signed, on music and musical life in Canada from its origins. Entries are arranged alphabetically by name or by theme and include bibliographical references, lists of writings and/or compositions, discographies and filmographies. Two indexes: name, illustration. Bibliography. Also published in French under the title: *Encyclopédie de la musique au Canada.* ML106 C3 E52 1992 fol. 780.971

1re éd., 1981, éditée par Helmut Kallmann, Gilles Potvin, Kenneth Winters. Plus de 3 700 articles, majoritairement signés, portant sur la musique et la vie musicale au Canada depuis ses origines. Classement alphabétique des noms et des thèmes avec les références bibliographiques, liste d'écrits et (ou) compositions, discographies et filmographies. Deux index: onomastique, illustrations. Bibliographie. Publiée aussi en français sous le titre : *Encyclopédie de la musique au Canada.* ML106 C3 E52 1992 fol. 780.971

3911

Encyclopédie de la musique au Canada. – Helmut Kallmann et Gilles Potvin, directeurs ; Claire Versailles, Mark Miller, directeurs adjoints. – 2e éd. – [Saint-Laurent. Québec] : Fides, 1993. – 3 vol. (lv, 3810 p.) : ill., fac-sim., portr. – 2762116880

1st ed., 1983, edited by Helmut Kallmann, Gilles Potvin and Kenneth Winters. More than 3,700 articles, mostly signed, on music and musical life in Canada from its origins. Entries are arranged alphabetically by name or theme with bibliographical references, lists of writings and/or compositions, discographies and filmographies. Two indexes: name, illustration. Bibliography. Also published in English under the title: *Encyclopedia of music in Canada.* ML106 C3 E5214 1993 fol. 780.971

1re éd., 1983, éditée par Helmut Kallmann, Gilles Potvin, Kenneth Winters. Plus de 3 700 articles, majoritairement signés, portant sur la musique et la vie musicale au Canada depuis ses origines. Classement alphabétique des noms et des thèmes avec les références bibliographiques, liste d'écrits et (ou) compositions, discographie et filmographie. Deux index: onomastique, illustrations. Bibliographie. Publié aussi en anglais sous le titre: *Encyclopedia of music in Canada.* ML106 C3 E5214 1993 fol. 780.971

Handbooks

Guides

3912

Coxson, Mona. – *Some straight talk about the music business.* – 2nd ed. – Toronto : CM Books, c1988. – 207 p. : port. – 0969127243

1st ed., 1984. Vocational guidance manual on the Canadian music business. Sixteen chapters, including careers in music, forming a group, agents, managers and publishers, promotion and publicity. Bibliography. Directory of resource organizations. Available on magnetic tape: Toronto : CNIB, 1989, 2 reels of tape.
ML3795 C87 1988   780.23

1re éd., 1984. Guide d'orientation professionnelle dans le milieu musical canadien. Seize chapitres, dont notamment carrière en musique, formation d'un groupe, agents, gérants et éditeurs, promotion et publicité. Bibliographie. Répertoire des organismes-ressources. Disponible sur bande magnétique: Toronto : CNIB, 1989, 2 bobines d'enregistrement.   ML3795 C87 1988   780.23

3913

Music in Canada. – Produced by the Heritage Cultures and Languages Program in collaboration with the Communications Branch. – Ottawa : Canadian Heritage, 1993. – v, 41 p. – (ArtSource). – 0662211669 – On cover : *Resource guide to the arts.*

A guide for musicians in Canada. Six parts: signed introduction, associations, developing professional skills, sources of funding, getting established, legal questions. Directory information and bibliographical references for pertinent sources. Also published in French under the title: *La musique au Canada.*   ML205.5   780.971

Guide pour les musiciens au Canada. Six parties principales: introduction signée, associations, perfectionnement professionnel, sources de financement, solidification des assises et questions légales. Publié aussi en français sous le titre: *La musique au Canada.*
ML205.5   780.971

3914

La musique au Canada. – Produit par le Programme des cultures et langues ancestrales en collaboration avec la Direction générale des communications. – Ottawa : Patrimoine canadien, 1993. – v, 40 p. – (Info-arts). – 0662987426 – Sur la couv. : *Guide des ressources sur les arts.*

A guide for musicians in Canada. Six parts: signed introduction, associations, developing professional skills, sources of funding, getting established, legal questions. Directory information and bibliographical references for pertinent sources. Also published in English under the title: *Music in Canada.*   ML205.5   780.971

Guide pour les musiciens au Canada. Six parties principales: introduction signée, associations, perfectionnement professionnel, sources de financement, solidification des assises et questions légales. Publié aussi en anglais sous le titre: *Music in Canada.*
ML205.5   780.971

3915

Orchestra resource guide. – Rev. ed. – [Toronto] : Published by the Ontario Federation of Symphony Orchestras with the assistance of the Ontario Arts Council, 1994. – 255 p. : ill. – 0969133561

1st ed., 1978, rev. eds., 1980, 1982, 1983, 1986, 1988. Guide to managing symphony orchestras in Canada. In nine chapters, including organization and personnel, finances and government relations. Bibliography. Directory of resource organizations.
ML3790 O6 fol.   784.2068

1re éd., 1978; éd. rév., 1980, 1982, 1983, 1986, 1988. Guide pour la gestion des orchestres symphoniques au Canada. Neuf chapitres dont notamment organisation et personnel, finances et relations gouvernementales. Bibliographie. Répertoire des organismes-ressources.   ML3790 O6 fol.   784.2068

3916

Rousseau, Claudette. – *Vivre de la musique.* – [Québec] : Ministère des affaires culturelles, c1986. – 52 p. – 2551091543

A guide for persons interested in a career in music. Discusses topics such as the music industry, copyright and contracts. Describes various professional organizations and publications of interest. Directory of musical and cultural organizations, government agencies, publishers, etc.   ML3795   780.23

Guide pour les personnes intéressées à une carrière en musique. Discute de sujets comme l'industrie de la musique, le droit d'auteur et les contrats. Décrit diverses organisations professionnelles et publications. Répertoire des organisations musicales et culturelles, des organismes gouvernementaux, des éditeurs, etc.   ML3795   780.23

3917

Sanderson, Paul. – *Musicians and the law in Canada : a guide to the law, contracts and practice in the Canadian music business.* – 2nd rev. ed. – [Scarborough, Ont.] : Carswell, c1992. – xli, 507 p. – 0459567802

1st ed., 1985, *Musicians and the law in Canada.* A guide to the law, contracts and legal issues related to the music industry in Canada, excluding references to the Civil Code in effect in Quebec. In twelve chapters, including copyright, agents and managers, registration and taxes. Seven appendices made up of checklists and examples, arranged by theme. General and thematic bibliographies. Case and subject indexes.   KE3986 M8 S22 1992   343.7107878

1re éd., 1985, *Musicians and the law in Canada.* Guide portant sur la loi, les contrats et les aspects légaux en rapport avec l'industrie musicale au Canada, excluant les références au code civil en vigueur au Québec. Douze chapitres dont notamment droit d'auteur, agents et gérants, enregistrement et taxes. Sept appendices composés d'aide-mémoire et d'exemples par thèmes. Bibliographies: générale, thématiques. Deux index: causes, sujets.   KE3986 M8 S22 1992   343.7107878

3918

Youth orchestra resource guide : a project of the Ontario Federation of Symphony Orchestras' Youth Orchestra Committee. – Rev. ed. – [Toronto] : Ontario Federation of Symphony Orchestras assisted by the Ontario Arts Council and Fleming Farms, 1991. – 104 p. : ill. – 0969133553

1st ed., 1983; 2nd ed., 1986. Guide to management of youth orchestras in Canada. In six parts: operations, fundraising, public relations, volunteers/parents, government, board and management. ML1213 Y84 1991 fol. 784.2068

1re éd., 1983; 2e éd., 1986. Guide pour la gestion des orchestres des jeunes au Canada. Six parties: opérations, souscription, relations publiques, bénévoles/parents, gouvernement, conseil d'administration et direction. ML1213 Y84 1991 fol. 784.2068

History

Histoire

3919

Amtmann, Willy. – ***Music in Canada, 1600-1800.*** – [Montreal] : Habitabex books, c1975. – 320 p. : music, facsims. – 088912020X

History of Canadian music between 1600 and 1800 and discussion of its major figures. Arranged by theme, such as music in New France, episcopal interlude, 1759, etc. Bibliography. Index of names and musical works. ML205.7 Q8 A48 780.9714

Description historique et portrait des protagonistes de la vie musicale au Canada entre 1600 et 1800. Classement par thèmes tels que la musique en Nouvelle-France, interlude épiscopal, 1759, etc. Bibliographie. Un index: onomastique-oeuvres musicales. ML205.7 Q8 A48 780.9714

3920

Amtmann, Willy. – ***La musique au Québec, 1600-1875.*** – Montréal : Éditions de l'Homme, c1976. – 420 p., [8] f. de planches : ill. (certaines en coul.), carte, fac-sim., musique, plans, portr. – 0775905178

History of music in Quebec between 1600 and 1875 and discussion of its major figures. Arranged by theme, such as folk songs in French, Native music, the first celebrities, etc. Bibliography. Name index. ML205.7 Q8 A4813 780.9714

Description historique et portrait des protagonistes de la vie musicale au Québec entre 1600 et 1875. Classement par thèmes tels que la chanson de folklore française, la musique indienne, nos premières célébrités, etc. Bibliographie. Index des noms. ML205.7 Q8 A4813 780.9714

3921

Ford, Clifford. – ***Canada's music : an historical survey.*** – Agincourt (Ont.) : GLC Publishers, c1982. – viii, 278 p. : ill., music, ports., facsims. – 0888740549

History of Canadian music and portraits of its major figures. Four main sections: 1605-1867, Confederation to the First World War; 1918-1939, post 1945. General and thematic bibliographies. Index of names, musical works and subjects. ML205.5 F69 fol. 780.971

Description historique et portrait des protagonistes de la vie musicale au Canada. Quatre parties principales: 1605-1867, de la Confédération à la Première Guerre mondiale, 1918-1939, postérieur à 1945. Bibliographies: générale et par thèmes. Index: onomastique-oeuvres musicales-sujets. ML205.5 F69 fol. 780.971

3922

Kallmann, Helmut. – ***A history of music in Canada, 1534-1914.*** – Repr. with list of amendments. – [Toronto] : University of Toronto Press, 1987, c1960. – xiv, 317 p., [4] p. of plates : ill., ports, music. – 0802061028

1st ed., 1960; repr., 1969. History of Canadian music, 1534-1914, with portraits of its major figures. Arranged by historical period subdivided by subject. Bibliography. Index of names, musical works and subjects. ML215 K3 1987 780.971

1re éd., 1960; réimpr., 1969. Description historique et portrait des protagonistes de la vie musicale au Canada entre 1534 et 1914. Classement par périodes historiques qui se subdivisent par sujets. Bibliographie. Index: noms-oeuvres musicales-sujets. ML215 K3 1987 780.971

3923

Kelly, Wayne. – ***Downright upright : a history of the Canadian piano industry, includes buyer's guide and Canadian piano serial numbers.*** – Toronto : Natural Heritage/Natural History, c1991. – 160 p. : ill., ports. – (Natural heritage books/The collector's choice). – 0920474608

Historical accounts and portraits of major people and institutions in the Canadian piano-making industry. Arranged by historical period and by keyword. Includes five biographical articles on Canadian pianists and information on the piano market. Bibliography. Name index. ML663 K29 1991 fol. 338.47786219230971

Description historique et portrait des principaux personnages et institutions de l'industrie canadienne de la fabrication de piano. Classement par périodes historiques et selon l'ordre alphabétique des mots clés. Inclut aussi cinq notices biographiques de pianistes canadiens et des informations sur l'état du marché. Bibliographie. Index des noms. ML663 K29 1991 fol. 338.47786219230971

3924

McGee, Timothy J. [Timothy James]. – ***The music of Canada.*** – New York : W.W. Norton, c1985. – xii, 257 p. : ill., music, facsims., ports. maps. – 0393953769 (pa.) 039302279X

History of Canadian music with portraits of its major figures. Arranged by period or theme, such as New France, nineteenth century to Confederation, recent developments (1945-1984) and Native music. Anthology of thirteen pieces of music. General and chapter bibliographies. General and thematic discographies. Filmography. Index of names, musical works and subjects. Large-print edition: Vancouver (B.C.) : CILS, 1991. ML205 M14 1985 781.771

Description historique et portrait des protagonistes de la vie musicale au Canada. Présentation par périodes ou par thèmes dont notamment Nouvelle-France, du 19e siècle à la Confédération, récents développements (1945-1984) et musique des Autochtones. Anthologie de treize pièces musicales. Bibliographies: générale et pour chaque chapitre. Discographies: générale et par thèmes. Filmographie. Index: onomastique-oeuvres musicales-sujets. Autre éd. en gros caractères: Vancouver (B.C.) : CILS, 1991. ML205 M14 1985 781.771

3925

Proctor, George A. – *Canadian music of the twentieth century.* – Toronto : University of Toronto Press, c1980. – xxvi, 297 p. : ill., music. – 0802054196

History of classical music in Canada. In seven parts: 1900-1920, 1921-1940, 1941-1951, the 1950s, the 1960s, 1967, 1968-1978. Each part is subdivided by type of instrumentation, such as piano, opera, orchestra, etc., and contains a selective list of compositions. Chronology. Bibliography. Index of names, musical works and subjects.   ML205.5 P76 fol.   780.971

Description historique de la musique savante au Canada. Présentation en sept parties: 1900-1920, 1921-1940, 1941-1951, les années 1950, les années 1960, 1967, 1968-1978. Chaque partie se subdivise par types d'instrumentations tels que piano, opéra, orchestre, etc., et comprend une liste sélective de compositions. Chronologie. Bibliographie. Un index: noms-oeuvres musicales-sujets.   ML205.5 P76 fol.   780.971

Indexes

Index

3926

Bowers, Neal. – *Index to Canadian children's records.* – Bridgewater (N.S.) : Lunenburg County District Teacher's Centre, c1984. – 48 p.

Guide to over 700 songs, rhymes and stories on 47 children's record albums, produced in Canada between 1975 and 1983. Arranged by title. Discography. Subject index. Directory of record labels. ML156.4 C5 B78 1984 fol.   016.78242083

Recension par titres de plus de 700 chansons, rimes et histoires provenant de 47 albums de disques pour enfant, produits au Canada entre 1975 et 1983. Discographie. Index des sujets. Répertoire des étiquettes.   ML156.4 C5 B78 1984 fol.   016.78242083

3927

Mercer, Paul. – *Newfoundland songs and ballads in print, 1842-1974 : a title and first-line index.* – Compiled, with an introduction by Paul Mercer ; with the editorial assistance of Pamela J. Gray. – St. John's (Nfld.) : Memorial University of Newfoundland, 1979. – 343 p. : ports. – (Bibliographical and special series ; no. 6). – 0889010382

Title and first-line indexes of approximately 1,500 Newfoundland folk songs, mainly in English, published in over 100 sources. Annotated bibliography of sources examined.   ML125 N54 M554 016.78162009718

Index des titres et des premières lignes d'environ 1 500 chansons folkloriques terre-neuviennes, majoritairement de langue anglaise, publiées dans plus de 100 ouvrages. Bibliographie annotée d'ouvrages consultés.   ML125 N54 M554   016.78162009718

3928

The music index : a subject-author guide to music periodical literature. – Vol. 1, no. 1 (Jan. 1949)-   . – Warren (Mich.) : Harmonie Park Press, 1949-   . – vol. – 00274348

Monthly with an annual list of subject headings and an annual cumulation. Subject-author index of articles on music published in over 350 serials, fifteen of which are produced in Canada. Includes obituaries, reviews of books, performances and recordings, and abstracts of doctoral theses. Title varies: 1949-1964, *The music index: the key to current music periodical literature*; 1965-1968, *The music index*; 1969-1978, *The music index: a subject-author guide to current music periodical literature.* Available in CD-ROM format: *The music index on CD-ROM* ([Alexandria, Va.] : Harmonie Park Press : Chadwyck-Healy, 1981-   ). Period covered, 1981-1988. ML118 M84 fol.   016.78

Mensuel avec liste annuelle de vedettes-matière et refonte annuelle. Index noms-sujets d'articles portant sur la musique parus dans plus de 350 publications en série dont une quinzaine proviennent du Canada. Inclut aussi les avis de décès, critiques de livres, comptes rendus d'interprétation, critiques d'enregistrements sonores et thèses de doctorat. Le titre varie: 1949-1964, *The music index : the key to current music periodical literature*; 1965-1968, *The music index*; 1969-1978, *The music index : a subject-author guide to current music periodical literature*. Disponible sur support CD-ROM: *The music index on CD-ROM* ([Alexandria, Va.] : Harmonie Park Press : Chadwyck-Healy, 1981-   ). Période couverte, 1981-1988.   ML118 M84 fol. 016.78

3929

Répertoire des données musicales de la presse québécoise. – Sous la direction de Juliette Bourassa-Trépanier et Lucien Poirier. – Québec : Presses de l'Université Laval, 1990-   . – vol. : fac-sim., tableaux. – 2763772471 (vol. 1)

Chronological summary of material on music from Quebec newspapers and periodicals published between 1764 and 1918. Vol. 1, 1764-1799, in two sections: Montreal and Québec. A third section, covering others centres from 1817, will appear in subsequent volumes. Entries include source reference, description of content in the form of a quotation, a summary, or headings (programme, performers, date, place), author and title if known. Includes material in French and English. History of various musical events of the period. Glossary. Bibliography. Indexes: subject, place, name, title-incipit-timbre-refrain. To be complete in six volumes.   ML205.7 Q8 R42 1990 fol. 780.9714

Recension chronologique des informations sur la vie musicale contenues dans les journaux et périodiques publiés au Québec entre 1764 et 1918. Présentation du vol. 1, 1764-1799, en deux sections: Montréal et Québec. Une troisième section comportant d'autres centres à partir de 1817 paraîtra dans les volumes subséquents. Chaque unité d'information comprend la référence à la source d'information, la description du contenu sous forme de citation, résumé ou classement (programme, interprètes, date, lieu), l'auteur et le titre lorsque connu. Comprend des références en français et en anglais. Inclut une description historique des diverses manifestations musicales de l'époque. Lexique. Bibliographie. Quatre index: sujets, lieux, noms, titres-incipits-timbres-refrains. Série devant comporter six volumes.   ML205.7 Q8 R42 1990 fol.   780.9714

3930

Roberts, Brian A. – *Indices to periodicals, 1993*. – 3rd ed. – St. John's (Nfld.) : Binder's Press, c1994. – 154 p. – 0969571550

1st ed., ?; rev. ed. 1991. 2nd ed. 1992. Author index to four music serials. In four parts: *Canadian music educator*, vol. 1, no. 1 (June 1959)-vol. 35, no. 3 (Winter 1994); *International journal of music education*, no. 1 (May 1983)-no. 22 (1993); *British journal of music education*, vol. 1, no. 1 (1984)-vol. 10, no. 3 (1993); *Medical problems of performing artists*, vol. 1 (March 1986)-vol. 8, no. 4 (Dec. 1993). ML118 R643   016.7807

1re éd., ?; éd. rév. 1991. 2e éd., 1992. Index des auteurs de quatre publications en série reliées au domaine de la musique. Présentation en quatre parties: *Canadian music educator*, vol. 1, n° 1 (juin 1959)-vol. 35, n° 3 (hiver 1994); *International journal of music education*, n° 1 (mai 1983)-n° 22 (1993); *British journal of music education*, vol. 1, n° 1 (1984)-vol. 10, n° 3 (1993); *Medical problems of performing artists*, vol. 1 (mars 1986)-vol. 8, n° 4 (déc. 1993).   ML118 R643   016.7807

Union Lists

Listes collectives

3931

***Union list of music periodicals in Canadian libraries* = *Inventaire des publications en série sur la musique dans les bibliothèques canadiennes*. –** Edited by Larry C. Lewis. – Ottawa : Canadian Association of Music Libraries, 1981. – 293 col. – (Publications - Canadian Association of Music Libraries ; 2). – 0969058306

1st ed., 1964, *Union list of music periodicals in Canadian libraries*; 1967, *Supplement to Union list of music periodicals in Canadian libraries*. 1,783 music serials held by 45 Canadian libraries, listed by title. Each entry includes title, locations, and note on non-print formats.   ML128 P24 U48 1981   016.7805

1re éd., 1964, *Union list of music periodicals in Canadian libraries*; 1967, *Supplement to Union list of music periodicals in Canadian libraries*. Recension par titres de 1 783 publications en série portant sur la musique, conservées dans 45 bibliothèques canadiennes. Chaque notice comprend le titre, les localisations et mention du support si autre que papier.   ML128 P24 U48 1981   016.7805

3932

***Union list of music periodicals in Canadian libraries* = *Inventaire des publications en série sur la musique dans les bibliothèques canadiennes*. –** Rédigé par Larry C. Lewis. – Ottawa : Association canadienne des bibliothèques musicales, 1981. – 293 col. – (Publications - Association canadienne des bibliothèques musicales ; 2). – 0969058306

1st ed., 1964, *Union list of music periodicals in Canadian libraries*; 1967, *Supplement to Union list of music periodicals in Canadian libraries*. 1,783 music serials held by 45 Canadian libraries, listed by title. Each entry includes title, locations, and note on non-print formats.   ML128 P24 U48 1981   016.7805

1re éd., 1964, *Union list of music periodicals in Canadian libraries*; 1967, *Supplement to Union list of music periodicals in Canadian libraries*. Recension par titres de 1 783 publications en série portant sur la musique, conservées dans 45 bibliothèques canadiennes. Chaque notice comprend le titre, les localisations et mention du support si autre que papier.   ML128 P24 U48 1981   016.7805

Performance Art

Art de performance

3933

Richard, Alain-Martin. – *Performance au Canada, 1970-1990* = *Performance in Canada, 1970-1990*. – Alain-Martin Richard, Clive Robertson. – Québec : Éditions Intervention ; Toronto : Coach House Press, c1991. – 395 p. : ill. – (Inter éditeur). – 292050004X 088910428X

Chronological listing of approximately 2,000 performances in Canada by performance artists from all countries and by Canadian performance artists outside Canada. Each entry includes date, name of artist, title of performance, place, circumstances, a brief description of the performance, material used and a summary of documentary material such as bibliographical reference, video, poster, programme, etc. Also includes two historical articles, signed bilingual essays, artists' statements and notices of events or festivals. Bibliography. Two indexes: artist, photographer.   NX513 A1 P47 1991 fol.   709.71

Recension chronologique d'environ 2 000 représentations en art de performance réalisées au Canada par les artistes de toutes provenances et par les performeurs canadiens en sol étranger. Chaque notice comprend la date, le nom de l'artiste, le titre de la performance, l'endroit, les circonstances, une brève description du travail performatif, les matériaux utilisés et un relevé des traces telles que référence bibliographique, vidéo, affiche, programme, etc. Inclut aussi deux articles historiques, essais bilingues et signés, des énoncés d'artiste et encarts portant sur les événements/festivals dans le domaine. Bibliographie. Deux index: artistes, photographes. NX513 A1 P47 1991 fol.   709.71

Puppetry

Art de la marionnette

3934

Association québécoise des marionnettistes. – *Guide de ressources pour les intervenants dans le domaine de la marionnette au Québec*. – Sous la direction de Magda Harmignies. – 1re éd. – Montréal : l'Association, 1990. – 1 vol. (pag. multiple).

Directory of members of the Association québécoise des marionnettistes and others involved in puppetry in Canada and elsewhere. Arranged in categories such as puppet theatre, individual performers, puppetry schools, international festivals, etc. Each entry includes

Répertoire des membres de l'Association québécoise des marionnettistes et des intervenants dans le domaine de la marionnette au Canada et à l'étranger. Classement par catégories telles que compagnies de théâtre de marionnettes, praticiens individuels,

address, telephone number and additional information such as professional affiliations, specialties, etc. List of members of the Association arranged according to twelve areas of specialization. Bibliography. Replaces: *Répertoire 1986.* PN1978 791.53

écoles de formation, festivals internationaux, etc. Chaque notice comprend l'adresse, le numéro de téléphone et des informations complémentaires telles qu'affiliations professionnelles, spécialités, etc. Liste des membres de l'Association en douze spécialités. Bibliographie. Remplace: *Répertoire 1986.* PN1978 791.53

3935

McKay, Kenneth B. – *Puppetry in Canada : an art to enchant.* – By Kenneth B. McKay ; with photography by Andrew Oxenham. – Willowdale (Ont.) : Ontario Puppetry Association Publishing, c1980. – 168 p. : ill. – 0919065007

Description of puppetry in Canada. Arranged by geographic area or by subject, such as Native heritage, the Prairies, television, etc. Glossary. Bibliography. Directory of theatre companies, museums, libraries and organizations concerned with puppets. PN1978 C3 M35 fol. 791.530971

Description du monde des marionnettes au Canada. Classement par régions géographiques ou par sujets tels qu'héritage autochtone, les Prairies, la télévision, etc. Glossaire. Bibliographie. Répertoire des compagnies théâtrales, musées, bibliothèques et organismes liés aux marionnettes. PN1978 C3 M35 fol. 791.530971

3936

The Ontario Puppetry Association. – *Membership directory.* – (1983/84)-   . – [Willowdale, Ont.] : the Association, [1983?]-   . –   vol. – 0846-5401 – Cover title.

Irregular. Alphabetical directory of members of the Ontario Puppetry Association. Title varies: 1983/84-1987/88; *O.P.A. membership directory.* PN1978 C3 O6 fol. 791.53025713

Irrégulier. Répertoire alphabétique des membres de l'Ontario Puppetry Association. Le titre varie: 1983/84-1987/88, *O.P.A. membership directory.* PN1978 C3 O6 fol. 791.53025713

Theatre

Archival Resources

Théâtre

Fonds d'archives

3937

McCallum, Heather. – *Directory of Canadian theatre archives.* – Compiled by Heather McCallum and Ruth Pincoe. – Halifax : Dalhousie University, School of Library and Information Studies, 1992. – x, 217, [4] p. – (Occasional paper ; 53). – 0770397093

1st ed., 1973, *Theatre resources in Canadian collections; Le théâtre dans les collections canadiennes.* A directory of collections of Canadian theatre materials held in archives, libraries, theatre companies, associations, museums and private collections. Excludes collections related to dance and opera, most amateur theatre groups and fringe festivals. Materials are primarily non-book items such as playbills, programmes, posters, stage designs, scripts, correspondence, etc. Arranged by province, from east to west, and then alphabetically by city or town, and then by institution or theatre. Address, telephone and fax numbers provided for institutions or theatres. Entries for fonds or collections include: title, inclusive dates, extent, description of types of materials, notes on restrictions on access, if any. Entries in English or French. Appendices: chronology of Canadian theatre history research; theatrical archives and the CBC. Bibliography. Index of individuals, theatres, theatre groups, institutions, organizations, authors and titles. Z688 T6 M32 1992 fol. 026.7920971

1ʳᵉ éd., 1973, *Theatre resources in Canadian collections; Le théâtre dans les collections canadiennes.* Répertoire des collections de documents sur le théâtre canadien conservées dans les archives, les bibliothèques, les compagnies théâtrales, les associations, les musées et les collections privées. Exclut les collections relatives à la danse et à l'opéra, la plupart des troupes de théâtre d'amateur et les festivals marginaux. Il s'agit principalement de documents autres que des livres comme des affiches-programmes, des programmes, des affiches, des scénographies, des scénarios, de la correspondance, etc. Classement par provinces, depuis l'est jusqu'à l'ouest, et puis alphabétiquement par villes, puis par établissements ou théâtres. L'adresse et les numéros de téléphone et de télécopieur sont fournis pour les établissements ou les théâtres. Les notices sur les fonds ou les collections comprennent: le titre, la période couverte, l'envergure, la description des types de documents, des notes sur les restrictions relatives à l'accès. Les notices sont rédigées en anglais ou en français. Annexes: chronologie de la recherche en histoire du théâtre canadien; les archives théâtrales et la Société Radio-Canada. Bibliographie. Index des personnes, des théâtres, des groupes de théâtre, des établissements, des organismes, des auteurs et des titres. Z688 T6 M32 1992 fol. 026.7920971

3938

Université du Québec à Trois-Rivières. Centre de documentation en lettres québécoises. – *Répertoire des collections et des fonds d'archives en théâtre québécois.* – Établi et présenté par Mario Audet ; sous la direction de Guildo Rousseau. – Trois-Rivières : Centre de documentation en lettres québécoises de l'Université du Québec à Trois-Rivières, 1979. – 171 f. – (Guides bibliographiques ; 3).

Directory in four parts. The first part includes plays held by the Centre, including the collection of Mr. Justice Édouard-Georges Rinfret, which contains more than 1,000 plays by approximately 300 French-Canadian playwrights. Alphabetically arranged by playwright. The second part describes the private archival fonds of four Quebec amateur theatre companies. The third part covers interviews on theatre in Quebec and the Mauricie region from the period 1968-1978. Alphabetically arranged by name of person interviewed. The fourth part lists special material by category, such as playwrights'

Ouvrage comportant quatre volets. Le 1ᵉʳ volet comprend les pièces de théâtre conservées au Centre dont entre autre la collection du juge Édouard-Georges Rinfret qui inclut plus de 1 000 pièces d'environ 300 dramaturges canadiens-français. Recension alphabétique des dramaturges. Le 2ᵉ volet inventorie les fonds privés de quatre troupes de théâtre amateur du Québec. Le 3ᵉ volet consigne des entretiens et interviews sur le théâtre québécois et mauricien de 1968 à 1978. Recension alphabétique des personnes interviewées. Le 4ᵉ volet répertorie les documents spéciaux par catégories telles que dossiers

papers, theatre programmes, performance posters, press clippings, etc., with notes on types of materials, extent, and period covered. CD3649 Q26 U555 fol.   016.842

de dramaturges, programmes de théâtre et affiches de spectacles, coupures de presse, etc., avec mention du type de document, envergure et période couverte.   CD3649 Q26 U555 fol.   016.842

Bibliographies

3939

Ball, John. – ***Bibliography of theatre history in Canada : the beginnings through 1984 = Bibliographie d'histoire du théâtre au Canada : des débuts - fin 1984.*** – Edited by John Ball and Richard Plant. – Rev. & enl. ed. – Toronto : ECW Press, 1993. – xxii, 445 p. – 1550221205

Bibliography of 10,807 references on theatre in Canada. Includes monographs, periodical articles, reviews of plays and theses. In fifteen sections, including the twentieth century, festivals, and theatre for young people. Name-English subject index. 1st ed., 1976, *A bibliography of Canadian theatre history, 1583-1975*; 1979, *The bibliography of Canadian theatre history : supplement, 1975-1976*. Z1377 D7 B33 1993 fol.   016.7920971

Bibliographies

Bibliographie de 10 807 références en rapport avec le théâtre au Canada. Comprend des monographies, des articles de périodiques, des comptes rendus de pièces et des thèses. Quinze sections dont notamment le vingtième siècle, les festivals et le théâtre pour les jeunes. Un index: noms-sujets anglais. 1re éd., 1976, *A bibliography of Canadian theatre history, 1583-1975*; 1979, *The bibliography of Canadian theatre history : supplement, 1975-1976*.   Z1377 D7 B33 1993 fol. 016.7920971

3940

Beauchamp, Hélène. – ***Bibliographie annotée sur le théâtre québécois pour l'enfance et la jeunesse, 1970-1983 : suivie d'une liste sélective d'articles de presse portant sur les productions de théâtre québécois pour l'enfance et la jeunesse, 1950-1980.*** – Réimpr. – Montréal : Dépt. de théâtre, Université du Québec à Montréal, 1984. – [iv], 39 f.

Annotated bibliography on Quebec theatre for children and young people. Two parts: monographs and periodical articles, plays and shows. Subdivided by publication or by type of document (*Lurelu*, theses, material on video cassette, etc.). Also includes selected articles from five Quebec daily newspapers. The author has also written a critical work entitled: *Le théâtre pour enfants au Québec, 1950-1980* (LaSalle (Québec) : Hurtubise HMH, c1985).   Z5784 C5 B42 1984 fol. 016.84254099282

Bibliographie annotée portant sur l'activité théâtrale au Québec destinée au jeune public. Deux parties: monographies et articles de périodiques, pièces et spectacles. Classement par publications ou par catégories de documents (*Lurelu*, thèses, documents vidéo, etc.). Inclut aussi une sélection d'articles parus dans cinq quotidiens québécois. L'auteur a aussi écrit un ouvrage critique intitulé: *Le théâtre pour enfants au Québec, 1950-1980* (LaSalle (Québec) : Hurtubise HMH, c1985).   Z5784 C5 B42 1984 fol. 016.84254099282

3941

Lavoie, Pierre. – ***Pour suivre le théâtre au Québec : les ressources documentaires.*** – Québec : Institut québécois de recherche sur la culture, 1985. – 521 p. – (Documents de recherche ; no 4). – 2892240476

Bibliography of 1,684 references, mostly annotated, on theatre in Quebec. Arranged by type of material: bibliographies, audio-visual material, critical studies of the theatre, archival fonds, master's and doctoral theses, official publications. Index of names, titles and subjects.   Z1392 Q3 L39 1985   016.79209714

Bibliographie de 1 684 références, majoritairement annotées, portant sur le théâtre au Québec. Classement par catégories de documents: bibliographies, documents audiovisuels, études théâtrales, fonds d'archives, mémoires et thèses, publications officielles. Un index: noms-titres-sujets.   Z1392 Q3 L39 1985   016.79209714

3942

Sedgwick, Dorothy. – ***A bibliography of English-language theatre and drama in Canada, 1800-1914.*** – Edmonton : Nineteenth Century Theatre Research, 1976. – 48 p. : ill. – (Occasional publications ; no. 1).

525 bibliographical references on English-language Canadian theatre from 1800 to 1914. Arranged by subject: playwrights, criticism, history, etc. Canadian locations provided for monographs. Bibliography. Two indexes: titles of plays, names-subjects. Z1377 D7 S4   016.812

525 références bibliographiques portant sur le théâtre canadien-anglais de 1800 à 1914. Classement par sujets tels que dramaturges, critique, histoire, etc. Localisations canadiennes des monographies. Bibliographie. Deux index: titres des pièces de théâtre, noms-sujets. Z1377 D7 S4   016.812

Dictionaries

3943

Dubuc, Robert. – ***Vocabulaire bilingue du théâtre : anglais-français, français-anglais.*** – [Montréal] : Leméac, c1979. – 174 p. – 2760990540

Alphabetical list of 617 English theatre terms with the French equivalents and definitions in French. English and French indexes of terms other than principal entries. Five indexes to English terms according to field: playwriting, stage decoration, direction, theatre management and material organization. Bibliography.   PN1625 D8 792.03

Dictionnaires

Recension alphabétique de 617 termes anglais liés au domaine théâtral traduits et définis en français. Deux index des termes autres que ceux des entrées principales: français, anglais. Cinq index des termes anglais par domaines: écriture dramatique, décoration, mise en scène, gestion théâtrale, organisation matérielle. Bibliographie. PN1625 D8   792.03

Directories

Répertoires

3944

Alberta Culture and Multiculturalism. – *Directory of professional Alberta theatres.* – [Edmonton] : Alberta Culture and Multiculturalism, [1989?]. – 28 p. – Cover title.

Directory of professional theatre companies in Alberta. Each entry includes address and telephone number, brief description of mandate, facilities, repertoire, audition policy, professional affiliations and list of resource persons. Reproduced in microform format: *Microlog*, no. 89-01969. PN2305 792.097123

Répertoire alphabétique des compagnies théâtrales professionnelles de l'Alberta. Chaque notice comprend l'adresse et le numéro de téléphone, une description sommaire de leur mandat, installation, répertoire, audition et affiliations professionnelles et la liste de personnes-ressources. Reproduit sur support microforme: *Microlog*, n° 89-01969. PN2305 792.097123

3945

Behind the scenes 1986. – Edited by Carla Wittes. – Toronto : PACT Communications Centre, c1986. – 181 p. : ill., ports. – 0921129009

Directory of organizations involved in non-profit professional theatre, mainly in English Canada. Arranged by category, such as theatre companies listed by province, public agencies, festivals, schools, associations, awards, performance spaces, etc. Entries include address and telephone number, names of resource persons and information on activities or specialization, budget, repertoire, professional affiliations, etc. Bibliography. Name index. Replaces: 1984, *Playwright's guide to Canadian non-profit professional theatres.* PN2304 B44 1986 792.0971

Répertoire des intervenants liés au milieu théâtral professionnel à but non lucratif majoritairement du Canada anglais. Classement par catégories telles que compagnies théâtrales inventoriées par provinces, organismes publics, festivals, écoles, associations, prix, salles de spectacle, etc. Chaque notice comprend l'adresse, le numéro de téléphone, les noms de personnes-ressources avec de brèves informations sur leurs activités et (ou) spécialités, budget, répertoire, affiliations professionnelles, etc. Bibliographie. Index des noms. Remplace: 1984, *Playwright's guide to Canadian non-profit professional theatres.* PN2304 B44 1986 792.0971

3946

Canadian Institute for Theatre Technology. – *Membership directory.* – (Feb. 1992)- . – Calgary (Alta.) : the Institute, [1992?]- . – vol. : ill. – 1193-719X – Cover title.

Annual. Alphabetical directory of the members of the Canadian Institute for Theatre Technology. Each entry includes the type of membership and membership number, address, telephone and fax numbers and name of a resource person. PN2087 C3 C34 fol. 792.02

Annuel. Répertoire alphabétique des membres de Canadian Institute for Theatre Technology. Chaque notice comprend le type et numéro d'adhésion, l'adresse et les numéros de téléphone et de télécopieur et le nom d'une personne-ressource. PN2087 C3 C34 fol. 792.02

3947

Conseil québécois du théâtre. – *Répertoire théâtral du Québec.* – (1979/80)- . – Montréal : Les cahiers du théâtre jeu, c1979- . – vol. – 0226-1804

Irregular, 1979, 1981, 1984, 1989. Directory of nearly 250 individuals and institutions concerned with professional theatre in Quebec and elsewhere in French Canada. Arranged by category: funding agencies, listed by level of government; Quebec theatre companies, arranged by administrative region; schools; associations, etc. Organization entries include address and telephone number, names of resource persons and, for Quebec theatre companies, supplementary information such as official playhouse, professional affiliations, programming, activities, profile, etc. Indexes of individuals and institutions. Title varies: 1979/80, *Répertoire théâtrale du Québec : théâtres, troupes, nouveaux auteurs.* PN2305 Q8 R4 792.09714

Irrégulier, 1979, 1981, 1984, 1989. Répertoire de près de 250 individus et institutions liés au milieu théâtral professionnel au Québec et au Canada français. Classement par catégories: organismes subventionneurs inventoriés par niveaux gouvernementaux, troupes et compagnies théâtrales du Québec répertoriées par régions administratives, écoles, associations, etc. La description de chaque intervenant comprend l'adresse et le numéro de téléphone, les noms de personnes-ressources, et pour les troupes et compagnies théâtrales du Québec des informations complémentaires telles que salle attitrée, affiliations professionnelles, programmation, activités, profil, etc. Deux index: individus, institutions. Le titre varie: 1979/80, *Répertoire théâtrale du Québec : théâtres, troupes, nouveaux auteurs.* PN2305 Q8 R4 792.09714

3948

A directory of Canadian theatre schools. – Downsview (Ont.) : CTR Publications, 1979-1982. – 4 vol. : ill. – 0709-8421

Annual. Describes post-secondary theatre studies programmes offered by Canadian educational institutions. Arranged by category of institution: conservatories, university programmes (bachelor's and master's level), colleges and programmes in acting and mime. Entries include: address and telephone number, foundation date, description of programme, instructors by specialization, tuition fees, admission criteria and prerequisites. Index of institutions. PN2078 C3 D5 792.071071

Annuel. Décrit des programmes d'étude postsecondaire en théâtre offerts dans les institutions d'enseignement au Canada. Présentation par catégories d'institutions: conservatoires, premier et deuxième cycles universitaires, collèges, cours d'art dramatique et mime. Pour chaque institution figurent l'adresse, le numéro de téléphone, la date de fondation, la description du programme, les professeurs par spécialités, les frais de scolarité, les critères d'admission et prérequis. Index des institutions. PN2078 C3 D5 792.071071

3949

Ontario. Ministère des affaires civiques et culturelles. – *Theatre spaces : an inventory of performing arts facilities in Ontario = Structures pour théâtrales : annuaire d'installations théâtrales disponibles en Ontario.* – [Toronto] : Ministère des affaires civiques et culturelles de l'Ontario, c1986. – 84 p. : ill., cartes. – 0772910049

Directory of performance facilities available for regular use in Ontario, with information such as address and telephone number, type of space and rental arrangements. Five parts: Metropolitan Toronto subdivided into six municipalities, four other Ontario regions. Index by municipality.   PN2305 O5 T4 1986   792.09713

Répertoire des salles de spectacle disponibles pour une utilisation régulière en Ontario avec mention de l'adresse, le numéro de téléphone, le type de salle et la structure administrative de location. Cinq parties: communauté urbaine de Toronto subdivisée en six municipalités, quatre autres régions ontariennes. Index par municipalités.   PN2305 O5 T4 1986   792.09713

3950

Ontario. Ministry of Citizenship and Culture. – *Theatre spaces : an inventory of performing arts facilities in Ontario = Structures pour théâtrales : annuaire d'installations théâtrales disponibles en Ontario.* – [Toronto] : Ontario Ministry of Citizenship and Culture, c1986. – 84 p. : ill., maps. – 0772910049

Directory of performance facilities available for regular use in Ontario, with information such as address and telephone number, type of space and rental arrangements. Five parts: Metropolitan Toronto subdivided into six municipalities, four other Ontario regions. Index by municipality.   PN2305 O5 T4 1986   792.09713

Répertoire des salles de spectacle disponibles pour une utilisation régulière en Ontario avec mention de l'adresse, le numéro de téléphone, le type de salle et la structure administrative de location. Cinq parties: communauté urbaine de Toronto subdivisée en six municipalités, quatre autres régions ontariennes. Index par municipalités.   PN2305 O5 T4 1986   792.09713

3951

Professional Association of Canadian Theatres. Communications Centre. – *The theatre listing : a directory of English-language Canadian theatres from coast to coast.* – Toronto : PACT Communications Centre, c1989-   . –   vol. – 1186-7795

Irregular. Directory of English-Canadian professional theatre companies, arranged by province. Each entry includes: address and telephone and fax numbers, brief description of company, activities, budget, facilities, repertoire, professional affiliations and list of personnel. Index of theatre companies. Directories of facilities and government agencies and other organizations.   PN2308.5 T45 792.0971

Irrégulier. Répertoire des compagnies théâtrales professionnelles canadiennes-anglaises inventoriées par provinces. Chaque notice comprend l'adresse, les numéros de téléphone et de télécopieur, une description sommaire de l'institution, ses activités, budget, installation, répertoire, affiliation professionnelle et la liste du personnel. Index des compagnies théâtrales. Répertoires des installations et des agences gouvernementales et d'autres organismes.   PN2308.5 T45 792.0971

3952

Le répertoire de théâtre franco-ontarien. – Brigitte Beaulne, rédaction. – [Ottawa] : Théâtre Action, c1988. – 63 p. : ill. – 0969154232

Description of ten French-language professional theatre companies in Ontario and the Outaouais region of Quebec. Each entry notes: address and telephone number, activities, repertoire, awards received, resource persons and funding agencies. Chronology of Franco-Ontarian theatre from 1965 to 1988. Chronology of Franco-Ontarian playwriting from 1972 to 1987. List of eleven plays published by Prise de parole. Directory of French-language professional, community and youth theatre companies, and of resource organizations, mainly in Ontario.   PN2305 O6 R46 1988   792.0891140713

Description d'une dizaine de compagnies théâtrales professionnelles franco-ontariennes et de l'Outaouais québécois. Chaque notice comprend: adresse, numéro de téléphone, activités, répertoire, prix reçus, liste des personnes-ressources et des organismes subventionneurs. Chronologie du théâtre franco-ontarien de 1965 à 1988. Chronologie de la dramaturgie franco-ontarienne de 1972 à 1987. Liste de onze pièces publiées par l'éditeur Prise de parole. Répertoire des compagnies francophones de théâtre professionnel, communautaire et jeunesse, et des organismes-ressources majoritairement de l'Ontario.   PN2305 O6 R46 1988   792.0891140713

Encyclopedias

Encyclopédies

3953

The Oxford companion to Canadian theatre. – Edited by Eugene Benson and L.W. Conolly. – Toronto : Oxford University Press, 1989. – xviii, 662 p. : ill., ports. – 0195406729

703 signed articles on theatre in Canada. Entries for people, institutions, genres, themes and approximately fifty major plays (National Arts Centre, Amerindian and Inuit theatre, archives and collections, Michel Tremblay, etc.). Arranged alphabetically. Index to names, themes and titles.   PN2301 O93 1989   792.0971

703 articles signés portant sur l'activité théâtrale au Canada et ses principaux intervenants. Classement alphabétique des noms, genres, sujets et titres d'une cinquantaine de pièces majeures (Centre national des arts, théâtre amérindien et inuit, archives et collections, Michel Tremblay, etc.). Un index: noms-thèmes-titres.   PN2301 O93 1989   792.0971

Handbooks

Guides

3954

Le théâtre au Canada. – Produit par le Programme des cultures et langues ancestrales en collaboration avec la Direction générale des communications. – [Ottawa] : Patrimoine canadien, [1993?]. – v, 43 p. – (Info-Arts). – 0662987490 – Sur la couv. : *Guide des ressources sur les arts.*

A guide for actors to theatre in Canada. Six parts: signed introduction, associations, developing professional skills, sources for funding, getting established, legal questions. Directory information and bibliographic references for pertinent sources. Also published in English under the title: *Theatre in Canada.*   PN2304   792.0971

Guide et références bibliographiques en rapport avec le théâtre au Canada. Six parties principales: introduction signée, associations, perfectionnement professionnel, sources de financement, solidification des assises et questions légales. Publié aussi en anglais sous le titre: *Theatre in Canada.*   PN2304   792.0971

3955

Theatre in Canada. – Produced by the Heritage Cultures and Languages Program in collaboration with the Communications Branch. – [Ottawa] : Canadian Heritage, [1993?]. – v, 41 p. – (ArtSource). – 0662211707 – On cover : *Resource guide to the arts.*

A guide for actors to theatre in Canada. Six parts: signed introduction, associations, developing professional skills, sources for funding, getting established, legal questions. Directory information and bibliographic references for pertinent sources. Also published in French under the title: *Le théâtre au Canada.*   PN2304   792.0971

Guide et références bibliographiques en rapport avec le théâtre au Canada. Six parties principales: introduction signée, associations, perfectionnement professionnel, sources de financement, solidification des assises et questions légales. Publié aussi en français sous le titre: *Le théâtre au Canada.*   PN2304   792.0971

History

Histoire

3956

Benson, Eugene. – *English-Canadian theatre.* – Eugene Benson & L.W. Conolly. – Toronto : Oxford University Press, 1987. – viii, 134 p. : ill. – (Perspectives on Canadian culture). – 0195405838

Bibliographical essay on English-Canadian theatre and the principal people and organizations involved. Arranged by historical period, subdivided by subject. Bibliography. Index of names, titles and subjects.   PN2301 B45 1987   792.0971

Essai bibliographique sur le théâtre au Canada anglais et ses principaux intéressés. Classement par périodes historiques subdivisées par sujets. Bibliographie. Un index: noms-titres-sujets.   PN2301 B45 1987 792.0971

3957

Contemporary Canadian theatre : new world visions : a collection of essays. – Prepared by the Canadian Theatre Critics Association/ Association des critiques de théâtre du Canada ; Anton Wagner, editor. – Toronto : Simon & Pierre, c1985. – 411 p. : ill., 1 map. – 0889241597

A collection of essays in English on all aspects of English- and French-Canadian theatre since the Second World War. Covers topics such as government policy, theatre in the provinces, radio and television drama, indigenous, multicultural and children's theatre, dance, opera and musical theatre, acting, directing, design and criticism. Biographical notes on contributors. Bibliography. Index of names, titles and subjects.   PN2304 C66 1985   792.0971

Collection d'essais en anglais sur tous les aspects du théâtre canadien-anglais et canadien-français depuis la Deuxième Guerre mondiale. Couvre des sujets comme la politique gouvernementale, le théâtre dans les provinces, les pièces pour la radio et la télévision, le théâtre autochtone, multiculturel ou pour enfants, la danse, l'opéra et les comédies musicales, le métier de comédien, la mise en scène, la scénographie et la critique. Notes biographiques sur les collaborateurs. Bibliographie. Index des noms, des titres et des sujets. PN2304 C66 1985   792.0971

3958

Laurence, Dan H. – *The Shaw Festival production record, 1962-1990.* – Compiled by Dan H. Laurence. – 2nd ed. corr. and enlarged. – [Guelph, Ont.] : University of Guelph Library, 1991. – iii, 203 p. – 0889552371

1st ed., 1990, *The Shaw Festival production record, 1962-1989.* Chronological listing of productions presented at the Shaw Festival (Niagara-on-the-Lake, Ont.) between 1962 and 1990. The description of each production includes: author and translator, places, dates and number of performances, actors and other people involved in the production. Four chronological lists: artistic directors, co-productions, the Shaw seminar, awards. Two title indexes: works by Shaw, works by other authors, authors and lyricists, composers and musicians, directors, designers, choreographers, actors. PN2306 N5 L38 1991   792.0971338

1re éd., 1990, *The Shaw Festival production record, 1962-1989.* Recension chronologique des productions présentées au Shaw Festival (Niagara-on-the-Lake, Ont.) entre 1962 et 1990. La description de chaque production comprend le nom de l'auteur et du traducteur, les lieux, les dates et le nombre de représentations, la liste des acteurs et des personnes impliquées à la production. Quatre listes chronologiques: directeurs artistiques, co-productions, le séminaire Shaw, prix. Index: oeuvres de Shaw, oeuvres d'autres auteurs, auteurs et paroliers, compositeurs et musiciens, réalisateurs, décorateurs, chorégraphes, acteurs.   PN2306 N5 L38 1991 792.0971338

3959

Somerset, J. Alan B. – ***The Stratford Festival story : a catalogue-index to the Stratford, Ontario, Festival, 1953-1990.*** – xxxvii, 316 p. : ill. – (Bibliographies and indexes in the performing arts ; no. 8). – 0313278040

Chronological listing of 636 productions presented by the Stratford Festival, Ontario, between 1953 and 1990. The description of each production includes place, dates and number of performances, lists of people involved in three types of activity (creation, production, acting), references for reviews and archival material available. Includes a brief history of the festival. Two indexes: titles and names. PN2306 S75 S66 1991   792.0971323

Recension chronologique de 636 productions présentées au Stratford Festival, Ontario, entre 1953 et 1990. La description de chaque production comprend le lieu, les dates et le nombre de représentations, la liste des personnes impliquées selon trois catégories professionnelles (création, production, acteurs), les notices bibliographiques des critiques et le matériel d'archives disponibles. Inclut un bref historique du festival. Deux index: titres, noms.   PN2306 S75 S66 1991 792.0971323

Indexes

Index

3960

Canadian theatre review index, 1974-1977 : CTR 1-16. – Downsview (Ont.) : CTR, York University, [1977?]. – 16 p.

Author index to articles which appeared in *Canadian theatre review*, January 1974-October 1977. Arranged in eight categories, such as plays and playwrights, critics, children's theatre, etc. Brief descriptions of subjects treated. Reproduced in microform format: Toronto : Micromedia, [198?], 1 microfiche. Indexed in the *Canadian periodical index*, 1977- .   PN2304   016.7920971

Index des auteurs des articles parus entre janv. 1974 et oct. 1977 dans *Canadian theatre review*. Classement en huit catégories telles que pièces de théâtre et dramaturges, critiques, théâtre pour enfant, etc. Comprend des courtes descriptions des sujets traités. Reproduit sur support microforme: Toronto : Micromedia, [198?], 1 microfiche. Indexé dans *Index de périodiques canadiens*, 1977- .   PN2304 016.7920971

Year Books

Annuaires

3961

Canada on stage. – A research project of Records of Canadian Theatre, University of Guelph. – (1974)- . – Toronto : PACT Communications Centre, Professional Association of Canadian Theatres, c1975- . –   vol. : ill. – 0380-9455

Annual. Editions for 1982-1986 in one volume; 1986-1988, in one volume. List of theatre productions put on by professional companies and experimental festivals in Canada. Arranged by province and territory subdivided by city and by theatre company. For each play, the following information is provided: members of production company and cast, performance dates and note if original Canadian work, Canadian première and/or world première. Also includes signed essays on the state of Canadian theatre. Imprint varies. Index of names and titles. Title varies: 1974, *Canadian theatre review yearbook*; 1975-1981/82, *Canada on stage : Canadian theatre review yearbook*. PN2012 C32 fol.   792.0971

Annuel. Les quatre éd. 1982-1986 en un seul volume; les deux éd. 1986-1988 en un seul volume. Recension des présentations théâtrales produites par les compagnies professionelles et les festivals expérimentaux du Canada. Classement par provinces et territoires subdivisés selon l'ordre alphabétique des villes et par compagnies théâtrales. Pour chaque pièce de théâtre, la liste des membres de la production et de la distribution, les dates de représentation et la mention si oeuvre originale canadienne, première canadienne et (ou) première mondiale sont mentionnées. Inclut aussi des essais signés sur la situation du théâtre canadien. Publié par différents éditeurs. Un index: noms-titres. Le titre varie: 1974, *Canadian theatre review yearbook*; 1975-1981/82, *Canada on stage : Canadian theatre review yearbook*.   PN2012 C32 fol.   792.0971

Humanities
Philosophy

Sciences humaines
Philosophie

3962

Beaudry, Jacques. – ***La philosophie & le Québec : des noms et des notes,*** *1.* – Sherbrooke (Québec): Éditions Ex Libris, c1988. – 204 p. – (Itinéraires intellectuels). – 2921061023 (vol. 1) – 0843-8501

81 bio-bibliographical entries for Quebec philosophers and on twentieth-century writers who influenced philosophy in Quebec. Listed alphabetically by name. Two indexes: names mentioned in entries, institutions. B981 B42 1989   191.0922

81 notices biobibliographiques de Québécois et d'écrivains du vingtième siécle qui ont influencé la philosophie au Québec. Recension alphabétique des noms. Deux index: noms cités dans les notices, organismes institutionnels. B981 B42 1989   191.0922

3963
Beaudry, Jacques. – *Philosophie et périodiques québécois : répertoire préliminaire, 1902-1982.* – Trois-Rivières [Québec] : Éditions Fragments, 1983. – v, 131 f. – (Les cahiers gris ; 2).

136 French-language serials devoted wholly or in part to philosophy, published between 1902 and 1983 in Quebec, and in two Ontario universities and one university in New Brunswick. Listed alphabetically by title. Description of each publication includes bibliographical information, names of the editorial team and of contributors and location in four Quebec libraries. Chronological list of serials. Name index. Z7127 B4 1983 fol. 016.191

136 publications en série de langue française, portant en tout ou en partie sur la philosophie, publiées entre 1902 et 1983 au Québec, dans deux universités ontariennes et une du Nouveau-Brunswick. Recension alphabétique des titres. La description de chaque publication comprend les informations bibliographiques, les noms des membres de la production et des collaborateurs et leur localisation parmi quatre bibliothèques québécoises. Liste chronologique des publications en série. Index des noms. Z7127 B4 1983 fol. 016.191

3964
Canadian philosophical reviews = Revue canadienne de comptes rendus en philosophie. – Vol. 1, no. 1 (Spring 1981)- . – Edmonton (Alta.) : Academic Printing & Publishing, c1981- . – vol. – 0228-491X

6 issues per year, 1981-1984. 10 issues per year, 1985-1986. 12 issues per year, 1987-1990. 6 issues per year, 1991- . Signed reviews of recent books on philosophy. Each review consists of a bibliographical reference and up to 1,000 words of text in English or French. The last issue of each year includes a cumulative index of reviews alphabetically arranged by name of author reviewed. Also indexed by: *Francis bulletin signalétique. 519 : philosophie*; *Philosopher's index*; *International philosophical bibliography = Répertoire bibliographique de la philosophie = Biliografisch repertorium van de wijsbegeerte.* B1 105

6 nos/an, 1981-1984. 10 nos/an, 1985-1986. 12 nos/an, 1987-1990. 6 nos/an, 1991- . Comptes rendus signés de livres récents portant sur la philosophie. Chaque compte rendu comprend la référence bibliographique et un texte en anglais ou en français de 1 000 mots au maximum. Le dernier numéro de chaque année comprend un index cumulatif des comptes rendus selon l'ordre alphébetique des auteurs recensés. Aussi indexé par: *Francis bulletin signalétique. 519 : philosophie*; *Philosopher's index*, *International philosophical bibliography = Répertoire bibliographique de la philosophie = Biliografisch repertorium van de wijsbegeerte.* B1 105

3965
Chabot, Marc. – *La pensée québécoise de 1900-1950 : bibliographie des textes parus dans les périodiques québécois.* – [Trois-Rivières, Québec] : Université du Québec à Trois-Rivières, c1975. – vi, 65 f. – (Recherches et théories).

766 articles on philosophy, published between 1900 and 1950 in fourteen Quebec serials. Arranged according to nine themes, including science, religion, the university, etc. No index. Z7127 016.191

766 articles portant sur la philosophie, publiées entre 1900 et 1950 dans quatorze publications en série québécoises. Classement selon neuf thèmes, notamment la science, la religion, l'université, etc. Aucun index. Z7127 016.191

3966
Directory of American philosophers. – (1962/63)- . – Bowling Green (O.) : Philosophy Documentation Center, Bowling Green State University, [1963] - . – vol. – 0070-508X

Biennial. A directory of philosophical activities in the United States and Canada. Includes information on philosophers, university departments, centres, institutes, societies, journals and publishers. Arranged by country and then type of organization. Separate list of philosophers with addresses. List of philosophers not currently teaching. Indexes of universities, centres and institutes, societies, journals, publishers. Imprint varies. B935 D5 fol. 100

Biennal. Répertoire des activités philosophiques aux États-Unis et au Canada. Comprend des renseignements sur des philosophes, des départements universitaires, des centres, des instituts, des sociétés, des revues et des éditeurs. Classement par pays et puis par genres d'organismes. Liste distincte des philosophes assortie des adresses. Liste des philosophes qui n'enseignent pas présentement. Index: universités, centres et instituts, sociétés, revues, éditeurs. L'adresse bibliographique varie. B935 D5 fol. 100

3967
Francis bulletin signalétique. 519 : philosophie. – Vandoeuvre-lès-Nancy [France] : Institut de l'information scientifique et technique (INIST), 1947- . – vol. – 1157-3694

Quarterly with annual cumulation of indexes. Bibliographical references and abstracts of articles on philosophy published in approximately 900 serials, of which approximately twenty are Canadian. Eleven principal sections, which include historical studies, general philosophy, metaphysics, aesthetics, epistemology, philosophy of the sciences, etc. Subject and author indexes. Title varies: 1947-1955, *Bulletin analytique : philosophie*; 1956-1960, *Bulletin signalétique : philosophie, sciences humaines*; 1961-1963, *Bulletin signalétique. 19 : sciences humaines, philosophie*; 1964, *Bulletin signalétique. 19-23 : sciences humaines, philosophie*; 1965-1967, *Bulletin signalétique. 19-24 : sciences humaines, philosophie*; 1968, *Bulletin signalétique. C (19-24) : sciences humaines*; 1969, *Bulletin signalétique. 519 : philosophie, sciences religieuses*; 1970-1990, *Bulletin signalétique. 519 : philosophie.* Available online from Questel: *Francis*. Period covered, 1972 to present. Available in CD-ROM format: *Francis CD-ROM*. Period covered, 1984- , updated annually. Z7127 F712 fol. 016.1

Trimestriel avec refonte annuelle des index. Références bibliographiques et résumés d'articles portant sur la philosophie parus dans environ 900 publications en série dont une vingtaine proviennent du Canada. Onze parties principales dont études historiques, philosophie générale, métaphysique, philosophie de l'art esthétique, épistémologie, philosophie des sciences, etc. Deux index: sujets, auteurs. Le titre varie: 1947-1955, *Bulletin analytique : philosophie*; 1956-1960, *Bulletin signalétique : philosophie, sciences humaines*; 1961-1963, *Bulletin signalétique. 19 : sciences humaines, philosophie*; 1964, *Bulletin signalétique. 19-23 : sciences humaines, philosophie*; 1965-1967, *Bulletin signalétique. 19-24 : sciences humaines, philosophie*; 1968, *Bulletin signalétique. C (19-24) : sciences humaines*; 1969, *Bulletin signalétique. 519 : philosophie, sciences religieuses*; 1970-1990, *Bulletin signalétique. 519 : philosophie.* Disponible en direct via le serveur Questel: *Francis*. Période couverte, 1972 à ce jour. Disponible sur support CD-ROM: *Francis CD-ROM*. Période couverte, 1984- , avec mise à jour annuelle. Z7127 F712 fol. 016.1

3968

Gagné, Armand. – *Répertoire des thèses des facultés ecclésiastiques de l'Université, 1935-1960.* – Québec : [s.n.], 1960. – iii, 19 f. – (Études et recherches bibliographiques ; n° 2).

129 doctoral theses presented in three faculties of Université Laval between 1935 and 1960. Arranged by discipline: theology, canon law and philosophy. Includes 60 theses written in English, 57 in French and six in Latin. Indexes: author, subject. Z5055 C39 L384 fol. 016.2302

129 thèses de doctorat présentées entre 1935 et 1960 dans trois facultés de l'Université Laval. Classement par disciplines: théologie, droit canonique et philosophie. Comprend 66 thèses rédigées en anglais, 57 en français et six en latin. Deux index: auteurs, sujets. Z5055 C39 L384 fol. 016.2302

3969

International philosophical bibliography = Répertoire bibliographique de la philosophie = Bibliografisch repertorium van de wijsbegeerte. – Tome 1, n° 1 (févr. 1949)-   . – Louvain-la-Neuve [Belgique] : Éditions de l'Institut Supérieur de philosophie, Université catholique de Louvain, 1949-   . –   vol. – 0034-4567

Index to articles on philosophy which appeared in more than 500 serials, of which approximately twenty are Canadian. Two main divisions: history of philosophy and philosophy. Issue number 4 in each year includes three indexes: review, name, titles of anonymous articles or articles with more than three authors. Includes an introduction in six languages: English, French, Dutch, German, Spanish and Italian. Title varies: 1949-1990, *Répertoire bibliographique de la philosophie*. Replaces: 1946-1948, *Revue philosophique de Louvain*. Z7127 R42 fol. 016.1

Index d'articles portant sur la philosophie, parus dans plus de 500 publications en série dont une vingtaine proviennent du Canada. Deux parties principales: histoire de la philosophie et philosophie. Le numéro 4 de chaque année inclut trois index: comptes rendus, onomastique, titres d'articles anonymes ou écrits par plus de trois auteurs. Comprend une introduction en six langues: anglais, français, néerlandais, allemand, espagnol et italien. Le titre varie: 1949-1990, *Répertoire bibliographique de la philosophie*. Remplace: 1946-1948, *Revue philosophique de Louvain*. Z7127 R42 fol. 016.1

3970

Langlois-Letendre, Nicole. – *Dialogue : Canadian philosophical review : index vol. I-X, 1962-1971 = Dialogue : revue canadienne de philosophie : index vol. I-X, 1962-1971.* – [Montreal : Canadian Philosophical Association, 1974?]. – 141 p. – 0012-2173

Index to articles which appeared in *Dialogue : Canadian philosophical review = Dialogue : revue canadienne de philosophie* between 1962 and 1971. Three parts: authors, authors reviewed, subjects. Also indexed by: *Francis bulletin signalétique. 519 : philosophie, Philosopher's Index*, and *International philosophical bibliography = Répertoire bibliographique de la philosophie = Bibliografisch repertorium van de wijsbegeerte.* B1   016.1

Index des articles parus dans *Dialogue : Canadian philosophical review = Dialogue : revue canadienne de philosophie* entre 1962 et 1971. Trois parties: auteurs, auteurs recensés, sujets. Aussi indexé par: *Francis bulletin signalétique. 519 : philosophie, Philosopher's Index*, et *International philosophical bibliography = Répertoire bibliographique de la philosophie = Bibliografisch repertorium van de wijsbegeerte.* B1   016.1

3971

Langlois-Letendre, Nicole. – *Dialogue : Canadian philosophical review : index vol. I-X, 1962-1971 = Dialogue : revue canadienne de philosophie : index vol. I-X, 1962-1971.* – [Montréal : Association canadienne de philosophie, 1974?]. – 141 p. – 0012-2173

Index to articles which appeared in *Dialogue : Canadian philosophical review = Dialogue : revue canadienne de philosophie* between 1962 and 1971. Three parts: authors, authors reviewed, subjects. Also indexed by: *Francis bulletin signalétique. 519 : philosophie, Philosopher's Index*, and *International philosophical bibliography = Répertoire bibliographique de la philosophie = Bibliografisch repertorium van de wijsbegeerte.* B1   016.1

Index des articles parus dans *Dialogue : Canadian philosophical review = Dialogue : revue canadienne de philosophie* entre 1962 et 1971. Trois parties: auteurs, auteurs recensés, sujets. Aussi indexé par: *Francis bulletin signalétique. 519 : philosophie, Philosopher's Index*, et *International philosophical bibliography = Répertoire bibliographique de la philosophie = Bibliografisch repertorium van de wijsbegeerte.* B1   016.1

3972

Laval théologique et philosophique : index volumes I-XX, 1945-1964. – Québec : Presses de l'Université Laval, [1967]. – 10, 127, 5, 18 p. – 0023-9054

Subject and author index of articles published in *Laval théologique et philosophique* between 1945 and 1964. Chronological list of articles. Also indexed in: *Point de repère.* BX802 L3 fol. 016.2302

Index sujets/auteurs des articles parus dans *Laval théologique et philosophique*, entre 1945 et 1964. Liste chronologique des articles. Aussi indexé par: *Point de repère.* BX802 L3 fol. 016.2302

3973

Mathien, Thomas. – *Bibliographie de la philosophie au Canada : une* [sic] *guide à [la] recherche = Bibliography of philosophy in Canada : a research guide.* – Kingston (Ont.) : Ronald P. Frye, c1989. – 157 p. – 0919741746

Bibliography of 1,110 publications on Canadian philosophy. Three parts: research techniques and instruments; secondary sources; English-Canadian philosophers before 1950. Includes monographs, periodical articles and theses. A few entries are briefly annotated, and some include references to reviews. List of Canadian periodicals with philosophical content. Two indexes: research instrument, subject. Z7129 C3 C38 1989 016.191

Bibliographie de 1 110 publications portant sur la philosophie canadienne. Trois parties: techniques et instruments de recherche; sources secondaires; et philosophes canadiens-anglais pré-1950. Comprend des monographies, articles de périodiques et thèses. Quelques notices sont brièvement annotées et certaines comportent les coordonnées d'un compte-rendu. Liste des périodiques canadiens d'intérêt philosophique. Deux index: instruments de recherche, sujets. Z7129 C3 C38 1989 016.191

3974

The philosopher's index : a retrospective to non-U.S. English language publications from 1940. – Bowling Green (O.) : Philosophy Documentation Center, Bowling Green State University, c1980. – 3 vol. (xiii, 1265 p.).

Index to approximately 12,000 articles in English on philosophy published between 1940 and 1966 in 72 non-U.S. serials, ten of which are Canadian. Also includes approximately 5,000 monographs on philosophy published in English between 1940 and 1978 outside of the United States. Two parts: subject and author indexes. Vol. 1, *Subject index, A-Louch*; vol. 2, *Subject index, Love-Z*; vol. 3, *Author index, A-Z*. Available online through Dialog: *Philosopher's index*. Period covered, 1940 to present. Available in CD-ROM format: *Dialog ondisc : philosopher's index*. Period covered, 1967-   , updated quarterly.   Z7127 P473 fol.   016.1

Index d'environ 12 000 articles en anglais portant sur la philosophie, parus entre 1940 et 1966 dans 72 publications en série autre qu'américaine dont dix proviennent du Canada. Inclut aussi environ 5 000 monographies en rapport avec la philosophie, publiées en anglais entre 1940 et 1978 hors des État-Unis. Deux parties: index sujets, et index des auteurs. Vol. 1, *Subject index, A-Louch*; vol. 2, *Subject index, Love-Z*; vol. 3, *Author index, A-Z*. Disponible en direct via le serveur Dialog: *Philosopher's index*. Période couverte, 1940 à ce jour. Disponible sur support CD-ROM: *Dialog ondisc : philosopher's index*. Période couverte, 1967-   , avec mise à jour trimestrielle. Z7127 P473 fol.   016.1

Humanities
Religion

Sciences humaines
Religion

Bibliographies and Catalogues

Bibliographies et catalogues

3975

Arndt, John. – ***Christianity in Canada : a bibliography of books and articles to 1985.*** – Waterloo (Ont.) : Library, Wilfrid Laurier University, 1987. – [iii], 195 p. : ill.

Bibliography of approximately 1,800 references on the history of the Christian church in Canada. Includes monographs, periodical articles, master's and doctoral theses. 28 parts: one chapter on general publications and 27 chapters on individual denominations arranged alphabetically. Subject index.   Z7757 C3 W54 1987 fol.   016.2771

Bibliographie de près de 1 800 références portant sur l'histoire des Églises chrétiennes au Canada. Comprend des monographies, articles de périodiques et thèses de maîtrise et de doctorat. 28 parties: un chapitre général et 27 confessions selon l'ordre alphabétique. Index sujets.   Z7757 C3 W54 1987 fol.   016.2771

3976

Boivin, Henri-Bernard. – ***Histoire des communautés religieuses au Québec : bibliographie.*** – Recherches : Henri-Bernard Boivin, Claire Jean, Réal Bosa ; rédaction : Céline Cardin, Sylvie Desroches. – Montréal : Ministère des Affaires culturelles, Bibliothèque nationale du Québec, 1984. – 157, [16] p. : ill. – 2551064570

Bibliography of 651 references (approximately half of which are briefly annotated) on religious communities active in Quebec and their missionary activity throughout the world. Contains books and pamphlets, published in Quebec or elsewhere, covering the period from the beginning of the colony to 1984. Religious communities listed alphabetically and subdivided as necessary by subject or by type of material. Includes some references in English. Two indexes: title-author (excluding religious communities), name-subject-place. Reproduced in microform format: *Microlog*, no. 85-02975. Z7839 B65 1984 fol.   016.255009714

Bibliographie de 651 références, dont environ la moitié sont brièvement annotées, portant sur les communautés religieuses actives au Québec et de leur rayonnement missionnaire dans le monde. Comprend des livres et des brochures, publiés ou non au Québec, couvrant la période du début de la colonie jusqu'à 1984. Classement selon l'ordre alphabétique des communautés religieuses qui le cas échéant se subdivisent par sujets ou catégories de documents. Inclut quelques références de langue anglaise. Deux index: titres-auteurs (excluant les communautés), noms-sujets-lieux. Reproduit sur support microforme: *Microlog*, n° 85-02975. Z7839 B65 1984 fol.   016.255009714

3977

Crysdale, Stewart. – ***La religion au Canada : bibliographie annotée des travaux en sciences humaines des religions (1945-1970) = Religion in Canada : annotated inventory of scientific studies of religion (1945-1972).*** – Stewart Crysdale, Jean-Paul Montminy ; avec la collaboration de Henrique Urbano, Les Wheatcroft. – Downsview (Ont.) : York University ; Québec : Presses de l'Université Laval, 1974. – viii, 189 p. – (Histoire et sociologie de la culture ; 8). – 0774666870

Bibliography of scientific studies of religion in Canada. Includes monographs, theses, and periodical articles. Two parts: studies in French and in English. Arranged by field such as anthropology, human geography, psychology, sociology, etc. Annotations. Bibliography of studies in progress. Two author indexes: French (with addresses), English.   Z7757 C3 C78   016.200971

Recension d'études scientifiques se rapportant à la religion au Canada. Comprend des monographies, des thèses et des articles de périodiques. Deux parties: études en français et en anglais. Classement par disciplines telles qu'anthropologie, géographie humaine, psychologie, sociologie, etc. Annotations. Bibliographie d'études en cours. Deux index des auteurs: français (avec leurs adresses), anglais.   Z7757 C3 C78   016.200971

3978

Drake, Paul Burton. – *Protestantism on the Prairies to 1977 : an annotated bibliography of historical and biographical publications.* – Edmonton : M.L.S. thesis, University of Alberta, 1978. – vii, 114 leaves.

Bibliography of 577 published works on the Protestant churches of Alberta, Manitoba and Saskatchewan up to 1977 and of Rupert's Land up to 1905. In four parts: historical monographs (with annotations), historical pamphlets, congregational histories, biographical materials. Location noted among 67 Canadian institutions and five American or British libraries. Bibliography. Subject index. Z7845 P93 D73 1978 fol.   016.284

Bibliographie de 577 ouvrages publiés portant sur les Églises protestantes de l'Alberta, du Manitoba et de la Saskatchewan jusqu'en 1977, et de la Terre de Rupert jusqu'en 1905. Présentation en quatre parties: monographies historiques (annotations); brochures historiques; histoires confessionnelles; biographies. Chaque référence bibliographique comprend les localisations parmi 67 institutions canadiennes et cinq bibliothèques américaines ou britanniques. Bibliographie. Index des sujets.   Z7845 P93 D73 1978 fol.   016.284

3979

Echlin, Kim. – *Bibliography of Canadian Indian mythology.* – [Downsview, Ont.? : s.n.], 1984. – 48 p. – Caption title.

Bibliography of sources on the mythology of Canada's Native peoples. Arranged under a general heading, and then by geographical area, subdivided by cultural group. Contains some references in French. Other ed.: Nortorf : Völkerkundliche Arbeitsgemeinschaft, 1988.   Z1209.2 C3 E23 1984   016.398208997071

Bibliographie de sources portant sur la mythologie des Autochtones du Canada. Classement sous un intitulé général et par aires géographiques qui se subdivisent par groupes culturels. Comprend quelques références de langue française. Autre éd.: Nortorf : Völkerkundliche Arbeitsgemeinschaft, 1988.   Z1209.2 C3 E23 1984   016.398208997071

3980

Études d'histoire religieuse. – Société canadienne d'histoire de l'Église catholique. – (1933/34)-   . – Ottawa : Éditions Historia Ecclesiae Catholicae Canadensis, [1933?]-   . – vol. – 1193-199X

Annual. Since 1964, has included a bibliography entitled: *A current bibliography of Canadian church history = Bibliographie récente de l'histoire de l'Église canadienne.* 1974, 1983, 1985 and 1987 issues do not include bibliography. Arranged by subject such as biography, religious practice and ecumenism. Includes books, periodical articles, theses, chapters of books and pamphlets. Title varies: 1964-1965, *Rapport*; 1966-1982, *Sessions d'étude*; 1983, *Sessions d'étude = Study sessions*; 1984-1989, *Sessions d'étude*. Also published in English under the title: *Historical studies.*   BX1419 S68   282.7105

Annuel. Depuis 1964 inclut une bibliographie intitulée: *A current bibliography of Canadian church history = Bibliographie récente de l'histoire de l'Église canadienne.* Les livraisons de 1974, 1983, 1985 et 1987 n'incluent pas de bibliographie. Classement par thèmes tels biographie, pratique religieuse et oecuménisme. Comprend des livres, articles de périodiques, thèses, chapitres de livres et brochures. Le titre varie: 1964-1965, *Rapport*; 1966-1982, *Sessions d'étude*; 1983, *Sessions d'étude = Study sessions*; 1984-1989, *Sessions d'étude*. Publié aussi en anglais sous le titre: *Historical studies.*   BX1419 S68   282.7105

3981

Gagnon, Claude-Marie. – *Les manuscrits et imprimés religieux au Québec, 1867-1960 : bibliographie.* – Québec : Institut supérieur des sciences humaines, Université Laval, c1981. – 145, [4] p. – (Cahiers de l'ISSH. Collection études sur le Québec ; 12).

1,268 bibliographical references, many of which are briefly annotated, to Quebec religious literature. Includes manuscripts of Quebec authors that are accessible to the public, monographs, pamphlets and circulars published in Quebec, excluding poems, novels and plays with religious content. Seven parts: reference works and general bibliographies; guides and specialized bibliographies; archival fonds with the exclusion of diocesan archives; periodicals; biographies and autobiographies; histories of religious communities and parishes; manuals of devotion and piety. Entry numbers in: Narcisse-Eutrope Dionne, *Inventaire chronologique des livres, brochures, journaux et revues publiés en langue française dans la province de Québec, depuis l'établissement de l'imprimerie au Canada, jusqu'à nos jours, 1764-1905*, noted for some works. Author index. List of publications of the Institut supérieur des sciences humaines, Université Laval.   Z7757 C3 G33 fol.   016.282714

1 268 références bibliographiques, dont plusieurs sont brièvement annotées, portant sur la littérature religieuse au Québec. Comprend les manuscrits d'auteurs québécois accessibles au public, les monographies, brochures et circulaires publiés au Québec à l'exclusion des poèmes, romans et pièces de théâtre d'inspiration religieuse. Sept parties: ouvrages de référence et bibliographies générales; guides et bibliographies spécialisées; fonds d'archives, à l'exclusion des archives diocésaines; périodiques; biographies et autobiographies; histoires des communautés religieuses et des paroisses; manuels de dévotion et de piété. Certaines références bibliographiques réfèrent au numéro de notice dans l'ouvrage de Narcisse-Eutrope Dionne, *Inventaire chronologique des livres, brochures, journaux et revues publiés en langue française dans la province de Québec, depuis l'établissement de l'imprimerie au Canada, jusqu'à nos jours, 1764-1905*. Index des auteurs. Liste des publications de l'Institut supérieur des sciences humaines, Université Laval.   Z7757 C3 G33 fol.   016.282714

3982

Historical studies. – Canadian Catholic Historical Association. – (1933/34)-   . – Ottawa : Historia Ecclesiae Catholicae Canadensis Publications, [1933?]-   . – vol. – 1193-1981

Annual. Since 1964, has included a bibliography entitled: *A current bibliography of Canadian church history = Bibliographie récente de l'histoire de l'Église canadienne.* 1974, 1983, 1985 and 1987 issues do not include bibliography. Arranged by subject such as biography, religious practice and ecumenism. Includes books, periodical articles, theses, chapters of books and pamphlets. Title varies: 1964-1965, *Report*; 1966-1982, *Study sessions*; 1983, *Sessions d'étude = Study sessions*; 1984-1986, *Canadian Catholic historical studies.* Also published in French under the title: *Études d'histoire religieuse.* BX1419 S692   282.7105

Annuel. Depuis 1964 inclut une bibliographie intitulée: *A current bibliography of Canadian church history = Bibliographie récente de l'histoire de l'Église canadienne.* Les livraisons de 1974, 1983, 1985 et 1987 n'incluent pas de bibliographie. Classement par thèmes tels biographie, pratique religieuse et oecuménisme. Comprend des livres, articles de périodiques, thèses, chapitres de livres et brochures. Le titre varie: 1964-1965, *Report*; 1966-1982, *Study sessions*; 1983, *Sessions d'étude = Study sessions*; 1984-1986, *Canadian Catholic historical studies.* Publié aussi en français sous le titre: *Études d'histoire religieuse.*   BX1419 S692   282.7105

3983

Marie de Sainte-Jeanne-de-Domremy, soeur, r.s.r. – *Bibliographie analytique des écrits publiés au Canada français de 1930 à 1960 sur la peinture religieuse.* – Québec : [s.n.], 1964. – vi, 254 f. (feuilles mobiles) : ill. – Thèse, diplôme, Université Laval, 1964.

Annotated bibliography of 760 works on religious painting, published in French Canada between 1930 and 1960. In three parts: general, Canadian, foreign, each of which is subdivided into three categories: monographs and pamphlets, periodical articles, newspaper articles. Two indexes: work-painter discussed, author-title-subject. Reproduced in microform format: *Les bibliographies du cours de bibliothéconomie de l'Université Laval, 1947-1966* (Montréal : Bibliothèque nationale du Québec, 1978-1980), no. 213, 3 microfiches. Z5933.2 016.704948

Bibliographie annotée de 760 ouvrages portant sur la peinture religieuse publiés au Canada français entre 1930 et 1960. Présentation en trois parties, généralités, canadienne et de l'étranger, qui se subdivisent en trois catégories: monographies ou brochures, articles de revues et articles de journaux. Deux index: oeuvres-peintres cités, auteurs-titres-sujets. Reproduit sur support microforme: *Les bibliographies du cours de bibliothéconomie de l'Université Laval, 1947-1966* (Montréal : Bibliothèque nationale du Québec, 1978-1980), nᵒ 213, 3 microfiches. Z5933.2 016.704948

3984

Religion and society in North America : an annotated bibliography. – Robert deV. Brunkow, editor. – Santa Barbara (Calif.) : American Bibliographical Center - Clio Press ; Oxford : European Bibliographical Center - Clio Press, c1983. – xi, 515 p. – (Clio bibliography series ; no. 12). – 0874360420

4,304 bibliographical references and abstracts (for the most part signed) for periodical articles published between 1973 and 1980 on the religious history of the United States and Canada since the seventeenth century. Arranged under 21 themes. Includes some French-language material. Two indexes: subject-geographical, author. Two lists: periodicals, abstracters. Extracted from: *America : history and life*, vol. 11 (1974)-vol. 18 (1981). Z7831 R44 1983 fol. 016.200973

4 304 références bibliographiques et résumés majoritairement signés, d'articles de périodiques parus principalement entre 1973 et 1980 en rapport avec l'histoire religieuse des États-Unis et du Canada depuis le dix-septième siècle. Classement selon 21 thèmes. Inclut des documents de langue française. Deux index: sujets-géographique, auteurs. Deux listes: périodiques, analystes. Extrait de: *America : history and life*, vol. 11 (1974)-vol. 18 (1981). Z7831 R44 1983 fol. 016.200973

3985

Répertoire bibliographique en histoire religieuse du Canada [online] = *Bibliography of religious history in Canada.* – Ottawa : Saint Paul University, Research Services, forthcoming.

Bibliography on religions and aspects of religious life in Canada. Excludes material on genealogy, cemeteries, archives and general works on Canadian history. Of the 40,000 entries on index cards, 12,500 will be available in machine-readable format in 1995 or 1996 through the *multiLIS* library database at Saint Paul University. Z7757 016.2771

Bibliographie en rapport avec les religions et autres dimensions de l'expression du religieux au Canada. Exclut les sujets liés à la généalogie, aux cimetières, aux archives et les manuels d'histoire générale du Canada. Des 40 000 notices déjà existantes sur fiches, 12 500 seront disponibles sur support ordinolingue en 1995 ou 1996 via le logiciel de bibliothèque *multiLIS* à l'Université Saint-Paul. Z7757 016.2771

3986

Répertoire bibliographique en histoire religieuse du Canada [fichier d'ordinateur] = *Bibliography of religious history in Canada.* – Ottawa : Université Saint-Paul, Service de recherche, à paraître.

Bibliography on religions and aspects of religious life in Canada. Excludes material on genealogy, cemeteries, archives and general works on Canadian history. Of the 40,000 entries on index cards, 12,500 will be available in machine-readable format in 1995 or 1996 through the *multiLIS* library database at Saint Paul University. Z7757 016.2771

Bibliographie en rapport avec les religions et autres dimensions de l'expression du religieux au Canada. Exclut les sujets liés à la généalogie, aux cimetières, aux archives et les manuels d'histoire générale du Canada. Des 40 000 notices déjà existantes sur fiches, 12 500 seront disponibles sur support ordinolingue en 1995 ou 1996 via le logiciel de bibliothèque *multiLIS* à l'Université Saint-Paul. Z7757 016.2771

3987

Schawb, Robert. – *The Church in Northern Canada : a bibliography.* – Yellowknife : Prince of Wales Northern Heritage Centre, Government of the Northwest Territories, c1982. – 33 p. – (Sources for Northwest Territories history ; 2).

Annotated bibliography of 242 works on the Church in Northern Canada. Includes monographs and pamphlets. Some French-language materials included. Z1392 N7 S68 1981 fol. 016.27719

Bibliographie annotée de 242 ouvrages en rapport avec l'Église dans le Nord canadien. Comprend des monographies et des brochures. Inclut des documents de langue française. Z1392 N7 S68 1981 fol. 016.27719

Biographies

Biographies

3988

Pierce, Lorne. – ***The chronicle of a century, 1829-1929 : the record of one hundred years of progress in the publishing concerns of the*** ***Methodist, Presbyterian and Congregational Churches in Canada.*** **–** Edited by Lorne Pierce. – Toronto : United Church Publishing House, Ryerson Press, [1929]. – xvi, 271 p.

Biographical entries for editors and managers of Canadian publishing houses that published religious literature between 1829 and 1929. Four parts: Methodist Church, Presbyterian Church, Congregational churches, United Church of Canada. Many of the entries are signed and completed by bibliographical references. BV2369 P47   070.594

Notices biographiques des rédacteurs et gestionnaires de maisons d'édition canadiennes publiant de la littérature religieuse entre 1829 et 1929. Quatre parties: Église méthodiste, Église presbytérienne, Églises congrégationalistes et Église unie du Canada. Plusieurs notices sont signées et des références bibliographiques les complètent.   BV2369 P47   070.594

3989

People and religion in North America : summaries of biographical articles in history journals. – Pamela R. Byrne and Susan K. Kinnell, editors. – Santa Barbara (Calif.) : ABC-CLIO, c1988. – ix, 168 p. – (People in history series). – 0874365422

264 summaries of biographical articles on people involved in the religious life of the United States and Canada. Arranged alphabetically. Subject and author indexes. List of periodicals. BL2525 P46 1988   291.0922

264 résumés d'articles biographiques de personnes impliquées dans la vie religieuses aux États-Unis et au Canada. Classement alphabétique. Deux index: sujets, auteurs. Liste des périodiques. BL2525 P46 1988   291.0922

Directories

Répertoires

3990

Association of Theological Schools in the United States and Canada. – ***Directory.*** – Pittsburgh (Pa.) : the Association, [1974?]-   . –   vol. – (Bulletin 39 ; part 4). – 0062-1472 – Cover title.

Annual. Directory of educational institutions which are members of the Association of Theological Schools in the United States and Canada. Divided into three categories: accredited, candidates for accreditation, associate. Description of each institution contains address, names of persons in authority, denomination, number of students, statistical data on library resources, degrees awarded. Two indexes by country: denomination, geographical. Directory of affiliated organizations and of associations with ties to at least three members of the Association. Continues: 1968-1971/72, *Directory of theological schools* (Dayton, O. : American Association of Theological Schools in the United States and Canada, [1968-1972]). BV4025 A6422   200.71173

Annuel. Répertoire des institutions d'enseignement membres de Association of Theological Schools in the United States and Canada. Classement en trois catégories: accréditées, candidates à l'accréditation et associées. La description de chaque institution comprend l'adresse, les noms des personnes en autorité, le lien confessionnel, le nombre d'étudiants, les ressources de la bibliothèque sous forme statistique et les diplômes décernés. Deux index par pays: confessions, géographique. Répertoire des organisations affiliées et des associations ayant un lien avec au moins trois membres de l'Association. Fait suite à: 1968-1971/72, *Directory of theological schools* (Dayton, O. : American Association of Theological Schools in the United States and Canada, [1968-1972]).   BV4025 A6422   200.71173

3991

Christian resource directory. – Christian Info. – (1991)-   . – Vancouver : Christian Info (Vancouver-Lower Mainland) Society, c1990-   . – vol. : ill., maps. – 0846-3905

Irregular. Directory of British Columbia churches and of related organizations and services. Arranged by category such as churches, denominational offices, ethnic churches, schools, chaplains, etc. Entries include address, telephone number and, as necessary, name of resource person, affiliation, and brief description of activities. Two indexes: church, institution. Replaces: *The 1989 Christian info resource directory.*   BR575 B7 C455   280.025711

Irrégulier. Répertoire des églises de la Colombie-Britannique, des organisations et services qui s'y rattachent. Classement par catégories telles que les églises, les sièges sociaux, les églises ethniques, les écoles, les aumoniers, etc. Chaque notice comprend l'adresse et le numéro de téléphone avec le cas échéant le nom d'une personne-ressource, l'affiliation et une brève description de leurs activités. Deux index: églises, organismes. Remplace: *The 1989 Christian info resource directory.*   BR575 B7 C455   280.025711

3992

Directory of departments and programs of religious studies in North America. – Macon (Ga.) : Council of Societies for the Study of Religion, c1973-   . –   vol. : ill. – 0932180205 (pa.) 0932180213 (bd.)

Irregular, 1973-1985. Annual, 1987-   . Directory of post-secondary religious studies programmes offered in North American educational institutions, of which nearly 40 are Canadian universities. Arranged by country and alphabetically. Entries include: address and telephone number of institution, type of institution, number of degrees conferred, profile of the student population, prerequisites, description of programmes of study, academic system, libraries and services available, financial assistance offered, list of faculty members with highest degree obtained, name of awarding institution and year,

Irrégulier, 1973-1985. Annuel, 1987-   . Répertoire des programmes d'étude post-secondaires en religion offerts dans les institutions d'enseignement nord-américaines, dont près de 40 de niveau universitaire sont canadiennes. Classement par pays et alphabétiquement. Les notices comprennent l'adresse, le numéro de téléphone et le type d'institution, le nombre de diplômes octroyés, un profil de la population étudiante, les pré-requis, la description des programmes d'étude, le système académique, les bibliothèques et services accessibles, l'aide financière possible complété de la liste des professeurs avec

academic rank and specialization. Appendices: lists of American and Canadian institutions; theology schools; members of the Council on Graduate Studies in Religion. Two geographical indexes: United States and Canada. Index of faculty members. Title varies: 1973, *A directory of religious studies programs : departments of religion in North America*. Imprint varies. BL41 C68 200.71173

mention du diplôme le plus élevé, l'institution émettrice et l'année d'obtention, l'année d'engagement, leurs statut et spécialités. Appendices: listes des institutions américaines et canadiennes; écoles de théologie; membres du Council on Graduate Studies in Religion. Deux index géographiques: États-Unis, Canada. Index des professeurs. Le titre varie: 1973, *A directory of religious studies programs : departments of religion in North America*. Publié par différents éditeurs. BL41 C68 200.71173

3993

Directory of faculty of departments and programs of religious studies in North America. – Macon (Ga.) : Council of Societies for the Study of Religion, c1988-   . –   vol. : ill. – 0932180191

Irregular: 1988, 1992. Alphabetical directory of teaching faculty in post-secondary religious studies programmes offered by educational institutions in North America. Some 50 of these are Canadian universities. Each entry contains biographical information, address, degrees with awarding institution and date, publications, awards received, professional affiliations, career history, specialization and other activities. Two lists of institutions: American states, Canada. Two lists of faculty: American states, Canada. List of professors arranged by field of specialization. Replaces: *A directory of systematic theologians in North America* (Chattanooga (Tenn.) : Published by the Council of the Study of Religion in cooperation with the University of Tennessee at Chattanooga, c1977). BL41 200.71173

Irrégulier: 1988, 1992. Répertoire alphabétique des professeurs de programmes post-secondaires en religion offerts dans les institutions d'enseignement nord-américaines, dont une cinquantaine de niveau universitaire sont canadiennes. Chaque notice comprend les informations biographiques, l'adresse, les diplômes avec l'institution émettrice et l'année, leurs publications, les prix reçus, les affiliations professionnelles, leur cheminement de carrière, leurs spécialités et autres activités. Deux listes des institutions: états américains, Canada. Deux listes des professeurs: états américains, Canada. Liste des professeurs classés par spécialités. Remplace: *A directory of systematic theologians in North America* (Chattanooga (Tenn.) : Published by the Council of the Study of Religion in cooperation with the University of Tennessee at Chattanooga, c1977). BL41 200.71173

3994

Dorsch, Audrey. – ***Canadian Christian publishing : a freelancers' guide to Canadian Christian markets.*** – 2nd ed. – [North York, Ont.] : Exchange Publishing, c1994. – 104 p. – 0969606117

1st ed., 1992. Directory of Canadian Christian publications that accept advertising and contributions from external sources. Two parts: 160 serials, fourteen publishers of monographs. Serial entries include: address, telephone and fax numbers, affiliation, name of editor in chief, frequency, format, circulation, distribution, purpose, audience, submission criteria, type of material accepted, subjects and specific needs. Publisher entries note address, telephone and fax numbers, name of acquisitions editor, number of religious books published per year, percentage of hard and soft cover books, type of publishing, material published, audience, submission criteria, subjects and specific needs. Seven indexes: outside advertising, language other than English, specialised audience, newsletter, type of material, subject, affiliation. BV2369.5 C3 D67 1994 070.502571

1re éd, 1992. Répertoire des publications canadiennes d'obédience chrétienne qui acceptent les publicités et collaborations extérieures à leur production. Deux parties: 160 publications en série, quatorze maisons d'édition de monographies. La description de chaque publication en série comprend l'adresse, les numéros de téléphone et de télécopieur, l'affiliation, le nom du rédacteur en chef, la périodicité, le format, le tirage, la diffusion, l'objectif, l'auditoire, les critères de collaboration, le type de matériel, les sujets et besoins spécifiques. La description de chaque maison d'édition comprend l'adresse, les numéros de téléphone et de télécopieur, l'affiliation, le nom de l'acquéreur, nombre de livres religieux publiés par an, le pourcentage des reliures rigides et souples, la répartition des subsides, le type de matériel, l'auditoire, les critères de collaboration, les sujets et besoins spécifiques. Sept index: publicités extérieures, langues autres que l'anglais, auditoires spécialisés, bulletins, types de matériel, sujets, affiliations. BV2369.5 C3 D67 1994 070.502571

3995

Guide to schools and departments of religion and seminaries in the United States and Canada : degree programs in religious studies. – Compiled by Modoc Press, Inc. – New York : Macmillan Publishing Co. ; London : Collier Macmillan Publishers, c1987. – xiii, 609 p. – 0029216508

Directory of post-secondary religious studies programmes offered by North American educational institutions, more than 40 of which are Canadian universities. Arranged by country, then state or province. Entries contain: address, telephone number and general description of institution, denominational affiliation, accreditation, academic system, profile of student body, number of degrees conferred, prerequisites, tuition fees, financial aid, description of housing, libraries, services, religious activities and programmes of study. Two indexes: denomination, institution. BV4030 G85 1987 fol. 200.71173

Description sommaire des programmes d'étude postsecondaires en religion offerts dans les institutions d'enseignement nord-américaines, dont plus de 40 de niveau universitaire sont canadiennes. Classement par pays subdivisés par états ou provinces. Chaque notice comprend l'adresse, le numéro de téléphone et une description générale de l'institution, liens confessionnels, accréditation, système académique, profil de la population étudiante, nombre de diplômes octroyés, pré-requis, frais de scolarité, aide financière, résidence, bibliothèque, services et activités religieuses possibles, complété de la description de programmes d'étude. Deux index: confessions, institutions. BV4030 G85 1987 fol. 200.71173

3996

Laverdière, Lucien. – *Guide de recherche et de documentation missionnaire.* – Ottawa (Ont.) : Conseil National Missionnaire, [1984?]. – 156 p.

Describes collections relating to missionary activity, developing countries and international co-operation held by French-speaking organizations in Canada. Arranged by category such as universities, religious communities, audio-visual material, etc. Description of each organization includes address, telephone number, brief history, goals, general and specialized content of material. Three indexes to missionary activity by country. Name index. Bibliography.
BV2185   266

Description sommaire des collections portant sur l'activité missionnaire, les pays du Tiers-Monde et la coopération internationale conservées par des organismes du Canada français. Classement par catégories telles qu'universités, communautés religieuses, sources audiovisuelles, etc. La description de chaque organisme comprend l'adresse, le numéro de téléphone, une brève présentation historique et de leurs objectifs, le contenu global et les champs de spécialisation de la documentation. Trois index de la présence missionnaire par pays. Un index onomastique. Bibliographie.   BV2185   266

3997

Nouvel âge... nouvelles croyances : répertoire de 25 nouveaux groupes spirituels/religieux. – Sous la direction du Centre d'information sur les nouvelles religions (CINR). – Montréal : Éditions Paulines ; Paris : Médiaspaul, c1989. – 256 p. – 289039655X

Description of 25 religious and spiritual groups recently introduced to Quebec. Arranged alphabetically. Entries contain: official name of group, history, teaching and doctrine, cult and practices, organization, growth and methods of recruitment, bibliography. Introduced by analytical essays. Glossary. Bibliography. Four indexes: name; group; journal-periodical-publishing house-medium; technique.
BV900 N68 1989   291.9

Description de 25 groupes religieux et spirituels nouvellement implantés au Québec. Classement alphabétique. Les notices comprennent: nom officiel du groupe, historique, enseignement et doctrine, culte et pratiques, organisation, moyens de diffusion, bibliographie. Inclut aussi des textes analytiques en introduction. Glossaire. Bibliographie. Quatre index: onomastique; groupes; revues, périodiques, maisons d'édition, média; techniques.
BV900 N68 1989   291.9

3998

Thériault, Michel. – *Les instituts de vie consacrée au Canada depuis les débuts de la Nouvelle-France jusqu'à aujourd'hui : notes historiques et références = The institutes of consecrated life in Canada from the beginning of New France up to the present : historical notes and references.* – Ottawa : National Library of Canada, 1980. – 295 p. : col. ill. – 0660504537

History of 448 institutes of consecrated life, of churches currently or formerly active in Canada, institutes with ties to Canada and institutes proposed by Canadians which were never created. Arranged by denomination: Catholic Church (421); Orthodox churches in Canada (5); Anglican Church of Canada (12); and others (10). Description of each institute contains the most recent conventional name in French and in English, an alpha-numerical code, date and place of foundation, name of founder, historical details, year and place of establishment in Canada, list of other forms of name and initials. Annotated bibliography of ten essential reference works. Includes definitions of specialized terms and theological aspects of the consecrated life. Notes on persons or institutions that have not been fully described, with supplementary bibliographical references. Four indexes: institutes, founders and associates, institutes founded in Canada or by Canadians outside Canada, Canadian founders and associates. French and English indexes of canonical terms.
BX2527 T48 fol.   255.00971

Description historique de 448 instituts de vie consacrée, d'Églises actuellement présentes au Canada ou qui le furent, d'instituts ayant des liens avec le Canada et ceux projetés par des Canadiens mais qui n'ont jamais vu le jour. Classement par catégories: Église catholique (421); Églises orthodoxes au Canada (5); Église épiscopale au Canada (12); et divers (10). La description de chaque institut comprend le nom conventionnel le plus récent en français et en anglais, un code alpha-numérique, l'année et le lieu de fondation, le nom du fondateur, des détails historiques, le lieu et l'année d'implantation au Canada, la liste des autres formes de nom et les initiales. Bibliographie annotée de dix ouvrages généraux de base. Inclut aussi la définition des termes spécialisés et éléments théologiques appropriés à la vie consacrée. Notes sur des personnes ou des instituts n'ayant pas fait l'objet d'une description complète avec références bibliographiques complémentaires. Quatre index: instituts, fondateurs et collaborateurs, instituts fondés au Canada ou à l'étranger par des Canadiens, fondateurs et collaborateurs canadiens. Deux index des termes canoniques: français, anglais.   BX2527 T48 fol.   255.00971

3999

Thériault, Michel. – *Les instituts de vie consacrée au Canada depuis les débuts de la Nouvelle-France jusqu'à aujourd'hui : notes historiques et références = The institutes of consecrated life in Canada from the beginning of New France up to the present : historical notes and references.* – Ottawa : Bibliothèque nationale du Canada, 1980. – 295 p. : ill. en coul. – 0660504537

History of 448 institutes of consecrated life, of churches currently or formerly active in Canada, institutes with ties to Canada and institutes proposed by Canadians which were never created. Arranged by denomination: Catholic Church (421); Orthodox churches in Canada (5); Anglican Church of Canada (12); and others (10). Description of each institute contains the most recent conventional name in French and in English, an alpha-numerical code, date and place of foundation, name of founder, historical details, year and place of establishment in Canada, list of other forms of name and initials. Annotated bibliography of ten essential reference works. Includes definitions of specialized terms and theological aspects of the consecrated life. Notes on persons or institutions that have not been fully described, with supplementary bibliographical references. Four indexes: institutes, founders and associates, institutes founded in Canada or by Canadians outside Canada, Canadian founders

Description historique de 448 instituts de vie consacrée, d'Églises actuellement présentes au Canada ou qui le furent, d'instituts ayant des liens avec le Canada et ceux projetés par des Canadiens mais qui n'ont jamais vu le jour. Classement par catégories: Église catholique (421); Églises orthodoxes au Canada (5); Église épiscopale au Canada (12); et divers (10). La description de chaque institut comprend le nom conventionnel le plus récent en français et en anglais, un code alpha-numérique, l'année et le lieu de fondation, le nom du fondateur, des détails historiques, le lieu et l'année d'implantation au Canada, la liste des autres formes de nom et les initiales. Bibliographie annotée de dix ouvrages généraux de base. Inclut aussi la définition des termes spécialisés et éléments théologiques appropriés à la vie consacrée. Notes sur des personnes ou des instituts n'ayant pas fait l'objet d'une description complète avec références bibliographiques complémentaires. Quatre index: instituts, fondateurs et collaborateurs,

and associates. French and English indexes of canonical terms.
BX2527 T48 fol.   255.00971

instituts fondés au Canada ou à l'étranger par des Canadiens,
fondateurs et collaborateurs canadiens. Deux index des termes
canoniques: français, anglais.   BX2527 T48 fol.   255.00971

4000

Who's who in religion. – 4th ed. – (1992/1993). – Wilmette (Ill.) : Marquis Who's Who, c1992. – xvi, 580 p. – 0837916046

1st ed., 1975/76. 2nd ed., 1977. 3rd ed., 1985. More than 15,600
biographical entries for clergy, religious leaders, professors and lay
persons of various religions throughout the world. Arranged alphabetically. Each entry provides the individual's professional title,
religion, chronology of religious activities and achievements,
address, etc.   BL72 W628 1992 fol.   200.922

1re éd., 1975/76. 2e éd., 1977. 3e éd., 1985. Plus de 15 600 notices
biographiques du clergé, des leaders religieux, des professeurs et des
laïcs liés aux diverses confessions présentes à travers le monde.
Classement alphabétique. Chaque notice comprend le titre professionnel, la confession, la chronologie des activités religieuses et des
réalisations, l'adresse, etc.   BL72 W628 1992 fol.   200.922

4001

Yearbook of American and Canadian churches. – Prepared and edited in the Education, Communication, and Discipleship Unit of the
National Council of the Churches of Christ in the U.S.A. – (1973)-   . – Nashville (Tenn.) : Abingdon Press, c1973   . –   vol. : tables, graphics. – 0195-9034

Annual. Directory of religious institutions and related organizations
in Canada and the United States, arranged by category such as:
religious bodies, theological seminaries, bible schools, periodicals
etc. Entries provide: brief description of institution or organization,
address, telephone and fax numbers with the names of resource persons. Financial and demographic statistics on religious practice in
North America. Signed articles. List of archival repositories.
Calendar of holy days to be observed over the next four years by the
Christian, Jewish and Muslim faiths. Two indexes: organizations,
individuals. Continues: 1916-1972, *Yearbook of American churches.*
BR513 Y38 277.05

Annuel. Répertoire des institutions religieuses et des organisations
ayant un lien avec la religion au Canada et aux États-Unis.
Classement par catégories telles qu'institutions religieuses, séminaires théologiques et écoles bibliques, périodiques, etc. Les notices
comprennent: une présentation de l'organisme, l'adresse, les
numéros de téléphone et de télécopieur, les noms de personnes-
ressources. Statistiques financières et démographiques liées à la pratique religieuse en Amérique du Nord. Articles signés. Liste des
dépôts d'archives. Calendrier des observances pour les quatre
prochaines années selon les Églises chrétienne, juive et musulmane.
Deux index: organismes, individus. Fait suite à: 1916-1972, *Yearbook
of American churches.* BR513 Y38   277.05

Encyclopedias

Encyclopédies

4002

Piepkorn, Arthur Carl. – *Profiles in belief : the religious bodies of the United States and Canada.* – New York : Harper & Row, c1977-c1979. –
4 vol. in 3 (xix, 324 ; xx, 721 ; xvii, 262 ; xviii, 191 p.). – 0060665807 (vol. 1) 0060665823 (vol. 2) 0060665815 (vol. 3-4)

Profiles of churches active in North America. Arranged by denomination. Vol. 1, *Roman Catholic, Old Catholic, Eastern Orthodox*; vol.
2, *Protestant denominations*; vol. 3, *Holiness and Pentecostal*; vol. 4,
Evangelical, fundamentalist, and other Christian bodies. Entries
include history, beliefs, religious practices, statistics, address of headquarters. Each section contains a bibliography. Name-subject index
to each volume.   BR510 P53 1977   200.973

Description des Églises présentes en Amérique du Nord. Classement
par confessions. Vol. 1, *Roman Catholic, Old Catholic, Eastern
Orthodox*; vol. 2, *Protestant denominations*; vol. 3, *Holiness and
Pentecostal*; vol. 4, *Evangelical, fundamentalist, and other Christian
bodies.* Pour chaque Église, son histoire, ses croyances, ses pratiques,
des statistiques et l'adresse du siège central sont colligées. Une bibliographie complète chaque partie. Index noms-sujets pour chaque
volume.   BR510 P53 1977   200.973

History

Histoire

4003

The Canadian Protestant experience, 1760 to 1990. – G.A. Rawlyk, editor. – Burlington (Ont.) : Welch Publishing, c1990. – 252 p. –
1550111426

History of the Protestant experience in Canada. In five parts: 1760-
1815, 1815-1867, 1867-1914, 1914-1945, since 1945. Each part is
completed by a bibliographical essay. Name-subject index.
BR570 C36 1990   280.40971

Description historique de l'expérience protestante au Canada.
Présentation en cinq parties: 1760-1815, 1815-1867, 1867-1914,
1914-1945, depuis 1945. Chaque partie est complétée d'un essai bibliographique. Un index: noms-sujets.   BR570 C36 1990   280.40971
volume.   BR510 P53 1977   200.973

4004

Out of our hearts : churches of Newfoundland and Labrador. – Edited by Gerald E. Benson. – St. John's : Good News Publications, 1992. –
iii, 245 p. : ill. – 0969648200

180 historical sketches of churches established in Newfoundland and
Labrador. Nine denominations arranged alphabetically. Each entry is
illustrated by a photograph. Includes introductions to each denomination and to the Canadian Bible Society in Newfoundland and
Labrador. Geographical index.   BR575 N5 C48 1992   280.09718

180 notices historiques des églises établies à Terre-Neuve et au
Labrador. Classement selon l'ordre alphabétique des neuf confessions.
Chaque notice est illustrée d'une photographie. Inclut des textes de
présentation de chaque confession et de Canadian Bible Society in
Newfoundland and Labrador. Index géographique.   BR575 N5 C48
1992   280.09718

Indexes

Index

4005

Francis bulletin signalétique. 527 : histoire et sciences des religions. – Vandoeuvre-lès-Nancy [France] : Institut de l'information scientifique et technique (INIST), 1947-   . –   vol. – 1157-3775

Quarterly with indexes cumulated annually. Bibliographic references and abstracts for articles on religion published in some 600 serials, fifteen of which are Canadian. Nine principal sections: religious studies, religions in Antiquity, Israel, Christianity, exegesis and biblical criticism, Islam, African religions, religions of America, the Arctic and Oceania, and religions of Asia. Subject index to each section. Index of authors. Available online through Questel: *Francis*, period covered, 1972 to date. Available on CD-ROM: *Francis CD-ROM*, period covered, 1984-   , with annual updates.

Title varies: 1947-1955, *Bulletin analytique : philosophie*; 1956-1960, *Bulletin signalétique : philosophie, sciences humaines*; 1961-1963, *Bulletin signalétique. 19 : sciences humaines, philosophie*; 1964, *Bulletin signalétique. 19-23 : sciences humaines, philosophie*; 1965-1967, *Bulletin signalétique. 19-24 : sciences humaines, philosophie*; 1968, *Bulletin signalétique. C (19-24) : sciences humaines*; 1969, *Bulletin signalétique. 519 : philosophie, sciences religieuses*; 1970-1978, *Bulletin signalétique. 527 : sciences religieuses*; 1979-1990, *Bulletin signalétique. 527 : histoire et sciences des religions.*   Z7751 B85 fol. 016.2

Trimestriel avec refonte annuelle des index. Références bibliographiques et résumés d'articles portant sur les religions parus dans environ 600 publications en série dont une quinzaine proviennent du Canada. Neuf parties principales: science des religions, religions de l'Antiquité, Israël, Christianisme, Exégèse et critique biblique, Islam, religions d'Afrique, religions d'Amérique, d'Arctique et d'Océanie, et religions d'Asie. Chaque partie comporte un index des sujets. Index des auteurs. Disponible en direct via le serveur Questel: *Francis*, période couverte, 1972 à ce jour. Disponible sur support CD-ROM: *Francis CD-ROM*, période couverte, 1984-   , avec mises à jour annuelles.

Le titre varie: 1947-1955, *Bulletin analytique : philosophie*; 1956-1960, *Bulletin signalétique : philosophie, sciences humaines*; 1961-1963, *Bulletin signalétique. 19 : sciences humaines, philosophie*; 1964, *Bulletin signalétique. 19-23 : sciences humaines, philosophie*; 1965-1967, *Bulletin signalétique. 19-24 : sciences humaines, philosophie*; 1968, *Bulletin signalétique. C (19-24) : sciences humaines*; 1969, *Bulletin signalétique. 519 : philosophie, sciences religieuses*; 1970-1978, *Bulletin signalétique. 527 : sciences religieuses*; 1979-1990, *Bulletin signalétique. 527 : histoire et sciences des religions.*   Z7751 B85 fol. 016.2

4006

Laval théologique et philosophique : index volumes I-XX, 1945-1964. – Québec : Presses de l'Université Laval, [1967]. – 10, 127, 5, 18 p. – 0023-9054

Subject and author index of articles published in *Laval théologique et philosophique* between 1945 and 1964. Chronological list of articles. Also indexed in: *Point de repère.*   BX802 L3 fol.   016.2

Index sujets/auteurs des articles parus dans *Laval théologique et philosophique*, entre 1945 et 1964. Liste chronologique des articles. Aussi indexé par: *Point de repère.*   BX802 L3 fol.   016.2

4007

Religion index one : periodicals : a subject index to periodical literature, an author/editor index and a scripture index. – (1949)-   . – Chicago (Ill.) : American Theological Library Association, 1953-   .   vol. – 0149-8428

Biannual, of which the second volume is an annual cumulation. Index of articles on religion published in more than 500 serials, some twenty of which are Canadian. Three parts: subjects; authors and editors; Scripture. Title varies: 1949/52-1975/76, *Index to religious periodical literature*, with variants in subtitle. Available online through Dialog, Ovid Technologies and Wilsonline: *Religion index*, period covered, 1949-1959, 1975 to date. Available in CD-ROM format: *Religion indexes* (New York : H.W. Wilson, 1989-   ) with annual updates. Period covered, 1975 to date. Reproduced in microform format: *Religion indexes* (Chicago, Ill. : American Theological Library Association, 1981-1984)   microfiches. Z7753 A52 fol.   016.2

Semestriel dont le deuxième numéro constitue une refonte annuelle. Index d'articles portant sur les religions parus dans plus de 500 publications en série dont une vingtaine proviennent du Canada. Trois parties: sujets; auteurs et rédacteurs; Écritures Saintes. Le titre varie: 1949/52-1975/76, *Index to religious periodical literature*, dont le sous-titre comporte des variantes. Disponible en direct via les serveurs, Dialog, Ovid Technologies et Wilsonline: *Religion index*, période couverte, 1949-1959, 1975 Disponible sur support CD-ROM: *Religion indexes* (New York : H.W. Wilson, 1989-   ) avec mises à jour annuelles. Période couverte, 1975 à ce jour. Reproduit sur support microforme: *Religion indexes* (Chicago, Ill. : American Theological Library Association, 1981-1984)   microfiches. Z7753 A52 fol.   016.2

4008

Religious and theological abstracts. – Vol. 1 (Mar. 1958)-   . – Myerstown (Pa.) : Religious and Theological Abstracts, 1958-   .   vol. – 0034-4044

Quarterly. Bibliographic references and signed abstracts for articles on theology and religious studies published in more than 300 serials, approximately ten of which are published in Canada. Four principal parts: biblical studies, theology, history and practice. Fourth issue of each year includes a list of abstracters and an index to Holy Scripture. Each issue contains cumulative subject and author indexes to previous issues in a given year. Available in CD-ROM format and on microfiche.   BR1 R286 fol.   016.2

Trimestriel. Références bibliographiques et résumés signés d'articles portant sur la théologie et les religions parus dans plus de 300 publications en série, dont une dizaine proviennent du Canada. Quatre parties principales: biblique, théologique, historique et pratique. Le nᵒ 4 de chaque année inclut une liste des analystes et un index des Saintes Écritures. Chaque numéro comprend deux index cumulatifs pour les précédents numéros de l'année en cours: sujets, auteurs. Disponible sur support CD-ROM et sur microfiche.   BR1 R286 fol. 016.2

Theses

Thèses

4009

Gagné, Armand. – *Répertoire des thèses des facultés ecclésiastiques de l'Université Laval, 1935-1960.* – Québec : [s.n.], 1960. – iii, 19 f. – (Études et recherches bibliographiques ; n° 2).

129 doctoral theses presented in three faculties of Université Laval between 1935 and 1960. Arranged by discipline: theology, canon law and philosophy. Includes 60 theses written in English, 57 in French and six in Latin. Indexes: author, subject.   Z5055 C39 L384 fol. 016.2302

129 thèses de doctorat présentées entre 1935 et 1960 dans trois facultés de l'Université Laval. Classement par disciplines: théologie, droit canonique et philosophie. Comprend 66 thèses rédigées en anglais, 57 en français et six en latin. Deux index: auteurs, sujets. Z5055 C39 L384 fol.   016.2302

4010

University of St. Michael's College. Library. – *USMC theses, 1963-1993.* – Compiled by Evelyn Collins. – Toronto : Reference Department, Kelly Library, St. Michael's College, [1992]-   . – 1 vol. (various pagings). – Cover title.

Annual. List of master's and doctoral theses presented to the Faculty of Theology of University of St. Michael's College, held by the John M. Kelly Library. Arranged by degree awarded. Each entry contains bibliographical information with note that the item is on microfiche, name of director of doctoral theses, call number, subject headings and keywords. Title varies: 1992, *USMC theses in the John M. Kelly Library, 1963 to 1991.* Replaces: Gardner, H. B., c.s.b., McGrath, M., *Ph.D. theses 1968-1985; Th.D. theses & D.Min. theses 1979-1985; M.A. theses 1963-1985, M.Th. theses 1971-1985* [Toronto: the Library, 1985-1986], 3 vol.   Z5055   016.2302

Annuel. Recension des thèses de maîtrise et de doctorat présentées à la Faculty of Theology, University of St. Michael's College et déposées à la John M. Kelly Library. Présentation selon les diplômes conferrés. Chaque notice comprend les informations bibliographiques avec la mention du support microfiche, le nom du directeur pour les thèses de doctorat, la cote topographique, les vedettes-matière et mots clés. Le titre varie: 1992, *USMC theses in the John M. Kelly Library, 1963 to 1991.* Remplace: Gardner, H. B., c.s.b., McGrath, M., *Ph.D. theses 1968-1985; Th.D. theses & D.Min. theses 1979-1985; M.A. theses 1963-1985, M.Th. theses 1971-1985* [Toronto : the Library, 1985-1986], 3 vol.   Z5055   016.2302

Anglican Church

Église épiscopale

4011

Anglican Church of Canada. – *Anglican Church directory.* – (1892)-   . – Toronto : Anglican Book Centre, 1892-   . –   vol. : ill., coats of arms. – 1193-9737

Annual. 1918 issue not published. Directory of clergy and organizations with ties to the Anglican Church of Canada. In two parts: by category such as General Synod, religious communities, colleges and universities, etc.; dioceses and parishes. Each entry contains address, telephone and fax numbers, names of ecclesiastical authorities and resource persons, brief description of institution and statistics. Directories of bishops and clergy. Indexes: municipality, advertiser. Imprint varies. Title varies: 1892-1917, *Year book and clergy list of the Church of England in the Dominion of Canada*; 1919-1955, *The year book of the Church of England in the Dominion of Canada*; 1956-1959, *The year book and clergy list of the Anglican Church of Canada*; 1960-1964, *The year book of the Anglican Church of Canada*; 1965-1992, *Anglican year book.*   BX5605 Y42   283.71

Annuel. La livraison de 1918 n'a pas été publiée. Répertoire du clergé et des organismes liés à l'Église épiscopale du Canada. Deux parties: par catégories telles que Synode général, communautés religieuses, universités et collèges, etc.; diocèses et paroisses. Chaque notice comprend l'adresse et les numéros de téléphone et de télécopieur, noms des autorités ecclésiastiques et des personnes-ressources, présentation succinte de l'institution et statistiques. Répertoires des évêques et du clergé. Index: municipalités, annonceurs publicitaires. Publié par différents éditeurs. Le titre varie: 1892-1917, *Year book and clergy list of the Church of England in the Dominion of Canada*; 1919-1955, *The year book of the Church of England in the Dominion of Canada*; 1956-1959, *The year book and clergy list of the Anglican Church of Canada*; 1960-1964, *The year book of the Anglican Church of Canada*; 1965-1992, *Anglican year book.*   BX5605 Y42   283.71

4012

Anglican Church of Canada. Diocese of British Columbia. – *Inventory of the archival records of the Anglican diocese of British Columbia.* – [S.l. : s.n.], 1986. – ca. 150 p.

Inventory of archival records of the Diocese of British Columbia of the Anglican Church of Canada, founded in 1859. In five parts: diocese, bishopric, organizations, deaneries and parishes, defunct bodies. Description of each fonds includes a brief historical or biographical introduction, type of material, inclusive dates, extent, cross-references, conditions of access, finding aids, and list of series with dates and accession numbers. Glossary.   Z883 A56 1986 fol. 016.283711

Inventaire des fonds d'archives du Diocèse de la Colombie-Britannique de l'Église épiscopale du Canada fondé en 1859. Cinq parties: diocèse, épiscopat, organismes, doyennés et paroisses, agences non opérationnelles. La description de chaque fonds d'archives comprend une succinte présentation historique ou biographique, le type de matériel, les années extrêmes, l'envergure, des renvois, des notes sur les conditions d'accès et les instruments de recherche avec la liste des séries dont les années et numéros d'accession précis sont colligés. Glossaire.   Z883 A56 1986 fol.   016.283711

4013

Bibliography of printed books relating to the history of the Anglican Church of Canada. – [Toronto : s.n., 1963?]. – 11 leaves. – Caption title.

Bibliography of 117 books on the history of the Anglican Church of Canada, published between 1827 and 1963. Arranged according to four ecclesiastical provinces. Z7845 A5 C3 fol. 016.28371

Bibliographie de 117 livres en rapport avec l'histoire de l'Église épiscopale du Canada parues entre 1827 et 1963. Présentation en quatre provinces ecclésiastiques. Z7845 A5 C3 fol. 016.28371

4014

Carrington, Philip, Abp. – ***The Anglican Church in Canada : a history.*** – Toronto : Collins, 1963. – 320 p., 4 p. of plates : ill., maps, ports.

History of the Anglican Church in Canada, chronologically arranged. Appendices: obituaries and chronologies. Bibliography. Name-subject index. BX5610 C5 283.71

Description historique de l'expérience de l'Église épiscopale du Canada. Présentation chronologique. Appendices: calendrier nécrologique et chronologies. Bibliographie. Un index: onomastique-sujets. BX5610 C5 283.71

4015

Crockford's clerical directory. – London : Published for the Church Commissioners for England and the Central Board of Finance of the Church of England by Church House Publishing, [1858]- . – vol. : ill., map.

Irregular, 1858-1980/82. Biennial, 1985/86- . Biographical entries for clergy, with directory of institutions of the Church of England, the Church in Wales, the Scottish Episcopal Church and the Church of Ireland. Arranged by category. From 1858 to 1980/82, includes Canadian dioceses. List of titles and forms of address. List of bishops arranged by diocese. Obituaries. Imprint varies. Title varies: 1858, *The clerical directory.* Subtitle varies. BX5031 C8 fol. 283.42

Irrégulier, 1858-1980/82. Biennial, 1985/86- . Notices biographiques des membres du clergé, et répertoire des institutions liées à Church of England, Church in Wales, Scottish Episcopal Church, et Church of Ireland. Classement par catégories. De 1858 à 1980/82, inclut les diocèses canadiens. Liste des titres et formules de politesse. Liste des évêques par diocèses. Nécrologie. Publié par différents éditeurs. Le titre varie: 1858, *The clerical directory.* Le sous-titre varie. BX5031 C8 fol. 283.42

4016

Eaton, Arthur Wentworth Hamilton. – ***The Church of England in Nova Scotia and the Tory clergy of the revolution.*** – New York : Thomas Whittaker, 1891. – xiv, 320 p.

Biographies of Nova Scotia clergy and laity integrated with a narrative history of the Anglican Church in Canada. Name-subject index. Reproduced in microform format: *CIHM/ICMH microfiche series,* no. 090167. BX5611 N8 E2 283.716

Notices biographiques du clergé et de laïcs néo-écossais intégrées au récit historique de l'Église épiscopale du Canada. Un index: onomastique-sujets. Reproduit sur support microforme: *CIHM/ICMH collection de microfiches,* n° 090167. BX5611 N8 E2 283.716

4017

Guide to the holdings of the archives of the Ecclesiastical Province of British Columbia and Yukon. – By the archivists of the Ecclesiastical Province of British Columbia and Yukon. – Toronto : Anglican Church of Canada, General Synod Archives, 1993. – viii, 343 p. : maps. – (Records of the Anglican Church of Canada ; no. 3). – 096972070X

Description of 430 fonds related to the Ecclesiastical Province of British Columbia and Yukon, Anglican Church of Canada. In eight parts: ecclesiastical province, dioceses of British Columbia, Caledonia, Cariboo, Kootenay, New Westminster and the Yukon, and the Vancouver School of Theology. Each part is introduced by a brief description of the archival repository, categories of material held and conditions of access. Fonds entries include inclusive dates, extent, historical or biographical notes, type and contents of material, location of microfilmed copies and cross-references. Directory of nine repositories. Glossary. 30 biographies of eminent persons. Name and geographical indexes. CD3649 B7 G85 1993 016.283711

Description de 430 fonds d'archives en rapport avec la province ecclésiastique de Colombie-Britannique et du Yukon de l'Église épiscopale du Canada. Huit parties: province ecclésiastique, diocèses de Colombie-Britannique, de Caledonia, de Cariboo, de Kootenay, de New Westminster et du Yukon, et Vancouver School of Theology. Une courte présentation du dépôt d'archives, des catégories de documents et des conditions d'accès sont mentionnés en introduction de chaque partie. La description de chaque fonds comprend les années extrêmes, l'envergure, des notes historiques ou biographiques, le type et le contenu du matériel, la localisation des copies microfilmées et des renvois. Répertoire de neuf dépôts d'archives. Glossaire. 30 notices biographiques de personnages éminents. Deux index: noms, géographique. CD3649 B7 G85 1993 016.283711

4018

Guide to the holdings of the archives of the Ecclesiastical Province of Ontario. – By the archivists of the Ecclesiastical Province of Ontario. – Agincourt (Ont.) : Generation Press, 1990. – vi, 367 p. : maps. – (Records of the Anglican Church of Canada ; no. 2). – 0920830935

Description of 1,711 fonds related to the Ecclesiastical Province of Ontario of the Anglican Church of Canada. In ten parts: the province, seven dioceses and two colleges. Each part is introduced by a brief history and a description of the types of materials held and conditions of access. Fonds entries include title, inclusive dates, extent, type of material and notes. Glossary. 56 biographies of eminent persons. Name and geographical indexes. CD3649 O5 G84 1990 016.283713

Description de 1 711 fonds d'archives en rapport avec la province ecclésiastique de l'Ontario de l'Église épiscopale du Canada. Dix parties: la province, sept diocèses et deux collèges. Un court historique et une brève présentation des catégories de documents et des conditions d'accès au dépôt d'archives sont mentionnés en introduction de chaque partie. La description de chaque fonds comprend le titre, les années extrêmes, l'envergure, le type de matériel et des notes. Glossaire. 56 notices biographiques de personnages éminents. Deux index: noms, géographique. CD3649 O5 G84 1990 016.283713

4019

Heeney, William Bertal. – *Leaders of the Canadian church.* – Toronto : Musson Book Co., c1918. – [xxxi], 319 p. : ports.

Signed biographical entries for ten bishops of the Anglican Church of Canada, consecrated between 1787 and 1902. Arranged in order of consecration.   BX5619 H4   283.710922

Notices biographiques signées de dix évêques de l'Église épiscopale du Canada consacrés entre 1787 et 1902. Classement selon l'ordre de consécration.   BX5619 H4   283.710922

4020

Heeney, William Bertal. – *Leaders of the Canadian church : second series.* – Toronto : Musson Book Co., c1920. – xiii, 299 p. : port.

Fourteen signed biographies of clerics who worked in the Anglican Church of Canada. Arranged chronologically.   BX5619 H41 283.710922

Quatorze notices biographiques signées du clergé ayant exercé pour l'Église épiscopale du Canada. Classement chronologique. BX5619 H41   283.710922

4021

Heeney, William Bertal. – *Leaders of the Canadian church : third series.* – Toronto : The Ryerson Press, c1943. – xv, 191 p.

Ten signed biographical entries for clerics who worked in the Anglican Church of Canada. Arranged in rough chronological order. BX5619 H42   283.710922

Dix notices biographiques signées du clergé ayant exercé pour l'Église épiscopale du Canada. Classement selon un ordre chronologique plus ou moins respecté.   BX5619 H42   283.710922

4022

Lee, G. Herbert [George Herbert]. – *An historical sketch of the first fifty years of the Church of England in the province of New Brunswick (1783-1833).* – Saint John : Sun Publishing Co., 1880. – 141, [4] p.

Biographical entries for New Brunswick clergy of the Anglican Church of Canada, 1783-1880. Arranged by municipality. Chronological list of clergy, 1783-1890. Three chronological lists of dioceses: British Empire, United States, British North America. Reproduced in microform format: *CIHM/ICMH microfiche series,* no. 08668.   BX5611 N38 L44 1880   283.71510922

Notices biographiques du clergé néo-brunswickois lié à l'Église épiscopale du Canada entre 1783 et 1880. Classement par municipalités. Liste chronologique du clergé, 1783-1890. Trois listes chronologiques de diocèses: l'empire colonial anglais, les États-Unis, l'Amérique du Nord britannique. Reproduit sur support microforme: *CIHM/ICMH collection de microfiches,* nº 08668.   BX5611 N38 L44 1880 283.71510922

4023

MacDonald, Wilma. – *Guide to the holdings of the archives of the Ecclesiastical Province and dioceses of Rupert's Land.* – Winnipeg : St. John's College Press, 1986. – vi, 208 p. – (Records of the Anglican Church of Canada ; no. 1). – 0920291015 – Cover title : *Guide to the holdings of the archives of Rupert's Land.*

Description of 1,078 archival series related to one ecclesiastical province and ten dioceses of the Anglican Church of Canada since 1820. In eleven parts: Province of Rupert's Land, Athabasca, Brandon, Calgary, Edmonton, Keewatin, MacKenzie, Qu'Appelle, Rupert's Land, Saskatchewan, Saskatoon. Introduction to each part notes history, categories of material with relevant years, location, finding aids and conditions of access. Series descriptions include identification number, inclusive dates, extent, type of material and associated names. Directory of twelve repositories. 71 biographies of clergy. Name and geographical indexes.   CD3649 R96 M33 1986 016.283712

Description de 1 078 séries d'archives en rapport avec une province ecclésiastique et dix diocèses de l'Église épiscopale du Canada depuis 1820. Onze parties: province de Rupert's Land, Athabasca, Brandon, Calgary, Edmonton, Keewatin, MacKenzie, Qu'Appelle, Terre de Rupert, Saskatchewan, Saskatoon. Chaque partie fait l'objet d'une introduction portant sur l'historique, les catégories de documents avec les années pertinentes, la localisation, les instruments de recherche et les conditions d'accès. La description de chaque série comprend le numéro spécifique, les années extrêmes, l'envergure, le type de matériel et les noms associés. Répertoire des douze dépôts d'archives. 71 notices biographiques du clergé. Deux index: onomastique, géographique.   CD3649 R96 M33 1986   016.283712

4024

Mockridge, Charles H. [Charles Henry]. – *The bishops of the Church of England in Canada and Newfoundland : being an illustrated historical sketch of the Church of England in Canada, as traced through her episcopate.* – Toronto : F.N.W. Brown, [1896]. – xi, 380 p., [46] p. of plates : ill., ports.

Biographies of the 47 bishops of the Anglican Church of Canada consecrated between 1787 and 1896. Arranged in order of consecration. Table of contents arranged by diocese. Reproduced in microform format: *CIHM/ICMH microfiche series,* no. 09298. Another ed.: London : Church Bells ; Toronto : F.N.W. Brown, 1896. Reproduced in microform format: *CIHM/ICMH microfiche series,* no. 00296. BX5619 M7   283.710922

Notices biographiques des 47 évêques de l'Église épiscopale du Canada consacrés entre 1787 et 1896. Classement selon l'ordre de consécration. Table des matières classées par diocèses. Reproduit sur support microforme: *CIHM/ICMH collection de microfiches,* nº 09298. Autre éd. disponible: London : Church Bells ; Toronto : F.N.W. Brown, 1896. Reproduit sur support microforme: *CIHM/ICMH collection de microfiches,* nº 00296.   BX5619 M7   283.710922

4025

Rowley, Owsley Robert. – *The Anglican episcopate of Canada and Newfoundland.* – Milwaukee (Wis.) : Morehouse Publishing Co. ; London : A.R. Mowbray & Co., c1928. – xx, 280 p. : ill., ports., tables.

Biographies of 86 bishops of the Anglican Church of Canada consecrated between 1787 and 1927. In two parts: Canada and Newfoundland. Arranged in order of consecration. Entries include: dates, events, places and names, official signature and postal address. Two chronological tables of the episcopate, by date of consecration and by diocese. Alphabetical list of the dioceses in Canada and abroad where the bishops were ordained as deacons or priests. Three chronological lists: consecrations, transfers of dioceses, resignations. Table of consecrations abroad in which bishops of the Anglican Church of Canada participated. Biographies and reasons for refusal of eleven candidates elected to the episcopate who then declined the call. Statistics for the 29 dioceses. Index: bishop-chapter heading. Two supplements. Replaces: *The house of bishops : portraits of the living archbishops and bishops of the Church of England in Canada, in order of consecration, with short historical notes concerning them and their dioceses, together with the portraits of the Lord Archbishop of Canterbury, the Lord Bishop of London and the first colonial bishop* (Montreal : Morton, Phillips & Co., 1907). BX5619 R6 fol. 283.710922

Notices biographiques des 86 évêques de l'Église épiscopale du Canada consacrés entre 1787 et 1927. Présentation en deux parties: Canada et Terre-Neuve. Classement selon l'ordre de consécration. Chaque notice comprend les dates, faits, lieux et noms appropriés, signature officielle et adresse postale. Deux tables chronologique de l'épiscopat: par dates de consécrations, par diocèses. Liste alphabétique des diocèses au Canada et à l'étranger où les évêques ont été ordonnés diacre ou prêtre. Trois listes chronologiques: consécrations, transferts de diocèses, résignations. Tableau des consécrations à l'étranger auxquelles les évêques de l'Église épiscopale du Canada ont participé. Notices biographiques et raisons invoquées des onze candidats élus au siège épiscopal, mais qui ont décliné l'invitation. Comprend des statistiques pour les 29 diocèses. Un index: évêques-en-têtes de chapitres. Deux suppléments. Remplace: *The house of bishops : portraits of the living archbishops and bishops of the Church of England in Canada, in order of consecration, with short historical notes concerning them and their dioceses, together with the portraits of the Lord Archbishop of Canterbury, the Lord Bishop of London and the first colonial bishop* (Montreal : Morton, Phillips & Co., 1907). BX5619 R6 fol. 283.710922

4026

Kelley, A. R. [Arthur Reading]. – *The Anglican episcopate of Canada. Volume II.* – A. R. Kelley and D. B. Rogers. – Toronto : Anglican Church of Canada, 1961. – 203, [2] p. : ill., ports., tables.

First supplement. In two parts: supplement to vol. I (1787-1927) and bishops of the Anglican Church of Canada (1928-1960). Two cumulative chronological tables of the 153 bishops: by diocese and by date of consecration. Cumulative chronological list of transfers of dioceses. Chronological list of resignations (1930-1960). Includes statistics for the 31 dioceses. Cumulative index: bishop-diocese. BX5619 R62 283.710922

Premier supplément. Présentation en deux parties: supplément au vol. I (1787-1927) et évêques de l'Église épiscopale du Canada (1928-1960). Deux tables chronologiques cumulatives des 153 évêques: par diocèses, par dates de consécration. Liste chronologique cumulative des transferts de diocèses. Liste chronologique des résignations (1930-1960). Comprend des statistiques pour les 31 diocèses. Un index cumulatif: évêques-diocèses. BX5619 R62 283.710922

4027

Carter, David J. – *The Anglican episcopate in Canada : volume III.* – Edited by David J. Carter and John W. Carter. – Toronto : Anglican Book Centre, c1977. – 115 p. : ill., ports., tables. – 0919030203

Second supplement. Two parts: supplement to vol. II (1928-1960) and bishops of the Anglican Church of Canada (1961-1975). Two cumulative chronological tables of the 196 bishops: by diocese and by date of consecration. Chronological list of resignations (1962-1975). Index of bishops (vol. II-III) and dioceses (vol. I-III). BX5619 R63 283.710922

Deuxième supplément. Deux parties: supplément au vol. II (1928-1960) et évêques de l'Église épiscopale du Canada (1961-1975). Deux tables chronologiques cumulatives des 196 évêques: par diocèses, par dates de consécration. Liste chronologique des résignations (1962-1975). Un index: évêques (vol. II-III)-diocèses (vol. I-III). BX5619 R63 283.710922

Baptist Church

Église baptiste

4028

Acadia University. Library. – *A catalogue of the Maritime Baptist historical collection in the Library of Acadia University.* – Compiled under the sponsorship of the Library and the Committee on Historical Records of the United Baptist Convention of the Maritime Provinces of Canada. – Kentville (N.S.) : Kentville Pub. Co., 1955. – 41 p.

Bibliography on the Baptist Church in Canada. Arranged by category, such as minutes and year books, biographies, theses, etc., subdivided by province when necessary. Author index. Z883 A25 M3 016.286

Bibliographie en rapport avec l'Église baptiste du Canada. Classement par catégories telles que procès-verbaux et annuaires, biographies, thèses, etc. qui le cas échéant se subdivisent par provinces. Index des auteurs. Z883 A25 M3 016.286

4029

Baptist Convention of Ontario and Quebec. – *BCOQ directory.* – (1857)-   . – [Toronto : the Convention], 1856-   . – vol. (loose-leaf) : tables. – 0849-3103 – Cover title.

Annual. Directory of churches, clergy and organizations of the Baptist Convention of Ontario and Quebec. Arranged by category. Entries for churches include: year of foundation, geographical affiliation, address and telephone number, name and year of arrival of the incumbent minister. Entries for ministers provide: degrees and names of granting institutions, address and telephone numbers, year of ordination and present position. From year to year, may include statistics, minutes of the annual meeting and acts of incorporation. Reproduced in microform format: 1857-1968/69, Toronto : Recordak, [s.d.], 16 reels of microfilm; 1877, 1883-1887, *CIHM/ICMH microfiche series*, no. A01085; 1888-1894/95, 1896/97-1897/98, 1899/1900, *CIHM/ICMH microfiche series*, no. A00224; 1900, *CIHM/ICMH microfiche series*, no. 14195.

    Title varies: 1857-1873, *The Canadian Baptist register*; 1874-1876, *The Baptist register for Ontario and Quebec*; 1877-1878, *The Baptist year book for Ontario and Quebec*; 1879-1885, *The Baptist year book for Ontario, Quebec and Manitoba*; 1886-1899/1900, *The Baptist year book for Ontario, Quebec, Manitoba and the North-West Territories*; 1900-1906, *The Baptist yearbook for Ontario, Quebec, Manitoba and the North-West Territories and British Columbia*; 1907-1941/42, *Baptist year book for Ontario and Quebec and Western Canada*; 1942/43-1947/48, *Year book of the Baptist Convention of Ontario and Quebec*; 1948/49-1987/88, *Yearbook*; 1989, *Directory*. Imprint varies. BX6213 B47   286.1713

Annuel. Répertoire des églises, du clergé et des organisations liés à la Convention baptiste de l'Ontario et du Québec. Classement par catégories. Pour chaque église, l'année de fondation, l'association géographique, l'adresse et le numéro de téléphone, le nom et l'année d'arrivée du pasteur en fonction sont inscrits. Pour chaque ministre, les diplômes et l'institution émettrice, l'adresse et les numéros de téléphone, l'année d'ordination et la présente fonction sont colligés. Inclut parfois selon les années, des statistiques, le procès-verbal de l'assemblée annuelle et les actes constitutifs. Reproduit sur support microforme: 1857-1968/69, Toronto : Recordak, [s.d.], 16 bobines de microfilm; 1877, 1883-1887, *CIHM/ICMH collection de microfiches*, n° A01085; 1888-1894/95, 1896/97-1897/98, 1899/1900, *CIHM/ICMH collection de microfiches*, n° A00224; 1900, *CIHM/ICMH collection de microfiches*, n° 14195.

    Le titre varie: 1857-1873, *The Canadian Baptist register*; 1874-1876, *The Baptist register for Ontario and Quebec*; 1877-1878, *The Baptist year book for Ontario and Quebec*; 1879-1885, *The Baptist year book for Ontario, Quebec and Manitoba*; 1886-1899/1900, *The Baptist year book for Ontario, Quebec, Manitoba and the North-West Territories*; 1900-1906, *The Baptist year book for Ontario, Quebec, Manitoba and the North-West Territories and British Columbia*; 1907-1941/42, *Baptist year book for Ontario and Quebec and Western Canada*; 1942/43-1947/48, *Year book of the Baptist Convention of Ontario and Quebec*; 1948/49-1987/88, *Yearbook*; 1989, *Directory*. Publié par différents éditeurs.   BX6213 B47   286.1713

4030

Baptist Union of Western Canada. – *Yearbook.* – (1907)-   . – Calgary : the Union, [1907?]-   . – vol. : ports., tables. – 0067-4087

Annual. Acts of incorporation, minutes, reports, budgets, statistics and directory of members of the Baptist Union of Western Canada. Directory in three parts: organizations, churches and clergy. For each church, year of foundation, address and telephone number, name and year of arrival of the incumbent minister, name and telephone number of administrator are provided. For each minister, year of ordination, degrees and name of granting institutions, present position, address and telephone numbers are provided. List of presidents since 1884, of general secretaries 1907 to 1967, and of executive ministers since 1967.

    Title varies: 1907-1908, *Year book of the Baptist Convention of Western Canada*; 1909-1910, *Year book of the Baptist Union of Western Canada*. Reproduced in microform format: 1907-1968/69, Toronto : Recordak, [s.d.], 7 reels of microfilm. Replaces: *Baptist missions in Manitoba and the North-West Territories* (Winnipeg : McIntyre Bros., 1894).   BX6213 B48   286.1712

Annuel. Actes constitutifs, procès-verbaux, rapports, budgets, statistiques et répertoire des membres de Baptist Union of Western Canada. Le répertoire comporte trois parties: organisations, églises et clergé. Pour chaque église, l'année de fondation, l'adresse et le numéro de téléphone, le nom et l'année d'arrivée du pasteur en fonction, le nom et le numéro de téléphone de l'administrateur sont inscrits. Pour chaque ministre, l'année d'ordination, les diplômes et l'institution émettrice, la présente fonction, l'adresse et les numéros de téléphone sont colligés. Liste des présidents depuis 1884, des secrétaires généraux de 1907 à 1967 et des ministres exécutifs depuis 1967.

    Le titre varie: 1907-1908, *Year book of the Baptist Convention of Western Canada*; 1909-1910, *Year book of the Baptist Union of Western Canada*. Reproduit sur support microforme: 1907-1968/69, Toronto : Recordak, [s.d.], 7 bobines de microfilm. Remplace: *Baptist missions in Manitoba and the North-West Territories* (Winnipeg : McIntyre Bros., 1894).   BX6213 B48   286.1712

4031

Bill, I. E. [Ingraham E.]. – *Fifty years with the Baptist ministers and churches of the Maritime Provinces of Canada.* – Saint John (N.B.) : [s.n.], 1880. – 778 p. : ports.

Biographies of Baptist clergy integrated with a narrative history of their church in New Brunswick, Nova Scotia and Prince Edward Island. Chronological arrangement. Name-subject-geographical index. Reproduced in microform format: *CIHM/ICMH microfiche series*, no. 00137.   BX6251 B54   286.1715

Notices biographiques du clergé baptiste intégrées au récit historique de leur Église au Nouveau-Brunswick, en Nouvelle-Écosse et à l'Île-du-Prince-Édouard. Classement chronologique. Un index: onomastique-sujets-géographique. Reproduit sur support microforme: *CIHM/ICMH collection de microfiches*, n° 00137.   BX6251 B54   286.1715

4032

Fellowship of Evangelical Baptist Churches in Canada. – *The fellowship yearbook.* – Guelph (Ont.) : the Fellowship, [1954?]-   . – vol. : ports., tables. – 0317-266X

Annual. Reports, statistics, acts of incorporation, minutes, budgets and directory of members of the Fellowship of Evangelical Baptist Churches in Canada. Directory in five parts: churches, ministers not attached to a church, ministers' widows, missionaries and chaplains.

Annuel. Rapports, statistiques, actes constitutifs, procès-verbaux, budgets et répertoire des membres de Fellowship of Evangelical Baptist Churches in Canada. Le répertoire comporte cinq parties: églises, pasteurs non attachés à une église, veuves de pasteur,

For each church, address, name, address and telephone numbers of incumbent minister are provided. Index of ministers. Includes an historical table of conventions since 1953. Title varies: 1954?-1961, *Annual report of the executive council presented to the annual convention*; 1962, *Missionary digest and year book*; 1963, *10 years of fellowship : a historical review and 1963 year book*; 1964, *Yearbook*; 1965-1968, *Missions digest and year book*. BX6213 F4   286.171

missionnaires et aumoniers. Pour chaque église, l'adresse, le nom, l'adresse et les numéros de téléphone du pasteur en fonction sont mentionnés. Index des pasteurs. Inclut une table historique des conventions depuis 1953. Le titre varie: 1954?-1961, *Annual report of the executive council presented to the annual convention*; 1962, *Missionary digest and year book*; 1963, *10 years of fellowship : a historical review and 1963 year book*; 1964, *Yearbook*; 1965-1968, *Missions digest and year book*. BX6213 F4   286.171

4033

Griffin-Allwood, Philip G. A. [Philip George Allister]. – *Baptists in Canada, 1760-1990 : a bibliography of selected printed resources in English*. – Prepared by Philip G.A. Griffin-Allwood, George A. Rawlyk, Jarold K. Zeman. – Hantsport (N.S.) : Published by Lancelot Press for Acadia Divinity College and the Baptist Historical Committee of United Baptist Convention of the Atlantic Provinces, 1989. – xix, 266 p. – 0889993998

Bibliography of 1,383 English-language documents, mostly published, on the Baptists in Canada. Includes monographs, pamphlets, periodical articles and theses. Excludes histories of local churches, teaching and promotional material, minutes of meetings and articles from denominational newspapers. Four parts: historical development arranged by Baptist group; biographies; studies arranged by subject; historiography and reference works. Appendices: descriptive list of periodicals published by Canadian Baptist groups, arranged geographically; directory of Baptist archives, libraries and schools in Canada, arranged by affiliation; list of the five Baptist heritage conferences held in Canada between 1979 and 1990. Three indexes: name, title without author, thesis. Z7845 B2 G75 1989 016.2860971

Bibliographie de 1 383 documents de langue anglaise, majoritairement publiés, portant sur les Baptistes du Canada. Comprend des monographies, brochures, articles de périodiques et thèses. Exclut les catégories de documents suivantes: histoires locales, matériels pédagogiques, écrits promotionnels, procès-verbaux et articles de journaux confessionnels. Quatre parties: développement historique par groupes baptistes; biographies; études par sujets; historiographie et ouvrages de références. Appendices: liste descriptive des périodiques publiés par les groupes baptistes du Canada recensés par régions géographiques; répertoire des dépôts d'archives, bibliothèques et écoles baptistes au Canada classés par affiliations; liste des cinq Baptist heritage conferences tenues au Canada entre 1979 et 1990. Trois index: noms, titres sans auteurs, thèses. Z7845 B2 G75 1989 016.2860971

4034

Jones, J. Gordon [John Gordon]. – *Greatness passing by! : biographical sketches of some Canadian Baptists, emphasing their contribution to our national life from 1867 to 1967*. – [Brantford, Ont.?] : Baptist Federation of Canada, c1967. – vii, 207 p. : ill.

Nineteen biographical sketches of prominent Canadian Baptists. BX6493 J6 286.1710922

Dix-neuf notices biographiques de figures éminentes canadiennes d'obédience baptiste. BX6493 J6 286.1710922

4035

Renfree, Harry A. [Harry Alexander]. – *Heritage & horizon : the Baptist story in Canada*. – Mississauga (Ont.) : Canadian Baptist Federation, c1988. – xi, 380 p., [16] p. of plates : ill., ports. – 0921796005

History of Canadian Baptists. In 30 episodes, chronologically arranged. Bibliography. Name-subject index. BX6251 R46 1988 286.171

Description historique de l'expérience baptiste au Canada. Présentation selon l'ordre chronologique de 30 épisodes. Bibliographie. Un index: onomastique-sujets. BX6251 R46 1988 286.171

4036

United Baptist Convention of the Atlantic Provinces. – *Year book of the United Baptist Convention of the Atlantic Provinces*. – Saint John (N.B.) : the Convention, 1846-   . –   vol. : tables. – 0082-7843

Annual. Acts of incorporation, minutes, reports, budgets, statistics and directory of members of the United Baptist Convention of the Atlantic Provinces. Directory in three parts: organizations, churches and clergy. Entries for churches include: year of foundation, address, name and year of arrival of the incumbent minister, names and addresses of clerk and treasurer. For each minister, degrees, year of ordination, address and telephone numbers and present position are noted. Includes obituaries of ministers, list of presidents since 1846, of secretaries general from 1846 to 1970, and of executive ministers since 1970. Summary. Imprint varies. 1994 issue does not include directory. Reproduced in microform format: 1846-1969, Toronto : Recordak, [s.d.], 15 reels of microfilm; 1846-1872, *CIHM/ICMH microfiche series*, no. A00170; 1873/74-1878, *CIHM/ICMH microfiche series*, no. A00241; 1879-1900, *CIHM/ICMH microfiche series*, no. A00274.

   Title varies: 1846-1872, *Minutes of the session of the Baptist Convention of Nova Scotia, New Brunswick and Prince Edward Island*; 1873/74-1878, *The Baptist year book for Nova Scotia, New Brunswick and Prince Edward Island*; 1879-1881, *The Baptist year book of the Maritime Provinces of the Dominion of Canada*; 1882-1905, *The*

Annuel. Actes constitutifs, procès-verbaux, rapports, budgets, statistiques et répertoire des membres de United Baptist Convention of the Atlantic Provinces. Le répertoire comporte trois parties: organisations, églises et clergé. Pour chaque église, l'année de fondation, l'adresse, le nom et l'année d'arrivée du pasteur en fonction, les noms et les adresses de l'administrateur et du trésorier sont colligés. Pour chaque ministre, les diplômes, l'année d'ordination, l'adresse, les numéros de téléphone et la présente fonction sont inscrits. Inclut des notices nécrologiques de ministres, la liste des présidents depuis 1846, des secrétaires généraux de 1846 à 1970, et des ministres exécutifs depuis 1970. Sommaire. Publié par différents éditeurs. L'édition de 1994 n'inclut pas de répertoire. Reproduit sur support microforme: 1846-1969, Toronto : Recordak, [s.d.], 15 bobines de microfilm; 1846-1872, *CIHM/ICMH collection de microfiches*, nº A00170; 1873/74-1878, *CIHM/ICMH collection de microfiches*, nº A00241; 1879-1900, *CIHM/ICMH collection de microfiches*, nº A00274.

   Le titre varie: 1846-1872, *Minutes of the session of the Baptist Convention of Nova Scotia, New Brunswick and Prince Edward Island*; 1873/74-1878, *The Baptist year book for Nova Scotia, New Brunswick and Prince Edward Island*; 1879-1881, *The Baptist year book of the*

Baptist year book of the Maritime Provinces of Canada; 1906-1908, *The year book of the United Baptists of the Maritime Provinces of Canada*; 1909-1946, *The United Baptist year book of the Maritime Provinces of Canada*; 1947-1962. *The year book of the United Baptist Convention of the Maritime Provinces*; 1963-1978, *Year book of the United Baptist Convention of the Atlantic Provinces*; 1979-1990, *Year book*. BX6213 U5 fol. 286.1715

Maritime Provinces of the Dominion of Canada; 1882-1905, *The Baptist year book of the Maritime Provinces of Canada*; 1906-1908, *The year book of the United Baptists of the Maritime Provinces of Canada*; 1909-1946, *The United Baptist year book of the Maritime Provinces of Canada*; 1947-1962, *The year book of the United Baptist Convention of the Maritime Provinces*; 1963-1978, *Year book of the United Baptist Convention of the Atlantic Provinces*; 1979-1990, *Year book*. BX6213 U5 fol. 286.1715

Buddhism

Bouddhisme

4037

Morreale, Don. – *Buddhist America : centers, retreats, practices.* – Santa Fe (N.M.) : John Muir Publications, c1988. – xxxix, 349 p. : ill.

Directory of more than 500 Buddhist centres and retreats in North America. In four parts: theravada, mahayana, vajrayana and buddhayana. Arranged by country subdivided alphabetically by state, province or territory. Description of each centre or retreat includes a brief introduction, address and telephone number, line of descent, spiritual leader, resident directors, affiliation, year of establishment, services offered and intended audience. Includes text on the practices of each of the four major groups. BQ724 B83 1988 294.30973

Répertoire de plus de 500 centres et retraites bouddhistes en Amérique du Nord. Quatre parties: theravada, mahayana, vajrayana et buddhayana. Classement par pays qui se subdivisent selon l'ordre alphabétique des états, provinces ou territoires. La description de chaque centre ou retraite comprend une brève présentation, l'adresse et le numéro de téléphone, la lignée, le chef spirituel, les directeurs résidents, l'affiliation, l'année d'établissement, les services offerts et le public visé. Inclut des textes sur les pratiques propres à chaque partie. BQ724 B83 1988 294.30973

Catholic Church

Église catholique

Archival Resources

Fonds d'archives

4038

Archives de la province de Québec. – *Inventaire des documents concernant l'Église du Canada sous le Régime français.* – Ivanhoë Caron. – [Québec] : Imprimeur de sa Majesté le Roi, 1940. – P. 155-353. – (Rapport de l'archiviste de la province de Québec pour 1939-1940).

Annotated inventory of documents on Canadian religious history between 1610 and 1700. Arranged chronologically. Name index. CD3635 016.282714

Inventaire commenté des documents concernant l'histoire religieuse du Canada entre 1610 et 1700. Index onomastique. CD3635 016.282714

4039

Archives religieuses : guide sommaire. – Sous la direction de André Forget et Robert Hémond. – Montréal : Regroupement des archivistes religieux, 1992. – xiv, 337 p. – (Les cahiers du Regroupement des archivistes religieux ; cahier n° 3). – 2920597019

Describes 170 archival repositories of institutes of consecrated life and Catholic dioceses in French Canada. Three sections: institutes and communities of women; societies and communities of men; dioceses, seminaries and colleges. Description of each repository includes address, telephone number, name of resource person, historical note, fonds by type of material (textual, audio-visual, maps and plans, etc.), related services such as museums and libraries, conditions of access. Index of communities, institutions, fonds, founders, etc. CD3649 Q8 A74 1992 026.255002571

Description sommaire de 170 dépôts d'archives d'instituts de vie consacrée et de diocèses catholiques du Canada français. Trois parties: instituts et communautés de femmes; sociétés et communautés d'hommes; diocèses, séminaires et collèges. La description de chaque dépôt d'archives comprend l'adresse, le numéro de téléphone, le nom d'une personne-ressource, une note historique, les fonds conservés par types de documents (archives textuelles, audiovisuelles, cartes et plans, etc.), les services connexes dont notamment les musées et bibliothèques, les conditions d'accès. Index des communautés, des institutions, des fonds, des fondateurs, etc. CD3649 Q8 A74 1992 026.255002571

4040

Canadian Religious Conference. Research Dept. – *Guide sommaire des archives des communautés religieuses au Canada = Abridged guide to the archives of religious communities in Canada.* – CRC Research Department, in collaboration with the Research Centre in the Religious History of Canada, Saint Paul University, Ottawa. – Ottawa : Canadian Religious Conference, 1974. – 220 p. : forms. – (Document - Canadian Religious Conference, Research Department). – Cover title.

Describes the archives of approximately 150 Catholic religious orders with establishments in Canada. Divided into three parts, by type of community: priests, brothers, sisters. Entry for each archives includes address and telephone number, name of resource person, conditions of access, extent, finding aids, dates of documents, list of fonds held. Also includes a brief historical note on each community and a copy of the questionnaire. Entries in English and/or French.

Description sommaire des centres d'archives d'environ 150 communautés religieuses catholiques établies au Canada. Présentation en trois parties par types de communautés: cléricales, de frères, de soeurs. La description de chaque centre d'archives comprend l'adresse, le numéro de téléphone, le nom d'une personne-ressource, les conditions d'accès, l'espace linéaire, les instruments de recherche, l'ancienneté des documents, la liste des fonds conservés. Inclut aussi une

Three indexes: fonds, initials, religious orders.   BR570 C317 fol. 026.255002571

brève note historique sur chaque communauté et le texte du questionnaire. Texte en anglais et (ou) en français. Trois index: fonds, initiales, communautés religieuses.   BR570 C317 fol.   026.255002571

4041

Codignola, Luca. – *Guide des documents relatifs à l'Amérique du Nord française et anglaise dans les archives de la Sacrée Congrégation de la Propagande à Rome, 1622-1799.* – Ottawa : Archives nationales du Canada, 1990, c1991. – xi, 252 p. – 066093101X

Name index to documents of Canadian interest, from the period prior to 1800, held by the Archives of the Sacred Congregation "de Propaganda Fide" in the Vatican. Refers to an inventory of 2,441 documents only available on microfiche, entitled: *Inventaire de documents conservés dans les archives de la Sacré Congrégation de la Propagande*, finding aid no. 1186, 12 microfiches. Also includes a history of the Congregation, the organization of its archives, previous studies, a brief account of other archival repositories and libraries in Rome which hold material on North American history, and the methodology used. Bibliography. Reproduced in microform format: *Microlog*, no. 91-04489. Also published in English under the title: *Guide to documents relating to French and British North America in the Archives of the Sacred Congregation "de Propaganda Fide" in Rome, 1622-1799.*   BX1402 C6314 1990 fol.   016.28271

Index onomastique des documents d'intérêt canadien, antérieurs à 1800, conservés aux Archives de la Sacrée Congrégation de la Propagande au Vatican. Réfère à un inventaire de 2 441 documents disponibles sur microfiche seulement, dont le titre est: *Inventaire de documents conservés dans les archives de la Sacré Congrégation de la Propagande*, instrument de recherche n° 1186, 12 microfiches. Comprend aussi l'historique de la Congrégation, la structure des ses archives, les travaux antérieurs, une brève description des autres dépôts d'archives et bibliothèques romaines ayant des documents sur l'histoire de l'Amérique du Nord et la méthodologie utilisée. Bibliographie. Reproduit sur support microforme: *Microlog*, n° 91-04489. Publié aussi en anglais sous le titre: *Guide to documents relating to French and British North America in the Archives of the Sacred Congregation «de Propaganda Fide» in Rome, 1622-1799.*   BX1402 C6314 1990 fol.   016.28271

4042

Codignola, Luca. – *Guide to documents relating to French and British North America in the Archives of the Sacred Congregation "de Propaganda Fide" in Rome, 1622-1799.* – Ottawa : National Archives of Canada, c1991. – xiii, 250 p. – 0660137585

Name index to documents of Canadian interest, from the period prior to 1800, held by the Archives of the Sacred Congregation "de Propaganda Fide" in the Vatican. Refers to an inventory of 2,441 documents only available on microfiche, entitled: *Calendars of documents conserved in the Archives of the Sacred Congregation "de Propaganda Fide"*, finding aid no. 1186, 12 microfiches. Also includes a history of the Congregation, the organization of its archives, previous studies, a brief account of other archival repositories and libraries in Rome which hold material on North American history, and the methodology used. Bibliography. Reproduced in microform format: *Microlog*, no. 91-04488. Also published in French under the title: *Guide des documents relatifs à l'Amérique du Nord française et anglaise dans les archives de la Sacrée Congrégation de la Propagande à Rome, 1622-1799.*   BX1402 C63 1990 fol.   016.28271

Index onomastique des documents d'intérêt canadien, antérieurs à 1800, conservés aux Archives de la Sacrée Congrégation de la Propagande au Vatican. Réfère à un inventaire de 2 441 documents disponibles sur microfiche seulement, dont le titre est: *Calendars of documents conserved in the Archives of the Sacred Congregation «de Propaganda Fide»*, instrument de recherche n° 1186, 12 microfiches. Comprend aussi l'historique de la Congrégation, la structure des ses archives, les travaux antérieurs, une brève description des autres dépôts d'archives et bibliothèques romaines ayant des documents sur l'histoire de l'Amérique du Nord et la méthodologie utilisée. Bibliographie. Reproduit sur support microforme: *Microlog*, n° 91-04488. Publié aussi en français sous le titre: *Guide des documents relatifs à l'Amérique du Nord française et anglaise dans les archives de la Sacrée Congrégation de la Propagande à Rome, 1622-1799.* BX1402 C63 1990 fol.   016.28271

4043

Conférence religieuse canadienne. Département de recherche. – *Guide sommaire des archives des communautés religieuses au Canada* = *Abridged guide to the archives of religious communities in Canada.* – CRC Département [de] recherche, en collaboration avec le Centre de recherche en histoire religieuse du Canada, Université Saint-Paul, Ottawa. – Ottawa : Conférence religieuse canadienne, 1974. – 220 p. : formules. – (Document - Conférence religieuse canadienne. Département de recherche). – Titre de la couv.

Describes the archives of approximately 150 Catholic religious orders with establishments in Canada. Divided into three parts, by type of community: priests, brothers, sisters. Entry for each archives includes address and telephone number, name of resource person, conditions of access, extent, finding aids, dates of documents, list of fonds held. Also includes a brief historical note on each community and a copy of the questionnaire. Entries in English and/or French. Three indexes: fonds, initials, religious orders.   BR570 C317 fol. 026.255002571

Description sommaire des centres d'archives d'environ 150 communautés religieuses catholiques établies au Canada. Présentation en trois parties par types de communautés: cléricales, de frères, de soeurs. La description de chaque centre d'archives comprend l'adresse, le numéro de téléphone, le nom d'une personne-ressource, les conditions d'accès, l'espace linéaire, les instruments de recherche, l'ancienneté des documents, la liste des fonds conservés. Inclut aussi une brève note historique sur chaque communauté et le texte du questionnaire. Texte en anglais et (ou) en français. Trois index: fonds, initiales, communautés religieuses.   BR570 C317 fol.   026.255002571

4044

Laviolette, Guy. – *Sources manuscrites de l'histoire religieuse canadienne en Europe, surtout à Paris, à Rome et à Londres, 1608-1860.* – Achille Gingras, f.i.c. (Guy Laviolette). – Lévis (Québec) : Frères de l'instruction chrétienne, 1958. – 501 f. – Thèse, Ph.D., Institut catholique de Paris, 1958.

Inventory of documents of Canadian interest on the history of the Catholic Church between 1608 and 1860, held in 40 European archives. In three parts: France, Rome, London. Arranged by repository with a brief description of each. No index. Includes a complementary work: *Chronologie de l'histoire religieuse canadienne, 1608-1860 : thèse complémentaire.*   Z7778 C33 L39 fol.   282.71

Inventaire des documents d'intérêt canadien portant sur l'histoire de l'Église catholique entre 1608-1860, conservés dans 40 dépôts d'archives européens. Trois parties: France, Rome, Londres. Classement par dépôts d'archives. Comprend une brève description de chaque dépôt. Pas d'index. Comporte un ouvrage d'adjonction: *Chronologie de l'histoire religieuse canadienne, 1608-1860 : thèse complémentaire.* Z7778 C33 L39 fol.   282.71

4045

Saint Paul University (Ottawa, Ont.). Research Centre in the Religious History of Canada. – *Guide sommaire des archives des diocèses catholiques au Canada = Abridged guide to the archives of Catholic dioceses in Canada.* – Research Centre in the Religious History of Canada, Saint Paul University, Ottawa. – Ottawa : the Centre, 1981. – ix, 148 p. – 0919261116

Describes the archives of 70 Catholic dioceses in Canada. Alphabetically arranged by diocese. Entries note address, telephone number, name of resource person, conditions of access, linear measurement of material, finding aids, dates of documents, fonds in six categories: diocesan administration, institutions, religious congregations, parishes, charitable works and history. Includes a brief history of each diocese, a copy of the questionnaire, and the classification scheme used by the archives of the diocese of Ottawa. Text in French and/or in English. Index of fonds.   BX1421.2 G83 fol. 026.28202571

Description sommaire des centres d'archives de 70 diocèses catholiques au Canada. Classement alphabétique des diocèses. Les notices comprennent l'adresse et le numéro de téléphone, le nom d'une personne-ressource, les conditions d'accès, l'espace linéaire, les instruments de recherche, l'ancienneté des pièces, les fonds conservés selon six catégories: administration diocésaine, institutions, congrégations religieuses, paroisses, oeuvres et histoire. Inclut aussi une brève note historique sur chaque diocèse, le texte du questionnaire et le plan de classement des archives du diocèse d'Ottawa. Texte en français et (ou) en anglais. Index des fonds.   BX1421.2 G83 fol. 026.28202571

4046

Université Saint-Paul (Ottawa, Ont.). Centre de recherche en histoire religieuse du Canada. – *Guide sommaire des archives des diocèses catholiques au Canada = Abridged guide to the archives of Catholic dioceses in Canada.* – Centre de recherche en histoire religieuse du Canada, Université Saint-Paul, Ottawa. – Ottawa : le Centre, 1981. – ix, 148 p. – 0919261116

Describes the archives of 70 Catholic dioceses in Canada. Alphabetically arranged by diocese. Entries note address, telephone number, name of resource person, conditions of access, linear measurement of material, finding aids, dates of documents, fonds in six categories: diocesan administration, institutions, religious congregations, parishes, charitable works and history. Includes a brief history of each diocese, a copy of the questionnaire, and the classification scheme used by the archives of the diocese of Ottawa. Text in French and/or in English. Index of fonds.   BX1421.2 G83 fol. 026.28202571

Description sommaire des centres d'archives de 70 diocèses catholiques au Canada. Classement alphabétique des diocèses. Les notices comprennent l'adresse et le numéro de téléphone, le nom d'une personne-ressource, les conditions d'accès, l'espace linéaire, les instruments de recherche, l'ancienneté des pièces, les fonds conservés selon six catégories: administration diocésaine, institutions, congrégations religieuses, paroisses, oeuvres et histoire. Inclut aussi une brève note historique sur chaque diocèse, le texte du questionnaire et le plan de classement des archives du diocèse d'Ottawa. Texte en français et (ou) en anglais. Index des fonds.   BX1421.2 G83 fol. 026.28202571

Bibliographies and Catalogues

Bibliographies et catalogues

4047

Les catéchismes au Québec, 1702-1963. – Sous la direction de Raymond Brodeur avec la collaboration de Brigitte Caulier, Bernard Plongeron, Jean-Paul Rouleau et Nive Voisine. – Sainte-Foy (Québec) : Presses de l'Université Laval ; Paris : Éditions du Centre national de la recherche scientifique, 1990. – viii, 456 p. : ill., graph. – 2763771971 (PUL) 2222044103 (CNRS)

In three parts: chronological table, bibliography and biographies. The first part is a chronological table of the production and distribution of French-language catechisms in the social and religious context of Quebec from 1702 to 1963. The second part presents the production of catechisms in Quebec through 957 bibliographical references for more than 350 different titles and more than 600 re-editions. In eight categories: official catechisms, catechisms with commentary, catechisms for specific groups, teachers' manuals and guides, foreign catechisms reproduced, foreign catechisms used, pseudo-catechisms. Annotations. Locations. The third part consists of 80 biographies for authors of catechisms with commentary, catechisms for specific groups, teachers' manuals and guides. Each section is introduced by an analytical essay. Bibliography. Five indexes: title, name, publisher, printer, place of publication other than Quebec City and Montreal. Six lists: author, censor, author of introduction, imprimatur authority, illustrator, translator. Z7838 C3 C38 1990 fol.   238.209714

Ouvrage comportant trois volets: tableau chronologique, bibliographie et notices biographiques. Le 1er volet constitue un tableau chronologique qui situe la parution et la diffusion de catéchismes de langue française dans le contexte social et religieux du Québec, 1702-1963. Le 2e volet rend compte de la production catéchétique québécoise en recensant 957 références bibliographiques, correspondant à plus de 350 titres différents et à plus de 600 rééditions. Présentation en huit catégories: catéchismes officiels, catéchismes expliqués, catéchismes spécifiques, manuels d'appoint, guides d'utilisation, catéchismes étrangers reproduits, catéchismes étranges utilisés, pseudo-catéchismes. Annotations. Localisations. Le 3e volet se compose de 80 notices biographiques des auteurs de catéchismes expliqués ou spécifiques, manuels d'appoint et guides d'utilisation. Inclut aussi des textes analytiques en introduction de chaque section. Bibliographie. Cinq index: titres, noms, éditeurs, imprimeurs, lieux de publication à l'exclusion des villes de Québec et Montréal. Six listes: auteurs, approbateurs, auteurs de textes liminaires, responsables d'enregistrement, illustrateurs, traducteurs.   Z7838 C3 C38 1990 fol.   238.209714

4048

Germain, Élisabeth. – *Les ordres religieux au Québec : bilan de recherche.* – Québec : Groupe de recherches en sciences de la religion, Université Laval, 1983. – iv, 80 p. : tableaux. – (Dossier documentaire ; 1). – Sur la couv. : *Études et documents en sciences de la religion.*

Bibliography of 235 references for works on Catholic institutes of consecrated life, published in Quebec for the most part between 1960 and 1980. Arranged by category of material or by subject, such as religious orders and civil society, essays and personal reminiscences,

235 références bibliographiques d'ouvrages portant sur les instituts de vie consacrée catholiques du Québec parues majoritairement entre 1960 et 1980. Classement par catégories de documents ou par sujets tels qu'ordres religieux et société civile, essais et témoignages,

etc. Includes some references in English. Also includes an essay on bibliographic and other sources, an analysis of publication in this field and areas requiring further research.   Z7839 G47 1983 fol.   016.255009714

etc. Comprend quelques références de langue anglaise. Inclut aussi un bilan sur l'inventaire bibliographique, la production par disciplines et par sujets, et des pistes de recherche.   Z7839 G47 1983 fol.   016.255009714

4049

Lacroix, Benoît. – *Canada : tome I : le Québec.* – Benoît Lacroix et Madeleine Grammond, Lucille Côté, Nelson Dawson. – Turnhout [Belgique] : Brepols ; Montréal : Bellarmin avec le concours des Soeurs de Sainte-Anne et des Fondation Dion et Albert-le-Grand (Québec, Canada), [1989?]. – 153 p. : cartes. – (La piété populaire : répertoire bibliographique GRECO ; n° 2, C.N.R.S.). – 2890076903

Annotated bibliography of 756 works on popular piety in Quebec, for the most part Catholic. Includes books, periodical articles, theses and other university research papers. Arranged by theme, for example, devotional literature, places of worship, miracles, etc. Includes works in French and in English. Annotations. Three indexes: author, place, secondary subject. Directory of research centres, learned societies and serials.   Z7837.7 C3 C36 1989   016.2480971

Bibliographie annotée de 756 ouvrages concernant la piété populaire au Québec, pour la plupart de confession catholique. Inclut des livres, articles de périodiques, thèses et travaux universitaires. Classement par thèmes tels que littérature de piété, lieux de culte, miracles, etc. Comprend des documents en français et en anglais. Annotations. Trois index: auteurs, géographique, sujets secondaires. Répertoire des centres de recherche, sociétés savantes et publications en série.   Z7837.7 C3 C36 1989   016.2480971

4050

Lacroix, Benoît. – *Religion populaire au Québec : typologie des sources : bibliographie sélective (1900-1980).* – Benoît Lacroix et Madeleine Grammond avec la collaboration de Lucille Côté. – Québec : Institut québécois de recherche sur la culture, 1985. – 175 p. – (Instruments de travail ; n° 10). – 2892240484

Bibliography of 961 works on popular religion in Quebec. Arranged by type of material, such as books and pamphlets, periodical articles, theses, audio-visual material, etc. Some annotations. Includes a study of visual, oral, manuscript and printed sources relevant to Quebec traditional religion. Author and subject indexes.   Z7837.7 C2 L3 1985   016.282714

Bibliographie de 961 ouvrages portant sur la religion du peuple québécois. Classement par types de documents tels que livres et brochures, articles de périodiques, thèses, documents audiovisuels, etc. Quelques annotations. Inclut l'étude des sources visuelle, orale, manuscrite et imprimée propres à la religion traditionnelle des Québécois. Deux index: auteurs, sujets.   Z7837.7 C2 L3 1985   016.282714

4051

Laflèche, Guy. – *Les saints Martyrs canadiens.* – Guy Laflèche avec la collaboration de François-Marc Gagnon. – Laval (Québec) : Singulier, c1988-   . –   vol. : ill., graph. – 2920580019 (vol. 1) 2920580027 (vol. 2) 2920580035 (vol. 3) 2920580051 (vol. 4)

Critical edition of material on the cult of the Canadian Martyrs. Vol. 1 contains a bibliography of 603 references, mostly annotated, arranged under five headings: bibliographies, sources, scholarly studies, general and specialized works. Chronological table of works published between 1638 and 1979. Author index. Replaces: *Le récit de voyage en Nouvelle-France : (FRA 6661) : cahier bibliographique* ([Montréal] : Université de Montréal, Département d'études françaises, 1976-1977). The series is to include six volumes: vol. 1, *Histoire du mythe* (1988); vol. 2, *Le martyre d'Isaac Jogues par Jérôme Lalemant* (1989); vol. 3, *Le martyre de Jean de Brébeuf selon Paul Ragueneau* (1990); vol. 4, *Le martyre de Charles Garnier selon Paul Ragueneau* (1993); vol. 5, *Le martyre de la nation huronne et sa défaite avec Dollard des Ormeaux* (in preparation); vol. 6, *Les supplices du martyre dans les Relations des Jésuites de la Nouvelle-France* (in preparation).   BX4659 C2 L34 1988   971.01

Édition critique des informations se rapportant au culte des saints Martyrs canadiens. Le vol. 1 comprend une bibliographie de 603 références, majoritairement annotées, classées en cinq rubriques: bibliographies, sources, études scientifiques, ouvrages généraux et spécialisés. Table chronologique des ouvrages de 1638 à 1979. Index des auteurs. Remplace: *Le récit de voyage en Nouvelle-France : (FRA 6661) : cahier bibliographique* ([Montréal] : Université de Montréal, Département d'études françaises, 1976-1977). Série devant comporter six volumes: vol. 1, *Histoire du mythe* (1988); vol. 2, *Le martyre d'Isaac Jogues par Jérôme Lalemant* (1989); vol. 3, *Le martyre de Jean de Brébeuf selon Paul Ragueneau* (1990); vol. 4, *Le martyre de Charles Garnier selon Paul Ragueneau* (1993); vol. 5, *Le martyre de la nation huronne et sa défaite avec Dollard des Ormeaux* (à paraître); vol. 6, *Les supplices du martyre dans les Relations des Jésuites de la Nouvelle-France* (à paraître).   BX4659 C2 L34 1988   971.01

4052

St. Thomas More College (Saskatoon, Sask.). Library. – *The Anglin collection of Canadian Catholic Church history : a guide* = *The Anglin collection de l'histoire de l'Église catholique canadienne : un guide.* – By T. James Hanrahan, c.s.b. and Margaret F. Sanche. – Saskatoon : St. Thomas More College, 1989. – vii, 133p. – 0921257295

Material on the history, educational programmes and liturgy of the Catholic Church in Canada held in the Anglin Collection. Three sections: subject index to books and pamphlets using English or French headings; list of serials noting years available; descriptions of archival fonds with notes on inclusive dates and extent.   Z7837 S22 1989 fol.   016.28271

Documents sur l'histoire, les programmes d'éducation et la liturgie liés à l'Église catholique canadienne conservés dans la collection Anglin. Trois volets: index sujets des livres et brochures avec des vedettes-matière anglaises ou françaises; liste des publications en série avec mention des années disponibles; descriptions des fonds d'archives avec les années extrêmes et l'envergure.   Z7837 S22 1989 fol.   016.28271

4053

St. Thomas More College (Saskatoon, Sask.). Library. – *History collection : Canadian Catholic Church = Collection d'histoire : l'Église catholique canadienne.* – Compiled by A. de Val, c.s.b. – (1971)-(1975). – Saskatoon : St. Thomas More College, 1971-1975. – 4 vol. (41 ; 49 ; 71 ; 67 p.). – (Catalogue ; no. 1-no. 4). – 0315-3371

Annual. 1974 issue was not published. Catalogue of material on the history of the Catholic Church and Catholic educational programmes held by the library of St. Thomas More College. Includes books, pamphlets, serials, manuscripts and other archival material. Arranged by geographical area, subject heading or type of document, such as Canadian West, Catholic schools, or periodicals. Z7837 S2   016.28271

Annuel. La livraison de 1974 n'a pas été publiée. Catalogue des documents sur l'histoire et les programmes d'éducation liés à l'Église catholique canadienne conservés à la bibliothèque de St. Thomas More College. Comprend des livres, brochures, publications en série, manuscrits et autres documents archivistiques. Présentation par aires géographiques, rubriques ou types de documents tels que l'Ouest canadien, les écoles catholiques ou périodiques.   Z7837 S2 016.28271

4054

Veilleux, Bertrand. – *Bibliographie sur les relations entre l'Église et l'État au Canada français, 1791-1914.* – Montréal : Bibliothèque, Centre d'études canadiennes-françaises, Université McGill, 1969. – 92 f.

Bibliography on the relationship between the Catholic Church and the State in French Canada between 1791 and 1914. Includes books, theses and periodical articles. In three parts: printed sources, general and specialized studies. Includes some references for works in English.   Z1387 C48 V4 fol.   016.3221

Bibliographie portant sur les relations entre l'Église catholique et l'État au Canada français entre 1791 et 1914. Comprend des livres, thèses et articles de périodiques. Trois parties: sources imprimées, études générales et spéciales. Inclut des ouvrages en anglais. Z1387 C48 V4 fol.   016.3221

Biographies

Biographies

4055

Allaire, J.-B.-A. [Jean-Baptiste-Arthur]. – *Dictionnaire biographique du clergé canadien-français.* – Saint-Hyacinthe (Québec) : Imprimerie du "Courrier de Saint-Hyacinthe", 1908-1934. – 6 vol. (543 ; 623 ; [595] ; 509 ; 631 ; 598 p.) : portr.

Over 12,000 biographical entries (of which approximately 1,100 include a portrait) for French-Canadian Catholic clergy. Arranged alphabetically by name, except in part of vol. 4 where they are listed chronologically or by rank. List of places mentioned (vol. 2). Cumulative index of names (vol. 6). Imprint varies. Vol. 1. *Les anciens* (1910); vol. 2, *Les contemporains* (1908); vol. 3, *Premier supplément - sixième supplément* (1910-1919); vol. 4, *Le clergé canadien-français : revue mensuelle* (vol. 1, no. 1 (Jan. 1919)-vol. 1, no. 24 (Dec. 1920)); vol. 5, *Compléments I - complément VI* (1928-1932); vol. 6, *Tome sixième* (1934).   F5009 A41   282.710922

Plus de 12 000 notices biographiques du clergé catholique canadien-français dont près de 1 100 sont illustrées d'un portrait. Classement selon l'ordre alphabétique des noms sauf une partie du vol. 4 qui recense par appartenance selon l'ordre chronologique ou le rang dignitaire. Liste des lieux mentionnés (vol. 2). Index onomastique cumulatif (vol. 6). Publié par différents éditeurs. Vol. 1. *Les anciens* (1910); vol. 2, *Les contemporains* (1908); vol. 3, *Premier supplément - sixième supplément* (1910-1919); vol. 4, *Le clergé canadien-français : revue mensuelle* (vol. 1, n° 1 (janv. 1919)-vol. 1, n° 24 (déc. 1920)); vol. 5, *Compléments I - complément VI* (1928-1932); vol. 6, *Tome sixième* (1934).   F5009 A41   282.710922

4056

Champagne, Gérard, é.c. – *Nos gloires de l'Église du Canada.* – 2ᵉ éd. – [Montréal] : Frères des écoles chrétiennes, 1984. – 253 p. : portr.

1st ed., 1976. 45 biographical sketches of heros of Catholic religious life in French Canada. Five categories: saints, blessed, venerable, cases under study in Rome, cases that could lead to canonization. Bibliography.   BX4671 C53 1984   282.710922

1ʳᵉ éd., 1976. 45 notices biographiques de héros de la vie religieuse catholique au Canada français. Cinq catégories: saints, bienheureux, vénérables, causes à Rome, causes qui peuvent aboutir à la glorification. Bibliographie.   BX4671 C53 1984   282.710922

4057

Chapeau, André, o.s.b. – *Évêques catholiques du Canada = Canadian R.C. bishops, 1658-1979.* – André Chapeau, o.s.b., Louis-Philippe Normand, o.m.i., Lucienne Plante, c.n.d. – Ottawa : Research Centre in Religious History of Canada, Saint Paul University, 1980. – x, 194 p.

Biographical entries for Catholic bishops in Canada, and for Canadian bishops abroad. In six parts: Canada, United States, Latin America and Caribbean, Europe, Africa, Asia and Oceania. Text in English and/or French. Chronological table of dates of consecration. Two indexes of dioceses: Canadian, non-Canadian. Table of titular bishoprics arranged alphabetically by Latin name. Index of bishops. Bibliography.   BX4671 C55   282.02571

Notices biographiques des évêques des diocèses catholiques au Canada et des évêques canadiens à l'étranger. Six parties: Canada, États-Unis, Amérique centrale et latine, Europe, Afrique, Asie et Océanie. Texte en anglais et (ou) en français. Table chronologique des sacres. Deux index des diocèses: canadiens, non canadiens. Table des évêchés titulaires selon l'ordre alphabétique des noms latins. Index des évêques. Bibliographie.   BX4671 C55   282.02571

4058

Chapeau, André, o.s.b. – *Évêques catholiques du Canada = Canadian R.C. bishops, 1658-1979.* – André Chapeau, o.s.b., Louis-Philippe Normand, o.m.i., Lucienne Plante, c.n.d. – Ottawa : Centre de recherche en histoire religieuse du Canada, Université Saint-Paul, 1980. – x, 194 p.

Biographical entries for Catholic bishops in Canada, and for Canadian bishops abroad. In six parts: Canada, United States, Latin America and Caribbean, Europe, Africa, Asia and Oceania. Text in English and/or French. Chronological table of dates of consecration. Two indexes of dioceses: Canadian, non-Canadian. Table of titular bishoprics arranged alphabetically by Latin name. Index of bishops. Bibliography.   BX4671 C55   282.02571

Notices biographiques des évêques des diocèses catholiques au Canada et des évêques canadiens à l'étranger. Six parties: Canada, États-Unis, Amérique centrale et latine, Europe, Afrique, Asie et Océanie. Texte en anglais et (ou) en français. Table chronologique des sacres. Deux index des diocèses: canadiens, non canadiens. Table des évêchés titulaires selon l'ordre alphabétique des noms latins. Index des évêques. Bibliographie.   BX4671 C55   282.02571

4059

Daigle, Louis Cyriaque. – *Les anciens missionnaires de l'Acadie.* – [Saint-Louis de Kent, N.-B. : s.n., 1956]. – 68 p. – Titre de la couv.

Biographies of Catholic bishops and priests who worked in Acadian communities from the beginning of the colony to those who were ordained in 1851. Arranged alphabetically. Bibliography.   BV2813 282.7160922

Notices biographiques des évêques et prêtres catholiques ayant exercé en Acadie depuis le début de la colonie jusqu'à ceux dont 1851 fut l'année de leur ordination. Classement alphabétique. Bibliographie.   BV2813   282.7160922

4060

Derome, Louis Joseph Amédée. – *Galerie canadienne de portraits historiques publiée avec des notices biographique.* – Montréal : [s.n.], 1921. – vi, 44 f., 44 f. de pl.

264 portraits and biographies of popes, and of Canadian Catholic bishops, founders of Catholic religious orders in Canada, and eminent lay persons who have contributed to the development of Canada. Arranged by category. Name index.   F5009 D47 fol. 282.710922

264 portraits et notices biographiques des souverains pontifes, de l'épiscopat canadien, des fondateurs et fondatrices d'ordres religieux au Canada, tous de l'Église catholique, et de figures éminentes du monde civil ayant contribué à l'édification de la nation canadienne. Classement par catégories. Index onomastique.   F5009 D47 fol. 282.710922

4061

Dionne, N.-E. [Narcisse-Eutrope]. – *Serviteurs et servantes de Dieu en Canada : quarante biographies.* – Québec : [s.n.], 1904. – xv, 318 p. : ill., portr.

40 biographies of eminent lay persons and religious figures who contributed to the propagation of the Catholic faith in French Canada between 1534 and 1873. Listed by year of birth.   BX4671 D5 282.710922

40 notices biographiques de figures éminentes et de religieux ayant propagé la foi catholique au Canada français entre 1534 et 1873. Recension selon l'ordre chronologique de leur naissance.   BX4671 D5   282.710922

4062

Donahoe, James. – *Prince Edward Island priests, who have labored or are laboring in the sacred ministry, outside the Diocese of Charlottetown.* – 2nd ed. – Minneapolis : [s.n.], [1936?]. – 362 p., [17] p. of plates : ports.

1st ed., c1912. 100 biographical entries for priests from Prince Edward Island who worked in Catholic dioceses other than that of Charlottetown, between 1871 and 1935. Arranged chronologically by year of ordination. Name index.   BX4671 D6 1936   282.7170922

1re éd., c1912. 100 notices biographiques du clergé Prince-Édouardien ayant exercé dans les diocèses catholiques, à l'exception de Charlottetown, entre 1871 et 1935. Classement selon l'ordre chronologique d'ordination. Index onomastique.   BX4671 D6 1936 282.7170922

4063

Sylvestre, Paul-François. – *Les évêques franco-ontariens, 1833-1986.* – Hull (Québec) : Éditions Asticou, c1986. – 142 p. : portr. – 2891980654

41 biographical sketches of Francophone bishops born in Ontario or officiating in Catholic dioceses in Ontario. Arranged alphabetically. Includes an historical overview of subjects such as separate schools, colonization, Regulation 17, etc. Glossary. Chronological table of dioceses. Chronological list of popes since the first ecclesiastical administration in Upper Canada in 1818. List of executive heads by diocese in 1986. Bibliography.   BX4671 S94 1986   282.7130922

41 notices biographiques d'évêques francophones nés en Ontario ou ayant exercé dans les diocèses catholiques ontariens. Classement alphabétique. Inclut aussi un survol historique présenté par thèmes tels qu'écoles séparées, colonisation, Règlement 17, etc. Glossaire. Table chronologique des diocèses. Liste chronologique des souverains pontifes depuis la première administration ecclésiastique du Haut-Canada en 1818. Liste des chefs par diocèses ontariens en 1986. Bibliographie.   BX4671 S94 1986   282.7130922

4064

Tanguay, Cyprien. – *Répertoire général du clergé canadien : par ordre chronologique depuis la fondation de la colonie jusqu'à nos jours.* – [2e éd.]. – Montréal : Eusèbe Senécal & fils, 1893. – xiii, 526, xlvi p.

1st ed., 1868. Biographical sketches of Catholic clergy in Canada between 1535 and 1892. In two parts: bishops by diocese, and priests. Arranged chronologically by date of ordination. Name index. Reproduced in microform format: *CIHM/ICMH microfiche series*, no. 33526.   BX4671 T35 1893   282.710922

1re éd., 1868. Notices biographiques du clergé catholique du Canada entre 1535 et 1892. Deux parties: évêques par diocèses et prêtres. Recension selon l'ordre chronologique d'ordination. Index onomastique. Reproduit sur support microforme: *CIHM/ICMH collection de microfiches*, no 33526.   BX4671 T35 1893   282.710922

Chronologies

Chronologies

4065

Laviolette, Guy. – *Chronologie de l'histoire religieuse canadienne, 1608-1860 : thèse complémentaire.* – Achille Gingras, f.i.c. (Guy Laviolette). – Lévis (Québec) : Frères de l'instruction chrétienne, 1958. – 750 f. – Thèse, Ph.D., Institut catholique de Paris, 1958.

Chronology of events in the Canadian history of the Catholic Church, between 1608 and 1860. Arranged in twelve historical periods. Includes introductory essays and bibliographical references. Bibliography. No index. With: *Sources manuscrites de l'histoire religieuse canadienne en Europe, surtout à Paris, à Rome et à Londres, 1608 à 1860.* BX1421.2 L39 fol. 282.71

Chronologie des événements liés à l'histoire canadienne de l'Église catholique entre 1608 et 1860. Présentation en onze périodes historiques. Comprend des textes d'introduction et références bibliographiques. Bibliographie. Pas d'index. Adjonction à: *Sources manuscrites de l'histoire religieuse canadienne en Europe, surtout à Paris, à Rome et à Londres, 1608 à 1860.* BX1421.2 L39 fol. 282.71

Directories

Répertoires

4066

***Alberta Catholic directory.* –** Edmonton (Alta.) : Western Catholic Reporter, [1921?]- . – vol. : ill., ports. – 0316-473X

Annual. Official directory of the Catholic Church in Alberta and the diocese of MacKenzie-Fort Smith in the Northwest Territories. Parishes, institutions, religious orders, clergy and other diocesan services arranged by ecclesiastical jurisdiction. Brief histories and biographical sketches of clerical authorities. Institutional entries include: address and telephone number, names and titles of the resource persons. For priests, title, address and telephone number are provided. Index of advertisers. Merger of: 1967-1970, *Alberta Catholic directory (Calgary ed.)*; and 1967-1970, *Alberta Catholic directory (Edmonton ed.)*; that continued: 1921?-1966, *The western Catholic directory.* BX1422 A4 W42 282.0257123

Annuel. Répertoire officiel de l'Église catholique en Alberta et du diocèse MacKenzie-Fort Smith des Territoires du Nord-Ouest. Classement par juridictions ecclésiastiques des paroisses, institutions, congrégations religieuses, membres du clergé et autres services diocésains. Pour chaque juridiction ecclésiastique, une note historique et la notice biographique des autorités cléricales sont incluses. Pour chaque institution, l'adresse, le numéro de téléphone, et les noms et les titres des personnes-ressources sont mentionnés. Pour les membres du clergé, les titre, adresse et numéro de téléphone sont inscrits. Index des annonceurs publicitaires. Fusion de: 1967-1970, *Alberta Catholic directory (Calgary ed.)*; et 1967-1970, *Alberta Catholic directory (Edmonton ed.)* qui fait suite à: 1921?-1966, *The western Catholic directory.* BX1422 A4 W42 282.0257123

4067

***Almanach populaire catholique.* –** (1982)- . – Sainte-Anne-de-Beaupré (Québec) : Revue Sainte Anne de Beaupré, [1981?]- . – vol. : ill. – 0821-4034

Annual. Information and statistics compiled for use by Canadian Catholics. In six parts: religious calendar; description of the world; religions throughout the world; the Catholic Church in Rome and in Canada by diocese and institute of consecrated life; directory of Canadian charities, associations and services; and a sixth part that is different every year, such as a glossary of religions (1991), saints and blessed of the last decade (1990), chronology of Church history (1987), etc. Includes obituaries of Canadian bishops and biographical sketches of newly appointed bishops. Two subject indexes: current edition, previous editions. BX1419 A4 282.7105

Annuel. Renseignements et statistiques colligés à l'attention des catholiques du Canada. Six parties: calendrier religieux; description du monde; les religions à travers le monde; l'Église catholique à Rome et au Canada par diocèses et par instituts de vie consacrée; répertoire des oeuvres, associations et services canadiens; et une sixième partie qui comprend un dossier différent d'une année à l'autre tel que lexique des religions (1991), saints et bienheureux de la dernière décennie (1990), chronologie de l'histoire de l'Église catholique (1987), etc. Inclut aussi pour l'épiscopat canadien les notices nécrologiques et les notices biographiques des nouvelles figures. Deux index des sujets: présente édition, éditions antérieures. BX1419 A4 282.7105

4068

***Annuaire.* –** (1977)- . – Sainte-Anne-de-Beaupré (Québec) : Association canadienne des périodiques catholiques, [1977?]- . – vol. – 0828-5462

Irregular, 1977-1983. Biennial, 1984- . Directory of Catholic serials published in Canada. Three parts: French- and English-language periodicals and English-language journals. Description of each French-language periodical includes membership in the Association canadienne des périodiques catholiques, frequency, address, telephone and fax numbers, name and title of person in charge, circulation, subscription rate, objectives and format. The description of each English-language periodical includes address, telephone and fax numbers, name of publisher and circulation. Includes acts of incorporation, regulations of the prize for journalism with list of award-winners since 1981, a directory of organizations, statistics on the Catholic press and a list of members of the Association executive. Index of French-language periodicals. Title varies: 1977-1983, *Annuaire : liste des périodiques catholiques*; 1984-1986, *Annuaire de l'Association canadienne des périodiques catholiques.* Z231.5 C3 A3 016.28205

Irrégulier, 1977-1983. Biennal, 1984- . Répertoire des publications en série catholiques publiées au Canada. Trois parties: périodiques de langue française et de langue anglaise, et revues de langue anglaise. La description de chaque périodique de langue française comprend la mention d'adhésion à l'Association canadienne des périodiques catholiques, la périodicité, l'adresse et les numéros de téléphone et de télécopieur, le nom et titre d'une personne responsable, le tirage, le prix d'abonnement, l'objectif et le format. La description de chaque périodique de langue anglaise comprend l'adresse, les numéros de téléphone et de télécopieur, le nom de l'éditeur et le tirage. Inclut les actes constitutifs, les règlements du prix du journalisme avec la liste des récipiendaires depuis 1981, un répertoire d'organismes-ressources, des statistiques sur la presse catholique, et la liste des membres de l'exécutif. Index des périodiques de langue française. Le titre varie: 1977-1983, *Annuaire : liste des périodiques catholiques*; 1984-1986, *Annuaire de l'Association canadienne des périodiques catholiques.* Z231.5 C3 A3 016.28205

4069

Annuaire de l'Église catholique au Canada = Canadian Catholic Church directory. – (1983)-   . – Montréal : B.M. Advertising, [1983?]-   . – vol. : ill. (some col.), ports. – 0821-9885

Irregular, 1983-1988. Annual, 1990-   . Directory of dioceses, eparchies, parishes, institutes of consecrated life, clergy, permanent deacons and other organizations and persons with ties to the Catholic Church in Canada. For each diocese and eparchy the following are provided: biographical sketch of incumbent bishop or eparch, names, addresses, telephone and fax numbers of diocesan administrators, statistics. For each parish, the date of creation, address, telephone number, Catholic population served and the name of a person in authority are provided. Entries for institutes of consecrated life include: historical notes, name, title, address, telephone and fax numbers of the head. Includes a brief introduction to organizations such as the Roman Curia and the Canadian Pontifical College; biographical sketches of the Holy Father and of the Apostolic Pro-Nuncio. Four lists of initials of institutes of consecrated life, in English and French. Subject index of advertisers. List of municipalities with dioceses noted. Summary by subject. BX1419 A55   282.02571

Irrégulier, 1983-1988. Annuel, 1990-   . Répertoire alphabétique des diocèses, éparchies, paroisses, instituts de vie consacrée, clergé, diacres permanents et autres organismes et personnalités ayant un lien avec l'Église catholique au Canada. Pour chaque diocèse et éparchie, une notice biographique de l'évêque ou de l'éparque en fonction, les noms, les adresses et les numéros de téléphone et de télécopieur des organisateurs diocésains et des statistiques sont colligés. Pour chaque paroisse, la date d'érection, l'adresse, le numéro de téléphone, la population catholique desservie et le nom d'une personne responsable sont inscrits. Pour chaque institut de vie consacrée, une brève note historique, le nom, le titre, l'adresse et les numéros de téléphone et de télécopieur de l'instance principale sont indiqués. Inclut aussi une brève présentation d'organismes notamment la Curie romaine et le Collège pontifical canadien; les notices biographiques du Saint-Père et du Pro-Nonce apostolique. Quatre listes des initiales des instituts de vie consacrée en anglais et en français. Index sujets des annonceurs publicitaires. Liste des municipalités avec le diocèse d'appartenance. Sommaire par sujets. BX1419 A55   282.02571

4070

Annuaire de l'Église catholique au Canada = Canadian Catholic Church directory. – (1983)-   . – Montréal : Publicité B.M., [1983?]-   . – vol. : ill. (certaines en coul.), portr. – 0821-9885

Irregular, 1983-1988. Annual, 1990-   . Directory of dioceses, eparchies, parishes, institutes of consecrated life, clergy, permanent deacons and other organizations and persons with ties to the Catholic Church in Canada. For each diocese and eparchy the following are provided: biographical sketch of incumbent bishop or eparch, names, addresses, telephone and fax numbers of diocesan administrators, statistics. For each parish, the date of creation, address, telephone number, Catholic population served and the name of a person in authority are provided. Entries for institutes of consecrated life include: historical notes, name, title, address, telephone and fax numbers of the head. Includes a brief introduction to organizations such as the Roman Curia and the Canadian Pontifical College; biographical sketches of the Holy Father and of the Apostolic Pro-Nuncio. Four lists of initials of institutes of consecrated life, in English and French. Subject index of advertisers. List of municipalities with dioceses noted. Summary by subject. BX1419 A55   282.02571

Irrégulier, 1983-1988. Annuel, 1990-   . Répertoire alphabétique des diocèses, éparchies, paroisses, instituts de vie consacrée, clergé, diacres permanents et autres organismes et personnalités ayant un lien avec l'Église catholique au Canada. Pour chaque diocèse et éparchie, une notice biographique de l'évêque ou de l'éparque en fonction, les noms, les adresses et les numéros de téléphone et de télécopieur des organisateurs diocésains et des statistiques sont colligés. Pour chaque paroisse, la date d'érection, l'adresse, le numéro de téléphone, la population catholique desservie et le nom d'une personne responsable sont inscrits. Pour chaque institut de vie consacrée, une brève note historique, le nom, le titre, l'adresse et les numéros de téléphone et de télécopieur de l'instance principale sont indiqués. Inclut aussi une brève présentation d'organismes notamment la Curie romaine et le Collège pontifical canadien; les notices biographiques du Saint-Père et du Pro-Nonce apostolique. Quatre listes des initiales des instituts de vie consacrée en anglais et en français. Index sujets des annonceurs publicitaires. Liste des municipalités avec le diocèse d'appartenance. Sommaire par sujets. BX1419 A55   282.02571

4071

Le Canada ecclésiastique = Catholic directory of Canada. – (1887)-(1973/1974). – Montréal : Librairie Beauchemin, [1886?]-c1973. – 82 vol. : armoiries, ill. – 0315-6710

Annual, 1887-1964. Irregular, 1967-1973/74. Directory of dioceses, eparchies, parishes, institutes of consecrated life, clergy, other organizations and prominent persons with ties to the Catholic Church in Canada. For each diocese or eparchy, the coat of arms and biographical sketch of the incumbent bishop or eparch, names and dates of reigns of previous bishops, names of diocesan administrators, statistics, addresses and telephone numbers are provided. For each parish, address, telephone number, date of establishment, Catholic population served and name of priest are provided. Three lists of initials of institutes of consecrated life in English and in French. List of municipalities with diocese noted. List of parishes and institutes of consecrated life that have celebrated their centennial. Summary by subject. Imprint varies. Before 1967, published only in French. Title varies: 1887-1920, *Le Canada ecclésiastique : almanach-annuaire du clergé*; 1921-1952, *Le Canada ecclésiastique : annuaire du clergé*; 1953-1964, *Le Canada ecclésiastique*. Reproduced in microform format: 1887-1901, *CIHM/ICMH microfiche series*, no. A01558.   BX1419 C25 282.02571

Annuel, 1887-1964. Irrégulier, 1967-1973/74. Répertoire des diocèses, éparchies, paroisses, instituts de vie consacrée, membres du clergé et autres organismes et personnalités ayant un lien avec l'Église catholique au Canada. Pour chaque diocèse ou éparchie, les armoiries et la notice biographique de l'évêque ou de l'éparque en fonction, les noms et dates en exercice des évêques prédécesseurs, les noms des organisateurs diocésains, les statistiques et les adresses et les numéros de téléphone sont colligés. Pour chaque paroisse, la date d'érection, la population catholique desservie et le nom du curé sont inscrits. Trois listes des initiales des instituts de vie consacrée en anglais et en français. Liste des municipalités avec le diocèse d'appartenance. Liste des paroisses et instituts de vie consacrée centenaires. Sommaire par sujets. Publié par différents éditeurs. Avant 1967, publié en français seulement. Le titre varie: 1887-1920, *Le Canada ecclésiastique : almanach-annuaire du clergé*; 1921-1952, *Le Canada ecclésiastique : annuaire du clergé*; 1953-1964, *Le Canada ecclésiastique*. Reproduit sur support microforme: 1887-1901, *CIHM/ICMH collection de microfiches*, n° A01558.   BX1419 C25   282.02571

4072

Canadian Religious Conference. – *Directory = Bottin.* – Ottawa : the Conference, [1970?]- . – vol. – 0705-3118 – Cover title.

Annual. Directory of members of the Canadian Religious Conference, an organization with ties to the Catholic Church. Four parts: fathers, brothers, sisters and other organizations. Each entry includes the name of the superior of the congregation, with title, address, telephone and fax numbers. Also lists members of various Conference committees. BX2400 C3   255.002571

Annuel. Répertoire des membres de la Conférence religieuse canadienne, association liée à l'Église catholique. Quatre parties: pères, frères, soeurs et autres organismes. Chaque inscription comprend le nom du supérieur, son titre, l'adresse et les numéros de téléphone et de télécopieur. Inclut aussi la liste des membres des différents comités de la Conférence. BX2400 C3   255.002571

4073

Catholic Church. Canadian Conference of Catholic Bishops. – *Annuaire = Directory.* – (1966)- . – Ottawa : Canadian Conference of Catholic Bishops, [1966?]- . – vol. : ports, map. – 0702-7737

Irregular, 1966-1973. Annual, 1975-1991. Biennial, 1992/93- . Directory of members of the Canadian Conference of Catholic Bishops and of the dioceses under their jurisdiction. In two separate sections. Entries for bishops include: title, address, telephone numbers and dates of birth, ordination, and consecration. For each ecclesiastical jurisdiction the following are noted: names and titles of clerical authorities, addresses, telephone and fax numbers. Text in French and/or English. Also includes a brief introduction to various councils, committees, assemblies, etc., of the organization and diocesan statistics. Title varies: 1966, *Annuaire de la Conférence catholique canadienne = Directory of the Canadian Catholic Conference*. Imprint varies. BX1419 C282   282.02571

Irrégulier, 1966-1973. Annuel, 1975-1991. Biennal, 1992/93- . Répertoire des membres de la Conférence des évêques catholiques du Canada et des diocèses sous leur juridiction. Présentation en deux sections distinctes. Pour chaque membre figurent le titre, l'adresse, les numéros de téléphone et les dates de naissance, de sacerdoce et d'épiscopat. Pour chaque juridiction ecclésiastique, noms et titres des autorités cléricales et adresses et numéros de téléphone et de télécopieur sont consignés. Texte en français et (ou) en anglais. Inclut aussi une brève présentation des différents conseils, comités, assemblées, etc. de l'organisme et des statistiques diocésaines. Le titre varie: 1966, *Annuaire de la Conférence catholique canadienne = Directory of the Canadian Catholic Conference*. Publié par différents éditeurs. BX1419 C282   282.02571

4074

Conférence religieuse canadienne. – *Directory = Bottin.* – Ottawa : la Conférence, [1970?]- . – vol. – 0705-3118 – Titre de la couv.

Annual. Directory of members of the Canadian Religious Conference, an organization with ties to the Catholic Church. Four parts: fathers, brothers, sisters and other organizations. Each entry includes the name of the superior of the congregation, with title, address, telephone and fax numbers. Also lists members of various Conference committees. BX2400 C3   255.0025

Annuel. Répertoire des membres de la Conférence religieuse canadienne, association liée à l'Église catholique. Quatre parties: pères, frères, soeurs et autres organismes. Chaque inscription comprend le nom du supérieur, son titre, l'adresse et les numéros de téléphone et de télécopieur. Inclut aussi la liste des membres des différents comités de la Conférence. BX2400 C3   255.0025

4075

Église catholique. Conférence des évêques catholiques du Canada. – *Annuaire = Directory.* – (1966)- . – Ottawa : Conférence des évêques catholiques du Canada, [1966?]- . – vol. : portr., carte. – 0702-7737

Irregular, 1966-1973. Annual, 1975-1991. Biennial, 1992/93- . Directory of members of the Canadian Conference of Catholic Bishops and of the dioceses under their jurisdiction. In two separate sections. Entries for bishops include: title, address, telephone numbers and dates of birth, ordination, and consecration. For each ecclesiastical jurisdiction the following are noted: names and titles of clerical authorities, addresses, telephone and fax numbers. Text in French and/or English. Also includes a brief introduction to various councils, committees, assemblies, etc., of the organization and diocesan statistics. Title varies: 1966, *Annuaire de la Conférence catholique canadienne = Directory of the Canadian Catholic Conference*. Imprint varies. BX1419 C282   282.02571

Irrégulier, 1966-1973. Annuel, 1975-1991. Biennal, 1992/93- . Répertoire des membres de la Conférence des évêques catholiques du Canada et des diocèses sous leur juridiction. Présentation en deux sections distinctes. Pour chaque membre figurent le titre, l'adresse, les numéros de téléphone et les dates de naissance, de sacerdoce et d'épiscopat. Pour chaque juridiction ecclésiastique, noms et titres des autorités cléricales et adresses et numéros de téléphone et de télécopieur sont consignés. Texte en français et (ou) en anglais. Inclut aussi une brève présentation des différents conseils, comités, assemblées, etc. de l'organisme et des statistiques diocésaines. Le titre varie: 1966, *Annuaire de la Conférence catholique canadienne = Directory of the Canadian Catholic Conference*. Publié par différents éditeurs. BX1419 C282   282.02571

4076

Guide des institutions catholiques du Canada = Catholic institutional guide of Canada. – (1936?)-(1982/83). – Montréal : Paul A. Joncas, [1936?]-1983. – 39 vol.

Irregular. Directory of dioceses, eparchies, parishes, convents, educational institutions, schools and school boards with ties to the Catholic Church in Canada. Arranged alphabetically by municipality. Names of persons in authority, address and telephone number, are noted for each diocese, eparchy and parish. The address of each convent, educational institution, school and school board is provided. Entries in French and/or English. List of initials of congregations of men. Title varies: 1936?-1965/66, *Guide commercial ecclésiastique*; followed by two unilingual editions: 1966/67-1971, *Guide des institutions catholiques du Canada*; 1966/67, *Institutions*;

Irrégulier. Répertoire des diocèses, éparchies, paroisses, instituts de vie consacrée, maisons d'enseignement, écoles et commissions scolaires ayant un lien avec l'Église catholique au Canada. Classement selon l'ordre alphabétique des municipalités. Pour chaque diocèse, éparchie et paroisse, les noms des personnes en autorité, l'adresse et le numéro de téléphone sont colligés. Pour chaque institut de vie consacrée, maison d'enseignement, école et commission scolaire, l'adresse est inscrite. Texte en français et (ou) en anglais. Liste des initiales des instituts de vie consacrée d'hommes. Le titre varie: 1936?-1965/66, *Guide commercial ecclésiastique*; suivi de deux

Catholic institutional; and 1967/68-1971, *Catholic institutional guide of Canada*.   BX1419 C292 fol.   282.02571

éditions unilingues: 1966/67-1971, *Guide des institutions catholiques du Canada*; 1966/67, *Institutions; Catholic institutional*; et 1967/68-1971, *Catholic institutional guide of Canada*.   BX1419 C292 fol. 282.02571

4077

Ontario Catholic directory. – (1914)-(1980). – [Toronto?] : W.J. Flynn, [1913?-1979?]. – 67 vol. : ports, ill., map. – 0315-2820 0078-4702

Annual. Directory to the dioceses, eparchy, parishes, institutions, religious communities, schools, clergy and other organizations with ties to the Catholic Church in Ontario. Arranged by ecclesiastical jurisdiction or by category. For each diocese and the eparchy, the following information is provided: historical note, biographies of clerical authorities, address and telephone number of incumbent bishop or eparch, and names of diocesan administrators. For each parish, dedication, date of establishment, name of clergy, address and telephone number are noted. List of municipalities noting dioceses. Alphabetical list of clergy. General index. Imprint varies. Title varies: 1914-1958, *The Ontario Catholic year book and directory*. A publication with similar content appeared under the title: *Ontario Catholic yearbook = Annuaire catholique de l'Ontario* (Toronto : Conference of Catholic Bishops of Ontario, [1983-1984]).   BX1419 O5 fol. 282.025713

Annuel. Répertoire des diocèses, éparchie, paroisses, institutions, instituts de vie consacrée, écoles, membres du clergé et autres organismes ayant un lien avec l'Église catholique en Ontario. Classement par juridictions ecclésiastiques ou par catégories. Pour chaque diocèse ou éparchie figurent une note historique, la notice biographique des autorités cléricales, l'adresse et le numéro de téléphone de l'évêque ou éparque en fonction et le nom des organisateurs diocésains. Pour chaque paroisse, le vocable, la date d'érection, le nom du membre du clergé, l'adresse et le numéro de téléphone sont inscrits. Liste des municipalités avec le diocèse d'appartenance. Liste alphabétique des membres du clergé. Index général. Publié par différents éditeurs. Le titre varie: 1914-1958, *The Ontario Catholic year book and directory*. Une publication au contenu similaire a paru sous le titre: *Ontario Catholic yearbook = Annuaire catholique de l'Ontario* (Toronto : Conférence des évêques catholiques de l'Ontario, [1983-1984]).   BX1419 O5 fol.   282.025713

4078

Union canadienne des religieuses contemplatives. – *Bottin* = *Directory.* – [S.l.] : l'Union, [1975?]- . – vol. – 0822-8949

Irregular. Alphabetical directory of fifteen institutes of consecrated life, members of the Union canadienne des religieuses contemplatives and of six non-member monasteries. Entries include: address, telephone number, diocese, date of foundation, activities and guest lodgings. Text in French or in English.   BX1419 U5   255.90102571

Irrégulier. Répertoire alphabétique de quinze instituts de vie consacrée membres de l'Union canadienne des religieuses contemplatives et de six monastères non membres. Pour chaque monastère figurent l'adresse, le numéro de téléphone, le diocèse, la date de fondation, les activités et les services d'hôtellerie. Texte en français ou en anglais.   BX1419 U5   255.90102571

History

Histoire

4079

Au service de l'Église : ordres religieux et congrégations ecclésiastiques au Canada français. – Avant-propos par le R. P. Archambault, s.j. – Montréal : Imprimerie du Messager, 1924. – 316 p. : ill., portr.

Signed articles on twenty Catholic institutes of consecrated life for men, established in French Canada. Articles include history, description of activities and a short bibliography. Reissue of articles which appeared in *Vie nouvelle*.   BX2461.2 A8   255.00971

Description signée de vingt instituts de vie consacrée d'hommes liés à l'Église catholique et établis au Canada français. Pour chaque institut, l'historique, la description de leurs réalisations et une courte bibliographie sont mentionnés. Refonte d'articles parus dan *Vie nouvelle*.   BX2461.2 A8   255.00971

4080

Histoire du catholicisme québécois. – Dirigée par Nive Voisine. – [Montréal] : Boréal, 1984- . – vol. : ill., cartes, tabl. – 2890522733 (vol. 2, t. 1) 2890524019 (vol. 2, t. 2) 2890520994 (vol. 3, t. 1) 2890521001 (vol. 3, t. 2)

History of Catholicism in Quebec. Series to contain three volumes in five parts. Vol. 1, in preparation; vol. 2, *Les XVIIᵉ et XIXᵉ siècles*, part 1, *Les années difficiles, 1760-1839* (1989) by Lucien Lemieux; part 2, *Reveil et consolidation, 1840-1898* (1991) by Philippe Sylvain and Nive Voisine; vol. 3, *Le XXᵉ siècle*, part 1, *1898-1940* (1984) by Jean Hamelin and Nicole Gagnon; part 2, *De 1940 à nos jours* (1984) by Jean Hamelin. Bibliography and name index in each part. Subject index in vol. 3, parts 1 and 2.   BX1422 Q8 H57 1984 282.714

Description historique du catholicisme au Québec. Série devant comporter 3 vol. en 5 tomes. Vol. 1, à paraître; vol. 2, *Les XVIIᵉ et XIXᵉ siècles*, tome 1, *Les années difficiles, 1760-1839* (1989) par Lucien Lemieux; tome 2, *Reveil et consolidation, 1840-1898* (1991) par Philippe Sylvain et Nive Voisine; vol. 3, *Le XXᵉ siècle*, tome 1, *1898-1940* (1984) par Jean Hamelin et Nicole Gagnon; tome 2, *De 1940 à nos jours* (1984) par Jean Hamelin. Bibliographie et index des noms dans chaque tome. Index thématique dans le vol. 3, tomes 1 et 2. BX1422 Q8 H57 1984   282.714

4081

Moncion, Jean, o.m.i. – *The civil incorporation of religious institutes in Canada.* – Ottawa : Canadian Religious Conference, 1978. – xii, 400 p. : tables. – Ph.D. thesis, Saint Paul University, 1978.

Lists acts of incorporation obtained between 1618 and 1975 by 277 institutes of religious life established in Canada. Divided into two groups of institutes: for men (88) and for women (189). Also includes a description of the juridical and legal conditions under which institutes operate in Canada. Bibliography. Indexes of the

Recension des incorporations obtenues entre 1618 et 1975 par 277 instituts de vie consacrée catholiques établis au Canada. Présentation en deux types d'institut: d'hommes (88) et de femmes (189). Inclut aussi la présentation des conditions juridico-civiles pour les instituts dans le contexte canadien. Bibliographie. Deux index des noms

usual names of men's and women's institutes. Also published in French under the title: *L'incorporation civiles des instituts religieux au Canada*. KE4502 M6513 fol. 346.71066

usuels des instituts: homme, femme. Publié aussi en français sous le titre: *L'incorporation civile des instituts religieux au Canada*. KE4502 M6513 fol. 346.71066

4082

Moncion, Jean, o.m.i. – *L'incorporation civile des instituts religieux au Canada*. – Ottawa : Conférence religieuse canadienne, 1978. – xii, 400 p. : tableaux. – Thèse, Ph.D., Université Saint-Paul, 1978.

Lists acts of incorporation obtained between 1618 and 1975 by 277 institutes of religious life established in Canada. Divided into two groups of institutes: for men (88) and for women (189). Also includes a description of the juridical and legal conditions under which institutes operate in Canada. Bibliography. Indexes of the usual names of men's and women's institutes. Reproduced in microform format: *Canadian theses on microfiche*, no. 44097. Also published in English under the title: *The civil incorporation of religious institutes in Canada*. KE4502 M65 fol. 346.71066

Recension des incorporations obtenues entre 1618 et 1975 par 277 instituts de vie consacrée catholiques établis au Canada. Présentation en deux types d'institut: d'hommes (88) et de femmes (189). Inclut aussi la présentation des conditions juridico-civiles pour les instituts dans le contexte canadien. Bibliographie. Deux index des noms usuels des instituts: homme, femme. Reproduit sur support microforme: *Thèses canadiennes sur microfiche*, n° 44097. Publié aussi en anglais sous le titre: *The civil incorporation of religious institutes in Canada*. KE4502 M65 fol. 346.71066

4083

Sur les pas de Marthe et de Marie : congrégations de femmes au Canada français. – Avant-propos par le R. P. Archambault, s.j. – Montréal : Imprimerie du Messager, 1929. – 672 p. : ill., portr.

Description of 70 institutes of consecrated life for women, with ties to the Catholic Church and established in Quebec. Arranged chronologically by the date of the institute's arrival in Quebec. Entries include history, description of achievements, brief bibliography. BX4220 C2 S97 255.009714

Description de 70 instituts de vie consacrée de femmes liés à l'Église catholique et établis au Québec. Classement selon l'ordre chronologique de leur arrivée en sol québécois. Pour chaque institut figurent l'historique, la description de leurs réalisations et une courte bibliographie. BX4220 C2 S97 255.009714

4084

Sylvestre, Paul-François. – *Les communautés religieuses en Ontario français : sur les traces de Joseph Le Caron*. – Montréal : Éditions Bellarmin, 1984. – 141 p. : ill., carte. – 2890075516

Description of 47 Francophone institutes of consecrated life with ties to the Catholic Church and established in Ontario. Arranged chronologically by date of arrival in Ontario. Each institute's history and a list of members by municipality are given. General introduction. Bibliography. Index of institutes. BX2528 O5 S94 271.009713

Description de 47 instituts de vie consacrée liés à l'Église catholique et établis en Ontario français. Classement selon l'ordre chronologique de leur arrivée en sol ontarien. Pour chaque institut figurent l'historique et la liste des réalisateurs par municipalités. Inclut un aperçu général. Bibliographie. Index des instituts. BX2528 O5 S94 271.009713

Indexes

Index

4085

Brault, Lucien. – *Index des mémoires de la Société canadienne d'histoire de l'Église catholique*. – Ottawa : [s.n., 1960?]. – 248 p.

Index of authors, names, places and subjects of articles published in two annual serials of the Canadian Catholic Historical Association: *Rapport* and *Report*, 1933-1958. French terms refer to French- language articles and English terms refer to English-language articles. Has also appeared with title page and introduction in English: *Index to the transactions of the Canadian Catholic Historical Association*. Continued by: *Index des mémoires (1959-1965) et des sessions d'études (1966-1983) de la Société canadienne d'histoire de l'Église catholique*. BX1419 S67 Index 1933-58 282.71

Index confondu des auteurs, des noms, des lieux et des sujets des articles parus dans deux publications en série annuelles de la Société canadienne d'histoire de l'Église catholique: *Rapport* et *Report*, 1933-1958. Les termes français réfèrent aux textes de langue française et les termes anglais renvoient aux articles de langue anglaise. L'index a aussi paru avec une page titre et un texte d'introduction en anglais: *Index to the transactions of the Canadian Catholic Historical Association*. Suivi de: *Index des mémoires (1959-1965) et des sessions d'études (1966-1983) de la Société canadienne d'histoire de l'Église catholique*. BX1419 S67 Index 1933-58 282.71

4086

Brault, Lucien. – *Index des mémoires (1959-1965) et des sessions d'études (1966-1983) de la Société canadienne d'histoire de l'Église catholique*. – [Ottawa] : Société canadienne d'histoire de l'Église catholique, [1984?]. – 93, 81 p.

Continues: *Index des mémoires de la Société canadienne d'histoire de l'Église catholique*. Index of authors, names, places and subjects of articles published in two annual serial publications of the Canadian Catholic Historical Association: 1959-1965, *Rapport* and *Report*; 1966-1982, *Sessions d'étude* and *Study sessions*; 1983, *Sessions d'étude = Study sessions*. Index in two parts. French terms refer to French-language articles and English terms refer to English-language articles. List of initials of institutes of consecrated life. Has also appeared with title page and introduction in English: *Index to the*

Fait suite à: *Index des mémoires de la Société canadienne d'histoire de l'Église catholique*. Index confondu des auteurs, des noms, des lieux, et des sujets des articles parus dans deux publications en série annuelles de la Société canadienne d'histoire de l'Église catholique: 1959-1965, *Rapport* et *Report*; 1966-1982, *Sessions d'étude* et *Study sessions*; 1983, *Sessions d'étude = Study sessions*. L'index comporte deux parties. Les termes français réfèrent aux textes de langue française et les termes anglais renvoient aux articles de langue anglaise. Liste des initiales des instituts de vie consacrée. L'index a

volumes of *Report (1959-1965) and Study sessions (1966-1983) of the Canadian Catholic Historical Association*.   BX1419 S6 Index 1984   282.71

4087

Brault, Lucien. – *Index to the transactions of the Canadian Catholic Historical Association.* – Ottawa : [s.n., 1960?]. – 248 p.

Index of authors, names, places and subjects of articles published in two annual serials of the Canadian Catholic Historical Association: *Rapport* and *Report*, 1933-1958. English terms refer to English-language articles and French terms refer to French-language articles. Has also appeared with title page and introduction in French: *Index des mémoires de la Société canadienne d'histoire de l'Église catholique.* Continued by: *Index to the volumes of Report (1959-1965) and Study sessions (1966-1983) of the Canadian Catholic Historical Association.* BX1419 S672 Index 1933-58   282.71

4088

Brault, Lucien. – *Index to the volumes of Report (1959-1965) and Study sessions (1966-1983) of the Canadian Catholic Historical Association.* – [Ottawa] : Canadian Catholic Historical Association, [1984?]. – 81, 93 p.

Continues: *Index to the transactions of the Canadian Catholic Historical Association.* Index of authors, names, places and subjects of articles published in two annual serials of the Canadian Catholic Historical Association: 1959-1965, *Rapport* and *Report*; 1966-1982, *Sessions d'étude* and *Study sessions*; 1983, *Sessions d'étude = Study sessions*. Index in two parts. English terms refer to English-language articles and French terms refer to French-language articles. List of initials of institutes of consecrated life. Has also appeared with title page and introduction in French: *Index des mémoires (1959-1965) et des sessions d'études (1966-1983) de la Société canadienne d'histoire de l'Église catholique.* BX1419 S69 Index 1984   282.71

4089

Normandeau, Suzanne. – *Que chanterons-nous? : guide de chants religieux et de référence bibliques.* – [Saint-Laurent, Québec] : Fides, c1993. – 242 p. – 276211649X

Guide to hymns in nineteen hymn-books and 50 chapbooks produced by Canadian and French publishers. In three parts arranged by title, by code, and by biblical reference. For each hymn title, a code, the hymn-book or chapbook, the author and the publisher are noted. Bibliography.   BV340 N67 1993 fol.   264.2

aussi paru avec une page titre et un texte d'introduction en anglais: *Index to the volumes of Report (1959-1965) and Study sessions (1966-1983) of the Canadian Catholic Historical Association.* BX1419 S6 Index 1984   282.71

Index confondu des auteurs, des noms, des lieux et des sujets des articles parus dans deux publications en série annuelles de la Société canadienne d'histoire de l'Église catholique: *Report* et *Rapport*, 1933-1958. Les termes anglais réfèrent aux textes de langue anglaise et les termes français renvoient aux articles de langue française. L'index a aussi paru avec une page titre et un texte d'introduction en français: *Index des mémoires de la Société canadienne d'histoire de l'Église catholique.* Suivi de: *Index to the volumes of Report (1959-1965) and Study sessions (1966-1983) of the Canadian Catholic Historical Association.* BX1419 S672 Index 1933-58   282.71

Fait suite à: *Index to the transactions of the Canadian Catholic Historical Association.* Index confondu des auteurs, des noms, des lieux et des sujets des articles parus dans deux publications en série annuelles de la Société canadienne d'histoire de l'Église catholique: 1959-1965, *Report* et *Rapport*; 1966-1982, *Study sessions* et *Sessions d'étude*; 1983, *Sessions d'étude = Study sessions*. L'index comporte deux parties. Les termes anglais réfèrent aux textes de langue anglaise et les termes français renvoient aux articles de langue française. Liste des initiales des instituts de vie consacrée. L'index a aussi paru avec une page titre et un texte d'introduction en français: *Index des mémoires (1959-1965) et des sessions d'études (1966-1983) de la Société canadienne d'histoire de l'Église catholique.* BX1419 S69 Index 1984   282.71

Index des chants répertoriés dans dix-neuf recueils et 50 cahiers publiés par des maisons d'édition canadiennes et françaises. Trois parties classées par titres, par cotes, par références bibliques. Pour chaque titre de chant, une cote, le recueil ou le cahier, l'auteur et la maison d'édition sont mentionnés. Bibliographie. BV340 N67 1993 fol.   264.2

Catholic Orders

Basilian Fathers

Ordres catholiques

Prêtres de Saint-Basile

4090

Scollard, Robert J., c.s.b. – *Basilian novitiates in Canada and the United States : an annotated bibliography.* – Toronto : Basilian Press, 1972. – 40 p. : facsims. – (Basilian historical bulletin ; no. 8).

Description and bibliography of nine novitiates founded by the Basilian Fathers since 1856. Arranged chronologically by date of foundation in Canada and the United States. Description of each novitiate contains a historical sketch, names of superiors and years in office, names of novices by year of arrival and an annotated bibliography. Z7840 B23 S36   016.27179

Texte descriptif et bibliographie se rapportant aux neuf noviciats fondés par les Prêtres de Saint-Basile depuis 1856. Présentation selon l'ordre chronologique de fondation des noviciats au Canada et aux États-Unis. La description de chaque noviciat comprend une note historique, les noms des supérieurs et les années en fonction, les noms des novices par années d'arrivée et une bibliographie annotée. Z7840 B23 S36   016.27179

4091

Scollard, Robert J., c.s.b. – *Basilian serial publications, 1935-1969.* – Toronto : Basilian Press, 1970. – 28 p. : facsims. – (Basilian historical bulletin ; no. 1).

Description of eleven serial publications published by the Basilian Fathers. Arranged chronologically by date of first issue. Entries include: title, dates of publication, frequency, place of publication,

Description de onze publications en série publiées par les Prêtres de Saint-Basile. Présentation selon l'ordre chronologique du début de la parution. Les notices comprennent le titre, les années de parution, la

audience, explanatory notes, dates of each issue, format, names of editors and information on indexes.   Z7840 B23 S4   016.27179

périodicité, le lieu d'édition, l'auditoire, des notes explicatives, les dates de chaque livraison, le format, les noms des rédacteurs et des données sur l'indexation.   Z7840 B23 S4   016.27179

4092

Scollard, Robert J., c.s.b. – *Dictionary of Basilian biography : lives of members of the Congregation of Priests of Saint Basil from its beginnings in 1822 to 1968.* – Toronto : Basilian Press, 1969. – 171 p.

Obituaries of Basilian Fathers, over half of whom worked in North America. Arranged alphabetically. Each entry contains events, dates, places, names, publications and bibliographical sources.
BX2790 Z7 S3 fol.   271.79

Notices nécrologiques des prêtres de Saint-Basile dont plus de la moitié ont oeuvré en Amérique du Nord. Classement alphabétique. Chaque notice biographique comprend les faits, dates, lieux, noms, publications et sources bibliographiques.   BX2790 Z7 S3 fol. 271.79

Brothers of Christian Instruction

Frères de l'instruction chrétienne

4093

Gagné, Oscar, i.c. – *L'oeuvre pédagogique des Frères de l'instruction chrétienne dans la province de Québec, 1886-1986.* – La Prairie [Québec] : Frères de l'instruction chrétienne, 1986. – xiv, 229 p. : portr. – (Les cahiers du Regroupement des archivistes religieux ; cahier n° 2). – 2980055808

Previous ed.: *L'oeuvre pédagogique des Frères de l'instruction chrétienne dans la province de Québec, 1886-1953 : essai de bibliographie* (Montréal : École de bibliothécaires, 1955). Annotated bibliography of 1,316 publications written or published by the Brothers of Christian Instruction. Includes monographs, fascicles, baccalaureate, licence, master's and doctoral theses and other related academic works. Arranged by discipline. Description of ten serial publications. Cross-reference table of religious names and family names. Two indexes: author-pseudonym, title without author. Replaces: Hamel, Louis-Bertrand, frère, i.c., *Relevé des thèses présentées par les Frères de l'instruction chrétienne du Canada en vue de l'obtention d'un diplôme universitaire : essai de bibliographie* (La Prairie, [Québec] : [s.n.], 1960). Z5815 C3 I85 1986 fol.   016.27179

Édition précédente: *L'oeuvre pédagogique des Frères de l'instruction chrétienne dans la province de Québec, 1886-1953 : essai de bibliographie* (Montréal : École de bibliothécaires, 1955). Bibliographie annotée de 1 316 publications écrites ou éditées par les Frères de l'instruction chrétienne. Inclut des monographies, fascicules, thèses de baccalauréat, de licence, de maîtrise, de doctorat et autres travaux universitaires connexes. Classement par disciplines. Description de dix publications en série. Table de renvoi des noms de religion aux noms de famille. Deux index: auteurs-pseudonymes, titres sans auteurs. Remplace: Hamel, Louis-Bertrand, frère, i.c., *Relevé des thèses présentées par les Frères de l'instruction chrétienne du Canada en vue de l'obtention d'un diplôme universitaire : essai de bibliographie* (La Prairie, [Québec] : [s.n.], 1960).   Z5815 C3 I85 1986 fol.   016.27179

Clerics of St. Viator

Clercs de Saint-Viateur

4094

Prud'homme, François, c.s.v. – *Les publications des Clercs de Saint-Viateur.* – Montréal : Clercs de Saint-Viateur, 1984. – xxi, 344, 58 p. : fac-sim. – (Les cahiers du Regroupement des archivistes religieux ; cahier n° 1). – 292059700X

Bibliography of 2,733 publications written or co-published by the Clerics of St. Viator and of publications relating to this order. Includes monographs, periodical articles, master's and doctoral theses, course notes, musical works and pamphlets. Excludes ephemera. In four parts: history of the institute; publications by or about clerics listed by author; textbooks by discipline; periodicals by title. Five indexes: author, geographical, periodical, biography, subject. Replaces: Prud'homme, François, c.s.v. ; Caron, Armand, c.s.v., *Bibliographie viatorienne* ([S.l. : s.n.], 1967). Two supplements. Z7840 C44 P79 1984   016.27179

Bibliographie de 2 733 publications écrites ou coéditées par les Clercs de Saint-Viateur et celles étroitement reliées à l'institut de vie consacrée. Inclut des monographies, articles de périodiques, thèses, mémoires, notes de cours, oeuvres musicales et brochures. Exclut des textes de caractère éphémère. Quatre parties: histoire de l'institut; publications des ou sur les religieux répertoriées par auteurs; manuels scolaires par disciplines; périodiques par titres. Cinq index: auteurs, géographique, périodiques, biographies, sujets. Remplace: Prud'homme, François, c.s.v. ; Caron, Armand, c.s.v., *Bibliographie viatorienne* ([S.l. : s.n.], 1967). Deux suppléments.
Z7840 C44 P79 1984   016.27179

4095

Prud'homme, François, c.s.v. – *Les publications des Clercs de Saint-Viateur.* – Montréal : Clercs de Saint-Viateur, 1984 [i.e. 1985?]. – 13, [1] p. – (Les cahiers du Regroupement des archivistes religieux ; cahier n° 1). – Titre de la couv.

First supplement, dated March 1, 1985.   Z7840 C44 P79 1984 Suppl. 016.27179

Premier supplément daté du 1er mars 1985.   Z7840 C44 P79 1984 Suppl.   016.27179

4096

Hémond, Robert, c.s.v. – *Les publications des Clercs de Saint-Viateur (Montréal, 1984) : supplément.* – Robert Hémond, c.s.v., François Prud'homme, c.s.v. – Montréal : Clercs de Saint-Viateur, 1992. – 182 p. – (Les cahiers du Regroupement des archivistes religieux ; supplément au cahier n° 1). – 2920597000

Second supplement. Five indexes: author, geographical, periodical, biography, subject. Absorbs: *Les publications des Clercs de Saint-Viateur, Montréal 1984 : corrigenda et addenda* ([S.l. : s.n.], 1984).
Z7840 C44 P79 1984 Suppl. 2   016.27179

Second supplément. Cinq index: auteurs, géographique, périodiques, biographies, sujets. Absorbe: *Les publications des Clercs de Saint-Viateur, Montréal 1984 : corrigenda et addenda* ([S.l. : s.n.], 1984).
Z7840 C44 P79 1984 Suppl. 2   016.27179

4097

Trudeau, P. A., c.s.v. – *Index alphabétique des biographies des profès et des novices décédés, 1831-1970.* – [2ᵉ éd. corr. et augm.]. – Joliette (Québec) : Imprimerie Saint-Viateur, 1970. – 118 p.

1st ed., 1940, *Index alphabétique des biographies des profès et des novices, 1831-1940*. Index of approximately 1,200 biographical entries on Clerics of St. Viator, published in serials of the order. Each entry includes status, year of birth and death, month and day of death, religious province of affiliation, bibliographical reference and explanatory notes.   BX2529 Q8 T7   271.79

1ʳᵉ éd., 1940, *Index alphabétique des biographies des profès et des novices, 1831-1940*. Index d'environ 1 200 notices biographiques de Clercs de Saint-Viateur parues dans les publications en série de cet institut de vie consacrée. Chaque notice comprend le statut, les années de naissance et de décès, le mois et le quantième de sa mort, la province religieuse attitrée, la référence bibliographique et des notes explicatives.   BX2529 Q8 T7   271.79

Congregation of Notre-Dame

Congrégation de Notre-Dame

4098

Sainte-Marie-de-Pontmain, soeur, c.n.d. – *Bio-bibliographie analytique des imprimés des soeurs de la Congrégation de Notre-Dame de Montréal.* – Québec : École de bibliothécaires, 1952. – xiv, 175 f. (feuilles mobiles) : portr. – Thèse, diplôme, Université Laval, 1952.

Biographical sketches completed by annotated bibliographical references for publications written by the sisters of the Congregation of Notre-Dame. Six parts: history, annals, religious books, textbooks, teaching methods, miscellaneous. Bibliography. Name-title index. Reproduced in microform format: *Les bibliographies du cours de bibliothéconomie de l'Université Laval, 1947-1966* (Montréal : Bibliothèque nationale du Québec, 1978-1980), no. 343, 2 microfiches.   Z674.8   016.27197

Notices biographiques complétées des références bibliographiques annotées de publications écrites par les soeurs de la Congrégation de Notre-Dame. Six parties: histoire, annales, livres religieux, manuels scolaires, pédagogie et divers. Bibliographie. Un index: onomastique-titres. Reproduit sur support microforme: *Les bibliographies du cours de bibliothéconomie de l'Université Laval, 1947-1966* (Montréal : Bibliothèque nationale du Québec, 1978-1980), nº 343, 2 microfiches.   Z674.8   016.27197

Dominicans

Dominicains

4099

Dominicains. Province canadienne de Saint-Dominique. – *Annuaire.* – Frères prêcheurs, Province Saint-Dominique du Canada. – Montréal : les Frères, 1911-   . – vol. : tabl. – 0826-5119

Annual. Directory of organizations with ties to the Dominicans of the Canadian Province of St. Dominic. Arranged by category such as convents and houses of brothers, convents for sisters, fraternities of Dominican lay people, etc. For each convent and house of brothers, the address, telephone and fax numbers and important dates of the institution are given, as well as the names, degrees, titles and dates of appointment of the persons in authority. Chronology of the Canadian Province of St. Dominic since 1873. List of provincial priors since 1911. Alphabetical list of brothers with current assignment, dates of birth, profession and ordination. Chronological list of brothers by date of profession. Table of brothers' birthdays. Alphabetical list of deceased brothers. Obituaries of brothers deceased in the course of the previous year. Includes statistics. Title varies: 1911-1934, *Syllabus fratrum sacri ordinis praedicatorum*; 1935-1971, *Catalogus conventuum et fratrum provinciae Sancti Dominici Canadensis ordinis praedicatorum, simul et coenobiorum sororum ibi existentium*; 1972-1981, *Annuaire des couvents et des maisons, des frères, des monastères, des couvents de soeurs et des fraternités laïques*; 1982-1983, *Annuaire de la province Saint-Dominique du Canada*.   BX3511 A1 D62   255.2002571

Annuel. Répertoire des organismes ayant un lien avec les Dominicains, Province canadienne de Saint-Dominique. Classement par catégories telles que couvents et maisons des frères, couvents des soeurs, fraternités du laïcat dominicain, etc. Pour chaque couvent et maison des frères figurent l'adresse, les numéros de téléphone et de télécopieur, les dates liées à l'institution et le nom, les diplômes, le titre et la date d'entrée en fonction des personnes associées. Chronologie de la Province canadienne de Saint-Dominique depuis 1873. Liste des prieurs provinciaux depuis 1911. Liste alphabétique des frères avec le lieu d'assignation, dates de naissance, de profession et d'ordination. Liste chronologique des frères selon la date de profession. Table des anniversaires de naissance des frères. Liste alphabétique des frères décédés. Notices nécrologiques des frères décédés au courant de la dernière année. Inclut les statistiques. Le titre varie: 1911-1934, *Syllabus fratrum sacri ordinis praedicatorum*; 1935-1971, *Catalogus conventuum et fratrum provinciae Sancti Dominici Canadensis ordinis praedicatorum, simul et coenobiorum sororum ibi existentium*; 1972-1981, *Annuaire des couvents et des maisons, des frères, des monastères, des couvents de soeurs et des fraternités laïques*; 1982-1983, *Annuaire de la province Saint-Dominique du Canada*.   BX3511 A1 D62   255.2002571

4100

Plourde, Jules Antonin, o.p. – *Qui sont-ils et d'où viennent-ils? : nécrologe dominicain, 1882-1964.* – Montréal : Éditions du Lévrier, [1965]. – 411 p. : ill., plan, portr.

165 signed obituaries of Canadian Dominicans or of Dominicans who worked in Canada between 1882 and 1964, listed in chronological order of decease. Each entry includes events, dates, places, names, location of grave and bibliographical sources. List of obituaries and calendar of spiritual portraits by day of the month. Name index. Supplement.   BX3555 P5 1965   271.2022

165 notices nécrologiques signées des Dominicains d'origine canadienne ou ayant oeuvré au Canada entre 1882 et 1964. Recension selon l'ordre chronologique du décès. Chaque notice biographique comprend les faits, dates, lieux, noms, localisation de la sépulture et sources bibliographiques. Liste nécrologique et résumé du portrait spirituel par quantième des mois. Un index onomastique. Supplément.   BX3555 P5 1965   271.2022

4101

Plourde, Jules Antonin, o.p. – *Qui sont-ils et d'où viennent-ils? : nécrologe dominicain, 1965-1990. Tome II.* – Montréal : Les Dominicains au Canada, [1991]. – 351 p. : ill., plan, portr. – 2980256102 – Thèse, diplôme, Université Laval, 1949.

172 signed obituaries for Canadian Dominicans or for Dominicans who worked in Canada between 1965 and 1990. Chronologically arranged by death date. Each entry includes facts, dates, places, names and location of grave. Name index.   BX3555 P5 1991   271.2022

172 notices nécrologiques signées des Dominicains d'origine canadienne ou ayant oeuvré au Canada entre 1965 et 1990. Recension selon l'ordre chronologique de la date de décès. Chaque notice comprend les faits, dates, lieux, noms et la localisation de la sépulture. Index onomastique.   BX3555 P5 1991   271.2022

Eudists

Eudistes

4102

Babin, Basile Joseph, c.j.m. – *Bibliographie analytique des évêques et de quelques pères eudistes au Canada.* – Québec : [s.n.], 1949. – ix, 162 f. (feuilles mobiles). – Thèse, diplôme, Université Laval, 1949.

Biographical entries concerning 21 Canadian Eudists, completed by annotated bibliographical references. In two parts: bishops and priests. Title and name indexes. Reproduced in microform format: *Les bibliographies du cours de bibliothéconomie de l'Université Laval, 1947-1966* (Montréal : Bibliothèque nationale du Québec, 1978-1980), no. 8, 2 microfiches.   Z674.8   016.27179

Notices biographiques de 21 Eudistes canadiens complétées des références bibliographiques annotées. Présentation en deux parties: évêques et pères. Deux index: titres, onomastique. Reproduit sur support microforme: *Les bibliographies du cours de bibliothéconomie de l'Université Laval, 1947-1966* (Montréal : Bibliothèque nationale du Québec, 1978-1980), n° 8, 2 microfiches.   Z674.8   016.27179

4103

Eudistes. Archives provinciales. – *État général des fonds et collections des archives provinciales des pères eudistes.* – Par Sonia Chassé. – Charlesbourg [Québec] : [s.n.], 1987. – 119 p. : ill., portr.

Description of 88 archival fonds and collections related to the work of the Eudists in North America since 1890, held by the Provincial Archives of the Eudist Fathers. Arranged alpha-numerically by classification code. Description of each fond and collection includes its identification code, type of material and format, extent, inclusive years, finding aid, restrictions on access, historical/biographical sketch, description of content.   CD3649 C45 E84 1987 fol. 016.27179

Description de 88 fonds et collections d'archives liés à la présence eudiste en Amérique du Nord depuis 1890 et conservés aux Archives provinciales des pères eudistes. Classement alpha-numérique des cotes. La description de chaque fonds et collection comprend sa cote spécifique, type de matériel et support, envergure, années extrêmes, instrument de recherche, restriction à la consultation, notice historique ou biographique, présentation du contenu.
CD3649 C45 E84 1987 fol.   016.27179

Franciscan Recollects

Récollets (Franciscains)

4104

Halley, Madeleine. – *Essai de bibliographie des écrits des Récollets ou sur les Récollets depuis 1615.* – [S.l. : s.n.], 1938. – 21, [7] f. (feuilles mobiles).

84 bibliographical references, of which approximately half are annotated, for published works written by or about the Franciscan Recollects of Canada. Includes monographs, pamphlets and periodical articles chronologically arranged. Title and author indexes. Z7840 R2 H3 fol.   016.2713

84 références bibliographiques, dont environ la moitié sont annotées, de publications écrites par et sur les Récollets (Franciscains) du Canada. Comprend des monographies, brochures et articles de périodiques. Recension chronologique. Deux index: titres, auteurs.   Z7840 R2 H3 fol.   016.2713

4105

Hugolin, père, o.f.m. – *Notes bibliographiques pour servir l'histoire des Récollets du Canada.* – Montréal : Imp. des Franciscains, 1932-1933. – 5 vol. (51 ; xxviii, 38 ; 23 ; 31 ; 87-109 [i.e. 33] p.) : ill., carte pliée.

Annotated bibliography of publications written by and about the Franciscan Recollects of Canada. Listed chronologically. Vol. 1, *Les écrits imprimés laissés par les Récollets*; vol. 2, *Le père Nicolas Viel*; vol. 3, *Le serviteur de Dieu, frère Didace Pelletier, 1657-1699*; vol. 4, *Bibliographie des bibliographies du p. Louis Hennepin, récollet*; vol. 5, *Bibliographie des travaux édités ou imprimés en Europe sur les Récollets du Canada.*   Z7840 R2 L4   016.2713

Bibliographie annotée de publications écrites par et sur les Récollets (Franciscains) du Canada. Recension chronologique. Vol. 1, *Les écrits imprimés laissés par les Récollets*; vol. 2, *Le père Nicolas Viel*; vol. 3, *Le serviteur de Dieu, frère Didace Pelletier, 1657-1699*; vol. 4, *Bibliographie des bibliographies du p. Louis Hennepin, récollet*; vol. 5, *Bibliographie des travaux édités ou imprimés en Europe sur les Récollets du Canada.*   Z7840 R2 L4   016.2713

4106

Nécrologe de la province Saint-Joseph de l'Ordre des frères mineurs du Canada. – [Compilé par père Marie-Albert, o.f.m et père Joseph-Hermann, o.f.m.] – Montréal : Imprimerie des Franciscains, 1936. – 173 p.

Obituaries of Franciscan Recollects who worked in Canada from 1615 to 1629 and from 1670 to 1849; and of Franciscans between 1888 and 1936. In two parts: general, specific to each convent. Name index noting Canadian nationality and status (priest, cleric, lay brother or tertiary).   BX3980 Z7 M334 1936   271.3022

Notices nécrologiques des Récollets (Franciscains) ayant oeuvré au Canada de 1615 jusq'en 1629, et puis de 1670 à 1849; et des Franciscains entre 1888 et 1936. Deux parties: commune et spécifique aux couvents concernés. Index onomastique avec mention de la nationalité canadienne et du statut (prêtre, clerc, convers ou tertiaire).   BX3980 Z7 M334 1936   271.3022

Franciscans

Franciscains

4107

C'était mon frère : soixante-quinze ans de vie franciscaine au Canada, 1890-1965. – Montréal : Librairie Saint-François, 1965. – 477 p. : portr.

Approximately 200 signed obituaries for Canadian Franciscans or Franciscans who worked in Canada between 1890 and 1965. In three parts: provincial superiors listed chronologically; priests, clerics and lay brothers; lay members of the Third Order listed alphabetically. Glossary. Three indexes: religious name, chronological by date of death, author. Supplement.   BX3611 A1 A3   271.3022

Quelque 200 notices nécrologiques signées des Franciscains d'origine canadienne ou ayant oeuvré au Canada entre 1890 et 1965. Présentation en trois parties: ministres provinciaux recensés chronologiquement; pères, clercs et frères; syndics apostoliques répertoriés alphabétiquement. Glossaire. Trois index: prénoms religieux, chronologique par dates de décès, auteurs. Supplément.   BX3611 A1 A3 271.3022

4108

C'était mon frère : supplément 1, 1965-1976. – Montréal : Archives des Franciscains, 1976. – 232 p. : portr.

Adds over 60 obituaries.   BX3611 A1 A32   271.3022

Ajout de plus de 60 notices nécrologiques.   BX3611 A1 A32 271.3022

4109

Franciscains. Province Saint-Joseph du Canada. – ***État de la province franciscaine Saint-Joseph du Canada.*** – Ordre des frères mineurs. – [2e] éd. – Montréal : les Frères, 1984. – 111 p. : portr., tabl.

1st ed., 1972, *État de la province Saint-Joseph du Canada*. Directory of organizations and of Franciscans belonging to the Province Saint-Joseph du Canada. Two parts: friaries presented chronologically by date of foundation, members of the order listed alphabetically by name. For each friary, address, date of foundation and associated institutions are noted. For each individual, status, personal name and family name of parents, place and date of birth, date of entry into the order, of profession and of ordination and a portrait are provided. Alphabetical list of members of the order with date of birth. Chronological list of members by date of profession subdivided into five groups: bishops, priests, a deacon, lay brothers, and life-members of the Third Order. Chronological list of 294 deceased Franciscans. Includes statistics.   BX3611 S23 F73 1984   255.3002571

1re éd., 1972, *État de la province Saint-Joseph du Canada*. Répertoire des organismes et des Franciscains liés à la province Saint-Joseph du Canada. Deux parties: les maisons répertoriées selon l'ordre chronologique de leur fondation et les religieux recensés selon l'ordre alphabétique des noms. Pour chaque maison, l'adresse, la date de fondation et les institutions associées sont consignées. Pour chaque religieux, le statut, prénom et nom de famille des parents, lieu de naissance, les dates de naissance, d'inscription, de profession et de sacerdoce sont colligés en plus de leur portrait. Liste alphabétique des religieux avec leur date de naissance. Liste chronologique des religieux selon la date de profession subdivisée en cinq sections: évêques, prêtres, diacre, frères profès, tertiaires perpétuels. Liste chronologique de 294 Franciscains décédés. Inclut des statistiques. BX3611 S23 F73 1984   255.3002571

4110

Hugolin, père, o.f.m. – ***Bibliographie franciscaine : inventaire des revues, livres, brochures des autres écrits publiés par les Franciscains du Canada de 1890 à 1915.*** – Québec : Imprimerie franciscaine missionnaire, 1916. – 141 p.

Annotated bibliography of publications written or published by Canadian Franciscans. In three parts: collective or official publications, periodicals, authors. Biographies of the 29 authors precede the list of their publications. Three supplements.   Z7840 F8 L3   016.2713

Bibliographie annotée de publications écrites ou éditées par les Franciscains du Canada. Trois parties: publications collectives ou d'un caractère officiel, périodiques, par auteurs. Une notice biographique des 29 auteurs précèdent la liste de leurs publications. Trois suppléments.   Z7840 F8 L3   016.2713

4111

Hugolin, père, o.f.m. – ***Bibliographie franciscaine : inventaire des revues, livres, brochures et autres écrits publiés par les Franciscains du Canada : supplément jusqu'à l'année 1931.*** – Québec : Imprimerie franciscaine missionnaire, 1932. – 214 p.

Includes 22 new authors.   Z7840 F8 L3 Suppl.   016.2713

Inclut 22 nouveaux auteurs.   Z7840 F8 L3 Suppl.   016.2713

4112

Hugolin, père, o.f.m. – ***Bibliographie franciscaine : inventaire des périodiques, livres, brochures et autres écrits publiés par les Franciscains du Canada (Province de Saint-Joseph) : second supplément.*** – Montréal : Imprimerie des Franciscains, 1936. – 76 p.

General introduction and rules to be followed in creating Franciscan bibliographies.   Z7840 F8 L3 Suppl.2   016.2713

Introduction générale et règles à suivre pour la rédaction de bibliographies franciscaines.   Z7840 F8 L3 Suppl.2   016.2713

4113
Elphège, père, o.f.m. – *Bibliographie franciscaine : nos périodiques, nos auteurs, 1931-1941.* – Montréal : Studium franciscain de Rosemont, 1941. – 21 f.

Third supplement.   Z7840 F8 E46 fol.   016.2713

Troisième supplément.   Z7840 F8 E46 fol.   016.2713

Holy Cross Fathers

Pères de Sainte-Croix

4114
Faustin, frère, c.s.c. – *Bibliographie : compilation, par ordre alphabétique d'auteurs, de tous les articles composés par les religieux de Sainte-Croix et parus dans le «Bulletin des études», revue pédagogique organe des frères étudiants de la Congrégation Sainte-Croix (1918-1938).* – [Montréal : École des bibliothécaires, 1938?]. – [172] f.

Bibliography of articles written by Holy Cross Fathers and published in the *Bulletin des études* between 1918 and 1938. Listed alphabetically by religious name of author, with legal name noted.   Z7840   016.27179

Bibliographie des articles écrits par les Pères de Sainte-Croix et publiés dans le *Bulletin des études* entre 1918 et 1938. Recension alphabétique des auteurs sous leur nom de religion avec mention du nom civil.   Z7840   016.27179

4115
Hommages à des confrères. – Montréal : Province canadienne des Pères de Sainte-Croix, 1978- .   – vol. : portr. – Titre de la couv.

Annual. 1982-1984 issues were not published. Signed biographical sketches of Holy Cross Fathers of the Canadian Province who have celebrated their diamond, golden or silver jubilee (60 and over, 50 or 25 years) of priesthood. Arranged according to seniority. Two lists of priests arranged by five-year anniversaries of religious life or of life as a priest. Title varies: 1978, *Hommage à Léo Sauvé, Germain DeGrandmaison, Gérard Laporte, Jean-Claude Legault, André Masse, Jacques Picard, Gérald Poirier, José A. Prado*; 1979, *Hommage à Sergius Lalonde, Albert Bleau, Réal Bourassa, Paulin Demers, Michel Messier, Louis-Pierre Séguin*; 1980, *Hommage à Pollux Byas, Guy Couturier, Marc Gagnon, Sylvio Jean, Jacques Lajoie, Paul Saint-Onge*; 1981, *Hommage à Aimé Duclos, Eugène Goulet, Jean-Charles Descary, Jean-Paul Gagnon, Gilles Pauzé, Marcel Taillefer*; 1985-1987, *Hommage et meilleurs voeux d'anniversaire de vie religieuse et de vie presbytérale!*; 1988, *Hommage à nos jubilaires. Nos meilleurs voeux pour les anniversaires de vie religieuse et de vie presbytérale!* From 1985 was absorbed by: *Nouvelles et documents*, numbers 76 (1985), 85 (1986), 95 (1987), 104 (1988), 111 (1989), 123 (1991), 129 (1992), 135 (1993).   BX3475 Z7 H6422   271.79

Annuel. Les livraisons de 1982-1984 n'ont pas été publiées. Notices biographiques signées de Pères de Sainte-Croix de la Province canadienne ayant célébré leur jubilé de diamant, d'or ou d'argent (60 et plus, 50 ou 25 ans) de vie sacerdotale. Classement par préséance. Deux listes de pères par anniversaires quinquennals: de vie religieuse, de vie presbytérale. Le titre varie: 1978, *Hommage à Léo Sauvé, Germain DeGrandmaison, Gérard Laporte, Jean-Claude Legault, André Masse, Jacques Picard, Gérald Poirier, José A. Prado*; 1979, *Hommage à Sergius Lalonde, Albert Bleau, Réal Bourassa, Paulin Demers, Michel Messier, Louis-Pierre Séguin*; 1980, *Hommage à Pollux Byas, Guy Couturier, Marc Gagnon, Sylvio Jean, Jacques Lajoie, Paul Saint-Onge*; 1981, *Hommage à Aimé Duclos, Eugène Goulet, Jean-Charles Descary, Jean-Paul Gagnon, Gilles Pauzé, Marcel Taillefer*; 1985-1987, *Hommage et meilleurs voeux d'anniversaire de vie religieuse et de vie presbytérale!*; 1988, *Hommage à nos jubilaires. Nos meilleurs voeux pour les anniversaires de vie religieuse et de vie presbytérale!* Depuis 1985 a été absorbé par: *Nouvelles et documents*, nos 76 (1985), 85 (1986), 95 (1987), 104 (1988), 111 (1989), 123 (1991), 129 (1992), 135 (1993).   BX3475 Z7 H6422   271.79

4116
Pères de Sainte-Croix. Province canadienne. – *Liste des religieux et catalogue des maisons et oeuvres.* – Congrégation de Sainte-Croix, Société des Pères, la Province canadienne. – (1957/58)- .   – Montréal : les Pères, [1957?]- .   – vol. : tabl. – 0845-4507 – Titre de la couv.

Alphabetical directory of the Holy Cross Fathers and of organizations with ties to the Canadian Province of the order. Arranged by category such as individual members of the order, parishes, houses, residences etc. Entries for individuals include: membership number, status, places of work and residence, telephone and fax numbers. For each organization, address, telephone and fax numbers and names of persons in authority are mentioned. Chronological list of fathers by date of first profession, with dates of birth, of perpetual profession and of ordination. List of fathers who died in the course of the previous year. List of fathers arranged by birthdate. Title varies: 1957/58-1969/70, *Catalogue des maisons et liste des religieux*; 1970/71-1979/80, *Liste des religieux et catalogue des maisons*; 1980/81-1987/88, *Liste des religieux, des résidences et des oeuvres.*   BX3475 Z5 C325   255.79002571

Annuel. Répertoire alphabétique des Pères de Sainte-Croix et des organismes ayant un lien avec la Province canadienne. Classement par catégories telles que religieux, paroisses, maisons, résidences, etc. Pour chaque religieux figurent son numéro de membre, statut, lieu de travail et de résidence, numéro de téléphone et de télécopieur. Pour chaque organisme, l'adresse, les numéros de téléphone et de télécopieur et les noms des personnes en autorité sont mentionnés. Liste chronologique des pères selon la date de première profession avec les dates de naissance, de profession perpétuelle et d'ordination. Liste des pères décédés au courant de la dernière année. Liste des pères selon leur anniversaire de naissance. Le titre varie: 1957/58-1969/70, *Catalogue des maisons et liste des religieux*; 1970/71-1979/80, *Liste des religieux et catalogue des maisons*; 1980/81-1987/88, *Liste des religieux, des résidences et des oeuvres.*   BX3475 Z5 C325   255.79002571

4117

Pères de Sainte-Croix. Province canadienne. Archives provinciales. – *Inventaire sommaire des archives provinciales de Pères de Sainte-Croix.* – Par Roger Bessette, c.s.c. – Montréal : les Archives, [1980-1981]. – 6 vol. : (80 ; 51 ; 72 ; 43 ; 34 ; 37 p.). – (APPSC ; 6, 9, 7, 10, 11, 12).

Inventory of fonds held by the archives of the Canadian Province of the Holy Cross Fathers. Arranged according to eighteen series, subdivided into sub-series. Vol. 1, *Série A : Congrégation de Sainte-Croix et série C : Maisons de formation*; vol. 2, *Série B : Administration provinciale*; vol. 3, *Série D : Collèges*; vol. 4, *Séries : E-J*; vol. 5, *Séries : K-P*; vol. 6, *Séries : X-Z*. Complementary volume: Bessette, Roger, c.s.c., *Classement des archives provinciales des Pères de Sainte-Croix* (Montréal : Archives provinciales, Pères de Sainte-Croix, [1981]). Description of each sub-series includes a brief history followed by an inventory of the collections, noting inclusive dates, type of material, format, extent. Name index by volume.   CD3649 M6 H65 fol. 016.27179

Description des fonds conservés aux archives de la Province canadienne des Pères de Sainte-Croix. Arrangement en dix-huit séries qui se subdivisent en sous-séries. Vol. 1, *Série A : Congrégation de Sainte-Croix et série C : Maisons de formation*; vol. 2, *Série B : Administration provinciale*; vol. 3, *Série D : Collèges*; vol. 4, *Séries : E-J*; vol. 5, *Séries : K-P*; vol. 6, *Séries : X-Z*. Document complémentaire: Bessette, Roger, c.s.c., *Classement des archives provinciales des Pères de Sainte-Croix* (Montréal : Archives provinciales, Pères de Sainte-Croix, [1981]). La description de chaque sous-série comprend un bref historique suivi de l'inventaire des collections dont les années extrêmes, le type de matériel, le type de support et l'envergure sont colligés. Un index onomastique par volumes.   CD3649 M6 H65 fol. 016.27179

Jesuits

Jésuites

4118

Cameron, William J. – *A bibliography in short-title catalog form of Jesuit relations printed accounts of events in Canada, 1632-73, sent by Jesuit missionaries to France.* – Rev. – [London : University of Western Ontario], 1988. – vi, 60 p. – (WHSTC bibliography ; no. 2). – 077140333X – 0712-9289

1st ed., 1980, pp. 123-126 of *The HPB project, phase IV : the Francophone Canadian contribution to the development of a Western Hemisphere short title catalog (WHSTC) of Spanish, French and Portuguese language books printed before 1801*; rev., 1982. 57 bibliographical references for editions of *Relations des Jésuites* published between 1632 and 1673. Arranged chronologically. Each bibliographical reference contains a brief commentary, the location of the item and cross references to entries in McCoy, James C. *Jesuit relations of Canada, 1632-1673 : a bibliography* and to Walter, Frank K., Doneghy, Virginia, *Jesuit relations and other Americana in the library of James F. Bell : a catalogue*. Available in machine-readable format: *WHUC* [Western hemisphere union catalog], database created by the WHSTC Project, at the University of Western Ontario, Dept. of Modern Languages and Literature.   Z1011 W53 fol. no. 2a 016.27153

1ʳᵉ éd., 1980, pp. 123-126 de *The HPB project, phase IV : the French Canadian contribution to the development of a western hemisphere short title catalog (WHSTC) of Spanish, French and Portuguese language books printed before 1801*; rév., 1982. 57 références bibliographiques portant sur les éditions des *Relations des Jésuites* parues entre 1632 et 1673. Classement chronologique. Chaque référence bibliographique comprend un court commentaire, leurs localisations et les renvois aux notices de McCoy, James C. *Jesuit relations of Canada, 1632-1673 : a bibliography* et de Walter, Frank K., Doneghy, Virginia, *Jesuit relations and other Americana in the library of James F. Bell : a catalogue*. Disponible sur support ordinolingue: *WHUC* [Western hemisphere union catalog], base de données créée par WHSTC Project, à la University of Western Ontario, Dept. of Modern Languages and Literature.   Z1011 W53 fol. no. 2a 016.27153

4119

Campeau, Lucien, s.j. – *Monumenta Novae Franciae.* – Romae : Institutum Historicum Societatis Iesu ; Montréal : Éditions Bellarmin, 1967-   . –   vol. : ill., cartes. – (Monumenta historica Societatis Iesu ; 96, 116, 130, 135, 138, 144, 146. Monumenta missionum Societatis Iesu ; 23, 37, 46, 50, 53, 57 , 59). – 0774668423 (vol. 2) 8870411308 (vol. 3) 8870411354 (vol. 4) 2890077020 (vol. 5) 2890077241 (vol. 6) 2890077616 (vol. 7)

Transcription with commentary of manuscripts and published material on the French Jesuit missions to New France, arranged chronologically. Includes material in French, in Latin, and in both Italian and French using seventeenth-century spelling. Each volume includes a bibliography, a list of archives and published sources, biographies of individuals involved in the missions and an index of names, places and subjects. Imprint varies. Vol. 1, *La première mission d'Acadie, 1602-1616* (1967); vol. 2, *Établissement à Québec, 1616-1634* (1979); vol. 3, *Fondation de la mission huronne, 1635-1637* (1987); vol. 4, *Les grandes épreuves, 1638-1640* (1989); vol. 5, *La bonne nouvelle reçue, 1641-1643* (1990); vol. 6, *Recherche de la paix, 1644-1646* (1992); vol. 7, *Le témoignage du sang, 1647-1650* (1994). FC315 C365 1967 fol.   271.53

Transcription commentée des manuscrits et imprimés relatifs aux missions des Jésuites français en Nouvelle-France. Classement chronologique. Inclut des textes en français, en latin et en italien et en français du dix-septième siècle. Chaque volume comprend une bibliographie, la liste des archives et sources imprimées, les notices biographiques des personnages reliés aux missions et un index onomastique-géographique-sujets. Publié par différents éditeurs. Vol. 1, *La première mission d'Acadie, 1602-1616* (1967); vol. 2, *Établissement à Québec, 1616-1634* (1979); vol. 3, *Fondation de la mission huronne, 1635-1637* (1987); vol. 4, *Les grandes épreuves, 1638-1640* (1989); vol. 5, *La bonne nouvelle reçue, 1641-1643* (1990); vol. 6, *Recherche de la paix, 1644-1646* (1992); vol. 7, *Le témoignage du sang, 1647-1650* (1994).   FC315 C365 1967 fol.   271.53

4120

Catalogus provinciae gallo-canadensis Societatis Jesu = Catalogue de la province du Canada français de la Compagnie de Jésus. – [S.l. : la Société], 1908-   . –   vol. : cartes.

Annual. Directory of Jesuits and of organizations with ties to the Jesuit province of French Canada. Arranged alphabetically by municipality subdivided by institution. For each individual, current duties and address are indicated. For each organization, address, telephone number and statistics are provided. Table of anniversaries of religious life. Obituaries of Jesuits deceased in the course of the previous year. List of superiors with date they assumed their duties. Index of Jesuits with dates of birth, of entry, of ordination and of final vows. Directory of other Jesuit institutions throughout the world, listed by province. 1908-1992, includes some material in Latin. Title varies: 1908-1924, *Catalogus provinciae canadensis Societatis Jesu*; 1925-1967, *Catalogus provinciae quebecensis Societatis Jesu*; 1968, *Catalogus provinciarum montis regii et quebecensis Societatis Jesu*; 1969-1992, *Catalogus provinciae gallo-canadensis Societatis Jesu.*   BX3750   255.53002571

Annuel. Répertoire des Jésuites et des organismes ayant un lien avec la province du Canada français. Classement alphabétique des municipalités subdivisées par institutions. Pour chaque religieux, l'actuelle fonction et l'adresse sont colligées. Pour chaque organisme figurent l'adresse, le numéro de téléphone et des statistiques. Table des anniversaires de vie religieuse. Notices nécrologiques des Jésuites décédés au courant de la dernière année. Liste des supérieurs avec la date d'entrée en fonction. Index des religieux avec les dates de naissance, d'entrée, d'ordination et de derniers voeux. Répertoire des autres institutions jésuites à travers le monde inventoriées par provinces. 1908-1992, comprend des textes en latin. Le titre varie: 1908-1924, *Catalogus provinciae canadensis Societatis Jesu*; 1925-1967, *Catalogus provinciae quebecensis Societatis Jesu*; 1968, *Catalogus provinciarum montis regii et quebecensis Societatis Jesu*; 1969-1992, *Catalogus provinciae gallo-canadensis Societatis Jesu.*   BX3750   255.53002571

4121

Dictionary of Jesuit biography : ministry to English Canada, 1842-1987. – Toronto : Canadian Institute of Jesuit Studies, 1991. – xxvii, 363 p. – 096953230X

354 biographical entries for Jesuits who worked in English Canada between 1842 and 1987. Arranged alphabetically. Each entry contains events, dates, places, sources and bibliographical references. Bibliography. Calendar of deceased Jesuits. Chronology of events in the history of the Canadian Jesuit community, 1842-1988. Glossary. BX3755 D53 1991   271.53022

354 notices biographiques des Jésuites ayant oeuvré au Canada anglais entre 1842 et 1987. Classement alphabétique. Chaque notice comprend les faits, dates, lieux, sources et références bibliographiques. Bibliographie. Calendrier nécrologique. Chronologie des événements liés à la communauté jésuite du Canada entre 1842 et 1988. Glossaire. BX3755 D53 1991   271.53022

4122

The Jesuit relations and allied documents : travels and explorations of the Jesuit missionaries in New France, 1610-1791 : the original French, Latin and Italian texts, with English translations and notes. – Edited by Reuben Gold Thwaites. – Cleveland : Burrows Brothers, 1896-1901. – 73 vol. : ill., facsims., maps (part fold.) ports.

Series of reports from the Jesuits working in Canada and other related documents produced between 1610 and 1791. Transcription of original texts with English translation and explanatory notes. Arranged chronologically. Two chronological lists: governors, 1608-1805; 320 biographies of Jesuits. Bibliography. Subject-name-place index to the English text. Reproduced in microform format: Washington (D.C.) : Microcard Foundation, 1960, no. 3-6351, 508 microfiches; *CIHM/ICMH microfiche series*, nos. 07535-07607. Reprinted: New York : Pageant, 1959, 36 vol. Supplement. F5059.5 J4 1896   271.53

Série des rapports provenant des Jésuites oeuvrant au Canada et autres documents connexes rédigés entre 1610 et 1791. Transcription des textes originaux avec la traduction anglaise et de notes explicatives. Classement chronologique. Deux listes chronologiques: gouverneurs, 1608-1805; 320 notices biographiques de Jésuites. Bibliographie. Un index référant au texte anglais: sujets-noms-géographique. Reproduit sur support microforme: Washington (D.C.) : Microcard Foundation, 1960, n° 3-6351, 508 microfiches; *CIHM/ICMH collection de microfiches*, n°s 07535-07607. Réimpr.: New York : Pageant, 1959, 36 vol. Supplément.   F5059.5 J4 1896   271.53

4123

Donnelly, Joseph P. – *Thwaites' Jesuit relations : errata and addenda.* – Chicago : Loyola University Press, 1967. – v, 269 p.

Supplement to: *The Jesuit relations and allied documents: travels and explorations of the Jesuit missionaries in New France, 1610-1791: the original French, Latin and Italian texts, with English translations and notes.* Corrections and additions following order of the original volumes. Bibliographical references covering the period from 1906 to 1966, arranged in four parts: general works, primary and secondary sources, periodicals. Includes references in French and in English. Bibliography.   F5059.5 J4 D65   016.27153

Supplément de: *The Jesuit relations and allied documents : travels and explorations of the Jesuit missionaries in New France, 1610-1791 : the original French, Latin and Italian texts, with English translations and notes.* Corrections et ajoûts répertoriés selon l'ordre séquentiel des volumes. Références bibliographiques couvrant la période de 1906 à 1966 présentées en quatre parties: ouvrages généraux, sources primaires et secondaires, et périodiques. Comprend des références de langue française et anglaise. Bibliographie.   F5059.5 J4 D65   016.27153

4124

Jésuites. – *Relations des Jésuites : contenant ce qui s'est passé de plus remarquable dans les missions des pères de la Compagnie de Jésus dans la Nouvelle-France.* – Québec : Augustin Côté, 1858. – 3 vol. : ill., fac-sim., carte pliée.

A series of reports written by the Jesuits who worked in Canada between 1611 and 1672, arranged chronologically. Subject-name-place index. Reproduced in microform format: *CIHM/ICMH microfiche series*, nos. 40091-40093. Reprinted: Montréal : Éditions du Jour, 1972.   FC317 R35 1858 fol.   271.53

Série des rapports provenant des Jésuites oeuvrant au Canada entre 1611 et 1672. Classement chronologique. Un index: sujets-noms-géographique. Reproduit sur support microforme: *CIHM/ICMH collection de microfiches*, n°s 40091-40093. Réimpr.: Montréal : Éditions du Jour, 1972.   FC317 R35 1858 fol.   271.53

4125

Jesuits. Upper Canada Province. – *Catalogue/directory of the Province of Upper Canada Society of Jesus.* – [Toronto : Canadian Jesuits Publishing], 1925-   . –   vol. : map. – Cover title : *Catalogus provinciae Canadae superioris Societatis Jesu.*

Annual. Directory of Jesuits and of organizations with ties to the Upper Canada Province of the order. Arranged alphabetically by municipality subdivided by institution. For each Jesuit, current duties and address are indicated. For each organization, address and telephone number and statistics are indicated. Table of anniversaries of religious life. Obituaries of Jesuits deceased in the course of the previous year. List of superiors with date they assumed their duties. Index of individual religious with dates of birth, of entry, of ordination and of final vows. Directory to other Jesuit institutions throughout the world, listed by province. Includes some material in Latin. Title varies: 1925-1939, *Catalogus vice-provinciae Canadae superioris Societatis Jesu.* Replaces in part: 1908-1924, *Catalogus provinciae canadensis Societatis Jesu.*   BX3711 O5 J48   255.53002571

Annuel. Répertoire des Jésuites et des organismes ayant un lien avec la province du Canada anglais. Classement alphabétique des munici-palités subdivisées par institutions. Pour chaque religieux, l'actuelle fonction et l'adresse sont colligées. Pour chaque organisme figurent l'adresse, le numéro de téléphone et des statistiques. Table des anniversaires de vie religieuse. Notices nécrologiques des Jésuites décédés au courant de la dernière année. Liste des supérieurs avec la date d'entrée en fonction. Index des religieux avec les dates de naissance, d'entrée, d'ordination et de derniers voeux. Répertoire des autres institutions jésuites à travers le monde inventoriées par provinces. Comprend des textes en latin. Le titre varie: 1925-1939, *Catalogus vice-provinciae Canadae superioris Societatis Jesu.* Remplace en partie: 1908-1924, *Catalogus provinciae canadensis Societatis Jesu.*   BX3711 O5 J48   255.53002571

4126

Liste des missionnaires-jésuites : Nouvelle-France et Louisiane, 1611-1800. – Montréal : Collège Sainte-Marie, 1929. – 98 p. : fac-sim.

Biographical notes on Jesuits who worked in New France and in Louisiana between 1611 and 1800, arranged alphabetically. Each entry includes status, date and place of birth, of entry to the novi-tiate, arrival in the missions, final return to Europe and death, where known. Three chronological tables: arrival of Jesuits, violent deaths with note on cause, Jesuits of French-Canadian origin. Facsimile of 154 signatures.   FC314 A1 L57 1929   271.53022

Notes biographiques des Jésuites ayant oeuvré en Nouvelle-France et en Louisiane entre 1611 et 1800. Classement alphabétique. Chaque note biographique comprend leur statut, les dates et lieux de nais-sance, d'entrée au noviciat, d'arrivée en mission, de retour définitif en sol européen et de décès lorsque connu. Trois tables chronologiques: arrivée des Jésuites, morts violentes avec mention de la cause, Jésuites d'origine canadienne-française. Fac-similé de 154 signatures.   FC314 A1 L57 1929   271.53022

4127

McCoy, James C. – *Jesuit relations of Canada, 1632-1673 : a bibliography.* – Paris : Arthur Rau, 1937. – xv, 310, [36] p. : front. (port.), ill. (facsims).

132 bibliographical references for editions of the Jesuit relations which appeared between 1632 and 1673, arranged chronologically. Each reference includes details of variants with their locations and supplementary notes. Synoptic table of variants. Table of references to: Thwaites, Reuben Gold, *The Jesuit relations and allied documents : travels and explorations of the Jesuit missionaries in New France, 1610-1791 : the original French, Latin and Italian texts, with English translations and notes.* Reprinted: New York : Burt Franklin, 1972. Z7840 J5 M2 fol.   016.27153

132 références bibliographiques portant sur les éditions des relations des Jésuites parues entre 1632 et 1673. Classement chronologique. Chaque référence comprend le détail des différentes variantes, leurs localisations avec des notes complémentaires. Bibliographie. Une table synoptique des variantes. Une table de concordance avec: Thwaites, Reuben Gold, *The Jesuit relations and allied documents : travels and explorations of the Jesuit missionaries in New France, 1610-1791 : the original French, Latin and Italian texts, with English translations and notes.* Réimpr.: New York : Burt Franklin, 1972. Z7840 J5 M2 fol.   016.27153

4128

University of Minnesota. Library. James Ford Bell Collection. – *Jesuit relations and other Americana in the library of James F. Bell : a cat-alogue.* – Compiled by Frank K. Walter and Virginia Doneghy. – Minneapolis : University of Minnesota Press, c1950. – xii, 419 p., [1] leaf of plates : port., facsims.

Bibliographical references to material held in the James Ford Bell Collection in the Library of the University of Minnesota. Two parts: editions of the Jesuit relations published between 1632 and 1673; Americana. Each reference describes variants in detail, with references to other bibliographies and supplementary notes. Title-author index. Bibliography.   Z1203 B4 fol.   016.27153

Références bibliographiques des documents conservés à la James Ford Bell Collection à la bibliothèque de la University of Minnesota. Deux parties: éditions des relations des Jésuites publiées entre 1632 et 1673; Americana. Chaque référence comprend le détail des différentes variantes, le renvoi à d'autres recensions avec des notes complémentaires. Un index: titres-auteurs. Bibliographie. Z1203 B4 fol.   016.27153

Marist Brothers

Frères maristes

4129

Louis-Armand, frère, s.m. – *Essai d'inventaire des livres, brochures, périodiques et autres imprimés publiés par la Congrégation des frères maristes au Canada.* – [Montréal] : Université de Montréal, École de bibliothécaires, 1961. – xxi, 129 f. : portr.

Bibliography of 316 publications written or published by Marist Brothers between 1885 and 1961. Includes monographs, pamphlets and serials. Includes material in French and in English. Chronologi-cal arrangement. Title index. Also includes two biographies: Blessed Marcellin Champagnat and Brother Cesidius, and a history of the

Bibliographie de 316 publications écrites ou éditées par les Frères maristes entre 1885 et 1961. Comprend des monographies, brochures et publications en série. Inclut des documents en français et en anglais. Recension chronologique. Index des titres. Inclut aussi deux biographies: Bienheureux Marcellin Champagnat et frère

Marist Brothers in North America. Replaces: Lachance, George-Maurice, s.m., *Essai d'inventaire des livres, brochures, périodiques et autres imprimés publiés par la Congrégation des frères maristes au Canada* (Montréal : [s.n.], 1938).   Z7840 M325 L68 fol.   016.27179

Cesidius, et un texte sur l'histoire des Frères maristes en Amérique du Nord. Remplace: Lachance, George-Maurice, s.m., *Essai d'inventaire des livres, brochures, périodiques et autres imprimés publiés par la Congrégation des frères maristes au Canada* (Montréal : [s.n.], 1938). Z7840 M325 L68 fol.   016.27179

Missionaries of the Sacred Heart

Missionnaires du Sacré-Coeur

4130

Labbé, Yvon, m.s.c. – *La province canadienne des Missionnaires du Sacré-Coeur.* – [Sillery, Québec : s.n.], 1989. – xii, 194 p., [4] p. de cartes : ill., portr. – 2980164003 – Titre de la couv. : *La province canadienne des Missionnaires du Sacré-Coeur : son histoire, ses artisans.*

530 biographies of Missionaries of the Sacred Heart of the Canadian province. Arranged in two categories: priests and brothers who pronounced perpetual vows; brothers who pronounced temporary vows and scholastics. Chronologically arranged by date of religious profession. Photographs of some priests and brothers who pronounced perpetual vows. Includes an historical introduction. Name index. BX3816.5 271.79

530 notices biographiques des Missionnaires du Sacré-Coeur de la province canadienne. Classement selon deux catégories: prêtres et frères perpétuels; frères à voeux temporaires et scolastiques. Recension selon l'ordre chronologique de la profession religieuse. Chaque notice biographique des prêtres et frères à voeux perpétuels est accompagnée d'une photographie lorsque disponible. Inclut une première partie historique. Index onomastique. BX3816.5 271.79

Missionary Sisters of the Immaculate Conception

Soeurs missionnaires de l'Immaculée-Conception

4131

Leblanc, Rita, m.i.c. – *Les Soeurs missionnaires de l'Immaculée-Conception, premier institut missionnaire d'origine canadienne, 1902-1932 : bibliographie analytique.* – Montréal : [s.n.], 1964. – xvi, 363 f. (feuilles mobiles) : ill. – Thèse, diplôme, Université Laval, 1964.

Annotated bibliography of 1,447 works on the Missionary Sisters of the Immaculate Conception, published in Canada between 1902 and 1932. Arranged according to four categories of material: manuscripts, printed works, journal and newspaper articles. Author-subject index. Reproduced in microform format: *Les bibliographies du cours de bibliothéconomie de l'Université Laval, 1947-1966* (Montréal : Bibliothèque nationale du Québec, 1978-1980), no. 157, 5 microfiches. Z674.8 016.27197

Bibliographie annotée de 1 447 ouvrages relatifs aux Soeurs missionnaires de l'Immaculée-Conception parus au Canada entre 1902 et 1932. Classement en quatre catégories de documents: manuscrits, imprimés, articles de revues et de journaux. Un index: auteurs-sujets. Reproduit sur support microforme: *Les bibliographies du cours de bibliothéconomie de l'Université Laval, 1947-1966* (Montréal : Bibliothèque nationale du Québec, 1978-1980), n° 157, 5 microfiches. Z674.8 016.27197

Oblate Missionaries of Mary Immaculate

Oblates missionnaires de Marie-Immaculée

4132

Lachance, Andrée, o.m.m.i. – *Essai de bio-bibliographie sujet : les Oblates missionnaires de Marie-Immaculée, association de perfection en voie de devenir institut séculier fondée le 2 juillet 1952 dans le diocèse d'Edmunston, N.B. par le R.P. Louis-Marie Parent, o.m.i.* – Montréal : École de bibliothécaires de l'Université de Montréal, 1961. – xiii, 42 f. (feuilles mobiles) : ill.

Annotated bibliography of 103 references on the Oblate Missionaries of Mary Immaculate. In four parts: general works, Oblate literature, journal and newspaper articles. Chronologically arranged. Includes an introductory history. Title and newspaper indexes. Z674 016.27176

Bibliographie annotée de 103 références se rapportant aux Oblates missionnaires de Marie-Immaculée. Quatre parties: ouvrages généraux, littérature oblate, articles de revues et de journaux. Recension chronologique. Inclut une première partie historique. Deux index: titres, journaux. Z674 016.27176

Oblates of Mary Immaculate

Oblats de Marie-Immaculée

4133

Carrière, Gaston, o.m.i. – *Bibliographie des professeurs oblats des facultés ecclésiastiques de l'Université d'Ottawa, 1932-1961.* – [Ottawa] : Revue de l'Université d'Ottawa, 1962. – 54, ix p.

Bibliography of publications (1932-1961) by Oblates of Mary Immaculate, teaching in the religious studies faculties of the University of Ottawa. Arranged alphabetically by author. List of periodicals cited. Replaces: *Apôtres de la plume : contribution des professeurs des facultés ecclésiastiques de l'Université d'Ottawa (1912-1951)* [i.e. 1932-1951] *à la bibliographie des Oblats de M.I.* (Rome : Maison générale O.M.I., 1951). Z7751 C37 1962 016.27176

Bibliographie des publications des Oblats de Marie-Immaculée engagés dans l'enseignement aux facultés ecclésiastiques de l'Université d'Ottawa, parues entre 1932 et 1961. Recension alphabétique des auteurs. Liste des périodiques cités. Remplace: *Apôtres de la plume : contribution des professeurs des facultés ecclésiastiques de l'Université d'Ottawa (1912-1951)* [i.e. 1932-1951] *à la bibliographie des Oblats de M.I.* (Rome : Maison générale O.M.I., 1951). Z7751 C37 1962 016.27176

4134

Carrière, Gaston, o.m.i. – *Dictionnaire biographique des Oblats de Marie-Immaculée au Canada.* – Gaston Carrière, o.m.i., Maurice Gilbert, o.m.i., Normand Martel, o.m.i. – Ottawa : Éditions de l'Université d'Ottawa ; Montréal : Missionnaires oblats de Marie Immaculée, 1976-1989. – 4 vol. (350 p., [xii] pl. ; 429 p., [xvi] pl. ; 485 p., [xvi] pl. ; 412 p.) : cartes, portr. – 0776650742 (vol. 1) 0776650750 (vol. 2) 0776650769 (vol. 3) 2921035030 (vol. 4)

2,142 obituaries of Canadian Oblates of Mary Immaculate and Oblates who worked in Canada. Vol. I, Adam-Eynard (1976); vol. II, Fabre-Murphy (1977); vol. III, Nadeau-Wachowicz (1979); vol. IV, Ackermann-Weiss (1989). Two geographical indexes: places where Oblates worked in Canada, places of origin of Canadian Oblates. Name index. Chronological table of foundation and organization of the Oblate provinces in Canada from 1841 to 1967. Bibliography (vol. III).   BX3821 Z7 C37   271.76022

2 142 notices nécrologiques des Oblats de Marie-Immaculée d'origine canadienne ou ayant oeuvré au Canada. Tome I, Adam-Eynard (1976); tome II, Fabre-Murphy (1977); tome III, Nadeau-Wachowicz (1979); tome IV, Ackermann-Weiss (1989). Deux index géographiques: lieux desservis par les Oblats au Canada, lieux d'origine des Oblats canadiens. Index onomastique. Table chronologique de la filiation des provinces oblates du Canada de 1841 à 1967. Bibliographie (tome III).   BX3821 Z7 C37   271.76022

4135

Oblate Services. – *Répertoire géographique des missions indiennes et esquimaudes des Pères oblats au Canada = Gazetteer of Indian and Eskimo stations of the Oblate Fathers in Canada.* – Ottawa : Oblate Services, 1960. – x, 119 p. : fold. col. map.

Directory of institutions under the administration of the Oblates of Mary Immaculate serving the Native population of Canada. In two sections: provinces and vicariates listed from east to west. The description of each institution includes location, canonic status of parishes, clerical assignments and missions, the name of the church or the chapel, date of construction, diocese, number of priests, brothers and sisters noting name of community, number of Catholics and total population with indication of ethnic groups, and number of pupils by educational level. In French and/or English. Place index. Replaces: *Atlas des missions indiennes et esquimaudes confiées aux Oblats de Marie Immaculée du Canada* ([Ottawa] : Commission Oblate des oeuvres indiennes et esquimaudes, 1953). E78 C2 R47 1960   255.76002571

Répertoire des institutions sous la gouverne des Oblats de Marie-Immaculée desservant la population autochtone du Canada. Deux sections: provinces et vicariats répertoriés d'est en ouest. La description de chaque institution comprend sa localisation, le statut canonique pour les paroisses, dessertes ou missions, le vocable de l'église ou de la chapelle, la date d'érection, le diocèse, le nombre de pères, de frères et de religieuses en précisant le nom de la communauté, le nombre de catholiques et de la population totale en spécifiant les groupes culturels, et le nombre d'élèves par niveaux scolaires. Texte en français et (ou) en anglais. Index géographique. Remplace: *Atlas des missions indiennes et esquimaudes confiées aux Oblats de Marie Immaculée du Canada* ([Ottawa] : Commission Oblate des oeuvres indiennes et esquimaudes, 1953).   E78 C2 R47 1960 255.76002571

4136

Oblates of Mary Immaculate. Province of Alberta-Saskatchewan. – *A guide to the archives to the Oblates of Mary Immaculate, Province of Alberta-Saskatchewan.* – Brian M. Owens and Claude M. Roberto. – Edmonton : Missionary Oblates. Grandin Province, 1989. – 1 book (138, 143 p.) + 17 microfiches. – 0969384408 – Title on added t.p. : *Guide pour les archives des Oblats de Marie-Immaculée, Province d'Alberta-Saskatchewan.*

Inventory of the fonds of the Oblates of Mary Immaculate, Province of Alberta-Saskatchewan, covering the period from 1842 to 1984, in the Provincial Archives of Alberta. In eight sections: administration, photographic material, sound recordings on tape, maps, architectural drawings and plans, publications, parishes and missions, personal papers. The printed volume describes series, noting inclusive dates, extent and contents. The inventory on microfiche indicates exact years, extent, content and accession number for each item. Includes primarily written material in French and several tape recordings in Native languages. No index.   CD3649 E34 A73 1989   016.27176

Inventaire du fonds d'archives des Oblats de Marie-Immaculée, Province d'Alberta-Saskatchewan couvrant la période de 1842 à 1984, déposé aux Archives provinciales de l'Alberta. Huit sections: administration, documents photographiques, bandes sonores, documents cartographiques, dessins et plans architecturaux, publications, paroisses et missions, papiers personnels. Le livre décrit des séries dont les années extrêmes, l'envergure du dossier et le contenu sont colligés. L'inventaire, reproduit sur les microfiches, consigne les années précises, l'envergure du dossier, le contenu et un numéro d'accession pour chaque item. Inclut en grande majorité des documents écrits en langue française et plusieurs bandes sonores en langues autochtones. Aucun index.   CD3649 E34 A73 1989 016.27176

4137

Oblats de Marie-Immaculée. Province d'Alberta-Saskatchewan. – *Guide pour les archives des Oblats de Marie-Immaculée, Province d'Alberta-Saskatchewan.* – Brian M. Owens et Claude M. Roberto. – Edmonton : Missionnaires Oblats. Province Grandin, 1989. – 1 livre (143, 138 p.) + 17 microfiches. – 0969384408 – Titre de la p. de t. additionnelle : *A guide to the archives to the Oblates of Mary Immaculate, Province of Alberta-Saskatchewan.*

Inventory of the fonds of the Oblates of Mary Immaculate, Province of Alberta-Saskatchewan, covering the period from 1842 to 1984, in the Provincial Archives of Alberta. In eight sections: administration, photographic material, sound recordings on tape, maps, architectural drawings and plans, publications, parishes and missions, personal papers. The printed volume describes series, noting inclusive dates, extent and contents. The inventory on microfiche indicates exact years, extent, content and accession number for each item. Includes

Inventaire du fonds d'archives des Oblats de Marie-Immaculée, Province d'Alberta-Saskatchewan couvrant la période de 1842 à 1984, déposé aux Archives provinciales de l'Alberta. Huit sections: administration, documents photographiques, bandes sonores, documents cartographiques, dessins et plans architecturaux, publications, paroisses et missions, papiers personnels. Le livre décrit des séries dont les années extrêmes, l'envergure du dossier et le contenu sont colligés. L'inventaire, reproduit sur les microfiches, consigne les

primarily written material in French and several tape recordings in Native languages. No index.   CD3649 E34 A73 1989   016.27176

années précises, l'envergure du dossier, le contenu et un numéro d'accession pour chaque item. Inclut en grande majorité des documents écrits en langue française et plusieurs bandes sonores en langues autochtones. Aucun index.   CD3649 E34 A73 1989   016.27176

4138
Services Oblats. – *Répertoire géographique des missions indiennes et esquimaudes des Pères oblats au Canada = Gazetteer of Indian and Eskimo stations of the Oblate Fathers in Canada*. – Ottawa : Services Oblats, 1960. – x, 119 p. : carte pliée en coul.

Directory of institutions under the administration of the Oblates of Mary Immaculate serving the Native population of Canada. In two sections: provinces and vicariates listed from east to west. The description of each institution includes location, canonic status of parishes, stations or missions, the name of the church or the chapel, date of construction, diocese, number of priests, brothers and sisters noting name of community, number of Catholics and total population with indication of ethnic groups, and number of pupils by educational level. In French and/or English. Place index. Replaces: *Atlas des missions indiennes et esquimaudes confiées aux Oblats de Marie Immaculée du Canada* ([Ottawa] : Commission Oblate des oeuvres indiennes et esquimaudes, 1953).   E78 C2 R47 1960   255.76002571

Répertoire des institutions sous la gouverne des Oblats de Marie-Immaculée desservant la population autochtone du Canada. Deux sections: provinces et vicariats répertoriés d'est en ouest. La description de chaque institution comprend sa localisation, le statut canonique pour les paroisses, dessertes ou missions, le vocable de l'église ou de la chapelle, la date d'érection, le diocèse, le nombre de pères, de frères et de religieuses en précisant le nom de la communauté, le nombre de catholiques et de la population totale en spécifiant les groupes culturels, et le nombre d'élèves par niveaux scolaires. Texte en français et (ou) en anglais. Index géographique. Remplace: *Atlas des missions indiennes et esquimaudes confiées aux Oblats de Marie Immaculée du Canada* ([Ottawa] : Commission Oblate des oeuvres indiennes et esquimaudes, 1953).   E78 C2 R47 1960   255.76002571

Redemptorists

Rédemptoristes

4139
***Sur les pas de Saint Gérard*. –** Gérard Desrochers, c.ss.r. – [S.l. : s.n., 1962?]. – vii, 189 p. : carte. – Titre de la couv.

58 signed biographies of French-Canadian Redemptorists or of Redemptorists who worked in French-speaking areas of Canada between 1893 and 1962. Arranged chronologically by year of death. BX4020   271.64022

58 notices biographiques signées de Rédemptoristes canadiens-français ou ayant exercé au Canada français, décédés entre 1893 et 1962. Classement selon l'ordre chronologique du décès.   BX4020 271.64022

Religieux de Saint-Vincent de Paul

Religieux de Saint-Vincent de Paul

4140
Lord, Jules, s.v. – *Bibliographie : Religieux de Saint-Vincent-de-Paul*. – Cap-Rouge [Québec] : [s.n.], 1969. – 2 vol. (xi, 177 ; 241 p.).

Bibliography of European and Canadian material on the Religieux de Saint-Vincent de Paul. In four parts: manuscripts and printed material, listed chronologically; general and specialized studies listed alphabetically by author and subdivided by type of document, such as monographs, pamphlets, serials, periodical articles, etc. Some annotations.   Z7840 V5 L6   016.27179

Bibliographie en rapport avec les Religieux de Saint-Vincent de Paul de documents provenant d'Europe et du Canada. Quatre parties: sources manuscrites et imprimées recensées chronologiquement; études générales et particulières répertoriées selon l'ordre alphabétique des auteurs qui se subdivisent par catégories de documents telles que monographies, brochures, publications en série, articles de périodiques, etc. Plusieurs annotations.   Z7840 V5 L6   016.27179

Sisters of the Holy Cross

Soeurs de Sainte-Croix

4141
Marie de Saint-Martin-du-Sacré-Coeur, soeur, c.s.c. – *Essai de bio-bibliographie sur les ouvrages de la Congrégation des Soeurs de Sainte-Croix et des Sept-Douleurs, 1847-1948*. – Montréal : École de bibliothécaires, 1948. – 85 f. (feuilles mobiles) : portr.

Biographies of Sisters of the Holy Cross, supplemented by 581 bibliographic references to publications authored by Sisters of the Holy Cross. Arranged alphabetically by religious name. Includes monographs, pamphlets and periodical articles. Includes some English-language material. List of periodicals. Author-title-subject index.   Z7840 S65 M3 fol.   016.27197

Notices biographiques complétées de 581 références bibliographiques de publications écrites par les Soeurs de Sainte-Croix. Classement selon l'ordre alphabétique du nom de religion. Comprend des monographies, brochures et articles de périodiques. Inclut des textes et documents de langue anglaise. Liste des périodiques. Un index: auteurs-titres-sujets.   Z7840 S65 M3 fol. 016.27197

Sisters of the Holy Names of Jesus and Mary

Soeurs des Saints-Noms de Jésus et de Marie

4142

M.-Monique-d'Ostie, soeur, s.n.j.m. – *Compilation bibliographique des thèses des Soeurs des Saints-Noms de Jésus et de Marie, 1920-1961.* – [Montréal] : Université de Montréal, École de bibliothécaires, 1961. – xv, 43, [ix] f. (feuilles mobiles) : ill.

Annotated bibliography of 87 theses written by Sisters of the Holy Names of Jesus and Mary of the Quebec province. Arranged according to Dewey decimal classification. Author and title indexes. Z674 016.27197

Bibliographie annotée de 87 thèses rédigées par les Soeurs des Saints-Noms de Jésus et de Marie de la province de Québec. Classement selon le système de classification Dewey. Deux index: auteurs, titres. Z674 016.27197

Soeurs de la Charité de Québec

Soeurs de la Charité de Québec

4143

Marguerite-de-Varennes, soeur, s.c.q. – *Bibliographie analytique des écrits publiés par les Soeurs de la Charité de Québec, 1942-1961.* – Québec : [s.n.], 1964. – xiv, 164 f. (feuilles mobiles). – Thèse, diplôme, Université Laval, 1964.

Annotated bibliography of 381 publications written by the Soeurs de la Charité de Québec between 1942 and 1961. Arranged in four categories: manuscripts, printed works, journal and newspaper articles. Title-name index. Reproduced in microform format: *Les bibliographies du cours de bibliothéconomie de l'Université Laval, 1947-1966* (Montréal : Bibliothèque nationale du Québec, 1978-1980), no. 188, 2 microfiches. Z674.8 016.27191

Bibliographie annotée de 381 publications écrites par les Soeurs de la Charité de Québec, entre 1942 et 1961. Classement en quatre catégories: manuscrits, imprimés, articles de revues et de journaux. Un index: titres-onomastique. Reproduit sur support microforme: *Les bibliographies du cours de bibliothéconomie de l'Université Laval, 1947-1966* (Montréal : Bibliothèque nationale du Québec, 1978-1980), nº 188, 2 microfiches. Z674.8 016.27191

4144

Sainte-Hélène-de-Marie, soeur, s.c.q. – *Bibliographie analytique des notices biographiques et des écrits des Soeurs de la Charité de Québec décédées, 1851-1917.* – Québec : [s.n.], 1963. – xii, 157 f. (feuilles mobiles) : portr. – Thèse, diplôme, Université Laval, 1963.

380 biographies of members of the Soeurs de la Charité de Québec, deceased between 1851 and 1917, completed by annotated references to their publications. Arranged chronologically by death date. Index of sisters and publications. Reproduced in microform format: *Les bibliographies du cours de bibliothéconomie de l'Université Laval, 1947-1966* (Montréal : Bibliothèque nationale du Québec, 1978-1980), no. 330, 2 microfiches. Z674.8 016.27191

380 notices biographiques complétées des références bibliographiques annotées de publications écrites par les Soeurs de la Charité de Québec, décédées entre 1851 et 1917. Classement selon l'ordre chronologique de décès. Un index: religieuses-écrits. Reproduit sur support microforme: *Les bibliographies du cours de bibliothéconomie de l'Université Laval, 1947-1966* (Montréal : Bibliothèque nationale du Québec, 1978-1980), nº 330, 2 microfiches. Z674.8 016.27191

4145

Sainte-Mariette, soeur, s.c.q. – *Bibliographie analytique des notices biographiques et des écrits des Soeurs de la Charité de Québec décédées, 1918-1938.* – Québec : [s.n.], 1963. – xii, 161 f. (feuilles mobiles) : ill. – Thèse, diplôme, Université Laval, 1964.

390 biographies of members of the Soeurs de la Charité de Québec, deceased between 1918 and 1938, completed by annotated references to their publications. Arranged chronologically by death date. Index of sisters and publications. Reproduced in microform format: *Les bibliographies du cours de bibliothéconomie de l'Université Laval, 1947-1966* (Montréal : Bibliothèque nationale du Québec, 1978-1980), no. 347, 2 microfiches. Z674.8 016.27191

390 notices biographiques complétées des références bibliographiques annotées de publications écrites par les Soeurs de la Charité de Québec, décédées entre 1918 et 1938. Classement selon l'ordre chronologique de décès. Un index: religieuses-écrits. Reproduit sur support microforme: *Les bibliographies du cours de bibliothéconomie de l'Université Laval, 1947-1966* (Montréal : Bibliothèque nationale du Québec, 1978-1980), nº 347, 2 microfiches. Z674.8 016.27191

4146

Sainte-Thérèse-de-l'Enfant-Jésus, soeur, s.c.q. – *Bibliographie analytique des notices biographiques et des écrits des Soeurs de la Charité de Québec décédées, 1939-1959.* – Québec : [s.n.], 1964. – xii, 205 f. (feuilles mobiles) : ill. – Thèse, diplôme, Université Laval, 1964.

358 biographies of members of the Soeurs de la Charité de Québec, deceased between 1939 and 1959, completed by annotated references to their publications. Arranged chronologically by death date. Index of sisters and publications. Reproduced in microform format: *Les bibliographies du cours de bibliothéconomie de l'Université Laval, 1947-1966* (Montréal : Bibliothèque nationale du Québec, 1978-1980), no. 357, 3 microfiches. Z674.8 016.27191

358 notices biographiques complétées des références bibliographiques annotées de publications écrites par les Soeurs de la Charité de Québec, décédées entre 1939 et 1959. Classement selon l'ordre chronologique de décès. Un index: religieuses-écrits. Reproduit sur support microforme: *Les bibliographies du cours de bibliothéconomie de l'Université Laval, 1947-1966* (Montréal : Bibliothèque nationale du Québec, 1978-1980), nº 357, 3 microfiches. Z674.8 016.27191

Sulpicians

Sulpiciens

4147

Les prêtres de Saint-Sulpice au Canada : grandes figures de leur histoire. – Sainte-Foy (Québec) : Presses de l'Université Laval, 1992. – xvi, 430 p. : ill., carte, portr. – 276377838

Four historical essays and 130 biographies of Sulpicians who worked in Canada. In four parts: 1657-1759, 1760-1835, 1836-1899 and 1900-1991. 89 of the biographies have already been published in the *Dictionary of Canadian biography*. Bibliography. Chronological lists of provincial and general superiors. Name index. Replaces: Gauthier, Henri, *Sulpitiana* (Montréal : Bureau des oeuvres paroissales de St-Jacques, 1926). BX4060 Z5 1992 271.75022

Quatre essais historiques et 130 notices biographiques portant sur les Sulpiciens ayant oeuvré au Canada. Quatre parties : 1657-1759, 1760-1835, 1836-1899 et 1900-1991. 89 notices biographiques ont déjà été publiées dans le *Dictionnaire biographique du Canada*. Bibliographie. Deux listes chronologiques : supérieurs provinciaux et généraux. Index onomastique. Remplace : Gauthier, Henri, *Sulpitiana* (Montréal : Bureau des oeuvres paroissales de St-Jacques, 1926). BX4060 Z5 1992 271.75022

Third Order Secular of St. Francis

Tiers-Ordre séculier de Saint-François

4148

Hugolin, père, o.f.m. – ***Bibliographie du Tiers-Ordre séculier de Saint François au Canada, province de Québec.*** – Montréal : Imprimerie Adj. Menard, 1921. – 149 p.

An annotated bibliography of approximately 500 works published between 1670 and 1921 about the Third Order Secular of Saint Francis, mainly in the province of Quebec. Includes monographs, circulars from bishops and an annual listing of serials published by the Third Order. With a few exceptions, excludes periodical articles. Arranged chronologically. Two supplements. Z7840 F8 H8 1921 016.2713

Bibliographie annotée d'environ 500 ouvrages parus entre 1670 et 1921 concernant l'Ordre franciscain séculier, principalement de la province de Québec. Inclut des monographies, circulaires d'évêques et une notation annuelle pour les publications en série du Tiers-Ordre. Exclut, sauf quelques exceptions, les articles de périodiques. Classement chronologique. Deux suppléments. Z7840 F8 H8 1921 016.2713

4149

Hugolin, père, o.f.m. – ***Bibliographie du Tiers-Ordre séculier de Saint François au Canada, province de Québec. Supplément pour les années 1921 à 1931.*** – Montréal : Imp. des Franciscains, 1932. – 46 p.

Includes additional material published between 1770 and 1918, as well as works published between 1921 and 1931, with the addition of periodical articles. Z7840 F8 H82 016.2713

Ajoût des écrits parus entre 1770 et 1918. Recension des imprimés de 1921 à 1931, incluant les articles de périodiques. Z7840 F8 H82 016.2713

4150

Guilbert, Honoré, o.f.m. – ***Bibliographie du Tiers-Ordre séculier au Canada (Province de Québec) : II Supplément pour les années 1931 à 1940.*** – Montréal : [s.n., 1940]. – 47 f. (feuilles mobiles).

Supplement to: *Bibliographie du Tiers-Ordre séculier de Saint François au Canada, province de Québec*. Bibliography of 480 works concerning the Third Order Secular of Saint Francis and the Third Order Capuchins. Arranged by type of document such as monographs and manuscripts, letters, periodical articles, etc. Author index. Z7840 016.2713

Supplément de: *Bibliographie du Tiers-Ordre séculier de Saint François au Canada, province de Québec*. Bibliographie de 480 ouvrages concernant l'Ordre franciscain séculier et le Tiers-Ordre capucin. Classement par catégories de documents telles que monographies et manuscrits, lettres, articles de périodiques, etc. Index des auteurs. Z7840 016.2713

Congregational Churches

Églises congrégationalistes

4151

Canadian Congregational year book. – Published under the direction of the Congregational Union of Canada. – (1873/74)-(1925). – Toronto : Congregational Publishing Committee, 1873-[1925]. – 53 vol. : ill., tables.

Annual. Acts of incorporation, minutes, reports, budgets, statistics and directory of members of the Congregational churches in Canada. Arranged by institution. Entries for churches include year of foundation, name of minister with year of ordination and of assumption of present position, number of members, of baptisms, etc. Subtitle varies. Imprint varies. Reproduced in microform format: 1873/74, *CIHM/ICMH microfiche series*, no. 00903; 1880/81-1886/87, 1888/89, 1890/91-1900/1901, *CIHM/ICMH microfiche series*, no. A00178. BX7151 285.871

Annuel. Actes constitutifs, procès-verbaux, rapports, budgets, statistiques et répertoire des membres des Églises congrégationalistes du Canada. Classement par institutions. Pour chaque église figurent l'année de fondation, le nom du pasteur, l'année de son ordination et de son entrée dans la présente fonction, le nombre de fidèles, de baptêmes, etc. Le sous-titre varie. Publié par différents éditeurs. Reproduit sur support microforme : 1873/74, *CIHM/ICMH collection de microfiches*, n° 00903; 1880/81-1886/87, 1888/89, 1890/91-1900/1901, *CIHM/ICMH collection de microfiches*, n° A00178. BX7151 285.871

Doukhobors

Doukhobors

4152

University of British Columbia. Library. – *A Doukhobor bibliography based on material collected in the University of British Columbia Library.* – Compiled and annotated by Maria Horvath (Krisztinkovich). – Vancouver : University of British Columbia Library, 1970-1973. – 3 vol. ([144] ; 37 ; 60 p.). – (Reference publication ; no. 38, 33, 43).

Annotated bibliography of 1,028 documents on the Doukhobors, held by the University of British Columbia Library. Part I, *Books and periodical articles*; part II, *Government publications*; part III, *The Doukhobor file : audio-visual and unpublished writings by and about the Doukhobors*. Three subject indexes. Two name indexes (parts II and III). List of call numbers (part II). Index by document number (part III).   Z7845 D8 H6   016.2899

Bibliographie annotée de 1 028 documents en rapport avec les Doukhobors conservés à la bibliothèque de la University of British Columbia. Part I, *Books and periodical articles*; part II, *Government publications*; part III, *The Doukhobor file : audio-visual and unpublished writings by and about the Doukhobors*. Trois index des sujets. Deux index onomastiques (part II et III). Liste des cotes topographiques (part II). Index par numéros de documents (part III).   Z7845 D8 H6   016.2899

Islam

Islam

4153

Islam in North America : a sourcebook. – Edited by Michael A. Köszegi and J. Gordon Melton. – New York : Garland Publishing, 1992. – xxii, 414 p. – (Religious information systems series ; vol. 8). – 081530918X

History of the establishment of Islam in North America and directory of organizations, study centres, mosques and other Islamic institutions in the United States and Canada. Bibliography of 1,294 entries. Index of authors and titles of periodicals.   BP67   297.0973

Description historique de l'implantation de l'islam en Amérique du Nord et répertoire des organisations, centres d'études, mosquées et autres groupes islamiques présents aux États-Unis et au Canada. Bibliographie de 1 294 notices. Un index: auteurs-titres de périodiques.   BP67   297.0973

Judaism

Judaïsme

4154

National synagogue directory = Répertoire national des synagogues. – [Montreal : Canadian Jewish Congress, 1984?]-   . –   vol. (loose-leaf).

Irregular, 1984/85, 1986, 1987, 1989, 1992. Directory of more than 200 synagogues in Canada. Arranged by province and subdivided alphabetically by municipality. Each entry includes address and telephone numbers, number of families served, affiliation and name of resource person. Title varies: 1984/85, *National synagogue directory*. Note: access is restricted to employees of the National Library of Canada.   BM205   296.6502571

Irrégulier, 1984/85, 1986, 1987, 1989, 1992. Répertoire alphabétique de plus de 200 synagogues situées au Canada. Classement par provinces qui se subdivisent selon l'ordre alphabétique des municipalités. Chaque notice comprend l'adresse, les numéros de téléphone et de télécopieur, le nombre de familles desservies, la confession et le nom d'une personne-ressource. Le titre varie: 1984/85, *National synagogue directory*. Note: accès restreint aux employés de la Bibliothèque nationale du Canada.   BM205   296.6502571

4155

National synagogue directory = Répertoire national des synagogues. – [Montréal : Congrès juif canadien, 1984?]-   . –   vol. (feuilles mobiles).

Irregular, 1984/85, 1986, 1987, 1989, 1992. Directory of more than 200 synagogues in Canada. Arranged by province and subdivided alphabetically by municipality. Each entry includes address and telephone numbers, number of families served, affiliation and name of resource person. Title varies: 1984/85, *National synagogue directory*. Note: access is restricted to employees of the National Library of Canada.   BM205   296.6502571

Irrégulier, 1984/85, 1986, 1987, 1989, 1992. Répertoire alphabétique de plus de 200 synagogues situées au Canada. Classement par provinces qui se subdivisent selon l'ordre alphabétique des municipalités. Chaque notice comprend l'adresse, les numéros de téléphone et de télécopieur, le nombre de familles desservies, la confession et le nom d'une personne-ressource. Le titre varie: 1984/85, *National synagogue directory*. Note: accès restreint aux employés de la Bibliothèque nationale du Canada.   BM205   296.6502571

Lutheran Churches

Églises luthériennes

4156

Evangelical Lutheran Church in Canada. – *Directory : Lutheran churches in Canada.* – [Winnipeg] : [Lutheran Council in Canada], 1956-   . –   vol. : ill., table. – 0316-800X

Irregular, 1956-1986. Annual. Directory of organizations, congregations and clergy with ties to the Lutheran Churches in Canada. Entries for congregations include address, number of confirmed

Irrégulier, 1956-1986. Annuel. Répertoire des organisations, des assemblées et du clergé ayant un lien avec les Églises luthériennes du Canada. Pour chaque assemblée figurent l'adresse, le nombre de

members, name of pastor and Lutheran affiliation. For clergy, address, telephone numbers and religious affiliation are noted. Statistical table. Title varies: 1956-1967?, *Directory and statistics of Canadian Lutheran churches.* BX8063 C3 L83 284.102571

membres confirmés, le nom du pasteur et l'affiliation avec l'Église appropriée. Pour chaque membre du clergé, l'adresse, les numéros de téléphone et l'allégeance religieuse sont colligés. Tableau de statistiques. Le titre varie: 1956-1967?, *Directory and statistics of Canadian Lutheran churches.* BX8063 C3 L83 284.102571

4157

Evangelical Lutheran Church in Canada. – *Yearbook of the Evangelical Lutheran Church in Canada.* – (1986)- . – Winnipeg (Man.) : Office of the Secretary, Evangelical Lutheran Church in Canada, [1986?]- . – vol. : ill.

Annual. Directory of organizations, educational institutions, congregations and clergy affiliated with the Evangelical Lutheran Church in Canada. Entries for congregations include: address, number of members, name of pastor and budget statistics. For clergy, address and telephone numbers are provided. List of deceased clergy, the religious calendar and various reports and budgets. BX8063 284.102571

Annuel. Répertoire des organisations, des institutions d'enseignement, des assemblées et du clergé ayant un lien avec les Églises luthériennes du Canada. Pour chaque assemblée figurent l'adresse, le nombre d'adhérents, le nom du pasteur et des statistiques budgétaires. Pour chaque membre du clergé, l'adresse et les numéros de téléphone sont colligés. Liste nécrologique du clergé, le calendrier religieux et différents rapports et budgets. BX8063 284.102571

Mennonite Brethren Church

Églises des frères mennonites

4158

Der Bote index. – Editors, Peter H. Rempel, Adolf Ens. – Winnipeg : CMBC Publications, c1976- . – vol. – 0920718396 (vol. 2)

Author and subject index to articles which appeared since 1924 in the German-language periodical *Der Bote*, which absorbed *Der Mennonitische Immigrantenbote* in 1935 and merged with *Der Christliche Bundesbote* in 1947. Text in German and in English. Also includes three lists: notices of deaths, weddings and wedding anniversaries, local churches. Index of book reviews by author and by reviewer. Excludes advertisements, international news and articles without significant Mennonite content. Series to contain three volumes. Vol. 1, 1924-1947 (1976); vol. 2, 1948-1963 (1991). Vol. 2 also lists photographs and includes an author-subject index to 1,077 poems and a list of schools and colleges. BX8101 B672 1976 fol. 016.2897

Index des auteurs et des sujets des articles parus depuis 1924 dans le périodique de langue allemande *Der Bote*, qui en 1935 a absorbé *Der Mennonitische Immigrantenbote*, et en 1947 a fusionné avec *Der Christliche Bundesbote*. Texte en allemand et en anglais. Comprend aussi trois listes: avis de décès, mariages et anniversaires de mariage, églises locales. Index des comptes rendus de livres par auteurs et par critiques. Exclut les annonces publicitaires, nouvelles internationales et articles sans contenu significatif de la vie mennonite. Série devant comporter trois volumes. Vol. 1, 1924-1947 (1976); vol. 2, 1948-1963 (1991). Vol. 2 recense aussi les photographies et inclut un index de 1 077 poèmes par auteurs et par sujets, et une liste des écoles et collèges. BX8101 B672 1976 fol. 016.2897

4159

Conference of Mennonites in Canada. – *CMC yearbook.* – (1966)- . – Winnipeg : the Conference, [1966?]- . – vol. : tables. – 1184-0420

Annual. Councils, committees, alphabetical directory of congregations, minutes, reports and statistics of the members of the Conference of Mennonites in Canada. For each congregation, address and telephone number, membership, name, address and telephone number of pastor and of names, addresses, and titles of resource persons are given. List of annual conference sessions since 1903. Title varies: 1966-1988, *Yearbook*. Replaces: 1903-1965, *Jahrbuch der Konferenz der Mennoniten in Kanada.* BX8107 M4 289.771

Annuel. Conseils, comités, répertoire alphabétique des églises, procès-verbaux, rapports et statistiques des membres de Conference of Mennonites in Canada. Pour chaque église, l'adresse, le numéro de téléphone, le nombre de membres, le nom, l'adresse et le numéro de téléphone du pasteur et les noms, adresses et titres des personnes-ressources sont mentionnés. Liste des rencontres annuelles depuis 1903. Le titre varie: 1966-1988, *Yearbook*. Remplace: 1903-1965, *Jahrbuch der Konferenz der Mennoniten in Kanada.* BX8107 M4 289.771

4160

Directory of Mennonite archives and historical libraries = *Verzeichnis mennonitischer Archive und historicher Bibliotheken* = *Répertoire des archives et bibliothèques historiques mennonites.* – Editors, Lawrence Klippenstein, Jim Suderman. – 3rd ed. – Winnipeg : Mennonite Heritage Centre, c1990. – viii, 46 p.

1st ed., 19?; 2nd ed., 1984. Directory of 56 institutions, located in fourteen countries, which possess material on Mennonite history. Sixteen Canadian institutions. Arranged by country. Each entry includes address, telephone number, date of foundation, name of resource person, brief description of collections and list of publications. Text in English, German and French. Index of institutions. BX8107 D57 1990 026.2897025

1re éd., 19?; 2e éd., 1984. Répertoire de 56 institutions, réparties dans quatorze pays, qui possèdent des documents liés à l'histoire des Mennonites. Seize institutions canadiennes. Classement par pays. Chaque notice comprend l'adresse, le numéro de téléphone, la date de fondation, le nom d'une personne-ressource, une description succinte des collections et la liste de leurs publications. Texte en anglais, en allemand et en français. Index des institutions. BX8107 D57 1990 026.2897025

4161

Friesen, Bert. – *Mennonitische Rundschau author index.* – Winnipeg : Centre for Mennonite Brethren Studies, 1991- . – vol. – 1895432138 (set) 1895432146 (vol. 1)

Author index to articles published in the German-language periodical *Mennonitische Rundschau.* Vol. 1, 1880-1909. To be complete in four volumes. BX8101 M45 1991 fol. 016.289771

Index des auteurs des articles parus dans le périodique de langue allemande *Mennonitische Rundschau.* Vol. 1, 1880-1909. Série devant comporter quatre volumes. BX8101 M45 1991 fol. 016.289771

4162

Friesen, Bert. – *Mennonitische Rundschau index.* – Winnipeg : Centre for Mennonite Brethren Studies, 1990- . – vol. : facsims, ill. – 1895432006 (set) 1895432014 (vol. 1) 1895432022 (vol. 2) 1895432030 (vol. 3) 1895432057 (vol. 5)

Subject index to articles published in the German-language periodical *Mennonitische Rundschau.* Includes biblical references, book reviews, obituaries and announcements of ordinations, marriages and marriage anniversaries. Vol. 1, 1880-1889; vol. 2, 1890-1899; vol. 3, 1900-1909; vol. 4, 1910-1919 (in preparation); vol. 5, 1920-1929. BX8101 M46 1990 fol. 016.289771

Index des sujets des articles parus dans le périodique de langue allemande *Mennonitische Rundschau.* Inclut les références bibliques, comptes rendus de livres, avis de décès, d'ordinations, de mariages et d'anniversaires de mariage. Vol. 1, 1880-1889; vol. 2, 1890-1899; vol. 3, 1900-1909; vol. 4, 1910-1919 (à paraître); vol. 5, 1920-1929. BX8101 M46 1990 fol. 016.289771

4163

Friesen, Bert. – *Where we stand : an index of peace and social concerns statements by the Mennonites and Brethren in Christ in Canada, 1787-1982.* – Winnipeg : Mennonite Central Committee Canada, 1986. – xxxiv, 300 p. : tables + 3 microfilm reels. – 0969027842 – Cover title : *Where we stand : an index to statements by Mennonites and Brethren in Christ in Canada, 1787-1982.*

2,458 items about peace and social problems produced by 43 organizations with ties to the Mennonite Brethren Church. Arranged by organization and theme. Documents in English or German. Subject index. BX8118.5 F75 1986 fol. 016.2618

Inventaire de 2 458 documents en rapport avec la paix et les préoccupations sociales émanant de 43 organismes liés aux Églises des frères mennonites. Classement par organismes et thèmes. Documents en anglais ou en allemand. Index sujets. BX8118.5 F75 1986 fol. 016.2618

4164

Mennonite Conference of Eastern Canada. – *Directory.* – (1989)- . – [Kitchener?, Ont.] : the Conference, [1989?]- . – vol. – 1182-1701

Annual. Directory of congregations, organizations and clergy with ties to the Mennonite Conference of Eastern Canada. Congregation entries include address and telephone number, membership, year of foundation and names, addresses and telephone numbers of pastor, elders, church council chair, etc. Replaces in part: Inter-Mennonite Conference (Ontario), *Yearbook* ([Waterloo?, Ont.] : Conference of United Mennonite Churches in Ontario : Mennonite Conference of Ontario and Quebec : Western Ontario Mennonite Conference, 1974-1987). BX8129 C67 M35 fol. 289.7713025

Annuel. Répertoire des églises, des organisations et du clergé liés à la Conférence des Mennonites de l'est du Canada. Pour chaque église figurent l'adresse, le numéro de téléphone, le nombre de membres, l'année de fondation, les noms, les adresses et les numéros de téléphone du pasteur et des personnes-ressources. Remplace en partie: Inter-Mennonite Conference (Ontario), *Yearbook* ([Waterloo?, Ont.] : Conference of United Mennonite Churches in Ontario : Mennonite Conference of Ontario and Quebec : Western Ontario Mennonite Conference, 1974-1987). BX8129 C67 M35 fol. 289.7713025

4165

Mennonite Heritage Centre. – *Resources for Canadian Mennonite studies : an inventory and guide to archival holdings at the Mennonite Heritage Centre.* – Editorial committee: Lawrence Klippenstein, Adolf Ens, Margaret Franz. – Winnipeg : the Centre, [1988?]. – v, 135 p. : ill. – 0921258003

Description of 103 archival fonds held by the Mennonite Heritage Centre. In two parts: detailed descriptions of 24 fonds and brief descriptions of 79 fonds, subdivided into two sections: organizations and persons. The detailed descriptions include fonds identification number, format, extent, inclusive dates, language, finding aid, chronological table, bibliographical references, provenance and description of content. The brief descriptions follow the same format, without the chronological table. Includes an introduction on the collections at the Centre. Bibliography. Subject-name index. Z7845 M4 M45 1988 fol. 016.305687071

Description de 103 fonds d'archives conservés au Mennonite Heritage Centre. Deux parties: description détaillée de 24 fonds et brève de 79 fonds qui se subdivisent en deux sections: organismes et personnes. La description détaillée de chaque fonds comprend son numéro spécifique, type de support, envergure, années extrêmes, langue, instrument de recherche, table chronologique, références bibliographiques, provenance et une présentation du contenu. La description brève de chaque fonds suit le même format sauf la table chronologique qui n'y est pas. Inclut un texte d'introduction sur les collections du Centre. Bibliographie. Un index: sujets-noms. Z7845 M4 M45 1988 fol. 016.305687071

4166

Peters, Gerhard I. – *Remember our leaders : Conference of Mennonites in Canada, 1902-1977.* – Clearbrook (B.C.) : Mennonite Historical Society of British Columbia, c1982. – x, 189 p. : ill., ports.

261 biographies of clergy affiliated with the Conference of Mennonites in Canada, 1902-1977. Arranged chronologically by date of decease. Name index. BX8141 P47 1982 fol. 289.771

261 notices biographiques du clergé associé à la Conference of Mennonites in Canada, 1902-1977. Classement selon l'ordre chronologique de leur décès. Index onomastique. BX8141 P47 1982 fol. 289.771

4167

Reimer, Margaret Loewen. – *One quilt, many pieces : a reference guide to Mennonite groups in Canada.* – 3rd ed. – Waterloo (Ont.) : Mennonite Publishing Service, 1990, c1983. – 57 p. : ill., 1 folded chart. – 0969145136

1st ed., 1983; 2nd ed., 1984, *One quilt, many pieces: a concise guide to Mennonite groups in Canada*. Description of 28 groups with ties to the Mennonites in Canada. In four parts: large and small multi-province groups, regional and related groups. Description of each group includes history, unique emphases, budget, number of members and churches, location and list of schools, institutions and publications. BX8118.5 R45 1990 289.771

1re éd., 1983; 2e éd., 1984, *One quilt, many pieces : a concise reference guide to Mennonite groups in Canada*. Description de 28 groupes liés aux mennonites du Canada. Quatre parties: multi-provinciaux, grands et petits; régionaux et apparentés. La description de chaque groupe comprend l'historique, leur spécificité, budget, nombre de membres et d'églises, localisation géographique et la liste des écoles, institutions et publications. BX8118.5 R45 1990 289.771

4168

Smucker, Donovan E. – *The sociology of Canadian Mennonites, Hutterites and Amish : a bibliography with annotations.* – Edited by Donovan E. Smucker. – Waterloo (Ont.) : Wilfrid Laurier University Press, c1977. – xvi, 232 p. – 0889200521 (bd.) 0889200513 (pa.)

Annotated bibliography of nearly 800 references on sociological and cultural aspects of the Mennonites, Hutterites and Amish in Canada. Four parts: general works, denominations. Arranged by type of document: monographs and pamphlets, theses, periodical articles and unpublished manuscripts. Includes material in English, with a few references in German. Name and subject indexes. Continued by: *The sociology of Mennonites, Hutterites & Amish : a bibliography with annotations, volume II, 1977-1990.* Z7845 M4 S58 016.305687071

Bibliographie annotée de près de 800 références portant sur les aspects sociologiques et culturelles des Mennonites, Huttériens et Amish du Canada. Quatre parties: ouvrages généraux et par groupes confessionnels. Classement par catégories de documents: monographies et brochures, thèses, articles de périodiques et manuscrits non publiés. Comprend des documents de langue anglaise et quelques références de langue allemande. Deux index: noms, sujets. Suivi de: *The sociology of Mennonites, Hutterites & Amish : a bibliography with annotations, volume II, 1977-1990.* Z7845 M4 S58 016.305687071

4169

Smucker, Donovan E. – *The sociology of Mennonites, Hutterites & Amish : a bibliography with annotations, volume II, 1977-1990.* – Waterloo (Ont.) : Wilfrid Laurier University Press, c1991. – xix, 194 p. – 0889209995

Continues: *The sociology of Canada Mennonites, Hutterites and Amish : a bibliography with annotations*. Annotated bibliography on aspects of the sociology and culture of the Mennonites, Hutterites and Amish of North America. Arrangement and scope similar to vol. I. Includes a summary of a survey on the beliefs and attitudes of the Mennonites. Directory of libraries, archival repositories, and book stores with ties to these denominations. Description of two collections on the Amish. Name and subject indexes. Z7845 M4 S59 1991 016.305687071

Fait suite à: *The sociology of Canada Mennonites, Hutterites and Amish : a bibliography with annotations*. Bibliographie annotée portant sur les aspects sociologiques des Mennonites, Huttériens et Amish de l'Amérique du Nord. Classement et recension semblable au vol. I. Comprend le sommaire d'un sondage sur les croyances et attitudes de Mennonites. Répertoire des bibliothèques, dépôts d'archives et librairies ayant un lien avec ces groupes confessionnels. Description de deux collections sur les Amish. Deux index: noms, sujets. Z7845 M4 S59 1991 016.305687071

4170

Springer, Nelson P. – *Mennonite bibliography, 1631-1961.* – Compiled by Nelson P. Springer and A. J. Klassen ; under the direction of the Institute of Mennonite Studies. – Scottdale (Pa.) ; Kitchener (Ont.) : Herald Press, 1977. – 2 vol. (531 ; 634 p.). – 0836112083 (set) 0836112067 (vol. 1) 0836112075 (vol. 2)

Bibliography of 28,155 works about the Mennonites, of which 12,555 refer to the Mennonites in North America. Includes serials, books, pamphlets, theses, Festschrifts, proceedings of symposiums and encyclopedia and periodical articles. In four parts: periodicals, history and description, doctrine and miscellaneous. Certain references mention locations among nine American institutions, two Canadian libraries and one Dutch university. Three indexes: author, review, subject. Vol. 1, *International, Europe, Latin America, Asia, Africa*; vol. 2, *North America, indices*. Z7845 M4 S67 016.2897

Bibliographie de 28 155 ouvrages en rapport avec les Mennonites, dont 12 555 sont liés aux Nord-Américains. Comprend des publications en série, livres, brochures, thèses, mémoriaux, actes de symposiums, articles d'encyclopédies et de périodiques. Quatre parties: périodiques, histoire et description, doctrine et divers. Certaines références bibliographiques mentionnent la localisation parmi neuf institutions américaines, deux bibliothèques canadiennes et une université néerlandaise. Trois index: auteurs, comptes rendus, sujets. Vol. 1, *International, Europe, Latin America, Asia, Africa*; vol. 2, *North America, indices*. Z7845 M4 S67 016.2897

Methodist Church

Église méthodiste

4171

Airhart, Phyllis D. [Phyllis Diane]. – *Serving the present age : revivalism, progressivism and the Methodist tradition in Canada.* – Montreal : McGill-Queen's University Press, c1992. – x, 218 p. – (McGill-Queen's studies in the history of religion ; 8). – 0773508821

History of Methodist experience in Canada. Presented chronologically in five major periods. Appendix: table of denominational affiliation in the censuses from 1871 to 1921. Bibliography. Name-subject index. BX8251 A57 1992 287

Description historique de l'expérience méthodiste au Canada. Présentation chronologique de cinq épisodes. Appendice: table des allégeances religieuses lors des recensements de 1871 à 1921. Bibliographie. Un index: onomastique-sujets. BX8251 A57 1992 287

4172

Carroll, John. – *Case and his cotemporaries, or, The Canadian itinerants' memorial : constituting a biographical history of Methodism in Canada, from its introduction into the Province, till the death of the Rev. Wm. Case, in 1855.* – Toronto : Methodist Conference Office, 1867-1877. – 5 vol. (xliii, 334 ; xxxii, 497 ; xii, 499 ; xxiii, 489 ; xvii, 347, ii p.).

Biographies of clergy integrated with a history of the Methodist Church in Canada. Arranged chronologically. Name-subject index. Imprint varies. Reproduced in microform format: *CIHM/ICMH microfiche series*, nos. 05316-05320.   BX8251 C317 1867   287

Notices biographiques du clergé intégrées au récit historique de l'Église méthodiste au Canada. Classement chronologique. Un index: onomastique-sujets. Publié par différents éditeurs. Reproduit sur support microforme: *CIHM/ICMH collection de microfiches*, nᵒˢ 05316-05320.   BX8251 C317 1867   287

4173

Cornish, George H. [George Henry]. – *Cyclopaedia of Methodism in Canada : containing historical, educational and statistical information.* – Toronto : Methodist Book and Publishing House ; Halifax : Methodist Book Room, 1881-1903. – 2 vol. (850 ; 274 p.) : ill., ports., tables.

Listing of clergy and of organizations affiliated with the Methodist Church in Canada. Vol. 1, 1791-1880; vol. 2, 1881-1903. For each member of the clergy, a list of positions held with years of tenancy is provided. Chronological lists of clergy by year of appointment. Lists of deceased clergy. Vol. 1 includes a chronology from 1785 to 1880 and four indexes: clergy, church, district, illustration. For each church, a chronological list of clergy and statistics are provided. Includes descriptions of college- and university-level educational institutions. Reproduced in microform format: *CIHM/ICMH microfiche series*, nos. 06263-06264.   BX8251 C6   287

Recension du clergé et des organismes liés à l'Église méthodiste au Canada. Vol. 1, 1791-1880; vol. 2, 1881-1903. Pour chaque membre du clergé, la liste de leurs engagements et les années appropriées sont mentionnées. Listes chronologiques des membres du clergé selon l'année de leur engagement. Listes nécrologiques des membres du clergé. Le vol. 1 comprend une chronologie de 1785 à 1880 et quatre index: clergé, églises, districts, illustrations. Pour chaque église, la liste chronologique des membres du clergé et statistiques sont consignées. Inclut la description des institutions scolaires de niveau collégial et universitaire. Reproduit sur support microforme: *CIHM/ICMH collection de microfiches*, nᵒˢ 06263-06264.   BX8251 C6   287

4174

The Methodist year book including the minutes of the annual conferences of Canada and Newfoundland. – (1915)-(1925). – Toronto : S.W. Fallis ; Halifax : E.J. Vickery, c1915-[1925?]. – 11 vol. : tables. – 0381-7601

Description of institutions and directory of clergy affiliated with the Methodist Church in Canada. Divided into twelve conferences, which are subdivided by district. For each conference, the following information is provided: list of committee members, table of deceased clergy since foundation, minutes, statistical tables and list of parishes. For each parish, the incumbent clergy with number of years of service and address are provided. Two indexes: parish, clergy. Reproduced in microform format: Scarborough (Ont.) : Standard Microfilm Reproductions, 1915-1925, 2 reels of microfilm. BX8251   287

Annuel. Description des institutions et répertoire des membres du clergé liés à l'Église méthodiste au Canada. Classement en douze conférences qui se subdivisent par districts. Pour chaque conférence figurent la liste des membres de comités, une table nécrologique du clergé depuis la fondation, procès-verbaux, tableaux statistiques et la liste des paroisses. Pour chaque paroisse, les membres du clergé en fonction avec le nombre d'années d'engagement et l'adresse sont consignés. Deux index: paroisses, clergé. Reproduit sur support microforme: Scarborough (Ont.) : Standard Microfilm Reproductions, 1915-1925, 2 bobines de microfilm.   BX8251   287

4175

Rowe, Kenneth E. – *Methodist union catalog : pre-1976 imprints.* – Metuchen (N.J.) : Scarecrow Press, 1975- . –   vol. – 0810808803 (vol. 1) 0810809206 (vol. 2) 0810812258 (vol. 3) 0810810670 (vol. 4) 0810814544 (vol. 5) 081081725X (vol. 6) 0810826690 (vol. 7)

Catalogue of material on the Methodists held by 270 libraries, nine of which are Canadian. Arranged alphabetically by author and title. Includes monographs, pamphlets and theses. Excludes material printed in any alphabet other than the Latin. Locations. To be complete in 22 volumes. Vol. 1, A-Bj (1975) 7,070 entries; vol. 2, Bl-Cha (1976) 7,342 entries; vol. 3, Che-Dix (1978) 7,232 entries; vol. 4, Do-Fy (1979) 7,164 entries; vol. 5, G-Haz (1981) 5,880 entries; vol. 6, He-I (1985) 6,251 entries; vol. 7, J-Le (1994).   Z7845 M5 R69 016.287

Catalogue de documents relatifs aux Méthodistes conservés dans 270 bibliothèques dont neuf institutions canadiennes. Recension selon un seul ordre alphabétique des auteurs et titres. Comprend des monographies, brochures et thèses. Exclut les documents édités dans un alphabet autre que latin. Localisations. Série devant comporter 22 vol. Vol. 1, A-Bj (1975) 7 070 notices; vol. 2, Bl-Cha (1976) 7 342 notices; vol. 3, Che-Dix (1978) 7 232 notices; vol. 4, Do-Fy (1979) 7 164 notices; vol. 5, G-Haz (1981) 5 880 notices; vol. 6, He-I (1985) 6 251 notices; vol. 7, J-Le (1994).   Z7845 M5 R69 016.287

Moravian Church

Église morave

4176

Lande, Lawrence M. [Lawrence Montague]. – *The Moravian missions to the Eskimos of Labrador : a checklist of manuscripts and printed material from 1715 to 1967, supplemented by other works on the Eskimo of Canada.* – Compiled and annotated by Lawrence M. Lande from his private library. – Montreal : McGill University, 1973. – 32 p. : facsims. – (Lawrence Lande Foundation for Canadian Historical Research ; no. 7).

132 bibliographical references for documents concerning Moravian missions in Labrador. Approximately half the entries are annotated. Includes material in English, French, Inuktitut and German. Supplement to: *The Lawrence Lande collection of Canadiana in the*

132 références bibliographiques des documents en rapport avec les missions moraves au Labrador. Environ la moitié des notices sont annotées. Inclut des documents en anglais, français, inuktitut et allemand. Supplément de: *The Lawrence Lande collection of*

Redpath Library of McGill University, 1965; Rare and unusual Canadiana : first supplement to the Lande bibliography, 1971. Z7817 L35 fol. 016.266467182

Canadiana in the Redpath Library of McGill University, 1965; Rare and unusual Canadiana : first supplement to the Lande bibliography, 1971. Z7817 L35 fol. 016.266467182

Orthodox Eastern Church

Église orthodoxe

4177
Goa, David J. – ***Eastern Christian ritual : a bibliography of English language sources.*** – David J. Goa and Anna E. Altmann. – Edmonton : Provincial Museum of Alberta, 1988. – vi, 121 p. – (Human history occasional papers ; no. 5). – 1550061259

Bibliography of 1,104 works on the Orthodox Christian communities of North America. Includes books, essays or chapters from collective works and periodical articles. In three parts: general works, Byzantine tradition and non-Chalcedonian tradition. Arranged by subject. Three indexes: secondary subject, author-editor, title. List of periodicals consulted. Z7842 A3 G62 1988 fol. 016.2819

Bibliographie de 1 104 ouvrages en rapport avec les communautés chrétiennes orthodoxes d'Amérique du Nord. Comprend des livres, essais ou chapitres d'ouvrages collectifs et articles de périodiques. Trois parties: ouvrages généraux, tradition byzantine et tradition non chalcédonienne. Classement par sujets. Trois index: sujets secondaires, auteurs-rédacteurs, titres. Liste des périodiques consultés. Z7842 A3 G62 1988 fol. 016.2819

4178
Orthodox Church in America. Archidiocèse du Canada. – ***The Orthodox Church in Canada : a chronology = Historique de l'Église orthodoxe au Canada.*** – [Spencerville, Ont.?] : Archidiocèse du Canada, Église orthodoxe en Amérique, 1988. – ii, 57 p. : ill.

Chronology of events relating to the Orthodox Church in Canada between 1890 and 1988. Includes extracts from a priest's journal for 1899. In English, French and Russian. No index. BX500 C3 O78 1988 281.971

Recension chronologique des événements liés à l'Église orthodoxe au Canada entre 1890 et 1988. Comprend des extraits du journal d'un prêtre en 1899; texte en anglais, en français et en russe. Aucun index. BX500 C3 O78 1988 281.971

4179
Orthodox Church in America. Archdiocese of Canada. – ***The Orthodox Church in Canada : a chronology = Historique de l'Église orthodoxe au Canada.*** – [Spencerville, Ont.?] : Archdiocese of Canada, Orthodox Church in America, 1988. – ii, 57 p. : ill.

Chronology of events relating to the Orthodox Church in Canada between 1890 and 1988. Includes extracts from a priest's journal for 1899. In English, French and Russian. No index. BX500 C3 O78 1988 281.971

Recension chronologique des événements liés à l'Église orthodoxe au Canada entre 1890 et 1988. Comprend des extraits du journal d'un prêtre en 1899; texte en anglais, en français et en russe. Aucun index. BX500 C3 O78 1988 281.971

4180
Ridna nyva : Ukrainian Orthodox calendar almanac. – (1949)- . – Winnipeg : Ecclesia, [1948?]- . – vol. : ill., ports. – 0827-3758 – Title on added t.p. : *Ridna nyva : ukraïns'kyi pravoslavnyi Kalendar-al'manakh.*

Annual. Directory of clergy, members of the consistory committee and of churches with ties to the Ukrainian Greek-Orthodox Church in Canada. Also includes calendars and texts in Ukrainian and in English. Title varies: 1949-1970, *Kalendar ridna nyva*; 1971-1985, *Ridna nyva : almanac of the Ukrainian Greek-Orthodox Church of Canada*; 1986, *Ridna nyva : almanac of the Ukrainian Orthodox Church of Canada.* AY418 K2817 281.971

Annuel. Répertoire du clergé, des membres du comité consistoire et des églises liés à l'Église ukrainienne orthodoxe du Canada. Inclut aussi des calendriers et textes en ukrainien ou en anglais. Le titre varie: 1949-1970, *Kalendar ridna nyva*; 1971-1985, *Ridna nyva : almanac of the Ukrainian Greek-Orthodox Church of Canada*; 1986, *Ridna nyva : almanac of the Ukrainian Orthodox Church of Canada.* AY418 K2817 281.971

Paganism

Paganisme

4181
Directory to Canadian pagan resources. – Pagans for Peace. – North Vancouver (B.C.) : Obscure Pagan Press, 1988- . – vol. – 0848-3760 – Cover title.

Annual. Directory to pagan resources and services in Canada. Arranged by region from east to west: Maritimes, Eastern Quebec, Metro Toronto, etc. Each entry includes address, telephone number and brief description of activities and specialties. BF1409 D57 299

Annuel. Répertoire des ressources et services offerts au Canada en paganisme. Classement par régions géographiques d'est en ouest telles que les provinces maritimes, l'Est du Québec, le Toronto métropolitain, etc. Chaque notice comprend l'adresse, le numéro de téléphone et une brève description des activités et (ou) spécialités. BF1409 D57 299

Pentecostal Churches

Églises pentecôtistes

4182

Bursey, A. Stanley [Ananias Stanley]. – *Some have fallen asleep.* – By A. Stanley Bursey ; edited and with a foreword by Burton K. Janes. – St. John's (Nfld.) : Good Tidings Press, c1990. – 248 p. : ill., ports. – 0921426062

46 obituaries of Pentecostal clergy of Newfoundland, listed alphabetically by name. Each biography is completed by a poem and bibliographical references. BX8762 Z8 A2 1990 289.940922718

46 notices nécrologiques du clergé pentecôtiste de Terre-Neuve. Recension alphabétique des noms. Chaque notice est complétée d'un poème et de références bibliographiques. BX8762 Z8 A2 1990 289.940922718

Presbyterian Church

Église presbytérienne

4183

Called to witness : profiles of Canadian Presbyterians (a supplement to Enduring witness). – Edited by W. Stanford Reid. – Hamilton (Ont.) : Committee on History, Presbyterian Church in Canada, 1975-1980. – 2 vol. (226 ; 126 p.).

Supplement to: Moir, John S., *Enduring witness : a history of the Presbyterian Church in Canada.* 27 signed biographies of ministers, missionaries and lay persons who worked in the Presbyterian Church in Canada. Bibliographical references complete some of the biographies. BX9220 C34 285.2710922

Supplément de: Moir, John S., *Enduring witness : a history of the Presbyterian Church in Canada.* 27 notices biographiques signées de ministres, missionnaires et laïques ayant oeuvré au sein de l'Église presbytérienne au Canada. Des références bibliographiques complètent certaines notices biographiques. BX9220 C34 285.2710922

4184

Enkindled by the word : essays on Presbyterianism in Canada. – Compiled by the Centennial Committee of the Presbyterian Church in Canada. – Toronto : Presbyterian Publications, 1966. – 134 p.

Signed biographies of members of the Presbyterian Church in Canada. Arranged in two categories: individuals and themes, notably the role of Presbyterian women. BX9001 P7 285.2710922

Notices biographiques signées de membres de l'Église presbytérienne au Canada. Présentation selon deux catégories: individus et par thèmes, notamment le rôle des femmes presbytériennes. BX9001 P7 285.2710922

4185

Gregg, William. – *History of the Presbyterian Church in the Dominion of Canada, from the earliest times to 1834; with a chronological table of events to the present time, and map.* – Toronto : Presbyterian Printing and Publishing Company, 1885. – 646 p.

Biographical notes for 222 clergy, integrated with a history of the Presbyterian Church in Canada. Chronological table from 1492 to 1884. Bibliography. Index of clergy noting place of birth, date of arrival in Canada or of ordination and province. Index of places where clergy worked. Name-place-subject index. Reproduced in microform format: *CIHM/ICMH microfiche series*, no. 06317. BX9001 G8 285.2710922

Notes biographiques de 222 membres du clergé intégrées au récit historique de l'Église presbytérienne au Canada. Table chronologique de 1492 à 1884. Bibliographie. Index des membres du clergé avec le lieu de naissance, la date de leur arrivée au Canada ou d'ordination et la province où ils ont exercés. Index des localités où le clergé a exercé. Un index: onomastique-géographique-sujets. Reproduit sur support microforme: *CIHM/ICMH collection de microfiches*, n° 06317. BX9001 G8 285.2710922

4186

McKellar, Hugh. – *Presbyterian pioneer missionaries in Manitoba, Saskatchewan, Alberta and British Columbia.* – Toronto : Murray Printing Co., 1924. – 249 p. : ill., ports.

Biographies and autobiographical accounts of missionaries who worked for the Presbyterian Church in Manitoba, Saskatchewan, Alberta and British Columbia. List of 93 missionaries noting place and years of service. Reproduced in microform format: *Peel bibliography on microfiche* ([Ottawa] : National Library of Canada, 1976-1979), no. 2896. BX9001 M316 1924 285.27120922

Notices biographiques et récits autobiographiques des missionnaires ayant oeuvré pour l'Église presbytérienne au Manitoba, en Saskatchewan, en Alberta et en Colombie-Britannique. Liste de 93 missionnaires avec l'endroit et les années en fonction. Reproduit sur support microforme: *Bibliographie Peel sur microfiche* ([Ottawa] : Bibliothèque nationale du Canada, 1976-1979), n° 2896. BX9001 M316 1924 285.27120922

4187

Presbyterian Church in Canada. General Assembly. – *The acts and proceedings of the General Assembly of the Presbyterian Church in Canada.* – (1875)- . – Toronto : [s.n.], 1875- . – vol. : tables. – 0079-4996

Annual. Minutes, reports, budgets, statistics and directory of the Presbyterian Church in Canada. The directory is in two parts: churches and clergy/lay persons with official duties. Entries for churches include: address, name of minister or lay person in charge, names of administrators. Index of congregations. For each minister or lay person with official duties, current position, degrees and address are noted. Subject index. List of moderators and clerks of assembly since 1925, list of committee members with titles and some obituaries. Imprint varies. Reproduced in microform format:

Annuel. Procès-verbaux, rapports, budgets, statistiques et répertoire de l'Église presbytérienne au Canada. Le répertoire comporte deux parties: églises, clergé et laïcs exerçant une charge pastorale. Pour chaque église figurent l'adresse, le nom du pasteur ou du laïc en charge, les noms des administrateurs. Index des églises. Pour chaque membre du clergé et des laïcs exerçant une charge pastorale, leur présente fonction, les diplômes et adresse sont mentionnés. Index des sujets. Liste des présidents et secrétaires généraux depuis 1925, liste des membres de comité avec leur titre et quelques notices

1875-1881, 1883-1900, *CIHM/ICMH microfiche series*, nos. 32122-32142; 1875-1925, Scarborough (Ont.) : Standard Microfilm Reproductions, [s.d.], 14 reels of microfilm.   BX9001 A37   285.271

nécrologiques. Publié par différents éditeurs. Reproduit sur support microforme: 1875-1881, 1883-1900, *CIHM/ICMH collection de microfiches*, nᵒˢ 32122-32142; 1875-1925, Scarborough (Ont.) : Standard Microfilm Reproductions, [s.d.], 14 bobines de microfilm. BX9001 A37   285.271

Seventh-Day Adventists

Adventistes du septième jour

4188

Seventh-Day Adventist directory of churches. – Hagerstown (Md.) : Review and Herald Publishing Association, [1973?]-   . –   vol. – 0884-2493 – Cover title : *Seventh-Day Adventist directory of churches in North America*

Irregular. Directory of institutions and churches affiliated with the Seventh-Day Adventists in Canada. In two parts: institutions and churches subdivided by state or province. For each church, name, address, telephone number and times of services are noted. BX6153.2 S48   286.773025

Irrégulier. Répertoire des institutions et des églises liées aux Adventistes du septième jour en Amérique du Nord. Deux parties: institutions et églises qui se subdivisent par états ou provinces. Pour chaque église, le vocable, l'adresse, le numéro de téléphone et les heures de célébration sont consignées. BX6153.2 S48   286.773025

Society of Friends

Société des amis

4189

University of Western Ontario. Libraries. – *Inventory of the archives of the Religious Society of Friends (Quakers) in Canada.* – Compiled by Edward Phelps. – Toronto : Canadian Friends Historical Association, 1973. – 30 leaves.

Inventory of archival fonds of the Society of Friends in Canada, held by the library of the University of Western Ontario. Four parts: conservative, orthodox, Genesee (hicksite), various. Series descriptions include title and inclusive dates.   Z7845 F8 U8 fol.   016.2896

Inventaire du fonds d'archives de la Société des amis du Canada conservé à la bibliothèque de la University of Western Ontario. Quatre parties: conservateur, orthodox, Genesee (hicksite) et divers. La description de chaque série comprend le titre et les années extrêmes.   Z7845 F8 U8 fol.   016.2896

Unitarian Universalist Churches

Églises universalistes unitariennes

4190

Watts, Heather. – *Guide to the records of the Canadian Unitarian and Universalist churches, fellowships and other related organizations.* – [Halifax] : Archives Committee, 1990. – vii, 301 p.

Guide to the fonds of 72 organizations with ties to the Unitarian Universalist churches of Canada since 1830. In three parts: Unitarian and Universalist churches of Canada, subdivided by province; international congregations; other organizations. For each organization, address, telephone number and years of activity are noted. Description of each fonds includes title, types of materials, extent, inclusive dates, scope and content, finding aids, associated material, alternate formats, historical sketch and restrictions on access. Five indexes: minister, lay person, decade, denominational organizations other than principal entries, subject-format-type of organization. BX9835 C3 W38 1990 fol.   016.2891

Description des fonds d'archives de 72 organismes ayant un lien avec les Églises universalistes unitariennes du Canada depuis 1830. Trois parties: églises universalistes et unitariennes du Canada, subdivisées par provinces; congrégations internationales; et autres organisations. Pour chaque organisme, l'adresse, le numéro de téléphone et les années d'activité sont mentionnés. La description de chaque fonds comprend le titre, l'envergure, les types de supports, les années extrêmes, une présentation du contenu, les instruments de recherche, documents d'appoint, supports alternatifs, un aperçu historique et les conditions d'accès. Cinq index: ministres, laïcs, décennies, organisations confessionnelles autres que les entrées principales, sujets-supports-genres d'organismes.   BX9835 C3 W38 1990 fol. 016.2891

United Church of Canada

Église unie du Canada

4191

Harrison, Alice W. – *Check-list of United Church of Canada publications, 1925-1986 : sixty-one years : a union list of catalogued holdings in nine libraries.* – Halifax (N.S.) : Atlantic School of Theology Library, 1987. – 2 vol. (xii, 328 ; iii, 185 leaves).

Vol. 1, approximately 1,200 publications relating to the United Church of Canada and catalogued by nine Canadian libraries. Alphabetically arranged by short title. Entries include bibliographical information, subject headings, location, call number and note on braille edition when appropriate. Includes some works in French. Vol. 1 also includes an alphabetical list of periodicals. Vol. 2, four

Vol. 1, liste de contrôle d'approximativement 1 200 publications ayant un lien avec l'Église unie du Canada et cataloguées par neuf bibliothèques canadiennes. Recension alphabétique des titres abrégés. Chaque notice comprend les informations bibliographiques, vedettes-matière, localisation, cote topographique et mention d'une version braille quand approprié. Comprend quelques ouvrages en

indexes: date of publication, author, corporate body, subject. Two lists: kits, series. Z7845 U6 H37 1987 fol. 016.28792

français. Le volume 1 inclut aussi une liste des périodiques. Vol. 2, quatre index: dates de publication, auteurs, collectivités, sujets. Deux listes: ensembles multi-supports, collections. Z7845 U6 H37 1987 fol. 016.28792

4192

United Church of Canada. – *Year book and directory.* – (1926)-   . – Toronto : United Church of Canada, Dept. of Education and Information, General Council, Division of Communication, [1926?]-   . –   vol. : coats of arms, tables. – 0082-7886

Annual. Acts of incorporation, reports, budgets, statistics and directory of the United Church of Canada. Directory in three parts: organizations, churches, clergy and lay persons with official duties. For each church, the municipalities served, the name of the minister or of the lay person in charge, code for official status, years of ordination and of commencement in present ministry, name and address of board secretary, names of retired ministers and of ministers on leave of absence are indicated. Index of churches with addresses and telephone numbers. Entries for clergy and for lay persons with official duties include degrees, address and telephone number, code for official status and references to relevant pages. List of moderators since 1925 and death notices. Title varies: 1926, *Year book and record proceedings*; 1927-1983, *Year book*. Published in two volumes between 1962 and 1983: *Vol. I : pastoral charge statistics* and *Vol. II : reports of divisions and committees.* BX9881 A16 287.9205

Annuel. Acte constitutif, rapports, budgets, statistiques et répertoire de l'Église unie du Canada. Le répertoire comporte trois parties: organisations, églises, clergé et laïcs exerçant une charge pastorale. Pour chaque église figurent les municipalités desservies, le nom du ministre ou du laïc en charge, leur statut officiel sous forme de code, les années d'ordination et d'arrivée, le nom et adresse de l'administrateur, les noms des ministres retraités ou en détachement. Index des églises avec adresses et numéros de téléphone. Pour chaque membre du clergé et des laïcs exerçant une charge pastorale, les diplômes, adresse, numéro de téléphone, statut officiel sous forme de code, et le renvoi aux pages pertinentes sont colligés. Liste des présidents depuis 1925 et les avis de décès. Le titre varie: 1926, *Year book and record proceedings*; 1927-1983, *Year book*. De 1962 à 1983 a été publié en 2 volumes: *Vol. I : pastoral charge statistics* et *Vol. II : reports of divisions and committees.* BX9881 A16 287.9205

4193

United Church of Canada. Alberta and Northwest Conference. – *A guide to the archives of the United Church of Canada, Alberta and Northwest Conference.* – Lorraine Mychajlunow and Keith Stotyn. – Edmonton : United Church of Canada, Alberta and Northwest Conference, 1991. – 1 book (167 p.) + 15 microfiches. – 0886223024

Inventory of the fonds of the United Church of Canada, Alberta and Northwest Conference, for the period from 1831 to 1990, deposited in the Provincial Archives of Alberta. In eight sections: church bodies pre-dating formation of United Church, administration, pastoral charges/congregations, clergy and church workers, interdenominational, personal papers, miscellaneous, other related collections. The book contains descriptions of series, with inclusive dates and brief contents notes. The inventory on microfiche indicates years, content and accession number of each item. No index. CD3649 A45 U54 1991 016.28792097123

Inventaire du fonds d'archives de l'Église unie du Canada, Alberta and Northwest Conference, couvrant la période de 1831 à 1990, déposé aux Archives provinciales de l'Alberta. Arrangement en huit sections: confessions antérieures, administration, charges pastorales/églises, clergé et laïcs impliqués, inter-confessionnel, papiers personnels, divers, autres fonds apparentés. Le livre contient la description des séries dont les années extrêmes et le contenu sont colligés. L'inventaire, reproduit sur les microfiches, consigne les années précises, le contenu et un numéro d'accession pour chaque item. Aucun index. CD3649 A45 U54 1991 016.28792097123

4194

United Church of Canada/Victoria University Archives. – *A record of service : a guide to holdings of the Central Archives of the United Church of Canada.* – Project coordinator, Ruth Dyck Wilson with Peter D. James. – Toronto : United Church of Canada/Victoria University Archives, 1992. – xii, 391 p. (loose-leaf). – (Occasional paper ; no. 1). – 0969654502

Description of textual records related to the United Church of Canada and held by the United Church of Canada/Victoria University Archives. In four parts: uniting churches, general council offices, conferences and presbyteries, personal papers. Excludes material from local churches, organizations and ecumenical coalitions, most photographs and sound recordings. Fonds entries include title, inclusive dates, extent, historical/biographical sketch, scope and content, restrictions on access, related records, finding aid and location number. Name-subject index. Reproduced in microform format: Toronto : [United Church of Canada/Victoria University Archives], 1992, 7 microfiches. Part of the *Archives* database [Toronto : United Church of Canada/Victoria University Archives, s.d.]. CD3649 T6 U52 1992 fol. 016.28792

Description de fonds d'archives textuels en rapport avec l'Église unie du Canada et conservés à United Church of Canada/Victoria University Archives. Quatre parties: églises apparentées, conseil général, conférences et consistoires, individus. Exclut les documents des églises locales, des organismes et coalitions oecuméniques, la plupart des photographies et enregistrements sonores. La description de chaque fonds comprend un titre, les années extrêmes, l'envergure, un aperçu historique ou une notice biographique, la présentation du contenu, les restrictions d'accès, l'instrument de recherche, des renvois et un numéro d'accession. Un index: noms-sujets. Reproduit sur support microforme: Toronto : [United Church of Canada/Victoria University Archives], 1992, 7 microfiches. Partie de la base de données *Archives* [Toronto : United Church of Canada/Victoria University Archives, s.d.]. CD3649 T6 U52 1992 fol. 016.28792

Name Index / Index des noms

Title Index / Index des titres

Guide to theses and dissertations : an international bibliography of bibliographies, 818

Guide to Ukrainian Canadian newspapers, periodicals and calendar-almanacs on microfilm, 1903-1970. 606

A guide to unpublished Canadian brass chamber music suitable for student performers, 3826

A guide to unpublished Canadian jazz ensemble music suitable for student performers, 3827

Guide Vallée : fine art market : biographies and market values of 1570 artists, 1877

Guide Vallée : marché de l'art : biographies et cotes de 1570 artistes, 1877

Le guide Vallée : marché de la peinture, 1877

Guidebook and atlas of Muskoka and Parry Sound districts, 1161

Guidelines for contemporary communications, 2969

Guidelist of Canadian band music suitable for student performers, 3821

Guidelist of Canadian solo free bass accordion music suitable for student performers, 3811

Guidelist of unpublished Canadian string orchestra music suitable for student performers, 3822

Guides bibliographiques – Centre de documentation en lettres québécoises de l'Université du Québec à Trois-Rivières, 3472

Guides bibliographiques – Centre de documentation en littérature et théâtre québécois de l'Université du Québec à Trois-Rivières, 3364

Les guides culturels Syros, 3833

Guides de l'Office de la langue française, 3058

Guides pédagogiques des études canadiennes, 3290, 3297

Guides pédagogiques des études canadiennes. Deuxième collection, 1464

Les guides Tessier, 3390, 3648, 3649, 3650, 3651, 3683, 3888

Guides to official publications ; vol. 9, 522

The gunsmiths of Canada : a checklist of tradesmen, 2734

Gwich'in ginjik Dìnehtł'eh, 2922

Gwich'in language dictionary, 2922

Gynocritics : feminist approaches to Canadian and Quebec women's writing, 3310

Gynocritiques : démarches féministes à l'écriture des Canadiennes et Québécoises, 3310

Haida dictionary, 3066

Haida monumental art : villages of the Queen Charlotte Islands, 2088

1/2 inch VHS videocassettes in the Audio Visual Services Department collection, 3662

Hallowed walls : church architecture of Upper Canada, 2227

Halq'eméylem language : Halq'eméylem classified word list, 3109

A hand-book of information for emigrants to New-Brunswick, 910

A hand-book of information relating to the Dominion of Canada : including the provinces of Ontario, Quebec, Nova Scotia, New Brunswick, Prince Edward Island, Manitoba, the Northwest Territories, and British Columbia. Second series, revised to date: for the perusal of capitalists, agriculturalists, mechanics, artisans, labourers, and domestic servants, 889

Hand book of New Brunswick, Canada, 907

Handbook and list of members – Art Libraries Society of North America, 1807

Handbook for artists & collectors, 1998, 2360

Handbook for genealogists, 1146

Handbook for writers, 2967

Handbook of American Indian languages, 2911

Handbook of British Columbia, Canada : history, topography, climate, resources, development, 903

Handbook of British Columbia, Canada : its position, advantages, resources, climate, mining, lumbering, fishing, farming, ranching, and fruit-growing, 904

Handbook of current English, 2974

A handbook of directors, 3706

Handbook of identification marks on Canadian arms, 2736

Handbook of North American Indians, 1733

Handbook of Prince Edward Island : the garden province of Canada, 920

Handbook of the province of Ontario, Canada : products, resources, development, 916

Handbook of Upper Canadian chronology, 1574

Handbook to Canadian trees and French roots, 1157

Handbook to graduate programmes in history in Canada, 1442

Handcraft directory of Nova Scotia, 2348

Handcrafts in Nova Scotia, 2348

Handmade paper : the medium/the structure, 2392

Hands-on alphabet book, 2774

Hands-on numbers book, 2775

Handspirits : a major travelling exhibition of contemporary Alberta crafts, 2362

Hare dictionary, 2927

The Hart House Collection of Canadian paintings, 2616

Has anybody here seen Canada? : a history of Canadian movies, 1939-1953. 3729

Hats off to crafts : a juried exhibition of contemporary Prince Edward Island crafts, 2349

Hau, Kóla! : the Plains Indian collection of the Haffenreffer Museum of Anthropology, 1933

Have we got a writer for you! : a directory of members, 3278

HCL historical material, 249

The hecklers : a history of Canadian political cartooning and a cartoonists' history of Canada, 2490

Heraldic/genealogical almanac (1988), 1343

Héraldique au Canada, 1357

Heraldry in Canada, 1357

Heritage conservation : a selected bibliography, 1845

The heritage directory, 1991

L'héritage du futur : les communautés portugaises au Canada, 1675

Heritage furniture : a catalogue featuring selected heritage furniture from the collection of the New Brunswick Museum, 2450

Heritage & horizon : the Baptist story in Canada, 4035

A heritage in transition : essays in the history of Ukrainians in Canada, 1674

Heritage language resources : an annotated bibliography, 2761

Heritage languages : a bibliography, 2758

A heritage of Canadian art : the McMichael Collection, 1941

A heritage of light : lamps and lighting in the Canadian home, 2738

The heritage of Upper Canadian furniture : a study in the survival of formal and vernacular styles from Britain, America and Europe, 1780-1900. 2455

Héritage + plus, 2520

Heritage resource directory, 2001

L'Hexagone 25 : rétrospective 1953-1978. 3181

Hidden values : contemporary Canadian art in corporate collections, 1973

High fidelity/Musical America, 3572

HISCABEQ, 1384, 1385, 1386, 1387

Hispanic writers in Canada : a preliminary survey of the activities of Spanish and Latin-American writers in Canada, 3249

Hispano-Canadian literature, 3148

L'histoire canadienne à travers le document, 1453

Histoire de la littérature acadienne : de rêve en rêve, 3317

Histoire de la littérature canadienne-française, 3326

Histoire de la littérature française du Québec, 3311

Histoire de la littérature ukrainienne au Canada, 3318

Histoire des communautés religieuses au Québec : bibliographie, 3976

Histoire des femmes au Canada : bibliographie sélective, 1777

Histoire des grandes familles françaises du Canada ou Aperçu sur le chevalier Benoist et quelques familles contemporaines, 1292

L'histoire des idées au Québec, 1760-1960 : bibliographie des études, 1629

Histoire des principales familles du Canada, 1292

Subject Index

Index des sujets